盱眙县志

（1986~2008）

上册

盱眙县志编纂委员会 编

中国盱眙
XUYI CHINA

XUYI
XIANZHI

方志出版社

图书在版编目(CIP)数据

盱眙县志：1986-2008/盱眙县地方志编纂委员会编.
—北京：方志出版社，2016.12
ISBN 978-7-5144-2305-1

Ⅰ.①盱… Ⅱ.①盱… Ⅲ.①盱眙县—地方志—1986-2008 Ⅳ.①K295.34

中国版本图书馆 CIP 数据核字（2016）第 320532 号

盱眙县志(1986~2008)

编　　者：盱眙县地方志编纂委员会
责任编辑：陈　菁、王笃银

出 版 人：冀祥德
出 版 者：方志出版社
地址　北京市朝阳区潘家园东里 9 号(国家方志馆 4 层)
邮编　100021
网址　http://www.fzph.org
发　　行：方志出版社发行中心
电话(010)67110500
经　　销：各地新华书店
印　　刷：南京顺和印刷有限责任公司

开　　本：889×1194　　1/16
印　　张：84.25
字　　数：2680 千字
版　　次：2016 年 12 月第 1 版　　2016 年 12 月第 1 次印刷
印　　数：0001~4000 册

ISBN 978-7-5144-2305-1　　定价：680.00 元

盱眙县地图（2008年）
浔河
马棚
张马
施汤
大刘
安乐
东双沟镇
万集镇
仁和镇
同议
河口
太平
宁连高速公路
三庄
山阳
新农
老
三
河
草
泽
县
金
湖
军王
梁墩
朱圩
双坝
陈渡
三河镇
共和镇
陈桥镇
三河大桥
观音寺镇
草桥
鄢桥
金北镇
高坝
吕家滩
中街滩
殷家滩
顺河
衡西
衡阳
金湖县
黎城镇
同兴
新塘
戴楼镇
山北
兴隆
任庄
官塘
丰
永
干
云山
渠
工农
沙坝
小集
东阳
高庙集镇
宋墩
安乐镇
安乐水库
铜城镇
铜
龙
安
大通水库
大通镇
徽
杨村镇
跃进水库
沂
便益乡
省
潘岗
上钱
泗
毛嘴
洪
崇潼
香
荟
河
峰山乡
怀
淮胜
雪四
柳巷乡
安
潘村镇
紫阳乡
河
女
山
湖
徽
苏巷镇
省
石
图例
建成区
乡、镇
行政村
省界
地级市界
县级界
国道
省道
图内各级境界不做实地划界依据

盱眙县城区图（2008年）

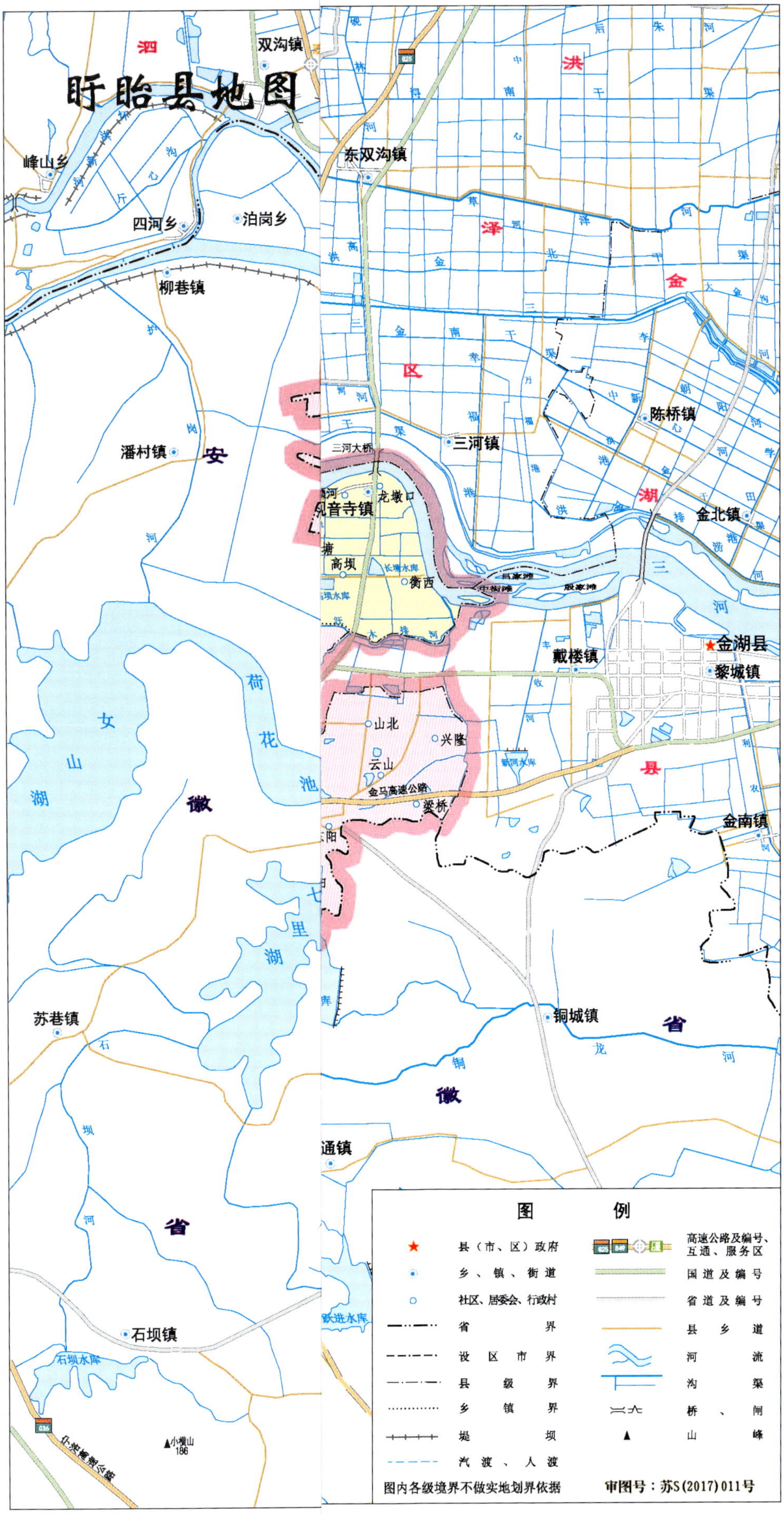
盱眙县地图
泗
双沟镇
洪
东双沟镇
峰山乡
四河乡
泊岗乡
柳巷镇
泽
金
区
陈桥镇
三河镇
三河大桥
龙墩口
风音寺镇
高坝
衡西
长塘水库
金北镇
湖
潘村镇
安
三
河
戴楼镇
金湖县
黎城镇
山北
兴隆
云山
金马高速公路
梁桥
县
金南镇
女
山
湖
荷
花
池
徽
七
里
湖
铜城镇
省
苏巷镇
龙
河
徽
通镇
省
跃进水库
石坝镇
石坝水库
小嵋山
186
图例
县（市、区）政府
乡、镇、街道
社区、居委会、行政村
省界
设区市界
县级界
乡镇界
堤坝
汽渡、人渡
高速公路及编号、互通、服务区
国道及编号
省道及编号
县乡道
河流
沟渠
桥、闸
山峰
图内各级境界不做实地划界依据
审图号：苏S(2017)011号

盱眙县城区图（2016年）

序

盛世修志，志载盛世。编修地方志是中华民族优秀文化传统。

《盱眙县志（1986~2008）》在县委、县政府高度重视和指导下，在修志工作者辛勤笔耕下，历经十载，数易其稿，付梓出版，可喜可贺。

23年，在浩瀚的历史长河中倏忽瞬间，却在盱眙发展史上敷上一笔浓墨重彩。县委、县政府带领盱眙人民，以改革开放为先导，以经济建设为中心，励精图治，与时俱进，苦干实干，锐意进取，逐步优化经济结构，不断提高开放水平，全速推进工业化、城市化、现代化进程，全面加强精神文明建设和法制建设，全程实施“环境立县、工业强县、城建举县、旅游兴县”方略，全力打造“淮河明珠、龙虾之都、帝王故里、生态家园”盱眙名片，经济建设健康发展，社会文明深入人心，城乡面貌焕然一新，人民生活显著提高，各行各业繁荣昌盛、蒸蒸日上。

《盱眙县志（1986~2008）》客观翔实地记述中共十三届三中全会以来盱眙县政治、经济、文化和社会事业的巨大变化，全面记载盱眙县23年来的历史与现状，充分展示改革开放的伟大成就，是盱眙百科全书、辅政之书，是人们真实了解和准确研究盱眙县情的案头卷，是一部有益当代、惠及后人的重要历史文献。一卷在手，主政者可以之为镜，观交替、鉴兴衰、知万业、谋发展，全方位把握盱眙历史发展的脉络，实事求是，宏观调节，正确决策，描绘蓝图。全县人民可以之为师，明道理、知荣辱、晓廉耻、守诚信，美化心灵，体验今非昔比；汲取营养，激发爱乡热情；包容豁达，弘扬盱眙精神，为繁荣经济、振兴盱眙、建设美好家园贡献睿智和力量。

忆往昔，创业艰辛；展未来，任重道远。在建设中国特色社会主义大道上，向上盱眙继往开来，开拓创新；和美盱眙日新月异，欣欣向荣；风雅盱眙紫气东来，永驻辉煌；山水盱眙风光旖旎，春风风人，为建设现代化盱眙谱写绚丽灿烂的新篇章。

中共盱眙县委书记 梁三元

盱眙县人民政府县长 朱海波

2017年10月8日

盱眙五墩经济中心

盱眙县文化中心

盱眙县委、县政府政务中心

中央广场

2000 年，中国龙年盱眙龙虾节开幕式

第十届龙虾节开幕式在盱眙县体育馆举行

第十七届中国·盱眙国际龙虾节龙虾开捕仪式

第九届龙虾节走进宁波招商投资签约会

2012 年 6 月 12 日，举行招商引资集中开工仪式。

第八届龙虾节登高望远文艺晚会

第十届龙虾节万人龙虾宴

龙虾销售

龙虾节闭幕焰火晚会

明祖陵

金水桥

南红门

神道

大云山汉王墓

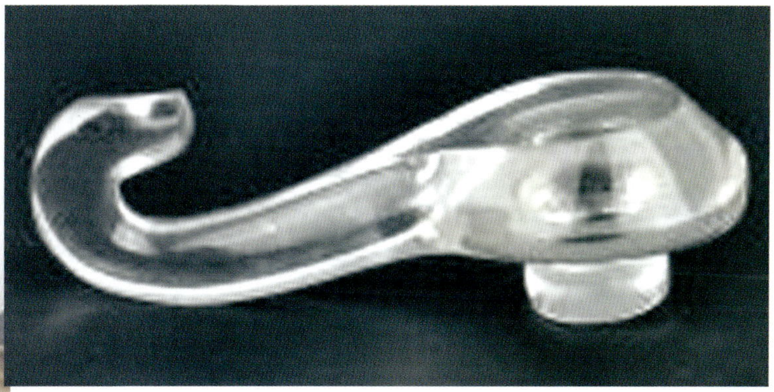

水晶带勾

汉·江都王刘非墓

鎏金鹿灯

虎帐座

嵌宝石银伞柄饰

错金银铜质俳优俑

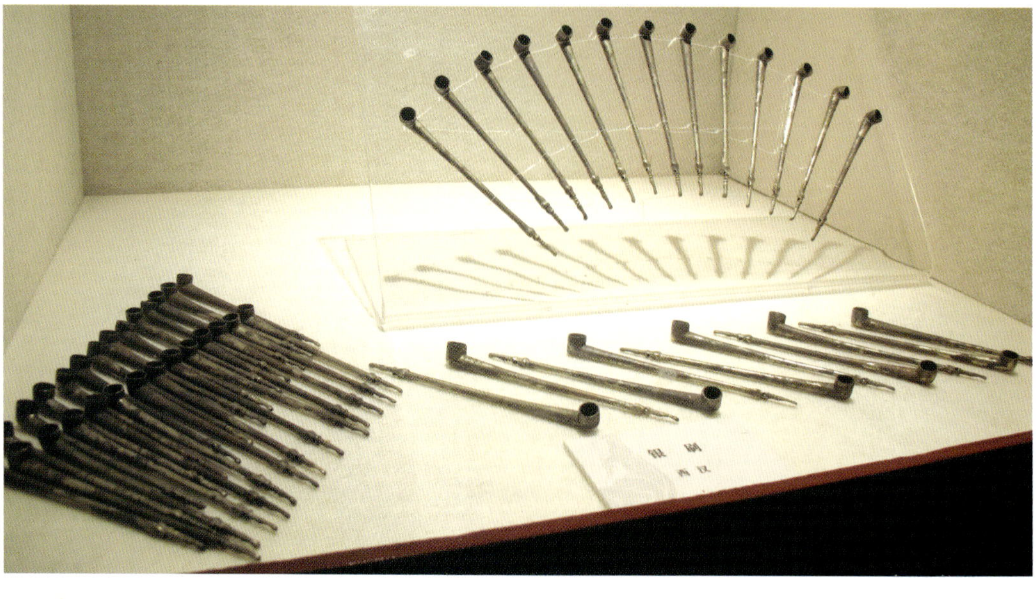

铜刷

错金银镶嵌宝石铜镇

鎏金铜矛

错金银虎摆件

错金银铜虎镇

鎏金铜犀和训犀俑

水下庞贝泗州城

泗州城考古咨询会

泗州城考古现场

泗州城大圣殿前出土的大铁镬

灵瑞塔碑碑座

泗州城月城

AAAA 级景区
第一山公园

杏花园

第一泉

第一山全景

红色旅游景区黄花塘新四军军部纪念馆

黄花塘新四军军部纪念馆

黄花塘新四军军部
旧址内的军部领导旧居

新四军文化艺术馆

AAAA 级景区
铁山寺森林公园

绿色铁山寺

秋韵铁山寺

天文台望远镜

天泉湖畔

象山公园

中澳生态园

月亮山桃花

淮河风光带

盱眙县徽县树、县鸟、县花

县徽

县树——中国槐

县花——都梁香兰

县鸟——画眉

《盱眙县志（1986~2008）》编纂机构及人员

《盱眙县志（1986~2008）》编纂委员会
（2007年）

主任委员：李　森

常务副主任委员：张晓红

副主任委员：罗厚礼　张本华　陈士宏　张士柱　罗昌林

顾　　问：张恩钤

委　　员：刘广连　葛天成　黄其华　孙亚兴　夏厚成　席方修　李宪峥　颜　旭
叶山狮　高振如　杨纯昭　郑树保　张正邦　张光龙　郑素兰

《盱眙县志（1986~2008）》编纂委员会
（2008年）

主　　任：李　森

常务副主任：王正飚　张晓红

副　主　任：林　波　张本华　陈士宏　张士柱　罗昌林

顾　　问：张恩钤

委　　员：刘广连　葛天成　黄其华　孙亚兴　夏厚成　席方修　李宪峥　颜　旭
叶山狮　高振如　郑树保　张正邦　刘钺章　张光龙　郑素兰

《盱眙县志（1986~2008）》编纂委员会
（2015年）

主　任：贺宝祥

副主任：张晓红　雍　梅　王行政

委　员：张秀武　樊金鸿　张鹤鸣　高　辉　严　镇　张士柱　王国胜　张远涵
孙亚兴　朱　耀　陈渐垒　金　鑫　向正兵　蒋中海　徐　壮　李　坚
胡培中　徐正友　汪玉奎　朱延庆　傅育成　郭永余

《盱眙县志（1986~2008）》编纂委员会
（2017年）

主　任：梁三元

副主任：朱海波　张晓红　雍　梅　桑　荟　王行政

委　员：方云飞　樊金鸿　张鹤鸣　高振如　陈劲松　朱延庆　张士柱　王国胜
张远涵　孙亚兴　陈渐垒　朱　耀　金　鑫　向正兵　徐　壮　李　坚
谷文书　梅加勇　葛　云　叶　彬　叶山狮　蒋学文　汪　海　赵　珺
宋正勇　赵紫银　王佩华　胡培中　徐正友　汪玉奎　傅育成　郭永余

《盱眙县志（1986~2008）》编辑部人员

主　编：王行政

副主编：郭永余

总　纂：王行政

副总纂：郭永余

顾　问：张恩钤　黄　静　陆　欣　夏维新

编　辑：罗昌林　许现高　田　超　邵友红　沈明超　朱　阳　侍步会
孙茂成　吴其霖　李　婧　李　静　张发林　杨　杰

《盱眙县志（1986~2008）》终审、审核单位及人员

终审、验收单位：淮安市志编纂委员会办公室

审　核　单　位：江苏省地方志办公室

批准出版单位：盱眙县人民政府

终　审　人　员：周　平　方宏伟　荀德麟　吉文成　许恒贵
周永达　杜　涛　王信波　丁　兴　流新武

《盱眙县志（1986~2008）》供稿人员名单

（按姓氏笔划排序）

丁卯　丁立高　刁洪顺　于晓飞　马俊　马君瑞　王英　王松　王勇
王晨　王凯　王婧　王广林　王宏忠　王少成　王立红　王志信　王启俊
王昆山　王国平　王国富　王宝瑜　王效群　王道义　王道宏　王新亚　毛小松
方跃齐　邓玉柱　卢非　卢瑞海　石光辉　叶勇　叶庆峰　田敏　田超
吕荣毅　朱少成　朱亚平　朱泽祥　朱文雄　朱效兵　朱玉璋　朱永祥　朱孝慈
朱志霞　朱秀承　朱宏明　向智勇　刘海　刘毅　刘亚楚　刘晓娟　刘维珍
刘维斌　刘义云　刘克林　许畅　许建　许永发　孙卫　孙杰　孙行中
孙焕平　孙大海　孙乃杰　孙茂成　孙高平　芮士光　李文　李欣　李辉
李文斌　李家富　李尚兵　李树斌　李业涛　李宏伟　李哲平　李举年　李登宏
李新阳　李翠竹　李慧仁　李德道　杨义宝　杨晓泉　杨正军　杨礼兵　杨绵发
吴飞　吴坤　吴俊　吴大望　吴其霖　吴建明　何玉泉　何善方　宋乔
邹振国　汪玉龙　沈杰　沈启朝　张艳　张歆　张玮　张乃富　张友情
张太嵩　张长久　张平中　张永忠　张发林　陈刚　陈凯　陈彪　陈琳
陈辉　陈静　陈亚春　陈光永　陈国栋　陈国勇　陈建康　陈晓云　邵昕
邵友红　孟凡清　季宏宁　季厚林　林超　罗本直　侍昌逵　金正流　金勇俊
周波　周长年　周海军　周以成　周正斌　周永玉　周家文　周开伦　冼永贵
郑鸿儒　宗永江　房兵　房春园　赵怀林　赵宏权　赵宝云　赵建华　赵建民
赵宏飞　赵振海　荣林　胡斌　胡杨　胡长胜　胡成新　柳建军　柳怀玉
侯彦　侯学田　施仕国　姜定廉　费尤祥　费盘根　姚艳　姚铜　姚辉
姚景德　贺庆春　闻齐新　郭定春　郭鹤峰　秦昌文　贾莉　顾吉全　钱俊攻
钱忠元　倪晓天　徒中扬　徐丹　徐健　高良　高玲　高以东　高克楠
高素标　桂宝林　容林　黄飞　黄洁　黄万军　黄玉龙　戚政　常利
梁宏　梁开成　董兆海　董泽平　程刚　程晗　傅兴春　温云峰　葛永善
葛成根　路效明　鲍从芳　覃光辉　曹易宸　管成军　管海军　赖超英　缪虹晴
谭志宝　颜世铭　薛朝国　薛礼眙　戴支林

凡　　例

一、本志系1992年版《盱眙县志》续志，上限承接前志，记述盱眙县域内自1986年至2008年间23年的历史，部分内容有所上溯。

二、本志坚持辩证唯物主义与历史唯物主义，全面、客观、系统地记述断限内盱眙县发展变化、巨大成就、经验教训，突出时代与地方特色，力求思想性、科学性和资料性统一。

三、本志采用述、记、志、传、图、表、录等诸体，志首设图照，概述、大事记展示概貌；志体篇首均设无题序，下设章、节、目，少数至子目，志末设附录，载部分重要历史文献及前志勘误。

四、本志所用纪年，新中国成立之前用朝代或民国纪年，括注公元纪年。新中国成立后用公元纪年。

五、本志行政区划、机构、职务、地名等，均用全称，须用简称者，在首次出现时括注简称。志中所涉省、市、县，均指江苏省、淮安市、盱眙县。

六、本志所用数据以统计部门为准；如统计部门缺失，则使用相关部门提供的数据。

七、本志所用照片，随文图片使用1986～2008年期间的照片，志首彩页选1986年至本志出版前的照片。照片未注明拍摄日期，拍摄者统一署名于撰稿人名单中。

八、本志人物篇坚持生不立传原则，以生年排序。人物传略主要记述已故盱眙籍杰出人物生平事迹和非盱眙籍人物在盱眙县的活动事迹。另列人物简介、人物名录，分载各类人物。对前志漏载人物，适当补收。

目　录

第二篇 建置 人口

第三篇 国土资源

第四篇　环境保护

第五篇 经济管理

第六篇　农　　业

第七篇 水 利

第八篇 工 业

第九篇　城乡建设

第十篇　建筑业　房地产业

第十一篇　交　通

第十二篇　电力　能源

第十三篇 邮政 电信

第十四篇　金融业

第十五篇　财　　税

第十六篇　商贸服务业

第十七篇 中国共产党盱眙县地方组织

第十八篇 县人民代表大会

第十九篇 盱眙县人民政府

第二十篇 政协盱眙县委员会

第二十一篇 群团组织

第二十二篇　公安　司法

第二十三篇　军　　事

第二十四篇　民　　政

第二十五篇　人事　劳动

第二十六篇　科学技术

第二十七篇　医疗卫生

第二十八篇　教　　育

第二十九篇　文　　化

第三十篇　体　　育

第三十一篇　旅　　游

第三十二篇　龙虾节庆

第三十三篇　社会生活

第三十四篇　精神文明建设

第三十五篇　人　　物

第三十六篇　乡镇(场)

概　述

盱眙，张目为盱，举目为眙，登高望远，高瞻远瞩。县名初为“盱台”（台，音为怡），后为盱眙。隋大业初年，隋炀帝在盱眙建都梁宫，别称“都梁”。

盱眙位于淮河中下游，洪泽湖南岸，淮安市南端，北与洪泽县、泗洪县隔水相望，东与金湖县毗邻，西部、南部和东南部分别与安徽省明光市、来安县、天长市接壤；地处北纬32°43′~33°13′，东经118°13′~118°54′。境内地势西南高，多丘陵低山；东北低，多平原湖滩；呈阶梯状倾斜，高低悬殊223米，宁淮线、宁宿徐高速公路穿越全县三分之二乡镇，形成以高速公路为动脉，以国、省干线为依托，以县乡公路为骨架，以乡村道路为基础，融入南京、淮安一小时经济圈。盱眙境内矿产资源丰富，查明优质凹凸棒黏土储量9646万吨，预测有用黏土21.77亿吨，占全国总量73%。石灰石、玄武岩总储量198.2亿吨，优质矿泉水蕴藏区域1014平方千米，是江苏省中药材三大产区之一。

盱眙境内气候温和，四季分明；土壤肥沃，物产丰盈；公路网络，纵横交错；河流湖泊，碧波荡漾；山清水秀，环境优美；园林风光，举世闻名。素有“山在城中立，水在城边绕，山水城相依”之美誉，被称为“淮安大观园，南京后花园，长三角休闲园”，享誉大江南北。

2008年，全县辖14个镇、5个乡，总人口758359人，县界长373.97千米，区域总面积2497.3平方千米。其中，耕地10.64万公顷、园林地2.78万公顷、水域及水利设施用地64227.62公顷，人均土地面积居全省之首。

一

盱眙秦时建县，先后置郡、州、军、府。2200多年的悠久历史，名胜古迹遍及城乡，硕士通儒名垂青史，达官显贵享誉朝野，经典诗文传感后世，抗日精神留芳千古。

*名胜古迹胜地。*盱眙县鲍集镇下草湾引河东岸出土旧石器更新世晚期人类化石，说明四五万年前，盱眙地区是古人类活动和生活的地方。盱眙境内有皇城、柴王城、汉王城、东阳城、泗州城、第一山、明祖陵、龙王墩等遗迹158处，其中国家级文物重点保护单位1处、省级文物重点保护单位3处、县级文物重点保护单位7处。盱眙县博物馆珍藏出土玉石器、陶瓷器、青铜器、漆木器、金银器、角器、钱币6000余件。其中，国家一级文物75件、二级文物82件、三级文物315件。穆店乡出土陈璋圆壶（重金络壶），内装“郢爰”11块、马蹄金15块、金饼9块半，是唯一一件能集先秦金属工艺之大成于一身，能反映重大历史事件，能体现泥范铸造工艺最高水平的现存青铜器，堪称国之瑰宝。

政治文化古邑。楚怀王熊心建都甘泉山，隋炀帝建离宫都梁山，明太祖朱元璋修祖陵。据清光绪《盱眙县志稿》记载，盱眙古代曾建过汉王城、项王城、柴王城、东阳城、长围城、魏武城、臧质城、龟山城、都梁城、虎头城、梁公城、高山城、考城等39座。南宋时依山筑长城，城周13.5千米，设有东、南、水、玻璃、慈氏、宝积六门。古东阳城秦汉建郡，属4万以上人口大县，西汉吴王刘濞在此建太仓，两汉时期两次封为侯国，出土汉元帝初元五年(前44年)星象木刻彗星图，为世界最早彗星运行图。秦末，异军突起，汉封棠邑侯，谥号安侯陈婴；汉武帝皇后陈阿娇；三国，官至司徒，封东阳侯、高陵侯，谥号贞侯陈矫；晋朝，重臣安国侯，谥号武侯陈骞；女扮男装应试，选为扬州议曹从事，《南史》记载的第二位女棋手娄逞；唐代，骁勇驰名，屡立战功，升团练使刘金；元末农民起义领袖，明太祖朱元璋；善政思廉知县郭起元；清正好天官戚杰。盱眙境内维桥乡范家岗系新石器时代遗址，桂五镇大墩头系新石器时代和周代遗址，文化层厚约3米。从出土陶器鼎、黑皮陶器来看，具有汶口文化、龙山文化、良渚文化特质。第一山摩崖石刻现存139块，文人墨客留下千余篇诗文。自唐代以来，盱眙历代文人墨客留下大量诗文著作；南宋以来12次编修《盱眙县志》11部。骆宾王、韩愈、白居易、温庭筠、苏东坡、王安石、黄庭坚、米芾、陆游、杨万里、王荫槐等历代文人墨客，在盱眙留下名篇佳作。

革命战争老区。盱眙人民有革命斗争和爱国主义的光荣传统。土地革命时期，李桂五、杜仲和、武飞、徐德文、王赞虞、丁禹畴等第一批共产党人秘密开展建党活动。1931年9月，江淮特委批准成立中共盱眙县委并任命李桂五为书记。1932年4月，发动西高庙农民武装暴动。抗日战争时期，在中国共产党领导下，盱眙人民进行抗日救亡斗争。爱国绅士王养吾在抗日战争中组织千名民练，抗击入侵盱城日本侵略者；中国人民解放军炮兵英雄王工一，历经济南战役、淮海战役、渡江战役、抗美援朝战争、舟山群岛战役，屡立战功。1943年1月10日，中共中央华中局暨新四军军部移驻盱眙黄花塘，陈毅、赖传珠等老一辈革命家在黄花塘运筹帷幄，决胜千里。1945年8月，日本投降，盱眙解放。全民族抗战胜利后，全县人民开展除奸反霸、土改等工作。

二

1986～2008年，县委、县政府领导盱眙人民，艰苦奋斗，开拓创新，物质文明、精神文明建设均取得巨大成就。经济建设蓬勃发展，精神文明备受称颂，城乡面貌焕然一新。

综合实力明显增强。盱眙县在“七五”计划末，工农业生产总值年平均增长10%，财政收入年递增22.3%，农民人均纯收入年递增7.8%。在“八五”“九五”“十五”期间，县委、县政府坚持以经济建设为中心，坚持加快发展、解放思想、开拓进取，加速改革开放步伐，强化经济结构调整，带动千家万户专业化生产、区域化开发、一体化经营、商品化推动，整体推进一、二、三产业快速发展，社会事业繁荣昌盛，人民生活水平和生活质量进一步提高。2008年，全县工农业生产总值157.91亿元，财政收入10.37亿元，城乡居民年末存款余额40.6亿元。

农业经济全面发展。1986年起，县委、县政府立足资源优势，开展以“保菜、稳粮、发展多种经营”为中心的农业结构调整，推广优良品种，改进栽培技术，改造中低产田，建设吨粮田，引导农户推进适度规模经营，相继培育一批万亩蔬菜生产基地、万亩大蒜园、千亩桃园、万亩韭菜园、万亩大葱园、万亩桑园的“一镇一品”农业特色乡镇及专业村。1990年起，县委、县政府利用黄淮海开发资金，加快田、林、路、沟、渠综合治理，全面配套站、闸、桥、涵、洞农田水利建设；以“四荒”(荒地、荒山、荒滩、荒水)综合开发为重点，拍卖“四荒”使用权，掀起山区林业开发热潮；推广麦稻联合收割机、水稻插秧机、油菜联合收割机、增氧机、鱼苗投饵机，农业生产条件明显改善，抗御自然灾害能力显著增强，粮食产量逐年增长，多种经营全面发展。2000年起，推进设施农业、创汇农业、旅游观光农业快速发展，实施“农业科技综合示范基地”项目，先后建成“三高”(高投入、高产出、高效益)农业、农业科技综合示范区和国家级农业综合开发项目，形成“菜、油、瓜、林、草、药”六大主导产业，粮经作物比例53.8∶46.2，建成淮安市“千亩大棚早熟西瓜示范园”、大葱、毛豆、花生特色种植基地。利用水资源优势，发展龙虾产业；举办龙虾节，推动龙虾产业及综合经济全面发展。加大投入，建成防洪工程体系、灌溉工程体系、排涝降渍工程体系。小流域治理被财政部、水利部命名为“全国水土保持生态环境建设十、百、千示范小流域”。河桥镇玉皇山被省政府列为全省丘陵山区农业综合开发示范基地，建成国家级农业旅游示范点。再生稻亩产连续4年刷新世界纪录，农林牧渔业总产值37.62亿元，创历史新高。

工业效益逐年提升。1986年，全县工业以国有、集体为主体。1990年起，县委、县政府采取承包经营、租赁经营、股份合作、整体拍卖等形式，改革工业企业经营体制、管理体制、产权制度，工业经济发生质的飞跃，基本形成建材、化工、医疗器械、机械制造、食品酿酒、造纸印刷、纺织服装等产业主体。2000年起，县委、县政府将招商引资作为“工业强县”第一方略，在城区东部建设县工业园区，先后成立三批30个招商分局，分布东莞、无锡、镇江、宁波、上海、台州等地区开展招商工作；实行引资单位“一把手”进区挂牌督办、项目交办、全权帮办、特事特办责任制，强化服务，确保客商满意；举办8届龙虾节，把节庆与招商恳谈暨项目签约结合起来，推进工业发展。2008年，进驻盱眙经济开发区企业458家，初步形成凹土开发、钢管轴承、电子电器、服装加工、机械制造五大产业，实现产值114亿元。

商贸流通繁荣昌盛。1986年，全县商贸业以国营、集体为主体。1990年起，县委、县政府实施“建设大市场，发展大贸易，搞活大流通”战略，深化国有、集体商贸和供销合作企业体制改革，实行母体裂变、脱壳再生、国退民进等举措，开拓县内外市场，兴建专业市场，培育规模市场，个体私营商业快速发展。万润发、苏果超市、华联超市、山城市场、东方市场等一批大型商场、贸易市场落户城区，连锁店延伸到各乡镇，乡镇街道建成商业一条街和规范性的农贸市场。2008年，全县商品批发零售总额26.23亿元，个体商业26303户，私营商业2185家。全县商业流通领域产权制度改革全面结束，农村集镇合作商店全部转为私人经营。金融业得到快速发展，2008年全县储蓄余额近70亿元，贷款余额近35亿元。

现代服务业快速崛起。加速现代服务业改革开放，中介、拍卖、租赁、洗涤、美容美发、婚姻服务、殡葬服务、家政服务、休闲娱乐、高档宾馆、星级饭店等新兴行业相继进入市场，形成服务业支柱产业。绿色食品“盱眙十三香龙虾”烹饪技艺享誉国内外，全国发展会员店620个，瑞典哥德堡、新西兰罗托鲁瓦市分别成立盱眙龙虾海外连锁店。全县相继建成四星级、三星级酒店和一批高档宾馆、度假村，逐步形成专业化、特色化，推动全县餐饮、休闲、娱乐等服务行业快速发展。

交通邮电同步发展。国道、省道贯穿全县三分之二乡镇，淮河流经盱眙，农村实现村村通公路，县乡公路实现黑色化；新客运中心、淮河盱眙综合新港口（清水坝）建成投入运营。全县交通集长途客运、农公客运、出租车客运、城市公交、物流中心和船舶运输于一体，显现苏北水陆交通中转枢纽的地缘优势。邮政局添置设备，开办包裹、快递、集邮、储蓄等新兴业务。电信局加大基础设施投入，城乡电话均实现自动化，长途电话进入全国长途自动直拨网，数据通信（DDN）进入江苏DDN网和国家DDN网，农话传输实现光纤数字化。盱眙县移动通信分公司和中国联通公司盱眙经营部相继进入盱眙市场，开通信息“高速公路”，建成政府网、宽带传输网、教育网（校校通）、合作医疗网、平安监控工程、医疗卫生、财政、邮政、通讯、金融、工商、政法等456个信息化网点，基本构成现代化服务通信网络。

城乡面貌日新月异。1986年，盱眙县城主要有淮河大桥—新华浴室一条主街道，五墩区域只有少数居民，淮河东路为砂石路。1987年起，相继完成修编县城总体规划和乡镇、村居规划。完成淮河东路、淮河北路等8条城区道路硬质化，建设沿淮风光带，建成行政一条街。2001年起，加快旧城改造进度。2008年，先后建成山水大道、奥体中心、山水广场、海通时代广场、商贸中心等一批标志性城市项目，基本形成显山露水、东移北扩、“三心、二轴、四片区”敞开式城区新面貌。城区水、电、气等公共设施，道路交通，亮化、美化、绿化同步发展，城区特色鲜明。街道清洁卫生，人居环境优美，服务功能完善，园林风光旖旎，呈现山在城中，城在水中，依山傍水，绿树成荫，环境秀美，文明开放，生机盎然的现代化城市风采。各乡镇街道相继建成农民居住集中区、工业企业集中区、卫生洁净示范村、农贸市场、商业街，实现通电、通水、通网络，乡村旧貌换新颜。

三

盱眙县国民经济的快速发展,促进科教文卫等社会事业全面进步。

科技兴县成效显著。县委、县政府实施“科技兴县”战略,制定科技发展规划,提出体制改革、科技致富、凹土利用、知识产权保护、评选科技先进乡镇等一系列实施意见和奖励办法,开展科技培训,送科技到村头、田头,评选优秀科技工作者等活动,增强科技兴县的凝聚力、向心力。科技队伍不断壮大,科研成果逐年增加,科技贡献份额明显提高。2008 年,全县各类科技人员 15100 人,每万人拥有科技人员 202 人;申报各类项目 575 项,其中列入市计划 107 项、列入省计划 113 项、列入国家计划 14 项。研究出一批凹凸棒黏土科技新产品,畅销英、美、日、澳、马来西亚等国家和地区。

教育卫生发展优质。全县教育工作坚持“改革、发展、稳定、服务”八字方针,改革教育体制,打破“铁饭碗”,引入竞争机制,增强教职工危机感、责任感。改造薄弱学校,巩固“普九”(普及九年制义务教育)成果,重视素质教育,改革学前教育,发展特殊教育,提高职业教育,全面提升“普九”和基础教育水平。鼓励社会办学、集资办学、合作办学,教育投资呈现多元化,办学条件明显改善。开展国家、省、市、县级合格学校、名牌学校、师范学校创建活动,发挥其辐射性作用。民营医院、个体诊所进入卫生医疗行业;加强县、乡、村三级医疗预防保健网络建设,落实“农民健康工程”;深入开展防病、灭病、计划免疫及卫生监督、监测、宣传教育工作,完善防治措施,寄生虫病、地方病、传染病得到有效控制。每年对 18 岁以上妇女进行普查、两癌筛查、婚前检查;对体弱儿童、病缺儿童实行专项管理和矫正,提高全县人民保健质量。以环境卫生整治、乡村道路建设、改水改厕、除“四害”、健康教育为重点,全面落实卫生城市、卫生镇、卫生村创建工作,推动爱国卫生运动深入开展。

计划生育有效实施。县委、县政府相继颁发一系列关于计划生育管理文件,明确职责,科学指导,以法治育,综合管理,优质服务,广泛宣传,加强监督,奖惩分明。各级、各部门把计划生育政策纳入经济、社会发展总体目标,实行党政“一把手”亲自抓,负总责,落实计划生育政策,宣传计划生育法规,推进“世代服务”体系建设,控制出生人口性别占比,解剖流动人口管理服务难点,开展“婚育新风进万家”、优生优育、关爱女孩等新型生育文化活动,有序推动计划生育工作顺利开展。2008 年,全县计划生育率 98.45%,比 1986 年增加 17 个百分点;出生人口性别比为 110∶96,流动人口服务率 99.23%。

文体事业成果卓著。盱眙县文化事业围绕县委、县政府中心工作,把握正确舆论导向,发挥文化艺术功能,相继新建淮河文化博物馆、象山地质博物馆、历史文化博物馆、龙虾博物馆、影视拍摄基地,建成可容纳 6 万观众的都梁广场,可容纳万名以上观众的奥体中心,乡村建成文化活动中心和图书室。全县编辑出版专著 57 部,编撰出版史志 17 部,创办《今日盱眙》。每年春节、元旦及重大节日,组织全县文艺宣传队举办文艺汇演、歌咏比赛、群众文艺晚会;县黄梅剧团、电影队开展送戏、送电影下乡活动。县委、县政府积极发展体育事业,开展全民健身月活动,城区建成奥体中心,乡镇建成体育场馆和体育中心,组织实施“万村体育健身工程”,成功承办省级体育比赛,举办农民运动会,广场舞、健身舞、健身操等群众健身娱乐活动在城乡蔚然成风,群众体育文化生活丰富多彩。县体育部门通过举办培训班、体育竞赛,增强了全县体育工作的社会性、群众性、广泛性。至 2008 年,成功承办省级体育比赛 4 次,市级体育赛事 10 次,举办重大赛事 21 次。盱眙运动员参加全国运动会获前 6 名 27 人次,参加省级运动会获前 6 名 38 人次,为盱眙体育运动增光添彩。

龙虾节庆享誉世界。2000 年起,县委、县政府连续举办 9 年龙虾节。龙虾节庆千人广场龙虾宴被吉尼斯总部授予吉尼斯纪录证书,“龙虾节”被国际节庆协会授予“中国最具发展潜力十大节庆”,被中国节庆联合会授予“影响中国节庆产业进程 30 节”,“盱眙龙虾”被农业部绿色发展中心授予“中国名牌农产品”“绿色食品”,被中国烹饪协会授予“中华名菜”。每届龙虾节,在龙虾广场举办精彩文艺演出,央视节目主持人、歌唱家、名演员登台献艺,6 万余名观众观看演出;相继举办“放眼看世界”文艺采风、“大明帝陵图鉴展”、民俗表演、古诗古词吟诵演奏会、中外电影金曲交响音乐会、诗歌朗诵会、洪武太子祭陵表演、美术书法摄影展、盱眙出土文物展、征歌赛、征文赛、节庆经济与节庆文化论坛、淮河文化精英论坛等文化活动，挖掘美食文化，优化节庆文化，带动旅游发展，扶持龙虾产业，提升盱眙形象，推动盱眙经济快速发展。

旅游战略特色彰显。盱眙历史悠久，人文荟萃，境内奇山秀水遍布，名胜古迹众多，可供开发的旅游资源66处。根据旅游资源，县委、县政府确定“旅游兴县”发展战略，对旅游景区景点进行整体规划和全面论证，将旅游开发作为经济增长点，兴建山水旅游城市，加快景区景点建设，培养引进旅游人才，举办旅游特色活动，强化旅游宣传营销，着力旅游行业管理，打造真山真水品牌，提升旅游知名度和影响力，“食、住、行、游、购、娱”旅游六大要素日趋完善，为游客提供优质的旅游综合服务，旅游效益逐年增加。2008年，全县对外开放的国家AAAA级景区有：铁山寺森林公园、明祖陵景区、第一山国家森林公园；国家AA级景区有：黄花塘新四军军部纪念馆、八仙台风景区。盱眙县获国家级“最佳中国文化生态旅游目的地”“中国最佳生态旅游县”奖，获江苏省“旅游活动推广”奖。

精神文明传播新风。县委、县政府围绕经济建设中心，持续开展有理想、有道德、有文化、有纪律“四有”公民培育活动，广泛开展岗位学雷锋、行业树新风，文明出行、文明家园、文明单位、文明城市、文明乡镇、文明社区、文明新村、文明一条街创建活动，连年开展评选表彰“优秀党员”“百姓贴心人”“感动盱眙十大道德楷模”，大力弘扬民族精神和先进文化，唱响主旋律、弘扬真善美、传播正能量、树立新风尚，居民素质、开放意识、文明意识、诚信意识明显提高，鼓舞和激励全县人民为经济建设和社会发展作出不懈努力。至2008年，盱眙县获江苏省文明单位称号，全县被评为省文明单位6个、市文明单位13个、县文明单位56个；获省文明村镇4个、市级文明村镇4个、县级文明村镇18个，马坝镇被评为全国文明村镇，属淮安市首家。

四

改革开放的春风唤醒盱眙人民，盱眙进入大改革、大变化、大发展的历史时期，各项社会保障事业发生深层次、全方位变化。全县人民沐浴着明媚的阳光，共同演奏出一曲幸福康乐和谐美满的乐章。

实施脱贫攻坚战略。1986年，盱眙县属全省贫困县之一。1993年起，江苏省委、淮安市委派驻盱眙县扶贫工作队，按照“扶贫领导体制不变，扶贫资金不减，并逐年增加”总体要求，制定扶贫规划，落实扶贫资金、帮扶开发项目，改善经济薄弱村面貌，增加贫困户收入，连年完成帮扶任务，超额实现脱贫目标。县委、县政府合理安排省、市各项帮扶资金，实施草危房改造安居工程、通电扶贫工程、“绿色通道”帮扶工程、农村劳动力转移工程，集中建设一批标准高、规模大、效益好、带动强的种养加产业示范基地，实现村级集体经济收入和贫困户收入“双增”目标。金融部门发放扶贫小额贷款，扶持农民种养加产业；老区开发促进会、县扶贫协会扶贫项目逐年增加；科技部门开展科技帮扶活动；教育部门开展扶贫助学活动；县扶贫办建立扶贫监督卡，确保各项扶贫工作落实到位，全县脱贫人口逐年增加，经济薄弱村逐年减少。至2008年，全县农村贫困人口脱贫89533人，脱贫率78.6%；省定40个经济薄弱村年集体收入550万元，村均13.75万元，超额完成省下达年度任务4%。

健全民生保障机制。县委、县政府以最低生活保障为基础，以灾民救助、“五保”供养、低保对象为主线，建立社会救助、五保供养标准自然增长、价格上涨动态补贴机制，上浮特殊低保对象保障标准，有效保障和逐步提高城乡困难群众基本生活。全面推进新型农村合作医疗，逐年扩大补偿、报销范围，构建参加医保资助、日常门诊救助、大病住院救助、临时救助与慈善爱心援助相结合，医疗救助与医疗保险相衔接，政府救助与社会互助相联动的医疗救助体系，提高医疗救助效果；为60岁以上参合农民进行健康体检，建立健康档案，实现新型农村合作医疗全覆盖。县委、县政府相继出台自然灾害应急救助预案和受灾群众临时救助办法，救助生活无着落的流浪乞讨人员。鼓励扶持农村残疾人从事各种生产劳动，残疾人自谋职业，税收、信贷享受优惠；丧失劳动能力、无法定抚养人、无经济来源的残疾人，给予定期救济和生活保障，重度残疾人享受最低生活保障;孤儿、残疾儿童、残疾人子女享受义务教育优惠政策,残疾人生活水平和生活质量逐年提高。2008年,全县“五保”对象2157人、低保对象27360人、受灾困难群众13353人、住院大病患者814人,保障、救助经费均按时足额发放到人。

五

县委、县政府积极推进建设社会主义民主政治为目标的政治体制改革,不断完善人民代表大会制度和政治协商、民主监督制度,改革、精简机构,扩大基层民主权利;围绕构建和谐社会,加强平安创建、法治建设,有效维护全县政治稳定、社会安定、百姓安居,提升群众安全感,政治文明建设涌现新气象新面貌。

民主建设继续加强。坚持完善人民代表大会、多党合作、政治协商制度,保证国家权力机关、政协部门按照宪法和法律规定,履行职能。1986年起,盱眙县历经6届人大及其常委会,依法决定重大事项和任免干部,加强法律监督和工作监督,开展执法检查和社会调查,充分发挥人民代表作用,为社会主义法制建设做出贡献。县、乡镇人大代表均由选民无记名投票差额选举产生。县政协历经7次换届,选举产生政协委员。会议期间,政协委员提出提案,政府及相关部门给予妥善办理。县委、县政府贯彻落实《中华人民共和国村民委员会组织法》,实行选民每人一票,直接推荐、选举产生村民组长、村民委员会委员,群众将信得过、作风正、为民办实事办好事的人选进村班子。各村委会完善村民自治,落实村民代表会议制度,凡涉及到村民利益的重要事项,由村民代表会议讨论决定,并实行村政务、财务、重大事项公示制度,以及村民代表会议监督、决策、管理制度,提高村民民主意识,推进民主政治建设。

机构改革有序推进。1986年起,县委、县政府明确政府调节经济、监督市场、公共服务职能,实行机构改革,做到政企分开,合理划分政事范围,改革事业单位管理体制,实行民主推荐、公开选拔正、副科级干部,选派县直机关企事业干部下基层工作,减少县直机关常设机构,精简干部队伍。1991年起,在转换经营机制必须转变政府职能的前提下,县委、县政府首次公开选拔乡党委书记、副书记;首次向县外选拔正科级干部,首次推行单位主要领导离职审计制度,中层干部竞争上岗制度,推行公务员制度,进行行政机构改革。至1997年,全县党政机构减少26个,精简41.26%;县直机关减编95人,精简11.6%。2000年起,县委、县政府实行干部任用公示制、股级干部聘用制、招商引资实绩突出直接提拔任用制,提拔干部坚持县委常委会票决制。将原30个乡镇调整为19个,全县乡镇各类临时机构同时撤销,事业单位临时人员全部清退,全县乡镇党政机关和事业单位机构得到精简。全县乡镇党政机关由1020人精减为744人,乡镇事业单位由440个精简为171个,涉及事业人员2051人,乡镇各类临时机构同时撤销,事业单位临时人员全部清退;撤销乡镇教育办公室30个,撤销学校中层机构92个。2008年,县委建立乡镇科级干部定期分析制,完善干部信息库,首次尝试差额方式实行公推公选。通过历年机构改革和干部制度改革,理顺关系,精简机构,减少政治成本,提高干部队伍整体素质。

普法教育不断深入。1986年起,盱眙县以宪法为核心,以专业法为重点,相继开展全民普法教育。县委、县政府先后制定法制宣传教育规划,成立讲师团和业余宣传队,围绕法治盱眙、平安盱眙,深入城乡宣传法律知识,组织普法教育,全县普法对象参加不同形式的普法学习。“五五”普法教育中,注重法制教育与为民排忧解难、为群众办实事相结合,与精神文明建设同步推进,与“民主法治示范村(居)”创建活动同时开展,做好法律援助,调解民事纠纷,发挥社区矫正功能,增强公民法律意识,提高党员干部法律素质,提升社会法治效果。

社会治安明显好转。23年来,盱眙县社会变革力度加大,经济发展步伐加快,需要一个安定和谐的社会环境。对此,县政法委开展“建设平安盱眙,创建最安全地区”、平安乡镇、平安企业、平安单位、平安学校等活动。公安部门加强治安管理,实施群防群治,重抓人防保安、科技防范、专业护卫,开展“严打”整治斗争、专项斗争、“飓风行动”,破获重大杀人案、诈骗案、传销案等刑事案件和经济案件,发案率逐年减少。检察部门围绕“强化法律监督，维护公平正义”为主题，在查办和预防职务犯罪、批捕、诉讼、信访、法律监督工作中，获省文明行业、省二级规范化检察院等荣誉。县法院充分发挥审判工作职能，为构建和谐社会提供司法保障。乡镇司法所全面推进大调解机制，调处矛盾纠纷，严防矛盾激化，全县19个乡镇司法所达到省规范化司法所标准。各社区积极做好矫正工作，矫正对象重新犯罪率低于3%。信访部门在全省率先建立健全领导接待日、信访件交办监查制度，创建乡镇阳光信访综合服务中心，妥善化解信访渠道反映的社会矛盾，全县信访工作走上程序化、规范化、法制化轨道。加强宗教场所建设，开展模范宗教场所、平安宗教场所创建活动，依法管理民族宗教事务，促进民族关系、宗教关系和谐，发挥社会稳定作用。全县呈现出政治稳定、社会安定、百姓安居的良好局面，群众安全感明显提高。

从盱眙的历史中看到辉煌，也看到不足，经济综合实力需进一步增强，社会保障需进一步完善，生态环境需进一步优化，精神文明建设需进一步提升。盱眙地处长江中下游，淮河两岸，具有区位优势互补，资产存量丰盈，民间资本丰盛，承载能力丰实，社会资源丰饶，发展空间广阔的优势，在建设中国特色社会主义道路上，优势、机遇与挑战并存。全县人民在县委、县政府的领导下，抢抓机遇，发挥优势，加快发展，实现“环境立县、工业强县、城建举县、旅游兴县”方略，打造“淮河明珠，龙虾之都，帝王故里，生态家园”盱眙名片。盱眙的明天必将更加文明，更加富庶，更加和谐，更加美好。

大事记

1986年

1月17日　县政府颁发《盱眙县国家建设征地管理和房屋拆迁安置试行办法》。

3月17日　水利电力部副部长杨振环一行24人到盱眙视察水利工作。

4月6～10日　县政协第二届三次会议召开。

4月17日　日本东京三木力株式会社取缔役副社长、中国地质矿产部技术顾问桑原宽博士一行到盱眙考察凹凸棒石黏土公司，签署供应样品试验协议。

5月7日　山城农贸市场在盱城建成开业，占地35582平方米。至1990年，场内有13个贸易区，上市品种1100多种，日成交额15万元左右。

5月23日　县人民武装部划归地方建制。

6月4日　县政府下发《关于招工制度改革的通知》，实行全县年度一次性统一招生。县直机关、部门、事业单位、全民或县属企业的招工改为招生制，进行就业前培训，不经过培训的人员，不再安排就业。

6月　县第二水泥厂在盱城建成投产，设计年产水泥8.8万吨。

6月　省、市下派基层工作的31名干部（省派26名、市派5名）到盱眙，安排在县直机关和乡镇挂职工作，一年后回原单位。

夏至秋，南京博物院等单位组织力量发掘河桥乡六郎墩新石器时代至周代遗址。

7月14日　省人民政府批准旧铺、官滩、桂五撤乡建镇。

8月3日　特大暴雨，降雨量214毫米。

8月6日　仇集、洪山、马庄、观音寺乡部分村组遭冰雹袭击。全县倒塌房屋3500余间，受淹农田近1.2万公顷，企业损失60余万元。

8月15日　县第二届人民体育运动会在县城体育场开幕，历时18天。

10月　黄花塘新四军军部旧址陈列室正式开放。

11月　村级中共组织整党全面展开，到次年1月10日结束。

11月下旬　维桥乡车棚村范家岗发现新石器时代遗址，出土黑皮陶器。

11月　全县开始第九次人民代表普选，至次年3月结束，共选出县人民代表281名，乡镇人民代表

1442名。

12月21~23日　第九届人民代表大会第二次会议选举县长1名,副县长4名。

12月　县城第一山公园修复杏花园,并于其上兴建春昼亭。

1987年

4月17~20日　政协盱眙县第三届委员会第一次会议召开。会议听取、审议并通过县政协第二届委员会常务委员会工作报告和县政协二届三次会议以来提案处理情况报告;讨论并通过县政协三届一次会议政治决议,协商和选举产生县政协第三届委员会主席、副主席、秘书长和常务委员;表彰政协工作先进集体5个、先进工作者36名和支持政协工作的先进单位3个。与会政协委员还列席县十届人大一次会议。选举王瑞冰为政协主席。

4月18~21日　盱眙县第十届人民代表大会第一次会议召开,280名代表出席。会议听取、审议并批准县人民政府工作报告、国民经济和社会发展计划报告、财政预决算报告和县人大常委会、县人民法院、县人民检察院工作报告;选举县人大常委会主任、副主任、常务委员和县长、副县长、县人民法院院长、县人民检察院检察长。选举张庆康为县人大常委会主任,黄登仁为县长。

5月5日　县诗词学会成立。

6月28日　县人大常委会作出《关于政府组成人员制订任期施政计划的决定》,要求政府组成人员在接到任命书一个月内上报任期施政计划,每年底将执行情况写出书面汇报。

6月　省、市下派35名干部(省派20名、市派15名)到盱眙县,安排在部分乡镇和厂矿挂职工作,一年后回原单位。

7月26~31日　江苏省1987年“希望杯”女子足球赛在盱城举行。

7月　开始在工商企业全面推行厂长(经理)负责制。不久,在这些企业实行第一轮承包(个人承包)经营责任制。至次年4月,县属72家企业,签订承包合同69家。

7月　第一山魁星亭重建魁星碑。

7月　淮阴市以劳养武工作现场会在盱眙召开。总结推广盱眙“人武一条线,重点抓一业”的经验。中共江苏省委常委、省军区政治委员岳德旺,中共淮阴市委书记黄冰、市长徐燕出席会议。

9月28日　县集邮协会召开成立大会。

11月30日至12月1日　盱眙县第十届人民代表大会第二次会议召开,244名代表出席。会议选举出席淮阴市第二届人民代表大会代表44名。

12月31日　县委县政府下发《关于加快和深化农村改革的意见》,就流通体制、农村金融、农村服务体系、乡镇企业改革和强化“双轨制”管理体制作出具体规定。

1988年

年初开始黄淮海开发工程。内容包括农、林、牧、副、渔等方面,以改造中低产田为主。投资组成:国家占50%,省、市财政占25%,县、乡、村自筹占25%。

3月25～27日　中国共产党盱眙县第八次代表大会召开，297名代表出席。会议听取、审议并通过第七届县委工作报告和县纪律检查委员会工作报告，选举产生中共盱眙县第八届委员会和中共盱眙县纪律检查委员会。会议选出县委委员23人，候补委员4人，纪委委员12人。县委八届一次全委会议，选举赵宏章、黄登仁、王寿昌、张德新、吴良桂、张铭刚、袁书祥、高琰为常委，常委会议选举赵宏章为县委书记，县纪律检查委员会全体委员会议选举张铭刚为县纪委书记。

4月3～16日　县政协第三届二次会议召开，选举颜秉栋为副主席。

4月下旬至5月下旬，县委、县政府组织乡镇党委书记和县直机关有关部门负责人，分两批计100多人赴浙江温州考察家庭经济。

7月18日　县委印发《关于深化干部制度改革　完善干部管理体制的意见》，按照党政分开、政企分开和管人与管事既紧密结合又合理制约的原则，根据不同的干部管理权限就干部的管理、使用、任免、调动等作出相应规定。

7月　县委、县政府召开全县农村经济工作会议，提出学习温州经验，解放思想，放宽政策，加快农村经济发展步伐。

10月　省、市下派31名干部（省派18名、市派13名）到盱，安排在县级机关和乡镇挂职工作，一年后回原单位。

12月13日　各界人士1000多人在县影剧院隆重集会，纪念盱眙解放40周年。

12月　在全省以劳养武总结表彰大会上，县委书记、县人武部党委书记赵宏章被省政府、省军区荣记三等功。

12月　徐（州）宁（南京）公路线在境内的团结河大桥建成，长102米。

1988年　在县城第一山公园内重建淮山堂。

1988年　盱眙县被中共江苏省委、省人民政府授予“粮食生产先进县”称号。

1989年

1月16日　管镇乡拆分为管镇乡和仁集乡，鲍集乡拆分为鲍集乡和肖嘴乡。

1月20日　县政府下发《关于加快普通教育事业发展和改革的决定》，提出实施五年制义务教育，把普通教育转到为地方社会主义建设服务轨道上来，大力发展农村职业教育、成人教育，深化改革完善教育管理体制的目标。

2月2日　县商业大厦在盱城建成开业，营业面积2500平方米，设40个专柜。

3月26～28日　政协盱眙县第三届委员会第三次会议召开。协商补选主席、秘书长，增选副主席和常务委员。补选姚福茂为政协主席。

3月26～28日　盱眙县第十届人民代表大会第四次会议召开，257名代表出席。会议听取、审议并批准县人民政府工作报告、国民经济和社会发展计划报告、财政预决算报告和县人大常委会、县人民法院、县人民检察院工作报告，补选县长、副县长各1名。补选王寿昌为县长。

6月8日　县委召开廉政建设工作会议，向党政机关提出“两公开一监督”（公开办事制度、结果，接受群众监督）的办事要求。同时，决定县直机关工作人员下基层一律实行就餐券制度，不准接受公款吃请。

6月20日　县中医院在盱城建成开业，设床位50张。

6月25日　开始对承包耕地进行小调整。至9月底，全县有404个村共调整耕地面积1.2万多公顷，占承包耕地总数18.2%。

7月29日　张德新任中共盱眙县委书记。

9月6日　县委、县政府开展"扫黄"(清查黄色书刊和音像制品等)工作。全县200多人成立37个工作小组,突击检查和整顿文化市场,查出违法刊物41种371册。

9月30日　中共盱眙县代表会议召开,选举产生出席中共淮阴市第二次代表大会代表34名。

9月　县委组织力量清查干部建私房,至次年3月,共查出违纪建房的副科级以上干部112人、股级干部96人,并作出相应处理,罚款7.8万元。

9月　第十次普选开始,次年1月结束,选出县人民代表283名,乡镇人民代表1536名。

9月　淮阴市下派14名干部到盱帮助工作,一年后回原单位。

12月7日　县委召开八届七次全委扩大会议,传达中共十三届五中全会和中央工作会议精神,落实治理整顿和深化改革任务。

12月　县图书馆楼在盱城建成,建筑面积960平方米。

1990年

3月4~7日　政协盱眙县第四届委员会第一次会议召开。会议学习中共十三届五中全会文件和《中共中央关于坚持和完善中国共产党领导的多党合作和政治协商制度的意见》;听取、审议并通过县政协第三届委员会常务委员会工作报告和县政协三届三次会议以来提案工作情况报告;讨论县政府工作报告(征求意见稿);协商和选举产生政协盱眙县第四届委员会主席、副主席、秘书长和常务委员;讨论并通过会议各项决议。选举姚福茂为政协主席。

3月8~11日　盱眙县第十一届人民代表大会第一次会议召开,274名代表出席。会议听取、审议并批准县人民政府工作报告、国民经济和社会发展计划报告、财政预决算报告和县人大常委会、县人民法院、县人民检察院工作报告;选举县人大常委会主任、副主任、常务委员和县长、副县长、县人民法院院长、县人民检察院检察长。选举张庆康为县人大常委会主任,王寿昌为县长。

3月23日　县政府决定以铁山寺为中心,将县林场古城分场、化农水库地段划归铁山寺自然保护区。面积共2180公顷。

4月12日　县政府印发《盱眙县"三教"统筹综合改革实施方案》,就基础教育、职业技术教育、成人教育统筹发展作了详细部署。

4月30日　县老干部俱乐部在盱城落成开放。

5月13日　县政府决定将原由淮河、兴隆、仁集3乡共管的3333.3公顷陡湖水面收归县管。

7月　进行第四次人口普查,以7月1日零时为标准时间,全县总人口为694322人。

7月　开始工商企业第二轮承包工作。这次改个人承包为集体承包,在企业内部签订共保合同。至年底,县属72家企业中,签订承包合同71家。

9月下旬　淮阴市博物馆组织力量发掘观音寺乡龙墩口遗址。

9月　盱眙皮革总厂与香港惠福企业公司施盛侠合资兴办的盱眙惠福皮革有限公司项目意向书在上海签订。

11月　阿根廷籍侨胞王长斌独资兴建的盱福侨加油站在新街乡泥沛破土动工。

11月底　县成立己二酸工程指挥部,负责该项工程筹建工作。

12月下旬　县文化局组织人力发掘东阳小云山西汉木椁墓，出土文物有陶器、铜器、铁器、玉器、漆器等100多件。

1991年

2月22～24日　各乡（镇）党委进行换届选举。

3月7日　市委常委、组织部长柯广坚到盱宣布：县委书记张德新调市工作，任命陈伟为盱眙县委书记。

△　盱眙开往蚌埠的客车返回时，在安徽省凤阳县境内翻入小溪河中，造成一起死亡16人的重大恶性交通事故。

3月17～19日　中国共产党盱眙县委员会第九次代表大会召开，出席会议的代表300名，特邀代表41人，列席代表62人。会议听取、审议并通过第八届县委工作报告和县纪律检查委员会工作报告，选举产生中共盱眙县第九届委员会和中共盱眙县纪律检查委员会。会议选出县委委员32人，候补委员5人，纪委委员12人。县委九届一次全委会议，选举陈伟、王寿昌、吴良桂、吴永林、嵇孝春、袁书祥、林伟明、庄德焕、柳怀玉、秦川为常委，常委会议选举陈伟为县委书记，县纪律检查委员会全体委员会议选举林伟明为县纪委书记。

5月31日　由侨胞王长斌与县人民政府招待所合资兴建的盱侨宾馆（后改名为“都梁大酒店”）举行奠基仪式。1993年3月18日正式开业。

6月12～13日　连续的特大暴雨袭击仇集、河桥、龙山、古桑等6个乡（镇），有6666.7公顷小麦被淹，1000公顷麦把被山洪卷走。

6月14日　暴雨，淮河水位陡涨至15.18米，淮河乡的富淮滩村被洪水淹没（此前，居民已全部撤出）。

6月15日　县凹凸棒黏土公司与台北市艾洛贸易股份有限公司、中国石油天然气总公司管道局第二工程公司合资经营的盱眙三合凹凸棒黏土有限公司正式开业。

6月19日　下午3时左右，团结河渡口圩（仁集乡境内）被洪水冲开，决口30～40米，致祖陵、圩滩两村被淹，水深2～3米，徐（州）宁（南京）路交通中断。

6月20日　凌晨两点，南京军区驻泗洪83424部队和驻蚌埠83453部队388名官兵赶到渡口圩，和当地2000多名群众一道进行抢险堵缺工作。

6月25日　省委副书记曹鸿鸣到盱眙，察看淮河、仁集两乡灾情。

6月25～27日　民政部、省民政厅、市委、市政府的领导到盱视察灾情。

7月6日　暴雨，全县平均降雨量201毫米，局部达258毫米，盱城主街道被淹，淮河水位高达15.09米，城区1516户居民和110家商店企业仓库进水。全县159座水库、105个圩堤、90千米长的淮河大堤险象环生。

7月10日　淮河乡境内溜子河圩堤破圩。

7月11～12日　沿淮的肖嘴、淮河、铁佛、兴隆、仁集、鲍集等乡群众7.9万人转移到河桥、盱城等乡镇沿山安全地带，为淮河滞洪、行洪作准备。

7月12日　肖嘴引河塌方，县民兵应急分队和乡镇民工15000余人组织抗堤、保堤、护堤战斗，连续作战12个小时保住大堤。

7月15日　省委提出“保卫淮河、保卫长江、保卫江苏”战略号召，县委、县政府决定，组织民兵轮战淮河大堤，两批22个民兵营5800人，在37个险工险段上进行抗堤护堤战斗。

7月17日　县委发出《关于批转河桥乡党委、政府妥善做好接纳撤离灾民工作做法的通知》。该乡总人口1.8万人,接纳安置灾民1.2万人。18日,山岇水库堤坝出现长40多米、宽1米的滑坡。

△ 省政协主席孙颔在市政协主席张景良等陪同下,到盱眙视察灾情。

7月22日 陕西省户县捐赠小麦5万千克运抵盱眙。

7月26~27日 全国妇联副主席杨衍银等到盱眙察看灾情,在淮河乡召开妇女工作座谈会。

7月28日 商业部副部长兼国家专项粮食储备局局长白美清到盱眙视察灾情,指示省粮食局对盱眙再增拨150万千克救灾粮。

8月2日 副省长吴锡军到淮河、仁集两乡视察灾情。

8月4日 县政府发出《关于实施联合国援建我县灾民临时住房工作意见》,决定以联合国开发计划署援助的140.59万元,建10个灾民临时居住区,立即组织施工。

△ 财政部副部长刘积斌到盱眙视察灾情。

8月8日 审计署副审计长罗进新等到盱眙视察灾情。

8月9日 香港妇女华东赈灾委员会特别代表、香港合孚行有限公司总裁杨咏曼女士到盱慰问灾民,并捐赠物品。

8月10日 联合国特使埃沙德在副省长凌启鸿陪同下,专程到盱眙考察联合国开发计划署援盱灾区建房款的使用情况,对灾区的建房工作表示满意。到8月15日止,仅10天时间,全县共建灾民房屋11个区1100间,安置灾民4704人。

△ 国家教委副主任邹时炎、财务司司长王显明、省教委主任袁相婉一行到盱眙视察学校灾情。

8月12日 爱德基金会主任丁言仁、副主任周培琦一行到盱眙慰问灾民,捐款12万元,用于学校、敬老院建设。

△ 最高人民检察院副检察长梁国庆一行到盱眙视察灾情。

8月13日 省长陈焕友及省市县领导专程到县人武部看望慰问部队官兵和参加"双抗"民兵。

8月14日 全国水电工会副主席董力一行,新华社江苏分社副社长蔡名照一行,省商业厅副厅长丁厚基一行,分别到盱眙慰问灾民。

8月18日 国务委员、国家教委主任李铁映,在省领导陪同下,到盱眙视察灾情,慰问灾民。

△ 省、市查灾核灾小组在盱眙,经两天查核,全县有762个自然村庄被淹,撤离人口113750人,房屋倒塌32846间,损坏80325间,因灾缺粮6.6万户4150万千克。

8月19日 省长陈焕友、省政协主席孙颔率省有关部门负责人到盱眙现场办公,市委书记黄冰、市长姜立宽参加,共同研究解决抗洪救灾问题。

8月20日 在县影剧院召开的盱眙县民兵抗洪抢险总结表彰大会上,30个先进集体,160名民兵,受到表彰。县人武部6名干部被省市荣记三等功。县人武部被省政府、省军区、南京军区授予"抗洪抢险先进集体"称号。

8月24日 最高人民法院副院长华联奎一行,省委统战部及省8个民主党派负责人,分别到盱眙视察灾区灾情。

8月25日 香港红十字会助理总监顾成威一行、国际红十字会代表、德国红十字会代表B·古扎特博士到盱眙慰问灾民。

9月1日 台湾红十字会首批捐赠的大米500千克、面粉550千克运抵盱眙。10月13日,副秘书长常松茂等一行6人到盱眙察看灾情。10月30日,第二批捐赠的1600千克大米由台湾经上海运抵盱眙。

9月2~3日 加拿大华人联合会代表黄耀明、加拿大北美电影电视制作有限公司宫天华、曾志强到盱眙察看灾情,慰问灾民。

9月15日 盱眙县被省政府授予"双拥模范县"称号。

9月21日　河桥乡党委书记张建平赴南京参加省组织的抗洪救灾事迹报告团,并赴京汇报演讲。受到党和国家领导人江泽民、李鹏、万里、李瑞环等接见。

9月22日　国际红十字会救济代表(代表欧共体)K·斯图尔特到盱眙考察。

10月5日　世界银行负责人郑兰生一行到盱眙视察灾情,并商谈投资项目。

10月15日　香港《文汇报》捐赠150万港币帮助仁集乡圩滩村和祖陵村灾民建房。

10月25日　香港星岛有限公司、《星岛晚报》一行3人到盱眙捐赠赈灾物品。

12月29日　县委召开九届三次全委(扩大)会议,部署农村改革、企业改革、对外开放等工作。

1992年

1月4日　县委召开机关单位负责人会议,动员选派干部到农村搞社会主义教育。至8日,县直机关企事业单位共抽调干部180名组成社教工作队,经过短期培训,于10日分赴全县30个乡(镇)开展工作。

1月14日　省民政厅厅长侍云诗一行到盱眙检查灾民住房、生产救灾、春节生活安排等情况。

1月26日　淮河干流江苏段水体遭受上游工业废水的严重污染,各种鱼类、蛙类游向两岸,3~5寸长的死鱼随处可见,至3月23日污染解除。

1月26~27日　省委副书记孙家正、副省长凌启鸿一行到盱眙慰问灾民。

2月22日　省司法厅受司法部委托,在盱眙召开庆功表彰大会,会上宣读司法部关于追授原铁佛乡司法助理罗永言"一级英雄模范"称号和给淮河乡法律事务所记集体一等功的决定。号召全县广大干部向先进集体和模范人物学习。

3月2~4日　国际爱华集团、日本株式会社社长林荫一行5人到盱,与县食品公司签订独资兴办都梁食料加工有限公司意向书。

4月1日　民政部副部长陈虹到盱眙检查救灾工作。

4月4日　盱城各界人士500多人在第一山公园举行"侵华日军盱城大屠杀遇难同胞纪念碑"落成揭碑仪式,县四套班子领导参加揭碑仪式,并向纪念碑献花篮。

4月24日　团县委在淮河乡蛤滩村七组举行"共青新村"落成典礼,并立碑纪念。市委书记许祖元题写碑名,副书记刘学东撰写碑文,市、县有关领导参加典礼。

5月10日　江苏省第一所"希望小学"——盱眙县希望小学在仁集乡奠基,该校由台湾年代影视公司董事长陈大伟捐资兴建。

6月2日　盱眙县凹凸棒黏土公司和台商合资,成立盱眙鸿庆奥土有限公司。8月17日正式挂牌。

7月13日　县政府召开常务会议,借鉴重庆商业改革"四放开"(经营、价格、分配、用工放开)经验,确定县百货公司、五金公司为改革试点单位,在试验成功的基础上逐步扩大,直至全面推开。

7月21~28日　县委、县人大、县政府、县政协负责人率各乡、镇、场党委书记和县有关单位负责人赴山东省临沂、蒙阴、寿光、威海和无锡、昆山、张家港、江阴等县市,考察、学习农业、工业和乡镇企业发展经验。

8月13~15日　县委召开工作会议,表彰和奖励先进集体和先进个人。同时发布《关于鼓励农民进城落户兴办第三产业的规定》《关于鼓励外商投资的优惠政策》《关于鼓励发展外向型经济的若干规定》文件。

8月14日　县经济技术开发区建设指挥部成立,王寿昌任总指挥,林伟明、周良成任副总指挥。开发区位于盱城五墩东路,规划控制区6.18平方千米,启动区0.618平方千米。

9月2日　县委、县政府在县影剧院召开县直机关干部分流动员大会。会后,确定132名干部下基层。其中,56名分别到龙山、水冲港2个乡,76名到县属企业,时间1年。21日,县四套班子和县直机关干部欢送他们到基层工作。

9月20日　副省长杨晓堂到盱眙视察县皮革总公司、第二水泥厂等单位。

11月16日　县委、县政府、县人武部作出《关于在全县开展向刘加同同志学习活动的决定》,号召广大民兵学习官滩镇民兵营长刘加同助人为乐的先进事迹。

12月9日　河桥乡新建的苏皖综合市场正式开业。

12月16日　湖泽湖劳改农场一辆货车路经盱眙仁集乡时,与鲍集、仁集两乡的两辆手扶拖拉机相撞,造成重大车祸,死亡4人,重伤4人。

1993年

1月1日　苏北较大的集贸市场——盱城小商品世界开业,占地面积3.5公顷。

1月　县委党史工委编辑《新四军军部在黄花塘》,由江苏人民出版社出版发行,获淮阴市中共党史优秀成果奖。

2月8日　县粮库被批准为国家粮食储备库,举行挂牌仪式,库仓容3万吨。

2月14日　盱眙县老区经济开发促进会成立。

2月15日　国家教委副主任滕藤、国家教委港澳台办主任王福孙、江苏省教委主任袁相婉、副市长徐乾和市教育局局长姜映梅一行30人到盱眙检查邵逸夫捐款配套资金落实情况,并视察盱眙县中学。

2月15~17日　政协盱眙县五届一次会议召开,会议听取并审议通过第四届委员会常委会的工作报告和四届三次会议以来提案工作情况报告,选举产生第五届委员会主席、副主席、秘书长和常务委员,与会人员还列席县十二届人大一次会议。选举姚福茂为政协主席。

2月16~19日　县十二届人大一次会议召开,会议听取并审议通过县人民政府工作报告,盱眙县1992年国民经济社会发展计划执行情况和1993年国民经济社会发展计划报告,盱眙县1992年财政决算和1993年财政预算报告,县人大常委会工作报告,县人民法院、人民检察院工作报告。会议选举产生十二届人大常委会组成人员和县人民政府正副县长、县人民法院院长、县人民检察院检察长,以及盱眙县出席淮阴市第三届人民代表大会代表。选举张庆康为县人大常委会主任,王士高为县长。

2月　新编《盱眙县志》由江苏科学技术出版社出版发行。9月,被中国地方志指导小组评为新编地方志优秀志书,获三等奖。

5月8日　经林业部批准,盱眙县成立第一山国家森林公园,此园含盱城第一山等10多个山头,规划面积为1400公顷。

5月15日　盱眙县关心下一代工作委员会成立。

5月25日　下午5点30分左右,县境内突遭风暴、冰雹袭击。因灾死亡9人,受伤34人。直接经济损失6500万元。

6月11日　召开县四套班子扩大会议,讨论《盱眙县公费医疗管理暂行规定》和公费医疗改革中的有关问题,改"一挂钩"为"四挂钩"。

6月21日　下午16时至次日凌晨4时,全县降雨232.9毫米。县城主街道水深300~500毫米,因灾造成经济损失890万元。

7月6日　召开县委常委县长联席会议,贯彻淮阴市委"大调整、快发展"精神,讨论围绕"三富"调整农村产业结构、加快农村改革步伐措施,制定"三富"规划。

7月9日　召开县四套班子会议,讨论通过公费医疗改革方案,确定定额包干、超支分担的原则。

7月26~29日　盱眙县洪山乡的季福标,应邀出席由72个国家代表参加的在北京举办的国际养蜂第33届学术交流会,被授予"养蜂能手"称号。

8月23日　盱眙县商业流通企业第一家股份企业——盱眙县供销大厦股份公司正式成立。1994年1月20日,县供销大厦开业。

9月22日　县人民医院和新街乡合资兴办的盱眙矿泉水股份有限公司生产的“裂山”牌矿泉水,获中国首届食文化博览会优质产品金奖。

9月　铁佛乡被国家体委授予“群众体育先进单位”称号。

10月8日　江苏第一泉酒厂生产的53度、39度第一泉特曲,50度第一泉佳酿,获中国优质白酒精品奖。

10月13日　上午9时许,洪山乡境内洪山头渡口一无照驾驶员违章驾驶挂桨船运客18人,因严重超载并改道逆水行驶,致渡船中途翻沉,溺水死亡6人,其他人员获救。

10月22日　县四套班子召开会议,听取财税体制改革方案以及财政收入情况汇报。

11月28日　经江苏省新闻出版局批准,《盱眙报》试刊。1994年7月1日,《盱眙报》正式出刊,为周刊。1995年7月1日,《盱眙报》由周一刊改为周二刊。

12月14日　盱眙县扶贫协会成立。

12月17日　中共中央政治局候补委员、中共中央书记处书记温家宝,在省委副书记曹鸿鸣、市委书记许祖元等陪同下,视察盱眙楚东面粉厂,县委书记陈伟、县长王士高汇报有关情况。

1994年

1月　县有线电视台开通试播,开通节目频道12个,入网4120户。

3月10日　召开县委常委会,听取工资改革工作情况汇报,行政机关实行职级工资制,事业单位实行分类工资制。

3月16日　淮河盱眙段遭受来自上游的大污染,至7月23日,河水呈酱黑色,夹有泡沫和死鱼,腥臭难闻,污水滞留55天。7月27日,淮河上游2亿立方米污水自蚌埠闸下泄到盱眙境内,污水带长70千米。直到9月中旬,污水逐渐散去,全县直接经济损失1.7亿多元。

3月19日　盱眙县老寿星段彭氏,在古城林场家中逝世,享年115岁(1880～1994年)。

3月25日　县委、县政府召开全县企业产权制度改革工作会议。到年底,全县共完成产权制度改革的企业490个,其中租赁企业220个、承包企业169个、股份制企业78个、兼并企业11个,成立市级集团1个,拍卖企业11个。

6月5日　召开县四套班子会议,专题讨论《盱眙县公费医疗改革方案》,就1993年实行公费医疗改革一年来的成绩和问题进行分析,提出小病包干、大病合作、分类负担、控制总额的解决对策。

6月28日　撤销管镇乡,设立管镇镇。9月9日举行撤乡建镇仪式。

7月　盱眙金谷园饭店,被确定为国内贸易部南京经济学院旅游教学基地和市旅游局培训中心。8月26日被省政府批准为涉外饭店,11月被国家旅游局批准为二星级饭店。

7月　县黄梅戏剧团创作演出的《情系果园》,获省“五个一工程奖”。

8月7日　南京军区83402部队防化团团长董宁率领103名指战员、20辆军用送水车支援盱城居民抗污。到月底,共送饮用水1225吨。

8月10日　南京军区83480部队输油管线队64名官兵到盱眙,在城内铺设引水管线15千米,分设50个供水点,日供水800～1000吨,缓解盱城居民饮用水困难。

8月11日　在县邮局门前广场举行“南京军区支援盱眙抗旱抗污引水工程竣工仪式”,南京军区副政委兰保景和江苏省常务副省长季允石启动闸阀,为盱城人民送水。

8月13日　省委书记、省长陈焕友和副省长姜永荣等省市有关领导到盱眙视察灾情。

8月16日　市委、市政府从市各县区及市有关部门调集送水车20辆到盱眙支援抗污供水。

8月21日　按照国务院总理李鹏指示,由国家环保局局长解振华、水利部副部长严克强以及国家淮委和苏豫皖三省分管副省长等组成联合调查组,到盱眙调查淮河中下游遭受严重水污染情况。

8月23日　民建中央副主席、省政协副主席、省民建主委陈邃衡,省政协副主席、省委统战部长沙人麟,中华财经进修学院秘书长薛增义等到盱眙视察灾情,慰问受灾群众,并捐赠人民币5万元。

8月　中共盱眙县委员会召开第三次党代表大会,出席代表297人,选举出席中共淮阴市委党代表大会代表34人,其中干部21人,技术人员7人,先进模范5人,人武部代表1人。

△　江苏盱眙矿泉水股份有限公司生产的"裂山"牌矿泉水被中国名牌产品认定暨明星企业评选活动组委会认定为"中国名牌产品",该公司被授予"中国明星企业"称号。

9月6日　召开县四套班子会议,讨论深化农村改革,完善土地承包责任制意见。基本内容是两田制、股份合作制、招标承包制、租赁承包制、反租倒包制和拍卖"四荒"使用权。

9月29日　县国税局和地税局成立,正式对外办公。

10月　首本《盱眙年鉴》由河海大学出版社出版,12月发行。出版综合性地方年鉴,在淮阴市属首家。

11月　县植物油厂生产的"第一山"牌高级烹调油获'94北京国际轻工精品展金奖。

11月　南京人寿保险股份有限公司盱眙代理处正式成立并挂牌营业。

12月15日　经省政府批准的宁徐公路盱眙段收费站建成,开始收费。

1994年　盱眙县被国家统计局、中国农村评价中心评为中国100个油料总产量最高县(市)第41位。

1995年

1月22日　县委召开九届九次全体(扩大)会议,布置经济体制改革工作,提出抓住骨干企业改制、改组、联合上规模,放开小微亏企业搞民营,选择扭亏无望、资不抵债企业进行破产试点的工作思路。

2月18日　盱眙177名村农技员获农业部颁发的农民技术员资格证书。

3月18日　《盱眙县农村社会养老保险办法》正式出台。

3月20日　县委、县政府在县人武部召开县第二水厂开工动员大会,会后土建工程破土动工,工程全长约7.6千米。3月底,县第二水厂二期应急供水工程竣工。12月18日,县第二水厂建成通水。

4月19日　欣立忠任中共盱眙县委书记。

6月12日　盱眙应急供水工程——龙王山水库至城南水厂引水管线铺设工程竣工。

6月18日　全国政协副主席万国权一行5人,到盱眙视察淮河水污染和县第二水厂建设情况。万国权在金谷园题词:"防治淮河污染,造福沿淮人民"。

7月19日　盱眙首家乡镇有线电视网络在马坝镇开通,有800余户居民登记入网。

7月24日　县政府召开企业、事业公安机构体制改革会办会,根据国家、省有关文件精神,就三河派出所、水库派出所改革进行研究,决定向上级申请保留盱眙县公安局三河派出所、水利派出所,均为股级机构,编制5人。

7月26日　盱眙县再次被省政府、省军区授予"双拥模范县"称号。

8月4日　县船舶修造厂建造的首艘400吨钢质驳船顺利下水。

8月7日　盱眙再次遭受淮河水污染,污水带长50千米,滞留在县境半个多月。

9月13日　县政府召开全县深化城镇住房制度改革动员会。会后,房改工作在全县范围内推开。

10月17日　县政府下发《关于鼓励外商来盱经商办企业的政策规定》。明确在土地使用、税收、水电、通讯、劳动用工、项目审批等方面的优惠政策。

10月23~25日　扬中市委书记蒋定之一行30人到盱眙考察，双方签订《建立友好市县协议书》。

10月31日　县委、县政府在县影剧院召开全县老城改造暨村镇规划建设工作会议。会议决定改建城区五墩转盘路至新华书店现有道路，两侧规划道路红线外推20米左右，重点是拆除矮小、简陋房屋，新建以4层为主的特色楼房；改造路、水、电、通讯等基础设施，改造园林绿地。

12月13日　新华日报社社长刘向东到盱眙采访。20日，采写的通讯《盱眙人——牵着黄牛奔小康》在《新华日报》第一版发表。

12月15日　盱眙县县乡道路建设动员大会在都梁会堂召开。县委、县政府提出“全党动员、全民发动、调动社会各方力量，成建制组织民兵投入县乡道路建设，苦战三年(1996－1998)实现全县县乡道路黑色化奋斗目标”。

12月17日　盱眙县程控电话与淮阴市联网，号码由六位升为七位。

12月28日　盱眙县首次举办元旦电视文艺晚会，活动持续到1996年1月2日。

1996年

1月6日　省委书记陈焕友，省委常委、省委秘书长梁保华以及省有关部门负责人到盱，在市、县领导陪同下视察盱眙第二自来水厂、古桑乡黄牛养殖专业村、水冲港乡板栗生产基地。陈焕友向贫困农民赠送慰问金。

1月15日　县委、县政府部署第四届村委会选举工作。2月10日选举结束。

2月29日~3月2日　县政协五届四次会议在县人武部会议室举行。会议听取和审议政协盱眙县第五届委员会常务委员会工作报告；听取和审议县政协五届三次会议以来提案工作情况报告；听取县政协五届四次会议提案审查报告；列席县第十二届人民代表大会第四次会议。会议补选吴良桂为县政协主席。

3月1~3日　县第十二届人民代表大会第四次会议在盱城召开。会议听取和审议政府工作报告，关于盱眙县1995年国民经济、社会发展计划执行情况和1996年国民经济、社会发展计划(草案)的报告，关于盱眙县1995年财政预算执行情况和1996年财政预算(草案)的报告，盱眙县人民代表大会常务委员会工作报告，盱眙县人民法院工作报告，盱眙县人民检察院工作报告，并分别通过相应的决议。补选吴永林为县第十二届人民代表大会常务委员会主任。

3月4日　召开县委常委会，讨论县机构改革方案。

3月8日　第一山公园在施工中发现58年前侵华日军在盱城大屠杀时遇难同胞遗骨坑。《新华日报》《人民日报》《中国剪报》、中央电视台等新闻媒体先后作报道。日本朝日电视台派该台驻上海支局局长吉田健司、副局长武藤充朗于4月2日到盱眙采访，在遗骨坑等地点进行拍摄。

3月11~12日　中共盱眙县第十次代表大会在盱城召开。会议听取、审议并通过九届县委工作报告和县纪律检查委员会工作报告，选举产生中共盱眙县第九届委员会和中共盱眙县纪律检查委员会。会议选出县委委员23人，候补委员4人，纪委委员13人。县委十届一次全委会议，选举欣立忠、王士高、吴良桂、林伟明、秦川、柳怀玉、王斌、王乃友、朱国瑞为县委常委，常委会议选举欣立忠为县委书记，县纪律检查委员会全体委员会议选举王斌为县纪委书记。

4月1日　盱眙县人民武装部收归部队建制。

4月7日　县委、县政府聘任美籍华人朱幼宣为盱眙县人民政府经济顾问。

5月7日　召开县茧丝绸体制改革工作有关事项会办会，县政府分管领导、县体改委、县茧丝绸有限责任公司、县供销总社、黄花塘乡政府等单位负责人参加，就成立县茧丝绸有限责任公司后的人员、财物的交接和生产经营等问题进行了会办。

8月3日　凌晨3时起,县乡道路建设指挥部组织县直机关、企事业单位干部职工,以及盱城、管镇、十里营、仁集的乡镇干部群众和驻盱解放军部分官兵近4万人,进行县城五墩南北路土方工程义务劳动。

9月16日　县委召开书记办公会,研究县机构改革事宜。

10月4日　县第十二届人大常委会召开第三十次会议,接受王士高辞去盱眙县人民政府县长职务的请求,决定任命赵鹏为盱眙县人民政府副县长、代理县长。

12月5日　县公安局"110"报警服务台正式接通,开始试运行。26日正式开通。

12月18日　宁徐一级公路(半幅)盱马段建成通车,省委书记陈焕友、省长郑斯林及省有关部门领导到盱马路,向广大建设者表示慰问。

1996年　古城乡陡山村被国家绿化委员会评为全国绿化千佳村。

1997年

1月17日　省委第三批扶贫工作队一行30人到盱开展工作。

1月24~25日　代县长赵鹏在南京五台山体育馆参加省人事局举办的1997年人才交流洽谈会,接洽来自省内外的各类优秀人才100多名。

2月24~26日　县政协五届五次会议在盱城召开。

2月25~27日　县第十二届人民代表大会第五次会议在盱城召开。大会听取和审议政府工作报告、关于盱眙县1996年国民经济社会发展计划执行情况和1997年国民经济社会发展计划(草案)的报告、关于盱眙县1996年财政预算执行情况和1997年财政预算(草案)的报告、盱眙县人民代表大会常务委员会工作报告、盱眙县人民法院工作报告和盱眙县人民检察院工作报告,并通过相应的决议。会议补选赵鹏为县人民政府县长。

3月7日　县委宣传部在县影剧院举行"水冲港精神"报告会,县直机关干部近千人听取水冲港精神报告团五名成员的报告。4月30日,省委副书记顾浩,省委宣传部部长王湛、副部长朱同广等到盱眙,实地考察水冲港乡。省宣传部门集中专题采访水冲港精神。11月25日,林业部副部长刘于鹤考察水冲港乡并题词:"发扬水冲港精神,进一步搞好山区综合开发"。

3月20日　县乡道路建设指挥部召开城区道路建设动员大会,对新建盱城二环路、改建淮河南路、拓宽大庆路和沙岗路作出全面部署。

3月23日　上午11点半左右,距淮河乡蛤滩村约50米的淮河水面上,一条小型水泥船因风浪较大突然翻沉,船上12人全部落水,有3人遇难。

3月28日　县委、县政府组织县直机关和企事业单位干部职工,盱城、管镇、仁集、十里营、古桑5个乡镇干群,以及驻盱部队官兵,计5万余人,进行10千米长的城区道路土建工程会战,共完成土方4万立方米。

3月29日　日本第22次高中生友好访华团一行20人到盱,对盱眙县中学、马坝中学进行访问,与盱眙师生共栽友谊树以志纪念。

3月　全国重点文物保护单位——明祖陵神道石刻抢救维修工程启动。5月18日,县政府投资100万元,神道石刻抢救维修工程开工。

5月1日　为纪念新四军建军60周年,中央电视台、省委宣传部、省电视台联合拍摄大型电视纪录片——《铁的新四军》摄制组专程到盱,在黄花塘乡搜集拍片线索,查找相关资料。

6月1日　全县所有行政事业收费统一由县收费管理局安排收取。

6月18日　观音寺卫生院更名为盱眙县中西医结合医院,26日举行揭牌仪式。旧铺卫生院更名为盱眙县第三人民医院,28日举行揭牌仪式。

7月16~18日,17日21时至18日18时,陡降特大暴雨,沿淮沿湖7个乡镇降雨449.2毫米。18日14~18时,县城区降雨192毫米,街道水深60~100厘米,局部200厘米以上,沿街工厂、商店、仓库、医院、民房全部进水。全县受灾农作物12907公顷,倒塌房屋412户1318间,直接经济损失1.3亿元。

7月24日　水冲港乡关山村通电话。至此,全县432个行政村全部通电话。

7月27日　县委、县政府在都梁会堂召开全县县级党政机构改革动员大会。盱眙县党政机构改革后,设县委机构7个,政府机构32个,另设部门管理机构3个,精简38.1%。

7月29日　在县人武部举行预备役军官授衔仪式,全县被授衔的预备役军官55人,其中上校1人,中校12人,少校17人,尉官25人。

10月17日　县委、县政府召开全县机关现有工作人员向国家公务员过渡和参照机关工作人员过渡动员大会。11月中旬组织过渡考试。

11月18日　召开县四套班子会议,传达省乡镇企业产权制度改革工作会议精神,汇报赴高邮市、海门市考察情况,研究盱眙县企业产权制度改革方案。以出售、拍卖为主,重点是乡镇、村办集体企业、县办国有企业和流通商贸企业。

11月　《盱眙年鉴》(1996)在第二届全省地方志成果评比中,获三等奖。

12月18日　县山城市场商品交易楼举行开业典礼。该楼兴建投资400万元,建筑面积6300平方米,二层框架结构,拥有摊位850个。

12月22日　县政府召开常务会议,研究进一步深化公费医疗改革、实行职工医疗社会保险问题,制定《盱眙县职工医疗社会保险暂行规定》。

12月26日　盱眙通过市级卫生城市验收。

1998年

1月1~4日　政协盱眙县六届一次会议在盱城召开。会议听取并审议通过县政协第五届委员会常委会工作报告和县政协第五届提案工作情况的报告,选举产生第六届委员会主席、副主席、秘书长和常务委员。与会人员还列席县十三届人大一次会议。会议选举吴良桂为政协主席。

1月3~6日　县第十三届人民代表大会第一次会议在盱城召开。会议选举吴永林为县人大常委会主任,赵鹏为县长。

2月23日　省委决定:赵鹏任中共盱眙县委书记,提名王友富任盱眙县人民政府县长。下午,县第十三届人大常委会第一次会议决定接受赵鹏辞去县人民政府县长职务的请求,任命王友富为副县长、代县长。

3月9日　县委、县政府在县影剧院召开县乡道路建设决战动员大会。

3月13日　县政府公布《盱眙县职工医疗保险暂行规定》和《盱眙县职工医疗保险实施细则》,从4月1日起实行职工医疗保险制度。

3月17日　上午7时,金湖县运输总公司客运中巴车与一辆逆向行驶的手扶拖拉机在盱马路十里营乡草涧路段发生相撞,手扶拖拉机上20多名民工当场死亡4人,伤12人。11时,因抢救无效又死亡2人。

3月23日　县委、县政府在县人武部召开都梁公园道路建设和五墩东路改造动员大会,部署工作任务。

3月　组织河桥、桂五、维桥、水冲港4个乡镇民兵团会战都梁公园。

4月28日　为纪念盱眙解放50周年,盱眙县首届青少年文化艺术节在县体育场开幕,历时7天,于5月4日晚在县影剧院闭幕。

5月24日　省首台数字化遥测地震仪在盱眙安装成功。

5月28日　县委办印发关于县人大机关、县政协机关、县委统战部、县人民法院机关、县人民检察院机关机构改革方案的文件,对以上机关的主要职责、机构设置、人员编制和领导职数作了具体规定。

6月5日　县政府第六次常务会议决定:盱中停止初中招生,二中停止高中招生,小学毕业生一律按二中、三中、盱城中学划定的施教区免试就近入学。

7月29日　盱眙第一山风景名胜区被省政府列为省级风景名胜区。

8月15日　以黄时雄为团长的台湾省台北县乡民代表团一行5人到盱眙,参观仁集乡野鸭和水产养殖基地。

9月2日　由中国石油天然气集团公司和盱眙县(下草湾油库)共同出资组建的淮阴市最大一家股份制石油公司——中油盱眙石油有限公司正式挂牌运作。

9月5日　全县16条237.5千米的县乡道路竣工(盱眙至明光战备路由省、市公路部门承建除外),历时975天,实现黑色化。

9月9日　盱眙乡际道路线路最长、海拔最高的龙山至古城道路建成通车。

9月12日　盱眙铁山寺升级为省级森林公园。

10月21～22日　日本板栗专家佐藤末吉到盱眙,考察水冲港乡和古城乡的板栗园。

10月　盱眙县国防教育馆(含人武部办公楼)建成交付使用。

11月3日　县委、县政府召开农村合作医疗工作会议,决定试点乡镇的农村合作医疗工作于12月底正常运作。

11月10日　宁宿徐高速公路淮河特大桥开工兴建。2000年1月16日,淮河特大桥合龙。桥长7.1千米,宽25.5米,双向四车道,是江苏省最长的公路大桥,预算投资3亿元。

12月27日　盱眙县通过省初级卫生保健合格县审评验收。

1999年

1月22～24日　县第十三届人民代表大会第二次会议在盱城召开。会议选举王友富为县长。

1月27日　县委在新华书店会议室召开县"三讲"教育动员大会。

3月24日　县委、县政府召开城区道路建设动员大会,决定实施道路建设"五项工程"。

3月,在盱眙县三年县乡道路建设总结表彰大会上,县委提出"万众一心、再战三年,实现乡到乡道路连网畅通"的目标,全县建成乡乡通13条139公里。

5月12日　马坝镇通过省级新型示范小城镇考核验收。

7月22日　盱眙山区第一条水泥路——古城至铁山寺路水泥路面浇筑工程提前8天竣工,结束山区无水泥路的历史。

8月3日　撤销河桥乡,设立河桥镇,11月18日举行撤乡建镇仪式。

8月12日　淮阴市政府批复同意盱眙县上报的盱城镇、马坝镇、官滩镇、管镇镇、新街乡、河桥乡6个乡镇小城镇户籍管理制度改革实施方案。

9月15日　盱眙县光彩事业促进会成立,第一届理事会选举产生79名理事,赵长春当选为会长。

10月10日　县委组织部、县人事局组织全县首次国家公务员考试。

11月30日　盱眙县法律援助中心成立。

12月27日　盱眙路易保龄球休闲中心开业,由南京客商邵陆义投资260万元兴建。

2000 年

1月18日　盱眙首家水上运输货物配载中心正式成立。

2月15日　全县部分乡镇行政区划调整动员大会在县影剧院召开。全县30个乡镇撤并调整为19个乡镇。

5月14日　盱眙县茶场生产的“雨山香茗”荣获中国(南京)国际茶博览会金奖。

7月19日　上午,中国龙年盱眙龙虾节开幕式暨盱眙龙虾城开业庆典在盱眙龙虾城举行。20日闭幕。

7月27日　县委首次对拟提拔任用的23名乡科级领导干部(正科级5名)向全社会公示,在全县上下引起强烈反响。

7月30日　紫金山天文台盱眙铁山寺科普园举行开园仪式。9月25日,紫金山天文台铁山寺科普园被淮阴团市委正式命名为“青少年科技活动基地”。

8月2日　312省道洪山收费站正式对过往车辆开征通行费,收费期限17年,所收资金80%用于偿还公路改造建设贷款。

8月12~25日　全县各中小学校实行校长选聘制、教职工聘用制、岗位责任制、考核奖惩制、末位淘汰制。2002年8月20日,全县中小学深化教育“五制”改制动员大会召开,全县中小学校长选任和教职工实行全员聘用制。

10月28日　以迎春大道等6条道路破土动工为标志的盱眙工业开发区建设启动,党政军民4万人参加会战。

10月27~29日　县政府在南京下关区惠民桥市场举办2000年农副产品展销会。3天展销会成交额67.77万元,签订意向合同9381.4万元。

11月8日　县人民医院举行江苏职工医科大学教学医院揭牌仪式。

12月22日　县政府批复原则同意江苏第一泉酒厂改制方案,江苏第一泉酒厂以建新租旧的形式进行改制,即新组建江苏大明宫酒业有限公司,对江苏第一泉酒厂资产进行租赁经营。

12月26日　省委决定王友富任中共盱眙县委书记,郑宁任中共盱眙县委副书记、提名任盱眙县人民政府县长。

2001 年

1月3日　中国共产党盱眙县第十一次代表大会在县都梁会议中心开幕。会议选举王友富、郑宁、朱坚、王斌、李庆林、杨安国、柳怀玉、黄克清、田仕军、张玉峰等为县委常委,常委会议选举王友富为县委书记,县纪委常委会议选举杨安国为县纪委书记。

1月8日　盱眙县第十三届人民代表大会第四次会议在县影剧院召开。会议选举王友富为县人大常委会主任,郑宁为县长。

1月18日　县经济开发区举行首批项目日月电器、淮源矿业、鹏胜机械、金宝利鞋业开工奠基仪式。下午,举行迎春大道、洪武大道建成通车仪式。

2月20日　县委、县政府举行仪式,欢送县直机关93名机关干部离岗招商引资。全县共有236名机关干部离岗招商引资。

2月21日　县委、县政府召开会议，总结2000年城区改造、部署2001年城区改造建设工程。

2月26日　召开全县道路建设动员大会，部署2001年道路建设任务。同日，召开加快发展意杨大会，县长郑宁在会上强调抓好“五个十”工程。

3月1～3日　中共盱眙县委召开第十一次党员代表大会第一次会议，应到代表306人，出席300人，会议通过中共盱眙县委《关于加强自身建设的意见》。会议选举县委委员26人，候补委员5人，纪委委员13人。选举县委常委11名，书记1名，副书记4名；选出纪委常委7名，纪委书记1名，副书记2名。

3月　成立盱眙县女子骑警队，5月1日正式出巡。为全国第一支县级城市女子骑警队，共10人，10匹骏马。每逢“五一”“十一”等各大节假日，女子骑警队在盱城主街道出巡。2007年解散。

3月～6月1日　组织500人，动用300辆机械会战龙虾节广场。

4月30日　县委、县政府在县影剧院召开全县创建“五好家庭”动员大会。

5月4日　著名德籍作家弗里德曼·贝尔格对盱眙县进行专访。

5月7日　县都梁广场大门牌楼正式建成并通过验收。

6月6日　美国科恩国际有限公司珠海科恩生物工程有限公司西菲利活菌生物工程驻淮安办事处在盱眙县揭牌。

6月23日　百岁入党的老人王问贤转为中共正式党员。

△　举行第一山重点工程——大成殿(孔庙)重建和魁星阁维修开工典礼。

7月11日　上午，由盱眙县人民政府和扬子晚报社联合举办的“盱眙·中国龙虾节”开幕式暨吉祥物揭幕仪式在淮河风光带举行。15日闭幕。

7月30日　召开全县并村联组工作会议。全县423个行政村合并为231个，4047个村民小组联并为1965个，村组干部由6820人减少到2546人，15个居民委员会调整为30个。

8月2日　中共盱眙县代表会议召开。会议从52名候选人中选举产生43名代表，出席中共淮安市第四次代表大会。

9月18日　盱眙县第一所民办完全中学——都梁中学教学楼开工兴建。

△　盱眙县在第一山公园举行大成殿落成暨孔子像揭幕仪式。

10月14日　明祖陵镇文化体育中心举行全市第一个农村全民健身工程竣工典礼。

10月22日　县经济开发区道路建设全面开工，来自县直机关、驻盱部队、民兵1万多人参加开工劳动。至2008年，盱眙经济开发区建成道路34条121.596千米。

11月24日　中科院紫金山天文台盱眙观测站在铁山寺跑马山上举行奠基仪式。

11月26日　盱眙县中医药学会成立。

12月1日　县举行第六届村民委员会换届选举工作会议。

12月23日　县委、县政府印发《盱眙县县级机关机构改革实施意见》，对改革的指导思想、目标、原则、转变职能、机构调整、编制精简、人员分流、“三定”工作、实施步骤和时间安排作了具体规定。

2002年

1月8日　在县委十一届三次全体(扩大)会议上，确立三大发展方略：环境立县，旅游兴县，工业强县；四大重要举措：主动融入南京，科学整合资源，立足强借外力，不断充电换脑；五个重中之重：重中之重抓工业园区建设，重中之重抓劳动力转移，重中之重抓旅游开发，重中之重抓市场建设，重中之重抓“五好家庭”创建。

1月13日　盱眙县公安民警杨兆洲的家属蔡素珍参加公安部在省公安厅召开慰问公安英模和牺牲民

警家属座谈会。杨兆洲是县公安局管镇分局民警，在2001年严打整治斗争和“中国龙虾节”安全保卫中，因带病坚持工作，劳累过度病逝在工作岗位上。公安部副部长罗锋和省公安厅厅长裴锡章分别向蔡素珍颁发慰问金5000元和3000元，表示亲切慰问。

1月14日　县委、县政府在都梁中会堂召开工业项目落实百日竞赛动员大会。竞赛活动内容主要是“四看”：看谁工业招商项目签约多，看谁工业项目进入园区（县工业开发区、凹土加工区）多，看谁工业项目开工上马多，看谁工业项目竣工投产多。

1月18日　洪武大道、迎春大道建成通车。

2月1日　县野马追种植协会在王店乡成立。

2月7日　县委、县政府在都梁会堂召开全县劳务输出百日竞赛动员大会。

2月28日　由中国农科院、上海农科院和南京农业大学等科研教学单位与穆店乡联合开发的国家“星火计划”重点推广项目——富硒钙人参果的大面积引种和产品深加工取得成功。

3月26日　县基层法律服务工作协会成立。

3月29日　县委、县政府在都梁中会堂召开会议，在全县范围内确定评选表彰县级“五好家庭”5000户，评选确定县创建工作先进集体39个。

4月8日　在都梁大会堂召开全县科技“四百工程”动员大会，提出“四百工程”总目标（引进副高以上职称工程技术人才100名，与120个大专院校、科研院所或高新技术企业集团建立可靠的技术依托关系，创办100家高水平市级以上的企业科研机构或具有较高科技含量的高新技术企业，开发市级以上新产品150项）。

△　铁山寺森林公园暨铁山寺自然保护区，被省委宣传部、省教育厅、省环保厅联合命名为“江苏省环保教育基地”。

4月20日　盱眙县1006名股级（含）以下干部参加任职资格考试。

4月28日　县政府批转《盱眙县粮食购销企业改革实施方案》，由县粮食局及相关部门制定具体实施办法，组织实施。

5月10日　盱眙县金银花种植协会在仇集镇成立。

5月28日　召开县级机关中层干部竞争上岗人员任职大会。通过竞争上岗，全县选任县级机关中层干部179人。

5月29日　淮河乡渔民徐志前被授予“江苏省见义勇为英雄”称号，县交巡警大队协管员滕善军被授予“江苏省见义勇为先进分子”称号。

6月8日　中国龙虾节开幕式暨航模特技飞翔表演在淮河纪事园西侧草地上举行。

6月14日　县委召开县直机关、事业单位股级以上干部下基层调研动员会议，动员干部进村驻户开展调研。

7月2日　马坝镇大众村建成村工会，系全县首家。

7月25日　盱眙县成立龙虾研究开发中心。

8月3日　全国人大常委会副委员长、民进中央主席许嘉璐等领导和专家到盱眙县，专题调研淮河及洪泽湖水质和水资源保护、利用情况。

8月17日　县委、县政府召开全县贯彻市“四城同创”（国家卫生城市、国家园林城市、国家环境保护模范城市和江苏省文明城市）动员大会，明确创建江苏省文明城市目标。

9月2~3日　黄花塘中心小学、仇集中心小学、兴隆乡中心小学建立“春蕾班”，分别由省委企业工委、省儿童少年福利基金会、省妇联等单位捐资创办。

11月11日　县委、县政府在都梁大会堂召开全县农村合作医疗工作会议。

11月29日　县委在都梁大会堂召开深入学习贯彻党的十六大精神动员会，十六大代表戴飞传达十六大精神。

12月1日　全县首届中小学生读书节开幕式在县新华书店会议室举行。

12月19日　县政府批复同意《盱眙县公路管理站事企分开改革方案》,县公路管理站工程、养护、服务性单位与公路管理站脱钩,组建盱眙通达公路工程有限公司。

是年,河桥镇被省体育总局评为江苏省亿万农民健身活动先进乡镇和江苏省群众体育工作先进单位。

2003年

1月4~7日　政协盱眙县第七届委员会第一次会议在都梁大会堂召开,选举产生第七届委员会主席、副主席、秘书长和常务委员。选举王斌为政协主席。

1月6~9日　盱眙县第十四届人民代表大会第一次会议在都梁大会堂召开,会议选举产生县十四届人民代表大会常务委员会主任、副主任、委员和县长、副县长、县法院院长、县检察院检察长,选举柳怀玉为县人大常委会主任,郑宁为县长。

1月12日　县"三百工程"誓师动员大会在都梁大会堂举行,公布《盱眙县工业开发区实施"三百工程"考核及奖惩办法》,县委书记王友富与19个乡镇负责人签订目标责任状。

1月14日　盱眙县杜梁山有机草莓协会在王店乡成立。国家环保总局有机草莓食品发展中心主任肖兴基等出席成立会。

1月21日　县委、县政府在都梁大会堂召开2003年第一轮劳务输出"百日竞赛"动员大会。

2月1日　明祖陵举行陈列馆落成暨开馆仪式。

2月　三河农场被农业部列为全国农垦无公害农产品示范基地农场。

4月9日　县委、县政府在都梁中会堂召开全县乡镇事业单位第二轮竞争上岗工作动员大会。

4月17日　淮安市首家气象雨量自动站在盱眙县鲍集镇建成。

5月13日　经过半个月的隔离,盱城镇城北隔离区的10户居民和清水坝留验站的19名与非典患者有接触人员全部解除隔离控制。

6月20日　财政部部长金人庆在省委常委、常务副省长蒋定之陪同下到盱眙调研。

△　全县县直机关干部下基层调研动员会议在都梁中会堂举行。

6月30日　举行黄花塘新四军军部纪念馆揭幕仪式。向守志、傅奎清、韩培信、储江、张连珍、柏苏宁、胥爱贵、丁解民、陈从亮等领导出席。下午,在县影剧院召开新四军军部暨中共中央华中局进驻黄花塘60周年纪念大会。

7月1~14日　盱眙境内连降暴雨,上游大量客水下泄,淮河盱眙段水位超过警戒水位。4日上午,富淮滩圩被特大洪水淹没。淮河盱眙段遭遇特大洪水期间,最大流量每秒8580立方米,全县直接经济损失15.46亿元,间接经济损失9.01亿元。省委书记李源潮、省长梁保华、民政部副部长杨衍银、卫生部副部长王陇德、南京军区副政委、淮河抗洪一线总指挥熊自仁等先后到盱眙指导抢险救灾。

7月　县"陡湖"牌龙虾、"龙头"牌特色风味龙虾获得由中国绿色食品发展中心颁发的绿色食品认定证书。

8月2日　水利部副部长张基尧、水利部水利规划总院院长宁远、国家淮委主任钱敏等一行视察鲍集圩行洪区安全建设情况。

8月5日　上午8时18分,团结河东大堤打坝堵决工程提前40小时合龙。

8月10日　下午2时,淮河镇黄岗圩堵决工程开始,17日竣工。大堤决口长180米,两端水深6~7米,中间最深处7.5米,用土石2.1万立方米,抛装土编织袋3万只。

8月12日　全县捐资助学动员大会在都梁中会堂召开。

8月16日　县人民政府和南京市、淮安市劳动和社会保障局联合举办灾后重建、早达小康劳务输出招聘会。南京市26个企业提供1500多个就业岗位。

△　民政部救灾救济司救灾专员柳永法、社会保障司主任科员朱军等5人组成自然灾害评估组,由省市民政、财政部门领导陪同,到兴隆、鲍集、桂五、马坝4个乡镇调研受灾倒房户情况。

8月19日　江苏省盱眙龙虾协会、盱眙十三香龙虾协会成立。

8月26日　第三届中国龙虾节开幕式在盱眙中学举行。9月1日闭幕。

8月27日　县委、县政府在明祖陵举行"明代第一币——洪武通宝"模型揭幕仪式。

△　上午8时28分,中国科学院紫金山天文台与县委、县政府在铁山寺森林公园跑马山天文观测站举行仪式,将4360号小行星命名为"盱眙星"。盱眙以县名命名小行星,属全国第二、江苏第一。

9月24日　县委、县政府在河桥镇黄龙村张郢组为富淮滩居民住房整体搬迁工程举行奠基仪式。11月30日,富淮滩搬迁的90户灾民分房落住。

10月10日　省长工程——蛤滩至腰滩道路建设工程正式启动。

10月　八仙台旅游风景区被江苏省旅游局评定为国家AA级旅游区。

11月30日　省政府确定盱眙县为省2003年对农民粮食生产直接补贴试点县。

12月3日　盱眙县野马追规范化种植基地被确定为全省6个地道、地产中药材规范化种植基地之一,是淮安市唯一一家。

12月9日　民政部党组成员、纪检组长张印忠率领民政部督查组到盱眙县视察救灾建房和优抚工作。

12月16日　在全县范围内组织开展"慈善一日捐、济困送温暖"活动。

12月23日　铁山寺森林公园被国家林业局批准为国家级森林公园。

2004年

1月8日　江苏省希望工程"爱心成就未来"助学行动启动仪式暨"迎新春、送温暖"活动在盱眙县希望小学举行。

1月12日　中国红十字总会在淮河镇开展"博爱送万家"活动,中国红十字总会秘书长苏菊香、省红十字会会长吴锡军在活动仪式上讲话。中国红十字总会向淮河镇灾民捐赠价值4万余元物品。

2月18日　全县农村土地流转和承包规范化管理工作在马坝镇试点。计划用11天时间分4个阶段做好试点工作。

2月　盱城镇、马坝镇被建设部等六部委列入"全国重点镇"名录。

4月23日　淮安市关心下一代工作现场会在盱眙召开,总结推行盱眙"放在心上、抓在手中、帮在实处"的经验,省关工委主任曹鸿鸣,市委书记丁解民等领导出席会议。盱眙经验在全省转发,《中国火炬》第七期刊登,《求是》转载。

6月22日　县政府组建盱眙县卫生监督所和盱眙县疾病预防控制中心,原县卫生防疫站撤销。

6月　铁山寺国家级森林公园被国家旅游局批准为国家AAA级风景名胜区。

7月6日　第四届中国龙虾节在盱眙中学举行开幕式,分别在盱眙、南京、上海、慈溪四地举办。15日闭幕。

8月3日　召开全县捐资助学动员大会,会议现场收到捐款38.625万元。至此,全县累计收到捐款44.775万元。

8月26日　由《人民日报》、中央电视台、中央人民广播电台、《经济日报》《求是》杂志、香港《文汇报》《新华日报》等30多家媒体记者组成的新闻采访团到盱眙采访。

9 月 8 日　盱眙中学举行晋升江苏省星级高中揭牌仪式。

9 月 21 日　宗步高被省政府授予"江苏省见义勇为先进分子"称号,颁发奖金 2 万元。

10 月 5 日　中国科学院紫金山天文台建造的 1.2 米近地天体探测望远镜,在铁山寺森林公园内安装完毕,为全国第一,世界第五。

10 月 20 日　县公安系统"110""119""120"报警服务台实现"三台合一"接处警。

11 月 23 日　盱眙县被评为 2001 ~ 2002 年度江苏省科技进步先进县。

12 月 16 日　任命蔡敦成为县委副书记、代县长。

12 月　盱眙县被科技部批准为全国首批科技工作试点县。

△　县检察院举报接待室被最高人民检察院授予"全国文明接待室"称号。

△　《盱眙年鉴》(2003)获全国年鉴评比二等奖。

2005 年

1 月 7 ~ 9 日　盱眙县第十四届人民代表大会第三次会议召开,选举县政府、县人大常委会、县人民检察院有关领导人。

1 月 13 日　团县委在旧铺中心小学发放 2005 年第一笔"明德奖学金"。

1 月 22 日　召开全县第一批保持共产党员先进性教育活动工作会议,活动为期半年。

2 月 10 日　马坝镇被授予"全国创建文明城镇先进镇"称号。

2 月 24 日　鲍集圩行洪区 2003 年灾后重建移民安置——洪花路工程,通过市灾后水利重建应急工程检查验收。

3 月 9 日　县公安局破获一起跨国网络赌博集团案。盱城镇叶某等 20 人利用计算机网络与缅甸赌场相连开设赌场,累计赌资值 1000 多万元。

3 月　盱眙县被省绿化委员会评为绿色江苏建设先进县。

△　黄花塘新四军军部旧址被中共中央宣传部、国家发改委、国家旅游总局等 13 个部门联合公布为全国 30 条红色旅游精品线和全国 100 个红色旅游经典景区之一。

4 月 9 日　盱眙县作家协会成立。

4 月 13 日　盱眙籍青年吴德书打破站立骑摩托车吉尼斯世界纪录。

4 月 15 日　盱眙县摄影协会成立。

4 月　盱眙县被授予"全省劳务输出工作先进县"称号。

5 月 9 日　都梁中学改为盱眙中学城东分校。

5 月 26 日　团中央书记处书记尔肯江·吐拉洪到盱眙县私立楚东职业技术学校调研。

5 月 29 日　铁山寺天泉湖环湖道路建设工程全面启动,总投资 200 万元。

6 月 28 ~ 7 月 9 日　举办第五届中国龙虾节。

6 月 29 日　华中建设大学旧址揭牌仪式在新铺小学举行。

6 月　县政府在马坝镇举行独生子女奖励扶助金首发式,全县共有 705 人领到每人每月 50 元扶助金。

7 月 8 日　铁山寺大雄宝殿佛像举行开光仪式。高僧严佛调站立塑像揭幕,高 9.9 米。

9 月 24 日　县委、县政府印发《盱眙县人民政府机构改革实施意见》,具体规定县人民政府机构改革指导思想、原则、主要内容、组织实施以及"三定"方案。

9 月底　宁宿徐高速公路盱眙(南)段动工建设,全线长 27.345 千米。

9 月底　盱眙象山公园入选首批国家矿山公园。

10月19日　盱眙县获批江苏省知识产权工作试点县。

10月25日　铁山寺国家森林公园通过全国农业旅游示范点验收。

11月4日　国际货币基金组织专家、原阿根廷内政部长帕特希欧·卡斯特罗,原新西兰税务局局长啥里·格兰汉姆·霍兰,原美国国内收入局小规模局局长丹尔·合特一行到盱眙,考察评估中国税收征管流程再造在盱眙国税系统的运行情况。

11月12日　盱眙县凹凸棒石黏土行业协会成立。

11月14日　全县第三批保持共产党员先进性教育活动试点工作启动。12月10日,保持共产党员先进性教育活动全面展开。

△　新泗州国际大酒店开工奠基。

11月29日　由商务部、北京市人民政府、《经济日报》社在北京举办的"中国节庆国际论坛"上,中国龙虾节被国际节庆协会(IFEA)评为"中国最具发展潜力十大节庆活动",王友富获"中国节庆突出贡献奖"。

11月　铁山寺中、小学素质教育实践基地被命名为江苏省青少年校外活动示范基地和南京农业大学教学研究实习基地。

12月1日　县政府办公室印发《盱眙县发展和改革委员会职能配置、内设机构和人员编制规定》,内设机构有办公室、产业发展科、农村经济发展科、投资科、经济体制综合科。

12月2日　盱眙农村合作银行创立。

12月　盱眙县被劳动和社会保障部表彰为"全国劳务输出示范县"。

△　盱眙县被授予"江苏省创建文明城市工作先进城市"称号。马坝镇被授予"全国创建文明村镇工作先进村镇"称号,马坝镇、观音寺镇、黄花塘镇获"江苏省文明镇"称号,黄花塘镇黄花塘村获"江苏省文明村"称号。

△　盱眙县通过创建省初级卫生保健先进县验收。

△　盱眙县被中华诗词学会授予"全国诗词之乡"称号。

△　盱眙县被科技部列为科技富民强县专项行动试点县。

2006年

1月10日　盱眙县被列入首届长三角最具投资价值县、市20强。

1月14日　盱眙县被省委、省政府授予"社会治安安全县"称号。

1月18日　盱眙县蔬菜协会成立。

2月15日　扬州市邗江区红桥镇帅萍个人注册资本40万元人民币,成立盱眙钧豪玩具工贸有限公司,为全县首个1人有限公司。

3月10日　都梁广场(中国龙虾节广场)大舞台开工建设。

3月17日　盱眙县被省政府、省军区命名为"双拥模范县"。

3月30日　由全国人大常委会副委员长许嘉璐倡导成立并担任名誉会长的节庆中华协作体理事会在天津成立并召开一届一次理事会,受县委、县政府委派,张承东代表盱眙龙虾节参加会议并介绍盱眙龙虾节办节经验。

4月7日　中国龙虾节在第三届中国会展(节事)财富论坛上被评为中国节庆50强。

4月9日　盱眙县哲学社会科学界联合会成立。

4月11日　全国政协副主席、民进中央常务副主席张怀西到盱眙县视察工作。

4月14日　盱眙县文学艺术界联合会成立。

4月15日　盱眙县工业园区被省政府批准为江苏盱眙(省级)经济开发区。

4月26日　金谷园饭店升格为三星级旅游饭店。

4月　建于都梁广场入口处的石牌坊被拆迁至八仙台风景区。

5月5日　重载油船皖油轮18号在淮河盱城段上游200米处,机器发生故障,船员没有及时抛锚,严重搁浅,被38号海巡艇成功救助,排除水上液漏污染隐患。

5月18日　水利部副部长周英率国家防总淮河流域防汛抗旱检查组视察盱眙境内的淮河干堤和鲍集圩行洪区,对工作给予肯定。

5月20日　新疆巩留县党政代表团到盱眙考察。

6月14日　省委决定:蔡敦成任中共盱眙县委书记,提名李森为盱眙县人民政府县长候选人。

6月21日　内蒙古阿拉善盟考察团到盱眙县考察。

6月24日　一艘重载石灰船在官滩河入口处搁浅,堵塞航道,一艘装载近万吨小麦储备粮的船无法驶出,海事处及时调集2艘拖轮,帮助搁浅船舶脱浅,避免运载小麦霉变。

6月26~27日　中国共产党盱眙县第十二次代表大会召开,选举蔡敦成、李森、赵长桂、关晓卫、王雄飞、安立波、王兆柱、朱海波、邢加海、李宽厚为县委常委,蔡敦成当选县委书记,王雄飞当选为县纪委书记。

6月30日,江苏省节庆协会在盱眙县成立,安立波当选会长、张承东当选秘书长,这是中国首个省节庆社团。

△　国际节庆协会(IFEA)中国江苏代表处在盱眙成立。受国际节庆协会首席执行官史蒂文委托,IFEA亚洲区副总裁、中国区总裁张暖向国际节庆协会(IFEA)中国江苏代表处首席代表安立波颁发任命书和匾牌。确定张承东为国际节庆协会(IFEA)中国江苏代表处秘书长。

7月8日　第六届中国龙虾节在盱眙中学开幕。19日闭幕。

7月18日　铁山寺天王殿佛像开光仪式在铁山寺国家森林公园举行。

7月24日　县委、县政府迁至盱城镇政府办公楼办公。

7月31日　全县农村50~59周岁计划生育独生子女父母奖扶助金首发式在桂五镇举行,有637名对象每人每月获扶助金50元。

8月6日　“盱眙龙虾”牌龙虾获江苏省质量信用产品证书。

8月26日　盱眙县被中国旅游经济研究中心等授予“中国优秀旅游名县”称号,是江苏省唯一一家。

8月28日　县行政审批服务中心揭牌仪式举行。

△　盱眙汽车客运中心开工奠基,占地6.5万平方米,总投资5000万元。

△　县鸿运港务有限公司港口开工建设,港口位于清水坝,码头设计年吞吐量300万吨,占地34.5万平方米。

9月6日　副省长黄莉新到盱眙视察水稻病虫害防治工作。

9月9日　盱眙县城区总体规划修编、行政中心区域控制性详规编制在上海国际会议中心举行首次汇报会。共分6个部分,本着东进、南延、西疏、北扩的理念,沿行政区、经济区、生态旅游区的主轴并结合现状进行设计。

9月13日　由团中央书记处书记张晓兰、团中央少年部副部长万超岐等组成的中央未成年人思想道德建设工作督查组到盱眙县督查未成年人思想道德建设工作。

9月13~15日　鲍集圩行洪区通过水利部淮河水利委员会专家的专题评审。鲍集圩2006年度安全工程,涉及鲍集、铁佛、兴隆、淮河4个乡镇9条撤退路,总长28.63千米,道路沿线配套建筑物38座。

10月1日　宁淮高速公路(盱眙段)建成通车。

10月28日　盱眙龙虾博物馆开馆。书法家徐利明为博物馆题写馆名。

10月　国家杂交水稻工程技术研究中心天津分中心江苏试验站落户盱眙。盱眙县无偿为试验站提供6.7公顷试验田,用于水稻育种试验。

11 月 3 日　县公推公选乡科级领导干部笔试在县委党校举行。

11 月 16 ~26 日　应瑞典马尔默市艺术节暨马尔默龙虾节组委会和世界 500 强企业德国汉高公司邀请,盱眙组织经贸考察团考察访问瑞典和德国。

12 月　盱眙县被授予“全国最具投资潜力中小城市百强”称号。

12 月　盱眙县种粮大户田恒贵被授予“全国粮食生产大户”称号。

2007 年

1 月 10 日　盱眙苏果奖学金捐赠仪式在盱眙中学举行。

1 月 13 日　淮河镇蛤滩村首批“珍贝”牌 40 吨大白菜启运韩国,这是盱眙大白菜首次销往国外。

1 月 18 ~20 日　盱眙县第十四届人民代表大会第五次会议召开,选举李森为县长。

1 月 21 日　省委副书记张连珍一行到盱眙调研新农村建设情况,先后视察严岗肉鸡养殖小区、玉皇山丘陵山区农业综合开发示范基地。

1 月 28 日　盱眙县城市规划展览馆在县行政审批服务中心一楼开馆,运用全自动多媒体流动演示盱眙县城区规划图卷。

2 月 11 日　省长梁保华到盱眙县慰问贫困户、敬老院老人,走访村组干部、农户,视察被盱眙县干群称为“省长三个一工程”的蛤滩至腰滩公路、夹河大桥。

3 月 16 日　泗州城遗址考古研讨会在盱眙召开,中国社会科学院考古研究所物探主管钟健、省考古研究所所长张敏等领导和专家应邀出席会议。初步探明泗州城的大圣寺灵瑞塔、香花门和部分路面的方位。

3 月 26 日　县电器(电子)行业协会成立。

4 月 13 日　中华民族文化促进会副主席、节庆中华协作体理事会执行副主席金坚范到盱眙县就第七届中国龙虾节在北京举办的有关活动进行磋商。

4 月 14 日　盱眙县城市总体规划修编通过评审,城市规划为“三心、两轴、四片区”的格局(“三心”即城西旅游休闲中心、商贸服务中心、行政办公中心;“两轴”即以淮河东路、金源北路、盱马路为城市生长轴,以淮河东路、金鹏大道、圣山路为产业拓展轴;“四片区”分别是淮河观光区、现代服务区、政务新区、经济开发区)。

5 月 15 日　澳大利亚维多利亚州财长约翰·邦比一行到盱眙县考察新农村建设和旅游建设。

5 月 17 日　由中国国际问题研究基金会理事长,曾任外交部副部长、驻日大使徐敦信等 8 人组成的考察团到盱眙县考察。

5 月 25 日　香港金马集团有限公司董事长冯地到盱眙县考察旅游资源情况。

6 月 1 日　江苏卫视到盱眙县录制《江苏大地》特别节目——《红色风暴》。

6 月 11 日　第七届中国龙虾节在盱眙中学举行开幕式。

△　县泗州旅游公司成立暨首条水上旅游线路开通,从盱城新泗州港湾到洪泽湖。泗州旅游公司拥有一艘命名为“都梁一号”的游艇。

△　县汽车客运中心建成,建筑主站房采用大跨径钢结构屋面。12 月 28 日投入运营。

6 月 16 日　全国政协副主席张怀西为中国龙虾节题词:“盱眙龙虾甲天下”。

6 月 24 日　盱眙县与新西兰罗托鲁瓦市结为友好城市。

7 月 4 日　县政府召开县乡镇机构改革领导小组成员会议,研究改革前已退休人员的养老金或退休费渠道问题。

7 月 13 日　县委成立 10 个驻县外招商分局(宁波招商分局,杭州、嘉兴、湖州招商分局,珠三角招商分局,苏州招商分局,温州、台州招商分局,上海招商分局,南京、镇江、常州招商分局,无锡招商分局,环渤海湾招商分局,福建招商分局)。

7 月 19 日　省委、省政府选派省内 18 所高校 40 名大学毕业生到盱眙经济薄弱村任职。

7 月 28 日　江苏恒信担保有限公司、盱眙天宝担保责任有限公司在盱眙开业。

7 月　盱眙县被中国营销学会、国际旅游促进会和世界华侨华人旅游合作组织评为“中国最佳生态旅游县”。

8 月 6 日　省委常委、常务副省长赵克志到盱眙县调研工作。

8 月 10 日　副省长黄莉新到盱眙县调研防汛抗洪和灾后重建情况。

8 月 14 日　香港扶农社社长林金岳到盱眙县考察凹凸棒石黏土产业情况。

8 月 24 日　韩国完州郡、德国萨斯尼兹市代表团到盱眙县访问。

8 月 26 日　县委成立 10 个驻外地招商二分局,并任命局长和副局长,2008 年 1 月成立三分局,至此,全县有三个招商分局分赴全国各地开展招商工作。

9 月 28 日　宁连高速公路(盱眙县旧铺段)至铁山寺风景区快速通道开工典礼在旧铺镇举行。总投资 1.6 亿元,总长 29.81 千米,二级公路,双向四车道。

10 月 8 ~ 9 日　中国工程院院士、湖南省政协副主席、国家杂交水稻工程技术研究中心主任袁隆平等一行到盱眙县考察,深入水稻原种场考察,并题赠“淮河明珠,生态盱眙”“小龙虾,大产业,发展盱眙经济”。

10 月 11 日　召开县乡镇机构改革领导小组成员会议,研究乡镇机关改革中提前退休和自愿提前解除劳动关系有关问题。

10 月 22 日　县政府召开会议部署《盱眙县志》续修工作。

10 月 23 日　成立盱眙县浙江商会,江苏玉丹眼镜公司董事长陈世瑜当选为会长。

11 月 11 日　在南京苏果阅江平价店举行盱眙龙虾进超市启动仪式。

11 月 28 日　江苏省农村综合改革领导小组办公室批复,原则同意《盱眙县乡镇机构改革实施方案》。

11 月　盱眙龙虾加工制作在河南省郑州市举行的全国劳务品牌展示交流会上获“全国优秀劳务品牌”。

12 月 9 日　全县公推公选乡科级领导干部举行现场答辩活动。

12 月 26 ~ 28 日　政协盱眙县第八届委员会第一次会议召开,选举王斌为政协主席。

12 月 27 ~ 30 日　盱眙县第十五届人民代表大会第一次会议召开,选举柳怀玉为县人大常委会主任,李森为县长。

2008 年

1 月 17 日　盱眙县被省科技厅表彰为全省科技进步考核先进县。

1 月　县民政局被评为全国爱国拥军模范单位。

△　北京奥运会火炬手之一的阿坤到盱眙龙虾节广场放飞其制作的长 280 米风筝,并将此风筝赠送龙虾博物馆。

2 月 18 日　澳大利亚维多利亚州州长约翰 · 帮比一行,在南京与盱眙县相关领导洽谈 2008 年中国 · 盱眙国际龙虾节在澳大利亚举行的相关事宜,探讨新农村建设等问题。

2 月　盱眙县被江苏省海洋与渔业局批准为省级高效渔业规模化建设示范县。

3 月 6 日　省委常委、省政府副省长黄莉新到盱眙县视察高效农业、水利建设等工作。

3 月 8 日　向社会公布盱眙县县词“淮河明珠,龙虾之都,帝王故里,生态家园”,县徽以“盱”字祥龙为主体设计构型,县花都梁香兰,县树国槐,县鸟画眉,旅游形象标识为外形为山,白色浪纹为水,绿底色,同时将“盱眙”汉语拼音的声母“XY”的异化象形隐含其中,旅游宣传口号“品盱眙龙虾,游都梁山水。”

3月12日　县中医院获批淮安市首批二级甲等中医院。

4月7日　全县旅游景区正式实行联票制。

4月10日　召开县委常委扩大会议,研究乡镇机构改革问题。

4月18日　盱眙县慈善总会成立。

4月25日　县委、县政府印发《盱眙县乡镇机构改革实施意见》,就乡镇行政机关、事业单位职位设置、人员编制、领导职数作了具体规定,就人员竞争上岗、分流、社会保险、实施步骤、组织领导等作了明确要求。

△　瑞典哥德堡市商人欧纳斯·乔兰德一行到盱眙县考察投资政策与环境情况。

5月10日　香港侨福建设机构董事局主席黄建华到盱眙县参观考察。

5月12日　第八届中国·盱眙国际龙虾节"同乐五洲"特别节目在央视录制,龙虾节第一次走进央视。

5月14日　中国·盱眙国际龙虾节网站(http://www.cicf.cc)开通。

5月16日　召开县委常委会,通报乡镇机构改革情况,研究下一步工作。改革涉及乡镇原7个站所1278人,改革后站所人员办理提前退休217人、录用上岗615人、分流446人。录用上岗人员6月份全县统一调配到位。

5月17日　盱眙县供电公司首批救灾人员及车辆赴四川地震灾区。

6月3日　淮安市第二届"农民读书节"暨盱眙县"农家书屋"法制文化月活动在黄花塘镇开幕。

6月5日　农业部副部长牛盾到盱眙视察龙虾产业发展情况。

6月6~7日　上海企业联合会及企业家协会50余名代表到盱眙考察投资环境。

6月12日　第八届中国·盱眙国际龙虾节在盱眙县开幕。29日闭幕。

6月14日　盱眙历史文化博物馆开馆。

6月20日　盱眙县被中国烹饪协会授予"中国淡水龙虾之乡"称号。

6月23日　中澳龙虾技术研究中心揭牌。该中心位于盱眙县满江红龙虾产业园,由满江红龙虾产业园与班迪戈市合作投资兴建,占地13公顷,建有龙虾研发试验用房400平方米,建立试验水面11.3公顷。

7月5~6日　"心连心"上海基金会执行理事克丽丝汀女士等18名专家到盱眙回访22名免费救治的先天性心脏病患儿及其家长。至年底,全县79名患儿获医治,免除医疗费237万元。

7月6日　澳大利亚贸易委员会农业考察团到盱眙县考察中澳培训交流合作中心、维多利亚三农生态园中的龙虾养殖基地和葡萄园,参观玉皇山农业综合开发区和八仙台景区。

7月28日　盱眙县、泗洪县、洪泽县签署环洪泽湖旅游合作协议。

8月26日　宁宿徐高速公路盱眙(南)段建成通车。

8月28日　盱眙宁波工业园在盱眙经济开发区开工奠基,由宁波籍王飞等人投资12亿元兴建,区内主要生产电子、电器、机械、钢铁、汽车配件等。

9月5日　盱眙县2008年度希望工程"圆梦行动"助学金发放仪式在盱眙中学举行。全县有95名学生受助,资助额35.5万元。

9月17日　电视剧《我的兄弟叫顺溜》在桂五镇桂五村开机拍摄。这部20集革命历史题材电视剧由中央电视台、南京军区政治部、北京小马奔腾影视有限公司联合拍摄,剧情描写的是1945年8月日本侵略军投降时期新四军狙击手顺溜的英雄故事。

9月20日　第八届中国·盱眙国际龙虾节举行走向世界启动仪式。第八届中国·盱眙国际龙虾节将在澳大利亚、新西兰举办相关活动。

9月21日　中国凹土科技园在古桑乡建成。

9月24日　第八届中国·盱眙国际龙虾节在澳大利亚班迪哥市举行龙虾品牌店挂牌仪式。

9月25日　省长罗志军到盱眙县视察高效农业和凹凸棒石黏土产业发展情况。

9月28日　在青岛市举行的改革开放30周年"影响中国节庆产业进程30节30人"颁奖活动上,中国·盱眙国际龙虾节获"影响中国节庆产业进程30节"第四位。

9月 “盱眙龙虾”正式列入国家地理标志产品名录。

10月6日 中共中央政治局原常委、中纪委原书记吴官正到盱眙视察。

10月7日 省委常委、政法委书记林祥国到盱眙视察平安创建工作。

10月8日 副省长何权到盱眙县调研教育教学情况。

10月25日 来自美国、新西兰、荷兰等9个国家（地区）政界和商界人士组成的国际考察团到盱眙县考察旅游与教育等情况。

11月3日 在2008年度中国文化生态旅游与区域经济发展高峰论坛上，盱眙被授予“最佳文化生态旅游目的地”称号。

11月12日 盱眙县创建省级卫生县城通过省考核组验收。

11月15日 马坝镇创建省级卫生镇通过省考核组验收。

11月21日 省委第二巡视组到盱眙县巡视。

11月28日 铁山寺旅游公路正式通车。

11月29日 盱眙县通过中国旅游强县验收组验收。

11月 盱眙县被评为全省知识产权工作先进集体。

△ 仇集镇与安徽省明光市的涧溪镇、自来桥镇成立“涧自仇联合调解委员会”。

12月20日 水利部督查组到盱眙县督查农村饮水安全工程。

12月22日 南京加华协力影视文化有限公司和南京电影制片厂剧组到盱眙县拍摄以自愿捐献人体所有器官的少女冼梦雪为原型的电影《梦雪》。

12月25日 盱眙县首次建立县政府新闻发言人制度，县委宣传部副部长、县委外宣办主任张承东为首任盱眙县人民政府新闻发言人。

12月31日 江苏省暨淮安市“三下乡”活动启动仪式在盱眙县中国龙虾节广场举行。

2008年，盱眙实现农村公路村村通的目标，并将农村公路向开发区、城区、库区、景区、山区、集镇延伸。

第一篇　自然地理

盱眙历史悠久，秦时建县，历史上建过都，升过郡、军，境域不断变化。县域位于淮河中下游，洪泽湖南岸，地处北纬32°43′~33°13′，东经118°13′~118°54′，属北亚热带与暖温带过渡区。境内地势西南高，多丘陵低山；东北低，多平原；呈阶梯状倾斜，高低悬殊223米。全县土壤分布多样化，地层地质构造复杂，地形地貌多山水，境内地质断裂构造纵贯盱眙县中部，隆起、凹陷、岩浆岩的地质构造分布于盱眙县境内，形成顶平坡陡的丘陵和平缓宽阔的谷地相互交织的地貌。气候温和湿润，四季分明，光照充足；山水相依，地质构造多元化，土壤植被多层次。矿产、生物、水资源丰富，蕴藏780种药源品种，是江苏省重点中药材产区之一。

1986~2008年，盱眙县委、县政府投入大量人力、物力，兴建淮河盱眙段防洪排涝工程、淮水治污工程，兴修水库、疏浚河道，水利系统渐趋完善，抗灾能力逐年增强，自然灾害逐年减少。淮河防灾抗灾能力达到百年一遇标准。

第一章　自然环境

盱眙县北有洪泽湖、中有淮河、东有入江水道三大水系,境内有七座湖泊与淮河相通,水资源较为丰富。南部属丘陵山区,地形西南高、东北低,呈阶梯倾斜,高低悬殊223米,一般山顶高程50~200米;西北部为海拔25米以下的湖沼积、冲积和冲湖积平原地区。全县土壤分布多样化,地层地质构造复杂,地形地貌多山水,气候属北亚热带与暖温带过渡区,常年气候温和湿润,四季分明,光照充足。山、水、平原、气候相得益彰,具有得天独厚的自然环境优势。

第一节　地层地质

一、地　层

盱眙县出露地表的地层有上元古界震旦系、新生界下第三系、新生界上第三系等。

(一)上元古界震旦系

盱眙上元古界震旦系有上统陡山沱和灯影两组,出露出于洪泽县老子山—古桑乡佛窝一带,呈北北东向分布。陡山沱组,上段为碳酸盐沉积,厚度440米;下段主要为含磷碎屑岩沉积。上、下部的厚度大于139米。灯影组,上部为白云质灰岩夹白云岩,厚度大于418米;中部为灰岩夹千枚状页岩,厚度240余米;下部为灰质白云岩与灰岩相间,含硅质条带或团块,厚度大于268米。

(二)新生界下第三系

阜宁群四段,在西南仇集镇刘营及河桥镇女山湖边大郢集附近出露,以灰黄色泥灰岩和钙质粉砂岩为主,厚度570多米。渐新统三垛组,除女山湖西侧、仇集镇刘营等处有零星出露外,主要见于钻孔中,分布范围较广。上段为泥岩、钙质泥岩、砂岩、砂砾岩、含砾砂岩,厚度为800米;下段为泥岩与砂岩互层、砾岩夹砂砾岩、含砂砾岩,厚度570多米。

(三)新生界上第三系

以洪泽县老子山—古桑乡佛窝—安徽省天长市汊涧一线为界,分为东、西两区,出露约1000平方千米。

东区盐城群　分布在洪泽县老子山—古桑乡佛窝—安徽省天长市汊涧一线以东地区。上部为浅灰绿、浅灰、浅黄色亚黏土和钙质泥岩夹粉砂、含砾细砂、黑色玄武岩,厚度120多米;下部为浅灰绿、浅灰白、浅棕色亚黏土和粉细砂、砂砾、砂砾卵石,局部夹玄武岩,厚度约186米。

西区上第三系　分为中新统峰山组、下草湾组和上新统桂五组。峰山组,上部以细砂为主,夹亚黏土和泥岩薄层,下部为砂砾层,上、下部厚度约164米;下草湾组,岩性为黏土、粉细砂、钙质泥岩夹玄武岩,厚度约94米;桂五组,岩性以灰、灰紫、灰黑色中粒玄武岩和气孔状中粒玄武岩为主,厚度大于172米,主要分布在河桥镇女山—花果山—王店乡古城一带和西南的丘陵、平顶山。

(四)新生界第四系

有下更新统豆冲组、中更新统泊岗组、上更新统戚嘴组、全新统。下更新统豆冲组,主要分布在安徽省天长市大通—马坝—三河农场一带,一般厚度为20~30米,岩性为亚黏土、粉细砂、含砾砂层。中更新统泊岗组,为一套棕红色砂泥质沉积物,岩性为中红色含砂或粉砂质亚黏土,出露于西南部河桥镇红山头的棕红色粉砂质黏土壁立于淮河南岸,高出河面10多米,组成“红色土阶地”。东部仅见于部分钻孔中,上部为棕红色、黄褐色薄层亚黏土,下部为含砾砂,局部相变为亚黏土。上更新统戚嘴组,有冲积和坡积两种成因类型。东区厚,西区薄。东区自南向北由10米增为40多米。西区及山前倾斜平原,厚度一般小于10米。冲积主要在三河以南大面积出露,主要岩性为亚黏土、粉砂,局部为中粗砂;坡积主要在仇集镇龙山、王店乡古城低山丘陵坡麓地带,岩性为粉砂质亚黏土,混杂玄武岩角砾或碎块。全新统,成因类型主要有冲积、湖积、冲积至湖积、湖积至沼积,还有海陆过渡相沉积。冲积,淮河盱眙段有分布,厚度为34.7米,西南丘陵区也有少量分布的岩性为灰黄、黄灰色粉砂、粉土质亚黏土、浅棕色黏土,厚度一般小于10米。湖积,分布于洪泽湖、七里湖等湖滨地带,组成滨湖洼地,岩性为黄褐、褐黄色亚黏土、淤质亚黏土,厚度0.5~2米。冲积至湖积,分布在洪泽湖以东三河流域地带,岩性为黄灰色亚黏土、亚砂土、淤泥质亚黏土,厚度0.5米至数米不等。湖积至沼积,分布在洪泽湖南岸,组成湖滨平原,岩性主要为灰色、灰黑色淤质亚黏土,局部夹粉砂薄层,厚度数米;海陆过渡相沉积在维桥附近。

二、地质构造

(一)断　裂

境内地质断裂构造发育主要为北北东向、北东向和北西向。其中,北北东向的4条断裂为盱眙构造带主干断裂,纵贯盱眙县中部,自洪泽湖南岸到王店乡古城南延至安徽省来安县半塔镇,境内长50~60千米,宽10~15千米;北东向有盱城—三河农场、老子山—仇集镇、观音寺镇万集—马坝镇高桥、马坝镇东阳—安徽省天长市汊涧4条断裂,长10~100多千米不等;北西向断裂规模较小,常错断北北东向和北东向断裂。

淮河(入洪泽湖口)—安徽省来安县自来桥断裂　位于洪泽县老子山—古桑乡佛窝断褶隆起带西侧,沿淮河经天明化工厂南延至古城林场,呈10°~20°走向,长约60千米,有数米或数十米的破碎带。

官滩—桂五断裂　分割洪泽县老子山—古桑乡佛窝断褶隆起带、盱城镇十里营—王店乡古城断陷带,呈5°~20°走向,长60千米。断裂西侧为震旦系、东侧为第四系,断裂附近小构造十分发育。

观音寺镇马庄—王店乡古城断裂　分割盱城镇十里营—王店乡古城断陷带、维桥—上何郢隐伏隆起带,呈15°~20°走向,长约60千米。

穆店—上何郢断裂　呈15°~20°走向,长约50千米,断裂东侧为新生带凹陷,西侧为维桥—上何郢隐伏断陷。

(二)隆起及凹陷

洪泽凹陷　北以淮安断裂为界,南以洪泽县老子山—仇集镇断裂为界,总体呈北东50度走向。凹陷带内堆集巨厚的中、新代碎屑沉积建造。盱眙县境内的淮河西部分地区在此凹陷带内。

洪泽—建湖隆起带　北西以洪泽县老子山—仇集镇断裂为界,南东以观音寺镇—马坝镇高桥断裂为界,其西南端为北西向构造和盱眙北北东向构造带迭置。此带呈北东至北东东走向,宽16千米以上,隆起带主要有震旦系和古生界组成,为一套海相碳酸盐和碎屑建造。纵向断裂发育,破坏褶皱,残缺不全。北部和东北部部分地区在此隆起地带。

金湖凹陷　南以马坝镇—安徽省天长市汊涧断裂为界,北以观音寺镇—马坝镇高桥断裂为界,呈北东方向展布。东部和东北部部分地区在此凹陷带内。

洪泽县老子山—古桑乡佛窝断褶皱隆起带　位于盱眙构造带西侧,西以淮河—安徽省来安县自来桥断裂为界,东以官滩—桂五断裂为界,总体呈北东10°~20°走向。此隆起带由震旦纪海相碳酸盐和碎屑岩组成,涉及盱城、古桑等乡镇。

维桥—上何郢隐伏断褶皱隆起带　位于盱眙县构造带东侧,西以观音寺镇马庄—王店乡古城断裂为界,东以穆店—上何郢断裂为界,长约60千米,宽4~5千米,涉及马坝镇的高桥、穆店等乡镇。

盱城镇十里营—王店乡古城断陷带 位于洪泽县老子山—古桑乡佛窝断褶皱隆起带与维桥—上何郢隐伏断褶皱隆起带之间,西侧为官滩—桂五断裂,东侧为观音寺镇马庄—王店乡古城断裂,长约60千米,宽4～5千米,维桥、穆店等乡在此断陷带内。

女山湖—王店乡古城断陷带 位于西南边境,走向310度,长约61千米,宽约20千米,涉及仇集、王店等乡镇。

泗洪县双沟—管镇凹陷 自泗洪县双沟,经鲍集至管镇,走向315度,长约35千米,宽35千米。

马坝—安徽省天长市铜城凹陷 位于盱眙北北东向构造带以东,涉及马坝镇。

(三)岩浆岩

境内的岩浆岩有侵入岩、喷出岩,侵入岩分布于县境东北部,喷出岩主要出露于西南部。

侵入岩 侵入岩岩体小,出露面积较大者达几平方千米,一般均在几十平方米至几百平方米。主要分布于盱城—洪泽县老子山一线,位于盱眙县构造带内;明显受北北东、北西两种构造带所控制。侵入岩包括超基性岩、基性岩、中性岩、中酸性岩、酸性岩等类型。

喷出岩(玄武岩) 主要分布于女山—古城断陷带等处。新生代玄武岩在古新世至渐新世时期,开始小规模喷发。晚第三纪玄武岩喷发存在一个较长时期间断,可分为两个喷发旋回,相当于下草湾组、桂五组两个地层单位。下草湾组,为湖相碎屑沉积岩夹基性火山岩建造。火山岩岩相简单,以喷溢为主,局部夹火山沉积岩。主要有灰绿色岩、灰白色泥岩、泥质粉砂岩。结晶粒度以细粒级为主,一般为0.2～0.4毫米;桂五组,为陆相基性火山岩建造,局部夹火山沉积岩。结晶粒度较粗,一般为0.4～0.6毫米。

第二节 地形地貌

渐新世末至中新世初喜马拉雅运动时期,女山至王店乡古城断陷带的断裂继承性活动,伴有多次玄武岩岩浆喷发。中新世晚期至上新世早期,由于断块下降,西北的泗洪县双沟至管镇镇凹陷、马坝镇至安徽省天长市铜城凹陷等堆集盆地范围显著扩大,盆地内堆集中新世的碎屑岩夹玄武岩。洪泽县老子山至古桑乡佛窝灰岩丘陵,自渐新世以后,由于受断块的控制,一直为缓慢上升隆起,基本上奠定现代地貌形态基础。第四纪以后,地壳以大面积差异性垂直升降为主,地貌形态和运动方式均有一定继承性。早中更新世时期,大部分地区以上升剥蚀为主,除东部有较大下沉以外,其他地区下沉作用不占重要地位。全新世以后,南部、中部地壳继续上升隆起。境内新构造运动主要表现为大面积升降和继承性断裂构造活动。整体上西部上升,东部下降;西南上升,东北下降。以洪泽县老子山至古桑乡佛窝一线为界,东部多为岗地、平原,海拔20米左右;西部为低山丘陵,发育高度不等;西南部为江淮丘陵的一部分,东北部为地势平坦的江淮平原,北部为洪泽湖。

一、低山丘陵

境内的低山丘陵,一般山顶高程50～200米。最高山脊为仇集镇龙山南部苏皖交界处的狮子峰,黄海高程系231米。此类型地貌主要有第三系玄武岩及其间所夹的泥岩、砂砾岩所构成的低山丘陵。上新世以后,间歇性裂隙式喷发的玄武岩流侵蚀切割,形成顶平坡陡的丘陵和平缓宽阔的谷地相互交织的地貌。洪泽县老子山至古桑乡佛窝一带的低丘,岩性为灰岩、白云岩及其所夹的千枚状页岩、砂页岩。经长期剥蚀作用,丘顶浑圆,坡缓,坡度一般小于10度,绝对标高50～150米,相对切割深度40～120米,地表有溶沟、溶槽、小溶洞。境内50米以上低山丘陵面积426平方千米,约占全县总面积17.2%,主要分布在中部、西南及南部,其中仇集镇的龙山有山地44平方千米,占全县低山丘陵面积10.3%。

中部的低山丘陵,沿淮河东侧呈东北至西南条状分布,高程在50～150米之间,涉及官滩镇、盱城镇、古桑乡。西南和南部的低山丘陵,成片分布,面积大小不等,顶部宽平,海拔在100米以上,涉及河桥镇、桂五镇、王店乡、仇集镇、旧铺镇、穆店乡。东部的马坝镇大云山、中部的穆店乡龙王山呈孤丘状。

2008年盱眙县海拔50米以上主要山岭一览表

表1－1　　　　单位：米

乡镇	山岭名称	海拔高程	乡镇	山岭名称	海拔高程	乡镇	山岭名称	海拔高程	乡镇	山岭名称	海拔高程
盱城镇	磨盘山	117.3	旧铺镇	公司山	114.0	王店乡	北　山	112.0	仇集镇	蚂蚁山	105.0
	杨大山	114.0	穆店乡	燕墩山	68.0		杜梁山	92.4		龙王庙	99.0
	斗笠山	77.6		袁家大山	115.0		龙庙山	89.0		丫口山	143.0
	穆　山	83.0		斗篷山	81.0		乌龙山	94.5		南　山	159.0
	宝积山	63.0		牌坊山	70.8		狮子山	88.0		棋盘山	166.0
	天台山	146.0		癞石山	79.5		祥　山	74.6		猪嘴山	145.0
	上龟山	77.5		穆　山	73.0		大墩山	107.0		龙头山	94.0
	清风山	137.6		狼土老山	70.0		北凤凰山	176.0		宝　山	97.0
	照面山	91.7		黄练山	51.0		大羊山	160.0		羊耳山	93.0
	第一山	101.0		龙王山	74.6		陈小山	196.0		斧头山	135.0
	风坡岭	96.5		摇头山	74.0		哑吧山	71.0		鹰嘴山	121.0
	戚大山	143.0	古桑乡	石牛山	58.0		石鼓山	132.0		清平山	141.8
	慈氏山	127.3		小团山	65.0		龙　山	138.0		团　山	167.0
	象　山	126.0		庙　山	99.0		小珠山	90.0		磨盘山	137.0
	龙　山	90.0		老君山	116.2		鳌子顶	74.0	河桥镇	磨盘山	115.0
	三　山	55.0		白虎山	79.0		陆尖山	130.0		王大山	189.5
	大尖山	64.0		雍小山	63.0		宝塔山	113.0		老虎头	114.0
官滩镇	甘泉山	60.0		小东山	78.0		大石顶	150.0		尖　山	156.0
	圣人山	56.0		马尖山	103.0		陡　山	175.0		老鸹头	164.5
	刘山头	83.0		吴大山	126.0	仇集镇	老虎山	188.0		官　山	115.0
	大尖山	99.0		裂　山	87.0		马腰山	109.0		龙　山	143.0
	獾　山	89.0	桂五镇	杨大山	142.0		轿顶山	174.8		车路头	141.0
	庙　山	87.0		石鼓山	98.0		牛角尖山	136.0		郁黄店山	139.0
马坝镇	大云山	73.6		宝塔山	116.0		龙　山	117.0		马槽山	174.2
	青墩山	62.0		跑马山	71.0		龙山头	134.0		门面山	165.0
	小云山	58.2		大尖山	94.0		大石顶	131.4		花果山	137.0
旧铺镇	小雨山	65.0		高山坪	193.0		和尚塔	111.0		裂　山	194.0
	蜂子山	64.0		望山头	133.0		西十里长山	164.0		马山嘴	116.0
	龙庙山	89.0		分水岭	171.0		孤　山	112.0		尖　山	102.0
	老钹山	77.3		宝塔山	139.0		狮子峰	231.0		小王山	112.0
	大雨山	77.0	王店乡	红大山	104.0		团　山	111.0		钓鱼台	113.0
	小焦山	76.0		甲　山	70.0		象　山	156.0		公司山	149.0

二、垄　岗

全县海拔25~50米的垄岗782平方千米,占总面积31.5%。垄岗高差小,呈平缓的波状起伏,主要分布在洪泽县老子山至王店乡古城一线以东,境内岗地组成二级阶地的宽阔阶面,岩性为上更新统亚黏土。此类地形水库、池塘较多,有零星的玄武岩残丘散布于岗地之上。

境内黄白土壤岗地主要分布在旧铺镇的张洪、王店等乡镇,黄棕土壤岗地主要分布在管镇、鲍集等乡镇,黄黏土壤岗地主要分布在官滩、盱城、桂五等乡镇。

图1-1　大别山余脉的低山丘陵地形,在铁山寺区域非常典型。

三、平　原

境内的平原主要为滨湖圩田平原,海拔25米以下的湖沼积、冲积和冲湖积平原908平方千米,占总面积36.6%。

(一)湖沼积平原

主要分布于三河农场、马坝、维桥、观音寺、管镇、铁佛、兴隆等乡镇部分地区。地形平坦,高差较小,绝对标高多为15~20米。上部岩性为黑色淤泥质亚黏土,水系发达。

(二)冲积平原

主要分布于淮河两岸的淮河、鲍集、河桥等乡镇。地势平坦、宽阔,淮河入湖口有大小不等的心滩。冲积平原主要岩性为全新统粉砂质亚黏土、亚砂土及黏土组成。

(三)冲湖积平原

观音寺镇北部和官滩镇等地有小面积分布。地势平坦,高差极小,绝对标高一般小于10米。上部岩性为亚黏土,下部为淤泥质亚黏土。全县最低点为观音寺镇衡西圩,黄海高程系8米。

第三节　土　　壤

全县土壤6个土类,9个亚类,24个土属,52个土种,总面积165977公顷。

石灰岩土类　由石灰岩风化残积、坡积母质发育而成。主要分布在官滩、古桑、盱城等乡镇,面积4954公顷,占土壤总面积3%。

基性岩土类　由玄武岩风化发育而成的土壤,为暗棕色至暗褐色。主要分布在河桥、仇集、桂五、王店、旧铺等乡镇,面积48327公顷,占土壤总面积29%。

潮土类　为黄泛冲积物、风化冲积淤积物经圩垦、旱耕熟化而成的农业土壤,质地为重壤。主要分布在淮河、铁佛、鲍集、管镇、兴隆、盱城、古桑等乡镇的河涧两侧沿淮洼地,面积14854公顷,占土壤总面积9%。

黄棕壤土类　面积59723公顷,占土壤总面积36%,分布较广,遍及全县。

砂礓黑土类　主要分布在观音寺、淮河、管镇、兴隆、鲍集、铁佛、官滩、穆店、黄花塘、桂五、古桑等乡镇,地势平坦低洼,地下水位高。面积7092公顷,占土壤总面积4.3%。

水稻土类　主要分布在官滩、马坝、观音寺、维桥、三河农场、盱城、淮河等乡镇场。面积31027公顷,占土壤总面积18.7%。

第四节 气　候

盱眙县地处北亚热带与暖温带过渡气候区，属冬干夏湿、春秋不稳定的半湿润气候类型，光、热、水同季，四季分明，具有较明显的季风性、过渡性和不稳定性的特征。

一、气候特征

（一）春　季

一般为3月27日左右到5月26日左右，日平均气温在10℃～22℃，季长61天左右。季内冷暖气流变换频繁，常见霜和霜冻，雨水增多，局部地区有冰雹。4月平均气温14.4℃，多东南风，频率约13%。3～5月，平均降水189.8毫米，占年降雨量19.3%。

图1－2　天泉湖秋景

（二）夏　季

一般为5月27日左右到9月15日左右，日平均气温在22℃以上，季长112天左右。夏季高温多雨，7月平均气温27.4℃，6～8月平均降水504.5毫米，占全年51.3%。6月24日左右入梅，7月13日左右出梅。7月多东南风，频率均为13%。

（三）秋　季

一般从9月16日左右到11月15日左右，日平均气温22℃～10℃，季长61天左右。10月平均气温16.2℃；多西风，频率15%。9～11月，平均降水209.5毫米，占年降水量21.3%。

（四）冬　季

一般从11月16日左右开始，次年3月26日左右结束，季长131天左右，日平均气温10℃以下，干燥寒冷。12月至次年2月，平均降水79.7毫米，占全年降水量8.1%，1月平均气温0.7℃，多为东北风，频率均为9%。

二、气候要素

（一）气　温

1986～2008年，年平均气温14.8℃，年平均最高25.2℃（1991年），年平均最低11.9℃（1990年）。一年之中，7月最热，平均气温36.71℃；1月最冷，平均气温－7.6℃。极端最高气温39.3℃（1988年7月19日），极端最低气温－13℃（1990年2月1日）。境内南北部气温略有差异，西南低山丘陵区的平均气温比东北平原区高0.5℃左右。

年平均活动积温，零度以上6042.1℃，初日为2月11日，终日为12月25日，初、终间日数318天；10℃以上5421.5℃，初日为4月10日，终日为11月18日，初、终间日数224天。1986～2008年，年活动积温零度以上最多为6144.5℃（2003年），最少为5063.5℃（1986年）；初、终间日数最多327天（1986年、1991年），最少278天（1993年）。

1986～2008年盱眙县气温一览表

表1－2

年份	年最高气温		年最低气温		全年平均气温	年份	年最高气温		年最低气温		全年平均气温
	摄氏度(℃)	月、日	摄氏度(℃)	月、日	摄氏度(℃)		摄氏度(℃)	月、日	摄氏度(℃)	月、日	摄氏度(℃)
1986	36.0	7.30	－9.0	1.5	13.5	1998	35.8	7.21	－10.5	1.11	12.6
1987	35.5	5.24	－9.5	2.4	13.0	1999	35.7	9.9	－8.9	12.22	13.4
1988	39.3	7.19	－8.8	12.16	15.3	2000	35.8	5.21	－10.2	1.30	12.8
1989	35.0	8.11	－7.0	1.15	14.0	2001	36.7	7.2	－7.2	12.25	14.8
1990	36.8	7.9	－13.0	2.1	11.9	2002	37.7	7.15	－7.1	12.26	15.3
1991	37.2	7.24	13.1	12.30	25.2	2003	38.6	8.1	－9.0	1.5	14.8
1992	36.5	7.26	－7.8	1.2	14.4	2004	37.6	7.22	－8.7	1.25	14.5
1993	38.9	7.21	－12.6	1.17	13.2	2005	37.2	6.10	－9.5	1.6	13.9
1994	35.2	7.9	－6.3	1.21	14.5	2006	36.2	6.20	－6.8	1.17	14.7
1995	37.4	7.9	－6.3	2.2	15.6	2007	36.9	8.9	－4.9	1.20	16.0
1996	36.2	7.23	－7.4	1.9	14.4	2008	35.3	7.10	－9.7	12.18	13.3
1997	37.5	6.5	－7.5	1.8	15.0						

(二)地　温

1986～2008年,全县年平均地面温度18.6℃,比年平均气温高3.8℃。年最高地温21℃(2003年),年最低地温17.5℃(1991年)。夏季地面温度高,7月平均33℃;冬季地面温度低,1月平均3.5℃。地面极端最高温度78.6℃(2003年7月1日),地面极端最低温度零下22℃(1993年1月17日)。

(三)降　水

1986～2008年,全县年平均降水量1093.8毫米,最多年降水量1757.1毫米(1991年),最少年降水量604.6毫米(1994年),年际间降水量相差1152.5毫米。

春、秋季降水量在190～240毫米,常有连阴雨发生;夏季降水量最多,6月下旬至7月下旬,受梅雨影响,多雷暴雨,出现降水高峰;冬季降水量最少,常有冬旱发生。

日降水量在1毫米以上的降雨日数,年平均112天,居淮安市首位,最多138天(1993年),最少101天(1994年)。四季的降雨日数各不相同,平均春季29天,夏季35天,秋季25天,冬季19天,最长连续降水天数为12天(1991年6月29日至7月9日)。

年平均暴雨日数,50毫米以上的5.2天,其中100毫米以上的3.1天,150毫米以上1.1天。暴雨多发生在5～9月,7月最多。一日最大降水量449.2毫米(1997年7月17日21时至18日18时)。

年平均入梅6月24日,出梅7月13日,梅期20天,梅雨量年平均200毫米。入梅最早6月20日(1989年),最迟6月30日(1993年);出梅最早6月15日(1994年),最迟7月20日(1999年)。境内的降水量由南向北递减,南部低山丘陵的降水量较东北平原、圩区多100～150毫米。冬、春季的雨量中心位于山牝、化龙水库一带,形成明显的闭合雨量线。年降水量的最大值(1757.1毫米)在山牝水库一带;年降水量最小值(604.6毫米)在东北的三河闸附近。

1986～2008 年盱眙县各月降水一览表

表 1－3　　单位：毫米

年份＼月份	1	2	3	4	5	6	7	8	9	10	11	12	年降水总量
1986	11.8	5.0	5.3	43.3	58.2	232.1	385.5	222.9	73.6	23.4	40.2	31.2	1132.5
1987	43.2	58.6	124.1	81.0	85.4	82.3	294.6	556.1	12.8	70.3	80.3	–	1488.7
1988	36.0	47.7	65.0	29.8	114.0	105.0	96.5	83.1	85.4	28.4	4.1	6.9	701.9
1989	48.3	65.9	32.6	33.0	23.7	129.6	169.4	143.7	42.7	7.9	118.3	15.9	831.0
1990	35.2	91.9	61.3	33.2	130.5	88.7	129.3	192.4	101.3	6.3	96.3	9.8	976.2
1991	33.5	83.7	271.7	23.7	90.4	394.2	503.6	92.1	209.8	–	5.9	48.5	1757.1
1992	38.1	13.0	115.3	43.2	48.7	57.4	179.9	199.4	64.2	163.7	12.9	11.0	946.8
1993	85.2	57.3	67.6	20.0	103.5	316.4	119.0	261.3	34.9	42.2	110.3	20.0	1237.7
1994	40.0	44.3	31.5	73.2	87.8	104.7	23.5	69.2	52.9	65.2	21.2	27.1	604.6
1995	12.0	19.7	34.1	148.7	102.1	80.9	175.0	155.1	18.8	26.3	2.0	12.4	787.1
1996	32.1	21.7	108.7	31.3	404.0	172.8	335.1	92.8	96.1	75.8	161.0	5.4	1536.8
1997	11.3	28.3	68.3	36.2	204.0	92.6	428.3	224.7	45.2	18.4	91.1	63.0	1311.4
1998	101.8	46.7	116.0	123.9	128.9	151.3	262.7	211.0	4.7	18.1	4.8	25.1	1195.0
1999	16.6	26.3	62.6	59.5	34.7	42.3	95.4	104.0	46.4	163.1	13.2	–	664.1
2000	52.8	26.7	11.1	17.4	74.0	378.3	86.2	262.6	54.7	86.4	83.9	16.6	1150.7
2001	89.5	42.2	44.0	46.6	47.0	131.1	148.2	155.8	–	23.6	26.7	85.0	839.7
2002	16.4	34.7	75.0	30.4	126.3	71.9	228.5	206.7	38.8	90.7	5.0	64.7	989.1
2003	27.1	65.3	118.6	105.8	56.4	82.9	362.0	231.7	130.7	103.8	59.6	16.7	1360.6
2004	36.6	6.4	30.7	53.0	67.0	138.8	90.1	60.3	47.6	13.9	44.3	31.9	620.6
2005	22.5	53.1	47.0	103.7	92.2	104.8	349.6	256.8	151.2	50.7	32.8	19.2	1283.6
2006	66.1	43.2	36.0	88.9	106.4	186.7	357.7	140.6	137.2	10.0	130.5	19.5	1322.8
2007	65.0	38.1	60.5	26.7	41.7	84.8	698.6	116.4	210.6	32.5	16.9	26.6	1418.4
2008	66.2	4.7	25.1	56.8	103.5	193.2	291.5	138.0	43.6	39.7	17.4	20.9	1000.6

平均年蒸发量为 1368.6 毫米，比平均降水量多 274.8 毫米。最大年蒸发量 1748.1 毫米（1994 年），最小年蒸发量 768.5 毫米（2003 年）。降水量保证率：400 毫米 100%，600 毫米 100%，800 毫米 69.6%。

1986～2008 年盱眙县蒸发量一览表

表 1－4　　单位：毫米

年份	蒸发量	年份	蒸发量	年份	蒸发量	年份	蒸发量
1986	1594.3	1992	1719.7	1998	1395.1	2004	960.9
1987	1601.8	1993	1676.3	1999	1346.6	2005	946.9
1988	1622.7	1994	1748.1	2000	1324.6	2006	863.8
1989	1702.5	1995	1632.1	2001	1634.4	2007	870.8
1990	1686.4	1996	1442.6	2002	909.4	2008	841.7
1991	1635.1	1997	1554.2	2003	768.5		

(四)日　照

1986~2008年,年平均日照1781.7小时,年日照56%。年日照时数最多2313.7小时(1987年),最少1533.7小时(1993年)。各月日照时数,以8月最多,平均177.3小时;2月最少,平均130.3小时。四季日照,以夏季最多,平均659.7小时;冬季最少,平均464.9小时。

年平均太阳辐射总量每平方厘米114.37千卡。各月以8月最多,每平方厘米12.67千卡;12月最少,每平方厘米5.89千卡。四季以夏季最多,每平方厘米37.74千卡;冬季最少,每平方厘米19.04千卡。

1986~2008年盱眙县年日照一览表

表1-5　　单位:小时

年份	日照	月平均日照	年份	日照	月平均日照	年份	日照	月平均日照
1986	1814.1	151.2	1994	2014.7	167.9	2002	2104.6	175.4
1987	2313.7	192.8	1995	2106.2	175.5	2003	1767.7	147.3
1988	1829.2	152.4	1996	1819.4	151.6	2004	2040.8	170.1
1989	1588.2	132.4	1997	1921.6	160.1	2005	2040.8	170.1
1990	1635.3	136.3	1998	1811.3	150.9	2006	1620.5	135.0
1991	1544.8	128.7	1999	1724.7	143.7	2007	1548.4	129.0
1992	2519.8	210.0	2000	1484.3	123.7	2008	1620.7	135.1
1993	1533.7	127.8	2001	2066.7	172.2			

(五)风

1986~2008年,年平均风速每秒3.2~3.4米,多为偏南风和偏北风。春季风大,秋季风小。春季风向多为东南风,风速每秒4米左右;夏季风向多为偏南风,风速每秒3米左右;秋季风向多为偏西风,风速每秒3米以下;冬季风向多为东北风和西北风,风速每秒3.5米左右。

年平均大风(瞬时风速大于每秒17米)日数5.8天,最多15天(1991年),最少1天(1986年)。春季大风最多,约占全年34%;秋季最少,约占全年12%。最大风速为每秒19.4米(1986年8月6日),瞬时最大风速为每秒30米(1988年5月2日)。

(六)霜、雪

霜　1986~2008年,年平均初霜日期分别为10月29日、11月10日,最早为10月29日(1994年),最迟为11月28日(1999年)。年平均终霜日期分别为3月15日、4月6日,最早3月4日(1988年、2008年),最迟4月12日(1993年)。年平均霜期144天,无霜期最长为250天(2005~2006年度),最短为194天(1990~1991年度)。

雪　1986~2008年,年平均初雪期为11月19日、12月5日,最早为11月7日(1994年),最迟为12月15日(1999年);年平均终雪期为1月12日、2月15日、3月8

图1-3　雪景

日，最早为1月4日（1987年），最迟为3月23日（1986年）。年平均降雪日数75天，最多102天（1992～1993年度），最少为32天（1999～2000年度）。平均12～2月，降雪55天左右，约占全年降雪日数30%。年平均积雪日数75天，最多102天（1992～1993年度）。积雪深度一般为5～40毫米，最大44.6毫米（1993年1月12～14日）。2003～2004年度无积雪。

1986～2008年盱眙县雪、霜初、终期一览表

表1－6

年份	初雪期（月、日）	终雪期（月、日）	初霜期（月、日）	终霜期（月、日）	无霜日数	初雪终雪间隔天数	年份	初雪期（月、日）	终雪期（月、日）	初霜期（月、日）	终霜期（月、日）	无霜日数	初雪终雪间隔天数
1986	12.8	3.23	11.7	3.6	230	95	1998	11.9	2.11	11.1	3.22	196	94
1987	11.15	1.4	11.8	3.11	196	50	1999	12.15	1.17	11.28	3.30	203	32
1988	11.20	2.10	11.16	3.4	205	82	2000	11.30	2.7	11.15	3.10	240	67
1989	11.10	1.11	10.30	3.15	200	62	2001	11.15	2.13	11.6	3.9	243	90
1990	11.9	2.5	11.4	3.25	206	87	2002	11.25	2.18	11.4	3.8	242	75
1991	11.30	2.15	11.12	3.11	194	77	2003	11.30	2.15	11.13	3.7	250	78
1992	11.19	3.1	11.2	3.29	212	102	2004	12.1	3.7	11.16	4.7	223	99
1993	11.29	2.28	10.30	4.12	232	92	2005	11.30	2.28	11.20	3.25	235	91
1994	11.7	2.1	10.29	3.15	201	86	2006	11.19	2.19	11.2	3.14	250	82
1995	12.1	1.29	11.2	4.3	216	59	2007	11.28	2.16	11.2	4.3	225	79
1996	11.26	3.1	11.13	3.25	209	95	2008	12.1	2.15	11.10	3.4	250	76
1997	11.25	2.6	11.13	3.24	207	73							

第五节　物　　候

一、春　季

（一）初　春

一般开始于2月下旬后期，结束于3月中旬，日平均气温3℃～6℃，持续20天左右。严冬已过，春季到来，仍有冰冻；大地野草发青，树木幼芽相继萌动或膨大；三麦开始返青生长，早熟品种油菜可见初花；粘虫、小地老虎幼虫开始发生。

（二）仲　春

3月中旬后期，日平均温度升到6℃以上，为仲春开始。春分过，有雷声，杏花开，柳展叶。清明至，燕始见，蛙初鸣，洋槐展

图1－4　淮河风光带

叶,桑芽开放。日平均气温升到10℃左右时,春玉米播种,棉花、山芋、水稻等开始薄膜覆盖育苗,三麦拔节孕穗,油菜花盛。日平均温度升到13℃时,为仲春结束,历时约1个月左右。

(三)季　春

日平均气温升到14℃~16℃时,为季春时令。从4月中旬至5月中旬,历时月余。季春到来,枣树发芽,桑树展叶。接着布谷鸟始鸣,三麦抽穗扬花,油菜结荚,蚜虫、红蜘蛛和赤霉病等病虫害相继发生。

二、夏　季

(一)初　夏

5月下旬至6月中旬前期,日平均气温20℃~23℃,20余天为初夏时令。初夏时,洋槐、枣树开花,油菜、大元麦成熟收获。之后,小麦成熟收获,水稻栽插,夏玉米、花生、大豆播种。稻蓟马、螟虫等相继发生。

(二)仲　夏

一般从6月下旬至8月下旬,日平均温度24℃~28℃。仲夏到时,蝉初鸣。7月上旬,布谷鸟终见。此时正是梅雨季节,高温、多雨、潮湿,秋熟作物繁茂生长,春玉米成熟,水稻、夏玉米抽穗扬花,山芋薯块膨大,大豆开花,病虫害进入盛发期。

(三)季　夏

从8月下旬后期至9月中旬,日平均温度26℃~21℃。此时,酷暑渐消,早晚已感凉意,蝉鸣渐稀,油菜播种育苗,早茬稻、夏花生成熟收获,水稻、棉花病虫害盛期已过。

三、秋　季

(一)初　秋

9月中旬至10月上旬,日平均气温21℃~17℃。此时,梧桐果熟,枣树开始落叶,蝉终见,燕南飞,雷鸣止。棉花吐絮最盛,水稻、大豆、花生、山芋等秋熟作物相继成熟收获,早茬小麦开始播种。

(二)仲　秋

10月中旬至10月下旬,日平均温度16℃~14℃。此时,早茬小麦已出苗,油菜开始移栽。蛙终鸣,野草开始枯黄,大部分树叶初变秋色。

(三)季　秋

10月末至立冬前,日平均温度13℃~11℃。时已深秋,强冷空气南侵。天晴风小后可见初霜。晚茬小麦已出苗,早茬小麦开始分蘖。

四、冬　季

(一)初　冬

11月中旬至12月中旬,日平均温度10℃~3℃。初冬期间,树木开始落叶,初见结冰,土壤表层开始冻结,可见初雪。晚茬小麦开始分蘖。

(二)隆　冬

12月中旬至次年2月中旬,日平均温度3℃以下。隆冬开始,落叶树木的叶子先后落光,三麦等冬作物进入越冬期。降雪增多,可见积雪。多数年份土壤冻结。

图1-5　盱城雪景

第六节　水文　水系

一、地表水文

1986～2008 年，盱眙北部洪泽湖水位（老子山水位站观测），平均 12.88 米，最高 14.69 米（2003 年 7 月 14 日），最低 10.65 米（2001 年 7 月 30 日）。

1986～2008 年，中部淮河水位（盱眙水位站观测），平均 13.02 米，最高 15.85 米（2003 年 7 月 11 日），最低 10.67 米（2001 年 7 月 30 日）。水库水位（龙王山水位站观测），平均 31.40 米，最高 33.11 米（2006 年 4 月 7 日），最低 28.26 米（1994 年 8 月 25 日）。

1986～2008 年，西部淮河水位（花园嘴水位站观测），平均 13.17 米，最高 16.95 米（2003 年 7 月 11 日），最低 10.7 米（2001 年 7 月 30 日）。

1986～2008 年盱眙县部分雨量站降水量一览表

表 1－7　单位：毫米

站名	最大降水量		最小降水量		年均降雨	站名	最大降水量		最小降水量		年均降雨
	数值	发生年份	数值	发生年份			数值	发生年份	数值	发生年份	
花园嘴	1515.8	1991	611.7	1988	1022.3	红旗	1667.3	1991	593.6	2004	1038.7
东风	1671.1	1991	703.6	1994	984.5	严家岗	1641.4	1991	580.0	1994	1027.4
盱眙	1690.1	1991	552.7	2004	1073.6	维桥	1615.1	1991	591.6	2004	1033.2
桂五	1702.1	1991	614.5	1994	1051.0	老子山	1410.5	2007	563.6	2001	933.2
山凫	1612.8	1991	642.4	1994	1051.8	鲍集	1527.5	2007	535.5	2004	1019.4
化农	1614.5	1991	675.2	2004	1024.8						

图 1－6　淮河水位监测

二、地下水文

境内地下水分为松散岩类孔隙水、碳酸盐岩裂隙溶洞水、基岩裂隙水类型。

(一)松散岩类孔隙水

粉砂和亚砂土孔隙潜水 主要分布在淮河谷地,厚度一般小于10米,最厚20~30米,主要含水层埋藏于1米以下。单井涌水量每日大于100吨,水位埋深3~8米,在河流心滩处小于1米,主要涉及淮河、河桥等乡镇。

亚砂土和砂层孔隙微承压水 北部单井涌水量每日小于10吨,水位深埋3~8米,主要涉及官滩、观音寺等镇。

砂和砾石孔隙承压水 水层分布于维桥、马坝、黄花塘等乡镇。单井涌水量每日1000~5000吨,部分地带单井涌水量每日100~1000吨;个别地段单井涌水量每日10~100吨,水位深埋一般小于10米。河西鲍集、管镇等乡镇,含水层厚度约20~50米。最厚水层分布管镇一带,含水层厚度约120米,地下水位埋深3~18米。淮河两岸地段单井涌水量每日100~1000吨,管镇附近单井涌水量每日1000~5000吨。盱城镇的十里营、穆店乡含水层单井涌水量每日100~1000吨,水位埋深6~18米;地下含水层单井涌水量每日1000~5000吨,水位埋深4~35米。

(二)碳酸盐岩裂隙溶洞水

碳酸盐岩裂隙溶洞含水岩组 分布于老子山至佛窝断褶隆起带的东部。地表岩溶较为发育,见有溶蚀裂隙、溶沟、小溶洞等。岩溶泉常见于沟谷及山前低洼处,泉流量每秒一般大于1升。含水层厚度120米,单井涌水量每日约5000吨,水位埋深平地表。

碳酸盐岩夹碎屑裂隙溶洞含水岩组 分布在老子山至佛窝断褶隆起带西部,涉及盱城、古桑等乡镇。含水组裸露型岩溶水,多为接触下降泉,约80%的泉流量小于1升,覆盖型弱含水层单井涌水量每日1500吨。

碳酸盐岩及碳酸盐岩夹碎屑裂隙溶洞含水岩组 分布在老子山至佛窝断褶隆起带以西,老子山至石坝断裂以东,潘庄至汉涧断裂以北的三角地带。

(三)基岩裂隙水

主要有玄武岩孔洞裂隙水含水岩组,分布在河桥镇女山至王店乡古城断陷带内,涉及仇集镇的龙山和桂五镇的水冲港。西南部多为接触下降泉,约有40%的泉点出露标高在60米左右,26%的泉点出露在标高50米以下,20%的泉点出露标高80米左右,其他泉点出露标高在100米以上。最大出露标高155米,泉点在古城大港。泉流量每秒0.1~1立方分米,其中出露于玄武岩构造裂隙带的上升泉流量较大。最大泉流量每秒40立方分米,泉点在古桑乡杨岗。东南部玄武岩水量丰富区在旧铺镇的张洪及其以东一带,含水层厚度87~114米,其中张洪水位埋深约29米。中等富水区分布在十八里集至王店乡安乐一线以西,桂五至岗村一线以南,含水层厚81~86米。穆店、马湖一带单井涌水量每日310~415吨。东阳至穆店一带水量贫乏,单井涌水量每日约10~100吨。

覆盖型岩溶水 主要分布在淮河两侧,单井涌水量每日约100~1000吨;埋藏型岩溶水,分布在淮河以南、河桥以东,面积约50平方公里,单井涌水量每日100~1000吨。

泉水 主要有大龙潭、龙井泉。大龙潭泉,位于古桑乡杨岗,出露于气孔状玄武岩组成的低丘下的山洼里,属上升泉,流量为每秒40.72立方分米,水温24℃。在其东北和西南100米处各有一泉,流量分别为每秒4.83立方分米、每秒2.5立方分米,水质皆为HCO_3-CaMg型水。龙井泉,位于河桥镇东侧,出露标高约30米,属上升泉,泉水流量每秒1.2立方分米,为碳酸盐岩溶水。

2008 年盱眙县境内部分泉水一览表

表 1-8　　单位:立方分米/秒、米

编号	位　置	出露条件	泉类型	流量	出露标高
1	河桥东侧	灰岩与千枚岩页岩接触带	上升泉	1.200	30
2	古桑青草湖	灰岩与松散层接触带	上升泉	0.350	32
3	古桑龙王庙	灰岩与松散层接触带	下降泉	0.664	60
4	盱城东山村	灰岩与裂隙	上升泉	0.325	30~50
5	天台山西坡	灰岩与千枚岩页岩接触带	上升泉	0.050	65
6	桂五西北	玄武岩与下部砂质黏土接触带	上升泉	0.020	80
7	河桥北	玄武岩与下部砂质黏土接触带	下降泉	0.200	30
8	河桥北	玄武岩与下部黏土接触带	下降泉	0.100	80
9	龙山小师岗	玄武岩与黏土接触带	下降泉	0.500	55
10	龙山上长岗	玄武岩与黏土接触带	下降泉	0.011	51
11	龙山后狮王	玄武岩与第四系接触带	下降泉	0.170	35
12	河桥	玄武岩裂隙	下降泉	0.325	40
13	古城大港	玄武岩裂隙带	上升泉	0.933	155
14	古城刘营	玄武岩裂隙带	上升泉	0.933	70
15	古桑佛窝	玄武岩裂隙	下降泉	0.221	90
16	桂五喉咙港	玄武岩与黏土接触带	下降泉	0.195	60
17	古桑后山头	玄武岩与黏土接触带	下降泉	0.066	60
18	淮河建港	玄武岩与泥岩接触带	下降泉	0.132	100
19	古桑杨岗	玄武岩构造裂隙带	上升泉	40.720	30

三、水　系

(一)淮河干流(盱眙段)

在泗洪县下草湾新河口进入盱眙县,至官滩镇马浪岗嘴入洪泽湖。全长 64.95 千米,略成"U"形。此段水面积 80 多平方千米,河宽 400~1300 米,河底高程 5~7 米,水深 4~11 米,弯度大,滩涂多。其主要支流有团结河、友谊河、仇集大涧、冯港大涧、黄龙大涧、磨刀涧。

图 1-7　淮河盱眙段

2008年盱眙县与淮河水系相通湖泊一览表

表1-9　　单位:平方千米、米

湖名	位置	面积	平均水深	最深水	底高程
七里湖(盱眙部分)	河桥镇洪山西	10.8	2.0	4.0	9~10
陡湖	兴隆乡、淮河镇、管镇镇	34.0	1.5	4.0	10~11
猫耳湖	河桥镇洪山	6.8	2.0	4.0	10~9
仙墩湖	铁佛镇、鲍集镇	4.3	1.5	3.0	10~11
龙庙湖	河桥镇洪山	1.0	2.0	4.0	10~9
圣山湖	官滩镇、盱城镇	2.5	2.0	4.0	10~11
四山湖	盱城镇十里营西	0.9	2.5	4.0	10~11

团结河　位于兴隆、铁佛两乡镇境内,为人工河。上自仙墩湖,下至陡湖,长约13千米,河宽25~35米,深约3米,底高程8~10米。

友谊河　位于铁佛镇和兴隆乡境内,为人工河道。北起大寨沟,南至团结河,长约5千米,河宽27米左右,深2米左右,底高程10米左右。

仇集大涧　位于仇集镇境内,源于仇集镇东部和北部山区,向西流入涧溪河,东自巴山艾西北,西至苏皖交界处,长约6千米。涧宽2~12米,底高程20多米。

冯港大涧　位于河桥镇境内,源于河桥镇东部山区,流经冯港和周大郢,向北流入淮河,长约4千米,底高程10~20米。

黄龙大涧　位于河桥镇境内,源于王大山北部的烂草洼,流经黄龙北入淮河,长约5千米,底高程10~20米。

磨刀涧　位于古桑乡境内,源于古桑乡西南和中部山区,在张小营汇合后,向北流经高营、燕(烟)山入淮,张小营至入河口长约5.5千米,涧宽12米左右,深1.5~2米,底高程15米多。

(二)洪泽湖(盱眙部分)

位于盱眙北部,西自鲍集镇新河口,东至观音寺镇三河闸,湖岸线长60千米。观音寺镇、官滩镇、管镇镇、鲍集镇、淮河镇和三河农场有洪泽湖水域,水域面积136.9平方千米,占洪泽湖总面积6.6%。其主要支流有高桥河、维桥河、黑泥河、董桥河、老河、磙子涧。

高桥河　源于穆店乡南部低山丘陵地区,流经穆店乡东部,过马坝镇的高桥和维桥乡交界处,至高桥北部砂礓滩北测,长约21千米,河宽40~60米,底高程15米左右。

维桥河　南起穆店乡西部的龙王山,穿维桥乡,至三河农场东南部入洪泽湖,长约20千米,河的上游宽5~10米,下游宽40~60米,底高程9~15米。

黑泥河　源于马坝镇高桥东南高岗地带,向东北流经高桥,在彭嘴子汇入高桥河,长约8千米,宽5~15米,底高程15米左右。

老河　位于三河农场与维桥乡交界处,西起维桥乡永华村赵湾组,东至高桥河,长约7.5千米,上游宽约5米,下游宽约25米,深1.5~2.5米,底高程12米左右。

董桥河　在维桥乡境内,南起顾庄西侧的三八水库,向北流经董桥入老河,长约8千米,宽9~20米,深0.5~1.7米,底高13~18米。

磙子涧　源于桂五镇东南岗地,向北流经四桥,在穆店乡东北流入维桥河。磙子涧在四桥至龙王山段长约10千米,底高程35米左右。

(三)三河(盱眙段,即入江水道)

自盱眙东北的三河闸起,经观音寺向南至盱眙、金湖、洪泽三县交界处,全长20.5千米,宽300~760米,深3～5米，底高程5～10米。主要支流有汪木排河、马坝大涧、九里荒涧。

汪木排河　位于盱眙东部马坝与观音寺两镇交界处，上游分别是马坝大涧和九里荒涧、马坝东北的南湖至三河，长约13.5千米，宽30米左右，底高程8～10米。

马坝大涧　源于马坝西南岗地，流经马坝，经南湖流入汪木排河。涧边至南湖，长约7千米，宽5～7米，底高程15～20米。

九里荒涧　源于马坝镇与观音寺镇的马庄交界处岗地，向东北流经黄桥，由衡庄转向东，在观音寺镇南部流入汪木排河。此涧油坊至高家坝，长约9千米，宽10米左右，深1.5～2.5米，底高程10～20米。

（四）流出盱眙县境外支流

石龙大涧　源于古城南部山区，在薛营与古城大涧汇流后向东流经范墩桥，在旧铺镇的张洪河头东南，流入天长市时湾水库。石龙大涧在薛营至张洪河头长约9千米，涧宽8米左右，底高程20～30米。

古城大涧　源于王店乡古城西部山区，向东南流经古城，在薛营流入石龙大涧。古城大涧在化农水库至薛营长约9千米，宽6米左右，底高程30～45米。

王店大涧　源于古城北部山区，向东南流经王店，在张洪西南流入天长市时湾水库。蔡港水库至桥东长约14千米，宽4～6米，底高程20～45米。

旧铺大涧　源于旧铺镇西部山区，向东流经旧铺，再向东北流入红旗水库，长约8千米，底高程35～45米。

泥沛大涧　位于盱眙、天长两县交界处。西自红旗水库，东至大通水库，长约8千米，宽2～6米，底高程20～30米。

（五）山　港

盱眙县南部和西南部有100多座低山丘陵，两个山背之间的低凹部分多有山溪，当地人称之为山港。境内30多条山港受降水影响较大，大雨水多，小雨水少。

2008年盱眙县部分山港一览表

表1－10

名　称	位　置	雨水终入点	名　称	位　置	雨水终入点
玻璃港	仇集镇团山东侧	淮河	大港	河桥镇东南部	淮河
长港	仇集镇十里长山北侧	淮河	小港	河桥镇官山南侧老虎头北侧	淮河
时港	仇集镇轿顶山东侧	淮河	三岔港	河桥镇车路头南部	淮河
马港	仇集镇龙山头西侧	淮河	焦家港	王店乡铁山寺西北部	县境外
毛港	仇集镇老虎山西北侧	淮河	谢家港	王店乡西部贾郢南侧	县境外
毛胡港	仇集镇杨郢西侧	淮河	蔡家港	王店乡上郢东侧	县境外
周胡港	仇集镇孤山南侧	淮河	刘郢后港	王店乡西北刘郢北部	县境外
罗港	仇集镇象山北侧	淮河	獐狼港	王店乡红大山北侧	洪泽湖
狼头港	仇集镇丫口山北侧	淮河	瓜冲港	桂五镇谢郢西侧	洪泽湖
龙头港	仇集镇磨盘山东侧	淮河	水冲港	桂五镇水冲港西侧	洪泽湖
黑龙港	仇集镇无名山西侧	淮河	狼窝港	桂五镇水冲港大港西侧	洪泽湖
石港	河桥镇裂山与花果山之间	淮河	山宄港	桂五镇水冲港山宄南侧	洪泽湖
曹港	河桥镇西山头北侧	淮河	方港	桂五镇张郢南侧	洪泽湖
冯港	河桥镇公司山北侧	淮河	吴港	古桑乡吴大山西北侧	洪泽湖

第二章 自然资源

盱眙县境内有山、丘陵、淮河、湖泊、平原,山、水、林、草、生物及矿产等自然资源丰富,其中林、牧、非农用地占全县总面积三分之一,生态环境良好,属宜居地区。中药材品种多,质量高,为江苏省中药材之乡。野生红头蜈蚣是盱眙优质、名贵的动物中药材,销售全国各地。1986~2008年,全县城乡工业发展较快,建材类矿产得到开发和利用。盱眙县政府加快山区开发,开垦荒山荒地;植树造林,绿化荒山荒坡;加强湖滨、淮滩建设,发展水产养殖;走出一条靠山吃山,靠水致富之路。境内凹凸棒石黏土储量大、矿点多、品种好,全国闻名,年均生产能力20万吨以上。

第一节 土地资源

一、耕 地

1986年,全县有耕地7.53万公顷,占全县土地面积30.33%,人均耕地0.116公顷。1993年,全县耕地7.44万公顷,占全县土地面积29.97%,人均耕地0.107公顷。2000年,全县耕地7.39万公顷,占全县土地面积29.81%,人均耕地0.102公顷。2008年,全县耕地7.33万公顷,占全县土地面积29.35%,人均耕地0.097公顷。(根据《统计年鉴》统计口径,本章耕地面积以承包土地为主,且不包含农林场圃耕地面积。)

二、园林地

1986年,全县园林地2.15万公顷,占全县土地面积8.66%,其中园地0.41万公顷、林地1.74万公顷。1993年,全县园林地2.14万公顷,占全县土地面积8.62%,其中园地0.35万公顷、林地1.79万公顷。2000年,全县园林地2.25万公顷,占全县土地面积9.08%,其中园地0.43万公顷,林地1.82万公顷。2008年,全县园林地2.27万公顷,占全县土地面积9.09%。其中园地0.44万公顷、林地1.83万公顷。

三、牧 地

1986年,全县牧地(荒草地)1.66万公顷,占全县土地面积6.69%。1993年,全县牧地(荒草地)1.42万公顷,占全县土地面积5.72%。2000年,全县牧地(荒草地)1.43万公顷,占全县土地面积5.77%。2008年,全县牧地(荒草地)1.51万公顷,占全县土地面积6.05%。

四、非农业用地

1986年,全县非农用地3.27万公顷,占全县土地面积13.17%。其中,居民用地2.15万公顷,厂矿用地0.04万公顷,交通用地0.55万公顷,军工用地0.06万公顷,未利用土地0.47万公顷。1993年,全县非农业用地3.27万公顷,占全县土地面积13.17%。居民点及独立工矿用地2.28万公顷,交通用地0.6万公顷,未利用地0.39万公顷。2000年,全县非农业用地3.31万公顷,占全县土地面积13.35%。其中:居民点及工矿用地2.31万公顷,交通用地0.65万公顷,未利用地0.35万公顷。2008年,全县非农用地3.33万公顷,占全县土地面积13.33%。居民点及独立工矿用地2.4万公顷,交通用地0.66万公顷,未利用土地0.27万公顷。

第二节　水资源

1986年，全县水域421.172平方千米，占全县土地面积16.97%。其中，湖泊318.663平方千米，河流36.698平方千米，水库65.396平方千米，塘坝0.415平方千米。至2008年，全县水域未发生大的变化。

一、当地地表径流量

地表径流来源于降水，全县年均地表径流量为4.69亿立方米。丰水年（P=20%）水量8.55亿立方米，平水年（P=50%）水量6亿立方米，中等干旱年（P=75%）水量4.04亿立方米，特殊干旱年（P=95%）水量2.75亿立方米。季际间分布不均，6～9月汛期，降水频率高，数量大，降水量占全年62.8%，径流量占全年85%以上；年际间差异极大，丰水年水量比平水年多42.5%，中等干旱年水量比平水年少32.7%，特殊干旱年水量比平水年少54.2%；地区间水资源利用悬殊大，沿淮滨湖区水源充足利灌溉，丘陵山区灌溉条件较差。

二、地下水静储量

全县地下水静储量23.97亿立方米。多年平均补给量1.88亿立方米，年可开采量1.46亿立方米。

三、过境水量

过境水有淮河水和邻县水库。包括西北部淮河、洪泽湖、入江水道，东南部邻县时弯、大通和安乐3座水库，以及南部仇集大涧汇流量。据测算，丰水年（P=20%）水量32.65亿立方米，平水年（P=50%）水量19.82亿立方米，中等干旱年（P=75%）水量20.52亿立方米，特殊干旱年（P=95%）水量5.7亿立方米。

第三节　生物资源

境内气候温和湿润，四季分明，光照充足，有山有平原有沼泽地，生物资源丰富。农民常规饲养的家畜有牛、羊、猪、驴、骡等，家禽有鸡、鹅、鸭等。此节仅选录在境内较多的野生动物4门117科195种，植物5大类158科510种。

一、野生动物

（一）脊索动物门　Chordata（5纲99种）

哺乳纲　Mammalia（11科17种）

猬科　Erinaceidae

东北刺猬　*Erinaceus amurensis*

鼹科　Talpidae

缺齿鼹　*Mogera robusta*

蝙蝠科　Vespertilionidae

蝙蝠　*Vespertilio superans*

仓鼠科　Cricetidae

黑线仓鼠　*Cricetulus barabensis*

大仓鼠　*Cricetulus triton*

鼠科　Muridae

褐家鼠　*Rattus norvegicus*

屋顶鼠　*Rattus rattus*

松鼠科　Sciuridae

松鼠　*Sciurus vulgaris*

兔科　Leporidae

草兔　*Lepus capensis*

鼬科　Mustelidae

猪獾　*Arctonyx collaris*

狗獾　*Meles meles*

黄鼬　*Mustela sibirica*

水獭 *Lutra lutra*

猫科 *Felidae*

豹猫 *Felis bengalensis*

犬科 *Canidae*

狼 *Canis lupus*

狐 *Vulpes vulpes*

鹿科 *Cervidae*

赤麂 *Muntiacus muntjak*

鸟 纲 Aves(**计25科39种**)

文鸟科 *Ploceidae*

家麻雀 *Passer montanus*

燕雀科 *Fringillidae*

黑尾蜡嘴雀 *Eophona migratoria*

三道眉草鹀 *Emberiza cioides*

鹦鹉科 *Psittacidae*

虎皮鹦鹉 *Melopsittacus undulatus*

鸭科 *Anatidae*

鸳鸯 *Aix galericulata*

白额雁 *Anser albifrons*

绿头鸭 *Anas platyrhynchos*

鸿雁 *Anser cygnoides*

百灵科 *Alaudidae*

云雀 *Alauda arvensis*

黄雀 *Carduelis spinus*

凤头百灵 *Galerida cristata*

翠鸟科 *Alcedinidae*

翠鸟 *Alcedo atthis*

鹟科 *Muscicapidae*

画眉 *Garrulax canorus*

黄腰柳莺 *Phylloscopus proregulus*

寿带鸟 *Terpsiphone paradisi*

鹰科 *Accipitridae*

鸢 *Milvus korschun*

鸬鹚科 *Phalacrocoracidae*

普通鸬鹚 *Phalacrocorax carbo*

鸠鸽科 *Columbidae*

山斑鸠 *Streptopelia orientalis*

珠颈斑鸠 *Streptopelia chinensis*

鸽子 *Columba livia*

杜鹃科 *Cuculidae*

四声杜鹃 *Cuculus micropterus*

小杜鹃 *Cuculus poliocephalus*

燕科 *Hirundinidae*

家燕 *Hirundo rustica*

鸦科 *Corvidae*

大嘴乌鸦 *Corvus macrorhynchos*

喜鹊 *Pica pica*

啄木鸟科 *Picidae*

星头啄木鸟 *Dendrocopos canicapillus*

鸱鸮科 *Strigidae*

红角鸮 *Otus scops*

鸥科 *Laridae*

红嘴鸥 *Larus ridibundus*

鹬科 *Scolopacidae*

丘鹬 *Scolopax rusticola*

鹭科 *Ardeidae*

白鹭 *Egretta garzetta*

雉科 *Phasianidae*

雉 *Phasianus colchicus*

鹌鹑 *Coturnix japonica*

秧鸡科 *Rallidae*

普通秧鸡 *Rallus aquaticus*

鹎科 *Pycnonotidae*

白头鹎 *Pycnonotus sinensis*

椋鸟科 *Sturnidae*

八哥 *Acridotheres cristatellus*

鹤科 *Gruidae*

灰鹤 *Grus grus*

丹顶鹤 *Grus japonensis*

黄鹂科 *Oriolidae*

黄鹂 *Oriolus chinensis*

伯劳科 *Laniidae*

红尾伯劳 *Lanius cristatus*

爬行纲 Reptilia(**8科11种**)

壁虎科 *Gekkonidae*

无蹼壁虎 *Gekko swinhonis*

石龙子科 *Scincidae*

石龙子 *Eumeces chinensis*

蜥蜴科 *Lacertidae*

丽斑麻蜥 *Eremias argus*

游蛇科 *Colubridae*

黑眉锦蛇 *Elaphe taeniura*

赤链蛇 *Dinodon rufozonatum*

铅色水蛇 *Enhydris plumbea*

乌梢蛇　*Zaocys dhumnades*

蝰科　*Viperidae*

蝮蛇　*Agkistrodon brevicaudus*

竹叶青　*Trimeresurus stejnegeri*

龟科　*Emydidae*

乌龟　*Chinemys reeoesii*

鳖科　*Trionychidae*

鳖　*Trionyx sinensis*

两栖纲　Amphibia（**3 科 6 种**）

蟾蜍科　*Bufonidae*

花背蟾蜍　*Bufo raddei*

蛙科　*Ranidae*

虎纹蛙　*Rana tigrina*

黑斑蛙　*Rana nigromaculata*

金线蛙　*Pelophylax plancyi*

泽蛙　*Rana limnocharis*

姬蛙科　*Microhylidae*

饰纹姬蛙　*Microhyla ornata*

硬骨鱼纲　Osteichthyes（**12 科 26 种**）

鲤科　*Cyprinidae*

鲫　*Carassius auratus*

青鱼　*Mylopharyngodon piceus*

草鱼　*Ctenopharyngodon idellus*

鲤　*Cyprinus carpio*

鲌　*Culter alburnus*

鲢　*Hypophthalmichthys molitrix*

鳙　*Aristichthys nobilis*

鳊　*Parabramis pekinensis*

团头鲂　*Megalobrama amblycephala*

南方拟　*Pseudohemiculter dispar*

赤眼鳟　*Squaliobarbus curriculus*

鳅科　*Cobitidae*

泥鳅　*Misgurnus anguillicaudatus*

鲟科　*Acipenseridae*

中华鲟　*Acipenser sinensis*

鲱科　*Clupeidae*

鲥　*Tenualosa reevesii*

鳀科　*Engraulidae*

刀鲚　*Coilia ectenes*

凤鲚　*Coilia mystus*

鲇科　*Siluridae*

鲇　*Silurus asotus*

胡子鲇科　*Clariidae*

胡子鲇　*Clarias fuscus*

鲿科　*Bagridae*

粗唇鮠　*Leiocassis crassilabris*

黄颡鱼　*Pelteobagrus fulvidraco*

鳗鲡科　*Anguillidae*

鳗鲡　*Anguilla japonica*

花鳗　*Anguilla marmorata*

鮨科　*Serranidae*

鲈鱼　*Lateolabrax japonicus*

鳜鱼　*Siniperca chuatsi*

塘鳢科　*Eleotridae*

乌塘鳢　*Bostrychus sinensis*

合鳃鱼科　*Synbranchidae*

黄鳝　*Monopterus albus*

（二）节肢动物门　Arthropoda（**4 纲 72 种**）

软甲纲　Malacostraca（**4 科 6 种**）

长臂虾科　*Palaemonidae*

日本沼虾　*Macrobrachium nipponense*

罗氏沼虾　*Macrobrachium rosenbergii*

白虾　*Exopalaemon holthuis*

对虾科　*Penaeida*

刀额新对虾　*Metapenaeus ensis*

龙虾科　*Palinuridae*

龙虾　*Panulirus peniciliatus*

弓蟹科　*Varunidae*

中华绒螯蟹 *Eriocheir sinensis*

昆虫纲　Insecta（**51 科 62 种**）

蚕蛾科　*Bombycidae*

家蚕　*Bombyx mori*

大蚕蛾科　*Saturniidae*

柞蚕　*Antheraea pernyi*

蜻科　*Libellulidae*

红蜻　*Crocothemis servilia*

蜓科　*Aeshnidae*

碧伟蜓　*Anax parthenope*

凤蝶科　*Papilionidae*

柑橘凤蝶　*Papilio xuthus*

蛱蝶科　*Nymphalidae*

新月带蛱蝶　*Athyma selenophora*

灰蝶科 *Lycaenidae*

蓝燕灰蝶 *Rapala caerulea*

螽蟖科 *Tettigoniidae*

纺织娘 *Mecopoda elongata*

螳螂科 *Mantidae*

螳螂 *Paratenosera seu*

蝉科 *Cicadidae*

红脉熊蝉 *Cryptotympana atrata*

蟋蟀科 *Gryllidae*

中华蟋蟀 *Gryllus chinensis*

油葫芦 *Gryllus testaceus*

蝼蛄科 *Grylloidea*

蝼蛄 *Gryllotalpa orientalis*

鳖蠊科 *Corydidae*

土元 *Eupolyphaga sinensis*

粪金龟科 *Geotrupidae*

神农蜣螂 *Catharsius molossus*

萤科 *Lampyridae*

山窗萤 *Lychnuris praetexta*

鳃金龟科 *Melolonthidae*

蛴螬 *Holotrichia diomphalia*

天牛科 *Cerambycidae*

星天牛 *Anoplophora chinensis*

桑天牛 *Apriona germari*

云斑天牛 *Batocera horsfieldi*

桃红颈天牛 *Aromia bungii*

吉丁虫科 *Buprestidae*

六星吉丁虫 *Chrysobothris succedana*

蚊科 *Muscidae*

中华按蚊 *Anopheles sinensis*

家蝇科 *Muscidae*

家蝇 *Musca domestica*

蚤科 *Pulicidae*

跳蚤 *Pulex irritans*

臭虫科 *Cimicidae*

温带臭虫 *Cimex lectularius*

虱科 *Pediculidae*

人虱 *Pediculus humanus*

飞虱科 *Delphacidae*

褐飞虱 *Nilaparvata lugens*

白背飞虱 *Sogatella furcifera*

灰飞虱 *Laodelphax striatellus*

蜚蠊科 *Blattidae*

东方蟑螂 *Blatta orientalis*

蝗科 *Acrididae*

中华稻蝗 *Oxya chinensis*

夜蛾科 *Noctuidae*

稻螟蛉 *Naranga aenescens*

夜蛾科 *Noctuidae*

棉铃虫 *Helicoverpa armigera*

大地老虎 *Agrotis tokionis*

蚜科 *Aphididae*

菜蚜 *Brevicoryne brassicae*

蜜蜂科 *Apidae*

东方蜜蜂 *Apis cerana*

胡蜂科 *Vespidae*

北方黄胡蜂 *Vespula rufa*

瓢虫科 *Coccinellidae*

二星瓢虫 *Adalia bipunctata*

七星瓢虫 *Coccinella septempunctata*

尺蛾科 *Geometridae*

柿星尺蛾 *Percnia giraffata*

油茶尺蠖 *Biston marginata*

蓟马科 *Thripidae*

稻蓟马 *Stenchaetothrips biformis*

蜡蚧科 *Coccidae*

红蜡蚧 *Ceroplastes rubens*

褐软蜡蚧 *Coccus hesperidum*

丽金龟科 *Rutelidae*

铜绿异丽金龟 *Anomala corpulenta*

天蛾科 *Sphingidae*

豆天蛾 *Clanis bilineata*

叩甲科 *Elateridae*

叩头虫 *Pleonomus canaliculatus*

蚁科 *Formicidae*

蚂蚁 *Pheidole megacephala*

白蚁科 *Termitidae*

铲头堆砂白蚁 *Cryptotermes declivis*

钳蝎科 *Buthidae*

东亚钳蝎 *Liocheles australasiae*

叶螨科 *Tetranychidae*

麦蜘蛛 *Penthaleus major*

棉红蜘蛛 *Tetranychus cinnabarinus*

刺蛾科 *Limacodidae*

扁刺蛾　*Thosea sinensis*

网蝽科　*Tingidae*

军配虫　*Stephanotis nashi*

蓑蛾科　*Psychidae*

茶蓑蛾　*Clania minuscula butler*

透翅蛾科　*Sesiidae*

葡萄透翅蛾 *Paranthrene regalis*

枯叶蛾科 *Lasiocampidae*

竹斑枯叶蛾　*Philudoria albomaculata*

象鼻虫科　*Curculionidae*

米象　*Sitophilus oryzae*

舟蛾科 *Notodontidae*

苹掌舟蛾　*Phalera flavescens*

毛首科　*Trichocephalidae*

毛首鞭形线虫　*Trichuris trichiura*

草蛉科 *Chrysopidae*

褐角草蛉 *Chrysopa chemoensis*

蛛形纲　Arachnida（1 科 1 种）

园蛛科　*Araneidae*

褐吊叶蛛　*Acusilas coccineus*

多足纲(2 科 3 种)

蜈蚣科　*Scolopendridae*

蜈蚣　*Scolopendra subspinipes*

少棘蜈蚣　*Scolopendra mutilans*

圆马陆科　*Spirobolidae*

约安巨马陆　*Prospirobolus joannsi*

（三）软体动物门　Mollusca（2 纲 8 种）

双壳纲　Bivalvia（2 科 4 种）

蚌科　*Unionidae*

河蚌　*Anodonta woodiana*

三角帆蚌　*Hyriopsis cumingii*

褶纹冠蚌　*Cristaria plicata*

蚬科　*Corbiculidae*

河蚬　*Corbicula fluminea*

腹足纲　Gastropoda（3 科 4 种）

巴蜗牛科　*Bradybaenidae*

灰巴蜗牛　*Bradybaena ravida*

田螺科　*Viviparidae*

田螺　*Procambarus clarkii*

方形环棱螺　*Bellamya quadrata*

蛞蝓科　*Limacidae*

野蛞蝓　*Agriolimax agrestis*

（四）环节动物门　Annelida（1 纲 1 种）

寡毛纲　Oligochaeta（1 科 1 种）

钜蚓科　*Megascolecidae*

湖北环毛蚓　*Pheretima hupeiensis*

二、植　物

境内植物仅按粮食类、蔬菜类、经济类、林木类和草本类划分，力求贴近现实状况。

(一)粮食类(3 科 15 种)

禾本科　*Gramineae*

大麦　*Hordeum vulgare*

栽培二棱大麦　*Hordeum distichon*

粳稻　*Oryza sativa subsp. japonica*

糯稻　*Oryza sativaL. var. glutinosa*

籼稻　*Oryza sativa subsp. indica*

高粱　*Sorghum bicolor*

粱　*Setaria italica*

小麦　*Triticum aestivum*

玉米　*Zea mays*

豆科　*Fabaceae*

大豆　*Glycine max*

赤豆　*Vigna angularis*

绿豆　*Vigna radiata*

蚕豆　*Vicia faba*

豌豆　*Pisum sativum*

蓼科　*Polygonaceae*

荞麦　*Fagopyrum esculentum*

(二)蔬菜类(23 科 51 种)

葫芦科　*Cucurbitaceae*

冬瓜　*Benincasa hispida*

南瓜　*Cucurbita moschata*

笋瓜　*Cucurbita maxima*

瓠子　*Lagenaria siceraria var. hispida*

丝瓜　*Luffa aegyptiaca*

豆科　*Fabaceae*

刀豆　*Canavalia gladiata*

扁豆 *Lablab purpureus*
毛豆 *Mucuna pruriens var. utilis*
多型苜蓿 *Medicago polymorpha*
豇豆 *Vigna unguiculata*
十字花科 *Cruciferae*
甘蓝 *Brassica oleracea var. capitata*
青菜 *Brassica rapa var. chinensis*
雪里蕻 *Brassica juncea var. multiceps*
白菜 *Brassica pekinensis*
荠菜 *Capsella bursa－pastoris*
花菜 *Hemerocallis minor*
萝卜 *Raphanus sativus*
菊科 *Compositae*
马兰 *Kalimeris indica*
菊花脑 *Chrysanthemum indicum*'Nankingense'
茼蒿 *Chrysanthemum coronarium*
莴苣 *Lactuca sativa*
伞形科 *Umbelliferae*
芹菜 *Apium graveolens*
芫荽 *Coriandrum sativum*
胡萝卜 *Daucus carota var. sativus*
水芹 *Oenanthe javanica*
薯蓣科 *Dioscoreaceae*
薯蓣 *Dioscorea polystachya*
姜科 *Zingiberaceae*
生姜 *Zingiber officinale*
茄科 *Solanaceae*
辣椒 *Capsicum annuum*
番茄 *Lycopersicon esculentum*
马铃薯 *Solanum tuberosum*
茄 *Solanum melongena*
百合科 *Liliaceae*
韭菜 *Allium tuberosum*
蒜 *Allium sativum*
葱 *Allium fistulosum*
洋葱 *Allium cepa*
黄花菜 *Hemerocallis citrina*
百合 *Lilium brownii var. viridulum*
藜科 *Chenopodiaceae*
菠菜 *Spinacia oleracea*
苋科 *Amaranthaceae*
苋菜 *Amaranthus tricolor*
禾本科 *Gramineae*
茭白 *Zizania latifolia*
莎草科 *Cyperaceae*
荸荠 *Eleocharis dulcis*
天南星科 *Araceae*
芋头 *Colocasia esculenta*
马齿苋科 *Portulacacea*
马齿苋 *Portulaca oleracea*
泽泻科 *Alismataceae*
慈姑 *Sagittaria sagittifolia*
莲科 *Nelumbonaceae*
莲 *Nelumbo nucifera*
旋花科 *Convolvulaceae*
蕹菜 *Ipomoea aquatica*
伞菌科 *Agaricaceae*
蘑菇 *Agaricus bisporus*
光柄菇科 *Pluteaceae*
草菇 *Volvariella volvacea*
光茸菌科 *Omphalotaceae*
香菇 *Lentinula edodes*
侧耳科 *Pleurotaceae*
平菇 *Pleurotus ostreatus*
小皮伞科 *Marasmiaceae*
金针菇 *Flammulina velutipes*

(三)经济类(13科16种)

十字花科 *Cruciferae*
油菜 *Brassica campestris*
芝麻科 *Pedaliaceae*
芝麻 *Sesamum indicum*
豆科 *Fabacea*
花生 *Arachis hypogaea*
菊科 *Compositae*
向日葵 *Helianthus annuus*
唇形科 *Labiatae*
薄荷 *Mentha canadensis*
葫芦科 *Cucurbitaceae*
西瓜 *Citrullus lanatus*
香瓜 *Cucumis melo*
旋花科 *Convolvulaceae*
番薯 *Ipomoea batatas*
锦葵科 *Malvaceae*
苘麻 *Abutilon theophrasti*

棉花 *Gossypium hirsutum*

夹竹桃科 *Apocynaceae*

罗布麻 *Apocynum venetum*

大麻科 *Cannabaceae*

大麻 *Cannabis sativa*

亚麻科 *Linaceae*

亚麻 *Linum usitatissimum*

荨麻科 *Urticaceae*

苎麻 *Boehmeria nivea*

荨麻 *Urtica fissa*

大戟科 *Euphorbiaceae*

蓖麻 *Ricinus communis*

(四)林木类(69 科 262 种)

苏铁科 *Cycadaceae*

苏铁 *Cycas revoluta*

银杏科 *Ginkgoaceae*

银杏 *Ginkgo biloba*

松科 *Pinaceae*

雪松 *Cedrus deodara*

黑松 *Pinus thunbergii*

马尾松 *Pinus massoniana*

湿地松 *Pinus elliottii*

火炬松 *Pinus taeda*

五针松 *Pinus parviflora*

杉科 *Taxodiaceae*

杉木 *Cunninghamia lanceolata*

柳杉 *Cryptomeria japonica var. sinensis*

水杉 *Metasequoia glyptostroboides*

落叶杉 *Taxodium distichum*

池杉 *Taxodium distichum var. imbricatum*

柏科 *Cupressaceae*

翠柏 *Calocedrus macrolepis*

日本扁柏 *Chamaecyparis obtusa*

日本花柏 *Chamaecyparis pisifera*

绒柏 *Chamaecyparis pisifera 'Squarrosa'*

中山柏 *Cupressus lusitanica 'ZhongShanbai'*

柏木 *Cupressus funebris*

蜀柏 *Juniperus komarovii*

刺柏 *Juniperus formosana*

地柏 *Juniperus procumbens*

侧柏 *Platycladus orientalis*

千头柏 *Platycladus orientalis 'Sieboldii'*

圆柏 *Sabina chinensis*

塔柏 *Sabina chinensis 'Pyramidalis'*

龙柏 *Sabina chinensis 'Kaizuka'*

香柏 *Sabina pingii var. wilsonii*

铅笔柏 *Sabina virginiana*

美国香柏 *Thuja occidentalis*

罗汉松科 *Podocarpaceae*

罗汉松 *Podocarpus macrophyllus*

红豆杉科 *Taxaceae*

矮紫杉 *Taxus cuspidata var. nana*

禾本科 *Gramineae*

淡竹 *Phyllostachys glauca*

燕竹 *Phyllostachys praecox*

紫竹 *Phyllostachys nigra*

刚竹 *Phyllostachys sulphurea var. viridis*

毛竹 *Phyllostachys edulis*

雅竹 *Phyllostachys vivax*

水竹 *Phyllostachys heteroclada*

甜竹 *Phyllostachys flexuosa*

阔叶箬竹 *Indocalamus latifolius*

苦竹 *Pleioblastus amarus*

篌竹 *Phyllostachys nidularia*

短穗竹 *Semiarundinaria densiflora*

菝葜科 *Smilacaceae*

牛尾菜 *Smilax riparia*

菝葜 *Smilax china*

棕榈科 *Palmae*

棕竹 *Rhapis excelsa*

棕榈 *Trachycarpus fortunei*

杨柳科 *Salicaceae*

美国白杨 *Populus nigra var. italica*

加拿大杨 *Populus × canadensis*

意大利杨 *Populus euramevicana*

小叶杨 *Populus simonii*

北京杨 *Populus × beijingensis*

大官杨 *Populus xiaozhuanica*

毛白杨 *Populus tomentosa*

黑杨 *Populus nigra*

河柳 *Salix chaenomeloides*

旱柳 *Salix matsudana*

垂柳 *Salix babylonica*

杞柳 *Salix integra*

龙爪柳 *Salix matsudana 'Tortusoa'*

榆科 Ulmaceae

刺榆 *Hemiptelea davidii*

朴树 *Celtis sinensis*

白榆 *Ulmus pumila*

榔榆 *Ulmus parvifolia*

榉榆 *Zelkova serrata*

桑科 Moraceae

构树 *Broussonetia papyrifera*

无花果 *Ficus carica*

桑树 *Morus alba*

湖桑 *Morus alba var. multicaulis*

柘树 *Maclura tricuspidata*

楝科 Meliaceae

米仔兰 *Aglaia odorata*

楝树 *Melia azedarach*

川楝 *Melia toosendan*

香椿 *Toona sinensis*

豆科 Fabaceae

紫穗槐 *Amorpha fruticosa*

合欢 *Albizia julibrissin*

山槐 *Albizia kalkora*

云实 *Caesalpinia decapetala*

紫荆 *Cercis chinensis*

黄檀 *Dalbergia hupeana*

圆菱叶山蚂蝗 *Desmodium podocarpum*

皂角 *Gleditsia sinensis*

肥皂角 *Gymnocladus chinensis*

华东木蓝 *Indigofera fortunei*

截叶铁扫帚 *Lespedeza cuneata*

多花胡枝子 *Lespedeza floribunda*

美丽胡枝子 *Lespedeza thunbergii subsp. formosa*

铁马鞭 *Lespedeza pilosa*

刺槐 *Robinia pseudoacacia*

国槐 *Sophora japonica*

龙爪槐 *Sophora japonica 'Pendula'*

紫藤 *Wisteria sinensis*

苦木科 Simaroubaceae

臭椿 *Ailanthus altissima*

苦木 *Picrasma quassioides*

梧桐科 Sterculiaceae

梧桐 *Firmiana simplex*

悬铃木科 Platanaceae

三球悬铃木 *Platanus orientalis*

蔷薇科 Rosaceae

榆叶梅 *Amygdalus triloba*

梅 *Armeniaca mume*

杏 *Armeniaca vulgaris*

桃 *Amygdalus persica*

油桃 *Amygdalus persica var. nectarina*

樱树 *Cerasus pseudocerasus*

木瓜 *Chaenomeles sinensis*

贴梗海棠 *Chaenomeles speciosa*

山楂 *Crataegus pinnatifida*

郁李 *Cerasus japonica*

毛叶欧李 *Cerasus dictyoneura*

枇杷 *Eriobotrya japonica*

苹果 *Malus pumila*

西府海棠 *Malus × micromalus*

垂丝海棠 *Malus halliana*

棠梨 *Pyrus betulifolia*

沙梨 *Pyrus pyrifolia*

白梨 *Pyrus bretschneideri*

豆梨 *Pyrus calleryana*

蔷薇 *Rosa multiflora*

茅莓 *Rubus parvifolius*

李 *Prunus salicina*

红叶李 *Prunus cerasifera 'Pissardii'*

石楠 *Photinia serratifolia*

油柰 *Prunus salicina var. cordata*

月季 *Rosa chinensis*

玫瑰 *Rosa rugosa*

火棘 *Pyracantha fortuneana*

猕猴桃科 Actinidiaceae

猕猴桃 *Actinidia chinensis*

木兰科 Magnoliaceae

鹅掌楸 *Liriodendron chinense*

含笑 *Michelia figo*

广玉兰 *Magnolia grandiflora*

白玉兰 *Magnolia denudata*

紫玉兰 *Magnolia liliiflora*

望春玉兰 *Magnolia biondii*

壳斗科 Fagaceae

板栗 *Castanea mollissima*

麻栎　*Quercus acutissima*
槲栎　*Quercus aliena*
槲树　*Quercus dentata*
短柄枹　*Quercus serrata*
栓皮栎　*Quercus variabilis*
大戟科　*Euphorbiaceae*
重阳木　*Bischofia polycarpa*
一品红　*Euphorbia pulcherrima*
一叶荻　*Flueggea suffruticosa*
算盘子　*Glochidion puberum*
乌桕　*Sapium sebiferum*
油桐　*Vernicia fordii*
黄杨科　*Buxaceae*
瓜子黄杨　*Buxus sinica*
雀舌黄杨　*Buxus bodinieri*
匙叶黄杨　*Buxus harlandii*
漆树科　*Anacardiaceae*
南酸枣　*Choerospondias axillaris*
黄连木　*Pistacia chinensis*
盐肤木　*Rhus chinensis*
冬青科　*Aquifoliaceae*
枸骨　*Ilex cornuta*
大叶冬青　*Ilex latifolia*
山茶科　*Theaceae*
山茶花　*Camellia japonica*
柿科　*Ebenaceae*
柿　*Diospyros kaki*
君迁子　*Diospyros lotus*
油柿　*Diospyros oleifera*
老鸦柿　*Diospyros rhombifolia*
柽柳科　*Tamaricaceae*
柽柳　*Tamarix chinensis*
鼠李科　*Rhamnaceae*
枳椇　*Hovenia acerba*
北枳椇　*Hovenia dulcis*
猫乳　*Rhamnella franguloides*
圆叶鼠李　*Rhamnus globosa*
枣　*Ziziphus jujuba*
胡桃科　*Juglandaceae*
核桃　*Juglans sigillata*
野核桃　*Juglans mandshurica*
枫杨　*Pterocarya stenoptera*
化香　*Platycarya strobilacea*
蜡梅科　*Calycanthaceae*
蜡梅　*Chimonanthus praecox*
樟科　*Lauraceae*
樟　*Cinnamomum camphora*
江浙吊樟　*Lindera chienii*
红脉钓樟　*Lindera rubronervia*
山胡椒　*Lindera glauca*
狭叶山胡椒　*Lindera angustifolia*
楠木　*Phoebe zhennan*
芸香科　*Rutaceae*
枸橘　*Citrus trifoliata*
香橼　*Citrus medica*
金橘　*Citrus japonica*
九里香　*Murraya paniculata*
野花椒　*Zanthoxylum simulans*
石榴科　*Punicaceae*
石榴　*Punica granatum*
椴科　*Tiliaceae*
扁担杆　*Grewia biloba*
南京椴　*Tilia miqueliana*
杨梅科　*Myricaceae*
杨梅　*Myrica rubra*
蓝果树科　*Nyssaceae*
喜树　*Camptotheca acuminata*
珙桐　*Davidia involucrata*
八角枫科　*Alangiaceae*
八角枫　*Alangium chinense*
山矾科　*Symplocaceae*
白檀　*Symplocos paniculata*
千屈菜科　*Lythraceae*
紫薇　*Lagerstroemia indica*
槭树科　*Aceraceae*
红枫　*Acer palmatum* ‘Atropurpureum’
鸡爪槭　*Acer palmatum*
元宝枫　*Acer truncatum*
三角枫　*Acer buergerianum*
茶条槭　*Acer tataricum* subsp. *ginnala*
五角枫　*Acer pictum* subsp. *mono*
无患子科　*Sapindaceae*
栾树　*Koelreuteria paniculata*
复羽叶栾树　*Koelreuteria bipinnata*

无患子 *Sapindus saponaria*

木犀科 *Oleaceae*

连翘 *Forsythia suspensa*

雪柳 *Fontanesia phillyreoides subsp. fortunei*

白蜡树 *Fraxinus chinensis*

茉莉花 *Jasminum sambac*

迎春 *Jasminum nudiflorum*

女贞 *Ligustrum lucidum*

水蜡树 *Ligustrum obtusifolium*

桂花 *Osmanthus fragrans*

丁香 *Syringa oblata*

夹竹桃科 *Apocynaceae*

夹竹桃 *Nerium oleander*

络石 *Trachelospermum jasminoides*

玄参科 *Scrophulariaceae*

泡桐 *Paulownia fortunei*

海桐科 *Pittosporaceae*

海桐 *Pittosporum tobira*

葡萄科 *Vitacea*

爬山虎 *Parthenocissus tricuspidata*

葡萄 *Vitis vinifera*

卫矛科 *Celastraceae*

苦皮藤 *Celastrus angulatus*

丝棉木 *Euonymus maackii*

大叶黄杨 *Euonymus japonicus*

金心黄杨 *Euonymus japonicus'Aureus'*

卫矛 *Euonymus alatus*

扶芳藤 *Euonymus fortunei*

茜草科 *Rubiaceae*

栀子花 *Gardenia jasminoides*

鸡矢藤 *Paederia foetida*

六月雪 *Serissa japonica*

五加科 *Araliaceae*

细柱五加 *Eleutherococcus nodiflorus*

八角金盘 *Fatsia japonica*

刺楸 *Kalopanax septemlobus*

藤黄科 *Guttifera*

金丝桃 *Hypericum monogynum*

杜仲科 *Eucommiacea*

杜仲 *Eucommia ulmoides*

山茱萸科 *Cornaceae*

桃叶珊瑚 *Aucuba chinensis*

毛梾 *Cornus walteri*

山茱萸 *Cornus officinalis*

锦葵科 *Malvaceae*

木槿 *Hibiscus syriacus*

扶桑 *Hibiscus rosa - sinensis*

木芙蓉 *Hibiscus mutabilis*

小檗科 *Berberidaceae*

十大功劳 *Mahonia fortunei*

南天竹 *Nandina domestica*

茄科 *Solanaceae*

枸杞 *Lycium chinense*

芍药科 *Paeoniaceae*

牡丹 *Paeonia suffruticosa*

芍药 *Paeonia lactiflora*

紫葳科 *Bignoniaceae*

梓树 *Catalpa ovata*

楸树 *Catalpa bungei*

凌霄 *Campsis grandiflora*

忍冬科 *Caprifoliaceae*

珊瑚树 *Viburnum odoratissimum*

琼花 *Viburnum macrocephalum'Keteleeri'*

金银花 *Lonicera japonica*

郁香忍冬 *Lonicera fragrantissima*

接骨木 *Sambucus williamsii*

荚迷 *Viburnum dilatatum*

绣球科 *Hydrangeaceae*

溲疏 *Deutzia scabra*

绣球花 *Hydrangea macrophylla*

太平花 *Philadelphus pekinensis*

瑞香科 *Thymelaeaceae*

结香 *Edgeworthia chrysantha*

芫花 *Daphne genkwa*

杜鹃花科 *Ericaceae*

杜鹃花 *Rhododendron simsii*

金缕梅科 *Hamamelidaceae*

牛鼻栓 *Fortunearia sinensis*

枫香 *Liquidambar formosana*

胡颓子科 *Elaeagnaceae*

木半夏 *Elaeagnus multiflora*

清风藤科 *Sabiaceae*

羽叶泡花树 *Meliosma pinnata*

紫草科　*Boraginaceae*
　厚壳树　*Ehretia acuminata*
马鞭草科　*Verbenaceae*
　白棠子树　*Callicarpa dichotoma*
　臭牡丹　*Clerodendrum bungei*
　大青　*Clerodendrum cyrtophyllum*
　黄荆　*Vitex negundo*
木通科　*Lardizabalaceae*
　木通　*Akebia quinata*

（五）草本类(48 科 139 种)

禾本科　*Gramineae*
　看麦娘　*Alopecurus aequalis*
　野燕麦　*Avena fatua*
　雀麦　*Bromus japonicus*
　稗草　*Echinochloa crus - galli*
　旱稗　*Echinochloa hispidula*
　牛筋草　*Eleusine indica*
　高羊茅　*Festuca elata*
　毒麦　*Lolium temulentum*
　黑麦草　*Lolium perenne*
　芦苇　*Phragmites australis*
　早熟禾　*Poa annua*
　狗尾草　*Setaria viridis*
　苏丹草　*Sorghum sudanense*
莎草科　*Cyperaceae*
　球茎三棱　*Bolboschoenus planiculmis*
　水莎草　*Cyperus serotinus*
　席草　*Cyperus michelianus*
　牛毛毡　*Eleocharis yokoscensis*
　水蜈蚣　*Kyllinga polyphylla*
　水葱　*Schoenoplectus tabernaemontani*
菊科　*Compositae*
　牛蒡　*Arctium lappa*
　芦蒿　*Artemisia selengensis*
　青蒿　*Artemisia caruifoli*
　艾蒿　*Artemisia argyi*
　鬼针草　*Bidens pilosa*
　小蓟　*Cirsium belingschanicum*
　大蓟　*Cirsium spicatum*
　野菊　*Chrysanthemum indicum*
　菊苣　*Cichorium intybus*
　刺儿菜　*Cirsium arvense var. integrifolium*
　大丽菊　*Dahlia pinnata*
　小飞蓬　*Erigeron canadensis*
　泽兰　*Eupatorium lindleyanum*
　苦菜　*Sonchus oleraceus*
　蒲公英　*Taraxacum mongolicum*
豆科　*Fabaceae*
　紫云英　*Astragalus sinicus*
　含羞草　*Mimosa pudica*
　草木樨　*Melilotus officinalis*
　小苜蓿　*Medicago minima*
　决明子　*Senna tora*
　田菁　*Sesbania cannabina*
　小巢菜　*Vicia hirsuta*
　野豌豆　*Vicia sepium*
眼子菜科　*Potamogetonaceae*
　眼子菜　*Potamogeton oblongus*
蘋科　*Marsileaceae*
　四叶蘋　*Marsilea quadrifolia*
槐叶蘋科　*Salviniaceae*
　槐叶蘋　*Salvinia natans*
浮萍科　*Lemnaceae*
　萍　*Lemna minor*
　小浮萍　*Spirodela polyrrhiza*
　无根萍　*Wolffia globosa*
石竹科　*Caryophyllaceae*
　康乃馨　*Dianthus caryophyllus*
　满天星　*Gypsophila paniculata*
　牛繁缕　*Myosoton aquaticum*
　繁缕　*Stellaria media*
茜草科　*Rubiaceae*
　猪殃殃　*Galium spurium*
　白花蛇叶草　*Hedyotis diffusa*
　鸡矢藤　*Paederia foetida*
菱科　*Trapaceae*
　野菱　*Trapa incisa*
毛茛科　*Ranunculaceae*
　白头翁　*Pulsatilla chinensis*
　毛茛　*Ranunculus japonicus*
马齿苋科　*Portulacaceae*
　马齿苋　*Portulaca oleracea*
马鞭草科　*Verbenaceae*
　马鞭草　*Verbena officinalis*

灯笼草 *Clerodendrum fortunatum*
雨久花科 *Pontederiaceae*
水葫芦 *Eichhornia crassipes*
鸭舌草 *Monochoria vaginalis*
百合科 *Liliaceae*
小根蒜 *Allium macranthum*
芦荟 *Aloe vera var. chinensis*
萱草 *Hemerocallis fulva*
麦冬 *Ophiopogon japonicus*
万年青 *Rohdea japonica*
藜科 *Chenopodiaceae*
藜 *Chenopodium album*
地肤 *Kochia scoparia*
车前科 *Plantaginaceae*
车前草 *Plantago asiatica*
凤尾蕨科 *Pteridaceae*
凤尾草 *Pteris multifida*
蓼科 *Polygonaceae*
何首乌 *Fallopia multiflora*
仙人掌科 *Cactaceae*
仙人掌 *Opuntia dillenii*
苋科 *Amaranthaceae*
鸡冠花 *Celosia cristata*
青葙子 *Celosia argentea*
牛膝 *Achyranthes bidentata*
水花生 *Alternanthera philoxeroides*
千日红 *Gomphrena globosa*
罂粟科 *Papaveraceae*
虞美人 *Papaver rhoeas*
罂粟 *Papaver somniferum*
鸭跖草科 *Commelinaceae*
鸭跖草 *Commelina communis*
水竹叶 *Murdannia triquetra*
鸢尾科 *Iridaceae*
鸢尾 *Iris tectorum*
美人蕉科 *Cannaceae*
美人蕉 *Canna indica*
睡莲科 *Nymphaeaceae*
芡实 *Euryale ferox*
睡莲 *Nymphaea tetragona*
莼菜科 *Cabombaceae*
莼菜 *Brasenia schreberi*
蒺藜科 *Zygophyllaceae*
蒺藜 *Tribulus terrestris*
泽泻科 *Alismataceae*
泽泻 *Alisma plantago－aquatica*
茄科 *Solanaceae*
龙葵 *Solanum nigrum*
灯笼草 *Physalis alkekengi*
曼陀罗 *Datura stramonium*
白英 *Solanum lyratum*
矮牵牛 *Petunia × hybrida*
葫芦科 *Cucurbitaceae*
栝楼 *Trichosanthes kirilowii*
盒子草 *Actinostemma tenerum*
玄参科 *Scrophulariaceae*
陌上草 *Lindernia procumbens*
母草 *Lindernia crustacea*
弹刀子菜 *Mazus stachydifolius*
通泉草 *Mazus pumilus*
地黄 *Rehmannia glutinosa*
婆婆纳 *Veronica polita*
菟丝子科 *Cuscutaceae*
菟丝子 *Cuscuta chinensis*
旋花科 *Convolvulacea*
牵牛 *Ipomoea nil*
打碗花 *Calystegia hederacea*
篱天剑 *Calystegia sepium*
唇形科 *Labiatae*
藿香 *Agastache rugosa*
活血丹 *Glechoma longituba*
紫花香薷 *Elsholtzia argy*
益母草 *Leonurus japonicus*
小鱼仙草 *Mosla dianthera*
白苏 *Perilla frutescens var. purpurascens*
紫苏 *Perilla frutescens*
蛤蟆草 *Rubus parvifolius*
一串红 *Salvia splendens*
半支莲 *Scutellaria barbata*
水苏 *Stachys japonica*
丹参 *Salvia miltiorrhiza*
爵床科 *Acanthaceae*
爵床 *Justicia procumben*
景天科 *Crassulaceae*

瓦松　*Orostachys fimbriata*
景天三七　*Phedimus aizoon*
佛甲草　*Sedum lineare*
珠芽景天　*Sedum bulbiferum*
肾蕨科　*Nephrolepidaceae*
肾蕨　*Nephrolepis cordifolia*
卫矛科　*Celastraceae*
南蛇藤　*Celastrus orbiculatus*
调经草　*Euonymus japonicus*
大戟科　*Euphorbiaceae*
地锦草　*Euphorbia humifusa*
千金子　*Leptochloa chinensis*
泽漆　*Euphorbia helioscopia*
败酱科　*Valerianaceae*
败酱　*Patrinia scabiosifolia*
十字花科　*Cruciferae*
独行菜　*Lepidium apetalum*
板蓝根　*Isatis tinctoria*
三白草科　*Saururaceae*
蕺菜　*Houttuynia cordata*
凤仙花科　*Balsaminaceae*
凤仙花　*Impatiens balsamina*
紫茉莉科　*Nyctaginaceae*
紫茉莉　*Mirabilis jalapa*
天南星科　*Araceae*
菖蒲　*Acorus calamus*
半夏　*Pinellia ternata*
木贼科　*Equisetaceae*
节节草　*Equisetum ramosissimum*

三、牧　草

2008年,全县有草山、草坡43667公顷,其中连片草场1.66万公顷、十边隙地10667公顷、沟路渠埂1万公顷、林间草地6400公顷。草山植被覆盖率84.6%,草层高度50~90厘米。牧草主要有禾本科黑麦草、牛尾草、羊茅、黄背茅、青香茅、白茅、荩草、白羊茅、狗尾草、双穗雀、稗、鸡脚草等,豆科有紫花苜蓿、苕子、红三叶草、白三叶草、鸡眼草、胡枝子、山豆花、野大豆、葛藤、毛苕子等,菊科有米蒿、青蒿等,其他有莎草等。草山、草坡均多属自然植被,每公顷年均产鲜草36.28千克,农林隙地类年产鲜草量每公顷约45.47千克,林下类年产鲜草量每公顷约19千克,草丛类年产鲜草量每公顷约29千克。全县年产鲜草总量约5.84亿千克。

牧草类(3科23种)

禾本科　*Gramineae*
荩草　*Arthraxon hispidus*
白羊草　*Bothriochloa ischaemum*
青香茅　*Cymbopogon mekongensis*
鸭茅　*Dactylis glomerata*
牛尾草　*Festuca elatior*
羊茅　*Festuca ovina*
黑麦草　*Lolium perenne*
白茅　*Imperata cylindrica*
双穗雀稗　*Paspalum distichum*
狗尾草　*Setaria viridis*
黄背茅　*Themeda triandra*
豆科　*Fabaceae*
山豆花　*Indigofera kirilowii*
野大豆　*Glycine soja*
鸡眼草　*Lespedeza striata*
胡枝子　*Lespedeza bicolor*
紫花苜蓿　*Medicago sativa*
葛藤　*Pueraria montana*
红三叶草　*Trifolium incarnatum*
白三叶草　*Trifolium repens*
毛苕子　*Vicia bungei*
苕子　*Vicia dasycarpa*
菊科　*Compositae*
米蒿　*Artemisia dalailamae*
青蒿　*Artemisia caruifolia*

四、中药材

盱眙县是江苏重点药材产区之一,药源广,品种多,蕴藏量丰富。

1986年,根据1985年盱眙县第二次药源普查,全县有中药材780种,分属172科、497属。澄清易混淆品种12对24种,如葶苈子、播娘蒿、败酱草、菥蓂、白前、白薇、石龙芮与茴茴蒜等。普查时新发现8种历史上从未发现的品种有知母、土(口栾)儿、小叶锦鸡儿、石见穿、透茎冷水花、白棠(口栾)子树、苦树、乌饭树。至2008年,中药材品种、蕴藏量未变。

全县野生药材总蕴藏量2600万千克,其中植物类药材2597.5千克,动物类药材2.5万千克。主要分布在西南低山区,蕴藏量占全县总量85%;中部丘陵地区约占8%;滨淮、滨湖水面药材约占7%。
植物类药材普查中,属全国普查的360个品种中,盱眙县有153种;属省定的35个品种中,盱眙县有24种。

全县珍稀名贵药材有蜈蚣、灵芝、猫爪草。地道药材有知母、桔梗、白头翁、芫花、丹参、徐长卿、百部、柴胡、龙胆草、白藓皮、夏枯草、槐米、酸枣仁、半枝莲、龟板、鳖甲、茜草、威灵仙、茵陈等20余种。大宗药材有野菊花、艾叶、仙鹤草、一年蓬、夏枯草、野马追、地榆、苦参、白茅根、壳柏子、益母草、苦树、麦李、白蕊草、山楂、玉竹、丝穗、金粟兰、茵陈、百部、佩兰等40余种。家野兼有药材有桔梗、丹参、酸枣、银花、芡实、皂角、山栀、杏仁、槐米、佩兰、野马追等10余种。家种药材有苡米、草决明、望江南、板兰根、山药、川芎、紫菀、紫苏、白苏、干姜、白扁豆、大力子、薄荷等20余种。引种药材有杜仲、黄柏、杭菊、红花、连翅、白芍、山栀、丹皮、生地、银花、太子参等10余种。

药材类(35科65种)

灵芝菌科 *Ganodermataceae*
　灵芝 *Ganoderma lucidum*
毛茛科 *Ranunculaceae*
　威灵仙 *Clematis chinensis*
　白头翁 *Pulsatilla chinensis*
　猫爪草 *Ranunculus ternatus*
百合科 *Liliaceae*
　知母 *Anemarrhena asphodeloides*
　玉竹 *Polygonatum odoratum*
桔梗科 *Campanulaceae*
　桔梗 *Platycodon grandiflorus*
瑞香科 *Thymelaeaceae*
　芫花 *Daphne genkwa*
唇形科 *Labiatae*
　夏枯草 *Prunella vulgaris*
　益母草 *Leonurus japonicus*
　薄荷 *Mentha canadensis*
　紫苏 *Perilla frutescens*
　白苏 *Perilla frutescens var. frutescens*
　丹参 *Salvia miltiorrhiza*
　半枝莲 *Scutellaria barbata*
萝藦科 *Asclepiadaceae*
　徐长卿 *Cynanchum paniculatum*
百部科 *Stemonaceae*
　百部 *Stemona japonica*
伞形科 *Umbelliferae*
　红柴胡 *Bupleurum scorzonerifolium*
　川芎 *Ligusticum sinense'Chuanxiong'*
龙胆科 *Gentianaceae*
　龙胆草 *Gentiana scabra*
芸香科 *Rutaceae*
　白鲜皮 *Dictamnus dasycarpus*
　黄柏 *Phellodendron chinense*
豆科 *Fabaceae*
　皂角 *Gleditsia sinensis*
　白扁豆 *Lablab purpureus*
　槐米 *Sophora japonica*
　苦参 *Sophora flavescens*
　草决明 *Senna tora*
　望江南 *Senna occidentalis*
鼠李科 *Rhamnaceae*
　酸枣 *Ziziphus jujuba var. spinosa*
茜草科 *Rubiaceae*
　山栀 *Gardenia jasminoides*
　茜草 *Rubia cordifolia*
菊科 *Compositae*
　茵陈 *Artemisia capillaris*
　艾叶 *Artemisia argyi*
　大力子 *Arctium lappa*
　紫菀 *Aster tataricus*
　红花 *Carthamus tinctorius*
　野菊花 *Chrysanthemum indicum*
　杭菊 *Chrysanthemum morifolium*
　一年蓬 *Erigeron annuus*
　佩兰 *Eupatorium fortunei*
　野马追 *Eupatorium lindleyanum*
蔷薇科 *Rosaceae*
　仙鹤草 *Agrimonia pilosa*

杏仁　*Armeniaca vulgaris*
麦李　*Cerasus glandulosa*
山楂　*Crataegus pinnatifida*
地榆　*Sanguisorba officinalis*
禾本科　*Gramineae*
薏苡　*Coix lacryma – jobi*
白茅根　*Imperata cylindrica*
苦木科　*Simaroubaceae*
苦树　*Picrasma quassioides*
檀香科　*Santalaceae*
百蕊草　*Thesium chinense*
金粟兰科　*Chloranthaceae*
丝穗金粟兰　*Chloranthus fortunei*
柏科　*Cupressaceae*
柏子壳　*Platycladus orientalis*
忍冬科　*Caprifoliaceae*
金银花　*Lonicera japonica*
睡莲科　*Nymphaeaceae*
芡实　*Euryale ferox*
十字花科　*Cruciferae*
板兰根　*Isatis tinctoria*
薯蓣科　*Dioscoreaceae*
山药　*Dioscorea opposita*
姜科　*Zingiberaceae*
干姜　*Zingiber officinale*
杜仲科　*Eucommiaceae*
杜仲　*Eucommia ulmoides*
木犀科　*Oleaceae*
连翅　*Forsythia suspensa*
芍药科　*Paeoniaceae*
白芍　*Paeonia lactiflora*
丹皮　*Paeonia suffruticosa*
玄参科　*Scrophulariaceae*
生地　*Rehmannia glutinosa*
石竹科　*Caryophyllaceae*
太子参　*Pseudostellaria heterophylla*
蜈蚣科　*Scolopendridae*
蜈蚣　*Scolopendra subspinipes*
龟科　*Emydidae*
龟板　*Chinemys reevesii*
鳖科　*Trionychidae*
鳖甲　*Pelodiscus sinensis*

第四节　矿产资源

1986 年,盱眙县矿产资源以非金属矿为主,有白云岩、硫铁矿、磷、泥炭、石灰岩、玄武岩、石膏、石棉、瓷石土、黄砂、凹凸棒黏土、膨润土、海泡石黏土、高硅黏土、水泥配料黏土、陶土、砖瓦黏土、陶粒黏土、膨润土、海泡石黏土、高硅黏土、水泥配料黏土、蛋白石、贝壳。金属矿有铁、铜、钼、铅、锌、钴、金 7 种,分布在官滩圣人山、盱城五墩和斗笠山、古桑石牛山和钟小郢及佛窝,储量少、品位低。非固体矿产有石油、矿泉水、地热。

图 1－8　矿产资源分布图

1988 年,《中华人民共和国矿产资源法》颁布后,县政府开展矿山开采情况普查。国家武警部队黄金支队到盱眙县探查金矿,采样化验金含量 1.7 克/吨,接近开发品种。

2002年,穆店乡石龙山发现天然石林景观,石龙长10米,宽1~3米,占地1万平方米。

2008年,探明全县矿种30个,其中12个矿种储量具有开采价值,9个矿种被开发利用。初步探明龙王山地区西部具备“源、通、储、盖”基本地热地质条件。白云岩、硫铁矿、岩棉用玄武岩、铸石用玄武岩、石棉、石膏、贝壳,无工业开采价值,未开发利用。

一、石灰岩

主要分布在官滩镇霍山至古桑乡佛窝一线,呈北北东方向分布,地表出露78.79平方千米,是淮安市境内唯一的石灰岩产出地区。以海拔23米计算储量最低标高,全县总储量约21.2亿吨。其中,可用于烧水泥、石灰、电石的储量约5.6亿吨;氧化钙含量在45%~54%,可用于建筑材料的储量约15.6亿吨。圣人山至四山地段矿石储量2.1亿吨,清风山和小南山(磨盘山)储量分别为1600万吨和1087万吨,老军山1770万吨,宝积山998万吨,北大山9975万吨,半面山6650万吨,癞石嘴3325万吨,侍涧9975万吨,其余15.56亿吨。

二、玄武岩

主要分布于县域南部丘陵低山区,出露面积近500平方千米,资源量约177亿吨,矿物组成以斜长石和辉石为主,其次为磁铁矿、正长石、石英等。玄武岩用于建筑石料、岩棉、水泥、铸石等。此岩为晚第三世基性火山喷发而构成上下旋回,上旋回是桂五组,下旋回是下草湾组。桂五组为孔状,杏仁状及疙瘩状构造,均属橄榄玄武岩;下草湾组为气孔状,杏仁状中粒橄榄玄武岩。上下旋回玄武岩性均属钙碱性,氧化硅含量大于45%。

三、凹凸棒石黏土

主要分布于龙王山、雍小山、白虎山、高家洼、花果山、裂山、龙头山、清平山、西鹅站、下君湖、打石山、汪郢、李嘴、张山、下岗、天台山、史营、黄泥山、油坊田、张家港、罗郢、鳌子顶、小卢郢等地。全县凹凸棒石黏土矿床、矿点32处,成矿带长约40千米,宽约15~30千米,面积900平方千米。区内勘察证实石床有盱城高家洼、古桑雍小山、穆店龙王山、龙王山至穆店、仇集龙山、仇集黄泥山。其中,大型矿床3处,中型矿床2处,小型矿床1处,矿点20多处;资源详查量9646吨,资源普查量8.9亿吨,预测有用总资源量21.77亿吨,占全国储量74%。据龙王山矿区、黄泥山矿区分析,矿石类型主要有凹凸棒石黏土、礞脱石凹凸棒石黏土、混合黏土。

四、硫铁矿

主要分布于古桑王郢,呈星点状沿裂隙充填分布。浅部岩石中有磁黄铁矿,含硫量约占2%~4%,300米以下局部含硫可达20%~30%。成矿地质条件好,深部有隐伏岩体存在的可能。

五、砂　矿

水砂主要分布于鲍集镇河滩至盱城林柴场约0.5千米长的淮河河床中。每年洪水季节上游夹带的大量黄砂沉积于此,形成砂矿层。颗粒较细,粒径0.5~2毫米,磨圆度一般,年开采黄砂5万吨以上。旱砂主要分布在化农水库西侧、东南侧,地形为75米标高的平缓山坡,面积为1平方千米,矿层厚度0.5~3米,主要为石英砂,夹杂泥质,局部砂层为黄砂,粒径0.2~10毫米不等。

六、矿泉水

盱眙县矿泉水资源经省、部级鉴定有黄花塘镇泥沛矿泉水、桂五镇“八四”库矿泉水、官滩镇侍涧村曹家洼矿泉水。主要分布于县域南部和西南部丘陵低山地区,面积1014平方千米,含水层厚度40~80米,最厚度120米。

矿泉水为低矿化、低钠，含锶硅酸，属优质矿泉水。水质偏硅酸含量每升50～80毫克，含钠每升8～28毫克，含锶每升0.2毫克，含有氟、锰、钴、铝、铜、钼、钒、钡10多种对人有益的微量元素，局部地区矿泉水含有对人体有医疗和保健作用的放射性元素。水体物理性质属低温泉，温度在16.5℃～18℃；pH值6.8～7.5，总碱度7～17德度，总硬度6.5～20德度，矿化度每升250～650毫克；水质化学类型符合毒理学、细菌学指标标准，水质类型属低钠的重碳酸钙镁型。2008年，泥沛矿泉水被开发利用。

七、石　油

江苏石油勘探局在马坝镇钻井40余口，证实其区域内存在范庄与南湖两个油田。马坝镇东阳南部约2.5平方千米范围内，有可控制储量150万吨石油资源。铁佛镇、兴隆乡区域有石油矿产资源，主要分布于县城东部和西部地区。1995年，马坝油田勘探开采53口油井，探明储量约1000万吨。2002年，管镇、兴隆、铁佛、鲍集、淮河勘探开采4口油井。2008年，完成初步勘探，进入开发阶段。

八、地　热

2005年，盱眙县列入全省地热调查重点区段范围。2006～2008年，江苏省地质调查院经基础地质勘查，初步确定盱眙县地热勘查区在盱城北部地区、古桑—观音寺一线，面积330.67平方千米，是省内地热资源前景较好的地区之一，尚未开发利用。

第三章　气象灾害

盱眙县地处淮河中下游，属江淮区域，暴雨集中于6～9月份，夏季水涝灾害频发，春秋季节干旱少雨。因气候造成不同程度的水灾、旱灾、冰雪、雷电、暴风、冰雹等灾害，给盱眙县人民带来很多损失。1986～2008年，县委、县政府面对灾害不畏难，实施自然灾害防治工程，增强抗灾害的能力，各种自然灾害损失逐渐减少。其间，1988年7月出现年最高气温39.3℃，2007年7月出现月最大降水量698.6毫米，1991年出现平均月最少日照时数128.8小时，1993年出现最少日照1533.7小时，1992年出现年最多日照数2519.8小时。

第一节　水　　灾

1986年8月3日，全县遭受特大暴雨，日降雨214毫米。倒塌房屋3500余间，受淹农田1.2万公顷，工矿企业经济损失60余万元。县医院、县百货公司等15个单位经济损失7712万元。

1987年，全县降雨1487.9毫米。7～8月，降雨850.7毫米，其中8月降雨556.1毫米。8月1～7日，连降大雨，沿淮受淹农田2000公顷，损坏民舍6000余间，死亡2人。盱城部分工厂、仓库和民宅进水，损失4万余元。8月21日、28日、29日，连降暴雨，沿淮8个乡镇受灾农田8000公顷。淮河乡前进村和光明村，被洪水围困1400多人，进水房屋208间，水深0.4米左右。1989年6～7月，全县因连阴雨，三麦霉烂786.6万千克。

1991年1～7月，全县降雨1400.7毫米。6月29日～7月9日，降雨620.5毫米，淮河盱眙段水位升到

15.59 米。洪水暴发,受灾养殖水面 5400 公顷,受淹秋粮 66667 公顷,绝收 2.2 万公顷,损失油菜籽 650 万千克、小麦 5000 万千克,1067 公顷收割在地的麦把被洪水冲走,收麦 2 人、牧牛 1 人在洪水中失踪。全县淹死牛 40 头,猪 1.2 万头,鸡鹅鸭 64 万羽;倒塌房屋 2683 户 5021 间,损坏房屋 4297 户 8116 间;冲毁堤圩 48 座、建筑物 1982 座,停产或半停产企业 171 家。直接经济损失 4 亿多元。

图 1-9　1991 年 7 月,淮河乡蛤滩圩破堤,图为灾民转移情景。

1993 年 6 月 21 日下午 16 时至 22 日 4 时,降雨 232.9 毫米,县城主街道水深 300~500 毫米。全县倒塌房屋 1308 间,损坏房屋 2760 间,积水农田 1.4 万公顷,被淹企业 22 家。经济损失 890 万元。

1997 年 7 月 16~18 日,境内连降暴雨。17 日 21 时至 18 日 18 时,陡降特大暴雨,沿淮沿湖 7 个乡镇降雨 449.2 毫米。18 日 14~18 时,县城区降雨 192 毫米,街道水深 60~100 厘米,局部 200 厘米以上,沿街工厂、商店、仓库、医院、民房全部进水。全县受灾农作物 12907 公顷,倒塌房屋 412 户 1318 间。直接经济损失 1.3 亿元。

2003 年 7 月,淮河盱眙段遭遇特大洪水,最大流量每秒 8580 立方米,水位 17.51 米,水情记录超历史纪录。7 月 12 日,水位 15.85 米,淮河盱眙段超过警戒水位。全县受灾农作物 5.85 万公顷,成灾 4.38 万公顷,其中绝收 2.26 万公顷,霉变粮食 3.9 万吨;淹死家禽 222.3 万羽、牲畜 1.36 万头,受灾水产养殖 2 万余公顷,其中绝收 1.25 万公顷;受灾企业 216 家,其中受淹 52 家、停产 145 家;损坏供电线路 413.4 千米、县乡村道路 511 千米、省级道路 14 千米,水毁桥梁 473 座、涵闸 1853 座、机站 77 座、各类护坡 92 处,中断通信光缆 25 千米、电话 2.6 万部;受淹农户 1.2 万户,倒塌房屋 1.7 万间,损坏部分房屋 2.4 万间,受灾 46.45 万人。全县直接经济损失 15.46 亿元,间接经济损失 9.01 亿元。

2008 年 7 月 22 日 12 小时内,县城区降雨 107 毫米。全县降雨超过 50 毫米的气象观测量站点有 11 个,其中城区、八仙台、桂五、马庄、穆店、铁佛站点,雨量超过 100 毫米。降雨量最大的穆店观测站点 12 小时降雨 235.8 毫米,最大风速每秒 13.3 米。全县农作物受灾 3950 公顷,直接经济损失 1095.5 万元。

第二节　旱　　灾

1986 年 1~5 月,全县降雨量 113.7 毫米,不足常年降雨量的三分之一,受灾农作物 1.2 万公顷。

1992 年 4 月起,全县持续干旱少雨。5 月 11 日~7 月 7 日,降雨 73.9 厘米,较常年同期少 70%。8 月 16 日,淮河水位盱眙段 11 米,达到枯水位;24 条航道 242.64 千米航线断航,运输业经济损失 53 万余元。降至死水位的中小型水库 150 余座,干涸见底塘坝 5477 面,受损水面养殖业 0.54 万公顷。干土层土壤深 30 厘米,缺水黄苗水稻 2 万公顷,严重枯黄秧苗 6657 公顷,发生不同程度卷叶的旱粮作物 3 万余公顷。高岗地带和丘陵山区 10 万人、6 万头大牲畜及盱城 6 万多居民发生饮用水困难,缺水造成死亡家禽 20 万羽、生猪 130 余头、耕牛 45 头,直接经济损失 2000 多万元。新造农田林网干死 5300 公顷、成片林 333.3 公顷、苗木 33.3 公顷、果树 12.3 万株、桑树 400 万株,林果直接经济损失 430 余万元。瓜菜受灾 3677.3 公顷,经济损失 2160

万元。因断水和断航，县化肥厂、造纸厂、第一水泥厂、第二水泥厂等7家县属骨干企业停产，经济损失2600多万元。

1994年6月下旬始，县域内高温无雨，旱情延至9月。受旱水稻40133公顷，其中卷叶14134公顷、枯黄死苗9334公顷，受旱经济作物10133公顷。1997年4～6月，因干旱造成淮河水断流，水库接近死水库容，山区人畜饮水困难，受旱3714公顷。1998年8月下旬至11月，持续干旱，总降雨量是常年同期的14%，2.7万公顷小麦无法适期播种。

图1－10　1994年大旱时，龙王山水库边的渔船。

2001年7月中下旬，连续干旱，盱眙县沿淮、沿湖13个乡镇的引河基本断流，5座中型水库蓄水不足正常年份的30%，小型水库及塘坝基本干涸，受灾旱粮作物26667公顷、水稻5000公顷。

第三节　风　雪　冰雹　雷电灾

1986年3月，雷击致三河农场死亡2人、淮河乡死亡2人。6月29日15时30分，三河农场四区、马庄乡、观音寺乡、十里营乡、古桑乡境内遭龙卷风袭击。7月，雷击造成死亡7人、受伤8人。8月6日，境内局部地区发生特大暴雨、大风、冰雹等灾害性天气，绝收农田130公顷，倒塌房屋1187户2915间，其中仇集乡盘山、巴山、牛山村降落冰雹持续15分钟，最大冰雹有鸡蛋大，受灾作物260公顷。

1987年2月，全县降中到大雪，交通受阻。县66车队、县第二车队及县运输公司货运停车1天，县港务局搬运停工1天。县客运公司102个班次仅发车10班次。3月，张洪乡苏岗村、槐树村等7个村遭受冰雹袭击，地面积雹厚2～6厘米，雹块最大直径3～4厘米；全乡受灾三麦733公顷，占三麦总面积66.6%；受灾油菜300公顷，占油菜总面积60%。7月，张洪乡好汉村遭受龙卷风袭击，8分钟内损坏房屋21间。8月，全县因水淹和雷击死亡6人、受伤2人，雷击致死耕牛1头。

1988年5月3日、4日、7日，县域内部分地区遭受暴雨、大风、冰雹袭击。全县损失三麦、油菜、水稻秧苗1.3万公顷，其中绝收333.3公顷；被刮倒、刮断树木45万棵和电话、电力、广播线杆488根，损坏砖坯650万块，倒塌房屋312间，受损房屋2038间。1989年7月，古桑乡磨涧村一农民在野外遭雷击身亡。

1993年1月12～14日，全县降雪厚44.6毫米，是盱眙县有气象记录的一次大暴雪。积雪半月有余，交通中断8天，停开客运班车109班次。5月25日17时30分左右，境内遭风暴、冰雹袭击，死亡9人、受伤34人；倒塌民房1880间，损坏民房12840间；翻沉及失踪船只327艘，毁坏船只309艘；损毁养鱼网具5000平方米、围网水面227公顷；受灾三麦2567公顷，损失油菜籽200万千克；刮断电杆672根，183家工厂停电2～3天。全县直接经济损失6500万元。

1995年4月2日，县域内气温下降至零下4℃～6℃，持续5天；4月17～18日，又一次零下4℃～6℃的低温侵袭盱眙。受灾三麦17333公顷，其中冻死主茎苗11333公顷、绝收2267公顷，受灾油菜12267公顷。7月24日12～14时，河桥、穆店和古城部分村组遭受雷雨大风、冰雹和龙卷风袭击，倒塌房屋86户234间，受损房屋792户1651间。陡山村58岁农夫李某遭雷击身亡，雷电击死段某家的羊24只。

1997年5月4日16时30分~18时,东阳、马坝、新街、黄花塘、穆店、旧铺、张洪、王店、古城、桂五、水冲港等乡镇,不同程度遭受大风、冰雹袭击,持续时间20~30分钟,冰雹直径20~40毫米,最大直径50毫米,风力8~10级左右,地面有冰雹堆积。受损三麦、油菜、玉米、大棚蔬菜6147公顷,绝收失收2313公顷,受伤16人,倒塌民房153间,损坏民房部分2436间,砸死仔鸡7.08万羽,砸死和走失耕牛23头,损坏砖、瓦坯295万块,直接经济损失2197.6万元。6月10日22时30分左右,马庄、高桥、十里营、古桑、盱城、淮河、仁集、鲍集等乡镇,遭受冰雹、雷雨、大风袭击,冰雹最大直径30毫米,伴有大风9~10级,持续15分钟左右。受灾农作物2153公顷,成灾1093公顷,重灾467公顷,倒塌房屋10间,损坏房屋154间,雷击死亡4人、受伤2人。

图1-11 1997年,盱眙遭受特大水灾。图为淮河乡蛤滩圩破堤灾民转移情景。

2005年4月20日15时56分,盱城、维桥、官滩等7个乡镇和三河农场遭遇暴风雨和冰雹袭击,风力10级以上,风速每秒25.2米,是盱眙县自1957年有气象记录以来的最强风力。灾害造成60余人受伤,倒损民房4000余间,受灾农作物8329.6公顷,全县直接经济损失2829万元。维桥乡的大圣村、车棚村、漫岗村受灾最重,受伤村民26名,倒塌房屋102间,连根拔起和折断树木12161棵,砸坏拖拉机5台、中巴车1辆,全乡直接经济损失600万元。风灾袭击盱城时,城区损坏、剥落广告牌123块,刮倒街道树木4棵、电线杆1根,县政府门前一棵近30年的广玉兰树被刮断。

图1-12 盱眙遭受大风袭击。图为淮河镇被连根拔起和折断的树木。

2007年3月3日23时30分,马坝镇腊塘居委会文明路2组张某家房屋遭雷击倒塌,经济损失6万元。7月1日5时,铁佛镇李圩村村民李某在农田清沟放水,放在腰间的手机遭雷击爆炸,其腹部受伤。7月20日7时,县文化馆楼顶遭雷击起火。7月29日15时45分,铁佛镇花园嘴、召四村遭受雷雨、大风和冰雹袭击,风力11级以上。15分钟强对流天气刮倒树木3000棵,砸坏输电线2条,受损民房4间。8月7日14时45分,狂风横扫明祖陵景区,区内靠近洪泽湖一侧宽50米、长1000米的范围之内,损毁树木987棵,倒塌树木砸坏房屋20间。

2008年1月下旬,县域内连续降大到暴雪,倒塌房屋58间,受损房屋135间,直接经济损失41.5万元。27日晚,长途汽车站班车停开。

第二篇　建置　人口

盱眙，秦朝建县，先后属泗水郡、东阳郡、临淮郡、徐州、江都郡、楚州、泗州等。民国期间，盱眙隶属过安徽省。1955年起，盱眙隶属江苏省。

1986年，盱眙县属淮阴市，人口变动比较平稳，常住户口实行“一户一本”户口簿制。东、南、东北部多平地丘陵，水源充足，土地肥沃，有利于生产，适应于人类居住，人口密度较高；西部、西南部多山地，地形条件较差，交通条件相对落后，人口较少。由于实行计划生育政策，控制人口增长，人口自然增长速度明显减缓。人口出生率12.84‰，增长率7.88‰。

2000年，全县人口自然增长从传统向现代型过渡，增长率逐渐降低。外出人口逐年增加，流出人口超过流入人口，总人口规模不断扩大。城镇化速度加快，城镇人口增加，农村人口减少，城镇人口密度不断加大。根据适时需要，作适当区划调整。30个乡镇合并为19个乡镇，马坝镇楼庄村、东阳乡瓦地村和永丰村划归金湖县管辖。

2001年，盱眙县属淮安市，全县实行并村联组，423个村减为231个村，行政建置村组由4047个村民小组联并为1965个，乡镇提供实际村组数为3013个。

至2008年底，全县有14个镇、5个乡，总户由1986年的145819户增至229663户，总人口由1986年的651720人增至758359人。人口分布密度由1986年每平方千米265人增加到每平方千米309人。人口自然增长86634人，城区人口增加23700人。全县人口男女比例为104∶100～106∶100之间，变化不大。人口自然增长速度明显减缓，人口出生率7‰，增长率2.55‰。

第一章 建 置

第一节 沿 革

秦,秦始皇统一中国,废分封,置郡县,盱眙置县。建县时间在秦王政二十四年至秦始皇统一中国(前223～前221年)之间。盱眙县先属泗水郡,后属东海郡。

楚汉之际(前208～前202年),盱眙属西楚东阳郡。

西汉,高祖六年(前201年),盱眙属荆国;高祖十二年(前195年),废荆国,置吴国,盱眙属吴国。景帝前元三年(前154年),废吴国,盱眙改属沛郡。武帝元狩六年(前117年),置临淮郡,盱眙属之,为临淮都尉治所。

新王莽时期(9～23年),盱眙改名"武匡"。

东汉,光武帝年间(25～57年),临淮郡并入东海郡,盱眙属东海郡。明帝永平十五年(72年),从东海郡划出临淮郡故地置下邳国,盱眙属下邳国。

三国时(220～265年),盱眙入魏,属徐州下邳郡,后为弃地。

西晋,武帝太康元年(280年),下邳郡的淮南地区置临淮郡;永宁元年(301年),临淮郡更名为临淮国,盱眙均为属县,为临淮郡治所。

东晋,义熙七年(411年),盱眙从临淮郡分出,以县置郡,属徐州。

南朝宋,元嘉八年(431年),割江淮地区为南兖州,盱眙郡改属南兖州。元嘉二十八年(541年),南兖州从广陵移治盱眙。

齐,建元四年(482年),北兖州州治由淮阴迁至盱眙,盱眙郡改属北兖州。

梁,盱眙郡初属北兖州,后属淮州。

陈,太建五年(573年)八月,盱眙入于陈,九月改属谯州。太建七年(575年),盱眙郡改属南兖州。后在盱眙郡治置北谯州,不久裁撤。太建十一年(579年),盱眙郡入于周,改属扬州。

隋,开皇三年(583年),废盱眙郡,考城、直渎、阳城三县并入盱眙县,属江都郡。

唐,武德四年(621年),于县治置西楚州,辖盱眙一县。武德八年(625年)废西楚州,盱眙改属楚州。光宅元年(684年),改属泗州临淮郡,隶河南道。五代时,盱眙入于吴。大和三年(931年),吴国升盱眙县为招信军。后入南唐,盱眙属楚州。周显德中(954～959年之间),盱眙入于周。

宋,盱眙初属楚州。北宋乾德元年(963年),改属泗州。南宋建炎三年(1129年)六月,县升为军,隶淮南东路。建炎四年(1130年)九月,废军为县,属濠州。绍兴二年(1132年),复属泗州。绍兴十二年(1142年)正月,升天长县为天长军,盱眙为其属县。五月废天长军,复升盱眙县为军,隶淮南东路。乾道初(1165～1168年),盱眙入金,为盱眙军。金宣宗南渡(1214年),盱眙军改为镇淮府,不久弃废,盱眙归宋。宝庆三年(1227年),盱眙再次入金。绍定五年(1232年),金将以盱眙降宋,宋诏改盱眙军为招信军,辖天长、招信两县,隶属淮南东路。

元,至元二十年(1283年),废招信县,其地并入盱眙县。至元二十七(1290年),废临淮府,盱眙县归属泗州。

明,盱眙为县,属泗州。

清,盱眙初属凤阳府泗州。

民国,盱眙开始直属安徽省。民国3年(1914年)6月,属安徽省淮泗道。民国17年(1928年),再次直属安徽省。

民国29年(1940年)4月以后,国民党和共产党领导的两种政权并存,隶属各不相同。

国民党政权,盱眙开始属安徽省第六行政督察区。民国29年(1940年)7月,改第六行政督察区为第四行政督察区,盱眙属之。民国30年(1941年)初,盱眙改属新设立的第九行政督察区。民国33年(1944年),裁撤第九行政督察区,盱眙改属第五行政督察区,至民国37年(1948年)12月止。

共产党政权,盱眙隶属皖东津浦路东各界人民抗敌委员会(简称"津浦路东八县联防办事处",后改名为"淮南苏皖边区行政公署")。民国32年(1943年)2月,盱眙、嘉山两县合并为盱嘉县,隶属淮南苏皖边区津浦路东专员公署。民国36年(1947年)6月,复建人民政权,先后隶属淮南津浦路东专员公署和江淮第一行政区。民国37年(1948年)12月,成立盱眙县政府(民主政府),隶属江淮第一行政区。民国38年(1949年)6月,盱眙改属皖北滁县专区。

中华人民共和国成立后,盱眙县初属皖北滁县专区。1953年,皖南、皖北合并为安徽省,盱眙县属安徽省滁县专区。1955年,盱眙县由安徽省划归江苏省,属淮阴专区。1966年,改属六合专区。1971年,六合专区撤销,盱眙又属淮阴地区。1983年,盱眙县属淮阴市。2001年1月28日,淮阴市更名为淮安市,盱眙县属淮安市。至2008年,盱眙县隶属未变。

第二节　境　　域

1986年,全县境域2482.4平方千米。2000年2月,马坝镇楼庄村,东阳乡瓦地村、永丰村划归金湖县,盱眙县境域2478.65平方千米。2008年底,通过卫星测量,确定盱眙县界总长373.972千米,县域面积2497.3平方千米。

第三节　县　　治

1986年,县党政领导机关设在盱城镇淮河东路37号。

2006年7月,县党政领导机关迁至十里营大街88号。

至2008年,县党政领导机关地址未变。

第四节　行政区划

1986年7月14日,旧铺、官滩、桂五撤乡设镇。年底,全县辖23个乡、5个镇,下辖404个村,14个林场、圃,4个居民委员,3830个村民小组,27个居民小组。有盱城镇、马坝镇、官滩镇、桂五镇、旧铺镇、十里营乡、维桥乡、高桥乡、马庄乡、观音寺乡、东阳乡、黄花塘乡、新街乡、张洪乡、穆店乡、古桑乡、水冲港乡、王店乡、古城乡、河桥乡、洪山乡、仇集乡、龙山乡、淮河乡、鲍集乡、管镇乡、铁佛乡、兴隆乡。1989年1月16日,鲍集乡分设为鲍集乡和肖嘴乡,管镇乡分设为管镇乡和仁集乡。

1994年6月17日,管镇乡撤乡设镇。1999年8月,河桥乡撤乡设镇。

2000年2月,撤销十里营乡,将所辖的友法村、太和村、十里营村、草涧村、严岗村、雨露村、兴隆村、赵岗村、四山村、新华村、新湾村、毛庄村、毛营村，古桑乡的中心村、石牛村和县果园场、县林柴场划归盱城镇管辖。撤销东阳乡、高桥乡，原辖区域并入马坝镇管辖。十里营乡的三墩村、甘泉村、县蚕桑种场划归官滩镇管辖。撤销张洪乡，原辖区域、县茶场、县种畜场并入旧铺镇管辖。撤销水冲港乡，原辖区域、县种畜场长山分场、县水冲港林场、县山岵（hóng）林场并入桂五镇管辖。撤销洪山乡，原辖区域、县河桥鱼种场、县淮河林场并入河桥镇管辖。撤销新街乡、黄花塘乡，原辖区域合并，设立黄花塘镇。撤销古城乡，原辖区域并入王店乡管辖。撤销龙山乡，原辖区域、县种畜场虎山分场、县龙山林场并入仇集乡管辖。撤销马庄乡，原辖区域并入观音寺乡管辖。撤销肖嘴乡、鲍集乡，原辖区域合并，设立鲍集镇。县穆店林场并入穆店乡管辖，县良种场并入维桥乡管辖，县原种场、县农科所、县古桑林场并入古桑乡管辖，县淮河鱼种场并入淮河乡管辖，县古城林场划归铁山寺森林公园管理委员会管辖。调整后，全县共有观音寺、维桥、穆店、古桑、王店、仇集、淮河、仁集、兴隆、铁佛10个乡，盱城、马坝、官滩、黄花塘、旧铺、桂五、河桥、管镇、鲍集9个镇。马坝镇戴楼村、东阳乡瓦地村、黄桥村和永丰村划归金湖县管辖。

2001年1月，实行并村联组，全县423个村、15个居委会，减为231个村、26个居委会，联组2082个。3月，淮河、铁佛、观音寺、仇集撤乡设镇，仁集乡更名为明祖陵镇。2005年6月18日，盱城镇沙岗村、宣化村、石牛村撤村建立居民委员会，枣林居委会、城南居委会合并为城南居委会，果园场、林柴场分别撤场建立居民委员会。至2008年底，全县辖14个镇、5个乡，下辖225个村委会，39个居委会，1965个村民小组，271个居民小组。

2008年盱眙县各乡镇所辖行政村（居委会）一览表

表2－1

乡镇	村（居委会）数	行政村（居委会）名称
盱城镇	17	雨露　太和　毛营　石牛（居委会）　友法　严岗　赵岗　新华　新湾　五墩（居委会）　沙岗（居委会）　宣化（居委会）　城南（居委会）　城北（居委会）　城中（居委会）　果园（居委会）　林柴（居委会）
马坝镇	25	楚东（居委会）　腊塘（居委会）　马坝　双马　蔡庄　石桥　卧龙　黄杨　同兴　沙坝　大众　南阳　东阳　云山　梁桥　兴隆　山北　高桥　欧湖　塘坝　白鹤　永兴　旧街　黑泥　万斛
官滩镇	17	古河　新桥　陈庄　霍山　侍涧　李庄　渔沟　许嘴　都管　洪湖　杨岗　王桥　金圩　戚洼　甘泉　三墩　圣山（居委会）
旧铺镇	13	大字营　焦山　马桥　旧铺　民田　新铺　张洪　郑盘　千棵柳　好汉　时集　人民　雨山
桂五镇	14	方港　六桥　藕塘　东园　林山　四桥　高庙（居委会）　合星　星星（居委会）　高平　桂五　水冲港　宝塔　山岵
管镇镇	13	耿赵　双黄　崔岗　梁巷　叶岗　大杨庄　管仲（居委会）　分金亭（居委会）　姬庄　芮圩　王嘴　宗岗　北周
河桥镇	13	黄龙　龙泉　河桥（居委会）　大莲湖　蒋郢　三元　大港　洪山　幸福　淮峰　临湖　茅湖　石港（居委会）
鲍集镇	19	鲍集（居委会）　肖嘴（居委会）　唐刘　观淮　引河　新迁　岗洼　何岗　沈集　梁集　观音　邵墩　朱巷　洪新　谢庄　徐岗　大嘴　铁营　淮西
黄花塘镇	16	新街（居委会）　岗村（居委会）　泥沛　瓦屋　绿化　杨庄　张安　耿公　五星　倜傥　芦沟　枣园　何圩　五里　常庄　黄花塘
明祖陵镇	10	沿淮　伏湖　仁和　龚庄　费庄　沙巷　明祖陵　项魏　渡口　仁集（居委会）
铁佛镇	14	铁佛　新圩　邓圩　花园嘴　杨滩　召四　李圩　召五　召六　河洪　赵圩　仙墩　西巷　邹黄

续表 2－1

乡镇	村(居委会)数	行政村(居委会)名称
淮河镇	10	黄岗　杨嘴　腰滩　花园　前进　蛤滩　沿河　城根　大洲　洪建
仇集镇	9	演法　霖治　克贵(居委会)　明山　象山　朱刘　龙山　长港　凤山
观音寺镇	12	龙墩口　衡西　高坝　顺河(居委会)　丁塘　九里　朱楼　周集　堆头　马庄(居委会)　桥北　三官
维桥乡	8	漫岗　桃园　维才　大桥(居委会)　桥东　永华　大圣　车棚
穆店乡	10	穆店　龙王山　团结　范楼　七星　莲塘　马湖　肖桥　仁昌　越李
王店乡	15	甲山　杜山　良郢　凡岗　范桥　范墩　西湖　王店(居委会)　民建　北山　陡山　杨山　古城(居委会)　化农　安乐
古桑乡	9	古桑(居委会)　三塘　关帝　季安　白虎　磨涧　石龙　龙潭　佛窝
兴隆乡	11	红旗　双河　化岗　金陡湖　陡北　张庄　晓庄　牌坊　黄庄　刘岗　祖窑

第二章　人口概况

第一节　人口总量

1986 年起,全县人口总量自然增长仍存在原始型、传统型,贯彻执行一对夫妻只生一个孩子的计划生育政策,当年人口增长率 7.88‰,有人口 651720 人。至 1990 年,全县人口自然增长率为 15.06‰,年底有人口 683416 人。

1993 年起,县委、县政府继续加强计划生育管理,全县人口自然增长从传统型向现代型过渡,增长率逐渐降低。至 2003 年,全县人口自然增长率 0.91‰,总人口 732219 人。

2004 年起,全县继续贯彻执行《江苏省计划生育政策条例》《中华人民共和国人口与计划生育法》,落实人口奖励政策,人口自然增长率有所回升。至 2008 年,全县人口自然增长率 3.08‰,总人口 758359 人。

图 2－1　县计生委开展形式多样的计生宣传工作。

1986～2008 年盱眙县人口一览表

表 2-2　　　　　　　　　　　　　　　　　　　　　　　　　　单位:户、人

年份	总户数	总人口			年份	总户数	总人口		
		合计	男性	女性			合计	男性	女性
1986	145819	651720	334315	317405	1998	188862	709708	364786	344922
1987	146813	656121	337734	318387	1999	194187	714157	368180	345977
1988	155563	659883	339260	320623	2000	202838	721616	369329	352287
1989	160833	669484	344471	325013	2001	205672	727160	372276	354884
1990	162834	683416	352298	331118	2002	214271	728994	380644	348350
1991	168984	691267	355870	335397	2003	220075	732219	375847	356372
1992	175681	696589	358882	337707	2004	227222	748264	383436	364828
1993	177901	698442	360187	338255	2005	228347	748911	382568	366343
1994	179847	701142	362082	339060	2006	222116	748734	382468	366266
1995	182890	705059	363158	341901	2007	220722	753740	383775	369965
1996	187702	709507	365065	344442	2008	229663	758359	387125	371234
1997	187306	710900	366830	344070					

第二节　人口分布与密度

1986 年,全县面积 2482.4 平方千米,人口分布在 28 个乡镇、三河农场、林总场、4 个军工企业,其中天明化工厂、红光化工厂人口纳入乡镇统计,军工企业部分数据属于保密范畴。人口密度最大的乡镇为盱城镇,每平方千米 2499 人;人口密度最小的乡镇为丘陵山区的仇集乡,每平方千米 174 人。至 1999 年,人口分布与密度未有大的变化。

图 2-2　开展全民健身运动

2000 年,全县行政区划调整,林总场分布在乡镇的分场划归乡镇管理,全县人口分布在 19 个乡镇、三河农场、4 个军工企业,其中 4 个军工企业人口纳入乡镇统计。人口密度最大的乡镇为盱城镇,每平方千米 990 人;人口密度最小的乡镇为丘陵山区仇集镇,每平方千米 168 人。

2008 年,全县面积 2497.3 平方千米,人口增长趋于稳定,人口密度相应降低。全县人口分布在 19 个乡镇、三河农场、4 个军工企业,其中 4 个军工企业人口除淮化集团外,其他军工企业人口纳入乡镇统计。人口密度最大的乡镇为盱城镇,每平方千米 1099 人;人口密度最小乡镇为仇集镇,每平方千米 178 人。

1986年、2000年、2008年盱眙县各乡镇(场、厂)人口密度分布一览表

表2-3　　　　单位:户、人

乡镇(场)	1986年						2000年						2008年					
	面积(平方千米)	户数	人口分布			每平方千米人数	面积(平方千米)	户数	人口分布			每平方千米人数	面积(平方千米)	户数	人口分布			每平方千米人数
			合计	男性	女性				合计	男性	女性				合计	男性	女性	
合计	2460	145819	651720	334315	317405	265	2461.9	202838	721616	369631	351985	294	2461.9	229663	758359	387125	371234	308
盱城	16.4	12017	40980	21242	19738	2499	107.0	42865	105949	53678	52271	990	107.0	43691	117601	58993	58608	1099
维桥	72.0	5012	22794	11549	11245	317	72.6	5661	22134	11335	10799	305	72.6	6451	23815	12157	11658	328
高桥	57.0	3815	16491	8306	8185	289	–	–	–	–	–		–	–	–	–	–	–
东阳	57.6	3458	16249	8397	7852	282	–	–	–	–	–		–	–	–	–	–	–
观音寺	62.0	4107	17769	9143	8626	287	129.7	8485	31796	16096	15700	245	129.7	9078	31639	15962	15677	244
官滩	130.3	6330	29178	14906	14272	224	145.0	8831	34468	17849	16619	238	145.0	10071	35289	18071	17218	243
穆店	94.0	5935	26067	13407	12660	277	97.0	6514	25609	13152	12457	264	97.0	8713	27189	13937	13252	280
旧铺	69.2	4719	20716	10704	10012	299	147.7	9097	33904	17330	16574	230	147.7	9796	36094	18418	17676	244
张洪	69.7	3370	14614	7550	7064	210	–	–	–	–	–	–	–	–	–	–	–	–
黄花塘	61.6	3423	15965	8260	7705	259	128.8	8147	29909	15373	14536	232	128.8	9128	32076	16194	15882	249
古城	66.7	3883	18277	9396	8881	274	–	–	–	–	–	–	–	–	–	–	–	–
王店	70.9	3786	17508	9025	8483	247	137.6	9710	37049	19297	17752	269	137.6	10395	37395	19276	18119	272
仇集	92.0	3322	16021	8172	7849	174	179.3	8862	30088	15873	14215	168	179.3	8784	31901	17911	13990	178
龙山	72.0	2545	12617	6492	6125	175	–	–	–	–	–	–	–	–	–	–	–	–
十里营	77.0	4812	22245	11328	10917	289	–	–	–	–	–	–	–	–	–	–	–	–
桂五	71.4	4997	22752	11676	11076	319	158.5	9909	35683	18686	16997	225	158.5	16434	36327	18434	17893	229
古桑	96.0	4966	22857	11666	11191	238	92.0	6025	20930	10657	10273	228	92.0	6544	22353	11472	10881	243

续表2-3

乡镇(场)	1986年						2000年						2008年					
	面积(平方千米)	户数	人口分布			每平方千米人数	面积(平方千米)	户数	人口分布			每平方千米人数	面积(平方千米)	户数	人口分布			每平方千米人数
			合计	男性	女性				合计	男性	女性				合计	男性	女性	
河桥	99.0	3862	18308	9349	8959	185	177.1	8730	36247	18711	17536	205	177.1	11286	38092	19867	18225	215
马坝	83.5	5893	27011	13924	13087	323	197.5	19396	59928	30215	29713	303	197.5	21890	62183	31049	31134	315
洪山	78.0	3001	15243	7791	7452	195	–	–	–	–	–	–	–	–	–	–	–	–
水冲港	45.6	2079	10280	5292	4988	225	–	–	–	–	–	–	–	–	–	–	–	–
马庄	67.7	3410	15040	7608	7432	222	–	–	–	–	–	–	–	–	–	–	–	–
新街	68.9	3656	16378	8352	8026	238	–	–	–	–	–	–	–	–	–	–	–	–
淮河	96.1	5545	26273	13414	12859	273	97.1	7207	27770	14227	13543	286	97.1	8184	29826	15133	14693	307
管镇	202.5	11726	53980	27899	26081	267	67.5	7255	30408	15718	14690	450	67.5	7738	31470	15900	15570	466
鲍集	132.0	8535	41274	20894	20380	313	132.0	10618	48698	24566	24132	369	132.0	12790	50076	25730	24346	379
铁佛	108.0	5700	29145	15004	14141	270	108.0	7418	33440	17273	16167	310	108.0	8218	35076	18059	17017	325
兴隆	101.1	5386	26584	13777	12807	263	101.1	6437	31881	16299	15582	315	101.1	7743	32673	16743	15930	323
明祖陵	–	–	–	–	–	–	135.9	7535	32489	16541	15948	239	135.9	7977	34101	17290	16811	251
三河农场	50.5	4383	10956	5486	5470	217	50.5	4136	13236	6755	6481	262	50.5	4438	12037	6017	6020	238
林总场	91.3	1206	5292	2663	2629	58	–	–	–	–	–	–	–	–	–	–	–	–
淮化集团	–	354	1412	841	571	–	–	–	–	–	–	–	–	314	1146	512	634	–
永丰机械厂	–	586	1444	802	642	–	–	–	–	–	–	–	–	–	–	–	–	–
天明化工厂	–	–	–	–	–	–	–	–	–	–	–	–	–	–	–	–	–	–
红光化工厂	–	–	–	–	–	–	–	–	–	–	–	–	–	–	–	–	–	–

注：乡镇在统计区域面积时，存在公共区域重复计算情况。

第三章　人口变动

第一节　自然变动

1986年起,全县人口自然增长进入高速期。是年,全县出生5299人,死亡2426人。至1990年,全县人口自然变动达到高峰。是年,全县出生13475人,死亡3286人。1991年起,全县人口自然增长进入回落期。是年,全县出生8497人,死亡3467人。至2001年,全县人口自然变动达到低谷。是年,全县出生4949人,死亡3044人。2004年起,全县人口自然增长进入上升期。是年,全县出生7915人,死亡2941人。2008年,全县出生6083人,死亡4154人,人口自然增长率2.55‰。

1986~2008年盱眙县出生、死亡人数一览表

表2-4　　单位:人

年份	出生			死亡			年份	出生			死亡		
	合计	男	女	合计	男	女		合计	男	女	合计	男	女
1986	5299	2882	2417	2426	1304	1122	1998	5194	2794	2400	3177	1733	1444
1987	6451	3358	3093	2895	1527	1368	1999	4815	2585	2230	2857	1595	1262
1988	8611	4662	3949	3217	1782	1435	2000	6900	3615	3285	4176	2305	1871
1989	10639	5895	4744	2692	1622	1070	2001	4949	2686	2263	3044	1683	1361
1990	13475	7304	6171	3286	1851	1435	2002	5625	2931	2694	3263	1710	1553
1991	8497	4627	3870	3467	1962	1505	2003	5529	2907	2622	3098	1675	1423
1992	7913	4211	3702	3625	2085	1540	2004	7915	4237	3678	2941	1610	1331
1993	7244	3873	3371	3514	2032	1482	2005	7536	3880	3656	3523	1923	1600
1994	6585	3567	3018	3378	1895	1483	2006	8301	4448	3853	3168	1711	1457
1995	7474	4001	3473	3371	1954	1417	2007	7004	3845	3159	4848	2575	2273
1996	6040	3228	2812	3374	1873	1501	2008	6083	3195	2888	4154	2254	1900
1997	5623	3066	2557	3214	1831	1383	合计	163702	87797	75905	76708	42492	34216

第二节　机械变动

1986年起,全县人口机械变动主要有婚出婚进、学生升学和毕业分配、应征入伍和退役返县等途径。

2000年,全县实行区划调整,30个乡镇撤并为19个乡镇,撤销林总场,撤并乡镇和林总场的人口随着户

籍的变迁而变动。十里营乡撤销三墩、甘泉两个行政村,3669 人合并到官滩镇,其余 17762 人合并到盱城镇。古桑乡划出中心、石牛 2 个行政村 3510 人,合并到盱城镇。东阳乡撤销时 15494 人、高桥乡撤销时 14690 人,合并到马坝镇。东阳乡的永丰、瓦地两个行政村和马坝镇的楼庄行政村共 3294 人,划归金湖县管辖。马庄乡撤销时 14044 人,合并到观音寺乡。新街乡撤销时 16256 人、黄花塘乡撤销时 13829 人,合并到黄花塘镇。张洪乡撤销时 14029 人,合并到旧铺镇。肖嘴乡撤销时 20095 人、鲍集乡撤销时 26768 人,合并到鲍集镇。水冲港乡撤销时 14029 人,合并到桂五镇。洪山乡撤销时 16770 人,合并到河桥镇。古城乡撤销时 17566 人,合并到王店乡。龙山乡撤销时 14125 人,合并到仇集镇。

至 2008 年底,全县迁入 201187 人,迁出 177487 人。

1986～2008 年盱眙县迁入、迁出人口一览表

表 2－5 单位:人

年份	迁入		迁出		年份	迁入		迁出	
	省内迁入	省外迁入	迁往省内	迁往省外		省内迁入	省外迁入	迁往省内	迁往省外
1986	7423	469	8588	1125	1998	2665	583	4869	1032
1987	7634	683	7329	953	1999	6615	541	5313	528
1988	9217	963	10060	1058	2000	7029	600	5754	744
1989	14100	1264	13781	1090	2001	5702	709	3483	790
1990	11156	1336	9813	1339	2002	3995	863	3623	1219
1991	9873	1524	7541	645	2003	4153	405	2850	914
1992	11154	788	11686	1563	2004	12357	3203	3419	1070
1993	7096	538	8516	1144	2005	9173	1716	4056	1699
1994	5085	642	6022	1049	2006	5881	1849	5124	2416
1995	6523	583	6492	810	2007	8641	2563	6387	1967
1996	7201	632	5645	943	2008	6919	2855	5068	2016
1997	5892	394	5299	655	合计	175484	25703	150718	26769

第三节　流动人口

1986～1991 年,全县流入、流出人口变动较为平稳,流出人口比重大于流入人口。其中,1986 年,流入人口 1051 人,流出人口 900 人;1991 年,流入人口 2194 人,流出人口 6000 人。

1992～2006 年,改革开放不断深入,经济建设快速发展,有组织实施劳务输出,居民外出务工、经商人数逐年增加,成倍增长。县委、县政府推进城市改造,新建住宅小区和工业园区,实施招商引资,工业企业逐年增加,流入务工、经商人数随之增多。其中,1992 年,流入人口 2368 人,流出人口 12000 人;2006 年,流入人口 9181 人,流出人口 197300 人。

2007～2008 年,流入、流出人口大幅增加,特别是由于县经济开发区企业增加,流入人口大幅增加,本地外出务工人数大增。其中,2007 年,流入人口 14299 人,流出人口 201200 人;2008 年,流入人口 20663 人,流出人口 203600 人。

1986～2008 年盱眙县流动人口一览表

表 2－6　　单位:人

年份	流入人口			流出人口			年份	流入人口			流出人口		
	合计	男	女	合计	男	女		合计	男	女	合计	男	女
1986	1051	675	376	900	590	310	1998	4594	2893	1701	125200	65800	59400
1987	1327	926	401	1900	1080	820	1999	4871	2821	2050	132400	71860	60540
1988	1563	997	566	2500	1320	1180	2000	5032	3387	1645	140500	75540	64960
1989	1985	1258	727	3200	1680	1520	2001	5247	3423	1824	160400	86670	73730
1990	2082	1447	635	4500	2350	2150	2002	5802	3628	2174	163400	87540	75860
1991	2194	1542	652	6000	3760	2240	2003	6331	4112	2219	166300	89450	76850
1992	2368	1696	672	12000	7580	4420	2004	6813	4337	2476	188700	103540	85160
1993	2534	1732	802	21800	13570	8230	2005	7842	4795	3047	196400	108570	87830
1994	2621	1803	818	38500	24370	14130	2006	9181	5658	3523	197300	109030	88270
1995	3382	1821	1561	41200	25650	15550	2007	14299	8239	6060	201200	110270	90930
1996	3936	2283	1653	68780	37650	31130	2008	20663	10054	10609	203600	111840	91760
1997	4003	2450	1553	91400	50320	41080							

第四章　人口构成

第一节　性　　别

1986 年,盱眙县人口性别比受到多子多福的传统观念影响,男性比女性多 16910 人。1990 年 7 月 1 日,全国第四次人口普查时,全县总人口 694322 人,其中男性 355732 人、女性 338590 人,男性比女性多 17142 人。2000 年 11 月 1 日,全国第五次人口普查时,全县总人口 712499 人,其中男性 362913 人、女性 349586 人,全县男性比女性多 13327 人。2008 年,全县人口 758359 人,男性比女性多 15891 人。

图 2－3　县卫生局召开出生信息监测会

1986～2008 年盱眙县人口性别比一览表

表 2－7　　单位:人

年份	男	女	性别比(女＝100)	年份	男	女	性别比(女＝100)
1986	334315	317405	105	1998	364786	344922	106
1987	337734	318387	106	1999	368180	345977	106
1988	339260	320623	105	2000	362913	349586	104
1989	344471	325013	106	2001	372276	354884	105
1990	355732	338590	105	2002	380644	372276	102
1991	355870	335397	106	2003	375847	356372	105
1992	358882	337707	106	2004	383436	364828	105
1993	360187	338255	106	2005	382568	366343	104
1994	362082	339060	107	2006	382468	366266	104
1995	363158	341901	106	2007	383775	369965	103
1996	365065	344442	106	2008	387125	371234	104
1997	366830	344070	107				

第二节　年　　龄

1986 年,全县总人口年龄结构处于正常范围内。

1990 年,全国第四次人口普查,全县总人口 694322 人,0～14 周岁占总人口 26.8%;15～49 周岁占总人口 57.2%;50～64 周岁占总人口 10.7%;65 周岁以上占总人口 5.3%,其中百岁以上老人 3 人。2000 年,全国第五次人口普查时,全县总人口 712499 人,0～14 周岁占总人口 22.8%;15～49 周岁占总人口 57.6%;50～64 周岁占 11.8%;65 周岁以上占 7.8%,其中百岁以上老人 6 人。2008 年,全县 60 岁以上老人 105056 人,占总人口 13.85%,其中百岁以上老人 10 人,呈现老年化趋势。

全国第四次、第五次人口普查盱眙县人口年龄构成一览表

表 2－8　　单位:人

年龄组(周岁)	第四次人口普查(1990 年)	第五次人口普查(2000 年)	年龄组(周岁)	第四次人口普查(1990 年)	第五次人口普查(2000 年)
0～4	70378	33822	55～59	25331	31126
5～9	60411	54346	60～64	22202	24789
10～14	55030	76236	65～69	17258	21244
15～19	68718	52253	70～74	11455	16779
20～24	90458	43382	75～79	5417	10625
25～29	65087	63119	80～84	2345	5471
30～34	54739	85234	85～89	923	1562
35～39	52798	67265	90～94	155	326
40～44	30943	51970	95～99	24	67
45～49	34066	52295	100 岁以上	3	6
50～54	26581	29602			

第三节　文　　化

1986年，全县共有高中、初中、小学在校生115353人，占总人口17.7%。其中，小学在校生85378人，占总人口13.1%；初中在校生25699人，占总人口3.9%；高中在校生4276人，占总人口0.7%，高中升学率为零。

1990年，全国第四次人口普查时，全县总人口694322人，大学以上文化2566人，占总人口0.4%；高中、中专文化38382人，占总人口5.5%；初中文化149115人，占总人口21.5%；小学文化273124人，占总人口39.3%。

2000年，全国第五次人口普查时，全县总人口712499人，大学以上文化8692人，占总人口1.2%；高中、中专文化78285人，占总人口11%；初中文化273808人，占总人口38.4%；小学文化261252人，占总人口36.7%。

2008年，全县各类学校共有高中、初中、小学在校生103085人，占总人口13.6%。其中，小学在校生50446人，占总人口6.7%；初中在校生33859人，占总人口4.5%；高中在校生18780人，占总人口2.5%，高中升学率70%左右。

第四节　民　　族

1986年，全县汉族人口651420人，占总人口的99.95%；回族、满族、藏族、侗族、高山族、纳西族等少数民族8个300人，占总人口的0.05%，其中回族250人。

1990年，全国第四次人口普查时，全县汉族人口693952人，占总人口的99.95%；少数民族人口370人，占总人口的0.05%，其中回族人口253人、蒙古族2人、藏族3人、苗族16人、彝族18人、壮族20人、布依族16人、朝鲜族6人、满族15人、白族9人、水族2人、瑶族1人、土家族1人、哈尼族1人、傣族1人、黎族1人、傈僳族1人、佤族1人、畲族1人、东乡族1人、德昂族1人。

2000年，全国第五次人口普查时，全县汉族人口711686人，占总人口的99.89%；少数民族人口805人，占总人口的0.11%，其中回族328人、苗族117人、布依族99人、白族76人、彝族53人、壮族41人、土家族14人、哈尼族11人、蒙古族8人、满族8人、水族7人、傈僳族5人、佤族5人、朝鲜族3人、瑶族3人、藏族2人、维吾尔族2人、侗族2人、傣族2人、黎族2人、高山族2人、纳西族2人，拉祜族1人、景颇族1人、普米族1人，未识别民族8人。

2008年，由于婚进和迁入，全县少数民族人口增加到3263人，占总人口的0.43%。

第五节　职　　业

1986年，全县人口651720人，其中非农业人口47978人。总人口中，全民所有制职工33110人，城镇集体所有制职工14123人，城镇个体劳动者571人。1990年，全国第四次人口普查时，盱眙县不在业人口89988人，占总人口12.96%，其中在校学生19206人、料理家务45447人、待升学1331人、市镇待业2371人、离退休6627人、丧失工作能力14459人、其他不在业547人。

2000年，全国第五次人口普查时，按10%抽校调查结果显示，全县有劳动年龄人口(15周岁以上)51156人，其中男性25617人、女性25539人。在劳动年龄人口中，有工作的就业人口39298人，占劳动年龄人口

76.8%。未工作人口11858人,占劳动年龄人口23.2%,其中男性4688人、女性7170人。未工作人口中,在校学生2161人、料理家务3938人、离退休1378人、丧失工作能力3193人、从未工作正在找工作566人、失去工作正在找工作417人、其他205人。失业人口417人,其中男性192人、女性225人,失业率1.1%。2008年,全县人口758359人,城镇人口302807人,占总人口39.93%;乡村人口455552人,占总人口60.1%。农民工20.36万人,占总人口26.8%(县经济开发区用工4.72万人,向县外劳务输出15.64万人);全县机关事业单位从业人员38324人,占总人口5.1%,其中女性15179人,在岗职工36222人,其他从业人员2102人。分配就业中专以上学历955人,其中本科学历373人。

全国第四次、第五次人口普查盱眙县在业人口行业构成一览表

表2-9

1990年全国第四次人口普查 盱眙县在业人口行业构成			2000年全国第五次人口普查 盱眙县在业人口行业构成		
行业类别	人数	占比(%)	行业类别	人数	占比(%)
合计	41851	-	合计	39298	-
1.农、林、牧、渔、水利业	36528	87.28	1.农、林、牧、渔业	30392	77.34
2.工业	2093	5.00	2.采掘业	248	0.63
3.建筑业	193	0.46	3.制造业	2275	5.79
4.交通运输、邮电通讯业	555	1.33	4.电力、煤气及水的生产和供应业	159	0.40
5.商业、公共饮食业、物资供销和仓储业	1007	2.41	5.建筑业	486	1.24
6.房地产管理、公共事业、居民服务和咨询服务	116	0.28	6.地质勘查业、水利管理业	50	0.13
7.卫生、体育和社会福利业	209	0.50	7.交通运输、仓储及邮电通信业	999	2.45
8.教育、文化艺术和广播电视业	665	1.59	8.批发和零售贸易、餐饮业	1934	4.92
9.科学研究和综合技术服务事业	6	0.01	9.金融、保险业	110	0.28
10.金融、保险业	78	0.19	10、地产业	16	0.04
11.国家机关、政党机关和社会团体	401	0.96	11.社会服务业	481	1.22
			12.卫生、体育和社会福利业	341	0.87
			13.教育、文化艺术及广播电影电视业	878	2.23
			14.科学研究和综合技术服务业	6	0.02
			15.国家机关、政党机关和社会团体	865	2.20
			16.其他行业	58	0.15

说明:以上人口数为10%抽样调查数据。

第六节　姓　　氏

据不完全统计,盱眙境内共有397个姓,内有复姓4个。人数较多的姓有:丁、王、刘、朱、孙、李、吴、陈、张、周、罗、杨、赵、胡、徐、高、黄、谢等。其中超过万人的姓有:李、张、王、陈、刘、朱、杨。人数较少的姓有:门、户、车、文、元、云、乐、平、永、戎、过、闰、禹、封、钮、宣、预、宰、班、麻、寇、盖、蔚、慧、辨、燕、璩、濮、覆、攀、司马、欧阳、皇甫、夏侯等。

盱眙县主要姓氏有:丁、卜、刁、干、弓、久、马、山、万、于、丈、子、习、贝、卞、巴、车、邓、方、丰、公、戈、计、孔、历、邡、毛、牛、仇、王、韦、文、五、尹、尤、中、支、艾、白、包、边、丛、东、代、冯、付、甘、古、归、邝、兰、厉、令、龙、卢、宁、平、皮、冉、石、史、司、帅、申、田、未、乐、印、叶、由、玉、占、主、左、安、毕、邦、成、池、传、伏、关、过、华、吉、纪、江、刘、吕、牟、年、农、祁、齐、乔、全、任、戎、阮、束、孙、汤、危、邬、伍、刑、邢、吁、寻、向、许、羊、阴、伊、闫、页、阳、仲、朱、庄、陈、迟、岑、邸、杜、但、甫、芳、谷、何、花、匡、来、旷、况、李、冷、良、励、连、里、疗、吝、陆、庐、芦、闵、邱、时、寿、沙、邵、佘、沈、宋、郤、佟、汪、位、巫、吴、肖、辛、闲、应、延、言、严、杨、余、张、针、邹、佐、苏、泮、昌、承、范、法、房、奉、苟、杭、官、季、金、郎、练、林、罗、茅、苗、宓、孟、庞、青、屈、单、尚、武、幸、贤、於、英、拥、郁、禹、宜、易、岳、郑、周、卓、宗、竺、柏、荼、段、费、封、郜、宫、故、郝、贺、洪、胡、荆、济、家、柯、郦、柳、娄、骆、冒、钮、南、欧、柒、荣、茹、饶、施、树、甚、闻、洗、信、宣、荀、项、相、修、须、胥、姚、俞、赵、钟、查、战、祝、姜、敖、班、宾、党、高、耿、桂、顾、荷、宦、贾、梁、栗、凌、莫、倪、聂、浦、钱、秦、桑、谈、唐、陶、郭、涂、铁、翁、席、夏、徐、消、奚、殷、阎、晏、原、袁、载、诸、柴、曹、巢、谌、崔、常、淡、符、淦、龚、黄、基、菊、寇、康、隆、梅、麻、密、盘、戚、淇、盛、匙、商、隋、候、屠、庹、尉、章、超、程、董、答、傅、葛、辜、鼓、韩、惠、琚、嵇、景、揭、焦、蒋、赖、鲁、甯、蒙、彭、强、覃、斯、税、舒、赏、粟、童、温、谢、厦、游、喻、曾、湛、储、植、鲍、楚、窦、蒿、简、靳、葵、蓝、雷、廉、楼、路、睦、谬、蒯、蒲、裘、阙、解、雍、鄢、虞、甄、臧、詹、蔡、蔼、翠、管、蔺、廖、蓼、寥、缪、裴、漆、綦、谭、熊、翟、颜、潜、潘、黎、阚、樊、薄、衡、霍、冀、薛、燕、戴、鞠、糜、瞿、魏、藤、攀、酆、上官、司徒、欧阳、尉迟。

第五章　人口控制

第一节　机构与队伍

一、机　构

1986 年，盱眙县计划生育办公室（简称“县计生办”）挂靠县卫生局，各乡镇设计划生育服务站。1987 年，成立县计划生育协会，各乡镇成立计划生育协会。1990 年 12 月，县计生办从县卫生局划出，成立县计划生育委员会（简称“县计生委”），下设办公室、宣传法规科、统计科、科技科。1993 年，成立县计划生育宣传指导站，县、乡政府均成立人口与计划生育领导小组。1997 年，成立县城区计划生育管理办公室。2002 年，县计生委更名为县人口和计划生育委员会（简称“县人口计生委”）。2008 年，成立盱眙县流动人口计划生育管理办公室。

二、队　伍

1986 年，各乡镇设 1 名计划生育助理，配设 1 ~ 3 名计划生育专职人员；各行政村由妇女主任负责村级计划生育工作。1993 年，乡镇计划生育服务站有 31 人通过市级计生部门组织的业务培训，并领到市计生委颁发的上岗证书。1994 年 2 月，县委为 45 名乡镇计划生育专职干部办理“农转非”，县委组织部、县人事局为 27 名乡镇计划生育服务站站长及副站长办理聘用干部手续。1996 年 4 月，县计生委举办 B 超操作人员培训班，33 人获上岗资格。1997 年，乡镇计划生育服务站招聘技术、宣传、统计人员 70 名，定编定岗计生专职干部 117 名。2000 年，全县在明祖陵镇开展村级计划生育专干竞聘上岗试点，11 人通过竞聘上岗。2008 年，全县乡镇机构改革时，核定乡镇计划生育岗位工作人员 102 名。

第二节　生育管理

一、基础管理

1986 年，县委、县政府与各乡镇政府签订计划生育目标管理责任状，纳入精神文明建设考核。农村和城镇基层单位制定计划生育村规民约、厂纪厂规。1987 年起，采取育龄妇女生育一孩上环、二孩结扎措施，实施计划生育。

1991 年，盱眙县被省人口计生领导小组评为计划生育先进县。1993 年，县委、县政府召开计划生育“三级干部”大会，落实计划生育条例，签订计划生育工作责任状。各单位、各部门、各乡镇党政一把手亲自抓、负总责，人口总量得到有效控制。1994 年，县委、县政府制定“一年打基础，二年上水平，三年跨入计划生育先进县”工作目标，开展计划生育合格村创建活动。县计生委创立的“不打招呼，不要陪同，不在检查点食宿，以点带面”计划生育核查制度被省、市计生委表彰和推广。

图 2－4　盱眙县计划生育工作会议

1996 年，盱眙县被省人口计生领导小组评为计划生育先进县。1998 年，全县育龄妇女信息输入微机，实现自动化管理。1999 年，县委、县政府建立季度检查考核通报、诫勉谈话、黄牌警告、责任追究和考核复查五项制度，对未完成年度计划生育责任目标的乡镇实行“一票否决”。

2000 年，县政府下发《关于在全县开展计划生育达标竞赛的通知》，对兴隆乡、鲍集镇、管镇镇计划生育工作实行重点管理。盱眙县被省人口计生领导小组评为计划生育先进县。2001 年，县政府将乡镇计划生育工作纳入百分制考核。2002 年，县委、县政府制定《关于在全县推行计划生育“村民自治”工作的意见》，初步建立计划生育自我教育、自我管理、自我服务的工作格局。

2005 年，县政府制定《盱眙县人口与计划生育工作考核办法》和《实施细则》，以“创建省人口与计划生育工作示范县”为重点，推行育龄妇女服务公示制、外出务工人员服务跟踪制、卫技人员岗位责任制、主要领导负责制、负责人员责任追究制、计划生育例会制。年底，盱眙县被省人口计生领导小组评为计划生育先进县。

2008 年，明确村党支部书记为计生工作第一责任人，推进计划生育村民自治、政务公开、民主评议；开展党员干部责任区管理，实行目标考核保证金制度，乡镇党委书记、乡镇长交纳保证金 3000 元，村、居委员会书记交 1000 元，主任交 800 元，年终按照目标考核规定退还或处罚保证金。年底，全县综合避孕率 98.64%。盱眙县被江苏省人口和计划生育领导小组评为计划生育科技工作先进集体、计划生育先进县。

二、流动人口管理

1986 ~ 1990 年，盱眙县流入流出育龄妇女很少，其计划生育未纳入规范管理。1991 年，县政府将外地流入盱眙人口的计划生育管理作为乡镇考核指标，建立流动人口育龄妇女信息联系卡，开始发放、查验流动人口计划生育证明，进行属地化管理。1992年起，对全县流入人口实行“谁用工谁管理、谁受益谁管理、谁的地盘谁管理”制度，对属本单位管理的流动人口一律视同本单位正式人员纳入管理。对流出外地经商、务工的人口，采取定落实节育措施、定流出地点和从事职业、定担保联系人、定回家妇检时间和定保证金的方式进行管理。1997年，制定《盱眙城区流动人口计划生育管理暂行规定》，规定流动人口实行流入地、流出地双向管理，各乡镇、各单位与流入人口育龄妇女签订计划生育合同。

2000年，全县启用全国统一的流动人口婚育证明。2003年，按照《生育健康系统》要求，将流入、流出的育龄妇女的信息录入微机，实行网络管理。2007年，盱眙县与周边县区签订流动人口管理合作协议，实现流动人口管理资源互动。2008年，在流动人口较为集中的苏、锡、常、宁、沪、杭等地建立8个流动人口管理服务站和党支部，依托人口信息平台网络做好流动育龄妇女计生管理。对在盱眙境内常住6个月以上的外地流入的育龄妇女，开展计划生育法律法规宣传教育，发放“亲情服务一卡通”，凭卡可在盱眙境内免费享受计划生育基本项目技术服务。至年底，发放流动人口“亲情服务一卡通”3000余份，发放流动人口婚育证明20173份，流动人口计生管理服务率90%以上。

第三节　生育服务

1986年，县计生部门出台《计划生育乡镇服务站三级标准》，建设县、乡、村三级技术服务网络，确立以避孕为主和经常性工作为主的计划生育服务方针，实施孕前服务。各乡镇计生服务站做好育龄妇女“双月检”工作。

1990年起，推行控制人口数量、提高出生人口素质、改善出生人口结构并重的举措，围绕生育、节育、不育开展优质系列化服务。1993年，全县淘汰O型环，普遍使用节育效果好的T铜环和宫型环，推广产后42天上环经验，降低计划外怀孕的比例。

1994年，县计生委、县委宣传部、县妇联等10个部门联合下发《关于在农村计划生育实行“三为主”“三结合”的决定》（“三为主”，宣传教育为主、避孕为主和经常性工作为主；“三结合”，计划生育工作与发展经济、帮助农民勤劳致富奔小康、建设文明幸福家庭相结合。），县委、县政府将“三为主”“三结合”工作任务分解到各乡镇，签订目标管理责任状。10部门联合开展“少生快富奔小康”活动，实施“双百工程”（掌握百分之百信息，提供百分之百服务），在全县树立少生快富奔小康示范村40个、少生快富示范户100个。

1995年，全县有25个乡镇计划生育服务站配备14台小型B超、45台妊娠检查仪，施行计划生育手术，淘汰不锈钢单圈宫内节育环，废除重复使用X光机进行妇检。1999年，东阳乡、黄花塘乡、高桥乡、观音寺乡、旧铺镇、官滩镇、仇集乡由“双月服务”过渡到“季度服务”“半年服务”，其他乡镇根据实际情况及不同对象，按以上标准进行分类。

2000年，将计划生育服务人群延伸到青春期、更年期和男性育龄人群，服务内容拓展为避孕节育全程服务和生殖保健服务，实现育龄夫妇享有初级生殖保健目标。2004年，县政府在管镇举行“关爱女孩行动”试点启动仪式，出台《关爱女孩实施意见》。开展生殖保健系列服务和“情系老妈妈、健康百村行”活动，为全县农村已过育龄期妇女和县工业园区育龄妇女提供上门服务，定期为企业职工开展环情、孕情监测及生殖保健服务。年底，40388名已婚育龄妇女享受生殖保健服务，18980名患病妇女得到治疗。

2005年，全县实施育龄妇女生殖道感染防治工程，对检查出各种疾病的育龄妇女，及时给予治疗和转诊，对检查出意外怀孕和无措施对象，及时采取补救措施。各乡镇计生服务站深入村组，上门随访服务62648人次，随访服务率89%。

2008年，全县实现“世代服务”体系建设全覆盖。启动“江苏省已婚妇女宫颈癌免费筛查”项目，全县1.28万名已婚育龄妇女得到免费检查。及时收集民政部门新婚信息，卫生部门怀孕、生育、手术信息，人事劳动教育部门人口流动信息，做好各项计划生育服务。春节期间，对全县已婚育龄妇女开展“订一份合同、看一次录像、送一份宣传品、做一份知识答卷、进行一次随访服务、征求一次意见”服务活动。

第四节　生育奖罚

一、生育奖励

1987年,县委制定《关于计划生育若干问题的暂行规定》,明确规定:对男女双方都实行晚婚、晚育的夫妇,所在单位给予表扬和鼓励,并及时安排生育计划。机关事业单位的晚婚夫妇增加婚假10天,晚育产妇增加产假20天,不影响全勤及评奖;农村晚婚、晚育夫妇,免去当年义务工;企业单位晚婚夫妇并领取独生子女父母光荣证的每年发给保健费40元。属独生子女的儿童,保健费发至14周岁。独生子女在同等条件下,优先照顾入托、入学、就医。独生子女的父母就职于国家机关、企事业单位的报销或部分报销孩子入托保育费、治病医疗费、小学入学学杂费;农村参照国家机关、企事业单位标准执行,或免交统筹款至14周岁。

1990年,对落实计划生育政策的夫妇,按规定给予优待和奖励。2004年,县委制定《盱眙县"关爱女孩行动"实施意见》。独女户职工参加生育保险的,其生育费用由生育保险基金支付;未参加生育保险的,其生育费用由所在单位支付;农村独女户,可划一份宅基地,规划费、建管费用优惠10%;特困家庭女孩从小学到初中九年义务教育实行解困奖学金制度,由捐资助学、春蕾计划为其减免学杂费用或组织捐赠学习用品。

2005年,在马坝镇举行计生奖励扶助金首发仪式,计划生育家庭享受奖励扶助金。对农村年满60周岁只生育一个子女的夫妇,每月奖励扶助金50元。是年起,全县开展"一加一"帮扶活动,帮扶计划生育困难家庭。2006年,对50～59周岁只生育一个女孩的夫妇给予奖励扶助。

2007年,对独生子女死亡的,扶助标准提高到每人每月100元;独生子女伤或病残的,扶助标准提高到每人每月80元;计划生育困难家庭奖励扶助标准为每人每年600元。2008年,县、乡镇、村严把计生奖励的申报、审核、确认、公示关,确保奖励对象无一差错,奖励兑现率100%。与县人寿保险公司联合开展计划生育"国寿母婴安康"保险项目,在全市属首家。

2005～2008年盱眙县计划生育兑现奖励扶助金一览表

表2-10

年份		60周岁以上		50～59周岁		特殊扶助	
		人数	金额(万元)	人数	金额(万元)	人数	金额(万元)
2005	上半年	659	19.77	-	-	-	-
	下半年	705	21.15	-	-	-	-
2006	上半年	844	25.32	637	19.11	-	-
	下半年	913	27.39	811	24.33	-	-
2007	上半年	975	29.25	899	26.97	105	10.07
	下半年	982	29.46	982	29.46	-	-
2008	上半年	1074	32.22	1153	34.59	122	13.36
	下半年	1111	33.33	1230	36.90	-	-

二、生育处罚

1987年,县计生部门对计划外生育二胎的征收计划外生育费1000元、计划外生育三胎的征收2500元,三胎以上按每胎次再增加1000元。夫妇为在职职工的,计划外生育二胎按每月各扣标准工资的10%、计划外三胎的按每月各扣标准工资的20%,期限均为7～10年。机关、企事业单位对计划外生育的职工不增加住房面积,计划外生育二胎的在7年内、计划外生育三胎的在10年内不享受困难补助;计划外生育的农户不增加自留地和宅基地;计划外生育的党员、职工,依据党纪、政纪给予处分。

1990 年 11 月起,对不符合生育二胎条件的人,收缴其生育证,按照超计划生育规定给予处理,并逐级追究当事人的责任。1995 年,制定《关于明确有关部门在计划生育工作中职责的规定》,计划外生育费一律实行"乡收县管、财政监管"体制,各乡镇计生办均健全账、卡,管好、用好计划外生育费。

1997 年,开展清理登记党员、干部生育情况。登记时间:自 1985 年 9 月 5 日至 1997 年 4 月 30 日,对违反计划生育、包庇亲友、未婚先孕、早婚早育、非法收养计划外生育的党员干部,依照《计划生育条例》规定,给予处罚。至年底,共处罚违反计划生育政策的党员干部 150 人,查处计划外生育 6687 人。1999 年,制定《计划生育考核奖惩办法》《重点乡镇计划生育工作考核办法》,建立季度检查考核通报、谈话诫勉、黄牌警告、责任追究、一票否决和考核核查制度。

2001 年,县计生委按照县委文件精神对兴隆等 3 个乡镇进行通报批评,对相关责任人给予经济处罚。2004 年,出台《盱眙县人口与计划生育工作考核办法》及《实施细则》。县委、县政府每半年召开一次汇报会、通报会,通报批评相关落后单位;计生部门每季度召开一次计划生育部门情况汇报会、通报会,通报落后乡镇计划生育服务站。

2007 年,出台《关于计划生育工作责任追究的暂行规定》,凡违法生育者,10 年内不得入党、不得评为先进,不得提拔、不得招聘为国家干部;在职党员干部本人违法生育的,一律免职,并依据党纪、政纪从重处分;弄虚作假骗取再生一孩生育证的在职党员、干部,给予加重处分;党员干部子女违法生育的,除按照计划生育规定处罚当事人外,同时根据党员干部在其子女违法中包庇情节轻重给予党、政纪处分。在申报照顾再生一孩或奖励扶助对象的资格确认中,有玩忽职守、弄虚作假、徇私舞弊等违法乱纪行为的,是计生站长、村(居委会)支部书记的,一律予以免职,并视情节轻重给予纪律处分;其他责任人予以组织处理或纪律处分;出具计划生育各种虚假证明,对直接责任人予以解聘或辞退,并视情节给予纪律处分;擅自为他人进行非医学需要的胎儿性别鉴定、选择性别的人工终止妊娠、为他人摘除节育器、为他人做假节育、绝育手术的,按照有关规定没收手术单位或者手术者的非法所得,并予以处罚,追究直接责任人纪律责任,对该单位实行"一票否决"。至年底,全县下达计划生育超生社会抚养费决定书 414 份,申请人民法院强制执行 84 起,因违反计划生育未提拔干部 12 名,征收的社会抚养费全部实行乡收县管,财政监管。

2008 年,县政府组织计生、卫生、药监、纪检监察等部门,对无证取环、违规使用 B 超、违规经营终止妊娠药品、非法人工终止妊娠、非法鉴定胎儿性别等违法违规行为,实行明查暗访,全县未发现一起违法违规案件。

第五节　生育与节育

一、生　育

1986 年起,全县实行生育指标统一管理制度,各乡镇计生办有专人负责生育指标管理工作。县计生委统一规范各乡镇计生办表、卡、册,建立生育指标月报表、季报表、年末报表等项制度。计划生育率 81.45%,出生率 12.84‰。

1990 年,全县生育达到高峰期,出生率 18.03‰,超历史纪录。1997 年起,全县育龄妇女实行网络化管理,县乡生育数据实现共享。2004 年,县政府出台《盱眙县"关爱女孩行动"实施意见》,规定凡是领取准生证的育龄妇女,严禁选择性别引产和对胎儿进行性别鉴定、禁止非医学需要的胎儿性别鉴定和选择性别的人工终止妊娠,严禁利用超声技术和其他技术手段进行非医学需要的胎儿性别鉴定。

2008 年,对孕 14 周以上终止妊娠手术的机构、人员的资格实行认证和审批制度、凭证引产、信息反馈制度,并将批准的定点手术单位向社会公示,接受社会监督;建立终止妊娠药品管理制度,对终止妊娠药品批发企业实行资格认证、审批制度,以此避免性别比例失调。计划生育率98.45%,出生率7‰,一孩积累率65.54%。

1986～2008年盱眙县户籍人口生育情况一览表

表2-11

单位:人、%、‰

年份	出生人数	一孩积累率	出生率	增长率	计划生育率	年份	出生人数	一孩积累率	出生率	增长率	计划生育率
1986	8348	26.28	12.84	7.88	81.45	1998	6092	49.55	10.00	5.00	96.41
1987	9508	28.76	14.54	9.82	77.04	1999	5471	51.34	10.00	5.00	98.90
1988	8611	29.61	13.09	8.12	79.87	2000	5045	51.90	6.86	1.51	98.50
1989	10639	31.50	16.01	11.55	78.08	2001	4614	53.36	6.28	1.63	98.00
1990	12492	31.68	18.03	13.21	75.90	2002	4555	55.13	6.20	2.10	99.67
1991	11155	36.95	15.92	10.87	78.83	2003	4311	56.36	5.83	0.91	98.50
1992	8643	36.12	12.26	6.83	92.26	2004	4406	58.02	5.97	1.77	98.48
1993	8093	41.42	11.29	6.15	97.38	2005	4674	60.09	6.31	1.27	98.93
1994	7938	42.47	10.95	5.98	92.28	2006	4835	62.09	6.48	2.16	98.61
1995	7848	45.30	10.69	5.60	94.42	2007	5410	63.97	7.18	3.27	98.35
1996	7022	46.00	9.47	4.32	95.71	2008	5308	65.54	7.00	3.08	98.45
1997	6909	48.00	10.50	6.30	95.28						

二、节　育

1986年起,全县育龄夫妇男性以避孕套,女性以避孕药、放环为主,共采取避孕措施102128人。1988年,对计划外怀孕对象采取终止妊娠措施,生育2个或2个以上孩子的育龄夫妻,实行引流、避孕等节育措施,避孕率99.84%。1995年,排查未实施节育手术的育龄妇女,共排查1991～1994年漏报出生5578名孩子的妇女未实行节育手术。至年底,均落实节育手术。

2001年,对城区育龄妇女婚育情况进行入户登记,做好适时节育工作。全年共登记育龄妇女20046人。2005年,在全县育龄妇女中开展知情选择节育措施,全年知情选择节育措施90%以上,基本取消硬性节育措施做法。

2008年,对实行节育手术的育龄夫妻,落实多项奖励政策,采取避孕措施154729人,避孕率99.83%,实施节育手术人次创历史纪录。

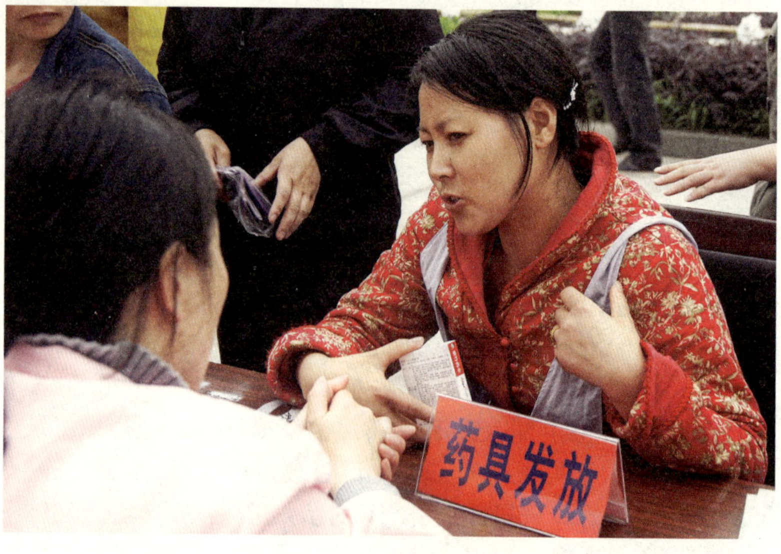

图2-5　开展计划生育宣传,免费发放药具。

第三篇　国土资源

1986 年，全县土地后备资源 2.43 万公顷，其中可开发 2.33 万公顷、可复垦 933.33 公顷，可整理中低产田 3.12 万公顷。县政府采取开发荒山、荒坡、荒滩和平坟等措施，复垦土地，增加耕地面积；加强矿山资源管理，依法发放采矿许可证 31 份。

1993 年起，围绕节约集约用地，编制《盱眙县土地利用总体规划》及专项规划，加强土地保护，实施地籍调查，开展用地产能核算、土地确权登记，实施土地利用动态监测；围绕土地机制改革，实施荒山、荒坡、荒滩开发、拍卖；围绕土地执法，查处违法用地案件，征收土地规费；围绕矿山资源效能，加强矿山环境保护和治理，规范探矿权、采矿权市场，关停部分窑厂和采矿业。全县国土资源、矿产资源保护与合理利用走上法制化、规范化、科学化轨道。

1994 年，全县土地 24.83 万公顷，其中耕地 11.47 万公顷，园地 3533.33 公顷，林地 17866.67 公顷，交通用地 6040 公顷，水域地 6.53 万公顷，未利用地 3880 公顷。农田保护区 10.81 万公顷，保护率 91%。

2000 年，基本农田保护面积增加到 11.48 万公顷，征收土地规费 95.85 万元，发放矿山开采许可证 28 份。

2008 年，根据第二次土地利用状况调查结果显示，全县土地 24.97 万公顷，其中耕地 10.64 万公顷、园地 1.15 万公顷、林地 1.63 万公顷、交通用地 0.997 万公顷、水域用地 64226.67 公顷、其他土地 2040 公顷。发放矿山开采许可证 1 份。年底，县国土资源局被省国土资源厅评为地籍管理"双强"（对内以图管地、对外以证管地）单位。

第一章　机　　构

第一节　局级机构

1986年,成立土地管理办公室,定编4人。1988年4月6日,成立盱眙县土地管理局(简称县土管局),定编8人,内设人秘股、法规监察股、地政地籍股、建设用地股。1990年,成立土地管理事务所,股级全民事业单位。1992年,成立土地监察大队,股级全民事业单位。1995年,成立土地估价事务所,股级全民事业单位。1997年8月,县土地管理局更名为盱眙县国土管理局,内设办公室、地政地籍股、建设用地股、法规监察股,定编13人。1998年3月,成立江苏省土地市场盱眙交易所,地籍管理股设立土地登记发证办公室。1999年3月,成立土地勘测队。2001年12月,土地监察大队更名为国土资源执法监察大队,全额拨款事业单位。2002年4月,盱眙县地质矿产局与县国土管理局合并,组建盱眙县国土资源局(简称县国土局),内设办公室、规划科、建设用地科、测绘地籍管理科、矿产资源管理科。矿产资源管理科挂"地质环境管理科"牌子,行政编制16人。至2008年,机构无变化。

第二节　乡镇(场)机构

1986年初,各乡镇成立土地管理领导小组,乡镇农房管理员改任土地管理员。1989年,各乡镇组建土地管理所,县多管局、林总场、三河农场成立土地管理科。2000年2月,30个乡镇土地管理所调整为19个。2001年11月,乡镇土地管理所更名为乡镇国土资源管理站。2004年12月,乡镇国土资源管理站为县国土资源局派出机构。2008年,乡镇(场)国土资源管理机构无变化。

第二章　土地规划

第一节　总体规划

1993年,县政府成立土地利用总体规划编制领导小组,聘请南京农业大学土地管理学院,开始编制全县第一轮《1993～2020年土地利用总体规划》,将全县土地划分为耕地、园地、林地、水域、牧草地、交通用地、未利用地。1994年,完成土地权属调查和乡镇土地利用规划编制工作。规划全县耕地11.36万公顷,园地451.3公顷，林地1.79万公顷，牧草地1.42万公顷，交通用地6266.7公顷，水域6.3万公顷，未利用地3660公顷。1995年9月，完成《1993～2020年土地利用总体规划》，报市土地管理局备案。1997年，开始编制《1997～2020年第二轮土地利用总体规划》，各乡镇同时启动编制土地利用总体规划。是年，印制县乡规划图828幅，编修表格1000余份，收集规划资料30余本。1999年7月，第二轮土地利用总体规划获省政府批准。

2000年，完成19个乡镇规划区调整。县城区规划由32平方千米扩展到52平方千米。2003年，土地利用规划开发24.3万公顷，占全县可用土地98.5%，其中人均耕地0.16公顷。水域规划面积占全县土地面积25.7%，农业规划用地占全县土地面积46.17%。规划耕地保有量1.15万公顷，划定基本农田1.1万公顷，规划期末建设用地2100公顷。调整全县乡镇土地利用总体规划为：农业用地区16.27万公顷，其中耕地区11.35万公顷、一般农田区4.57万公顷；建设用地区1.9万公顷，其中盱城镇3419.7公顷、其他乡镇6884.5公顷；生态景观保护区6.47万公顷，其中生态景观区257.9公顷、水域6.4万公顷；后备资源开发区0.22万公顷。规划通过开发复垦增加耕地2466.7公顷。2008年，编制城乡建设用地挂钩年度规划，其中2个项目区执行拆旧区72.9公顷，新增耕地60公顷，新增其他农用地7.09公顷。

2008年盱眙县土地利用规划与实施结果对照情况一览表

表3－1 单位：公顷

项目	耕地	园地	林地	其他农用地	居民点、工矿用地	交通运输用地	水利设施用地	未利用地
规划基数	113475.76	4471.79	17813.10	29994.71	22953.54	1115.31	7774.03	47475.60
规划指标	114817.75	4976.61	18522.33	30585.56	24287.65	1306.97	7147.06	43430.11
实施结果	111687.51	4437.41	18207.95	30844.81	24911.01	1769.03	7827.54	45388.78

第二节 专项规划

一、土地开发复垦规划

1996年，县土管局首次编制土地开发复垦规划，确定开发复垦顺序和成片集中的重点开发项目，优先安排土地开发复垦。1997～2006年，调整土地开发复垦规划3次，调整范围不大。2008年，编制城乡建设用地增减挂钩规划，完成城乡建设用地增减挂钩旧区拆迁和土地复垦工作，争取用地指标371.02公顷。至年底，土地开发复垦规划调整土地后备资源12831公顷，其中荒废地9365公顷、荒滩3462公顷；可供开发利用8033公顷，其中开垦成耕地2360公顷；开发滩涂666.67公顷、荒地1793.33公顷、废弃地复垦86.67公顷、土地整理3950.73公顷，增加耕地1133.33公顷。

二、基本农田保护规划

1994年12月，县政府印发《关于开展基本农田保护区划定工作的通知》，县土管局开始编制基本农田保护区规划。1995年1月，试点设在十里营乡。3月，全县推广。是年，编制全县乡镇基本农田保护区规划图31幅，设立保护标志牌420块。1996年，开始编制《1996～2020年基本农田保护规划》，划定一级农田保护区10.95万公顷，保护率91%；二级农田保护区4066.67公顷，保护率9%。1997年，《1996～2020年基本农田保护规划》报市国土部门备案。1999～2007年，调整基本农田保护规划3次，调整范围较小。2008年，一级农田保护区调整为10.88万公顷。

第三章 土地保护

第一节 农田保护

1994年,县委、县政府首次划定永久性一级农田保护区10.81万公顷,保护率91%。1995年,调整一、二级基本农田保护区分别为11.01万公顷、4080公顷。1996年,各乡镇、场划定一级基本农田资料实行县、乡镇两级备案。各乡镇对基本农田保护区实行打桩定界、统一编号、设立保护标志牌,制定行政规章。县、乡(镇)政府、村(居)、农户,层层签订《基本农田保护责任书》,明确基本农田面积、范围、责任人和保护措施。1997年,基本农田保护面积增加到11.48万公顷。2003年,修复基本农田标志牌20块,保护率96%。2005年,审批农村居民拆迁建房1600宗,收购储备土地17.33公顷,纳入农田保护范畴。2006年,维护和更新土地标志牌492块、界址桩982根。2008年,全县划定基本农田保护区20个,设立永久性基本农田保护标志牌20块、村级基本农田保护标志牌87块、具体田块标志牌886块。

第二节 土地复垦

1986年,全县土地后备资源2.43万公顷,其中可开发2.33万公顷、可复垦933.33公顷,可整理中低产田3.12万公顷。1988年,县政府将26.67~53.33公顷复垦土地计划分解到各乡镇实施。1990年,各乡镇制定复垦奖励办法,其中新街乡规定复垦0.067公顷耕地奖售尿素1包。全县复垦、开发耕地113.33公顷。1991年,全县土地复垦以平圩还田、围滩养殖为主,复垦土地200公顷。1994~1996年,先后开发荒山146.67公顷,建成果园120公顷、鱼池33.33公顷。1998年,县政府实行开发复垦土地与用地指标挂钩,将复垦项目引入市场机制。全年复垦土地面积428公顷,开发土地333.33公顷。

2000年,完成省级开发复垦土地项目:王店乡杜梁片荒废地开发333.33公顷,新增耕地200公顷;兴隆乡陡湖荒滩开发66.67公顷,新增耕地33.33公顷;淮河乡后嘴荒滩开发40公顷,新增耕地33.33公顷。3个乡分别获省投资20万元、180万元、80万元。全年共复垦开发土地562.53公顷。2001~2002年,完成仇集乡开发东山荒地97.33公顷,新增耕地97.33公顷,争取省投资50万元。穆店乡八仙台荒废地开发84.33公顷,新增耕地19.67公顷,获省投资100万元。2003年,完成部级开发复垦土地项目:王店街道至古城街片土地整理1000公顷,新增耕地157.8公顷,获国土资源部项目资金1900万元。完成省级开发复垦土地项目:明祖陵镇开发荒滩73.47公顷,新增耕地44公顷;单庄片土地整理项目327.53公顷,新增耕地28.67公顷;桂五宝山荒地开发66.67公顷,新增耕地20公顷;王店杜梁山片土地整理229.47公顷,新增耕地28.67公顷。四地分别获省投资70万元、230万元、100万元、147万元。全年共复垦土地2084.87公顷、开发土地635.13公顷、整理土地1557公顷。2004年起,土地复垦主要是开发荒山、荒滩,土地整理主要是丘陵山区。至2007年,庙山区完成部级土地开发复垦项目1849.53公顷,新增耕地152公顷,获国土资源部项目资金1587万元。

2008年,铁佛镇召六村完成省级土地整理项目,复垦土地214.73公顷,新增耕地24.33公顷,获省土地整理项目投资485万元。至年底,全县共复垦土地7206.94公顷,开发土地3414.78公顷,整理土地3728.81公顷,共争取国家、省、市开发复垦补助资金5037万元。

1988~2008年盱眙县土地复垦、开发、整理情况一览表

表3-2　　　　单位:公顷

年份	复垦	开发	整理	年份	复垦	开发	整理
1988	46.67	-	-	2000	465.20	97.33	173.47
1989	-	-	-	2001	368.13	84.33	206.40
1990	20.00	93.33	-	2002	290.73	84.33	353.07
1991	200.00	-	-	2003	2084.87	635.13	1557.00
1992	-	-	-	2004	585.00	462.13	616.47
1993	166.67	66.67	-	2005	292.80	554.80	616.00
1994	200.00	-	-	2006	297.07	297.00	-
1995	330.00	-	-	2007	303.73	252.60	-
1996	795.40	282.80	-	2008	252.67	84.33	206.40
1997	80.00	86.67	-	合计	7206.94	3414.78	3728.81
1998	428.00	333.33	-				

说明:空白年是县政府未下达开发、复垦、整理土地指标。

第四章　地籍管理

第一节　地籍调查

一、第一次土地利用调查

1992年9月,盱眙县首次开展土地利用状况调查。县土管局聘请河北省测绘局大地测量队,选择古桑乡乐园村和磨涧村、穆店乡龙王山村和义井村为试点,编写《盱眙县土地利用现状调查技术设计书》《盱眙县土地详查外业调绘有关具体问题技术处理协调会议纪要》。县土管局6次派人到淮阴、南京、合肥等地收集盱眙县区域地形资料,获得万分之一比例尺航片579张、万分之一像片平面图20幅、万分之一地形图124幅、万分之一聚酯薄膜地形蓝图124幅、五万分之一地形图13幅、盱眙县挂图1幅。县土管局根据盱眙县地形图情况,实地调查测绘和丈量土地利用状况像片平面图、航片。组织相邻村现场指界,确定土地权属,签订《权属界址协议书》;有属界纠纷的村,签订《权属界址争议原由书》。确认天长、来安、嘉山、金湖、泗洪、洪泽等邻县界址。

1993年4月~1994年5月,完成土地利用状况室外作业调绘,调绘像片平面图20幅、航片579张、万分之一全信息图115幅、土地利用状况挂图31幅、土地权属界线图114幅、五万分之一县级土地利用状况图1幅、乡镇面积接合图31幅、县级面积接合图1幅、《地类图斑调绘记录手簿》1352本,《线状地物调绘记录手簿》1323本,各种量算、统计汇总资料521本,《盱眙县土地利用现状调查报告》1份,《盱眙县土地利用现状调查技术设计书》1份,《盱眙县土地详查外业调绘有关具体问题技术处理协调会议纪要》1份,《土地权属界址协议书》1494份,《土地权属争议原由书》10份,签订县际《权属界址协议书》6份。资料整理后,经省、市土地部门验收合格存档。

通过土地利用状况调查,确认县界593千米,一级地类8个、二级地类38个、三级地类4个;全县土地24.827万公顷,其中耕地11.47万公顷、园地3533.33公顷、林地1.79万公顷、居民点及独立工矿用地2.28万公顷、交通用地6040公顷、牧草地1.42万公顷、水域地6.53万公顷、未利用地3880公顷。1997年,完成第一次土地利用现状调查,汇总全县一级地类611.87公顷,二级地类9070.8公顷。

二、第二次土地利用调查

2007年7月,县政府印发《关于开展第二次土地调查的通知》,县国土局制定实施方案、工作计划,聘请中科院南京地理与湖泊研究所负责农村土地调查监理、江苏省工程勘测研究院有限责任公司和河南省测绘工程院负责农村土地调查,南京国图信息工程有限责任公司负责城镇地籍调查监理、北京华星勘查新技术公司和北京苍穹数码测绘有限公司负责城镇地籍调查,全县农村土地、城镇土地、基础测绘、基本农田状况、耕地后备资源、土地利用数据库建设进行第二次土地利用状况调查。调查中,盱城和农村各设作业标段2个、各设监理标段1个。

2008年,盱城镇、桂五镇城镇土地调查试点和管镇镇、穆店乡农村土地调查试点工作结束,省、市国土资源部门验收合格,向全县推开。年底,农村土地调查19个乡镇、1个国营农场,调查24.97万公顷;城镇土地调查1.16万公顷,5.4614万宗地,城镇和农村土地室外调查工作结束。获得1:5000正射影像图443张,县级行政界线接合图1幅,《农村土地调查记录手簿》20本,《盱眙县土地利用状况调查报告》1份,《盱眙县土地利用状况调查技术设计书》1份。第二次土地调查待验收。此次土地利用状况调查,确认县界373.972千米,一级地类12个、二级地类28个;全县土地24.97308万公顷,其中耕地10.635万公顷、园地1.15万公顷、林地1.63万公顷、居民点及独立工矿用地3.09万公顷、交通用地9961.07公顷、牧草地(荒草地)8492.29公顷、水域及水利设施用地6227.62公顷、其他土地2042.67公顷。

图3-1 盱眙县土地申报、登记、发证实现县乡并网运行。图为2008年4月3日全县土地登记培训班。

三、土地利用状况变更调查

1995年4月,县土管局将肖嘴乡作为土地利用状况年度变更调查试点。5月,调查试点经淮阴市土地管理局验收合格。8月,全县土地利用状况年度变更调查全面推开。1996年,确定此次土地利用状况变更调查的统一时间为10月31日。1997年,完成土地利用现状变更调查,汇总一级地类变化611.87公顷、二级地类变化9070.8公顷。2002年,土地状况变更调查结束。此次全县地类变更总面积1833.33公顷,变更调查成果运用图形扫描、配准、属性和录入等方法,建立图形数据库和属性数据库。2003～2008年,未实施土地利用现状变更调查。

四、专项地籍调查

(一)地籍调查试点

1991年初,省、市、县国土管理局在张洪乡张洪村开展地籍试点调查,采用任意平面直角坐标系和假定高程施测,成图比例尺1∶1000,用解析法测定界址和地物点。4月,工作人员进入现场,开始测绘,9月底结束。地籍调查土地330宗,面积0.2平方千米,形成地籍调查表330份、1∶1000地籍铅笔原图13幅、1∶1000地籍着墨二底图13幅、各类表册30余本。1992年10月,张洪乡地籍调查试点通过省国土管理局验收合格。

(二)城区地籍调查

1993年7月,县政府印发《关于城镇土地登记发证管理办法》,成立县城区地籍调查领导小组。1995年初,县政府印发《关于城镇土地登记发证工作通知》,县土地管理局启动县城区地籍调查,聘请河北省第一测绘院负责作业,县土地管理局负责技术指导和质量检查监督。5月,作业人员在盱城镇城中居委会翻身街进行试点调查,5月25日通过省土地管理局验收合格。6月,县城区地籍调查工作全面推开。

图3－2　加强测绘管理,加快信息系统建设,全县实现土地资源信息网络化,2008年获省地籍管理"双强"单位。图为1998年7月15日召开的全县地籍调查成果验收鉴定会。

1998年4月,县城区地籍调查结束,形成地籍调查表6871份、地籍测量原始记录9本、1∶500地籍铅笔原图166幅、着墨二底图166幅、宗地图6871幅、控制点(界址点)表7本、面积统计汇总表1本。涉及71个街坊、6871宗地、599.48公顷。其中,商业金融用地19.38公顷,工业仓储用地118.58公顷,市政用地14.86公顷,公共建筑用地259.14万平方米,住宅用地185.4万平方米,交通用地64.78公顷,水域11.79公顷,特殊用地2.21公顷,农用地18.51公顷,其他用地104.82公顷。8月,通过省国土管理局验收合格。

2000年4月,县国土部门委托国家测绘局第二大地测量队对县城区地籍调查结果进行修补测,建立数据库,8月结束。经重新修补测后,县城区地籍调查面积由590公顷增加到630公顷,宗地数由6871宗增加到7547宗。9月,县城区地籍调查修补测数据通过省、市国土管理局验收合格。2008年,未实施城区地籍调查。

(三)集镇地籍调查

1993年8月,开始对乡(镇)集镇地籍调查,全县25个乡土管所开展权属调查,暂不实施地籍测量。1996年,完成官滩镇地籍调查试点,登记测区土地355宗70公顷。1997年,完成官滩镇地籍调查试点通过省国土管理局验收。2000～2006年,共勘测土地604宗1117.5公顷,采集各类样点300余个,定界报告296份。年底,完成全县土地测量、标志普查,整理归档,通过省国土管理部门验收。2008年,未实施集镇地籍调查。

(四)农村建制镇地籍调查

1996年起,马坝镇、官滩镇、旧铺镇、桂五镇、管镇镇先后开展所属区域地籍调查。地籍权属调查由各镇土管所负责,官滩镇地籍测量承包给淮阴市勘察测绘院、管镇镇地籍测量承包给河北省第一测绘院,马坝镇、旧铺镇、桂五镇地籍测量由县国土局土地勘测队承担。

2000年,完成马坝镇、官滩镇、旧铺镇、桂五镇、管镇镇勘测项目224个,测量面积30公顷,地籍调查资源全部进入信息处理系统,累计调查表9700份,图形处理123个街坊,绘制地图1万余份。2001年,以上5个镇地籍调查全面结束。2008年,未实施农村建制镇地籍调查。

2001年盱眙县农村建制镇地籍调查情况一览表

表3-3

镇名称	完成时间	坐标系统	比例尺	面积(公顷)	街坊数(个)	地数(宗)	形成成果			
							地调表(本)	地籍图(本)	宗地图(本)	各种表册(本)
官滩镇	1997.5	自由	1:500	74	9	326	326	23	326	29
管镇镇	1997.12	自由	1:500	44	9	540	540	14	540	23
旧铺镇	1999.1	自由	1:500	62	10	402	402	15	402	26
桂五镇	1999.8	自由	1:500	72	12	478	478	16	478	20
马坝镇	2001.4	1954年北京	1:500	180	32	1954	1954	47	1954	18

说明:2001~2008年国土局采用北京54坐标系统勘测。

第二节 土地登记发证

一、国有土地使用权登记发证与转让

1988年初,盱城镇开始国有土地使用权申报登记。3月,在全县各乡镇推开。1989年11月,全县国有土地使用权申报登记工作结束。申报使用国有土地单位1296个,占用土地782.64公顷;申报居民4056户,占用土地74.91公顷;申报乡镇企业1061个,占用土地377.58公顷。1993年,全县开始实施国有土地使用权转让登记工作。完成城镇国有土地使用权确权发证试点,登记注册枣林居委会范围内6个单位38户居民使用国有土地。2001年3月13日,全县国有土地使用权发证、转让登记工作全面展开。是年,办理国有土地使用权登记证351本,转让土地77宗,总面积3.6公顷。2008年,全县国有土地使用证发放工作基本结束。至年底,共办理国有土地使用权登记证11312本,转让土地4286宗,总面积228.45公顷。

二、集体土地使用权与所有权登记发证

1991年8月,县土管局完成马庄乡杜庄村集体土地使用权登记发证试点工作。12月,经市国土部门验收合格。1993年4月,各乡镇开始登记发放农村集体土地建设用地使用权证,发证3340本。2000年,共发放集体土地使用权与所有权证820本。2003年初,省国土资源厅确定盱眙县为全省农村集体土地所有权登记发证试点县。5月,县政府印发《关于依法加快集体土地所有权登记发证工作的通知》《盱眙县人民政府土地登记通告》。年底,共发放集体土地使用权与所有权证395本。2004年6月,全县农村集体土地所有权登记发证工作通过省国土资源厅验收合格。至2008年,全县完成集体土地建设用地使用权证发放工作,共发证16556本。

三、其他土地使用登记发证

1996～1997年，县国土部门对他项权利（土地所有权和土地使用权以外与土地有密切关系的权利。主要包括地役权、地上权、空中权、地下权、土地租赁权、土地借用权、耕作权和土地抵押权等）用地进行调查，做好他项权利登记筹备工作。1998年，他项权利登记发证5本。2001年，县政府服务大厅内设立房改房登记发证窗口，开始办理房改房发证工作。当年发证1000本。2004年，开始发放商品房小区土地分割登记使用证，当年发放134本。至2008年，发放房改房、商品房土地使用、他项权利土地使用登记发证分别是5687本、2507本、673本。

1998～2008年盱眙县房改房、商品房、他项权利土地使用登记发证一览表

表3－4　　单位：本

年份	房改房	商品房	他项权利	年份	房改房	商品房	他项权利
1998	–	–	5	2004	770	134	15
1999	–	–	1	2005	550	461	33
2000	–	–	23	2006	865	589	82
2001	1000	–	42	2007	890	912	180
2002	634	–	47	2008	458	411	226
2003	520		19	合计	5687	2507	673

第三节　土地勘测与标志

1999年，土地勘测队配备测量员5人，投入40万元，购置全站仪、微机、绘图仪等设备。年底，经市国土管理局审核、省测绘局批准认定盱眙县土地勘测队资质丙级。2000年，测量旧铺、马坝、桂五建制镇地宗2041宗，面积234公顷，并设置全县测量标志。2003年，普查全县四等以上水准点70个、四等以上三角点（含军控点）59个、C和D级GPS点等永久性测量标志130个，重新办理委托保管手续，建立测量标志信息系统。11月20日结束。2006年，永久性测量标志采用制作点记、签订委托保管书、登记发证方式维护。2007年，全县维修、维护永久性测量标志115个，其中三角点16个、水准点99个。97个测量标志发放《他项权利证明书》87份，发证率89.8%。2008年1月，全县测量标志维护工作通过省测绘局验收。

图3－3　2008年4月28日，国土局相关人员对王店乡山尖地现场调查、复核，层层签订责任状，实施土地置换程序，充分利用土地。

第五章 土地使用

第一节 地价评估

一、县城区土地定级和基准地价评估

1995 年,县政府成立地价评估领导小组,聘请江苏省金陵土地资产评估高新技术公司为盱眙县土地定级评估协作单位,在县城区及近郊区约 9.5 平方千米范围内,首次评定土地级别、评估基准地价、建立宗地地价修正体系和土地定级估价信息系统。12 月,县土地定级评估工作结束,通过省土地管理部门验收。一级,面积 61.64 公顷,东至县制药厂西 1000 米,南至县备战仓库、城南小学南,西至宝积山路西侧,北至土街、县委办公楼。二级,面积 291.58 公顷,东至县气象局,南至县进修学校南、药材公司南、盱城建筑队,西至定级范围线,北至大庆东路、县第二中学北侧。三级,面积 589.23 公顷,二级地以外,定级范围线以内其他区域。

2000 年,江苏金宁达不动产评估咨询有限公司协助县国土局对县城区土地进行级别与基准地价评估。一级土地 164.53 公顷,二级土地 570.13 公顷,三级土地 569.33 公顷。6 月,对县城区 3 个等级土地的不同用途进行基准地价评估。2004 年,对县城区 3 个等级土地基准地价进行调整与更新评估。2008 年,县城区土地级别与基准地价的 3 次评估,通过省国土资源厅验收。

1995 年、2000 年、2004 年盱眙县城区基准地价一览表

表 3-5　　单位:公顷、元/平方米

年份	土地级别	土地面积(公顷)	商业用地		住宅用地		工业用地	
			平均价	地价变幅	平均价	地价变幅	平均价	地价变幅
1995	一级	61.64	850	600~1100	390	290~490	340	250~300
	二级	291.58	500	350~650	280	220~340	240	180~300
	三级	589.23	320	220~420	210	160~260	170	120~220
2000	一级	164.53	950	650~1250	410	260~560	350	260~440
	二级	570.13	560	410~710	300	200~400	250	190~310
	三级	569.33	390	290~490	250	180~320	210	170~250
2004	一级	164.57	1100	700~1500	430	280~580	300	200~400
	二级	570.00	610	390~830	300	200~400	210	150~270
	三级	571.34	395	290~500	240	170~310	170	130~210

二、镇乡(场)集镇区土地分等定级和基准地价评估

1996年,开始实施集镇区土地定级评估工作,江苏省金陵土地资产评估高新技术公司协助县土管局,完成全县5个镇、24个乡集镇区、三河农场场部所在地的土地分等定级和基准地价评估工作。1997年4月,通过省国土管理局验收。1998~2008年,未调整地价。

1996年盱眙县集镇区各等次基准地价一览表

表3-6　　单位:元/平方米

土地等次	集镇名称	商业用地				工业用地		住宅用地	
		一级地		二级地		平均	变幅	平均	变幅
		平均	变幅	平均	变幅				
一等乡镇	马坝	660	480~820	320	220~550	190	130~280	280	150~420
	管镇	610	430~780	280	210~460	190	120~270	260	140~400
	三河农场	600	420~770	280	210~450	190	120~260	260	140~400
	桂五	590	420~760	270	210~420	180	120~260	250	120~390
	官滩	580	400~760	260	200~430	180	120~260	250	120~380
	新街	560	390~720	260	200~420	170	110~250	250	120~390
二等乡镇	高桥	520	380~650	250	180~400	170	110~230	240	120~360
	维桥	500	350~640	230	170~380	160	110~210	230	120~350
	鲍集	480	340~620	230	170~370	160	100~210	220	110~320
	十里营	480	340~620	230	170~360	150	100~200	220	110~320
	观音寺	470	330~620	220	160~370	150	100~200	210	110~300
	旧铺	460	340~610	230	170~350	150	110~210	210	110~300
三等乡	河桥	500	350~620	240	170~380	160	110~210	220	120~340
	黄花塘	420	320~600	220	160~340	140	100~200	200	100~300
	东阳	400	300~580	210	150~320	140	100~200	190	100~280
	王店	400	300~570	220	150~330	140	100~200	210	110~300
	穆店	390	290~570	200	150~320	140	100~200	180	100~260
	马庄	370	280~540	190	140~280	130	90~190	170	100~250
	张洪	380	270~540	200	140~290	130	90~190	170	100~250
	古桑	380	260~550	190	140~280	130	90~180	170	90~250
	古城	390	290~560	200	140~280	130	90~170	190	100~270
	淮河	380	260~540	190	140~280	130	90~170	190	100~260
	铁佛	370	250~530	180	130~270	120	90~160	170	90~250
	仇集	360	250~530	180	130~260	130	90~170	170	90~240
四等乡	兴隆	320	220~500	160	110~250	130	90~170	150	80~230
	肖嘴	320	210~490	150	100~240	130	80~160	150	80~220
	龙山	310	200~480	140	90~230	120	80~160	140	80~210
	仁集	300	210~470	130	80~220	120	80~160	140	80~200
	水冲港	280	200~450	130	80~210	110	80~150	120	80~180
	洪山	280	190~440	130	80~200	110	80~150	120	80~180

三、国有企业、事业单位地价评估

1995年7月,县政府组织县土地估价事务所和县财政局联合估价清产核资国有企事业单位土地价格。8月15日,地价评估工作结束。8月20日,经县土管局确认后提交给有关单位,作为土地入账价值。土地价格评估涉及单位56家、宗地134块,总面积82.006公顷,土地估价总资产15055.13万元。1997年,县国土局、县土地估价事务所、县财政局对县城区供销汽修厂、水泥厂等单位6宗土地进行估价,资产总值519.07万元。县城区事业单位国有土地估价工作结束。

2000年,评估城区国有土地105宗,总资产35365.89万元。2006年,因新城区建设,房地产开发项目增加,评估城区国有土地49宗,总资产2746.82万元。2008年,评估城区国有土地121宗,总资产38130万元。县城区国有土地评估工作结束。

四、农用地定级与基准地价评估

2003年4月3日,县政府成立农用地定级估价领导小组,启动农用地定级与基准地价评估工作。8月,聘请南京农业大学为合作单位,实施全县农用地定级与基准地价评估工作。9月,室外作业调查、资料收集整理工作结束,其资料移交南京农业大学处理。年底,形成农用地定级与基准地价评估完整材料。

2004年,县农用地定级估价领导小组对评估材料进行论证,完成修改任务后,形成最终调查结果。一级:水田、旱地、菜地分别为17073.33公顷、3273.33公顷、2926.67公顷,平均地价分别为1.42万元、1.32万元、1.62万元;二级:水田、旱地分别为18606.67公顷、5273.33公顷,平均地价分别为1.35万元、1.26万元;三级:水田、旱地分别为813.33公顷、4580公顷,平均地价分别为1.22万元、1.13万元;四级:水田、旱地分别为20326.67公顷、14153.33公顷,平均地价分别为1.08万元、0.78万元;五级:水田、旱地分别为6480公顷、1013.33公顷,平均地价分别为0.83万元、0.72万元。

2008年,调整农用地级别。一级:水田、旱地、菜地分别为2006.67公顷、1860公顷、2300公顷;二级:水田、旱地分别为1913.33公顷、1780公顷;三级:水田、旱地分别为1726.67公顷、1606.67公顷;四级:水田、旱地分别为1533.33公顷、1106.67公顷;五级:水田、旱地分别为1173.33公顷、1020公顷,平均地价与2004年相同。

五、建立地价动态监测体系

2004年,根据《城市地价动态监测体系技术规范》要求,开始建立盱眙县城区地价动态监测体系,在县城区不同土地级别、不同地价区段内选择30个地价动态监测点,其中商业用地12个、住宅用地11个、工业用地7个。2007年8月,对原地价动态监测点进行更新,在县城区70平方千米内不同土地级别、不同地价区段内建立58个地价动态监测点。2008年,县城区地价动态监测点未变。

第二节　农用地产能核算

2006年,县国土局首次实施农用地产能核算。农用地总产能162.16万吨,二级类耕地11.13万公顷,其中水田占31.53%、水浇地占2.57%、旱地占31.53%。农用地理论强度平均超过0.85,利用强度0.87。理论利用强度最大的乡镇是管镇镇,理论利用潜力最大的乡镇是淮河镇、最小的是旧铺镇。2008年,县政府成立农用地产能核算工作领导小组,设立项目实验组,完成变更316宗农用地产能核算工作,编制各乡镇农用地强度,形成初步成果。

2008 年盱眙县各乡镇农用地利用强度一览表

表 3－7　　　　单位:公顷

乡镇	乡镇代码	耕地面积	利用强度		乡镇	乡镇代码	耕地面积	利用强度	
			理论	可实现				理论	可实现
盱城镇	320830100000	3644.3533	0.89	0.86	淮河镇	320830111000	3238.2133	0.85	0.85
马坝镇	320830101000	11072.9400	0.88	0.85	仇集镇	320830112000	4340.2467	0.88	0.84
官滩镇	320830102000	5752.4800	0.88	0.88	观音寺镇	320830113000	6172.6733	0.90	0.85
旧铺镇	320830103000	7300.0933	0.93	0.86	维桥乡	320830200000	4488.6000	0.89	0.85
桂五镇	320830104000	6400.5867	0.86	0.87	穆店乡	320830201000	5102.4200	0.85	0.86
管镇镇	320830105000	3199.1400	0.90	0.84	王店乡	320830202000	7397.1467	0.86	0.87
河桥镇	320830106000	6709.2267	0.85	0.88	古桑乡	320830203000	4309.7067	0.85	0.89
鲍集镇	320830107000	6515.1733	0.85	0.87	兴隆乡	320830204000	4852.3533	0.86	0.88
黄花塘镇	320830108000	6843.9267	0.92	0.88	三河农场	320830400000	3267.5133	0.87	0.86
明祖陵镇	320830109000	4651.6067	0.86	0.88	合计		111255.9667		
铁佛镇	320830110000	5997.5667	0.86	0.88					

第三节　土地市场

1993 年,盱眙县首次将土地使用权出让给新亚房地产开发公司 10484 平方米、福如汽车监测公司 8640 平方米。马坝镇以每公顷土地使用权 1333.33 元、总计 100 万元参与入股。全县拍卖土地 2 宗,1.9424 公顷。1994 年,依据县政府印发的《国有土地使用权出让和转让暂行规定》,办理斩龙涧商品房用地 924 平方米和五墩转盘个体客运中心 7176 平方米的用地出让手续。

1995 年 8 月,县土地估价事务所成立,对国有土地实行出让、租赁、转让、拍卖等交易。1996 年,全县金融、宾馆、旅游、娱乐等商业用地一律实行有偿出让供地。1997 年,全县拍卖土地使用权有鲍集、马庄、河桥、官滩、管镇、高桥等乡镇共 107 宗 5756 平方米,收取土地使用转让金 223 万元,平均地价每平方米 387 元。其中,马庄乡 1 宗 48 平方米的地块使用权拍卖 7 万元,每平方米 1458.3 元。1999 年,全县除水冲港乡和古城乡外,其余乡镇拍卖、出让土地使用权 318 宗,收取土地出让金 1214 万元,吸收城镇建设资金 3000 万元。县国土局首次对荒山土地使用权试行拍卖,其中王店乡杜梁山 7 宗 22 公顷荒山土地使用权一次性拍卖成功,成交额 30 万元。全年拍卖土地 325 宗,6.2246 公顷,历年最多。

图 3－4　盱眙县成立土地估价事务所,对国有土地实行出让、租赁、转让、拍卖等交易。图为 1997 年 4 月 18 日土地拍卖现场。

2000 年,县政府印发《城区土地资产管理实施意见》,县国土局推行经营性用地使用权全部出让制,规范城区土地资产管理。2005年起,县政府加强新城区建设,房地产开发项目增加,出让土地使用权面积增加。2007年,全县协议出让土地使用权7宗20公顷,收取出让金1792.9万元;经营性用地使用权挂牌成交42宗123公顷,成交额11.7亿元;工业用地权挂牌成交15宗35公顷,成交额3358.2万元。2008年,全县经营性用地使用权挂牌成交72宗35.74公顷,成交额6.2291亿元。

1993~2008年全县土地出让、拍卖情况一览表

表3-8

单位:宗、万平方米

年份	出让拍卖	总面积	年份	出让拍卖	总面积	年份	出让拍卖	总面积
1993	2	1.9424	1999	325	6.2246	2005	567	24.2500
1994	2	0.8100	2000	132	2.6580	2006	19	27.4600
1995	5	0.4770	2001	269	4.3745	2007	64	178.0000
1996	25	3.0400	2002	79	310.6000	2008	72	35.7400
1997	107	0.5756	2003	52	2.3700	合计	2334	609.8101
1998	289	3.6600	2004	325	7.6280			

第六章　用地管理

第一节　用地计划与审批

1986年,县委、县政府实施建设用地计划审批制,严禁未批先用,严禁超计划审批。是年,国家划拨和审批建设用地4.96公顷,乡镇村建设用地审批56.67公顷,城乡居民建房用地160公顷。2000年起,城乡居民生活条件好转,迫切需要改善住房条件,审批宅基地面积逐年增加。2002年,招商引资企业集中工业园区,审批土地22宗48.48公顷,并逐年增加。2005年,国家划拨和审批建设用地增加到534.55公顷。至2008年,国家划拨和审批建设用地共1830.03公顷,审批乡、镇、村建设用地共160.82公顷,审批城乡居民建房用地共743.15公顷,经济开发区建设用地共935.06公顷。

图3-5　盱眙县下达用地计划,部门实施用地申报,严禁超标,县政府严格把控这条红线,盱眙被确定为省首批"被征地农民基本生活保障"试点县。

1986～2008年盱眙县国家划拨和审批建设用地一览表

表3－9　　单位:公顷

年份	建设用地总量	其中耕地面积	年份	建设用地总量	其中耕地面积
1986	4.96	3.59	1998	19.71	8.90
1987	3.53	0.85	1999	3.98	2.20
1988	1.61	1.21	2000	10.93	7.92
1989	3.92	1.33	2001	28.79	22.65
1990	10.53	3.80	2002	110.13	104.65
1991	4.04	1.00	2003	342.56	265.73
1992	5.67	3.00	2004	80.50	55.95
1993	16.14	13.33	2005	534.55	298.92
1994	11.00	7.67	2006	243.63	35.91
1995	29.38	26.71	2007	186.98	46.46
1996	8.79	8.53	2008	163.91	44.32
1997	4.79	2.13	合计	1830.03	966.76

1986～2008年盱眙县乡(镇)、村建设用地一览表

表3－10　　单位:公顷

年份	批准用地	土地类别		用地计划控制指标		年份	批准用地	土地类别		用地计划控制指标	
		耕地	非耕地	总数	其中耕地			耕地	非耕地	总数	其中耕地
1986	56.67	55.09	1.57	–	–	1998	4.07	1.40	1.93	6.00	3.33
1987	31.88	28.37	3.51	26.67	–	1999	3.67	1.80	1.33	6.67	3.33
1988	13.46	10.60	2.86	26.67	–	2000	2.33	–	2.33	5.33	3.33
1989	2.29	–	2.29	20.00	–	2001	1.67	–	1.67	5.33	3.33
1990	2.58	2.01	0.57	20.00	–	2002	4.00	–	3.33	5.33	5.33
1991	2.70	2.70	–	6.67	5.33	2003	3.00	–	3.00	3.33	3.33
1992	0.66	–	0.66	13.33	6.67	2004	2.33	–	2.33	3.33	3.33
1993	3.75	1.25	2.51	13.00	6.67	2005	2.67	–	2.67	3.33	3.33
1994	7.62	1.29	6.34	5.33	1.33	2006	1.33	–	1.33	3.33	3.33
1995	5.40	1.83	3.57	6.67	4.33	2007	1.67	–	1.67	3.33	2.00
1996	3.33	1.33	2.00	5.33	3.33	2008	1.07	–	1.07	3.33	1.33
1997	2.67	2.27	1.67	5.33	3.33	合计	160.82	109.94	50.21	197.64	66.29

1986~2008 年盱眙县城乡居民建房用地一览表

表 3-11

单位:公顷

年份	宗数	面积	其中占用耕地	年份	宗数	面积	其中占用耕地
1986	6000	160.00	66.72	1998	326	4.15	3.68
1987	5600	133.33	3.42	1999	502	9.47	5.98
1988	4000	53.33	8.72	2000	828	13.53	–
1989	4000	24.30	8.37	2001	1231	19.67	–
1990	711	14.87	11.99	2002	850	14.40	–
1991	823	22.60	12.66	2003	1878	31.00	–
1992	255	3.91	1.33	2004	1460	23.07	–
1993	262	4.02	1.67	2005	1631	24.60	–
1994	735	11.33	5.93	2006	6458	77.67	–
1995	836	13.75	8.67	2007	1119	14.67	–
1996	721	10.77	8.82	2008	3635	55.60	–
1997	213	3.11	2.80	合计	44074	743.15	150.76

2002~2008 年江苏省盱眙经济开发区土地供应一览表

表 3-12

单位:公顷

年份	宗数	面积	其中占用耕地	年份	宗数	面积	其中占用耕地
2002	22	48.48	35.70	2006	93	280.73	188.45
2003	57	120.90	85.87	2007	31	73.41	50.73
2004	103	239.36	168.68	2008	31	69.91	48.34
2005	40	102.27	61.36	合计	377	935.06	639.13

第二节 征地补偿

2004 年,盱眙县被江苏省确定为全省首批被征地农民基本生活保障试点县。县政府印发《关于盱眙县工业区被征地农民基本生活保障资金筹集的暂行规定》,开始筹资用于县工业园区被征地农民基本生活保障。2005 年,县政府印发《被征地农民基本生活保障实施细则(试行)》,征收耕地的土地补偿费一类、二类、三类、四类地区最低标准分别每公顷 120 元、106.67 元、93.33 元、80 元;被征地农民安置补助费,一、二、三、四类地区最低标准分别为 2 万元、1.7 万元、1.3 万元、1.1 万元。年底,收缴被征地农民保障金 8400 万元。2006 年,全县被征用地面附着物和青苗补偿费按淮安市有关补偿费标准执行,蔬菜类每公顷 19500 元,粮食类、经济作物类每公顷 16500 元,水生作物、鱼池每公顷 15000 元;被征土地所涉及的农业人口安置途径采取基本生活保障安置、货币安置为主。至 2008 年底,全县有 11631 户被征地农民获得基本生活保障。

第三节 规费征收与使用

一、规费征收项目及标准

1987 年 1 月,按照江苏省文件规定,开始征收、征拨、使用土地管理费。1989 ~ 1994 年,依据省文件规定标准,征收土地管理行政事业性规费。1995 年起,征收非农用地土地有偿使用费、农业重点开发建设资金。1998 年起,征收土地复垦费。1999 年,征收土地登记收费标准:党政机关每宗地 10 元,企业 1000 平方米以下,每宗地 110 元,每超过 500 平方米以内加收 40 元,最高不超过 4 万元;差额预算单位,2500 平方米以下,每宗地 160 元,每超过 500 平方米以内加收 20 元,最高不超过 1 万元;城镇私房用于经营,500 平方米以下,每宗地 90 元,每超过 100 平方米以内加收 20 元,最高不超过 200 元;私房 100 平方米以下,每宗地 18 元,每超过 50 平方米以内加收 5 元,最高不超过 35 元。

2002 年,新增建设用地土地有偿使用费标准调整为每平方米 8 ~ 40 元。2004 年,土地闲置费征收标准:划拨方式,每年每公顷 200 ~ 333 元;出让方式,工业用地出让金 15%,经营性用地及其他用地出让金 10%。在城市规划区范围内,以出让有偿使用方式取得土地使用权进行房地产开发的闲置土地,超过出让合同约定的动工开发日期满 1 年未动工开发,征收相当于土地使用权出让金 20% 以下的土地闲置费;满 2 年未动工开发,无偿收回土地使用权;因不可抗力或政府及有关部门的行为或动工开发必需的前期工作造成动工开发迟延的除外。2006 年,征收每平方米 9 元耕地开垦费。至 2008 年,县国土管理部门累计收取行政事业性规费 2501.88 万元。

1987 ~ 1995 年盱眙县土地管理系统行政事业性收费项目一览表

表 3 - 13

类别	收费项目	收费标准	征收对象
一、土地管理业务费	征(拨、使)用土地管理费	3%	征(拨、使)用土地单位
	土地出让业务费	2%	
	国家集体建设临时用地	1.5 元/平方米·年	临时用地单位
	城乡各类经营性临时用地	2.5 元/平方米·年	
	城乡居民建房用地管理费	0.3 元/平方米·年	建房用地个人
二、土地登记费	单位土地登记费	10 元/证	
	城镇居民土地登记费	5 元/证	
	"三资"企业及具有国家特殊证书单位	20 元/证	
	企业、自收自支事业单位权属调查费	50 元/宗地 100 平方米及以下	
	差额单位权属调查费	70 元/宗地 2500 平方米及以下	
	城镇私房用于生产经营者权属调查费	40 元/宗地 500 平方米及以下	
	城镇居民私人住房权属调查费	65 元/宗地 100 平方米及以下	
	地籍测绘费	项目和标准同土地权属调查表	
三、土地权属用途变更费	县城	2 元/平方米	
	乡镇以下(农民部分除外)	1 元/平方米	
四、荒芜费	土地荒芜费	一年半 66.67 元/公顷,一年半以上 93.33 元/公顷	征地后抛荒单位和个人及责任田个人
五、复垦保证金	土地复垦保证金	133.33 元/公顷	
六、工本费	建设用地批准书工本费	8 元/本	

1996～2008年盱眙县土地管理系统行政事业性收费增加、变更项目一览表

表3－14

<table>
<tr><th>类别</th><th>收费项目</th><th colspan="5">收费标准</th><th>征收对象</th></tr>
<tr><td rowspan="5">一、土地登记费</td><td>1000平方米及以下面积</td><td colspan="5">110～40000元/宗地</td><td>企业、自收自支事业单位</td></tr>
<tr><td>2500平方米及以下面积</td><td colspan="5">160～10000元/宗地</td><td>差额预算管理事业单位</td></tr>
<tr><td>500平方米及以下面积</td><td colspan="5">90～200元/宗地</td><td>用于生产经营的城镇私房</td></tr>
<tr><td>100平方米及以下面积</td><td colspan="5">18～35元/宗地</td><td>城镇居民住房(私房)</td></tr>
<tr><td>土地证书工本费</td><td colspan="5">20元/证</td><td>拥有土地使用权的单位、个人</td></tr>
<tr><td rowspan="3">二、土地闲置费</td><td>以划拨方式取得土地使用权的</td><td colspan="5">266.67元/公顷·年</td><td>征地后抛荒单位和个人及责任田个人</td></tr>
<tr><td rowspan="2">以出让方式取得土地使用权的</td><td colspan="5">工业用地每年按出让金的15%</td><td>自建设用地批准书颁发之日起满一年未动工建设的用地单位或个人</td></tr>
<tr><td colspan="5">经营性和其他用地每年按出让金的10%</td><td>自国有土地有偿使用合同生效满一年未动工开发建设的用地单位或个人</td></tr>
<tr><td>三、开发资金</td><td>农业重点开发建设资金</td><td colspan="5">2.4元/平方米</td><td>非农业建设新征土地的单位、个人</td></tr>
<tr><td>四、开垦费</td><td>耕地开垦费</td><td colspan="5">9元/平方米(400元/公顷)</td><td>非农业建设占用耕地建设的单位</td></tr>
<tr><td rowspan="3">五、国有土地有偿使用费</td><td>城镇国有土地</td><td colspan="5">30元/平方米</td><td>通过行政划拨方式取得国有土地使用权进行非农业建设的用地单位和个人</td></tr>
<tr><td>国有荒山、荒滩、荒地(不含采矿塌陷及采矿挖废土地)</td><td colspan="5">7.5元/平方米</td><td></td></tr>
<tr><td>城镇以外的其他国有土地</td><td colspan="5">15元/平方米</td><td></td></tr>
<tr><td rowspan="3">六、非农用地使用费</td><td rowspan="3">非农用土地有偿使用费</td><td colspan="5">0.1～0.3元/平方米</td><td>在城镇、独立工矿建成区以外各类非农业生产经营及其他用地以及在城镇、独立工矿建成区尚未开征城镇国有土地使用税的各类生产经营等用地的单位和个人</td></tr>
<tr><td colspan="5">参照上述标准执行</td><td>临时用地</td></tr>
<tr><td colspan="5">按上述标准的1～4倍加收</td><td>自批准之日起连续超过六个月不使用的用地单位、个人</td></tr>
<tr><td rowspan="2">七、划拨费</td><td rowspan="2">国有土地出让和有偿划拨费</td><td colspan="5">1.5元/平方米</td><td rowspan="2">在土地出让总费用或国有土地有偿划拨费中提取上缴省国土局</td></tr>
<tr><td colspan="5">1元/平方米</td></tr>
<tr><td>八、新增用地使用费</td><td>新增建设用地有偿使用费</td><td colspan="5">16元/平方米</td><td>省向取得出让等有偿使用方式的新增建设用地的县、市人民政府收取的平均土地纯收益</td></tr>
<tr><td rowspan="4">九、国有土地年租金(元/平方米)</td><td rowspan="2">商业、金融、旅游、娱乐用地</td><td>一等</td><td>二等</td><td>三等</td><td>四等</td><td>五等</td><td rowspan="4">国有划拨土地出租或改变用途的单位</td></tr>
<tr><td>14.4</td><td>9.6</td><td>6.8</td><td>4.6</td><td>3.2</td></tr>
<tr><td>工业运输、仓储</td><td>3.6</td><td>2.5</td><td>1.7</td><td>1.2</td><td>0.6</td></tr>
<tr><td>其他用地</td><td>2.7</td><td>1.8</td><td>1.2</td><td>0.8</td><td>0.54</td></tr>
</table>

二、规费取消项目

1990～1996年，取消非农业用地清查费、土地复垦保证金。2000～2008年，相继取消土地权属用途变更费、临时用地管理费、征（拨、使）用土地管理费。

三、规费征收

1987年，征收土地规费8.17万元。是年起，县国土局按照省市规定的征收标准征收各项规费。2008年，收取土地规费251.66万元，其使用办法未变。

1987～2008年盱眙县土地规费征收一览表

表3－15　　单位：万元

年份	非农业用地清查费	农业开发基金	宅基地管理费	土地复垦保证金	建房用地管理费	征（拨、使）用地管理费	土地登记费	土地出让业务费	临时用地管理费	其他：含（土地权属变更、用途变更证书等）
1987	–	–			8.17	–	–	–	–	–
1988	–	–		8	13.22	–	–	–	–	–
1989	–	–		6	14.83	–	–	–	–	–
1990	46.5	–	8.6	5	3.00	–	–	–	–	25.31
1991	–	–	–	8	21.50	–	–	–	–	–
1992	–	5	–	7	44.03	–	–	–	–	–
1993	–	20	8.6	8	2.40	–	–	–	42.60	21.27
1994	–	30	–	10	17.00	–	–	–	27.00	37.02
1995	–	50	18.7	15	5.00	–	–	–	46.70	24.02
1996	–	–	–	–	11.96	9.08	–	45.18	29.41	16.50
1997	–	–	–	–	38.53	2.47	0.50	24.38	87.07	43.44
1998	–	–	–	–	4.94	79.18	–	16.53	10.50	32.53
1999	–	–	–	–	1.26	16.89	53.21	32.88	31.12	34.79
2000	–	–	–	–	3.58	2.49	51.14	10.18	3.31	25.15
2001	–	–	–	–	3.51	0.70	71.20	7.36	10.31	29.85
2002	–	–	–	–	–	0.05	50.87	5.27	11.97	–
2003	–	–	–	–	–	–	26.68	0.42	3.02	–
2004	–	–	–	–	–	–	9.52	–	1.82	8.61
2005	–	–	–	–	–	–	9.42	112.44	2.36	8.10
2006	–	–	–	–	–	–	17.58	193.44	8.45	14.57
2007	–	–	–	–	–	–	9.86	256.94	1.48	18.42
2008	–	–	–	–	–	–	11.05	228.60	1.53	10.48
合计	46.5	105	35.9	67	192.93	110.86	311.03	933.62	318.65	350.06

四、规费使用

1989 年 11 月 13 日起,土地管理部门收取的各项费用列入预算外资金,主要用于被毁土地复垦、开发利用、兴修农田水利及土地管理。1991 年 5 月 30 日起,收取土地使用费,乡镇返还部分,主要用于土地复耕、开发、整治、乡镇村内基础设施和公益事业建设;国有土地申报登记手续费,乡镇留存部分,主要用于申报工作中雇用人员工资、宣传、图表印制、土地管理人员工资待遇、土地管理各项基础建设及改善办公条件和新建职工宿舍等项目。1995 年,收取土地使用费中农业重点开发建设资金 50 万元,用于治淮和省内重点流域性水利工程和农业后备资源的开发利用、农业重点项目建设和土地复垦经费。1998 年起,土地荒芜(无人管理杂草丛生的土地)费专项用于土地复垦,收取的土地年租金用于土地后备资源复垦开发和城镇基础设施建设。1999 年起,土地有偿使用费 30% 缴中央财政,70% 缴地方财政,专项用于耕地开发、耕地后备资源开发、土地复垦等。2008 年,规费使用办法未变。

第四节　土地执法

一、查处违法用地案件

1989 年,开始土地执法监察,查处违法用地案件 323 起。1990 年,2 次检查违法占地情况,共查处违法用地 5.39 公顷。其中,查处乡、镇、村企事业单位违法占用耕地 1.96 公顷,19 个村组小窑厂违法占用耕地 2.1 公顷;查处无批准手续建房 125 户,违法占用耕地 1.33 公顷。1994 年,全县实施"三无"乡镇(无违法批地、无违法管地、无违法用地)创建活动后,县土管局完善县、乡、村、组土地监察网络,每季度对乡镇、村、组进行一次巡回执法检查。各乡镇制定具体措施,层层签订目标责任状,违法用地案件明显减少。1997 年,县土管局与计委、监察部门合署办公,分片包干、逐级巡查,追缴各种规费 80 余万元,查处违法用地案件 262 宗,占用面积 324.1 公顷,查处率 95%。2000 年 3 月 18 日,与县人民法院、县公安局、县人民检察院联合办案,拆除收费站到城区二环路地段 22 户 56 间非法建筑,退出土地 2066 平方米。2008 年,县国土局在日常巡查中未发现违法违规用地。

图 3-6　1994 年,县政府印发"三无"通知,及时处理违规现象,对违章建筑物予以拆除。

1998~2008 年盱眙县查处违法用地一览表

表 3-16

年份	查处违法用地(宗)	面积(公顷)	年份	查处违法用地(宗)	面积(公顷)	年份	查处违法用地(宗)	面积(公顷)
1989	323	15.03	1996	99	12.62	2003	93	12.29
1990	27	5.39	1997	262	324.10	2004	43	58.40
1991	80	10.42	1998	178	22.09	2005	10	1.14
1992	150	13.17	1999	168	19.89	2006	93	13.63
1993	578	37.66	2000	28	0.80	2007	18	89.13
1994	155	11.32	2001	30	0.93	2008	-	-
1995	540	1.41	2002	65	1.93			

二、专项清查

（一）清理非农业用地

1988年起，全县开始启动清理建设用地非法占用农业用地工作。至1990年，共清理1371个单位、129198户农户，非法占用农业用地5179.26公顷。其中，国家建设单位487个，非法用地336.2公顷；乡镇企业730个，非法用地264.93公顷；宅基地非法用地129156农户，共4286.67公顷；窑厂123座，非法用地288.6公顷；经济联合体31家，非法用地1.53公顷；专业户42户，非法用地1.33公顷。查出用地单位和个人经批准用地4654.07公顷。1997年，县政府开展非农业建设用地专项清查活动，设立检查组8个、调查小组118个，参加清查活动近1000人，查清各类建设用地590.67公顷，其中非法用地76宗314.47公顷。1999年，清查出非法转让土地25.67公顷。2000～2008年，全县未发现建设用地非法占用农业土地现象。

（二）清理越权批地、科级干部建房用地

1990年，县政府组织土地、监察部门，开展清查1985年起副科级及其以上干部建私房136户。其中，用地手续不齐全111户，补缴耕地占用税22户6035.69元，补缴土地使用税1户127元、土地补偿费22户4998.02元、土管费21户858元、建筑执照费4户45元；罚款32户2820元，补办临时用地手续35户3893.9平方米，交纳临时用地土地使用费29528.25元。1991年起，全县开展清理越权批地调查。至1992年，全县检查出越权批地案件89宗。其中，超越县级权限84宗，按法定程序重新办理报批手续；超越市和省级权限5宗，及时上报处理。1993～2008年，副科级及其以上干部无违纪建房，无越权批地案件。

（三）清理居民小区违法用地、窑业用地使用权

1995年，开始清理居民小区违法用地。年底，全县补办用地手续398户，拒不补办手续的28户申请法院强制执行。丈量古桑乡石牛住宅小区392户宅基地，依法查处248户未批先建、少批多用、非法转让等违法行为。1998年，清查县气象站住宅小区违章建筑269户，分别给予处理。1999年，全县居民小区未发现违法用地。2001年，全县开始窑业用地清理登记，关闭非法用地窑厂8座。2005年，爆破非法用地窑厂4座，拆除窑基400平方米。2008年，清理整顿轮窑30座，处罚越权用地2座；关停窑厂8座，拆除小土窑60座。全县居民小区未发现违法用地。

（四）清理非法转让、占用土地使用权

2000年，开始专项查处全县非法转让土地使用权412宗32公顷；宁徐公路盱城收费站至二环路道路两边非法占地建房14户，依法作出处理。2001～2002年，共查清闲置土地411宗79.31公顷，其中收回国有土地24公顷。2004～2008年，全县专项检查经营性土地招标、拍卖、挂牌出让土地使用权情况和征用农民集体所有土地补偿费管理使用情况，查处违法用地271宗354公顷；共查处各类经营性违法违规用地1179宗497.6公顷，查处率98.6%。

第五节　信息化建设

1997年，新购电脑和数字仪及打印机各1台，开始筹建县国土资源信息化系统。1998～1999年，先后添置电脑3台、全站仪、绘图仪和复印机各1台，实施外业采集、内业处理、制图一体化作业。

2000年，完成盱城镇、官滩镇、管镇镇、旧铺镇、桂五镇、马坝镇、河桥镇、穆店乡1.5万余宗12.98平方千米、图形处理123个街坊集镇地籍调查，建立地籍调查数据库。建成省级标准档案室和档案管理电子信息系统，财务管理电子化投入使用。建成C、D级GPS网点130个，分布全县19个乡镇集镇区、三河农场场部、明祖陵和铁山寺风景区，每个布设点不少于3个。

2001年，省国土资源厅确定盱眙县为省级地籍管理信息系统工程建设试点县，全县国土资源信息系统

图3－7 1997年,土地管理开始信息数字化建设。各乡镇购买硬件设备,培训人员成为制度化,2008年盱眙县获市信息化建设一等奖。

建设正式启动,相继建立官滩镇、管镇镇、旧铺镇、桂五镇、马坝镇、盱城镇、穆店乡地籍调查及土地登记数据库,建成1:1万土地利用现状调查数据库,涵盖12.89平方千米。全县农村土地利用状况调查成果,运用图形扫描、配准、属性和录入等方法,建立农村土地利用状况图形数据库和属性数据库,运用变更调查信息系统掌握年度土地变更信息,及时汇总、统计、公布、上报。

2002年,完成城镇农村地籍调查信息系统,实行县乡镇地籍信息联网。2003年,建成矿产资源储量数据库、土地规划数据图库。2006年,实行内网、外网隔离管理。2008年,建成城乡地籍管理、建设用地审查报批、变更调查、测量标志管理、财务管理、采矿权登记、档案、人事、综合事务、信访信息10个系统,建成国土资源服务中心局域网4个,实现省、市、县、乡镇四级国土资源专网联通。

第六节 法规宣传

1986年3月,县政府召开全县三级干部土地法规宣传会议,用算账对比方法,提醒民众知晓全县耕地每年减少约530公顷的状况,以此提高群众依法用地意识。1987年,通过会议、培训班、专题讲座、新闻报道、散发宣传资料等方式,宣传《中华人民共和国土地管理法》《江苏省〈土地管理法〉实施办法》。

图3－8 "土地日"期间,桂五镇组织开展土地法规宣传周活动。

1990年,编印《认清形势,提高认识,切实加强土地管理》的冬训材料,发给冬训班每位党员。在乡镇设立咨询点,受教育20万人次。制作永久性土地法规宣传标语牌67块,组织土地法规文艺宣传队,深入农村演出文艺节目5场次。召开土地执法现场会13次,编印《土地执法情况简报》15期,录制宣传磁带60余盘,宣传土地管理法规,全县宣传面80%以上。从1991年6月25日起,每个"土地日"期间,都组织开展土地法规宣传周活动。1994年,县政府印发《关于开展创建土地管理"三无"乡镇(无越权批地、无违法管理、无乱占滥用土地)活动的通知》,各乡镇广泛开展创建"三无"乡镇宣传活动。年底,桂五镇、维桥乡、淮河乡、观音寺乡等13乡镇建成市级"三无"乡,东阳乡建成省级"三无"乡。

至2008年6月25日,18个"土地日"期间,共出动宣传车48辆次,巡回宣传,接待民众咨询5.5万人次,印发宣传资料5万份,免费发放《土地报特刊》1.1万份,举办土地管理知识广播讲座18期、"神禹杯"土地国情国策国法知识竞赛5次,向乡、镇、村干部发放国土资源知识读本和法律法规政策选编1万本,建成土地法规广告宣传牌200余块,张贴宣传画1000余份。

第七章　矿产资源

1996年起，县政府先后印发《盱眙县矿产资源开发管理实施办法》《采石业资源补偿费由地矿部门依法征收的通知》《加强凹凸棒黏土资源开发管理的决定》《关于加强地质灾害危险性评估工作实施方案》等文件，依法发放采矿许可证。2000年起，依法拍卖采矿区、出让资源量，矿山资源进入市场化。关停、注销部分窑厂、采矿企业和采矿区。矿山企业制定矿山治理项目规划，落实治理项目工程，防治地质灾害发生。至2008年，发放矿山开采许可证1754本。

第一节　机　　构

1987年，县政府成立矿产管理委员会，副县长兼主任委员，下设矿产资源管理办公室。1995年12月，县矿产资源开发管理办公室更为名县地质矿产局。2002年，矿产资源管理局划归县国土管理局管理，成立矿产资源管理科。至2008年，机构未变。

第二节　矿业权市场

2001年12月，县政府启动采矿权拍卖试点工作，全县拍卖26宗，出让资源503.44万吨，出让区块面积25.049万平方米，其中河桥镇首次拍卖玄武岩采矿权5宗，出让金额220万元。2002～2006年，全县共拍卖采矿权249宗，出让资源1745.56万吨。其中，2005年，挂牌有偿出让4个采矿区79个采矿企业采矿权，成交资源量60.5万吨，成交额240.7万元。2007～2008年，国家开展整顿和规范矿产资源开发秩序，全县采矿权拍卖暂停。

第三节　矿山管理

一、开采许可

1986年，矿山管理部门发放矿山开采许可证31本。1997年，乡镇采石业快速发展，发放开采许可证增加。1999年，发放矿山开采许可证207本，历年最多。2002年起，关闭集体、个体采石业，发放矿山开采许可证逐年减少。2008年，发放矿山开采许可证1本。

图3/9　县国土部门深入一线调查，依法发放采矿许可证，整改、关停、注销部分矿业。

1986～2008年盱眙县矿山企业批准发证一览表

表3－17　　单位:本

年份	发证	年份	发证	年份	发证	年份	发证
1986	31	1992	106	1998	48	2004	37
1987	51	1993	61	1999	207	2005	12
1988	74	1994	117	2000	28	2006	26
1989	76	1995	97	2001	171	2007	6
1990	72	1996	82	2002	57	2008	1
1991	192	1997	175	2003	27		

二、矿业整顿和督查

1994年,矿产管理部门开始对全县矿山采石用地进行督查,共查出油田3宗、采石业17宗未办理审批手续,报批补办。1996年,县地质矿产资源管理局完善矿产资源有证开发制度,治理整顿矿业秩序,查封违法违规无证个体采矿业50个,没收开采工具90余件,纠正10个企业越界开采违法行为。1997年,县政府出台《关于印发〈盱眙县矿产资源开发管理实施办法〉的通知》,规范矿产企业和个体采矿业主的经营行为。1998～1999年,共查处违规案件145宗,查处无证户129户,关停旅游景区周边24个采矿企业和采矿区。市地矿局行政执法工作现场会在盱眙县召开,推广交流盱眙矿业执法经验。

2000～2003年,影响旅游开发的采矿区全部纳入禁采范围,拆除省道、淮河可视范围及城区内石料加工设备202台(套);在县城规划控制区、沿淮风光带、自然保护区、省道两侧和各旅游景区可视范围内,将霍山至官滩甘泉山,四山至磨盘山,庙山风景区,张山至破山口,铁山寺风景区,小云山采石区,作为禁采区,面积11072公顷;将县城至铁山寺风景区旅游公路两侧长33千米作为禁采带,关停禁采区内所有开山采石企业。其间,共查处各类矿产违法案件54件,扣压矿产品900多吨,罚款1.5万元。

2004年,查处各类矿产违法案件28件,其中单位1件,个人27件,依法处理2件,制止26件,没收违法开采矿产品1300多吨。2005年,组织执法人员查处无证采矿28户,查处违规案件3宗,没收违法所得2380元,罚款476元,补征矿产资源补偿费3.5万元。

2007年,将八仙台风景区、黄练山采矿区10.16平方千米作为禁采区,关闭八仙台风景区2家采石企业;将县城至八仙台风景区公路两侧作为禁采区,其面积120.88平方千米,禁采带长54千米,注销采矿权24

图3－10　治理后的矿山公园

个，关停矿山企业3家。全年共查处违法违规采矿企业11家，其中越界开采企业8家、破坏界桩企业3家，违法开采矿产品13122.5吨。2008年，关停个体采矿业16家，注销持证采矿企业19家。城区杨大山矿区24个采石企业全部搬迁，矿区关闭。

三、矿山治理

2001年，县委、县政府开始实施矿山环境治理工程，综合整治杨大山、北大山、磨盘山关停废旧宕口地质环境26万平方米，建成容纳4万人的综合性龙虾节演出广场。2002年，县政府出台《建材矿山地质环境恢复治理工程实施意见》，落实矿山治理工程。2003年，象山建材矿山地质环境恢复治理申报项目，被省国土资源厅立项。县政府投入110万元，在北大山栽植灌木3200株，开挖台段5.4万立方米，清运土石0.9万立方米，完成北大山一期治理工程。

2005年，象山国家矿山公园建设获国土资源部批准。桂五采石矿区投入8万元，造林1万平方米；河桥团山采石矿区投入5万元，治理宕削坡；北大山削坡14万立方米，植树8500株，绿化5000平方米，完成北大山治理二期工程。

2006年，盱眙县鹏胜采石公司开始建设象山国家矿山公园，首期投入1500万元，整治恢复矿区内灾害隐患点20多处、大型破损采宕口4个，绿化破损山体10万平方米。2008年，象山国家矿山公园正式开放。小龙山废弃矿山修筑道路200米，整修台阶10552米，修复地形7000平方米，完成治理工程。

第四节　地质灾害与防治

一、地质灾害

1986～1990年，盱眙县未发生地质灾害。1991年，全县发生地质灾害9起，均为小型滑坡，多发生在汛期暴雨季节。1997年7月，盱城镇第一山公园内杏花园处发生滑坡，滑坡规模1万～1.5万立方米，导致民房被毁6间，造成经济损失约50万元。至2002年，全县地质灾害区属突变型灾害滑坡和崩塌26处，地裂缝2处。滑坡区域主要分布于老子山至佛窝构造隆起带和南部玄武岩低山丘陵区，河桥镇、仇集镇、盱城镇和王店乡滑坡分布相对集中。2003～2008年，全县未发生地质灾害。

1991～2002年盱眙县发生地质滑坡小型灾害一览表

表3－18

序号	灾害名称	灾害发生位置	发生时间	序号	灾害名称	灾害发生位置	发生时间
1	宝积山路20－2滑坡	盱城镇枣林居委会20－2号	1991年6月	15	胡巷组东山2号滑坡	仇集镇演法村胡巷组	1997年7月
2	淮峰村前墅组滑坡	河桥镇淮峰村前墅组	1991年7月	16	徐郢组北山滑坡	仇集镇演法村徐郢组	1997年7月
3	大杨郢东山坡滑坡	河桥镇淮峰村大杨郢组	1991年7月	17	明山村小丁郢滑坡	仇集镇明山村小丁郢组	1997年7月
4	龙头山西坡滑坡	河桥镇龙泉村王郢组	1991年7月	18	马浪港滑坡	官滩镇戚洼村马浪港组	2000年6月
5	明山村洼屋里滑坡	仇集镇明山村洼屋里组	1991年7月	19	仇集马腰山滑坡	仇集镇霖治村巴山艾组	2000年7月

续表 3-18

序号	灾害名称	灾害发生位置	发生时间	序号	灾害名称	灾害发生位置	发生时间
6	凤山村孙郢组滑坡	仇集镇凤山村孙郢组	1991 年 7 月	20	铁山寺第一滑坡	王店乡古城林场南谢组	2000 年 7 月
7	长港村丁管咀组滑坡	仇集镇长港村丁管咀组	1991 年 7 月	21	铁山寺第二滑坡	王店乡古城林场南谢组	2000 年 7 月
8	朱刘村大港组滑坡	仇集镇朱刘村大港组	1991 年 7 月	22	民建村刘根成屋前滑坡	王店乡民建村夏管庄组	2000 年 7 月
9	石箩筐南东滑坡	河桥镇蒋郢村	1991 年 7 月	23	山门九号宕口2号滑坡	盱城镇宣化街村山门口组	2000 年 8 月
10	打石山北坡滑坡	河桥镇龙泉村上郢组	1996 年 6 月	24	山门九号宕口1号滑坡	盱城镇宣化街村山门口组	2000 年 8 月
11	盱眙第一山公园滑坡	盱城镇第一山公园	1997 年 7 月	25	都梁公园采场1号滑坡	盱城镇都梁公园	2000 年 8 月
12	胡山后滑坡	河桥镇龙泉村山咀组	1997 年 7 月	26	都梁公园采场2号滑坡	盱城镇都梁公园	2000 年 8 月
13	黄龙水库东侧滑坡	河桥镇黄龙村	1997 年 7 月	27	都梁公园采场3号滑坡	盱城镇都梁公园	2000 年 8 月
14	胡巷组东山1号滑坡	仇集镇演法村胡巷组	1997 年 7 月	28	龙泉村古来滑坡	河桥乡龙泉村古来组	2002 年 7 月

二、地质灾害防治

1991 年，县委、县政府成立地质灾害防治领导小组，制定《盱眙县突发性地质灾害应急抢险预案》和《盱眙县地质灾害防治方案》，各乡镇相应成立组织机构，宣传防治地质灾害的重要性，提高群众防御意识。1993 年，县政府成立地质灾害防治督查小组，部署地质灾害防治工作，开展汛期值班、巡查，16 个重点灾害区设立地质灾害警示标牌。1999 年，县政府成立地灾防治应急指挥部，修改《盱眙县突发性地质灾害应急抢险预案》和《盱眙县地质灾害防治方案》，县直机关各部门和各乡镇制定相应预案，建立健全地质灾害群测群防体系，减少地质灾害所造成的损失。

2003 年，县国土局委托江苏省地质调查研究所调查盱眙县地质灾害，形成《盱眙县地质灾害调查与区划报告》，确定潜在滑坡总面积 48.27 万平方米，总体积 474.29 万立方米。根据地质灾害调查报告，编制治理方案，实施地质灾害治理工程，完成治理地质灾害区总工程量 85%。2005 年，县政府成立地质灾害危险性评估监督管理工作领导小组，印发《关于加强地质灾害危险性评估工作实施方案》。县国土部门印发《关于做好森海豪庭工地东侧滑坡地质灾害防治工作的通知》，森海豪庭住宅小区建设工地及时解决地质滑坡灾害的潜在问题，确保安全。2006 年，县政府投入 800 余万元，完成 121 省道山口门段地质灾害治理工程。2008 年，县政府印发《2008 年度汛期地质灾害防治工作方案》，国土资源部门完成建设用地项目地质灾害危险性评估 30 个，其中评估二级 3 个、三级 27 个。

图 3-11　工程技术人员运用现代科学仪器对可能发生的地质危害现象进行监测。

第四篇　环境保护

1986 年，境内污水产出量 1049.19 万吨，废气产出量 105461.68 万标立方米，其中工业粉尘排放量 3043.46 吨，二氧化硫排放量 1945.3 吨，大气环境质量总体达到国家二级标准，各类区域噪声均不超标。1989 年，因淮河上游排污，淮河盱眙段每 4 立方米水中就有 1 立方米污水，遭受第一次污染。后来，相继发生重大污染事故 19 起。1990 年起，县政府加大环保力度，投入资金，新上污水治理工程，县城区烟尘控制实现全覆盖。环保部门加强环境监测，宣传环保法规，查处污染案件，征收排污费。

2001 年起，县政府确立环境建设"三同步"发展战略，把环保工作列入县长工程和各级政府重要工作，依法环境监管，强化环境执法，加快生态保护区建设。2005 年，随着城镇化、工业化的快速发展，污水产出 1632.4 万吨，达到历史最高值，废气排放 370725 万标立方米。

2008 年，淮河盱眙段年均加权均值污染指数为 0.32，丰水期和平水期水质较好，枯水期水质略差。饮用水源龙王山水库，达到地表水二类水标准。县城区环境空气质量达到二级标准，良好天气稳定在 90% 以上，乡村环境空气质量达到一级标准。城区环境噪声平均值 53.4 分贝，环境噪声达标覆盖率 100%。县环保局获评第一次全国污染源普查先进集体。

第一章　环境污染

第一节　水污染

1986～1990年，全县发生水污染事件3起，累计污染水面8万公顷，损失折合人民币1251.92万元。其中，属特大污染事件2起：1987年，九二五厂污水污染桂五水库，导致水库内鱼生长畸形，造成经济损失1万元；1989年2月下旬～3月上旬，安徽省颍上闸开闸放水4500余万立方米，形成长约60千米的污水带向下游推进，淮河每4立方米水中就有1立方米污水。从安徽正阳关到盱眙县304公里的淮河内水体形成黑色，盱眙县自来水厂被迫停止供水112小时，造成各种经济损失1250余万元。

1991～1995年，全县发生水污染事件8起，属特大污染事件2起：1992年2～3月，淮河颍上闸以每秒200立方米的排放量将污水排入淮河下游，形成180千米污水带，淮河盱眙段污染水面3.3万公顷，直接经济损失230万元；1994年7月23日～9月15日，淮河上游安徽省段下泄2亿立方米污水，淮河盱眙段形成150千米污水带并滞留55天。

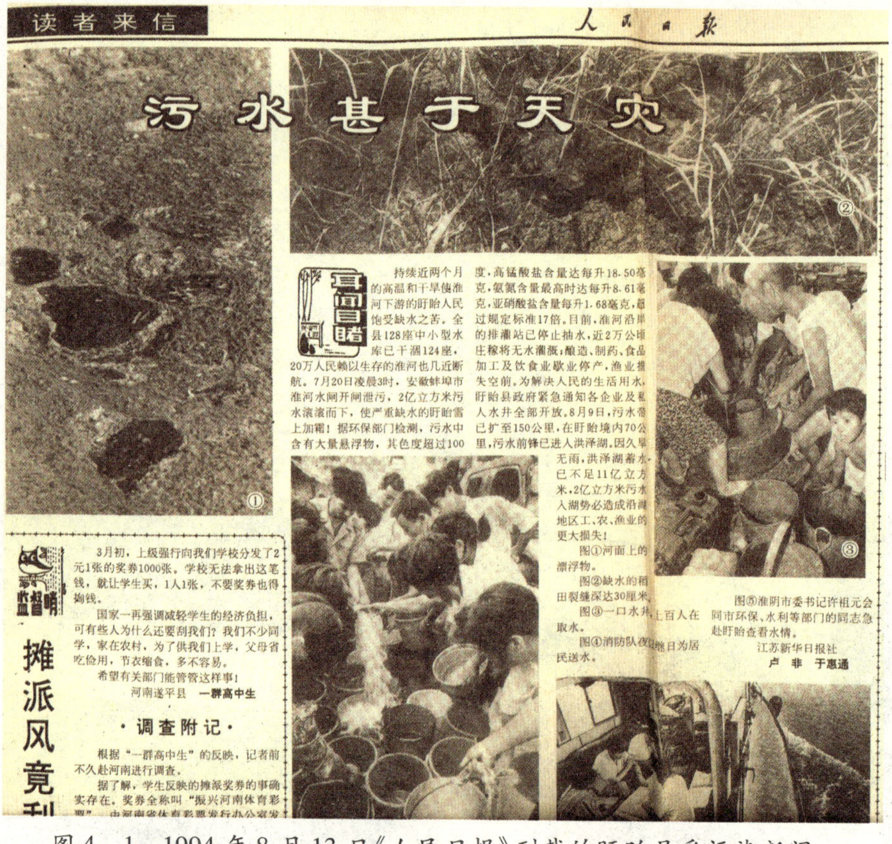
读者来信

人民日报

污水甚于天灾

耳闻目睹

持续近两个月的高温和干旱使淮河下游的盱眙人民饱受缺水之苦。全县128座中小型水库已干涸124座，20万人民赖以生存的淮河也几近断航。7月20日凌晨3时，安徽蚌埠市淮河水闸开闸泄污，2亿立方米污水滚滚而下，使严重缺水的盱眙雪上加霜！据环保部门检测，污水中含有大量悬浮物，其色度超过100度，高锰酸盐含量达每升18.50毫克，氨氮含量最高时达每升8.61毫克，亚硝酸盐含量每升1.68毫克，超过规定标准17倍。目前，淮河沿岸的排灌站已停止抽水，近2万公顷庄稼将无水灌溉；酿造、制药、食品加工及饮食业歇业停产，渔业损失空前。为解决人民的生活用水，盱眙县政府紧急通知各企业及私人水井全部开放。8月9日，污水带已扩至150公里，在盱眙境内70公里，污水前锋已进入洪泽湖。因久旱无雨，洪泽湖蓄水已不足11亿立方米，2亿立方米污水入湖势必造成沿湖地区工、农、渔业的更大损失！

图①河面上的漂浮物。

图②缺水的稻田裂缝深达30厘米。

图③一口水井，上百人在取水。

图④消防队夜以继日为居民送水。

图⑤淮阴市委书记许祖元会同市环保、水利等部门的同志急赴盱眙查看水情。

江苏新华日报社
卢　非　于惠通

监督哨

摊派风竟刮

3月初，上级强行向我们学校分发了2元1张的奖券1000张。学校无法拿出这笔钱，就让学生买，1人1张，不要奖券也得掏钱。

国家一再强调减轻学生的经济负担，可有些人为什么还要刮我们？我们不少同学，家在农村，为了供我们上学，父母省吃俭用，节衣缩食，多不容易。

希望有关部门能管管这样事！

河南遂平县　一群高中生

·调查附记·

根据“一群高中生”的反映，记者前不久赴河南进行调查。

据了解，学生反映的摊派奖券的事确实存在。奖券全称叫“振兴河南体育彩票”……

图4－1　1994年8月13日《人民日报》刊载的盱眙县受污染新闻

1996～2000年，全县发生水污染事件26起，重大污染事件4起，均为淮河上游下泄污染，分别为1996年7月、1997年7月、1999年4月和5月、2000年4月和6月。

2001～2005年，全县发生水污染事件10起，特大污染事件2起。其中，2002年6月，淮河上游下泄污染，造成经济损失4000万元；2004年7月，淮河上游下泄污染，造成经济损失6880万元。2006～2008年，全县发生污染事件8件，重大污染事件3起。其中，2006年8月，江苏淮河化工有限公司超标排放废水，被处罚2万元；2006年11月，江苏安格药业有限公司超标排放废水，被处罚5.2万元；2008年6月，百思博防静电用品（淮安）有限公司超标排放废水，被处罚1.5万元。

1986～2008年盱眙县污水产出一览表

表4－1

年份	污水产出量(万吨)	悬浮物(吨)	耗氧量(吨)	氨氮(吨)	年份	污水产出量(万吨)	悬浮物(吨)	耗氧量(吨)	氨氮(吨)
1986	1049.19	421.20	3133.05	235.00	1998	1163.72	634.35	680.95	186.95
1987	1220.22	159.90	2080.60	206.00	1999	1146.22	913.74	847.41	57.16
1988	1205.10	305.00	1577.10	191.00	2000	1459.77	860.00	927.00	409.80
1989	1096.83	258.00	311.33	179.00	2001	1339.39	745.92	916.50	264.00
1990	912.58	290.00	788.99	183.80	2002	1298.60	782.00	1150.23	307.40
1991	636.00	2530.00	258.00	310.00	2003	1437.80	590.50	1522.40	331.00
1992	650.00	3265.00	730.00	840.00	2004	1304.20	507.80	941.00	200.70
1993	870.00	4598.00	460.00	2035.00	2005	1632.40	576.70	985.00	127.98
1994	1239.00	4510.00	935.00	3470.00	2006	1110.30	278.54	459.80	98.01
1995	1005.40	2205.00	1565.00	1328.00	2007	1201.90	363.25	755.86	105.71
1996	1355.27	1232.00	1943.00	749.41	2008	1168.78	308.71	488.03	104.77
1997	900.28	439.20	794.00	663.83					

附:1994年淮河盱眙段特大污染

1994年7月27日下午,淮河上游下泄污染水形成70千米污水带抵达盱眙县城。7月27日至8月2日,水质体高锰酸盐指数每升14.22～18.5毫克,氨氮每升6.9～86.61毫克,非离子铵每升0.89～0.91毫克,亚硝酸盐含量每升1.68毫克。淮河流域久旱无雨,上游无清洁水补充,淮河盱眙段污水带移动缓慢,基本呈静止状态。到8月5日,上至安徽五河县,下至洪泽湖,污水带150千米。国家淮委和环境监测部门监测,污水带呈黄黑色,内含悬浮物,有大量绿藻繁殖,水质呈富营养化状态,有腥臭味。县自来水厂供水不能饮用、洗涤。至8月15日,淮河盱眙段水体高锰酸盐、氨氮、非离子铵以及亚硝酸含量,仍分别为每升12.20毫克、3.14毫克、0.29毫克、0.65毫克。全县企业被迫停产4家、半停产10家,工业损失4200万元以上,农业、渔业直接损失6350万元以上,第三产业损失1178万元,全县累计直接经济损失超过1.7亿元。

第二节 大气污染

1986年,全县大气污染重点是废气排放,年产出105461.68万标立方米。1989年,县、乡工业快速发展,新增水泥厂、水泥制品厂、轮窑厂、石灰厂、砖瓦厂、采石场、小煤炭厂50余家,废气排放增加到177603.63万标立方米。1991年,关闭石灰厂3家、个体轮窑厂和小煤炭企业20余家,部分采石场停产,废气排放减少到85718万标立方米。

2000年,全县工业快速发展,废气排放增加到352012万标立方米。2001～2003年,县委、县政府逐年关停水泥厂、水泥制品厂、轮窑厂、石炭厂、砖瓦厂、采石场,废气、烟尘、二氧化碳排放逐年减少。

2008年,废气排放239850万标立方米,大气环境中可吸入颗粒物(直径小于10微米)最低浓度每立方米0.011毫克,最高浓度每立方米0.238毫克;日均浓度值中最大超标倍数为0.59倍,年平均值每立方米

0.087毫克，年平均值达国家二级标准，二氧化硫浓度未超标。县域内灰尘自然沉降量浓度变化趋势为春季大于秋季，秋季大于冬季、夏季，混合区没有超标，县工业区偶有超标，最大超标为0.02倍。县域内每年空气质量状况为良好以上天数达到330天以上。

1986～2008年盱眙县废气产出一览表

表4-2

年份	废气产出量（万标立方米）	工业粉尘排放量（吨）	烟尘排放量（吨）	二氧化硫排放量（吨）	年份	废气产出量（万标立方米）	工业粉尘排放量（吨）	烟尘排放量（吨）	二氧化硫排放量（吨）
1986	105461.68	3043.46	1375.00	1945.30	1998	277078.00	2212.00	1206.00	1626.00
1987	142733.67	3286.93	2960.23	3725.51	1999	376955.00	2004.00	372.00	2710.00
1988	174161.80	3615.63	3313.14	4602.24	2000	352012.00	1560.00	358.00	2503.00
1989	177603.63	3832.56	1570.89	4081.13	2001	327610.00	1439.00	472.00	1922.00
1990	90123.70	4100.84	805.39	2572.18	2002	289985.00	1607.00	548.00	1891.00
1991	85718.00	4510.93	873.00	1168.00	2003	244786.00	2540.00	651.00	2087.00
1992	164680.00	4691.36	2521.00	2271.00	2004	454116.00	4667.00	541.00	811.00
1993	186144.00	5160.50	1707.00	2438.00	2005	370725.00	3061.00	610.00	741.00
1994	258386.00	5470.13	1637.00	3300.00	2006	338612.00	3200.00	529.00	697.70
1995	259161.00	5743.64	1200.00	4980.00	2007	305165.00	2870.00	470.90	759.30
1996	244539.00	6318.00	1099.00	2765.00	2008	239850.00	2361.10	516.60	729.30
1997	244235.00	5750.00	1464.00	2879.00					

第三节　噪声污染

一、交通噪声

1991年，县环保部门开始选择县城区3条主要道路测试交通噪声情况，设测点10个，县城区交通噪声等效声级均值为67.7分贝。2008年，城区交通噪声均达标。

二、区域环境噪声

1995年，区域环境噪声等效声级年均54.5分贝，区域环境噪声达标率100%，生活噪声和交通噪声占主要地位。声级分布在41～60分贝之间，其中等效声级高于50分贝的声级覆盖面积9.72平方千米。2008年，城区环境噪声达标率未变。

三、功能区噪声

1990年，开始监测功能区环境噪声，居民区、二类混合区、工业集中区、建筑区等效声级与相应的功能区标准相比均未超标，昼夜等效声级均符合要求。2008年，城区建筑噪声均达标。

第四节　固体废弃物污染

1986年，全县工业固体废弃物年产生量3.61万吨、城市生活垃圾年产生量2.62万吨。2000年，县城区扩容，新建工业园区，城市人口逐年增加，固体废弃物明显增加。

2008年，城市工业快速发展，工业固体废弃物、城市生活垃圾分别上升至6.49万吨、6.21万吨。

1986～2008年盱眙县固体废弃物一览表

表4－3　　单位：万吨

年份	工业固体废弃物	城市生活垃圾	年份	工业固体废弃物	城市生活垃圾
1986	3.61	2.62	1998	4.83	3.43
1987	3.65	2.63	1999	5.01	3.58
1988	3.69	2.65	2000	5.12	3.81
1989	3.70	2.67	2001	5.20	3.95
1990	3.71	2.68	2002	5.42	4.16
1991	3.80	2.71	2003	5.61	4.39
1992	3.82	2.76	2004	5.82	4.64
1993	3.91	2.78	2005	6.01	5.03
1994	4.06	2.89	2006	6.20	5.35
1995	4.28	3.01	2007	6.31	5.84
1996	4.50	3.12	2008	6.49	6.21
1997	4.67	3.28			

第二章　污染治理

第一节　水污染治理

一、工业废水治理

1989年起，工业废水开始进入重点治理阶段。至1990年，全县工业企业新上10个污水治理项目，其中主要污水处理项目：江苏淮河化工厂剧毒酚钠废水三级处理新工艺，造气废水净化工程，每小时处理废水2000立方米闭路循环工程；江苏红光化工厂酸性水处理工程，造气废水净化闭路循环工程；永丰机械厂含金属离子废水闭路回收工程，天明化工厂的梯木工序TNT废水处理工程，造纸厂白水回收工程。

图4－2　污水处理池

1994年，完成盱城镇和马坝镇的环境治理规划、全县地面水域功能类别区划的编制工作。关、停、并、转马坝镇和官滩镇污染严重企业。1995年，江苏淮河化工厂投资120万元，兴建络合萃取法处理废水工程，年减少有毒有害废水排放量2.4万吨。打石山水泥厂投资56万元，兴建电收尘工程，年回收水泥2000多吨，工业废水处理率64.5%。全县11家重点水污染企业除停产的县化肥厂和决定搬迁的县葡萄糖厂外，其余9家企业共投入治理资金94万元。企业的化学需氧量排放量由治理前1704吨，降低到873吨。1998年，江苏红光化工有限公司投资150万元，新建废水处理站三套中和曝气装置。全县企业均安装排污口三角堰计量装置。11月，整治排污口47个，安装标志牌46块。江苏淮河化工厂安装1台流量计，在6套重点治理设施上安装"黑匣子"。

1999年，县环保局在全县工业企业开展"一控双达标"(控制污染物总量，工业污染源达到国家或地方规定的污染物排放标准，空气和地面水按功能区达到国家规定的环境质量标准)活动，列出污染企业污染物排放量及种类，建立污染源动态数据库，将市环保局下达的14种污染物排放控制指标，下达给江苏淮河化工集团有限公司、红光化工厂、天明化工厂、第一泉酒厂、植物油厂等10家企业。

2000年，全县完成排污申报年审企业83家。江苏淮河化工集团有限公司投资150万元，建立造气闭路循环装置，实现造气废水循环使用，削减排污量。2001年，县政府建立重点污染源总量控制报告制度，列入污染总量控制的10家企业，在每月5日前将上月的治污设施运行情况、污染物排放情况报县相关领导，做好对症治理。2002年，江苏淮河化工集团有限公司投资近300万元，筹建污水循环池3万立方米。2005年，工业园区完成管网建设，红光化工厂建成废水循环池，盱兰建材公司实施粉尘限期治理。2006年，污染治理及污水处理厂共投入3600万元，其中江苏淮河化工集团有限公司新建污水综合治理及配套工程，年循环用水340万吨，回收氨水360吨，减排化学需氧量400吨。2007年，江苏淮河化工集团有限公司投资3150万元，建设综合废水治理及其配套二期工程，日处理废水3000吨。

2008年，江苏凡力钢管有限公司投资3000万元，建设年处理4万吨废酸处理工程。10月，盱眙经济开发区污水处理厂开工建设。

二、城乡居民生活污水治理

1986年起，全县城乡居民生活污水主要包括居民日常生活洗涤水和餐饮洗浴服务业废水，污染物种类以化学需氧量、氨氮、总氮、总磷、动植物油类、阴离子表面活性剂为主。农村采取农技推广、控制化肥和农药使用强度及数量等措施，减少农业废水排放。至1990年，年均生活污水排放量244.6万吨，化学需氧量900.07吨，氨氮124.06吨。

1991年起，城区人口增加，农村化肥用量有增无减，生活污水排放量增加。至1995年，年均生活污水排放量270.85万吨，化学需氧量995.65吨，氨氮137.37吨，均达标。

2001年，随着城市化率的提高，城镇生活污水排放量增加，县委、县政府制定居民生活污水治理方案。2005年，全县畜禽规模化养殖所产生的污水，实施二级净化池净化，处理率90%。城区年均生活污水排放量625.46万吨，化学需氧量2301.54吨，氨氮317.22吨，均达标。2006年，城南污水处理厂投入3600万元，建设配套工程，通过市环保验收。城区先后兴建水冲公厕11座。全县畜禽规模化养殖场污水采取三级净化达标后排放，集中处理95%。农村散养畜禽粪便，实施农业综合利用，其利用率95%以上。

2008年，生活废水排放量741.34万吨，化学需氧量1052.7吨，氨氮146.21吨，均达标。

第二节　大气污染治理

1986～1993年，县城区相继建成6个烟尘控制区，面积3.7平方千米。

1994年，县城区建成沙岗、宣化共0.5平方千米烟尘控制区，县城区烟尘控制覆盖率100%。马坝镇建立炉、窑、灶档案，制定限期治理、分步改造计划。11月，全县烟尘控制区建设通过市环保部门验收。1995年，县环保局组织人员全面检查县城区炉、窑、灶480多眼（台），下达大气污染严重企业治理通知书50余份。县农业银行、县招待所半吨锅炉配套安装消烟除尘装置，县水泥制品厂更新2吨锅炉设备，全县工业废气处理率99.64%，超出市下达指标9.64%。

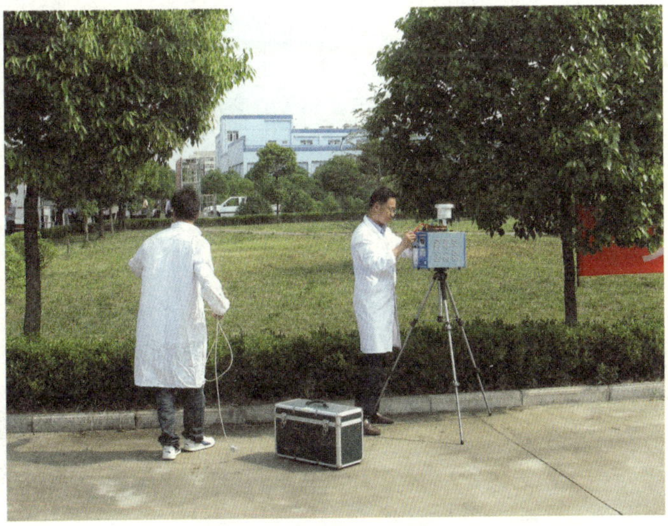

图4－3　大气污染监测

1996年，复查监测城区8个烟控区和粉尘排放点源，无超标。1997年，结合创建文明城市，推广燃油、燃气灶具，县城区气化率81%，烟尘控制区通过市环保委员会复查验收，无超标。1999年，县环保局向县滨淮浴室、康乐园、强力制杆公司锅炉烟尘超标排放单位下达整改意见，拆除海洋浴室和恒美休闲城烟尘超标锅炉。

2002年，江苏淮河化工集团有限公司新建1台循环流花床沸腾炉，其燃料为无烟煤，含硫量低于0.5%，烟气经旋风除尘和文丘里水膜除尘后，通过高烟囱排入大气层。2004年，会同相关部门在县域内开展秸秆禁烧宣传、督查，城乡主干道两侧视野范围内实现秸秆无燃烧。2006年，全县建成烟尘控制区19.2平方千米，通过市环保部门验收。2007年5月至2008年2月，关闭盱眙盱兰建材有限公司、盱眙兴眙水泥有限公司、盱眙星宇建材有限公司、盱眙狼山水泥有限公司的机立窑，减少二氧化硫排放1000吨。至年底，全县建成烟尘控制区42.2平方千米，通过市环保部门验收。

第三节　噪声污染治理

1986～1993年，县城区建筑工程少，汽车少，噪声均达标。1994年，在县城区设立港监所至淮河大桥低噪声一条街。1997年，县城区淮河大桥至五墩路设置车辆禁鸣标志。1999年，在城区建筑施工场地、交通繁忙区域、文化娱乐地区划定17个标准适用区，其面积占县城区总面积的36.2%。

2000年起，每年在高、中考期间限定施工时间段，落实隔音降噪措施，控制噪音污染。县环保、公安、城管、工商等部门联合，对建筑工地噪音实行跟踪监督，控制商业和交通噪声，确保噪声值达到功能区规划要求。2005年8月，县环保、公安、城管、工商等部门联合开展噪声污染专项整治活动，共检查建设工地182个，责令补办相关手续46个，噪声超标罚款1.7万元；查扣机动车乱鸣喇叭、整车噪声超标违章126起；取缔不符合环保要求的露天卡拉OK、影视放映场所3个，关闭扰民溜冰场3个，下达停业整改通知歌舞厅4个。

2006 年,县城区环境噪声平均值 53.4 分贝,道路噪声平均值 68.6 分贝,环境噪声达标区覆盖率 70%。

2008 年,全县城区环境噪声达标覆盖率 100%。

第四节 固体废弃物治理

1986 年,县城区生活垃圾基本做到日产日清。

1990 年,县城区生活垃圾由中转站集中拖运到垃圾场,经堆制、药物消毒后填坑;粪便收集后,经净化处理,作为肥料或水产养殖饵料。1994 年,县城区固体废弃物处置率和利用率 98%。1996 年,县城区所有公共厕所实现按时清理、按时药物消毒。1997 年 4 月,县城区建成小南山 5.2 公顷的垃圾处理场,并投入使用。部分街道垃圾处理实行袋装化,全年清运垃圾 28445 吨。

图 4－4 全县污染源监控

1998～2003 年,拆除县立志砖厂、桂五轮窑厂、城南砖厂、高桥多孔砖有限公司、马坝镇大云山窑厂、马坝第一轮窑厂、马庄砖厂、观音寺砖厂、黄花塘合心窑厂、新街砖瓦厂、河桥轮窑厂、古桑燕山窑厂、鲍集轮窑厂、兴隆砖厂、管镇一窑厂、大众建材有限公司等砖瓦厂、轮窑厂共 25 家,每年综合利用全县锅炉煤渣 3.5 万吨。

2007 年,城南污水处理厂日产污泥 5 吨,经压滤、干化等卫生处理后,委托县垃圾填埋厂填埋。2008 年,县城区共有垃圾中转站 4 个,垃圾实施日积日清。县医院、中医院建成医疗废弃物综合处理设施,全县乡镇以上医院与淮安柯林固废处理有限公司签订合同,县、乡医疗废弃物集中处置率 100%。全县危险废物安全处置率 100%。

第三章 环境管理

第一节 机 构

1986 年,成立县城乡建设环境保护局、环境监测站。1988 年 10 月,县城乡建设环境保护局分设为县城乡建设局和县环境保护局,内设办公室、综合计划科、监督管理科,成立县排污收费站。1993 年 6 月,成立县环境监督管理站。1994 年,县环境监督管理站分设县环境监理大队、环境监察大队。11 月,成立马坝环境监理分站。2008 年,县环境监理大队、县环境监察大队合并为县环境监察局。

第二节　监　　测

一、水环境质量监测

（一）龙王山水库水质监测

1995 年，龙王山水库确定为县生活用水第二供水点，县政府制定《龙王山水库水资源保护与水质管理暂行办法》。县环保局对龙王山水库自然环境和水质状况进行评价，其水质加权均值污染指数 0.22，均未检出重金属及毒理学指标，达到《地表水环境质量标准》（GB3838 - 2002）二类水标准，属于水环境保护较好的清洁水，符合集中饮用水源地水质要求。县环保局在龙王山水库自来水厂取水区设立饮用水源水监测点 1 个，每月初取样监测 1 次。1996 年，县环保局购置环境监测车和气象色谱仪，开始监测水质中化合物成分。

2001 年起，严禁污水向龙王山水库排放，严禁砍伐龙王山树木，加权均值污染指数逐年降低。2008 年，龙王山水库安装自动监测设备，设置水源地标识和警示牌。年底，加权均值污染指数 0.2。

图 4 - 5　龙王山水库

1996 ~ 2008 年盱眙龙王山水库环境监测评价一览表

表 4 - 4

年份	溶解氧（毫克/升）	高锰酸钾盐指数（毫克/升）	粪大肠菌群（个/升）	综合污染指数	加权均值污染指数
1996	9.20	4.00	1556	4.99	0.31
1997	7.90	3.20	788	4.83	0.30
1998	8.70	3.40	566	4.16	0.26
1999	8.30	3.40	1236	5.20	0.32
2000	7.72	3.30	1352	4.63	0.29
2001	7.41	3.30	1782	2.51	0.23
2002	7.21	3.90	233	2.43	0.22
2003	7.40	4.20	328	2.44	0.22
2004	7.54	4.00	261	2.38	0.22
2005	7.59	3.79	797	2.49	0.23
2006	8.50	3.50	129	2.25	0.20
2007	9.00	4.00	129	2.37	0.22
2008	8.60	3.60	730	2.23	0.20

(二)淮河盱眙段水质监测

1986年,淮河盱眙段水质监测点设有大柳巷、打石山、淮河大桥、老子山4个监测断面,每个监测断面分左、中、右三点,取其表层水样监测。淮河生化需氧量0.4,氨氮2.63。是年起,淮河盱眙段受到上游排污影响,水质加权污染指数逐年提高。

1994年,水质加权污染指数0.4,水环境质量属轻污染级。1995年初,淮河盱眙段水质加权均值污染指数1.71,并逐渐上升。1996年,其水质加权污染指标0.86,属重污染。1998年1月1日零时,国家环保总局实施淮河污水达标排放检测"零点行动",盱眙淮河大桥处为"零点行动"检测点。国家、省、市环境监督有关领导汇集盱眙,现场监督淮河水样采集。"零点行动"时,盱眙淮河大桥段水质pH值6.8,codmn(化学需氧量)每升7.93毫克、codcr(重铬酸钾)每升19.03毫克、石油类每升0.2毫克,属四类水质。

2000年,淮河盱眙段水质监测点调整为肖嘴、打石山、淮河大桥、红光化工厂4个断面,逢单月月初例行监测取样1次。丰水期和平水期水质较好,枯水期水质略差。同年,淮河盱眙段水质属轻污染,主要污染物为石油类、非离子氨、高锰酸盐。2001年,淮河盱眙段水质基本达到功能区划三类水标准。2008年,主要超标项目为氨氮0.52、高锰酸盐指数3.79,其余所测指标均达标。

图4－6　1994年环保部派来的中国环境监测总站的水、工、废物研究室主任齐文启博士对淮河跨流域污染进行化验,为相关处罚提供依据。

1986～2008年盱眙县淮河水质监测评价一览表

表4－5　　单位:毫克/升

年份	高锰酸钾盐指数	五日生化需氧量	氨氮	挥发性酚	年份	高锰酸钾盐指数	五日生化需氧量	氨氮	挥发性酚
1986	–	0.40	2.63	0.180	1998	3.40	–	–	–
1987	–	0.46	2.19	0.100	1999	3.40	2.00	–	–
1988	–	0.51	2.59	0.130	2000	3.30	1.70	–	–
1989	–	0.45	2.86	0.130	2001	3.30	–	0.47	0.001
1990	–	0.44	2.32	0.130	2002	3.90	–	0.40	0.001
1991	4.00	1.40	–	–	2003	4.20	–	0.38	0.001
1992	4.90	2.40	–	0.004	2004	4.00	–	0.32	0.001
1993	4.90	1.50	–	0.008	2005	3.80	–	0.51	0.001
1994	6.00	1.60	–	0.031	2006	3.62	2.40	0.58	0.001
1995	7.20	1.00	–	0.008	2007	4.48	2.36	0.75	0.001
1996	4.00	2.20	–	–	2008	3.79	2.36	0.52	0.001
1997	3.20	1.10	–	–					

（三）地下水质、农村地表水质监测

1986 年，在马坝自来水厂、江苏淮河化工厂、第一泉酒厂，设地下水质监测点，利用深井进行水样采集。2007 年，盱眙县启动农村地表水质测定，乡镇段河流水质达标率 100%；行政村水环境监测达标率 83.5%。2008 年，全县地下水氨氮、硝酸盐、亚硝酸盐、挥发性酚类、氰化物、溶解性总固体、高锰酸盐指数、硫酸盐、氯化物、大肠菌群等项目测定值均未超标，指标值相对稳定。全县农村地表水质环境质量单项达标率 83.7%，综合达标率 66.7%。

图 4－7　地表水监测

二、大气环境质量监测

1989～2008 年，盱眙县空气质量自动监测系统采用 24 小时连续自动监测，每小时出 1 次均值。其间，盱眙县环境空气中二氧化氮、总悬浮颗粒、可吸入颗粒物（直径小于 10 微米）的浓度优于国家环境空气质量二级标准，属于清洁空气。

1989～2008 年盱眙县空气质量监测评价一览表

表 4－6　　单位：毫克/立方米

年份	二氧化硫浓度	二氧化氮浓度	总悬浮颗粒物	可吸入颗粒物（直径小于 10 微米）	年份	二氧化硫浓度	二氧化氮浓度	总悬浮颗粒物	可吸入颗粒物（直径小于 10 微米）
1989	0.043	0.094	0.102	－	1999	0.030	0.024	0.100	－
1990	0.016	0.018	0.211	－	2000	0.027	0.036	0.190	－
1991	0.022	0.021	0.073	－	2001	0.032	0.039	0.220	－
1992	0.029	0.128	0.212	－	2002	0.036	0.056	0.190	－
1993	0.021	0.018	0.268	－	2003	0.036	0.053	0.110	－
1994	0.024	0.066	0.160	－	2004	0.030	0.025	－	0.155
1995	0.015	0.032	0.186	－	2005	0.028	0.014	－	0.128
1996	0.022	0.030	0.250	－	2006	0.033	0.028	－	0.092
1997	0.018	0.025	0.140	－	2007	0.039	0.021	－	0.087
1998	0.014	0.019	0.090	－	2008	0.041	0.015	－	0.087

三、噪声环境质量监测

1991 年，开始环境功能区噪声监测，主要采取各监测点等效声级、标准偏差统计声级，作为评价参数进行综合评价。年底，居民区噪音 53.4 分贝，二类混合区 42.6 分贝，工业集中区 49.5 分贝。2008 年，居民区噪音 48.9 分贝，二类混合区 51.0 分贝，工业集中区 55.8 分贝，均未超标。

1991～2008年盱眙县功能区噪声监测情况一览表

表4－7 单位:分贝

年份	居民区	二类混合区	工业集中区	年份	居民区	二类混合区	工业集中区
1991	53.4	42.6	49.5	2000	49.0	50.8	54.5
1992	47.2	51.7	57.5	2001	50.3	54.4	58.2
1993	52.5	49.9	63.0	2002	50.2	53.7	58.3
1994	50.5	48.9	57.1	2003	50.4	54.3	58.1
1995	45.5	55.0	54.4	2004	53.2	56.8	61.8
1996	51.4	55.6	60.4	2005	53.0	56.9	61.8
1997	46.4	50.6	56.2	2006	49.6	52.8	57.4
1998	50.0	52.2	57.4	2007	49.8	51.2	56.2
1999	56.8	56.7	58.2	2008	48.9	51.0	55.8

四、污染源普查

2008年,实施县域区为时一年的第一次全国污染源普查,普查结果:工业源600个,其中重点源240个、一般源360个;生活源482个,其中住宿业餐饮业294个、居民服务和其他服务业154个、医院污染源20个、城镇居民生活污染源14个;农业源1919个,其中畜牧养殖业源711个、水产养殖业源1208个。废水排放量2285.82万吨,化学需氧量排放量5754.62吨,废气排放量797666.08万立方米,二氧化硫排放量2268.50吨,烟尘排放量8944.66吨,粉尘排放量1076.61吨。通过普查数据分析,盱眙县污染状况评价为:总体环境良好,局部污染偏重;区域行业集中,点源数量很少;大企业治理较好,小企业污染较重;二、三产业齐步发展,工业生活污染相当。县环保局获评第一次全国污染源普查先进集体,高祥华、汪芳获评全国污染源普查先进个人。

第三节　污染处置

1986～1990年,工业废水、废气和废弃物污染环境事故集中在县城区、官滩镇和三河农场等沿淮近湖一带。县环境监测部门加大监理力度,责令相关企业添置环保设备。1994年,县环保局首次处理环境污染纠纷2起。1999年,县环保局在办理县政协《建筑噪声扰民》提案时,查处违法案件11起。

2000年,处理污染事件2起、污染纠纷11起,接待来信来访286人次,接听投诉电话64人次。2001年,开展生态、污染源、污染防治、洪泽湖等联防监理1000余次,办理各类环境信访案件108件、县政协提案1件。2002～2006年,全县重点污染源现场监理频次平均每年717人次,一般污染监理频次平均每年948人次,检查排污口778个;饮用水源、生态示范区现场监理频次平均每年79人次,受理信访案件平均每年93件,接待来访平均每年41人次,共办理县人大议案、政协提案10件。其中,2005年,办理排污行政处罚案件36件;2006年,查处违法排污企业16家。

2007年,现场监察重点污染源频次963人次、饮用水源及生态示范区56人次,接待受理信访案件111起,接待来访30人。2008年,监督检查全县350个排污单位,对23个环保手续不齐的企业下达限期整改通知书,对13个不能稳定达标排放的企业分别实施处罚、限期整改或停产整顿等措施,有效遏制违法排污行为。

第四节 排污费征收

1991年起，全县开始向单位征收排污费，标准按超标单因子收费，即污水每1污染当量0.7元，废气每1污染当量0.6元，对缴纳排污费后仍未达到排放标准的单位，从开征第三年起，每年增加缴纳5%的排污费。2003年7月1日起，排污费征收标准执行《中华人民共和国排污费征收使用管理条例》。2007年，提高排污费征收标准，污水每1污染当量0.9元，废气每1污染当量1.2元，至2008年，共征收排污费3588.93万元。

1991～2008年盱眙县排污费征收情况一览表

表4-8　　单位：万元

年份	金额	年份	金额	年份	金额
1991	90.89	1997	140.00	2003	256.20
1992	69.06	1998	146.00	2004	236.76
1993	94.44	1999	200.00	2005	219.78
1994	90.00	2000	200.00	2006	300.53
1995	109.00	2001	210.33	2007	461.78
1996	120.00	2002	239.16	2008	405.00

第五节 环境影响评价

1988年起，县环保局将建设项目环境影响评价作为一项管理事务，落实到日常工作中。至1994年，全县审批建设项目环境影响评价报告书2份，填报环境影响报告表17份、环境影响评价登记表54份。

1995～2000年，全县审批建设项目环境影响评价报告书8份，填报环境影响评价报告表38份、环境影响评价登记表88份。

2002年，根据《江苏省建设项目环境保护管理规范》，在县工业园区建立建设项目审批、环评、验收、备案管理程序，逐一填报审批。全年，填报环境影响评价报告表117份，实现工业园区全覆盖。2004年起，全县化工、染料、农药、印染、酿造、制浆造纸、电石、铁合金、焦炭、电镀、垃圾焚烧等污染较重的建设项目环境影响评价由市级以上环境保护行政主管部门审批。2005年，建设项目未履行环境影响评价审批程序，而擅自开工建设或者擅自投产的单位，责令其停建或停产，补办环境影响评价手续，并追究有关人员责任。

2006年，县审批中心履行办理建设项目环境影响评价有关手续，建设单位在报批环境影响评价文件前，向社会公布遵守建设项目环境保护法律法规的承诺。现场评测化工类项目环境影响，清理整顿新开工项目，专项检查重污染项目。县工业园区环境影响评价规划通过上级环保部门审批。

2007年，提高化工、印染、电镀、酿造等重污染行业准入门槛和污染物排放标准，从投资3000万元，增加至5000万元，所有化工类项目一律在县化工园区内投建。2008年，县环保局审批环境影响评价报告书4份、报告表171份、登记表293份，招商引资项目环境影响评价文件审批率100%。

1988～2008年盱眙县环境影响评价文件审批情况一览表

表4－9　　单位:份

年份	报告书	报告表	登记表	年份	报告书	报告表	登记表
1988～1994	2	17	54	2002	4	2	117
1995	3	7	9	2003	–	24	196
1996	3	17	18	2004	5	68	293
1997	1	11	1	2005	7	47	356
1998	1	1	30	2006	2	134	375
1999	–	–	23	2007	11	173	396
2000	–	2	7	2008	4	171	293
2001	8	38	88				

第六节　建筑环境保护

1986年起,全县新建、改建、扩建的项目,执行“三同时”(建设项目中环境保护设施必须与主体工程同步设计、同时施工、同时投放使用)规定,经县环境保护部门验收,发给合格证后开始运行。全县放射性工作场所建设项目选址、设计、验收,必须经县环保部门审批。按照“三同时”要求,治理淮河流域重污染企业,关闭年产量在5000吨以下的小造纸厂、土炼油厂、电镀厂、染料厂(车间)。1998年,县环保局落实“三同时”规定,治理淮河水污染,关停并转淮河沿线浪费资源、技术落后、质量低劣、污染严重的小煤矿厂、小炼油厂、小水泥厂、小玻璃厂、小火力发电厂等“五小”企业。

图4－8　盱眙县召开环境保护座谈会　环保局　供

2001年,全县开始实施建设项目主体工程完工后,其配套建设的环境保护设施同时投入运行,并在验收合格后,发放验收报告的制度。当年,申办项目1个,验收项目1个。2002年,制定县工业园区建设与环境保护项目同步发展、同步监督、同步验收规定。全年共申办项目50个,验收项目47个。2004年,共申办项目58个,均验收合格。

2005年,对建设项目未批先建、逾期不申请环保验收和未执行环保“三同时”单位,给予处理。全年调查、检查企业57家次,下发限期整改通知书43份,处理偷排污染物和擅自闲置污染治理设施8家,查处违规作业矿山6家,限期办理环评手续的企业2家。全年共申办项目198个,验收项目168个。2006年,投资项目违反建设项目环境保护“三同时”制度的单位,一律责令停止建设,已投产项目一律停产。全年排查重点项目65个,补办“三同时”手续12个项目。全年共申办项目229个,均验收合格。

2007年，县环保局与建设项目投资主管部门、规划、国土、工商部门配合，检查项目建设中“三同时”执行情况的企业452家，查处违法排污企业16家。全年共申办项目267个，均验收合格。2008年，对建设项目“三同时”达不到报告书及批复要求的不予验收，对违规进行试生产和擅自投产的项目纠正其违法行为。全年共申办项目446个，均实施验收，“三同时”验收率96%以上。

第七节　法规宣传

1986~1990年，县环保局深入排污企业，宣传国家环保法规、举办环保知识培训班。1993~1994年，县环保局投资3.2万元，在县城区主要街道电线杆安装40多块永久性搪瓷环保宣传标语牌，与县广播电台联办34档《环保之声》专题节目，为企事业单位订阅《中国环境报》351份和杂志20多种。与教育局联合举办中小学教导主任环保知识培训班、中小学环保知识竞赛、环保绘画比赛、环保作文比赛和文艺会演。

1995~1996年，围绕环境保护可持续发展主题，开展环境与人类科普演讲和文艺演出。制作环保宣传橱31个，张贴宣传标语40多幅，发送环保文化衫2000多件。1997~1998年，举办以“妇女·家园·环境”为主题的宣传讲座，村级妇女干部参加。制作60块环保宣传栏，赠送30个企事业单位。举办企业厂长培训班，15个企业40名厂长和从事企业环保工作中层干部参训。

2000~2003年，在马坝镇、桂五镇分别举办“千禧年环保文化艺术节”和“环保杯”卡拉OK大奖赛活动，会同县教委在全县中小学开展创造绿色学校活动，在全县交通要道两侧刷写宣传环保知识标语近千条，张贴宣传画近万张。

2006年，举办“环保杯”书法、乒乓球、足球、摄影、“我与环保”演讲比赛活动，全县各中小学校开展“爱我家园，保护环境”拣拾“白色垃圾”和万人签字活动，《盱眙日报》刊登宣传“六五”世界环境日专版。2008年，组建环保志愿者队伍，拍摄《自然的呼唤》《盱眙环保一瞥》等环保宣传专题电视片。

第四章　生态环境保护

第一节　国家环保模范城创建

2007年，县委、县政府开始在盱城创建国家环保模范城。制定考核指标30项，年内完成16项。全县完成县污水处理厂“三同时”验收，江苏淮河化工集团有限公司、淮安金康达饲料公司废水综合治理重点项目竣工，通过验收；江苏凡力钢管废酸治理项目开工。

2008年，全县确定8个环保治理项目。其中，盱眙县桓远染化有限公司搬迁；兴眙水泥有限公司关闭熟料窑体，改为粉磨站，每年减少用煤约4.7万吨，减排二氧化硫排放量约1000吨；江苏安格药业有限公司搬迁至盱眙经济开发区，环评通过审批；星宇水泥有限公司和狼山水泥有限公司陆续关闭熟料窑体，改为粉磨站，停止燃用煤炭；盱眙经济开发区污水处理厂竣工，日处理废水4万吨。盱城镇创建国家环保模范城，完成环保投资指数等指标建设6个项目，推进单位国内生产总值用水量等指标建设8项。

第二节　铁山寺自然保护区

1990年,县政府出台《关于建立铁山寺珍稀动植物资源保护区的决定》,保护区内有野生乔木、灌木树64科234种,其中珍奇树种20余种,部分树龄长达几百年;栖息鸟类10目23科170余种,其中属国家保护的鸟类20余种;野生动物40余种,属国家保护动物10余种,是天然动植物基因库。其范围以铁山寺为中心,包括国营古城林场及化农水库的整个区域,总面积2180公顷。

1993年,县环保局制定《铁山寺珍稀动物、植物自然保护区管理规定》,严禁到保护区采药、打猎、伐木。1994年,铁山寺区内新增野生珍稀动植物养殖围栏300平方米,饲养草獐7只。1998年,县环保局编写《铁山寺自然保护区规划》。10月,铁山寺自然保护区升级为省级自然保护区。

2000年,铁山寺自然保护区实施封山育林,保护牙獐繁育,发展水库特种养殖,新建动物标本陈列室和环保教育室,放养人工养殖的牙獐14只。该保护区被省委宣传部、省环保厅定为全省环保教育基地。2001年,铁山寺自然保护区面积扩大到3573公顷,其中中心区530公顷。

2006年,铁山寺自然保护区森林公园面积7058公顷,建成中草药园13.33公顷,繁育中华史氏鲟,引进栽植名贵树种和竹子20多种,安装地埋式无动力污水净化处理设备,减少生活污水对天泉湖的污染负荷。

2008年,铁山寺自然保护区森林公园面积7058公顷。区内有野生漆树、毛叶欧李等江苏公布的新野生植物品种,有国家一级丹顶鹤、大鸨和二级保护动物草獐等野生动物177种,有鸳鸯、火斑鸡等鸟类10目25科51种,有天然次生林285公顷。

图4-9　铁山寺自然保护区

第三节　陡湖湿地自然保护区

陡湖原为沼洼地。南宋绍熙五年(1194年),黄河夺淮,使淮河与近岸处的诸湖、塘合并,形成陡湖,地质构造较为罕见。2002年,湖面流域214平方千米,湖岸线30多千米,湖面东西最宽处105千米,湖底海拔最高程10.8米,正常水位13米时,水域34平方公里,库容4300万立方米;水生植物15个科26种,水草生物量21万吨,浮游生物8门73个属,浮游动物43个属;鱼类16科84种,主要鱼类有青、草、鲢、鳙、虾、蟹、甲鱼等近20种,素有"金陡湖"之美誉。2003年9月9日,淮安市政府同意建立盱眙县陡湖市级湿地自然保护区,其核心区和缓冲区面积41平方千米。2008年,陡湖湿地保护区核心区面积调整为33.4平方千米。

第五篇　经济综合管理

1986年起，随着经济体制改革推进和市场经济体制建立，全县经济综合管理工作不断推进和完善。计划管理由传统下计划、分物资、管审批等直接管理，逐步缩小指令性计划，增加指导性计划；由制定年度计划，转向中长期规划和专项规划制定。把计划工作重点转到运用经济政策和价格、税收、信贷、工资等经济杠杆对宏观经济进行全面管理与调控轨道上。统计工作根据国家需要，做好全县经济与社会发展统计、专项统计调查、国情国力统计和统计执法检查，先后开展第一次全国经济普查、第二次全国基本单位普查和劳动力等专项普查工作。及时进行统计资料汇编、运用，为领导机关决策和经济活动提供权威、准确数据。物价管理由行政定价转向由市场定价，采取差率管理、提价申报、提价备案、价格决策听证、必要时限价等监审办法，调节物价。实行企业交费登记卡制度，实现物价工作由过去单纯"定价、调价、管价"向"定规则、当裁判、搞服务"转变，保持物价稳定。工商行政管理加大市场培育、监督检查和规范管理力度，明确各类市场主体合法地位，依法管理各项经济活动，通过查处不正当竞争，维护经营者、消费者权益。为企业登记提供一条龙服务，扶持个体经济发展，为经济发展保驾护航。质量技术监督依法查处违反质量、标准化、计量、特种设备安全监察法律法规行为，做好一般中小私营企业和个体工商户产品质量监督工作，确保生产合格产品；对食品生产加工企业实施质量安全许可制度，食品出厂实施强制检验制度，检验合格的食品加贴(印)市场准入标志(QS)。

审计坚持"一审二帮三促四反馈"工作方式，建立内审网络，加强内部审计。通过财税金融审计、企业审计、经济责任审计、固定资产投资审计、专项资金审计、审计调查等国家审计项目的逐年实施和社会审计的开展，依法履行审计监督职能，加强党政机关及国营企业领导任期审计，及时查处财务违纪行为，促进廉政建设。食品药品监督管理局、安全生产监督管理局和招投标管理中心，依法加强食品药品监督管理，保证食品、药品市场安全；安全生产实行"企业负责、行业管理、政府监察、群众监督、劳动者遵章守纪"监督管理和目标考核机制，推行安全生产保证金制度，形成县、乡、村三级安监网络，实行"一票否决"；实施建筑工程、药品药械采购、政府采购、产权交易公开招投标，招投标交易项目种类、数量逐年增多，有效控制资金的使用。

第一章 计划管理

第一节 机　　构

1986年,县计划委员会下设综合计划科、基建物资科、物价科(作为物价委员会办事机构)。1997年,县计划委员会下设综合计划股(挂"目标管理股"牌子)、固定资产投资股、工业股(挂第三产业办公室牌子)、农村经济股。2001年,县计划委员会更名为县发展计划委员会。2002年,县发展计划委下设综合计划科(挂"发展规划科"和"国防动员委员会经济动员办公室"牌子)、产业发展科(挂"工业科"和"第三产业发展办公室"牌子)、农村经济发展科(盱宁合作办公室与其合署办公)、投资科。2005年9月,县发展计划委员会改组为县发展和改革委员会,下设办公室(挂"发展规划科"和"国防动员委员会经济动员办公室"牌子)、产业发展科(挂"工业科"和"第三产业发展办公室"牌子)、农业经济发展科(盱宁合作办公室与其合署办公)、投资科、经济体制综合科。县经济体制改革委员会职能并入县发改委。至2008年,机构无变化。

第二节 经济和社会发展计划

一、国民经济和社会发展第七个五年计划(1986~1990年)

(一)"七五"计划编制目标

"七五"期末的主要综合指标为:国民生产总值6.1亿元,年递增11.1%。国民收入5.8亿元,年递增10.3%。工农业总产值8亿元,年递增9.7%。其中,农业总产值4.25亿元,年递增5.4%;工业总产值3.75亿元,年递增16.2%。全社会累计固定资产投资1.2亿元,比"六五"期间增加1.4倍,其中基本建设投资3000万元、技改投资9000万元。财政收入2700万元,年递增12.1%。外贸收购总额650万元,年递增10.2%;社会商品零售总额3.2亿元,年递增10.4%;职工平均工资1080元,农民人均纯收入550元;人口自然增量年控制在10‰以下,全县总人口控制在68.2万人以内。

1990年,农业总产值4.52亿元。其中,种植业产值3亿元,年递增4.2%;林牧副渔产值1.25亿元,年递增9%。主要农产品产量:粮食年产57.5万~60万吨,其中油料总产5.5万吨,比1985年增产3.4万吨,年均递增21%;烤烟5000吨,年均递增50%;蚕茧500吨,年递增22%;茶叶40吨,年均递增5%;水果产量4000吨,年均递增6.5%;肉类总产量2.8万吨,年均递增6%;禽蛋总产量1.55万吨,年均递增9%;水产品总量1.1万吨,年均递增13%。

工业总产值3.75亿元。其中,县办工业产值1.43亿元,年均递增40.1%;镇办工业产值1500万元,年均递增17.7%;乡办工业产值5200万元,年均递增22.4%;市属工业产值7000万元,年均递增10.4%;村以下工业产值9500万元,年均递增22%。

全县新建沼气池3600只,沼气综合利用达1000户以上;用电2.37亿千瓦时,比1985年多1.23亿千瓦时,年均递增14%;投资800万元建成储量为C级204万吨可恋庄煤矿,年产煤2万吨。抓好交通设施基础建设,修建8条主要乡道路,总里程97千米,按三级碎石路面修筑,实现乡乡有主干道。完成南京—连云港、南京—徐州2条省级公路盱眙段筑路任务。水运吨位由1985年500条2万吨发展到750条3万吨以上;港口吞吐量250万吨,年均递增9.3%;货运量和周转量分别为90万吨和1.5亿吨千米,年均递增6.7%和9.4%。全县农市话合网实行微机收费。县话主机增装1000门SD准电子交换机1部。到1990年,农村基本实现村村通电话。新建和扩建邮电局所7处,农村邮件报刊妥投到户60%以上。

初等教育确保学龄儿童入学率,小学在校生98%以上,毕业率95%,高中入学率35%,调整中等教育结构,到1990年全县发展职业中学5所,职业中学和普通中学招生比1:1。全县医院病床有1100张,年均递增4.1%,卫技人员增加到1250人,每千人拥有医护人员1.8人。"七五"期间,完成微波设备安装调试,电视覆盖面由80%提高到90%以上。95%以上的农户听到听好有线广播。

(二)"七五"计划执行情况

1990年,国民生产总值8.59亿元(现价),超计划41%,平均年递增17.7%;国民收入7.5亿元(现价),超计划29.3%,平均年递增15.5%;工农业总产值8.12亿元,完成计划101.3%,平均年递增10%;财政收入3501万元,超计划29.7%,平均年递增22.3%;外贸收购总额1067.7万元,完成计划的164.3%,平均年递增22.6%;职工人均工资1757元,超计划62.7%,平均年递增15.6%;农民人均收入597元,超计划8.5%,年递增7.8%。

农业总产值3.98亿元,年递增4%。其中,种植业产值2.54亿元,年递增0.7%;林牧副渔产值1.44亿元,年递增12.2%;粮食总产量60.13万吨,比1985年增长8.3%;油料产量3.18万吨,比1985年增长50%;水果产量7000吨,比1985年增长140.5%;水产品产量1.71万吨,比1985年增长252.7%。

工业总产值4.14亿元,超额完成"七五"计划指标,年递增18.5%。其中,县办工业产值1.53亿元,年递增15.6%;省、市属工业产值0.67亿元,年递增9.4%;镇办工业产值0.12亿元,年递增13%;乡办工业产值0.5亿元,年递增21.2%;村及村以下工业产值1.32亿元,年递增30.7%;独立核算工业企业产值利税率8.36%,比1985年下降0.8个百分点;县属工业全员劳动生产率1.53万元,比1985年增长127.3%;资金周转天数105天,比1985年加快15天;产品质量稳步提高,工业产品优质品率达7.5%以上。

固定资产投资1.62亿元,比"六五"期间净增1.12亿元。其中,基本建设投资0.47亿元,比"六五"期间净增0.19亿元;技改建设投资1.15亿元,比"六五"期间净增0.93亿元。

社会商品零售总额3.31亿元,年递增10.9%;外贸收购总额1067.7万元,年递增22.6%;城乡居民储蓄余额达1.37亿元,比1985年增长7.7倍。

全县用电3.1亿千瓦时。投资800万元,建成储量为C级204万吨可恋庄煤矿,年产煤2万吨。水运吨位由1985年500艘2万吨发展到735艘29878吨;港口吞吐量36.78万吨,货运量和周转量分别为75.2万吨和37714吨千米。农村实现村村通电话。新建和扩建邮电局所1处,农村邮件报刊妥投到户60%以上。初等教育确保学龄儿童入学率,小学在校生98%以上,毕业率95%,高中入学率35%,职业中学和普通中学招生比1:1。全县医院病床有826张,年均递增4.1%,卫技人员增加到1063人,每千人拥有医护人员1.14人。完成微波设备安装调试,电视覆盖面由80%提高到90%以上。95%以上的农户听到听好有线广播。科学技术正在被越来越多的人认识和重视,科技成果得到广泛应用;文化、卫生、广播电视、体育、民政福利等事业都得到相应发展。

二、国民经济和社会发展第八个五年计划(1991~1995年)

(一)"八五"计划编制目标

国民生产总值12亿元,年均递增6.9%,人均1644元;国民收入11亿元,年递增8%,人均1507元。工农业总产值12.5亿元,年递增9.1%。全社会累计固定资产投资21180万元,比"七五"期间增加5000万元,增长30.8%。其中,基本建设投资6050万元,比"七五"期间增加1361万元,增长29%;技术改造投资15130万元,比

“七五”期间增加3638万元,增长31.6%。财政收入5500万元,年递增9.4%;外贸收购总额2800万元,年递增21.3%;社会商品零售总额5亿元,年递增8.6%;职工平均工资2500元,比1990年增加743元,年递增7.3%;农民人均纯收入850元,比1990年增加253元,年递增7.3%。城镇人均居住9平方米,农村人均居住10平方米,全县瓦房率75%以上。人口自然增长率控制在13‰以下,总人口控制在73万人以内。

农业总产值5亿元,年递增4.7%。种植业产值2.97亿元,年递增3.2%;林业产值0.039亿元,年递增5%;畜牧业产值1.29亿元,年递增6.8%;副业产值0.401亿元,年递增7.2%;渔业产值0.3亿元,年递增8.3%。粮食总产量62万吨,比1990年增长3.1%;油料总产量6万吨,年递增13.5%。

工业总产值7.5亿元,年递增12.6%。县办工业产值16%,年递增12.4%;镇办工业产值0.25亿元,占总产值3.3%,年递增15.2%;农村工业产值3亿元,其中乡办工业产值1亿元、村及村以下工业产值2亿元,占总产值40%,年递增10.5%。

全县生产生活用电量2.63亿千瓦时,年递增7.3%;煤炭需用量17.5万吨,比1990年增长8.7%;石油需用量1.5万吨,比1990年增长50%。新建高桥、仇集、旧铺、三河4个35千伏变电所,新增110千伏线路55千米。新建沼池900只,安装太阳能热水器300台,风力发电机0.65千瓦。疏浚淮河主航道、清水坝航道、九三九五河道、汪木排河、三河的河道,船舶吨位由1990年的1.18万吨发展到1.7万吨,航道疏浚由1990年261千米增长到310千米。新建码头3处,改造码头1处,规模500吨级,通过能力135万吨。到1995年港口吞吐量由1990年40万吨增加到50万吨。1995年,全县公路总长由1990的445千米增加到570千米,货运周转量由1990年的7907吨千米发展到2万吨千米,货运量由1990年的47万吨发展到100万吨;邮电业务总量630万元,增长率18%;邮电支局、所由1990年33处加到36处,电话机由1990年2696部增加到4440部,全县电话普及率每万人64.3部。城镇每万人拥有电话机400部,农村电话覆盖率80%。

继续抓好中小学教育,加快各类人才的培养和开发。“八五”期间,全县中小学体育达标率90%,施行面96%。有省级传统校3所,市级传统校6所,县级传统校10所。幼儿入园率70%,学龄儿童入学率99%;小学在校生6.18万人,初中招生数8690人,升学率28%;高中招生1100人,职业中学招生1100人。全县有科技专业人员12590人,其中高级100人、中级1850人。获市以上产品奖30项,其中省部级以上10项。获市级以上科技成果奖18项,其中省级以上5项。

到“八五”期末,传染病发病率降至300/10万以内,计划免疫覆盖率90%,孕产妇死亡率降至3/万以内。危产儿和婴儿死亡率降至13‰,村级卫生室覆盖率100%,全县医院病床1200张,比1990年增长374张,有医卫技人员1380人,比1990年增长260人。“八五”期间安装33频道300瓦电视发射机,电视节目日均播出时间由“七五”期末的16小时增加到30小时。电视广播覆盖率95%。广播线路增长到1685杆千米,比1990年增加785杆千米,入户喇叭总数11.7万只,覆盖率100%。

(二)“八五”计划执行情况

1995年,全县国民生产总值18.25亿元,超计划52.1%,年均递增16.2%,其中第三产业增加值4.65亿元,年均递增18.5%;工农业总产值26.25亿元,超计划17.5%,年均递增12.6%;财政收入6236万元,超计划13.4%,年均递增12.2%;外贸供货值3.49亿元,超计划11.5倍,年均以100.8%高速度增长;固定资产投资1.65亿元,年均递增54.9%。“八五”期间固定资产累计投资8.4亿元,是“七五”期间的5.2倍,年均递增44%。其中,工业技改投入3.4亿元,是“七五”的3倍,年均递增76.1%;基础设施建设投入5亿元,是“七五”期间的10倍多。全县职工人均工资3771元,超计划的50.9%,年均递增16.5%;农民人均纯收入1677元,超计划97.3%,年均递增22.9%;城乡居民储蓄存款余额5.78亿元,超计划70%,年均递增33.4%。

农业总产值10.61亿元(不变价),占计划96.5%,年均递增4.3%。其中,多种经营产值6.03亿元,超计划12.5%,年均递增9.7%;种植业产值4.58亿元,占计划86.0%,基本持平;粮食总产量58.41万吨,占计划94.2%,保持稳定;油料总产值6.44万吨,超计划7.3%,年均递增15.2%;果品总产量0.7万吨,占计划46.7%;水产品总产量2.5万吨,完成原计划,年均递增7.9%;大牲畜年末存栏8万头,占计划57.1%,年均递增7.2%;家禽饲养量930万只,占计划93%,年均递增1.5%。

工业总产值15.64亿元,超计划37.8%,年均递增21.4%。其中,乡以上工业总产值11.05亿元,超计划20.1%,年均递增19.5%;村及村以下工业总产值4.59亿元,超计划113.5%,年均递增26.8%。乡以上工业销售收入11.03亿元,年均递增24.1%,利税7280万元。

社会消费品零售总额5.43亿元,超计划8.6%,年均递增10.4%;外贸供货值3.49亿元,年均递增100.8%,比"七五"期末翻五番。"八五"期间,兴办"三资"企业18家,实际利用外资369.3万美元。科技、教育、文化、卫生、体育、计划生育和广播电视等各项事业得到长足发展。

全县生产生活用电量14720万千瓦时,其中工业用电13873万千瓦时。新建高桥、仇集、旧铺、三河4个35千伏变电所。疏浚淮河主航道、清水坝航道、九三九五河道、汪木排河、三河的河道。港口吞吐量增加到46万吨。公路总长由1990的445千米增加到639.43千米,货运周转量由1990的7907吨千米发展到25600吨千米,货运量发展95.1万吨;电话机由1990年2696部增加到2.5万部,全县电话普及率每百人2.05部。

幼儿入园率70%,学龄儿童入学率99%;小学在校生71351人,初中招生数28785人,高中招生2697人,职业中学招生2575人。全县有科技专业人员19246人,其中高级281人、中级3638人。传染病发病率降至300/10万以内,计划免疫覆盖率90%,孕产妇死亡率降至3/万以内。危产儿和婴儿死亡率降至13‰,村级卫生室覆盖率100%,全县医院病床925张,有医卫技人员1509人。"八五"期间,安装33频道300瓦电视发射机,电视节目日均播出时间由"七五"期末的16小时增加到30小时。电视广播覆盖率95%。广播线路增长到1099杆千米,入户喇叭总数4.4万只,覆盖率80%。全县中小学体育达标率90%,施行面96%。有省级传统校3所、市级传统校6所、县级传统校10所。

三、国民经济和社会发展第九个五年计划(1996~2000年)

(一)"九五"计划编制目标

国民生产总值56亿元,年均递增25.1%,人均国民生产总值7619元。工农业总产值80亿元,年均递增25%;第三产业增加值17亿元,年均递增29.6%,第三产业增加值占国民生产总值比重30.4%。乡以上工业利税2.4亿元,年均递增26.9%。固定资产投资累计25亿元,其中工业15亿元、农业3亿、基础设施建设5亿元。出口创汇1000万美元,年均递增34.8%;实际利用外资500万美元,年均递增26%;外经营业额突破10万美元。"三资"企业累计25家。社会消费品零售总额14亿元,年均递增20.9%。财政收入1.9亿元,年均递增24.9%。农民人均纯收入4500元,年均递增12.8%;职工人均工资收入7000元,年均递增13.2%。城镇人均居住面积12平方米以上,农村居民人均钢筋砖木结构住房面积20平方米以上。人口自然增长率控制在6.5‰以内,全县人口总数控制在73.5万人以内。

农业总产值20亿元,年均递增13.5%。其中,多种经营13亿元、种植业7亿元。主要农产品产量:粮食58万吨、油米8万吨、水产品5万吨、牛饲养量30万头、猪饲养量100万头、果品2万吨、蚕茧1500吨。

工业总产值60亿元,年均递增30.9%。全县工业固定资产投资15亿元,其中全民集体投入6亿元。实现产值在亿元以上企业5家,产值在5000万元以上企业15家,利税超1000万元的企业7家,利税超500万元的企业15家。

全县生产生活用电5.5亿千瓦时,年递增12.9%;煤炭需用量22万吨,比1995年增长26%;石油用量2.5万吨,比1995年增长67%。新增110千伏线路40千米、35千伏线路150千米、10千伏线路200千米,累计增容10万千伏安。1996年消灭无电村。推广省柴节煤炉灶5万户,新建沼气池750只,安装太阳能热水器2500平方米。"九五"期间,新建城南作业区100吨级泊位4座,年吞吐量30万吨,全县港口码头吞吐量250万吨。完成1.4万立方米清障工程和9万立方米拓宽掘深工程。实现县乡公路黑色化,村通车率100%,新建盱马一级公路25.4千米,改建盱明公路30.7千米,修通淮穆公路12千米,全县公路总长1168千米。交换机总容量61742门,年均增长22.9%。其中,市话交换机容量2万门,年均递增20%;农话交换机容量41712门,年均递增24.3%;邮电业务总量4240万元,年均递增26.7%。电话每百人拥有率8.4部,1997年实现村村通电话。

有各类科技人员2万人,其中高级500人、中级4500人。有省级重点高中2所,小学、初中、高中在校生分别为7万人、43646人、3320人。完成五墩水厂建设,自来水年供水量由700万立方米增加到1300万立方米。饮用水普及率90%,农村人口自来水普及率30%。“九五”期末传染病发病比“八五”末下降20%,计划免疫率90%以上,孕产妇死亡率低于万分之四,婴儿死亡率控制在25‰以内。有病床数1200张,卫技人员1800人。群众体育普及率35%以上,学校体育达标率95%以上,施行面98%。建成省级传统项目学校1所,市级3所,县级6所。成立盱眙有线电视台,开播16套节目,入网1万户,在6个乡镇开通有线电视,1997年建成盱眙县广播电视中心,完成3个电视差转台建台补点工作,电视广播覆盖面90%以上。

(二)“九五”计划执行情况

2000年,实现国内生产总值40.54亿元,年均递增17.8%;工农业总产值55.5亿元,年均递增20.7%;固定资产投资12.04亿元,年均递增48.7%。其中,工业技改投入4亿元,年均递增28.3%;五年累计完成固定资产投资34.4亿元,是“八五”期间的4.1倍。财政收入1.74亿元,年均递增22.8%;农民人均纯收入3272元,年均递增14.3%;职工人均收入7749元。社会商品零售总额10.28亿元。1997年摘掉全省贫困县帽子,1999年实现以县为单位基本达小康,2000年实现以乡镇为单位基本达小康。个体工商户累计1.88万户,私营企业715家。私营个体经济对财政贡献由1995年的953万元增加到2000年的3500万元,增长2.7倍,占财政收入20.1%,改变经济成分较为单一状况。5年进镇户增加1.8万户。

实现农业总产值15.3亿元,年均递增8.3%。种植业形成“菜、油、瓜、林、药、草”六大主导产业,养殖业形成畜禽、水产两大主导产业,改变粮食始终占主导地位的状况。工业总产值40亿元,年均递增29.3%;工业增加值10.2亿元,年均递增22.2%。外贸收购总额890万美元,外贸出口额600万美元,实际利用外资450万美元,其中争取世行贷款1457.5万元,海外劳务输出203人。城镇职工医疗保险、农村大病合作医疗、“三条保障线”建设推进,累计引资15亿元。全县用电量2.84亿千瓦时,石油用量2.5万吨。1996年消灭无电村。“九五”期间,全县港口码头吞吐量105吨。实现县乡公路黑化,村通车率100%,改建公路189千米,全县公路总长2273千米。1997年实现村村通电话。

“九五”期间,共申报列入国家和省级科技项目17项,获得国家、省、市科技进步成果奖21项,推广科技成果232项,开展农村实用技术培训21.2万人次。有各类科技人员20314人,其中高级372人、中级4245人、初级15697人。引进各类人才235名。全面普及九年制义务教育,通过省“两基”验收。有省级重点高中2所,幼儿园在校生12655人,小学在校生87997人、初高中在校生35457人,特殊教育学校626人。马坝中学被命名为省级重点中学。撤并和降格小学195所,全面完成薄弱学校改造任务。职业教育和成人教育发展较快。通过省初保合格县验收,县医院建成二级甲等医院,改造乡镇卫生院19所,新建甲级村卫生室281个。传染病发病比“八五”末下降20%,计划免疫率96.5%以上,孕产妇死亡率低于万分之四,婴儿死亡率控制在25‰以内。有病床数915张,卫技人员1509人。完成五墩水厂建设,自来水年供水量由700万立方米增加到736.5万立方米。饮用水普及率95%,农村人口自来水普及率40%。

创建省、市文化先进乡镇5个,新建省级文化站房10个。群众性体育活动日趋活跃,竞技体育在省、市各类比赛中取得较好成绩。有体育人口24万人,占总人口的33.4%,有业余体校1所,在校学生46人,等级裁判员35人。总人口71.42万人,自然增长率3.79‰,跨入省计划生育合格县行列。环境保护和土地管理工作得到加强。成立盱眙有线电视台,开播25套节目,在23个乡镇开通有线电视,1997年建成盱眙县广播电视中心,广播电视综合覆盖率达到96.5%。新闻、双拥、气象、防灾减灾等工作取得显著成绩。

四、国民经济和社会发展第十个五年计划(2001 ~ 2005年)

(一)“十五”计划编制目标

城镇居民年可支配收入7000元,农民人均纯收入4500元,城乡储蓄人均力争3000元,年均递增分别为9.2%、6.6%、18.1%。财政收入确保3.5亿元,力争4亿元,年均递增15% ~ 18.1%;国内生产总值确保80

亿元,力争90亿元,年均递增14%~16.7%;工业总产值确保100亿元,力争120亿元,年均递增20.1%~25.6%;农业总产值20亿元,年均递增5.2%;固定资产投资、工业技改投入、劳务收入5年累计分别达80亿元、40亿元、50亿元。社会商品零售总额20亿元。在2000年基础上,实现国内生产总值、工业增加值、工业技改投入和财政收入"四个翻番"。治理小流域40个,建设、改造塘坝3000面,确保供电可靠率99.9%。程控电话18万门,有线电视入户率40%。外贸出口总额1500万美元,年均递增20.1%;实际利用外资1000万美元,年均递增17.3%;境外劳务输出2000人。继续引进大学本科以上各类人才,确保每年引进100名以上。"十五"期末,全县拥有中专学历3万人,占总人口4%。初、高中入学率分别为98%、85%,幼儿园、小学、初中、高中老师合格率分别为90%、98%、90%、90%。县中医院通过二等甲级、50%乡镇卫生院通过一等甲级评审。全县计划生育率99%,总人口控制在75.5万人以内。

(二)"十五"计划执行情况

2005年,全县地区生产总值63.27亿元,年均递增15.5%。其中,第一产业18.3亿元,年均递增6.7%;第二产业27.3亿元,年均递增22.8%;第三产业17.67亿元,年均递增11.8%。人均地区生产总值9085元,年均递增18.6%。财政收入4.1亿元,年均递增18.7%,其中地方一般预算收入2.03亿元。全社会固定资产投资累计完成118.2亿元,是"九五"期末的3.4倍。社会商品零售总额19.84亿元。城镇职工人均工资12974元,年均递增9.9%;农民人均纯收入4031元,年均递增10.8%。城乡居民年末储蓄存款余额24亿元,年均递增20.3%;人均储蓄存款余额3236元,年均递增19.9%。社会消费品零售总额19.84亿元,年均递增19.6%。

工业总产值93亿元,年均递增18.1%。规模以上工业企业净增200个,形成轴承、电器、汽摩配、凹土、食品五个特色产业。建材、化工两大传统产业继续稳步发展。5年累计竣工投产项目293个,投入超亿元的凡力钢管、宁力紧固件、新海电子等一批项目成为新亮点。销售收入18.9亿元,税收5600万元,就业2.2万人。累计引进项目3969个,合同投资额140亿元,完成投资额82.58亿元。新批"三资"企业37个,利用外资2400万美元,新签外经合同额1600万美元,完成营业额2500万美元,外派劳务人员920人。实际利用外资1223万美元。农业总产值35亿元,年均递增2.7%。种植业产值22.66亿元,林业产值0.58亿元,畜牧业产值5.83亿元,副业产值0.57亿元,渔业产值5.26亿元。粮食总产量65.2万吨,比上年下降1%;油料总产量10.2万吨,比上年下降8.7%。

实施省级以上科技项目89项,科技对农业、工业的贡献率分别达45%、35%。新建农村中小学校舍30万平方米,兴办都梁中学、盱眙县实验初级中学等民办学校,东方职校、楚东职校等职业技能培训学校初具规模,盱眙中学、马坝中学分别晋升省四星级、三星级高中。初、高中入学率分别为98.12%、85%,幼儿园、小学、初中、高中老师合格率分别为90.29%、99.25%、98.3%、89.9%。建立以大病救助为主的新型农村合作医疗制度,参保率85.25%,农村改水新增受益人口20万人,完成县中医院股份制改革,投入7676万元建设公共卫生体系。县中医院通过二等甲级、50%乡镇卫生院通过一等甲级评审。全县有病床1034张,有卫技人员2252人。农村合作医疗覆盖面85.3%。全县计划生育率99.8%,总人口74.89万人。启动建设县文化馆、图书馆、博物馆和青少年活动中心。城镇人均居住面积22平方米,农村人均居住面积33平方米。计划生育率稳定在98%以上,人口出生率控制在3.88‰以下。加强耕地和资源保护,实现耕地总量动态平衡和资源合理利用。植树造林、绿化覆盖率、林木植被面积不断提高。饮用水源达到国家地表水Ⅲ类标准,空气质量达到国家空气环境质量二级标准。2003年,盱眙县被国家环保总局命名为全国生态示范区,是"长三角最具投资价值的20个县(市)"之一。2005年,中国龙虾节被评为"中国最具发展潜力十大节庆活动"。

五、国民经济和社会发展第十一个五年计划(2006~2010年)

(一)"十一五"计划编制目标

2010年,地区生产总值比"十五"末翻一番,达136亿元以上,年均递增16.5%;人均地区生产总值力争增加一倍以上,突破2200美元;优化产业结构,二、三产业占地区生产总值比重85%以上;地区生产总值136

亿元,年均递增16.5%。工农业总值248亿元,年均递增14.1%。其中,工业总产值208亿元,年均递增15.1%;农业总产值40亿元,年均递增2.7%。全社会累计固定资产投资300亿元,是“十五”期间的2.6倍;社会消费品零售总额40亿元,年均递增15.2%;财政收入12亿元,年均递增24%,其中地方一般预算收入5.5亿元,年均递增22%。外贸收购总额6000万美元。城镇居民人均可支配收入13163元,年均递增10.2%;农民人均纯收入6583元,年均递增10.3%。恩格尔系数低于38%,城乡居民储蓄翻一番,达50亿元。

城镇人均居住面积32平方米,农村人均居住面积40平方米。百户家庭电话和电脑拥有量分别达120部和30台。乡村有线电视通达率100%、入户率90%以上。城镇化率46%以上,城乡居民享受政府提供的教育及其他公共设施的差距缩小,收入差距扩大趋势得到控制。科技对农业和工业增长贡献份额分别达50%和40%。高中阶段毛入学率90%以上,普及幼儿教育,发展职业教育、成人教育,逐步建立终身教育体系。城镇养老、失业、医疗、工伤、生育保险覆盖率均95%,新型农村合作医疗覆盖面90%。城镇登记失业率在4%以内,每年新增就业岗位1万多个。城乡文化、体育设施完备。人口自然增长率控制在4.5‰以内,总人口76万人。城市绿化覆盖率、森林覆盖率分别40%和20%以上,人均公共绿地10平方米以上。城市生活污水处理率80%,垃圾处理率70%,环境质量综合指数保持在80以上。单位国内生产总值能耗比“十五”末下降20%。实际利用外资、进出口总额、外经营业额三大指标比“十五”期间增长3倍以上。

(二)“十一五”前三年(2006~2008年)计划执行情况

2008年,全县实现地区生产总值114.01亿元,比2007年增长18.1%。其中,第一产业增加值25.09亿元,比2007年增长6.5%;第二产业增加值54.53亿元,比2007年增长25.3%;第三产业增加值34.39亿元,比2007年增长16.7%。人均地区生产总值17698元(按常住人口计算),比2007年增长21.9%。财政收入10.37亿元,比2007年增长35.9%;其中地方一般预算收入5.91亿元,比2007年增长47.4%。全社会固定资产投资130.32亿元,比2007年增长23.9%。注册外资到账5006万美元,比2007年增长101%。外贸收购总额4000万美元。城镇居民人均可支配收入13040.66元,比2007年增长16.2%;农民人均纯收入5774元,比2007年增长13.7%;城乡居民年末储存款余额41.62亿元,社会消费品零售总额32.14亿元,比2007年增长21.1%。

农业总产值29.51亿元,引进各类农业项目59个,合同引资额14.8亿元,市级以上农业龙头企业实现开票销售收入5.6亿元。完成高效种植业1.92万公顷,龙虾混套养殖1.04万公顷,其中高效养殖0.34万公顷。全年种植粮食13.06万公顷,比2007年增长4.3%,总产量87.19万吨,比2007年增长15.1%;种植油料1.32万公顷,总产量3.28万吨,较2007年略有下降。工业总产值110.99亿元,工业用电量4.8亿千瓦小时。新增列统企业25家,完成列统企业工业增加值26.48亿元,比2007年增长12%;工业投入70.5亿元,比2007年增长20%;实施5000万元以上工业项目48个。凡力钢管、淮化集团等7家企业开票销售收入超亿元,其中凡力钢管成为第一家销售收入超10亿元的企业。

全年交通运输仓储业完成增加值6.85亿元,比2007年增长39.5%。公路货运量516万吨,客运量560万人,港口货物吞吐量720万吨。公路通车里程2498千米,其中等级公路2425千米、高速公路102千米。完成邮电业务总量2.2亿元,其中电信业务收入19207万元、邮政业收入1506万元。固定电话用户15.8万户,普及率每百人72部。移动电话用户15万户,普及率每百人68部;计算机互联网用户1.1万户。

全县各级各类学校在校生11.36万人,比2007年下降7%。高初中在校生6.89万人,比2007年减少100人;小学在校生4.8万人,比2007年减少400人。职业教育在校生12872人。小学毕业生入学率100%,初中毕业生入学率93%,高中阶段毛入学率93.48%,高中毕业生升学率70%,职高招生3595人。全县70%以上村组实现光缆联网。有线电视用户12.26万户,电视台安全播出6205小时,广播电视覆盖率100%,电视节目30套。有卫生机构302个,拥有病床1242个,卫技人员2603人,县乡卫生服务网络体系健全率99.6%。全县体育总人口40万人,有业余体校1所,在校生80人。旅游以“4321”工程为切入点,铁山寺国家森林公园建成国家AAAA级景区和全国农业旅游示范点,天泉湖获批省级湿地公园,八仙台通过全国农业旅游示范点验收。接待游客243万人次，旅游相关收入12亿元。转移农村劳动力20.35万人，城镇新增就业再就业1.37万人。全县总人口75.83万人。人口出生率8.05‰，人口自然增长率2.55‰，计划生育率98.32%。参加失业保险3.7万人，参加基本养老保险4.4万人，参加基本医疗保险6.7万人；城乡居民最低生活保障对象2.836万人。

第三节　经济总量与结构

一、经济总量

（一）国内（地区）生产总值

"七五"期间（1986～1990年），盱眙县国内生产总值较低，全县农业产值占据主要位置，国有工业和乡镇企业发展滞后，多种经营处于薄弱地位，国内生产总值逐步增加。国内生产总值由1986年的4.65亿元发展到1990年的8.59亿元。"八五"期间（1991～1995年），县委、县政府制定"三为主、三突破"经济发展方针，提出"抓三富、奔小康"奋斗目标，国内生产总值有很大提高。"八五"末国内生产总值是"七五"末的2.12倍。

"九五"期间（1996～2000年），县委、县政府围绕"强固基础，发挥优势，重点突破，整体推进"工作思路，实施"富民、富县、基础、保障"工程。"九五"末国内生产总值是"八五"末的2.22倍。"十五"期间（2001～2005年），县委、县政府提出经济发展主攻目标是"一个全力""三个加快""四个翻番"。"十五"末全县地区生产总值是"九五"末的1.56倍。"十一五"期间（2006～2008年），县委、县政府提出"建成苏北旅游第一县、建设中等城市、创建国家级经济开发区、实现全面小康"发展战略。2008年，地区生产总值是1986年的24.5倍，年均增长15.5%。地区人均生产总值17698元。

1986～2008年盱眙县国内生产总值一览表

表5-1　　单位：亿元、元

年份	国内生产总值	人均国内生产总值	年份	国内产总值	人均国内生产总值	年份	地区生产总值(GDP)	人均地区生产总值(GDP)
1986	4.65	717	1994	15.20	2172	2002	52.50	5643
1987	6.25	955	1995	18.25	1995	2003	48.08	6363
1988	8.43	1281	1996	22.05	2394	2004	57.67	7681
1989	8.51	1780	1997	24.51	3064	2005	63.27	9085
1990	8.59	1270	1998	28.22	3245	2006	74.52	10995
1991	6.68	972	1999	34.57	3730	2007	88.46	13492
1992	10.18	1467	2000	40.54	4339	2008	114.01	17698
1993	12.61	1808	2001	45.90	4915			

说明：人均国内生产总值采用常住人口计算。自2002年起，原盱眙县国内生产总值改为地区生产总值。

（二）工农业总产值

工业总产值　1986年，全县以国有工业为主，工业总产值1.98亿元，占工农业总产值29.38%。1991年，县委、县政府采取厂长（经理）负责制、承包经营责任制、脱壳承包制、拍卖国有资产等形式，改革国有工业企业管理体制和经营机制，扭转工业经济亏损局面，推动国有工业经济迅速发展。工业总产值6.48亿元，占工农业总产值51.55%。2001年，县委、县政府制定工业强县发展方略，建成占地24.15平方千米的县工业园区,实施招商引资“百日竞赛”“三百工程”,全县工业向工业园区集中、向高端产业集群、向科技开发集结,工业总产值16.8亿元,占工农业总产值35.98%。2008年,全县工业总产值110.99亿元,占工农业总产值70.29%。

农业总产值 1986年起,县委、县政府将农业作为致富农民的重点产业,放开农副产品收购价格,放手农民种植品种,放宽山水开发政策,放活农村金融政策,形成多种经营全面发展的局面。是年,全县农业总产值4.76亿元,占工农业总产值70.62%。1995年起,县委、县政府提出“丘陵山区上果林、平原粮区增畜禽、滨湖沿淮攻水产、加工服务求效益”发展战略,逐步向“一村一品”、种养业大户、加工业大户、规模经营大户发展,推动农业经济总量快速上升。是年,全县农业总产值18.38亿元,占工农业总产值58.02%。2000年起,县委、县政府提出走“精细化、集约化、产业化”农业结构调整道路,做到压粮扩经,发展养殖业、水产业;种植高效、优质经济作物,扩大中药材、蔬菜、果林面积,农业总产值不断增加。是年,全县农业总产值28.27亿元,占工农业总产值66.5%。2005年起,取消农民负担,国家以农民承包地为基础,给予经济补偿,调动农民种粮积极性,保持农业总产值稳定发展。是年,全县农业总产值34.12亿元,占工农业总产值37.71%。2008年,全县龙虾、果蔬、意杨、养殖、优质稻米五大产业成为农业总产值支柱产业。全县农业总产值46.92亿元,占工农业总产值29.71%。

1986～2008年盱眙县工农业总产值一览表(当年价)

表5－2 单位:亿元

年份	合计	工业总产值	农业总产值	年份	合计	工业总产值	农业总产值	年份	合计	工业总产值	农业总产值
1986	6.74	1.98	4.76	1994	22.67	9.49	13.18	2002	53.99	22.14	31.85
1987	8.85	2.81	6.04	1995	31.68	13.30	18.38	2003	56.87	27.26	29.61
1988	13.61	5.20	8.41	1996	39.24	17.99	21.25	2004	71.16	38.80	32.36
1989	14.43	5.31	9.12	1997	45.47	22.83	22.64	2005	90.49	56.37	34.12
1990	14.51	5.99	8.52	1998	46.61	21.55	25.06	2006	122.26	86.28	35.98
1991	12.57	6.48	6.09	1999	38.28	11.91	26.37	2007	162.04	123.22	38.82
1992	15.54	7.28	8.26	2000	42.51	14.24	28.27	2008	157.91	110.99	46.92
1993	19.13	8.00	11.13	2001	46.69	16.80	29.89	合计	1133.25	636.22	497.03

说明:1999年起,工业产值为销售收入500万元以上的列统工业企业总产值。

二、经济结构

(一)经济成分

1986年,全县经济以国有、集体经济为主,非公经济在全县工商业中所占份额较低,上缴入库税金占国有、集体经济入库税金的1.2%。1993年起,县委、县政府制定发展个体私营经济20条措施和“七放宽、二简化、四服务”的优惠政策,台商独资企业、合资企业和股份制企业落户盱眙县。至1995年,全县“三资”企业18家,“先售后股”企业101家、租赁经营221家、承包经营109家、其他形式59家。个体工商户1.18万家,私营企业140家,入库税收953万元,比1994年增长31.8%。2000年,全县乡镇企业改制基本完成,县属企业改制98%,投资领域由工业向私营企业、建筑业、商业、服务业拓展。全县有个体工商户1.88万家,私营企业715家,“三资”企业37家,缴纳税金3500万元,占全县财政收入的20.1%。2008年,全县国有、集体企业和商贸服务业改制基本结束,私营经济成为全县经济主体,企业形式主要有股份有限公司、股份合作制、个人独资。

（二）产业结构

1986年，按第一产业（种植业、林业、牧业、副业和渔业）、第二产业（采掘工业、制造业、电力、化工和建筑业）、第三产业（第一、第二产业以外的其他各业）划分，一、二、三产业比例为69.1∶18.7∶12.2，第一产业产值3.22亿元，占国民经济总产值69.1%，处于主导地位。

1990年，一、二、三产业结构为61.9∶23.2∶14.9。“七五”期间，全县工业发展形成以水泥和石料为龙头的建材工业，以曲酒和酒精为龙头的酿造工业、以羽绒、皮革制品为龙头的畜禽产品加工，以食品和粮食饲料加工为龙头的农副产品加工“龙头”产业，提升工业产值在一、二、三产业结构中比例。1991年起，县委、县政府调整产业发展思路，优化产业结构，非农业产业发展加快。至1995年，一、二、三产业结构比例为49.9∶24.6∶25.5。1996年起，全县私营工业企业逐渐兴起，城区改造进度加快，流通市场进一步放开，相继兴建大型超市；通过举办龙虾节，旅游业、服务业迅速发展，第三产业比重增大。建材、化工、食品加工工业支柱产业基本形成，第二产业比重增加。至2000年，一、二、三产业结构比例为37.6∶29.1∶33.3，二、三产业比重明显增加。2001年起，全县工业企业形成轴承、机械、电器、凹土、食品五个特色产业。至2005年，一、二、三产业结构比例28.9∶43.2∶27.9，第二产业超出一、三产业，比重明显增加。2008年，县委、县政府确立稳定第一产业、发展第二产业、推进第三产业的思路，一、二、三产业结构比例为22.0∶47.8∶30.2，第二产业占主导地位。

（三）产业内部结构

第一产业　1986年，县委、县政府将农、林、牧、副、渔全面发展作为全县经济工作重点，全年种植业、林业、畜牧业、副业、渔业产值，分别占第一产业总产值76.3%、0.1%、16.6%、13.6%、2.9%。2001年，全县农业围绕“立足传统产业，推广良种良法，重抓流通加工”的发展方略，调整农业产业结构，种植业形成“菜、油、瓜、林、草、药”六大主导产业，经济作物比重达到40%。养殖业形成畜禽、水产两大主导产业，建成一批山羊、生猪、野鸭、家禽、水产等特色乡镇。大米、花生、龙虾、林木等农产品加工规模不断扩大，第一产业内部结构发生变化。全县种植业、林业、畜牧业、渔业产值，分别占第一产业总产值56.45%、1.35%、21.78%、20.41%。

2005年，全县投资4466万元，完成花生、林木、中药材、水产、畜禽、养殖、龙虾、蔬菜、油料、优质粳稻原料基地建设，鼓励全民创业，实施农村产业化经营，大力培植专业合作组织。种植花生2万公顷，植树900万株，种植中药材3400公顷，栽植优质粳稻2.67万公顷，建立专业合作社134个。全县种植业、林业、畜牧业、渔业产值，分别占第一产业总产值68.3%、1.9%、10.5%、17.6%。2008年，种植业、林业、牧业业、渔业产值分别占第一产业总产值62.91%、1.59%、17.74%、16.09%。

第二产业　1986年，全县以国有、集体工业为主，主要分为机械、建材、化工、轻工、服装、皮革、纺织、粮食食品8个门类，化工、建材、轻工在第二产业中占主导地位。全县国有、集体企业产值占工业总产值分别为82.26%、17.74%。

1990年，针对国有企业亏损现象，采取承包经营、脱壳经营、股份经营等措施，改革国有企业经营机制，扭转企业亏损局面，集体企业产值明显提升。年底，全县国有、集体企业总产值分别占第二产业总产值74.82%、25.18%。2001年，采取出售、拍卖、股份制等形式，改革国有、集体企业；出台一系列优惠政策，扶持、鼓励个体创办私营企业。国有、集体工业逐渐减少，个体、私人企业逐年增加。全县国有、集体、私营企业占总产值分别为41.21%、18.98%、39.61%。2005年，县委、县政府提出“工业强县”发展战略，通过招商引资，私人企业占主导地位，集体工业改制基本结束。国有、私营企业分别占总产值11.57%、88.53%。2008年，全县工业结构发生明显变化，国有、集体工业改制基本结束，私营、个体企业成为全县工业主体，全年个体、私营企业总产值比2000年翻一番。

第三产业　1986年，第三产业以国有、集体为主体，全县商品零售总产值13693.98万元。其中，国营商业总产值10059.74万元，集体商业产值1134.24万元，私营商业产值2500万元。1990年起，第三产业发展加快，各类服务业发展活跃，小商品批发形成规模，各乡镇商贸中心初见雏形，形成商业、服务业、邮电通信、交通运输齐头并进的多元化发展新格局。1999年,全县第三产业总产值107702万元。其中,交通运输、仓储、邮电通信业27992万元,商业饮食业39714万元,金融保险业3521万元,房地产业10595万元,教育、文化、卫生、广电、体育、社会福利业13201万元,分别占第三产业总产值25.99%、36.87%、3.26%、9.84%、12.26%。

2000年起,随着房地产业的兴起,开始兴建一批商贸中心、大型超市、农贸市场、商业街,商品零售业、餐饮、休闲、交通、房地产业成为第三产业主导产业。2004年,全县第三产业总产值17.75亿元。其中,农林牧渔服务业0.26亿元,地质勘查、水利管理业0.3亿元,交通、仓储、邮电通信4.4亿元,批发和零售贸易餐饮业5.54亿元,房地产业2.45亿元,教育文化、广电1.02亿元,分别占第三产业总产值1.46%、1.69%、24.79%、31.21%、13.80%、5.75%。2005年起,房地产开发继续保持快速发展势头,休闲娱乐、信息、物流、仓储、通讯、连锁酒店、旅游、金融保险等现代服务业为第三产业发展注入新的动力,第三产业总产值迅速增加。2008年,全县第三产业总产值34.39亿元。其中,交通运输、仓储、邮政6.69亿元,批发零售1.33亿元,电信和其他信息传输业4.22亿元,分别占第三产业总产值19.45%、3.87%、12.27%。

1986~2008年盱眙县产业结构情况一览表

表5-3　　单位:亿元

年份	第一产业	第二产业	第三产业	合计	年份	第一产业	第二产业	第三产业	合计
1986	3.22	0.87	0.57	4.66	1998	12.98	6.95	8.29	28.22
1987	4.19	1.27	0.79	6.25	1999	13.89	9.91	10.77	34.57
1988	5.53	1.94	0.95	8.42	2000	15.23	11.83	13.48	40.54
1989	5.63	1.65	1.23	8.51	2001	16.12	14.18	15.60	45.90
1990	5.33	1.99	1.28	8.60	2002	17.20	17.73	17.56	52.49
1991	3.59	1.97	1.13	6.69	2003	15.56	17.22	15.30	48.08
1992	5.58	2.35	2.24	10.17	2004	17.22	22.70	17.75	57.67
1993	6.21	3.56	2.84	12.61	2005	18.30	27.30	17.67	63.27
1994	7.12	4.26	3.82	15.20	2006	18.85	35.08	20.59	74.52
1995	9.11	4.49	4.65	18.25	2007	20.20	43.06	25.20	88.46
1996	10.81	5.34	5.90	22.05	2008	25.09	54.53	34.39	114.01
1997	11.71	5.52	7.18	24.41	合计	268.67	295.67	229.18	793.52

第四节　固定资产投资

"七五"期间(1986~1990年),为加快盱眙县工业以建材工业、粗加工工业等劳动密集型行业向技术、资金密集型方向转化,按照国家基本建设实行"三保三压"规定,在投资方向上主要搞好企业内部技术改造,重点为能源、交通等项目。全县完成固定资产投资额1.62亿元,比"六五"期间净增1.12亿元,其中基本建设投资0.47亿元。

"八五"期间(1991~1995年),固定资产投入遵循控制总量、调整结构、加强管理、提高效益方针,基本建设重点以城市建设、文教卫生和职工住宅为主;技术改造重点围绕县产业产品结构调整和节源降耗、提高质量的要求,以改建、扩建为主,在投资少、见效快的项目上做文章。宁连一级公路马泥段顺利建成通车,宁连公路盱眙段17.8千米二级路面改造工程竣工,全县有309个村通上砂石路;全县30个乡镇电话全部实现程控化，交换机容量达2.5万门。投资2300万元的县第二水厂竣工并供水。1995年完成328个村1.5万户农户扶贫通电的目标任务。累计固定资产投资8.4亿元，是“七五”期间的5.2倍，年均递增44%。

“九五”期间(1996~2000年)，盱眙县以盱眙城区为中心，以基础设施建设为重点，加大加快固定资产投资。县城拆除各类建筑物20万平方米，新增建筑面积70万平方米；农村小城镇建设新增建筑面积80万平方米。新建盱马路，修建盱明路、盱鲍路，实现县乡道路黑色化、乡村道路砂石化，县域交通路网基本形成。淮河特大桥基本建成，宁宿徐高速路盱眙段建设加快，乡乡道路黑色化进展顺利。完成仇集、旧铺35千伏输变电工程，三河11万伏变电所扩容工程竣工，农村电网改造任务全面完成，实现村村通电。移动通信、无线寻呼拥有量大幅上升，全县电话装机达7万部，每百户拥有电话36部。有线电视覆盖率达90%。累计完成固定资产投资34.4亿元，是“八五”期间的4.1倍。

“十五”期间(2001~2005年)，固定资产投入重点投向工业，提出“626”工程(每年新上固定资产投入6个1000万元以上、20个500万元以上、60个100万元以上的工业项目)。2001年起，在淮安市率先规范工业开发区建设，开展招商引资活动。其间，累计引进项目3969个，其中竣工投产项目293个，完成投资额82.58亿元；新批“三资”企业37个，利用外资2400万美元；建成宁宿徐高速公路盱眙北段35.2千米，改建二级路36.6千米，建设硬质化乡村公路856千米；完成城区嘉喜大道、洪武大道、魁星大道、虎宣路的建设和改造工程，实施十里营立交、八一广场、石牛山转盘周边道路环境整治工程，商贸中心、国贸商城、东方商城、淮明园、都梁花园、第一山花园别墅、水月山庄等房地产开发项目相继建成投入使用；分别建成220千伏、110千伏、35千伏变电所5座、2座、2座，新建和改造10千伏以上线路750千米；铺设通讯光缆900多千米，固定电话用户达20万户，移动电话用户达10万户。实现全社会固定资产投资118.2亿元，是“九五”时期的3.4倍。

“十一五”期间前3年(2006~2008年)，盱眙县大力实施“城建举县”发展战略，城市面貌明显改观，基础设施日益完善，是盱眙全社会固定资产投资大投入的3年，其间分别投入69.25亿元、98.04亿元、130.32亿元，共投入297.61亿元。山水广场、华夏国际购物广场、盱眙客运中心、盱眙港等建成投入使用，惠源居花园、阳光人家、锦绣家园、龙泉雅苑等一批房地产项目相继完工，都梁广场大舞台、都梁阁、文化馆、龙虾博物馆、地质博物馆、淮河文化博物馆等陆续建成，淮河东路综合改造，甘泉西路、山水大道、都梁大道等道路建成通车，奥体中心等项目快速推进，勾画出盱眙县中等城市框架。

第五节　计划调控

一、物资能源计划

1986年，对经济和社会发展的调控主要是计划调控。物资能源实施国家统配物资和地方物资计划，按照保证重点、照顾急需的原则，全县调拨计划内木材4333立方米、钢材479吨、煤炭31514吨、水泥22460吨、石油10850吨；调进计划外木材11366立方米、钢材4192吨、煤炭62603吨、石油4965吨。1990年，实行改革开放，搞活物资市场政策，县级物资管理除少量的指令性计划物资外，主要是以指导性计划和市场调节为主，全年共协调引进木材2.2万立方米、钢材6600吨、煤炭32万吨、石油2.4万吨，基本上满足全县工农业生产的需要。到1994年，完全实行市场经济，计划经济取消。

二、基建项目审批

1986年，基建项目审批权限是5万元以下零星项目由县计委直接下达批文，5万元以上项目上报市计委审批后，由县计委转发下达基建计划。全县共下达或转发基建计划8批次41个项目，总建筑面积36141平方米，总投资746.9万元。1990年，全县下达或转发基建计划9批次52个项目，建筑面积38943平方米，投资1304.6万元。1993年,实行简政放权,大小基建项目不再报市计委审批,一律由县计委下达批文。国家加强宏观调控,压缩基本建设规模,严格控制非生产经营性项目,确保生产性重点项目,全县重点基建项目投资1868万元。2005年,根据省政府颁发《江苏省企业投资项目核准暂行办法》《江苏省企业投资项目备案暂行办法》《江苏省政府核准的投资项目目录(2004年本)》的文件精神,投资项目审批方式分为审批、核准、备案3类,全县共审批、核准、备案投资项目267个,计划投资70亿元,完成1000万元以上项目固定资产投资33亿元。

2007年,县发改委参与县经济开发区项目评审、产业政策咨询,杜绝污染项目落户盱眙县。全年审批项目16个,核准项目98个,备案项目449个,报批重大项目有热电项目、秸秆发电项目、利用垃圾物发电项目、2个年产100万吨水泥磨站项目、汽车客运中心项目、新港口建设项目、瑞盛重工公司建设项目,凹凸棒石黏土科技创业园被列入省服务业重点发展项目。争取到资金的投资项目有投资1000多万元的水库移民安置项目、投资800多万元的官滩等5个乡镇的优质稻米种植项目、投资1400多万元的黄花塘新四军军部纪念馆红色旅游建设项目等。2008年,共备案项目291个、核准项目79个、审批项目14个。铁山寺景区旅游公路项目获省发改委核准,金陵天泉湖旅游度假区、中国龙虾批发市场等项目报省级重点项目计划,争取到中央政策类补助、省级服务业引导资金、农业龙头企业发展专项资金和各项社会事业类资金1000余万元。

图5－1　国有企业第二水泥厂

三、以工代赈

1993年,会同有关部门编制盱眙县洪泽湖综合开发、盱眙县山区综合开发和产粮大县等规划,向国家争取以工代赈资金183万元,对淮河入江水道和洪泽湖周边低洼地区进行综合治理。1994年,加大全县农业基础设施投入,争取以工代赈资金210万元。1995年,水冲港、王店、仇集、兴隆4个乡的乡村道路被列入省扶贫以工代赈项目,共争取以工代赈资金90万元。1996年,盱眙在没有偿还到期以工代赈资金的情况下,在县计委的反复争取下,安排以工代赈资金380万元,争取到省计委拨付水冲港乡姚山小流域治理滴灌工程资金50万元。2003年,争取农村基础设施建设以工代赈项目资金165万元。2004年起,以工代赈项目不再实施。

四、农转非

1986年起,每年由市计委根据全县总人口下达控制数,本着保证重点的原则,“农转非”重点放在计划生育专干、科技干部家属、民办教师、征地农民、撤组转户等方面。1993～1995年,“农转非”贯彻政策与指标相结合的原则,3年分别发放“农转非”许可证451张、532张、823张。其中,1995年,盱城进行老城改造,办理农民进城手续1880人。1996年,办理盱城镇山口门村的二山组、宣化村的东门组撤组转户、征地带劳、技干家属、录用干部、劳模农民、民办教师转公办教师等“农转非”手续1610人。1997年,共办理“农转非”804人。1998年起,取消办理“农转非”。

五、企业发展调控

1986年,县计委共审批企业47家,其中新上企业34家、横向联合的企业16家。1990年,国家压缩投资,审批新办企业28家,其中报市计委审批企业5家。1993年,县委、县政府提出党政机关办实体,审批新办企业145家。1995年,新办企业和新上项目纳入以“两专一基”为主导产品、产业结构调整计划,共审批企业、项目46个。1996年起,按国家规定,县计委不再审批新办企业。

第二章　统计管理

第一节　机　　构

1986 年，县统计局设办公室、基建科、劳动工资科、农业科、农业调查科。直属机构有县农村抽样调查队。

2002 年 4 月，办公室增挂“政策法规科”牌子，撤销基建科、劳动工资科、农业科、农业调查科。增设国民经济综合统计科，工业统计科，投资、贸易、人口和社会统计科。2004 年 7 月，成立盱眙县社会经济综合调查局，副科级全额拨款事业单位，编制 10 人。调查局内设城镇住户调查科、服务业调查科、人口社会调查科。

2007 年 1 月，县社会经济综合调查局更名为县地方统计调查局。人口社会调查科增挂“信息网络调查科”牌子。至 2008 年，机构无变化。

第二节　经济与社会发展统计

一、国民经济核算统计

1986 年，国家正式建立国内生产总值和第三产业统计制度，开始在国民收入的基础上计算国内生产总值，国民收入和国内生产总值两套指标同时并行。

1993 年，国家统计局停止国民收入计算，按照联合国推荐的国民账户体系（SNA）的基本原则和方法进行国内生产总值核算，国内生产总值成为国民经济核算的主要指标，国家、省、市、县都建立年度和季度国内生产总值核算制度，对建国以来的国内生产总值数据进行补充计算。

2004 年，国家统计局将全国经济中所生产出的全部最终产品和劳务的价值，称为国内生产总值；将地区经济中所生产出的全部最终产品和劳务的价值，称为地区生产总值。2002 年起，盱眙县采用地区生产总值为统计指标。

二、农林牧渔业统计

1986 年起，盱眙县根据国家统计局要求，逐步改革国民经济和社会统计指标体系，将农业统计改为农村统计，实行“农村统计一套表”制度，第一部分是村组填报的报表，第二部分是乡镇报表，第三部分是乡镇主要经济考核指标月报和经济社会计划执行情况公报。

1992 年起，统计部门新增加的农村统计综合年报有现价农村社会总产值、农业总产值和农业商品产值、农业增加值、农业净产值、农村经济收入分配和效益、农村固定资产结构、县（市）农村经济卡片、沿海开放县和农副产品生产基地农村社会经济卡片 8 种。

1986~2008 年盱眙县农业总产值一览表

表 5-4

单位:亿元

年份	总产值	年份	总产值	年份	总产值	年份	总产值
1986	7.28	1992	8.75	1998	11.43	2004	14.47
1987	7.68	1993	9.74	1999	12.83	2005	15.26
1988	8.08	1994	8.53	2000	13.88	2006	15.82
1989	8.59	1995	10.61	2001	14.82	2007	17.19
1990	8.59	1996	11.54	2002	15.83	2008	16.50
1991	6.38	1997	11.29	2003	14.23		

说明:按不变价计算。

三、工业统计

1986 年,根据国家需要,做好本县工业报表的填报,为经济发展提供真实可靠数据。1987 年起,工业报表的填制,以企业为起报单位,县统计局负责汇总,逐级上报;乡及乡以上工业由县乡镇企业管理局审核后报县统计局;县属全民、集体工业企业,城镇街道办工业企业,县行政区内县属工业企业由主管部门审核后报县统计局。统计内容包括生产、销售、库存和成本、费用、价格、盈利、资产负债情况及其构成等经济指标。1998 年起,根据省统计局规定,全面调查国有和年销售收入 500 万元及以上的非国有工业企业,年销售收入 500 万元以下的非国有工业企业实行抽样调查。统计内容主要包括工业总产值、工业增加值、销售收入、利税总额、利润总额等经济指标。

1986~2008 年盱眙县工业地区生产总值一览表

表 5-5

单位:亿元

年份	工业地区生产总值	列统工业产值	列统工业销售收入	年份	工业地区生产总值	列统工业产值	列统工业销售收入
1986	0.68	-	-	1998	5.76	-	-
1987	1.08	-	-	1999	8.35	11.91	11.43
1988	1.70	-	-	2000	9.61	14.24	13.97
1989	1.38	-	-	2001	11.33	16.80	16.92
1990	1.67	-	-	2002	14.03	22.14	21.61
1991	1.68	-	-	2003	14.14	27.26	25.30
1992	2.05	-	-	2004	18.69	38.80	37.60
1993	3.11	-	-	2005	22.57	56.37	54.43
1994	3.69	-	-	2006	28.53	86.28	84.56
1995	3.74	-	-	2007	35.06	123.22	128.67
1996	4.52	-	-	2008	44.63	110.99	105.20
1997	4.70	-	-				

四、固定资产投资统计

1986年，固定资产投资统计年报分为全民所有制基本建设统计、全民所有制更新改造措施统计、全民所有制其他固定资产投资统计、集体所有制固定资产投资统计、私人固定资产投资统计五大部分。1987年起，在全民所有制固定资产投资统计制度中，增加固定资产投资财务拨款统计报表。1989年，“基本建设本月新开工100万元以上项目一览表”填报范围扩大到全部基本建设和更新改造项目。

1992年，“固定资产投资统计基层表标准表式”增加实际需要的总投资、本年各项应付投资款（其中工程款、设备器材款）等指标，取消二次投资、房屋翻建的原面积投资等指标，资金来源按计划资金管理部门分列。1993年起，“固定资产投资统计基层表标准表式”增加商品房屋销售额、商品房屋销售建筑面积、商品房屋配套设施完成投资、本年交付使用财产等指标，取消房屋建筑面积及价值按房屋用途分组。1994年6月，开展固定资产投资项目快速调查。1996年，单设《房地产开发统计基层标准表》。

2003年，固定资产投资统计基层表有“固定资产投资完成情况”“地产开发投资完成情况”“房地产开发经营情况”，综合表有“基本建设投资完成情况”“更新改造投资完成情况”“其他固定资产投资完成情况”“房地产开发投资完成情况”“城镇和工矿区私人建房情况”，基本建设投资、更新改造投资统计范围为计划总投资（或实际需要总投资）50万元及50万元以上单位（或项目）。2004年，城镇投资、农村投资的统计口径分别调整为50万元和500万元。至2008年，无变化。

1986～2008年盱眙县固定资产投资一览表

表5－6　　单位：亿元

年份	全社会固定资产投资	其中：工业固定资产投资	年份	全社会固定资产投资	其中：工业固定资产投资
1986	0.27	－	1998	7.86	－
1987	0.28	－	1999	9.53	－
1988	0.33	－	2000	12.04	4.00
1989	0.22	－	2001	15.05	4.50
1990	1.62	－	2002	19.50	5.80
1991	0.24	－	2003	21.89	14.6
1992	1.32	－	2004	28.58	18.45
1993	2.06	－	2005	38.69	24.45
1994	4.77	－	2006	69.25	41.70
1995	5.89	－	2007	98.04	59.45
1996	6.79	－	2008	130.32	73.66
1997	3.60	－			

五、批发和零售业、住宿和餐饮业统计

1986年，社会商业、饮食业从单纯的国营商业逐步扩大到集体、个体、工业部门直接销售，集市贸易及其他行业直接经营，填报表原有的程序不变，新增加个体商业由县（市、区）工商部门按工商管理费推算，报县统计部门。1993年，增加大中型批发零售贸易业企业报表，由同级统计部门直接布置、收集和汇总。1998年，取消大中型批发零售贸易业企业报表，增加限额以上批发零售贸易和餐饮业企业报表。

2000年起，对个体批发零售业、餐饮业进行抽样调查，调查以县（区）为总体，以从事批发和零售贸易业、

餐饮业个体户为基本抽样单元,调查时间为每年2月、5月、8月和11月,对每个样本经营单位,调查1个月。由工商部门负责抽样资料的提供和收集、审核、报送,统计部门负责样本的抽选、抽样误差的测算、数据的处理和总体资料的推算。2002年,对限额以下(含个体)批发零售贸易业、餐饮业进行抽样调查,调查以县为总体,以从事批发和零售贸易业、餐饮业的限额以下企业(活动单位)或个体户为基本抽样单元,每年5月和11月对每个样本经营单位调查1个月,抽样调查由统计部门直接负责样本的抽选,以及样本资料的收集、审核、处理和总体资料的推算。

2005年,增加星级住宿业企业报表。2006年,对限额以下批发和零售业、住宿和餐饮业进行抽样调查,调查以县(区)为总体,以从事批发和零售业、住宿和餐饮业的限额以下(单位)与个体户为基本抽样单元,调查频率为每月1次,每个样本经营单位连续调查1周,调查由统计部门直接负责样本的抽选,资料的收集、审核、处理和推算。

1986~2008年盱眙县社会消费品零售总额一览表

表5-7　　单位:亿元

年份	零售总额	年份	零售总额	年份	零售总额	年份	零售总额
1986	1.77	1992	2.76	1998	8.34	2004	12.46
1987	1.42	1993	3.34	1999	9.14	2005	18.61
1988	2.30	1994	4.16	2000	10.28	2006	21.58
1989	2.35	1995	5.43	2001	11.34	2007	25.83
1990	2.24	1996	6.54	2002	12.74	2008	32.14
1991	2.47	1997	7.58	2003	11.03		

六、劳动工资统计

1986年,劳动工资统计定期报表有"全民所有制单位职工人数和工资"月、季、半年报,"各种合营、华侨或港澳工商业者经营和外资经营单位全部职工人数和工资"月、季报,"城镇集体所有制单位全部职工人数和工资及个体劳动者"月、季报。"中央、省属单位职工人数与工资一览表"和"劳保福利费用"综合统计年报表,由统计部门移交劳动主管部门编报。1987年,增加"租赁企业职工人数与工资"综合统计年报。1988年,综合统计"各类专业技术人员情况""租赁企业职工人数与工资"年报停止执行。1989年,增加"离休、退休、退职人员""其他所有制工业、建筑业全部职工人数"综合统计年报表。

1990年,按国家统一部署和省统计局、计委、编委和劳动局关于独立核算企业、事业、机关性质的统一规定标准,重新核定工资统计标准,改变过去以行业定工资的做法。1992年,劳动工资综合统计年报有"全部职工人数和工资""全部职工人数和工资补充资料""工业全部职工人数和工资""全民所有制单位固定职工和合同制职工增加来源和减少去向变动情况""全民所有制企业固定职工和合同制职工增加来源和减少去向变动情况""全民所有制事业单位固定职工和合同制职工增加来源和减少去向变动情况""全民所有制机关单位固定职工和合同制职工增加来源和减少去向变动情况""城镇集体所有制单位全部职工增加来源和减少去向变动情况""其他各种所有制单位职工增加来源和减少去向变动情况""全部职工工资总额构成情况""全部职工工资总额构成情况补充资料""各类专业技术人员情况"12种。

2005年,劳动工资统计年报范围从原有的城镇集体以上单位扩展到私营企业中的规模以上工业,限额以上住宿、贸易、餐饮业,资质以上建筑和房地产业,实行年报和季报制度。综合年、季报报表有"单位从业人员和劳动报酬情况""单位从业人员变动情况""私营企业从业人员和劳动报酬情况",基层报表有"劳动情况"和"私营企业劳动情况"。

1986～2008 年盱眙县职工平均工资一览表

表 5－8 单位：元

年份	平均工资	年份	平均工资	年份	平均工资	年份	平均工资
1986	－	1992	－	1998	5945	2004	11047
1987	－	1993	－	1999	6863	2005	12974
1988	－	1994	－	2000	7749	2006	15027
1989	－	1995	3771	2001	8655	2007	17779
1990	1757	1996	4301	2002	9211	2008	21190
1991	－	1997	4860	2003	10002		

七、民营经济统计

2004 年，县统计局开始统计民营经济，统计调查的范围和对象为全县行政区域范围内所有私营企业、股份合作企业、其他联营企业、其他有限责任公司(剔除国有控股企业)、股份有限公司(剔除国有控股企业)、其他内资企业和个体经营户。民营经济统计报表制度设置 16 张综合报表，内容包括反映全县民营经济发展规模、结构和效益等方面的主要指标，制度为年报、半年报、季报调查制度。至 2008 年，民营经济统计报表没有改变。

八、人口统计

(一)人口调查制度

1986 年，盱眙县在第三次全国人口普查基础上建立户口登记制度，以五年一次的 1% 人口抽样调查为主导，以一年一次的 1‰人口抽样调查和人口统计年报为经常性的人口调查制度，于 1990 年、2000 年进行第四次和第五次人口普查，取得人口统计资料。

(二)人口统计年报

1986～2008 年，一年统计一次，人口统计报表内容有户籍人口、性别人口、出生、死亡、出生率、死亡率、自然增长率等人口变动指标，范围是县内所有乡、镇、街道以及场矿、企业、农场等政企合一单位，统计口径是公安部门户籍人口。各乡镇(街道)负责收集本地人口信息，派出所负责汇总上报，县公安局负责汇总后报县统计局，县统计局审核汇总后上报市统计局。

1986～2008 年盱眙县总人口一览表

表 5－9 单位：万人

年份	总人口	年份	总人口	年份	总人口	年份	总人口
1986	65.17	1992	69.66	1998	70.97	2004	74.83
1987	65.61	1993	69.84	1999	71.42	2005	74.89
1988	65.99	1994	70.11	2000	72.16	2006	74.87
1989	66.95	1995	70.51	2001	72.72	2007	75.37
1990	68.34	1996	70.95	2002	72.90	2008	75.84
1991	69.13	1997	71.09	2003	73.22		

九、科技活动监测统计

2000年,盱眙县对研究与开发(R&D)项目投入开展一次清查,取得部分基础资料。此后,科技统计工作纳入统计年报制度。2005年,科技统计年报对大、中型工业企业和一级资质建筑企业科技活动进行统计,由县统计局负责,大、中型工业企业科技统计年报包含八大项68个调查指标,一级资质建筑企业科技活动年报包含五大项26个指标。

十、服务业统计

1999年,盱眙县开始旅馆业抽样调查,对星级以外住宿业进行抽样调查,调查内容为单位财务及营业状况,主要有营业收入、营业支出,利润、固定资产等财务指标以及客房数、床位数、年入住旅客人数和床位周转率等指标,2003年结束。2004年,开展全国第一次经济普查,盱眙县全面普查服务业单位和个体经营户。2005年7月,《2005年淮安市服务业统计制度(试行)》完成,盱眙县全面开展服务业统计。

第三节　专项统计调查

一、农村调查

(一)农产量调查

1988年起,国家统计局规定省及省以上粮食数字以抽样调查数字为准。1991年,启用新的调查点,建立粮食数据评估制度,评估内容包括抽样方法、抽样误差、代表性检查、抽样技术操作规程以及基层工作质量等,通过对影响粮食产量的各种因素分析,验证抽样数据的可靠性。1995年,夏粮收获开始,粮食产量采用以抽样调查数字定案。1999年,根据《1999年江苏省农村抽样调查县以下样本轮换实施细则》要求,样本点开始实行五年轮换一次制度。2004年,抽选黄花塘镇戚庄村、铁佛镇新圩村和杨滩村、穆店乡团结村、官滩镇许嘴村、观音寺镇马庄村和朱楼村、旧铺镇旧铺村、兴隆乡牌坊村、仇集镇演发村、河桥镇三元村、王店乡安乐村和梁郢村、鲍集镇鲍集村和朱巷村、管镇分金村和北周村、马坝镇马坝村和南阳村、桂五镇六桥村为新一轮的产量样本点。2005年开始正式使用。

图5－2　农村调查

(二)农村住户调查

1986年,盱眙县开展100户农村住户调查,调查其家庭生产、收入、消费、积累。1990年,进行第一次样本轮换,调查100户。1995年、1999年、2004年分别进行样本轮换,调查户都为100户。

二、人口抽样调查和劳动力调查

1987年7月1日零时、1995年10月1日零时进行1%人口抽样调查,查清当年人口发展变化情况。调查采取分层、三阶段、随机等距、概率比例和整群的抽样方法,调查的主要内容为户的基本情况和住房情况、人的基本情况、迁移流动状况、人口素质情况、就业和社会保障状况、婚姻生育状况等。

2005年起，根据国务院办公厅、省政府办公厅统一部署，每年5月开展劳动力专项调查工作，入户调查抽中小区内的16岁及16岁以上人口的就业状况。当年首次调查，结合人口抽样调查进行。11月1日零时进行1%人口抽样调查，查清当年人口发展变化情况。调查对象是被抽中的调查小区内具有中华人民共和国国籍并于2005年10月31日晚居住在本调查小区、户口在本户和2005年10月31日晚未居住在本户的全部人口。中国人民解放军现役军人由军队领导机关统一调查。这次调查以户为单位进行登记，户分为家庭户和集体户。“2005年全国1%人口抽样调查表”按户填报的项目包括户的基本情况和住房情况，按人填报的项目包括人的基本情况、迁移流动状况、人口素质情况、就业和社会保障状况、婚姻生育状况等。2004年11月1日零时至2005年10月31日24时期间有死亡人口的户，要填报“死亡人口调查表”。

2006年5月，进行城乡劳动力资源、就业和失业人口的总量及结构调查，调查的范围为全县城镇和乡村的16岁及16岁以上人口。11月，除完成上述调查外，还进行千分之一人口变动情况调查，掌握人口变化情况和劳动力就业、失业状况，把握人口发展规律，提供重要的决策数据。

三、群众安全感调查

1986年起，每年进行一次群众安全感调查。调查对象为年满16周岁以上的中国公民，调查标准时间为11月1日，调查内容包含群众的安全感受、影响安全感的主要因素、群众对当前社会治安状况的心理感受、群众对政法工作和队伍建设的满意程度等18项内容。

第四节　国情国力普查

一、基本单位普查

2001年9月，开展第二次全国基本单位普查工作。基层甲表为“法人单位基本情况表”，乙表为“产业活动单位基本情况表”；综合表分“法人单位及产业活动单位数”“按单位类别分组的法人单位数”“按单位类别分组的产业活动单位数”“法人单位基本情况”和“产业活动单位基本情况”。至2002年7月，分别完成法人单位、产业活动单位和个体工商户的登记工作，普查表经过初审后，集中审核、编码，进行数据录入处理。

二、农业普查

1996年底，进行第一次全国农业普查，每10年普查1次。普查对象为全县范围内各种类型的农业生产经营单位、农村住户、乡镇企业、行政村和乡镇。普查表分“农村住户调查表”“非农村住户类农业生产经营单位调查表”“行政村调查表”“乡镇调查表”“非农乡镇企业基本情况卡片”“农业用地卡片”，调查项目38个。2006年底，进行第二次农业普查，普查增加城镇农业生产经营户，取消非农乡镇企业卡片、乡镇企业。

三、工业普查

1986年，第一季度进行第二次全国工业普查，普查内容是1985年工业经济情况，包括产、供、销、人、财、物，以技术状况、经济效益、工业内部结构和职工状况为重点；普查对象是全县工业企业，以与国民生计关系较大的工业企业为重点；普查经费按财政体制分别列入中央和地方财政年度预算；普查表由基层企业填报，县审核，分县造册，于4月底报送省工普办。普查经历准备、调查、资料整理阶段，1988年底结束。

四、三产普查

1993年，开展1991年和1992年三产普查，包括县域内所有的第三产业企业、事业、行政单位和社会团体，反映第三产业发展规模的指标，如单位数量、从业人员等；反映第三产业（经营）活动成果的指标，如销售

(营业)收入、销售(营业)成本费用、销售税金、经营利润、行政事业单位业务收支、预算外收支和专项资金收支等;反映第三产业实物资产情况的指标,如固定资产原值、库存总值等。普查工作分准备阶段(1993.8~1993.10),摸底调查阶段(1993.11~1993.12),普查数据汇总、整理上报阶段(1994.1~1994.12)。

五、人口普查

1990年,进行第四次人口普查,时间为7月1日零时,设21个项目,人记录15项,户记录6项。另设死亡人口登记表,共9个项目。2000年,进行第五次人口普查,标准时间为11月1日零时。组织5000余名普查工作人员、普查指导员和普查员,有序开展工作。2002年8月,编印好第五次人口普查资料。

六、经济普查

2004年,开展第一次全国经济普查。包括工业、建筑业、第三产业和基本单位普查,普查对象涉及到从事第二、第三产业活动的全部法人单位、产业活动单位和个体经营户。法人单位、产业活动单位采取全面调查,个体经营户采取全面调查和抽样调查。标准时点为12月31日,时期资料为2004年度。2005年1月1日,全县开始登记填报,普查表经过人工审核和编码,由县普查办进行录入处理,对主要数据进行审核评估,市普查办开展数据质量检查。

第五节 统计分析

1986~2008年,盱眙县统计局共整理编印调查统计资料54册,其中年度统计资料23册(包含年度统计资料手册)、历史统计资料12册、专题统计资料19册。

一、月(季)度统计资料

1999~2008年,县统计局每月至少编印出刊一期《盱眙统计》,向县四套班子领导、县有关部门的主要负责人发送,内容包括工业、农业、供电、投资、消费、财政金融、外向型经济、居民生活、个体私营经济、目标完成情况等,每期编印500册。

二、年度统计资料

1986年起,县统计局开始编印《盱眙县统计年鉴》。至1990年,编印5册。1991~1996年,每两年编印统计年鉴1册,共3册。1997年起,《盱眙统计年鉴》内容分综合、工业、农业、贸易、劳资、固定资产投资、农村住户、城镇住户八大部分。至2008年,共编印《盱眙县统计年鉴》12册。

图5-3 县统计局编印的《统计年鉴》

三、历史统计资料

1989年,整理编印《1949~1988年盱眙县40年国民经济统计资料汇编》,包括综合、工业、农业、财政金融、劳动工资、贸易等方面。

四、专题性统计资料

1991年,整理编印《盱眙县第四次人口普查资料》。1994年,整理编印《盱眙县第一次三产普查资料》。1997年,整理编印《盱眙县第三次工业普查资料》和《盱眙县第一次农业普查资料》。2001年,整理编印《盱眙县第五次人口普查资料》。2002 年,整理编印《盱眙县第二次基本单位普查资料》。2005 年,编印《盱眙县第一次经济普查资料》。2007 年,编印《盱眙县第二次农业普查资料》。

第六节　统计检查

1987 年 1 月,国务院颁布《统计法实施细则》,补充和完善《中国人民共和国统计法》,县统计工作走上法制化轨道。1989 ~ 1991 年,先后颁布《江苏省统计管理条例》《江苏省统计管理奖惩办法》,规范统计执法行为。1994 年、1997 年,根据国家统计局和省统计局的部署,盱眙县成立由统计、纪检、司法等部门组成的联合检查组,开展统计执法大检查。通过统计执法检查,提高统计数据质量,为各级党委政府和社会各界提供更加科学全面的统计数据。1999 年起,每年开展统计监审工作,立案查处虚报、瞒报、迟报和拒报等行为。

至 2008 年,全县统计从业资格考核人数达到 591 人,共立案查处各类统计违法案件 100 余件,对相关责任人及责任单位采取警告、罚款等处罚措施,促进统计数据填报的规范化,维护《中华人民共和国统计法》的权威性和严肃性。

第三章　价　　格

第一节　机　　构

1986 年,县计划委内设物价科,负责全县物价工作。11 月,恢复县物价委员会。下设盱眙县物价检查所。1988 年 3 月,成立县物价局。1990 年 2 月,成立盱城、马坝、桂五、管镇 4 个乡镇物价检查站。1991 年 3 月,成立鲍集、官滩、旧铺、河桥 4 个乡镇物价检查站。1992 年 8 月,成立盱眙县价格信息咨询事务所,与物价检查所一套班子,两块牌子。1997 年,设立综合调控股、价格管理股和收费管理股。

2000 年 12 月,盱眙县价格信息咨询事务所更名为盱眙县价格认证中心。2002 年,撤销综合调控股、价格管理股和收费管理股。设办公室(挂“综合科”牌子)、价格管理科(挂“收费管理科”牌子)。2006 年 12 月,盱眙县物价检查所更名为盱眙县物价检查分局,撤销盱城、马坝、官滩、旧铺、桂五、管镇、河桥、鲍集 8 个物价检查站,将其所属人员及编制全部划转到县物价局检查分局。至 2008 年,机构无变化。

第二节　农副产品价格管理

一、粮油价格

1986 年,粮油价格执行上年价格政策,粮食由统购改为合同定购,定购品种调减为稻谷、小麦、玉米、大豆四种。定购内的实行比例计价,其中籼稻“倒二八”计价,小麦“倒四六”计价,其余品种均按倒“三七”计价。定购以外的粮食实行议购议销和市场调节。粮食销售除城镇居民口粮外,提高农村返销的销售价格,按比例价供应,逐步压销辅助粮、种子粮、饲料粮以及工业等用平价粮,改为议价供应。粮食购销价格形成国家定价、国家指导价和市场调节价并存的格局。每 50 千克杂交稻、粳米、小麦、标准面粉、特等面粉、菜油、豆油、花生油价格分别为 15.7 元、11.8 元、22.4 元、32 元、39 元、77 元、82 元、81 元。1988 年通货膨胀发生后,建立粮食、棉花、蚕茧、农资、副食品、种子等价格风险基金,用于平抑专项商品市场价格,全县调价品种 60 余个。

图 5 - 4　粮食收购

1991 年 5 月,大幅度提高粮油统销价格,调整粮食复制品及相关制品价格,对在职职工、离退休人员等每人每月发 6 元提价补贴。1993 年 4 月,取消粮油定购任务,收购价格放开,实行粮食收购保护价制度,小麦实行每 50 千克 4.4 元抗旱补贴。定量定(统)销供应价格放开,不再使用粮食、食油票券(军用粮、油票除外),国有粮食经营企业以略低于市场价格实行临时限价。

1996 年,上调小麦 41.4%、粳稻 50%、玉米 47.8%,除粳稻继续实施每 50 公斤补贴 2 元外,均取消价外补贴。1997 年,取消粳稻价外补贴。1998 年起,粮食实行定购价与保护价并行。盱眙县每 50 千克中等标准玉米和早籼稻定购价格分别为 68 元和 57 元,保护价格分别为 58 元和 50 元。国有粮食收储企业对定购任务外出售的粮食按保护价敞开收购,坚持保本微利,实行顺价销售,鼓励便民连锁店开展粮食零售业务,粮食集贸市场常年开放。

2000 年起,小麦实行收购保护价管理,每 50 千克中等标准白小麦 56 元。2004 年,稻谷收购实行最低保护价格,杂交稻、粳稻最低收购价格每 500 克分别为 0.72 元、0.75 元。2008 年,每 50 千克杂交稻、粳米、小麦、标准面粉、特等面粉、菜油、豆油、花生油价格分别为 140 元、150 元、72 元、130 元、143 元、670 元、650 元、1300 元。国家二次调高粮食最低收购价水平,白小麦、红小麦、早籼稻、中晚籼稻、粳稻每 50 千克最低收购价格分别为 77 元、72 元、77 元、79 元、82 元,分别比 2007 年提高 5 元、3 元、7 元、7 元、7 元。

二、棉花价格

1986 年,合同定购棉花改按"倒四六"比例计价,皮棉每 50 千克 172 元。1987 年,棉花收购价格按"倒三七"比例计价,皮棉每 50 千克 176.4 元。新棉供应价格在原供应价格基础上,另加临时性补贴 2.8 元和生产扶持费 0.6 元。每收购 50 千克皮棉,奖售优质标准氮肥 20 千克、标准磷肥 10 千克、柴油 2.5 千克。1988 ~ 1993 年,提高棉花收购价格,调高收购皮棉生产扶持费,皮辊棉综合收购价和皮棉供应价格相应提高。

1994 年,继续实行国家统一定价,实行不放开经营,不放开市场,不放开价格"三不放"政策,提高收购价格。价外奖售棉农每 50 千克 44 元,皮棉供应价格调到 607.36 元(含增值税)。1995 年,提高棉花收购价格,原价外奖励不变,通过提价实现,财政不再补贴,棉花供应价格允许上下浮动 4%。1996 年,收购价格不变,供应价格由国家定价改为国家指导价,实行棉花交易会制度,拓宽销售渠道。1999 年起,放开棉花、棉籽收购价格,棉花经营企业自主确定棉花收购价格。

1986～2008年盱眙县棉花价格一览表

表5－10　　单位：元/50千克

年份	收购价	年份	收购价	年份	收购价	年份	收购价
1986	172.0	1992	375.4	1998	417.5	2004	440.0
1987	176.4	1993	375.4	1999	410.0	2005	445.0
1988	197.0	1994	407.4	2000	415.0	2006	450.0
1989	255.0	1995	415.0	2001	425.0	2007	455.0
1990	324.0	1996	420.0	2002	430.0	2008	460.0
1991	354.6	1997	425.0	2003	435.0		

三、蚕茧价格

1986～2001年春，蚕茧收购价实行省级政府定价。2001年秋起，实行省级政府指导价管理，盱眙县执行省物价部门制定的价格水平，蚕桑生产逐步减少，蚕茧市场逐步萎缩。至2008年，蚕桑不再生产。

1986～2001年盱眙县蚕茧收购价格一览表

表5－11　　单位：元/50千克

年份	实际收购均价	规定收购价格	年份	实际收购均价	规定收购价格	
1986	138	138	1994	650	春茧770	秋茧630
1987	138	138	1995	700	春茧770	秋茧630
1988	275	275	1996	660	春茧780	秋茧650
1989	350	350	1997	730	春茧790	秋茧640
1990	380	380	1998	710	春茧790	秋茧680
1991	400	400	1999	681	春茧780	秋茧640
1992	420	420	2000	966	春茧790	秋茧800
1993	440	440	2001	780	春茧770	秋茧630

四、猪牛羊肉、菜、蛋、水产品价格

1986年，生猪平均收购价格为每千克1.66元，猪肉平均销售价格为每千克2.56元；牛肉平均销售价每千克4.33元；羊肉平均销售价每千克4.07元。计价办法仍执行1985年4月制定的“出肉率定等，毛重定级，毛斤计价”办法，等级差率不变，猪、牛、羊实行政府定价。取消蔬菜的指令性计划种植和派购、定购任务，改统购包销为合同定购，蔬菜价格实行“大管小活”形式。青鱼、鲢鱼、鲤鱼、鳊鱼等淡水鱼实行定价销售，其他水产品价格放开，由市场决定。定购品种因成本上升而需提高价格时，可按前3年同期平均水平上浮20%；市场销售供过于求时，按前3年最低价格水平执行，实行合同定购后，蔬菜销售价格总水平略有上升。

1987年，生猪收购价格平均每千克1.92元，猪肉销售价格平均每千克5.26元。蔬菜价格全部放开，一律实行议购议销。鲜蛋购销价格完全放开，每千克鲜蛋价格在2元左右，之后每年价格逐渐上升。1992年起，放开生猪收购指导价和猪肉价格，猪肉价格上涨较快。放开牛、羊肉价格，由市场决定，政府实行指导价。

1986 年、1996 年、2008 年盱眙县集市贸易消费品零售价格一览表

表 5－12　　　　单位：元/千克

年份＼类别	大米	猪肉	牛肉	羊肉	鸡蛋	鸡	鲜鱼	白菜	萝卜	苹果	仔猪
1986	0.80	5.26	5.00	4.21	5.82	5.14	4.48	0.49	0.45	2.04	1.58
1996	2.40	14.00	9.00	10.00	8.40	10.40	10.20	0.40	0.5	2.30	3.70
2008	3.00	19.60	14.00	16.50	6.40	13.20	10.00	1.90	1.00	3.40	11.60

第三节　工业品价格管理

一、日用工业消费品、生产资料

1986 年，分两批放开自行车、缝纫机、手表、洗衣机、电风扇、收音机、化纤布、80 支以上棉纱及其织品等 11 种日用工业消费品价格，化肥实行优质加价、定价管理，每吨优质碳铵 185 元、尿素 560 元、磷肥 190 元、柴油 530 元、汽油 700 元。1988 年，全县放开 13 种名烟和名酒销售价格。1989 年，除地方化肥、磷肥等少数工业品外，其他商品价格实行市场调节。1992 年，全面放开日用百货价格。1993 年下半年，全县零售物价和生活费用涨幅均突破 20%，县物价部门对部分农业生产资料实行限价管理。1994 年，为控制物价总水平过快上涨，提高煤、电等基础产品价格，原油实行计划内、外并轨，县政府下发《盱眙县居民基本生活必需品和服务价格监审办法（试行）》，食品、衣着、日用消费品、服务、住宅等五大类 33 个品种的商品和服务采取相应监审办法，每吨柴油零售价 2450 元、汽油 2920 元。

1995 年 4 月，县物价局印发《关于加强化肥物价管理的通知》，明确经营单位自行组织化肥作价办法，重新制定地产化肥价格。磷肥最高零售限价为每吨 470 元，碳铵最高零售限价为每吨 500 元，尿素最高零售限价每吨 2460 元。其他工业品价格实行市场调节价，物价部门对其实行价格公示、明码标价及反暴利管理。1997 年，实行外购化肥准购证制度，地产化肥实行最低保护价。经营部门以最低保护价购进外地化肥，按最低价和购进价差 80% 提取调控价差。成品油实行批发最低控制价，每吨柴油 2230 元、汽油 2560 元。2000～2006 年，多次调整有关化肥价格，实行政府指导价，经营系统内销售化肥综合经营差率不得超过 7%，向系统外批发差率不得超过 2%，每吨碳铵 520 元、尿素每吨 1920 元。多次调整柴油零售中准价格，每吨由 2610 元调至 4365 元，汽油每吨 4300 元调至 4600 元。2008 年，每吨碳铵 840 元、尿素 2450 元、磷肥 1020 元、柴油 5800 元、汽油 6405 元。

二、药　品

1986～1995 年，国家对药品价格管理逐步放开，药品价格管理体制由省以上政府管理转变为中央、省、市和企业分级管理模式，绝大多数药品价格由市场调节。1996 年 9 月起，县物价部门每年对医疗单位开展药品价格执行情况检查。2007 年，查处县内医疗卫生单位存在自立项目、超标准收费和取消收费项目仍在执行行为，检查医疗单位 22 个，查出违法所得 200 多万元，处罚 30 多万元。2008 年，针对群众反映药品价格问题，分别检查县医院和县中医院。

三、居民用电

1987 年，国家确立指令性、指导性两种电价形式和形成机制。1993 年，油运加价计入目录电价，执行新的电价标准，平均价格每千瓦时 0.2048 元。1999 年，农村实行统一销售电价，居民照明电价每千瓦时 0.65

元。2001年5月,完成农村“两改一同价”(改革农电体制、改造城乡电网,实现城乡统一电价),城乡居民照明电价每千瓦时0.52元。2002年,取消电力增容费。此后,平均每两年调整一次电价。2004年4月起,县城区居民实行峰谷分时电价,峰谷电价每千瓦时分别为0.5元、0.3元。2005年,县城区居民谷时电价调整为每千瓦时0.35元。2006年7月1日起,照明电价为每千瓦时0.5283元。至2008年,未作调整。

四、自来水

1986~1989年,居民自来水到户价格0.12元/立方米,工业用水价格0.18元/立方米。1990年9月起,各地定价改为由省平衡管理,工商业用水价格统一提高到0.3元/立方米。1991年,执行标准为0.2元/立方米。1996年,自来水由龙王山水库取水,居民生活用水价格为0.98元/立方米。2004年6月1日,居民生活用水到户价调整为2.05元/立方米。2007年1月1日,居民生活用水到户价调整到2.27元/立方米。至2008年,未有变化。

五、液化气及天然气

1986年,县液化石油气实行计划内、外价格,液化气每吨200元,计划内液化气每瓶(10千克)3元,计划外每瓶(10千克)3.3元。1997年,居民生活用液化气价格实行政府定价管理,先后3次调整价格,价格(15千克/瓶)为62元、53元、59元。此后,液化气上游产品价格变动频繁,将液化气定价权下放,由企业自主定价,物价部门对其进行价格监测,按反暴利相关规定对其进行管理。1998年,液化气实行平、议价并轨,取消凭票计划供应,零售价格实行政府指导价,根据市场供求和价格变化,适时制定基准价及浮动价幅度,上下浮动幅度20%。

2000年,液化气价格改为由经营单位按合理进价加进销差价制定具体销价,零售价格报物价局备案。2005年6月,与县建设局联合下发《盱眙液化石油气价格管理实施办法(暂行)》,规范液化气价格行为,液化气经营企业按“平均进货价(含合理运杂费)+进销差价”确定销售价格,进销差价每吨不超过500元,每季度价格变动不得超过一次。15千克瓶装液化气价格在80~110元之间波动。2007年11月,县天然气由天达天然气公司投资铺设管网。2008年12月,县城区居民初步实现管道供气,入户须缴纳2408元/户的配套设施建设费,居民生活用气价格为每立方米3.8元,工商业用气价格在居民生活用气价格基础上提高20%。

第四节　交通、邮电、有线电视、房地产价格管理

一、交通运输

公路客运　1986年,公路客运票价每人每千米稳定在0.023元。1989年10月,调整汽车客运价格,普通客车每人每千米单价调为0.038元。1990年,开征客票附加费标准为每人千米0.01元。1992年8月,实行公路客运燃油差价补贴,在各类车型运价率的基础上,加收0.004元。1993年1月起,公路客运燃油差价补贴标准调整为0.01元,客票附加费标准调整为每人每千米0.02元。1997年5月,将油差补贴并入车型运价,收取站务费,费率平均上调幅度为42%;将政府定价改为政府指导价,调整后的基本运价为中准价,普通大客车为0.062元,允许20%的浮动。1998年7月,盱眙汽车客票附加费按每人每千米0.03元计入票价。2002年,按照省物价局规定,明确旅客运输的基本运价率为每人每千米0.08元,规定旅客票价由运价及通知费、客票附加费、站务费、旅客身体伤害赔偿责任保障金组成。2006年,按照省物价局修订的《江苏省汽车客运站收费实施细则》,对客运代理费、客车发班费、行包运输代理费、班车脱班费、旅客站务费、退票费等收费予以明确。2007年11月,实施公路客运燃油附加,每人每千米0.01元,取消公路客运票价春运期间上浮

20%的规定。至2008年,未有变化。

公路货运 1986年,对长、短途运输均按照普通货物与特种货物、中型车与小型车的分类实行差别运价,规定长途运价为最高限价,允许企业在20%的幅度内下浮。整车货物长途运输运价,中型车普通货物每吨每千米0.17~0.19元、特种货物每吨每千米0.2~0.24元,小型车普通货物每吨每千米0.2~0.29元、特种货物每吨每千米0.24~0.35元。整车货物短途运输路距延长至25千米,分为5段,每段分中型车、小型车和普通货物、特种货物计价,1~5千米每吨为2~3.64元,6~10千米每吨为2.55~5元,11~15千米每吨为3.15~6.2元,16~20千米每吨为3.55~7.6元,21~25千米每吨为4.3~8.95元。1992年8月,汽车货运实行燃油平议差价补贴政策,在各类车型运价基础上每吨每千米加价0.03元;10月,全省货物运输的基本运价由每吨每千米0.17元调整为0.25元。1993年1月起,燃油平议差价补贴政策规定运价每吨每千米调整为0.07元。2002年,根据省规定除政府指令性运输如军事、防汛抢险救灾物资运输价格最高不超过每吨每千米0.50元外,其他货物运输实行市场调节价。至2008年,未有变化。

二、邮政资费

1986年,县邮政资费按国家有关规定执行,邮政延伸服务收费按省级价格主管部门和邮电主管部门制定的收费项目和收费标准执行。国内包裹资费分为民用包裹和商业包裹两种,商业包裹资费标准在民用包裹资费基础上加50%费用。1990年,执行国家统一调整的邮政资费标准。1996年,国家再次调整邮政资费,包裹业务按现行标准上调50%。1999年,平信在县区内外通信按不同标准收费,包裹计费按照寄递里程分区核定,邮政汇兑资费实行最低和最高汇费标准。2006年,按国家上调包裹挂号费和国内印刷品业务资费标准执行。至2008年,未有变化。

1990~2008年邮政资费标准调整情况一览表

表5-13　　单位:元

项目	规格	1990年		1996年		1999年		2006年	
		本埠	外埠	本埠	外埠	本埠	外埠	本埠	外埠
平信	20克以下	0.10	0.20	0.50		0.60	0.80	0.80	1.20
挂号费	件	0.30		1.00		2.00		4.20	
印刷品	100克以下	0.04	0.08	0.30		0.30	0.60	0.40	0.70

三、市内电话资费

月租费 1986年,盱眙县甲种电话月租费8元、乙种电话月租费13元。1990年起,国家对市内电话资费管理办法进行改革,计次制标准由基本月租费和通话费两部分组成,基本月租费计费等级在原1万门以上再增加5万门、10万门、20万门、40万门4个等级。基本月租费水平在万门基础上,乙种用户(公付用户)每级递增3元,甲种用户(私人用户)每级递增2元,月租费甲种12元、乙种12元,中继线36元。1992年,国家对市内电话资费管理办法进行改革,复式计次制月租费分为8级,增加60万门、80万门、100万门三级,计次制月租费为6级,基本月租费水平相应调整。2001年1月起,不再划分交换机容量等级,统一归并为省会城市、地市县、农村及办公电话4个级次计费。至2008年,未有变化。

通话费 1986~1989年,盱眙县话费实行全国统一价格每3分钟0.04元。1990年10月,盱眙县执行江苏省标准。1991年,盱眙县话费调整为每3分钟0.1元。1996年4月,营业区内通话为每3分钟0.1元,同一市内市区与郊区、郊区与郊区、郊区与市话之间通话费为每分钟0.1元,不同县(市)之间、市与县(市)之间通话费为每分钟0.6元;12月,市话通话费调整为0.12元,以此为中准价,允许上下浮动20%。1997年5月,区内通话费调整为0.15元。1999年,甲种用户区内通话费调整为0.2元,乙种用户调整为0.22元;6

月,区间通话费每分钟由0.6元降为0.5元。2001年3月,区内通话费对甲种用户首次3分钟0.2元,以后每分钟0.1元;对乙种用户首次3分钟0.22元,以后每分钟0.11元。2005年11月,区间通话费再次降为每分钟0.4元,为全省上限标准。2008年1月,区间通话费降为每分钟0.3元。

四、有线电视资费

1995年,盱眙县有线电视收费项目有有线电视初装费、基本收视维护费,初装费最高每户400元,维护费为城区每户每月15元、乡镇每户每月13元。2008年,召开数字有线电视价格听证会,制定收费标准,城区居民用户主终端每月22元,乡镇以下农村用户主终端每月18元,同一住户第三及以上终端的每月每卡5元。

五、房地产价格

1986年,盱眙县房地产主要是政府建设,职工使用,城区租金每月每平方米0.6元。

1992年5月,审核全县房地产价格,不再由房地产经营单位自由定价。1993年12月,根据国家物价局等部门《关于印发商品住宅价格暂行办法》,对斩龙涧小区49号楼的1954平方米商品房核定销售价格,平均每平方米销售价格582.23元,首次将商品房价格纳入价格管理轨道。1996年,县房屋租金、销售价格由物价部门根据实际情况核定,砖混结构房屋租金每平方米0.65元,五墩北路1号、2号解困房预售价格每平方米645元。

1997年,对1.1万平方米住宅商品房核价,公有住房出售成本价调整为每平方米488元,砖混结构房屋租金调整为每平方米0.9元。此后,对商品房不再实行核价制度,物价部门加强对房价的监测,随时了解房价动态。1998年,公有住房租金每平方米1.1元,房屋出售成本价每平方米505元,拆迁补偿标准不等,住宅区公共性服务收费由政府定价,公众代办性服务收费实行政府指导价,特约性服务除物价部门有规定外实行市场调节,办公楼、综合楼、高档公寓、商业用房、工业区等物业管理收费实行申报制度。住宅区分等级收费,一等(90~100分)每月10元/户,二等(80~90分)每月8元/户,三等(70~80分)每月6元/户,四等(60~70分)每月5元/户。

2001年,适当调整拆迁安置补偿货币结算标准,取消一些项目;经济适用房价格由物价部门核定,执行明码标价。2004年,明确县城区拆迁补偿、补助、附属物补偿标准,县城区拆迁最低补偿标准每户3万元。2007年,恢复对商品房的价格审核制度,开展普通商品房成本认证工作。2008年,对30余万平方米商品房成本进行认证,抑制房价过快上涨,县城区拆迁最低补偿标准每户5万元。

第五节　服务业价格管理

一、饮食业

1986年,饮食业价格管理按照统一领导、分级管理原则,由物价局管理平价食品,县饮服公司根据规定对议价品种定价,其他品种由基层企业按照规定毛利率和作价办法定价,保持相对稳定。县城综合毛利率27%~30%、米面制主食26%~30%、一般和中级菜肴27%~31%、高级菜肴和地方名特优风味品种29%~34%、高档宴席用的个别特殊工艺菜不超过38%。1987年,建立部分放开商品价格变动申报制度。1992年,粮食副食品只管挂面、切面价格,其他价格均实行市场调节价。1994年,完成300家饮食业定价等级认定。1999年,制定《盱眙县餐饮业价格行为规则实施细则》,对餐饮业实行等级价格管理,制定价格等级标准及等级毛利率、差价率水平,界定餐饮业价格行为,饮食业实行毛利率管理,餐饮经营者自主制定餐饮的具体价格,毛利率超过县物价局认定的各等级相应的市场平均综合毛利率的,属暴利行为。2000年起,盱眙县餐饮业价格均实行市场调节价。至2008年,未有变化。

1986 年、2008 年盱眙县部分食品价格一览表

表 5-14

单位:元

品　　名	单　位	1986 年	2008 年	品　　名	单位	1986 年	2008 年
米饭	碗	0.10	1.00	红烧肉	份	1.00	15.00
卷子	个	0.10	0.70	炒肉丝	份	0.80	10.00
馒头	个	0.10	0.80	炒三鲜	份	0.70	10.00
油条	根	0.05	0.75	炒猪肝	份	0.70	10.00
烧饼	个	0.25	0.75	炒腰花	份	0.70	10.00
阳春面	碗	0.12	5.00	炒长鱼	份	0.70	10.00
馄饨	碗	0.28	5.00	盐水虾	份	0.70	18.00
肉饺	碗	0.25	5.00	烧牛肉	份	1.00	25.00
肉包子	只	0.14	0.80	烧羊肉	份	1.00	22.00
菜包子	只	0.07	0.70	盱眙龙虾	份(2 千克)	3.00	220.00
红烧鸡	份	1.00	15.00				

二、娱乐业

1986 年,盱眙县内娱乐业场所有盱城工人电影院、盱眙影剧院、盱眙文化宫、滨淮影剧院、人民剧场,县物价局主要对门票实行定价管理,门票每张 2 元。1988 年,盱城有 3 个歌舞厅,规模较小,门票由县物价局统一定价,每张 1 元。1990 年起,休闲娱乐业相继出现小型录像室、露天卡拉 OK、康乐桌球等,门票由县物价局统一定价,每张 0.5 元。1994 年,新建亚细亚歌舞厅、金谷园饭店歌舞厅、盱眙宾馆歌舞厅等 5 个,由县物价局制定门票价格,票价 1 元。1995 年,制定制止娱乐业牟取暴利实施细则,规定娱乐业平均加价率。1999 年 3 月,根据国务院《娱乐场所管理条例》,整顿规范全县营业性歌舞、游乐等娱乐业,娱乐业场所提供的各种娱乐项目、服务项目等收费必须明码标价,对不适当的价格和高额收费,依照有关规定采取限价措施。2003 年,明确网吧每小时 1.5 元、KTV 每小时 20 元。2008 年,全县有娱乐业歌舞厅、游艺厅、网吧约 200 余家,价格由市场自由调节,不在政府指导价范围之内。

三、旅馆业

1986 年,国营、集体、个人旅馆业和企业性质的招待所收费由县物价部门和商业局联合核定,单人间每天 7~10 元、双人间 2.6~4 元、三人间 2.4~3.4 元。1988 年,收费标准实行分级管理,县委县政府招待所双人标间客房为每天 20 元,由市级制定;其他等级客房和各业务部门招待所客房每间每天分别为 15 元、10 元,由县级制定。1993 年,旅店业价格实行市场调节为主,分等论价,放开地方评定较高等级旅店价格,普通旅店价格实行浮动价或市场调节价。2008 年,有四星级酒店 1 家,每天单人间 268 元、标准间 328 元、三人间 358 元;三星级酒店每天单人间 228 元、标准间 268 元、三人间 288 元,二星级酒店每天单人间 158 元、标准间 188 元、三人间 168 元,其他旅社、宾馆每天单人间 60~120 元、标准间 60~120 元、三人间 60~120 元。

四、理发业

1986 年,会同县商业局对县城理发业收费标准进行调整,分为 4 个等级店,男子理发全套特级 0.65 元、甲级 0.6 元、乙级 0.5 元、丙级 0.35 元,女子理发全套特级 0.7 元、甲级 0.65 元、乙级 0.55 元、丙级 0.4 元。1988 年,调整县城部分理发收费标准,男子全套特级 0.8 元、乙级 0.75 元、丙级 0.7 元,女子全套特级 0.85

元、乙级0.8元、丙级0.75元。1993年，县理发业价格及收费全部放开，由企业根据需求情况自行确定。2008年，男子理发全套10元，女子理发全套15元。

五、洗浴业

1986年，洗浴业价格由政府定价，男子盆池1元、淋浴0.8元，女子1元。1991年，推出桑拿浴，男子桑拿浴室2元、普通浴1.5元，女子桑拿浴2元。1993年，放开浴池业价格及收费，由企业根据市场需求自行确定。2008年，大的浴室男子收费10元，女子10元；小的浴室男子8元，女子8元。

六、旅游业

1986年，旅游场所只有明祖陵、黄花塘新四军军部旧址，免费对外开放。1991年，县第一山公园对外开放，门票10元。1999年，铁山寺森林公园对外开放，门票价格30元。

2002年，建成八仙台风景区和明祖陵陈列馆，门票价格分别为30元、40元。2003年，景点门票实行政府定价、政府指导价和市场调节价管理，景点门票实行旺季上浮或淡季下浮，也可实行临时票价，时间不得超过6个月，上浮幅度不得超过基础价格50%，对现役军人、老年人、儿童、残疾人等实行优惠，爱国主义教育基地对中小学生集体参观免费，学生个人参观半价。2005年，全国重点文物保护单位、国家重点风景区和自然保护区及世界自然和文化遗产单位参观点门票价格实行听证定价，建立门票价格定期公布制度。

2007年，遵照国家规定同一门票价格上调频率不得低于3年，门票价格调整幅度分为不同等级，实行不同标准。2008年，旅游景点门票价格由县物价部门统一制定，铁山寺国家森林公园每人60元，明祖陵每人60元，第一山国家森林公园每人30元，八仙台风景区每人40元，甘泉山都梁寺每人30元，黄花塘新四军军部旧址免费对外开放。

第六节　收费管理

一、行政事业性收费

1986年，县物价部门调整全县医院门诊费、住院费、治疗检查费、检验费、手术费五大类21个小项238个医疗收费标准。明确全县中小学学杂费收费标准，未经批准一律不准开征新的收费项目，严禁收取跨区费、议价学生费、复读费、延长班费等。1987年，全面清理乱涨价、乱收费，实行行政事业性收费许可证制度，在全县城乡普遍推行三色标价签，规范市场价格秩序。1988年，行政事业性收费实行“统一领导、分级管理”办法，对收费单位15类127个收费项目实施管理。

1993年起，在全县开展一年一度行政事业性收费年审工作，查纠乱收费，规范收费行为。物价、财政和卫生等部门调整公布医院各项检查费、治疗费、手术费等基本医疗收费标准。1996年，明确收费单位必须使用财政部门统一印制或监制的收费票据。接受义务教育的学生免收学费，只收杂费，代办费和住宿费作适当调整。确定公办民助的盱眙中学高中部和实验小学收费标准由县物价局制定。

1997年起，实行企业交费登记卡制度，由企业持有，收费单位收费时填卡，价格部门定期查看登记卡了解部门收费情况。县级收费定价目录由市级以上价格部门确定，行政事业单位收费按照上级规定执行。1998年，为31家县属企业和5家私营企业实行挂牌重点保护，设立付费登记点96个，清理取消收费项目59项，降低收费标准项目22项，年检收费单位800个，抵制乱收费。

2000年，会同县委农工部、县监察局出台《关于在全县推行涉农收费公示制度的意见》，在古桑乡实行涉农收费公示制试点，向农民公示涉农14个收费部门的55个收费项目及标准。全市农村涉农收费公示现场会在古桑乡召开，县物价局和古桑乡政府作涉农收费试点经验介绍。2001年起，全面实行涉农收费公示制度,在全县230多个行政村、19个乡镇政府所在地设立公示栏,公示教育、医疗、建设、民政、公安、计生等14个涉农收费部门58个收费项目、标准。除课本费外,各农村中小学不得再向学生收取代办费;城镇小学、建制镇中心小学、初中、高中经县教委电教中心及县物价部门共同验收合格后,可收取计算机课外上机服务费。

2004年,在城乡全面实行收费公示制度。2005年1月,全县实行义务教育阶段“一费制”收费办法。9月,公示全县民办中小学的收费标准。2006年秋季,免收公办义务教育阶段学生杂费,调整一类幼儿园保育教育费收费标准。2007年春季,取消义务教育学校学生体检费、社会实践活动费、校服代办费、借读费,取消课外电脑上机服务费、自行车看管费,检查全县30多所学校收费情况,处理违规收费并入库28万元,退还学生家长10多万元。2008年,强化中小学学费、住宿费和医疗服务价格巡查工作,开展学校和医院价格检查,确保学校收费标准不提高,保证医疗服务价格稳定。

二、中介服务收费

1986~2003年,对中介服务收费实行收费许可证制度。随着中介服务业发展,中介服务收费主要由市场形成价格。2004年起,大部分中介服务收费退出收费许可管理。2008年起,房地产中介机构收费不再实行收费许可证管理。

第七节 价格监督检查

一、专项检查

1986年,开展行业专项价格检查,抽查县人民医院医疗收费项目300多项,及时纠正新增自行定价项目11个。1987~2005年,先后分不同时期开展化肥价格、饲料价格、农机管理收费、县医院收费、石油行业以及农业生产资料价格专项检查和年度物价大检查,查纠就地转手加价倒卖、计划内转计划外、牟取暴利等价格违法行为。2006年,检查居民生活消费品生产经营价格情况,发放价格政策提醒函2万份和标价签5万张,规范市场价格秩序。2008年,严打价格违法行为,对教育、医疗卫生单位有重点地开展检查。

1986~2008年盱眙县物价局开展行业专项价格检查一览表

表5-15

单位:万元

年份	检查内容	检查项目数	违纪案件数	经济制裁
1986	人民医院收费	300	11	8
1987	化肥、饲料、农机、医疗收费	158	10	10
1988	石油、农资、中秋市场、国庆市场、年度	165	12	9
1989	春季农业生产资料价格、“五一”节日市场、夏季冷饮和市场、中秋市场、国庆市场、城乡明码标价、年度专项	171	11	10
1990	农资价格、农电价格、收费、年度物价	290	27	21
1991	教育、医疗、救灾、公安、农资	203	36	33
1992	教育、医疗、救灾、公安、农资	198	25	22
1993	中小学收费、农资、涉农收费	160	82	38
1994	柴油、农村电价、种子、农产品收购、节日市场	228	138	77
1995	农资、邮电、粮食、年度、成品油	229	137	36
1996	农资、粮食、猪肉、公用电话、教育收费	245	100	26
1997	农资、猪肉、公用电话、店面	289	102	52

续表 5－15

年份	检查内容	检查项目数	违纪案件数	经济制裁
1998	猪肉、公用电话、明码标价、节日、教育收费、药品价格、医疗收费、公安、交通、税务	413	82	200
1999	农资、涉农收费、教育收费、医药市场、粮改政策执法	645	88	80
2000	涉农收费、电信资费、电力行业价格、乡镇农网建设改造	625	658	80
2001	涉农收费、化肥价格、民政、计划生育、生猪屠宰、建设、国土、化肥生产及销售、教育收费、药品价格、医疗收费、公安收费	618	67	52
2002	减轻企业和农民负担、电力价格、涉车收费	519	62	118.7
2003	涉企、涉农收费，教育、医疗卫生收费，防治“非典”药品及相关商品价格	614	160	121
2004	教育、医疗、房地产、民政、公安、农资、成品油及液化气市场、畜禽防疫、环保	682	151	140
2005	旅游景点、农资价格、教育、医疗	625	186	117
2006	教育、医疗、土地、涉车、农民建房、劳动保障、药品、农资	685	118	99
2007	消费品、教育、医疗卫生	695	68	64
2008	教育、医疗卫生	705	124	119

二、市场检查

1986～1996 年，每年元旦、春节、中秋、国庆、“3·15”消费者权益日都进行集中拉网式检查，重点检查明码标价、出租车收费、农村客运票价等价格行为。1997 年，组织抗旱物资价格专项检查，抗旱物资价格没有出现过度波动现象。1998 年，对县城区主要经营单位及个体户开展制止价格欺诈、规范明码标价行为检查，通过检查全县明码标价率达 90% 以上。1999 年，着重检查市场明码标价情况和各大超市、零售门点和农贸市场的肉、蛋、鱼等各种商品价格情况，开展农业生产资料价格、涉农收费、教育收费、医药市场、粮改政策专项执法检查，规范市场价格秩序。全年查处价格违法案件 388 件，经济制裁 480 万元。

图 5－5　市场检查

2004 年，先后开展明码标价一条街和示范店、规范化收费学校等创建活动，发放标价签 10 万余张；元旦、春节、“五一”期间，组织 5 个检查组对城内和重点路段、重点乡镇开展检查，打击哄抬价格等违法行为。2005～2007 年，组织 12 次节日市场检查，查处各类违法行为 80 余起，涉案金额 13 万元，在媒体上公布典型的价格欺诈行为，保持龙虾节庆和节日市场价格稳定。

2008 年，用 3 个月时间，全面检查市场粮油、肉、禽、蛋、液化气价格，各大商场、超市、宾馆明码标价执行情况以及农公班车、出租车、城市公交车营运价格以及旅游景点门票价格执行情况,农业生产资料、成品油价格执行情况,共检查大型商场3个、药房7个、液化气供应站点3个、宾馆3个、餐饮业经营者及小商店70多个、出租车30余辆、农公班车20余辆,发放标价签1.3万余张,发出价格提醒函1500份。处罚趁“雪”、趁“节”提价的7辆出租车、7辆农公班车,罚款1.79万元;查处1个餐饮服务业价格违法行为,罚款1000元。全年查处价格违法案件80多件,行政处罚119.97万元,抑制物价上涨过快势头。

三、受理价格举报

1986年县物价检查所成立后,明确专人负责价格举报工作,公布举报电话,做好登记、转办、催办及反馈工作,做到件件有着落、事事有回音。全年接受价格举报39人次,处理28件。1987～1996年,价格举报重点是农资价格、涉农收费、农电价格和税收、水、粮、肉、液化气价格,以及教育乱收费、捐资、摊派、医疗收费及药品乱加价。共接受价格举报2686人次,处理2564件。1997年,公用电话亭乱收费、教育乱收费、涉农收费及水、电、捐资、摊派、医疗收费及药品乱加价是举报的重点,全年接受价格举报86人次,处理64件。

2000年11月,设立价格举报中心,开通“12358”价格举报电话热线,实行24小时畅通值班制度。制定《来访接待制度》《价格举报中心工作职责》《价格举报办理程序》等一系列规章制度,做到一般举报案件1周内办结,复杂、疑难举报案件最迟1个月办结。2008年,接到价格举报和咨询144起,其中接受价格咨询88件,查处价格举报案件56件,实施经济处罚5.85万元。至年底,“12358”热线电话共受理各类价格举报咨询案件13170件,其中价格咨询13114件、立案查处145件。实行经济制裁50.9万元,没收违法所得7.4万元,退还用户43.53万元,回复率、结案率为100%,保障消费者合法权益,维护政府部门形象。

四、开展反暴利活动

《关于印发制止经营饮食业、娱乐业、衣着类商品牟取暴利的三个实施细则的通知》明确饮食业各等级相应的市场平均综合毛利率认定为:一级店48%,二级店42%,三级店36%,四级店32%;未申报定价等级的,按四级店的标准下浮10%执行。娱乐业包装饮料及食品加价率:以进价为基础顺加,一级企业150%(涉外300%),二级企业100%,三级企业80%,普通60%;自制、拆零饮料及拼盘加价率:以原料成本为基础顺加,一级企业200%,二级企业160%,三级企业140%,普通100%。衣着类商品市场平均差价率:服装类,单位商品进货价格100元及以下,进零差价率30%,100～500元,进零差价率30%,500元以上,进零差价率35%;鞋类,单位商品进货价格50元及以下,进零差价率30%,50～300元,进零差价率30%,300元以上,进零差价率35%。

第八节　价格服务

1992年8月,成立县价格信息咨询事务所,与县物价检查所一套班子、两块牌子,为企业提供价格信息咨询服务,帮助企业建立健全价格管理制度。1993年3月,县价格信息咨询事务所正式与72个企业建立常年价格顾问关系,指导企业自主确定市场调节价的商品价格;为全县167个企业颁发企业定价资格认可证,赋予企业自主定价职责。1994年,县价格信息咨询事务所接受委托,评估760万元的房产价值;对县人民法院委托的15起民事纠纷涉及价格100万元纠纷财物进行价值评定,价格服务开始向涉案财物价格鉴定迈进。

2000年,盱眙县价格信息咨询事务所更名为县价格认证中心,退出中介,开展涉案财产价格鉴证65起,交通事故车损价值认证850起,价格鉴证总金额2100万元。2005年,开展“价格服务进万家”价格咨询活动,选择3个乡镇9户农户,了解涉农收费和农资价格情况;在县工业园区,选择部分企业督查企业缴费明白卡、付费登记卡和优惠政策落实情况,帮助企业抵制“三乱”,县价格认证中心被评为全市唯一一家省级“规范化价格认证中心”。2008 年,接受社会委托开展涉案物品价格认证,配合县政府评估县经济开发区 806 户拆迁居民房屋价格,开展商品房成本认证 16 起。

2001～2008 年盱眙县价格认证中心业务开展情况一览表

表 5－16

年份	涉案财产价格鉴证		交通事故车损认证		其他组织委托价格鉴证	
	案件数	鉴证值(万元)	案件数	认证值(万元)	案件数	鉴证值(万元)
2001	56	196.25	1100	600.00	356	1652
2002	89	417.00	677	510.00	418	1843
2003	86	350.00	1022	808.20	976	8000
2004	154	1500.00	840	750.00	260	4000
2005	132	1311.70	657	580.00	360	5210
2006	160	1290.00	451	484.20	367	5254
2007	185	4227.00	488	295.00	326	5800
2008	221	9184.00	337	252.00	406	6860

第九节　物价管理体制改革

1986 年起,为价格改革展开阶段。县价格改革采取放调结合、以放为主的办法,全面推行计划内、外价格并存的双轨制,放开大部分副食品、少数日用工业品价格,提高基础产业产品价格,取消计划外价格 20% 的上下浮动限制。1988 年,成立县物价局,行使全县物价管理职能。相继建立粮食、棉花、蚕茧、农资、副食品、种子等价格风险基金,用于平抑专项商品市场价格。1989 年起,为价格改革深化阶段。健全价格调控体系,实行“米袋子”“菜篮子”县长负责制。

1990 年,成立盱城、马坝、桂五、管镇 4 个乡镇物价检查站,分片负责乡镇范围内监督检查工作。1992 年,取消农副产品、日用工业消费品的差率控制和作价办法,由企业根据价值规律和市场供求灵活作价。建立商品储备金制度,通过平衡供求平抑价格水平。流通企业下放定价自主权,实施企业定价资格认可证制度,成立价格信息咨询事务所,指导企业定价,不合理的价格倒挂基本消失。物资经营企业经营计划外生产资料的年度综合销售利润率超过 3% 的部分划入风险基金,用于以丰补歉。

1993 年,放开粮油价格,明确最高限价和不准搭车涨价的政策界限,取消粮油凭证供应,出台医疗收费改革措施。1996 年起,为价格机制完善阶段。完善市场形成价格机制,加强价格工作服务经济发展的职能。1998 年,全面实行企业缴费登记卡制度,在企业、农民、学生、个体户中设立付费登记点。

2000 年,在古桑乡进行涉农收费公示制度试点,成立价格认证中心,开展商品服务价格认证工作。2001 年起,全面实行涉农收费公示制度,建立商品房审价制度,实行核价“一步制”,建立农村价格监督员网络。2006 年,县物价检查所、站合并为县物价检查分局。

2008 年,由省、市物价部门管理的一部分商品和服务价格交由县管,物价管理权限由高度集中、分级管理转向生产经营企业自主定价,价格管理形式由政府定价发展到政府定价、政府指导价、市场调节价多种形式并存。政府对价格总水平实行目标管理,大多数的价格由市场调节,关系国计民生的重要价格由政府管制;实施价格听证制度和成本监审制度,重视价格决策的公平、公正和公开;查处不正当价格行为,必要时实行价格干预。

第四章 审 计

第一节 机 构

1986年,县审计局内设机构有4个股,人员11人。全县社会审计机构有盱眙县审计事务所,有审计师2人、会计师1人。1993年,内设机构有5个股,人员17人。全县内部审计机构有52个,其中专职机构15个;内部审计人员120人,其中专职44人。全县有审计师15人、会计师10人。1999年6月,盱眙县审计事务所与县审计局脱离隶属关系。盱眙县审计事务所和盱眙县会计事务所合并,成立盱眙县永盛会计师事务所。

2001年,县审计局设综合科、财政金融审计科、基本建设审计科、工业交通审计科、农水商贸审计科,工作人员20人。2002年5月经县政府批准撤销工业交通审计股,新设立经济责任审计科,归口规范化操作全县党政领导干部和国有企业负责人经济责任审计。盱眙县永盛会计师事务所有工作人员15人,其中审计师3人、会计师5人。2008年,县审计局设办公室、法规科、计算机运用科、财政金融审计科、基本建设审计科、经济责任审计科、经济贸易审计科、行政事业单位审计科,有工作人员22名,其中有审计师、会计师、注册造价师职称人员18名。

第二节 国家审计

一、财政审计

(一)县本级财政预算执行

1996年起,县本级财政预算执行审计突出审查预算收支是否执行国家政策规定、是否严格执行审批程序。同年,全县财政预算执行审计出被上级财政扣占资金和县属企业陈欠贷款2200多万元,县财政收入中的农业税等未按期入库33.52万元,预算执行单位挤占挪用专项资金、扩大专项支出数额175万元。1997~1998年,财政预算审计出历年被上级财政扣占资金和县属企业陈欠贷款未收回1600多万元,财政收入未能按期入库187.03万元。1998年,财政预算执行情况审计出县财政收入未入库746.66万元。

2002年,重点审计财政资金使用情况,实施审计项目11个,查出违规金额2308万元。审计出2001年度县本级预算欠拨农业税及特产税附加693万元、欠拨灾减及附加149万元、欠拨民政经费158万元、应征各项基金少征收108万元。2003~2004年,采取"以送达审计为主,就地调查取证为辅"审计方式,审计县本级财政支出情况。其中,2003年审计项目11个,收缴财政20万元;2004年审计项目8个,收缴财政47万元。2006年,审计2005年度县本级预算执行情况和财政局等10个预算执行单位财政财务收支情况,查出未按规定收缴纳入预算收入418万元、滞留闲置409万元、其他管理不规范9144万元。

2008年,县审计局审计县本级预算执行情况、税收征管及税收计划完成情况,审计出违规6230万元,未按规定收缴预算收入1440万元,滞留闲置和其他管理不规范资金20万元。至年底,全县完成县本级财政预算执行审计项目420个,涉及单位685个,查出违规金额18520万元,其中虚列支出9853万元、挪用预算

1865 万元。查出全县乡镇应缴未缴预算收入 7560 万元、隐瞒转移预算收入 5620 元、少征预算收入 1326 万元。

（二）乡镇财政决算

1991 年，县审计局分别对淮河乡、盱城镇、马坝镇实施财政决算审计，查出违规 31 万元。其中，淮河乡 3 年招待支出 17 万元，占乡财政收入 30%，相关责任人受到党政纪律处分。1993 年，乡镇财政审计工作由财政收入逐步扩大到预算支出、预算外资金管理以及财政决算真实性等。审计出桂五、管镇 1992 年度虚列预算内支出 25.77 万元，借出财政周转金 66.01 万元无法收回；旧铺农经站挤占挪用专项资金 56.7 万元。1994 年，审计出观音寺乡、马庄乡、十里营乡 1993 年度财政虚列支出 28.22 万元；东阳乡、黄花塘乡挤占财政资金 65.92 万元；马庄乡农经站将财政收入、乡统筹款和农民上缴提留 39.5 万元转为公积金，投资办实体，其中 28.26 万元核销成账外账；5 个乡财政所共投放周转金 495.7 万元，其中倒闭企业占用 190.4 万元。1995 年，审计出河桥、仁集等 6 个乡镇截至 1994 年末，财政滚存赤字 273 万元；虚列支出 25.6 万元，少报支出掩盖赤字 14.7 万元；财政局周转金投放的回收率占投放总额的 5% ~20%。

2000 ~2004 年，除对乡镇财政收支实施审计外，注重对乡镇债务审计，摸清乡镇债务总量、债务性质和债务核销的真实性。在对管镇、河桥、铁佛等 14 个乡镇财政收支情况进行审计时，审计出统筹资金使用不规范、财务管理不规范、清财化债账务核销手续不健全、核销事项事实不清等问题。其中，2002 年度审计 6 个乡镇时，审计查出预算内虚列支出 600 万元、招待费支出 156 万元、赞助费支出 6 万元、考察费支出 11 万元，库存现金“白条”抵库普遍存在。

2006 年，审计盱城、马坝等 10 个乡镇 2005 年度财政决算，审计收支总额 18261 万元，审计查出违纪违规及管理不规范资金 3944 万元，收缴入财政 19 万元，隐瞒、漏记预算内外收入 161 万元，虚列预算内支出 111 万元，违规吸税以及垫付税收 155 万元，截留、挪用、挤占专项资金 311 万元，坐支预算外资金 306 万元，招待费超支 383 万元，不规范及不合理支出等 467 万元。

2008 年，审计盱城镇、马坝镇、官滩镇、管镇镇、兴隆乡 2007 年度财政决算和淮河镇、王店乡、仇集镇、观音寺镇、维桥乡、鲍集镇、旧铺镇 2006 年度财政决算审计整改情况。审计查出违纪违规及管理不规范资金 2368 万元，收缴财政资金 13 万元，隐瞒、漏记预算内外收入 225 万元，虚列预算内支出 30 万元，截留、挪用、挤占各项专项资金 292 万元。至年底，全县乡镇财政预决算审计项目 82 个，查出违规金额 11530 万元，其中虚列支出 8635 万元、挪用预算资金 2684 万元。全县乡镇应缴未缴预算收入 6320 万元，隐瞒转移预算收入 7563 万元，少征预算收入 2615 万元。

二、金融审计

1987 年起，县审计局开始审计金融机构财务收支。当年，审计出县农业银行 1986 年底经费会计处有 32 万元暂收款项属于账外账；1985 年、1986 年漏交各种应上交款项 801 万元，虚列费用 5.7 万元，违纪金额 46.1 万元，收缴国库 23.8 万元。审计出县工商银行 1985 年度虚列信托支出 3 万元，扩大成本开支 3.6 万元，违纪金额 6.9 万元，收缴国库 6.9 万元。

1993 年，审查金融机构信贷资金盈亏真实性。县工商银行 1992 ~1993 年上半年报表反映利润 215.04 万元，审计调整实际亏损 317.67 万元，信贷资金中沉淀贷款 6362 万元，其中有 35% 部分属倒闭企业。县农业银行下属股室在营业部开设 7 个存款账户，1992 年起一直未列入会计股统一核算，成为“账外账”；所属公司占用农村信用合作社资金 161 万元，以高利率转贷资金；该行 1992 年度企业流动资金贷款中抵押担保贷款手续不完备，两乡逾期贷款 216 万元，逾期率 90.8%。

1994 年，审计银行存贷利率政策和结算纪律执行情况，其中县中国银行、县建设银行和县财产保险公司审计时查出漏欠税费基金 20.1 万元。1996 年，对县农业银行 1995 年度审计时，查出通过房地产信贷部投放贷款 2758 万元用于商品房开发企业的居民购房、建房；查出县中国银行截至 1995 年末逾期贷款 467 万元，其中有 80% 本息难以收回；查出县财产保险公司 1993 年 2 月 ~1996 年 7 月，采用账内虚支、账外实支的办法将资金转移到账外121万元,存在赔款结案不及时和费用审批手续不健全等问题。

2001年,审计县财产保险公司2000年度资产负债损益情况,查出违纪金额21.1万元。截至2003年,县审计局金融审计项目190个,涉及单位235个,查出违规金额18560万元,其中截留收入隐瞒利润2985万元、偷漏税4872万元、其他564万元。2004年,上级审计机关停止授权县审计局对金融机构的审计。

三、行政、事业单位审计

1986年,对县内17个一级预算的行政、事业单位实行定期审计,审计面50%。1988年,将审计重点放在事业经费和预算外收入较多的单位,审计发现县工商局转拨给县个体劳协款3.5万元购买小汽车并以费用列支的违规问题。1989年,对15个预算资金较大的一级预算行政、事业单位进行定期审计,审计总金额1.15亿元,查出违纪金额87.13万元。

1991年,审计出县文化局挤占专项经费,收取的管理费用长期不入账,违纪违规金额72万元;查出民政局、水利局、教育局和盱眙中学等单位,向企业摊派、截留国家拨给其所属单位资金和铺张浪费等12万元。1994年,审计出县土地管理局已收未交罚没款9.8万元,截留土地使用权出让金和国有土地有偿拨付费49.78万元;全县乡镇土管所截留应交税费51万元,采用非专用收据收费额占总收费额56.3%。

1995年,审计出县体委库存现金短少11154元,48张收据金额3207元未入账;经费支出及预算外支出中44笔、暂付款9笔8.4万元均未经领导审批,大部分为主办会计模仿领导和经手人签名列报。

2000年,突出重点执法部门和资金流动多的单位财务审计。审计出县交通局、房产局、农业局、民政局、盱眙中学等10个单位违规金额209.92万元,处罚55.12万元、纠正154.8万元、上交财政37.84万元,出具审计意见及建议42条。2002年,配合省、市审计项目113个,与省、市同步审计项目6个,审计出违纪金额476万元,出具审计意见64条,作出审计处罚决定8条。

2004年,注重固定资产安全完整性、财产物资账实是否相符、固定资产流失审计。审计项目8个,审计出违规金额476.2万元,纠正违规金额234.43万元,收缴财政15万元,调增资产28.8万元,调减资产275.86万元,出具审计意见64条,处理处罚决定8条。

2008年,审计县疾控中心、县医院、县公路站等行政事业单位项目18个,查出违纪违规和管理不规范资金6160万元,其中有截留挪用专项505万元、不合规不合理支出768万元、隐瞒支出129万元、偷漏税71万元、招待费超支2830万元。至年底,先后审计560个行政、事业单位,查出违规金额7965万元,截留收入隐瞒利润5932万元,挪用专项资金7963万元、偷漏税5795万元。

四、企业审计

1986年,主要审计国营企业,围绕财务收支合规合法性、承包经营指标完成情况审计。1991年,将查处违反财经纪律作为企业审计重点,先后审计县通用机械厂、县农资公司等7个承包企业。县通用机械厂4年累计账面利润70万元,经审计实际亏损34万元。审查县通用机械厂5个方面、17个关键点,帮助企业扭亏为盈。

1992年,主要审计亏损企业,重点审计25家县属企业,其中县经贸委系统工业企业9家、粮食企业8家、其他企业8家,审计县化肥厂、县皮革总厂等10家重点企业生产经营状况,企业累计亏损2857.58万元,账面亏损、未弥补亏损和待处理财产损失1342.76万元。审计出隐亏1514.82万元,其中县化肥厂、皮革总厂内亏500万元以上。1993年,审计19家重点企业资产负债、盈亏真实性以及经济效益延伸。19家企业账面利润118.42万元,经审计实际亏损206.7万元;19家企业账面盈利12家、亏损7家,实际盈利6家、亏损13家。企业虚盈有虚列销售、少计成本、产成品半成品盘亏损失和商品变质报废不作处理等。

1995年,审计县狼山水泥厂等6家工交企业、县石油公司等8家流通企业的承包或租赁经营和财务收支情况。其中,县化肥厂截至1994年实际内亏1471万元,资不抵债987.03万元;县外贸总公司截至1995年6月内亏432.62万元,资不抵债300.79万元;县石油公司业务与财务严重脱节,业务科室不通过公司财务直接从库存赊借汽油848吨、柴油549吨、煤油271吨。14家企业账面总亏损127.95万元，有10家企业盈利总额365.04万元，有4家企业亏损总额492.99万元。经审计，14家企业总亏损915.12万元，有4家企业盈利总额306.93万元，有10家企业亏损总额1222.05万元；14家企业中13家企业漏欠基金，漏欠总额282万元。

1997年，重点审计25家县属企业资产经营责任。25家企业年报亏损524.11万元，实际亏损1278.1万元，没有一家企业账面盈亏与实际相符；6家企业资不抵债，25家企业漏欠税费总额1216万元。

2000年，重点审计6家县属企业资产负债损益情况，6家企业亏损总额2000多万元。在6家企业中，4家企业虚增利润549.23万元、3家企业漏欠税费989.99万元。2001年，实施审计项目162项，查出违规金额7273万元，收缴入库62万元。2003年审计江苏狼山水泥有限公司2002年度资产负债损益情况，审计发现存在报表所反映的数据与实际数据不符、账面产成品库存与仓库实际库存不符、内外账务不实、少计销售收入、拖欠工人工资及外来抵账物资管理不善等问题，并责任成公司按照财务制度对审计发现的问题整改。2003～2004年，审计县内企业项目19个，查出违规金额1106万元，收缴入财政27万元。2005年起，随着国有企业产权制度改革的深入，国有企业逐步退出审计监督范围。

五、经济责任审计

（一）企业承包经营者经济责任

1987年3月，与县委组织部、县体改办等联合下发《县属企业实行厂长（经理）任期目标责任制和离任审计制试行办法的通知》。5月，对县物资局下属生产资料公司主要负责人进行离任经济责任审计。经审计发现生产资料公司连年亏损，主要原因是公司主要负责人3次经营失误，其中一笔失误造成公司直接经济损失23万元。

1988年，对群众举报的县港务商场、县建筑公司实施审计。县港务商场经审计否定承包人有经济问题，县建筑公司经审计对其负责人的经济责任给予肯定。1989年，审计县属15家全民企业和4家集体企业承包经营责任，查处违纪金额226.63万元。

1990年，审计县化肥厂、县水泥厂等9家承包经营企业。县水泥厂实现产值、利润、税前还贷，分别完成承包指标的68%、42.2%、23.4%。县水泥制品厂、化肥厂欠交各项税费合计190.7万元。县化肥厂煤炭缺少2512吨、价值58.6万元，化肥缺少651吨、价值17.68万元；县水泥厂盘亏钢材、水泥制品等29万元，苯乙烯、树脂原料损失37万元。

1996年，对狼山水泥厂、打石山水泥厂、都梁实业运输公司等9户企业分别划档审计和干部离任经济责任审计，审计工业、交通、粮食企业分类划档指标完成情况，为组织部门任用干部提供依据。1999年，审计县食品公司、客运总公司、第一泉酒厂、打石山水泥厂经济责任，其中打石山水泥厂经审计调减资产利润3250万元。

2001年，对企业进行经济责任审计4项，其中对县第一泉酒厂改制进行清理审计，出具审计报告。2002年，实施企业经济责任审计项目11个，查处违规金额521万元，收缴入财政20万元。2004年，全县企业经济责任审计出违规金额1926.79万元，收缴入财政18.5万元。

（二）党政领导、企业法人代表任期

1999年起，开始对党政机关和国有企业领导任期进行经济责任审计。同年，接受县委和县政府交办的对桂五镇、维桥乡、盱城镇、官滩镇、县乡镇企业管理局、县食品公司、县客运公司、第一泉酒厂主管领导经济责任审计，纠正违纪金额839.9万元，上缴财政84万元。

2000年，受县委、县委组织部委托，先后对桂五镇党委书记、河桥乡党委书记、维桥乡党委书记进行任期经济责任审计，向县委组织部报送审计结果报告。2002年，对18名乡科级领导进行经济责任审计，审计项目16项，查出违规金额883万元，其中虚列收入176万元、漏交税收20万元。

2003~2004年,对11个单位28名党政机关和国有企业领导人进行任期经济责任审计,其中县直机关党政领导5人、乡镇党委主要领导2人、行政执法部门领导1人、国有企业领导2人、学校领导1人。审计查出违规金额1926.79万元,应收缴财政资金18.5万元。

2006年,完成领导干部任期经济责任审计项目9个,涉及乡科级党政领导干部28名,查出管理不规范资金16520.1万元,其中属于领导干部主管责任金额16082万元、直接责任金额438.61万元。被审计的领导干部,晋升2人、平级调动13人、免职1人、撤职1人。

2007年,实施党政机关领导经济责任审计26项,其中党委书记5人、乡镇长3人、县直部门领导18人,查出违规资金658.06万元,被审计的干部提拔4人、调离岗位13人、离职退养4人、原职原岗未动5人。2008年,全县有22名党政领导接受任期经济责任审计,查出违规金额1090万元,管理不规范资金2906万元,其中属于领导主管责任3996万元。

六、固定资产投资审计

1993年起,联合县税务部门对在县境内1991年起开工建设的已竣工和在建的固定资产投资项目进行专项审计,审查固调税未预缴或未汇款清缴的工程项目117项。抽查的38个项目中有13个项目已预缴固定资产投资方向调节税78.62万元,其余工程项目查补入库79.15万元,未列入检查对象注册的15个工程项目补征固调税30.2万元。审计全县1991年起开工建设和在建技改工程项目投资总量8000多万元。1991~1992年实际入库固调税仅在250万元左右,平均税率仅有3%左右,低于实际应入库率。

1994年,县委、县政府印发县审计局《关于开展基本建设工程竣工决算审计的报告》。9月,首次对县金属机电公司办公楼建设工程实施决算审计,核减工程款6.8万元,核减率9%。1995年,分别对金谷园饭店、淮阴农电培训中心、县交警大队综合楼等8个基建项目进行基本建设竣工决算审计,共审计投资额2226万元,核减152万元。在对金谷园饭店审计中,为甲方追回多付给乙方的基建工程款20多万元、装潢工程款10.3万元,审计中收缴甲、乙双方税款78万元。

1996年,对狼山水泥厂技改工程、县工商局办公楼、县自来水厂和县采石公司宿舍楼工程等进行竣工决算审计,审计基建投资额3262万元,核减280.5万元。其中,县采石公司宿舍楼工程造价核定126.14万元,核减34.32万元,核减率21.39%;县工商局办公楼总造价128.78万元,核减27万元,核减率17.56%;县劳动退休职工活动中心综合楼核减44.42万元,核减率12.5%;铁山寺度假村装饰改造工程造价核定52.44万元,核率减37.5%。同年,审结工程项目13个,审计投资额2121.51万元,审定投资额1871.9万元,审计核减投资额249.61万元,应入财政80.45万元;实施开工前审计项目25个,出具准予开工审计意见15份,总投资额5451万元。

1997~1998年,完成审计项目26个,审计额5424万元,审定4914万元,核减510万元,收缴入财政16.45万元。其中,铁山寺度假村改造工程送审额107.9万元,审定68.46元,核减39.44万元。2000~2002年,完成县烟酒公司装饰工程、县财政局办公楼、县工建公司综合楼等审计项目4个,审计投资额9495.69万元,核减1142.76万元,收缴财政97万元;完成开工前审计项目36个,立项投资5355.10万元,审定资金实际到位4319.87万元。

2003~2004年,完成盱眙供电公司生产综合楼工程等审计项目19个,审计投资额7405.83万元,审定投资额6493.09万元,收缴入库74.65万元。2004年,盱眙中学学生公寓工程的桩基工程报价经中介机构审核定价为178.83万元,经县审计局审计,原中介机构核定的桩基工程钻孔工程量有误,实际挖土孔的标高应为桩承底标高加上50毫米,而不是从实际室外自然标高算起,工程量明显偏高。重新计算核定后,桩基工程造价应是138.37万元,审减40.46万元。

2006年,完成基本建设审计项目7个,审计投资额2549.61万元,核减170.15万元,收缴财政22.5万元。2007年,全县固定资产投资送审项目14个,送审投资10023.28万元,核减投资2056.72万元。2008年,审计盱马路改造工程、新七路市政道路工程、盱眙县历史博物馆、S121线省道山口门段地质灾害治理工程等政府重点投资项目18个,采取重点环节跟踪和驻地跟踪结合的方式,严把工程审核关,审计金额10772.2万元,核减投资3185.95万元。

七、专项资金审计

(一)洪涝救灾款

1991年,全县接受专项救灾款140.59万元,在全县4个重灾乡分10片建成1020间临时住房,经审计符合原定建房标准,没有截留、挪用、私分、贪污救灾款。

(二)己二酸筹建款

1994年,县己二酸筹建工程经费前期由县计委代管,其经费由县财政拨款和向县化肥厂借款共40.5万元,用于设计、勘测、购车、差旅费等支出40.53万元。县己二酸筹建处成立后财务单独设账,县财政拨款9.5万元,向金陵石化南京炼油厂科协借款40万元,其他来源资金2.3万元,共计51.8万元。经审计用于购车支出26.4万元,公务费、差旅费等支出20.9万元,其他支出4.5万元,该项工程未发现动用县内群众捐助集资款项。

(三)普通教育经费

1995年,经审计发现全县普通教育经费的城市教育附加费征收不足、使用不到位,全年实际征收52万元,仅占应征的50%;教育地方附加费未能按规定征收,应征74.5万元,实征39.2万元;省有关部门下达盱眙县专项经费55万元中有25万元未及时到位;部分中小学存在着扩大收费和提高收费标准问题。

(四)粮食购销

2004年9月14日~11月8日,常州市武进区审计局受省审计厅指派对盱眙县粮食购销公司1998年6月1日~2004年6月粮食财务挂账进行清查审计,对县粮食局、财政局、农发行的粮食政策性补贴和信贷政策执行情况进行审计调查。县粮食购销总公司上报亏损3420万元,本次审计时增加107万元,经审计调减亏损408万元,审计挂账认定3119万元;政策性业务财务挂账申报4226万元,经审计核定1620万元;未计入当年损耗及相关项目申报2921万元,经审计核定1483万元。其中,2001年9月,县粮食购销公司3年以上应收账款、其他应收款、预付账款亏930万元,审计认定930万元;2004年6月,3年以上应收账款、其他应收款、预付账款潜亏上报1054万元;粮油政策性补贴4696万元,其中应收销售陈化粮价差4513万元、应收粮食销售补贴18万元;县农发行粮食企业亏损挂账贷款2089万元,审计认定4695万元(剔除亏损挂账因素1710万元),超过县农发行认定挂账金额。

(五)黄淮海农业开发资金使用

1992年,全县黄淮海农业综合开发资金使用和管理情况审计实施20个乡镇及其所属的48个事业单位、7个村以及相关县直单位,审计资金总额912.75万元,占总投入的70.21%。经审计发现,在资金使用的项目实施中,有个别单位存在分解项目、虚列支出、截留转移资金、开假发票、打白条、支出凭证不规范、个别工程扯皮拖沓迟迟不能发挥效益等问题。县审计局在对有投资项目的23个单位固定资产投资调节税征缴情况进行调查时,查出应上缴财政101万元,已上缴财政75万元;有的项目实际投资规模比申报的大2~4倍,有的假报危房或扩大原危房面积,如县粮贸中心原计划投资不足300万元,全部工程完工投资超过600万元。

(六)中国·盱眙国际龙虾节财务收支

自2005年起,根据县政府安排县审计机关开始专项审计中国·盱眙国际龙虾节财务收支情况,针对审计发现的问题,审计部门先后向各届龙虾节组委会分别提出"严格区分政府正常经费支出与龙虾节专项经费支出渠道,严格龙虾节费用审核审批,加强外捐赠物资评审、计价和出入库管理工作,大型活动场所人身安全保险必须按照保险规范进行操作"等数十项审计建议,规范龙虾节组委及各分会场指挥部对财务收支情况的管理,促进龙虾节向市场化运作转化进程。

(七)审计经济交流

2004年,由安徽省天长市审计局发起,有安徽来安县审计局、江苏省南京市六合区审计局、高邮市审计局、仪征市审计局、扬州市邗江区审计局、盱眙县审计局、金湖县审计局参加的“苏皖两省八县(市、区)审计工作研讨交流会”为邻近地区审计经济交流搭建平台。盱眙县审计局参加2004 ~ 2008年各届交流会议,每次交流会都选定课题,专人撰写交流论文。在第五届交流会上,盱眙县论文《经济责任审计“融合”初控》一文受到与会者好评,并被向上推荐,在国家审计署网站全文刊登。

第三节　单位内部审计

1986年,在县食品系统、供销系统、农业银行等单位开展内部审计试点工作,组建内审机构,建立内审网络。1987 ~ 1988年,县文教局、邮电局、商业局、粮食局、供电局、石油公司等相继建立内审机构。其中,1988年,全县内审机构介入被审单位150多个,查出违纪金额41万元,查出损失浪费8万元、万元贪污案件2个,受行政党纪处分19人,移交司法机关处理2人。

1989年,内审机构共审计单位139个,其中审计企业承包经营单位92个,查出违纪金额87万元。县粮食局内审全系统40多个单位的调拨未达账项目,收回粮油饲料未达账款61.1万元,占查出金额88%;县供销系统内审人员配合“双清工作”,处理有问题资金和有问题商品,搞活资金200余万元;县农业银行内审时查出高桥乡营业所会计在1980 ~ 1989年期间,先后通过先列支后报账和开假发票等手段挪用10.55万元,贪污6500元;县农业局内审县种子公司时,查出杂交稻假种12.5吨。

1990年,全县内审机构审计单位356个,其中审计承包经营企业146个、审计经济效益单位36个。查出违纪金额424.62万元、损失浪费271.63万元,查出万元以上贪污案件1起,移交司法机关处理2人。1991 ~ 1997年,全县内审机构审计单位2529个,查出损失浪费1289万元,纠正违规948万元,查出贪污案件17件,向司法机关移送案件6个,建议给予行政处分4人,移送纪检、检察机关25人。其中,县供销总社1993年内审查出有问题资金228.1万元。

1999年,全县县直主管部门、企事业单位内部审计项目929个,查出损失浪费582.3万元,纠正违纪金额839.5万元。2000年起,全县内部审计由各单位自行组织,县审计局不作统一要求。2008年12月28日,成立盱眙县内部审计协会,有会员102人,会员单位60个,覆盖全县所有乡镇和大部分机关单位,全县内部审计工作进入新阶段。

第四节　社会审计

1988年8月,县审计事务所开始履行社会审计职能,县审计局与县物价局、县工商局分别印发《关于盱眙县审计事务所服务项目及收费标准、办法的通知》和《关于委托盱眙县审计事务所办理验资工作的通知》。全年承接县内4个单位委托审计。1989年,接受工商、司法部门等委托审计408项,其中鉴定5项、签证395项、承包或租赁经营8项,查证总金额1.62亿元。

1990年,接受县审计局以及市审计事务所等委托审计196项,查证总金额3649万元。1992年,接受县审计局审计事项8项,审计金额3796万元;接受其他单位、部门委托审计356项,其中财务收支和离任审计33项,经济案件鉴定1项,验资年检319个。

1993年,完成审计项目243项,其中财务收支审计和经济责任查证40项、验资年检142项、资产评估45项、经济案件鉴证和基建工程决算各1项,帮助建账建制和担任审计顾问等9项。全年查证总金额2.98亿元,审计调增利润649.6万元,调减利润138.2万元,核减工程决算1.48万元。1994年,完成审计事项405个,帮助建账建制和担任审计顾问等服务性项目14个,查证总金额2.2亿元,核减虚假注册资金6209万元。

1995~1997年,按照审计管理部门提出的"检查、总结、提高"要求,完成委托审计事项519项,其中财务收支审计45项、承包离任审计34项、基建审计56项;审计核减虚假注册资金128万元,核减基建投资支出70万元、基建预决算款项62万元,核减资金76.72万元、工程款220.28万元,审计收入55.3万元。2004年起,按照县领导要求,每年对龙虾节资金使用情况进行跟踪审计监督。

2008年,完成第八届中国·盱眙国际龙虾节财务收支、解困金征收、盱城镇拆迁专项资金、抗震救灾资金物资使用情况核实等审计任务10个。其中,龙虾节财务实现收支相抵,略有盈余,基本做到市场化运作,不花财政一分钱。

1986~2008年盱眙县审计结果一览表

表5-17 单位:万元

年份	项目	违纪违规金额	上缴财政金额	信息(篇)	案件线索(件)
1986	-	210	55.00	-	-
1987	-	234	67.60	-	-
1988	18	794	165.00	-	-
1989	19	384	83.81	-	-
1990	6	499	182.60	-	-
1991	23	642	94.00	12	-
1992	8	1134	143.00	5	2
1993	33	606	167.00	23	-
1994	43	720	212.00	28	-
1995	45	1024	298.00	49	2
1996	47	771	438.00	24	-
1997	79	1164	713.00	29	2
1998	54	4696	904.00	29	-
1999	47	2869	1009.00	32	-
2000	45	1193	328.00	50	4
2001	64	1131	274.40	75	-
2002	58	4895	110.00	83	1
2003	52	1800	118.00	120	-
2004	48	9696	90.23	85	1
2005	62	1324	73.60	110	1
2006	66	1601	133.00	143	1
2007	64	4270	159.00	138	1
2008	66	3368	162.80	100	1

第五章 质量技术监督

第一节 机 构

1986年,盱眙县计量管理所由县商业局兼管。1988年,成立盱眙县标准计量局,与盱眙县标准计量所合署办公,盱眙县经委管理的度量衡修造厂交标准计量局管理。

1993年3月25日,盱眙县人民法院技术监督行政巡回法庭成立,正式对外挂牌办公。1997年,组建盱眙县技术监督局。1998年,成立盱眙县技术监督稽查大队,核定事业编制9名。1999年1月,盱眙县质量技术监督系统实行垂直管理体制;12月,盱眙县技术监督局更名为淮阴市盱眙质量技术监督局。

2000年2月,县劳动局承担的锅炉、压力容器和电梯等特种设备的安全监察职能监督和县经济委员会承担的质量管理与监督职能划入淮阴市盱眙质量技术监督局。2004年12月,食品生产加工环节的质量卫生监督职能划入质量技术监督部门管理。

第二节 计量管理

1986年起,在全县推行千克制杆秤,开展《制造计量器具许可证》《修理计量器具许可证》考核发证工作,举办计量函授培训班,普及计量法律法规。1987年,开展《制造计量器具许可证》复查工作,组织全县个体秤工考核,颁发计量器具生产许可证(木杆秤)10余人;改制企事业单位和商贸流通企业、市场使用的非法定计量单位的计量器具,全县"计量验收合格"企业36个、升二级计量单位7个。

1988年,开始对县工业企业进行计量管理和乡镇企业的衡器检定、修理。对江苏省第一批公布强制管理的33项64种计量器具进行普查登记建卡,部分计量器具按周期检定;任命计量监督员3人,认定社会公用和部门最高计量标准建标单位2个、计量标准数2个,通过考核发放计量标准数2个;企业最高计量标准建标单位为盱眙县水泥厂、9395厂,有计量检定员4人;取得个体《制造计量器具许可证》53户,盱眙县水泥厂、9395厂等48家企业定为计量三级企业,46家企业单项计量验收合格;对江苏省第二批公布强制管理的25项35种计量器具进行普查登记建档。

1990年7月,授权县自来水厂建立盱眙县水表检定站,与盱眙县车辆性能综合检测站合作,检定汽车里程表;考核验收全县生产、修理的计量器具企业和个体户的衡器修理、木杆秤修理、热电偶、煤气表,发放生产和修理计量器具的许可证,通过"计量质量信得过"(即双信)验收合格单位13个,其中市级合格企业3个、县级合格企业10个,市政府授予"商品质量信得过"企业称号和牌匾1个。

1993年,完成盱眙县仪表线缆厂、盱眙县仪表元件厂、盱眙县特种测温仪表厂、盱眙县热工仪表厂4个企业生产的工作用镍铬—镍硅热电偶和工作用铂铑10—铂热电偶以及铜热电阻、铂热电阻计量器具生产许可证到期复查换证工作。

1994年,创建盱福侨加油站、苏北商场加油站、维桥加油站、物资加油站、新街乡农机加油站、东阳加油站、张洪乡农机加油站、鲍集供销加油站、管镇农机加油站、高桥加油站10个计量合格加油站;创建盱眙县新街乡粮油管理所、黄花塘乡粮油管理所、供销大厦有限公司、东阳乡粮油管理所、官滩镇粮油管理所、穆店乡粮油管理所6个计量信得过商贸企业。

1995年5月，盱眙县环境保护监测站是盱眙第一家通过省计量认证并获证书，取得法定资格的质检机构。1996年，完成县瓦厂、江苏淮河建材总厂、县康宁医疗用品厂等14个生产企业三级计量验收或复核换证，县泥沛加油站、苏北加油站、县粮油供应公司等11个商贸企业计量信得过“计量合格”确认工作，完成县防疫站、县车辆监测站计量认证工作，12个工业企业计量定期升级复查（审查）验收。

1997年，开展“计量确认、计量信得过、计量合格”活动，全县有5家企业纳入计量确认计划，6家商贸企业纳入计量信得过、计量合格计划，盱眙供销大厦、黄花塘粮管所、穆店粮管所、官滩粮管所、新街农机加油站、苏北加油站、苏北商场通过计量信得过复审，县邮电局通过计量合格确认。

1998～1999年，监督检查各乡镇供电站使用的标准器具和粮食收购、农用物资、生产资料、农副产品收购、加油站、液化气站、自来水厂、采石厂等计量器具，登记汽车里程表、流量计、验光仪等36大类81项计量器具，抽查眼镜店，新开展商品房销售计量公证站工作，计量检测所通过市技术监督局验收。

2001年，检查10家法定检测机构按计量认证（实验室）认可条件，普查登记19个乡镇、200多家生产企业的质检机构，对不具备条件的60多家企业责令限期整改，做好10个重点企业的市级质检机构考核验收工作，经国家、省、市三级质量监督检查，产品合格率达90%以上；在商贸企业中开展计量信得过活动，在工业、商业、医疗卫生等行业开展计量确认和计量信得过活动，12家企业通过计量合格确认验收、3家企业通过计量保证确认验收；定量包装生产企业全部通过计量保证能力的考核。

2004年，检查涉及化肥、种子、大米、面粉、茶叶以及各种小食品等30多个生产和销售企业，开展计量确认等活动。

图5-6　盱眙质量技术监督局开发区分局检定集贸市场计量器具

2005年，检查供水、供电、供气（汽）单位，包括用于贸易结算的计量器具安装前是否经法定计量检定机构检定合格、是否抄表到户、是否按用户的表计示值进行结算等，全县获市质量信得过产品4个、市质量诚信单位6个，完成新增获准使用C标志企业1个，通过计量保证确认1个、计量合格确认11个；餐饮饭店计量监督检查面50%以上，盱兰建材、安格药业、县中医院、县人民医院等13个企事业单位通过计量保证、合格确认和计量诚信单位的验收；对生产领域的食用植物油、牛奶、饲料、化肥4类定量包装商品、流通领域的面粉、方便面、食用植物油、味精等13类定量包装商品开展计量监督抽查。

2006年，举办2次200多人次质量技术监督知识培训班，健全19个乡镇24个集贸市场和80多家饭店的计量强检档案和基本信息库，江苏省盱眙龙虾协会质量体系通过计量合格确认，对流通领域餐饮米、面粉、食用植物油、啤酒等与老百姓生活密切相关的10大类定量包装商品计量监督抽查，完成生产、流通领域商品量100个批次抽样检测工作。

2007年，浙江、江苏、上海的计量管理工作现场会在盱眙县召开，帮助40多家单位通过计量保证、合格确认，建计量诚信示范点4家。2008年，检测集贸市场贸易结算用台秤、电子秤等计量器具1200台（件），乡镇医疗卫生计量器具385台（件），将所有计量器具登记造册。在省级文明城市创建中，安装计价器560台（套）。

2003～2008年盱眙县通过计量合格确认企业一览表

表5-18

年份	企业名称
2003	古桑卫生院
	盱眙楚东卫生院
	黄花塘卫生院
	鲍集卫生院
	高桥卫生院
	维桥卫生院
	仇集卫生院
	盱城镇卫生院
2004	明祖陵服务区加油站
	盱眙县淮北加油站
	盱眙县供电局电力加油站
	中油下草湾加油站
	中油盱马公路加油站
	中油板桥加油站
	中油明祖陵加油站
	中油县直机关加油站
	中油明祖陵第二加油站
	盱眙县兴眙水泥有限公司
	盱眙县雅而斯人造板有限公司
2005	盱眙县官滩联营加油站
	盱眙县汽车客运总公司加油站
	盱眙县苏北加油站
	盱眙县自来水公司
	江苏天擎食品有限公司
	盱眙云洁米业有限公司
	江苏神力特矿业有限公司
	金谷加油站
	盱眙县石油支公司五墩经营部
	江苏慧邦控制系统有限公司
	盱眙县皮肤病性病医院
2006	江苏安格药业有限公司
	盱眙县中医院
	盱眙县人民医院
	秋田米业有限公司
	淮安市康达饲料有限公司
	淮安浩威电器制线有限责任公司
	江苏省盱眙龙虾协会
	盱眙恒河酿造有限公司
	江苏省三河粮棉油加工有限公司
	盱眙县润旺禽业有限责任公司
2007	淮安市地力宝生态肥有限公司
	盱眙县第三人民医院
	盱眙县王店乡卫生院
	淮安诚信肥业有限公司
	江苏西马机床制造有限公司
	盱眙蔚百世医疗器械有限公司
	江苏大明宫酒业有限公司
	盱眙兴眙水泥有限公司
2008	中国石油淮安明祖陵第二加油站
	中国石油盱眙盱马公路加油站
	中国石油盱眙明祖陵加油站
	中国石油盱眙镇南加油站
	中国石油盱眙桂五加油站
	中国石油盱眙下草湾加油站
	中国石油盱眙海联加油站
	中国石油盱眙板桥加油站
	中国石油盱眙淮北加油站
	中国石油化工股份有限公司江苏淮安盱眙石油分公司(五墩加油站)
	盱眙第一山电仪材料厂
	盱眙县王店加油站
	盱眙县三河中心加油站
	盱眙县管镇加油站
	盱眙县河桥振洪加油站
	盱眙县德尔人造板有限公司
	盱眙县三河祥龙润滑油厂
	盱眙县苏北商场苏北加油站
	盱眙县金谷加油站
	盱眙县官滩联营加油站
	盱眙县科迪压力仪表有限公司

第三节　计量器具检定与测试

1987年,开展对长度、力学、电学、天平和衡器5项10种计量器具的检定和测试工作,强检商贸系统、工厂企业、医疗卫生部门、环境监测等部门的计量器具并登记造册。1989年底,压力表改制率92.8%、医用血压计85.4%、衡器86.4%。

1991年,登记造册企事业单位强制检定的计量器具,制定全年周期检定表;邀请省计量测试所上门对全县所有医院X光机、分光光度计、B型超声波、A型超声波等进行检定。1993年,全县17个社会公用计量标准器、8个部门和企业最高计量标准全部检验;强检工作计量器具应检3850个,实检3626台(件)。

1994年,检定车速里程表标准装置、血压计标准装置、压力表(氧气表、乙炔表)标准装置通过淮阴市标准计量局复查验收。

2000年,对全县公用电话计费器强制检定,农副产品收购、种子销售等商贸用计量器具强检率98%以上。2001年,市、县质监部门联手对全县所属单位和个人使用的焦度计、眼镜镜片组、B超、X光机、出租车计价器等进行强检。2003 年，对供电、供水等部门用于贸易结算的计量器具进行到期检定。

2007 年，检定 19 个乡镇集贸市场、卫生院、加油站、宾馆、饭店和 1000 多家生产企业等在用的计量器具 1 万多台（件）。2008 年，检定各类医疗器具 1000 多台（件），各个集贸市场的计量器具进行免费检测 800 多台（件），抽样检验 178 个批次，出报告 488 份。

1993 ~ 2008 年盱眙县计量器具检定一览表

表 5 – 19　　单位：件

年份	公用计量标准器		部门和企业最高计量标准		强检计量器具	
	应检	实检	应检	实检	应检	实检
1993	17	17	8	8	3850	3626
1994	39	39	1	1	3460	3037
1995	38	38	1	1	3990	3860
1996	21	21	1	1	6300	6050
1997	19	19	1	1	6250	6124
1998	36	36	1	1	6320	6200
1999	36	36	1	1	6456	6410
2000	33	33	1	1	6830	6790
2001	27	27	1	1	7300	7160
2002	24	24	1	1	7650	7540
2003	26	26	1	1	8100	7850
2004	27	27	1	1	8500	8210
2005	13	13	1	1	8750	8462
2006	14	14	1	1	9260	8860
2007	16	16	1	1	9780	9564
2008	16	16	1	1	10100	9825

第四节　标准化工作

一、消灭无标生产

1986 年，盱眙县执行国家、部门和企业三级标准，在企业普及标准化知识，为企业审查产品标准，帮助企业采用国际标准和国外先进标准，及时通知并帮助企业交换新的标准，使企业稳定和提高产品质量，增强竞争力，提高经济效益；推行《中华人民共和国标准化法》，对生产企业重点检查《产品标准证书年审》《产品标签准印》《使用许可证》等制度执行情况，对流通领域重点检查《食品标签通用标准》《饮料酒标签标准》制度执行情况，对执行不力的企业督促其及时整改，开展标准化定级工作。调研全县凹土产业，收集标准 100 多个，制定《凹凸棒石黏土测试方法》等 3 个地方标准，在工业产品中首次获得省地方标准制定，盱眙县实现消灭无标生产县，县标准计量局被评为江苏省标准化培训先进单位。

1990 年，帮助县凹凸棒黏土公司制定黏土系列产品标准，3 家企业获标准化三级合格资格。1991 年底，标准化升二级企业 1 家，定三级企业 6 家。1992 年，开展企业标准化水平认可工作。1993 年，登记调查 16 个县属企业 30 多个产品和产值 5 万元以上的乡镇企业，对没有国家标准、行业标准和地方标准的产品制定企业标准，12 家企业通过标准化认可验收。

1994年,盱眙县被省政府列为实现消灭无标生产县,盱眙县标准计量局牵头对全县30个乡镇和11个行业498家企业进行普查、摸底、登记、造册,审验162个企业、300个产品的执行标准,重新颁发《企业产品执行标准证书》,帮助企业新制定标准24个、查询标准126个、清理作废标准18个、打印和复印标准文件本228个;帮助江苏圣山水泥厂建立由171个技术标准、52个管理标准和87个工作标准组成的企业标准化体系,被省、市业务主管部门确认为国家三级(省二级)标准;全县工业企业执行产品标准覆盖率由原来的78.6%上升为98%,盱眙县消灭无标生产县通过省级验收,被评为江苏省消灭无标生产工作先进集体。

1995年,江苏第一泉酒厂、都梁电缆有限公司、江苏圣山水泥厂、盱眙县仇集小磨麻油厂、三河半导体厂、江苏恒河酿造总厂创建标准实施合格企业;完成江苏圣山水泥厂标准化水平从认可到复查,盱眙县城南米厂延期复查;帮助盱眙县水产总公司、盱眙县仇集外贸食品厂、江苏恒河酿造总厂制定和修订产品标准3个;举办标准化业务培训班2期,为企业培训骨干96人;完成166个工业生产企业标准年审,清理过期作废标准7个,年审率100%;完成14个食品生产企业78个食品标签审核登记,办理食品标签准印和使用证,查处违法案件16起;完成30家工业生产企业执行标准情况检查,县属工业企业标准覆盖率97%,乡镇企业标准覆盖率90.2%,均达到省标准化规定的标准。盱眙县水产总公司标准化服务工作获县优秀服务项目奖。

1996年,开始实行标签登记准印,对11家通过标准化水平认可的生产企业做好按期复查工作,盱眙三河饲料厂、盱眙三河冷冻厂、盱眙三河粮棉油加工厂、江苏恒河酿造总厂、盱眙县桂五米厂通过标准化水平认可复查验收,江苏省狼山水泥厂标准化管理水平一次性通过升级验收,达到国家三级标准化管理水平;171家企业领取"工业企业产品执行标准证书",清理过期作废标准5个;14家食品生产企业的101个食品标签通过审验,领取"食品标签准印和使用许可证";盱眙县水产总公司开发的特种皮革制品企业标准通过审查发布实施,完成3个工业企业标准化管理水平认可。

1997年,开展消灭无标生产试点工作,创建马坝镇、官滩镇2个执行标准优秀镇。为盱眙县中药饮片厂生产的玉蝶茶和江苏都梁集团线缆有限公司生产的JP型农用变压器配电箱、PCL交流电低压配电柜、低压配电箱、低压线路金属配件等产品标准的制定做业务技术指导。为江苏农垦三河农机修造厂生产的脱粒扬场机、盱眙县废油加工厂的柴油、盱眙肖嘴电动自行车厂生产的电动自行车、江苏农垦恒河酿造总厂生产的白醋等企业标准的制定提供服务。对155户食品生产企业和1户饲料生产企业的标签进行审核和监督检查,提高食品(饲料)生产企业标签合格率。

1998年,与30个乡镇和11个工业主管部门签定目标责任状,举办2期专题培训班,为近100个企业登记产品、查找标准200多个、制定复审标准近20个,帮助没有检测手段的近10个企业签订委托检验协议,全县企业标准覆盖率由50%提高到98%。

2000年,完成100多家企业产品标准的年审、登记工作,对全县近30家医院使用的一次性输液器执行GB8368-1998标准情况依法检查,对80多家企业进行标准实施监督检查,20多家有问题的个体私营企业限期整改,确保县产品标准覆盖率稳定在95%以上;帮助盱眙县食品总公司等企业制定企业标准10多个,修订产品标准26个,查询索取标准200多个,清理过期作废标准10多个,盱眙县食品公司生产的特色风味手抓龙虾被第十届青岛国际啤酒节定为专供产品。

2002年,帮助盱眙县都梁十三香龙虾调料公司等企业制、修订企业标准35个、查询各类标准200多个,全县产品标准覆盖率稳定在98%以上。2004年,帮助江苏天擎食品有限公司等企业制定企业标准20多个、查询各类标准300多个。

2005年,帮助制定企业标准35项、地方标准1项(家化野鸭操作规程)、修订标准20多项。江苏天祥蛋白饲料工程有限公司被列为江苏省第二批标准化良好行为企业。确定2个实施标准化良好行为企业,建立1个服务标准化示范点。盱眙龙虾地理标志产品知识产权纳入到WTO范畴。全县已制定备案的企业产品标准累计50多个。

2008年,申报2个省级标准化示范区,9家市级示范点和示范区,服务标准化示范点1个,标准化农产品市场1个。

二、采用国际标准

1991年，县政府将采用国际标准工作列入政府工作目标管理，年内有3个产品列入采标计划。1993年，贯彻ISO 9000标准，全县共有8个企业10个产品采用国际标准。

1996年，完成盱眙县强立制杆有限公司生产的GB4623－94环形预应力混凝土电杆和GB396－94环形钢筋混凝土电杆2个企业3个产品的采标及复查工作，产品合格率稳定在99.7%以上，通过省技术监督局采标考核验收；江苏省狼山水泥厂生产的GB175－95普通硅酸盐水泥通过复查验收；盱眙县特种水泥厂普硅水泥和江苏省医疗器械厂注射针采用国际标准工作逐步深入，全县有4个企业5项产品通过省级采标验收，3家重点企业采标率100%。

1997年，先后为盱眙县康宁医疗用品厂生产的一次性输液器、江苏省医疗器械厂生产的注射钝针、黄花塘缫丝厂生产的生丝、江苏都梁集团线缆有限公司生产的BVR铜芯聚氯乙烯绝缘软电缆（电线）、BWB铜芯聚氯乙烯绝缘护套手型电线、铝芯聚氯乙烯绝缘电线、江苏狼山集团一分厂生产的425号普通硅酸盐水泥等产品采标工作提供业务技术咨询服务，产品全部通过采标验收；完成4个企业7个产品的采标及复查工作，有3个产品获采标标志证书。

2002年，为适应加入世界贸易组织的新形势，在12家企业推进GB/T1900－ISO9000族标准贯彻工作。2003年，马坝等3个执行标准优秀乡镇企业产品标准覆盖率在96%以上，帮助江苏贝贝乐乳液食品有限公司等企业修订企业标准18个、查询各类标准200多个。

2005年，推行“双采”（采用国际标准和国外先进标准），提高产品竞争力。江苏慧邦控制系统有限公司生产的GB5023.5－1997年，“额定电压450V/750V及以下聚氯乙烯绝缘电线第五部分软电缆（软线）”等4个产品通过采标验收，完成上报工作。

2008年，有5家企业8个产品采用国际标准和国外先进标准，新增国际标准采标产品15个，完成采用国家标准企业300多个，全县500多家工业企业的600多种产品均按现行有效的标准组织生产，备案企业有效标准8项。

三、实施组织机构代码制度

1993年，县标准计量局完成统一代码数据库的安装、调试，进入正常运行阶段，与工商、民政、人事等部门配合，在全县所有党政机关、企事业单位和社会团体及其分支机构中实施代码标识制度。组织5个小组，深入各系统、乡镇、企事业单位和社会团体，完成879个单位的统一代码审报登记工作，发放全国统一代码证书2468本，发证率达摸底数的51.3%。

1994年，举办贯彻食品标签国家标准有关规定学习班1期，县各工商企业104人参加学习；举办企业标准资格发布人学习班2期、函授班2期，106人参加学习；盱眙县仇集小磨麻油厂为全县第一家办理产品条形码企业。

1995年，为县水产总公司、江苏第一泉酒厂、县茶厂、盱眙县仇集外贸食品厂、小磨麻油厂申办商品条形码，申办数在苏北片处于领先地位，为65个企事业单位办理统一代码证书。1996～1997年，完成盱眙县植物油厂、盱眙县康宁医疗用品厂、盱眙县小磨麻油厂、盱眙县第一粮油食品厂等单位申办商品条形码，全县申办商品条形码企业15家。

1998年，江苏省人民政府《江苏省组织机构代码管理办法》要求机关、事业单位、企业、社会团体、民办非企业单位和其他依法设立或者经有关部门核准登记的组织机构，必须领取代码证书，县质监局分期、分批实施，在县内银行和非银行金融机构中首先使用，逐步在全县党政、社团、企事业单位以及依法成立和设立的组织机构中推广，办理代码证书100多份。

2000年，代码证书已广泛地运用在银行、税务、社保、统计、公安等国民经济和国家安全许多领域，新办组织机构代码证书200多家，到期换证192家；办理代码IC卡400张，完成年计划133%。2006年，对全县各使用商品条码的企业开展专项检查，规范商品条码使用，全县发放组织机构代码证书 460 套、IC 卡 317 张，新发展条形码系统成员 6 家、续展 8 家。

2007 年，按照省代码中心的部署，对全县发放的 5000 多个组织机构代码证书实施电子档案管理，其中废止 1000 多个，代码 IC 卡 1000 多份。2008 年，全县发展条码成员单位 36 家，发放组织机构代码证书 620 个，其中已废止 38 个，发放 IC 卡 480 张。至年底，全县共有条形码单位 48 个，发放组织机构代码证书 2700 多套、IC 卡 2000 多张。

四、创建农业标准化示范区

2002 年，盱眙县启动农业标准化示范区创建工作，选择茶叶、花生等作为实施项目，申报高产油菜和人参果标准化示范区项目。克氏鳌虾养殖被列为市标准化示范区项目，家化野鸭养殖被列为国家级标准化示范区项目，为全县农业产业化发展奠定基础。2003 年，申报的手抓龙虾、家化绿头野鸭国家级标准化示范区项目全面实施，年底建成。

2005 年，建立 1 个实行标准化、规范化管理的农产品批发市场，示范区面积 2000 公顷。2006 年，优质肉鸡示范区创建成省级标准化示范区，温氏集团（肉鸡养殖）列为淮安市农业标准化示范区。2007 年，成立创建盱眙龙虾示范区农业标准化领导小组，管理 2 个省级农业标准化示范区。盱眙龙虾示范区获批省级农业标准化示范区。

2008 年，申报省级农业标准化示范区 2 个，组织 8 个农产品生产企业参加江苏省第三届农业标准化成果展。创建省级农业标准化示范区 2 个、市级农业标准化示范区 4 个、标准化农产品市场 1 个。

第五节　质量管理

1986 年起，盱眙县计量管理部门在县办企业和乡镇企业内宣传标准化管理条例，强化产品质量监督管理。1989 年，在全县推行商品质量信得过活动。

1990 年，开展物价、计量信得过和商品质量信得过活动，对商业流通领域里的计量、质量进行监督管理。计量质量信得过验收合格单位 13 个。1992 年，在县内开展质量万里行活动。1993 年，县标准计量局举办 4 期《中华人民共和国产品质量法》学习班和县属企业厂长、经理学习班，326 人参加学习；组织 2 次《中华人民共和国产品质量法》知识竞赛，参与 402 人次；5 次在县副科级以上干部学法冬训班上讲解《中华人民共和国产品质量法》。4 月，县农业机械公司被市政府授予商品质量信得过单位称号；12 月，县商业大厦通过商品质量信得过单位验收。

1994 年，在全县范围内开展以“质量兴县”为主题的《中华人民共和国产品质量法》宣传，设立盱眙县产品质量咨询投诉热线电话，举办企业标准资格发布人学习班 2 期、函授班 2 期，106 人参加学习；举办贯彻国家食品标签标准学习班 1 期，县各工商企业 104 人参加学习。1996 年，在县工业企业中实行《工业企业产品质量检验机构验收制度》，在全县加油站开展商品质量信得过活动，设立社会服务承诺监督小组，负责接待、处理服务对象投诉、举报。

1997 年，根据淮阴市下发的《关于进一步加强生产（经销）企业负责人质量责任的意见》，明确生产（经销）企业负责人是企业质量工作的第一责任人，对监督检查不合格的企业通报批评、黄牌警告、书面检查、限期整改、免职、吊销营业执照、追究行政和刑事责任等办法，督促企业严把原材料、元器件、外协件入厂质量关；9 月，成立产品质量监督检验所，建材检验室和食化检验室投入试运行。

1998 年，围绕“质量兴县”总体战略，对家用电器、摩托车维修行业人员举办岗位证书培训班和实施维修质量等级制度，整顿维修行业，通过质检机构确认考核，有 35 家企业通过县级验收；全县 59 名企业质检人员参加培训，取得上岗资格证书。

1999 年 5 月，成立质量技术监督协会，组建开展 ISO 9000 族标准质量认证工作班子，有 10 项技术监督工作被县政府列入有关部门目标责任状，开展无假冒伪劣商品单位创建活动，对全县工业企业产品质量、检测手段、质检机构、质量保证体系运行情况进行调查，重点培养管理基础好、产品质量稳定可靠、市场占有率高的企业争创省重点保护产品。开展肥料市场、建材产品市场、煤球市场、食品企业、电器生产企业的专项检查及农机、锅炉的专项治理整顿。

2000 年，帮助 9 家企业 7 个产品创省级名牌、8 个产品创市级名牌的申报工作，对 34 家企业的质检机构进行等级年审；帮助 10 家重点企业申请市级合格企业验收；帮助全县白酒、冷轧带勒钢筋、水泥行业的生产企业申报生产许可证，指导企业做好基础工作；对江苏狼山水泥厂、盱眙县官滩染化厂等 10 家重点企业进行"五查"；继续开展商品质量信得过活动，创建消费满意一条街、农民购物放心店和清柜台活动。

图 5－7　县质监局下乡开展消费者权益保护宣传

2001 年，帮助金谷园路开展"购物放心，服务满意示范街"活动，对 104 家店面进行调查摸底，与县文明办、工商局等部门联合下发《关于创建"购物放心、服务满意"一条街的实施意见》；利用"3·15"活动日和质量月，开展送法下乡活动，发放法律、法规宣传材料 3000 多份，受理群众举报、投诉 20 多起，接待、解答群众咨询服务 500 多人次；对全县 10 家法定检测机构，按计量认证（实验室）认可条件进行检查；对全县 19 个乡镇、200 多家生产企业的质检机构进行普查登记，对不具备条件的 60 多家企业责令限期整改，做好 10 个重点企业的市级质检机构考核验收工作；经国家、省、市三级质量监督检查，产品合格率 90% 以上。

2002 年，与县环境办联合对全县 19 个乡镇 97 个重点生产企业质量状况进行普查，五类产品在国家、省、市级质量监督检查中，生产企业产品合格率达 86% 以上，其他产品监督抽查合格率 90%，实行生产许可证产品的领证企业合格率 100%，全县企业产品执行标准证书年审率 96.2%，企业标准到期复审率 100%；清理专业标准转化为企业标准 10 多个。

2004 年，在县卫生系统开展质量诚信单位创建活动，把好质量关、计量关；在质量管理体系健全、产品质量稳定的企业中开展质量信得过产品申报活动；根据县人大代表提案，组织对全县液化气站和煤球厂的产品质量专项整治；开展全县食品生产加工企业的分布、数量、规模、生产资质、企业性质、生产品种、卫生状况、执行标准、生产条件、检测能力、原料控制、技术力量和质量体系建立等普查工作，恒远染化公司的染料中间体、星宇建材公司的水泥、狼山水泥公司的水泥创市名牌产品，大明宫酒业、星宇建材、鹏胜矿业机械、博图凹土 4 个企业通过 ISO 质量体系认证；完成狼山水泥公司质量保证确认 1 个；50 多个"老五类"食品企业获得安全生产许可证，完成肉制品、调味品、乳制品、罐头、方便面、饼干、膨化食品、速冻米面食品、饮料、冷冻饮品"新十类"食品生产企业核发证启动工作。

2005 年，开展质量信用产品活动、质量信得过产品活动，全县有 4 个企业通过 ISO 质量管理体系认证，每月巡查企业 5 个以上；对全县食品加工企业建立日常巡查、现场明察、定期监督检验、许可证年审和节日期间 24 小时值班制度，65 个企业 73 个单元食品获得由国家质检总局颁发的食品生产许可证，免费为工业园企业培训质量管理人员 3 期 260 多人次、培训标准化管理人员 80 多人次，现场帮助凡力钢管企业免费培训人员 50 多名，编印《服务指南》免费分发到企业；对全县 100 个企业实行生产许可证和 3C 论证监督和指导，县康达饲料公司采用国家卓越绩效评价标准，获得省和市名牌产品、质量信得过产品；江苏天擎食品有限公司、江苏景山米业有限公司等 19 个企业分别被评为省市名牌产品、质量管理奖、服务管理奖、质量信用产品、质量信得过产品、质量诚信单位;对全县 390 多个食品企业进行动态管理,健全监管网络,有 109 个企业实行长效管理机制。

2006 年,建立企业质量信用征信和授信体系,对失信企业建立“黑名单”制度,实行曝光等惩戒措施;组织液化气充装单位公开发布诚信经营承诺,帮助盱眙龙虾协会和江苏慧邦控制系统有限公司通过质量管理体系认证;清理整顿无证、无照食品加工小企业、小作坊 367 家。

2007 年,全县实行 ISO 9000 族体系认证 45 家、3C 认证 10 家、QS 认证 87 家,获得省名牌 2 个,中国名牌实现“零”的突破。盱眙龙虾首次获得 QS 认证进入全国销售龙头企业苏果超市。对全县 371 家食品小作坊企业实现“三上”管理;对凹土产业进行调研,标准收集 100 多个,工业产品首次获得省地方标准制定资质。

2008 年,全面启动“质量兴县”工作。全县有省、市名牌企业 15 家、诚信企业 9 家。盱眙龙虾地理标志申报成功,盱眙龙虾地理标志保护被国家质量总局正式受理并公示,为淮安市申报地理标志第一家,实现市、县二级“零”的突破。制定《凹凸棒石黏土测试方法》等 3 个地方标准,为已取证的 81 家企业签订产品质量承诺书,普查 560 多家生产企业;对奔月奶业有限公司进厂派驻 6 人,实行 24 小时监管。

第六节 行政执法

1986 年 7 月,《中华人民共和国计量法》《工业产品质量责任条例》相继施行,县技术监督工作由行政管理转入法制管理,查处案件以计量违法案件为主,主要为破坏计量器具准确度,利用误差谋利,在粮食、生猪、棉花收购中克扣斤两,无计量器具制造、修理许可证,即制造、修理计量器具的行为,查处案件 40 余件。1989 年,查处马坝镇纪某捣鬼秤案,此案已被收录在江苏法院系统出版的《行政案例集》。

1991 年,开展农用物资、低压电器、家用电器、烟酒、食品、春耕春种、秋收秋种等执法检查,查处违法案件 60 余件。1992 年,开展啤酒、水泥等市场监督检查,查处违法案件 90 余件。

1993 年 3 月 25 日,成立盱眙县人民法院技术监督行政巡回法庭。依法办理强制执行案件 2 件,诉讼内调解处理技术监督行政案件 2 件;审查、把关、协助办理技术监督行政案件 29 件,结案率 100%;组织执法人员 72 人次,对农业生产资料、建筑材料、低压电器、燃料、食品、鞋类、化妆品等重点产(商)品进行突击性检查,查处销售假冒伪劣商品违法案件 37 件,其中影响较大的案件有巧克力饮料酒标签违法案、冒用他人注册标准代号违法案、经销劣质柴油违法案、生产和销售劣质柴油违法案、45 度双洪曲酒作假案等;检查加油站的计量器具,与工商、公安、卫生、烟草部门联合开展 8 次专项打假行动。

1994 年,组织全县性打假治劣活动 5 次,抽调各类专业人员 68 人次,检查农业生产资料、低压电器、燃料、食品等,共查处案件 70 起,立案 20 起,其中万元以上案件 4 起,申请县人民法院强制执行 2 起,无行政诉讼案件,其中较大的、较为典型的案件有制售假冒“加佳”牌洗衣粉案、生产和销售劣质柴油案、销售劣质“牡丹”牌电热毯案、生产销售劣质 20% 复合肥案、江苏泗洪分金亭酒厂以工业生产的乙酸乙醇勾兑酒假冒曲酒销售案等。

1995 年,查处 1 名福建人在宁淮一级路盱眙县观音寺段加油站利用遥控器改变加油机加油量案件。1996 年,开展打假专项行动,整顿农资、建材两类市场活动和开展商品专项打假行动(假冒伪劣药品和医疗器械,假冒伪劣的种子、农药、化肥、油品、农资配件,假冒水泥、钢筋、砖瓦、水泥预制构件,假冒低压电器、电线电缆、装饰材料,假冒汽车、摩托车、自行车配件,假冒烟酒、食盐、饮料、营养保健品,假冒进出口商品)。全年开展专项执法检查 10 次、办理各类技术监督行政案件 330 起、抽查各类农资产品 72 批次、柴油和汽油 20 批次、粮油食品 14 批次,查获制售假酒点 2 个、假冒酱油醋窝点 4 个、制售伪劣洗衣粉窝点 1 个、制售假冒仇集小磨麻油窝点 1 个、假冒伪劣灶具 115 台,大案 6 起,其中查处县农资公司复合肥不合格案 1 起。

1999 年,在年营业额 100 万元以上的商业零售企业中,开展质量承诺活动,重点围绕“3456”开展系列打假活动,即搞好 3 个专项治理、打好 4 大战役、抓好 5 个一批、整顿 6 类商品专业批发市场。开展专项治理和专项打击 9 次，捣毁制假窝点 2 个，查处案件 23 起，其中立案 7 起、结案 6 起、大要案 2 起。

2000 年，成立质量技术监督行政案件举报中心，开通 24 小时打假热线，开展“打击假冒，保护名优”活动，对城区山城市场的农药、肥料、种子、建筑用钢材等 14 类商品进行重点检查，与公安部门配合端掉 2 个麻油制假窝点和 1 个假冒分金亭酒制假窝点，查获非 B 瓶啤酒 6 万余瓶，开展专项治理 15 次，共立案查处各类案件 65 起，结案 23 起，没收假冒伪劣产品货值 19.5 万元，查获假冒伪劣产品标值 45 万元。2001 年，专项检查定量包装商品、金银珠宝首饰、液化气瓶站的计量器具，立案查处各类案件近 40 起，查获假冒伪劣商品货值近 200 万元，捣毁假冒名牌卫生纸等制假窝点 3 个。

2003 年，查处假冒防“非典”口罩、手套、防护服、消毒液案件 2 件，查处有效含量不足的农药和化肥、销售过期失效农药、制售杀虫脒等国家明令淘汰的农药和无生产许可证生产复合肥等案件 10 余件。开展农资产品、酒类、建材、许可证产品等 8 次专项检查，立案查处各类案件 20 多起，查获假冒伪劣商品货值 1700 万元。集中查处某企业假冒质量标志案（货值 1600 万元）、某公司销售假冒名烟酒、个体户于某生产和销售假冒他人厂名厂址低压配电装置等大案；在“打假抗‘非典’，服务促发展”专项行动中，捣毁 1 个假冒镇江香醋、白醋的制假窝点。

2005 年，查处肉制品等 10 类食品无证经营，开展围缴毒鼠强的专项行动，打击用工业染料生产加工茶叶、违法生产食品及食品包装物企业（窝点）、追查销毁含有苏丹红食品及原料、无证生产和制售假冒伪劣桶装水行为，打击劣质奶粉“回头看”活动。全年立案查处案件 24 起，罚没款 120 万元，处理举报投诉案件近 200 起。

2007 年，县政府成立产品质量和食品安全专项整治工作领导小组，围绕民生、民资安全产品开展专项打假。全年组织各类专项打假 45 次，查处重大制假售假王朝干红案件涉案人员 11 人，追究刑事责任 7 人；组织 2 次产品质量和食品安全联合大检查，围绕食品安全、农资市场、建材市场、汽配市场、特种设备安全制定整治实施方案，共出动执法人员 3300 人次，检查食品生产企业、经营单位 3200 多家。

2008 年，加强对建筑工地、建材市场、电线电缆市场的专项打假工作，查处各类案件 60 余起，立案 40 余件，其中万元以上案件 10 件、10 万元以上 1 起，查处管桩案件在淮安市系统内实现“零”的突破。

第六章　工商行政管理

第一节　机　　构

1986 年，盱眙县工商行政管理局机关设人秘股、财会股、企业登记管理股、个体经济管理股、经济监督检查股和经济合同管理股；另设经济合同仲裁委员会、县个体劳动者协会；派出机构有盱城、马坝、黄花塘、仇集、河桥、官滩、维桥、观音寺、桂五、穆店、旧铺、山城、管镇、鲍集、淮河工商行政管理所，盱城市场管理所。1988 年 5 月，盱眙县工商行政管理局成立经济监督检查中队。

1998 年，盱眙县工商行政管理局隶属淮阴市工商行政管理局。1999 年，盱眙县工商行政管理局更名为淮阴市盱眙工商行政管理局。2002 年，淮阴市盱眙工商行政管理局更名为淮安市盱眙工商行政管理局（简称盱眙工商局）。

2008 年，盱眙工商局内设机构有办公室、人事教育科、法制科、登记注册科、监督管理科、公平交易监督科(消费者权益保护科)、市场合同监督管理科、监察室,直属机构有经济监督检查大队,派出机构有山城、管镇、马坝、三河、旧铺、桂五、河桥工商分局,挂靠社会团体有县个体私营协会、县消费者协会,在职职工135人,其中公务员122人、事业人员13人。

第二节 登记注册管理

一、国有和集体企业登记

1986年,企业登记采取逐级审核制度,全县国有、集体企业登记注册2353个,其中法人企业1023个。

1991年,国有和集体企业发展缓慢,全县工商企业2024个,其中法人企业497个、营业性登记企业1527个。1994年,《中华人民共和国公司法》实施,县工商局开始依法受理登记各类有限公司,对原有公司进行规范性登记,全县通过规范性登记企业2964个。1996年,国有和集体企业改制,全县登记注册的国有和集体企业数量开始下降。到1999年,全县有登记注册的国有和集体企业2168个。

2000年,依据《中华人民共和国个人独资企业法》和江苏省《企业合同信用办法》,在全县实行经济户口管理(指工商行政管理机关及其派出机构依法对市场主体履行登记注册和监督管理等职责所形成的信息,以及其他相关部门依据规定提供的对市场主体监督管理的信息的总和),清理企业经济户口2500份。全县有登记注册的国有和集体企业1825个。2008年,全县有登记注册的实有国有和集体企业1622个。

二、私营企业和个体工商户登记

1986年,县工商局贯彻国有、集体、个体企业全面发展方针,全县个体经济开始较快发展。全县有登记注册个体工商户4700户,从业人员7133人。1988年,依据《中华人民共和国私营企业暂行条例》,县政府制定个体工商户3年发展规划。全县发展个体工商户6059户,从业人员9138人,提前完成发展规划。

1992年,简化登记程序,个体工商户登记5270户,从业人员8212人,注册资金942万元;私营企业10个,雇工人数212人,注册资金53.5万元。1996年,县委、县政府出台《关于鼓励个体私营经济发展若干问题暂行规定》,县工商局制定《盱眙县个体私营加工小区建设意见》《关于鼓励发展农副产品直销的若干规定》。全县有个体工商户11469户,私营企业196个。

2003年,盱眙工商局列入全省经济户口信息化管理。全县有登记注册个体工商户12584户,从业人员20996人,注册资本39266万元,其中当年新发展2693户、从业8669人、新增注册资金9179万元;私营企业1338个,投资者2358人,雇工人数14339人,注册资本94682万元,其中新登记私营企业246个、投资者444人、雇工2846人、新增注册资本28502万元。2008年,全县有登记注册个体工商户15478户,从业21994人,注册资本111330.69万元;私营企业2813个,雇工78291人,注册资本498222万元。

三、外商投资企业登记

1991年5月18日,全县注册登记第一个外资企业,为惠福皮革有限公司,注册资本41.6万美元。1995年12月,全县在业的外资企业1个。根据国家有关发展外资企业的法律法规和县政府关于鼓励发展外资企业要求,盱眙县工商局做好外资企业设立、变更等登记管理基础工作。

2000年,全县在册的外资企业5个,其中有限公司4个、分支机构1个。2001年起,实行外资企业专管员制度,做好外资企业的登记和监管服务工作。2005年,全县在册的外资企业45个,其中有限公司19个、分支机构26个、外商独资企业9个、中外合资企业10个,注册资本1743.074万美元。

2008年,全县有登记注册外资或港资企业98个,其中有限公司63个、分支机构25个,注册资本20870.18万美元。盱眙金州水务有限公司,由隶属香港企业的江苏水务有限公司出资设立,注册资本771.43万美元,是全县注册资本最多的港资企业。

1996～2008 年盱眙县登记注册私营企业情况一览表

表 5－20

单位：户、人、万元

年份	注册登记情况					经营情况		行业分布情况							
	年末户数	有限公司	投资者人数	雇工人数	注册资金	工业产值	营业额	工业	建筑业	交通运输	商业	饮食业	服务业	信息咨询	其他
1996	196	24	360	2144	2979	930	430	130	3	3	27	3	20	－	10
1997	247	35	447	2926	4422	2395	1358	158	7	7	39	3	22	－	11
1998	500	47	861	6459	11701	5826	1621	382	17	11	47	3	27	－	13
1999	614	42	1035	7780	16066	8855	3116	455	18	14	72	6	37	1	11
2000	715	108	1187	9020	22500	15207	6526	497	19	13	101	18	33	2	32
2001	861	142	1411	12668	33226	21427	9159	603	20	14	122	11	40	2	49
2002	1079	210	1905	18350	48113	34781	12543	737	23	16	164	21	57	3	58
2003	1338	400	2358	14339	94682	8812	4678	905	26	15	200	17	95	17	63
2004	1773	559	3075	26901	130790	34823	20126	1219	36	23	20	13	98	2	362
2005	2105	670	3625	52446	188776	105798	19730	1429	47	22	282	14	104	7	200
2006	2547	831	4228	66671	276062	105366	19730	1649	50	22	448	16	192	25	145
2007	1769	1041	3584	58087	341909	105898	19930	814	45	26	602	10	120	38	114
2008	2813	1469	4849	78291	498222	106550	15500	1024	64	33	1275	91	138	46	142

第三节　市场管理

一、城乡集市贸易

1986 年，盱眙县工商部门依据国务院颁布的《城乡集市贸易管理办法》，坚持活而不乱、管而不死的原则，对全县城乡集市贸易进行监督管理；各集贸市场实行划行归市，亮证亮照、明码标价，规范衡器。1987 年，全县随着市场放宽，逐步取消对上市商品的限制。

图 5－8　盱眙县山城市场

1991 年起，全县集贸市场开展以市场秩序好、文明经商好、场容场貌好、市场效益好为标准的创建文明市场活动。每两年一次对集贸市场进行“五好”标准检查验收、考核评比。1996 年 6 月，成立盱眙县市场建设服务中心，对市场进行综合规范管理。1997 年 2 月，在山城市场成立市场治安管理办公室。

2001 年 12 月，县市场建设服务中心及盱城山城市场管理权移交给县财政局，盱眙工商局对市场管理实行巡查式监管。2002～2003 年,对集贸市场实行信用记录、市场主办单位责任制等管理制度,开展诚信市场评选试点工作。在盱城山城市场、盱城东方市场、马坝交通市场设置检测仪;会同县粮食部门开展放心粮油生产经营企业和放心粮油产品认证工作,推进肉、菜、粮放心工程;会同县安全监督局、县公安局、县卫生防疫站开展集贸市场安全检查,排查事故隐患 133 处。

2004 年禽流感疫情发生时,关闭与安徽接壤的禽蛋市场,对禽蛋经营户实行登记检查制度。2005 年,全县 122 个农资经销企业,推行"两账一书一卡"制(农资产品进货台账和销货台账、农资商品质量书和信誉卡);检查种子经营户出售的种子样本,在 35 个农贸市场和商品集散地落实重要商品准入制度,建立进销台账和发票登记;推行市场食品放心工程责任合同和无公害蔬菜买卖合同。

2006 年,根据《江苏省商品交易市场标准化管理实施意见》,在全县集贸市场内规范索证索票、台账登记、信用记录等日常监管制度,在马坝东方市场、盱城山城市场等进行日常监管标准化试点工作。2007 年,制定《盱眙县集市贸易规范化建设考核办法(暂行)》。2008 年,配合或委托有关质检机构抽检农资商品,确保农民用上放心化肥、种子和农药。

二、市场登记

1986 年,全县有 48 个农贸市场和集市,其中有固定贸易场所 15 个,占地 87324.6 平方米,兴建工业品、蔬菜、粮食等棚亭 9174.4 平方米。

1990 年起,逐步将集市贸易市场建设纳入全县集镇建设规划。1993 年 7 月,根据《商品市场登记管理暂行办法》,开始登记商品交易市场,颁发市场登记证。1996 年 7 月,根据《商品交易市场登记管理办法》规定,市场登记时要提供计划委员会批文、房产管理部门产权证明、主办单位市场建设方案及主管部门意见书,工商行政管理部门才可办理市场登记证。盱眙工商局登记发证 31 个商品交易市场。

2004 年起,根据《关于商品交易市场实行营业执照制度》要求,盱眙工商局对全县集贸市场实行市场化登记。2008 年,全县有 28 个商品交易市场主办单位领取营业执照。

三、整顿市场秩序

1986 年,盱眙县工商局以维护市场公平竞争为重点,查处无照经营和无场地、无资金、无机构企业等违法行为 252 起,清理整顿"皮包公司"和"假集体"行为 108 件。1987～1990 年,采取县与乡镇共建共管办法,整顿市场秩序,保持市场整洁卫生、井然有序。

1991 年起,允许农村集体经济组织和农民个人以多种形式进入市场,凡是经过批准放开经营的农产品,集体商业和个体工商户都可以经营,可以长途贩运。同年,规范市场秩序,城区市场分行划市、编号定位、对号入市,推行商品明码标价和信誉卡制度。

1993 年,重点查处假冒伪劣商品和走私贩私违法行为,发挥投机违法举报中心和消费者协会投诉网络监督作用。全年受理违章违法行为 38 起,处理 21 起。查处假冒伪劣及走私违法案件 20 起,其中万元以上 9 起,千元以上 11 起;属假冒伪劣案件 14 起,走私案件 6 起;罚没金额 20.42 万元,入库 16.4 万元。查处的假冒伪劣商品和走私商品有劣质化肥 276 吨、劣质柴油 54 吨、劣质杂交稻种 23.865 吨、掺沙油菜籽 6.024 吨、假冒各种名优酒 6380 瓶,走私汽车 6 辆,市场经营秩序得到规范。

1996 年,整顿和打击城区市场交易中心违法违章行为,先后对城北市场占道经营、影响交通的问题进行专项整治,拔掉一个"钉子户",处罚 10 户不服管理的经营者,使城北市场占道经营现象大有好转。淮河东路改造后,拆迁门面房,改建五墩农资市场,不少个体经营户无处经营,随意摆摊设点。盱眙工商局和城管部门共同努力,分流一部分经营户到小商品世界、山城市场经营,采取临时措施,就近设立菜市场,缓解城区交通压力。山城市场、城区市场管理所争取派出所联防队的支持,打击市场"鱼霸""肉霸""菜霸"。在城区 8 个市场查处欺行霸市行为 13 起,处理违管经营者 46 个,没收失准计量器具 280 多件,处罚短斤少两经营者 80 多人。

1998～1999年，对全县未经批准的企业和个人擅自从事粮食收购进行查处，查处非法贩运、收购粮食案件65起，没收粮食100吨，罚没金额30余万元。2000年，以重点商品、重点市场、重点地区、大要案为重点，加强对集贸市场内商品经营者证照管理、消费者投诉处理，查处集贸市场的无证经营户276起，处理消费者投诉310起。

2001年，采取三条措施整顿和规范市场经济秩序。规范市场主体准入，从登记权限、前置审批等10个方面对各类市场主体登记情况进行回头查；规范市场交易行为，开展以打假、反不正当竞争、反垄断、反欺诈行为为主要内容的综合执法行动和整治违法广告、打击商标侵权专项执法行动；规范市场经营秩序，推行经济户口管理办法，整顿市场交易秩序，整顿市场购物环境、整顿经营户经营作风，完善"12315"投诉举报网络。做好维权护权工作，全年注销各类违法企业和"三无"企业营业执照23份；查处制假售假案件108件，捣毁制假售假窝点15个，收缴违法印刷品广告1.5万份，查处医疗、药品、保健等违法广告案件75件，撤除不规范广告15块；查处违法印制商标、商标侵权案件20件；收集1368个企业的信用资料1368余份；查处各类违法违章案件143起，打击欺行霸市行为2起。

2002年1月，根据《江苏省经纪人条例》，对全县经纪人进行培训和发证。2003年，先后开展节日市场专项整治、农资市场专项整治、装饰材料市场专项整治行动，查扣节日市场过期食品100余袋、假酒10余箱、假冒品牌服装23件(套)、立案9件，责令改正7件；查扣农资市场假冒不合格化肥24吨、柴油7吨、饲料添加剂3.2吨，查处种子案件2件，农资案件8件。专项检查建筑装饰装潢材料市场，查处立案3个不合格材料经营者。同时，开展医疗广告、医疗机械广告、化妆品广告、房地产广告、废旧金属行业的专项整治工作。

2004年，与公安、文化、教育等部门组成10个检查组，从城区开始，集中开展文化市场整治工作，立案查处7个网吧、27个游戏机室，没收电脑主机93台，查扣382块电路主板，收缴非法出版物173本。2006年，以整治商业贿赂为重点，推进行政执法工作，与公安、检察院配合，重点对医院、酒店、超市、供电、电信等行业进行专项整治。全县立案查处商业贿赂案件6件，结案4件，罚款26.29万元。

2007～2008年，根据新时期经济违法活动的规律和特点，创新执法手段、方法和措施，开展"红盾护农"执法行动、食品安全整治行动、保护知识产权行动、查处商业贿赂行动、取缔无照经营行动、治理虚假广告行动等，查扣一批假冒伪劣食品、产品，查处商业贿赂案件2起、企业虚假出资案件3起、违法医疗广告案件3起，捣毁"黑网吧"14个，取缔无照经营户32户。共办理各类经济违法案件358起，罚没入库114.7万元，维护市场经济秩序和谐稳定。

第四节　经济合同管理

一、经济合同鉴证

1986年，办理经济合同鉴证24365份，合同金额3367万元；举办经济合同法规培训56期，调解仲裁经济合同纠纷7期。

1990年起，在全县企业主管部门和所在企业中选聘合同管理联络员，推行法人授权委托鉴证经济合同制度。1991年，在全县工商企业中推行经济合同示范文本12种。

1992年，制定《盱眙县企业经济合同管理办法》，全县企业经济合同形成工商部门统管、主管部门协管、企业自管的管理机制。1995年9月，根据《中华人民共和国仲裁法》规定，县级不再设立经济合同仲裁委员会，县级和基层经济合同仲裁机构自行撤销。经济合同仲裁由市级仲裁委员会和各级人民法院受理。

二、动产抵押登记

1996年，根据《中华人民共和国担保法》规定，开始在全县企业中开展企业动产抵押登记工作。2007年，依据《中华人民共和国物权法》《国务院动产抵押登记办法》，受理、办理企业动产抵押登记256件，主债权金额8600万元。2008年，全县共登记担保主债权1.6亿元，抵押价值4万元。

三、重合同守信用活动

1986年起，在全县工商企业中开展“重合同守信用”评选活动。2008年，全县被县级命名的“重合同守信用”企业546个，被市级命名的“重合同守信用企业”111个，被省级命名的“重合同守信用”企业12个，被国家命名的“重合同守信用”企业2个（江苏金康实业有限公司、江苏淮河化工有限公司）。

第五节　商标与广告管理

一、商　　标

1986年3月起，开始受理申请商标注册，全年受理44件。根据《商标印制管理暂行办法》，对县内2个商标印制企业进行管理。引导企业运用商标广告策略，提高产品知名度，扩大生产规模；对成形成熟的产品，帮助完善申报商标注册手续。查处侵犯注册商标专用权。1990年起，全县每年申报商标注册10～15件。1992年，盱眙县桂五镇“桂花”牌小磨麻油被评为全省食用油类唯一著名商标，属全县企业商标注册管理中第一个。1996年9月，对县内2个商标印制企业实行指定印制商标单位证书许可证制度。1999年，依据《江苏省著名商标认定和保护办法》，推荐申报市知名商标企业6个、省著名商标认定企业6个。新申报注册商标12件，培育省、市著名商标6个。

2002年，取消许可证制度，不再办理商标印制许可证。2003年，推荐申报盱眙龙虾、桂花、双合、安格、金康达为省著名商标，推荐申报市知名商标10个。2004年12月，盱眙龙虾被国家工商行政管理局商标局核准注册为全国第一例活体动物类地理标志证明商标。2006年，全县有5个省著名商标被认定。2007年，盱眙工商局申报的“鹏”牌、“恒远”牌商标被认定为省著名商标。

至2008年，全县有注册商标470件，其中省著名商标11件、市知名商标21件、推荐申报全国驰名商标2件。查处侵犯注册商标专用权等案件171件，罚没金额105.4万元；收缴和消除侵权商标标识120.9万套，假冒品牌的服装、日用品、白酒等6.85万件。

图5－9　2004年，盱眙龙虾被国家工商行政管理局注册为全国第一例活体动物类地理标志证明商标。

二、广告管理

1986年，全县企事业单位广告均为店堂或招贴式广告，广告内容由工商部门审核后张贴到户外广告栏内。全县设置户外广告专栏40块。县广播站是全县唯一兼营广告业务的单位。

1990年，在广告经营单位建立广告审查员制度，负责广告经营者和广告发布者设计、制作、代理、发布的审查工作。1994年，全县广告经营单位发展到4个。1995年，依法执行广告经营许可证制度，审批广告经营者资格，登记管理户外广告。全县户外广告登记许可45件，查处广告违法行为2起。1999年，对广告从业人员进行法律法规培训，核发广告专业技术岗位资格证书18份，每半年对广告单位经营情况进行年检。

2006年起,全县广告经营许可证实行工商部门备案制。2008年,全县有广告经营单位28个,登记户外广告1996件,查处各类违法案件228起,处罚38.7万元。

第六节　经济监督检查

一、查处非法经营

1986年,县内市场出现转手倒卖钢材、煤炭、汽车、成品油等物资,制销假冒伪劣商品和其他紧俏耐用消费品等不法行为。查处1起案值30万元倒卖钢材案,罚款4万元。查处制销假冒伪劣商品案件31起,销毁假冒伪劣商品价值2.6万元。

1988年,查处非法经营案件65件,其中倒卖工农业生产资料45件、倒卖卷烟20件。1989年,全县开始治理经济环境、整顿经济秩序。查处非法经营案件18件,查获非法经营进口汽车38辆、国产车4辆、白厂丝2.1吨、煤炭1000余吨、化肥246吨、卷烟524条。

1993年,全县查获非法经营洋河酒118吨、进口彩电和VCD 73台,查获冒牌卷烟2165条、倒卖木材4116.58立方米,取缔无证加油站点120个。1994年,执行《反不正当竞争法》《消费者权益保护法》,重点打击假冒伪劣商品制售行为。先后4次在全县开展大规模的市场检查,立案查处制售假冒伪劣商品、虚假广告、假冒商标、欺骗式有奖销售等不正当竞争违法案件28起,罚没款14.5万元。

1995年,结合企业年检工作,全面清理"三无"(无营业执照、无安全生产许可证、无排污许可证)企业,检查企业2900多家,清理注销"三无"企业72家;组织大规模农资市场检查2次,取缔非法经营化肥个体户130多户,查扣化肥830多吨;开展节日市场检查34次,夏季饮料市场检查18次,捣毁制假窝点6处,查处假冒伪劣商品违法案件22起,查获假酒2.6万瓶,收缴假烟200多条,假酱醋1400多瓶,假味精1150多袋。

1998～2002年,先后15次检查粮食市场经营秩序,取缔非法收购点344个,查扣粮食480吨;查获非法销售杂交稻种子8吨,没收假种子1.2吨,查扣劣质冒牌化肥0.66吨,查处无证经营农资商品户479户,没收假冒农药、农资价值171万元,清理检查房屋、柜台出租118家,补签租赁合同429份;查获各种冒牌酒22540瓶,取缔白酒生产企业4个,捣毁制假窝点35个,查获冒牌"天龙"鞋307双,过期食品饮料860千克,冒牌"恒河"香醋19吨;对县医药公司、县医院、县第二人民医院等药品购销行为进行检查,查出486笔药品业务有折扣、让利或赞助费等违法违规行为;会同县卫生局、公安局、药检局等部门检查城乡医药市场,查出药品类500多种、医疗机构40多个,取缔私人诊所20个,封存药品及医疗器械标值15万元。

2003年,开展以"四查四打一保障"(严查市场商品质量、打击假冒伪劣行为;严查市场商品价格,打击垄断货源、哄抬物价行为,特别是哄抬防"非典"药品、消毒品价格的行为;严查市场主体资格,打击无照经营,特别是无照经营药品和门诊行为;严查公共场所安全、消毒情况和不执行停业通知的行为,打击违法营业;保障群众生活消费品供应)为内容的执法行为。先后查获销售不合格商品案5起,案值6.1万元;查处1起抬价销售防"非典"中药案,案值20万元;取缔个人无证诊所30个;责令暂停经营公共娱乐场所251个。

2004年,联合县公安、食品药品等部门开展以食品打假为重点的"红盾春蕾"执法行动,对全县1816家食品经销商逐户检查,查扣涉嫌劣质奶粉342袋,查扣有毒香肠20千克,取缔无证经营34户。

2005年,对辖区内市场主体进行企业信用分类,有A类无违法行为记录企业1594个、B类有警示记录和一般违法行为记录企业857个、C类有失信违法行为记录企业4个、D类有严重失信违法行为记录企业2367个。对市场主体重新设定监管等级,制定检查计划,实施综合检查4922次,定期检查815次,专项检查898次,录入警示90条,风险预警19条,取缔无照经营企业210个。

2008年,将市场划分为A、B、C、D四类,分别实施远距离、近距离和零距离监管,划定2～4个监督检查管理责任区,市场监管划分28个社区、落实监督检查责任人84名。"三鹿"牌婴幼儿奶粉事件发生后,组织清理全县乳制品市场,清查出9月14日前生产的奶粉85.8吨、液态奶82.5吨,责令下架退市有问题奶粉

13.3吨、液态奶35吨,接待处理消费咨询、申诉150多件。至年底,联合有关部门组织制假售假专项检查31次,取缔非法食品经营户108户,查处非法经营案件计423件,案值165万元,罚款42万元;查处制假场点14个,制售假冒伪劣产品案件2653件,涉案1375万元,罚款385万元。

二、查处不正当竞争行为

1996年,开展以反不正当竞争行为为内容的市场整治,查处不正当竞争案件3件。1997～2005年,结合全县国企改革,保护国有知名品牌,开展打假维权工作,查处不正当竞争案件111件,案值1312万元,罚没款57万元。2006年,全县以整治商业贿赂为重点,专项整治医院、酒店、超市、电力、电信等行业。全县立案查处6件,其中较为典型的2件,某酒店在采购餐饮原材料时强行索取贿赂,被罚款6.8万元;某电力器材公司在采购供电器材中收受商业贿赂,被罚款19.49万元。2008年,查处售销假冒他人注册商标商品,擅自使用他人企业名称,仿冒知名商标特有的名称、包装、装潢和利用广告作虚假宣传等行为企业,查处不正当竞争案件17件。

三、查处非法传销

2000年起,对欺诈经营方式的传销行为进行查处。2004年,驱散参与非法传销县外人员26名。2007年,重点打击拉人头、金字塔、团队计酬等传销行为,摧毁传销网络,严惩传销组织者。8月初,配合县公安局依法取缔以拉人头形式销售丹曼琪化妆品非法传销团伙1个,涉案人员28人。

2008年,配合公安部门,取缔位于盱城淮河南路老织布厂对面居民出租屋内的非法传销人员培训集会场所,当场查获传销"魅雅"牌化妆品的非法传销团伙成员53人。至年底,查处传销案件3起,取缔非法传销点9个、非法传销人员培训场所2个,遣散非法传销人员300余人,依法移交公安部门处理3人。

第七节　消费者权益保护

1986年,依法查处短斤少两、掺杂使假、以次充好、虚假宣传等侵害消费者合法权益的行为,查处侵害消费者合法权益行为为162起,为消费者挽回经济损失2.8万元。1988年7月,盱眙县消费者协会成立。1994年,举办学法培训班5期,受理消费者投诉260起,处理各类投诉150件。

2001年1月,成立投诉举报受理中心,开通"12315"投诉电话,当年接待电话投诉180起。2002年8月,设立公平交易监督科,与消费者权益保护科合并办公。2004～2008年,根据省工商行政管理局统一部署,每年组织2次抽检农贸市场、食品生产企业、食品销售企业,监测重要产品质量;检查建材、农资、食品、服装、农机、家用电器等10大类240个批次,查处不合格产品46起。全县查处侵害消费者权益案件120余件,罚款40余万元,处理消费申诉和服务申诉772件,为消费者挽回经济损失113.49万元。

第八节　交易市场

一、批发市场

1992年,盱眙工商局投资400万元,新建山城市场1.1万平方米,是全县第一个专业批发市场,进场从事小商品批发零售经营的个体工商户369户,年交易额2亿元。马坝供销社投资180万元,新建马坝工业品批发市场,占地3234平方米,年销售额500万元。2007年3月,淮河农副产品批发市场开始建设。至2008年底,全县有山城小商品、新世纪建材、龙虾城水果、商贸服装、山城水产、石牛村花卉批发市场6个,年交易额3.5亿元。

二、集贸市场

1986年，全县有集贸市场48个。其中，县城区的山城市场、东方市场、城北市场、城南市场、化肥厂市场，乡镇有马坝市场、官滩市场、三河市场，均实行常市集；其他乡镇集贸市场实行逢集制。集贸市场为棚亭市场的15个，其他为露天马路市场。

1990年，对集贸市场采取“谁投资，谁受益”政策，当年新建集贸市场1个。1990～2003年，先后建起明祖陵农贸市场、东方商城农贸市场等16个。

2005年起，清理整顿全县集贸市场，取缔无合法经营资格集贸市场，帮助重建硬件设施老化市场、规划扩建场地经营拥挤集贸市场。

2006～2008年，全县新建集贸市场10个，棚亭覆盖率96%，营业面积6万平方米；新建成现代化集贸市场9800平方米，改、扩建原有集贸市场14820平方米，累计投入1亿元。乡镇集贸市场全部实现有固定场地、有棚亭、有管理服务机构及人员，其中山城综合农贸市场、三河农贸市场实现楼宇和棚亭全覆盖。全县集贸市场有固定经营户4500户，年交易额18亿元。

1986～2008年盱眙县集贸市场一览表

表5－21

所在乡镇	市场名称	市场地址	逢集日	占地面积（平方米）	开业年份
盱城镇	城北农贸市场	盱城淮河北路73号	常市集	1800	2002
	山城市场	盱城斩龙涧路	常市集	35000	1986
	宝积山市场	盱城淮河南路	常市集	470	2004
	城中农贸市场	盱城陵园路果园大厦后	常市集	350	2008
	石牛农贸市场	盱城五墩南路	常市集	1500	2008
	东方商城农贸市场	盱城金源大道	常市集	8000	2005
	南苑市场	盱城金源南路	常市集	2000	1997
	十里营农贸市场	盱城十里营街道	常市集	4000	2003
	化肥厂市场	盱城淮河南路	常市集	800	1986
马坝镇	楚东市场	马坝镇文明西路18号	1、4、7（公历）	33000	1986
	马坝工业品批发市场	马坝镇文明西路南侧	1、4、7（公历）	5662	1992
	马坝综合农贸市场	马坝镇北路	1、4、7（公历）	2800	1992
	东阳市场	马坝东阳高林组	3、6、9（公历）	3900	1986
	东方市场	马坝镇陵园路	1、4、7（公历）	2900	1996
	高桥农贸市场	高桥居委会	3、6、9（公历）	1000	2001
官滩镇	官滩农贸市场	官滩镇圣山东路1号	常市集	13340	1997
旧铺镇	旧铺镇农贸市场	旧铺镇富康路东侧	2、5、8（公历）	8000	2008
	张洪农贸市场	旧铺镇张洪村集中区	3、6、9（公历）	8000	1995
桂五镇	桂五农贸市场	桂五街道	2、5、8（公历）	3335	2009
管镇镇	分金亭农贸市场	管镇镇街道	一、三、六、八（农历）	8000	2000
河桥镇	盱明集贸市场	河桥镇南路	1、3、6、9（公历）	1800	2008
	洪山幸福农贸市场	河桥镇幸福村	常市集	7000	1998

续表5-21

所在乡镇	市场名称	市场地址	逢集日	占地面积（平方米）	开业年份
鲍集镇	鲍集农贸市场	鲍集镇综合公路西侧	二、五、七、十(农历)	3500	1985
	肖嘴农贸市场	鲍集镇肖嘴街道	一、三、六、八(农历)	3300	1997
黄花塘镇	黄花塘岗村消费品市场	黄花塘岗村居委会	4、7、10(公历)	4700	1996
	新街农贸市场	黄花塘新街杜湖小区	3、6、9(公历)	3500	2000
明祖陵镇	明祖陵农贸市场	明祖陵镇街道	二、五、七、十(农历)	3500	1990
铁佛镇	铁佛农贸市场	铁佛镇街道	二、五、八、十(农历)	3000	2003
淮河镇	淮河农副产品批发市场	淮河镇宁徐路南侧110号	常市集	13300	2007
仇集镇	仇集金汇农贸市场	仇集镇街道	二、五、八、十(农历)	4800	2008
	龙山供销合作社农产品交易市场	龙山街道	一、四、七、九(农历)	6600	1996
观音寺镇	观音寺镇龙墩口消费品市场	观音寺镇龙墩口村	4、7、10(公历)	1200	1998
	马庄农贸市场	观音寺镇马庄居委会	常市集	2500	2000
维桥乡	维桥供销社农产品交易市场	维桥乡街道	1、4、7(公历)	13000	1997
穆店乡	穆店农贸市场	穆店乡穆店村大六组	3、6、9(公历)	4000	2008
王店乡	王店农贸市场	王店乡街道	1、4、7(公历)	13500	2008
	古城供销社农产品交易市场	王店乡古城供销社院内	3、6、9(公历)	5000	1998
古桑乡	古桑农贸市场	古桑街道西	常市集	200	2000
兴隆乡	兴隆农贸市场	兴隆乡街道	二、四、七、九(农历)	16000	2008
三河农场	三河农贸市场	三河农场街道	常市集	5662	2005

三、市场选介

(一)盱眙县山城市场

综合性农贸市场,位于盱城镇斩龙涧路。1986年5月开业,1998年在工商部门登记取得主体资格,经营面积3.5万平方米,有680个摊位,以农副产品、日杂百货交易为主,约5万个品种,固定经营者635户,商品批发户150户。年成交额5亿元。

(二)东方商城农贸市场

综合性农贸市场,位于盱城镇金源大道。2005年3月开业,经营面积8000平方米,有408个摊位,日人流量逾万人。以农副产品、日杂百货交易为主,约3.5万多个品种,固定经营者396户,商品批发户36户,年成交额3亿多元。

(三)楚东市场

综合性农贸市场,位于马坝镇文明西路8号。1986年6月开业,经营面积3.3万平方米,拥有155个摊位,日人流量800人。以肉、禽、蛋、水产品等农副产品、日杂百货交易为主,日用百货2万个品种,固定经营者135户,年成交额465万元。

(四)马坝工业品批发市场

综合性农贸市场,位于盱眙县马坝镇文明西路南侧。1992年3月开业,经营面积5662平方米,有120个摊位,日人流量650人。以服装、鞋帽、日杂用品等交易为主,3万多个品种,固定经营者108户,年成交额500万元。

（五）三河农贸市场

综合性农贸市场，位于三河农场街道。2005 年 7 月营业，经营面积 5662 平方米，有 60 个摊位，日人流量 500 人。以农副产品、日用杂品等为主，1.5 万个品种，固定经营者 46 户，个体批发户 15 户，年成交额 300 万元。

（六）淮河农副产品批发市场

专业批发市场，位于淮河镇镇区、宁徐路南侧 110 号，距县城 3 千米，东临淮河。市场由镇江市修纯钢投资兴建，由淮安市规划设计院设计。市场占地约 13300 平方米，一期工程占地 4 万平方米，实际投资 4561 万元。2007 年 3 月开工建设，已建成 2.4 万平方米的三层半商品经营门面房 124 间。

第七章　安全生产监督

第一节　机　　构

1986 年，县劳动安全生产委员会设立在县劳动局，负责全县厂矿企业安全生产日常管理及事故处理职能。1987 年 7 月始，县安全生产监督管理部门增加锅炉压力容器、劳动保护等安全监察职能。1988 年 12 月，县安全生产委员会在县劳动局设立办公室，负责全县安全生产日常管理。

2001 年 8 月，成立县安全生产监管管理局，副科级建置，与县安全生产委员会办公室合署办公，隶属于县劳动局。2002 年 10 月，县安全生产监督管理局属县政府组成部门，正科级建制，内设办公室、安全监督管理科、危险化学品监督管理科。同年，县安全生产委员会办公室设在县安全生产监督管理局，其日常工作由县安全生产监督管理局履行。2006 年，全县烟花爆竹安全管理职能由县公安局划归安监局管理。2007 年 9 月，成立县安全生产监察大队，全额拨款股级事业单位，隶属于县安全生产监督管理局。

第二节　制度建设

1986 年起，全县安全生产监督管理开始建立以制度化监管为主，辅之于各种监督检查。县劳动、经委、总工会为主要安全生产监管部门。各级、各部门逐步落实安全生产责任制，强化对安全生产的监督和管理。1989 年，县经委、县乡镇企业管理局等经济主管部门增设安全股，负责安全生产管理。

1991 年，安全生产实行企业负责、行业管理、政府监察、群众监督、劳动者遵章守纪的安全生产监督管理体制，形成目标管理考核机制，县安委会对全县各乡镇、各部门、各单位年度安全生产目标完成情况实行百分制考核。1994 年初，县政府出台《盱眙县 1994 年安全生产目标管理工作实施意见》，推行安全生产保证金制度，对全县各乡镇、部门、单位收取 100～5000 元的安全生产保证金。1999 年，县政府制定《关于实行领导干部安全生产责任制的暂行规定》，明确各级行政主要负责人为安全生产第一责任人。

2001 年，建立安全生产台账，内容包括安全例会、安全检查、安全事故隐患登记及事故查处等 13 个方面。2002 年，全县安全生产综合监管涵盖到道路交通、建筑、卫生、农机、林业、旅游、中小学校、消防等，层层制定重特大事故应急预案。开展安全生产达标活动,制定乡镇(街道)安全生产达标等管理制度,统一制定达标验收标准。年底,全县乡镇安全生产达标工作全部通过验收。

2003 年,出台《全县安全生产目标管理工作意见》,将安全生产保证金实施范围扩大到重点企业。2005 年,出台《盱眙县各级领导干部安全生产职责》,明确各级领导干部安全生产职责。2007 年,制定《关于推行一岗双责,进一步完善安全生产责任制的意见》,完善安全生产责任制。

2008 年,县政府制定《全县重特大安全生产事故应急处理预案》《全县危化品应急救援预案》《全县非煤矿山安全应急救援预案》及《第八届中国盱眙国际龙虾节活动应急救援预案》等,各重点企业也制定相应应急预案,全县生产经营单位应急预案覆盖率 100%。实行安全生产"一票否决",凡是发生重特大安全生产责任事故的单位取消当年评先、评优资格。

第三节　综合监管

1986 年,县劳动、经委、总工会安全生产监管部门加强对全县生产部门的安全监管。各级、各部门逐步落实安全生产责任制,强化对安全生产的监督和管理。全县先后组织 2 次安全生产大检查,查处安全隐患 132 处。1989 年,全县先后组织 2 次安全生产大检查,查处安全隐患 178 处。

图 5－10　2007 年 6 月,县安监局联合多部门在五墩广场开展安全生产月宣传咨询活动。

1990 年,组织检查非煤矿山安全,查出安全隐患 305 处,存在主要问题是炸药管理混乱。1992 年,进行非煤矿山、工矿企业安全生产大检查 3 次,检查 172 个单位,查出安全隐患 618 处,存在主要问题是企业安全意识淡薄。1995 年,县、乡组织安全生产检查 512 次,主要检查工矿企业、公共聚集场所、特种设备、军工企业,对查出 1176 处安全隐患限期整改,对 8 个化工厂、5 个建筑企业进行安全专项治理,对全县起重机械和电梯进行普查检验,发放 21 本安全使用证。

2000 年,对全县 8 个化工生产企业、25 个公共娱乐场所、15 个加油站进行检查,发现安全隐患 980 处,发整改通知书 130 份,依法处罚 14 起,整改隐患 550 处。2003 年始,全县实行安全生产专项整治,非煤矿山、危化品、道路交通、烟花爆竹、民爆物品、旅游、水上交通、森林、中小学校、公共聚集场所、农机、特种设备、液化气、建筑纳入专项治理范围。

2005 年 1 月,全县组织非煤矿山、危化品、烟花爆竹、道路交通、水上交通、教育、林业、旅游、农机、特种设备、公共聚集场所安全生产大检查,检查单位 346 个,查出安全隐患 148 处,发整改指令书 98 份。其中,责令立即整改 35 份,限期整改 113 份,教育警告 42 人,治安处罚 6 人,拆除铁栅栏 15 处,打通疏散通道 6 处。

2006 年,分别开展元旦、春节、"五一"、国庆、中国龙虾节等重大节日期间安全生产大检查,主要检查客运、货运、车站、码头、危险路段、危险化学品生产和经营企业、电力企业、建筑工地、油库、液化气站点、烟花爆竹储存、经营场所等 330 个单位,查出安全隐患 918 处,限期整改。

2007 年,实行县政府领导联系危险化学品企业工作制度,每月至少到有关企业检查安全生产工作 1 次。对 62 个化工企业的安全隐患进行逐户检查,关闭存在安全隐患的宏茂科技、旭星科技、凯美生物、普莱斯顿 4 个化工企业。

2008 年,县安监局领导走进县电视台"政风热线"直播室,就危险化学品、烟花爆竹、非煤矿山安全监督监察等问题与听众交流。各乡镇、有关单位与县政府签订安全生产责任状，实行月报、季节例会、年终总结办法，确保全年控制指标完成。5月，开展安全生产“百日督查”行动，采取单位自查、部门督查、县安委会抽查等方式，其中部门督查45个单位、县安委会抽查50个单位，存在的主要问题是经费投入不足，企业负责人安全意识淡薄。查出各类安全生产隐患962处，其中工矿商贸企业880处、化工企业52处、建筑施工企业11处、其他企业19处；乡镇查出各类安全生产隐患233处，整改率100%。开展交通安全集中整治，乡镇实行路段承包256人，与13485名驾驶员签订安全责任状，排查道路交通安全隐患712处，整改700余处。

图5－11　矿山安全大检查

第四节　锅炉、压力容器等特种设备安全监察

1986年，全县先后组织2次安全生产大检查，加强锅炉、压力容器安全隐患的查处。1989年，对全县34台压力容器登记造册、23台锅炉进行年检。

图5－12　县政府加强锅炉、压力容器等安全检查，专项治理安全隐患。

2000年5月23日，县政府成立盱眙县锅炉、压力容器（液化气瓶）治理整顿领导小组。全县共有锅炉88台、压力容器245台、起重机械45台、电梯7台、厂内机动车辆60台、液化气站4家。锅炉、压力容器（液化气瓶）专项治理整顿工作在全市率先启动，先后组织10次大规模检查，强行拆除土锅炉70余台，立案查处非法安装使用土锅炉15家，帮助、监督单位（个体业主）购买使用定点厂家生产的合格锅炉35台。层层签订液化石油气钢瓶定期强检责任状（相关部门、液化气充装站、换气点），现场检查400余个单位（次），发现并责令限期整改事故隐患500余起，已送检超期钢瓶2万余只。

2002年，对全县锅炉、压力容器、电梯、起重机械和厂内车辆进行拉网式普查，为每一台特种设备建立电子档案，普查整治企业309家。其中，锅炉227家，普查数246台，录入数246台，符合发证213台；压力容器37家，普查数543台，录入数543台，符合发证522台；特种设备55家，普查数218台（件），录入数218台，符合发证150台。锅炉、压力容器、管道、特种设备符合发证条件885台（件），不符合发证条件122台（件），其中锅炉33台、压力容器21台、电梯4台、起重机械46台、厂内机动车辆18台。

2004年，开展以气瓶产权转移为目标的专项整治活动，对26个违规充装点进行查处，没收非法充装设备16台；对全县2万只到期未检气瓶实施强制检验，报废气瓶8000余只，5家液化气充装站实现气瓶产权托管6.5万只;开展压力管道专项普查,普查登记99家压力管道使用单位,现场核对数35家,录入长度36152千米,落实江苏淮河化工有限公司、盱眙贝仕达精细化工厂、江苏天擎食品有限公司、盱眙雅而斯人造板有限公司在建压力管道安装监督检验;取缔不符合安全技术规范要求锅炉25台,更换符合安全要求的锅炉22台。

2005年,开展道路运输危险化学品安全专项治理,对全县唯一一家化学危险品运输单位盱眙县雅亚公司进行监督检查,明确在罐体上标明容积,对承装易燃、易爆的罐车要求采用HAN阻隔防爆技术;与县交警大队配合,对道路运输危险品罐车进行检查,共检查危险品罐车12台,消除安全隐患5起,行政处罚1起,排除一起氨罐车泄漏事故。

2006年,开展洗浴行业安全专项整治、化工生产企业特种设备安全专项整治、承压汽车罐车充装站专项检查、重大危险源普查工作,建立以使用登记率、定期检验率、持证上岗率、事故结案率为核心内容的安全监管责任制,重大危险源设备及场所建立档案管理,与5个液化石油气充装单位和1家工业气体充装单位签订安全责任承诺书,对重点场所、重点设备实行重点监控;普查登记企业20家,确定特种设备重大危险源单位9家,指导9家危险源单位完善管理制度和操作规程。

2007年,建起安全协管员和联络员网络,聘用4名协管员和20名联络员,划分20个监管区,开展废旧特种设备普查、重特大事故隐患排查与整治,开展造纸、化工、机械加工企业特种设备和起重机械安全专项整治工作,出动80人批次,监督检查全县19个乡镇、三河农场和县经济开发区共100多家重点企业、6家气瓶充装单位和1家钢瓶检验站,整治隐患设备45台(套),发出特种设备安全监察指令书24份,立案查处案件10件。

2008年,围绕隐患治理年和平安奥运主题,开展特种设备安全百日督查和送安全知识"四进"活动(进学校、进社区、进企业、进乡镇),采取落实责任、查找隐患、限期整改办法消除隐患;建立重大事故隐患公示制度、重大隐患分级挂牌督办制度、重大隐患举报奖励制度、重大事故隐患整改效果监督检查制度和事故隐患排查建档制度。先后接受省、市监督局3批次督查,落实隐患整改31家、移交稽查查处8家、补监督检验10家、采取监控措施2家、解决遗留问题20余起。

第五节 重大安全事故

1997年4月9日,江苏红光化工厂民用爆破车间发生爆炸,当场死亡3人。事故主要是该厂职工违反操作规程造成的,事发后该厂立即停产整改。

2001年11月5日,铁佛镇铁佛村6组村民潘某家私藏黑火药引起爆炸事故,潘某当场死亡,其妻倪某在送医院途中死亡。事故是因该户私产烟花爆竹,铁器工具碰撞摩擦产生火花引起。事发后,县委、县政府组织公安、劳动、工会等部门在全县范围内开展涉爆物品和烟花爆竹安全大检查。2002年7月26日,205国道盱眙段马坝境内发生人员触电事故,死亡4人,属重大安全责任事故。

2004年3月26日,宁连路盱眙段发生两车相撞事故,当场死亡3人,事故是由驾驶员违章和疲劳驾驶造成。8月8日,331省道盱眙段河桥境内发生1起特大交通事故,造成3人死亡、3人受伤。事故由仇集镇霖治村李某驾驶无牌无证手扶拖拉机与安徽省寿县板桥村王某驾驶的大货车迎面相撞造成,主要原因是大货车驾驶员王某疲劳驾驶造成车辆偏离正常行车道所致,无牌无证手扶拖拉机违章载客负次要责任。

2007年6月18日,淮河鲍集段发生沉船事故,造成3人死亡;12月25日,家住铁佛镇铁佛村村民韩某一家10人在流溜子河乘坐徐某自用渔船(木划子)过河时,因船体破旧,船内进水沉没,韩家10人和船主徐某全部落水,其中3人自救上岸、7人被他人救起、1人溺水死亡。被救起人员送至县、乡医院救治时,其中2人救治无效死亡。

1986～2008 年盱眙县安全生产事故死伤情况一览表

表 5－22　　单位：人

年份	死亡人数	伤亡人数	年份	死亡人数	伤亡人数	年份	死亡人数	伤亡人数	年份	死亡人数	伤亡人数
1986	77	304	1992	86	317	1998	92	347	2004	73	212
1987	76	312	1993	81	321	1999	109	426	2005	65	190
1988	81	307	1994	85	310	2000	137	597	2006	60	170
1989	80	314	1995	85	319	2001	93	422	2007	45	132
1990	82	309	1996	87	321	2002	83	391	2008	40	95
1991	84	313	1997	89	325	2003	68	309			

第六节　宣传教育

1986 年，全县举办 4 期安全知识培训班，培训 120 人。1989 年，举办 2 期采石企业、2 期电工安全知识培训班，培训 165 人。1991 年，开展第一个“安全生产月”活动。活动月期间，开展安全咨询，发放安全知识读本 1 万多份。1997 年，举办 14 期安全知识培训班，其中电工班 3 期、焊工班 3 期、厂内驾驶 2 期、厂长经理班 5 期、安全员班 1 期，培训 836 人。

图 5－13　县安监局举办加油站安全培训

2002 年，县委宣传部、县安监局、县总工会、团县委、县广电局联合下发《盱眙县关于开展 2002 年安全生产月活动的通知》，在全县开展以“安全责任重于泰山”为主题的第一个全国安全生产月活动。

2004 年 6 月 13 日，县安监、工会、团县委、公安、建设、气象、交通、卫生、质监、工商、药监等 19 个部门联合开展安全生产咨询活动，对矿山企业员工、危化品单位员工、重点工业企业单位员工发放全国安全生产月全员活动教育资料 2000 余份，组织职工 1 万余人参加由省安委会组织的全省安全生产知识竞赛。2005 年 7 月，成立县安全生产培训中心，开展“三项”（主要负责人、安全生产管理人员、特种作业人员）岗位、特种工种等培训，培训各类员工 1500 人次。

2008 年，全县开展以“关注安全、关爱生命”为主题的安全生产月活动，在企业开展 1 次隐患排查、组织 1 次安全生产知识讲座、观看 1 场安全生产题材的文艺演出或影视宣传片、组织 1 次事故应急救援演练、组织 1 次安全生产咨询活动、组织 1 次安全生产知识竞赛、提 1 条安全生产合理化建议、树立 1 个安全生产典型。6 月 13 日，县安监、交通、公安、建设、质监、电力等部门开展安全生产月咨询日活动，发放宣传资料 1 万余份，营造全社会“关注安全、关爱生命”的氛围。

1986~2008年盱眙县安全培训情况一览表

表5-23

单位:次、人

年份	班次	人数	年份	班次	人数	年份	班次	人数	年份	班次	人数
1986	4	120	1992	6	190	1998	12	780	2004	8	844
1987	4	140	1993	6	210	1999	10	732	2005	8	900
1988	6	150	1994	4	170	2000	10	543	2006	7	600
1989	4	165	1995	8	273	2001	12	1130	2007	16	1574
1990	6	173	1996	7	578	2002	11	980	2008	10	950
1991	5	180	1997	14	836	2003	25	2826			

第八章　招投标管理

第一节　机　构

1986~1999年,全县招投标由县城乡建设局负责管理。2000年,成立县建筑工程管理局,建筑工程项目招投标由县建筑工程管理局负责。

2001年3月,成立县招投标管理中心,全县建筑工程招标、药品药械采购、政府采购、产权交易均纳入招投标管理中心,由县招投标管理中心负责管理。2006年,县招投标管理中心由县纪委代管改由县政府直接管理。至2008年,机构未变。

第二节　项目招投标

1986年起,全县项目招投标主要集中在建筑工程建设上,由县城建乡设局负责;其他项目招投标则由项目所在单位负责。

2001年,县招投标综合大市场开始运作。招投标大市场将政府采购、工程建设、药品器械采购、大宗原辅材料采购以及机电设备采购等招投标全部纳入中心,公开交易。举办空调、计算机、医疗器械进场交易项目99项,成交额5759.1万元,节约资金723.3万元。2002年,进场交易额5700万元,节约采购成本627万元。其中,工程建设招投标28项,交易额2300万元;政府采购70次,交易额920万元;药品药械采购40次,交易额2480万元。

2003年,进行各类招标活动87次,累计交易额6869.4万元,节约资金700.1万元。其中,工程建设投标29项,累计工程造价3566.1万元,节约投资385.14万元;政府集中招标采购23次,交易额546.4万元,节约

图 5－14　2002 年 8 月 22 日刊登在《新华日报》一版的盱眙县招投标交易现场。

开支 45.46 万元；药品器械集中招标采购 28 次，交易额 2620 万元，节约资金 241.76 万元；其他项目招标 7 次，交易额 163.9 万元，节约资金 27.74 万元。

2004 年，进行工程建设、办公设备、药品和医疗器械等招标 450 次，交易额 2.95 亿元，节约资金 3500 万元；各类资产出售、出租交易额 2000 余万元，增值 300 余万元。公开招标农村中小学危房改造工程，节约资金 250.5 万元；县人民医院直线加速器采购时，通过公开招标节约资金 105 万元。

2005 年，进行招投标 130 次，交易额 4.56 亿元，节约资金 4146.65 万元。其中，工程招标 46 项，交易额 4.08 亿元，节约资金 3769.25 万元；政府采购 39 次，交易额 1781 万元，节约资金 168 万元；药品、药械采购招标 36 次，交易额 3069 万元，节约资金 209.4 万元。固定资产处置 9 次，交易额 438.44 万元，增值资金 91.6 万元。

2006～2007 年，进行各类招投标 611 次，交易额 15.32 亿元，节约资金 14504 万元。2008 年，进行招投标 626 次，交易额 10.7 亿元，节约资金 2.23 亿元。

第三节　招投标制度

1986～2000 年，全县行政、事业单位和国营、集体企业重大工程项目，政府采购千元以上物品，药品药械采购等均由县纪委、监察局监督下进行招投标。2001 年，县招投标管理中心制定全县行政事业单位政府采购、控制计划，对政府采购千元以上物品进行监督管理。

2002 年，制定政府采购预算管理制度，做到无预算不采购、有预算不超购；对单位使用财政性资金一次采购单价在千元以上或批量采购单价在 500 元以上的商品，一律纳入政府采购；对达不到集中采购标准的商品或劳务，由政府采购中心公开招标定点采购单位，实行定点采购或委托采购；对低值易耗办公用品，实行招投标定点采购，单位按计划领用。

2003 年，在招标采购中坚持公开、公平、公正、诚信原则，避免走后门、拉关系、拿回扣等不正之风发生。2004 年，先后出台《有形市场工作职责》《有形市场责任追究制度》《有形市场廉洁自律规定》等 10 多项管理制度。2005 年，按照规范运作、健全制度、提高效率，稳步推进的工作思路，建立买卖凭条件、竞争靠实力的招投标环境。2006 年，县纪委、县监察局规范公务车辆购置和公车使用管理，通报和批评 23 个单位违规购置 44 辆公务用车行为，责令限期整改。

2008 年，规范工作程序及管理制度，对外公示招投标流程，接受社会监督，从源头上预防腐败发生。会同县物价局、县审计局，针对 200 万元以下建设工程多，实行同一额度收费不合理等情况，对相关标准进行调整，实施分档收费；对政府招投标的基础设施项目以及城乡道路建设等政府性投入项目收费，分别核定标准，公开透明。

第九章　食品药品监督管理

第一节　机　　构

1986年,药品监督管理由县卫生局负责。2001年11月15日,淮安市盱眙药品监督管理局正式成立,内设办公室、综合监管股、稽查股,下设淮安市盱眙药品检验所事业单位1个,县卫生局负责的药品监督职能划入。2005年6月28日,淮安市盱眙药品监督管理局更名为淮安市盱眙食品药品监督管理局,新增食品、保健品、化妆品安全综合监督,依法行使重大食品安全事故的查处职能,增设食品综合监督科,8月,成立盱眙县食品安全委员会。

第二节　稽查执法检查

2001年,盱眙县药品监督管理局着力规范医药市场,组织医药市场清理整顿8次,立案查处57件,没收药品器械171箱(件)。2002年,在全县范围内开展正本清源保健康专项检查,查处各类案件104件,封存假劣药械200件。2003～2004年,开展正源行动在农村医药市场整治行动,打击制售假劣药品违法行为,查处各类案件224件,涉及物品总值34.76万元。

图5－15　盱眙质量技术监督局深入企业检查能源计量器

2005年,围绕药品安全大检查活动,先后组织开展非法邮购假药、非药品冒充药品、无证经营药品及医疗器械产品说明书、标签和包装标识、中药饮片及中药材质量以及药品零售企业经营状况等系列药品市场专项整治。检查涉药单位296家次,查处药品医疗器械违法案件106件(其中立案87件、当场处罚案19件),查处案件货值25.51万元。

2006年,开展基层药品质量大检查和规范药品市场秩序活动,对齐二药、欣弗、鱼腥草注射液等系列药械市场开展专项整治行动,出动行政执法人员1450人次,检查涉药机构387家次,办理药械违法违规案件107起,涉案货值金额26.4万元。2008年,检查涉药单位600余户次,查处各类案件84起,取缔无证经营单位13个,没收假劣药械货值4.6万元。

第三节　药品市场管理

2001年,利用两个月时间对辖区药品经营情况进行调查摸底,全面掌握监管基本情况。2002~2003年,联合卫生、纪检等部门依法对进入县药品招标市场的药品生产、经营企业进行资格审查,严把药品准入关,从源头控制进入辖区内的药品质量。

2004年,构建县、乡、村三级药品监管体系,聘请计生部门271人为县药品、医疗器械协管员或信息员,强化药品质量监督管理。对全县24家乡镇卫生院的药品"代购"资格进行验收,符合条件的发放药品代购工作合格证。开展药品抽样和不良反应监测工作,抽检药品167批次,上报药品不良反应50起。

2005年,对乡镇卫生院的药品"代购"工作进行年检,纠正和制止药品代购不规范行为。全县药品批发企业、连锁门店全部通过GSP认证,88家单体药店中有87家通过GSP认证。全年上报药品不良反应172起,抽样送检175批次,其中不合格品种35批次。2006年,开展处方药品监督管理专项整治,对未凭处方销售处方药的违法违规行为进行打击,对药学技术人员不在岗、兼职和处方审核制度不能得到有效落实的药品经营企业进行规范。全年抽检药品205批次,不合格79批次。

2007年,对110家药品零售企业开展GSP认证后跟踪检查,覆盖率达100%,重点整改企业8家。4~11月,开展万店无假药行动,对经营企业销售麻醉药品(罂粟壳)、一类精神药品、毒性药品开展专项检查,检查单体药店117家,连锁门店14家。全年抽检药品200批次,不合格51批次;上报药品不良反应515例,其中新的严重不良反应22例。

2008年,全面推进规范药房和合格药房创建工作,全县21家社区卫生服务中心(乡镇卫生院)、180家社区卫生服务站全部通过规范药房、合格药房验收。上报药品不良反应382例,其中新的严重不良反应114例,居全市第一。完成药品抽检计划200批,不合格药品62批。

第四节　医疗器械质量管理

2001年起,对医疗器械经营单位进行检查,提升医疗器械经营单位进货索证索票意识。每年对县辖区医疗器械生产企业蔚百世医疗器械有限公司、华强医疗器械厂和联合易康医疗器械有限公司进行重点监管,重点检查原材料采购、生产过程控制、产品检验(包括进货检验,过程检验和最终检验)等情况,保证产品质量。

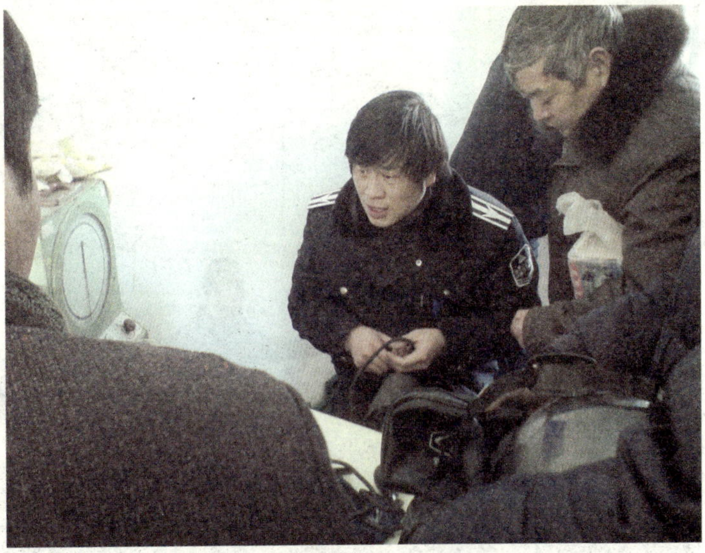

图5-16　乡村卫生院计量器具现场检定

2003~2004年,开展牙科及其诊所专项检查,检查使用器械购入手续、购进渠道、购进验收记录、一次性无菌医疗器械使用后的毁形及销毁等情况,规范全县牙科诊所医疗服务行为。2005~2006年,开展一次性卫生防护用品专项检查,检查各级医疗单位23家;开展医疗器械市场整治活动,检查医疗器械批发企业2家,经营企业40家,查处案件7起。

2007年,开展隐形眼镜和安全套专项检查,检查经营单位90余家,查处案件6起。

2008年,专项检查经营医疗器械单位120余户次,对6起违法经营假劣医疗器械案件进行查处。至年底,全县医疗器械生产企业未发生一起产品质量不合格事件。

第五节 医药企业许可

2002年,县康宁、华强医疗用品有限公司生产条件经省药监局检查评定合格,注射器、输液器通过产品注册认证,医疗器械生产企业许可证成功变更,江苏安格药业有限公司小容量注射剂车间通过GMP认证。帮助、指导31家零售药店取得药品经营企业许可证。

2003年,江苏安格药业有限公司液体制剂通过GMP认证,帮助、指导56家零售药店取得药品经营企业许可证。2004年,围绕服务发展主题,指导27个新办零售企业通过认证;帮助25个药品零售企业办理变更事项,发展盱眙都梁大药房连锁有限公司及南京天颐(淮安)医药有限公司盱眙分公司。

2005年,帮助、指导、受理26家零售药店上报申报验收材料,取得药品"经营许可证";受理、上报47家药品零售企业办理变更事项。2006年,受理19家药品零售企业申办认证工作,其中18家通过现场验收。2007年,鼓励多种主体在农村开办药品零售企业,13家企业取得"药品经营许可证"。2008年,全县许可药品零售企业131家,药品批发企业1家,药品生产企业1家,医疗器械生产企业3家。

第六节 食品综合监督

2005年6月,成立淮安市盱眙县食品药品监督管理局,开始履行食品安全综合监督职能。2006年,出台《盱眙县食品安全委员会成员单位工作职责》《盱眙县食品安全委员会工作规则》《盱眙县重大食品安全事故应急预案》等八项制度,推进食品安全工作制度化、规范化、科学化;指导19个乡镇成立食品安全工作领导小组,在19个乡镇聘请19名农村食品安全协管员,在265个行政村(居委会)聘请265名信息员;联合相关职能部门,对全县农村食品、肉制品和豆制品安全状况进行调研,掌握其真实情况。

2007年,查处旧铺镇阳润肉联厂销售注水肉事件,成功处置盱眙县鹏胜矿业机械制造有限公司钡盐食物中毒事件。

图5-17 盱眙质量技术监督局开发区分局深入企业服务

2008年,开展食品安全示范乡镇创建工作,马坝镇、桂五镇、兴隆乡、王店乡通过市食品安全委员会现场复核检查,达到食品安全示范乡镇标准;清查三聚氰胺污染奶粉,总计下架含三聚氰胺"三鹿"牌奶粉3.78吨,其余相关品牌污染奶粉全部责令相关厂家召回。在相关部门监督下,对德尔人造板有限公司使用的有机载体炉进行高温销毁。打击违法添加非食用物质和滥用食品添加剂行为,对全县500余家餐饮单位、93家食品生产企业和2家食品添加剂销售单位进行现场检查,未发现使用非食用物质和滥用食品添加剂现象。

第六篇　农　　业

1986 年，盱眙县作为江苏省粮食主产区之一，全县有耕地 75340 公顷、水域 42117.1 公顷、林地 17808 公顷，森林覆盖率 12.06%。全县粮食产量 56.85 万吨、油料 2.82 万吨、蔬菜 12.7 万吨、畜禽养殖 840 万头（羽）、水产品产量 7000 吨，农业总产值 7.28 亿元。1987 年被农业部批准为全国商品粮基地县。1989 年，对全县承包土地实行“大稳定小调整”和“两田”（口粮田、责任田）制政策，解决弃田抛荒问题。1991 年，在盱马新老路之间建设蔬菜“白色长廊”，种植蔬菜 3429.5 公顷，产量 115386 吨。1992 年，县委、县政府提出“平原猪禽蚕桑”发展战略，发展桑园 1467 公顷。1994 年，盱眙县被批准为中国油料大县。1997 年 4 月，盱眙县获批“国家级秸秆养牛示范县”。

1999 年，确定东片乡镇主攻大棚蔬菜设施化栽培，河西片及东片部分乡镇发展以毛豆为主的菜用豆类，山区片乡镇栽培籽西瓜，形成区域特色，力求连片发展。全县蔬菜种植 1.34 万公顷，种植毛豆 2666.7 公顷，籽西瓜 4000 公顷。签订蔬菜供销合同 200 万吨。

2000 年，全县依托三森、元润、润旺肉鸡加工龙头企业，实施“公司 + 农户”模式，发展肉鸡生产。年底，发展养禽大户 457 户，养殖加工肉鸡 400 多万羽。县茶场生产的“雨山香茗”牌茶叶，获中国（南京）国际茶博览会金奖。2001 年，盱眙县被国家林业部表彰为全国经济林建设先进县。

至 2008 年，全县农业从单一服务、政府部门服务，逐步拓展到统一农业植保，统一农田耕、种、收、灌，统一组建公司 + 农户、股份合作、能人带动型农村各专业合作社，服务体系逐年完善。创造“陡湖”牌中华绒螯蟹等一批特色品牌，形成具有盱眙特色的龙虾、果蔬、意杨、优质稻米农业产业化格局，农村经济得到快速发展。全县粮食产量 87.17 万吨、油料 3.28 万吨、蔬菜 44.42 万吨、畜禽养殖 3322 万头（羽）、水产品产量 56554 吨，农业总产值 46.92 亿元，森林覆盖率 26.9%。

第一章 种 植 业

第一节 机 构

1986年,县农业局下设办公室、科技教育股、生产股。直属机构有县农技推广中心、农广校、种子公司、良种场(分为东西两场,场部设在东部陆家湖)。成立县蔬菜生产办公室、县蔬菜协会。各乡镇设立农业技术推广站。

1990年,成立县蔬菜科技推广中心。县良种场分为良种场和原种场,良种场设在陆家湖,原种场设在古桑。1993年,县蔬菜生产办公室与蔬菜科技推广中心并入县农业局。1997年,县农村能源环境保护办公室从县计委划入县农业局。1998年,成立县农业执法大队。

2000年,良种场划归维桥乡管理,原种场划归古桑乡管理。乡镇农技站划归所在乡镇政府管理,由原农技站、林业站、水产站、农机站合并重组成新的农技站。2002年4月,成立农民科技教育培训中心,与农广校、农干校合并为一套班子、三块牌子。同年,县种子公司改制为企业。5月,股室改为科室。撤销生产股,成立政策法规科(挂"农业行政执法科"牌子)。县农村能源环境保护办公室更名为农业生态环境保护与农村能源科(挂"无公害农产品组织申报委员会办公室"牌子)。

2005年,设立生产科。2006年,成立市场信息科。2007年,县绿色食品办公室由县政府办划归县农业局。2008年,全县乡镇农技站在编人员120名,工资由所在乡镇政府财政统一发放。

第二节 耕地与农业分区

一、耕 地

1986年,全县有耕地75340公顷。1987～1989年,由于农业产业结构调整、稻田改挖鱼塘、退耕还林,全县耕地面积一度有下降趋势。至1989年,有耕地74947公顷,比1986年减少393公顷。

1990年,随着中低产田改造、农田复垦等农业项目的实施,全县耕地面积增加到75538公顷。2000年起,由于实施区划调整,创办工业园区,实施城镇和道路建设,全县耕地面积开始减少。当年有耕地73870公顷,比1986年减少1470公顷。2008年,全县耕地73336公顷。(根据《统计年鉴》统计口径,本章耕地面积以承包土地为主,且不包含农林场圃耕地面积。)

二、农业分区

1986～2008年,盱眙县根据地形地貌、生产特点,以淮河和山区为界,分为河东平原区、河西河网区、西南山区。

(一)河东平原区

位于淮河以东,地处平岗地区。1986年,有盱城镇、马坝镇、官滩镇、十里营乡、高桥乡、新街乡、东阳乡、马庄乡、观音寺乡、黄花塘乡、维桥乡、江苏省三河农场。总面积793.8平方千米,占全县面积32%;农业人口21万人，占全县农业人口35.49%；农业劳动力7.68万人，占全县农业劳动力32.69%；耕地30601公顷，占全县耕地40.6%，其中水田19352公顷、旱地11249公顷。以种植水稻、三麦、油菜为主，其中水稻占全县水稻面积53.88%、三麦占全县三麦面积39%。

图6－1 东片平原

2008年，有观音寺镇、马坝镇、黄花塘镇、维桥乡、官滩镇、盱城镇、江苏省三河农场。总面积693.03平方千米，占全县面积27.75%；农业人口19万人，占全县农业总人口32.75%；农业劳动力17.39万人，占全县农业劳动力44.36%；耕地28662公顷，占全县耕地39.08%，其中水田25110公顷、旱地3552公顷。以种植水稻、三麦、油菜为主，其中水稻占全县水稻面积43.89%，三麦占全县三麦面积40%。区域内土壤肥沃，农作物以一稻一麦或一稻一油为主，人均产粮、经济效益高于全县平均水平。

（二）河西河网区

位于淮河以西，地处河西缓岗地区。1986年，有淮河乡、管镇乡、鲍集乡、铁佛乡、兴隆乡。总面积625平方千米，占全县总面积25.18%；农业人口16.59万人，占全县农业人口28%；农业劳动力6.9万人，占全县农业劳动力29.4%；耕地20354公顷，占全县耕地面积27%，其中水田6400公顷、旱地13954公顷。其中，水稻占全县水稻面积16.3%、三麦占全县三麦面积26.9%。

图6－2 2001年河西河网区航拍图

2008年，有鲍集镇、铁佛镇、管镇镇、明祖陵镇、兴隆乡、淮河镇。总面积482.9平方千米，占全县总面积19.34%；农业人口20.47万人，占全县农业人口35.29%；农业劳动力11.05万人，占全县农业劳动力28.19%；耕地20245公顷，占全县耕地面积27.61%，其中水田10966公顷、旱地9279公顷。该区域紧靠淮河和洪泽湖，土壤肥沃，农作物一年两熟，以稻麦为主，其中水稻面积占全县水稻面积20%，旱粮占全县旱粮面积21%。

（三）西南山区

位于县境内西南部，地处丘陵山区。1986年，有旧铺镇、桂五镇、仇集乡、河桥乡、王店乡、古桑乡、穆店乡、张洪乡、古城乡、龙山乡、洪山乡、水冲港乡。总面积882.1平方千米，占全县面积35.5%；农业人口20.66万人，占全县农业人口34.9%；农业劳动力8.92万人，占全县农业劳动力的38%；耕地24385公顷，占全县耕地32.37%，其中水田10668公顷、旱地13718公顷。其中，水稻占全县水稻面积29.8%、三麦占全县三麦面积34.5%。

2008年，有仇集镇、河桥镇、王店乡、桂五镇、古桑乡、穆店乡、旧铺镇。总面积831.1平方千米，占全县面积33.28%；农业人口19.87万人，占全县农业人口34.25%；农业劳动力10.76万人，占全县农业劳动力的27.45%；耕地24429公顷，占全县耕地33.31%，其中水田14685公顷、旱地9744公顷。以种植三麦、玉米、大豆、杂粮（高粱、绿豆、红小豆、豇豆）、山芋和芝麻等旱作物为主，其中芝麻占全县芝麻面积的60%，玉米和大豆共占全县面积40%。农作物以一年两熟为主，人均粮食、经济效益低于全县平均水平。

1986~2008年盱眙县农业人口、耕地面积一览表

表6-1 单位:人、公顷

年份	农业人口	耕地面积			年份	农业人口	耕地面积		
		合计	水田	旱田			合计	水田	旱田
1986	591747	75340	36420	38920	1998	621701	74430	50908	23522
1987	595678	75213	37607	37606	1999	606895	74390	51600	22790
1988	596173	74973	40733	34240	2000	588276	73870	51080	22790
1989	595733	74947	44696	30251	2001	586267	73891	51145	22746
1990	611950	75538	47324	28214	2002	584892	73775	51145	22630
1991	620075	75248	46977	28271	2003	595894	73891	51145	22746
1992	624433	74585	47944	26641	2004	612136	73560	51145	22415
1993	622718	74355	47190	27165	2005	582155	73721	51080	22641
1994	623485	74386	47304	27082	2006	599165	73185	51080	22105
1995	625999	74789	48249	26540	2007	593933	73336	50761	22575
1996	627569	74590	47360	27230	2008	580087	73336	50761	22575
1997	624445	75827	50607	25220					

第三节 粮油经济作物

1986年,全县种植粮食作物主要有水稻、小麦、玉米、豇豆、赤豆、绿豆,油料作物有大豆、油菜、花生,经济作物有棉花、麻类、烟草、中药材等。农业人口591747人,种植粮食作物12.14万公顷,总产57.27万吨,农业人口人均968千克;种植油料作物3.8万公顷,产量5.64万吨;种植经济作物1234公顷,产量1900吨。其中,种植麻类200公顷,产量310吨;烟草900公顷,产量1471.8吨;中药材0.33公顷。1989年,种植麻类101.07公顷,总产80吨;种植烟草811.6公顷,产量720吨。

1991年起,不再种植烟草。当年麻类种植面积减少到13.93公顷,产量6吨。1992年,棉花种植1446.67公顷,总产999吨,历史最多;中药材种植2公顷,历史最低。2000年起,不再种植麻类作物。2002年,全县油料播种4.84万公顷,总产17.68万吨,为历史之最。

2003年起,油料受价格、效益因素影响,面积、总产开始下降。当年,种植油料3.6万公顷,产量8.78万吨。盱眙县被农业部授予"全国粮食生产先进县"称号。杨标承包兴隆乡荒地340公顷,种植优质水稻280公顷,被农业部授予"全国种粮大户"称号。

2004年,培植中药材种植基地,种植鱼腥草、金银花、野马追2560公顷,为历史最高。2005年,抓好无公害农产品产地认定,检测耕地73334公顷,通过无公害农产品产地认定64990公顷,占全县耕地88%。获批有机食品标志3个,绿色食品标志5个,无公害农产品标志60个。全县突出发展特色高效农业,平均年设施种植西瓜、蔬菜等近4000公顷。

2008年,围绕农业增效、农民增收、农村稳定目标,推广农作物新品种10余个,推进高效农业规模化建设。种植园艺蔬菜1000多公顷、中药材1673.33公顷、果品800多公顷,形成园艺蔬菜、中药材、立体种植果

品等高效种植业产业。建成一批规模大、效益高、带动能力强的高效农业。

盱城镇333.3公顷荷藕套养鱼虾，每公顷效益4.5万元以上；观音寺镇200公顷大葱、133.3公顷大棚西瓜，每公顷效益3万元和7.5万元；官滩镇13.3公顷钢架大棚蔬菜，每公顷效益10万元；淮河镇7000公顷露地蔬菜、70公顷大棚蔬菜，每公顷效益4.5万元和7.5万元；仇集镇13.3公顷日光温室蔬菜，每公顷效益10万元；明祖陵镇7公顷钢架大棚西瓜，每公顷效益7.5万元。全县主要粮食作物种植13.02万公顷，产量87.17万吨；主要油料作物种植1.33万公顷，产量3.28万吨。农作物达到一年两熟，主要是麦—稻、麦—玉米或大豆、花生，种植蔬菜的地区有的达到两年五熟。全县耕地比1986年减少2005公顷，年均减少87.17公顷，全县人均耕地0.126公顷。

1986～2008年盱眙县粮食作物播种面积、产量一览表

表6－2

年份	合计（万公顷、万吨）		水稻（万公顷、万吨）		三麦（万公顷、万吨）		玉米（万公顷、万吨）		大豆（万公顷、万吨）		薯类（万公顷、万吨）		蚕豆（公顷、吨）		其他杂粮（公顷、吨）	
	面积	总产	面积	总产	面积	总产	面积	总产	面积	总产	面积	总产	面积	总产	面积	总产
1986	12.01	56.85	4.22	31.04	4.79	17.65	1.05	3.42	0.96	1.64	0.83	2.90	70	56	1500	1900
1987	12.09	57.81	4.31	31.56	4.79	18.29	1.11	3.68	1.09	1.64	0.78	2.64	50	29	–	–
1988	11.88	56.65	4.60	32.69	4.67	16.57	0.88	2.88	0.95	1.77	0.68	2.60	10	15	1000	1400
1989	11.96	60.13	4.79	36.10	4.65	16.80	0.84	3.10	0.95	1.55	0.63	2.45	10	27	1000	1240
1990	11.95	60.04	5.02	37.84	4.73	16.16	0.76	2.64	0.78	1.05	0.56	2.23	–	–	1000	1200
1991	9.94	35.50	4.35	22.77	4.35	11.61	0.26	0.25	0.23	0.10	0.51	0.67	–	–	2400	1000
1992	10.79	55.68	5.18	36.34	3.97	12.90	0.81	3.56	0.37	0.63	0.35	2.10	–	–	1100	1500
1993	10.79	57.81	4.88	36.48	3.95	14.36	0.82	3.68	0.46	0.90	0.54	2.20	30	98	1400	1800
1994	8.24	39.01	3.56	22.30	3.48	13.44	0.43	1.59	0.38	0.55	0.33	1.05	30	54	600	710
1995	10.42	58.41	5.00	39.34	3.69	12.23	0.84	5.10	0.39	0.60	0.41	1.06	10	1	900	800
1996	11.01	65.39	5.11	40.26	4.09	17.07	0.99	5.20	0.30	0.57	0.45	2.20	20	5	700	920
1997	11.63	67.10	5.16	38.52	4.66	19.79	1.00	5.73	0.36	0.74	0.45	2.32	–	–	–	–
1998	12.10	71.47	5.44	46.02	4.70	16.14	1.00	5.76	0.42	0.92	0.45	2.49	110	24	800	1200
1999	11.81	72.21	5.16	40.72	4.84	22.50	0.90	5.18	0.31	0.62	0.49	3.04	50	79	1000	1400
2000	10.45	60.24	4.74	38.54	4.01	13.88	0.74	4.05	0.33	0.64	0.53	3.00	250	48	700	800
2001	9.66	59.10	4.73	37.84	3.27	12.66	0.88	5.36	0.38	0.69	0.39	2.54	80	13	–	–
2002	9.98	61.28	4.50	36.99	3.93	15.48	0.85	5.89	0.31	0.63	0.34	2.22	90	15	400	500
2003	9.58	47.38	4.04	25.42	3.96	13.19	0.81	5.55	0.30	0.62	0.37	2.47	–	–	1000	1300
2004	10.77	65.80	4.98	38.14	4.26	20.36	0.82	4.66	0.31	0.60	0.36	1.99	–	–	400	470
2005	11.35	65.21	5.32	37.35	4.49	21.50	0.81	3.68	0.33	0.62	0.36	2.01	–	–	400	500
2006	12.11	77.55	5.91	46.83	5.00	25.86	0.61	3.00	0.27	0.50	0.29	1.31	10	33	300	460
2007	12.51	75.72	5.78	44.85	5.17	24.08	1.02	4.94	0.27	0.55	0.23	1.23	20	35	400	670
2008	13.02	87.17	6.00	48.62	5.39	31.26	0.99	4.90	0.36	0.75	0.28	1.64	–	–	–	–

1986～2008年盱眙县油料、经济作物面积、产量一览表

表6－3

年份	油料作物(万公顷、万吨)								经济作物(公顷、吨)								
	合计		花生		油菜籽		芝麻		合计		棉花		麻类		烟草		药材播面
	面积	总产	面积	总产	面积	总产	面积	总产	面积	总产	面积	总产	面积	总产	面积	总产	面积
1986	1.90	2.82	0.61	1.45	1.09	1.25	0.20	0.12	1233.66	1899.80	133.33	118	200.00	310	900.0	1471.8	0.33
1987	1.92	3.12	0.66	1.43	1.10	1.60	0.16	0.09	1373.34	1540.00	306.67	185	466.67	455	600.0	900.0	-
1988	1.31	2.30	0.68	1.73	0.53	0.48	0.10	0.09	1199.77	926.90	324.47	205	272.60	253	602.7	468.9	-
1989	1.93	3.23	0.56	1.53	1.27	1.62	0.10	0.08	1029.80	882.00	117.13	82	101.07	80	811.6	720.0	-
1990	1.86	3.17	0.59	1.64	1.15	1.40	0.12	0.13	380.06	375.00	238.93	239	105.73	96	35.4	40.0	-
1991	1.99	2.46	0.30	0.39	1.62	2.04	0.07	0.03	198.53	129.00	184.60	123	13.93	6	-	-	-
1992	2.44	4.64	0.54	1.79	1.72	2.70	0.18	0.15	1479.34	1024.00	1446.67	999	30.67	25	-	-	2.00
1993	2.70	4.99	0.66	2.04	1.86	2.88	0.18	0.07	821.20	576.00	710.93	570	3.27	6	-	-	107.00
1994	2.74	4.56	0.51	1.40	2.11	3.07	0.12	0.09	288.40	184.00	279.07	168	9.33	16	-	-	-
1995	3.36	6.45	0.88	2.89	2.34	3.40	0.14	0.16	725.13	435.00	683.33	435	-	-	-	-	41.80
1996	2.68	5.73	0.83	2.84	1.71	2.75	0.14	0.14	582.33	495.00	573.80	495	-	-	-	-	8.53
1997	2.65	5.46	0.80	2.56	1.55	2.53	0.30	0.37	338.53	217.00	211.07	205	7.13	12	-	-	120.33
1998	2.53	5.30	0.91	3.34	1.31	1.60	0.31	0.36	238.47	157.00	108.47	130	12.00	27	-	-	118.00
1999	2.78	6.91	1.13	4.30	1.25	2.21	0.40	0.40	559.33	254.00	189.33	227	10.00	27	-	-	360.00
2000	3.59	8.30	1.45	5.68	1.73	2.18	0.41	0.44	129.67	173.00	113.67	130	16.00	43	-	-	-
2001	3.29	9.13	1.70	6.64	1.33	2.22	0.26	0.27	1401.93	139.00	116.00	139	-	-	-	-	1285.93
2002	4.84	17.68	2.19	8.58	2.42	8.84	0.23	0.26	2452.66	160.00	127.33	160	-	-	-	-	2325.33
2003	3.60	8.78	1.79	5.66	1.66	2.98	0.15	0.14	2664.66	81.00	107.33	81	-	-	-	-	2557.33
2004	3.69	11.30	2.05	8.00	1.50	3.15	0.14	0.15	2866.67	279.0	306.67	279	-	-	-	-	2560.00
2005	3.34	10.24	1.82	7.22	1.33	2.80	0.19	0.22	1770.33	72.00	77.00	72	-	-	-	-	1693.33
2006	2.18	6.47	1.23	4.69	0.76	1.56	0.19	0.22	53.34	41.00	46.67	41	-	-	-	-	6.67
2007	1.17	3.28	0.52	2.07	0.47	1.00	0.18	0.21	86.67	52.00	80.00	52	-	-	-	-	6.67
2008	1.33	3.28	0.75	2.28	0.40	0.78	0.18	0.22	1813.33	126.00	140.00	126	-	-	-	-	1673.33

第四节　蔬　　菜

一、区域特色

1986 年，根据全县自然条件，形成蔬菜瓜果生产区域特点。淮河镇蛤滩村、沿河村、城根村、大洲村，蔬菜品种以大白菜、毛豆、韭菜为主，辅以茄果类、瓜类、葱蒜类及其他叶菜类；山区片以种植辣椒、四季豆、籽瓜为特色；观音寺镇以种植大葱为特色。

图 6－3　1998 年的古城街头蔬菜大棚

1990 年，观音寺镇发展毛豆、西瓜种植。至 1998 年，观音寺镇形成以西瓜、大葱、毛豆、萝卜为特色的蔬菜瓜果区域，辅以茄类、辣椒生产；山区乡镇是西瓜和籽瓜的生产区，辅以西红柿、辣椒等。2000 年，全县种植西瓜 5253.6 公顷，其中仇集镇、古桑乡、王店乡、桂五镇种植西瓜 3399.8 公顷，占全县 64.7%。王店乡以西瓜、生姜、大白菜为主，辅以地瓜、长豇豆、青椒、黄瓜等。

至 2008 年，全县蔬菜生产相对集中种植形成三个区域特色：观音寺镇形成以大棚早熟西瓜、大葱、毛豆为特色的蔬菜瓜果生产区域，种植 800 公顷，产量 3 万吨，产值 6360 万元；淮河镇形成以大白菜、毛豆、大棚茄果类蔬菜为主的大宗蔬菜生产区域，种植 1600 公顷，产量 6.5 万吨，产值 12800 万元；仇集镇形成以朱刘日光温室茄果类蔬菜生产集中区域，种植 20 公顷，产量 3600 吨，产值 1300 万元。

二、发展状况

1986 年秋，县政府决定将盱城镇、淮河乡蛤滩村、河桥乡堤南村列为蔬菜生产基地，生产的蔬菜供应盱城镇居民。种植蔬菜 3766.7 公顷，产量 126842 吨。1988 年，实施“菜篮子工程”，提出“保五争六”口号（保证盱城镇居民每天吃到 5 两菜、争取达到 6 两），提出 5 年内实现“321”（盱城镇居民、乡集镇居民、农民分别每人有 3 厘、2 厘、1 厘菜地）目标。种植蔬菜 3768.4 公顷，总产量 127181 吨。

1991 年，提出“五大工程”，蔬菜工程是其中之一。全县蔬菜种植重点发展宁徐（盱马段）公路蔬菜种植带，建设盱马新老路之间的蔬菜“白色长廊”。计划“一年成线、二年成片、三年上台阶”，形成万亩蔬菜带。种植蔬菜 3429.5 公顷，总产量 115386 吨，其中保护地种植 613.4 公顷。1995 年，发展“两专一基”，全县蔬菜种植 7448 公顷，总产 176430 吨，分别比 1986 年增长 97.7%、39.1%。

1996 年，确立以县蔬菜生产办公室为龙头、县蔬菜科技推广中心为主体、乡镇蔬菜技术服务站为依托、蔬菜协会为补充的蔬菜技术推广体系，设立蔬菜技术咨询处，在十里营乡毛庄村筹建 1.33 公顷的蔬菜批发市场。引进皖椒、赣椒 1 号、苏椒 5 号、新丰 4 号、云丰椒、特大甜椒 6 个新品种。全县建成蔬菜基地乡 4 个，专业村 15 个，专业大户 500 余户，蔬菜种植面积增加到 10370.6 公顷，总产量 39.7 万吨，产值 1.93 亿元，收入 1.28 亿元。

1999 年，确定东片乡镇主攻大棚蔬菜设施化栽培，河西片及东片部分乡镇发展以毛豆为主的菜用豆类，山区片乡镇栽培籽西瓜，形成区域特色，力求连片发展。做到压缩零星种植、扩大规模种植，压缩露地菜、扩大保护地蔬菜，压缩常规菜、扩大精细蔬菜和特种蔬菜。引进合作 906、宁豇 3 号、洛椒 4 号、苏崎茄、绿星青菜、塌菜等新品种 20 多个。全县蔬菜种植 1.34 万公顷，其中大棚 1186.7 公顷，总产量 37.5 万吨，产值 2.63 亿元，收入 1.75 亿元。种植毛豆 2666.7 公顷，籽西瓜 4000 公顷。签订蔬菜供销合同 200 万吨。

2002年,全县蔬菜生产以发展科技含量高、绿色无公害、市场需求大、经济效益高的优质蔬菜为目标,做好成果推广、示范区建设、配套服务等工作,推进蔬菜产业化发展。全年蔬菜种植1.5万公顷,其中大棚1200多公顷,总产量47.3万吨。

2006年,蔬菜生产按照连片开发建基地、围绕产品建基地、突出优势建基地原则,全县蔬菜种植1.2万公顷,其中塑料大棚种植670公顷、特色毛豆3400公顷、其他蔬菜5334公顷,总产量41.4万吨。淮河镇大白菜首次出口韩国1000多吨。2008年,全县种植蔬菜13040公顷,产量44.42万吨,其中大棚蔬菜1800公顷、地膜蔬菜2340公顷、露地蔬菜9530公顷。特色蔬菜、毛豆、籽西瓜等主要分布观音寺、淮河、盱城、古桑、河桥、仇集等乡镇,形成一乡一品。

三、品　种

1986~2000年,盱眙地产蔬菜品种有萝卜、大头菜、大白菜、辣椒、茄子、西红柿、小瓜、甜瓜、西瓜等,均为常规性、大众化品种。2002年,蔬菜品种扩大到8大类40多个品种。有叶菜类、瓜类、块根和块茎类、茄果类、葱和蒜类、菜用豆类、水生菜类、其他类,品种有菠菜、芹菜、大白菜、小白菜、黄瓜、冬瓜、萝卜、芥菜、茄子、西红柿、辣椒、洛椒4号、苏崎茄、绿星青菜、塌菜、大葱、蒜苗、四季豆、豇豆、毛豆、地瓜、土豆、山药、莲藕等。2003~2008年,蔬菜品种没有新变化。

四、技　术

1986年9月,淮阴市蔬菜研究所组织县蔬菜办分管领导、盱城镇分管农业副镇长、淮河镇蛤滩村书记,赴北京市参观四季青等蔬菜基地后,在盱城建1.33公顷塑料大棚。1991年起,塑料遮阳网技术得到应用,大棚蔬菜快速发展,各种反季节蔬菜产量逐年增加,蔬菜市场逐年繁荣。2008年,蔬菜生产合作社应运而生,实施产、供、销一条龙服务,推动无公害、反季节蔬菜产量增加。

(一)育苗技术

1986年,全县蔬菜育苗实施常规性冷床春育春栽技术。1987年春,全县蔬菜育苗开始实施大棚不加温育苗试验。1988年,由于大棚育苗生长发育快、时间短、苗壮,全县蔬菜基地均实行大棚不加温育苗,替代冷床育苗。

1998年,针对秋季蔬菜育苗难问题,县蔬菜部门引进农用塑料遮阳网,实行防雨育苗技术,为秋季壮苗提高温度。7月10~15日播种,8月中下旬移栽(茄果类),9月中下旬上市。2000年,农村蔬菜专业大户全部采取大棚温室、塑料遮阳育苗。至2008年,全县蔬菜种植专业村、专业户、专业基地、专业合作社,均采用春季大棚温室育苗和秋季塑料遮阳网育苗。

(二)保护地栽培

1986年,全县蔬菜栽培均采取常规方法,未实施保护地栽培。1987年,盱城镇冬季大棚不加温育苗成功,为春季保护地栽培提供条件。12月上中旬播种,第二年2月中旬移栽;大棚中加小棚,部分蔬菜4月中下旬上市,西红柿5月初上市。

1990年起,盱城镇保护地栽培蔬菜提前上市经验在全县推广,面积逐年扩大。1995年,全县蔬菜保护地栽培1220公顷。2008年,全县蔬菜保护地种植3510公顷,大棚栽培广泛用于春黄瓜、春番茄、菜椒等品种。春季大棚蔬菜比露地蔬菜普遍提早上市15~20天,提高产量20%~30%,增加产值30%~40%。

(三)塑料遮阳网覆盖

1991年起,塑料遮阳网技术开始应用。1997年,全县推广高温季节遮阳网覆盖技术6公顷,淮河镇、王店乡、观音寺镇、官滩镇、盱城镇一般在夏、秋两季将塑料遮阳网覆盖在大棚上,日盖夜揭,具有遮阳、降温、防暴雨作用。冬、春季采取白天揭、晚上盖,具有保温、保湿、防霜冻作用,提高蔬菜产量和效益。

2000年起,种植农户蔬菜效益大增,保护地栽培面积逐年扩大。2008年,淮河、王店、观音寺、维桥、盱城、马坝、官滩、旧铺、明祖陵9个乡镇塑料遮阳网覆盖面积1200公顷。

五、无公害蔬菜

1997年，全县推广无公害栽培技术。推广高产、优质、抗病品种蔬菜有津春、津优系列黄瓜，95－1毛豆、辽鲜1号毛豆、苏椒5号等；推广使用优质腐熟有机肥，减少化肥用量；推广化学除草，使用生物农药、植物农药和高效、低毒、低残留农药；推广防虫网。至1999年，淮河镇蔬菜基地生产的“珍贝”牌毛豆、韭菜、大白菜、黄瓜、莴苣和观音寺镇生产的“观”牌西瓜、毛豆、大葱、萝卜畅销南京等20多个城市。

2003年，淮河镇蛤滩、沿河蔬菜基地被国家标准化委员会准许使用无公害农产品标志证书。2008年，全县无公害蔬菜种植面积6522公顷，总产221195吨。创建“观”牌西瓜、“珍贝”牌蔬菜、“三舒”牌有机草莓等绿色、无公害农产品。

六、蔬菜生产合作社

2007年，盱眙县开始成立蔬菜生产合作社。12月，淮河镇蛤滩村成立淮河镇蔬菜专业合作社，实行产、供、销一条龙服务，蔬菜产品大批量销往南京、无锡、扬州、山东等地。蛤滩村、沿河村被列为省级财政高效农业扶持项目单位，被省农委评为“四有”（有组织制度、有合作手段、有较大规模、有明显效益）建设示范社。年底，全县蔬菜合作社发展到36个。

2008年，成立观音寺镇西瓜专业合作社，带动当地农户发展大棚西瓜66公顷。成立仇集镇朱刘村明俊蔬菜专业合作社，搭建日光温室13.3公顷，每公顷生产西红柿150吨、产值45万元。省级财政扶持蛤滩村、沿河村高效农业蔬菜种植资金280万元，淮河镇大白菜出口1200吨。全县各蔬菜合作社做到统一包装、统一价格、统一电话联系、统一发布信息、统一聘请技术顾问、统一质量标准。年底，全县发展蔬菜合作社41个。

1986～2008年盱眙县蔬菜生产情况一览表

表6－4　　单位：公顷、吨

年份	面积	产量	其中保护地种植面积		年份	面积	产量	其中保护地种植面积	
			大中棚	小棚、地膜覆盖				大中棚	小棚、地膜覆盖
1986	3766.7	126842	－	1.33	1998	11640.0	308963	1133.3	1133.3
1987	3826.7	128577	－	12.0	1999	13420.0	375854	1186.7	1200.0
1988	3768.4	127181	26.6	24.0	2000	16828.9	542730	1193.3	1200.0
1989	3480.5	118610	53.3	68.0	2001	18936.0	639078	1233.3	1200.0
1990	5899.3	119500	132.0	146.7	2002	15145.0	473317	1213.4	1253.3
1991	3429.5	115386	286.7	326.7	2003	14442.2	354000	1280.0	1666.0
1992	4207.0	141975	300.0	340.0	2004	13682.7	463822	1293.3	1400.0
1993	6132.0	185801	333.3	349.1	2005	13484.0	463422	2500.0	1500.0
1994	6739.0	171438	533.3	550.5	2006	12080.0	414220	2000.0	1466.7
1995	7448.0	176430	606.7	613.3	2007	13180.0	444210	1453.3	2000.0
1996	10370.6	397039	1000.0	733.3	2008	13040.0	444239	1732.0	1778.0
1997	10920.0	405051	1066.7	1066.7					

第五节 栽培技术

一、小麦栽培

(一)耕翻后旋耕播种

1986~2000年,全县小麦栽培多在前茬作物收获后,先用牛或手扶拖拉机耕翻,然后施肥、破垡、撒种,再复耙盖籽,抽沟化除。2001~2008年,全县小麦播种全部实行机械化。

(二)免耕播种

1986年,用牛耕方法灭茬,施肥播种后再浅旋盖籽,开沟化除。1990年起,免耕播种占小麦播种面积40%以上。2008年,免耕播种占小麦播种面积80%以上。

(三)全程机械播种

2003年,机械播种开始在山区河桥镇、桂五镇、仇集镇、王店乡等搞示范,机旋耕、机条播、机开沟配套应用,面积300公顷。2004~2008年,机条播技术要求和机械投入成本较高,大面积推广有困难,但全县每年推广机械播种仍达600多公顷。

(四)板茬麦

板茬麦,即水稻收割后在板茬施上化肥,直接播种,播后开沟,碎垡复土。1996年秋季,全县长时间连阴雨,农民采用板茬播种方法,播种小麦约1000公顷,其他年份均未实施板茬麦。

二、水稻栽培

(一)育 秧

1986~1990年,全县水稻育秧主要是温室育秧,二叶一心时将小苗寄栽到秧池里,五、六叶时将大苗移栽到大田。1991年起,温室育秧逐渐被旱育秧取代。2008年,县域内西南区、河西区水稻育秧大多是通气秧池,灌水整地,排水落谷,地膜覆盖,湿润管理;河东区水稻育秧大多采取旱地育秧,方法是干耕干整,干籽落谷,浇足水分,覆盖地膜。旱育秧出苗整齐,秧苗矮壮,植伤较小,爆发力强,省水省工。

(二)栽 植

1988~1993年,全县每年用人工抛秧方法移栽水稻约300~500公顷。2000年,开始在三河农场示范推广机插秧,面积10公顷。2001年起,农民将大田整好后,稻种直接撒入田间,然后浅旋盖籽,灌水窨田,窨透即排,墒面稍干即行化除。这种方法省工、省力、节水,但草害、虫害、病害较为害重,生产潜力小。2003年起,各乡镇示范推广机插秧10公顷,并逐年扩大。2008年,全县水稻直播超过2500公顷,品种主要是粳稻,也有少量杂交稻,推广机插秧333.3公顷,被淮安市确定为超级稻推广示范县。

三、玉米栽培

1986年起,全县三麦面积不断增加,春玉米面积逐年减少,夏玉米面积逐年扩大。2000年起,全县玉米种植大多是夏玉米,播种方式有点播、条播、撒播,种植密度由每公顷1.5万~2万株增加到6万株左右。人工松土除草被化除代替。2008年,为避免稻飞虱对玉米苗影响,全县夏玉米播种推迟到6月15日后,减少稻飞虱对玉米苗伤害。

四、油菜栽培

1986年起,全县油菜种植方式主要是育苗移栽。2000年起,油菜产量低、效益差,种植面积逐步缩小。

种植方式由育苗移栽转变为直播。2008 年,全县油菜种植均实行直播。

五、花生栽培

1986 年起,全县花生栽培主要春茬点播和麦田套种。1999 年起,花生栽培以夏茬点播为主。2008 年,部分花生种植实行地膜覆盖。

第六节 良种推广

一、良种繁育

(一)杂交水稻

1986~1994 年,全县杂交稻种以自繁自制为主,外地调进为辅。县种子公司在马坝镇、观音寺乡建立杂交水稻制种基地,县良种场、原种场、旧铺镇、黄花塘乡有少数村组制种,年制种面积 200 公顷,年产汕优 63、协优 63 稻种约 250 吨。1995~1997 年,由于制种田块在父母本开花期间常遇连续阴雨,所制稻种产量低,色泽差,成本高,制种逐年减少,调种逐年增加。

1998 年起,不再制杂交稻种,所用杂交稻种全部由外地调拨。2006 年 10 月,国家杂交水稻工程技术研究中心天津分中心江苏试验站落户盱眙。盱眙县无偿为试验站提供 6.7 公顷试验田,用于水稻育种试验。2008 年,天津天隆农业科技有限公司投资 200 万元,租用原种场耕地 6.67 公顷,建成杂交粳稻育种、加工、推广科研基地。

(二)常规籼稻、粳稻

主要从附近农场调进,部分农户自留,县域未繁种。

(三)杂交玉米

1986~1991 年,县种子公司在旧铺镇、十里营乡、淮河乡建立杂交玉米制种基地,每年繁种田 333.3 公顷,年产杂交玉米种子约 30 万千克。玉米种除县内自用外,少量销往县外。玉米品种主要是丹玉系列、掖单系列。1992~2008 年,县内配制玉米种子隔离带难以实现,所制种子质量差,全县停止制种,杂交玉米种子全靠外地调进。

(四)小麦种子

1986~1990 年,全县小麦种子由县种子公司供应原种,各乡自繁良种,适当调剂余缺,农户不留种,实现用种纯粮化。1991 年起,县种子公司在高桥乡、旧铺镇、黄花塘乡建立小麦良种繁育基地,每年繁种田 666.7 公顷,年产种约 3000 吨,品种主要有博爱 74-22、皖麦 19、扬麦 5 号、扬麦 158 等。2000 年起,随着种子市场放开,全县不再搞小麦良种繁育,小麦良种全部由外地调进。油菜、山芋、大豆、杂粮种子由农户自留。2008 年,全县小麦良种一律从外地调运。

二、良种应用

1986~1999 年,全县农作物种子由县农业部门以及乡镇农技推广网络引进、试验、推广。县种子公司、乡镇农技站配备专职种子员,负责当地种子推广工作。县种子公司负责良种繁育、收购、调运,批发给各乡镇农技站销售到农户。2000 年,种子市场放开,县种子公司专营被取消。2002 年,全县有种子批发商户 20 多户,经营网点 500 多个,种子全靠县外调拨。2008 年,全县良种一律从外地调运。

(一)杂交籼稻

1986~1992 年,全县以“三系”(不育系、保持系、恢复系)杂交中籼汕优 63 为主,种植面积约占杂交稻面积80%以上。引进示范种植协优63、献改优等杂交稻新组合。1993年起,抗病强、米质好的杂交稻协优63取代汕优63,成为全县水稻种植主体品种。1998年起,推广两系(不育系、恢复系)杂交稻,取代三系杂交稻。2000年起,淘汰协优63,协优084、协优507成为全县杂交籼稻的主品种。2005~2008年,全县年均种植1000公顷以上的两系杂交稻有两优培9、扬两优6号、两优6326、丰两优香1号、两优0293、皖稻153、新两优6号等。

(二)常规籼稻

1986年起,全县种植面积较大、时间较长的常规籼稻主要有南京11号、上海糯、扬幅糯4号。1988年起,以上常规稻品种产量低,种植面积逐年减少。至2008年,种植扬幅糯4号仅有1200公顷。

(三)粳　稻

1986~2000年,全县粳稻种植主要选用武育粳3号、武运粳7号、武运粳8号。2001年起,因武育粳系列易感条纹叶枯病,全县逐步选用抗条纹叶枯病强的品种,逐步淘汰武育粳3号、武运粳7号、武运粳8号。至2008年,全县均种植淮稻5号、徐稻3号、徐稻4号品种。

(四)小　麦

1986~2008年,全县小麦种植品种有白皮麦,以博爱7422、陕农7859、皖麦19、鲁麦18为主,搭配淮麦系列、徐麦系列;红皮麦,以扬麦5号、扬麦158、扬麦11等扬麦系列为主,搭配宁麦等系列。其间,红皮麦价格低于白皮麦,白皮麦种植逐年增加。至2008年,全县种植小麦品种以白皮麦为主,红皮麦基本被淘汰。

(五)玉　米

1986~1997年,全县玉米种植以丹玉、掖单系列为主。1998年起,农大108成为全县玉米种植主导品种。2000年起,全县示范推广登海、金海、郑单、鲁单等系列品种。2008年,全县种植玉米以郑单、鲁单系列品种为主。

(六)油　菜

1986~1998年,全县甘蓝型油菜以淮油6号、宁油7号、扬油1号为主。1999年,全县平原地区以秦油2号为主品种,山区以涪优1号为主品种。2000年起,全县油菜种植选用史力丰、秦油7号。白菜型油菜种植以武油1号、皖油7号为主。至2008年,全县以武油1号白菜型油菜为主品种。

(七)花　生

1986~2008年,全县花生种植的主要品种是海花1号和鲁花9号。

第七节　植物保护

一、水稻病虫害防治

(一)纹枯病

1986~2003年,全县水稻常年发病面积3万多公顷,重发年份5万公顷。防治办法:喷雾农药井冈霉素。2004~2008年,全县水稻纹枯病发病面积不足1万公顷。

(二)白叶枯病

1986年起,全县水稻选用抗病品种,加强肥水管理,白叶枯病得到控制。1998年起,“两系”和超高产杂交稻在盱眙县种植,白叶枯病迅速传播,出现与白叶枯病同属细菌性病害的细菌性条斑病。2003~2008年,年均发病面积1000公顷。其中,2004年133.3公顷水稻因病绝收,水稻感病品种主要是D优527、两优6326、扬两优6号等。主要使用喷洒叶枯宁、龙克菌、噻森酮、克菌壮等农药防治。

（三）条纹叶枯病

1986～2001年，无此病发生。2002年，全县条纹叶枯病开始零星发生。2004～2005年，发病面积约1万公顷，主要是易感病的武育粳系列。条纹叶枯病发生后，无特效药剂可治，从防治稻飞虱入手，消灭病原体，选用抗病品种，减少病害。至2008年，基本消除水稻条纹叶枯病。

（四）稻瘟病

1986～2000年，全县叶稻瘟和苗瘟零星发生。2002年，全县水稻穗颈瘟开始发生。2003～2007年，全县稻瘟病每年发病致害1000多公顷。2008年，发病面积2万公顷，其中有20公顷绝收。发病重的主要是K优818、两优6326、丰两优香1号、两优0293。主要用三环唑、稻瘟灵、春雷霉素药剂防治。

（五）稻曲病

1986～2000年，全县稻曲病仅少数粳稻田块零星发生。2002年，全县稻曲病发病面积1500公顷。2003年起，稻曲病发病面积逐年扩大，粗秆大穗型“两系”杂交稻和氮肥偏重的田块最易感染。全县水稻黑条矮缩病、叶鞘腐败病、青枯病等开始出现。2007年，发病面积达2万公顷，严重田块病穗率20%以上。防治方法：在水稻破口前5～7天用井冈霉素、井蜡芽、丙环唑加水喷雾。2008年，超前做好防治工作，水稻发病减少到1万公顷。

（六）螟　虫

1986～1990年，随着水稻品种改良、大型农机具使用，螟虫越冬场所减少，加之使用高效农药，全县水稻螟虫发病率逐年下降，螟虫平均每年发生面积3万公顷。1991～1999年，深翻水稻田，实施冬季防治，虫口密度逐年减少。2001～2008年，发生较少。

（七）稻纵卷叶螟

2003年起，对水稻危害大的是迁飞性害虫稻纵卷叶螟，当年全县受害约3万多公顷，其中造成减产50%以上的约700公顷。使用毒死蜱、阿维菌素、辛硫磷等药物防治。2007年，稻纵卷叶螟特大面积发生，受害3.5万公顷，部分田块水稻叶片绿色部分几乎全被吃光。2008年，全县水稻田按规定药量喷洒杀虫双、毒死蜱、阿维菌素、辛硫磷、丙溴磷等农药，受害水稻不足1万公顷。

（八）稻飞虱

境内每年5～6月的灰飞虱、8～9月迁入的褐飞虱为害最重。1989年、1997年、1999年、2004年、2005年、2006年为大发生年，年均受害约4万公顷。2007年，全县因稻飞虱造成约1400公顷水稻绝收。2008年，举办培训班、印发资料，宣传防治稻飞虱的重要性和防治办法，组织农户从5月起，跟踪喷洒吡虫啉、吡蚜酮、噻嗪酮、毒死蜱、敌敌畏等农药，虫害面积减到1.5万公顷。

二、小麦病虫防治

（一）纹枯病

1986～1990年，全县小麦纹枯病发病较轻，年均发病面积不足1万公顷。其中，1990年发病面积3万公顷，小麦轻则减产5%～10%，重则造成大量枯孕穗，减产20%～40%，严重的造成瘫伏而颗粒无收。主要喷洒井冈霉素、井蜡芽等农药。1991年起，逐年更新抗病率高的新品种，小麦纹枯病逐年减少。至2008年，小麦纹枯病发生面积不足5000公顷。

图6－4　兴隆乡农民喷洒农药

(二)赤霉病

1986~2002年,小麦赤霉病发病较轻。2003年春,小麦抽穗扬花期连续低温阴雨,空气湿度大,小麦抗病力降低,造成小麦赤霉病特大发生,全县约4.7万公顷白皮品种小麦,几乎无一幸免。一般病穗率30%以上,严重的90%以上,病粒70%以上。约30%田块收获的小麦不能食用。主要用多菌灵及其复配剂防治。2004~2008年,在小麦抽穗扬花期之前,喷洒多菌灵及其复配剂。小麦赤霉病发病率较低。

(三)白粉病、黑穗病、锈病、线虫病等

1986~2008年,全县小麦发病较轻,危害较小。

(四)麦蚜虫、红蜘蛛、麦黏虫、灰飞虱、吸浆虫等

1986~1998年,上述5种虫害密度小,对小麦危害程度轻。1999年,发生面积约2万公顷。主要用吡虫啉、乐果、阿维菌素等药剂防治。2003年起,小麦虫害主要以灰飞虱、红蜘蛛为主,年均发生4万公顷。防治药剂主要有吡虫啉、氧化乐果(乐果)及其与菊酯类农药复配剂、阿维菌素等。虫害面积逐年减少。2008年,虫害面积不足8000公顷。

三、玉米病虫防治

1986~1999年,全县玉米病虫害年发生面积较小、程度较轻。2000~2006年,麦田大量灰飞虱向玉米田迁移,玉米苗被灰飞虱吸食传播病毒后,发生粗缩病,年均发病500公顷。防治方式:推迟夏玉米的播种期,及时向玉米田及田边杂草中喷施吡蚜酮、菌毒清等药剂,控制灰飞虱的群体,减少病毒传播介体。2007年,全县玉米发生粗缩病面积3400公顷,绝收200公顷。2008年,玉米粗缩病从防治稻飞虱入手,用毒饵诱杀或菊酯类农药喷雾,辛硫磷颗粒剂灌心,消灭玉米苗期的地老虎和后期的玉米螟。全县玉米病虫害减少到1000公顷。

四、草害防除

(一)麦田杂草

全县麦田草害主要有看麦娘、日本看麦娘、棒头草、罔草、野燕麦、繁缕、猪殃殃、婆婆纳、大巢菜、荠菜等。麦田杂草有秋、春两个出草高峰,秋季以单子叶杂草为主,春季以阔叶杂草为主;旱茬麦以阔叶杂草为主,稻茬麦以禾本科杂草为主。

1986~1989年,麦田除草冬前主要用绿麦隆、丁草胺或绿丁合剂,春季主要用百(百草敌)、甲(二甲四氯)合剂。1990年起,改用防效高的绿磺隆、甲磺隆等除草剂。因绿磺隆、甲磺隆药剂有累积中毒现象,且长期使用对下茬作物影响较大,使用量逐年减少。2000~2008年,麦田杂草防除重点推广骠马、使它隆等安全性高的国外进口除草剂与国产除草剂混用。

(二)稻田杂草

全县稻田杂草主要有稗草、牛毛草、水莎草、千金子、水花生、眼子菜等。1986年,全县稻田均采取人工除草。1987~2008年,水稻田开始使用化学除草,除草面积逐年扩大。水稻秧池田除草一般在播后用丁恶乳油封杀,移栽大田一般在移栽后5~7天用乙草胺或乙·苄可湿性粉剂拌土撒施;水稻旱直播田播后用丁·恶封闭,三叶期用二氯·苄可湿性粉剂补除,如有稗草再用二氯喹啉酸喷杀,千金子重的田块用千金乳油喷除。

(三)玉米田杂草

全县玉米田杂草主要有稗草、狗尾草、马唐、鸭跖草、苋、苍耳、蒿等。1986~1996年,全县玉米田除草均为人工除草。1997~2008年,玉米播后用乙草胺乳油喷雾封闭,苗后用莠去津茎叶喷雾处理或用灭生性除草剂百草枯在行间定向喷雾。

第八节 土壤肥料

一、肥料种类

(一)绿 肥

1986～1991年,全县稻田绿肥植物年均种植4773.3公顷,主要用于稻田底肥。1992～2008年,农村普遍使用化肥,绿肥植物种植基本消失。

(二)土杂肥

1986年,土杂肥主要是厩肥。全县用厩肥128.88万吨,平均每公顷农田施用1.7吨。1998年起,全县养牛逐年减少,养猪推广保温猪舍,土杂肥、牛粪、猪粪积肥数量逐年减少。至2008年,全县农田施用土杂肥只有1986年的30%。

(三)秸秆还田

1986年,全县农民改变农作物浅留茬为高留茬,镰刀收割留茬约13分米,每公顷留秸秆约2500千克,全县秸秆还田总量达23万吨(稻麦区)。1990年起,全县大面积使用机械收割,留茬高30分米。因不便整地栽种,农民开始焚烧秸秆。2005年,全县开始禁烧秸秆,将秸秆切碎还田。2008年,官滩镇农技站实施秸秆切碎还田示范,前茬小麦每公顷产量6750千克,麦茬稻每公顷9000～9750千克,比2007年增产1500～2250千克。

(四)化 肥

1986年起,全县农田施用化肥品种有氮肥(尿素、碳铵、氯化铵)、磷肥(过磷酸钙)、钾肥(氯化钾)、复合肥(磷铵、磷铵硼、磷酸二氢钾)、复混肥(25%、29%、45%三元复混肥)、金稻龙(肥药型)、叶面肥等。1998年,县内不再销售25%、29%三元复混肥。2000年起,实施科学施肥,化肥使用量逐年减少。2008年,全县使用化肥量只有1986年的36.3%。

1986～2008年盱眙县施用化肥情况一览表

表6－5　单位:吨

年份	总量	氮肥	磷肥	钾肥	复合肥	备注	年份	总量	氮肥	磷肥	钾肥	复合肥	备注
1986	116108	71474	36528	613	7493	实物量	1998	193968	115628	40958	5180	32202	实物量
1987	121802	68026	40830	938	12008	实物量	1999	191580	109720	35824	6878	39158	实物量
1988	127195	64579	44830	1262	16524	实物量	2000	45474	24967	8879	1827	9801	折纯量
1989	156855	94122	42184	1616	18933	实物量	2001	43045	23656	8271	1866	9252	折纯量
1990	158632	95042	41458	1999	20133	实物量	2002	43639	22064	7686	2085	11804	折纯量
1991	150900	94976	37165	1989	16770	实物量	2003	42268	21568	7266	2079	11355	折纯量
1992	155604	95379	39316	1047	19862	实物量	2004	42165	21452	7266	2092	11355	折纯量
1993	157286	99104	35811	1255	21116	实物量	2005	42166	21236	5701	2092	13137	折纯量
1994	163363	102225	34999	1498	24641	实物量	2006	43045	23656	8271	1866	9252	折纯量
1995	179306	112776	37748	1815	26967	实物量	2007	42143	21249	5677	2084	13133	折纯量
1996	182840	113573	39722	2934	26611	实物量	2008	42151	21252	5679	2084	13136	折纯量
1997	190958	113251	41048	5365	31294	实物量							

二、科学施肥

(一)增施磷肥

1986 年,根据第二次土壤普查记录,全县土壤速效磷含量平均 3.7 毫克/吨,属极度缺磷,缺磷地区把增施磷肥作为提高农作物产量主要措施,一般每公顷施过磷酸钙 0.07 吨,增产粮食 0.13～0.27 吨,全县施用磷肥 36527 吨。

1990 年起,增磷效果趋缓,进入正常施肥阶段。1999 年,第三次土壤普查,全县土壤速效磷大于每千克 5 毫克,属不缺磷地区。2000 年起,全县农田使用磷肥逐年减少。2008 年,全年使用磷肥比 1986 年减少 3 万多吨。

(二)实施补钾工程

1995 年,古桑乡农技站取土样送省农林厅测试中心检测,土壤速效钾低于禾本科作物需钾的临界值,实施农田补钾工程,年钾肥用量 1815 吨。1999 年,钾肥用量增加到 6878 吨,复合肥同期用量比 1995 年增加 1.45 倍,粮食总产比 1995 年增加 13.81 万吨。2000 年,经过多年实施,全县土壤供钾能力平均每千克 133 毫克,土壤施钾增产效果逐年趋缓,补钾工程结束。2008 年,全县平原地区少数田块使用钾肥,用量较少。

(三)平衡施肥

1999 年,根据全县施肥状况,提出节氮控磷补缺的施肥模式;根据作物对微肥的不同要求,提出水稻全面施锌、油菜全部施硼。2000 年起,全县实现科学施肥,化肥量有所减少。2008 年,全县比 2000 年少用氮肥 3715 吨,每公顷产粮比 2000 年增加 906 千克,达到节氮控磷的效果。

三、测土配方施肥研究

(一)土样采集

2006 年起,县农业局每年 10 月组织技术人员到全县各乡镇采集土样,进行农情调查。土样采样运用全球定位系统(GPS)、地理信息系统(CIS)和遥感技术(RS)科技手段。至 2008 年,共采集土样 7276 个,对采集土样农户土地利用状况、种植结构、产量水平、施肥情况等进行调查。土壤农化指标测定项目有:有机质、全氮、全磷、有效磷、全钾、缓效钾、速效钾、pH、阳离子代换量、硅、硫、铜、锌、铁、锰、硼等。经测定,全县土壤有效养分与 1982 年第二次土壤普查相比,有机质、全氮、有效磷上升明显,速效钾持平,微量元素硼和锌仍在缺乏范围,油菜要施硼肥,稻、麦要适时补施锌肥。

2006～2008 年盱眙县土样化验结果一览表

表 6－6

年份	有机质(克/千克)	全氮(克/千克)	有效磷(毫克/千克)	速效钾(毫克/千克)	有效硼(毫克/千克)	有效锌(毫克/千克)
2006	18.7	1.09	13.9	129	0.37	0.82
2007	18.3	1.00	12.7	128	0.35	0.90
2008	20.0	1.13	12.3	131	0.48	0.85

(二)肥料试验

2006～2008 年,通过“3414”(3 因素、4 水平、14 个小区)试验、精确施氮试验、校正试验,得到农田有机质、全氮、速效磷、速效钾丰缺指标,为配方施肥提供科学依据。通过 3 年水稻精确施氮肥试验,全县农田平均每公顷节氮 53.1 千克、节磷 70.6 千克、节钾 106.3 千克,增产粮食 770.6 千克、增收 646.76 元。其中,2007 年,水稻进行“3414”试验,各试验点均以施氮 270 千克、五氧化二磷 120 千克和氧化钾 180 千克产量最高,每公顷产量在 8283～8943 千克。

(三)配方施肥成果应用

2005 年,农业部在全国启动实施测土配方施肥项目。2006 年 5 月,盱眙县被农业部列为第二批测土配方施肥项目资金补贴项目县。9 月,县农业局制定《2006 年盱眙县测土配方施肥工作考核意见》,将测土配方施肥采土分解到各乡镇。

至 2008 年,县配方施肥指导站指导农民科学施肥,全县水稻、小麦全部实施测土配方施肥技术,平均每公顷节约肥料 21 千克,水稻每公顷增产 270 千克,小麦每公顷增产 195 千克,平均每公顷节本增收约 450 元。

四、耕地质量监测

1990 年,全县耕地质量监测点建在基本农田保护区内,设立永久性标志,每个监测点设长期无肥区、当年无肥区(活动无肥区)、常规施肥区、配方施肥区。1991 年,在盱城镇新湾村毛庄组刘金贵家农田设立省级基本农田质量监测点。

2007 年,在马坝镇欧湖村花园组臧殿书家农田、河桥镇河桥村桥西组李永祥家农田、观音寺镇龙墩村上庄组沈殿农家农田、官滩镇霍山村周庄组毛学勤家农田设立 4 个省级基本农田质量监测点。2008 年,全县耕地质量监测点未变。

第二章　林　　业

第一节　机　　构

1986 年,县政府成立县绿化委员会和县护林防火指挥部,办公室设在县多种经营管理局(简称县多管局)。直属机构有县林业技术指导站。下设县林柴场、县林场、果园场、茶场、蚕桑场。

全县乡镇林业站有仇集、龙山、古桑、河桥、洪山、桂五、古城、十里营、官滩、东阳、淮河、管镇、兴隆、铁佛、鲍集,乡镇蚕桑站有穆店、黄花塘、旧铺、张洪、新街、马坝、东阳、观音寺。成立苏浙皖毗连地区第 10 护林联防区,由江苏省盱眙县、安徽省明光市、安徽省来安县毗连地区的 14 个乡镇和 8 个国营林场组成,隶属苏浙皖毗连地区护林联防委员会。苏浙皖毗连地区第 10 护林联防区护林联防委员会由毗连地区的县(市)政府组成。联防区实行值班制,值班县(市)两年轮换,负责协调毗连地区护林防火工作。

1990 年,成立盱眙县森林病虫害防治检疫站,与县林业技术指导站合署办公,两块牌子,一套班子。1992 年 5 月,成立县蚕茧总站。1994 年,县蚕茧总站更名为县茧丝绸公司,隶属县多管局。1995 年,成立马坝木材检查站,隶属县多管局。同年,更名为盱眙县城郊木材检查站,办公室设在盱城镇。1999 年 12 月 22 日,县多种经营管理局撤销,分设县林业局、畜牧局。

2000 年 1 月 23 日,成立县林业局。2001 年,县公安局山区派出所更名为县公安局森林派出所,设在县林业局。10 月,全县乡镇林业站、蚕桑站撤销,人员并入乡镇农业技术推广站。2002 年 5 月 1 日,县林业局内设办公室(财务管理科与其合署办公)、林业科(挂"县护林防火指挥部办公室"牌子),县绿化委员会办公室挂靠县林业局。2006 年 11 月,县园林管理处由县建设局划入县林业局。

2008 年 11 月 2 日,县林业局成立森林警察大队,正股级行政建制,挂“盱眙县公安局森林派出所”牌子,由公安局、林业局双重领导,负责查处全县涉林案件。全县 19 个乡镇农业技术推广站中都配有林业员。

第二节　森林资源

1986 年,经全省森林资源二类调查记载(20 年一次),全县有森林 18.24 万公顷(不包括淮河、管镇、兴隆、铁佛、鲍集等 5 个乡镇),有林地 15853.3 公顷,疏林地经济林 1313.33 公顷,灌木林地 53.3 公顷,新造林地 886.7 公顷,苗圃地 60 公顷,“四旁”树 826.3 万株。全县活立木总蓄积 47.1 万立方米,耕地宜建林网 32340 公顷,建成农田林网 6013.3 公顷,森林覆盖率 12.06%。淮河、管镇、兴隆、铁佛、鲍集 5 个乡镇有林地 1954.7 公顷,疏林地灌木林 1.3 公顷,新造林地 111.7 公顷,苗圃地 4.8 公顷,“四旁”树 225 万株。立木总蓄积 7.8 万立方米,宜建林网 10736 公顷,建成农田林网 1990.4 公顷。

图 6－5　至 2008 年,全县森林覆盖率比 1986 年增一倍多。图为植被茂密的铁山寺森林公园。

2008 年,全县森林资源二类调查有森林面积 24.32 万公顷,有林地 65420.8 公顷,灌木林地 2517.89 公顷,新造林地 2707.56 公顷,有苗圃地 335.5 公顷,有“四旁”树 700 万株。全县活立木蓄积 387.20 万立方米,耕地宜建林网 51190.7 公顷,建成农田林网 49107.3 公顷,森林覆盖率 26.9%。连续 4 年被评为省造林绿化先进县。

2008 年盱眙县林地分布情况一览表

表 6－7　　单位:公顷

乡镇(场)名称	林地	其中					
		有林地	灌木林	未成林	苗圃地	宜林地	辅助林地
盱　城	1488.41	1441.22	－	43.84	3.35	－	－
马　坝	3809.06	3509.49	0.34	291.87	7.36	－	－
官　滩	2871.94	2583.34	35.15	112.53	7.40	133.52	－
旧　铺	3095.45	2653.92	175.27	52.51	3.54	210.21	－
桂　五	6733.17	5157.34	478.43	112.11	77.37	907.92	－
管　镇	646.92	627.65	－	17.49	1.78	－	－
河　桥	6745.25	5402.21	242.18	404.67	7.76	684.34	4.09
鲍　集	1653.63	1501.37	－	148.85	3.41	－	－
黄花塘	1695.69	1634.58	3.82	57.29	－	－	－
明祖陵	1032.24	996.17	－	31.85	4.22	－	－
铁　佛	1389.53	1370.14	－	18.76	0.63	－	－

续表 6-7

乡镇(场)名称	林地	其中					
		有林地	灌木林	未成林	苗圃地	宜林地	辅助林地
淮 河	1415.51	1315.11	0.44	95.92	4.04	-	-
仇 集	11501.86	8779.34	1227.21	367.09	0.25	1127.97	-
观音寺	1931.99	1863.32	3.40	56.98	8.29	-	-
维 桥	1815.31	1601.95	-	180.22	33.14	-	-
穆 店	2288.83	2061.25	8.00	54.38	5.45	159.75	-
王 店	7471.50	6268.69	234.48	410.95	44.81	512.57	-
古 桑	2646.01	2288.14	53.73	35.59	-	268.55	-
兴 隆	1082.32	1045.14	1.34	26.98	8.86	-	-
开发区	253.60	205.79	46.78	-	1.03	-	-
盱眙林场	12383.20	12234.32	-	-	99.72	15.89	33.27
三河农场	821.08	779.44	5.81	13.91	12.85	9.07	-
水利局	103.33	100.88	1.51	0.70	0.24	-	-
合 计	74875.83	65420.80	2517.89	2534.49	335.50	4029.79	37.36

第三节 造林绿化

1986 年,全县农村造林以"近期主攻荒山,发展果木林和速生丰产林"为指导方针,制定规划,分配任务。各乡镇党委、政府将造林工作作为冬春生产的工作重点,形成层层抓落实,人人忙造林的良好氛围。全县完成成片造林 1967.7 公顷,其中苹果、桃、梨、山楂、板栗等果木林和国外松、泡桐丰产林占 66%,森林覆盖率 12.06%。

1992 年,水冲港乡开始在荒山上栽植成片板栗林,拓植板栗等经济林 454.5 公顷。盱眙县平原绿化达到国家标准。1993 年,县委根据水冲港乡荒山栽板栗的经验,成立林果开发领导小组,提出建设"10 万亩果林基地"任务。各乡镇结合丘陵山区开发、消灭宜林荒山荒地、实现平原绿化达标工作,组织广大群众植树造林。全年新拓植板栗、水果等经济林 362.5 公顷,建设农田林网 5333 公顷,"四旁"植树 150 万株,森林覆盖率 16%。

图 6-6 水冲港乡开发的万亩板栗林

1995 年,水冲港乡栽植板栗 100 公顷。在荒山栽果中,将果林地挖出的石头,垒成 0.8 米高的护林石埂,形成栽植板栗梯田,成为全省开发荒山、造林栽果典型。经国家林业部门验收,盱眙县消灭宜林荒山荒地达到国家标准。1996 年,古城乡陡山村王献同带领村小林场 5 人自采种、自育苗、自造林,绿化全村荒山 233.33 公顷,引种发展毛竹 10 公顷,获得"南竹北引"种植成功经验。陡山村被国家绿化委员会评为"全国绿化千佳村"。

1997 年 2 月,全省山区开发工作会议在盱眙县召开,与会人员参观水冲港乡、古城乡、王

图6-7　大莲湖意杨林

店乡山区林果开发场地。1998年,省委书记陈焕友,省委副书记许仲林、曹克明,省委常委、省委秘书长梁保华,林业部副部长刘于鹤先后视察水冲港乡林果开发场地,刘于鹤欣然题词:“发扬水冲港精神,进一步搞好山区综合开发。”8月,县委、县政府出台《关于加快发展意杨产业实施意见》,成立意杨产业领导小组,作出“大力发展意杨产业,促进盱眙林业发展”战略决策,确立“拉框架、建小区、绿通道、美家园、办苗圃、兴加工”林业发展思路,在全县掀起大栽意杨热潮。

2000年,确立意杨产业为农业结构调整主导产业,全县调粮扩林1472.7公顷。实施“五个十”工程,即新建十条绿色通道工程、新建十个成片林工程、新建十大农田林网工程、完善十条绿色通道工程、绿化美化十条道路工程。全县新造意杨成片林285公顷,新建高标准农田林网10813公顷,“四旁”、绿化共植树720万株。全省绿化工作会议在盱眙召开。由国家经贸委、国家林业局、农业部、轻工业部组成的国家木材加工行业管理调研组到盱眙调研,对盱眙县大规模实施杨树商品林基地建设给予肯定。

2002年,经过林业产权制度改革,调动农村植树造林积极性,造林大户不断涌现。全县造林1.33公顷以上大户600多户。大莲湖村张继强出资5万元,买断湖区8条路20公顷的12年经营权,栽植意杨6000株;河桥镇黄龙村刘步增投资1.5万元,买断新淮圩6.67公顷的10年林地经营权,栽植意杨5000株;铁佛镇河洪村杨行春、倪兴旺、赵开胜合股出资5.9万元,买断团结河堤河洪段12公顷的13年经营权,栽植意杨8000株。至年底,宁宿徐高速、宁连高速、205国道盱眙段和县乡主干道等36条道路两侧全部建成50米宽的林带,全县杨树面积713.2公顷。宁连高速盱眙段绿化被评为“全国优秀绿色通道工程”,盱马路绿化被评为“江苏省十佳绿色通道工程”。

2003年,全县大面积杨树纯林发生病虫害,农村造林向树种多样性发展,在发展意杨的同时,营造生态林、经济林、混交林、工业原料林。2004年,全县造林重点抓住河桥镇大莲湖333.3公顷成片林、淮河蛤滩上尖嘴和荷叶滩267公顷成片林、王店乡67公顷成片林和兴隆乡333.3公顷农田林网建设工程,河桥大莲湖、王店乡成片造林被南京两位客商买断15年造林权,兴隆乡农田林网被盱城杨标买断15年造林权。全县植树900万株,有34公顷以上造林大户8户,7~34公顷造林大户16户,4~7公顷造林大户28户。

2006年,仇集镇磨盘山340公顷荒山,被南京客商葛青华承包,投资200万元用于植树;河桥镇玉皇山200公顷废采石塘口被盱眙人季厚礼承包复垦造林,栽植杨树和绿化树;桂五镇林山200公顷荒山成片林工程由宿迁客商汤友芝投资经营;观音寺龙墩圩、旧铺镇小赖山成片林均由个人投资;河西片部分乡镇将集体的渠道、路埂使用权公开拍卖,用于植树造林。

2008年,全县生态林管护人与责任单位签订管护协议,实行日考勤、月考核、季总结、年终奖惩兑现制度,解除因管护不力造成生态资源破坏的护林员18名。全年成片造林2020.7公顷,农田林网8000公顷,“四旁”植树700万株,森林覆盖率26.9%。盱眙县被评为全国经济林建设先进单位、绿色江苏建设先进县、省植树造林先进县。

图6-8　森林保护

1986～2008 年盱眙县造林情况一览表

表 6－8

年　份	成　片　造　林					农田林网（公顷）	"四旁"植树（万株）
	合　计	速丰林意杨（公顷）	生态林（公顷）	用材林（公顷）	经济林（公顷）		
1986	1967.7	164.4	1371.5	－	431.8	5800	147
1987	1059.4	168.8	320.5	－	570.1	6733	152
1988	1149.6	179.2	538.0	－	432.4	10600	159
1989	802.1	198.7	331.0	－	272.4	9534	210
1990	572.0	335.8	123.9	－	112.3	8467	260
1991	525.4	250.1	4.0	－	271.3	9413	205
1992	720.0	180.1	85.4	－	454.5	13467	－
1993	721.0	180.0	178.5	－	362.5	5333	150
1994	2513.0	228.7	46.7	－	2237.6	5867	490
1995	2527.0	258.2	172.8	－	2096.0	4467	270
1996	1724.2	250.6	223.9	－	1249.7	6533	150
1997	1330.0	254.6	204.0	－	871.4	8733	155
1998	515.7	190.6	68.8	－	256.3	8333	87
1999	1443.6	291.8	338.1	722.9	90.8	1425	370
2000	1472.7	285.0	120.9	1061.5	5.3	10813	239
2001	2810.6	706.7	1557.3	439.9	106.7	7000	132
2002	3440.2	713.2	2191.0	269.0	267.0	5060	328
2003	1035.2	373.9	48.9	420.5	191.9	6667	600
2004	1158.8	231.0	676.7	229.0	22.1	10000	600
2005	1459.1	484.7	682.6	260.0	31.8	533	900
2006	1359.8	410.9	702.1	243.2	3.6	5333	450
2007	1873.2	735.2	838.6	245.8	53.6	8000	450
2008	2020.7	977.4	762.5	252.0	28.8	8000	700
合　计	34201.0	8049.6	11587.7	4143.8	10419.9	166111	7204

第四节　果、茶、桑生产

一、果　树

1986 年，全县有果树 2080 公顷，其中结果 414 公顷，总产量 2992 吨。1987～1992 年，全县山区开发，重视果树科技投入，苹果、桃、梨、山楂等果树面积较快发展。至 1992 年底，全县有果树 2580 公顷，其中投产 512 公顷，产量 3050 吨。

1993 年，聘请省植物研究所板栗专家柳鎏到山区指导板栗拓植，举办培训班，讲授板栗丰产技术；聘请省农科院园艺所专家和南京农业大学园艺系教授到盱眙，指导果树病虫害防治，提高果树品质。全年新拓植板栗1600公顷,品种以青扎、焦扎、处暑红良种为主。官滩镇新植苹果园13.7公顷。全县有果园4180公顷。

1994年,推广板栗良种嫁接实用技术,培训近1000名熟练嫁接手,嫁接良种板栗1333.3公顷。官滩镇、马坝镇、古桑乡高标准、高质量栽植短枝型红富士苹果示范园133.3公顷,补植苹果苗近1万株。1995年,苹果以短枝红富士、首红、嘎啦为主,新植苹果园67公顷、板栗1333.3公顷,果园达7046.9公顷,上市果品7129吨。

1996年,全县推广板栗蜡封嫁接技术,提高嫁接成活率,嫁接板栗800公顷。8月上旬,官滩镇渔沟村13.7公顷嘎啦苹果首次上市,创造三年生的苹果树每公顷产量21吨的全市最高纪录。1997年,省农林厅和有关科研院校举办江苏省首届优质果品评选会,盱眙县送选的青扎、焦扎、毛板红板栗品种被评为江苏省优质果品。全县果品产量7652吨。

2003年起,省农科院聘请2名大学生为县玉皇山丘陵山区农业综合开发公司的技术指导,种植桃、梨、葡萄等300公顷;聘请退休农艺师、园艺师2人任盱眙县中澳乐博园技术指导,栽植葡萄42公顷。2004年,县果园场生产的“第一山”牌早美酥梨、白花桃获第二届江苏省优质水果评比银奖。

2005年,玉皇山丘陵山区农业综合开发公司在玉皇山栽植葡萄、梨、桃等333.3公顷,产量1160吨。2006年,江苏胜宏农林开发有限公司在旧铺镇栽植桃、梨、木瓜等290公顷,产量930吨。2007年,江苏三农生态发展有限公司在盱城镇栽植葡萄、梨、樱桃等106.7公顷,产量610吨。2008年,全县果树面积5848.9公顷,果品总产8279吨。

图6-9　玉皇山生态果品园

2008年盱眙县果树面积、产量一览表

表6-9　　单位:公顷、吨

品　种	面积	产　量	品　种	面　积	产　量	品　种	面　积	产　量
苹　果	300.0	96	板　栗	4086.7	600	无花果	20.0	5
梨	197.2	1570	银　杏	154.0	12	枣	66.7	200
桃	578.3	3514	李	76.7	1150	草　莓	66.7	500
葡　萄	23.3	130	柿	176.7	390	枇　杷	6.7	12
山　楂	27.3	45	猕猴桃	3.3	25	其　他	65.3	30

二、茶　叶

1986年,县茶场有茶园73.3公顷,年产茶叶5吨。1991年,新建铁山寺茶场,茶园面积33.3公顷。1993年,县茶场投入技改资金130余万元,引进优良茶苗,拓植茶园13.33公顷,完成制茶车间改造,年产茶叶3.2万千克。1996年,铁山寺茶园开采投产。全县有茶园120公顷,年产茶叶4.48万千克,产值514万元。1997年,县茶场实施茶园更新改造工程。至1998年,共更新改造低产茶园320公顷。1999年4月,县茶场生产的“雨山茶”获中国绿色食品标志使用权。

2000年5月,县茶场生产的"雨山香茗"牌茶叶,获省计经委、省农林厅、省茶叶学会、中国国际茶文化研究会联合主办的中国(南京)国际茶博览会金奖。2001年,县茶场生产的"都梁春"牌茶叶,获省农林厅、省茶叶学会举办的第九届江苏省名特茶评比淮北片特等奖。2002年起,受天气、管理、技术、市场等因素影响,全县茶产量下降。2006年,县茶场拓植新茶园26.67公顷。2008年,全县有茶园146.6公顷,生产茶叶2.5万千克,比1996年减产近1万千克;产值650万元,利税65万元。

图6-10 旧铺雨山茶场

三、蚕 桑

1986年,盱眙县植桑养蚕处于发展期。桑树品种以湖桑32号为主,以育2号、桐乡青、湖桑7号、湖桑199、育711为辅。其中,育2号、湖桑7号为抗黄化型萎缩病品种,主要在穆店乡栽植。养蚕品种为苏5×苏6、苏三元。养蚕周期为一年三季,即春蚕、中秋蚕、晚秋蚕。黄花塘乡有部分蚕农在室外搭建简易大棚进行条桑育,约有150个大棚4500平方米,养蚕150张左右;旧铺镇杜营村和民田村部分蚕农采用半地下式小地炕条桑育,上面覆盖薄膜或草。蚕农采用蜈蚣簇、草折簇,让蚕自动上簇。全县桑园500公顷,分布在黄花塘镇、穆店乡、旧铺镇,饲养蚕种5940张,生产蚕茧135吨。

1988年,旧铺镇发生桑白蚧危害桑园0.67公顷,在其盛孵期及时消杀,得到有效制止。1989年春,县蚕桑场和新街乡实行湖桑硬枝扦插育苗试验,成活率60%,出圃桑苗900株;黄花塘乡嫁接桑苗400万株。夏季,高桥乡实行湖桑绿枝扦插育苗试验,成活率72%,5个试验大棚当年出圃桑苗2.1万株。在新街村发生桑虱危害2.7公顷,及时消毒杀菌。县蚕桑场开始为泗阳蚕种场饲养原蚕,并负责制种。

1992年,县委、县政府提出"平原猪禽蚕桑"发展战略,以黄花塘为重点,发展桑园1467公顷。1993年,县蚕种场有生产用房1200平方米,生产蚕种2万多张。县茧丝绸公司在黄花塘乡枣园村和何圩村推广1万片方格簇。1994年,蚕茧价格提高到每千克21.5元,农民养蚕积极性高涨。黄花塘乡、穆店乡666.7公顷桑园遭桑橙瘿蚊危害,及时组织人员防治,控制虫害蔓延。年底,全县桑园共3484公顷,养蚕品种以苏菊×明虎为主,年养春蚕、秋蚕两季蚕种23965张,生产蚕茧720吨。1996年起,蚕茧价格下调,全县蚕、桑生产逐步下滑,养蚕户逐年减少。

2000年,在黄花塘村推广8万片方格簇,全部采用室外预挂方式上簇,提高蚕茧产量和质量。春季,该村桑芽萌发时,若虫、桑虱啃食桑芽,危害桑树5.3公顷,蚕农及时消杀。2001年,引进桑树育711、大中华、农桑8号新品种,在黄花塘镇、旧铺镇、官滩蚕种场栽植。养蚕品种以春蕾为主。全县发展蚕桑乡镇有马坝镇、观音寺镇、维桥乡、桂五镇、王店乡。2003年,受国际行情影响,蚕茧价格较低,全县有桑园64公顷,养蚕户250户,养蚕1361张,生产蚕茧44吨。2004年,推广湖桑借根嫁接育苗、一步成园、速成密植栽培、摘芯、根外追肥技术,新蚕种推出苏菊×明虎,蚕茧收烘站由上年9个减至7个。2006年,县蚕种场成功研制秋蚕种繁育技术,并生产秋蚕种685张供应蚕农。

2008年,全县推广桑树摘芯栽培技术,提高桑叶产量和质量;指导蚕农将4~5龄大蚕放在地上饲养,节省给桑用工。县蚕种场年产蚕种8万张,除满足盱眙县需要外,还销往云南、广西等省区和淮安、宿迁、盐城、南通等市,并有1万张销到印度。由于蚕茧价格较低,导致全县桑园、饲养蚕种、生产蚕茧均降到最低点。全县有桑园51公顷,养蚕户85户,养蚕24张,生产蚕茧0.95吨。

1986 ~ 2008 年盱眙县蚕桑生产情况一览表

表 6 - 10

单位：公顷、户、张、吨

年份	桑园	养蚕户	饲养蚕种	生产蚕茧	年份	桑园	养蚕户	饲养蚕种	生产蚕茧
1986	500	5701	5940	135	1998	599	3200	10021	302
1987	500	5701	5570	134	1999	599	3200	5352	161
1988	500	5701	6420	151	2000	253	1200	4308	130
1989	500	5701	6459	152	2001	260	1205	6432	198
1990	569	6000	7312	175	2002	233	1150	4199	132
1991	702	6500	10136	314	2003	64	250	1361	44
1992	1467	9500	15391	465	2004	64	250	797	25
1993	2667	16000	20051	602	2005	64	250	304	11
1994	3484	20000	23965	720	2006	64	250	685	23
1995	2673	19500	32745	907	2007	51	90	114	4
1996	668	3500	7721	231	2008	51	85	24	0.95
1997	599	3200	8612	255					

第五节　森林保护

一、病虫害防治

1986 ~ 2008 年，全县共建立杨树病虫害综合防治示范点 10 个，建立森林病虫测报点 19 个，及时发布森林病虫害信息，宁连路、宁徐路、盱马路、盱古路由县森林防疫站组织统防统治。县森林防疫站先后配备车载高程喷雾机 1 台、背负烟雾机 6 台、注杆机 2 台、GPS10 台、电脑 5 台、太阳能病虫害测报灯 9 台，负责病虫害防治工作，森林危害面积逐年减少。

（一）松材线虫病防治

2000 年 8 月 22 日，龙山林场南山站 106.5 公顷黑松和马尾松死亡 90 株，疑是发生松材线虫病。24 ~ 25 日，省、市森林防疫站派人到龙山林场取样。30 日，经南京林业大学专家鉴定，龙山林场南山站松树死亡确定为松材线虫病所致。8 月 31 日 ~ 9 月 5 日，县政府成立以分管县长为组长的松材线虫病除治领导小组，县林业局对全县 3833.3 公顷松树进行普查，采取签订目标责任状、现场监督等方式，有效控制全县松材线虫病发生面积。经查明，盱眙县境内松材线虫病传播源是与龙山林场毗邻的安徽省明光市西桃园林场。

2001 年起，县林业局组织专业防治队伍，常年做好防治工作。2004 ~ 2008 年，全县松材线虫病分别发生 627.27 公顷、611.27 公顷、578.27 公顷、529.07 公顷、480.67 公顷，病死株树分别为 16000 株、15660 株、15220 株、14752 株、14044 株。松材线虫病达到发生面积和病死株树双下降目标。

（二）杨树病虫害防治

2000 年夏，全县大面积暴发杨树杨小舟蛾、杨扇蛾、杨刺蛾、杨黄卷叶螟等虫害，面积达 2533.3 公顷。县森林防疫站对全县主干道两侧绿色通道杨树采取机械统一喷药防治，防治 1666.7 公顷。2003 年春，杨树溃疡病在全县新育苗地发生，面积 23.3 公顷，影响造林成活率。2004 年春，采取药物浸泡种苗、地膜覆盖育苗等手段，控制、预防杨树溃疡病发生，收到良好效果。2008年，全县杨树发生病虫害12公顷。经防治，传播面积得到控制。

二、防　火

（一）火灾预防

1986年起，引发森林火灾主要原因是上坟烧纸、林区吸烟、烧荒等。为做好森林防火工作，县护林防火指挥部制定森林防火预案，在清明、冬至、春节等时段，重点加强林区守护、防火值班、巡查督察。

1996年起，规定全县森林防火警戒期为每年11月1日至翌年4月30日。每逢清明、冬至、春节等火灾高危时段，加强森林防火宣传、林区守护、严管火源、防火值班、巡查督察，对林区尚存散坟登记造册，管理责任到人。

2000年起，全县划分8个森林灭火区，确定指挥长职责。防火预案分为火警分级处理、电话报警和一般火灾处理、较大火灾处理、火场灭火力量组织、通讯联络、灭火现场后勤保障、灭火现场保安、灭火现场处理。至2008年，全县共平迁林区坟墓1.49万座，修筑防火道100余千米，设立森林防火警示牌近150块。

（二）灭火装备

1986～2008年，全县共投入森林防火资金60万元，县防火指挥部共向乡镇发放风力灭火机30台、灭火弹2000枚、3号工具1000把，铺设水泥、砂石路防火通道80千米，完善林区防火隔离带32千米。

（三）火警火灾

2001～2008年，全县共发生森林火警52起，过火面积3.1公顷。主要发生在古桑乡、桂五镇、王店乡、官滩镇、旧铺镇、仇集镇、河桥镇、穆店乡等。火灾分别发生4起、11起、6起、3起、3起、10起、4起、11起，发生面积分别为0.1公顷、0.5公顷、0.3公顷、0.3公顷、0.3公顷、0.5公顷、0.7公顷、0.4公顷。

三、森林公园

（一）第一山国家森林公园

1993年，国家林业局批准建立盱眙县第一山国家森林公园。公园位于盱城镇镇区北部，范围包括县城区天台山、大龙山、慈氏山、象山、清风山、杨大山、上龟山、磨盘山、穆山、戚大山、宝积山、斗笠山等县林柴场十山林业站全部林地，总面积438.5公顷，其中林地363.3公顷。

2000年，第一山国家森林公园范围内建成都梁公园，包括杨大山、斗笠山、磨盘山，林地面积152.5公顷。至2008年，第一山国家森林公园面积无变化。

（二）铁山寺国家森林公园

1998年，省农林厅批准盱眙县建立省级铁山寺森林公园，总面积2180公顷（含天泉湖水面446.6公顷），其中林地792.1公顷。2003年12月，国家林业局批准铁山寺森林公园为国家森林公园。2007年，建立天泉湖湿地公园，增加林地602.9公顷。2008年，铁山寺国家森林公园林地面积1395公顷。

图6－11　铁山寺国家森林公园

（三）天泉湖湿地公园

2007年3月31日，省林业局组织南京大学、南京林业大学、省森林资源监测中心等单位,召开天泉湖省级湿地公园建设可行性论证会。论证组专家实地考察天泉湖湿地,符合省级湿地公园建设所需条件。天泉湖湿地公园位于铁山寺国家森林公园内。6月11日,省林业局批准建立天泉湖省级湿地公园。公园总面积1049.5公顷,其中林地602.9公顷。

四、野生动物保护与驯养

(一)庙山白鹭保护区

1999年,部分白鹭落户栖歇繁殖于古桑乡林场庙山33.3公顷杉木林。2000年起,白鹭数量逐年倍增。2008年,县林业局将庙山33.3公顷杉木林划为白鹭保护区,严禁采伐树木,严禁捕杀白鹭,严禁人员进入,配备专职护林、护鸟员。年底,保护区白鹭发展至1000余只。

(二)藏獒观赏园

2005年,江苏天瑶藏獒发展有限公司在铁山寺国家森林公园内创办"江苏沈文藏獒园",园内有藏獒20条。2008年,更名为"藏獒观赏园",有纯种藏獒83条,其中种犬16条,品种有雪獒、黄獒、黑獒、纯包金獒。

五、古树名木

2000年8~10月,县林业局对全县古树名木进行调查,制卡建档。全县有一级古树16株、二级古树104株,树种有银杏、石榴、朴树、枫杨、黄连木等。2004年3月12日,省建设厅公布盱眙县一级古树名木名录10株、二级古树名木名录40株。至2008年,古树名录未变。

图6-12 铁山寺景区内的千年木瓜树

2008年盱眙县一级古树名木一览表

表6-11

省编号	树名	树龄	地　　址	省编号	树名	树龄	地　　址
2	银杏	300	第一山公园内	32	朴树	300	古桑乡龙潭村松田
3	石榴	300	第一山公园内	33	五谷树	300	马坝镇石桥村桥东
9	银杏	300	盱城丰登桥44号	36	柿树	560	河桥镇后港村石郢沟南
25	银杏	800	王店乡陡山村梁园	37	黄连木	300	管镇耿赵村西耿组
28	朴树	300	旧铺镇新铺小学院内	38	木瓜	1000	铁山寺森林公园古城林场

第六节　林　　政

一、生态公益林管护

2001年5月8日~7月15日,全县开展森林分类区划界定工作。全县生态公益林25009.9公顷,其中国家重点公益林14417.8公顷;商品林面积9146.1公顷,其中用材林7702.7公顷、经济林1443.4公顷。7月15日,盱眙县森林分类区划界定工作通过市局验收。

2002年,盱眙县被省列为生态公益林资金补助试点县,补助资金29.5万元,主要用于盱眙林场2666.7公顷生态公益林管护,其中护林员补助22.4万元。通过竞聘,落实护林员47人。

2006年起，全县所有国家重点公益林和省级重点公益林均纳入省级资金补偿范围，补偿资金增加到103.8万元，生态公益林补助面积增加到1533.3公顷，其中护林员补助80.7万元，专职护林员增加到620人。

2007年，县政府出台《盱眙县生态公益林基金补偿办法》，县林业局与管护责任人签订管护合同，确定补助标准为平均每亩8元，补偿性支出每亩每年7.2元，补偿金全部发放到管护人手中。2008年，继续执行《盱眙县生态公益林基金补偿办法》。

二、林权制度改革与登记发证

2000年，全面推进森林、林木、林地使用权流转政策工作，鼓励以承包、租赁、转让、拍卖、股份合作等形式参与造林绿化，涌现出一批非公有制林业企业。县委书记赵鹏将经拍卖购得的古桑乡古桑村意杨新造林0.13公顷10年林地经营权转赠给化肥厂下岗工人。浙江商人庞小军注册"森财高科技林农有限责任公司"，租赁铁佛镇召四村20公顷土地，育林苗16.7公顷。

2004年4月24日和5月17日，县政府两次部署林权登记发证工作，采取先内业登记、后外业调查、再颁发林权证的流程，做好林权证发放工作，发放林权证4000份。

2005年，业主季厚礼租赁河桥镇玉皇山1666.7公顷使用权50年，注册为玉皇山丘陵山区农业综合开发有限公司，搞山区农业综合开发。

至2008年底，季厚礼在玉皇山投入资金4300余万元，栽植葡萄、梨、桃、冬枣、银杏、核桃、樱桃、石榴等树333.3公顷，栽植意杨200公顷，培育桂花、香樟、雪松等苗木5万余株；在山上修建10余面蓄水塘、5口深水塘、48座桥涵闸、6座水塔，50多千米管道。全县发放林权证13780份，登记非公有制林业企业7家。

2005～2008年盱眙县部分非公有制林业企业一览表

表6－12　　单位：公顷

公司名称	注册年份	法人代表	项目地点	林权制度	经营面积	已造林	
						面积	主要树种
玉皇山丘陵山区农业综合开发有限公司	2005	季厚礼	河桥镇	租赁	1666.7	333.3	葡萄 梨 桃 苗木
盱眙留青农副林产业园	2005	葛庆华	仇集镇	租赁	466.7	466.7	杨树
盱眙绿源生态技术有限公司	2006	汤友芝	桂五镇	租赁	333.3	266.7	杨树 桃 梨 木瓜
江苏胜宏农林开发有限公司	2006	胡建军	旧铺镇	租赁	290.0	290.0	杨树 桃 竹 柳
石马山生态农业综合开发公司	2007	李叶红	王店乡	租赁	206.7	206.7	杨树 核桃
江苏三农生态发展有限公司	2007	沈觉新	盱城镇	租赁	106.7	106.7	葡萄 梨 樱桃 桂花
江苏天骄实业公司盱眙分公司	2007	张荣江	王店乡	租赁	133.3	26.7	红豆杉

三、清理整顿木材加工企业

1997年，县政府下发《关于加强林木管理维护木材正常流通秩序的通知》，县工商局、多管局根据县政府文件精神制定实施办法，启动全县林木市场源头管理，规范林业规费的征收，实行木材加工经营许可证制度。

2001年，对无全省统一发放的木材加工利用许可证企业一律予以审核，符合条件的补办相关证照，不符合条件的一律关停并转。全县上报审核发放木材加工经营许可证企业83个，依法取缔小作坊加工企业20余户。2006年5月，清理整顿木材经营市场，核发199本木材经营许可证，规范县木材市场秩序。2008年，清理、取缔木材加工个体小作坊11家。

四、取缔林区非法小木炭窑和非法采脂

1990年，盱眙县山区个别农户建小木炭窑，收购小径材，违法烧制木炭出售，既污染生态环境、破坏生态林，又对森林防火构成威胁。

2001 年 6 月,县林业派出所查明全县小木炭窑分布在仇集镇、桂五镇、王店乡、古桑乡,共 25 户 51 座。7 月 2～4 日,县林业派出所和乡镇派出所干警、林政执法人员采取集中行动,取缔 51 座无证经营小木炭窑。2002 年 8 月,个体户叶某在山凹水库边办松香厂,与周边林场及松林承包户签订松树采脂合同,桂五镇、古桑乡、河桥镇、王店乡的 93.3 公顷 4 万株松树被割树皮采集松脂。县林业局对叶某违法行为给予处罚,令其停止采脂,中止合同。

2004 年 2 月 17 日和 8 月 27 日,盱眙县与安徽省明光市两地林业和公安部门先后两次联手,取缔两地毗邻地区的小木炭窑 5 座,其中明光市涧溪 2 座、涝口 1 座,盱眙县仇集 2 座,没收仇集镇小木炭 9 吨多、杂树 8 吨多。至 2008 年,未发现小木炭窑和采脂现象。

五、查处涉林案件

1986 年,县林业局对征占用林地、木材采伐、木材收购、木材加工、木竹运输、野生动物驯养、木材经营和运输、林地采种、树林采脂 8 种林业生产经营行为依法实施许可证制度。对林苗出圃和运输、木竹运输,依法实施产地检疫和运输检查;负责受理林权证发放和国有林地流转审批。年内受理滥砍盗伐林木案件 5 起、无证运输木材及其制品 18 车次,案件查处率 100%。

1987～1993 年,无证采伐树木现象时有发生,平均每年发生并受理滥砍盗伐林木案件 74 起,行政处罚 80 余人次,案件查处率 95% 以上。1995～1998 年,县城郊木材检查站执法人员联合森林防疫站森检开展无检疫证运输果品专项行动,共查处无检疫证运输果品 986 车次,实施违章补检处罚 986 车次,查处率 100%。1999 年,盱眙县被最高人民法院、最高人民检察院、国家林业局、公安部、监察部联合表彰为全国严厉打击破坏森林资源违法犯罪活动专项斗争先进集体。

2000～2003 年,全县林业行政审批逐步规范,林业行政案件逐年减少。其间,共立案 72 起,查处率 96%。2004 年,出台《关于进一步加强征占用林地长效管理意见》,规范全县林地审批手续,每季度开展一次联合检查,对全县违规占用林地实施全面整顿。9 月,县林业局投资 2 万多元,制作 130 多个界桩,对全县采矿等企业实行确权定界,防止超范围采石采矿侵占林地。全县清查出采矿、电力架线、修路等违规征占地 117 处 107.7 公顷,违规征用占用林地 33 处 41.3 公顷。

2005 年,因农村山林实行承包,部分承包人管林护林意识淡薄,乱砍乱伐案件高发。全年受理乱砍乱伐案件 41 起,其中刑事立案 15 起、林业行政处罚 38 人、司法起诉 1 人、取保候审 1 人、监视居住 1 人。查处违法运输案件 56 起,其中无证运输原木 37 起、运输淡竹 6 起、运输板材芯板 7 起、运输银杏苗木 6 起,没收原木 397.2 立方米、淡竹 2.15 万千克、板材 159.8 立方米、芯板 134.5 立方米、银杏苗木 82 株。

2007 年,上报省市审批征占用林地项目 20 个,涉及林地近 60 公顷。查处各类涉林案件 110 起,行政处罚 150 人,刑事处罚 12 人,查处违法运输木材案件 70 多起。

2008 年,依法完成体育公园、海通置业、凤悦天晴花园、金国园阳光城市一批县级重点工程征占用林地的上报审批手续。查处盗伐滥伐林木、非法加工运输木材、非法经营森林野生动物、乱占滥占林地等各类破坏森林案件 138 起,依法移送司法机关追究刑事责任案件 4 起。

第七节　林业场圃

一、国有林场

(一)盱眙县林场

1986 年,盱眙县林场隶属县多种经营管理局,全场总面积 9133.3 公顷,林地 746.67 公顷,其中生态林 6000 公顷、经济林 766.67 公顷、竹林 466.67 公顷,森林覆盖率 82%。盱眙县林场下设水冲港林场、龙山林场、古城林场、山岂林场、淮河林场、古桑林场、穆店林场、养蜂场、第四建筑公司、采石厂、废油加工厂。

1991 年，古城林场开辟茶园 33.3 公顷，成立铁山寺茶场。2000 年，水冲港林场、龙山林场、山岂林场、淮河林场、古桑林场、穆店林场分别划归所在地乡镇管理，古城林场及铁山寺茶场划归铁山寺管委会管理。盱眙县林场场部机关、养蜂场、采石厂和废油加工厂划归县林业局管理。2002 年，采石厂和废油加工厂停办。至 2008 年，盱眙县林场归属权未变。

（二）盱眙县林柴场

1986 年，盱眙县林柴场隶属县多种经营管理局。全场林地 580 公顷，柴滩 333.33 公顷，水产养殖 53.33 公顷。林柴场主营林业、芦柴、水产养殖、采石、公墓，在戚大山建经营性公墓 6000 平方米墓穴 260 个。1995 年，采石厂停产。2000 年，盱眙县林柴场划归盱城镇管理。至 2008 年，无变化。

（三）盱眙县果园场

1986 年，盱眙县果园场隶属县多种经营管理局，全场总面积 313 公顷，果树 150 公顷，其中苹果树 100 公顷、梨树 23 公顷、桃树 10 公顷、葡萄 2.7 公顷、板栗 8 公顷、其他果树 5.3 公顷；用材林 27 公顷，竹林 20.6 公顷。

1990 年，县果园场改制，先后关停、拍卖隶属的果酒厂、采石厂、石灰厂、塑膜厂、都梁建安公司。1998 年，工人身份全部置换。1999 年，县果园场升格为副科级单位。

2000 年，县果园场划归盱城镇管理。2008 年，受县城区东扩影响，果园场总面积减少到 246.67 公顷，其中果树面积减少到 53.33 公顷、用材林面积减少到 16.67 公顷、竹林面积减少到 20 公顷。

图 6－13 1986 年的果园场

（四）盱眙县茶场

1986 年，县茶场隶属县多种经营管理局，全场 333.33 公顷，其中茶园 73.33 公顷、农田 66.67 公顷、生态林 133.33 公顷、水面 60 公顷。

2000 年，县茶场划归旧铺镇管理。至 2008 年，县茶场体制无变化。有茶园 113.33 公顷，年生产茶叶 40 吨。

（五）盱眙县蚕种场

1986 年，盱眙县蚕桑场隶属县多种经营管理局，县蚕桑场经营面积 45 公顷，其中桑园 27 公顷。1989 年春，县桑蚕场开始饲养原蚕。1993 年 3 月，县蚕桑场更名为盱眙县蚕种场，当年生产蚕种 2 万张。2000 年，县蚕种场划归官滩镇管理。至 2008 年，县蚕种场体制无变化。年产蚕种 8 万张，有 1 万张销到印度。

二、集体林场

1986 年，全县保留乡村集体林场 103 个，分布在 15 个乡镇。其中，乡办林场 4 个、村办林场 99 个。集体林场总面积 3643 公顷，其中用材林地 2852 公顷、毛竹地 15 公顷、淡竹地 35 公顷、果树地 339 公顷、桑园 2 公顷、苗圃 3 公顷、水面 2 公顷、粮田 27 公顷、荒山 349 公顷、其他用地 19 公顷。

2000 年起，对乡村集体林场优选劣汰，乡村集体林场逐渐减少。

至 2008 年，全县保留乡村集体林场 42 个，分布在 9 个乡镇，其中有 20 个林场实行林权到户，20 个林场聘用护林员管理，有 2 个林场对外租赁或部分对外租赁。仇集镇棋盘山林场是全县最大的乡办林场，主要树种有黑松、国外松、板栗。6 月 8 日，棋盘山林场整体租赁给明松农业综合开发公司经营，租赁期 30 年，其中享有国家补贴的生态公益林仍由棋盘山林场经营。

2008 年盱眙县保留乡镇集体林场一览表

表 6 – 13　　单位:公顷

乡镇	林场名称	经营面积	林地面积	其中		林权制度
				生态林	用材林竹林	
兴隆	林柴场	50.0	32.7	32.7	–	集体林权
铁佛	林柴场	173.3	93.3	–	93.3	林权到户
仇集	龙山村林场	3.4	3.4	1.7	1.7	承包到户
	长港林场	20.0	16.1	13.3	2.3	承包到户
	凤山林场	13.3	13.3	13.3	–	拍卖到户
	虎山林场	53.3	53.3	40.0	13.3	集体林权
	棋盘山林场	733.3	468.6	333.3	135.3	对外租赁
	黄山林场	2.0	0.5	0.5	–	承包到户
	象山林场	6.7	4.6	3.9	0.7	承包到户
	明山林场	10.0	10.0	–	10.0	承包到户
	青山林场	2.0	2.0	1.0	1.0	承包到户
	东山林场	12.3	10.7	6.7	4.0	承包到户
	棋盘村林场	40.0	33.4	26.7	6.7	分林到户
	孤山林场	14.3	12.3	5.0	7.3	分林到户
	朱刘林场	13.7	11.4	5.7	5.7	集体林权
穆店	义井林场	26.9	26.9	26.9	–	集体林权
	爸湖林场	21.0	21.0	21.0	–	集体林权
	龙王山林场	83.1	83.1	25.5	57.6	集体林权
	穆店林场	36.5	36.5	36.5	–	集体林权
	范楼林场	10.0	10.0	6.8	3.2	林权到户
	肖桥林场	83.7	83.7	26.1	57.6	对外租赁
	七里林场	79.3	16.3	16.3	–	对外租赁
	新朋林场	133.7	68.4	68.4	–	对外租赁
	八仙林场	48.8	48.8	48.8	–	对外租赁
	马湖林场	6.0	6.0	6.0	–	对外租赁
	莲塘林场	133.3	102.0	102.0	–	对外租赁
	秋燕林场	40.0	40.0	24.2	15.8	林权到户
王店	陡山林场	120.0	120.0	92.3	26.7	集体林权
桂五	宝山林场	83.3	80.0	3.3	–	林权到户

续表 6-13

乡镇	林场名称	经营面积	林地面积	其中		林权制度
				生态林	用材林竹林	
古　桑	季安林场	53.3	53.3	53.3	–	林权到户
	庙山林场	5.3	2.7	–	2.7	林权到户
	佛窝林场	60.0	58.4	53.7	4.7	林权到户
	龙王庙林场	53.3	53.3	36.7	16.6	林权到户
	张北林场	13.3	13.3	10.0	3.3	林权到户
	裂山林场	4.0	2.0	2.0	–	林权到户
官　滩	刘庄林场	16.0	16.0	16.0	–	集体林权
	霍山林场	26.5	26.5	26.5	–	集体林权
	周庄林场	31.8	31.8	31.8	–	集体林权
河　桥	三元林场	5.3	5.3	5.3	–	集体林权
	石港林场	13.3	4.0	4.0	–	集体林权
	临湖林场	5.3	2.7	2.7	–	集体林权
	黄龙林场	12.0	12.0	12.0	–	对外租赁
合计	42 个	2352.6	1789.6	1241.9	469.5	

第三章　畜牧业

第一节　机　　构

1986 年，县多种经营管理局设畜牧股，管理全县畜牧业生产。下设县畜牧兽医站、县畜禽良种推广站、县种鸡场、县牧草试验推广站。县畜禽检查站与县畜牧兽医站合署办公。全县设 28 个乡镇畜牧兽医站，有职工 446 人。盱眙县种畜场隶属省农业厅，为科级编制。

1987 年 3 月，县畜牧兽医站、县兽医院、县畜禽良种推广站、县种鸡场、县牧草站合署办公，五块牌子一套班子，归县畜牧兽医站管理。1989 年 1 月 16 日，增设肖嘴乡和仁集乡两个畜牧兽医站。

1997 年，畜牧股更名为畜牧兽医科（挂"盱眙县牲畜五号病防治指挥部办公室"牌子）。1999 年 12 月，成立县畜牧局。

2000 年 2 月，撤乡并镇，乡镇畜牧兽医站调整为 19 个。2001 年，县种畜场场部所在地焦山分场划归旧铺镇管理，虎山分场划归所在地仇集镇管理，长山分场划归所在地桂五镇管理。2002 年，县水产局与畜牧局合并，成立县畜牧渔业发展局。2007 年 10 月，县畜牧兽医站和县兽医卫生监督所分设。至 2008 年，机构无变化。

第二节 家畜生产

1986 ~ 2008 年,全县畜禽饲养量、出栏量具有一定规模,先后实施《优良菜鹅综合饲养技术》,开展家畜猝死病、牲畜口蹄疫科研项目。实施十万头商品牛和草鸡开发及全价配合饲料工程,"两专一基"和"十万头黄牛"工程,草鸡、野鸭、牛、生猪、山羊五大产业工程,畜牧业"五个三"工程(300 万只毛蛋,300 万只四季鹅,300 万只野鸭,30 万只山羊,30 万头"三元"猪)。抓种草养畜禽,重抓养牛、羊、鹅食草畜禽饲养典型户培育,形成管镇商品猪、官滩商品鹅、穆店草鸡、仇集牛羊、仁集野鸭等 5 个规模养殖基地。

一、牛

1986 年起,盱眙县山区乡镇山地面积大,牧草资源丰富,养牛业成为农民家庭致富的重要产业。因水牛体大、温顺,劳作效率高,全县水牛数量逐年增加。2000 年起,农村机械化能力逐年增强,役牛劳作渐少,商品牛饲养发展快速,规模养牛、养良种牛的农户大户、养牛组不断涌现。

(一)养　殖

1986 年,县政府下发关于《进一步加强飞播草场管理公告》,在河桥建成万米铁网围栏草场,推动养牛业发展。全县牛存栏 5.31 万头,其中水牛 4.6 万头、奶牛 16 头。

图 6 - 14　发展规模养牛

1990 年,在山区片发展"飞播草场"(集中人力在荒山上翻土后,用飞机播种牧草),其中龙山乡新建飞播草场 333.3 公顷,推动养牛快速发展,全县养牛 6.7 万头。1993 年,县委、县政府把发展"十万头商品牛工程"作为农村脱贫致富主项目,确立"主攻丘陵山区,突破平原圩区"和"九五(1995 年)打基础、九六(1996 年)上台阶、九七(1997 年)上规模"的商品牛养殖发展思路和战略,先后 2 次组织县乡干部及养牛专业户到全国养牛典型——河北省三河市京东牛司令李富成处学习。年底,全县户养牛 5 头以上大户 280 户。龙山乡冯奎养牛 62 头,河桥乡王克贤、水冲港乡叶尚元各养牛 40 头,仇集乡明山村养牛 100 头。

1996 年,成立县黄牛生产办公室,把发展"黄牛工程"作为"两专一基"的强项,在养黄牛重点乡村建标准牛棚 2772 间,标准氨化池 2300 多个,新增母黄牛 2 万头,其中外购 1.3 万头,引进西门塔尔种公牛 2 头,新建黄牛人工授精站 17 个。古桑、洪山、仇集、龙山发展成养牛示范乡,养黄牛 2.85 万头。确定黄牛养殖示范村 60 个,新办集体养殖场 6 个,养殖 10 头以上的 210 户,100 头以上 2 户,全县养牛 8.82 万头。全县无人养奶牛。

1997 年 4 月,盱眙县获批"国家级秸秆养牛示范县",秸秆养牛项目总投资 500 万元,其中无偿资金 100 万元。全年新建青贮氨化池 1120 个,青贮饲草 7.5 万吨,氨化秸秆 20.4 万吨;购买铡草机 46 台,人工授精设备 32 套;举办养牛技术培训班培训 1.12 万人次,全县养牛 13.62 万头,其中黄牛 5.93 万头。至年底,新购黄牛发病多、膘情差、经济效益低,致使连续几年的十万头商品牛工程未达到预期目标。1999 年,"盱眙山区水牛保种项目"列入国家农业部畜禽品种资源保护目录,定为国家地方良种。全县养牛 18.6 万头,比 1986 年增加 2.5 倍。

2000 年,全县发展养牛大户 178 户,形成以仇集镇为中心的山区片养牛生产基地。2001 年 3 月,县"国家级秸秆养牛示范县"项目顺利通过验收。2002 年,盱眙山区水牛被农业部批准为品种资源保护项目,拨给第一期项目无偿资金30万元,第二期、第三期无偿资金各20万元。制定为期30年的盱眙山区水牛保种科研实施方案,为盱眙山区水牛保种发展和开发利用奠定基础。

2004年,县畜牧部门引进外地客商到盱眙建奶牛场,发展奶牛产业。当年,在洪山裂山村投建百头规模奶牛场1个,建奶站2个,全县奶牛存栏1560头。由于农户养殖技术薄弱,奶站不稳定,产加销链条松散,奶牛户生产亏损,奶牛养殖逐步减少。

2005年起,随着林业发展和山区资源保护,山区家畜牧放场所锐减,全县黄牛、水牛饲养量呈急速下降趋势。至2008年,全县牛饲养量19927头,其中奶牛22头。

(二)品种改良

1986年,县种畜场和县畜禽良种推广站引进3头印度摩拉、尼里种公牛,利用种公牛精液制造水牛冻精,液氮车间自制液氮,从外地购买黄牛、奶牛冻精,供应全县牛的良种改良。黄牛冻精主要有西门塔尔、夏洛来、海福特品种,奶牛为黑白花品种。至1994年,淘汰老龄种公牛。

1996年,县良种站购进西门塔尔纯种公牛、母牛各1头,在仇集乡设点配种,全县人工授精2830头。1997~1998年,人工授精头次保持稳定,年平均2395头。

2002年起,由于山区开发,养殖户减少,人工授精头次明显降低,当年全县人工授精966头。2008年,全县先后引进良种公牛28头,牛人工授精759头,是1986年的22%。

1986~2008年盱眙县牛养殖情况一览表

表6-14

年份	饲养量(万头)	出栏量(万头)	人工授精(头)			年份	饲养量(万头)	出栏量(万头)	人工授精(头)		
			合计	水牛	黄牛				合计	水牛	黄牛
1986	5.31	0.32	3505	3006	499	1998	16.52	5.20	2540	2030	510
1987	5.57	0.71	4700	3810	890	1999	18.60	5.81	1820	1510	310
1988	5.38	0.85	4000	3500	500	2000	16.98	3.52	1405	1015	390
1989	5.32	1.13	4508	4030	478	2001	17.60	5.16	1133	715	418
1990	6.70	1.25	5000	4020	980	2002	15.93	4.73	966	526	440
1991	6.90	1.30	4000	3210	790	2003	12.62	3.51	695	285	410
1992	7.01	1.32	3500	3030	470	2004	10.82	2.65	703	210	493
1993	7.25	1.35	2510	1900	610	2005	8.51	2.03	809	269	540
1994	7.90	1.40	3030	2510	520	2006	7.22	1.80	828	168	660
1995	9.60	1.59	2610	2205	405	2007	1.90	1.62	750	165	585
1996	8.82	3.28	2830	2410	420	2008	1.99	0.47	759	149	610
1997	13.62	3.60	2210	1810	400						

二、羊

(一)养　殖

1986年,全县羊养殖以山羊为主,羊饲养量4.98万只。1987~1990年,羊的饲养量逐步增加。其中,1990年养羊达12万只。

1994年,推广养羊大户经验,在有条件乡镇发展养羊专业户,全县发展养羊大户54户。1999年,县政府成立牧草产业领导小组,确立10个乡镇(场)为牧草生产基地,种草406.7公顷,将古桑乡寒山村确定为种草养羊示范园,实施“草果禽”立体养殖模式,当年羊饲养量增加到43.81万只。

图6-15 规模养殖新品种波尔山羊

2000年,全县养羊大户314户,形成以仇集镇为中心的山区片养羊基地。2004年,全县养羊67.55万只,历史最多。2005年,进行羊种杂交改良,改变盱眙地方山羊个体小、生长慢、效益低现象,全县养羊64.9万只。2006年,受农村劳动力外出务工影响,全县羊养殖量减少到36.39万只。至2008年,全县养羊30.77万只。

(二)品种改良

1986年,种羊以山羊为主。1998年,新建波尔山羊种羊养殖场,养殖波尔种羊30多头,为全县各乡镇提供波尔种山羊鲜精配种。

2001年,引进萨能、努比、波尔、南江黄羊等种羊及冻精,改良种羊品种。市牧草种植有限公司和上海杰隆生物工程股份有限公司投资500万元,在观音寺镇建成苏北最大规模波尔山羊育种基地,占地40公顷,标准羊舍100多间,养殖波尔种羊50只、萨能山羊500只。2003年,引进纯种波尔山羊和徐州大白羊母羊,进行杂交改良,改变盱眙地方山羊个体小、生长慢、效益低现象,全县养羊66.66万只。

至2008年,引进波尔种公羊186只,创建县良种站波尔种山羊场和马庄波尔山羊种羊基地,购进徐州大白羊母羊2150只,形成县良种山羊繁育核心群。

1986~2008年盱眙县羊养殖一览表

表6-15　单位:万只

年份	饲养量	出栏量	年份	饲养量	出栏量	年份	饲养量	出栏量	年份	饲养量	出栏量
1986	4.98	2.65	1992	10.98	6.45	1998	21.50	11.00	2004	67.55	45.75
1987	7.99	3.10	1993	11.10	6.64	1999	43.81	24.50	2005	64.90	44.00
1988	9.77	4.20	1994	12.40	7.29	2000	57.42	32.40	2006	36.39	24.39
1989	11.57	6.77	1995	16.73	8.60	2001	57.13	38.23	2007	46.10	32.00
1990	12.00	7.00	1996	16.99	8.21	2002	67.76	45.15	2008	30.77	31.13
1991	10.14	5.70	1997	15.38	8.12	2003	66.66	44.42			

三、猪

(一)养　殖

1986年,盱眙县是传统养猪大县,全县养猪48.56万头,出栏21.4万头,能繁母猪1.4万头。

1993年起,仇集镇明山村养猪场,饲养体大、育肥快杂交猪240头。全县开始养殖杂交猪。

1994年,管镇镇夏田村养猪专业户张启龙,年养猪240头,出栏180头,全县养猪大户136户。全县养猪55.60万头,出栏28.52万头。1996年,发展"两专一基",在仁集乡推广快速养猪技术,新建标准化猪舍300间,引进太湖母猪140头,长白种公猪11头,养殖10头以上养殖大户700户,出售商品猪20.5万头。全县养猪60.83万头,出栏30.5万头。

1997年,生猪产业领导小组,把推广良种、发展生猪生产作为"两专一基"重要内容,在全县推广良种杂交猪。年底,养猪50头以上的大户有1180户。管镇镇夏田村张启龙,连续5年养猪260头以上。1998年,投入1000多万元,实施二元母猪和三元杂交猪生产项目,要求各乡镇发展二元、三元母猪和杂交猪。二元母猪存栏 4000 头,比 1997 年增加 119%。

2001 年,全县有二元母猪制种场 3 个,二元母猪专业村 16 个,三元杂交瘦肉猪示范区 5 个,实现盱眙商品猪纯白化。2003,全县二元母猪存栏 6800 头,良种杂交猪覆盖率 97%,发展养猪大户 329 户,实现商品猪纯白化。全县养猪 71.11 万头,出栏 37.72 万头。2005 年,广东温氏集团在盱眙县发展规模养猪,项目设计年出栏 20 万头商品猪。农户分散养猪量呈下降趋势。

2008 年,全县养猪 82.72 万头,出栏 66.14 万头。年出栏生猪 100 头以上的大户 500 余户,规模养猪成为盱眙一项亮点工程。

图 6-16 商品猪实现纯白化

(二)品种改良

1986 年起,县畜禽良种推广站深入农村,宣传约克夏、长白、杜洛克、新淮母猪等良种杂交猪比土种猪长得快、瘦肉多,饲养期短一半,养猪效益提高 40% 以上的优点,促进农户饲养良种猪,当年人工授精 12030 头次。

1994 年,选择瘦肉型长白猪作父本、以太湖母猪为母本进行杂交,做好生猪人工授精配种工作,人工授精 30910 头次,历史最多。1997 年起,全县饲养良种猪逐年减少,人工授精减少,当年人工授精 6060 头次。

2001 年,引进约克夏、长白、杜洛克等种猪 120 头,建立二元母猪制种场 3 个。2005 年,温氏集团批量引进长白、大约克、杜洛克、皮特兰种猪 300 余头,供养殖户饲养,盱眙生猪良繁体系更加完善。至 2008 年,全县引进良种种公猪 790 头、母猪 4600 头,大力培育二元母猪,生猪良种覆盖率在 96% 以上,管镇、兴隆、鲍集、铁佛、王店等乡镇建成三元杂交瘦肉猪示范区。

1986~2008 年盱眙县猪养殖情况一览表

表 6-16 单位:万头、头(次)

年份	饲养量	出栏量	母猪数	人工授精	年份	饲养量	出栏量	母猪数	人工授精
1986	48.56	21.40	1.41	12030	1998	57.35	28.25	1.54	3010
1987	51.71	23.60	1.44	15080	1999	60.24	30.88	1.61	2505
1988	52.29	25.29	1.43	18010	2000	63.61	33.40	1.65	2010
1989	53.30	27.10	1.41	20500	2001	68.54	36.61	2.05	2420
1990	53.45	27.50	1.38	24530	2002	70.92	32.76	2.10	1510
1991	50.40	25.30	1.32	28200	2003	71.11	37.72	2.11	1930
1992	52.50	26.50	1.40	29070	2004	67.05	36.03	1.93	1560
1993	53.80	27.20	1.39	20800	2005	62.42	33.85	1.91	1770
1994	55.60	28.52	1.41	30910	2006	49.00	30.57	2.15	361
1995	58.10	29.60	1.60	22108	2007	66.73	50.10	2.21	630
1996	60.83	30.50	1.67	15020	2008	82.72	66.14	2.90	993
1997	57.01	28.45	1.51	6060					

第三节 家 禽

一、养 殖

1986 年,盱眙县被农业部列为红波罗父母代种鸡规模养殖项目县,无偿投资县畜禽场建成 4000 只红波罗父母代种鸡场。县食品公司投资 100 万元建成万羽规模种鸡场,高桥乡、马坝镇陆续办起 5 万只规模大型商品肉鸡养殖场。全县饲养家禽 782 万羽。

1987 年,农业部投资 50 万元,建成食品公司万羽种鸡场,年提供鸡苗 200 万羽。1988 年,兴起规模养殖红波罗肉鸡热潮,高桥、马坝、河桥等乡镇都建成万羽肉鸡养殖场,全县养鸡 859 万羽。

1993 年,盱眙县获批和实施省"优良莱鹅综合饲养技术"项目,大批引入良种太湖鹅,将发展养鹅业作为畜牧业的突破口,两次在官滩镇许嘴村召开全县规模养鹅现场会,促进养鹅业的发展。全县养鹅 185.2 万羽,其中官滩、维桥、马坝、观音寺、黄花塘、明祖陵、河桥、淮河 8 个乡镇养鹅均超 10 万羽;有 30 个村年养鹅在 1 万羽以上。官滩镇许嘴村养鹅 6.5 万只,人均养鹅收入 1180 元;该村圩东组连续 4 年养鹅超 1.8 万只,年保种鹅 5000 羽以上。

1994 年,穆店乡莲塘村野塘组刘炳玉素有"草鸡王"之称,年养草鸡 1 万羽。该组养鸡 2000 羽以上 10 户,全组养鸡 4 万羽。1995 年,盱眙县荣获江苏省政府"养鹅丰收计划二等奖"。1998 年,盱眙县获省"山区草鸡提纯复壮"丰收计划项目,从省家禽研究所引进 400 多只良种公鸡,培植穆店、旧铺、古桑、桂五、王店、仇集、河桥等重点乡镇为盱眙草鸡养殖基地乡镇。鼓励农民因地制宜利用山区林带空地发展草鸡养殖。年底,全县年饲养 2000 羽以上肉鸡大户 350 多户,年养殖肉鸡超 100 万羽。

图 6－17 野鸭养殖

1999 年,引进良种公鸡 600 多只,建成草鸡繁育体系,全县草鸡饲养量 670 万羽。河桥镇从苏南引进太湖鹅 1.2 万只,供应养鹅大户饲养。全县家禽饲养量 1082.6 万羽。

2000 年,全县依托三森、元润、润旺肉鸡加工龙头企业,实施"公司＋农户"模式,发展肉鸡生产。年底,发展养禽大户 457 户,养殖加工肉鸡 400 多万羽,形成以穆店乡为中心的丘陵片草鸡生产基地,以官滩镇为中心的河东片养鹅生产基地。

2001 年,以沿湖、沿河为重点,实施养鹅 300 万羽规划,当年养殖四季鹅 302.2 万只。2005 年,广东温氏集团落户盱眙,建成淮安温氏畜牧有限公司,实施"四统一保"(对加盟农户统一提供种苗、饲料、药品疫苗及技术服务)产加销一条龙生产体系,年底出栏肉鸡 100 多万羽。

2008 年,形成维桥、盱城、官滩、三河农场、马坝镇肉鸡特色产业带,获批省市畜禽项目 18 个,项目投入资金 1600 万元,引进 520 万美元的台森牧业和 2.3 亿元广西桂柳家禽有限公司。全年家禽养殖 3207.4 万羽,其中出栏肉鸡 1500 万羽。

二、品　种

1986~1992年，盱眙种鸡场购进红波罗父母代种鸡2.2万羽、罗曼蛋鸡5000羽。1998年，乾坤蛋鸡场引进罗曼蛋鸡7万羽。2001年，引进金星黄鸡、新扬州鹅、隆昌鹅等新品种。

2004~2008年，淮安温氏畜牧有限公司引进新型黄鸡、青麻、土1、土2、都梁草鸡、都梁香鸡、竹丝鸡、黄麻、矮脚D等良种肉鸡品种。引进海南良种蛋鸡8万羽。其中，2005年，乾坤蛋鸡场引进良种蛋鸡罗氏308蛋鸡6万只，盱眙县元润食品有限公司引进AA+肉鸡新品种1万羽。

1986~2008年盱眙县家禽养殖情况一览表

表6-17　　单位：万羽

年份	饲养量	出栏量	年份	饲养量	出栏量	年份	饲养量	出栏量	年份	饲养量	出栏量
1986	782.0	489.0	1992	991.4	686.0	1998	972.4	704.2	2004	1105.3	901.8
1987	810.0	518.0	1993	908.2	600.0	1999	1082.6	841.8	2005	999.6	808.3
1988	859.0	580.0	1994	827.8	519.0	2000	1095.4	860.5	2006	2290.0	1807.1
1989	860.0	607.0	1995	930.0	622.0	2001	1105.3	902.5	2007	2931.1	2400.0
1990	864.0	610.0	1996	910.0	608.0	2002	1220.9	943.0	2008	3207.4	2625.9
1991	891.4	630.0	1997	892.0	580.9	2003	1560.0	1202.0			

第四节　特种养殖

1986~1992年，全县有少量农户居民养蛇、鹌鹑。1993年，全县养殖珍珠鸡3万只、七彩山鸡1.5万只、鹌鹑5万只、乌骨鸡500只。其中，古城粮管所养殖珍珠鸡1.2万只、七彩山鸡6000只，县种鸡场养珍珠鸡1000只、七彩山鸡1000只、乌骨鸡500只，马庄乡潘杰年养殖鹌鹑6000只。

1995年，盱城镇居民吴南芳养殖鹌鹑1.5万只，获利2万元左右。1996年，古城粮管所养殖珍珠鸡、七彩山鸡获得良好经济效益后，又加大投入，扩大养殖量，养殖珍珠鸡、七彩山鸡分别增加到1.5万只、7000只。1997年，仁集乡利用丰富的水草和螺虾资源，引进1000只绿头野鸭良种，建成3.3公顷野鸭养殖场。马坝镇嵇文友建成貂、狐特种养殖场，养貂20头，狐20只。

1998年起，省、市、县实施特种养殖补贴政策，调动农民积极性，特种养殖户不断增加。当年全县获市政府补贴20户，其中旧铺镇朱洪波养肉鸽5万只，获市政府补贴5000元。旧铺镇年养鸽10万只，东阳乡建成占地1.5公顷、规模养殖500只的海龙养殖场，马坝镇建成貂、狐、貉和5万只黑、白凤鸡养殖场，新街乡新建500只蓝狐饲养场。

1999年，三河农场建成獭兔养殖场，养殖獭兔2000只；黄花塘镇养殖场引进240只驼鸟；桂五镇特种养殖场，养殖梅花鹿58只；十里营乡张信芳引进贝尼拉火鸡1500只。

2000~2002年，獭兔皮、肉市场行情好，全县獭兔饲养量迅速增加。至2002年，全县共饲养獭兔2.5万只，旧铺、河桥、盱城等乡镇有獭兔养殖大户46户。以仁集乡为重点，实施300万只野鸭养殖规划，养野鸭301.7万只。2003年后，獭兔市场价格大跌，发展受挫。其间“福标”牌蜂蜜产品、“信芳”牌火鸡等获省级无公害农产品认定。

2008年底，受大量劳力外出打工影响，全县特种畜禽养殖业萎缩。旧铺镇时集乳鸽养殖场年出栏乳鸽10万羽，盱城张信芳养殖火鸡1.5万羽，其他特种养殖场均关停。

第五节　重要疫病防治

1986 年,县政府成立畜禽防疫指挥部,办公室设在县多管局,负责全县畜禽疫病防治工作。县畜禽检查站负责运输畜禽疫病检查和防治。各乡镇实行畜禽防疫费统筹制度,扩大畜禽防疫面。至 1990 年,全县畜禽防疫面达 48%,比 1986 年增加 16%,经验在全省推广。

1993 年,县畜禽检查站在马坝镇 205 国道旁设检查岗,加强疫病预防。1994 年,县畜禽防疫部门针对全县猝死生猪 1000 多头现象,邀请省农林厅、畜牧局和南京农业大学等专家进行调查、诊断,确诊为魏氏梭菌病。县畜牧局及时组织防治,病情得到控制。至 2003 年,未见此病发生。

2004 年,省政府投资 100 万元,在黄花塘镇泥沛村 205 国道旁建立江苏省盱眙畜牧检查消毒站,占地 2000 平方米,房屋建筑面积 200 多平方米,引进大型畜禽车辆卫生消毒设备,建成一条运输畜禽车辆消毒通道。2005 年起,针对禽流感蔓延现象,成立重大动物疫病防治指挥部,坚持内防外控方针,全年注射高致病性禽流感疫苗 260 多万毫升,免疫家(特)禽 400 多万羽,减少发病率。至 2008 年,组织力量及时无害化处理 1600 头疑似病猪、20 头疑似病牛,全县疫情稳定。

1986～2008 年盱眙县畜禽患病主要种类及防治措施一览表

表 6－18

种　类	畜　禽	主　要　防　治　措　施
盱眙水牛病	水牛	水牛与山羊少接触预防
焦虫病	黄牛	药物治疗和预防效果好
口蹄疫	猪、牛、羊	病毒性传染病,注射口蹄疫 O 型和二价灭活疫苗
猪瘟	猪	病毒性传染病,定期注射猪瘟疫苗
猪丹毒	猪	细菌传染病,定期注射猪丹毒疫苗
家畜锥虫病	牛	血液寄生虫病,药物治疗
鸡新城疫	鸡	病毒性传染病,苗鸡、成鸡定期注射鸡新城疫苗
禽霍乱	鸡、鸭、鹅	细菌传染病,定期注射霍乱灭活疫苗
鸭瘟	鸭	病毒性传染病,定期注射鸭瘟弱毒疫苗
小鹅瘟	鹅	病毒性传染病 早期注射小鹅瘟血清、鹅瘟疫苗
狂犬病	家犬	注射狂犬病疫苗、灭杀病犬
禽白血病	鸡	恶性肿瘤传染病,无有效药物和疫苗,淘汰病鸡
鸡马立克病	鸡	病毒病、种鸡注射鸡毛马立现弱毒疫苗
鸡白痢	鸡	沙门氏菌感染,磺胺类,抗生素类药物治疗
鸭病毒性肝炎	鸭	三周龄内雏鸭易感染,定期注射病毒肝炎疫苗
禽流感	禽	病毒性烈性传染病、定期注射禽流感专用疫苗
猪链球菌病	猪	链球菌感染,抗生素、磺胺类药物治疗有效
猪高热病	猪	原体综合感染,定期注射综合病灭活疫苗
鸡球虫病	鸡	寄生虫病,用球痢灵,克球多药物防治有效
猪气喘病	猪	肺炎克原体,用土霉素,长效抗菌剂治疗,病猪隔离

第六节　基地建设

1986～2008年，盱眙县实施科技兴牧、牧业兴县方针，草鸡、蛋鸡、火鸡、三元杂交猪规模养殖日益发展，养、加、销体系日益完善，畜禽特色规模养殖基地成为盱眙农业一个亮点，形成盱眙特色畜牧业生产基地，成为农民致富奔小康的支柱产业。

一、草鸡生产基地

1987年，盱眙草鸡属地方三黄鸡良种，肉类鲜嫩可口，是农民传统养殖品种。穆店乡莲塘村刘炳玉率先联营农户利用当地丘陵林地草地资源，实施草鸡大棚养殖，养殖规模20多万羽。1988年，刘炳玉成立盱眙大棚草鸡养殖合作社，大棚草鸡生产日益兴旺。

至2008年，全县有草鸡生产基地18个，穆店、旧铺、桂五等乡镇每年大棚规模养殖草鸡300多万羽，年获利1000万元左右，草鸡产品畅销省内市场。

二、肉鸡生产基地

1995年，维桥乡农民王国银、三河农场的薛传步、盱城镇的马春山分别投资成立“三森”“润旺”“元润”食品有限公司，实施“公司＋农户”模式，发展肉鸡养殖业。当年全县养殖肉鸡1000羽以上的大户21户。三河农场首个建成肉鸡生产基地。

图6－18　1988年的三河农场养鸡厂

1999年，形成“养、加、销”一条龙生产体系，发展肉鸡养殖大户240多个，年规模养殖肉鸡300多万羽，年加工240万羽，肉鸡生产基地增加到12个。

2005年，全县肉鸡加工龙头企业发展到5家，肉鸡规模养殖大户367户，全年规模养殖肉鸡660万羽。广东温氏集团在盱眙县投资肉鸡养殖，年养肉鸡300万羽。2008年，全县肉鸡生产基地增加到22个，盱眙县成为省内主要肉鸡生产基地之一。

三、草鸡毛蛋（活珠子）生产基地

1997年，盱眙草鸡毛蛋开始规模生产。穆店乡朱家林的“东方明珠”牌毛蛋，年产60万枚，在县内和宿迁市、安徽省涧溪等地设立草鸡毛蛋生产收购和毛蛋销售点，获批省草鸡无公害生产基地和无公害草鸡毛蛋“活珠子”产品认证。盱城镇何家胜的“何记毛蛋”场、县畜禽良种养殖场杨汉池的毛蛋场，采取“毛蛋场＋草鸡养殖大户＋种蛋经营人”模式，推动毛蛋生产发展。

2003年，年生产草鸡毛蛋2600多万枚，是1997年40倍。2008年，盱城、穆店、维桥、旧铺、马坝、黄花塘等乡镇拥有草鸡毛蛋场120多个，年生产草鸡毛蛋3000万枚，产品畅销省内外，形成盱眙草鸡毛蛋生产基地。

四、商品肉猪生产基地

1997年起，全县“两专一基”开始实施肉猪生产基地建设，二元母猪和三元杂交猪生产基地建设数量逐年增加。至2001年，全县建成二元母猪制种场3个、二元母猪专业村16个、三元杂交瘦肉猪示范区5个，形成以管镇镇为中心的河西片生猪生产基地。

2005年，全县良种商品肉猪出栏量达33.85万头，形成以管镇镇为中心的河西片、王店乡为中心山区片肉猪养、加、销体系。虽然农村养猪空白农户日益增多，但规模养猪户高速发展，全县50头以上规模养猪户1560个，比2002年增加32.2%。淮安温氏畜牧有限公司在盱眙投资，实施“公司+农户”养殖模式，项目建成后在盱眙每年出栏肉猪20万头，成为全县高效畜牧业一个亮点。

2008年，全县50头以上规模养殖大户1623户，饲养商品猪82.72万头。

五、商品牛生产基地

1986年，仇集、河桥、王店、桂五、古桑等丘陵山区乡镇，利用丰富的牧草资源发展养牛。全年山区乡镇养牛3.98万头，培植黄牛养殖示范村60个，占全县养牛半数以上。

1990年起，县委、县政府大力宣传养牛经济效益，在山区乡镇实施养牛示范乡战略。至2000年，古桑、洪山、仇集、龙山发展成养牛示范乡，养黄牛2.85万头。

2002年起，山区乡镇在建好养牛示范乡的基础上，重点发展养牛专业户、养牛示范村。至2006年，全县养牛10头以上大户286户，仇集镇灵芝村管成兵养牛105头，养牛500头以上的示范村12个。2008年，盱眙县被评为国家级商品牛基地县、国家级秸秆养牛示范县、国家级秸秆养畜示范县、省级秸秆养畜示范县。

六、无公害畜禽生产基地

1986~2003年，盱眙县工业污染源少、环境好、资源丰富，畜禽产品均为无公害产品。2004年，县良种畜禽养殖场和仇集镇获省批无公害肉牛生产基地和肉牛无公害产品。官滩镇四季鹅养殖、盱城镇乾坤蛋鸡养殖被省农林厅、农业部农产品质量安全中心批准为无公害产地。

至2008年，全县获市批无公害畜禽产品23个(肉鸡产品9个、蛋鸡2个、活珠子2个、鹅1个、火鸡1个、蜂产品2个、猪肉2个、羊产品2个、牛产品2个)。盱眙县获评淮安市畜禽产品建设先进单位。

2003~2006年盱眙县畜禽无公害产地、产品获批情况一览表

表6-19

申报单位名称(产地)	所在地址	商标名称(产品)	获批时间	批准单位	产品获批规模	获批产品名称
盱眙县蜜蜂种王场	盱城镇	蜂蜜	2003	省农林厅、农业部农产品质量安全中心	-	蜂蜜
		蜂王浆			-	蜂王浆
盱眙县信芳火鸡良种场	盱城镇	火鸡	2003	省农林厅、农业部农产品质量安全中心	10万羽	火鸡
县穆店乡明珠禽蛋经营部	穆店乡	活珠子	2003	省农林厅、农业部农产品质量安全中心	100万枚	活珠子
盱眙县三森冷冻厂	维桥乡	肉鸡	2003	省农林厅、农业部农产品质量安全中心	80万羽	肉鸡
盱眙县润旺禽业有限公司	三河农场	肉鸡	2003	省农林厅、农业部农产品质量安全中心	80万羽	肉鸡
		蛋鸡			10万羽	蛋鸡
盱眙县元润食品有限公司	维桥乡	肉鸡	2003	省农林厅、农业部农产品质量安全中心	60万羽	肉鸡

续表 6－19

申报单位名称(产地)	所在地址	商标名称（产品）	获批时间	批准单位	产品获批规模	获批产品名称
盱眙县四季鹅养殖协会	官滩镇	－	2004	省农林厅、农业部农产品质量安全中心	20 万只	肉鹅
盱眙县乾坤蛋鸡养殖场	盱城镇	坤牌	2004	省农林厅、农业部农产品质量安全中心	8 万羽	蛋鸡
					10 万羽	肉鸡
盱眙县润旺禽业有限公司	三河农场	苏畅	2004	省农林厅、农业部农产品质量安全中心	100 万枚	肉鸡
盱眙县元润食品有限公司	淮化大道	格尔美	2004	省农林厅、农业部农产品质量安全中心	50 万羽	肉鸡
盱眙县三森冷冻厂	淮化大道	三森	2004	省农林厅、农业部农产品质量安全中心	80 万羽	肉鸡
盱眙县管镇畜牧兽医站	管镇镇	－	2004	省农林厅	5 万头	生猪
盱眙县王店畜牧兽医站	王店乡	－	2004	省农林厅	3 万头	生猪
盱眙县桂五畜牧兽医站	桂五镇	－	2004	省农林厅	1 万只	肉羊
盱眙县良种畜禽养殖场	盱城镇	第一山	2004	省农林厅	2 万只	肉羊
					0.5 万头	肉牛
盱眙县仇集畜牧兽医站	仇集镇	－	2004	省农林厅	0.5 万头	肉牛
盱眙县吉特食品有限公司	三河农场	吉特	2005	省农林厅	60 万羽	肉鸡
盱眙县万众食品有限公司	马坝镇	万众	2005	省农林厅	80 万羽	肉鸡
淮安温氏畜牧有限公司	盱城镇	－	2006	省农林厅	－	肉鸡
淮安温氏畜牧有限公司	官滩、盱城、维桥、桂五、旧铺等镇	－	2008	省农林厅	10 万头	肉猪

第四章　水　产　业

第一节　机　　构

1986 年，盱眙县多种经营管理局内设渔政股，负责渔业养殖的技术指导和管理。1990 年 2 月，洪泽湖开发管理局更名为县水产局；5 月，成立县渔政监督管理站。成立县陡湖综合开发管理站。1997 年 8 月，县水产局内设办公室、生产计划股、财务审计股。1998 年 11 月，增挂“中华人民共和国盱眙渔港监督”“江苏省渔船检验局盱眙检验站”牌子，一套班子。

2002 年，县水产局与畜牧局合并，成立县畜牧渔业发展局。2007 年，增挂盱眙县水生动物卫生监督所牌子，一套班子。至 2008 年，机构无变化。

第二节　水产养殖

1986～2008年,全县水产业由重捕捞逐步向人工养殖方向转变,从粗放、简单饲养逐步向“三网”化、科学化、集约化、规模化、特色化方向发展。从常规鱼类养殖逐步向高产高效、生态健康方向发展。2003年,先后建成“明祖贡”牌、“鲍贡”牌、“陡湖”牌无公害河蟹养殖基地,盱眙活体龙虾被农业部认定为绿色食品。至2008年底,渔业总产值比1986年增长近5倍。洪泽湖管理区划调整后,盱眙县减少洪泽湖和淮河管理水域26667公顷。

一、苗种培育

1986年,全县鱼种池166.7公顷,繁殖鱼苗2.4亿尾,生产鱼种466吨,鱼苗鱼种销售良好。养殖面积9073公顷,水产品产量7000吨,渔业产值2142万元。

1990年起,县鱼种场针对全县水产开发、养鱼面积增加、鱼种需求量大的实际情况,立足内塘,开辟外塘,逐年扩大鱼种生产量。至1993年,在陡湖发展网围良种66.7公顷,及时投放苗种,全场共生产鱼种250吨,比1992年翻一番。1997年起,市财政无偿投资120万元,兴建县特种水产苗种场。至1999年,县鱼种场繁育青虾苗1.5亿尾,培育大眼幼体400千克,生产鱼种300吨。全县鱼苗繁育5.65亿尾,生产鱼种2210吨。

2000年,龙王山水库4种家鱼原种基地正式启动,化农水库中华史氏鲟驯养开始转入生产性试验推广阶段。县水产局对龙虾、黄颡鱼、泥鳅等品种人工繁育开展技术攻关。至2001年,淮河乡黄岗村、河桥镇李嘴村、龙王山水库、化农水库建成县苗种繁育良种场,年繁殖鱼苗4.8亿尾,生产鱼种46万千克。

2002～2007年,全县水面开发处于稳定时期,良种繁殖场无变化。2008年,繁殖鱼苗5.2亿尾,生产鱼种50万千克。

二、养　殖

全县水产养殖品种主要有青鱼、草鱼、鲢鱼、鳙鱼(胖头鱼)、鲫鱼、鳊鱼、螃蟹、青虾、龙虾、银鱼、鳜鱼(桂鱼)、白鱼、黄鳝、中华史氏鲟、罗氏沼虾、牛蛙、黄颡鱼、泥鳅等品种,其中发展较快的是螃蟹和龙虾两个品种。养殖水面有池塘、水库、湖面围网。1986年,全县水产养殖面积9073公顷,其中池塘养殖1933公顷、湖泊养殖1413公顷;渔业总产量7000吨,其中养殖产量4050吨;渔业总产值2142万元。2008年,全县水产养殖稳定在1.62万公顷;渔业总产量5.65万吨,其中养殖产量4.44万吨;渔业总产值10亿元,增加值3.7亿元,其中水产品产值8.8亿元、增加值3.4亿元。

(一)螃　蟹

1986年,河桥乡猫耳湖小渔场有8公顷池塘,首次连片养殖河蟹,产量3.8吨。

1990年起,河桥乡猫耳湖533公顷湖面实施全封闭养殖河蟹。至1993年,全县螃蟹连片养殖超100公顷的有十里营乡四山湖(133公顷)、淮河乡陡湖养殖区(160公顷)、官滩镇圣山圩(267公顷)、洪山乡猫耳湖(533公顷),是年产蟹550吨。淮河乡陡湖建成水产开发基地,成立特种水产养殖场,网围养蟹160公顷,产量80吨。

图6－19　螃蟹养殖

1996年冬,鲍集镇大嘴村自筹资金300多万元,组织全村250多个劳力、5台推土机、2台铲运机，历时2个月，将长2000米、宽500米的荒水滩地改造成73.3公顷精养螃蟹地，承包到户，年产量38吨。全村养蟹年收入350万元，户均1.5万元，人均3000多元，成为螃蟹养殖专业村。

1998年，全县沿淮沿湖的淮河、明祖陵、鲍集、管镇、兴隆、铁佛、河桥、官滩等渔业重点乡镇，养殖河蟹4400公顷，产量2100吨，比1997增加1000吨。上海杜康水产公司在陡湖开发47公顷水面，养殖二龄蟹，平均规格150克以上。管镇王嘴村王吉林承包1.5公顷水面，投放二龄蟹，年获利5万元。

2000年，全县河蟹养殖7260公顷，其中二龄蟹养殖面积4000公顷。2002年起，沿淮、沿湖居民饲养特种河蟹面积逐年增加。2004年，全县养蟹面积发展到8750公顷。其中，建成无公害河蟹养殖基地1467公顷，陡湖水产养殖示范场饲养"明祖贡"牌河蟹667公顷，鲍集镇的"鲍贡"牌河蟹养殖667公顷，淮河鱼种场"陡湖"牌中华绒螯蟹养殖133公顷。至2008年，全县河蟹养殖发展到9370公顷，产量1.96万吨，其中二龄蟹养殖4300公顷。

（二）鱼

1986年，全县鱼类养殖主要以池塘和湖泊为主，养殖鱼种有草、鲢、鳙、鳊、鲤、鲌、鲫鱼等，养殖9073公顷，产量3.85万吨。1987年，首次引进热带鱼类——罗非鱼在盱城镇进行养殖试验，并获得成功，养殖0.8公顷，产量3250千克。1988年起，沿淮沿湖乡镇发展湖泊围栏养殖，鱼类养殖面积逐年增加。至1992年，全县湖泊围栏养殖3100公顷，产量1万多吨。

1993年，淮河乡洪建村水产养殖133.3公顷，产量500吨，产值500万元。安徽省渔民周锦平牵头承包官滩圣山圩养殖场220公顷水面，投资90万元搞鱼蟹混养，产值83万元。沿湖乡镇随着洪泽湖的综合开发，湖面围网养殖面积逐年增加。至2000年，全县养鱼达273.3公顷，产量2500吨。

2003年，三河农场建立134公顷的"苏畅"牌草、鲢、鳙鱼养殖基地，产量495吨。2008年，全县养鱼4500公顷，产量4.25万吨。

（三）青　虾

1986年起，全县少数渔民养殖青虾。1994年，全县养殖青虾3.5公顷，产量2000千克。1995年起，全县逐年扩大特种虾养殖面积。至1998年，全县青虾养殖4400公顷，产量1500吨。其中，饲养抱籽虾1.1万千克、虾苗8720万尾。

1999年起，通过人工育苗放养大规格虾种，青虾放养成活率得到提高。明祖陵镇、鲍集镇、淮河镇分别开发80公顷、100公顷、67公顷的青虾养殖示范园区，其中淮河镇和明祖陵镇被列入省级示范区，成为青虾高效养殖的样板区域。至2001年，全县青虾养殖8000公顷，产量2400吨。

2002～2007年，属水面综合开发过渡期，特种虾、青虾养殖面积及产量基本保持2001年水平。2008年，全县青虾养殖7000公顷，产量2100吨。

（四）银　鱼

1994年，龙王山水库管理所进行大银鱼人工繁殖并获得成功，产卵150万粒，收入7万多元，除向县内水库、湖泊等水域提供银鱼卵外，还向县外提供30万粒银鱼卵苗。当年银鱼产量10吨。1997年，龙王山、化农、桂五、红旗、山芣水库均发展银鱼生产，成为洪泽湖之外又一批新的银鱼生产基地。1998年，全县投放银鱼受精卵2000万粒，产量30吨。

图6－20　银鱼捕捞

1999年起,县水产、水利部门引进银鱼新品种,解决银鱼亲本退化问题,实现产业升级。2000年,全县银鱼水面养殖突破2600公顷,产量360吨。2008年,全县银鱼养殖2100公顷,产量315吨。

(五)其　他

1987年,全县在县鱼种场率先引进罗氏沼虾养殖,养殖15.3公顷,产量32545千克,列全市之首。1989～1992年,先后在十里营、盱城开展黄鳝土池和水泥池人工养殖试验,因鳝苗成活率较低,效益不明显而未获大面积推广。

1993年,十里营乡毛庄村甲鱼养殖发展到8户。草涧村穆庄组徐维金养鳖建有产卵池、幼鳖池、成鳖池相配套的甲鱼养殖设施,依靠养鳖致富。观音寺乡顺河村前进组季留华养鳖收入5000多元。

无锡县杨仕镇技工汤炳渡到盱眙牵头承包马庄乡孙湾村15.3公顷水面,实施河蚌育珠,吊养手术蚌8万多只,套放适当鱼种养鱼,年收入3万多元。旧铺镇为32家农户提供牛蛙养殖技术、苗种、资金等服务,鼓励农户养殖牛蛙;龙岗村路庄组黄亚东投资1.5万元养殖牛蛙,年创收8.5万多元。1999年,化农水库实施中华史氏鲟养殖,产量15吨;鲍集镇养殖鲈鱼,产量10吨。

2002年,盱城镇吕士明养殖鳜鱼1.53公顷,单产180多千克。因养殖鳖、牛蛙、中华史氏鲟,存在销售难,产量逐年下降。2003年,县水产技术指导站在陡湖养殖鮰鱼2.7公顷。2008年,全县套养鳜鱼和鮰鱼0.3公顷,产量120吨,套养比例占河蟹养殖面积90%以上。

三、稻田养殖

1988年,十里营乡开展稻田养鱼育种2公顷,产鱼种2400千克。至1994年,十里营乡利用50公顷稻田养鱼,产量3400千克。稻田养殖主要以青、草、鲢、鳙、鲤、鲫、鳊为主。

1996年,仁集乡将俞桥村和龚庄村的低洼、低产、低效滩地改造成千亩连片高产高效稻田养殖鱼虾蟹示范区,每公顷产鱼虾蟹600千克,每公顷获纯利3.15万元。1997年,全县稻田养殖发展到1000公顷,其中稻蟹型573公顷、稻虾型249公顷、稻鱼型178公顷,盱眙被评为全省稻田养殖先进县。

1998年,县政府组织4个乡镇近4万民力集中开发仁集乡低洼、低产、低效滩地,建成万亩稻田养殖基地;组织5个乡镇民力集中开发古桑乡低洼田,共挖土方30万立方米,新开发稻田养殖133公顷。全县稻田养殖发展到2080公顷。

2000年,全县稻田养殖5633公顷,比1999年增加1467公顷。全县建成千亩稻田养殖片22个,333.3公顷以上4处,占稻田养殖总面积的80%。盱眙县被列入省级稻田养殖示范县。

2001年,兴隆乡、淮河镇、明祖陵镇实施稻田养殖技术升级工程,总面积6933公顷,养殖河蟹、青虾等名优品种5600公顷,稻田养蟹800公顷,鱼、虾、蟹混养2067公顷,虾、蟹混养1267公顷;建立高标准养殖示范区1667公顷,其中明祖陵镇1000公顷、兴隆乡667公顷。建成稻田养殖百公顷片24处。

2003～2007年,稻田养殖给稻田管理带来一定难度,稻田养殖面积逐年减少。2008年,随着粮食价格的提高与国家粮食直补政策的实行,稻田养殖逐步减少。年底,全县稻田养殖面积仅800公顷。

图6－21　稻田龙虾养殖

1986～2008 年盱眙县水产养殖情况一览表

表 6－20　　单位:公顷、吨、万元

年份	养殖面积	水产品产量	渔业产值	年份	养殖面积	水产品产量	渔业产值
1986	9073.33	7000	2142	1998	13653.33	34700	37800
1987	7533.33	10173	3089	1999	15020.00	40700	44000
1988	7386.67	13200	5559	2000	15800.00	43500	54000
1989	8413.33	15200	5695	2001	16113.33	44600	55000
1990	8528.67	17143	6520	2002	16100.00	45500	56000
1991	8633.33	14100	6462	2003	16100.00	45600	56500
1992	9000.00	17550	9613	2004	16133.33	46500	63400
1993	9800.00	21000	10325	2005	16133.33	47000	65000
1994	1106.67	20400	9825	2006	16133.33	50400	70300
1995	11666.67	25000	13100	2007	16200.00	55550	88447
1996	12000.00	28700	37800	2008	16200.00	56554	100100
1997	12700.00	30600	38000				

说明:水产品总产量包括养殖产量和捕捞产量。

第三节　捕　　捞

一、捕捞区域

1986～2008 年,盱眙县渔民捕捞区域主要是淮河盱眙段,洪泽湖水域,境内的猫耳湖、仙墩湖、四山湖、圣山湖、七里湖、陡湖和滩、汊、港、湾均为捕捞作业区。随着水产养殖业的发展,湖泊逐步被人工开发成养殖区,捕捞区域逐渐减少。

二、渔民及渔船

图 6－22　渔业捕捞

1986 年,全县有渔业乡 1 个、渔业村 10 个,渔民户 1139 户,直接从事捕捞 2372 人。全县有机动渔船 440 艘,载重量 4827 吨;非机动渔船 962 艘,载重量 2293 吨。

1987～1992 年,随着水面开发逐年增加,渔民和渔船相应增加。至 1992 年,全县共有渔民户 2594 户,直接从事捕捞 3325 人,机动渔船 1184 艘,载重量 14497 吨;非机动渔船 3002 艘,载重量 8481 吨,其中用于捕捞的非机动渔船 2044 艘、载重量 3228.6 吨。

1997 年,全县渔业户 2062 户,直接从事捕捞 3337 人,机动渔船 1184 艘,载重量 14497 吨。1998～2002 年,因长期捕捞,未实施休渔保护,致捕捞区鱼产量有所下降。渔民调整经营理念,从事水运企业,捕捞产量有所减少。

2003～2005年,加强水面保护,划定禁捕区,捕捞区鱼产量明显增加,捕捞产量相对平稳。2008年,直接从事捕捞2970人,机动渔船2914艘,载重量25890吨;非机动船57艘,载重量340吨。

1986～2008年盱眙县捕捞产量情况一览表

表6-21 单位:吨

年份	产量	年份	产量	年份	产量	年份	产量
1986	2950	1992	5980	1998	8636	2004	8000
1987	3823	1993	6600	1999	10671	2005	7800
1988	4388	1994	6740	2000	8200	2006	11100
1989	4472	1995	6300	2001	6165	2007	11178
1990	4986	1996	8416	2002	6000	2008	11165
1991	5800	1997	9068	2003	7000		

第四节 渔 场

一、县鱼种场

1986年,县鱼种场属洪泽湖开发管理局,有职工38人,养殖水面60公顷,水产品总产量90吨,生产鱼苗1.69亿尾,鱼种2992万尾。

1993年,县鱼种场在陡湖发展网围育种67公顷,生产鱼种25万千克,比1992年增加1倍。2001年,县鱼种场划归淮河镇,全场人口298人,其中职工人数156人,水产品产量230吨。2008年,县鱼种场有职工158人,养殖水面153公顷,养殖常规鱼75公顷,产量730吨;养殖河蟹45公顷,产量43.8吨;养殖龙虾33公顷,产量52.5吨。

二、县水产养殖场

1986年,县水产养殖场属洪泽湖开发管理局,有职工27人,养殖水面13公顷,其中鱼种池10公顷、成鱼池3公顷,生产鱼苗6500万尾,鱼种100万尾。

2001年,县水产养殖场划归河桥镇。全场33人,其中长期职工21人。水产养殖11公顷,其中鱼种池7公顷,鱼种产量19吨,水产品产量30吨。2008年,有职工23人,养殖水面18公顷,养殖常规鱼10公顷,产量90吨;养殖河蟹5公顷,产量4.5吨;养殖龙虾3公顷,产量4.8吨。不再进行鱼种繁育工作。

三、乡村渔场

1986年,全县乡村渔场48个,劳动力730人,养殖3140公顷(鱼种池131公顷),养殖产量1353吨。其中,乡办渔场11个,养殖487公顷,产量3650吨,产值5480万元;村办渔场37个,养殖2653公顷,产量15800吨,产值2.05亿元。

1990年起,沿淮沿湖乡镇大力发展水产业,推动乡村渔场快速发展。至1996年,全县乡村渔场发展到85个,劳动力1512人。其中乡办渔场46个,养殖2267公顷,产量3700吨,总收入2932.6万元;村办渔场39个,养殖927公顷,产量3160吨,总收入3447万元。

1997年起,沿淮沿湖15个乡镇成立水产站,鲍集镇成立水产服务公司1个,乡村渔场从湖面养殖转变为内陆水面养殖,内陆水面养殖场和养殖面积逐年增加。至2000年,内陆养殖场增加到63个,养殖2533公顷，产量5436.5吨，总收入7225.03万元。其中，养殖20公顷以上有36个，养殖1240公顷，产量4566.5吨，产值6130.95万元。

2001起，乡镇水产站划入农业技术服务站，乡镇养殖场纳入乡镇统一管理，乡村渔场、水产养殖场相继对外发包、拍卖。2008年，全县乡村渔场、水产养殖场均对外发包。

第五节　渔　政

一、封湖禁渔

1986年起，盱眙县将每年3月1日6时至5月31日6时，确定为洪泽湖封湖禁渔期。其间，淮阴市渔业主管部门会同县水上公安部门和县渔政股对湖区“电、毒、炸”鱼等严重违法行为予以重点打击。全县渔政共查获电捕船15艘，处理违章作业68次，发放捕捞许可证55本，解决渔业纠纷10起。

1987～1995年，封湖禁渔期内，渔民偷捕、电捕现象时有发生，县渔政部门加大打击力度。其间，共查获电捕船120艘，处理违章作业300次，发放捕捞许可证300本，解决渔业纠纷10起。1990年5月，成立“盱眙县渔政监督管理站”。

1996年，针对洪泽湖水面涉及两省三市区复杂情况，采取“重点水域专门管、共管水域共同管、一般水域协调管”措施，对淮河流域实行重点管理，与安徽省明光市，江苏省洪泽县、金湖县交界水域共同管理；对乡镇集体水域进行协调管理。全县渔政查获电捕船6艘，处理违章作业26次，发放捕捞许可证20本，解决渔业纠纷3起。

图6－23　洪泽湖围网养殖

1997～2001年，县渔政部门与周边县区联合开展打击电捕鱼专项行动4次，有效遏制电捕鱼现象。其间，共查获电捕船40多艘，处理违章作业150余次，发放捕捞许可证200多本，解决渔业纠纷10多起。

2002年，县政府确定禁捕期范围为淮河盱眙流域、洪泽湖盱眙地区、入江水道水域、陡湖、天鹅湖、猫耳湖、七里湖，张贴通告向社会公示。封湖禁渔期间，渔政共查获电捕船7艘，处理违章作业20次，发放捕捞许可证100本，解决渔业纠纷4起。

2003～2008年，在封湖禁渔期间，全县共立案查处渔业案件35起，收缴电捕器材80余台（套），查获电捕船35艘，处理违章违规作业120余起，发放渔业捕捞许可证2000余本，解决渔业纠纷30余起。

二、渔船检验

1998年11月，在县渔政监督管理站增挂“江苏省渔船检验局盱眙检验站”牌子，县渔业船舶检验工作开始启动。2002年，经省渔船检验局考核认定后，正式开展全县渔业船舶检验工作。至2005年，全县检验渔船350多艘。

2008年，随着渔船柴油补贴资金的增加，部分农民及社会人员乘机申请办理渔业证书。县渔业主管部门规定船主须获镇、村两级渔船确权认定书，经指派验船师登船检验合格后方可发放渔业船舶相关证书。年底，全县渔业共投保6598人，出具保单13196份，保费32.99万元，渔业船舶检验2914艘。发放柴油补贴2900多户1800多万元。

第五章　农业机械

第一节　机　　构

1986年,县农业机械化服务公司为县政府直属副科级事业单位,内设办公室、农机管理科、安全监理科。直属机构有县农机化技术推广服务站(挂盱眙县农机化学校牌子)、农业机械安全监理所。乡镇农机管理服务站30个,以条管为主。

1997年,县农业机械化服务公司更名为盱眙县农业机械管理局(简称县农机局),县直属正科级事业单位。

2000年,乡镇农机管理服务站合并为19个。2001年,乡镇农机管理服务站(人、财、物)转为乡镇管理。2002年,农机管理科增挂科技质量科牌子、安全监理科增挂政策法规科牌子,核定机关事业编制12人。2008年,县农机局内设办公室、农机管理科、安全监理科。全县乡镇农机管理服务站并入乡镇农业技术推广服务站,县农业机械管理局只对其业务指导。全县农机管理人员43人。

第二节　农机装备

一、动力装备

(一)大中型拖拉机

1986年,全县有大中型拖拉机111台。1987～1996年,全县农村处于经济体制改革初期,土地经营规模小,农民无力购买大中型拖拉机,原有大中型拖拉机逐年报废,其总量逐年下降。至1996年,大中型拖拉机有30台。

1997年起,大中型拖拉机作业效率高,倍受农民欢迎。由于农民的购买能力大大提高,大中型拖拉机数量逐年增加。至1999年,大中型拖拉机125台。

2004年起,中央和省财政对购买大中型农机实行补贴政策后,群众购买大型拖拉机积极性高涨,实行个体、多家联合购买,全县大中型拖拉机快速增多。至2006年,全县有大中型拖拉机1255台。2008年,全县拥有大中型拖拉机2734台,机耕作业面积140670公顷,机耕机械化水平95%。

(二)手扶拖拉机

1986年,国家出台允许私人购买农机政策,全县有手扶拖拉机9262台。1990年起,全县农业机械增多,农田耕整形式发生变化。传统土地深耕技术被放弃,浅少耕技术得到推广,耕整地需求量减少,大中型拖拉机深耕作业量减少。手扶拖拉机配带的旋耕机,不仅能进行旱地耕作,装上水田轮还能旋耕水田,手扶拖拉机普遍用于农田耕整,拥有量逐年增多。至1995年,全县有手扶拖拉机14849台。

1996年起,各乡镇均成立农机服务队,夏秋农忙季节,服务队深入田间场头,做好各项服务工作,手扶拖拉机步入发展快车道。至1998年,全县有手扶拖拉机16384台。2001年起,推广农机科技成果,手扶拖拉机可带两面犁铧耕田、可打场、可插秧,广泛适用于农作物收割,农民购买农机具大量增加。至2008年,全县共有手扶拖拉机50511台。

二、配套机具

1986年,农村手扶拖拉机配套小型旋耕机、播种机、开沟机9550台。1991年起,脱粒机、开沟机、割晒机、条播机、双铧犁配套,手扶拖拉机适用性越来越广,农民购配套用播种机、开沟机、旋耕机、脱粒机逐年增加。至1999年,全县播种机、开沟机、割晒机、旋耕机、脱粒机29159台。

图6-24　小型旋耕机

2000年起,县农机部门投资4万元,购置2台花生覆膜机,在河桥乡现场演示花生薄膜覆盖,受到农户的好评;在桂五镇推广秸秆还田机。至2006年,全县共新增配套机具2000余台。2008年,全县基本实现机耕、机播、机开沟,配套小型机具53544台,秸秆还田机械化面积占总面积的30%左右。

三、农业专用机械

(一)麦、稻播种和收获机械

1986年起,县委、县政府举行每年一度的机播现场会,"三机"(条播机、收割机、施肥机)作业被列为重点推进项目进行现场演示,"三机"可靠性、经济性、实用性被农民所接受,全县农户每年购买"三机"1000余台。

1988年,县农机部门把"三机"列为黄淮海农业开发项目,争取政府投入80万元,用"三机"装备乡镇农机管理服务站和村农机服务队。

1991年起,组织县外50台背负式联合收割机到盱眙县试作业。至1995年底,全县拥有小型免耕条播机1929台,小型割晒机2200台,小型开沟机886台。机播、机开沟配套作业面积每年达到3.3万公顷,机收小麦2.67万公顷。全县三麦播种、开沟、收获环节机械化程度接近70%,脱粒由脱粒机完成,机械化作业初步实现。

1999年,全县开始推广以新疆2号、福田谷神为代表的全喂入自走式联合收割机,当年购买210台,三麦收割实现联合收割机跨区作业。2000年起,推广"洋马""久保田"牌稻麦联合收割机,全县麦稻联合收割机数量逐年增加。至2003年,全县拥有联合收割机1012台。

图6-25　大型收割机在全县推广

2004年起,中央和省财政对购买大中型农机实行补贴,农民购买稻、麦联合收割机的积极性提高,全县麦、稻联合收割机数量快速增加。至2008年底,全县有播种、插秧、收割机器7836台,稻、麦收割实现机械化。

图6-26　水稻插秧机

(二)水稻插秧机

1998年,在观音寺乡用台湾裕农公司生产的YP-650型机动插秧机进行机械化插秧试验并获得成功,是全县实行农田承包责任制后第一次机械化插秧。

2000年,县农机公司投资7万元,首次购买韩国和台湾产水稻机动插秧机2台,在维桥乡进行33.33公顷水稻插秧机插秧现场示范,取得良好效果。2001年,政府资金扶持,开始推广建湖县生产的东洋PF-455S型步进式机动插秧机,全县有水稻插秧机8台。

2002年,开始推广江苏东洋机械有限公司生产的PF-455S型插秧机。广大农民对水稻插秧仍存在顾虑,其发展进度缓慢。2005年,部分农民购买水稻插秧机,以服务收费的方法帮助农户插秧,增加农民经济收入,全县水稻插秧机发展到162台。截至2008年,全县拥有机动插秧机335台,机插秧2600公顷。

(三)油菜联合收割机

2005年,在政府资金扶持下,盱眙首次引进5台江苏丹阳生产的沃得4LF-20型油菜联合收割机。2008年,全县油菜联合收割机保有量45台。

四、农村运输机械

1986年,手扶拖拉机成为全县农业运输首选机具,有9262台。1990年,全县农户自购小型拖车达6000辆,手扶拖拉机配备小型挂车替代手推胶轮车,农业生产运输实现机械化。1991年起,农用车、变型运输车在县内农村开始出现,代替农业生产运输工具——手扶拖拉机。至2008年,全县拥有农用车、变型运输车1603辆。

五、水产养殖机械

1986~2004年,全县水产养殖主要以人工为主。2005年起,水产养殖农户和渔民实施科学养殖技术,开始使用增氧机和鱼料投饵机。当年淮河乡养殖场购买20台增氧机和投饵机,投放鱼塘。

2006年,全县增氧机增加到340台,鱼苗投饵机发展到180台。2008年,全县增氧机、鱼苗投饵机保有量分别为488台和263台,水产养殖户开始使用水下爆气增氧技术。

第三节　农机推广与培训

一、农机推广

1986年,全县拥有大中型拖拉机111台,手扶拖拉机9262台,播种机480台,旋耕机8750台,开沟机320台,脱粒机4918台,手动喷雾器23081台,排灌动力机械1039台。盱眙地区一律采取人工插秧。

1988年,全县开始推广"三机一器"(苏4GL-130型收割机、2B-6A免耕条播机、1KSQ-35小型开沟器、旱地化肥深施器)。1989年,成立县农机化技术推广服务站,承担全县农机新机具试验、示范与推广等职责。

1991 年,开始推广联合收割机,因农民经济薄弱,无人购买。全县有联合收割机 5 台,均为集体遗留。1996 年起,做好操作培训、三年免费修理等工作,调动农民购买联合收割机的积极性。至 1999 年,全县联合收割机增加到 116 台。

2000 年,开始推广台湾生产的插秧机,由于台湾生产的插秧机价格偏高,农民购买较少。在稻、麦成熟季节,县农机公司带领部分联合收割机帮助农民收割稻、麦,大型联合收割机购买量增加,全县拥有大型联合收割机 509 台。2001 年,县农机部门购买 1 台江苏东洋机械有限公司生产的插秧机,免费帮助农户插秧,购买数量逐步增加;购置 2 台花生覆膜机,在河桥镇演示,得到花生种植户认可。至 2003 年,全县有插秧机 32 台。

2004 年,在全县推广简易化软盘育秧和双膜育秧技术,简易化软盘育秧和双膜育秧机器在水稻产区得到推广。全县推广新型粮食加工机械 15 台,大棚田园耕整机械 10 台,植树机 20 台。2005 年,推广油菜收获机 21 台,茶叶生产机 2 台,植树机 20 台。2007 年,在仇集镇首次推广玉米生产机械化,是全市第一个实施该项目的县。

2008 年,全县拥有大中型拖拉机 2734 台,手扶拖拉机 50511 台,联合收割机 2367 台,机动水稻插秧机 335 台,秸秆粉碎还田机 158 台,播种机 6479 台,旋耕机 36327 台,机引犁 14074 台,机引耙 239 台,机动喷雾器 1740 台,排灌动力机械 838 台,水泵 17532 台。机械化插秧推广 6700 公顷。稻、麦种植中的深翻、播种、开沟、收割均实现机械化。

二、农机培训

1986 年,全县农机培训重点是小型收割机、小型开沟机、小型播种机操作手,培训工作由县农机研究所承担。全年举办小型农机培训班 2 期,参训 250 余人。1989 年,成立县农业机械化学校,作为县农机培训基地。每年招收学员 150 余名,学制长达 1 年,短则 2 个月。

1998 年起,县农业机械化学校和县农机安全监理所将驾驶员培训和农机监理相结合,农机驾驶人员通过培训考试合格后,方可领取监理部门颁发的驾驶证及年审证。

2000 年起,农业机械化学校取消招收长期学员制,举办短期培训。至 2003 年,共举办培训班 5 期,参培学员 320 人。2004 年起,每年均举办农机配套机具修理和操作、机插秧技术、插秧机维修、育秧技术等培训班。至 2007 年,举办培训班 31 期,培训 2950 人次。2008 年,举办秋季秸秆禁烧培训班 15 期,培训农机作业人员 500 余人次。

第四节　农机管理

一、农机安全

1986 年起,全县农机除专门从事农田作业的拖拉机及其驾驶员由农机部门管理外,在道路上行驶的农用拖拉机及其驾驶员由县公安交警大队和县农机安全监理所联合在指定时间内进行年检、年审,未参加年检、年审的手扶拖拉机及驾驶员由公安机关委托农机部门执法人员上路补检和补审。至 1993 年,全县共初检拖拉机 2000 台,年检小型拖拉机 14912 台,年审驾驶员 8819 名。

1994 年,共印发安全生产宣传资料 6000 份,出黑板报 140 期;年检小型拖拉机 12500 台,颁发驾驶员证 8848 本;年审柴油机 701 台,农副产品加工机械 750 台。全年未发生因操作不当而造成的事故。1995 年,县农机监理所开设办证业务大厅,对县内外从事运输的农用机具以及县外农用机具进行年审办证。年检小型拖拉机 13400 台,颁发驾驶员证 8935 本;年审柴油机 731 台,农副产品加工机械 760 台。

2003 年,全县检审上道路行驶的拖拉机 15260 台,年审驾驶员 14526 人,农机综合发牌率、检审率 90%。2004 年,开展"两查一禁"(查安全隐患、查牌证是否齐全,禁止无证、无牌手扶拖拉机上路运营)专项整治,全年共检查手扶拖拉机4680辆次,查处无证、无牌车辆220余车次,整改安全隐患596起。

2005年,在全县开展"创建平安农机,促进新农村建设"活动。2006年,开展整治"黑机非驾"活动,把田检与路检、教育与处罚、人性管理与依法治理结合起来,共查处黑机(无牌照)800余辆次,均按规定办理证件;查处非驾(手扶拖拉机驾驶员无证)160余人次,通过教育,均办理驾驶证。

2008年,深入各乡镇、基层监理中队、农机大户,开展安全生产隐患监查工作,排查隐患40余起,均按规定给予整改。年底,建成马坝镇、官滩镇平安农机镇。

二、农机购置补贴

2004年,对农民个人、农场职工、农机专业户和直接从事农业生产的农机服务组织,购置或更新农机给予一定的补贴;对符合国家农机补贴目录的6大类38种农机商品,国家和省级财政补贴中标价格的30%。全县补贴15台步进式水稻插秧机15万元,补贴小麦精少量插种机165台802万元。

2005年,利用报纸、新闻媒体、会议、大蓬车宣传农机补贴政策。全年共补贴联合收割机9台13.9万元,油菜收割机21台10.5万元,插秧机20台20.12万元,条播机1200台60万元。

2006年,盱眙县获得国家优质粮产业工程农机装备项目,总投资1123.392万元;成功争取中央财政"农机补贴项目县",获大中型拖拉机补贴70台56万元,获各种农机具补贴952台361万元,受益农户812户。

2007年,成功实施国家及省财政农机补贴项目,补贴农机具1173台322万元,实施玉米机械化播种收获项目补贴70万元。

2008年,全县获步进式插秧机补贴120台、大中型拖拉机补贴208台、联合收割机补贴77台、油菜收割机补贴15台、秸秆还田机补贴110台、旋耕机补贴280台、保鲜库设备补贴2台、投饵机和增氧机补贴各22台、高效迷雾机补贴4台。获国家优质粮食产业工程盱眙农机装备推进项目、茶叶蒸青项目补贴150万元。

三、农机用柴油供应

1986～2006年,全面落实县农用柴油由县农机化服务公司负责计划、分配和管理,商业部门负责组织货源,各乡镇供销社负责供应。

2007年,县农机局发放优先加油卡,对参检合格的农业机械凭优先加油卡、驾驶证等证件到加油站优先加油,解决农机用柴油供应不足问题。2008年,柴油供应放开,取消凭证供应。

第五节 农机服务

一、为农服务

1988年起,县农机化服务公司在各乡镇成立农机化服务队,在夏、秋大忙季节深入田间地头,免费修理农机具。至1991年,共修理农机具35943台(辆)。

1992年起,在全县开展农机优质服务月活动,每年5月20日～6月20日,为农机"双夏优质服务月";每年9月25日～10月25日,为农机"双秋优质服务月"。活动做到"六保证"(保证农机具正常运转、保证农用柴油正常供应、保证农机配件供应、保证农机作业合理收费、保证农机新机具推广、保证农机安全生产)、"三满意"(农机手满意、农户满意、基层干部满意)。

1994年,组建农机修理网点118个,修理农机具39334台,其中修理大中型拖拉机132台、手扶拖拉机15319台次。1996年起,组织由45人组成的农机维修小分队,开展农机维修服务。各乡镇农机站农机具检查、维修工作和农机配件、油料门市在农忙时节24小时值班,保证配件和柴油供应。当年修理农机具41324台(辆)。

1997年,马坝镇投入100万元,建成全县最大的农机服务中心,提供农机具修理、加油、配件供应等服务。年底,新街乡、马坝镇农机站被市政府评为一级农机站。1999年,县农机服务队投入6万元,购买一台

图 6－27　农机服务到田头

农机流动服务车，配备 5 名技术人员，带配件和资料，巡回各乡村田头修理农机具。仅夏、秋大忙季节，修理农机具 340 台，排除故障 210 余次。

2005 年，县农机局将机械、配件、柴油供应，服务种类、价格、内容，服务人员通信地址、电话，编印成册，发放到村、组及种粮大户，方便用户联系。组织 20 个农机服务队，帮助外出务工户、困难户、军烈属抢收水稻和小麦。

2008 年，对全县 150 个农机维修、供油网点进行清理整顿，共没收“三无”农机产品 1860 件，限期整改 8 个农机维修点，取消 12 户无证加工点，净化农机市场。

二、农机具及零配件供应

1986 年，县农机公司负责全县农机具及配件购销，各乡镇供销合作社设有农机配件供应柜台，从县农机公司调拨农机配件，承担基层农机配件供应销售。1989 年起，负责手扶拖拉机主机销售业务，兼营农机零配件批发，各乡镇农机站开设农机供应门市，销售农机具配件。

1990 年，县农机公司年销售额近 1000 万元。1993 年，在县城区设立农机零配件销售门市 26 个，销售 1161 万元，利润 13 万元。1994 年，新增门市 2 个，全年收入 1200 万元，利税 20 万元。盱城镇农机站新建农机门市。1998 年起，县农机具销售逐年放开，个体销售户进入市场，县农机公司农机具销售量逐年减少，企业亏损增加。至 1999 年，全县发放农机供应、维修网点合格证 85 家，占农机各类门市 60% 以上。

2002 年，县农机公司改制。2003 年起，农机具及配件供应全部由私营企业和个体户经营。至 2008 年，全县有农机具及配件购销经营个体户 170 余户。

三、农机跨区作业

1999 年 6 月，开始引进外地大中型收割机，为县麦、稻面积较大的地方收割。全年引进背负式和自走式联合收割机 200 台，县内组织异地作业 150 台。

2001 年，全县组建 19 个乡镇农机服务队。小麦收割季节，组织 123 台联合收割机，赴山区作业，共收割小麦 4100 公顷，解决山区小麦收割难问题。2003 年，发放联合收割机跨区作业证 400 份，夏、秋两季引进外地联合收割机来境内作业近 900 台，有组织跨区作业 204 台。

2004 年 4 月，成立县农机跨区作业协会。选择跨区作业经纪人 50 名，委托其组队跨区作业。全年发放联合收割机跨区作业证 312 份，引进外地联合收割机到境内作业近 1000 台，组织县内联合收割机跨县作业 200 余台，跨区作业收入 458 万元。

2006 年 5 月，采取“用足本地机械，用好外地机械”举措，为跨出去的机手提供作业区域、时间、价格等服务；对引进来的机手，按价作业，做好服务工作。全县共引进 800 台收割机收割小麦、水稻，组织跨出去收割机 400 台，每机手创收 4 万多元。

2008 年，共引进来收割机 1200 台，组织跨出去收割机 500 台，每位机手创收 5 万元以上。夏、秋季节，组织 800 台收割机，为收割机拥有量少的山区乡镇收割小麦和水稻。

1986～2008年盱眙县农业机械拥有量一览表

表6－22

年份	农机总动力（万千瓦）	拖拉机（台）				农用排灌机械		农用车（辆）	小拖配套机具（台）						联合收割机（台）	水稻插秧机（台）	农副产品加工（台）			机动喷雾器（台）
		大中型拖拉机	手扶拖拉机	变型运输机	小四轮拖拉机	柴油机（台）	电动机（台）		播种机	割晒机	开沟机	脱粒机	秸秆还田机	小型旋耕机			碾米机	榨油机	粉碎机	
1986	14.10	111	9262	–	–	532	507	–	480	485	320	4918	–	8750	–	–	4981	2276	4527	23081手动
1987	20.80	94	10627	–	–	377	553	–	570	590	390	5235	–	9827	–	–	4879	2333	4318	24438手动
1988	17.18	67	12239	–	–	466	560	–	650	700	470	5894	–	1215	–	–	4576	2469	4426	296
1989	19.80	58	15127	–	449	442	563	112	721	864	510	6103	–	12770	9	–	4231	2536	4019	305
1990	20.05	42	15684	–	491	431	531	112	1000	1410	800	6367	–	1560	7	–	3956	2054	3578	433
1991	20.35	23	16170	–	529	262	627	148	1363	1618	1071	6460	–	14059	5	–	3718	2196	3215	726
1992	20.59	22	16112	–	511	281	624	142	1461	1789	1090	6490	–	13863	5	–	3425	2227	3009	865
1993	20.99	15	16544	–	507	280	584	134	1660	1907	1071	6192	–	13808	3	–	3126	2380	2906	959
1994	22.13	20	17017	–	537	300	644	153	1774	1990	1031	6710	–	14470	3	–	3017	2510	2815	1130
1995	20.46	26	14849	–	495	259	615	357	1929	2200	886	6409	–	13143	8	–	2987	2515	2722	1062
1996	21.59	30	15330	–	657	251	690	305	2357	2257	948	6482	–	12892	26	–	2956	2772	2637	1100
1997	21.64	59	15750	–	468	217	695	314	2473	2554	969	6851	–	13133	40	–	2814	2825	2554	1098
1998	22.31	76	16384	–	430	218	691	241	2987	2644	952	6891	–	13244	53	–	2715	2695	2501	1116
1999	30.40	125	24474	–	385	285	689	240	3709	2661	971	7626	–	14192	116	–	2701	2821	2460	944
2000	35.82	365	30875	–	410	357	718	693	4800	2000	1100	7701	29	27895	509	2	2698	3640	2403	1456
2001	40.68	510	33572	–	480	209	856	677	4747	2914	1542	9046	33	32389	806	8	2690	2502	2395	2073
2002	45.40	415	36750	27	395	223	940	813	4898	2662	2101	9223	33	32545	880	8	2688	4526	2350	1350
2003	45.60	438	38035	401	420	219	940	813	4942	2662	2101	9223	33	33315	1012	32	2682	4426	2012	1365
2004	48.14	844	38355	605	480	202	940	873	4941	2662	2101	9223	33	33635	1112	72	2567	4426	1675	1365
2005	53.28	936	41655	725	480	195	940	857	6700	1850	2101	9223	33	35330	1499	162	2123	4426	1035	1365
2006	51.82	1255	42615	848	480	190	940	1149	7216	1860	2173	7713	186	42655	1533	262	1905	2568	780	1365
2007	54.42	1192	43225	603	480	192	940	955	8150	1860	2173	7713	186	43255	1584	442	1803	2453	350	1507
2008	76.39	2734	50511	774	290	181	657	441	6479	1500	2280	6800	158	36327	2367	335	859	29	61	1740

第六章 农业综合开发

第一节 机 构

1988年,成立盱眙县农业资源开发办公室、农业和农业区划办公室。一套班子、两块牌子,双重职能。1991年,成立盱眙县农业资源开发利用管理局,内设办公室、管理股、规划股(挂"盱眙县农业区划办公室"牌子)。2007年,更名为盱眙县农业资源开发局,内设办公室(挂"财务科"牌子)、开发科、规划科(挂"盱眙县农业区划办公室"牌子)。至2008年,机构无变化。

第二节 中低产田改造

1988~1996年,全县实施三期国家黄淮海农业综合开发项目。1997~2008年,实施四期国家土地治理农业综合开发项目。其中,2006~2007年,土地治理项目停止实施。

一、黄淮海开发

(一)第一期黄淮海开发项目

1988~1990年,实施第一期黄淮海开发项目,涉及维桥、十里营、穆店、王店、桂五、古桑、盱城、河桥、淮河、管镇10个乡镇。总投资1500万元,其中国家财政投入632万元、省财政投入568.8万元、市县财政投入63.2万元、自筹236万元。项目开发16200公顷,建成电力排灌站15座,完成配套建筑物1327座,开挖沟渠531千米,完成土方497万立方米,建设机耕路63千米。

(二)第二期黄淮海开发项目

1991~1993年,实施第二期黄淮海开发项目,涉及维桥、十里营、穆店、旧铺、张洪、王店、桂五、古桑、盱城、河桥、淮河、鲍集、仁集、管镇、铁佛15个乡镇。总投资1366.56万元,其中国家财政投入683.28万元、省财政投入239.15万元、市县财政投入102.49万元、自筹341.64万元。完成开发18419公顷,其中改造中低产田13633公顷、开垦宜农荒地300公顷、造林1840公顷、水产养殖2413公顷、种草233公顷,建成电力排灌站19座,完成配套建筑物1278座,开挖沟渠973条658千米,完成土方536.94万立方米。完善张洪、桂五、古桑、兴隆、管镇、鲍集、铁佛7个乡镇统一供种体系,建设种子仓库804平方米、晒场1050平方米;完善淮河乡、古桑乡的农机服务体系和王店乡的植保服务体系;在穆店、古桑、淮河、盱城4个乡镇投资41万元,兴建总面积4.7万平方米的温室大棚116座;在河桥、水冲港、桂五、古桑4个乡镇投资84万元,建设林果基地1333公顷;在淮河乡投资158万元,发展围栏养蟹173公顷,在维桥乡永华圩、盱城镇天鹅湖建网箱养殖68公顷;在县果园场投资30万元,建设1座干果加工厂。

(三)第三期黄淮海开发项目

1994~1996年,实施第三期黄淮海开发项目,涉及观音寺、古桑、穆店、旧铺、盱城、水冲港、龙山、仇

图6-28 全县实施三期国家黄淮海综合开发项目，四期国家土地治理农业综合项目。图为铁山寺区域的中低产田。

集、桂五、高桥、维桥、马庄12个乡镇的45个行政村和县茶场。总投资1679万元，其中财政投入1403万元、自筹276万元。项目开发12500公顷，其中改造中低产田5700公顷、开荒造田280公顷，完成土石方540万立方米，新建电灌站24座，修建配套建筑物1252座，建设防渗渠1.25千米，建大口井30余座，开凿深井2眼，营造农田林网、经济林和水土保持林2000公顷，扩建茶场制茶车间、建设铁佛面粉加工厂、建成古桑养牛场等多种经营和龙头加工项目。

二、土地治理

（一）第四期土地治理项目

1997~1999年，实施第四期土地治理项目，涉及新街、维桥、十里营、管镇、鲍集、龙山、兴隆、洪山、马坝9个乡镇。总投资1190万元，其中财政投入648万元、自筹292万元、银行贷款250万元。开发2433公顷，完成土石方229万立方米，开挖疏浚渠系293.2千米，新改建泵站8座，配套渠系建筑物662座，建设防渗渠5.26千米，建砂石路20.93千米，架设农电线路2千米，购置机械6台，营造农田林网100公顷。

（二）第五期土地治理项目

2000~2002年，实施第五期土地治理项目，涉及王店、明祖陵、穆店、古桑、盱城5个乡镇和铁山寺森林公园。总投资1668.5万元，其中中央财政投入417.5万元、省财政投入340.15万元、市财政投入46.95万元、县财政投入93.9万元、自筹257.5万元、银行贷款512.5万元。项目开发1767公顷，开挖沟渠42.8千米，完成土方57.39万立方米，建设电站2座，修建配套建筑物209座，防渗渠5千米，建砂石路10.6千米，营造农田林网33公顷，购置机械86台（套），引进新品种、新技术16项，建成古桑庙山无公害鲜杂果示范基地67公顷、明祖陵省级优质水稻万亩示范基地、王店乡67公顷中药材有机示范基地、铁山寺科技推广项目、淮河乡133公顷优质蔬菜示范基地。

（三）第六期土地治理项目

2003~2005年，实施第六期土地治理项目，涉及明祖陵、管镇、淮河、兴隆、王店、仇集6个乡镇20个行政村。总投资2033.1万元，其中财政投入1532万元、自筹501.1万元。项目开发2373公顷，新建及扩建加固小型蓄水工程5座，开挖疏浚渠系207.4千米，衬砌防渗渠3.55千米，架设农电线路3千米，修建泵站14座，建成渠系配套建筑物634座，改良土壤633公顷、新建机耕路56.87千米，购置农业机械13台（套），新建仓库600平方米、晒场1200平方米，营造农田防护林107公顷。科技推广投资79.97万元，建农业新技术示范田247公顷，举办各类技术培训班培训人员1.007万人次。

（四）第七期土地治理项目

2006~2008年，实施第七期土地治理项目，涉及淮河、明祖陵、盱城、河桥、官滩、马坝6个乡镇。总投资1820万元，其中中央财政投入700万元、省财政投入634万元、市县财政投入66万元、自筹420万元。项目开发2000公顷，修复泵站9座，新建大沟桥9座、中小沟及渠系建筑物352座，铺设低压输水管道地块33公顷，修筑机耕路58千米，改良土壤587公顷。

第三节 农业灌溉项目

1990~1994年,利用世界银行贷款实施第一期农业节水灌溉项目。国家、省、市、县财政和世界银行贷款配套资金共2207万元,修建泵站27座,开挖沟1265条,建防渗渠20千米,新建机耕路18.6千米。

1998~2000年,利用世界银行贷款实施第二期农业节水灌溉项目。总投资5910万元,其中财政投入3992万元、自筹1918万元。项目涉及河桥、十里营、观音寺、马坝、马庄、黄花塘、东阳、仇集、龙山、洪山、官滩11个乡镇。累计开发14420公顷,完成土石方1110万立方米、新建泵站19座、配套建筑物2221座,建设防渗渠194千米,新建机耕路43千米,购置机械54台(套),营造农田防护林1033公顷。

图6-29 姬庄电灌站

2005~2008年,利用世界银行贷款实施第三期农业节水灌溉项目。总投资2586.25万元,其中财政投入1870.61万元、自筹715.64万元。项目涉及王店、桂五、穆店、官滩、兴隆5个乡镇。共治理3667公顷,其中王店乡600公顷、桂五镇667公顷、穆店乡300公顷、官滩镇1433公顷、兴隆乡667公顷;疏浚沟渠109.3千米,新建农田水利建筑物629座,建机电排灌站12座,架农电线路3千米,购变压器14台,修机耕路66千米,铺设防渗渠道4.3千米,埋设输水管道2千米,组建用水户协会2个,平整土地500公顷,秸秆还田500公顷,建设绿色食品基地333.33公顷,栽植苗木20.4万株;购置工程管理用车1辆、办公设备7台(套)。

第四节 丘陵山区开发

1997~2000年,全县丘陵山区农业综合开发项目总投资1180.1万元,其中财政资金914.5万元。项目涉及桂五、王店、古桑、古城、十里营、穆店、河桥、旧铺8个乡镇及铁山寺森林公园,先后治理小流域15条,改造3133公顷,条垦拓植经济林1313公顷,新建泵站11座,配套水利建筑物746座,其他建筑物190座、防渗渠11.6千米,建成板栗良种基地项目、古城北山石榴示范园、板栗储藏与保鲜室、波尔山羊引进繁育、穆店八仙台人参果示范园、鲁梅克斯优质牧草示范基地、水冲港千亩梨枣示范园、古城野生食品加工、古桑恒星醋厂技改等10个多种经营及产业结构调整项目。

2001~2005年,总投资663.8万元,其中财政投资459万元、自筹204.8万元。项目涉及旧铺、王店、穆店、盱城、桂五5个乡镇及雨山茶场。建设经济林、生态林基地1220公顷,新建泵站8座、配套建筑物641座、防渗渠8.7千米、砂石路27.4千米,购置机械24台(套),建成雨山茶场茶叶生产基地67公顷、环天泉湖千亩经济林、王店杜梁山苗圃园、穆店八仙台经济林果基地、盱城镇意杨原料林基地、盱城200公顷经济林果基地等10个产业园和基地。

图6-30 1988年,盱眙县被列为全国农业综合开发县,实施水、土、田、林、路综合治理,实现田成方、路相通、渠防渗、林成网、旱能灌、涝能排的高产、稳产农田。图为河桥镇丘陵山区治理。

2006~2008年,总投资9788万元,其中财政资金3276万元、自筹6512万元。项目涉及盱城、河桥、桂五、王店、仇集、旧铺、古桑7个乡镇及雨山茶场。改造面积2800公顷,新建泵站14座、配套建筑物672座,建砂石路104.07千米,建溢洪道1条、机电井3眼,架设高压线路18.72千米,建低压管道50.2千米,开挖沟渠203.7千米,改良土壤1133公顷,完成土石方344.94万立方米,栽植果林363公顷、绿化苗木376公顷、茶园53公顷,建棚架67公顷,栽植中药材173公顷,建林网33公顷,建成畜禽养殖棚舍2.2万平方米,建保鲜库200平方米,购置设备12台(套),基本形成河桥玉皇山、桂五灵山、盱城天龙山、河桥水平尺山、王店石马山、旧铺雨山茶场等高效农业基地区块。

第五节　其他项目开发

1998年,盱眙县开始实施国家农业综合开发产业化多种经营项目,投资水冲港乡22.5万元,发展千亩板栗生产及贮藏项目。1999年,投资530万元,建设马坝万只黑凤鸡良种场、王店中华史氏鲟大水体驯养基地,进行龙山饮片厂改造,养殖家禽3.1万羽,放养鲟鱼2万尾,改造车间720平方米,建设晒场1000平方米。

2000年,投资640万元,建成仁集速冻库、王店乡200公顷野生植物生产基地、铁山寺14公顷中药材科技示范园、桂五镇千亩梨枣示范园,技改古桑食用醋加工和古城野生食品加工企业。

2001年,投资910万元,实施县植物油厂“双低油菜生产线技术改造”,购置液压对辊轧胚机1台、榨油机3台、变压器2台,加工能力由原来的3000吨提高到1万吨;对县食品公司手抓龙虾生产线技术进行改造,建成冷却车间200平方米、加工车间500平方米、加工生产线3条,龙虾加工生产能力由原来的年加工40吨提高到200吨。

2002年,投资400万元,建设王店天泉湖鲟鱼养殖基地,新建水泥池口3000平方米,新增钢架大棚4000平方米,新建库房、实验室200平方米等。2004年,投资520万元,实施仇集秸秆转化生产线扩建项目,改造厂房1025平方米,新建污水处理池300平方米,购置设备4台(套)。

2006年,投资350万元,新建圣诞食品有限公司火鸡深加工车间600平方米、仓库300平方米,购置中、西式火鸡屠宰生产线各一条和部分辅助设备。2008年,投资340万元,建成淮河龙虾批发大市场营业用房2640平方米、交易大棚720平方米,硬质场地,道路11065平方米,排污管道700米,污水处理池72立方米,配套检测设备、信息系统各1套。

第七篇　水　　利

1986年起，县委、县政府采取建立和完善工程措施与非工程措施相结合、专业监测与群测群防相结合、经常性预防与临灾预警相结合的有效措施，加快实施河堤、中小河流、水库、水闸除险加固工程，增强防洪减灾能力。县水利部门采取高起点、高标准措施，同步规划、同步设计、同步建设、同步验收防洪排涝设施；加强排洪沟渠、易涝点、排水管网等水利设施建设，提高境内防洪排涝能力；加快库、塘、坝、河道、排灌系统治理，建成输水管渠和田间渠系管网，增加调蓄能力，改善农业排灌条件；推广节水灌溉技术，推进高标准农田建设，提高旱涝保收覆盖面。结合新农村建设，实施水库、渠道、池塘和河道的清淤扩容工程；加强水生态修复和水景观建设；工业集中区严格限制新设排污口，推进排污口治理，逐步提高河流水质；加强小流域治理，建立和完善水土保持监测网络；加强水利工程建后管理，确保长期发挥效益；加强水行政执法、安全监督，打击水事违法行为，依法保护水资源和水工程。

1997年起，县委、县政府加快县城区水土保持治理，对流经城区的河道、沟道进行整治，加固河、沟堤，硬化河、沟底，绿化河、沟岸；对城镇裸露地进行板块绿化。

2000年，盱眙县被水利部、财政部命名为全国水土保持生态环境建设示范县。

2006年，盱眙县被市政府评为农村村庄河塘整治工作先进单位。2008年，县域内河、湖、库、塘、坝、圩区均达到防洪排涝标准，水生态环境优越；山区片水土保持治理8片、小流域106条，治理耕地11889公顷。盱眙县被财政部、水利部命名为全国水土保持生态环境建设“十、百、千”示范小流域（在全国范围内确定10个示范城市、100个示范县、1000个小流域）。

第一章 河湖沟塘治理

第一节 流域性河道治理

一、淮河盱眙段治理

淮河盱眙段长64.95千米,干流自西向东,在泊岗引河以下变为南北走向进入盱眙境内。淮河北堤从铁营至黄岗38千米,保护鲍集镇、铁佛镇、兴隆乡、淮河镇等10余万居民和1.34万公顷农田安全。

(一)淮河北堤治理

1986年冬,根据淮河水利委员会确定淮河盱眙段北堤为生产圩堤,留有"口门"以便分洪、滞洪的要求,县政府投资7万元,新建河滩段、肖嘴引河段、河洪段各留长1000米"口门",堤顶高程分别降低至17.3米、17.1米、16.8米,1987年春竣工。1989年,县政府投资0.6万元,在淮河北堤新建杨滩机站排水闸1座,底高程16.0米,增加泄洪流量。1991年7月10日,淮河肖嘴段水位17.4米,北堤多处塌方、渗水,全县22个乡镇5700人轮流抢险加固圩堤,建戗台32段。是年,投资143.09万元,加固淮河北堤东段2700米,建桥涵13座,达到1991年最高水位时不出险的标准。1992年,县政府投资14.8854万元,加固除险淮河北堤肖嘴至铁佛两乡交界处的河洪闸,改造老化的行洪闸。年底,经市水利局验收合格,交付使用。1994年、1998年、1999年、2002年,省、市、县财政共投资184.11万元,分别对淮河北堤肖嘴新迁段复堤加固。2003年,省水利厅投资2324万元,完成黄岗段复堤、块石护坡、防渗处理等工程;投资2790.47万元,淮河北堤拆旧建新穿堤涵洞9座。2006年,淮河黄岗段工程全部竣工。2007～2008年,未治理淮河北堤。

图7-1 淮河盱眙段盱城沿淮挡洪墙2.53千米

(二)淮河盱城段治理

1990年3月,组织人力清除淮河大桥下游13.6米处土石渣。2007年,投资1169万元,其中省市补助747万元、县政府配套422万元,修建老船塘至淮河大桥挡洪墙2530米,采用钢筋混凝土扶壁式结构,在淮河大桥东段挡洪墙处建涵闸1座。2008年6月,完成全部工程。

二、入江水道(三河南堤)治理

淮河入江水道盱眙段,从龙墩口至永丰机站闸口,长10.8千米。入江水道(三河南堤)保护观音寺镇、马坝镇境内2667公顷耕地和2万多人的汛期安全。1986年,省水利厅下拨县防汛应急经费10万元,块石护坡三河南堤2040米。1991年9月,省水利厅下拨水毁经费10万元,块石护坡三河南堤戴岗段390米;拨治淮基建经费202.78万元，县财政拨5万元，加固三河南堤龙墩口至汪木排河8.8千米、永丰圩2千米；县财政拨款12.28万元，实施三河南堤东阳段加固工程和观音寺段涵洞及机站整修工程。3期工程均于1992年12月竣工。1993年5月，省水利厅拨款109万元，块石护坡三河南堤8065米，修建防汛路2.6千米，建沿堤涵洞，是年竣工。6月，省水利厅拨款82.65万元、盱眙县以工代赈款85.08万元，加固三河南堤10.8千米，修建建筑物11座。1994年12月竣工。

图7－2　入江水道三河南堤护坡

2004年，省、市水利部门拨款353.27万元，实施三河南堤块石护坡、抛石护堤脚、修堤土路、建路涵和三河南堤填塘固基、改建穿堤涵洞工程。年底，入江水道（三河南堤）治理工程全面结束。新建引排涵洞4个：龙墩引排涵洞，底高6.5米，涵洞净高1米，涵洞净宽0.8米，涵洞长45.06米，自排洞上设计水位8.5米，自排洞上设计水深2米，孔1个；王塘引排涵洞，底高5.9米，涵洞净高1.5米，涵洞净宽1.5米，涵洞长44.34米，自排洞上设计水位8.5米，自排洞上设计水深2.6米，孔1个；衡西引排涵洞，底高6米，涵洞净高2米，涵洞净宽2米，涵洞长43.26米，自排洞上设计水位8米，自排洞上设计水深2米，孔1个；戴岗引排涵洞，底高6.5米，涵洞净高1.5米，涵洞净宽1.5米，涵洞长36.5米，自排洞上设计水位8.5米，自排洞上设计水深2米，孔1个。2005～2008年，未实施入江水道（三河南堤）治理工程。

第二节　区域性河道、涧沟、引河治理

一、维桥河治理

维桥河，北支发源于水冲港高平山，经桂五水库、陶营南至四桥；南源于水冲港望山头，经山岹水库，山岹林场南和北支水汇合于四桥西入龙王山水库。龙王山水库南侧有杨港、何郢支流汇入，西侧有方港涧、东高河、季安涧支流汇入；出龙王山水库后经龙王山西侧、洪庙、乔庄、车棚、维桥西汇入陈大涧，下经张湾汇入神灯河，转向东北，经九三九五厂入洪泽湖。全长45千米，流域325.3平方千米。1986年10月，省水利厅投资62万元，维桥河段从皮湾闸至芭芭湖长5.5千米，建成老河、坝西、向阳、杨庄4座引排涵洞，建成大坝跌水1座，修建乔庄、杨庄2座漫水桥，建顺堤沟桥6座。2001年秋，省水利厅投资110.5万元，从维桥河上游2.2千米处整修河道，截弯取直穆店乡徐郢至芭芭湖河道4千米，12月竣工。维桥河治理工程全部结束。2002～2008年，未实施维桥河治理工程。

图7－3　维桥河波湾闸

二、高桥河治理

高桥河位于马坝镇西部，发源于穆店乡国庆水库，向东北流进马湖、小刀场水库，在肖桥处汇入三合支流，向北经月里村，向西北经于桥西，折向北经新高桥，在韩庄圩北汇入黑泥河，经永华圩东侧北段汇董桥河，沿三河农场九区圩东侧入洪泽湖，全长25千米。1991年9月，县政府投资14.21万元，从盱马路向北至洪泽湖入口，开挖复堤7千米。1992年起，相继在高桥河的上中游兴建和整修鲁坝、国庆、小刀场、肖桥、黄练山、董桥、大沙、聂湖、朝阳等11座小水库，控制流域34.4平方千米。2000年，高桥河治理结束。2001～2008年，未实施高桥河治理工程。

三、团结河治理

图7－4　治理后的团结河

团结河位于淮河以西鲍集南部淮河以北，是一条人工河道，汇水面积149.7平方千米，西至沈集，东至韩巷坝入东陡湖，下段自团结河闸至明祖陵圩东侧入淮河。1991年9月10日，县财政投入5万元，组织3.5万人，加固团结河南堤，其工段由河洪闸至友谊河口，河堤加固标准按1991年夏季洪水位。是月，国家黄淮海开发资金投入120万元，兴建团结河三孔闸1座。年底，两项工程均竣工。1996年，省水利厅投资185万元，疏浚团结河、加固堤坝，维修沿线穿堤引排涵洞11个。2006年，省水利厅投资258.21万元，拆旧建新团结河的河洪东闸、仁庄涵洞、修庄涵。完成团结河治理工程。2007～2008年，未实施团结河治理工程。

四、汪木排河治理

汪木排河位于盱眙东部，发源于黄花塘镇西北绿化村，东北流经杨庄、马奄、马坝，在马坝东汇入大众东涧，又下至农科站东汇入板桥南涧和石桥南涧，至汪木排河大桥汇入九里荒大涧，北靠高坝、衡西圩堤，南临洼地、永丰圩堤，东流入三河，长22.5千米。1991年9月，省水利厅投资207.78万元，加固汪木排河两侧河堤，完成河堤土方56万立方米。1998年，省水利厅投资150万元，加固汪木排河大堤，完成土方20万立方米，整修和改造建筑物。1999～2008年，未实施汪木排河治理工程。

五、磨刀涧河治理

磨刀涧河位于古桑西部，发源于龙潭西水黾山，向东流经黄洼、官庄，折向北经张小营、磨涧东圩、燕山西入淮河，长13.5千米。1991年10月，县政府组织1万余名民工，开工疏浚磨刀涧河下游，治理磨涧桥至淮河3.3千米，截弯取直，挖河结合筑圩，挖船塘结合航运，年底竣工。1992～2008年，未实施磨刀涧河治理工程。

六、仇集大涧治理

仇集大涧位于仇集镇境内，发源于安徽省分水岭水库，流经安徽省白沙王，仇集镇竹园李、蒋庄，汇入凤山涧，向北经仇集街南汇入演清涧，折而向西至安徽省桑庄。在仇集西桑庄处流入涧溪河，折而向北流入七里湖，经洪山西侧入淮河。总流域475平方千米，主流河道长42千米，流经盱眙境内长24千米。1987年春，县政府投资 8 万元，新建仇集大涧滚水坝接长 59 米，整修接长消力池 17 米。1999 年 12 月，投资 24.6 万元，实施仇集大涧加固接长东西滚水坝，水闸上游增做护坦、护坡，西坝端建挡土墙及块石护坡、更换启闭机等工程。2000 年 2 月竣工。2001 ~ 2008 年，未实施仇集大涧治理工程。

七、大沟引河治理

全县原有的山涧、小溪皆是自然冲涮而成，大面积农田因洪致涝。县政府采取防洪排涝和引水灌溉措施，开挖大、中沟和兴建机电灌站引渠工程，解决排水出路问题。1986 ~ 1992 年，全县开挖大沟级工程（机电排灌站较大的引河、圩区截水沟、走廊沟、圩内大沟）137 条，总长 437.8 千米，兴建桥涵 211 座，完成大沟引河治理工程。1993 ~ 2008 年，未实施大沟引河治理工程。

第三节 湖泊治理

一、洪泽湖（盱眙周边）治理

洪泽湖，属盱眙县管辖面积占总湖面 7%。盱眙县每年平均引湖水 1.5 亿 ~ 2 亿立方米，灌溉农田 4 万 ~ 53.3 万公顷。1989 年秋，县政府成立洪泽湖周边治理领导小组，负责治理洪泽湖。12 月，清除圈圩影响淮河行洪和洪泽湖蓄水的鲍集乡大嘴圩、二圩，管镇镇王嘴圩，仁集乡兴隆圩、大周圩，官滩镇韩庄圩，马庄乡马庄新圩。1994 年，省水利厅投资 125.55 万元，拆旧建新洪泽湖大堤三河上游拦河坝以南段挡浪堤，修建大堤简易防汛道路 5985 米。1995 年 3 月，省水利厅投资 73.02 万元，加固洪泽湖大堤三河上游拦河坝以南堤段，修建简易防洪道路，10 月竣工。11 月，投资 218.86 万元，进行洪泽湖大堤三河闸以南 2 千米处的堆头涵洞拆旧建新和大堤护坡工程，1996 年 6 月竣工。1998 年，省水利厅投资 298.66 万元，加固洪泽湖周边低洼圩区和洪泽湖大堤，新建龙泉圩机站，拆旧建新杨嘴圩机站，续建鲍集圩、铁花圩路向南 5 千米撤退道路，干砌块石护坡龙窝段 0.5 千米，砌块石护坡金大圩、武小圩临湖大堤各 1.5 千米。1999 年 9 月竣工。2004 年 4 月，淮安市投资 213.6 万元，盱眙县投资 117.37 万元，加固明祖陵镇境内仁和圩堤 2400 米，周伏圩堤 2700 米，官滩镇境内金大圩工段护坡 2400 米，武小圩段护坡 800 米。2005 年 5 月竣工，完成盱眙周边洪泽湖治理工程。2006 ~ 2008 年，未实施洪泽湖治理工程。

图 7-5 洪泽湖盱眙周边天龙山治理

二、陡湖治理

陡湖位于淮河盱眙段西侧，淮河镇管辖 2030 公顷，兴隆乡管辖 2380 公顷，明祖陵镇管辖 846 公顷。韩巷大坝向西称西陡湖，向东称东陡湖。1990 年，县政府组织民力筑堤封闭东陡湖，修建大堤及漫水路 6 千米，服务水产养殖和蓄水灌溉。2004 年，县政府组织民力在陡湖大堤上修建 3 米宽的水泥路，确保陡湖大堤安全度汛。2005 ~ 2008 年，未实施陡湖治理工程。

第四节　乡镇河沟、塘坝治理

1986 ~ 2002 年,全县村庄河沟 3083 条 1955. 3 千米,淤塞严重 2654 条 1671. 13 千米。全县塘坝 5280 面,淤塞严重 777 面。2003 年起,县委、县政府采取统一规划、统一领导、统一施工措施,疏浚全县河沟塘坝,各乡镇组织民力,逐一疏浚本乡镇内河沟、塘坝。至 2008 年,省、市、县总投入 11279. 2 万元,治理县乡河沟 210 条 1170 千米,乡村河沟 2455 条 1465 千米,塘坝 532 面 468 公顷。

2003 ~ 2008 年盱眙县乡镇河沟、塘坝治理情况一览表

表 7 - 1

年份	县乡河道(条)	总长度(千米)	总投资(万元)	其中			效益(公顷)		
				省市(万元)	县(万元)	群众(万元)	改善排涝面积	改善灌溉面积	旱涝保收面积
2003	3(县级)	36	523.2	70.8	19.3	433.1	1864	21640	7500
	20(乡级)	84	73.5	60.4	13.1	-	3147	45000	1100
2004	31	188	1986.7	375.6	55.0	1556.1	32693	2867	15206
2005	28	175	1866.8	458.0	154.0	1254.8	18754	3334	4434
2006	36	210	2275.0	652.0	150.0	1473.0	-	-	-
2007	49	262	2823.0	613.0	206.0	2004.0	13094	12514	9127
2008	43	215	1731.0	574.0	-	1157.0	3534	6390	5580

第二章　水利工程

第一节　水库维修

一、龙王山水库

龙王山水库总库容 9183 万立方米,兴利库容 4056 万立方米。1986 年,省、市水利部门投资 78. 5 万元,一级站装电机 5 台,建成城南至龙王山水库 10 千伏输电线路 9. 5 千米。1987 ~ 2001 年,省、市、县总投资 364. 95 万元,用于加固堤坝及配套工程。2002 年 12 月,水库泄洪闸被拆除,在原址新建泄洪闸,其防洪标准为百年一遇,最大流量每秒 520 立方米,设 3 孔。闸室上下游设连接段、跌水段、消力池、海漫和防冲槽。2003 年 6 月竣工。2004 年、

图 7 - 6　整治一新的龙王山水库泄洪闸

2007 年，省水利厅共投资 130 万元，对水库堤坝实施除险加固工程。2008 年，未实施龙王山水库维修工程。

1986～2007 年部分年份龙王山水库除险加固情况一览表

表 7-2　　单位：万元

年份	投资	实施项目	年份	投资	实施项目
1986	78.50	装机 5 台 775 千瓦，架设 10 千伏输电线 9.5 千米	1997	20.00	堤坝护坡 200 米，砌块石 800 立方米
1987	15.60	建设配套工程	1998	224.35	建穆店电灌站装机 3 台 480 千瓦
1988	10.00	溢洪闸 9 孔钢筋砼闸门更换为平面钢闸门	2001	40.00	大堤护坡 400 米，砌块石 1600 立方米
1990	21.00	建电灌站干渠建筑物 22 座	2002	397.70	改造溢洪闸，建公路桥等
1992	20.00	溢洪道尾水渠，护坡接长 100 米，砌块石 840 立方米	2004	60.00	堤坝护坡 610 米，砌块石 2440 立方米
1996	14.00	加固溢洪闸防浪墙 149 米，堤坝护坡 90 米	2007	70.00	堤坝护坡 850 米，砌块石 3400 立方米

二、化农水库

化农水库总库容 4200 万立方米，兴利库容 3066 万立方米，灌溉农田 6934 公顷。1987 年，县政府投资 5.65 万元，加固化龙水库，更新启闭机。1988～1990 年，省水利厅共投资 4.5 万元，清除溢洪闸进口处烂石。1991～1992 年，省水利厅水毁工程投资 32 万元，拆除并重浇溢洪堰面层钢筋砼、浆砌消力池出口处块石护坡，整修防汛公路。至 2004 年，省、县共投入维修加固资金 174.85 万元，完成加固化农水库工程。2005 年 8 月，化农水库划归铁山寺管委会管理。2008 年，未实施化龙水库治理工程。

1987～2004 年部分年份化农水库除险加固情况一览表

表 7-3　　单位：万元

年份	投资	实施项目
1987	5.65	堤坝护坡 75 米、浆砌块石 1484 立方米，更换启闭机
1988	1.50	整修溢洪道 1 处、砼 1500 立方米
1989	3.00	做草皮护坡 4000 平方米、堤坝灌浆 7840 立方米
1990	3.50	做溢洪闸北侧挡土墙护坡
1991	21.00	做溢洪闸下游护坡、堤坝防汛路、涵洞整修
1992	11.00	溢洪闸钢筋拆除重建、溢流堰浆砌块石 400 米
1993	11.50	堤坝浆砌块石护坡 600 平方米、砌浆缝口处理 128 立方米
1995	3.70	溢洪闸上游左侧塌方消除 600 立方米
1998	40.00	堤坝局部整修 4000 平方米、块石护坡 200 米
1999	34.00	溢洪闸护坡返修 4000 平方米、做 40 米长的石格梗、浆砌块石 113 立方米
2003	10.00	堤坝白蚁防治劈裂灌浆
2004	30.00	更换钢闸门 7 个

三、红旗水库

红旗水库总库容3975万立方米,兴利库容2180万立方米,灌溉农田4800公顷。1987～2007年,省水利厅共投资194.5万元,对库坝进行块石、草皮护坡,修复挡浪墙215米、溢洪道2处。2008年,未实施红旗水库加固工程。

1987～2007年部分年份红旗水库除险加固情况一览表

表7-4　　单位:万元

年份	投资	实 施 项 目
1987～1990	33.1	加固堤坝、维修各种建筑工程
1991	15.3	修筑挡浪墙215米,整修溢洪道等
1994	2.0	建泄洪闸减载工程、下游二级消力池至三级跌水之间修复工程
1995	7.1	加固堤坝350立方米、堤坝护坡100米、砌块石705立方米
1996	5.0	堤坝护坡81.8立方米、砌块石232立方米
1997	30.0	建管理所房屋、堤坝整修、堤坝滑坡处理
1998	30.0	堤坝护坡170米、砌块石1116立方米、改换钢闸门4个
2001	21.0	整修溢洪道
2005	19.0	做草皮护坡7000米、建排水沟、溢洪道
2006	15.0	修堤坝护坡1200米
2007	17.0	修堤坝护坡2400米

四、桂五水库

桂五水库总库容2810万立方米,兴利库容1671万立方米,灌溉农田4667公顷。1986～1990年,省水利厅共投资65万元,拆除堤坝挡浪墙,重建挡浪墙,加固水库堤坝。1991～2001年,省、市、县共投资178万元,实施修建溢洪道、石块护坡、更换溢洪闸门等工程。其中,1991年,投资30万元,修建溢洪道陡坡;1992年,投资9.5万元,修建坝脚排水沟、溢洪闸水泥钢丝网;1997年,投资8万元,更换进水闸钢闸门1个;1998年,投资50万元,建贴坡反滤工程480米;2000年,投资10万元,新建放水涵洞1个,砌块石670立方米;2001年,投资70万元,改换溢洪闸门4个。2008年,未实施桂五水库加固工程。

图7-7　桂五水库

五、山北水库

图 7－8　山北水库

山北水库总库容 1042 万立方米，兴利库容 605 万立方米，灌溉农田 2543 公顷。1989 年 9 月，省水利厅投资 87.4 万元，加固大坝，建溢洪道、防汛路，修橡胶坝及工作桥。1991～1992 年，省水利厅共投资 58.66 万元，建第二级跌水、修防洪路、修放水涵洞、加固大坝戗台等工程。1993～1994 年，省水利厅共投资 15.34 万元，修堤坝护坡 300 米、砌块石 1586 立方米，建溢洪闸下游挡土墙。1995～1996 年，省水利厅共投资 29.9 万元，堤坝灌浆、护坡。2006～2007 年，省水利厅共投资 21.3 万元，进行堤坝灌浆、护坡，整修涵洞，配置电动机。2008 年，未实施山洪水库加固工程。

六、小型水库

全县有小型水库 118 座，其中小(一)型水库 38 座、小(二)型水库 80 座。总库容 13859 万立方米，兴利库容 7597 万立方米，灌溉农田 16866.7 公顷。1986 年起，省、市水利部门多次拨款对盱眙县小型水库进行除险加固，修建配套建筑物。至 2008 年，省、市、县共投资 1352.75 万元，实施小型水库堤坝加固工程，其中投入 1130.14 万元，加固 10 万元以上小型水库项目工程见下表。

1986～2008 年盱眙县部分年份小型水库投资 10 万元以上除险加固和配套工程情况一览表

表 7－5

年份	水库名称	投资(万元)	大坝加固情况			改换闸门		整修溢洪道(处)	整修消力池(个)
			大坝复土(万立方米)	大坝护坡		个	规格		
				块石(万立方米)	护坡长度(米)				
1987	中山岗水库	16.0	–	–	–	1	60×60	1	–
1988	兴隆水库	19.8	0.90	0.69	850		–	–	–
1990	羊角塘水库	18.0	–	0.08	400	–	–	1	1
1992	长港水库	20.0	0.60	–	–	–	–	1	1
1992	兴隆水库	10.2	1.40	–	–	–	–	1	–
1995	团结水库	17.8	–	0.04	250	1	50×50	1	1
1996	千柳水库	10.0	–	–	–	–	–	1	1
1996	兴隆水库	25.6	3.20	–	–	–	–	1	–
1997	中山岗水库	12.0	4.00	–	–	–	–	–	–
1997	青草湖水库	15.0	5.00	–	–	–	–	–	–
1997	植港水库	12.0	4.00	–	–	–	–	–	–
1997	大麦港水库	12.0	4.00	–	–	–	–	–	–

续表7-5

年份	水库名称	投资(万元)	大坝加固情况			改换闸门		整修溢洪道(处)	整修消力池(个)
			大坝复土(万立方米)	大坝护坡		个	规格		
				块石(万立方米)	护坡长度(米)				
1998	岗村水库	10.0	2.00	-	-	-	-	-	-
1998	叶湖水库	17.5	3.50	-	-	-	-	-	-
1998	曹港水库	12.0	2.00	-	-	-	-	1	-
1999	石坝水库	19.1	0.10	-	-	1	0.4×0.4	1	1
1999	青年水库	21.04	0.58	-	-	1	0.6×0.6	1	1
1999	柳坝水库	15.00	-	-	-	-	-	-	-
1998	团结水库	11.3	1.06	-	-	-	-	-	-
1999	仙墩水库	25.0	10.00	0.055	600	2	60×60	-	-
1999	朱洼水库	12.0	-	-	-	-	-	-	-
1999	大朋水库	26.8	-	-	-	-	-	-	-
1999	和平水库	20.0	-	-	-	-	-	-	-
2002	苏郢水库	14.0	1.50	0.017	120	2	0.4×0.4	1	1
2003	千柳水库	12.0	2.00	0.04	200	-	-	-	-
2003	前庄水库	13.0	-	0.320	270	-	-	-	-
2004	纲要水库	12.0	4.00	-	-	-	-	-	-
2005	八仙台水库	12.0	0.50	-	-	-	-	1	-
2005	蔡港水库	230.0	4.00	0.300	800	1	80×80	1	1
2005	龙头港水库	102.0	0.20	0.850	532	1	0.8×0.8	1	-
2006	簸箕湾水库	93.0	0.380	0.137	400	1	80×80	1	1
2006	长丰水库	20.0	6.00	-	-	-	-	-	-
2007	小银港水库	109.0	1.20	0.200	34	-	-	1	-
2007	火石山水库	135.0	2.50	0.850	380	-	-	1	1

附:龙眼水库

2003年5月24日,位于盱城镇八一广场旁、东方大道两侧的龙眼水库一期工程竣工。龙眼水库为两个近似三角形的蓄水塘,如同两只龙眼位于东方大道两侧,故称“龙眼”。该水库由县直19个单位共同出资,县教育局牵头组织实施,工期45天,水库占地13.3公顷,库容量25万立方米,两库堤全长1790米,库堤内侧由混凝土块状砌面。

图7/9 龙眼水库一期工程施工中

第二节 机电站维修

一、机、电灌站

全县灌区机、电站有:东灌区一、二、三级电灌站位于洪泽湖南岸,以洪泽湖为水源的中型灌区之一,灌区361.9平方千米,灌溉观音寺镇、马坝镇、黄花塘镇55个村耕地18907公顷;清水坝电灌站分一、二、三级站,负担龙王山水库、桂五水库、山牤水库、化农水库的水源补给,灌溉中部地区9个乡镇26474公顷农田;姬庄电灌站系二级提水灌溉工程,分别位于管镇街北和管镇街南;桥口电灌站是两级提水灌溉工程,位于鲍集镇东;河桥电灌站是排、灌两用站,位于河桥镇西洪山头,一级站在大莲湖圩堤西,系排灌结合站,二级站在赵庄,是单灌站;淮峰机电站位于河桥镇裂山西部,为二级提水上岗灌溉工程;周嘴机电站位于河桥镇北、淮河南岸,以排涝为主;官滩电灌站位于官滩镇区西北,三墩电灌站位于官滩镇三墩村,堆头水轮泵站位于三河闸下游南岸,均属提水灌溉泵站。

1986年春,省水利厅投资136万元,东灌区一级站增建电机4台,架设电线8.5千米;利用国家粮食开发资金72.65万元,二级站增装电机3台、三级站增装电机2台、改建机房及干渠配套建筑物。1987年春,省水利厅投资15万元,东灌区三级站增装电机5台。1989年,省水利厅投资460.022万元,整修姬庄电灌站一、二级站,堆头水轮泵站改泵增建电机2台,拆除三墩电灌站改装电机4台,更换三墩电灌站电机7台,改建管滩电灌站机房和增添电机5台,更换管滩电灌站电机8台,并改建机房。1990~1992年,省水利厅共投资268.46万元,新建东灌区一、二、三级站干渠配套建筑物62座;建周嘴机电站一级排灌站和二级电灌站,增装周嘴机电站电机1台;整修堆头水轮泵站引水渠和建配套工程18座。

2000年9月,堆头水轮泵站拍卖给个人经营管理,投入改造资金800万元,新增75千瓦发电机组13台套,总装机975千瓦,水轮泵由12台,每台0.1立方米每秒扩容至每台0.2立方米每秒,新建引河护坡1千米,年发电300万度、提水灌溉面积3万亩,年经济效益50万~60万元。2001~2002年,省水利厅共投资378.8万元,清淤清水坝电灌站3.5千米引河,建浆砌块石挡浪墙;修建桥姬庄电灌站涵闸17座。

2004年,中央财政投资750万元、省财政投资525万元、市财政投资150万元、县财政投资75万元,乡村自筹369.18万元,共投资2239.18万元,实施东灌区一级站引河清淤和改造工程,建二级站渠道配套建筑物26座,砌出进渠道护坡石2.5千米,建三级站渠系配套建筑物5座、灌区自动化监测与量水设施。2005年11月完成。2005年3月,国家投资48.44万元,建东灌区灌溉自动监测系统。2006年,省水利厅投资130.53万元,新建周嘴引河水闸1座,整修三墩电灌站桥涵闸22座,新建官滩电灌站主渠道桥涵123座,实施清水坝灌区一、二、三级站改造工程。至2007年,省水利厅先后共投资205万元,维修桥口电灌站7次,装机11台,配水泵11台,修筑一级干渠3条长12.1千米、二级干渠4条长10.35千米。2008年,水利部门投资10万元,维修河桥电灌站设备。淮峰机站拆除13台机组,保留一级站2台机组,机房及办公用房因无人管理有不同程度损坏。年底,改造清水坝灌区工程正在进行。

图7-10 东灌区二级电灌站

二、小型机电站

1986年,乡镇管理小型机电站354座,有柴油机242台、电动机427台,总灌溉面积31295公顷,排涝面积31348公顷。至1992年,全县共报废效果差、管理乱的小型机电站30座。2008年,县、乡投资100余万元,将全县小型机站242台柴油机全部改为电动机。

第三节 圩区建设

一、沿淮河圩区

区内面积较大的圩有:城根圩,位于盱眙淮河大桥西,堤长10千米;哈滩圩,位于淮河镇境内,堤长15.6千米;腰滩圩,位于淮河镇境内,堤长19.6千米;大莲湖圩,位于河桥镇境内,堤长4千米,有东西截水沟13千米;猫耳湖圩,位于河桥镇境内,堤长2.2千米;仙墩湖圩,位于肖嘴、铁佛二乡交界处,堤长2.3千米,水闸1座。

1986年,省水利厅投资42.5万元,建猫耳湖圩大堤挡浪坪2.1千米,建排水闸1座。加固城根圩圩堤,建机电站5座、配套桥涵4座。1987年,县湖管局投资37万元,护坡仙墩湖圩堤2080米。

1991~1992年,蛤滩圩因水灾破圩后,省水利厅投资,实施加固圩堤工程,建电排站6座,配套桥涵27座;哈滩圩加固圩堤6.5千米,建机电排灌站7座。至1999年,大莲湖圩在10年之间,黄淮海开发资金投入100万元,建周嘴一级站,装机5台,大莲湖主堤加固,建桥涵闸60座、机电站4座。2000~2008年,沿淮河圩区未实施加固工程。

二、沿团结河圩区

位于铁佛镇、兴隆乡境内。1992年10月,淮河水利委员会投资293万元,建防洪撤退路2条23千米,配套桥涵闸31座。2008年,团结河圩区尚存圩11个,圩内装柴油机26台、电动机18台,配套桥涵闸165座,被淮河水利委员会确定为生产圩。

三、沿洪泽湖圩区

区内共有圩区18个,建有电灌站42座,配套桥涵168座,主要分布于官滩镇、三河农场、维桥乡、高桥乡、马庄乡沿洪泽湖周边地段。位于官滩镇境内较大的圩区有:金大圩,主堤长4千米,港堤长1.7千米;武小圩,主堤长4千米,港堤长1.7千米。王桥圩,位于官滩镇境内、洪泽湖南岸,主堤长2.2千米,港堤长1.7千米;永华圩,位于维桥乡境内,主堤长4.5千米;三河农场圩,位于武小圩南、洪泽湖西,由三河老圩、七区圩、八区圩、九区圩组成,圩堤长8.25千米。

1988年,省水利厅投资3万元,改金大圩排灌南站机站为电站;王桥圩扩建机电排灌站1座,架设变电线路5千米。1989~1990年,省水利厅投资23万元,加固金大圩圩堤,建配套建筑物8座;将永华圩机站改为电站。1991年,利用黄淮海开发资金31万元,护坡金大圩圩堤,建排灌机电站,架设输电线路1.2千米;加固永华圩圩堤4千米。1992年,县政府两次投资7.6万元,将武小圩机站改为电灌站。省水利厅投资13.3万元,建成三河农场圩机站10座、桥26座;加固王桥圩堤,建配套建筑物38座。1993~2008年,未实施沿洪泽湖圩区建设工程。

四、沿仇集大涧圩区

位于仇集镇境内,建圩11个,圩区内有桥涵闸38座。1986年起,实施沿仇集大涧圩区建设工程。至1990年,省水利厅共投资62.63万元,建桥涵闸44座,其他配套建筑物17座。1991~2008年,未实施仇集大涧圩区治理工程。

五、沿入江水道圩区

区内有汪木排河圩区,位于观音寺镇境内东部,长43.95千米,有排涝站7座,配套桥涵10座。

1986年,省水利厅投资58.1万元,建永丰一级站、洼地圩机站改电站、架设输电线路7.9千米及维修水闸3座。1987~1992年,省水利厅先后共投资168.6万元,完成整修水闸3座、修水闸电机、建电灌站1座、圩堤护坡和机站改电站及配套工程。1993~2008年,未实施汪木排河圩区建设工程。

2008年盱眙县圩区水利基本情况一览表

表7-6

圩区名称	面积	装机				流量(立方米/秒)	工程量			
	总面积(平方千米)	电机(台/千瓦)	柴油机(台/马力)	变压器(台/千伏安)	水泵(台)	排水	土方(万立方米)	浆砌块石(立方米)	干砌块石(万立方米)	混凝土(立方米)
沿淮河北堤圩区	64.01	55/2625	36/2082	21/3770	91	38.49	689.7	15450	1190	1700
沿淮其他圩区	115.18	62/3028	58/3234	27/4405	120	42.02	843.5	17354	29740	1298
沿团结河圩区	33.47	18/740	26/1348	6/1157	44	15.3	191.0	5250	2454	1635
沿仇集大涧圩区	10.19	2/72	2/116	2/150	4	-	145.2	3950	3200	586
沿洪泽湖圩区	77.19	89/3964	5/295	41/5520	94	55.09	340.8	10618	29018	2125
沿入江水道圩区	37.33	27/1355	9/567	11/2100	36	16.38	268.7	1956	-	421

第四节 小流域治理

小流域,是指面积小于50平方千米的地面水和地下水天然汇集的区域。小流域治理工程,是防治水土流失,保护、改良与合理利用水土资源的综合治理工程。在治理过程中,根据流域特点,采取山、水、田、林、路综合治理措施,使工程措施、生物措施和耕作措施各尽其能,相互补充,相互促进,充分发挥小流域水土资源的经济效益和社会效益。盱眙境内按自然集水区划分小流域160条,水土流失面积1559平方千米。

1986年,治理小流域2个,营造水保林180公顷,拓植经济林150公顷,封禁治理420公顷,坡改梯530公顷,配套小型水保建筑物56座,治理水土流失11平方千米。1993年,全县投资204.72万元,投工81.55万工日,完成土方151.34万立方米,治理古桑乡磨涧片、龙山乡长山片、河桥乡西南片、仇集乡黑头港片和清明山片、古城乡安乐片、水冲港乡桂五片和山岸片、王店乡周港片、旧铺镇双营片,共治理1143公顷。

图7-11 水冲港乡利用水土资源综合治理防治水土流失

1995年,以乡为单位,先后组织两次丘陵山区开发治理大会战,投入劳力4万多工日,风钻150台,完成土石方380万立方米,治理水土流失20平方千米,其中等高条垦1033.33公顷。1997年,县委、县政府加快县城区小流域治理,关闭城区所有采矿点,进行造景式恢复治理;对老城区进行改造,显山露水;对城区山头进行封闭治理,统一规划居民小区,住在山坡居民拆迁;对城区进行绿化建设,建休闲游园;对流经城区的河道、沟道进行整治,加固河、沟堤,硬化河、沟底,绿化河、沟岸;板块绿化城区裸露地。

2000年,盱眙县被国家水利部、财政部命名为全国水土保持生态环境建设示范县。2001年,结合产业结构调整,开展陶山、林山、罗营、老君山、民建、八仙台、三元、陡山、新华9个小流域治理,营造水保林166公顷,疏林补密156公顷,封禁治理452公顷,新植经济林254公顷,改造中低产田581公顷,坡改梯280公顷,配套建筑物87座,完成土石方128.5万立方米,治理水土流失20.3平方千米。在山区布设小流域监测桩600余根,实行水土流失动态变化监测。年底,盱眙县被省水利厅评为江苏省水土保持生态建设示范县。

2003年,编报矿区水土保持方案17份。在13条小流域布设不同类型的水保动态监测固定站点2处;在陡山、老君山、八仙台小流域中,建成集水保、节水、农业综合开发为一体的农业产业园。2005年,投资200万元,治理蔡港、林山小流域17.13平方千米。

至2008年,全县小流域治理工程总投资3456.5万元,其中国家补助1232万元、地方财政投入1080万元、群众自筹资金1144.5万元。山区片水土保持治理8片、小流域106条,治理耕地11889公顷,营造经济林3140公顷、生态林1327公顷,种草1720公顷,挖大口井80眼,建农田和经济林间配套桥169座、涵1083个、闸60座,建小型机电站10座,建成林山、庙山、凤山等11条沟涧以及24级梯级拦水坝,建塘坝184面、谷坊212座。治理朱郢、陶山、白虎山、杜梁山4条小流域。

第三章 灌溉 排涝

第一节 机电灌溉

1986年春夏,境内干旱少雨,全县机电提水8000万立方米,灌溉农田2万公顷,耗资85万元。1992年4月起,持续干旱少雨,全县123座中、小型水库达到或接近死水位,人、畜缺少饮水。县委、县政府4次召开抗旱工作会议,印发《关于全力以赴抗旱防灾抢种的意见》,转发县水利局《当前抗旱夺水的意见》。由于淮河上游断水、洪泽湖低于死水位,沿淮河、洪泽湖乡镇提水要挖10多千米引水渠道,部分乡镇架机电翻水1~2级。全县组织3600台机泵抽水灌溉,耗资1500万元。1999年7月,全县发生严重旱情,县委组织马坝镇、马庄乡、高桥乡、黄花塘乡民力清淤堆头机电站引河和开挖水渠。全县提水、放水2.45亿立方米,机电站提水1.8

图7-12 桥口电灌站

亿立方米，水稻按时栽插4.73万公顷。当年，盱眙县防汛抗旱办公室被省防汛防旱指挥部办公室评为先进单位。2004年11月，境内丘陵山区发生旱情，全县机电站提、放水量1.9亿立方米。2007年4～6月，全县旱情严重，县水务部门组织机电站抽淮河水补库塘500万立方米。至2008年，全县抗旱灌溉共120.51万公顷。

1986～2008年盱眙县抗旱情况一览表

表7－7

年份	机电泵站提水（万立方米）	蓄水（万立方米）	合计（万立方米）	实灌面积（万公顷）	年份	机电泵站提水（万立方米）	蓄水（万立方米）	合计（万立方米）	实灌面积（万公顷）
1986	6704	10375	17079	4.23	1998	10383	8462	18845	5.42
1987	3219	3062	6281	4.49	1999	12459	9579	22038	5.69
1988	4047	8065	12112	4.85	2000	10283	9194	19477	4.36
1989	7213	9625	16838	4.86	2001	7620	11630	19250	5.48
1990	6814	11637	18451	4.98	2002	7840	8230	16070	5.45
1991	3024	10883	13907	5.25	2003	1140	4060	5200	3.30
1992	6886	15784	22670	5.93	2004	4395	4090	8485	5.57
1993	5150	22800	27950	5.18	2005	3000	3940	6940	5.78
1994	15500	29020	44520	5.98	2006	22575	11298	33873	5.78
1995	28399	23100	51499	5.36	2007	6670	8280	14950	4.99
1996	15948	19367	35315	5.78	2008	1850	8250	10100	6.04
1997	18982	23998	42980	5.78					

第二节 机电排涝

1986年6月11日～8月6日，境内连降大雨，雨量800.1毫米，受淹农田1.2万公顷。沿淮河、洪泽湖乡镇机电站开足马力排水，抢修险工险段。由于淮河上游来水量增大、机电站排涝能力有限，大多受淹农田未能及时排渍。1987年8月，境内降雨850.7毫米，沿淮河8个乡镇成灾农田8000公顷，淮河乡的前进村、光明村280户1400多人被洪水围困。全县投入排涝机组344台（套），耗柴油870吨，用电22万千瓦时，灾情得到控制。

图7－13 1991年，省里派排涝队为境内农田排涝。

1991年6～9月，境内降雨1199.7毫米，加之淮河上游客水，造成大部分圩区已收割的小麦被洪水冲走，团结河下游东堤漫水，致使渡口圩决堤50米。县委、县政府调集218台（套）排涝机械投入排水，从省抗洪排涝总队借调柴油机252台(套),耗资300万元,用40天排出全部积水。

2003年7月,境内普降大雨,降雨量902毫米。由于淮河上游客水下泄、加之连降大雨,境内沿淮河、洪泽湖地区水涝严重,受灾地段最高水深1.8米。受灾地区投入柴油机648台、电动机335台,耗柴油579吨,用电1167万度,排涝耕地3.11万公顷,排水量3.1亿立方米。当年,县水务局被市委、市政府评为抗洪抢险救灾工作先进集体。2007年7月,全县普降大雨,流域平均降水137.6毫米,由于防汛措施完善,内涝不重,仅有少量机械投入使用。至2008年,全县农田排涝共824643公顷。

1986～2008年盱眙县排涝情况一览表

表7-8

单位:公顷

年份	面积	年份	面积	年份	面积
1986	34905	1994	23059	2002	31661
1987	34986	1995	35985	2003	69363
1988	22116	1996	43703	2004	27329
1989	27046	1997	41123	2005	35906
1990	33036	1998	45366	2006	27889
1991	53967	1999	24061	2007	36089
1992	43912	2000	37271	2008	32081
1993	36897	2001	26892		

第三节 蓄水灌溉

1986年,全县5座中型水库集水面积312.2平方千米,总库容2.02亿立方米,兴利库容1.15亿立方米;118座小型水库集水面积264.94平方千米,兴利库容7022万立方米,灌溉面积1.43万公顷。全县塘坝5280面,蓄水7861万立方米,控制灌溉农田4.78万公顷。全县依靠蓄水灌溉的农田大多集中在丘陵山区。遇到大旱年份时,库塘蓄水无法满足农田灌溉需要。1990年起,部分高岗山坡改种粮为种植经济林,提升农作物抗旱能力,减少灌溉面积。1995年起,全县库塘大多承包给个人从事养殖业,加之灌溉费用增加,农田意杨栽植面积增加,经济作物面积增多,农田灌溉逐渐减少。2008年,一般年份、干旱年份塘坝灌溉面积分别为48993公顷、17560公顷。

图7-14 化农水库

2008年盱眙县各乡镇塘坝蓄水灌溉情况一览表

表7-9

乡镇名称	塘坝数（面）	塘坝兴利库容（万立方米）	复蓄系数		灌溉面积（公顷）	
			一般年	干旱年	一般年	干旱年
盱城镇	226	336.5	3	1	2233	746
马坝镇	921	1371.2	3	1	9146	3053
官滩镇	206	306.7	3	1	2047	680
旧铺镇	821	1222.3	3	1	8153	2713
桂五镇	175	260.6	3	1	1586	580
管镇镇	123	183.1	3	1	1220	407
河桥镇	150	223.3	2	1	986	499
鲍集镇	99	147.4	3	1	986	326
黄花塘镇	849	1264	3	1	8426	2813
明祖陵镇	89	132.5	3	1	886	293
铁佛镇	52	77.4	3	1	513	273
淮河镇	91	135.3	3	1	900	300
仇集镇	123	183.2	2	1	813	406
观音寺镇	297	442.2	3	1	2947	980
维桥乡	208	309.7	3	1	2067	686
穆店乡	343	510.7	2	1	2266	1133
王店乡	221	329.1	2	1	1459	733
古桑乡	144	214.4	2	1	953	473
兴隆乡	142	211.4	3	1	1406	466

说明：复蓄系数是指蓄水工程设计中年供水量与兴利库容比值。

第四节　井灌　喷灌

一、井　灌

1986年，凿井主要为改善农村居民饮用水质量，未实施井灌，只用于饮用，各乡镇开始陆续建设供水水厂，全年打井4眼，可供饮用1.8万人。1987年，打工业用水井1眼，为企业提供生产生活用水。

1991～1992年，为解决黄花塘、新街2个乡高岗地段的农田灌溉用水和居民饮用水问题，县井灌办公室与南京地质学校联合组织一支以物探勘测和地面调查为主的水文地质工作组，对2个乡54平方千米范围实施综合水文地质调查，调查所取得资料为该地区的地下水开发利用奠定基础。1992年，县井灌办公室采用激发激化物探测仪在旧铺镇、桂五镇、古城乡进行水文地质勘探，共测区83片，布线216条，控制面积940平方千米，定井96眼，成井53眼，建成54个村供水站。马坝镇、高桥乡、维桥乡、鲍集乡共15个村打农田灌溉井265眼，灌溉农田846.7公顷。

1993～1995年，淮河污染以后，城区内主要单位和部门建立独自供水系统，也为城区内总体供水安全形成一定水源保障网络。其间，打井20眼，受益9.3万人。1996年，省政府加大地方饮用水投入，适当给以补贴，解决饮用水安全问题。县农村安全饮水建设以省补加地方自筹资金形式，加大农村安全饮用水建设力度。至1999年，共打井51眼，受益25.2万人。2001年起，随着工业集中区企业增加，工业园区企业打井增加。

1995～2003年,县域山区片建大口井110眼,用于拦蓄雨水。县改水办在全县打井103眼,建水厂79座。2004年起,全县开始控制地下水开采,打井作业逐年减少。2008年,河桥镇玉皇山农业综合开发时,建立大口井6口、机井3口,用于农业开发灌溉。至年底,共打井184眼,受益72万人。

1986～2008年盱眙县井灌办公室打井一览表

表7-10

年份	打井数(眼)	饮水井		工业用水井(眼)	投资(万元)	年份	打井数(眼)	饮水井		工业用水井(眼)	投资(万元)
		眼	可供饮水人数					眼	可供饮水人数		
1986	4	4	18000	-	35	1998	7	7	32000	-	71
1987	9	8	40000	1	90	1999	17	17	85000	-	152
1988	9	9	43000	-	95	2000	13	13	60000	-	98
1989	7	2	29000	-	72	2001	9	9	27000	-	54
1990	10	8	40000	2	98	2002	3	3	8000	-	18
1991	3	3	15000	-	32	2003	4	4	16000	-	21
1992	5	3	15000	2	58	2004	3	3	8000	-	18
1993	7	5	23000	2	65	2005	4	4	16000	-	21
1994	6	4	20000	2	61	2006	5	4	16000	1	26
1995	15	11	50000	4	143	2007	11	2	10000	9	55
1996	12	12	60000	-	132	2008	6	6	14000	-	30
1997	15	15	75000	-	154	合计	184	156	720000	23	1599

二、喷　灌

1986年,盱城镇投资3.8万元,在沙岗村蔬菜种植区打深井3眼,喷灌蔬菜13.33公顷。十里营乡投资4.04万元,在八里岔打深井4眼,喷灌粮食种植面积13.33公顷。1996年,省计经委、农委等单位投资200万元,在水冲港乡姚山小流域建立一期喷、滴工程,建成天池(又称"大口井")1座,蓄水容量3500立方米,灌溉面积13.33公顷;钻深井1眼,建一、二级泵站各1座,总扬程89米,从簸箕湾水库提水入天池,建输水管与大口井连通。1997年4月竣工。1999年投资56.9万元,建设王店乡北山村雨山组和高郢组建固定喷灌工程,喷灌水源为塘坝蓄水,喷灌作物为中药材,灌溉面积26.67公顷。淮河乡沿河村建喷灌设施,喷灌面积66.67公顷。水冲港乡在山洪后山片板栗园中建喷、滴灌二期工程,喷灌面积10公顷。2006～2008年,河桥镇玉皇山农业综合开发项目投资5000万元,建立滴灌设施,灌溉面积1300公顷。

图7-15　王店乡杜山喷灌

第四章 水务管理

第一节 机 构

1986年，县水利局设人秘股、工程股、工管股、财务股。1994年，成立盱眙县水资源管理所。1999年，成立17个基层水政监察站。2000年1月，县水轮泵站拍卖，划出县水务局。2001年1月，乡镇水利站由原来的30个撤并为19个，乡镇水利站更名为水务站，由水利局直接领导，并接受乡镇党委、政府工作指导。2002年4月，县水利局更名为县水务局，设办公室、财审科、规建科、工管科、水政科、防汛防旱办公室、河湖堤防管理处、水土保持办公室、水土保持监督站、水利设计室、水利职工学校、水利试验站、水资源管理所、水政监察大队。下属机构有乡镇水务站、水库管理所、机电排灌站。2005年5月，撤销盱眙县维桥河管理所、盱眙县淮河北堤管理所、盱眙县入江水道管理所，成立盱眙县河湖堤防管理处。2008年8月，化农水库管理所划归铁山寺管委会管理。

第二节 河湖堤防

1987年10月，县政府印发《盱眙县水利工程管理实施办法》加强河湖堤防管理。1990年，县水政执法大队开始对维桥河、高桥河执法检查，共查处水事违法案件4起、水资源案件63起。1992年，实施淮河盱眙段北堤清障，拆除违章建房27户62间，停止耕种6.7公顷。1993年，县水政监察大队清除入江水道(三河南堤)观音寺乡的席家滩3500棵阻水柳树。1995～1999年，实施沿洪泽湖周边圩区清障工作，平毁圩区19个，平圩堤3.54万米，开泄洪“口门”19个。其中，1996年7月，拆除违章建房1户3间，停止耕种农田16.7公顷；1997年，拆除维桥河堤上违章建房2户、迁移坟墓153丘，拆除高桥河堤上违章建房10户；1998年7月，三河南堤上迁移坟墓123丘；1999年7月，马庄乡孙湾圩和岗里圩填平鱼塘19面；淮河仁集乡和兴隆乡段平堤5485米，开泄洪“口门”7个；填平鲍集乡大嘴圩鱼塘29面，平堤1340米，圩堤开泄洪“口门”14个。2000年4月，淮河盱城段填平一撮毛滩鱼塘5面。2006年，盱眙县被市政府评为农村村庄河塘整治工作先进单位。至2008年，县水政监察大队发放临时占用堤防用户证48个，签订临时占用堤防合同，临时占用堤防2531平方米。共查处水事纠纷690起、水事违法案件1078起，处罚66.812万元。

图7－16 鲍集圩加固

1990～2008年盱眙县水政监察大队依法行政一览表

表7－11

年份	查处水事纠纷(件)	水事违法案件查处(件)					追回款(元)
		河道案件	水工程案件	水资源案件	水土保持案件	其他案件	
1990	–	–	4	63	–	–	–
1991	12	60	18	36	8	30	19970
1992	39	13	14	5	9	3	13150
1993	52	12	13	2	6	–	90000
1994	–	3	5	32	2	20	47000
1995	26	28	1	6	–	20	75000
1996	28	2	2	2	2	14	70000
1997	93	63	17	8	3	–	87000
1998	27	10	9	27	2	48	61000
1999	5	4	1	1	–	2	5000
2000	157	51	13	1	22	–	–
2001	7	19	4	–	1	–	–
2002	12	23	14	21	35	–	100000
2003	45	36	5	12	17	–	–
2004	19	2	15	13	12	23	–
2005	23	7	2	2	5	24	100000
2006	70	18	8	4	7	9	–
2007	40	19	1	2	–	1	–
2008	35	–	–	–	–	–	–
合计	690	370	146	237	131	194	668120

图7－17　徐洼水库

第三节 水资源

1986 年,境内平均地表水资源量 6.72 亿立方米,地下水资源量 2.17 亿立方米,水资源总量 8.71 亿立方米,人均水资源量 1251 立方米,属严重缺水区。县内有地表饮用水水源地 7 个,分别位于龙王山水库、化农水库、桂五水库、河桥水库、仇集大涧、管镇镇、观音寺镇。水量基本满足县内城镇工农业、生活等用水需求。其中,龙王山水库水源地主要为县城居民生活、工业和部分农业提供用水,属三级水功能区,全年水质均为Ⅲ类。规划淮河为备用水源地,属二级淮河盱眙饮用水源、工业用水区。

图 7-18 盱眙古河槽

1993 年,县水利局发放取水单位取水许可证 319 户,其中取地下水 45 户,取地表水 274 户。1994 年,水资源管理所核定用水单位取水口机泵型号、出水量、用水量和量水设施,完善用水手续。

1996 年,县水利局换发农业用水取水许可证 208 户,对工业用水量进行调查,为企业取水安装水表。江苏淮河化工厂新建热水回收冷却循环水装置,每年节水 880 万立方米,桓远染化有限公司创建节水型企业通过验收。农业用水推广节水灌溉 1.33 万公顷。1997 年,县水利局被省水利厅评为江苏省水利先进单位。1999 年,配备专兼职水政监察员 74 人,发放取水许可证 315 份。

2001 年,县水利局继续被省水利厅评为水利系统先进单位。2003 年,全县划定水功能区,竖立界碑,开展取水许可证年审,实行地下、地表水用户必须申领取水许可证、安装计量水表、建立取水台账、取水记录登记卡、设置地下、地表水使用牌制度。2005 年,县水务局被市委、市政府、淮安军分区评为双拥工作先进单位,被市委、市政府评为 2003~2005 年度淮安市文明行业,被市政府评为农村水利工作先进集体。

2006 年,对企业取用地下水的 61 眼水井全部实行一证、一表、一卡、一牌管理,对部分地下水用水大户和效益好的企业推广安装智能卡水表,对 13 眼水井逐日或逐月进行监测。完成桓远染化厂节水技改项目。完成城区和 18 个乡镇政府所在地 19 个集中供水工程和工业企业中 17 个用水大户的用水调查。登记城区浅层地下水井 44 眼,补办经营用水取水许可证 16 户。县水务局被江苏省精神文明建设指导委员会评为 2005~2006 年度江苏省创建文明行业工作先进行业。

2008 年,县水务局被市委、市政府评为实施脱贫攻坚工程优秀单位。至年底,全县共发放取水许可证 312 本,其中地表水 248 本、地下水 64 本,许可取水量 3.75 亿立方米。建成江苏红光化工有限公司、江苏淮河化工集团有限公司、江苏威盛电源有限公司省级节水型企业,盱眙县东灌区管理所、盱眙县清水坝电灌站被省水利厅评为省级节水型灌区,盱眙县惠源居小区、锦绣家园小区、富润花园小区被省水利厅评为省级节水型小区。全县建成省级节水示范项目 4 家,省级节水型单位 1 个,市级节水型学校 4 家。

第四节　水利规费征收

1994年,县水资源管理所开始对工业企业取用地下水和地表水征收水费,其标准:地表水0.101元/立方米,地下水0.145元/立方米。1996年,县政府下发《关于印发盱眙县水利工程水费核定、计收和使用管理实施办法的通知》,规定机电排灌站提水费收取标准。1997年,县物价局调整地下水资源收费标准。2001年5月,全县河道占用及堤防损失赔偿费、水土流失治理费及水土设施补偿费、水利工程水费开始征收,对收取的水利规费一律采取报账制,所收水利规费交县财政。2008年,对全县取水口、堤防占用工程、采石施工企业进行依法管理和依法收费。至年底共收取各种水利规费3633.692万元。

1994～2008年盱眙县水务局水利规费征收一览表

表7-12

单位:万元

年份	水资源管理所		河湖提防管理处	水土保持		供水公司水利工程水费
	地下水资源费	地表水资源费	河道堤防占用补偿费	规费	设施补偿费	
1994	12.00	–	–	–	–	–
1995	15.00	–	–	–		–
1996	18.70	–	–	–	–	–
1997	23.00	–	–	–	–	–
1998	30.11	–	–	–	–	–
1999	38.70	–	–	–	–	–
2000	41.10	–	–	–	–	–
2001	43.68	–	19.78	–	5.30	71.10
2002	49.69	–	36.89	–	15.03	154.60
2003	73.06	–	35.92	–	24.02	164.60
2004	31.01	46.70	45.41	25.79	25.78	167.90
2005	20.60	37.02	46.52	28.00	28.20	169.30
2006	22.06	6.00	73.01	27.15	27.15	499.00
2007	37.01	76.16	80.85	27.06	27.06	519.20
2008	33.97	0.90	80.01	27.00	–	525.60
合计	489.69	166.78	418.39	135.00	152.54	2271.30

第八篇　工　　业

1986年，盱眙县工业企业以国有、集体为主，军事工业以生产军工产品为主、民用产品为辅，乡镇工业处于起步期。全县有工业企业315家，总产值3.35亿元，销售收入2.58亿元，利税6900万元。其中，县属工业49家，总产值2.69亿元，销售收入1.32亿元，利税6500万元；乡镇工业266家，总产值6600万元，销售收入6500万元，利税400万元。军事工业产值3748万元，利税137万元。

1990年起，县委、县政府推行经济体制、管理体制、产权制度改革，采取国退民进、股份合作、整体拍卖、破产清算、土地出让等形式，国有、集体企业体制由计划经济向市场经济转型。

1993年，县委、县政府在五墩东路南侧、五墩南路东侧建立县经济技术开发区，总体规划面积6.18平方千米，启动区面积0.618平方千米，工业区建设用地位于主干道农校至粮食车队路段两侧。1996年，县委县政府实施工业强县发展战略，加大重点企业改造，推进企业改制，采取"先售后股、整体拍卖、组建企业集团"等方式，改制国有、集体工业企业体制。年底，国有企业破产3家，集体企业"先售后股"79家、兼并和托管11家、拍卖5家。

2001年，县委、县政府在果园场东南部、盱马路东侧开始建设新的盱眙县经济开发区（县工业园区），当年引进企业22家。2004年，全县乡镇工业企业改制全面结束，集体工业企业均改制为民营企业，国有工业企业相继整体出售。2006年，县工业园区升格为江苏盱眙经济开发区，开发区开发公告面积25平方千米。各乡镇相继新建工业集中区，企业固定资产投入小于500万元企业进入乡镇工业集中区。

2008年，国有、集体工业企业改制基本结束，民营工业企业占领主导地位，全县工业产值114亿元，销售收入105.24亿元，利税5.99亿元。其中工业园区企业458家，产值100.3亿元，税收19780万元。至年底，全县累计有工业企业515家，其中落户盱眙经济开发区企业458家，投资亿元以上企业80家，列统企业114家，初步形成凹土开发、钢管轴承、电子电器、纺织服装、机械制造五大产业。

第一章 体　　制

第一节 国有工业

1986 年，盱眙县工业经济以计划经济为主体，国有工业占主体地位，形成医疗机械、粮油食品加工、建材、化工、服装等产业布局。1987 年起，县委、县政府加强国有工业企业管理，实施效益升级、节约能源、节支增效举措，推动工业企业逐年增产增效。

1993 年起，县经济委员会下放国有工业企业经营决策权、产品劳务定价权等 14 项权利，实施干部聘用制、全员劳动合同制、承包经营制，产值逐年增加。对亏损严重的江苏省医疗器械厂、县织布厂、县造纸厂，实行“脱壳经营”，组建新企业，实行资产、债务重组，摆脱亏损局面，实现扭亏为盈。

1995 年，全县国有企业年产值超千万元 17 家；因管理不善、资金短缺，亏损 16 家，亏损 937 万元。1996 年，县政府出台《关于全县骨干企业实行滚动管理的意见》，对 17 家国有骨干工业企业生产能力、经营状况、市场前景进行分析，采取信贷优先扶持政策，促其增产增效。江苏狼山水泥厂、江苏华东机床厂、县面粉厂、县植物油厂等重点企业年产量稳中有升。县皮革总厂因产品滞销，产量下降，亏损 7500 万元；县水泥制品厂、县造纸厂、江苏第一泉酒厂破产，破产企业总资产 1107 万元，总负债 2378 万元，核销呆账 1600 万元，安置职工 675 人。

1997 年，县政府重点扶持年销售千万元工业企业，推行县直机关与重点工业企业结对帮扶政策，做到电力优先保证、运输优先安排、计划优先拨付，并纳入目标考核，扶持重点工业企业增产增效。对特困工业企业实行“一厂一策”方式，指导、帮助特困企业扭亏。年底，全县国有工业企业亏损 18 家，亏损 1150 万元。

1998 年，对扭亏有望的国有工业企业实行帮扶对象不变、帮扶措施不变、奖励办法不变、扶持资金不变的政策，江苏狼山水泥厂、江苏第一泉酒厂、县采石公司、县瓦厂从停产半停产转入正常生产。1999 年，全县国有工业企业产值超千万元 29 家，亏损 22 家。

图 8－1　1986 年的江苏狼山水泥厂

2000 年，全县国有工业企业亏损 8 家，亏损 369 万元，比 1999 年下降 63%；盈利 9 家，比 1999 年增长 34%。8 月起，县帆布厂、印刷厂、江苏狼山水泥厂、面粉厂、植物油厂等 16 家工业企业相继整体出售。2001 年，全县国有工业企业亏损 16 家，亏损额 596 万元。2002 年，全县国有工业企业改革的重点是建立国有资产管理体系，组建国有资产控股公司。2003 年，县华东机床厂、楚东面粉厂、葡萄糖厂、江苏第一泉酒厂等工业企业的部分资产出让。

2004年，全县组建控投工业企业，退出国有资本9014万元。做好结欠职工社会保险费、职工个人欠款、职工经济补偿金“三兜底”工作。2008年，全县只有江苏第一泉酒厂、江苏华东机床厂等4家国有工业企业改制尚未结束，处于半停产状态。

第二节　集体工业

1986年，全县有县属集体工业28家，城镇集体工业22家，乡办工业216家，主要生产建材、采矿、服装、纺织、农具等产品。1989年，县委、县政府利用玄武岩矿石、水泥用石灰岩、凹凸棒石黏土等矿产优势，扶持采矿业，乡镇集体采石企业快速发展，成为全县主导产业。

1991年起，县委、县政府定期研究企业帮扶重点，实施一厂一策措施，强化领导，寻找市场，主攻集体建材工业。集体工业企业主管部门，采取有效举措，全县集体工业企业产值逐年提高。1995年，县委、县政府在全县集体工业企业中实施“三改”（深化改革、技术改造、管理改善）、推动“四上”（企业上规模、产品上档次、管理上水平、效益上台阶），集体工业企业产出率明显提高，打石山水泥厂等7家集体工业企业产值超千万元。

1996年起，按照县政府关于“产权清晰、权责分明、政企分开、管理科学”的体制改革要求，对集体工业企业实行改组、改造、租赁、兼并、拍卖等形式，改制集体工业企业。年底，改组、改造集体企业占总数83.5%。其中，“先售后股”79家，兼并、托管11家，拍卖5家。

1997年，集体工业围绕“增加总量，扩大增量、盘活存量”的思路，内抓管理，外抓市场，全县超千万元的集体工业企业增加到11家。县染化厂、江苏都梁电缆公司产值超5000万元。同年，先后采取先售后股、出售拍卖等形式，改制集体企业35家。

1998年，集体工业企业改制，拍卖12家，协议出让93家，售租结合84家。1999年，全县集体工业企业出售2家，售租结合34家，股份合作制1家，股份制1家。

2000年，全县集体工业企业突出成本、质量、奖金、用工管理，实行费用包干、经营者家庭财产风险抵押制。2001年起，全县加大企业产权制度改革力度，鼓励发展私营、个体工业企业，集体工业企业资本逐步从企业中退出。

2003年，改制集体工业企业6家，筹集改制资金6000万元，置换职工身份2600人。2008年，全县有大明宫酒业集团公司等3家集体工业企业改制不彻底，保留集体企业性质，其他均改制为私营工业企业。

第三节　私营个体工业

1986年起，盱眙县工业经济处在计划经济时期，全县无私营企业。1993年，县委、县政府采取政策、资金扶持措施，鼓励发展私营工业企业，私营企业处于起步期，全县发展私营企业2家。1996年起，县委、县政府加大国有、集体工业企业体制改革力度，通过租赁、兼并、参股、收购、拍卖等形式，发展私营企业、民营工业企业3家，数量、产量、产值逐年攀升。

2000年起，县委、县政府建成工业园区，开展招商引资，全县私营企业落户县工业园区，私营个体工业进入快速发展期。当年全县有私营企业14家。2004年起，县委、县政府实行加快民营经济发展战略，对私营企业采取政策扶持、贷款支持的举措，全县私营企业迅速发展壮大。当年全县私营企业发展到107家。2007年，私营工业企业销售收入超亿元1家，超5000万元6家，超500万元34家。2008年，全县私营企业共458家，注册资金21.2亿元。

第四节 股份制工业

1998年起,县委、县政府推广股份制改革,县供电局和县水泥制品厂落实县委会议精神,以投资入股形式成立强力制杆有限公司,成为全县第一家股份制试点企业,生产电杆被电力工业部定为优质产品,准予进入国家电网建设使用。当年股份制工业企业有2家,销售收入3100万元、利税20万元。

2000年,县政府将县水产公司和县水泥制品厂作为股份制合作试点,分别组建盱眙县都梁水产有限公司和盱眙县第一水泥制品厂,由企业法人和职工出资入股。县粮化总厂、县华东机床厂作为县属企业"增量扩股"改革试点。其中,县粮化总厂职工募股40万元,占注册资本80%;华东机床厂职工募股75.4万元,占注册资本的14.34%。县水产有限公司、县第一水泥制品厂改制后,分别实现利税28万元、140万元,比改制前1995年分别增加17%、14%。

2005年起,县委、县政府推广股份制改革经验,协调银行部门向重点股份制企业放贷;供电部门推行用电优惠政策,降低用电成本。当年股份制工业企业数量67家,销售收入16.03亿元、利税1.83亿元。2007年,对股份制企业进行督查,查出76家企业改革不规范,其中关停16家股份制工业企业,60家补办相关手续。

2008年,大部分股份制工业企业改制为民营工业企业,股份制工业企业数量15家,销售收入9.27亿元、利税740万元。

1998~2008年盱眙县股份制工业企业情况一览表

表8-1 单位:个、亿元

年份	企业数量	总产值	销售收入	利税	年份	企业数量	总产值	销售收入	利税
1998	2	0.33	0.31	0.02	2004	42	15.92	15.27	1.72
1999	8	3.19	3.09	0.21	2005	67	18.17	16.03	1.83
2000	9	2.79	2.58	0.22	2006	89	13.16	10.15	10.30
2001	16	6.37	8.52	0.39	2007	162	7.99	7.66	0.68
2002	21	1.51	1.13	0.15	2008	15	10.31	9.27	0.74
2003	41	15.35	9.47	0.63					

第五节 "三资"工业

1986年,全县无"三资"工业企业。1992年,全县有"三资"工业企业1家,由台湾商人王天庆出资,成立鸿庆奥土公司,生产加工凹凸棒石黏土系列产品。1993年,出台"三资"企业优惠政策,吸引"三资"企业落户盱眙地区。全县引进"三资"工业企业10家,引资额194.72万美元,出口62.4万美元,主要从事水产养殖加工、电子产品制造、制冷设备安装。

1994年起,县委、县政府继续实施"三资"企业优惠政策,落户盱眙的"三资"企业得到实惠,投资盱眙的企业逐年增加。至2000年,全县批准落户盱眙"三资"企业主要来自新加坡、日本和中国香港、台湾,当年引进"三资"工业企业3家,引资额47.88万美元,出口32万美元,主要从事制冷设备安装、水产养殖加工、电子产品生产、保健茶开发、果蔬种植业、磷甲苯胺、机床和凹凸棒石黏土等产品,出口美国、新加坡、以色列、德国、日本、韩国等国家。

1995 年,县外经委组织人员参加'95 华东外贸交易会、广东外贸交易会,接待美国、新加坡和中国香港、台湾客商 100 多人,洽谈意向性投资项目 7 个。1997 年,全县"三资"企业开业投产有盱眙骏达汽车修配有限公司、盱眙福如汽车检测有限公司。全县有"三资"工业企业 4 家,引资额 450 万美元,出口 20.6 万美元。

2001 年,全县"三资"工业企业以食品、化工、纺织、打火机、服装、仪器等行业为主,产品出口新加坡、日本、韩国等国家。2008 年,全县"三资"企业 25 家,引资额 98 万美元,出口 1598.39 万美元。出口销售超千万美元以上 7 家,主要从事加工生产凹凸棒石黏土系列产品、制冷设备安装、水产养殖加工、电子、化工,食品、农产品、矿产品、纺织、新能源、保健茶、果蔬等,产品出口美国、新加坡、以色列、印度、德国、日本等国家。

1986～2008 年盱眙县"三资"企业合同引资额、销售收入一览表

表 8－2　　单位:家、万美元

年份	"三资"企业数	引资额	出口销售	年份	"三资"企业数	引资额	出口销售
1986	1	50.00	–	1998	1	38.00	30.00
1987	–	–	–	1999	2	30.67	26.01
1988	2	129.00	80.00	2000	3	47.88	32.00
1989	–	–	–	2001	4	450.00	20.60
1990	1	48.80	20.00	2002	4	439.00	410.00
1991	1	31.50	26.00	2003	–	–	–
1992	2	88.90	50.00	2004	–	–	–
1993	10	194.72	62.40	2005	2	108.00	80.00
1994	3	47.88	32.00	2006	–	–	–
1995	3	193.00	300.00	2007	–	–	–
1996	1	50.00	30.00	2008	25	98.00	1598.39
1997	2	42.00	36.00				

第二章　工业门类

第一节　机械制造工业

1986 年,盱眙县县乡机械工业企业 41 家,实现产值 1603 万元,销售收入 1471 万元,利税 261 万元,主要生产通用零部件、铸锻毛坯、农业机械(拖内配件)、医疗器械等产品。

1993 年,全县有机械工业企业 28 家,产值 5415 万元。比 1992 年增长 145.6%。江苏医疗器械厂有 6 个产品销往美国、日本、俄罗斯和中国香港地区。1995 年,全县有县乡级独立核算机械工业企业 13 家,主要产品为中小农具、柱塞泵、拖内配件等。县通用机械厂生产的离合器铁齿机,填补国内空白;生产 XQD6116 型万能升降机铣床获国家工业部银奖。

图8－2　鹏胜重工矿机出口俄罗斯

1996年,全县有县乡级独立核算机械工业企业9家,实现工业总产值5888万元。1997年,全县机械工业生产铸铁件8423吨、中小家具20.8万件、柱塞泵10334套、拖拉机内配件2.59万套。

2000年,全县机械工业总产值19572.8万元,销售收入19657.8万元,其产品销往欧盟及东南亚国家。2002年,盱眙县鹏胜矿山机械制造有限公司、环球内燃机配件厂、华东机床制造有限公司落户县工业园区,并列入统计企业。

2005年,落户县工业园区的机械制造企业增加到18家。其中,江苏宁力高强度紧固件有限公司专业生产各种规格型号的高强度紧固件,年生产能力2.5万吨;江苏鹏胜矿山机械制造有限公司生产价值200万元矿山机械成套设备,首次销往几内亚。2006年,落户县开发区机械制造企业累计33家。

2007年,全县有机械制造企业120家,销售收入30亿元,税收4200万元。落户开发区机械制造企业10家。其中,淮安美通机械设备有限公司投资1000万元,占地约3.3万平方米,主要生产道路养护特种机械车辆,用工60余人,年销售200辆,销售收入5000万元,利税1200万元。投资1680万元,兴建盱眙华立数控设备有限公司,主要生产数控电动刀架、数控车床等产品,用工280人。投资2000万元,建成盱眙创兴机械制造有限公司,主要从事特种车辆改装、机床配件加工制造,用工60余人。

2008年,全县有机械制造企业183家,销售收入36亿元,税收1268万元。当年落户开发区机械制造企业5家。其中,淮安国华电力设备有限公司投入4500万元兴建,主要生产电力设备产品,在国内50多个电厂设立销售网点,销售收入8300万元,利税2700万元;欧通集团江苏钢业有限公司投资2.16亿元,7月28日开工建设,年底建成厂房3.1万平方米、宿舍楼5000平方米、办公楼和食堂5500平方米。至年底,累计进入开发区机械制造企业共48家,销售收入4.6亿元,入库税金900万元。

一、通用机械、数控机床

1986年,盱眙县仅有通用机械厂1家,生产倒棱机、倒角机、机油泵、普通车床共1210台(套),产值80万元,销售收入58万元,利税16万元。

1991年,县通用机械厂资金短缺,设备老化,利税下降至7.6万元。1993年,县通用机械厂投资100万元,新建装配车间,产品、产值、利税明显增加。全年共生产倒角机30台、柱塞泵6766只,机油泵13925只、拖机配件2万件、四乐箱总成210套。实现产值450万元,销售收入451.9万元,利税36.99万元。

图8－3　数控机床

1994年,县通用机械厂与西马特机械制造有限公司联合生产万能升降铣床3台;生产的离合器铁齿机,填补国内空白,被省科委列为重点推广产品。1995年,县通用机械厂生产的XQD6116型万能升降机铣床获“’95南京新产品新技术博览会”银奖。全年实现产值700万元,利税72万元。

1996年,县通用机械厂更名为华东机床厂,生产品种有小农具、减速机、柱塞泵和数控车床50台。全年实现产值2362万元,利税120万元。县永丰机械厂开始生产内燃机配件。1997年起,县华东机床厂改制,成立江苏华东机床制造有限公司,成为全县机械行业龙头企业,产量、产值逐年上升,产品逐年更新,生产C210台式车床、CQ6230车床、XQD6121铣床获省工业部门新产品奖。1998年,华东机床制造有限公司自主研发、生产轻型车床增加到3000台,实现产值1400万元,销售收入1350万元,利税80万元。

2001年,华东机床制造有限公司生产台式家用小车床均出口欧美。2003年,华东机床制造有限公司更名为江苏西马机床有限公司,生产的轻型马鞍车床、高转高速精度马鞍车床等系列数控机床,畅销东南亚。2002年,江苏西马机床有限公司生产柱塞泵、普通车床、洗床等10359台套,产值1100万元,利税34.4万元。

2006年,江苏西马机床制造有限公司投入120万元,开发轻型马鞍车床、高转高速精度马鞍车床等系列数控机床,畅销东南亚和欧盟地区。2008年,盱眙县通用机械生产企业只有江苏西马机床制造有限公司1家,生产数控机床5000台,销售收入1.26亿元,利税1100万元。

二、医疗器械

1986年,江苏红旗医疗器械厂更名为江苏医疗器械厂,盱眙县医疗器械生产仅有江苏省医疗器械厂1家,全年生产各类注射针174.6万盒、听诊器4356台、煮沸消毒器5000只、手术器械1万件,实现产值248万元,利税41万元。年底,成立康宁医疗用品厂。

图8-4 江苏省医疗机械厂生产一次性输液器

1993年,江苏省医疗器械厂投入50万元,扩大生产线。全年共生产里可达注射针40.43万打、普通人用注射针1.65万盒、兽用针7.2万盒、听诊器3.3万只,年产值289万元,出口创汇172万元,利税62万元。1994年,江苏省医疗器械厂生产的国内新型产品数字式电子洗胃机用于临床。1995年,康宁医疗用品厂投资1000万元,落户盱眙,开始生产一次性输液器1000万套,产值405万元,利税41万元,其产品获市优。

1996年,江苏省医疗器械厂、康宁医疗用品厂共生产输液器821.8万套,产品出口到东南亚。1997年8月,江苏医疗器械厂实行产权制度改革,成立股份制企业——江苏省环庆实业有限公司,两块牌子一套班子,实现利税2.4万元。年底,成立淮安市华东医疗制造有限公司。1998年,江苏省环庆实业有限公司因产品质量差,改制不完善而停产。康宁医疗用品厂更名为康宁医疗用品有限公司,生产一次性输液器160万套。

2000年,江苏医疗器械厂、江苏省环庆实业有限公司停产,成立华强医疗器械厂。2001年,全县有3家医疗器械生产企业,以生产一次性输液器、手术器械为主要产品,年产量3400万件,销售7155.24万元,利税764.95万元。2002年,华强医疗器械厂扩大生产规模投资1500万元,新上一条一次性输液器生产线。2003年,盱眙康宁医疗用品有限公司更名为蔚百世医疗器械有限公司,落户县工业园区。2004年,盱眙蔚百世医疗器械有限公司投资3000万元,在工业园区建成投产,主要生产一次性输液器、一次性注射针及医疗器械。

2007年,华强医疗器械厂生产消毒器、注射器、一次性输液器产品,80%销往南美洲和东南亚地区。2008年,全县共有医疗器械制造企业5家,销售收入1.2亿元,缴纳税金950万元。其中,盱眙蔚百世医疗器械有限公司销售收入7280万元,缴纳税金330万元,属列统工业企业。

三、矿山机械

图8-5 鹏胜重工生产车间

2002年,江苏鹏胜重工有限公司落户县工业园区,开始研发生产矿山机械,其产品有集料整形机、高速公路建设机械、洗砂机等采石场设备、矿山开采机械等10个系列60多个品种。2004年,江苏鹏胜重工有限公司生产的集料整形机被列为市级高新技术产品,多控式制砂机被列为省级星火计划项目。2005年,江苏鹏胜重工有限公司生产的反击式破碎机销往全国10余省,生产的矿业机械成套设备首次销往几内亚。

2008年,江苏鹏胜重工有限公司生产各类矿山机械1000余台(套),并通过ISO 9001国际质量体系认证。全年销售收入4467万元,入库税收261.83万元,被列入统计企业。

第二节 电子、电器工业

1986年,全县有电子电器工业企业2家,销售收入66万元,利税8万元。1993年,电子电器工业企业发展到4家,年产值538万元,利税85.6万元,其中三河半导体厂规模最大、产值最高。1995年,全县电子、电器工业企业实行承包经营责任制,摆脱企业亏损局面。

2001年,建成县工业园区,落户工业园区电子电器工业企业2家,从业职工2100人,总产值5900万元,销售收入4600万元,利税300万元。2002年,江苏金源科技有限公司投资3600万元,落户县工业园区,建成10条生产线,日产家用发电机2000台。

2003年,落户县工业园区电子电器制造企业9家。其中,江苏诺普电器有限公司的洗衣机等家用电器正式投产,8月22日,首台"诺普"牌双桶洗衣机下线。年底,生产卡通系列洗衣机10万余台,产品销往东北三省,出口东南亚地区。10月28日,江苏金源科技有限公司研制生产第一台高科技家用发电机进入市场。2005年,落户县工业园区电子电器制造企业增加到23家。江苏新海电子制造有限公司落户工业园区,建筑面积21.8万平方米,主要生产各类打火机,产品95%出口日本、韩国、中东、欧盟等国家和地区。

2006年,全县电子电器工业企业发展到58家,其中落户县开发区电子电器制造企业26家。形成以家电、电器配件、电子元件为主导的产业格局。盱眙第一山电仪材料有限公司、江苏慧邦控制系统有限公司、江苏翔发电源有限公司、淮安国华电力设备有限公司、新海电子制造有限公司等一批规模企业,生产的电子电器产品质量好,市场竞争力强,在国内同行业中具有一定的知名度,其产品销售到东南亚等国家。

2008年,落户开发区企业7家。江苏万奇电气有限公司建成标准化厂房和辅助用房2.4万平方米,主要生产各类高压线路桥架等电器配套设备。至年底,累计落户盱眙经济开发区的电子、电器制造企业58家,销售收入17.71亿元,税金4300万元。主要产品洗衣机、家用发电机、各类打火机、集成电路板元器件插件、高压线路等,部分产品出口日本、韩国、中东、欧盟、东南亚等国家和地区。全县电子电器工业企业54家,列入销售收入500万元以上统计的26家,销售收入7.4亿元,入库税金2062万元。

一、电子元器件

1986年,盱眙县电子电器生产厂有三河半导体厂、盱眙县无线电厂,主要生产半导体分立器、仪表元件、半导体等产品。盱眙无线电厂生产无线电半导体元件881万只,产值188万元,销售收入104万元,利润31万元。

1993年，三河农场投入半导体厂50万元，新上平面薄膜开关和锗二极管项目，生产锗二极管2379万只，获省优产品，其中销往香港半导体二极管600万只，创汇65.1万元。盱眙县华能电器厂生产的低压节电开关获市优产品。1994年，三河半导体厂与香港诚侨国际电子有限公司合资，成立三诚电子有限公司，成为国内首个生产防雷插座工厂。全年共生产锗二极管2400万只，其中600万只销往香港；生产防雷插座全部销往英国、泰国、新加坡。实现总产值1715万元。

1995年，电子电器主要产品有半导体二级管、电子催眠促醒器、低压节电开关，其中电子催眠促醒器被列为江苏省新优产品。1996年，全县生产电子电器件有半导体分立器1765万只、电子原元件2.29万件、仪表元件2142万件、半导体二极管86756万只，仪表元件2214万件。1997年，电子电器工业企业实行生产责任制，产量、产值有所提高。全年生产半导体二极管86756万只，仪表元件2214万只。三河半导体厂被电子工业部定为二极管生产厂家之一，年产半导体二极管2000万只。

2000年，三河半导体厂生产的JN270型二极管出口美国10万只。成立盱眙县第一山电仪材料有限公司，注册资金518万元，固定资产3800万元。2001年，全县生产的电子元器件主要产品有负检二极管、开二级管、玻璃保险二级管、烧线熔断电阻、刻槽熔断电阻等。三河半导体厂改制为股份制企业，生产的微型保险丝管系列产品通过中国电工委员会"长城安全认证"标准。

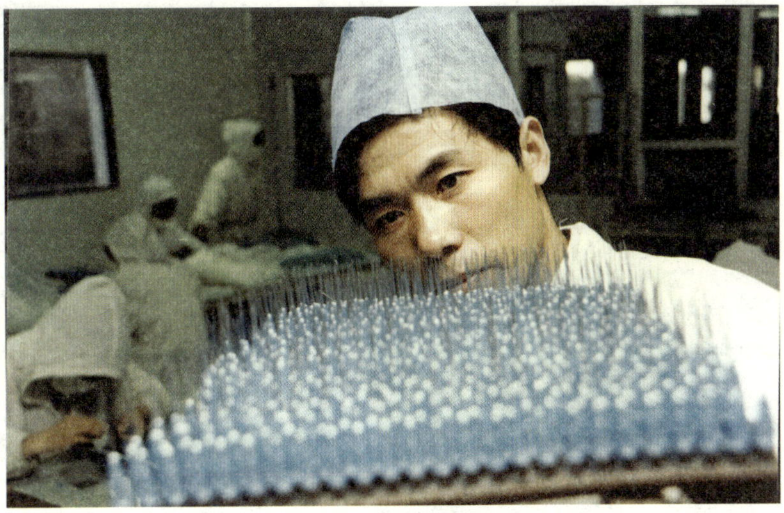

图8-6　1990年三河农场无线电厂的技术人员在检测产品

2004年，全县电子元器件工业企业增加到16家，产值4.532亿元，利税4121万元。其中，生产保险丝管7532.5万只，销售收入454万元，税金37万元。2005年，全县电子元器件工业企业增加到23家，成为华东地区最大保险丝生产地之一；三河半导体厂生产的JN270型二极管出口美国。2006年，全县生产半导体二极管4亿只，销售收入1700万元，利税300万元。

2007年，全县电子元器件产值8.51亿元，利税7540万元。江苏新海电子制造有限公司生产电子打火机2.3亿只，销售收入1.2亿元，利税1500万元。2008年，县经济开发区列入统计的工业企业有淮安市创杰电子有限公司，销售收入272.81万元，入库税金9.59万元；江苏新海电子制造有限公司，销售收入14694.01万元，入库税金937.32万元。

二、电线电缆

1986年，成立盱眙县电器设备公司，主要生产低压线路用横担、抱箍等电线产品，销售收入104万元，税金6万元。

1990年，盱眙县电器设备公司开始生产塑料电线、电缆，橡胶电线、电缆。1993年，江苏都梁电缆有限公司主要生产钢芯铝绞线、纯铝绞线、架空电缆、耐火电缆等产品，总产值1100万元，利税80万元。1996年，江苏都梁电缆有限公司生产的钢芯铝绞线、控制电缆成为江苏免检产品。1997年，全县电线、电缆工业企业总产值3003万元，销售收入3798.54万元。江苏都梁电缆公司被县政府列入产值1000万元以上工业企业，产值7722万元，销售收入7010万元，利税596万元，分别比1996年增长84.5%、111.3%。

1998年，全县电线、电缆工业企业总产值3575万元，销售收入4041万元，利税576万元。江苏都梁电缆公司生产塑料电缆、橡胶电缆、钢芯铝绞线通过中国出口商品质量认证中心认证，被省质量认证中心确定为新产品，其中钢芯铝绞线产品在山西电力电网工程招标中中标。1999年，全县电线、电缆产品总产值6062

万元,销售收入6629万元,利税597万元。

2000年,以江苏都梁电缆有限公司为核心企业,成立江苏都梁集团有限公司,参股企业紧密层10家,松散层企业23家,被国家农业部授予“全面质量管理达标企业”称号。2001年,全县生产电线、电缆工业企业增加到7家,总产值1.8933亿元,利税1583万元。江苏都梁电缆公司生产的钢芯铝绞线、交联聚乙烯绝缘架空电缆和交联力缆通过国家电缆电线检测中心鉴定。2002年,盱眙县第一山电仪材料有限公司生产电工圆铜(铅)线和乙烯塑料颗粒,填补盱眙县电工器材空白。销售收入1.32亿元,入库税收120万元。

2003年,全县电线、电缆业逐步形成产业规模,产品涵盖计算机电缆、控制电缆、高温补偿导线、燃电缆、电力电缆、耐火电缆、交联电力电缆、硅橡胶电缆、低烟无卤电缆高等级漆(铅)园线、电缆桥梁等400余种。江苏都梁集团有限公司首批生产160千米钢芯铝绞线运抵山西。

2006年,全县实现电线电缆总产值2.386亿元,利税2000万元。2008年,全县电工电线电缆工业企业8家,销售收入4.05亿元,入库税金688.4万元。盱眙第一山电仪材料有限公司产值2.31亿元,利税1970.6万元,跃为行业龙头企业。落户县经济开发区被列入统计企业有淮安浩威电器制线有限公司,销售收入772.82万元,入库税金39.28万元。

第三节 建材工业

1986年,盱眙县委、县政府利用本地丰富矿产资源,将全县建材工业企业作为经济发展的核心产业,全县有建材工业企业69家,产值1.2亿元,销售收入1.4亿元,利税700万元,从业职工2280人,采石、砖瓦、水泥、水泥制品成为全县建材类工业支柱产品。

1993年,全县建材工业企业发展到96家,产值15124万元,利税756.2万元,占全县工业总产值21%。1998年,全县有独立核算建材工业企业13家,总产值22414万元,利税1120.7万元,主要生产水泥、红砖、石灰、石料、电线杆。

2000年起,县委、县政府实施“旅游兴县”战略,在旅游景点范围内,关闭采矿区和部分砖瓦厂,建材工业企业数量、产量、产值逐年减少,部分企业转产或停产。建材工业向墙体材料、铝合金门窗、耐火材料发展。2002年,全县列入统计的建材工业企业8家,主要有江苏狼山水泥集团、中林木业有限公司、大众建材有限公司、县第一水泥制品厂,鹏胜采石有限公司、裕丰木业有限公司、功澳石料加工厂、雅而斯人造板公司,共实现产值2.27亿元,利税830万元。

2004年,全县建材工业可分为五大类型:水泥生产业、采石业、墙体材料业、水泥制品业、木材加工业。经过对矿山及采矿业整顿、整合,采石工业企业大幅减少,而规模不断扩大。2007年,全县建材工业企业销售收入2.1亿元,利税2000万元。2008年,全县有建材工业企业14家,销售收入3.5亿元,入库税收1567万元。

一、水　泥

1986年,盱眙县有第一水泥厂、第二水泥厂、打石山水泥厂、圣山水泥厂,年产水泥12.98万吨,产值1298万元,利税198万元。1989年,第一水泥厂更名江苏狼山水泥厂,年生产水泥35万吨,其产量、产值位居县本行业首位。

1992年,打石山水泥厂投入1200万元,改造设备,水泥产量增加到13.8万吨。1993年,江苏狼山水泥厂召开用户恳谈会,一次性定购水泥30万吨;打石山水泥厂年产水泥13万吨,销售收入970万元,利税265万元。1994年,江苏狼山水泥厂生产水泥20万吨,销售收入4344.2万元,利税300.1万元。县第二水泥厂实行降耗、节电工程,在第三季度生产水泥3万吨,每吨水泥电耗下降15千瓦时,煤耗下降2千克,产量创历史最高,消耗创历史最低。

1995 年，江苏狼山水泥厂生产水泥 24.7 万吨，利税 938.3 万元；第二水泥厂改制后成立特种水泥厂，开始生产高标号特种水泥，年产值 1483 万元，利税 151.7 万元；打石山水泥厂生产水泥 17.1 万吨，产值 3130 万元。1996 年，县政府推广特种水泥厂经验，全县向 425 号、525 号普通硅酸盐水泥产业发展。江苏狼山水泥厂向宁徐一级公路盱马段特供高标、高抗折、高强度水泥 2 万吨。

图 8－7　官滩水泥厂

1998 年，实施墙体改造工程，要求建筑企业施用散装水泥。水泥生产企业购置散装水泥运输车 3 辆和散装水泥罐 20 个，新建散装水泥库 4 座。盱眙县散装水泥生产列淮阴市前列。打石山水泥厂投入 545 万元，建成年产 10 万吨 525 号水泥旋转窑。江苏狼山水泥厂、第二水泥厂水泥总产值 3612 万元，销售收入 3589 万元，利税 378 万元。1999 年，江苏狼山水泥厂生产的“狼山”牌水泥连续 5 年被国家质监检查为合格产品。

2000 年，实施老城改造，全县水泥产量 120 万吨，超历史纪录。2002 年，打石山水泥厂改制为盱眙县兴眙水泥有限公司，年产水泥 25 万吨。2004 年，全县 4 家国有、集体水泥企业净资产出售，分别改制为狼山水泥有限公司、兴眙水泥有限公司、盱兰建材有限公司、星宇建材有限公司，主要生产 325 号、425 号普通硅酸水泥。改制后企业受到资金短缺制约，产量、产值下降。

2007 年，兴眙水泥有限公司生产 425 号水泥 30.38 万吨，销售收入 6178.2 万元，入库税金 358 万元，成为全县水泥行业销售面广量大、产品质量过硬、信誉好的企业。2008 年，全县有盱眙狼山水泥有限公司、兴眙水泥有限公司、盱兰建材公司、星宇建材公司 4 家水泥生产企业，年产水泥 120 万吨，利税 1567 万元。其中，星宇建材有限公司成为生产 325 号、425 号水泥规模企业，生产水泥 30 万吨，销售收入 6829 万元，利税 950 万元。

二、水泥制品

1986 年，全县水泥制品企业 23 家，职工 280 人，产值 532 万元，销售收入 282 万元，利税 20 万元，产品主要有楼板、桁条、电力线杆、排水管。县水泥制品厂为同行业龙头企业。

图 8－8　水泥制品厂楼板生产车间

1990 年，水泥制品企业生产的桁条、楼板供不应求，购者凭票排队购买，水泥制品工业企业快速发展。1993 年，全县水泥制品企业 18 家，生产电力水泥杆 1087 根，其他水泥制品 13.2 万立方米，产值 586 万元。1994 年，全县水泥预制件继续保持产、销两旺。全年生产水泥预制件 5.15 万立方米，产值 918.65 万元。其中，县水泥制品厂生产水泥杆 19954 根、桁条 4.2 万根、多孔楼板总长 2.16 万米，分别比 1993 增长 83.6%、78.2%、46.8%。

1995年,县水泥制品厂承包南京金雄管件制造公司制杆车间和江浦县水泥制品厂制杆车间,生产电力水泥杆4万根,销售苏、皖30多个市县。1996年,全县生产水泥排水管3870米,电力水泥杆105591根,水泥预制构件23742立方米,产值2584万元,销售收入2495万元,利税425万元,分别比1995年增长11.5%、10.5%、19.2%。1997年起,全县生产的桁条、楼板滞销,水泥制品生产企业经济效益滑坡,部分企业停产或转产,仅有强立制杆有限公司产销较为平稳。

2001年,强立制杆有限公司在全县农村电网改造结束后停产,年底拆股清算。2006年,全县个体户生产排水管、水利设施用品等水泥制品,规模小,产量少。2008年,全县只有7家小型个体水泥制品企业,生产水利设施用品,产值约15万元。

三、砖　瓦

1986年,盱眙县有砖瓦厂25家,从业1019人,年产砖瓦3.55亿片,产值613万元,利税45.1万元。

1990年,县砖瓦厂生产红砖和青瓦,成为全县同行业龙头企业。1993年,全县有砖瓦厂29家,县砖瓦厂生产20孔、30孔空心红砖系列产品,填补盱眙县墙体材料空白。年产空心红砖413万块,全部销往上海、常州,销售收入62.4万元,利税14万元。1997年,全县实施草改瓦工程,城乡瓦房率上升,年生产砖瓦数量增加。县砖瓦厂生产红瓦190万片,产值400万元。

1998年,县委、县政府在保护耕地的思想指导下,对全县砖瓦厂进行整顿,限制黏土实心砖生产,爆破部分窑厂,砖瓦产量逐年减少。县砖瓦厂改制为私营企业。1999年,全县仅有2家砖瓦厂,主要生产黏土实心砖、黏土空心砖、水泥空心砖、彩钢瓦。

2005年,由于高层建筑禁用实心砖,全县实心砖产量减少,空心砖产量增加。2008年,全县经过兼并改制后,有砖瓦厂2家,红空心砖、水泥空心砖、砂石空心砖成为砖瓦厂的主要产品。全年生产红空心砖4000万块,入库税金10万元。

四、采　石

1986年,全县有采石企业23家,除县采石公司为县属企业外,其余均为乡镇集体企业,采矿区大部分集中在县城区和县城郊区。全年采石180万吨,产值3651.3万元,利税302.3万元。

1990年,采石企业发展到37家,生产块石、毛石、二片、石子产品,质量好、效益高,销售省内外。1993年,县采石公司与县交通局、县供销公司合资兴办通宇采石有限公司,在冯港建立石料基地。县采石公司年产石料35万吨,产值859万元,利税37.3万元,分别比1992年增长175.4%、36.5%。

1996年,县采石公司投资180万元,增加一条年产60万吨自动化石子生产线;水冲港乡投资10万元,建成日生产石子150吨的第三采石厂;县交武采石加工厂建成淮阴市第一条公路专用石子生产线。全县石子产量大幅度增加。1998年,县采石公司被私人买断,更名鹏胜采石有限公司。1999年,南京邵陆义出资628万元,买断东阳采石总厂经营权,盱眙采石企业首次由县外投资购买。

图8-9　凿岩机打炮孔

2001年,全县各种规格石子销售覆盖淮安市、宿迁市、扬州市、盐城市等,加之全县实施村村通公路工程,采石企业增加至132家,采石产量923万吨,超历史纪录。

桂五镇投入543万元，组建立文采石厂；古桑乡投入500万元，建成乐业石料生产线；河桥镇投入550万元，建成苏澳采石厂；官滩镇投入512万元，建成采石总厂。同年，县政府将42个石料开采区，作为首轮采矿权拍卖区。全年出让采矿权区块26个250.39万平方米，成交662.3万元。

2003年，鹏胜采石有限公司被江苏省经济委员会评为优秀民营企业。2004年，因发展旅游业需要，将县城至铁山寺风景区公路两侧采石区作为禁采带；将霍山至官滩、甘泉山，四山至磨盘山，庙山风景区，张山至破山口，铁山寺风景区，小云山7个开山采石区，作为禁采区，面积110.72平方千米；拆除省道、淮河盱眙段可视范围内及城区石料加工设备202台（套），关停禁采区内开山采石企业86家，全县石子产量360万吨，有所下降。

2007年，县委、县政府整合采石企业，形成官滩镇、古桑乡、河桥镇、桂五镇、马坝镇5个重点采石矿区。2008年，全县有采石企业30家，采石274万吨，产值12576.4万元，利税1053.2万元。

1986～2008年盱眙县采石业、砖瓦业、水泥业基本情况一览表

表8－3

年份	采石业			砖瓦业			水泥业		
	采石（万吨）	总产值（万元）	利税（万元）	红砖（亿片）	青、红瓦（万片）	利润（万元）	生产水泥（万吨）	总产值（万元）	利税（万元）
1986	180	3651.3	302.3	3.55	613	45.1	12.98	1298	198.0
1987	189	3754.1	349.6	3.91	689	56.3	12.10	1256	256.0
1988	178	3468.2	328.9	4.15	702	49.6	12.78	1301	264.0
1989	186	3697.7	310.4	4.30	721	55.8	13.40	1389	248.0
1990	179	3852.4	359.7	4.23	797	81.7	13.50	1397	258.6
1991	196	3996.6	389.4	4.31	765	69.1	15.20	1640	261.1
1992	221	4212.8	400.9	4.32	746	71.6	18.90	2013	365.2
1993	253	5032.1	498.8	4.45	796	80.0	38.10	6369	302.3
1994	259	5026.9	496.1	4.62	801	79.4	51.25	8236	492.3
1995	354	5054.7	500.7	4.90	812	80.1	60.20	8876	878.7
1996	408	8191.1	778.9	5.50	800	81.9	56.42	8415	800.9
1997	498	10014.1	989.7	5.60	856	86.4	49.00	8246	798.5
1998	838	16572.5	1425.6	3.54	879	81.6	53.00	8875	812.7
1999	826	16320.9	1412.9	3.40	909	89.4	64.00	9012	821.3
2000	798	13098.3	1386.4	1.20	854	28.9	120.00	50000	5000.0
2001	923	16060.5	1504.1	1.00	800	26.1	112.00	53100	5100.0
2002	417	8170.9	769.1	0.96	560	24.5	100.60	48000	4560.0
2003	312	1012.3	995.7	0.87	420	20.1	98.00	4650	421.5
2004	360	7569.7	712.6	0.79	356	19.7	87.00	4324	400.4
2005	400	7918.3	760.5	0.60	300	18.6	80.00	4016	396.4
2006	356	7248.6	698.5	0.61	312	18.7	91.00	4521	423.5
2007	300	6531.2	624.3	0.62	298	14.3	100.00	4800	400.3
2008	274	12576.4	1053.2	0.40	315	10.5	120.00	1001	1567.0

五、保温隔热、人造板建材

1986年，盱眙县有石灰烧制企业3家，其生产规模较小，全年生产石灰1.9万吨。

1993年，全县有隔热保温材料企业2家，产值81万元；玻璃制品企业1家，产值38万元；耐火材料企业1家，产值17万元；防水建材1家，产值94万元。石灰产量3.2万吨，产值120万元。1995年，全县建筑业快速发展，保温隔热材料销售量不断增加。全年生产石灰6.9万吨，耐火砖984吨。

1996年，桂五镇兴建淮阴市新型建筑防水材料公司，开发SBS改性沥青防水卷材新产品，通过淮阴市建设委员会鉴定，填补全市空白。全年生产石灰76299吨，耐火材料1961吨，金属门窗1872吨，总产值1245万元，利税980万元。1997年起，全县实施保护耕地措施，逐年关停石灰窑。防水建材、隔热保温材料、玻璃制品企业管理不善，亏损严重。

2000年，石灰窑全部关停，无石灰烧制企业。玻璃制品、耐火材料、防水建材企业转产或停产。淮化集团XPK硅酸钙砌块生产线通过市专家鉴定，产值560万元，利税49万元。2002年，县工业园区德尔人造板有限公司建成投产，年产量2万立方米。从此，保温隔热、人造板等建材工业企业集中于县工业园区。2003年，德尔人造板有限公司消化意杨枝材15万吨，用工3000人，利润3000万元，其产品销往国外，被江苏省列为龙头企业，被市政府列为重点企业。

2005年，全县有德尔人造板有限公司、雅尔斯人造板有限公司、中林木材有限公司、裕丰木业有限公司，年产量7.5万立方米，销售收入450万元，利税32万元，产品有密度纤维板、合成板。德尔人造板有限公司全年销售收入1.03亿元，利税1728万元，被中国纤维板行业评为百强企业、被评为江苏林业生产行业“四十佳”企业、被淮安林业部门评为木材加工“十佳”企业。

2008年，全县有保温隔热、人造板企业33家，年生产纤维板、刨花板7万立方米，销售收入1.4亿元，利税705万元。被列入统计企业有德尔人造板有限公司，销售收入8124.23万元，税收57.59万元；盱眙高新密封保温材料有限公司，销售收入380.23万元，税收25.51万元。

第四节 化工、医药工业

1986年起，全县化学工业企业主要有化肥业、药品业、染料中间体业。化肥企业主要生产碳酸氢氨、合成氨，制药厂主要生产药用针剂、片剂。销售收入3422.4万元，利税220.82万元。

1993年，全县有化学工业企业26家，总产值17410万元，比1992年增长28.5%。其中，化肥厂5家，产值9383万元；医药企业1家，产值1015万元；生产有机化学产品、合成材料、塑料6家，产值334万元。1994年，化工、医药工业门类有化肥、农药、医药、中间体印染助剂等12个品种，全年总产值20725万元。

1997年，全县有乡以上独立核算化工企业25家，总产值31621万元。其中，医药制造业3家，产值1325万元。1999年，全县国有及国有控股化学、医药工业企业销售收入500万元以上7家，销售收入39988.9万元，比1988年增长43.5%。

2001年，全县国有及国有控股化学、医药工业企业销售收入500万元以上8家，销售收入60154万元，利税7498万元。部分化学工业企业落户县工业园区。2005年，全县化学、医药企业除军工企业外，落户工业园区有桓远染化有限公司、旭星科技有限公司、华强医疗有限公司、安格药业有限公司。2008年，全县化工、医药企业有28家，其中销售收入超500万元企业9家，销售收入22.9亿元，入库税金3586万元。

一、化　肥

1986年，全县有三河化肥厂、县化肥厂2家县属企业，生产碳酸氢氨和合成氨21.76万吨，利税182.76万元。1989年，建成第一家县磷肥厂，主要生产颗粒钙镁磷肥，年产1000万吨，产值36万元，利税18.02

万元。

1993 年，南化集团公司与盱眙县磷肥厂联合成立南化集团盱眙复合肥厂，生产“红三角”牌复合肥添加剂获'93 中国高新技术新产品博览会银质奖，年产复合肥 8000 吨。1995 年，县化肥厂因设备老化、技术落后，产量下降，年产碳酸氢氨 10.2 万吨，产值 3015.3 万元，利税 132.61 万元。

1997 年，县化肥厂生产的碳酸氢氨和合成氨质量不达标，企业亏损，处于半停产。南化集团盱眙复合肥厂因资金短缺而停产。锡山市向盱眙实施首批产业转移项目，在盱眙建成裕丰复合肥有限公司，年生产复合肥 5 万吨，产值 516 万元，销售收入 802 万元，利税 86 万元。1999 年，外地高质量、低价格化肥大量进入盱眙，三河化肥厂因亏损而停产。江苏淮河化工有限公司主要生产碳酸氢氨。

2000 年，县裕丰复合肥有限公司生产复合肥未达到国家质量标准边整改、边生产。江苏淮河化工有限公司受到化肥市场影响，产量减少到 6.12 万吨。2002 年，县裕丰复合肥厂改制后，由淮安市农科院收购，成立淮安市诚信肥业有限公司，主要生产复混肥料。2003 年，淮安诚信肥业有限公司生产复混肥 4600 吨，销售收入 2600 万元，利税 45.05 万元。

2005 年，淮安诚信肥业有限公司亏损 20 余万元。2008 年，江苏淮河化工有限公司生产化肥亏损 11 万元。落户经济开发区列入统计企业有淮安澳美肥料有限公司，销售收入 772.82 万元。淮安诚信肥业有限公司因原材料涨价，企业亏损 200 余万元。

图 8－10　技改后的淮河化工厂

二、药　品

1986 年，盱眙县有制药厂 1 家，生产人用药品五大类：针剂类、原料类、输液类、片剂类、糖浆类；56 个品种：洁霉素针剂、美多心安、100% 葡萄糖注射液、维生素 C 片、半夏露、野马追糖浆等，全年生产野马追糖浆 51 万瓶，药片、氯化纳输液 270.2 万瓶，产品主要销往安徽、山东、河南、湖北、江西、浙江、福建等省。全年总产值 401.9 万元，销售收入 354.8 万元，利税 38.06 万元。

1988 年，盱眙县建成县首家农药厂，占地 5200 平方米，职工 59 人，生产 1605、敌敌畏、乐果等农药 2.5 吨。县制药厂实现总产值 829.7 万元，销售收入 763.64 万元，税金 28.62 万元。1989 年，县农药厂改制为私人企业，年产农药 3.1 吨，产值 2.6 万元，利税 1500 元。

1993 年，全县医药产值 1015 万元，农药产值 382 万元。县制药厂生产的治疗肝炎新药茵栀黄注射液，被市政府列入开发新产品。1994 年，县制药厂投入 100 万元，新上一条生产线，生产茵栀黄注射液。1995 年，龙山乡建成中药饮片厂，生产玉蝶茶、艾条。

1996 年，县制药厂研制非粉针注射剂 6104 万支、非缓释控片剂 1140 万片、输液 206 万瓶，化学药品制剂 7449.79 万支，实现产值 1038.2 万元，销售收入 808.3 万元，利税总额负 194.3 万元，比 1995 年增亏 95.5 万元。1998 年，县制药厂停止生产野马追糖浆，年销售收入 881 万元，亏损 134 万元。县农药厂农药产量下降到 1.5 吨。

2000 年，县农药厂因农药产品不合格而停产。县制药厂因亏损，改制为江苏安格药业有限公司，生产茵栀黄注射液、大输液，针剂停产。2001 年，江苏安格药业有限公司投入 50 万元，恢复野马追糖浆生产线，新增复方丹参注射液、鱼胆草注射液、香丹注射液等药品,实现利润1133万元,税金689万元。

2004年,江苏安格药业有限公司销售收入2000万元,利税300万元。2006年,江苏安格药业有限公司生产的"香丹注射液"被省工商部门评为著名商标。2008年,全县医药工业企业只有江苏安格药业有限公司,仅生产野马追糖浆一种产品,产值600万元,销售收入400万元,入库税金55万元。

三、染料、化工中间体

1988年,建成首家生产染料中间体企业——盱眙染化厂,开始研发生产红色基B、RC、DQ染料中间体,年产值1100万元,利税200万元。江苏三河化工厂固定资产2616万元,开始生产一硝基甲苯、合成胺、邻甲苯氨、间甲苯胺、对甲苯胺等化工中间产品,年产量6993吨,销售收入4969万元,产值2422万元,利税1409万元,其中税收400万元。

1992年,盱眙染化厂生产红色基B、RC、DQ染料中间体出口国外。1993年,盱眙染化厂被县政府评为县明星企业。1994年,盱眙染化厂生产"良好""友好"牌冰染染料远销欧美等20多个国家及地区,创外汇200万元。

1995年,盱眙染化厂生产的红色基GL产品填补淮阴市化工产业空白,生产的红色基B获1995年中国高新技术博览会银奖,产品销往日本、美国。三河化工厂生产的邻甲苯氨项目获江苏省先进生产力转化优秀奖,甲苯胺获国家新型实用专利,一硝基甲苯扩建项目列为国家"学产研"工程,其系列产品荣获中国高新技术新产品博览会金奖,主产品"双合"商标获评江苏省著名商标。

1997年,盱眙染化厂被列为全市重点扶持盘大企业之一,投入758万元,扩大红色基GL产品配套工程。1998年12月,盱眙染化厂改制为盱眙县桓远染化有限公司,总股本369.45万元,年产量1770吨,产值7109万元,销售收入7501万元,利税704万元。1999年,盱眙县桓远染化有限公司生产红色基B、红色基GL、大红色基RC产品,通过英国摩迪公司ISO 9002质量体系标准认证。

2000年,盱眙县桓远染化有限公司扩大红色基B生产能力,销售收入1200万元,利税180万元。三河化工厂生产的一硝基甲苯系列产品被江苏省科技厅认定为高新技术产品,二氯甲苯系列衍生产品技术改造项目列入国家"双高一优"计划,完成对(间)甲苯胺气催化加氢法生产工艺研发,形成年产万吨规模,通过省级科技成果鉴定,获淮安市科技进步一等奖。

图8－11　染化厂车间

2003年,列入统计企业的有旧铺化工厂、楚东化工厂、桓远染化厂、朝阳塑料公司、可信尼龙厂。落户县工业园区在建企业有昌之海塑胶公司、天通金塑公司、高杰塑胶公司、海宇塑化制品厂。2006年,盱眙县桓远染化有限公司生产红色基RC500吨、红色基B1500吨、红色基GL1000吨,销售收入8796万元,利税422万元,分别比2005年增长27%、16%。三河化工厂利用高新产品优势,扩大生产规模,年产化工中间体3.5万吨,年产值1750万元,利税875万元。

2008年,盱眙县染料、中间体企业只有2家,桓远染化有限公司生产染料中间体1188吨,三河化工厂生产一硝基甲苯6万吨、硝酸2.5万吨,年产值4250万元,利税1700万元,产品主要销往欧美、亚太地区。落户经济开发区列入统计化工企业有江苏弘润塑化有限公司,销售收入1716.77万元,入库税金3.6万元;盱眙吉彩合成塑料有限公司,销售收入1949.75万元,入库税金111.65万元。

1986～2008 年染料中间体、化肥产业基本情况一览表

表 8－4

年份	化肥产业					染料中间体		
	碳酸氢氨（万吨）	合成氨（万吨）	复合肥（吨）	销售收入（万元）	利税（万元）	产量（吨）	产值（万元）	利税（万元）
1986	19.08	2.68	－	3067.6	182.76	500	300.0	20.0
1987	20.16	2.81	－	3286.3	191.10	－	－	－
1988	20.27	2.96	800	3469.4	196.20	80	32.6	3.0
1989	21.30	3.10	1000	3604.1	200.10	500	200.9	20.0
1990	20.79	3.20	1200	3812.5	205.30	613	245.2	21.1
1991	19.80	2.87	2100	3567.9	197.54	821	328.4	34.4
1992	17.90	2.20	4200	3848.6	212.40	960	384.6	36.9
1993	19.40	2.70	8000	4021.9	215.61	981	396.8	37.5
1994	14.01	2.50	8076	3521.8	150.54	1023	408.3	39.6
1995	10.20	2.00	8200	3015.3	132.61	1500	615.0	60.0
1996	8.10	2.54	7000	3105.7	121.54	1680	672.8	63.3
1997	7.90	2.10	8000	3001.2	110.80	1720	688.7	64.1
1998	7.42	2.56	8000	2810.4	108.73	1800	720.0	68.0
1999	7.81	－	8000	2600.6	96.30	2610	1044.7	98.4
2000	6.12	－	8500	2413.9	89.61	3100	1240.5	100.6
2001	5.94	－	5000	2301.1	80.12	3800	1526.1	135.9
2002	5.81	－	4000	2203.4	64.56	4500	1862.2	168.4
2003	4.66	－	5000	2004.1	50.89	5000	2123.4	197.6
2004	3.23	－	8000	1563.7	42.65	8200	3289.5	298.0
2005	1.02	－	8000	870.9	32.10	10120	4348.0	390.0
2006	0.90	－	9000	863.7	24.56	37000	14890.5	1203.1
2007	0.81	－	8000	720.0	20.10	69000	29643.0	2150.3
2008	0.77	－	7000	654.1	－11.00	91000	38400.9	3001.9

第五节　印刷、造纸工业

1986 年，盱眙县有纸品生产和印刷企业 9 家，总产值 408 万元，利税 42 万元。造纸厂和县印刷厂是全县最大的国有企业。主要负责全县印刷和再生包装纸、瓦楞纸生产。

1991 年，县印刷厂和造纸厂实施技术改造，开始实施平板胶印和水果袋套纸生产。1993～1994 年，县印刷厂和造纸厂投入 150 万元，改造机械设备，添置凸版彩印生产线，增添彩印包装、精装书刊设备，取得省级书刊、期刊定点生产企业资质。全县印刷、造纸年产值 1176.7 万元，利税 19.1 万元。

1998 年，全县印刷厂增加到 7 家，总产值 487 万元，利税 42 万元。其中，县印刷厂产值 474 万元，亏损 59 万元。县造纸厂连续亏损，由县都梁运输实业公司整体收购，更名为县特种造纸厂。1999～2002 年，县国

有、集体印刷企业改制为私人企业,造纸企业因产品质量问题停产。

2003年,全县列入统计造纸印刷企业有新雅印刷有限公司、远东彩印包装有限公司、文君纸业公司、创新教育用品厂、恒丰纸品厂,造纸业主要是来料加工,各种包装纸和办公用纸加工;印刷业主要集中在工业园区,竣工或投产企业7家、在建或奠基企业5家、签约企业3家,主要为彩色印刷、各种书刊印刷、包装纸印刷、包装箱制作等。共实现产值2000万元,利税230万元。2008年,全县有造纸、印刷企业31家,创利税1425万元。

一、印　刷

1986年,盱眙县有印刷企业5家,总产值156万元,销售收入125万元,利税16万元。县印刷厂是全县最大的国有企业。

1991年,县印刷厂开始实施平板胶印。1992年,全县印刷企业总产值330.5万元,销售收入222.1万元,利税17.7万元。县印刷厂亏损11.8万元。1993年,县印刷厂投入120万元,添置凸版彩印生产线,首次实现印刷产品激光照排,增添彩印包装、精装书刊设备,形成一条完整彩印包装生产线,取得省级书刊、期刊定点生产企业资质。全县印刷企业年产值380万元,销售收入234万元,利税18.9万元。

图8-12　1986年8月12日《新华日报》在一版报道县印刷厂赶印课本的新闻

1994年,县印刷厂产值377.1万元,利税13.8万元,首次扭亏为盈。1996年,县印刷厂与江苏少儿出版社、江苏教育出版社建立业务关系,年产值370万元,利税20万元,生产经营跨出低谷。县教育局、税务局先后投资建成县实验小学印刷厂、税务印刷厂。1998年,全县印刷厂增加到7家,总产值487万元,利税42万元。其中,县印刷厂产值474万元,亏损59万元。

2001年,全县国有、集体印刷企业均改制为私营企业,个体印刷企业发展到10家。2002年,县印刷厂、县实验小学等7家印刷企业相继停产。新雅印刷有限公司落户县工业园区,计划总投资1500万元,一期工程投资518万元。2003年,落户县工业园区印刷业有新雅印刷有限公司、远东彩印包装有限公司,年创产值500万元,利税30万元。

2008年,全县有印刷企业23家,年产值5500万元,利税275万元。其中,落户县经济开发区印刷企业有新雅印刷有限公司、远东彩印包装有限公司、阳光彩印有限公司、劳动广告印务、劳动印刷厂、环宇印刷厂、红心印刷厂、人民印刷厂,年创产值1500万元,利税300万元。均未纳入列统企业。

二、造　纸

1986年,全县纸品生产企业有4家,总产值252万元,利税26万元。县造纸厂为全县造纸业最大企业,产品主要有再生包装纸、瓦楞纸。

1991年,县造纸厂主要生产水果袋套纸。1992年,县造纸厂增加生产铝箔纸,产值增加到814.2万元,利税8.2万元。1993年,县造纸厂亏损44.5万元。1994年,县造纸厂投入30万元,改造机械设备,全年生产机制纸2379吨,纸浆2812吨,产值796.7万元,利税8.2万元。

1995年,县造纸厂开始生产南京林业大学研制的水果生产保护纸,此产品获1995年中国高新技术新产品博览会银奖。是年,受市场、资金、管理等因素影响,县造纸厂亏损严重,处于停产状态。全年生产机制纸

328 吨、纸浆 394 吨。1998 年,县造纸厂连续亏损,由县都梁运输实业公司整体收购,更名为县特种造纸厂。1999 年,县特种造纸厂生产的纸产品质量不合格,停止生产,全县无造纸业。

2003 年,落户县工业园区造纸企业有文君纸业公司、恒丰纸品厂。2008 年,全县有造纸企业 8 家,销售收入 2.3 亿元,入库税金 1150 万元。其中列入统计企业有盱眙诺普纸业有限公司,销售收入 3350.51 万元,入库税金 241.53 万元。

第六节　纺织服装工业

1986 年,全县有纺织服装工业企业 28 家,以生产帆布、服装加工、羽绒制品、皮鞋制品为主产业,实现产值 1819 万元,销售 1705 万元,利税 80 万元。

1991 年,县皮鞋厂增强技术力量,皮鞋制品质量高、式样新,年产值 2136 万元、利税 38.02 万元,县帆布厂年产 400 万米,产值 2800 万元,税收 100 万元,产值、利税位于全县纺织服装行业榜首。

1993 年,因企业改制转产,全县纺织服装工业企业减少到 18 家。其中,纺织企业 7 家,产值 2060 万元;羽绒服生产企业 2 家,产值 919 万元;轧花企业 1 家,产值 76 万元;缫丝企业 1 家,产值 1127 万元;服装企业 4 家,产值 2562 万元;皮鞋、鞋帽企业 3 家,产值 2962 万元。主要有棉纺织、丝织、毛皮、革皮鞣制、羽毛加工及制品、轧花、丝、鞋帽、多种面料的服装等。淮阴立鹤集团、江苏天源服装公司为行业领军企业。

1996 年,全县有纺织服装工业企业 18 家,全年生产棉布 137.11 万米,丝 25.1 万吨,丝织品 48 吨,针织品和服装 83.45 万件,工业总产值 12380 万元。主要产品有棉纺织、丝织、皮制品、服装等。是年,纺织业经济效益滑坡,销售市场萎缩,县帆布厂、县织布厂亏损严重,处于半停产。

图 8－13　县棉织厂车间一角

2000 年,全县年销售 500 万元以上纺织服装企业 4 家,总产值 4167.3 万元,销售收入 4104 万元,产品主要有纺织、羽绒制品、服装加工。是年,盱眙县成立服装行业协会,成员有恒美服装有限公司、亚发服装厂、恒源制衣有限公司、荣士达厂、天宝皮服有限公司、春雷服装厂。

2002 年,落户县工业园区纺织服装企业 4 家,总产值 5.1 亿元,销售收入 4.8 亿元,利税 2750 万元。其中,盱眙丰恒服饰有限公司具备年产各类服装 60 万件能力,有各类技术工人和管理人员 225 人;盱眙宝隆纺织制衣有限公司投资 1200 万元建成投产,吸纳县内下岗职工 1000 余名,产品远销东南亚及欧美地区。

2003 年,盱眙天空服装有限公司在县工业园区投资 120 万美元,占地 2.3 万平方米,建成投产,年产服装 5 万件,总产值 800 万元,销售收入 950 万元,利税 50 万元。2004 年,淮安三棵树羽绒服饰有限公司落户县工业园区,产品有羽绒水洗、羽绒服饰、床上用品,年产服装 1 万件,总产值 500 万元,销售收入 520 万元,利税 300 万元,产品出口日本和欧洲。江峰针织品有限公司落户县工业园区,主要生产氨纶包覆纱和氨纶橡盘线等纺织产品,年产纺织产品 10 万吨,总产值 800 万元,销售收入 880 万元,利税 400 万元。

2005 年,落户县工业园区纺织服装企业增加到 30 家。2007 年,落户县工业园区纺织服装企业增加到 47 家,总产值 11 亿元,销售收入 10.5 亿元,利税 4200 万元。其中,江苏丰源服饰有限公司由香港商人投资 5000 万元兴建,建筑面积 3 万平方米,注册资金 110 万美元,用工 600 余人,年产服装 10 万件,总产值 6000 万元,销售收入 7000 万元,利税 650 万元;淮安富利华鞋业有限公司投资 3000 万元,落户县工业园区,主要生产各种鞋类、服装、刺绣、橡塑制品等,用工 80 余人,总产值 2500 万元,销售收入 3100 万元,利税 150 万元。

2008 年,由宁波新海电气股份有限公司与上海安祥机电成套设备有限公司共同投资的江苏新祥化纤股份有限公司落户县工业园区,一期工程完成建筑面积 4 万平方米,主要生产差别化 Poy 长丝、仿真丝等产品。至年底,全县有纺织服装企业累计 125 家,销售收入 13 亿元,税金 5100 万元。其中,落户县工业园区纺织服装企业 49 家,销售收入 8.21 亿元,税金 2300 万元。

一、帆　布

1986 年,帆布生产企业仅有县帆布厂 1 家,生产帆布 400 万米,主要产品有:21s2 ×2、2 ×3、3 ×2、3 ×3、3 ×4 纯棉、化纤系列,主供橡胶、印染、篷布等行业用布。1989 年,县帆布厂生产的纯棉帆布和化纤帆布,获江苏省优质产品、淮阴市外贸出口免检产品。

1990 年,县帆布厂产值 384 万元,销售收入 231 万元,利税 41 万元。1993 年,县帆布厂因资金周转不足,质量不合格,亏损额增加。1997 年,县帆布厂共亏损 155.5 万元,处于半停产。1998 年,县帆布厂改制,整体出售后停产。全县无帆布生产企业。

二、服　装

1986 年,全县有服装企业 2 家,生产服装 50 万件,产值 500 万元,销售收入 450 万元,利税 20 万元。1989 年,全县有服装制造业 10 家,总产值 931 万元。县服装厂是服装行业龙头企业,以生产出口服装为主,产品远销世界 20 多个国家和地区。

图 8-14　县服装厂生产车间

1993 年,全县服装业总产值 689.3 万元,利税 29.6 万元,其中 10 个服装新产品出口创汇 450 万元。1994 年起,全县服装企业生产棉纺织、丝织、毛皮、皮革制品、羽毛加工制品、轧花、丝鞋帽、多种面料等 10 个服装新产品,部分产品出口日本、新加坡。1995 年,全县有乡以上独立核算服装企业 13 家,生产服装 46 万件。1997 年,服装行业受到国际市场影响,效益滑坡,销售市场萎缩。全县有乡以上独立核算服装企业 12 家,生产服装 41.7 万件,产值 8752 万元。

1999 年,服装行业受到中国加入 WTO 谈判的影响,全行业产、销大幅度回落。全年销售收入 500 万元以上的服装企业 4 家,销售收入 4167.3 万元。恒美服装有限公司外贸加工业务增加,实现产值 203 万元,比上年增长 5%。荣士达制衣厂先后投资 40 万元,更新改造设备,生产出口服装 23.5 万件,比 1998 年增长 28%,产品远销美国、英国、意大利等 10 多个国家,成为全县服装行业龙头企业。

2001 年,丰恒服饰有限公司落户县工业园区。从此,全县服装工业企业全部集中在县工业园区。2005 年,县工业园区有服装企业 30 家,年产服装 250 万件,总产值 3100 万元,销售收入 3800 万元,利税 380 万元。2006 年,盱眙宝隆纺织制衣有限公司被淮安市政府授予文明单位称号,被轻工业部评为中国诚信经营示范单位。属经济开发区首家获此殊荣企业。

2008年,全县有服装企业128家,列入统计的纺织服装企业有盱眙宝隆纺织制衣有限公司、盱眙长盛用布有限公司、江苏丰源服饰有限公司、淮安市盈丰化棉轻纺有限公司等8家。主要产品有羽绒服饰、床上用品、鞋类、服装、刺绣、橡塑制品、皮带、差别化Poy长丝、仿真丝等产品,部分产品出口到日本、欧洲等国家和地区。

三、皮革制品

1986年,全县皮革制品企业有县皮革总厂1家,生产"立鹤"牌系列皮革产品,被省轻工业厅评为优质产品。年产皮鞋4.24万双、皮革服装1.59万件,各类皮件3.14万件,产值540万元,销售收入340万元,利税9.79万元。

1990年,县皮革总厂改造皮鞋、皮服生产线,生产皮鞋1508万双、皮服1.72万件,产值1153.1万元,销售收入1507.5万元,利税58.17万元。1993年,皮革总厂与港、台及美商合资兴办3个分厂,产值3911.8万元,利税73.7万元,生产皮衣、皮鞋出口创汇2566万元。1994年,以县皮革总厂为核心,成立淮阴立鹤集团公司。全年出口皮件31.55万件,内销皮件7.47万件;出口皮鞋51.93万双,内销皮鞋3.11万双。年产值8179.9万元,销售收入2958万元,利税255.76万元。

图8-15 盱眙县皮革厂"立鹤"牌皮衣生产车间

1995年,淮阴立鹤集团公司被省工业部门批准为盱眙县经委系统首个中一型企业,取得出口权。全年生产皮衣50万件,皮鞋200万双,产值7416.5万元,销售收入2200万元,入库税金88.42万元。县水产公司生产1万双特种皮鞋,作为9月4日在北京召开的第四次世界妇女大会纪念品。1996年,淮阴立鹤集团公司产品市场销路不畅,亏损92.9万元。

1997年,淮阴立鹤集团公司停产。荣士达皮衣厂投入20万元,购置35台平缝机和配套设备,皮件生产能力增加到18万件。生产皮夹克衫,出口美国。1999年,荣士达皮衣厂先后投资40万元,更新改造设备,从生产仿羊皮服转向布服装。

2002年,天宝皮鞋有限公司、金宝利鞋业有限公司落户县工业园区。2003年,淮安市天履鞋业有限公司落户县工业园区。

2008年,全县皮革制品工业企业有天宝皮革有限公司1家,销售收入911万元,入库税金45.42万元。其中,列入统计企业有盱眙敦晖皮件有限公司,销售收入1726.46万元,入库税金281.41万元;江苏兴大鞋业服饰有限公司,销售收入695.44万元,入库税金81.06万元;江苏天宝皮革有限公司,销售收入1130.85万元,入库税金56.09万元;淮安市天履鞋业有限公司,销售收入538.43万元,入库税金20.79万元。

第七节 粮油食品工业

1986年,盱眙县有粮油食品工业企业62家,从业2114人,总产值4240万元,销售收入3786万元,利税96万元,主要产品有植物油、酱油、大米、面粉、挂面、糖果等。1989年,全县粮油食品饲料企业58家,总产值9301万元。其中,粮食加工企业24家,总产值5263万元;植物油加工企业7家,产值1892万元;糕点、糖果制造企业11家,产值429万元。

图8－16　桂五米厂“桂花”牌小磨麻油生产车间

1993年,县粮食系统有粮油食品工业企业9家,总产值12802万元,利税402万元。乡镇及其他系统粮油食品加工企业22家,总产值1141万元。是年,成立盱眙鸿源油脂有限公司。1995年,县矿泉水股份有限公司产销两旺,生产“裂山”牌矿泉水650吨,产值495万元,销售收入448万元,利税31万元。1997年,全县有乡以上独立核算食品酿酒企业9家,实现工业总产值6657万元。

1998年,以金谷园为核心,桂花麻油厂、县植物油厂、县第一粮油食品厂、县面粉厂、楚东面粉厂、城南米厂、县葡萄糖厂等企业成立江苏桂花集团。“桂花”牌麻油、“三特”牌大米、“厉雪”牌挂面、“恒河”牌香醋,先后获淮安市名牌产品。1999年,销售收入500万元以上的食品酿酒企业有6家,主要产品有白酒、酱醋、矿泉水、糕点、肉蛋加工等,销售收入7126.5万元,工业增加值1647.8万元。

2001年,县城南米厂投入100万元,完成大米生产线色选工艺的更新改造,提高产品质量。县花生制品厂改制成立县金汇食品公司,投入500万元,建造现代化仓库。2002年,全县食品酿酒工业总产值1875万元,主要产品有肉蛋、白酒、酱油、醋、花生制品、茶叶。2003年,全县产毛蛋800万枚,生产牛奶3.6万吨。

2005年,县经济开发区有食品类工业企业13家,主要产品有醋、酒、“十三香”龙虾、野生食品、毛蛋、牛奶等,年销售收入2亿元,入库税金800万元,成为食品类支柱产业。2006年,三河农场粮油食品类企业主要有三河粮棉油加工有限公司、淮安景业有限公司、垣丰面粉厂、天擎食品有限公司。

2008年,全县有粮油食品企业77家,年销售收入7.1亿元,利税1420万元。其中,年销售500万元以上工业企业38家,销售收入71582万元,入库税金224万元。县经济开发区列入统计企业有盱眙永宁粮油食品有限公司,销售收入1007.71万元,入库税金1.6万元;江苏中和食品有限公司销售收入999.3万元,入库税金11.15万元;江苏厨娘食品有限公司销售收入678.21万元,入库税金0.79万元;盱眙润辰天然食品有限公司销售收入3052.8万元,入库税金15.01万元;盱眙元润食品有限公司,销售收入1067.31万元,入库税金16.97万元。

一、大米、面粉

1986年,盱眙县有生产加工大米、面粉企业41家,米面加工企业采用全进口碾米、色选、包装后,研发优质大米、有机大米、精糯米等新产品;面粉品种主要有精制面粉、普通面粉、精制挂面等。全年米、面总产值2526万元,销售收入2231万元,利税52万元。

1993年,县城南米厂、面粉厂具有出口米面资质,全年出口大米10120吨。1998年,马坝镇投入2800万元,新建年产1万吨景山米厂。县粮食局协助企业优化开拓市场,全县粮食企业米、面产量41万吨,明显增加。

2003年,三河农场粮油贸易公司生产的“三特”牌大米相继通过省食品部门检测,达到特米标准,被国家认定为绿色食品标志。2004年,农垦三河米厂生产的“苏垦”牌系列大米被评为江苏省名优产品。2006年,县政府利用龙虾节影响力,先后在南京、上海举办农副产品推介会,销售大米6000吨,挂面3000吨;“三特”

牌大米被评为中国名牌农产品，推动全县米、面产量大幅度上升。

2008年，全县（含三河农场）有大米、面粉生产企业19家，产量32.1万吨，产值12.9亿元，利税6970万元。其中“苏垦”系列优质大米，被美国百威公司、亨氏集团指定为大米供应基地。列入统计企业有盱眙恒丰面粉有限公司，销售收入5969.35万元。

二、酱　醋

1986年，全县酱醋企业有2家，产量1.9万吨，产值765万元，利税61万元。其中，县酱醋厂生产酱醋1.1万吨，三河农场酱醋厂生产“恒河”牌香醋0.8万吨。1989年，三河农场投入40万元，新建年产1000吨三河酱醋厂，生产“恒河”牌香醋，被农业部评为绿色食品。

1993年，三河酱醋厂新上一条香醋自动化生产线，年生产能力7000吨，“恒河”牌香醋获中国高新技术新产品博览会银奖。年底，三河酱醋厂更名为江苏农垦恒河酱醋总厂。1996年，江苏农垦恒河酱醋总厂新上一条年产5000吨香醋生产线，年生产能力1.5万吨，生产“恒河”牌香醋获全国第二届农业博览会金奖。

图8－17　三河农场香醋厂生产线

1997年，“恒河”牌香醋被全国第三届农业博览会评为名牌产品。从此，“恒河”牌香醋产量逐年上升。县酱醋厂生产的酱醋销路不畅，产量下降。1999年，县酱醋厂整体拆迁，停止生产。江苏农垦恒河酱醋总厂“恒河”牌香醋生产线被农业部列为农业产业化示范工程。

2000年，江苏农垦恒河酱醋总厂改制为江苏农垦恒河酿造有限公司，生产的香醋、酱油产品质量高，销售渠道畅，销往南京、上海、扬州等地。2006年，“恒河”牌香醋获淮安市名牌产品，被社会誉为“醋中茅台”。2008年，全县只有江苏农垦恒河酿造有限公司生产香醋、酱油，年产5.5万吨，产值2752万元，利税269万元。

三、蜂蜜与蜂产品

1986年，盱眙县生产蜂蜜企业有县养蜂场1家，产品有蜂蜜、蜂王浆等，蜂蜜产量25吨，出售给县土产公司。1987年，全县油菜种植面积扩大，外地养蜂户进入盱眙地区，蜂蜜产量增加到39吨。

1990年起，全县个体养蜂户增加，外地养蜂场、个体养蜂户进入盱眙境内采集槐花蜜，盱眙蜂蜜产量逐年增加。1994年，县土产公司收购蜂蜜55吨，产品以出口为主。1999年，个体养蜂户增加到31户，生产蜂蜜20吨。

2000年，全县因受灾害天气影响，个体养蜂户减少到11户，产量减少到5.6吨。县养蜂场亏损，改制为私营企业，当年生产蜂蜜10吨。2001年起，全县养蜂业均为农村养蜂个体户，蜂群规模小，蜂蜜产量少。2008年，全县有个体养蜂户22户，年产蜂蜜不足10吨。落户经济开发区蜂产品企业有润辰天然食品有限公司、日高蜂产品有限公司等3家，全年蜂产品产量650吨，产品销往日本、新加坡等亚太地区，出口创汇150万元。

四、植物油

1986年,全县有生产植物油企业7家,年产量2972吨,产值3600万元,利税216万元。其中,年产值500万元以上的企业2家,主要生产机榨菜籽油、豆油、小磨麻油。县桂五米厂生产的“桂花”牌小磨麻油、县植物油厂生产的大豆油分别获省优和市优产品。1992年,仇集乡生产的“瑞香”牌小磨麻油获中国乡镇街道之星博览会优秀奖,10月获中国首届农业博览会优良奖。1993年6月8日,县金谷实业有限公司与香港康力集团鸿享有限公司合办,成立盱眙鸿源油脂有限公司,总投资21万美元,生产菜籽油40吨。全县生产菜籽油3650吨、烹调油40吨、麻油150吨。1994年,县植物油厂疏通销售渠道,发动职工寻找销路,实现产值1509.8万元,销售收入1333.4万元,利税90.1万元。

图8－18 仇集小磨麻油

1995年,“瑞香”牌小磨麻油获中国高新技术新产品博览会银奖和中国第三届乡镇企业商品展览会金奖,被中国消费者协会推荐为信得过产品。产品畅销全国20多个大中城市,远销加拿大、新加坡等国家和中国香港地区。县桂五米厂生产的“桂花”牌小磨麻油获’95首届中国国际食品博览会金奖。

1996年,外地色拉油进入盱眙市场,县植物油市场营销不畅,产量明显下降。县植物油厂生产的“第一山”牌高级烹调油获江苏省消费者协会推荐商品。1997年,县植物油厂产量下降,年产值1201.9万元,亏损96.1万元。

2001年,县植物油厂争取省农业开发基金支持,完成年处理3万吨油料加工扩建项目。年产值增加到1511万元,销售收入1906万元,利税6万元。2002年,全县植物油企业生产的植物油质量不达标,“桂花”牌小磨麻油厂、“瑞香”牌小磨麻油厂改制,由个体经营。2006年,全县植物油工业企业停止生产。2008年,全县22家个体小作坊生产小磨麻油10吨左右,属于免征税范围。

五、酿　酒

1986年,全县酿酒生产企业只有盱眙县龙泉酒厂1家,生产高、中、低3个档次10多种系列白酒,“龙泉”牌大曲酒被经工业部评为优质产品。产量5000吨,产值1200万元,利税97.9万元。

1991年,盱眙县龙泉酒厂更名为江苏第一泉酒厂,白酒注册商标更名为“第一泉”,“第一泉”特曲被评为国优产品。1993年,全县生产白酒企业4家,产量5178吨,产值2054万元,利税198.3万元。其中第一泉大曲系列白酒被国货精品推荐委员会评为国优精品银质奖。

1995年,盱眙县第一泉酒厂投资100万元,新建一座贮量1000吨酒库。1997年,第一泉酒厂开发高档水晶瓶特曲46度系列白酒,投入市场,受到消费者喜爱。1998年,盱眙县第一泉酒厂召开’98金秋供货会,推荐新研发第一泉“红宝石”“绿宝石”系列酒,销售量增加,价格逐步提高。产量7500吨,产值9012万元,利税912.4万元。

图8－19 第一泉酒厂

2001年，盱眙县第一泉酒厂改制，成立江苏大明宫酒业有限公司。2004年，江苏大明宫酒业有限公司改制为私营企业。2005年，龙虾情酒业有限公司落户县经济开发区，开始生产大明宫和龙虾情酒。2008年，大明宫酒业有限公司、龙虾情酒业有限公司生产的白酒均以勾兑为主，约1.5万吨，产值151.2万元，利税22.69万元。

1986～2008年盱眙县米面、粮油食品加工一览表

表8－5

年份	米面			酱醋			植物油			酿酒		
	产量（万吨）	产值（万元）	利税（万元）	产量（万吨）	产值（万元）	利税（万元）	产量（吨）	产值（万元）	利税（万元）	产量（吨）	产值（万元）	利税（万元）
1986	1.1	2526	52	1.9	765	61	2972	3600	216	5000	1200	97.9
1987	1.7	3107	101	2.1	845	66	3015	3804	219	5500	1320	120.5
1988	2.1	4312	152	2.2	886	71	3200	3923	240	5100	1210	121.3
1989	2.5	5891	310	2.0	824	69	3800	4560	280	5300	1250	105.6
1990	3.1	6600	450	2.5	1090	97	4000	4721	300	5100	1240	112.0
1991	4.2	8560	610	2.1	890	66	4200	4970	310	5200	1270	120.1
1992	8.1	20250	1200	2.2	910	81	4600	5562	330	5000	1590	132.0
1993	11.5	34500	1880	2.6	1047	92	5200	6285	410	5178	2054	198.3
1994	19.9	59560	3950	2.4	1020	98	5300	6360	419	5210	2125	200.6
1995	20.6	81000	4500	2.5	1010	97	5345	6430	431	5126	2307	210.8
1996	6.2	25200	1126	2.0	910	67	3154	3720	227	6000	5621	508.9
1997	8.1	32800	1540	2.3	1035	71	3020	3570	219	7675	9210	892.0
1998	3.2	13100	860	2.8	1261	101	3460	4121	208	7500	9012	912.4
1999	7.9	31600	1580	2.9	1350	124	4030	3611	210	7610	9132	900.7
2000	8.2	36700	1670	3.1	1395	130	4647	5571	336	8500	10200	997.1
2001	8.9	35600	1560	4.0	1768	162	4821	6101	360	10000	13200	1250.2
2002	11.0	47600	2350	5.1	2295	211	3600	5562	341	8000	9625	823.9
2003	13.6	54400	2740	5.0	2510	241	3200	5120	309	8100	8200	760.0
2004	18.7	74800	3780	5.6	2870	276	2800	4480	272	10000	12000	1000.0
2005	20.2	81000	4600	5.3	2650	256	2500	4011	241	7500	8500	720.0
2006	24.3	96700	5400	5.0	2561	240	11	240	－	8400	8800	680.0
2007	26.1	104000	5800	4.3	2151	195	10	200	－	12000	110	420.0
2008	32.1	128960	6970	5.5	2752	269	10	200	－	15000	151	22.7

第八节 凹凸棒石黏土加工业

1986 年,盱眙县从事凹凸棒石黏土研发、加工、销售企业有县凹凸棒石黏土公司 1 家,产品有凹凸棒石黏土粉、混合饲料载体、活性凹凸棒石黏土,属粗放型加工,年产量 3789 吨,产值 43 万元,销售收入 34.7 万元,利税 1.75 万元。

1992 年,县凹凸棒石黏土公司与台湾鸿庆环保工程有限公司合资,成立江苏盱眙鸿庆奥土有限公司后,改进加工工艺,生产普通黏土剂、抗盐黏土、活性黏土、白云石粉等产品。1993 年,生产凹凸棒石黏土 1150 吨,产值 64 万元,利税 3.1 万元。1995 年,洪山乡政府与南京晓庄涂料厂共同投资 30 万元,新建洪山乡中大黏土加工厂,10 月投产,产量 1 万吨,产值 160 万元,利税 18 万元。

1996 年,江苏淮源矿业有限公司、县供电局投资新建奥土胶体有限公司,形成产、学、研机制,凹凸棒石黏土生产由粗放型加工向高黏土、脱色剂、干燥剂、分子筛等新产品延伸,部分产品出口南美、亚太地区。1997 年,成立县千土王矿业有限公司,新建年产 10 万吨凹凸棒石黏土生产线,年生产能力 1.5 万吨。

2000 年,全县凹凸棒石黏土工业企业发展到 56 家,产值 7080 万元,利税 354 万元。2001 年,兴建盱眙凹凸棒石黏土加工区,规定具有较高科技含量、投资 500 万元及其以上企业,才能落户县凹凸棒石黏土加工区。

2002 年,县凹凸棒石黏土加工区落户加工企业有江苏淮源矿业有限公司,生产以高粘剂、脱色剂为主产品,年生产能力 3.5 万吨,销售收入 2450 万元,利税 196 万元,从业人员 5000 余人,开发高粘剂生产线被列入淮安市重点建设项目;江苏省凹土工程技术研究中心是凹凸棒石黏土研发科研机构,欧佰特黏土公司开发新产品脱色剂,年产量 1.5 万吨,销售收入 1050 万元,利税 84 万元。

2003 年,江苏神力特矿业有限公司投资 2158 万元,落户县凹凸棒石黏土加工区,主要生产干燥剂系列产品。2004 年,县凹凸棒石黏土加工区落户加工企业 3 家。其中,江苏澳特邦非金属矿业有限公司投资 2000 万元,承担省级科技攻关项目 2 项、国家级星火计划 1 项,生产能力 3 万吨。年底,生产凹凸棒石黏土提纯剂、抗盐黏土、吸附白土等产品,产品用于石油钻井、石化、环保、食用油、特细化工、建材等行业,出口欧洲、东南亚。

图 8-20 最早进入工业园区的凹土企业之一的玖川科技

2005 年,落户县凹凸棒石黏土加工区企业增加到 9 家,产量 3.5 万吨,销售收入 1.2 亿元,利税 1550 万元。博图凹土高新科技开发有限公司投资 1200 万元,落户凹凸棒石黏土加工区,以中空玻璃干燥剂为主要产品,年生产能力 300 吨,产品涉及医药、交通、化工、服装,食品等领域。江苏澳特邦非金属矿业有限公司承担国家星火计划 1 项、省科技攻关项目 2 个,销售收入 3000 万元。

2007 年,进县凹凸棒石黏土加工区企业增加到 13 家。其中,江苏国盛矿业发展有限公司是凹凸棒石黏土加工规模企业,以生产脱色剂、活性炭烟煤为主,年生产能力 2 万吨。

2008 年,县委、县政府启动中国凹土科技园建设。9 月 21 日,第三届中国(盱眙)凹凸棒石黏土科技高层论坛暨产业技术与市场交流会在盱眙县召开，举行中国凹土科技园揭幕仪式。江苏玖川粘土科技发展有限公司由中国曙光控股集团投资建设，以凹凸棒石黏土高科技产品开发应用为主，一期投资1.06亿元，8月建成研发中心及办公大楼。至年底，全县累计落户县凹凸棒石黏土加工区企业21家，共引资金19.4亿元，年产量20万吨，销售收入1.3亿元，入库税收980万元。主要生产吸附白土、抗盐黏土、干燥剂，延伸产品有分子筛系列产品、超细产品、矿物油脱色剂、液体净化剂、无机凝胶、水处理剂、肥料粘结剂、饲料粘结剂，产品在国内外市场占有率均为50%，主要出口日本、韩国、马来西亚、沙特阿拉伯、印度尼西亚、澳大利亚、新西兰等国家。

第九节　钢管轴承产业

2002年，钢管轴承产业作为盱眙县工业园区新兴产业，有天华不锈钢轴承制造有限公司、盱眙微型轴承厂分别投入1000万元，落户县工业园区。年产量100万套，销售收入1000万元，入库税收50万元。2003年，钢管轴承企业增加到4家，年产量200万套，销售收入2000万元，入库税收100万元。投资1.5亿元兴建江苏金鹏轴承有限公司，主要生产各种型号的机械轴承、钢管等产品，生产的深沟球轴承产品70%出口欧美地区。

2004年，落户县工业园区钢管轴承企业增加到10家，年产量600万套，销售收入8000万元，入库税收210万元。金鹏轴承有限公司拥有3条热处理生产线和车床、无心磨、轴承清洗机、双盘研磨机、高精磨床等生产设备120台套，从事各种型号机械轴承、家用电器、钢管等产品生产，其产品销往北美洲、西欧、东南亚等国家和地区，实现销售收入5000万元。

2005年，落户县工业园区钢管轴承企业增加到16家。其中，海峰海林（淮安）精密轴承有限公司一期工程投资5000万元港币，兴建1.4万平方米厂房和办公楼、4000平方米宿舍楼及附属工程，主要生产各种规格的精密轴承，产品全部出口，用工500人；江苏凡力钢管有限公司投资3.5亿元，注册资金5000万元，落户县工业园区，专业生产各种规格的油管、油套管、高压锅炉管、中低档锅炉管，产品主要出口美国、非洲、中东等国家和地区。

图8－21　轴承产业园

2006年，落户县工业园区钢管轴承企业累计23家，年产量2200万套，销售收入50亿元，入库税收489万元。2007年，落户县工业园区钢管轴承企业4家。江苏宝碟轴承有限公司注册资金2000万元，建成厂房及附属用房2万平方米，主要生产各类轴承、轴承内圈。盱眙华洋钢管有限公司注册资金2000万元，建成厂房2.5万平方米。

2008年，落户盱眙经济开发区的钢管、轴承制造企业3家。其中，江苏开来钢管有限公司投资2.2亿元，一期工程建成2.6万平方米厂房和4000平方米附属用房，主要生产各种型号的无缝钢管，用工300余人；江苏戴维轴承有限公司，由加拿大客商方益敏投资兴建，首期投资1.2亿元，建成厂房、生活用房2万平方米，主要生产轴承系列产品。至年底，累计进入开发区钢管轴承企业30家，销售收入29.21亿元，税金

2630万元。主要产品有大口径无缝钢管、石油油井钢管、深沟球轴承、英制轴承、法兰轴承、非标不锈钢轴承等,部分产品远销欧美、东南亚、非洲、中东等国家和地区。

第十节 军事工业

1986年,盱眙县有江苏省小三线军工企业5家:淮河化工厂(简称9395厂)、江苏天明化工厂(简称9305厂)、江苏永丰机械厂(简称925厂)、红光化工厂(简称5315厂),江苏滨淮机械厂(简称9489厂)。5家军工厂除生产各类军品外,民用产品有硝基甲苯、合式氢、邻甲苯、DSD酸、对甲苯胺、液压马达、减速机、网式捕捉器等。年总产值3748万元,利税137万元。

1989年,9305厂由单一爆破器材向化工产品发展,先后研制清灰剂、乳化炸药、震源药柱等新产品。5315厂运用高新技术研制开发"高效透明电水壶"、乳化炸药等产品,先后荣获江苏省国防科工委"国防科技工业质量管理奖"、被江苏省人民政府评为先进企业。925厂获中国北方工业集团总公司质量管理奖,研发的"压力润滑活塞付"获国家科技进步二等奖。

1993年,9305厂、5315厂、925厂生产军工产品。9395厂、9489厂转向生产一硝基甲苯、邻甲苯胺、碳酸氢胺、高精度净油机、干粉灭火器、十功能自产煤气节煤炉等民用产品,军工企业总产值14034万元,比1992年增长33.05%。

1994年,淮河化工厂更名为江苏淮河化工总厂,年产值9169万元,销售收入11465万元,利税1154万元,被国防科工委评定为国家大型二档企业,荣获江苏省思想政治工作先进单位,被省国防工办评为"十佳单位";5315厂被淮阴市安全生产委员会评为安全生产先进单位;9305厂被市政府评为工业利税30强企业;925厂研制船用烟火信号,通过农林部组织专家评审,批量生产。全年5家军工企业实现产值15846万元,销售收入18133万元。

1995年,全县5家军工企业由省、市双重领导,转变为国防科工办直接领导。全年总产值17235万元,销售收入23548万元,利税2071万元。1997年,全县5家军工企业共实现工业总产值17960万元,销售收入22895万元。主要民用产品有一销基甲苯、合成氨、DSD酸、邻甲苯胺、液压马达、减速机、轴套加工等。

1998年,9395厂投入3650万元,扩大硝基甲苯生产线;9305厂投资4000万元,完成年产4万吨一硝基甲苯扩建工程、2万吨浓硫酸工程、35吨沸腾炉技改项目,在全国精细化工中间体产业中占有综合优势地位。1999年,以9395厂为核心,联合9305厂、925厂、5315厂、9489厂,组建江苏淮化集团公司,享受省重点企业集团的有关优惠政策。

图8-22 航拍的江苏滨淮机械厂

2000年,以9395厂为投资主体,联合9305厂、925厂、5315厂、9489厂,开发机械产品、军工民用产品。5315厂成功研制开发司盘——乳化剂,专用于乳化炸药。9305厂生产乳化剂炸药等产品通过ISO 9000质量体系认证。盱眙县政府建设淮河风光带时,9489厂被拆除而停产。

2002年,全县5个军工企业完成改制,职工身份置换,实行市场运作。8月,江苏天明化工厂(国营9305

厂)改制,更名为江苏天明化工有限公司。永丰机械厂(国营925厂)改制后,南京理工大学以30%无形资产入股,组建江苏淮化集团永丰机械有限责任公司。2003年,永丰机械有限责任公司通过由国防科工委组织军品生产许可证现场验收,成为集军民用品生产、研发于一体的中型军工企业,年产值2407万元,销售收入2880万元。

2004年2月,江苏红光化工厂(国营5315)更名为江苏红光化工有限公司。2007年,红光化工有限责任公司开发生产200吨RDX新产品通过省科工委验收;投入100万元,改造生产线,被省政府授予"AAA级重合同守信用企业",年销售收入7.38亿元,利税2298万元。天明化工有限责任公司被省政府授予"AAA级重合同守信用企业",销售收入6347万元,利税1508万元;江苏淮化集团有限公司生产硝基甲苯6万吨,硝酸2.5万吨,销售收入5.68亿元,利税2777万元。

2008年,天明化工有限责任公司销售收入8600万元,永丰机械有限责任公司销售收入1.1亿元,红光化工有限责任公司销售收入8946.8万元。江苏淮化集团有限公司以生产一硝基甲苯、硝酸、合成氨为主,实现销售收入7.23亿元,位居全县军工企业之首。3月28日江苏滨淮机械厂注销。

第三章　乡镇村工业

第一节　乡镇村工业发展

1986年,全县城镇街道工业企业28家,总产值799万元,工业净产值211万元;农村乡办工业企业216家,总产值3044万元,工业净产值992万元。全县乡镇村工业主要生产产品有中小型家具17.98万件、红砖17184万块、木制家具0.27万件、服装4万件、食用植物油211吨。1987年,全县村办工业企业323家,总产值3207万元,产品销售收入2548万元,上缴税金76万元。

1993年,全县乡镇村工业企业457家,其中当年新批25家,全年工业总产值2.33亿元,比1992年增长32%。其中,乡镇工业总产值1.7亿元,村办工业总产值0.63亿元,分别比1992年增长43%、48%;产值超1000万元乡办企业3家,超1000万元的乡镇6个。1994年,全县工业受到高温干旱、淮河水污染影响,但乡镇村工业产值仍处于高位。全年乡镇工业总产值3.39亿元,销售收入3.3亿元,利润1035万元,税金875万元。其中,乡镇办工业总产值2.35亿元,销售收入2.33亿元;村办工业总产值0.86亿元。

图8-23　乡镇村工业发展

1997年,全县乡镇村共有企业505家,其中集体办401家、私营企业104家;实现工业总产值9.51亿元,销售收入10.37亿元,其中集体工业总产值8.61万元、私营企业总产值9019万元。1999年,全县乡镇村工业企业5956家,其中私营企业621家,全年实现总产值22.08亿元,销售收入23.37亿元,利税1.93亿元。

2004年,全县乡镇、集体工业企业全部改为民营企业。2005年,各乡镇开始新建工业集中区,固定资产投入不足500万元的企业进入乡镇工业集中区。2007年,县委、县政府全面推进乡镇工业区建设,全县19个乡镇工业集中区规划总面积1565.1公顷,已开发435.13公顷,基础设施投入2.07亿元,固定资产投入13.2亿元,建标准化厂房19.8万平方米,累计进区工业项目150个,其中亿元项目12个,在建项目86个,竣工项目64个。

2008年,全县19个乡镇工业集中区开发面积38.17万平方米,在建16.9万平方米,固定资产累计投入29.8亿元。共有规模以上企业182家,实现销售收入30.7亿元,工业增加值5.1亿元,利税2.45亿元。盱城镇、马坝镇等5个乡镇工业集中区连续3年进入全市30强。

第二节　乡镇村工业企业管理

1986年,盱眙县乡镇企业管理局管理乡镇企业,乡镇工业企业管理站负责管理本乡镇工业。1987年,县委、县政府召开乡镇村工业企业会议,要求各乡镇大办工业,发展集体经济。各乡镇落实县委指示精神,根据本地特色,掀起大办快上乡镇村工业热潮,工业产值开始攀升。

1993年,县委、县政府针对乡镇村工业发展不平衡、地区差别大、资金投入不足、企业缺乏后劲、新产品开发档次低现象,采取重点突出、高快结合的技改投入举措,投入技改资金2927万元,技改90个项目,超过1991年、1992年总和。全年乡镇村共引进资金634万元,引进各类营销人才83名,推行股份合作制68家,吸收股金460万元,盘活关停企业7家。

1994年,县委、县政府选派盱城镇王树勤、官滩镇吕秀生、马坝镇李文富、桂五镇赵新民、黄花塘乡赵长桂等工业管理干部去苏南挂职学习,培养乡镇工业企业管理人才。全年投入技改资金4412万元,技改项目107个。

1995年,县乡镇企业管理局以抓"三改"、促"四上"(深化改革,增强企业活力;技术改造,加快科技进步;改善管理,提高企业素质;企业上规模,产品上档次,管理上水平,效益上台阶)作为乡镇村工业发展的总体思路,推进乡镇村工业企业上规模、上台阶。全年技改投资8469万元,实施技改项目197个。

1997年5月,乡镇企业管理局围绕"四好"(现场管理好、质量管理好、营销管理好、资金管理好),开展"强化管理月"竞赛活动,全县共分4个赛区。各乡镇建立健全科学管理制度,重抓落实,推动乡镇村工业经济健康发展。各乡镇在实施产权制度改革中,上半年以"先售后股"为主,下半年以出售、拍卖为主,全年改制企业35家。其中,出售、拍卖22家,股份合作制1家,租赁经营12家。

1999年,县委、县政府出台《乡镇工业企业规范管理实施意见》,各乡镇开展多种形式创建活动。年底,全县有10个乡镇企业管理站被市工业企业管理局评为"四好"企业管理站。全年投入乡镇企业技改1.7亿元,实施技改项目450个。乡镇企业改制45家,其中出售2家、建新租旧5家、股份制1家、股份合作制1家、售租结合34家、租赁2家。

2000年,撤销各乡镇企业管理站,组建乡镇工业管理办公室,负责管理乡镇工业企业。2001年,县委、县政府出台《乡镇工业企业管理办法》,规定乡镇投入50万元以上的企业应报主管部门备案,每个项目应有专人或专职班子负责管理,建立健全项目档案,县负责工业领导每月对该项目进行督查、考核、验收和管理。全县乡镇村工业围绕加快发展、招商引资、快上项目、优化环境主题,开展招商引资活动。全年乡镇工业企业技改投入3.8万元,技改1000万元项目2个,500万元以上项目16个,100万元以上项目41个。

2002年,各乡镇落实县委、县政府企业改制精神,采取现金购买企业净资产整体退、零资产转让退、公开拍卖有效资产部分退的举措,改革乡镇工业企业体制。是年,马坝镇开始建设工业示范区,规划面积133公顷。2004年,全县乡镇工业企业改制全面结束,集体工业企业均改制为民营企业。2005年,官滩镇在三墩村新建工业集中区,规划面积50公顷。

2006年,县委、县政府召开全县乡镇工业集中区建设工作现场会,扎实开展“学、赶、超”活动,要求各乡镇抓紧编制和完善集中区规划,加大基础设施投入,加快标准化厂房建设,大力引进和实施工业项目,提升服务和管理水平,推动乡镇工业集中区快速发展。

2008年,各乡镇均建成工业集中区,其管理措施均采用县经济开发区管理模式,对进区企业进行项目、用地管理和帮办服务。

第四章　县属工业管理与技改

第一节　县属工业企业管理

1986年,盱眙县经济委员会(简称县经委)主管县属工业企业,县粮食局、物资局、城建局、交通局、商业局、供销总社等单位分别管理本系统工业企业。县经委、各工业主管部门成立产业升级管理领导小组,指导企业做好升级改造工作。各部门、各企业制定升级改造计划,把企业升级目标纳入经济责任考核内容。

1987年,县委、县政府全面实施工业企业升级活动,将企业升级与强化管理、降本增效有机结合,帮助和引导企业结合自身实际,转换内部机制,提高经济运行质量和管理水平,实现企业管理、增效全面升级。县经委组织县属企业职工参加省“三学”知识考试和演讲活动,组织职工参加“邯钢职工当家理财报告会”,召开职工降本增效活动现场会,推广第一泉酒厂、强立制杆公司管理经验,通过座谈会、汇报会,督促企业做好成本管理和企业升级工作。

1988年,县经委设立能源科,在全县水泥生产企业开展节约能源、物资试点工作。通过试点后,将其经验推广到高能耗企业,推进县属工业企业节能降耗。县第二水泥厂生产每吨水泥电耗下降15千瓦时,煤耗下降2千克。

1990年,县经委在工业企业中推行承包经营责任制,以承包合同形式,明确企业所有者与经营者之间责、权、利关系,企业内部实行厂长负责制和厂长目标责任制。县第一泉酒厂、帆布厂、化肥厂、华东机床厂等10家企业,相继被市政府评为先进企业。1993年,全面实行干部聘用制、职工劳动合同制、岗位工资制、技能工资制、计件工资制、实施股份制,取消“大锅饭”。

1994年,围绕资源开发,实施抓龙头、抓采石经济发展思路,制定“四快四突破”工作方针。即加快发展速度,以提高效益为中心,在市场营销上求突破;加快产权制度改革,以股份制为核心,在建设现代化企业制度中求突破;加快组建企业集团,以骨干企业为龙头,在规模效益上求突破;加快开放步伐,以外引内联为途径,在外向型经济上求突破。扶持利税大户,对全县17户(不包括省市属工业企业)产值1000万元以上、利税100万元以上大户,列入重点骨干企业管理,在生产要素配置等方面给予倾斜。

1995年,县委、县政府一手抓改革,一手抓管理,从有关部门抽调能力强的6位干部,分别作为县领导联络员,进驻特困企业,帮助企业超产增效。县主要领导和分管领导分别与特困企业黏土公司、化肥厂、造纸厂、医疗机械厂、织布厂、制药厂挂钩帮扶,帮助企业解决生产困难。

1997年,县委、县政府采取“抓大活小攻难”工作思路。“抓大”,选择年销售收入千万元以上20户重点企业,作为扶优扶强重点;“活小”,选择一批规模小、经营状况差的企业,实施以先售后股为主要形式的改制工作;"攻难",帮助亏损大户扭亏为盈,帮助困难大户攻克难关。

1999年,县政府成立控减乡镇企业负担工作领导小组,统一扎口部门对企业经济检查行为,严格抵制乱收费行为,工业企业负担得到有效控制。

2000年,县经委、县乡镇企业管理局合署办公,成立县经济委员会,负责管理全县工业企业,其职能由主管企业转变为服务企业,做好资源配置协调工作。

2001年,县工业园区成立江苏盱眙经济开发区管理委员会,负责管理开发区工业企业,招商引资企业均落户县工业园区。县委、县政府采取"三三制"管理(三个结合:与技改相结合、与盘活相结合、与开发相结合;三个一批:抓好一批贮备期增长点、一批投入期增长点、一批形成期增长点;三个层次:省级、市级、县级)措施,培育工业企业新的增长点。对44家小型企业实施升级和成本管理,聘请河海大学用一年时间对100名厂长(经理)进行不脱产岗位证书培训,选送30名厂长(经理)作为后备力量,脱产一年到河海大学学习工业企业管理。

2003年1月起,县人代会以议案方式形成加快工业园区每年一个"三百工程"(投产一百个企业、在建一百个企业、签约一百个企业)的决定。首年"三百工程"如期实现。年底,全县有16户国有企业改制,4000多名国有企业职工置换身份,支付职工工龄补偿金与个人性费用4500余万元。2005年,成立江苏省盱眙县凹凸棒石黏土协会,做好凹凸棒石黏土研发。县工业园区继续实施招商引资"三百工程",轴承、机械、汽摩配件、凹凸棒石黏土、食品特色产业趋于成熟。2008年,全县工业围绕钢管轴承、凹凸棒石黏土特色产业,推进招商项目,启动凹土科技园区建设,向"轴承之都""凹土之都"迈进。

第二节　技术改造

1991年起,县委、县政府开始启动工业企业技改工程,但投入规模较小。至1995年,共实施5万元以上技术改造(含技术引进)项目14项,完成技改投资1500万元。盱眙县葡萄糖厂投资240万元,新建一条年产3000吨淀粉生产线,并投入运行,当年生产淀粉1万吨。

图8-24　黄花塘缫丝厂生产车间

1996年起,县委、县政府实施"加大技改投入年",加快工业企业技术改造进度。向江苏双合股份有限公司投入1500万元,建成年产5万吨硝基甲苯扩建工程;淮河化工有限公司投资3000万元,完成年产4万吨一硝基甲苯扩建工程、2万吨浓硫酸工程、35吨沸腾炉技改项目;黄花塘缫丝厂投资240万元,扩建缫丝生产线;盱眙天康光电缆有限公司投资1000万元,建成电缆二期工程;江苏狼山水泥厂投入500万元,改造综合节能工程;打石山水泥厂投入545万元,建成年产10万吨525水泥旋转窑。通过技改,企业自主投入的意识逐步增强,投资质量得到提高,全县经济结构逐步调整优化,化工、机械、粮油、服装、电子电器、凹土加工行业快速增长。

1998年,江苏狼山水泥厂投入技改资金500万元进行节能改造,年节煤电200万元。

2000年,江苏都梁电缆有限公司投入100万元,实施技改工程,被农业部授予"全面质量管理达标企业"称号。2001年起,县委、县政府实施"技改项目推进年",技术改造投入向销售收入500万元以上的工业企业倾斜,技改资金筹措实施政府投资、银行贷款、技改工业企业自筹三结合办法，增加技改投入，技改项目逐年增加。

2003 年，县委、县政府投入 980 万元，实行电线、电缆工业企业技术改造，逐步形成产业规模，产品涵盖计算机电缆、控制电缆、高温补偿导线、燃电缆、电力电缆、耐火电缆、交联电力电缆、硅橡胶电缆、低烟无卤电缆高等级漆(铅)园线、电缆桥梁等 400 余种。

2005 年起，县委、县政府实施“技改项目提升年”，技改资金向销售收入 1000 万元工业企业倾斜，机械、化工、食品、凹土、节能灯具等行业投入技改资金占总投资 41.9%；投资招商企业技改资金占总额 62%。通过技改后，新能源、新环保的新产品填补行业空白。

2006 年起，围绕新能源、电子两大产业增加技改投入，扩大技改项目。通过技改后，江苏宇特光电科技有限公司研发光纤冷接子、光纤快速连接器项目，列全国同行业之首，促进全县光电科技产业向科技含量较高的终端产品延伸。

2007 年，全县技改投入亿元以上项目 21 家，累计投入 7.92 亿元，其中投入 10 亿元以上的招商项目德新钢管有限公司、瑞盛重工有限公司、江北特种钢有限公司 3 家。2008 年，县委、县政府实施“技改项目扩张年”，加大技改投入，投入技改资金 101.2 亿元，改造项目 239 个，钢管轴承、凹凸棒石黏土产业通过技改后，成为全县规模工业企业的主产业，全年销售收入和入库税金占全县规模工业企业的 24%、25%。

1996～2000 年盱眙县技术改造资金投入一览表

表 8－6　　　　单位：个、万元

年　份	申报项目	计划投资额	财务发生额	年　份	申报项目	计划投资额	财务发生额
1996	16	3000	670	1999	80	32500	16000
1997	159	31000	236	2000	323	12000	9953
1998	120	24000	22000				

2001～2008 年盱眙县技术改造资金投入一览表

表 8－7　　　　单位：个、万元

年份	总投资		当年投资计划			完成财务支出		
	投资额	项目数	合计	贷款	自筹	合计	贷款	自筹
2001	54457	33	54457	8868	45589	45523	888	44635
2002	43694	59	43694	4100	39594	60370	3350	57020
2003	100428	65	100428	1000	99428	75288	1900	73388
2004	114738	76	114738	5600	109138	119700	1500	118200
2005	497370	187	497370	6900	490470	208300	800	207500
2006	775996	271	775996	1000	774996	347949	3300	344649
2007	958722	269	729344	–	729344	577491	4700	572791
2008	1012377	239	779437	–	779437	705118	1410	703708

说明：2001～2004 年为投入 500 万元以上技改项目，2005～2008 年为投入 1000 万元以上技改项目。

1986～2008年盱眙县工业企业基本情况一览表

表8-8 单位：个、人、亿元

年份	企业数	总产值	销售收入	利税	其中											
					国有工业企业				集体工业企业				私营工业企业			
					企业数	总产值	销售收入	利税	企业数	总产值	销售收入	利税	企业数	总产值	销售收入	利税
1986	315	3.35	2.58	0.69	49	2.69	1.92	0.65	266	0.66	0.65	0.04	–	–	–	–
1987	309	4.43	4.28	0.56	44	3.69	1.97	0.43	265	0.74	2.31	0.13	–	–	–	–
1988	304	5.64	3.21	0.22	54	3.87	2.88	0.16	250	1.77	0.33	0.06	–	–	–	–
1989	316	5.37	4.21	0.41	52	4.16	3.10	0.28	264	1.21	1.11	0.13	–	–	–	–
1990	302	5.94	5.02	0.46	50	4.22	2.89	0.31	252	1.72	2.13	0.15	–	–	–	–
1991	259	6.48	5.89	0.67	32	4.42	3.12	0.43	227	2.06	2.77	0.24	–	–	–	–
1992	301	7.04	5.23	0.49	47	3.67	2.73	0.35	254	3.37	2.50	0.14	–	–	–	–
1993	273	9.50	6.85	0.72	45	7.25	4.23	0.41	226	2.25	2.62	0.31	2	0.09	–	–
1994	307	9.49	8.64	2.04	53	5.08	4.97	1.35	252	4.22	3.55	0.68	2	0.19	0.12	0.01
1995	327	13.30	10.89	1.49	72	7.82	6.19	1.12	252	5.21	4.48	0.25	3	0.27	0.22	0.12
1996	280	17.55	14.75	0.93	44	9.60	8.19	0.43	233	7.28	6.23	0.34	3	0.67	0.33	0.16
1997	311	17.16	15.89	1.54	39	7.15	6.72	0.67	268	9.47	8.82	0.85	4	0.54	0.35	0.02
1998	40	24.62	14.25	4.27	30	7.02	6.40	1.01	8	4.59	2.10	0.93	2	13.01	5.75	2.33
1999	59	32.03	12.04	3.21	45	9.42	7.20	0.70	8	7.65	3.09	0.23	6	14.96	1.75	2.28
2000	50	150.24	144.70	9.36	28	89.38	83.37	1.45	8	33.66	34.43	2.38	14	27.20	26.90	5.53
2001	70	177.26	168.60	16.12	21	73.04	67.77	5.19	4	37.56	40.66	0.33	45	66.66	60.17	10.60
2002	96	23.36	21.64	1.65	15	5.22	4.75	0.18	1	0.33	0.38	0.02	80	17.81	16.51	1.45
2003	102	27.26	26.32	2.40	6	1.74	1.69	0.09	6	1.46	0.60	0.01	90	24.06	24.03	2.30
2004	115	73.56	37.56	2.47	6	15.07	14.15	0.09	2	–	–	–	107	58.49	23.41	2.38
2005	130	107.41	85.55	3.56	6	12.45	8.85	0.32	1	–	–	–	123	94.96	76.70	3.24
2006	203	150.47	102.14	3.85	5	2.61	0.15	0.01	1	–	–	–	197	147.86	101.99	3.84
2007	240	185.18	128.79	8.66	4	0.51	0.12	0.16	1	–	–	–	235	184.67	128.67	8.50
2008	161	114.00	105.24	5.99	4	–	–	–	3	–	–	–	154	114.00	105.24	5.99

第五章　江苏盱眙经济开发区

第一节　规　划

1993年，县委、县政府在五墩东路西侧、五墩南路东侧建立县经济技术开发区，可控制区范围：总体规划面积6.18平方千米，区内分工业区、商业行政区、居住区和综合区。包括古桑乡石牛村龙泉组、前洼组、后洼组、西营组，十里营乡毛营村毛营组、柳坝组，果园场大墩组、杜庄组、陈营组、直属组。启动区范围：启动区面积0.618平方千米，县开发区建设沿开发区2千米主干道两侧启动，商业行政建设用地位于主干道五墩转盘至农校路段两侧，工业建设用地位于主干道农校至粮食车队路段两侧。包括盱城镇五墩村五墩组、转盘组，古桑乡石牛村东营组、上营组，十里营乡十里营村新建组、八里岔组。

2001年初，县委、县政府向市委、市政府提交《关于设立盱眙县工业园区的请示》，9月获市政府批准。2003年7月，县政府聘请常州市技术设计院为盱眙县工业园区编制控制性详细规划，四至范围为工六路以北、一环东路以东、牡丹路以西、明陵路以南，用地4.09平方千米，县政府未批复。

2006年4月，经省政府批准，盱眙县工业园区升格为江苏盱眙经济开发区。经国土资源部核定，开发区开发公告面积25平方千米，东至牡丹大道东约150米、南至迎春大道、西至二环路、北至盱马路。区管会委托淮安市城市规划设计院对区内交通标志牌、交通标志线、红绿灯安排进行全面设计规划。

2007年，区管会委托淮安市城市建设设计研究院编制江苏盱眙经济开发区工业分区规划，县政府未批复。2008年，区管会委托淮安市城市建设设计研究院编制江苏盱眙经济开发区控制性详细规划和消防设施规划，总面积约24.15平方千米，东至宁宿徐高速公路、西起洪武大道、南至东方大道、北至盱马路。12月，获县政府批准。

图8－25　江苏盱眙经济开发区

第二节　基础设施建设

一、道路建设

2001 年 10 月 22 日,开始建设工业园区道路。年底,建成洪武大道、金桂大道、迎春大道、工一路、工二路、工三路、合欢大道、工五路、工六路,均按混凝土路面施工,总长 19.5 千米。2002 年 1 月,迎春大道竣工。

2003 年,完成东方大道改造和葵花大道与工十路连接工程。新建葵花大道、牡丹大道、工七路、工八路、工十路。

2005 年,工业园区新建混凝土路 12.7 千米。完成牡丹大道与盱马路接线工程,完成工二路、工八路单幅路改建双幅路工程,完成梅花大道、东方大道、工五路、工六路、工八路、工十路、工十一路东扩东延工程,完成玉兰大道、工二路、工五路、工八路、工九路、工十路、工十一路向东延伸路基 9 千米工程。区内道路基本实现联网畅通。

2006 年 10 月,县地名办对江苏盱眙经济开发区道路进行命名或更名。区管会完成梅花大道、工六路、玉兰大道由农村公路改建成双幅道路,总长 2600 米;新建双幅道路有工九路、工三路、工十一路,总长 3900 米。至年底,建成硬质化道路 90 余千米。

2007 年,投入 680 万元,建成硬质道路 5200 米;投入 48 万元,铺设路牙石 2.4 万米。至 2008 年,江苏盱眙经济开发区共建成硬质道路 34 条、总长 121.6 千米,区内主次干道 12 纵、12 横,实现道路循环贯通。

2008 年江苏盱眙经济开发区道路建设及命名、更名一览表

表 8－9

原路名	现路名	里程(千米)	路面宽(米)	原路名	现路名	里程(千米)	路面宽(米)
	洪武大道	5.76	15	工七路	泗水路	1.02	12
	合欢大道	3.94	15		泗水路	0.90	15
	东方大道	7.83	20	工八路	龙山路	2.81	12
	金桂大道	5.11	15		龙山东路	0.50	12
	新海大道	6.01	15	工九路	金源路	3.04	12
	葵花大道	4.59	15		金源东路	0.20	15
	梅花大道	4.64	10	工十路	淮水路	2.17	12
	玉兰大道	5.23	15	工十一路	虎山路	1.87	12
	牡丹大道	2.58	15		龙泉路	3.35	12
工四路	迎春大道	1.50	15		凹土园接线	9.68	10
工一路	宝山路	0.82	12		秦西东路	0.55	5
	宝山东路	1.74	10		秦西西路	0.45	10
工二路	甘泉路	2.75	12		洪建路	4.70	4
工三路	铁山路	1.30	12		燕山路	1.20	10
工五路	天泉路	0.81	12		经五路	0.55	12
工六路	圣山路	3.41	12		东扩道路	14.32	12
	圣山路	0.35	15		居民集中区	16.00	5.45

二、配套工程

2003年，区管委会完成通电、通信、通水、通有线电视工程，铺设人行道10万平方米，建多功能地沟3.6万米，建过路桥涵72座。县供电局架设4条10千伏供电线路12千米。2005年，全年为92家进区开工企业新建下水道6.5千米，建成区内过路桥梁、涵25座，平整区内鱼塘29面，修建区内水库1座，完成裕源居生活小区下水道配套工程，完成东方大道4座桥梁拓宽改造工程。2006年，新建下水道8733米，为112家企业建成下水道配套设施，新建过路涵闸26座。

2007年，投入420万元，建成下水道14150米；供电部门投入420万元、广电部门投入298万元、电信部门投入820万元，实现电通、网通、电话通、有线电视通。区管委会投入157万元，建成垃圾房4个、公厕1座、垃圾中转站1座；投入59万元，建成开发区大门、八一广场标志性建筑物；安装道路路名牌54块、红绿灯5组、黄闪灯50盏、大型指路标牌39块、道路交通辅助性标志162个、企业多方位道路指示牌20个。

2008年，县财政投入1.8亿元，铺设总长66千米下水道；新建垃圾房20座，完成公厕、垃圾中转站等配套设施工程。安装道路路名牌165块、红绿灯9组、黄闪灯100盏，建成大型指路标牌81块、道路交通辅助性标志118个，喷画道路标线2.25万平方米，建成4组电子眼监控设施，完成进区企业基础建设及配套工程。区管委会新建南苑新城20幢安置楼主体工程封顶，企业服务大楼土方工程开挖完毕，人防工程开始建设，污水处理厂厂区建设招标结束，完成管网规划设计图纸，报市建设局审查。

三、绿化工程

2001年，区管委会开始编制区内绿化规划。2003年，县经济开发区对区内主次干道绿化工程实施包干负责制，位于园区各企业所在地段的道路由引资单位、投资者负责。金桂大道、一环路共移植大树1000棵，栽培花木、草坪18万平方米，迎春大道、东方大道、洪武大道均实施绿化。

2005年，区管委会检查已绿化路段，凡是枯死树林、花草，要求各责任单位即时补植，建议各企业做好厂区绿化工作。各责任单位补种树林1000株，补植草坪1.1万平方米，种植三叶草、美人蕉26万平方米，栽植大树352棵、雪松1万棵，存活率98%。区内各企业全部建成“绿色围墙”，新植各类树木5000余棵，种植三叶草和草坪9万平方米，完成牡丹大道绿化延伸工程、梅花大道绿化工程。

2007年，县经济开发区投入356.4万元，补栽“绿色围墙”雪松、垂柳、意杨、蜀桧等32.7万株；投入1393万元，完成洪武大道、东方大道等22条道路绿化工程。

2008年，区管委会聘请南京园林专家对区内绿化统一规划，实行一路一品、一路一景，力求达到精品化、景观化效果。至年底，累计投入2268.1万元，完成20条道路、两个景观带和“绿色围墙”绿化工程，绿化面积146万平方米，其中投入100余万元，建成景观绿化龙眼公园。经济开发区实现绿化全覆盖。

图8－26　经济开发区道路绿化

2008年盱眙县经济开发区道路绿化一览表

表8-10

单位:米、平方米、%

名　称	道路长度	道路宽度	绿化带宽度	绿地面积	绿地率	建成时间
燕山路	1200	12.0	12	14400	50.0	2007
洪武大道	2876	15.0	30	86280	66.7	2004
合欢大道	3936	15.0	24	94464	38.5	2007
金桂大道	5142	14.8	30	154260	67.0	2004
新海大道	6042	15.2	30	181260	66.4	2007
葵花大道	5762	15.0	30	172860	66.7	2007
梅花大道	4661	10.0	40	186440	80.0	2006
玉兰大道	4112	15.0	35	143920	70.0	2007
宝山路	837	12.0	24	20088	66.7	2007
宝山东路	1761	12.0	24	42264	66.7	2007
甘泉路	2328	12.0	24	55872	66.7	2007
铁山路	952	12.0	24	22848	66.7	2007
迎春大道	1320	21.4	36	47520	62.7	2004
天泉路	3642	12.0	24	87408	66.7	2007
圣山路	4631	12.0	24	111144	66.7	2007
泗水路	1034	12.0	24	24816	66.7	2007
泗水东路	1438	12.0	12	17256	50.0	2007
龙山路	2809	12.0	24	67416	66.7	2007
金源路	2964	12.0	24	71136	66.7	2007
淮水路	2612	12.0	24	62688	66.7	2007
虎山路	2140	12.0	24	51360	66.7	2007

第三节　管理与服务

一、基础建设管理

2002年,区管委会组织工作人员全天候值班,对在建的通电、通讯、有线电视线路及道路进行巡查,发现损坏及时修复,处理工程建设中矛盾纠纷。全年共修复损坏路面20多处、路牙80多处,协调解决供电、供水等矛盾36次,未发生一起安全事故。

2004年,区管委会出台《关于加强县工业园区环境长效管理的暂行规定》,明确规定:道路、绿化带严禁堆放物料和架设施工机械设备,严禁违章搭建、乱贴乱挂、超重车辆驶入园区,做到长效管理,规范有序。2005年,制定《关于县工业园区道路养护管理的暂行办法》,组建由盱城镇毛营村为主的道路管护保洁队伍,明确路面畅通和清洁责任。县环卫处与区内企业签订有偿代运生产、生活垃圾协议,解决垃圾处理问题。

2007年,成立县开发区城管中队,对区内违规建设、违章占道、乱贴乱挂进行全天候巡查、督查。全年共取缔违章占道施工50余次,拆除违章建房30余户,取缔洪武大道违规马路市场,整治新海电子制造有限公司门前乱搭乱建、占道经营现象，经济开发区内环境明显改善。2008年，未发现违规建设、违章占道、违章建房、乱贴乱挂现象。

二、进区项目管理

2001年，区管委会对进区企业在建工程项目，做好安全和质量管理工作，确保安全施工。2002年，县委、县政府颁布《工业园区项目设计条件通则》，明确规定：对每个进区企业规划设计方案逐个审查把关，查条件是否符合准入标准、厂房建设面积是否达标、土地是否充分利用、布局是否合理、厂房是否与现代气息标准化厂房相适应等。凡进区企业规划必须先审批后建设，防止先建后批。

2003年，区管委会落实县委、县政府规定，严查用地面积，看是否缴齐土地费用；严查开工时间，看是否按时开工建设；严查合同引资额，看资金是否到位；严查企业规划设计方案，看是否符合规划设计要求；严查竣工日期，看是否如期竣工投产。通过严格把关，进区企业执行县委规定，及时办理各项手续。

2006年，要求奠基项目年底前必须开工建设，凡上年接转项目年底前必须竣工投产，上半年进区项目、年底前竣工投产；"百日竞赛"期间进区项目，年底前完成土建工程，力争主体工程竣工；停产、半停产企业，年底前必须恢复正常生产。进区企业逐项落实到位。2007年，出台《关于完善进区项目规划建设和管理的意见》，强化进区项目管理。城管中队全天候巡查、督查在建项目。全年共整改违规建设项目25个。开发区党工委推进区非公企业党建、工会建设工作，全年共新建企业党支部26个，成立工会28家。

2008年，对进区企业围绕"快"字做文章，对在建项目和投产企业逐家逐项排查，对存在的难题，逐项逐条剖解，找出薄弱环节，提高进区企业资金到位率和开工、竣工、投产率，促进企业增产达效。

三、土地使用管理和安置

2004年起，进区企业逐年增加，征用农民土地面积相应增多，区管委会做好被征地农民基本生活保障工作，实地排查出区内居住1757户，其中急需拆迁350户。

2005年，县委、县政府在工业园区内规划建设北区和南区两个拆迁户安置小区，聘请淮安市城市规划设计研究院规划设计两个小区方案。北区由盱城镇牵头负责实施，南区由古桑乡牵头负责实施，区管委会和县国土、建设、供电、供水、电信、广电、公安等部门配合，开始启动安置拆迁100户北区建设一期工程。

2006年，县政府规定：按投资强度决定用地面积，按投资规模决定用地价格，不安排人情地、关系地。区管委会与县国土资源管理局清查区内企业土地使用情况，查出闲置土地、改变土地用途、少批多用土地及欠缴土地使用费166家。区管委会召开土地清理整改会议，17个乡镇、24个部门负责人参会。会议强调土地清理的重要性，要求各引资乡镇和相关单位全面做好土地清理工作。年底，48家未开工企业有18家开工建设，盘活土地26.72公顷；61家停产企业有22家恢复生产或被置换，盘活土地48.56公顷；8家停工企业有2家恢复生产或被置换，盘活土地4.21公顷；闲置企业34家有10家被置换，盘活土地8.93公顷；15家改变土地用途企业，有6家整改到位；欠缴2440万元土地使用费，收回1330万元。

2007年，区管委会针对区内部分企业用地存在占而未用、圈大用小、以少报多、空关房、空闲地等情况，配合县规划办，实施集中会办，共清理收回土地61.2公顷；置换64个项目，盘活用地51.996公顷，回收净地46.54公顷，挂牌出让4.63公顷；10家改变土地用途企业挂牌出让，出让金7164万元。是年，完成北区安置一期工程，安置拆迁户520户。建成裕源居小区3万平方米，集中安置拆迁居民。

2008年，开发区管委会继续做好进区企业土地清查工作，置换区内停产、停工企业14家，盘活利用土地70.46公顷。拆迁户安置小区南苑新城20幢安置楼主体封顶。

四、项目"帮办"与服务

2002年起，县委、县政府对进园区工业企业实施帮办措施，招商单位主要领导常驻工业园区，帮助投资客商解决各种实际困难。税收、安全、环保、工商等相关服务部门，按照"六零八无"（零乱收费、零处罚、零摊派、零检查、零干扰、零吃请,无承诺不兑现、无客商投诉、无安全事故、无治安案件发生、无群众上访信访、无部门办事推诿扯皮、无本地人与投资商发生纠纷、无污染及易燃易爆项目进区)要求,做好进区企业各项服务工作。行政审批中心实行集中办理制度,现场会办各类审批手续,属于县内的当场解决;对投资规模大、科技含量高、就业带动强、税收贡献多的重大项目,实行"一事一议""特事特办"政策。投资企业可任意选择开户银行,开户银行明确专人为其金融帮办。凡是销售收入5000万元以上、税收200万元以上企业,均由县供电公司确定一名干部为其用电帮办。

2003年,县委、县政府制定招商过堂、项目督办、引资单位进区项目挂牌帮办制度,每天通报在建项目施工人数、工程进度。县督查办、招商办等相关部门,按照县委、县政府帮办要求,实行考核计分。4月6日,县供电局在县工业园区设立供电客户服务部,做好招商引资企业用电帮办服务工作。

2004年,县环境办、招商办、区管委会完善"圆桌会议"制度,为投资企业帮办工商、税务、消防、环保、城建等各项投资手续,为投资者发放"投资创业证""优惠政策证书""车辆特别通行证"。公安局牵头,健全安全网络,建立安全规章制度,排查不稳定因素,做好安全服务工作。

2005年,县委、县政府实行引资单位"一把手"进区挂牌帮办、项目交办、责任追究、集中办理等制度,帮办单位实施进区项目全权帮办制、特事特办责任制,及时为客商办理相关证照,解决相关难题。区管委会每天督查帮办领导在岗情况及帮办效果,对帮办不力、服务不到位的单位给予通报批评。

2006年,出台《关于进一步加强项目帮办工作的意见》,要求帮办单位履行项目帮办职责,跟踪督查、考核帮办单位及帮办领导;每月召开进区项目帮办人员会议,对未开工、停产、半停产、在建和竣工投产项目提出具体要求。2008年,进区企业帮办责任人实行"一个项目、一套班子、一张进度表、一份承诺书"帮办制度,推动进区企业早开工、快建设、快投产,多增效。

五、招商政策

2001年2月20日,县委、县政府欢送县直机关93名干部、乡镇143名机关干部离岗招商引资。9月26日,县委出台《盱眙县工业开发区招商引资八项郑重承诺》,全县掀起招商热潮。2002年,县委、县政府在影剧院召开招商引资大会,颁发3个乡镇、11个部门招商引资先进单位奖、35人招商引资先进个人奖,重奖10名离岗招商干部。

2003年,县委、县政府在第三届中国龙虾节期间,举办招商项目签约暨投资说明会。继续推进龙虾节招商引资活动。县委、县政府出台《盱眙县工业园区2003年度"三百工程"考核及奖励办法》《关于印发〈盱眙县2003年招商引资项目考核验收细则〉的通知》,实施工业园区"三百工程"(正式签约项目100个、开工在建项目100个、竣工投产项目100个)项目考核验收,对名次靠前的帮办先进单位给予物质奖或提拔重用奖,最后一名单位取消先进文明创建评比资格。从此,每年均实施"三百工程"。

2005年1月19日,县委、县政府召开"三百工程"誓师动员大会,推动招商引资工作。针对进区企业外资少状况,制定外资项目特殊奖励政策,鼓励引资单位引进外资项目。2006年1月10日,盱眙县在首届"长三角最具投资价值县、市20强"县、市长论坛上被列为20强县。2月3日,县委、县政府在无锡举行盱眙(无锡)招商投资说明会;7月21日~10月28日,开展招商引资"百日竞赛"活动,成立县招商局和6个驻县外招商分局;各乡镇、各部门组成10个小组,结对竞赛,竞赛结束后,根据考核名次给予相应奖惩。

2007年1月17日,县政府出台《关于盱眙经济开发区管理规范中几个具体问题的解释》,对规范进区项目管理作出明确规定。7月12日,县委成立10个驻县外招商分局。

2008年1月18日,县委、县政府出台《关于调整和规范招商引资优惠政策的意见》。2月14日,县委颁发《关于表彰奖励2007年度招商引资重点项目实绩突出的引资单位和引资项目的决定》《关于表彰奖励2007年度经济开发区优秀帮办的决定》《关于表彰奖励2007年利用外资工作先进集体的决定》,公布2007年度招商引资及重点项目帮办提拔重用干部名单。9月24日,在广东省东莞市举行招商引资"百日竞赛"项目推介会。

2001～2008年盱眙县经济开发区企业、产值、税收一览表

表8－11

年份	进园区企业(家)	产值(亿元)	税收(万元)	年份	进园区企业(家)	产值(亿元)	税收(万元)
2001	22	10.8	1580	2005	58	41.4	8200
2002	25	16.2	2340	2006	99	56.1	13360
2003	59	22.4	3280	2007	65	65.2	14600
2004	54	30.5	4460	2008	56	100.3	19780

2008年盱眙县经济开发区列入统计企业情况一览表

表8－12　　单位:万元

企业名称	销售收入	入库税金(国税)	企业名称	销售收入	入库税金(国税)
江苏凡力钢管有限公司	104849.69	1029.41	盱眙县双强科技有限公司	1401.22	36.72
江苏新海电子制造有限公司	14694.01	937.32	淮安市北海不锈钢有限公司	1318.87	28.26
江苏宁力高强度紧固件有限公司	11336.21	41.26	淮安裕盛精密制造有限公司	1269.17	0.07
盱眙县昌之海塑胶有限公司	10636.35	252.80	淮安远大工艺品制造有限公司	1202.08	51.53
江苏省翔发电源有限公司	9717.62	76.03	江苏神力特矿业有限公司	1177.34	124.16
盱眙县德尔人造板有限公司	8124.23	57.59	淮安市嘉亦特液压件有限公司	1131.74	77.47
江苏慧邦控制系统有限公司	7085.43	417.25	江苏天宝皮革有限公司	1130.85	56.09
淮安国华电力设备有限公司	6611.98	656.30	淮安高远机械有限公司	1121.17	84.04
江苏五环管业有限公司	6102.57	24.34	淮安市光明轴承有限公司	1072.05	35.36
盱眙蔚百世医疗器械有限公司	5926.12	246.97	盱眙县元润食品有限公司	1067.31	2.00
江苏甬淮工贸有限公司	5892.24	179.10	盱眙县衡发工贸有限公司	1055.07	16.97
江苏保利轴承钢管有限公司	5583.57	174.76	江苏天一超细金属粉末有限公司	1052.06	81.47
盱眙恒丰面粉有限公司	5369.35	－	江苏奥科石油化学技术有限公司	1043.60	42.69
盱眙县鹏胜矿业机械制造有限公司	4467.57	261.83	淮安喜亚轴承有限公司	1018.62	58.24
江苏金鹏轴承有限公司	4354.10	245.15	盱眙永宁粮油食品有限公司	1007.71	1.60
淮安市宏意科技有限公司	4087.80	132.59	江苏中和食品有限公司	999.30	11.15
盱眙县宝隆纺织制衣有限公司	3945.25	122.35	江苏澳特邦非金属矿业有限公司	975.27	116.50
盱眙虞程钢管有限公司	3933.35	47.70	盱眙圣固汽泵制造有限公司	940.40	25.15
盱眙驰明石油油井管配件有限公司	3672.16	370.32	淮安建伟磁业有限公司	937.28	51.05
江苏德新钢管有限公司	3447.32	0.67	盱眙思源包装材料厂	915.20	24.36
盱眙诺普纸业有限公司	3350.51	241.53	淮安根发粉末涂料有限公司	866.60	38.76
盱眙爱华石油管防锈制品有限公司	3298.85	285.02	盱眙瑞德螺纹保护器制造有限公司	823.34	15.10
江苏天擎食品有限公司	3229.20	24.60	江苏雄成液压器材制造有限公司	787.43	47.67

续表8-12

企业名称	销售收入	入库税金(国税)	企业名称	销售收入	入库税金(国税)
江苏西马特数控机械制造有限公司	3200.74	15.58	淮安澳美肥料有限公司	774.80	-0.45
盱眙百胜工艺品包装有限公司	3164.17	28.92	淮安浩威电器制线有限责任公司	772.82	39.28
盱眙白云照明有限公司	3062.58	113.26	盱眙宝丰工量具有限公司	763.88	30.67
盱眙润辰天然食品有限公司	3052.80	15.01	盱眙县三恒轴承厂	755.82	31.07
海峰海林精密轴承有限公司	2808.74	92.40	淮安市嘉日箱包有限公司	727.37	29.67
盱眙宏泰铜业制造有限公司	2761.13	48.42	淮安百思博防静电净化用品	701.92	24.66
盱眙县新鑫金属制品有限公司	2753.14	86.40	江苏厨娘食品有限公司	678.21	0.79
盱眙宝联钢管有限公司	2641.81	36.60	盱眙昌鸿服饰有限公司	669.58	39.55
江苏华鹏电气股份有限公司	2607.88	89.50	盱眙宝盛塑编有限公司	666.59	24.9
淮安市晨升密封材料有限公司	2520.22	85.18	淮安东方磁材科技有限公司	666.29	34.01
江苏昌鑫多金属材料有限公司	2416.15	55.79	盱眙县三信金属制品有限公司	655.33	10.51
江苏省淮源矿业有限公司	2212.07	251.92	江苏宏胜汽车工业有限公司	650.52	16.16
盱眙鑫源茧丝工贸有限公司	2210.18	58.95	淮安市茂祥钢管制造有限公司	622.32	12.83
江苏金源科技有限公司	2204.74	74.61	博图凹土高新技术开发有限公司	588.98	68.59
淮安市埃尔斯通电气有限公司	2194.12	59.96	淮安市甬兴精密铸造有限公司	551.93	21.99
淮安欧润包装有限公司	1963.82	58.38	淮安市嘉能轴承有限公司	540.86	16.05
盱眙吉彩合成塑料有限公司	1949.75	111.65	淮安市天履鞋业有限公司	538.43	20.79
盱眙长盛工业用布有限公司	1812.50	33.35	盱眙安德立鞋塑厂	528.25	14.57
淮安市姚江水产饲料科技有限公司	1762.58	9.94	淮安东亚照明器材有限公司	506.09	26.99
盱眙敦晖皮件有限公司	1726.46	281.41	江苏蓓蕾丽科技发展有限公司	454.62	2.60
盱眙鹏程科技材料有限公司	1720.06	33.28	盱眙县康西特织造有限公司	405.36	9.55
盱眙英杰五金制品有限公司	1718.48	416.13	盱眙县立峰塑料工贸有限公司	402.48	26.28
江苏弘润塑化有限公司	1716.77	3.60	盱眙高新密封保温材料有限公司	380.23	25.51
江苏金马钢球有限公司	1712.98	94.82	盱眙县南泰服装有限公司	360.39	11.69
江苏兴大鞋业服饰有限公司	1695.44	81.06	淮安市创杰电子有限公司	272.81	9.57
江苏快可新能源科技有限公司	1692.20	75.20	盱眙高杰胶塑制品有限公司	253.16	35.80
江苏丰源服饰制造有限公司	1673.46	79.73	盱眙县华艺塑料有限公司	228.21	6.01
盱眙县丰恒服装有限公司	1608.57	54.45	盱眙县贝仕达精细化工厂	193.01	4.99
江苏永丰机械有限责任公司	1596.48	2.77	盱眙县惠涛服饰有限责任公司	101.26	2.87
盱眙天源服装有限公司	1537.61	297.87	精志粉末冶金有限公司盱眙分公司	78.96	11.06
盱眙国盛矿工业发展有限公司	1483.59	154.19	淮安市盈丰化棉轻纺有限公司	66.49	1.96
江苏玉丹眼镜有限公司	1462.27	150.43	盱眙宏源塑化有限公司	16.18	3.04
江苏东辰机械有限公司	1416.15	53.64	盱眙县永健金属制品厂	2814.50	39.64
淮安市龙顺制衣有限公司	1404.42	127.73			

说明:销售收入500万元及其以上的工业企业列入统计企业。

第九篇　城乡建设

1986 年，盱眙县城街道以淮河北路为主，城区面积 5.5 平方千米，人口 38473 人，住房建筑面积 27.5 万平方米，人均住房 6.87 平方米。城区主次干道路面面积 18.1 公顷，人均 7 平方米。其中，主干道 4 条，总长 7.31 千米，宽 16～24 米不等；次干道 4 条，总长 3.01 千米，宽 5～12 米不等；街坊小巷道 5 条。城区绿化覆盖率 17%。

1995 年始，采取贷款、自筹、招商引资等办法，实施旧城改造和新城建设，开发商住楼、商贸区，城区道路建设实现硬化、绿化、亮化、净化。1996 年，聘请南京大学规划设计院编制县城市总体规划。1999 年，县政府规划建设城区主次干道 16 条，总长 27 千米；县国土局、建设局、财政局等单位在五墩北路相继建成办公楼，初步形成行政一条街。2001 年，实施"行政中心东移带动"战略，加快中等城市建设。至 2002 年，县城区修建主次干道 28 条（含县工业园区），总长 68.68 千米；支路及巷道 30 余条，总长 15.99 千米，县城框架基本形成。2007 年，全面推进城建"8888"（即建成 8 个规模住宅小区、8 个特色贸易市场、8 条城区主次干道、8 个城市公建配套项目）工程。

至 2008 年底，县城区面积 22.1 平方千米，城市人口 16.8 万人，城区主次干道 38 条，总长 77.44 千米，面积 203.5 万平方米，人均道路面积 12.1 平方米；房屋建筑面积 690 余万平方米，人均住房 27.5 平方米；供水管道 89.7 千米，排水管道 85.92 千米，路灯 2563 盏，建成区绿化覆盖率 42%。基本形成显山露水、两区互融、彰显特色、融山水园林为一体的"三心、二轴、四片区"开敞式结构，展现山在城中、城在山中、依山傍水、绿树成荫、环境优美、文明开放的现代化城市风采，城区面貌焕然一新。

1986 年，乡镇街道以乡镇政府所在地为主。1987 年，完成 28 个乡镇集镇总体规划第二轮修编。1996 年，县委、县政府逐步实施乡镇"六个一"（一条主街道、一个农贸市场、一个自来水厂、一个自动化通讯网络、一个文化活动中心、一块公共绿地）工程。至 2008 年底，实现县乡道路网络化，乡村公路硬质化。发展乡镇村民居住小区，改造草危房，农村面貌明显改观。

第一章 机 构

第一节 县级机构

1986年,成立盱眙县城乡建设环境保护局。1988年10月28日,县环境保护工作职能划出,成立盱眙县城乡建设局,内设人秘、财务、城建管理、农村建设、监察审计、建安、建材7个股室。

1991年3月21日,成立县规划办公室。1994年8月22日,成立盱眙县城总体规划修编领导小组,由县长担任组长。1999年,盱眙县城乡建设局更名为盱眙县建设局。2001年,盱眙县规划设计室更名为盱眙县建筑规划设计院。2006年4月24日,成立盱眙县规划局,编制6人,正科级建制。至2008年,机构无变化。

第二节 乡镇级机构

1986年,乡镇村建设未设专门机构,具体工作由分管农业副乡长、村联队会计负责乡镇村规划建设工作。1988年,乡镇配备民房管理员,负责该工作。2000年,设立村镇建设管理所,配备2~3人。至2008年,机构无变化。

第二章 城乡规划

第一节 城镇村规划

一、县城规划

1987年4月6日,《盱眙县城总体规划(1982~2000)》获淮阴市人民政府批准。城市性质为全县的政治、经济、文化中心,具有建材工业特色、山清水秀的山城,保护好自然环境、生态平衡和旅游资源;城市人口和用地规模:人口规模近期(1990年)为3.8万人,远期(2000年)为5.5万人,用地规模近期为5平方千米左右,远期为7平方千米左右;近期规划范围:北至戚大山,南至沙岗大队杨桥生产队,东至气象站,西至淮河主航道中心线,南北长6千米,东西宽4千米,城市规划控制面积24平方千米。

1996年6月,县政府委托南京大学城市规划设计研究院修编《盱眙县城总体规划》。1997年2月28日,

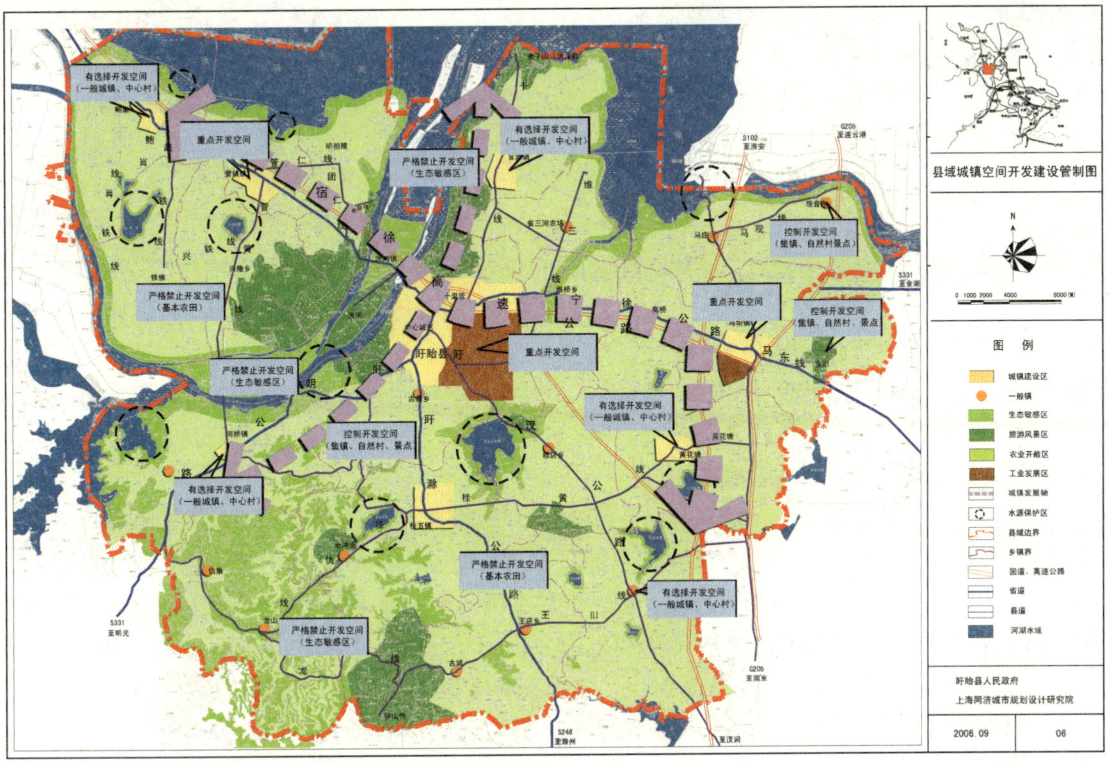

图 9－1　盱眙县城市总体规划（2006～2020）

由淮安市规划局组织省、市有关专家 18 人组成的技术鉴定委员会，对《江苏省盱眙县盱城总体规划（1996～2010 年）》进行技术鉴定。12 月 10 日，提交县人大常委会审议通过，并把淮河二桥、城区防洪规划、城区消防和地价等问题纳入规划文本。

1999 年 8 月 20 日，获淮阴市人民政府批准实施。批准城市性质：以山水旅游为特色的县域中心城市。城市人口和用地规模：人口规模近期（2000 年）为 8.4 万人，远期（2010 年）为 12 万人，规划建设用地规模近期（2000 年）控制在 8 平方千米以内，远期（2010 年）控制在 12 平方千米以内；城市规划区范围：包括盱城镇，县果园场、县林柴场部分，十里营乡集镇和十里营、毛营、新华 3 个村，古桑乡的中心、石牛 2 个村，淮河乡的集镇及宁徐公路两侧 100 米范围、城南水厂取水口上游的水源保护地以及明祖陵地区，总面积为 33 平方千米。是年，县建设局根据规划要求，聘请东南大学、南京园林规划设计院资深专家学者合作，编制盱城东大门、南大门、西大门、老虎岗、宣化街等道路拓宽规划方案；编制沿淮风光带、第一山风景区详细规划方案；编制五墩转盘、五墩南路、五墩北路等重点地段，建筑群体详细规划方案；制定 20 万平方米住宅小区初步设计方案。城市发展东扩南移，新区建设和旧城改造同步，形成田字型道路干线骨架，两大绿心，10 个公园，建成各具特色的绿园景区，体现山水旅游风貌。

2000 年，聘请常州市规划设计院编制《2003～2020 年盱眙县盱城总体规划》。2004 年 7 月 2 日，县人大常委会审议通过，报上级政府批准，10 月 15 日获市政府批准实施。批准城市性质为：淮河中下游旅游城市，县域中心；城市人口和用地规模：到 2007 年人口控制在 15.6 万人左右，到 2020 年控制在 24 万人左右，城市规划建成区建设用地规模到 2007 年控制在 17.93 平方千米以内，到 2020 年控制在 28 平方千米以内；城市规划区范围：包括盱城镇，淮河镇哈滩、沿河、城根、大洲、洪建等 6 个村，仁集乡的祖陵村，总面积约 196 平方千米；城市发展向东为主，其次向南。

2006 年，聘请上海同济城市规划设计研究院修编《2006～2020 年盱眙县城市总体规划》。2007 年 4 月 24 日，淮安市规划咨询委员会第 19 次专家咨询会议通过，报上级政府批准，6 月 5 日淮安市人民政府批准实施。城市性质修订为:淮河中下游,山水、文化旅游城市;城市规划区实际人口规模,到2010年控制在20万人左右,到2020年控制在28万人左右;城市规划建成区建设用地规模,到2010年控制在24平方千米以内,到2020年控制在33.22平方千米以内;城市规划范围:包括盱城镇、维桥乡、古桑乡、穆店乡集镇以西区域、明祖陵景区、桂五镇东北龙王山水库流域,总面积397.14平方千米。

二、乡镇村规划

1986年,完成马坝、旧铺2个镇近、远期规划修编。1987年,完成28个乡镇集镇总体规划第二轮修编。

1993年,对高桥、黄花塘等8个集镇规划进行调整,编修88个村具体规划,完成全县村庄规划编修65%。1994年,完成乡镇规划修编20个,桂五、管镇、黄花塘3个集镇规划编修;完成行政村规划修编118个,宁连公路马坝至泥沛段两侧行政村规划和修编。1995年,调整乡镇集镇规划7个,行政村规划修编工作扫尾。全县乡镇基础建设投资350万元。其中,马坝拓宽主街道投资39万元;旧铺镇投资5万元,拓宽主街道长1.5千米,安装路灯33盏250瓦钟控钠灯。

1996年,完成马坝镇(省级试点)、新街乡(市级试点)、观音寺乡(县级试点)集镇规划技术鉴定和审批工作。至年底,完成29个乡镇(不包括盱城镇)总体规划,通过淮阴市规划局验收;根据《江苏省编制村庄规划技术标准》要求,完成全县3946个村合并为401个中心村的规划。1997～1998年,调整观音寺集镇总体规划,完成洪山乡集镇迁址规划;编制水冲港乡和王店乡街道景区规划,编制管镇镇分金亭公园规划和马坝镇文明东路、文明西路改造规划。全县完成15个乡镇总体规划修编工作。规划拟定全县集镇区人口新增1.7万人,集镇区建设用地新增15平方千米。1999年,县政府成立小城镇建设指挥部。

2001年,对马坝镇等7个中心镇进行一条街规划,2002年完成。2003年,完成观音寺、黄花塘、仇集、王店等乡镇总体规划修编工作,指导王店、官滩、古桑乡镇国土所编制主街道详细规划。2005～2006年,先后编制18个乡镇布局规划。至2007年底,全县完成19个乡镇、224村、48个居委会、11个场圃、2711个村民小组布局规划,8521个自然村庄撤并为715个农民集中居住点,编制278个村庄和农村居住点平面布局规划。2008年,完成黄花塘镇、明祖陵镇、王店乡、穆店乡集镇总体规划修编和评审工作。至年底,完成715个农民集中居住点村庄建设规划或村庄平面布局规划。

第二节　规划管理

1986年7月2日,县人民政府成立城镇规划管理监察中队,盱城镇城管监察中队成建制划入,负责城区规划、环境、绿化、交通、城管等监督检查工作,归属县城乡建设环境保护局领导。因城市规划范围涉及盱城、十里营、古桑、果园场、林柴场等单位,城镇规划管理职能划归盱城镇,实行属地管理、条块结合、以块为主,实行"一书两证"制度,由盱城镇办理单位、居民建设用地和工程规划许可证。城乡建设环境保护局负责指导、履行监督检查职责。

1990年,县城市规划管理职能划归县城乡建设局。1991年5月5日,县政府颁发《盱眙县城市规划管理规定》,强化城市规划管理。规划审批,由县建筑规划设计办公室(简称县规划办)负责。1996年,县城建局将县城规划区分为五墩、经济开发区,城南、城北片区,每区配置3～5人,负责管理监察城区违章建筑。

2003年起,县城区以拆除违建、控制新违建为主,不再进行处罚后再补证。2006年10月,城区所有单位,经营性用地项目、划拨供地项目,均需办理建设用地许可证、工程规划许可证。建立县、乡(镇)、村(居、场)三级防违章、违法建设用地组织网络,签订责任状,对违章、违法建设进行监管,做到早发现、早制止。

2007年起,城镇建设实行"零违建"管理,片区、巷道责任到人,成立巡查组、机动组和督察组,开展城管进社区活动。至2008年,共查处单位、居民违章建筑3198起,其中拆除1431起、制止864起、补证903起;发放单位建设用地许可证1047份,发放居民建设用地许可证5135份。

第三章　县城建设

第一节　老城改造

1986年，盱眙县老城主要以淮河北路、淮河东路、淮河南路、斩龙涧路为主城区。是年，开始兴建斩龙涧山城农贸市场，占地面积约20万平方米，1989年建成小商品世界，建筑面积1.2万平方米，为苏北最大农副产品集散地，日上市达5万人，辐射20多个省市。1990年，盱城第一个居民集中居住区斩龙涧小区建成，占地4.15公顷，建筑面积4万多平方米。

1993年，开始改造斩龙涧街道，先后建成新华书店、金谷园、盱城粮管所、国税局、计生委、实小二分校、土管局、农行分理处、盱城工商所、采石总公司、种子公司、穆店采石厂、老干部活动中心综合办公楼，以及县政府、水利局、城建局、环保局、建行、房管所等20多个单位宿舍楼。改造邻街居民房屋31户。全年建成房屋7.5万平方米，其中非住宅6.1万平方米。

图9-2　改造后的淮河东路

1995年10月31日，县政府召开盱城老城区改造工作会议，成立老城改造指挥部，下发《关于盱城淮河东路老城改造规划和实施意见》。采取八统一分（统一规划、设计、拆除、用地、收费、审批、定点放线、时间要求，分户施工）改建方式，推进老城改造。打造淮河东路10万平方米商业一条街，决定改造都梁小桥至五墩西路区段，街道两旁新建4层以上楼房。当年，拆迁街道两边县工商银行（局部）、保险公司宿舍、林柴场、劳动局、农业局、花木公司（局部）、制钉厂、食品公司（局部）等22个单位，居民19户，拆除房屋2.38万平方米，拆出建设用地5.71万平方米。在斩龙涧兴建农贸中心市场综合楼，用地0.5万平方米，建筑面积1万平方米，设立400多个摊位。

1996年，淮河南路城南小学建成教职员工宿舍楼3667平方米。完成淮河东路都梁小桥至五墩西路区段改造，拆除建筑面积1.2万平方米，建成楼房4万平方米，道路由15～21米不等拓宽至36米，分设快、慢车道和人行道。改造下水道1579米，建附属桥梁1座，建窨井42个，新装路灯102盏。

1997年，淮河东路两侧先后建成县公安局、建设局、林业局、林柴场、林总场、农机局、经委、港监所、制药厂、农行、中行、建行、工商银行、盱城兽医站、城南派出所、食品公司综合办公楼和县医院、红光厂、邮电局、保险公司宿舍楼，以及部分临街居民楼；淮河北路建成县航导站、交通监测中心办公楼6950平方米，投入14万元完成黄牌街街道整修,其中单位、居民集资4万元。全年建成房屋面积13.69万平方米,其中非住宅面积8.3万平方米。

1998年,淮河东路建成粮食局综合办公楼;淮河南路体育场内体委、县供销大厦,联合投资兴建游泳池、溜冰场;县防疫站、盐业公司兴建职工宿舍楼4250平方米;淮河北路县供电局建成职工宿舍9号楼2800平方米;五墩西路中医院内建成职工宿舍楼3040平方米,地税局院内建成职工宿舍2708平方米;宣化街盱眙中学建成教学楼、职工宿舍楼3600平方米。全年建成楼房2.09万平方米。

1999年,五墩西路进修学校建成教职工宿舍楼0.32万平方米,检察院建成干警宿舍楼0.12万平方米;淮河东路建成公安干警宿舍楼0.24万平方米;淮河北路改造翠屏山庄,拆迁11户居民,拆除面积870平方米,建成休闲、娱乐、茶社、赏景观淮长廊等0.25万平方米,9月底,第一山公园至县冷饮厂沿山地段,按照规划要求改造成特色街;年底,完成东官路、胡巷、后街、对宝巷、谭家巷等5条巷道长2700米,宽3米,路面硬质化建设。拆迁淮河南路县体育场、盱眙旅社、机电公司等单位和居民37户,拆除面积0.7万平方米,拆出建设用地1.53万平方米;拆迁淮河北路县百货公司、印刷厂等单位7个及沿淮河居民126户,拆除面积2.5万平方米,拆出建设用地6.21万平方米。全年拆除建筑3.2万平方米,拆出建设用地7.74万平方米,建成楼房0.93万平方米。

2000年,五墩西路先后建成勋爵大酒店、民政局、司法局、寿保公司、强力制杆厂、邮电新村、泽国园、菊香园、杨四饭店、五金厂、中行、地税局等单位综合办公楼和职工宿舍楼,建成二中教学楼;淮河北路重建邮政局综合办公楼2幢,城北居委会投资100万元建成城北农贸市场;陵园路县政府机关,县人民武装部建成职工宿舍楼6000平方米;淮河东路城乡建设局投资100万元,改造县政府大楼门前广场,拆除房屋面积0.1989万平方米,建成0.7万平方米府前广场,广场内新建瀑布叠泉1个,铺设游道,完成绿化、美化、亮化工程;改造斩龙涧综合市场路面0.69万平方米,改造天台巷、后山巷巷道1.5千米。拆迁淮河北路前街、翻身街、沿河街、人民剧场、邮政局、黄梅剧团和宣化街织席厂、宣化小学等19个单位和居民177户,拆除建筑3.881万平方米,拆出建设用地6.63万平方米。全年拆除建筑4.08万平方米,拆出建设用地7.33万平方米,建成房屋11.37万平方米,其中非住宅面积5.8万平方米。

2001年,淮河北路建成淮明园小区(一期),淮河南路扩建天鹅湖国家粮食储备库,淮河东路县公安局主楼扩建2740平方米,县建行在院内建成职工宿舍楼2100平方米。全年建成楼房面积4.48万平方米。2002年,淮河北路建成商贸中心(一期),占地6.3万平方米,楼房面积10万平方米,其中非住宅3万平方米;淮河东路县医院建成病房楼,建筑面积5000平方米;五墩西路建成盱城镇政府综合服务楼,建筑面积7000平方米;宣化街道北侧兴建县实验初级中学,宣化街东段北侧建成宣化村综合办公楼,建筑面积2000平方米。全年建成房屋12.9万平方米,其中非住宅5.9万平方米。

图9-3 改造后的淮河北路

2003年,淮河北路建成供电局综合办公楼,建筑面积8422平方米。拆除淮河北路滨淮厂沿山厂房、电影院、职工宿舍及临街建筑面积9170平方米,拆出建设用地2.66万平方米;拆除淮河南路县化肥厂厂房及其他建筑2.76万平方米,拆出建设用地8.3万平方米。全年共拆除建筑面积3.68万平方米,拆出建设用地10.96万平方米。

2004年，淮河北路建成淮明园（二期）；宣化街开工兴建宣化北苑、军休中心、大明学府、琵琶井小区、加油站；虎宣路两侧开工兴建桃花园小区、宣化人家小区、宣化社区、菜场。投资80万元，完成淮河北路谈家巷、杏花巷、大众巷、夫子巷、虎头巷、井头街、北门街、兴隆街、土街、翟家桥、涧沟渡、胡山洼，以及宣化十字街、城北山口门街等15条街巷道长6.2千米，宽3～6米不等，路面硬质化铺设3.1万平方米。拆除淮河北路滨淮厂沿河厂房及建筑物面积1.18万平方米，拆出建设用地3.43万平方米；拆迁斩龙涧县种子公司面积884平方米，拆出建设用地0.23万平方米。全年拆除建筑1.26万平方米，拆出建设用地3.66万平方米，建成房屋9.76万平方米，其中非住宅面积0.7万平方米。

图9－4　淮河北路淮河风光带

2005年，淮河南路建成惠源居花园小区，淮河北路建成水月山庄小区，斩龙涧建成天逸商城，都梁公园东侧建成半坡叠墅。投入资金70万元，完成淮河东路、五墩西路（新华书店—五墩转盘）人行道、盲道、路牙大理石铺设，总面积18920平方米。至年底，先后改造淮河南路、淮河东路、五墩西路：马墩巷、众兴巷、枣林巷、体育巷、平山巷、赖石嘴巷、新华巷、斗笠巷、花园巷、陡沟巷、桃园巷、民警巷、西山巷、牌楼巷、中行巷、利民巷、新民巷、五墩巷、转盘巷等20条巷道，长10.3千米，宽3～6米不等，建成混凝土路面4.5万平方米。拆迁淮河东路县商业大厦、县卫生局、县医院门诊部、66车队等6个单位及周围居民152户。拆迁陵园路西侧县家禽厂及居民4户，面积2.3万平方米。淮河南路拆迁县化肥厂、造纸厂及居民22户，面积1.4万平方米。全年拆除建筑面积3.7万平方米，拆出建设用地10.13万平方米，建成楼房17.46万平方米，其中非住宅面积1.13万平方米。

2006年，淮河东路建成华厦国际购物广场（一期），建成果园场综合办公楼2313平方米；淮河北路建成31层泗洲酒店公寓，商贸中心（二期），淮河人家小区；淮河南路建成阳光人家小区，完成县植物油厂面前地段路面改造。拆迁淮河东路、五墩西路县医院部分地块、县食品公司及周围居民134户、县肉联厂及养蜂场周围居民23户、县中医院部分地块，拆除面积2.28万平方米，拆出建设用地5.02万平方米；拆迁淮河北路县555酒厂、棉麻公司、滨淮厂宿舍及周围居民119户，县面粉厂及周围居民11户，拆除面积2.12万平方米，拆出建设用地4.87万平方米；拆迁淮河南路植物油厂及周围居民6户，拆除面积0.92万平方米，拆出建设用地1.83万平方米。全年共拆除建筑面积5.32万平方米，拆出建设用地11.71万平方米。是年建设用地8.15公顷，建成楼房17.2万平方米，其中非住宅6.63万平方米。

2007年，淮河北路建成宝山大厦，淮河文化博物馆，森海豪庭小区；淮河东路建成怡和家园、都梁花苑小区，县二中建成综合楼7781平方米；淮河东路县医院投资6000万元，建成17层病房楼22000平方米；五墩西路开工兴建县中医院大楼26层，楼房面积1.04万平方米；虎宣路建成大明公馆小区，宣化街建成盱眙中学教学楼、文体中心9131平方米，斩龙涧建成文化公寓。虎宣路拆迁大明公馆小区门前地块，拆迁居民6户，拆除建筑1235平方米，拆出建设用地4867平方米；淮河南路拆迁乡镇企业局宿舍南侧地块单位1个、居民5户。全年建成房屋面积19.2万平方米，其中非住宅面积2.89万平方米。

2008年，淮河南路开工兴建城市桃源小区、向阳城小区、西马机床厂等，建成楼房面积1.5万平方米；淮河东路开工兴建华厦国际（二期），宣化街县实验初级中学扩建，投资1.18亿元，征地9.2公顷，建专用教学楼1.3万平方米。拆迁淮河东路县汽车站及周围居民117户,拆除建筑1.73万平方米,拆出建设用地1.97万平方米;拆迁淮河北路老船塘、强力制杆厂等单位2个及周围居民194户,拆除面积2.84万平方米,拆出建设用地4.38万平方米;拆迁淮河南路县帆布厂、二水宿舍周围单位11个、居民204户,拆除面积4.25万平方米,拆出建设用地7.23万平方米;拆迁宣化街中段北侧居民45户,拆除面积9040平方米,拆出建设用地1.33万平方米。全年拆除各类建筑9.69万平方米,拆出建设用地14.89万平方米,建成楼房2.8万平方米,其中非住宅面积1.3万平方米;年底,老城改造投资近21亿元,拆除各类建筑31.97万平方米,拆出建设用地71.62万平方米,建成楼房建筑面积近130万平方米,其中非住房40余万平方米。淮河东路完成商业一条街改造。淮河北路建成具有明清风格各类建筑。斩龙涧市场路面由简易改造为混凝土硬质路面,露天市场建成室内综合经营中心,营业面积6万平方米,街道两侧商业用房37011.43平方米。老城巷道改造40余条,沿街建筑立面装饰,色彩基调,统一为白色外墙面砖;夜景灯光装饰,由县城管部门统一设计;街道广告大型宣传牌,整齐划一、上下一条线、前后一个面;沿街两侧庭院,建成透景式、半透景式栏栅;所有门面字牌广告装潢,由单位、个人自拿方案,经城管部门审核批准后实施。淮河北路、淮河东路,沿山砌挡土墙长800余米,建成透景式栅栏、宫墙,安装霓虹灯。

第二节 新城扩建

1986年,五墩北路、五墩南路、五墩东路为砂石路面,果园场片区有场部、成片果园、少数居民。十里营街道有乡直机关、几十户居民,其余无住家户。新城扩建,主要在五墩东路、五墩北路、五墩南路、大庆路、果园场片区、十里营片区等地方实施。

1993年,县委、县政府提出用10年时间再造一个新盱城。在五墩东路西侧、五墩南路东侧建立县经济开发区,总体规划面积6.18平方千米,区内分工业区、商业行政区、居住区和综合区。启动区面积0.618平方千米,县开发区建设,沿开发区主干道2千米两侧启动,商业行政建设用地,位于主干道五墩转盘至农校路段两侧。

1995年,在五墩东路兴建盱眙农村信用合作联社营业楼,建筑面积5630平方米;五墩北路兴建农电宾馆,东方市场;大庆路兴建盱城中学、沙岗小学、城南公交车站、湖管局、食品公司冷库等。全年建成房屋建筑面积4.5万平方米,其中非住宅面积4.5万平方米。

1996年,在五墩东路兴建劳动局、农业局、县自来水公司办公楼、农校教学楼和职工宿舍楼;8月,在五墩北路果园场吴小庄地段兴建经济适用房2幢60套,面积4500平方米。五墩南路兴建县人民法院、检察院办公楼。扩建拓宽五墩北路,将其规划为行政一条街。

1997年,五墩东路两侧兴建汽车检测中心、千土王公司。五墩南路兴建县广电局、盐业局、交警大队综合办公大楼,兴建盱城农电站、石牛小区,检察院建成干警宿舍楼3000平方米。

1998年,五墩东路兴建县土特产外贸公司、烟草局办公楼,盱眙中学教职工宿舍楼,八岔村地块兴建实小第三分校;五墩南路兴建农业局种子大厦、植物医院、古桑农技学校教学楼、办公楼和职工宿舍楼;房产局开工建设南苑经济适用房小区;在五墩北路开工兴建教师新村(一期18000平方米)、汽车客运站;在大庆路和五墩南路交汇处,兴建农机局办公楼、职工宿舍。

1999年,五墩东路建县棉花公司综合楼1980平方米,县一建公司投资425万元兴建仓库、机修车间、宿舍楼8500平方米。五墩南路兴建林业技术推广中心办公楼2600平方米,古桑乡政府兴建龙泉农贸市场用地13.3公顷,县林总场、公路管理站、五墩小学兴建职工宿舍楼。五墩北路都梁小区(一期)建成,县委宣传部、总工会、计划委、工商局、建设局、地矿局、新华书店等单位职工宿舍楼相继建成。十里营街道两侧统一规格建成三层楼房10幢。完成八一广场绿化、美化工程,建成文化广场,共投资145万元。6月底,建成龙泉转盘、八一转盘,完成五墩转盘修缮和五墩转盘花园工程。

图9－5　新城区扩建

2000年，在五墩东路淮安市石油公司扩建加油站，投资200万元。五墩北路相继建成县农发行、财政局、国税局、国土局、交通局、公路管理站、电大等综合办公楼和邮电局电信综合楼、东方市场北楼等。行政一条街初步形成。龙泉转盘西南侧兴建大型木业材料市场，占地3.5万平方米。在两条盱马路十里营交汇处对面，建成龙虾城，用地2.3公顷，建筑面积2.47万平方米。

2001年，新城区重点在西至金源南北路，北至盱马路，东至洪武大道，南至金鹏大道范围建设。是年建成二环路。在二环路中段南侧建成金谷加油站、县社会福利院。在五墩东路、五墩南路、五墩北路、东湖东路，分别建成雅兴浴场小区、盱眙同济医院楼、科技苑、古桑新寓、南苑菜场、龙泉别墅（一期）、都梁花园、新世纪广场、东湖小区等，输油泵站建成职工宿舍2808平方米。

2002年，五墩东路建成都梁中学教学楼。在五墩北路东侧、东湖东路北侧兴建第一山别墅。五墩南路开工兴建盱眙质量技术监督局、移动公司综合办公楼，古桑新寓小区。在二环路中段北侧石牛村地块开工兴建县人民法院，占地1.33万平方米、建筑面积1万平方米。在十里营街道建成盱城镇政府综合办公楼17层，占地5.81万平方米，建筑面积9589平方米。拆迁十里营乡政府、粮管所、农具厂、供销社等单位6个及居民5户；拆迁五墩北路东方市场、烟草公司和五墩东路外经委等4个单位办公楼。全年共拆除建筑面积1.33万平方米。

2003年，在五墩转盘东北侧兴建国贸中心，用地3.4公顷，主楼香江国际大酒店22层，建筑面积6.5万平方米。在二环路北侧、八一广场西侧，开工兴建县交警大队、公安驾校等单位。在十老路西侧兴建新湾商贸城，占地6万平方米，建筑面积3.9万平方米，住户282户，内设便民服务中心、社区卫生室。改造东方大道，建成县雅而斯人造板厂，八一广场“龙眼”2座水库及其绿化工程完成。

2004年，五墩东路冠名为金鹏大道，五墩南、北路冠名为金源南、北路。在金鹏大道西侧建成县烟草局，气象局办公楼；在五墩北路西侧建成东方商城商住区及办公楼，在东方大道北侧建成行政审批中心，都梁北路（世纪大道北段）东侧扩建实小三分校；在十里营街道建成十里营菜场，十里营居民住宅小区；在嘉喜大道两侧建成污水处理厂、古桑派出所、加油站。

2005年，在金鹏大道两侧建成东升苑，环卫综合楼，东升技校。在金源南路建成凤凰花园，金阳光小区，龙泉别墅（二期）。在东方大道北侧建成东方都市小区，大庆路建成月季园小区，都梁公园东侧建成半坡叠墅，十里营街道北侧建成新湾人家，东湖西路建成新华国际酒店、凤凰文化广场、教师新村（二期）等。拆迁金鹏大道城东大沟东侧汽车修理厂地块,盱眙中学宿舍区南侧地块,老气象局地块及周围居民18户;拆迁金源南路粮化厂、粘土厂及周围居民8户。全年共拆除建筑面积1.39万平方米,拆出建设用地6.006万平方米;建成房屋建筑面积24.41万平方米,其中非住宅面积4.59万平方米。

2006年,金鹏大道北侧建成苏果世豪大厦,都梁北路建成第五中学、八里岔小区;东方大道建成东方都市北苑,县图书馆,博物馆;十里营街道建成十里营小学,派出所;在金源南路建成锦锈家园,神农苑,鸿庆佳园住宅小区。拆迁金源南路益民食品厂及周围居民27户,拆迁金源北路红叶饭店北侧地段、新世纪广场东侧地段,拆迁单位1个、居民108户;拆迁都梁北路北延地段、盱马路北侧果园场地块,拆迁单位1个、居民24户。全年拆除建筑面积1.94万平方米。

2007年,在盱马路盱城段西段北侧建成龙城新天地等住宅小区,建成长途客运中心,投资5000万元,占地6.66万平方米,附属设施4万平方米,主站房占地7000平方米;金鹏大道建成气象小区,金桂苑,都梁中学(二期);金源南路建成益民花园小区,龙泉雅苑小区;甘泉西路两侧建成四季华庭小区,金源花苑小区;东湖南路建成金诺墨香苑小区,东湖西路建成富润花园小区;都梁北路建成新马外国语学校(一期);十里营街道西侧建成山水大厦30层,占地5.5万平方米;工业园区小太湖,建成水岸凤凰城小区(部分)。拆迁金鹏大道北侧新潮家具城地块,拆迁金源南路大明宫酒业、都梁西路(世纪大道)西段地块,拆迁单位2个、居民79户;拆迁金源北路与盱马路交口东南侧地块、金源北路北延地段,拆除单位3个、居民64户;拆迁都梁北路与甘泉西路交口东北侧地块、盱马路与金源北路交口西南侧小杜庄地块、都梁北路与甘泉西路交口西南侧地块、富润花园经济适用房北侧地块,拆迁单位1个、居民108户;拆迁山口门、长途客运中心东侧、东湖南路、东湖北路、洪武大道北延、都梁大道西段等,拆迁居民176户。8月30日,拆除五墩原转盘,开工建设红绿灯十字路,2008年3月完成。全年建设用地97.97公顷,建成房屋建筑面积74.62万平方米,其中非住宅面积24.08万平方米;拆除建筑面积8.3万平方米,拆出建设用地79.26万平方米。

图9-6 新城建设

2008年,盱马路两侧开工兴建山水第一城、东城国际、远方物流中心、凤悦天晴、中澳生态城、新海家园、帝景国际小区、江苏技师学院;盱马路与金源北路交口东南侧海通广场楼盘部分建成,占地19.86万平方米;盱马路与金源北路交汇口西南侧金国园阳光城市楼盘部分建成,占地19.2万平方米。东方大道淮源矿业北侧,开工建设三瑛国际大酒店,占地2万平方米。在金源南路建成金惠花园。在大庆路建成特殊教育学校。都梁北路西侧建成县第一中学、五洲国际,建成奥体中心体育馆、体育场、游泳馆、影剧院、全民健身中心等占地15.33万平方米,建筑面积4.8万平方米。甘泉西路两侧开工兴建五环中央公馆、山水名都、山水人家小区和江阴农商行大楼、东晨国际酒店等。洪武大道建成新城花园。葵花大道建成葵花新寓。工业园区建成郦水嘉园、桂香苑。拆迁金鹏大道垃圾中转站,城东大沟污水管网等地段单位1个,居民7户;拆迁金源北路垃圾中转站、机关加油站等处单位2个,居民49户;拆迁虎泵路、兴府路、一横路(小康路)、盱马路、都梁大道南段、大桥东路两侧单位6个,居民251户;拆迁长途客运中心西侧、八一广场西北角等地段单位4个,居民168户;拆迁象山公园、中央公园、都梁公园等处居民69户。全年建成房屋面积45.1万平方米,其中非住宅面积15.8万平方米;拆除建筑总面积10.41万平方米,拆出建设用地66.79万平方米

（不包括公园地段拆出用地面积）。

至年底，新城扩建投入资金近 50 亿元，建成房屋建筑面积 250 余万平方米，县城区范围包括现状城区、东北部政务新区和生活区以及东部经济开发区，城市规划建设用地 33.22 平方千米。城市发展方向为东扩北移，形成融山水园林为一体的“三心、二轴、四片区”开敞式结构，在重点城区西至金源北路、北至盱马路、东至洪武大道、南至金鹏大道，新建道路三横三纵，形成田字状街道。扩建后县城区面积 22.1 平方千米（包括部分经济开发区），城市人口 16.8 万人。

1995～2008 年盱眙县建成房屋、非住宅面积一览表

表 9－1　　单位：万平方米

年　份	建成房屋	其中：非住宅	年　份	建成房屋	其中：非住宅	年　份	建成房屋	其中：非住宅	年　份	建成房屋	其中：非住宅
1995	4.50	4.50	1999	3.20	0.78	2003	12.40	6.70	2007	58.62	14.06
1996	0.45	–	2000	16.77	4.50	2004	12.10	6.90	2008	41.10	10.80
1997	14.41	0.43	2001	9.66	2.81	2005	24.41	4.59	合计	251.34	69.06
1998	16.92	6.29	2002	11.79	2.03	2006	25.01	4.67			

第三节　道　　路

1986 年，县城区主干道 4 条，分别是淮河东路、淮河南路、淮河北路、五墩西路，总长 7310 米，宽 8～24 米不等，总面积 11.26 万平方米，其中淮河东路、淮河南路、淮河北路为沥青路面，五墩西路为砂石路面，道路排水不配套。次干道 4 条，分别是宣化路、东官路、斩龙涧路、宝山路，总长 3.01 千米，宽 5～12 米不等，斩龙涧路为混凝土路面，其他道路为碎石和泥石路面。因城在山中，道路多在坡上建设，坡度大、路面窄、断头路多，过往车辆也从城区穿过。

1987 年 4 月，县政府投入 20 万元，单位、居民集资 6 万元，修建宝山路（淮河北路穆家车行—淮河南路段）混凝土路面，长 700 米，宽 6 米，两侧人行道各 1.5 米，沿山一侧设 1.2×1.6 米排水沟，沟上加盖水泥板。1988 年，集资兴建虎宣路南段（淮河东路食品公司—西山组老屋），长 700 米、宽 3 米，由砂石路面铺设成混凝土路面，12 月底完成。1989 年，东官路（供电局—宣化街）长 910 米、宽 3 米，由砂石路面修建成混凝土路面；宣化路长 1700 米，盱中—琵琶井段长 1100 米、宽 3 米，由砂石路面修建成混凝土路面，琵琶井—大桥东路段长 600 米修缮砂石路面。

图 9－7　五墩转盘改造

1990 年 8 月，兴建斩龙涧至盱中道路，完成路面降坡 17.5 米，挖掘土石 45587.5 立方米，填土约 9105 立方米。1991 年 8 月完成斩龙涧至盱中路长 700 米、宽 8 米的路基工程和路面石子铺设，10 月完成混凝土路面铺设工程，年底交付使用。1992 年，修缮淮河南路和大庆路，共投资 11.9 万元，其中道路两侧单位集资 3.7 万元，修缮砂石路面长 3000 米、

沥青路面长1200米,用于道路配套过路涵洞1.5万元。1993年,铺设五墩转盘混凝土路面3155平方米,以五墩转盘为中心的十字街口形成;铺设县二中至五墩转盘车道沥青路面3900平方米。1994年,投资484万元,改造五墩转盘至县皮革总厂原穆店路路基工程,长2000米,路宽由12~16米不等,拓宽至50米;投资80万元,改造五墩北路至果园场部道路长1900米,由4米拓宽到12米。

1996年,改造五墩北路、五墩南路、淮河东路。五墩北路长1800米,路基由20米,拓宽至40米,其中快车道宽16米为混凝土路面、慢车道宽10米为沥青表层、隔离带宽4米、人行道各宽5米;排水明沟口宽5米,供电、电信、广电杆线入地,路灯、行道树在人行道内侧0.5米处,自来水管道铺设在人行道下;8月3日动工,11月20日竣工。五墩南路,长1945米,路基由12~16米不等,拓宽至36米,其中快车道16米为混凝土路面、慢车道9米为沥青路面、隔离带3米、人行道宽各4米;下水道宽1.5米、深1.8米,浆砌块石结构,水泥板块结面,自来水管道从人行道下通过,路灯、行道树在人行道内侧0.5米处;8月3日动工,11月18日竣工。淮河东路(新华书店—二中),长1520米,路基由15~21米不等,拓宽至36米,建成混凝土路面3.2万平方米,其中快车道12.8米、慢车道各5.5米、绿岛各0.6米、人行道各5.5米,人行道铺设六角彩砖2812平方米,道路两侧分别用涵管和砖砌排水沟1234.5米,安装雨水井、窨井67个,供电、邮电、广播电视干线入地,年底竣工。

图9-8　改造后的五墩北路片

1997年,改造淮河南路、修缮大庆路。淮河南路长2440米,路基由12米,拓宽至24米,完成混凝土路面铺设,其中路面宽8米、人行道各宽4.5米,浆砌砖块下水道,路灯、行道树在人行道内侧0.5米处,3月动工,12月竣工。完成大庆路的沥青路面铺设工程。

1998年,改造五墩东路、五墩西路,兴建都梁公园盘山路。五墩东路(五墩转盘—高家洼)长1880米、宽50米,建成快车道混凝土路面宽20米、慢车道沥青路面宽14米、人行道各宽5米,绿化带各宽3米;浆砌块石下水道,口宽2米、深2米、底宽1.5米;供电、电信、广电电缆入地,自来水管道埋在人行道下,路灯、行道树在人行道内侧0.5米处;3月28日开工,8月20日竣工。五墩西路(五墩转盘—二中)长600米,由20~25米不等,拓宽改造至38米,建成混凝土路面,其中快车道12.8米、两侧慢车道各4.5米、绿岛各0.6米、人行道各7.5米,4月份开工,8月份竣工。都梁公园盘山路长4200米、宽8~20米不等,降坡平整挖掘土石3.1万立方米,3月开工建设,8月完成路基、明沟浆砌块石、路面石子铺设等,10月完成混凝土路面铺设。

1999年,改造淮河北路、虎宣路、宣化路。淮河北路(新华书店—供电局)长3090米,投资70万元,再次改造,拆迁顺河街至盱城医院沿街办公楼、民房、生产用房、供电局等单位7个、居民40户,面积7500平方米,路面由9~15米不等,拓宽至25米,建成混合车道路面宽20米,人行道各宽2.5米。路面面积6.1万平方米,供电、邮电、广电三线埋入地下,同时铺设给水管道、下水道1.2×1.8米,路灯全部更新。虎宣路(淮河东路食品公司—宣化路)长1500米,路基拓宽至20~32米,拆迁居民70户,拆除建筑面积5400平方米;局部坡度由12%降至8%以下,降坡最大幅度下控1.14米,抬高1.33米,涉及长度350米,降坡挖土、填土各7000余立方米;明沟排水,杆线、自来水管道、行道树设置在人行道上;3月动工,9月路基工程完成。宣化路(盱眙中学—大桥东路)长1700米,路宽6~15米不等,拓宽至20米,拆迁居民80余户,房屋面积7000余平方米；道路高低起伏差大，降坡挖土3000余立方米，洼处填土1.3万余立方米；建成混合车道16米、人行道各4米、绿化带各4米，混凝土路面2.4万平方米；明沟排水，杆线、行道树设置在人行道内侧0.5米；3月动工，9月竣工。

图9-9　道路施工建设

2000年，县政府采取突击会战加快城区道路网络畅通建设，共完成14条路基工程，总长28.33千米、宽20~45米不等的修建工程，除世纪大道西段外，13条路28.09千米铺设成沙石路面，共使用石料12.4万吨。洪武大道（八一广场—盱马路龙虾城—北延）长5186米、宽45米，完成砂石路面工程，其中车行道宽18米、绿化带各宽2.4米、人行道各宽3米，杆线设在人行道内侧0.5米处。都梁西路（世纪大道西段）（五墩南路交警大队—淮河南路化肥厂食堂）长2363米、宽32米，完成路基、路沟、桥涵配套等工程，三线全部入地。

都梁南路（五墩东路农校北侧—三岔路口—淮河南路交警大队）长1326米、宽32米，完成砂石路面铺设，其中行车道19米，人行道各4米，绿化带各2.5米，杆线设在人行道内侧0.5米处。都梁北路（清溪路）（盱马路—实小三分校—五墩东路），长2600米、宽30米，完成砂石路面工程，其中车行道宽17米，人行道宽各4米，绿化带宽2.5米、杆线设在人行道内侧0.5米处。二环路（八一广场—嘉喜转盘）长2907米、宽25米，完成砂石路面铺设，其中混合车道宽15米，人行道各宽4米，绿化带各宽2.5米，明沟排水，杆线设在行人道内侧0.5米处。虎宣路建成混凝土路面工程，其中快车道宽10米、两侧慢车道宽6米、人行道宽各2米，明沟排水，各种杆线、行道树设置在人行道上。

虎泵路（虎宣路—五墩北路输油站），长1376.8米、宽16米，完成砂石路面工程，其中车行道宽9米、人行道各宽3.5米，杆线设在人行道内侧0.5米处。兴府路（五墩西路盱城镇政府—大桥东路），长2142米、宽20米，完成砂石路面铺设，其中车行道宽10米，人行道各宽3米，绿化带各宽2.5米，杆线设在人行道内侧0.5米处。

东阳路（金源北路东方市场—都梁北路实小三分校），长1300米、宽20米，完成砂石路面铺设，其中车行道宽14米，人行道各宽5米，杆线设在人行道内侧0.5米处。一横路（小康路）长1700米、宽25米，完成砂石路面铺设，其中车道15米、人行道各2.5米。甘泉路（金源北路输油泵站—都梁北路—一环路），长1600米、宽32米，完成砂石路面铺设，其中车行道宽22米、人行道各宽5米，杆线设在人行道内侧0.5米处。东湖东、西路（兴府路—教师新村南侧—牛坝水库）长1880米、宽20米，完成砂石路面铺设，其中混合车道14米，人行道各3米，杆线设在人行道内侧0.5米处。东湖南、北路（奥体路）（五墩东路盱中宿—盱马路）长1788米、宽24米，完成砂石路面铺设，其中混合车道14米，人道行各3米，杆线设在人行道内侧0.5米处。

淮建路（二环路—五墩南路老穆店路口），长1962米、宽16米，完成砂石路面铺设，其中车行道宽10米、人行道各宽3米，杆线设在人行道内侧0.5米处。燕山路（一环路）（甘泉路—天泉路）长1300米、宽30米，完成砂石路面铺设，其中车行道宽14米、绿化带各宽2米、人行道各宽3米，杆线设在人行道内侧0.5米处。改造陵园路长1020米，包括陵园路接五墩南路至世纪大道100米，改造陵园路至社会福利厂接线长200米，完成混凝土路面铺设。

2001年，改造嘉喜大道、大庆路、洪武大道、二环路、魁星路（盱中路），兴建戚大山路。嘉喜大道建设，长

1200 米,路基由 16 米拓宽至 60 米,其中中间绿化带宽 12 米、两侧快车道各宽 16 米、两侧绿化带各宽 4 米、人行道各宽 4 米;供电、电信、广电电缆入地,自来水管道,路灯、行道树全部设置在人行道上,建成直径 80 米嘉喜转盘;3 月动工,5 月竣工。大庆路,建成混凝土路面,长 1760 米(含大庆路向西延伸至天鹅湖),路幅宽 30 米,其中快车道 15 米、人行道各宽 4 米、绿化带各宽 3.5 米;5 月 1 日前动工,8 月 1 日竣工。洪武大道建成混凝土路面,年底完成配套工程。二环路建成混凝土路面(含二环路与盱明路接线 850 米),年底完成配套工程。魁星路(盱中路)改造,长 800 米,投入 800 万元,采取取直、拓宽、降坡、改道等施工方法,从盱中大门到"S"弯处,以盱中大门为中线,沿两侧由 10 米拓宽至 30 米,改造成混凝土路面宽 14 米、两侧人行道和绿化带各宽 4 米,供电、广电、电信、自来水管道入地,绿化 6000 平方米,8 月底竣工。戚大山路(宣化县实验中学—大桥路),兴建长 2350 米、宽 5 米混凝土路面,3 月动工,7 月竣工。

图 9－10　五墩东路

图 9－11　山口门道路拓宽改造

2002 年,修建翠竹路(双拥路—种鸡场),长 289 米、路面宽 7 米为混凝土路面,年底竣工。全年铺设城区主干道两侧人行道 14.2 万平方米,实现路面平整无积水,完成县政府 1999 年提出建设城区主次干道 16 条 27 千米混凝土路面目标。2003 年,改造东方大道长 2530 米。2004 年,江苏金源科技有限公司将五墩南路、五墩北路分别冠名为金源南路、金源北路。江苏金鹏轴承有限公司将五墩东路冠名为金鹏大道。2005 年,改造人行道 7.5 万平方米。

2006 年,城市发展东移北扩,县政府办公场所由淮河东路迁至十里营办公。9 月 28 日,开工改造甘泉西路和都梁北路(世纪大道北段)路面,总造价约 6000 万元,道路总面积 10.5 万平方米,长 4.1 千米。是年,完成穆山路路面硬化 2050 米、东湖南北路(奥体路)路面硬化等任务;维修人行道 960 平方米,修复破损路面 860 平方米。

2007 年,投入 3.2 亿元,完成对盱马路、都梁西路、东湖南北路、东湖东西路、新七路(十老路—洪武大道北延)等长 13139 米的路面进行硬化和黑色化改造,完成 121 省道盱眙城区山口门处(大桥东路段)重大安全隐患整治工程。是年,铺设、维修人行道 1.32 万平方米,修复破损路面 1860 平方米,维修道口 15 处 1300 平方米,修建路牙 1100 米。

2008 年,都梁南路(世纪大道南段)路面硬化工程完成,翠竹路接都梁西路段混凝土路面完成。金源北路北延,洪武大道北延工程完成。金鹏大道、宝积山路人行道改造,陵园路人行道铺设完成。至年底,县城区共有硬质路面主次干道 38 条,长 77.44 千米,面积 203.5 万平方米,人均 12.1 平方米。

2008年盱眙县城区主次干道一览表

表9-2 单位：米

序号	道路名称	起讫	混凝土路面		沥青路面		快车道	慢车道	人行道	绿化带	开工日期	建成日期
			长	宽	长	宽	宽	宽	宽	宽		
1	淮河东路	新华书店—县第二中学	1520	36	–	–	12.8	11	11	1.2	1996.3	1996.12
2	淮河南路	新华书店—天鹅湖食品有限公司	2440	24	–	–	8	7	9	–	1997.4	1977.12
3	淮河北路	新华书店—淮河大桥头	3690	25	–	–	12.5	7.5	5	–	1999.1	1999.7
4	斩龙涧路	新华书店—县实验小学二分校	800	12	–	–	10	–	2	–		1985
5	五墩西路	五墩转盘—县第二中学	600	30	–	–	12.8	9	15	1.2	1998.4	1998.8
6	金源南路	五墩转盘—龙泉转盘	1945	36	–	–	16	9	8	3	1996.8	1996.11
7	金源北路北延	五墩转盘—盱马路—高速公路入口	2468	25~40	–	–	16	10	10	4	1996.8	2008.11
8	金鹏大道	五墩转盘—八一广场	1880	50	–	–	20	14	10	6	1998.3	1998.8
9	大庆路	天鹅湖食品公司—龙泉转盘—二环路	1760	36	–	–	10	10	10	6	2001.5	2001.8
10	虎宣路	食品公司宿舍区东侧—宣化街三角岛	1500	20~32	–	–	16	–	6~8	8	1999.3	1999.9
11	宣化路	盱眙县中学—大桥东路	1700	20	–	–	10	5	5	–	1999.3	1899.9
12	魁星大道	实小二分校—盱眙县中学	700	30	–	–	10~14	8	8	–	2000.9	2001.8
13	陵园路	金源南路—淮河东路	1020	13	–	–	9	–	4	–	2000.9	2000.12
14	穆山路	城南小学—大庆路	2050	6			–	6	–	–	2006.5	2006.8
15	翠竹路	双拥路南端—种鸡场	289	7	–	–	7	–	–	–	2002.3	2002.6
16	嘉喜大道	龙泉转盘—嘉喜转盘	1200	60	–	–	32	–	8	20	2002.1	2001.5
17	迎春大道	一环路—金桂大道	1300	62	–	–	16	10	10	14+12	2002.3	2002.7
18	都梁大道	淮河南路化肥厂—金源南路交警大队(都梁西路)	–	–	2363	32	混合22	–	5	5	2007.9	2007.9
		金源南路—三叉路口—金鹏大道农业局(都梁南路)	–	–	1326	32	混合22		5	5	2008.9	
		金鹏大道农业局—盱马路(都梁北路)	2600	30	–	–	混合22		5	5	2006.5.	2007.4
19	戚大山路	宣化县实验中学—大桥东路基督教堂	2350	5	–	–	5	–	–	–	2001.3	2001.7
20	新七路	十老路—洪武大道北延	1000	21	–	–	12	–	8	–	2007.5	2007.11
21	东阳路	金源北路—燕山路	1300	20	–	–	混合16	–	–	–	2000.4	–

续表9-2

序号	道路名称	起讫	混凝土路面		沥青路面		快车道	慢车道	人行道	绿化带	开工日期	建成日期
			长	宽	长	宽	宽	宽	宽	宽		
22	一纵路	盱马路—盱中南院墙	245	10	–	–	–	–	–	–	–	
23	都梁公园路	盘山路无起止点(包括双拥路)	4200	8～12	–	–	8～12				1998.3	1998.10
24	东方大道	八一广场—淮水路	2530	39	–	–	混合20	–	6	13	2003.3	2003.10
25	迎宾路	淮河东路都梁公园大门—世纪大道	750	17.5	–	–	13.5	–		4		
26	虎泵路	金源北路—西山路	1376	16	–	–	10	–	6	–	2008.8	2008
27	兴府路	五墩西路中医院—五叉路口	–	–	2142	20	14	–	6	–	2008.9	2008.12
28	一横路 (小康东、西路)	都梁北路—金源北路—兴府路.	–	–	1700	25	15	–	5	5	2008.7	2009.1
29	大桥东路	大桥头三角岛—五叉路口	–	–	2500	31～45	17	12	8	8	2008.9	–
30	盱马路	五叉路口—龙虾城—徐宁高速入口	–	–	6808	45	20	10	9	12	2007.1	2007.6
31	淮建路	金源南路穆店老路口—二环路	1962	16	–	–	8	–	–	–	–	–
32	东湖东、西路	都梁北路—金源北路教师新村—兴府路	–	–	1880	20	10	–	5	5	2007.3	2007.8
33	客运中心东路	一横路—北至盱马路	–	–	485	20	14	–	6	–	2006.2	2006.6
34	甘泉西路 (一环路)	金源北路—新马中学— 洪武大道	–	–	1600	32.5	混合 22.5	–	5	5	2006.9	2007.4
35	二环路	嘉喜转盘—八一广场	2907	25	–	–	8	7	10	–	2001.4	2001.12
36	洪武大道	八一广场—盱马路—北延至新建人武部	–	–	5186	45	15	–	6	24	2001.5	2008.11
37	燕山路 (一环路)	甘泉西路—天泉路	–	–	1300	24	16	–	4	4	2000.4	2000.10
38	东湖南、北路 (奥体路)	南起金鹏大道—北至盱马路	–	–	2088	24	15	–	5	4	2007.4	2007.11

第四节　排　　水

1986年，县城区排水主要靠城南大沟和城北涧沟渡，因单位建筑挤占沟渠、居民垃圾倒入沟渠，常造成雨季洪涝灾害，县政府年年组织部门、单位清理大沟。除县化肥厂设置污水处理外，其他企事业单位和居民生产、生活污水，直接排放到淮河。2004年，兴建污水处理厂，集中处理工业和生活污水。2008年，城区分为4个排水片区，老城区有城南大沟、城北涧沟渡汇水片区，新城区有城东大沟、工业园区汇水片区。

一、排水系统

（一）城南大沟

上至西山路，下至煤建小桥淮河入口，全长1900米，总汇水面3平方千米，最大洪水流量15立方米/秒。照面山、清风山、天台山、宝积山、穆山、斗笠山、老虎岗、斩龙涧等雨污水汇向大沟，在石油公司北侧淮河入口处流入淮河，是城南片主要泄洪通道。

1986年，县政府采取部门、企事业单位集资，建设部门统一治理。完成城南大沟两侧干砌块石、砂浆勾缝，封顶、沟底为5~8厘米混凝土地平标准工程。修筑斩龙涧至县医院排水沟，因山高坡陡、洪水冲刷、泥石淤积，加之沟未加盖，年年汛期前，大沟要清淤清障。

图9-12　城南大沟

1995年，清污维修城区排水干道，更换下水道沟盖板5350平方米、加窨井盖板36块，完成一年一度城南大沟清理。改造街、巷道下水道1579米，建附属桥梁1座，建窨井42个。1997年3月25日，都梁小桥至县邮电局改造工程开工，拆除建筑物3个654.62平方米。道路两侧分别用涵管和方砖建成排水沟，大沟清淤、清障1700米，广电、邮电、供电管线进入地下。

2001年，投资1151.44万元，彻底根治城南大沟，拆除原大沟，加宽挖深，深度控制在2.5米，宽3.6~12米。拆迁房屋3000平方米，人工挖湿土5.6825万立方米，75号浆砌块石护坡7125立方米，75号浆砌护底1026立方米，盖板8630平方米。制药厂至燃料公司小桥段1380米，用加重板完成封闭；大沟上的陡沟巷、燃料公司、备战仓库、影剧院4座桥按照设计标准建成。至2008年，完成城南大沟全长1900米的修建改造加固工程，保证排水通畅。

（二）城东大沟

位于五墩转盘东侧，从泵站至清水坝，总长5300米，原为农田排水沟渠，流域汇水面积10平方千米，五墩片沿线道路雨污水排入大沟。大沟宽窄不一，从底宽3.5米、深3米，逐渐扩大底宽至16米，至东西向18条（五墩以西10条、东8条）束水归渠，以20年一遇防洪标准设计，沿沟有桥涵10座。

1986~1997年，城东大沟以自然农田沟渠汇集排水为主。1998年11月，整治城东大沟，采取主、支沟道并治，先行洪畅通，后护砌加固。首次投资（不包括单位拆迁费用）1227.05万元，拆迁房屋1700平方米。其中，挖土31.25万立方米，费用计781.45万元（征用十里营、古桑、盱城三乡镇民工挖掘，未支付费用）；沿沟险段、桥梁石方混凝土投入377.2万，其余防洪墙石方工程根据轻重缓急分年实施。

2003年,投资391.48万元,完成石砌护坡防洪墙1500米。2004年,金鹏大道路北段大沟,加重板加盖400米,建成步行街。2007年,完成石砌护坡防洪墙800米。至2008年,城东大沟总投资(不包括支沟道资金投入)2400余万元,完成总长5300米加固工程。

图9－13 城东大沟

(三)五墩排水管网

1986～1993年,五墩转盘排水主要是五墩东、西、南、北路自然水汇集,然后顺着五墩南路排入淮河。五墩东路排水由八里岔高点分别向东西方向排水。

1994年,投资40万元,新建五墩转盘排水系统和管线工程844米。1996年,五墩北路改造排水明沟口宽5米。五墩南路下水道宽1.5米、深1.8米,浆砌块石结构,水泥板块结面。1998年,修整五墩转盘巷下水道500余米。五墩东路浆砌块石下水道,宽2米、深2米、底宽1.5米。1999年,投入35万元,新建五墩排水网700米。

2005年,投资184.44万元,修筑金源南路、金源北路两侧下水道。金源北路西侧,从农发行至国税局820米,采取污水通原下水道,增建雨水井及连接沟,修建成流量1.2米×1.5米;路东侧新建下水道长1500米,流量1.0米×1.2米,设雨水井50座。金源南路,新建雨水井96座;技校道口,修建下水道长200米、流量1.5米×1.5米,连接城东大沟;新建龙泉酒厂至龙泉转转盘下水道500米,流量1.2米×1.5米;建成一条过路沟120米,流量1.5米×1.5米,引水出转盘西侧至嘉喜大道西侧大沟。

2007年,建金源北路下水道长960米,清理附沟4800米,更换附沟盖板1672块,清理窨井540个,新建雨水井8座。2008年,完成五墩转盘排水系统金鹏大道(西)、五墩北路、五墩西路共3300米管网建设,污水由城东大沟和金源南路排入清水坝污水处理厂。

(四)城北涧沟渡

戚家山、凤坡岭等地雨污水向涧沟渡汇集,然后流进城河入淮。1986年起,继续加强污水处理。1989年8月,投资1.9万元,开工修建淮河北路糖果厂段下水道长125米、深1.2米、宽0.7米,9月竣工。1993年,建成城北过路沟长60.7米,整修工人电影院至盱城镇政府下水沟长149.5米,解决城北实验小学路段污水外溢问题。

1997年,新建黄牌街道排水系统,挖沟长250米。1998年,筑涧沟渡防洪大坝。2002年,完成涧沟渡汇水范围内巷道全部排水工程,实现雨、污水分流。2008年,完成宣化街3000米下水道排水工程。

图9－14 涧沟渡大沟

(五)工业园区

2004年,工业园区工业废水排至维桥河,建设园区排水管线长2271米。2008年,工业园区污水处理厂开工建设,占地4.09万平方米,设计日处理污水4万吨,排水管道体系基本完善,全长77千米。

二、污水处理

1986 年，除县化肥厂外，县城区没有污水处理设施，道路局部配有沟涵，淮河北路西侧有直径 300 管道长 2450 米、淮河东路南侧有直径 300 管道 650 米、淮河南路西侧有 600 毫米×800 毫米石砌沟 1670 米部分加盖、淮河南路东侧有 600 毫米×800 毫米石砌沟 1640 米加盖，总长度 6410 米，其他道路是土沟明沟，城区雨、污水合流，工业废水、生活用水，直接排入淮河，排入淮河水口大小有 8 个。1995 年，老城改造，旧城区排水根据地形地貌实际，采用截流式合流制排水体系，结合老城改造道路拓宽，分期建设、逐步完成，淮河排水口减少到 4 个。2005 年，新城区采用雨、污水分流制排水体系，污水经处理达标后排入水体。

2001 年，铺设淮河东路排水管道长 1600 米，直径 1.2 米。2003 年，在宝积山北侧城南大沟出水口，兴建两用雨污水截流闸、雨污水提升泵站、泵房，配备提水设备 2 组，功率 75 千瓦，提水能力 1 万吨/日。平时，将淮河东路、淮河北路片区污水收集回来，通过提升泵，转送到城南清水坝污水处理厂；涝时，可将城区雨水提入淮河。新城区五墩南、北、东、西路片区污水，自然流入清水坝污水处理厂。

2004 年，由浙江富春紫光环保股份有限公司，采用 BOT 形式，投资兴建清水坝污水处理厂，坐落在大庆路南、嘉喜大道西侧，占地 3.7 万平方米。5 月，完成立项、征地、拆迁、进厂铺设道路、厂区土方回填等工作。7 月，完成主体 SBR 池、接触池、二氧化氯间的桩基础施工及检测工作、铺设管网 5.8 千米。10 月，完成提升泵房及两个拦污坝工程，年底，一期工程完成并试生产。该工程建设采用 SBR 改进型工艺，设计污水处理能力 4 万吨/日，出水水质达一级 B 标准。收集污水范围为洪武大道以西至城北区域、北至盱马路、南至古桑街道北。进水浓度指标：氨氮≤20 毫克/升、BOD≤40 毫克/升 1、COD≤200 毫克/升、SS≤160 毫克/升、TP≤2.5 毫克/升、pH 6－9。试运行阶段处理后指标为：氨氮≤5 毫克/升、COD≤40 毫克/升、BOD≤8 毫克/升、SS≤16 毫克/升、TP≤1 毫克/升、pH 6－9，个别指标到 2006 年仍在调试阶段。

图 9－15　污水处理厂

2007 年，县城建局组织编制《2008～2020 年城区排水工程规划》。规划旧城区采用截流式合流制排水体系，新区铺设污水管网；2018～2020 年，县城区采用雨水、污水分流制排水体系，雨水就近排入水体，污水经污水处理厂处理达标后排入水体。县城区排水划分为 4 个排水分片区。西片区：金源北路、金鹏大道以西的旧城区和淮河观光带；中片区：金源北路、金鹏大道以东、洪武大道以西；东片区：洪武大道以东、盱马路以南的盱眙经济开发区；北片区：盱马路、大桥路以北的政务新区。规划建盱眙县第二污水处理厂，集中处理工业污水；扩建城南清水坝污水处理厂，污水处理采用二级生物处理，尾水经清水坝排入淮河，设计日处理污水 4 万立方米，占地 0.3 万平方米；在经济开发区东部，建城市第二污水处理厂，污水处理采用三级生物处理，尾水排入维桥河。根据污水量预测，城南污水处理厂设计污水处理规模为每日 4 万立方米，用地规模 0.3 公顷；第二污水处理厂设计污水处理规模每日 8 万立方米，用地规模 8 公顷，预留充足的水厂扩建用地，服务于远景城市发展。至 2008 年底，污水处理达标。

1986～2008年盱眙县城区雨污水管网一览表

表9－3

序号	铺设地点	规格	长度（米）	管材	建设年份	备注
1	五墩转盘至城东大沟	D600	250	混凝土管	1983	合流
2	斩龙涧大井洼至城南大沟	1000×800	800	浆砌块石混凝土盖板	1984	合流
3	涧沟渡至淮河	1200×800	1100	浆砌块石混凝土盖板	1985	合流
4	宝积山路至电大	1800×800	800	浆砌块石混凝土盖板	1985	合流
5	电大至新华书店仓库	1400×1500	250	浆砌块石混凝土盖板	1985	合流
6	淮河南路城南小学至宝积山路	1000×600	150	浆砌块石混凝土盖板	1985	合流
7	淮河南路农材厂至盐业公司	1000×600	300	浆砌块石混凝土盖板	1985	合流
8	淮河东路虎宣路至都梁大酒店	1800×1200	1000	砖拱	1996	合流
9	淮河东路都梁大酒店至商业大厦	1200×800	600	砖拱	1996	合流
10	淮河北路	D600	2000	混凝土管	1997	合流
11	金源北路	1600×1200	600	砖砌	1997	合流
12	金源南路	1600×1200	1100	砖砌	1998	合流
13	金鹏大道	1200×1000	300	砖砌	1999	合流
14	甘泉西路	D500	890	混凝土管	2006	污水
15	都梁北路北延	D600	2666	混凝土管	2006	污水
16	东湖南路	D400	888	混凝土管	2007	污水
17	东湖北路	D500	635	混凝土管	2007	污水
18	盱马路中段	D500	4332	混凝土管	2007	污水
19	都梁大道西段	D500	1130	混凝土管	2007	污水
20	客运东路	D500	401	混凝土管	2007	污水
21	金源大道北延	D500	1225	混凝土管	2007	污水
22	新六路（洪武大道北延）	D400	750	混凝土管	2007	污水
23	新七路	D500	1002	混凝土管	2007	污水
24	大桥段东路	D400	1479	混凝土管	2008	污水
25	盱马路东段	D400	5240	混凝土管	2008	污水
26	盱马路五叉口	D400	710	混凝土管	2008	污水
27	虎泵路	D400	635	混凝土管	2008	污水
28	都梁大道南段	D500	1801	混凝土管	2008	污水
29	兴府路	D400	1478	混凝土管	2008	污水
30	一横路（小康路）	D400	2314	混凝土管	2008	污水
31	燕山路（一环路）	D300	560	混凝土管	2008	污水
32	甘泉西路	D1500	2705	混凝土管	2006	雨水
33	都梁北路北延	D800	3734	混凝土管	2006	雨水
34	东湖南路	D600	1723	混凝土管	2007	雨水

续表 9-3

序号	铺设地点	规格	长度(千米)	管材	建设年份	备注
35	东湖北路	D600	1105	混凝土管	2007	雨水
36	盱马路中段	D800	5234	混凝土管	2007	雨水
37	都梁大道西段	D800	3228	混凝土管	2007	雨水
38	客运东路	D800	636	混凝土管	2007	雨水
39	金源大道北延	D800	2174	混凝土管	2007	雨水
40	新六路(洪武大道北延)	D800	1294	混凝土管	2007	雨水
41	新七路	D600	1190	混凝土管	2007	雨水
42	大桥东路	D500	3908	混凝土管	2008	雨水
43	盱马路东段	D1200	8841	混凝土管	2008	雨水
44	盱马路五叉口	D1200	1456	混凝土管	2008	雨水
45	虎泵路	D800	1401	混凝土管	2008	雨水
46	都梁大道南段	D1000	2693	混凝土管	2008	雨水
47	兴府路	D1000	2806	混凝土管	2008	雨水
48	一横路(小康路)	D1000	2988	混凝土管	2008	雨水
49	燕山路	D1500	1429	混凝土管	2008	雨水
合计			85931			

说明:宝积山北侧污水泵共有两组设备,每组两台机泵,分别为45千瓦、30千瓦,平时用一组,另一组备用。每日提水能力为1万吨。

第五节　园林绿化

1986年,城区园林主要有县林柴场和县果园场嵌入城区的生态公益林,城区绿化覆盖率仅17%,品种单调、行道树少,没有街头游园、娱乐场所,城区仅有第一山公园,景点受到不同程度损坏。2000年起,县政府启动城区绿化工程,先后完成城区主次干道绿化栽植、补植工程,城区沿山、沿街庭院(办公区、住宅小区、居民)、公园、游园植树、栽花、种草工程,达到三季有花、四季常青。至2008年底,先后建成第一山国家森林公园、沿淮风光带、维多利亚港湾、都梁公园、天鹅湖公园、象山公园、文化公园、山水广场、中央公园等,建成公共绿地40余处。县城区园林绿化924公顷、园林绿地862公顷、公园绿地182公顷,绿化覆盖率41%,绿地率38.2%,人均公共绿地10.8平方米。县城区城市绿化指标达到省级园林城市指标。

一、城区公园建设

1986年,盱眙县城区仅有第一山公园,公园内景点受到不同程度损坏。1987年,整治老船塘,开辟河滨公园(淮河风光带)前期工程。1988年,第一山公园扩址6.4公顷,北至石榴园、石佛寺,东至盱中西围墙6米,南至清风山。相继修缮第一山景区内损坏景点。1991年对外开放。

1993年,经林业部批准建立盱眙第一山国家森林公园。1994年,修建秀岩摩崖保护廊,建成公共绿地1公顷。1998年,开始兴建47公顷的都梁公园、5.7公顷的天鹅湖公园,改造烈士陵园6公顷。1998年,启动沿淮风光带建设一、二期工程。

2000年,沿淮河风光带新植树木2500株,建成公共绿地8万平方米;都梁公园新植树木3000多株,建成

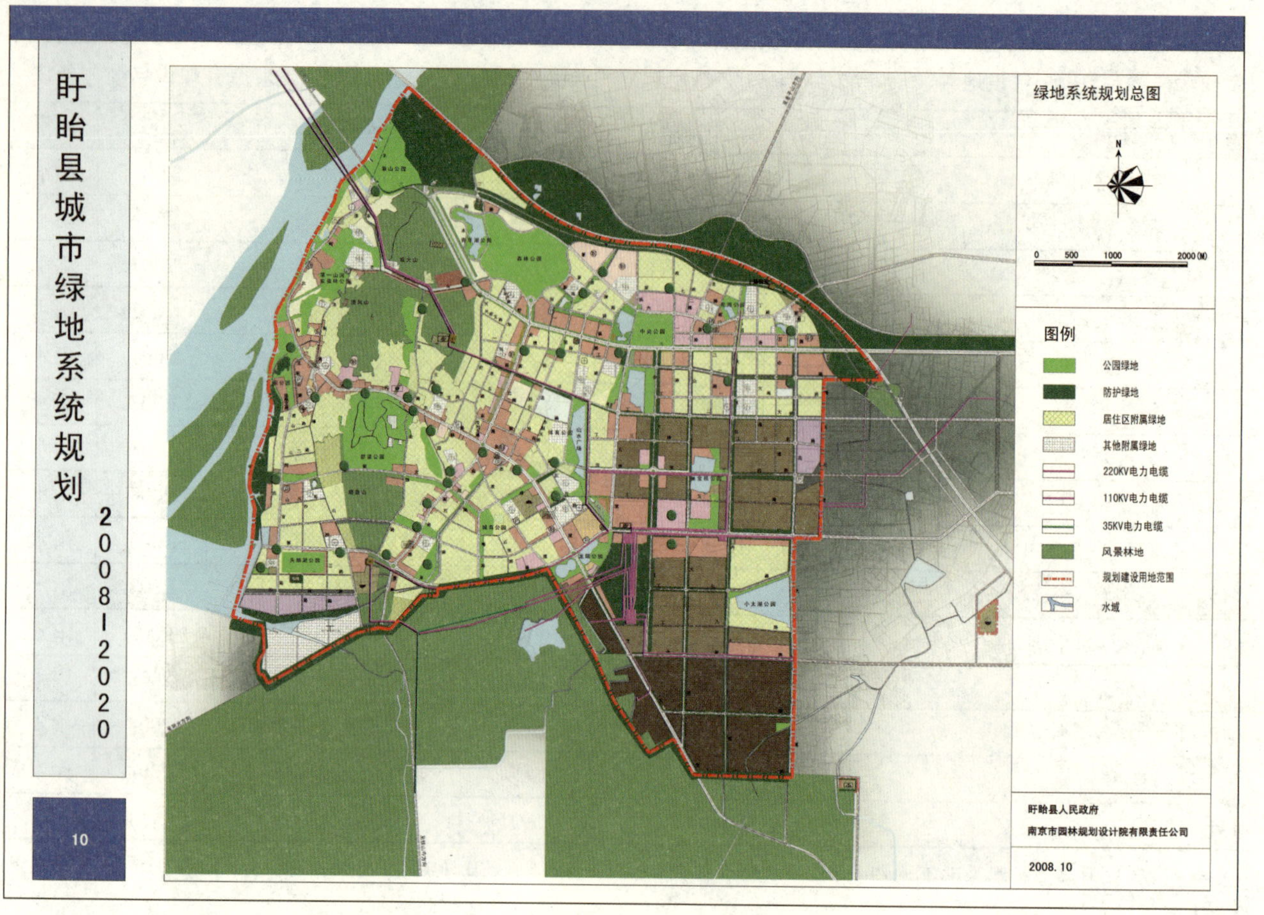

图 9 - 16　盱眙县城市绿地系统规划(2008 - 2020)

公共绿地 1.1 万平方米。2001 年 3 月,县都梁广场大门牌楼建成通过验收。第一山国家森林公园新增绿化 7000 平方米。2003 年,将淮河风光带纳入城区旅游建设,逐年加强绿化建设。2005 年,象山公园新植树木 2000 株,建成公共绿地 10 万平方米。淮河风光带正式对游人开放。2006 年,先后开工建设都梁广场大舞台、都梁阁,改造沿淮风光带。

2007 年 4 月,兴建文化公园,位于高家洼盱张公路东侧,占地 13.5 万平方米,新植树木 300 余株,完成绿地 3 万平方米,216 平方米水池 1 个,置放直径 1.2 米、重 4 吨的苏北最大花岗石球 1 个,铺设游道长 62 米、宽 1.5 米,铺设草坪 1200 平方米,安装草坪灯、18 头庭院灯、礼花灯等,2008 年完成以植物造景为主,搭配适量自然曲线型林园路、景观石柱、大理石坐凳,建成公共绿地 2 万平方米,在入口两侧利用原有水体及坡面种植水生植物、低矮灌木,美化水体,防止水土流失。9 月 28 日,开工建设位于都梁北路东侧的山水广场(原牛坝水库地块),用地 21 公顷,总投资 3000 万元,由浙江客商金月桥以"BT"形式建设。采用现代简约设计风格,展示大气、简约、现代、时尚的城市景观形象,建有广场、游道、小桥、喷泉、木栈道、木平台等园林景观,新植树木 4000 株,建成公共绿地 21 万平方米,集休憩观光、文化娱乐、康乐健身于一体综合广场。2008 年 10 月完成主体工程。

2008 年,开工建设宝积山北侧至环卫站入道口的维多利亚港湾公园,长 0.6 千米,属淮河风光带重要组成部分,建成文化展示区、核心景观区、滨河风光带、休闲活动区、生态景观区,入口处建有广场、绿地、景观石及亲水空间、景桥、雕塑、水景广场、林中小憩等,新植树木 1300 株,建成公共绿地 5.7 万平方米,占地(含水域)约 6 公顷。开工兴建中央公园,位于盱马路北侧,县政府南面,占地 17 万平方米,新植树木 3000 株,建成公共绿地 17 万平方米,建有广场、池塘水面、喷泉、游园等。建成五墩广场公共绿地 5000 平方米。

至年底，先后建成第一山国家森林公园、都梁公园、天鹅湖公园、象山公园、文化公园、山水广场、沿淮河风光带、维多利亚港湾、中央公园 9 个公园，建成公园面积 172.26 公顷，初步形成城在林中、林在城中、青山绿水旅游城市风貌。

2008 年盱眙县城区公园绿地情况表

表 9－4 单位：公顷

序号	名称	地段	绿地面积	兴建时间	序号	名称	地段	绿地面积	兴建时间
1	第一山国家森林公园	淮河北路	25.0	1993	6	山水广场	都梁北路	21.0	2008
2	都梁公园	淮河东路	47.0	1998	7	沿淮风光带	淮河北路	9.2	1998
3	天鹅湖公园	大庆路	5.7	1998	8	维多利亚港湾公园	淮河北路	5.5	2008
4	象山公园	大桥路	34.2	2005	9	中央公园	盱马路	17.0	2008
5	文化公园	东方大道	13.5	2007					

二、城区游园建设

1986 年以前，城区没有街头游园和广场。1999 年，县委、县政府开始实施城市广场、街头游园建设。

2000 年，开始实施城区公共绿地绿化工程，当年完成城区沿街、沿山透景栅栏和护墙挡土工程。2001 年，城区实施板块式绿化美化工程，完成南苑广场、大龙山、五墩东路工商银行宿舍门前、千土王公司西侧、五墩北路收费站、魁星台、龙虾城外侧、大庆路两侧、陵园路两侧和府前广场等 16 处，绿化面积 27.08 万平方米。

2003 年，建成 3 个广场和 2 个转盘花园。五墩广场，总投入 22 万元，占地 4007 平方米；文化广场，总投入 75 万元，占地 3640 平方米；八一广场，总投入约 70 万元，占地 5024 平方米；五墩转盘花园，总投入 23 万元。2008 年，完成文轩园、明珠广场、世纪游园、中澳生态园绿化工程。至年底，共建成城市广场、街头游园 28 个，建成绿地面积 20.96 公顷，总投资 840 万元。

图 9－17 龙虾城外侧绿地公园

图 9－18 世纪游园

2008 年盱眙县城区街头游园一览表

表 9-5　　单位:公顷

序号	名　称	建设时间	地　段	绿地面积	序号	名　称	建设时间	地　段	绿地面积
1	外贸广场	2006.10	淮河北路	1.00	16	五墩广场	1999.6	金源南路	0.56
2	商贸广场	2006.5	淮河南路	0.15	17	魁星广场	2001.7	金谷园路	0.15
3	城市桃园游园	2008.11	淮河南路	0.15	18	新世纪带状公园	2005.4	金源北路	0.45
4	阳光人家游园	2007.6	淮河南路	0.60	19	玫瑰园绿地	2005.4	金源北路	0.25
5	惠源居游园	2006.10	淮河南路	0.70	20	金源北路西侧景观带	2005.6	金源北路	2.90
6	明珠广场	2008.11	大庆路	1.00	21	都梁游园	2005.10	金源北路	0.30
7	府前广场	2000.10	淮河东路	0.60	22	果园游园	2008.10	一横路	0.90
8	烈士陵园	2000.4	翠竹路	2.80	23	陵园路游园	2006.4	陵园路	0.25
9	世纪游园	2008.10	都梁大道西段	0.80	24	农业局宿舍前游园	2006.6	陵园路	0.20
10	石牛游园	2008.4	都梁南路	0.60	25	金源花园	2007.5	甘泉西路	0.64
11	文化公园	2003.4	东方大道	3.40	26	四季华庭游园	2007.11	金源北路	0.16
12	西山路游园	2006.6	新民巷	0.30	27	宝积山小游园	2007.10	宝积山路	0.90
13	文轩园	2008.10	都梁大道	0.15	28	中澳广场	2008.5	大桥路	0.40
14	桃花园游园	2007.7	虎宣路	0.50	合　计				20.96
15	宣化广场	2006.5	宣化路	0.15					

三、城区道路绿化

1986 年,城区道路绿化,是一条路、两行树,主要是道路两侧栽植、补植树木为主。1994 年,对城区主干道法桐进行修整并补植 160 余株。1998 年,开始实施道路绿化工程,新建干道绿化带、绿化池,做到三季有花、四季常绿。在淮河东路至五墩西路新植香樟、高杆女贞 900 余株,五墩北路两侧新植香樟、高杆女贞 1100 余株,城区铺设草坪 3 万余平方米。

2000 年,完成城区淮河南路、淮河北路、大庆路、淮河东路、五墩南路等 6 条主次干道栽植、补植绿化工程。2002 年,高标准实施宁宿徐高速公路盱眙段“绿色通道”示范工程,改变过去“一条路两行树”单一绿化模式,按照“一路一景”要求,建造绿化效果好、植物品种丰富、绿量充足的景观道路,完成绿色通道成片林 266.7 公顷。

2003 年,按照建设景观路、林荫路要求,用大绿量、宽绿带、乔灌木搭配、色叶树种相间、花卉点缀等手法,高起点、高质量绿化东方大道、五墩北路、洪武大道、甘泉西路、都梁北路、宣化路、虎宣路等路段。五墩北路设定为景观大道、中心大道,道路两侧重植树木,以银杏、女贞为行道树,人行道上栽植两排黄杨球,人行道外边是各 10 米绿化带,以银杏、桂花、红花继木、龙柏、金叶女贞、高羊茅草坪形成乔灌草复式结构,体现绿化中的层次和色彩,形成三季有景、四季常青的道路景观效果。共绿化 61.27 公顷。

2007 年,盱马路新植树木 2 万株,绿化 16 万平方米;洪武大道新植树木 5000 株,绿化 3 万平方米。金源北路、洪武大道等建成园林景观路,绿化 40 万平方米。至 2008 年底,城市道路绿化按照建一路绿一路要求,形成富有地方特色林荫路系统。城区有绿化主次干道 33 条,总面积 203.48 公顷,绿地面积 81.4 公顷,绿化达标道路 31 条,不达标 2 条,按道路条数统计达标率 94%,33 条城市道路绿化普及率 100%。

2008年盱眙县城区主要道路绿化一览表

表9－6

序号	名　称	树种	株数	总面积（平方米）	绿地面积（平方米）	绿地率（%）	绿化覆盖面积（平方米）	绿化覆盖率（%）
1	淮河北路	合欢	502	84448	27868	33.0	30063	35.6
2	淮河南路	高杆女贞	1128	44406	13855	31.2	14876	33.5
3	淮河东路	香樟	518	55274	18296	33.1	20562	37.2
		高杆女贞	213					
4	金源北路	高杆女贞	219	64220	26330	41.0	27615	43.0
		银杏	19					
5	金源南路	国槐	1892	71064	27004	38.0	28212	39.7
6	金鹏大道	广玉兰	640	94500	33075	35.0	34209	36.2
7	盱马路	朴树	520	265512	151347	57.0	156652	59.0
		广玉兰	297					
		高杆女贞	2354					
8	都梁北路	广玉兰	186	54000	16902	31.3	17822	33.0
9	东方大道	雪松	341	69900	32850	47.0	34251	49.0
		朴树	341					
10	甘泉西路	广玉兰	492	43620	13958	32.0	13959	32.0
11	洪武大道	栾树	597	215309	86124	40.0	157176	73.0
12	都梁南路、西路	雪松	284	110670	30988	28.0	34750	31.4
		柳杉	284					
13	兴府路	垂柳	434	36700	8404	22.9	9175	25.0
14	大庆路	合欢	918	63360	20275	32.0	24076	38.0
15	嘉喜大道	栾树	242	42000	21000	50.0	21000	50.0
16	迎春大道	雪松	221	35578	24549	69.0	26435	74.3
		广玉兰	221					
17	东湖东、西路	广玉兰	240	37600	11280	30.0	13160	35.0
		高杆女贞	230					
18	燕山路	雪松	184	26000	8320	32.0	9100	35.0
		榆树	184					
19	一横路	香樟	420	41250	12500	30.3	13613	33.0
20	东阳路	广玉兰	326	26000	7020	27.0	8060	31.0
21	虎泵路	梧桐	344	27500	6050	22.0	6875	25.0
22	大桥东路	广玉兰	189	96060	43227	45.0	48991	51.0
		高杆女贞	896					

续表9－6

序号	名　　称	树种	株数	总面积（平方米）	绿地面积（平方米）	绿地率（%）	绿化覆盖面积（平方米）	绿化覆盖率（%）
23	宣化路	高杆女贞	564	34060	10218	30.0	11921	35.0
24	虎宣路	合欢	504	37825	12482	33.0	14374	38.0
25	陵园路	高杆女贞	246	9850	1970	20.0	2266	23.0
26	东湖南路	国槐	260	20000	6100	30.5	6400	32.0
27	东湖北路	国槐	260	28000	8120	29.0	8400	30.0
28	金谷园路(斩龙涧路)	女贞	200	44580	8916	20.0	9808	22.0
		广玉兰	100					
29	公园路(迎宾路)	高杆女贞	150	15400	4774	31.0	5082	33.0
30	洪武大道延伸段	国槐、广玉兰	320	56600	42450	75.0	42450	75.0
31	金源北路延伸段	高杆女贞	160	65800	17042	25.9	17766	27.0
32	二环路	栾树	363	97471	55558	57.0	57507	59.0
33	新七路	香樟	220	20250	5144	25.4	5468	27.0
	合计			2034807	813991			

四、城区单位绿化

1986年，城区机关大多数单位办公条件简单，没有绿化空间，有绿化空间的机关单位和企业绿化标准不高。

1996年，开展单位庭院绿化工作，实现庭院绿化达标单位5个，共有46个单位庭院绿化达标，绿化面积29万平方米。1997年，县城区主干道实施拆墙透绿工程。1999年，实施庭院绿化工程，10余个单位常年租摆花卉，绿化面积500多平方米。

图9－19　改建后的县委、县政府大院全景

2005年，全年完成66个单位庭院绿化达标工程，绿化面积34万平方米。至2008年，县城区有庭院单位120个，单位绿地计69万平方米，其中绿化达标单位81个，有54个单位被命名为省市级园林式单位。其中，江苏省盱眙中学、盱城镇人民政府、盱眙县人民政府、江苏盱眙经济开发区管理委员会被命名为省级园林式单位。

2008 年盱眙县城区部分单位绿化情况一览表

表 9－7

序号	单位名称	单位面积（平方米）	绿地面积（平方米）	绿地率（%）	序号	单位名称	单位面积（平方米）	绿地面积（平方米）	绿地率（%）
1	自来水公司	38074	24840	65.24	38	粮食局	4888	1506	30.81
2	气象局	22786	13706	60.15	39	教育局	5503	2025	36.80
3	烟草局	17347	8462	48.78	40	县委党校	7214	3212	44.52
4	都梁中学	44829	15610	34.82	41	农机局	3429	2106	61.42
5	劳动局	5529	2721	49.21	42	民政局	6352	1156	18.20
6	电信局	16300	5913	36.28	43	科技局	8350	1628	19.50
7	农发行	3886	1211	31.16	44	县医院	23936	8449	35.30
8	国土局	23597	12997	55.08	45	城南警署	1512	463	30.62
9	建设局	11806	4238	35.90	46	城南实验小学	9670	3106	32.12
10	财政局	23773	8368	35.20	47	畜牧局	3215	978	30.42
11	交通局	5353	2155	40.26	48	林业局	1845	603	32.68
12	邮政局	15404	5109	33.17	49	公安局	7849	1716	21.86
13	公路站	15171	4870	32.10	50	海事处	1381	317	22.95
14	国税局	15638	9123	58.34	51	制药厂	20008	4302	21.50
15	五墩移动公司	3480	1039	30.11	52	工商局	2602	796	30.59
16	供电公司	41170	13508	32.81	53	中医院	10188	2139	21.00
17	二中	46357	14477	31.23	54	水务局	2235	717	32.08
18	工行	18280	3592	19.65	55	特殊教育学校	20000	7000	35.00
19	林业指导站	12270	4515	36.80	56	经贸委	1002	224	22.36
20	开发区管委会	27561	18673	67.75	57	凹土技术中心	20153	11303	56.09
21	计生委	2336	575	24.61	58	泗州大酒店	5572	1517	27.22
22	法院	13575	5589	41.17	59	人武部	11879	4795	40.37
23	总工会	4706	1427	30.32	60	有线电视台	4230	863	20.40
24	盱城镇卫生院	966	247	25.57	61	广电局	2145	352	16.41
25	农业局	8800	3200	32.36	62	盐务局	1819	295	16.22
26	盱眙县政府	33653	20223	60.10	63	地税局	2302	403	17.51
27	盱城镇政府	58110	17892	30.79	64	中行	2453	432	17.61
28	质监局	4626	2013	43.51	65	司法局	886	144	16.25
29	建行	6740	1321	19.60	66	农行	2220	364	16.40
30	检察院	4100	1320	32.20	67	房产局	1066	172	16.14
31	新客运中心	65000	22000	33.85	68	招投标中心	731	210	28.73
32	交警队	10960	3500	31.93	69	人保公司	672	175	26.04
33	环保局	3937	1185	30.10	70	盱中	69584	32217	46.30
34	卫生局	6619	2094	31.65	71	实验中学	46660	16704	35.80
35	妇幼保健所	8562	1357	15.85	72	航道站	585	148	25.30
36	教师进修学校	18000	6200	34.40	73	皮防所	465	92	19.78
37	老年大学	22787	5355	23.50	74	新马外国语学校	47620	20000	42.00

五、城区居住小区绿化

图9-20 果园场片

1986年,城区机关、企事业单位,有职工集体宿舍和干部、部分职工小家庭宿舍,没形成小区规模,居住区绿化没有严格要求和标准。1999年,开始实施居住区绿化工程,当年绿化8950平方米。2001年,绿化小区有淮明园(一期)、东湖小区、科技苑等,绿化面积1.08万平方米。2002~2004年,绿化小区有商贸中心、第一山别墅、淮明园(二期),绿化面积4.14万平方米。2005~2007年,绿化小区有凤凰花园、金阳光、水月山庄、东升苑、东方都市、龙泉别墅、半坡叠墅等34个小区,绿化面积42.23万平方米。至2008年,县城区有规模居住小区36个,绿化面积49.7万平方米,其中绿化达标27个。盱眙县半坡叠墅小区被命名为省级园林式居住小区,占地28461平方米,绿地14000平方米,绿化覆盖率49.2%。

2008年盱眙县城区居住小区绿化情况一览表

表9-8

居住小区名称	位　置	面　积(平方米)	绿地面积(平方米)	绿地率(%)	居住小区名称	位　置	面　积(平方米)	绿地面积(平方米)	绿地率(%)
供电新村小区	淮河北路西侧	61050	22405	36.7	邮电局宿舍	五墩西路北侧	12826	4130	32.2
金阳光家园	林园路北侧	6585	1699	25.8	商贸中心	淮河南路西侧	81402	22629	27.8
第一山别墅花园	金源北路东侧	42490	13920	32.8	都梁花园小区	兴府路东侧	24522	7700	31.4
惠源居	淮河南路北侧	110976	40406	36.4	华夏·阳光人家	淮河南路东侧	18320	7749	42.3
半坡叠墅	翠竹路东侧	28461	14000	49.2	都梁花苑	淮河东路北侧	17662	6798	38.5
淮明园小区	淮河北路西侧	40328	10483	26.0	斩龙涧小区	金谷路西侧	41531	12750	30.7
月季园小区	大庆路南侧	37350	12475	33.4	大明公馆	虎泵路东侧	78249	28639	36.6
都梁小区	金源北路东侧	49091	14040	28.6	东方都市	东方大道北侧	31674	11213	35.4
古桑新寓	金源南路东侧	21847	5274	24.1	水月山庄小区	淮河北路沿山侧	26142	8261	31.6
桃花源小区	虎宣路东侧	44132	15270	34.6	气象小区	金鹏大道北侧	78296	23956	30.6
泵站小区	虎泵路北侧	15133	6754	44.6	龙泉别墅	金源南路东侧	20344	6754	33.2
科技苑	金源南路东侧	5591	1532	27.4	上郢小区	金鹏大道北侧	68840	26572	38.6
东湖小区	东湖北路南侧	10143	2800	27.6	盱中教师宿舍	金鹏大道北侧	14307	3920	27.4
琵琶井小区	宣化路北侧	58366	19969	34.2	锦绣家园	金源南路东侧	65713	21094	32.1
南苑小区	金源南路东侧	12755	4490	35.2	森海豪庭	淮河北路东侧	19308	7739	40.1
教师新村	东湖北路北侧	57269	21075	36.8	新湾小区	新七路北侧	81967	25000	30.5
月季南苑小区	大庆路南侧	26690	8968	33.6	西山路小区	虎宣路东侧	48387	15000	31.0
金诺墨香苑	东湖南路北侧	73000	25000	34.2	其他居住区	城区内	-	14555	-
鸿庆佳园	金源南路西侧	10089	2401	23.8	合　计		1440836	497420	-

六、城区河滨绿化

1986年，城区沿河只栽有稀少树木。1987年开始绿化沿河岸边，沿河两岸植有绿化带宽10米，主要栽植水杉、垂柳等。1994年，对主干道淮河两侧行道树计1000多株法桐进行大规模整修，补植160株。1999年，绿化淮河风光带6万平方米。2004年，对城区4个出入口，沿淮风光带及部分板块进行绿化，移植大树400余棵（县政府办公楼前草坪内植有10年树龄银杏树3棵），种植各类花草4.6万平方米。至2008年共建成绿化面积40公顷。其中，沿淮河城北段绿地12公顷，完成沿河风光带建设；建成宝积山段绿地22公顷，实现山体绿化覆盖80%以上；建成天鹅湖公园绿地6公顷，完成河滨绿化工作。

图9-21 戚大山绿化

七、城区防护绿化

1986年，县城区没有防护绿化。1996年始，逐年实施城区防护绿化。先后在清风山、戚大山、象山、宝积山等处栽植防护林片区。至2008年，先后建成城区防护林9片，绿地面积410.6公顷，其中象山47.5公顷、宝积山4.3公顷、清风山104公顷、天台山28公顷、戚大山71公顷、磨盘山34.7公顷、都梁公园外围55公顷、石牛村12.1公顷、毛营村54公顷。有松、柏、柳、楝、刺槐、意杨、榉树、淡竹等杂树数十种。

八、城区绿化景观选介

（一）第一山公园

1986年，第一山公园免费开放，景点无人保护，受到不同程度损坏。1988年，扩址6.4公顷，北至石榴园、石佛寺，东至盱中西围墙6米，南至清风山。

1990年始，县政府修缮第一山公园，加强景点玻璃泉、杏花园等绿化。1993年5月，经国家林业部批准建立盱眙第一山国家森林公园，包括盱城山地、中岗滩地和烟山滩地，东起五墩，西至淮河主航道，总面积958公顷。1994年，修建秀岩摩崖保护廊，新增绿地10公顷，其中公共绿地1公顷。1999年，投资120万元，治理杏花园滑坡工程，砌排水、截水沟1069米，重力挡土墙669米，混凝土抗滑桩41根，联系梁148米，垒砌护坡340平方米，挖土、回填、平整土方9378立方米。

2001年，投入580万元，拆除公园原石头围墙，建成透视栏杆1020米；先后对淮山堂、明伦堂及两厢房、翠屏堂、春昼亭、魁星台、魁星亭、魁星壁、米芾台、东坡台等景点进行维修；重建文庙、大成殿、奶奶庙、龙山寺，公园游道增至3000余米，新增绿化7000平方米。拆迁县外贸局、县委党校、房管所等单位和居民户，拆除面积3200平方米，兴建明伦堂至水警大楼大型绿化广场1200平方米，9月完成场地平整。2007年，兴建第一山公园后大门。至2008年，第一山国家森林公园共有绿地面积25万平方米。

（二）都梁公园

位于老县城南端，紧贴淮河东路南侧，由杨大山、斗笠山组成，占地65公顷，公园以生态林为主。海拔高程最高111.9米，东南部平坦，西北部较陡。

1996年，开始建设。至1998年，建成公园迎宾路、状元路、人民路、将军路、情侣路等，主道路长4.2千米，路基宽12米，混凝土路面6~10米不等。2001年3月，城区都梁广场大门牌楼建成。都梁公园新植树木3000多株，建成公共绿地1.1万平方米。至2008年，先后建成都梁阁、都梁广场大舞台、盱眙历史文化博物馆、盱眙县龙虾博物馆、金水桥与玉带桥、百花坛、生态园、将军亭、都梁广场、泗州城浮雕等,有容纳5万多人大型山地演出广场和功能齐全健身广场。植物除100多种乡土树种外,还有红叶李、红梅、芙蓉花、南天竹、桃花、月季、桂花等绿化树种,形成春有桃花盛开、夏有绿树成荫、秋有桂花溢香、冬有寒梅傲霜的绿化景观。

都梁阁　位于都梁公园杨大山山顶。2006年11月28日开工建设,总造价802.17万元。建筑面积约3300平方米,框架结构5层,高度46.9米,108级台阶,仿明清南派建筑风格。2007年3月18日主体封顶,6月6日竣工,6月11日正式揭牌。都梁阁底层建有盱眙历史文化博物馆。

图9-22　都梁阁

都梁广场　位于都梁公园前门入口处,是在都梁公园内废弃采石塘口的基础上兴建的,占地3.8公顷,是全国最大的露天山地广场之一。2000年10月开工建设,2002年底建成,总投资100多万元。都梁广场大门牌楼高12米、宽22米,四柱三门五楼式建筑,典雅壮观;飞檐下和柱身上分别雕刻着百余种动物及四季花草,造型别致,组合得体;广场山坡高26米,高层看台48层,可容纳5万人。2006年4月1日开工建设都梁广场大舞台,总投资约500万元,南北长50米,东西宽20米,舞台平面下控深2米,建筑面积3364平方米,地下室800平方米,框架局部5层,塔楼高24米,舞台背景3层主楼为仿明代建筑风格,供演员休息化妆。是年6月3日主体封顶,7月4日交付使用。舞台下建有盱眙县龙虾博物馆。广场大舞台已成为中国龙虾节演出舞台,其单体建筑与都梁山色融为一体,具有观赏性、艺术性和实用性。

金水桥与玉带桥　位于都梁广场入口处。1988年,开始建设金水桥。拱券型的金水桥宽12米,长17米,有三道桥孔,构件为汉白玉雕制而成。护栏上有梅、兰、竹、菊古典浮雕装饰,与桥下睡莲构成一幅秀美的图画。与金水桥相连。1988年,开始建设玉带桥。长70米,宽3.1米,在百米漫坡的汉白玉玉带桥上,建有十二生肖、四大名著浮雕、跌落式瀑布,百米大型跌落式瀑布由上而下连成一道流动的风景。《西游记》让人们牢记“路就在自己脚下”的千古真理,《三国演义》让人们不忘“桃园三结义”的人间真情,《水浒传》让人们铭刻“仗义疏财、团结抗战”的人生真义,《红楼梦》让人们常思“物极必反、盛极必衰”的历史真谛。

图9-23　都梁公园金水桥

泗州城浮雕　位于玉带桥的右侧。1998年开始建设。长20米,宽4.3米,再现古泗州当年的盛况与繁荣。水漫泗州的大型浮雕则把人带入到“辉煌900年,沉睡300

载”的传奇故事里。在浮雕下的静水池中，盱眙县出土的国宝“陈璋圆壶”石雕设在其中。

百花坛　位于玉带桥左侧。1998年开始建设。占地6000平方米，下端用塔松、红枫、冬青等植物培植成一棵造型逼真、形态高大的迎客松，意在欢迎宾客的到来。花坛中端用四季青和黑木草设计成的“中国地图”，叫版图园。版图上各“省”均用相应的花草点缀、示意，图四周用花草套植方形、环行、棱型、平行四边形等多种四季常青的图案，以示泱泱中华永葆青春。花坛上端分别用松柏、蜀桧、女贞等植物培植成玉兔奔月、二龙戏珠、丹凤朝阳、群鹿嗷野、万花争妍等多种造型。

生态园　1998年开始建设。在泗州城浮雕右侧，建有百兽同欢、百鸟齐鸣、百树滴翠、百花齐放的生态园。园内有孔雀、天鹅、水鼠等数百只动物，有看桃、枫树、芭蕉等20多种长绿长青植物。

将军亭　1998年，开始建设将军亭，位于斗笠山，高14.5米，面积65平方米。为褒扬出自家乡的多位将军而兴建。

（三）象山公园

位于县城北部，宁宿高速公路淮河大桥北侧。2002年开始建设，占地34.14公顷，总投资5000万元。先后拆迁交通、十里营、马坝等采石厂，以及砂站、加油站等经营性设施。2005年，新植树木2000株，建成公共绿地10万平方米。2007年10月1日，公园核心区对外试开放。2008年6月16日，对游人开放。公园建有特色景观区、矿山游览区、水上游乐区、生态环境保护区、休闲度假疗养区、接待服务区、行政管理区，展示盱眙县象山矿区岩石地层与构造遗迹、矿业遗迹和矿业文化历史。

图9－24　象山公园

（四）淮河风光带

淮河风光带，南至宝积山北侧，北至淮河北路顺河街，南北长1.85千米。沿淮风光带从淮河北路顺河街沿淮河向南至环卫站入道口，长1270米，总面积12.5公顷。

1987年10月，整治老船塘风景区，开辟河滨公园前期工程。1997年，聘请南京市园林设计院和南京大学专家编制沿淮风光带详细规划。1998年4月，启动沿淮风光带一期工程建设，从土产公司至翻身街长443米，拆除房7026.7平方米，投入100万元，建成沿淮河长80米，平均深度40米，占地3200平方米的淮河纪事园，包括纪事墙、纪事台、望淮亭、鼓泡喷泉、纪事碑等。完成沿河长360米，宽45米，约1.6万余平方场地平整，新植树木2500株，地下管线埋设、沿淮护坡等前期工程。1999年，完成沿淮风光带二期工程，从环卫站入道口至日杂公司，沿河长387米，拆除建筑14639平方米。投入1000万元，开挖填土石10万余立方米，铺游道7500米，设置游椅200余张，绿化6万平方米，建成高35米龙眼喷泉、150米临淮长廊，铺设地下电缆6300米、自来水管道2000米。

2000年，完成沿淮风光带第三期工程，拆除滨淮厂至宝积山路沿淮地段长约600米的所有建筑物。总面积4.6万平方米，其中单位16个3.3万平方米、单位内居住户（私宅和房改房）94户4800平方米、居民107户8200平方米。拆除赵正帮小楼——回民饭店，沿淮河长440米，拆除面积9926.3平方米。投入608万元，铺设游道、广场7200平方米，自来水管道1710米，绿化5.4万平方米。一、二、三期工程（包括维多利亚尼亚港湾拆迁），共拆迁沿淮河单位77个，居民398户，拆除永久性建筑77592平方米，清运垃圾12万余立方米，回填土10万余立方米。2001年，完成沿淮风光带沿淮岸浆砌护坡2100米工程。2003年，种植花草

13.1万平方米,放置自然形态大石12块,新建灯光音乐喷泉1处。2004年,投入近300万元,将境内1座废弃货运码头改造成小型广场。

2007年,沿淮风光带启动第四期提标升级工程。投入400万元,结合第一山国家森林公园和广场景区特色,聘请专业队伍,建成占地2500平方米、建筑面积1500平方米的淮河文化博物馆和高20余米大型淮河文化主题雕塑;铺设改造游道10020米,地下管线3020米,地下电缆10300米,淮河沿岸浆砌护坡2100米。改换大理石行人道、路牙、仿古路灯、增设盲道。新植榆树、垂柳、广玉兰、女贞、金桂、雪松等大树295棵,寿星桃120余棵,补植月季、红花继木、金叶女贞、火棘等灌木8000余平方米,栽植瓜籽黄杨9.6万余株。

图9-25 沿淮风光带

2008年,淮河风光带内有枇杷、垂柳、寿星桃、法桐、榆树、槐树、广玉兰、桂花、雪松等树木1000余棵,有迎春、紫薇、红帽月季、金叶女贞、红花继木、火棘、瓜籽黄杨等乔灌木近40万株,景色怡人、生态建设保护较好。

(五)盱马路绿化

盱马路是宁宿徐高速盱眙出口处通往城区的主干道,于2008年2月开工建设,6月竣工,面积37.3万平方米。由双向四车道中间2米宽绿化隔离带、慢车道两侧各3米宽绿化隔离带、道路两侧各25米宽景观绿化带三部分组成,绿化面积21.3万平方米,绿化率59%。由青岛园林规划设计院设计,淮安辉煌园林绿化工程公司施工。按照景观大道标准设计,利用植物造景,按乔、灌、花草高中矮搭配原则,达到"四季常青,三季有花",结合地形,合理设置景石、景亭和景观广场。共栽植各种花草、灌木70多种260余万株,另配50株景观大树点缀。

(六)中澳生态城

位于盱马路西段,2007年开工建设,2008年建成并向游人开放。由双向四车道中间2米宽隔离带绿化、慢车道两侧各3米宽隔离绿化带、人行道树池栽植广玉兰行道树、宣化路和兴府路与盱马路交汇处交通绿岛和中澳游园组成。中澳游园,绿化占地4000平方米,园内以明太祖像为中心,配以亭、廊、树、草等景观,栽植灌木、花草10余万株,大树100余株,高低错落、层次分明、搭配协调;中间设置具有文化气息的景墙,外围设置流水曲线路径。

图9-26 中澳生态园花海

第五章　水、电、燃气供应

第一节　供　　水

1986年,县城区有城南、城北两个地面自来水厂,取自淮河水,铺设管道5694米,年供水400万立方米。1988～1993年,县自来水厂逐年铺设自来水管道,新增自来水管道3760米,年均供水727万立方米。

1994年,淮河水体遭受污染,两水厂停止向居民供水,仅向工厂供应生产用水。污染期间,送水服务队为城区53户五保户送水52天。县城区修复旧井、开挖新井200多眼。南京军区83402部队103名指战员用20辆军车为城区居民送饮用水,南京军区83480部队在城区铺设临时饮用水管线15千米,设50个供水点,日供水800～1000立方米。是年,市计委向省计经委上报"关于盱眙县开辟第二水厂可行性研究报告",委托南京市政设计研究院实地勘察设计新水厂,11月新水厂建设,被省、市、县三级政府列入1995年度为民办实事之一,省政府拨专款1700万元。

1995年5月,县委、县政府决定将龙王山水库作为城区居民第二饮用水源,投资2774万元,在盱城五墩东路兴建县第二水厂,设计供水能力每日5万立方米。工程分两期实施,一期工程每日供水2.5万立方米,占地2.52万平方米。3月22日一期工程破土动工,6月13日完成应急供水,12月18日正式向城区居民供水。1996年,市民生活用水由0.45元/立方米调整为0.98元/立方米,工业用水由0.72元/立方米调整为1.25元/立方米,营业用水由0.72元/立方米调整为1.5元/立方米。

1997年,新建斩龙涧加压泵房,解决盱眙中学、宣化街、东官路、西官路等高处居民饮用水问题;完成五墩北路、县工业园区供水管网铺设工程。1999～2000年,共投入435万元,完成淮河北路到龙虾城、八里岔住宅区、淮河风光带主管道、虎宣路自来水管网改造工程。

2001年夏季,县自来水公司投资1459万元,开工建设水厂二期工程,铺设龙王山水库至第二水厂自来水管道9.3千米。2002年5月,县自来水公司投资550万元扩建二水厂,二期工程日供水2.5万立方米。11月,上海特环水务投资管理有限公司出资3000万元,整体收购县自来水公司,成立盱眙县特环自来水有限公司。

图9－27　盱眙县城南水厂

2003年,县政府组织编制《2003～2020年城市水资源总体规划》,以龙王山水库为县城区供水主水源,拆除城北水厂,保留城南水厂,作为灾时、战时城市主要供水站,远期规划从天泉湖水库调水,入龙王山水库,实行两个水库联合向县城区供水;对淮河水域水体进行保护和治理,作为辅助水源,在上游枯水期和用水高峰期向县城区供水;第二水厂远期规模控制用地不小于8.5公顷,保留扩建用地;2010年人均综合生活用水每天取水220升,2020年县城区人均综合生活用水每天取水250升,城市每天生活供水7万立方米。1月,上海特环水务投资管理有限公司因违约,7月31日由县建设局接管经营,实施水厂一期改造工程、二期并网工程和工业园区、吴小庄、东方商城供水工程。

2004～2006年,县建设局投入610万元,其中技改投入300多万元,新建加压泵房1座,解决宣化街、西山路供水问题;铺设虎泵路、兴府路自来水管网3.5千米,琵琶井、桃园巷、宣化新村、井头街、新客运中心地段自来水管网4.8千米;延伸城区自来水管道45.8千米,新增用户3032户。县经济开发区投入200万元,新铺自来水管网11千米。

2007年6月,通过网上招标,由北京金州环保发展有限公司出资3960万元,购买盱眙县自来水公司经营权,成立盱眙金州水务有限公司。

2008年,铺设自来水管网近70千米,供水普及率达99%。至年底,城区(含工业园区)自来水管网280千米,送水达古桑乡街道、十里营全境及维桥乡漫岗等行政村,平均日供水量5万立方米。

第二节　供　　气

一、液化气

1987年,盱眙县开始使用液化气,主要是境内军工企业用自备钢瓶到南京市购买充装液化气,服务本厂职工。1988～1991年,县城区部分居民到军工企业购买液化气。1992年,县石油公司出资40万元,筹建首家盱眙县石油液化气公司,配有25立方米卧式储罐2只、12立方米残液罐1只。至1993年,全县有6个供气站,其中4个由军工企业内部使用。1994年10月,成立盱眙县液化气管理办公室,为股级全民事业单位,编制2人,负责全县液化气行业管理。

图9－28　星球液化气站是全县3大液化气灌装站之一,为全县居民用气提供保障。

1995年,城区有2家规模不大液化气储罐站,分别为淮河南路南端星球液化气站,储气能力110立方米;五墩南路与一环路交叉口扬子液化气站,储气能力70立方米。全县共有液化气销售门市部27家,气源主要来自南化公司和中原油田,也有从天津大港、山东胜利、河南濮阳油田运入。据统计,全县液化气用量1500吨,其中县城供应量1000吨,城区居民用气率58%。至1999年,全县用气量3600吨,城区钢瓶入户率95%。

2002年,全县有5家液化气储灌站,城北建立宏源液化气公司,灌容量50立方米;马坝镇建液化气储灌站,灌容量100立方米;鲍集镇建液化气储灌站,灌容量50立方米。2003年,城区原有2家储灌站分别扩大灌容量到200立方米和100立方米。2006年,城区星球储灌站灌容量扩至110立方米,扬子储灌站灌容量扩至220立方米,宏源液化气站灌容量扩至160立方米。

2007年,县政府完成《2008～2020年燃气工程专项规划》编制,规划期内,保留县城区已有3个液化石油气灌装站,作为城市备用气源,完成城市管道天然气工程建设。规划远期(2015～2020年),新建盱眙县天燃气储气站，作为城市主气源。城区燃气储配站储罐容量17.5万立方米（储气系数50%），占地2.8万平方米。县城区燃气管网采用混合管网系统。其中，大桥路至盱马路以南、金源北路至金源南路以西区域，采用中压二级管网系统；大桥路至盱马路以北、金源北路至金源南路以东区域，采用中压一级管网系统。

2008年，县政府批准实施“2008～2020年燃气工程专项规划”，设立盱眙县燃气重大事故应急指挥部。至年底，除军工单位外，全县有液化气站5家，日供应液化气能力24吨，居民使用液化气率98.2%。全县乡镇设置液化气供应站点42个，中心镇区居民使用液化气率90%，农村液化气普及率78%。

二、天然气

2007年8月，县政府引资中海天然气有限公司到盱眙县，计划投资7914万元，新建天然气利用工程项目，特许经营权20年。11月19日，中海天然气有限公司在虎山路投资4000万元建成储备1万立方米天然气减压站，铺设城区中压管网20千米。12月，开始试运行。中压管线从中海天然气有限公司气化站向西，经泗水路中压管线（至北）到合欢路与圣水路交界处，到金鹏大道中压管线向南至金源南路、大庆路、淮河南路中压管线，接通盱眙县第一个使用天然气小区——惠源居花苑，小区1440户居民户用上管道燃气。

2008年，中海天然气有限公司更名为天达燃气有限公司，将淮河南路的中压管线向北延伸至新泗州大酒店174户居民、森海豪庭小区116户，途经阳光人家和华厦国际广场两小区546户居民，铺设中压管线1200米。同时，开工建设甘泉西路、虎泵路、虎宣路、新六路、新七路、洪武大道天然气中压管线工程，县开发区德新钢管厂、新海打火机厂、华鹏集团、鸿成机械厂使用上天然气。至年底，天达燃气有限公司在县城区干道铺设天然气中压管网3组，通气管线共35千米，14个小区居民用上天然气。

第三节　供　　电

1986年，盱眙县电网覆盖率低，有效用电线路少，实行计划用电。有220千伏和110千伏线路各2条。有110千伏主变压器2台，总容量2万千伏安；35千伏主变压器2台，总容量6300千伏安。1988年，投资260万元兴建龙泉变电所，一期建设变压器容量2万千伏安。1995年，县城区用电量增长，电网容量不足，城南变电所增加1台110千伏、变压器总容量31500千伏安。9月，城南供电所增容改造工程竣工。

图9－29　电路检修

2001年，县城区电力建设完成89千米光缆电力信息网工程和110千伏城三线改造工程。2002年，完成城网改造工程、110千伏盱眙输变电工程，完成220千伏都梁变电工程配套线路建设。2003年5月，220千伏都梁变电所并入电网运行。2005年，全年供、售电量分别达4.8亿千瓦时和4.31亿千瓦时，电压合格率99.77%，供电可靠率99.992%。完成县园区35千伏配套工程。2006年，完成供、售电量5.81亿千瓦时和5.21亿千瓦时。投入510万元，完成城网改造工程；投入600万元，完成工业开发区35千伏公用线路工程等。2008年9月，盱眙110千伏梁营变电所建设工程正式并入电网运行，是淮安市范围内首个并网运行的20千伏电源点。

第六章　城市管理

第一节　组织机构

1986年,县建设局负责城区环境卫生、城管监察、规划修编、建筑规划设计、城区建筑工程、建筑工程质量监督、乡镇建设、单位和居民建设工程审批发证。是年,成立县城管监察中队,负责市容管理。

1994年,组建县招投标办公室,成立盱眙县建设工程质量检测中心。1995年5月,县城管监察中队更名为县城镇建设管理监察大队。1998年4月,成立盱眙县城区综合管理执法大队,城市管理从城市建设中分离出来,实行综合管理。

2000年,县建设工程管理处更名为盱眙县建设工程管理局(简称县建工局),隶属县城建局。2005年12月,撤销县城区综合管理执法大队,成立盱眙县城市管理局。2006年,县城建监察大队和市场建设服务中心划归县城管局管理。2007年3月,县环境卫生管理处、市政工程管理处划归县城管局管理。2008年11月,全县19个乡镇及三河农场、经济开发区都挂牌成立城管分局,业务上隶属县城管局指导。县城镇建设管理监察大队更名为盱眙县城市管理综合执法大队,升格为副科级。

第二节　环境卫生

1986年,县环境卫生管理站(简称县环卫站)负责县城区环境卫生管理和查处违规违章等工作。1988~1989年,先后制定财务管理制度、奖惩制度、考勤制度、安全制度、路面和厕所清扫保洁标准,开展“尽心尽职,当好城市美容师”活动,推进城市环境卫生保洁工作。

1990年起,侧重在居民区增建垃圾池,每天对五墩至供电局道路实行车辆洒水保洁。1994年起,对环卫人员实行“一包、五定、一浮动”责任制,即:包作业地段,定人员、定任务、定质量标准、定工具消耗、定时间,实行浮动工资。1995年起,制定各单位“门前三包,门内达标”责任制,开展“辛苦我一人,换来万人洁”活动。对五墩、工商局旁、县医院3处公厕收取有偿服务费。1996年,对机关、企事业单位卫生保洁实施有偿服务,收入16.5万元。1998年,盱眙县环境卫生管理站更名为盱眙县环境卫生管理处(简称县环卫处)。1999年,五墩东路保洁区21万平方米向社会招包。

图9-30　环境卫生管理

2000 年，五墩东路、五墩南路、五墩北路和淮河东路保洁区 42.2 万平方米对外承包。2003 年，县政府出台《县城区城镇垃圾处理费征收管理暂行办法》，推行垃圾处理收费制度。2005 年，县城区环境卫生实行各单位包干制，每星期五下午义务清扫卫生包干区，做到管理无缝隙、责任全覆盖、保洁全天候。城区 100 多名环卫工人每天从早晨 7 点到晚上 10 点，对城区 16 条主次干道 97.8 万平方米路面进行不间断清扫保洁，早晨 7 点前将主街道垃圾清运完毕，每天有专人清洗主街道果壳箱、垃圾桶。

2008 年，县环卫处在编 84 人，环卫临时保洁员 140 名，保洁主次干道 22 条 92.4 万平方米；建成垃圾中转站 7 个，保洁公厕 68 座。

1986 ~ 2008 年盱眙县城区卫生保洁一览表

表 9 - 9

年份	保洁路面（万平方米）	保洁厕所（个）	清理垃圾（万吨）	下水道清淤（万吨）	新装窨井盖（个）	年份	保洁路面（万平方米）	保洁厕所（个）	清理垃圾（万吨）	下水道清淤（万吨）	新装窨井盖（个）
1986	7.50	28	2.2	0.30	8	1998	42.60	86	2.3	1.30	21
1987	7.50	31	2.3	0.50	11	1999	67.00	88	2.8	0.90	86
1988	8.90	31	2.3	0.60	13	2000	74.80	79	2.4	1.12	30
1989	9.50	31	2.7	0.40	16	2001	72.60	79	2.5	1.43	120
1990	11.50	31	2.6	0.80	19	2002	70.20	69	3.6	2.50	180
1991	12.50	36	2.4	0.90	21	2003	70.20	58	3.4	2.60	130
1992	14.50	36	3.1	1.10	24	2004	72.00	58	3.8	1.80	55
1993	14.50	38	2.5	0.80	26	2005	97.80	60	3.5	2.10	72
1994	14.50	40	2.6	1.10	36	2006	97.80	60	3.9	1.90	346
1995	16.25	86	2.2	1.40	41	2007	90.00	60	5.0	1.70	540
1996	18.00	86	2.6	1.20	78	2008	92.40	68	5.6	1.90	620
1997	22.60	86	2.8	1.10	26						

第三节　市容整治

1986 年，盱眙县市容管理由环卫站负责管理散放的家禽家畜、小商小贩、流动摊点。1988 年，市容管理由城管监察中队负责。

1990 年起，县城管监察中队印发城管法律法规宣传资料 1 万余份，开始查处城区街道违规违章行为。1994 ~ 1995 年，共查处乱设摊点 23094 余起，乱倒垃圾 2409 起，乱贴广告 5155 起，改造沿街店门面 21 家。1997 年，县政府提出创建市级卫生城市，县城建局与沿街单位和居民户签订"门前三包"责任状，悬挂"门前三包"标牌，共查处占道经营、乱贴乱挂违章行为 3672 起，清理乱搭乱建 45 起，拆除有损市容电话亭 7 个，查处抛、洒、滴、漏运输车 20 余起，街道违规违章行为逐渐减少。当年建成市级文明城市。

1999 年起，市容管理做到"一规劝、二警示、三保证、四处罚、五取缔"。执法人员提前介入管理事项，规劝为主；对规劝无效的管理相对人出示警示卡，将违章时间、行为、次数记录在案；与管理相对人签订保证书，限期整改；对屡次管理仍未整改的违章户实施处罚，以观后效；对实施处罚后仍未改正的，依法予以取缔。设

图 9-31　市容整治

立临时摊位、夜市一条街和自行车停车场三项便民措施。

2002 年，县政府提出创建省级卫生城市。2005 年，在创建省级卫生城市中，城区共评出文明街巷 8 条、文明示范路 2 条、文明单位 29 家、文明小区 6 个、“十佳”文明店堂 20 个、文明市场 2 个、文明公交车 10 辆、文明出租车 30 辆、“五好”家庭户 1868 户。2007 年，开展“十城同创”工作，对城区沿街 1300 多个店招牌、广告牌匾按照“前后一个面、上下一条线、一楼一景”进行规范整治，对城市“牛皮癣”（张贴小广告）跟踪清理，对乱停乱放机动车张贴违章告知单 1600 余份。2008 年底，盱眙县成功创建省级文明城市、卫生城市。

第四节　城市亮化

一、路灯工程

1986 年，盱眙县城区淮河南路开始设置路灯，全城有路灯 341 盏，其中主干道 291 盏、次干道街道 50 盏，改用钠灯和水银灯。1992 年，城区设置路灯 369 盏，灯型灯具有 3 个品种规格，路灯线路长 10 千米左右。1994 年，架设县政府至五墩转盘路灯 62 盏。1997 年，改造都梁小桥至县邮电局道路，拆除建筑物 3 个 654.62 平方米，道路两侧安装莲花路灯 32 盏。1998~2001 年，分别在洪武大道、金鹏大道、虎宣路、大庆路、宣化路、陵园路等 18 条道路安装路灯 1807 盏。在东湖小区、南苑小区、都梁花园等小区安装路灯 53 盏 81 个灯头。

2002~2004 年，分别在金源南路、金源北路、东方大道、嘉喜大道等 5 条路安装路灯 490 盏。在第一山别墅、惠源居、半坡叠墅、商贸中心、大明公馆等 13 个小区安装路灯 562 盏 1074 个灯头。2005 年，在八一转盘架设高杆灯，盱马路城区段、东湖路安装路灯，在五墩转盘、金谷园路及城区出口等重点地段增设激光灯。年底，县城区路灯发展到 2744 盏，总功率 536.12 千瓦，路灯分光控、新型电子控制和时控。马灯巷、棉麻巷和沙岗中学路灯为居民闸刀控制，路灯线路总长 50 千米。至 2008 年底，县城区主干道及县经济开发区所有道路装备路灯 6740 盏，线路长 120 千米。

图 9-32　山水大道路灯

2008 年盱眙县城区主要道路路灯情况一览表

表 9－10

序号	名　称	起　点	终　点	路灯基数（盏）	灯头数（个）	盏数	功率（千瓦时）
1	金源南路	五墩转盘	大明宫酒厂	40	2	80	550
2	金源北路	五墩转盘	收费站	68	2	136	550
3	金鹏大道	五墩转盘	金谷加油站	82	1	82	400
4	淮河东路和五墩西路	新华书店	五墩转盘	126	2	252	500
5	淮河北路	邮政局斩龙涧路口	供电新村	143	2	286	220
6	淮河南路	邮政局斩龙涧路口	冷库	54	1	54	250
7	虎宣路	农行	宣化路	38	2	76	500
8	魁星大道	山城市场	盱中	44	2	88	220
9	斩龙涧	商贸	山城市场	30	2	60	220
10	洪武大道	八一广场	盱马路龙虾城	107	1	107	250
11	甘泉西路	金源北路邮政局	洪武大道	64	2	128	550
12	东方大道	八一广场	牡丹大道	166	1	166	250
13	嘉喜大道	农机管理所	古桑转盘	32	1	32	250
14	淮河大桥	供电新村	淮河镇	21	1	21	250
15	新七路	十里营乡街道	十里营中学	44	1	44	250
16	盱马路 1	宣化路	金源北路	58	3	174	950
17	盱马路 2	金源北路	龙虾城	42	3	126	950
18	盱马路 3	龙虾城	金源北路高速路	138	3	414	950
19	都梁北路	盱马路	金鹏大道	93	2	60	550
20	县政府大道	十里营医院	十里营中学	37	2	74	500
21	东阳路	金源北路	都梁北路	50	3	150	430
22	东湖东路	金源北路	都梁北路	36	2	72	280
23	金源北路北延	盱马路	高速路	50	2	100	400
24	陵园路	淮河东路	金源南路	34	3	102	230
25	大庆路	淮河南路	龙泉转盘	23	1	23	250
26	宝积山路	淮河北路	淮河南路	12	1	12	110
27	东湖西路	金源北路	兴府路	17	2	34	220
28	塘古路	古桑街道	东方大道	136	2	272	250
29	一横路（小康路）	兴府路	都梁北路	36	1	36	250
30	宣化路	盱中	盱马路	38	2	76	500
31	嘉喜大道西延伸 1	嘉喜转盘	古桑街（南）	87	3	261	365
32	嘉喜大道西延伸 2	古桑街（南）	古桑小学	57	2	114	270
33	洪武大道北延	龙虾城	十里营中学	48	4	192	600

2008 年盱眙县主要住宅小区亮化情况一览表

表 9-11

序号	居住区名称	灯杆数量	灯头数	序号	居住区名称	灯杆数量	灯头数
1	供电新村小区	24	32	11	商贸中心	35	385
2	金阳光家园	8	16	12	都梁花园	10	20
3	第一山别墅花园	16	48	13	华夏·阳光人家	63	79
4	惠源居	276	276	14	都梁花苑	37	57
5	半坡叠墅	16	16	15	大明公馆	50	50
6	淮明园小区	6	6	16	东方都市	30	100
7	古桑新寓	2	2	17	水月山庄小区	6	6
8	东湖小区	10	20	18	气象小区	8	8
9	南苑小区	9	9	19	锦绣家园	16	32
10	鸿庆佳园	3	3				

二、亮化工程

1998 年,开始实施城区建筑美化亮化工程。1999~2003 年,县建设局、公安局、工商局、财政局等 287 个沿街单位办公楼实行立面亮化,新装激光灯、霓虹灯、射灯、草坪灯、轮廓灯及大板块商业广告灯 1200 多盏,重点地段设 8 支“都市之光”七彩激光灯。2005 年,在五墩转盘、金谷园路及城区出口等重点地段增设霓虹灯、七彩轮廓灯等 1963 盏,在淮河对岸滩设置圆形彩色射灯 2 处 8 盏等,亮灯率 99%。

至 2008 年,县亮化工程建设发展迅速,以创建省级园林城市为中心,结合城市道路建设,对城市路灯进行大面积改造。加强城市夜景灯饰规划、设置和管理,对城区沿街经营场所、机关办公楼全部实行立面亮化,国贸商城、商贸中心等繁华商业街全部实行亮化管理,沿淮风光带、山水广场、五墩小广场等景点景区、公共场所实行亮化美化管理,城市重点地段实施夜景灯光工程,形成高空光源、主体光源和河道光源立体灯饰,安装激光灯、霓虹灯、射灯、草坪灯、轮廓灯及大板块商业广告灯 2563 盏,城市道路照明装置率达到 100%,主次干道亮灯率 99.5%。

第五节 环卫设施

1986 年,盱眙县城区共有厕所 28 座,单位公厕 42 座,无垃圾池。1993 年,建成水冲式厕所 1 座。1995 年,公厕发展到 86 座,其中单位公厕 42 座。新建垃圾池 11 个,设置垃圾筒 30 个。1997 年,新建淮河东路等垃圾中转站 3 个,新建公厕 8 座,杨大山水冲式公厕、小南山垃圾处理场建成投入使用。盱城通过市级卫生城市验收。1998~2001 年,新购垃圾中转站吊车 1 辆,新建封闭式垃圾房 7 个、机械吊装式垃圾中转站 1 座、垃圾中转站管理房 1 幢,新开放收费公厕 5 座,设置垃圾筒 120 余个,更新夹心板式垃圾房 30 个。在五墩北路建成环卫处办公楼 6000 平方米。

2004 年,浙江客商投资 3200 万元,中标建设县污水处理厂。开始建设大庆路、金源路和金源南路垃圾中转站及厕所。2006 年 3 月 12 日，县污水处理厂正式投入运营，每天处理污水 1.7 万吨。6 月，县城管局新购 1 辆密封式垃圾车，新建 3 座压缩式垃圾中转站与之配套使用。

图 9－33　垃圾中转站和公共厕所

2007 年，县政府完成《2007～2020 年县城区环卫设施规划》编制。规划确定：垃圾实行分类收集处理，由单一填埋式逐步向利用、分类压缩与填埋相结合的方向发展。流动人口高度密集街道、商业闹市区道路，公厕配置间距为 300～500 米，一般街道、新建居民区公厕配置间距 700～1000 米；老城区成片改造地段和工业集中区，公厕配置每平方千米不少于 3 座。公厕排污管连通城区污水管网。居民小区每 100～200 户建 1 处垃圾收集房，县城区繁华地段道路每隔 50 米设垃圾收集箱，一般道路每隔 100 米设垃圾收集箱，每 750 米服务半径设置 1 座小型垃圾转运站，保留淮河东路都梁公园东北处已有的垃圾中转站；在洪武大道以西和盱马路以南地块、东方大道以东和工十路以北地段分别建设中等规模垃圾转运站，单座占地 2000 平方米，日处理垃圾 150 吨。

2008 年，工业园区第二污水处理厂开始建设，厂区占地 4.09 公顷，污水管网长 77 千米，总投资约 1 亿元。设计日处理污水 4 万吨，分两期建设，一期日处理污水 2 万吨，年底建成并投入试运行。至年底，县城区有公共厕所 68 座，垃圾中转站 7 个，垃圾房 52 个。

2008 年盱眙县城区主要环卫设施一览表

表 9－12　　单位：个、人

序号	路段名称	设施名称	数量	垃圾房	管理员	序号	路段名称	设施名称	数量	垃圾房	管理员
1	淮河东路	垃圾中转站	1	6	3	7	金鹏大道	垃圾中转站	1	6	3
		公厕	15	–	5			公厕	3	–	1
2	淮河北路	垃圾中转站	1	5	3	8	金源北路	公厕	1	5	1
		公厕	24	–	8	9	五墩西路	公厕	8	4	3
3	淮河南路	公厕	7	6	3	10	魁星大道	公厕	2	–	1
4	大庆路	垃圾中转站	1	–	1	11	东湖路	垃圾中转站	1	5	3
		公厕	1	–	1			公厕	1	–	1
5	金源南路	公厕	5	5	1	12	都梁大道	公厕	1	4	1
6	陵园路	垃圾中转站	1	3	4	13	天泉路	垃圾中转站	1	3	1

第六节　城建管理

1990年,县城管监察中队开始查处、拆除违章建筑,共查处67起、拆除35起、补证12起。1996年,县城建局将县城规划区分为五墩经济开发区、城南、城北3个片区,每区配置3~5人,负责管理监察城区违章建筑,共查处130起、拆除50起、补证35起、制止45起。2003年起,县城区以撤除原违建、控制新违建为主,不再进行处罚后再补证。2007年起,城镇建设实行"零违建"管理,工作者每人承包若干条巷道,成立巡查组、机动组和督察组,开展城管进社区活动,做到违建早发现、早制止。当年查处248起、拆除173起、制止75起。2008年,在全县建立县、乡(镇)、村(居、场)三级防违建组织网络,违建得到有效制止。当年查处162起、拆除159起、制止23起。

1990~2008年盱眙县城区违法建设查处情况一览表

表9-13　　单位:起

年份	查处	拆除	制止	补证	年份	查处	拆除	制止	补证
1990	67	35	20	12	2000	158	62	48	48
1991	85	37	28	20	2001	313	86	85	152
1992	108	50	35	23	2002	379	85	81	163
1993	106	55	22	29	2003	212	97	53	90
1994	128	40	43	45	2004	237	82	70	85
1995	115	42	30	43	2005	165	78	42	45
1996	130	50	45	35	2006	157	131	26	-
1997	185	75	58	52	2007	248	173	75	-
1998	178	70	50	58	2008	162	159	23	-
1999	162	65	47	50	合计	3295	1472	881	950

第七章　镇村建设

第一节　集镇区建设

一、集　镇

1986年,只有少数乡镇街道使用自来水,无环卫设施。马坝镇、官滩镇等12个集镇主街道铺设排水管道16.29千米。全县各乡镇新建、扩建、拓宽街道总长75.3千米,其中砂石路面56.45千米、水泥和沥青路面18.85千米。1987~1991年,各乡镇街道相继建成供销社、卫生院、粮管所等单位,街道雏形初现。全县

29 个乡镇街道实现路面硬质化，新增沥青路面 21 万平方米。

1992～1994 年，各乡镇分别建成商业一条街。河桥镇、明祖陵镇、淮河镇、仇集镇相继建成政府办公大楼。1995 年，县政府成立村镇建设试点工作领导小组，马坝镇被定为省级试点镇，新街乡被定为市级试点镇，观音寺乡被定为县级试点镇。1996 年，全县有 12 个乡镇完成“六个一”工程。1998 年，全县集镇建设总投资 3.5 亿元，实现村村通路、通水、通电话、通有线电视，各乡镇驻地实现路边美化、夜晚亮化。1999 年，马坝镇通过省级新型小城镇验收，河桥、官滩、马庄、新街达到市级小城镇标准。

图 9－34　官滩镇集镇建设

2000 年，河桥、鲍集建成欧式街，仁集建成明清街，各乡镇分别建成一批各具风格的街道和标志性建筑物。全县各集镇新建住房 290 万平方米，公共建筑 67.2 万平方米，生产性建筑 43.5 万平方米。2008 年，全县集镇用地 2320 公顷，集镇居住 5.78 万户 17.35 万人，人均居住面积 22.3 平方米。至年底，全县集镇铺设道路 126 千米，面积 63 万平方米，安装路灯 832 盏，新建桥梁 60 座。

二、农贸市场

1986 年，各乡镇都有一个露天农贸市场。全县各乡镇农村商品交易逢集时沿街、沿路摆摊设点，露天市场交易。

1994 年，全县开始建设农贸市场。鲍集乡投资 30 多万元，建成 2300 平方米农贸市场，砌水泥柜台 100 余个。肖嘴乡建成 1.6 万平方米的农贸市场，新建玻璃钢架大棚 2124 平方米，设摊位 550 个。1995～1997 年，全县除水冲港乡、洪山乡、龙山乡外，其他乡镇市场建设全部达到市建委颁布的标准。1998 年，管镇镇投资 155 万元，新建占地 3.3 万平方米的分金亭市场，建钢架大棚 5500 平方米、684 个摊位，铺设水泥地坪 7700 平方米，砂石场 6000 平方米，日人流量 6000 人。高桥乡新建 1.33 公顷的集贸中心，建成市场大棚 2000 平方米。张洪乡新建 4500 平方米的农贸市场 1 个，兴建钢架大棚 1000 平方米，摊位 150 个。1999 年，肖嘴乡投资 30 万元，建成 1800 平方米顶棚市场。

2002～2007 年，全县各乡镇农副产品全部在集镇区建成的专业市场交易。2008 年，淮河镇中国龙虾大市场正式开业，农贸市场与大市场合并经营，增设 1 米×1.5 米摊位 94 个。管镇镇建成分金亭综合商城，新增商业用房 1.5 万平方米、市场大棚 4200 平方米。至年底，全县各乡镇建成各类集市贸易市场占地 25 万平方米，建筑面积 4.5 万平方米。

三、环卫设施

1986～1992 年，全县各乡镇没有环卫设施，垃圾就近倾倒，称之为“垃圾靠风刮，污水靠蒸发”。1993 年，全县开展以农村改水为重点的爱国卫生运动。当年新建、修复、改建公共厕所及垃圾池 10 座，购置活动垃圾箱 30 只。马坝供销社、古桑卫生院、新街初级中学等 5 个单位被授予“市级爱国卫生先进单位”称号。

1994～2004年，各乡镇街道相继建成垃圾池96个，改造垃圾池26个，设置垃圾筒496只，街道卫生配备专业队伍120多人，负责垃圾外运和路面全天候保洁。马坝镇等6个乡镇建成垃圾中转站。

2006年，穆店乡投入100万元，建成生态式停车场和观光式厕所。淮河镇入住小区410户，户户建成一个卫生间、化粪池。全县各乡镇街道共建成水冲式公厕26座。2008年，全县各乡镇全部建有垃圾中转站，配有环卫机械19辆，有公厕83座，配备保洁人员150余名，实现全天候保洁。

四、集镇绿化

2005年，盱眙县开始创建省级园林城市，建制镇开展创建淮安市绿色示范集镇。2006年，马坝镇建成飞马广场，绿化3500平方米。2008年，集镇公共绿地绿化3.38万平方米。至年底，全县乡镇集镇绿化6.68万平方米，道路绿化长9.49万米，马坝镇、河桥镇、管镇镇、鲍集镇建成淮安市绿色示范集镇。

2008年盱眙县集镇绿化一览表

表9－14

集镇	建成公共绿地			集镇道路绿化		绿化达标单位（个）
	名称	绿化面积（平方米）	建成时间	道路（条）	绿化长度（米）	
马坝	府前广场	7000	2007	9	10000	10
	飞马广场	3500	2006			
官滩	东苑游园	4800	2008	4	5000	6
旧铺	富康游园	3000	2008	4	6000	6
桂五	市民广场	11000	2008	5	6000	5
管镇	府前广场	7500	2007	6	6500	6
河桥	府前广场	5000	2008	4	4800	6
	纪念碑广场	5000	2007			
鲍集	农民公园	6000	2007	4	5000	5
黄花塘	－	－	－	6	5800	6
明祖陵	农民公园	6000	2008	4	4500	5
铁佛	－	－	－	4	4200	4
淮河	淮河新村游园	4000	2007	5	5000	6
仇集	－	－	－	4	4200	5
观音寺	府前广场	3000	2008	5	4900	5
维桥	－	－	－	4	4600	5
穆店	－	－	－	6	5500	5
王店	科技楼游园	1000	2008	5	4600	4
古桑	－	－	－	5	4800	5
兴隆	－	－	－	4	3500	4

第二节　村居建设

一、住　房

（一）草危房改造

1997年，县财政局和民政局先后向12个乡镇33个村拨专款，改造特困户危房167户。1998年，重点对交通干道两侧农户草房改造，共投入145余万元、水泥1000余吨，改造草危房1400余户。1999～2003年，全县草危房改造26039户。2004年，全县最后有草危房3728户。其中，644户特困户由政府出资统一帮建35平方米以上瓦房，其余则采取筹建方式改建，全年累计发放补助资金1118万元。2005年，投入资金253万元，改造草危房996户，全县草危房户基本改造结束。

（二）集中居住点

1998年，全县开始中心村集中居住区建设，县建设局将王店乡陆岗村、马坝镇路东村、铁佛镇新圩村纳入中心村建设试点，每个中心村建房30～50户，建筑面积4000～6000平方米。

1999年，继续落实王店乡陆岗村、官滩镇戚洼村、新街乡泥沛村等中心村建设试点工作，各乡镇分别落实1个中心村居住点建设。

2001年，编制105个中心村居住点规划，完成淮河镇富淮滩农民整体搬迁规划。2003年9月，县政府在河桥镇黄龙村张郢组举行富淮滩农民整体搬迁工程奠基仪式。新区占地3.1万平方米。其中，建房1.86公顷，每户200平方米；公共设施1.24公顷，建筑面积1万平方米。11月30日，富淮滩90户灾民入住新区。2004年8月，县政府开工建设淮河镇、兴隆乡、铁佛镇、鲍集镇、明祖陵镇、盱城镇共5782户18536人移民迁建工程，年底竣工。2006年，管镇镇规划居民集中小区27个，先行启动6个，建成叶岗、崔岗中心村居住点，入住居民50户；建成管仲花园小区，入住150户。

图9－35　马坝镇农民集中居住区

2008年，盱城镇启动建设石牛村农民集中居住别墅型小区，占地12万平方米，建筑面积5000平方米，绿化面积1.2万平方米；新华村建成农民集中居住区，占地12万平方米；雨露村投资600万元，建成农民集中居住区，占地50万平方米、入住居民300户；沙岗村投入3430万元，建成月季园集中居住区、再就业小区2个农民集中居住区，入住居民418户。淮河镇新建淮河新村，官滩镇建成东苑小区，桂五镇建成桂花小区一期，实现农民集中居住。至年底，全县建成农民集中居住区83个，应入住农户7800户，已入住6900户。农民集中居住后，宅基地由1000平方米缩减到450平方米，累计节约土地67公顷。

二、供　水

1986年，全县农村居民饮水大多是河塘水、井水，仅有部分乡镇办起深井自来水厂供周边村民饮用。1990年，全县农村开始建设自来水厂。

1994年，为农村改水投资61.8万元，其中争取到省市爱卫会拨款2.3万元、县政府拨款4万元、乡镇村集体集资17.8万元、群众个人集资37.7万元。新建穆店马湖村、河桥乡、果园场、龙山朱刘村、兴隆双杨村5个自来水厂，延伸管网扩大供水15处，新增自来水受益人口10410人。

1995年，县政府把农村改水工作当作为群众办的10件实事之一。投资144.5万元，其中县投资8.2万元、乡镇村集体和群众个人投资100.3万元。新建淮河乡城根村、龙山乡涧流村、洪山乡洪山村、仇集乡4个自来水厂，管网延伸3处，新增自来水受益1.3万人。仁集、肖嘴、淮河、铁佛、官滩、河桥6个乡镇23个村治污扶贫改水，共打手压井600口，受益19357人。

1997年，推广马庄乡水厂“村办乡管”模式。马坝、仁集等乡村水厂采用“微机变频调器设备，降低能耗。全年农村改水总投资961万元，新建农村自来水厂26座，其中泉水高位自流式供水2座。新增自来水受益行政村58个74481人。至2008年底，全县村庄有供水设施156个，受益62.28万人，水厂水源大多取自地下水。

1986～2008年盱眙县各乡镇建成深井和地表水自来水厂一览表

表9－15

单位：个

年份	马坝	官滩	旧铺	管镇	河桥	鲍集	黄花塘	明祖陵	铁佛	淮河	仇集	观音寺	维桥	穆店	王店	古桑	兴隆	桂五	三河农场
1986	3	–	2	–	–	–	–	–	–	–	–	–	–	–	–	–	–	1	–
1987	–	–	–	–	1	1	1	–	–	–	–	–	–	1	–	–	–	–	2
1988	–	–	–	–	–	–	–	–	–	1	–	–	3	–	–	–	–	–	–
1989	–	1	–	–	–	–	–	–	–	–	–	–	–	–	–	–	–	–	–
1990	–	–	–	–	–	1	–	1	–	–	–	–	–	–	–	–	–	1	–
1991	–	–	–	–	–	–	–	–	–	–	–	–	–	–	–	–	–	–	–
1992	–	–	3	–	–	–	–	1	–	–	–	–	–	–	–	–	–	–	5
1993	–	–	–	–	–	–	–	1	–	–	–	–	–	1	–	–	–	–	–
1994	1	–	–	1	–	–	1	–	–	–	–	–	–	–	–	–	–	1	–
1995	–	–	–	–	–	–		–	–	1	–	–	–	–	–	–	1	–	–
1996	–	7	–	–	–	3	7	–	6	–	–	4	–	1	2	–	–	–	3
1997	–	–	–	4	2		1	–	–	–	–	–	–	–		–	–	–	–
1998	1	–	2	–	5	2	1	–	–	–	–	8	–	–	1	–	–	1	–
1999	–	1	1	–	1	–	–	3	–	–		–	–	2	–	1	1	1	7
2000	1	–	–	–	–	–	–	–	1	–	1	–	–	–	–	2	–	–	–
2001	–	–	–	–	–	–	–	–	1	–	1	–	–	–	–	–	–	–	–
2002	–	–	–	–	–	–	–	–	–	–	–	–	4	–	–	–	–	–	–
2003	–	–	–	1	–	–	–	3	6	–	–	–	–	2	1	–	–	–	–
2004	–	1	–	2	–	–	–	4	–	1	–	–	–		–	–	3	4	–

续表 9－15

年份	马坝	官滩	旧铺	管镇	河桥	鲍集	黄花塘	明祖陵	铁佛	淮河	仇集	观音寺	维桥	穆店	王店	古桑	兴隆	桂五	三河农场
2005	－	－	－	－	－	－	－	1	－	1	－	－	－	2	－	－	－	－	2
2006	－	－	4	－	－	－	2	－	－	－	－	－	－	1	－	－	－	－	－
2007	－	－	－	－	－	－	－	－	－	－	－	－	－	－	－	－	－	－	－
2008	3	－	－	－	－	－	－	－	－	－	－	1	1	－	－	－	－	－	－
合计	9	10	12	8	9	7	13	14	14	4	2	13	8	10	4	3	5	9	19

三、供 电

1986年，全县行政村大多没通照明用电，仅有集镇附近的村通电。1990年起，全县实施通电工程。至1994年底，全县有62个行政村试通电，包括老子山镇4个村。建有7座35千伏变电所，有26条10千伏线路通往各集镇。1995年，县政府下达“三年消灭无电村”任务，全县用于村通电投资2020万元，其中省补助1177万元、市补助12万元、地方政府集资429万元、农户自筹402万元。当年通电32个村，解决无电户16083户，盱眙县被表彰为“省扶贫通电先进单位”。

1996年5月27日，常务副省长季允石为盱眙县古桑乡季安村合上配电房刀闸。至此，江苏省消灭最后一个无电村。同年，全县农村户通电率96.4%。1999年，全县开始实施农村电网改造工程，完成310个行政村电力杆线，其中新架和改造10千伏线路550千米、400伏及以下线路1400千米。取消由农民负担的每月1千瓦时表损电量，农民全年减少电费支出600万元。

图9－36 架设电缆

2000年，全县累计建设、改造483个行政村电网。其中，新建10千伏线路942.14千米，改造372.58千米；新建、改造配电变压器1117台，容量56990千伏安；新增户外箱1185台，新建400千伏线路807.08千米，改造176.27千米；新建220伏线路1673.79千米，改造913.26千米；改造接户线3.58万户。工程验收合格，完成全县农村电网建设与改造主体工程任务。2006年，改造13个乡镇2895户农户低压分支线至电表箱，满足农民家庭用电负荷8个千瓦需求，享受城市居民用电同等标准。至2008年，全县供电稳定，完成20个电气化村建设。

四、卫生厕所改建

1997年，盱城镇五墩村作为全县农村改厕试点村，共改造户厕300户，户厕普及率78%。2000年，马坝镇大众村作为全县农村改厕试点，农村无害化卫生户厕率达0.5%。2002年，全县农村改厕采取“农民掏一点,乡镇补一点,县里给一点”方法,改造配套卫生户厕所5092户。至2008年,全县农村建成“三格式”无害化厕所9707座。

附:农民居住区选介

官滩镇东苑小区等4个小区均属2006~2008年起步高、规划完善的小区,小区内路灯、下水、卫生室、养生居所、居民健身广场、公厕等基础配套设施齐全,且居住人口较多。尤其是管镇镇崔岗村旧小区改造,改造后的小区有幼儿园、垃圾房、社区综合服务楼等,符合现代农民集中区居住条件。

(一)官滩镇东苑小区

位于官滩镇圣山东路,小区为宅院式、商住式、别墅式、一区一式模式,规划面积14.67公顷、进区户1000户、入住人口3000人。2007年启动建设。2008年,官滩镇投入4500余万元,建成10公顷商住式小区,应进区480户,已入住280户。区内硬质路、下水道、自来水、电、休闲、绿地、通信、有线电视等配套齐全。

(二)管镇镇崔岗村农民集中居住区

位于管镇镇崔岗村,南邻宁徐一级公路,辖4个村民小组370户1700人。2003年启动建设。2008年,建成使用。居住区东西长380米,南北宽240米,用地7.12公顷,小区内建成村幼儿园、社区综合服务楼、高标准公厕1座、垃圾房3处、配备垃圾桶和垃圾车,小区居民全部用上沼气。投入580万元,建成文化长廊、八角亭、农民公园,绿化面积1.5万平方米。

图9-37 管镇镇崔岗村农民集中居住区配套设施,农民健身休闲广场。

(三)桂五镇桂花居民小区

位于桂五镇新镇区中心,占地7.33公顷,沿桂五商业街与桂五北大街,由三层联体式商住楼和三层两户联体式别墅组成。2007年,启动建设。2008年底,建成1.9万平方米198户楼房、1100米硬质路面、1200米供电杆线、14盏新式路灯、1450米给水管道、1340米排水管道、7个垃圾收集房、3000平方米绿化带,所有建筑房屋实行统一着色。

(四)淮河新村农民集中居住区

位于淮河镇宁徐路北侧,占地13.53公顷。2006年3月,启动建设,规划入住居民410户,满足镇区人口和城根、洪建两村农民的建房需要。采取多户相联、两户并联和独体的方式,排与排间距11米,户与户间距2.5米,小区共设计11种户型,每户设置卫生间、厨房、车库、化粪池。小区内部道路S型走向,房屋布局错落有致,开挖人工湖和护城河,形成绿树环绕、小桥流水人家的优美环境,彰显淮河水乡特色。全区绿化面积2.81万平方米,绿化品种60余种。

图9-38 淮河新村总体规划占地面积13.5公顷,规划入住470户。

第十篇　建筑业　房地产业

1986年，全县有县建筑工程公司、县二建公司等建筑工程公司5家，有2家二级资质、3家三级资质，主要承接县内施工业务，从业人员4000多人。职工住房由单位申报，经县计划委员会批准，房管所组织筹建，单位具体分配，城镇居民可以在城区申请或购买住宅地自建自住。住房建筑面积27.5万平方米，人均住房面积6.87平方米。

1993年，县政府出台《盱眙县城镇住房改革实施方案》，住房制度改革工作从建立单位住房公益金入手，面向职工出售公有住房，建立住房公积金。1998年，全面停止住房实物分配，逐步实行住房分配货币化。县建筑企业开始劳务输出到境外，参与建筑施工。对房地产开发企业实行资质备案和年审制度，有资质的县外企业须在主管部门备案后，方可进入盱眙县房产开发市场。成立盱眙县第一家物业管理企业——盱眙都梁物业管理中心。1999年，开始开发商品房、安置房，实现住宅商品化、社会化，房产管理集开发、经营、管理、服务于一体，拓展到产权产籍、交易市场和物业管理。

2001年，建设淮明园住宅小区（一期），是全县第一个集多层住宅和商业楼为一体的居民小区，建筑面积4万平方米。2002年，开工建设第一个商业集中区——商贸中心一期，用地6.3万平方米，建筑面积10万平方米，住宅7万平方米。

至2008年，建筑企业有资质的33家，从业人员5.4万人，总产值163.33亿元。县城区先后自建房住宅小区7个，建筑面积50万余平方米；全县商品房住宅小区开盘50余个，建筑面积369.83万平方米，建成面积200余万平方米；建成经济适用房1840余套13.48万平方米、安置房5.69万平方米，非住房面积162.04万平方米，其中商业用房42.04万平方米。房屋建筑面积690余万平方米，人均住房27.5平方米；注册物业管理企业24家，社会化、专业化、市场化物业管理新机制开始形成。

第一章 建筑业

第一节 施工队伍

1986年,盱眙县有盱眙县建筑工程公司、盱眙县二建公司、盱眙县第三建筑工程公司、盱眙县四建公司、盱眙县五建公司。1987~1994年,全县发展建筑施工企业32家,其中三级企业2家、四级企业4家、等外级企业26家,职工5000多人。1997年,县二建公司被评为江苏省建筑业"最佳企业""十佳企业",获全面质量管理银屋奖。

图10-1 施工队伍

2002年,全县建筑业获国家批准房屋总承包类二级资质2家,水利水电工程施工总承包二级资质1家,装饰装修类二级资质1家,房屋总承包类三级资质7家,电力工程施工总承包三级资质1家,专业类三级资质5家。2006年,全县建筑企业获QC成果奖6项,完成三级升二级总承包资质单位1家,新成立三级专业资质单位1家。

2007年,全县有资质施工企业38家,注册建造师60名。其中,一级建造师3人,注册单位是江苏同创建设有限公司;二级建造师57人,注册单位分别是江苏雅馨装饰工程有限公司6人、盱眙县建筑工程公司6人、江苏同创建设工程有限公司11人、盱眙县杰人建工有限公司5人、江苏建祥建安有限公司11人、盱眙县二建公司6人、盱眙县三建公司6人、盱眙县四建公司6人。

2008年,盱眙县建筑企业经资质验证淘汰5家,33家合格,其中施工总承包资质企业有15家、专业承包14家、劳务分包企业4家。专业承包公司有江苏雅馨建设工程有限公司、盱眙县金诚彩钢装饰工程有限公司、江苏富艺广告装饰工程有限公司、盱眙县金盛装潢工程有限公司、淮安市永昌装饰工程有限公司、盱眙县金桥混凝土有限公司、盱眙县振淮水泥构件厂、盱眙县金梁水泥制品厂、盱眙县楚东水泥制品厂、盱眙县第一水泥制品厂、江苏天盛钢构制造有限公司、江苏苏能电力工程有限公司、盱眙县盱源电力工程有限公司、淮安锐通机械顶管有限公司。劳务分包企业有盱眙润建劳务建安有限公司、淮安建达建筑劳务有限公司、盱眙县天成建筑劳务有限公司、盱眙县诚信建筑施工有限公司。

2008 年盱眙县建筑施工企业总承包资质等级一览表

表 10－1

企业名称	成立日期	资质等级	法人代表
盱眙县建筑工程公司	1956.6	二级(1997.12)	胡蕴奇　姚宏　汪　杰　王守林
盱眙县二建公司	1978.9	二级(1999)	付毕尧　许　健　高建才
盱眙县四建公司	1986.3	三级	杨世云　汤顺太　季广进　陈洋
盱眙县三建公司	1986.6	三级	汪　杰
江苏建祥建安公司(盱眙县五建公司)	1986.6(四级)	三级(2004)	唐鹤云　邱长义
盱眙县勋爵建安公司	1992.7	三级	花凤中　李　和　卢　勤
盱眙县城建开发公司	1993.8	三级	付毕尧　张承连　杨维祥
江苏同创建设项目管理有限公司	1994.5	二级(2007.8)	刘国秀
盱眙县杰人建安有限公司	1994.6(四级)	三级(1998)	赵志仁
盱眙金城彩钢装饰公司	1999.5	三级	唐　宁
江苏恒艺装饰公司	2006.8	三级(专业承包)	王　芳
盱眙金桥混凝土公司	2006.11	二级	金月桥
淮安永昌装饰工程有限公司	2007.3	三级(专业承包)	蔡永祥
江苏天盛钢构制造有限公司	2007.7	二级	孙仁明
江苏博雅建设有限公司	2007.8	二级	祖兆忠

第二节　建筑工程

1986 年，盱眙县建筑企业主要在盱眙县境内承接施工业务。1987～1992 年，全县施工项目 135 个，建筑面积 34.1 万平方米。

1993～1997 年，县开发公司与武汉长江天河机场开发公司联系，签订总造价 1500 多万元施工合同，建设 26 层大楼。县建筑企业相继建成盱眙县中学“逸夫楼”、新亚商城小区、淮河职中教学楼、县公安局办公楼等工程，供电局 7 号宿舍楼、工商局办公楼创市优工程。1998 年，县建筑企业开始劳务输出到境外，参与建筑施工。1999 年，实施建筑企业报建制，全年报建项目 45 个，开工项目 35 个，工程报建率 98%，投标率 100%。

图 10－2　盱眙县长途汽车站施工现场

2001～2004 年，县财政局办公楼和宿舍楼、县建设局和供电局宿舍楼创市优工程。2005～2007 年，县国贸商城、东方商城、县垃圾处理场、县法院综合楼等建成投入使用。2008 年，县建筑企业获市优工程3项、市优质结构工程16项。至年底,全县建筑业建筑面积807.07万平方米,总产值163.33亿元,利税8.91亿元。境外劳务输出建筑施工1287人。重大建设工程有都梁大舞台、都梁阁、惠源居花苑、山水广场、泗州君悦酒店及公寓楼、县汽车客运中心、盱眙新港口、盱眙奥体中心。

第三节 工程质量监督

1986年,盱眙县建筑工程质量监督站(简称县质监站)负责全县建筑工程质量监督,编制3人,全县监督建筑工程覆盖率不足30%。1989年,县质监站按照《建筑安装工程质量检验评定统一标准》评定优质工程。

1990年,实现工程质量监督全覆盖。1994年,成立盱眙县建设工程质量检测中心(简称县检测中心)。1999年,检测中心具备土建二级资质,检测项目53项305个参数,被省市评为A级信誉企业。

2000年,对未实行监理的工程,实行全过程工序验收,对梁、柱、墙、板、钢筋等建筑材料全面检测,明确建设、勘探、设计、施工、监理单位为工程质量的第一责任人,保证工程质量。2003年起,质量监督职能由核发质量等级证书转变为竣工备案制。质量监督手段由传统的凭目测手感、锤敲尺量等方法,转变为使用高科技的激光测距仪、钢筋保护层位置测定仪、接地和绝缘电阻测试仪、砂浆和混凝土数显回弹仪等设备,对工程内在质量进行科学定量分析判断。

2004年起,实行施工单位在开工前申领施工许可证,项目经理押证管理,不得乱挂乱靠、随意调换。工程监理单位不得超越资质范围承担监理业务,监理人员持证上岗。2008年,全县监督覆盖率增加到99%以上,合格率100%。乡镇50万元以上招投标工程和住宅工程监督覆盖率均为100%。至年底,受监工程未发生一起重大工程质量事故,获淮安市优质工程78个,淮安市优质结构工程230项,盱眙中学"逸夫楼"、盱眙中学实验楼、盱眙县国税局办公楼创建成江苏省优质工程"扬子杯"奖。

1986～2008年盱眙县监督工程情况一览表

表10-2

单位:个、万平方米

年份	施工项数	建筑面积	竣工验收	合格率(%)	优良率(%)	创市优工程	年份	施工项数	建筑面积	竣工验收	合格率(%)	优良率(%)	创市优工程
1986	19	3.0	1	–	–	–	1998	61	35.0	19	100	25.8	2
1987	22	3.5	2	–	–	–	1999	97	33.0	19	100	37.0	4
1988	18	5.0	4	–	–	–	2000	102	45.0	16	100	43.2	4
1989	17	6.0	4	98	20.0	–	2001	115	48.0	18	100	48.0	4
1990	22	7.0	5	98	21.6	1	2002	104	49.9	17	100	48.6	8
1991	26	7.1	6	100	28.3	1	2003	100	50.0	22	100	51.2	5
1992	26	5.5	5	100	30.6	2	2004	107	46.7	23	100	52.4	6
1993	30	10.0	5	100	21.7	3	2005	126	53.6	21	100	50.1	6
1994	34	9.8	7	100	33.1	4	2006	131	69.5	22	100	52.2	6
1995	37	11.5	9	100	33.0	1	2007	226	113.9	19	100	53.0	3
1996	42	12.9	22	100	34.5	2	2008	251	133.9	22	100	58.6	14
1997	46	23.0	17	100	30.0	2	合计	1759	782.8	305	–	–	78

第四节　建筑工程管理

一、安　全

1986年，盱眙县建设局建设工程管理处负责建筑工程安全监督管理，推行"安全生产许可证"制度，不定期对建筑工程进行检查，视情况发给红牌（表彰）、黄牌（警告）、黑牌（处罚），形成事先安全资格审核、事中安全检查监督、事后安全措施奖惩的监察机制。1989～1993年，安全监督侧重于安全组织网络建设、规章制度建设和安全知识培训。成立建筑安全领导小组和监察网络，举办建筑工程安全领导小组成员、安全施工员、安全操作工培训班4期706人。

1994～1997年，主要抓安全帽、安全网、脚手架、安全用电等基础防护设施建设。先后组织安全质量检查26次，查处不戴安全帽120余人，未设安全网2起，查处无证施工4起，提出整改措施216条，都即时整改。1998～2004年，突出对大型垂直运输设备的检查，特别是塔吊拆卸、安装、操作过程中的安全防范措施，共检查塔吊1420台次。2005～2008年，在全县范围内，每年开展一次"建筑工地标准化竞赛"活动，全县共创建省级安全文明工地4个，市级安全文明工地62个。

图10－3　中央扩大内需督查组领导到盱眙马坝医院建筑工地指导工作

二、建筑市场

1986年，盱眙县建筑市场管理主要由县内建筑企业参与经营和管理。1990年，县建筑市场逐步对外开放，南京、南通等建筑企业进入盱眙县承包部分工程。1994年，开始实施建筑工程招投标准入制，当年招标项目13个。1997年，县建筑工程管理处培育盱城镇、林总场2个乡镇级建筑之乡，培育五墩村、观音寺村、马坝村、枣林村、许嘴村、山口门村6个建筑专业村，培育县三建公司、四建公司和官滩镇建筑站3个建筑龙头企业。全年招投标项目54个。1998～2000年，先后培育官滩、桂五、仇集、兴隆、马庄、穆店6个建筑基地乡镇。

2001年，县招投标中心成立，对县内工程项目、重要设备和材料实行公开招标，进入招投标市场招标项目14个。2006年，制定《关于进一步加强建设工程管理办法》，规定外地施工企业进盱眙县施工，必须办理备案手续，方可参加盱眙县项目投标。2007年8月，实行农民工工资保障制度，一级或一级以上资质企业缴纳100万元工资保障金，二级企业缴纳70万元工资保障金，三级及专业承包企业缴纳50万元工资保障金，保障金存入农民工工资保障专户，待项目结束3个月后，无拖欠农民工工资，退还企业。2008年，全县建筑企业招投标31个，招投标率99%。

1994~2008年盱眙县建筑工程招投标一览表

表10-3

年份	招标数(个)	招投标率(%)	年份	招标数(个)	招投标率(%)
1994	13	68.1	2002	26	100
1995	34	89.47	2003	28	100
1996	51	95	2004	45	98
1997	54	93	2005	24	99
1998	37	98	2006	28	100
1999	39	96	2007	28	100
2000	48	100	2008	31	99
2001	14	100	合计	500	

1986~2008年盱眙县建筑业情况一览表

表10-4

年份	总产值(亿元)	税利(万元)	从业人员(人)	外出施工(人)	外出产值(亿元)	出国出境(人)	施工面积(万平方米)	年份	总产值(亿元)	税利(万元)	从业人员(人)	外出施工(人)	外出产值(亿元)	出国出境(人)	施工面积(万平方米)
1986	0.29	145	1920	-	-	-	3.00	1998	2.00	750	5260	2290	0.62	30	35.00
1987	0.32	160	1800	-	-	-	3.50	1999	2.40	810	7920	2519	1.20	42	33.00
1988	0.42	210	1900	-	-	-	5.00	2000	4.50	2287	18300	13000	1.98	45	45.00
1989	0.28	140	2242	300	0.50	-	6.00	2001	7.78	4800	21900	15600	4.40	45	48.00
1990	0.29	145	2679	500	0.90	-	7.00	2002	10.30	7264	32176	24100	7.76	50	49.90
1991	0.31	155	2840	897	0.10	-	7.10	2003	12.13	6750	31228	21701	8.90	55	50.00
1992	0.35	175	3078	1520	0.08	-	5.50	2004	15.02	8720	32600	22000	9.20	55	46.70
1993	0.37	180	3165	1630	0.11	-	10.00	2005	16.60	9780	35000	24200	12.60	89	53.58
1994	0.40	200	3512	2560	0.12	-	9.80	2006	20.73	12000	36600	26800	14.20	278	69.50
1995	0.65	210	3557	2100	0.20	-	11.50	2007	31.80	15900	37600	37600	18.64	278	113.87
1996	0.60	224	4346	2324	0.33	-	12.90	2008	34.60	17500	38700	38700	18.60	320	133.80
1997	1.19	600	5020	2600	0.41	-	23.00	合计	163.33	89105	333343	242941	100.85	1287	782.65

第二章　勘察与工程设计

第一节　勘察设计

1992 年，盱眙县规划办投入 4 万元，组建工程勘察队，编制 2 人，丁级资质。1993 年 3 月，县建筑工程勘察队新购麻花钻、静力触探机、静力触探仪器等勘察设备，开始实施工程钻井勘察工作。1995 年，县建筑工程勘察队对全县 127 个测绘点进行普查，维修测绘点 112 个，完好率 100%。

2000～2006 年，全县勘察项目 399 个，进尺 46.6 千米，勘察商品房工程建筑项目逐年增多。2008 年，全县勘察项目 80 个，进尺 14 千米。商品房建设勘察率 100%，测绘点完好率 100%。

图 10－4　工程技术人员运用现代仪器进行测绘，使土地使用更加科学化。

1993～2008 年盱眙县工程勘察工作量一览表

表 10－5

年份	项目(个)	进尺(千米)	年份	项目(个)	进尺(千米)	年份	项目(个)	进尺(千米)
1993	25	1.5	1999	42	2.3	2005	70	8.8
1994	15	1.6	2000	29	3.6	2006	76	12.1
1995	20	1.0	2001	52	4.0	2007	102	72.0
1996	30	1.5	2002	46	5.2	2008	80	14.0
1997	41	1.2	2003	58	6.4	合计	806	143.2
1998	52	1.5	2004	68	6.5			

第二节　工程设计

1986 年，全县工程规划设计 45 项，由县城建局负责实施。1987～1994 年，县规划办工程规划设计共获建筑设计奖 10 项。其中，县政府招待所餐厅被评为市优秀设计一等奖，县实验小学 4～6 号教学楼被评为市优秀设计一等奖、被省设计院评为优秀设计三等奖，县体育中心综合楼被评为市优秀设计二等奖。1995～1999 年，建筑规划设计实现微机制图和出图。斩龙涧交易楼、县检察院办公楼分别获市优秀设计一等奖、三等奖。

2000年,县规划办更名为盱眙县建筑设计院,设计资质升为丙级。2004年9月,县建筑设计院改制,成立盱眙县建筑设计院有限责任公司,完成城区海拔14米高程以内灾民、高危房户、工业园区拆迁安置户的安置房规划设计。2008年,县建筑设计院有限责任公司,有国家注册建筑师4人、国家注册结构工程师3人、高级工程师3人、中级职称9人,分设建筑结构、给排水、电气等专业。至年底,县建筑设计院有限责任公司累计设计项目1291个,总面积332.2万平方米。其中,获省设计院优秀项目奖6次,被市评为优秀项目13个。

1986~2008年盱眙县建筑设计院设计项目一览表

表10-6

年份	数量(项)	面积(万平方米)	年份	数量(项)	面积(万平方米)	年份	数量(项)	面积(万平方米)
1986	45	4.5	1994	50	4.5	2002	70	16.0
1987	50	5.0	1995	55	6.3	2003	65	15.0
1988	46	4.0	1996	65	10.6	2004	45	9.0
1989	40	3.0	1997	70	10.0	2005	70	25.0
1990	28	3.8	1998	75	9.6	2006	74	46.0
1991	28	3.0	1999	65	8.5	2007	80	62.0
1992	50	5.2	2000	40	9.0	2008	65	52.5
1993	55	5.6	2001	60	14.1	合计	1291	332.2

第三章 房地产业

第一节 机 构

1986年,县城乡建设环境保护局下设盱眙县房地产公司负责房产管理、市场交易工作。1988年10月28日,成立盱眙县城乡建设局,下设盱眙县房地产公司,负责管理全县房地产业。1989年3月,成立盱眙县城镇住房清查、登记、核发产权证领导小组,办公室设在县城乡建设局,县房地产公司下设盱眙县房地产交易所。

1990年10月,县房地产公司与城建综合开发公司合并为盱眙县房地产开发公司。1992年3月20日,成立县房地产管理所。5月16日,撤销县城镇房屋清查、登记、发证领导小组,职权由县房地产管理所履行。

1992年8月17日,成立县房屋拆迁办公室,与县房地产管理所实行两块牌子一套班子,隶属县城乡建设局领导。12月12日,成立盱眙县住房制度改革领导小组,办公室设在县城乡建设局(临时机构)。1993年5月11日,县住房制度改革领导小组办公室更名为县人民政府住房制度改革办公室(简称县房改办),盱眙县房地产管理所、县房屋拆迁办公室划入县房改办。1997 年 8 月 15 日,成立盱眙县物业管理所,增挂白蚁防治中心牌子(由县公房维修队更名)。8 月 30 日,县人民政府住房制度改革办公室更名为县房产局。

2000 年,县房屋拆迁办公室由县房产局划入县城乡建设局。2002 年 4 月 30 日,县房产局更名为盱眙县房产管理局,内设综合科(挂房改开发科牌子)、房产管理科。2008 年,县房产管理局内设综合科、房产管理科,下属单位有县房地产管理所、物业管理所、白蚁防治中心。

第二节　住房制度改革

一、提高公有住房租金

1986～1993 年 2 月,盱眙县公有住房租金实行福利性低租金。1993 年 3 月 1 日,实行首次提租,平均月租金为 0.20 元/平方米。5 月 5 日,县政府出台《盱眙县调整公有住房租金实施办法》,明确各类结构住房提租标准和减免规定,其租金用于公有住房维修和管理。至 1994 年,全县有 133 个单位报批,提高房租面积 20.46 万平方米。1995 年起,根据经济发展情况,逐步调整租金。至 2000 年,经过 6 次提租,房屋租金标准提高到 1.4 元/平方米,各类结构房屋实行不同租金标准。2001 年起,停止公有住房建设。

图 10－5　1990 年起,房产管理部门为全县居民发放产权证、土地使用证。

1993～2000 年盱眙县公住房租金价格调整一览表

表 10－7　　　　单位:元/平方米

年份	砖混一等	砖混二等	砖木一等	砖木二等	砖木三等	简易结构
1993	0.30	0.25	0.30	0.25	0.15	0.10
1994	0.50	0.45	0.50	0.45	0.35	0.30
1995	0.70	0.60	0.70	0.60	0.40	0.20
1996	0.80	0.70	0.80	0.70	0.50	0.30
1997	0.90	0.80	0.90	0.80	0.60	0.40
1998	1.10	1.00	1.30	1.00	0.85	0.60
1999	1.30	1.10	1.40	1.15	0.93	0.68
2000	1.40	1.20	1.60	1.20	1.00	0.75

二、出售公有住房和发放住房补贴

(一)公房出售

1986 年,根据上级有关文件精神,结合本地实际,将交通不便、掺杂在私人房屋之间零星直管公房 50 余户 1000 多平方米,作价出售给私人。1993 年,出台《盱眙县优惠出售公有住房办法》(试行),县计生委、人民医院、二水、石油公司、盐业公司等为试点单位,共出售公房313户,建筑面积16153.38万平方米,收回资金162万余元。1995年7月5日,省房改办批准《盱眙县深化城镇住房制度改革实施方案》,同意公有住房出售成本价431.38元/平方米。至2000年,公房出售结束,共向7520户职工出售各类房屋61.8749万平方米,收回资金4483.11万元。

(二)发放住房补贴

1998年12月1日起,停止住房实物分配,实行住房补贴,即"老人员老办法,新人员新制度"。老人员老办法,即1998年11月30日前参加工作的无房或住房面积未达到规定面积的职工,可根据级别、工龄等享受一次性住房补贴。至2008年,有38个单位,为1063名职工发放住房补1281万余元。新人员新制度,即1998年12月1日后参加工作的职工,住房补贴实行随工资逐月发放,补贴额为本人工资总额与补贴比例的乘积。该项工作执行不力,仅江苏盱眙中学对2005年前引进的23名大学生各发放住房补贴8700元。

(三)推出廉租房

2005年,出台《盱眙县城镇廉租住房管理暂行办法》,对廉租房房源、资金筹措、配租标准、租金补贴标准、申请居住条件等作出明确规定,对低保户实行住房补贴。2006年,县城区60户低保家庭通过摇号方式,领到廉租房补贴款5万余元。廉租房标准为人均住房面积8平方米,租金补贴每月每平方米4元,共补贴71户,其中无房户63户。当年发放租金补贴32889.6元。2007年,廉租房租金补贴每月每平方米5元,对符合廉租房补贴条件的家庭实行应保尽保,70户低保户实行廉租住房货币配租,全年发放补贴76001.6元。县房产、民政部门完成廉租房扩面调查摸底工作,确定160户特困户为廉租房租金补贴对象。

2008年,廉租房人均标准提高到12～15平方米,租金补贴每月每平方米提高至5～7元,享受补贴居民189户,其中无房户91户,全年发放补贴360668元。县政府有砖木结构直管公房4000余平方米未上市出售,由120余户下岗职工、无业居民、特困户承租,管理部门采取不提租、少提租的原则来弥补租金减免。县政府出台《盱眙县城镇廉租住房保障办法》,投资667.45万元(其中省财政专项补助资金70万元、县财政拨款300万元、自筹资金297万元),通过回购方式,从经济适用房建设项目中购回71套廉租房,扩大实物配租房源。根据新标准向93户低保户、11户特困职工住房困难家庭发放廉租房租赁补贴10余万元。

三、建立住房公积金制度

(一)住房公积金归集

1993年10月15日,县房改办贯彻《国家关于深化城镇住房制度改革的决定》,首次推行住房公积金制度,标准按1992年工资总额的5%测算。1995年,盱眙县开始建立住房公积金。9月,出台《盱眙县建立住房公积金实施办法》,当年有8个单位863人参加,归集20万余元。

1996年正式推行,同时调整个人和单位住房公积金缴存基数为工资总额6%。全年有24个单位3130人参加,归集180万元。1998年,县政府为无第二预算收入的机关单位职工缴纳住房公积金,列入县财政预算。全年为120个单位9393人缴纳公积金1250万元。

2000年,县房产局与县法制局联合转发《淮安市住房公积金行政执法实施办法的通知》。2004年,对个别有缴存能力未建立公积金制度单位,发送限期开户登记和限期缴存决定书,其中县农机局一次性补缴公积金8万元,县外贸局在规定时间内办理开户登记手续。2005年,对有能力而未开户和长期欠缴的单位,下发限期开户、限期缴存通知书,全年有74个单位补缴公积金405万元。

2008年,县住房公积金管理中心出台《盱眙县2008年度住房公积金增量扩面工作实施意见》,扩大住房公积金归集范围,有效增加归集量。全年发展341个单位13609人参加,归集余额5992万元。至年底,归集住房公积金34783万元。

(二)住房公积金管理与使用

1998年8月,县房产局与县人行联合印发《盱眙县城区个人住房公积金政策性贷款办法》。2001年6

月，推出住房公积金个人贷款业务。当年向91名缴纳住房公积金职工发放住房公积金贷款314万元。2002年，成立淮安市住房公积金盱眙管理部，实行垂直领导。2003年，用住房公积金购买国债1000万元。至2008年底，累计向2662名缴纳公积金的职工发放贷款22477.84万元。

1995～2008年盱眙县住房公积金归集和使用一览表

表10－8　　单位：万元、人

年份	归集单位数	归集人数	当年归集总额	年末余额	当年贷款总额	贷款人数	累计贷款总额	累计贷款人数	贷款余额	购买国库券
1995	8	863	20	17	–	–	–	–	–	–
1996	24	3130	180	185	–	–	–	–	–	–
1997	61	5101	590	555	–	–	–	–	–	–
1998	120	9393	1250	136	–	–	–	–	–	–
1999	152	10224	2206	1998	–	–	–	–	–	–
2000	168	11355	3281	2866	–	–	–	–	–	–
2001	172	11529	1460	3860	314.00	91	314.00	91	303.03	–
2002	176	11575	1991	5034	987.30	218	1301.30	309	1129.52	–
2003	184	10634	2097	6056	2212.00	342	3513.30	651	2936.13	1000
2004	202	10564	2750	7060	3069.50	409	6582.80	1060	4837.83	–
2005	232	10804	3558	10375	2582.62	316	9165.42	1376	6158.52	–
2006	252	11563	4274	13169	4842.39	459	14007.81	1835	9344.15	–
2007	289	12198	5134	15343	4695.03	478	18702.84	2313	11952.26	–
2008	341	13609	5992	18822	3775.00	349	22477.84	2662	13286.82	–
合计	–	132542	34783	–	22477.84	2662	76065.31	10297	49948.26	1000

第三节　房地产开发

一、开发企业

1986年10月，盱眙县成立首家房产开发公司——盱眙县城建开发公司。1994～1995年，相继成立盱眙县房地产开发有限公司、盱眙县经济适用房开发中心2家房产开发公司。1998年，县房产局履行对房地产开发企业监管、资质审查和年检职责，对外地进入盱眙县从事房地产开发的企业，实行资质等级验证和备案登记管理，纳入年度资质考核检查，开发项目推行招投标制度。全县有4家房地产开发企业。

1999～2004年，随着房地产项目不断增加，开发企业发展到14家。2005～2007年，房地产项目大幅增加，开发企业发展22家。2008年，盱眙县房地产开发企业逐步增多，外地企业相继进入盱眙县市场，开发企业资质也越来越高，全年发展开发企业12家。至年底，全县共有房地产开发企业48家。

1986～2008 年盱眙县房地产开发企业资质一览表

表 10－9

成立时间	企业名称	资质等级	成立时间	企业名称	资质等级
1986.3	盱眙县城建开发公司	三级	2006.6	盱眙世纪置业有限公司	暂定三级
1994.11	盱眙(县)房地产开发有限公司	四级	2006.6	盱眙金源房地产开发有限公司	暂定三级
1995.11	盱眙县经济适用房开发中心	暂定三级	2006.9	江苏金汇房地产开发有限公司	四级
1998.2	盱眙(县)杰人房地产开发有限公司	四级	2006.9	淮安健祥房地产开发有限公司	暂定三级
1999.6	扬州兴盛永置业开发有限公司盱眙分公司	外地备案	2006.10	江苏金诺置业有限公司	外地备案
2000.7	扬州鑫荣房地产开发有限公司盱眙分公司	外地备案	2007.2	江苏甲地置业有限公司	暂定二级
2000.10	上海思邓房地产开发有限公司盱眙分公司	外地备案	2007.4	江苏金国园房地产开发有限公司	暂定二级
2001.6	盱眙凤巢房地产开发有限公司	四级	2007.5	盱眙宁佳房地产开发有限公司	暂定二级
2002.7	盱眙天下人家房地产开发有限公司	四级	2007.8	江苏金诚房地产开发有限公司	暂定三级
2003.1	盱眙盈通房地产开发有限公司	暂定三级	2007.9	盱眙圣源房地产开发有限公司	暂定三级
2003.4	江苏通源房地产开发有限公司	外地备案	2007.10	淮安克丽斯多房地产开发有限公司	暂定二级
2003.10	浙江林盛房地产开发有限公司盱眙分公司	三级	2007.11	江苏华冠房地产开发有限公司	暂定三级
2004.2	淮安市富特隆炊具有限公司	暂定三级	2008.1	江苏金和置业有限公司	暂定二级
2004.4	淮安苏源房地产开发有限公司盱眙分公司	本市三级	2008.1	盱眙致诚房地产开发有限公司	暂定三级
2005.3	淮安世豪房地产开发有限公司	暂定三级	2008.3	江苏万鼎置业有限公司	暂定二级
2005.3	盱眙东方房地产开发有限公司	暂定四级	2008.3	盱眙姚江置业有限公司	暂定三级
2005.4	淮安兴龙房地产开发有限公司	暂定三级	2008.3	盱眙江峰房地产开发有限公司	暂定二级
2005.5	淮安恒晟房地产开发有限公司	暂定三级	2008.3	淮安太多房地产开发有限公司	暂定三级
2005.5	南京栖霞城建开发有限公司盱眙分公司	外地备案	2008.4	盱眙龙华房地产开发有限公司	暂定三级
2005.6	江苏华厦置业开发有限公司盱眙分公司	外地备案	2008.4	江苏腾宇置业有限公司	暂定二级
2005.7	淮安中天房地产开发有限公司	暂定三级	2008.4	江苏合展房地产开发有限公司	资质申报中
2005.8	盱眙金郦房地产开发有限公司	四级	2008.4	淮安润龙房地产开发有限公司	资质申报中
2005.11	盱眙新泗洲有限公司	暂定二级	2008.5	淮安市青春置业有限公司	暂定三级
2006.1	盱眙大源房地产开发有限公司	暂定二级	2008.10	淮安市盱眙城市资产经营有限责任公司	暂定三级

二、房地产建设

（一）住　房

公有住房　1986年，经县计划委员会批准，由县公房管理所负责筹集23万元，其中县政府办投资8万元、县税务局投资4万元、县公房管理所筹资11万元，建成住房1720平方米，分配给相关单位干部、职工。1989年，斩龙涧建成第一个职工住宅小区，建筑面积4万平方米。1994年，县政府建成斩龙涧小区住房5幢5000多平方米。1996年，建成职工住房4.3万平方米，其中县公安局建成宿舍楼3462平方米。年底，全县机关、企事业单位停建职工公有住房。1998年，停止公住房实物分配。至年底，全县共建职工住宅小区14个约20万平方米。

自建住房　1986年，县城区居民采取自建自住方法，建设自住房，零星分散，每户90平方米。1990年起，放宽在城镇建设住房管理政策，允许城镇居民、农村户口居民，在统一规划区内申请购买宅基地，自建自住。1995～2000年，县政府相继批准石牛、五墩、古桑、十里营、山口门、虎宣路、宣化地块，作为城区、农村居民购买宅基地，自建住宅小区，共有4000户80万平方米。2001年，批建第一山别墅自建小区，在规划范围统一图纸建房，由购宅基地户自己施工，规划建筑面积4.9万平方米。至年底，全县有自建房约100万平方米。同时城区停止批办自购宅基地建房。

保障房　1995年5月8日，盱眙县成立经济适用房发展中心，开始建设经济适用房。1996年，县政府在果园场吴小庄地块，建设2幢经济适用房4500平方米，解决县城区住房困难户72户。1998年，在五墩南路征地2公顷，建成南苑小区经济适用房3.5万平方米，解决困难住房职工300余户。1999年，在泵站路南建设经济适用房558套4.9万平方米，安置淮河风光带拆迁户100套8000平方米。在五墩北路兴建都梁小区（一期）经济适用房。

图10－6　经济适用房富润花园小区

2000年起，县政府采取经济适用房与安置房共同推进的办法，解决困难户和拆迁户住房问题。当年都梁小区（一期）经济适用房、安置房3.95万平方米交付使用，其中解决拆迁安置236户1.89万平方米。2007年1月15日，成立县经济适用房工作领导小组，负责全县经济适用房建设、分配、安置。年底，建成东湖西路富润花园小区（一期）8500平方米经济适用房，解决住房困难居民和安置拆迁居民108户。是年，在县工业园区内建成3万平方米裕源居小区，安置拆迁居民370户。2008年，建成东湖西路富润花园小区（二期）经济适用房10幢4.75万平方米，解决住房困难居民和安置拆迁居民524户。县政府在东湖西路富润花园小区（二期）回购廉租房6000平方米。至年底，全县建成经济适用房15.54万平方米、安置房8.69万平方米。

商品房　1999年，盱眙县开始开发商品房。10月，启动都梁小区（一期）商品房建设，占地1.56万平方米。2001年，淮明园住宅小区（一期）投资1.3亿元，占地2.7万平方米，住宅3.8万平方米，非住宅2000平方米,是全县第一个集多层住宅和商业楼为一体的居民小区。当年相继开工建设东湖小区、都梁花园、科技苑住宅小区,建筑面积5万平方米。2002年,开工建设商贸中心一期,用地6.3万平方米,建筑面积10万平方米,住宅7万平方米。2004年,兴建东方商城、淮明园小区(二期),建筑面积7.4万平方米,住宅面积3.2万平方米。2005~2007年,相继开工建设凤凰花园、金阳光、东方都市、惠源居、锦绣家园、苏果世豪大厦、新泗州酒店公寓、阳光人家、鸿庆佳园、都梁花苑、怡和家园、龙泉雅苑、四季华庭、森海豪庭、金诺墨香苑等小区34个,用地面积126.098万平方米,建筑面积211.04万平方米。2008年,开工建设郦水嘉园、金惠花园、海通广场、城市桃源、金国园阳光城市等8个小区,占地61.22万平方米,建筑面积118.19万平方米。至年底,全县商品房住宅小区开盘50余个,建筑面积369.83万平方米,其中竣工面积203.72万平方米,非住房面积37.67万平方米。

1999~2008年盱眙县城区开发商品房、住宅小区、商贸区一览表

表10-10

单位:万平方米

序号	小区名称	地　址	开建年份	用地面积	建筑面积	已建面积	已建住宅面积	已建非住宅面积
1	南苑小区	五墩南路	1999	2.00	3.50	3.50	3.50	-
2	都梁小区一期	五墩北路	1999	1.56	2.80	2.80	2.80	-
	都梁小区二期		2006	2.50	4.25	4.25	4.00	0.25
3	淮明园一期	淮河北路	2001	2.30	4.00	4.00	3.80	0.20
	淮明园二期		2004		1.00	1.00	1.00	
4	科技苑	五墩南路	2001	0.70	1.00	1.00	0.90	0.10
5	东湖小区	东湖东路	2001	1.20	2.00	2.00	1.80	0.20
6	都梁花园	五墩北路	2001	1.80	2.00	2.00	2.00	-
7	新世纪广场	五墩北路	2001	1.80	3.00	3.00	1.00	2.00
8	商贸中心一期	淮河北路	2002	6.30	10.00	10.00	7.00	3.00
	商贸中心二期		2006	0.67	2.50	2.50	2.50	-
9	第一山别墅	五墩北路	2002	3.50	4.90	4.90	4.00	0.90
10	东方商城	五墩北路	2004	3.50	6.40	6.40	2.20	4.20
11	凤凰花园	金源南路	2005	0.40	1.40	1.40	1.40	-
12	金阳光	五墩小学旁	2005	0.60	1.00	1.00	0.90	0.10
13	水月山庄	淮河北路	2005	2.66	3.60	1.16	0.75	0.41
14	东升苑	金鹏大道	2005	0.27	0.61	0.61	0.52	0.09
15	天逸商城	斩龙涧路	2005	0.23	0.60	0.60	0.32	0.28
16	东方都市	东方大道	2005	3.67	6.30	4.80	3.50	1.30
17	惠源居花苑	淮河南路	2005	9.70	15.80	15.00	14.60	0.40
18	龙泉别墅二期	金源南路	2005	0.77	1.33	1.33	1.33	-
19	半坡叠墅	都梁公园内	2005	2.80	2.59	2.59	2.59	-

续表 10－10　　　　　　　　　　　　　　　　　　　　　　　　　　单位：万平方米

序号	小区名称	地　　址	开建年份	用地面积	建筑面积	已建面积	已建住宅面积	已建非住宅面积
20	月季园小区	大庆路	2005	1.47	2.00	2.00	2.00	-
21	锦绣家园	金源南路	2006	3.10	5.60	5.60	5.40	0.20
22	苏果世豪大厦	金鹏大道	2006	0.65	2.54	2.34	0.77	1.57
23	新泗州酒店公寓	淮河北路	2006	3.43	5.68	5.68	2.47	3.21
24	阳光人家	淮河南路	2006	1.83	3.24	3.24	2.69	0.55
25	东方都市北苑	东方大道	2006	1.20	4.20	2.77	2.29	0.48
26	淮河人家	淮河北路	2006	0.77	1.37	1.37	1.27	0.10
27	华夏国际广场	淮河东路	2006	1.46	5.68	5.68	2.91	2.77
28	鸿庆佳园	金源南路	2006	0.93	2.37	2.37	2.27	0.10
29	都梁花苑	五墩西路	2007	1.77	3.42	3.42	3.37	0.05
30	金源花苑	金源北路	2007	4.60	8.80	8.80	7.00	1.80
31	益民花园	金源南路	2007	0.90	2.00	2.10	1.90	0.10
32	金桂苑	金鹏大道	2007	0.85	2.50	2.50	1.40	1.10
33	大明公馆	虎宣路	2007	6.10	5.60	3.85	3.76	0.09
34	龙城新天地	客运中心东	2007	4.12	5.60	5.60	2.14	3.46
35	水岸凤凰城	小太湖	2007	46.70	75.00	12.67	11.12	1.55
36	怡和家园	淮河东路	2007	1.70	3.70	3.70	3.30	0.40
37	龙泉雅苑	金源南路	2007	3.99	6.66	6.66	5.42	1.24
38	四季华庭	金源北路	2007	3.78	7.40	4.46	3.31	1.15
39	森海豪庭	淮河北路	2007	1.93	2.33	2.33	1.93	0.40
40	文化公寓	斩龙涧路	2007	0.19	0.54	0.54	0.54	-
41	金诺墨香苑	金源北路	2007	7.26	10.43	10.43	8.14	2.29
42	东湖西路经济房	东湖西路	2007	3.10	5.40	5.40	5.20	0.20
43	郦水嘉园	工业园区内	2008	4.87	9.70	4.02	3.58	0.44
44	金惠花园	金源南路	2008	0.29	0.71	0.43	0.36	0.07
45	葵花新寓	葵花大道	2008	0.66	1.18	1.18	1.05	0.13
46	海通时代广场	盱马路南侧	2008	19.84	32.00	4.19	2.13	2.05
47	新城花苑	洪武大道	2008	2.84	6.00	5.38	4.10	1.28
48	城市桃源	穆山巷	2008	4.00	7.50	1.50	1.50	-
49	金国园阳光城市	客运站对面	2008	27.60	59.00	6.48	4.62	1.86
50	桂香苑	工业园区内	2008	1.12	2.10	1.28	0.85	0.43

(二)非住宅用房

商业用房 1986年,盱眙县商业用房均有商业局统一安排计划,统一筹建,规模较小。1987年,县商业大厦开工建设。1989年2月,商业大厦竣工,共5层,建筑面积3700平方米,一、二、三层2100平方米为商业用房,是盱眙县第一个多层商业用房。1992年9月,县供销大厦开工建设。1993年12月,县供销大厦竣工,共6层,一、二、三、四层3000平方米为商业用房。1994～1999年,全县实施老城区改造,打造淮河东路商业一条街,商业用房建设缓慢。2001～2008年,先后开工建设或建成商业用房有综合商城新世纪广场、商贸中心、国贸中心、东方商城、泗州君悦饭店、华厦国际购物广场、龙城新天地A区、华润苏果(盱眙)购物广场。至2008年底,县城建成商业用房70.04万平方米。

办公用房 1989年,建成县商业大厦,第四、五层1400平方米为办公用房。1993年,建成供销大厦,第四、五层1600平方米为办公用房。1994～2000年,县政府实施旧城改造,部分单位拆迁,先后新建办公用房。县航导站建成2500平方米综合楼,县交通局监测中心建成4450平方米办公楼,县邮电局建成4740平方米2幢综合办公楼,县地税局建成2754.4平方米办公楼,县建设局建成1720平方米办公大楼。

图10－7 商业大厦

2001～2006年,盱城镇投入2000余万元,在十里营街道新建9689平方米办公综合楼;县供电局投资1600万元,建成8422平方米14层综合办公楼;县国税局建成4403平方米办公大楼;县质监局建成3000平方米办公楼;县法院投资1500万元,建成1.06万平方米综合办公楼;烟草局投资500万元,建成5600平方米综合办公楼。至2008年,五墩北路建成"行政一条街"。县城先后有县农发行、国土局、建设局、财政局、交通局、公路站、邮政局、国税局等50多个机关单位建成办公大楼,建筑面积约30万余平方米。

公共事业用房 1998年,开始启动公共事业单位建设用房开发项目,县邮电局第一家在城区内建成生产性用房5909.69平方米。2002年,个体老板投资1090万元,在盱城镇五墩东路建设民办盱眙县都梁中学,占地6.67公顷,建筑面积2万多平方米,一期工程教学大楼建成使用。2002年,个体老板投资5000万元,在宣化街北侧,兴建盱眙实验初级中学,占地4.7公顷,建成楼房面积2.741万平方米,建成运动场地9870平方米。2003年,盱眙县中学教学楼竣工,投资600万元,建筑面积5800平方米。2007年9月26日,开工建设县体育馆和体育场。12月,县医院病房楼竣工,占地5728.3平方米,建筑面积2.19万平方米、建筑高度61.5米、地面15层、地下2层。

2008年3月,在大庆路北侧兴建特殊教育学校,投资1200万元,占地2公顷,建成楼房0.735万平方米。6月,淮河文化博物馆举行奠基仪式,建筑面积2000平方米、户外广场8800平方米;个体老板投资1.5亿元,占地10公顷、建筑面积3.42万平方米的民办新马外国语学院整体竣工。9月10日,盱眙中学投资8000万元的盱眙县第一中学开工建设,位于东湖南路1号,占地6.47公顷,建筑面积6.27万平方米。同年,建成盱眙奥体中心,占地15.33公顷,由体育馆、体育场、标准游泳池、全民健身中心和服务用房组成。至年底,县城区开发公共事业用房30.5万平方米,其中教育系统建筑面积20万平方米。

附:各类用房选介

一、居住用房

南苑小区 位于五墩南路,1999年开工建设,占地2万平方米,当年建成住宅296套3.5万平方米。是盱眙县第一个规模经济适用房小区。

淮明园小区 位于淮河北路,是盱眙县第一个商住房小区。2001年开工建设一期,占地2.3万平方米,建筑面积4万平方米;2002年建成使用,住房351套3.8万平方米,非住宅面积2000平方米。2004年,建设淮明园小区二期,建筑面积1万平方米,2005年建成使用,住房90套1万平方米。

第一山别墅 位于五墩北路,是盱眙县第一个自建别墅小区。2002年开工建设,占地3.5万平方米。2003年建成,住房128栋4万平方米。

宝山大厦 位于宝积山旁,是盱眙县第一座高层住宅区。2006年开工建设,占地1500平方米。2007年,建成使用,有住房51套7274平方米。

图10-8 半坡叠墅

半坡叠墅 位于都梁公园内,是盱眙县第一座商品房别墅小区。2005年开工建设,占地2.8公顷。2007年建成使用,建筑面积2.59万平方米,建成住房148套2.59万平方米。

惠源居花苑 位于淮河南路,是盱眙县面积最大住宅小区。2005年初,开工建设惠源居花苑一期,工程投资1.3亿元,建商住楼20幢600套,建筑面积6.7万平方米。2007年4月,开工建设惠源居花苑二期,工程投资8000万元,建商住楼15幢500套,建筑面积5.8万平方米。2008年,开工建设惠源居花苑三期,工程投资7000万元,建商住楼11幢300套,建筑面积3.3万平方米,年底完成80%。

二、商业用房

新世纪广场 位于五墩北路。2001年3月开工建设,投资3800万元,用地2.53公顷。2003年建成使用,建筑面积3万平方米,商业用房2万平方米。

商贸中心 位于淮河北路。2002年开工建设,投资1.2亿元,占地6.3万平方米。2004年建成,建筑面积9万平方米,其中商业用房3万平方米。

国贸中心 位于金源北路与五墩东路交汇处。2003年开工建设,投资3.5亿元,占地3.4公顷。2005年建成,建筑面积6.8万平方米,主楼22层,辅楼三至四层,内设商铺160余间,面积4.54万平方米,是盱城规模最大商业区。

东方商城 位于金源北路。2004年开工建设,投资1.8亿元,占地3.5万平方米。2005年建成使用,建筑面积6.4万平方米,1~2层为商铺,商业用房4.2万平方米。

龙城新天地 位于盱马路。2007年开工建设,投资1亿元,A区为商业区,占地4.08公顷。2008年建成使用,商铺3.46万平方米。

泗州君悦饭店 位于淮河北路。2006年10月20日开工建设,占地3.43万平方米。2008年6月,四星级酒店泗州君悦饭店投入使用,主楼31层,建筑面积5.68万平方米,商业用房面积3.21万平方米。

图10－9 商贸中心

华润苏果(盱眙)购物广场 位于金鹏大道。2006年开工建设,占地0.65万平方米。2008年1月,华润苏果(盱眙)购物广场建成开业,营业面积1.60万平方米。

华厦国际购物广场 位于淮河东路。2006年开工兴建,占地1.46万平方米,投资1亿元,建成楼房面积5.68万平方米,商业用房面积2.77万平方米。

第四节 房地产管理

一、房产开发监管

1998年,开始对房地产开发企业实行资质备案和年审制度,没资质的企业不能进入本县房地产开发市场;有资质的县外企业,须在主管部门备案后,方可进入本县房产开发市场,严禁违规开发、越级开发。12月30日,发布《关于贯彻商品住宅实行〈住宅质量保证书〉和〈住宅使用说明书〉制度若干问题的通知》,明确经济适用房、单位自建住房也须实行"两书制",凡在9月1日后销售住宅未发"两书"的限期补发。

2003年5月,出台《盱眙县住宅小区竣工综合验收管理办法》,该办法适用于1999年元月1日后竣工、未经综合验收、建筑面积1万平方米以上住宅小区,对照批准建成的住宅小区规划、设计、建设方案指标完成情况,统一整体验收。

2007年3月,颁发《关于加强房地产开发项目综合验收通知》,对房地产开发项目竣工验收、交付使用条件作进一步细化,提出17条标准。会同县物价局发布《关于进一步加强商品住房价格管理的意见》,明确普通商品房建安成本、税金、利润、浮动幅度等,平均利润率在8%以内,浮动幅度由3%扩大到5%。开发商在楼盘房屋预售前,向县物价局申报房屋预售价格,经批准后执行。

2008年,制定《盱眙县商品房预售款监管暂行办法》,严格预售房款使用范围和使用管理程序,防止开发商转嫁风险,造成不公平交易;严格核查楼盘是否取得土地使用权证、建设工程规定划许可证、施工许可证以及在建楼盘工程投入资金量,对照相关法规,核发房屋预售许可证;没有取得房屋预售许可证书的开发企业,所建房屋不得上市;对开发企业售房资金实行监管,售房协议实行备案管理制度,保证楼盘健康运行。

二、房屋产权登记

1986～1988年,房地产权属总登记前,县房地产市场由财政部门代管交易,对房屋产权产籍没有管理。

1989年3月,开始对全县城镇居民住房进行清查、总登记。调查、清理、搜集地籍图纸、制作账册、表卡等资料,立卷、登记、归档。

1992年,调查、清理造册记录登记1.6万余户,搜集图片、图纸、文字等各类资料3500余份、制作表卡2万余份。1993年3月1日,县城区范围内房屋产权实行核准、验证,统一启用蓝色"房屋所有权验证专用章"和"限期三个月内补办变更手续"印章。全年办理房屋登记发证890份。1993~1996年为计划经济时期,未开展他项权登记。1994年,工作人员上门登记,现场进行房屋所有权登记发证,办理房屋登记3057份。1995年起,开始实施房改制度。1997年,开始办理房屋产权抵押、融资登记业务。1998年,办理抵押登记79户,立卷归档房屋产权产籍资料1.5万余份。1999年,制定《房地产权属各类登记行政执法基本操作规程》,规范行业行政执法,设立投诉电话和举报中心,实行房屋所有权变化动态跟踪管理,办理房屋产权转移登记发证186份、抵押登记224户,对已存1万多份档案重新整理立卷归档。

2000年,投入10多万元,添置密集型档案柜、空调、吸湿机、灭火器、吸尘器、防盗装置等,制定《立卷归档制度》《档案鉴定与销毁制度》《档案借阅、利用制度》等。2000年以前,尚未开展房屋产权变更登记。2001年,县城建局、房产局联合进行房改房产权登记发证工作,完成发证1000份。2002年4月6日,完成三河农场房屋产权登记1813户,面积18.65万平方米。2004年,工业园区房屋产权登记31个24.82万平方米。

2008年,全县房屋产权初始登记发证745份、房屋转移登记发证2802份、他项权利登记发证2028份。至年底,全县房屋产权初始登记发证19262份、转移登记19496份、他项权利登记发证11048份,房改房登记发证7520份。

1993-2008年盱眙县房屋产权、产籍发证登记一览表

表10-11　　单位:份、万平方米、户

年份	初始登记	面积	转移登记	面积	他项权登记	面积	变更登记	面积
1993	890	133470	68	8970	-	-	-	-
1994	3057	342820	76	9350	-	-	-	-
1995	1607	145710	115	10300	-	-	-	-
1996	905	151170	93	15700	-	-	-	-
1997	698	153550	86	14190	15	2770	-	-
1998	570	604040	199	34360	79	14820	-	-
1999	439	167390	186	16597	224	48160	-	-
2000	596	184530	332	42474	450	80632	5	14634
2001	3165	604500	1252	106000	1019	374800	36	18860
2002	2271	368300	1268	105500	1056	197300	135	62600
2003	672	660000	1568	138200	1003	230700	185	110000
2004	737	274100	2316	228900	995	237200	230	42550
2005	702	524800	2275	217000	1289	443600	317	57900
2006	991	576700	2408	255400	959	534900	298	125100
2007	1217	753400	4452	440500	1931	945300	285	133400
2008	745	455200	2802	281000	2028	185000	258	140300

说明:1995~1999年,房改房登记数、面积为单位房改给职工数据。2000~2008年,房改房登记数、面积为房改房二手房交易数据。

第五节 房地产经营

一、机 构

1986年,县房地产公司负责房产交易市场管理。1989年5月,县房地产公司成立首家房地产交易所,开始负责全县房地产交易工作。2000年1月,盱眙县房地产交易所更名为盱眙县房地产交易中心。2001年10月18日,房地产测绘业务从盱眙县房地产管理所房产经营部分离出来,更名为盱眙县房地产测绘中心。2004年,成立盱眙县云阳信息服务部,经营房地产信息咨询和房产交易。2006年,在马坝镇设立盱眙县马坝房产管理交易中心。至2008年,全县有房地产交易中心2处,房地产测绘中心1个;房地产中介8家,其中房地产评估公司2家、房地产经纪6家。

二、房产交易

1986~1992年,城区房产租赁市场没有管理。1993年2月,发布《关于加强城镇房产交易市场管理的通知》规定,公私房租赁须持有合法所有权证和租赁契约,开始对机关企事业单位、居民的房地产租赁实施监管,统一使用"房屋租赁许可证""房地产租赁契约"规范文本。至1999年,共发放"房屋租赁许可证"281本,签订"房地产租赁契约"307份。

图10-10 房产交易中心

2000年起,房屋租赁管理工作由县地税局直管。2001年1月4日,正式出台《盱眙县已购公有住房上市出售管理暂行办法》,房改房上市必须经原产权单位同意、县房产局批准,已购经济适用房则放开允许上市。11月,县房产局在淮河东路建成集买卖、抵押、租赁、纳税、办证为一体的多功能县房产交易大厅,全县商品房开始上市交易。

2001~2006年,共销售商品房11087套105.95万平方米。2006年,房地产交易中心搬迁至八一转盘东和县政府审批中心合署办公。2007年7月,县房产管理局开通商品房网上销售管理信息系统,实行网上备案制、按套计价、按面积销售,适时监控商品房预售行为,从源头堵住房产开发经营市场和工程质量混乱状态。当年,共销售商品房4452套44.05万平方米。

2008年,县政府在龙虾广场举办秋季房产商品交易会,成交商品房766套7.56万平方米,成交额18970万元,意向性定房4800户。至年底,全县商品房累计销售19496套192.44万平方米,销售金额近50亿元。其中,商业用房售出44.6万平方米,销售额17.84亿元;存量房交易5768宗74.58万平方米,成交额7.8亿元。房改房上市1645宗12.02万平方米。

2001～2008年盱眙县商品房开盘销售平均价格一览表

表10－12　　　　单位：元/平方米

序号	小区名称	地　址	价格	序号	小区名称	地　址	价格
1	淮明园一期	淮河北路	759	26	鸿庆佳园	金源南路	1640
	淮明园二期	淮河北路	1100	27	都梁花苑	五墩西路	2200
2	新世纪广场	金源北路	795	28	金源花苑	金源北路	2120
3	东湖小区	东湖东路	800	29	益民花园	金源南路	2000
4	科技苑	金源南路	780	30	金桂苑	五墩东路	1821
5	商贸中心一期	淮河北路	800	31	大明公馆	虎宣路	2622
	商贸中心二期		800	32	龙城新天地	客运中心东	2580
6	都梁花园	金源北路西侧	887	33	水岸凤凰城	小太湖	1530
7	第一山别墅	金源北路	800	34	怡和家园	淮河东路	2210
8	东方商城	金源北路	1200	35	龙泉雅苑	金源南路	2128
9	凤凰花园	金源南路	1640	36	四季华庭	金源北路	2643
10	金阳光	五墩小学旁	1280	37	森海豪庭	淮河北路	2490
11	水月山庄	淮河北路	2100	38	文化公寓	斩龙涧路	1985
12	东升苑	金鹏大道	1800	39	金诺墨香苑	金源北路	2190
13	天逸商城	斩龙涧路	1600	40	郦水嘉园	工业园区内	1970
14	东方都市	东方大道	1400	41	金惠花园	金源南路	2460
15	惠源居花苑	淮河南路	1690	42	葵花新寓	葵花大道	1600
16	龙泉别墅	金源南路	1380	43	海通时代广场	山水大道	2060
17	半坡叠墅	都梁公园内	2100	44	新城花苑	洪武大道	2005
18	月季园小区	大庆路	2500	45	城市桃源	穆山巷	2600
19	锦绣家园	金源南路	1810	46	金国园阳光城市	客运站南	2805
20	苏果世豪大厦	金鹏大道	1920	47	桂香苑	工业园区内	1880
21	新泗州酒店公寓	淮河北路	2800	48	南苑小区	金源南路	700
22	阳光人家	淮河南路	1930	49	都梁小区一期	金源北路	810
23	东方都市北苑	东方大道	1490		都梁小区二期	金源北路	810
24	淮河人家	淮河北路	1665	50	东湖西路经济房	东湖西路	650
25	华夏国际广场	淮河东路	1900				

2000～2008 年盱眙县已购公有住房上市交易情况统计表

表 10－13

单位:万平方米、户

年份	申请上市户	产权变更户	批准上市面积	变更登记面积	年份	申请上市户	产权变更户	批准上市面积	变更登记面积
2000	127	54	0.96	0.36	2005	180	174	1.54	1.23
2001	136	110	1.04	0.83	2006	274	223	1.94	1.75
2002	138	120	1.01	0.86	2007	254	224	1.76	1.39
2003	170	185	1.21	1.29	2008	143	－	0.97	－
2004	223	153	1.59	1.15	合计	1645	1243	12.02	8.86

第六节　物业管理

一、组织机构

1997 年 8 月 15 日,盱眙县公房维修队更名为盱眙县物业管理所,负责城区物业管理。1998 年 10 月 29 日,盱眙县成立首家物业管理中心——盱眙县都梁物业管理中心,开始实施小区物业管理工作。1999 年 5 月 29 日,召开南苑小区首届业主大会,大会通过《业主委员会章程》《业主公约》,选举成立业主委员会,物业管理走上规范化轨道。2003 年 9 月,成立盱眙县物业管理工作领导小组,下设办公室,办公地点设在县房管局物业管理所。2005 年,分类量化考核物业管理企业的经营行为和经营状况,物业管理企业开始建立“诚信档案”。全县有 5 个物业管理企业取得资质证书。2006 年,县外物业管理企业开始进入县物业管理市场。2008 年,在盱眙县登记备案的县外物业服务资质企业 9 家,批准三级资质企业 12 家。至年底,全县有三级资质物业管理企业 22 家,从业 511 人,其中外地进入盱眙县的物业管理企业 13 家。物业管理小区均成立业主委员会,业主自治管理小区 16 个,房地产物业管理面 80% 以上。

1998～2008 年盱眙县物业管理企业一览表

表 10－14

序号	企业名称	成立时间	从业人员	序号	企业名称	成立时间	从业人员
1	盱眙都梁物业管理中心	1998.10	6	12	淮安诚善物业管理有限公司	2007.4	16
2	盱眙方佳物业管理有限公司	2002.11	16	13	南京百家湖物业管理有限公司	2007.4	10
3	盱眙佳盛物业管理有限公司	2003.4	118	14	南京嘉腾物业管理有限公司	2007.6	33
4	宿迁瑜林物业管理有限公司	2003.6	12	15	盱眙光明物业管理有限公司	2008.3	57
5	淮安华东物业管理有限公司	2004.2	27	16	江苏安泰物业管理有限公司	2008.5	9
6	盱眙苏旗物业管理有限公司	2004.8	10	17	淮安华兴物业管理有限公司	2008.6	14
7	盱眙盈通物业管理有限公司	2005.10	10	18	江苏亿能工贸有限公司	2008.6	15
8	盱眙天诚物业管理有限公司	2006.4	12	19	余杭兴龙物业管理有限公司	2008.7	20
9	盱眙康辉物业有限公司	2007.5	22	20	淮安陶然物业管理有限公司	2008.8	22
10	淮安金诺物业管理有限公司	2007.5	18	21	南京名城物业管理有限公司	2008.10	26
11	盱眙佰泰物业管理有限公司	2007.3	18	22	宿迁鸿福物业管理有限公司	2008.10	20

二、维修基金

1986～1992 年，住房制度改革前，机关、企事业单位公住房为谁建筑、谁管理、谁负责维修，县直管公房维修由政府补贴，县公房维修队负责维修。1993 年起，县房地产管理所负责维修公有住房，当年支出 4. 2 万元，维修 1 万平方米。1998 年 12 月 1 日，在建设银行建立公有住宅专项维修基金账户，开展住宅专项维修基金筹集。新开发的商品房、经济适用房、解困房、拆迁安置房等，住房维修基金 26 元/平方米；房改出售后公房，在售房款中提 10% 作为维修基金。

2006 年，《盱眙县城市民用危房规划审批政策和程序》公示，规范城区危房大修申报条件。商品房维修基金提高到 32 元/平方米，商业用房维修基金提高到 100 元/平方米。采取抓源头一户不漏，抓催缴加收滞纳金，抓进度一日一报，坚持“专户存储、专款专用、滚动增值、保本支息、政府监督”的管理原则，定期向业主公布房屋维修基金缴存、使用、增值收益和结存情况。全年支出 16. 3 万元，维修房屋 97 万平方米。

2008 年，制定缴纳、使用房屋公共维修资金制度。至年底，全县建立小区维修资金账户 24 个，公房维修资金缴存余额 2000 万元；支出 165. 9 万元，维修房屋 693. 74 万平方米。

1993～2008 年盱眙县公有住房维修情况一览表

表 10－15　　单位：万平方米、万元

年份	维修面积	支出资金	年份	维修面积	支出资金	年份	维修面积	支出资金	年份	维修面积	支出资金
1993	1. 00	4. 2	1997	0. 87	1. 2	2001	46. 00	7. 1	2005	89. 00	13. 0
1994	1. 15	4. 0	1998	4. 50	11. 7	2002	50. 00	10. 0	2006	97. 00	16. 3
1995	1. 02	5. 1	1999	18. 00	15. 0	2003	62. 00	10. 9	2007	90. 00	17. 6
1996	1. 20	9. 0	2000	48. 00	8. 0	2004	72. 00	11. 8	2008	112. 00	21. 0
									合计	693. 74	165. 9

三、住宅小区管理服务

1986～1993 年，机关、事业单位建成的职工住宅区和生活大院，实行谁主管、谁负责。1994～1996 年，自建的斩龙涧、西山路、古桑、五墩等 20 多个居民住宅小区，物业管理服务实行谁建设、谁管理、谁服务。1997 年，盱眙县物业管理所对全县住宅区实施管理和服务。

2000 年，开始对物业服务企业的资质等级实行动态管理跟踪考核，金惠源小区被省房产部门评为城市物业管理优秀住宅小区，商贸中心小区、南苑小区被表彰为市物业管理优秀小区，南苑小区被评为园林式小区，供电新村被评为市文明小区。

2004 年 6 月，规定房地产开发项目预售前，通过招投标方式选聘物业管理企业。2005～2006 年，全县新开发的小区均在预售前落实物管企业，15 个居民小区成立或改选业主委员会。南苑小区被评为市物业管理优秀住宅小区和园林式小区，供电新村被评为市文明小区。2007 年，建立“条块结合，以块为主”的物业管理体制，将零星分散的住宅纳入社区、街道居委会统一管理。

2008 年，县房产管理局与住宅区物管企业、业主委员会签订物业服务质量责任状。机关、企事业单位生活大院和居民自建房住宅小区有 2 个小区通过竞标、5 个小区通过议标的方式，由物业管理企业代管；零星分散的住宅小区由街道居会委代管 30 个、由物业代管 3 个。至年底，共举办物业管理人员培训班 9 期，参训 400 余人，物业管理商品房住宅小区 133. 03 万平方米。

2008年盱眙县商品房住宅小区物业管理情况一览表

表10-16　　单位:万平方米

序号	小区名称	建筑面积	物管单位	序号	小区名称	建筑面积	物管单位
1	商贸中心	12.50	盱眙县百佳	18	半坡叠墅	2.59	南京市嘉晴
2	第一山别墅	4.90	盱眙县康辉	19	鸿庆佳园	2.37	淮安市诚善
3	东方商城	6.40	盱眙县光明	20	苏果世豪	2.34	南京百家湖
4	惠源居花苑	15.80	余杭兴隆	21	森海豪庭	2.33	南京市嘉腾
5	锦绣家园	5.60	淮安市诚善	22	益民花园	2.00	淮安市诚善
6	新泗州	5.68	盱眙县光明	23	月秀花园	2.00	盱眙县盈通
7	华厦国际	5.68	淮安市陶然	24	东湖小区	2.00	宿迁市鸿福
8	金源花苑	8.80	盱眙县佳诚	25	龙泉别墅	1.33	江苏安泰
9	龙城新天地	5.60	盱眙县苏旗	26	凤凰花园	1.40	淮安市诚善
10	龙泉雅苑	6.66	淮安市华兴	27	淮河人家	1.37	余杭兴龙
11	金诺墨香苑	10.43	淮安市金诺	28	葵花新寓	1.18	宿迁市瑜林
12	淮明园	5.00	盱眙县方佳	29	科技苑	1.00	淮安市金诺
13	都梁花苑	3.42	盱眙县都梁	30	金阳光	1.00	盱眙县光明
14	阳光人家	3.24	盱眙县佰泰	31	东升苑	0.61	南京市名城
15	怡和家园	3.70	南京市嘉腾	32	天逸商城	0.60	亿能工贸
16	新世纪广场	3.00	淮安市诚善		合计	133.03	
17	金桂苑	2.50	淮安市诚善				

四、物业服务收费

1998年,县物价局、财政局、房产局联合发布《盱眙县城镇住宅物业管理收费暂行办法》,规范物业管理收费程序。1999年,县物业管理企业每户每月收费6~8元,或每平方米0.08~0.10元,开始实行服务收费。2007年,会同县物价局制定《盱眙县物业服务收费管理实施细则》,制定服务质量标准。2008年1月,完善《盱眙县物业服务收费管理实施细则》,实行政府指导价和市场调节价收取物业管理费,确定物业管理服务收费价格调整为每平方米0.426~0.829元。

五、白蚁防治

1997年,县政府转发《淮安市白蚁防治管理办法》文件。8月,成立盱眙县白蚁防治中心,城区房屋安全鉴定11户10401.12平方米。1998年3月,开始实施商品房白蚁防治工作。全年白蚁防治1.25万平方米,房屋安全鉴定35户。1999年,实行房地产开发企业向购房户提供《白蚁预防合同》或白蚁预防证明,无证明或无合同一律不准销售。全年商品房白蚁防治2.8万平方米。2005年,县白蚁防治中心采取防治与签订协议书相结合办法,将白蚁防治工作延伸到乡镇。2008年,县房产管理局验收东方都市、惠源居、华厦国际等居住小区工程,发放《交付使用备案证书》,交付面积14.4万平方米,白蚁防治全覆盖。至年底,全县累计商品房白蚁防治221.2万平方米,合格率100%,优良率95%。

第十一篇　交　　通

1986年，境内干线公路有宁淮线、宁徐线穿境而过，均为混凝土和沥青路面，县乡道路均为砂石路，乡村道路为自然土路。淮河主航道从老子山至洪山头，支线航道9条。水陆运输由国有和集体运输公司承担，城市公交有2条线路。全县有长途中型客车14辆，农村客运班车82辆，货车472辆；有运输船舶669艘28206吨位，年货运量75.11万吨，周转量39896万吨千米；港口吞吐量39.56万吨。省道好路率78.19%，县道好路率75.41%。

1988年起，县委、县政府确定要想富、先修路，修好一条路、造福几代人的思路，制定并实施公路建设总体规划。采取争取上级投一点、县乡财政拿一点、农民投工集一点的方法，历经1995年、1999年、2003年公路建设三大会战，改变丘陵山区交通闭塞状态。1995年12月1日起，提出苦战三年，实现县乡道路黑色化目标。至1998年9月23日，完成16条237.5千米的县乡道路黑色化，比原计划提前115天。1999年起，提出万人一心，再战三年，实现乡乡道路联网化。至2001年，建筑改造乡乡公路13条139.9千米。2003年起，号召全县人民决战1000天，完成农村公路村村通。至2005年，完成村村通公路140条856千米。

至2008年底，全县经过3个“三年”苦战，建成农村公路416条2156.36千米，形成高速公路、国省干线公路、县道、乡村道路交通循环路网，县乡道路实现黑色化或硬质化。宁淮线、宁宿徐线高速公路穿越全县三分之二乡镇，盱眙融入南京一小时经济圈。淮河主航道及支航道穿境而过，盱眙新客运中心、淮河盱眙综合新港口建成投入使用，盱眙居苏北水陆交通中转枢纽地缘优势显现。有长途大中型客车83辆，农村客运班车148辆，货车1435辆；有船舶300艘59886吨，货运量232万吨，周转量113438万吨；港口吞吐量204.2万吨。省道好路率82.74%，县道好路率78.31%。

第一章　机　　构

第一节　县级机构

1986年,县交通局内设人秘股、计财股、工程股、监理站。运输管理所内设办公室、业务科、稽查科、财务科;公路管理站内设养路费征稽中队、路政中队、工程养护股、农村公路监管办公室、综合办公室、财务审计股;航道管理站内设办公室、航政股、财务股、机料股。1987年9月,监理站陆上监理职能划归县公安局。县水上安全监督所由县公安局划归县交通局,更名为盱眙县港航监督所(简称县港监所),监理站水上监理职能划归港监所。1989年7月,成立盱城港航监督站。

1990年10月,交通局人秘股更名为办公室,增设人事股、审计股。12月,成立汽车维修行业管理所。1991年,成立工业办公室。1993年3月,成立交通法庭。7月,成立县交通道路稽查队。1996年10月,成立水上交通稽查大队。1998年,成立客运稽查大队。2000年3月,县交通道路稽查队更名为县交通局运政稽查大队。2001年5月,交通局内设办公室、组织人事股、财务审计股、工程规划股。7月,县港航监督所更名为盱眙县地方海事处,内设办公室、财务科、船舶检验科、航行监督科、盱城海事所。2004年9月,县城市客运管理处由县城建局划归县交通局,内设办公室、稽查科、财务科。2008年,撤销工程规划股,内设办公室、组织人事科、财务审计科、综合计划科。

第二节　乡镇机构

1986年,龙山乡、水冲港乡未成立交管所,其余28个乡镇均成立交管所。1991年10月,撤并乡镇交管所,成立十里营、马坝、旧铺、桂五、河桥、管镇中心交管所,设立盱城五墩、官滩、王店、河桥交通检查站。至2008年,乡镇中心交管所、检查站无变化。

第二章　陆路交通

第一节　公　　路

1986年,全县境内公路总里程401.93千米,其中国道27.72千米、省道193.74千米、县道105.26千米、乡道50.09千米、专用线25.13千米。公路质量分级为沥青路67.4千米、水泥路10.2千米、砂石路324.34千米。

2008年，盱眙境内干线公路总里程2447.31千米，其中国道106.71千米、省道187.441千米、县乡村道路2153.16千米。公路质量分级为高速公路102.44千米、一级公路53.82千米、二级公路245.64千米、三级公路194.73千米、四级公路1827.45千米、等外级公路23.23千米。宁连一级公路、宁淮高速公路、宁宿徐高速公路、新盱马一级公路、宁徐公路、盱明公路穿越盱眙境内三分之二乡镇，盱眙县成为南京市、淮安市、徐州市、连云港市、宿迁市公路交通枢纽。

图11－1　宁宿徐高速公路盱眙入口收费站

一、干线公路

（一）宁淮公路（G205）盱眙段

宁淮公路，是南京至淮安的国道干线。其中，盱眙段长27.72千米、宽9米，从黄花塘镇泥沛村至观音寺镇，途经黄花塘镇、马坝镇、观音寺镇。1986年，宁淮公路盱眙段从新街乡泥沛村至三河闸，长31.2千米，宽7米，沥青路面，途经新街乡泥沛村、马坝镇、马坝镇卧龙岗村、马庄乡。日均交通流量13万量次，居全市各线路之首。1994年11月，建成宁连一级公路，沥青混凝土路面，宁淮公路与宁连一级公路并道。宁淮公路盱眙段长27.72千米，宽9米。至2008年，无变化。

（二）宁连一级公路（G205）盱眙段

宁连一级公路，是南京至连云港的省级公路。其中，盱眙段长27.39千米、宽21米，沥青路面。从黄花塘镇泥沛村至观音寺镇，途经黄花塘镇、马坝镇、观音寺镇。1990年7月，江苏省交通厅投资2.2亿元，开工建设宁连一级公路盱眙段。至1994年11月，盱眙段全线竣工通车，沥青混凝土路面。长27.391千米、宽21米。1998年6月，省交通厅投资3500万元，开工建设宁连一级公路马坝互通立交，11月底竣工通车。10月，省交通厅投资2214万元，开工建设盐金互通立交，位于盱眙县马坝镇楼庄村境内，设置匝道5条2.24千米、宽7米。2000年1月竣工通车，年底划入金湖县。至2008年，无变化。

图11－2　宁连一级公路盱眙段

（三）宁徐公路（S121）盱眙段（南线）

宁徐公路是南京至徐州的省级公路。其中，盱眙段长37.25千米、宽21～25.5米。从黄花塘镇泥沛村至盱城，途经马坝、高桥、维桥、十里营至盱眙县城。1986年，宁徐公路盱马段长30.15千米、宽9米，路面狭窄，车流量大，经常堵车。县委、县政府决定选定新线路，新建一条盱马路，西与盱马三级公路、徐宁二级公路处相连，东与宁连一级公路66千米处交汇。全县集中6万民工，完成路基土方143万立方米，建成长25.98千米、宽21米砂石路面。1994年，江苏省交通厅投资144万元，在新盱马路建成24道涵洞配套工程，年底全线竣工通车。1996年3月，宁徐公路指挥部贷款，将砂石路面改造成沥青路面。1997年，完成泥沛至马坝长11.27千米、宽25.5米接线工程。年底，全线通车。1998年初，江苏省交通厅投资3000万元，实施宁徐公路盱马段封闭施工。6月底，建成长25.15千米护栏护网工程，全线改造工程竣工。至2008年，无变化。

（四）宁徐公路（S121）盱眙段（北线）

宁徐公路，是南京至徐州的省级公路。其中，盱眙段（北线），长 34.231 千米、宽 9 米。从盱眙县淮河大桥至泗洪县下草湾，途经淮河镇、管镇镇、鲍集镇。1986 年，为砂石路面，长 42.43 千米、宽 7 米。1994 年起，省交通厅投资 8000 万元，对宁徐公路北线盱眙段改造 2 次。由宽 7 米砂石路面，改造成宽 9 米沥青路面。1998 年，全线建成。2001 年，创建成省级绿色通道。2002 年，建成省级文明样板路。至 2008 年，无变化。

（五）盱滁公路（S248）盱眙段

盱滁公路，是盱眙县至安徽省滁州市的出省通道。其中，盱眙段长 44.79 千米、宽 9 米，沥青路面。从盱城嘉喜转盘至安徽省半塔镇，途经古桑、桂五、王店、古城。1986 年，为砂石路面，长 31.01 千米、宽 3.5 米。1996 年，省交通厅投资 3000 万元，将盱滁公路盱眙段拓宽改造为长 44.79 千米、宽 9 米沥青路面。2002 年，投入 4000 万元，县道上升为省道二级，10 月竣工。至 2008 年，无变化。

（六）盱明公路（S331）盱眙段

盱明公路，是盱眙县至安徽省明光市的省级公路。其中，盱眙段长 35.87 千米、宽 7 米，沥青路面。从盱眙龙虾城至安徽省明光市涧溪镇，途经古桑乡磨涧、河桥镇打石山、河桥镇街道、河桥镇石港。1986 年，为砂石路面，长 30.671 千米、宽 3.5 米。1998 年，省交通厅投资 7500 万元，将盱明路盱眙段砂石路面改造为长 35.87 千米、宽 7 米混凝土路面。2001 年，省交通厅投资 2100 万元，将盱明路盱眙段混凝土路面改造为沥青路面。年底，全线竣工通车。至 2008 年，无变化。

（七）宁宿徐高速公路（S101）盱眙段

宁宿徐高速公路，是南京至宿迁、徐州的省级公路。其中，盱眙段长 62.55 千米、宽 25.5 米，沥青路面。从盱眙县黄花塘镇泥沛村至泗洪县双沟镇下草湾，途经黄花塘镇、马坝镇、维桥乡、盱城镇、管镇镇、鲍集镇，通达宿迁、徐州。1998 年 7 月 28 日，省交通厅投资 10 亿元，开工建设宁宿徐高速公路盱眙北段。从盱城十里营至泗洪县双沟镇下草湾。2001 年 11 月底，建成全立交双向四车道，全线竣工通车。长 35.2 千米、宽 25.5 米。沿线有立交 2 处，大桥、特大桥 2 座，跨线桥 11 座，服务区 1 处，收费站 2 处。2005 年 11 月，省交通厅投资 12 亿元，开工建设宁宿徐高速公路盱眙南段。从十里营至黄花塘与宁淮高速相连。2008 年 8 月，建成长 27.35 千米、宽 25.5 米，双向四车道沥青混凝土路面，全线竣工通车。

图 11－3　宁宿徐高速盱眙段航拍图

（八）宁淮高速公路（S102）盱眙段

宁淮高速公路，是南京至淮安的省级公路，也是通往苏北沿海城市的主要道路。其中，盱眙段长 39.7 千米、宽 25.5 米，沥青路面。南起旧铺镇好汉村与安徽省天长市交界处，北至观音寺镇周集村与洪泽县交界处，途经黄花塘镇、马坝镇。2003 年 8 月起，省交通厅投资 15 亿元，新建宁淮高速公路盱眙段。2006 年 12

月18日,建成长39.7千米、宽25.5米,双向6车道沥青混凝土路面,盱眙段全线竣工通车。至2008年,无变化。

二、农村公路

1986年,全县有县道10条165.29千米,乡道7条58.16千米,专用道路5条23.67千米,全部为砂石路,通往行政村均为自然土路。1988年,县政府制定《关于加速全县公路建设的意见》,确立优先发展农村交通战略思想,推动农村公路快速发展。至1992年底,全县累计投资514.75万元,建成乡镇道路66.67千米,其中王店乡至旧铺镇11.13千米、东阳乡至永丰村7.87千米、维桥乡至穆店乡15.55千米、淮河大桥至蛤滩村7.1千米、盱城镇至仁集乡6.2千米、鲍集乡至肖嘴乡8.35千米、旧铺镇至县种畜场5.5千米、旧铺镇至红旗水库7.5千米、官滩镇至蚕桑场5千米、明祖陵接线2.3千米、高桥乡至孙湾村6.7千米、古城乡至龙山乡11.75千米。

1993年,投资210万元,筑路基土石方250万立方米,建成县乡公路235.84千米。1995年12月1日起,县政府提出"苦战三年,实现县乡道路黑色化,乡村公路砂石化"建设目标。县乡道路指挥部按照"依托老路,局部取直,适当降坡,全面拓宽"原则,加快县乡道路建设。至1998年9月23日,苦战995天,投资8.1亿元,其中各界捐款4545万元,义务工900余万个,完成16条长237.5千米的县乡道路黑色化建设,部分路面从5米、10米不等全部拓宽到12米、16米、20米、23米。完成乡村砂石路1532千米。

1999年起,县政府提出"再战三年,乡乡公路联网化"建设目标。至2001年,打通改造乡乡公路13条139.9千米,分别是龙山—古城、水冲港—古城、河桥—洪山、东阳—永丰、马庄—观音寺、高桥—马庄、维桥—穆店、黄花塘—新街、铁佛—兴隆、淮河—黄岗、鲍集—肖嘴、管镇—仁集、桂五—莲塘。铁山寺、明祖陵、新四军军部旧址、八仙台、庙山、甘泉山、都梁公园、戚大山、龙王山等12个景区共建成道路64千米。

图11-4 农村公路

2002年,县政府投资145万元,将黄花塘新四军军部旧址至宁连路泥沛段6千米混凝土路面改造成沥青路面;将古桑乡磨涧村至淮河林场,经天明化工厂专用公路龙潭线6.2千米混凝土路面改造建成7米宽沥青路面。2003年,根据省政府指示,实施夹河大桥、蛤滩至腰滩道路改造工程,建成长20.58千米、路基宽7.5米、路面宽6米混凝土路面。是年起,县委提出决战1000天,掀起新一轮农村公路建设高潮。至2005年,共完成农村公路140条825.59千米,兴隆、观音寺、官滩、铁佛、维桥5个乡镇实现村村通公路。

2006年,完成黑色化公路21条237.5千米,分别是盱眙—张洪、盱眙—滁州、桂五—仇集、王店—桂五林场、莲塘—泥沛、枣园—黄花塘、高桥—黄花塘军部、十里营—老子山、维桥—三河、马坝—东阳、赵庄—铁佛、管镇—黄庄、桂五镇十里长山—九二五厂、仇集镇坡山口—洪山街道、盱眙—仁集、鲍集—肖嘴、肖嘴—花冈、王店—旧铺、衡西村—观音寺、红光厂—十老路、红旗厂—新华村。

2008年,共建成混凝土路面276条884.56千米,实现农村公路网络化。投资5000万元,建成盱张沥青路面29千米,宽12米。建成乡乡混凝土道路有:工古线(县工业园区至古桑乡),长11.52千米,宽度9米;官穆线(官滩镇至穆店乡),长25.57千米,宽9米;鲍仇线(鲍集镇铁营村至仇集镇),长71.38千米,宽3.5

～9 米;观官线(观音寺镇至官滩镇),长 31.42 千米,宽 3.5～6.5 米;兴铁线(兴隆乡至铁佛镇),长 6.04 千米,宽 3.5 米;黄仇线(黄花塘镇泥沛至仇集镇),长 59.83 千米,宽 6.5～9 米;旧仇线(旧铺高速公路出口至仇集龙山街道),长 45.62 千米,宽 3.5～9 米;旧王线(旧铺镇张洪街道至王店乡古城街道),长 24.61 千米,宽 3.5 米。至年底,境内农村公路总投资 52296.83 万元,其中省投资 33244.42 万元、县配套资金 19052.41 万元。资源换石料 621.1 万吨,折合 13664.2 万元。建成农村公路 416 条 2156.36 千米,其中混凝土硬质化乡乡道路 814.97 千米、乡村道路 891.69 千米、县乡沥青道路 449.7 千米。

2008 年盱眙县县乡沥青道路一览表

表 11－1

名　称	起　点	终　点	经过乡镇、地点	长度(千米)	宽度(米)
盱龙线	盱城	龙山街道	河桥镇、仇集镇、龙山林场	49.0	3.5
盱铁线	盱城	铁山寺	古桑乡、桂五镇、古城街道	46.0	3.5
盱观线	盱城	观音寺镇	十里营、维桥乡,高桥街道、马坝镇	47.0	6.5
盱东线	盱城	东阳街道	十里营、维桥乡,高桥街道、马坝镇	33.4	6.5
盱铁线	盱城	铁佛镇	淮河街道、管镇镇	36.4	3.5
盱肖线	盱城	肖嘴街道	淮河街道、管镇镇、鲍集镇	34.0	3.5
盱兴线	盱城	兴隆乡	淮河街道、项庄、管镇镇	24.0	3.5
盱明线	盱城	明祖陵镇	淮河街道、小南庄	21.8	7.0
盱新线	盱城	新街街道	穆店乡、莲塘街道、黄花塘镇、泥沛街道	47.6	3.5
盱刘线	盱城	刘庄	十里营、官滩镇	22.5	3.5
盱三线	盱城	三河农场	十里营、九三九五厂	21.0	3.5
盱张线	盱城	好汉村	穆店乡、莲塘街道、旧铺镇、张洪街道	40.6	3.5
盱八线	盱城	八仙台	穆店乡、马湖村、莲塘街道	26.4	3.5

第二节　桥　　梁

1986 年,境内有各类桥梁 349 座,其中国道 89 座、省道 70 座、县道 65 座、乡道 105 座。1995～1996 年,随着大规模公路建设逐年兴起,全县公路桥梁日渐增加。盱眙至马坝一级公路建成后,相继新建曹涧桥、维桥、董桥、高桥、欧湖桥、马鞍桥 6 座。1998 年初,宁宿徐高速公路淮河特大桥(淮河二桥)开始建造,长 6153 米,净宽 28 米,下部结构为钻孔灌注桩和矩形方柱墩,上部为装配式预应力连续梁,工程造价 2.4 亿元;2000 年 10 月竣工。2002 年,重建县道鲍集至肖嘴公路付庄桥、管镇至黄岗公路兴隆桥、桂五至仇集公路外营桥、盱眙至张洪工农兵桥。改造盱滁公路由县道变为 S248 省道时,全线 7 座桥梁重新改造,11 月底全部竣工。2005 年,S331 省道加固改造时,先后改造一级站桥、磨涧桥、周大营二桥、胜利桥、河桥镇三元桥。2006 年 7 月底全部完工。至 2008 年,境内共有各类桥梁 388 座,其中国道 89 座、省道 70 座、县道 65 座、乡道 105 座、村道 59 座。新建各类桥梁 34 座,其中省道 23 座、县道 11 座。

图 11－5　建设中的三河大桥

1995～2008 年盱眙县新建干线公路桥梁选一览表

表 11－2

所属线路编号及名称	桥梁名称	中心桩号	桥梁跨径分类	桥梁全长（延米）	多跨径总长（米）	跨径组合（米×孔）	桥面全宽（米）	桥面净宽（米）	桥下净空（米）	上部结构	下部结构	设计荷载	技术状况	是否危桥	建成时间
S121 宁徐线	马坝立交桥 1	99＋274	大桥	126.02	117.44	－	15.55	14.55	5	箱梁	－	汽－20 挂－100	一类	否	2001.01
	马坝立交桥 2	99＋865	中桥	42.70	39.00	－	15.55	14.55	5	板梁	－	汽－20 挂－100	一类	否	2001.01
	马鞍桥	100＋025	小桥	34.00	30	－	23	20.5	3.3	板梁	－	汽－20 挂－100	一类	否	1995.10
	黑泥桥	106＋887	小桥	24.00	20	－	23	20.5	4	板梁	－	汽－20 挂－100	一类	否	1995.10
	新高桥	110＋396	中桥	53.00	48	－	23	20.5	6	T 梁	－	汽－20 挂－100	一类	否	1996.11
	董桥	113＋157	小桥	19.00	10	－	23	20.5	4.6	板梁	－	汽－20 挂－100	一类	否	1996.11
	维西桥	115＋844	中桥	65.00	60	－	23	20.5	3.7	T 梁	－	汽－20 挂－100	一类	否	1995.01
	曹涧桥	118＋179	小桥	21.00	16	－	23	20.5	5	T 梁	－	汽－20 挂－100	一类	否	1995.06
S248 盱滁线	贺岗桥	4＋508	小桥 4	15.00	9	9×1	12	11	3	板梁	－	汽－20 挂－100	一类	否	2002.08
	黄营桥	5＋939	小桥 4	15.00	9	9×1	12	11	3	板梁	－	汽－20 挂－100	一类	否	2002.08
	黄板桥	9＋822	小桥 4	16.00	8	8×1	12	11	4.2	板梁	－	汽－20 挂－100	一类	否	2002.08
	四十里桥	16＋514	小桥 4	26.20	22.8	11.4×2	12	11	5	T 梁	－	汽－20 挂－100	一类	否	2002.08
	王店桥	23＋879	中桥 3	27.64	20.34	13.04×1	12	11	5	板梁	－	汽－20 挂－100	一类	否	2002.08
	罗筐坝桥	27＋777	小桥 4	18.04	13.04	8.04×1	12	11	2.7	板梁	－	汽－20 挂－100	一类	否	2002.08
	苑圩桥	29＋637	中桥 3	45.64	39	13×3	12	11	6.3	板梁 11	－	汽－20 挂－100	一类	否	2002.08
S331 盱明线	马坝立交桥 1	217.329	大桥	126.02	117	117.44	15.55	14.55	5	箱梁	－	汽－20 挂－100	一类	否	2000.9
	马坝立交桥 2	217.92	中桥	42.70	39	39	15.55	14.55	5	板梁	－	汽－20 挂－100	一类	否	2000.9
	一级站桥	247.056	小桥	41.00	29	21＋8	14	12	2.9	T 梁	－	公路二级	一类	否	2006.7
	磨涧桥	252.325	中桥	49.40	40	20×2	12	11	4.5	T 梁	－	公路二级	一类	否	2006.7
	周大营二桥	259.484	小桥	20.60	19.6	9.8×2	14	13	2.35	板梁	－	公路二级	一类	否	2006.7
	河桥	263.68	中桥	45.60	39.2	13.2×1	10	9	2.2	板梁	－	汽－20 挂－100	一类	否	2000.5
	河梢桥	264.439	小桥	17.00	10	10	17	16	1.5	板梁	－	公路二级	一类	否	2006.7
	胜利桥	272.033	小桥	21.50	13	13×1	12	11	2.4	板梁	－	公路二级	一类	否	2006.7

1986 ~2008 年盱眙县新建县道桥梁一览

表 11 -3

所属线路编号及名称	桥梁名称	中心桩号	桥梁跨径分类	桥梁全长（延米）	多跨径总长（米）	跨径组合（米×孔）	桥面全宽（米）	桥面净宽（米）	桥下净空（米）	上部结构	下部结构	设计荷载	技术状况	是否危桥	建成时间
盱张线	工农兵桥	9K +857	中桥	67.88	60.0	20.0	12.00	11.00	6.85	板梁	U 型台重力式墩	公路二级	一类	否	2006.01
盱马线	新高桥	13K +651	中桥	58.0	48.0	16.0	9.70	9.00	4.70	T 梁	U 形台双柱墩	汽 -20 挂 -100	二类	否	1988.10
莲泥线	泥西桥	12K +596	小桥	15.0	12.0	6.00	9.95	9.35	3.40	板梁	八字台重力式墩	汽 -20 挂 -100	一类	否	2004.10
管黄线	韩巷大坝桥	10K +225	小桥	23.8	20.6	20.60	7.40	6.90	3.90	桁架拱	U 型台	汽 -10 拖 -60	五类	是	1986.08
管黄线	兴隆大桥	11K +514	中桥	85.8	73.2	18.30	7.00	6.00	4.40	板梁	U 型台双柱墩	汽 -20 挂 -100	一类	否	2006.06
鲍肖线	小付庄桥	2K +724	小桥	21.0	12.6	6.30	7.35	6.95	2.60	板梁	U 型台重力式墩	汽 -10 拖 -60	一类	否	2002.11
维三线	双合桥	0K +711	小桥	28.3	19.1	6.55	16.50	14.00	2.80	板梁	U 型台	汽 -20 挂 -100	一类	否	1997.07
维三线	胜墩桥	3K +636	小桥	24.6	10.0	5.00	13.40	12.30	2.75	板梁	U 型台重力式墩	汽 -20 挂 -100	一类	否	2000.06
维三线	恒河桥	5K +501	小桥	41.5	14.0	14.00	19.40	13.20	3.70	板梁	U 型台重力式墩	汽 -20 挂 -100	一类	否	1999.12
五嘉线	清水坝桥	2K +250	小桥	7.8	6.0	6.00	59.75	32.20	2.10	板梁	U 型台	汽 -20 挂 -100	一类	否	2002.06
五嘉线	嘉喜小桥	2K +385	小桥	16.5	10.4	5.40	60.00	31.80	2.75	板梁	U 型台	汽 -20 挂 -100	一类	否	2001.05

第三节 公路运输

一、公路客运

（一）长途客运

1986 年，县汽车运输公司、第二汽车运输公司共同投资 75 万元，购置客车 12 辆，开始从事长途客运。县第二汽车运输公司独资购进中型客车 4 辆，运营盱眙至南京、扬州线路。全年客运量 81.2 万人次，周转量 8445 万人千米。盱眙客运站主要经营县内农公班线路。1989 年，全县长途客运有大型客车 105 辆。其中，盱眙汽车站 42 辆 1870 座位，县公共交通运输公司 12 辆 529 座位，个体客车 22 辆 536 座位，其他客车 7 辆 313 座位。

1994 年，全县长途班车增加 16 辆，营运线路 25 条。其中，跨省线路 6 条，日发车 16 班次；跨市线路 9 条，日发车 19 班次；跨县线路 10 条，日发车 38 班次。是年，因全县遭受洪涝灾害，客运量、周转量分别下降至 81.7 万人次、8403 万人千米。1995 年 3 月，盱眙车站全方位对外开放，接纳社会车辆进站，解决车辆乱停乱放和乱拉乱带旅客问题。年底，实现客运量 133.2 万人次，周转量 12514 万人千米。1998 年，对客车实载率低于 60% 的线路停批新增班次。县客运总公司以股份制形式筹集资金，实施“发展长途客运，放弃乡镇班线”经营策略，开辟长途快客盱眙至南京班线，日发 8 班次。

图 11－6 淮汽集团盱眙县老汽车站

2000 年，开通上海、苏州、杭州、南通等省内外长途班线，年客运量 220 万人次；发至上海、南京等 36 个城市，日发车 322 班次，日客运量 3500 人次。全年客运量、周转量分别增至 462.9 万人次、40124 万人千米。2001 年，县汽车客运总公司投资 186 万元，购进豪华客车 1 辆、“快客”6 辆，开通徐州、合肥新班线。

2004 年 3 月，改造淮盱客运线路营运权，实行公司化经营。年底，完成盱眙至扬州客运线路营运权公司化改造。2007 年，新增盱眙至浙江义乌、盱眙王店至安徽半塔镇、金湖汽车站开往广州途经盱眙的班车配载售票。收购盱眙至无锡、扬州客运班线营运权。

2008 年，盱眙至泗洪、无锡、扬州、泗阳客运班线实行公司化改造。12 月 23 日，盱宁专线举行“江苏快客”揭牌仪式。与境内 24 个邮政网点实行联网售票，添置安检设备，实现微机检票，车辆管理实行 GPS 卫星监控系统。全县有长途客车 83 辆，运营路线 28 条，客运量、周转量分别为 782.2 万人次、74140 万人千米，企业营运收入 3513 万元，上交税金 140 万元，利润 227 万元。盱宁专线获“江苏快客”品牌，淮盱专线被评为市信誉客运企业。

2008 年盱眙县汽车客运中心长途客运班线一览表

表 11-4

单位:个

班车线路		班次	经过站点	班车线路		班次	经过站点
起	讫			起	讫		
盱眙	上海	2	直达	盱眙	泗阳	2	鲍集、泗洪、洋河、临河
盱眙	苏州	2	直达	盱眙	仪征	2	直达
盱眙	无锡	3	直达	盱眙	金湖	13	维桥、高桥、马坝
盱眙	常州	4	天长、扬州、镇江	盱眙	滁州	2	桂五、王店、半塔、长山、来安
盱眙	徐州	3	泗洪、泗县、睢宁、王集、铜山	盱眙	南吴集	1	马坝、蒋坝、洪泽、五墩
盱眙	宿迁	2	鲍集、双沟、泗洪、重岗、埠子	盱眙	南通	1	江都、泰州、海安、如皋
盱眙	蚌埠	2	河桥、涧溪、明光、凤阳	盱眙	灵璧	1	直达
盱眙	合肥	2	明光、定远、肥东	盱眙	泗县	2	鲍集、双沟、泗洪
盱眙	常熟	1	镇江、常州、江阴、张家港	盱眙	明光	12	河桥、石港、涧溪、石坝
盱眙	杭州	1	扬州、镇江、宜兴、长兴、湖州	盱眙	洪泽	6	马庄、三河大坝、蒋坝
盱眙	昆山	2	镇江、常州、苏州	盱眙	淮安	23	马坝、观音寺、朱坝
盱眙	张家港	1	镇江、常州、江阴	盱眙	南京	19	直达
盱眙	扬州	8	桐城、天长、秦楠、仁和、大仪	盱眙	来安	1	桂五、王店、半塔、长山
盱眙	泗洪	38	管镇、鲍集、下草湾、双沟	盱眙	义乌	1	南京、溧水、宜兴、长兴、大塘、吴店

1986~2008 年盱眙县长途客车客运量、周转量一览表

表 11-5

单位:万人次、万人千米

年份	客运量	周转量	年份	客运量	周转量	年份	客运量	周转量
1986	81.2	8445	1994	81.7	8403	2002	503.7	49360
1987	88.3	9314	1995	133.2	12514	2003	392.1	34888
1988	118.7	10017	1996	121.5	10624	2004	579.2	49505
1989	183.4	15402	1997	468.8	45388	2005	578.8	54583
1990	127.1	10654	1998	181.7	15406	2006	761.6	72809
1991	129.5	11003	1999	163.1	14504	2007	654.5	72617
1992	131.2	12501	2000	462.9	40124	2008	782.2	74140
1993	232.5	28015	2001	415.5	36043			

(二)农村客运

1986 年,盱眙县客运站经营县内农公班线路,有客车 82 辆 1802 座位,其中淮汽总公司盱眙公司、县汽车运输公司、县第二汽车运输公司有农公班车 42 辆。1987 年,旧铺镇客商自购 1 辆 10 座面包车,经营盱眙至旧铺农客班线,成为全县从事个体客运第一人。从此,个体农公班车迅速增长。

1990 年,成立农村客运服务站,管理全县 70 辆个体农公班车线路、班次、安全秩序等事项,线路覆盖全县各乡镇。开始统计农村公路客运量和周转量。1994 年,客运市场实施定线路、定班次、定车辆、定站点、统

一票据、统一售票、统一发车统一结算的管理机制。1995 年,县交通局在五墩开发区征地 10.6 公顷,投资 150 万元,建成农公客运服务站,解决农公班车长期停靠马路边的问题,规范车进站、人归点的客运市场秩序。农公班车推行日记卡登记制度,规范农公班车运营。1996 年,取缔三轮车带客,允许农用运输车经营客运。1997 年,全县大金猴、扬子、谊远等农村客运车增加到 365 辆。1998 年,县城区相继建成城北、城东、城南客运分站。

2001 年,县交通局联合公安部门,检验全县营运客车,集中销毁超报废期客车 56 辆,批准个人申请购买农客班车 60 余辆,补充农公班车运力不足。2002 年,取缔无营运证和 7 座以下小型客车,农公班车减少到 220 辆,以大金猴、天脉山、扬子等车牌为主。是年起,农村部分中青年外出打工,农公班线客运量周转量开始减少。

2005 年,完成客运企业和农公班车公司化改造,实施行政村通达工程。淮汽集团盱眙客运有限公司收购 50 辆农公班车,经营农村客运。新建客运线路站牌 450 个,229 个行政村通达班车,通达率 99%,基本完成农村公路客运班车通达工程。

2008 年,全县有农村客运班车 148 辆,其中私人挂靠 101 辆,车型以牡丹、友谊、东欧、迎客松等为主,每车核定 17 座,运营线路 9 条;经营铁山寺、明祖陵、新四军军部旧址旅游专线 18 辆。全县有 230 个行政村通达班车,有 1 个行政村因淮河阻隔未通达。在官滩镇开通乡村客运试点,发展乡村客运线路 6 条,新增 13 辆大型面包车。不规范、非法营运的车辆退出农村客运市场。

2008 年盱眙县农村客运班车运营线路站点一览表

表 11－6

班车线路		经过站点	班车线路		经过站点
起	讫		起	讫	
盱眙	马坝	十里营、维桥、高桥	盱眙	观音寺	十里营、维桥、高桥、马坝
盱眙	龙山	磨涧、打石山、河桥、洪山、仇集	盱眙	肖嘴	项庄、管镇、鲍集
盱眙	张洪	滚子涧、穆店、莲塘、旧铺	盱眙	铁佛	项庄、管镇、赵岗
盱眙	铁山寺	古桑、季安、桂五、四桥、王店、古城	盱眙	老子山	十里营、赵岗、石灰厂、三河岔路 官滩、陈庄、王庄
盱眙	黄花塘	滚子涧、穆店、莲塘			

1990～2008 年盱眙县农村班线客运量、周转量一览表

表 11－7　　单位:万人次、万人千米

年份	客运量	周转量	年份	客运量	周转量	年份	客运量	周转量
1990	75.0	2250	1997	555.0	16650	2004	310.0	9300
1991	210.0	6300	1998	590.0	17700	2005	270.0	8100
1992	210.0	6300	1999	642.5	19275	2006	272.5	8175
1993	300.0	9000	2000	940.0	28200	2007	310.0	9300
1994	300.0	9000	2001	650.0	19500	2008	292.5	8775
1995	552.5	16575	2002	292.5	8775			
1996	560.0	16800	2003	292.5	8775			

（三）城市客运

城区公交 1986年，县交通局公共交通运输公司有公交车4辆，分别往返营运县客运站至化肥厂、县客运站至供电局2条路线。1990年，淘汰2辆年限到期公交车。1993年3月，城市公交管理职权移交县城建局，成立城建公交公司（简称县公交公司），2辆公交车营运五墩至县供电公司往返线路。1997年底，县城建局新购5辆“牡丹”牌中巴公交车。1998年初，县公交公司采取个体购车，挂牌营运，统一管理，定额上交，风险自担的城市公交管理模式，个体户购车20辆，经营公交线路3条。1路线从盱城医院至五墩，2路线从盱眙汽车客运站经淮河南路、五墩南路、五墩东路、淮河东路循环达盱眙汽车客运站，3路线从实验小学经淮河北路、淮河东路、五墩东路、五墩北路达龙虾城。

2000年，有公交车25辆，沿线建有龙虾城、北站、南站、东站4个停车场和始发站，设立10个候车亭、30个停靠点，盱城公交网络初见雏形。新增1条4路线，从收费站至收费站（循环线），途经五墩北路、五墩南路、大庆路、淮河南路、淮河北路、大桥南路。2001年，公交车发展到60辆，新增1条5路线，从盱中至盱中（循环线），途经宣化路、虎宣路、淮河东路、斩龙涧路、盱中。开始销售公交月票，最多每月发售月票6000余本。2002年，新增1条十里营至古桑往返线路。开通县工业园区公交专线车，通达6个企业。2003年10月，县公交公司投入30万元，新建县城区16个公交候车亭、136个公交招呼站牌，实行乘客站台、招呼站上下车。

2005年，经县城建局批准，个体户购进江淮大巴公交车5辆，参与公交营运。1路终点站由东站延伸到工业园区，北站延伸到淮河镇街道；3路终点站由龙虾城延伸到十里营街道。2006年，县公交公司个体挂靠户新购公交车42辆，公交车更新率80%。公交车增加到66辆，其中大巴车47辆，中巴车19辆。2007年，淘汰5辆中巴公交车，新购2辆大巴车。甘泉西路、盱马路新建10个公交站台。2008年，全县有大巴公交车63辆，营运线路7条，营运里程102.7千米。

2008年盱眙县城市公交营运线路一览表

表11－8　　　　单位：千米

线　　路	站　台　及　招　呼　站	里程
1路线双向对开	兴大鞋业—雅而斯—淮源矿业—八一广场—都梁中学—实小三分校—自来水公司宿舍—国贸商城—五墩—中医院—二中—桃园巷—盱城镇—建行—商贸城—山城市场—航道站—海事处—森海豪庭—第一山公园—黄牌街—实验小学—供电新村—淮河商场—淮河站	15.7
2路线双向循环	南站—龙泉酒厂—龙泉别墅—石牛村—益民厂—南苑小区—劳动技校—检察院—老穆店路—五墩—中医院—二中—农行—桃园巷—盱城镇—建行—影剧院—城南小学—二水—马墩巷—造纸厂—农资宿舍—公交公司—石桥路—月季园—南站	14
3路线双向对开	十里营—县政府—龙虾城—新马中学—交通局—四季华庭—交通局—东方市场—淮建路—卫生局—党校—南苑小区—锦绣家园—石牛村—龙泉雅苑—信访局—月季园—石桥路—公交公司—农资宿舍—惠源居—物资局—西马机床—城南小学—影剧院—商贸大世界—山城市场—航道站—海事处—森海豪庭—第一山公园—三中—实验小学	14
4路线双向循环	四中—长途车站—宣化岔路—山口门小区—康宁岔路—实验小学—三中—第一山公园——海事处—森海豪庭—航道站—山城市场—商贸大世界—建行—盱城镇政府—陡沟巷—农行—二中—中医院—东方市场—交通局—四中	14
5路线双向对开	盱中—水泵站—斩龙涧小区—山城市场—金谷园—建行—盱城镇政府—陡沟巷—农行—二中—中医院—东方市场—交通局—四中—长途汽车站—宣化路口—枇杷井—附中—盱中	14.8
6路线双向对开	古桑街道—龙泉转盘—八五广场—都梁中学—实小三分校—自来水公司宿舍—国贸商城—五墩—中医院—二中—农行—桃园巷—盱城镇—建行—商贸城—山城市场	14.2
园区专线	信访局—石牛—前洼村—八一广场—洪武大道—宝隆服饰—欧润箱包—小太湖—金轮机械—新海小区—新海电子—金桂大道—新马中学—四中—车站	16

出租车　1993年5月,县政府拍卖200副出租车号牌,车型为泰兴三迪,年底投入营运。从此,县内始有出租车客运。1999年初,成立盱眙县大众汽车有限公司,购进48辆"云雀"牌轿车,参与出租客运。2001年,县城建局成立盱眙县城市客运管理处(简称客管处),自收自支事业单位,负责城市出租车市场管理。2002年,全县有出租车748辆,其中客管处办证368辆、安装顶灯160辆、配装计价器95辆。2006年底,全县有出租车517辆,更新出租车184辆,其中"千里马"牌134辆、"菲亚特"牌38辆、"羚羊"牌12辆。2008年,全县517辆出租车全部办理证件、安装顶灯、配装计价器。

"摩的"　1995年,县政府改造旧城区,扩宽城区道路,部分菜场、学校道路不通,市民出行、学生上学和放学乘坐摩托车,始有摩托车带客营运,市民称之为"摩的"。2000年,摩的迅速发展到2000余辆。2002年,摩的交通事故频发,县客管处整治摩的营运,取缔摩的300余辆。2004年,县客管处组织专项打击取缔摩的行动4次,共取缔摩的1000余辆次。2006年,县客管处广泛宣传乘坐摩的危害性,打击取缔摩的1500余辆次。2008年,非法带客摩的全部取缔。

二、公路货运

1986年,全县共有货车472辆2302吨位,其中个体407辆1697吨位,交通部门专业公司有65辆605吨位。10月,县汽车运输公司设立贸易货栈,实施货物代储、业务代运。全年陆路货物运输量73.7万吨,周转量5544万吨千米。1987年,货运市场竞争加剧,个体车辆减少到344辆,交通部门专业公司车辆减少到62辆。江苏省汽车运输公司淮阴分公司在盱眙县成立货运站,自备货车13辆130吨位,主要向县外运送水泥、粮食等物资。1993年,全县运输市场放开,个体货车发展到541辆2414吨位。全县货运量72.1万吨,周转量5214万吨千米,其中县交通部门专业运输企业货运量15.91万吨、周转量967.8万吨千米。1996年,集体运输企业车辆老化,无力更新,货运车辆减少到6辆,其中县汽车运输公司3辆、第二汽车运输公司3辆。

2000年,引进物流企业5家,承担盱眙至全国各地物流运输、全县零担运输和货运代理,其中盱眙大地运输有限公司,开通盱眙—苏州—上海货运配送专线。2004年,全县燃料价格下跌、货源充足,个体户运输车辆再次上升。全县各种货车增加到1265辆7109吨位,其中大型货车770辆5901吨位、中型货车134辆353.5吨位、小型货车313辆447吨位、油罐车18辆95.5吨位,危险品运输车30辆312吨位。

2008年,全县有南京邦德物流有限公司盱眙分公司、盱眙县中通快递有限公司、淮安市快顺物流有限公司、盱眙大地运输有限公司、盱眙县顺丰快递有限公司、申通快递盱眙县分公司6个物流企业,配载市场初具规模。全县有货车1435辆13980吨位,年货运量516万吨,周转量42385万吨,分别是1986年的7.1倍、7.6倍。油罐车21辆110.5吨位,危险品运输车36辆372吨位。

1986~2008年盱眙县汽车货运量、周转量一览表

表11-9　　单位:万吨、万吨千米

年份	货运量	周转量	年份	货运量	周转量	年份	货运量	周转量
1986	73.7	5544	1994	95.2	5770	2002	116.2	86666
1987	68.1	5017	1995	106.4	7938	2003	212.3	14867
1988	61.5	4727	1996	72.3	5422	2004	280.1	20358
1989	65.4	4873	1997	92.1	6007	2005	285.4	20692
1990	69.8	5104	1998	73.2	5490	2006	408.9	30258
1991	73.5	5631	1999	133.5	10013	2007	424.2	31391
1992	70.4	5185	2000	105.3	7243	2008	516.0	42385
1993	72.1	5214	2001	71.4	5355			

三、公路运输、工程企业选介

(一)淮汽集团盱眙汽车客运有限公司暨盱眙县汽车客运站

1986年,江苏省汽车运输公司淮阴分公司设立盱眙营业处,从事盱眙客运业务,与盱眙县汽车客运站两块牌子一套人马。盱眙汽车客运车站坐落于淮河东路14号,占地7534.4平方米,停车场3427平方米,站房设施1264平方米,候车室720平方米,门厅192平方米,售票厅128平方米,行包房72平方米,票房32平方米,售票窗口6个,发车位10个。有客运车辆82辆,年客运量62.3万人次。1995年,淮汽集团盱眙汽车客运有限公司划归盱眙县地方管理,更名为盱眙汽车客运总公司,全民企业,主要经营县内外客运线路,有客运车辆33辆,年客运量70余万人次。

图11-7 淮汽集团盱眙县新汽车站

2002年6月,更名为淮汽集团盱眙汽车客运有限公司,民营企业。全年客运量160万人次,周转量1.98万人千米。2006年9月,省、市交通部门投资5000万元,淮汽集团盱眙汽车客运有限公司投资95万元,在山水大道新建盱眙汽车客运站。2007年6月,主体竣工。12月28日,投入使用。内设主站房、站前广场、站后停车场三部分,用地6.67公顷,主站房1.08万平方米,停车场2.2万平方米,站前广场0.75万平方米,绿化2.2万平方米。日发送旅客1.5万人次。2008年,拥有客运车辆180辆,日行程2.3万千米,年运量220万人次。

(二)淮安一汽盱眙和平汽车运输有限公司

1986年,县汽车运输公司,为全民企业,集货运、客运、修理、配件及油料供应于一体的综合性汽车运输公司,职工223人,固定资产250.3万元,流动资金14.4万元。1996年起,县汽车运输公司采取包定基数,硬化指标,责任到人方式,完善承包经营责任制;设立贸易货栈,开展货物代储。年底,有客、货车50辆,其中长途客车16辆。年货运量50万吨,客运量21.6万人次。1997年,由于经营管理不善,亏损76万元。张家港客商出资410万元,买断县汽车运输公司。2005年7月,县汽车运输公司更名为淮安一汽盱眙和平汽车运输有限公司,属民营企业。2008年,有长途客车8辆,客运量21万人次。

(三)县第二汽车运输公司

1986年,县第二汽车运输公司为集体企业,职工107人。有中型客车4辆,营运盱眙至南京、扬州线路,客运量18.9万人次;有东风型货车32辆,周转量1400万吨千米。1987年起,车辆老化,亏损逐年增加。至1990年,亏损近10万元。1994年,实行单车经营承包制,汽车分别承包给企业职工,完成货运量404万吨,周转量488万吨千米,营业收入65万元,利润7.5万元。2002年,县交通局将其零资产整体出售,一次性解除全员劳动合同,场地经营权变卖所得款60万元,发放给职工作为经济补偿金。年底,撤销县第二汽车运输公司。

（四）县交通工程管理处

1987年9月，县交通局成立盱眙县交通工程公司，负责全县公路建设和整修。当年完成观音寺龙墩口至马坝南青年水库13.109千米宁淮一级公路路基土方52.365万立方米；完成永丰至东阳7.8千米、徐宁公路鲍集段10千米大修工程。全年产值180万元，利税17.8万元。1988年4月，更名为盱眙县交通工程管理处，有翻斗车2台，为自主经营、自负盈亏核算企业，主管公路施工，兼营机械。当年，铺设县乡石子道路31千米，新建宁淮一级公路102道涵洞配套工程，实现产值523万元，利税64.5万元。

1990年起，先后建设宁徐公路盱马段25.095千米穿路涵洞、盱鲍段34.2千米沥青路面、宁连一级公路苏皖接线工程3.5千米。至1996年，共投入300万元，增加挖掘机、装载机、压路机等机械设备30台（套）；建设公路总长62.795千米，公路配套涵洞79道。当年实现产值1138万元，利税100.8万元。1997年，组建县乡道路施工大队。整修宁徐公路盱鲍段11.6千米，完成宁徐公路盱马段穿路涵洞25道，实现产值1300万元，利税125.2万元。2000年，外欠修路款1000余万元，企业停产。2003年10月，被批准整体出售，改为民营企业。2008年，变卖机械设备，停业。

第三章　水路交通

第一节　航　　道

一、淮河干线航道

1986年，境内淮河主航道从老子山至洪山头46千米，淮河干线航道受到多年洪水袭击和上游泥沙淤积，河面宽度变窄，航道出现浅滩。1990年5月9日，投资38万元，疏浚淮河大桥下游浅滩，开挖荒滩0.97公顷，水下疏浚土方6.61万立方米。1992年4月，淮河大桥上游二期疏浚工程开工，投资18.4万元，征用土地0.07公顷，开挖土方3.03万立方米，疏浚总长410米，6月竣工。1994年4月，淮阴市交通局确定盱眙境内淮河主航道从洪山头至龟山为三级航道37千米。1999年1月，淮河主航道与溜子河相接处浅滩疏浚工程竣工。淮河干线航道泄洪能力平均由每秒300立方米提高到每秒850立方米，常水位满足500吨船舶航行。1999年7月，距淮河大桥上游1500米处庙台浅滩疏浚工程开工，9月20日竣工。

图11-8　淮河干线航道

2000～2008年，淮河干线航道未实施疏浚工程。

附：淮河盱眙县城区段护坡工程

1999年，江苏省航道局总投资460万元，工程分三期实施。5月25日，施工一期护坡工程，南起环卫站，北至老船塘，砌体0.62万立方米，压顶139立方米,护岸总长1100米,其中曲线段800米,8月底竣工。2000年5月,护坡二期工程开工,从滨淮机械厂至宝积山,长1500米,开挖土方3.54万立方米,砌体0.7万立方米,2001年8月12日竣工。2002年,护坡三期工程开工,从造船厂到淮河大桥,长1200米,砌体0.58万立方米、土方2.52万立方米,护坡高15.5米,底标高11米。护坡采用重力式挡土墙和斜坡式结构。10月竣工。

二、淮河支线航道

图11－9 淮河盱眙段支线溜子河航线

1986年,盱眙境内有淮河支线航道9条53.5千米。水深1米以上41千米,通过100吨以上船舶11千米。1987年7月,洪泽县、泗洪县黄岗沟、肖嘴沟、管镇沟、鲍集沟、溜子河、内淮河、盱铁河、二淮河、仁集沟、鲍引河10条支线航道划归盱眙县,全县新增支线航道141.72千米。1994年4月,淮阴市交通局确定盱眙境内有支线航道18条182.35千米,其中六级航道6条69.32千米、七级航道6条99千米、等外级航道6条14.03千米。2003年4月,经过全国第二次航道普查,盱眙境内有淮河支线航道14条172.64千米,其中六级航道3条25.85千米、七级航道4条95.93千米、等外级航道7条50.86千米(其中新增等外级航道3条9.4千米)。至2008年,盱眙县淮河支线航道无变化。

2008年盱眙县支线航道一览表

表11－10

航道名称	起　讫	里程(千米)	航道等级	航道基本情况				
				航道底宽(米)	跨河桥梁(米)	跨河电线(道)	码头(座)	航道水深(米)
清水坝河	新船塘—盱明公路桥	7.92	4	30~40	0	0	8	3.5
三河农场河	三和公路桥	11.92	4	40	0	4	5	3.5
永丰河	三和—汪木排河	6.01	6		0	0	0	1~2.5
溜子河	花园嘴—剪草沟	45.84	7	38	4	0	10	3
官滩河	淮河渔沟—县水泥厂	3.62	5	38	0	2	15	3.5
二淮河	新船塘—龟山	13.82	6	40	2	2	2	3.5
鲍引河	新河头—剪草沟	32.65	7	17~23	0	0	6	2.2~2.5
宝积山河	新船塘门口—二库	3.64	6	40	0	0	6	2.3~4
维桥新河	水电站—入河口	5.98	等外	30	1	2	6	2.5~3.5
管镇河	鲍引河—抽水站	4.08	等外	15~20	1	1	0	2.2
盱铁河	内淮河—铁佛	27.76	等外	35	0	0	0	2.1~2.4
冯港沟	淮河—采石场码头	0.40	等外	45	0	0	7	2.5~3.5
黄冈沟	黄龙河	1.04	等外	30	0	0	6	2.5~3.5
磨涧河	交武采石厂—淮河	7.96	等外	30~40	0	2	5	3

三、航 标

1986 年，淮河盱眙段有航标 7 座，均为简易浮船标、双船浮标。1987 年，改造淮河盱眙段航标 3 座，均为固定标。1988 年，管镇窑沟河和鲍引河 2 座固定标、1 座杆型浮鼓航标，由泗洪县航道部门移交盱眙航道部门管理。至 1991 年，淮河盱眙段航标增加到 10 座。1992 ~ 1996 年，改建为太阳能光源固定航标 10 座，钢筋网抛石基础，增设浮鼓 4 只。2004 ~ 2007 年，改建淮河 10 座航标，水上部分铁架式钢材改换为进口材料、发光膜贴附外罩、光源采用太阳能自动控制。2008 年，辖区内建有各式航标 19 座。其中，淮河主航道有固定航标 12 座、双船浮标 1 座，鲍集河固定航标 2 座，管镇河杆型浮鼓航标 1 座，官滩河杆型浮鼓航标 3 座，航标正常率 99%。

图 11 - 10　航标检查

第二节　港口码头

一、港 口

1986 年，县港务管理处负责港区内码头运输、库场管理和安全监督工作。年港口吞吐量 39.56 万吨，操作量 78.56 万吨千米。1989 年起，相继新建新船塘水泥货场和滨淮厂旁码头货场，建成黄龙河、磨涧河码头，吞吐量、操作量平稳增长。至 1998 年，实现港口吞吐量 79.9 万吨，操作量 122.72 万吨千米。

1999 年起，相继拆除新船塘码头吊机、货场、房屋，吞吐量、操作量逐年减少。至 2001 年，港口吞吐量 50.02 万吨，操作量 79.71 万吨千米，处于低谷期。2002 ~ 2003 年，新建、改造码头 3 座，吞吐量、操作量有所增加。至 2003 年底，港口吞吐量 64.2 万吨，操作量 105.8 万吨千米。2006 年，在古桑乡境内清水坝建设淮河综合新港口，成立县鸿运港务有限公司。8 月 28 日，港口开工建设，总投资 7000 万元，码头设计吞吐量 300 万吨，口岸长 583 米，500 吨级泊位 11 个，占地 34.5 万平方米。其中，货场、办公、生活区 19 万平方米，开挖港池 15.5 万平方米。9 月竣工。2007 年，淮河综合新港口一期工程完成，投入使用。全县港口吞吐量 72.05 万吨，操作量 98.84 万吨千米。2008 年，全县港口吞吐量 204.2 万吨、操作量 263.11 万吨千米，创历史新高。

图 11 - 11　盱眙港码头

1986~2008 年盱眙县港口吞吐量、操作量一览表

表 11-11　　万吨、万吨千米

年份	吞吐量	操作量	年份	吞吐量	操作量	年份	吞吐量	操作量
1986	39.56	78.56	1994	40.70	78.98	2002	71.74	95.07
1987	42.72	84.45	1995	46.03	86.12	2003	64.20	105.80
1988	36.14	76.84	1996	50.56	90.95	2004	59.31	92.30
1989	37.84	77.62	1997	77.78	114.29	2005	57.60	90.80
1990	36.78	75.90	1998	79.90	122.72	2006	58.04	91.40
1991	38.62	76.80	1999	65.00	110.00	2007	72.05	98.84
1992	37.86	77.96	2000	53.01	87.62	2008	204.20	263.11
1993	44.69	76.11	2001	50.02	79.71			

二、码　头

1986 年，境内淮河上游打石山至下游官滩小窑采石厂，有码头 16 个，泊位 73 个，停泊能力 40~200 吨。1987 起，采石企业逐年扩展，码头及吞吐量不断增加。至 1994 年，县港务管理处所辖的港口码头延长 4152 米，相继建成黄龙河、磨涧河 2 个码头，码头泊位新增 31 座。1999 年，拆除煤建码头、新船塘码头及货场。2000 年，有港口企业 10 个，泊位码头 57 个，总长 2642 米，库容 7130 平方米，货场 44530 平方米。2001~2003 年，先后改造天鹅湖粮食储备库码头，县河桥采石厂在打石山水泥厂船塘西侧新建码头 2 座，盱城镇沙岗村采石厂建造输送带码头 1 座。停泊能力 300~800 吨。2007 年 12 月，淮河综合新港口一期工程竣工投入使用。2008 年，淮河盱眙段航道有码头 18 个，停泊能力 200~800 吨。

2008 年盱眙县航道沿线码头一览表

表 11-12　　单位：米

航道名称	码头名称	结构	所属单位	码头基本情况				
				建设年份	距航道中心线	码头长度	河面宽度	水位
淮河	大山码头	混凝土	采石公司	1970	500	50	800	13.0
三河农场河	9395 码头	混凝土	9395 厂	1972	20	50	40	12.0
淮河	三山码头	浆砌	马坝采石厂	1975	250	150	520	13.0
淮河	四山码头	浆砌	张家港采石厂	1975	250	150	520	13.0
宝积山河	化肥厂码头	混凝土	县化肥厂	1975	90	90	175	12.5
淮河	打石山码头	浆砌	河桥水泥厂	1976	200	200	590	13.0
清水坝河	清水坝码头	浆砌	古桑采石厂	1978	15	50	30	12.5
淮河	二山码头	浆砌	交通采石厂	1978	225	10	500	13.0
官滩河	港务处码头	浆砌	县港务处	1981	15	50	30	12.5

续表 11－12

航道名称	码头名称	结构	所属单位	码头基本情况				
				建设年份	距航道中心线	码头长度	河面宽度	水位
宝积山河	木材公司码头	混凝土	县木材公司	1984	100	50	200	12.5
维桥新河	维桥码头	混凝土	维桥乡	1985	20	50	40	12.0
宝积山河	一号码头	混凝土	第二水泥厂	1986	90	80	170	12.5
官滩河	官滩砖厂码头	浆砌	官滩砖厂	1986	15	50	30	12.5
溜子河	溜子河码头	简易	海事处	1989	110	10	220	12.5
宝积山河	粮食二库码头	混凝土	粮食二库	1992	90	90	180	12.5
黄龙河	黄龙码头	浆砌	黄龙采石厂	1994	15	50	30	12.5
磨涧河	交武码头	浆砌	交武采石厂	1996	15	50	30	12.5
清水坝河	清水坝码头	浆砌	鸿运港务有限公司	2007	15	50	30	1.0

第三节　渡　　口

1986 年，境内有渡口 43 道，渡船 61 艘，其中木质 50 艘，渡口无设施。1987 年，淮河两岸渡船增加到 72 艘，其中木质 56 艘，船体不合格率占 43%。1989 年 12 月 20 日，县政府出台《渡口整顿实施办法》，按照谁经营、谁管理、谁负责的原则，更新改造渡船 26 艘。

图 11－12　*老船塘渡口*

1990 年 8 月，审批渡口 31 道，77 名无证渡工接受技能和法规培训。1994 年，淮河两岸经济快速发展，渡口增加到 36 道。1999 年 10 月，启动渡口达标工作，渡口撤并为 15 道。2001 年 8 月，调整渡口设置，23 艘渡船全部更新为钢质渡船，通过省、市船检部门验收。是年起，全县多方筹措资金，开展撤渡建桥工程。至 2004 年，共撤渡建桥 4 座，其中腰滩夹河公路大桥建成通车，撤销腰滩渡口。2008 年底，全县有鲍集镇肖嘴、大庄，铁佛镇召四、花园嘴，河桥镇中心、打石山、沿淮，淮河镇腰东、花园、黄岗、杨滩共 11 道渡口。每道渡口有渡船 1 艘，载客 20～50 人。

第四节　水路运输

一、水路客运

1986年,境内水上客运有洪泽县客轮停靠盱城,个体经营短途小客班船7艘,船舶均为木质挂机或双挂机。全县有盱城至召四、蛤滩、三腰、黄岗、花园嘴、刘嘴、安徽旧县7条客运水上线路,航程最短为盱城至蛤滩7.5千米,最远为盱城至安徽旧县37千米。1988年,增开盱城至管镇客班船。1992年,全县6艘客运班船经过鉴定,3艘不合格,进行整改。2000年,营运客班船减少到4艘。盱城至花园嘴1艘,盱城至安徽旧县镇2艘,盱城至前河1艘。2001年,经县安检部门检查,盱客002号、003号、004号客班船停航。2002年,盱客01号、02号客班船存在安全隐患,依法强制报废。至此,境内无水路客运。

二、水路货运

1986年,境内有运输船舶669艘28206吨位,其中17个乡镇有运输船舶480艘17043.5吨位。县轮船运输公司有船舶175艘6949.5吨,其中拖轮11艘1480马力、钢质拖驳9艘868吨位、水泥驳船87艘4176吨位、木质挂机船29艘423吨位;县第二轮船运输公司有船舶42艘1440吨位,其中拖轮3艘270马力。年货运量75.11万吨,周转量39896万吨千米。

图11－13　水路运输

1988年,水上运输实施开放政策,个体船舶增加到507艘,社会水路运力超过专业运输企业56%。县轮船运输公司有船舶154艘8047吨位,其中钢驳船87艘5854个吨位。县第二轮船运输公司24艘船舶实现钢质化,承包指标分配到所属各个船队。1989年,县第二轮船运输公司成立船舶运输站,组织社会个体机动船舶联合经营,当年发展40艘3000吨位。县轮船运输公司添置6艘钢质货驳,淘汰7艘水泥船。全县船舶货运量74.32万吨,周转量35401万吨千米。

1992年,县联运服务公司新购1艘200吨位油船。1995年,县第二轮船运输公司投资135万元,增加1轮10拖钢质拖队1200吨位,达到4个拖队4105吨位。县都梁运输实业公司船舶增加到112艘7353吨位,其中钢质船95艘7113吨位、水泥船6艘240吨位、拖轮11艘1610马力。年底,全县船舶增加到777艘51589吨位,货运量125.83万吨,周转量57467万吨千米。1996年,民营水运企业淘汰水泥船,购置大吨位钢质船。县联运公司与南京扬子石化清江油运公司合资,建造1艘500吨级的苏淮油1号油轮;筹资100万元,将1艘240吨位油轮改建成多用途油轮。至2000年,全县船舶减少到422艘,货运量、周转量分别减少到70.28万吨、40849万吨千米。

2002年,水运企业水泥船转型为钢质化船舶,确保水上货运安全。县交通部门专业水运企业船舶减少到5艘728吨位。2005～2006年,实施船型标准化改造工程,拆改挂桨机船148艘,发放政府补贴资金459.8万元。全县水上货运企业船舶淘汰水泥船,全部转型为钢质驳船或内装机船,最大钢质船800吨位。交通部门水运企业仅存拖轮3艘456千瓦,货驳船39艘8580吨。2007年,交通部门水运企业全部改制为私营企业。2008年,全县有船舶300艘59886吨,货运量、周转量分别为232万吨、113438万吨千米。

1986～2008年盱眙县水路货运量、周转量一览表

表11－13　　万吨、万吨千米

年份	货运量	周转量	年份	货运量	周转量	年份	货运量	周转量
1986	75.11	39896	1994	102.44	46784	2002	91.81	48182
1987	71.89	35119	1995	125.83	57467	2003	78.24	37547
1988	72.04	36123	1996	73.17	35699	2004	29.32	19551
1989	74.32	35401	1997	76.78	39688	2005	38.55	22004
1990	75.20	37714	1998	90.12	46917	2006	68.64	39179
1991	76.01	38733	1999	75.72	41835	2007	81.75	46663
1992	76.24	39544	2000	70.28	40849	2008	232.00	113438
1993	176.62	80662	2001	59.52	32903			

1986～2008年盱眙县水路货运船舶运输运力情况一览表

表11－14

年份	合计			拖轮		货驳		挂机	
	艘	吨位	千瓦	艘	千瓦	艘	吨位	艘	吨位
1986	685	28206	2027	16	2027	173	11163	496	17043
1987	687	27804	1447	15	1447	160	11276	512	16528
1988	700	27240	1566	15	1566	164	12394	521	14846
1989	707	28125	1558	15	1558	157	11766	535	16359
1990	735	29878	1895	16	1895	166	12427	553	17451
1991	771	31606	1831	16	1831	167	12587	588	19019
1992	789	36335	1373	15	1373	142	10927	632	25408
1993	697	45395	1373	15	1373	82	8311	600	37084
1994	663	51589	1348	14	1348	167	14080	482	37509
1995	770	65352	1348	14	1348	167	14080	589	51272
1996	446	36975	1685	15	1685	167	14080	264	22895
1997	477	36737	1685	15	1685	173	14680	289	22057
1998	552	42711	1466	13	1466	175	15750	364	26961
1999	626	52442	1267	11	1267	186	17060	429	35382
2000	422	45755	1267	11	1267	164	24625	247	21130
2001	432	40820	1267	11	1267	165	24680	256	16140
2002	427	65180	951	8	951	164	15000	255	50180
2003	400	33106	728	5	728	24	2775	371	30331
2004	482	19927	728	5	728	50	3168	427	16759
2005	273	35849	728	5	728	104	18812	164	17037
2006	227	31762	456	3	456	24	7200	200	24562
2007	329	71086	456	3	456	24	7200	302	63886
2008	300	59886	569	4	569	92	19600	204	40286

第五节 船舶修造

1986年,全县船舶修造企业有县船舶修造厂,县交通局将县船舶修造厂作为全县经济体制改革试点单位,实行厂长负责制,核算形式采取单船经济承包制,工资分配实行“联利计酬”浮动制,基础管理实行承包责任制,车间管理实行职、权、利相结合,营销业务采取随行就市、薄利多销。全年修造船舶512艘39907吨。1987年,县交通局召开水泥船用户订货会,签订水泥船合同98艘6145吨。全年共生产水泥船89艘5000吨位,无不合格产品。是年,组建第二轮船运输公司船舶修造厂,修理船舶34艘1500吨。1989年,全县有7个船舶修造厂,其中盱城船舶修理厂、马庄乡船舶修造厂等5家私营船舶修造企业,由于缺乏生产经验、检测设备、技术人员,自行停止船舶修造业务。县船舶修造厂和县第二轮船运输公司船舶修造厂按照技术认可的标准添置机械设备,经审批合格。

图11-14 1989年,县造船厂工人正在焊接船体龙骨。

1990年,全县造船业业务冷落,处于停产、半停产状态。县船舶修造厂全年亏损20万元。1991年,水运形势好转,全县生产水泥船152艘2940吨,产值85.2万元,利润3.52万元。1992年,县船舶修造厂修造船舶随用户需求而生产,销售上随行就市浮动价格,吸引船户订货。全年生产水泥船177艘4211吨,销售收入259.35万元。1997年,县船舶修造厂扩大15~30吨小型水泥船制造规模,全年新造各种规格水泥船239艘6519吨,其中墩鼓船52艘。1999年,县船舶修造厂和第二轮船运输公司船舶修造厂拆除,停业。

2001年8月,县船舶修造厂整体出售,停业。2004年,加快民营造船厂发展,登记在册有淮河船舶修造厂、苏海船舶修造厂、刚强船舶修造厂、顺风船舶修造厂、金城船舶修造厂、东升船舶修造厂6家私营船厂,主要修理800吨以下钢质船舶,未新造船舶。2008年,私营船舶修造企业发展到12家,共修造船舶886艘48189吨,其中修理800吨以下船舶514艘。

第六节 水路运输、装卸企业简介

一、县都梁运输实业公司

1986年,公司以水泥船为主要运输工具,集体企业,有职工442人,承担水路运输工作。有船舶175艘6949.5吨,利润22.5万元。1987~1990年,都梁运输实业公司共投入453万元,新增拖船6艘、驳船78艘,共5460吨位。投入987万元,完成设备改造更新,船舶钢质率100%。1993年,都梁运输实业公司组建中巴公司、服务公司、环球商品批发中心等4个分公司,营业收入1102万元,利润112.7万元。1994年,都梁运输实业公司实行产权制度改革,将苏淮855队改制为股份合作制企业。1996年11月,南京林业大学盱眙特种纸厂从县经委划归都梁运输实业公司管理。1997年1月,成立淮阴环宇集团,核心企业有盱眙县都梁运输实业公司、盱眙县轮船运输公司，有职工720人，资产2317万元，大型船队9个11278吨位，营业收入648万元，亏损41.7万元。1999年，县交通局采取售租结合方式，整体拍卖都梁运输实业公司856、845、871船队，注册成立盱眙县永盛运输有限责任公司，为民营企业。2000年，盱眙县都梁运输实业公司被注销。

二、县第二轮船运输公司

1986年，公司有职工56人，有钢质化船舶42艘4000吨位，新建1栋办公楼。营业收入220万元，利税25万元。1989年3月，成立船舶运输站，组织社会个体船舶实施水上运输，协助交通运政部门管理个体运输船舶。年底，个体船舶发展到40艘3000吨位。营业收入25万元，利润3.5万元。1994年，实施切块改革，苏淮866船队改制为股份合作企业，注册资金50万元，成立盱眙县胜达运输有限公司。1995年，实行定船队收入、定船工工资改革，实现营业收入313万元，利税22万元。1998年，船舶运输站划出，实行自负盈亏。3个船队实行租赁经营，收租金39.84万元。2000年，第二轮船运输公司办公楼被拆迁。2003年，公司停业，变卖船队，转换职工身份。

三、县联运服务公司

1986年，公司属集体企业，有职工30人，初步构成南京、洪泽、江都、明光、滁县、固镇联运网络。1991年，县交通局将外港调度室安排在县联运服务公司，统管境内水路运输市场。1992年，自筹资金，新购200吨位油船1艘，投入运营。全年营业收入26万元，利税3.5万元。1996年，与南京扬子石化清江油运公司合资，建造1艘500吨苏淮油1号油轮，7月投入运营；自筹100万元，将1艘240吨位油船改造成多用途油轮，年底投运。全年营业收入31万元，利税3.8万元。1997年9月，成立油运公司，新购船舶10艘1500吨位货运驳船投入营运。全年总收入38万元，利税4.3万元。2000年，办公楼被拆除。2001年，置换职工身份，停止运行。

图11-15　满载货物的运输船准备启航

四、县船舶修造厂

1986年，有职工158人，共修造船舶175艘9969吨位。实现产值131万元，销售收入108.1万元，利润5.7万元。1988年，将木扒杆改装为铁扒杆，木绞关改装为电动卷扬机，建造各式水泥船115艘8255吨位，产值255.6万元。1993年，首次建造20吨位6艘钢质渡船，经审批合格。产值152万元，销售收入128.5万元。1994年，采取造船吨位随用户需求而生产，销售价格随行就市浮动运行，吸引船户订货。全年生产水泥船81艘5309吨位，销售收入259.35万元。1995年，筹集资金21万元，引进钢质驳船生产线，购置钢质船制造机械专用设备，生产钢质驳船。至1999年，建造钢质驳船22艘7000多吨位。年底，老城区改造，县船厂被拆除，停产。2001年8月，整体出售，停业，130名职工身份置换。

五、县港务管理处

1986年，为政企合一的港务专业管理机构，负责港区内的市场运输、码头、库场管理和安全监督，下属3个作业区和疏港汽车运输公司，有职工337人。全年装卸收入185万元，利润15.7万元。1989年，新建船塘水泥货场1500平方米。全年装卸收入133万元，利润5.3万元。1991年，新建滨淮厂旁的船塘码头货场2284平方米。1997年，新建船塘水泥货场4400平方米。全年装卸收入157万元，亏损4.26万元。2000年，老城区改造，拆除搬运站办公用房1120平方米、新船塘码头吊机4台、货场9655平方米、房屋3213.75平方米。全年装卸收入64万元，亏损1.35万元。2002年，港务管理处改制，职工身份置换，停业。

第四章　交通管理

第一节　公　　路

一、养　护

1986年，境内公路养护由县公路管理站（简称县公路站）工程养护股负责，养护省道143.678千米、县道161.922千米。全年整修路沟、路肩61千米，修补沥青路面33千米，修补碎石路面54千米4100多平方米。1990年，县公路站实施《盱眙县公路养护经济承包责任制试行办法》，采取分片包线、责任到人的养护办法。6个养路队共维修涵洞25道，整修路基、路肩296千米，其中沥青路面40千米、砂石路面256千米。县交通部门对新建的52.67千米县乡公路养护，按国家规定的统一标准付给公路养护材料费，养护人员由乡政府选配，交通部门组织培训。1995年，养护省道143.678千米，其中盱眙宁徐线（S105）35.8千米、金马线（S312）7.05千米、盱滁线（S248）42.128千米、盱马线（S312）28千米、盱明线（S312）30.7千米。养护县道141.955千米。1998年，县政府下发《盱眙县乡村公路养护管理办法》，规定乡村公路由所在乡镇政府负责养护。各乡镇成立养护队伍，养护全县乡村道路84.175千米。省公路养护部门调整省道养护范围，盱眙境内养护省道98.46千米、县道248.597千米。

图11－16　1996年8月7日，县公路站对盱张路养护施工。

2002年12月，公路养护与管理由盱眙县通达公路工程有限公司负责，下设1个养护公司，分设管镇、打石山、王店、马坝、莲塘养护分公司，负责境内省道、县道养护工作。2007年，因县道改造，县道养护里程增加到259.28千米。2008年，有管镇、打石山、王店、马坝、莲塘养护工区和维桥、鲍集、破山口等13个道班。公路养护省道里程未变，县道增加至297.043千米。省道好路率82.74%，县道好路率78.31%，被市公路站评为公路养护先进单位。

1986～2008 年盱眙县养护省道、县道、桥梁及好路率一览表

表 11－15

年份	省道		县道		桥梁(座)	投入资金(万元)
	里程(千米)	好路率(%)	里程(千米)	好路率(%)		
1986	143.68	78.19	161.92	75.41	51	273.62
1987	143.68	78.43	161.92	76.23	51	224.56
1988	143.68	77.95	161.92	76.56	51	297.82
1989	143.68	79.21	161.92	76.34	51	328.25
1990	143.68	78.34	161.92	77.12	51	332.19
1991	143.68	77.85	161.92	77.56	51	389.16
1992	143.68	77.43	141.96	76.84	51	389.16
1993	143.68	77.14	141.96	75.92	51	428.44
1994	143.68	77.45	141.96	76.25	51	359.47
1995	143.68	78.23	141.96	76.78	51	507.26
1996	143.68	77.85	141.96	77.45	52	4421.99
1997	143.68	79.05	141.96	76.35	51	4796.62
1998	98.46	78.83	248.60	76.18	53	1005.44
1999	98.46	79.34	248.60	76.47	53	563.35
2000	98.46	80.55	248.60	76.63	53	479.10
2001	98.46	81.74	248.60	76.76	53	523.94
2002	98.46	80.58	248.60	77.05	53	641.03
2003	98.46	81.87	249.78	77.17	53	318.22
2004	98.46	82.05	249.78	78.34	53	339.30
2005	98.46	82.13	249.78	77.84	53	368.20
2006	98.46	81.58	249.78	78.13	64	368.20
2007	98.46	81.79	259.28	76.05	57	340.95
2008	98.46	82.74	297.04	78.31	64	264.73

二、监管与执法

1986 年，县公路站负责公路建设、养护监管、路政管理和养路费征收等工作。依法检查、制止、处理各种侵占公路用地，破坏公路及公路设施行为，维护运输秩序。查处损坏公路财产案件 11 起。拆除违章建筑物 36 处，制止违章建筑 19 处，在主干线公路设置各种标志 28 块，路面标线 850 米。1994 年，采取勤巡视、早发现、早制止、早清除等措施，严格执法，累计依法制止违章建筑 12 处，拆除违章建筑 81 处，清除路障 194 处，清除非法广告牌 258 块、非交通标志 115 块，设置各种标志 44 块。1997 年 6 月，与县交通警察大队、莲塘工区联合，对宁徐路、盱张路进行整治，共查处路产赔偿及公路占用费 6.6 万元。1998 年 8 月，县政府出台《关于严禁在道路上打谷晒场的通告》，各乡镇分段包干，制止在公路上打谷晒场。

2000 年，整治公路两侧违章建筑，清除控制区内建筑 2676 平方米、障碍物 3492 平方米、摊点 129 处、非交通标志 125 块。2001～2003 年，根据“双超”(超限、超载)治理要求，开展“路政管理年”活动，确立 S131

线盱眙北段建成省级路政示范路、S331线盱眙段建成市级路政管理路。其间,共查处超限运输车辆5000台次,收取路产损失赔偿费100余万元。2004年,县政府成立公路环境及超限运输整治活动领导小组,县监察局、公安局、交通局和环境整治办公室联合印发《关于严禁各类运输车辆超载超限运输的通告》。2006年,在全县开展整治车辆超载超限运输"百日会战",查处县乡道路各类石料运输"双超"车辆,解决S331线、S248线污染与损坏公路问题。全年查处超载车辆110辆次,卸载货物22.31吨,补征养路费20多万元;查处路政案件1175起,清除违法堆积物253立方米、非法摊点70个、非公路标志53块,有效维护路产路权。2008年,清除违法堆积物1477立方米、非法摊点274处,强制拆除非公路标志250块,查处路政各类案件412起,收取路产赔(补)偿费70.4万元。

第二节 航 道

一、疏 浚

1987年,省航道局投资24万元,开始疏浚官滩河航道6.5千米,完成土方9.5万立方米;疏浚清水坝航道3.5千米,完成土方6.9万平方米。1991年冬,疏浚东阳乡境内永丰河10万立方米,加固堤1.5千米。疏浚后,河道口宽增加到40米,正常通航水位深度增加到2米。1998~1999年,疏浚溜子河0.55千米、庙台浅滩0.3千米,完成土方5.7万立方米。2000年3月,投资65万元,开挖明祖陵水上航道,岸上部分由淮河乡、仁集乡组织民工开挖,水下部分由省、市航道部门施工;9月竣工,疏浚航道3.8千米,完成土方8万立方米。疏浚后,航道常水位口宽30米,下口宽15米,深3米,开通明祖陵水上旅游线路。7月,投资37.4万元,疏浚维桥河航道2.35千米,作业土方4.46万立方米。疏浚后,航道常水位上口宽18米,下口宽10米,深2.5米,可通行200吨船舶。2002年,总投资87.5万元,疏浚清水坝航道3.5千米,作业土方8.19万立方米。2003年,投资92.5万元,疏浚三河农场航道5.4千米,作业土方9.62万立方米。疏浚后该航道年通过量增加到300万吨。2005年6月,投入45万元,疏浚官滩河航道3.5千米,作业土方5.8万方,正常水位深3.5米,可通行300吨以下船舶。2007年,疏浚观音寺河浅滩0.5千米,完成土方2万立方米;疏浚高桥河航道0.8千米,完成土方2万立方米。2008年,疏浚清水坝航道2.55千米,完成土方12万立方米。通航率100%,航标正常率99%。

二、监管与执法

1986年,查处违章船只881条,拆除渔网渔簖27处、暗桩23根,打捞沉船1艘38吨。1988年,配合供电部门在溜子河航道架设35千瓦高压线。1993年,完成支线航道定级技术状况调查182.35千米,干、支线航道扫床3次219千米,打捞沉船7艘,抢救落水船员8人,清除堆料5处800吨,拆除渔网渔簖56处。1994年,县政府印发《盱眙县航道管理办法》,开展清障活

图11-17 县海事处工作人员巡航

动，共发出违章通知书14份，要求定期清除违章抛土、违章建房、违章建码头。1997年4月，开展创建省级文明航道活动，建立乡、村、组管理网络，层层签订责任状。2003年“非典”期间，对外港船舶一律停止检查，禁止过往船舶停靠港口。完成2次航道扫床清障224千米，清除沉石81.5吨，拔除暗桩42根。2008年，两次清障扫床辖区内等级航道，清除渔网渔簖37处，拔除暗桩18根，清除岸坡废弃物4处2.5吨，查处违章13处。

1986～2008年盱眙县航道查处违章情况一览表

表11－16

年份	出航天数	出航人次	查处违章（次）	清除航道障碍物							检查航标（日次/夜次）
				清障（次）	扫床（次/千米）	打捞沉船（艘/次）	打捞沉石（次/吨）	渔网（个）簖（处）	暗桩（根）	撤除码头（座）	
1986	315	540	竹木筏2000立方米	1	1/46	1/38	6/155	27	23	–	–
1987	286	445	竹木筏2500立方米	1	1/46	2/110	11/183	19	28	–	–
1988	245	582	–	2	1/44	1/31	7/2	28	12	–	–
1989	262	648	–	2	1/46	–	1/15	22	16	–	–
1990	272	883	–	2	2/84	–	2/5.2	29	23	–	–
1991	203	1654	52	3	2/122	1/40	1/2	75	34	–	–
1992	245	1225	–	3	2/180.1	–	1/3	48	27	–	–
1993	280	1400	–	4	3/219	7/650	1/3	56	23	–	7
1994	292	1460	14	4	2/207.1	–	1/2	49	19	2	–
1995	275	1409	–	4	2/180.2	–	1/120	52	20	8	–
1996	288	1152	–	4	2/180.9	–	1/1.5	58	25	1	–
1997	305	1525	–	4	2/180.9	1/50	1/2	15	26	–	–
1998	316	3820	–	4	2/180.9	2/120	2/10	28	18	2	–
1999	314	3410	–	4	2/180.9	1/120	1/90	39	34	–	121/40
2000	307	2456	12	4	2/181	3/240	116	35	12	–	108/42
2001	280	2240	30	4	2/280	2/280	2/180	24	23	2	130/50
2002	304	2432	–	4	2/187	–	2/3.6	18	36	–	180/80
2003	285	2280	300	4	2/224	–	2/81.5	30	42	–	134/50
2004	330	2640	–	4	2/187	–	2/100	25	38	–	122/45
2005	312	2685	52	4	2/240	–	2/1.5	15	22	–	140/60
2006	324	2592	–	4	2/260	–	2/2.5	9	36	–	145/66
2007	335	1115	20	4	2/260	–	2/0.8	18	60	–	146/64
2008	336	1056	13	4	2/250	–	2/5	37	18	–	148/68

第三节 港 航

1987年,县港监所负责全县水上交通安全检查、港航监督、船舶检验、海损事故处理等行政管理工作。1988年,开展水上安全检查4次,查处船舶2230艘次,消除各类事故隐患43起;检查渡船340艘次,消除事故隐患24起,实现渡口无事故。1994年,举办五等船驾人员培训班4期,经考试领取合格证书84人。持证船员641人,参加年度审验,合格280人。检验船舶178艘,其中初次检验119艘、中间检验54艘、特别检验5艘;纠正客班船违章3艘次,对县内36道渡口签发《违章处罚通知书》67份,取缔私渡2道。1995年,清理无船名、无船号、无船舶证书、无船籍港的船舶186艘。1997年,发放合格船员证1030名,其中五等机驾人员818名、驾长212名。普查辖区内水上加油船23艘。其中,存在安全隐患4艘,勒令停运;不符合安全规定的2艘,停业整改。1998年6月,县交通稽查大队查处外籍船民使用伪造船舶检验证3起。

2000年,县港监所开通"12395"水上救助电话。2004年,专项整治辖区内超载运输船舶,检查船舶1254艘,暂扣9艘,主动卸载9230吨,强制卸载150吨,处罚船舶490艘。检查渡口16次,纠正违章渡船27起,消除隐患33处,签发违章通知书16份。检验船舶151艘,新发五等驾驶证82本,年审五等驾驶证70本、船舶登记135艘。2007年,集中整治挂外地牌照船舶,严查船证不符、严重超载的外挂牌证船舶,全年引导外挂船舶回盱眙港登记131艘。2008年,县海事处出动海巡艇救助26次,救助遇险船舶24艘,救助群众36人次。年检各类船舶145艘20479瓦29026吨位,实施船舶安全检查10027艘次,海事行政处罚8532件。

第四节 运政稽查

1986年,盱眙县运输管理所(简称县运管所)负责对全县水陆客货运输、搬运装卸、港口码头、汽车维护、汽驾培训、营运线路审批、运输证照发放、交通规费征收等行业管理工作。1989年4月,江苏省人民政府批准盱眙淮河大桥设立检查站。8月,县运管所依据县政府《关于整顿治理运输市场的意见》,补办各种证件34份,补缴各种税费2.44万元,调整客运线路2条,取缔非法客运经营户5家。同年,全县成立28个乡镇交通管理所。

1993年,交通道路稽查大队加强车辆运输市场监管、维护路产路权、交通规费稽查。全年检查各种运输车辆1.1万辆次,纠正违章2500余辆,补征交通规费75.68万元。3月25日,成立盱眙县人民法院交通行政巡回法庭,受理纠纷69起,办结43起,追缴欠费16.27万元。1994年,客运管理办公室查处城乡公路违章建筑12处500平方米,拆除违章建筑194处1702平方米,清除非法广告258块;处理经济纠纷60起,追回费用7.5万元;查处违章车辆7336辆,补缴规费27.5万元;新发经营许可证12份,作业证467本,非机动车营运牌122块,机具使用证20份。

1995年4月,组织运管联合稽查组,整顿客运市场,查处违章车辆1400辆次,查补规费38.1万元。1997年,实行新增营运车辆"先申请,后购置"准购证制度,举办执法人员培训班3期,出动宣传车(船)32辆(艘)次,发放宣传材料4000多份,责令停业整顿运输车辆35辆,取缔报废营运车30辆。

2001年,客运稽查大队开始查处违章车辆,全年检查车辆7345辆次,其中查处违章车辆2447辆次、取缔非营运车辆5辆次、打击黑车51辆次。2003年9月,县政府将公共交通、出租车行业管理、城市客运管理处从城建部门划归县交通部门管理。全县共查处各类无证车辆350辆次,取缔非法营运车5辆,打击黑车75辆次,补办证照650辆次,查处违章车辆1326辆次,补征各项规费10.6万元。

2006年10月,贯彻江苏省政府《关于处理车船外挂问题的通知》,当年有18辆270吨货车回归盱眙籍登记。2007年,全年转回盱眙办理营运证车辆179辆5060吨,其中内蒙古籍车辆转回盱眙办理营运证88

辆、船舶106艘32285吨、农用运输车47辆，增收规费84万元。查处各类路政案件852起，收取路产赔(补)偿费37.769万元，检测车辆4403辆次。2008年，县运管所检测车辆6554辆次，有个体车辆修理厂14家，专业维修户实行行业管理60户。查处违章车辆4248辆，结案处理4203辆。

2001～2008年盱眙县交通运政稽查情况一览表

表11－17

项目 \ 年份		2001	2002	2003	2004	2005	2006	2007	2008
检查车辆总数(辆)		2634	3468	9870	11012	14560	15810	16560	16844
违章车辆总数(辆)		1872	1967	2651	3428	7404	4002	4620	4248
结案处理(辆)		1680	2100	3388	7392	5608	4002	4220	4203
违章情况（辆）	无道路运输证	61	89	120	–	–	–	40	48
	擅开客运班线	52	71	80	84	316	234	290	306
	超越经营范围	46	162	188	292	412	456	760	624
	未年审	87	197	172	–	–	–	–	–
	超载	1104	1689	1768	–	–	–	–	–
	偷漏规费	98	145	124	–	–	–	–	–
	未携带证件	719	210	176	244	408	246	362	416
	不使用计价器	97	109	192	108	864	–	–	648
	甩客倒客	18	21	4	20	–	–	–	–
	站外经营	173	196	180	4240	268	672	620	581
	不按线路经营	67	86	96	196	632	294	420	402
	其他	109	137	168	1700	2740	2088	2138	2432

第五节　规费征收

1986年，县公路管理站负责征收公路养路费，航道管理站负责征收航养费，运输管理所负责征收运管费和“五小”(四轮农用车、三轮农用车、轻便摩托车、摩托车、拖拉机)车辆养路费。其收费标准，均按省交通厅规定执行。全年收取养路费、航养费、运管费、“五小”车辆养路费共381.71万元。1988年，增收船舶港务费、船检港监费。全年征收费用594.14万元。1989年，增收货物附加费。全年征收费用642.4万元。

1992年，增收客票附加费。全年征收费用760.74万元。1994年4月1日，盱城镇五墩北路果园场境内建成淮安市宁徐公路盱眙收费站，征收车辆过路费，属淮安市交通局管理。全年征收费用1277.66万元。2000年11月22日，洪山乡石港村境内建成312省道洪山收费站，征收车辆通行费，属淮安市交通局管理。2001年12月1日，管镇镇境内建成宁宿徐高速公路管镇收费站，属淮安市交通局管理。2006年11月28

日,宁徐公路盱眙收费站移至淮河大桥北端121省道130K+400M处。2008年8月,建成宁宿徐高速公路黄花塘收费站,属淮安市交通局管理。至年底,全县征收交通养路费、航养费、船舶港务费、船检港务费、运管费、"五小"车辆养路费、货物附加费、客票附加费共51392.75万元。

1986~2008年盱眙县交通规费征收情况一览表

表11-18

单位:万元

年份\项目	养路费	航养费	船舶港务费	船检港监费	运管费	"五小"养路费	货物附加费	客票附加费	合计
1986	239.04	65.27	-	-	22.90	54.50	-	-	381.71
1987	308.53	83.06	-	-	32.30	36.20	-	-	460.09
1988	380.42	91.18	4.02	8.12	47.70	62.70	-	-	594.14
1989	390.29	88.83	4.30	8.02	43.20	69.40	38.36	-	642.40
1990	410.69	72.21	3.27	6.92	47.60	70.20	104.90	-	715.79
1991	405.35	70.48	3.81	9.77	39.90	53.50	119.70	-	702.51
1992	411.00	122.98	4.30	12.92	57.00	74.00	54.81	23.73	760.74
1993	422.47	214.37	11.76	27.07	79.04	87.70	131.80	70.18	1044.39
1994	459.21	234.97	15.21	38.22	144.39	119.50	165.73	100.43	1277.66
1995	472.54	270.14	25.05	72.88	125.28	176.60	234.99	188.24	1565.72
1996	551.89	249.44	31.15	34.64	155.41	186.40	208.64	230.06	1647.63
1997	611.32	184.92	45.94	35.72	172.56	251.10	189.06	249.09	1739.71
1998	626.90	227.45	55.26	25.99	235.04	146.55	181.05	316.72	1814.96
1999	754.27	222.67	46.01	30.23	286.08	232.23	191.05	345.18	2107.72
2000	972.72	224.00	34.45	32.11	212.50	296.18	175.07	371.43	2318.46
2001	1053.51	229.40	43.46	36.24	188.58	320.93	169.86	383.00	2424.98
2002	1323.91	261.56	53.76	31.87	164.24	358.14	195.55	419.47	2808.50
2003	1526.17	172.89	61.58	34.17	148.40	423.29	215.29	261.89	2843.68
2004	1898.38	243.75	82.76	32.71	169.08	542.09	240.23	421.24	3630.24
2005	2337.44	231.92	92.36	32.56	173.84	622.72	271.44	399.58	4161.86
2006	2090.35	460.76	100.83	30.97	144.03	739.60	207.34	375.26	4149.14
2007	3384.00	476.00	149.00	15.00	230.16	893.37	374.60	357.59	5879.72
2008	4505.00	515.00	209.00	16.00	358.00	1189.00	552.00	377.00	7721.00
合计	25535.40	5013.25	1077.28	572.13	3277.23	7005.90	4021.47	4890.09	51392.75

第十二篇　电力　能源

境内能源主要有电力、沼气、太阳能、省柴灶、石油，以电力能源为主。石油主要位于县域东南部，江苏石油勘探局在马坝镇钻井40余口，有范庄与南湖2个油田；东阳乡南部约2.5平方千米范围内，有可控制储量150万吨石油资源；铁佛镇、兴隆乡有石油资源。2008年完成初步勘探，并进入开采阶段。1986年，全县通电率不足60%，经常出现拉闸限电现象，工业企业、机关单位按分配计划实施用电。部分企业和单位自备柴油发电机，缓解电力紧张状况。农村建造混凝土结构沼气池，利用垃圾发酵产生沼气，合理利用能源。

1990年起，逐年改造输电、变电、配电项目和老旧电网，供电量逐年增加，供用电矛盾逐步缓解。农村利用沼气液和沼气渣喂鱼、养猪、育秧，推动沼气发展。太阳能热水器采取县政府补一点、个人拿一点、生产厂家让一点的办法，推动其发展和利用。盱眙县被国家列为省柴灶推广试点县。

1994年起，省政府实施通电扶贫"光明工程""民心工程"，全县村通电率100%，户通电率96.4%，村村实现用电标准化。

2001年起，建设"一强三优"（电网坚强、资产优良、服务优质、业绩优秀）供电网，增强电网迎峰能力，非连续生产企业实行错峰限电，缓解供用电不足现象。完成城乡电网建设与改造一、二期工程，降低电网损耗，增强电网迎峰度夏能力。县政府逐步取消太阳能补贴，太阳能利用进入市场化，安装数量大幅增加。

至2008年，县供电公司已连续安全生产6317天，被江苏省电力公司评为安全生产先进集体、安全文明单位、纪检监察工作先进集体、新闻工作先进集体。

第一章　发　　电

第一节　水力发电

1986年,桂五水库有75千瓦水轮发电机组2台,每年向电网供电4万千瓦时。1996年,清水坝新增水力发电机2台,每台发电容量150千瓦。

2001年,私人投资300万元,在观音寺镇境内洪泽湖三河闸处成立盱眙县一村水电有限公司,建水电厂,安装13台75千瓦水力发电机。2003年,一村水电有限公司扩容,安装水力发电机12台,发电容量1200千瓦,月平均发电量75万千瓦时,丰水年发电6~8个月,枯水年发电4~5个月。2008年,盱眙县一村水电有限公司发电量并入电网运行,发电3534.59万千瓦时,县供电公司抄表,与市供电公司结算电费。桂五水库水轮发电机组、清水坝2台发电机发电1400万千瓦时。

第二节　柴油发电

1986年,全县有江苏天明化工厂和红光化工厂自备柴油机电源。1988年11月,县人民医院安装发电机2台,发电电压400伏,发电容量90千瓦。1996年,全县企业共有柴油发电机71台,容量3935.3千瓦。其中,旧铺砖瓦厂柴油发电机容量250千瓦,容量最大;桂五砖瓦厂柴油机发电容量5千瓦,容量最小。1998年,电网供电可靠性不能维持单位、工业企业正常工作和生产需求,全县柴油发电机增加到81台。2004~2007年,电网供电稳定性、可靠性明显提高,柴油发电机共停用、淘汰22台。2008年,全县有江苏天明化工有限公司、县医院、县电信局等52个单位和企业,安装柴油发电机自备电源59台,容量4446千瓦。

第二章　供　　电

第一节　电　　网

1986年,境内有220千伏变电所1座,220千伏线路2条,属淮阴供电局管辖。属盱眙县供电局管辖的有110千伏变电所1座,35千伏变电所8座;110千伏线路2条,35千伏线路13条,10千伏配电线路41条,全县电网发展速度不能满足全社会供电需求。

1990年起，国家、省、市、县加大电力建设投资，县供电部门加快电网建设，供电量逐年增加。至2000年，供电基本满足社会需求。

2001年起，先后新建、改造、升级全县变电所，加快全县电网建设，电压逐渐稳定。

2008年底，全县属淮阴供电局管辖的220千伏线路增加到4条，属盱眙县供电局管辖的220千伏变电所增加到2座，110千伏变电所增加到6座，35千伏变电所增加到13座；10～110千伏线路增加到115条，全县供电线路分布逐步趋于合理，供电网络基本覆盖城乡。

图12－1　供电线路

第二节　线　　路

一、220千伏线路

1986～1992年，境内有220千伏线路2条，其中4673杨马线由杨庄电厂向马坝变电所主供电源，2683马六线由马坝变电所向南京六合地区供电，两条线路的产权和运行维护均属淮阴供电局。2003年5月，220千伏都梁变电所投运后，新增3条220千伏进出线。其中，4673都杨线由杨庄电厂向都梁变电所主供电源，4665马上线由淮安500千伏上河变电所向马坝变电所主供电源，4669都马线是都梁变电所和马坝变电所之间的联络线。通过此线，两变电所互为备用电源。至2008年，全县有220千伏线路4条236.74千米。

2008年盱眙县220千伏输电线路一览表

表12－1

名称	编号	投运时间	起止变电所	长度(千米)	铁塔基数	水泥杆数	导线型号
马六线	2683	1987.12	马坝变—六合变	33.41	–	–	LGJQ－400
马上线	4665	2003.5	上河变—马坝变	78.60	238	–	LGJ－300/25
都马线	4669	2003.5	都梁变—马坝变	25.08	70	–	LGJ－400
都杨线	4673	2003.5	都梁变—杨庄电厂	99.64	168	114	LGJ－400/35

二、110千伏线路

1986年，境内有110千伏线路2条。其中，761马盱线，由220千伏马坝变电所出线至110千伏盱眙变电所，全长29.2千米；747盱双线，由泗洪县110千伏双沟变电所至110千伏盱眙变电所，全长42.447千米。

1988～2005年，从110千伏盱眙变电所至110千伏城南变电所新建110千伏731盱南线，建成110千伏三河变电所，220千伏马坝变电所至三河变电所建成110千伏762马三线投运，110千伏管镇变电所建成投运。110千伏龙泉变电所将110千伏731盱南线更名为798盱龙线，线路走向不变；将110千伏747盱双线开断环入110千伏管镇变电所，分别命名为110千伏793盱管线和747管双线。220千伏都梁变电所将110千伏761马盱线更名为761都马线，由马坝变电所至盱眙变电所改道为都梁变电所至马坝变电所。110千伏792都三线、794都盱线、795都龙线，分别向110千伏三河、盱眙、龙泉变电所供电。110千伏桂五变电所配套110千伏797都桂线建成投运，由220千伏都梁变电所供电。500千伏双江线通过盱眙境内，受其影响，完成110千伏盱管线改道和改造工程，线路走向由盱眙变电所至双沟变电所改为盱眙变电所至管镇变电所。

图12－2　架设线路

2008年11月29日，110千伏梁营变电所配套的110千伏都梁791线建成投运，由220千伏都梁变电所供电。110千伏都马线开环进入梁营变电所，110千伏都马761线开环后更名为110千伏马营761线。至年底，全县新建110千伏供电线路8条，总长90.82千米。

1988～2008年盱眙县110千伏输电线路一览表

表12－2

名称	编号	投运时间	起止变电所	长度（千米）	铁塔基数	水泥杆数	转角杆数	导线型号	地线型号
盱龙线	798	1988.12	盱眙—龙泉	6.09	25	5	1	LGJ－185	GJ－35
马三线	762	2000.12	马坝—三河	21.19	28	61	12	LGJ－185	GJ－35
马梁线	761	2003.5	马坝—梁营	24.06	16	82	4	LGJ－185	GJ－35
都盱线	794	2003.5	都梁—盱眙	5.81	31	－	12	LGJ－185	GJ－35
都龙线	795	2003.4	都梁—龙泉	3.98	11	6	3	LGJ－185	GJ－35
都三线	792	2003.4	都梁—三河	12.27	19	35	6	LGJ－185	GJ－35
都桂线	797	2004.6	都梁—桂五	13.60	29	33	12	LGJ－185	GJ－35
都梁线	791	2008.11	都梁—梁营	3.82	25	－	10	LGJ－400	LGGJ－35

三、35千伏线路

1986年，全县有35千伏线路11条，共187.41千米。1988年起，县供电局加快实施农村通电工程，35千伏线路逐年增加。至2007年，全县新建35千伏输电线路33条296.2千米。

1988～2007年盱眙县35千伏线路一览表

表12－3

名 称	编号	投运时间	起止变电所	长度（千米）	铁塔基数	水泥杆数	转角杆数	导线型号	地线型号
马堆线	311	1988.10	马庄—堆头	3.06	25	33	2	LGJ－70	GJ－35
马庄线	364	1988.10	马坝—马庄	9.50	1	57	5	LGJ－70	GJ－35
城桂线	394	1994	龙泉—桂五	1.50	－	10	2	LGJ－95	GJ－35
城清线	395	1994	龙泉—二三级站	8.17	－	51	7	LGJ－95/50	GJ—35
河仇线	351	1997.3	河桥—仇集	9.93	5	44	3	LGJ－95	GJ－35
城水线	391	1998.4	龙泉—二水	3.68	9	54	4	LGJ－120	GJ－35
城河线	392	1998.5	龙泉—河桥	16.50	4	98	8	LGJ－120	GJ－35
三淮线	382	1999.1	三河—淮化	2.81	3	17	6	LGJ－120	GJ－35
莲旧线	371	1999.3	莲塘—旧铺	10.38	1	63	5	LGJ－120	GJ－35
三渔线	383	2000.12	三河—渔沟	7.32	8	37	4	LGJ－120	GJ－35
三红线	384	2001.3	三河—红光	14.45	4	86	8	LGJ－120	GJ－35
三化线	385	2001.5	三河—淮老	2.83	3	17	3	LGJ－120	GJ－35
兴鲍线	331	2001.1	兴隆—鲍集	13.55	15	66	7	LGJ－95/120	GJ－35
旧王线	351	2001.1	旧铺—王店	9.93	7	63	4	LGJ－120	GJ－35
龙果线	396	2002.1	龙泉—果园	4.46	8	19	4	LGJ－120	GJ－35
雅而斯线	313	2002.8	都梁—雅而斯	1.52	9	17	2	LGJ－120	GJ－35
管鲍线	354	2002.12	管镇—鲍集	8.93	18	30	8	LGJ－150	GJ－35
管兴线	353	2002.12	管镇—兴隆	5.94	17	16	3	LGJ－150	GJ－35
管淮线	352	2003.1	管镇—淮河	16.48	16	86	5	LGJ－95－150	GJ—35
都渔线	319	2003.4	都梁—渔沟	14.90	31	48	6	LGJ－120	GJ－35
都淮线	317	2003.4	都梁—淮河	12.27	50	4	5	LGJ－120	GJ－35
都果线	316	2002.1	都梁—果园	1.50	8	－	1	LGJ－120	GJ－35
都桂线	311	2003.5	都梁—桂五	12.61	25	33	6	LGJ－120	GJ－35
桂仇线	343	2005.4	桂五—仇集	18.37	39	57	22	LGJ－120	GJ
桂莲旧线	345	2005.4	桂五—莲塘—旧铺	28.90	36	128	25	LGJ－150/120	GJ
兴鲍铁佛线	331	2005.7	兴隆—铁佛	6.13	18	21	6	LGJ－150	GJ
园区线	371	2005.10	果园—39号杆	3.28	11	28	5	LGJ－150	GJ
工壹线	313	2006.3	都梁—51号杆	4.00	10	41	8	LGJ－240	GJ－35
工贰线	323	2006.3	都梁—51号杆	4.00	10	41	8	LGJ－240	GJ－35
三马线	389	2006.3	三河—马庄	14.04	35	37	12	LGJ－150	GJ
管铁线	354	2006.7	管镇—铁佛	6.13	23	35	11	LGJ－150	GJ
管明线	352	2006.11	管镇—明祖陵	10.73	24	38	12	LGJ－185/150	GJ
淮明线	399	2007.5	淮河—明祖陵	8.41	21	24	10	LGJ－185	GJ

四、0.4~20千伏线路

1986年,全县有10千伏线路41条722.29千米,有低压线路4243.58千米。1987年起,国家电力建设资金投入不足,农村电网建设速度缓慢。至1995年,共新建10千伏线路636.33千米。

1996年,省政府实施扶贫通电工程,加快电网建设,建成10千伏线路59条,长1900.05千米,低压线路4822千米。1998年起,国家、省、市逐年加大电力投资,10千伏线路逐年增加。

至2000年,全县10千伏线路增加到72条,总长增加到4441.83千米,低压线路增加到2.36万千米。2005~2006年,国家先后投资1445万元,建设配网项目61个。2007年,完成配网建设与改造项目39个,配电网络建设静态投资额1442万元,总投资1450.12万元,完成迎峰度夏及接户线工程。

2008年,全县配网建设和改造工程动态投资3040万元。其中,投入1522万元,新建110千伏梁营变电所、20千伏配套出线;投入1518万元,新建和改造10千伏电网,新建配电设施项目61个。其中,20千伏线路42.59千米、10千伏线路36.57千米;新上三相变压器27台、容量6890千伏安;改造10千伏变压器2台、容量630千伏安;新增单相变压器8台、容量500千伏安;新架柱上开关21台、环网柜1台。至年底,全县有10~20千伏配网线路91条2478.97千米。

第三节 变电所

一、220千伏变电所

(一)都梁变电所

位于盱眙经济开发区,占地20637.44平方米。2002年3月30日,投资9120万元,土建工程开工。9月20日,电气安装工程开工。2003年3月31日,工程全部竣工。建成220千伏、110千伏、35千伏、12万千伏安自耦变压器1台;220千伏进线2回,即4673杨都线、都马4669线;110千伏出线4回,分别为761都马线、794都盱线、795都龙线、792都三线。4月18日,35千伏部分启动投运;4月26日和29日,110千伏部分启动投运;5月10日,220千伏部分启动投运。都梁变电所分别向县城、三河、渔沟、维桥、淮河、鲍集、兴隆、铁佛、桂五、王店等地区供电,成为盱眙电网枢纽变电所。2004年6月,扩建1回110千伏797都桂线,建成35千伏出线6回,分别为311都桂线、313雅而斯线、315淮源线、316都果线、317都淮线、319都渔线。2008年,无变化。

(二)马坝变电所

位于马坝镇街道南侧,建筑面积1667平方米。1986年,有主变压器1台,总容量9万千伏安,220千伏进线2条。其中,4673淮马线,由淮阴电厂向马坝变电所主供电源;2683马六线,由马坝变电所向六合县供电。有马盱线、马八线110千伏线路2条,35千伏出线4条,分别向金湖县、洪泽县、红光化工厂、盱眙县维桥、盱眙县莲塘供电。1992年,淮安华能电厂新上一条220千伏4673杨马线路到马坝变电所线路,马坝变电所主供电源改由杨庄电厂经杨马线供电。建成110千伏764马金Ⅰ线、765马金Ⅱ线、766马洪线,向升压的110千伏金湖、洪泽变电所供电。

2000年起,县供电公司对马坝变电所主变压器和35~220千伏断路器、流变、压变、隔离刀闸进行改造,更换220千伏薄绝缘主变压器1台、220千伏断路器5台、220千伏流变5组、220千伏隔离刀闸21组、220千伏压变2组、220千伏避雷器2组、220千伏耦合电容器1台、220千伏线路压变1台,更换110千伏薄绝缘主变压器1台、断路器9台、流变9组、隔离刀闸36组、压变2组、避雷器2组。2002年,由于220千伏都梁变电所立项建设,4673杨马线开断,新建4673都杨线、4669马都线,淮安500千伏上河变电所经220千伏4665上马线向马坝变电所供电,110千伏764马金Ⅰ线、765马金Ⅱ线、766马洪线分别更名为764马金线、

765 马黎线、766 马赵线。

2004 年底,马坝变电所有 2 台 220 千伏主变压器,容量均为 12 万千伏安;220 千伏进出线 3 回,分别为 2683 马六线,通过马坝变电所 220 千伏母线向南京六合县供电;4669 马都线,由都梁变电所向马坝变电所供电;4665 马上线,通过上河变电所向马坝变电所供电;110 千伏主变压器 1 台,容量 4 万千伏安;110 千伏进出线 5 回,分别为 761 马都线、762 马三线、764 马金线、765 马黎线、766 马赵线。马金线、马黎线、马赵线,分别向金湖县金湖变电所、黎城变电所、洪泽县赵集变电所供电。有 35 千伏出线 6 回,分别为 361 马莲线、362 马维线、363 马河线、364 马庄线、366 马崔线、367 马官线。马坝变电所年正常负荷 8 万千瓦,最高负荷 15 万千瓦。

图 12 -3　马坝变电所

2007 年 10 月 29 日 ~2008 年 1 月 14 日,马坝变电所实施无人值班改造,更换 10 千伏、35 千伏所有出线保护装置,761、710 线路保护、直流系统,所有间隔新上保护测控装置,具备无人值班,有人值守条件。

二、110 千伏变电所

(一)盱眙变电所

位于盱眙县城老虎岗,占地 8200 平方米,是全县供电的中心变电所。

1986 年,有主变压器 4 台。其中,110 千伏主变压器 2 台,总容量 2 万千伏安;35 千伏主变压器 2 台,总容量 6300 千伏安。110 千伏进线 2 条,东从马坝变电所、西从泗洪县 110 千伏双沟变电所供电;5 条 35 千伏出线、4 条 10 千伏出线、1 条 6 千伏出线。2003 年,220 千伏都梁变电所建设时,将 110 千伏 761 盱马线开断环入,对 1978 年建成的盱眙变电所进行改造。5 月,投资 360 万元,盱眙变电所实施无人值班变电所改造工程,拆除 35 千伏 3 号、4 号主变压器,更换 2 台 110 千伏主变压器,容量均为 3. 15 万千伏安;110 千伏进出线间隔 3 回,110 千伏 747 管双线更名为 793 盱管线,731 盱南线更名为 798 盱龙线;将 35 千伏网络拆除,电压等级 110 千伏、10 千伏、6 千伏,进行综合自动化改造,10 千伏出线分别为 132 城北线、133 电视台线、134 城南线、136 果园线、137 盱淮线;6 千伏出线向盱眙输油泵站供电;7 月 12 日,无人值班改造工程竣工投运,变电所值班人员撤离,实行无人值班、有人值守。至 2008 年,无变化。

(二)龙泉变电所

位于盱眙县城南磨盘山麓,由城南变电所更名,占地 11635 平方米。1988 年 12 月 20 日,投资 260 万元建成投运,其中省电力局下拨 180 万元,县政府自筹 80 万元。一期建设变压器容量 2 万千伏安,110 千伏接线采用单母线分段,有 110 千伏进线 1 回,盱眙变电所供电 731 盱南线。35 千伏采用单母线分段加旁母线接线,分别向河桥变电所、桂五变电所、清水坝翻水站、打石山变电所供电,10 千伏向盱城、古桑、龙王山供电。1995 年,城南变电所实施二期扩建增容工程,投资 420. 7 万元,征地 2452. 24 平方米,新上 110 千伏 2 号有载调压主变压器,容量 31500 千伏安,配套主变压器三侧间隔,新上 110 千伏旁母线,扩建 110 千伏主母线一跨,增建母联刀闸。9 月,竣工投运。2002 年 1 月,城南变电所更名龙泉变电所,新上 110 千伏 792 龙三线输变电间隔。2003 年底,220 千伏都梁输变电改造工程结束,110 千伏 792 龙三线开断环入改由都梁变电所供电,线路更名为795都龙线。7月,龙泉变电所实行无人值班改造,更换继电保护和自动化装置。11月,值班人员撤离,实行无人值班、有人值守。至2008年,无变化。

(三)三河变电所

位于三河农场街道南侧,占地3000平方米,建筑面积646.4平方米。

2000年5月15日,县供电局投资2161.19万元,土建工程开工。10月中旬,电气施工,室外布置110千伏设备,室内布置35千伏和10千伏设备。安装110千伏主变压器1台,容量4万千伏安,是盱眙县110千伏主变压器容量之最,有110千伏进线1回,为792三龙线间隔,35千伏出线5回,采用单母线分段接线方式,35千伏户外电容器1组,容量4800千伏安;10千伏出线6回,采用单母线分段接线方式。二次设备采用综合自动化系统,35千伏、10千伏设备采用就地微机保护,220千伏马坝变电所新上110千伏762马三线出线间隔,变电所与调度室架设光缆线路17千米。12月30日,工程竣工,投入运行。三河变电所投运后,县城110千伏761马盱线在运行22年后,首次停电改造检修,江苏淮河化工集团、三河农场及周边农村居民用电电压质量比改造前提高300%。

图12－4 龙泉变电所

2001年6月,三河输变电工程通过110千伏输变电工程达标投产验收,成为全县第一个具备无人值班条件的110千伏变电所。2003年7月,变电所值班人员撤离,实行无人值班看守。2004年4月,三河变电所因供电范围负荷增加,投资660万元进行扩建,新增110千伏容量4万千伏安主变压器1台,35千伏出线间隔2个,10千伏出线间隔3个,新增相应继电保护、远动通信和无功补偿装置。当年投入运营。至2008年,无变化。

(四)管镇变电所

位于管镇镇姬庄村姬庄组,盱眙至双沟公路南侧,占地2550平方米,建筑面积579.75平方米。2002年,县供电局投资2718.47万元,建成管镇变电所。安装110千伏主变压器1台,容量4万千伏安,110千伏间隔4个,进出线2回,分别为110千伏747管双线和110千伏793管盱线,进出线为刀闸进线,采用外桥接线;35千伏出线3回,分别为352管淮线、353管兴线、354管鲍线,351线备用,采用单母线分段接线;10千伏出线4回,分别为153明祖线、154双黄线、156管街线、157管西线,151、152线备用,采用单母线分段接线;安装一组10千伏室内组装式电容器,容量3600千伏安。12月18日投运,实行无人值班、有人值守。至2008年,无变化。

(五)桂五变电所

位于桂五镇街道西侧,占地2840平方米,建筑面积669平方米。2004年,县供电局投资1076.58万元,建成桂五变电所。安装1号主变压器,容量为3.15万千伏安,电压等级110千伏、35千伏、10千伏。110千伏进线1回,为110千伏797都桂线,由220千伏都梁变电所供电;35千伏出线4回,分别为343桂仇线、311桂都线、344桂王线、345桂莲旧线;220千伏都梁变电所扩建110千伏出线间隔1个,35千伏仇集变电所和旧铺变电所各扩建35千伏间隔1个;10千伏出线4回,分别为141水库线、142永丰线、143东风线、144天明线。6月18日,启动投运,实行无人值班、有人值守。至2008年,无变化。

（六）梁营变电所

位于盱眙经济开发区，占地 6176 平方米。2008 年，县供电局投资 3899 万元，建成梁营变电所。电气安装 110 千伏主变压器 1 台，容量为 8 万千伏安；110 千伏间隔 6 个，进出线 2 回，分别为 220 千伏马坝变、都梁变进线即马梁 761、都梁 791 线，采用双母线接线；20 千伏采用单母线分段接线，有出线 8 回。安装二组 20 千伏室外集合式电容器，容量为 1.2 万千伏安。9 月 26 日，投入运营，是盱眙县第一座 110 千伏～20 千伏变电所，实行无人值班、有人值守。

三、35 千伏变电所和企业自备变电所

（一）河桥变电所

位于河桥镇街道东侧，占地 33652 平方米。1986 年，河桥变电所有 1000 千伏安和 2500 千伏安主变压器各 1 台，35 千伏进线 1 回，10 千伏出线 3 回。1997 年 2 月，新上 35 千伏 351 河仇线出线间隔。2003 年 4 月，县供电局投资 75.49 万元，对河桥变电所进行继电保护换型，更换为微机保护，实行综合自动化改造、母线及绝缘子更换、隔离开关更换、电杆防腐、房屋维修，将 1 号主变压器增容，由 2500 千伏安无载调压型更换为 6300 千伏安有载调压型，改造后的河桥变电所有主变压器 2 台，容量分别为 5000 千伏安、6300 千伏安。至 2008 年，无变化。

（二）王店变电所

位于王店乡街道西侧，占地 3101 平方米。1986 年，有 2500 千伏安主变压器 1 台，35 千伏进线 1 回、10 千伏出线 4 回。1999 年 7 月，2 号主变压器更换，容量 5000 千伏安。2003 年，更换 1 号主变压器，容量为 6300 千伏安；更换母线及绝缘子、隔离开关，实施电杆防腐、房屋维修等综合自动化改造。至 2008 年，无变化。

（三）莲塘变电所

位于穆店乡莲塘村，占地 2081 平方米。1986 年，有 2500 千伏安无载调压 1 号主变压器 1 台，35 千伏进线 1 回，10 千伏出线 3 回。1994 年 7 月，县供电局投资 52.7 万元，新上 2 号主变压器容量 2500 千伏安及配套设施。1997 年 1 月，1 号主变压器更换为容量 6300 千伏安。2000 年 10 月，县供电局投资 144.43 万元，更换 2 号主变压器为容量 4000 千伏安有载调压变压器；更换 2 台 35 千伏多油开关为六氟化硫开关；更换 10 千伏户内少油开关为真空开关；新增 10 千伏出线间隔 1 回、10 千伏补偿电容器 1 回；远方设备按照无人值班变电所配置。2007 年，更换 2 号主变压器为容量 6300 千伏安。至 2008 年，无变化。

（四）渔沟变电所

位于渔沟街道南，占地 1964 平方米。1986 年，有 1800 千伏安主变压器 2 台，35 千伏进线 1 条，10 千伏出线 5 条。1994 年 9 月，县供电局将其改造为无人值班、有人值守变电所。改造后渔沟变电所有 2 台主变压器，容量分别为 6300 千伏安和 5000 千伏安，分别向第一水泥厂、第四水泥厂、三河变电所（互为备用）、三墩、砖厂、渔沟镇、红光、吴小圩、老子山供电。2003 年，实施综合自动化改造、更换母线及绝缘子、隔离开关；10 千伏开关更换为中置柜手车开关；实施电杆防腐、房屋维修。至 2008 年，无变化。

（五）桂五变电所

位于桂五街道，占地 2840 平方米。1986 年，有 1800 千伏安主变压器 1 台，35 千伏出线 1 回、10 千伏出线 7 回，后主变压器容量为 3150 千伏安。1998 年 11 月，新增 2 号容量 5000 千伏安有载调压主变压器，10 千伏出线增加到 8 回。2004 年 12 月 21 日，35 伏桂五变电所停止运行。建成 110 千伏变电所。至 2008 年，无变化。

（六）马庄变电所

位于马庄街道，占地 3333 平方米。1988 年 10 月 6 日，县财政拨款 26 万元，省拨农改费和县供电局自筹 46 万元，建成马庄变电所。电源由 220 千伏马坝变电所接入，有容量 3150 千伏安 1 台主变压器；35 千伏出

线1回;10千伏出线4回;分别向马庄、水轮泵、观音寺、恒西供电。1994年8月,县供电局投资21.8万元,2号主变压器容量增容至3150千伏安。1997年11月,新上10千伏111补偿电容器间隔。1998年9月30日,更换2号主变压器为容量5000千伏安有载调压型。12月,新上35千伏311三淮线出线间隔1回。2002年4月26日,1号主变压器改造为容量6300千伏安。

(七)淮河变电所

位于淮河街道北侧,占地2333平方米。1989年12月16日,总投资55万元,其中省电力局补贴15万元、县政府筹集10万元、县供电局自筹30万元,建成淮河变电所。电源由盱眙变电所经35千伏盱淮兴线接入,有容量2500千伏安主变压器1台,10千伏出线3回,分别向溪水、仁集、淮河、糖厂供电。1997年5月,投资15万元,增加1台扩频通讯设备,更换全部信号继电器,增加主变压器远方测温装置、遥控和手控切换回路、所用电和直流电压遥测回路,完成无人值班改造。1999年1月,安装2号容量5000千伏安主变压器及配套设施。2003年9月,投资170万元,将1号主变压更换为容量6300千伏安,2台35千伏断路器更换为六氟化硫型,继电保护更换为微机型保护,改造隔离开关、交直流系统。至2008年,无变化。

(八)兴隆变电所

位于兴隆乡街道,占地3232平方米。1986年,有4950千伏安主变压器1台,35千伏进线1回、10千伏出线4回。1990年4月8日,完成其改造工程。改造后,有容量3150千伏安和1800千伏安2台主变压器,分别向鲍集变电所(互为备用)、鲍集钢厂、冯洼、管镇、黄岗、兴隆、铁佛乡供电。1995年,进行二次设备改造,10千伏少油断路器全部更换为10千伏户内真空断路器。1998年7月21日,2号主变压器更换为容量5000千伏安有载调压型变压器。2000年12月18日,改造1号主变压器,增加容量至5000千伏安;35千伏母线、10千伏母线改造为单母线不分段运行。2002年8月,将负荷在1900千瓦～3000千瓦电容器,补偿容量为1800千瓦。12月,新上35千伏进线1回,从110千伏管镇变电所接入。实现无人值班、有人值守。至2008年,无变化。

(九)三河(维桥)变电所

维桥变电所位于盱马公路北侧,占地1200平方米。1986年,有1800千伏安主变压器2台,35千伏进出线2条,10千伏出线3条。1991年12月20日,维桥变电所迁址三河农场街道南侧,更名为三河变电所。电源由马坝变电所经原35千伏马维线延伸(即三马线)接入,有1台主变压器,容量3150千伏安;35千伏出线2回,分别为362三马线、333三盱渔线;10千伏出线5回,分别为113三河线、114化肥线、115三瓦线、116维瓦线、117维桥线。1997年,新上35千伏2号主变压器及配套间隔、继电保护设备,主变压器容量增至4000千伏安。2000年,建成110千伏变电所。2004年12月21日,35千伏三河变电所停止运行。建成110伏三河变电所。至2008年,无变化。

图12－5　维桥变电所

(十)鲍集(宗铺)变电所

位于鲍集街道东侧,占地1733平方米。1990年4月,宗铺变电所由泗洪供电局移交盱眙县供电局,有2500千伏安主变压器1台,35千伏进线1回,10千伏出线4回。1993年7月21日,宗铺变电所因其偏离负荷中心,利用率低,迁址至鲍集镇街道东侧,更名为鲍集变电所,投资99.5万元,其中省电力局补贴50万元、县供电局自筹49.5万元。建有2台主变压器,容量分别为3150千伏安和2500千伏安;电源由原35千伏双兴线环入,35千伏出线1回,为331鲍兴线;10千伏出线4回,向鲍集街道、肖嘴、铁营、桥口供电。1995年3月,所有10千伏线路更换为户外真空断路器,淘汰传统的低压断路器室。2002年9月22日,对主变压器进行增容改造,改造后容量分别为4000千伏安和6300千伏安,成为无人值班变电所;12月,扩建35千伏出线间隔1回,从110千伏管镇变电所接入。至2008年,无变化。

(十一)仇集变电所

位于仇集镇街道北侧,占地1998平方米。1997年5月5日,省扶贫通电工程投资200万元,建成仇集变电所。电源由35千伏河桥变电所接入,有容量2500千伏安有载调压主变压器1台,35千伏进线1回,10千伏线路4回,分别向龙山、仇集、洪山乡供电。35千伏母线为单母线不分段,10千伏母线为单母线分段运行,负荷在300千瓦~1100千瓦。2000年,主变压器增容,1号主变压器容量4000千伏安,2号主变压器容量6300千伏安。2002年,改造为无人值班、有人值守变电所。2005年5月27日,原35千伏、10千伏户外负荷刀闸、重合器全部更换为断路器、隔离开关,所有间隔新上保护测控装置,改造成小型化变电所。2008年,无变化。

(十二)旧铺变电所

位于旧铺镇南侧,占地1867平方米。1999年3月5日,省扶贫通电工程投资358.06万元,建成旧铺变电所。由35千伏莲塘变电所接入电源,有主变压器1台,容量5000千伏安。35千伏进线1条,为371莲旧线;10千伏出线5条,向新塘、张洪、王营、旧铺、畜牧场供电。2001年,35千伏王店变电所向旧铺变电所供电,王店、旧铺变电所实现环网,互为备用,联络线路为35千伏351旧王线。2007年1月10日,原35千伏、10千伏户外负荷刀闸、重合器更换为断路器和隔离开关,所有间隔新上保护测控装置,新上35千伏变电器1台,容量为5000千伏安,改造成小型化变电所。至2008年,无变化。

(十三)果园变电所

位于县城区果园场地,占地1865平方米。2002年2月26日,农网更新改造工程投资490万元,建成无人值班变电所。分别从110千伏龙泉变电所、220千伏都梁变电所接入电源。有容量5000千伏安有载调压主变压器1台。2004年6月,投资180万元,进行二期扩建,新上有载调压主变压器1台,容量为6300千伏安;新上10千伏出线4回,向工业园区金桂、合欢、五墩供电;新上10千伏所用变压器1台。2007年5月2日,果园变1号主变更换为容量10000千伏安有载调压主变压器。2008年,无变化。

(十四)铁佛变电所

位于铁佛镇邓圩村,占地1442平方米。2005年7月21日,总投资740万元,建成无人值班的铁佛变电所。2条35千伏进线电源分别从管镇变电所、兴鲍线接入;建设规模为1台有载调压主变压器,容量为6300千伏安;35千伏采用内桥接线,10千伏母线为单母线分段,有6条10千伏出线间隔。至2008年,无变化。

(十五)明祖陵变电所

位于明祖陵镇小刘庄,占地1608平方米。2006年11月18日,投资1466万元,建成明祖陵变电所。1条35千伏进线电源从管镇变电所接入;主变压器1台,容量为6300千伏安;5条10千伏出线间隔。2007年5月16日,35千伏淮明线建成投运,明祖陵变电所完善35千伏内桥接线,2条35千伏进线电源分别从管镇变电所、淮河变电所接入。2008年,无变化。

(十六)用户自备变电所

1986年,全县自备35千伏变电所有:清水坝一级站、清水坝二级站、清水坝三级站、渔沟电站、黄龙电站、盱眙县水泥厂、盱眙县第二水泥厂、红旗化肥厂、九三九五厂、红光化工厂、沿山电站、电石厂。共有变压器22台,容量26850千伏安,其中清水坝二级站、渔沟电站、黄龙电站的主变压器资产归属县供电局,其余主变压器资产归所在单位和企业。1998~2007年,全县供电能力、供电量逐年增加,渔沟电站、黄龙电站、盱眙水泥厂、盱眙第二水泥厂、盱眙水泥厂、沿山电站、电石厂、红旗化肥厂、清水坝二级站、清水坝三级站等用户自备变电所先后退出运行。

2008年,全县有用户自备变电所21个,其中35千伏变电所17个,分别为堆头一级站、江苏红光化有限公司、淮安市北海不锈钢有限公司、江苏凡力钢管有限公司、江苏淮河化工有限公司、江苏淮河化工有限公司、江苏淮源矿业有限公司、江苏甬淮工贸有限公司、金鹏轴承厂、清水坝一级站、盱兰建材有限公司、盱眙钧丰金属制造有限公司、盱眙狼山水泥有限公司、盱眙诺普纸业有限公司、盱眙县德尔人造板有限公司、盱眙县兴眙水泥有限公司、盱眙县星宇建材有限公司,主变压器41台,容量94125千伏安;20千伏变电所4个,分别为江苏德新钢管有限公司、江苏鸿成机械有限公司、江苏美科生物科技有限公司、盱眙凌峰工业材料有限公司,主变压器6台,容量4200千伏安。

第四节　农村电网建设

一、扶贫通电

1994年,境内无电村62个,占全省无电村总数的18.8%。省政府实施扶贫通电"光明工程"和"民心工程"。全年总投资2020万元,其中省补1177万元、市补12万元、地方政府集资429万元、农户自筹402万元,实施无电村、无电户通电工程。

图12-6　1996年5月27日,江苏省委常委、常务副省长季允石为古桑乡季安村合闸送电,为江苏省最后一个无电村送去电视机。

1995年5月7日,县委、县政府召开乡镇扶贫通电责任签状大会,规定各相关电管站承包当地无电村通电任务,组建18个施工队,按照统一工程设计、统一资金管理、统一材料供应的原则组织施工。在施工过程中,从仇集镇街道运至棋盘村施工地点的一根电杆,其运输费用超出电杆本身的造价,在乱石岗上打一个杆洞要放3~4炮;河网地带通电施工时,要跨越多道河汊,施工材料靠船多次转运。施工队人员克服山区、河网等地形复杂、通电施工材料运达难的困难,坚持施工,确保按时完成任务。

1996年5月27日,江苏省实现村村通电合闸仪式在盱眙县古桑乡季安村李寨组举行,副省长季允石,在江苏省最后一个无电村——盱眙县古桑乡季安村通电之日,率团到场祝贺,主持通电仪式,宣布江苏省无电村历史告结。全县共完成62个无电村、24844户无电户通电,实现村村通电,村通电率100%,户通电率96.4%。县供电部门被省政府表彰为扶贫通电先进单位。

1997年11月21日,在省政府扶贫通电表彰大会上,盱眙县供电局被表彰为扶贫通电先进集体;县委书记赵鹏、县供电局周保然等4人被省供电部门评为扶贫通电先进个人。

二、农村电气化县建设

1995 年 12 月，省计经委、省电力局将盱眙县列为全省第一批创建农村电气化县。1996 年 4 月 22 日，成立以县长为组长的创建农村电气化领导小组和 7 个专业小组，规定各专业小组负责指导全县各乡镇用电设施整改升级工作。各乡镇农电职工逐户检查用电户的入户线、室内配电线，除锈防漏每台变压器、配电装置，改造配电柜所有二次接线，整改导线对地距离不符合安全规程地段，将方型电杆全部更换为圆形电杆。统一健全乡镇农电站 16 种台账、记录、图表等，在部分乡镇、变电所、大用户处安装电压监测表，监测记录农村电压情况。至年底，全县乡、村、户通电率分别为 100%、100%、96.4%，农村排灌用电保证率 100%，乡村居民用电保证率 97.1%，人均用电 366 千瓦时，农村居民生活用电 53.6 千瓦时，电压合格率 A 点为 95.9%、B 点为 92.0%、C 点为 90.3，综合电压合格率 93.6%。

1997 年 5 月 19 日，省农村电气化县创建领导小组对盱眙县进行验收，抽签检查老子山、官滩、仇集、古桑、黄花塘、铁佛 6 个乡镇和全县所有变电所及用户电压监测点。5 月 21 日，经检查验收，认定盱眙农村电气化县建设符合国家《农村电气化标准》，盱眙成为全省首批农村电气化县。

2007 年，首批建成新电气化镇 1 个、新电气化村（居）12 个，分别是盱城镇新电气化镇，盱城镇五墩村、新华村、新湾村、沙岗村、赵岗村、石牛村，马坝镇马坝居委会、楚东居委会、腊塘居委会，穆店乡穆店村，古桑乡古桑居委会，淮河镇城根村。

三、农网改造工程

1998 年，县委、县政府成立农网改造领导小组，开始实施农村电网建设与改造。县供电局成立农村电网建设与改造工程办公室，下设工程项目、技术、物资、建设及审计监察 5 个专业小组，工程技术组遵循安全可靠、经济适用、因地制宜的原则，制定标准设计、典型设计和限额设计实施方案，开始实施一期农网改造工程。

1999 年起，国家、省电力部门累计投资 1.197 亿元，对配电工程进行改造。至 2000 年底，全县新增、改造配变 1117 台，合计容量 56990 千伏安。

图 12－7　1997 年古桑乡实施农网改造

2001 年，投入农网改造资金 1.1875 亿万元、农林场圃电网改造投资 559.8 万元、信息网工程投资 597.7 万元，共架设 10 千伏线路 942.14 千米，改造 10 千伏线路 372.58 千米；架设 400 伏线路 807.08 千米，改造 400 伏线路 176.27 千米；架设 220 伏线路 1673.79 千米，改造 220 伏线路 913.26 千米；改造和新增变压器 1871 台 7.57 万千伏安；新增配电箱 1185 台，接户线改造 3.58 万户。年底，全县 483 个行政村电网建设与农网改造一期工程竣工，通过市供电部门验收合格。

2002 年，农林场圃电网改造投资 560 万元，新建 10 千伏线路 45.58 千米，改造 10 千伏线路 61.03 千米；配电变压器 79 台，总容量 4796 千伏安；新建低压线路 93.89 千米，改造低压线路 11.95 千米。旧铺茶场、十里营果园场、淮河鱼种场等 15 个农林场圃单位，电网改造工程竣工。同年，实施农村电网建设与改造二期工程。2003 年，二期农村电网改造投资 4500 万元，新增和改造 10 千伏线路 419.85 千米，低压线路 522.83 千米，新增和改造变压器 385 台，新增配电箱 255 台，二期农村电网改造工程竣工。2004 年，全县农网改造工程通过市供电公司验收合格。

第三章 用 电

第一节 用电规划

2004年,开始编制第一轮《2005～2010年城市电力规划》。2005年,完成规划编制工作。规划期内县城区用电负荷21.89万千瓦,县城区东部乡镇工业集中区用电负荷4万千瓦。近期规划(2006～2007年),扩建220千伏都梁变电所,装机容量280兆伏安,与220千伏马坝变电所对接,实现区域联网供电;扩建110千伏的城南变电所、110千伏城中变电所和35千伏的果园变电所,规划期末装机容量分别为63兆伏安、2×51.5兆伏安和2×31.5兆伏安;新建110千伏十里营变电所,装机容量2×50兆伏安,规划用地2900平方米。

远景规划(2007～2010年),新建县开发区110千伏的梁营变电站和凹土科技园的古桑变电站,变压器容量1×80兆伏安。规划建设宁宿徐高速公路横跨盱眙县境内的500千伏输电线路,县经济开发区为高电压线路预留防护绿化带。县城区内建设10千伏环形网络和380伏配电网络。临街大型公共建筑和居住小区建造成开闭式和箱式变电箱,县境内主要沿街道路架空铺设电路。

第二节 用电水平

1986年,全县设备装接容量125143千瓦,用电量14723万千瓦时,人均用电量225.92千瓦时。1996年,全县工农业稳步发展,年供电量首次突破3亿千瓦时。2000年起,工业园区落户工业企业逐年增加,用电设备、装接容量和用电量逐年增加。2008年,全县用电量75870万千瓦时,是1986年的5.15倍。人均用电量1000.4千瓦时,是1986年的3.91倍。

1986～2008年盱眙县用电水平一览表

表12-4

年份	人口(万人)	用电量(万千瓦时)	用电设备装接容量(千瓦)	最高负荷(万千瓦)	人均用电量(千瓦时)
1986	65.17	14723	125143	2.27	225.92
1987	65.61	15637	128519	2.43	238.33
1988	65.99	16518	129307	3.10	250.31
1989	66.95	16584	201740	2.80	247.71
1990	68.34	17623	258683	3.70	257.87
1991	69.13	19673	269507	3.30	284.58

续表 12－4

年份	人口（万人）	用电量（万千瓦时）	用电设备装接容量（千瓦）	最高负荷（万千瓦）	人均用电量（千瓦时）
1992	69.66	20158	272897	4.00	289.38
1993	69.84	22533	283008	4.10	322.64
1994	70.11	26099	284654	5.00	372.26
1995	70.51	30299	284782	5.55	429.71
1996	70.95	31183	292354	6.60	439.51
1997	71.09	27729	293354	6.20	390.05
1998	70.97	28011	302404	5.80	394.69
1999	71.42	32193	411174	7.20	450.76
2000	72.16	32023	481775	7.30	443.78
2001	72.72	31207	562449	6.88	429.14
2002	72.90	31993	630075	6.78	438.86
2003	73.22	34952	653153	7.40	477.36
2004	74.83	35459	672524	8.41	473.86
2005	74.89	48083	1229651	10.35	642.05
2006	74.87	58124	1180571	12.11	776.33
2007	75.37	71725	1378936	14.03	951.64
2008	75.84	75870	1460293	14.58	1000.40

第三节　用电结构

一、工业用电

1986年，全县工业用电量9297万千瓦时，占全县用电量的63.15%。其中，乡村工业用电627万千瓦时。轻工业用电925万千瓦时，重工业用电8372万千瓦时。采掘业用电量299万千瓦时，食品饮料和烟草制造业用电量384万千瓦时，化学工业用电量5350万千瓦时，建材及其他金属矿制品业用电量1817万千瓦时，机械工业用电量339万千瓦时，造纸工业用电量124万千瓦时。

1990～1996年，加快工业企业技术改造，化工、建材、食品、机械、电子、纺织等工业企业用电量逐年提高。县水泥厂、第二水泥厂、强立制杆有限公司、打石山水泥厂等企业相继投产，全县水泥工业用电量逐年增加。1997年，县化肥、纺织、机械等工业企业管理不到位，经营亏损，相继停产，全县工业用电量比1996年下跌3168万千瓦时。1999年，县输油泵站、打石山水泥厂、狼山水泥厂、淮化集团4家省重点跟踪用户用电量13116.65万千瓦时，约占全县工业电量的76.70%。打石山水泥厂和狼山水泥厂因欠费被屡次停电，水泥工业用电量下降。全县建材工业、淮化集团等化学工业、黑色金属冶炼业、医药业、食品业等行业经营不善，用电量滑坡。

2002年，县工业园区落户工业企业增多，采掘业、医药业逐步兴旺，用电量比2001年增加2787万千瓦时。2003年,全县列入省重点跟踪用电户增至10户。狼山水泥总厂因体制改革,基本处于停产状态,用电量比2002年下降67.84%。淮化集团、三河农场企业改制,恒源染化厂等工业企业因生产经营不旺,用电量下降。盱眙县星宇建材有限公司、盱眙县盱兰建材有限责任公司、县自来水公司、红光化工厂等企业改制后产销两旺,用电量增长。全县工业用电量比2001年增长32.6%。

2004年,县供电公司落实电价优惠政策,工业园区雅尔斯人造板厂、兴达铸造构建厂、金鹏轴承厂等工业企业成为全县用电大户,工业用电量增长到22910万千瓦时。乡村工业用电量6589万千瓦时,轻工业用电量3157万千瓦时,重工业用电量19753万千瓦时。2008年,县水泥厂、淮化集团开机不足,其他工业行业产销两旺,全年工业用电量48108千瓦时,是1986年的5.17倍。

二、农业用电

1986年,全县农、林、牧、渔、水利业用电量(以下简称农业用电)1470万千瓦时,其中电力排灌619万千瓦时、农副产品加工712万千瓦时。农村用电设备装接容量38346千瓦,其中电力排灌装接容量23206千瓦、农副产品加工装接容量7985千瓦。1990年,全县粮食产量大幅提高,促进农产品加工业的兴起,拉动农村用电快速增长。2004年,农业用电量1953万千瓦时,其中电力排灌用电1264万千瓦时,农副业用电396万千瓦时。2008年,农业用电量是1986年的1.69倍,其中电力排灌用电1067万千瓦时。

三、交通、运输、邮电业用电

1986年,全县交通、运输、邮电业用电3277万千瓦时。1990年,全县交通、运输、邮电业等部门加大对所属工业企业投入,相继实行技改工程,拉动交通运输业用电量逐年小幅增长。

2000年,交通、运输、邮电业用电量2832万千瓦时。2002年,用电大户输油泵站设备技术改造为节能型,全县交通、运输、邮电业用电量下降到2064万千瓦时。2007年,石油价格上涨,原油运输量增加,输油泵站用电量大幅度增长,全县交通运输业用电量增加到3205万千瓦时。2008年,全县交通、邮电、运输业用电量2682万千瓦时,是1986年的0.82倍。

四、城乡居民生活用电

1986年,全县居民生活用电得不到保障,多数为电灯、电风扇等家用电器,全县通电率不足60%,居民生活用电量341万千瓦时。1989年起,全县实施通电工程,先后建成7座35千伏变电所,有26条10千伏线路通往各乡镇,81.2%村通电,城乡用电量逐年增长。1996年,完成无电村、无电户通电工程后,用电量增长至6011万千瓦时。1999年,农村照明电价两次降价,取消农民负担的每月1千瓦时的表损电量,减少农民电费支出600万元。

2001年,全县一户一表改造结束后,实施城乡用电同网同价,城乡居民用电量下降至5706万千瓦时。2004年,县供电公司在县城各小区共安装1万只峰谷电能表,执行峰谷电价,居民用电户增加到190120户。2005年起,电冰箱、空调、电磁炉等大容量电器产品进入城乡居民家庭,城乡居民生活用电量逐年增加。2006年,完成13个乡镇2895户的低压分支线至电表箱线路改造工程,满足农民家庭用电负荷8个千瓦的需求,享受城市居民用电同等标准。2008年,全县居民用电户204576户,居民生活用电量14860万千瓦时,比2007年增长21.48%,是1986年的43.58倍。

五、其他用电

1986年,全县建筑业用电量12万千瓦时,商业、餐饮、供销、仓储业用电量136万千瓦时,其他事业用电量190万千瓦时,分别占全社会用电量的0.08%、0.92%、1.29%。1987年起,随着市场经济的发展,全县商业、餐饮业、仓储业逐年增加,用电量平稳增长。1996年,盱眙县开始有地质普查和勘探业用电,用电量473万千瓦时,占全社会用电量的1.52%。2000年起,全县发展以旅游业为主的服务业,带动商业、饮食及供销等相关行业用电增长到2694万千瓦时，其中商、饮、物、仓储业用电量589万千瓦时，占全社会用电量的1.84%.2001年，随着建筑业的兴起，其用电量增至701万千瓦时，占全社会用电量的2.25%。2003年，全县因工业园区、基础建设和其他事业发展，用电量大幅增长。2004年起，全县商业、地质普查和勘探业、建筑业、商饮物仓储业、其他事业快速发展，大型商场进入城区，用电量逐年增长。2008年，全县其他用电量7735万千瓦时，是1986年的22.88倍。

1986～2008年盱眙县用电分类一览表

表12－5　　单位：万千瓦时、%

年份	工业用电	占全社会用电量比重	农业用电	占全社会用电量比重	交通运输邮电用电	占全社会用电量比重	城乡居民生活用电	占全社会用电量比重	其他用电	占全社会用电量比重
1986	9297	63.15	1470	9.98	3277	22.26	341	2.32	338	2.30
1987	10397	66.48	1464	9.36	2842	18.18	528	3.38	406	2.60
1988	10261	62.12	2045	12.38	2812	17.02	670	4.10	730	4.42
1989	10213	61.58	2278	13.74	2751	16.59	858	5.18	484	2.92
1990	10147	57.57	3239	18.37	2463	13.98	1256	7.13	518	2.94
1991	10740	54.59	4194	21.32	2497	12.69	1677	8.52	1002	5.09
1992	10586	52.52	4240	21.03	2487	12.64	2361	11.71	487	2.42
1993	12822	56.90	4421	19.62	2238	9.93	2529	11.22	523	2.32
1994	14336	54.93	5457	20.91	2107	8.07	3502	13.42	1010	3.87
1995	18735	61.83	3674	12.13	2008	6.63	5074	16.75	808	2.67
1996	17340	55.61	4438	14.23	2095	6.72	6011	19.28	1299	4.17
1997	14172	51.11	3319	12.97	1940	7.00	6866	24.76	2107	7.60
1998	15498	55.32	2750	9.82	1985	7.09	6415	22.90	1363	4.87
1999	17920	55.66	3704	11.51	2750	8.54	6386	19.84	1433	4.45
2000	17451	54.50	3898	12.17	2832	8.84	5148	16.08	2694	8.41
2001	17101	54.80	3421	10.96	2869	9.19	5706	18.28	2110	6.76
2002	19888	62.16	2044	6.39	2064	6.45	5979	18.69	2018	6.31
2003	22676	64.88	1868	5.34	1976	5.65	6441	18.43	1992	5.70
2004	22910	64.61	1953	5.51	2101	5.93	6260	17.65	2380	6.71
2005	32026	66.61	2288	4.76	2756	5.73	9140	19.01	1873	3.90
2006	37367	64.29	2380	4.10	2726	4.69	11351	19.53	4300	7.40
2007	47830	66.69	2986	4.16	3025	4.22	12232	17.05	5652	7.88
2008	48108	63.41	2485	3.28	2682	3.54	14860	19.59	7735	10.20

第四节 电 价

1986年，全县执行水利电力部1976年分类电价标准。1987年5月，县供电局实行基本电价和电度电价，县两个水泥厂少收电费1.46万元。

1990年，除城乡居民生活照明用电、财政拨款的行政事业单位照明用电、农业排灌、合成氨、烧碱、磷制品生产用电外的其他所有用电量，均加收(代收)每千瓦时0.02元电力建设基金；实行统配电量的单位，按每千瓦时0.0702元收取。1991年7月，对收取煤加价和煤运费加价调整电费标准：实行统配电量的单位，按每千瓦时0.0705元收取，其余按每千瓦时0.05元收取，电力排灌用电按每千瓦时0.02元收取。

1999年10月1日始，对机械、冶金、化工、医药、建材、纺织6大行业，电容量在315千伏及以上的工业用户和电热锅炉(含蓄冰制冷)用电的电度电价试行峰谷分时电价。峰时，7时~11时、17时~21时；平时，11时~17时、21时~23时；谷时，23时~7时，峰谷比价为3∶1。

图12-8 盱眙县供电公司

2001年8月1日，全省城乡居民生活用电实行同网同价，按每千瓦时0.52元收取。10月1日始，年用电量超过500万千瓦时、符合产业政策新办私营工业企业，电量超过部分优惠每千瓦时0.10元。2003年5月25日~9月30日，受非典型肺炎影响，全县商业照明用电价格优惠每千瓦时0.15元。8月1日起，调整企业用电峰谷时段。峰时，8时~12时、17时~21时；平时，12时~17时、21时~24时；谷时，0时~8时，峰平谷比价为5∶3∶1。全县小区居民试点峰谷分时电价分为高峰和低谷两个时段，8时~21时为峰时，电价标准每千瓦时0.55元；21时~次日8时为谷时，电价标准为千瓦时0.30元。12月1日始，对全县农林场圃用电实现同网同价。2004年1月20日起，全县除农业、化肥生产、商业照明用电外，其余各类用电价格每千瓦时提高0.08元(含税)。

2005年5月1日起，全县实施煤电价格联动，平均销售电价每千瓦时提高0.0295元，扣除居民用电、化肥用电、商业照明用电、农业生产用电、贫困县排灌用电价格不作调整外，其他用户的销售电价每千瓦时提高0.037元。2006年7月1日，全县商业照明用电与其他照明用电并轨，统一改称为非居民照明用电，价格统一。城乡中小学教学用电价格执行居民生活用电价格。大工业用电每千瓦时提高0.018元，非普工业、非居民照明用电每千瓦时提高0.028元，农业生产、贫困县农业排灌用电每千瓦时提高0.019元，城乡居民用电每千瓦时提高0.0083元(含居民峰、谷段电价)。大工业基本电价标准每千伏安·月(千瓦·月)提高3元。

2008年7月1日，调整销售电价结构，提高基本电价，提高峰、谷分时电价的谷期电价水平，解决煤炭价格上涨、可再生能源发展、电厂脱硫改造等方面存在的问题。居民生活用电、农业及化肥生产用电价格不作调整，将非居民用电价格与非普工业电价归并为"一般工商业及其他"，执行非普工业电价水平。

1986 年盱眙县电价一览表

表 12－6　　单位:元/千瓦时

电价类别			目录电价	地方附加	议价电费	煤用加价	电力集资	电价合计
照明电价	不满 1 千伏		0.19	0.015	–	–	–	0.205
	大于等于 1 千伏		0.185	0.015	–	–	–	0.20
普非工业电价	不满 1 千伏		0.085	0.006	0.018	0.014	0.02	0.143
	1～10 千伏		0.083	0.006	0.018	0.014	0.02	0.141
	大于等于 35 千伏		0.08	0.006	0.018	0.014	0.02	0.138
农业电价	不满 1 千伏		0.06	–	0.005	0.014	–	0.079
	1～10 千伏		0.058	–	0.005	0.014	–	0.077
	大于等于 35 千伏		0.055	–	0.005	0.014	–	0.074
大工业电价	电费基本	容量	4.0	0.32	–	–	–	4.32
		需量	6.0	0.48	–	–	–	6.48
	电量电价	1～10 千伏	0.058	0.004	0.018	0.014	0.02	0.114
		大于等于 35 千伏	0.055	0.004	0.018	0.014	0.02	0.111
	合成氨电价	优待	0.045	0.003	0.018	0.014	–	0.085
		不优待	0.055	0.004	0.018	0.014	–	0.091

2008 年盱眙县电网销售电价一览表

表 12－7　　单位:元/千瓦时

用电分类	电度电价						基本电价	
	不满 1 千伏	1～10 千伏	20～35 千伏	35～110 千伏	110 千伏	220 千伏	最大需量元/千瓦时	变压器容量元/千伏安
一、城乡居民生活用电	0.5283	0.5183	–	–	–	–	–	–
二、一般工商业及其他用电	0.813	0.798	0.792	0.783	–	–	–	–
其中:1. 中小化肥	0.370	0.355	0.349	0.340	–	–	–	–
2. 限制类高耗能	0.863	0.848	0.342	0.833	–	–	–	–
3. 淘汰类高耗能	1.013	0.998	0.992	0.983	–	–	–	–
三、大工业用电	–	0.602	0.596	0.587	0.572	0.557	38	28
其中:1. 高子膜法氯碱	–	0.584	0.578	0.569	0.554	0.539	38	28
2. 中小化肥	–	0.232	0.226	0.217	0.202	–	30	21
3. 限制类高耗能	–	0.652	0.646	0.637	0.622	0.607	38	28
4. 淘汰类高耗能	–	0.802	0.796	0.787	0.772	0.757	38	28
四:农业用电	0.440	0.430	0.424	0.415	–	–	–	–
其中:贫困县农业排灌用电	0.294	0.292	0.290	0.288	–	–	–	–

2008 年盱眙县企业峰谷分时销售电价一览表

表 12-8 单位:元/千瓦时

类别			高峰价格	平段价格	低谷价格
大工业	非优待	1~10 千伏	1.003	0.602	0.281
		20~35 千伏以下	0.993	0.596	0.279
		35~110 千伏以下	0.978	0.587	0.276
		110 千伏	0.953	0.572	0.271
		220 千伏以上	0.928	0.557	0.266
	离子膜法工艺氯碱	1~10 千伏	0.973	0.584	0.275
		20~35 千伏以下	0.963	0.578	0.273
		35~110 千伏以下	0.948	0.569	0.270
		110 千伏	0.923	0.554	0.265
		220 千伏以上	0.898	0.539	0.260
	中小化肥	1~10 千伏	0.387	0.232	0.157
		20~35 千伏以下	0.377	0.226	0.155
		35~110 千伏以下	0.362	0.217	0.152
		110 千伏	0.337	0.202	0.147
	限制类高耗能	1~10 千伏	1.053	0.652	0.331
		20~35 千伏以下	1.043	0.646	0.329
		35~110 千伏以下	1.028	0.637	0.326
		110 千伏	1.003	0.622	0.321
		220 千伏以上	0.978	0.607	0.316
	淘汰类高耗能	1~10 千伏	1.203	0.802	0.481
		20~35 千伏以下	1.193	0.796	0.479
		35~110 千伏以下	1.178	0.787	0.476
		110 千伏	1.153	0.772	0.471
		220 千伏以上	1.128	0.757	0.466
100 千伏安(千瓦)及以上普通工业	非优待	不满 1 千伏	1.355	0.813	0.351
		1~10 千伏	1.330	0.798	0.346
		20~35 千伏以下	1.320	0.782	0.344
		35~110 千伏以下	1.305	0.783	0.341
	中小化肥	不满 1 千伏	0.617	0.370	0.203
		1~10 千伏	0.592	0.355	0.198
		20~35 千伏以下	0.582	0.349	0.196
		35~110 千伏以下	0.567	0.340	0.193
	限制类高耗能	不满 1 千伏	1.405	0.863	0.401
		1~10 千伏	1.380	0.848	0.396
		20~35 千伏以下	1.370	0.842	0.394
		35~110 千伏以下	1.355	0.833	0.391
	淘汰类高耗能	不满 1 千伏	1.555	1.013	0.551
		1~10 千伏	1.530	0.998	0.546
		20~35 千伏以下	1.520	0.992	0.544

第四章　电业管理

第一节　机　　构

1986年，县供电局人、财、物由淮阴供电局管理，干部管理接受地方政府及淮阴供电局双重领导，下设办公室、财务股、生技股、用电股、多种经营股、变电工区、线路工区。多种经营股设电力服务公司；用电股下辖农电组，管理全县32个农电站。10月，变电和线路两个工区检修人员分别组成变电工程队和线路工程队，属工区和电力服务公司双重管理。

1991年，先后撤销原职能股室，成立生产计划办公室、行政后勤办公室、经营办公室、企业管理办公室、主任工程师室、财务股，将生产计划办公室的器材供应职能和经营办公室大桥储蓄所划归财务股管辖；成立农村电力管理总站，股级建制，属县大集体事业单位；各农电站更名为农村电力管理站。

1993年7月，供电局下设局办公室、生技股、用电股、财务股、工会办公室、党委办公室，生产机构调整为调度室、变电工区、车队、220千伏马坝变电所。8月，220千伏马坝变电所划归变电工区管理，农电总站管辖的农电器材公司划入局器材公司管理。12月，生技股更名为生产技术安全监察股。

1998年，县供电局内设机构调整为局办公室、党委办公室、工会办公室、生技股、用电股、财务股、安监股，生产单位调整为变电工区、线路工区、调度所、农电总站、电力实业开发公司。电力实业开发公司履行多种经营办事机构职能。30个乡镇挂牌成立供电营业所（不含代管的洪泽县老子山镇供电所）。

2001年，撤销县供电局，由供电公司独立经营，承担电力行政管理职能；撤销盱眙县农村电力管理总站及全县各乡镇电力管理站，组建供电营业所，实行县、乡电力管理一体化；县供电公司中层机构调整为总经理工作部、综合监察部、工会办公室、生产技术部、安全保卫部、财务部、电力营销部、农电管理所、电力调度所、输变电运行工区、多种经营工作部。县供电公司按照公平、公正、公开的原则，招用农村供电所职工224人、农村电工481人、转岗安置36人。

2003年6月27日，盱眙县供电公司撤销运行工区，成立变电工区和线路工区；将老子山供电所移交洪泽县供电公司管辖。2008年3月，县供电公司行政机构调整为办公室、思想政治工作部（党委办公室）、人力资源部（党委组织部）、财务部、生产技术部、安全监察部、监察审计部。生产单位改制为发展建设部、营销（农电）部、电力调度所、变电运行工区、线路运行工区、配电运行工区、集体资产运营中心。全县31个供电所合并为19个。

第二节　“三电”管理

一、计划用电

1986年，县政府成立“三电”（计划用电、节约用电、安全用电）办公室，实行三电管理，办公地点设在县经济贸易委员会。1987年起，全县供用电差距较大，拉闸限电现象时有发生，县三电办公室制定安全用电规章制度,对主要用电单位耗电量建立统计、分析、考核制度,推广节电技术及新产品,做好计划用电。1990年,县三电办公室对全县120个主要用电户,实行定负荷、定量、定额、定用电时间管理。

1993年,县三电办公室根据全县经常拉闸限电、工厂企业正常生产和居民生活用电受到影响的实际情况,制定电网严重超负荷时按顺序拉闸限电制度,向各单位分配负荷和电量,组织人员对用电单位进行检查、监督计划用电执行情况;建立奖惩制度,鼓励企业调整班次实行避峰让电,减少省、市调度对盱眙县限电拉闸次数。

1998年,县经济委员会、县供电局、县三电办公室联合制定超计划用电限电序位表,确定各开关、线路等最高负荷和限制负荷,对超出用电计划企业实行拉闸限电。实行计划用电后,省、市电网调度对盱眙县逐年减少拉闸次数,工农业生产用电基本稳定。

2000年,撤销三电办公室,供电公司取消计划用电,电力供应转向市场调节、市场预测、市场开发,一直延续至2008年。

二、节约用电

1986年,县三电办公室对全县21种产品下达电耗定额,按年度考核,实施节约用电。1990年,确定全县58个企业60个品种列入工业产品单位耗电考核,定期对较大企业进行电能平衡测试,向企业提供调整内部线路、设备和方案,节约用电成效明显。1992～1999年,县供电局推广应用各类新节电技术,三电办公室对电力单耗进行逐年考核,对购买电机节电器、电动机槽芯磁泥、交流接触器无声运行、风机变频器、节能灯管、电子镇流器、微限缓闭止回阀等节电型新产品的企业,给予补贴。

2000～2003年,县供电局成立电力需求管理领导小组,宣传电力需求管理评价标准,推广绿色照明,执行峰谷电价,实行节约用电;在局营业厅、各乡镇供电所营业窗口、县城区公共宣传栏、城乡街道,摆放、张贴节能宣传资料、绿色照明标语,悬挂节能宣传横幅,宣传节能方针政策。2004～2006年,县供电局对用电大户进行市场调查,跟踪分析,推广蓄能新技术,帮助用电大户做好节电工作。2008年2月27日,县供电公司举办以节能环保,共享和谐;绿色电网,服务发展;阳光电网,你我相连为主题的供电优质服务活动。对全县S7及以下112台高耗能配电变压器统一更换为S11型,执行省、市经贸委下达电力负荷指标,做好各项节约用电工作,保证居民和重要客户正常用电。

三、安全用电

1986年,县三电办公室与供电局联合成立安全用电领导小组,宣传安全用电知识。1987～1991年,县供电局先后出台《关于违章罚款的规定》《安全生产考核办法》《关于反习惯性违章的决定及实施细则》《关于实施"四级控制"安全目标考核办法》《安全技术管理规定》,修定岗位《安全生产责任制》《安全生产奖惩规定》《安全生产定期检查规定》等安全用电规章制度,并全面落实到位,连续5年实现安全无事故。

1992年,县供电局与各用电村及乡镇企业签订《安全供用电合同》,每年对合同进行续签。1995年8月20日深夜,110千伏变电所1号主变发出轻瓦斯保护信号,11月9日排除故障。1998年,县供电部门与各供电营业所、变电所签订《安全供电合同》,明确规定供电安全责任。从此,县供电局每年续签合同,进行跟踪检查,严格抓好各项安全供电工作。

2001年,马坝变电所1号主变气相一氧化碳气体超标,省、市公司组织技术人员及时进行停电抢修,更换一台新主变,避免事故发生。2002年,县供电公司加强各供电所、变电所安全管理工作,建成全省首家县级电力信息通信网实时监控系统,获盱眙科技成果奖。2007年,县供电公司实时监视470千米各类光缆运行情况,为供电安全提供保障。至2008年,县供电公司连续安全生产6317天,2次被江苏省电力公司评为安全生产先进集体。

第五章 其他能源

第一节 沼气推广

1986年，成立沼气办公室，建造沼气池143个。1987年起，农村利用沼气液喂鱼，沼气渣养猪、育秧。农民看到沼气池效益，开始建造混凝土结构的沼气池，推动沼气池快速发展。至1994年，全县沼气池增加到682个。1995年起，国家、省、市先后投入1000万元，县政府配套资金200万元，全县开始建造生活污水净化沼气池，规定每池有效容积12～42立方米，用于办公楼、住宅楼、学校、医院和公厕。至2000年底，全县机关和事业单位累计建造生活污水净化沼气池52个256立方米。2001年，因沼气池建造技术不过关，漏气现象严重，全县沼气池停建。2002年，县农村能源办公室举办沼气池建造技术培训班5期，参训200余人，其中70人领取国家颁发沼气生产工合格证书。2004年起，沼气生产工建造沼气池符合国家技术要求，改变漏气现象，推动建造沼气池数量逐年增加。至2007年底，全县共建造沼气池1052个。

2008年，盱城镇严岗温氏集团新建300立方米塔式厌氧罐1个，淮河镇哈滩村、铁佛镇铁佛村分别新建1个200立方米隧道式沼气池，管镇镇崔岗村、桂五镇方港村、王店乡化农村分别新建1个100立方米、100立方米、50立方米地埋式沼气池。全县建成村生活污水净化沼气服务网点17个，每个服务网点配备1台沼液和沼渣料车、1套沼气检测仪器和沼气零配件。各村成立沼气协会，选配管理员1名，负责沼气池技术维护。全年共新建生活污水净化沼气池10个，处理生活污水58万吨；建造沼气池2560个，完成省一池三改1300处。国债支付户用沼气项目1000处，规模畜禽场沼气池治理建设工程项目13处。省农村能源工作会议在盱眙县召开，与会者参观县沼气示范村和畜禽场沼气治理工程。至年底，全县共有沼气池4294个、生活污水净化沼气池62个，年处理生活污水810万吨。

第二节 太阳能利用

1988年，县政府采取政府补一点、个人拿一点、生产厂家让一点的办法，市民开始安装太阳能热水器。年底，全县安装太阳能热水器110个。1989年起，县政府继续实施补贴措施，安装太阳能热水器数量逐年增加。至2000年底，全县共安装太阳能热水器1606台。2001年起，县政府取消补贴办法，太阳能利用实行市场化调节。太阳能热水器由2桶、3桶闷晒，发展到玻璃真空管，材料质量由镀锌铁皮发展到全不锈钢。由于太阳能热水器质量好，加之城乡居民经济条件逐渐好转，安装太阳能热水器数量不断增加。至2007年底，全县安装太阳能热水器13.25万台。2008年，全县共安装太阳能热水器2000台。

图12-9 推广太阳能热水器

第三节 省柴灶推广

1988年,盱眙县被国家列为省柴灶推广试点县,灶的型号定为盱淮灶,技术指标为10两草10分钟内,将27℃的5千克水烧开,全县居民开始建造省柴灶。1989年起,县政府成立推广省柴灶领导小组,各乡镇宣传建造省柴灶优越性,农民看到省柴灶优点,建造省柴灶数量逐年增加。至1990年底,全县建成10.6万眼省柴灶,完成省下达的推广任务。1991年,经省、市能源办验收,达到省柴灶县标准。2000年,县能源办公室先后举办省柴灶技术培训班5期,参训310人。2007年,全县建造盱淮灶5.6万眼。2008年,全县60%农户用上省柴灶。

第四节 输 油 站

1986年,盱眙县城区老虎岗路有华东输油管理局盱眙县输油站,占地2.77公顷,从事原油输送加压加热任务,主要输往南京、扬子、安庆、武汉、长岭、九江、仪征、汕头和山东济南等石化企业。年底,更名为中国石化集团管道储运公司盱眙县输油站(简称盱眙输油站)。1987年起,盱眙输油站成立安全管理领导小组,配备专职人员,管理输油管道安全。至1990年,实现四年无事故。

图12-10 盱眙县输油站

1991年,盱眙输油站在明祖陵乡团结河处建立抗洪阀室,预防洪水损坏输油管道。1998年,盱眙输油站划归中国石油化工集团公司。是年,将DKS泵更换为电机和宾汉母泵。

2002年,盱眙输油站将方箱式加热炉改造为热水炉。2003年,盱眙输油站改造6千伏变电所,生产区实行全封闭管理。2004年,明祖陵镇团结河桥上输油管线改入水下穿越,淮河大桥管线作为备用管线。2008年,盱眙输油站有职工33人,担负鲁宁输油管道盱眙县辖区内56千米管道管理和原油输送任务,主要设备有3000立方米储油罐1座、6千伏变电所1座、无压热水炉1座、德国宾汉母泵4台,新建站内控制阀室1座、淮河两岸阀室各1个,安装自控系统、通信系统、消防系统、阴极保护系统,输油实现自动化控制。

图12-11 原油开采

第十三篇　邮政　电信

1986年起，县政府制定邮政通信事业高技术、高起点、大容量、适度超前的发展战略目标，加大建设资金投入，推动邮政、通信事业快速发展。邮政、电信部门根据社会主义市场经济建设和社会对邮电通信的需求，依靠地方政府的支持和社会各界的关心，加快邮政通信事业发展速度。邮路从委托客运公司代办发展到自办，投递工具从自行车到摩托车和汽车，邮件封发由手工到机器操作，电话由手工接线到自动拨号。加快农村邮政平台建设，建成邮政服务"三农"的城区旗舰店、乡镇直营店、农村加盟店。加快电子商务平台建设，逐渐实现农村土特产品进城，城市商品文化下乡的需求。邮政储蓄网点逐步实现计算机处理，开办代收电话费、代理保险、代发养老金、代理基金、外币储蓄等中间业务。长途电话由使用供电式交换设备、载波设备、准电子交换设备，逐步进入全国长途自动直拨网，城乡电话、电报全部实现自动化和传真化，无线寻呼实现全省联网农话传输实现光纤数字化，开通数字移动电话基站，实现村村通电话。移动通信从单一的语音业务向移动数据业务演变，优化话务网、传输网、交换核心网。数据通信进入江苏和国家网，实现交换设备程控化、线路光缆化、传输数字化。提供自动漫游、来电显示等补充业务，以及语音信箱、移动秘书、短信息、移动上网等新业务。ADSL、IPTV业务平稳发展，短消息业务的快速增长、GPRS业务的全面商用、CDMA业务的积极引入，使邮政电信业实现跨越式发展。

2008年底，邮政储蓄余额7.71亿元，市场占有率18.52%，业务收入838.42万元；电信公司电话、电报、宽带、小灵通业务收入1123.7万元；移动通信业务收入10000万元；联通公司移动电话收入1600万元。

第一章 邮 政

第一节 机 构

1986年,县邮政局内设人秘股、计财股、通信股,生产班组9个,其中邮政班组有营业组、发行组、邮件组、机要组、投递组,职工132人。下属邮电支局5个、邮电所17个、代办所4个。1990年2月,增设政工股;7月,成立城北邮电支局。1991年3月,撤销通信股,分别成立邮政股、电信股,成立县城区城东邮电所。是年,有下属支局所42个,其中县城区邮电支局3个、乡镇邮电支局所33个、乡镇邮电代办所6个。1993年2月,成立基建办公室;4月,成立劳动服务公司;5月,成立物资股。1994年,设立政工股、人保股、邮政股、计财股、经营股、办公室。1996年,增设纪检审计室。1997年2月,马坝邮电支局由四等支局升为三等支局,观音寺、高桥、东阳、黄花塘、张洪、王店、古城、马庄邮电所升为四等邮电支局。1998年,邮政、电信分营,设县邮政局和县电信局。城区邮政支局所3个,乡镇邮政支局所39个,其中能提供全功能服务的13个、电子化支局所10个。是年9月8日,县邮政局正式挂牌。分营后的县邮政局内设综合办公室、人事教育部、经营服务部、计划财务部,人员编制18人;生产班组、公司12个,职工173人。

2000年2月,撤乡并镇,乡镇邮政支局所由39个减为26个,县城区新设斩龙涧邮政支局。2002年,县邮政局撤销计划财务部,改设报账中心。2003年,县城区在五墩北路商业区新建都梁邮政支局。2005年,机构调整为综合办公室、人事教育部、经营服务部,专业公司(局)有速递公司、物流公司、报刊发行公司、储汇公司、集邮公司、函件局、电子商务局,班组有邮件组、投递组、机要组、设备维护部、档案室、车队、后勤服务中心、警卫班。成立盱眙经济开发区邮政支局。年底,全县有邮政支局所27个,其中乡镇邮政支局21个、代办所2个。全县有全功能服务支局所25个,联网电子化支局24个。2006年,十里营邮政代办所撤销。2007年,水冲港邮政代办所撤销。2008年4月,储汇公司撤销,成立金融业务局,报刊发行公司改为报刊发行投递局。

第二节 邮 路

一、干线邮路

1986年,盱城至马坝自办二级干线邮路1条,单程30千米。

1988年3月10日,省邮电局增开南京至盱眙、泗洪省内二级干线邮路1条,单程210千米,邮件在盱眙交换。是年,盱城至马坝二级邮路停开。1995年2月18日,新建马坝邮件转运站,盱城至马坝二级干线邮路恢复通车,增拨厢式邮车2辆,每天接送邮件3个班次,单程40千米。停开南京—盱眙、泗洪二级干线邮路。2008年,干线邮路4条,盱眙—马坝,盱眙—河西片,盱眙—山区片,盱眙—东片,单程390千米。

二、县乡邮路

1986年,委托盱眙汽车客运公司办理县乡间汽车邮路12条,长796千米。1991年1月1日,委托办理县乡间汽车邮路停止。县邮电局自办县乡间汽车邮路12条,开通2条循环邮路,总长388千米;自行车邮路

3条,总长281千米。1995年,自办县乡间汽车邮路调整为4条循环邮路,邮路总长596千米。1998年,调整自办县乡间邮路,总长减少到452千米。2000年,撤销盱城至古城、盱城至淮河邮路,增加盱城至穆店邮路,减少东阳、马庄、黄花塘、张洪、古城、洪山邮路接转点。县邮政局自办县乡间邮路改为3条,总长538千米。2008年,自办县乡间邮路:盱城至马坝150千米、盱城至城东10千米、盱城至老子山221千米、盱城至穆店167千米。

三、县城区转趟邮路

1986年,县城区邮件转趟邮路3千米。1990年7月,增加县邮电局至城北邮电支局邮路,长3千米。1991年3月,增加县邮电局至城东邮电所邮路,长3千米。1995年起,县城区邮件转趟由自行车改为汽车转趟,邮路从县邮电局至城东邮电所、城北邮电支局,总长24千米。1999年,改为城北邮政支局至城东邮政所、县邮政局,总长10千米。至2008年,邮路无变化。

第三节　邮件分发投递

一、邮件分拣封发

1986年,邮件采用直分和经转方法处理,每天分拣、封发2次。邮件分拣设立包裹台、挂号台、平信台、杂志台、报纸台,每天往返乡镇邮电支局、邮电所,每处1个邮袋。县邮电局转运邮件28468袋,其中进口邮件16682袋、出口邮件6498袋;自办邮路转运邮件1424袋。1990年,乡镇邮电支局、邮电所邮件接发配备接车员2名,县邮电局工作人员用板车将邮件运到县汽车站赶早班客车代运到县内各支局、所,接回县内各邮电支局、邮电所发往县邮电局的邮件,全县进、出、转邮件23332袋。1991年1月,停止客车委办运输邮件,改由县邮电局自办邮路运输邮件。1997年,盱眙县发往南京的邮件每天封发2次,淮阴、金湖、洪泽及盱眙县内乡镇的邮件每天封发1次,其他地区的邮件均发淮阴、南京经转。2004年11月,邮件封发改手工操作为机器操作。邮件分拣封发网上接收总包信息,按种类分堆码放,勾挑核对后送各邮政台席签收开拆总包,进行散件机内函件勾挑复核,按址投放各支局、所和城区段别,逐件抄登、扎袋封发。2008年,邮件分拣封发无变化。

二、县城区邮件投递

1986年,城区邮件投递分别为南段、北段、南郊、北郊、东段、西段,邮路总长190千米,逐日投递1次。1989年,增加东郊段,邮路总长增加到251千米。1990年,增加中段,邮路总长增加到267千米。2000年,自行车投递改为摩托车,原8个段去掉西段、中段,邮路总长267千米。2001年,恢复西段、中段,仍为8个段,邮路总长278千米。2007年,增加金鹏大道至二环路、盱眙经济开发区、金源北路至县政府3个投递段,邮路总长414千米,每日投递2次。2008年,调整为12个段,增加东方大道至石牛段,邮路总长456千米,逐日投递1次。

三、乡镇村投递

1986年,邮件投递邮路3100千米,涉及28个乡镇、1个场圃、404个村、3830个村民小组,街道逐日投递,村组隔日投递。1990年,邮件投递邮路增加到3905千米,涉及30个乡镇、438个行政村、3934个村民小组,乡镇街道、村组逐日投递。1997年,邮件投递邮路4497千米,邮件逐日投递点2965个、隔日投递点1443个。2000年,邮件投递邮路4361千米,涉及19个乡镇、436个行政村,每周投递4次。2001年,因部分乡镇合并村,邮件投递邮路所涉行政村减少到231个,每周投递6次。2005年,投递邮路81条,投递总长4696千米,涉及19个乡镇、231个行政村、1965个村民小组、14个场圃、30

个街道居委会，每周投递6次。2008年，邮件投递涉及19个乡镇、249个行政村，逐日投递点13587个。

四、机要通信投递

1986年起，涉及33个单位，其中省级2个、市级5个、县级7个，投递邮路总长285千米。其投递段分为县城区段、南郊段、东郊段。县城区段机要用户22个，投递邮路60千米；南郊段机要用户4个，投递邮路125千米；东郊段机要用户7个，投递邮路100千米。至2008年，投递单位、邮路无变化。

第四节　邮政设备

一、营业网点设备

1986年，邮政业务设备有上海产扇型收寄机2台、保险箱15只、铁皮柜35只、信函磅秤3台、日戳36把。1990年，县城区营业大厅安装柜式空调机2台，邮储柜台里间装空调机1台，乡镇邮储柜台用钢化玻璃封闭、安装摄像机。1992年，县城区营业大厅安装事后监督机1台。1996年，县城区营业大厅配伪钞识别机13台，7个乡镇邮电支局、所各配备1台微机。1997年，所有邮储营业网点配备微机，实现多功能服务营业网点13个，9个电子化邮电支局配备传真机，斩龙涧邮政营业处、县邮电局营业窗口分别增加网络路由器1台、柜员机1台。2000年，增加网络服务器1台、邮资机2台。2002年，邮政营业有微机23台。2006年，营业用微机减为2台。2008年，县邮政储蓄银行与县邮政局分营后，邮政营业窗口用微机3台，内部生产用微机19台，综合管理用微机17台。

二、分拣分发设备

1986年，有邮件分拣挂号台2张58格眼，有平信台3张70格眼，报刊分发占有65个格眼。1997年，信函分拣分发增至8张238格眼，报刊分发格眼65个，添置信函自动过戳机1台、邮件撑袋器33个，分拣室配备柜式空调机1台。2008年，有邮件撑袋器22个，信函自动过戳机1台，特快专项处理台桌1张20格眼，进口挂号台1张49格眼，出口挂号台1张32格眼，邮件勾对复核微机2台，柜式空调机1台。

三、邮运、投递设备

1986年，配备邮运车1辆，城乡信函投递邮政专用自行车86辆，机要信函投递摩托车3辆。1988年，添置邮运面包邮车1辆。1989年，添置机要信函投递摩托车2辆。1991年，投递业务增加，添置邮车5辆。1992年，邮政专用自行车不能适应快速投递业务需要，减为32辆。1993年起，全县邮政专用自行车修理费用实行承包。每位投递员配备自行车1辆、自行车后挎包1只、工作台桌1张。1995年，添置邮车7辆，其中厢式邮车1辆，特快专递邮车1辆。1999年，机要信函投递摩托车减少到1辆。2000年起，城乡信函投递改用摩托车。摩托车由投递员自备，县邮政局补助油费、修理费。2008年，共有邮运车14辆，其中特快专递邮车3辆，厢式邮车1辆。个人自备机要信函投递用摩托车2辆，机要文件分拣台桌1张35格眼。县城区195幢住宅楼均安装信报箱，有邮政信报箱群78处，邮政信筒箱54个。

第五节　业　　务

一、出口函件、快件邮递

1986年，出口函件995110件。1989年，开办快件业务，收寄邮政快件96549件。1992年，邮函件出口业务量呈上升势头，全年出口1045196件。1994年，因盱眙遭受洪涝灾害，快件业务明显下降。1998年7月起，停止开办邮政快件业务。2003年起，随现代通信技术的快速发展，全县邮函件出口量逐渐下降。2008年，全县邮函件出口875900件。

1986～2008年盱眙县邮政函件出口、快件邮递业务情况一览表

表13－1

年份	函件	快件	年份	函件	快件	年份	函件	快件	年份	函件	快件
1986	995110	–	1992	1045196	1121155	1998	718388	62845	2004	983692	–
1987	1037904	–	1993	1102752	89845	1999	1140950	–	2005	701956	–
1988	1164950	–	1994	1079264	10303	2000	993619	–	2006	778400	–
1989	1266737	96549	1995	1192583	118871	2001	1125612	–	2007	985100	–
1990	1187499	117346	1996	1041561	115436	2002	1394931	–	2008	875900	–
1991	859191	113841	1997	1119885	113375	2003	1007498				

二、包　裹

1986年，包裹邮件收寄20576件，其中出口包裹邮件12653件。1987年11月，单件包裹邮件收寄最大重量放宽到25千克。1988年5月，价值30元及其以上的包裹，作保价快递收寄。1989年，开办纸质品包裹收寄业务。价值超过30元的手表、珠宝、玉器、纸质印刷品，按甲类保价包裹或保价快递小包交寄；价值在30元及其以下物品，按普通包裹交寄。年包裹邮件收寄总量23431件，其中出口包裹邮件15864件。2000年起，改革开放不断深入，移动电话快速发展，国内普通、纸质包裹、出口包裹邮件逐年减少。至2005年，包裹邮件总量减少到18560件，出口包裹邮件减少到17960件。2008年，包裹邮件收寄总量16721件，其中出口包裹9724件。

1986～2008年盱眙县邮政出口包裹业务情况一览表

表13－2

年份	包件	份	包件	年份	包件	年份	包件
1986	12653	1992	17681	1998	12637	2004	23301
1987	16971	1993	10387	1999	15143	2005	17960
1988	16975	1994	11659	2000	17304	2006	14339
1989	15864	1995	14158	2001	19354	2007	12200
1990	14085	1996	15308	2002	21819	2008	9724
1991	12689	1997	15750	2003	25360	合计	363321

三、汇　兑

1986年，邮电支局、邮电所汇票办理最高金额5000元，超过5000元分张办理。邮电公事汇款每笔金额不限，款额不满1元不开汇票。当年共办理汇票46525张。1988年5月1日，开办邮政快件汇款业务。2001年，邮政汇兑业务量36309张。2003年，邮政汇兑业务量略有增长。2008年，县邮政汇兑业务量139038张。

1986~2008 年盱眙县邮政汇兑业务情况一览表

表 13-3

单位:张

年份	汇票	年份	汇票	年份	汇票	年份	汇票
1986	46525	1992	44111	1998	53478	2004	33841
1987	45811	1993	52253	1999	45483	2005	22914
1988	51117	1994	43011	2000	40136	2006	39723
1989	49435	1995	45369	2001	36309	2007	85248
1990	43391	1996	44852	2002	32276	2008	139038
1991	43640	1997	47525	2003	43967	合计	1129453

四、报刊发行

1986 年,在部分机关、企业、学校设立 12 个报刊发行站。全县发行报纸 2921198 份,杂志 557070 份。1987 年,在县汽车客运站门前设立报刊零售亭,县邮电局营业处设立报刊零售门市部,乡镇邮电支局、邮电所有报刊销售点 16 处。1992 年,分别在城北、城东邮电支局营业厅设置报刊零售专柜。1997 年,全县报刊发行站增至 20 个。发行报纸 7962436 份,杂志 246529 份。2000 年,斩龙涧邮政支局设立报刊零售超市,全年零售报纸 73886 份、杂志 20101 份。2008 年,全县有报刊发行站 23 个,发行报纸 7307374 份,杂志 165314 份。县邮政局零售报纸 212279 份、杂志 21785 份。

1986~2008 年盱眙县报刊发行业务情况一览表

表 13-4

单位:份

年份	订销报纸累计数	订销杂志累计数	年份	订销报纸累计数	订销杂志累计数
1986	2921198	557070	1998	8320322	194505
1987	10066540	627013	1999	9124983	175361
1988	100605387	665876	2000	10196092	161389
1989	588702	36859	2001	7004492	133044
1990	6449622	319891	2002	4324393	117496
1991	781418	340552	2003	4161723	141264
1992	8595443	323507	2004	5025349	194887
1993	7580768	263810	2005	3657991	225557
1994	7189032	229941	2006	3325834	122399
1995	7390885	258670	2007	4419625	147312
1996	7224376	234062	2008	7307374	165314
1997	7962436	246529			

五、邮政储蓄

1987 年 3 月,邮政储蓄网点 1 处,种类有定期、活期、定活两便、零存整取,全年邮政储蓄余额 114.54 万元。1988 年 5 月,桂五、管镇、仇集、旧铺、官滩、马坝邮电支局开办邮政储蓄业务。1990 年,邮政储蓄由代办转为自办,实行利差统算、人民银行按营业额 4‰付给县邮电局手续费。全年邮政储蓄余额 181.26 万元。

1995 年 3 月,成立邮政储蓄班,增加汇转储、代发工资、代收电话费等业务。1996 年,邮政储汇公司成立后,储蓄量明显增加。1997 年,全县有邮政储蓄网点 13 处。2006 年,全县邮政储蓄网点 14 处,邮政储蓄余额 6.49 亿元,市场占有率 22.9%。2008 年 8 月 1 日,县邮政储蓄实行自主经营,人民银行不再付给手续费。全县有邮政储蓄网点 12 处,年末邮政储余额 7.71 亿元,市场占有率 18.52%,业务收入 838.42 万元。

1987～2008 年盱眙县邮政储蓄情况一览表

表 13－5　　单位:元

年份	年末余额	业务收入	年份	年末余额	业务收入
1987	1145361	14717	1998	94397574	1412500
1988	786213	26947	1999	126542032	2870500
1989	163938	19645	2000	176839563	4856600
1990	1812648	29051	2001	256555513	5173100
1991	7592155	113278	2002	305211425	2800000
1992	9462033	193096	2003	361970728	8498000
1993	5495760	204431	2004	4121687789	9490900
1994	12164832	213178	2005	570645039	10485700
1995	41078410	521983	2006	649007527	11589100
1996	52794756	1004280	2007	640975014	12787100
1997	63872304	1221100	2008	770811426	8384200

六、集　邮

1987 年 9 月,县集邮协会首次发行纪念封 2 枚。举办集邮知识讲座 2 期,组织会员参加评选最佳邮票。1988 年 1 月 5 日,县邮电局与县集邮协会联合发行《庚午》T 票首日封。1992 年 9 月,县邮电局与县集邮协会联合发行抗洪抢险救灾一周年纪念封。12 月 26 日,县邮电局与县集邮协会联合发行淮南区"稿"字邮票 50 周年纪念封,封名由集邮家沈曾华题写。1993 年 1 月 10 日,县邮电局与县集邮协会联合发行新四军军部在黄花塘 50 周年纪念封,封名由张爱萍题写。至 2008 年,县集邮协会举办各类集邮知识讲座 40 余期,组织会员 8 次参加评选最佳邮票活动,获最佳邮票(邮品)纪念张、纪念封 100 多人次。集邮协会有城区老年、旧铺镇、国营 925 厂、龙山中学集邮分会。

图 13－1　1994 年,县集邮协会举办集邮展览。

七、机要通信

1986 年起,盱眙县进口机要邮件 1200 余件,高于出口机要邮件 10 倍左右。1999 年,进口机要邮件 3356 件、出口机要邮件 105 件。全县机要邮件业务收入较低,最高年份千元左右,最低年份只有百元。2007 年,全年出口机要邮件 1553 件,业务收入 1700 元。2008 年,全县出口机要邮件 2381 件,业务收入 2600 元。至年底,机要邮件通信亏损经营。

八、速递物流

1993年3月,开办国内特快速递业务,设立“185”专线电话,配备专车,年末收寄特快邮件16288件。1996年,物流业务兴起,特快速递业务下降,全年邮件6595件。2002年,邮政物流业务开始启动,配送奶制品、酒类、灌装煤气,为厂矿企业运输货物、为农民配送农产品,开办邮政服务“三农”业务,业务量12169件。2006年,县邮政局与县法院联办法院传票速递业务,与县公安局联办身份证速递业务,与其他社会组织联合开展同城特快速递业务。配备3辆物流专用车,业务量214件。2008年,县邮政局建立物流直营店24个、加盟店82个,业务量451件,办理特快速递业务92384件。

第二章 电信公司

第一节 机 构

1986年,盱眙县电信与邮政合营为盱眙县邮电局。县邮电局电信部设:话务班、市机组、载波室、电力室、报务班、市线班、农话班,农话班设集体电话办公室。1991年3月,县邮电局撤销通信股,成立电信股。1995年底,撤销载波室、电力室。1997年8月,增设移动通信股,成立无线寻呼公司。12月,撤销电报房。1998年3月,撤销电信股,分别设立电信业务经营部、电信工程建设部、电信运行维护部。9月,县邮电局撤销,分别成立盱眙县邮政局、盱眙县电信局。县电信局内设综合办公室、人力资源部、计划财务部、设备维护部、市场经营部,下设的生产班组有营业班、计费班、欠费收缴班、多媒体班、机务班、线务班、基建班、营销班。县城设营业网点2处,乡镇设31个电信支局、所。

2002年6月,县电信局更名为江苏省电信公司盱眙县电信局,内设综合管理部、业务经营部、工程维护部,下设物业管理中心、180投诉中心、计费中心、机务中心、112障碍中心、线务中心,乡镇31个电信支局和所调整为19个电信支局、12个代办所。2003年,县电信局更名为江苏省电信有限公司盱眙县电信分公司,业务经营部更名为市场营销部,工程维护部更名为维护安装部,大客户部隶属于市场营销部;下设的生产班组,分别更名为后勤服务中心、业务资源中心、大客户营销服务中心、设备维护安装服务中心、线路维护安装服务中心。至2008年,机构无变化。

第二节 线 路

一、长途电话线路

1986年,明线载波传输线路开通盱眙至南京、淮阴、滁县、洪泽、金湖、六合等电路16条,其中实线4条。长途电话增加盱眙至宿迁、淮阴、南京。1990年,线路增加到29条,其中实线3条、自动线4条,长途电话开始应用自动化、数字化技术。1992年,长途电话数量不断增加,其线路增加到100余条。1993年,长途中继电路增到1291条,比1990年增长44倍。因特网中继电路450条。1995年起,全县长途电路并入淮阴本地网,盱眙长途电话电路及线路取消。至2008年,长途电话线路未变。

二、市内电话线路

1986年,全县市内电话杆路长31千米,明线71对千米,电缆49皮长千米。1990年起,全县市内电话明线逐步淘汰,向电缆和光缆发展,杆路全部换成圆水泥杆。1993年,全县市内电话线路增至38杆千米,电缆128皮长千米,其中地下埋设电缆4.9皮长千米;建成淮河东路24孔地下管道,布放2400对电缆2.5皮长千米;淮河南路、淮河北路12孔地下管道,布放1200对电缆3.5皮长千米。1994年,全县市内电话拆除空架明线。1996年,新建县工商局至县供电局管道2.27千米,五墩转盘至龙泉转盘管道2.22千米,空架电缆171.9皮长千米。1998年,新建五墩转盘至"八一"广场管道2.88千米。2002年,新建县工业园区管道22.97千米。2008年,全县市内电话管道全长170千米、电缆630皮长千米、光缆1200皮长千米。

1986~2008年盱眙县市话线路情况一览表

表13-6

年份	杆路(千米)	空架明线(对千米)	电缆(皮长千米)	光缆(皮长千米)	管道(千米)	管孔(孔千米)
1986	27	71	38	-	-	-
1987	31	71	49	-	-	-
1988	33	71	63	-	-	-
1989	33	67	71	-	-	-
1990	29	43	77	-	-	-
1991	29	36	85	-	-	-
1992	29	35	88	-	-	-
1993	38	26	128	-	8	99
1994	42	-	157	-	9	120
1995	49	-	162	-	10	139
1996	53	-	172	-	11	170
1997	-	-	197	-	12	190
1998	-	-	924	69	14	250
1999	-	-	624	96	15	310
2000	-	-	187	124	15	360
2001	-	-	194	138	19	380
2002	-	-	382	150	21	390
2003	-	-	412	165	35	395
2004	-	-	480	180	52	395
2005	-	-	516	218	68	408
2006	-	-	516	312	90	520
2007	-	-	500	333	111	710
2008	-	-	630	1200	170	850

三、农村电话线路

1986年,农话通信杆路453杆千米,明线线条889对千米,电缆24.1皮长千米,光缆210皮长千米。1989年,更新三河农话电缆20皮长千米,更新盱城至马坝中继线路1对线径2.5毫米铜线和4毫米铁线各

30对千米,更新盱城至十里营空架电缆。全县线路合格率由30%提高到80%。1990~1992年,农村电话线路完成盱城至黄花塘、旧铺、张洪,完成十里营至红光厂杆路、马坝至东阳、新街中继线更新工程,清水坝至古城的杆路改造工程,马坝至马庄、盱眙至鲍集的杆路整治工程,架设维桥叉路至三河、红光厂光缆24皮长千米。1993年,全县农村电话线路传输向电缆化、光缆化发展,逐步淘汰空架明线,杆路为圆水泥杆。1995年,完成观音寺、桂五、马坝、官滩、旧铺、维桥等集镇电缆扩容工程和三河集镇电缆调整,完成马坝、观音寺、黄花塘、旧铺、官滩、鲍集邮电支局、所的出局管道工程,完成新街至黄花塘、穆店、旧铺、王店和盱城至维桥、高桥、马坝、东阳、观音寺2路光缆架设工程,电缆605.7皮长千米,光缆254.7皮长千米。是年,实施农村电话杆线到村工程,全县432个行政村和3915个村民小组通电话50%,杆路总长547千米。

2002年,完成桂五、维桥、仁集、张洪、管镇、马坝、水冲港、河桥、王店、仇集、官滩主杆线路扩容工程。2004年,建成穆店、旧铺、管镇等配线工程。2008年,农话通信杆路2696杆千米,明线线条2930对千米,电缆6760皮长千米,光缆1940皮长千米。

1986~2008年盱眙县农村电话线路情况一览表

表13-7

年份	杆路(杆千米)	线路(对千米)	电缆(皮长千米)	光缆(皮长千米)	管道(千米)	管孔(孔千米)
1986	453	889	24	210	0.50	1.50
1987	480	951	28	225	0.50	1.50
1988	446	908	30	220	0.60	1.80
1989	471	957	36	230	0.60	1.80
1990	488	1138	98	233	0.60	1.80
1991	510	1245	52	237	0.60	1.80
1992	563	1313	69	256	0.60	1.80
1993	597	1356	92	260	0.60	1.80
1994	512	1096	233	240	0.71	3.60
1995	547	1070	606	255	1.03	4.30
1996	1704	1070	1750	382	1.13	4.60
1997	2362	1580	2309	409	12.60	48.00
1998	2696	1863	3701	475	12.60	48.00
1999	2696	1963	3880	426	12.60	48.00
2000	2696	2246	4097	299	12.60	48.00
2001	2696	2564	4200	313	12.60	48.00
2002	2696	2612	4312	447	12.60	48.00
2003	2696	2725	5120	556	13.21	50.00
2004	2696	2822	5430	780	13.27	50.00
2005	2696	2930	6760	1260	37.00	108.00
2006	2696	2930	6760	1323	40.00	120.00
2007	2696	2930	6760	1546	47.00	136.00
2008	2696	2930	6760	1940	53.00	152.00

第三节 设 备

一、长途电话

1986年,全县有供电式长途交换机6席30门,3路载波终端机7部,12路载波终端机1部,3路载波增音机1部,12路载波增音机5部。1993年,开始使用程控式交换设备,载波设备、供电式交换机停止使用。2005年,交换设备全部程控化、自动化、数字化,长途、市内电话设备合并使用。2008年,全县长途电话交换设备未变。

二、市内电话

1986年,盱眙县市内电话沿用准电子交换机1000门,实占容量753门,电话机753部。1989年,电话迅速发展,市内电话准电子交换机扩容至2000门,实占容量1865门,电话机1108部。1996年,市内电话交换机年扩容至12000门,电话机9552部。2000年,全县改革开放不断深入,居民经济收入逐渐增长,电话安装逐年增加。市内电话交换机年扩容至66862门,电话机49347部。2001年起,小灵通、手机进入盱眙市场,使用无线电话用户逐年增加,市内电话用户逐年减少。至2008年,电话交换机容量减少至29632门,电话机总量23400部,分别比2001年减少22.5%、21.1%。

三、农村电话

1986年,农村电话交换点30处,交换机总容量1600门,实占容量796门,电话机812部,载波机23门部,光端机3端。1988年,古桑乡农村电话网纳入市内电话网。全县农村电话交换点29处,总容量1680门,实占容量918门,电话机1089部,载波机24部,光端机6端。1989年,王店、铁佛、维桥、高桥、马庄、马坝邮电支局、所农村交换设备使用半自动拨号。淮河乡由于地处水网地带,购置特高频收发信机1套,专用于电信通信。

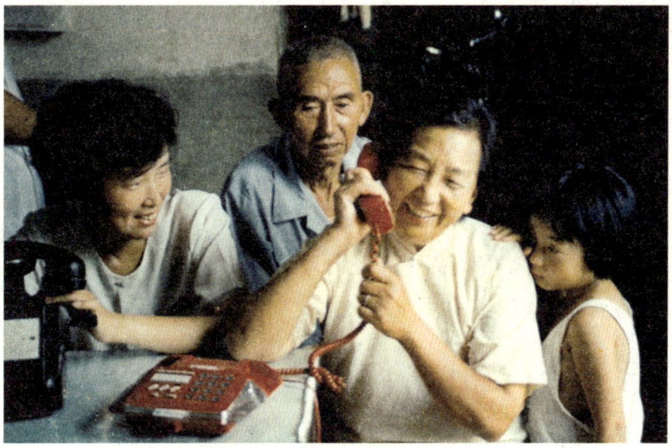

图13－2 农村电话开通

1991年,县邮电局购置500门程控交换机,改造新街、穆店、旧铺邮电支局电话交换方式,实现农村电话自动化"零"的突破。年底,农村电话交换点30处,总容量2720门,电话机1442部,载波机32部,光端机6端。1994年,三河、马坝、官滩、旧铺邮电支局进行程控机扩容,开通高桥、观音寺、官镇、鲍集等5个程控电话自动点,洪山、肖嘴、仁集邮电支局、所实施拆点并网工程,农村电话快速发展。年底,全县农话交换点28处,总容量15114门,电话机3738部,载波机17部,光端机18端,乡镇电话自动化80%,行政村通电话40%。1995年,龙山、古城、水冲港、兴隆邮电支局、所完成拆点并网工程,淮河、铁佛邮电支局完成自动点工程。1996年,全县实施村村通电话工程。

2000年,农村电话交换设备实现程控化、线路传输光缆化。年底,农村电话交换点21处,总容量77185门,电话机66010部,载波机11部,光端机28端。2001年,农村电话将交换机更换成模块点,建成马庄、马坝、穆店、兴隆、观音寺、河桥、维桥、旧铺、新街、三河、官滩、黄花塘、桂五、仇集等交换机模块点。2005年,农村电话交换点31处,总容量113600门,电话机104896部,载波机5部,光端机38端。2006年,随着小灵通、移动手机的普及,全县农村电话数量有所萎缩。2007年,农村电话交换点31处,总容量11.1万门,电话机

10258部,载波机21部,光端机42端。2008年底,总容量、电话机、载波机、光端机分别减少到10万门、98072部、1部、46端。

四、电　报

1986年,无线电报通信设备有单边带无线收发报机1台,小型电台2台,其中用于定时和市邮电局联络1台,备用1台。有线电报设备有载波电报机1部、电传打字机4部、单头自动发报机2部。3月10日,盱眙县接入南京市自动转报网,实现电报自动传递。1988年11月,县邮电局购进全电子汉字电传机2部,实现来报自译、汉字显示,报废电传打字机。1989年,购进程控式光电发报机1部。

1994年,购进电报分组交换设备1套。1997年,县邮电局所有营业窗口使用传真机,实现电报自动传递,共有传真机42部。年底,县邮电局报房撤销,电报处理台并入营业窗口,有线电报设备拆除。从此,无电报设备,延至2008年。

五、电　源

1986年,县电信通信电源设备仅有柴油发电机组1组,蓄电池组的容量仅够使用4小时。1990～2005年,县电信部门先后新增大功率发电机组和大容量蓄电池,枢纽局配396千瓦、205千瓦、200千瓦柴油发电机各1组,4000安培、2000安培、1600安培蓄电池各1组;农村各交换点配20千瓦～52千瓦发电机各1组,200～800安培蓄电池各1组。2008年底,全县城乡33个电信交换点配置各种型号、功率发电机34台,配置大小容量蓄电池62组,开关电源35部,配电瓶33块,确保通信畅通不间断。

第四节　电信业务

一、长途电话

1986年,长途电话业务有代号电话、特种电话、紧急调度电话、政务电话、普通电话、公务业务电话,县邮电局设有长途查号台113、114。全年长话去话14.7万次。是年,开始办理发往香港、台湾电话业务。1993年,程控交换机投入使用,县城的长途电话用户全部为自动拨号。电话号码由4位升为6位,具有国际、国内直拨功能。全年长话去话60.4万次。1995年,全县实现全自动拨号,长话去话118万次。2002年,随着改革开放不断发展,全县长途电话去话量415万次。2008年,全县长途电话去话量880万次。

二、市内电话

1986年,县城区市内电话业务种类有普通电话、电话副机及附件、同线电话、合用电话、用户交换机或互通机电话、分机电话、临时电话、公用电话。公用电话业务种类分为市内电话、市内电话传呼、市内电话来话代传,兼办长途电话。电话业务量约250万次。1987年,市内电话主要有国内长途自动直拨、国际长途自动直拨、缩位拨号、热线服务、呼叫等待、三方通话、转移呼叫、闹钟服务、遇忙回叫、呼出限制、遇忙记存呼叫、免打扰服务、缺席用户服务、追查恶意呼叫、会议电话等。

1993年,取消同线、合用电话,增加电话查号、移机、改名过户、选号等业务;市内电话特种业务有障碍台、查号台、盗警台、急救台等。7月18日,全县电话号码由4位数升至6位数,在号码前加21,电话业务量452万次。1995年12月7日,全县电话号码升至7位数,在号码前加8。1996年,设立199市内电话服务申告电话。全年业务量1127万次。1997年,规定180为服务监督电话。全年业务量1836万次。2003年,设立10000号营销服务中心,撤销180服务监督电话台。2007年8月18日,全县电话号码升至8位数,在号码前加8。2008年,电信局开展未经用户确认开通新业务清理整改,以暗访测评、每月10000号服务回访方式规范服务,业务量3587万次。

三、小灵通及移动通信

1993年12月26日，邮电部门投入310万元，开通使用移动电话，在全省范围内可以拨打任何用户。是年发展12户。2003年7月1日，开始办理小灵通业务。年底，全县小灵通电话放号5000部，设置基站146个，信号收发仅限于盱城镇、古桑乡、淮河镇，其他乡镇无信号。2008年10月1日，县联通公司C网移动通信业务移交县电信分公司经营，县电信分公司开办C网移动通信业务。至年底，全县建小灵通基站865个，信号覆盖全县所有乡镇街道、县乡道路两侧、盱眙经济开发区和重点村，其中马坝镇实现信号全覆盖，全县小灵通发展5.2万户。

图13－3　通信线路架设

四、农村电话

1986年，农村电话业务种类分代号电话、特种电话、紧急调度电话、政务电话、普通电话、公务业务电话，去话49.6万次。1993年，全县农村电话实现自动拨号，取消业务种类，去话94.4万次。1994年，新投产农话自动交换容量9038门，实现光缆数字传输乡镇60%，去话1765万次。2000年，开通城乡通信传输环路，本地网电话放号19530部，全县农村电信业务量4204万次，比1999年增长15倍。2006年，全县区域内不分市内电话和农村电话，统称营业区内电话。2008年，移动电话快速发展，农村电话业务量减少到3100万次。

五、电　报

1986年，电报传递方法是字码话传和电传打字传递。电报业务种类分4级：A级，天气电报，全程最大时限30分钟；B级，水情电报、特急公益电报、特急政务电报、特急公务公电，全程最大时限90分钟；C级，加急公益电报、加急政务电报、加急汇款电报，全程最大时限240分钟；D级，普通电报。特别业务分特急、加急和邮送3种，每一种特别业务都有规定的标识，全年电报去报业务量77699份。1993年，电报去报业务量88788份。1997年12月起，县局报房撤除，由市中心报房统一传输电报业务。延伸至2008年。

六、无线寻呼设备

1993年，盱眙建成无线寻呼台，投入使用，购置美国摩托罗拉公司PVRC发射机2部，建发射台1座。初期发射天线设在盱眙广播电视转播台发射天线上，有操作终端386微机2台。1994年实现无线寻呼淮阴地区联网。1995年实现全省联网。设立126、127、128、129人工台，人工和自动兼容寻呼系统。1996年11月，在马坝新建发射台1处。是年，盱眙有2处无线发射台，操作终端微机3台，新增容量5000户，合计1万户。1997年，通信需求增长，新建管镇、河桥、桂五、旧铺、三河5个寻呼基站，系统容量1万户。至1998年无线寻呼基站7个，系统容量2万户，寻呼机用户12580户。1998年，邮电分营，无线寻呼与邮电剥离，单独成立国信寻呼公司。

七、宽　带

1999年，开办因特网业务，用163窄带拨号上网，带宽只有512K，上网速度慢，易掉线。宽带用户12户。2000年，县电信局开办ADSL宽带业务。2001年，宽带用户增加到62户。2004年，开通城区和农村ADSL宽带网，实现县城北环、南环联网，宽带用户6826户。2008年，县内安装宽带有1M、2M、4M、10M、50M、100M

等,10M以下的使用电话线传输信号,10M以上使用光纤传输。县电信分公司推出互联网增值业务有星空院线、星空剧场、星空音乐、棋牌游戏、精英教育。至年底,盱眙县拥有宽带用户2万户。

第五节　收费标准

一、市内电话月租费、通话费

1986年起,甲种(公付用户)电话月租费8元,乙种(私人用户)电话月租费13元。通话费每分钟0.04元。

1990年起,甲种电话、乙种电话月租费均为12元,中继线月租费36元。1991年,通话费调整为每分钟0.1元。6月,全县行政、事业单位电话用户,每部每月征收市内电话改建费20元;工商企业单位,每部电话每月征收市内电话改建费40元;私人电话用户,每月征收市内电话改建费20元。1996年4月,营业区内通话费每3分钟0.1元,同一市内市区与郊区、郊区与郊区、郊区与市话之间通话费每分钟0.1元;不同县市、市与县之间通话费每分钟0.6元。1997年,区内通话费调整为每分钟0.15元。1999年,甲种电话用户通话费每分钟0.2元、乙种电话通话费每分钟0.22元。

2001年,甲种电话用户通话费每3分钟0.2元、乙种电话通话费每3分钟0.22元。年底,分别调整为每分钟0.1元、每分钟0.11元。2005年11月,区间通话费调整为每分钟0.4元。2008年,区间通话费调整为每分钟0.3元。

二、电　报

1986年起,基本费用每字0.07元,译电费每字0.005元,附加费每份0.6元。每份电报按实有数字计算,不足10个字,按10字计算,加急电报收费加倍。1992年10月20日起,基本费用每字0.13元,译电费每字0.01元,附加费每份1.0元。其他收费与1986年相同。1997年,停止电报业务。

三、宽　带

1998年,开始采取拨号上网(163、169),每分钟0.03元,不足一分钟按一分钟计算。2001年,增加一线通上网,每小时3元。2004年,增加宽带(ADSL)上网,1M收费标准:20元包10小时,超时每小时4.2元;40元包30小时,超时每小时3元;60元包90小时,超时每小时2.2元;80元包150小时,超时每小时1.8元;120元包240小时,超时每小时1.5元;150元包360小时,超时每小时1.2元。包年:每年360元,每月30小时,超时每小时3元;每年500元,每月90小时,超时每小时2.2元;每年700元,每月150小时,超时每小时1.8元;每年1000元,每月240小时,超时每小时1.5元;每年1200元,每月360小时,超时每小时1.2元。我的e家,每年98元,每月150小时;每年128元,每月240小时;每年158元,每月360小时;超时均为每小时1.2元。2006年,新增包月单产品资费:1M(规格)、2M、4M、8M、12M、20M,分别为70元、80元、100元、140元、160元、200元。2008年,新增宽带包年不限时融合体系:2M、4M、8M,12M、20M,分别为包1年600元,包2年1000元,包3年1500元。

四、小灵通

2003年资费标准:每月收取月租费15元,免收来电显示费,区内通话费3分钟内0.20元,超过3分钟每分钟0.10元;市区话费每分钟0.15元,国内长途每分钟0.3元;来电显示每天0.2元,功能费每天0.1元;网内信息每条0.08元,网外信息每条0.1元。至2008年,收费标准未变。

1986～2008 年盱眙县电信业务收费一览表

表 13－8　　单位:万元

年份	电话	电报	宽带	小灵通	年份	电话	电报	宽带	小灵通
1986	28.60	12.32	－	－	1998	260.80	－	0.58	－
1987	30.50	14.80	－	－	1999	367.20	－	1.69	－
1988	44.90	17.44	－	－	2000	582.60	－	3.40	－
1989	58.30	17.28	－	－	2001	598.60	－	4.82	－
1990	66.20	16.96	－	－	2002	603.80	－	6.95	－
1991	73.60	16.80	－	－	2003	627.50	－	7.51	－
1992	75.80	16.00	－	－	2004	632.70	－	23.50	66.00
1993	89.70	26.40	－	－	2005	648.90	－	37.30	157.00
1994	133.50	19.20	－	－	2006	663.60	－	48.60	234.00
1995	155.60	15.60	－	－	2007	686.40	－	68.80	289.00
1996	168.30	13.50	－	－	2008	702.50	－	86.20	335.00
1997	192.70	11.10	0.32	－	合计	7492.30	197.40	289.67	1081.00

第三章　移动公司

第一节　机　　构

1993 年,成立盱眙移动公司。1998 年 5 月 9 日,盱眙移动公司从盱眙县邮电局剥离,成立盱眙县移动通信分公司。1999 年,更名为中国移动通信集团江苏有限公司盱眙分公司(简称移动公司),内设综合部、经营部。2005 年,购买华夏国际广场营业厅,新建中心乡镇自营网点 13 个。至 2008 年,机构未变。

第二节　通信基站及传输工程

1993 年,县邮政局购进美国摩托罗拉公司移动通信系统,建立模拟移动通信基站 1 个。1994 年,县移动公司增加 2 个信道,移动通信在全省范围内自动漫游。1995 年,马坝建成移动通信 A 网基站 1 个,扩容信道 22 个;开通移动通信 B 网,扩容信道 14 个。1996 年,新建管镇、桂五移动通信基站 2 处,模拟信道增至 54 个,数字信道 56 个。全县模拟基站增加到 10 个,新建数字基站 5 个。1997 年,投资 200 万元,新建旧铺、河桥、三河、新街、鲍集、观音寺、官滩移动通信基站。1999 年,投资 300 万元,建成仁集、兴隆、铁佛、高桥、维桥、马庄、仇集、古城移动通信基站,在铁山寺公园建成直放站 1 座,全县共有数字移动通信基站 32 个,信号覆盖面 98%。

2001年,全县建成数字移动通信基站76个,其中A网基站6座、B网基站4座、G网基站16个。12月31日,县移动通信模拟网关闭,模拟基站撤除。2002年,启动建设移动通信传输网,新建标线10千米。全县有数字基站82个。2005年,投资3000万元,建设第三代(3G)移动通信,改善GSM网络信号。数字基站增加到129个。2006年,全县建成移动通信基站150个,新建标线240千米。2008年,全县移动通信传输网有杆线450千米、管道115千米、基站200个,新建标线110千米。

2002~2008年盱眙县移动通信传输工程情况一览表

表13-9

单位:千米

年份	杆线		管道		光缆	
	新增数量	累计到达	新增数量	累计到达	新增数量	累计到达
2002	10	10	10	10	50	50
2003	50	60	15	25	100	150
2004	50	110	10	35	100	250
2005	50	160	5	40	120	370
2006	80	240	5	45	100	470
2007	100	340	20	65	200	670
2008	110	450	50	115	300	970

第三节 业务

1994年,移动通信开设全球通业务163户。1999年,推出模拟网大众通、神州行、快捷通等预付费业务和呼叫转移、呼叫等待、短消息、语音信箱、秘书服务、股市信息、手机银行、无线上网等新业务,用户5900户。2001年,推出1259自动转、信息点播、多方通话、短信查分、手机评卷、移动QQ、移动梦网业务,满足客户需求。2003年,开通"动感地带",成为青少年热衷的移动通信产品。建立大客户预警处理系统,对贵宾卡客户设立档案资料,定期回访和上门服务。开展综合楼开业庆典、高考服务、低端手机促销、短信学堂等活动,推出新春卡、大众卡、营销积分、全球通积分回报、大额充值回报等业务。2005年,全县各乡镇和各单位实现通信彩铃。2008年,各乡镇移动通信自营厅开展逢集营销、欢乐新农村营销等多项活动,农村净增移动通信5万户。推出飞信、手机报、彩铃、联盟商家移动通信增值新业务,制作龙虾节彩信、彩铃引导客户下载和转发,开展中央音乐平台彩铃体验与下载,全县移动通信用户发展到19万户,话费收入1亿元。

第四节 收费标准

1994~1998年,移动通信产品单一,只有全球通一个产品。资费:月租费每月50元,主叫、被叫市话费每分钟0.4元,国内漫游费每分钟0.6元,长途费每分钟0.7元。1999年,移动产品中增加神州行产品,资费无月租费,主叫、被叫市话费和国内漫游费每分钟0.6元,长途费每分钟0.7元。2003年,移动通信产品推出动感地带产品。资费:月租费每月20元,主叫、被叫市话费每分钟0.2元,国内漫游费每分钟0.6元,长途费每分钟0.7元。2008年,全球通,取消月租费,被叫免费,取消漫游费,取消长途费,套餐通话费每分钟0.29元。神州行,本地长途、市话每分钟0.2元,国内漫游费每分钟0.6元。动感地带,取消月租费,套餐长途每分钟0.2元,市话每分钟0.2元,国内漫游费每分钟0.6元。

1993～2008年盱眙移动公司业务发展及收费情况一览表

表13－10　　单位：户、万元

年份	全球通用户	神州行用户	动感地带用户	总用户数	年收入
1994	163	–	–	163	31
1995	402	–	–	402	35
1996	762	–	–	762	260
1997	1952	–	–	1952	618
1998	5000	0	0	5000	300
1999	5000	900	0	5900	1500
2000	5000	3900	0	8900	1600
2001	5200	13800	0	19000	1800
2002	5800	23800	0	29600	2500
2003	6200	37900	1000	45100	2500
2004	6500	45500	3000	55000	4000
2005	7000	54000	4000	65000	4000
2006	8000	66000	6000	80000	4800
2007	9000	130000	10000	149000	8500
2008	10000	160000	20000	190000	10000

第四章　联通公司

第一节　机　　构

1998年10月，县无线寻呼与邮电剥离，成立国信寻呼公司，内设市场部、综合部。2000年9月，国信寻呼公司更名为中国联通盱眙分公司。2001年6月4日，建成中国联通有限公司盱眙县营业厅。2004年，设乡镇代理点18个，其中马坝镇设4个营业厅。2007年，东阳、马庄街道建立代理点。2008年，内设个人客户部、集团客户部、建设维护部、综合部。10月，中国联通盱眙分公司更名为中国联合网络通信有限公司盱眙分公司。

第二节　发射台、基站建设

1993年，建成无线寻呼台，有发射机2部，发射台1座，操作终端微机2台。1994年，盱眙县无线寻呼与淮阴市联网。1995年，建立人工和自动兼容寻呼系统，设126、127、128、129人工寻呼台，与全省联网。1996

年11月,新建马坝发射台1座。年底,有无线发射台2座,操作终端微机3台,新增容量5000户。1997年,新建管镇、河桥、桂五、旧铺、三河寻呼基站,系统容量1万户。1998年,有无线寻呼发射机2台,GSM网基站2个,系统容量2万户。2000年,GSM网(智能网)基站增加到8个。2002年,联通用户增加,开始新建CDMA网(软交换网)基站2个,GSM网基站增加到16个。2005年,始建无线立体网络,实现网络优化,解决弱覆盖点1700个,解决率92%。共有CDMA网基站23个,GSM网基站29个。2007年,东阳、马庄街道建立代理点。年底,共建成G网基站55个,C网基站40个,营业网点42个。2008年,盱眙联通通信网络进行10次扩容,实现高层楼宇、高速公路、大型桥梁等区域网络、双频网、微蜂窝、室内分布系统、街道站等通信网络全覆盖。年底,共有GSM网基站70个,CDMA网基站38个。

第三节 业 务

一、寻呼业务

1993年,无线寻呼用户458户。1994年,县邮电局新建127自动寻呼台,开办数字、汉字兼容的人工和自动兼容寻呼系统,全县无线寻呼用户1259户。1998年,全县无线寻呼用户1.6万户。2000年起,中国联通盱眙营业点开始办理130、131网移动通信业务。2001年,无线寻呼用户增加至1.9万户。2002年起,全县无线寻呼业务被联通移动通信业务所取代。2008年无无线寻呼业务。

二、收费标准

2000年收费标准:无月租,市话每分钟0.6元,长途每分钟1.8元,双向收费。有月租费,每月40元,市话每分钟0.36元,长途每分钟1.5元,双向收费。2005年,GSM如意68卡,主叫每分钟0.3元,被叫全免,最低资费68元,省内漫游每分钟0.3元,省外漫游每分钟0.6元。CDMA畅听1号,主叫每分钟0.2元,被叫全免,月功能费6元,省内外漫游每分钟0.6元。CDMA68如意卡,主叫每分钟0.3元,被叫全免,最低资费68元,省内漫游每分钟0.3元,省外漫游每分钟0.6元。CDMA畅听2号,主叫每分钟0.2元,被叫全免,最低资费20元,省内外漫游每分钟0.6元。2008年,GSM新势力逍遥卡资费,月最低消费15元(含短信费),市话主叫每分钟0.2元,本地被叫免费,本地国内长途每分钟0.3元,国内漫游(不含港澳台)主叫每分钟0.6元,被叫分钟0.4元。

图13-4 联通营业厅

三、联通电话业务

2000年起,开通GSM网数字移动电话业务。2001年,GSM网用户2600户,收入300万元。2002年,新开通CDMA网移动电话业务用户1200户,全年收入增加到550万元。2005年,GSM网用户增加到1.9万户,CDMA网用户4000户。全年收入1100万元。2006年,在“3·15”和中国龙虾节活动中,推介CDMA业务、GSM业务,节假日走进乡村、社区开展服务,GSM网用户增加到2.1万户,CDMA网用户增加到5000户。全年收入增加到1300万元。2008年5月24日,CDMA出售给中国电信。年底,全县CDMA用户达到7000户,GSM用户达到2.6万户,收入1600万元。

第十四篇　金　融　业

1986 年，盱眙县金融业有 5 家银行 1 家保险机构，银行业围绕“组织储蓄，加强服务，合理使用资金”三大任务，执行“控制总量、调整结构、扶优限劣、提高效益”金融方针，存贷款规模较小，各专业银行努力盘活和用好用足资金，支持地方经济发展。保险业在灾害救助、服务民生等方面发挥有效作用。年底，全县存款余额 4520.2 万元，贷款余额 18778 万元，保险收入 176.8 万元。至 1996 年，全县 7 家国有银行全部转变为独资商业银行，保险分设为财产保险公司和人寿保险公司。

1997 年起，在全县开展金融安全区创建工作，合理划分贷款授权授信审批权限，加大为县域外向型经济、国有企业、乡镇企业、民营企业和个体工商户的服务范围，中间业务大幅增加。灵活运用再贷款、再贴现货币政策，增强金融机构的信贷能力。成功推出农户小额贷款、“信用一证通”等贷款方式，支持新农村建设。至 2004 年，全县金融机构存款余额 29.88 亿元，贷款余额 20.7 亿元。

2005 年起，全面启动盱眙县域金融生态建设，现代银行体系基本确立。建立银行贷款风险补偿基金、动产质押监管机制，打击非法集资、恶意逃废银行债务的失信行为。推行“简式快速贷款”和多户联保的中小企业担保贷款，为中小企业量身定做供应链融资、票据融资、国际结算等新产品。

至 2008 年，全县有银行 8 家，保险公司 12 家。银行业经历国有专业银行到商业银行、股份制银行发展过程，从简单的存、贷、汇业务到多样化、个性化金融服务，金融超市功能开始显现。银行业基本形成适应市场化、国际化要求的商业银行体制，促进县经济快速增长。在全市率先试办农民团体人身保险，保险业在发展和完善社会保障体系方面成为“社会稳定器”。至年底，全县存款余额 693196 万元，贷款余额 348631 万元。保费收入 16644 万元，赔付 4538 万元。

第一章　中国人民银行盱眙县支行

第一节　机　　构

1986年9月，县人行与中国工商银行盱眙县支行分设，县人行内设人秘股、综合计划股、会计股、货币发行股。1988年，增设金融管理股、国库股、稽核股和保卫股，职工24人。

1992年增设办公室，有内部机构9个，职工40人。1997年，增设农村合作金融监管股。1998年，内设机构调整为办公室、监察室、金融监督管理股、农村合作金融管理股、稽核股、货币信贷统计股、会计国库股、货币金银股、保卫股。

2000年4月，金融监督管理股与货币信贷统计股合并，设立综合管理股，农村合作金融管理股更名为合作金融机构监管股。2003年，增设反洗钱和管理信贷征信业两项职能。12月，中国银监会淮安银监分行盱眙办事处成立。2004年，内设机构调整为办公室、货币信贷与统计股、国库会计股、货币金银股、保卫股，职工34人。至2008年，县人行内设机构未变。

第二节　货币流通与管理

一、货币流通

1986年，县人行继续贯彻“宏观控制、微观搞活”方针，针对一些单位采取只收现金不转账、携带巨款外出采购，造成银行货币投放量过大、市场货币过多现象，及时抓信贷管理，加大银行储蓄力度。存款余额4520.2万元，贷款余额18778万元，现金投放26847.3万元，回笼资金27341.8万元。

图14－1　全县金融生态创建工作动员会

1988年上半年，面对货币信贷规模迅速扩张，物价持续上涨，贯彻“控制总量，调整结构”信贷政策，控制货币投放，摆脱资金困境。当年存款余额14080.7万元，贷款余额26251万元，现金投放27669.2万元，回笼资金28456.1万元。

1993年，贯彻执行“从严控制总量，优化结构，面向市场，转换机制，提高效益”货币信贷方针，坚持“扶优限劣”信贷原则，优先支持优质高效的农业生产和农副产品收购，支持科技开发与应用、外向型经济、第三产业和乡镇企业发展。现金投放35184.5万元，回笼资金36023.1万元。1997年，调查全县货币流通总量和分布状况。1999年，央行连续下调存、贷款利率。县内银行储蓄存款不断向其他投资渠道转移。县乡(镇)公路建设、教育工程投资款有部分通过提现方式投放，全县银行现金投放量比1998年增加9239.7万元。

2002年，全县各金融机构重抓现金回笼，其中居民储蓄收放增加、商品销售收入和服务业收入增加成货币回笼增加的主渠道。全年现金投放比2001年增加19042.1万元，回笼资金比2001年增加28472.7万元。2005年，重点扩大对县工业园区企业、个体私营经济和“三农”信贷投入，全县金融机构现金投放104382.8万元。

2006～2007年，金融机构创建银企对接平台，县人行牵头组织4次融资对接活动，重点支持盱眙经济开发区企业发展。6家银行与314家企业协议融资金额29.96亿元，实际融资金额36.83亿元。

2008年，县人行牵头举办银企融资签约会、签约座谈会、信贷授信等活动5次，协助6家银行对447家企业及种、养、加个体工商大户授信10.28亿元。全年落实金融授信442户，金额17.03亿元。人均储蓄存款余额5523元，在全市排第一。

1986～2008年盱眙县金融机构各项存款、贷款余额和现金投放、回笼情况一览表

表14－1　　单位：万元

年份	存款余额	贷款余额	投放	回笼	年份	存款余额	贷款余额	投放	回笼
1986	4520.2	18778	26847.3	27341.8	1998	111133	174527	40256.1	18723.1
1987	6339.6	16673	27483.5	28169.4	1999	121438	169545	49495.8	20816.5
1988	14080.7	26251	27669.2	28456.1	2000	133057	143565	47137.9	38750.1
1989	15816.0	30363	29171.3	30873.1	2001	154510	152798	40481.9	36012.0
1990	21077.0	39136	30561.9	31642.7	2002	187764	175999	59524.0	64484.7
1991	29643.0	47378	31976.8	30655.2	2003	239772	202239	64884.5	82297.7
1992	32145.0	55527	33678.2	35254.1	2004	298778	207003	65490.4	89495.2
1993	39488.0	62588	35184.5	36023.1	2005	352165	220110	104382.8	171730.7
1994	51865.0	80984	34976.2	31656.0	2006	424835	261089	126826.1	186427.0
1995	77306.0	101067	36584.3	36897.8	2007	546202	310798	147931.0	18632.8
1996	92281.0	129261	37984.1	29265.2	2008	693196	348631	168462.5	210863.0
1997	105061.0	155987	38541.6	32632.0					

二、现金管理

1986年，全县金融机构强化现金管理，组织货币回笼，严控货币投放，市场货币量逐渐趋于平稳。投放26847.3万元，回笼资金27341.8万元。1989～1990年，县工商行、农行对所属开户单位现金库存进行检查，清理违规行为。

1991年10月，全县金融机构检查县直49个单位现金管理情况，有15个单位坐支现金126289元，34个单位现金库存超过核定限额，12个单位“白条”抵库81262元，21个单位记账不及时，11个单位在多个银行同时开设现金结算户。县人行重新审定146个开设现金结算户单位库存现金的限额。

1992年6月起，县人行规定在银行开户的单位提取工资、奖金、补贴等消费基金，一律凭有关部门批准计划提取;单位之间经济往来,除国务院规定要支付现金外,一律办理转账结算。11月10日,县政府转发县人行《关于加强现金管理的意见》。12月,县人行检查和督促县工行、农行、建行压缩和上解库存现金,减少货币投放量。全县各专业银行上解人行库存现金262万元。

1993年,县农行、工商行继续抽查所属开户单位现金库存情况,坐支现金、"白条"抵库等不合理开支单位和次数减少,但大额支付明显增多。1994年,为抑制通货膨胀,全县各专业银行配合现金管理检查,督促企业将现金及时归行入库,完成现金投放计划6000万元任务。1997年,对农副产品收购实行"库贷挂钩"资金供应原则,控制大额提现,保证现金投放适时适度。

1999年6月,对县内各金融机构营业部1998年6月1日至1999年5月31日期间的现金管理情况进行抽查。经查,县工商行非基本户提取现金73笔81万元,县农行216笔882万元,县中行62笔72万元,县建行72笔86万元,县信用联社89笔112万元。县农行、建行、信用联社的大额现金审批未按时向人行备案,督促其整改到位。

2000年11月,对辖内金融机构1998年11月至1999年11月期间的现金管理情况检查,查出县农行非基本户提取现金3户16笔23.13万元,大额现金提取有8笔漏审;县建行非基本户提现5户51.41万元;县工商行2笔大额现金提取时漏登记;县信用联社非基本户提现6户23笔16.32万元。责令其坚持大额提现审批登记制度,并及时向上级人行备案。对县农行、建行、信用联社的非基本户提现问题按规定进行经济处罚。

2002年11月,对全县工商行、农行、中行、建行、信用联社、邮政储汇局6个金融机构及其网点现金管理制度执行情况进行检查,查出非基本户提现38笔167.16万元;查出企事业单位存款转入个人储蓄账户,未附有完税证明6笔3.17万元;有关人员对于大额现金支付未按规定审批、备案、报送人民银行报备,部分金融机构存在允许开户单位超范围使用现金情况,责令有关单位整改。

2003年1月,建立现金管理工作联席会议制度。3月,检查全县金融机构现金管理制度执行情况,查出大额现金存取未备案43笔725万元,责令6个金融机构整改。2005年7月,查出县工商行、农行1～3季度大额现金支付未按规定审批13户35笔1846万元,基本账户超限额、超范围付现3户36笔4228461元,责令限期整改到位。2008年,及时组织发行基金调拨,合理调整券别结构,保证辖内现金正常供应。

三、人民币管理

1986年起,县人行成立反假币领导小组,宣传反假币重要性。当年发现假币11张675元。1993年起,建立由金融机构组成的反假币联系网,开展多形式反假币宣传。1995年,全县金融机构设置损伤币券兑换点,回收人民币损伤券1929万元。反假重点放在乡村,各商业银行配备专职或兼职反假工作人员,成立反假货币联席会议,加大反假币工作。全年发现假币159张9005元。

1996年,重点解决货币流通中假、破、小面额票问题,损伤券回收复点3561捆2350万元。1997年,全县金融机构开设损伤券和大小票兑换窗口,兑换、回收残损人民币4386捆4689万元。2000年5月1日,《中华人民共和国人民币管理条例》实施

图14-2 县人行深入农村开展反假币宣传

后,县人行开展以"了解人民币、爱护人民币"为主题的宣传活动。此后,将爱护人民币、维护人民币信誉作为每年反假货币宣传月活动内容,检查辖区各行、社73个网点反假币操作流程。做好流通中人民币整洁度达"七成新"工作,控制不合格钱捆进入发行库,保证回笼人民币挑剔质量,加速损伤券回笼。

2002年9月,金融机构开展反假货币知识竞赛活动。11月,对所辖6个金融机构的57个营业网点开展人民币券别调剂与兑换服务,对部分营业网点存在的反假币台账及重要凭证保管不善等问题责成其整改。2004年1月1日起,全县各金融机构在柜面设置"残损人民币兑换专柜"标牌。当年兑换残缺污损人民币261万元,调剂人民币1273万元。

2005年,制定《盱眙县残损人民币兑换工作社会监督员实施办法》,组织2次人民币收付业务检查和残损人民币兑换工作检查,考核各商业银行营业机构流通中人民币质量。2008年,全县各商业银行在营业网点设残损币兑换窗口和举报电话,全县设25个反假币工作站,发现假币2658张206320元。

第三节　金融宏观调控

一、货币政策传导

1986年,全县专业银行贷款实行实贷实存方式,采用信贷计划管理和规模限额管理相结合的信贷规模管理制度。11月,建行信贷计划纳入国家信贷计划。各专业银行在批准的信贷计划内,必须自行组织资金,自求资金平衡,讲究资金核算,在核定规模限额内发放贷款,同时规定固定资金贷款项目执行信贷规模指令性计划。

1987年,各银行实行信贷计划与信贷资金分开管理。1989年,县农村信用联社贷款规模纳入国家信贷计划。

1993年,全县金融机构清理收回违规拆出资金2775万元,清理超规模贷款2699万元,收回动用邮储资金220万元,退还江淮资金协作网入网资金1600万元。1996年,建立储蓄负责人例会制度,维护金融机构公平竞争,全年发行企业短期融资券200万元。信贷规模管理沿用到1997年。1998年4月1日起,实行贷款证制度,为企事业单位、个体工商户办理贷款证160余份。

2000～2002年,先后制定《关于发挥货币信贷政策支持盱眙经济发展的指导意见》《2002年货币信贷工作指导意见》和《2001年金融部门支持地方经济发展的指导意见》,定期召开经济金融形势分析会、通报会,及时掌握全县经济金融运行情况,发放贷款卡345张,对市场券别结构需求及时调拨。

2003年,先后对推广农户小额贷款做法进行6次调研,形成《关于对盱眙县推进农村信用社发放农户小额贷款情况的调查》《盱眙县推广农户小额贷款纪实》和《盱眙县推广农户小额贷款的经验介绍》调研材料。盱眙县农村信用联社成为淮安市首批获得专项票据认购资格的县级农村信用社,认购金额1066万元。2004年,对全县个体经营私营经济信贷进行调研,根据产业结构特点优化信贷结构,加强对县农村信用社再贷款资金扶持。年末,县农村信用联社贷款余额7.4亿元,占全县金融机构同类贷款的93%。

2005年,先后3次到县工业园区调研,出台《2005年盱眙县金融机构信贷投入考核奖惩办法》,引导金融机构按国家信贷政策和产业政策向企业增加信贷投入。2006年,组织有关部门检测实行差别存款准备金率金融机构的头寸状况,增设个人住房贷款利率、金融机构同业存款利率、民间借贷利率报备内容,引导县农村合作银行贷款定价机制和进入同行业拆借市场推荐工作。

2008年,为县农村合作银行争取新增贷款1.6亿元,支持全县新农村建设。参与组建农村小额贷款公司筹建工作,落实国家助学贷款、下岗失业人员贷款、中小企业贷款等政策,保证"三农"贷款需求,扶持下岗失业人员再就业。

二、再贷款和再贴现

(一)再贷款

1986年起,为加快全县"三农"经济发展、扶持县农村信用社摆脱经营困境,向县农村信用社发放支农再贷款。县农村信用社借入支农再贷款期限主要分3个月、6个月和12个月3个档次,执行利率相当于同期储蓄利率,使用成本低于组织资金成本。当年发放再贷款200万元。

1992年,再贷款投向重点支持外向型经济、第三产业和乡镇企业。发放再贷款20901万元。1993年,再贷款投向坚持"扶优限劣"原则,优先支持优质高效农业生产和农副产品收购,支持科技开发和应用。发放再贷款22437万元。1994年,再贷款主要支持符合国家产业政策的大中型骨干企业、出口创汇企业以及对农业政策性倾斜。1997～2000年,再贷款业务停办。

2001～2003年,全县金融机构再贷款主要用于支农。2005年起,因国家逐步压缩东部沿海经济发达地区再贷款规模,用于支持中西部地区,人行南京分行于3月调减盱眙农村信用联社再贷款。当年发放再贷款500万元。2006年,全县未发生再贷款业务。6月,县农村信用联社还清全部支农再贷款。

(二)再贴现

1994年,县人行开办再贴现业务,重点支持大中型企业生产资金和流动资金的需要,缓解企业生产经营中资金不足困难。发放再贴现8674万元。2001年起,全县暂停办理再贴现业务。

1986～2005年盱眙县再贷款、再贴现余额一览表

表14-2

单位:万元

年份	再贷款	再贴现	年份	再贷款	再贴现	年份	再贷款	再贴现
1986	200	-	1993	22437	-	2000	-	80
1987	400	-	1994	1500	8674	2001	2300	-
1988	1200	-	1995	1590	12000	2002	12300	-
1989	3000	-	1996	2008	6849	2003	23300	-
1990	15774	-	1997	-	660	2004	19300	-
1991	19326	-	1998	-	908	2005	500	-
1992	20901	-	1999	-	572			

三、金融生态建设

1999年,县人行开始建立银行信贷登记咨询系统,向企事业单位和个人办理贷款卡,实施金融生态建设。2001年12月,对县农发行、县农村信用联社进行信贷登记咨询系统数据质量检查。2002年10月,对县工行、农行、中行、建行、农发行、农联社进行信贷登记咨询系统数据质量检查。同年,盱眙县开展创建信用乡镇、信用村活动。至年底,共办理贷款卡434张。

2003年,与县金融监管办事处签订合作协议,共同防范和化解辖内金融机构风险。9月,人行淮安中心支行在盱眙进行信用一证通、信用一卡通试点。11月,"信用一证通"在马坝镇试点,马坝镇信用社向全镇550户个体工商户发放"信用一卡通",贷款授信2200万元。同年,在官滩镇5个行政村实行"信用一证通"试点,全县建成信用乡镇3个、信用村100个、信用农户7.28万户,办理贷款卡41张,年审77张。盱眙县被淮安市政府评为创建金融安全区先进单位。

2004～2006年,先后制定《盱眙县企业及个人信用征信管理暂行办法》《盱眙县金融生态环境建设五年

规划》，在县城区和马坝等乡镇扩大私营企业和个体工商户“信用一证通”推广面，分解金融稳定目标，规范辖内信用信息采集、调查、归纳和使用。累计创建信用镇6个、信用村124个、信用农户8.41万户，年审企业贷款卡180个，采集中小企业信用信息162个。

2007年，全县组建担保公司2个，落实财政注入担保资金，担保公司为企业担保贷款50笔901万元。2008年，全县个人信用信息基础数据库正式运行，采集2340户农户的信用信息。为73个企业发放贷款卡。新办理贷款卡80张，年审企业贷款卡272个。

图14-3　中小企业银企对接签约会

第四节　外汇管理

1986~2005年，盱眙县外汇业务由人行淮安市中心支行统一管理。2006年7月起，开始办理外汇进出口收、付汇及核销业务，全年为18个企业申请外汇核销628万美元。2008年，为34个企业办理出口核销业务428批、1204笔3609万美元，为3个企业办理进口核销业务10笔64万美元，发放核销单1374份，注销核销单23份，发放进出口逾期催核通知33份。至年底，全县核销出口收汇4419笔5348万美元。

第五节　国库管理

一、经理国库收支

1986年，盱眙县金库从县人行改设到县工商银行。代理预算收入3033万元，代理预算支出1526万元。1987年，全县有国库经收处37个，其中县工行3个、农行32个、建行2个。1988年，县金库业务由县人行接管。

1990年底，全县国库经收处发展到40个，其中工商银行4个、农业银行32个、建设银行3个、中国银行1个。1994年5月起，县财政部门拨付同城预算单位的各种财政资金及主管部门拨给同城基层单位的预算经费，均使用预算拨款凭证；财政部门拨付异地预算单位的各种财政资金及主管部门转拨异地所属单位的预算经费，继续使用银行信汇或电汇凭证办理；各事业行政单位拨付预算经费以外的其他经济往来，仍按银行结算办法办理。

2000年，先后组织预算收入划转和1999年国库收支情况检查，全年入库1.86亿元，其中含中央级、省级营业税和所得税1200万元。2004年，实现县级国库与国税部门电子缴税入库系统正式对接，推进征税入库无纸化进程。2005年，国债兑付业务管理系统、国库内部往来系统、大额支付系统在盱眙县金融系统正式运行，通过国库内部往来清算资金，提高资金划转速度。2006年，建立国库单一账户体系，牵头在全市首个进行国库集中支付业务的试点安装测试工作，运行财政和国库联网办理国库集中支付程序。

2008年，做好央行会计集中核算系统、国库会计核算系统及收支统计分析系统、财务综合管理系统基础数据检查和维护，开展结算账户管理检查和国库经收处检查。运用国库日常核算非现场监管机制，制止不合规行为。代理预算收入62075万元，代理预算支出73125万元。

1986～2008 年盱眙县代理中央和地方财政金库收支一览表

表 14－3　　单位:万元

年份	预算收入				预算支出	年份	预算收入				预算支出
	小计	中央级	省级	县级			小计	中央级	省级	县级	
1986	3033	1215	106	1712	1526	1998	13652	5943	897	6812	18172
1987	3589	1421	182	1986	1922	1999	17929	6588	979	10362	20516
1988	4116	1655	206	2255	2012	2000	20468	7774	1119	11575	29782
1989	4713	1865	236	2612	2815	2001	22982	8653	1108	13221	37505
1990	5076	1992	268	2816	3116	2002	27335	9987	806	16542	42486
1991	5530	2213	305	3012	3983	2003	31822	11203	837	19782	59712
1992	6509	2518	332	3659	6256	2004	36522	10067	888	25567	66079
1993	7129	2716	398	4015	9122	2005	42666	13185	1088	28393	63086
1994	8863	3955	492	4416	10526	2006	46594	15126	1312	30156	68142
1995	9942	4212	715	5015	13286	2007	53857	18286	1699	33872	69506
1996	11292	4768	798	5726	16423	2008	62075	22563	1986	37526	73125
1997	12097	5256	826	6015	17536						

二、代理国债发行和兑付

(一)国库券

1986 年,国库券认购对单位按照预算外资金和集体企业税后留利的一定比例分配任务,对城乡个人和个体工商户一般按其收入的一定比例分配购买任务。至 2008 年底,全县共发行国债 1286 万元,兑付 832 万元。

(二)金融债券

1986 年,县人行开始发行金融债券,筹集资金用于乡镇企业和城市集体企业发放特种贷款。发行坚持量出为入原则,城乡居民和个人均可自愿认购,面额、利率和期限各年有所不同,面额有 20 元、50 元、100 元,年利率一般在 9% 左右,期限 1～3 年,到期还本付息,不得提前兑现,不记名、不挂失,免征个人所得税。至 2008 年底,全县发行金融债券 5000 万元,全部兑付。

(三)国家重点建设债券

1987 年 4 月 1 日,对单位开始发行,7 月 1 日开始计息,年息 6%;从第二季度起,对个人发行,从购买之日开始计息,年息 10.5%。1988 年起,调整重点建设债券利率,免征个人所得税,到期后一次偿还本息,一律不计复利,逾期不另计息。至 1989 年,全县共发行国家重点建设债券 432 万元。年底停止发行。

2005 年 12 月 31 日前全部兑付。

(四)基本建设债券

1988 年 6 月,县建设银行负责发行国家基本建设债券。单位和个人购买实行统一利率,从购买之日开始计息,不计复息,满 2 年一次还本付息,对个人免征调节税。发行对象是城乡居民、基金会组织以及金融单位。至 11 月底,全县发行 230 万元。1989 年停止发行。2005 年 12 月 31 日前全部兑付。

(五)财政债券

1988 年 6 月起,县财政部门为支持生产、支持建设、发展民政事业和弥补财政赤字等筹集资金所采取的临时性措施。此种债券由财政部门委托银行按存款比例逐级下派发行。到2008年底,全县金融机构共认购财政债券1260万元,全部兑付。

(六)特种国债

1989年6月1日起,县人行在县内开始发行特种国债,发行对象为经济条件较好的全民所有制企业、集体所有制企业、私营企业、金融机构、企业主管部门、事业单位、社会团体和全民所有制企业职工退休养老基金管理机构、待业保险基金管理机构和交通部车辆购置附加费管理机构。特种国债本金偿还期限为5年,从交款之日起满5年一次还本付息,年利率为15%,不计复利。9月30日缴款结束。全县发行特种国债1200万元。

1990年,全县发行特种国债2000万元。1991年停止发行。2008年12月31日前全部兑付。

(七)保值公债

1989年7月1日,县人行对县内城乡职工、居民、个体工商户和各种基金会、保险公司、部分企业发行保值公债。债券偿还期限3年,期满后一次性还本付息,年利率除随人民银行规定3年定期储蓄存款利率浮动外,另加一个百分点和保值补贴率,免收个人收入调节税,不计复利,逾期不取,不另计利息。全县共发行保值公债2800万元。2008年12月31日前全部兑付。

(八)重点企业债券

1990年,盱眙县建设银行为筹集资金,支持国家重点建设,分配给3家重点企业债券1000万元。期限5年,年利率7.2%,到期一次还本付息。2008年12月31日前全部兑付。

第六节 会计核算与管理

一、支付结算

1986年起,县人行打破大联行的"大锅饭",自成联行系统,跨行直接通汇,相互发报移卡,及时清算资金。1987年,因联行差错及相互占压资金,改为跨行汇划款项,相互转汇。1989年,县内各金融机构按规定开办银行汇票、商业汇票、汇总(信汇与电汇)和委托收款等结算方式,托收承付结算方式延至8月1日废止。

1990年4月1日,恢复办理异地托收承付,停止对企业办理"甲类"委托收款结算。5月20日,设立票据交换场,办理同在盱城不在同一家银行开户的各有关单位收付款业务清算,集中进行票据交换,加速资金在行际间的周转。最初参加票据交换的单位有工行、农行、建行和人行,票据交换场设在县人行。各参加交换的单位每天上、下午各交换1次,并通过在人民银行开设的存款账户办理资金清算。

1991年,实行信贷资金与汇差资金分别管理。1992年底,盱眙县中行参加票据交换场。

1993年,采取规定专业行在人行备付金最低限额、协调专业行之间资金融通、严格票据交换渠道纪律等措施,保证票据交换渠道畅通。全年累计交换票据2.41万张,清算资金12亿元,累计拆借资金2757万元。1995年,对各金融机构开展账户清理,制止压单、压票、任意退票和无理拒付行为。全年清算资金3.5亿元,票据交换抵用率52.6%。开通电子联行业务,实行大额汇款经县人行转汇。

1998年,健全对外办理结算业务的金融机构账户数据库,每月定期报送县支行,汇总录入数据库;在登记行政单位、社会团体、企事业单位开户时,各类账户数据应与县人行保持一致,不得自行确认;商业银行账户数据库,实行专人负责,定期检查督促,保证本系统账户管理和现金管理的规范。

2000年,对电子联行业务进行模拟运行,实现电子联行业务到县、电子联行系统和ABS对接,电子联行来往账通过计算机实现实时清算和记账,全辖票据清算17亿元。2001~2002年,检查辖内支付结算纪律执行情况,对发现问题责令限期整改,报县人行备案,并给予相应经济处罚。共清算票据21480笔,清算资金

79532万元,票据抵用率60.89%。2003~2004年,顺利实现金融机构参加大同城票据交换系统,完成企业网上银行3户,交易额17亿元;个人网上银行完成140户,交易额125万元,处理3起结算举报事件。

2005年,全国统一的人民币银行结算账户管理系统运行。2007年,部署落实辖内各业务系统上线运行工作,完成央行会计集中核算系统、固定资产管理系统、会计凭证影像系统的升级工作。2008年,组织辖内工行、农行、中行、建行、农村合作银行开展一次规模较大的"迎奥运、放心用卡、安全支付"银行卡宣传活动,制定出台《盱眙县金融服务工作考核管理办法》,做好国库会计核算部分业务集中的参数维护及系统测试运行工作。

二、会计核算

1986~1992年,县人行逐步理顺与其他专业银行会计工作地位、基本任务以及相互关系,会计核算采取手工记账方式。1993年7月,会计核算开始微机建账。

1994年1月1日起,全县金融机构执行银行业统一会计科目,由原资金收付记账法改用借贷记账法。1996年10月1日,全县金融机构正式启用《中央银行会计核算系统》处理会计账务。同年,全县国有商业银行执行各总行修定的本系统会计制度。1998年起,全县各银行会计核算先后进入计算机网络化。1999年12月15日前,全县金融机构开展中央银行会计核算系统2000年问题过渡期的各项工作。

2005年,开展会计集中核算系统2.6版、账户管理、会计集中核算正式运行工作。2006年,进行会计集中核算系统、国库会计核算系统的升级改造,完成邮储新增网点相关手续,为企业办理核准类账户569户。2008年,做好央行会计集中核算系统、国库会计核算系统及收支统计分析系统、财务综合管理系统基础数据检查和维护工作。

1986~2008年盱眙县人行会计核算业务量一览表

表14-4　　单位:亿元

年份	笔数	金额	年份	笔数	金额	年份	笔数	金额
1986	3856	7.60	1994	6004	13.80	2002	7896	26.30
1987	4012	8.50	1995	6251	16.90	2003	8012	28.50
1988	4214	9.10	1996	6552	17.60	2004	8136	29.80
1989	4682	9.80	1997	6636	18.20	2005	6615	20.80
1990	4913	10.60	1998	6815	19.60	2006	6102	18.16
1991	5260	11.20	1999	7012	20.10	2007	5938	16.05
1992	5612	12.60	2000	7536	22.30	2008	5215	13.18
1993	5832	12.90	2001	7688	25.60			

第二章　金融监督管理

一、机构监管

1986年起,县人行对各专业银行机构设置进行审核批准,对其银行法人、负责人进行资格审查考察任免。1993年,调整金融内设机构,县农行31个营业所更名为办事处和分理处,新组建南山城市信用社开业。

年检全县金融机构，审批增设住房信贷部2个、分理处3个、储蓄自办所3个、储蓄代办所3个。

1995年，对金融机构年检时，督促31个机构更换不合规格业务用章，收缴和重新核发营业许可证129份，补办法人资格审查和变更手续。全县审核报批县农村信用合作联社、太平洋保险公司盱眙代理处等新增机构5个、升格机构4个、迁址机构3个。

1996年，全县171个金融机构全部参加年检，对少数金融机构存在的信贷资产质量低下、资本金严重不足、经营效益欠佳和擅自变更营业地点等问题进行整改。上报撤销长期未开业的金融机构1个。

1997年，全县148个金融机构参加年检，撤并商业银行国际业务部、房地产信贷部、信用卡业务部对外营业机构和储蓄代办处3个，批准农业银行13个基层网点退出市场。全县金融系统中获市级青年文明号6个、县级青年文明号6个。1998年，对辖区内81个金融机构进行年检，缩减县农行、建行金融机构网点13个，撤并县农村信用联社村信用代办站70个。城市信用社归口县农村信用联社管理。

2000年，对县农村信用社"一贷两保"(一人贷款，两人担保)贷款进行认定，完成县农村信用联社一级法人试点工作。全年批准金融机构迁址6个，机构新业务市场准入6个，对13个金融机构退出市场进行初审。做好风险点试点排查工作，排查出26个岗位、88个风险点、156种风险，制定196条防范措施，落实直接责任人268人次、领导责任人188人次。

2001年，办理金融机构迁址1个、金融机构外币储蓄业务市场准入初审3个、监督商业银行基层网点市场退出2个，完成县农村信用联社2个信用社和4个信用分社市场退出和机构撤并工作。对全县45个银行机构和32个农村信用社进行年检，年检率100%。2003年12月起，中国银监会淮安银监分局盱眙办事处成立，县人行行使的对银行业金融机构的设立审批、业务审批、高级管理人员任职资格审查和日常监督管理等直接监管职能转交银监局。至2008年，全县金融机构无变化。

二、业务监管

1986年起，县人行对各专业银行实行存贷款比例管理，控制不良贷款。1988年起，实行利率管理，对其业务实行稽核制。

1993年，对县工商、农行、建行、中行及其所属的15个机构进行13个项目稽查，查出违规、违纪问题10个，处罚金融机构4个，提出整改措施及建议24条。整治县内金融机构一度出现的放贷、拆借、投资及高利率等违规行为。1994年，对县内各专业银行按各自系统下达的监管比例和贷款限额，实行总量监控；压缩城市信用社超比例放款行为，资金负债比例控制在总行规定的65%以内。全年稽核项目12个，查出违规贷款54万元、超范围吸收存款1441万元、公款私存29万元、少缴财政性存款322万元、漏缴存款准备金1182万元。

1995~1996年，对县内金融机构、国有商业银行资金来源与运用、企业多头开户、银行房地产业务进行清理；按月监测各金融机构贷款比例，按季反映拆借资金比例及贷款质量指标，贷款规模控制在计划指标内。开展固定资产贷款、信贷资产质量、分业经营情况、信贷资金来源及运用情况等专项稽核23项、全面稽核4次、非现场稽核4次、资信评估1次，查出各类违规金额1.427亿元，责令限期改正11087万元，罚款12.7万元，提出各种建议44条。针对县内金融机构存在以证券回购名义违规拆借问题，进行清理规范。

1997年，对非法设立金融机构、非金融机构违法办理金融业务、非法集资、金融机构账外经营等进行清理整顿，建立健全金融风险监管责任制和金融监管报告制度，完善现场监管报表资料专收制度。率先在全市建立盱眙县金融机构企事业单位贷款登记统计通报制度。1999年，制定《金融监管责任书》《金融机构非现场监管工作实施细则》，完善城乡信用社的非现场风险预警体系，全县高风险信用社由年初19个减少到12个。

2000年，按照上级行创建金融安全区总规划实行监管AB制，检查金融机构大额提现金审批和备案制度执行情况及基本账户提现金、公款私存等情况，开展对国有商业银行、城乡信用社1999年业务经营情况的真实性大检查。2004年，完成对县农村信用社置换中央票据1066万元，按月跟踪监测该社不良贷款指标。县信用联社不良贷款比年初减少2244万元,下降3.8%。先后4次到有关金融机构对逃废债压缩情况进行调查,与债权银行共商落实逃废债措施,全县逃废债压缩为零。

2005年,对全县1750万元金融稳定再贷款进行核查并建立台账,建立支农再贷款担保方式,防范支农再贷款资金风险。县政府成立金融稳定协调小组,制定“盱眙县突发金融风险事件应急处置预案”。在全县民间融资相对活跃的乡镇建立测报点24个,按季监测分析民间融资情况。2008年,完善利率和市场外融资报备制度,按月监测反馈金融机构信贷增长情况,按季分析民间借贷测报点监测数据,规范民间借贷行为。

第三章　中国工商银行股份有限公司盱眙支行

第一节　机　　构

1986年,县工行内设信贷股、储蓄股、保卫股、人秘股、计划股、会计股、出纳股、工会、稽核股,有城南储蓄所、金桥储蓄所、新华储蓄所、大桥储蓄所、五墩储蓄所等11个分支机构。

1989年,成立电脑储蓄部。1992年,组建住房信贷部。1994年,成立信用卡部。1995年8月,信贷部获得金融许可证,对外挂牌营业。1997年,撤销信用卡部。1998年,住房信贷部改为内设机构。

2005年10月,中国工商银行盱眙县支行更名为中国工商银行股份有限公司盱眙支行。内设公司科、个人业务科、业务管理科、办公室,分支机构,网点有营业室、新华分理处、城中分理处,有员工52人。至2008年,机构未变。

图14-4　中国工商银行股份有限公司盱眙支行

第二节 贷款业务

1986年,县工行调整全年企业贷款营销目标,建立龙头产业营销网络,确定以全县48家规模企业、5户核心企业为营销重点,围绕服装加工、水泥建材、机械制造、军工化工、物资供应、商业流通等行业和领域做好工商企业信贷工作,全年办理工商企业贷款7277万元,其中流动资金贷款余额6661万元,占总余额的91.5%。

1990年,按照信贷政策、准入条件及操作流程规范操作工商企业信贷业务,坚持“业务营销与内控管理”并重原则,采取一户一策措施,以核心工商企业贸易链上下游客户为营销重点,细分市场,挖掘潜在客户资源,带动工商企业信贷业务的强劲增长,比1989年增长14.41%。

1995年,会同县经委对县办工业企业清仓理库,适当投入及兼并盘活资金2200万元。采取一厂一策,开展支、帮、促,对有望扭亏3家企业增加贷款100万元。按照国家产业和信贷政策,集中资金支持投放县通用机械厂与上海西马特集团联合开发的小铣床设备和江苏淮河化工总厂等资信企业技改贷款1200万元。1996年,开始办理个人住房贷款,贷款20万元。

2000年,为满足个人消费需求,试办个人消费贷款业务。个人综合消费贷款最低0.5万元,最高10万元;个人小额短期信用贷款最低0.2万元,贷款金额不超过本人月工资收入的6倍,最高不超过2万元。2002年,稳健经营个人资产业务,做好个人综合消费贷款、个人短期信用贷款营销,配备专职客户经理,初步形成个人消费贷款人员专业化、市场营销系列化的经营格局。

2003年,调整个人贷款结构,加大对个人住房抵押贷款营销,个人住房抵押贷款3034万元。2008年,做大做强小企业贷款,重点扶持工业园区和民营企业,抓住医院、学校、交通等关键行业,拓展住房信贷,采取质押、保证、抵押相结合的方式,办理个人综合消费贷款。全年贷款总额50885万元,办理个人消费贷款5978万元、个人住房贷款3581万元。

1986~2008年工行盱眙支行贷款余额一览表

表14-5　　单位:万元

年份	贷款总额	流动资金贷款	个人消费贷款	固定资产贷款	个人住房贷款	中长期个人消费贷款	年份	贷款总额	流动资金贷款	个人消费贷款	固定资产贷款	个人住房贷款	中长期个人消费贷款
1986	7277	6661	–	616	–	–	1998	24348	19542	–	4402	404	–
1987	7962	7326	–	636	–	–	1999	25333	19796	–	4775	762	–
1988	8543	7796	–	747	–	–	2000	22705	16890	152	4769	894	–
1989	9216	8521	–	695	–	–	2001	24983	18488	281	5628	586	–
1990	10768	9998	–	770	–	–	2002	27094	18929	1783	4041	1788	553
1991	12525	11718	–	807	–	–	2003	33054	21052	635	7921	3034	412
1992	14517	13420	–	1097	–	–	2004	30341	19542	328	6636	2702	1133
1993	15669	14148	–	1521	–	–	2005	22410	13454	59	5198	2035	1664
1994	16283	14606	–	1677	–	–	2006	26963	17537	2098	4756	2462	110
1995	18702	15696	–	3006	–	–	2007	39095	18329	3365	13689	1694	2018
1996	22334	18493	–	3821	20	–	2008	50885	18171	5978	19436	3581	3719
1997	23157	19083	–	4014	60	–							

第三节 存款业务

1986年,开展"争先进位、存款有礼"劳动竞赛活动,研究储蓄、对公和同业存款转化规律,营销优质账户、财政大户,挖潜他行重点户,提供多元化增值服务吸引客户,提升有效账户占比。全年存款总额3372万元。1989年,成立盱眙县第一家电脑储蓄部,实现业务电子化,打破手工记账、算盘核算的传统,迅速提高服务效率和准确率。

1991年,成立首个证券业务专柜,率先升级单机电脑系统,辖内13个网点实现电脑联网,网点均可办理通存通兑业务,方便客户存取款。1992年,成立对公存款领导小组,明确"统一计划、双层承包、部门负责、条块结合、定期考核、奖惩兑现"管理办法。确定月均增长额、季度增长额、年末余额增长额3个考核指标,组成专管员、协存员、联络员监测网,把对公存款任务列入有关股、处责任状,实行目标管理。全年对公存款3972万元,存款余额10571万元,首次突破亿元大关。1996年,坚持"全额代发、银行卡代发、软盘录入"三为主的方针,拓展代发工资业务,存款余额突破2亿元。

2003年,开展以"三情四心"(提高服务热情、增强工作激情、融洽客户感情,热心服务、精心服务、真心服务、倾心服务)为主题的优质文明服务活动,注重外币储蓄业务拓展,争取学费代收业务,以贷引存拓展新户。年末,收取学费存款1800万元,拓展新户10多户存款3000万元。2004年,利用元旦、春节两大节日,分别与联通、电信公司在县内首家联合推出"在工行存款,送CDMA手机"和"在工行存款,装宽带、送电脑"两项新业务,与人寿保险公司签订代收保费、代付保费及理赔金给付协议。全年存款余额突破4亿元。

2008年,做优地方财政集中支付代理业务,扩大引资单位和投资企业存款,开展"提升服务质量,促进快速发展"优质服务百日竞赛,为工业园区企业和经营规模大、效益好的企业职工代发工资,发展捆绑营销,建设理财网点,提高网点服务水平。全年存款总额72012万元,其中对公存款40965万元、储蓄存款31047万元。

1986~2008年工行盱眙支行存款总额一览表

表14-6　　单位:万元

年份	存款总额			年份	存款总额		
	合计	对公存款	储蓄存款		合计	对公存款	储蓄存款
1986	3372	1656	1716	1998	20926	8435	12491
1987	4288	1904	2384	1999	21271	8470	12801
1988	8302	4418	3884	2000	20323	9082	11241
1989	5469	1861	3608	2001	21734	9915	11819
1990	7108	2589	4519	2002	27837	14301	13536
1991	8617	3062	5555	2003	36955	19195	17760
1992	10571	3972	6599	2004	44284	24944	19340
1993	12801	5119	7682	2005	42133	19900	22233
1994	14279	5928	8351	2006	50311	26807	23504
1995	16829	5249	11580	2007	60866	36671	24195
1996	20838	7389	13449	2008	72012	40965	31047
1997	21383	8475	12908				

第四节 中间业务

一、代理发行债券

1986年，县工行开始代理发行金融债券，当年发行50万元。至1991年共发行各类债券670万元。1992年停办。

1986～1991年工行盱眙支行代理发行债券一览表

表14－7

年份	名称	金额（万元）	面额（元）	金额（万元）	年份	名称	金额（万元）	面额（元）	金额（万元）
1986	金融债券	50	50	25	1988	贴水债券	50	100	25
			100	20				500	25
			500	5		累进债券	100	100	30
1987	金融债券	80	50	4				500	50
			100	41				1000	20
			500	25	1989	金融债券	100	100	50
			1000	10				500	40
	贴水债券	30	100	20				1000	10
			500	10	1990	金融债券	120	100	120
	累进债券	70	100	40	1991	金融债券	70	100	10
			500	20				500	50
			1000	10				1000	10

二、信用卡业务

1993年，县工行开始发行信用卡，当年发行26张。1994年成立信用卡部，发行第一张牡丹信用卡，发行信用卡600张。1997年撤销信用卡部，其业务并入行内其他部门。2008年，发行信用卡实现历史性跨越，共发行3988张。

三、其他中间业务

2000年，先后代收电话费、电费、保险费，代理理财业务、住房金融、贵金属及个人理财、电子银行、投资银行、兼并业务等，促进中间业务收入快速增长，实现收入280万元。2000～2003年，完成全县行政单位统一代发工资工程，新增代发工资账户4000余户，月代发额2100万元左右。至2006年底，完成中间业务收入316万元。

2007年起，首家代理买卖贵金属业务，实现贵金属重点产品销售1千克。2008年，借奥运之机实现贵金属重点产品销售2千克。办理企业电子银行62户、法人理财产品4户、个人电子银行2110户、手机和电话银行600户，代发企业、机关事业单位人员工资10户，完成中间业务收入689万元。

第五节 国际业务

1991 年,开始开办外汇个人储蓄存款,外汇个人储蓄存款余额 7 万美元。1992~2002 年,依托公司客户基础、领先技术平台和专业人才队伍,国际结算和国际贸易融资快速增长。至 2002 年,国际结算业务量 98 万美元。

2003 年,与辖区内外贸业务企业客户沟通联系,为企业提供外币结算、外币小额兑换业务、融资、外币理财业务等。全年国际业务结算量 145 万美元。2004~2005 年,抓住昌鸿服饰有限公司、润辰食品有限公司、假日服装有限公司、桓远染化有限公司、天擎食品有限公司等有出口业务的企业外汇结算机会,国际业务结算量 522 万美元。

2007 年,对客户需求量身制作国际业务服务方案,满足企业的具体需求。全年国际业务结算量达 1256.38 万美元。2008 年,围绕县域进出口企业需求,将国际业务作为自身发展的增长点,为企业提供高效快捷、规范服务,全年国际业务结算量达 2344.78 万美元。

第四章 中国农业银行股份有限公司盱眙县支行

第一节 机 构

1986 年,县农行内设办公室、人事教育股、资金计划股、财务会计股、工商信贷股、信用合作股、农金股、保卫股、信托部。网点有县行、盱城、马坝、观音寺、马庄、东阳、高桥、维桥、十里营、官滩、三河、穆店、黄花塘、旧铺、张洪、新街、古桑、桂五、水冲巷、王店、河桥、洪山、仇集、龙山、淮河、仁集、管镇、铁佛、兴隆、鲍集、肖嘴、泵站、红光营业(部)所共 33 个。县信用联社由农业银行领导,下辖营业机构 30 个,与农行营业所合署办公,另设 8 个信用社储蓄所、8 个信用分社、130 个信用站,职工 378 人,其中农行职工 200 人、信用社职工 178 人。

1991 年,城区增设沙岗、龙泉、五墩储蓄所。1993 年,盱城、马坝、官滩、旧铺、桂五、三河营业所更名为办事处,增设城区供销大厦储蓄所,对张洪、肖嘴、仁集、洪山、龙山 5 个营业所实行留牌并账。

1995 年,25 个乡镇农行营业所更名为分理处,成立县山城分理处,撤并东阳等 8 个分理处。12 月 25 日,县农行与信用联社正式脱钩,分门营业。1996 年底,县农行有办事处 7 个、分理处 17 个、储蓄所 3 个。县农发行从农业银行分设出来,成立中国农业发展银行盱眙县支行,划出人员 14 人。

2000 年,撤销旧铺、山城、河桥、桂五、湖光 5 个营业机构。2003 年 11 月,撤销官滩、都梁、沙岗、供销营业网点。2004 年,县农行支行营业部由网点改建为支行内设部门。2005 年,成立住房信贷部。2006 年,撤销三河分理处。

2008 年,县农行内设综合办公室、客户一部、客户二部、计划财会部、资产经营中心,网点有农行营业部、盱城、山城、龙泉、五墩、马坝、管镇 7 个,有职工 181 人。

第二节　存款业务

1986年,县农行对全县存款情况进行调查研究,对余额大、资金多的企业、公司和事业单位逐一过堂、明确重点、分级分层抓落实,大力组织存款,扩大资金来源,壮大资金实力,完成存款5865万元。

1991年,开展“争创农储超亿元”活动,储蓄所实行“核定基数、招标承包、人员优化组合”,改变吃“大锅饭”现象,到3月份储蓄突破亿元大关。全年完成存款总额12801万元。1995年,先后开办“爱心储蓄”、支持“希望工程”业务,开展“迎新春、大干四十天”竞赛活动,成立代理发行部,通过协调会、银企座谈会、代收学费、代收交通运输费、代发工资等办法吸收低成本资产,储蓄总额24453万元,首次突破2亿元。1999年,开通城乡联网储蓄业务,实现全市农行间的通存通兑。

2003年,围绕“三抓”(抓市场营销、抓高端客户、抓优质服务),确立“早”字当头,细分市场,重点突破,城乡联动,开展“迎新春”“四比四看”(比品德素质,看宗旨意识是否增强;比言行举止,看服务工作是否规范;比服务质量,看工作流程是否便捷;比服务环境,看软硬件设施是否到位)和“三抓”等组织资金竞赛活动,推动组织资金工作向前发展。实现负债总量创历史新高,实现储蓄存款、对公存款双超目标。

2006年,开展首季“开门红”存款竞赛活动,抓好优质集团客户的维护与拓展,做好中国人寿满期保险金给付高峰期转存吸储工作,各项存款71560万元,突破7亿元。2008年,根据“面向三农、整体改制、商业运作、择机上市”总体定位和要求,突出负债业务重点,制定发展规划,抓住高端客户、重点营销客户,存款总额113118万元,突破11亿元。

1986~2008年农行盱眙支行各项存款余额一览表

表14-8　　单位:万元

年份	存款总额			年份	存款总额		
	合计	对公存款	储蓄存款		合计	对公存款	储蓄存款
1986	5865	5020	845	1998	25087	3666	21421
1987	7256	5933	1323	1999	26889	5792	21097
1988	6640	4863	1777	2000	27872	6584	21288
1989	7347	5170	2177	2001	31235	7224	24011
1990	10291	6846	3445	2002	38039	10270	27769
1991	12801	8448	4353	2003	44344	13639	30705
1992	10444	5237	5207	2004	53134	14623	38511
1993	16076	9471	6605	2005	59186	14413	44773
1994	15424	4439	10985	2006	71560	20029	51531
1995	24453	9804	14649	2007	94066	37821	56245
1996	20197	4130	16067	2008	113118	38557	74561
1997	25890	4678	21212				

第三节　贷款业务

一、农业贷款

1986年,对县域范围的国营农、林、牧、渔场及集体和个体农业生产经营专业户发放贷款。全年累计发放国营农林牧渔业贷款4784.7万元,年末余额470.4万元;累计发放农业及个体承包户贷款896.7万元,年末余额1530.7万元。

1990年,支持抗灾自救贷款260万元。秋季安排800万元,支持全县农村以秋补夏,争取秋熟超产。全年投放粮食生产贷款4417万元,占农业贷款总量的58.5%,帮助农户购买化肥、农药、种子、耕牛、薄膜等农业生产资料和农机具。

1991年,支持农业抗洪救灾贷款4500万元,使全县农业生产很快得到恢复。1994年,向国营三河农场创办的粮食加工和农业企业技术改造项目贷款1738万元,投放春耕、春种、抗旱等贷款452万元。1996~1999年,围绕扶贫攻坚战略,支持三河农场贷款2844万元,帮助实行农业产业化经营。

2000年起,随着城市化、工业化发展,县农行贷款从农村向城市转变。2007年,完成农业贷款3356万元。2008年,县农行发放的农业贷款从不良资产中剥离。

二、乡镇工业贷款

1986~1991年,县农行支持农村乡镇经济协调发展,保证信贷资金向重点产业与企业倾斜,乡镇企业贷款围绕"质量、品种、效益"年活动,择优扶持、区别对待、保证重点。其间,发放贷款15520万元。1992~1994年,在"工业富县"、发展乡镇工业的思想指导下,对县打石山水泥厂、圣山水泥厂、官滩染化厂、黄花塘缫丝厂等10家重点乡镇企业实行计划单列,集中信贷资金给予支持,将户值超100万元的乡镇企业作为扶持重点。其间,发放贷款13600万元。1995~1998年,在乡镇企业改制过程中,收紧贷款投放。其间,发放贷款35225万元。

2001年,采取一乡一企一策的办法,保全信贷资产11205万元。2002年,贷款向优良客户倾斜。全年对重点客户江苏淮化集团有限公司和江苏双合化工股份有限公司发放贷款1100万元。2004~2005年,策应县政府发展方略,贷款向工业园区倾斜,向县雅而斯人造板有限公司、江苏西马机床制造有限公司等引资企业发放贷款1000万元,向江苏安格药业有限公司发放贷款270万元。

2006~2007年,为贯彻县政府打造新兴轴承之都的经济开发区发展要求,向江苏凡力钢管有限公司、江苏保利轴承钢管公司发放贷款2400万元,向盱眙第一山电仪材料厂发放贷款2500万元,继续支持县雅而斯人造板有限公司、江苏西马机床制造有限公司等引资企业贷款1000万元,向江苏安格药业有限公司发放贷款234万元,向江苏新海电子公司授信贷款5600万元,向江苏保利轴承钢管公司放贷捷通贷款400万元。2008年,投放工业园法人客户实体贷款21笔7445万元,发放个人综合授信贷款20笔313万元。

三、商业贷款

1986年起,县农行发放的商业贷款主要对象是国营或集体的供销、粮食、食品、农机、农副产品等商业企业。当年向国营商业贷款97万元、供销合作商业贷款1846万元、农机公司贷款60万元、粮食企业贷款77万元、农副产品收购贷款9086万元,其他610万元。

1989~1995年,全县粮食大丰收,增加对粮食收购贷款资金的支持;商业信贷主要投入到县供销社集团、食品公司,农副产品收购贷款逐步成为商业贷款的重要组成部分。其间,发放商业贷款136991万元。1996年起,供销、食品行业改制,商业贷款逐步收缩。当年发放商业贷款10124万元。

2001年起,逐步停止对供销、粮食、食品等商业企业的贷款,贷款向个体、私营工业企业投放。当年发放商业贷款14377万元。2007年,商业贷款只有6435万元。2008年,发放的商业贷款从不良资产中剥离。

四、住房贷款

2005年,成立住房信贷部,代理县住房公积金中心有关业务,做好自营个人住房贷款准入的前期工作。2006年,完成住房贷款662.3万元。2007年,把房地产信贷业务发展定为突破年,加大宣传、营销力度。全年发放个人住房贷款941户12812万元,居全县个人住房贷款份额第一位。2008年,个人住房贷款金额18249万元,占贷款总额60%以上。

五、不良资产剥离

2000年5月31日,实施不良资产(贷款)剥离,共剥离1966户5657笔,贷款本金17392.12万元,表外利息5557.74万元。其中,80万元以上企业有供销社15户293笔4738.7万元、乡镇企业15户99笔7557.16万元、其他企业10户48笔1869.3万元,表外利息4227.98万元;80万元以下企业有陈欠贷款1675户4453笔24.85万元、供销社20户69笔812.6万元、乡镇企业161户593笔1560.92万元、其他企业70户102笔828.59万元。表外利息1329.76万元。

2008年12月31日,剥离不良资产(贷款)817户1476笔,贷款本金26328.88万元,表外利息17155.34万元。其中,自然人中可疑类1户1笔2万元、损失类619户712笔398万元,表外利息116.28万元;法人中可疑类8户44笔4584万元、损失类163户693笔21290万元,表外利息17035.83万元;非信贷资产1户1笔11万元;信用卡透支25户25笔11万元,表外利息3.23万元。

1986~2008年农行盱眙支行贷款余额一览表

表14-9 单位:万元

年份	合计	农业贷款	乡镇工业贷款	商业贷款	个人住房贷款	其他贷款
1986	15584	1852	1786	11776	-	170
1987	16679	2087	2454	11964	-	174
1988	14924	2324	2600	9829	-	171
1989	20008	2110	2649	15092	-	157
1990	26889	2555	2760	21408	-	166
1991	32302	3600	3271	25271	-	160
1992	35963	4200	4001	27601	-	161
1993	40062	4310	4491	31112	-	149
1994	18480	2889	5108	8364	-	2119
1995	20678	4484	7423	8143	-	628
1996	28645	6781	8686	10124	-	3054
1997	31784	8137	9724	11289	-	2634
1998	34154	9194	9392	12099	-	3469
1999	34175	9803	10041	12539	-	1792
2000	16508	4550	4209	5527	-	2222

续表14-9

年份	合计	农业贷款	乡镇工业贷款	商业贷款	个人住房贷款	其他贷款
2001	30821	3927	4758	14377	-	7759
2002	31661	5211	5171	14347	-	6932
2003	32014	5201	4926	14348	-	7539
2004	30648	4852	4892	14200	-	6704
2005	30100	4699	14167	7293	-	3941
2006	35218	4517	16963	7334	662.3	5742
2007	47855	3356	22112	6435	12812.0	3141
2008	28292	-	7445	-	18249.0	2598

第四节　结算及中间业务

一、结　算

1986年起,采取支票、汇兑、委托收款、异地托收承付、汇票等方式结算业务。1989年8月1日,取消异地托收承付结算方式。

1990年6月12日,恢复异地托收承付结算方式。坚持"恪守信用、履约付款,谁的钱进谁的账、由谁支配、银行不垫款"原则,对国营企业、供销合作社、集体所有制工业及经营管理较好的乡镇企业,恢复办理托收承付。1994年9月26日,印发《关于加强银行结算工作的通知》,严格结算纪律,推动企业清欠工作,扭转社会相互拖欠现象。

2000年,开始实施外币结算,填补外汇结算空白。全年结算外币折合人民币260万元。2001年5月18日,发行的金穗借记卡可在全国农行联网网点存取款和转账结算,也可参加全国金卡工程的其他金融机构自动柜员机上取现,实现全国联网。2006年,实施结算改革,拓展网银客户289户,电话银行签约客户6360户。

2007年,网内结算业务实行"统一管理、分级实施、各司其职、安全高效"原则,引导公众使用银行本票等结算票据,简化个人活期储蓄账户,拓展电子支付业务和个人银行结算账户跨行转账功能。2008年,推广个人支票使用和应用支票影像交换系统,主动为信用好、支付结算服务需要量大的个人客户提供支票服务。

二、中间业务

1995年,县农行被市行批准为二级发卡行,信用卡部发卡1455张,存款余额189万元,累计销售金额1735万元,无收入。1997~1998年,中间业务收费仅限代理国债业务,完成收入9.59万元。1999年,开办银行卡、代收代付、结算等中间业务,成立信用卡部,统一集中管理银行卡业务,共完成中间业务收入9.78万元。

2000年8月,在全市率先开办城区代收电费业务。2003年,开办银票贴现新业务,全年贴现384万元,投放银票质押、存折质押、保单质押723万元。代理保险、代理基金、代理理财成为中间业务新的增长点。2004~2005年,分别与县农发行、邮政储蓄、农商行签订协议,代保管箱包和代理调拨现金,中间业务收入83.41万元。

2007年,推进非现金支付工具,拓展电子支付业务,新增企业网银客户16户,个人网银客户911户,新增电话银行签约客户16616户,均由农行清算系统自动完成。2008年,新增企业网银客户11户,个人网银客户1036户,电话银行签约客户6777户,中间业务收入484.79万元。

1997~2008年农行盱眙支行中间业务收入情况一览表

表14-10 单位：万元

项目 年份	银行卡	代理保险	代收代付	代理金融机构	结算业务	代理基金	代理理财业务	国债手续费	其他中间业务
1997	-	-	-	-	-	-	-	5.21	-
1998	-	-	-	-	-	-	-	4.38	-
1999	0.21	-	2.17	-	6.00	-	-	-	1.40
2000	0.02	-	3.58	-	8.80	-	-	-	45.26
2001	0.63	-	3.50	-	6.11	-	-	-	1.91
2002	1.70	-	0.26	-	7.32	-	-	-	3.88
2003	5.21	1.75	1.27	0.47	8.15	0.43	8.50	0.66	2.21
2004	52.00	9.40	3.91	6.50	7.49	2.07	-	0.77	1.27
2005	106.74	9.61	2.80	12.00	8.16	2.05	2.48	0.28	0.03
2006	202.25	15.68	3.48	3.00	11.74	-	-	-	2.57
2007	256.23	20.79	3.95	5.00	13.21	75.41	-	-	0.88
2008	355.51	29.57	2.47	5.14	17.04	16.21	-	-	58.85

第五节 信息化建设

1991年，储蓄部率先开办电脑储蓄业务，城区营业网点实现电子化，在全县金融系统率先实现城区网点通存通兑，成功实现和市农行储蓄通存通兑的并网。1992年，成立微机管理中心、电脑结算中心，加强已开发软件应用推广。1993年，对城区网点实施“明亮工程”，在全县金融系统中第一家安装自动柜员机（ATM）。1996年，农村营业网点业务实现电子化。

1999年，实现全市城乡储蓄联网通存通兑。在城区安装3台新式的ATM自动柜员机，实行24小时运作。吸纳现有网络资源、印鉴扫描技术，开通新版门市业务系统，实现人民币对公业务通存通兑。成立监管中心，在全省率先实行营业网点业务集中二次录入，并与传输来的业务数据比较，有效监管全辖区业务。

2001年3月31日，应用农总行新一代软件，一次性成功将全线储蓄、银行卡代理业务移植进入新系统，开通农行全国统一客服“95599”电话银行系统。2002年，推广上线信贷管理系统（CMS），信贷管理实现电子化，办公实现自动化、电子化、网络化。2008年，县农行7个营业网点和5个内设机构全部实现办公自动化，经营业务全部由计算机处理，有柜员机终端36台，实行全省农行业务联网、通存通兑。

图14-5 中国农业银行股份有限公司盱眙支行

第五章　中国银行股份有限公司盱眙支行

第一节　机　　构

1992 年 7 月,中国银行盱眙县支行成立。12 月 8 日,中国银行盱眙县支行正式挂牌营业,内设人秘股、保卫股、存汇股、会计股和营业部,有员工 15 人。1993 年 5 月,成立中北储蓄所。11 月,成立中兴分理处。1994 年 6 月,成立天台分理处。9 月,成立信用卡科。

图 14 – 6　中国银行股份有限公司盱眙支行

1995 年 11 月 8 日,迁址盱城镇五墩西路 35 号中国银行营业办公大楼办公,在原址成立淮河北路分理处。内设人秘股、保卫股、存汇股、信贷科、会计股、信用卡科,所属机构有中北储蓄所、天台分理处、中兴分理处、淮河北路分理处,有员工 48 人。1997 年 1 月 1 日,中国银行盱眙县支行更名为中国银行盱眙支行。

2001 年 8 月,撤销中北储蓄所和天台分理处。2005 年 5 月,中国银行盱眙支行更名为中国银行股份有限公司盱眙支行,内设营业部、综合管理部、业务发展部。2008 年,县中行下设营业部、国贸支行、综合管理部、业务发展部,有员工 35 人。

第二节　存款业务

1992 年,县中行坚持"存款立行,从严治行,教育兴行,科技强行"方针,开展各项工作。全年完成存款 363 万元。1995 年,强化激励机制,推行储蓄柜、所承包,人员实行浮动工资,经考核奖惩兑现;开辟储蓄新储种、新业务,开办存本取息、个人通知存款、有奖贴花、定期一年和三年有奖储蓄、大额存单抵押贷款。完成人民币存款 4031 万元。

1997 年,树立竞争意识,做到上门服务、微笑服务、站立服务等;实现营业部及各网点间的人民币储蓄通存通兑,为所有网点安装信用卡 POS 卡系统。1999 年,面向市场,实施存款三年发展规划。开展吸存首季开门红活动,实行竞聘上岗和双向选择,推行行员等级工资改革,使责权利相统一。做好定期存款到期前的挽留转存工作,单户存款在 5 万元以上的大户,单独排列成册。设定自动转存率、上门服务转存率等项考核指标。

2000 年，开展重点客户重点吸存工作，确定不同吸存等级的考核内容和评分办法，各项吸存目标年初亮底，按序时进度逐月考核，奖罚兑现。全年本、外币存款新增 1552 万元，人民币总存款余额 10303 万元，首次突破亿元。2004 年，对存款业务实行分类营销，根据客户资金实力、发展潜力，分为重点客户、发展客户和一般客户，新增存款客户 90 余户，其中重点客户 15 家、发展客户 35 家、一般客户 40 家。开展规范服务整治月活动，县工业园区有近半数企业在县中行开户存款。人民币储蓄 30379 万元，外币储蓄 164.6 万美元。

2008 年，对资金量大、存款基本为活期的企事业大户，实行专人维护、重点营销。加强与财政、国土、城建、地税、医保等单位协作，财政性存款得到稳步增长。为乡镇招商引资提供帮助，做好引资单位与投资客商之间的桥梁作用，有过半乡镇将省、市有关部门安排的集体土地补偿金存放在县中行。全年人民币存款 73902 万元。

1992～2008 年中行盱眙支行存款余额一览表

表 14－11　　单位：万元

年份	人民币存款			年份	人民币存款		
	合计	对公存款	储蓄存款		合计	对公存款	储蓄存款
1992	363	－	－	2001	11226	5338	5888
1993	1877	583	1294	2002	15692	8017	7675
1994	2884	788	2096	2003	22824	13428	9396
1995	4031	1212	2819	2004	30379	17508	12871
1996	5455	1871	3584	2005	36180	21377	14803
1997	7188	2100	5088	2006	51646	33830	17816
1998	7299	2926	4373	2007	65894	46012	19882
1999	8889	4735	4154	2008	73902	46089	27813
2000	10303	4827	5476				

第三节　贷款业务

1993 年，县中行开始发放贷款，帮助企业解决资金不足困难，主要发放工业贷款、农业贷款，投向外贸企业和“三资”企业。向市行请求增加专项贷款 300 万元，用于夏季蚕茧收购。全年发放外贸收购贷款 5100 万元，“三资”企业及出口产品企业贷款 1660 万元，为外贸收购和“三资”企业拆借资金 1430 万元。

1994 年，从贷款行业、效益、期限、担保方式等方面优化贷款结构，重点支持出口创汇企业、国有大中型企业、外商投资企业发展。压缩收回超规模发放贷款，收回超规模发放贷款 325.5 万元。发放进出口企业贷款 2493 万元，外事企业贷款 1651 万元，合资企业贷款 549 万元，其他贷款 23 万元。新增个人消费贷款项目，为个体经济发展提供资金保障，当年发放个人消费贷款 20 万元。对企业因产权变动和企业改组可能形成的信贷资产风险，要求贷款企业在改组前还清，确有困难的，由改组后的新企业承担原有债务，重办借款手续。

1995 年，县物资回收公司、华东机床厂、狼山水泥厂、植物油厂贷款项目发生风险，贷款到期难以收回，向上级中行申请剥离。1999 年，加强对县经贸实业发展公司、淮河化工总厂、江苏狼山水泥厂检查力度，信贷员每月至少到企业调查 2 次，检查贷款是否按规定用途使用、管理是否得当、效益是否明显、风险是否可控。信贷员每季度至少写出2篇调查报告，及时反映情况。信贷员参与企业改制，即时回收贷款，或及早完善防范风险手续，避免贷款损失。做好以物抵债及抵债物的变现工作，对贷款人偿还能力和贷款风险度进行测算量化，做好贷款质量结构正常类1348万元、关注类1032万元、次级类191万元、可疑类1941万元、损失类315万元五级分类工作，新增贷款优良率及收息率均达100%。全年完成以物抵债折价26万元，办理抵押担保贷款4597万元，信用贷款230万元。新增抵押贷款1055万元，其中淮河化工总厂940万元、县石油公司50万元、县染化厂65万元。全年起诉清理信誉差的散户4户，其中1户彻底清理到位，收回贷款20万元。

2000年，把资金投放重点放在优良客户行业、优良客户、大行业、大企业上，排查所有欠贷户，制定盘活措施，做到支持一块、盘活一块、清收一块。全年清收不良贷款829万元，实收息201万元，清收逾期贷款3笔102万元，剥离不良资产27户33笔2521万元。对淮化集团有限公司、江苏狼山水泥厂、盱眙县立制杆有限公司、盱眙县桓远染化有限公司、江苏天明化工厂、江苏华东机床制造有限公司进行统一授信，评出AAA级企业和A级企业各1户，BBB级企业4户，核定最高风险限额累计为13845.2万元。

2003年，拓展消费信贷业务，锁定风险，尽可能满足客户要求，做到成熟一户、评审一户、发放一户。经过调查研究，及时向上级行请示，批准盱眙通源房地产有限公司开发的国贸商城楼盘项目准入，为该公司开设基本户，办理1500万元贷款，及时为购房者办理按揭贷款，发放个人消费贷款1453万元。

2004年，开始办理个人投资经营贷款，用于个人独资企业、个人生产经营借款，采用自用住房或商用房抵押、国债质押方式，同时担保公司提供连带责任担保。5月，取消县中行个人投资经营贷款再转授权，全行停止采用担保合同方式贷款。

2005～2006年，经省行授信评审委员会评审，同意马坝工业品楼盘准入。由行长带队，多次前往省行、无锡、南通协调贷款事宜，两笔大额贷款申请取得省中行审核通过。至2006年底，个人消费贷款10350万元，在全市中行县级支行和四大商业银行中率先超亿元。

2008年，拓宽贷款营销渠道，推荐“融资宝”业务，为客户理财，利用融资渠道合理融资、依法融资。全年办理融资宝业务40笔727万元，不良贷款余额20.87万元，较年初下降180万元。发放贷款41726万元，其中个人消费贷款27611万元。

1993～2008年中国银行盱眙支行各项贷款余额一览表

表14－12　　单位：万元

年份	合计	工业贷款	农业贷款	个人消费贷款	年份	合计	工业贷款	农业贷款	个人消费贷款
1993	845	745	100	–	2001	3919	3320	300	299
1994	1900	1750	130	20	2002	4556	4050	300	206
1995	2750	2450	250	50	2003	8738	6735	550	1453
1996	3329	2829	300	200	2004	12129	8069	500	3560
1997	4228	3628	350	250	2005	15357	8157	650	6550
1998	4428	3720	380	328	2006	20118	9198	570	10350
1999	4827	4025	400	402	2007	31552	12350	–	19202
2000	3172	2572	240	360	2008	41726	14115	–	27611

第四节　外汇业务

1992年,发挥外汇外贸专业银行优势,在本地开办外汇存取及业务咨询服务,当年完成外汇存款3.9万美元。1993年,派人参加市行举办的国际贸易结算业务培训班,其中"三资"企业2人。为侨属外汇存款、"三资"企业存贷款和外汇结算创造条件,主动向市行申请开办外汇业务。对县皮革总厂与邦孚国际(香港)有限公司合办江苏记顺鞋业有限公司的项目进行调查研究,向市行申请外汇贷款35万美元,期限3年,由县供销公司提供担保,负连带偿还责任。支持县外贸公司收购蜂蜜、大米、活牛、留兰香、薄荷叶、甜菊叶、河虾等出口商品,向市行请求增加外贸收购贷款750万元。开展外汇兑换5万美元。

1994年,开始办理远期结售汇业务,向市行申请所辖网点中北储蓄所、中兴分理处、天台分理处办理经营外汇业务,申领经营外汇业务许可证。11月,停止外汇兑换券流通业务,做好外汇兑换券收兑工作。1997年,支持、配合市中行做好国际结算业务,落实业务部门,明确兼职人员,完成国际结算量5万美元。1998年,开办人民币结售汇业务,做好欧元区12个国家的货币自动转换成欧元工作,增加开办加拿大元、澳大利亚元、瑞士法郎3种货币的钞、汇个人外币业务。

2003年,加大对有进出口权企业宣传,为客户办理结售汇手续。实现欧元现钞区12个国家货币正式流通和个人外汇买卖业务网上交易委托系统,开办代理省行个人外汇买卖业务,实行到期结售汇一日多价,改变到期结售汇业务对客户报价方式。全年完成外汇存款144万美元,外汇买卖15万美元。

2008年,组织职工学习金融服务技巧、外卡及VIP客户拓展等,提高外汇工作人员业务能力。主动参与招商引资项目洽谈,为外资企业提供外资服务,争取在县中行开户结算。突出对外汇业务指标的考核奖惩,带动外汇存款和外汇结算不断增长。全年完成外汇存款189.7万美元,国际结算量1500万美元。

1992~2008年中国银行盱眙支行外汇业务一览表

表14-13　　单位:万美元

项目 年份	外汇存款	外汇兑换	国际结算	外汇买卖	项目 年份	外汇存款	外汇兑换	国际结算	外汇买卖
1992	3.9	-	-	-	2001	113.8	72	43	-
1993	17.8	5	-	-	2002	128.0	93	94	-
1994	31.0	8	-	-	2003	144.0	106	166	15
1995	41.0	12	-	-	2004	164.6	124	262	28
1996	50.6	22	-	-	2005	108.5	136	325	36
1997	58.0	25	5	-	2006	138.0	141	410	41
1998	61.0	31	10	-	2007	112.3	149	863	45
1999	73.0	43	13	-	2008	189.7	162	1500	53
2000	101.0	56	15	-					

第五节　中间业务

1992年,开始代理发放中国银行长城信用卡和有关结算业务,长城信用卡收入全部由市行收取,结算业务收入1000元。1993年,开办全国联行业务,代理国债发行,结算业务收入7000元,国债发行手续费6000

元。1994年12月,信用卡科正式开始经营,自行发行人民币长城卡。

1995年,召开长城卡自发卡新闻发布会,设立意见投诉箱,接受社会各界监督。全年发行有效人民币长城信用卡22张,存款余额205万元。1996年,发卡坚持三级审批,杜绝一人经办、单人临柜现象发生,举办3次信用卡业务员培训班,受训60人次。对5户透支期限较长的卡户进行起诉追索,透支总额控制在1%左右。年发行有效信用卡达652张,业务考评全市第一。

1997年,对重点结算大户主动上门收单,减少在途资金。代理国家发行国债,与存款任务一同考核奖惩。利用换卡机会对持卡人及其担保单位进行资信调查,对已有风险或可能出现风险的持卡人一律取消换卡,对长期透支卡户加紧催收。全年共发展有效长城卡809张,发行国债160万元。1999年,收缴住房公积金40万元,为民政局等8个单位发放工资480万元,协助保险公司做好部分企业财产保险费收缴存储。配合税务部门,发行税务卡559张。

2000~2003年,新开办代理金融机构业务。与劳动部门签订合作协议,为外出打工者办理借记卡(折)等。2004年,争取宁淮高速盱眙县境内4个项目全部在县中行结算,争取财政、社保资金、工业园区土地拍卖账户在县中行开设。建立VIP理财中心,帮助客户寻找生财之道。2005~2007年,发展票据业务,与江苏淮河有限公司、天明化工有限公司等多家企业建立联系,为其办理承兑汇票贴现业务。为私营企业和个体工商户建立档案,分片上门服务。与平安保险公司合作,介绍客户办理住房保险业务。

2008年,代收全县养老保险和医疗保险费,与人寿保险公司举行联席会,与太平洋保险公司共办培训,共同制定保险销售竞赛方案。安装LED展示屏,24小时不间断地播出产品信息,营业部和中兴分理处为奥运商品专设展示区和基金宣传区。全年代理寿险销售475万元、基金销售507万元,贷记卡新增发卡705张,开户个人网银186户,财务顾问费收入51万元,奥运商品销售158万元,实现净利润1686万元。

1992~2008中国银行盱眙支行中间业务收入一览表

表14-14　　单位:万元

年份	合计	银行卡	代理保险	代收代付	代理金融机构	结算业务	代理基金	国债手续费	其他中间业务
1992	0.10	-	-	-	-	0.10	-	-	-
1993	1.30	-	-	-	-	0.70	-	0.60	-
1994	1.78	-	-	-	-	0.92	-	0.86	-
1995	2.13	-	-	-	-	1.15	-	0.98	-
1996	2.46	-	-	-	-	1.34	-	1.12	-
1997	2.84	0.12	-	-	-	1.48	-	1.24	-
1998	5.02	0.22	-	-	-	1.72	-	1.76	1.32
1999	7.46	0.28	-	-	-	2.00	-	1.98	3.20
2000	19.41	0.36	-	-	-	4.80	-	2.01	12.24
2001	22.41	0.53	-	-	-	6.42	-	2.20	13.26
2002	22.82	1.30	-	0.26	-	7.32	-	2.42	11.52
2003	39.01	8.26	2.20	2.48	1.10	9.36	0.80	2.60	12.21
2004	66.98	32.12	4.40	3.20	1.30	10.49	2.07	0.82	12.58
2005	96.49	56.75	5.60	3.30	2.60	11.26	2.05	0.95	13.98
2006	162.15	72.32	6.80	3.42	3.20	13.47	3.25	1.10	58.59
2007	319.51	86.58	8.90	3.69	5.40	13.98	4.42	1.22	195.32
2008	391.83	105.49	9.58	3.87	5.56	15.12	8.52	1.35	242.34

第六章 中国建设银行股份有限公司盱眙支行

第一节 机 构

1986年,县建行下设业务科、会计科、人保科,工作人员10人。1987年,增设建筑经济科、储蓄科,业务科改为投资信贷科,设立桥西、淮峰、淮建路3个储蓄所。1988年,增设住房信贷科、保卫科、城河储蓄所、马坝储蓄所,人保科改为人秘科。1989年,增设沙岗储蓄所、都梁储蓄所。

1990年,增设天台储蓄所。1991年,撤销业务科,设投资建经科,储蓄科改为筹资科,住房信贷科改为住房信贷部。1993年,人秘科改为政教科。1994年,设信用卡业务部。1996年,设立建设工程造价咨询中心。1997年,政教科改为政工科,计划信贷科改为业务科,增设工程造价科、计算机管理科。1998年,撤销计算机管理科、政工科、保卫科,业务归入办公室。业务科、筹资科、工程造价管理科、住房信贷部,并为筹资信贷科。财务会计科改为计划财务科,增设营业部。

2002年,撤销筹资信贷科,成立信贷部、个人银行业务部。2004年,办公室改为综合管理部。撤销个人银行业务部、计划财务部,成立业务管理部。2005年,中国建设银行盱眙县支行更名为中国建设银行股份有限公司盱眙支行,内设综合管理部、业务经营部、业务管理部、营业部。当年综合管理部恢复为办公室,业务经营部改为客户部。2008年,客户部下设个人贷款中心,新建金库,在编人员68人。

第二节 存款业务

1986年,县建行履行财政职能,主要办理政策性存款业务,完成存款582万元。1987年,正式办理城乡居民储蓄存款业务,优质客户群体增加到386户,完成存款657万元,其中储蓄存款19万元。

1990年,深入城区建设单位,宣传自筹基建资金存款重要性。当年吸收盱眙中学、盱眙县职业中学、县教师进修学校等单位存款40多万元。1991年,会同计委、财政等部门把好自筹基建计划会签关,自筹基建资金缴存率100%,新开户企业单位72个,存款余额1273万元。

1994年,以增存吸储为重点,开辟农村储蓄市场,抢抓学杂费收缴,增加储蓄存款。农村4家网点新增存款770万元,储蓄部存款余额1123.33万元,净增360万元,成为盱眙建行第一个存款余额突破千万元的所柜。

1998年,对存款大户实行客户经理制,指定跟踪服务责任部门、责任人,做好各种代收费、代发工资等工作。抓住县乡道路、军工企业等重点建设项目,促进企业存款稳定增长。完成存款17534万元,其中储蓄存款11419万元。

2003年,确立"抓系统、抓大户、抓基础设施项目、抓招商引资机遇"方针,培植和拓展新业务增长点,先后与县高速公路指挥部等企业签订合作协议,与县供电系统、水利系统、财政系统、邮电系统、国土资源局、联通公司、移动公司、盱眙中学和淮化集团建立存款合作关系,完成对公存款9977万元,形成前所未有的增长态势。

2007年,组织客户经理走进都梁花园、惠源居、新世纪广场、盱眙县中学、苏果超市广场,营销推介个人银行产品,发展个人理财业务;抓住优质客户,通过电话营销,满足客户需求。高考期间,与考生家长近距离沟通,推介电子银行产品。完成存款78453万元,其中对公存款48053万元。

2008年,全力聚焦旺季增存、阶段竞赛、业绩考核、园区企业、亮点项目、城建开发和中高端客户,重点关注基本结算客户工资代发覆盖度、增量授信客户代发同步率,做好财政代发、军警等重点项目工资代发业务,提升低成本存款占比。关注工业园区企业、教育、拆迁等资金市场,每月下发中高端客户拓展诊断书,及时指导前台一线科学营销。组织开展借记卡、"速汇通"特色储蓄和"千人、百场、十产品"走乡镇、到机关、进社区产品宣讲营销。年末各项存款96676万元,其中对公存款57233万元,增幅居全县金融系统第一,实现个人、公司负债业务双丰收。

1986~2008年中国建设银行盱眙支行存款余额一览表

表14-15

单位:万元

年份	存款			年份	存款		
	合计	对公存款	储蓄存款		合计	对公存款	储蓄存款
1986	582	582	-	1998	17534	6115	11419
1987	657	638	19	1999	19620	6698	12922
1988	854	616	238	2000	21690	7887	13803
1989	1296	600	696	2001	21893	6576	15317
1990	2200	894	1306	2002	22533	5154	17379
1991	3063	1273	1790	2003	29746	9977	19769
1992	4239	1385	2854	2004	30600	9901	20699
1993	5012	932	4080	2005	31719	9877	21842
1994	6411	901	5510	2006	47228	22630	24598
1995	9831	2385	7446	2007	78453	48053	30400
1996	14525	4192	10333	2008	96676	57233	39443
1997	17822	5640	12182				

第三节 贷款业务

1986~1989年,贷款主要用于固定资产和建筑企业流动资金,业务范围有其局限性,贷款资金流动规模小。其中,1986年贷款356万元,1989年贷款810万元。

1990年,在保证建筑企业流动资金基础上,贷款重点向工业、粮食、物资、供销和外贸等企业倾斜,及时解决资金不足的县第一水泥厂、第二水泥厂、水泥制品厂、织布厂、红旗医疗厂、酿酒总厂、化肥厂、植物油厂、农资公司、外贸公司等企业贷款1000多万元。向东阳仪表厂、旧铺砖厂、王店水泥制品厂等乡镇企业贷款120多万元。全年贷款投放1471万元。

1991年,贷款主要投向建筑、供销、粮食、石油等行业。8月,向受灾严重的县第一水泥厂、第二水泥厂和煤球厂发放救灾贷款100万元,帮助恢复和发展生产。全年回收各类贷款300多万元,利息20多万元。1992年,采取"源头注入、付方启动、收款还欠、连环清理"方法,控制发放新贷款,向建筑企业发放流动资金贷款808万元,比1991年增加397万元;回收贷款676万元,比1991年增加170万元,完成省级"拨改贷"回收计划。建立备选项目库,上报市行备选项目1000万元,有1个项目得到市行贷款承诺。

1996年起,贷款投放实行保重点与实施大行业、大企业发展战略相结合,对省行下达的贷款指标,集中管理,用好用足贷款规模;对当年新发放贷款,由贷款评审领导小组进行集体评审,行长签字把关,做到笔笔有担保;计划内贷款和当年新发放贷款,逐级逐笔清理;搞好企业资信等级评定工作,当年对40多家企业进行评定,评出AAA企业4家、AA企业4家、A企业12家、BBB企业1家。1997～1999年,在新投放贷款中,集中支持能源、交通、供电、邮电、医疗卫生等行业,保证县重点项目客户资金需求。

2000年,开展"盘活十大不良贷款户"活动,筛选出重点客户进行盘活攻关,不良贷款余额控制在计划范围内。在新发放贷款客户中,没有发生一笔欠息现象。全年清收三项欠息14万元,盘活不良资产29万元,收回贷款5516万元。2001年,先后组织6次压缩一般逾期贷款的竞赛活动,全年完成压缩逾期贷款150万元。做好100万元以下"四户"(即芝麻户、零散户、无效益户、一般户)信贷退出工作,两批压缩计划项目6个,拟压缩贷款300万元。新增贷款投向电力、交通、通信、教育等绩优企业和个人住房贷款。全年发放贷款9701万元,其中个人贷款154万元。

2003年,从基本素质、经济实力、偿债能力、盈利能力、发展能力等方面,对中小企业进行综合评估,支持一批中小型客户,促进信贷资产结构优化。全年发放贷款12077万元,其中流动资金11117万元。2004年,为保证股份制改造完成,总行对新增贷款投放实行监控,致使县建行贷款规模大幅减少。全年投放贷款5991万元。

2006年,制定中小企业授信操作流程,明确贷前调查、贷时审查和贷后检查的重点和要求,对重点企业推出"金融帮办服务",指定专人负责跟踪,随叫随到。全年新发放公司类贷款有江苏新海电子有限公司2000万元、鹏胜采石公司1000万元、晨升密封有限公司300万元、淮河化工有限公司2955万元、海峰海林有限公司150万元、昌鸿服饰有限公司200万元、苏果超市100万元等。不良贷款现金回收900多万元,不良贷款余额1051万元,不良率9.77%。

2008年,调整信贷资产结构,做好中小企业贷款和个人住房营销发放工作,加大清收力度,资产业务投放适度,不良贷款大为减少。各项贷款余额37490万元,其中公司类贷款7310万元、个人贷款19042万元,不良贷款率由年初的2.52%下降为0.4%。

1986～2008年建行盱眙支行贷款余额一览表

表14－16　　　　单位:万元

年份	贷款				年份	贷款			
	合计	流动资金	固定资产	个人贷款		合计	流动资金	固定资产	个人贷款
1986	356	191	165	–	1998	7039	4580	2459	–
1987	278	196	82	–	1999	9349	8083	1266	–
1988	420	240	180	–	2000	8827	7012	1815	–
1989	810	530	280	–	2001	9701	7428	2119	154
1990	1471	1241	230	–	2002	11594	9341	2110	143
1991	1185	926	259	–	2003	12077	11117	762	198
1992	1551	1143	408	–	2004	5991	4508	822	661
1993	1698	1229	469	–	2005	6646	4911	816	919
1994	2128	1509	619	–	2006	10750	7395	1300	2055
1995	4004	3434	570	–	2007	22737	8924	2500	11313
1996	6034	4164	1870	–	2008	37490	12348	6100	19042
1997	7287	4203	3084	–					

第四节 中间业务

1999年,开始兴办中间业务,主要有结算业务、房改金融业务、咨询业务等,完成中间业务收入20.2万元。2000年,与县4家保险公司建立银保合作关系,代为办理保险业务;开通银行卡,实行跨行交易。全年中间业务收入26.4万元。2001~2007年,办理个人电子汇款、网上银行业务,开通代收水费业务,与盱眙联通公司、移动公司、证券公司合作。

2008年,推出电话银行、网上银行、手机银行等新业务,营销集团卡、批量发卡,加快中间业务发展。会计结算、造价咨询、代理销售等中间业务收入占比明显提高,逐步由传统型中间业务向创新型中间业务发展,先后开展财务顾问、账户管理、资金监管等业务。中间业务收入255万元。

图14-7 中国建设银行股份有限公司盱眙支行

1999~2008年建行盱眙支行中间业务一览表

表14-17

单位:万元

年份	合计	结算业务收入	银行卡业务收入	代理性业务收入	房改金融业务收入	咨询业务收入	其他中间业务收入
1999	20.2	3.4	-	-	6.8	9.4	0.6
2000	26.4	3.8	1.0	1.4	9.8	9.7	0.7
2001	35.4	5.8	1.2	3.5	12.2	11.5	1.2
2002	43.0	12.0	1.0	2.0	16.0	9.0	3.0
2003	159.0	14.0	2.0	3.0	136.0	2.0	2.0
2004	57.0	18.0	6.0	9.0	12.0	4.0	8.0
2005	72.0	29.0	16.0	6.0	13.0	5.0	3.0
2006	111.0	41.0	38.0	3.0	21.0	1.0	7.0
2007	192.0	55.0	64.0	24.0	14.0	33.0	2.0
2008	255.0	75.0	98.0	26.0	14.0	39.0	3.0

第七章 中国农业发展银行盱眙县支行

第一节 机 构

1996年10月18日，成立中国农业发展银行盱眙县支行。内设办公室、计划信贷部和会计出纳部（营业部），从农业银行调入人员16人，与县农行淮河东路97号营业部合署营业。2004年6月6日，迁至盱眙县盱城镇金源北路18号。至2008年，机构无变化，有在职干部职工19人。

第二节 存 款

1996年，县农发行存款业务范围狭窄，存款来源只限于贷款业务范围内的企事业单位，存款40万元。1998年底，通过吸收粮棉油企业缴纳的贷款保证金作为存款项目，贷款总额2033万元。

2001年，通过企业办理贷款应缴纳的抵押金、贷款风险保证金、个人贷款风险金3个渠道进行吸储。全年筹集粮食贷款风险保证金存款875万元，粮食收储企业个人交纳贷款保证金615万元，企业法人按贷款额1%、班子成员每人按0.5%、职工每人按0.2%分别缴纳。2004年，为防范贷款风险，经与企业协商，企业同意农发行从企业销售的利润中收取每斤3厘钱，充实到风险金账户，存款额明显增加，达2288万元。

2006年，成立存款营销小组，对已在农发行开户的粮食企业客户进行宣传动员，要求粮食购销企业的自有资金、合同定金及预收货款等必须存入农发行账户，确保已有客户资金不外流。通过存款营销，存款业务范围扩大到企事业单位。2007年，拿出绩效工资40%与存款任务挂钩，全年完成存款18648万元，其中企业存款18453万元。人均存款1036万元，其中同业定期存款753万元。2008年，加强企业资金存款管理，做好企业存款营销，全年完成存款24808万元，其中企业存款24770万元，再创历史新高。

第三节 贷 款

1996年，经营业务种类有粮棉油收购、储备、调销、农产品加工企业、农业综合开发、扶贫和技术改造贷款，资产由县农行划转贷款50744.8万元。按照商业性贷款的安全性、周转性和效益性要求，坚持“借款自愿、贷款自主”“区别对待、择优扶持”“有一定比例的自有资金”和“在农发行开立基本账户”四项原则，开展粮棉收购资金测算，保证有计划地供应资金。全年收回各项贷款61325万元，收回利息4124万元，实现利润3999万元。发放专项贷款6987.5万元，其中农业综合性开发贷款1411.8万元、扶贫贷款80万元、加工固定资产贷款5296万元、技术改造贷款200万元。

1997年，下发《关于印发盱眙县粮棉油收购管理规定》《关于对县农发行就今年政策性收购资金被挤占挪用处理意见的批示》，组织人员对1996年全县秋季粮棉收购资金运行情况进行检查、总结。与粮食、财政等有关单位签订《粮棉油收购资金筹集到位责任书》，确保夏粮收购资金供给。经过评估论证上报上级行批准专项贷款4项,水冲港100公顷密植园项目50万元、粮化总厂万吨高麦芽糖技改项目200万元、三河醋厂万吨香醋基建技改项目500万元、城南粮库建仓项目100万元。协助县面粉厂收回欠款387万元,获利20万元。全年共催收贷款1048万元,收回利息5612万元。

图14-8　中国农业发展银行股份有限公司盱眙县支行

1999年,继续按照"收1斤粮(棉),给1斤粮(棉)贷款"政策,支持夏秋两季粮棉油敞开收购,由购销总公司统贷统还,加大不合理贷款和企业欠息清收力度。共回笼归行货款31485万元,收购利息199万元,收回不合理占用贷款1019万元。

2001年,改夏秋两季收购资金集中投放为常年投放,加强对粮食收购过程管理,提高收购贷款使用率。累计回笼归行贷款16638万元,收回应收贷款15440万元,收回应收利息314万元。2004年,增加粮棉油产业化龙头企业贷款和农林牧副渔业龙头企业流动资金贷款、技术改造贷款、基础设施建设中长期贷款、农业科技成果转化贷款。全年累计发放贷款3亿元,归还贷款23376万元,归还保护价陈化粮占用贷款613万元,归还省级储备占用贷款1900万元。经省政府认定,县农发行粮食政策性挂账21279万元。

2005年,由单纯的农业政策性银行开始向商业化银行转化,由全面支持农村经济发展向支持粮棉油收购转变,提高农发行信贷运营质效。全年共发放贷款21545万元,收回贷款19159万元,贷款收回率100%。剥离1998年11月1日后粮食财务挂账8463万元,其中陈化粮价差亏损挂账4513万元、保护价粮价差亏损挂账2089万元、其他政策性亏损挂账1861万元,累计从粮食购销企业剥离新旧政策性财务挂账21279万元。

2008年,坚持各项贷款按笔申请,严格资金头寸管理,减少闲置资金占用,确保贷款无超规模、无计划外发放;对贷款企业进行资格认定,评定A级企业6家,BBB级企业17家,按企业资格给予贷款。从企业销售粮食的0.5千克利润中收取0.003元风险金,对企业收取购销合同定金不低于10%,降低资金运行风险。全年累计发放各项贷款16344万元,各项信贷资产规模达48502万元,比成立之初下降0.04%。

第四节　中间业务

1996~2004年,县农发行只办理业务结算,中间业务收入为结算手续费,共完成手续费5.5万元。2005年起,中间业务范围逐步拓展,可以经营商业性业务,组织相关涉农企业单位存款和代理保险业务,当年实现保险业务手续费2.25万元。

2006年,采取信贷部门下乡、进企业和会计柜面宣传参加保险业务的重要性,推进保险快速发展。全年发生保险业务320份,投保金额12864万元,取得保费收入30万元。2008年,成立保险营销小组,与保险公司人员一起到企业展开营销。全年完成中间业务收入11.49万元,其中代理保险费收入89035元。

1996～2008 年中国农业发展银行盱眙县支行业务收入一览表

表 14－18　　　　　　　　　　　　　　　　　　　　　　　　　　单位：万元

年份	贷　款		存　款		中间业务	年份	贷　款		存　款		中间业务
	合计	其中：短期贷款	合计	其中：企业存款			合计	其中：短期贷款	合计	其中：企业存款	
1996	67732	47315	40	40	0.12	2003	10500	49947	1939	1640	0.94
1997	76218	67494	716	716	0.45	2004	30000	54198	2288	2035	1.06
1998	27693	76911	2033	2018	1.12	2005	21545	57153	2622	2461	3.14
1999	69408	69168	275	181	0.24	2006	34279	65304	2786	2768	6.56
2000	12721	59905	1143	218	0.27	2007	39277	55637	18648	18453	10.16
2001	13394	56168	1929	1502	0.87	2008	16344	48502	24808	24770	11.49
2002	7594	51787	1499	763	0.43	合计	426705	759489	60726	57565	36.85

第八章　盱眙农村合作银行

第一节　机　　构

1986 年，盱眙县农村信用合作联社（简称县信用联社）下辖基层信用社 28 个，有 3 个信用分社、98 个信用站。

1990 年，在各乡镇设信用社 30 个、信用分社 8 个、信用站 130 个。1995 年，与县农行脱离行政隶属关系，内设人事秘书股、审计监察股、财务会计股、资金营运股、安全保卫股、联社营业部。1996 年，成立盱眙县农村信用合作联社党组。1997 年 3 月，成立盱眙县农村信用合作联社工会委员会。1998 年，更名为盱眙县农村信用合作社联合社，设人事秘书股、审计监察股、财务会计股、资金营运股、安全保卫科。县人行直接管理的南山城市信用社划归县联社管理。

图 14－9　盱眙农村合作银行

2000 年 10 月 22 日，召开统一法人盱眙县农村信用社联合社第一届社员代表大会。取消基层信用社法人资格，由县农村信用社联合社实行统一法人管理。2001 年 4 月，撤销全部信用站。2003 年 12 月，更名为盱眙县农村信用合作联社，有关股全部改为科，增设科技中心。2005 年 12 月 2 日，成立江苏盱眙农村合作银行（简称县农合行）。2006 年 2 月 28 日，盱眙农村合作银行正式挂牌，新增风险管理科和城区信贷服务中心。

2008年,县农合行将内部机构调整为15个部门,前台机构有公司业务部、个人业务部、银行卡部、营业部,中台机构有信贷管理部、授信审批部、财务会计部、合规管理部、风险管理部、审计稽核部,后台机构有办公室、人力资源部、科技信息部、事后监督中心、安全保卫部。全行共28个营业网点,含营业部。

第二节 资金筹集

一、增资扩股

1986年,县信用联社在增资扩股中,采取"以贷求股"(主要突出法人股,对有贷款需求的企业,按照不超过贷款总额的6%入股)和"以存入股"(存款转为股金,利息按股息计算)的办法,股金每股1元,最大额10股,最小额2股,完成增资扩股任务。

1987～1995年,继续实施"以贷求股"和"以存入股"办法,股金总额基本维持在3万元以内,最大额不足1万元,实现股金总额增长10%的扩股任务。1996年,筹集股金总额5万元,最大额达1万元,增资2万元,扩股2万余股。1997～2000年,随着业绩提升、实力增强,申请入股者逐年增加。至2000年底,股金总额154万元。

2003年,实施产权制度改革后,资本规模稳步扩张,经过股金清理,剔除存款化股金,股本金余额翻两番,股本总金额1790万元。2004年起,每2年进行一次增资扩股,逐年增加股本金额。2008年,股本金额扩增至7000万元。

二、存款业务

1986～1995年,县信用联社隶属县农行管理,存款业务严格按照县农行下达的计划指标开展,采取有奖储蓄等营销手段,资金组织逐年增加。其中,1986～1989年,平均每年递增7%～8%;1990～1993年,平均比上年增长27.62%;1994年,存款余额11842万元,首次突破1亿元。

1996年,确立"存款立社、服务兴社"理念,做到"上级为下级、机关为基层、二线为一线、全员为客户"服务,提高社会各界对农村信用联社的关注度和支持度。存款余额20634万元,首次突破2亿元。2000年,确立"扩总量、争位次、抢份额、增效益"思路,每天坚持早开门、晚关门,提升柜面办事效率,树立良好形象,存款额逐年增加。存款余额32001万元,突破3亿元。

2001～2005年,树立存款就是效益的观念,利用重大节日,开展"金融服务三下乡"文艺活动,组织教师节篝火晚会,邀请县夕阳红艺术团举办专题文艺演出,赞助《盱眙报》和广播电视台,开展营销宣传;抓住农民工返乡,做好"农民工银行卡"特色服务工作;对行政事业单位、中小企业实行存款预约和账户开立服务,做好"以贷引存"、提升组织资金工作;扩大中间业务的代理范围,按季对个人或单位实施一定比例奖励,延伸组织资金工作。至2005年,存款余额101734万元。

2006～2008年,全面推行"一站式、一条龙"服务,通过办理银行承兑汇票和网银等各类支付结算业务,吸储资金流和保证金存款,拉动存款有效增长;由"一把手"带队,组织部门主管,到全省存款先进单位学习财政性存款先进做法,制定财政性存款组织方案,向政府宣传农合行存款业务,挖掘各种基金、补贴、非税收入资金等财政性资金存款潜力;拿出一定比例的业务管理费、执行费和宣传费与存款竞赛活动实行专项挂钩,对员工组织的非贷企事业单位存款,按标准给予营销费用补贴。通过存款激励机制兑现,实现以贷促存,推动存款快速增长。至2008年,存款余额205141万元,其中储蓄存款166465万元。

1986～2008年盱眙农村合作银行存款一览表

表14－19　　单位：万元

年份	合计	企业存款	财政性存款	储蓄存款	年份	合计	企业存款	财政性存款	储蓄存款
1986	3000	98	56	2846	1998	25200	5449	137	19614
1987	3208	180	9	3019	1999	28112	7639	136	20337
1988	3564	320	42	3202	2000	32001	5470	109	26422
1989	3757	561	13	3183	2001	37457	5291	129	32037
1990	5149	903	–	4246	2002	47538	7463	84	39991
1991	5964	1091	–	4873	2003	60878	10641	528	49709
1992	6337	807	–	5530	2004	87570	19672	144	67754
1993	8231	971	–	7260	2005	101734	18756	374	82604
1994	11842	1251	40	10551	2006	126883	25907	56	100920
1995	19417	2218	–	17199	2007	154679	34738	9	119932
1996	20634	3226	109	17299	2008	205141	38634	42	166465
1997	23041	3890	56	19095					

第三节　信贷支农

1986～1995年，信贷计划、核算管理均由县农行统一安排。其中，1986年，全县信用社贷款总额1000万元，占存款总额的三分之一。1996年，县信用联社与县农行分设后，面对信贷规模低、资金营运不足、经营效益低下局面，开展大发动、大讨论、大反思和征集合理化建议活动，明确立足"三农"、服务"三农"的办社宗旨和经营理念，改变原有信贷管理模式，打破"春放、秋收、冬不贷"的死框框，根据群众生产、生活需要，坚持常放常收、简化手续、分散风险，全面开办农户小额贷款。当年贷款投放12204万元，首次突破1亿元，占存款额的60%。其中农户贷款余额10800万元，农业贷款比重处于优势。

1998年起，围绕县域经济发展中心，拓展支农贷款，开辟扶贫贷款、下岗再就业贷款、农户小额信用贷款、农户联保贷款，发展票据贴现等金融新产品；持续开展"信用一证通"工程、"311"信用村（镇）建设工程（新创建信用村30个，取消不合格信用村10个，新创建信用乡镇1个，信用村覆盖面65%以上）、"2222工程"（重点支持培植2000个种养大户、2000个个体工商大户、200个私营企业和20个"双百"企业）、"111工程"（培植100个企业基本户，新增1000个上规模个体工商结算户，签订1万个存贷挂钩户）、"126工程"（新培植农村民营经济1000户，养殖大户2000户，种植大户600户）、"6666工程"（新培植600个种养大户，600个个体工商大户，60个中小企业，600个城乡创业大户）等信贷支农工程，支持地方经济发展和金融生态县建设。当年投放贷款12334万元。1999年8月，淮阴市农村信用社信贷支农现场会在盱眙县召开，市有关领导对盱眙县联社的做法予以肯定，淮阴电视台及《淮阴日报》作跟踪报道。

2000年4月14日，县信用联社主任花为伟和河桥信用社主任孙茂宏，参加国务院总理朱镕基在淮阴市召开的农村信用社改革座谈会，盱眙县农村信用社改革发展和信贷支农工作经验得到朱镕基肯定。2001年，在全县19个乡镇创建信用村23个，评出信用户4201户。通过创建信用村，降低贷款门槛，简化贷款手续，解决农业资金不足的"瓶颈"问题。《新华日报》、人民银行南京分行《信息反映》等报刊报道这一做法。5月15日，向人民银行淮安中心分行申请支农再贷款获得批准，申办第一笔500万元支农再贷款，成为淮安市信用社系统首家申办支农再贷款单位。

2002年,开办江苏省地方高校学生助学贷款业务,当年资助贫困学生204人。创建信用村30个,全县共有53个,占全县行政村总数的22.9%。明祖陵镇创建淮安市首个“信用乡镇”。12月2日晚,中央电视台《经济半小时》栏目播出盱眙县联社信贷支农工作经验和做法。中国人民银行合作金融机构监管司司长张功平称“农村信用社壮大的一个标志”“在中国现代信贷史上,是一种少有的现象”。

2003年,在官滩镇5个行政村开展“贷款证”“活期存折”“信用证”三证一体的“信用一证通”试点,采取“一次核定、随用随贷、余额控制、周转使用”管理方式,持证农户只需凭身份证、私章就可到农村信用社柜面办理贷款,使用“信用一证通”享有同等条件下贷款优先权,利率可适当降低。8月,按照规定要求申报并批准第三季度专项票据1066万元,用于置换不良贷款,成为淮安市第一家。11月5日,市委书记丁解民专程到盱眙县马坝镇调研“信用一证通”试点工作,对县联社推广“信用一证通”、遏制民间高利贷、树立金融机构良好形象给予肯定。当年发放贷款69386万元。

2007年,县农合行与政府部门合作,探索、创新开办林权证抵押贷款业务,解决林业企业、林农生产需求资金。全年办理林权抵押贷款1.8亿元。中国网络电视台作题为《活树变活钱,盱眙农合行林权抵押贷款为农民创业致富铺路搭桥》专题报道,称林权抵押贷款、林权证成为打开“绿色银行”金钥匙。

2008年7月17日,召开涉农企业融资座谈会,对21家涉农企业授信7565万元,现场与三森食品有限公司等6家企业签约2830万元贷款协议书。7月25日,在马坝召开助万民创业信贷授信大会,对121户创业人员授信3938.5万元。全年发放贷款139541万元。

1986～2008年盱眙农村合作银行贷款一览表

表14－20

单位:万元

年份	合计	个体经济	农业	商业	中长期	其他	年份	合计	个体经济	农业	商业	中长期	其他
1986	1000	322	584	43	51	–	1998	12334	2829	5030	2533	–	1942
1987	1086	398	629	49	10	–	1999	13036	4181	4167	2810	–	1878
1988	1112	412	608	57	35	–	2000	16926	6899	5185	2186	–	2656
1989	1544	589	676	63	216	–	2001	27164	15903	6425	2042	–	2794
1990	2006	843	784	54	325	–	2002	49315	36819	6223	1505	–	4768
1991	3288	1314	1287	76	610	1	2003	69386	59534	6001	1370	–	2481
1992	9363	1235	7311	57	759	1	2004	77817	71188	3303	2244	878	204
1993	3417	–	2327	–	605	485	2005	94206	86136	2303	4082	1606	79
1994	5417	–	2282	–	774	2361	2006	102948	95498	947	4159	2344	–
1995	8409	–	4077	–	1328	3004	2007	113286	95747	5782	7872	3734	151
1996	12204	–	4666	–	1338	6200	2008	139541	96610	7278	18198	4660	12795
1997	12599	–	6745	–	1520	4334							

第四节　电子银行业务

1994年,推动电子银行发展步伐,为4个基层社配备386以上微机及终端,会计、统计工作由电脑辅助完成。1995年,成立计算机中心,在全市率先开办县域联行结算业务。

2003年,与全省信用合作社联网,实现通存通兑。2005年5月18日,发行首张圆鼎卡。2006年,在盱城商贸中心、国贸中心建成自助银亭,提供24小时存取款服务。2008年,实行圆鼎卡同城跨行和省内同行ATM机取款均不收手续费、不收年费,为全县外出务工者和学生提供便利。全行添置自动存(取)款自助设备21台(套),遍布全县各乡镇营业网点。发行圆鼎卡12.54万张,卡上存款余额达2.35亿元。

第九章　中国人民财产保险股份有限公司盱眙县支公司

第一节　机　　构

1986年4月1日,成立盱眙县保险促进委员会。中国人民保险公司盱眙支公司内设业务一科、业务二科、业务三科、人秘股、财务科、理赔科、经理室,有工作人员19人。1989年,撤销业务股,设财产险股和人身险股。

1991年1月,全县31个乡镇场设立保险服务所,并设代理员1人,设立河西、山区、河东等5个片5个办事处。1994年,增设车船科。1996年4月,人寿保险从中国人民保险公司盱眙支公司分离,公司更名为中保财产保险有限公司盱眙县支公司。1999年7月,恢复为中国人民保险公司盱眙县支公司。

2003年7月,更名为中国人民财产保险股份有限公司盱眙县支公司。2008年,公司内设经理室、理赔部、客户服务部、综合部、业务一部、业务二部、业务三部,有工作人员20人。

第二节　承　　保

1986年,中国人民保险公司盱眙县支公司经营的主要险种是财产保险、人身保险,包括企业财产保险、机动车辆保险、农业保险、公众责任保险、妇女安康保险、附加住院医疗险等30多个险种,人身险由养老金保险一个险种发展到养老金、简易人身、学生平安、母婴安康、驾驶员和旅客意外伤害、团体人身、农民团体人身7个险种。在全市首先试办农民团体人身保险,开展手扶拖拉机保险。全年收入保费176.8万元,其中财产险84.9万元(农险0.9万元)、人身险91.9万元。

1987~1992年,各乡镇保险所按时完成或超额完成全年承保计划,并实施义务兵保险和农村财产保险。其中,1992年保费收入1005万元,义务兵参保率95%,24个乡镇参加保险农户近8万户。1993~1995年,确立"分阶段、分险种、按季度、抓重点"业务发展路子,采取层层分解任务、签订目标责任状、加强公关宣传等措施,抓好计划生育系列保险、定期定额保险、农民和学生住院医疗保险及个体工商户保险等,推进保费逐年增加。至1995年,全县财产保险保费601.5万元,理赔318.8万元。

1996年,中保财产保险公司盱眙县支公司从中国人民保险公司盱眙县支公司分出,专营全县企业财产保险、机动车辆保险、"五小"车辆保险、货物运输保险、城镇居民家庭财产保险,水利、电力、邮电、医疗、机器设备设施等安全保险。面向农村的各项财产保险,包括养牛保险、农业运输手扶拖拉机保险等。当年完成国内财产险业务收入900.9万元,涉外业务收入20万元。

1997~1999年,县财保公司强化经营管理,以用工、分配制度改革为突破口,调动员工积极性,实施“三项突击、两个下降、一个上升”(以机动车为龙头的分散性车辆和摩托车突击,货物运输险突击,农用变压器突击;赔付率和财务费用下降;机关和事业单位的财产险要有突破性的上升)机制,增加保费收入。至1999年,全年承保车辆1100辆,收取保费402万元;上半年仅4家军工厂就收取保费65.4万元。

2001年,组织人员到县工业园区宣传推介保险业务,为园区企业保驾护航。为凡力钢管有限公司、新海电子有限公司、德尔人造板有限公司等企业提供企财险、机动车险保险、人身短期意外伤害险等服务。年底,完成财产保险收入1014.2万元。2005年,牵头召集全县保险公司,就学生平安险投保工作进行商讨,最终决定学生平安险按区域投保。全年实收学生平安险保费100多万元,同比增长144%。2007年9月,县政府将能繁母猪保险作为一项惠农政策,在全县保险公司中实行竞标,县人保公司夺标。全年能繁母猪保险12538头,收取保费75.228万元。

2008年,县人保公司与县委农工部、县畜牧渔业局协作,举办能繁母猪保险业务培训班,推动全县能繁母猪应保尽保,能繁母猪参保25098头。年底,全县收取保费2580万元,其中收取能繁母猪保费150.588万元。

第三节 理 赔

1986年,盱眙县遭受龙卷风和暴雨、洪水的袭击,城乡企业单位和群众财产受到不同程度的损失。县人保公司抽调人力集中力量处理赔案,及时支付赔款。全年发生各种赔案684件,结案592件,赔款64万元,赔付率40%。

1987~1990年,理赔工作坚持“重合同,守信用”“主动、迅速、准确、合理”的原则,做到不惜赔、不滥赔、不错赔,年均赔付率37.5%。

1991年,盱眙县遭受洪水灾害,经济损失严重,县人保公司及时赔款286万元,是实收保费的5.6倍。全县近1万户受损,赔款251万元,是实收保费的12倍。全县三麦参加灾害综合险2000公顷,累计支付赔款684万元,是实收保费的20倍。1992年秋,铁佛乡西巷村草堆起火,致11户民房全部烧光。接到报案,当夜及时赶到现场,第二天上午,将赔款送到受灾户手中。

1993年4月,一参保车辆在山海关出事,修理厂家报损1.5万元,公司经理亲赴现场,核减赔款8000元。县通用机械厂一汽车在江西轧死人,损失4万多元,车主报案后,公司通过调查,得知该车已转卖,拒赔偿。9月16日,楚东面粉厂参加货物运输保险的大米、面粉,在运输途中遭受台风袭击,货物损失严重,保险公司经理立即赶到现场,及时赔付17万元,是收取保费的170倍。1994~1995年,盱眙县发生风灾,公司迅速组成4个查勘小组,及时对受灾企业、个人进行定损赔付,为受灾保户上门送赔款60余起。管镇镇7户民房失火,及时赔款4000多元。铁佛乡3户农房失火造成1死4伤,及时赔付1.5万元。

1996年,公司出台限时理赔新举措,规定凡机动车辆、企业财产定损在2000元以内、家庭财产定损在1000元以内的保险赔案,只要材料齐全,当天出事,当天理赔;损失在2000元以上的赔案,只要材料齐全,在一周内结案赔付;1万元以上的赔款,由公司工作人员送款上门。全年受理各类财产险案件4000多件,结案率99%。

1997年,盱眙县遭受暴雨灾害,全县参加保险的48家企事业单位,1500多户房屋遭受不同程度损失。县财保公司组成10个查勘小组不分昼夜,用5天时间完成重灾保户的查勘定损工作,县政府组织召开大规模的理赔现场会,县印刷厂、狼山水泥厂等10家企业和仁集乡政府当场领取赔款212万元,其中县印刷厂得到赔款598441.58元,属淮阴市之最。全年结案2300件,赔付率91.8%。

2000~2005年,公司实行窗口办公一条龙服务,统一着装,文明用语;为客户提供休息室,执行首问负责制和下班不下岗制度,实行限时办理;成立行风监督组,公开举报电话和咨询电话,出台员工薪酬同业绩、赔付率挂钩的考核办法。

2007 年 1 月,某化工厂发生火灾,损失严重,公司一周内支付赔款 80 余万元。9 月始,全县能繁母猪出险 58 头,公司支付保险金 5.8 万元。2008 年 11 月 16 日,县内某养殖场因火灾致 40 多头能繁母猪当场烧死,公司 3 天内将 4 万元赔款送到保户手中。全年共理赔 1834 万元,其中支付能繁母猪 663 头赔款 66.3 万元。

1986～2008 年人保财险公司盱眙县支公司业务情况一览表

表 14－21　　单位:万元

年份	财产险保费	财产险理赔	人身险保费	人身险理赔	年份	财产险保费	财产险理赔	人身险保费	人身险理赔
1986	84.9	41.00	91.9	23.00	1998	839.0	461.90	–	–
1987	72.0	33.00	186.0	83.00	1999	825.0	462.00	–	–
1988	79.0	26.07	201.0	38.39	2000	1049.2	745.00	–	–
1989	135.0	60.75	145.0	65.25	2001	1014.2	497.00	–	–
1990	190.0	89.00	210.0	61.00	2002	918.0	521.00	–	–
1991	250.0	68.40	300.0	68.00	2003	1118.0	623.00	–	–
1992	302.0	174.20	703.0	114.10	2004	1300.0	734.00	–	–
1993	335.0	181.00	757.0	142.00	2005	1520.0	1002.00	–	–
1994	395.0	325.70	821.0	173.10	2006	1521.0	1938.00	–	–
1995	601.5	318.80	–	–	2007	1840.0	1660.00	–	–
1996	900.9	491.90	–	–	2008	2580.0	1834.00	–	–
1997	871.7	800.30	–	–					

图 14－10　中国人民财产保险股份有限公司

第十章 中国人寿保险股份有限公司盱眙支公司

第一节 机　　构

1986年,盱眙县财产和人身保险业务由县人民保险公司经营。1994年12月,南京人寿保险公司盱眙代理处设立经理室、综合部、营业部、业务部,专营人身险和人寿险业务,有员工11名。1995年5月,代理处从中国人民保险公司中分离,更名为中保人寿保险公司盱眙支公司。1999年5月,更名为中国人民保险有限公司盱眙支公司。9月,更名为中国人寿保险公司盱眙支公司。2003年5月,更名为中国人寿保险股份有限公司盱眙支公司。公司增设代理部,负责办理邮政、银行中介业务。2008年,公司设经理室、综合部、客服部、团险部、银保部,有管理和销售人员600人。

第二节 承　　保

1986年,盱眙县人寿承保业务由县人民保险公司经营。1995年,南京人寿保险股份有限公司盱眙代理处开办险种有家庭成员平安保险、子女高等教育金保险。开展"满意在人寿""我为保户解忧愁""假如我是一个保户"等优质服务活动。年内,参保8000余人,收取保险费40余万元。

1996年,在开办团体人身保险、学生平安保险、养老保险、子女婚嫁(高教)金保险、长寿人身保险、驾驶员人身意外伤害保险、住院医疗保险等20多个险种的基础上,新开办少儿一生幸福、为了明天终身险、88型终身年金、递增型养老金、个人住院医疗、年年春、夫妻恩爱、女性安康等10余个新险种,在铁佛、王店、马坝等乡镇开办农民住院医疗保险。先后组织开展"首季开门红""子女婚嫁金突击月""双过半"等活动。全年参保4000余人,收取保费760.35万元。

1997年,本着"岗无虚设、人无闲置"原则,实行竞争上岗、双向选择,全员签订劳动合同,采取目标责任与工资挂钩办法,实行同奖同罚。落实"两挂钩""两捆绑"(经理室与业务科挂钩,业务科承保工作与给付率挂钩;保费收入与公关费用捆绑,人员工资与总任务捆绑),保费明显增加,农村保费突破500万元。1999年,在全县中小学生中推出"系保险带"项目,实施住院医疗和意外伤害医疗险种。全年收取保费3.8万元。

2000年,瞄准农村人口增长点,迅速启动寿保"5321"工程(一个50平方米的职场、30人的队伍、每日2件新单、1部电话),把全县划分为6个中心职场,配齐主管、组员,下发《农村职场考核管理办法》《农村营销组考核管理办法》,赋予主管"三项权利"(费用包干权、业务推动制定权、用人自主权),全面推销农村人口各项寿保工作。全年收取保费2125.52万元。

2004年,启动城乡居民医疗、养老商业保险,向社会推介12个健康险种、6个意外险种。2007年,对拥有康宁险的老客户主动回访,促成加保;对尚未拥有康宁险的客户,用简身险、卡折式保单进行组合销售;做好团体险、学生险业务,开拓病员安康、乘客意外伤害、旅客意外伤害等险种;与县劳动局、安监局、城管局、农机局、建工局、计生委、公安局、环卫处、驾校等部门协调，对外出务工、高危人群推广简易人身保险产品。2008年，招募驻村业务员100余人，建成驻村工作室3个，拓展人保业务。年底，公司收取保费9028万元。

第三节　理　　赔

1986年，盱眙县人寿保险理赔业务由县人民保险公司经营。1995年，对理赔工作制定"大案不过月、小案不超旬、3000元以上赔款送钱上门"制度。马坝鞭炮厂"1·18"爆炸案发生后，及时将预付赔款6.5万元送到保户家中。全年公司送赔款上门100余次35万元，处理赔案1950件，支付赔款121.4万元，赔付率52%。

1996年，县人寿公司实行独立理赔。1997年，向社会公开承诺，参保人受到人身伤害，赔案及时到场，赔金及时送到客户。铁佛乡一农民被压伤，官滩、张洪2名驾驶员意外事故死亡，洪山乡小学生集体受伤害，马坝镇小学生遭雷击伤亡等赔案，均妥善处理。全年理赔5280件，赔付256万元，均兑现承诺。1999年，专门配备2名专职核保员、2名生调员，实行双人勘察、双重核单、件件登记、层层审批、事事明白，全年核查出各种假案近百起，挽回经济损失近30万元。为近4000人次中小学生支付住院和意外伤害的医疗赔款170万元，大额赔款主动送上门80余次。

2001年，坚持"阳光理赔"，每案给付理赔前先将通知单送到客户手中。全年受理各类案件6000余起，赔付460万元，未发生一起错案。2002～2003年，先后启动大额案件理赔快速处理程序、意外保险理赔绿色通道，创建健康保险快速理赔制度。黄某先后在公司投保"康宁终身保险""国寿小额贷款借款人意外伤害保险"等多份保险，被保险人不幸因车祸身故，接到报案后，快速赶赴现场，整理理赔资料，及时将13万元保险金交到受益人手中。蒋某投保"国寿美满一生年金保险（分红型）"等险种6份，累交保费10万余元，在家中被人杀害，接到报案后，快速赶赴现场，快速整理理赔资料，及时将理赔保险金22.97万元送到其继承人手中。至2003年，共受理各类理赔案件3000余起，赔付后无一例提出复议。

2005年，被保险人张某因肺炎抢救无效死亡，工作人员第一时间前往医院，快速整理理赔资料，及时将赔付保险金14.9万元送到受益人家中。全年受理各类案件3000余起，赔付431万元，无一户提出申诉。

2006～2008年，简化理赔手续，建立快速理赔绿色通道。张某先后投保"国寿鸿丰两全保险（分红型）"，趸交保费8万元，发生意外、不幸身亡，公司按规定及时送达红利20.75万元。渔船老板杨某，为其船上10名船员投保"国寿绿洲团体意外伤害保险（A型）"，人均保额30万元，投保船只在洪泽湖出险，除1人获救外，9名船员全部失踪。接到报案后，省、市、县上下联动，第一时间介入理赔服务，共支付被保险人身亡保险金27万元。2008年，共受理各类案件6000余起，理赔238.44万元，无一户提出申诉。

1995～2008年人保寿险公司盱眙支公司保险情况一览表

表14－22　　单位：万元

年份	保费	给付	赔付	年份	保费	给付	赔付
1995	40.00	26.00	121.40	2003	3045.06	694.86	542.00
1996	760.35	737.35	260.00	2004	6447.94	1384.72	415.00
1997	1278.66	577.99	256.00	2005	5775.28	2330.75	431.00
1998	1450.00	894.22	321.00	2006	6159.54	1773.96	328.00
1999	1654.66	592.65	460.00	2007	6273.32	2899.77	218.38
2000	2125.52	482.16	600.00	2008	9028.00	2304.00	238.44
2001	2256.23	757.31	460.00	合计	48369.06	16175.59	5219.22
2002	2074.50	719.85	568.00				

第十一章　中国太平洋财产保险股份有限公司盱眙支公司

第一节　机　　构

2002年9月28日,中国太平洋财产保险公司盱眙营销部(简称"太平洋财险")正式成立,设立经理、核保、查勘3部门,正式编制3人。2006年12月26日,太平洋财产保险股份有限公司盱眙营销部升格为中国太平洋财产保险股份有限公司盱眙支公司,设经理、综合内勤、核保、理算、查勘5个部门,正式编制5人。至2008年底,机构无变化。

第二节　承　　保

2002年10月,太平洋财险开办车辆保险,至年底完成保费收入16万元。2003年,开办短期健康意外伤害保险(1年期)。1~4月,保费快速上升至56万元。5月,总公司上收双核(核保、核赔)保险权,规定营运车辆一律停保,业务急剧萎缩。9月,开展学生平安保险业务,收取学生平安险保费10万元。全年完成保费81万元。2004年2月,取得淮安和平盱眙县汽车运输有限公司42辆客车保险。5月,中标淮河化工有限公司下属雅亚公司50%危货运输汽车保险。全年完成保费144万元。

2005年2月,与淮汽集团盱眙客运有限公司签订客车保险协议,占全县客车保险市场份额35%;与县住房公积金管理部门签订公积金贷款住房保险(含履约保险)协议,完成保费28万元。2006年5月,中标县乡客车运输的承运人责任险,新增保费27万元。2007年5月,参加县招投标中心行政车辆保险招标,成为4家中标公司之一,新增行政车辆保费30万元。

2008年,独家承保县农机具保险,由省、市、县财政补贴50%保费,农户承担50%保费,年新增保费36万元。与泗洲车行、广大车行、长安车行达成代办私家车保险代理协议,新增私家车保费85万元。与县农行、建行、中行、工商行签订住房保险代理协议,新增住房保险保费80万元。全年完成各项保费720万元。

第三节　理　　赔

2002年,公司在理赔查勘、理算时,采取主动、及时、准确地给付理赔措施,扩大保险市场影响力,提升公司服务水平。全年理赔9.2万元。2003年,加强理赔工作程序管理,做细做实现场查勘、调查、取证工作,提高定损核赔准确率。年内接到1辆投保红旗轿车在河桥镇从山坡翻滚到山下沟里的报案后,查勘员在现场仔细查勘时,发现车辆侧面有铲车痕迹,询问后,驾驶员承认是故意行为,决定不予赔付,及时制止一起骗保行为。

2004年，县工业园区宝隆制衣有限公司遭受龙卷风袭击，两处厂房屋顶被掀翻，多处房屋受损。该公司承保时是银行抵押贷款代理业务，标的物明细不明确，造成定损困难。营销部在上级支持下，组织精干队伍，调查两天两夜，谢绝客户吃请，对每一损失逐一核实并及时赔付，赢得客户尊重和信赖。

2005年夏季，江苏省电力公司在公司投保的盱眙供电公司电力设施遭受雷电、暴雨、大风袭击，多处损坏，特别是山区线路和电线杆损失严重。公司经理亲自带队，步行到山区现场查勘、定损后，及时赔付到位。全年理赔120.05万元。2007年底，盱眙县发生雪灾，县工业园区白云照明有限公司和管镇面粉厂厂房被大雪压垮，因临近年终，无法找到施工队伍，客户又急于恢复生产。公司采用实物赔偿办法，找到施工队伍，快速为客户修建厂房，让客户恢复生产，为客户提供最好的保险服务。

2008年，县工业园区的百得包装和兴大鞋业公司发生火灾，公司及时查勘，请评估公司定损，迅速赔付到位。7月，气象部门预告有洪水，公司到西马机床有限公司、县盐业公司和新华书店仓库，会同客户现场查勘，及时转移可能被水淹的物资，加高防水坝，提前做好灾害预防。灾后，仅赔付西马机床公司部分不好搬迁的设备受淹损失10万元。全年共理赔432万元。

2002～2008年太平洋财保公司盱眙支公司业务情况一览表

表14－23　　单位：万元

年份	合计	车险保费	非车险保费	理赔	年份	合计	车险保费	非车险保费	理赔
2002	16	16	－	9.20	2006	392	311	81	148.96
2003	81	51	30	33.21	2007	467	352	115	184.93
2004	144	105	39	73.44	2008	720	544	176	432.00
2005	245	197	48	120.05	合计	2065	1576	489	1001.79

第十二章　中国太平洋人寿保险股份有限公司盱眙支公司

第一节　机　构

2001年7月1日，中国太平洋人寿保险股份有限公司盱眙支公司（简称县太平洋寿险）筹建并试营业。2002年2月，中国太平洋人寿保险公司盱眙支公司正式成立，公司内设经理室、财务室、综合管理室，在编2人。开办险种200余个，覆盖人寿保险、年金保险、健康保险、意外伤害保险等多个领域。2008年，公司增设总经理室、个险部、团险部、银行保险部、服务营销部、综合内勤岗，在编8人，寿险业务代理人150人。

第二节 承 保

2001年,中国太平洋人寿保险股份有限公司盱眙支公司开始试营业。至年底,完成保费100万元。2002年9月,与多家中小学校合作,承保在校学生的健康保险和意外伤害保险。全年完成保费280万元。2003年3月,与多家商业银行签订保险代理协议,为客户提供多种类投资理财渠道。

2006年1月,独家开办并承保"安贷保"业务,为农合行等商业银行提供农村小额贷款人意外伤害保险,服务"三农"建设。全年完成保费180万元。2008年2月,与盱眙汽车站签订协议,"乘意险"业务正式开办,为盱眙境内乘客以及来自全国各地的旅客提供旅途风险保障。全年完成保费360万元。

第三节 理 赔

2002年,公司开始有理赔,主要是意外伤害理赔,全年赔付18.07万元。2006年1月23日,杜某在公司投保小康之家如意安康两全保险后,被确诊患尿毒症。公司在10天内将理赔款10万元送到客户手中。2月,县公安局交通巡逻警察大队为工作人员投保太平如意卡,保费每人100元,保额每人8万元。5月19日21时35分,县公安局交通巡逻警察大队报案,民警李某在金鹏轴承厂前交通事故现场人行道绘制现场图时,被客车撞伤,经医院抢救无效死亡。公司接到报案后,立即赶往出险地点,经核情况属实。公司理赔人员主动帮助被保险人的法定继承人完善申请理赔相关材料,按职业类别赔付受益人6.4万元。11月19日,裴某在盱眙桂五信用社贷款时投保公司安贷宝2份,保费168元;11月20日,裴某在邻居家遇刺身亡,公司接到报案后,立即进行核查;12月30日,赔付受益人6万元。

2007年6月15日18时许,在121省道120公里+550处(盱眙县境内),县公安局执勤交警莫某被周某驾驶的货车撞成重伤,后经抢救无效死亡。接到报案后,经核情况属实。8月30日,赔付受益人6.49万元。

2008年4月,被保险人刘某投保华彩人生万能险,保额50万元,后因肺癌在安徽家中去世。公司接到报案后,理赔调查员前往安徽寿县客户老家了解情况,调查取证确认无误后,在规定时间内将理赔金50万元及客户所交保费1万元及时送到客户手中。12月12日,管镇个体工商户张某在县邮政储蓄银行办理联保借款时,投保安贷宝意外伤害保险,保额15万元,在安徽因交通事故意外身亡。公司收到理赔申请资料后,经核情况属实,及时将15万元赔款送达受益人。全年理赔63万元。

2001~2008年太平洋人保公司盱眙支公司保险情况一览表

表14-24

单位:万元

年份	保费	理赔	年份	保费	理赔
2001	100	-	2005	220	48.00
2002	280	18.07	2006	180	32.00
2003	220	24.03	2007	160	49.00
2004	160	16.03	2008	360	63.00

第十三章　其他保险公司

第一节　中华联合财产保险股份有限公司盱眙支公司

2004 年 3 月，成立中华联合财产保险股份有限公司盱眙营销部，内设经理室、财务部、业务部、理赔部、综合部等部门，有员工 9 人。主要经营各种企财险、机动车辆保险、货物运输保险、责任保险、信用保险、农业保险、各种短期人身保险等。当年完成保费收入 217 万元，赔付 38.5 万元。2005 年 5 月，升级为盱眙支公司，增设农险部，有员工 15 人。全年完成保费 518 万元，赔付 167.5 万元。2006 年，共完成保费 850 万元，赔付 382.5 万元。2007 年，公司农险部新增劳动合同用工 8 人与劳务合同用工 10 人，内设经理室、办公室、财务部、业务销售部、农险部、客服部。当年，公司作为县政府唯一农险共保单位承办三麦和水稻农保险，小麦和水稻保险承保率达 80% 以上。全年完成保费 2563 万元，其中农业保险签单实收保费近 1600 万元、商业保险保费收入 963 万元，赔付 1794 万元。2008 年，公司有员工 33 人。全县完成保费 2692 万元，其中农业保险保费收入 1830 万元、商业保险保费收入 862 万元，赔付 1763 万元。

第二节　中国平安财产保险股份有限公司盱眙营销服务部

2002 年 8 月 28 日，成立中国平安财产保险公司盱眙营销服务部，设立经理、核保、查勘三岗位，编制 3 人。主要承保机动车辆保险、企业财产保险、团体意外伤害保险等险种业务。当年完成保费收入 12.2 万元，理赔 5.12 万元。2006 年，与县中行合作，承保企财险和房贷险，实现财产险保费 30.1 万元。2008 年，与百方汽贸公司签订合作协议，提升车险保费。全年车险保费 80.1 万元，财产险 53.5 万元，理赔 76.2 万元。

2002～2008 年平安财保公司盱眙营销部承保业务一览表

表 14－25　单位：万元

年份	保费				理赔	年份	保费				理赔
	合计	车险	财产险	意健险			合计	车险	财产险	意健险	
2002	12.2	12.2	－	－	5.12	2006	105.6	73.4	30.1	2.1	52.59
2003	83.6	55.3	19.6	8.7	37.60	2007	79.5	53.7	24.3	1.5	38.64
2004	62.3	42.6	13.5	6.2	31.82	2008	139.1	80.1	53.5	5.5	76.20
2005	64.3	39.7	9.3	15.3	3.02	合计	546.6	357	150.3	39.3	244.99

第三节　天安财产保险公司盱眙营销部

2003年,成立天安财产保险公司盱眙营销部,设立经理、业管、查勘、业务部四部门,有工作人员4人。主要经营车险、企业责任保险、信用保险、货物运输险、意外伤害保险等险种业务。当年完成保费91万元,赔付45.6万元。2008年,完成保费225万元,赔付132万元。

2003~2008年天安财保盱眙营销部保险情况一览表

表14-26　　单位:万元

年份	保费	理赔	年份	保费	理赔
2003	91	45.60	2007	201	125.60
2004	120	63.45	2008	225	132.00
2005	155	86.70	合计	974	559.70
2006	182	106.35			

第四节　阳光保险集团有限公司盱眙营销部

2007年3月,成立阳光保险集团有限公司盱眙营销部,内设经理室、团险部、意健险部、银保部、办公室5个部门,有人员12人。主要险种有车辆险、财产险、责任险、意外伤害险、货物运输险、船舶险、短期健康险。当年保费收入300万元。2008年,保费收入400万元。

第五节　安邦保险集团有限公司盱眙营销部

2007年5月,成立安邦保险集团有限公司盱眙营销部,内设财务部、业务部、理赔部,有人员5人。主要险种有车辆险、财产险、人生意外险。当年保费收入60万元。2008年,保费收入100万元。

第六节　中国人寿财产保险有限公司盱眙支公司

2007年11月,成立中国人寿财产保险有限公司盱眙支公司,内设办公室、财务部、客服部,有人员6人。主要险种有车辆险、企财险、家财险、人生意外伤害险。当年保费收入150万元。2008年,人员增至11人,保费收入400万元。

第十五篇　财　　税

1986 年，全县财政收入主要来自税收，财政分配实行全额包干制。全年财政收入 1638 万元，财政支出 2926 万元，赤字部分由省财政给予适当补助。税收工作依据国家征管规定征税，建立税务登记薄，实行纳税申报制，完成税收 1200 万元。

1994 年起，县财政实行分税制管理体制，实行全额比例包干、总额包干、增收分成、分项分成等财政分配体制，解决拖欠行政工作人员工资问题。税务局分设国家税务局和地方税务局，税收征收按照管理权限依据税率分别征收。当年完成财政收入 4949 万元。国税收入 3233 万元，占财政收入 66.43%；地税实现收入 735 万元，占财政收入 15.08%。1998 年，财政收入首次突破亿元大关，达 12359 万元。预算外资金由专户储存过渡到财政专户管理，再过渡到收支两条线，管理走上正轨。

2001 年，县乡两级财政实行"分灶吃饭"，乡镇辖区内税收征收、各项事业支出划归乡镇管理。取消村提留和乡统筹，改征农业税和农业特产税。农民负担由 9771.61 万元降低到 5719.06 万元，减负率 41.47%。当年县财政收入 21527 万元，突破两亿大关。2002 年，财政收入 25134 万元，其中地税收入 10519 万元，首次突破 1 亿元大关，也首次超过国税收入。2005 年起，取消农业税，当年少征税额 2334 万元。2007 年，实施省管县财政体制，国家和省级财政给予转移支付补助，财政收入大于财政支出，并有结余。

2008 年，全县财政收入 103722 万元。其中，国税收入 31234 万元，占比 30.1%；地税收入 54473 万元，占比 52.52%。

第一章　财　　政

第一节　机　　构

1986年,县财政局内设人秘股、预算股、农财股、企财股、行财综合股,工作人员23人。1987年,企财股分为商贸企业财务股和工交企业财务股。1988年,设盱眙县中华会计函授站。1989年,行财综合股分为行财股和综合股,设财监股。1998年,设控购办。2000年,县控购办增设县政府采购中心。2002年,县国有资产管理局撤销,其职能并入县财政局。县财政局内设办公室(挂"人事教育科"牌子)、预算管理科(挂"税政法制科"和"政府采购科"牌子)、综合计划科、企业科(国有资产管理科与其合署办公,挂"经济建设科"和"外经金融科"牌子)、行政事业科、社会保障科、农业科、财监会计科。2004年,县税收、财务、物价检查办公室更名为契税征收管理所。2005年,成立盱眙诚信会计服务咨询有限公司。2006年,县收费局更名为国库集中支付中心,增挂"县乡镇财政管理中心"牌子。2008年,县财政局内设办公室、预算科、行政事业科、农业科、国库集中支付中心、综合科、企业科、财监会计科、社会保障科、函授站、政府采购中心、契税所。

图15－1　盱眙县财政局办公大楼

第二节　财政体制

1986年,县财政实行"全额比例包干"的财政分配体制。1987年,实行"在全额比例包干的基础上,收入增收部分分档分成"的分配体制。1988～1993年,实行"财政收入递增包干,超额全留,短额全赔"包干分配体制。1994～1996年,实行分税制乡镇财政管理体制。1997年,完善分税制后乡镇财政管理体制,实行"划分收支范围,分项分成或收入全留;定收保支,短收减支,自求平衡,稳定发展"的财政分配体制。1998年,对各乡镇财政实行体制性补贴,每年补贴递减20%。

2001年,调整分税制乡镇财政管理体制,乡镇地域范围内由乡镇财税部门组织征收的各项财政收入(不含县属以上企业交纳的税收,股份制企业、合资企业交纳的税收按股份比例或出资份额计算),即乡镇政权范围内的各项事业支出,都划归乡镇管理;乡镇入库的增值税上解县财政75%,乡镇自留25%;耕地占用税仍执行国家规定分成15%,其他各项收入全部属乡镇收入;对原上交收入的资源税、农业税调价新增部分以2000年上交额为基数,定额上交。对乡镇地方财政收入(含增值税乡镇留成25%)比2000年基数增长部分,县财政统一集中20%用于上交省级财政。根据各乡镇地方可用财力,核定财政供养人员。教师转移支付补助最高不得超过乡镇教师工资总额的50%。农村费改税转移支付补助,根据乡镇农村费改税后实际减少的收入统一补助44%。乡镇并村联组后结合村级两税附加收入和集体经济纯收入,按统一标准核定村级收支缺口。取消"村提留"和"乡统筹",统一改征农业税和农业特产税,全县农民负担由9771.61万元降低到5719.06万元,减负率41.47%。

2003年起,取消农业特产税,当年少征金额636万元,由省财政给予补贴。制定保障全县村级"三项资金"(农业税附加全额、农业税征收的10%、农村税费改革转移支付不低于15%)运转办法。村级"三项资金"专用于"五保"供养经费、村干部报酬(村级定补干部、误工干部报酬)和村级办公经费支出,每年村级"三项"资金使用情况在村公示栏中公布。开始对粮食生产实行直接补贴,水稻种植每公顷补贴150元。全县水稻直补面积5.6万公顷,补贴840万元。

2005年,清理乡镇财政收支、财政供养人员、债权债务,改革预算编制方法、财政收付形式、财政所管理体制、财政票据管理办法。乡镇教师工资体制连同财力一并上调至县本级,实行乡镇收入多增多用和乡镇干部绩效挂钩的新机制。取消农业税,当年少征金额2334万元。

图15-2 2007年11月21日,县财政局与服务对象座谈对话。

2006年,开始实行农资增支补贴,每公顷补贴375元。水稻种植每公顷补贴225元、小麦种植每公顷补贴150元。全县水稻直补面积5.92万公顷,补贴1332万元;农资增支补贴2223.25万元;小麦补贴面积5.95万公顷,补贴891.95万元。

2007年,实施省管县财政体制。出台《盱眙县财政局资金支出管理办法》,强化预算管理,调整支出结构,确保重点支出。农资增支补贴每公顷补贴450元,农资增支补贴5.49万公顷2469万元。至2008年,县财政局争取省、市专项资金4.66亿元,推动全县招商引资企业及县直重点企业发展,扶持农业生产化龙头企业、个私企业、外向型企业发展。当年,全县水稻直补面积5.84万公顷,补贴1750.4万元;农资增支补贴面积5.49万公顷,每公顷补贴1035元,共计5677.81万元。

第三节 财政收支

一、财政收入

1986~1992年,全县预算内收入主要有工商税收、农业税收、企业收入、"两金"(国家能源交通重点建设基金和国家预算调节基金)和其他收入。财政收入由1986年1638万元增加到1992年3566万元。1993年,征集国家能源交通重点建设基金、粮食补贴基金、防洪保安基金96.7万元。1994年,实行税制改革,全县财政收入分为中央收入和地方收入。

1995 年起,增加地方教育附加费和教育基金征收。当年完成财政收入 6371 万元,征收基金 135 万元。1998 年,县委、县政府出台《关于进一步完善分税制乡镇财政管理体制的决定》《关于对经济工作成绩突出的乡镇和重点企业领导班子实行重奖的暂行办法》。1999 年,健全县乡镇税收征管网络,利用财政贴息、政策引导、列支返还等优惠条件,全县预算内收入实现 1.06 亿元。

2001 年起,全县社会养老保险基金纳入预算内收入之列。2004 年,调减农业税征税 1660 万元,县工业园区企业缴税 2660 万元。县工业园区企业税收增加,财政收入保持增长趋势,全县财政收入 34288 万元。2008 年,建立财政征管任务和考核奖惩办法,将财税完成情况与奖金津贴挂钩,全年完成财政收入 103722 万元。健全契税、房地产税征管协调机制,全年完成契税 5011 万元。

1986～2008 年盱眙县财政收入一览表

表 15－1　　　　单位:万元

年份	财政收入	中央收入	地方财政收入			年份	财政收入	中央收入	地方财政收入		
			小计	一般预算收入	基金收入				小计	一般预算收入	基金收入
1986	1638	－	1638	1638	－	1998	12359	3885	8474	8431	43
1987	1938	－	1938	1938	－	1999	15110	4479	10631	10589	42
1988	2570	－	2570	2570	－	2000	17510	5208	12302	12200	102
1989	1785	－	1785	1785	－	2001	21527	5896	15631	15445	186
1990	2216	－	2216	2216	－	2002	25134	7353	17781	15666	2115
1991	1856	－	1856	1856	－	2003	30783	7999	22784	17493	5291
1992	3566	－	3566	3566	－	2004	34288	8721	25567	18696	6871
1993	4831	－	4831	4734	97	2005	41010	12617	28393	20333	8060
1994	4949	2385	2564	2482	82	2006	50975	15210	35765	25860	9905
1995	6371	2718	3653	3518	135	2007	76161	21544	54617	40079	14538
1996	7980	3124	4856	4743	113	2008	103722	26935	76787	59110	17677
1997	9977	3606	6371	6186	185						

二、财政支出

1986 年起,全县财政支出实行"统筹兼顾、量入为出、确保重点、压缩一般、从紧安排"原则。全县财政支出 2926 万元,赤字部分由省财政给予适当补助。实行"一保吃饭,二保办案"的支出原则,逐年消化财政赤字。1993 年,职工粮食价差补贴、水煤电价差补贴、机关增人调资及上年奖励工资、价差补贴等政策性因素增多,支出比预算计划净增 1254 万元。2000 年起,全县财政支出坚持"支出增长低于收入增长"原则,没发生新的财政赤字。2004 年,财政支出主要用于基本建设支出 11234 万元,建设性支出占 97.9%,其中滞洪区移民迁建、企业挖潜改造、农业、林业、水利、医疗卫生等项支出占比较大。2005 年,县本级调整支出预算为 19544 万元,加上年结转支出、省市追加支出 13199 万元,变动后安排总支出 32743 万元,实际支出 32249 万元。支出主要项目有基本建设、企业挖潜改造、农业、林业、水利、气象、工交事业、文体广播事业、教育、医疗卫生、社会保障补助、行政管理费、公检法司、城市维护等费用。2008 年 2 月,《盱眙县规范公务员津贴补贴实施方案》经省政府批准,从 2007 年 7 月起执行,涉及 2289 人,财政总支出 66.79 亿元,累计结余 2.24 亿元。

1986～2008 年盱眙县财政预算内支出一览表

表 15－2

年份	合计	基本建设支出	企业挖潜改造支出	工业商业交通等支出	农林水支出	文教卫生支出	科学技术支出	其他部门支出	社会保障和就业支出	行政管理费	公检法司支出	城市维护支出	政策性补贴支出	专项支出	其他支出	基金支出
1986	2926	61	90	27	552	1080	16	128	164	386	–	80	225	58	59	–
1987	3032	45	105	31	554	1135	10	159	191	443	–	40	229	57	33	–
1988	3855	18	297	12	449	1446	11	182	209	495	142	79	331	70	114	–
1989	4783	24	280	27	633	1654	13	211	259	616	165	108	487	68	238	–
1990	5468	42	326	38	728	1847	14	266	263	775	185	124	557	88	215	–
1991	6915	14	245	40	1239	2118	19	271	1014	877	211	174	366	127	200	–
1992	6578	3	208	27	1054	2420	19	307	669	1027	225	188	248	40	143	–
1993	7796	151	280	151	1065	2993	120	333	409	1216	284	126	139	152	377	–
1994	8717	4	261	58	1061	3783	22	375	680	1715	388	194	132	129	－85	–
1995	11333	5	6	84	1276	3750	26	395	844	1802	425	2119	261	136	204	–
1996	11464	175	–	81	1223	4563	28	533	811	2158	921	200	372	191	208	–
1997	13194	76	363	60	2001	5085	35	514	870	2560	794	192	383	–	261	–
1998	15417	70	8	103	1652	5659	36	731	1857	2415	1730	314	386	144	312	–
1999	18745	145	11	152	1796	6782	55	702	2596	3377	1990	389	217	192	341	–
2000	21088	52	305	221	2387	7304	139	487	2683	3744	2372	444	429	324	197	–
2001	26145	239	1123	304	3061	7566	196	584	3492	5124	2739	598	124	270	586	139
2002	29572	39	1293	230	2802	8278	337	708	4185	5309	3050	643	56	505	644	1493
2003	42905	1200	1501	486	5792	8694	571	1424	6717	5445	3536	528	11	368	1435	5197
2004	57796	11234	1341	942	5290	8975	459	1683	7074	6409	3360	298	30	1148	1390	8163
2005	56853	1123	1691	865	5431	12741	572	1892	9289	6965	4297	526	3	308	3800	7350
2006	66593	761	1396	982	6460	15573	991	2366	11493	7648	4622	553	300	1365	3791	8292
2007	104040	1969	4250	2205	9943	23480	1818	3728	14578	9826	5699	1387	749	1074	2108	21226
2008	142676	10315	6063	4852	19949	25603	2250	5092	18516	14608	6744	3677	2594	1592	2714	18107

三、预算外资金收入

1986 年，全县预算外收入主要为各项附加收入、集中企业收入和其他收入，预算外收入 2173.1 万元，其中地方财政部门管理收入 74.4 万元、事业和行政单位管理收入 753.4 万元、国营企业及其主管部门管理的各项专项资金 1345.3 万元。

1993 年，建立第二预算，有 146 户 1200 万元预算外资金划收财政专户存储，融通预算外间隙资金 320 万元。1996年,各行政事业单位预算外收入实行财政计划管理,促进财政预算内、外资金综合平衡。全县预算外资金收入6587万元。1997年,调整全县预算外收入项目,其中行政事业单位收入5124万元、乡镇自筹和统筹资金3155万元、社会保障基金收入2253万元、地方财政部门管理收入161万元。1998年,全县预算外收入项目调整为行政事业性收费收入、政府性基金(资金、附加)收入、主管部门集中收入、乡镇自筹和统筹资金收入、其他收入等。全年预算外收入8799万元。

2000年,各征收户建立一户一档,实行"乡收县管、财政监督"管理法,杜绝乡收乡支、村收村支现象,保证预算外教育附加费等行政事业性收费应收尽收。全年预算外收入9740万元。2008年,全县预算外收入完成16434万元,其中行政事业单位收入11636万元、其他收入4798万元。

1998～2008年盱眙县预算外资金收入一览表

表15－3

单位:万元

年份	金额	行政事业性收费收入	政府性基金收入	主管部门集中收入	乡镇自筹、统筹资金	其他收入	年份	金额	行政事业性收费收入	政府性基金收入	主管部门集中收入	乡镇自筹、统筹资金	其他收入
1998	8799	4754	1385	–	2660	–	2004	12563	8663	913	21	2661	305
1999	16061	6852	481	1438	2021	5269	2005	11538	9415	651	264	995	213
2000	9740	6087	286	135	3136	96	2006	15087	7313	569	926	4451	1828
2001	15815	6669	424	1436	2021	5265	2007	16039	9514	731	256	4559	979
2002	11823	7549	1363	480	2169	262	2008	16434	11636	–	–	–	4798
2003	12268	8075	1359	13	2630	191	总计	146167	86527	8162	4969	27303	19206

说明:1986～1997年因统计口径不同和台账零散,无法统计。

四、预算外资金支出

1986年,全县预算外支出1898.8万元,其中城市维护支出66.7万元、行政支出71.8万元、事业支出352.4万元、基本建设支出136.8万元、国营企业专项支出729.5万元、其他支出541.6万元。

1994年,乡镇自行追加支出和救灾款支出的增加,预算外资金支出3550万元。1995年,明确预算外资金性质,"还权于政府,还钱于财政",除一次性调进预算内185.5万元外,还抵顶预算支出371.5万元,预算外资金解决预算内资金缺口557万元。

1997年,全县预算外支出10871万元,其中行政事业支出4873万元、基本建设支出146万元、城市维护支出87万元、乡镇自筹统筹资金支出3114万元、社会保障基金支出2480万元、其他支出171万元。

1998～2006年,全县预算外支出主要用于行政事业性收费支出、基本建设支出、城市维护支出、乡镇自筹、统筹资金支出、其他支出。2007年,全县农村中小学公用经费纳入县财政全额安排,小学公用经费每生每年不低于230元,初中公用经费每生每年不低于350元,安排中等职业助学金1081万元,技工学校助学金65万元。化解学校债务5162.6万元,其中省补资金3275万元、县配套资金1887.6万元。

2008年,调整预算外支出项目,主要用于一般公共服务支出3717万元、公共安全支出957万元、教育支出4570万元、文化体育与传媒支出24万元、社会保障和就业支出54万元、医疗卫生支出926万元、城乡社区服务支出2122万元、农林水利事务支出751万元、交通运输支出261万元、工业商业金融等事务支出932万元、其他支出955万元。全县预算外支出年均增长6.61%。

1998～2008 年盱眙县预算外资金支出一览表

表 15－4　　单位：万元

年份	合计	行政事业性收费支出	基本建设支出	城市维护支出	乡镇自筹、统筹资金支出	其他支出	年份	合计	行政事业性收费支出	基本建设支出	城市维护支出	乡镇自筹、统筹资金支出	其他支出
1998	8840	5789	106	204	2707	34	2004	12336	9166	–	240	2661	269
1999	13316	10828	55	396	1403	634	2005	11645	9530	–	–	1524	591
2000	9745	6243	80	264	3158	–	2006	15044	9678	–	4451	915	–
2001	13129	10442	55	396	1563	673	2007	15762	9335	82	342	4634	1369
2002	11608	9015	–	182	2169	242	2008	15361	9500	80	300	4600	881
2003	12179	9432	–	21	2630	96	总计	138965	98958	458	6796	27964	4789

说明：1986～1997 年因统计口径不同和台账零散，无法统计。

第四节　财政管理与监督

一、行政事业单位财政

1986～1995 年，全县行政事业单位财政实行“预算包干，超支不补，结余留用”办法，除常规性财政督查外，重点是精减各单位会议费和补助费用，查处监控购小汽车、清理单位借欠占用公款等，累计 1201 万元。

1996 年，根据省财政厅调整差旅费开支标准，县内工作人员出差期间，每人每天发市内交通费 3 元，不再凭据报销市内交通费。正、副处级及其以下人员住宿费一般地区每天不超过 50 元。北京、上海、广东、海南和厦门市每天不超过 60 元。工作人员出差伙食补助费，一般地区每人每天标准 15 元，特别指定地区每人每天 20 元。

图 15－3　财政管理与监督

1998 年，全县知识分子农转非家属的综合补贴标准每人每月增到 99 元；对 20 世纪 60 年代精减的职工，农村户口每人每月补助 90 元、城市户口每人每月补助 120 元。1999 年，县乡行政机关事业单位一律实行一个单位只准开设一个经费支出户头。

2001 年，出台《盱眙县行政事业经费包干办法》，压缩人、车、会等公用经费支出。2003 年底，厅局级离休干部补助费调整为每人每月 60 元，县级及其以下离休干部补助费调整为每人每月 40 元。

2003年,配合纪检、审计部门对83个全县行政事业单位开展"小金库"专项治理活动,通过集中清理整顿,查处了一些单位存在的私设"小金库"等违法行为,清查出"小金库"56万元,全部上缴财政,纠正违规资金200多万元。组织乡镇财政财务检查和行政事业单位会计信息质量检查,检查出违规资金1221.3万元,对检查中发现的问题责令单位制定整改措施,认真落实整改,下发处理决定7份,罚款2.3万元,补缴税款2.57万元。

2005年,全县建立国库单一账户体系、收入收缴和支出支付程序。2006年,全县再次调整差旅费标准,市内每人每天住宿费100元以内,市外每人每天住宿费150元以内;市内无伙食补助费,市外每人每天30元;市外公杂补助费每人每天20元。对全县"吃空饷"人员进行清理,共清出相关人员226人,为财政年节约开支310多万元。

2007年,出台《盱眙县财政监督检查工作操作办法》,建立日常监督与重点检查相结合的财政监督检查机制。2008年,建立行政事业单位财务会审制度,会同纪检、审计部门开展行政事业单位财务检查工作,查出违规资金583万元,其中纠正违规资金515万元、没收违规资金68万元。

二、企业财政

1986~1989年,全县国有企业实行"利润包干上交,递增包干一订三年,超发包利润全留"的办法,按照6:2:2或4:3:3比例充实企业发展基金、职工福利基金和职工奖励基金。国有企业实行利税分流试点,将企业实现的利润分别以所得税和利润形式上交,税后还贷,上交利润采取多种承包办法。

1993年,县国有企业执行财政部《企业财务通则》及分行业的财务制度、企业核算制度等,逐渐与国际惯例接轨。无形资产、递延资产及其他资产的管理按国家新的财务制度执行。1994年,企业实行利改税,按规定税率上交所得税。流动资产管理按信贷政策供应办法,由银行统一管理。国家拨给国有企业的流动资金全部划归企业使用,不交流动资金占用费。财政部门考核企业资产总额,确定资产增长率。

1997年起,参与改制企业资产清查,审查核批企业改制中的各种财产损失。当年参与江苏淮河化工有限公司、县鹏胜采石有限公司、县狼山水泥厂、盱眙建筑设计院、江苏第一泉酒厂、淮河建材总厂改制企业的资产清查工作。

2003年起,建立企业财务制度,审查企业报表,对企业生产经营活动进行财务分析,开展会计准则培训和信息质量检查,监督企业执行内部财务管理制度。2006~2008年,做好财源培植工作,对符合相关政策的建设项目不分产业结构、不分企业所有制性质,予以上报财政扶持,重点支持江苏淮河化工有限公司、盱眙第一山电仪材料厂、江苏凡力钢管有限公司等支柱企业的技术改造。

三、国有资产

1986年起,县财政局对国有资产逐年核查、统计上报。1991年起,按照国家《企业国有资产产权登记管理办法》,对企业、行政事业国有资产进行年度检查和登记。当年年检、登记16个。

1993年,开展国有资产增减变动和评估管理,行政事业单位固定资产登记建账,做到账、卡、物相符。施行县属国有企业清产核资试点,调查国有资产存量、企业留利、折旧提取、闲置资产等情况。1994年,清产核资国有企业及企业化管理的事业单位,明确资产增减变动审批范围、审批程序,制定定期报告、按时报送财务报表制度,随时掌握资产存量和变动情况。

1995年,年检上年产权登记68户,当年清产核资工作完成80户。1996年,组织实施县属大集体企业清产核资工作。全县登记行政事业单位国有资产产权230户,为26户国有企业办理工效挂钩手续。1998年,全县清产核资工作结束,开始检验国有企业占有、变动、开办、注销等产权登记。此后,每年对上年县国有资产占用情况进行年度检查登记,建立产权登记数据库。

2007年5月,清查行政事业单位资产,清查工作基准日为2006年12月31日,清查范围为基准日前执行行政事业单位财务和会计制度、独立核算的各类行政事业单位。全县清查独立核算单位322户,其中行政单位56户、事业单位266户。同时清查行政事业单位流动资产、固定资产,特别注重固定资产继续建账设卡管理,调查专项基金的提取、分配使用情况。对国有预算外单位占用国有资产情况进行调查,对存在挤占、挪用专项基金、家底不清等问题,分别予以处理。

至2008年,县财政局建立国有资产统计信息系统,掌握国有资产存量、结构、分布和经营效益情况。每年均分析统计信息,撰写国有资产经营情况和统计分析报告19篇,上报有关部门。

四、控购和政府采购

(一)控 购

1986~1992年,全县控制社会集团购买专控商品项目17种,由县控制社会集团购买力办公室对全县行政事业单位、社会团体和国有集体单位的控购物品指标实行"计划管理、指标控制、专项审批、定额供应",未经批准不得购买专控商品。

1993年,专控商品调整为汽车、空调等8类,调减出的专控商品仍被列入指标管理。社会集团、单位在各级控制机关下达的指标额度内,根据资金状况和财务规定掌握购置。1994~2003年,县财政部门仍执行控购指标,实行指令性和指导性分类管理办法。2004~2008年,全县取消社会集团购买力控购审批,车辆控购由县政府对各单位申购车辆进行审批。

(二)政府采购

1998年起,县控购办划归县财政局,管理政府采购物品。1999年,县政府采购物品价值70万元,涉及17个品种。2000年,县控购办增设县政府采购中心,由政府采购中心负责实施全县物品采购工作,监管政府采购工作。采购货物扩展到药品器械类、服务类、工程类、定点保险等。采购形式由1999年单一询价采购,发展到公开招投标采购、询价采购、定点采购等。2001年,招投标大市场成立后,政府采购进入大市场统一采购。2006年8月,全县所有政府采购项目均通过县招投标网、淮安市政府采购网、江苏省采购网发布招标信息,中标或成交后从网站上发布公告。至2008年,全县政府采购资金累计5.61亿元,节约资金约6560万元。

图15-4 2008年5月16日,县政府召开采购制度执行情况工作会议。

五、社保资金

1997年起,全县社会保障资金纳入县财政专户管理,包括企业职工基本养老保险基金、失业保险基金、工伤保险基金、生育保险基金、城镇职工基本医疗保险基金、机关养老保险基金、城镇居民基本医疗保险基金、新型农村合作医疗基金、离休干部医疗保险基金、国有企业下岗职工基本生活保障和再就业资金、残疾人保障金、城乡最低生活保障资金、城乡医疗救助资金。当年完成社保基金收入3194万元,支出3281万元。

1999年,全县社会保障资金实行收支两条线管理,专款专用。资金按类别分别建账,分账核算,自求平衡,不相互挤占和调剂。税务机关或经办机构征集的社会保险资金按规定时间缴存,各级财政补助及上级补助资金及时划拨到财政专户,财政、社保经办机构及时登记入账。财政根据社会保险资金收支预算,在规定时间内拨付。社会保障资金有结余的,在确保资金正常运转的情况下办理定期存款或购买国家债券,财政部门与经办机构、税务机关以及开户银行等建立经常性对账制度,定期核对财政专户内资金的收支和结余等情况。劳动保障、财政、审计、税务、人民银行等部门,对社会保障资金征缴、发放、基金管理等实行全过程监督。

2000年,普查全县优抚对象,清理出588人,为县财政节约开支92万元。先后清理和检查养老保险、失业保险、再就业资金、农村养老保险、城镇居民最低生活保障资金等。2002年,建立城市居民最低生活保障制度,实现养老金社会化发放,下岗职工基本生活费按时足额发放。2003~2007年,每年专项检查监督社保资金发放,确保社保资金足额、及时、规范发放,实行"阳光支付"。

2008年,县财政保证惠民政策落实,粮食直补、良种补贴、社保资金实行"一折通"发放,全年发放社会保障资金2.5亿元。

1997~2008年盱眙县社保基金收支一览表

表15-5　　单位:万元

年份	收支	养老	失业	医疗	工伤	生育	年份	收支	养老	失业	医疗	工伤	生育
1997	收入	2386	95	713	-	-	2003	收入	5290	496	1583	56	56
	支出	2453	74	754	-	-		支出	4667	227	1410	-	-
	累计结余	484	240	33	-	-		累计结余	816	158	701	27	35
1998	收入	2200	138	742	-	-	2004	收入	5693	683	2071	86	145
	支出	2477	162	821	-	-		支出	5861	664	1953	45	32
	累计结余	551	295	48	-	-		累计结余	648	177	819	68	148
1999	收入	1842	336	785	-	-	2005	收入	6515	553	2678	136	87
	支出	2053	189	868	-	-		支出	6282	435	2050	48	42
	累计结余	58	169	99	-	-		累计结余	881	295	1447	156	193
2000	收入	2739	354	832	-	-	2006	收入	8599	341	3461	140	74
	支出	2657	261	878	-	-		支出	7505	548	3300	136	34
	累计结余	146	264	54	-	-		累计结余	1975	88	1608	160	234
2001	收入	3551	232	727	-	-	2007	收入	11174	558	4309	189	124
	支出	3662	241	557	-	-		支出	8989	358	4000	103	62
	累计结余	237	256	170	-	-		累计结余	4160	288	1917	245	296
2002	收入	4334	837	1638	-	-	2008	收入	15743	647	5604	312	131
	支出	4267	575	1280	-	-		支出	12116	420	4850	251	89
	累计结余	303	518	528	-	-		累计结余	7787	516	2672	306	338

六、农业综合开发资金管理

1988年,全县农业综合开发资金开始纳入财政管理。1994~1996年,第三期农业综合开发项目,财政投入资金1410万元,资金经工程项目预算、项目审批、项目验收合格后拨付到农业综合开发专户,由农业开发部门支付。1998年,农业开发资金管理坚持"国家引导、配套投入、民办公助、流动开发",实行"专人、专户、专账"制度,确保资金专款专用。

2000年,对农业开发项目,坚持项目资金跟踪问效制度,按项目计划与工程进度拨付资金,推进项目资金报账审核制,保证项目资金专款专用。2008年,国家财政投资县农业综合开发资金2883.1万元,项目包括国家农业综合开发、利用世行贷款灌溉农业开发、丘陵山区开发和产业化开发，资金管理采取县级报账制方法。

1998～2008 年盱眙县农业综合开发财政投资情况一览表

表 15－6 单位：万元

年份	合计	国家农业综合开发	世行项目	丘陵山区开发项目	产业化项目	年份	合计	国家农业综合开发	世行项目	丘陵山区开发项目	产业化项目
1988	130.00	130.00	–	–	–	1999	1811.00	234.00	1397.00	180.00	–
1989	130.00	130.00	–	–	–	2000	1729.45	315.00	1189.45	225.00	–
1990	535.00	535.00	–	–	–	2001	1233.00	506.00	582.00	145.00	–
1991	1376.60	1376.60	–	–	–	2002	556.11	66.00	430.11	60.00	–
1992	540.00	540.00	–	–	–	2003	730.00	420.00	–	90.00	220.00
1993	485.00	485.00	–	–	–	2004	700.00	410.00	–	90.00	200.00
1994	293.00	293.00	–	–	–	2005	1120.71	702.00	319.71	99.00	–
1995	725.00	725.00	–	–	–	2006	1984.00	–	684.00	1100.00	200.00
1996	392.00	392.00	–	–	–	2007	1754.40	–	676.40	1078.00	–
1997	759.00	414.00	–	345.00	–	2008	2883.10	1280.00	285.10	1098.00	220.00
1998	567.60	–	403.10	164.50	–	合计	20434.97	8953.60	5966.87	4674.50	840.00

七、预算管理

1986～1997 年，全县行政事业单位经费除专项房屋修缮费、设备购置费、大型会议费等按专款核算外，其余各项经费均纳入单位年度预算包干。根据行政、事业单位类别和有无收费项目，采取全额预算管理、差额预算管理和自收自支管理模式。预算包干根据编制人数定员定额核定。每年对行政事业单位进行一次经费核算，年内如有特殊情况，经分管县长审批、财政局核定，年终给予追加。1998～2008 年，将单位预算管理分解为事业单位和行政单位两个管理体系，预算内、外资金实行统一管理、统一核算。行政单位实行“收支统一管理，定额、定项拨款，超支不补，结余留用”办法；事业单位实行“核定收支、定额或底下补助，超支不补，结余留用”办法。

八、预算外资金管理

1986 年起，县政府制定预算外资金管理实施办法，实行预算外资金专户储存。预算外资金渠道不变、所有权不变、使用权不变、开户银行不变，规定其使用范围。每年初，有预算外资金收入单位编制收支计划，主管部门和同级财政部门审查批准下达使用资金时，按计划拨款，银行监督使用。当年，全县行政、事业单位部分预算外资金由单位管理过渡到专户储存，预算外资金储存 2137.1 万元。1987 年，全县行政、事业单位预算外资金实行专户储存。

1993 年，建立第二预算，实行预算外资金收支两条线的财政专户存储法，将预算外资金逐步纳入正常化、制度化、规范化管理轨道。

1996 年，出台《盱眙县财政第二预算收支挂钩管理办法》，各行政事业单位预算外收支实行财政计划管理，预算外资金收入一律实行专户存储，纳入预算管理，以收定支，收支两条线。统一为各单位在银行开设预算外资金收入专户，支出由财政部门按预算外资金收支计划从财政专户中拨付。全年纳入预算外资金管理 10300 万元。

1997 年，出台《盱眙县预算外资金管理办法》《实行行政事业性收费集中统一征收的规定》。对预算外资金实行“六个统一”(统一征收方式、统一银行账户、统一收费票据、统一收支计划、统一监督、统一奖惩)的收支管理。

2000年,规范预算外资金“收支两条线”,取消多头银行账户,票据按“限量供应,按月缴验、票款一致、以旧换新”操作,实行“乡财县管、财政监督”的管理办法,杜绝乡收乡支、村收村支现象,保证预算外教育附加费等行政事业性收费应收尽收。

2003年,完善预算外资金罚缴分离、票款分离制度。2005~2008年,各单位超过计划合法增收部分,全部拨给单位使用;从上级争取的专项资金,全部归其单位使用。企业化管理的事业单位和收入很少或主要是代管代办资金单位,实行收支两条线管理。

第二章 地 税

1994年9月,税制改革,成立盱眙县地方税务局。地税局专司营业税等7个地方各税和市场物价调节基金等5个基金征收,统一缴入地方财政。1995年起,县地税局抓好重点税种税收征管,强化对零散税源的源泉控管,对个人所得税设立代征代扣点,签订代征代扣协议;在各乡镇聘请协征员,排查税源,上门征收。在稳定税源基础、提高管理能力和征收水平上,将纳税人及税收征收管理全部纳入计算机管理。改革征管制度,推行纳税人上门申报。在全县设立代征代扣点,聘请协征员,签订代征代扣协议,形成协税护税网络。打击涉税犯罪,提高主动纳税意识。

图15-5 盱眙县地税局办公楼

2000年后,推行税款预储、划卡缴税、建立欠税台账、实施欠税公告制度,征管稽查逐步走向规范化、常态化轨道,加强税源排查,做到应收尽收。开始对纳税人纳税信用实行A、B、C、D等级管理,将征收职能与管理职能分离,实现“征、管、查”分离管理。先后建立县地税局税收服务大厅和各乡镇地税征收便民综合服务中心,为纳税人提供便捷周到的服务。

第一节 机 构

1994年9月29日,盱眙县地方税务局成立,下设人秘股、征收管理股、税政股、计划财务股、税务稽查分局、直属税务所和盱城税务所,分片设立马坝中心税务所、三河中心税务所、旧铺中心税务所、桂五中心税务所、仇集中心税务所、管镇中心税务所、鲍集中心税务所,在编53人。1995年2月,县地税局建立工会委员会;3 月,将人秘股分设为办公室、人事教育股、监察室;4 月,直属税务所更名为直属税务分局。1996 年 6 月,县地税局和县公安局联合建立县地税治安办公室,公安局派员 3 人,地税局派员 2 人;和县检察院联合建立县地税监察室,检察院派员 2 人,地税局派员 3 人。1997 年,7 个中心地税所改为地税分局,直属分局和盱城税务所合并升格为副科级单位。1998 年,直属分局下设征收服务中心。1999 年起,县地税局人、财、物收归市地方税务局管理。

2000 年 8 月,县地税局增设纪检组和监察室。纪检组隶属局党组,监察室隶属局机关,两机构合署办公。2001 年,县地税局设立地税检查一分局、二分局和三分局,隶属稽查分局管理。2003 年 5 月,撤销检查分局,将原直属分局征收服务中心升格为第一税务分局,专司全县范围纳税申报登记和票据开出。直属分局更名第二税务分局,马坝分局和三河分局合并为第三税务分局,旧铺分局、桂五分局和仇集分局合并为第四税务分局,管镇分局和鲍集分局合并为第五税务分局,在职 84 人。2005 年 7 月,县地税局成立中共盱眙县地方税务局机关委员会。2007 年 2 月,县地税局成立第六税务分局,专司县工业开发区税务工作。2008 年,县地税局成立第七税务分局,专司房地产和装潢建材税务征收工作。截至年底,县地税局内设 7 个科室、1 个稽查局和 7 个分局,在职 94 人。

第二节　税　　收

1994～2008 年,县地税局按照规定征收地方税、社会保险费和各项基金,对全县纳税人进行排查,查清登记申报纳税人,对纳税户进行换证。在全县设立代征代扣点,聘请协征员,协助税收征收。根据需要,适时调整征收税种。

一、营业税

1994 年,开征营业税有交通运输业、建筑业、金融保险业、邮电通信业、文化体育业、娱乐业、服务业、转让无形资产、销售不动产,税率归并为 3% 和 5% 两档(娱乐业实行 5% ～20% 的幅度税率)。举办培训班 36 期,通过广播、电视、报纸、会议等形式,宣传新税制,将县经委、商业、供销等部门设为新税制联系点。全年征收营业税 353.43 万元。1995～2008 年,对全县纳税人和乡镇分行业、企业、村组进行税源排查,确定纳税基数,确保营业税应收尽收。

图 15－6　国税、工商等部门联合执法,打击假发票违法犯罪。

二、所得税

(一)企业所得税

1995 年,县地税局开征企业所得税,企业所得税由国营、集体、私营企业和其他内资企业所得税合并而成。税种实行 33% 的比例税率,对部分盈利水平低、纳税额在 10 万元以下的,实行 18%、27% 两档优惠税率。全年征收企业所得税 252 万元。2000 年起,实行招商引资优惠政策,引进县工业区项目增多,企业所得税逐年增加。2007 年,对年纳税额 20 万元以上的企业列入重点业户管理范围,监控纳税户数,由上年的 54 家增加到 86 家。落实国家优惠政策,全年为企业缓缴所得税款 268 万元,为福利企业减免所得税 333.8 万元。其中,为县新华书店文化体制改革减所得税 42.9 万元,为江苏永丰机械有限公司国产设备投资抵免企业所得税 49.6 万元。2008 年,企业所得税征收由纳税企业主动到地税服务大厅缴纳。

(二)个人所得税

1994 年起,全县个人收入调节税和城乡个体工商户所得税并入个人所得税征收,并适用于外籍个人。税率有 5% ~35%、5% ~45% 的超额累进税率和 20% 比例税率。1995 年,制定《个人所得税征管工作考核评比办法》,个人所得税实行主动申报和代扣代缴两项制度。1996 年,在烟草、供电、邮政、金融等 16 个部门、单位试行"支付个人收入明细表"申报制度。1997 年,委托单位代扣代缴个人所得税。1999 年,开展个人所得税专项检查,全年查补税款 544.6 万元。2004 年,根据行业、生产(经营)规模、财务核算水平和纳税意识差异,健全所得税征管办法。严格执行工资薪金、利息、股息、红利等所得个人所得税的代扣代缴制度。2007 年,开始执行年所得 12 万元以上纳税人个人所得税自行纳税申报制度。2008 年,为全县下岗再就业人员从事个体经营减免个人所得税 107 万元。

三、资源税

1995 年,县地税局开征资源税,征收对象是石灰石(按每吨 2 元税率执行)和黏土(按每吨 0.5 元税率执行)。1997 年起,对建筑石料开征资源税,税率每吨 1 元,属江苏省地税征收建筑石料资源税首个县。1998 年,资源税确定为潜力税源,设立资源税等单项税种征管办法。2005 ~ 2008 年,加强矿山治理,严禁乱采,保护环境,资源税源逐年减少。

四、房产税

1994 年,实行房产税征收,税率分自营和出租两种,自营税率为房产原值乘以百分之七十后的百分之一点二,出租房产的税率为租金的百分之十二。2000 年,县房产局建成集买卖、抵押、租赁、纳税、办证为一体的多功能房产交易大厅,交易纳税一体化,防止税源流失。2001 年起,随着房地产业发展,全县房产税收入逐年增长。2006 年,县政府出台《盱眙县房地产税收基金(费)征收管理办法》《盱眙县生产经营用房税收征管办法》,对纳税户分类划分标准,加强源头管理。2007 年,对房地产业实行项目登记管理。2008 年,配合房管、国土等部门联合执法,房地产税、二手房交易税实施科学化、专业化、精细化、社会化征管。

五、城镇土地使用税

1994 ~ 2000 年,城镇土地使用税率分两档,一档每平方米 1 元,二档每平方米 0.6 元,分别对应一、二级土地。2001 年起,随着房地产业发展,全县城镇土地使用税收入增长幅度加快。2007 年 1 月 1 日起,城镇土地使用税分别调整为每平方米 3 元和 2 元。

六、土地增值税

1997 年,县地税局按照国家和省土地使用税规定征到第一笔土地增值税款 3 万元。1998 ~ 2002 年,全县地税征收的土地增值税每年不足 10 万元。2003 ~ 2008 年起,土地增值税收入随房地产业发展而逐年增长。

七、社会保险费

2001 年 5 月,社会保险费由劳动部门交给地税部门征收。2002 年,坚持"钱不到位,措施到位"强制征缴社会保险费,对军工企业等一批社保大户,鼓励主动缴费,对屡催不交的"拖欠户"发出处罚通知书。2003 ~ 2008 年,各企业社会养老保险意识加强,社会养老保险费收入快速增长。

1994～2008 年盱眙县地税收入一览表

表 15－7　　单位：万元

年份	营业税	企业所得税	个人所得税	资源税	固定资产投资方向调节税	城市维护建设税	房产税	印花税	城镇土地使用税	土地增值税	车船使用税	屠宰税	教育费附加	文化事业建设费收入	社会保险费收入	其他各项基金	合计
1994	353	125	1	40	69	18	45	3	17	–	24	37	3	–	–	–	735
1995	537	252	10	50	51	92	53	9	18	–	51	37	11	–	–	47	1218
1996	976	272	129	47	145	150	64	11	19	–	69	87	34	–	–	–	2003
1997	1450	1068	244	85	266	247	156	16	26	3	65	58	103	–	–	–	3792
1998	1476	278	517	177	444	255	132	14	23	3	87	110	44	–	–	–	3560
1999	2253	697	600	294	686	210	190	21	21	–	94	177	42	–	–	80	5365
2000	2745	484	741	347	391	349	211	37	17	4	120	189	88	1	–	120	5844
2001	2736	1226	1172	214	–	438	244	102	54	–	89	3	163	–	1820	119	8380
2002	3144	1112	1362	275	–	392	242	50	79	9	87	–	375	–	3392	–	10519
2003	3820	1050	1200	357	–	551	276	84	81	172	78	–	383	–	4197	–	12249
2004	4633	964	1440	567	–	635	354	121	156	49	32	–	446	–	5246	–	14643
2005	5548	2474	1743	511	–	738	388	142	286	66	8	–	485	14	6413	–	18816
2006	7949	2842	1861	492	–	1060	677	182	432	186	15	–	675	–	9227	–	25598
2007	12291	2825	3604	540	–	1375	791	310	1914	1075	58	–	395	–	12733	453	38864
2008	17586	3389	5533	728	–	1751	1371	442	3217	1061	230	–	1129	–	17288	748	54473
合计	67497	19058	20157	4724	2052	8261	5194	1544	6360	2628	1107	698	4881	15	60316	1567	206059

第三节　征收管理

一、税务登记

1994 年,县地税局税务登记纳税人近 400 户。1995 年,排查全县纳税人税源,清理换证纳税人 619 户,当年申报登记的纳税人 700 户,其中重点税源户 54 户。1997 年,全县开展自行申报纳税宣传周活动,对逾期申报的纳税人按规定加收滞纳金,对情节严重的处以罚款。县直属分局管辖区内的企业主动申报纳税率 95%、个体户主动申报纳税率 60%,基层分局管辖区内的企业主动申报纳税率 80%。全县纳税申报登记户 3515 户,其中国有企业 2482 家、集体企业 748 家、个体和其他性质企业 285 家。建成地税大楼,建立征税大厅,实行办公电脑化、网络化。1998 年,开展清理漏征、漏管户活动,清出漏管户 480 家、漏征户 274 家,补办登记 480 家。

2003 年,县地税局与工商、国税部门进行信息交换,按季清理漏征漏管户,不定期地开展税务登记抽查,采取专人监控等办法,保证欠缴税款足额入库。2005 年 6 月,县国税、地税部门联合办理税务登记,实现"一个机关受理、一套登记数据、一个税号管理、一份证件通用、一次收费完毕",纳税人只需在县国税、地税其中一个部门办理税务登记事项即可。2008 年,全县纳入税源监控的重点企业 66 家,纳税登记户 13201 家,其中企业 2637 家、个体工商户 10564 家。

二、发票管理

1996 年,县地税局制定《票证填写考核暂行办法》。10 月,检查交通运输业发票使用情况;11 月,检查全县自印发票和购领发票数量较多的企业发票使用情况,共罚补税款 12.65 万元。1998 年,制定《行业发票管理办法》,扩大饮食服务、交通运输、建筑安装等行业定额发票使用面,集中发票管理权,减少自印发票单位。1999 年,取消劳务杂工发票开票点,开展清查非法凭证和补缴税款活动,查补票据偷漏税款 370 万元。

2000 年,开始实行纳税数据和征税开票微机化管理。2002 年年初,制定《盱眙县地方税务局发票管理制度》,手工开票的存根报县地税局备查,门市开具特种发票和建筑安装业发票实行建库管理,发票实行计算机控制管理,安置税控机 34 台。扩大定额发票使用面,除餐饮业实行定额发票外,旅馆业及其他服务行业实行定额发票,按月核对领、用、存情况,按季清查发票使用情况。

2003 年,推广使用计算机发票、卷筒发票、定额发票、税控收款机,杜绝手工开票。2006 年,推行数码防伪发票,建立饮食服务业发票"即开即奖、违法举报奖"等管理办法;建筑业、货运业和饮食服务业发票,控制领购数量,对发票领购、使用、审验、缴销等环节加强管理,定期对开具完毕的发票进行检查核对。到 2008 年,全县地税系统安装税控机 194 台,票证管理工作基本实现电子化。

三、减免税管理

1994 年,县地税局按照规定,除保留规定减免税项目外,取消经济性困难给予减免税的照顾。1996~1999 年,对改制企业下岗职工办企业实行税收减负优惠政策。2003 年,执行下岗再就业和"非典"期间税收优惠政策,为下岗职工办理减免税收 386 万元,办理"非典"期间减免税收 160 万元。

2005~2007 年,先后为 954 名下岗职工再就业人员从事个体经营减免税收 480 余万元,为福利企业减免税收 542.8 万元,为县新华书店文化体制改革减免税收 106.9 万元,为淮河化工有限公司国产设备投资抵免企业所得税 707 万元,为江苏永丰机械有限公司国产设备投资抵免企业所得税 49.6 万元。2008 年,为下岗再就业人员减免地方税费 107 万元,为江苏淮河化工有限公司、县新华书店等单位减免相关税收 500 余万元,为企业办理缓缴税款 368 万元。

四、"征、管、查"分离管理

1994年，税务部门对重点税源户建立征收台账，实行"户卡"管理，定时专人征收；对企业实现税金易形成滞纳欠税情况，采取多次开票、小金额分散入库办法，把企业实现的税款足额征收入库；对个体税收分行业按季调整税费，实行专人负责、专人管理，定额逐月征收；对集市和农贸市场税收，定人定岗，区别不同类型，分别征收。2001年，实行税收与稽查分离管理。2003年，率先在淮安市地税系统实行一级稽查方法，将3个检查分局与稽查局合并为稽查局。实行纳税申报计算机网络管理，实现征管组织结构、工作职责、执法文书、操作规程4个"统一"。2004年，实行征收职能与管理职能分离，实现"征、管、查"分离管理。2005年，制定《盱眙县地方税务局简化办税程序，强化事后监督办法》，推行"一窗式""一站式""一次性"加限时服务，推行自动划卡和网上申报缴税等申报方式。2008年，按照"宏观找问题，微观查原因，征管出措施"的工作思路，完善税收分析、纳税评估、税务稽查"三位一体"的联动机制，促进税收增长。

五、纳税信用等级分类管理

2003年起，县地税局按照统一内容、标准、方法和程序，对纳税人纳税信用实行A、B、C、D四级分类管理，每隔两年向市地税局评报A级信用纳税人。2005～2006年，江苏淮河化工有限公司、江苏红光化工有限公司、江苏天明化工有限公司、江苏省电力公司盱眙县供电公司获批淮安市A级纳税信用企业。2007～2008年，江苏红光化工有限公司、江苏天源服装有限公司、中国电信股份有限公司盱眙分公司获批淮安市A级纳税信用企业。

六、协管税收机制

1995年，县地税局从源头上控制税款流失，在全县设立代征代扣点，签订代征代扣协议50余份，在各乡镇聘请协征员60人。1996年6月，协征员精简到43人，专司地方小税种征收。1999年始，会同县公安、财政、工商部门，在乡镇成立协税护税办公室，配备协征员20余人。2001年，建立乡镇、村协税护税网络，农村零散税源征管做到乡不漏村、村不漏组、组不漏户。全年征收民房建筑营业税1000多万元。2004年，县地税局取消协征员聘用制，地税协征工作由各乡镇协税护税办公室负责。

七、征收信息化建设

1994年，县地税局税收征收、统计业务均为手工操作。2000年，县地税局配置微机48台，在全县建成局域网，形成网络化税收征管体系。2002年，办公自动化软件升级，推广社保费软件与金蝶财务软件。2004年，实现档案计算机管理。2006年，实现税、库、银联网，推行银行划卡缴税、电子申报和大厅申报等多元化申报，达到税收、基金（费）电子化报缴。到2008年底，县地税局征收电子信息化系统运行良好。

图15－7　税务宣传

第四节　税务稽查

1994年10月，县地税局成立稽查分局，开展税务稽查工作。1995年，稽查工作重点清查欠税、漏税，对河桥、古桑、官滩等乡镇欠税大户登门清查，清理欠税436万元。2000年，实行二级稽查制度，征管、检查两分离,建立县、乡两级协税网络。组织行业性稽查6次,检查纳税户75户,查处来信来访案件12宗。2001年,稽查工作以税收专项稽查、抓纳税执行为主,全年下达催缴通知书15份,扣押水泥1300吨,扣押轿车1辆,从银行直接划拨税款4000余元。2006年4月,制定《重大税务案件阳光审理实施办法》,稽查工作流程、措施、方法、形式等向社会公开,接受社会监督。2008年,县地税局实行税务稽查主辅查制,辅导纳税人自查申报税款385万元。

1995~2008年盱眙县地税局税务稽查一览表

表15-8 单位:户、万元

年份	查处漏征漏管户	补缴税款	罚款	补滞纳金	年份	查处漏征漏管户	补缴税款	罚款	补滞纳金
1995	72	200.0	-	-	2002	166	1340.80	29.00	-
1996	212	602.0	-	-	2003	147	385.70	83.50	6.2
1997	182	700.0	-	-	2004	118	160.84	62.72	11.5
1998	752	26.1	-	-	2005	89	260.00	137.80	-
1999	27	32.0	-	-	2006	52	225.00	115.00	10.0
2000	75	983.0	-	187.0	2007	50	287.00	-	-
2001	171	1224.0	-	-	2008	50	128.00	-	-

第三章 国　　税

第一节 机　　构

1986年,县税务局设税政一股、税政二股、稽管股、人秘股、计会股、监察股,下设直属、盱城、马坝、三河、旧铺、桂五、仇集等乡镇中心税务所。1987年,撤销稽管股,成立稽查队。1988年,人秘股分设秘书股和人教股,设立税务检察室(县检察院派出机构)。

1993年12月,增设办公室、人事教育股、发票管理所、税务事务所、税务检查室、税务治安办公室。直属税务所、盱城税务所更名为直属税务分局、盱城税务分局,成立鲍集中心税务所、管镇中心税务所。1994年9月,盱眙县税务局分设为盱眙县国家税务局(简称县国税局)和盱眙县地方税务局。国家税务局实行上级垂直管理,内设办公室、人事教育股、监察室、税政股、征管股、计划财务股等,设立税务稽查分局、直属税务分局。在盱城、马坝、桂五、旧铺、仇集、管镇、鲍集、三河农场等乡镇(农场)设立中心税务所,同时设税务事务所(正股级)。

1997年3月,撤销税政股设综合业务股,增设计算机信息中心(正股级);撤销直属税务分局,设直属分局(副科级)、稽查局(股级)。马坝(副科级)、三河农场(副科级)、旧铺、桂五、仇集、管镇、鲍集等乡镇(场)设分局。

2001年9月,撤销综合业务股、征收管理股,另设税政管理股、征管法规股;撤销各乡镇税务所和8个全职能分局,设直属分局、稽查局、马坝、三河农场4个管理分局(副科级)。2002年12月,撤销税政管理股,增设政策法规科，股改为科，其职能不变。撤销管理分局，设第一、第二、第三、第四管理分局和稽查局。

2005 年 11 月，设征收管理科、计划统计科（与信息中心合署办公）。稽查局为直属机构。撤销第一、二、三、四管理分局，设派出机构第一税务分局、第二税务分局、第三税务分局和第四税务分局。

2008 年，县国税局内设办公室、人事教育科、监察室、征收管理科、政策法规科、计划统计科（信息中心），派出机构有稽查局、第一税务分局、第二税务分局、第三税务分局、第四税务分局、第五税务分局。

图 15 - 8　盱眙县国税局办公楼

第二节　税收收入

1986 ~ 1993 年，盱眙县税务局征收税种主要有产品税、营业税、增值税、国营企业所得税、集体企业所得税。1994 ~ 2008 年，盱眙县国家税务局征收税种有增值税、消费税、企业所得税、车辆购置税、对储蓄存款利息所得征收的个人所得税。

一、产品税

1986 年，县税务局采用比例税率，从价计征产品税，征收 635 万元。1993 年，县税务局对以生产、进口或采购的特定产品为征税对象，征收产品税 1126 万元。

二、营业税

1986 年，县税务局对经营零售业务的月营业收入额不满 120 元，免征营业税。1993 年，县税务局对盱眙县 9 个营业税征税税目加强征管，全年共征税 1308 万元。

三、增值税

1986 年，县税务局征收对象主要有县通用机械厂、县办农具厂和制药厂等单位，当年征收税款 15 万元。1994 年，县国家税务局开始执行增值税征收，税收收入中 75% 为中央财政收入，25% 为地方收入。当年征收增值税 2865 万元，占全年总收入 88.62%。1997 年，派出机构内部实行征、管、查分离，分别设立小组，负责专项事宜,完善增值税专用发票计划、运输保安、存储保管、领用等各项管理制度,做好增值税专用发票日常交叉稽核工作,实施防伪税控系统和丢失被盗报警系统。根据企业规模大小、会计核算水平高低、纳税意识强弱等因素,将增值税一般纳税人分成A、B、C三个等级分别管理,开展国税登记证换证和增值税一般纳税人年审工作,保证增值税专用发票工作无责任事故。

2000年,加强增值税专用发票使用管理,按月核实纳税人购、用、存专用发票情况。2004年,设立代开增值税专用发票岗位和税款征收岗位,分别确定专人负责代开专用发票和税款征收工作,全年完成税收10162万元。2006年,各税源管理分局以低税负、低税额、长期亏损户为突破口,组织实施日常检查、纳税评估等工作,自查补缴增值税497.5万元。2008年,在全县范围内开展新增值税政策普法宣传,散发资料1万余份,全年完成税收25251万元。

四、消费税

1994年,县国税局开始征收消费税,主要是内资,包括烟、酒、贵重首饰等11类应税产品,当年征收236万元。1996年,开展税源调查,分析企业生产经营情况,加强税源管理,当年完成税收210万元。1998年,做好消费税税种鉴定及纳税申报工作,举办消费税税收政策培训班6期。江苏第一泉酒厂出现减收120万元情况。2002年,江苏第一泉酒厂改制,新成立的盱眙大明宫酒业有限公司当年缴纳消费税109万元。2003年,对重点企业产、销、存开展一次全程监控,对重大不确定因素调查分析,当年完成税收19万元。2005年,盱眙新大明宫酒业有限公司缴纳消费税99万元。2008年,科学界定政策界限,加强消费税源头监控,全年完成税收18万元。

五、所得税

(一)企业所得税

国营企业所得税 1986年,县税务局核定的全县利改税企业有39户,当年征收250万元。1993年,县税务局对企业的应纳税额,按照《国营企业成本管理条例》和国营企业财务制度规定进行审查、核定,当年征收520万元。

集体企业所得税 1986年,县税务局对每月营业收入超过7000元或收益额超过1000元的,按个体经济8级超额累进税率征收所得税,当年征收65万元。1993年,县税务局按照财政部规定,对以前所得税的附加不再征收。

内资企业所得税 1994年,县国税局将原来的国营企业所得税、集体企业所得税等合并,统一执行内资企业所得税制度。当年完成税收132万元。1996年,开展个性化的日常纳税辅导服务,重点对企业财会人员在税前扣除规定、税收优惠政策等方面进行业务辅导。1998年,实施企业所得税科学分类管理办法,根据企业税源规模、涉税事项、行业特点等,对纳税人在属地化管理基础上实行分类管理。

2002年,对"长亏不倒"企业列入重点检查对象,分析其亏损真实原因,帮助企业增产增效,共补缴税款126万元。2003年,开始征收企业所得税外资税,全年征收8万元。2006年,建立企业所得税征收管理电子台账,为企业所得税纳税评估工作提供数据来源。2008年,面向社会进行合并内外资企业新所得税法培训10余次,全年完成税收5288万元。

(二)个人所得税

1999年,县国税局开始对储蓄存款利息所得征收个人所得税,当年征收税收1万元。2004年,执行储蓄存款利息所得征收个人所得税代扣代缴制度。2007年,储蓄存款利息所得征收个人所得税减按5%比例税率执行,全年征收所得税885万元。2008年,优化服务举措,将"四个一"服务活动与软环境建设结合,每月开展"政策解读日"活动,举办税法培训班3期,全年完成所得税552万元。

六、车购税

2005年，车购税不再由交通部门代征，县国税局开始征收车购税，当年入库177万元。2006年，加强对销售商户日常巡查，督促其造册登记、规范开票，及时掌握车辆销售情况，完成税收125万元。2008年，从交警部门获取机动车销售及车辆登记、牌照办理、无牌违法记录等信息，及时做好税款征收工作，全年完成税收125万元。

七、金融营业税

1997年1月1日起，金融业营业税税率由5%调整为8%，县国税局征收提高的3%税率部分，当年征收71万元。2002年底，国税负责征收的3%税率部分停止征收。

1986～1993年盱眙县税收收入情况一览表

表15－9

单位：万元

年份	收入	年份	收入	年份	收入	年份	收入
1986	1200	1988	2150	1990	2846	1992	3073
1987	1574	1989	2594	1991	2982	1993	4133

1994～2008年盱眙县国税收入一览表

表15－10

单位：万元

年份	收入	增值税	消费税	营业税	车购税	利息税	企业所得税	
							内资	外资
1994	3233	2865	236	–	–	–	132	–
1995	3623	3306	250	–	–	–	67	–
1996	4188	3937	210	–	–	–	41	–
1997	4993	4596	205	71	–	–	121	–
1998	5487	5225	77	103	–	–	82	–
1999	6271	6079	43	108	–	1	40	–
2000	7936	7057	47	162	–	181	489	–
2001	9098	7957	48	137	–	341	615	–
2002	8911	7700	120	50	–	381	660	–
2003	10201	8849	19	7	–	387	931	8
2004	12278	10162	75	–	–	458	1576	7
2005	15461	12780	161	–	177	538	1802	3
2006	18704	15285	47	–	125	732	2498	17
2007	26389	20093	30	–	117	885	5136	128
2008	31234	25251	18	–	125	552	5288	–

第三节 税收征管

一、税务登记

1986年,县税务局规定基层税务所建立税务登记薄,详细登记纳税单位名称、经营地点、经营项目、开业时间、批准单位、执照字号、资本额和从业人员等。1987年,税务部门全面办理纳税单位和纳税个人税务登记,消除税收漏管户。全县领证企业和个体工商户共961个,其中国营企业123个、集体企业152个、个体工商业户599个、其他企业87个。

1993年,实行年审制度,确认一般纳税人为259户。1994年,县国税局做好税务登记证登记、变更、换证工作,办理税务登记证3107户,其中一般纳税人466户,小规模纳税人178户,个体工商户2463户。1998年,根据企业规模大小、会计核算水平高低、纳税意识强弱等因素将增值税一般纳税人分成A、B、C三个等级分别管理,核定增值税一般纳税人A类16个、B类2312个、C类3个。

2000年,加强国税户籍管理,定期核对纳税人开停歇业情况,所有国税分局按地段将辖区划分为若干责任区,出现漏征漏管现象由责任人负责。2004年,税收征管采用比较分析、逆查、数据控制等方法,实现过程控制,共评估纳税人164户次,其中评估有问题154户次,无问题10户次,移送稽查48户次。

2005年,建立和完善"税收分析员+税收管理费"税收管理运行模式,设定管理员和分析员协作运行机制,开展巡查、调查、稽核、评估工作,加强税源监控。2006年10月,统一使用全国税收征管信息系统CTAIS2.0系统,登记户5390户。2008年,县国税局和地税局实现联合办证,纳税人只向一家税务机关申报办理税务登记,即可办理税务登记证件,全年办理登记1140户。

二、发票使用

1986年,县内使用发票主要有企业经税务机关批准的自印发票、工业企业批发扣税发票、工业企业加工发票、工业企业通用发票、江苏省盱眙县饮食业专用发票等。

1990年,制定饮食业征管意见和批发代扣管理办法,成立票证管理所,建立文明票房和发票领、用、存制度,减少差错率。1993年,完善发票的印制、购领、使用、结存管理等措施,清理旧发票企业4137户,销毁发票14万份,购领新发票21.3万份,批准印刷发票143户,印发新发票163种。集中印刷采矿等5个行业的专用发票,统一保管,颁发"领用发票准购证"企业750个。

1994年,县国税局从发票的领、用、存等环节建立一整套规章制度,尤其是增值税的专用发票管理,明确责任制,责任到人,开展发票的保管、购领、使用等专项检查,防止利用发票偷税,抽查企业72户,纠正存在问题票面20份。1995～1996年,开展3次大规模增值税专用发票专项检查和增值税一般纳税人资格审核,坚持和完善增值税专用发票的计划、运输保安、存储保管、领用等管理制度,做好增值税专用发票日常交叉稽核工作,实施防伪税控系统和丢失被盗报警系统,保证增值税专用发票无事故。

1997年1月1日起,在全县国税系统更换使用统一防伪措施新版普通发票。1999年,推行"以票管税、以票控税"管理办法,控制用票企业和个体户税源,对超范围开票、"大头小尾"等发票违章行为,给予处罚。全年发票违规罚款14.5万元,遏制"发票满天飞"现象。

2000年,全面推行金税工程,杜绝增值税专用发票违章行为。各征收分局安装发票认证系统,稽查局安装发票协查子系统,综合股安装计算机稽核子系统,与市国税局联网。全县纳税人安装防伪税控开票子系统60户。2004年,检查水泥行业企业所得税税票、农业产品和废旧物资统一收购发票,全年查补款62万元,其中罚款19.6万元、滞纳金4.7万元。2006年4月1日,组织有奖发票启动仪式,在全县掀起购物索要发票热潮。2008年,重点开展普通发票逆查工作,累计逆查发票50份。

三、纳税申报

1986～1992年，执行国家税务管理条例，纳税人每月10日前向国税局递交纳税申报表及会计报表。1993年，年缴工商税收30万元以上企业，实行户卡管理、专人负责、定时征收。制定和完善涉外税收报送资料制度和主动上门纳税征管办法。

1995年，按月抽查2个税务所，逐月考评计分，奖优汰劣，企业纳税申报率提高到93%，个体户、私营企业定额通知书送达率提高到95%。1997年，要求全县纳税人限期上门纳税，企业上门申报率95%以上，个体工商户上门申报率90%以上，实行集中上门申报纳税税款占全部税款95%以上。1999年，制定片管员责任区制度，试行分期申报办法，提高准期申报率和遵期入库率。处罚不能按期申报纳税人120户，罚款1.25万元。

2001年，实行网上申报或代理网上申报企业337家，银行划卡缴税个体工商户70%。2003年，为纳税人统一办理防伪税控IC卡报税、专用发票抵扣联认证和纳税申报，实行一窗式管理，不再单独设置报税窗口。专用发票抵扣联认证数量大的可以单独设置认证窗口，现场解决票表稽核不符。在办税服务厅设立比对异常处理窗口，专门处理票表稽核不符情况。2006年，督促企业补充申报税款325万元，调减留抵232万元，调减亏损330万元。2008年，纳税申报办理在县行政审批中心集中办理，纳税申报办证不超过5个工作日，全年办理纳税申报户4539户。

四、税收信息化

1993年，全县税务部门运用税收信息化建设，向企业提供有价值信息51条。1996年，三河、马坝分局实现微机开票。1997年，建成局机关中心局域网，发挥以机管税、管票、防腐功能。1998年，为各分局添置1台计算机，实现税收征管微机化。1999年，全县国税系统建成城域网，与省、市国税局开通金税广域网，完成税收征管软件低平台向高平台转换。

2000年，与分局之间实现网上数据传播，实现征管软件县级集中，开始进行个体批量扣款尝试。2002年，防伪税控系统推广到使用万元版发票的企业，全县230户一般纳税人全部纳入到防伪税控系统管理，从源头上防范骗购、虚假专用发票现象发生。在全市率先实施“流程再造”，自主开发电子档案系统，被联合国货币基金组织确认为“它与国际上最佳做法是一致的，建议在中国税务系统推广应用”。2003年，在全市率先试点运行自行开发税库银系统，初步实现税票无纸化。

2005年，国际货币基金组织专家到盱眙县国税局考察评估税务领域“流程再造”系统，建议在全国税务系统推广应用。2006年8月，全面推行“一机多票”工作，加载升级393户企业，更换DOS版开票系统金税卡18户，顺利实现征管软件省级集中。2008年，县国税局开发联动管理信息系统，自动将接收到的税务信息识别、清分到各管理分局。全局共有5台服务器，台式电脑123台，笔记本113台，打印机86台。

第四节 税务稽查

1986年，县税务局税务稽查工作与征收管理合一，查处漏征漏管户。1987～1988年，成立税务稽查队，设立税务检察室，强化税务稽查、打击偷税行为。1990年，开展印花税专项检查、批发扣税检查和税收大检查，查补税款2.4万元；查处偷漏税案件21起，查补税款6.4万元；检查个体纳税户618户，查补税款1.6万元。1993年，建立盱眙县税务治安办公室、盱眙县人民法院税务行政巡回法庭，完善税收保卫体系。1994年，开展税收大检查和个体税收等专项检查，共查企业286户、个体1289户，查补税款94.4万元。1998年，成立税务违法案件举报中心。

2000年,共查处各类案件70余起,查补税118万元,罚款32万元。2001年,全面清理1996年以来稽查案件,对历年欠税款566.48万元,分清情况,逐户清理,及时追缴。对长期拖欠税款户,依法强行扣缴、查封拍卖,追缴税款、罚款20余万元。2004年,开展水泥行业所得税税票、农业产品和废旧物资统一收购发票专项检查,补缴税款110万元,含罚款、滞纳金24.5万元,移送司法机关处理案件6件。2006年,对纳税人实行风险管理,科学评定风险级别,共启动192条风险管理应对工作流程,巡查风险级别为一、二级纳税人216户,约谈或核查风险级别为三、四级纳税人84户。全年累计开展税负测定和分析495户次。2008年,稽查局重点查处做假账、账外账、虚开增值税专用发票、可抵扣发票、利用账外经营进行偷税等违法行为,运用风险管理,加强风险信息的收集、整理和分析。全年查补漏征户26户,补缴税款169.4万元,罚款53万元,补交滞纳金9.8万元。

1994～2008年盱眙县国税局税务稽查情况一览表

表15-11

单位:户、万元

年份	查处漏征漏管户	补缴税款	罚款	补滞纳金	年份	查处漏征漏管户	补缴税款	罚款	补滞纳金
1986	15	1.20	–	–	1998	6	25.00	–	–
1987	22	3.20	–	–	1999	176	400.00	–	–
1988	17	2.50	–	–	2000	70	118.00	32.0	–
1989	31	6.00	–	–	2001	278	566.48	20.0	–
1990	21	10.40	0.76	–	2002	54	35.00	2.0	–
1991	29	10.00	2.10	–	2003	35	32.00	3.0	–
1992	26	10.80	–	–	2004	48	110.00	19.6	4.90
1993	32	15.20	–	–	2005	59	870.00	–	–
1994	286	176.40	–	–	2006	84	260.00	–	–
1995	148	175.00	–	–	2007	426	352.72	–	9.46
1996	141	150.00	–	–	2008	26	169.40	53.0	9.80
1997	9	410.00	–	–					

第十六篇　商贸服务业

1986年起，县委、县政府贯彻落实改革、开放、搞活方针政策，打破国营、集体商贸服务业垄断经营市场局面，驱动个体、私营商贸服务业逐步迈进成长期。商业系统、供销系统、粮油贸易系统企业先后采取精简机构、企业兼管、承包经营、合作租赁、产权拍卖、整体出售等改制方式，逐渐退出市场，职工自谋职业，个体户、私营企业迅速占领商贸市场，推进私营商贸服务业逐步迈进成熟期。外经外贸业取得自主经营权，进出口总额、外资企业、对外合作单位、境外劳务输出逐年增加。烟草行业收购、批发和销售实行统一管理、分级管理，打击涉及采购、制造、运输、销售各环节制售假冒卷烟违法活动。食用盐行业实行统购、统销，专项整治辖区内的私盐、不合格盐市场，确保消费者食用合格碘盐。成品油购销市场逐步放开，取缔不符合条件的成品油购销个体户。中石油落户盱眙县后，个体加油点逐年减少。国有、集体服务业通过实行体制、机制改革，职工自谋职业，个体、私营服务企业逐步占领全县服务业市场，按规定要求颁发证照，个体和私营星级涉外餐饮业、高档次宾馆、高标准娱乐业逐步兴起，全县服务业提档升级，向现代服务业发展。

2008年，商业、供销、物资、粮食系统所属企业通过政府收购、对外拍卖、租赁经营、个体承包等形式，均改制为私营企业。外经外贸出口总额4093万美元，进口总额1234.9万美元；烟草专卖销售卷烟17819箱，销售收入22900万元，利税5077万元；盐业专卖盱眙分公司销售加典食盐3332吨，被省盐务局评为食盐安全、放心的消费先进单位。

第一章　商业局系统

第一节　机　　构

1986年,县商业局内设人秘股、业务股、财务股、教育股、商政股,辖县商业职业学校1个。国营商业企业:县食品公司、百货公司、糖烟酒公司、五金交电化工公司、饮食服务公司、蔬菜公司、商业大厦、酱醋厂、食品糖果厂;集体商业企业:县第二烟酒公司、第二百货公司、第二饮服公司、豆制品厂、商业服装厂、县工业品贸易服务中心、人民商场。

1992年,县食品公司更名为盱眙县食品总公司,县百货公司、县糖烟酒公司、县五金交电化工公司分别更名为总公司。1997年7月,县政府撤销县商业局,成立县贸易局,设人秘股、财务股、商政股。

2001年11月,县政府撤销县贸易局,成立县商业集团总公司,设办公室、财务股,县商业职业学校、食品总公司、糖烟酒总公司、饮食服务公司、工业品贸易服务中心、人民商场、商业综合公司、豆制品厂。2008年,县商业集团总公司机构未变,所辖国营、集体商业企业均改制为个体私营商业企业。

第二节　体制与机制改革

1986年,推行商业企业经理(厂长)负责制,实施自筹资金、自负盈亏、自主经营、自由组合经营机制,将销售额、利润、费用等各项经济指标与职工工资、奖金挂钩。

1992年3月,放开用人、用工、价格、分配经营机制,员工全部聘用上岗,签订劳动合同。1993~1994年,推行双层经营、柜台承包,包死基数、确保上缴、超收分成、歉收自补承包经营责任制,批发企业承包人实行销售额、利润、费用等经营指标一包三年。全系统94名职工承包238节柜台,完成税利51万元。先后拍卖效益低、管理差的百货公司一门市、三门市、食品总公司下属鸿达商厦、管镇食品站,总成交额310万元。

1995年5月,以竞标形式确定企业承租人,亏损商业网点采取包、租、卖方式经营。县食品总公司、县百货总公司采取承包形式,县糖烟酒总公司、县五金交电化工总公司、县饮食服务公司、县商业大厦、县人民商场采取租赁形式,县糖果厂、县酱醋厂实行对外公开拍卖。

1996年,推行目标考核责任制,企业法人缴纳风险抵押金,制约企业法人经营行为。1997年,采取干部职工工资与企业绩效挂钩,岗位实行联产计酬、联利计酬、技能工资等形式改革分配制度。亏损企业出租仓库及场地,商业网点对外公开招标承租。1998年,因县城区改造,县糖果厂、县酱醋厂、县饮食服务公司、县商业综合公司部分网点被拆除,职工下岗、分流。

2001~2007年,县百货公司、蔬菜公司、县商业大厦、五金交电化工总公司、县食品公司所属肉联厂、肉食品厂、种猪场、家禽场、马坝食品站的资产和土地整体拍卖,职工身份全部置换,自谋职业。2008年,县商业集团总公司所辖县商业职业学校、县糖烟酒公司、县饮食服务公司、县人民商场采取租赁形式,实行国有资产管理,每个企业留守部分人员维持正常工作,职工下岗,自谋职业,企业替下岗职工缴纳养老保险金。

第三节　商业经营

1986年,县商业系统以批发为主,兼营零售业务的企业有:县食品公司、县百货公司、县糖烟酒公司、县五交化公司、县饮服公司、县蔬菜公司、县糖果厂、县酱醋厂,实现社会消费品零售总额7749.97万元。1989年2月,县商业大厦正式营业,1~3层用于商品经营,设针纺、五交化、烟酒副食、百货文化用品4个经营部,30个柜组,当年商品销售额850万元,实现利润12万元。全年零售总额共12930.36万元。1994年,全县从事商业的个体经济发展迅猛,计划商品逐步放开,商业局系统效益下降,资金短缺,均停止进货,销售库存物资。全年零售总额9046.42万元。1999年,零售总额3045.76万元,为历年最低。2000年,县商业系统经营亏损,业务相继停止、改制,只保留5~6名留守人员。

图16-1　县人民商场百货柜台

1986~1999年盱眙县商业局购销一览表

表16-1

年份	销售(万元)	年份	销售(万元)	年份	销售(万元)
1986	7749.97	1991	11638.36	1996	14351.07
1987	9142.54	1992	9825.73	1997	10584.09
1988	10849.12	1993	14010.61	1998	5228.52
1989	12930.36	1994	9046.42	1999	3045.76
1990	12740.12	1995	10725.80		

第四节　商业企业选介

一、县食品总公司

1986年,生猪收购12.22万头,调出县外7.8头,县内销售4.4万头,全县市场供需平衡;家禽收购11万只,鲜蛋收购5.25万千克,主要以外调为主。年销售收入3262万元。

1990年,生猪收购价格抬高,收购量减少至11.79万头,家禽收购量减少到8.86万只。1993年,随着市场开放,县食品公司生猪购销急剧下降,购销量不足5万头。1995年,销售收入下降至2135万元,历年最低,严重亏损。1996年底,县食品公司、肉联厂、城区肉联厂、肉食分厂、冷饮厂、种猪场、盱城食品站、食品公司均实行产权制度改制,全部停业。2000年,全县猪肉市场被个体户替代,县食品公司所属各基层食品站成为生猪定点宰杀场所。2002年,改制县食品公司机关,肉联厂地段整体拍卖,肉食分厂、冷饮厂、种猪场、盱城食品站均改制到位,342名职工工龄置换后自谋职业。马坝食品站地段整体出让,29名职工工龄置换后自谋职业。

二、县百货总公司

1986年,主要经营大小百货、针纺、文化用品等批发和零售业务1600多种,实现销售收入2303万元。1987年,化纤和涤纶混纺布品受到百姓欢迎,分别销售75.02万米、115.42万米,为历年销售业绩最好。

1993年,私营、个体工商户逐渐增多,国有商业主体格局被打破,群众消费习惯从购布制衣转为购买成衣,县百货总公司纺织品销售大幅度回落。1994年,销售收入下降至767万元

图16－2　1998年的盱眙县百货总公司

1997年,盱城镇遭受特大洪涝灾害,县百货公司7个仓库500余万元商品进水,有3个仓库商品被水冲走。县百货总公司及时变价处理被浸泡的商品,收回货款54万元。是年销售额150万元。1998年起,逐年亏损,经营步履艰难。2000年,销售收入120万元。2001年12月,县百货总公司地段整体拍卖,公司实行改制,395名职工工龄置换后自谋职业,县百货公司被注销。

三、县糖烟酒总公司

1986年,销售食糖2264吨、酒类3500吨,销售收入912万元。1992年,食糖取消计划供应,食糖销售量逐年增加。是年,销售总额2011万元。1994年,居民收入增加,糖烟酒消费水平提升,糖烟酒总公司销售总额增长到2155万元。1996年,因企业管理不善,销售总额减少到1400万元。1997年停产。1998年,沿淮风光带改造,县糖烟酒总公司及其下属4个商业点和城北分公司、水产品分公司被拆除。

四、县五金交电化工总公司

1986年,以销售自行车、洗衣机、收录机为主,年销售总额1099万元。1988年,群众生活逐年好转,电冰箱、电视机和洗衣机销售呈逐年上升趋势。是年,销售自行车1.5万辆、电视机8200台、电冰箱230台。销售总额1049万元。1991年,销售电视机8597台。全年销售收入1682万元,为历年最高,是1986年的1.5倍。1993年,市场逐渐放开,销售五金产品个体经营逐年增加,销售收入逐年下降。1995年,销售额下降至523万元。1997年,外地客商投资新建大型商场相继开业,五金交电化工总公司销售受到冲击,销售额逐年下降。2004年,销售额189万元,严重亏损。2005年6月,公司地段整体拍卖,企业实行改制,218名职工工龄置换后自谋职业,县五金交电化工总公司被注销。

五、县蔬菜公司

1986年,以蔬菜和蔬菜籽种经营为主,兼营农副产品购销。是年,销售收入173万元。1987年,先后实施经理责任制、柜台承包制、租赁经营制,综合经济效益逐年增加,略有盈余。1992年,销售收入增加到213万元。1994年,市场逐步放开,全县大型商品交易市场投入经营,蔬菜柜台改为经营工业品。因经营混乱,产品销量不畅,企业逐年亏损,经营状况艰难。1999年,销售收入10.1万元,亏损2万元。2000年,公司地段整体拍卖,企业实行改制,75名职工工龄置换后自谋职业,县蔬菜公司被注销。

六、县饮食服务公司

图 16－3　集餐饮、旅社、歌厅于一体的金谷园饭店

1986 年，属公私合营企业，主要经营餐饮、旅馆和浴室业，下设 8 个经营门市部。是年，收入 82 万元。

1988 年，先后推广承包制、租赁制，综合经济收入逐年上升。但因遗留问题多，企业负债经营，销售收入逐年下降。1994 年，销售收入下降至 38.2 万元。1995 年，经济饭店因债务被法院裁定转让。1997 年，县饮食服务业管理混乱，负债逐年增加，效益逐年减少。2000 年，收入 2.1 万元，负债 2 万元。2000 年底，盱眙饭店、盱眙旅社及浴室地段整体拍卖，原旅社、饭店被拆除，县饮食服务公司经营停止。

七、县商业大厦

图 16－4　1989 年 2 月开业的商业大厦，是当时盱眙县城第一家大型商场。

1989 年 2 月，县商业大厦开业，是县城区第一家大型商场。有针纺、五交化、烟酒副食、百货文化用品 4 个经营部，30 个柜组，当年商品销售额 850.1 万元，实现利润 12 万元。1991 年，商贸流通放开后，大型商场销售竞争力增强，经济综合效益平稳上升。全年销售收入 950.3 万元，为历年最高。1993 年，全县商品市场多元化，冲击县商业大厦，加之经营不善，管理不到位，综合经济效益逐年下降。2004 年，销售收入下降至 24.6 万元。2005 年 6 月，县商业大厦地段整体拍卖，企业实行改制，205 名职工工龄置换后自谋职业，县商业大厦被注销。

八、县酱醋厂

1986 年，生产传统的腌制菜、酱油、醋等产品，销售收入 59.2 万元，利税 3.01 万元。1988 年，由于原材料价格放开，销售收入逐年增加。1991 年，销售收入增加到 108.3 万元。1992 年，全县腌制菜、酱油、醋生产小作坊逐年增多，县酱醋厂生产工艺简单，竞争力降低，销售收入逐年减少，亏损额逐年增加。1997 年，销售收入 36.1 万元，亏损 4.6 万元。1999 年，沿淮风光带改造，县酱醋厂地段整体拆除，职工全部下岗自谋职业。2000 年 5 月，县政府出资改制县酱醋厂，32 名职工工龄置换，县酱醋厂被注销。

九、县食品糖果厂

1986 年，生产加工传统食品、糖果。全年销售收入 66.2 万元，利税 0.03 万元。1988 年，由于传统的食品生产加工和包装工艺落后，产品滞销，逐年亏损。1991 年，亏损 2.46 万元。1992 年，县食品糖果厂实行机制改革，按照车间下达承包计划，对超产车间给予奖励，经营状况有所改善。1995 年，销售收入增加到 106.9 万元，利税 1.112 万元。1999 年，沿淮风光带改造，县食品糖果厂地段整体拆除，职工全部下岗自谋职业。2000 年 5 月，县政府出资对县食品糖果厂实行改制，32 名职工工龄置换，县食品糖果厂被注销。

1986~2004年盱眙县部分商业企业经营销售情况一览表

表16-2　　单位:万元

年份	食品总公司	百货总公司	糖烟酒公司	五金交化公司	饮食服务公司	蔬菜公司	商业大厦	酱醋厂	食品糖果厂
1986	3262	2303	912	1099	82.0	173.0	-	59.2	66.2
1987	4193	2423	1109	1250	94.0	168.0	-	56.8	63.8
1988	5250	2719	1319	1409	99.9	152.0	-	63.3	81.3
1989	4449	3238	1675	1586	82.7	188.0	850.1	80.1	55.7
1990	4085	3062	1847	1654	88.9	139.0	923.2	109.2	43.2
1991	4395	2545	1714	1682	71.8	183.0	950.3	108.3	38.9
1992	2124	2136	2011	1547	81.0	213.0	941.7	74.6	32.8
1993	2464	1213	2073	924	55.9	189.0	766.5	62.8	76.3
1994	3642	767	2155	802	38.2	69.9	421.3	73.1	89.7
1995	2135	608	1599	523	17.6	40.5	453.6	53.1	106.9
1996	-	312	1400	603	8.2	20.6	250.1	42.3	120.1
1997	-	150	-	829	6.7	11.4	230.4	36.1	96.2
1998	-	210	-	361	3.2	15.3	201.9	76.4	64.3
1999	-	210	-	421	2.4	10.1	128.7	-	-
2000	-	120	-	502	2.1	-	83.6	-	-
2001	-	220	-	287	-	-	59.1	-	-
2002	-	-	-	262	-	-	34.4	-	-
2003	-	-	-	298	-	-	21.5	-	-
2004	-	-	-	189	-	-	24.6	-	-

说明:2005年商业系统所属各企业均改制停业。

第二章　物资系统

第一节　机　　构

1986年,县物资局内设人秘股、财务股、行政股、工会办公室,下属燃料公司、金属机电化轻公司、木建材公司、生产资料服务公司、金属回收公司、磷肥厂,行管人员12人,企业职工743人。1989年4月,县建材公司分设县木材公司和县建筑材料公司。9月,县金属机电化轻公司分设县金属机电公司和县化工轻工公司。

1992年7月,成立物资实业有限公司,磷肥厂更名为复合肥厂。1993年4月,金属机电公司更名为金属机电总公司,金属回收公司成立煤炭石油对外贸易公司,煤球厂从燃料公司划出,成立煤炭油品公司。1994

年,成立县物资集团总公司,与县物资局合署办公。4月,物资局、金属机电公司、木材公司联合出资50万元,成立盱眙县物资外贸有限公司。1995年8月,县民爆器材经营门市从县化工轻工公司分出,成立县民用爆炸物品专营公司;建筑材料公司从建材公司划出,成立县宝山建筑装潢材料有限公司。1996年5月,县金属回收公司更名为盱眙县物资再生利用公司,复合肥厂更名为盱眙县裕丰复合肥有限公司。

2001年,成立资产管理办公室。2002年,撤销县物资局,物资系统业务由县物资集团总公司管理。至2008年,管理机构未变。

第二节 体制与机制改革

1987年,开始实施经营机制改革,将县金属机电化轻公司、木建材公司、生产资料服务公司、燃料公司、磷肥厂作为试点单位,试行职工工资总额与经济效益挂钩。1988~1991年,对所属企业实施内部承包责任制,实行费用包干、联利计酬、定人员、定指标、定时间、实行自负盈亏等分配形式,改革企业经营机制。

1992年,县政府取消对物资局财政拨款,实行自负盈亏。县磷肥厂采取挂大靠外经营策略,与南化集团公司氮肥厂联营,生产中低浓度复合肥。物资局以机关生活服务中心固定资产为股份,入股县物资实业有限公司,经营利润按股分红。县物资局把经济指标分解到经营部、股室及个人,其工资、奖金与效益挂钩。

1994年,采取自负盈亏和定额交纳各种费用的措施,将县物资外贸有限公司、县煤炭油品公司实行股份合作制;县磷肥厂、生产资料总公司推行切块租赁承包制,实行上缴利润、递增包干、包死基数、超利分成的办法;在县燃料公司、金属机电总公司、木材公司推行双层经营责任制,单位领导班子集体风险抵押承包,用工实行劳动合同制,打破干部和工人、固定工和合同工、全民职工和集体职工身份界限。县物资局获江苏省物资局主要指标综合考核三等奖。

1996年,县物资局下属生产资料服务公司、木建材公司、物资回收再生利用公司、化工轻工公司经营停业,其资产全部拍卖,拍卖金不足以支付改制费用。1997年,县物资局取消行政管理职能,产权移交给县物资集团总公司。县政府对县物资局职工恢复行政在编人员财政拨款,不在编人员实行自主经营,自负盈亏。

2000年,县政府整体收购县金属机电总公司经营场所。县物资集团总公司将闲置仓库、码头、厂房对外出租,缴纳出租金50万元。2002年,县裕丰复合肥有限公司产权由淮安诚信肥业有限公司收购,县民用爆炸物品专营公司产权出售给个人,县燃料公司和煤炭油品公司地块被县政府征用。

2008年,县燃料公司、煤炭油品公司产权均被拍卖,县燃料公司、县煤炭油品公司职工买断工龄,自谋职业。9月,县木材公司、县建筑材料公司产权被外地企业收购,职工买断工龄后自谋职业。

第三节 工业产品购销

一、金属产品购销

1986年,县金属机电化轻公司、县木建材公司和县生产资料服务公司经营钢材购货渠道为上海宝山钢铁厂、南京钢铁厂、马鞍山钢铁厂、淮阴钢铁厂及山东省部分民营钢铁厂,购进的品种为槽钢、角钢、工字钢、方钢、圆钢、罗纹钢、线材、管材、板材等,销售给工矿企业、建筑企业和城乡居民。全年钢材销售3084万元,废旧金属销售295万元。

1987年起,县金属机电化轻公司和县木建材公司在上海、南京、安徽、山东、淮安设立5个驻外窗口,直接从钢铁生产企业组织货源,降低成本,保证全县钢材供应,钢材销售逐年增加。

1990年,钢材销售收入增加至7736万元,废旧金属销售增加至421万元。1993年,钢材销售受到市场逐步放开的影响,销售明显降低。面对激烈市场竞争,先后设立驻外窗口35个,继续从厂家进货。1996年,钢材销售6862万元，废旧金属835万元。1997年，县物资系统与马鞍山钢铁公司、金城集团等钢铁生产厂家签订代销合同，年销售钢材有所增加，其中代理份额占60%左右。1999年，钢材销售增加到7792万元，废旧金属销售增加到1102万元。

2000年，城市改造快速推进，农民建房向楼房发展，县工业园区逐年扩大规模，市场钢材需求量增加，个体户、私营企业进入钢材购销市场，金属产品销售量逐年提升。2008年，全县钢材市场23个，销售钢材1.2万余吨，销售收入12346万元；废旧金属购销2665吨，销售2665万元，均超历史纪录。

二、机电产品购销

1986年，县金属机电化轻公司办理临时汽车购销证，从广东恩平等地购进35辆汽车，全年销售收入2556万元。年底，因发现有假准运证，停止购销。1989年，城市居民高档电器需求量增加，县金属机电公司与沈阳金杯、上海大众、苏州生产厂家建立购销关系，购进冰箱、电风扇、轿车、摩托车，销售收入逐年增加。

1993年，销售收入增加到4040万元。1994年，销售上海大众桑塔纳轿车600辆、幸福摩托车1000辆、冰箱300台。年销售收入4322万元。1998年，个体、私营企业进入市场，销售机电产品量逐年提高，县金属机电总公司受其影响，销售收入逐年下降。1999年，销售收入减少到3026万元。

2000年，县政府整体收购县金属机电总公司经营场所。2001年，机电产品由个体、私营户经营，销售量明显提升。2008年，全县机电产品由个体私营户经营，销售收入15419万元。

三、油品、燃料产品购销

1986年，县燃料公司和生产资料服务公司以购销煤炭、石油为主。采购的煤炭，县内供售给工矿企业、饮食服务、城乡居民、医院、地方驻军等，县外主要销往上海、镇江等地。县物资系统下设观音寺物资公司、物资大院、宝山码头、枣林码头4个加油站，年购销成品油2800吨，销售煤炭10400吨。1987年，全县煤炭实行凭票供应，销售量逐年攀升。县燃料公司在山西、长治、大同等地建立煤炭购进基地，租用专列火车运煤，称之为“自备列”，由于运费较高，煤炭经营亏损。

图16-5　宝积山下的石油公司油库

1990年，县燃料公司采购计划供应煤322900吨，每吨差价倒挂64.2元，县财政补贴6.4万元，燃料公司消化差价55.56万元，缓解倒挂差价。1995年，县燃料公司取消“自备列”，停止对食品厂、饮食服务业的计划煤供应，减少亏损；城乡居民生活用煤凭票供应。县煤球厂在枣林码头附近空房内存放1吨柴油，供船民购买。1999年，县燃料公司购进煤炭159197万吨，销售收入161354万元，属亏损企业。

2000年，煤炭、石油市场逐步放开，个体、私营新建液化气供应站、加油站逐年增多，居民生活用煤逐年减少，县燃料公司、煤球厂拍卖转产。2001 ~ 2008年，境内煤、油、气供应均由个体、私营企业购销。

四、化工轻工产品购销

1986年，县金属机电化工轻工公司负责购销化工产品，从业人员64人。经营品种有化工原料、橡胶制品、民用（矿石开采）爆炸物品等。全年销售收入225万元。

1991年，县化工轻工公司采购三角传送带65条、炸药1730千克、雷管700只、导火索800米，供应抗洪救灾。全年销售收入401万元。1995年，县民用爆炸物品实行专营，化工轻工公司成立盱眙县民用爆炸物品专营公司,江苏天明化工厂总代理全县火工民爆产品,全年销售收入477万元。1996年,县磷肥厂与锡山市禾丰集团合作,投资230万元,改造县磷肥厂,全年生产复合肥6500吨。1997年,物资集团公司投入50万元,实行复合肥技改工程,新上一条5万吨生产线。

1998年,县裕丰复合肥有限公司在县内设104个复合肥直销点。在洪泽、泗洪、金湖、来安、天长、嘉山等地设立销售网点,全年销售复合肥8000吨。1999年,县政府加快城乡道路建设,需要开采矿石量增多,县民用爆炸物品专营公司到采石企业推销爆炸物品。全年销售硝铵炸药300多吨、雷管46万只、导火索12万米。年底,县化工轻工公司管理不善,经营亏损,停业。

2002年,县裕丰复合肥有限公司生产复合肥和颗粒磷肥9215吨。全年销售收入314万元。2003年,县委、县政府大力发展全县旅游业,相继关闭部分采石场,民爆产品用量明显减少。外地复合肥进入盱眙县市场,县复合肥厂经济效益下降,全年销售收入295万元。2008年,化工类产品购销由个体、私营企业经营。县复合肥厂销售额250万元,民爆产品销售额308万元。

第四节 建材购销

一、土建类产品购销

1986年,县建材公司销售黄砂1万吨、水泥450吨,销售收入50余万元。1987年,县水泥厂生产的水泥均由建筑材料公司开票,水泥厂不自行销售。1989年,县水泥厂生产的水泥由县建材公司与水泥厂共同销售,县建材公司年销售水泥620多吨,销售收入近80万元。

1994年,建材市场放开,县水泥厂生产的水泥自行销售,个体户零星销售,县建材公司退出水泥销售市场,县内黄砂大部分由个体户销售。全县销售黄砂30余万吨、水泥18万余吨。建材公司经营亏损。1999年,县乡道路建设需求旺盛,全县黄砂销售量100万吨,水泥销量45万吨,均由个体私营企业经营。

2000年,县木建材公司改制,土建产品均由个体户购销。2001~2008年,购销土建产品的个体户相继增加,销售额明显上升。县城内形成枣林黄砂码头、物资黄砂码头、渔民村黄砂码头、清水坝黄砂码头销售网点,各乡镇均有零星黄砂销售点,年均销售黄砂500万吨,水泥125万吨,销售额3000万元左右。

二、木材产品购销

1986年,全县木材购销以县木建材公司为主,县生产资料公司为辅。木材经营品种有松木、杉木、杂木等80余种,全年购进木材16379立方米,购销额15894万元。工业企业、建筑企业和城乡居民实行计划供应。1987年,全县农村建房出现高峰期。县木建材公司组建木材加工厂,加工成品木材销售;从外地进口大批木材,满足市场木材供应。

1990年,加工木材5000立方米,进口木材4500立方米,销售原木1.5万立方米,销售生产胶合板用材2000立方米,销售额23320万元。1991年,从广西、湖南、福建、江西、黑龙江等地购进木材,年销售木材下降1%。县木建材公司、县生产资料服务公司供应县内救灾木材1375立方米、矿瓦30万块。1992年,县木材公司调拨的计划内木材价高质次,停止计划内木材的调拨;从美国购进花旗松1.5万立方米计划外木材。在城区、马坝、管镇、旧铺、王店、淮河、河桥等乡镇销售。1995年,购销木材17265立方米,销售额17414万元。1998年,县木材公司因资金不足,木材货场划片承包给职工销售木材,个体私营企业在县龙泉酒厂南侧交叉路口处设立木材销售市场。全县销售木材18896立方米。

2000年,县木材公司停止经营。县政府改造龙泉酒厂时,将个体木材销售点迁至嘉喜大道西南,设立新的木材销售市场,由个体户经营。2001年,县政府新建工业园区,房地产业也逐步兴起,木材需求逐渐增加,木材市场经营渠道出现个体、私营多元化。2008年,全县有建材类私营规模企业14个,建材市场、各乡镇经营建材、原木、板材户约1500户,年开票销售收入25835万元。

三、其他建材产品购销

1986 年,全县购销其他建材产品有玻璃、油毡、三合板、彩色石子、墙面砖、地板砖、防水材料、防盗门窗等,油毡和玻璃销售量比较大,全年销售 350 万元。1989 年,从市建筑材料公司调拨计划玻璃 650 标准箱、沥青 10 吨、油毡 1400 卷。

1995 年,其他建材业销售额 210 万元,比 1994 年增长 12.5%。1996 年,县物资企业投入 20 万元,新建物资石子加工厂。1997 年起,县物资企业受市场放开影响,企业经营亏损,销售量相继减少,逐年亏损。

2002 年底,县物资系统建材购销企业实行改制,停止经营。2003 年起,购销建材产品个体、私营企业相继增加,占领建材市场。2008 年,全县有玻璃、墙面砖、地板砖、防盗门窗等建材经营批发户约 2000 户,年销售额约 9 亿元。

1986～2008 年盱眙县物资购销情况一览表

表 16－3

年份	钢材		废旧金属		机电产品		煤炭		化工轻工产品		木材		其他建材类(不含钢材、木材)	
	购进(吨)	销售(万元)	购进(吨)	销售(万元)	购进(台)	销售(万元)	购进(吨)	销售(万元)	购进(吨)	销售(万元)	购进(立方米)	销售(万元)	购进(立方米)	销售(万元)
1986	2680	3084	296	295	2467	2556	104000	110067	212	225	16379	15894	348	350
1987	5713	4894	312	311	2698	2744	152287	165103	233	246	17478	18122	371	365
1988	5533	5184	357	356	2800	2859	173563	180121	310	313	21134	20356	527	532
1989	4520	4510	401	399	3112	3087	186000	191183	338	341	20423	21978	582	589
1990	7135	7736	422	421	3131	3241	318910	322900	362	368	23532	23320	494	495
1991	4840	5261	590	586	3295	3370	455923	466913	395	401	19256	19123	473	477
1992	5231	5680	620	615	3590	3673	470267	470385	421	429	19671	19547	410	413
1993	8410	8354	649	646	3980	4040	525472	526869	459	464	19789	19775	398	381
1994	8100	7836	680	678	4231	4322	466744	463373	480	487	18133	18225	311	313
1995	7245	7459	745	746	4153	4106	315216	314897	472	477	17265	17414	215	210
1996	6542	6862	840	835	6053	6084	251500	251639	447	453	16189	16223	185	103
1997	7113	7067	931	927	5850	5779	198916	204162	420	425	14358	14716	93	99
1998	7376	7421	1021	1011	3357	3400	184153	183211	380	383	17086	17659	85	94
1999	7810	7792	1100	1102	2985	3026	159197	161354	365	368	18623	18895	80	86
2000	7987	8104	1215	1212	2544	2663	－	－	352	356	19554	19461	52	58
2001	8149	8266	1363	1357	2178	2263	－	－	344	349	20140	20634	1100	1003
2002	8544	8513	1568	1561	3895	3763	－	－	310	314	20542	21253	8100	8240
2003	8890	8939	1709	1701	5426	5561	－	－	290	295	21053	21465	3410	3510
2004	9281	9118	1830	1837	7871	6426	－	－	294	298	21684	21894	9865	10260
2005	9489	9573	2041	2039	8017	7856	－	－	291	301	22768	22988	13670	13400
2006	10627	10586	2250	2243	9589	8382	－	－	297	305	24361	24597	20000	28000
2007	11583	11538	2459	2468	11019	10531	－	－	299	310	25335	25580	45000	49000
2008	12394	12346	2655	2665	15523	15419	－	－	298	308	25841	25835	87000	90000

第三章 供销合作社系统

第一节 机 构

1986年,县供销合作总社设财务股、业务股、人事股、基层股、工副业股、储运股、纪检股、办公室。1990年,撤销储运股,增设审计科、宣教科,将所设股更名为科。1994年,撤销业务科、人事科、基层科、工副业科,纪检科、成立综合业务科。1997年,撤销综合业务科,成立工业科、基层科。2003年,成立财务科及会计核算中心、人事监察科、业务科、资产管理科。2006年,有财务科、会计核算中心、审计科、人事监察科、业务科、资产管理科、办公室。至2008年,机构无变化。

第二节 体制、机制改革

1986年,有基层供销社29个、直属公司4个、职工学校1所、汽车修理厂1个、贸易中心1个、合作商业社21个,共有干部职工1465人。各单位人事任免、产权归县供销总社所有。是年,县供销合作总社职工工资推行上不封顶、下不保底、全员抵押、全额浮动制,吸收社员股金105万元。

1988年,科室人员、下属企业管理人员面向社会公开招聘,采取条块推荐、本人自荐、组织考察、民主评议、择优聘用、竞标上岗制,57个企业中未中标4人、落聘2人,机关人员分流精简10%。

1993年,下属企业管理人员分流到经营第一线117名,县供销总社4名副主任分别兼任下属公司经理。县供销合作总社机关人员工资、奖金与本职工作责任目标和企业经济效益挂钩。

1994年,县供销合作总社印发《供销系统企业改革意见》,推行自主经营、自负盈亏、自主分配、自由组合、包销售、包利润、包费用、公职身份抵押、资金抵押等经营体制改革;对连续亏损、地处偏远、库存商品不超过1万元的经营站点,实行整体发包给个人经营;对小、亏、闲置的房产或经营站点,公开向社会拍卖或转让经营权;对资不抵债的乡镇供销社实行代管,仇集供销社代管龙山供销社、桂五供销社代管水冲港供销社、鲍集供销社代管肖嘴供销社。

1995年,对生活资料经营实行抽本承包,职工组合上岗制,承包人一次性付清库存商品款,按时上缴承包金。1997年,马坝供销社扩大经营规模,自筹50万元建立液化气站,经营面积1200平方米,实行承包责任制。仇集供销社筹措资金兴办农贸市场。1999年,各乡镇供销社成立农资公司经营站,经营权交县农资公司,利润分成。

2002年起,推行体制、产权改革,实行职工身份和产权制度两置换。至2005年,县工业品公司、鲍集商场、铁佛商场、仁集商场、张洪商场产权公开拍卖,所得资金用于缴纳职工养老保险金;管镇商场、马坝商场、桂五商场由职工内部租赁经营。

2008年,供销系统产权制度改革全面结束,基层供销社职工下岗后,承包商场从事商品经营。县供销总社对下属基层社进行资源整合,组建农业服务社36个,形成服务网络98个;建立专业合作社26个,放心农家店90个,农资配送中心2个,农资经销点210个,农药经销店230个。

第三节　农副产品收购

一、议价粮油收购

1986年,国家粮油购销价格实行双轨制,议价粮、油购销由乡镇供销社收购门市经营,全年收购议价粮、油(花生、芝麻、黄豆、菜籽等油料)2850吨。1991年,县供销系统采取开发新门市、上门收购等举措,收购议价粮、油8000吨左右。1994年起,国家取消比例价和价外补贴,社会个体户进入粮食购销市场,县供销系统粮、油收购逐年减少。1996年,收购粮、油6480吨,比1995减少12%。1998年6月,县供销合作总社执行国家敞开收购、顺价销售、封闭运行政策,采取抓信息快速经营、筹资金保兑现、延长收购时间、就地加工转化等措施,收购粮、油9018吨。1999年起,根据国家相关规定,取消供销社粮、油收购网点,乡镇供销社收购仓储被拆除,停止议价粮、油收购。延续至2008年。

二、棉花收购

1986年,县棉麻公司负责购销合同定购及合同外籽棉。全年收购合同定购籽棉40吨、合同外10.2吨。1991年,县供销合作总社从泗阳引进泗阳16号棉花新品种,推广各乡镇,棉花产量上升。全年收购籽棉1652吨。1993年起,县境内受到旱、涝自然灾害影响,棉花产量明显减少,收购量下降。县棉麻公司组织人员到邻县、邻省,采取定点和流动方式收购籽棉,收购量逐年增加。2004年,收购籽棉2793吨。2005年,全县农户种植棉花面积减少,生产籽棉自行销售,县棉麻公司停止收购棉花,轧花厂停业。2006年,棉花种植成本加大,收益下降,农民基本不种植棉花,只有少数农户在自留地种植少量棉花,全县无棉花收购点。2008年,农民生产的棉花均在市场自由销售。

三、蚕茧收购

1986年,县土产公司和乡镇供销社联合收购蚕茧129.9吨。1987年起,县土产公司成立县茧丝公司,专门负责蚕茧收购,扩大收购范围。广大农民养蚕效益增加,养蚕户不断增多,部分平原乡镇发动农民栽桑养蚕,蚕茧收购量逐年增加。1995年,收购蚕茧增加到318吨。1996年起,受外贸茧丝绸出口影响,价格下跌,县茧丝公司亏损率逐年加大,农民毁桑种粮,蚕茧产量下降。全年收购蚕茧616吨。1998年,收购蚕茧下降到58吨。1999年,农村无人养蚕,县茧丝公司、乡镇供销社停止收购蚕茧。延续至2008年。

四、蜂蜜收购

1986年,县土产公司组织收购蜂蜜100.6吨。1987年,扩大油菜种植面积,气候适宜,蜂蜜产量逐年增加。1989年,收购蜂蜜198.5吨。1991年,县土产公司下设30个收购网点,协调资金10万元,采取统一收购、统一调拨、统一外销联销运行机制,严控蜜源外流。是年,洋槐花盛开,外地养蜂户进入盱眙县采集洋槐蜜,蜂蜜收购量增加到452吨。1994年起,蜂蜜收购市场逐年放开,经营企业和个体户不断增多;县土产公司贷款困难,资金短缺,收购蜂蜜逐年下降。2001年,收购蜂蜜89吨。2005年,县土产公司改制,职工下岗,停止蜂蜜收购。2008年,蜂蜜由养蜂户自主经营。全县生产蜂蜜71吨。

五、毛竹销售

1986年,县农资公司负责毛竹购销业务,年购销毛竹、竹篙14498根。1987年起,全县毛竹适用量和外购数量逐年减少。1993年,销售毛竹、竹减少8000根左右。1995年,毛竹、竹篙社会用量减少,县农资公司销售毛竹、竹篙亏损,停止销售。1996～2008年,全县毛竹购销均由个体户承办,年均购销毛竹约10万根左右。

1986～2004年盱眙县供销系统籽棉、蚕茧、蜂蜜收购情况一览表

表16－4　　单位:吨

年份	籽棉	蚕茧	蜂蜜	年份	籽棉	蚕茧	蜂蜜
1986	50.2	129.9	100.6	1998	726.0	58.0	133.0
1987	237.2	132.3	293.9	1999	701.0	-	98.0
1988	736.3	147.5	213.2	2000	1011.3	-	83.0
1989	693.5	151.3	198.5	2001	1121.5	-	89.0
1990	898.2	127.9	385.0	2002	2989.0	-	92.0
1991	1652.0	138.5	452.0	2003	2812.0	-	78.0
1992	2100.0	160.7	423.0	2004	2793.0	-	81.0
1993	832.0	166.5	412.0	2005	-	-	80.0
1994	754.0	243.0	147.0	2006	-	-	72.0
1995	728.0	318.0	139.0	2007	-	-	65.0
1996	616.0	103.0	147.0	2008	-	-	71.0
1997	589.0	85.0	129.0				

第四节　农业生产资料销售

一、化　肥

1986年,县农资公司负责农业生产资料购销,有供应网点58个,采取预约送货、拆整卖零、串乡销售等形式进行销售。县供销系统自建第一个菌肥厂,研制“920”“5406”农作物生长激素供应全县农民。全年销售化肥96197吨。1987年,拥有农资仓库11个、装卸码头2个、运输车5辆,销售化肥实现利润17万元。1989年,农业生产资料实行专营,全县农民用肥统一由县农资公司负责购销,销售化肥166328吨,实现利润192万元。

1990年起,农资生产企业和乡镇农业植保站、土肥站、农业技术推广站开始销售化肥,销售量逐年增加。1992年,销售化肥159094吨。1993年起,全县农资供应市场全面放开,个体私营企业进入化肥购销渠道。县农资公司购销化肥受其影响,采取连销经营、扎口管理、及时、足量、稳价措施,建立村级农资服务站86个,实施承诺服务、送货上门,销售各种化肥有增有减。1998年,销售化肥增加到64666吨。1999年起,县供销系统化肥供应采取随行就市、降低成本、微利销售保本经营措施,购销差价降低0.6%。2000年,销售化肥19004吨。2001年,县农资公司改制,职工下岗,乡镇供销社化肥经营由个人承包。2008年,全县化肥经营户约130余户,销售化肥18623吨。

二、农药、农膜、农药器具

1986年,县土产公司购销门市、乡镇供销社负责农药购销。农膜、农药器具销售由乡镇供销社经营。全年销售农药408吨,农膜138.94吨,销售喷雾器、喷粉器2812台。1989年起,农药销售由县供销总社实行专营。全年销售农药410.94吨。1990年,全县推广花生、西瓜等地膜覆盖和塑料大棚种植蔬菜,农膜销售205.32吨。1996年,农药使用范围由粮食作物扩大到林果、蔬菜等经济作物,农药销售432.33吨。1990年,市场放开,个体户开始经营农药、农膜、农药器具购销。1998年,全县有个体户经营农药、农膜、农药器具购销点42个。2000年,农药销售370.43吨,农药器具销售3127台,农膜销售202.12吨。2008年,全县有

农药配送中心2个,农资服务网点240个,经营品种增加到50种。全年销售农药299.21吨,农药器具3020台,农膜220.96吨。

三、农机具

1986年,农机具销售由乡镇供销社负责经营,水泵系列销售1230台,销售额38.5万元;防滑轮销售918副,销售额28.5万元;脱料机230台,销售额26万元;柴油机、电动机等销售2180台,销售额415万元;拖车销售1240台,销售额172万元;手扶拖拉机销售1360台,销售额452万元;农机配件销售1000多件,销售总额80万元。1987年,县供销总社成立盱眙县供销农业机械公司,负责农机购销。1998年,农机具市场全面放开,市场购买力分散,加之银行不予贷款,县供销农业机械公司农机经营困难,全年销售农机具6997台(套),销售额500万元。2005年,县供销农业机械公司经营停止,农机具销售由县农机化服务公司和个体私营企业经营。全年销售农机具2891台(套),销售额200万元。2008年,个体户购销农机具1687台(套),其中大中型农机400余台,销售小型农机具1000余台(套),销售额450万元。

1986~2008年盱眙县供销系统农资销售情况一览表

表16-5

年份	氮肥(吨)	碳铵(吨)	磷肥(吨)	钾肥(吨)	复合肥(吨)	农药(吨)	喷雾器(台)	喷粉器(台)	薄膜(吨)	农机具(台、套)
1986	45157	38399	9342	58	3241	408.00	2800	12	138.94	8138
1987	72451	41212	17326	182	3900	396.23	2916	7	178.35	8220
1988	87645	63728	53619	413	10310	504.35	2422	4	222.59	8697
1989	84112	56653	11770	485	13308	410.94	2874	5	161.15	9166
1990	86312	60113	10701	623	12023	512.31	3180	3	205.32	9116
1991	90627	63118	11236	645	12624	500.52	2950	6	212.33	10197
1992	95158	42018	9680	623	11615	543.54	3340	3	241.55	10760
1993	75120	34540	4720	415	9848	510.26	3760	2	253.24	9008
1994	5340	29800	3509	180	8760	498.51	4020	4	231.91	7810
1995	2570	13409	1502	230	10004	415.38	4247	6	284.33	7141
1996	1809	18000	1489	240	11049	432.33	4857	3	223.76	8988
1997	14111	60238	918	308	28363	415.57	4964	2	198.52	8791
1998	26669	11217	11426	236	15118	400.33	4336	3	189.96	6997
1999	12321	936	1063	213	9936	378.52	4123	4	201.33	7308
2000	9890	845	934	205	7130	370.43	3125	2	202.12	6027
2001	9885	863	984	216	7780	359.69	3216	5	213.54	6309
2002	9645	852	963	206	7774	343.25	3313	6	210.31	5320
2003	9238	826	924	210	7669	338.32	3068	3	199.69	5162
2004	9543	812	933	208	7592	329.69	3133	4	210.51	3250
2005	9402	809	916	215	7543	330.12	2996	6	213.00	2891
2006	9312	805	908	212	7438	310.32	2933	5	221.14	1673
2007	9289	810	910	223	7496	298.69	2896	3	223.73	1454
2008	9192	808	903	210	7510	299.21	3018	2	220.96	1687

第五节　日杂品销售

1986年，县供销系统销售煤炭、煤油、生活用品等日杂品，销售收入700万元。1990年，供销总社与18个省、市285个工厂建立日杂品批发购销业务，年销售额5000万元。1997年，全县生活资料取消凭票供应，个体工商户、小商小贩从事日杂品购销，县供销系统日杂品经营额逐年下滑。2000年初，日杂品购销亏损，停止经营。10月，县供销合作总社将日杂品公司职工组建烟花爆竹供应站，下设烟花爆竹供应点30个，购销烟花爆竹。2001年，全县烟花销售由烟花爆竹供应站统一批发给零售网点。2005年，扩大烟花爆竹供应网点69个，年销售额126万元。2008年，全县有烟花爆竹供应网点90个，销售额358万元。

1986～1999年盱眙县供销系统日杂品销售情况一览表

表16－6

年份	煤炭（吨）	煤油（吨）	肥皂（箱）	洗衣粉（件）	卷烟（箱）	酒（吨）	盐（吨）	手表（只）	棉布（百米）	化纤布（百米）	销售额（万元）
1986	1595	941	17530	170.55	11957	1678	4255	7530	11388	7527	700
1987	1228	928	14630	383.25	14115	2207	2717	9052	11841	8109	1100
1988	1235	912	12850	372.2	15011	2306	2693	8963	10930	7918	1500
1989	1196	908	13040	369.5	14933	2182	2556	8894	9931	7823	2500
1990	926	910	11252	348.2	14825	2093	2347	8435	9215	7521	5000
1991	920	913	11230	336.5	12368	2138	2453	8516	9159	7532	4500
1992	913	925	12081	341.7	13160	2209	2391	8352	9210	7496	3900
1993	923	921	11830	350.1	12900	2194	2283	8343	9202	7318	3156
1994	915	919	11623	348.2	12801	2123	2196	8242	9185	7203	2341
1995	918	913	11431	349.3	12790	2103	2099	8196	9095	7112	2531
1996	907	905	11362	342.5	12781	2101	2086	8088	9063	7001	2257
1997	903	886	10913	338.2	12631	2182	2073	8016	9012	6913	2236
1998	912	878	10814	326.1	12450	2185	2065	8023	8803	6632	2018
1999	894	873	10623	304.9	12382	2096	2053	7906	8531	6415	1956

第六节　废旧物品收购

1986年，县废旧物资回收公司下设废旧物资收购站21个，主要收购有色金属、废钢铁、废橡胶、废麻、废布、废纸、杂骨等100个品种，收购额43.6万元。1987年，实行超奖、减赔措施，增加收购量。全年收购废钢铁323吨，废塑料20吨。1991年，县土产公司24名收购人员划出，成立县物资回收利用公司。实行定产定量、超产全奖、欠产全赔措施，收购各类废旧物品逐年增加。1994年，废旧物品收购额62.4万元，是1991年的2倍。1995年起，利用拆除库房、办公场所，设立收购网点9个，继续分散收购，集中运送废旧物品。全年收购废钢铁568吨，废塑料19.2吨，废纸603吨。1999年，有色金属、废纸、废塑料收购由县物资回收利用公司下属30多个网点承包经营。部分废旧物品销售价格低，货源不足，停止收购。废旧物资收购由个体户经营。2008年，收购废钢铁894吨，废塑料6吨，废纸913吨。

1986~2008年盱眙县供销系统废旧物品收购情况一览表

表16-7　　　　单位:吨

年份	杂铜	废铝	废铅	废锡	废钢铁	废橡胶	破布	破布鞋	废棉	废麻及麻用品	废纸	废塑料	杂骨
1986	5.0	2.0	0.7	0.02	172	31.5	1.6	18.1	0.1	8.7	128	10.3	45.3
1987	5.3	3.0	0.9	0.1	323	47.3	2.2	19.2	0.2	9.3	154	20.0	82.1
1988	4.9	2.5	0.8	0.2	412	50.5	1.8	17.3	0.3	10.5	205	17.2	51.5
1989	5.6	3.2	1.2	0.2	475	52.3	1.7	15.6	0.2	8.9	283	18.6	49.2
1990	5.4	3.1	1.3	0.1	501	53.1	1.6	14.9	0.2	9.2	301	17.8	48.3
1991	5.5	3.4	1.2	0.1	523	55.0	1.5	15.1	0.1	8.9	402	16.9	45.2
1992	5.6	3.5	1.4	0.3	585	58.0	1.4	14.8	0.1	9.0	458	17.2	41.5
1993	8.3	5.2	2.1	1.0	826	62.0	2.3	16.9	0.3	10.5	723	20.2	45.3
1994	9.1	5.8	2.5	1.0	879	65.0	3	17.0	0.5	11.2	756	20.5	44.4
1995	5.9	3.8	1.3	0.3	568	59.0	1.2	13.9	0.2	9.0	603	19.2	38.2
1996	6.1	3.6	1.4	0.2	671	57.0	1.4	15.1	0.2	10.0	589	17.6	34.0
1997	6.0	4.1	1.6	0.1	666	55.0	1.1	14.0	0.3	8.8	591	18.5	29.0
1998	6.2	4.0	1.9	0.2	701	60.0	1.5	14.3	0.2	9.3	602	19.0	10.0
1999	5.8	3.0	2.1	0.1	901	-	-	-	-	-	712	12.0	-
2000	6.3	3.0	1.8	0.2	950	-	-	-	-	-	802	11.0	-
2001	6.5	4.0	1.6	0.1	956	-	-	-	-	-	819	10.0	-
2002	6.8	3.0	1.5	0.1	982	-	-	-	-	-	830	8.0	-
2003	6.2	2.0	1.0	0.1	992	-	-	-	-	-	850	7.0	-
2004	6.9	4.0	2.0	0.1	988	-	-	-	-	-	876	8.0	-
2005	7.0	4.0	2.2	0.1	993	-	-	-	-	-	895	8.0	-
2006	7.5	3.8	2.0	0.1	996	-	-	-	-	-	915	8.0	-
2007	7.1	3.2	1.8	0.1	923	-	-	-	-	-	918	7.0	-
2008	6.2	3.3	1.5	0.1	894	-	-	-	-	-	913	6.0	-

附:盱眙县供销大厦

1992年,县供销总社采取各供销社股份合作制措施,集资850万元,开工建设供销大厦,共6层,建筑面积6500平方米。1994年1月20日开业,主要经营百货、五金家电、日用百货、金银首饰、鞋帽服装、烟酒食品等3万余种商品,销售额1670万元,利润40万元。1997年,投资200万元,改造四楼,新上休闲娱乐城。供销大厦拥有供销大酒店、新亚商城、摩托车和自行车商城、鞋帽服装商城、家具商城、休闲娱乐城、供销大排档7个连锁店,全年销售额3900万元,利润90万元。1999年,供销大厦营业柜组面向内部职工承包,企业确定柜组承包人数、承包金,职工自由组合,竞争上岗,柜组商品由企业抽回,共收取承包金200万元。2000年,分别被淮阴市消费者协会评为信得过单位,被市精神文明建设指导委员会评为星级窗口服务单位、"青年文明号"单位,被市供销总社评为先进集体。2002年,供销大厦的资产分楼层切块,实行职工和外部承包经营。供销总社停止经营。2003年起,县供销总社对县供销大厦实行资产管理。延续至2008年。

第四章　粮食局系统

第一节　机　　构

一、局及下属机构

1986年，粮食局内设人秘股、纪检股、业务股、储运股、财会基建股、工会、职工学校、防治队、化验室、编志办；局直属机构：县植物油厂、县面粉厂、县城南粮库、县装具器材库、县饲料公司、县粮油贸易公司、县粮油工业公司（马坝机米厂、管镇米厂、桂五机米厂）、县粮食车队。1991年，成立盱眙县军粮供应站、县粮食局驻海口办事处、盱眙县人民政府驻广州办事处、县盛源粮油贸易公司、县葡萄糖厂、县粮化厂，多种经营管理办公室。1992年，县金谷实业总公司与县粮食局合署办公，实行两块牌子，一套班子。1999年，成立县粮食收储公司。2002年更名为盱眙县粮食购销总公司。2008年，内设办公室、人事股、纪检股、业务股、储运股、财会股、审计股、工会、防治队、粮油质量监测站、工业管理办公室、综合经营办公室。

图16－6　召开全县粮食工作会议

二、基层机构

1986年，全县基层粮油管理机构共29个所，下辖4个粮店、15个粮站。即盱城粮管所（下设兴隆粮店、淮河粮店、斩龙涧粮店、淮东粮店）、三河粮管所、官滩粮管所（下设王桥粮站）、十里营粮管所、维桥粮管所、高桥粮管所（下设韩庄粮站）、马坝粮管所（下设卧龙粮站）、马庄粮管所（下设堆头粮站）、观音寺粮管所（下设朱楼粮站）、新街粮管所（下设泥沛粮站）、东阳粮管所（下设永丰粮站）、古桑粮管所（下设磨涧粮站）、桂五粮管所（下设四桥粮站）、王店粮管所、古城粮管所、水冲港粮管所、河桥粮管所、洪山粮管所、仇集粮管所、龙山粮管所、黄花塘粮管所、穆店粮管所（下设莲塘粮站）、旧铺粮管所、张洪粮管所、淮河粮管所（下设哈滩粮站）、鲍集粮管所（下设肖嘴粮站）、铁佛粮管所（下设花园嘴粮站）、管镇粮管所（下设仁和粮站）、兴隆粮管所（下设太平粮站）。

1992年5月，成立盱眙县金谷实业公司。7月，更名为盱眙县金谷实业总公司。1999年，成立盱眙县粮食收储公司。县金谷实业总公司更名为盱眙县粮油经营总公司。2002年，县粮食收储公司更名为盱眙县粮食购销总公司。

2008年，设立1个总公司、21个所（库），下辖19个粮站。县粮食购销总公司，江苏盱眙城南国家粮食储备库、盱眙官滩国家粮食储备库（下设王桥粮站）、观音寺粮管所（下设马庄粮站、朱楼粮站）、马坝粮管所（下设卧龙粮站、东阳粮站）、高桥粮管所（下设韩庄粮站）、维桥粮管所（下设三河粮站）、新街粮管所（下设泥沛粮站）、黄花塘粮管所、淮河粮管所（下设哈滩粮站）、兴隆粮管所、明祖陵粮管所、管镇粮管所、鲍集粮管所、肖嘴粮管所、铁佛粮管所(下设花园嘴粮站)、桂五粮管所(下设古桑粮站、水冲港粮站、四桥粮站)、王店粮管所(下设古城粮站)、河桥粮管所(下设磨涧粮站、洪山粮站、仇集粮站、龙山粮站)、旧铺粮管所、穆店粮管所(下设莲塘站)、张洪粮管所。

第二节　体制与机制改革

1986年,县粮食局下属43个企业,经营平、议价粮油。1988年,全县粮食购销企业开始实行购、销、调、费用定额补贴和上交利润包干制,31个乡镇粮管所与承包人签订承包合同,粮油企业内部实行工资总额与税利挂钩、指令性工资额包干。1989年,乡镇粮管所、粮食加工企业实行所长(厂长)聘用制、任期目标责任制、承包经营责任制和经济审计工作制。

1990年,国家粮食储备局按国家粮食储备计划,执行粮食储备任务。1992年,县金谷实业总公司主要从事粮油贸易、粮食企业综合经营,与县粮食局实行两块牌子,一套班子管理体制,在广东省电白县、四川省成都市、黑龙江省黑河市、江苏省连云港市、海南省海口市设立办事处。1993年,部分乡镇粮管所创办米、面、油饲料加工厂、副食品经营和水产养殖经营,其中龙山粮管所创办篷布厂,仇集粮管所创办粮油、建筑材料等7个加工厂,肖嘴粮管所与分金亭酒厂联营创办制曲厂。仇集粮管所、古桑粮管所创办凹凸棒石黏土开采加工企业。全县21个乡镇粮管所相继开办商店、饭店、旅社、停车场、加油站等。

1997年,县粮食局在斩龙涧路建设金谷园饭店,挂牌营业。县粮食部门发展综合经营项目60个,下属粮管所先后建立磨涧种鳖养殖场、陡湖特种水产养殖场,古城粮管所、肖嘴粮管所建立"万只鸡、千头猪"养殖场,增加集体收入。1998年6月,停止私商粮贩、个体粮食加工企业直接收购粮食,全县粮食加工企业100个、兑换门点350个、季节性收购点500个,均停止经营。1999年4月,县政府印发《关于粮食企业收储业务与附营业业务分离的实施意见》,盱眙县粮食收储公司的人、财、物与县粮食购销企业分离,实行独立核算自主经营、自负盈亏、自我发展经营体制;对分离出来的经营性企业,实行改制、改组,转换经营机制,精简分流人员,调整产业结构,企业清退自用工、临时用工150人,办理内退280人,分流附营从业人员310人,分流粮食局机关人员13人。

2000年,县植物油厂、县粮油食品厂、县粮化厂、县面粉厂等单位实行企业改制、人员身份置换、土地由县政府统一收回拍卖。2002年,县政府印发《盱眙县粮食购销企业改革实施方案》,县粮食局实行政企分开,调整职工劳动关系,县粮食系统除军转干、伤残军人和工龄满30年人员外,职工与企业解除劳动关系1157人,给予一次性经济补偿770人,办理企业内退206人。6月,县粮食企业负责人重新聘任,下岗职工返聘387人。2006年,县粮食局建立国有资产处置报批制度,对企业内部粮食库存管理、储备粮管理、财务核算、企业用工及利益分配等实行监管。

2008年,全县31个乡镇粮管所兼并重组19个,国有粮食购销企业累计资产1168万元,投入仓储设施建设维修资金1750万元,新增仓容2900万吨,添置各类设备210台(套)。16个粮食部门非购销企业拍卖或整体出售12个地块产权,与企业解除劳动关系职工791人,实施职工工龄置换。

第三节　粮油收购

一、合同定购

1986年,县粮食局合同定购粮任务12.6万吨,大豆定购任务2400吨,国家议购和地方议购粮食任务4.35万吨,全年完成收购定购原粮12.25万吨。定购价格为每50千克,红麦21.2元、花麦22.4元、白麦23元、杂交稻16.1元、晚粳稻19元、粳糯稻20.9元、籼糯稻18.4元。农民交售50千克原粮,县政府分别奖售平价标准氮肥 2.5 千克、平价柴油 0.75 千克，以统购价按 20% 幅度计算，作为原粮预购定金，付给农户。

1990 年，市政府下达盱眙县粮食收购包干计划 12.89 万吨，其中合同定购 11.29 万吨、议转平定购 1.6 万吨。完成定购任务 90% 以上的乡镇，按比例价与议价差价款奖励，作为建农基金。红小麦、稻谷合同定购粮食的价格调高 10%。

1991 年，粮食合同定购改为国家定购，作为农民应尽义务。市政府下达盱眙县定购原粮 11.46 万吨。县粮食局下达各乡镇粮食定购 11.6 万吨，受修建宁连一级公路征、占地影响的马坝、观音寺、新街粮管所减免粮食定购 130 吨。因淮河流域洪涝灾害，国家减免盱眙县粮食定购任务 6.5 万吨。1992 年，改革粮食定购价格，实行随行就市。1995 年，市政府下达盱眙县粮食定购 9 万吨，县粮食局下达各乡镇粮管所定购 9.55 万吨，超额完成定购任务。

1998 年，国家对粮食收购实行保护价，市场粮价高于保护价时，参照市场价收购；市场粮价低于保护价时，按不低于保护价收购；对退出保护价收购范围的品种及因灾造成的等外、次质粮，按购得进、销得出、不亏损原则，参与多渠道购销。夏粮定购任务按上年数量不变，农民在完成粮食定购任务后，要求出售余粮，国有粮食收储企业按保护价挂牌敞开收购。全县收购原粮 23.15 万吨，其中定购 7.6 万吨、保护价原粮收购 15.33 万吨。

图 16－7　粮食收购

2001 年，取消粮食定购任务，实行粮食购销市场化。个体、私营企业进入粮食购销市场。2004 年，县国有粮食购销企业收购定购粮财务挂账 3500 万元，通过国家审计核销。2005～2008 年，未收购合同定购粮。

二、议价收购

1986 年，全县收购议价粮 4.04 万吨。1988 年，县政府规定，议价粮收购按每 50 千克奖售农户碳氨 7.5 千克，任务以外多收议价粮纯利润由乡镇和粮管所五五分成。

1989 年，县政府规定，按上年收购原粮议转平数量增加 30% 幅度，议价粮收购由县议价公司统一经营，所得利润由乡镇政府（留作农发基金）、粮管所、议价公司分别按 40%、30%、30% 比例分成。县粮食局、供销社、农行将全县收购议价粮款只限于农民购买化肥，粮管所不发现金，农民凭付款委托书到供销社买化肥。

1991 年，县政府下达议价粮收购指导性计划 2.5 万吨。1996 年，全县议价收购杂交稻每 50 千克准价 65 元，粳稻每 50 千克准价 70 元。全年收购议价粮 11.1 万吨。1997 年，市政府下达全县议购计划粮食 6 万吨，各乡镇粮管所在完成定购任务后，按保护价敞开收购，现金支付。

2000 年，粮食市场全面放开，乡镇粮管所采取进村入户收购、跨区域采购、主动联系代购代储等方式，收购议价粮 21.74 万吨。2004 年，取消粮食收购保护价，粮食部门采取订单形式，向粮食主产区和种粮大户收购余粮，其价格按市场价格浮动。2005 年，国有粮食购销企业收购农民余粮 27.14 万吨。2008 年，从事粮食收购企业有国营、私营、个体户 171 家，粮食部门仍为粮食市场经营主渠道。县粮食局收购原粮 30.9 万吨，其中厂所合作收购 7.5 万吨，粮食购销企业与民营粮食加工企业合作收购 4 万吨，订单收购 5 万吨。

三、油料收购

1986年,县政府规定,油菜籽按六成结算超购价,四成结算征购价的比例价敞开收购,花生和主产区芝麻实行合同定购,定购外按比例价敞开收购。县粮食局油料合同定购油菜籽8500吨、花生仁650吨,执行比例价收购油料1.04万吨,其中定购菜籽3600吨、花生仁1375吨。

1987年,计划内油菜籽价格调整为每50千克50.8元(含不反饼差价1.8元),计划外收购菜籽每50千克52元。收购油料3722吨,其中合同定购2976吨。1989年,提高油菜籽、花生果奖售标准,每50千克定购数奖售标准化肥5千克;油料价格执行省统一综合零售价,花生果按照平、议综合价(3∶7),每50千克综合价花生果奖售标准化肥1.5千克。

1990年,调整油料收购价格,定购价每50千克油菜籽70.4元、花生果69.6元。1993年,油料收购价格放开,实行随行就市。县粮食局根据各乡镇粮管所具体情况,下达油菜籽收购建议数,全县收购油菜籽9933吨、花生仁77吨、芝麻52吨。1994年,油菜籽恢复合同定购,全县定购任务1200吨,收购价格每50千克提高到120元,全年完成定购1122吨。1996年,县政府将油菜籽收购指导价格提高到每50千克125元,收购油菜籽1361吨。1997年起,个体户进入油菜籽购销市场,乡镇粮管所采取敞开收购、走村入户收购、跨区域采购、主动联系代购代储等方式,议价收购油菜籽。

2000年,乡镇粮管所收购油菜籽586吨。2001年起,全县调整粮、油种植结构,粮食作物面积扩大,油料种植面积减少,上市量逐年下降。油料收购大多由小型油脂加工厂(作坊)和个体工商户零散购销经营,国有粮食购销企业退出油料收购市场。2008年,油料购销均由个体、油作坊、私营企业经营。全年收购油菜籽约1000吨。

第四节 粮油销售

一、市镇定量粮油供应

1986年起,县粮食部门对定量户口成品粮供应每月每人标准为:特殊重体力劳动者26千克,重体力劳动者22千克,轻体力劳动者17千克,机关、团体工作人员和企业职员15.5千克,中学生16千克,6周岁以上不满10周岁儿童11千克,3周岁以上不满6周岁幼儿7千克,不满3周岁的幼儿4千克。全县定量人口4.1万人,定量供应口粮9477吨。县粮食局对市镇定量和农村定销人口每人每月供应食油0.25千克,国庆、中秋、春节、元旦重大节日按市镇定量人口分别补助供应食用油每人0.25千克;凭华侨特种物资供应凭证,每百元人民币侨汇供应食用油0.75千克;回民等少数民族补助、会议补助、糕点等行业生产用油,按计划供应。全县食油计划供应6.84万人,其中定量户口4.11万人、农村定统销户口2.73万人;食油计划供应384吨,其中定量户口146吨、统销户口106吨、行业用油65吨。

图16－8 定量粮油供应证

1987年起,县政府对20世纪60年代初精简下放改变为农业人口的全民所有制职工、城镇人口、知青回城、民办教师转正等,实行就地转为非农业人口,恢复按市镇定量供应粮食。至1990年底，全县办理“农转非”1.9万人，全县定量供应人口增加到6.2万人。1991年，按照市政府坚持凭证、凭票、定点、限量供应办法，粮食销售实行两年统算，超支由县财政买议价粮补足。1992年，新增地方定量供应人口3000人，按国家调整后粮食统销价格供应。1993年9月，粮票、粮券清理回收，停止流通。1998年4月，全县居民停止供应食油计划。全县定量供应粮食人口增加到7.7万人。2000年，市镇定量供应人口增加到9.8万人，定销2.33万人，统销5400人。年底，停止办理市镇定量粮油供应手续，取消定量、定销、统销供应。

二、农村救灾粮供应

1986年，全县对缺粮户、受灾户实行定销供应成品粮，其标准为每人每月13千克，全县农村供应人口2.73万人，供应粮食8854吨，其价格按统销价供应。1991年起，淮河流域洪水灾害后，县政府对因灾缺粮人口供应粮食。至1992年底，全县供应成品粮共5.62万吨。1993年，县粮食局对救灾粮供应价格调整为：杂交米每千克增加0.1元、白麦每千克增加0.075元。2001年起，随着粮食销售价格的提高，全县农村缺粮人口的救灾性供应主要由民政部门直接到市场购买，县粮食局取消缺粮人口的供应计划。

三、专项粮食供应

1986年起，根据国家有关政策，盱眙县对工业、食品行业用粮仍实行计划供应。全县行业用粮629吨，其中酿造业用粮348吨、副食品业用粮281吨。对侨汇按外汇折人民币计算，每百元人民币侨汇供应粮食10千克，供应侨汇补助粮3吨。全县供应生猪换购粮、种禽种猪饲料粮、退耕还林粮、鱼虾苗种饲料粮共1.23万吨，比例价供应2405吨。以上专项粮食价格均按统购价执行。1987年起，农村掀起大办水利热潮，开始销售水利粮，补助水利民工口粮。其标准：每立方米工程补助0.55公斤，价格均按统购价执行。

1992年，取消工业、食品业、酿造业、生猪、种禽种猪、退耕还林、鱼虾苗种饲料粮供应。1996年，水利粮销售25吨，侨汇粮补助供应停止。1997年起，全县专项粮全部停止供应。

第五节　国家粮食储备

1990年，国家建立专项储备粮制度，开始实施国家粮食储备计划。是年，全县新建储备仓库6座，仓容3万吨，储备粮2500吨。1993年，市政府下达盱眙县省级储备粮5000吨、市级粮食储备5000吨，储备粮均由平价周转库存中划转。全县收购国家专项储备小麦2000吨，划转省级专项粮食储备小麦5000吨，划转市专项储备粮小麦5000吨。

图16－9　江苏盱眙国家粮食储备库

1994年，完成省下达全县国家专项储备小麦5000吨、市级专项储备15500吨任务。1996年，完成城南国家粮食储备库中央专项储备粮小麦计划2万吨任务。1997年，县粮食储备企业以保护价储备粮食9.4万吨。由于不能顺价销售，出现库存积压，亏损9622万元。1999年，县粮食储备企业建立粮食库存促销责任制，销售粮食26.06万吨，减亏2937万元。

2003年，城南国家粮食储备库调减中央储备粮小麦计划7000吨，省粮食局下达专项储备粮粳稻计划1万吨。由于县内粳稻粮源紧缺,秋粮收购时,县粮食局组织人力赴吉林采购新粳稻,完成省储任务。2005年,省粮食局下达县城南国家粮食储备库省储小麦计划5000吨。2007年起,国家储备粮由中央直属企业统贷统还,县城南国家粮食储备库作为代储库,存储国家储备粮。2008年秋季,按照市粮食局要求,县粮食局调整储备规模,增加应急储备成品大米250吨。

第六节 粮食储运

1986年,全县仓容量15万吨,添置补仓机4台。开展科学保粮、改造储粮环境、配备仓储设备和"仓储无鼠雀、无虫害、无变质、无事故"免检活动。全县粮食调拨计划与议价统筹兼顾,统筹安排发运和接收站点,在金湖、南京、安徽明光等地设立粮食中转点。1987年,县粮食局按照《粮油储藏技术规范》,新建粮食流化槽烘干机5台。

1992年,新建仓容5.44万吨。黄花塘粮管所和天鹅湖粮库2.2万吨仓容,使用地槽通风,保持粮堆底部干燥,储粮不变质。1994年起,县粮食局根据国家粮食储备局规定,制定账与物相符、无鼠雀、无虫害、无变质、无事故仓储标准,每年落实到位。至1998年,全县共建露天囤1143个、储粮2.26万吨,每个露天粮囤均达到防火、防虫、防霉、防鼠、防雀、防风雨、地上笼通风标准。1997年,县粮食局接收调入小麦1.3万吨,调出稻谷8900吨。1999年,江苏盱眙天鹅湖粮食储备库被江苏省粮食局划归江苏省饲料公司。

2000年,国家储备粮淮安直属库直接从盱眙县调小麦1.38万吨。2001年,县粮食局利用世行贷款,在观音寺镇征地2.92公顷,投资1513万元,新建高平方仓6栋,仓容3万吨。2002年,江苏盱眙国家粮食储备库,江苏盱眙城南国家粮食储备库获国家储备粮承储资格。2002~2004年,江苏盱眙国家粮食储备库,江苏盱眙城南国家粮食储备库添置自动化粮仓烘干机6台,烘干能力每小时72吨。2006年,官滩镇粮管所扩建仓容和两栋高大平房仓,仓容分别为4478吨、1.6万吨。国家委托盱眙县收购小麦1万吨,调到内蒙古。

2007年,官滩镇粮库新建高大平房仓2万吨,总仓容3.1万吨。2008年,县粮食局自筹资金172万元,维修粮仓10512平方米,仓容总量23.95万吨;增加粮食检验仪器14台,汽车衡2台,仓储风机26台,新建通风管道1700米,仓储"一符四无"(符合国家标准、无鼠雀,无虫害,无变质,无事故)合格率98%以上,科学保粮占储粮总数80%。年底,县级粮食部门只收购议价粮自行销售,无国家储备粮调运业务。

第五章 外经外贸

第一节 机 构

1986年,县外贸公司行使外经外贸职能。1990年,成立盱眙县经济贸易委员会,县外贸公司更名为盱眙县对外贸易总公司,两块牌子一套班子。1993年,县经济贸易委员会更名为盱眙县对外经济贸易委员会,内设办公室、外资科、外贸科、外经科。1997年8月,县对外经济贸易委员会划归政府序列,行使行政管理职能。县对外贸易总公司更名为盱眙县经贸实业发展公司。2002年,县对外经济贸易委员会更名为县对外贸易经济合作局,内设办公室、外资管理科、外经管理科、综合业务科。至2008年,机构无变化。

第二节　进出口贸易

一、出口贸易

1986年，全县外贸出口产品主要有土畜产品、粮油食品、纺织品服装、轻化机类，销售到美国、苏联、东德、西德、意大利、日本、伊拉克等国家和中国香港、澳门地区，其中国营江苏医疗器械厂生产水浴器销售到坦桑尼亚。全年出口总额33万美元。1987年，国际市场排斥初级农副产品，全县粮油类产品无出口。1988年，国家加大对外开放力度，全县出口货源充足，出口产品增加，全年出口总额2750万美元。

1990~1992年，国家取消出口补贴和上缴外汇额度，县外贸机制脱钩分离，全县对外贸易受到影响。1993年，从事外贸收购单位有县外经贸委、经委、乡镇企业局、粮食局、供销社和三河农场，出口产品有豆粕、鱼粉、羊皮服装、蜂蜜、留兰香、薄荷油、粳米、芝麻、活牛、凹凸棒石黏土各类颗粒等。官滩染化厂、黄花塘缫丝厂、仇集外贸食品总厂分别出口红色基B、红色基RC、白厂丝、牛肉干等，主要出口到俄罗斯、古巴、阿尔巴尼亚、意大利、日本、美国、加拿大、德国、泰国等国家。全年出口总额958万美元。

1994年，经外贸部批准，盱眙县对外贸易总公司被赋予进出口自主经营权，出口产品有鱼粉、医疗器械、活牛、牛肉干、留兰香、薄荷油等20个品种。1995年，县外贸总公司获得向美国进出口自营延伸权，全年向美国出口皮服20万件、皮鞋10万双，出口额125万美元。完成自营出口130万美元，实现出口结汇104万美元；“三资”企业（中外合资经营企业、中外合作经营企业、外商独资经营企业）出口额224.68万美元。外贸出口产品新增加硝基甲苯、锗二极管、肉鸡、工艺品等8个品种。1996年，出口总额4800万美元，其中出口企业代理收购蜂蜜868吨，向香港出口活牛90头、冻猪肉246.9吨，出口额36.11万美元。

1998年，贸易出口由农副产品逐步转向工业产品延伸，主要出口产品有桐木板材、自行车配件、纺织品、蜂蜜、甜菊甙、龙虾仁、花生、磷甲苯胺、对硝基甲苯、邻硝基甲苯、间甲茶胺、DSD酸、电缆、机床、精密仪器、打火机、凹凸棒石黏土，主要出口到美国、加拿大、德国、荷兰、澳大利亚、日本、韩国、印度、非洲、中东等国家和中国台湾、香港地区。

2005年，江苏鹏胜矿业机械有限公司机械成套设备首次出口到非洲。2008年，出口总额4093万美元，其中内资企业（国有资产、集体资产、国内个人资产投资创办的企业）出口额2414.79万美元，“三资”企业出口额1598.39万美元。农副产品、矿物原料、工业产品等，出口到25个国家和中国台湾、香港地区。全年出口总额4093万美元。

二、进口贸易

1989年，县外贸总公司首次进口国外先进机械设备，进口额5万美元。1990年，国营红旗化肥厂引进容积10吨的锅炉1台（套），县采石公司、县医院，从日本、美国、德国、加拿大、英国等国家和中国香港、台湾地区引进矿山开采机械、医疗诊断机械、针织大圆机、全自动彩印机、精密仪器等先进设备。进口额20万美元。

1994年，县委、县政府组织有关部门参加深圳经贸洽谈会，签订贸易进口项目2个。1995年，县特种涂料厂引进美国室内特种涂料设备，县通用机械厂引进德国英特克雷恩公司机床设备，共10万美元。1997年，县电信局引进德国西门子公司EWSD程控交换机2.5万线，改造农话网设备。受企业改制、技改投入处于低谷期影响，全县外贸进口总额下降至10.2万美元。2000年，县外经贸易委员会参加上海、北京经贸恳谈会，主要进口工业设备、自行车齿轮、化工原料等，进口总额增至249万美元。

2001年，江苏斯密思化工厂投资66.5万美元，引进高性能涂料生产线设备；盱眙丰恒服饰有限公司投入56.25万美元，购进纺织机器500台（套）。全年进口总额301万美元。2002年起，随着县工业园区引进外资企业增多，全县进口设备逐年增加。进口产品主要有化工、机械制造、大型铸锻件设备、电子工业技改、医药、食品等企业引进的设备及原料。2007 年,全年进口总额 1145.9 万美元。2008 年,进口机械制造、电子工业、高新技术设备 100 多台套,进口总额 1234.9 万美元。

第三节 利用外资

1990 年,县委、县政府出台《关于鼓励发展外向型经济的奖励办法》,开始实施引进外资、利用外资。9 月,引进中国香港惠福公司合资兴办盱眙惠福皮革有限公司,总投资 24 万美元。11 月,阿根廷籍侨胞王长斌独资在新街乡泥沛兴建盱福侨加油站。1991 年,王长斌又投资 16.64 万美元,与县政府招待所合资兴建盱侨宾馆,后改为都梁大酒店。6 月,中国台北市艾洛贸易股份有限公司与中国石油天然气总公司管道局第二工程公司合资成立盱眙三合凹凸棒石黏土有限公司。1992 年 3 月,国际爱华集团、日本株式会社社长林荫先生一行 5 人到盱眙,与县食品公司签订《独资兴办都梁食料加工有限公司意向书》。6 月,县凹凸棒石黏土公司与台商合资成立盱眙县鸿庆奥土有限公司。

1993 年,成立的合资企业有:盱眙金谷实业公司与中国香港康力集团鸿享有限公司合资,成立盱眙县鸿源油脂有限公司;县烟草公司与新加坡盛顺贸易公司合资,成立盱眙县新亚房地产开发有限公司;盱眙县荣正实业公司与中国台湾客商袁庭芳合资,成立盱眙县富绅海鲜馆有限公司;盱眙县泰克斯实业公司与阿根廷籍华裔王长斌合资,成立盱眙县新亚皮件有限公司;县供销集团与中国澳门振邦实业公司合资,成立江苏猫耳湖水产养殖有限公司;县交通实业公司与中国台湾福如工程股份有限公司合资,成立盱眙县福如汽车检测有限公司;马坝镇农工商总公司与中国台湾客商周剑龙合资,成立盱眙县祥龙服务有限公司;农垦恒河酿造总厂与中国香港利德公司合资,成立盱眙县恒河酿造有限公司;盱眙县皮革总厂与美国 D·A 有限公司合资,成立淮阴联华皮衣有限公司;县电气设备公司与中国香港维绮贸易公司合资,成立江苏都梁电缆有限公司。全年固定资产利用外资 64.75 万美元,注册外资 476.4 万美元,到账外资 566.2 万美元。

1995～1997 年,县外经贸易委员会组织人员参加华交会、广交会,开展招商引资活动,与美国、新加坡、以色列等国家和中国香港、台湾地区签订意向性投资项目 47 个;竣工投产的"三资"企业 2 个,实际利用外资 161.76 万美元。1998 年,全县利用外资主要是世界银行和日本政府的贷款,分别用于农业中低产田改造、三河农场年产 6000 吨种子生产线和县邮电局 SOH 光环路建设。外商投资项目有保健茶开发、果蔬种植培育和休闲娱乐业,实际利用外资 711.31 万美元,其中世界银行给盱眙县贷款 174.63 万美元。美国麦瑞公司投资 700 万美元(独资)建设凹凸棒石黏土生产线,中国台湾黄时雄投资 50 万美元在维桥、古城兴建文山果蔬培育有限公司和文山果蔬种植有限公司。

图 16－10 全县外向型经济报告会

2000～2004 年,先后投资开工建设项目有:精志模具有限公司、盛业服饰有限公司(中国香港)、康宁医疗用品有限公司、江苏天宝皮革有限公司、淮安樵依水业有限公司等 14 家。

2005～2006 年,县政府相继出台《关于对利用外资优惠政策暂行规定》和《关于对利用外资新办工业企业有关考核奖励的暂行规定》,先后到广州、东莞开展招商活动。全县新批中外合资项目有:淮安富商特种建材科技发展有限公司、淮安金润食品有限公司;新批独资项目有:淮安陆源凹土矿业有限公司、江苏成翔纸业有限公司、江苏天信电器有限公司、淮安海峰海林精密轴承有限公司、盱眙三元食品有限公司、淮安生物复合肥有限公司等15家；新批中外合资企业有：天艺服装水洗、江苏金鹏科技、江苏佰泰置业、江苏天隆服饰、淮安诚基房地产开发。

2007年，全县招商引资围绕全年投入争百亿，利用外资保翻番目标，协议注册外资4969.9万美元，实际到账外资2489.4万美元。2008年，全县新批外资企业25家，主要来自美国、澳大利亚、韩国、日本、泰国、新加坡、瑞典、俄罗斯等国家和中国台湾、香港、澳门地区，合同引资9156.80万美元，实际到账5006万美元。

第四节　对外经济交流合作

1986年4月，日本东京三木力株式会社取缔役副社长、中国地质矿产部顾问桑原宽博士一行到盱眙县考察凹凸棒石黏土开发，并签订供应样品试验协议。1987年6月，美国南密西西比大学经济学博士、硕士研究生指导教授李前端到盱眙县交流经济管理经验。

1993年，县建筑公司通过中国南京国际经济技术合作公司，签订劳务承包合同。1994年，县经济部门意向性合作项目主要有丝织品生产、凹土开发、牛肉制品生产、水产养殖、卫生洁具生产、红色基GL生产、银鱼加工、蔬菜基地建设等，共达成意向性合作投资项目34个。1998年，县外贸公司在广州春季交易会上与美国、南非、中东、新西兰等客商达成意向合作协议；狼山水泥厂与泰国江洲有限公司达成意向合资400万美元生产水泥。1999年，江苏华东机床制造有限公司派人到英国考察家用小车床市场，开发新产品2个，县粮食局组织人员到日本估价公司、英国索勒克斯公司联系协议大米加工色选设备；县桓远染化有限公司与英国摩迪公司进行技术合作和交流，由摩迪公司对县桓远染化有限公司生产的产品红色基B、红色基GL、大红色基RC进行ISO 9002国际质量体系标准认证。

图16－11　新西兰客商到盱眙考察

2001年，县宏奇服装加工厂与法国查尔斯·拜让先签订泳装出口加工合作项目。2002年，县对外贸易经济合作局组织有关部门先后参加淮安市政府在深圳和中国香港举办招商引资洽谈会、在南京举办南京金秋经贸洽谈会。在春季广交会上，县对外贸易经济合作局与荷兰、伊朗、印度外商谈判出口贸易3.5万美元。2004年，县委、县政府在浙江台州举行江苏盱眙投资说明会，签订中外合资合作项目5个。印尼中国电力投资总公司总经理赵增到盱眙县考察、交流凹凸棒石黏土加工和林业综合开发。

2007年1月，菲律宾生产人造板技术总监威力到盱眙澳图科技开发有限公司商谈人造板生产污水处理项目合作事宜。8月，中澳合作龙虾养殖研讨会在盱眙县召开，交流研讨龙虾养殖合作有关问题。2008年，盱眙县丰恒服饰有限公司与中国香港丰恒集团合作，年销服装50万件。

第五节　境外劳务输出

1992年，县委、县政府召开全县劳务输出动员大会，出台《组织民工劳务输出方案》，开始做好境外劳务输出工作。1993年，县建筑公司输出到中国香港从事混凝土、木工15人，实现劳务收入3.15万美元。1994

年,县外经贸易委员会建立城建、水利、服装、矿山开采、交通航运、等级厨师6大类20多个工种200多名境外劳务人员档案,为境外劳务输出提供服务。1997年,县委、县政府多次召开有关部门会议,宣传境外劳务输出对提高居民收入的重要性,县各职能部门全力做好境外劳务输出工作,推动境外劳务输出人员逐年增加。1999年,境外劳务输出56人。

2001年,全县境外劳务输出地有新加坡、科威特、阿联酋、日本、卡塔尔、毛里求斯等国家和中国澳门、台湾地区,务工项目有建筑工人、木工、宾馆服务员、翻译、渔工、农业研修生、保安、缝纫工、技工、医护人员、海员等近20个项目,共输出163人。2002年,县外经贸易局在盱城镇、马坝镇、河桥镇建立境外劳务输出基地,订立境外劳务合作协议30份,主要工种有建筑、缝纫。

2005年,县外经贸局通过上海、南通等公司组织境外劳务输出,委托淮阴国际公司、如皋外经公司、中江公司等培训盱眙县境外劳务人员,培训建筑工120人次、缝纫工180人次。劳务人员输出国家有阿联酋、毛里求斯、新加坡、约旦等,主要工种有缝纫工、建筑工、技工、农业工、电焊工、电子工等,共输出劳务268人。

2008年,县外经贸易局对劳务输出高风险国家和地区及时向社会提出预警,做好预防工作,确保全县3个对外劳务输出中介公司规范运作,保障外派劳务人员合法权益。全年输出435人。

1986～2008年盱眙县外经外贸情况一览表

表16－8

年份	对外贸易(万美元)		新批外资企业(个)	利用外资(万美元)		境外劳务输出(人)
	出口额	进口额		合同引资额	实际到账额	
1986	33	–	–	–	–	–
1987	40	–	–	–	–	–
1988	2750	–	–	–	–	–
1989	63	5.0	–	–	–	–
1990	70	20.0	–	24.00	24.00	–
1991	81	–	1	16.64	16.64	–
1992	108	–	1	37.43	37.43	–
1993	958	–	10	566.20	566.20	15
1994	2834	43.8	8	115.12	115.12	–
1995	4363	10.0	3	193.00	157.92	–
1996	4800	–	3	107.06	107.06	–
1997	243	10.2	–	161.76	161.76	44
1998	304	40.3	2	303.31	303.31	56
1999	558	155.0	1	408.00	408.00	103
2000	632	249.0	1	475.41	475.41	124
2001	748	301.0	7	618.10	618.10	163
2002	1331	569.9	4	202.44	202.44	202
2003	1477	707.5	9	782.74	423.62	304
2004	1360	780.4	2	105.00	605.20	264
2005	1468	850.0	11	2700.50	1220.00	268
2006	1350	920.0	14	6100.00	1250.00	328
2007	1877	1145.9	24	4969.90	2489.40	405
2008	4093	1234.9	25	9156.80	5006.00	435

第六章　烟草专卖

第一节　机　　构

1986年，盱眙县烟草局、江苏省烟草公司盱眙公司实行两块牌子、一套班子合署办公，内设政秘股、财务股、烟叶股、业务股、专卖办。1991年，撤销烟叶股，各乡镇建立基层专卖管理所。1992年，马坝、王店、淮河乡镇设立烟草专卖中心管理所。2000年，增设考核办公室。2005年6月，更名为淮安市烟草公司盱眙县市场营销部。2008年，内设综合办公室、专卖监督管理科、客户服务科、财务科。

第二节　烟草收购、卷烟销售

1986年，盱眙县烟草专卖局销售卷烟主要从安徽、河南、云南等地购进，以基层供销社为主渠道，销售卷烟1.8万箱，收购烟叶73吨。1988年，成立信息研究小组，定期分析市场需求，及时改变或调整经营策略，销售卷烟18841箱，收购烟叶513吨。

1990年，发展省外联营单位8家，开辟云南、湖北、河南、上海卷烟购销商路，搞好外购外销。年销售卷烟13315箱，收购烟叶545吨。1991年，种植烟草效益低，农村基本不种植烟草，县烟草专卖局停止收购烟叶。1992年，开辟湖北、河南、安徽、云南等地11条卷烟购销商路，将费用与利润挂钩，落实到人，实行省外烟和地产烟分线承包经营销售。全年销售“嘉喜”牌香烟4000余箱。1994年，县烟草公司和淮阴卷烟厂研制生产过滤咀“嘉喜”牌香烟，精品“嘉喜”、佳品“嘉喜”、翻盖蓝“嘉喜”，形成高、中、低3个档次。在“嘉喜”牌香烟经营中，层层落实责任目标，建立销售网络，形成营销一体化，推动烟卷销售量不断增加。全年共建立“嘉喜”牌香烟直供店50余个，乡镇设立直供点30个。1997年，实施统一经营方式、统一销售价格、统一货源配送、统一专卖管理、统一财务核算、统一挂牌上岗、统一形象标识、统一广告宣传经营策略，建成淮产烟综合销售批发部10个，其中城区3个、乡镇7个，共拥有营业总面积600.4平方米。全县卷烟批发部均配备机动送货车，配套营业、通讯、安全、宣传与生活设施；采取控制县内、发展区内、突破区外、渗透省外的方针，销售“嘉喜”牌香烟8000余箱，被省烟草专卖局列为重点骨干牌号，准许跨地级市销

图16－12　盱眙烟草公司

售。全年销售香烟24505箱。

2003年,在卷烟购销构建城乡一体、全面访销、访送分离、电话订货、网上配货、电子结算、集中配送、零售连锁的营销模式。年销售卷烟17543箱,销售收入11870万元,利税2004万元。2005年,采取低档保销量、高档增效益的方法,优化订货配送线路,凸显核心客户,做到公开、公平、公正配送;开展诚信等级管理和星级评定,提高客户有序竞争和争创星级意识;将卷烟投放量和销售量细化到每月、每周、每条线、每个品牌。销售卷烟17075箱,销售收入16324万元,利税3065万元,市场占有率47%。2008年,县烟草专卖局采取总量控制、稍紧平衡措施,控制投放总量,卷烟销量与计划偏差率均控制在2%以内。考核4种品牌,紧俏、畅销品牌实行定量销售,一般品牌顺势销售,重点新品牌限量供货。全年销售卷烟17819箱,销售收入22900万元,利税5077万元。

1986~2008年盱眙县烟草销售情况一览表

表16-9

年份	销售量(箱)	销售额(万元)	利税(万元)	年份	销售量(箱)	销售额(万元)	利税(万元)
1986	18000	1530	55	1998	21977	11323	630
1987	19037	1767	53	1999	22293	11239	1016
1988	18841	2048	71	2000	21371	12216	1509
1989	15071	2255	84	2001	20190	12115	2417
1990	13315	2611	76	2002	19389	11630	2531
1991	12379	2683	94	2003	17543	11870	2004
1992	15500	3360	118	2004	17131	14306	2281
1993	14025	4000	150	2005	17075	16324	3065
1994	13750	5240	312	2006	17100	17500	3637
1995	16994	6474	409	2007	17600	20000	4020
1996	17890	8713	541	2008	17819	22900	5077
1997	24505	10000	557				

第三节 市场管理

1986年,县烟草专卖局统一管理全县烟草及其制品生产、加工、收购、批发和销售,处罚违反国务院《烟草专卖实施条例》的行为。1988年,联合公安、工商、物价、税务等部门,先后7次深入各网点督查,共查处违章经营案件38起。换发新的烟草专卖许可证1195份。1991年,成立烟草专卖法宣传小组,各乡镇建立基层专卖管理所,宣传烟草专卖法规,监督地产烟销售,严禁走私烟和贩卖假烟。1992年,马坝、王店、淮河乡镇烟草专卖中心管理所,依法查处违法经营卷烟52户。1999年,县公安局参与卷烟打私、打假专项治理,设卡检查86次,没收违规卷烟22.5箱。

2000年,组建3个烟草稽查中队,查处制假卷烟销售窝点32个,焚烧假冒卷烟176件。2001年,建立责任目标考核制度,与稽查专管员责任捆绑,实行民警式访销、邮政式送货、服务式管理。全县零售户按经营性质、守法情况划分为A、B、C三类,建立档案,分级管理,实行类别转换。年底,C类转化B类户占50%,B类转化A类户占80%。烟草稽查中队做到正常检查与突击检查相结合,城区检查与乡村检查相结合,店面检查与仓库搜查相结合,白天检查与夜晚监控相结合,"梳式"检查与"钓鱼法"检查相结合。对假、私、非、超卷烟销售，采取跟踪盯人侦察法、顺藤摸瓜踩点法、涉嫌窝点昼夜监控法予以查封，共出动1850人次、350车次，查获各类违规卷烟22881条，其中假烟3802.2条，罚没款68476元；立案查处26起，司法机关刑事逮捕1人，焚烧假烟2090条，捣毁非法卷烟销售窝点40个。

2002年，在全县3100户卷烟零售户中，开展统一卷烟专柜，规范零售形象；统一卷烟出样，规范进货渠道；统一明码标价，规范零售价格；统一亮证经营，规范经营行为活动。评出一星级零售户840家、二星级零售户228家、三星级零售户28家，实行星级动态管理、分类服务；查获各类违规经营卷烟10029条，立案查处20起，焚烧假冒卷烟8400条；查封非法卷烟销售窝点50个，取缔名烟回收店1个。

2004年，全县划分为诚信卷烟经营户、一般违法户和重点监管户。诚信经营户中按照适应值、诚信值、贡献值标准，进行考核评分。根据实际得分，将诚信卷烟经营户分为三星、二星、一星3个级别，不同类别和级别的经营户，实行动态管理、分类服务。2005年，先后开展百日行动、先锋行动、秋风行动、冬季会战等卷烟市场打假活动，突出对违法大户、重点地区、重点场所和重点渠道监控，查处假烟销售网络25个。2007年，先后开展"狩猎行动""春雷行动""天网行动"等卷烟打假活动，查获各类违规卷烟1.65万条，查处案件477起，查处非法卷烟销售窝点20个，卷烟市场净化率98%以上。

2008年，与县公安局、工商局、质量技术监督局联合开展以代号为"闪电1、2、3号"打击假冒卷烟执法行动，查处各类违规经营卷烟20138条，查处窝点11个，查处假烟销售案件229起，涉案金额500万元，县法院判处有期徒刑12人，罚金88万元。

第七章　盐业专卖

第一节　机　　构

1986年，江苏省盐业公司盱眙支公司下设人秘股、业务股、财务股。1988年10月，成立盐业管理股。

1992年10月，成立检查室。1994年12月，江苏省盐业公司盱眙支公司增挂"盱眙县盐务管理局牌子"，为盱眙县盐业行政主管部门，与盐业公司实行二块牌子一套人马，合署办公。下设办公室、盐政科、业务科。1995年，在铁佛乡、鲍集乡、管镇乡、观音寺乡、马坝镇、王店乡、河桥乡、张洪乡建立8个基层盐业管理所。1996年，增设仇集乡盐业管理所。2000年6月22日，更名为江苏省盐业集团淮阴有限公司盱眙分公司。公司人、财、物隶属淮安盐业有限公司。内设办公室、盐政科、业务科、档案室、化验室。2008年，江苏省盐业集团淮安有限公司盱眙分公司更名为江苏省苏盐连锁有限公司盱眙分公司。

第二节　盐业销售

1986年，盱眙支公司从连云港盐厂购进日晒盐批发各供应点销售。食盐由县供销总社和乡镇供销社经营，有零售网点956个，年销售加典食盐1812吨，利润4.7万元。1987年，地方病普查时，碘缺乏病人群占总人口2.5%。盱眙支公司在全县推销新包装复合膜小袋碘盐。1992年，全县碘盐市场占有率由80%上升为95%，食用碘盐人均年4.8千克上升为5.57千克。年销售碘盐3038吨，利润29.1万元。1995年，盱眙支公司投入14万元,购进2台食盐自动包装机,告别手工操作。1997年,盱眙支公司在王店乡、淮河镇、鲍集镇开展创建销售食盐安全村试点活动,并逐年推广。1999年,全县创建食盐销售安全村80%,碘盐合格率98%以上,碘盐覆盖率95%以上,销售加碘食盐3644吨,利润104.6万元。

2000年,仇集镇、河桥镇、鲍集镇、王店乡、马坝镇、新街、旧铺镇设立食盐委批点,盱城五墩设立食盐批发部,对城区零售点配送食盐。全县小包装加碘盐销售人均5.68千克。盱眙分公司、县盐务局分别被省公司评为五好批发企业和计量信得过单位。2002年,继续推进加碘盐销售安全村创建活动,广泛宣传食用加碘盐重要性,落实责任制,制定管理目标,签订责任状,换发食盐零售许可证。

2007年,全县创建食盐安全村达92%。全年销售加碘食盐3711吨,利润58.8万元。2008年,盱眙分公司开展食盐安全、放心消费创建活动,在城区斩龙涧建成食盐安全、放心消费一条街。全年销售加碘食盐3332吨,利润30.2万元。盱眙分公司被省盐务局评为食盐安全、放心消费先进单位,被市盐务局评为综合先进单位。

1986～2008年盱眙县盐业销售情况一览表

表16-10

年份	购进(吨)	其中:工业盐(吨)	销售(吨)	其中		利润(万元)
				工业盐(吨)	加碘盐(吨)	
1986	6826	1600	5669	1468	1812	4.7
1987	5046	1800	6380	2010	2861	6.2
1988	6474	1850	7916	1209	3706	17.4
1989	11886	1000	7296	889	5583	14.1
1990	5674	1000	5674	474	4323	20.0
1991	2168	1000	5702	820	4554	33.5
1992	4127	1000	4243	579	3038	29.1
1993	4576	780	5305	489	3979	36.7
1994	7982	1000	4754	868	3542	66.1
1995	5576	750	5179	1263	3670	61.2
1996	5475	800	6146	1593	3970	62.6
1997	6799	1700	5834	1631	3977	104.6
1998	6932	1900	6065	1644	4279	82.0
1999	6534	2050	6483	2351	3644	104.6
2000	6008	1800	6810	1900	3795	187.0
2001	6978	1750	7691	1761	5902	229.0
2002	4518	800	4480	630	3012	159.0
2003	5120	1200	4861	1106	3755	85.1
2004	5612	850	4898	756	3454	166.0
2005	6617	1400	5510	1367	3516	89.0
2006	5536	1200	5380	1204	3632	34.8
2007	6147	1300	5518	1266	3711	58.8
2008	4846	1000	5072	972	3332	30.2

第三节 盐政管理

1988年,盐业管理股负责对盐业流通渠道经营行为进行监督,确保消费者食用合格碘盐。1992年10月,检查室行使盐政执法、盐业市场管理职能,核发碘盐经营许可证1406家,查处私盐12吨,罚款1.2万元。1994年,盐政科扣押处理私盐运输工具车、船26辆(艘),没收私盐120余吨,罚款2.9万元。1995年,盐政科执法查缉4次,没收私盐59.2吨,罚款2.86万元,扣押运输私盐车3辆。1996年,全县9个盐业管理所与县盐务管理局签订食盐安全责任状。全年查处私盐案件82起,没收私盐8.4吨。

1998年,盐政稽查队配备盐政稽查车及通讯工具,采取日常检查与重点检查相结合、夜间检查与白天检查相结合、路查与面查相结合的方式,查处贩销私盐。加强与县公安局、县卫生局、县防疫站、县工商局配合,严查贩销私盐源头,维护全县盐业流通秩序。全年共查处涉盐违法案件302起,查获私盐298吨。

2000年,县盐务局盐政科查处河桥镇工业用盐作食用盐销售给安徽省天长市违法案件2起,查处私盐40吨,涉案金额2.2万元。

2003~2005年,县盐务管理局盐政执法队伍分设县域东西两个小组,将工资报酬与新一代纸塑盐销售完成情况挂钩。聘请省交界地区偏僻村组村干部为市场信息反馈人员,畅通信息;与县公安局、物价局、工商局先后开展春节前市场检查、“春雷行动”“百日行动”“堵源行动”、秋季行动、旺季执法行动、省界联合执法行动、食盐安全迎春节、食盐安全健康访万家、江苏省儿童食品安全综合整治活动、创建食盐安全村等市场专项治理行动,逐乡逐镇进行拉网式检查,与摊点、饮食业主签订承诺书,省际交界食盐销售乡镇建立“防火墙”(销售合格加碘盐,防止无碘盐和劣质食盐销售)工程,建立“盐政110”快速反应执法队伍,处置各种生产、加工食盐返销市场违法行为;重新核发生产、加工用盐登记卡,掌握用盐动态;对非法流入食盐市场的生产、加工用盐窝点加大查处力度。其中,2005年,查获私盐案件20余起,没收私盐58.9吨,罚款6万元。

2007年,全县换发由省盐务局统一印制的食盐零售许可证1532个。盱眙支公司顺利通过中国盐业协会AAA级批发企业验收。2008年,县盐务局对省、县交界地区开展执法行动,坚持每月不少于20天的执法工作日、网络人员每月不少于25个宣传工作日,县内无私盐违法案件发生,市场碘盐覆盖率、合格率、合格碘盐食用率均达100%。

第八章 石油产品经营

第一节 机 构

1986年,县石油支公司下设政工股、业务股、财务股、仓储股、车队。1988年,成立成品油市场管理领导小组和马坝加油站、观音寺加油站、鲍集加油站。1998年,盱眙县石油支公司加入中国石油化工股份有限公司,其下属马坝加油站、观音寺加油站、鲍集加油站及运输车、船租赁给职工。2002年,成立成品油管理办公室。至2008年,机构无变化。

第二节　购　　销

1986年,汽油、柴油购销实行计划调拨、计划供应。进货渠道:南京石油化工有限公司、齐鲁石油化工有限公司、扬子石油化工有限公司。农民交售50千克原粮,奖售平价柴油0.75千克。累计购进平价成品油6000吨,销售5950吨。

1992年,县石油支公司外购外销成品油3120吨,调拨成品油2.82万吨,分别比1990年增18.1%、12.9%。1993年,县石油支公司投资80万元,在马坝镇、观音寺乡新建2座加油站。全县加油站增加到40座,个体加油点增加到60个。全年外购外销成品油2600吨,县内购进成品油2.91万吨,销售3.22万吨,销售收入6453万元,利税166.77万元。

图16-13　金谷加油站

1994年,国家取消平价油计划供应,全县成品油市场全面放开,个体私营企业新建加油站30个。盱眙石油支公司投资120万元,改造盱城宝积山油库,新建容量1000立方米钢质油罐4个,增加石油储量3200立方米。全年购进成品油11.68万吨,销售10.92万吨,实现销售额1741万元,税收92.7万元。1995年,县石油支公司受到个体、私营成品油经营户影响,加之流动资金不足、管理不善,成品油购销量和经济效益大幅度滑坡。全年购进成品油1.33万吨,销售1.40万吨,销售额2694万元。

1997年,县石油支公司采取干部职工集资、借资等方式筹措资金2000万元,以小批量多批次形式进货。全年购进各类成品油2.19万吨,销售各类成品油1.22万吨。1998年,马坝加油站、观音寺加油站、鲍集加油站销售成品油5700吨,实现利润160万元。

2001年,成品油购销由盱眙县成品油管理办公室统一管理,全县51座加油站共销售各类成品油3.5万吨。2003~2005年,中国石油化工股份有限公司江苏淮安分公司先后在十里营乡、古桑乡各建1座加油站,容量370立方米,两座加油站年储销汽油、柴油2.3万吨;在淮河盱眙段建立水上加油点,容量40立方米,年销售成品油3000吨;在县工业园区二环路新建加油站1座,年销售汽油2000吨,柴油5000吨。2008年,全县加油站56座、零售网点98个,购进各类成品油11.9万吨,销售11.8万吨。

第三节　市场管理

1986年,县石油支公司有加油站3个,油库2座,容量4000立方米,职工37人。1988年,成品油市场管理领导小组,监督和暗访加油站销售价格。至1990年,未发现自行加价。

1993年,开展节油宣传,帮助县汽车运输公司建立节油组织、制定节油管理制度,将节约成品油指标落实到车间、人头。全年共节油524.5吨，其中汽油233吨、柴油250吨、煤油9.5吨，润滑油32吨，完成节油计划116%。1994年，采取统一进货、统一供应、统一销价的经营管理模式，进货渠道由省市公司配置，个体和私营加油站、点执行省定销售价格，不得随意涨价、压价。

1995年，县政府组织盱眙县石油支公司、县工商局、县税务局、县农机局、县供销社、县质量技术监督局、县物价局，对全县石油市场进行清理整顿，全县共清理整顿成品油经营单位220个，取缔非法经营销售点37个，整改加油站3个，发放成品油经营许可证180份。1996年，改革经营机制，实行劳动用工合同制，干部聘用制，工资分配与经营效益挂钩制，与县工商部门联合，取缔土制炼油厂10个，查处不合格经营网点26个，没收劣质油100吨，查扣过境劣质油250吨。

2000年，县政府组织县发改委、县工商局、县劳动局，整顿成品油经营秩序，复检成品油经营单位和站点经营许可证，补办无证无照的经营站点手续，清理整顿短斤少两的经营站点，规范全县石油市场流通秩序。全年发放经营许可证51份。2002年，成品油管理办公室实施统一资源、统一配置、统一调运、统一价格、统一资金管理成品油。2003年，县成品油管理办公室对全县加油站统一编号，统一悬挂中国石化标志。2008年，县成品油管理办公室协调县工商局、物价局、安全监督局、质量技术监督局、消防大队查处超范围经营成品油户1个、无证无照经营户2个、处罚2000元。

第九章　服务业

第一节　餐饮业

一、发展概况

1986年，全县经营餐饮业515户，其中国有和集体餐饮业103户、个体餐饮户412户。1994年底，全县有1家中外合资都梁大酒店，1家二星级涉外酒店金谷园酒店，饮食业网点1391个，从业4062人，固定资产4798万元。其中，国营网点23个，从业233人，固定资产2088万元；集体网点223个，从业1522人，固定资产415万元；个体网点1145个，从业2307人，固定资产2295万元。饮食业网点比1993年增长52%。

图16－14　盱眙县第一家快餐厅店——鹏胜快餐店

1995年，县商业部门改革国有、集体餐饮业经营机制，其资产公开对外租赁、拍卖。1996年底，全县餐饮网点1757个，从业3374人，分别比1995年增长3.7%、减少31.5%。其中，国有网点7个，从业69人，分别比1995年减少80%、83.8%；个体网点1750个，从业3305人，分别比1995年增长22.1%、15.7%。1999年，个体网点受到经济条件制约，减少到750家。都梁大酒店客房接待5.1万余人次，餐饮部接待11.5万人次,综合经济效益450万元,纯利润增长320%,被市委、市政府评为文明单位,被省消费者协会评为诚信单位。金谷园饭店共接待宾客20万人次,综合经济效益400万元,纯利润增长127%,"山蛇鞭花炖乳鸽"获中国淮阴乳鸽美食节炖菜一等奖。盱眙宾馆接待宾客10万人次,成功举办都梁农家菜美食节,推出美国加州肥牛烧烤,受到美国友人好评。2000年,盱眙县举办首次龙虾节,烹饪十三香龙虾美食,倍受游客欢迎。

至2008年,共举办一次、八届龙虾节,推出盱眙县淡水优质龙虾、配以当地山区生长的30多种中药材、按照特殊的烹饪工艺,烧制成盱眙十三香龙虾美食,享誉国内外,成为盱眙名牌,被国家授予绿色食品,推动盱眙城乡餐饮业迅速发展。全县有十三香龙虾烹饪店550多家,全国20多个省、市发展会员店1020个,当年实现住宿、餐饮业营业额4.9亿元。盱眙县酸汤鱼丸、芙蓉鱼片、粉皮烩鸡丝、鲶鱼粉丝、槐花炒鸡蛋、砂锅鱼头汤、野鱼锅贴、盱眙十三香龙虾等成为具有地方特色名菜佳肴。

二、餐饮企业选介

金谷园饭店 位于斩龙涧路6号。1998年8月18日,由县粮食局投资600万元兴建,营业面积6000平方米,主要经营餐饮、旅馆、舞厅、旅行社。2004年5月,金谷园饭店改制,更名为金谷园饭店有限公司,主要经营中餐制售、旅店业、洗浴业。2008年,营业额600万元。

图16-15 金谷园饭店

盱眙宾馆 位于盱城五墩。1993年3月,由县供电局投资1042万元兴建,营业面积7000平方米,主要经营餐饮、旅馆、卡拉OK、旅行社。2003年,盱眙宾馆改制,更名为盱眙宾馆有限公司。2008年,营业额1100万元。

盱眙泗州君悦饭店 位于淮河风光带。2006年8月,江苏鹏胜集团投资2.3亿元动工兴建。建筑面积3.5万平方米,饭店主楼23层,副楼33层公寓,集酒店、桑拿、商务办公、会议中心、度假、观景、娱乐、休闲于一体。饭店门前建有泗洲广场,设有林荫停车场、地下停车场,停车泊位500个。2008年6月营业,营业额1000余万元。

盱眙新华国际酒店 位于盱城金源北路888号。2007年11月,个体投资新建三星级涉外旅游饭店,总建筑面积8000平方米,拥有标准房、单人房、套房共50套,设有宴会大厅餐位300个,配有多功能厅、贵宾接待室等大小会议室2个。2008年,营业额1200万元。

红叶饭店 1990年创办,位于金谷园路,租用县新华书店房屋经营,面积不足15平方米。2003年底,在盱城金源路开设新店,营业面积2600平方米,餐桌40张,小厅16个,总投资400余万元,年营业额350万元。红叶饭店先后荣获首届中国龙虾节、中国淮安淮扬菜美食节金奖、十大龙虾示范店,获省、市、县龙虾制作名店、烹饪大师等20多个奖项。红叶饭店特色经营有十三香龙虾、酸汤魚圆、萝卜圆、油浸白鱼等。2008年,营业额450万元。

杨四饭店 1992年,杨四阳在淮河东路,租用县饮服公司200平方米用房,经营小饭店。通过潜心调研餐饮市场,瞄准龙虾这一独特水生资源,配制烹饪调料,烧制出融合川、粤、淮、宁、沪等地风味特色十三香龙虾。2000年5月,龙虾酒店正式挂牌营业。2001年,第一届中国龙虾节,杨四龙虾独特风味吸引外地客人品尝。2002年5月,投入150万元,购买五墩西路盱城镇羽绒厂,投资100万元,改造成餐饮、客房、休闲、美容美发、浴室等多元化服务性大酒店,营业面积2200平方米,有大小餐厅13个,可同时接待200人就餐,营业额250万元。2003年,先后在上海、浙江、山东、安徽及省内等地开设连销店10家,被县龙虾协会授予盱眙龙虾制作名店。2008年,营业额500万元。

第二节　旅馆业、租赁业

1986年,全县有旅馆业108家,其中国有和集体旅馆业35家、个体旅馆业73家。租赁业1家,主要出租图书及音像制品。1990年,旅馆业对外开放,个体旅馆发展到126家。1994年,企业改制后,出现音像制品、房屋租赁中介、工程机械租赁经营形式3家。1996年,县委、县政府出台加快发展个体私营工商户若干优惠政策,国有、集体旅馆改制,全县个体旅馆发展到320家。

图16－16　泗州君悦宾馆大厅

2000年,租赁企业发展到6家,其中实施建筑工程机械与设备租赁1家。2002年,县工商部门对全县旅馆进行整顿,发放旅馆营业执照160余家,取缔150余家。2006年,全县汽车租赁业发展5家。2008年,全县有旅馆业196家,其中公司化10家、国有和集体5家,个体154家。有各类租赁企业32家,其中公司2家、国有企业2家、独资企业1家,个体27家。

第三节　娱　乐　业

1986年,县内仅有盱城工人电影院、盱眙影剧院、盱眙文化宫、滨淮影剧院、人民剧场等娱乐场所。1991年,全县有小型录像室、露天卡拉OK、歌舞厅、康乐桌球等92个,适应城区居民文化娱乐需求。1998年,金谷园饭店、盱眙宾馆增设歌舞厅,亚细亚歌舞厅建成运行。县城区娱乐业场所增加到115个,其中游戏室10个。

2002年,县工商局对全县营业性歌舞、游乐等娱乐业进行整顿规范。全县有娱乐业经营企业、个体户89家,其中歌舞性的21家、游艺性娱乐室38家。2006年,县工商局通过对互联网上网服务的网吧、电脑休闲室等营业性娱乐场所整顿规范后,全县有规范化网吧5家。2008年,全县有娱乐业经营企业、个体户141家,其中歌舞性的43家、游艺性娱乐室52家、网吧46家。

第四节　其他服务业

1986年,全县有个体洗纺服务、美容美发、保险服务、家政服务、婚姻服务、殡葬服务等126家。1990年起,全县先后出现职业中介服务、包装服务、办公服务、会议及展览服务、旅行社、金融担保、影楼、庆典礼仪服务。2000年起,盱眙房产开发、农贸市场逐年增加,计算机行业不断兴起,全县先后出现市场管理服务、保安服务、家政服务、信息传输、计算机服务及其他商务服务。2008年,全县有其他服务业1466家。

第十章 其他商业

第一节 国有、集体商业

一、体制改革

1986年,县商业局在不属于国有、集体企业中推行自筹资金、自负盈亏、自主经营、自由组合的经营机制,将销售额、利润、费用等各项经济指标与职工工资、奖金挂钩。1988年8月,县第二烟酒公司、第二百货公司、第二饮服公司、商业服装厂合并成立县商业综合公司。1992年3月,全县商业系统实行经营、价格、分配、用工全面放开,员工实行聘用制,柜台实行承包制。1997年,县商业局采取干部职工工资与企业绩效挂钩,岗位实行联产计酬、联利计酬、技能工资等形式改革分配制度,改变亏损局面。1998年,工业品贸易中心、人民商场、商业综合公司严重亏损,加之县委、县政府实施旧城改造,沿街门面被拆除,县商业服装厂、县商业综合公司、豆制品厂依法破产,对其他商业企业采取收购、拍卖等方法,改制为私营企业,职工分流。2001年,改制全部结束,职工下岗、自谋职业。

二、商品经营

(一)经营概况

1986年,县商业局系统其他商业企业有县工业品贸易中心、人民商场、第二烟酒公司、第二百货公司、豆制品厂、商业服装厂、第二饮服公司,销售额1134.24万元。1990年,受到社会性质、进货渠道、门点设置等因素制约,经营艰难,亏损严重。1993年,县工业品贸易中心、人民商场、商业综合公司销售额925.7万元,比1992年增亏100余万元。1994年,通过经营机制改革后,扩大经营范围、零售商品、进货渠道,有网点823个,从业人员5511人。1995年,县工业品贸易中心、人民商场、豆制品厂、商业综合公司销售额2543.42万元。1998年,通过调整商品结构,拓宽经营市场,形成自身经营特色,搞活商品批零,实现消费品零售总额2667万元,比1997年增长2.5%。2001年,工业品贸易中心、人民商场、豆制品厂、第二烟酒公司、第二百货公司、商业服装厂、第二饮服公司、商业综合公司改制结束,工人置换身份,自谋职业。

(二)企业选介

县工业品贸易服务中心 1986年,县工业品贸易服务中心下设批发部2个、零售部3个、县人民商场、淮河商场、友谊商场,全年销售额150万元。1990年,人民商场从县工业品贸易服务中心分出,先后改革所属批发部、零售部体制,营业额逐年增加。1995年,人民商场营业额480万元,比1994年增长11%。1996年,工业品贸易中心受到市场影响,逐年亏损。2000年,工业品贸易中心销售额不足50万元,亏损近30万元。2001年,友谊商场和淮河商场被县饮服公司陆续收回后,其批发部、零售部改制为私人商业,县工业品贸易服务中心退出经营市场。

县人民商场 1986年,县人民商场隶属于县工业品贸易中心,以零售为主,有经营柜组17个,营业面积

600平方米，营业额110万元。1988年，人民商场采取租赁经营、风险抵押的方法，扩建营业面积420平方米，营业额逐年上升。1991年，营业额450万元，比1990年增加150万元。1993年，县商业部门实行全额抽本，社有民营的改革举措，改革经营机制。1996年，因个体商业不断涌入市场，人民商场亏损近2万元。1997年，人民商场经营场所整体出租，全体职工下岗，自谋职业。

县商业综合公司　1988年8月，成立县商业综合公司，下设商场4个、零售门市30个、饮食服务点9个、炒货厂1个，年销售额680万元。1988年起，实施四轮改革，即柜组承包，死包基数、超利分成、欠利同比赔补，包死基数、超利全留、欠利全赔，百元销售、含量工资。通过改革后销售额逐年上升。1993年，销售额820万元，比1992年增17%。1995～2000年，红星商场、渡口商场、红旗商场以及9个零售门市，因城区改造和建设沿淮风光带需要，先后被拆除。2001年，县商业综合公司退出经营市场，143名职工与企业解除劳动用工关系。

第二节　个体私营商业

1986年，全县个体商业经营户4100多个，从业人员7500多人，商品零售额2500多万元。是年，全县占地面积最大的盱城山城农贸市场建成，占地35582平方米，建有13个贸易区，从事个体服装鞋帽、百货批发、零售经营柜台300个，上市品种1100多种，全年经营额180万元。1988年，县政府制定个体工商户3年发展规划，县委、县政府出台分流人员免收工商税务费用政策。1989年2月，县商业大厦建成后，商业系统下岗职工承租专柜40多个，经营百货、金银首饰、家用电器、家具、服装鞋帽等，经营品种近万种。

1992年，县政府相继出台《关于鼓励农民进城落户兴办第三产业的规定》《关于鼓励外商投资的优惠政策》《关于鼓励发展外向型经济的若干规定》后，个体商业发展到4500多户，从业人员5000多人，私营商业企业发展到10家。1993年3月，县委、县政府召开千人个体私营经济工作会议，制定发展个体私营经济措施20条和“七放宽、两简化、四服务”优惠政策，引导、扶持加快全县发展个体私营经济。全县个体商业发展到5000户，从业人员5800人，商品销售总额9258万元。是年，新街供销社下岗职工沈百花，兴办批发零售百货私营商店，全年销售额200万元。

1994年，全县首次公开拍卖小型商业企业零售网点，拍卖成交4个，成交额310万元。是年，县供销大厦实行租赁承包，供销系统部分职工承租1～3楼，经营服装、鞋帽、金银首饰、家具、家电等，全年零售额1500万元；县供销大厦服装经营部服装柜负责人杭天华下岗后经营“雅戈尔”牌服装，部分下岗职工300余名凭借业务关系和自身经营管理优势，创办私营企业。

图16－17　新世纪建材市场个体工商户

1995年，县政府出台《关于加快发展个体私营经济若干问题的暂行规定》，放宽个体私营经营对象范围和经营方式，允许个体工商户、私营企业参股国有和集体企业经营，租赁、兼并、购买国有、集体中小型企业，组建有限责任公司或与国有、集体企业共同组建股份公司，组建企业集团，与外商合资、合作、发展外向型经济。

1996年，盱城五墩东方市场、马坝镇大南农贸市场和工业品批发市场、盱城山城市场和小商品世界，共增加摊位1600多个，全县新增私营商业企业60家。1997年，五墩新亚商城开业，有个体私营商业20多户，主要经营百货。

1999 年,全县扩建和新建各类市场 46 个,营业面积 38 万平方米,新增商业经营户 1540 户,年商品销售额 8.6 亿元。1 月,黄士忠租赁县人民商场,开办苏果超市,营业面积 500 平方米,是盱眙第一个大型私营商业超市,全年营业额 650 万元。年底,县委、县政府表彰个体私营经济十佳贡献大户、十佳商贸大户。

2001 年起,境内投资亿元的盱眙商贸中心、投资 3800 万元的新世纪广场、盱眙龙虾城、马坝龙虾城开工建设,县内各类市场向外联合联营,市场摊位公开招标拍卖,个体私营商业发展继续加快。2003 年,全县新增个体商业 2459 户,私营商业 258 户,累计个体商业经营 2 万多户、私营商业 1000 多户。2004 年,县政府规定凡国家没有明令禁止或限制性的行业和领域,均允许个体私营企业和工商户进入;对合法经营的农村流动小商小贩,除国家另有规定外,免于工商登记和收取工商规费;对农村农副产品经纪人实行零门槛准入,免费发证,免费培训。9 月,江苏万润发商贸有限公司落户盱城五墩国贸商场,营业面积 6000 多平方米,全年营业额 1000 万元。

图 16－18　东方市场个体私营户

2005 年,县政府根据个体私营商业户资金短缺、土地使用难等问题,协调银行为个体私营户办理融资贷款 76 户;在盱城首批选定 11 个特约服务单位,为守法诚信经营个体私营商户发放服务卡 180 多份。2006 年,全县国退民进企业产权制度改革基本完成,全县商业、供销系统国有和集体商业大部分属个体私营经营。全县发展个体私营商业 7384 户。

2008 年,全县流通领域产权制度改革全面结束,农村集镇合作商店全部转为私人经营。万润发、苏果超市、华联超市等一批私营企业、连锁店延伸到县内各个乡镇。随着乡镇集镇区扩大,新建农贸市场、商业街,乡镇从事经商的个体私营商业户日渐增多。至年底,全县个体商业户 26303 户、私营商业户 2185 户,从业人员 5 万余人,商品批发零售总额 26.23 亿元。

第十七篇 中国共产党盱眙县地方组织

1986年起，中国共产党盱眙县委员会（简称县委）与时俱进，贯彻落实邓小平理论、“三个代表”重要思想和科学发展观，坚持党的基本路线，加强政治、思想、道德教育和精神文明建设，强化各级党组织领导，因地制宜制定富民强农、工业强县、全面开放等发展战略，深化城乡经济体制、政治体制改革，城乡面貌明显改观。县委相继召开五次党员代表大会，选举产生县委领导班子和出席市党代会代表。县纪律、监察部门强化党纪教育和党风建设，整治经济发展环境，查处党员、干部违纪违法和贪污腐败行为，党员、干部工作作风明显好转。县委组织部以经济建设为中心，采取丰富多彩的形式，开展党员干部政治思想和道德教育，加强党员干部队伍建设，树立正确的用人导向，改革干部任免机制，配强基层党委班子，充分发挥堡垒作用。宣传部门围绕党的思想路线和方针政策，成立中心学习组，举办培训班，加大对内、对外宣传力度，广泛宣传本地区先进人物和先进典型，扩大盱眙知名度、美誉度。统战部门落实台胞、侨胞和非党知识分子政策，凝聚各界人士向心力，为盱眙经济建设服务。

2000年，县委、县政府制定领导信访接待日、信访听证、信访双向承诺、信访办结公示、领导包案、人民来信批办督办、隐患预警化解、阳光信访、信访责任金、信访稳定责任追究等制度，设立和开通县长公开电话，县领导坚持每月4次接待上访群众。社会矛盾调处中心，统一处理信访问题。2008年，盱眙县被省信访部门评为首批信访工作“三无”县。

第一章　中共盱眙县委员会

第一节　机　　构

一、县委常委会

中共盱眙县第八届委员会常务委员会

1988年3月，中共盱眙县第八届委员会召开第一次全体会议，选举产生中共盱眙县第八届委员会常务委员会。

委员：赵宏章、黄登仁、王寿昌、张德新、吴良桂、张铭刚、袁书祥、高琰

书记：赵宏章

副书记：黄登仁、王寿昌、张德新

中共盱眙县第九届委员会常务委员会

1991年3月，中共盱眙县第九届委员会召开第一次全体会议，选举产生中共盱眙县第九届委员会常务委员会。

委员：陈伟、王寿昌、吴良桂、吴永林、嵇孝春、袁书祥、林伟明、庄德焕、秦川、柳怀玉

书记：陈伟

副书记：王寿昌、吴良桂、吴永林、嵇孝春

中共盱眙县第十届委员会常务委员会

1996年3月，中共盱眙县第十届委员会召开第一次全体会议，选举产生中共盱眙县第十届委员会常务委员会。

委员：欣立忠、王士高、吴良桂、林伟明、秦川、柳怀玉、王斌、王乃友、朱国瑞

书记：欣立忠

副书记：王士高、吴良桂、林伟明、秦川

图17－1　县委原办公楼

中共盱眙县第十一届委员会常务委员会

2001年3月，中共盱眙县第十一届委员会召开第一次全体会议，选举产生中共盱眙县第十一届委员会常务委员会。

委员：王友富、郑宁、朱坚、王斌、李庆林、杨安国、柳怀玉、黄克清、田仕军、张玉峰、张光射

书记：王友富

副书记：郑宁、朱坚、王斌、李庆林

中共盱眙县第十二届委员会常务委员会

2006年6月,中共盱眙县第十二届委员会召开第一次全体会议,选举产生中共盱眙县第十二届委员会常务委员会。

委员:蔡敦成、李森、赵长桂、关晓卫、王雄飞、安立波、王兆柱、朱海波、邢加海、李宽厚

书记:蔡敦成

副书记:李森、赵长桂

二、县委工作机构及直属单位

1986年,县委工作机构及直属机构有办公室、组织部、宣传部、统战部、农工部、政法委、综治办、老干部局、机要室、党史办、县委党校、机关党委、对台办、信访办、档案馆、经案办16个。1987年3月,撤销县经案办。6月,成立县委组织员办公室。1988年10月,成立县档案局,县档案馆、县档案局划入县政府。1989年7月,成立县委保密委办(保密局)。10月,县信访办更名为县信访局,划入县政府。

1990年1月,县委党史办更名为县委党史工委。8月,成立县委政策研究室。1992年5月,撤销县委政策研究室。2月,县委对台工作办公室更名为县委台湾工作办公室。1993年11月,成立盱眙报社。

2000年,成立目标督查办公室和重点项目办公室。2001年,县机关党委更名为县级机关工委,成立610办公室。2002年,机要室更名为机要局。2004年,成立工业开发区工作委员会。2005年,盱眙报社更名为现代信息中心。2006年,成立县扶贫工作队。2007年,成立精神文明建设指导委员会办公室。

2008年,县委机构有办公室、组织部、宣传部、统战部、农工部、政法委、老干部局、组织员办、党史工委、党校、机关工委、台办、档案馆、机要局、保密委办、综治办、现代信息中心、目标办、重点办、610办公室、工业开发区工作委员会、县扶贫工作队、精神文明建设指导委员会办公室23个。

三、县委所属基层党委、党组

1986年,县委所属基层党委36个,其中镇党委6个、乡党委22个、机关党委1个、系统党委1个、企业党委5个、县人武部党委1个。党组21个。1987年10月,撤销县经济委员会党组。1988年3月,县经委系统党委更名为县经委党委。10月,县城乡建设环境保护局党组更名为县城乡建设局党组。1989年1月相继增设肖嘴乡党委、仁集乡党委。

1990年4月,成立县物价局党组。5月,成立县粮食局党组,恢复县经济委员会党组。11月,成立县商业局党组。1991年10月,成立江苏盱眙龙泉酿酒总厂党委、盱眙县邮电局党委。1992年2月,成立县教育局党委、县供电局党委,撤销县卫生局党组,成立县卫生局党委。3月,撤销县多种经营管理局党组,成立多种经营管理局党委;撤销县水利局党组,成立县水利局党委;撤销县交通局党组,成立县交通局党委;撤销县商业局党组,成立县商业局党委;撤销县粮食局党组,成立县粮食局党委;成立县供销合作总社党委。5月,撤销县公安局党组,成立县公安局党委。

1993年3月,成立对外经济贸易委员会党组。4月,撤销县物资局党组,成立县物资局党委。5月,成立县劳动局党组。6月,成立县广播电视管理局党组。12月,撤销县对外经济贸易委员会党组。1994年9月,县税务局党组改称县国税局党组,成立县地税局党组。1996年4月,县人武部党委收归军队建制,隶属淮阴军分区党委。1999年12月,撤销县多种经营管理局党委,成立县林业局党组、县畜牧局党组。

2000年2月,县乡机构改革,撤销十里营乡党委、东阳乡党委、高桥乡党委、张洪乡党委、水冲港乡党委、洪山乡党委、新街乡党委、古城乡党委、龙山乡党委、马庄乡党委、肖嘴乡党委。2001年,县国土管理局党组更名为县国土资源局党组,县水利局党委更名为县水务局党委,县物资局党委更名为县物资集团总公司党委,县贸易局党委更名为县商业集团总公司党委;撤销县房产局党组,成立县房产管理局党组。12月,撤销县水产局党组、县地质矿产局党组,县畜牧局党组更名为县畜牧渔业发展管理局党组。2008年,全县所属党委52个,其中乡镇党委19个。

第二节　县党员代表大会和党代表会议

一、县党员代表大会

1986~2008年,盱眙县委召开5次党员代表大会,部分党内老干部、老党员列席。会议听取审议县委工作报告和县纪委工作报告并作出决议,选举产生新一届县委领导班子和县纪委领导班子。

中共盱眙县第八次党员代表大会

1988年3月25~27日,中共盱眙县委召开第八次党员代表大会第一次会议,应到代表297人,出席297人,县委书记赵宏章代表县委作《加快步伐超江南,富民富县奔小康》工作报告。报告提出3年发展目标,全面超额完成“十五”计划指标,加快步伐超江南,为富民强县奔小康打基础。会议选举县委委员23人,候补委员4人,纪委委员12人。(选举县委常委8名,书记1名,副书记3名;选出纪委常委4名,纪委书记1名,副书记1名)。

中共盱眙县第九次党员代表大会

1991年3月16~19日,中共盱眙县委召开第九次党员代表大会第一次会议,应到代表297人,出席297人,县委书记陈伟代表县委作《加强党的建设,积极开拓进取,为创建文明富裕的新盱眙而奋斗》工作报告,报告提出3年发展目标。大会通过《中共盱眙县委1991~1993年党建工作规划》。会议选举县委委员30人,候补委员5人,纪委委员12人。(选举县委常委10名,书记1名,副书记4名;选出纪委常委5名,纪委书记1名,副书记2名)。

中共盱眙县第十次党员代表大会

1996年3月11~12日,中共盱眙县委召开第十次党员代表大会第一次会议,应到代表300人,出席300人,县委书记作《坚持以严治党,深入反腐倡廉,为改革开放经济建设服务》工作报告。报告提出5年全县经

图17-2　中共盱眙县委第十次党员代表大会代表合影

济和社会发展主要目标,强调实现目标必须实施"四项工程"(基础工程、富民工程、富县工程、保障工程);在农业方面,提出用5年时间,建成具有县区域特色五大基地(建成30万头肉牛养殖基地、1万公顷板栗种植基地、1.33万公顷水产基地、0.67万公顷蔬菜生产基地和4000公顷优质粮油基地),完成全县4.67万公顷中低产田改造一期工程;在工业方面,推进企业改革,组建一批企业集团。会议选举县委委员23人,候补委员4人,纪委委员13人。(选举县委常委9名,书记1名,副书记4名;选出纪委常委7名,纪委书记1名,副书记2名)。

中共盱眙县第十一次党员代表大会

2001年3月1~3日,中共盱眙县委召开第十一次党员代表大会第一次会议,应到代表306人,出席300人,县委书记王友富代表县委作《解放思想,苦干实干,抢抓机遇,加快发展,为新世纪之初加速向宽裕型小康过渡而努力奋斗》工作报告。报告提出用5年时间,把盱眙建成国内外客商到苏北投资最佳选择地之一、特优新绿色食品基地和新型建材、精细化工、绿色食品加工为支柱的县域工业格局。会议通过中共盱眙县委《关于加强自身建设的意见》。会议选举县委委员26人,候补委员5人,纪委委员13人。(选举县委常委11名,书记1名,副书记4名;选出纪委常委7名,纪委书记1名,副书记2名)。

中共盱眙县第十二次党员代表大会

2006年6月26~27日,县委召开第十二次党员代表大会第一次会议,应到代表239名,出席238名,县委书记蔡敦成代表县委作《团结创新,务实争先,为盱眙实现全面小康目标而努力奋斗》工作报告。报告提出今后5年以工业强县为目标,加快经济开发区建设步伐,围绕"三百工程",把盱眙县建成小康社会。会议选举县委委员26人,候补委员5人,纪委委员13人。(选举县委常委10名,书记1名,副书记2名;选出纪委常委7名,纪委书记1名,副书记2名)。

1986~2008年中共盱眙县委历届书记、副书记、常委情况一览表

表17-1

届别	职务	姓名	籍贯	任职时间
第七届(续)(1986.1~1988.3)	书记	赵宏章	江苏南通	1986.1~1988.3
	副书记	黄登仁	江苏盱眙	1986.9~1988.10
		王遐林	江苏淮安	1986.1~1986.9
		杨国忠	江苏盱眙	1986.1~1987.1
		张庆康	江苏丹徒	1986.1~1987.1
		王寿昌	江苏涟水	1987.1~1988.3
		张德新	江苏镇江	1987.1~1988.3
		江惠英	江苏苏州	1987.6~1988.3(挂职)
	常委	陈登彭	江苏涟水	1986.1~1986.4
		吴良桂	江苏泗阳	1986.3~1988.3
		高 琰	江苏淮安	1986.6~1988.3
		张铭刚	江苏徐州	1986.6~1988.3
		张鸿应	江苏六合	1987.1~1988.3
		肖恒杰	江苏泰兴	1987.1~1988.3

续表 17－1

届　别	职　务	姓　名	籍　贯	任　职　时　间
第八届 (1988.3～1991.3)	书　记	赵宏章	江苏南通	1988.3～1989.7
		张德新	江苏镇江	1989.7～1991.3
	副书记	黄登仁	江苏盱眙	1988.3～1988.10
		王寿昌	江苏涟水	1988.3～1991.3
		张德新	江苏镇江	1988.3～1989.7
		方　玉	江苏南京	1988.11～1989.10(挂职)
		吴良桂	江苏泗阳	1989.7～1991.3
		吴永林	江苏盱眙	1989.12～1991.3
		嵇孝春	江苏涟水	1990.12～1991.3
	常　委	林伟明	浙江宁波	1989.7～1991.3
		庄德焕	江苏泗阳	1989.9～1991.3
		秦　川	江苏泗阳	1990.12～1991.3
		柳怀玉	江苏盱眙	1990.12～1991.3
第九届 (1991.3～1996.3)	书　记	陈　伟	江苏泗洪	1991.3～1995.4
		欣立忠	江苏金湖	1995.4～1996.3
	副书记	王寿昌	江苏涟水	1991.3～1993.2
		吴良桂	江苏泗阳	1991.3～1996.3
		吴永林	江苏盱眙	1991.3～1996.2
		嵇孝春	江苏涟水	1991.3～1992.12
		林伟明	浙江宁波	1992.12～1996.3
		王士高	江苏灌南	1993.2～1996.3
		杨怀宇	－	1993.3～1994.3(挂职)
		丁如锦	－	1994.3～1995.3(挂职)
		秦　川	江苏泗阳	1996.1～1996.3
	常　委	袁书祥	江苏盱眙	1993.1～1992.12
		林伟明	浙江宁波	1992.12～1996.3
		庄德焕	江苏泗阳	1991.3～1993.12
		秦　川	江苏泗阳	1991.3～1996.3
		柳怀玉	江苏盱眙	1991.3～1996.3
		李建国	江苏洪泽	1992.12～1995.10
		王　斌	江苏泗阳	1992.12～1996.3
		王乃友	江苏泗洪	1993.12～1996.3
		朱国瑞	江苏镇江	1996.1～1996.3

续表 17－1

届　别	职　务	姓　名	籍　贯	任 职 时 间
第十届（1996. 3～2001. 1）	书　记	欣立忠	江苏金湖	1996. 3～1998. 2
		赵　鹏	江苏洪泽	1998. 2～2000. 12
		王友富	江苏淮安	2000. 12～2000. 12
	副书记	王士高	江苏灌南	1996. 3～1996. 9
		吴良桂	江苏泗阳	1996. 3～1998. 1
		林伟明	浙江宁波	1996. 3～1996. 12
		秦　川	江苏泗阳	1996. 3～1998. 3
		陈家忠	江苏盱眙	1996. 12～1997. 2
		张建平	江苏洪泽	1997. 12～1998. 12
		王友富	江苏淮安	1997. 12～2000. 12
		王　斌	江苏泗阳	1997. 12～2001. 1
		赵　鹏	江苏洪泽	1996. 9～1998. 2
		漆冠山	江苏淮阴	1998. 3～2000. 12
		丁俊连	江苏泗阳	1998. 12～1999. 12
		李庆林	江苏涟水	2000. 3～2001. 1
		朱　坚	江苏涟水	2000. 11～2001. 1
		郑　宁	江苏涟水	2000. 12～2001. 1
	常　委	柳怀玉	江苏盱眙	1996. 3～2001. 1
		王　斌	江苏泗阳	1996. 3～2001. 1
		王乃友	江苏泗阳	1996. 3～1997. 7
		朱国瑞	江苏建湖	1996. 3～2000. 6
		朱　坚	江苏涟水	1996. 10～2001. 1
		丁俊连	江苏泗阳	1996. 12～2001. 1
		崔　健	江苏淮阴	1997. 3～2000. 11
		李庆林	江苏涟水	1997. 7～2001. 1
		吴庆华	江苏淮阴	1998. 12～2000. 5
		杨安国	江苏泗阳	1998. 12～2001. 1
		李汉成	江苏盱眙	1999. 12～2000. 6
		黄克清	江苏涟水	2000. 3～2001. 1
		田仕军	山东茌平	2000. 6～2001. 1
		张玉峰	江苏涟水	2000. 11～2001. 1
		张光射	山东微山	2000. 12～2001. 1

续表 17-1

届　别	职　务	姓　名	籍　贯	任　职　时　间
第十一届(2001.1~2006.6)	书　记	王友富	江苏淮安	2001.1~2006.6
		蔡敦成	江苏宿迁	2006.6~
	副书记	郑　宁	江苏涟水	2000.12~2003.11
		王　斌	江苏泗阳	2001.1~2002.1
		李庆林	江苏涟水	2000.3~2002.1
		朱　坚	江苏涟水	2001.1~2001.10
		杨安国	江苏泗阳	2000.10~2006.6
		吉文桥	江苏金湖	2002.12~2004.12
		黄克清	江苏涟水	2002.1~2006.6
		张家宏	-	2002.3~2003.3(挂职)
		孙　宁	-	2002.5~2003.6(挂职)
		肖进方	江苏靖江	2002.11~2006.1
		贾　哲	-	2002.12~2004.2(挂职)
		朱玉仁	-	2003.3~2004.3(挂职)
		杨晓阳	-	2003.9~2004.10(挂职)
		张振新	-	2003.11~2006.7(挂职)
		梁月青	-	2004.3~2005.2(挂职)
		蔡敦成	江苏宿迁	2004.12~2006.6
		皮兰平	江苏淮阴	2004.12~2006.5
		沈金保		2005.2~2006.3(挂职)
		赵长桂	江苏盱眙	2005.8~2006.6
		吴晓荣		2006.3~2006.6(挂职)
		李　森	江苏涟水	2006.6~
	常　委	杨安国	江苏泗阳	2001.1~2001.6
		柳怀玉	江苏盱眙	2001.1~2003.2
		黄克清	江苏涟水	2001.3~2002.1
		田仕军	山东茌平	2000.6~2002.1
		张玉峰	江苏涟水	2000.11~2004.6
		张光射	山东微山	2000.12~2002.1
		刘金星	江苏泗阳	2002.1~2003.3
		王恒亮	江苏涟水	2002.1~2004.6
		皮兰平	江苏淮阴	2002.9~2004.12
		王德宝	江苏盱眙	2002.11~2004.1
		赵长桂	江苏盱眙	2002.11~2005.8
		安立波	江苏淮阴	2004.1~2006.6
		董　松	江苏盐城	2004.6~2006.5
		王兆柱	江苏盱眙	2005.8~2006.6
		关晓卫	江苏淮安	2005.10~2006.6
		李宽厚	安徽明光	2006.5~2006.6
		邢加海	山东淄博	2006.5~2006.6
		王雄飞	湖南湘潭	2006.6~2006.6
		朱海波	江苏淮安	2006.6~2006.6

续表 17－1

届　别	职　务	姓　名	籍　贯	任　职　时　间
第十二届（2006.6～2008.12）	书　记	蔡敦成	江苏宿迁	2006.6～
	副书记	赵长桂	江苏盱眙	2006.6～
		张振新	－	2006.7～2007.1(挂职)
		吴晓荣	－	2006.7～2008.2(挂职)
		李　森	江苏涟水	2006.6～
		岳林芳	江苏苏州	2007.1～(挂职)
		乔中龙	江苏江都	2007.11～2008.12(挂职)
		沈剑荣	－	2006.11～(挂职)
		李明耀	江苏扬中	2008.12～(挂职)
	常　委	安立波	江苏淮阴	2006.6～
		王兆柱	江苏盱眙	2006.6～2007.11
		关晓卫	江苏淮安	2006.6～2007.11
		李宽厚	安徽明光	2006.6～2007.11
		邢加海	山东淄博	2006.6～
		王雄飞	湖南湘潭	2006.6～
		朱海波	江苏淮安	2006.6～
		花纯艳	江苏盱眙	2007.1～
		石平洋	江苏淮阴	2007.11～
		高　峰	江苏淮阴	2007.11～
		程国民	江苏淮阴	2007.11～

说明：书记、副书记在常委中不重复列名。

二、县党代表会议

图 17－3　党代会清点选票

1989 年 9 月，中共盱眙县委员会召开第二次党代表大会，出席代表 297 人，选举出席中共淮阴市委党代表大会代表 34 人，其中干部 22 人，技术人员 6 人，先进模范 3 人，其他代表 3 人。1994 年 8 月，中共盱眙县委员会召开第三次党代表大会，出席代表 297 人，选举出席中共淮阴市委党代表大会代表 34 人，其中干部 21 人，技术人员 7 人，先进模范 5 人，人武部代表 1 人。2001 年 8 月，中共盱眙县委员会召开第四次党代表大会，出席代表 306 人，选举出席中共淮阴市委党代表大会代表 43 人，其中干部 22 人、技术人员 12 人、先进模范 6 人、其他代表 3 人。延续至 2008 年。

第三节 重大决策与活动

一、农村改革

1986年2月,县委批转县委农工部《关于进一步完善山林承包责任制的意见》,实施放开山林承包经营权和谁栽、谁管理、谁受益林权制度改革。1988年12月,县委印发《关于加快和强化农村改革的意见》,深入开展流通体制改革,搞活农村金融,健全农村服务体系,加快乡镇企业改革,适应和深化"双轨制"(市场经营、计划经营)管理体制,推进农村改革。

图17-4 盱眙县相继出台深化农村改革的一系列文件,调动农民积极性,农民收入逐年提高。图为县、乡、村干部深入田间为农民解决实际问题。

1994年9月,县委出台《关于进一步完善农村土地承包经营制度的意见》,确定土地流转机制指导思想、总的原则、基本内容、方法和步骤,要求各乡镇党委加强两田制(责任田、承包田)、股份合作制、招标承包制、租赁承包制、反租倒包制、拍卖"四荒"(荒地、荒山、荒滩、荒坡)使用权等农村改革。1995年,县委、县政府批转县委农工部《关于在全县范围内推行"四荒"使用权拍卖工作的意见》,实施拍卖山水资源、沟渠四旁、次等地使用权,包括地表及其附属物(树木、水面、山头),不包括地下矿藏。

2002年,县委出台《关于做好农村土地承包经营权流转工作的意见》,加快农村产权流转交易市场体系建设,引导土地经营权规范有序流转,巩固和完善农村基本经营制度,提高土地集约化、规模化经营水平。

2004～2008年,各乡镇完善农村土地家庭承包、专业承包和流转等3种合同,建立农户承包土地、农户承包地经营权流转、"四荒"等专业承包台账,保证农户承包地块落实到户、面积核准到户、合同签订到户、承包经营权证书发放到户。

二、城市建设

1986年,县委建成山城农贸市场3.56万平方米,并向社会开放。1992年,县委、县政府向全县各单位和城市居民印发《关于整治县城市容环境和秩序的通告》,提出整治城市市容市貌、环境卫生、交通秩序、工商管理措施与程序。

1993年,县委、县政府制定城市建设计划,对新老城区结合部五墩转盘路进行改造,铺设混凝土路3155平方米,整治淮河北路道路和街道环境。1995年,县委启动盱城老城区改造工程和文明城市创建工作。开发盱城第二水源,实施龙王山水库至盱城自来水管道铺设工程,兴建第三水厂。1996年,县委修编《盱眙县城区总体规划(1996～2010年)》,控制区范围总面积为33平方千米,建成以山水旅游为特色的全县政治、经济、文化中心。

1997年起,县委提出当年建成市级卫生城市、1998年创建省级卫生城市、2000年创建国家级卫生城市目标。1999年,县委制定《盱眙县1999年城区道路建设实施方案》,完成老城区道路改造工程,新建城区老虎岗至宣化街道路、宁徐路至盱眙县中学道路拓宽工程、五墩南路转盘至古桑岔路道路拓宽工程、二环路转盘向东、向南、向北道路接线工程。

2000～2001 年，实施沿淮风光带和虎宣路建设，改造金谷园街，修建政府门前广场，疏浚整治城南大沟、沿淮护坡等 10 大重点工程，完成淮河东路商业街全面改造和沿淮风光带四期、淮明园一期工程等 13 个基础实施重点项目，规划启动工业园区、新港码头、商贸中心和庙山风景区的城区扩建项目和南苑广场等 16 个板块绿化、美化工程。

2006 年，县委出台《关于创建江苏省文明城市的实施意见》《关于加快全县城乡市场建设的意见》《创建文明城市的三年规划》。就文明城市创建指导思想、创建标准、基本目标、主要任务、方针原则、组织领导等提出规划和实施意见。

2007 年，县委、县政府制定《盱眙县"十城同创"(创建省级文明城市、省级卫生城市、省级园林城市、省级科普示范县、省级城市化示范镇、江苏人居环境奖城市、国家生态示范县、国家环保模范城、全国双拥模范县、中国旅游强县)实施方案》，启动城市建设"8888"工程(建成 8 个规模住宅小区、8 个特色贸易市场、8 条城区主次干道、8 个城市公建配套项目)，实施县城五墩转盘改造工程和行政中心东移带动战略等城乡建设项目 82 个，先后完成新城区 6 条主次干道设计和城区亮化专项规划。

2008 年，城市建设总投资 39.73 亿元，重点实施山水大道、奥体中心、山水广场、海通时代广场等标志性项目，中等城市框架初步形成。

三、发展私营经济

1992 年起，县委出台《关于鼓励农民进城落户兴办第三产业的决定》，引导和扶持农民进城兴办第三产业。1995 年，县委、县政府印发《关于加快发展个体私营经济若干问题的暂行规定》，规定经营对象、范围和经营方式，鼓励平等竞争相关服务和优惠政策。

图 17－5　发展第三产业

1996 年 7 月，县委印发《关于鼓励个体私营经济发展的若干决定》。年底，培植私营骨干企业 100 户，发展私营企业 62 家，新增个体工商户 2004 户，新扩市场 7 个，新增市场面积 3.9 万平方米。

1998～2008 年，县委相继出台《关于鼓励机关事业单位工作人员离岗创业的规定》《关于对民营经济发展作出突出贡献者进行重奖重用的规定》《关于深入开展万名干部帮万民创业活动的通知》《关于鼓励农民进城落户兴办二、三产业的暂行规定》《关于鼓励全民创业、加快民营经济发展的若干规定》，规定放宽准入条件、办理证照时限、注册资本、税收征缴减免、离岗创业、资金扶持、执法检查收费等方面具体办法，鼓励全民创业。

四、开发旅游资源

1986～1988 年，县委、县政府拨款修建第一山杏花园、重勒魁星亭魁星碑、重建淮山堂。1990～1992 年，县委、县政府决定设立铁山寺自然保护区，铁山寺、林场古城分场、化农水库划归铁山寺管理，共 2180 公顷。印发《盱眙县铁山寺自然保护区管理办法》，规定区内野生珍稀动、植物纳入保护范畴。

1997 年，县委出台《盱眙县旅游开发总体规划》，成立盱眙县旅游事业发展委员会、铁山寺管委会、第一山管委会，启动明祖陵景区勘探规划工作，申报省级第一山风景名胜区、省级历史文化名城、省级铁山寺森林公园，将沿淮风光带(含淮河纪事园)建设列入县政府为民办实事项目。1999 年，先后启动明祖陵景区绿化和美化工程、铁山寺森林公园和第一山风景名胜区建设，探测研究泗州城遗址。组织 3000 民力，修筑盱眙县十老路至甘泉山景区 6 千米乡村道路，改造都梁寺内外环境。

2002年,投入1亿多元,用于旅游基础设施和景区景点建设,实施旅游兴县工程。2006年,县委、县政府出台《关于建成苏北旅游第一县的实施意见》,确保"十一五"期间建成苏北旅游第一县。2008年,县委确定为旅游产业提升年,申报江苏省首个中国旅游强县项目。

五、建设县开发区

1992年8月,县委印发《关于建设县经济技术开发区的决定》,开发区总面积6.18平方千米,皮革厂为核心启动区。1993～1994年,县委相继出台《关于加快县经济技术开发区建设若干问题的意见》《关于鼓励外商投资的优惠政策》《关于鼓励发展外向型经济的若干规定》《关于鼓励发展外向型经济的奖励办法》,明确规定开发区规划范围、管理机构、管理权限和外商投资企业在经营、服务、税收、减免等方面8条优惠政策;外向型企业、"三资"企业落户开发区,在土地出让、人才引进、项目审批、资金扶持等方面给予奖励。

2001年10月,县委决定建设县工业经济开发区,制定总体规划,成立组织领导,启动污水处理、电力供应、路网、绿化、标志性道路建设。县工业开发区道路建设全面开工,县直机关、驻盱官兵、民兵共1万多人参加劳动。2002年10月,县委、县政府实施县工业开发区东扩南延二、三期工程,使工业开发区扩大到17.1平方千米,区内基本实现道路、供电、电信、广播、电视、自来水、排水"六通一平"。2003年,县委、县政府制定《盱眙县工业开发区建设方案》,采取失地农民生产生活保障措施,妥善安置县工业开发区内被征地农民基本生活。

2004年,县工业开发区聘请常州市规划设计院按照生态式园区、花园式工厂总体要求,组织规划设计。2005年,县工业开发区拓展到23.1平方千米,区内建成6纵12横总长50多千米混凝土路。2006年,县委出台《关于创建国家级经济开发区的意见》,明确盱眙经济开发区在"十一五"期末创建成国家级开发区的指导思想、基本标准、相关指标、主要措施。2007年,县委印发《关于盱眙经济开发区农民拆迁工作实施办法(暂行)的通知》。2008年,县经济开发区按照县委提出打造生态工业开发区要求,开始建设绿色围墙、南苑新城、污水处理厂。

六、建设县乡道路

1992年,县委印发《关于成立盱眙县宁连一级公路工程建设指挥部的通知》,完成马坝至泥沛12.47千米路基土方143万立方米。1993年,铺设古城乡至龙山乡四级公路11.7千米,解决山区行车难。

1995年,县委印发《关于加快县乡道路建设的实施意见》,成立县乡道路指挥部,提出苦战三年,实现县乡道路黑色化目标,动员全社会力量,采取捐资、集资、借资的办法办交通,实现县乡道路黑色化。1999年起,县委、县政府提出再战三年,实现乡乡公路联网化建设目标。

2003年,县委决定成立农村公路建设指挥部。是年起,号召全县人民决战1000天,全面完成农村公路建设任务,实现县、乡镇、村交通公路网络化。

至2008年底,境内农村公路总投资52296.83万元,其中省投资33244.42万元,县配套资金19052.41万元,资源换石料621.1万吨,折合13664.2万元。建成农村公路416条2156.36千米。

图17－6　县乡道路建设

七、外引内联 招商引资

1998年,县委作出外引内联、招商引资决策,动员全县上下敞开县门,扩大开放、全员参与、全民动员、大搞外引内联、主攻招商引资。1999年,县委成立盱眙县外引内联招商引资工作领导小组,确定招商引资总任务4亿元,招商引资突出工业项目,区域选择突出东南沿海,招商对象突出民营企业。

2000年,县委选派百名干部定员外出招商,在沿海地区明确招商代理人,在盱城和马坝设立招商引资工业园区。2001年9月,县委出台《盱眙县工业开发区招商引资八项郑重承诺》,土地价格在江苏最低,税收扶持在江苏最多,规费征收在江苏最少,办事速度在江苏最快,治安环境在江苏最好,媒体宣传在江苏最优,利益保护在江苏最佳,服务档次在江苏县级最高。安排县直机关组织93名机关干部离岗外出招商引资。

图17-7 2008年7月28日,德新纲管等企业集中开工仪式。

2006年7月21日~10月28日,县委、县政府决定,在全县开展招商引资百日竞赛活动。此后,每年均开展这项活动。

2007年,县委出台《关于调整和规范招商引资优惠政策的意见》《盱眙县招商引资重点项目考核奖惩方法》。8月,县委成立10个驻县外招商分局,相继制定《关于对重大项目、财税增收和争先进位工作加大奖惩力度的实施办法》《关于加快凹凸棒石黏土资源开发利用科技先导型支柱产业建设的意见》,加大重大项目、财税培植和争先进位重要工作奖惩力度。出台《关于鼓励全民创业、加快民营经济发展的若干规定》,规定放宽准入条件、办理证照时限、注册资本、税收征缴减免、离岗创业、资金扶持、执法检查收费等方面具体办法。

2008年,县委工作会议号召全民突出招大引强,突破民营经济,推进招商引资进入快车道。

八、举办中国龙虾节

2000年7月,县委决定举办中国龙年盱眙龙虾节。从此每年举办一届龙虾节。至2008年,共举办8届龙虾节。(见第三十二篇 龙虾节庆)

九、经济发展环境

2001年2月起,县委决定在全县开始整治经济发展环境,要求各相关单位做到3个月初见成效,6个月全面见成效,年底前大见成效;整治机关服务环境,打击故意刁难和蛮横粗暴行为;整治行政执法环境,打击乱检查、乱收费、乱罚款、吃拿卡要和变相索取行为;整治社会治安环境,打击黑势力、恶势力、歪风邪气和各类无端闹事者;整治城区创建环境,打击脏、乱、差制造者和不服法律法规管理者。县直机关各部门、单位、行业开展自己反省自己、自己教育自己、自己逼迫自己、自己完善自己、自己规范自己、自己负责自己的环境自我整治活动。

2005年5月,县委出台《关于全县经济发展环境创优(行风建设)工作的实施意见》《关于开展经济发展软环境建设百日行动的实施意见》,提出经济发展环境新要求。2008年,县委印发《关于印发对损害经济发展软环境和效能建设行为实行责任追究暂行办法的通知》,明确规定损害经济发展软环境责任追究范围和办法。

十、盱眙精神与发展方略

2002年1月,县委十届三次全体(扩大)会议确立“环境立县,旅游兴县,工业强县”三大发展方略。2006年6月,县委第十二次党代表大会通过“团结、创新、务实、争先”盱眙精神,确立“十一五”全面实现小康目标和“环境立县、旅游兴县、城建举县、工业强县”发展方略。至2008年,盱眙精神与发展方略未变。

十一、乡镇部门机构改革

1993年,龙山乡、王店乡实施机构改革试点。龙山乡试行乡党委书记、乡长“一肩挑”,党政班子成员实行交叉兼职;王店乡实行党政分设体制,精简机构,压缩人员编制。龙山乡和王店乡机关工作人员分别由88人、72人减到29人、32人。改革试点结束后,分别在仇集乡、观音寺乡、县林场先期推广,实行党政领导“一肩挑”。8月,河桥乡职能相近的部门实行合署办公、超编清退的改革试点。公安、司法合并为综合治理办公室,城建、土管合并为土建办公室,乡直机关分流13人。全年马坝镇、旧铺镇、十里营乡、张洪乡、王店乡、河桥乡、洪山乡、龙山乡、鲍集乡、铁佛乡、管镇乡、肖嘴乡、仁集乡实行直属机关干部分流共77人、兼职35人、清退125人。全县精简村组干部463人。

2005年3月,全县乡镇文广站管理体制改革,由县主管部门、乡镇党委双重管理,以乡镇为主,改革为县主管部门、乡镇党委双重管理,以主管部门为主管理,人、财、物等划归县广电局垂直管理,保留原有职能不变。

2008年4月,县委出台《盱眙县乡镇机构改革实施意见》,规定保留统计办公室、社会治安综合治理办公室(挂“社会矛盾调处中心”牌子)、司法所和财政所,乡镇纪委、人武部、工会、共青团、政法、妇联按有关规定设立。党委设组织、纪检监察、宣传统战、政法、人武、秘书等科员、办事员职位,群团设妇联、共青团、工会等科员、办事员职位。政府设民政(兼管残疾人工作)、司法(法制)、经贸、计划生育、教育、科技、农水、统计、财政(兼管农业资源开发和审计)、信访、安全生产、环保、综治、农经、村建(兼管规划)、文卫(含体育、广电)等科员、办事员职位。改革后乡镇事业单位设置以块管为主的有农业技术服务站(含农机、水产,部分乡镇挂“林业技术指导站”牌子)、农村经济服务站(挂“中小企业服务站”牌子)、村镇建设服务站、计划生育服务站、劳动保障服务站和畜牧兽医服务站,以条管为主的事业单位有文化广播电视服务站、水利服务站、国土所。

第二章　社会治安综合治理

第一节　组织建设

1986年,成立社会治安综合治理委员会,下设办公室,与县委政法委合署办公。在415个村3829个村民小组配备专兼职治安、民调员。1990年,各乡镇成立社会治安综合治理领导小组,9个乡镇建立司法办公室,30%村配备专职治安主任。1991年,选派10人到部分重点乡镇担任副乡镇长,专抓政法工作。1993年,各乡镇成立社会治安综合治理委员会,配备专职人员1人。

1999年,各乡镇社会治安综合治理领导小组均由党委副书记担任组长。2003年,全县中小学全部配齐法制副校长。2007 年，县委政法委对全县各乡镇综治、司法、矛调、信访单位进行整合，实行合署办公。2008 年，县人事部门配齐乡镇政法委员，综治办主任、专职副主任。

第二节　重点整治

1986 年，县委政法委一手抓打击、一手抓整治，做到打击与整治同步推进。1988 年，县司法局制定依法治村计划，联合组织部、宣传部、农工部、公安局、民政局成立依法治理工作小组，进驻鲍集乡邵墩村，通过宣传发动、统一思想、建章立制，取得依法治村经验，在全县推广。

1993 年，组织专门力量，整顿各级治安保卫委员会，明确专职治保主任职责，发挥其功能，确保治安稳定。1996 年，全县开展取缔电子游戏机赌博的专项整治，共收缴跑马机 19 台，麻将机 11 台，苹果机 7 台，其他机器 5 台。集中整治录像市场，清查录像市场 7 个和录像带出租大户 9 家，查处淫秽录像带 200 盒。组织公安部门开展禁娼专项整治，抓获卖淫嫖娼 139 人，捣毁卖淫窝点 18 个。

图 17－8　盱眙县开展社会治安整治工作，特警夜间巡逻。

1998 年，组织开展“三禁一打”（打黑除恶和禁黄、禁赌、禁毒）“扫黄打非”（扫除淫秽色情、封建迷信等危害人们身心健康、污染社会文化环境的文化垃圾，打击非法出版物）专项斗争，查处涉赌案件 99 起，涉娼案件 14 起，涉黄案件 10 起，治安处罚 310 人，铲除罂粟 13103 株，治安处罚涉毒人员 49 人。开展打击盗窃车辆专项斗争，破获盗窃机动车案件 143 起，治安处罚 192 人，抓获犯罪嫌疑人 5 人，收缴黄色书籍 640 本、音像制品 500 余盒、各种画像 400 余幅、其他物品 60 余件。摧毁邪教组织活动点 12 处，取缔非法宗教活动点 61 处，骨干分子受到依法惩处。

2001 年，先后集中整治流动人口 3 次，共登记暂住人口 4547 人，清理整顿房屋出租 1436 户，查获违法犯罪嫌疑人 3 人，遣送无合法证件、无固定居所、无固定正常生活来源的“三无”盲流 21 人。2007 年，共查处违规网吧 68 家、游戏机室 68 家，处罚 36 家 34 人，没收非法经营“小耳朵”312 台，清除不法摊点 86 个。2008 年，在“迎奥运，保安全”期间，开展打黑恶、打盗抢的“闪电百日行动”“雷霆攻坚行动”专项整治，告破杀人案件 9 起，破获“4·5”特大传销案，全县治安形势明显好转。

第三节　群防群治

1986 年，在 415 个村 3829 个村民小组配备专兼职治安、民调员。县委政法委共收到群众检举揭发违法线索 297 条，发现重点违法嫌疑人 130 余人，违法人员主动到公安机关投案自首 118 名。

1990 年，16 个乡镇建立村组社会义务巡逻队，28 个乡镇（场）建立专职联防队，有队员 180 人。机关、企事业单位建立保卫科、股，19 个工业企业成立护厂队，有护厂员 132 人，配备经济警察 52 人，在全县范围内基本形成治安、民调组织网络。1991 年，配全配齐乡、村、组专职治安联防队员，群防体系基本形成。1993

年,全县共有联防队员2400余人,80%村庄实现义务治安联防。

1996年起,县委、县政府召开政法工作会议,宣传、部署群防群治工作。县委政法委要求各单位、各部门、各乡镇和村,全面开展创建平安学校、平安村组、平安市场、平安单位等活动。至1997年,全县共创建安全文明标准村150个,安全文明单位45个,安全文明小区3个,淮河东路安全文明一条街通过市验收。1999年,建立警务区67个,做好群防群治工作。

2002年,全县政法部门针对经济结构调整、城镇建设改造、乡镇区划调整可能引发的矛盾和不稳定因素,采取打防兼治办法,调处各类纠纷1800余件,其中马坝镇成立矛盾综合调处中心,调处各类疑难纠纷80余起。县委政法委在全县推广马坝镇做法。

2004年,县委政法委在全县中小学开展平安学校、青少年维权岗创建活动,各中小学配备法制辅导员。各乡镇开展群防群治宣传周、宣传月活动,市委政法委在全市推广盱眙县治安防范工作社会化的做法。盱眙县被省委、省政府命名为社会治安安全县,盱城镇等3个乡镇被市政法部门评为群防群治先进单位。2006年,各乡镇安装200多个技防探头,全部与110指挥中心联网,建成一批技防市场、技防单位、技防学校、技防商业街,城乡实现技防全覆盖。

2007年,各乡镇发挥乡、村、组三级调解组织作用,做到小矛盾不出村,大矛盾不出乡。全年成功调解各类矛盾纠纷1627起,调解成功率96.6%。县公安局在全县开展农村社会治安群众联保、保安联防、公安联勤、政府联动防范机制,推动农村群防群治工作深入开展。

2008年,全县乡镇场配备联防队员526名,城区组建治安巡防大队,有联防队员128名。乡镇联防队经费由县财政按月划拨至县综治办,统一发放、统一配置服装、统一缴纳保险。乡镇平安建设经费纳入乡镇财政预算,按时拨付到位。

第四节　平安创建

1997年,县委、县政府印发《关于创"三安"(安全镇、安全村〈居〉、安全单位)三年工作意见》,先后在东阳乡、张洪乡、仇集乡、鲍集镇进行试点,召开现场会,平安创建工作在全县展开。1998年,县委政法委制定《社会治安承诺制实施细则》,被市委政法委转发全市各县区,作为全市创"三安"工作考核标准和打分依据。全市各县区领导、政法部门在盱眙县仁集乡召开创"三安"现场会,推广仁集乡社会治安承诺制经验。年底,有7个乡镇、139个村、48个县直单位、城区2个小区经验收达标,全县创"三安"达标率60%。1999年,县委、县政府在全县推广仁集乡经验,全县创"三安"达标率85%。

图17-9　开展创建平安活动,打造法治平安年。

2002年,县政法部门在农村开展为期60天创平安春节活动,各乡镇领导带领综治成员,深入各村、组,排查、整治不安全因素,保障农民春节安全。2003年,全县开展建设平安盱眙、创造最安全地区活动,县、乡镇和政法各部门均成立创建活动领导小组及办公室,开展平安乡镇、平安企业、平安校园、平安单位创建活动，提高全县创建工作整体水平。2004年，县委、县政府继续加强平安创建工作，层层签订责任状，将创建五好村镇、五好家庭、五好个人与平安创建工作相结合，营造建设平安盱眙，家家有责、户户有份氛围。年底，盱眙县被省委、省政府评为社会治安安全县。

2005年，县委政法委相继召开创建平安盱眙现场会、经验介绍会、总结表彰会、述职报告会等会议8次，培育王店乡、桂五镇、建设局、教育局等一批典型。开展创建平安盱眙宣传周、宣传月活动，召开会议20多场次，印发宣传资料和公开信20多万份，设立永久性宣传牌42个，编辑《平安创建简报》24期，宣传典型14人。2007年，县委、县政府把平安创建工作纳入经济发展的总体规划和目标考核，与65个成员单位、20个乡镇(场)签订创建目标责任状，印发创建任务交办单。

2008年，县委、县政府把平安创建工作纳入季度检查、半年考核的重要内容之一，组织政法部门对各乡镇、各成员单位专项督查8次，明查暗访5次，印发督查简报8期、通报13期、整改通知书107份，将整改情况在全县范围内通报。组织全县乡镇政法委员、综治办专职副主任和村居负责综治的干部、治保主任观摩盱城镇的新湾村、王店乡的陡山村集治保、调解、专职保安、警务室等多位一体的综治办建设，并在全县推广。全市综治与平安建设工作现场会在盱眙县召开。盱眙县被省依法治县领导小组评为社会治安安全县，被市委、市政府评为社会治安综合治理与平安建设工作先进县，盱城镇、马坝镇、官滩镇、王店乡等18个乡镇被市委、市政府评为社会治安安全乡(镇)。

第三章　纪检监察

第一节　机　　构

1986年1月，盱眙县纪律检查委员会(简称县纪委)内设办公室，纪检一室、二室；县直党委(党组)、乡镇党委设纪检委员。1993年2月，县纪委与县监察局合署办公，履行党的纪律检查和政府的行政监察双重职能。2008年，县纪委内设办公室、干部管理室、纪检监察一室、纪检监察二室、党风室、纠风室、执法监察室、案件审理室和信访室。

第二节　党风党纪教育

1986年，县委印发《党风党纪教育意见》，全县党政部门开展党员理想、宗旨、纪律、法制、党性党风党纪教育和整党整风活动；组织党风先进典型事迹报告团，在全县巡回报告30场，受教育党员干部1800余人。1987～1988年，县委加强党员坚持社会主义道路，坚持人民民主专政，坚持共产党的领导，坚持马列主义、毛泽东思想基本原则，反对资产阶级自由化，编印《端正党风一百例》《廉政建设活动经验选编》读本，全县党员干部人手一册，建成党风达标单位71个。

1991年，县委印发《关于加强县委常委自身作风建设的决定》，围绕学习、团结、廉洁、纪律、效率进行对照检查，开展批评和自我批评。1993年8月，组织党员干部观看反腐教育电影《新中国第一大案》。1994年，县纪委、监察局在全县党员干部中开展学习邓小平同志建设有中国特色的社会主义理论，增强党性观念，做清正廉洁模范的党风廉政教育活动、建设有中国特色社会主义理论和《中国共产党党章》学习活动，印发《加强领导干部人生观、世界观教育势在必行》《牢记党的宗旨，全心全意为人民服务》等宣讲材料，购置《禹作敏犯罪审判纪实》《条南迭案》等23部教育录像片，在全县巡回播放，举办讲座43场、宣讲会137场次，受教育2.3万人次。

1997年，县纪委、监察局先后编印《增强党性、端正党风，做加强社会主义精神文明建设带头人》《学习党纪政纪条规、提高遵守纪律的自觉性》《切实加强社会主义道德建设》等宣讲材料，开展党员、干部、乡科级领导干部学《廉政准则》活动，开展树形象、做表率、创新风演讲活动，党员干部受教育面90%以上。

图17－10　行风创优工作会议

1998年，开展讲学习、讲政治、讲正气党性党风党纪教育，组织全县党员干部参加《党风廉政法律法规》《中华人民共和国行政监察法》知识竞赛活动。县纪委会同组织、宣传部门联合下发《关于在全县党员干部中开展"学习理论，弘扬正气，振奋精神，加快发展"主题教育活动的通知》，组织党员干部参观反腐倡廉书画摄影展和党风廉政建设成果展。

2000年，县纪委以8起正科级以上干部职务犯罪案例为题材，制作《手莫伸，伸手必被捉》专题片，举办《反腐罡风扫尘埃》大型图片展，在全县机关、乡镇播放、展览；选择4名勤廉兼优党员干部的先进事迹在全县巡回演讲25场次，组织90名正科级领导干部家属学习党纪条规、政纪法规，教育领导干部家属当好廉内助。

2002年，县纪委制定《坚持"两个务必"主题教育活动实施意见》（务必使同志们继续保持谦虚、谨慎、不骄、不躁的作风，务必使同志们继续保持艰苦奋斗的作风）和《深化"三廉工程"（廉内助、廉管家、廉助手）教育活动实施意见》，围绕反对官僚主义、形式主义、弄虚作假，重点整顿说假话、干假事、做假账、报假数字、写假材料、作假证明等问题，开展干部作风整顿月活动。县纪委、组织部、宣传部等6个部门组织开展警示教育会议6场次，举行党风廉政建设报告会12场，召开座谈会、民主生活会202场次，受教育党员干部近6万人次。

2004年，组织党员干部学习《中国共产党纪律处分条例》，全县860名乡科级领导干部、1200余名机关股级党员干部和233名村支书集中考试。2005～2007年，结合学习贯彻《中国共产党党章》和社会主义荣辱观，开展廉政文化进社区、进校园、进机关、进家庭、进企业、进农村活动。县纪委与有关单位在城区建设廉政文化一条街，中秋、春节等重大节日期间，向领导干部及其家属发送廉政短信。

2008年，县纪委、监察局组织全县党员干部学习中共中央《建立健全惩治和预防腐败体系2008－2012年工作规划》，在县烈士陵园建成反腐倡廉优良传统教育基地，第一山、明祖陵、黄花塘新四军军部建成廉政文化栏。

第三节　党风廉政建设

1986年，全县党政机关干部退出经商办企业21人，公务接待不准大吃大喝，不准用公款公物请客送礼。全年收到信访举报33件，立案查处85件，党纪政纪处分12人，其中乡科级2人，涉案万元以上4件，挽回经济损失0.5万元。1987年，县委规定县机关干部到基层工作一律在食堂就餐，各单位严禁违反规定发放钱物。

1989 年 6 月，县委向全县党政机关提出公开办事制度、公开办事结果、接受群众监督，县直机关工作人员下基层一律实行就餐券制度，不准接受公款吃请。8 月，县委成立惩治腐败、廉政建设领导小组，清理整顿不正之风和公车私用，依法查处受贿、弄权勒索、徇私枉法、投机倒把违法行为。10 月起，县纪委清查干部建私房。至 1990 年 3 月，先后共查出违纪建房的副科级以上干部 112 人，股级干部 96 人，罚款 7.8 万元。

图 17－11 全县党风廉政建设会议

1993 年，县委、县政府出台《关于进一步加强党风廉政建设的通知》《关于当前党风和廉政建设工作的意见》，核定涉及收费单位及部门 96 个，取消收费项目 295 项，撤销 80 个单位绩效考核与工资挂钩、与职务晋升挂钩、与年终评先评优挂钩、与行政问责制挂钩的相关规定。1995 年，县纪委、组织部联合印发《关于党政机关干部双休日期间做好廉洁自律的通知》《关于狠刹用公款吃喝的若干规定》《关于不准利用婚丧嫁娶等机会大操大办的若干规定》。检查公路、河道、中小学校乱收费行为 8 次、暗访 5 次，查实违纪金额 10.71 万元，清查“小金库”10.8 万元，清理 431 个村违纪金额共 37.5 万元。

1996～1999 年，县纪委制定公务招待费管理制度，领导干部个人收入实行申报制度，企业业务招待费向职代会报告制度，规定党政机关公务接待中执行禁酒令。机关单位公费手持机实行一机一卡一账制，其卡由县廉政办发放，单独建账，逐月核算。清理 752 名副科级以上干部和 2138 名股级干部不合理购房。其中，超面积 21 人，收取各项补缴款 13 万元，退房 8 套；收缴领导干部优惠购房超面积、超标准等补缴款 50.79 万元，退出多占住房 14 套。各乡镇共压缩招待费 195 万元，清理预算外资金 600 余万元；查处违反规定用公款吃喝案件 12 起，涉及党员干部 52 人，党政纪处分 13 人，罚款 1.2 万元；查处借喜庆之机大操大办敛财敛物违纪案件 23 起，涉及党员干部 25 人，党纪处分 5 人，罚款 2.23 万余元；检查用公车迎亲、送学生上学 8 起，查处单位负责人 11 名。

2000 年，排查领导干部违规不合理住房 317 户，退出房改房、集资房 56 套，纠正违规领取住房补贴 12 万元，收缴优惠购房超面积款 13.92 万元。查处党员干部违反规定用公款自吃互吃、大操大办、公车迎亲送学案件 12 起，查处违纪 61 人，罚没款 1.8 万元。聘请政务公开监督员 328 名，监督违反规定的 26 人，分别给予停职、待岗、经济赔偿等处理。查处公路、河道“三乱”违纪案件 13 起，党政纪处分 6 人，调离工作岗位 2 人，收缴罚没款 5000 元，赔偿受害者经济损失 8300 元。

2001 年 8 月，财政、交通、国土等 15 个部门设立纪委书记或纪检组长，设立廉洁账户，存入拒贿资金 32.5 万元，收缴各类代币券 8000 余元；封存违规购置车辆 2 辆，立案查处 2 人；立案查处借婚、丧等敛财案件 3 起，党、政纪处分 4 人，收缴违规款 8900 元；清理干部占用公款 31.3 万元，违规住房 38 套，没收公路河道不合理收费 1.4 万元。全县会计委派增加到 121 人，其中行政事业单位 43 人，实行收支两条线管理 197 个单位。

2002 年，全县领导干部开展述廉、评廉、考廉活动，党政主要负责人报告廉洁自律情况 122 名，其中诫勉谈话 8 人。全县封存违规购置车辆 2 辆，机关、企事业单位购车按规定申报 59 个。查处职工 115 名，补缴房款、退还不合理补贴近 70 万元，退出住房 39 套。全县查出违规账户 33 个，违规资金 1169.8 万元，没收违规资金近 60 万元。

2004～2005 年，举办“行风热线”进县工业园区、进乡村活动，30 个行风评议重点部门领导走进县工业园区，24 个涉农部门负责人到现场接受群众现场咨询、投诉 117 件。13 个行风评议重点部门负责人走进县电视演播室,接受咨询、投诉127件。抽查36个单位和部分乡镇,拖欠公款470人,收回资金162万元。副科级以上领导干部违规操办喜庆诫勉谈话5名,没收违纪款2.05万元。

2006~2007年,先后查处违反党风廉政责任制造成工作失职、渎职、违反禁酒令的乡科级领导干部责任追究15名,查处违规操办喜庆宴党员干部2人;查处正科级领导干部违规建房3名,没收违纪、违规款15万元;通报批评23个单位违规购置44辆公务车,346辆公务用车统一张贴公务用车标识。先后开展村站联动勤廉点评会68场次,收集群众提出的问题及建议287条,举报党员干部违纪违法83件。专项清理财政供养人员"吃空饷"226人,排查涉及商业贿赂案件31起。分别建成廉政文化示范点省级2个,市级4个。

2008年,县纪委、监察局查处擅自购车,随意借、换企业车辆12个单位,给予相应处罚。集中会审全县财务运行管理情况,清查违规资金437.81万元。年度述廉评廉中不廉洁率高于15%的党政主要领导实施诫勉谈话5名。全年收到信访举报354件,立案查处84件,党纪政纪处分88人,其中乡科级6人,涉案万元以上18件,挽回经济损失300万元。

1986~2008年盱眙县违纪案件查处情况一览表

表17-2

年份	信访举报(件)	立案查处(件)	党纪政纪处分		涉案金额万元以上(件)	挽回经济损失(万元)
			总数(人)	其中乡科级以上		
1986	33	85	12	2	4	0.50
1987	54	74	29	6	29	–
1988	85	65	22	4	14	4.97
1989	136	46	44	5	22	5.70
1990	223	165	165	–	25	140.00
1991	559	108	112	–	19	26.76
1992	128	54	46	1	18	46.00
1993	114	53	49	4	11	61.20
1994	625	61	56	–	–	89.00
1995	507	70	67	7	–	87.00
1996	510	82	77	6	21	120.00
1997	406	95	91	10	15	250.00
1998	814	113	109	10	28	178.25
1999	824	124	118	15	16	219.00
2000	778	126	125	13	34	184.10
2001	572	132	109	13	33	294.76
2002	323	132	136	8	22	264.00
2003	376	134	130	3	40	456.00
2004	431	123	128	13	23	270.00
2005	300	111	113	2	20	150.00
2006	239	101	97	6	10	180.00
2007	307	92	95	6	14	190.00
2008	354	84	88	6	18	300.00

第四节　执法监察

1991年,县政府成立纠正行业不正之风领导小组,开始纠正、查处行政执法机关不正之风。全年执法监察12个项目,纠正违纪行为32起,立案查处6件,查处违规资金8万元,追缴违纪资金22万元。

1992～1998年,县纪委、监察局开展专项监督检查《中华人民共和国企业法》和国务院《全民所有制工业企业转换经营机制条例》落实情况,专项检查公费出国出境旅游。共清查不合理社会负担的企业34家,解剖财务混乱企业42家,发现案件线索77条,立案查处21人,帮助企业清收拖欠公款23.7万元,立案查处假劣药品、药械3起。县监察部门提出监察建议11条,协助建章立制67项。

2000～2004年,县监察局、卫生局、工商行政管理局联合取缔非法行医和非法经营药品窝点100个,没收药械400箱。县纪委、监察局会同县委农工部清查村级账面资产总额1.99亿元,村级债权1.1亿元,村级债务1.7亿元;清理全县行政、企事业单位"小金库"41个,查出违规账户33个,发出整改通知书54份;查处学校乱收费4起,政纪处分2人;清查公款购买商业保险单位25个,查处减灾款发放中违规9起,处分责任人9人,查处建办公楼违规招标2起。

2005年,县纪委、监察局查处县渔政监督管理站执法人员违规收费行为4人,查处县第七中学、官滩中学、马坝初中、第三中学、第五中学、五墩小学违规收费行为,清理盱眙县经济开发区企业闲置用地116.53公顷。2008年,县纪委、监察局责令整改超容积率建设的房地产开发企业6家,追缴土地出让金798万元,查处县新型农村合作医疗管理办公室工作人员张某贪污8.08万元医保基金案件。全年执法监察12个项目,立案查处19件,查处违规资金437.81万元。

1991～2008年盱眙县执法监察查处情况一览表

表17－3

年份	执法监察项目数	纠正违纪行为(起)	立案查处(件)	查出违纪金额(万元)	追缴违纪金额(万元)
1991	12	32	6	8.00	22.00
1992	13	42	8	10.00	10.00
1993	14	14	53	23.30	61.20
1994	16	95	21	196.60	215.15
1995	13	107	14	37.50	–
1996	10	9	10	114.50	10.00
1997	10	67	47	164.75	21.50
1998	8	72	22	902.20	5.70
1999	24	16	3	4.50	6.50
2000	16	10	6	4.50	6.70
2001	21	17	16	1.39	–
2002	10	–	4	–	–
2003	7	12	3	74.00	1.20
2004	7	6	9	162.00	162.00
2005	5	9	5	2.05	–
2006	8	31	3	60.00	–
2007	25	5	12	63.50	11.00
2008	12	–	19	437.81	–

第五节 整治经济发展环境

2001年2月,县委成立环境整治办公室,重点查处机关工作人员故意刁难和蛮横粗暴行为,乱检查、乱收费、乱罚款、吃拿卡要和变相索取行为。狠刹歪风邪气,重点打击无端闹事者,查处脏、乱、差制造者和不服从法律法规管理者。

2002年,县委成立经济发展环境整治领导小组。机关干部开展文明办公、优质服务、外商投资企业服务月活动,与外商投资重点企业建立联系制度。全县18个重点执法单位开展政务公示和监督考评活动,其中3个违规执法单位被责令限期改正。

2004年,县环境整治办公室设干部作风整顿和建设活动巡视指导组,出台《关于在县直机关开展干部作风整顿和建设活动的意见》,开展整治乱收费、乱摊派和干扰企业生产经营秩序活动。制定《示范单位、示范窗口实施细则》,评出五十佳环境创优明星10个。

2005年,县环境整治办公室下发《关于在全县开展软环境建设"七查七改"活动的通知》(查部门职能发挥是否充分,改职能发挥不力、职责落实不到位问题;查工作是否高效,改推诿扯皮、敷衍塞责问题;查服务是否优良,改态度生冷僵硬、粗暴蛮横等问题;查税收执法是否规范,改刁难卡要纳税人以及粗暴执法问题;查工作承诺是否兑现,改有制度不落实、有困难不解决问题;查纪律观念是否过硬,改纪律松弛,工作懒散,有令不行,有禁不止,为税不廉,各自为政问题;查知识是否更新、业务技能是否提高,改不求上进、按部就班、素质能力不适应本职工作问题)。县工业园区推行零乱收费、零处罚、零摊派、零检查、零干扰、零吃请,无承诺不兑现、无客商投诉、无安全事故、无治安案件发生、无群众上访信访、无部门办事推诿扯皮、无本地人与投资商发生纠纷、无污染及易燃易爆项目进区制度。全年共查处破坏发展软环境建设案件12件。

2007年,县委制定《关于开发区经济发展软环境建设百日行动的实施意见》,重点抓首问负责制、一次告知制、AB岗工作制、一窗办理制、延时服务制、文明办公制等制度执行情况,查处违反软环境建设单位11个,查处破坏经济建设违纪行为9起。

2008年,县委制定《关于对损害经济发展软环境和效能建设行为实行责任追究的暂行办法》,全县参与环境创优和行风建设59个重点部门和44个重点执法服务单位,开展打造环境服务年、环境创优百日行动等活动。全年共查处破坏软环境建设违规案件7起,查处环境建设违纪案件6人。

第四章 组织建设

第一节 组织机构

1986年,县委组织部内设干部科、基层组织科、青年干部科和审干办公室。1987年,增设组织员办公室。1988年12月,增设秘书科。1991年3月,秘书科更名为办公室。1992年3月,增设综合干部科。1994年10月,增设党员电化教育中心。1997年,内设办公室、机关干部科(企事业干部科、青年干部科与其合署办公)、乡镇干部科、综合干部科(参照国家公务员制度管理办公室、干部调查审理科与其合署办公)、干部培训科

（知识分子工作科与其合署办公）、组织科、党员管理科。2002年，内设办公室（研究室）、干部科（青年干部科）、综合干部科（干部监督科）、干部教育科、人才工作科、基层组织科、党员管理科、党员电化教育科（电教中心）。至2008年，机构无变化。

第二节 党 建

一、农村党建

1986年，县委组织部在古城乡、河桥乡建立党建工作联系点10个，排出后进村支部37个，调整后进村党支部成员22个，转化后进村15个。

1987年，开展农村党员整党活动，将古城乡作为试点，推行基层组织党建工作三会一课（定期召开支部会、支部委员会、党小组会，按时上党课）、民主生活会、民主评议党员、党费缴纳、党支部双向汇报、党支部思想政治工作、流动党员管理、党员义务劳动日、党员联系群众、党支部定期换届选举等制度。试点结束后，在全县28个乡镇党委推广，共建立党委党建工作联系点37个。全县农村党组织开展农民党员致富共富竞赛活动，参赛农民党员1060名，马庄乡党委，官滩镇李庄、许嘴村党支部，盱城镇沙岗村党支部，新街乡泥沛村党支部，鲍集乡淮东村党支部，龙山乡朱刘村党支部，淮河乡洪建村党支部被树立为带领群众艰苦创业、共同致富的典型。推广马庄乡党委建立党委实绩录、党支部实绩录、无职党员奉献录、党员思想动态录和《党员手册》，全县400个村党支部建立实绩录。古城、河桥乡党委建立发展党员监督员制度，旧铺镇党委建立村级后备干部培养制度，铁佛乡党委试行党支部任期目标责任制。

1990年，开展创建支部合格党员活动室活动，全县421个行政村、295个县直机关和企业党支部活动室合格率分别为95%、85%。各基层党委落实县委党建工作定期报告、检查通报、例会、述职测评等制度，签订《党建工作责任状》，完善巩固县委、基层党委、党支部三级目标管理网络，实行村党支部书记任免前向县委组织部备案制度，建立村党支部和村级后备干部档案。

1993年，在河桥乡实施村级组织改革试点，实行村书记、村长一肩挑，正副职干部交叉兼职，村民组长由村干部兼职。全县推广到15个乡镇，共精简村组干部463人。1994年，建立县、乡、村党组织和党员目标管理体制和党建工作联系点制度，县委常委建立联系点10个，30个乡镇的党委成员建立联系点420个。全县146个村级党支部到期改选时，推行书记公开选拔、竞争上岗。

1995年起，县委将党建和经济工作目标同步分解到党委、支部和党员，建立和完善党建目标考核机制。村支书队伍建设推行竞争机制，把农村致富能人、专业大户、经销能手推上村级领导岗位。全县村支书中各类专业大户和有一技之长的能人占71%，在发展农村经济中做出显著成绩的8名村支部书记提拔为乡镇长助理，明确副乡级待遇。

1997～1998年，全县整顿后进村党支部35个，查处不合理开支10余万元，清理欠款15万元，解决遗留问题60多个。十里营乡、水冲港乡、马坝镇实行村级组织配套建设、村干部管理、村干部实绩考核，选拔政治素质好、种养业大户360名进村级班子，建立村级后备干部人才库1500余名，后备干部挂职村副职跟班锻炼。

2000年，全县416个任期届满的村党支部采用党员推荐、群众推荐，党内选举办法进行换届选举，选出新一届支委1804人。2003～2004年，县委出台村级干部管理措施，办理村级党支部书记每人每月200元的城镇职工养老保险。全县推行“双考双选”（考试、选择，考核、选举）制度，选拔村（居）党支部书记；推行村干部绩效管理制度，考核报酬与工作实绩挂钩；推行村党支部书记和村委会主任“一肩挑”，村“两委”成员交叉任职；推行村干部述职述廉制度。县委组织部从县直机关选派250名股级以上党员干部担任村级工作指导员，指导村级党组织建设。设立基层党建工作基金，重点用于致富带富能力强，服务群众能力强的村干部队伍建设和村级党组织活动阵地建设。开展千名以上党员干部驻村、百个机关单位包村、为每个村党员群众办十件以上实事好事的竞赛评选活动,全县参赛党员1922名、村级干部534名,形成不会带头富不能当干部,不能带民富不是好干部的用人导向。

2005年,县委印发《关于进一步推进村级制度建设的通知》《关于在全县农村进一步完善党群议事会的通知》《盱眙县提高村干部素质,达到"双带型"(带头富、带民富)标准的实施办法》。县委采用双考双选、公推公选(公开推荐、公开选举)、两推一选(民主推荐、党员大会推荐,选举村党支部委员)方式,选调创业能人进村级班子160多名。全县争取省委组织部下拨130万元,新建村党组织活动室43个。全县设立村级党总支45个、专业(产业)党支部61个、产业(专业)党小组46个。

图17-12 基层党组织带领群众开展学习"三个代表"活动

2006年,县委先后印发《盱眙县村级党组织和党员分类管理的意见》《盱眙县村居党组织考核细则》《关于实行村级党组织书记任免通气制度的通知》《推行创业先锋在村"两委"见习制度的实施意见》,推行农村党员星级管理,发展农村党员向带头富、带民富能人大户倾斜。

2007年,县委印发《关于进一步明确县、乡、村三级领导干部在基层组织建设工作中的主要责任的意见》,带头富、带民富和发展集体经济有能力的人作为村干部考察、使用、奖惩、选拔村党组织书记的重要依据。选配见习村干部,经考核不适应工作的调整下岗,符合条件的见习村干部,正式任用。省选40名大学生村干部的任职、编制、待遇、档案和组织关系接转全部落实到位。

2008年,县委组织部与乡镇党委书记签订目标责任状,将党建工作目标纳入年度目标考核;配备村级党组织做到全面了解干部队伍、深入了解干部表现、准确了解干部实绩、超前了解干部特长。开展送理论到基层26场次,受训2458人次;举办继续教育培训班9期,培训1850人次;19个乡镇建成党员服务中心。

二、机关党建

1986~1992年,县委县级机关工作委员会(简称县机关工委)加强党员理想、信念、纪律教育,建立健全党组织活动制度,落实召开支部党员大会、支部委员会、党小组会、按时上好党课制度。县直机关120多个直属党支部相继建立党员活动室和"三会一课"(召开支部党员大会、支部委员会、党小组会,按时上党课)制度,开展创先争优活动。

1993年,举办中国近代史知识竞赛,开展建设中国特色社会主义理论教育和党的基本路线教育。举办政治理论培训班21期、建党对象培训班10期、实用技术培训班13期、经济管理培训班6期,培训人数2391人次。1995年,开展树形象,建盱眙,学习孔繁森,争做好公仆系列主题教育活动,各总支、支部开展优质服务、优良作风、优美环境,群众满意、基层满意、县委县政府满意活动,组织党员干部走进城区大街小巷清理垃圾5次,组织500余名党员干部与农村贫困户结成帮扶对子,筹措扶贫资金10万余元,帮扶农村贫困户。

1998年,组织千名党员干部参加省组织的学理论、学党章知识竞赛,组织500多名党员干部参加淮阴市举办的看成就、话改革、争贡献主题教育活动,参观爱国主义教育基地。机关党委改选、调整36个党总支、党支部的领导班子,新设置2个党总支、7个党支部。1999年,组织万名机关党、团员会战磨盘山、杨大山废塘口绿化工程。

2001年,县机关工委将每月28日定为县直机关党员活动日,组织开展致富思源、富而思进和"三个代表”重要思想（始终代表中国先进生产力的发展要求，始终代表中国先进文化的前进方向，始终代表中国最广大人民的根本利益）学习教育活动，邀请省委党校教授举办无神论和辩证唯物论教育培训班，机关6000余名党员干部参训。

2003～2005年，围绕服务中心、服务大局、服务基层、服务企业，制定《社会服务十项承诺》《工作人员行为规范》。开展党风廉政建设教育活动，南北挂钩、党建共创，学理论、学知识、学业务，做合格干部党员的知识竞赛等活动；县直19个党委6000余名党员干部参加“地税杯”全民创业知识竞赛，党员干部被评为创业学习先进标兵32名。

2006年，开展与经济开发区企业对接一个党建工作联系点、为经济开发区企业输送一批工人、帮助经济开发区企业培训一批技工、开展一次有特色的活动、给特困户送一份温暖、为城市文明创建做一件实事活动。2008年，开展邓小平理论、“三个代表”重要思想和科学发展观的教育活动，开展保持共产党员先进性教育活动，开展民主评议党员工作，改进机关工作作风，树立为基层服务、为企业服务、为人民服务的思想。

三、企业党建

1986年初，县经委党委系统有5个党总支、59个党支部。42个独立单位建有党支部33个，有党员850名。县经委党委提出，凡是独立核算的企业，党员在3人以上的均应建立党支部，有计划、有步骤地做好发展党员工作，重在生产一线和关健性、技术性岗位发展党员。1987～1993年，县委组织部在全县企业党组织中开展推进转换经营机制、增强企业发展后劲学习教育活动和“先锋杯”竞赛活动，推进企业党建为企业经济发展服务。

1994年，乡镇企业成立党总支3个、党支部46个。继续开展“先锋杯”和党员奉献工程主题教育活动，引导企业党组织和党员建功立业。1998年，全县改制企业设立党组织26个，新批准3个私营企业设立党支部。按照属地管理原则，406名下岗党员成立12个临时党支部、52个党小组。

2000～2004年，县经委党委落实县委《关于加强新经济组织党建工作的意见》文件精神，选择化肥厂等5个特困企业作为党建工作试点。加强企业下岗党员和非公企业党组织建设，建立企业下岗党员信息卡和非公企业党建情况月统计、季上报会办制度，开展非公有制企业无党建工作空白点、有职工的地方就有党员、有党员的地方就有党的组织、有党组织的地方就有党的活动。县委建立招商引资单位与招商引资企业结对共建非公企业党建制度，向非公企业派驻250余名党建工作联络员，负责党员发展、党组织组建和企业帮办工作。县工业园区企业先后共独立建立党支部27个，2个或2个以上企业联合建立党支部21个，改制、破产企业的下岗和买断工龄的600多名党员统一调转党组织关系。

图17－13　建设银行党组织建设

2005年，县委组织部会同宣传部、党校举办非公企业党建工作指导员培训班，参训180余人，选送30多名企业党务工作者参加全市非公企业党组织负责人、党建工作指导员和党员业主培训班。全县非公企业通过单独、联合、挂靠等方式新建21个党组织，发展党员46名，培养入党积极分子210名。2007年6月，县委组织部举办非公企业党员员工招聘会，县内74个非公企业和300余名党员参加招聘会，正式签约用工合同

30余人。2008年,全县新投产的20个规模以上企业,全部成立党组织。县工业园区11个企业党组织与市2个国有企业党委开展党建统筹共建活动。

四、社区党建

1987年9月,盱城镇成立首个城中社区党支部,党员82名,其中流动党员30名,建立党员活动室140平方米。2001～2005年,盱城镇先后成立沙岗社区党支部、城南社区党支部、城北社区党支部、宣化社区党支部、石牛社区党支部、五墩社区党支部,有党员778人,其中流动党员313名。每个社区党支部设专职党务工作者5名,均建成党支部办公室、党员活动室、图书阅览室、健身房、党员远程教育活动室。城北社区建立社区党建工作联席会议,制定定期活动制度和双向联系制度。

2006年,五墩社区党支部、城南社区党支部、城北社区党支部,均更名为党委,其余各社区党支部均更名为党总支。城北社区建立100余人党员志愿者服务队,为特困家庭、孤寡老人和残疾人提供帮助;开展平安社区创建活动,将驻社区单位党组织、社区所有党员、社区青少年全部纳入平安社区共创体系。

2008年,盱城镇设立社区党组织9个,其中社区党委3个、社区党总支6个。社区工作人员142名,其中专职党务工作者19名。社区党员962名,其中流动党员269名,妇女党员391名、35岁以下党员236名、非公有制经济组织有党员53名。社区建立党员服务中心9个,党员志愿者863名,各社区均有党建工作联席会议制度、定期活动制度、双向联系制度。

五、党员队伍

1986年,全县有党员20551人,其中女党员1926人,35岁以下6786人。1992年,全县在发展党员中,重点培养一线骨干和提高妇女党员比例。至年底,女党员发展到2100人。1994年,全县基层党组织开展民主评议党员工作,有22066名党员参加评议活动,评出优秀党员1103人、不合格党员36人。全县发展新党员703名,其中一线骨干、各类先进模范565名。

1995年,县委组织部下发《关于动员全县基层党组织和共产党员在发展"两专一基"中争贡献的通知》,在农村党员中开展"小康杯"竞赛活动。县委组织部发展妇女党员的做法和经验受到中央组织部表彰,被评为先进单位。1996年,县委制定全县党员教育三年规划,举办各类实用技术培训班40多期,培训2200人次,有5000名农村党员干部掌握1～2门实用技术,并领到"绿色证书"。全县52个基层党委成立电教工作站,建立电教播放点的党支部达80%以上。

图17－14 王问贤入党宣誓

1997年冬,县委继续开展党员民主评议活动。1998年2月,通过民主评议活动,全县共处理不合格党员269名,其中限期改正的186人、劝退16人、除名6人、取消预备党员资格1人。《人民日报》刊发盱眙1997年度民主评议党员工作经验。

2000年,县委制定实施《关于在全县实行发展党员公示制的意见》,注重在中、高级知识分子和离退休人员中发展党员。铁佛镇百岁老人王问贤入党,被中央电视台、江苏电视台、《人民日报》等新闻媒体报道。全县党员发展到23716人,其中女党员3071人,35岁以下4156人。2001年,县委在民主评议党员工作中开展忆入党以来为党做了什么,议今后再为党做些什么。在全市率先开通党建多媒体网，建立互联网党建宣教阵地。2002～2006年，县委开展农村“三个代表”重要思想学教活动，建立党员领导干部联系点400个。全县实施发展党员“双百”（百名党员联系培养百名入党积极分子）工程，开展争做千名优秀创业共产党员、争当百佳创业村级干部、争取十佳创业明星党支部书记竞赛活动。全县有250个村居341个党组织、13826名党员参加第三批先进性教育活动。

2007年，县委印发《关于建立保持共产党员先进性长效机制的实施意见》《关于建立党员教育联系会议制度的通知》，继续实施“双百”工程，培养、发展个私企业和农村种、养、加、销大户及外出务工人员入党积分子和党员各100名。向外出党员寄发公开信，开展以引进一个好项目、传授一项好技术、提供一条好信息、带好一批务工队伍、奉献一份爱心活动；举办县外转入党员培训班，开展爱岗敬业、我为盱眙发展作贡献活动，发展能人大户、带头致富党员107名。2008年，县委组织部发展非公企业新党员64名。年底，全县共有党员31652人，其中女党员3501人，35岁以下党员4759人。

1986～2008年盱眙县党员、党组织情况一览表

表17－4

年份	党组织			党员								
	党委	党总支	党支部	总数	女党员	35岁以下党员	发展新党员	工人营业员	乡镇企业劳动者	农牧渔民	国家干部	其他
1986	39	26	1001	20551	1926	6786	585	2815	802	12224	2359	2936
1987	36	32	1026	21301	1972	6928	601	2862	797	12467	2360	2815
1988	36	33	1072	21655	1990	6963	461	3063	865	12434	2304	2989
1989	38	33	1114	21928	2019	5780	338	3067	848	12341	3983	1689
1990	39	38	1143	22153	2041	5288	322	3256	762	12334	3944	1857
1991	39	38	1179	22501	2072	5025	394	3292	725	12293	4016	2177
1992	50	31	1184	22969	2100	4872	546	3292	815	12285	4250	2327
1993	51	32	1209	23528	2149	4695	601	3292	808	12370	4463	2595
1994	51	35	1238	24189	2214	4741	703	3608	881	12643	4553	2504
1995	52	38	1265	24818	2299	4944	628	3805	941	12598	4798	2676
1996	52	40	1279	25412	2341	4957	656	3911	987	12674	4839	3001
1997	40	38	969	23210	2930	3854	450	4405	4800	13027	2780	2603
1998	40	40	980	23459	2981	3902	450	4458	4849	13116	2841	2653
1999	41	41	991	23496	3023	4019	450	4506	4901	13190	2703	2701
2000	41	41	1006	23716	3071	4156	450	4553	4946	13251	2756	2763
2001	40	41	1049	24034	3102	4221	480	4601	5001	13337	2819	2877
2002	42	43	1051	24302	3156	4291	480	4650	5052	13401	2868	2981
2003	42	43	1069	29221	3166	4314	520	4707	5107	13482	2900	3027
2004	42	43	1092	29741	3236	4434	470	4787	5168	13598	2932	3058
2005	46	89	1139	30261	3307	4563	470	4836	5239	13780	2966	3109
2006	52	89	1139	30781	3375	4674	470	4902	5321	13888	2998	3187
2007	52	89	1149	31252	3436	4695	471	4956	5332	13964	3009	3276
2008	52	89	1157	31652	3501	4759	400	4997	5348	13995	3042	3338

第三节　干部队伍建设

一、干部考察任用

1986年,县委印发《关于进一步做好干部管理工作的意见》,实行干部考核从单纯定性改为定性定量相结合的方法,全年考核科级领导干部147人。检查有干部管理权限的18个部、委、办、局的干部管理情况,促其执行干部任用政策。试行干部德才测评法30个单位193名领导成员,干部群众参加测评1200人,调整19个单位领导成员。县人武部14名干部归建地方工作后,明确乡镇25名人武部长职级。调配新成立的县湖管局、第二水泥厂等6个单位16名领导干部。降职使用不称职的乡镇主要领导5名,考察续聘乡镇部门干部127名,其中选聘有一定农村工作经验的年轻股级干部担任乡镇长助理和党委副书记17名。

1987年,结合县乡两级换届选举,县委调整乡镇领导68名,其中提拔21人,机关到乡镇任职6人,改任调研员6人,降职使用7人,重新安排落选干部16名。县委组织部考察全县企业单位73个,其中调整不适合经济体制改革需要的26个企业领导成员;推行以测评实绩为主,定性考核和定量分析、组织考评与群众评鉴相结合的方法,实行民主考评考察7个乡镇党委,24个县部、委、办、局领导集体和181名领导干部。

图17-15　村支书培训

1988年,县委印发《关于深化干部制度改革完善干部管理体制的意见》,规定群团、乡镇和企事业单位管理的干部范围和有关任免调配程序,公开选拔县文教局副局长、团县委书记和副书记、县中医院正副院长,县公安局、城建局、环保局等领导配备实行公开民主推荐。调整充实乡镇和县级部、委、办、局领导成员28个,提拔年轻干部10名,从县直机关选拔7名年轻干部到乡镇任职,降职使用不胜任的领导干部3名。通过民主推荐,重新组建县监察局、物价局、土管局、计量局、档案局、城建局、环保局领导班子。1989年,县委组织部规定,乡镇双重管理的干部任命采取以块管理为主的干部由乡镇先提方案,征求主管部门意见;以条管理为主的干部由主管部门提出主导意见,与乡镇通气。

1990年,县委提出按照学习、团结、廉洁、纪律、效率的要求,定期分析各级领导成员思想作风建设状况,团结协调功能较差和问题突出、缺乏合力的9个乡镇领导集体,由县委领导人分别找其谈话。调整乡科级领导成员84个,交流乡科级干部78人,提拔129人,挑选23名中青年干部充实到乡镇党委。

1991年,县委印发《关于加强乡科级领导班子思想作风建设的意见》《关于开展民主评议干部工作的意见》,建立科级单位领导成员年终鉴定制度,完善县政府工作部门领导干部年度考核制度,建立民主评议干部试点5个乡镇和3个机关党委。1992年,县委在龙山乡首次公开选拔乡党委书记、副书记各1名。县委出台《关于乡科级干部助理制的意见》,规定在担任乡科级领导实职之前,一般要经过助理岗位锻炼。

1993年,乡镇党委通过换届选举,调整乡科级领导91人,其中正职27人。县委选配22个经济主管部门和企业领导干部41名,工业、农业、蚕桑比重较大的15个乡镇选配有专业知识的乡镇长助理;选配14名30岁以下的干部担任乡镇副职领导。1994年,县委按照公开、平等、竞争、择优原则,公开选拔2个县直单位、

10个乡镇领导干部,全县215人参加竞争。经过考试、考核、公开答辩等程序,公开选拔14名乡科级领导干部,其中正科级干部2人、女干部12人。

1995年,县委组织部落实县委《关于做好乡科级领导班子和领导干部实绩考核工作的意见》,降免乡镇和县直机关干部21名,提拔乡镇党委书记2名。年度考核党政机关、事业单位的11980名工作人员,评出优秀1131人,称职(合格)10547人,不称职(不合格)2人。1997年,县委围绕党委书记配齐、配强乡镇领导班子的思路,重抓党委书记人选,从县直机关领导中选派3人任乡镇党委书记,选派23名县直干部任乡镇长、党委副书记、副乡镇长。乡镇党政领导成员中,35岁左右的正职21名,35岁以下副职82名。全县40%的企业配备35岁以下的主管,每个企业新配备1~2名35岁左右的副职,县直机关有35岁左右的正职26人。

1998年,县委首次面向县外公开选拔县物资局局长、贸易局局长。1999年,县委组织部全面推进县直机关中层干部竞争上岗制度,通过笔试、面试、考核等程序,先后在11个县直单位选拔中层干部79名。

2000年,县委相继出台《盱眙县乡科级领导干部任前公示制试行办法》《盱眙县干部诫勉暂行规定》《关于建立干部工作监督员制度的试行意见》《关于建立推荐和考察干部责任制的试行意见》《盱眙县县直党政机关股级干部竞争上岗试行办法》。县委结合撤并乡镇和乡镇党委换届,调整22名乡镇党政主要负责人到县直机关工作,撤销乡镇的副职安排到撤并后的乡镇任原职。19个乡镇党委相继进行换届选举,新一届乡镇党委班子平均年龄37.6岁,其中35岁以下61人,大专学历占94.5%,50%乡镇配备女干部。

2002年,县委印发《县级党政机构改革人员分流及中层干部竞争上岗实施意见》,县直37个单位551名干部参与281个职位竞争。单位内部轮岗任职1009人,新上岗67人,落岗55人,辞职1人。县直机关15个事业单位股级干部实行竞争上岗和聘任制度。县委采取乡镇干部横向交流、机关与基层互调、企业向乡镇交流办法,共交流乡科级干部75名。

2003年,县委提拔重用2002年招商引资等经济工作成绩突出的干部4名,因抓项目不力而诫勉谈话的乡科级领导8名。2005年,县委试行以四票制(4次投票)选拔乡镇正职。首次在全县用电视直播形式,公开面试选拔乡科级领导。2006年,县、乡镇党委换届,乡镇党委副书记一律改任党委委员59名。县委重奖重用招商引资实绩显著的干部52名。

2007年,直接提拔重用招商引资百日竞赛期间实绩突出的干部4名,招商引资百日竞赛有实绩且符合条件的人员公推公选乡科级领导10名,从实绩排名前50名干部中公推公选科级领导9名。2008年,县委常委会先后票决任用干部57名,任用干部社会公示82名。首次尝试以差额方式、融合公推公选程序,选拔产生县人民医院院长1名、副院长2名。全年共提拔乡科级干部97人,其中专业型干部8名,招商引资实绩突出干部34名。

二、离休干部

(一)基本情况

1986年,县委老干部局负责离休干部服务与管理。全县有抗日战争时期参加革命工作的离休干部152人,解放战争时期参加革命工作的339人,其中女性15人,享受地市级待遇15人,享受县处级待遇149人。1991年,老干部病故80人。1992~1999年1月,全县新增离休干部51人。1995年,享受地市级生活待遇16人,享受县处级生活待遇251人,享受一般离休干部生活待遇227人。其中,行政(事业)291人、企业203人;抗日战争时期参加革命工作的161人,解放战争时期参加革命工作的333人;住县城的305人,农村的167人,住外县的22人。1998年起,离休老干部没有增加,因去世逐年减少。至2008年,全县离休老干部共168人。

(二)政治待遇

1986年,成立离休干部活动小组56个,其中县城区20个、乡镇23个、其他13个。部分县直单位、乡镇设立老干部阅览室。

1991~2008年,县委每月20日召开全县住城区离休干部情况通报会,通报社会经济事业发展以及重点工作进展情况。县委老干部局建立离休干部例会制度、参观学习制度、参加重要会议制度、重大节日慰问制度。每月20日,组织享受处级以上生活待遇的离休干部学习中央、省、市和县委文件,报告国际、国内大事;每半年组织老干部参观一次全县工农业生产发展情况,每季度组织享受地市级待遇离休干部及原县级领导观摩活动。春节、中秋等重大节日,县委、县政府组织人员慰问离休干部。县人代会、县委工作会议等重大会议邀请老干部代表列席,对不能出席会议的老干部,指派专人及时送达会议材料。

(三)生活待遇

1986年,县委老干部局为59名离休干部每人核发生活特殊困难补助2130元、安家费1450元、离休干部遗属生活困难补助1850元,解决16名离休干部护理费。1989年,县财政投资30余万元,建成老干部晚晴楼,设立县老干部俱乐部、老干部活动中心。县城区部分单位设立老干部活动室15个,乡镇设立老干部活动室18个。

1995年9月起,企业离休干部离休费、医疗费、护理费由县劳动局养老保险处统一发放。1997年12月,县委召开老干部医疗费、护理费会办会,共清欠工资及各项补贴经费16.82万元,清欠医药费7.11万元。

2000年9月,县委老干部局成立县离休干部医疗费统筹工作领导小组,继续做好清欠离休费和医药费工作。至2002年,全县清欠离休费341.89万元、医药费168.74万元。2004年12月,县委出台《盱眙县离休干部医药费统筹管理暂行办法》,建立离休干部医药费保障机制。2005年1月起,全县实施离休干部医疗费统筹,机关、事业单位、省市属单位离休干部每人每年按1.2万元标准缴纳,企业单位按每人每年5000元缴纳。缴纳有困难的企事业单位由其主管部门负责解决,破产、倒闭、拍卖等改制企业和事业单位改制为企业或撤销时,优先从土地及其他财产变现、转让收入中,按照每年每人1.2万元的缴费标准缴纳10年统筹资金。

2006年,全县离休干部离休费建立社会化发放机制,县行政和全额拨款事业单位的离休干部离休费由县财政局统一打卡发放,企业离休干部离休费由县劳动和社会保障局统一发放,差额拨款和自收自支事业单位离休干部的离休费由人事局统一打卡发放。离休干部医疗费和离休费基金出现缺口时,由县财政兜底解决,从根本上解决拖欠离休干部医疗费和离休费问题。

2008年1月起,调整离休干部医疗费统筹标准,行政、事业单位每人每年提高到1.7万元,企业每人每年提高到0.7万元。县委组织部、县委老干部局印发《关于做好无工作无固定收入遗属医疗保险的通知》,符合参保条件的离休干部遗属100名,全部领取医保卡。离休干部遗属生活补助标准按参加革命工作年限分别提高到470元、510元、550元。

(四)护理费调整与保健

1986年,县委老干部局每月发放离休干部护理费35元,从离休干部特需费中列支。1987年起,全县离休干部护理费标准调整为每月50元。

2001年10月起,调整离休干部护理费发放标准,第一、二次国内革命战争时期参加革命工作的离休干部的护理费,每人每月增加到400元;因瘫痪等原因生活不能自理的离休干部护理费,由离休干部本人提出申请,经当地劳动鉴定委员会鉴定后,分别按当地上年度社会平均工资的50%、40%、30%的标准核发护理费,每人每月低于300元和200元的分别补足到300元和200元。

2005年10月,再次调整离休干部的护理费标准,第一、二次国内革命战争时期参加革命工作的离休干部的护理费标准调整为每人每月500元,其他离休干部护理费调整为每人每月300元;因瘫痪等原因生活不能自理的离休干部,经当地劳动鉴定委员会鉴定后,按鉴定级别分别调整为每人每月400元、500元、600元。

2007年,县委老干部局出台《盱眙县离休干部家庭病床管理办法(试行)》,从建卡对象、医疗资格、办理程序、诊疗管理以及承担家庭病床服务的定点医院资质等作出明确规定。首期离休干部家庭病床试点工作由县中医院承担。2008年,县老干部局组织医疗专家为全县离休老干部开展医疗保健常识教育,指导老干部做好日常用药及保健工作,避免滥用药、过度用药,组织一次老干部体检,完善老干部健康档案。

第五章　宣传教育

第一节　机　　构

1986年，县委宣传部内设办公室、理论科、宣传科。1997年，增设党员教育科、新闻外宣科、文艺科。2000年，新闻外宣科更名为新闻科，文艺科更名为文化艺术科，宣传科、党员教育科合并为宣传教育科。2008年，内设办公室、理论科、新闻科、文化艺术科、宣传教育科。

第二节　理论宣传教育

一、理论学习培训

1986年，围绕县委、县政府《盱眙县1986年社会主义物质文明和精神文明建设24项目标责任制》，对党员、干部进行经济学和精神文明教育培训，各乡镇党校分别举办培训班4期，参训1.25万人次。1987年，围绕改革开放政策、"四项基本原则"（必须坚持社会主义道路，必须坚持人民民主专政，必须坚持共产党的领导，必须坚持马列主义、毛泽东思想）和中国特色社会主义理论体系，集中辅导4次，股级以上干部参加培训1450人。

1988～1989年，举办全县副科级以上干部学习班6期，参训1.1万人次，学习生产力标准、中共十三大文件、党的基本路线、马列主义哲学等内容。县、乡镇党校组织3000余名党员、干部考试。1990～1992年，共举办各类培训班62期，参训2.3万人次，学习中共十三届五中全会、六中全会、七中全会、八中全会精神和中共中央《关于加强党同人民群众联系的决定》、邓小平视察南方重要讲话、江泽民讲话和社会主义理论。

1993年，宣传邓小平建设有中国特色社会主义理论和十四大精神，向基层党委提供各类理论学习读本5000多册，专题讲座录像片、录音带30盘。举办基层党支部书记轮训班、骨干培训班34期，参训1.3万人次，撰写论文、体会1200多篇。组织全县党员干部开展闯市场，奔小康，庆"七一"知识竞赛，参加决赛21个党委184名党员、干部，县供电局等6个党委有6名党员获优胜奖。组织全县党员、干部开展带领农民致富，建设文明乡村奔小康知识竞赛，参赛党员、干部1.26万多名。

1996年，举办乡科级领导干部学习《中共中央廉政建设纲要》培训班5期，举办中共中央十四届六中全会《决议》学习培训班6期，参加培训1200多人次。1997年，举办党员、干部学习中共十五大精神培训班190期，参训5.6万人次。举办学理论、促小康、庆"七一"、中共十五大精神问答及县情知识竞赛，参赛1.6万人次。1999年，组织党员、干部学习《建设有中国特色社会主义若干理论问题学习纲要》、中共十五届四中全会精神、理想信念、世界观、人生观、价值观等理论，举办企业厂长（经理）、书记培训班2期，参训150多名，举办村支部书记培训班8期，参训2300余人。

2000年，党员、干部学习"三个代表"重要思想、中共十五届五中全会精神，撰写心得8600多篇、反思材料1400篇，排查问题1200条。邀请南京大学、南京师范大学等高校专家到盱眙举办WTO知识、国际国内形势、党性党风等专题讲座3次，党员、干部参培1000余人次。2004年，举办农村科技、职业技术培训20期，养殖、种植大户参训 2200 人次。邀请省人大法工委领导作《中华人民共和国行政许可法》专题报告,全县副科级以上干部 500 多人参加。2006 年,举办党员干部学习《江泽民文选》、中共十六届六中全会精神培训班 320 余期,参习党员、干部 95% 以上。

2007 年,开展“我学楷模周恩来”征文竞赛活动,收到征文 500 余篇,分别评出一、二、三等奖。先后在南京、北京举办中国龙虾节与加快盱眙小康进程和中国龙虾节节庆经济与节庆文化理论高层论坛,全县 500 多名副科级以上干部参加培训。2008 年,农村党员干部冬训期间,各级党委组织党支部书记、党员集中学习中共十七届三中全会精神和《中共中央关于推进农村改革发展若干重大问题的决定》,全县党员干部参训率 92% 以上。

二、中心组理论学习

1992 年 7 月,全县各基层党委(党组)均建立中心学习组,制定集中研讨党的基础理论、情况通报、检查汇报、交流学习、重点课题专人负责等制度。1993 年起,县委中心学习组部署各基层党委中心组学习中共十四大精神、《邓小平文选》,写好学习心得体会。至 1998 年,全县乡科级以上干部共撰写心得体会 3500 篇。

1999 年起,县委中心学习组要求乡镇党委中心组学习“三个代表”重要思想、中共十五大精神,规定全年平均学习 15 天以上、人均写心得体会文章 5 篇以上、办简报 6 期以上。至 2004 年,全县党委学习中心组成员共写出心得体会 4100 篇,办简报 120 期。2005 年,县委中心学习组要求各级党委中心组学习科学发展观、社会主义荣辱观以及《中共中央廉政建设纲要》,每人撰写心得体会不少于 2 篇。至 2007 年,共撰写心得体会 1100 篇。

2008 年,县委中心学习组结合县域经济发展实际,研究制定解放思想与环境立县、工业强县与企业上市、城建举县与中等城市目标、旅游兴县与和谐社会构建、新农村建设工程与小康社会建设、平安创建与城市文明、生态建设与环境保护等专题,作为各级党委中心组学习的核心内容,各级党委中心学习组分别集中学习 14 次,围绕县委提出的发展战略开展学习调研活动,撰写调研文章 350 篇、改革开放 30 周年论文 1500 篇、我为盱眙发展献计策 1347 条。

第三节　社会宣传教育

1986 ~ 1990 年,全县开展社会主义思想教育活动,举办各种形式报告会和座谈会 600 多场次,受教育党员、群众 5 万余人次。1991 年 8 ~ 10 月,举办抗洪抢险工作中涌现出的先进事迹和先进人物报告会 30 余场次。1992 年,农村利用电影、橱窗、专栏、黑板报、墙报等宣传形式,开展学理论、闯市场、奔小康、比贡献宣传教育活动。1997 年,全县召开宣传学习“水冲港精神”研讨会、党员干部会 12 场次。通过宣传,水冲港精神在全市推广,受到省委、省政府的批示表扬。

2001 年起,将道德规范内容谱成组歌,在县电台、电视台播出。开展弘扬三创精神(创业、创新、创优)教育活动。至 2005 年,电台、电视台共播放道德组歌 100 余首,全县共评选三创之星 50 名。2006 年,纪念长征胜利 70 周年期间,举办国庆歌咏比赛,开展送文化、送科技、送卫生下乡和科技、法律、文化、体育、卫生、环保进村活动。将“绿色江苏”造林先进个人季厚礼、道德模范盱眙楚东医院院长赵长松、回乡创业典型楚东职业技术学校校长张红梅、自主创业典型江苏鹏胜集团董事长张玉鹏和十大招商之星、服务之星,制作成宣传片《新的起点》,在盱眙电视台播放。

2008 年,全县开展解放思想谋跨越,科学发展达小康主题宣传教育活动,组织开展改革开放 30 周年“九个一”(召开一场纪念大会、举办一个摄影展、举办一个书画展、拍摄一部电视专题片、组织一台文艺晚会、开展一次征文活动、宣传一批先进典型、召开一场座谈会)活动;开展感动盱眙十大道德楷模评选活动,评选出 10 位助人为乐、见义勇为、诚实守信、敬业奉献、孝老爱亲的先进典型,并拍摄制作专题宣传片,在全县播放。

第四节　新闻外宣

1986 年,古泗州城遗址考古课题是全县对外宣传重点。1988 年,国家、省、市报刊发表盱眙利用农业开发资金所取得的成果报道文稿 13 篇。1989～1990 年,各级报刊先后刊登盱眙县境内淮河水污染造成的损失、盱眙组织抗污防灾情况、《盱眙建成全省一流民兵训练基地》等通讯文稿。《明祖陵景区石刻损坏严重》通讯在省级报刊发表后,引起有关部门重视,神道 6 尊石刻得到修复。

1991 年,主要报道抗洪抢险先进事迹以及世界各地为盱眙赈灾情况,中央电视台等中央主流媒体用稿 35 篇、《新华日报》等省主流媒体用稿 68 篇(条)。《新华日报》刊登大雨山茶场场长史有志的先进事迹,省委发出向史有志学习的决定。1993 年,按照县委外扬名气,内鼓士气和通讯报道争创全市第一的目标,组成专职报道队伍,开展新闻外宣工作,被市级以上新闻媒介采用 1700 多篇稿件,其中《新华日报》录用 184 篇、省广播电台录用 91 篇、省电视台录用 143 篇、《淮阴日报》录用 421 篇。

图 17－16　盱眙县宣传工作会议

1994 年起,县委宣传部制定外宣奖励政策,加大改革开放的宣传分量。至 1996 年,全县市以上新闻媒介共录用稿件 1900 余篇。长篇报道《盱眙人牵着黄牛奔小康》《苦干、实干看盱眙》《人变山水新》等盱眙农村改革情况的通讯,被《新华日报》录用 20 余篇。

1997 年起,以树盱眙形象、争全市第一为主攻方向,组织专业队伍,做好对外宣传工作。至 1999 年,市级以上新闻单位共采用稿件 3500 件,其中《人民日报》《中国日报》《文汇报》《法制日报》和中央电视台、中央人民广播电台共用稿 68 篇。《一个县委书记的一天》等 5 个专题片在省电视台播出,长篇通讯《军嫂,不说自己的故事》《盱眙近期将开发水下泗州城》《铁山寺森林公园开发工程启动》《盱眙启动开发四个游览区》《明祖陵总体布局首次被探明》《春到都梁山》《明祖陵,一步跨越 300 年》《跑马山上望星空》等 20 篇通讯,分别在《人民日报》《中国日报》《文汇报》上刊登。

2000 年,围绕农村产业结构调整、农民增收、发展县域经济、加快城镇建设、招商引资等进行宣传报道,突出宣传观音寺乡发展特色农业、穆店乡引种人参果、河桥镇拓植速生意杨林等一批典型,宣传仇集镇、古桑乡等山区乡镇利用山区资源优势发展山羊和草鸡生产,宣传鲍集、兴隆、铁佛等乡镇利用水资源开发水产养殖,马坝镇通过扩种优质粳稻发展高产优质农业的做法,宣传正泰水泥有限公司提高产品质量、降本增效的举措和桓远染化有限公司、华东机床有限公司等企业改制提速增效的经验。《盱眙农展会上看变化》《紫金山天文台近地观测站定址盱眙》《盱眙高起点发展大旅游》《天下第一龙虾宴》文稿在《人民日报》等媒体上发表。全县在市以上新闻单位共发表稿件 2400 多篇,其中《新华日报》发表 80 多篇、其他媒体发表 100 多篇。

2001 年起,全县外宣工作重点宣传报道各级党组织贯彻落实"三个代表"重要思想的典型事例。至 2002 年,《盱眙"三个代表"学教活动掀起高潮》《盱眙紧贴县情寻求发展县域经济良策》稿件,分别在《新华日报》《淮安日报》上发表,《盱眙精心营造旅游大环境》在《人民日报》《中国日报》上刊登。县委宣传部新闻外宣科会同县林业局采写的两篇绿化方面的稿件分别获得新华社和中国新闻社组织的"绿化新闻竞赛"一、二等奖。《人民日报》《新华日报》《扬子晚报》共刊登稿件180多篇,其中《扬子晚报》用8个版面宣传盱眙龙虾节。

2004 ~ 2007年,县委宣传部协助中央电视台"华中人民的长城"摄制组在黄花塘新四军军部旧址拍摄镜头135个,协助上海航空公司与盱眙联合拍摄的盱眙旅游宣传片,在上航150多条国内外航线上宣传盱眙旅游。制作探秘古泗州城、盱眙原创歌曲光碟、盱眙风光贺年卡等一批外宣作品。其间,市级以上媒体发稿(含图片)14040篇幅,其中《人民日报》168篇、《新华日报》3618篇、《扬子晚报》1833篇、江苏电视台54篇、中央电视台47篇、新华社61篇、《淮安日报》942篇、淮安电视台340篇。《人民日报》(海外版)《中国日报》、金陵之声广播电台、涉外官方网站发表稿件600多篇(条),中央电视台整档节目1期。

2008年,盱眙报社与《淮安日报》联办《山水盱眙》、与《江苏经济报》联办《南京都市圈 · 盱眙新闻》专栏,分别用8个整版报道联办文稿。全县在市级以上主流媒体刊发稿件3400余篇,其中中央级媒体96篇、省级媒体378篇。

第六章　统　　战

第一节　组织机构

1986年,统战部隶属于县委。1998年,设有人秘科、经济联络科、民族宗教科。2002年,变更为办公室、民族宗教科。至2008年,机构无变化。

第二节　落实统战政策

1986年,全县有非党知识分子1200人。县委成立落实统战政策工作小组,纠错立案41件全部结案,对错划成右派人员的家属,按政策解决城镇户口90余人,安排就业10余人。中秋、春节期间,开展个体工商企业非党人士联谊活动。1988年,全县非党知识分子645人,其中高级职称22人、中级职称623人。恢复非党人士城镇户口53人,安排工作10人,解决房产问题2件,纠错查抄案件1件。

图17-17　1992年统战工作座谈会

1990年,县委统战部向县委推荐非党干部46人,其中大专学历27人、中专学历13人、高中学历6人。被推荐为县处级领导8人、县级领导班子6人,乡科级领导23人、股级干部15人。县人大代表中非党人士118人,占总数41.7%;政协委员92人,占总数60.1%。1993年,对全县120名非党干部进行任职前考察,其中县人大代表5

人、政协委员95人,其中担任县政协副主席1人。乡镇换届选举中,有6名非党干部进入科级领导岗位,选定后备干部28人。1995年10月,县委印发《盱眙县1995～1999年培养选拔党外领导干部工作规划》,明确非党人士培养目标任务和实施步骤。1997年,县委组织部、统战部联合印发《党外代表人士培养推荐工作意见》,推荐非党人士为县人大代表、县政协委员100余人。

2000年,推荐非党人士参加市政协第六届代表会议8名。2003年,县委建立非党高级知识分子、非党后备干部、非公有制经济代表人士名册,县委统战部建立党外人士信息库,实行信息化管理。2005年,县委统战部会同县工商联,做好非党人士联系工作,动员非党人士主动与海外人士沟通,引进人才,发挥党外人士在招商引资活动中的沟通联络作用。2008年,全县有非党知识分子6200人,其中教育、体育、卫生、科技界专业技术人才中有非党知识分子5100人。全县非党知识分子中有民主党派人士2人,担任县政协委员120人,人大代表61人。

第三节　“三胞”联谊

1986年,县委统战部与县工商联在中秋、春节期间,慰问侨胞、台胞、港澳同胞。1991年,县委统战部召开台胞、侨胞亲属座谈会,动员台胞、侨胞到盱眙县兴办工业企业。侨胞王长斌在新街乡投资20万元,兴办盱福侨加油站,与县政府合资兴建盱侨宾馆。1992年,全县相继建成盱眙“三胞”实业公司、盱眙台侨属服装厂、“三胞”汽车客运旅游服务社、中外合资江苏盱眙皮革有限公司、盱眙鸿庆凹土有限公司、盱眙记顺鞋业有限公司等“三资”企业。

1993年,县委统战部争取爱德基金会基金100万元,主要用于全县教育、医疗卫生、农田水利、社会福利等社会事业。兴办“三资”企业10个,其中淮阴祥龙服务有限公司是全县乡镇首个利用外资企业。1994～2000年,县委统战部先后引进“三胞”投资近3000万元,兴办项目42个,其中台胞黄时雄投资140万元,兴办花木果蔬公司。2002年,县委统战部接收淮安慈云寺觉顺方丈捐款130万元,兴建兴隆乡兴隆寺;爱德基金会援助资金67.6万元,授助王店乡杜梁山农业技术园区、王店中学教学楼、兴隆乡刘岗村受灾户、铁佛镇希望小学。

2003年,争取爱德基金会援助资金10万元、大米17.7万千克,救助淮河镇受洪涝灾害的民众的生活。2004～2007年,共争取爱德基金会援助111.97万元,全部用于农村水灾后重建工作。2008年,组织实施统一战线凝聚力工程,开展民主党派、无党派代表人士、民族宗教界人士联谊活动;春节前,慰问探望80高龄黄埔学生冯汉文,邀请台胞亲属考察盱眙经济开发区,争取爱德基金会基金19万元,建设淮河大洲村北大坝排涝站。全县宗教界为四川汶川地震灾区捐款20.36万元。

第七章　农村经济管理

第一节　机　　构

1986年,县委农工部下设人秘科、政研科、经营管理科、财务辅导站、区划办、生产规划科。各乡镇设农村经济辅导站。2002年,县委农工部内设机构调整为政研科、经营管理科、财务辅导站、办公室。至2008

年,机构未变化。

第二节　土地调整、承包

1986年,全县农村受人口变动、劳动力转移、经济和社会发展等流转因素影响,出现承包地弃耕、抛荒现象。县委、县政府发布《关于进一步完善农村土地承包经营制度的意见》,调整承包地。按大稳定小调整的原则,对进出村人员进行土地调整,全县共调整土地约438.7公顷。

1989年,境内部分地区出现有田没人种、有田不够种、粗耕粗种、投入减少和弃田抛荒,造成土地资源浪费。对全县承包土地实行大稳定小调整政策,调整农村婚进婚出人口田、后期开垦的荒山荒地、机动田、"鸡口"田、建设用地等类型土地。全县约调整土地1866.7公顷。

1993年,在旧铺镇实行"两田"(口粮田、责任田)制试点,口粮田按常住人口的农民划分,每人0.03公顷;责任田实行统一承包金,农户自愿承包。土地承包金与人口管理费不超过上年人均纯收入5%。居住一年以上农户每人每年现存上缴15元管理费。土地承包金,人均不足0.07公顷,每公顷承包金2元;人均0.07公顷至0.13公顷,每公顷承包金1.5元;人均0.13公顷以上,每公顷承包金1.2元。未划作承包田的土地、弃耕的责任田和集体的荒山、荒地、桑园、竹园、鱼塘、水面等均列为村合作经济组织的专业承包项目。责任田与专业承包项目主要由该村组农民承包,富余面积实行公开承包。承包土地不打乱重分,动账不动田。通过试点,遏制抛荒弃耕,减轻农民负担,增加村集体收入。在马坝镇、河桥乡实行农村集体土地股份制探索,马坝镇大众村以3.4公顷土地使用权,作价100万元入股,与台商合资兴办淮阴祥龙服务有限公司,总投资600万元,合营20年;在河桥乡蒋郢村实行33.3公顷果园拓植股份试点,集体将33.3公顷果园按每公顷6.67元作价和集体投入的劳务作为集体股,农户以果苗投资、苗期管理等作为个人股,技术人员为技术股,实行三类股民组合,按照合作社的组建原则,参与果园生产的永久性收益分红。在马坝镇黄杨村实行土地租赁试点,打破按村民小组划定土地界限,将73.33公顷抛荒地集中连片,免除劳动积累工、农村义务工和承包金,对外租赁承包,灌云县30多户农民承包53.33公顷,洪泽县朱坝乡4位农民承包8公顷。至年底,全县有维桥、河桥、观音寺等14个乡镇实行"两田"制试点。

1994年,实行"两田"制、股份合作制、招标承包制、租赁承包制、反租倒包制、拍卖四荒使用权等,推动土地流转。全县共实行"两田"分开22383公顷,其中口粮田6959公顷、责任田15424公顷。责任田中,按人承包14861公顷,按能力承包520公顷,招标承包39公顷。马庄乡、马坝镇、高桥乡、黄花塘乡、河桥乡、洪山乡、淮河乡17个村的139户244公顷土地,采取适度规模经营。穆店乡、张洪乡、水冲港乡、河桥乡、鲍集乡的474户农户,转包、转让耕地142公顷。

1995年,在桂五镇方港村、竹园村实行荒地、荒山使用权拍卖试点。先后拍卖荒山、荒地30.5多公顷,其中荒山10公顷、荒地19公顷、竹园地0.3公顷、蚕桑地1公顷;拍卖使用期20年的18公顷,30年的13公顷。拍卖荒山、荒地等成交额13.1万元。通过试点在全县推广,全县拍卖荒地、荒山175公顷,成交总额60万元。

1997年,在兴隆乡开展第二轮农村土地承包期延长试点工作。1998年,全县农村第二轮土地承包工作全面推开。实行农村集体土地权属不变,土地承包期再延长30年政策不变,控制机动地所留面积不得超过所在组耕地总面积的5%,土地承包费必须纳入农民上交村提留、乡统筹范围,因地制宜发展农业适度规模经营,处理建设用地和稳定土地承包两者关系,对农户经批准的宅基地、原有的自留地、老柴塘地、竹园林地不作变动,饲料地纳入承包田统一管理。全县完成土地二轮承包的有426个村3926个组73.03万农户,占应完成数100%;发放土地经营证书12.8万份,证书入户率98%;直接承包的有3196个组10.71万户、54400公顷耕地,分别占总数87.4%、82.2%、82.6%。

2002年,按照"稳定所有权,完善承包权,放开经营权,搞活投资权,保证收益权"要求,将农民土地承包经营权流转纳入制度化和法制化轨道。2004 年,制定《农村土地流转和承包规范管理工作的实施意见》。2 月 18 日,在马坝镇实行和承包试点。4 月 26 日在全县推开,5 月底结束。规范家庭承包、专业承包和流转 3 个合同,建立农户承包土地、承包地经营权流转和“四荒”地 3 本台账,共建立土地承包档案 500 本,订立土地承包合同 132790 份、土地流转合同 2200 份,修改和订立专业承包合同 2000 份。

2005 年,为未领取土地承包经营权证书的农户、新分户和证书遗失户,为证地不一的农户换发证书 1.1 万本。2008 年,完善家庭承包、专业承包和农村土地流转合同 2.5 万份,建立农户承包地经营权流转、“四荒”地等专业承包台账 42 本,做到农户承包地块落实到户、面积核准到户、合同签订到户、承包经营权证书发放到户。

第三节　农村社会化服务

1986 年,全县各乡镇农村社会化服务组织有农技站、农机站、水利站、兽医站、农经站。1987 年,建立村级合作经济联合社 431 个,下设村农技服务队、水利服务队、农机服务队、多种经营服务队、会计服务组、综合购销组、村户企业指导员等,行使生产服务、管理协调和资产积累等职能。以农业产品为纽带,以服务“三农”为主体,建立专业协会、联合体等组织 35 个,服务农业。

1990 年,村级建立“五队一校”(农经服务队、农机服务队、管水服务队、植保防疫服务队、农技服务队、农民业余技校),乡镇级健全和完善“五站一校”(农经站、农机站、农电站、畜牧兽医站、多种经营服务站、农业技术学校),对农业技术、畜禽防疫、水稻育秧、农作物植保实行统一指导,对作物布局、林路管理、水利建设、筹措农业合作发展基金统一安排,对农资和良种实行统一供应,对农副产品销售统一提供信息。

1993 年,按照增强乡村综合服务能力的要求,全县有 330 个村为农户提供统一机耕、机脱、供种、育秧、管水、植保等服务,服务队员有 7000 多人,配套机械 8329 台(套)。有 14 个乡镇建立村级综合服务组织,有 12 个乡镇 77 个村的农村合作经济组织开展农副产品和生产资料购销服务。1997 年,全县有专业大户 17508 户、专业村 166 个,乡村各类服务队按照各类专业大户、专业村的需求,做好各项服务工作。龙山乡建成全县养牛专业乡后,乡村均建立养牛协会,帮助、指导养牛专业户科学养牛。

2000 年,启动培植农民经纪人、推进农村经济合作组织建设。3 月,全县培训农民经纪人 2000 人,新建蔬菜、水产、畜禽联合体 15 个,新培育年销售额 5 万元的各类农民经纪人 500 人。全县先后建成山城和东方综合市场、鲍集和淮河水产市场、官滩和马坝建材市场、穆店和桂五草鸡市场、仇集和王店牛羊市场,建立各类专业合作社 16 个,入社农户 1184 户,吸纳股金 1052.62 万元。

2003 年,全县农村合作经济组织有政府牵头组织型、”公司 + 农户“型、股份合作型、能人带动型。明祖陵野鸭养殖合作社由明祖陵镇政府牵头,组织供销社、费庄村委会参加,吸纳 34 户野鸭养殖户入股;黄花塘镇蚕桑合作社以县茧丝绸公司为龙头、农户为主体,实现统一经营的有机体,被省列为 50 个示范合作社之一;观音寺大葱合作社采用股份制形式组建,以每股 50 元为基数,农民入 49 股 2450 元,镇供销社入 57 股 2850 元,吸纳社员 49 人、专职大葱营销经纪人 206 人、二级批发商 200 多人。以专业大户、营销大户和农民经纪人自发组成联合体有:淮河镇蒋广林水产品联合体,王店乡张建和、张德祥、喻后宽、喻后金生猪剥皮加工联合体,管镇镇汤福东生猪营销联合体,淮河镇毛豆销售联合体,旧铺镇姜广堂家禽养殖营销协会等。全县有各类专业合作经济组织 94 个,其中专业合作社 7 个、专业协会 47 个、农民联合体 40 个,农民经纪人 9301 人,入社、入会 2.59 万户;县外设立农产品销售窗口 118 个,其中市内 40 个、市外省内 66 个、省外国内 12 个;经专业合作经济组织销售农产品 6.52 亿元,上缴税金 1631 万元;从事农产品销售额在 3 万 ~10 万元的 6577 人、10 万 ~50 万元的 2385 人、50 万 ~100 万元的 302 人、100 万元以上的 37 人,从事蔬菜种植的 1238 人、生猪饲养的 1354 人、家禽饲养的 830 人、水产品养殖的 1580 人、林果栽植的 974 人、粮油及其他行业的 3325 人。

2008年，全县农村合作经济组织发展到530个，其中专业合作社468个、专业协会62个；农民经纪人1.92万人，入社、入会农民7.14万户，带动农户9.72万户，年销售农副产品9.72亿元。农村专业合作组织已成为提高农民组织化程度和引导农民进入市场的载体。

第四节 农业产业化

1986年起，提出“稳定提高农业，发展多种经营，重点突破乡镇工业”的指导思想，全县一、二、三产业迅速发展。当年实现第一产业32167万元，第二产业8703万元，第三产业5679万元。

1995年，提出“丘陵山区上果林、平原粮区增畜禽、滨湖沿淮攻水产、加工服务求效益”和“两专一基”(专业户、专业村、基地乡镇)发展战略。以农民增收、农业增效为目标，同步发展家庭经济、庭园经济、循环经济和家庭副业，形成“一村一品”专业村136个。1998年，全县建成种养业大户12997户，加工业大户2256户，规模经营大户902户。拥有种养、加工、建筑、运输及商饮服务业等专业村205个，蚕桑、蔬菜、水产、特种养殖及工业加工业基地乡17个。

2000年，在保护和提高粮食综合生产能力的前提下，按照“高产、优质、高效、生态、安全”要求，农业结构调整走“精细化、集约化、产业化”之路。全县压粮扩经6667公顷，经济作物占种植业比重40%；新增蔬菜面积2000公顷、中药材53公顷、牧草47公顷，新栽意杨540万株，建成一批山羊、生猪、家禽、野鸭、水产等特色乡镇和规模基地。

图17－18　从1987年盱眙县出台《关于加快和深化农村改革的意见》，到2000年启动农民经纪人，提升农村社会化服务水平。图为淮河镇的农民经纪人为种菜大户销售解决后顾之扰。

2003年，调优农业结构，在种植业上重点实施“336”工程(种植花生30万亩、中药材3万亩、新植意杨600万株)，实际种植花生2.03万公顷、中药材2700公顷、意杨720万株。养殖业上重点实施“238”工程(人工放养龙虾2万亩、饲养野鸭300万只、生产毛蛋800万只)，实际养殖龙虾1400公顷、养殖野鸭303.5万只、出售毛蛋826万枚。创建“十大”标准化基地，即有机稻米基地、无公害水产品基地、绿色人参果基地、有机茶基地、有机草莓基地、无公害花生基地、无公害毛豆基地、无公害西瓜基地、无公害板栗基地、无公害野鸭养殖基地；创建26个农产品品牌，引进10个新品种，推广20项新技术。形成“六大”(稻米、花生、中药材、龙虾、鹅和羊、毛蛋)主导产业和“三大”(东部粮蔬草禽，山区药材畜禽，河西花生水产)区域特色，实现传统农业增效增收。

2005年，全县确立2万公顷花生、700万株意杨、3334公顷中药材、2万公顷优质粳稻“四大”原料基地建设，实际种植花生2.054万公顷、意杨900万株、中药材3400公顷、优质粳稻2.67万公顷，扩大产业化规模。

2008年，推进全县高效农业规模化建设，形成园艺蔬菜、中药材、立体种植果品产业化，高效种植业19213公顷，设施农业4100公顷。新增高效农业3853公顷，其中蔬菜1066.7公顷、果品813.3公顷、花卉66.7公顷、食用菌200公顷、中药材333.3公顷，立体种养800公顷，“特粮特经”573.3公顷。新增蔬菜连片生产区4个，形成龙虾、果蔬、意杨、养殖、优质稻米五大产业的一条龙服务和一条龙产、供、销的农业产业化新格局。

第五节　控减农民负担

1986年，对农民上交提留进行四项改革。改种田农户负担为各行各业负担；改优供补以村统筹村使用为以乡统筹乡使用；改按土地负担公积金为农业税按亩负担，管理费、公益金按人口负担；改按分配水平高低定干部补贴。全年农民上交提留总额1145万元，人均20元，占集体承包纯收入7.1%，平均每人比上年减少4.15元。

1990年，改革农民负担提取办法，集体提留部分公积金按土地分摊，公益金、管理费及乡统筹费按人口负担，统筹经费收交和管理实行村筹乡管。代办项目仅限于畜禽防疫、植物保护、水费等生产性代办费，坚持专款专用、分期拨付使用。提高集体保留的菜园、水面、山地、林地、果园承包经营效益，减少农民负担。全县农民上交提留合同内1666.86万元，比1989年减少36.43万元；合同内上交提留占上年农民人均收入5.17%，比1989年降低0.31%。

1993年，县、乡(镇)相继成立控制和减轻农民负担领导小组和办公室，自查自纠农民负担、上交提留合同、涉农文件和项目存在的问题，公布取消41项农民负担项目和10个单位行政事业性收费，清出涉及农民负担文件36份，公布停止执行涉及农民负担文件21份，清退乡村教师289人，取消合同外筹款471.17万元，其中集资和乱收费313.35万元。

1996年，重新测算调整农民上缴提留合同，农民承担费用以乡为单位改为以村为单位，不突破上年人均纯收入5%；农民负担增幅要低于上年人均纯收入增幅；控制合同外代办和代办量化标准。通过重新改算，合同内削减337.1万元，合同外削减1106.33万元。1999年，实行农民负担监督卡“一卡清”制度，在官滩镇开展依法治负试点工作，总结出农民负担“十步工作法”。

2001年，农村实行费改税，农民上交的村提留、乡统费改为农业税，全县1965个村民小组有1962个减负，128631户农户有128275户减负。农民税收及合同内负担5547.92万元，比费改税前减少2492.64万元，减负31%；税收及合同外负担比费改税前减少4223.69万元，减负43%。减少农民教育集资和其他集资1731.05万元。2005年12月，全县取消农业税，农民种田每公顷补贴1500元左右。

2008年，全县粮食直补采用“一折通”发放到户。水稻良种补贴58333公顷1312.56万元，小麦良种补贴23333公顷350万元。水稻种植面积直补1750.09万元，农资补贴54860公顷5677.81万元。补贴步进式插秧机120台、大中型拖拉机208台、联合收割机77台、油菜收割机15台、秸秆还田机110台、旋耕机280台、保鲜库设备2台、投饵机和增氧机各22台、高效迷雾机4台。

1991～2000年盱眙县农民负担村提留、乡统筹一览表

表17－5　　单位：元

年份	上年人均纯收入	负担总额	人均负担	占上年人均纯收入比重(%)	年份	上年人均纯收入	负担总额	人均负担	占上年人均纯收入比重(%)
1991	597	17420000	31.58	5.29	1996	1612	41995885	77.05	4.78
1992	336	11557081	20.97	6.24	1997	2261	51366110	94.74	4.19
1993	572	15352217	28.26	4.94	1998	2643	50426451	94.88	3.59
1994	713	18764062	32.73	4.59	1999	2895	49989469	97.27	3.36
1995	809	21754201	37.86	4.68	2000	2089	48208288	64.97	3.11

第六节 农村财务管理

1986年,组织人员配合各乡镇对全县村级历年包干上交粮、钱、合同外筹款、贷款、农户往来款、暂收暂付款,集体财产折价款、各种罚款、各种定金和奖金、历年国库券、各种代办费和出售农产品代结款等财务进行清理,确保村级财务管理规范化。1. 占有集体物资3950件,折价28.38万元(不包括耕牛农具),已收回2177件,折价10.59万元。2. 干部贪污挪用:贪污169人,贪污款项6.93万元,已退赔4.97万元,挪用公款1284人,共17万元,追回8万元。3. 农户欠款531.02万元,已收回85.79万元。

1994年,实施村级集体财产物资和积累资金的保管与使用、农民上交提留款收支、农民上交各项代办款筹集与使用、各种罚款管理与使用、债权债务清理回收与结算、历年集体购买有价证券、村组企业收益分配以及各项专业承包或集体统一经营的收支结算、吃喝招待、村组干部报酬、合同定购"三挂钩"兑现与分发等有关村级财务账目全面清理,清出贪污、挪用公款24.39万元,处理9人,追缴赃款22.04万元,收回欠款58.21万元。

1999年6月,在官滩镇实行"村账乡(镇)管"试点,包括实行会计持证上岗聘用委派、民主理财、财务公开为主的村务公开、定期集中办公、费用定额包干、"报告制"与"一支笔"审批、定期清理审计、档案集中管理8项制度。制定村务公开"五项制度"(公开工作岗位责任制度、统一公开日制度、公开档案管理制度、公开意见处理制度、公布栏管护制度)。年底,全县各乡镇全部实行"村账乡管",行政村实行村务公开,建成标准公布栏397个,占总数92.3%。

2002年,继续开展清理村级财务、化解村级债务工作,全县清理村级资产1.8亿元、村级债权1.09亿元、村级债务1.72亿元。清出违纪数额50.77万元,追缴退赔金额44.13万元;清收村级债权4200万元,化解村级债务8500万元。清收债权化解1314.53万元,债权抵冲化解2284.16万元,资产变现化解271.21万元,资源发包化解512.74万元,运用统调工、义务工化解45.66万元,降息减息化解457.11万元,退赔违纪金额化解44.13万元,核销呆账化解2498.29万元,其他化解1133.36万元。全县村级债务通过"清财化债",无债村从无增至4个,负债村1万～10万元从5个增加到36个、10万～20万元从26个增加到40个、20万～30万元内从20个增加到57个、30万～50万元由71个减少到52个、50万～100万元由82个减到52个、100万元以上由45个减到8个。

2003年,制定《盱眙县农村财务管理制度》,建立"村账乡(镇)管""会计委派"制度,继续清理村级财务、化解村级债务。全年清理村级资产1.47亿元,村级债权0.79亿元、村级债务1.01亿元,清出违纪金额8086万元,退赔8.1万元,给予党政纪处分19人,移交司法机关处理1人。

2008年,加强农村集体财务管理培训、指导和监督工作,实施村务公开、民主理财、村民议事,有效预防和遏制集体资产流失。全县村务公开95%以上,村级民主理财和民主议事活动正常化、制度化。

第七节 农村合作基金会

1993年8月,县委农工部在维桥乡创办农村合作基金会试点,然后在全县推广。至年底,全县有26个乡镇成立农村合作基金会,吸收各类基金60多万元,其中期限基金40多万元。组织可融资金2100多万元。基金会实行"小额、短期、服务"三为主管理方式,坚持"四不借、五优先"(违反国家产业政策不借、无可行性研究项目不借、无担保单位不借、资不抵债企业不借,基金所有者优先、扶贫救灾项目优先、种养业项目优先、开发性生产优先、投资少见效快效益好项目优先)的原则,从实处管理好用活集体资金。

1995年,坚持投前调查、投时审查、投后检查、逾期追查、分散投放和担保抵押的制度,确保资金营运安全。全年积聚可融资金4066万元，吸收股金686万元，实现净收入289万元，提取积累178万元，为2.4万个生产单位提供资金服务。融资500万元以上的有黄花塘、观音寺、官滩3个乡镇，融资净收入10万元以上的有观音寺、马坝、东阳、维桥、黄花塘、水冲港、仇集、肖嘴、兴隆9个乡镇。

1996年，县农村合作基金会制定"三会"制度、吸股放款制度、红利分配制度、内部管理制度等10项管理制度，集聚可融资金余额7668万元，吸纳各种股金4230万元。累计投资1.32亿元，为3.1万个单位提供融资服务。1997年，集聚可融资金余额9000万元，吸纳各种股金6500万元。累计投资15423.14万元，用于"两专一基"生产12338.5万元。

1999年7月1日，全面停止农村合作基金会一切存贷业务，清产核资、催收欠款，按照"先一般股，后基础股；先系统内，后系统外"的原则，保证到期股金按时兑付。至年底，共收回1600万元，回收率49%。其中乡镇一级收回780万元，县联会收回820万元。兑付到期股金1300万元，其中县联会725万元。

2001年，开展农村合作基金会清理整顿，回收资金2541.1万元，其中县联会806万元、乡镇1735.1万元；股金兑付3296.28万元，其中县联会1892万元、乡镇1404.28万元。年底，农村合作基金会停办。

第八节　农村扶贫

一、扶贫组织

1993年，第一批省委、市委扶贫工作队进驻盱眙县水冲港乡和肖嘴乡，成立县扶贫工作领导小组，办公室设在县民政局。1995年2月，县委、县政府调整扶贫工作领导小组成员单位，单独设立县扶贫办公室。

1998～2000年，按照省委、省政府以县为单位基本达小康的战略部署，盱眙县有7个乡镇被列为省重点扶贫乡镇、10个乡镇被列为市重点扶贫乡镇，分别由省委、市委派遣扶贫工作队进驻帮扶。其间，省农业银行、省纪委、省环保局、省委党校、扬子石化公司、江苏油田、省电信局、省邮政局、省人寿保险公司、省妇联、省体育局、南京邮电学院、省招商银行、724研究所、省政法委、红豆集团、省总工会、河海大学、省地矿厅、省国防科工办、省台办、722厂、省建材工业总公司、省植物研究所、南京水科院、跃进汽车集团组成的省委驻盱眙扶贫工作队，南北挂钩的锡山市、扬中市投入无偿资金和物资，帮扶建设农业基础项目；淮阴市29个市直机关单位组成的市委驻盱扶贫工作队为扶贫乡村开发工业、农业新项目。

2001～2005年，南京市鼓楼区与盱眙县实施"南北挂钩"帮扶。2006年3月，省委提出实施"千村万户帮扶"工程，盱眙县有11个乡镇的40个村被列为省定经济薄弱帮扶村。2008年，盱眙县有农村建档立卡贫困人口113892人，其中有劳动能力76495人、无劳动能力37397人，有村级集体经济和"八有"基础薄弱村40个。省、市扶贫工作队按照脱贫和村级集体经济标准，实施扶贫攻坚战。

二、扶贫项目

1993～1994年，省委、市委驻县扶贫工作队投入资金1527万元，实施扶贫项目和办实事420件，帮助受扶群众战胜干旱和淮河特大污染灾害，农村基础设施建设和各项社会事业得到改善。

1995～2000年，省、市共投入有偿资金2.67亿元，扶持农业、工业项目382个，为17个贫困乡镇培植财源，增强发展能力；投入无偿资金1.15亿元，开发荒山7733.3公顷，改造中低产田6133.3公顷，兴建配套建筑物1160多座。发展林果、蔬菜、中药材等项目168个，种植近2800公顷；养殖牛、羊、猪1.2万头，家禽30万羽；开发水产养殖2133.3公顷；改、扩建乡村道路920千米，修建农桥39座；新建水厂58座，受益26万人；新建校舍1.3万平方米，改造危房3万平方米，资助贫困生3200多人；举办实用技能培训班，传授农业生产技术，引进新型、实用技术70多项，受益农民近12万人次。1999年县乡道路实现黑色化。2000年实现村村通电、通电话，实现以县为单位基本达小康目标。

2001～2005年，扶贫工作队实施"民心工程"，先后投入5412万元，修建村级道路456千米，改造中低产田5600公顷,配套建设桥、涵、闸、坝1200余座,扩建水厂52座,管网延伸1.2万米,新增改水受益人口13万人,改造敬老院、卫生院(所)28个;投入4336.2万元,帮助27152户贫困农户改造草危房。依靠产业项目带动,实施“造血”工程。投入3208万元,扶持17个乡镇发展产业项目231个。其中,种植经济果林1466.7公顷、露地蔬菜933.3公顷、大棚蔬菜346.7公顷、中药材240公顷;养猪2400头、羊1200头、牛380头,鸡、鸭、鹅22万羽;发展水产养殖1200公顷;培育种、养业大户和营销经纪人126户。投放扶贫小额贷款4446万元,帮助25255户贫困农户发展生产。提高农民素质,实施“富脑”工程。投入802万元,新建和改建校舍3.15万平方米;开展“一对一”助学和“春蕾班”等活动资助贫困生2892人;培训农村贫困劳动力1.01万人,帮助在苏南大、中城市转移就业9800多人;开展送科技下乡62场次,向农民传授实用技能和推广新技术、新品种,受益农民15万人次。

图17-19　至2008年,全县脱贫人数近9万人,脱贫率78.6%。图为1997年5月6日县公路站为脱贫联系点援建的洪山乡济桥采石厂移交现场。

2006~2008年,扶贫工作队投入890万元,帮助16个村在乡镇工业集中区新建厂房16幢;投入710万元,帮助18个乡村兴建木材、粮食加工、水泥制品等加工厂;投入695万元,帮助15个村分别建设温氏鸡棚115座和温氏猪舍33个,带动当地农户自建鸡棚118个;投入435万元,帮助16个省定经济薄弱村建温室大棚25个、钢架大棚342个;投入254万元,帮助6个省定经济薄弱村发展水产养殖533.3公顷。全县40个经济薄弱村集体收入由2005年的23.89万元增加到2007年的217.36万元。投放扶贫小额贷款4829.15万元,帮助9870户贫困农户发展“短、平、快”项目实现增收。依托培训机构实施就近免费办学,共补贴110万元开设农村贫困劳动力培训班49期,培训2212人,就业率95.4%。在村“八有”建设中,投入2674万元,实施基础设施建设项目230个,修建村组道路182.45千米、电站29个、闸坝和涵洞82个、农桥19座,防渗渠6个,改造中低产田261.7公顷、荒山开发233.4公顷。投入956万元,新建和改造村农民活动中心及卫生服务站21个、改建敬老院2幢、小学综合楼2幢、自来水厂8座。其中,2007年,王店乡民建村等4个省定经济薄弱村通过省“八有”建设先进村验收。

至2008年底,全县投入帮扶资金1.69亿元,实施脱贫攻坚项目612个。利用省财政脱贫攻坚奖补资金和省市扶贫后方单位资金9355万元,按照“财政奖补、集中使用、项目带动、促进双增”的原则,帮助19个乡镇的249个村建畜禽养殖棚舍196幢16.42万平方米、果蔬种植大棚127.8公顷、水产养殖面积240公顷;帮助10个乡镇的73个村在乡镇工业集中区建设标准厂房62幢6.62万平方米。利用省财政“整村推进”项目资金560万元,帮助14个省定经济薄弱村建村组道路32千米,改造电灌站6个,建造养殖棚舍16幢1.28万平方米,发展养殖生猪3000头、羊2800只、肉禽150万羽。投入520万元,帮助32个省定经济薄弱村建村综合服务中心及配套设施。投入扶贫小额贷款9429.17万元,帮助9526户贫困农户发展“种、养、加”小型产业增收项目。投入465万元,培训农村贫困劳动力6300人,就业率96.8%。投入3800万元,建乡村道路462.6千米,农桥21座,闸坝84个,排灌站39座,涵洞602个,修建污水管道4800米,疏浚灌溉沟渠5600米,修建村级服务中心40个、乡村小学5个、村级卫生室32个、农贸市场8个、农资超市40个和儿童福利院

1个。投入2200万元,用于县乡工业园区环境整治项目6个。全县实现脱贫农村贫困人口89533人,脱贫率78.6%;40个省定经济薄弱村实现村级集体经济收入550万元,村均13.75万元,36个村通过省"八有"目标考核,实现率90%。

1993~2008年省、市扶贫资金投入、实施项目一览表

表17-6　　单位:万元、个

年份	省政府投入资金				省驻盱扶贫工作队及后方单位				市驻盱扶贫工作队及后方单位			
	合计	有偿	无偿	项目	合计	有偿	无偿	项目	合计	有偿	无偿	项目
1993	-	-	-	-	78	28	50	97	55	-	55	82
1994	-	-	-	-	187	-	187	5	1207	1107	100	132
1995	3972	3536	436	7	1075	306	769	107	-	-	-	-
1996	4195	3822	373	7	1718	280	1438	84	2615	1864	751	65
1997	3700	3285	415	7	1456	130	1326	103	737	533	204	33
1998	3345	2970	375	7	1279	138	1141	115	1576	787	789	68
1999	3988	3800	188	6	564	63	501	228	1092	639	453	57
2000	4902	4067	835	7	1099	-	1099	223	926	471	455	46
2001	4296	3900	396	9	1015	-	1015	128	885	324	561	38
2002	421	-	421	7	1168	-	1168	121	540	-	540	53
2003	1302	-	1302	7	1478	-	1478	127	954	-	954	70
2004	1078	-	1078	4	2475	1400	1075	107	1064	-	1064	46
2005	183	-	183	2	1524	-	1524	69	1057	-	1057	84
2006	473	-	473	16	1677	-	1677	84	679	-	679	71
2007	788	-	788	18	2587	-	2587	103	709	-	709	68
2008	2325	-	2325	88	1345	-	1345	21	1606	-	1606	93

说明:"无偿"包含实物折价部分。

三、草危房改造

1997年,县委、县政府开始改造全县农村居民草危房。县财政局和民政局向12个乡镇的33个村拨款76万元,重点用于农村特困户的危房改造。

1998年,重点改造盱鲍、盱仁、盱铁、盱明、古(桑)古(城)、桂水、宁连、盱马、盱张、十老、维三、马(坝)马(庄)、莲塘13条县内省道或国道两侧300米范围内的草房,改造县乡道路两侧200米范围内居民草房,实行"以工代工、吃住在家、义务帮工"办法压缩建房开支。淮阴市民政局拨款69.2万元,锡山市支持20万元,县帮扶单位支持10余万元。改造住房每户补助1000元,草改瓦住房户每户补助300元。全县投入145余万元、水泥1000余吨,改造草房1400余户。

1999年,下发《关于切实加强全县草房改瓦房工作的通知》,将草改瓦工作列入各乡镇目标考核和督查内容,乡镇主要负责人为第一责任人。全县有草危房18540户,争取上级补助资金581万元,县直帮扶资金

43万元,县财政补助水泥1350吨,乡镇扶持资金27万元,改造草危房4198户。

2000年,出台《盱眙县农村安居工程实施方案》,采取“免、包、补、帮”形式,帮助草房户建房14382户,其中政府补助11143户、单位帮建911户、农户自建2328户。草危房改造中,免除城建、土管、财税等规费。全县争取省扶贫单位帮建80户,市扶贫单位帮建96户,苏南挂钩单位帮建450户,县乡部门帮建285户,省、市、县投入资金793.7万元。

2001年,组织县直单位对全县19个乡镇的10个场圃、63个村进行草危房改造挂包帮扶,投入690万元,改造宁宿徐高速公路两侧草危房6013户。全县尚存未改造草危房7453户。2002年,全县下达草房改瓦房4999户,以宁宿徐高速公路沿线居民、盱眙至铁山寺公路沿线居民、农林场圃居民及建国前入党的住房困难户为重点,落实资金236.95万元。

2003年,制定《盱眙县2003年度农村草危房改造和救灾重建房实施意见》,全县草危房和救灾建房任务7985户,其中农村草危房改造4632户、救灾重建房3353户,投入草危房改造资金1108.55万元,改造草危房4565户。2004年,规定人均年收入900元以下的644户特困户为政府帮建户,由所在乡镇统一帮建瓦房35平方米,全年累计发放补助资金1118万元。至2005年,全县农村改造草危房和灾民用房27152户,补助4336.2万元,其中省补3837万元、市补306万元、县配套82万元,全县草危房户基本改造结束。

第八章　民族宗教

第一节　组织机构

1986年,设民族宗教事务科。1991年12月,民族宗教事务科更名为民族宗教事务局。1997年7月,民族宗教事务管理局挂靠县委统一战线工作部。至2008年,无变化。

第二节　少数民族帮扶

1986年,县民宗局对全县少数民族经济发展基本情况进行调研,建议相关部门落实少数民族帮扶政策,在生产技术、居住条件等方面帮助少数民族人口逐步脱贫致富。

1992年8月,江苏省民委、县三自会、桂五镇麻油厂和县民宗局投资20万元,在桂五镇街道兴办盱眙民族小磨麻油厂。1993年11月,成立少数民族协会,开展少数民族调研与扶贫工作。盱眙民族小磨麻油厂迁址龙泉酒厂转盘处张启江家。1994年,县民宗局筹集1万元,帮助回族陈明秋家发展水产养殖,创收2万元;筹集资金1.5万元,帮扶4户少数民族贫困户脱贫。

1997年,民宗局牵头召开少数民族代表、部分乡镇、村领导以及有关部门参加学习贯彻《关于中国公民确定民族成分的规定》《城市民族工作条例》《民族乡行政工作条例》《江苏省少数民族权益保障条例》和《江苏省清真食品监督保护条例》座谈会,引导和鼓励少数民族根据当地实际情况,积极探索发展新思路,发展少数民族特色农业,辅以生产技术和资料扶持,切实提高少数民族经济收入。1999年3月,扶贫少数民族51户,结对帮扶116户。

2000年,位于盱城第一山下回民清真饭店拆迁,在山城市场新建300多平方米三层楼房。省民委支持8万元,修建兴隆乡刘岗村(民族村)乡村道路。县民宗局向省民委争取5万元,帮助兴隆乡刘岗村新建民族花生制品厂。2001年,省民委支持3万元,在兴隆乡刘岗民族村新征土地0.13公顷,兴建200平方米厂房;在庙山公墓划拨土地0.67公顷,作为回民等10个信奉伊斯兰教少数民族墓地。

2005年,县民宗局为盱眙三河润旺禽业有限公司申请产品清真标牌,参与被中南民族大学录取的回民张艳交通事故处理。2007年,县民宗局向省、市申报修建的3条长8.2千米的民族村、组道路项目全部竣工,造价210万元;妥善处理各类民族宗教纠纷39起。其中,影响较大的是3月1日,县城北兰州拉面馆发生一起纠纷案,厨师马牙西尼与王某在付饭款时,因假币引起争论。民宗局接到此信息后,立即赶赴现场,及时解决纠纷。

2008年,兴隆乡刘岗村有少数民族180人、官滩镇王桥村马庄组有少数民族40人、明祖陵镇项魏村麻庄组有少数民族160人、王店乡范墩村下营组有少数民族20人,被称为民族小组,盱眙三河润旺禽业有限公司、开发区中和食品有限公司是专业生产清真标牌食品企业。

第三节　宣传教育

1986年,县委统战部门向宗教活动场所信仰者宣传党的宗教政策。1989年,民族宗教事务科在县委党校举办全县村(居委会)党支部书记培训班,宣讲宗教、民族政策,引导党员干部带头尊重少数民族风俗习惯,帮助少数民族发展生产,勤劳致富。

1991年起,民族宗教事务局联合县公安局、卫生局、科协等单位举办全县宗教聚会堂点信教骨干、传道人培训班,开展法律知识、科技知识、农村卫生知识及医疗保健知识宣传教育。分别在全县统战、信访、宣传部门工作会议上宣传党的宗教政策。至1995年,共举办培训班21期,参训1800余人次。1996年,民族宗教事务局被市政府评为民族团结进步先进集体。

图17－20　2008年4月16日,县民宗局召开宗教堂点负责人学习会。

1998～2000年,共印发民族、宗教法律法规宣传资料5000份,举办宗教信徒学习《中华人民共和国境内外国人宗教活动管理规定》《宗教活动场所管理条例》和《宗教活动场所登记办法》培训班共5期,参训320人次。2005年,在纪念抗日战争胜利60周年之际,先后组织宗教信徒瞻仰黄花塘新四军军部、县革命烈士陵园,受教育宗教信徒5000人次。举办财务知识、法律知识和农业科技知识培训班40余期,参加培训2200人次;举办信教者爱国主义教育培训班48期,受教育3000多人次。县民族宗教事务局被省宗教局评为先进单位。

2007年,组织信徒瞻仰黄花塘新四军军部和南京大屠杀纪念馆,受教育信徒2500人次。举办法制培训班21期,参训2500人次。2008年,邀请县法制办、公安、司法、会计师事务所举办全县基层堂点负责人、传道人、宗教骨干轮训班，为期一周，学习《宗教事务条例》、法律、财务、安全、科技等知识，参训800多人次。县基督教中心教堂、铁山禅寺分别被省宗教局评为模范宗教活动场所，县委统战部副部长、县民族宗教局局长谢晓东在省召开的部分市县民族宗教工作座谈会上作《坚持用科学发展观指导民族宗教工作》的发言。

第四节　活动场所管理

1986年，民族宗教事务科召开全县宗教工作会议，将宗教活动纳入正常管理轨道。1989年9月，县委召开全县宗教工作会议，建立“三自”(自治、自养、自传)爱国运动委员会常委分工抓点制度，规定每个常委每月到聚会点工作一天，了解情况、协调关系、解决疑难问题。

1993年，民族宗教事务局健全场所管理组织，建立场所例会制度、堂点负责人汇报制度、学习制度、财务会审制度等。成立场所登记工作领导小组，制定登记工作方案；各堂点成立堂委会，配备负责、传道、财务人员5~7人。协助基督教三自会举办堂委会人员管理培训班5期，参训300多人次。1994年，民族宗教事务局表彰先进堂点16个、五好(爱国爱教好、遵守法规好、团结和睦好、敬业奉献好、勤劳致富好)信徒101人、致富标兵12人。

1995年2月，县委、县政府成立宗教活动场所登记工作领导小组，调查登记全县基督教堂点62处、临时登记22个、暂缓登记5个、不予登记4个、合并3个、待处理7个，解决堂点问题50余起，表彰先进堂点5个、单项先进教会14个、先进个人10个、五好信徒59人。1997年，对全县93处基督教活动场所进行年检，合格78所。1998年，组织三自会检查全县90个基督教活动场所教堂建设、制度执行、宗教活动等工作，表彰先进堂点14个；批评较差堂点6个，存在问题限期纠正。

2000年，年检全县宗教活动场所72个，合格71个，通报批评不合格1个；年检临时活动场所27个。2003年，抗洪救灾期间，信教人捐献衣服3000多件，大米、肥料等物价值5万元。2005年，检查、确认、登记宗教活动场所125处，化解纠纷40起，对6处存在安全隐患的宗教活动场所，停止活动，限期整改。

2008年，民族宗教事务局、县各宗教团体成立平安宗教场所创建活动领导小组，与基层场所签订责任状，制定查不稳定堂点、查不稳定因素、查不稳定个人制度，开展平安宗教场所、模范宗教场所创建活动，要求信徒做到不越级上访、不听非法传道、不坐无营运资格车辆、不在危房中进行宗教活动。年底，共评选先进宗教场所10个，宣化寺、都梁寺被县宗教局评为平安宗教场所，铁山禅寺被评为模范宗教场所。

图17-21　2008年7月22日，苏北五市基督教场所管理现场会在盱眙召开。

第五节　接待来访

1998年，南京爱德基金会朱爱民带领瑞典神学生访问团20人，访问盱眙县基督教中心堂。1999年3月17日，全国基督教副总干事包佳源牧师，爱德基金会农村发展部朱爱民，韩国、马来西亚、新加坡和香港世界传道会访问团5人，访问盱眙县教会。

2004年11月19日，全国基督教两会朱怀庆同工陪同美国匹兹堡长老会访华团11人，访问盱眙县教会，观看盱眙县基督教堂建设工地，捐赠教堂建设2万美金。2005年5月14日，全国基督教两会（基督教三自爱国运动委员、基督教协会）林来兴、江苏省两会陈祥生同工陪同美国长老会7人，访问盱眙县教会。

2006年7月2日，全国基督教两会林来兴牧师、江苏省两会赵惠娟、杰弗森瑞奇牧师陪同美国基督教长老会一行10人，访问盱眙县教会，双方互赠纪念品。2007年6月17日，省基督教两会副秘书长陈祥生同工陪同美国教会凯西考尔长老，到盱眙县基督教堂作题为《坚固信仰与相信耶稣》证道，听道会众1200余人。

2008年3月29日，江苏省基督教两会办公室主任吴安祥牧师陪同联合圣经公会克利夫白尔德夫妇，到盱眙县教会访问，捐赠圣经59箱。11月5日，全国基督教两会李再丰牧师和省两会陈祥生同工陪同美国长老会外展基金会代表团20人，访问盱眙县教会。

第九章　信　　访

第一节　组织机构

1986年，县委成立信访办公室。1989年10月，县信访办公室更名为县信访局。2002年，内设办公室（挂“人民建议征集办公室”牌子）、接访办信科、查办科。2003年，增设网络信访科。至2008年，机构无变化。

第二节　信访接待

1986年，收到信访1110件，接待上访群众83批212人次，到县集访11批98人次，领导接待日接访34批156人次。

1990年，各乡镇和涉访量大的23个县直单位，设立信访接待室，配备专职信访科员，做好信访接待工作。2000年起，县委确立党政领导信访接待日制度。县委、县政府领导坚持每月4次接待上访群众，其中10日、25日信访接待日与市委同步。接待日期间，实行县直部门领导跟班接待会办制，司法局安排律师跟班，做到事前有准备、事后有交待。县信访局对领导接待交办的信访件，跟踪督办并通报结果。乡镇、县直有关部门每天都有领导值班接待群众信访。

图17－22　接待来访

2001年11月12日,开通县长公开电话,接受群众电话诉求。2002年,盱眙县信访稳定工作被江苏省确定为信访重点管理县。全年收到信访328件,接待上访群众1102批4773人次,到县集访85批4060人次,领导接待日接访94批278人次。2004年,全县各乡镇建立社会矛盾调处中心,接待信访人,调处信访件。

2005年,县乡领导500多人次到基层走访,了解群众诉求,变群众上访为领导下访。2006年,成立县人民来访接待中心,从法院、检察院、公安局、司法局等18个部门抽调人员分批常年进驻县人民来访接待中心,构建党委政府统一领导,信访部门统一管理,相关部门各司其职,全社会齐抓共管的管理体制和运行机制,实施陪访、约访9批次15人次。2007年,全县组织57人次联合接访12批次上访群众。

2008年,盱眙县被省信访部门评为首批信访工作“三无”县(无进京越级上访、集体上访、缠访闹访,无因信访问题引发的极端恶性事件或群体性事件,无因信访问题引发的舆论负面炒作)。年底,收到信访1196件,接待上访群众727批3338人次,到县集访81批2228人次,领导接待日接访391批896人次。

1986~2008年盱眙县信访接待情况一览表

表17-7

年份	来信(件)	上访		到县集访		领导接待日接访	
		批	人次	批	人次	批	人次
1986	1110	83	212	11	98	34	156
1987	736	55	154	12	101	16	86
1988	691	200	395	14	109	21	109
1989	638	122	281	13	136	19	98
1990	711	321	652	32	294	45	197
1991	812	401	1234	48	774	31	141
1992	630	365	1101	41	719	34	156
1993	372	487	2207	52	1630	52	567
1994	529	329	2158	44	1715	46	267
1995	267	560	2396	29	1740	66	232
1996	308	816	2905	49	1749	92	195
1997	273	671	3242	79	2575	53	85
1998	391	695	3207	89	2091	78	123
1999	411	652	3013	53	1932	69	113
2000	474	541	2285	73	1830	58	185
2001	490	501	2888	83	2255	75	176
2002	328	1102	4773	85	4060	94	278
2003	685	729	2178	58	1347	76	178
2004	576	834	2513	74	1347	182	272
2005	2180	615	2432	54	1550	247	389
2006	1033	485	1662	47	935	214	280
2007	1670	660	2122	54	1117	292	480
2008	1196	727	3338	81	2228	391	896

第三节　信访处理

1986年，县信访局在处理信访件中，做到件件有着落，事事有回音。1993年，县委规定一般信访件处理不超过一个月，复杂信访不超过一个半月。信访局立案信访369件，结案362件，上报结案结果10件；受理署名信访234件，处理结果与来人见面229人次；办理县领导批阅人民来信126件，结案122件。

1999年，全县推行逐级上访制度，采取一单一函一督促的办法，归口处理信访问题。开展基层文明接待室创建活动，各乡镇和县直部门均有15平方米以上的接待室，并健全制度，建立档案。当年，创建基层文明接待室35个。县信访局受理来信来访1005件（次），赴京上访4批，去省集访1次；解决2户老上访问题。

2002年4月，县委成立社会矛盾调处委员会，下设县社会矛盾调处中心，在马坝镇建立社会矛盾集中调处机制试点。9月，各乡镇均建立社会矛盾调处中心，统一处理信访问题。信访局处理结案信访231件。2003年，县委办、县政府办印发《盱眙县县级党政领导批示人民来信办理办法（暂行）》《盱眙县信访双向承诺制度实施办法》《盱眙县党政领导信访接待日制度实施办法》，规范群众信访批办、转办、承办、时限、督办、奖励和处罚办法；实施县领导批示信统一登记，主要内容摘录交承办单位，限期办结；对重点疑难信访问题实行分管县领导包案处理，负责把关案件处理的时限和质量。信访局处理结案信访295件。

图17－23　信访听证会

2004年，县政府印发《盱眙县信访听证暂行办法》，从公、检、法、纪以及涉农等部门聘请信访听证员，举办信访听证会6次，信访听证制度在全省首创。各乡镇党政领导每周接待日不少于5次，县直党政机关每周接待日不少于3次；各乡镇和县直部门与信访人签订双向承诺书1276份。县政府出台《盱眙县无理上访处理暂行办法》，对2名无理缠访和1名借访闹事人员公开曝光。县政府实施每月24日为全县信访稳定工作例会制度，排查、交办、督办重要信访件。全年，县政府召开信访例会11次，交办信访235件，办结228件。县委、县政府主要领导和分管领导共阅批人民来信301件，办结率100%。

2006年，县委、县政府开展干部下访活动，组织271名股级以上干部进驻271个村（居）委会，排查不稳定因素，调处潜在信访问题2000余件。全年，县党政领导信访接待24次，接待来访群众214批280人次，解决重点信访156件。县委书记阅批人民来信790件，办结率98.9%。全国“两会”（人代会、政协会）期间，排查不稳定因素350件，办结312件。各乡镇矛盾调处中心共受理信访854件，调处819件。

2007年，县委印发《关于全面深入开展矛盾纠纷排查化解工作的实施意见》，全县共化解各类矛盾及信访问题72件，其中涉及群体问题2件，农村土地问题6件，拆迁问题7件，劳动保障问题58件。实现赴京上访、到省集访、到市集访零登记。

2008年1月，县委、县政府印发《关于在全县开展信访“四无”乡镇创建活动的意见》（“四无”即：无进京非正常访、无赴省集体访、无去市集体访、无一年以上信访积案），向252个村（居）派驻信访联络员。县委、县政府领导信访接待日接待群众上访391批896人次，县领导包案的疑难信访512件，办结501件。乡镇和县直部门向县委签订双向承诺书2676份。全年,信访局受理群众信访1196件,办结率92.5%;妥善解决来县集访62批1520余人次。

第四节 民众建议办理

2001年起,县委、县政府建立建议征集工作网络,完善建议征集管理、登记、呈报、答复、督办、奖励制度,开始实施征集民众建议工作,引导群众参政议政。当年收到群众建议100余条。2002年3月,就举办第二届龙虾节,征集群众建议1000余条。就城市建设和城市环境,征集群众建议271件305条。8月,淮安市信访局长暨人民建议信访局长汇报会在盱眙召开,县信访局以《广纳群言良策,推进富民强县》为题,作经验交流。

2004年,县委、县政府印发《盱眙县人民建议征集处理实施办法》。县委就土地利用、基础设施建设、环境保护等征集群众建议38件116条,重点解决土地浪费、基础配套设施不足问题。2006年,县信访局就企业改制、事业单位改革征集职工建议1800余份,摘编成《企业改制中应注意的几个问题》。龙虾节前,征求办节意见和建议100余条。

2008年6月,县委、县政府在《扬子晚报》刊登"我与节庆共进,我为节庆献计策"征集活动,收到各类建议289件,其中被采纳19件、获奖10件。至年底,全县征集人民建议4789件25741条,采纳487件,对署名建议信给予复信,通报采纳情况,没有采纳说明原因。

第五节 县长公开电话

2001年11月12日,县政府设立和开通县长公开电话88812345,制定《盱眙县县长公开电话工作细则》。政府领导对市民打来的电话都在自己的分管范围内作出批示,认真交办,做到件件有着落,事事有回音。当年受理来电124件,书面交办21件,电话交办103件。

2003年,县长公开电话来电1421件,书面、电话交办率100%。2005年,县长公开电话受到群众称赞,群众来电数量明显增加。当年受理来电3217件,书面交办310件,电话交办2907件。2008年,受理来电3588件,书面交办187件,电话交办3401件。至年底,共受理群众来电20711件,书面交办1334件,电话交办19377件,办结率100%。

第十章 党 校

第一节 组织机构

1986年,党校内设政工科、教务科、总务科。1987年,政工科更名为办公室。1988年,教务科更名为教育科,增设函教科。1991年,函教科更名为函授科。

2000年,增设理论教研室。2002年,理论教研室变更为理论研究室,增设培训科。2005年,增设信息技术科。2008年,内设办公室、教育科、函授科、理论研究室、培训科、信息技术科、总务科。

第二节　培　　训

1986年起,县委党校根据改革开放形势需要,以提高干部政治思想素质为前提,开始举办乡村干部培训班。至1993年,共举办乡镇组织委员、工业企业后备干部、党委副书记、村支部书记及各级干部培训班61期,参培9125人次。1994年,贯彻落实全国党校工作会议精神,围绕经济建设加强干部培训。全年,共举办党政干部培训班24期,参训2981人次;举办妇女后备干部培训班2期,参训501人。

1995年,县、乡镇党校举办"七不""六好"(不随地吐痰、不乱穿马路、不乱扔垃圾、不在公共场所吸烟、不损坏公物、不说粗话脏话、不破坏绿化,交通畅通秩序好、市容卫生绿化好、市政设施维护好、文明经商服务好、依法监督管理好)培训班120余期,参训1.1万人次。年底,黄花塘党校被市委党校评为红旗党校,盱城党校被市委党校评为先进党校,吴国玉被省委宣传部评为基层党校优秀教员。官滩镇、马坝镇、东阳乡、张洪乡、河桥乡、鲍集乡、管镇乡、粮食局、教育局、供电局等11所党校被市委评为1994—1995年度教育工作先进党校。

1997年起,以邓小平理论和十五大精神为中心,围绕县委中心工作,与组织部、宣传部联合举办基层干部培训班。至2000年,先后举办乡镇干部、村书记、妇女干部培训班共26期,参训2160人次。

2001年起,围绕"三个代表"重要思想、中共十六大精神及县委重大决策,举办干部培训班。至2003年,县委党校先后与组织部、团县委、老干局、妇联、供电局、机关工委联合举办培训班36期,参训5100余人次。2004年起,以新型工业化、知识经济、学习型人才、科学发展观、劳务输出为主要内容,举办各类培训班。至2006年,共举办村干部、公务员、入党积极分子、离休干部培训班11期,参训933人次;举办退伍军人安置培训班3期,参训300余人次;举办劳务输出人员培训班20期,参训1760人次。

2007年,县供电公司党校、管镇镇党校被市委党校评为红旗党校,县电信局党校被市委党校评为先进党校,县教育局、县国税局、盱城镇党校被市委党校评为党委中心组学习先进集体。2008年,县委党校与组织部、供电局、房产局、人武部、机关工委等单位联合举办各类干部培训班49期,培训5398人;开展送理论到基层26场次,受教育2458人次;与人事局联办继续教育培训班9期,培训1850人次;举办采石、缝纫、编织、电子电工、玩具等专业培训班12期,为经济开发区培训员工1360人;为观音寺乡、王店乡、河桥乡工业集中区培训工人607人。

第三节　函　　授

1987年起,县委党校开始筹备兴办高等教育专、本科各类专业函授班。1989～1990年,因教师紧缺,停止招收函授新生,党校加强在校函授学生管理。

1991年起,恢复函授招生,加强面授教学、考试考查、论文辅导、学籍管理、课外辅导、评教评学、党性锻炼等方面工作,组织专业人员对教师备课笔记进行审查,提高面授效果,取信于学员,新招收行政管理大专班学员24人。1994年起,相继与南京农业大学等高等院校及县直部门联合举办函授班,学员逐年增加。至1999年,共函授法律本科班、大专班及经济管理、新闻、财会大专班364人。

2002年,县委组织部、宣传部多次召开会议,要求各级干部参加党校函授教育,提高专业技能,更好服务经济建设。县委党校根据农村发展需要,开设法律、行政管理大专班和种植业、养殖业中专班,函授227人。2005年,社会办学越来越多,函授生越来越少,党校停止招收函授学员。2007年,加强日常教学管理,组织

2005年级法律和经济管理函授本科班、大专班毕业论文辅导、答辩工作,召开研究班学员座谈会。2008年,无函授生源,函授班停办。

1987～2004盱眙县委党校函授情况一览表

表17－8

年份	专业层次和班级	人数	教学方式	备　注
1987	经济管理大专班	33	函授	
1988	中专班	55	函授	
	行政管理中专班	72	函授	
	经济管理中专班	32	函授	
	经济管理中专班(天明班)	26	函授	
	行政管理中专班(三河班)	65	函授	
	经济管理中专班(三河班)	28	函授	
	行政管理本科班	46	函授	
1991	行政管理大专班	24	函授	
1992	党政管理大专班	27	函授	
1993	党政管理大专班	30	函授	
	经济管理大专班	49	函授	
	经济管理本科班	62	函授	
1994	经济管理中专班(天明班)	32	函授	
	经济管理大专班	74	函授	
	党政管理本科班	74	函授	
	园艺大专班	17	函授	与南京农业大学联办
	公关与文艺大专班	50	函授	
	企业管理大专班	60	函授	
1995	企业管理专业证书班	79	函授	
	党政大专班	32	函授	
	经济管理大专班	66	函授	
1996	党政大专班	31	函授	
1997	党政大专班	23	函授	
	经济管理大专班	35	函授	
	现代农业管理大专班	47	函授	与南京农业大学联办
	公关与文艺大专班	96	函授	
	公关与文艺大专班(马坝班)	91	函授	
1998	经济管理大专班	76	函授	
	法律本科班	113	函授	

续表 17－8

年份	专业层次和班级	人数	教学方式	备　注
1999	法律大专班	49	函授	
	经济管理大专班	29	函授	
	新闻大专班	32	函授	与河海大学联办
	财会大专班	92	函授	
	财会与审计大专班	77	函授	与南京经济学院联办
	法律本科班	85	函授	
2000	法律班	74	函授	公安局
2001	法律本科、大专班	217	函授	教育局
2002	大专、本科班 4 个	227	函授	
2003	法律本科	60	函授	
2004	法律本科	80	函授	

说明：除与南农大、河海大学、南京经济学院联办外，其他均系中央党校开设的函授课程班。

第十一章　党　　史

第一节　史料征集

1986 年，中共盱眙县委党史办公室更名为中共盱眙县委党史工作委员会，编制 3 人。负责全县党史资料征集、研究和编纂工作。1987 年，县党史工委采取发函联系、采访征集等形式，征集新四军军部进驻黄花塘时期党史军史资料。1989 年，从盐城新四军军部纪念馆复制图片 100 多幅，为黄花塘新四军军部纪念馆增添抗日战争时期的内容。

1990 年，县委成立党史工作领导小组，研究部署全县社会主义时期党史资料的征研工作。县党史工委在征集和研究新四军军部迁驻黄花塘时期的资料中，得到南京军区、江苏省军区、江苏省委党史工作办公室和上海市新四军研究会等有关部门的支持，征集到文献资料 50 多万字、专题研究 20 多万字、回忆录 30 多万字、其他方面资料 20 多万字。在滁州、天长、嘉山和金湖等县市征集到原淮南地区党政军等方面的历史资料 80 多万字，复印《新路东报》《淮南大众》和《淮南日报》等报刊资料 150 多份。

2007 年，县党史工委抽调专人查阅县档案资料 756 卷，复印有关资料 1.2 万页。先后组织 150 人次，开展对盱城、桂五等 7 个乡镇抗战时期人口伤亡和财产损失情况进行社会调查，走访当事人和知情人 1000 多人次，查阅党史资料和文史资料、县内外出版物 36 本，复印有价值资料 200 页。

2008 年，通过上门、电话、网络等联系形式，共征集到 1929～2008 年期间盱眙县委书记、县长、区委书记、区长近百人生平简历。征集和整理胡坦撰写《盱来嘉大队六支队》，保晴撰写《从山东打回淮南，重建革命根据地》,徐替、朱成俊撰写《古城战斗追记》,朱成俊撰写《小港情报联络战》。完成《抗战时期人口伤亡和财产损失社会调查报告》,并在全省推广。

第二节　党史编研及纪念活动

1987 年,经过整理编辑出版盱眙县党史内部刊物《盱眙党史资料》。1991 年,在中国共产党成立 70 周年纪念活动中,举办党史知识竞赛、文艺演唱会、广播专题讲座。1992 年 4 月,西高庙农民暴动 60 周年期间,县党史工委会同县委宣传部、县民政局和桂五镇党委在桂五镇举行千人以上的纪念大会。

1993 年,淮阴市委和盱眙县委在淮阴市联合召开新四军军部移驻黄花塘 50 周年学术研讨会。县党史工委编印出版《新四军军部在黄花塘》,全书 75 万字,填补新四军军部在黄花塘时期党史军史上的空白。1994 年,《新四军军部在黄花塘》被淮阴市政府评为二等奖,被中共江苏省委党史工委评为优秀党史书籍,县党史工委被江苏省党史工委评为江苏省党史工作先进集体,奖给新中国十大元帅金质奖章一套。

1995 年,组织人员编写《盱眙人民革命斗争史》(1919～1949 年),经多次修改和省、市党史部门审定出版。1996 年,《盱眙人民革命斗争史》被江苏省党史部门评为党史优秀成果三等奖。程琪璜撰写的《许午阳传略》,张再传撰写的《浅析新四军军部在黄花塘领导的三大运动》和《保卫延安的无名英雄》均被淮阴市评为中共党史优秀成果奖。侯明铎撰写的《我党要始终代表中国先进文化的前进方向》一文,被评为省党史系统优秀成果二等奖。

2000～2002 年,县党史工委组织编写《盱眙第一个党支部的建立》《李桂五领导的西高庙农民暴动》《日寇三进盱城和盱眙人民的抗日斗争》党史资料,编印盱眙县各个革命时期牺牲的 48 位烈士传,李桂五、梁化农、保三娘、毛培春、吕惠珍等烈士的光辉事迹专题材料,作为全县各机关学校举办报告会、故事会和讲座时参考资料。2003 年,县委在黄花塘举办新四军军部移驻黄花塘 60 周年系列活动,省、市党史部门的负责人、新四军老战士和新四军延续部队的代表,原南京军区和江苏省老领导向守志、韩培信、储江及省委副书记张连珍参加纪念活动。2007 年,县党史工委抽调专人编纂《中国共产党盱眙县历史》第二卷(1949～1978 年)。

图 17－24　《中国共产党盱眙县历史》第二卷

至 2008 年,县党史工委编辑出版的党史书刊有《盱眙党史资料》(1～7 期),《风起云涌二十年》《中共盱眙县党史大事记》《盱眙革命烈士传略》《战火中的淮南中学》《盱眙人民革命斗争史》(1919～1949 年),《新四军军部在黄花塘》(1943～1945 年)。在《中共长淮特委》《党史文萃》《党史研究》《大江南北》《世纪风采》和《铁军》等省级以上 19 种党史刊物发表党史文章 24 篇。在北京出版的《革命英雄大典》、安徽出版的《江淮英烈》《淮阴抗日斗争故事集》和《陈毅传奇》刊物上发表故事 23 篇、烈士传 13 篇。参与《江苏淮南人民革命史》《淮阴人民革命史》有关章节的编写工作,为黄花塘新四军军部旧址、华中党校旧址、华中建设大学旧址、新四军卫生学校旧址、淮南行署旧址、路东专员公署旧址、盱嘉县委旧址、西高庙农民暴动纪念碑、侵华日军盱城大屠杀遇难同胞纪念碑、马庄革命烈士纪念碑、索塘事件烈士纪念碑、宗岗烈士陵园、古城战争烈士纪念碑、河桥战斗纪念碑等 30 多处革命遗址立碑,提供党史资料。

第十八篇　县人民代表大会

1986～2008年，县、乡镇人民代表大会历经第十届至十五届。1986～1991年，实行每届任期3年，由选民采用无记名投票差额选举产生。1992年起，县、乡镇人民代表大会每届任期5年，县、乡镇人民代表大会代表换届选举分别进行。

至2008年，县人大常委会（简称县人大）召开6届县、乡人民代表大会（简称县、乡人代会），完成法律规定的各项程序；整理归档人大代表提出的议案和建议、意见、批评，交县政府承办。县政府重视议案和建议、意见的办理工作，做到件件有落实、事事有答复。县人大做好人代会后的各项工作，审议批准县政府重要决策，并作出决议；深入县直单位、乡镇，开展调查研究，有针对性写出调研报告，供县委、县政府决策；加强司法部门监督，提出合理化建议和批评，督促司法部门依法办事。各乡镇人代会按照规定程序，召开乡镇人代会，选举产生乡镇人大正、副主席和正、副乡镇长，完成县人大交办的各项工作。

第一章　县、乡镇人代会

第一节　县人代会

一、代表选举及构成

1986年3月,全县选举产生县第十届人民代表大会代表281名,其中男217名、女64名。1989～2007年,分别选举产生第十届、第十一届、第十二届、第十三届、第十四届、第十五届县人民代表大会代表,其结构有工人、农民、干部、知识分子、无党派、军警等。

1987～2007年盱眙县历届人代会代表构成情况一览表

表18－1　　单位:人

届别	选举日	代表人数	性别		代表构成			55岁以下中青年	初中以上文化
			男	女	工人农民	干部	知识分子、无党派、军警及其他		
十届	1987.1.5	281	217	64	151	74	56	246	241
十一届	1990.1.5	283	225	58	152	76	55	249	246
十二届	1993.1.15	283	230	53	154	71	58	241	239
十三届	1998.12.21	263	221	42	142	70	51	239	243
十四届	2002.12.10	264	219	45	132	68	64	240	242
十五届	2007.10.15	263	214	49	136	66	61	246	239

二、县人民代表大会会议

1986年,县人大召开第九届第三次会议。1987年起,分别召开第十届至第十五届人代会,列席人员为县直部门、厂矿企事业单位、乡镇人大负责人,驻盱眙县全国、省、市人大代表小组组长,县人大常委会离任主任、副主任,部分离退休老干部及出席县政协会议的全体委员。会议期间,听取审议县人民政府、县人大常委会、县人民法院、县人民检察院工作报告、县国民经济和社会发展计划、县财政预决算报告,对以上报告分别作出决议批准;选举产生各届县人大常委会主任、副主任、委员;选举产生县长、副县长、人民法院院长、人民检察院检察长;选举产生出席市人民代表大会代表。

至2008年,召开6届第十至第十五届24次县人代会,分别按照全国人大规定,履行相应程序。

1986～2008年盱眙县人代会一览表

表18-2　　单位:人

届	次	会议时间	应到代表	实到代表	选举结果
第九届	第三次	1986年12月21～23日	281	281	县人大常委会主任:朱星远、张庆康 副主任:马金礼、卢仕俊 委员:16名 县政府县长:王遐林 副县长:黄登仁、姚福茂、吴永林、高全福 县法院院长:陶安保 县检察院检察长:王心勇 出席淮阴市第二届人民代表大会代表44名
第十届	第一次	1987年4月18～21日	281	279	县人大常委会主任:张庆康 副主任:马金礼、席长桂、丁洪奎 委员:15名 县政府县长:黄登仁
	第二次	1987年11月30～12月1日	281	244	县政府县长:张德新
	第三次	1988年4月14～16日	281	265	县政府县长:王寿昌 副县长:肖荣成、王雪峰
	第四次	1989年3月26～28日	281	257	
第十一届	第一次	1990年3月8～11日	283	274	县人大常委会主任:张庆康 副主任:马金礼、席长桂、丁洪奎、花如盛 委员:19名 县政府县长:王寿昌 副县长:袁书祥、李建国、石　磊、朱国瑞、郭晓东、周良成 县法院院长:陶安保 县检察院检察长:戴鼎生
	第二次	1991年3月10～12日	283	274	
	第三次	1992年3月16～18日	283	274	
第十二届	第一次	1993年2月16～19日	283	278	县人大常委会主任:张庆康 副主任:席长桂、花如盛、乔铃和、彭元祥 委员:19名 县政府县长:王士高 副县长:徐传琛、戚永邦、李建国、朱国瑞、周良成 县法院院长:谢学信 县检察院检察长:戴鼎生
	第二次	1994年3月16～18日	283	246	副县长:朱兴驷
	第三次	1995年3月14～16日	283	274	县人大常委会副主任:高全福
	第四次	1996年3月1～3日	283	256	县人大常委会副主任:戚永邦、戴鼎生 县检察院检察长:王正飚
	第五次	1997年2月25～27日	283	250	县政府县长:赵　鹏 委员:徐　乾、吕允龙、姚玉祥

续表 18-2

届	次	会议时间	应到代表	实到代表	选举结果
第十三届	第一次	1998年1月3~6日	263	259	县人大常委会主任:吴永林 副主任:彭元祥、高全福、戚永邦、周良成、卓振武、丁洪奎 委员:16名 县政府县长:赵　鹏 副县长:丁俊连、朱　坚、徐传琛、王德宝、宋志远、李士传、马成志、王　卓、陈光临、李震东、周　平 县法院院长:谢学信 县检察院检察长:王正飚 出席淮阴市第四届人民代表大会代表53名
	第二次	1999年1月22~24日	263	238	县政府县长:王友富
	第三次	2000年1月8~10日	263	239	县人大副主任:徐传琛 委员:田仕军、赵建国
	第四次	2001年1月8~10日	263	258	县人大常委会主任:王友富 委员:王恒亮、陈　浩 县政府县长:郑　宁 县法院院长:李汉成
	第五次	2002年1月23~26日	263	261	县人大常委会副主任:宋志远 委员:尹永军、孙大高、张玉祥、张海峰、张能宝、葛天成
第十四届	第一次	2003年1月6~9日	264	258	县人大常委会主任:柳怀玉 副主任:徐传琛、丁洪奎、宋志远、王正飚 委员:16名 县政府县长:郑　宁 副县长:吉文桥、王德宝、蔡　莉、赵长春、花纯艳、朱正荣 县法院院长:李汉成 县检察院检察长:戴　飞 市人大代表55名
	第二次	2004年1月9~11日	264	256	委员:王　耀
	第三次	2005年1月7~9日	264	256	县政府县长:蔡敦成 副主任:王恒亮 县检察院检察长:张建龙
	第四次	2006年1月5~7日	264	254	委员:邢加海
	第五次	2007年1月18~20日	264	254	县政府县长:李　森 副主任:杨安国、赵长春、李汉成 委员:林　波、孙亚兴、许　莉、严　镇、梁承农、王玉国

续表 18－2

届	次	会议时间	应到代表	实到代表	选举结果
第十五届	第一次	2007 年 12 月 27～30 日	263	262	县人大常委会主任:柳怀玉 副主任:杨安国、宋志远、王正飚、王恒亮、雍　梅 委员:19 名 县政府县长:李　森 副县长:安立波、朱海波、朱正荣、张晓红、辜卫东、姚玉祥 县法院院长:刘瑞祥 县检察院检察长:张建龙 出席淮安市六届人民代表大会代表 55 名
	第二次	2008 年 4 月 3～5 日	263	262	

第二节　乡镇人代会

1986 年,管镇镇、鲍集乡、兴隆乡、铁佛乡、淮河乡选举产生乡人民代表缺额代表,补选正、副乡长 51 名。

1996 年起,乡镇人民代表大会议程增加听取审议乡镇人民代表大会主席团主席关于本级人民代表大会闭会期间工作报告和选举乡镇人民代表大会主席、副主席内容。

2001 年,区划调整后新组建的乡镇不参加换届选举,在下一次换届选举时,同步进行。官滩等 9 个乡镇人大和政府依法进行换届选举。

至 2008 年,召开第十届至第十五届人民代表大会,听取审议乡、镇政府工作报告和国民经济计划及财政预决算报告,并作出相应决议与重大事项决定,选举产生乡镇长、副乡镇长,选举产生人大主席团专、兼职主席、副主席。乡镇人民代表大会闭会后不设常设机构。

图 18－1　穆店乡人民代表大会选举现场

1986～2008 年盱眙县乡镇历届人代会代表选举情况一览表

表 18－3　　单位:人

届别 / 选民数	九届三次会议	十届	十一届	十二届	十三届	十四届	十五届
全县选民数	285781	284280	448441	467035	484344	503253	534000
参选选民数	270634	257202	429158	441815	464613	439642	491280
参选率(%)	94.7	90	95.7	94.6	95.9	87.3	92
选出代表数	1478	1442	1536	1539	1656	1215	1821
选出正副乡镇长	续	86	96	138	135	53	95
选出人大正副主席	续	30(兼职)	30(兼职)	47(其中专职副主席 17 名)	32(其中专职副主席 24 名)	40(其中专职副主席 24 名)	21(其中专职主席 2 名、副主席 19 名)

第二章 县人大常委会工作

第一节 组织机构

1986年,九届三次人代会分别选举产生县人大常委会主任、副主任和委员19人。县人大内设办公室、代表资格审查委员会、法制委员会、财政经济委员会、教育科学文化卫生委员会、城乡建设环境保护委员会。1987年,县十届一次人代会分别选举产生县人大常委会主任、副主任和委员19人。是年,增设内务委员会、财经工作委员会。

1990~1993年,十一届一次人代会、十二届一次人代会分别选举产生县人大常委会主任、副主任和委员19人。1997年,增设社会事业工作委员会、人大代表联络工作委员会、内务司法工作委员会,撤销法制委员会、城乡建设环境保护委员会、内务委员会,财经工作委员会更名为财政经济工作委员会。1998年,十三届一次人代会选举产生县人大常委会主任、副主任和委员23人。

2001年,撤销代表资格审查委员会。2002年,增设农村经济工作委员会。2003年,十四届一次人代会选举产生县人大常委会主任、副主任和委员21人。2008年,十五届一次人代会选举产生县人大常委会主任、副主任和委员25人。

1986~2008年盱眙县人大常委会历届主任、副主任一览表

表18-4

届别	职务	姓名	籍贯	任职时间
第九届(续)(1986.1~1987.10)	主任	朱星远	江苏滨海	1986.1~1986.4
		张庆康	江苏丹徒	1986.4~1987.10
	副主任	马金礼	江苏盱眙	1986.1~1987.10
		卢仕俊	江苏盱眙	1986.1~1986.4
第十届(1987.10~1990.3)	主任	张庆康	江苏盱眙	1987.10~1990.3
	副主任	马金礼	江苏盱眙	1987.10~1990.3
		席长桂	江苏泗阳	1987.10~1990.3
		丁洪奎	江苏涟水	1987.10~1990.3
第十一届(1990.3~1993.2)	主任	张庆康	江苏丹徒	1990.3~1993.2
	副主任	马金礼	江苏盱眙	1990.3~1993.2
		席长桂	江苏泗阳	1990.3~1993.2
		丁洪奎	江苏涟水	1990.3~1993.2
		花如盛	江苏江都	1990.3~1993.2

续表 18－4

届　别	职　　务	姓　名	籍　　贯	任职时间
第十二届（1993.2～1998.1）	主　任	张庆康	江苏丹徒	1993.2～1996.2
		吴永林	江苏盱眙	1996.2～1998.1
	副主任	席长桂	江苏泗阳	1993.2～1996.1
		花如盛	江苏江都	1993.2～1998.1
		乔铃和	江苏宝应	1993.2～1996.12
		彭元祥	江苏盱眙	1993.2～1998.1
		丁洪奎	江苏涟水	1990.3～1998.1
		高全福	安徽凤阳	1995.3～1998.1
		戚永邦	上海松江	1996.3～1998.1
		戴鼎生	江苏扬中	1996.3～1997.5
第十三届（1998.1～2003.1）	主　任	吴永林	江苏盱眙	1998.1～2001.1
		王友富	江苏淮安	2001.1～2003.1
	副主任	彭元祥	江苏盱眙	1998.1～2003.1
		高全福	安徽凤阳	1998.1～2003.1
		戚永邦	上海松江	1998.1～2003.1
		周良成	江苏如皋	1998.1～2001.5
		卓振武	江苏宿迁	1998.1～2003.1
		丁洪奎	江苏涟水	1998.1～2003.1
		徐传琛	安徽寿县	2001.1～2003.1
		宋志远	江苏盱眙	2002.1～2003.1
第十四届（2003.1～2008.1）	主　任	柳怀玉	江苏盱眙	2003.1～2008.1
	副主任	徐传琛	安徽寿县	2003.1～2007.11
		丁洪奎	江苏涟水	2003.1～2007.1
		宋志远	江苏盱眙	2003.1～2008.1
		王正飚	江苏盱眙	2003.1～2008.1
		王恒亮	江苏涟水	2004.11～2008.1
		赵长春	江苏盱眙	2007.1～2007.12
		李汉成	江苏盱眙	2007.1～2007.12
		杨安国	江苏泗阳	2007.1～2008.1
		雍　梅	江苏盱眙	2007.12～2008.1
第十五届（2008.1～2008.12）	主　任	柳怀玉	江苏盱眙	2008.1～
	副主任	杨安国	江苏泗阳	2008.1～
		宋志远	江苏盱眙	2008.1～
		王正飚	江苏盱眙	2008.1～
		王恒亮	江苏涟水	2008.1～
		雍　梅	江苏盱眙	2008.1～

第二节　常委会重要决议

1986年,第九届常委会作出《关于政府组成人员制定任期施政计划的决定》,要求县政府组成人员在接到任命书一月内,上报任期施政计划,每年底将执行情况书面汇报县人大常委会。1989年,第十届常委会第十五次会议作出2年(1989~1990年)实现绿化县的决定,并同意县政府制定的《盱城居民守则》。

1994年3月,十届常委会通过县政府《关于企业产权制度改革的意见》,批准县法院《关于开展经济审判和打击经济犯罪工作的报告》,听取并批准县政府《关于科技兴县战略实施意见》。1995年,十二届常委会第十三次会议审议并通过县政府关于《治安管理处罚条例》实施意见的报告,通过县政府《城市市容和环境卫生管理条例实施意见》报告。1996年,十二届常委会第二十次会议批准县政府《关于全县"两专一基"建议实施意见》《关于县乡道路建设与管理情况的汇报》《关于全县普及九年义务教育情况的汇报》。

1997年,十二届常委会第四十一次会议批准县政府《关于对县城区采石企业整治实施意见》《关于全县中小学继续教育工作的意见》《关于全县水产开发的意见》,对《关于盱城总体规划(1996~2010年)》编制作出决议。1998年,十三届常委会第三次会议批准县政府《盱眙县依法治县规划》。1999年,十三届常委会第五次会议批准县政府《关于调整城区部分建设用地规划的报告》。是年,县人大常委会决定在全县人大代表中开展"四个一"(提一条合理化建议、反映一次群众意见、每季度走访一次选民、为群众办一件实事)和争当优秀代表活动,对全县"两个文明"建设提出合理化建议402条,反映群众意见700条,走访选民3046人次,为群众办实事270件。对乡镇人大工作实行细化、量化、分值化目标管理,并组织检查考核。

2000年,十三届常委会三次会议审议通过《关于新建乡(镇)人民代表大会选举问题的决定》。2001年,十三届常委会第二十七次会议通过《关于撤乡设镇后镇人民代表大会有关问题的决定》,规定区划调整后新组建的乡镇不参加换届选举,在下一次换届选举时,同步进行。2003年,第十四届常委会第五次会议审议批准县人大代表提出《关于进一步加快县工业园区建设步伐议案的决议》。2004年,十四届常委会第十一次会议批准县政府《盱眙县城市总体规划》和《盱眙县城镇体系规划》,并作出决议。

2005年,十四届人大常委会第十七次会议决定建立人民陪审员制度,任命首批人民陪审员25名。十四届常委会第十八次会议审议批准县政府《关于"平安盱眙"创建工作情况汇报的审议意见》。2006年,十四届常委会第二十八次会议审议通过县工业园区管委会《关于盱眙县经济开发区配套中心建设的情况汇报》。2007年,十四届常委会第三十六次会议通过《关于县乡人民代表大会换届选举问题的决议》。2008年,十五届常委会第六次会议决定在县人大代表中开展"三个一"活动(每个县人大代表盘大、自办、联办或帮办一个以上民营企业,调处一起以上身边矛盾,帮扶一户以上困难家庭)。当年,联办133个企业和致富项目,实现税收7000多万元;调处600多起基层矛盾;帮扶522户困难家庭,为49家困难户送去慰问金9800元,筹措救助资金114万元,帮助8个特困户解决生产生活困难。

第三节　调研视察

1986年,组织市、县人大代表视察经济体制改革情况,提出意见10条。1987年,组织代表视察调研全县爱国卫生运动开展情况,审议县爱卫会工作报告,提出整改意见22条。1989年,组织视察调研全县绿化工作,撰写调研报告5篇。

1992年7月,组织代表赴山东省临沂、蒙阴、寿光、威海和苏南无锡、昆山、张家港、江阴等地,考察学习农业、工业和乡镇企业。1994年12月,组织乡镇人大主席团和乡镇人大代表对乡镇土地管理所进行调研、视察,代表们肯定县土地管理部门依法加强土地管理,搞好廉政建设所做的工作和取得的成绩,针对改进工作作风等方面，撰写调研报告5篇。1995年，组织县人大代表视察水冲港乡板栗拓植基地和天明化工厂。1996年11月，围绕依法治理淮河污染这一课题，与洪泽、金湖、泗阳、泗洪等县召开县市区人大工作研讨会，县长赵鹏介绍盱眙县情和防治淮河污染、做好环境保护工作的主要做法。会议期间收到论文20余篇。

2000年，组织代表调研视察县检察、双拥、商贸流通、水产经营及司法行政等部门，视察县属工业企业和乡镇企业58家，212位县人大代表提出意见和建议194条。6月，县人大工作理论研究会举行二届二次理事会，交流、讨论理论研究工作。2001年，县人大通过调研，撰写理论调研文章10篇，其中《关于城区综合执法和基税改革工作的调查报告》获县第十三届人大常委会第二十九次会议批准。

2002年，组织代表调研全县实施《义务教育法》进行教育教学改革、学校开学收费和专户管理、流生、校舍建设与危房改造情况。县人大农村经济工作委员会调研撰写《关于花生、粳稻、野马追种植落实情况的调查报告》，获县第十三届人大常委会三十四次会议批准。2003年，县人大内务司法工作委员会撰写《关于对县人民政府开展“严打”整治斗争情况的调查报告》，获县第十四届人大常委会第四次会议通过。2004年，县人大代表联络委员会撰写《县人民代表建议办理工作情况的调查报告》、社会事业工作委员会撰写的《关于盱眙县农村公路建设情况的调查报告》，均被县第十四届人大常委会第十三次会议采纳。

2005年，县人大农村经济工作委员会撰写《关于农村土地承包法贯彻实施情况》的调查报告，获第十四届县人大常委会第十次会议通过。2008年，县人大代表视察管镇镇崔岗村和铁佛镇雨巷村的沼气建设现场后，在全县推广。是年，全县有13个乡镇33个村建成户用沼气池4300座。

图18-2　人大代表视察财政工作

第四节　检查监督

1986年，组织市、县人大代表，对全县实施城乡8件实事进展情况进行检查监督，对农村改革、普法工作提出建议50余条。1989年，就县政府廉政建设情况进行监督，对县政府《关于城镇建设管理情况》进行检查，并提出审议意见。

1991年4月，组织县人大代表检查全县工业企业开展质量品种效益年活动情况。5月，检查计划生育和“四夏”工作，提出建议20余条。1992年，组织代表评议县公检法机关，36个代表小组提交书面评议材料23份，联系选民2700多人次，提出问题和意见109条，其中公安部门51条、检察院26条、法院32条。1993年，组织县、乡人大代表检查全县农副产品流通情况，督促粮食流通部门敞开收购农民粮食，保证兑现收购资金；检查税法、土地详查、义务教育、乡村道路建设与管理、档案法实施情况，提出建议56条。相关单位逐条落实，向代表反馈。

1994年起，相继检查全县工业技改工作、“二五”普法工作、社会劳动保障工作、个体私营经济发展和《城镇国有土地使用权出让和转让暂行条例》实施情况；督促检查《村庄和集镇建设规划暂行条例》实施情况和乡镇公安派出所、乡镇法律服务所、县人民法院的执法工作；对农村改水、科技兴农、打击邪教以及《江苏省公证条例(试行)》等法律法规实施情况进行监督检查，提出建议和意见。至1996年底，共提出建议、意见116条，其中乡镇改水、科技建议32条。相关单位逐条落实，向代表反馈。

1997年,督查县广播电视事业发展和全县工业企业重点技改项目实施情况,组织县人大代表评议县工商局工作,提出意见64条、建议32条。县工商局根据县人大代表评议意见,进行自查自纠,并将整改情况向代表进行反馈。1998年,监督全县违法用地查处、农村社会养老保险和粮食收购政策落实情况。组织代表评议县交通局执行国家法律和政策、工作作风、廉政建设、办理代表建议以及落实县人大常委会决议和审议意见等工作,提出意见50条、建议32条。县交通局对代表提出的意见逐条落实,并向县第十三届人大常委会第九次会议汇报、向代表作出反馈。1999年,组织代表对各乡镇实施《江苏省乡镇人民代表大会工作暂行条例》等法律法规情况进行监督检查。

2000年,组织县人大代表对公检法司部门办案情况进行检查,抽查1999年度案件卷宗108件,其中公安局37件、检察院17件、法院24件、司法局30件,发现4起执法过错和错案,对个案纠错进行跟踪监督。组织代表评议县建设局工作,联系选民4000人次,代表参评率90%,提出意见160条、建议42条,县建设局对代表和选民提出的意见进行整改。

2001年,组织代表检查城镇职工医疗保险制度改革工作、工业技改和新上项目、安全生产、人才、五好家庭创建、全县旅游业发展和县城区改造建设情况,提出意见和建议28条。相关部门逐条落实,向代表反馈。抽查公检法司部门办理案件156件,责令纠正5起执法过错和错案,并进行跟踪监督。

2002年,县人大检查《中华人民共和国村民委员会组织法》实施情况,检查监督个体私营经济发展、特色养殖项目和教育体制改革落实情况,向相关部门提出整改意见、批评和建议30多条。相关单位逐条落实,向代表反馈。2003年,组织市、县人大代表对县质量技术监督局服务态度和行风建设、贯彻法律法规、队伍建设等方面进行评议,提出建议、意见22条。县质量技术监督局对代表的评议意见进行整改,并将整改情况反馈给代表。

2004年起,组织代表检查全县贯彻实施《中华人民共和国行政许可法》、"四五"普法工作开展情况。组织代表评议县检察院、县法院工作,从服务、收费、追缴款处理、纠风和队伍建设等方面提出批评和建议,听取县检察院和县法院自查自纠情况和整改情况汇报,并进行跟踪监督。检查县检察院查办和预防职务犯罪工作情况以及全县治理商业贿赂专项工作情况。至2007年底,代表共提出建议、意见186条,其中法院26条、检察院18条。相关单位逐条落实,向代表反馈。

2008年,组织县、乡镇人大代表检查监督全县城市改造工程落实情况,检查县工业园区安全生产,评议县质量技术监督局工作,提出建议、意见12条,并监督整改。

第五节　指导乡镇人大工作

1986年,指导各乡镇人大在闭会期间,组织所在乡镇县人大代表与乡镇人大代表共同开展调查人大代表提出的议案及批评、建议和意见的办理情况,代表所在选区联系选民开展活动情况,撰写调查报告18篇,反馈给县人大和乡镇人大主席。1987年,各乡镇人大开展代表联络和监督活动,组织代表视察2~4次。

1991年,县和乡镇人大代表开展视察评议乡镇派出所活动。1994年,县人大制定《乡镇人大工作制度》,其内容有主席活动制度、乡镇人代会工作规程、代表视察制度和代表建议、批评、意见办理制度及代表联系选民制度、主席团办公室文件处理制度等。1998年,县人大制定《关于乡镇人大换届选举选民登记核对工作的若干规定》,选民登记、选民核对按选区进行;凡县级机构、机关和县属企业、事业单位及其他团体的工作人员,均参加单位所在地选区选民登记;本选区外出选民,一般按原选区列入选民名单,离、退休人员,应在户口所在地进行选民登记;临时工、合同工、轮换工、亦工亦农、亦商亦农人员和学校代课教师,在户口所在地进行选民登记。1999年,县人大、县委组织部联合对拟担任乡镇人大兼职秘书的人选进行考察,配备乡镇人大兼职秘书28名。指导乡镇人大在每位代表中开展"四个一"(挂钩一户贫困户、记好一本挂钩帮扶工作手册、为贫困户办好一件实事、为贫困户发展献一策)和争当优秀代表活动。

2001年,制定乡镇人大工作目标管理办法,目标管理采取百分制考核。主要内容:乡镇人民代表大会每年一次会议不迟于3月底举行,乡镇人大档案搜集立卷工作;参与经济建设、组织代表活动,开展视察调研;办理建议、批评和意见,走访代表、处理来信来访;完成县人大交办的工作。2003年起,指导乡镇人大在办理批评、建议和意见中实行"四公开"(建议内容公开、办理方案公开、办理方式公开、办理结果公开),办理工作与代表直接见面。通过意见的交换和交流,加深代表与有关部门的沟通和理解,推动政府部门接受代表的监督,改进本职工作,促进代表知政知情,有效履行职权。

2008年,乡镇人大代表继续开展"四个一"活动,县人大代表参加所在乡镇人大组织的活动。乡镇人大代表涌现出创业典型50多人,创业致富项目500多个,帮扶困难户300多户,为民办实事100多件。

第三章　议案、建议交办

第一节　议案办理

1987年,第十届人民代表大会第一次会议,县人大代表张玉梁、方正杉、刘礼堂、张国兵、屠春梅、张桂喜、俞春荣、王明魁、胡兰、陶慎明联名提出《要求县政府妥善解决黄花塘乡与有关乡村水库,因水利纠纷而带来的群众损失等问题》的议案。其内容:红旗水库北头开挖溢洪道,将黄花塘乡芦沟村官田组分为两半,该组西部的塘水灌溉不到东部,群众耕作不便,产量受损失,群众气愤,比例价粮食不出售。因修扩红旗水库,黄花塘乡芦沟村的徐庄等4个组土地被淹没,4个组600多人口,人均只有6~7分可耕地,群众不愿上缴农业税。高桥乡鲁坝水库提高水位,1986年秋淹没黄花塘乡耿公村吉庄、毛庄、元庄3个组近13.33公顷水稻,群众损失很大,多次向县水利部门反映,未解决,群众意见大。穆店乡秋燕村灯塘组群众多次开挖黄花塘芦沟水库南端水坝,致使该水库不能按原水位蓄水,损失很大。此议案被县第十届人民代表大会第一次会议议案组编号为33号。

县政府经研究答复:在红旗水库溢洪道上建桥,解决群众行路难;免除芦沟村徐庄等4个组因红旗水库被淹部分土地的农业税和水费;降低红旗水库水位,减半收取穆店乡秋燕村灯塘组部分农业税,保证芦沟水库蓄水。

2008年,无议案办理。

第二节　建议、批评和意见

1986年,县第九届人民代表大会第三次会议收到代表提出的建议、批评、意见167件,属于经济体制改革方面6件,包括政企分设、人才流通、调整产业结构等;属于工业交通、计划物资方面66件,包括工交生产、城乡建设、环境保护、物资供应、物价管理、劳动工资等;属于农业方面24件,包括农业生产、多种经营、农田水利基本建设、农村经营管理等;属于财贸方面20件,包括商业网点设置、供销、金融、税收、粮食、工商行政管理等;属于文教科技卫生方面39件,包括教育、文化、科技、广播电视、计划生育等;其他方面12件。县人大常委会交县人民政府办理。县政府已办理或基本解决159件,列入计划逐步解决8件。

盱眙县志

（1986~2008）

下 册

盱眙县志编纂委员会 编

中国盱眙
XUYI CHINA

XUYI
XIANZHI

方志出版社

第十九篇　盱眙县人民政府

1986年起，县人民政府落实中共盱眙县委指示和部署，加强服务型政府、亲民型政府、法治型政府建设；坚持改革开放，转变政府职能，推进机构改革；坚持依法行政，改进作风，全心全意为民办实事，办好事。强化服务机制，推行政府调控，规范行政审批，完善政府议事日程，规范决策程序，落实政务公开，提高决策民主化、科学化、规范化水平。制定并实施4个五年计划，加强目标管理，落实富民强县重大决策。推进农村改革，调整第一产业结构；壮大第二产业，建设工业强县；发展第三产业，繁荣城乡商贸流通、科技、教育、文化事业，拉动全县经济建设和社会事业持续、稳定发展。落实外事侨务政策，保护侨胞合法权益，加强外事交流，开展台属联谊活动，做好"三资"企业跟踪服务工作。

2000年，举办中国龙年盱眙龙虾节（首届龙虾节）。从此，每年举办一届龙虾节。至2008年，举办八届龙虾节，创造龙虾品牌，带动龙虾产业，提升旅游服务业，推动招商引资。县人民政府简化办事流程，提高办事效益，建成高效、务实、法治、服务、开明、开放型政府。

第一章　政府机构

第一节　县政府组成人员

县政府设县长、副县长。县长由县人民代表大会选举产生，副县长由县人民代表大会选举产生或县人大常委会任命。

1986年12月21～23日，第九届人民代表大会第二次会议选举县长1名、副县长4名。

1987年4月18～21日，第十届人民代表大会第一次会议选举县长1名。

1989年3月26～28日，第十届人民代表大会第四次会议选举县长1名、副县长1名。

1990年3月8～11日，第十一届人民代表大会第一次会议选举县长1名、副县长6名。

1993年2月16～19日，第十二届人民代表大会第一次会议选举县长1名、副县长5名。

1994年3月16～18日，第十二届人民代表大会第二次会议增选副县长1名。

1997年2月25～27日，第十二届人民代表大会第五次会议选举县长1名。

1998年1月3～6日，第十三届人民代表大会第一次会议选举县长1名、副县长11名。

1999年1月22～24日，第十三届人民代表大会第二次会议选举县长1名。

2003年1月6～9日，第十四届人民代表大会第一次会议选举县长1名、副县长7名。

2005年1月7～9日，第十四届人民代表大会第三次会议选举县长1名。

2007年1月18～20日，第十四届人民代表大会第五次会议选举县长1名。

2007年12月27～30日，第十五届人民代表大会第一次会议选举县长1名、副县长6名。

1986～2008年盱眙县历任县长、副县长情况一览表

表19－1

届　别	职　务	姓　名	籍　贯	任　职　时　间
第九届（续）（1986.1～1987.4）	县　长	王遐林	江苏淮安	1986.1～1986.9
	代县长	黄登仁	江苏盱眙	1986.9～1987.10
	副县长	黄登仁	江苏盱眙	1986.1～1986.8
		姚福茂	江苏南京	1986.1～1987.4
		吴永林	江苏盱眙	1986.1～1987.4
		高全福	安徽凤阳	1986.1～1987.4
第十届（1987.4～1990.3）	县　长	黄登仁	江苏盱眙	1987.4～1988.10
		张德新	江苏镇江	1989.3～1989.7
	代县长	张德新	江苏镇江	1988.4～1989.3
		王寿昌	江苏涟水	1989.7～1990.3

续表 19－1

届　别	职　务	姓　名	籍　贯	任　职　时　间
第十届（1987.4～1990.3）	副县长	张鸿应	江苏六合	1987.4～1990.3
		姚福茂	江苏南京	1987.4～1990.3
		吴永林	江苏盱眙	1987.4～1990.3
		石　磊	江苏泗阳	1987.4～1990.3
		肖荣成	江苏海安	1989.3～1990.3
		王雪峰	上海	1989.9～1990.3
		袁书祥	江苏盱眙	1990.1～1990.3
		李建国	江苏洪泽	1990.1～1990.3
第十一届（1990.3～1993.2）	县　长	王寿昌	江苏涟水	1990.3～1993.2
	代县长	王士高	江苏灌南	1993.2
	副县长	袁书祥	江苏盱眙	1990.3～1992.12
		石　磊	江苏泗阳	1990.3～1991.4
		李建国	江苏洪泽	1990.3～1993.2
		朱国瑞	江苏镇江	1990.3～1993.2
		郭晓东	安徽肥东	1990.3～1993.2
		周良成	江苏如皋	1990.3～1993.2
		王雪峰	上海	1990.4～1991.10
		戚永邦	上海松江	1991.1～1993.2
		高成松	－	1991.10～1993.2（省下派）
第十二届（1993.2～1998.1）	县　长	王士高	江苏灌南	1993.2～1996.9
	代县长	赵　鹏	江苏洪泽	1996.9～1997.1
	县　长	赵　鹏	江苏洪泽	1997.2～1998.1
	副县长	李建国	江苏洪泽	1993.2～1995.11
		朱国瑞	江苏镇江	1993.2～1996.1
		周良成	江苏如皋	1993.2～1997.12
		戚永邦	上海松江	1993.2～1996.1
		徐传琛（女）	安徽寿县	1993.2～1998.1
		高成松	－	1993.2～1993.10（省下派）
		林　恒	－	1993.10～1996.1（省下派）
		庄德焕	江苏泗阳	1993.12～1995.7
		朱兴驷	江苏泰州	1994.2～1998.1
		施光银	－	1994.2～1996.5（省下派）
		马成志	江苏泰兴	1995.11～1998.1（省下派）
		林伟明	浙江宁波	1996.1～1996.12
		丁俊连	江苏泗阳	1996.12～1998.1
		朱　坚	江苏涟水	1996.10～1998.1

续表 19－1

届　别	职　务	姓　名	籍　贯	任职时间
第十二届 (1993.2～1998.1)	副县长	张建平	江苏洪泽	1996.1～1997.12
		陈家忠	江苏盱眙	1996.1～1996.12
		王德宝	江苏盱眙	1996.12～1998.1
		陈立祥	－	1996.5～1997.3(省选派)
		高景良	－	1996.5～1997.3(省互派)
		宋志远	江苏盱眙	1997.3～1998.1
		陈光临	山东单县	1997.8～1998.1(挂职)
		谈学明	江苏无锡	1997.3～1998.1(挂职)
		李振东	江苏淮安	1997.6～1998.1(市下派)
	县长助理	满江春	－	1994.6～1996.6(省互派)
		王信淮	－	1995.2～1996.2(市下派)
		严荣章	－	1996.6
		高铃宝	－	1996.6
		王　凯	－	1997.6～1998.1(市下派)
		花纯艳	江苏盱眙	1997.8～1998.1
第十三届 (1998.1～2003.1)	县　长	赵　鹏	江苏洪泽	1998.1～1998.2
	代县长	王友富	江苏淮安	1998.2～1999.1
	县　长	王友富	江苏淮安	1999.1～2000.12
	代县长	郑　宁	江苏涟水	2000.12～2001.1
	县　长	郑　宁	江苏涟水	2001.1～2003.1
	副县长	丁俊连	江苏泗阳	1998.1～1999.1
		朱　坚	江苏涟水	1998.1～2001.10
		徐传琛(女)	安徽寿县	1998.1～1999.12
		王德宝	江苏盱眙	1998.1～2003.1
		宋志远	江苏盱眙	1998.1～2002.1
		陈光临	山东单县	1998.1～1998.10(挂职)
		谈学明	江苏无锡	1998.1～1998.5(挂职)
		李震东	江苏淮阴	1998.1～1998.7(市下派)
		李仕传	江苏盱眙	1998.1～2000.6
		王　卓	江苏张家港	1998.1～2000.3(省下派)
		周　平	江苏涟水	1998.2～1999.3(市下派)
		潘中岳	－	1998.5～1999.5(市下派)
		吴庆华	江苏淮阴	1998.10～2000.7
		陈太平	江苏泗阳	1999.3～2000.3(市下派)
		鲍琪珍	－	1999.5～2000.3
		柳怀玉	江苏盱眙	1999.9～2002.12

续表 19－1

届　别	职　务	姓　名	籍　贯	任　职　时　间
第十三届（1993. 2～1998. 1）	副县长	刘金星	江苏泗阳	1999. 12～2002. 1
		严红根	－	2000. 3～2001. 3（挂职）
		詹庚申	－	2000. 3～2002. 3（挂职）
		魏　多	－	2000. 3～2002. 12（挂职）
		郑　宁	江苏涟水	2000. 12～2001. 1
		肖进方	江苏靖江	2000. 12～2002. 12
		蔡　莉	江苏吴江	2000. 12～2003. 1
		缪舒宴	－	2001. 3～2001. 12（挂职）
		朱　涛	－	2001. 12～2003. 1（挂职）
		赵长春	江苏盱眙	2002. 12～2003. 1
		花纯艳	江苏盱眙	2002. 1～2003. 1
		朱正荣	江苏楚州	2002. 1～2003. 1
		朱兴贤	－	2002. 3～2003. 1（挂职）
		杨孔柱	－	2002. 3～2003. 1（挂职）
		吉文桥	江苏金湖	2002. 12～2003. 1
	县长助理	花纯艳	江苏盱眙	1998. 1～2002. 1
		王　凯	－	1998. 1～1998. 6（市下派）
		刘焕清	－	1998. 4～2001. 12（挂职）
		朱正荣	江苏楚州	1999. 7～2002. 1
第十四届（2003. 1～2008. 1）	县　长	郑　宁	江苏涟水	2003. 1～2003. 11
	代县长	蔡敦成	江苏宿迁	2004. 12～2005. 1
	县　长	蔡敦成	江苏宿迁	2005. 1～2006. 6
	代县长	李　森	江苏涟水	2006. 6～2007. 1
	县　长	李　森	江苏涟水	2007. 1～2008. 1
	副县长	吉文桥	江苏金湖	2003. 1～2004. 12
		王德宝	江苏盱眙	2003. 1～2003. 8
		蔡　莉	江苏吴江	2003. 1～2005. 10
		赵长春	江苏盱眙	2003. 1～2007. 1
		花纯艳	江苏盱眙	2003. 1～2007. 1
		朱正荣	江苏楚州	2003. 1～2008. 1
		朱兴贤	－	2003. 1～2004. 3（挂职）
		杜建平	－	2003. 2～2003. 12（挂职）
		梁月青	－	2003. 5～2004. 3（挂职）
		孙　仲	－	2003. 5～2004. 3（挂职）
		唐永康	－	2003. 12～2004. 12（挂职）
		朱　涛	－	2003. 1～2004. 3（挂职）

续表19-1

届　别	职　务	姓　名	籍　贯	任 职 时 间
第十四届（1993.2～1998.1）	副县长	杨孔柱		2003.1～2004.3(挂职)
		李宽厚	安徽明光	2004.1～2007.11
		李献国	安徽凤阳	2004.1～2007.11
		尹明华	－	2004.3～2005.3(挂职)
		胡建平	－	2004.3～2006.3(挂职)
		蔡敦成	江苏宿迁	2004.12～2005.1
		肖进方	江苏靖江	2004.12～2006.3
		徐海东	－	2004.12～2006.3(挂职)
		孔海扬	－	2005.3～2006.3(挂职)
		季习平	－	2005.3～2006.3(挂职)
		闻连利	－	2005.9～2007.3(挂职)
		丁永生	－	2006.3～2008.1(挂职)
		胡日清	－	2006.3～2008.1(挂职)
		李　森	江苏涟水	2006.6～2007.1
		安立波	江苏淮阴	2006.6～2008.1
		张晓红	安徽滁州	2006.6～2008.1
		辜卫东	江苏涟水	2007.1～2008.1
		孙爱武	－	2007.2～2007.5(挂职)
		朱海波	江苏楚州	2007.11～2008.1
		姚玉祥	江苏仪征	2007.11～2008.1
	县长助理	周德刚	－	2006.3～(挂职)
第十五届（2008.1～2008.12）	县　长	李　森	江苏涟水	2008.1
	副县长	安立波	江苏淮阴	2008.1
		朱海波	江苏楚州	2008.1
		朱正荣	江苏楚州	2008.1
		张晓红	安徽滁州	2008.1
		辜卫东	江苏涟水	2008.1
		姚玉祥	江苏仪征	2008.1
		丁永生	－	2008.1(挂职)
		胡日清	－	2008.1～(挂职)
		孙爱武	安徽怀宁	2008.1～2008.8(挂职)
		王海亮	江苏涟水	2008.3(挂职)
		张长青	河北安新	2008.6(挂职)

第二节　机构设置

1986年，县政府工作部门有县政府办公室、编史修志办公室、矿产资源开发管理办公室、民族宗教事务科、农业区划办公室、经济体制改革办公室、经济协作委员会、经济委员会、计划委员会、计划生育委员会、物价委员会、科学技术委员会、体育运动委员会、人事局、民政局、公安局、司法局、劳动局、物资局、统计局、乡镇企业局、交通局、供电局、邮电局、城乡建设环境保护局、财政局、税务局、审计局、商业局、烟草专卖局、供销合作社、工商行政管理局、粮食局、卫生局、农业局、水利局、多种经营局、湖管局、文教局、职工教育办公室、广播电视管理站、沼气办公室、农机化服务公司、江苏省盱眙气象站。

1987年3月，江苏省盱眙气象站更名为江苏省盱眙县气象局；11月，成立县标准计量局，与县标准计量所合署办公。1988年1月，成立县监察局。3月，撤销县物价委员会，成立县物价局。4月，成立县土地管理局。10月，县经济体制改革办公室更名为经济体制改革委员会，成立县档案局；撤销县城乡建设环境保护局，分别成立县环境保护局、城乡建设局。1989年6月，成立县对外经济贸易委员会，与县外贸公司合署办公。9月，成立县广播电视局，与县广播电视管理站合署办公。10月，成立县信访局。

1990年2月，成立县财贸办公室、水产局，水产局与县湖管局合署办公。5月，成立县教育督导室。6月，成立县法制局，撤销县文教局，分别成立县教育局、文化局。1991年5月，撤销县农业区划办公室，成立县农业资源综合开发利用管理局。12月，县民族宗教事务科更名为县民族宗教事务局。1992年9月，成立县外商投资办公室。10月，成立县经济技术开发区管理委员会，与县经济技术开发区总公司合署办公。

1993年1月，成立县岗位目标管理办公室。2月，县监察局与县纪委合署办公。5月，成立县住房制度改革办公室。7月，县编史修志办公室更名为县地方志办公室，县人才交流服务站更名为县人才交流服务中心。

图19－1　县政府综合办公楼

1994 年 7 月，撤销县外商投资办公室。9 月，撤销县税务局，分别成立县国家税务局、地方税务局。1995 年 1 月，成立县外事办公室，盐务管理局与江苏省盐业公司盱眙支公司合署办公。12 月，县矿产资源开发管理办公室更名为县地质矿产局。1996 年 6 月，成立县拥军优属拥政爱民工作领导小组办公室。

1997 年 7 月，县教育局更名为县教育委员会，县城乡建设局更名为县建设局，县土地管理局更名为县国土管理局，县标准计量局更名为县技术监督局，县农业资源综合开发利用管理局更名为县农业资源开发局，县农业机械化服务公司更名为县农业机械管理局，县住房制度改革办公室更名为县房产局，县民族宗教事务管理局挂靠县委统一战线工作部，撤销县职工教育办公室。1999 年 12 月，撤销县多种经营管理局，分别成立县林业局、畜牧局。

2001 年 12 月，县计划委员会更名为县发展计划委员会，县经济委员会更名为县经济贸易委员会，县科学技术委员会更名为县科学技术局，县对外经济贸易委员会更名为县对外贸易经济合作局，县教育委员会更名为县教育局，县劳动局更名为县劳动和社会保障局，县国土管理局更名为县国土资源局，县水利局更名为县水务局，县房产局更名为县房产管理局；撤销县物资局、贸易局，分别成立县物资集团总公司、商业集团总公司；撤销县水产局、畜牧局，成立县畜牧渔业发展管理局，县体育运动委员会更名为县体育局。2005 年 12 月，成立县城市管理局。

2006 年 6 月，成立县规划局。7 月，成立县招商局。2008 年，县政府正科级工作机构 49 个，副处级机构 2 个。分别为县政府办公室、县政府接待办公室、县发展和改革委员会、经济贸易委员会、人口和计划生育委员会、科学技术局、对外贸易经济合作局、教育局、农业局、公安局、民政局、财政局、人事局、卫生局、审计局、统计局、劳动和社会保障局、建设局、规划局、交通局、司法局、文化局、环境保护局、物价局、水务局、监察局、粮食局、乡镇企业管理局、信访局、安全生产监督局、农业资源开发局、农业机械管理局、房产管理局、旅游局、广播电视管理局、法制局、林业局、畜牧渔业发展管理局、民族宗教事务局、城市管理局、人民防空办公室、交通战备办公室、外事侨务办公室、经济体制改革办公室、体育局、机构编制委员会办公室、供销合作总社、拥军优属拥政爱民办公室、招商局，副处级机构有盱眙县经济开发区管理委员会、铁山寺管委会。

第二章　政务活动

第一节　施政述要

1986 年，县政府印发《盱眙县国家建设征地管理和房屋拆迁安置试行办法》，规范建设征地管理和房屋拆迁安置工作。1987 年，县委、县政府出台《关于加快和推进农村改革的意见》，加快农业农村改革进程。全县农业产值、农民人均纯收入明显提高。1988 年，全县实施黄淮海开发工程，以改造中低产田为重点，以增产粮食为中心，全面发展农、林、牧、副、渔业，逐步形成比较稳定的粮、棉、油、肉等新增综合生产能力。

1990 年 3 月，确定以铁山寺为中心，包括县林场古城分场以及化农水库在内的地段，设立铁山寺自然保护区，总面积 2180 公顷。1991 年 6 月，盱眙发生百年不遇洪涝灾害，县政府相继出台《关于加强抗洪救灾防病治病工作的意见》《关于进一步加强救灾物资发放工作的紧急通知》《关于全县开展为重灾区重建家园定向募捐活动有关事项的通知》，指导全县抗洪救灾和恢复生产。11 月，县政府出台《关于压缩"三项"资金占用的紧急通知》，采取信贷挂钩措施，压缩产成品、发出商品、应收贷款三项资金占用款，加速资金回转，助力工业企业生产和经营。

1992 年 3 月，制定《关于鼓励发展外向型经济的暂行规定》，推动全县外向型经济发展。1993 年 6 月，指导全县 68 个乡镇企业改制成股份合作制。1995 年，县委、县政府出台《关于加快县乡道路建设的实施意见》，成立盱眙县县乡道路建设指挥部，决定利用 3 年时间实现县乡道路黑色化。1996 年 1 月，出台《盱眙县污染严重地区三年改水工作实施方案》，每年解决污染严重地区改水 9 万人，基本解决污染严重地区的饮水问题。

1997 年，县政府出台《盱眙县矿产资源开发管理实施办法》，规范矿产企业和个体采矿业主的经营行为。5 月，出台《关于解决困难企业职工生活困难资金筹集、使用和管理的暂行办法》，明确解困资金筹集渠道和任务目标。1998 年 1 月，县政府决定为民兴办 15 件实事。主要实施县乡道路建设、中低产田改造、城区垃圾处理、农村改水、河塘清理疏浚等民生工程。

2000 年，县委、县政府首次举办中国龙年（盱眙）龙虾节期间，举办大型文艺晚会、天泉湖龙舟赛、山地越野车表演赛、水上传统民俗婚礼、千人龙虾宴等活动。从此，每年举办一届龙虾节。2002 年，县委、县政府提出"旅游兴县"战略，把发展旅游业作为发展县域经济的四大方略之一。2003 年，出台《关于进一步明确国有集体资产处置程序》文件，妥善处理县属企业改制。

2004 年，实施县直机关行政事业单位职工及其家庭成员新创办 100 个私营企业或个体工商户、乡镇机关和站所职工及其家庭成员新增 100 个私营个体大户、村干部及其家庭成员新增 100 个创业致富大户的全民创业工程。当年创业项目 881 个，新增个体工商户 4340 户。2006 年，实施城区北扩和政务中心东移带动战略，启动城镇建设"8888"工程，城乡面貌发生历史性改观。同年 8 月，成立行政审批服务中心，推行行政审批"一站式"服务。

2007 年，制定《县城市总体规划》，指导城市建设和发展，统筹城乡空间布局，促进城乡经济社会全面协调可持续发展。2008 年，出台《关于加强乡镇工业集中区等三区规划建设管理的通知》《关于加强村镇规划建设管理的实施意见》，推动乡镇工业集中区建设和村镇建设步伐。

第二节　依法行政

1990 年 9 月，县政府成立县法制局，开始审核以县政府名义出台的文件，办理行政复议、应诉案件，对乡镇政府、县直执法部门实施监督。是年，县法制局对县政府 1980 ~ 1990 年出台的相关文件进行清理，其中废止文件 89 件。1991 年，县法制局参与县政府 14 件文件的起草、修改、审核。

1993 年，开始对全县 1000 余名行政执法人员实行听证制度、行政处罚文书等法律知识培训，对符合条件的行政执法人员颁发行政执法证件。全年审核县政府文件 12 件，其中修改 5 件；开展行政执法监督检查 8 次，接待有关县政府政策法律咨询 153 次；组织行政执法人员参加市法制局举办的行政复议、应诉人员资格证书培训班 2 期，培训学员 50 余人。

1995 年，与县法院组织 800 人次参加市举办的《国家赔偿法》知识竞赛。审核县政府文件 18 件，参与古桑乡燕山村 3 个村民小组不服县政府《关于原古桑轮窑厂和燕山村南岗等 3 个村民小组土地权属纠纷的处理决定》行政诉讼案，妥善解决其纠纷。

1996 年，审核县政府文件 14 件，无修改文件。审理古桑乡白虎村部分农户不服乡政府《关于上缴提留的处理决定》和淮河乡农技站不服县工商局行政处罚而申请县政府复议案，提出处理建议。1997 年，审核县政府文件 15 件，无修改文件；审理行政复议案件 5 件，其中审理淮阴市水利物资开发公司盱眙采石厂不服盱眙县地质矿产局处罚决定而申请县政府行政复议案，提出处理建议。

1998 年，对县政府与所属 38 个行政执法部门签订执法责任书执行情况进行考核、检查验收，符合法律法规；审核县政府文件 24 件，无修改文件。1999 年，设立行政执法投诉中心，举办《中华人民共和国行政复议法》培训班8期,审核县政府文件21件,审理行政复议案件8件,无修改文件和案件。

2000年,县政府聘请行政执法监督员10名。审核县政府文件18件,受理行政复议申请28件,审结27件,其中维持21件、终止3件、变更1件、撤销2件。2001年,组织全县960名行政执法人员参加学法考试,其中823名成绩合格。收到行政复议申请10件,审结10件。2002年,县政府制定《对重大具体行政行为作出前实行报告制度》。2006年,全县有744名行政执法人员具备执法资格并申领行政执法证。

2006年8月,县政府建立行政审批服务中心,将22个有行政许可审批权限的单位集中办公。全县19个乡镇和县直58个部门行政执法活动一律向社会公开。至2008年年底,县法制局受理行政复议案件105件,其中维持98件、撤销7件;办理行政应诉案件80件,其中胜诉53件。

第三节　企业改革

1986年,在化肥厂、通用机械厂、制药厂、印刷厂、服装厂、饮服公司、日杂果品公司、建筑工程公司、面粉厂、船舶修造厂、水泥厂、帆布厂、汽车运输公司、百货公司、燃料公司实施厂长(经理)承包负责制经济体制改革试点。1987年12月,全县实行厂长(经理)承包负责制企业68个,商业门店实行租赁经营37个。1989年,县属73个企业中,有62个企业实行全员风险抵押承包制。

1990年,全县工商企业实行第二轮承包经营负责制改革,由个人承包转为集体承包,企业内部签订共保合同,实行"两包一挂"(一包上交利润、二包技术改造任务、实行工资总额同经济效益挂钩)。县属72个企业中,71个企业签订承包合同,实行"两包一挂"。1992年,县百货公司、县五金公司、县供销工业品公司、县食品公司、县蔬菜公司、县饮食服务公司、县工业品贸易服务中心试行"四开放"(经营放开、价格放开、分配放开、用工放开)改革。

1993年,第二轮承包经营的企业实行"双保双挂"(保利税指标和净资产增值指标、人均工资与人均实现利润挂钩)改革。国有、集体商业企业推行"双层经营、柜台承包"经营形式,实施"五自"(自由组合、自筹资金、自主经营、自负盈亏、自由分本)、"三包"(包人员、包税金、包承包费)、"三抵押"(风险金抵押、资产抵押、公职资格抵押)的办法。城镇集体企业和乡镇企业试行股份合作制产权制度改革。

图19－2　盱眙县采石公司产权交易会

1994年3月起,开始实施企业产权制度改革。至年底,完成企业产权制度改革490个,其中租赁220个、承包169个、股份制78个、兼并11个、成立市级集团1个、拍卖产权11个。租赁承包企业共上交风险金588.8万元,上交租赁费941.92万元。

1995年,全县工业企业实行先售后股,将企业净资产一次性有偿转让给企业职工,职工出资入股,企业改制为职工共同所有、自主经营的股份制或股份合作制。企业以全部资产承担债务责任,股东以认缴的出资额承担企业有限责任。年底,全县先售后股企业136个,其中县直单位流通企业20个、乡镇企业100个。1996年,县委、县政府对资不抵债、扭亏无望的企业实施破产。金融体制改革,完成中国保险财产保险有限公司盱眙县支公司、中国保险人寿保险有限公司盱眙县支公司和农业银行、农业发展银行、农村信用联社的机构分设。公有住房改革开始启动。

1997年，全县列入改制企业548个，其中县属企业41个、乡镇企业241个、村办企业248个。乡镇企业和县办中小型企业改制，采取整体现售、售股结合、售租结合、售赊结合等形式；县属骨干企业以股份制和股份合作制为主，因企制宜、一企一策、不搞一刀切。全年县属企业改制69个，出售资产945万元，改制企业承担债务206万元，出售净收入739万元。全县乡镇企业首轮产权出售有马坝建材厂、铝合金厂等16个，总资产626.11万元；县粮化总厂、县华东机床厂作为增量扩股改制试点，其中县粮化总厂职工募股40万元、华东机床厂职工募股75.4万元。

1998年1月，全县进行第三轮企业改制，乡镇企业和县属中小企业以产权出售转私营为主，县属骨干企业以售股结合为主。同年，列入改制企业530个，完成改制213个，总成交额700多万元。

2002年，出台《深化企业改革方案》。是年起，企业改制采取吸收社会法人股、自然人入股、拍卖企业净资产等办法，实现国退民进。职工身份由企业人向社会人置换。至2006年，全县国有、集体及其控股企业改制49个，改制面93.88%，退出公有资本9014万元，置换职工身份6024人，理顺劳动关系费用支出4223万元，置换国有土地32公顷。全县40个集体企业改制17个，置换职工身份1070人，结断退休人员医药费222人，一次性算断遗属定补生活费62人。2008年，全县企业改革完成。

第四节　行政审批

县行政审批局成立之前，县内涉及的审批事项由县发改委、建设局、气象局、消防大队、公安局、地税局、国税局、国土局、质量技术监督局、文化局、卫生局、环保局、工商局等职能部门针对申请予以审批。2006年8月28日，成立县行政审批服务中心，首批进驻单位有县发改委、建设局、气象局、消防大队、公安局、地税局、国税局、国土局、质量技术监督局、文化局、卫生局、环保局、工商局，均设立相应服务窗口，推出服务项目58项。全年审批项目368个，其中工业项目330个、其他项目38个，清理不符合国家宏观调控政策的项目65个。

2008年，县委、县政府制定《盱眙县行政审批服务中心管理办法》《关于印发对损害经济发展软环境和效能建设行为实行责任追究暂行办法的通知》，县行政审批服务中心开展红旗窗口、服务明星评选活动，设立审批服务窗口26个，受理各种审批事项23866件，办结23857件。

第五节　目标管理

1986年起，县委、县政府印发《关于物质文明、精神文明和党的建设目标责任制的意见》，根据各乡镇和县直各单位上年各项工作完成指标，制定经济工作、社会事业、党的建设和精神文明建设3大类24项目标管理责任制。年底，考核评比，表彰先进。

1988年起，县委、县政府向各乡镇和县直各单位分别下达经济建设及精神文明建设责任目标和年底百分制考核办法。规定得分91～100分的单位，每增加1分，奖金上浮1%；总分超过100分，每增加1分，奖金上浮2%。奖金来源以4～12月每人153元节约奖、从乡镇企业管理费中按一定比例提取、从县财政机动财力适当拨款。

1991年，境内遭受百年不遇洪涝灾害，县委、县政府将抗洪抢险作为岗位责任目标实施考核。1992年起，县委、县政府与各乡镇和县直各单位主要领导签订目标责任状，各乡镇和县直各单位与其所属部门签订目标责任状。1993年1月，成立岗位责任目标管理办公室，制定县外劳务输出目标管理办法，完成目标任务的乡镇和县直单位给予奖励。

1995年,县委、县政府出台《关于1995年双文明岗位责任目标考评奖惩办法》,规定乡镇工业经济、农业经济、财贸金融、个体私营经济、社会事业和精神文明建设6大类,每类别制定具体指标27项,均纳入目标考核;年终设先进集体奖、升位奖、单项工作先进奖、小康村奖、五强乡镇奖。县直单位本职工作占80分、精神文明占20分,设先进集体奖、优秀项目奖、精神文明优胜奖。

图19－3　盱眙县实行目标考核机制,层层签订责任状,年底进行考核评比,表彰先进。

1997年,全县责任目标分为工业经济、农村经济、财贸经济、基础设施建设、综合、社会事业、精神文明7大类18项。乡镇重点突出农民负担控制、财政收入、村级集体经济纯收入、乡办工业入库税金和技改投入,县直单位重点突出部门工作。乡镇及县直单位主要领导缴纳责任保证金,未完成责任目标按比例扣除保证金。

1998年,全县目标管理削减一般性指标,突出经济效益指标,提高财政收入、集体创收、工业入库税金、个体税收分值比重,实行超额加分考核办法。1999年,乡镇责任目标考核突出税收,超过100万元、90万元、80万元、70万元,予以重奖;县直单位责任目标考核实行末位淘汰制。

2000年,目标制定突出工业项目投入、招商引资、财政收入等指标,考核实行加分不封顶,工业目标考核实行零基计分,重点重奖固定资产投入和财政收入突出乡镇。对单位奖金首次上升到2万元,对招商引资有功人员实行重奖重用。2003年,目标考核突出招商引资、国内生产总值、全社会固定资产投入、县外有组织劳务输出、财政收入、列统工业企业销售收入和利税、私营个体企业、市对县重点项目。对计划生育、社会治安、安全生产、信访、招商引资考核不合格单位,实行一票否决。因"非典"未实施该年度考核。

2005年,乡镇考核指标11项,设先进集体奖、升位奖。县直机关制定职能和共性指标,设达标奖、先进集体奖、先进服务单位奖,特殊贡献奖。乡镇和县直单位获先进集体奖的党政主要负责人记三等功一次。2006年,乡镇责任目标增加新农村建设"五个一"工程(一所村民学校、一个文化活动室、一个村民服务中心、一条文明示范街、一座村街花园)内容。

2008年,乡镇目标考核加分项目有固定资产投入、房地产开发、城镇基础建设、经营性三产服务业、景区景点内旅游项目、"五个一"工程、市对县重点项目、直接利用外资、"三百工程"、税收实绩排名、财政增收、工业税金净增、规范企业新增、企业劳动用工、小康指标、村级增收、中国龙虾节活动;县政府采取自查、考核、公示、总评的办法进行考评,设先进集体奖、"四大工程"优秀项目奖、升位奖。县直单位目标考核加分项目有工业竣工投产、房地产开发、城镇基础建设、经营性三产服务业、景区景点内旅游、市对县重点项目、直接利用外资、"三百工程"、税收实绩排名、工业税金净增、规模企业新增、企业劳动用工、市对县指标、基础设施投入、向上争取项目资金、小康指标、中国龙虾节活动;县政府采取申报、考核、公示、总评办法进行考评;设达标奖、突出贡献奖、先进集体奖、优秀服务单位奖、"四大工程"优秀项目奖。乡镇、县直部门获先进项目奖,奖励领导成员每人2000元、1600元、1200元,党政主要领导记三等功一次;获单项工作先进,给予分管领导奖励。单位主要负责人发生重大案件被查处、计划生育工作不合格、发生重大安全责任事故、社会治安综合治理未达标的乡镇或县直单位,取消其先进集体评选资格;财政增收分组竞赛中,凡增幅位于小组最后1名且没有完成年度任务的乡镇扣20分,乡镇长免去职务,其他领导成员一年内不被提拔或重用。

1986～2008年盱眙县目标管理考评结果受奖情况一览表

表19－2

年份	乡镇			县直机关			备注
	先进集体奖（个）	升位奖（个）	单项工作先进奖（人）	先进集体奖（个）	优秀服务单位奖（个）	优秀项目奖（人）	
1986	5	－	－	15	－	－	先进企业42个
1987	10	－	先进乡镇企业18	15	支持农村商品生产的先进单位14个	－	先进村48个，先进场圃（库）48个
1988	10	－	－	文明单位29个	－	先进企业49个	
1989	10	－	－	15	50	－	
1990	6	－	26	21	－	－	先进村63个，乡镇为农服务行先进单位31个
1992	3	－	6	13	12	17	明星企业30个，明星村76个，优秀企业家30个
1993	4	11	19	－	42	62	明星企业9个，明星村8个，优秀企业家9个
1994	4	9	27	15	62	43	优秀企业家9个
1995	6	10	34	14	－	38	精神文明优胜奖17个，先进村40个
1996	6	7	28	17	13	47	精神文明优胜奖12个，奔小康示范村30个，达小康村75个
1997	6	7	41	15	5	47	突出贡献奖3个，达小康村49个，奔小康示范村30个
1998	6	4	15	15	5	32	达小康村5个
1999	6	7	9	18	13	32	
2000	3	5	16	17	－	14	
2001	4	6	17	21	18	32	县直特等奖6个
2002	11	2	11	28	17	－	乡镇特殊贡献奖10个
2004	17	5	－	32	25	－	特殊贡献奖10个
2005	16	5	－	32	30	记功人员7人	特殊贡献奖10个
2006	14	5	－	31	30	－	突出贡献奖10个
2007	16	6	－	31	30	41	突出贡献奖10个
2008	15	4	－	31	32	－	突出贡献奖10个

第三章 外事侨务、对台事务

第一节 外事、港澳接待

1986年,全县外事接待工作由县政府办公室外事接待办负责。当年接待日本冬季三木力株式会社取缔役副社长一行6人。1987年6月,县委、县政府邀请美国南密西西比大学经济学博士、硕士研究生指导教授李前瑞一行到盱眙县讲授经济管理学。年底,全县教育外事工作实行归口管理,业务上受县政府外事接待办指导。1988年,县政府办公室制定外宾日常伙食费标准为35元、单位安排住宿标准为每人每天15元,对违反规定开支项目和超过开支标准费用,财务部门不予报销。

1991年8月,全县遭受洪涝灾害,新华社香港分社副社长秦文俊和香港半岛针织有限公司董事长唐翔千率领港澳赈灾慰问团、香港妇女华东赈灾委员会特别代表杨咏曼、香港红十字会助理总监顾成威一行、香港《大公报》郑刚英、香港《文汇报》贺平、香港星岛有限公司和星岛晚报一行3人、香港红十字会秘书长冼柏林和九龙总部高级青年主任梁荣耀一行、澳门电视台一行6人、联合国特使埃沙德一行、爱德基金会主任丁言仁和副主任周培琦一行、加拿大华人联合会代表黄耀明和加拿大北美电影电视制作有限公司官天华等、国际红十字会代表B·古扎特博士和K·斯图尔特、世界银行负责人郑兰生一行10人、菲律宾代表团、台湾红十字会副秘书长常松茂一行6人等到盱眙县察看灾情、赈灾慰问灾民。

1992年,国际爱华集团、日本株式会社社长林荫一行5人到盱眙县考察项目。1993年4月18日,朝鲜苍光信用银行行长助理李仁石到盱眙县考察。1995年,香港朱恩馀捐资200万元人民币,在23个乡镇建26所村小学和1所聋哑学校,总面积1万平方米。1997年,县政府成立接待办公室。3月,日本第22次高中生友好访华团一行20人对盱眙县中学、马坝中学进行访问,共植友谊树。

1998～2000年,县政府先后接待新加坡、马来西亚和中国台湾地区朱氏后裔以及明史的研究者,举办第一届朱元璋国际学术讨论会;日本板栗专家佐藤末吉考察水冲港乡、古城乡板栗园,进行示范指导;菲律宾菲中发展资源中心医疗卫生访华团一行13人和瑞典访华团一行20人,参观爱德基金会援建的王店乡樊岗小学、陡山电灌站等;马来西亚、韩国、新加坡等国家的世界传道会访问团一行7人,考察参观铁山寺省级森林公园;以罗德为团长的德国农业访问团一行14人到盱眙县访问,美国加利一行3人、加拿大人杰姆、美国中光集团投资公司总裁李勇等一行6人到盱眙县参观考察。

2001年5月,著名法国作家弗里德曼·贝尔格到盱眙县访问。9月,澳大利亚华裔朱雪马一行3人到盱眙县祭拜明祖陵;菲律宾一行5人、加拿大项目咨询机构一行6人,参观考察爱德基金会援建的王店乡樊岗小学、陡山电灌站、都梁山农业示范园等。

2005年9月,居住日本的部分华人华侨和日本友人到盱眙县观光考察。11月,国际货币基金会专家、原阿根廷内政部长帕特希欧·卡斯特罗、原新西兰税务局局长哈里·格兰汉姆·霍兰、原美国国内收入局小规模局局长丹尔·合特一行到盱眙县,对中国税收征管流程再造在盱眙县国税系统的运行情况进行考察评估。

2006年8月,德国、新西兰、中国香港投资商到盱眙县考察。11月,俄罗斯圣彼得堡市科尔宾诺区政府代表团一行8人到盱眙县访问。2007年3月,香港金马集团董事长冯地一行对盱眙县进行考察。5月,澳大利亚维多利亚州财长约翰·邦比一行到盱眙县考察新农村建设和旅游建设。9月,以日本大经株式会社董事长、总经理中野建洲为团长的日本2007年金秋中国“长三角”产业发展考察团考察盱眙县经济开发区和盱眙县旅游建设情况。

2008年5月,香港侨福建设机构董事局主席黄建华一行5人到盱眙县参观考察。6月,马达加斯加、美国、冰岛、新加坡、波兰、俄罗斯、土耳其、英国、瑞典、荷兰、澳大利亚等国家和地区考察团,参观考察盱眙县旅游、教育等情况,县委、县政府邀请考察团成员参加第八届中国·盱眙国际龙虾节相关活动。7月,县政府侨务办公室接待侨商投资考察团到盱眙县考察。

第二节　侨务工作

1986年,县政府办公室设侨务工作科。全县有归侨1户5人,侨眷属146户670人。县侨务办公室就华人华侨回乡探亲有关事项主动征求侨眷、侨属意见,并提供方便。1987年,县政府成立县侨务办公室(简称县侨办)。县政府提高赡家侨汇留成比例50%,其中商业部门提高43.35%、粮食部门提高6.65%。1988年,县侨办根据省政府文件要求,废止部分涉外规章,放开侨眷属赴港澳探亲、旅游、经济贸易、文化交流等活动。

1991年,县侨办举办6场报告会,宣传《中华人民共和国归侨侨眷权益保护法》,出席500余人。对全县20户83人侨眷属身份进行确定,规定境内侨眷属享受升学、住房、就业等方面优惠政策。1992年4月,县政府规定,阿根廷籍侨胞王长斌独资兴办盱福侨加油站前3年免征所得税,第4~5年减半征收企业所得税;该加油站再投资扩大项目,退还再投资部分已缴纳的所得税款50%;减免该加油站缴纳房地产税,经营所需水、电、油料、运输设备和通讯设施等优先安排,有关部门不得乱摊派和乱收费,相关部门进该加油站检查需经县政府批准。

1993年,县侨办为在盱眙县投资的4个“三资”企业中的侨胞办理身份认可证书,为16位归侨、侨眷、港澳同胞眷属子女升学、参军、就业出具证明,并按政策予以照顾。1994~1995年,县侨办会同相关部门引进侨资企业5个,侨资200万元。52名华侨客商参加在深圳举办的经贸洽谈会,签订意向性合资合作项目17个,利用侨资7000万元。1996年,县侨办救济5户侨属困难户,向县实验小学捐赠1万元,解决部分侨属子女入学问题;捐资10万元,帮助仇集敬老院新盖房屋12间,购置彩电、冰箱、洗衣机和老年人日用品。

2001年,县侨办开展兴国利侨活动,向海外华人华侨、港澳同胞宣传盱眙投资环境和优惠政策。年底,侨眷投资兴建企业5个,利用外资460万美元。2005年,从事经贸招商、科技交流活动出境侨眷属,由县侨办报县政府审批后,交有关部门办理出境手续。2007年,全县散居农村的归侨侨眷16户35人,全部纳入县政府扶贫规划。至2008年年底,全县由华人、华侨投资企业12个,利用外资2800万美元,有侨眷11户29人。

第三节　对台事务

1986年,县委每逢中秋节、春节,开展送温暖、举办台属联谊活动。1987年9月,县委台办会同县人事、劳动、公安、粮食等部门,妥善处理台属上访案件,立案处理信访49件,有6名台属恢复工作、23人安排工作、2人补发工资、1人生活定补、97人解决户口,归还房产1件,恢复占用房产2件。1988年,开展台胞探亲照片征集活动,在元旦、春节期间举行台胞台属联欢会、茶话会、同乐会;协助台属集资在盱眙县兴办企业15个。

1989年,台胞朱某回到古桑乡石牛村探亲时,十里营乡汪某向其索要在1948年曾将朱某胞弟从南京带回盱眙县的人情债。县委台办会同相关部门在查清事实后,对汪某进行批评和教育,汪某主动向台胞朱某赔礼，并如数退还所索钱款。6月，台办帮助台胞丘某父女相认、夫妻重逢。对1949年前在家乡有血债、有民愤的台胞，回乡探亲后，担心自己人身安全。县委台办入乡走村，做好党对台政策宣传工作，教育群众摒弃前嫌，消除台胞恐惧心理。

1990年，县委规定涉台事务由县委台办归口统一管理，负责指导和协调对台联络事务等工作，承办县委、县政府交办有关台湾事务。台办编印《盱眙投资指南》，与县委统战部举办机关党员、干部和村党支部书记参加的有关对台政策的培训班2期，参训450人。1991年，盱眙县遭受特大洪涝灾害，接收台湾红十字会向盱眙县灾民捐赠大米2100吨、面粉550吨。

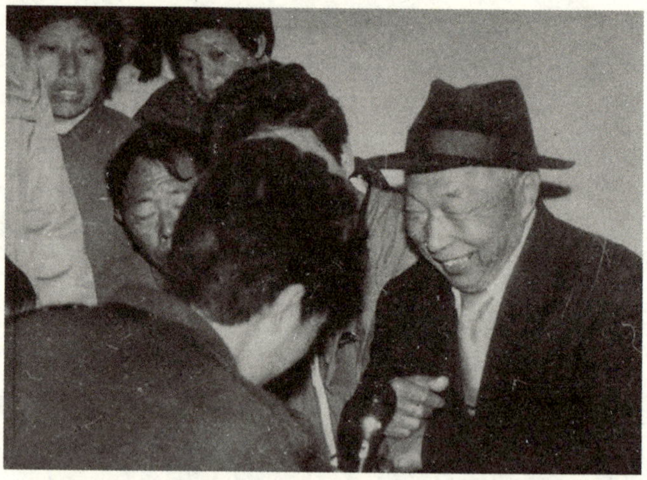

图19－4　经过县台办多方寻找联系，台胞洪忠守回盱眙老家与亲人见面。

1992年，县委成立台湾工作办公室，县政府成立台湾事务办公室，合署办公。县台办在全县台属中开展提供一条计策、传递一条信息、介绍一个台商、引进一个项目、推销一种产品活动，全县台属提供台商投资信息65条。台办协助台属创办盱眙县台谊实业股份公司，帮助台属骆本祚解决创业资金1.8万元。全年台属利用在台亲友资助，创办台属企业100多个。

1993年，全年新引进台商企业3个，台资720万元，为徐继豪、张漫球、王天庆、周雨亭等在盱眙县投资台商做好服务帮办工作。县台办为9名台属赴台探病、奔丧办理出境手续，接受台胞王天庆、赏执中、姚福如捐赠日本丰田面包车2辆和上海大众桑塔纳轿车2辆。1994年，召开在盱眙县投资台商茶话会4次，召开台属代表座谈会3次，征求台商、台属意见50余条。全年新引台资企业3个，利用台资250万元，扶持上规模台属企业85个。淮河乡卫生院接受台胞周雨亭捐赠上海大众桑塔纳轿车1辆。

1995年，县台办撰写对台宣传稿件30篇，其中被中央、省、市内部对台刊物录用10篇，金陵之声广播电台用稿15篇。协助有关部门新引进台资77万美元，为台胞、台属办实事15件，惠及25人，办理海峡两岸亲属关系公证30件，协调解决台属信访5件。全县1000户台属中有100多户办起私营、个体企业。1996年，扶持300户台属达小康，会同台属联谊会和盱眙县在台同乡会邀请台湾“四有”（政治上有影响、经济上有实力、学术上有造诣、社会上有名望）人士到盱眙县考察。全年接待台胞考察35人次，其中“四有”人士3人。1997年，先后向台湾寄发《盱眙投资指南》150份，联系台商38人，接待台胞96人次，走访台属30户，为因私赴台台属办理出境手续15人，为台胞台属办实事10件，出具办理台胞亲属关系证明18件。

2000年，与县台属联谊会、台湾同乡会组织两岸学术交流，台胞黄时雄、陈义亭、戚玉珊、戚宇麟等到盱眙县考察。台胞江克宇在盱眙县中学设立张粹蕙奖学金，每年提供5000美元，奖励品学兼优且家庭贫困的学生。

2002年起，对台工作提出“六个转变”（由单纯政治工作向经济与政治相结合转变、由平时被动接待向主动接待转变、由正常管理型向优质服务型转变、由台办一个部门向多个部门协作转变、由一般招商方式向多渠道招商方式转变、由间接宣传向直接宣传转变），开展台胞、台属联谊活动。至2004年年底，共接待台胞153人，其中台商61人次、“四有”人士10人。引进台商企业12个，开展台胞、台属联谊活动5次。

2005～2007年，协助相关部门引进台商企业6个，处理台商企业内部纠纷2次。利用春节、中秋节等传统节日，召开台资企业、重点台属人员茶话会，宣传党的对台方针政策；配合省电视台和台湾东森电视台拍摄《江苏世纪风》。2008年，县台办参与3次对台形势讲座，走访台资企业4次，接待台胞27人次，其中台商4批14人次。联络台商8人参加在淮安举办的苏台经贸洽谈会。与县相关部门协调解决台胞袁庭芳楼房拆迁纠纷。

第二十篇　政协盱眙县委员会

1986年起，中国人民政治协商会议盱眙县委员会(简称县政协)，履行县政协职能，每3年召开一届政协委员会议。1998年起，每5年召开一届政协委员会议。征集政协委员提案，即时交办、督办；围绕县委、县政府中心工作，开展调查研究，形成调研报告，为县政府决策提供依据；开展联谊活动，推进社会和谐稳定，反映社情民意，为民办实事办好事；征集编印文史资料，发挥存史、资政、团结、育人作用。

至2008年，县政协共召开八届政协委员会议，分别选举产生政协主席、副主席；收集提案3284件，立案办理2966件，采纳办理1724件；写出调研报告23篇，编写文史资料选辑10册，出版文史书籍4本。

第一章 机 构

第一节 主席、副主席

1986~2008年,县政协各届政协委员会议选举产生主席、副主席。

1986~2008年政协盱眙县委员会历任主席、副主席基本情况一览表

表20-1

届别	职务	姓名	籍贯	任职时间
第二届(续)(1986.1~1987.4)	主席	石达	江苏金湖	1986.1~1987.4
	副主席	张恩钤	江苏苏州	1986.1~1987.4
		丁祥芝	江苏盱眙	1986.1~1987.4
		张正藩	江苏盱眙	1986.1~1987.4
		宋孝先	江苏淮安	1986.1~1987.4
		程玉西	江苏灌云	1986.1~1987.4
		杨啸	江苏盱眙	1986.1~1987.4
		席长桂	江苏泗阳	1986.4~1987.4
		颜秉栋	江苏盱眙	1986.9~1987.4
第三届(1987.4~1990.3)	主席	王瑞冰	江苏沭阳	1987.4~1989.3
		姚福茂	江苏南京	1989.3~1990.3
	副主席	张恩钤	江苏苏州	1987.4~1990.3
		庄德星	福建泉州	1987.4~1990.3
		顾克明	江苏盱眙	1987.4~1990.3
		陈功让	江苏扬州	1987.4~1990.3
		颜秉栋	江苏盱眙	1988.4~1990.3
		任长葆	上海	1989.3~1990.3

续表 20－1

届　别	职　务	姓　名	籍　贯	任职时间
第四届（1990. 3～1993. 2）	主　席	姚福茂	江苏南京	1990. 3～1993. 2
	副主席	涂美成	江苏淮安	1990. 3～1993. 2
		谢学信	江苏盱眙	1990. 3～1993. 2
		庄德星	福建泉州	1990. 3～1993. 2
		顾克明	江苏盱眙	1990. 3～1993. 2
		陈功让	江苏邗江	1990. 3～1990. 8
		任长葆	上　海	1990. 3～1993. 2
第五届（1993. 2～1998. 1）	主　席	姚福茂	江苏南京	1993. 2～1996. 2
		吴良桂	江苏泗阳	1996. 3～1998. 1
	副主席	陶安保	江苏涟水	1993. 2～1998. 1
		庄德星	福建泉州	1993. 2～1998. 1
		任长葆	上　海	1993. 2～1998. 1
		薛朝国	江苏盱眙	1993. 2～1998. 1
		朱兴驷	江苏泰州	1993. 2～1994. 3
		郭晓东	安徽肥东	1994. 3～1998. 1
		卓振武	江苏宿迁	1996. 3～1998. 1
		王福庭	上　海	1998. 1
第六届（1998. 1～2003. 1）	主　席	吴良桂	江苏泗阳	1998. 1～2002. 1
		王　斌	江苏泗阳	2002. 1～2003. 1
	副主席	陶安保	江苏涟水	1998. 1～2003. 1
		薛朝国	江苏盱眙	1998. 1～2003. 1
		任长葆	上　海	1998. 1～2003. 1
		王福庭	上　海	1998. 1～2003. 1
		赵长春	江苏盱眙	2000. 1～2002. 1
		朱兴驷	江苏泰州	2000. 1～2003. 1
第七届（2003. 1～2008. 1）	主　席	王　斌	江苏泗阳	2003. 1～2008. 1
	副主席	王福庭	上　海	2003. 1～2008. 1
		朱兴驷	江苏泰州	2003. 1～2007. 1
		李宽厚	安徽明光	2003. 1～2004. 1
		成兆友	江苏射阳	2003. 1～2008. 1
		丁厚谊	江苏盱眙	2004. 1～2008. 1
		雍　梅	江苏盱眙	2007. 1～2007. 12
		洪　旗	江苏盱眙	2007. 12～2008. 1
第八届（2008. 1～2008. 12）	主　席	王　斌	江苏泗阳	2008. 1～
	副主席	成兆友	江苏射阳	2008. 1～
		王福庭	上　海	2008. 1～
		丁厚谊	江苏盱眙	2008. 1～
		洪　旗	江苏盱眙	2008. 1～2008. 8

第二节　内设机构

1986年,县政协内设秘书处、提案工作委员会、工作组委员会、学习委员会、文史资料研究委员会、对台侨务工作委员会。县直机关设医卫等工作组12个,乡镇设管镇组、兴隆组、鲍集组、铁佛组、穆店组。1987年,增设祖国统一委员会。1989年,成立县文史办公室,县直机关工作组增加至13个,乡镇工作组减少到3个。1990年,设立学习与教科文卫委员会、经济建设委员会、祖国统一联谊委员会、社会法制委员会、文史资料委员会。1993年,县直机关工作组调整为9个,乡镇设盱城联络组等7个。1998年,增设学习法制委员会。2003年,县直机关设党群工作组,调整到7个。2008年,内设办公室、提案委员会、经济科技委员会、文教卫体委员会、学习与法制委员会、港澳台侨委员会、文史资料委员会。

第二章　政协委员　政协会议

第一节　政协委员

1986~2008年,县政协历经7次换届。其中,第二届、第三届、第四届任期均为3年,第五届、第六届、第七届、第八届任期5年。委员人选由基层单位提名,县政协、县委组织部和县委统战部协商推荐,再由各民主党派、各人民团体和无党派人士反复酝酿协商推举,经政协常务委员会同意产生。

1986~2008年政协盱眙县委员会委员构成一览表

表20-2　　单位:人

界别	第二届	第三届	第四届	第五届	第六届	第七届
中共党员	13	20	27	21	13	23
群众团体	3	3	7	6	6	4
科技	7	12	20	17	18	8
民族宗教	2	3	5	5	4	6
台侨属	12	13	-	13	9	4
社会科学	2	3	18	14	13	16
文教卫	25	30	39	32	43	31
科技	7	12	20	17	18	8
经济及农业	32	29	28	28	39	43
特邀	-	5	8	10	9	8
其他	30	22	1	-	10	32
合计	133	152	173	163	182	183

第二节　政协会议

1986～2008年，县政协举行全委会议23次。会议主要程序为：听取县委书记讲话、县政协常委会工作报告及提案工作报告；列席县人民代表大会，听取并讨论《政府工作报告》和其他报告；大会选举或增补政协主席、副主席、秘书长、常务委员；通过会议决议。会议期间，委员结合盱眙县实际提出提案。

1986～2008年政协盱眙县委员会历届历次全委会会议一览表

表20－3

届别	次别	会议时间	委员(人)	提案(件)	主席团或常委(人)	选举结果
第二届	三	1986年4月6～10日	143	160	32	副主席:席长桂
第三届	一	1987年4月17～20日	140	141	17	主　席:王瑞冰 副主席:张恩钤　庄德星　顾克明　陈功让 秘书长:张再传 常　委:19人
	二	1988年4月3～16日	147	143	24	副主席:颜秉栋 常委:1人
	三	1989年3月25～28日	149	129	24	主　席:姚福茂 副主席:任长葆 秘书长:杨家谷 常　委:2人 确　认:王瑞冰辞去主席，张再传辞去秘书长
第四届	一	1990年3月4～7日	153	154	23 (主席团)	主　席:姚福茂 副主席:涂美成　谢学信　庄德星　顾克明 陈功让　任长葆 秘书长:杨家谷 常　委:20人
	二	1991年4月1～4日	153	126	26	确　认:陈功让辞去副主席
	三	1992年3月10～12日	153	105	26	常　委:吴兆方、朱启忠 确　认:徐月明辞去常委
第五届	一	1993年2月15～17日	146	94	27	主　席:姚福茂 副主席:陶安保　庄德星　任长葆　薛朝国 朱兴驷 秘书长:莫成林 常　委:20人
	二	1994年3月15～17日	184	96	26	副主席:郭晓东 确　认:朱兴驷辞去副主席
	三	1995年3月13～15日	183	131	25	
	四	1996年2月29～3月2日	185	90	26	主　席:吴良桂 副主席:卓振武 常　委:陈家明 确　认:姚福茂辞去县政协主席
	五	1997年2月23～26日	183	71	25	选出秘书长:朱康平 常　委:3人

续表 20-3

届别	次别	会议时间	委员(人)	提案(件)	主席团或常委(人)	选举结果
第六届	一	1998年1月1~4日	162	137	30	选出主席:吴良桂 副主席:陶安保　薛朝国　任长葆　王福庭 秘书长:朱康平 常　委:24人
	二	1999年1月20~23日	168	108	30	常　委:1人
	三	2000年1月6~9日	160	137	26	副主席:赵长春　朱新驷 常　委:1人
	四	2001年1月6~9日	162	123	29	
	五	2002年1月21~24日	164	105	27	主　席:王　斌
第七届	一	2003年1月4~7日	183	145	37	选出主席:王斌 副主席:李宽厚　成兆友　王福庭　朱兴驷 常　委:32人
	二	2004年1月7~9日	184	135	33	副主席:丁厚谊 常　委:1人 确　认:李宽厚辞去副主席
	三	2005年1月5~7日	182	168	33	
	四	2006年1月3~5日	188	168	33	常委:1人
	五	2007年1月16~18日	175	207	31	副主席:雍　梅 确　认:朱兴驷辞去副主席
第八届	一	2007年12月25~28日	200	172	43	主　席:王　斌 副主席:成兆友　王福庭　丁厚谊　洪　旗 秘书长:张士柱 常　委:37人

第三章　政协工作

第一节　调　　研

1986年4月,县政协农水组组织农业、畜牧、水利、林业等专业人员,对全县水土流失情况开展调查研究。调研组到县种畜场实地勘察后,形成专题报告,提出治理措施6条。7月下旬,县政协农水组对县林场生产经营和职工生活进行调查,向县委、县政府和有关部门报送专题报告,省政府领导和《新华日报》社记者闻讯后专程到盱眙考察,《新华日报》为此刊发内参。

1987年,县政协对凹凸棒黏土开发利用进行考察,建议利用粘土资源生产复合粒肥,发展化肥工业。县计委、经委批准建立盱眙县复合肥厂。1988年,调查考察全县生猪生产及饲料供应问题,形成调查报告。1989年2月25日,县政府印发《关于切实做好一九八九年饲料产销工作的通知》。

1990 年，组织人员专题考察林场经营情况。8 月 16 日，召开县政协常委专题座谈会，分析林场存在问题的原因，研讨林场发展思路，形成专题调研报告，提出 7 条建议。1992 年，调研全县山区农业和采石工业状况，形成建议案，推动全县山区农业发展和采石工业上规模、上水平、上效益。

1993～1994 年，围绕县委、县政府中心工作，选择乡镇集体股份合作制、经济合同管理、预算外资金管理等 16 个专题，组织部分委员到全县十几个单位进行调查，看账本、查票据，分层次召开座谈会，形成《关于加强我县预算外资金管理的建议案》等 5 个主席会议建议案，盱眙县被省列入预算外资金管理试点县。

1995 年底，围绕"两专一基"（专业村、专业户、专业基地）发展情况，调查规模种植和养殖现状，形成《努力提高"两专一基"科技含量》的调查报告，县政府逐项落实。

1996 年 6 月，专题调查研究全县国营场圃情况，形成《关于加强国营场圃工作的建议案》，帮助和扶持国营场圃摆脱困境。1998 年，围绕推进中小学素质教育，组织文教卫体委和教育工作组委员调查县城区中小学教育布局情况，形成《尽快调整城区中小学教育布局》建议案，被县政府采纳。

1999 年，县政协围绕"四都"建设、财税培植和全民创业等方面调研，向县委、县政府报送《关于以产业为主导加快"龙虾之都"建设的建议案》《关于推进我县加快"凹土之都"建设的建议案》等 7 篇建议案，县委、县政府会办落实。开展检务公开、审务公开、水泥工业生产、文化场所、医疗市场管理情况等视察。在调研 9 个乡镇 20 村招待费支出情况的基础上，形成《关于取消村级行政招待费的建议案》。

2000 年，围绕县委提出主攻工业发展思路，组织调查组分别对县狼山水泥总厂、都梁电缆有限公司、华东机床有限公司、康宁医疗器械有限公司、桓远染化有限公司等 12 个工业企业运行情况调查研究，形成《关于进一步加快我县工业企业发展的建议案》，提出深化改革、国退民进、涵养税源、招商引资、规范管理、培育人才、治理环境为主要内容的建议，县委在主攻工业大会报告中予以采纳。

2001 年，对《农业法》《种子法》《江苏省肥料登记管理办法》以及《预算法》等法律法规在全县贯彻执行情况进行视察。2002 年，视察全县水泥工业生产、中药材生产和加工、农村税费改革、文化场所管理、审务公开等情况。形成《关于进一步加快我县工业企业发展的建议案》和《关于进一步加强我县劳务输出工作的建议案》。

2003 年，围绕私营个体经济发展、旅游开发、社会力量办学、文化市场管理、宗教管理和公安监所管理等工作进行视察。形成《关于进一步加快私营个体经济发展的建议案》《关于进一步加快环保工作的建议案》。

2004 年，开展全域旅游经济发展情况、全县农村改水工作、全县药品安全问题等调研。形成《关于进一步加强我县农村改水工作的建议案》《关于推进我县旅游经济快速发展的建议案》，被县委、县政府采纳。

2005 年，调研工业园区治安、公安监所管理、优质教育、疾病控制、宗教等情况。提出《关于再掀我县全县创业新高潮的建议案》和《关于进一步加强水资源保护和利用的建议案》，得到采纳和落实。2006 年，就农业农村与农民问题、全民创业招商引资与软环境建设、城建城管与旅游经济、文化教育与医疗卫生、平安盱眙与社会稳定进行调研视察，提出常委会议建议案 3 件、主席会议建议案 5 件。

图 20－1　政协委员调研建议案展示

2007 年，开展龙虾节、城镇化、财税增收、旅游经济、全民创业、水资源保护利用等课题调研。向县委、县政府提交《关于放大龙虾节效应的建议案》，其中扩大龙虾养殖、建设龙虾博物馆、提高中国龙虾节国际化程度等建议被采纳。

2008 年，县政协组织文教卫政协委员，对全县卫生事业进行调研，走访、调研乡镇卫生院和城区社区卫生所，形成《关于大力推进我县省级卫生县城工作的建议案》，县政府对照建议确立盱眙县省级卫生城市创建工作"重点难点抓突破、已达标的抓巩固、未达标的抓进度"的总体原则。

1986～2008年县政协调研情况一览表

表20-4 单位:篇

年份	调研视察主要内容	调研报告	县委、县政府采纳	部门单位采纳
1986	水土流失治理、中医中药和村卫生室现状、肝病防治工作、砖瓦生产	20	5	15
1987	城南大沟整治、县城教育工作、凹凸棒石黏土开发利用、乡镇农技站建设、市场猪肉销售价格情况、发展山羊和水牛等	12	3	9
1988	企业承包经营、供销系统为农服务、旱改水情况、发展家庭经济、改善乡卫生院设施条件等	13	2	11
1989	县城卫生管理、文物保护、果品产销等	12	3	9
1990	集体商业如何走出困境、三中校址拆迁遗留问题、林场经营和职工生活、水泥工业发展等	15	4	11
1991	外向型经济、商业供销、廉政建设、企业内保工作等	13	4	9
1992	财政金融、城镇交通、监外五种人教育管理、卫生管理、采石工业、山区农业开发等	12	4	8
1993	副产品收购、工业和流通企业经济效益、税收征管、股份合作制试点、预算外资金管理、教师工资发放等	12	5	7
1994	宁连公路盱眙段沿路经济带建设情况、产权制度改革情况、个体私营经济、农村合作医疗、丘陵岗地干旱等	21	4	17
1995	凹凸棒石黏土开发、饲料生产供应、蔬菜产业各环节收费、夏季食品卫生、城镇违章建筑、工业品价格管理、治理淮河污染等	15	4	11
1996	扶持国营种苗圃发展、优良种苗推广应用、税收征管等	15	2	13
1997	农业产业化、预算外资金管理、提高“两专一基”科技含量等	12	2	10
1998	果林生产、城区中小学教育布局、养老保险、麻油生产和芝麻加工种植、中药材生产和加工等	18	3	15
1999	蔬菜产销、取消村级行政招待费、社区卫生服务、水泥工业生产、医药市场管理、苏果加盟店食品卫生等	15	3	12
2000	工业企业运行、农业结构调整、小城镇建设和管理、旅游业开发等	15	1	14
2001	农村综合信息服务网建设等	21	5	16
2002	学校卫生工作、加强劳务输出等	20	3	17
2003	下岗职工再就业、山地资源保护、创建历史文化名城等	16	3	13
2004	适龄儿童入学等	20	5	15
2005	新型工业化、山水旅游城市建设、城镇化推进、新农村建设、泗州城开发等	14	5	9
2006	放大龙虾节效应、城市化建设、乡镇工业集中区建设、“五个一”工程、农村公路建设与管护等	12	7	5
2007	全民创业、水资源保护、高效农业、农村改水、特种设备监管等	13	9	4
2008	省级卫生县城创建、省级文明城市创建等	15	7	8

第二节　提案办理

1986年,县政协共收到提案165件,立案138件,其中纳入办理63件,列入计划和规划22件,无法办理53件。委员王惜仁《实现全县畜禽良种化》提案,县政府责成畜牧渔业局、财政局办理落实,县财政在桂五镇、王店乡进行瘦肉型猪饲养试点。

1987年,县政协收到提案172件,立案163件。关于《控制农村干部补贴减轻农民负担》的提案,被县委采纳并发出13号文件,对村人员配备及干部补贴标准进行具体规定。1988年,委员王旭初、沈金达《拨款增开电视频道》提案,县政府采纳,拨款5万元用于17频道调试安装。委员李绍林、张锋提出《做好全县蔬菜供应工作》提案,县政府予以采纳,全县安排种植蔬菜777.6公顷。

1990年,县政协收到提案175件,立案166件。关于《治理县第二水泥厂粉尘污染》的提案,受到环保部门重视,第一期污染治理工程——烘干系统电收尘,投资16万元,收尘率99%。1992年,县政协收到提案128件,立案121件。关于《建立健全企业审计体系》的提案,县审计部门采取三项措施予以落实。

1993年,委员袁永红《减轻农民负担和农副产品收购禁止打"白条"》提案,县委、县政府组织有关部门对全县农民负担进行清查,清理不合理收费项目。5月,县政府成立农副产品收购资金协调领导小组,保证农副产品收购资金兑现到位,不打白条。1994年,委员何屏《组织科技人员投入板栗生产科研工作》提案,县政府责成多种经营管理局承办。多种经营管理局在13个乡镇成立林果技术推广站,推广并实施高产密植板栗、板栗病虫害防治和保鲜贮藏技术。

1995年,县政协收到提案134件,立案129件。关于应对淮河水污染,解决盱城10万人饮水难问题的提案,县委、县政府积极向上级汇报、争取,解决第二水厂工程资金缺口,建成第二水厂。1996年,县政协收到提案107件,立案103件。关于发展"两专一基"的提案,县委、县政府根据资源和地理条件,实施了"丘岗栽果树,沿路种蔬菜,圩区供水产,山区采石头,全县养黄牛"的区域经济发展战略。

1997年,县政协收到提案73件,立案71件。关于《加大培养和引进人才力度》的提案,受到县政府和人事部门重视。在省第五届人才智力交流大会上设立了全省唯一的"县长接待席",建立良好的人才培养引进机制。1998年,县政协收到提案140件,立案120件。关于《建议加快荒山开发进程》的提案,县政府组织编制《盱眙县丘陵山区开发"九五"规划》,并协调世行二期贷款向丘陵山区开发项目倾斜。

1999年,县政协收到提案108件,立案98件。关于《尽快停止都梁公园以及城区沿淮的开山采石》的提案,县委、县政府责成县地质矿产管理局对县城区采矿业进行集中排查、整治。矿产乱开乱采现象得到制止。

2000年,县政协收到提案137件,立案116件。《关于龙王山水库流域种植意杨、保障盱城"生命之水"有效供给》的提案,县委、县政府把龙王山水库周围作为全县意杨发展的重点区域,实施退耕还林,提高林木覆盖率,保持水土;禁止种植化肥、农药用量较大的作物,减少水源污染,确保群众用水安全。

2001年,县政协收到提案147件,立案135件。《关于国营场圃解困和变包袱为经济新增长点》的提案,县政府先后安排10个部门挂包场圃,投入资金10多万元,帮助发展苗圃、中药材种植、畜禽养殖及采石等10多个项目。

2002年,县政协收到提案117件,立案103件。关于《办好农副产品营销协会,促进产业结构调整》提案,县委、县政府组织在南京惠民桥、白云亭市场举办农副产品展销会,首次在上海举办农副产品展销会,提高农副产品的知名度。举办农民经纪人及专业大户培训班,成立农民经纪人协会,举办专题讲座,成立仁集野鸭养殖、观音寺大葱、黄花塘蚕桑合作社、淮河水产品营销联合体、穆店草鸡协会,为农副产品生产销售、农民增收发挥带动作用。提出的《县城新建道路配套设施及两侧房屋应提前规划》提案,县建设局组织编制沿淮风光带、沿山一侧、第一山风景区、商贸中心、大桥路及大庆路两侧详细规划,避免盲目建设。

2003年,县政协收到提案147件,立案138件。关于《淮河水污染监测,避免和降低水产养殖的损失》的提案，县环保局定期发布淮河水质周报，在肖嘴、打石山、淮河大桥、红光化工厂淮河断面上分左中右三点取水样，监测分析淮河水质，与蚌埠闸管理处联系，及时掌握污染情况。2004 年，县政协收到提案 148 件，立案 138 件。筛选出《进一步治理城区脏乱差》《加强农村大病合作医疗工作》《关于低等级公路路标问题》《建议加强电力设施保护工作》重点提案，实行主席现场跟踪督办。

2005 年，县政协收到提案 175 件，立案 160 件。关于《进一步加大龙头加工企业优质原料生产基地的建设力度》的提案，全县建成了 40 万亩优质稻米生产基地，20 万亩优质花生生产基地，3 万亩中药材生产基地。2006 年，县政协收到提案 183 件，立案 175 件。关于《加快龙虾人工养殖技术的研发和推广》的提案，县畜牧渔业发展局推广稻田龙虾养殖、池塘龙虾精养等模式，稻田养殖龙虾亩均增收 1500 元以上。

2007 年，县政协收到提案 170 件，立案 129 件。呼吁重视农村留守儿童的教育问题的提案，全县建立留守儿童成长档案，开通"亲情电话"，兴办"家长学校"。2008 年，县政协收到提案 172 件，立案 149 件。关于《发展高效农业，增加农民收入，建设社会主义新农村》的提案，县政府制定加快产业结构调整、加紧推进高效农业规模化政策，全县新增高效农业 3858 公顷、设施农业 1300 公顷、发展百亩以上连片龙虾养殖基地 25 个。

1986～2008 年县政协盱眙县委员会提案办理情况一览表

表 20－5　　单位：件

年份	收到提案	立案	A 类	B 类	C 类
1986	165	138	63	22	53
1987	172	163	65	98	–
1988	196	160	160	–	–
1989	154	135	68	17	50
1990	175	166	84	23	59
1991	126	107	56	24	27
1992	128	121	68	31	22
1993	105	98	51	29	18
1994	105	96	49	31	16
1995	134	129	68	34	27
1996	107	103	54	28	21
1997	73	71	36	22	13
1998	140	120	71	30	19
1999	108	98	85	5	8
2000	137	116	78	16	22
2001	147	135	104	13	18
2002	117	103	72	12	19
2003	147	138	70	27	41
2004	148	138	76	30	32
2005	175	160	88	51	21
2006	183	175	91	47	37
2007	170	129	71	28	30
2008	172	149	96	45	8

说明：A 类是指建议、提案中提出的问题得到解决、基本解决和部分解决；B 类是指建议、提案中提出的问题列入规划将逐步解决；C 类是指建议、提案中提出的问题，因条件限制不能解决而作说明解释的。

第三节　联谊活动

1986年，县政协先后接待金湖、宝应、高邮、滁州、嘉山等地政协委员，组织政协委员到蚌埠、合肥、滁州、来安、扬州、高邮、灌南等地交流，与21个市、县、区政协建立联系。县政协、县委统战部、县委台办联合召开“三胞”（港澳同胞、台湾同胞、海外侨胞）亲属勤劳致富经验交流会。

1987年，接待海外回盱探亲“三胞”21人，协调解决“三胞”子女就业等问题。1988年，到台属较多的桂五镇、穆店乡、兴隆乡开展经常性走访活动，鼓励政协委员与海外亲人联系，请他们回乡探亲，感受家乡的变化。

1989～1992年，接待回乡探亲“三胞”482人次、海外“四有”（政治上有地位、经济上有实力、学术上有造诣、社会上有影响）人士39人、从海外回乡探亲县政协委员亲属21人。县政协医卫、台侨组部分委员，到龙山、铁佛乡为“三胞”亲属免费义诊。县政协在桂五镇和仇集乡召开“三胞”亲属座谈会，动员“三胞”亲属与海外亲属联系，引进资金和技术。

1993年，县政协配合统战、台侨部门共同接待来盱“三胞”165人次，在发展外向型经济方面，牵线搭桥。1994年，县政协直接接待“三胞”32人，向他们赠送盱眙县情手册和投资指南。4月和10月，配合县政府在深圳和盱眙县召开经贸洽谈会，做好外商联络工作。1995年，组织部分“三胞”亲属赴金湖县参加“三胞”亲属勤劳致富代表现场座谈会。

1996年，与5省77个县、市、区政协进行经验交流，在苏皖毗邻7个县（市）政协工作研讨会上作《履行政协职能，为农村经济服务》经验介绍。1997年，县政协举办淮河流域14个县、市、区政协工作联谊会。1999年，筹备编印《盱眙籍海外人士名录》。协助有关部门，接待回乡探亲、访问、旅游的港澳台胞和海外人士。2000年1月，组织县政协委员、驻盱眙部队负责人、先进模范代表、民主党派人士、“三胞”亲属、个体私营经济代表、县直部门负责人迎春茶话会；中秋前夕，召开中秋“盼团圆、话统一”为题的“三胞”亲属座谈会。2001～2003年，县政协组织“三胞”亲属形势报告会，召开“三胞”亲属座谈会，与台办协作，成立县级台商投资协会。加强与港澳同胞、台湾同胞和海外侨胞的沟通，通过召开亲属座谈会，动员他们向在港澳台等地的亲属宣传盱眙县经济社会发展情况。

2004～2008年，县政协每年中秋节开展与港、澳、台、侨人士及“三胞”亲属的联谊活动，征求对经济发展环境意见。组织委员对台商投资企业发展情况进行视察，加强台商企业与县内企业联系合作，帮助台商解决实际问题。其间，接待南京市、扬州市、南通市、泗洪县政协到盱眙交流，与周边安徽省县（市）政协开展联谊活动。

第四节　专题活动

1986年，县政协科技组与县科协到龙山乡、河桥乡进行麦田免耕、稻田养鱼、牧草改良等技术成果宣传，组织畜牧工作者到穆店、仇集、张洪、马坝等乡镇开展畜禽防治技术咨询活动，医卫组组织医务人员到仇集、穆店等乡开展健康咨询服务。1987年，县政协对第一山公园内残破魁星碑重新拓片勒石。1988年，科技组开展果树栽培、蚕桑技术、英语教学等活动12次。文体组与县广播站举办《都梁艺坛》节目，举办协民补习学校、美术培训班等讲座，牵头成立县气功科学研究会。1989年，与广播站联合举办“团结之声”节目，宣传新时期党的统战理论。

1993年，由县政协负责的蔬菜工程，总面积5000公顷，其中保护地面积680公顷。1994～1997年，县政协医卫组组织义诊小组在管镇、王店等乡镇为侨属、港澳台同胞眷属和群众开展义诊活动；为县聋哑学校32

名学生和12名教师义诊;与县侨办引进"筑基工程"资金200万元,用于27个村小建设。1998年,县政协与县委统战部引进爱德基金会投资34万元,用于王店乡范桥电灌站二期工程项目和古城中学教学楼建设;帮助挂钩扶贫王店乡尹湖村协调资金2万元,建设村机站、更新变压器、修路。1999年,县政协捐款捐物,帮助张洪乡贫困学生10余名。

2000年,县政协机关党员干部开展向下岗职工捐款献爱心、为农村贫困户捐款助推"草改瓦"等活动。2001年,先后到南京、淮安、泗洪、来安、浙江等地筹措重建铁山禅寺资金;开展"爱我第一山"活动,为第一山公园筹资200多万元。2002年,开展捐资助学专题活动,募集资金71.67万元,向上争取资金16万元,资助贫困大学生156名。2003年"非典"期间,县政协号召政协委员捐款,张航委员向中华慈善总会捐献价值450万元的药品、向县医院捐款5万元;抗洪期间,组织募捐价值20万元的药品,用于灾区防疫工作。资助考取公办本科院校的特困大学生208名。

2004~2007年,募集助学资金322.43万元,资助被公办本科院校录取的困难大学生1170名。其间,联系务工信息、向县外和县工业开发区介绍用工,超额完成全年劳动力转移工作任务;参与组织第六届中国龙虾节龙虾烹饪大赛。

2008年,募集助学资金105万元,资助440名当年考取公办本科院校的特困大学生,资助当年78名考取公办专科院校的特困大学生。参与"圆梦行动"和"明德奖学金"两项工作,"圆梦行动"资助学生95名,"明德奖学金"有8人获得,落实资金40多万元。

第五节　文史资料征集汇编

1986年,县政协文史委编辑出版近9万字《盱眙文史资料选辑》第三辑。1987年,县政协文史委征得县名胜古迹、历史文物、地理图片40幅,选用35篇稿件和25幅图片,编辑出版《盱眙文史资料选辑》第四辑。1988~1989年,编辑出版《盱眙文史资料选辑》第五、六辑,出版发行《盱眙古诗词选》。

1990~1991年,政协文史会委开展新中国成立后史料征集,征得文化教育、古今人物、往事实录、研究与考证、海峡两岸交流、工农商等稿件50篇,出版《盱眙文史资料选辑》第七、八辑。1992年8月,组织关于文史资料的社会效益调查。完成侵华日军在盱眙的暴行资料整理以及《淮阴市水利专辑》有关资料征集工作。1993年5月中旬,县政协文史委、县文史办对《盱眙文史资料选辑》第九辑征集稿件进行整理和审定,8月底出版。1994~1996年,出版发行《盱眙文史资料选辑》第十、十一、十二辑。1999年,在县政务网上开设"盱眙文史"栏目,在《盱眙日报》开辟"文史天地"专栏,在县电台开播"说文话史"专题。10月,编撰《第一山题刻选》。

2000年4月,《第一山题刻选》正式出版;编辑《淮河文化研究论文集》。2001年7月~2002年,编撰《盱眙今古传奇》《淮河与盱眙》。2003年,县政协文史委、县文史办编辑《盱眙文史资料选辑》第十三辑,编写的关于第一山、都梁公园、明祖陵、铁山寺、黄花塘新四军军部旧址园林建设稿件入选《淮安园林》。

2004年,县政协文史委、县文史办撰写的《明祖陵的历史地位与经济影响》在第十届明史国际学术研究会和世界文化遗产论坛上交流。县政协配合有关部门参与水下古泗州城遗址勘探工作,形成《古泗州城考古勘探报告》和《古泗州城保护、利用、开发可行性报告》。

2005年,县政协文史委、县文史办组织撰写的《朱元璋出生地考》在第十一届明史国际学术研讨会上交流,《淮河文化的成因与特色》《明代泗州城考》《明祖陵地位论》入选《淮安历史文化研究论文集》。2006年,组织撰写的《都梁丰碑》《朱元璋出生地考》《明祖陵地位论》《明代泗州城新探》等一批学术论文在国家级学刊上发表。2007年,出版《都梁丰碑》。2008年,征集盱眙解放后政协委员及所联系的各界人士"亲历、亲见、亲闻"史料,编印《盱眙文化旅游》。

第二十一篇　群团组织

1986 年起，全县各人民群众团体加强组织机构建设，依法履行职责和职能。县总工会开展创建职工之家、技能比赛等活动，发挥工人建设新盱眙的主人翁作用。团县委不断扩大团员队伍，开展青年文明号评选活动，引导培育青年、团员为盱眙县经济发展建功立业。县妇联开展“双学双比”“巾帼建功”竞赛活动，发挥妇女“半边天”作用。县科协传播科学技术，促进科技人才成长。县残联开展社会救助、个人捐助、党员干部挂钩等帮扶助残活动，提高残疾人生活水平。县个体劳动者协会开展评选“青年文明星”活动，推动个体私营经济发展。县工商联积极做好非公有制企业调查研究，为盱眙经济建设献计献策。县消费者协会维护消费者合法权益，查处消费者投诉，营造和谐诚信的消费环境。县红十字会募集救灾、救助资金，开展无偿献血和博爱送万家活动，及时妥善做好灾区应急救援工作。县关工委开展社会主义核心价值观教育，促进青少年健康成长。县老区开发促进会、扶贫开发协会发挥桥梁纽带作用，致力产业扶贫开发，推动老区加快发展。县文联开展文化艺术创作活动，引导会员创作出群众喜闻乐见的文学艺术作品。县哲学社会科学界联合会举办科普周，评选、申报科技优秀论文，发挥哲学与社会科学服务经济建设的作用。2007 年，盱眙县被评为江苏省科普示范县。2008 年，盱眙县被省总工会评为江苏省工会工作模范县，团县委获团中央希望工程优秀建设奖。

第一章　县总工会

第一节　代表大会

1986年5月20日,召开六届六次全委(扩大)会,六届委员、候补委员、基层工会主席出席会议。会议中心内容:贯彻市总工会一届四次全委会议精神,研究工作任务,增选陈志国为工会主席。1989年8月24~26日,召开第七届代表大会,出席正式代表117人,列席代表45人,特邀代表26人,听取并通过工作报告,选举徐传琛为工会主席,李宪峥、王青、陈国志为工会副主席。

1997年3月27~28日,召开第八届代表大会,出席正式代表189人,列席代表15人,特邀代表13人,选举委员会委员25人、经费审查委员5人,选举张育志为工会主席,李宪峥、张奠安为工会副主席。

2003年9月20~21日,召开第九届代表大会,出席正式代表144人,列席代表17人,特邀代表7人,选举委员会委员23人、经费审查委员7人,选举张玉祥为工会主席,张奠安、王青、杨福春为工会副主席。2006年5月9日,召开第九届委员会四次全体会议,增选九届委员会委员8人,选举王恒亮为工会主席。

第二节　组织建设

一、基层工会

1986年,有基层工会194个,工会小组1127个。1993年,受工业企业改制等诸多因素影响,基层工会减少至83个,其中国有企业基层工会68个、集体企业基层工会12个、乡镇企业基层工会2个、中外合资企业工会1个。

1994年,组织机关工作人员深入未组建工会的工业企业,宣传组建工会的重要性,要求在短时间内组建工会。年底,全县基层工会增加到296个,其中基层女职工委员会67个。全县有专兼职工会干部3460人,会员32840人,其中女职工14260人。1997年,换届改选基层工会7个,调整基层工会负责人36人。全县基层工会303个,其中女职工委员会72个,基层劳动争议调解委员会186个,办理基层工会法人登记确认手续45个。

2000年,基层劳动调解委员会232个,调解职工与企业领导产生工资发放、劳动时间等方面产生的矛盾。2003年,县委、县政府先后召开工会组建工作会议和组建工作推进会,明确规定各企事业单位、机关、团体必须组建工会。年底,基层工会增加到392个,会员5.26万人。19个乡镇全部建立工会组织,职工入会率98%。

2008年,有基层工会352个,其中机关事业单位工会159个、乡镇工会64个、非公企业工会51个、集体企业及控股集团(公司)工会26个、街道工会4个、村级工会4个,其他工会44个。会员39253人,其中机关事业单位24563人、集体企业及控股集团(公司)5813人、非公企业2880人、乡镇5797人、城区街道31人、村级169人。

二、机关自身建设

1986年，县总工会开展创建学习型、服务型、廉洁型、规范型、和谐型、高效型机关活动，提高机关工作人员政治素养。

1989～1993年，先后组织调研小组4个，检查、调研全县基层工会工作。年底，全县共评出优秀积极分子、优秀工作者100人，分别受到省总工会、市总工会表彰。1994年，开展创企业精神，树主人翁形象教育活动和企业进市场，职工怎么办大讨论，参与省总工会举办的财务竞赛活动。1995年，县总工会工作人员撰写论文12篇，获省总工会财务竞赛一等奖。1996年，向全县各级工会发出《问卷调查》250份，基层职工向县总工会提出意见和建议120余条，县总工会落实整改措施。

2000年起，县总工会将每年11月定为机关工作人员学习《中华人民共和国工会法》月，深入基层工会开展调查研究活动。至2002年，共撰写心得100余篇，调研论文20余篇。《胸怀全局，情系服务基层》论文在全省交流，《工会要切实维护职工在安全生产中的合法权益》等5篇论文在《盱眙日报》发表。

2006年起，开展创建省工会工作模范县活动，先后选送工会干部50余人次参加省、市总工会举办的培训班，兴办亚太实业公司、佳利农机销售公司、都梁生产资料服务公司、波士达广告装潢公司和职工技术服务公司等三产企业。2008年，盱眙县被省总工会评为江苏省工会工作模范县，县总工会被省总工会评为财务工作先进集体、获市总工会先进集体一等奖。

第三节　维护职工合法权益

一、农民工维权

1986年起，非公企业发展迅速，男女外出务工形成“打工热”，也有大量外地人员到盱眙务工。农民工是没有城市户口和城市身份的准市民，还表现在农民工无法享受依附于城市户口上的各种市民待遇，无法完全地融入城市社会。此时，维权工作主要是政治上维护在企业的参政议政权力（包括参加工会组织权力），经济上减少就业限制和防止同工不同酬等现象。

1994年，县总工会在全县范围内掀起学习、贯彻《劳动法》热潮，要求所有职工都要签订劳动合同和集体合同，按合同约定，发放工资。1997年、1999年和2002年，按照省、市总工会统一部署，3次调查全县国有、集体职工生活状况，发现一定数量的企业存在拖欠职工工资和医药费情况，严重影响职工基本生活。在矛盾较多情况下，会同县劳动部门出面干预，维护职工合法权益。

图21－1　盱眙县召开“共同约定行动”启动仪式，保障职工权益。

2003年3月，开展进城务工人员调查清理统计，摸清全县进城务工人员基本情况。6月止，全县共输出人员32373人，输入务工人员3386人。2004年，协助政府有关部门对建筑业、采石业、餐饮业、娱乐业、服务业等行业拖欠、克扣农民工工资行为进行清理，接待农民工投诉达50多起，涉及农民工500多人，追讨农民工工资75万元。

2005年,加强输出民工《工会法》宣传,教育他们加入工会组织,争取当地工会对他们的保护,印制由劳动和社会保障部编写的《农民工维权手册》5000册,免费发放给农民工,让农民工学会运用法律来维护自身的合法权益,变政府及工会的被动维权为农民工自主维权。2008年,会同劳动部门启动《盱眙县维护职工合法权益运行机制》,对职工维权领导小组赋予受理权、临机处置权、现场指挥权、责办监督权。确立案件会审制度、调处责任追究制度、案件受理和会办制度。当年,自办维权案件28起,交办36起,发挥较好作用。

二、女职工维权

1986年,盱眙县女职工约占职工总数30%,县总工会组织动员广大女职工发挥"半边天"作用。在企业改革改制过程中,维护女职工合法劳动权益,为女职工争取更多就业机会和岗位,与男职工同工同酬。维护女职工荣誉权,在竞聘、提职、评优中,女职工都应占有合理比例。维护女职工休息休假和特殊劳动保护权利,严格按照国家法规政策和企业规章制度,将女职工的特殊保护政策落到实处。关心女职工在婚姻、家庭和感情生活中的实际困难,特别是对"五期"(经期、孕期、产期、哺乳期、更年期)女工、下岗女工、离异单身女工,给予体贴和照顾,建立长效救助机制,及时伸出援助之手,把组织的温暖送给她们。

1998年,全县建有基层工会261个,女职工委员会59个,其余202个单位女职工不足25人的成立女职工小组。

2003年,抓好女职工组织建设"三同时"(凡是建立工会的单位,女工组织同时筹备、同时成立、同时换届),有利于开展女职工维权工作。在厂务公开和平等协商签订集体合同工作中,女工委参与工作,把女工维护工作纳入合同签订、厂务公开内容。

2008年4月,在全县女职工中广泛开展"迎奥运·关爱女职工健康行"主题活动,推动《江苏省实施妇女权益保障法办法》贯彻落实和"关爱女职工健康行"活动的深化。县总工会与卫生等部门联动,在县直各机关、企事业单位开展以防治妇科疾病、乳腺疾病为重点的妇女病普查普治工作,全县女职工实施免费妇检6230人,为38名困难女职工和52名困难女农民工进行"两癌"免费筛查。开展困难女职工特别是单亲特殊困难女职工和困难女农民工日常帮扶活动,制定困难女职工帮扶计划,在工会送温暖帮扶资金中设立专项资金,健全困难女职工电子档案。全年资助困难女职工和女农民工46人,其中生活救助20人、医疗救助6人、子女就学救助20人,资助金额2.3万元。

第四节 特色活动

一、开展竞赛活动

1986年5月,县总工会下发《关于动员全县职工为实现"七五"计划开展建功立业竞赛活动意见的通知》,全县各基层工会积极投身到竞赛活动中。1987~1991年,各基层工会开展技术革新和"五项"能手(节约、高产、管理、革新、优抚)创建活动。其间,实施技术革新969项,实现效益209.4万元。各基层工会被县、市记功77个、个人记功192人、获"五项"能手称号133人。

1992年起,继续开展"五项"能手竞赛活动,组织开展"八五奉献杯"立功竞赛活动。至1995年,共参赛5.2万人次,表彰立功集体一、二、三等奖共42个,表彰立功个人一、二、三等奖共71人,表彰"五项"能手共34人。职工技术攻关项目6个,其中2个项目获市总工会优胜奖,创经济效益242.35万元。年底,县总工会获市总工会企事业工作一等奖。

1995年11月,组织"工程杯"《中华人民共和国劳动法》知识竞赛,参赛工会164个294人。1996~1999年,根据县委、县政府"九五"经济发展目标,突出抓好"五赛"(销售、质量、新品开发、节能降耗、科学进步)、一攻关(减亏)为主题的"九五跨世纪奉献杯"立功竞赛和"安全生产无事故"竞赛活动。其间,相继组织135个单位参赛,职工参赛面90%以上;推广新技术23项,创效益417万元;举办科技知识普及培训班78期,参训7827人次;技术比赛42次,技术培训84期,参训4100人次。

2000年,开展职工技术创新立功竞赛活动,参赛单位152个,参赛职工11522人;举办技术创新培训班88期,参培3166人次;技术比赛55项,参赛1599人次,创造经济效益543.2万元。2002年,与《盱眙日报》联合开展“地税杯”《中华人民共和国工会法》知识竞赛,发放有奖答卷2100份,获一、二、三等奖66人;举办“一品梅杯”《中华人民共和国工会法》知识比赛,县交通局等6个单位工会分别获一、二、三等奖。

2006年,与县安监局联合开展“安康杯”竞赛活动,全县22个企业、216个班组、3800余人参赛。排查企业各类事故隐患106起,均落实整改措施。江苏淮化集团有限公司、新海电子制造有限公司等5家单位分别被市政府记一、二、三等功。

2008年,组织职工参加市总工会“华能杯”职工职业技能竞赛活动,17家企事业单位400余人参加15个工种预赛,选拔78名能手参加决赛,县服装工种3人获一、二等奖。县总工会被省总工会评为先进工作单位、财务工作先进集体,获市总工会目标考核先进集体一等奖。县人民医院和县地方税务局工会获淮安市“五一”劳动奖章,县建设局建设规划窗口和县城南实验小学幼儿园被淮安市总工会授予“工人先锋号”荣誉。

二、宣教文体活动

1986~1987年,盱眙县总工会组织宣讲队深入县属企业单位,宣传老山前线英模事迹6场次,受教育职工1.1万人次。1988~1990年,全县组织参加“双基”(基本路线、基本国情)教育,参加考试职工2.3万人,及格率98%。

1995年2月,组织“都梁杯”千名妇女健身长跑活动。参跑女职工近2000人。1997年5月,组织“人寿保险杯”机关职工运动会,举办“迎回归·港务杯”象棋比赛,分别评选出一、二、三等奖;组织职工参加省总工会举办香港回归知识读报竞赛,县总工会获组织奖。1998年,组织庆国庆暨盱眙解放50周年“恒河杯”职工卡拉OK大奖赛,参赛职工510人;组织“嘉喜杯”象棋、围棋赛,参赛职工210人;组织万人健身长跑比赛,县直机关4000人参赛。

图21-2　1998年国庆期间,县总工会举办“嘉喜杯”职工象、围棋赛。

2004年,举办“苏果杯”扑克牌比赛、“国贸杯”歌手大奖赛、“驾协杯”乒乓球比赛、“安康杯”知识竞赛,参赛职工1.2万人。2007年,组织职工诗歌大赛、职工风采榜电视演讲活动,征集讴歌新时期工人阶级、展示广大职工精神风貌的诗篇600多首、演讲稿60余篇,电视现场直播活动情况。2008年,组织参加淮安市第六届运动会,获金牌1枚、银牌3枚、铜牌5枚。

三、民主参政议事

1986年,县总工会落实职工审议建议权、审查同意权、审议决定权、评议监督权、选举厂长权,组织全县职工民主参政议事。1987年,与县委组织部联合组织工会职工代表民主评议96家企业单位408名党、政、工领导人,评出不称职者26人。1988年,各级工会召开职工代表会295次,收集提案988件,相关单位落实提案 913 件。1989 年,各级工会与企业负责人就职工劳动报酬、工作时间、休息休假、保险、福利待遇、职业培训、劳动安全与卫生、女职工特殊保护等问题进行平等协商,签订书面集体合同 118 份,提交职工代表会讨论通过后执行。

1990 ~ 1991 年,各级工会参与安全生产管理、消除安全隐患检查 210 余起,排查隐患 360 余起,参与安全事故处理 120 多起,处理突发事件 110 余件。全县共有 15035 名职工提合理化建议 15998 条,被采纳 6980 条,实施 3390 条,合理化建议实现经济效益 388. 86 万元。1992 ~ 1996 年,先后组织 240 个单位职工代表,开展民主评议企、事业单位干部,共评出优秀干部 170 人、不称职干部 54 人,共提出合理化建议 5125 条,被采纳 2091 条。1999 年,全县 112 家基层企、事业单位民主评议党政干部 426 人,提出合理化建议 5125 条,被采纳 2091 条。全县工会与企业新签订集体劳动合同 9 份,续订集体劳动合同 26 份。

2001 年,各基层工会通过协商,所有企业和个体经营户均签订集体合同。开展评议企、事业单位 108 家 387 名领导干部,其中 9 名干部因民主评议不称职被免职。2002 年,落实县政府《关于建立和推行厂务公开制度的通知》,146 家企业推行厂务公开制度,成立有职工代表参加的厂务公开监督小组 93 家。组织 8196 名职工提出合理化建议 7765 件,采纳 5271 件,实施 2889 件。

2004 ~ 2007 年,先后组织职工督查基层工会落实《关于国有企业实行业务招待向职工代表报告制度的规定》情况 5 次,共建立职工代表大会制度 139 个单位,实行业务招待费向职代会报告单位 124 个。全县基层工会职工提出建议 3985 条,相关单位共实施 2450 条。2008 年,全县各企业实施厂务公开 92%,公司制企业建立职工监事制度 100%,100 人以上的企业工人工资集体协商面 90% 以上。

四、送温暖工程

1993 年,县总工会开始实施送温暖工程。全年慰问生活困难职工 40 余次,发放救济款 2900 元,办理互协补充保险 3685 人。1994 年元旦、春节期间,深入 120 家困难企业,看望一线职工;慰问困难职工 54 家,发放救济金 2500 元。7 月,成立职工特殊疾病互助会,1. 5 万职工入会,当年救助疾病会员 30 人。县总工会被市总工会评为实施送温暖工程先进集体。

1995 年,县政府转发县总工会、县劳动局等 10 个单位《盱眙县解决特困职工、生活困难职工问题的有关规定》的文件。全年救助特困职工、生活困难职工 1356 户,发放救助金 9. 3 万元,享受互助会救济 50 人。建立特困职工档案 2000 多人,首批发放特困职工证 197 户。1996 年,县总工会职工互助补充保险工作被省总工会评为实施送温暖工程先进单位。1997 ~ 1999 年,共慰问走访困难职工 7643 户,发放慰问金 111. 18 万元;筹措特困职工子女学费 100 人。总工会组织干部结对帮扶下岗困难职工 784 人,62% 下岗困难职工走出困境;举办下岗职工再就业培训班 5 期,培训 310 人,帮助困难职工再就业 500 人。

图 21 - 3　县总工会领导慰问困难职工

2001 年,联合民政部门,帮助特困职工家庭办理城市居民最低生活保障 184 户;筹集送温暖资金 4. 6 万元,发放到 302 户困难职工家庭;筹集互助基金 6. 7 万元,救助 27 名患病职工 2. 48 万元。2002 年,筹措互助基金 6. 6 万元,救助 35 名患病职工 5. 6 万元。培训下岗职工 600 人,转岗再就业 400 人,劳务输出 220 人;

建立女职工再就业基地2个和再就业培训基地1个。

2003年，开展奉献一片情，温暖职工心为主题的送温暖活动，救助34名患病职工4万元。2007年，组建困难职工帮扶中心，筹集并发放解困金45.52万元，帮助解决1288名困难职工生活困难。建立健全单亲困难女职工档案，发放35名单亲困难女职工助学款2.3万元。2008年，分别在县交通局、县商业集团、县经贸委、盱城镇、江苏淮河化工集团有限公司建立困难职工帮扶工作站，筹资29万元，救助困难职工486人、大病救助17人、助学75人，发放资金25.6万元；培训困难职工367人，发放家庭特困职工证168户。

五、职工之家创建

1986年起，通过创建职工之家宣传、动员工作后，组建的职工之家相继增加。至1991年，县直单位共建成职工之家80个。1992年，获县级先进职工之家43个、市级先进职工之家7个、省级模范职工之家2个。1994年起，开展创建合格职工之家、模范职工之家、先进职工之家活动。至1996年，全县组建职工之家200个，创县级合格职工之家24个，市级先进职工之家、模范职工之家各40个，省模范职工之家2个。

2005年，组织基层工会会员开展评议职工之家、创建星级职工之家活动。年底，获省模范职工之家2个、三星级职工之家14个、一星级职工之家268个，职工之家合格率93.5%，评议职工之家95.67%。2008年，建成职工之家77个，获县级先进职工之家62个，市级先进职工之家13个，省级模范职工之家2个，评议职工之家92%。鹏胜采石公司、人民银行盱眙县支行职工之家被评为省模范职工之家。

第二章　共 青 团

第一节　代表大会

1987年12月7~9日，团县委召开第九次代表大会，出席代表284人，选举委员19人、候补委员3人、常委7人，选举产生书记孟凡扬、副书记顾建平。

2002年11月19~20日，团县委召开第十次代表大会，出席代表133人，选举委员22人、候补委员10人、常委5人，选举产生书记商振江，副书记陈志勇、沈晓红。2007年9月22~23日，团县委召开第十一次代表大会，出席代表132人，选举委员20人、候补委员10人、常委7人，选举产生书记王敏、副书记蒋林海。

图21-4　团县委召开第十一次代表大会

第二节　组织建设

一、青年联合会

2000年7月14日,成立县青年联合会,召开第一届委员会会议,出席委员140人,选举产生常务委员28人,其中主席刘广金,副主席8人,秘书长孙大高。县政府副县长王德宝、盱眙中学校长庞中银任青年联合会名誉主席。2001年10月15日,县青年联合会召开第二届委员会会议,增加常委4人,陈浩当选为主席,刘广金被聘为名誉副主席。2002～2008年,县青年联合会未进行换届。

二、基层团组织

1986年,有基层团委58个,团总支6个,团支部858个,团员16741人。1988年起,组织调查基层团组织发展情况,制定团组织发展规划和具体措施,推动农村团组织逐年增加。至1993年,农村团支部发展到912个。

1994年,举办团干部培训班2期,交流工作经验,参训161人。选派25名基层团委书记到省青年干部院校和市团校学习。1995年,县委组织部与团县委在新街乡召开"推优"(推荐优秀团员作为党的发展对象)工作会议,提高团组织吸引力和凝聚力。年底,共推荐57名优秀团员进入市人才库。全县基层团委发展到65个,团总支59个,团支部1115个,团员20690人。

1996年,举办团干部培训班2期,学习中共十四届六中全会精神,交流学习体会,参训200人。推荐25名团干部到市团校培训。1997年,印发《盱眙县基层团委达标考核细则》《关于全县三类团支部整改计划》《关于做好1997年发展团员工作的通知》,团县委工作人员分片包干,调查摸底三类团支部190个,制定方案,落实措施,年底三类团支部基本转化为二类团支部。全县团员发展到14385人。

1999年,利用村干部精减、改组机会,全面推进村团支部书记"三位一体"(农村青年星火带头人、村团支部书记、村委会科技副主任)配备,全县配备率100%。盱城镇、马坝镇召开推优入团工作会议,共推荐110名少先队员入团。全年发展新团员6305人。

2001年,与县委组织部联合印发《关于全县团组织集中换届工作的实施意见》,在全县46个基层团委中换届26个。换届后的团委委员平均年龄25岁左右,文化程度均大专以上。因区划调整,基层团委、团总支分别减少到48个、2个,全年新发展团员3500人。2005年,召开"五四"纪念大会,表彰红旗团委15个、红旗团支部32个、优秀团干部32人,供电公司团委交流工作经验。全县增加基层团委1个,团总支、团支部分别增加到58个、1051个,团员发展到22504人。

2008年,成立10个大学生村干部团支部。其中,联合团支部分别是:共青团黄花塘镇、马坝镇、官滩镇、观音寺镇联合支部;共青团河桥镇、仇集镇联合支部,共青团穆店乡、旧铺镇联合支部;共青团明祖陵镇、管镇镇联合支部。大学生村官全部兼任所在地团组织书记、副书记职务。年底,全县获团市委"五四"红旗团委10个、"五四"红旗团支部31个、优秀共青团员34人、新长征突击手27人。全县基层团委46个,团总支73个,团支部602个,团员32691人。

第三节　少年先锋队活动

1986年,开展小百花奖竞赛和兄弟姐妹结书友活动,5000余人参加。1988年"六一"期间,召开全县少代会,建立县少工委,成立县少先队工作学会。

1993年6月8日,在县体育场举行第四届少先队鼓号检阅仪式,县四套班子领导出席,观众1万多人,五墩小学获一等奖。1995 年，举办少先队辅导员培训班，参训 64 人，学习少先队基本理论，观摩五墩小学少先队员活动现场。1996 年 4 月，组织全县 5 万多名少先队员，开展为县乡道路献爱心作贡献活动。5 月底，共收到少先队员捐款 61880.64 元。县乡道路指挥部、团县委、县教育局联合向表现突出的 10 名少先队员发放荣誉证书和纪念章。

1997 年，举办爱我中华，爱我盱眙，迎香港回归少儿书画展活动。与南通团市委结成友谊市县，并开展捡回一个希望，创造一个明天手拉手活动，发动全县少先队员收集、变卖废品，支援省少工委在淮北老区建一所“手拉手”小学，共收到少先队员捐款 2000 元。1999 年，组织开展纪念中国少年先锋队成立 50 周年活动，县政府表彰少先队工作热心支持者 20 人、优秀少先队辅导员 20 人、优秀少先队员 20 人。

图 21－5　1988 年，团县委组织的少年先锋队夏令营活动在南京中山陵留影。

2000 年“六一”期间，联合苏果超市为城区部分小学捐建苏果钢琴室、微机房等设施。团县委联合县关工委组织全县少先队员开展“看伟人周恩来故乡、做新世纪好少年”活动。2006 年，在县城区少先队中开展争当文明小市民，弘扬文明新风尚教育活动。全年向少先队员印发图文并茂的宣传材料 1 万余份，教育少先队员崇尚文明新风。

2008 年，组织少先队辅导员参加全市少先队工作优秀论文评选活动，《新课改加强少先队工作的思考》等 10 篇论文，分别获二、三等奖；组织少先队员参加淮安市举办的小荷风采少儿才艺大赛，4 名少先队员在比赛中获奖。

第四节　知识竞赛活动

1986 年，组织全县中小学开展 7 万青少年学法竞赛活动，自编普法手册、宣传小报 2 万余份。1993 年，举办近代史知识竞赛，参赛青少年 2 万余人。盱眙中学参加团市委举办的“洋河杯”中国近代史知识竞赛，获第四名。1994 年，与县委组织部联合开展学党的知识，讲理想追求知识竞赛，3500 名中学生参赛。1996 年，与县委宣传部、县关工委、县教育局联合开展“新华杯”爱国主义知识竞赛，全县 9 万名中小学生参赛，盱眙中学、县实验小学分别获中、小学一等奖。

2004 年，举办首届初中生辩论赛，辩论主题为“未成年人上网利弊衡量”，盱眙中学、第二中学等 10 所学校参加决赛，盱眙中学获决赛第一名。2005 年，盱城镇、马坝镇、桂五镇建立青少年法律学校。8 月，南通大学团委一行 30 人，到盱眙县举办法律知识咨询活动，向青少年宣讲法律法规，并开展法律知识竞赛，3000 余名青年、团员参加。

2006 年，联合县人防办、县妇联举办《中华人民共和国未成年人保护法》《中华人民共和国人民防空法》《中华人民共和国妇女儿童权益保护法》知识培训班，就所学内容开展知识竞赛，中小学生、团员、青年参赛 2 万余人。

2008 年,联合县教育局在全县中小学学生和家长中开展《中华人民共和国未成年人保护法》知识竞赛,中小学生以书面答卷为主,学生家长以短信答题为主,全县中小学生及其家长 1 万余名参加。

第五节　农业科技培训

1994 年,团县委首次举办农业科技培训班。至年底,共举办蔬菜栽培技术培训班 2 期,聘请专家讲授日光大棚栽培技术,各乡镇团员、青年参训 200 人。各乡镇团委相继举办各类农村实用技术培训班 133 期,参训 1.2 万人次。通过培训,全县涌现出团员、青年示范大户 451 户。

1995 年,组织扬州大学农学院盱眙籍暑期返乡大学生 15 人,赴铁佛乡 15 个村,举办农业科技知识培训,编发《科技简报》10 期、实用技术资料 1100 份。淮阴师专 30 名大学生在高桥乡走村串户,传播科技兴农知识。1996 年,与县委农工部、县多管局、县农业局联合举办青年养牛培训班 3 期,全县养牛专业户、专业村团员参训 420 人。

1997 年,围绕"两专一基"(专业大户、专业村和基地乡镇)工程,举办兴农致富能手培训班 2 期,培养农村青年致富能手 100 人。各乡镇团组织举办板栗、蔬菜等栽培技术培训班 61 期,参训 4000 余人。1999 年,各乡镇先后成立青年农民政治科技中心 28 个、分校 198 个,举办各类农业科技培训班 267 期,培训 3.5 万人,其中培养乡级科教兴农带头人 150 多人、县级科教兴农带头人 40 人、市级科教兴农带头人 10 人。

图 21 - 6　专家深入农村讲授大棚栽培技术

2001 年,各乡镇青年农民政治科技中心举办农业科技培训班 100 余期,农村团员、青年参训 2 万余人。通过培训,全县建成县级共青团科技示范园 20 个。王店乡丹参科技示范园、兴隆乡西陡湖鱼蟹混养示范园、淮河乡共青团韭菜示范园达市标准,科技示范园创建工作在全市团委大会上交流。2002 年,举办实用技术培训班 2 期,培养省、市产业带头人 58 人。2003 年,马坝楚东技校建立青年外出务工培训基地,免费培训 150 人,均输出外地务工。2008 年,各乡镇青年农民政治科技中心举办农业科技培训 230 余期,团员、青年参训 3 万余人。

第六节　特色活动

一、评选十大杰出青年

1998 年,开展首届十大杰出青年、优秀青年标兵评选活动,评出十大杰出青年 10 名,优秀青年标兵 10 名,花为伟、戴飞当选淮阴市十大杰出青年。是年起,开展评选十大杰出青年 10 名,优秀青年标兵 10 名活动。至 2008 年,全县先后开展六届十大杰出青年、优秀青年评选活动,共选出十大杰出青年 60 人,优秀青年标兵 60 人。

二、青年志愿者活动

1986年,组织青年志愿者植树145.6万株,其中成片林400公顷,实施青少年绿化工程110个。1988年,开展为家乡留下一片荫凉绿色行动,参加植树志愿者13.5万人,植树157.8万株,成片林621公顷。

1993年3月12日,组织青年志愿者15万人,植树150万株。县采石公司水土保持林被县委书记命名为“共青林”,并题碑名。1994年,组建“双抗”(抗旱、抗污)青年志愿者服务队350多支,为离退休老干部、残疾人、孤寡老人送水3940多担;开展盱眙县学雷锋青年志愿者奉献日活动,为县城居民提供义务修理、理发、咨询服务。

1996年春节前夕,组织青年志愿者开展赠春联、贺新春、献爱心活动,盱城镇20名青年志愿者在供销大厦门前为市民书写春联2000余副;全县30个乡镇组织450名志愿者书写春联5000副,免费赠送部分农民、特困户、军烈属。1999年,开展志愿者奉献日活动。其间,共组织志愿者服务队、突击队300多支,帮助五保户、军烈属、贫困户抢收小麦106.67公顷,脱麦30多万公斤。

图21－7　“红马甲”青年志愿者服务队上门为军烈属检查线路。

2003年,志愿者发放《取缔白色污染、还我绿水青山》文明城市创建活动倡议书8000份,5000多名志愿者在横幅上签名。2004年龙虾节期间,组织100名志愿者服务龙虾节广场和万人龙虾宴。2006年,第六届龙虾节期间,组织8名盱眙籍大学生志愿者,在龙虾节演出现场设立2个茶水供应点,免费服务观众;组织60名志愿者为万人龙虾宴服务。2008年,团省委实施大学生志愿服务苏北计划活动,团县委接收到盱眙志愿者44名,分别安排到乡镇参与支农、支教活动。

三、青年文明号创建

1994年,团县委公布青年文明号标准,正式启动青年文明号创建活动。全县首批22个青年集体被县级授予青年文明号,县中行城北储蓄所被市级授予青年文明号。1995～1997年,团县委先后命名表彰马坝法律事务所等40家青年文明号,金谷美食店等7个青年集体被团市委授予青年文明号,盱眙县染化厂被团省委授予青年文明号。

1998年起,团县委联合县文明办召开会议,总结创建青年文明号取得成果和经验,要求各级团委按照标准扩大评选范围,推动全县文明创建工作。至2001年,全县共创建省级青年文明号4个、市级40个、县级120个。

2003～2006年,联合县委宣传部、县文明办开展创建青年文明号集体进社区、进工厂、重点建设工程和机关活动,培养一大批青年岗位能手。其间,共创省级青年文明号集体7个、市级65个、县级150个。2008年,县公安局稽查大队城中一分队、县烟草专卖局稽查大队、地方税务局六分局、县公路管理站路政中队、县国税局法治创建办公室、官滩卫生院被团市委授予青年文明号,县移动公司淮河东路营业厅申报争创省级文明单位。

四、实施“希望工程”

1993 年，盱眙县“希望工程”正式启动，台湾影视公司董事长陈大伟捐款 20 万元，在仁集乡兴建盱眙县希望小学。1994 年，团县委开展希望工程百万爱心活动，上海江苏饭店、南京理工大学、淮阴师范学院等 12 个单位 1200 人向盱眙“希望工程”捐款 6 万元、捐物 2 万件，救助失学少年 500 人。团县委、县教育局被团市委、市教育局联合表彰为希望工程先进集体。

1995 年，江苏省总工会、江苏省青年基金会出资 16 万元，援建洪山希望小学，扩建古城中心小学。团县委联合县邮政局发行希望工程明信片，被团市委、市邮政局评为希望工程明信片发行先进集体。1996 年，省军区出资在旧铺乡兴建好汉希望小学。省希望工程教师志愿者服务团 12 人到盱眙，开展示范教育教学活动 3 天。团县委与县农行开展希望工程爱心储蓄活动，吸储 160 万元，团县委获团市委希望工程爱心储蓄优秀组织奖。

1997 年，江苏省民主建国会出资 18.1 万元，市、县教委出资 18.8 万元，社会捐资 70 万元，在管镇镇兴建民建希望小学；江苏民进会员捐款 22 万元，在铁佛乡兴建民进希望小学。1999 年，全县开展希望工程志愿者劝募行动，募捐 2.5 万元。县四套班子领导带头每人结对资助农村特困学生 1 人，县直单位干部共结对资助农村特困学生 1000 人。

图 21－8　盱眙县仁集乡希望小学开工奠基仪式

2000 年，香港商会副会长张永珍捐资 10.8 万元港币，在河桥镇兴建张永珍希望小学。团县委争取希望工程助学金 6 万元，资助农村特困学生 650 名。省民建领导向管镇小学捐款 1900 元，资助特困学生 38 名。2003 年，省希望工程办公室投资 20 万元，在黄花塘镇兴建振华希望小学。

2004 年，南京市鼓楼区团委在盱眙县开展第一批结对资助活动，资助桂五中学 6000 元。是年起，每年每人资助 300 元，共资助 42 名特困学生至高中毕业。2006 年，南京南瑞继保电器有限公司捐助 20 万元，新建黄花塘岗村希望小学。团县委争取明德奖学金、江苏省电力基金、石祖嘉奖学金 14.95 万元，资助 250 名贫困学生。

2008 年，团县委争取明德奖学金 20750 元，分别资助盱眙中学、水冲港中学、旧铺中心小学、县实验小学共 92 人。淮安国际商城助学金 5900 元，资助马坝中学、黄花塘中学、淮河中心小学共 18 人。社会爱心人士结对资助金 8800 元，争取圆梦行动助学金 38 万元，资助 95 名贫困大学生。大学生慈善基金资助 4.2 万元。团县委获团中央希望工程优秀建设奖、江苏省未成年人保护知识网络竞赛组织奖。

五、文艺活动

1986 年起，各乡镇、各单位团委利用各类传统节日举行文艺活动，宣传社会主义建设中的新人新事。至 1990 年，共开展各项文艺活动 320 多场次。

1994 年，举办“保险杯”爱国主义教育影视歌咏比赛，全县 13 所学校 1500 多名团员、青年参赛；与县书法协会、金谷园饭店联合举办“金谷园杯”爱国主义书法比赛。1997 年，在县烈士陵园举行百名新团员宣誓活动，盱眙中学等 6 所学校 300 名新团员参加。1998 年 4 月 28 日～5 月 4 日，举办以展示青少年风采、服务奔小康工程为宗旨的盱眙县首届青少年文化艺术节。艺术节活动内容包括团体操汇演、鼓号检阅、辉煌的盱眙摄影大赛、可爱的家乡书画赛、青春在小康路上闪光征文大赛、卡拉 OK 大奖赛、篮球赛、文艺晚会。全县万余名青少年参加艺术节活动，获奖青少年 1000 多人。

2003 年，开展“大明宫杯”学雷锋征文活动，收到征文 200 篇，评出一、二、三等奖 30 名。2008 年，以摒弃陋习、崇尚文明、创建和谐盱眙为主题，开展创建省级卫生城市活动。活动期间，组织青年团员深入城区街道、社区，采取文艺表演形式，宣传《创建省级卫生城市倡议书》。

六、主题教育活动

1986 年“五四”期间，团县委举办我为“七五”献青春专题演讲会 5 场次，参会青年 2500 人。1987 年，各乡镇、各单位团委利用各类传统节日举行活动 160 多次，宣传社会主义建设中的新人新事。1988 年，在全县青少年中开展缅怀都梁革命英烈、树立远大革命理想为主题的立志活动，全县参与活动的中小学生 5 万多人。

图 21－9　2007 年，盱眙县召开纪念“五四”运动 88 周年暨县十佳创业青年表彰大会。

2000 年，在全县团员青年中开展致富思源、富而思进教育活动，要求青工系统突出创新创效、农青系统突出劳务输出、学校系统突出社会实践，为盱眙经济建设服务。2002 年，举办十八岁成人礼、入团宣誓仪式教育活动，倡导青少年学习《公民道德建设实施纲要》。2006 年，先后在县第二中学、县实验小学开展社会主义荣辱观系列教育，举办宣讲会 5 场次，1 万余名中小学生受到教育。2008 年 5 月，各乡镇团委举办团员、青年学习中共十七大精神培训班 19 期，参训 2000 余人。

第三章　妇女联合会

第一节　妇女代表大会

1999 年 3 月 3～4 日，县妇联召开第十次妇女代表大会，出席代表 196 名。大会通过蔡莉作的《解放思想团结奋斗，开创盱眙妇女工作新局面》工作报告，选举产生县妇联第十届执行委员会委员 48 人、常委 9 人，选举蔡莉为主席，张晓红、王启林为副主席。

2004 年 11 月 23 日，县妇联召开第十一次妇女代表大会，出席代表 142 人。大会通过张晓红作的《以三个代表重要思想为指导，团结动员全县妇女为实现富民强县宏伟目标努力奋斗》工作报告，选举产生县妇联执行委员会委员32人、常委8人,选举张晓红为县妇联主席,朱丽为副主席。2008年,未召开妇女代表大会。

第二节　组织建设

1986年,县妇联设生产福利部、维护妇女权益部、儿童少年部、组织宣传部和办公室,配备主任、副主任各1人。全县乡镇场有妇联主任33人,各村设妇代会主任1人。1989年,成立县少儿工作委员会。6月,成立县"双学双比"(学文化、学技术、比成绩、比贡献)竞赛活动协调小组,吴良桂担任组长,县妇联、县科技局、县委农工部等16个单位为成员。10月,成立县家庭教育研究会,会员62人,选举理事30人。

1991年10月,在421个村配备妇代会主任、委员。1994年11月,县委组织部在全县公开选拔县妇联正、副主任各1人和女副乡镇长10人。全县15个乡镇党政领导中有女干部17人。1995年,县委转发县妇联《关于在县直单位建立妇女组织的报告》文件,在妇女相对集中的36个单位,选举产生县直单位妇女委员会主任36名。全县妇女委员会主任增加到69名。1996年,村级妇代会主任45岁以下占57%,初中文化程度占90%。1999年,苏果超市盱眙加盟店成立妇女委员会。县直单位妇女委员会发展到49个。

2000年,区划调整,乡镇妇联主任减少到20人,村(居)妇代会主任减少到291人。县、乡配备科级女干部63人,女党员占全县党员总数21%;全县被选为人大代表妇女82人,占代表总数26.9%,其中省人大代表1人、市人大代表11人、县人大代表70人。被选为政协委员妇女31人,占委员总数18.8%,其中市政协委员1人、县政协委员30人。

2007年3月,成立女干部联谊会,制定《盱眙县女干部联谊会章程》。2008年,县妇联设权益部、发展部、儿童工作部、组织联络部、宣传部,妇女儿童工作委员会办公室。

第三节　妇女与儿童

一、妇女工作

1986年,联合县司法部门在鲍集乡举办《中华人民共和国婚姻法》普法试点培训班,并向全县推广。全县共举办普法培训班56期,参训妇女5000余人。1989～1993年,县妇联以"三八"科技兴农、科技兴林为主题,共举办农村妇女科技兴农、科技兴林培训班50余期,参训5000余人,均掌握1～2门实用技术。

1995年,制定《盱眙县女职工劳动保护实施细则》,实施企业女职工生育保险制度,1500名生育妇女享受生育保险金271万元。1996年起,各村妇代会在妇女科技示范户、专业户中建成1户文化中心户,开展万家互帮、万家敬老活动。至2000年,全县共建成文化中心户520家,帮助缺劳力农户抢收抢种666.67余公顷,为老人办实事做好事3000余件。

2000年起,县妇联开始组织农村妇女外出务工。至2006年,组织农村妇女和下岗女工2万余人县外劳务输出,县内转移1万余人。全省农村妇女劳动力转移工作经验交流现场观摩会在盱眙县召开,盱眙县开展家政服务培训的做法在全国妇联工作会议上交流。县妇联获省妇女劳务输出工作特等奖。

2008年,县妇联联合县委组织部、县委党校举办女干部培训班4期,参训800余人。县妇联举办家政服务员、缝纫机工、电脑操作、科技种植、养殖培训班15期,参训500余人;组织妇女劳务境外输出120人,县内转移200余人。

二、儿童工作

1986年,县妇联与县广播站联合举办《家庭与学校》专题节目,传授儿童教育基础知识。1997年,兴办父母学校313所，每所学校举办培训班2期，听课家长33880人。1989年，开展科学育儿知识竞赛，发放试卷5000份，评出健美娃娃885人，其中最佳7人。

1990年，开展为了儿童奉献爱心活动，共捐款、筹款28346元，购买幼儿园玩具，添置教具。1993年，县妇联创办机关幼儿园。（具体见第二十八篇《教育》）1994年，县妇女儿童工作委员会制定《盱眙县妇女儿童工作委员会工作规则》《盱眙县“八五”儿童少年事业发展规划实施提纲》。

1995年起，组织开展实施“春蕾计划”，救助失学儿童行动。至1997年，共收到捐款10.4万元，其中扬中市妇联捐款3.2万元，市妇联、市人事局、市广播局、市卫生局和海河大学教职工共捐款3万元，省妇联、省老区开发促进会、省教委捐赠教具价值1万元，共资助630名女童重返课堂。1999年起，继续实施“春蕾计划”。至2005年，共收到社会各界和个人捐款112万元，救助1253名女童孤儿，资助340名失学女童重返校园。

2006年起，开始创办“春蕾班”，至2007年，共创办“春蕾班”51个，4900名孤困儿童受到资助；争取“春蕾计划”资金13万元，资助250名儿童重返校园。倡议为身患白血病的管镇中学学生陈翔宇捐款1万元。年底，淮安市“春蕾班”工作汇报会暨“爱心助我成长”主题班会在盱眙县召开。

2008年，向省慈善总会、省儿童基金会争取孤儿生活补助费3万元，资助孤儿30名。县国税局、地税局向聋哑学校、盱城中心小学、管镇小学等5所学校捐赠毛衣2000件。

图21－10　县妇联举行关爱女孩启动仪式

第四节　特色活动

一、“生命礼物”援助行动

“生命礼物”活动，由上海扶轮社发起，通过向海内外筹资，委托上海胸科医院为家境贫困的先天性心脏病患儿免费或半免费手术的一项慈善活动。2003年起，县妇联与上海扶轮社多方面交流、洽谈，争取“生命礼物”援助，启动“生命礼物”行动。至2008年，受援助并接受手术的先天性心脏病患儿共88人，接受手术成功率100%，免除医疗费264万元，平均每人3万元。

二、“双学双比”竞赛活动

1989年起，县妇联在农村妇女中开展“双学双比”（学文化、学技术、比成绩、比贡献）竞赛活动。县、乡、村成立“双学双比”竞赛活动协调小组，采取举办培训班、典型引路等措施，组织农村妇女因地制宜地开展种植业、养殖业、加工业、服务业“双学双比”竞赛活动，涌现出一批先进个人和先进集体。至1993年，被省妇联评为先进集体1个、先进个人1名；被市妇联评为先进集体2个、先进个人4名；被县政府评为先进集体4个、先进个人100名。年底，县妇联被省妇联评为“双学双比”先进集体。

1996年起，将企事业单位创岗位能手、农村创致富标兵活动融入“双学双比”竞赛活动中。至2000年，共表彰先进集体50个，评选妇女岗位能手50人，农村妇女致富标兵208人；徐德梅被省妇联表彰为“双学双比”竞赛活动先进个人。年底，县妇联被省妇联评为“双学双比”先进集体、被市妇联评为维权工作先进集体。

2001年起,将劳务输出、创建平安家庭融入“双学双比”活动之中。至2007年,先后共举办培训班100余期,参训妇女1.3万余人次;召开用工招聘会5场次,妇女劳务输出共2000余人;评选市级平安家庭20家、县级620家。楚东职业技术学校女校长张红梅被全国妇联评为致富能手,县供电局女职工薛冬被评为省十佳好军嫂,鸿达制衣有限公司女经理顾显宏被市妇联评为优秀创业女性。2008年,采取重点培训、分层培训和分类培训举措,举办各类妇女“双学双比”培训班23期,参训2000多人次。

图21-11 岗位培训能手——张红梅

三、“巾帼建功”争创活动

1994年,县妇联首次在全县农村妇女中开展巾帼建功竞赛活动,涌现出年收入3万元以上大户30家,其中单项收入2万元以上的大户20家。县妇联表彰女致富能手10人,洪山乡杨木兰被评为县巾帼建功标兵。1995年,将巾帼建功竞赛活动延伸到机关、企事业单位。县直机关被省妇联评为巾帼建功先进个人1人、被市妇联评为先进个人3人。1996年,在县政府门前举办巾帼建功图片展,展出妇女建功风采照片400幅。

1997年,开展创建巾帼示范岗竞赛活动,县医院、县粮食局等15个单位在女职工中开展争当服务明星、为行业做贡献活动。县供销大厦黄金柜台被省妇联评为巾帼示范岗,金谷园饭店总台被市妇联评为巾帼示范岗,县妇幼保健所等10个单位被县政府评为巾帼示范岗;洪山乡水产养殖大户韩秀英等13人分别被市妇联评为女致富标兵、女致富能手。1999年,将巾帼示范岗向巾帼示范园、“三八”示范林延伸,县、乡共创建巾帼示范园25个,蔬菜大棚606个,占地360公顷;营造“三八”示范林24个386.67公顷。

图21-12 县妇联在全县发展农业大户、女致富能手,图为女致富能手向科技人员咨询大棚种植技术。

2004年,将巾帼示范岗向岗位和行政村结对、岗企结对渗透,开展活动11次,共建成岗村结对8个,岗企结对4个。2008年,全县创建国家级巾帼文明岗1个、省级8个、市级3个,被省妇联评为先进工作者1人,被市妇联评为巾帼标兵2人、先进工作者2人,被县妇联评为巾帼文明岗200人。

四、特色家庭评比活动

1986 年起，县妇联确定评选文明家庭标准：广大妇女踊跃参与社会公德、职业道德和家庭美德建设；弘扬文明新风，热心公益事业，参与环境保护；关心集体，勇于奉献；倡导夫妻和睦、敬老抚幼，科学教育子女，崇尚文明健康；参与文明城市、文明村镇、文明社区、文明单位创建。

1991 年起，将创建"平安家庭、和谐 e 家"作为评选五好家庭的主要条件，制定规划，召开会议，落实措施。至 1998 年，共创建以妇女为主的五好家庭 5100 家。

2000 年起，将遵纪守法光荣户、双文明户、平安家庭户纳入五好家庭创建工作，开展讲文明、树新风，争创绿色家庭、共创美好人生等活动。至 2006 年，共评选出五好家庭 4500 家。

2008 年，以妇女为主创建五好文明家庭共 6 万家，其中市级平安家庭 23 家、县级平安家庭 942 家、乡镇级平安家庭 3420 家。

第四章　工商业联合会

第一节　会员代表大会

1995 年 6 月，县委、县政府组织恢复县工商业联合会（简称工商联）。1996 年 9 月 13 日，召开第四届会员代表大会，出席代表 68 人，选举执行委员 19 人，其中县政府领导兼任会长委员，选举产生朱孝慈、陈干为副会长。

2001 年 12 月 29 日，召开第五届会员代表大会，出席代表 59 人，选举执行委员 22 人，其中副会长 6 人，朱正荣当选为会长。2006 年 11 月 30 日，召开第六届会员代表大会，出席代表 59 人，选举执行委员 26 人，其中副会长 13 人、秘书长 1 人，雍梅当选为会长。

第二节　服务经济

1995 年，组织会员企业参加南京秋季农副产品展销会，成交额 100 多万元；提供个体私营企业咨询服务 56 次，发展新会员企业 70 个，会员 97 人。1997 年 5 月，自筹 2 万元，在县城举办裂山牌矿泉水订货会，南京市 65 个大型商场一次性订货 4000 箱。帮助江苏第一泉酒厂、仇集正宗麻油厂打开苏南销售市场。动员会员企业吸纳下岗职工再就业 150 人。

1998 年，与县委党校、县人事局、河海大学联合创办经济管理大专专业证书班，录取非公有制经济人士 67 人。祥发轻工有限公司向县 10 个贫困乡镇捐赠 500 辆童车。1999 年 12 月，组织非公有制企业经济人士，赴新加坡、马来西亚、泰国考察学习，并拜访商会，学习外国发展私营经济的经验和做法。年底，会员增加到 284 人。

2000 年，邀请浙江工业大学教授施放作中小企业发展与政策专题报告会，全县企业厂长、经理、私营企业主、工商界人士等 400 人参会。协调非公经济企业吸纳下岗职工再就业 100 多人。2001 年，组织会员赴南京、淮安、扬州等地参加商品洽谈会3次,帮助8个会员企业解决困难10起;协助县政府筹建融资担保公司,解决私营经济贷款担保难问题;动员会员企业吸纳下岗职工150多人。

2003年,邀请扬州、盐城和苏南县市20多家餐饮企业加盟盱眙十三香龙虾协会。2004年,争取省工商联救灾扶贫款8万元,分别用于穆店乡肖桥村、河桥镇龙泉村和黄龙村,解决水利设施维修资金。动员鹏胜采石公司、国太采石公司、金源采石公司向农村道路建设捐赠石料折现金120万元。

2005年,县工商联成立盱眙县采石业商会、盱眙县粮食加工业商会,帮助古桑乡龙潭采石厂解决石料运输与沿途居民纠纷问题,会同县工商局帮助县米厂解决商标纠纷问题,推荐鹏胜采石公司、星宇建材、王宇眼镜店,参加市电视台组织《构建和谐社会、争做企业模范》民营企业风采专题宣传报道。2006年,全县8个行业商会均建立信息库,实现信息共享。会员单位江苏盱眙鹏胜矿山机械有限公司向社会捐物折合人民币180万元,采石商会会长季厚礼向社会捐赠大米1.5万千克、猪肉3000千克,盱眙苏果商贸有限公司向贫困大学生捐款1万元。

2007年,《今日盱眙》设立《光彩之星》专栏,介绍10个会员企业发展情况。组织县烹饪协会厨师赴北京参加中国烹饪协会和东方美食联办奥运美食暨百强超厨大赛,参赛选手刘翠峰制作的龙虾菜肴获奥运美食推荐奖。2008年,协助停产、倒闭的23个服装会员企业员工实行分流就业。《今日盱眙》设立《创业之星》《一企帮一村》专栏,宣传典型会员企业10个。组织生产、加工农副产品3个行业参加在连云港举办的苏北农副产品贸易洽谈会。年底,为困难群体提供就业岗位236个。全县共有会员326人。

第三节 参政议政

1995年,县工商联首次组织会员调查私营企业100个,提出建议和意见35条,其中15条被有关部门采纳。1997年,会员被选为县政协委员6人,向县政协提出关于工业产值出现虚假现象的建议32条。撰写《盱眙县个体私营企业发展情况及对策》调查报告,被市工商联转发给全市各县工商联,撰写调研论文《改善环境,加强服务,放手发展个体私营经济》被县委转发全县。

1998年,县工商联在县政协会议期间提交《对全县个体工商户、私营企业实行收费“明白卡”》《成立商会基金,做好融资服务工作》提案,县委、县政府给予落实。撰写的《加强服务是经济欠发达地区工商联发展的必由之路》在省工商联第四期《商会管理》杂志上发表。1999年,共撰写调研文章10篇,其中《履行商会职能,积极开展服务》,在省工商联召开的商会管理研讨会上交流。

2000～2003年,工商联撰写《为个私经济发展和招商引资营造更宽松的外部环境》的调研报告,在县政协六届三次会议上作典型发言;《加快在个体私营经济中推动社会养老保险,促进非公有制经济健康发展》的调查报告,在全省非公有制经济代表人士思想政治工作交流会上发言;撰写的《内外并重抓个私经济发展,因势利导服务全县大局》调研报告,被县政府采纳。

2005年,县工商联在县政协会议上提交提案共34份,重点反映全县非公经济运行情况;提交《关于限制玄武岩开采,保护地方资源》提案,得到县领导重视并落实。编印《盱眙县全民创业指南》,被县委、县政府推荐给全县。编辑出版《腾飞的轨迹》一书,在市工商联成立20周年纪念会上展览。

2007年,就如何突破制约全县企业发展壮大瓶颈、如何鼓励全民创业等问题进行调研,撰写《关于鼓励全民创业,加快民营经济发展》被县委、县政府以文件形式下发。2008年,会同县项目办、县地税局、县财政局调研县开发区引资企业享受招商引资优惠政策问题,向县政府提出落实招商引资企业优惠政策相关建议,被县政府采纳。

第五章　残疾人联合会

第一节　组织建设

一、主席团和代表大会

1990年9月24日，县残疾人联合会（简称县残联）成立，副县长袁书祥兼任主席。1991年12月16日，召开第一次主席团会议，推选袁书祥兼任残联执行理事会理事长。1997年1月21日，县残联升格为正科级。3月23日，召开第二届主席团第二次会议，推选产生钱学才为残联执行理事会理事长，袁克超兼任副理事长。

2003年6月，召开第三届代表大会，选举席凡修任县残联执行理事会理事长，管海军任副理事长。2008年4月18日，召开第四届代表大会，选举席凡修继续任县残疾人联合会执行理事会理事长、管海军任副理事长。

二、乡（镇）、村残疾人联合会

1992年7月，县政府印发《关于组建乡村两级残疾人组织的通知》，乡镇残联由分管民政工作的乡镇长担任乡镇残疾人联合会执行理事会理事长，村（居）委会残疾人协会主任由村（居）委会主任担任。2000年，全县19个乡镇召开残疾人代表大会，选举乡镇残联理事5人，选举乡镇民政会计为残疾人联合会执行理事会理事长，村（居）委会残疾人协会主任由村（居）委会主任或副主任担任，选拔1～2名有工作能力的残疾人任委员。

2005年9月，全县19个乡镇231个村配备残疾人工作人员348名，1965个村民小组配有残疾人工作联络员。2006年，县城区4个社区成立残疾人协会。2007年6月，全县乡镇、村、居残联、残协均配备专职委员。2008年，县委、县政府在乡镇机构改革中，为乡镇残联落实1名机关编制。

第二节　残　疾　人

1987年12月14日，江苏省对19个县（市）残疾人进行抽样调查，用抽查的定性率推算，盱眙县六类残疾和综合残疾总数为3.2万人，其中听力、语言残疾13000人，视力残疾5000人，智力残疾4600人，肢体残疾4000人，精神病残疾1000人，综合残疾4400人。

2007年6月，根据全国第二次残疾人调查数据测算，全县共有各类残疾4.17万人，其中听力、语言残疾12930人，视力残疾6200人，智力残疾3300人，肢体残疾10000人，精神病残疾3300人，多重残疾6000人。通过核查登记，全县持证残疾人符合重度残疾人标准有3126名，其数据进入计算机信息化管理。2008年，办理残疾人证2200份。

第三节　培训与就业

1993 年,安排有劳动能力的残疾人就业 38 人,其中县社会福利厂 12 人、县福利纸箱厂 8 人、黄花塘福利厂 8 人、高桥福利印刷厂 4 人、龙山乡福利木器厂 6 人。1997 年 7 月 20 日,成立盱眙县残疾人劳动就业服务处,制定残疾人就业规划。1998 年 12 月 11 日,县委、县政府印发《盱眙县按比例安排残疾人就业实施办法》,规定残疾人个体从业实行税收减免政策;机关、团体、企业、事业单位按本单位城镇从业人员总数的 1.5% 比例安排残疾人就业;未安排残疾人就业的单位,按实际比例差额缴纳残疾人就业保障金。1999 年,安排残疾人集体就业 28 人,个体从业 468 人,向社会收取残疾人就业保障金 4.8 万元。

2001 年 4 月 16 日,县残联出台《盱眙县残疾人就业保障金征收和管理办法》,规定机关事业单位由县财政代扣,企业、事业单位由地方税务部门代征,其他单位由县残联自收。县残联、县劳动局联合下发《关于将按比例安排残疾人就业纳入劳动用工年检的通知》。县残联举办残疾人职业技术培训班 5 期,参训 1347 人,其中培训特种养殖与管理 26 人、水产养殖与管理 321 人、肉鸽饲养与管理 89 人、油菜高产栽培技术 760 人、大棚蔬菜栽培技术 144 人、盲人保健按摩技术 7 人。印发残疾人种养殖技术资料 4200 份,参训残疾人不同程度掌握 1 ~ 2 门生产技术,安排残疾人就业 8 人,收取残疾人就业保障金 20 多万元。

2003 年,安排残疾人就业 122 人。其中,县福利企业、天康集团安排 17 人;单位出资购买就业岗位 8 个,集中就业 14 人;落实残疾人种植、养殖业大户 83 人。当年征收残疾人就业保障金 30 万元。举办残疾人养殖、家电维修、家政服务等技能培训班 2 期,参训 200 人次;与淮安市残联教育就业处共同举办大棚草莓种植和食用菌种植技术培训。盱城镇肢体残疾人王标自学电脑技术,购买 20 台电脑,免费培训残疾人 100 多人次。盱城镇盲人孙汉文自学盲文,创办推拿按摩诊所,免费培训盲人学员 5 人。盱城镇残疾人于立国饲养肉鸽 1200 多对,古桑乡残疾人胡胜高种植中药材何首乌 1.33 公顷,穆店乡残疾人陈兆宏种植人参果 0.67 公顷、浅水藕 1.33 公顷,官滩镇残疾人胡发财养鹅 1000 只,鲍集镇残疾人沈杰养牛 20 头。果园场残疾人李龙,开发花卉园 4 公顷,被江苏省残联评为十佳残疾人种植能手。

2004 年,举办养殖类、电工类、家政服务类专业技术培训班 4 期,参训残疾人近 300 人。介绍残疾人就业 200 人,组织 100 名残疾人参加淮安市残联外出务工洽谈会 2 次,当场与用工单位签订劳动合同 20 人。

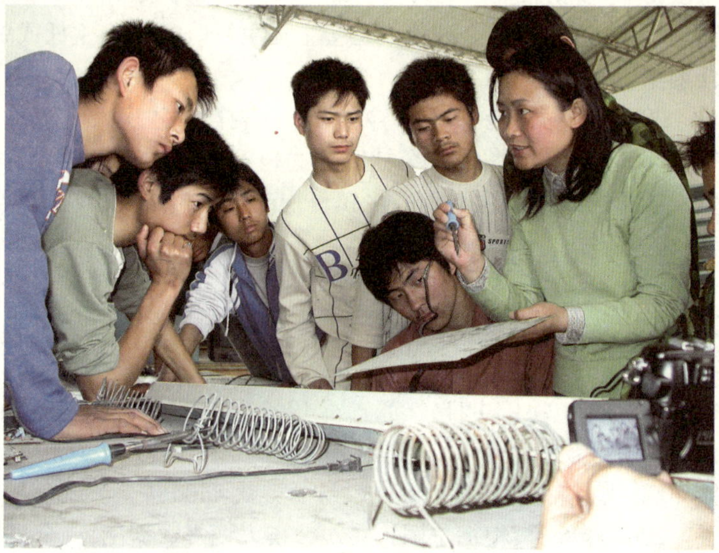

图 21 - 13　职业技术培训

2005 年,与淮安市残联共同举办大棚草莓种植和食用菌技术培训班,参训 8 人。印发种植、养殖技术资料 8500 多份,选送 17 名盲人参加淮安市保健按摩集训。2 月,常州时代包装厂前杨装饰品厂一次安排盱眙籍残疾人就业 76 人。全年城乡残疾人就业共 804 人,其中按比例就业 104 人、在福利企业和事业单位就业 236 人、从事维修和服务业残疾人 464 人。全县农村 14300 名残疾人从事种植、养殖、家庭手工业。三森集团董事长王国银被淮安市委、市政府表彰为残疾人自强标兵,沈杰、葛家宜、陈兆宏、胡胜高、孙汉文、于立国、周孝慈、赵瑞成、顾正江、胡发财、索宗余、李继刚、谢磊被淮安市委、市政府表彰为优秀残疾人,吴永柱被淮安市委、市政府表彰为残疾人工作先进个人。

2006 年，举办残疾人岗前培训、水产养殖、畜禽饲养、食用菌培育技能培训班 6 期，有劳动能力的残疾人参训 365 人。淮安市举行残疾人劳动力转移洽谈会，盱眙县有 50 名残疾人通过面试，与浙江、无锡、常州等福利企业签订劳动用工合同。全年残疾人就业 130 人，征收残疾人就业保障金 40 万元。

2007 年，举办家电维修、服装裁剪、食用菌栽培、家禽养殖、水产养殖等劳动技能培训班 6 期，培训残疾人 366 人；残疾人就业 235 人。其中，按比例安排残疾人就业 55 人，福利企业集中就业 48 人，自主创业和外出打工 99 人；向常州市众晶纺织印染有限公司、先锋包装厂输送 33 人。征收残疾人就业保障金 65 万元。2008 年，举办劳动技能培训班 5 期，培训残疾人 182 人，安排 154 名残疾人就业。新建残疾人扶贫基地金鳌水产养殖公司，安排残疾人就业 6 人，带动和扶持残疾人就业 50 人。征收残疾人就业保障金 155 万元。

第四节 康复与补救

1995 年起，协同医疗机构，采取康复技术和医治补救措施，帮助残疾人恢复或补偿功能，最大限度地减轻或消除残疾影响，增强残疾人参与社会生活、生产能力。是年，实施康复手术 296 人。2001 年，实施康复手术 313 人，用具配备 2000 件。至 2008 年，白内障复明手术 2585 例，儿麻矫治手术 119 例，假肢安装 183 人，用具配备 9010 件。

1995～2008 年盱眙县残疾人康复一览表

表 21－1

年份	白内障复明手术(例)	儿麻矫治手术(例)	聋儿语训(人)	假肢安装(人)	康复训练(人)	用品用具配置(件)	轮椅捐赠(辆)	精神病免费服药(人)
1995	227	58	11	–	–	–	–	–
1996	75	6	4	–	–	–	–	–
1997	207	10	9	–	29	–	–	–
1998	102	8	6	–	30	–	–	–
1999	339	–	10	25	20	600	–	–
2000	98	–	6	8	20	210	–	–
2001	250	15		48	27	2000	–	–
2002	250	12	4	8	27		–	–
2003	250	3	6	24	30	1800	–	–
2004	300	3		44	14	2600	–	–
2005	130	4	4	26	–	1600	–	–
2006	100	–	5	–	20		50	300
2007	200	–	10	–	24	200	150	300
2008	57	–	–	–	54	–	50	310

第五节 文体活动与竞赛

1997 年，组织残疾人宣传队，参加淮阴市首届残疾人文艺会演，获表演优秀奖。1998 年，组织文艺宣传队为全县残疾人演出 2 场次，观看演出的残疾人 1000 余人次。

2001年,组织21名残疾人体育代表队,参加淮安市第三届残疾人运动会,取得竞技比赛第一名6人,第二名6人,第三名7人。张新奇获淮安市第三届残运会男子田径比赛60级200米第二名。与盱眙报社联合举办助残好新闻征文活动,收到征文86篇;联合县电视台宣传报道县乡残疾人种植、养殖大户的先进事迹18户。

2002年5月,铁佛镇聋哑残疾运动员谢磊获全国第六届残运会标枪金牌。2005年,李萍获江苏省第六届残运会女子1500米项目T60C组别第四名,女子800米第五名。2007年,铁佛镇谢磊获全国第七届残运会标枪金牌。2008年,聘请体育专业人员,强化残疾运动员培训,全面做好参加淮安市第五届残疾运动会各项准备工作。

第六节 扶残助残

1994年,全县开展扶残助残活动。鲍集乡制定《关于对残疾人减免有关费用的规定》,官滩镇制定《关于对残疾人优惠照顾的暂行办法》,黄花塘乡制定《关于对残疾人优惠照顾的实施意见》。1995年,全县减免贫困和失去劳动能力的残疾人各种费用0.8万元,免除各种公差勤务折合劳动日5000多个。1997年,县残联自筹资金3万元,免费为600多户残疾特困户提供银杏树苗5600棵。各乡镇减免残疾人乡统筹、村提留款4.02万元,减免各种税费21万多元。

1998年11月3日,县政府印发《关于对残疾人优惠照顾的实施细则》,鼓励、扶持农村残疾人从事各种生产劳动,残疾人自谋职业,税收、信贷享受优惠,减免残疾人义务工和统筹费;对丧失劳动能力、无法定抚养人、无经济来源的残疾人,城镇户口由政府部门定期救济或进入福利院养老,农村户口由乡镇政府给予“五保”(吃、穿、住、医、葬);残疾儿童、残疾人子女接受义务教育,减免学杂费、集募资。至2000年,先后共改造残疾人住房630余户,纳入最低生活保障600多户,减免义务工25万个劳动日,减免乡统筹、村提留、学杂费、农业税、集募资共20多万元。

2001年,第十一个全国助残日和《中华人民共和国残疾人保障法》颁布实施十周年之际,省、市残联领导到盱眙县慰问残疾人贫困户12家。联合县教委、县妇联、团县委,为特殊教育学校集募9万多元。纳入最低生活保障960人,改造草危房176家,五保供养48人,减免义务工2万个,减免集募资金、学杂费12万元,解决考入南京大学的2名残疾人学费4000元。

2003年,助残日期间,分管残联工作的县领导发表电视讲话,将18名县乡残疾人致富大户事迹制成图板在城区展出,其录像被省、市电视台采用。县残联协调筹集5.4万元,资助贫困残疾人家庭23名考生圆大学梦,减免特困残疾家庭中小学生学杂费11万多元,解决3名残疾人大学生学杂费6000元,纳入城乡最低生活保障198户396人;从保障金中拿出1.5万元,帮助19户残疾人养殖火鸡1000只、山羊500头;投放扶持资金5万元,帮扶盱城镇果园场残疾人李龙经营2公顷长春花卉园,种植花卉200多种。投入残疾人扶持贴息贷款80多万元,减免各种税款及义务工近100万元,改造草危房210户,县直部门结对帮扶残疾人138户。县残联葛家宜帮助盱城镇残疾人于立国办理贷款4000元,购种鸽500对,年创收6000多元。

2005年,贫困残疾人纳入城乡最低生活保障4762人,乡镇政府五保供养残疾人113人,改造残疾人草危房642家,为33名贫困残疾人家庭大学生、6名残疾人大学生解决学杂费6.5万元。县民政局被淮安市委、市政府评为助残先进集体。

2006年,驻乡、村干部党员结对帮扶贫困残疾人家庭200家,纳入最低生活保障5300户6020人,纳入五保供养12人,救助残疾人家庭失学儿童20名,走访慰问残疾人家庭120家,发放救助金2.4万元。建成水产、家禽养殖、中药材种植、家庭手工业等帮扶基地7个,扶持80多名残疾人从事相关项目。全国第十六个助残日,与县教育局、县妇联、团县委联合为县特殊教育学校募集资金20多万元。淮安市东方金色家园置业有限公司董事长过志宏,从是年起,每年捐助3万元,资助维桥乡贫困残疾人和残疾人家庭子女入学38家。

2007年，县民政部门对重度残疾人，实行应保尽保，其标准提高15%。纳入五保供养500人，最低生活保障6000人，参加新型合作医疗100%。机关干部结对帮扶摆脱贫困残疾人600多人，得到不同程度扶持和救助2000多人。全县建成水产养殖、家禽养殖、中药材种植、家庭手工业等残疾人扶贫基地6个。残疾人王国银自办三森冷冻厂，被定为省级残疾人扶贫基地。县残联筹集25万元资金，资助残疾人和残疾人家庭子女圆大学梦77名。重度残疾人享受最低生活保障3126名，城镇居民残疾人每人每月发放220元，农村每人每年1000元。与县教育局、县妇联、团县委共同为县特殊教育学校募集资金近20万元。全县帮扶残疾人，残疾人就业、专业大户、先进典型和先进事迹被淮安市电视台、县电视台录播。2008年，驻乡、驻村党员干部结对帮扶贫困残疾人130名，重残人员全部按低保标准给予生活救助，全县有3126人享受重度残疾人（智力、精神、肢体、视力二级以上）补助金。

第七节　综合服务

1993年4月9日，成立盱眙县残疾人福利公司，经营康复器械、助行器具等伤残用品。9月，县聋哑学校创办，当年招收学龄前残疾儿童13人。1994年6月，成立盱眙县残疾人评定委员会，下设办公室，明确残疾人定点检测医院，开始评定、核发残疾人证。

2008年，办理残疾人证2200份，办理来信18件，接待来访163人，法律援助6人次，社会捐赠轮椅50辆。县民政局副局长吴谨然被评为全市残疾人工作十佳公仆，盱眙县三森集团董事长王国银被评为全市安置残疾人就业十佳法人，盱城镇社会保障站会计倪克东被评为全市扶弱助残十佳公民，县残联副理事长管海军被评为全市自强不息残疾人十佳标兵。

1994～2008年盱眙县残联综合服务一览表

表21－2

年份	办理残疾人证（本）	办理来信（件）	接待来访（人次）	法律援助（人次）	轮椅捐赠（辆）
1994	1200	–	–	–	–
1995	2000	86	70	–	–
1996	1600	58	120	–	–
1997	1800	78	91	–	–
1998	1100	46	87	–	–
1999	800	30	186	–	–
2000	1260	21	68	–	–
2001	970	62	123	6	–
2002	1300	28	260	12	–
2003	800	19	180	7	60
2004	860	26	220	4	110
2005	600	18	130	8	50
2006	1400	8	80	9	50
2007	2500	8	138	5	50
2008	2200	18	163	6	50

第六章　其他群众团体

第一节　科学技术协会

一、组织机构

1986年,县科协有学会5个,会员1091人。召开第一届代表大会,通过《盱眙县科学技术协会章程(草案)》,选举第一届委员会委员17人,常委6人,其中主任1人、副主任5人。全县23个乡镇成立科学技术协会,有会员343人。1996年,全县30个乡镇均成立科学技术协会。

2000年,因区划调整,乡镇科学技术协会减少到19个。2008年12月,召开第二届代表大会,正式代表167人,特邀代表38人。听取并审议《全面贯彻科学发展观为开创科协新局面而努力奋斗》工作报告,修改并通过《盱眙县科学技术协会章程》,选举委员38名、常委15人,其中副主席3人、兼职副主席7人,章亚东被选为主席。年底,全县有农村技术协会732个,乡镇科协19个,县级学会(协会)40个,村(居)科协分会256个。

二、特色活动

(一)科普宣传

1989年,县科学技术协会牵头举办首届科普宣传周活动。至2008年,连续举办20届。每年一次的科普宣传周突出一个主题,走上街头,深入田头,走进居民集中居住点,传播科技知识与技术。(详见第二十八篇《科学技术》)

(二)实用技术培训

1993年,县科协与县委组织部联合制定《(1993~1995年)盱眙县农村基层干部和党员实用技术培训规划》,并予以实施。共举办农村基层干部、党员实用技术培训班20期,参训3125人。专业技术人员分别编写水产养殖、果林栽培及果林病虫防治、蚕桑栽培及蚕桑病虫防治、畜禽养殖及畜禽疫病防治、蔬菜栽培技术等科技教材共1万册,发给农村党员干部。

1994年,与县委组织部联合召开村级以上三级干部实用技术现场会3次。县、乡科协举办农村基层干部、党员实用技术培训班50期,参训4400人。1995年,县蔬菜协会举办乡镇技术人员、蔬菜协会会员、蔬菜专业大户和示范户技术骨干培训班2次,参训100余人次;县蔬菜协会创办《盱眙蔬菜》信息技术快报12期,发至各乡镇。

1997年,与农业函授大学联合举办全县30个乡镇部分干部、农民参加的水产、畜禽、林果、蔬菜、蚕桑、粮棉油种植等实用技术培训班64期,参训5000余人次。县科协组建专业技术人员成立讲师团,采取讲课、放映录像、现场操作等方式,向农业函授大学600名学员传授科学知识和技术,每位学员掌握1~2项实用技术。

1998年,与县关心下一代工作委员会联合,在青年农民政治科技学校举办培训班21期,参训2700人次。1999年4月,组织10名科技人员成立农民增收宣讲团,到各乡镇巡回宣讲农业科技知识60场次,参加听讲4万余人次。

2000年,19个乡镇共举办种植业、养殖业实用技术培训班120期,培训2万人次。其中,官滩镇种植大户通过花生起垄盖膜技术培训后,花生每公顷增加收入3000～4500元;管镇镇养殖专业户参加实用技术培训后,承包0.8公顷水面围网养鱼,获纯利30万元。2001年,分别向兴隆乡顾庄村、仇集镇南山村无偿赠送农业技术丛书2000余册,举办养鹅、养猪、大棚蔬菜等实用技术培训班5期,参训300余人次。

2003年,围绕县委、县政府发展特色农业,加快发展农村经济的目标,举办水产养殖培训班15期,举办蔬菜、小麦、玉米等种植业培训班20期,畜禽培训班18期,培训农村党员、基层干部3000人次。2005年,与县委组织部联合举办农村党员、基层干部水产养殖培训班10期,蔬菜、水稻、小麦、花生栽植技术培训班12期,畜禽养殖培训班16期,参训8000余人次。

2006年,围绕农业增效、农民增收,实施"百名科技专家兴农富民工程"。全县培训种植、养殖大户450户1300人次,科技素质培训5500人次,经纪人培训80人次。2007年,盱眙县被省科协评为科普示范县。

2008年,乡镇科协举办各类实用技术培训班80期,培训16万人次。其中,县农学会、县蔬菜协会举办蔬菜、花生、玉米、水稻等讲座40场次,县畜牧兽医学会举办畜禽养殖培训班20期,县林学会、县蚕桑协会举办意杨和蚕桑种养讲座15场次。县科技服务团67名技术人员与19个乡镇68个村进行对接帮扶,带动2528户农民科技致富。

(三)科普示范基地创建

1998年,开始创建科普基地,建成观音寺镇蔬菜种植业基地、官滩镇满江红龙虾养殖基地,盱眙经济开发区内建成凹土科技园。观音寺镇建成农业科技示范园,主要种植优质油菜品种杂宁1号和苏密早熟抗病西瓜,被市科委列入星火计划。

2000年,建立林果栽培、龙虾繁育、蔬菜种植、畜禽养殖等科普示范基地20个,与县委组织部联合表彰科技示范户200家。2001年,淮安市农业牧草种植业有限公司与上海杰隆生物工程股份公司投资500万元,建成观音寺镇波尔山羊育种基地33.3公顷。穆店乡实行"公司+科教+农户"模式,建成獭兔养殖基地1.6万平方米。

2002年,维桥乡建成克氏螯虾养殖繁育基地2公顷,实施人工繁育龙虾苗种和养殖商品虾。桂五镇建成苗林繁育基地2.7公顷。2003年,县水产协会在陡湖建成省级无公害水产品基地1700公顷,在明祖陵镇建成养殖"明祖贡"牌河蟹示范场670公顷,在鲍集镇建成"鲍贡"牌河蟹养殖基地670公顷,在三河农场建成"苏畅"牌草、鲢、鳊鱼养殖基地134公顷、龙虾标准养殖示范场200公顷。

2006年,淮安温氏公司采取"公司+农户"运作模式,在县工业园区、穆店乡、三河农场建成肉鸡养殖基地,为养殖户提供种苗、饲料、药品疫苗以及技术服务,产品实行保护价回收。全年肉鸡饲养量2150万只。县水产协会建成沿陡湖、洪泽湖龙虾规模养殖科技试验示范带。2007年9月,江苏瑞福农业生态产业投资有限公司与澳大利亚合作,总投资1.8亿元,在官滩镇境内建成中澳满江红龙虾产业园1333.3公顷,其中精养龙虾基地666.6公顷,年产龙虾600吨。

图21-14　县农业局技术人员到蔬菜基地进行指导

2008年,县农学会、县农机局建立玉米收种全程机械化示范区67公顷,每公顷平均产量8250千克。盱眙经济开发区建立凹土科技园,开展凹凸棒石黏土的测试、研究、科技开发。至年底,全县培植市级科普示范基地7个、县级科普示范基地10个、县级科普示范乡镇13个、乡镇科普示范基地44个、科普示范村居170个、科普示范社区18个。

第二节　个体劳动者协会

一、组织建设

1986年,县个体劳动者协会设会长1人、秘书长1人、办公室工作人员14人;各乡镇场设分会31个。1997年8月25日,成立盱眙县私营企业协会,与个体劳动者协会合署办公,统称盱眙县个体私营协会,下设31个乡镇(场)分会、行业协会10个、行业小组50个。2000年,撤乡并镇后,全县各乡镇场分会减少到20个。2008年,成立盱眙县个体私营经济协会党总支。

二、特色活动

1986年起,组织送温暖和光彩服务周活动,开展岗位技能和法规培训,为个体私营企业举办招聘会。至1992年,共举办培训班21期,培训下岗工人、无业人员、农村富余人员1100余人次;私营企业招聘下岗工人92人。慰问困难会员120人,慰问品折合人民币4000元。

1995年起,开展个体私营企业光彩之星评选活动。至1999年,共评选出县级光彩之星9家,市级2家。

2002年起,联系11家企事业单位,为会员提供就医、购药、购书、购日用品、旅游、餐饮、广告发布、诉讼代理等优惠服务,费用减免10%以上。至2004年,享受优惠政策会员共5000户,减免费用150万元。2006年,邀请县律师事务所律师,为个体私营业主举办防范经营风险知识讲座2期、法律学习班4期,参培800人次。

2007年,走访重点个体私营企业100家,帮扶特困户6户6000元。至2008年底,共为特困户、乡镇敬老院、灾区捐助240万元,参与义务理发、免费修理家电1.15万人次,培训会员1.2万人,招聘就业6500人。个体私营企业被市劳动者协会授予光彩之星28家。

第三节　消费者协会

一、组织建设

1988年7月15日,成立县消费者协会(简称县消协),推举产生77名理事,常务理事20人。1989年,县城大型商场和部分中心乡镇成立14个消费者投诉处理站。1999年,与工商局"12315"投诉举报中心合并办公,实行两块牌子一套班子。全县消费者投诉站发展到32个。

2005年,盱城镇、管镇镇、马坝镇、三河农场、旧铺镇、桂五镇、河桥镇工商分局成立消费者协会分会。2006年,成立人民调解委员会。至2008年,组织机构未变。

二、特色活动

1988年起,在"3·15"国际消费者权益日期间,联合工商、物价、技术监督等19个行政执法部门以及相关单位,召开纪念会、新闻发布会、维权访谈会,发布消费警示,点评霸王条款;开展消费者现场咨询活动,发放宣传资料,当场受理消费者投诉案件20余起。

1990年,向社会公布投诉电话,受理消费者投诉、举报、咨询。1992～1998年,共接听投诉、举报、咨询电话1230次,查处投诉案件21起,挽回消费者经济损失8.1万元。

2000 年,以消费警示的形式向社会公布涉及消费者人身和财产安全的重大隐患和消费陷阱,提醒消费者免受危险消费方式伤害。向食品商场、超市共发布消费警示 9 次,预防重大消费隐患。2002 年,组织协调工商、技术监督等 5 个部门,深入城区广场、乡镇街道,发放《消费实用指南》1 万多份;宣讲《中华人民共和国消费者权益保护法》22 场次,受教育 3 万余人。

2003 ~2005 年,开展消费维权进社区、进市场、进商场、进农村、进校园、进企业活动共 56 场次,举办图片展览 5 场次,受教育 5 万余人次。2006 ~2007 年,共评选县级诚信单位 10 家、消费投诉和解示范单位 10 家。召开消费者热点评议会 6 场次,出席会议 150 余人次,提出建议、意见 65 条,分别提交相关单位,落实整改措施。

至 2008 年,全县消协系统共受理消费者咨询、投诉 26380 件,查处投诉 1100 余起,为消费者挽回经济损失 238.6 万元,发放宣传资料 6 万余份,悬挂宣传条幅 200 余条,召开新闻发布会、领导电视讲话 29 场次,发布消费警示 18 次。

第四节　红十字会

一、组织建设

1988 年 9 月 28 日,成立县红十字会。10 月 5 日,召开成立大会,会议选举副县长姚福茂担任会长,县政府办公室副主任卓振武、县卫生局局长陈连生、文教局局长李顺成、民政局局长杜长祥、县人民医院院长杨秉煌担任副会长,理事分别由县财政局、老干局、体委、统战部等部门 17 人担任,正副秘书长由县卫生局任命,办事机构设在县卫生局。10 月 28 日,红十字会开始启用公章。县文教局、邮电局、各乡镇文教办、400 多个中小学相继成立红十字会。全县有会员 4500 人。

1989 年 2 月 21 日,核定县红十字会事业编制 1 人,正副秘书长由县卫生局领导兼任,基层团体会员单位 461 个。

1991 年 6 月 5 日,县政府办公室印发《关于调整县红十字会成员的通知》,副县长李建国任会长,县政府办公室副主任成兆友、县卫生局局长周坚、民政局局长胡保余、公安局局长刘砚明、财政局局长陈平、教育局局长曹恩宸、县人民医院院长杨秉煌任副会长,县委统战部、老干局、交通局、供电局等 14 个单位各有 1 名负责人担任理事,办事机构设在县卫生局。8 月 30 日,县红十字会任命夏正文为县红十字会秘书长。发展乡镇红十字会 18 个,基层红十字会 20 个。

1992 年,基层组织增加盱眙中学和古城乡、淮河乡,全县共发展到 34 个。1995 年 5 月 17 日,成立县红十字会诊所,为自收自支集体事业单位,核定编制 5 人。1996 年 4 月 25 日,任命黄礼岚为县红十字会专家门诊部主任。10 月 18 日,成立供电、邮电、水利、公安、农行红十字会,古城乡、淮河乡在 28 个村成立红十字会。1999 年,成立县人民医院、县中医院、县第二人民医院红十字医院。

2006 年 7 月 27 日,县红十字会召开二届三次常务理事会,副县长张晓红当选会长。2007 年 9 月 29 日,县红十字会由县政府领导联系,不再由县卫生局代管,设专职副会长兼秘书长 1 名(副科级),机关党的工作由县机关工委领导,干部按县委组织部有关规定管理,经费纳入县财政单列预算,从县卫生局财政预算中划转。2008 年 9 月,盱眙县红十字会正式挂牌,有基层红十字会组织 23 个,会员 5500 人,志愿者 113 人。

二、募集救灾救援

1991 年,境内遭受特大洪涝,县红十字会向上级红十字会及社会各界发出紧急救援呼吁。8 月 20 日,接收香港红十字会捐赠大米 1.6 万千克、食品 76 箱,台湾红十字会捐赠食品 357 箱,香港各界捐赠救灾款 300 万元人民币、大米 10 万千克及药品、服装等救灾物资,先后发放到淮河乡、仁集乡、肖嘴乡、铁佛乡灾民。9 月 13 日,接收省红十字会拨发台湾红十字会捐赠粮食 105 万千克,发放重点向台胞、台属、重灾缺粮户、特困户、五保户倾斜。县红十字会联合县卫生局组成全县抗洪救灾、防病治病领导小组，下设医疗救护、卫生防疫、环境卫生、药品供应、宣传检查小组，抽调县乡红十字会会员7000余人次，组建45支防疫小分队和49支流动医疗小分队，调集防病治病专用车6辆、巡回医疗船3艘，赶赴灾区乡镇，分设15个红十字临时医疗点，及时为乡、村灾民和抢险队员查病治病。出动救灾防病专题宣传车80余台次，在重灾乡镇灾民集中居住点，举办救灾防病知识讲座，发放《灾民防病须知》《灾民卫生公约》《灾后常见病防治》等宣传资料约2.5万份，县广播电台每天增设一档救灾防病知识专题节目，受训2.1万人次。配备专兼职卫生监督员、粪便管理员、饮水消毒员460余人，携带"饮水消毒登记表""灾民点灾民情况登记表""灾民点医疗情况登记表"及防病治病宣传标语、卫生知识卡片，佩戴红十字袖章，手持铁皮话筒，进入灾民集中居住点，深入灾民户，张贴标语，宣传、检查救灾防护措施落实情况。灾区先后投放漂白精片230万片、漂白粉8.7吨、敌敌畏3.2吨，消毒水井11762口、厕所12864座，消杀房屋16万间，消杀室外环境800万平方米。先后组织120个环境卫生检查突击队，开展爱国卫生大检查8次，基本保证大灾之后无大疫。

1992年，省、市红十字会及社会各界捐赠棉被1020条、棉毯550条、棉衣700件、灯芯绒套服400套、面粉1000多千克，分两次下发至仁集乡、肖嘴乡等6个重灾区。

1993年5月，境内突遭狂风、骤雨、冰雹袭击，县红十字会接收台湾红十字会捐赠救灾大米10万千克、棉大衣20件、诺静药品2箱，发往受灾较重的水冲港乡。5月23日，副县长兼县红十字会长徐传琛带领红十字会及卫生部门工作人员赶赴灾区，慰问灾民20余户，安置灾民11户，向伤亡灾民家中送去慰问金1200元。5月29日，安徽阜南3条百吨煤船在淮河盱眙段沉没，县红十字会主动为沉船灾户安排旅馆，垫支住宿费400元，赠送棉毡6床、草席7条，协助联系沉船打捞、修复事宜。受灾船民一月后离开盱眙县时，向县红十字会赠送"雪中送炭，情深似海"锦旗一面。县红十字会这一事迹被市精神文明委评为"文明新事"。

图21－15　1991年香港红十字会援盱物资

1996年，境内遭受暴雨袭击，县红十字会接收淮阴市红十字会拨发省红十字会转赠国际联合会赈灾大米5000千克、云丝被100条，接受省、市红十字会拨发香港红十字会捐赠救灾大米6600千克，接收市红十字会拨发救灾大米9800千克，将救灾物资及时发放灾区。

1997年3月17日早晨，十里营乡20位农民乘坐一辆手扶拖拉机参加义务植树活动，途中因大雾与一中巴车相撞，当场死亡4人、受伤14人，其中重伤5人、骨折和挫伤9人。事发后，县红十字会和人民医院红十字会按照县委、县政府指示精神，派出12名会员赶赴现场，组织处理与转移。5月10日，入院14名伤员，因伤重死亡2人，其余12人经治疗康复陆续出院。

1998年，境内连续遭受低温、龙卷风、洪涝等灾害。3月13日，县红十字会成立抗灾防病领导小组，制定应急方案，组建红十字会救灾应急小分队赶赴灾区王店乡，下发漂白精片50万片、敌敌畏150千克、84消毒液200瓶。县红十字会接收淮阴市红十字会下发盱眙县救灾捐赠大米2万千克，价值4.6万元，及时下拨灾区。1999年3月16日，接收并下发淮阴市红十字会救灾捐赠药品56箱，价值11万元。

2003年，盱城镇王双丽，被诊断为传染性非典型肺炎(重症型)，属全市唯独一例"非典"输入病例。县红十字会向中国红十字总会和省、市红十字会反映灾情和"非典"病例，申请救援。分别接收省红十字会拨发香港红十字会捐赠关怀受难者基金2000元人民币,淮安市红十字会拨发台湾红十字会组织捐赠喷雾器4台,价值1469元人民币。淮安光华公司捐赠药皂80箱,省红十字会、财政厅、卫生厅联合拨发新加坡华侨陈江和先生捐赠的抗击"非典"救护车一辆。是年,盱眙县遭受特大洪涝灾害,省红十字会拨发盱眙援助水灾群众"关爱组合"(包括大米、烹调油、被褥、蚊帐、毛巾、人丹等配套物资每套99.41元)2000套,价值19.88万元;拨发救灾矿泉水100桶,价值5000元;拨发中国红十字总会和红十字会国际总会广威消毒净水片224箱,价值12.72万元;拨发强生感冒冲剂等药品68箱,价值9.54万元;拨发国际联合会救助棉被1372床、蚊帐5000顶,总价值21.09万元,捐助灾民帐篷、大米、衣服、被褥、救生艇、药品、食品、用品等物资价值100多万元。淮安市红十字会拨发救灾大米15千克1袋共1000袋。县红十字会协助转移安置群众17.41万人,设置灾民安置点126个,集中安置灾民4.5万人;联合县卫生局组织县、乡红十字会会员150人次,向受灾群众宣传常见病、传染病等防病知识,及时将救灾物资发放到受灾户。

2004年,接收省、市红十字会拨发棉被998床,价值5.89万元;市红十字会拨发棉被250条、配套物资200套,价值5.2万元。发放受灾、特困家庭春节慰问棉被200床价值5000元,大米2000千克价值72200元。2005年4月和8月,境内遭受冰雹、龙卷风和洪涝灾害,县红十字会将灾情及时上报省、市红十字会。接收市红十字会拨发盱眙县救灾夏被300床、大米5000千克,总价值2.18万元;拨发盱眙元旦、春节"博爱温暖送万家"大米5吨、食油500桶、棉被300床、软糖10箱,总价值4.25万元,其中定向捐赠盱眙特殊学校大米2吨、食油200桶、棉被200床。县红十字会及时向淮河镇、河桥镇、盱城镇、兴隆乡、鲍集镇、铁佛镇、明祖陵镇等11个重灾乡镇发放各项救灾物资,要求各乡镇、村、组提前3天公布受助名单,接受群众监督,保证发放合理。

2006年6月30日,境内突降暴雨,接收市红十字会拨发盱眙县救灾饮用水消毒剂20箱、毛巾被200床、双人蚊帐100顶、先声灵胜再林药品每箱200盒,共2箱,价值2.75万元;接受省、市红十字会拨发救灾药品注射液、片剂、胶囊合计8箱,价值1.42万元。县红十字会先后向灾区灾民送去食品、药品、饮水消毒片、毛巾被、蚊帐和2000元慰问金。12月,县红十字会到仇集镇、鲍集镇,慰问特困户45户,发放慰问金9000余元。至2008年,共接受、发放救灾款物总价值1128.39万元,组织、参与救灾10余次,慰问灾民5000余户。

三、救护培训

1991年6月24日,成立全县卫生救护训练领导小组,下设办公室,与县红十字会合署办公。1992年10月,红十字会工作人员前往宿迁市、泗阳县红十字会考察学习卫生救护培训经验,撰写考察报告,拟定培训办班具体意见。

1996年,举办机动车驾驶员红十字会法律、急救常识培训班26期,受教育2.6万人次。1997年起,联合县卫生局、医学会,先后举办30个乡镇红十字会、卫生院卫技骨干、部分厂(矿)企业医务室医技人员急诊救护培训班,经考试合格者发放4项急救技术合格证书。至2001年,共举办培训班5期,参训600余人次,颁发合格证书420份。

2003年起,县红十字会每年组织一次全县驾驶员心肺复苏、外伤急救等救护知识培训。至2005年,共举办培训班3期,参训620人,培训收入2.79万元。2008年,在江苏天源服装有限公司举办心肺复苏、伤害现场救护、突发事件处理等方面救护知识培训班1期,参训职工150余人。

四、无偿献血

1997年5月30日,首次组织全县基层红十字会参加中国红十字会"纳达康杯"无偿献血知识竞赛活动,印发竞赛试题卷3000余份。从此,拉开无偿献血序幕。

2000年5月8日,与县卫生局共同组织县中心血库、县人民医院、县中医院联合举办"五·八"世界红十字纪念日血液安全宣传活动,散发宣传资料600余份,免费义诊、血型鉴定、咨询服务500余人。至12月8日,全县无偿献血总量4.26万毫升,占临床用血总量的7.1%。

2001 年,组织县医院 6 名医务人员献血 1200 毫升,卫生局机关及县直卫生单位 100 余人参加无偿献血体检和献血,全县无偿献血总量 16. 26 万毫升。2003 年,全县城乡开展《中华人民共和国献血法》宣传活动,共散发宣传资料 6000 余份,为群众免费义诊、鉴定血型和咨询服务 800 余人。2002 年,副县长兼县红十字会会长蔡莉带头献血,卫生局机关及县直医疗卫生单位红十字会会员 100 余人献血。全年无偿献血 20 万毫升。

2004 年,马坝镇、维桥乡、穆店乡、河桥镇采血点无偿献血 2055 人次,献血总量 41. 1 万毫升。全年参加无偿献血体检 2950 人,合格 2880 人,献血 2809 人,献血量 56. 18 万毫升,占临床供血总量 83%。2005 年,县红十字会获市红十字会无偿献血先进集体奖。

2006 年 1 月 4 日,县政府办公室印发《关于 2006 年度无偿献血志愿者参加无偿献血时间安排的通知》,要求各乡镇、各单位组织无偿献血志愿者,完成献血任务。5 月 10 日,无偿献血宣传日期间,现场采血 30 人。5 月 27 日,在县城区举办造血干细胞捐献仪式,志愿者现场采血 108 人。6 月 14 日,举办大型街头义诊、咨询活动,现场采血 43 人。县红十字会将无偿献血逐步向农村辐射,赶集 12 次,现场采血 420 人次,献血 8 万毫升。全年共采血 3447 人次,总量 85. 716 万毫升,其中街头献血 2427 人次、单位献血 1020 人次。供血 81. 019 万毫升。2008 年,动员 900 多人,为汶川特大地震灾区义务献血 18 万毫升。全年无偿献血 140 万毫升,供血 90 万毫升。

五、博爱送万家

1995 年,相继召开各级红十字会负责人会议,启动博爱送万家工程。全年共救助五保户、特困户 15 人次,约 2000 余元。

2002 年,向仇集镇缺衣少被贫困户捐赠衣服 1 卡车、棉被 100 床。2003 年,先后捐送淮河镇牛头村灾民棉袄 200 件,管镇镇范岗村特困户棉衣 50 件,鲍集乡洪新村贫困户棉被 200 床、棉衣 161 件。

2005 年 5 月,组织红十字会专家门诊部工作工员赴旧铺镇敬老院为老人免费体检、看病,每人赠送一床棉被、一份食品和水果。9 月 16 日,中秋节前夕,前往盱城镇城北社区淮河边老船塘一带看望慰问 500 多受灾户、特困户、低保户,送去大米、棉被等慰问品;组织盱城 5 个村 115 人红十字会会员、96 人红十字志愿者,开展为特困户、孤残老人做好事,送温暖活动。全年救助因病致贫户资金 1. 4 万元。

2006 年 9 月,盱城镇城北居委会兴办博爱超市,面向特困家庭,发放免费定额购物票。2008 年,全年共筹集 32. 61 万元,支持特困户 69 家 1. 38 万元;救助病人 29 人 11. 14 万元;救助家庭贫困学生 25 人,资助 2500 元;组织救护活动 3 次,救护 58 人;为汶川特大地震募捐 92. 87 万元、物资折款 6. 24 万元。

第五节　关心下一代工作委员会

一、组织建设

1993 年,成立县关心下一代工作委员会(简称县关工委)。年底,各乡镇相继成立 38 个基层关工委,由"五老"(老干部、老战士、老专家、老教师、老模范)110 人担任领导。1994 年,成立"五老"志愿者队伍。1995 年起,单位、学校、乡镇、村相继成立关工委。2008 年,有基层关工委 32 个,村(居)、校建立关工委 325 个,县直单位关工委 19 个。

二、主题教育

1994 年,各级关工委组织"五老"报告团走进工厂、学校做报告 210 场,受教育 3. 1 万人次。组织青少年观看爱国主义影视片 310 场 2. 7 万人次,组织青少年参观新四军军部旧址、烈士陵园、侵华日军盱城大屠杀遇难同胞纪念碑、周恩来纪念馆,受教育 2. 9 万人次。

1995年，抗日战争暨世界反法西斯战争胜利50周年，县关工委与县党史工委编印《纪念抗日战争胜利五十周年专辑》、观音寺乡关工委编写《八年抗战中的观音寺人》、盱城镇关工委编印《淮岸烽火》等爱国主义教材，对全县青少年开展知史明理、以史育人教育活动。组织“五老”报告团35个，作报告582场，受教育的青少年近10万人次。

图21－16　县第六次关心下一代工作会议

1996年，建党75周年之际，编写《在党的旗帜下成长，为党的事业而成长》和《建国前盱眙党史简介》爱国主义教育宣讲材料，受教育青少年60879人。1997年，编写《洗雪百年耻辱，迎接美好未来——庆香港回归》宣讲材料，组织报告团91个291人，宣讲报告362场，受教育青少年12.52万人次。各乡镇和学校举办绘画、诗歌、书法、演唱等爱国主义教育活动150场次。1999年，在庆祝新中国成立50周年活动中，县、乡镇关工委186名“五老”人员组成41个报告团，自编宣讲材料，深入学校宣讲425场，受教育14.15万人次。

2000年，纪念抗美援朝50周年之际，县关工委组织放映《英雄儿女》等3部抗美援朝内容的电影32场，2.9万余名青少年受到爱国主义教育，各学校关工委组织学生写心得体会文章401篇。2002年，编写《纪念小平百岁诞辰活动宣讲材料》，组织报告团26个，到各乡镇和中小学宣讲533场，受教育8.8万人次；组织放映《为了母亲的微笑》警示教育片870场，师生和学生家长观看影片11.8万人次。2004年4月23日，淮安市关心下一代工作现会在盱眙召开，总结推行盱眙“放在心、抓在手中、帮在实处”的经验。盱眙经验全省转发，在《中国火炬》第七期刊登。2005年5月，县关工委被授予“全国关心下一代先进集体”。

2006年，与县教育局等部门联合，在各乡镇开展“八荣八耻”（热爱祖国为荣，危害祖国为耻；服务人民为荣，背离人民为耻；崇尚科学为荣，愚昧无知为耻；辛勤劳动为荣，好逸恶劳为耻；团结互助为荣，损人利己为耻；诚实守信为荣，见利忘义为耻；遵纪守法为荣，违法乱纪为耻；艰苦奋斗为荣，骄奢淫逸为耻）教育，各级关工委撰写宣讲材料254篇，宣讲523场次，出板报1172块，青少年写心得体会35884篇，分发宣传单5.66万份，举办演唱会129场次，受教育11.98万人次。2008年，围绕社会主义核心价值观，组织关爱青少年宣讲团55个，参加宣讲261人，宣讲190场，出板报384期；组织宣传队46个，演出68场，受教育近20万人次。

三、“三生”教育

2001年起，把“三生”（学校困难生、父母外出打工留在家上学的学生、中高考落榜生）教育作为工作重点。对学校困难生的帮教，坚持“五经常”（联席会议经常开，法制教育经常搞，苗头问题经常抓，治安隐患经常排，滑坡人员经常帮），留守学生的帮教侧重监护人教育。至2004年，帮助贫困少年重返校园3380人，培训并帮助贫困青年就业1750人。

2005年，全县留守孩子在校学生11251人，各乡镇、学校关工委为留守孩子建立留守儿童之家，采取函授形式，为外出务工家长寄发教材，帮助其提高家教水平；单亲家庭孩子由学校指定专人作代理监护人。举办高考落榜生就业培训333人。2006年，各乡镇均成立关爱工作团，共135人参加；村级成立关爱工作团214个，共3867人参加。县、乡、村关爱工作团帮助5653人留守儿童建立“代理家长”。

2007年，各级关工委帮助全县8958人留守学生寻找代理家长、监护人，其中由爷爷或奶奶代管6761

人、委托亲友关照961人、“社会妈妈”帮教81人、学校监护的寄宿生1155人。2008年,全县关工委帮助高考落榜青年到县开发区务工103人,10621人留守儿童安排寄宿5110人,“五老”结对帮助留守儿童2030人,落实“代理家长”1609人。

四、“两校一站”

1994年3月,开始兴办“两校一站”(家长学校、青年农民政治科技中心校、校外教育辅导站),指导、帮助学生家长做好子女的教育和家教工作。当年,在马坝镇大棚小学实施家长学校试点。1996年,与马坝镇关工委、镇教办、镇妇联在各中小学建成两校一站,做到有健全的组织机构、有完善的教学计划、有必要的管理制度、有稳定的专兼职教员、有固定的教学场所、有一定的活动经费。

1997年3月,县委批转县关工委《盱眙县家长学校规程》,推广马坝镇建成家长学校的做法和成果。全县建成家长学校446所,专职教员511人,“五老”兼职教员625人,入学家长73165人,宣讲167场,受教育1.5万人。1998年,各乡镇新建青年农民政治科技学校55所,举办培训班390期,培训青年2万余人。1999年,与县教委、县妇联联合印发《关于开展全县合格、优秀家长学校评选工作的通知》,经考核、评比,五墩小学等9所学校被评为优秀家长学校。全县30个乡镇均建成青年农民政治科技中心校,11个村成立分校,共举办畜牧、家禽、林果、蔬菜、水产、农机等培训班72期,参训青年93660人次。

2000年,各乡镇关工委运用青年农民政治科技学校阵地,举办科技培训班366期,讲课612次,参训青年6.2万人次。2004年,乡镇青年农民政治科技学校中心校、家长学校、村办分校分别增加到19个、221所、156所,共举办农业知识专业班100期,参训青年18067人。考核、评选出优秀农民政治科技学校31所、合格校74所,优秀家长学校41所、合格校180所。

2006年,各乡镇、村青年农民政治科技学校有兼职教师279人、青年农民学员23568人,开办各类专业培训班302期,讲座149次,参训青年50070人次。盱城镇城南实验小学家长学校开展创建书香之家活动,受到省、市关工委表彰。2007年,新办校外教育辅导站41个,“五老”人员兼任辅导老师72人;举办青年农民辅导班、政治科技学校培训班96期,参训青年农民15763人次,入学青年农民掌握1~2门科学技术,就业县经济开发区青年900多人。

2008年,全县校外教育辅导站增加到107个,“五老”及社会志愿者兼任辅导老师163人,参加学习的学生2003人。青年农民政治科技学校办班78期,培训青年农民就业5200人。盱眙县办好家长学校经验在全市推广。

五、预防和减少青少年违法犯罪

1996年,组织启动预防和减少青少年违法犯罪宣讲团32个,宣讲员103人,深入各中小学作法制报告75场,上法制课1200个教程,受教育青少年48119人。1997年,先后在盱中、二中等10所中小学生讲法制课297场,受教育4.5万人次。1999年,配合司法部门开展《中华人民共和国预防未成年人犯罪法》宣传月活动,举办法律知识竞赛2次,印发试卷2万份,组织报告团21个,宣讲58场,受教育学生5万人次。

2004年,配合县政法委、公安局、教育局、法院等部门举办中、小学校长和法制副校长法制培训班3期,培训362人。聘请90名“五老”人员担任义务网吧监督员,协助执法部门取缔黑网吧19个。2005年,组织五老人员,采取结对帮教、帮志、帮技、帮资等措施,做好失足青年转化工作。明祖陵镇沿淮村关爱“三失”(失管、失学、失业)人员经验在全县推广。全年共帮助、关爱失足青年112人,“五老”与“三失”青少年结成195对,帮教“三失”青年50人。

2008年,组织法制报告团走进校园,举办法律知识讲座26场,受教育3万人。组织163名网吧监督员对全县网吧实施监督。乡镇、村、社区、学校开展未成年人零犯罪创建活动,仇集镇、黄花塘镇、观音寺镇、穆店乡等8个乡镇实现未成年人零犯罪。

六、捐资助学

1996 年，开始启动捐资助学活动，与锡山市关工委实行南北挂钩，结对资助盱眙县 6 所中小学 60 名特困生学杂费。高桥乡关工委帮扶特困生、孤儿和生活困难学生 25 人。古城乡关工委配合乡教育办公室争取“希望工程”经费 3 万元，资助学生 300 多人重返校园。

1997 年，锡山市关工委与盱眙县关工委到淮河乡、马坝镇等 8 个乡镇结对帮困，资助 2 万元，帮扶特困生 240 人，赠送《爱中华少儿卡通画丛书》100 套。县关工委帮助、慰问旧铺镇孤儿学生 10 人。

1999 年，锡山市洛社镇关工委组织中学生 42 人到马坝镇开展面对面手拉手活动，帮扶每个特困生 300 元，解决学杂费以及书包和学习用品。锡山市政府救助 20 万元，帮扶特困生 400 余人。县关工委发动社会捐助 2 万余元，帮助因心脏病而不能上大学的刘兵重返校园。昆山市新运涂装厂和周根宝捐助 1.25 万元，订阅 1000 份《周报》，赠送给五墩小学、观音寺中学等 5 所学校。

2000 年，南京市外贸公司赠送五墩小学幼儿园价值 3000 元的出口玩具小熊 100 只，仇集乡关工委协调卫生院免费为中心小学幼儿进行一次体检，仁集乡关工委配合中心小学免费接送四年级以上远路小学生。2005 年 5 月，县关工委主任张庆康被授予“全国关心下一代先进工作者”。2006 年，全县各级关工委扶贫助学 5.2 万元，资助特困生 1205 人。古桑乡关工委成立孤儿、特困生基金会，乡政府拨付启动基金 1.5 万元。

2008 年，穆店乡关工委和该乡学校关工委募捐救助 112 名留守儿童 2 万元。明祖陵镇关工委联系加拿大驻中国儿童基金会负责人雪飞，赠送 18 名特困生学习用品和衣服，为每生每年资助 300 元，直至读完初中。全年各级关工委动员社会力量捐助 96 万元，资助大学生 423 人和高中生 23 人。

第六节　盱眙县老区开发促进会、盱眙县扶贫开发协会

一、组织建设

（一）理事会

1993 年 2 月 14 日，成立县老区经济开发促进会，召开第一届理事会，通过章程、理事会工作报告，选举常务理事 14 人、理事 30 人、秘书长 1 人，朱星远当选理事长，马金礼、张恩钤、丁祥芝、蒋民、洪德聪、顾克明当选副理事长，聘请吴永林、花如盛、朱国瑞、周良成、庄德星为名誉会长。12 月 14 日，成立县扶贫开发协会，召开第一次理事会，选举常务理事 27 人、理事 65 人、秘书长 1 人，马金礼当选理事长，乔玲和、庄德新当选副理事长，聘请吴永林为名誉会长。

图 21－17　县老区开发促进会第四届理事会

1995 年，老区经济开发促进会更名为老区开发促进会。1996 年，县老

区开发促进会与扶贫开发协会合署办公。10月,召开县老区开发促进会、县扶贫开发协会第二届理事会,选举常务理事21人、理事63人、秘书长1人,副秘书长2人,马金礼当选会长,张恩钤、丁祥芝、顾克明、董长桂、许永发当选副会长,聘请林伟民、陈家忠、周良成、张建平、乔玲和、庄德星、朱星远为名誉会长。

2002年3月,召开老区开发促进会、扶贫开发协会第三届理事会,选举常务理事15人、理事42人、秘书长1人,副秘书长2人,马金礼当选会长,许永发当选常务副会长,董长桂、李宽厚、成兆友、刘广连当选副会长,聘请黄克清、宋志远、花纯艳、王福庭为名誉会长。2007年5月,召开县老区开发促进会、县扶贫开发协会第四届理事会,选举常务理事13人、理事29人、秘书长1人,副秘书长2人,马金礼当选会长,许永发当选常务副会长,董长桂、戴天全、臧开贵当选副会长,聘请赵长贵、花纯艳、宋志远、王福庭为名誉会长。

(二)乡镇组织建设

1993年,黄花塘乡、肖嘴乡、仇集乡成立老区经济开发促进会。1994年,王店乡、洪山乡、水冲港乡、龙山乡成立老区经济开发促进会。1996年,维桥乡成立老区开发促进会。1996年,黄花塘乡等8个乡老区经济开发促进会同时挂"扶贫开发协会"牌子,实行合署办公。

1997年,黄花塘乡等8个乡镇的79个村建立会员小组,吸纳团体会员95个、个人会员425人。2003年6月,全县各乡镇均成立老区开发促进会、扶贫开发协会,237个村(居)建立会员小组,占全县村(居)92.2%,吸纳团体会员135人、个人会员1488人。2004~2008年,乡镇组织机构无变化。

二、特色活动

筹措款物 1994~2008年,组织社会各界募捐,向省、市老区开发促进会及扶贫开发协会申请扶贫资金,共筹集帮扶金额2538.1万元,其中无偿1388.8万元。筹募机械、化肥、彩电等一批物资,扶持贫困乡镇和特困户、专业户。

1994~2008年盱眙县老区开发促进会、扶贫开发协会筹集款物情况一览表

表21-3

年份	金额(万元)	物资	
		品名	受助单位
1994		手扶拖水车1台、平价柴油10吨	水冲港乡
1995	178.8(无偿53.8)	尿素200吨	肖嘴乡、黄花塘乡、仇集乡
		跃进汽车1辆	水冲港乡
1996	699.3(无偿197)	优惠价尿素40吨、喷施宝肥200瓶	肖嘴乡、黄花塘乡、仇集乡
1997	110	医疗机械48台,X光机、心电图等医疗机械63件,病床、床头柜等用具150件,医疗办公用品40余件,西药850瓶,儿童服装3800套	肖嘴、黄花塘、仇集、维桥等8个乡
1998	75(无偿65)	扶贫	全县
1999	27	扶贫	全县
2000	55(无偿45)	扶贫	全县
2001	130(无偿100)	扶贫	全县
2002	30	扶贫	全县
2003	40	扶贫	全县

续表 21－3

年份	金额(万元)	物　　资	
		品　　名	受助单位
2004	30	教具 150 件、电脑 1 台、29 英寸彩色电视机 5 台	县楚东职校
2005	20	会议桌 1 组(套)、18 节管太阳能热水器 2 套	县楚东职校
2006	55	扶贫	全县
2007	75	扶贫	全县
2008	1013(无偿 928)	扶贫	全县

扶助贫困户　1996～2008 年,共帮扶 12 个乡镇 99 个村居 1214 家贫困户 4508 人。经过帮扶,贫困户合计增加纯收入 719.35 万元,户均增收 7966 元;脱贫 1013 家,占被扶贫困户 82.8%;脱贫人口 3743 人,被扶贫困户达到初步小康占全县贫困户 21%。

1996～2008 年盱眙县老区开发促进会、扶贫开发协会扶助贫困户情况一览表

表 21－4

年　份	乡镇数	村居数	帮扶贫困户		帮扶后增收		被扶户脱贫	
			户数	人口	总额(万元)	户均(元)	户数	人口
1996	4	6	21	60	3.93	1871	8	28
1997	5	7	128	517	29.50	2305	75	316
1998	4	6	76	297	36.78	4840	73	286
1999	5	9	125	470	32.36	2589	117	438
2000	4	7	54	206	12.48	2311	47	179
2001	4	7	248	860	55.15	2224	236	816
2002	4	10	98	390	12.20	1245	2	6
2003	3	6	69	279	65.34	9470	65	263
2004	3	6	69	278	72.53	10512	64	260
2005	1	3	33	136	27.95	8470	33	136
2006	1	10	50	192	51.25	10250	50	192
2007	2	6	103	338	108.72	10555	103	338
2008	4	16	140	485	211.16	15083	140	485

培训人才　1993 年,县老区开发促进会推荐输送到中国科技经营管理大学学习 26 人。1996 年,北京农村致富函授大学成立盱眙分校,开设 6 个专业。县老区开发促进会向盱眙分校推荐贫困户农民入学 500 人。1998～2000 年,县老区开发促进会邀请省农业部门专家到盱眙县举办农、林、牧、渔等农业科技培训班 8 期,参训 1241 人次。

2002年,县老区开发促进会、扶贫开发协会与县农业、林业等单位联合,共举办农业种植、畜禽养殖培训班56期,参训4013人次。2003年起,扶贫开发协会减免楚东职业技术学校学生学杂费和发放补助金,安排就业。2006年,县扶贫开发协会与广东国华纪念中学联系,先后推荐输送14名应届初中毕业贫困生免费就读广东国华纪念中学,其中6名高中毕业考上大学。

2007年起,市老区开发促进会与扬州市天海职业技术学校合作,推荐应届初中毕业贫困生到扬州市天海职业技术学校读书。学校实行半工半读,学杂费从务工工资中分期补缴。至2008年,县扶贫开发协会减免楚东职业技术学校学生学杂费和发放补助金学生5788人、247.37万元,安排就业5223人。推荐56名应届初中毕业贫困生就读于扬州市天海职业技术学校。

宣传盱眙老区 1994～1996年,《盱眙日报》开辟《盱眙老区今昔》专栏,宣传盱眙老区人民的历史贡献和盱眙老区革命斗争史。县老区开发促进会编发《老区致富通讯》5期、《老区动态信息》6期。1997～2008年,先后在国家、省、市级新闻媒体刊登稿件65篇,宣传盱眙老区扶贫开发经验和成果。连续4年获全国老区宣传工作特等奖。

义诊与培训 1995～1996年,会同县人民医院组成医疗组,每周到官滩卫生院进行义诊,共义诊病人600人次。1997～1998年,邀请省爱德、爱民医疗队先后到黄花塘、仇集、淮河、管镇等8个卫生院和县中医院义诊、治疗病人1480人次,举办医疗技术讲座5场,听课162人次。1999年起,先后组织县人民医院、县中医院副主任以上医师举办各卫生院医务人员卫生知识培训班。至2008年,共举办培训班19期,培训1000余人次。

第七节 文学艺术界协会

一、文联组织建设

2006年4月,盱眙县召开第一次县文联代表会议,通过《盱眙县文学艺术界联合会章程》,文联主席由宣传部副部长兼任,办公室设在县委宣传部,实行团体会员制,负责指导县文学艺术界坚持党的基本路线,坚持文艺为人民服务、为社会主义服务的方向和"百花齐放、百家争鸣"的方针,繁荣和发展盱眙县社会主义文学艺术事业。至2008年,有团体会员5个,国家级会员3人,省级会员41人,市级会员107人,县级会员929人。

图21－18 县文学艺术界联合会第一次代表大会召开

二、作家协会

2005年4月9日,成立县作家协会,通过《作家协会章程》,选举会长、副会长、秘书长、常务理事。开始不定期编印《都梁》文学杂志。

2006年起,相继开展龙王山笔会、铁山寺生态文学与盱眙旅游笔会、象山笔会等文艺交流活动。组织会员到徐州、淮阴区、《短小说》杂志社、楚州、宿迁、南京等地进行文学交流,建立并完善都梁文学网。至2008年,共编辑出版短篇小说集《都梁文丛》一本,《都梁》杂志20期。会员出版散文集有杨绵发的《石头开花》、陈绍龙的《悟人子弟》、韩开春的《时光印记》、毛仕林的《心似水晶》、闲云的《调味坊》、夏维新的《碧绿的浪花》《遥夜的暖流》等50余本,其中《时光印记》获冰心文学奖。

三、美术家协会

1988年,成立美术家协会,通过《美术家协会章程》,推荐选举会长、副会长、秘书长、常务理事。1989年起,先后组织会员参加国家画院主办的"荆浩杯"中国画双年展、"永乐宫"书画展等,许亚平、王坤、刘天明等20多人次获奖、入展。邀请盱眙籍画家胡一龙举办学术讲座。启动盱眙画家画盱眙主题创作活动暨第二届盱眙美术双年展。联合书法家协会承办盱眙县"五环杯"职工书画大赛,征集作品600多幅,属盱眙历史上规模最大、参与人数最多的书画赛事。

至2008年,杜愚的国画《空降生机》入选纪念"5·12"汶川地震一周年书画展,山水画《夏山叠翠图》入选全国徐悲鸿中国画作品展,山水画《春日乍起》《翠岭深处有人家》获中国美协举办的全国画展优秀奖;王坤山水画《雨润青山润无声》获中国美协颁发的百佳奖,高习娟《夕阳之歌》、许亚平《竹林深处》分别入选中国美协、江苏美协举办的画展。骈健的《高考强化训练－－骈健色彩》作品集由黑龙江出版社出版发行。全县共举办美术展10余次,获市级以上单位奖50余幅,许亚平的国画《竹内清气》获第十届江苏省五星工程奖银奖。

四、书法家协会

1988年,成立书法协会,通过《书法协会章程》,推荐选举会长、副会长、秘书长、常务理事。2006年4月17日,经县委宣传部批准,更名为盱眙县书法家协会,12月28日,经县民政局审核注册登记。是年起,先后组织古泗州书法联展、盱眙首届硬笔书法大赛,"金谷园"杯硬笔书法大赛,都梁书画展,青少年书法大赛,胡一龙、余宗香书法展,中国龙虾节八人书法展,盱眙籍现役军人周超书画展,盱眙县书法篆刻作品展,纪念改革开放三十周年书画展。与安徽淮北、浙江兰溪等地开展书法交流活动,组织会员参加中国书协举办的培训、讲座,为省市举办的各种书法展览组稿。每年春节前,送春联进农家。

2008年,沈士清的书法作品入展省第七届书法新人新作展、吴显华的书法作品入展全国第二届册页展,实现盱眙书法创作在全国展览中的"零"突破。吴显华的《古诗摘抄》获第十届江苏省五星工程奖铜奖。至年底,共获市级以上单位书法作品奖100余幅,赠送农户春联2000余副。

五、摄影家协会

2005年,成立县摄影家协会,通过《摄影家协会章程》,推荐选举会长、副会长、秘书长、常务理事。2006年起,先后成功举办首届人民日报社华东分社新闻摄影研讨会,通过《人民日报》专版介绍盱眙"三个文明"建设成果。参与历届盱眙龙虾节摄影,积累一批龙虾节活动图片资料,在各级媒体报道龙虾节经济成果。与县第三中学联办"三创杯"摄影作品展,为三中学生专题讲授摄影知识。开展盱眙人文景观系列采风活动,配合"聚焦人民警察"、老年运动会、工业园区四周年等重要节点,做好摄影工作。协助许昌银举办中国龙虾节摄影画册首发式。走进社区、乡

图21－19　人民日报社华东分社摄影研讨会在盱眙召开

村、校园、军营开展群众性摄影活动;参与和服务公安文化月创作、"百姓眼中的检察官"摄影活动,举办"我眼中的小康盱眙"摄影大赛。

2008 年,县摄影家协会在县民政局正式登记。至年底,会员在中央、省、市级各种刊物上发表图片 200 多幅,将盱眙县的"三个文明"建设成就建立图片大事记。

六、诗词学会

1987 年 5 月 5 日,成立县诗词学会。每年创办会刊《都梁诗讯》4 期。1995 年,县诗词学会整理、出版盱眙县籍光绪年间老秀才姚挹之的《姚挹之先生诗稿》。

1999 年 9 月,出版《都梁颂》诗集,被县委表彰为向国庆五十周年献礼的十大工程之一。2004 年 6 月,与县教育局联合举办全县中小学生"诗教杯"格律诗词有奖竞赛,将获奖诗汇编成《盱眙校园诗选》出版。2005 年,县委印发《关于开展诗教活动创建全国"诗词之乡"的意见》,成立盱眙县诗词教育工作领导小组,开始创建全国诗词之乡活动。举办第二届"诗教杯"格律诗词有奖竞赛,编辑第二集《盱眙校园诗选》。12 月,盱眙县被中华诗词学会命名为全国诗词之乡。

2007 年 10 月,出版《盱眙景联选》,是盱眙出版的第一本楹联集。至 2008 年,出版《盱眙校园诗选》3 本,会员出版诗集 50 本。学会拥有盱城镇诗词分会、明祖陵镇诗词分会、马坝镇诗词分会、穆店乡诗词分会、盱眙县教育局诗词分会、盱眙中学诗词分会和城北诗社、五墩诗社、沙岗诗社、十里营诗社、明祖陵镇农民诗社、马坝中学诗社、马坝初级中学诗社、马坝中心小学诗社、高桥诗社、东阳诗社,有会员 500 多人。

第八节 哲学社会科学界联合会

一、组织建设

2006 年 4 月,盱眙县成立县哲学与社会科学界联合会(简称县社科联),挂靠县委宣传部,主席由一名副部长兼任,推选副主席 1 人、秘书长 1 人、工作人员 1 人、兼职副主席 3 人。至 2008 年,相继成立国际税收研究会、人大工作理论研究会、计生协会、土地学会、教育学会、劳动保障学会。

二、特色活动

2006 年 9 月 16 日,成立社会科学普及周领导小组,印发《关于组织申报 2006 年度江苏省社科应用研究精品工程奖通知》,开展社科应用研究精品工程优秀成果奖推荐申报工作。部署和统筹有关学会、研究会组织开展社科宣传咨询、专题讲座。年底,共征集历史文化研究会、国际税收研究会、人大工作理论研究会、计生协会、土地学会、教育学会、劳动保障学会论文 20 篇,上报省、市社科联。

2007 年,县社科联围绕"弘扬和谐文化、共建和谐盱眙"主题,采取省、市、县三级联动,各学会、研究会共同参与的举措,开展以法律服务、热点解惑、政策指导、心理咨询为内容的广场咨询活动。聘请中科院院士南京大学物理系教授都有为举办《神奇的大自然》科普讲座,听讲 500 余人。组织社科书市活动,现场分发科技图书 2000 册。开展学楷模周恩来和学习中共十七大精神征文活动,收到征文 200 余篇。组织申报《泗州城城陷解析及保护与利用》《推进开发区提升档次,加快苏北经济开发区创建步伐》《大力开发人力资源,为新型工业化建设提供人才保障》论文,参加市社科应用研究精品工程优秀成果奖评奖。

2008 年,各研究会、学会、协会围绕"传播和谐文化、促进科学发展"主题,举办社会科学普及周启动仪式暨主题报告会、现场咨询活动;以打造法治维稳平安年主题,实施送法、送文艺演出下乡活动。全年共接受科技咨询 2300 余人次,送戏下乡 30 余场次,义诊 1000 余人次。

第二十二篇　公安司法

1986年起，县公安局先后开展“严打”“扫黄打非”“三禁一打”“三打一整”“破大案、打团伙、追逃犯”“打击拐卖妇女儿童”“治安整治百日会战”等专项斗争，遏制各类案件发生。县检察院围绕好班子、好队伍、好机制、好业绩、好形象目标，开展争创人民满意检察院、争当人民满意检察干警活动，立案查处贪污受贿、渎职侵权、滥用职权、徇私枉法、玩忽职守等案件；对有案不立、有罪不纠、量刑不当的案件，及时提出纠正意见，做到快捕、快诉犯罪分子。县人民法院坚持多办案、快办案、办铁案，打击严重危害社会治安和人民群众生命财产安全的暴力犯罪、重大盗窃犯罪、黑恶势力，审判一批刑事、经济、民事、行政案件。县司法局开展规范化司法所、法治示范乡镇村创建活动，实施“一五”至“五五”普法宣传教育，组织开展矛盾纠纷大排查、大清理、大调处工作，及时消除农村各种矛盾纠纷，全县社会治安趋于稳定。

至2008年，县公安局共查处刑事案件30160起，破获各类案件17707起；县检察院共受理案件6348件，其中批捕5186人；县法院共判决犯罪分子6850人，其中判刑10年以上275人，5～10年1006人，5年以下3155人。盱眙县被省依法治县领导小组评为社会治安安全县，县公安局被省公安厅评为执法示范县级公安机关、全省追逃工作先进集体、奥运安保工作先进集体，县检察院被省检察院评为优秀基层检察院，县法院被省文明委评为文明行业，被省高院评为维护社会稳定工作先进集体。

第一章　公　　安

第一节　机构队伍

1986年,县公安局在编132人,其中合同民警56人,内设秘书股、刑警队、治安股、消防股、预审股、政教室、看守所、内保股、自行车管理所、经济办案小组,下设古城、马坝、仇集、山区、林业、旧铺、官滩、城南、城北、穆店、古桑、河桥、张洪派出所。同年,盱城派出所撤销,淮阴市公安局洪泽湖分局在盱眙设立水上派出所。

1987年6月,增设维桥、桂五、新街、观音寺、马庄、高桥、黄花塘、龙山、洪山派出所。9月,县交通局交通监理所移交县公安局,成立县公安交通警察队、县公安局车辆管理所。1988年,撤销秘书股,成立政工办公室、装备股。2月,增设东阳、十里营、水冲港、王店派出所,招收合同制交警30名。

图22-1　县公安局办公楼

1989年,县公安局公安交通警察队更名为盱眙县公安交通警察大队,为副科级编制,内设政秘股、业务股、城区中队,下设管镇、河桥、桂五、穆店、维桥、马坝公安交通管理所。6月,县公安局自行车管理所更名为交通警察大队自行车管理所,淮河大桥和马坝交通检查站,分别更名为淮河大桥和马坝车辆检查站。

1990年3月,县公安局看守所更名为江苏省盱眙县看守所。4月,成立治安联防大队。11月,增设法制办公室、户政股。1991年3月,维桥、穆店、桂五、河桥、管镇、马坝公安交通管理所分别更名为公安交通警察大队一中队、二中队、三中队、四中队、五中队、六中队。1994年,行政在编增加到229人,其中事业在编74人。5月,刑事警察队更名为县公安局刑事警察大队。10月,成立巡逻警察大队。12月,成立消防大队。1995年3月,成立纪委监察室和公安交通警察大队法医室。交通警察大队成立行政监察室,撤销业务股,设事故处理股和秩序股。

1996年,增设仁集、肖嘴、盱城城东派出所。1997年7月,成立公安水上警察大队、经济案件侦察大队,均为副科级建制;县拘留所与看守所合并为江苏省盱眙县看守所。10月,县公安交通警察大队秩序管理股增设县公安局公安巡逻民警大队机动中队。1999年,实行干部和民警聘任制,聘任中层干部112名,聘用民警268人,免职中层干部2名,民警岗位交流16名,中层干部调为协理员9名,1名中层干部和5名民警落聘待岗。

2001 年，乡镇派出所撤并为盱城、穆店、古桑、河桥、维桥、桂五、观音寺、马坝、黄花塘、鲍集、兴隆、铁佛、淮河、管镇、旧铺、官滩、王店、仇集、三河、仁集等 20 个派出所。2002 年，县公安局机关增设指挥中心、警务督察大队、政治处、国内安全保卫科、经济文化保卫科、法制科、信访科、后勤管理科、户政管理科。直属机构有刑事警察大队、经济犯罪侦查大队、治安警察大队、水上警察大队、交通巡逻警察大队、看守所、治安拘留所，盱城、马坝、管镇派出所升为副科级建制。

2003 年，增设出入境管理科。2004 年，成立县工业开发区派出所。2005 年，增设教育培训科，国保科更名为国保大队。2006 年，县刑警大队新增侦审中队。各乡镇派出所干警由 2 名增至 5 名。2008 年，县公安局编制增加到 541 人，其中民警 461 人；盱城、马坝、管镇、开发区派出所为副科级建制。

第二节　案件侦查

一、重大刑事案件侦查选录

1991 起，农村耕牛价格高，属重要生产资料，纳入公安部门重点保护范畴。1998 年，盱眙山区片龙山乡、洪山乡、仇集乡与安徽省明光市交界，经常发生盗窃耕牛案件。1999 年 11 月，县公安局开展打击盗窃耕牛案件专项斗争。

2000 年 3 月，县公安局查获来安县杨郢乡街道郑某、明光市涧溪镇祝岗村曹某伙同他人，自 1998 ~ 2000 年，到洪山乡、龙山乡、仇集乡等地作案 40 余起，盗窃耕牛 70 余头违法事实，均按盗窃罪给予相应处罚。

2001 年 10 月 5 日，盱马路高桥街道东侧 1 千米处路北水沟中发现一具尸体，死者系被钝器击打头部致使颅骨骨折后死亡。经查，死者窦某系盱城镇人，于 10 月 4 日晚，驾驶苏 HW1439 紫红色奥拓出租车外出后未归。10 月 7 日下午，县公安局经侦查，确定崔某、王某、万某有作案嫌疑。晚 9 时许，县公安局侦查人员将潜逃至淮安市区崔某、王某、万某抓获。另一犯罪嫌疑人张某也随之被抓获。犯罪嫌疑人交代：10 月 4 日晚，崔某、王某、万某伙同张某租用窦某出租车到马坝镇行至案发地时，崔某假装欲吐酒要求停车，张某抽出活动扳手欲击打窦某时击中车顶，窦某见状立即跳下车向盱眙方向跑去，张某、王某两人追上窦某后，用扳手击打窦某头部 20 余下，致其当场死亡。

图 22－2　1998 年，县公安局成功解救被劫持儿童。

2002 年 4 月 10 日凌晨，马坝镇马坝村涧边组女性刘某和暂住在其家中徐某被他人杀死在家中。县刑警大队、县公安局马坝分局联合成立专案组，开展案件侦破。经排查确定马坝镇黑泥巷居民密某具有作案嫌疑，于 4 月 18 日将密某抓获。犯罪嫌疑人密某供述：密某与死者刘某的男友徐某有同性恋倾向，刘某要求徐某不要与密某接触，密某对此怀恨在心。4 月 8 日，刘某与徐某订亲时，密某更为不满，遂起杀人歹念。4 月 10 日凌晨 2 时许，密某从家中带一把杀猪用的剔骨刀，进入刘某住处后，用随身携带剔骨刀和拾得木棍，先后对刘某、徐某头及面部实施打击和刺戳，致两人当场死亡。

2004年,县公安局经6个月侦破,破获以高某和林某为首多年流窜江苏省、安徽省、山西省10余县、市,盗掘古墓葬及倒卖文物特大团伙案,抓获涉嫌盗掘古墓葬、倒卖文物犯罪嫌疑人45人,破获苏、皖两省此类案件102起,缴获战国、秦、汉时期文物129件,其中国家一级文物6件、国家二级文物11件。

2008年,县公安局被省公安厅评为追捕逃犯工作先进集体、执法示范县级公安局。1986~2008年,全县共发生刑事案件30160起,破获各类案件17707起,其中杀人案件129起,抢劫案件651起,强奸案件553起;抓获各类刑事作案人员13120人,摧毁各类犯罪团伙1326个。

1986~2008年盱眙县刑事案件发案与侦破情况一览表

表22-1

年份	发案(件)	破案(件)	破案率(%)	其中(人)												刑事作案成员(人)	犯罪团伙(个)
				杀人	抢劫	强奸	伤害	放火	爆炸	投毒	绑架	拐卖	诈骗	盗窃	抢夺		
1986	189	179	94.7	-	-	47	-	-	-	-	-	-	-	118	-	194	-
1987	181	168	92.8	-	25	-	-	-	-	-	-	5	26	-	-	59	-
1988	192	185	96.4	5	-	18	-	-	-	-	-	-	-	104	-	235	21
1989	311	297	95.5	5	55	19	-	-	-	-	-	-	-	196	2	125	36
1990	665	579	87.1	-	-	-	-	-	-	-	-	-	-	324	-	428	-
1991	1081	877	81.1	3	134	47	37	-	-	-	-	107	42	503	-	919	103
1992	980	762	77.8	1	96	11	21	-	-	-	-	-	36	101	-	360	-
1993	730	610	83.6	-	51	-	-	-	-	-	-	-	33	512	-	692	83
1994	629	545	86.6	-	28	11	-	-	-	-	-	2	12	69	-	419	58
1995	620	518	83.5	10	41	40	-	-	-	-	-	-	-	17	-	446	64
1996	401	329	82.0	-	10	-	-	-	-	-	-	3	-	27	-	350	-
1997	438	359	82.0	-	-	-	-	14	-	-	-	-	7	305	-	373	-
1998	688	356	51.7	7	23	44	9	20	-	-	-	14	9	539	-	339	25
1999	644	417	64.8	9	22	33	6	23	-	-	-	15	5	504	-	537	50
2000	1908	1608	84.3	11	27	35	96	46	-	-	-	7	74	1200	9	1437	257
2001	2055	1154	56.2	7	19	40	32	6	-	1	-	-	51	1166	14	1886	237
2002	1575	751	47.7	16	17	28	25	2	-	3	-	3	44	1359	13	594	60
2003	1477	801	54.2	13	13	80	16	-	-	1	-	2	148	1136	8	589	67
2004	3108	1341	43.2	9	24	15	26	7	-	1	1	-	128	2696	45	701	54
2005	2959	1357	45.9	9	21	16	16	1	1	1	1	-	146	2675	8	628	72
2006	3082	1531	49.7	8	9	27	22	1	-	1	-	-	90	2773	46	584	55
2007	3122	1384	44.3	7	21	21	7	1	-	-	-	-	123	2694	7	449	37
2008	3125	1599	51.2	9	15	21	20	-	-	-	-	-	91	2763	6	776	47

二、专项斗争案例选

严打　2001年起，根据全国社会治安工作会议统一部署，县公安局开展严打整治斗争。至2004年，共破获各类刑事案件2089起，其中公安部、省公安厅挂牌督办案件各1起。共抓获各类犯罪嫌疑人3385人，其中网上逃犯316人；摧毁犯罪团伙267个，涉案1092人，其中黑恶势力团伙35个，涉案174人，缴获赃款赃物价值220余万元。

打黑除恶　2000年起，县公安局开展打黑除恶专项斗争，遏制黑恶势力的滋生发展。至2008年，全县打掉黑恶势力团伙117个，其中公安部挂牌督办的黑社会性质组织1个，省公安厅挂牌督办的黑恶势力团伙7个。（黑，指黑社会；恶，指以暴力、威胁或者其他手段，有组织地多次进行违法犯罪活动，欺压、残害群众。）

打拐（打击拐卖妇女、儿童）　1999年起，盱眙县公安局根据公安部要求，开展打拐专项斗争。至2008年，共破获拐卖妇女儿童案件144起，其中省公安厅挂牌拐卖妇女儿童案件1起、市公安局挂牌案件4起；抓获拐卖妇女儿童犯罪嫌疑人247人，其中逮捕劳教101人；摧毁拐卖犯罪团伙32个，成员127人；解救被拐妇女1701人，其中遣返原籍100人（包括被拐越南妇女1人）、原地安置1601人；解救被拐儿童365人，其中遣返原籍5人、送交民政收养360人。

打击盗抢机动车、自行车　2002年3月起，县公安局根据市公安局打击盗抢机动车、自行车犯罪活动部署，在县域采取专项行动。至2008年，全县查扣嫌疑车辆14665辆，查证14438辆；破获盗抢机动车、自行车案件379起，其中市公安局挂牌案件1起；抓获涉车违法犯罪嫌疑人170人，其中逮捕25人、刑拘10人、劳教2人、取保1人；摧毁犯罪团伙13个，涉案56人；追缴被盗抢汽车4辆，摩托车、机动三轮车167辆，自行车93辆；捣毁涉车犯罪场所和窝点12个。

“飓风行动”（快速打击犯罪分子。）　2008年7～8月，县公安局根据省公安厅组织开展飓风行动要求，先后出动警力1642人次，组织开展各类清查5次，清查场所3596处，盘查车辆1514辆。飓风行动中，破获刑事案件543起，其中命案4起，抓获作案成员179人；抓获网上逃犯50人，其中重点逃犯5人；打掉涉黑涉恶团伙5个，“两抢一盗”（抢劫、抢夺，盗窃）团伙24个，分别抓获犯罪嫌疑人18人、93人；查获炸药4公斤，各类枪支5支，仿真枪27支，民用子弹22发、管制刀具64把。

三、经济案件案例选

1997年，县公安局经济案件侦察大队开始查处经济案件。1998年起，涉税等部分经济侦查管辖权由检察机关移交公安机关。全年受理经济案件4件，立案1件，挽回经济损失20万元。

2001年，全年共立案35件，其中制贩假币、涉税犯罪29起，破获25起，处理各类违法犯罪64人，挽回经济损失1100万元。2006年2月14日，经侦查，盱眙天祥珠宝行有限公司于2004～2005年采取设置2套账簿方式隐瞒商品销售收入，少缴增值税、消费税等累计112万元，占应纳税额的83.97%。县公安局向市公安局申请挂牌督办，并将涉案人员抓获归案，案值100余万元，追缴税款128万元。

2007年12月4日，县公安局破获一起案值800余万元的假冒注册商标案，涉案13人，抓获涉案10人。经查，2005年4月至2007年12月，盱眙法帝亚葡萄酒厂负责人李某伙同张某、何某等13人在盱眙县玉强彩色印刷包装厂出租厂房内生产红葡萄酒，后贴上假冒王朝干红商标进行销售。同年，县公安局破获沈某合同诈骗案件。经查，2006年8～10月，犯罪嫌疑人沈某以对外发包工程为由，先后与江苏屹峰建筑有限公司孙某等2人签订建筑工程施工合同，在骗取保证金387万元后逃匿。

2008年9月2日，县公安局破获涉案金额3500余万元、受害9500余人被称为“4·15”特大非法传销案，抓获涉嫌非法传销犯罪嫌疑人27人，其中A级头目8人、B级头目18人。经查，自2006年4月至案发期间，犯罪嫌疑人吕某等人在河北涿州、山东莱芜、江苏盱眙等地以销售“婷采”牌和“魅雅”牌化妆品为幌子，采取拉人头手段收取“下线”交纳的入网费，非法获利3000余万元，省公安厅经侦总队将此案列为挂牌督办案件。10月14日，县公安局经侦大队破获一起案值800余万元县农村合作银行职工利用职务侵占银行资金案。经查,2006年3~5月间,犯罪嫌疑人俞某利用其担任盱眙农村合作银行某支行行长之便,冒用他人签名方法,侵吞银行资金800余万元。1998~2008年,全县共受理各类经济案件1052件,立案711件,破案677起。抓获犯罪嫌疑人400人,挽回经济损失16671万元。

1998~2008年盱眙县经济案件发案与侦破情况一览表

表22-2

年份	受理(件)	立案(件)	破案(件)	移诉(件)	抓获(人)	挽回损失(万元)	年份	受理(件)	立案(件)	破案(件)	移诉(件)	抓获(件)	挽回损失(件)
1998	4	1	1	1	2	20	2004	90	44	35	35	37	1100
1999	28	14	7	7	7	77	2005	135	113	111	111	50	1821
2000	46	17	16	16	15	97	2006	87	65	65	65	64	1102
2001	69	35	32	21	20	1157	2007	142	103	103	103	67	2771
2002	68	30	20	20	16	971	2008	308	264	264	64	99	6685
2003	75	25	23	23	23	870	合计	1052	711	677	466	400	16671

第三节 社会治安管理

一、特种行业

1986年,调查登记、整顿清理旅店174个、收旧业32户、刻字业19家,核发特种行业合格证件76份,建立档卡115份,治安处罚122起,抓获犯罪嫌疑人48人。

1991年,组织侦破专案组,深入宁淮公路盱眙段25公里处175个路边店及周边地区,摸底、取证,依法取缔非法经营路边店12个,责令停业整顿35个,抓获违法犯罪嫌疑人4人。1994年,检查整治全县娱乐服务场所832个,依法取缔不规范娱乐场所3个,责令停业整顿6个,查处卖淫嫖娼案件57起,抓获卖淫嫖娼嫌疑人76人,摧毁卖淫窝点22个。1995年,相继开展3次整顿清理刻制印章摊点专项行动,共取缔非法印章刻制摊点17个,整改4个,查处犯罪嫌疑人14人。1996年,清理整顿路边店38家,治安处罚31人。

2005年,公安局信息系统共登记172家旅馆,其中20张以上床位旅馆16家,单独建立信息系统16家;20张床位以下旅馆,单独建立信息系统41家。各派出所集中建立信息系统115个,采集住宿人员信息12018条。通过旅馆业信息系统收集各类违法案件信息42条,抓获网上逃犯3人,查处违法案件38起,查处违法人员72人,注销登记旅馆16家。

2006年3月,公安、工商、文化等部门成立娱乐服务场所管理协会,登记旅馆157家,其中单独建立信息系统的旅馆111家,20张床位以上的32家旅馆安装视频监控系统。2007年,县娱乐服务场所管理协会对城区娱乐服务场所进行星级考核评定,评出三星级单位4个、二星级单位2个,确立重点管理单位1个。

2008年,县娱乐服务场所管理协会评出四星级3个、三星级5个,总结出住宿人员自然分离法、短信集群友情提醒法、零距离温情服务法、公秘结合打击处理法、信息研判网上作战法、破案追逃奖惩激励法等旅馆业治安管控办法。

二、枪支、炸药

1986年,县公安局成立危险品管理领导小组,强化危险品管理。全年收缴气枪75支、土制手枪1支,各类子弹117发,私造炸药56公斤。

1990年,将枪支、弹药管理纳入社会稳定的一项重要措施,深入乡村广泛宣传私藏枪支、弹药的危害性及相关法律法规，发动广大群众举报私藏枪支、弹药的人和事。全年共收缴气枪992支、小口径射击运动枪1支、麻醉枪1支、土制手枪4支、电击枪4支、电警棍4支、各类子弹591发、私造炸药148.5千克、手榴弹2枚。

1994年，县公安局成立枪支弹药管理专项整治领导小组，开展收缴非法枪支专项统一行动。全年共收缴枪支116支，其中火药枪108支、气枪5支、土制手枪3支。1996年起，县公安局开展炸药、雷管专项治理。至2000年，共收缴炸药2161千克、雷管5192发、导火索306米，取缔非法生产炸药窝点1处。

2002年，县公安局发动村、组治保组织排查私藏猎枪者，共收缴枪支37支、子弹12发。2006年，县公安局收缴各类枪支255支、子弹58916发、管制刀具2182件。2008年，全县未发现私藏枪支、弹药的人和事。

三、"三禁一打"

1986年，县公安局查处城乡接合部，盱眙、安徽交界偏僻地区赌禁案件85起，治安处罚211人。1991年，铲除罂粟14.67万株，治安处罚10人，逮捕2人；全年抓获卖淫嫖娼违法犯罪76名，摧毁卖淫窝点7个；收缴非法出版物800余册，非法录像带200多盒，其中属黄色录像带10余盒、淫秽裸体挂历7本。1994年，铲除罂粟2.31万株，收缴罂粟膏10克，逮捕1人，治安处罚11人；收缴非法出版物3810册，非法录像带390盒。

1995年起，成立黄、毒、赌、卖淫嫖娼专案组，开展"三禁一打"（禁黄、禁毒、禁赌、打击非法出版物）专项行动。1996年，抓获卖淫嫖娼139人，捣毁卖淫窝点18个。至1999年，全县共铲除罂粟2.98万株，刑拘1人，处罚48人；查处卖淫嫖娼、赌博案件350起，打击处理500人；收缴淫秽VCD碟片63盘；非法出版VCD碟片70盘，黄色书刊138本；依法查处贩毒、涉黄案件28起。

图22-3　治安管理

2003年，县公安局治安股组织便衣侦察队伍，深入偏僻山区及三县二省交界处，严查赌博现象；对城乡旅馆实行不定期检查，严查卖淫嫖娼案件。年底，共查处涉赌案件240起，涉黄涉娼案件91起，涉毒案件22起，铲除非法种植罂粟2900余株。

2004年，打掉赌博团伙14个，摧毁赌博窝点55处，其中摧毁网络赌博团伙1个、有组织赌博公司和赌博团伙5个、抽头赌博团伙8个、查处境外赌博公司在盱眙代理机构1处，查破赌博刑事案件5起，查处赌博治安案件176起，核查群众举报线索126条，带破其他刑事案件23起，带破其他治安案件61起。治安拘留参赌人员、为赌博提供条件20人，利用网络赌博犯罪嫌疑人4人，被依法刑事拘留；查破涉黄涉娼案件43起，涉毒案件21起，治安处罚违法人员16人，追究刑事责任1人；铲除非法种植罂粟1287株，查破非法种植毒品原植物刑事案件2起。

2005年，铲除罂粟2454株，查破非法种植毒品原植物刑事案件2起，涉毒治安案件15起，治安处罚16人，追究刑事责任1人。2007年，共铲除罂粟1.52万株，查破涉毒治安案件196起，治安处罚违法人员312人，追究刑事责任4人。摧毁聚众赌博窝点15个，打击处理赌博205人，缴获赌资50万元，罚没款30万元，捣毁利用电子游戏机进行赌博的窝点26个，收缴各类赌型电子游戏机215台。12月6日下午，采取便衣设伏措施，捣毁位于王店乡境内一个特大赌博窝点，当场抓获参赌人员20人，缴获赌资13万元，扣押参赌人员车辆4辆。

2008年，摧毁聚众赌博窝点7个，打击处理赌博违法行为178人，缴获赌资40万余元，罚没款20余万元，捣毁利用电子游戏机进行赌博窝点54个，收缴各类赌型电子游戏机655台。

1986～2008年盱眙县治安案件发案、查处情况一览表

表22-3

年份	发案数（起）	查处数（起）	违反治安管理(起)	警告（人）	罚款（人）	拘留（人）	教育后不予处罚(人)
1986	675	675	830	110	39	381	300
1987	700	700	850	191	60	403	267
1988	724	724	886	204	80	320	276
1989	753	753	905	219	94	311	281
1990	860	860	900	200	249	188	263
1991	2244	2244	2799	680	978	489	652
1992	2145	2145	2236	524	648	374	690
1993	1551	1551	2174	479	1358	338	143
1994	1561	1561	1935	351	1207	37	336
1995	1613	1613	2624	565	1415	401	243
1996	1566	1566	2487	514	1456	356	161
1997	1436	1436	2349	584	1268	221	276
1998	1279	1279	2392	362	1526	244	160
1999	963	963	2580	232	1767	368	213
2000	1403	1403	2835	387	1672	363	413
2001	1569	1569	3014	301	1997	456	561
2002	1716	1705	2535	304	1521	396	314
2003	1956	1954	2896	208	1890	426	514
2004	2023	2020	2996	317	1994	430	529
2005	2226	2219	3012	257	2014	454	264
2006	2456	2451	3214	301	2245	264	202
2007	2589	2580	3426	340	2456	330	310
2008	5581	5581	4327	2926	346	1017	38

第四节 技 防

1991年，盱眙县遭遇特大洪灾，上级公安机关为县公安局配发50部H6手持电台，方便抗洪时联络。从此开始利用高科技装备干警。1995年，引进荷兰电信设备替代磁式总机，内线电话由24门增加到70门。1996年9月，开通寻呼台，服务全县民警。12月6日，建成“110”报警服务台。1998年，先后在全县各派出所配备“四机一台”（一台传真机、一台微机、民警每人一台手持机和一台寻呼机，每车一部车载台），民警配备公安寻呼机330台，民警配有手持台170余台，31个派出所购置微机。

2001年，建立公安信息中心，在马坝卡口建立监控系统。2002年，宁连一级路马坝段建成电子监控系统。2004年，安装报警系统565台，其中报警器553台、安定保12台；在县城区斩龙涧商业街安装红外线报警器77台，成为全县首条技防商业街。城区府前广场、商贸广场、五墩转盘等25个路口或场所安装电子监

控系统，形成覆盖城区电子监控网络；建成110、119、122三台合一报警台，实现一个中心、一级接警和集中接警、统一指挥、信息共享、快速反应接警模式。

2005年，在盱城、马坝、管镇建立350兆无线集群基站，统一购置45台好易通、健伍885手持台，无线信号覆盖除山区片以外所有乡镇。全县娱乐服务业场所、居民小区、机关、企事业单位安装内部监控系统483套。2006年，采购电脑200余台、手持台183部、录音笔165支、数码相机42部、数字身份证书433个，装备民警。

2007年，在各乡镇主要路口、路段、公共场所设立122个监控点，与公安派出所监控报警中心联网；在19个乡镇派出所治安室、讯问室安装摄像头，24小时对室内进行录像。全县公安系统建成情报信息研判中心，标准化信息采集室和一级刑事科学技术室，人员、物品、阵地、空间信息防控网。

2008年，全县公安民警计算机拥有率123%，数字身份证配发率100%，基层一线民警“九小件”、手持台、录音笔拥有率分别为100%、72%、50%，数码相机每个派出所2部。科技强警示范县通过省公安厅、省科技厅验收。

第五节　户政管理

一、人口管理

1988年3月，成立发放居民身份证领导小组，全县发放居民身份证234571份。年底，登记145819户651720人口，暂住人口1051人。

1991年12月，公安局户政股设暂住人口专职管理员，各乡镇派出所设暂住人口协管员。全年共发放第一代居民身份证532593份。1992年5月，开始实行《申请、换领、补领居民身份证或临时身份证收照单》制度。全县换补领居民身份证23513份，办理临时身份证1468份。1993年10月，启用新的临时身份证，共办理临时身份证1762份。暂住人口2634人。1996年，全县部分暂住人口信息实行微机管理。1998年1月起，全县开始换发居民身份证满10年新证，应换居民身份证213274份，实换证200845份。

图22-4　户口管理

2004年，完成16周岁居民换发第二代居民身份证。2005年，全县换发第二代居民身份证3万份。2006年6月，全县暂住人口信息纳入淮安市警务平台信息系统管理，输入警务平台数据管理9181人。2008年，全县登记229663户758359人口，换发第二代居民身份证63万份，暂住人口登记20663人，全部录入微机管理。

二、户籍管理

1986年，全县城镇、农村常住户口实行一户一本户口簿制度，均由居民户口所在地派出所管理。1992年，县计划委员会牵头，县公安局、县粮食局开始联合办理农民进城落户兴办二、三产业户口转为非农业户口，农民在集镇、县城购住集资房、商品房，缴纳转户费用后办理非农业户口。是年，共办理非农业户口1032户3300人。

1994年起，全县试行农村、集镇门牌、弄堂编码和新版内外户口簿换册发放。至1996年，全县换发新版户口簿内外册156749户,编订农村、集镇门牌或弄堂编码177793块。至1999年,全县办理“农转非”户口2167户6200人。经市政府批准,盱城镇、马坝镇、官滩镇、管镇镇、新街乡、河桥乡开展小城镇户口办理试点,全年办理小城镇居民户口3250户9100人。

2000年起,全县“农转非”户口停止办理,其他乡镇开始办理小城镇户口。至2002年,全县共办理小城镇户口14828户35733人。年底,小城镇户口停止办理。2004年,县公安局户政股在全县开展人口信息质量核对工作,换发居民户口本,重新编订居户门牌号码。全年换发户口簿内外册76431户,编订门牌号码227222户。7月,全县取消农业和非农业户口分类,实行以居民实际居住地家庭户口户籍管理。至2008年,全县户籍管理制度未变。

1986~2008年盱眙县暂住人口一览表

表22-4 单位:人

年份	合计	性别		暂住时间			居住处所										
		男	女	一个月以下	一个月至一年	一年以上	省内		省外		港澳台	旅店	居民家中	单位内部	工地现场	租赁房屋	其他
							市	县	市	县							
1986	1051	675	376	32	754	265	304	418	143	186	-	69	178	430	175	186	13
1987	1327	926	401	53	797	477	326	517	175	309	-	86	193	537	257	232	22
1988	1563	997	566	75	943	545	379	684	231	269	-	97	207	658	317	271	13
1989	1985	1258	727	101	1245	639	432	857	293	403	-	104	224	763	452	399	43
1990	2082	1447	635	124	1437	521	517	895	314	356	-	128	245	784	473	405	47
1991	2194	1542	652	117	1524	553	548	903	357	386	-	143	267	827	501	421	35
1992	2368	1696	672	139	1681	548	643	938	369	418	-	176	289	833	526	496	48
1993	2534	1732	802	109	1378	1047	736	940	382	476	-	182	298	876	597	524	57
1994	2621	1803	818	138	1466	1017	787	950	394	490	-	197	307	893	649	499	76
1995	3382	1821	1561	329	1597	1456	879	983	521	999	-	327	894	904	667	521	69
1996	3936	2283	1653	521	1726	1689	901	1001	597	1437	-	671	727	953	947	613	25
1997	4003	2450	1553	707	1862	1434	983	1067	631	1322	-	812	672	1059	842	502	116
1998	4594	2893	1701	762	1874	1958	1012	1221	839	1522	-	903	724	1057	1083	756	71
1999	4871	2821	2050	821	2098	1952	1056	1378	984	1453	-	921	768	1093	1104	824	161
2000	5032	3387	1645	843	2251	1938	1203	1579	712	1538	-	1104	652	1174	1001	865	236
2001	5247	3423	1824	981	2283	1983	1272	1756	734	1485	-	1142	674	1204	1032	1098	97
2002	5802	3628	2174	1558	2442	1802	1450	1929	887	1536	-	1375	731	1225	1054	1113	304
2003	6331	4112	2219	2079	2409	1843	1611	2398	984	1335	3	1552	716	1209	1355	1284	215
2004	6813	4337	2476	2355	2265	2193	1763	2458	1000	1592	-	1670	757	1025	1269	1814	278
2005	7842	4795	3047	2054	3041	2747	2003	2295	1649	1895	-	1659	830	2163	1176	1824	190
2006	9181	5658	3523	2733	2782	3666	2312	2910	2182	1777	-	1767	893	2462	1590	2130	339
2007	14299	8239	6060	2826	4554	6919	3285	4200	3110	3704	-	1773	2021	5585	2249	2277	394
2008	20663	10054	10609	5571	6393	8699	5852	5759	3458	5594	-	3205	3768	8991	1926	2367	406

1986～2008年盱眙县总户数、总人口情况一览表

表22－5

年份	年末总户数（户）	年末总人口（人）					本年度人口变动（人）									
		合计	其中		性别		出生			死亡			迁入		迁出	
			非农业人口	未落常住户口人员	男	女	合计	男	女	合计	男	女	省内迁入	省外迁入	迁往省内	迁往省外
1986	145819	651720	47978	3075	334315	317405	5299	2882	2417	2426	1304	1122	7423	469	8588	1125
1987	146813	656121	48918	2013	337734	318387	6451	3358	3093	2895	1527	1368	7634	683	7329	953
1988	155563	659883	56662	5048	339260	320623	8611	4662	3949	3217	1782	1435	9217	963	10060	1058
1989	160833	669484	69792	3959	344471	325013	10639	5895	4744	2692	1622	1070	14100	1264	13781	1090
1990	162834	683416	67685	3781	352298	331118	13475	7304	6171	3286	1851	1435	11156	1336	9813	1339
1991	168984	691267	69433	1034	355870	335397	8497	4627	3870	3467	1962	1505	9873	1524	7541	645
1992	175681	696589	73929	227	358882	337707	7913	4211	3702	3625	2085	1540	11154	788	11686	1563
1993	177901	698442	74573	1151	360187	338255	7244	3873	3371	3514	2032	1482	7096	538	8516	1144
1994	179847	701142	76510	1147	362082	339060	6585	3567	3018	3378	1895	1483	5085	642	6022	1049
1995	182890	705059	77755	1305	363158	341901	7474	4001	3473	3371	1954	1417	6523	583	6492	810
1996	187702	709507	80452	1486	365065	344442	6040	3228	2812	3374	1873	1501	7201	632	5645	943
1997	187306	710900	85334	1121	366830	344070	5623	3066	2557	3214	1831	1383	5892	394	5299	655
1998	188862	709708	87114	893	364786	344922	5194	2794	2400	3177	1733	1444	2665	583	4869	1032
1999	194187	714157	106068	1194	368180	345977	4815	2585	2230	2857	1595	1262	6615	541	5313	528
2000	202838	721616	132350	990	369329	352287	6900	3615	3285	4176	2305	1871	7029	600	5754	744
2001	205672	727160	137594	3299	372276	354884	4949	2686	2263	3044	1683	1361	5702	709	3483	790
2002	214271	728994	140249	3853	380644	348350	5625	2931	2694	3263	1710	1553	3995	863	3623	1219
2003	220075	732219	132239	4086	375847	356372	5529	2907	2622	3098	1675	1423	4153	405	2850	914
2004	227222	748264	132045	4083	383436	364828	7915	4237	3678	2941	1610	1331	12357	3203	3419	1070
2005	228347	748911	164505	2251	382568	366343	7536	3880	3656	3523	1923	1600	9173	1716	4056	1699
2006	222116	748734	149514	55	382468	366266	8301	4448	3853	3168	1711	1457	5881	1849	5124	2416
2007	220722	753740	169807	－	383775	369965	7004	3845	3159	4848	2575	2273	8641	2563	6387	1967
2008	229663	758359	178272	－	387125	371234	6083	3195	2888	4154	2254	1900	6919	2855	5068	2016

第六节　出入境

1986 年,全县人员出入境管理由县公安局政治保卫科负责。境外临时到盱眙 11 人,盱眙出国居民 16 人。2003 年 9 月,出入境管理科管理出入境人口。全年境外到盱眙 60 人,盱眙出国居民 482 人。2004 年起,盱眙县经济快速发展,出入境人员逐年增加。2008 年,境外临时到盱眙 146 人,盱眙出国(境)居民 1903 人。

1986～2008 年境外临时到盱眙县、盱眙县出国(境)居民情况一览表

表 22－6　　单位:人

年份	境外临时到盱眙			盱眙出境居民		
	外国居民	中国台湾居民	华侨、中国港澳居民	出国	赴中国台湾	赴中国港澳
1986	6	3	2	7	3	6
1987	1	3	1	12	7	10
1988	3	3	2	9	1	8
1989	6	4	2	12	0	8
1990	12	6	3	8	2	9
1991	18	8	4	10	2	9
1992	20	13	5	10	3	7
1993	15	12	5	9	2	6
1994	18	14	3	7	1	5
1995	55	28	6	11	3	8
1996	19	15	2	16	4	12
1997	26	10	4	20	3	22
1998	30	10	3	28	8	32
1999	32	12	4	48	7	41
2000	29	15	3	64	10	48
2001	30	16	5	56	7	43
2002	48	15	5	186	16	106
2003	36	18	6	256	19	207
2004	60	24	7	380	28	340
2005	63	24	6	403	30	423
2006	120	28	9	632	38	380
2007	128	29	10	779	33	561
2008	106	35	5	1168	35	700

第七节　执法监督

1986年，县公安局在民警中开展反特权思想、反刑讯逼供为主要内容教育活动，检查民警纪律作风，增强民警法纪观念，没有发生一起刑讯逼供案件。

1991年，开展爱民月和学誓词、学精神、学先进活动，继续开展反特权思想、反贪赃枉法、反刑讯逼供等法纪教育。1993年，开展立功、创模活动，将减少民警违法违纪列为目标考核内容，完善公安队伍管理措施和监督制约机制；实行集体通案制度、错案追究制度、公安行政案件审核把关制度，规定公安民警不参与乡镇抓计划生育、征收上缴提留粮款，不参与乡镇土地纠纷、经济纠纷和民事纠纷，不准采用扣留人员办法追讨债款，不准滥用警力。

1994年，成立执法监督领导小组，每个股、所、队、室设1名执法监督员，所有行政案件法律审核均由法制部门承担。1996年，开展内抓素质，外塑形象活动，查处违纪科室1个。1998年，聘请150名法制监督员，下属各单位与局领导签订《执行执法考核标准责任状》。

2000年，县公安局在淮安市率先实行工作人员末位调整制，根据德、能、勤、绩相关规定进行年度目标考核。年底，确定1名末位人员，在全局通报。2001年，开展全员岗位练兵活动，利用周六和周日组织民警集中学习法律、法规、专业知识。10月，从执法办案民警中抽调业务骨干，分期、分批输送到法制部门轮训。

2002年，实行"执法记分卡"制度，对民警办案量化打分，把执法分值与经济收入、评先选优挂钩。2003年起，开展清理民警自办案件、取保候审案件、执法档案及"小金库"工作。至2005年年底，共清理出民警自办案件13起，其中依法撤销1起，分别进入侦查或移诉12起；清理取保候审案件209起，均依法作出处理；执法档案无一例应办未办案件。

2006年，编印《民警自律手册》，将民警自律纳入个人绩效考核。设立队伍建设预警信息专栏，及时发布预警信息；对民警执法办案情况实行一卷一奖惩，一月一兑现；开发电子执法办案台账，完善集体通案制度，规范执法工作流程，严格办案责任。

2008年，县公安局纪委出台《盱眙县公安局首接负责制度》，开展"情系百姓、敬业奉献"主题教育、回头看和反腐倡廉警示教育月活动。5月，举行"以盱眙公安为荣，为警徽增光添彩"为主题的警营文化月活动。年底，县公安局被省公安厅评为执法示范县级公安机关、全省追逃工作先进集体。

第八节　监所管理

1986年起，有监房18间，注重做好对在押人员的防病治病和防暑降温工作，组织案例检查，整改各类安全隐患，加强监所安全管理。

1993～1994年，县看守所先后建立监区2个、管教室4间、医务室2间、巡视办公室4间。1995年，对在押人员行为表现实行考核、奖惩制度。县武警中队实行执勤警务改革，将内巡视撤到外围，建立岗亭，实行对角哨值勤制度。1996年，对在押人员实行分类关押、分别教育管理制度，设立过渡监室、少年犯监室、第二次在押监室及待投牢监室。1999年9月，县公安局、县武警中队、检察院驻所检察室举行预防突发事件实地联合演练，并将演练形成制度，逐年推进。

2002年起，县看守所对死刑犯实行亲情会见制度。2006年，购置电脑30台、数码相机3台、摄像机1台，安装8台电视监控系统，建立看守所网站。8月，县看守所加高围墙，安装隔离栏，装备脉冲电网，安装对讲机、门禁、受虐报警装置等系统；落实民警直接管理制度，实行5班3运转工作模式，使用北京富星公司开发研制的监管一点通装备监所。11月，县看守所被公安部监所管理局评为公安监管部门信息技术应用示范单位。

2008年,全年出所758人,其中投劳161人、刑满81人、取保候审349人、缓刑释放65人、监视居住17人,其他出所85人;全年收押治安司法拘留1139人,投送劳教5人、刑事拘留8人、治安司法拘留到期及其他1126人。县看守所获取检举揭发各类违法犯罪线索600余条,破获刑事案件500多起。

第九节 陆路交通管理

一、交通安全管理

(一)安全设施

1986年,县交通局负责全县交通安全管理。1987年,县公安局交警大队负责全县交通安全管理,在全县设置各类交通安全标志32块。1990年,安装道路安全标志21块。1995年,县乡道路设置交通安全标志牌21块,提示驾驶员和行人注意交通安全。1995年,县城区新华书店十字路口设置全县交通路口首个红绿灯。1996~1998年,在县乡道路新设置交通安全标志12块,改造原交通标志牌9块。

2001~2003年,先后在县经济开发区24条道路交叉口新设置红绿灯11处。2006年,在城区道路交叉口新设置红绿灯7处,其中4处设置电子监控系统。县城区电子监控覆盖各条道路,有效监控机动车违章现象。2007年,马坝镇、河桥镇、管镇镇、旧铺镇道路卡口设置电子监控系统。2008年,在城区新建的道路和县乡道路交叉路口设置红绿灯22处。

(二)道路交通整治与事故处理

1986~1991年,全县交通事故处理由交通局负责。1992年1月起,县交巡警大队开始查处全县道路交通事故。在事故处理中,着重调解,2次调解不成,出具交通事故责任书,由被害方向法院起诉。是年,共发生交通事故192起,死亡76人。1996年,县交通警察大队开展打击盗抢机动车和整治城乡交通秩序专项斗争,共查处各类违章机动车1723台,处罚无证驾车和车主348人,拘留11人。1998年,围绕压事故、保畅通、秩序好,事故少,群众满意工作目标,查纠交通违章108438起,拘留30人、逮捕违章肇事19人。1999年,开展机动车专项整治,共清查无牌无证机动车9178辆,车证不符77辆,假牌假证4辆,均给予相应处罚。全年共破获盗车案143起,破获盗车团伙7个,抓获犯罪嫌疑人25人,追缴赃车137辆。

图22-5 交通管理

2001年,开展交通环境集中整治行动。全年共刑事拘留违章肇事驾驶员42人,治安拘留78人,吊扣驾驶证482本。2002年,县交巡警部门按照以严管出成效、重罚治违章、猛药治顽症、全面压降事故的工作思路,见违必纠,严管重罚。全年发生交通事故615起,查处逃逸案件16起,侦破15起,其中重大案件7起。2005年,在全县各条道路设置15个公安治安卡口,严查机动车违章行为。2007年,围绕平安创建工作,重点开展农村道路、危险化学品运输、幼儿园接送学生车辆交通安全集中整治,查处交通违法行为7万余起,行政拘留135人;破获交通肇事逃逸案件14起,抓获网上逃犯4名。2008年,县交巡警大队先后开展春运工作攻坚战、奥运安保攻坚战、城区交通管理攻坚战、农村道路集中整治攻坚战、预防重特大交通事故攻坚战等专项整治行动,出动警力2500余次,查处各类交通违法行为11万余起,抓获犯罪嫌疑人120余人,其中行政拘留67人。全县交通事故125起,死亡40人,受伤95人,经济损失26.02万元。

1986~2008年盱眙县交通事故处理情况一览表

表22-7

年份	起数	死亡(人)	受伤(人)	直接经济损失(万元)	年份	起数	死亡	受伤	直接经济损失(万元)
1986	131	33	51	16.3	1998	104	58	85	96.3
1987	155	51	83	28.7	1999	379	80	234	309.4
1988	130	48	71	16.5	2000	1198	126	703	480.5
1989	141	36	66	26.7	2001	913	61	156	367.3
1990	143	54	76	43.7	2002	615	58	320	320.3
1991	137	49	54	60.2	2003	318	70	293	299.8
1992	192	76	93	93.1	2004	293	74	292	174.0
1993	207	87	112	111.8	2005	195	49	166	27.6
1994	180	77	98	96.5	2006	201	49	162	64.8
1995	120	63	82	120.3	2007	170	36	131	32.8
1996	176	48	97	110.2	2008	125	40	95	26.02
1997	142	64	83	97.4					

二、车辆及驾驶员管理

1986年,全县有机动车554辆。1987年,全县机动车驾驶员管理由交通局移交县车辆管理所。全年有机动车驾驶员2089人。是年起,按照所在单位开展业务学习和业务技能培训。县交巡警大队制定培训计划和培训纪律制度,明确规定对不参加学习培训驾驶员给予经济处罚,并派出专人对各学习组进行巡查。全县"五小"车辆(四轮农用车、三轮农用车、轻便摩托车、摩托车、拖拉机)属县车辆管理所管理,其牌照由县车辆管理所办理。至1999年,全县办证"五小"车辆牌照5847辆。

2001年,车辆管理所定期年审"五小"车辆9721辆,驶员发展到22651人。2005年,全县驾驶员分为29个学习大组,每月组织驾驶员参加安全学习活动。全县机动车发展到44614辆,参加培训驾驶员41360人。2008年6月,市管车辆下放到县,县车辆管理所对全县车辆进行年审,为车主提供换证换牌服务。全县审验"五小"车辆25632辆,年检驾驶员67020人。至年底,共举办驾驶员安全教育培训班200余期,参训50.2万余人次,发放安全知识宣传材料20万余份。

第十节　消　　防

一、火灾预防

1986年,县公安局设专职消防队2个,队员28人,负责全县消防管理。是年起,全县每年开展消防安全宣传周活动。1988年3月,县公安局成立消防联防队,队员增加到80余人。

1991年起,每年"119消防宣传日"活动期间,县消防大队深入各单位、各乡镇,发放宣传资料,宣传防火防灾知识。各单位、各乡镇召开专题会议,部署防火工作,悬挂标语,宣传消防工作重要性。1994年12月,盱眙县

图 22－6　消防演练，消防战士快速对接水管

成立武警消防大队，属正营级建制，有消防员 23 人，负责全县消防工作。1995 年，县委、县政府在全县消防工作重点单位，组建消防连队 25 个，队员 100 余人；组建义务消防队 756 个，队员 2.3 万人，做好火灾预防工作。

1996 年起，随着企事业单位体制改革，义务消防队随之变化。至 2001 年，专职消防队 2 个，队员 30 人，配有中小型消防车 2 辆，手抬泵 6 台，灭火机 4 万余只。重新组织义务消防队 148 个，队员 1200 人。2001 年起，每年"119 消防宣传日"期间，在县影剧院、露天广场、农村乡村放映消防宣传片和故事片，组织灭火演练。

2002 年，各乡镇派出所配备义务消防队 1 个，县直单位配备专、兼职消防队增加到 298 个，队员 2592 人。2006 年，组织火灾调查 64 起，举办消防培训班 26 期，培训 726 人，查处消防行政案件 109 起，责令停产停业 9 个。

至 2008 年，"119 消防日"期间，共举办消防安全培训班 30 余次，参训 4000 人次，设置大型户外消防公益广告 6 块，编发消防安全知识手机短信 2 万条次，共发放宣传资料 3.5 万份，悬挂宣传标语 1.1 万条，召开消防工作会议 250 余场次，共放映《火红的美丽》《烈火雄心》等 15 部消防宣传片和故事片 45 场次；组织防火重点单位、中小学灭火演练和集体逃生演习 15 场次。

二、消防监督

（一）建筑物防火审核

1986 年起，全县实行建筑工程防火安全审核制度、竣工验收制度。1987 年起，全县企事业单位在新建、改建、扩建工程中，增设消防墙，并向公安消防部门办理建筑设计审核手续，否则禁止工程开工。至 1988 年，全县审核建筑防火设计项目 512 个。

1990 年起，县消防部门检查建筑工地新建房屋所增设消防墙质量，对不合格的建筑物下发整改通知书。1994 年，全县审核建筑防火设计项目 236 个，均符合质量要求。1997 年，全县新建商品房、办公用房、大型商场、工业企业厂房，均安装火灾自动报警、自动喷水灭火、消火栓、气体灭火、泡沫灭火、干粉灭火、防烟排烟、安全疏散等常用消防系统。2001 年，审核建筑防火项目 498 个，均合格。

2002 年起，县消防部门在高层建筑、地下建筑和大体量的建筑中，强制设置自动消防设施和消防控制室，提高建筑消防设施完好率。至 2007 年，审核建筑防火项目 4050 个。2008 年，县公安局下发《关于调整消防安全重点单位的通知》，明确重点消防安全单位。至年底，全县审核建筑消防项目近 7000 个。

（二）危化品监管

1986 年起，县安全监督管理委员会规定危险品保管员必须持有公安部门核发"特殊工种操作证"，否则不予上岗。1989～1991 年，共举办化学危险品装运的驾驶员、押运员、仓库保管员业务培训班 45 期，参训 2084 人次。

1991 年，县消防部门制定核发易燃易爆化学物品储存、经营、运输单位消防安全许可证和准运证制度，开始发放安全许可证和准运证。1994 年，持证操作危险品人员增加到 2500 人，发放许可证增加至 102 份。1995 年，县委、县政府组织相关单位全面检查生产、储存、运输化学危险品单位 240 个，化学危险品仓库 6.28

万平方米，液化气供应站点28个，对不合格单位下发整改通知书287份，均整改到位。年底，持有化学危险品操作证人员增加至1.5万人。

1996年起，县公安局配合县安委会、县工商局对全县33个经营液化气、石油持证销售单位开展消防安全专项整治。至2000年底，共查获非法经营单位11个，没收各种液化气、石油气钢瓶112只，处理违章单位4个，查处非法私造炸药和生产鞭炮17起。

2001～2003年，县消防部门共核发危险物品经营许可证232份，危险物品审核意见书143份，发放车辆准运证296份；收缴不合格液化气、石油气钢瓶249只；收缴劣质烟花爆竹237箱，取缔非法生产、销售烟花爆竹场点5个，收缴烟花爆竹5万余头；收缴各类鼠药62千克、氰化物等剧毒物品11.2千克。

2004年，建立民用爆炸物品生产、销售、储存、运输、使用等管理制度，组织开展对生产、保管、销售爆炸物品和危险化学品单位进行专项治理，采取逐家、逐项排查，对存在安全隐患的实施整改，对非法生产、销售单位或个体户给予注销。年底，共下发整改安全隐患通知书270份，均整改到位；取缔非法生产、销售烟花爆竹场点20个，收缴烟花爆竹557万响。

2005年，县公安机关分别与危险物品经营单位签订治安防范责任状139份，发现安全隐患77处，其中整改70处、责令整改5处、停业整顿2处；查处涉及危险物品各类案件22起，处罚违法人员22人。2006年，全县18个涉危重点单位安装视频监控系统，涉危单位爆炸物品购买、运输、储存、使用实现网上监管。全年收缴烟花爆竹2106件、毒鼠强34.3千克，消除安全隐患23处。2007年，全县涉危重点单位安装报警或视频监控系统52个，技防设施覆盖率100%。

2008年，县政府组织相关单位每月对易燃易爆和危化品经营管理单位、液化气站进行一次安全检查。全年组织消防监督检查788人次，检查单位467个(次)，现场处置火灾隐患211处，发出责令限期整改通知书75份，复查意见书75份，相关单位均整改到位。县公安局在民用爆炸物品生产、销售、储存、运输、使用等单位和个体户，开展危险物品治安防范达标活动，全县危险物品经营管理单位均安装视频监控系统、建立规章制度。全县实现安全无事故。

(三)消防重点单位监督

1986年，全县有县级消防重点保卫单位40个。主要监督消防设施、器材和消防安全标志是否定期组织检验、维修，是否完好有效；单位消防安全制度、灭火和应急疏散预案是否制定；疏散通道、安全出口、消防车通道是否畅通，应急照明和疏散指示标志设置是否合理。

1991年，全县消防重点单位增加至150个。1997年，大、中型商场进入盱眙县城，列入县重点防火单位增加到208个。1998年起，县公安局与防火重点单位每年签订消防安全责任书，加强责任管理。1999年，重新确定重点消防单位12家，上门指导和监督设备安装使用，保证消防设施、器材和消防安全标志完好有效。

2005年，县委、县政府将重点消防单位落实目标情况，纳入年终目标评比。县公安局与防火重点单位签订“消防安全目标管理责任书”，对人员密集场所、地下建筑和高层建筑重点消防工程项目选用的消防产品，在安装前一律实施监督检查，确保消防产品合格。重点消防单位制定消防安全措施和灭火应急疏散预案。2006年，县公安局、县消防大队检查消防重点单位480个，发现火灾隐患224处，整改火灾隐患216处，查处消防行政案件109起，责令停产停业9个。

2008年，县消防大队将全县城乡各单位、各部门、各中小学、商场、宾馆、饭店、娱乐场所、小区均纳入消防重点单位。对重点消防单位消防设施逐一检查，合格率98%。全县11个市场、20个医院(卫生所)、32所学校、9家大型宾馆饭店、20个娱乐场所等重点消防单位分别向主管部门和县消防大队递交标准化管理实施方案，并建立健全巡防机制，实现消防一体化管理。

三、火灾处置

1986年，全县发生火灾事故26起。1995年3月13日17时40分，县化肥厂碳化车间清洗塔1根38厘米长的测温导管下部漏气严重，在检修清洗塔测温导管时发生火灾，消防队迅速赶赴现场，扑灭火灾。事故中烧死维修工1人,严重烧伤1人。

2000年,成功扑救"6·3"盱眙亚细亚歌舞厅火灾、永丰机械厂仪器车间火灾。全年消防队出动74次532人次82车次,扑灭火灾40起,减少财产损失26万元。2005年4月7日,县消防大队接到宁连公路盱眙段一辆氨气槽罐车侧翻事故后,即时赶赴现场,实施消防抢险,成功消除一起火灾隐患。全年消防大队共出警685人次,扑灭火灾73起,社会救助18次,抢救遇险群众9人,保护财产价值600余万元。

2008年1月5日21时11分,县经济开发区天泉路18号,县怡和包装材料有限公司包装车间发生火灾。县消防大队接警后,立即调集4辆消防车,16名官兵,前往扑救。5日22时58分火势得到控制,6日凌晨2时49分大火被扑灭。本起火灾过火面积约2000平方米。至年底,全县共发生火灾901起,死亡17人,重伤12人,轻伤27人,损失财产506.666万元,

1986 ~2008 年盱眙县火灾事故一览表

表22-8

年份	数量(起)	伤亡(人)			损失折款(万元)
		死亡	重伤	轻伤	
1986	26	–	–	12	9.53
1987	29	–	–	–	10.23
1988	30	–	1	2	11.23
1989	31	1	–	–	15.37
1990	34	1	–	2	17.12
1991	28	1	2	–	18.50
1992	29	–	–	2	11.15
1993	36	1	–	2	16.03
1994	37	–	–	–	15.02
1995	43	1	–	1	14.45
1996	31	1	–	–	12.24
1997	70	5	8	1	93.00
1998	41	1	–	2	16.25
1999	67	–	–	–	34.29
2000	40	–	–	1	14.34
2001	37	–	–	–	27.63
2002	47	1	–	1	19.28
2003	22	1	1	–	11.57
2004	35	1	–	–	32.57
2005	73	1	–	–	32.57
2006	35	–	–	1	14.12
2007	41	–	–	–	23.18
2008	39	1	–	–	37.00

第十一节　安全保卫

1986年起，县公安局内保股坚持预防为主、确保重点、依靠群众、综合治理方针，强化内部单位安全保卫工作，会同金融系统，对全县内保单位财务室检查验收，合格单位发给合格证。至1988年年底，共检查验收财务室92个，均发放合格证。1989年起，按照谁主管、谁负责原则，县安委会与全县各单位每年签订安全保卫责任书，各单位将治安责任制落实到位。

1993年6月，成立县保安服务公司，为县政府、县皮革厂、粮食局、广电局等单位提供安保服务。2000年，提供安保服务单位26家，均实现安全无事故。2003年，县保安服务公司成立保安押运部，做好金融系统及中石化集团押运服务工作。2004年，县保安服务公司为全县企事业单位安装报警器700余台。

2006年5月，县保安押运部撤销，统一由市保安服务公司负责金融系统保安押运。2007年，县公安局经济文化保卫股与安保部门联合检查重点安保单位342次，发现隐患55起，下发安全隐患责令整改通知书55份，处以警告55起。2008年，县保安服务公司主要为机关团体、企事业单位和个人提供人防保安、科技防范、专业护卫、服装器材销售等服务。年底，县公安局获省公安厅奥运安保工作先进集体称号。

第十二节　报警服务台

1996年，县公安局筹措80余万元，建成"110"报警服务台、公安寻呼台和无线电网。1997年正式投入运营。全年接警13234次，指令出警3032次。2004年10月20日，筹措56万元，建成"110""119""122"三台合一报警服务台。全年接警88234次，指令出警16929次。2007年12月，县公安局在接警指挥中心开设"122"社会求助服务台接警席位，24小时接受群众非紧急报警求助。2008年，"110"报警台建立健全各类应急指挥预案库，优化应急指挥调度流程，提供法律、决策咨询等服务。全年接警184573次，指令出警38597次。

1997～2008年盱眙县"110"报警服务情况一览表

表22－9　　单位：件、次

年份	总接警量（件）	指令出警（人次）	其中（件）								提供咨询（次）	其他报警（次）
			刑事（治安）案件	交通事故	火警	各类纠纷	各类线索	群众求助	投诉	其他		
1997	13234	3032	1735	461	12	262	–	353	–	209	–	10202
1998	19020	3273	1496	152	24	290	–	547	–	764	–	15747
1999	26524	5146	2597	705	17	749	–	732	–	346	–	21378
2000	31850	7635	3458	886	22	1947	–	578	–	744	–	24215
2001	41947	10674	3628	640	24	3096	–	424	–	2862	–	31273
2002	48509	8636	4068	772	21	2738	–	266	–	771	–	39873
2003	61747	8327	2241	1418	25	2053	–	279	2	2309	–	53420
2004	87154	16929	1963	2483	118	6520	4596	705	4	540	–	70225
2005	147378	22422	1838	4028	345	9154	5079	1907	37	34	5078	124956
2006	145043	27435	938	5275	330	10813	8015	764	40	1260	13466	117608
2007	163981	31949	1569	6523	424	11196	7278	1839	40	3080	13496	132032
2008	184573	38597	1592	7453	498	14004	9222	2381	107	3340	10836	145976

第二章 检 察

第一节 机 构

一、内设机构

1986年初,县检察院内设办公室、刑事检察科、法纪检察科、经济检察科、控告申诉检察科、监所检察科。1988年3月,增设经济案件办公室、刑事批捕检察科、刑事起诉检察科,撤销刑事检察科。12月,设立经济案件举报中心。1989年1月,撤销经济案件办公室。

1993年3月,增设刑事检察一科、刑事检察二科,撤销刑事批捕检察科、刑事起诉检察科。12月,设立民事行政检察科。1995年5月,成立反贪污贿赂局,下设侦查一科、侦查二科、综合科,撤销经济检察科。1996年7月,县检察院增设技术室。12月,增设政工科。1997年1月,刑事检察一科、刑事检察二科,更名为审查起诉检察科、审查批捕检察科。

图22-7 县人民检察院

2000年3月,反贪污贿赂局设立犯罪预防科。2002年4月,内设办公室、政治处、反贪污贿赂局、侦查监督科、公诉科、控告申诉检察科、监所检察科、民事行政检察科、警务科。11月,反贪污贿赂局渎职侵权检察科划属县检察院。2006年3月,渎职侵权检察科更名为县检察院反渎职侵权局,政治处设人民监督员办公室。至2008年,机构无变化。

二、派驻机构

1988年3月,派驻县税务局检察室。1989年2月,派驻县农业银行、县工商局、县供销总社、县粮食局和省三河农场检察室。9月,设立派驻龙山乡检察室。1992年10月,派驻县盐业公司检察室。12月,派驻鲍集加油站检察室。1993年3月,派驻县矿产资源局检察室、县石油支公司检察室。1994年10月,派驻盱城镇检察室、马坝镇检察室。1995年8月,保留派驻县税务局检察室、省三河农场检察室、盱城镇检察室、马坝镇检察室,其余派驻机构全部撤销。1996年7月,派驻县看守所检察室。1997年1月,派驻县税务局检察室分设为派驻县国家税务局检察室、县地方税务局检察室。9月,撤销派驻县国家税务局和县地方税务局检察室。2001年12月,撤销派驻盱城镇和马坝镇检察室。至2008年,县检察院派驻机构未变。

三、非编制机构

2002年9月,设立县预防职务犯罪领导小组办公室。2004年2月,设立检务督查室。4月,设立未成年人犯罪检察室。2006 年 4 月，设立服务中心办公室。6 月，设立法制建设办公室。2007 年 1 月，设立平安创建办公室。4 月，设立检察委员会办公室。2008 年 8 月，设立案件管理办公室。

第二节　侦查监督

1986 年，受理侦查机关提请逮捕的各类刑事案件 92 件 106 人，其中决定批准逮捕 73 人，不批准逮捕 21 人，退回补充侦查 9 件 22 人。1989 年 1 月，县检察院被省委、省政府评为社会治安综合治理工作先进集体。

1994 年，全年纠正有案不立案件 3 件 4 人，纠正以罚代刑案件 1 件 2 人，纠正不应采用取保候审强制措施 4 人，发出纠正违法通知 8 份。1995 年，开展批捕质量年、出庭效果年，审查批捕、审查起诉规范年活动，把好案件事实关、证据关、定性关。全年受理侦查机关纠正以罚代刑 3 件 4 人，纠正不应采用取保候审强制措施 2 人，纠正有案不立案件 2 件 3 人，自行立案侦查刑事案件 2 件 6 人，无一起错捕、错诉案件。

2001 年，在办理最高人民检察院、公安部督办费某、魏某为首的 27 名黑社会性质案件中，集中精力、人力在一天内办理完成批捕手续。全年受理案件 393 起 365 人，批捕和增捕 382 人，退查案件 5 起 8 人。2003 年，严把案件事实关、证据关，坚持疑难复杂案件实行集体讨论制度、主罪主证复核制度、主诉检察官办案制度、错案追究责任制度，一案一考核制度，确保审查案件无差错。年底，被省精神文明建设指导委员会评为文明行业，被省人民检察院授予人民满意检察院称号。

2008 年，坚持做到一案一警示、一案一教育、一案一总结，与全县 17 个行政执法单位建立网上衔接、信息共享机制，强化侦查监督工作。全年受理案件 277 件 375 人，批捕和增捕 290 人，退查案件 3 起 3 人。县检察院被省检察院评为优秀基层检察院，3 名干警被省检察院评为检察业务专门型人才。

1986～2008 年盱眙县检察院审查批捕情况一览表

表 22－10

年份	受理情况				审结								积存		立案监督					
	受理		退查重报		批捕		不批捕		增捕		退查				受理		要求立案		公安立案	
	件	人	件	人	件	人	件	人	件	人	件	人	件	人	件	人	件	人	件	人
1986	92	106	–	–	68	73	15	21	–	–	9	22	–	–	–	–	–	–	–	–
1987	84	117	–	6	68	85	14	23	–	–	2	3	–	–	–	–	–	–	–	–
1988	115	146	–	5	94	103	16	21	–	–	5	17	–	–	–	–	–	–	–	–
1989	170	247	–	3	141	196	25	42	–	–	4	6	–	–	–	–	–	–	–	–
1990	171	287	2	2	145	240	14	27	–	–	7	9	3	9	–	–	–	–	–	–
1991	202	355	–	–	191	333	9	17	–	3	2	2	–	–	–	–	–	–	–	–
1992	215	373	–	–	205	341	9	18	–	13	1	1	–	–	–	–	–	–	–	–
1993	174	315	1	1	170	299	–	2	–	10	3	4	–	–	–	–	–	–	–	–
1994	210	336	–	–	201	315	8	17	–	3	1	1	–	–	–	–	3	4	3	4
1995	217	386	–	–	207	330	8	26	–	27	2	3	–	–	–	–	2	3	2	3
1996	213	301	–	–	194	275	9	13	–	–	10	13	–	–	–	–	–	–	–	–
1997	173	220	–	–	156	199	16	20	–	–	1	1	–	–	–	–	1	–	–	–
1998	233	283	–	–	213	260	19	22	–	–	1	1	–	–	–	–	5	–	4	7
1999	233	313	–	–	218	282	15	31	–	–	–	–	–	–	–	–	–	–	–	–

续表 22－10

年份	受理情况				审结								积存		立案监督					
	受理		退查重报		批捕		不批捕		增捕		退查				受理		要求立案		公安立案	
	件	人	件	人	件	人	件	人	件	人	件	人	件	人	件	人	件	人	件	人
2000	309	441	-	-	274	387	25	30	-	5	10	19	-	-	-	-	1	-	-	-
2001	393	564	-	-	365	511	23	38	-	7	5	8	-	-	-	-	-	-	-	-
2002	289	362	-	-	251	306	32	37	-	13	6	6	-	-	4	-	4	-	4	-
2003	251	337	-	-	211	270	17	27	8	10	15	22	7	8	27	39	27	39	27	39
2004	286	377	-	-	244	317	32	40	-	-	7	15	3	5	1	-	1	-	1	-
2005	289	390	-	-	252	338	32	45	1	1	4	6	-	-	1	-	1	-	1	1
2006	306	416	-	-	249	336	41	60	3	3	13	17	-	-	4	-	4	-	4	12
2007	284	368	-	-	210	273	63	83	3	3	5	6	3	3	8	-	8	-	7	13
2008	277	375	-	-	209	279	60	82	5	11	3	3	-	-	3	-	3	-	3	4

第三节　公　　诉

1986年，受理侦查机关移送审查起诉各类刑事案件73件，退回补充侦查2件。1994年，依法提起抗诉5件10人，其中市法院改判2件，发回重审1件，向省高院请示1件。1995年，审查起诉案件准确率100%，免诉率3%，实现省、市检察机关规定准确率在70%以上、免诉率在6%以下的目标要求。

1997年，先后组建6个考核庭、示范庭和观摩庭，实施公诉案件审查监督。1998年，组织8个示范庭和观摩庭，8名公诉人开考核庭20个。1999年，开展出庭效果年活动，实行主诉检察官责任制，采取自侦案件考核、典型案件示范、重大案件进行观摩和庭后评议等办法，提高公诉人员的办案质量和公诉水平。全年受理案件241件340人，退查案件19件24人。

图 22－8　案件公诉现场

2001年4月，首次运用多媒体示证系统出庭公诉刘某挪用公款一案。全年受理案件379件，退查案件29件。2004年，制定《人民监督员规则（试行）》，与县法院联合制定《关于被告人认罪案件普通程序简易审判的实施办法》；退回不起诉案件24件，其中启动人民监督员监督程序5件。全年适用简易程序审判案件236件298人。

2005年9月，县检察院检察委员会通过《人民监督员监督案件程序细则》。2006年，开展公诉素质竞赛年活动，全年呈送市检察院审查起诉1件10人。2007年，依法不诉轻微刑事案件30件35人，其中与被害人达成和解协议16件16人，和解赔偿金额270余万元。2008年，全年受理案件497件786人，退回补充侦查案件64件116人。

1986～2008 年盱眙县检察院审查起诉情况一览表

表 22－11

年份	受理情况				审结情况								退回补充侦查		移送其他检察机关		抗诉	
	本期受理		退查重报		起诉		免诉		不起诉		增诉							
	件	人	件	人	件	人	件	人	件	人	件	人	件	人	件	人	件	人
1986	73	80	2	2	71	77	1	2	－	－	－	－	2	2	1	1	－	－
1987	86	95	3	5	75	83	8	9	－	－	－	－	4	6	2	2	－	－
1988	90	113	4	7	83	95	9	10	－	－	－	－	1	5	10	10	－	－
1989	111	187	10	14	82	125	12	14	－	－	－	－	15	26	12	36	－	－
1990	161	256	26	44	134	220	24	34	3	3	5	5	21	26	7	16	－	－
1991	193	328	25	43	162	275	9	13	4	4	7	7	31	52	6	15	－	－
1992	250	433	20	36	203	352	21	27	6	6	－	－	41	66	16	31	－	－
1993	164	303	22	39	140	245	4	7	－	－	2	2	28	56	14	34	－	－
1994	195	307	28	73	172	259	1	1	－	－	－	－	29	55	21	65	5	10
1995	209	316	67	132	186	274	8	11	－	－	－	－	63	125	19	38	－	－
1996	257	387	71	167	228	358	18	28	－	－	1	1	60	110	22	58	－	－
1997	159	209	41	54	121	151	－	－	9	9	－	－	54	72	16	31	－	－
1998	185	243	28	53	171	229	－	－	－	－	1	1	33	56	9	11	－	－
1999	241	340	19	24	216	300	－	－	－	－	－	－	30	41	14	23	2	2
2000	291	364	22	36	270	335	－	－	－	－	9	9	32	47	11	18	－	－
2001	379	529	29	73	357	475	－	－	1	1	－	－	40	85	10	41	－	－
2002	362	459	14	20	318	404	－	－	11	13	13	13	34	42	13	20	－	－
2003	302	396	28	39	275	363	－	－	13	15	－	－	35	50	6	6	－	－
2004	396	542	19	24	341	433	－	－	24	27	－	－	37	53	12	51	1	1
2005	445	660	18	30	349	505	－	－	29	34	1	1	80	128	6	24	－	－
2006	458	732	47	84	379	592	－	－	18	26	－	－	67	131	1	10	－	－
2007	440	717	50	103	362	563	－	－	30	35	3	3	109	225	3	4	1	1
2008	497	786	30	56	439	705	－	－	23	23	1	1	64	116	6	8	2	2

第四节　职务犯罪检察

1986 年，立案审查贪污、贿赂、挪用公款、抗税案 17 件 23 人，挽回经济损失 20.055 万元，其中查获县农行胡某、孙某、赵某、时某万元以上的贪污案。1989 年 9 月，在县交通系统查处犯罪 6 人，其中董某贪污、受贿 1.5 万元；首次查处古桑乡 2 名副科级干部贪污受贿案。

1991 年 6 月初，经举报，县粮食系统有 190 余万公斤粮食在调运过程中不知去向，总价值 100 万元。县检察院成立 10 个办案组，用 10 天时间，核查 123 个承运户，查出擅自出售粮食的犯罪嫌疑人朱某等 8 人，经呈报最高人民检察院批准，以贪污罪追究刑事责任，追缴赃款 6 万余元，挽回经济损失 77 万余元。

1992年5月18日,县检察院在县龙泉酿酒总厂立案查办职务犯罪6件6人,追缴赃款38万余元。1993年,查办原县燃料公司驻上海办事处谭某贪污3万元、挪用公款24万余元、偷税4万元。1994年,立案审查贪污、受贿、挪用公款、抗税及其他案36件41人,挽回经济损失193.86万元。1996年,立案查处贿赂案件20件20人,其中查处7名副科级以上干部犯罪案。1997年,立万元以上贪污受贿案17件,其中副科级以上干部9人,首次查处副处级干部受贿案1人。1998年,涉税等经济侦查管辖权由检察机关转交公安机关,县检察院办理经济案件均为贪污、贿赂、挪用公款等案件。

图22-9 盱眙县召开全县治理商业贿赂工作推进会

2000年,县民政局局长武某、县农机局局长魏某、维桥乡党委书记王某等7名副科级以上干部受贿案被立案查处,深挖窝案串案12件。2002年,查办江苏滨淮机械厂2名处级领导干部贪污、受贿案件。2003年,查办由市检察院交办淮安市招商局1名正处级领导干部贪污、受贿案和2名正科级干部贪污案,查办盱眙县3名科级干部受贿案。

2004~2005年,共查办9名科级干部贪污受贿案。2007年,在办案理念和机制上实现重办案向查处和预防并重转变、重立案后侦查向初查成案转变、重口供向运用现代科学技术手段侦查转变,解决侦察办案难。2008年,县检察院首次通过互联网追逃,立案审查贪污案受贿案12件12人,追缴赃款、赃物计55.19万元。

1986~2008年盱眙县检察院侦查职务犯罪情况一览表

表22-12

年份	线索件数	立案情况												侦结情况								移送其他检察院		未结		挽回经济损失(万元)
		合计		贪污		贿赂		挪用公款		偷抗税		其他		合计		移送起诉		移送免诉		撤案						
		件	人	件	人	件	人	件	人	件	人	件	人	件	人	件	人	件	人	件	人	件	人	件	人	
1986	49	17	23	13	19	-		-	-	1	1	3	3	17	23	13	19	4	4	-	-	-	-	1	1	20.06
1987	38	11	13	7	9	1	1	-	-	-	-	3	3	10	12	7	9	3	3	-	-	-	-	2	2	6.13
1988	45	16	18	8	9	3	3	-	-	1	1	4	5	11	13	8	9	3	4	-	-	-	-	7	7	40.00
1989	59	34	37	8	10	14	14	4	4	3	3	5	6	23	26	8	8	14	17	1	1	1	1	17	17	80.00
1990	55	25	26	15	16	2	2	5	5	2	2	1	1	35	36	22	22	12	13	1	1	-		7	7	47.66
1991	67	37	38	17	18	6	6	8	8	6	6	-	-	40	41	35	36	4	4	1	1	1	1	3	3	31.77
1992	68	33	35	12	12	2	2	6	6	11	13	2	2	31	31	13	13	10	10	8	8	2	2	3	5	200.00
1993	52	28	30	9	9	2	2	12	12	-	-	5	7	26	30	18	22	8	8	-		1	1	4	4	54.23
1994	50	36	41	8	8	11	14	14	16	1	1	2	2	36	40	32	36	3	3	1	1	2	2	2	3	193.86
1995	43	24	26	6	6	4	4	7	7	3	3	4	6	26	29	23	24	1	2	2	3	-		-	-	31.47

续表 22－12

年份	线索件数	立案情况												侦结情况								移送其他检察院		未结		挽回经济损失（万元）
		合计		贪污		贿赂		挪用公款		偷抗税		其他		合计		移送起诉		移送免诉		撤案						
		件	人	件	人	件	人	件	人	件	人	件	人	件	人	件	人	件	人	件	人	件	人	件	人	
1996	53	30	31	7	8	20	20	－	－	2	2	1	1	29	30	29	30	－	－	－	－	1	1	－	－	70.23
1997	31	27	30	2	2	20	20	－	－	5	8	－	－	26	29	26	29	－	－	－	－	1	1	－	－	127.70
1998	67	18	18	3	3	12	12	3	3	－	－	－	－	14	14	14	14	－	－	－	－	3	3	1	1	60.31
1999	31	16	18	3	4	6	7	7	7	－	－	－	－	17	19	17	19	－	－	－	－	－	－	－	－	87.78
2000	37	22	24	8	9	9	9	5	6	－	－	－	－	22	24	22	24	－	－	－	－	－	－	－	－	124.20
2001	28	23	24	7	7	7	7	9	10	－	－	－	－	23	24	23	24	－	－	－	－	－	－	－	－	141.97
2002	26	22	23	5	5	8	8	9	10	－	－	－	－	22	23	22	23	－	－	－	－	－	－	－	－	163.90
2003	21	21	22	3	3	8	8	10	11	－	－	－	－	16	17	16	17	－	－	－	－	－	－`	5	5	*51.73
2004	12	12	13	4	4	4	4	4	5	－	－	－	－	13	14	13	14	－	－	－	－	－	－	4	4	*20.62
2005	8	8	8	4	4	2	2	2	2	－	－	－	－	10	10	8	8	－	－	2	2	－	－	2	2	*38.74
2006	10	10	10	4	4	5	5	1	1	－	－	－	－	12	12	12	12	－	－	－	－	－	－	－	－	*14.59
2007	12	12	12	1	1	11	11	－		－	－	－	－	9/9	9	9	9	－	－	－	－	1	－	2	2	*12.05
2008	12	12	12	7	7	5	5	－		－	－	－	－	12/12	12	12	12	－	－	－	－	－	－	2		*55.19

说明：* 为追缴赃款、赃物。

第五节　渎职侵权检察

1986 年，受理渎职侵权案 16 件，其中起诉非法拘禁 1 件 1 人，撤销案件 1 件 3 人。1988 年起，在查办国家工作人员滥用职权、徇私舞弊、玩忽职守等渎职犯罪，侵犯公民民主权利和人身权利案件中，做到工作作风坚持快，证据链条坚持实，执法起诉坚持严。1994 年，官滩镇洪湖村少数人多次诬告陷害村负责人，县检察院经过立案侦查，于 6 月 28 日，在洪湖村召开群众大会，依法以诬告陷害罪决定逮捕 3 名被告，对村民进行法制教育

图 22－10　县人民检察院聘请人民监督员有效监督执法

2000 年，受理渎职侵权案 9 件，其中起诉 3 件 3 人。县检察院查处渎职侵权犯罪工作方法，在全省法纪检察工作会议上作经验介绍，被省检察院确定为法纪检察工作联系点。

2004 年，受理渎职侵权案 3 件，其中起诉非法拘禁 1 件 1 人。2008 年，在查办渎职侵权案件中，坚持队伍管理和规范办案相结合，查办大案、要案和科学办案相结合，惩治与综合治理相结合。在查处县城建局彭某滥用职权擅自改变城建规划案件中，以案释法，参与清理建房容积率专项活动，有 9 名房地产开发商主动补缴土地出让金 1000 余万元。全年查处渎职侵权案 3 件，其中查处派出所所长徇私舞弊案 2 件 2 人，查处肖嘴乡吴某刑讯逼供致死人命案件 1 件。

1986 ~ 2008 年盱眙县检察院渎职侵权案件侦查情况一览表

表 22 - 13

年份	受理		其中立案侦查												结案情况							
			合计		非法拘禁		滥用职权		徇私舞弊		玩忽职守		其他		合计		起诉		免诉、不诉		撤销案件	
	件	人	件	人	件	人	件	人	件	人	件	人	件	人	件	人	件	人	件	人	件	人
1986	16	–	2	4	1	1	–	–	–	–	–	–	1	3	2	4	1	1	–	–	1	3
1987	14	–	2	2	–	–	–	–	–	–	–	–	2	2	1	2	1	2	–	–	–	–
1988	22	–	8	10	2	4	–	–	–	–	2	2	4	4	7	9	3	4	4	5	–	–
1989	18	–	5	5	1	1	–	–	–	–	1	1	3	3	5	6	2	3	3	3	–	–
1990	26	–	5	6	3	4	–	–	–	–	–	–	2	2	6	8	4	6	2	2	–	–
1991	28	–	12	17	6	10	–	–	–	–	2	2	4	5	10	16	7	12	3	4	–	–
1992	38	–	16	23	6	9	–	–	–	–	1	1	9	13	14	20	10	14	1	3	3	3
1993	21	21	8	8	4	4	–	–	–	–	1	1	3	3	6	9	6	9	–	–	–	–
1994	15	15	9	11	5	6	–	–	–	–	–	–	4	5	8	12	6	9	2	3	–	–
1995	21	21	12	14	1	1	–	–	2	2	2	2	7	9	13	16	9	12	3	3	1	1
1996	21	–	11	12	3	3	–	–	–	–	2	2	6	7	8	9	6	6	1	2	1	1
1997	20	–	8	8	2	2	–	–	1	1	1	1	4	4	6	6	6	6	–	–	–	–
1998	2	–	2	2	2	2	–	–	–	–	–	–	–	–	2	2	2	2	–	–	–	–
1999	7	–	2	2	–	–	–	–	1	1	–	–	1	1	2	2	2	2	–	–	–	–
2000	9	–	3	3	–	–	1	1	1	1	1	1	–	–	3	3	3	3	–	–	–	–
2001	5	–	5	6	–	–	1	1	3	3	1	2	–	–	4	5	4	5	–	–	–	–
2002	5	–	5	6	–	–	2	2	2	2	1	2	–	–	5	6	5	6	–	–	–	–
2003	3	–	6	6	3	3	2	2	–	–	1	1	–	–	6	6	6	6	–	–	–	–
2004	3	–	1	1	1	1	–	–	–	–	–	–	–	–	1	1	1	1	–	–	–	–
2005	–	–	–	–	–	–	–	–	–	–	–	–	–	–	–	–	–	–	–	–	–	–
2006	2	–	2	2	–	–	2	2	–	–	–	–	–	–	2	2	2	2	–	–	–	–
2007	1	–	1	1	–	–	1	1	–	–	–	–	–	–	–	–	–	–	–	–	–	–
2008	3	–	2	2	–	–	2	2	–	–	–	–	–	–	2	2	2	2	–	–	–	–

第六节　控告申诉检察

1986年，县检察院及时处理人民来信220次，其中4～5月，淮河西片乡镇人民来信增多，派员到乡村调查处理，上访户问题得到解决。1988年8月，设立举报中心，公布举报电话，在城区设置举报箱15处，实行检察长接待日制度。1989年，向社会公开发表第1号、第2号《举报公告》，宣传发动群众举报。全年收到人民来信240封，自行查办127封，移送其他机关100封，直接答复3封。1993年8月，在举报中心成立5周年之际，设立5个举报咨询点，开展法制宣传，人民来信逐年减少。1996年，收到人民来信150封，自行查办69封，移送其他机关64封，直接答复3封。1997年起，控告申诉接待室开始办理信访举报控告工作。全年收到举报、控告信访131件，均给予处理。1998年，市检察院在全市推广盱眙县检察院下乡巡回信访接待、控制农村信访及有关初查方面做法及经验。

2000年，《盱眙县检察院举报线索审查协调工作法》分别被最高人民检察院、省检察院、市检察院转发，《公开审查听证制度、集体答复举报人制度》被市检察院转发。控告申诉接待室被省检察院评为文明接待室。2001年，先后开通网上电子信箱、信访自动受理、录音电话受理、电传受理系统，对群众信访作出10项公开承诺，全县信访件明显减少。6月，县检察院收到美国德克萨斯州南希·常发来电子邮件，反映某执法机关侵犯其表弟人身权益。县检察院组织人员进行调查，妥善处理涉外网上信访。全年收到信访166件，处理166件，存查5件。2004年12月，信访接待室被最高人民检察院评为文明接待室。2005年，坚持检察长接待日制度和控告申诉首办负责制，批办来信来访10件，退还不当扣押款29万余元。2007年，推行“望、闻、问、切”控告申诉接访工作方式，检察长接待日50次，处理有重大影响28人集体上访案件，退还不当押扣款物43万余元。2008年，围绕创平安、保稳定、促和谐目标，化解矛盾纠纷，确保社会和谐稳定和奥运安全，检察长接待日接访100次，批办信访12件16人，解决历史遗留的涉法上访案件13件，依法退还不当扣押款60余万元。

1997～2008年盱眙县检察院受理举报、控告情况一览表

表22－14　　单位：件、次

年份	受理			审查处理情况						
	合计	本院管辖	非本院管辖	合计	举报中心初查	分送本院其他部门	移送其他检察院	转其他机关	直接答复	存查
1997	131	94	37	131	15	78	–	37	–	1
1998	130	88	42	130	21	67	31	11	–	–
1999	156	92	64	156	31	59	3	62	–	1
2000	196	148	48	196	90	52	–	48	6	–
2001	166	123	43	166	62	57	–	41	1	5
2002	117	94	23	117	59	30	–	23	5	–
2003	64	50	14	65	26	24	13	1	1	–
2004	60	50	10	54	3	41	1	9	–	–
2005	47	38	9	47	3	26	–	9	3	6
2006	64	45	19	63	13	27	–	19	2	2
2007	70	47	23	64	10	29	2	23	–	–
2008	62	37	25	59	11	18	2	25	1	2

第七节 监所检察

1986年,县检察院与县看守所配合,将集中讲法与组织监房学法相结合、以案讲法与个别谈话相结合、思想教育与感化工作相结合,组织在押人员系统学习法律和有关政策。1988年,监所检察科通过感化教育,促使在押人犯揭发一条重大盗窃线索,公安机关据此破获管镇乡、仁集乡多起团伙犯罪案件。

1993年,监所检察科开展“三化”(经常化、制度化、规范化)创建工作,对看守所监管活动和刑事侦查、审判、执行工作检察率95%,避免2起越狱脱逃(未遂)案件发生。1994年6月,经省检察院验收,盱眙监所检察工作达到“三化”标准。

1995年,县检察院对68名监外执行“五种人”(法院判处管制、剥夺政治权利、缓刑、假释、暂予监外执行)进行考察教育,检察率89.5%,监管活动检察率100%。对丧失保外就医条件的7名罪犯依法收监。年底,驻所检察“三化”工作经验被市检察院转发。

1996年起,县检察院对在押人犯采取上大课方法,开展宣传教育工作,激发在押犯检举揭发犯罪嫌疑人。至1998年,共收到检举线索70条,增捕人犯19人,公安机关据此破获各类刑事案件40余起;提审在押人员177人次,上大课6次;依法考察监外执行“五种人”80人。

2003年,开展“双加强、双保障”(加强监管执法,加强法律监督,保障刑事诉讼顺利进行,保障在押人员合法权益)示范单位创建活动,争创国家二级规范化驻县看守所检察室。全年考察监外执行“五种人”179人。2004年,县检察院驻看守所检察室被省检察院评为全省第一届检察机关派驻检察室二级规范化检察室

2006年,开展在押人员维权大检查活动,对审判机关刑期计算错误案3件、侦查机关重复处罚案1件、关押不当案件1件,依法提出建议,均得到纠正。2007年,纠正审判机关刑期计算错误案件1起。2008年,依法惩处刑罚执行期间又重新犯罪6名。驻县看守所检察室被省检察院评为全省第二届检察机关派驻检察室二级规范化检察室。

第八节 民事行政检察

1994年起,县检察院开始履行民事行政检察职责,建立健全民事行政检察制度,坚持敢抗、会抗、抗准的办案原则,提高执法水平,严把民事抗诉案件质量关,做好息诉工作。全年受理民事行政检察7件,立案侦查1件。

图22－11 2006年,县检察院送法进村为农民服务

1995年,县检察院收到河桥水利站申诉与周某购销合同货款纠纷案。经审查发现,审判机关对周某采用欺诈手段,蒙骗对方当事人接收劣质蟹苗的事实未作认定,判决确有错误。县检察院向市检察院提出抗诉,得到市检察院支持。

1999年起,与县法院、县司法局建立民事、行政诉讼案件申诉工作联系制度,在全县6个乡镇法律服务所和2个律师事务所,设立民事行政案件申诉点,解决群众申诉难、接受法律援助难问题,严把民事行政抗诉案件质

量关。

2000年，县检察院与县法院建立民事行政工作联系制度。全年受理民事行政检察案件42起，立案侦查38件，提请抗诉19件，其中审判机关改判3件。2008年，受理民事行政检察案件5件，立案侦查2件，提请抗诉2件。

1994～2008年盱眙县检察院民事行政检察情况一览表

表22－15　单位：件

年份	受理	立案侦查	建议提请抗诉	提请抗诉	再审检察建议	检察建议		备　注
						提出	采纳	
1994	7	1	－	－	－	－	－	
1995	8	5	－	1	－	－	－	市检察院提请抗诉
1996	6	5	－	2	－	－	－	市院采纳
1997	15	10	－	4	－	－	－	
1998	26	18	15	3	－	－	－	
1999	22	17	8	7	－	－	－	当年改判4件
2000	42	38	17	19	－	－	－	当年改判3件
2001	12	12	5	7	－	－	－	当年改判12件
2002	22	11	3	6	－	－	－	当年改判1件
2003	12	7	2	2	－	－	－	
2004	8	7	2	2	2	－	－	
2005	12	5	1	1	－	1	1	
2006	9	6	1	2	－	－	－	
2007	3	2	3	1	－	－	－	
2008	5	2	－	2	2	－	－	

第九节　预防职务犯罪

1986年，县检察院在全县机关、学校、乡镇、场圃、粮食系统、供销系统、金融系统、供电系统等单位开办预防职务犯罪法制课18次，发出检察建议9份。1989年，县检察院向部分乡镇、县直单位派驻检察室，其工作人员通过各种会议、访谈、培训，宣传职务犯罪危害性，预防职务犯罪。1997年起，派出干警到三河农场、金融系统、部分学校、部分企业作法制报告、法制讲座，开展综合治理联系片、挂钩点和检企共建活动，先后在供电系统、狼山水泥集团、省医疗器械厂开展专项法制教育活动。至1999年，县检察院向联系片、挂钩点发出检察建议98份，受教育2万余人次。

2000年，在厂矿企业、经济部门建立预防职务犯罪工作网络，在招商引资、供电、电信、税务、医药等重点行业和领域开展个案预防工作，完善预防职务犯罪监督制约机制；将反腐败成果制作展示牌、拍摄专题片，在全县巡展、巡播。2002年，个案预防率40%，向发案单位和有关部门提出检察建议100余份。2004年，与公安、工商、技术质量监督等行政机关建立预防职务犯罪信息通报制度。2005年，开展个案预防6件，建立健全规章制度的检察建议60余条。2006年，县检察院投入30余万元，建成与全省检察机关联网举报受理系统和全省行贿犯罪档案查询系统。先后与盱眙能源集团、电信局、国税局等单位建立共建单位，个案预防率

100%。2008 年,县检察院在国税、教育等部门开展警示教育 24 次,与 17 个行政执法单位建立网上衔接、信息共享机制,健全预防职务犯罪个案预防制度,坚持做好一份悔过书、一次座谈会、一份书面检察建议、一堂法制教育课、一次回访考察工作,个案预防率 100%。

第三章　法　　院

第一节　机　　构

1986 年 10 月,县法院有办公室(下设信访接待室)、刑事、民事、经济审判庭。1988 年 10 月,增设行政审判庭。1989 年 9 月,刑二庭和信访接待室合并为告诉申诉审判庭。1994 年 10 月,增设法医技术室、司法警察中队。11 月,设立政工科。1997 年 3 月,鲍集法庭迁址至管镇,更名为管镇法庭。2000 年 1 月 12 日,撤销告诉申诉审判庭、仇集法庭、旧铺法庭、临淮法庭和三河法庭,增设立案庭、审判监督庭和书记官处。2001 年,撤销书记官处。2002 年,执行庭升格为执行局,政工科升格为政治处,执行局内设执行一庭、执行二庭和综合科,民事审判庭和经济审判庭分别更名为民事审判第一庭、民事审判第二庭,法医技术室并入办公室。2004 年,增设审判管理办公室。2005 年 5 月,增设行政装备科。12 月,设立政治处、办公室、行政装备科、司法法警大队、执行局、立案庭、审判监督庭、刑事审判庭、民事审判第一庭、民事审判第二庭、行政审判庭及马坝法庭、桂五法庭、管镇法庭。2007 年 4 月,设立监察室。2008 年,县法院法医技术室更名为司法鉴定办公室,并入立案庭。

图 22－12　县人民法院

第二节　刑事审判

1986 年,审判刑事、刑事附带民事、有影响的贪污、贿赂、受贿、挪用公款等犯罪案件 122 起,判决罪犯 122 人。1990 年,突出打击抢劫、杀人、拐卖人口、重大盗窃、卖淫嫖娼等犯罪。审判团伙犯罪涉及到工人、农民、国家工作人员、不满 18 岁未成年人。全年判决罪犯 219 人。2001 年,成立并处财产犯罪人员进行再追缴、再执行工作领导小组,追缴赃款 40 余万元。全年判决 439 人。年底,县法院被省高院授予人民满意法院称号。2005 年,召开集中宣判大会 5 场,宣判罪犯 31 人。全年审结自诉案件和刑事附带民事诉讼案件 28 起,调解终结和撤诉 21 件,挽回经济损失 123 万元。2006 年,判决犯罪 490 人。其中,审结杀人、爆炸、绑架、伤害等案58件69人；审结抢劫、盗窃、抢夺等侵财性犯罪案115件203人；审结金融诈骗、合同诈骗、贪污、受贿案11件15人。召开集中宣判大会5场，挽回经济损失119万元。2008年，县法院开展依法从重从快打击严重危害公共安全暴力犯罪、黑社会性质组织犯罪、抢劫、聚众斗殴、寻衅滋事等危害社会治安犯罪，毒品犯罪、盗窃抢劫等严重影响人民利益的多发性侵财犯罪。审结刑事案374件，判决罪犯647人。

1986～2008年盱眙县法院刑事案件判决罪犯情况一览表

表22－16　　单位：人

年份	10年以上	5～10年	5年以下	拘役	缓刑	合计
1986	3	33	78	3	5	122
1987	3	35	79	4	3	124
1988	4	32	81	2	6	125
1989	5	26	60	1	9	101
1990	5	68	103	5	38	219
1991	12	73	146	2	32	265
1992	7	75	196	5	30	313
1993	22	63	111	4	39	239
1994	11	100	115	4	28	258
1995	18	90	159	8	44	319
1996	15	31	112	9	35	202
1997	17	22	81	5	37	162
1998	8	32	94	5	48	187
1999	10	34	128	11	43	226
2000	12	65	147	18	89	331
2001	11	46	264	24	94	439
2002	17	34	241	18	103	413
2003	10	22	154	19	131	336
2004	17	17	157	14	208	413
2005	7	21	122	10	232	392
2006	14	35	188	13	240	490
2007	36	28	128	9	326	527
2008	11	24	211	13	388	647

第三节　民事审判

1986年，县法院在民事审判房地产类案件中，对农民工工资、欠付工程款均实行调解方式，保护劳动者合法权益。全年受理民事案件384件，其中宅基地纠纷15件，均审结。1987年，《中华人民共和国民法通则》实施后，全县房地产、土地、消费维权、劳动争议纠纷等民事案件明显上升，全年受理民事案件584件，审结535件。1988～1997年，共受理民事案件17298件，审结9034件，其中婚姻案件5026件，赔偿案件1972件，宅基地、房屋纠纷、继承案件2036件。1998～2002年，民事法庭扩大简易程序适用范围，推进普通程序案件简化审理,对婚姻家庭、邻里关系、损害赔偿等各种民事纠纷和民间矛盾试行庭前调解,简便快捷地处理大量民事纠纷。其间,受理婚姻家庭、邻里关系、损害赔偿等各种民事纠纷和民间矛盾案件4000多件,其中调解率56%。

2003年,继续扩大简易程序适用范围,试行庭前调解。全年审结民事案件1302件,其中商事案件1102件,调解争议资金2415万元。2004年,全面推行审前调解、庭审调解、法庭调解机制,法庭在受理赡养抚养纠纷案中,打破排期开庭常规,由审判人员就地送达、就地调解和开庭。全年审结民事案件1408件,解决争议金额2636.36万元。2005年,审结民事案件1009件,其中婚姻家庭类纠纷564件,诉讼标的361万元;权属争议和侵权纠纷397件,诉讼标的788万元;农村承包合同纠纷48件,诉讼标的50万元。2006年,坚持能调则调、当判则判、判调结合、案结事了的原则,实行全程调解、以理服人、以情感人,化解矛盾、解决纠纷。5月,县法院依法审结一起涉及3个村、百余户村民利益的官滩镇吴小庄圩34.67公顷土地纠纷案,困扰村民多年的土地纠纷得到解决,村民获得赔偿16.25万元。2007年,实行当事人庭前证据交换制度,把证据规则适用到民事案件审理中,提高办案质量和效率,妥善审理损害赔偿、婚姻家庭、劳动争议等民事案件。全年受理民事案件2039件,结案率100%。2008年,审结民事案件2837件,结案率94.4%。县法院被省高院评为法院系统维护稳定工作先进集体。

图22-13　县法院流动巡回法庭深入农村审结受理案件

第四节　经济审判

1986年起,县法院受理经济纠纷案件由经济庭负责审判。至1990年,受理经济纠纷2559件,审结2117件。1991年,围绕经济发展大局,审结经济案件441件,其中企业"三角债"经济案74件,标的额102万元。1993年,成立经济调解中心,调处经济纠纷6起,审理经济案件1412件,其中农行逾期贷款1341件,审结1322件,解决争议标的额912万元,为企业追回债款200万元。1994年,改革经济案件审判方法,运用督促程序,简便快捷地处理关系明确、争议不大的债权债务经济纠纷案件。年底,审结经济纠纷案923件,解决争议标的额1201万元。其中,妥善处理涉农案件314件;判处国家工作人员经济犯罪20人,判处虚开发票罪犯4人。

2000年,县法院在经济案件审判中,发现企业存在不规范、不合法经营活动,提出司法建议;在审理涉及"三农"(农村、农民、农业)案件中,采取法庭定期接待与巡回办案相结合机制,把法庭建到村头田间,方便群众诉讼。全年,共审结经济案239件,解决争议标的额910万元。2001~2003年,审结经济案件773件,解决争议标的额2051.2万元。2004年,审理经济案件229件,其中审理商事合同、涉及招商引资、土地承包经营合同类经济纠纷案156件,解决争议标的额856万元。2005年,采取企业讨债诉讼案件优先办理原则,审理债权债务经济案件606件,其中金融纠纷135件、"三农"案48件,共解决诉讼标的额7908万元。办案法官到山西、内蒙、浙江、福建等地,为姚江饲料有限公司追回近100万元外销款,为宝隆服饰公司追回200多万元外销款。2007年,审理经济案件291件,其中审结农村土地承包经营权、土地补偿费、农村房屋买卖等经济纠纷案259件。2008年,对涉农案件坚持快立、快审、快结、快执,解决事关农村稳定的土地承包、滩涂产权、土地补偿等群体性案件,为新农村建设创造法治环境。全年审结经济案件374件,结案标的额4509万元,结案率96.4%。

第五节　行政审判

1986年,县法院没有设立行政审判庭,受理行政诉讼案件仍由民事审判庭负责审理。自1988年10月起,行政审判庭负责审理行政审判案件。至1990年,共审理行政案件6件,均审结。1994年,县法院规定:凡是法律规定应当公开审理行政案件一律公开审理,依法不公开审理行政案件一律不公开宣判。是年,受理行政案8件,审结6件,其中审结申诉案2件。1995年起,对行政相对人做好释明工作,知道哪些是合法权益应受法律保护,哪些是不正当的要求法律不予以保护,减少行政诉讼案件。2000年起,行政审判重视办案社会效果,追求和谐行政审判工作目标,将庭前协调贯穿于行政审判的全过程。2007年,审结行政诉讼案件22件,行政非诉案件33件,庭前调解50件,结案率94.3%。2008年,在确保公平、自愿和依法合理基础上,对原告着重做好相关法律法规释明宣传工作;对行政机关明显错误的具体行政行为,建议自行纠正,要求行政机关对原告做出主动变更或撤销具体行政行为,通过相互沟通交流,取得和解;对不能协调案件及时判决,加强判决书说理和判后息诉工作。全年行政审判案件18件,判决4件,移送3件,撤诉11件,一审撤诉率60.1%,陪审率83.3%。

第六节　申诉复查与国家赔偿

1986年,刑二庭负责对历史遗留案件和1983年"严打"期间刑事案申诉、复查和再审。全年受理刑事申诉案65件67人,审结58件60人,改判23件25人,撤诉1件1人。1987~1988年,以法律效果与社会效果有机统一考量办案质量,未出现一起改判案件。1989年9月,告诉申诉审判庭审结申诉案60件,其中维持原判35件、改判25件。1990年,受理刑事案件16件,其中上年结转2件,维持原判7件、改判9件15人。在改判中,减轻刑罚11人,宣告无罪3人。1991~1999年,审结刑事申诉、经济纠纷申诉、民事申诉案件147件,其中办理减刑案件18件,改判11人。2000年,未出现一起改判案件。是年起,审判监督庭主要受理申请再审案件,不受理刑事、民事、经济申诉案。2002年,县法院落实《中华人民共和国国家赔偿法》,开始受理国家赔偿法规定的有关案件。县法院分别于4月2日、6月14日、8月2日、12月27日,确认申请人张莲、戴宗平、朱兰芳、天津市汉沽区联合养殖有限公司申请确认错误执行案国家赔偿案,标的额近2万元。2004年10月1日起,依照最高人民法院规定,国家赔偿案件由市中级法院审理,盱眙法院不再受理有关国家赔偿案件。

第七节　审判监督

1986年,审判监督工作由告诉申诉审判庭负责,主要审理当事人申请再审案件、县法院决定再审案件、市中院发回重审案件和检察机关抗诉案件。是年再审案件65件。1990年,再审案件14件。2000年,成立违法审判责任追究案件督查组,督查追究二审改判和再审改判,领导机关、监督机关批办、督办以及上级法院要求追究责任的案件22件,其中追究5件6人责任,查处违纪2人。2001~2004年,县法院审判监督庭对刑事、民商事、行政、执行案件10861件卷宗进行评查,未发现需要复审案件。2005年5月,审判管理办公室建立指标数据真实性和准确性的监督检查、指标数据定期通报、审判运行态势分析制度和审判业绩质效考评体系,形成以审判管理办公室为主导、各庭和各审判人员参与的审判管理格局。是年受理申请再审案 4 件,改错、改判率 0.01%。2006 年,评审刑事、民商、行政、执行案件卷宗 3218 件,未发现需要复查案件。2007 年,评审刑事、民商、行政、执行案件卷宗 3894 件,审结申诉复查案 5 件、再审案 2 件。2008 年,县法院实行案件质量检查员例会制、评查归档制、评审委员会联席会议制,增强案件评查工作的透明度和公正性。评查刑事、民商、行政、执行案件卷宗 3691 件,受理刑事复查案 1 件,审结 1 件;刑事再审案 1 件,改判 1 件。

第八节 执行案件

1986 年 10 月,县法院执行庭克服就案办案、简单执行、机械执行方式,采取公告执行、悬赏执行、搜查执行、执行第三人债权等措施,推行限制高消费执行方法,被执行人为机关工作人员、事业单位职工、企事业单位负责人或个体老板,定期向其发出限制高消费令,在公共场所媒体予以公布;运用委托调查制度,向申请人代理律师签发"调查令",向有关工商、房地产管理、税务等单位或个人调查被执行人财产情况和实际履行义务能力;对躲避债务的被执行人,利用凌晨或节假日时间,采取突袭方法拘传谈话,促使被执行人履行义务。是年,无执行案件。1987 年起,到外地执行案件时,与当地法院取得联系,重大疑难案件取得当地人大、政府支持。在执行庭内部,制定执行担保制度、被执行人财产申报制度、执行措施申请制度和执行听证制度。

1999 年起,开展执行年活动,改革执行方式,实行审执分离,查封、扣押、冻结、拍卖、变卖财产时,均由执行庭审查,分管院长批准;对查封、扣押物品,严禁任何人动用;拍卖、变卖财产,统一作价,公开处理,执行难得到缓解。

图 22 – 14 执行谈话

2001 年 4 月 12 日,县法院召开公开执行大会,29 名权利人兑现执行款 50 多万元,司法拘留有能力履行而拒不履行的被执行人 8 名。6 ~ 7 月,县法院在执行月活动期间,执结久拖未执案件 143 件,标的额 60 万元。当年结案 1576 件,执行标的额 1000 万元,其中涉及政府案 24 件,标的 30 万元。2003 年,执行局针对全县招商企业增加,销售物资欠款逐年增多现象,组建执行小组分赴全国各地,司法拘留拒不履行生效法律文书的被执行人 200 人。2004 年起,县法院采取登报公告执行、以物抵债执行、节假日执行相结合举措,实现执行效果与法律效果有机统一。2008 年,县法院坚持公开、透明、公平、公正和阳光执行的原则,强化被执行人财产责任,防止逃避债务;对涉及面广、影响大的案件,促成执行和解;建立执行案件信息系统,限制被执行人高消费。全年执行案件 1727 件,执结 1370 件,执结标的额 5022 万元;拘传拒不到庭的被执行人 45 人,拘留抗拒妨碍执行 43 人,处罚拒不履行法定义务的个人和单位 19 万元,执行案件的执行标的额到位率 99.1%,法定执行时限内结案 100%。12 月,用 8 天时间,立案并执结狼山水泥厂兑付拖欠 247 名农民工工资款 28 万余元。

第九节 信访处理

1986 年起,县法院办公室负责群众来信来访,牵涉到部门信访件和来访者由相关部门负责接待协调处理,需要立案信访件,转交立案庭立案。全年收到信访件 21 封。

1991 年起,县法院立案庭统一处理全院信访件,需要立案信访件,由立案庭统一立案;涉及部门非立案信访件，由部门调查处理。法院管辖权之外信访件和来访人，转交和告之所访单位。2000年，接待群众来访约100人次，登记信访件39封。2001年，实行院长接待日制度，院领导班子实行轮流接访，果断处理来访人意见和建议。立案庭负责群众来访工作，实行微机立案，做到信访案件管理网络化。全年共接待群众来访300多人次，收到信访件40封。

2002年起，立案庭实行信访件归口统一立案、柜台立案、立审分离一条龙服务，完善对新类型案件、敏感案件立案请示与汇报制度，推行解决涉诉信访一套班子包抓、一种办法预防、一项制度奖惩、一个机制共抓、一条规定整治工作法，提高立案审查、规范管理、送达保全、申诉复查、处访接访能力。至2005年，共接待群众来访1370多人次，收到信访件126封，无立案信访件。

2008年，组织开展迎奥运、保稳定百日信访稳定活动。奥运期间，实现涉诉信访零进京、零非访、零登记。全年接待来访1052人次，处理来信37件，无立案信访件。

1986～2008年盱眙县法院各类案件、信访件办结情况一览表

表22－17

年份	经济案件		民事案件	行政案件		执行案件		再审案件	信访件
	数量	标的额（万元）		数量	非诉执行	数量	标的额（万元）		
1986	74	102	384	–	–	–	–	65	21
1987	274	230	584	–	–	46	32	65	32
1988	476	389	607	–	–	821	518	48	41
1989	871	750	808	2	–	1084	610	60	42
1990	864	337	885	4	–	262	102	14	47
1991	441	173	1174	1	–	228	110	22	33
1992	402	73	1128	3	–	345	91	4	34
1993	1412	912	1336	4	–	2189	999	4	36
1994	923	1201	2126	8	77	2726	846	2	47
1995	1615	1568	2814	13	199	3207	445	20	46
1996	1534	10065	2988	20	–	4341	586	45	35
1997	2003	1746	3432	14	–	945	556	12	31
1998	1102	1465	3078	16	526	1664	1627	22	39
1999	326	1120	2274	9	–	2385	2807	14	39
2000	239	910	2029	6	–	2071	2618	22	39
2001	289	1050	1966	13	300	1576	1000	–	40
2002	245	891	1455	9	134	1377	910	–	37
2003	239	746	1302	11	31	737	1836	–	41
2004	229	856	1408	16	30	656	2083	–	43
2005	606	1553	1009	15	106	496	1259	4	35
2006	320	983	1542	7	51	846	2012	–	30
2007	291	883	2039	22	33	1154	3994	2	38
2008	374	4509	2837	18	299	1727	5022	1	37

第十节　司法鉴定

1994年,法医技术室开始办理法医学鉴定案,全年共办理21件。1995年起,全县交通事故频发,暴力伤害案件逐年增加,法医鉴定案件随之增多。至2005年,法医技术室办理法医学鉴定1401件。2005年10月,县法院法医室撤销,只办理委托司法鉴定案件。年底,共办理委托法医学鉴定案70件。2006～2007年,县法院针对社会鉴定机构不断增加的情况,将依法据有鉴定资格的鉴定机构采用编号方式进行摇号,确定司法鉴定承办机构,避免随意性,确保司法鉴定公正、公平。其间,县法院办理委托法医学鉴定案310件。2008年,县法院办理委托法医学鉴定案170件,结案145件。

第五章　司法行政

第一节　机　　构

1986年,县司法局内设办公室、政工股、法制宣传教育股、基层工作股、公证处、律师事务所,各乡镇设司法办公室。1997年,增设安置帮教股。1999年11月,增设法律援助中心。2000年,县司法局设办公室、基层工作科、法制宣传教育科、公证律师管理科、公证处、法律援助科、安置帮教股。全县各乡镇司法办公室改称司法所,由县司法局和乡镇政府双重管理。至2008年,司法局组织机构未变。

第二节　普法教育

一、“一五”(第一个五年)普法

1986～1990年,县司法局贯彻落实国家“一五”普法文件精神,成立法制宣传教育领导小组和普及法律常识办公室,印发《关于在全县公民中开展法制宣传教育的实施意见》,对全县一切有接受教育能力的公民,实施普及法律常识教育。在县直机关单位、乡镇中选拔懂法律人员,组成6个普法小组,深入乡村宣讲《中华人民共和国宪法》《中华人民共和国婚姻法》《中华人民共和国刑法》《中华人民共和国经济合同法》《中华人民共和国治安管理处罚条例》,编印普法宣传资料,发放到农户;组织宣传车深入城区街道、乡镇、农村,宣传相关法律;城区、乡镇街道悬挂普法横幅,张贴宣传标语。其间,全县干部、居民、普通职工和农民法律普及率分别为100%、95%、96%、90%,全县公务员参加法律知识学习与考试率97%。

二、“二五”普法

1991～1995年,县委、县政府在“二五”普法中,印发《关于在全县公民中开展法制宣传教育的第二个五年普法规划》。普法主要内容:《中华人民共和国国家安全法》《中华人民共和国矿产资源法》《中华人民共和国未成年人保护法》《中华人民共和国保密法》《中华人民共和国妇女权益保护法》《中华人民共和国工会法》。普法重点对象为领导干部、执法人员、青少年、其他人员。聘请专家、学者举办法制讲座，县乡领导干部和行政执法人员参训；实施法律知识进课堂，对青少年进行法制教育。其间，全县共举办普法骨干培训班20余期，开展法律知识竞赛10次、法律咨询100余场次，发放各类普法读本及宣传资料10万册；全县8884名干部和427743名群众接受普法教育，普及率分别为95%和87%。

三、“三五”普法

1996～2000年，县委、县政府在“三五”普法中，印发《关于在全县公民中开展法制宣传教育的第三个五年普法规划》，县人大常委会对“三五”普法规划作出决议，全县成立普法讲师团30个。普法重点对象为工人、农民、知识分子、干部、企业管理人员、学生和个体劳动者。普法基本目标：通过在公民中进行基本法律和社会主义市场经济法律知识宣传教育，增强公民法律意识和法制观念，提高各级干部依法办事和管理能力。其间，全县举办领导干部学法讲座17期，各类法制培训班100余期，为农民上法制课、送法进校园300余次，发放普法读本10万多册、宣传资料5万余份；全县1万多人次参加年度学法考试，合格率100%，优秀率80%。

四、“四五”普法

2001～2005年，县委、县政府在“四五”普法中，先后印发《关于在全县公民中开展法制宣传教育的第四个五年普法规划》和《法治盱眙建设实施意见》，指导全县普法教育深入开展。县人大常委会对“四五”普法规划作出决议，明确普法经费由人均0.08元提高到人均0.1元。县司法局围绕法治盱眙、平安盱眙建设，确定普法内容：《中华人民共和国宪法》《中华人民共和国人口与计划生育法》《中华人民共和国土地管理法》《中华人民共和国治安管理处罚条例》《中华人民共和国公务员法》《中华人民共和国农村土地承包法》《中华人民共和国预防未成年人犯罪法》。普法重点对象：领导干部、司法和行政执法人员、青少年以及企业经营管理人员。普法基本目标：由提高全民法律意识向提高全民法律素质转变，由注重依靠行政手段管理向注重运用法律手段管理转变。县委先后邀请省委党校、南京大学法学院等专家到盱眙进行法制讲座，县人大常委会对40多名拟任命政府部门正职领导进行任前法律知识考试。全县成立普法讲师团21个、普法业余宣传队25个，中小学配备专职法制副校长59名，建立青少年法制教育基地，定期对农民和城市居民开展法制宣传，组织全县各中小学学生轮流到法制教育基地接受法制道德等素质教育。县司法局组织全县公务员集中学法考试，将学法考试成绩作为公务员年度考核任职、定级和晋升职务重要依据；自编自演“148连着千万家”节目，在全省政法系统组织的法制文艺汇演中获一等奖；编印《外出务工人员指导手册》，在县电台和报纸上开设法制栏目。全县60多万普法对象参加不同形式普法学习，各级领导干部和机关公职人员带头完成法制教育任务。

五、“五五”普法

2006年，县委、县政府在“五五”普法中，印发《关于在全县公民中开展法制宣传教育的第五个五年规划》，县人大常委会对“五五”普法作出决议，明确普法经费提高到人均0.2元。普法内容：《中华人民共和国宪法》《中华人民共和国人口与计划生育法》《中华人民共和国食品安全法》《中华人民共和国道路交通安全法》《中华人民共和国国家安全法》《中华人民共和国劳动社会保障法》。普法重点对象：领导干部、公务员、青少年、企业管理人员和农民。县司法局聘请江苏黄梅剧团为“五五”普法专业艺术团，开展法制文艺下乡演出活动。

2007年，县司法局完善公务员学法用法制度，组织全县公务员学法考试，参考率99%；在全县开展民主法治示范村（居）创建活动，全县被省法治部门评为民主法治示范村（居）14个，被市法治部门评为民主法治示范村（居）71个，被县委、县政府评为民主法治示范村（居）194个。2008年，全县机关单位开展一月一法学法活动。11月,组织开展送法进校园月活动,县普法讲师团到乡镇上法制课20场次。

第三节 司法公证

1986年,县公证处公证899件,其中民事公证230件,经济公证669件。1992年起,加快城乡建设,工业经济快速发展,办理工业改制、农村中土地、水面经营承包、荒山拍卖公证1210件。1995年起,继承、亲属关系等民事、经济公证数量逐年增加。2000年,共办理公证1555件,其中民事公证401件,经济公证1131件,涉外公证23件。2002～2007年,围绕招投标、龙虾节、房地产开发、房屋拆迁、土地拍卖等开展公证业务。其间,全县办理经济类公证涉及金额8亿元,占全部公证70%。2008年,公证业务扩展到城镇退转军人自谋职业协议、赡养协议和亲子关系申明公证。全年共办理公证878件,其中民事类625件,经济类248件,涉外类5件。

1986～2008年盱眙县公证业务情况一览表

表22－18 单位:件

年份	公证数	其中			年份	公证数	其中		
		民事公证	经济公证	涉外公证			民事公证	经济公证	涉外公证
1986	899	230	669	－	1998	3067	2799	241	27
1987	1333	161	1172	－	1999	2060	60	2000	－
1988	2354	238	2116	－	2000	1555	401	1131	23
1989	2453	631	1822	－	2001	2500	500	2000	－
1990	1914	504	1410	－	2002	2042	412	1624	6
1991	1613	403	1210	－	2003	2206	486	1720	－
1992	680	310	370	－	2004	2706	1410	1290	6
1993	730	280	450	－	2005	864	797	57	10
1994	809	336	473	－	2006	724	631	83	10
1995	477	231	207	39	2007	1201	963	227	11
1996	2699	2503	196	－	2008	878	625	248	5
1997	1143	1036	71	36					

第四节 律 师

1986年,县律师事务所随着业务量增多,从地方招录和部队转业干部中调配律师人员。全年代写民事、刑事诉讼142件,代写法律文书202件,担任法律顾问18家,法律咨询1020人。1989～1991年,县司法局在律师事务所中实行不要国家编制,不要财政拨款,自愿结合、自我管理、自我发展、自收自支试点,实行律师工资与经济效益挂钩浮动工资制。县政府聘请6名律师担任常年法律顾问。企事业单位、社会团体、县乡企业开始聘请律师为常年法律顾问。

1992年,全县律师事务所办理案件247件,其中代理民事诉讼201件、刑事诉讼46件,代写法律文书

102 件，担任法律顾问 25 家。1994 年，县司法局按照自收自支、自担风险、自我发展、自我约束的原则，批准成立申通律师事务所。

2000 年，县司法局对县律师事务所进行脱钩改制，其机构、编制从县编委核消。是年，成立法之衡律师事务所、衡胜律师事务所。全年代理民事、刑事诉讼 377 件，代写法律文书 321 件，担任法律顾问 132 家。

2001～2007 年，全县律师事务所围绕企业改制、招商引资开展法律服务，参与县领导信访接待，对县经济发展提出法律建议，帮助县、乡企业追回货款 770 多万元。2008 年，全县律师事务所 4 家，担任法律顾问 70 家，代理民事、刑事诉讼 780 件，参与县领导信访接待 66 次，出具法律意见近 300 条，为当事人挽回经济损失 1700 万元。县衡胜律师事务所在全市司法局组织"政务通杯"律师知识竞赛中，取得团体总分第二名。

1986～2008 年盱眙县律师业务情况一览表

表 22－19

年份	代理案件总数（件）	其中		非诉讼代理（件）	代写法律文书（件）	担任法律顾问（家）	免费法律咨询（人次）
		代理民事诉讼（件）	代理刑事诉讼（件）				
1986	142	124	18	10	202	18	1020
1987	124	100	24	17	340	18	1400
1988	157	137	20	21	121	15	1240
1989	310	260	50	15	213	51	1450
1990	302	201	101	17	103	60	1328
1991	288	195	93	7	87	42	981
1992	247	201	46	4	102	25	1024
1993	314	210	104	21	89	62	1570
1994	696	500	196	85	120	87	2000
1995	696	512	184	78	130	128	1987
1996	922	722	200	80	158	128	2010
1997	752	600	152	89	200	128	3210
1998	567	497	70	102	120	132	2310
1999	654	450	204	78	230	110	2410
2000	377	300	77	87	321	132	1420
2001	799	699	100	120	130	79	2100
2002	571	474	97	44	142	72	3000
2003	789	689	100	78	102	76	2340
2004	462	409	53	43	231	82	1600
2005	864	784	80	65	120	72	2100
2006	724	600	124	75	102	78	1890
2007	577	440	137	65	210	78	2001
2008	780	685	95	41	130	70	1899

第五节　乡镇司法服务

1986年,各乡镇设立司法办公室,有司法助理30人,负责所在乡镇司法行政工作。1987年,盱城镇、马坝镇建立乡镇法律服务所。1993年,全县30个乡镇均成立法律服务所,法律工作者78人。开始代理诉讼案件、非诉讼案件、协办公证,担任法律顾问,代写法律文书等工作。

2000年,乡镇机构改革中,30个乡镇法律服务所、司法所精减为19个。全年代理诉讼案件756件、非诉讼案件788件、协办公证210件,担任法律顾问310家,代写法律文书908件,为当事人挽回经济损失523万元。2001年,各乡镇法律服务所与司法办公室均实行自收自支,独立核算。2002年3月26日,成立基层法律服务工作者协会。

2008年,全县乡镇有18个法律服务所,通过年检注册法律工作者52人,代理诉讼案件688件、非诉讼案件1028件、协办公证116件,担任法律顾问300家,代写法律文书704件,为当事人挽回经济损失612万元。19个乡镇司法所通过省司法厅省级规范化司法所验收。

1993~2008年盱眙县乡镇司法服务情况一览表

表22-20

年份	诉讼案件(件)	非诉讼案件(件)	协办公证(件)	办理见证(件)	担任法律顾问(家)	代写法律文书(件)	为当事人挽回经济损失(万元)
1993	213	225	315	1241	40	861	148
1994	196	247	755	1676	547	941	484
1995	434	693	458	1390	507	515	263
1996	562	601	114	1901	492	1029	230
1997	602	612	458	1620	480	960	173
1998	679	568	210	1932	390	784	654
1999	724	802	358	3034	598	1216	602
2000	756	788	210	2430	310	908	523
2001	762	743	380	1897	520	943	430
2002	745	780	540	2320	522	1002	560
2003	720	810	242	2150	540	870	750
2004	860	910	365	1820	450	360	610
2005	681	743	342	870	470	489	321
2006	827	900	260	600	300	503	508
2007	850	1001	287	621	260	602	736
2008	688	1028	116	580	300	704	612

第六节　法律援助

1999年11月,成立县法律援助中心,开始实施法律援助。年底,共办理法律援助事务9件,其中刑事2件,办理民事诉讼代理和非诉讼代理10件,义务咨询80人次。

2000～2002年,县司法局将法律援助与“148”专线电话纳入为民办实事工程、民心工程。其间,办理法律援助事务185件,其中刑事7件、行政2件、民事176件,义务咨询2440人次。2003年,县法律援助中心深入乡村,对弱势群体进行全面摸底排查,配合各乡镇司法所对全县孤儿、失学儿童、孤寡老人制定援助措施。2004年,指定孤儿监护人252人,援助失学儿童重返校园69人,解决孤寡老人赡养180人;办理法律援助事务139件,其中刑事10件、民事108件;接待来访124人次,“12348”电话接受法律咨询912人次。

2006年起,县司法局出台《关于在全县开展维护国防利益和军人、军属合法权益法律援助工作意见》,成立领导小组,对军人、军属、拖欠务工人员工资事宜进行法律援助。至2007年底,县法律援助中心共追回拖欠农民工债务6.9万元,办理法律援助事务410件,其中法律援助军人、军属合法权益52件,刑事40件、民事370件;义务咨询3452人次。

2008年,县法律援助中心办理法律援助事务562件,其中刑事15件、民事49件,义务咨询2700人次,为900名受援群众挽回经济损失3000万元。县法律援助中心承办290名农民工追索劳动报酬仲裁案,明祖陵镇法律援助工作站承办8名妇女道路交通事故人身伤害赔偿纠纷案,铁佛镇法律援助工作站承办岳某工伤死亡赔偿案。以上法律援助案均入选全市法律援助10大优秀案件前三名。

第七节　民事调解

1986～1988年,县司法局对全县民事调解组织进行规范化整顿,盱城、马坝等9个乡镇、21个村建立人民调解委员会,由3～5名委员组成,设主任1人。县司法局每年组织人民调解员培训。其间,共举办调解员培训班18期,参训500余人。1989年,各乡镇、村均成立调解委员会,各村民小组均设立调解信息员,有调解委员、调解信息员3000多名,并制定岗位责任制,印制《人民调解员工作手册》1000余本,组织调解员学习法律。

图22－15　县司法局工作人员为群众调解纠纷

1991年,按照《人民调解员工作手册》,在盱城镇实施村级人民调解员达标试点,并全县推广。年底,496个村调解委员会基本达标。1992年,各级人民调解委员会贯彻调防结合、以防为主的方针,调解农村宅基地、债权债务纠纷1200余起,调解率90%。1993年,各级人民调解委员会调处各类民事纠纷4395起,调解成功率96.3%;防止非正常死亡事件37起32人,防止民事转刑事案件36起83人。1994年,共调处各类纠纷3377起,成功率95%,其中防止民间纠纷引起自杀案件32起37人,防止民事转刑事49起87人次。创建标准化调委会210个,创无民事转刑事、无正常死亡、无群众械斗、无积案、无因纠纷调处不当引起的行政案件60个村。

1995年,调解各类矛盾3659起,成功率97%。1996年起,围绕社会热点和难点问题,制定《调委会创建管理实施办法》,先后开展创法治乡镇、平安乡镇活动,开展民间纠纷百日排查调解和走千村、解纠纷、防激化、保安定活动。各级人民调解委员会继续围绕创建标准化人民调解委员会要求,完善调解组织、健全规章制度、规范调解程序、加强设施建设、建立档案管理。至1999年,共建立县级疑难纠纷调解处理指导中心1个、乡镇建立疑难调解处理中心24个,调解各类纠纷9716起,成功率95.1%。

2000年,各乡镇(场)全部建立重大纠纷调处中心。创建标准化人民调解委员会402个,调处民事纠纷12050件,成功率96%;防止矛盾激化179起,防止因纠纷可能引发恶性事件72起,防止因民间纠纷引起自杀事件58起76人次,防止群体性上访19件1386人次。2001年,盱眙县与安徽天长市联合成立江苏、安徽、盱眙、天长接边地区民间纠纷联合调解委员会。

2002年起,县司法局开展民间纠纷排查工作,做到村级每周排查一次、乡镇每半月排查一次、县级每月排查一次。通过排查,妥善调解各类矛盾纠纷。至2005年,全县共调解各类纠纷7893起,成功率96.5%。马坝镇司法所郭龙盛被司法部表彰为模范人民调解员。2007年,县人民调解员实行资格准入制度,参加资格证书考试1500人,发放上岗证,共调解各类矛盾纠纷3613起,调解成功率98%。

2008年,排查纠纷隐患89起,调处纠纷2148起,防止矛盾纠纷激化7件、民事转刑事案件2起2人,劝阻群体性上访23起157人次。鲍集镇司法所侯学田被省司法厅表彰为人民调解防激化先进工作者。

第八节　安置帮教

1997年8月18日,县委、县政府成立刑满释放、解除劳教人员安置和帮教工作领导小组,全县安置帮教工作由县司法局负责。1999年,县委、县政府印发《盱眙县刑释解教人员安置帮教工作领导小组及成员单位工作职责》。全县乡镇(场)成立安置帮教领导小组,设立工作站30个,各村(居)建立帮教小组447个。年底,全县有刑释解教人员86人。

2002年,安置帮教股并入基层工作股,刑释解教人员改称回归释教人员,农村户口回归释教人员安排口粮田和责任田,非农村户口帮助其就业。以盱城镇、马坝镇为安置帮教工作试点,做好回归刑释解教人员帮教。是年,全县有回归刑释146人、解教38人,落实过渡性安置176人,其中回原单位工作4人,企业招工8人,创办私人企业6人,从事个体经营18人,务工128人。2004年,全县有回归释放309人,安置277人,落实帮教305人,帮教率98%。

2005年,明祖陵镇司法所长庞忠祥被省综治办评为刑释解教安置帮教工作先进个人。2006年,建立和完善回归释教人员情况登记簿、家庭情况登记簿等7本台账,制定回归衔接六项管理制度,加强安置帮教管理,促进安置帮教工作正常运转和健康发展。2007年,全县共回归释教406人,安置380人,安置率90%;落实帮教401人,帮教率98%。

2008年,全县有回归释教156人。刑释解教人员大部分是农村户口,县、乡安置帮教组织帮助落实承包田,介绍进厂务工,鼓励自谋职业,对缺乏劳动能力又无生活来源的刑释人员落实低保,安置率92%,帮教率98%以上。

第九节　社区矫正

2005年,县委、县政府颁发《盱眙县社区矫正工作实施意见》,社区矫正试点工作正式启动,进入社区接受矫正对象181名。2006年,县司法局召开2次社区矫正工作联席会议,制定《关于县政法各部门认真履行职能,做好社区矫正衔接管理工作的意见(试行)》文件。全县接收矫正人员109人,其中缓刑82人、管制6人、剥夺政治权利15人、假释6人。

2007年,接收矫正对象124人,其中缓刑66人、剥夺政治权利40人、假释17人、保外就医1人。2008年,县司法局聘请县关工委组织300名"五老"(老干部、老教师、老战士、老模范、老专家)人员,担任社区矫正工作志愿者。全年接受县法院和县外法院委托未成年人犯罪嫌疑人审前评估工作18起,采信18起。全县接收矫正对象352人,其中缓刑245人、管制5人、剥夺政治权利73人、假释27人;落实帮教安置176人,矫正对象无漏管、脱管。薛小卫被省司法厅评为核查纠正监外执行罪犯脱管漏管专项行动先进个人。

第二十三篇　军　　事

1986年，盱眙县人民武装部和基层人民武装部坚持党管武装，加强民兵与预备役组织落实、政治落实、军事落实以及兵役动员征集、退伍军人转服预备役登记工作；先后组织官兵和基干民兵近万人，参加特大洪涝灾害抗洪抢险救灾；在全县中小学和预备役青年中开展国防教育和防空知识宣传，组织学校、机关单位开展防空演练。

1995年起，县人武部组织民兵营参加县乡道路会战、县经济开发区基础设施建设，支援地方建设。新建训练基地，组织基干民兵军事训练，熟悉高技术兵器知识，提高实际运用能力。建立民兵应急分队，参与突击活动。做好双拥工作，开展军地互办实事和“八一”建军节、春节军民联欢等活动。

2000年起，县人武部组织民兵配合公安干警维护交通秩序，做好安全保卫。县人武部、县人防办和驻军合力做好政治教育、军事训练、预备役登记、民兵整组、国防教育、防空知识宣传以及防空演练工作。2006年，盱眙县被省军区评为双拥模范县。至2008年，在龙虾节、国庆、春节期间和“八一”建军节，县委、县政府和乡镇组织慰问、开展军民联欢等活动。

第一章　机　　构

第一节　县人民武装部

1986 年,中国人民解放军盱眙县人民武装部改归地方建制(简称县人武部),不设第一政委,县委书记兼任县人武部党委书记。为副团级单位,内设军事科、政工科、组织动员科、办公室。

1991 年,县人武部增设装备科。1993 年,县、乡成立全民国防教育委员会和领导小组,县人武部设国防教育办公室。

1995 年夏,成立县国防动员委员会,县委书记任第一主任,县长任主任,人武部长任副主任,下设 8 个办公室:综合、人民武装、人民防空、政治动员、经济动员、科技动员、信息动员、交通战略。综合办公室设在县人武部政工科,人民武装办公室设在县人武部军事科,经济动员办公室设在县计划委员会,人民防空办公室设在县民防办公室,交通战备办公室设在县交通局。

1996 年 3 月,县人武部收归军队建制,复称"中国人民解放军盱眙县人民武装部",为正团级单位,设部长、政委、副部长,下设军事科、政工科、后勤科。撤销县人民防空委员会、县交通战备领导小组、组织动员科、装备科、办公室,成立纪律检查委员会。2005 年,县人武部归属淮安军分区,下设机构未变。至 2008 年,机构无变化。

第二节　基层人民武装部

1986 年,全县 28 个乡镇设人武部,主要负责征兵宣传、报名登记、兵员体检、协助征兵工作领导小组政审等工作。1989 年,全县乡镇人武部增加至 30 个。

1990 年,增设淮河化工集团公司、永丰机械厂、红光化工厂、天明化工厂、县经贸委人武部。1994 年,全县 26 个乡镇人武部部长参加同级党委。县粮食局、物资局、交通局、商业局、卫生局、多种经营管理局、林总场、供销合作总社、江苏狼山水泥厂、盱眙化肥厂、帆布厂、皮革总厂等单位成立人武部。2000 年,全县乡镇合并后,乡镇人武部减至 19 个。基层人武部设部长、副部长、干事。2008 年,全县有基层人武部 34 个,其中乡镇 19 个、企事业单位 15 个。

图 23－1　94535 部队到县医院指导基层人武部建设

第二章 民 兵

第一节 队伍建设

1986年,县人武部对全县民兵进行整组,各乡镇组建民兵营,各村设民兵连。1990年起,县人武部围绕抓基层、抓质量、抓规范、抓落实要求,开展民兵整组工作,推进民兵组织规范化建设。1993年,全县编制基干民兵营41个8958人;普通民兵营编制475个65130人。

1996年4月,淮阴军分区在盱眙县人武部召开人武部正规化建设现场会,盱眙县人武部正规化建设拍摄的电视片在省军区南通正规化建设现场会上播放。全县民兵整顿工作于5月底结束,编51个基干营,582个基干排,基干民兵8995人,其中女民兵580人,城市基干民兵1630人。基干民兵中,退伍军人1311人,其中排以上干部663人;普通民兵营499个69406人。是年,县人武部成立民兵应急分队。

2003年,县委成立民兵调整改革领导小组,调整基干民兵。全县基干民兵调整为5500人,其中城市基干民兵增加到2055人。组建民兵防空分队,配套组建对空侦察、工程伪装、高炮、地炮等分队。2006年,县供电公司组成52名民兵电力工程抢修分队,淮河化工集团公司组成32名民兵防化救援分队,自来水厂组成20名民兵供水分队,山区组成210名基干民兵森林防火分队。2008年,县人武部组建民兵防化救援分队、森林防火分队、供电抢修分队、防汛应急分队共250人。各乡镇组建民兵应急排。

第二节 政治教育

1986年,县人武部制定《全年政治教育和年度理论学习计划》《各季度民兵思想政治工作实施计划》,健全政治教育考勤考评登记制度,开展爱国、爱党、爱人民、革命英雄主义政治教育。1987~1989年,在县人武部机关和广大民兵中开展坚定社会主义信念、坚信共产党领导、自觉履行职责和义务教育活动,思想上、行动上始终和党中央保持一致。

1993年,组织民兵参观国防教育馆和烈士陵园,接受爱国主义教育。1996年,人武部纪律检查委员会制定党风廉政建设十项制度,开展党风廉政建设教育活动。1999年,在民兵、预备役人员中,开展讲学习、讲政治、讲正气教育。

2001~2002年,在民兵党员中开展共产党员先进性教育和警示教育,组织观看反腐倡廉影视片,引导党员坚定共产主义信念。2005年,民兵预备役上尉、县水务局副局长、县工业园区管委会副主任孙大友被评为全国劳动模范。人武部织织全县民兵、预备役人员向孙大友学习。2006年,在民兵预备役中,开展社会主义荣辱观教育,增强人武干部事业心、责任心。2008年,在民兵、预备役人员中开展科学发展观教育活动,举办培训班2期,参训200余人。

第三节 军事训练

1986年起,县人武部采取小型、就地、分散和劳武结合举措,坚持每年组织基干民兵开展兵器知识、射击、投弹、爆破等项目军事训练。

1989~1990年,每年组织基干民兵参加军事科技综合演练2次。1991年起,基干民兵野外实地训练向室内网上演练转变。1993年,民兵干部、民兵应急分队、专业技术民兵采取模拟军营封闭式规范化训练,增加高技术兵器常识,提高武器操作技能,完成淮阴军分区下达的关于军事训练550名基干民兵任务。

图23-2 军营式规范化训练

1994年,组织盱明路(盱眙—明光公路)沿线民兵配合解放军某集团军完成军事演习任务。1995年9月27日,在纪念抗日战争胜利50周年之际,县人武部开展企业民兵军事比武活动,21个单位180名基干民兵参加。

2001年起,取消农村民兵训练费统筹款,由县财政部门统一划转县人武部。县人武部完成“红星一号”网上练兵任务。2002年,组织全县6个民兵应急分队78名民兵,开设野战应急兵站课目训练。2003年,完成淮安军分区下达民兵训练763人、专业技术民兵参加跨区联训204人任务。

2004年3~6月,县人武部组织全县民兵分队分6期进行军事训练和综合战术训练。训练期间,采取挂钩带训、同训共演、联训联演方式,先后训练步兵分队9人、民兵干部40人、应急分队80人、工兵分队80人、军械修理分队53人、高炮分队65人、对口专业分队85人。8月10日~9月5日,集中强化训练全县民兵应急分队125名。在省军区比武考核中,县民兵应急分队获得警棍盾牌术、手榴弹投掷第一,比武考核总评第二。年底,盱眙县人武部被淮安军分区评为军事技术研究工作先进单位。

2005年,按照首批动员、支前保障、兵员动员、防卫作战、维稳反恐、跨区联训要求,先后参训有应急分队、信息分队民兵73人,课目有防化、通信、侦察、迫击炮、双管37高炮等。2006年4月,县人武部选派14名骨干民兵到防空旅带训,邀请防空旅6名教员到盱眙县民兵高炮连帮助训练。是年,县民兵高炮连在实弹射击考核中命中拖把一具。

2008年3月,县人武部组织轻武器实弹射击、手榴弹实弹投掷和实爆作业。8月,参加军分区“三熟悉四会”(熟悉基本性能、熟悉数质量情况、熟悉日常管理,会操作使用、会检查、会维护保养、会排除一般故障)考核比武,获得总评第二名。

第四节 训练基地建设

1986年,县人武部院内设民兵训练基地。1990年,新建一幢综合性民兵训练教学楼。1993年,先后兴办中央党校函授学院江苏分院盱眙直属本科班、省委党校函授大专班、南京大学涉外经济行政管理函授大专班,有460名预备役民兵参加培训。5月,县人武部被省政府、省军区评为民兵训练基地先进单位。

1994 年，县人武部按照“六面坚固”（武器库上、下、左、右、前、后）标准，完善武器装备仓库内外安全设施，新建危险品仓库，严格武器装备出入库制度，保证武器装备仓库安全。1995 年，在古桑乡建立苏武石灰石矿基地，列为全县以劳养武培训场所。年底，县人武部被省政府、省军区评为民兵武器装备管理先进单位。

2002 年 4 月，县人武部在古桑乡庙山选址，建设步兵射击场、多功能训练场等国防教育训练基地，县交通战备办公室投入 10 万元，建成现代化保通保运指挥中心，组织协调驻军和民兵预备役人员对境内一线战备工事进行维护管理。2003 年，县委、县政府把民兵武器装备仓库、训练基地建设列入年度“十大工程”。是年，新建民兵武器装备仓库 1 座。

2005 年，县人武部对武器库进行改造，先后 5 次更换办公区、家属院、武器库消防设施，维修 110 报警系统，整修电路，保障训练基地安全，建成国防训练基地，经江苏省军区验收合格。2008 年，检查、维修民兵训练基地、军事装备、武器、基地设施，保证训练基地正常运行。

第三章　兵　　役

第一节　义务兵役制

1986 年起，县人武部实行义务兵与志愿兵相结合、民兵与预备役相结合的兵役制度。义务兵征集按照上级规定指标，每年冬季征兵。1988 年，盱眙未征集新兵。1989 年起，由县人武部接兵送到部队，改为由县人武部征集新兵，由接兵部队到县接兵。

1990 年，征集新兵改为 3 月、12 月两次征集兵员。1991 年起，改为冬季征兵。1999 年 1 月，实行义务兵与志愿兵相结合的兵役制度，规定义务兵服现役期限为 2 年，期满后根据军队需要，由本人申请，经团以上单位批准，可改为志愿兵。志愿兵实行分期服现役制度，服役期限至少 3 年，一般不超过 30 年，年龄不超过 50 周岁。2005 ~ 2008 年，义务兵役制度未变。

图 23 - 3　应征入伍的适龄青年

第二节　兵员征集

1986 年，全县征兵工作由县征兵领导小组统一领导，征兵办公室具体负责。兵员征集程序为报名、体检、政审、定兵、送兵。各乡镇人武部兵役登记站对 18 ~22 周岁、初中以上文化、政治素质好、身体健康的适龄青年进行登记办证，有志参军的普通高中毕业适龄女青年在户籍地兵役登记站依法审查报名登记，全县办理公民兵役证率 99% 以上。应征青年经过基层党组织目测、审定，推荐优秀青年参加体检。卫生部门抽调业务素质好的医务人员，经培训后，对应征青年进行身体检查，并实行一关否定制。兵员政审从公安部门选调干警，严把兵员政治质量关。各兵役登记站依法审查、核对的登记资料、政审初审资料统一汇总,报县征兵办公室。

1990 年起,开展兵役登记工作创“三优”(输送优质兵员,搞好优质服务,选拔使用优秀退伍军人)活动,每年兵役登记适龄青年 1.5 万人左右。定兵时,党政领导、兵役机关主管领导、体检和政审责任人、接兵干部负责人到位;文化程度高者、有一技之长、“三好”学生、民兵骨干和党、团员及一、二类身体者优先。

1995 年起,县征兵办公室协同县劳动局、教育局、工商局、公安局等部门就征兵工作开展查思想、查作风、查制度、查行为活动,上级征兵办公室对盱眙县部分单位在强化廉洁征兵、严肃征兵纪律等方面进行抽查。

2000 年起,由于适龄青年外出打工多,兵役登记工作存在一定难度。县、乡(镇)人武部干部深入乡村、街道、厂矿、机关和学校,对应征对象进行调查核实。县人武部在做好国防潜力调查、兵役登记基础上,政审人员内查外调,走访座谈,在年龄、文化、家庭主要成员、社会关系和现实表现登记清楚后进行办证。至 2008 年,县人武部在兵员征集工作中连续 23 年无责任退兵。

图 23－4 盱眙县每年兵役登记适龄青年 1.5 万人左右,经过基层组织审定、推荐、体检后,为部队输送优质兵员。

第三节 预 备 役

1986 年,全县 18～35 周岁男性公民,除应征服役者外,均被编入预备役。基干民兵为第一预备役,普通民兵为第二预备役。退出现役士兵,经部队确定服预备役后,回到居住地 30 天内,到县人武部,各乡、镇(场)人武部登记、核对服预备役具体情况。1988 年,军官退出现役时,符合预备役条件,转入军官预备役。

1993 年,组建预备役部队。1994 年,县人武部在淮河职中设军人预备役班,招生新学员 40 名。1996 年,盱眙县对符合条件的预备役军官授予预备役军衔。

1998 年,全县基干民兵中有退伍军人服预备役 1249 人,普通民兵中有退伍军人服预备役 1759 人。2004 年,县人武部开展对全县 10 年内退伍军人服预备役、预备役军官进行登记。2008 年,县人武部规定,符合基干民兵条件的退伍军人服预备役,优先编入基干民兵。

图 23－5 县预备役军官授衔仪式

第四章　国防教育与动员

第一节　国防教育

1986年，县人武部通过张贴宣传标语、发放宣传材料、建立宣传栏等形式，开展国防教育。1990年起，国防教育由传统教育向课堂讲授、举办国防理论知识学习竞赛、文艺表演、国防理论研究及举办国防讲座、报告会和放映录像等多种形式转变，开展全民性国防教育活动。

1993年，宣传和贯彻《江苏省全民国防教育条例》，向机关干部和中小学师生发放国防知识宣讲材料。1994年，向基层人武部发放国防教育挂图和《长城在我心中》录音磁带，供乡镇民兵学习、收听，组织3000多名民兵参加全国国防知识竞赛。1997年，迎香港回归和建军70周年期间，组织学习《中华人民共和国国防法》，开展爱国主义教育。1998～2000年，每年组织民兵、预备役人员及中学生参观黄花塘新四军军部旧址及陈列室，增强国防意识。

图23－6　1992年5月，峨眉电影制片厂在拍摄《把一切献给党》结束后，与县人武部共同联欢。图为著名演员张光北（左一）与剧组成员表演节目。

2001年9月15日，利用全民国防教育日，采取召开会议、发放资料、领导电视讲话等形式，宣传《中华人民共和国国防教育法》。是年起，每年全民国防教育日期间，采取多种形式，在全县开展国防教育活动。2003年6月30日，黄花塘新四军军部纪念馆举行揭幕仪式，新四军军部暨中共中央华中局进驻黄花塘60周年纪念大会在县影剧院召开，近千人受到革命传统教育。

2004年，县委把国防教育纳入全民教育范畴，在《盱眙信息》报和县电视台开设国防教育专栏。县人武部采取印发资料、举办讲座等多种形式，对100多家私营业主和1万多名工人进行国防知识教育。年底，县人武部被江苏省委、省政府评为国防教育先进单位。2007年2月，县人武部在集训期间，邀请南京陆军指挥学院教授举办国防动员知识讲座。

2008年，县人武部开展国防教育进机关、进街道、进乡村、进学校活动，宣传国防法、国防教育条例、国防精神，受教育1万多人次。在盱眙中学、都梁中学举办抗日战争暨世界反法西斯战争胜利60周年报告会，受教育者近7000人。在县第二中学、县实验中学、建设局、规划局举办国防知识图片展，在盱城镇社区、江苏新海电子制造有限公司等单位开展国防知识教育讲座。

第二节 国防动员

1994年,县人武部根据上级指示,制定和完善作战、国防动员方案,加强军事设施保护,开始实施国防动员工作。1995年12月28日,县国防动员委员会召开国防动员委员会扩大会议,下属8个办公室全体人员、相关部门及单位负责人出席,会议贯彻落实中央军委新时期军事战略方针。

1996年,根据上级军区要求,在全县开展国防动员潜力调查。全面调查统计可动员的复员退伍军人、地方与军事专业对口技术人员、技术骨干、技术干部及转业干部服军官预备役的情况。1998年,举办《中华人民共和国国防法》培训班2期,参训200余人。

2000年,修订民兵应急分队作战、国防动员扩编方案。2001年,组建国防动员民兵应急兵站,新建邮电通信、医疗救助、食品供给、抢修、汽车修理专业技术分队。2002年,开设国防动员野战应急兵站训练课目,应急分队78名民兵参训;组织实施"动员支前"和"城市反空袭"网上指挥演练。

2003年,召开县国防动员委员会8个办公室主任会议,传达学习市国防动员会议精神,明确具体要求和任务。年底,完成国防潜力数据调查、采集、录入上报等各项工作。2005年,县国防动员委员会完善国防动员预案,拟定应急作战方案,修定战略教育、战备值班、应付突出事件、防汛抢险等制度。4月19～26日,参加江苏省军区、淮安军分区组织的实兵支前演练,参加项目:组织指挥、兵员动员、机动通信保障、战役佯动、保交护路等。2008年,县国防动员委员会利用县电台、电视台、《盱眙日报》等媒体,宣传《中华人民共和国国防法》,受教育3.5万人次。

第五章 驻军与拥政爱民

第一节 驻 军

一、县武警中队

1986年,县武警中队是一支军事性和公安性的武装力量,主要任务是看押犯人,协助地方公安机关追捕逃犯和维护地方治安。隶属武警淮安市支队领导,业务受县公安局指导。至2008年,县武警中队看押犯人未发生一起责任事故,在双拥活动中,每年为驻地居民做好事10余件,每年龙虾节期间抽调官兵负责安全保卫工作。

二、县消防大队

1986年,武警淮阴市消防大队盱眙中队(简称县消防大队)隶属武警部队,负责全县消防工作。1994年12月,更名为盱眙县公安消防大队,为正营级单位,下辖1个消防中队,隶属淮安市消防支队和县公安局双重领导。干旱天气用消防车拉水,服务居民生活用水;国庆、春节、龙虾节等重大节日,配合有关部门组织安全检查,督促整改火灾隐患;举办宣传防火安全知识10余期,开展捐资助学、帮扶济困活动。至2008年,共为森林、工厂和城乡居民扑灭火灾、消除隐患、救死扶伤100多次。

三、部　队

1986 年,73831 部队隶属南京军区联勤部十五分部,营级单位,驻盱眙县河桥乡,部队留守少数人员。94535 部队驻盱眙县盱城镇。83453 部队隶属南京军区,驻盱眙县河桥乡,5 月底,因精简整编,部队撤出,迁往安徽省蚌埠市。

至 2008 年,部队参与地方经济建设、安全保卫,与驻地开展结对共建、捐资助学、扶贫帮困活动。地方为部队铺设混凝土路、维修营房、赠送生活设备和健身器材,每逢"八一"建军节、春节,县委、县政府和乡镇组织慰问、开展军民联欢等活动。

第二节　拥政爱民活动

一、抗洪救灾

1986 年汛期,县人武部及基层人武部组织民兵参与抗洪救灾,保护淮河两岸群众生命财产安全。1991 年,盱眙遭遇特大洪涝灾害,南京军区 83424 部队、83453 部队官兵于 6 月 20 日凌晨 2 点,赶到险情最严重的渡口圩,与群众一起抢险堵缺口。县人武部组织应急民兵为河西滞洪区 5 个乡镇共转移 66 个村 16741 户 70977 人,转移粮食、牲畜等财产。

1994 年,淮河水严重污染,县人武部联系南京军区 83480、83402 部队,为盱城铺设引水管线 15 千米,组织 20 辆送水车,送饮用水 1225 吨,解决盱城居民饮水问题。县人武部组织 159 个民兵营、10 万人次,挖水井 1454 眼、挖沟 983 条、打拦水坝 726 个、抗旱面积 2.56 万公顷。

图 23－7　1994 年,盱眙遭受淮河上游特大污染,城区万名群众自来水无法饮用,县消防官兵克服重重困难为群众着想。图为送水情景。

1996 年 7 月 28 日,城区突降暴雨,驻盱眙部队出动 300 名官兵,转移受灾群众 1250 人,抢运物资 600 余吨,挽回经济损失近千万元。1997 年 7 月 18 日,县城区突降暴雨,行人受阻,沿街工厂、商店、仓库、民房大部分受淹。县人武部组织民兵 2.58 万人次、部队官兵 500 余人次,转移灾民,帮助种子公司、百货公司、国家粮食储备库、棉麻公司和印刷厂等单位搬运物资。

2003 年 7 月,盱眙县遭受特大洪涝灾害,军区某部高炮旅、舟桥旅、驻盱眙官兵出动兵力 11230 人次,搬运救灾物资 1400 余吨,救助受灾群众 6620 人,完成土石方 8 万多立方米。县人武部成立由专业技术人员组成的爆破分队,承担爆破泄洪任务。7 月 6～27 日,县人武部组织民兵 902 人次参加抢险 32 次,抽调 200 名民兵组成抗洪抢险突击队,堵压管涌 12 处,加固堤坝 3250 米,运送土方 2 万立方米,排除险情 110 处,帮助 1.26 万余名群众撤离行洪区。县人武部被省军区评为抗洪救灾先进单位。2008 年,县人武部建立民兵抗洪抢险分队,制定抗洪预案,汛期组织民兵值班,随时参加抗洪救灾工作。

二、参加基础设施建设

1995年,县委、县政府决定用3年时间,完成县乡道路黑色化,县人武部组织实施民兵一条线,党员、群众齐参战,苦战三年,实现县级二级路面黑色化县乡道路建设工程。是年,调集23个民兵团、驻盱眙部队官兵近万人,参加第二水厂建设,开挖管道沟7.6千米。

图23-8　自1985年人武部划归地方后,万名民兵投入建筑业,受到南京军区的表彰。图为1987年县政府为人武部授牌建筑安装工程总公司。

1996年,县人武部成立县乡道路建设指挥部,乡镇成立县乡道路建设工程团,村成立县乡道路建设工程营,形成人武一条线的组织指挥体系。1997年,在县乡道路建设中,县人武部组织基干民兵拆迁居民2780户,移动电力、通讯、路灯共1896根,开挖土方186.6万立方米,投放石料57.74万吨,投入义务工824万个工日。1998年起,县人武部组织民兵突击队,参加县经济开发区路基、土地平整启动工程。

2001年10月,县人武部组织12个基层人武部投入民兵3万人次,完成县经济开发区土石方6万立方米,整修道路7000多米。县人武部被县委、县政府评为基础设施建设先进单位。至2005年,县乡道路建设指挥部组织民兵,建成县、乡镇、村混凝土路211条,总长1416千米,实现全县县乡道路黑色化目标。2006~2008年,县人武部先后组织4万民兵参加县经济开发区基础设施建设。

三、植树造林

1986年起,县、乡镇人武部每年春季组织民兵参加植树节活动。1990年,乡镇人武部围绕意杨产业,组织民兵开挖荒山,栽植意杨1万余株。1999年,先后组织古桑、河桥、洪山、龙山等乡镇民兵5万余人,参与盱明路28千米绿化工程,栽植公路绿化树3000余株。2001年,组织全县19个乡镇2000多名民兵绿化荒山,植树3万多株。2004年4月,组织民兵7500人,造林1700公顷,新建农田林网8000公顷、绿化带100公顷。2005~2008年,乡镇人武部每年春季组织民兵参加植树造林,共造林2万多公顷。

四、爱民活动

1986年起,每年国庆节、春节,县人武部和基层人武部组织民兵值勤,维护社会治安和人民生活秩序。每年冬天,县人武部为特困户捐赠大衣、棉被。

1992年,县人武部牵头组织劳务输出,输出民兵2000多人。1996年7月29日,武警盱眙消防大队专业军士周广林在抓捕逃犯时,胸膜被罪犯刺破后,仍抱住罪犯,为战友赢得抓捕时机,被武警江苏总队记二等功。是年,驻盱眙武警部队班长胡大海在抓捕罪犯时,突然昏倒,但仍拖住罪犯不放,令两名罪犯被抓获,武警淮阴支队批准胡大海火线入党,省武警总队破例送胡大海到武警学校学习。省军区投入18万元,为挂钩扶贫的好汉村兴建希望小学教学楼。县人武部投资6万元,为希望小学购课桌凳160套、乒乓球桌1副、教师办公桌8套并建希望书库。

1998年,县人武部政委柳怀玉带领官兵和民兵,参与城乡建设。盱眙流传一首民谣:“走上柏油路,想到人武部;喝上自来水,想起柳政委;住上新瓦房,感谢民兵好儿郎”。江苏省军区、淮阴市军分区同时发布《关于开展向盱眙县人武部学习活动的决定》。1999年,江苏省军区向古桑乡捐助10万元,帮助10名伤残军

图 23－9　1991 年 6 月 20 日，凌晨 2 点渡口圩破堤，经县人武部汇报，上级调动南京军区 83424、83453 部队和县人武部民兵连夜赶赴抢险一线。图为灾情稳定后，县委、县政府向部队送锦旗。

人、复员军人、烈属解决住房问题。

2000 年起，每年龙虾节时，县人武部协助公安部门维持秩序。2001 年，驻盱眙 73831 部队为驻地贫困户丁能华办理贷款 5 万元，兴办采石、碎石厂，并帮其与交通部门联系销售渠道，丁家脱贫致富。部队政治协理员蒋金林帮助 4 名失学儿童重返校园，被县委表彰为双拥先进个人。

2002 年，县人武部向河桥镇茅湖村特困户捐款 5000 元、衣物 420 件，支持 30 户特困家庭将草房改建成瓦房。全县共建军民示范点 16 个，驻军官兵捐助特困生 24 名、开展学雷锋活动 40 余次、义务献血 1.6 万毫升。中国人民解放军总装备部南京大桥军事代表室总军事代表沈旭东率 8 名官兵，到古桑乡高营小学捐赠 2 台电脑及部分桌椅，向 20 名特困生发放助学金 6000 元。

2003 年，县人武部扶持致富典型 11 人，捐款 5000 多元帮助 15 名贫困生入学。“非典”期间，组织民兵 2 万人次，协助公安干警设卡隔离、疏导群众，维护社会秩序。2004 年，县人武部捐款 4400 元，帮助贫困学生重返校园 15 人。驻盱眙部队、县消防大队、武警中队官兵为县聋哑学校捐资 5000 元。73831 部队无偿为群众修理电视机、电冰箱等电器。

2005 年，县人武部协调南京鼓楼区人武部捐资 10 万元，为黄花塘镇修建一座滚水坝。县人武部组织劳务输出 1000 人，捐款 4900 元，资助贫困生 13 人、大学生 1 人。2008 年，县人武部在张洪乡、仇集镇建立爱民模范联系点，组织民兵对特困户开展经济救助、送温暖活动。驻军开展“情系四川灾区”义务献血、捐款、捐物活动。

第六章　人民防空

第一节　机　　构

1986 年，盱眙县国防动员委员会人民防空办公室设在县人武部军事科，由军事科科长兼任办公室主任。2001 年，成立盱眙县人民防空办公室（简称县人防办），隶属于县政府办，为国防动员委员会常设办事机构。2003 年 3 月，成立县人民防空指挥部。2005 年，县人民防空办公室增加事业编制 1 人。2008 年 11 月，成立民防局，与县人民防空办公室合署办公，办公地点设在县人武部。

第二节　人防工程

1986 年,全县有一定面积的地道式人防工程,其中仇集乡境内修建山体坑道 2 处,洞内为混凝土被复,出入口部、穿廊、横穿廊与各个房间贯通,供水系统、通风系统、空气调节系统、防护门等设备齐全。1987 年,全县 8 个单位建造普通地下室,平时作为机房、车库,战时作为人防掩蔽场所。

图 23－10　人防工程

1988~2000 年,在城市建设中,全县部分人防工程设施、战时作为人员防空隐蔽的城区山头防空疏散林地被征用,部分防空洞、掩体遭受损毁。

2001 年 10 月,县政府规定:全县新建 10 层以上、基础埋深 3 米以上的民用建筑,按建筑物底层建筑面积修建防空地下室;新建 9 层以下、基础埋深不足 3 米,建筑面积 7000 平方米以上的民用建筑,按地面建筑面积的 20% 修建防空地下室;新建居民区、住宅小区、统建住宅,按地面建筑面积的 2% 修建防空地下室。

2002 年起,不易修建防空地下室的城市新建民用建筑物,由县人防办组织易地建设防空地下室,按人防建筑总面积的每平方米 25 元标准,缴纳人防易地建设费。至 2003 年,共收取人防易地建设费 7 万元。2004 年,县城区国贸商城人防工程竣工,按六级防护等级,二等人员隐蔽部的要求设计建设。2005 年,县政府组织编制《"十一五"人防建设规划》。

2006 年,县政府规定:城市建设项目必须按国家规定标准建设人防工程,所建人防工程达不到国家规定要求,必须按省、市规定,征收人防易地建设费,其标准每平方米增加到 48 元。2007 年,县政府委托南京工程兵工程学院人防工程设计院编制《盱眙县城市人防工程总体规划(2007－2020)》。

2008 年,县绿化委、人防办将县城区都梁山、戚大山、天台山林区明确标定为防空林地。

第三节　人防宣传教育

1986~1995 年,县人防办每年在全县中小学校举办防空知识讲座。向居民发放防空知识手册和防空图片,在宣传栏内张贴防空标语、人防画报等进行宣传教育。

1996 年 12 月,县人大、人武部、人防办召开座谈会,贯彻《中华人民共和国人民防空法》,在街道、机关张贴防空宣传画报 200 多幅。1998 年,在科普宣传周活动期间,县人防办组织开展送人防知识下乡活动。

2000 年,县委、县政府把人防教育纳入全县精神文明建设总体规划和国民教育体系。2001 年起,县第二中学、第三中学、第五中学、第八中学在初二年级开设人防知识课程。2002 年,县人防办在县建设局、宝隆制衣企业、盱城镇所属社区等单位开展人防知识教育。2005年,县人防办在县第二中学建成人防知识阅览室,并配置10套防护服供教学使用;组织人员在五墩广场向市民发放《人民防空知识手册》2000多册,制作431幅人防知识图片,在城区展出,接受群众咨询6000多人次。

图23-11　社区人防知识宣传栏

2006年6月,县人防办开通盱眙人防网站。2008年,县人防办在县人大、政协两会期间,向与会人员发放《2008年人防宣传日历》《人防知识教育手册》,向全县各单位寄发《盱眙人防》简报,在县建设局、县规划局举办人防知识图片展。

第四节　防空警报建设

1986～1999年,县城区防空警报由电话通知各单位,各单位组织人员防空疏散隐蔽;乡村通过有线广播、敲铜锣等形式,通知群众防空疏散隐蔽。

图23-12　防空警报应急指挥车

2001年起,县政府先后在县科技局、气象局、水建公司、盱眙中学安装防空警报器。是年,规定每年的9月30日,为全县防空警报统一常规试鸣活动日。2003年,县政府下发《关于全县人民防空警报设施维护管理职责分工的通知》,明确人防警报设立单位、电信部门、供电部门、建设规划部门及公安部门的职责和专职维护管理人员。先后在县供电大厦、电信大厦、新华书店大楼各安装一台电动音响防空警报器,在人防工作车上安装一台车载式警报器。

2005年,县人防办在盱城派出所、县交通局大楼等安装5台电动音响警报器,县城区防空警报音响覆盖率95%。2006年9月30日,县移动公司、联通公司、电信局以短信的形式,向手机、小灵通用户发送防空警报试鸣公告。2008年,县人防办在县电视台发布试鸣通告,在县城区张贴试鸣通告。是年5月19日,全县防空报警器参加汶川地震遇难者哀悼日警报鸣放。

第五节　预防空袭应急准备

1986年,县国防动员委员会制定防空袭预案。1987年起,县人防办制定城市防空袭预案和重要经济目标防护方案,建设防空组织。冬季征兵期间,在全县中小学校和乡镇民兵营中开展以防生物武器、化学武器和核武器为主的“三防”教育与防空袭演练。1993年起,县国防动员委员会调整修定防空袭应急方案,并组织应急分队开展实地演练。

图23-13　防空演练

2001年,马坝镇、管镇镇分别组建民兵应急兵站和专业技术分队,做好预防空袭应急准备。2002年,县国防动员委员会组织动员支前和城市反空袭网上演练。2004年,县人防办组建抢险抢修、医疗救护、防化、消防等125人的人防专业队伍。9月,参加县国防动员委员会组织的城市防空袭网上综合演习。

2005~2006年,县人防办修定《盱眙县城市防空袭应急预案》。县人武部、建设局、供电公司、电信局、交通局、卫生局、环保局、公安局、淮化集团组建248人的抢险抢修、消防、防化、通信、医疗救护人防专业队伍,县人武部、县人防办对人防专业队伍进行整训。2007年9月,开始建设县人防指挥所。2008年,县人防办、县人武部组织人防专业队员参加淮安军分区、市人防办组织的各项人防专业训练。

第二十四篇　民　政

1986年，县民政局采取“社会扶、集体助、国家补、群众帮、自己拿”方式扶贫扶优，面向社会募集福利资金，筹集63万多元。实施有偿救济与无偿救济相结合，落实救灾救济款31万元。1988年，将穆店乡龙王山村作为贯彻落实《中华人民共和国村民委员会组织法》试点，加强农村基层组织建设，实行村委会依法选举，依法保障人民群众权益。1988年，开始发行传统式刮开型奖券，年发行金额40万元。1991年，盱眙县被省政府、省军区评为双拥模范县。

1994年起，实行城乡义务兵家属优待金制度，发放标准逐年增加，调整在乡复员军人、革命伤残军人、“三属”（烈士、病故、因公牺牲军人遗属）等优抚对象抚恤金，按照“择优、对口”原则，安置退伍军人。1997年，实施城乡最低生活保障，实施城市低保28户96人、农村低保1001户3114人，救助各类困难群体，落实省政府农村“安居工程”。

2000年，维桥乡青墩村作为依法治村试点，由选民推选村民组长、村民代表，实行村政务、财务公开。2001年12月，第六届村民委员会换届选举，选民1人1票，实现“直选”，直接推荐、选举产生村委会。2004年，做好盱眙县淮河、兴隆、铁佛、鲍集、明祖陵、盱城6个乡镇移民搬迁安置工作。

至2008年，全县社会福利制度由“补缺型”向“普惠型”转变，建立信息完整的地名数据库，全县地名更名、命名和安装门牌号工作基本结束，明晰确定县界范围，义务兵家属优待金制度实现城乡一体化；建立村务公开栏，构建“资助参加医保、日常门诊救助、大病住院救助、临时救助和慈善爱心援助相结合、医疗救助和医疗保险相衔接、政府救助和社会互助相联动”的城乡“五位一体”医疗救助体系；城乡低保实现应保尽保和分类施保，首家城北社区博爱慈善超市营业。全年实施城市低保1308户3016人、农村低保11165户24344人，“五保”对象2190人（其中集中供养1205人）。先后5次被省政府、省军区命名为“双拥模范县”。

第一章　机　　构

第一节　县级机构

1986年,县民政局下设政秘股、民政股、优抚股、计划股。1987年,增设农救股。1990年,政秘股改为办公室,优抚股改为优抚安置股,计划股改为计财股。1992年8月,成立县农村社会养老保险事业管理处。1997年,农救股改为救灾救济股,民政股改为基层政权股(社会事务股与其合署办公),计财股改为计划财务股。

2002年,计划财务股改为财务审计科,基层政权股(社会事务股与其合署办公)改为基层政权建设科(挂社会福利和社会事务科牌子),优抚安置股改为优抚安置科,救灾救济股改为救灾救助科。2007年4月,县农村社会养老保险事业管理处划归县劳动和社会保障局。至2008年,未有变化。

第二节　乡镇机构

1986~2007年,乡镇未设民政机构,只设民政助理(科员)、民政会计岗位,具体负责民政工作。2008年,各乡镇设置社会保障服务站,民政科员兼任站长。

第二章　基层自治组织建设

第一节　农村自治组织建设

1988年8月,县民政局会同县委组织部、农工部、司法局、妇联等单位,将穆店乡龙王山村作为贯彻落实《中华人民共和国村民委员会组织法》试点,系统宣讲《中华人民共和国村民委员会组织法》,引导选民实施民主选举活动;以村民小组为单位,设立选民登记站,做到户口本、身份证、选民三见面,因事无法参选的明确委托代投票人,办好委托票书;选举时采用中心会场投票与投票站投票相结合的形式,提高参选率、选票有效率,完成试点村民委员会依法、民主选举程序,成功选举出班子成员。1989年,会同县委组织部、宣传部举办《中华人民共和国村民委员会组织法》培训班,培训基层干部62人。

1993年4月12日,全县426个村委会实行换届,依法换届411个,完成403个,选举率98%。选出村干部2243人,其中村主任381人、副主任438人、委员1424人,比选举前减少824人,当选村干部平均年龄34.6岁,比上届村干部平均年龄下降3.2岁。当选的村干部均由县民政局颁发当选证书。

1996年11月15日~1997年1月10日,依法换届415个村,占村总数98%,一次成功率96.5%,选民参选率95%,选出村主任406人、副主任455人、委员1273人。1998年12月28日~1999年2月5日,实行第五届村民委员会换届选举,共选出2130名村委会成员,其中村主任396人、副主任387人、委员1357人。

2000年,将维桥乡青墩村作为依法治村试点,选民推选村民组长、村民代表,凡涉及到村民利益重要事项,均由村民代表会议讨论决定,实行村政务、财务公开,坚持"事先公开决策,事中公开执行情况,事后公开结果"公示制度。村民代表会议监督《村民会议和村民代表会议制度》《村委会工作制度》《村民自治章程》贯彻落实情况。肯定村民代表会议合法性,推进民主政治建设,村民依法选举、决策、管理、监督民主意识明显提升,村民自治、村务公开得以推广。

2001年12月,第六届村民委员会换届选举,231个村中有208个村实现"直选",选民1人1票,直接推荐、选举产生村委会,把群众自己拥护的作风正、有本事、愿意为群众办事的人选进村委会班子。

2004年8月3日,与县司法局联合开展民主法治示范村(居)创建活动,推进民主法制建设,全县26个村被评为民主法制示范村(居)。9月30日~12月20日,第七届村民委员会换届选举,全县231个村有227个村换届选举,225个村一次性取得成功,选出村委会成员1117人,平均每村5人,其中村主任211人、副主任325人、委员581人,两委交叉任职189人,实行"一肩挑"(村书记兼任村主任)的21个村,一次性直选13个村,选民参选率97%以上,河桥、维桥两乡镇选民参选率均达100%。全县采取"双考双选""公推公选""两推一带"等方式,选举160多名创业能人进入村级班子。

2006年4月12日,组织创建村民自治模范乡镇活动,推荐淮河、桂五、王店、穆店、旧铺、马坝等乡镇民政会计,到淮阴区学习、考察;4月13日,组织全县民政科员、会计到洪泽县考察村民自治模范单位创建工作。9月1日~10月18日,全县9个乡镇11个社区居委会进行第二届换届选举,选民参选率平均在97%以上,王店、维桥选民参选率100%。

2007年9月12日~11月30日,县第八届村(居)委会换届选举,全县236个村(居)有225个村换届选举,1个村经批准缓选,11个居委会换届选举,一次性选举成功220个村,占98%;村选民参选率平均在97%以上,旧铺镇、维桥乡选民参选率100%。官滩、黄花塘、河桥、观音寺、兴隆、维桥、肖嘴7个乡镇50个村,通过淮安市民政局创建市村民自治模范(乡)镇、村验收,马坝镇欧湖村被江苏省民政厅表彰为省管理民主示范村。

2008年,与县委组织部联合举办新当选村(居)委会负责人培训班4期,541名村支部书记、主任和大学生村官参加培训,其中省选大学生干部38人。开展阳光村务进万家活动,256个村(居)委会建立村务公开栏,设置意见箱,接受群众意见522条,及时答复511条,活动得到淮安市民政局领导肯定,在全市推广,民政部《乡镇论坛》杂志介绍盱眙县村务公开、民主管理工作做法。11月25日,全市农村社会建设暨村务公开工作现场会在盱眙召开。县民政局被江苏省民政厅评为第八届村委会换届选举工作先进集体。

图24-1　穆店乡召开村民委员会换届选举工作培训班

2008年盱眙县村委会、居委会一览表

表24－1

单位：平方千米、人

乡镇	面积	人口	居委会	村委会	场圃
盱城镇	97.47	117000	宣化 五墩 果园 沙岗 石牛 城南 城北城中 林柴场	新湾 新华 毛营 严岗 雨露 赵岗 太和 友法	林柴场 果园场
马坝镇	181.81	61700	楚东 腊塘	卧龙 黑泥 旧街 欧湖 白鹤 南阳 云山 大众 黄阳 同兴 石桥 万斛 塘坝 永兴 梁桥 兴隆 山北 双马 蔡庄 马坝 沙坝 东阳 高桥	
官滩镇	116.85	37911	圣山	杨岗 许嘴 金圩 陈庄 侍涧 甘泉 三墩 李庄 王桥 戚洼 渔钩 都管 洪湖 霍山 古河 新桥	
旧铺镇	154.17	35900	－	张洪 大字营 焦山 马桥 民田 新铺 人民 时集 好汉 郑盘 千棵柳 雨山 旧铺	茶场 种畜场
桂五镇	171.50	34048	星星 高庙	四桥 水冲港 林山 东园 六桥 藕塘 方港 高平 桂五 宝塔 山羌 合星	种畜场 长山分场 山羌林场 水冲港林场
管镇镇	50.67	32939	管仲 分金亭	耿赵 双黄 崔岗 芮圩 王嘴 北周 宗岗 叶岗 梁巷 大扬庄 姬庄	
河桥镇	175.37	37200	河桥 石港	三元 蒋郢 黄龙 龙泉 大港 临湖 猫湖 洪山 淮峰 幸福 大莲湖	河桥鱼种场 淮河林场
鲍集镇	107.60	47000	鲍集 肖嘴	观音 邵墩 谢庄 大嘴 铁营 徐岗 何岗 新迁 引河 洪新 朱巷 岗洼 梁集 沈集 唐刘 观淮 淮西	
黄花塘镇	131.28	30300	岗村 新街	枣园 何圩 黄花塘 张庵 耿公 五星 倜傥 芦沟 杨庄 五里 绿化 常庄 瓦屋 泥沛	
观音寺镇	116.55	35600	顺河 马庄	龙墩口 堆头 衡西 高坝 丁塘 朱楼 九里 三官 桥北 周集	
仇集镇	165.49	32600	克贵	朱刘 明山 象山 凤山 演发 霖治 龙山 长港	种畜场 虎山分场 龙山林场
淮河镇	94.87	28400	－	大洲滩 杨嘴 腰滩 沿河 洪建 前进 花园 蛤滩 城根 黄岗	淮河鱼种场
明祖陵镇	91.11	32671	仁集	沿淮 伏湖 仁和 费庄 沙巷 渡口 项魏 明祖陵 龚庄	
铁佛镇	99.55	35000	－	花园嘴 邓圩 新圩 杨滩 召四 李圩 召五 召六 河洪 赵圩 邹黄 西巷 仙墩 铁佛	渔场
维桥乡	74.49	22200	大桥	桥东 漫岗 维才 永华 大圣 车棚 桃园	县良种场
穆店乡	107.99	25009	－	穆店 莲塘 越李 仁昌 肖桥 马湖 七星 范楼 龙王山 团结	穆店林场
王店乡	163.74	37845	王店 古城	西湖 樊岗 陡山 甲山 杜山 范墩 范桥 梁营 民建 安乐 北山 化农 杨山	

续表 24－1

单位：平方千米、人

乡镇	面积	人口	居委会	村委会	场圃
古桑乡	86.66	21200	古桑	三塘 季安 白虎 磨涧 石龙 龙潭 关帝 佛窝	县原种场 农科所 古桑林场
兴隆乡	103.19	32140	－	双河 化岗 陡北 晓庄 张庄 祖窑 刘岗 黄庄 红旗 牌坊 金陡湖	
三河农场	52.03	－	－	－	邱上营管理区 洪湖管理区 潘庄管理区 双桥管理区
淮化集团		1146	－	－	
洪泽湖	154.91	－	－	－	洪泽湖面积
合计	2497.3	758359	30（个）	226	

第二节 城镇社区建设

2001 年，县民政局根据上级文件精神，开始加强全县 17 个社区居委会居民自治组织建设，依法指导社区服务管理工作，维护社会稳定。

2002 年，加强社区建设，探索社区建设途径和方法。通过调研，在全县推广盱城镇五墩、城北居委会设置警务室、医疗室、老年活动室做法。全县各居委会相继建成警务室、卫生室、服务站、健身场所、老年活动室等社区服务中心。县委组织部、县民政局牵头，定期召开有关部门会议，共同协商解决社区党建和社区建设的重大问题。明确规定：新建住宅小区和旧城改造时，其规模达到建立新社区居民委员会标准的，开发建设单位要为社区无偿提供不少于 100 平方米的办公和活动用房；拆迁的社区居民委员会办公、活动用房及设施，由拆迁单位按规定面积，就近给予重建或补偿。

2003 年，完成县城区居委会资源及社区单位情况调查统计工作，完成盱城、马坝、管镇 3 个镇居委会改建社区工作，开展社区示范乡镇和示范居委会创建工作。2004 年，县民政局落实盱城、马坝两镇 3 个居委会"万家社区图书室援建和万家社区读书活动"经费 8000 元。盱城镇五墩居委会创建示范社区，通过市民政局验收。

2005 年，盱城镇沙岗村、宣化村、石牛村撤村建社区居民委员会，枣林村、城南村合并设置城南社区居民委员会，果园场、林柴场分别撤场建社区居民委员会，社区办公、活动用房均达到 200 平方米以上。2006 年 9 月 1 日～10 月 18 日，全县完成 9 个乡镇 11 个社区居委会第二届社区居委会换届选举工作，选民平均参选率 97% 以上，王店、维桥社区居委会选民参选率 100%，年轻有为、有经济头脑的优秀人员和带头致富、带领居民致富的能人被选进社区居委会班子成员。县民政局通过换届选举后，推动社区建设向社区服务拓展。9 月 22 日，盱城镇城北社区博爱慈善超市挂牌营业。

2007 年，盱城镇为城区 7 个社区配备数码相机。盱城镇沙岗社区投入 2 万元，建成文化长廊、居民活动中心，城南社区投入 4 万元建立面向低保人群的慈善超市。官滩镇圣山等 4 个居委会创建服务中心。沙岗社区和倪克东等 9 名志愿者分别被淮安市委、市政府表彰为"十佳社区""优秀社区志愿者"。2008 年，全县有社区居委会 30 个，其中盱城镇有社区 9 个。县民政局在盱城镇五墩社区、城中社区、宣化社区新建慈善超市各 1 个。盱城镇五墩社区被省和谐社区建设领导小组命名为省级和谐示范社区，管镇镇崔岗村被省村务公开工作领导小组命名为省级管理民主示范村。

第三章 优抚安置

第一节 优待抚恤

1986年以来,县政府认真落实国家优待抚恤政策,凸显老区传统本色。1988年7月18日,全县优抚实行国家、社会、群众三结合制度,保障军人的抚恤优待与国家经济发展相适应,使优抚对象与居民生活水平同步提高。

1993年1月1日起,优抚经费实行城乡统筹,县民政部门负责管理。"三属"定期抚恤金标准在1989年的基础上,每人每月增加10元,"三属"中孤老对象,定期抚恤标准高于上述规定标准20%;由人武部移交地方管理的军队干部家属享受定期抚恤的对象,每人每月增加10元。1994年,各类抚恤人员的定补标准均适当予以提高,3005人新增定补经费72.5万元,人均增加241元,年度经费达到197.4万元,人均658元。义务兵服役期和超期服役期优待金均高于市规定户均200元和250元标准。

1996年,提高在乡镇的老复员军人、伤残军人和"三属"人员生活水平,统筹优待金78万元,城乡优待率均达100%。1997年,为解决城镇优抚对象优待金,县政府规定:全县国家机关、社会团体、事业单位(不含事业性质企业管理的单位),县内省、市属企事业单位,县属企业,股份制企业单位(含事业性质企业管理的单位),三资企业,股份制企业单位,均按上年系统(单位)工资总额5‰筹集优抚资金;县城区个体工商户按上年全县职工人均收入的5‰筹集优抚资金;城镇居民,外籍在盱暂住人员(暂住时间每年累计逾6个月以上)按5元/年征收优抚资金。全年共统筹优抚对象优待金190万元。

1998年,从全县第二预算收入总额中筹集3‰,从全县罚没收入总额中筹集5‰,从机关事业单位和社会团体在职职工上年度的工资总额中筹集1‰,从当年社会福利基金增加数中筹集5%,解决城乡义务兵优待经费。1999年,开展爱心献功臣行动,为乡镇优抚对象户解决住房、医疗等困难。省、市驻盱扶贫工作队、驻盱各部队和县直各部门出资120万元,为201户"三老"优抚对象建新房。江苏省军区支持10万元,援助古桑乡10户优抚对象建房。以乡卫生院为依托,对优抚对象治病实行"三减半、三减免、四优先、一优惠"医疗制度,为优抚对象减免医疗费5.5万元。落实优抚对象自然增长经费58万元,发放农村优抚对象优待金200万元,发放城镇义务兵优待金14.6万元,优抚对象人均收入比上年增长25%。

2000年,为460户"三老"优抚对象住房实施草房改瓦房,每户补助1000~2500元,建成400户900间1.3万多平方米瓦房。城镇优待标准以350元为起点,逐年递增50元。2001年,各类优待金均纳入农业税中征收,全县农村发放各类优待金213.3万元。对二等乙级以上革命伤残军人及三等伤残军人医疗继续实行"减、免、优"等照顾,民政扶持190户优抚对象修建房屋3000多平方米。2003年,二等乙级以上伤残军人实行公费医保。

2005年,提高农村义务兵家属优待金、优抚对象"四金合一"(抚恤金、定补金、优待金、立功荣誉金)标准。全年县财政列支农村义务兵家属优待金149万元、优抚对象"四金合一"提高标准经费164.4457万元。提高伤残人员抚恤金108万元,提高农村老复员军人生活补助费50万元,发放纪念抗日战争胜利60周年慰问金54.9万元。参加大病合作医疗的优抚对象,每人每年补助10元,全县参加大病合作医疗优抚对象2000人,其中重点优抚对象1400人。对重点优抚对象参加人寿住院医疗保险,每人投保100元,其中政府补助50

元，住院费按60% ~80%报销，最高可报销2600元，全县有1224人参加人寿住院保险。优抚对象发放慰问金47.7万元。

2006年1月1日起，调整部分优抚对象抚恤补助标准，农村义务兵家庭优待金每户2822元，共发放179.54万元；城镇义务兵家庭优待金每户1598元，计发放30.17万元。有1180名重点优抚对象参加医疗保险，每人每年投保150元，其中住院医疗保险120元、人身意外伤害险30元。全县有1685名重点优抚对象参加农村新型合作医疗，每人补助10元。150名在乡残疾军人参加城镇职工医疗保险，每人每年按5000元统筹，由县劳动部门单列管理。

2007年，城乡义务兵家庭优待金按省定标准纳入县级财政预算，农村籍3124元/户569人，城镇籍1780元/户160人，全年优待金234万元，12月份一次性发放到户。符合发放补助条件的287名参战人员、参核人员每人每月100元生活补助费。全县2000多名优抚对象参加农村新型合作医疗。1232名重点优抚对象参加人寿住院医疗保险，每人投保200元，其中民政部门补助150元，住院费按60% ~80%报销，每人最高可报销5000元，同时享受1万元人身意外伤害保险。有21名患重病的优抚对象，享受大病医疗救助，人均2000元，150名六级及以上在乡残疾军人参加城镇职工医疗保险，每人每年按5000元统筹，由县劳动部门医保处单列管理；为残疾军人伤口复发人员解决医疗费6万多元。

2008年，投入资金140多万元，为在乡六级及其以上残疾军人参加城镇职工医疗保险。1月起，“两参”（参加过14次局部战斗，参加过核试验）人员生活补助每人每月100元；5月1日起，已故复员军人配偶生活补助每人每月240元，义务兵优待金按照经济社会发展水平逐年增长，进藏兵家庭优待金是其他义务兵的4倍。

盱眙县革命伤残人员抚恤保健金标准一览表

（从1994年1月1日起执行）

表24-2　　单位：元/年

抚恤类别	伤残等级	伤残性质	现行标准	提高标准	新标准
伤残抚恤金	特　级	因战	1560	680	2240
		因公	1440	660	2100
	一　等	因战	1260	600	1860
		因公	1170	570	1740
		因病	1060	560	1620
	二等甲级	因战	920	330	1250
		因公	830	320	1150
		因病	760	310	1070
	二等乙级	因战	656	200	856
		因公	590	190	780
		因病	554	186	740
	三等甲级	因战	416	120	536
		因公	400	116	516
	三等乙级	因战 因公	342	100	442

续表 24－2

抚恤类别	伤残等级	伤残性质	现行标准	提高标准	新标准
伤残保健金	特　级	因战	240	210	450
		因公	216	204	420
	一　等	因战	204	170	374
		因公	184	158	342
		因病	–	–	332
	二等甲级	因战	156	132	288
		因公	140	128	268
		因病	–	–	250
	二等乙级	因战	135	96	231
		因公	122	92	214
		因病	–	–	210
	三等甲级	因战	108	66	174
		因公	98	62	160
	三等乙级	因战	90	42	132
		因公	82	40	122

盱眙县“三红”生活补助标准一览表

(从 1994 年 1 月 1 日起执行)

表 24－3　　单位:元/月

在乡退伍红军老战士	在乡西路军红军老战士	红军失散人员
226	120	45

盱眙县在乡革命伤残人员抚恤金标准一览表

(从 1996 年 1 月 1 日起执行)

表 24－4　　单位:元/年

伤残等级	伤残性质	现行标准	提高标准	新标准
特　级	因战	2240	1000	3240
	因公	2100	980	3080
一　等	因战	1860	600	2460
	因公	1740	590	2330
	因病	1620	580	2200
二等甲级	因战	1250	180	1430
	因公	1150	170	1320
	因病	1070	160	1230
二等乙级	因战	856	104	960
	因公	780	100	880
	因病	740	100	840
三等甲级	因战	536	92	628
	因公	516	92	608
三等乙级	因战 因公	442	84	526

盱眙县“三属”定期抚恤金标准一览表
（从 1994 年 1 月 1 日起执行）

表 24－5　　　　单位：元/月

对象／标准／居住地	烈属、因公牺牲军人家属	病故军人家属
农　　村	50～55	45～50
小城镇	60～65	55～60
大中城市	657～0	60～65

说明：表中所列各标准为全国统一基本标准，各地在执行中不应低于上述标准。

2008 年盱眙县“三属”、复员、病退人员抚恤定补标准一览表

表 24－6　　　　单位：元/人·月

分类／金额／项目		三属				在乡复员军人						带病回乡退伍军人	
		烈属、因公牺牲家属		病故军人家属		抗日战争		解放战争		建国以后			
		城镇	农村	城镇	农村	城镇	农村	城镇	农村	城镇	农村	城镇	农村
一般对象	基本标准	70	60	65	55	55	55	45	45	40	40	25	21
	粮油补贴	6	–	6	–	6	–	6	–	6	–	6	–
	粮价补贴	5	–	5	–	5	–	5	–	5	–	5	–
	煤电补贴	7	3	7	3	7	3	7	3	7	3	7	3
	粮价补贴	6	–	6	–	6	–	6	–	6	–	6	–
	煤水电补贴	5	2	5	3	5	3	5	3	5	3	5	3
	定向补贴	6	6	6	6	6	6	6	6	6	6	6	6
	合计	105	71	100	67	90	67	80	57	75	52	60	33
孤老补助		10											
合　　计		115	81	110	77	100	77	90	67	85	62	70	43

说明：1.“三属”抚恤标准从 1995 年 1 月 1 日起执行。

2. 复员、病退军人定补标准从 1995 年 10 月 1 日起执行。

1993～2008 年盱眙县城乡义务兵家属优待金统筹一览表

表 24－7　　　　单位：万元

年份	农村统筹	城镇统筹	年份	农村统筹	城镇统筹	年份	农村统筹	城镇统筹	年份	农村统筹	城镇统筹
1993	63.00	14.20	1997	117.20	22.60	2001	136.00	12.00	2005	149.00	22.42
1994	65.40	14.30	1998	148.70	18.90	2002	80.80	12.80	2006	179.54	24.17
1995	82.00	14.00	1999	160.60	14.80	2003	117.32	17.56	2007	162.00	25.60
1996	166.00	15.60	2000	120.00	13.20	2004	146.00	18.50	2008	173.60	26.30

第二节 接收安置

一、复员、退伍军人安置

1986 年,复员退伍军人安置坚持安置与扶持并举、管理与服务并行,城镇户口退伍军人仍采取按系统分配任务、包干安置办法,基本做到用人单位、本人满意。全年接收退伍军人 414 人,其中农村籍退伍军人 347 人、城镇户口退伍军人 67 人(包括因战致残 2 人,荣立二等功以上 2 人,志愿兵 8 人),有技术专长的 281 人、参战退伍军人 26 人。6 名因公致残的农村籍退伍军人安置到县办大集体单位,户口性质不变。5 名户口变迁、1 名"三无"对象农村籍退伍军人安置到县办大集体单位,户口为定销。推荐、介绍并录用 132 名军地两用人才。帮助农村籍退伍军人创办贸易货栈和汽车修理厂 2 个经济实体。

1987 年,城镇户口退伍军人、志愿兵、二等功臣等安置按系统分配任务,包干安置。安置条件公开,张榜上墙,群众监督,把安置单位效益好坏与安置对象表现结合起来,实行本人志愿、择优安置原则,得到退伍军人拥护,352 名农村籍退伍军人被用人单位录用 96 人,《解放军报》和《淮阴日报》进行报道。

1988 年,城镇户口退伍义务兵、志愿兵、二等功臣,属政府统一安置对象。安置实行区别政策、表现好坏与安置挂钩;农村户口退伍军人军地两用人才的开发使用,走上预约培养、介绍使用、扶持致富、培训提高之路。包干安置城镇户口退伍军人 37 人,其中志愿兵 7 人。农村户口退伍军人 352 人,介绍、录用 96 名军地两用人才。

1989 年,复员、退伍军人安置工作,坚持安置扶持结合、开发使用结合、择优选择结合原则;包干安置城镇户口退伍军人 70 人,其中志愿兵 22 人,二等功 2 人,二、三等残废军人 3 人,三等功 5 人,复工复职 1 人,孤儿 1 人。农村户口退伍军人 182 人,军地两用人才录用 69 人。

1991～1994 年,安置工作对参战平暴、立功受奖、党员骨干、较高文化程度、优抚对象子女、超期服役、复工复职和专业对口等实行优先。包干安置城镇户口退伍军人 509 人,其中志愿兵 82 人。农村户口退伍军人 584 人,有 25 名照顾对象安置到县办大集体单位。劳务输出退伍军人 492 人。盱眙县军地两用人才开发利用工作,受到淮阴市政府、淮阴军分区表彰。1999 年,士官退出现役安置暂行办法规定,10 年以下士官作复员处理,10 年以上士官作转业安置。

2002 年,城镇义务兵退伍安置开始试行行政安置与货币安置相结合的办法。凡荣立三等功以上的进藏士兵、女士兵、10 年以上士官、伤残军人退伍后均由政府行政安置,其余城镇义务兵退伍实行货币安置。2003 年,行政安置 48 人,货币安置 53 人,货币补偿金 1.5 万元,先后 3 次向全国各地输出农村户口退伍军人 175 人。2005 年,对 10 年以上士官安置,实行双重选择、保障合法权益。

2007 年,县复退军人办公室数据库扩建,采集原 8023 部队退役 154 人,企业残疾军人 101 人,在乡复员军人 1189 人,历来对外作战 398 名人员资料,建立档案 68 卷;接收 2006 年度退役士兵 240 人,其中农村籍退役士兵 177 人、专业士官 9 人、城镇退役士兵 54 人;经纪委审核,冬季安置对象共 90 人,服役 10 年以上复员士官和城镇义务兵 80 人全部实行货币安置,农村退伍军人 70% 输出外地务工、创业。2008 年,全县接收退伍士兵 316 人,其中农村籍退伍士兵 226 人、转业士官 21 人、城镇籍退伍士兵 69 人。

二、军队离退休干部安置

1986 年,接收安置军队离退休干部 7 人,其中副师职 3 人、正团职 3 人、副团职 1 人,均为离休,工资待遇享受部队同级待遇,住房由地方政府根据其级别解决。

1987 年 3 月,成立军队离退休干部休养所(简称县军干所),开设卫生所,办起激光治疗室。当年,接收人武部移交 5 人,外省转来 1 人。县领导定期走访,送医送药、送工资上门,确保军队离退休人员待遇落实。

1989 年,军队离休干部生活待遇,均按军队统一规定标准调整,军队离退休干部医疗费改为医疗统筹,不足部分由地方财政解决。当年，县军干所接收安置无军籍退休职工1人，享受部队职工工资待遇，住房自建。

2000年，县军干所接收安置正连职军队退休干部1人，享受部队同级退休干部工资待遇，住房自建。2001年，县军干所接收安置退休士官1人，享受部队同级退休士官工资待遇，住房自建。2005年，县军干所接收安置正团职军队退休干部1人，享受部队同级退休干部工资待遇，住房自购。

2008年，县干休所建立每月例会制度、定期走访制度、按期组织学习，按照有关文件，保证军队离退休干部政治、经济待遇落实到位。至年底，县军干所共有17人，其中离休干部3人、退休干部6人、士官1人、遗属7人。是年，县干休所被市军分区评为和谐军休所。

1986～2008年盱眙县复员退伍军人接收安置情况一览表

表24－8

年份	接收人数			户口性质		安置人数			
	合计	转业	退伍	非农业	农业	行政安置	货币安置	两用人才开发	回乡务农
1986～1990	1198	97	1101	346	852	453	－	298	447
1991～1995	1247	182	1065	327	920	529	－	301	417
1996～2000	1617	132	1485	563	1054	714	－	423	480
2001～2005	1938	153	1785	308	1630	167	327	693	751
2006～2008	916	65	851	193	723	－	－	－	－
合计	6916	629	6287	1737	5179	1863	327	1715	2095

第三节　烈士褒扬

1986～2008年，盱眙县加强烈士陵园、墓、碑的修建和管理，对革命传统教育基地规划、改建、扩建、充实和完善，褒扬革命烈士。2002年，县烈士陵园管理所被评为淮安市文明单位；2005年，被淮安市政府确定为爱国主义教育基地、廉政文化教育基地。

一、烈士陵园、墓、碑、建筑物

1986年12月，县烈士陵园占地14.5公顷。1988年12月，烈士陵园兴建盱眙县革命烈士纪念碑。纪念碑高24米，呈“H”型，寓意革命先烈用鲜血铸就红色丰碑，铺设1600平方米纪念广场。在园内最高平台（海拔84米）设立烈士墓区，烈士李桂五、徐德文、许午阳、穆绍臣、黄浩、肖峰、朱孝清、梁化农、朱亚富9座烈士墓迁至烈士陵园集中安葬，统一墓型。

图24－2　盱眙县烈士陵园

1989～1991年，迁葬保三娘、索家凤、何露、刘永平、扈叶光、项兆年、金德君、肖张氏、葛树美、梁开叶、王朝虎、李伟、王一纯、韩先高、朱芳献、周友法、桑华、施锦友、满爱亮、武承晓、赵开红、许长富22座烈士墓。1992年，马庄乡党委政府为1948年梁庄战斗中牺牲的张金武等27位烈士修建墓碑，开挖四周大沟，铺设园区砂石路。

1993年清明节,水冲港乡党委在水冲港杨营为烈士孙炳炎立墓碑。官滩镇党委在侍涧索塘,为戚光、刘道传烈士墓立碑。1997年,管镇宗岗27位烈士墓,迁址到宗岗村公路组,占地0.8公顷,建5间烈士事迹展列室,植松树240株,立纪念碑。1998年,在古城乡石鼓山建古城战斗纪念塔,塔名由国防部原部长张爱萍题写。

2002年12月,河桥镇政府投资67万元,在河桥街立河桥战斗纪念碑,碑名由上海市原市长汪道涵题写。2004年,马坝烈士墓迁至石桥村程庄公墓,镇政府投资10万元,新建烈士纪念塔。

二、革命传统教育基地建设

1986年,盱眙县烈士陵园是全县人民爱国主义、共产主义理想教育阵地,全天候免费开放,让人民群众观瞻烈士陈列室,聆听革命烈士事迹介绍。组织举办盱眙革命史、革命先烈事迹专题展,与驻盱眙部队、城区中小学校等多家单位建立共建共育关系。组织人员编写革命烈士传记,免费发放给全县中小学生、驻盱眙部队官兵及机关、企事业单位。年接待各类参观、学习活动人员3万多人次。

1998年12月13日,在盱眙县解放50周年纪念日中,盱眙县革命纪念馆开馆,县领导、驻盱部队负责人、罗炳辉之子罗新安、盱眙籍将军万九如,友邻县市领导、革命烈士亲属约50人,盱城部分中小学生3000人参加纪念活动。

图24-3 1998年12月13日,盱眙县革命烈士纪念馆开馆。

2002年,邀请南京林业大学对烈士陵园进行规划。2004年,陵园四周新栽种各种花草6500余株,苗木5000余株。2005年10月,县委、县政府拨专款,改建、扩建烈士陵园纪念广场,地面采用花岗岩铺设,四周栏杆采用雪花白大理石雕琢,面积增至2000平方米。县民政局投资80万元,兴建陵园广场浮雕,启动陈列馆布展工程,纪念碑基座部分制作安装大型浮雕,浮雕由四组画面42个人物组成,内容根据盱眙革命历史创作,有李桂五领导农民暴动、新四军在盱眙、梁化农领导敌后斗争和欢庆解放。12月,邀请南京行天园林景观规划公司,修编和完善陵园规划,确定烈士陵园的发展方向和功能定位,建成园林式的现代新型烈士陵园,集纪念、教育、休闲、观光于一体的红色市民公园。

2007年,投入43万余元,完成烈士陵园纪念馆维修、重新布展、烈士碑廊、供水供电系统改造,建成休闲区路径、沿街景观绿化美化、围墙、护坡、大门、透视围栏、公厕等122项工程。11月,全市烈士陵园建设现场会在盱眙召开,陵园各项工作得到省市领导和参会人员一致好评。2008年,投入80多万元,改、扩建烈士墓区,新建廉竹园,完善园区道路和休闲设施,县烈士陵园规范化、制度化建设经验在全省民政工作会议上交流。

三、悼念活动

1986~2008年,盱眙县烈士陵园已成为人民群众缅怀、瞻仰、纪念革命先烈的场所。每年清明节,县委、县政府及社会各界、城区中小学学生、机关干部和职工去烈士陵园,开展祭扫活动,向先烈敬献花圈,表达怀念。每逢建党节、建军节、国庆节、盱眙县解放整周年等重大纪念日,烈士陵园组织盱眙革命史、革命英烈事迹专题展和专题报告会。至2008年,全县约20万人祭扫烈士陵园,参观烈士陵园展览馆。

第四章　双拥工作

第一节　拥军优属

一、组织慰问

1986 年,县商业局参加建军节座谈会,将购物券、名牌自行车票、缝纫机票送到驻盱眙部队,为县消防中队官兵安排 1 箱洋河酒、2 箱双沟酒。

1990～1993 年,县委、县政府多次召开拥军优属会议,组织单位慰问驻军和军烈属。其间,民政、组织部门及县直单位共慰问驻军和军烈属 21 批次。1994 年起,县委、县政府根据创建"双拥模范县"要求,每年春节前后召开军政座谈会,走访慰问当地驻军及军烈属。"八一"建军节期间,慰问县人武部和驻军单位。至 2000 年,走访慰问当地驻军及军烈属 48 批次,慰问县人武部和驻军单位 43 批次。

2001 年,建军节前夕,县委、县政府召开慰问驻军会办会,解决驻军科技练兵经费和装备、随军家属安置以及道路、饮水、营房设施建设问题。县领导前往驻军 73831 部队、73628 部队、73211 部队、73067 部队、73699 部队、县人武部、消防大队、武警中队、94928 部队进行慰问,赠送空调、洗衣机、彩电、热水器、T 恤衫等慰问品,现场办公解决 IC 卡电话、文体用具、营房维修等问题。县委书记王友富了解战士伙食标准较低时,为驻盱眙部队每人每天补助 2 元伙食费,县财政一年投入 16 万元。

2003 年 7 月,盱眙遭受特大洪涝灾害,军区某部高炮旅、舟桥旅、驻盱眙官兵与盱眙人民一起抗灾自救,出动兵力 11230 人次,搬运救灾物资 1400 余吨,救助受灾群众 6620 人,完成土石方 8 万多立方米。盱眙各界人士自发组织到抗洪一线慰问人民子弟兵 34 次,慰问物品 13.4 万元。县双拥办、县妇联、团县委组织青年服务队,为抗洪救灾官兵洗衣、做饭,前往抗洪一线慰问部队官兵。

2004 年,县双拥工作领导小组在"八一"期间,举办军民联欢会,先后慰问驻盱眙部队官兵和赠送价值约 10 万元物资。2006 年"八一"前夕,以苏果超市为基础的县商贸拥军协会,县工商局协调新成立的民营企业、企业事业单位拥军协会,走访慰问驻盱眙全体官兵,赠送价值约 5 万元物资。2007 年春节、"八一"期间,县领导走访慰问驻军和军烈属 27 批次 66 人;县民政局下拨慰问经费 55 万元,发送慰问信 1 万余份,先后慰问老红军 4 次,发放慰问金 9000 元;乡村干部对重点优抚对象全部上门慰问 2 次以上。

2008 年春节期间,县领导和民政局领导走访慰问驻盱眙部队 12 批次;慰问重点优抚对象 36 人,下拨慰问补助经费 30 万元;发送慰问信 1.2 万封。乡村干部对重点优抚对象普遍进行慰问,全县慰问物品及慰问金计 80 多万元。

二、排忧解难

1986 年 8 月 7 日,维桥乡卫生所在实行统筹医疗办法时,优抚对象每人每月由政府在定补、抚恤费中提留 1 元,乡政府支付 500 元,民政支付 500 元,实行全乡优抚对象医疗免费。全县建立军人家庭服务中心和服务站 467 个,为军属做实事 9812 件。1987 年,马坝、维桥、观音寺办起优抚经济实体,维桥食品加工厂安置优抚对象 8 人,全县扶持优抚对象 508 户。

1988 年,利用优待金、优抚经费发放时间差,投资创办经济实体,吸收优抚对象及其子女进厂务工;创办优抚卫生所,对优抚对象实行免费医疗;成立建房互助会,让优抚对象联合起来,自筹资金、自我服务、互办互助,解决自身建房困难;优待经费经历生产队优待工分到大队负责代耕费,再到以乡统筹优待金的过程,步入依法优待的轨道。5月20日、31日和12月27日《社会保障报》分别报道这一做法。

1989年,全县30个乡(镇)创办20个优抚卫生所,参加统筹治病1125人,就诊5.4万人次,其中优抚对象7481人次;12个乡(镇)创办优抚对象建房互助会,106名复员军人和伤残军人入会,安排20户建房;16个乡(镇)创办优抚经济实体,安排优抚对象及其子女就业94人,年产值91.7万元,创利11.8万元。配套8个优抚储金会,540户优抚对象入会,吸储7.4万元,使用5.5万元。维桥乡优抚卫生所、优抚经济实体的做法得到民政部的肯定。

1991年,全县帮助优抚对象改善住房条件156户、调整工种班次9人、照顾子女入学入托18人;优抚230户,减免义务工450人次,减免学费、集资费、医药费52万元。9月,盱眙县被省政府、省军区命名为"双拥模范县"。1992年,协调资金10万元,修筑通往83074部队营区道路。设立县双拥基金,劳务输出农村户口退伍军人226人。1993年,盱眙县为优抚对象解决"治病难、建房难、生活难"做法,在省民政厅连云港会议上作交流。1995年8月,盱眙县被省政府、省军区再次命名为"双拥模范县"。管镇、古城、十里营乡镇被淮阴市委、市政府、军分区授予"拥军优属模范乡镇"称号。

图24-4 1998年7月,盱眙县被江苏人民政府、江苏省军分区命名为"双拥模范县"。

1996年,县双拥办、民政局协调资金为县武警中队兴建拥军楼,第一期工程由79个单位筹资43.7万元,建筑面积471平方米;第二期工程由省长郑斯林特批50万元资金,建筑面积491平方米。老山前线一等功臣倪会波(已故)妻子沈兰贵,开办"三八"热线,为官兵服务,与默默奉献的军嫂们交流心声,帮助失学儿童,先后被淮阴市委、市政府授予"十大杰出青年""三八"红旗手、"百佳新女性""好军嫂标兵"称号。

1997年,县财政和乡统筹一次性年增长双拥基金120多万元,为驻军办实事30件,总投资近100万元。县双拥办、水利局、城建局投入3万元,为83418部队铺设自来水管道,建筑水塔,解决饮水问题。安置城镇退伍优秀士兵179人,向苏锡常等地区输送优秀退伍士兵100多人,南京军区政治部转发盱眙县优秀退伍士兵培养开发使用工作经验。

1998年,鲍集镇党委书记李献国,扶持复员军人金德朝,承包已倒闭面粉厂,致富盖楼房;鲍集乡沈集村俞学平丈夫蒋燕飞在部队负伤(二等伤残现役军人),为减轻部队负担,俞学平将丈夫接回家中调养,先后欠下几万元债务,从没向组织提出要求,先后被市、县评为双拥工作先进个人。

1999年,帮助军嫂再就业24人,解决军人子女入学、入托16人,帮助全县200户"三老"优抚对象建新房。通过到营区、教技术、送信息等方法为官兵传授科技知识,开办电脑、烹调、卫生员、天文知识、汽车维修保养、大棚蔬菜种植、文化补习等培训班20多次。全县投入91.65万元,科技拥军212项,赠书1200册,电脑、电器23台(件),装备新器材8套,电脑培训980人次。为县消防大队购置价值41万元的消防车辆,为驻盱眙部队铺路2.3千米,解决94928部队饮水问题。

2001年,县电信局为驻盱眙部队免费安装4部IC卡电话,为73831部队购买一套DSL用户远端接线器设备,为於家湖农场部队整修道路、更新设备。多媒体公司为驻盱眙部队和武警官兵培训上网150多人次。科技拥军活动中,全县投入180万元,购买电脑20台,空调6台,热水器16台,战备车1辆,铺设战备路5.2

千米,线缆2.3千米,有线电缆1.5千米,安装军训通讯器械9部,打井2口。帮助驻军开展无纸化训练,训练后勤保障人才50多名,拍摄军训科教片2部,培养电脑操作员320人,培训养殖、修理、烹调、卫生等专业人才160多人次。向驻盱眙官兵赠书14200余册,开展军民共建活动60余场次,与接兵部队签订培养开发使用优秀士兵公约,获优秀士兵称号的奖励50元,连续两年奖100元。全县二等乙级以上伤残军人医药费全部由财政支付,实报实销。农村优抚对象开设优抚门诊,如遇到大病,乡民政拿一点,优抚对象自筹一点,政府补贴一点。全县各乡(镇)均设立优抚门诊,发放就诊卡1650张。

2003年,县财政局调拨民兵训练基地建设、驻盱眙官兵伙食补助经费,交通局、河桥镇铺设73831部队道路基础工程,县供电公司、建设局维修94533部队营房,建设局、文化局、铁山寺管委会规范县城区、县内旅游景点"双拥窗口"建设,现役军人免费乘坐县内公交车。

2004年7月28日,县委常委会决定为驻盱眙部队办六件事:完善人武部队伍建设,落实民兵武器库建设经费,帮驻军购置设备,安置转业干部、随军家属,帮消防大队添置消防设备,解决驻盱眙部队部分官兵医疗问题。当年,投入拥军资金310多万元,为军人新建示范窗口12个,县内所有公园、旅游景点、公交车等对现役军人一律免费提供服务;医院、银行、车站、电信、供电、宾馆、商务等公共场所,在显著位置悬挂"军人优先"标志牌。

2005年,县政府《关于优秀士兵培养开发使用的实施意见》规定:盱眙籍现役士兵获优秀士兵奖励100元,连续两年获伏秀士兵奖励200元。每年与接兵部队签订培养开发使用优秀士兵公约,城镇户口的退伍优秀士兵得到安置,农村户口的退伍优秀士兵得到全部开发使用,南京军区政治部转发盱眙县对优秀士兵培养开发使用的经验。1800多名退伍军人安排到经济发达地区从事保安工作,有200多名退伍军人成为县农村致富带头人。

2008年,全县重点组织实施双拥"个十百千万"工程(筹建一个拥军基金会,为驻军现代化建设提供保障;修定和完善优待、抚恤、退伍安置、医疗保障、国防教育、涉军维权、后勤服务、双拥活动、组织慰问、军民共建10项双拥文件;开展百个企业进军营兴办百件实事活动,拓宽军民共建活动领域和范围;开展千名干部为双拥对象解决生产生活问题,实现双拥对象与全民同步达小康;组建双拥教育报告团,深入农村,走村串户,教育万家群众开展双拥共建活动),开展"一二三四五"拥军活动(制定一套军民共建措施,培育军民参与共建社会主义新农村、军民共建一条街两项亮点工程,建立完善3个基础性建设,开展4项服务活动,新增双拥示范岗5个)。年底,百个企业进军营,签订军民共建公约,投入16万元,办实事71件。举办2期军民共建培训班,500多名干部职工参训。县供电局等10家企业被表彰为百企进军营活动"十佳军企共建"先进单位,县经济开发区等5个单位被表彰为拥军服务先进单位。城镇退转军人实行行政与货币补偿安置相结合的安置办法,安置率100%,货币补偿安置率87%以上。驻军随军家属12人,全部安置到财政全额或差额拨款事业单位,28名随军子女入学入托全部满足军人意愿,企转干部政策得到落实。县民政局被评为全国拥军优属模范单位。盱眙县先后五次被江苏省政府、江苏省军区命名为"双拥模范县"。

第二节　拥政爱民

(内容见第二十三篇《军事》)

第五章　社会救助

第一节　扶贫扶优

1986年，采取“社会扶、集体助、国家补、群众帮、自己拿”方式，共筹集扶贫扶优资金63.358万元。1987年，全县扶贫以特困户、优抚对象为主，全年共扶持3130户，其中续扶601户、优抚对象508户、特困户403户。

1988年，确定“食不果腹、衣不蔽体、房不避雨”的“三不”户为重点扶贫对象，全县落实扶贫对象2809户，其中“三不”户801户。投入扶贫资金83.815万元，当年脱贫1853户。1989年，全县30个乡镇相继建立扶贫基金会，积累基金43.8万元。

1993年，县委、县政府成立县扶贫工作领导小组，下设办公室，设在县民政局，负责日常工作。江苏省扶贫工作队5人进驻肖嘴乡，开展扶贫工作。全年筹措扶贫资金175万元，落实扶贫对象1980户，其中种植业1055户、养殖业453户。年底，脱贫1500户。乡镇兴办扶贫实体26个，安排贫困户185户279人，产值143万元，利润11.4万元。1994年起，县委在县委农工部设立扶贫办公室，农村扶贫工作由扶贫办公室负责。

第二节　自然灾害救济

1986年，全县先后遭受干旱、暴风雨、冰雹灾害，县政府下拨修房、生活、治病救灾款31万元。全县20%的村建立救灾储金会，筹资32万多元，用于救灾。

1987年，全县28个乡镇先后遭受风、雹、传染病灾害袭击，县政府3次拨款救灾，组织民众开展生产自救。推广救灾储金会194个，筹资32.6万元，自筹19.8万元。在穆店乡进行农户家产保险试点，全乡投保4606户，保费1.2万元，因灾理赔2.5万元。乡镇救灾基金会由1986年21个增加到28个，集资25.5万元。

1991年，遭受洪涝灾害，全县762个村庄受灾，11.375万灾民撤离家园。县、乡接收救灾捐款(物)1900万元，县政府拨防疫专款95.5万元，药品、器械价值20万元，教育专款87万元，帐篷144顶。民政拨寒衣3300件、棉被1535床、大衣1650件。

1994年，全县遭受干旱高温灾害，县政府组织6次救灾。在发放救济粮、棉被、衣物、重建灾民住房时，做到县掌握到村、乡镇掌握到户，有偿救济按市价半价收费，回收资金30%留给乡镇民政掌握使用。从当年起，救灾救济采取“五个结合”办法，即：有偿和无偿相结合，对因灾统筹供养有困难的五保户、无自救能力、在册的特困户、既无钱又无粮的“双缺户”，给予无偿救济；国家救济与互助互借相结合；重点解决与一般照顾相结合；亲友相帮与自力更生相结合；领导掌握与群众评议相结合。

2003年3~4月，国家审计署对县民政局救灾款使用和资料管理情况进行全面审计，给予充分肯定。7月，全县遭受特大洪涝灾害，县政府拨救灾款、救灾粮、灾民建房款，解决灾民生产生活困难。2004年，县委、县政府制定《盱眙县民政局应对突发自然灾害预案》，规定救灾粮食通过采购中心统一采购，灾民凭救助卡直接到乡镇领取粮食。县财政支付46万元助学资金，对受灾残疾人子女、受灾户大学生、孤儿入学给予生活补助。

2006年6月8日,古城林场遭龙卷风袭击,县民政局40分钟内赶到现场,2小时内通过网上报灾;7月,受冰雹灾害,争取上级200万元救灾建房和生活救助款。初冬时节,省民政厅将南京军区空军捐赠的10万元现金和价值40万元的棉衣转赠盱眙,帮助灾民越冬。2008年,全县灾民冬春生活救济按照民政部要求,凭救助卡发放。

1986~2008年盱眙县救灾救济情况一览表

表24-9

年份	救济					恢复重建		接收募集捐赠款(万元)
	需救济(万人)	已救济(万人)	救济粮(万千克)	救济款(万元)	救灾物资	间数	金额(万元)	
1986	3.20	3.60	-	31.00	-	-	-	-
1987	2.80	3.10	-	32.00	木材20立方米	-	-	-
1988	2.60	2.80	-	20.35	棉被3340床	-	-	-
1989	9.60	10.80	408	131.00	-	-	-	-
1990	-	-	-	-	-	-	-	-
1991	26.10	7.26	2782	1900.00	衣物27万件	-	-	1900.0
1992	-	-	-	-	-	-	-	-
1993	22.70	3.00	165	19.20	棉被、衣物3020件	2020	21.0	-
1994	29.60	-	254	-	棉被、衣物5.29万件	265	8.5	-
1995	-	-	-	-	-	-	-	-
1996	8.70	6.40	30	64.00	棉被、衣物2050件	-	30	-
1997	-	-	-	-	-	-	-	-
1998	-	-	42	79.00	棉被、衣物2600件	3000	-	38.5
1999	0.90	1.15	-	-	棉被、衣物2800件	-	-	-
2000	9.20	-	24	-	棉被、衣物900件	-	-	-
2001	11.52	3.15	465	96.00	-	-	114.0	-
2002	15.02	3.12	570	700.00	-	760	46.0	93.1
2003	45.61	20.65	783	1927.00	-	1064	855.0	209.0
2004	20.28	1.16	330	-	-	-	-	-
2005	12.80	5.03	-	187.70	-	3087	122.3	-
2006	5.11	5.11	-	285.80	-	839	159.2	-
2007	4.70	3.79	-	175.00	-	1326	298.0	-
2008	8.76	3.42	-	177.00	-	162	58.0	-
合计	-	-	5853	5825.05	棉被、衣物33.761万件	12523	1712.0	2240.6

第三节 移民安置

2003年,盱眙遭受洪涝灾害,淮河段鲍集圩行洪区全线告急,洪泽湖周边滞洪区低洼圩区全面出险。2004年,经国家发改委批准,对盱眙县淮河、兴隆、铁佛、鲍集、明祖陵、盱城6乡镇5782户18536人实施移民搬迁安置,其中淮河镇632户、兴隆乡974户、铁佛镇1411户、鲍集镇1645户、明祖陵镇982户、盱城镇138户。每户补助资金1.7万元,其中移民建房补助资金1.5万元,基础设施配套资金0.2万元。全县共拨移民迁建补助资金9829.4万元,其中移民建房补助资金8673万元、基础设施配套资金1156.4万元。

2005年1月,移民迁建工程全面结束,全县落实移民安置点50个,完成5782户移民迁建任务,其中建楼房978户、平房1220户、瓦房3355户、自购房229户;全县移民安置点建成砂石路、水泥路112.1千米,其中水泥路26.6千米;铺设自来水管道62.7千米,打水井157口,开挖砌筑下水道29千米;架设高、低压供电线路173.52千米,其中10千伏线路49.81千米、400伏线路99.69千米、220伏线路24.02千米,安装变压器100台,总容量为14395千伏安。

2004年盱眙县移民外迁安置情况一览表

表24-10

行滞洪区	乡(镇)	村	搬迁户数(户)	搬迁人口(人)	搬迁方案			
					乡(镇)	村	安置方式	生产半径(千米)
鲍集圩行洪区	鲍集	岗洼	165	511	鲍集	岗洼	外迁	1
		观淮	68	191	鲍集	观淮	外迁	3
		何岗	32	101	鲍集	何岗	外迁	2
		粱集	26	86	鲍集	粱集	外迁	0.5
		沈集	268	819	鲍集	沈集	外迁	0.1
		唐刘	79	221	鲍集	唐刘	外迁	0.4~1
		铁营	153	429	鲍集	铁营	外迁	1~2
		肖居	325	978	鲍集	肖居、张王	外迁	1.5
		新迁	523	1782	鲍集	何岗、铁营、徐岗	外迁	1~4
		徐岗	5	16	鲍集	徐岗	外迁	1
		引河	1	-	鲍集	何岗	外迁	2
	兴隆	陡北	79	247	兴隆	陡北	外迁	0.5~2
		红旗	140	438	兴隆	红旗	外迁	0.5~1.3
		化岗	84	263	兴隆	化岗中心村	外迁	0.7~1.2
		金陡湖	182	568	兴降	仑陆湖	外迁	1~2
		牌坊	74	227	兴隆	牌坊	外迁	1
		双河	252	780	兴隆	兴隆街道	外迁	8
		张庄	52	159	兴隆	胡庄、崔庄、潘庄	外迁	1
		祖窑	111	311	兴隆	祖窑	外迁	0.5~1.5

续表 24－10

行滞洪区	乡（镇）	村	搬迁户数（户）	搬迁人口（人）	搬迁方案			
					乡（镇）	村	安置方式	生产半径（千米）
鲍集圩行洪区	铁佛	邓圩	56	168	铁佛	铁佛街道	外迁	0.5
		河洪	177	547	铁佛	铁佛街道	外迁	2
		铁佛	74	237	铁佛	铁佛街道	外迁	1
		仙灯	64	199	铁佛	铁佛街道	外迁	0.5
		赵圩	124	388	铁佛	铁佛街道	外迁	1
		杨滩	374	1172	铁佛	铁佛街道	外迁	6
		渔场	6	18	铁佛	铁佛街道	外迁	8
		召六	53	166	铁佛	铁佛街道	外迁	6
		召四	194	608	铁佛	铁佛街道	外迁	4
		赵圩	119	372	铁佛	铁佛街道	外迁	2
	淮河	富淮滩	93	384	河桥	黄龙	外迁	6.5
		林柴场	12	50	盱城	天台山	外迁	20
	明祖陵	渡口	460	1370	明祖陵	明祖陵中心村	外迁	3
		项位	197	611	明祖陵	项位中心村	外迁	0.5～1
洪泽湖滞洪区	盱城镇	沙岗	98	327	盱城镇	月季园小区	外迁	－
		林柴场	40	133	盱城镇	月季园小区	外迁	－
鲍集圩行洪区保庄圩	淮河镇	黄岗	264	861	淮河镇	黄岗	杨嘴保庄圩	0.4～1.5
		杨嘴	205	688	淮河镇	杨嘴	杨嘴保庄圩	0.35～0.8
		鱼种场	54	152	淮河镇	鱼种场	杨嘴保庄圩	1～1.5
		运输公司	4	12	淮河镇	运输公司	杨嘴保庄圩	1.8
	铁佛镇	花园嘴	45	162	铁佛镇	花园嘴	马嘴保庄圩	2
		李圩	42	126	铁佛镇	李圩	马嘴保庄圩	0.5～1
		召五	65	221	铁佛镇	召五	马嘴保庄圩	0.5～1.5
		召六	18	63	铁佛镇	召六	马嘴保庄圩	3.5
	明祖陵镇	渡口	34	109	明祖陵镇	渡口	小南庄保庄圩	2
洪泽湖滞洪区保庄圩	明祖陵镇	渡口	291	1262	淮河镇	黄岗	小南庄保庄圩	1.2

第四节　精简退职老职工救济

1986 年，对 20 世纪 60 年代精简退职老职工的补助金仍按照 1982 年政策执行，每人每月补助标准分别为：农村 12 元，城市 15 元。1987 年 1 月，对 60 年代精简退职享受原工资 40% 补助老职工，增发四项补贴，每人每月 4 元。1992 年 1 月，提高 60 年代初部分精简老职工生活补助。

2001 年 12 月 19 日，凡符合省政府苏政发〔1981〕77 号文件规定，享受定期生活补助的 20 世纪 60 年代初精简退职老职工每人每月增加 25 元；符合国务院〔1965〕国内字第 224 号文件规定，享受原工资 40% 救济的 20 世纪 60 年代初精简退职老职工，在原救济标准基础上，每人每月增加 25 元。2002～2008 年，按照国家规定逐年提高 20 世纪 60 年代退职职工生活补助费。

1986~2008年60年代退职职工生活补助调整情况一览表

表24-11 单位:元/月

年份	补助金标准		年份	补助金标准		年份	补助金标准	
	农村户口	城镇户口		农村户口	城镇户口		农村户口	城镇户口
1986	12	15	1999	115	145	2006	260	260
1992	32	35	2001	140	170	2007	300	300
1995	52	55	2003	190	190	2008	360	360
1997	90	120	2005	210	210			

第五节 “五保”对象供养

1986年,“五保”(保吃、保穿、保医、保教、保葬)供养经费最低标准不少于每人每天1元,其经费由乡镇统筹。全县“五保”对象1523人。1987~1994年,“五保”供养经费按所在乡(镇)人年均收入为基数,实行以乡(镇)为单位统筹,每年全县统筹供养经费69.5万元、人均509元左右,其供养标准未变。至1994年年底,全县“五保”对象1545人,其中集中供养466人、分散供养1079人。

图24-5 盱眙县老年公寓

1995~1996年,各乡镇严把“五保”对象条件关,对“五保”对象每年普查一次,符合条件的人,通过本人申请、村民小组提名、村委会审核、乡镇政府批准,纳入“五保”对象。至1996年年底,全县有“五保”对象1588人,其中集中供养523人。1997年,全县“五保”对象人均供养标准提高到1583元,供养对象1496人,其中集中供养516人。

1998~2000年,各敬老院相继兴办经济实体,收入用于改善老人生活条件和生活环境。至2000年年底,全县“五保”对象1328人,其中集中供养565人,院办经济实体纯收入85万元。2002年,提高“五保”对象供养标准,为上年全县农民人均纯收入的70%,各乡镇按照县规定标准预算统筹经费。全县有“五保”对象1443人,其中集中供养621人,各乡镇院办经济收入平均超过90万元。2003年,“五保”对象供养标准每人每年提高到2233元,属全市最高,供养经费全部由财政直接支付。全县新增“五保”对象418人。

2006年,敬老院集中供养人员生活标准提高到2533元,“五保”经费由县财政局从财政转移支付中安排,不足部分由县财政解决。全县“五保”人员1748人,新批入院78人。2008年,建立“五保”供养标准自然增长机制,集中供养人员标准提高到2600元,继续领先全市水平。“五保”经费纳入县财政预算,按季打卡发放。年底,全县有“五保”对象2157人,其中敬老院集中供养1205人。“五保”供养工作在全省救灾减灾工作会议上作经验介绍。

第六节　城乡低保

1997年10月，制定《盱眙县农村最低生活保障实施意见》《城市居民最低生活保障暂行办法》，明确保障对象为“三无”对象（无生活来源，无劳动能力，无法定赡养人、扶养人或抚养人）。城市保障经费由县乡财政按5∶5比例分级负担，农村保障经费由县乡村按3∶4∶3比例负担。1998年3月，低保范围过渡到所有符合条件的对象，明确城市低保经费由县财政全额负担，农村低保经费由县乡财政按4∶6比例负担。低保审批实行标准、对象、金额公开。

2001年，将国营农林场圃困难职工纳入农村保障范围、保障体系。全县城镇居民人均收入低于每月130元的一律纳入低保范围。2002年，县政府下发城乡居民最低生活保障办法，对城乡保障对象的申报条件、审批程序、保障资金来源和优惠政策作出规定。城市低保经费列入县财政预算，农村低保经费由县、乡财政按5∶5比例负担，列入财政预算。低保工作所需经费，由县财政按年发放保障金总额的3%拨付。自7月1日起，执行新的低保标准。2003年，县委、县政府出台《关于享受城市低保待遇的若干规定》，明确规定享受城市低保条件。2004年7月1日起，城市低保对象执行新标准。2005年，下发《盱眙县农村低保实施细则》，按照农村家庭人均收入低于省定标准720元的1.5倍以下审批农村低保对象，患癌症、白血病、尿毒症和完全丧失劳动能力的重度残疾人（含重症精神病人）列入保障对象范围，基本实现应保尽保。城市低保对象中的“三无”老人、70岁以上老人、残疾人、重病患者按照规定给予低保金优待。从7月1日起，执行新的城市低保标准。2006年，全县城乡低保实施动态管理下应保尽保和分类施保，低保资金全部通过县农村合作银行打卡发放到户。城乡低保建立县、乡、村、（居委会）三级档案，城镇低保初步完成个人档案微机录入并上网管理。7月1日起，执行新的农村低保标准，城市低保标准未变。2008年，县民政局被江苏省民政厅、财政厅和淮安市民政局、财政局评为城乡低保工作先进单位。

1997～2008年盱眙县城乡居民最低生活保障情况一览表

表24－12

年份	城市低保					农村低保				
	标准（元/人·月）	户数	人数	保障金额（万元）	其中上级补助（万元）	标准（元/人·年）	户数	人数	保障金额（县补）（万元）	其中省补助（万元）
1997	100	28	96	5.65	–	600	1001	3114	14.80	–
1998	110	102	280	26.56	1	700	983	2763	19.26	–
1999	110	214	529	45.92	5	700	913	2405	20.56	–
2000	130	198	485	41.95	6	700	877	2483	25.60	–
2001	130	230	535	31.51	9	700	1755	4637	25.70	–
2002	130/150	897	2557	177.17	119	700/800	1853	4967	37.70	–
2003	150	971	2558	165.00	102	800	1921	5763	36.20	22.90
2004	160/165	1081	2829	184.00	119	900	3025	7233	23.00	42.09
2005	165/180	1245	3158	229.00	112	720	5651	12519	429.00	310.00
2006	180/200	1296	3247	255.89	108	720/840	8127	18226	659.00	514.00
2007	200/220	1369	3418	406.57	136	840/1000	8128	18230	1148.00	968.00
2008	240	1308	3016	526.06	195	1320	11165	24344	2277.50	1507.00

说明：1.2005年前，农村低保金只发放县财政补助部分，乡镇配套均未到位。

2.2005年后，农村低保标准按省规定苏北地区每年720元标准执行，保障金省补90%，县财政配套10%。

第七节 弃婴收养和流浪乞讨人员救助

一、弃婴收养

1991年起,县民政局加大弃婴收养工作力度,先是由民政科负责此项工作。1993年,收养弃婴1人。1997年起,由社会事务股(科)负责,对收养弃婴通过委托乡镇敬老院扶养和有爱心人士家庭寄养等形式保证他(她)们基本生活和生存条件。当年收养弃婴4人。2001年,符合收养条件的家庭开始收养弃婴,当年办理收养登记6人。至2008年,收养弃婴40人,家庭办理收养登记15人。

二、流浪乞讨人员救助

1986~2002年,全县救助流浪乞讨人员808人,其中护送123人、劝其返乡627人、转送其他部门58人,支出经费54.678万元,其中医药费20.8795万元。2003年8月14日起,根据国家文件精神,废止收容遣送规章和法规性文件,对生存危机的流浪乞讨人员保障其生活权益,实行人性化救助,结束多年来强制性收容、遣送返乡做法。2004~2007年,救助各类人员342人次,其中救助流浪人员130人次,帮助被救助人员重返家园212人次。

2008年,投资150万元,兴建流浪儿童救助中心,与县社会福利院合署办公。全年救助流浪乞讨人员176人次,其中精神病人10人次。在院孤儿17人,分别寄养在11个家庭,生活标准由原来每月200元调整到350元,办理医疗保险。年底,全县散居孤儿676人全部享受低保待遇,生活补贴由每人每月60元提高到每人每月100元。

第六章 社会福利

第一节 福利机构

一、城乡敬老院

1986年,全县新建乡镇敬老院12所,有敬老院21所。1990年起,"五保"供养经费以所在乡镇年均收入为基数,实行乡镇统筹,各乡镇利用统筹经费相继建成敬老院。至1992年年底,全县有敬老院29所,村敬老院1所,实现乡镇全覆盖。1993年,官滩镇投资12万元,建1幢3层600平方米敬老楼,改善敬老院环境。

1994年,各敬老院因地制宜兴办经济实体,走以副补院之路,创收17万元。官滩、古城、王店、维桥、东阳敬老院被市民政局评为文明敬老院,旧铺镇敬老院被省民政厅评为文明敬老院。1997年起,在全县敬老院开展创建"文明敬老院"活动,改变敬老院生活环境。

2000年,旧铺、马坝等6所敬老院通过市文明敬老院验收。2003年起,各乡镇先后投资240万元,改建、扩建敬老院。至2004年年底,全县19个乡镇敬老院扩建、改建套式住房52套。2005年,对全县18所乡镇敬老院进行改、扩建,共投资604万元,其中省补389万元、县财政配套40万元、乡镇自筹175万元,新增床位816张。

2006年，县民政局在全县各敬老院实施“关爱工程”项目申报工作，有11个乡镇敬老院“关爱工程”获县政府批准。县财政配套48万元，乡镇财政配套96万元，新建51套老人住房，建筑面积5674平方米，通过省、市民政和财政部门验收。

2008年，继续实施五保户关爱工程，省下达的5个敬老院“关爱工程”项目已全部动工建设，新增床位304张，投入资金273.6万元，其中省补164.16万元、县配套50万元、乡镇自筹59.44万元。

二、福利院及服务中心

1998年10月14日，县政府成立社会福利院，负责收养盱城镇的五保对象和社会孤、老、残、幼人员，年内收养3人。1992年9月，成立县农村社会养老保险管理处，服务全县养老保险事业。1994年，县民政局新建2300平方米综合楼，内设经营部、客房、餐厅、舞厅、锅炉房、停车场等配套设施。经县政府批准，成立民政服务中心，编制5人，为全民事业单位，经费自收自支，年内创利8万元。

2007年，全县发展民办福利机构2家，安置老年人73人，收养儿童8人。2008年，县民政局投资150万元，购买原盱城镇成人学校10间教室300平方米，投资10万元对其改造，作为县社会福利院及流浪儿童救助中心用房。年内在院孤儿17人。

第二节　福利企业

1986年，全县兴建福利厂7个，累计13个，安置残疾人员74人。马坝镇社会福利厂兴办自来水厂，并与外地客商联营编织出口舞厅手套和尼龙袋，年创产值18.3万元，获利1.65万元。1987年，创办复退军人贸易货栈、汽车修理厂，全县社会福利厂发展到19个，有职工377人，其中四残人员135人；年产值320.56万元，创利36.82万元。

1988年，2个县属社会福利厂对社会公开招标，对外承包经营。全县福利企业产值500万元，实现利润37.82万元。1989年，县民政局投资河桥乡3万元，兴办养殖场，放养大规格鱼苗1700千克，养牛15头、羊45只。对长期亏损“挂牌”福利企业，实行整顿，停业3个挂牌福利厂，转产2个福利厂，合并1个福利厂。全县有福利企业24个，其中县办1个、乡(镇)办23个；有职工339人，其中残疾人138人。

1992年，成立盱眙县民政福利总公司，对全县福利企业实行统一管理和服务，县社会福利厂搬迁厂址，实行产品转向，编织的产品远销黑龙江省，实现产值585.5万元，利润41.5万元。1995年，乡镇福利企业通过改制、转产后，有18个福利企业、职工353人，创产值530万元，利税56.5万元；局属福利企业创产值360万元，利税38.6万元。1999年，县民政局、县工商局对全县福利企业进行年检，有10家企业合格，4家企业不合格被注销。

2000年，县委、县政府开展招商引资，外地客商投资兴办福利企业6家，职工158人。至2005年年底，全县有福利企业3个，全部年检合格，实现利税350万元。2008年，全县有福利企业6家，分别是县第一山电仪器材有限公司、淮安华宇电器设备厂、县亚华仪表线缆厂、县宏泰铜业有限公司、江苏泰瑞自动化设备有限公司、盱眙聚能高新材料厂，有职工310人，安置残疾职工158人。

第三节　社会福利彩票发行

1988年，县民政局成立社会福利有奖募捐委员会办公室(简称县募捐办)，开始发行传统式刮开型奖券。奖券销售资金按47.6%提取福利基金，其中30%上交省、市。

1989年，县募捐办改变民政系统独家经营为社会各界协作销售，改变行政型销售为经营型销售，开拓多种销售渠道,广布销售网点;改变定点销售为灵活多样销售方式,定点、流动、包村、兼营联动。福利彩票销售队伍扩至300多人。淮阴市有奖募捐工作经验交流会在盱眙召开,会上推广盱眙募捐办做法。

1994年,县募捐办在盱城、官滩、马庄、观音寺等乡镇,组织10万元以上奖组销售活动,销售奖券为历史最好水平。县募捐办副主任褚庆堂受到省募委表彰。1998年,组织募捐办深入各乡镇村、组,销售即刮开奖券,受到广大群众欢迎,销售奖券额明显提升。其中,马坝发行福利彩票200万元,三河农场销售福利彩票80万元。

2000年,江苏风采电脑福利彩票首次在盱眙推出;6月,从省募委争取9台福利彩票投注机,县募捐办公室人员实施分流,有2人带机下岗,有3人自谋职业。从此,彩票销售流程实现规范化,所提取的手续费、发行费按省规定办理。2005年,全县福利彩票投注站增加到34个,比2004年新增7个。2008年,全县购买福利彩票的城乡居民越来越多,彩票销售进入旺盛期。福利彩票投注站发展到43个,比2007年增加7个,销售的福利彩票比2000年增加近5倍。

1988~1999年盱眙县销售刮开型奖券情况一览表

表24-13　　单位:万元

年份	销售额	提取福利基金	上交省市	县可用福利基金	年份	销售额	提取福利基金	上交省市	县可用福利基金
1988	40	19.04	5.71	13.69	1995	160	76.16	22.84	53.32
1989	30	14.12	4.23	9.89	1996	140	66.44	19.93	46.51
1990	26	12.34	3.70	8.64	1997	80	38.08	11.42	26.66
1991	29	13.80	4.14	9.66	1998	400	190.40	57.12	133.28
1992	34	16.18	4.85	11.33	1999	380	180.88	54.26	126.62
1993	30	14.12	4.23	9.89	合计	1539	732.00	219.56	512.80
1994	190	90.44	27.13	63.31					

2000~2008年盱眙县福利基金及发行费情况一览表

表24-14　　单位:万元

年份	销售额			提取发行费			提取公益金		
	合计	电脑型	即开型	合计	电脑型	即开型	合计	电脑型	即开型
2000	192.38	165.74	26.64	3.52	1.66	1.86	34.06	28.51	5.55
2001	217.87	214.19	3.68	3.47	3.21	0.26	27.54	26.77	0.77
2002	128.21	128.21	-	1.92	1.92	-	16.03	16.03	-
2003	232.05	138.00	94.05	12.09	2.07	10.02	29.85	11.04	18.81
2004	210.73	210.73	-	12.64	12.64	-	16.86	16.86	-
2005	378.42	378.42	-	22.71	22.71	-	30.27	30.27	-
2006	558.78	558.78	-	33.52	33.52	-	44.70	44.70	-
2007	718.00	686.00	32.00	44.36	41.16	3.20	64.62	61.74	2.88
2008	945.00	820.00	125.00	57.95	49.20	8.75	85.05	73.80	11.25
合计	3581.44	3300.07	281.37	192.18	168.09	24.09	348.98	309.72	39.26

第七章　社会事务管理

第一节　民间组织管理

一、社会团体登记

1991 年，县民政局开始审批、注册、登记社会团体。2002 年，县民政局根据全县经济发展和农村产业结构调整需要，先后审批涉及种植业、养殖业、水产业、中药材产业、龙虾产业、果林业等协会，既推动全县经济发展，又增加会员收入。2003 年，县民政局为促进农村专业经济组织健康发展，发挥农村专业经济协会作用，加强对协会会员的培育和管理，使协会会员立足资源优势，做大协会产业。桂五镇野马追种植协会年产 600 吨，销售收入 90 万元，成为全县收入最高的协会。至 2008 年，全县有 72 个社会团体，县民政局每年对社会团体进行一次年检，合格率均为 100%。

1991～2008 年盱眙县社团注册登记一览表

表 24－15

团　体　名　称	登记日期	办公地点	法人代表	业务主管部门
县乒乓球协会	1991.03.20	体育局	王金德	县体育局
县离退休教育工作者协会	1991.09.17	教育局	刘茂山	县教育局
县离退休卫生工作者协会	1991.09.17	卫生局	袁树清	县卫生局
县基督教三自爱国运动委员会	1991.09.18	果园场	张启江	县宗教局
县农村金融学会	1991.09.27	农行	马恒山	县农行
县计生协会	1991.10.04	计生委	张长久	县计生委
县个体劳动者协会	1991.10.08	工商局	李先亚	县工商局
县诗词学会	1991.10.08	县委老干局院内	顾克明	县委宣传部
县教育学会	1991.10.16	教育局	洪　旗	县教育局
县集邮协会	1991.10.18	邮政局	韩先明	县邮政局
县医学会	1991.11.06	卫生局	郑树保	县卫生局
县红十字协会	1991.11.06	卫生局	－	县卫生局
县消费者协会	1991.11.09	工商局	周奇伟	县工商局
县老区开发协会	1993.02.09	政府办	马金礼	
县扶贫开发协会	1993.12.27	政府办	马金礼	

续表 24-15

团 体 名 称	登记日期	办公地点	法人代表	业务主管部门
县人大理论研究会	1995.09.21	人大办	吴永林	县人大
县水产养殖协会	1996.04.10	多种经营管理局	蒋学文	多种经营管理局
县企业合同信用管理协会	1996.04.25	工商局	周奇伟	县工商局
县金融协会	1997.05.03	人行	张正帮	县人行
县私营企业协会	1997.09.10	工商局	周奇伟	县工商局
县信鸽协会	2000.11.29	体育局	唐小平	县体育局
县农机安全互济协会	2001.01.02	农机局	陈友山	县农机局
县观音寺顺河用水者协会	2001.01.10	顺河居委会	陈家佬	县水利局
县黄花塘蚕桑协会	2001.04.25	黄花塘镇黄花塘村	高 峰	茧丝绸有限公司
县佛教协会	2001.06.25	淮河东路	心 诚	县宗教局
县经纪人协会	2001.07.10	工商局	周奇伟	县工商局
县老年体育协会	2001.10.15	淮河南路	张 啸	县体育局
县黄花塘用水者协会	2001.12.18	黄花塘镇政府	蒋德明	县水利局
县河桥用水者协会	2001.12.18	河桥镇政府	张从明	县水利局
县观音寺用水者协会	2001.12.18	观音寺镇政府	梁家祥	县水利局
县官滩用水者协会	2001.12.18	官滩镇政府	方孝河	县水利局
县马坝用水者协会	2001.12.19	马坝镇政府院内	梁成贵	县水务局
县野马追种植协会	2002.01.14	王店乡杜梁山	张德峰	县卫生局
县离退休水利工作者协会	2002.01.17	水务局	汪孟之	县水务局
县基层法律工作者协会	2002.04.08	司法局	陈 超	县司法局
县金银花种植协会	2002.05.09	仇集镇林业站	张从明	县卫生局
优质粳稻种植协会	2002.05.23	官滩镇兽医站	-	畜牧渔业发展局
龙虾协会	2002.06.23	县政府	-	-
县板栗协会	2002.07.01	桂五镇农经站内	江 水	县林业局
县四季鹅养殖协会	2002.07.04	金源南路粮化总厂旁	李文林	畜牧渔业发展局
河桥奶牛协会	2002.07.15	河桥镇	-	畜牧渔业发展局
县龙虾养殖协会	2002.07.20	县畜牧渔业发展局	桂 英	县畜牧渔业发展局
县生猪协会	2002.09.03	五墩南路114号	王明辉	县畜牧渔业发展局
县都梁山有机草莓协会	2002.11.26	王店乡林业站	宋良诚	县农业局
县梨枣协会	2002.11.26	桂五镇农经站内	刘 华	县林业局
管镇镇花生协会	2003.03.27	管镇镇农经站	王克勤	管镇镇政府
县苏州投资商协会	2003.03.27	第一山旅游休闲服务中心	陶保林	民政局
县拥军协会	2003.04.15	苏果商贸公司三楼办公室	黄仕忠	双拥办

续表 24－15

团　体　名　称	登记日期	办公地点	法人代表	业务主管部门
马坝镇西瓜协会	2003.05.28	马坝镇黄杨村	万新亭	马坝镇
县台湾同胞投资企业协会	2003.08.04	奥台汽车修理厂	韩福来	台湾事务办公室
县农机作业协会	2003.09.01	农机局	陈友山	县农机局
县质量计量标准化协会	2003.12.09	质监局	林开利	质监局
县三河草莓协会	2004.01.15	三河农场农业综合开发区	张玉楼	三河农场
县肉鸡协会	2004.01.15	润旺有限公司	张玉楼	三河农场
县烹饪协会	2004.03.08	淮河南路 144 号	徐国文	旅游局
县印刷行业协会	2004.04.21	文化局	胡继奎	县文化局
县工商企业总会	2004.04.21	盱城镇人民政府	刘仕斌	盱城镇
县三河稻麦种植协会	2004.05.14	三河农场场部	张玉楼	三河农场
县三河电子行业协会	2004.05.14	三河农场场部	－	三河农场
县收藏者协会	2004.06.16	苏果超市	江建宁	县委宣传部
碧波钓鱼俱乐部	2004.09.24	－	程　勇	县体育局
县残疾人爱心棋类协会	2004.11.16	体育局	桂宝林	县体育局
盱眙县温氏养鸡协会	2005.02.26	盱城镇新华村委会	邵加锦	县畜牧局
凹凸棒粘土行业协会	2005.06.18	－	肖进方	县科技局
县作家协会	2005.08.02	大桥东路 3 号	杨绵发	县委宣传部
盱眙县火鸡养殖协会	2005.08.18	信芳火鸡良种场	张信芳	农工部
县梅花鹿养殖协会	2005.10.10	盱城镇宣化街 166 号	李　忠	畜牧渔业发展局
县娱乐服务场所行业协会	2005.10.31	淮河东路 65 号	戚善举	公安局
县网吧行业协会	2005.12.05	文化局三楼	王金城	县文化局
县三河用水者协会	2005.12.12	三河农场	－	－
县福利企业行业协会	2005.12.14	金源南路	王树森	县民政局
县摄影家协会	2008.08.02	电信局	卢　非	宣传部

二、民办非企业单位

1999 年，县民政局根据上级文件精神规定，企事业单位、社会团体和其他社会力量及公民个人，均可申请成立民办非企业单位。申请具体条件是：登记经业务主管单位审查同意，有规范名称、组织机构、活动场所，有业务从业人员和与其业务活动相适应的合法财产（一般为 30 万元以上，非国有资产不低于 2/3）。医疗、教育、职业培训类民办非企业单位，分别在卫生行政部门领取“医疗机构执业许可证”、在教育行政部门领取“社会力量办学许可证”、在劳动和社会保障部门领取“社会力量办学许可证”后，到县民政部门办理登记。

2001 年，开始实施民办非企业单位登记工作。2002 年，制定和完善民办非企业单位登记和管理制度，登记工作逐步程序化、规范化。2005 年，建立健全民办非企业单位信息统计台账，对登记在册的单位进行年检，合格率 100%。2008 年，民办非企业单位注册登记 36 个。

2001~2008年盱眙县民办非企业单位注册登记一览表

表24-16

民办非企业单位名称	注册日期	办公地点	负责人			业务主管部门
			法人	合伙	个体	
县人才培训中心	2001.01.08	盱城金鹏大道东升职校	郑新华	-	-	县教育局
盱眙嘉喜桥牌俱乐部	2001.03.26	邮政多经楼三楼	-	夏咸龙	-	县体育局
梅宁电脑职业技能培训中心	2001.09.10	淮河北路99号	-	-	耿红梅	县劳动局
土地市场盱眙交易所	2001.09.20	国土局	-	-	-	县国土局
县马坝镇第四幼儿园	2001.11.13	马坝镇高桥街道	-	-	李惠荣	县教育局
县黄花塘镇中心幼儿园	2001.11.13	黄花塘镇师苑街	-	吴　凡	-	县教育局
县黄花塘镇第二幼儿园	2001.11.13	黄花塘镇人民路	-	叶素刚	-	县教育局
县明祖陵镇希望幼儿园	2001.11.13	明祖陵镇街道	傅德金	-	-	县教育局
县宝贝幼儿园	2001.11.13	陡沟巷10排	-	-	陈　茜	县教育局
县观音寺镇第二幼儿园	2001.11.13	观音寺镇马庄街道	-	陶忠萍	-	县教育局
县龙泉幼儿园	2001.11.13	五墩南路85号	-	-	刘　霞	县教育局
县蓓蕾幼儿园	2001.11.13	化肥厂宿舍区	-	-	宋　琴	县教育局
县官滩湖光小学	2001.11.13	官滩砖坝滩开发区水上	-	-	胡亚科	县教育局
楚东职业技术学校	2002.07.05	马坝镇镇南路24号	-	-	张红梅	县劳动局
马坝镇中心幼儿园	2002.07.09	马坝街道	-	-	赵　岚	县教育局
苏中职业技术培训班	2002.07.16	五墩东路24号	-	-	冯赋斌	县劳动局
马坝镇社区教育培训中心	2003.01.08	马坝镇文明西路	金祥国	-	-	县教育局
县维桥乡职业培训中心	2003.08.11	维桥乡农经站	徐厚华	-	-	县劳动局
盱眙楚东医院	2003.09.01	马坝镇文明东路108号	赵长松	-	-	县卫生局
盱城新星幼儿园	2003.09.12	盱城淮建路	-	-	容跃巧	县教育局
县春雷艺术活动中心	2003.10.20	五墩小学	唐成太	-	-	县教育局
县安全执业资格培训中心	2003.11.07	盱城镇成人教育中心		-	-	县劳动局
县中小学素质教育实践基地	2003.11.08	铁山寺森林公园开发总公司	葛　云	-	-	县教育局
县爱诺科技活动中心	2004.02.24	城南小学	毛仕林	-	-	县教育局
县春芽艺术活动中心	2004.06.14	实验小学	喻　祥	-	-	县教育局
县迪克科技活动中心	2004.06.24	十里营小学	张习贵	-	-	县教育局
县凌云艺术活动中心	2004.07.02	三河小学	王　琨	-	-	县教育局
县就业再就业职业技能培训中心	2004.10.18	淮河东路73号	何善家	-	-	县劳动局
县马坝外国语学校	2005.03.16	马坝镇文明西路41号	衡洪峰	-	-	县教育局
县观音寺镇职业培训中心	2005.04.15	观音寺新街道	朱业华	-	-	县劳动局
盱眙县老年大学	2005.08.30	第一山明伦堂	卓振武	-	-	县委
县城中社区服务中心	2005.09.09	城中社区居委会办公室	刘鹏平	-	-	盱城镇政府
县兴农拖拉机驾驶培训学校	2005.11.30	农业机械管理局	詹风鼎	-	-	县农机局
盱眙县创达职业培训中心	2006.05.60	盱城五墩西路18号	张　达	-	-	县人社局
江苏狼山水泥有限公司卫生所	2008.03.20	官滩镇大庆路12号	周炳学	-	-	县卫生局
县旧铺镇乐乐幼儿园	2008.0810	旧铺镇张洪街道	商植梅	-	-	县教育局

第二节　婚姻登记

1986年，农村居民婚姻登记意识淡薄，已结婚未登记现象较为普遍。1987年，对1981年后婚姻登记工作进行清理，补办登记12091对。各乡镇普遍建立婚姻登记档案，依法登记结婚状况。1989年8月，举办乡(镇)婚姻登记员培训班，开设《婚姻登记须知》《婚姻登记员岗位责任制》专栏，告知结婚登记，男女双方需提供村级婚姻状况证明书。

1998年，成立县婚姻管理服务所，将盱城及周边乡(镇)婚姻登记工作集中到婚姻管理服务所办理，规定登记结婚男女双方需婚前体检，离婚登记当事人需提供离婚申请书、单位或村(居)委会调解无效证明，婚姻登记员调解无效后，1个月内办理离婚登记。

2000年8月1日，县民政部门成立婚姻登记管理所，全县婚姻登记集中管理、集中归档，纳入计算机管理程序。2004年，除军人外，结婚登记取消婚姻状况证明书，婚检自愿，男女双方只需提供身份证和户口本，即可办理结婚登记。离婚不再调解，当事人离婚自由，但需提供离婚协议书、结婚证、身份证、户口本。2008年，举办县、乡、镇婚姻登记人员培训班，做到依法登记。5月28日，县婚姻登记管理与全省联网。

1986～2008年盱眙县婚姻登记情况一览表

表24－17

年份	结婚对数	离婚对数	年份	结婚对数	离婚对数	年份	结婚对数	离婚对数
1986	2626	13	1994	5473	－	2002	3780	150
1987	16349	42	1995	6342	－	2003	3523	139
1988	1896	－	1996	6840	－	2004	4707	370
1989	2414	－	1997	6347	－	2005	4859	471
1990	2789	－	1998	6000	－	2006	5013	489
1991	3214	－	1999	5502	－	2007	6990	676
1992	3896	－	2000	5848	－	2008	6462	695
1993	4034	66	2001	3400	87			

第三节　殡葬管理

1986年12月29日，县殡仪馆迁址盱城青年水库东南处。城乡居民火化意识淡薄，火化率较低。1989年，10个乡镇配备殡改信息员，专门负责收集信息，协助动员火化。

1992年，县民政部门加强遗体火化宣传，对违反遗体火化的现象给予处罚。全年处罚违反殡改规定150多人。马庄、铁佛开展平坟还田试点，部分乡(镇)建立安息堂或骨灰存放堂，火化率明显提高。1993年3月27日，成立县公墓管理所，负责全县公墓管理工作。1999年起，县民政局加强殡葬管理员队伍建设，各村配备殡葬信息员，各乡镇殡葬管理员亲临丧葬户宣传殡葬规定，全县遗体火化率实现100%。

2002年，由镇江客商吴大荣投资1200万元，在古桑庙山兴建二星级殡仪馆，同时买断县殡仪馆经营权25年。该馆增加节能环保炉2台，接尸服务车5辆，完成基础设施建设，正式投入运营。马坝镇殡仪馆拆迁，建成云山殡仪馆投入使用。年内全县平坟86579座。2003年，对殡葬车运营市场进行清理整顿，审批殡葬专用运营车资质,制止无证车辆运营,保障殡葬营运市场稳定。

2004年,下发《关于核定殡葬专用车出殡服务收费标准的通知》,坚持社会公益服务收费“保本微利”原则,全县火化率保持100%。。2005年,对全县45座公益性公墓、1座经营性公墓、3座骨灰堂进行年检,颁发合格证书。2008年,投入35万元对开发区一处公墓进行整体搬迁,全县19个乡镇兴建公益性公墓43处。

1986～2008年盱眙县火化、公墓建设情况一览表

表24-18

年份	火化数(具)	火化率(%)	公益性公墓(座)	经营性公墓(座)	年份	火化数(具)	火化率(%)	公益性公墓(座)	经营性公墓(座)
1986	1382	50.1	-	-	1998	4712	95.0	24	-
1987	1563	53.6	-	-	1999	3988	100.0	20	-
1988	1832	56.7	-	-	2000	4203	100.0	-	1
1989	1965	58.3	-	-	2001	4127	100.0	-	-
1990	2384	59.8	-	-	2002	4222	100.0	8	-
1991	2961	61.7	-	-	2003	4451	100.0	-	-
1992	3285	66.9	-	-	2004	4342	100.0	-	-
1993	3762	68.2	-	-	2005	4367	100.0	-	-
1994	3823	71.2	-	-	2006	3865	99.0	-	-
1995	3876	86.1	-	-	2007	4362	100.0	-	-
1996	3983	93.8	-	-	2008	4160	99.0	1	-
1997	4045	98.6	12	-					

第八章　地名　勘界

第一节　地名管理

1986年,县地名办公室设在县城建局,负责全县地名管理工作,完成自然村地名登记、县行政区划、地图调绘资料收集工作。1987年,编制《盱眙县地名档案编码条例》,设置地名标志牌2375个。

1989年,完成地名补查、资料登记、归档工作,地名补查通过省、市联合验收,形成个体卷宗4254个,资料更新成果1044个,设置村标志牌57个。参加华东六省一市地名工作研讨会,在省民政工作会议上作发言、交流。

1993年,县地名办公室并入县民政局。1994～1998年,相继实施地名命名和更名路(街、巷)、行政村、

镇名称 87 条,更正不规范地名,推广标准地名 2 条。设置路(街、巷)标志牌 362 块,设置国道两侧村标志牌 7 块,设置城区居民户号标志牌 3 万余块,完成淮河乡政府选址申报和河桥乡撤乡建镇论证报批工作。

2000～2001 年,完成 11 个乡撤销后地名认定工作、撤销 5 个乡设镇申报工作,将仁集乡更名为明祖陵镇,新批居委会地名 3 个,办理村级合并申报手续 2 个,设置城区路、街名称 250 条,完成地名修编工作,制定县城区国家标准地名标志设置计划。

2002～2006 年,先后完成盱眙县地图调绘再版工作,落实地名数据库资料整理归档工作;完成城区 4 万户门牌登记、制作和安装工作,完成全县 24 个社区命名、合并和城区路(街、巷)补充登记工作,安装标志牌 6430 块。

2007 年,完成县工业开发区 18 条道路命名、更名、门牌编制,制作、安装 816 块;完成地名规划初稿,绘制图片 80 余张,更新地名数据库,新增地名信息 200 多条。2008 年 5 月,启动第二次地名普查工作,建立信息完整、广泛适用的地名数据库和 GIS 地名信息管理系统,开通地名网站。

第二节　勘　　界

1996 年 9 月 6 日,国务院下发《关于开展勘定省、县两级行政区域界线工作有关问题的通知》,盱眙县成立勘界工作领导小组,下设办公室,启用公章。县勘界办公室先后查阅历史档案资料 28 份,调查整理笔录材料 160 多份,收集各类证据资料 330 多份,野外作业 158 天,为全县勘界工作准备充分地域资料。

2000 年,县勘界工作办公室被淮阴市政府评为勘界工作先进单位。2004 年,县勘界工作办公室被省人事厅、民政厅联合表彰为勘界工作先进单位。2008 年,盱眙县行政区域界线总长 373.97 千米,涉及省界苏皖线 197.8 千米;市界淮宿线 37.2 千米,县界盱洪线 86.4 千米,县界盱金线 34 千米。

一、省界争议及处理

苏皖线江苏省盱眙县与安徽省明光市、来安县、天长市段是一条习惯线,全长 197.8 千米,其中盱眙—明光段 100.7 千米、盱眙—来安段 23.1 千米、盱眙—天长段 74 千米。

1980 年前后,治理仇集大涧占用安徽部分村组少量耕地,双方私下协商,39 户安徽村民迁居盘山;县林场古城分场高塘,有来安县宝山林场、杨郢乡 56 户村民建房居住;泥沛大涧水域界线走向等地段,勘界时天长市提出异议。

1997 年,盱眙县勘界办公室通过历史档案资料证实和友好协商,解决双方争议:淮新、淮西段以 1994 年国土详查接边资料,双方乡(镇)政府、村委会认可、签字盖章的附图为依据划界;仇集镇盘山以习惯线划界,39 户安徽村民居住区域维持现状,不得扩展,双方县(市)表示要督促、教育村民维护公益设施建设大局,确保盱眙—仇集公路沿线有关公益设施工程顺利实施,取得共识;古城分场高塘段以习惯线划界,来安县村民居住维持现状,贯彻《中华人民共和国森林法》,积极退耕还林,防止水土流失;天长市泥沛大涧水域经联合踏勘,互谅互让,双方认可,按习惯线划界,大涧水资源使用权属双方共有。7 月,盱眙县勘界领导小组、天长市勘界工作领导小组负责人在勘界附图上签字,苏皖线盱眙—天长段 74 千米行政区域界线贯通;8 月,盱眙县勘界工作领导小组、来安县勘界工作领导小组负责人在勘界附图上签字,苏皖线盱眙—来安段 23.1 千米行政区域界线贯通。

1998 年,肖嘴乡淮新、淮西段 14 千米,安徽省明光市主张:以淮河中心线划界;盱眙方主张:以实际管辖现状划界。洪山乡七里湖区 13.2 千米,安徽省明光市依据 1953 年 10 月 29 日安徽省人民政府滁县专员公署通知:"决定将你县菱湖乡 44 户渔民划归嘉山县水上乡管辖,整个湖面也不需再划界线……",坚持以七里湖东侧湖岸线划界,盱眙方要求按习惯线老河沟、湖区历史上形成的航道线划界,理由是渔民不愿去,有 21 户住在洪山乡。洪山乡七里湖区 13.2 千米争议,多次协商无法形成共识。

2000年5月13日,国家勘界办公室副主任宋继华一行,在安徽省滁州市召开江苏省、淮阴市、盱眙县、金湖县、安徽省、滁州市、明光市、天长市各级勘界工作领导小组领导、勘界办公室工作人员会议,专门协调解决行政区域界线争议问题,七里湖区界线争议协调未果。7月,国家勘界办公室、农业部、地矿部、长江管理委员会领导,组织江苏省、淮阴市、盱眙县、安徽省、滁州市、明光市勘界办公室工作人员和争议区域相关市、县、乡镇领导,先后2次深入七里湖区调查核实情况,鉴于盱眙县勘界办公室提供的史料翔实、合法,建议调处方案合理可行,受到国家勘界领导小组成员单位领导肯定。9月,经国家勘界工作领导小组裁定,七里湖13.2千米界线争议区域,以现行生产、生活航道线划定,实现苏皖线盱眙—明光、来安、天长段197.8千米行政区域界线全程贯通,解决持续50年的边界纠纷。

省界线设置界桩12颗,设置地点:鲍集铁营村单洼组、河桥淮峰村李郢组、县林场古城分场、古城分场班家洼站、王店乡范桥村祥郢组、旧铺镇好汉村好汉组、来安县邵集乡石桥村刘庄组、旧铺镇苏岗村界牌组、旧铺镇新铺村泥田组、黄花塘镇泥沛村街南组、马坝镇东阳村立新组、马坝镇梁桥村梁庄组。

2006年6月16~28日,苏皖边界盱眙县、明光市、天长市、来安县地名办公室工作人员联合检查盱眙—明光段、盱眙—来安段、盱眙—天长段行政区域界线,依法管理省界。2008年,苏皖边界盱眙县、明光市、天长市、来安县地名办公室联合开展创建平安边界工作,签订平安边界建设协议书。

二、市界争议及处理

淮宿线盱眙—泗洪段是条法定线,全长37.2千米。1985年12月10日,洪泽湖区区划调整,泗洪县城头乡双淮村划归盱眙县鲍集乡管辖,村民不同意区划,成为"两不管"地区,加之新河至洪泽湖水域区无固定标志物、参照物,给勘界工作带来难度。

1998年10月,盱眙县勘界办公室、泗洪县勘界办公室通过多次协商,双方同意按照盱眙县提供资料确定划界,在勘界附图上签字,淮宿线盱眙—泗洪段37.2千米行政区域界线贯通。淮宿线盱眙—泗洪段,在老石坝东北300米处,下草湾大桥南侧岔路口设置界桩2颗。

三、县界争议及处理

(一)盱眙—洪泽行政区域界线,既有法定线又有习惯线,全长86.4千米。1998年3月~2001年5月,两县勘界办公室工作人员联合踏勘、调查10多次,经多次协商,解决4处争议18.9千米。其中,仁集乡沿淮村两处插花地,按省勘界办公室提供的1∶1万地形图标注的界线走向划定界线,插花地经营、管理权属不变;张兴滩北头界线,从淮河主航道折转向东与龟山圩(小王岗)南头东西向大堤成一线划界;官滩马浪岗一线以淮河主航道划界;观音寺砂礓滩段,以省勘界地形图界线走向划界,插花滩地经营权属不变。明祖陵镇兴隆滩八段沟界线,执行淮阴市政府调处方案;镇林柴场东南角行船沟与八段沟交汇处起,八段沟中心线向北平移100米划界;大滩洼围垦鱼塘维持现状。盱眙-洪泽行政区域界线全程贯通。

盱眙、洪泽县界设置6个号10颗界桩,其中单号界桩2颗,同号双立界桩4颗。界桩设置在明祖陵镇沿淮村、镇林柴场,淮河镇洪建村,官滩镇侍涧村、刘庄村,三河闸。终点在观音寺镇席家滩(盱眙、洪泽、金湖三县交界处)。

(二)盱眙—金湖行政区域界线是条习惯线,2000年2月区划调整产生法定线,全长34千米。1998年1月5日,两县勘界工作领导小组负责人,在勘界附图上签字;10月,埋设洪泽、盱眙、金湖三交点3颗三面三立界桩;盱眙-金湖交界大桥两头2颗同号单立界桩。2000年2月16日,马坝镇楼庄村,东阳乡瓦地村、黄桥村、永丰村划归金湖县戴楼乡管辖;9月,双方勘界办公室工作人员实地踏勘划归金湖4村界线,形成划界会议纪要,将1998年10月设置的同号双立界桩移至汪木排河大桥两头。

第二十五篇　人事　劳动

20世纪80年代，盱眙县人事部门开始改革人事制度，加强编制管理，实现依法管理和公开监督。开展各级党政机构改革，启动职称改革，实行专业技术职务聘任制。除军队转业军官和大、中专毕业生外，通过考试或考核择优录用一批干部。90年代，推行县、乡机构改革，领导、职工职数实行定职能、定机构、定人员编制。推行公务员制度，面向社会招录公务员。改革工资制度，建立正常的工资增长机制。21世纪，完善人才服务机制，广泛吸收经济社会发展急需人才，毕业生自主择业。推进事业单位人事制度改革，实施聘用制度和岗位管理制度。推行乡镇事业单位改革、县直事业单位分类改革、党政机构改革，坚持政企分开。

80年代，盱眙县劳动部门开始实行劳动制度改革，打破传统计划经济体制下的国家"统包统配"就业和主宰企业的用工格局，农村劳动力转移处于起步阶段。开始建立企业职工养老保险、失业保险体系，仲裁有关劳动争议诉求。90年代，建立用人单位自主选人、劳动者自主择业、政府促进就业的市场就业机制。鼓励社会办学力量参与再就业培训，建立企业职工和城镇个体劳动者"一体化"基本养老保险制度。启动农村社会养老保险和机关事业单位养老保险制度改革，开始实行职工工伤、生育、失业保险制度。21世纪，实行积极就业政策，扶持重点向就业困难群体倾斜，为下岗职工提供职业培训，帮助实现再就业。加大劳动保障监察力度，保障劳动者合法权益。建立医疗保险个人参保通道，实施城市居民医保工程。启动新型农村养老保险制度试点，保障失地农民基本生活。

第一章 人　　事

第一节 机　　构

1986年，县人事局内设调配股、综合股、工资福利股、科技干部股、退休干部股。下设盱眙县人才交流服务站。1992年，设立办公室。1993年，盱眙县人才交流服务站更名为盱眙县人才交流服务中心，设立盱眙县人才市场，与盱眙县人才交流服务中心两块牌子，一套班子。1994年10月，成立县机关事业单位养老保险管理处。1995年，成立盱眙县机关事业单位工人技术等级岗位考核办公室。1997年，撤销调配股、综合股，设立录用调配股、社会保险与退休管理股、职称股（挂"县专业技术人员工作领导小组办公室"牌子）。工资福利股增挂"县机关单位工人技术等级考核办公室"牌子。

2002年，股室更名为科室。设立公务员管理科（挂"计划与调配科""县军官专业转业安置工作小组办公室"牌子）、退休管理科、科技人员工作科。2006年，盱眙县机关事业单位工人技术等级岗位考核办公室增挂"盱眙县人事培训考试中心"牌子。2007年3月，县机关事业单位养老保险管理处整建制划归县劳动和社会保障局管理。当年，40名经济薄弱村任职大学生专项事业编制挂靠在盱眙县人才交流服务中心。至2008年，机构无变化。

第二节 机构体制改革与编制

一、县直机关行政体制改革与编制

1986年，全县常设县直机构34个，编制563人，其中县委工作部门6个、政府工作部门28个。1994年，冻结财政拨款党政机关编制。1997年，改革党政机关，实行政企分开。县直机关设立党政机构39个，其中县委工作机构7个、政府工作机构32个。县直机关行政编制650人，其中县委机关98人，县政府机关507人，县人大、县政协、县工商联合会、团县委、县妇联等45人。机关驾驶员等后勤人员使用行政附属编制，不再使用行政编制。县直机关在编人员比1996年减少95人。

2001年，全县党政机关再次进行改革，党委部门设立工作机构6个，部门管理机构3个，另设纪律检查委员会；县政府部门设立工作机构26个，另设直属事业局6个。县直机关行政编制由684人减少到581人。2005年9月，县政府工作部门26个。县监察局与县纪律检查委员会合署办公，列入政府部门序列，不计政府机构个数。2008年，未实施县直机关行政机构改革。

二、事业单位体制改革与编制

1986年，事业单位推行按职定岗、按岗定责、按责定权，从德、能、勤、绩进行考核，半年初评，年终总评，存入个人档案，作为晋级、奖励、培训、使用依据。1998年，全县增设10个单位，挂牌拍卖1个单位，变更1个单位。1993年，继续对财政拨款的事业单位机关和编制实行冻结。撤销事业单位6个。

1997 年 8 月，县委、县政府印发《盱眙县县乡机关事业单位机构编制管理办法》。事业单位各类人员结构分为行管人员、专业技术人员、工勤人员、生产工人。专业技术人员比例不低于总人数 60%。县编委对事业单位机构编制实行宏观管理和预算调控。县财政部门按事业单位人员编制预算，执行增人不增经费，减人不减经费，编制外增加的超编人员由所在单位自行解决。同年，全县事业单位开始建立法人登记和年检制度。

1999 年，全县社会公益类和乡镇事业单位，实行管理体制、人事制度、分配制度、产权制度、社会保障制度改革。县卫生系统在县医院实行领导管理体制、人事制度和收入分配制度改革，推行全员聘用制试点；县教育系统在盱眙中学和乡镇 8 所中小学进行人事制度综合改革试点，实施全员责任制；乡镇事业单位进行“一增三减”（增加财政收入和减人、减事、减支）、超编分流、竞争上岗试点。

2000 年，撤销全县乡镇教育办公室。县会计师事务所、审计师事务所相继由事业单位改为独立中介机构和法人实体。县水轮泵站由事业单位改为企业单位，组建盱眙县希望供水有限公司。盱眙县福利纸箱厂由自收自支事业单位改为企业单位。当年，全县共新设立 12 个单位，挂牌拍卖 1 个单位，变更 8 个单位，划转 1 个单位。

2001 年，在全县乡镇事业单位实行竞争上岗和全员聘用制改革，其编制由 1963 个精简为 1001 个。2002 年，县公路管理站下属的工程公司、养护公司和三产公司改制为企业单位，合并成立盱眙通达公路工程有限公司。县新华书店由事业单位改制为企业单位。2004 年，县政府招待所、县建筑设计院、县交通工程处、县种子公司公开拍卖。2006 年，全县共新设立 5 个单位，挂牌拍卖 4 个单位，变更 3 个单位，撤销 11 个单位，划转 7 个单位。县中医院在单位名称、性质、编制、经费、人员身份不变前提下进行股份制改制试点。

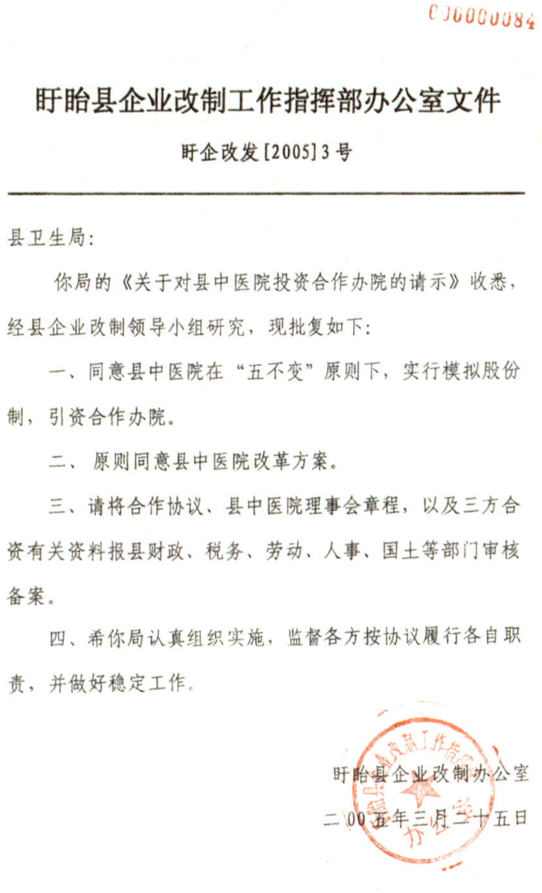
C00000084

盱眙县企业改制工作指挥部办公室文件

盱企改发[2005]3号

县卫生局：

你局的《关于对县中医院投资合作办院的请示》收悉，经县企业改制领导小组研究，现批复如下：

一、同意县中医院在“五不变”原则下，实行模拟股份制，引资合作办院。

二、原则同意县中医院改革方案。

三、请将合作协议、县中医院理事会章程，以及三方合资有关资料报县财政、税务、劳动、人事、国土等部门审核备案。

四、希你局认真组织实施，监督各方按协议履行各自职责，并做好稳定工作。

盱眙县企业改制办公室

二〇〇五年三月二十五日

图 25－1　2005 年 3 月，县中医院改制

2008 年 5 月，全县乡镇事业机构重新设置，“块管”为主的有：农业技术服务站、农村经济服务站、村镇建设服务站、计划生育服务站、文化广播电视服务站；“条管”为主的有：兽医服务站、水利服务站、国土所。全县乡镇事业编制由 1963 人核定为 962 人。至年底，全县共撤销事业单位 20 个，挂牌拍卖 22 个，变更 51 个，划转 15 个。有事业单位 503 个，在职 12352 人，其中县直单位 361 个、乡镇单位 142 个。

三、乡镇行政机构改革与编制

1987 年，市委、市政府核定盱眙县乡镇党政机关人员行政总编制 748 个，每个乡镇编制在 25～39 个之间。

1993 年，县委组织部、人事局在王店乡、龙山乡实行机构改革试点，撤销岗位 11 个，转为经济实体的机构 14 个，精减机关人员 99 人。县委农工部在河桥乡进行乡村综合体制改革试点，对职能相近部门实行合署办公、超编清退。公安、司法部门合并为综合治理办公室，城建、土管部门合并为土建办公室，乡机关有 5 人充实到企业、13 人分流。马坝等 13 个乡镇推广河桥试点做法，分流 77 人，清退 125 人。

1997 年，全县乡镇设置党政、财经、社会事务、村建 4 个综合性办公室和工业、农业 2 个专业性办公室，各办公室不设级别。县编委根据乡镇分类，重新核定行政人员编制，一类乡镇 35 人，二类乡镇 30 人；核定总

编制10%作为行政附属编制,用于机关配备驾驶员、炊事员等工勤人员。

2001年,全县乡镇党政机关改革,行政编制由1020个减少到744个。2008年,全县乡镇党政保留统计办公室、社会治安综合治理办公室、司法所和财政所。按10%精简比例,重新核定行政编制670人。

第三节 干部、公务员队伍管理

一、录 用

1986年,盱眙县干部录用主要以接纳国家统一分配大、中专毕业生为主,从应届高考落榜生中招录和接受部队转业干部。1989年起,县人事局第一次面向全县招录机关干部2人。

1990年,第二次面向全县招录机关干部13人。1991年,符合条件的乡镇领导岗位聘用干部,经全市统一组织考试合格后,录用为国家干部。年底,第三次面向全县招录干部36人。1993年,县人事局不再录用企业干部,大、中专毕业生进入机关、事业单位转正后仍为干部。

1997年,取消实施公务员和参照公务员管理制度的全县机关、事业单位人员干部身份,称为机关工作人员和事业单位工作人员。公务员和参照公务员管理队伍人员,由全省统一考试录用;事业单位招录专业技术人员和管理人员,实行公开招考;财政全额拨款事业单位工作人员一年招录一次,差额拨款和自收自支事业单位工作人员根据需要由县人事局安排招录。根据岗位需求、编制和录用计划,经上级批准面向社会公开招录公务员。10月,县委、县政府印发《盱眙县国家公务员制度实施方案》《关于全县国家行政机关现有工作人员向国家公务员过渡实施方案》《关于结合机构改革认真做好职位分类工作的通知》和《关于县级机关非领导职务设置的实施意见》。11月29日,县乡机关1748名工作人员参加公务员过渡考试,其中过渡为国家公务员1715人。1998年,全县县乡机关工作人员1620人过渡为公务员,其中县直行政机关644人、党委和乡镇机关976人。

2006年9月,全县启动公务员登记工作,11月底结束,共登记1649人,暂缓登记66人,不予登记35人。其中,予以登记县直机关1048人,乡镇机关601人;暂缓登记县直机关46人、乡镇机关20人;不予登记县直机关34人,乡镇机关1人。1997～2008年,全县公开招录公务员582人,其中县直机关140人(不包括公安系统)、人民警察286人、乡镇机关156人;引进大专及其以上毕业生1246人,其中硕士研究生33人,本科毕业生1052人。

1997～2008年盱眙县公务员录用一览表

表25-1　　单位:人

年份	政府机关		党委部门		年份	政府机关		党委部门	
	县直	公安机关	县直	乡镇		县直	公安机关	县直	乡镇
1997	5	53	-	50	2003	4	12	6	-
1998	-	61	-	14	2004	15	7	5	5
1999	7	7	1	30	2005	11	31	4	8
2000	15	5	2	-	2006	8	13	8	11
2001	-	17	-	-	2007	9	14	9	18
2002	10	22	-	-	2008	9	44	12	20

二、考 核

1993 年起,县人事管理部门首次在全县机关行政单位、事业部门工作人员中实行年度考核。考核内容主要围绕工作实绩。行政干部考核等次分优秀、称职、基本称职、不称职,事业单位考核等次分优秀、合格、基本合格、不合格。优秀等次占被考核总数的 15%,最多不超过 20%。全年考核 11980 人,其中优秀 1131 人,称职 10547 人,不称职 2 人,不定等次 300 人。

2000 年,机关年度考核增加基本称职等次,不再执行暂缓确定等次,按照 3~6 个月考验期的规定,再次给予考核。2007 年,县委组织部、县人事局根据《公务员考核规定(试行)》,对公务员实行年度考核。被考核人员按照职位职责进行总结和述职;再由被考核人员的主管领导写出评语,提出考核等次建议,并对拟定为优秀等次的公务员在所工作机关范围内公示;最后由被考核人员所在机关负责人或者授权考核委员会确定被考核人考核等次;考核结果以书面形式通知被考核人。对担任机关内设机构领导职务公务员的考核,在一定范围内进行民主测评。凡年度考核合格公务员,年终发给一定数额的奖金;对连续 3 年被确定为优秀等次人员,提前晋升一档职务工资;对不称职等次人员,降低一个职务层次任职。2008 年,考核 13966 人,其中优秀 1807 人,称职 11744 人,基本称职 5 人,不称职 9 人,不定等次 401 人。

1993~2008 年盱眙县机关事业单位工作人员年度考核一览表

表 25-2 单位:人

年份	总人数	优秀	称职(合格)	基本称职(基本合格)	不称职(不合格)	不定等次
1993	11980	1131	10547	–	2	300
1994	12598	1216	11083	–	3	296
1995	12598	1216	11083	–	3	296
1996	13155	1225	11599	–	3	328
1997	14110	1498	12337	–	5	270
1998	13604	1367	11869	–	12	356
1999	13346	1503	11485	–	15	343
2000	13357	1468	11561	3	8	317
2001	13257	1489	11560	18	11	179
2002	12763	1436	11113	7	4	203
2003	12782	1454	11083	13	9	223
2004	12783	1454	11153	2	3	171
2005	13770	1492	12008	16	10	244
2006	12791	1432	11186	6	5	162
2007	12822	1407	11219	18	7	171
2008	13966	1807	11744	5	9	401

三、培 训

1998 年,首次举办为期两个月《中华人民共和国公务员法》培训,全县 1815 人分批参加。2000 年,举办知识更新培训班,全年 1600 人次参加。2002 年,分期举办股级干部任职培训班,1200 人参加。2004 年,分期举办普通话培训班,1500 人次参加。2006 年,举办为期 2 天《中华人民共和国行政许可法》和 1 天的《中华人民共和国公务员法》培训,全县分别有 300 人、220 人参加。2007 年,省委党校教授沈林荣来盱眙,举办国务院《公务员处分条例》培训班,120多名公务员参训。2008年,组织全县1500名公务员参加“5+X”(公共服务、公共政策、公共经济、依法行政和创新能力知识5门必修课以及多种选修课)公务员能力培训。

四、退休、退养、退职管理

1986年起,每年春节前,县人事局和各有关主管部门对退休干部进行慰问,每年春、秋季节各组织1次退休干部外出考察和文体活动。1993年,职工退休后不分城市和农村,一律由原单位一次性发给300元安家补助费;居住自己私房的,原单位可以给予800元的房屋修缮补助费。1997年,县委出台《关于严格执行干部退离休规定》,凡到达退离休年龄干部,其所在单位和主管部门于当月为其办理退离休手续,从下月起执行退离休干部工资标准。

2001年,县委决定原担任调研员的乡科级领导干部一律改为离岗退养,凡男性年满53周岁、女性年满48周岁,实行离岗退养,不占用行政编制数额。2002年,县乡机关中,乡科级男性正科职领导满55周岁、副科职满53周岁,女性干部满53周岁,到龄即办理离岗退养手续。至2008年底,全县机关退休47人,退养54人,退职332人。事业单位退休923人,退养1684人,退职15人。

1986～2008年盱眙县机关及事业单位退休、退养、退职人员一览表

表25-3　　单位:人

年份	离休		退休		退养	退职	年份	离休		退休		退养	退职
	机关	事业	机关	事业	机关	事业		机关	事业	机关	事业	机关	事业
1986	4	9	9	46	-	-	1998	-	-	-	-	-	-
1987	10	4	18	9	-	-	1999	-	-	46	120	-	-
1988	1	2	8	7	-	-	2000	-	-	49	155	-	1
1989	8	5	12	18	-	-	2001	-	-	60	152	-	1
1990	5	10	4	25	-	-	2002	-	-	300	68	171	-
1991	-	-	-	-	-	-	2003	-	-	20	82	-	2
1992	6	18	2	22	-	-	2004	-	-	55	97	15	-
1993	7	21	1	87	-	-	2005	-	-	31	163	37	1
1994	-	-	28	65	-	-	2006	-	-	46	141	26	2
1995	-	-	49	28	-	-	2007	-	-	30	75	38	3
1996	-	-	-	-	-	-	2008	-	-	57	58	45	5
1997	-	-	47	113	-	-	合计	41	69	872	1531	332	15

第四节　专业技术人员管理

一、职称评定

1986年,全县有各类专业技术人员1428人,其中高级职称18人,中级307人,初级1103人。1994年起,在专业技术人员中推行职业资格证书制度,职务实行聘任制。1997年,专业技术人员管理和专业技术职称评定工作由县科学技术委员会移交县人事局。2000年,全县有各类专业技术人员976人,其中高级职称

30人，中级81人，初级865人。2008年，全县有各类在职专业技术人员1162人，其中高级职称104人、中级职称415人、初级职称643人。专业技术人员具本科、大专学历约占总人数80%。

1986～2008年盱眙县科技人员一览表

表25－4　　单位：人

年份	总数	高级职称		中级职称	初级职称	年份	总数	高级职称		中级职称	初级职称
		副高	正高					副高	正高		
1986	1428	18	－	307	1103	1998	1100	36	－	331	733
1987	2106	21	－	524	1561	1999	1374	40	2	313	1019
1988	2932	58	－	1106	1768	2000	976	29	1	81	865
1989	5220	10	－	215	4995	2001	453	29	－	31	393
1990	2300	12	－	187	2101	2002	819	16	－	316	487
1991	902	24	1	117	760	2003	939	21	1	264	653
1992	1677	8	－	41	1628	2004	1019	4	2	355	658
1993	3236	55	1	700	2480	2005	1176	37	－	391	748
1994	3247	15	－	277	2955	2006	939	43	－	495	401
1995	2414	23	3	366	2022	2007	1120	79	1	414	626
1996	1990	20	－	575	1395	2008	1162	102	2	415	643
1997	851	31	1	104	715						

二、教育培训

2001年起，县人事局开始每3年对全县所有专业技术人员培训1次，培训合格的发给合格证，作为职称评定和职称兑资的依据之一。至2003年，对专业技术人员举办信息技术革命和知识产权法、创新原理与方法培训班，分别培训2012人、2580人、2794人。

2004年起，开展对专业技术人员、知识经济与学习型人才培训。至2006年，分别培训2946人、2120人、2416人。2007年，举办专业技术人员现代职业道德与通用能力培训班，参训3467人。是年起，县人事部门负责机关事业单位工人继续教育和等级岗位考工升级工作，举办技术工人新知识培训班，参训593人；举办职业道德和各类专业知识培训班，参训185人。

2008年，举办现代职业道德与通用能力培训班，参训2277人；举办技术工人新知识培训班，参训1330人；举办职业道德和各类专业知识培训班，参训157人。

图25－2　技术培训报名现场火爆

三、"十百千"人才培养

2002年起，根据淮安市委、市政府《淮安市"十百千人才培养计划"实施意见》，盱眙县开始选拔45岁左右优秀中青年专业技术人才，并推荐申报"十百千"人才（10名以上专业技术正高级专家，100名以上专业技术副高级专家，1000名以上专业中级职称及初级技术人员）。并将"333工程"（第一、二、三层次培养对象申报对象，年龄应分别为1961年1月1日、1966年1月1日、1971年1月1日以后出生）纳入十百千人才培养计划。至2008年,全县被市及其以上政府列为“十百千”人才培养对象64人,其中第二层次7人、第三层次57人。

2003～2008年盱眙县“十百千”人才一览表

表25－5

年份	层次	姓　名	职　　称	层次	姓　名	职　　称
2003	二	袁长兵	高级农艺师	三	赵素礼	中学一级教师
	二	米长生	高级农艺师	三	赵道夫	中学一级教师
	二	顾　勇	兽医师	三	罗秀明	工程师
	二	马大年	副主任医师	三	程　明	工程师
	三	袁书海	副主任医师	三	张丽霞	讲　师
	三	戴　青	中学一级教师	三	胡凤华	主治医师
	三	刘仁德	中学一级教师	三	程益国	主治医师
	三	陈学林	中学一级教师	三	巫烁非	主治医师
	三	王　玲	中学一级教师	三	高廷勇	兽医师
	三	周家忠	中学一级教师	三	王佩良	兽医师
2004	三	陈吉斌	中学一级教师	三	洪国保	高级农艺师
	三	袁守国	主管技师	三	詹万林	工程师
	三	倪晓天	畜牧师	三	董培仁	中学一级教师
	三	冯艳风	畜牧师	三	陈万斌	中级
	三	何善光	农艺师	－	－	－
2005	二	董培仁	中学高级教师	三	刘荣昌	中学一级教师
	三	邱海林	中学一级教师	三	袁国江	中学一级教师
	三	周　泉	主治医师	三	钟开宏	中学一级教师
	三	王　军	工程师	三	王贻松	中学高级教师
2006	二	郑茂松	高级工程师	二	董　云	高级工程师
2007	三	胡德刚	中学一级教师	三	戴　青	中学高级教师
	三	张香来	中学一级教师	三	孙高宏	中学一级教师
	三	牛淑娥	中学一级教师	三	申玉军	主管技师
	三	曹广春	小学高级教师	三	朱明友	副主任医师
	三	郑德军	中学高级教师	三	韩先桂	兽医师
2008	三	刘延红	副主任医师	三	李修峰	中学一级教师
	三	郭志云	高级工程师	三	吴　浩	中学一级教师
	三	钱俊瑞	中学一级教师	三	冯艳风	畜牧师
	三	周　峰	中学一级教师	三	胡培高	主治医师
	三	孙　彪	中学一级教师	三	朱树弟	工程师
	三	彭志超	中学一级教师	三	毕春梅	二级演员
	三	杨兆祥	中学一级教师	三	许章响	三级演员
	三	邱长群	中学一级教师			

第五节　毕业生分配及引进

1986年，盱眙县接收统配大专及其以上毕业生56人、中专毕业生192人。是年起，与河海大学等高校签订协议，引进建材、化工、食品类专业人员。1988年起，县人事局将盱眙籍电大、职大、函大、夜大、自学考试毕业生分配到乡镇工作，并录为国家干部。

1990年，县委、县政府将人才引进列入乡镇、部门年度目标考核，县财政每年列支50万元作为人才开发基金。全年，共引进人才270人，其中大专及其以上毕业生110人、中专毕业生160人。1994年，县政府委托高等院校培训县内急需专业人才280人。至1995年，河海大学等高校为盱眙县定向培养建材、化工、食品等专业本科生共110人。1997年，县委、县政府在省人才市场设立县长接待席，招引人才。县委党校、县电大为全县培训人才500余人，全县接收省委组织部统一安排的大学生“村官”46人。

图25－3　2005年医院第一批新引进大学生

2001年，县委将人才引进作为全县发展战略之一。全县引进人才314人，其中本科102人、大专及其以上毕业生8人、中专毕业生15人、人事代理189人。2008年，盱眙县举办各类人才交流会59场，引进人才955人，其中硕士研究生10人、本科毕业生373人、大专毕业生154人、人才代理418人。

1986～2008年盱眙县接收引进毕业生一览表

表25－6　单位：人

年份	接收引进人员					人事代理	年份	接收引进人员					人事代理
	合计	硕士	本科	大专	中专			合计	硕士	本科	大专	中专	
1986	248	－	－	56	192	－	1998	267	1	43	60	83	80
1987	239	－	－	45	194	－	1999	386	－	23	27	157	179
1988	217	－	－	70	147	－	2000	257	2	76	11	20	148
1989	262	－	－	66	196	－	2001	314	－	102	8	15	189
1990	270	－	－	110	160	－	2002	315	1	102	11	5	196
1991	322	－	－	194	128	－	2003	301	－	105	13	3	180
1992	245	－	－	81	164	－	2004	294	－	145	13	2	134
1993	322	－	－	163	159	－	2005	328	1	156	15	－	156
1994	429	－	－	261	168	－	2006	515	8	192	136	－	179
1995	116	－	8	28	80	－	2007	800	11	459	98	1	231
1996	203	－	10	44	149	－	2008	955	10	373	154	－	418
1997	252	－	35	38	143	36	合计	7857	34	1829	1702	2166	2126

第六节　军队转业干部安置

1986年,盱眙县贯彻落实中央军队体制改革,全军减员一百万的战略决策,改变过去指令性分配和封闭式分配方法,坚持组织分配与本人志愿相结合,转业干部档案与目测、考核相结合,计划分配与推荐相结合,允许用人单位在政策范围内根据需要选择转业干部,优先分配到有增干指标的部门和单位;家属子女及转业干部本人安置工作做到需求情况早了解,爱人情况早调查,安置任务早预告,分配方案早安排,住房问题早打算,接待报到早准备。全年,接收安置军转干部49人。

1989年,军转干部安置去向仍然以各行各业的基层单位为主,适当控制军转干部进党政群机关;对到基层、边远艰苦地区工作的军转干部,在职务安排上予以照顾。

1991年,盱眙县根据国务院担任领导职务满4年师团职军转干部低一职安排职务,否则低两职安排职务的规定,安置军转干部。全年共安排军转干部4人。1998年,盱眙县贯彻落实中央军队编制体制调整,裁军50万战略决策,全县接收安置军转干部12人

2001年,根据《军队转业干部安置暂行办法》规定,军转干部安置实行计划分配和自主择业相结合的安置方式。全年安置军转干部6人。2004～2006年,调整改革军队体制编制,裁减员额20万。盱眙县共接收安置军转干部27人。至2008年,盱眙县安置团级及其以下军队转业干部377人,其中安置在行政机关249人、事业单位47人、企业54人、省及市直接管理部门27人。

1986～2008年盱眙县安置军队转业干部情况一览表

表25-7　　单位:人

年份	合计	行政机关	事业单位	企业单位	垂直部门	年份	合计	行政机关	事业单位	企业单位	垂直部门
1986	49	19	12	18	-	1998	12	9	1	-	2
1987	100	66	11	23	-	1999	21	13	2	2	4
1988	15	14	1	-	-	2000	27	22	-	2	3
1989	10	8	2	-	-	2001	6	4	-	-	2
1990	8	6	1	1	-	2002	3	2	-	1	-
1991	4	3	1	-	-	2003	6	5	-	-	1
1992	12	7	3	2	-	2004	11	10	-	-	1
1993	10	-	10	-	-	2005	11	5	-	2	4
1994	5	5	-	-	-	2006	5	4	-	-	1
1995	7	7	-	-	-	2007	11	6	-	3	2
1996	18	16	1	-	1	2008	11	8	-	-	3
1997	15	10	2	-	3	合计	377	249	47	54	27

第七节　机关事业单位人员工资

一、工资改革

1986～1989年,县乡机关工作人员实行结构工资制,分基础工资、职务工资、工龄津贴、奖励工资。其间,4次普调工资,3次微调工资。

1993 年起，全县机关、事业单位工作人员执行职级工资制度，机关工作人员工资分为职务工资、级别工资、基础工资和工龄工资；事业单位工作人员工资分为职务工资和津贴补助。全县机关、事业单位工作人员工资按照两年一档、五年一级标准正常增资。具体标准是：正处级、副处级、正科级、副科级、其他干部、其他职工、专业干部，人均月工资分别增加 38 元、33 元、26 元、23 元、20 元、17 元、22 元。1997 年 7 月、1999 年 7 月、2001 年 1 月、2001 年 10 月和 2003 年 7 月 5 次调整工资标准。

2006 年 7 月，全县机关、事业单位工作人员工资执行职级工资和岗位绩效工资制度。公务员工资由职务工资构成，工资分 12 档并分领导职务和非领导职务，级别工资由原 15 级增加到 27 级。事业单位工资执行岗位绩效工资，包括岗位工资、薪级工资、绩效工资和津贴补贴。2008 年，未实行工资调改。

1986 年盱眙县机关、事业单位工资增资情况一览表

表 25－8

名　　称		单位数（个）	人数（人）	工资总额（万元）	基本工资（万元）	奖金（万元）	津贴补贴（万元）	年人均工资（元）
合　　计		822	13856	1140.78	709.38	20.70	410.70	823.31
机　　关		64	1707	154.13	83.96	2.47	67.70	902.93
事业单位	小　　计	758	12149	986.65	625.42	18.23	343.00	812.13
	全额拨款	303	5964	519.04	324.00	9.51	185.53	870.29
	差额拨款	213	5200	390.47	247.36	7.38	135.73	750.90
	自收自支	242	985	77.14	54.06	1.34	21.74	783.15

2006 年盱眙县机关、事业单位工资改革情况一览表

表 25－9

类　　型			工改人数	套改前工资总额（万元）	套改后工资总额（万元）	增资总额（万元）	人均增资（元）
机　　关		行政	1866	65.48	79.46	13.98	74.92
单　　位		工人	99	3.28	4.00	0.72	74.73
		合计	1965	68.76	83.46	14.70	74.81
事业单位	全　　额	管理	88	3.01	3.63	0.62	70.46
		专技	3703	129.49	159.89	30.40	82.10
		工人	591	19.26	23.03	3.77	63.79
		合计	4382	151.76	186.55	34.79	79.39
	差　　额	管理	290	9.93	12.42	2.49	85.86
		专技	1327	44.69	57.90	13.21	99.55
		工人	4412	150.35	176.96	26.61	60.31
		合计	6029	204.97	247.28	42.31	70.18
	自收自支	管理	20	0.71	1.04	0.34	165.00
		专技	73	2.51	3.75	1.24	169.86
		工人	129	4.21	5.93	1.72	133.33
		合计	222	7.43	10.72	3.30	148.65

二、奖金和津贴

1986 年,全县机关奖励工资用于奖励工作成绩突出的工作人员,不平均发放。工作人员工资中增发物价补贴和福利性补贴。

1993 年,取消机关、事业单位工作人员奖励工资,按工龄与职务等级确定职务岗位津贴标准;原有各项物价补贴和福利性补贴统一冲销后的剩余部分作为地方综合补贴。津贴包括岗位目标奖、考勤奖、福利费和误餐、加班、节庆、通讯、自行车补助等。

2007 年,全县公务员各种津、补贴统一规范为工作性津贴和生活性补贴。县处级正职和办事员级之间生活性补贴与工作性津贴的垂直压缩率为1.8∶1。退休人员实行生活性补贴。离休人员生活月补贴按副厅级 1280 元、正处级 1150 元、副处级 1020 元、正科级 960 元标准发放。2008 年,全县公务员各种津、补贴无变化。

2007 年盱眙县机关在职人员津贴、补贴标准一览表

表 25－10　　单位:元/人·月

职　务	人数	生活性补贴	工作性津贴	职　务	人数	生活性补贴	工作性津贴
正处职	4	590	850	科　员	847	590	330
调研员	3	590	770	办事员	381	590	210
副处职	23	590	690	高级技师	－	590	540
副调研员	8	590	650	技　师	1	590	420
正科职	265	590	610	高级工	43	590	330
主任科员	30	590	570	中级工	26	590	250
副科职	532	590	530	初级工	10	590	170
副主任科员	36	590	450	普通工	－	590	90

2007 年盱眙县退休人员生活性补贴标准一览表

表 25－11　　单位:元/人·月

级　别	生活性补贴	级　别	生活性补贴
副厅级	1200	科　员	690
正处职	1080	办事员	600
调研员	1020	高级技师	850
副处职	960	技　师	760
副调研员	930	高级工	690
正科职	900	中级工	630
主任科员	870	初级工	570
副科职	840	普通工	510
副主任科员	780		

第二章 劳 动

第一节 机 构

1986年,县劳动局内设办公室、计划调配股、工资福利股、安全生产股。直属机构有盱眙县劳动服务公司。11月,成立县社会劳动保险管理处。1987年,成立盱眙县劳动争议仲裁委员会,在县劳动局下设办公室。1989年,设立盱眙县锅炉水处理服务站,为自收自支事业单位。

1991年6月,盱眙县劳动服务公司更名为盱眙县劳动就业管理处。1992年,盱眙县劳动就业管理处与县职业技术培训指导中心分设,设立劳动监察股、劳动争议仲裁股、培训股、劳动安全卫生监察股。1993年8月,成立盱眙县职业介绍所,与盱眙县劳动就业管理处两块牌子,一套班子。当年恢复成立劳动争议仲裁委员会,增挂"县劳动争议仲裁委员会办公室"牌子。1994年,成立县劳动监察大队,与劳动就业处两块牌子,一套班子。1997年,办公室增挂财务审计科牌子。撤销劳动监察股,设立劳动关系与监察股。培训股更名为职业技能开发股(挂"县工人技术考核领导小组办公室"牌子)。撤销劳动安全卫生监察股,设立劳动安全监察股。工资福利股增挂"县劳动鉴定委员会办公室"牌子。1998年5月,设县劳动监察大队。

2000年11月,盱眙县职工医疗保险处职能由县卫生局划入劳动局,设立盱眙县社会医疗保险管理处。2001年,县劳动局更名为县劳动和社会保障局。2002年,撤销以上所有股室,重新设立科室。设立办公室(挂"财务审计科"牌子)、政策法规与劳动监察科(挂"信访室"牌子)、劳动就业培训和工资科(挂"县企业工人技术考核领导小组办公室"牌子)、劳动争议仲裁科(挂"县劳动争议仲裁委员会办公室"牌子)、养老保险科(挂"医疗保险科和县劳动鉴定委员会办公室"牌子)。

2006年4月,县劳动监察大队更名为盱眙县劳动保障监察大队。2007年3月,县机关事业单位养老保险管理处由县人事局划归县劳动和社会保障局管理。4月,县农村社会养老保险事业管理处职能由县民政局划入县劳动和社会保障局。2008年,机构无变化。

第二节 职工教育与技能鉴定

1986年,县就业再就业技能培训中心以新技术、新设备应用为内容,开展职工教育与技能培训。企业自行组织,采取以老带新、传帮带形式,开展职工教育与培训。

1990年起,全县职业技能培训采取技校培训、企事业单位办学、社会办学等多种形式,举办职工技能培训班。至1994年,共举办培训班20余期,培训1171人次。1995年,全年开设18个培训班,参训857人;鉴定高级工62人、中级工126人,发放技术等级证书655份。1996年,县劳动局对县内5所职业学校应届毕业生进行职业技能鉴定,发放鉴定证936份;对236名技校生考工定级,其中四级工175人、三级工61人。1997年6月,成立县技工学校,举办20个专业培训班,培训学生940人。县劳动局自办、联办、委托办班培训1098人。1999年,全县培训下岗和在职职工3964人。职业技能鉴定首次实行统一命题、统一考试,获得技能证书812人。

2001年,县劳动部门开展15个工种培训,受训人数1800人次,职业技能鉴定发证1404份。2002年,县劳动部门举办7个专业技能培训鉴定班8期,2380人参加培训班,鉴定发证1362份。2003年起,省财政下拨专款补贴35.78万元,培训下岗失业人员。全年培训职工700人次。2004年,县劳动和社会保障局探索"乡校企"联合培训劳务人员新模式,全年联合培训2210人次。2005年,县政府出台《盱眙县民办职业技能培训机构管理办法》,补助农村劳动力培训85.54万元。2006年,县就业再就业培训中心首次举办龙虾烹饪厨师培训班6期,培训400余人次。2007年,县劳动部门采取乡镇政府组织学员、培训机构实施培训、企业提供实习场所并负责就业安排的模式培训7600人次。

至2008年底,县劳动部门共举办各类培训班280余期,参训20780人;27所各类民办培训学校培训龙虾厨师、车工、钳工、数控、汽车维修、电子电工、电动缝纫、计算机等各类人员1万余人。有11885名符合条件下岗失业人员申领培训补贴619.82万元。

第三节 就 业

1998年,全县有下岗职工2365人。县再就业服务中心开始将就业安置重心向下岗职工倾斜,通过介绍就业和流动就业,安置下岗职工1151多人。

2000年,为下岗职工办理自谋职业证150份,安置城镇失业人员再就业1321人。2001年,县劳动和社会保障局与县妇联、南京市妇联联合安置近300名下岗女职工,从事家政服务工作。2003年,县政府启动购买、开发就业岗位、结对帮扶等就业形式,共安置下岗失业再就业3758人,其中"4050"(女满40岁、男满50岁)人员再就业624人,购买岗位安置183人。

图25-4 2005年二季度工业开发区招工,一位学有所长的电焊工在人群中毛遂自荐。

2005年,县委、县政府将就业再就业工作纳入全年目标考核,落实各项优惠政策促进下岗失业人员自谋职业、自主创业。全县结对帮扶弱势群体再就业804人,结对帮扶就业350人,安置下岗再就业4675人。2006年,县政府对持有再就业优惠证并从事个体经营和灵活就业的1170名下岗失业人员,给予社会保险补贴159.4万元。2008年,全县就业再就业5173人,结对帮扶就业和弱势群体就业968人。

1998~2008年盱眙县下岗失业、就业人员一览表

表25-12 单位:人

年份	失业人员总数	就业再就业人数	结对帮扶就业再就业人数	帮扶弱势群体就业人数	年份	失业人员总数	就业再就业人数	结对帮扶就业再就业人数	帮扶弱势群体就业人数
1998	2365	1151	-	-	2004	2689	7215	350	709
1999	53	1578	-	-	2005	1172	4675	350	804
2000	787	1321	-	-	2006	560	4262	350	864
2001	586	1286	-	-	2007	746	4584	350	778
2002	4264	2006	-	-	2008	756	5173	350	618
2003	2037	3758	183	624					

第四节 劳动力转移

1986年,各乡镇政府围绕富民强县目标,与苏南地区合作输出农村富余劳动力900余人。

1990年,县劳动局与建筑公司协作,向外地输出建筑工人1000余人。1994年,县劳务技术开发公司在张洪乡、马庄乡等乡镇设立5个分公司,开展劳动力转移工作,向县外输出劳务人员2141人。1997年,县劳动部门向盱眙县结对帮扶的锡山市和南京扬子石化公司转移劳务3200人。1999年,全县开展劳务输出百日竞赛活动,培训农村劳动力4560人,新建劳务基地50个,发展中介组织50家,输出劳务13.24万人次。

2000年,县政府组织拍摄3部劳务输出专题宣传片,乡镇建立劳务输出网络。南京夏普公司、南京扬子石化公司、苏州福聚电子公司等国内著名企业集团成为盱眙县劳务输出基地。2001年,全年向各类用人单位输送劳务人员8208人次,新增劳务输出代理人员221人。2004年,县经济开发区工业企业规模不断拓展,全县向县工业园区转移劳动力2.58万人次。

2003年,县委、县政府出台劳务输出30条优惠政策,推动劳动力转移。省妇联与县劳务输出管理部门签订向南京输送2000人的劳务协议,其中输送农村妇女470人从事家政服务工作。盱眙县在全省南北劳务交流工作表彰大会上介绍劳务输出经验。

2006年,县政府实施“643211”工程(培训农村劳动力6万人、县外有组织输出4万人、向县经济开发区转移劳动力3万人、培育巩固劳务基地200个、新增劳务经纪人100人、新增信息员1000人),全年输出劳务16.53万人。

2008年,受国际金融危机影响,从10月开始出现外出务工人员返乡潮。全县开展返乡农民工就地转移就业工作,举办返乡农民工专场招聘服务会。全年共输出劳务15.64万人,向县工业园区转移4.72万人次。

第五节 劳动保障监察

1994年,县委、县政府印发《盱眙县安全生产目标管理工作实施意见》。县劳动监察大队开始实施安全生产月、夏季百日安全竞赛活动,举办各类安全培训班6期,检验锅炉49台、压力容器107台,检验率98%;对19家企业进行安全生产综合考评,合格18家,下发整改通知书47份,监督整改到位。

1996年,对100家用工单位依法进行监察,解决40家用工单位拖欠社会保险基金问题;对劳动中介机构进行监察,取消1个非法劳务中介机构。1997年,共受理县印刷厂、都梁商厦、棉麻公司、金地鞋业公司等6期监察案件,全部结案。1999年,共检查用人单位235家,查出违反劳动法规定189家,其中立案查处31家,处罚11家。

2000年4月24日~5月15日,县劳动监察大队专项检查全县用人单位缴纳养老保险金和医疗保险金情况。7月,县劳动监察大队联合公安、工商等部门,对县城区职业中介机构、美容美发厅、浴室休闲中心使用农村劳动力情况进行监察,取缔4家无证照社会职业中介机构。全年共受理各类案件21件,接待来访100余人,处理各级转办信访件4件,按期结案率100%。

2002年,检查用人单位96家,受理投诉举报35件,办理各类案件21件,下达限期整改指令书55份。2003年,重点对工资支付、使用童工、社会办学、非法职介等单位进行专项检查,涉及各类用人单位305家,取缔无证办学11家、非法职介9家,对拖欠工资的6个单位和拖欠社会保险费的5个单位下达限期整改指令;对官滩镇运输站不按时缴纳社会养老保险金违法行为进行查处,追缴社会养老保险金和罚款1万余元。

2006年,县劳动保障监察大队在全县公开招聘4名专职劳动保障监察员,配备执法专用车、数码摄像机、数码照相机等办公设备。全年受理案件150件,立案67件,结案100%。2007年7~8月,在全县开展整治非法用工,打击违法犯罪专项行动,排查491家用人单位,其中乡镇小砖窑厂34家、小作坊191家、其他企业197家,城区劳动密集型企业及园区企业69家,下达限期整改指令45份、行政处罚决定书35份,向县人民法院申请强制执行5例。全年日常巡查企业402家,立案105件,结案100%。

2008年,县劳动保障监察大队对全县用人单位2007年度劳动保障法律法规遵守情况进行审查,纠正规章违法单位13家,纠正违反女职工、未成年童工特殊保护规定单位3家,纠正违反休息休假规定单位3家,对拒不接受劳动保障书面审查的县人民医院实施行政处罚。开展劳动力市场、劳动合同、劳动用工、禁用童工、农民工工资专项检查5次,日常巡查各类用人单位320家,补发职工工资381.62万元、缴纳社会保险费134家,受理投诉208件,立案查处103件,结案103件。在盱城、马坝、旧铺、桂五、明祖陵5个中心镇建立劳动保障监察中队,配备1名监察协理员。

第六节　劳动争议仲裁

1993年,劳动争议仲裁委员会开始鉴证劳动合同、受理劳动争议。年底,共鉴证劳动合同3936份,受理并结案劳动争议1起。1994年5月,高桥轮窑厂因厂房倒塌造成1人重伤工伤案,经县劳动仲裁工作人员调解未果。经县法院开庭裁决被诉人支付申诉人各种费用74883.91元。

1996年,县劳动争议仲裁办公室与县总工会联办基层调解委员会主任培训班,参训70人。全年新鉴定劳动合同4876份,劳动争议立案7件,申诉方自动撤诉1件,调解结案4件,开庭裁决2件。1999年,新增专职劳动争议协调员300人,先后在马坝镇、官滩镇、维桥乡、高桥乡、黄花塘乡、古桑乡、桂五镇建立劳动争议仲裁办事处,聘请仲裁员21人,加强劳动争议调解工作。全年共受理劳动争议案14起,其中调解6件、调解结案6件,主动撤诉1件。

2002年,全年受理案件22起,调解15件,开庭审理7件,结案17件,鉴证劳动合同3000份。2003年,县劳动仲裁委员会被省劳动厅表评为先进仲裁委员会。2005~2007年,全县共受理案件234件,处理结案198件,其中调解结案140件,裁决结案28件,自行和解撤诉22件,未结案8件。2007年,县劳动仲裁委员会被省劳动厅表彰为先进仲裁委员会。2008年,全县受理案件260起,其中调解结案202件,仲裁裁决结案38件,自行和解撤诉12件,未结案8件,涉及金额200余万元。县狼山水泥厂发生一起拖欠300多名职工工资的劳动争议案,经县劳动仲裁委员会仲裁,狼山水泥厂承包人支付拖欠工资28.6042万元。金鹏轴承有限公司500多名职工因劳资纠纷发生工人集体罢工案,县劳动仲裁委员会协调处理,妥善解决。

第七节　企业工人工资

1986年起,全县国有企业职工工资实行总量包干,以工资总额增长幅度低于实际利税增长幅度为原则,由企业自主确定工资指导线,在工资总额内自主分配。

1988年,全县国有企业工交系统8个、商业系统4个,核定人数1122人,与经济效益挂钩浮动工资总额144.22万元;工交系统18个、商业系统11个、农垦系统3个,核定职工3891人,实行工资总额包干437.97万元。同年,实行工效挂钩的企业职工月工资比上年同期增长21.07%,奖金比上年同期增长56.68%;对符合3%晋级条件的9家企业36名职工,县劳动局分别给予办理晋升工资手续,月增资总额235元。

1989年,县劳动局办理县电力公司、矿产公司、五交化公司、医药公司106名职工工资晋级手续,月增资总额1168元;全县169名受聘专业技术人员、38名以工代技人员,月增资总额1486元。

1990年,以1989年9月30日在册人数为准,调整企业职工工资。全县46家国有企业4377人晋升一级工资,人均月增资10.37元;升半级工资4067人,人均月增资5.89元。1991年,调整28家国有企业2852名职工工资,年增资总额22904元。1992年,全县企业职工工资转为总额宏观调控、微观管理,实行劳动人事、工资分配、社会保险制度改革。全年47家国有企业转换经营机制,其中9家企业实行全员劳动合同制管理,实行岗位技能工资制。

1993年,执行岗位技能工资制企业29家,执行工效挂钩工资制企业9家。1994年,企业职工最低工资标准190元。实行岗位技能工资制国有企业19家、商业"四放开"(用人、价格、经营、工资放开)企业8家、计件工资企业29家。1995年,全县各类企业工资总额实行"手册制度"的国有企业56家、集体企业10家、"三资"企业23家。取消企业职工工资定级审批制度,企业在下达工资总额中自主分配。

2000年起,全县企业职工最低工资标准经过1996年、1997年、1999年、2000年4次调整,达到260元。县劳动与财政等部门不再下达企业职工工资总额计划和工效挂钩基数,其工资分配实行市场调节。至2008年,发放企业职工工资渠道未变。

第三章　社会保障

第一节　养老保险

一、企业养老保险

1986年,县社会劳动保险管理处征收2709名职工养老保险基金39.86万元。1988年1月起,全县86家国有企业(含部省属企业)固定职工实行退休费用社会统筹,统筹金按照参加统筹单位的全部职工(不含合同制)工资总额的一定比例计提,不同行业提取比例不同。统筹金的缴纳方式为全额结算、差额缴拨。离退休人员的费用由原单位发放,归所属企业管理。

1992年1月起,国有企业的固定职工社会统筹与劳动合同制职工养老保险并轨,实行职工养老保险基金统筹。全民企业职工基本养老保险基金提取比例统一为企业职工工资总额的18%,其中职工个人缴纳2%。1993年1月起,县属集体企业纳入社会统筹,企业职工养老保险基金提取比例为25%,其中单位23%、个人2%。

1995年5月起,开展全民企业离退休人员养老金社会化发放试点工作,离休人员和工伤四级人员养老金由企业发放改为县劳动保险处直接发放。8月,全县278个机关、事业、社会团体3312名职工养老金移交县机关事业保险处。年底,改革企业职工退休金的计发办法,将按本人标准工资的一定比例计发,改为社会性养老金、缴费性养老金、补贴与调剂金之和计发。

1996年1月起,全县企业缴纳养老保险费的比例统一为21%,企业职工按本人工资的4%缴纳基本养老保险费,每两年提高1%。1998年,职工缴纳的基本养老保险费改为按职工本人缴费工资基数的11%记入个人账户。

2000年8月起,县地税局开始征收职工养老保险费,共征收32967人2716万元。2001年,省政府开始补助盱眙县养老保险基金缺口303万元。2006年,全县养老保险覆盖范围扩大到各类企业及其职工、个体工商户及雇工和灵活就业人员,统一按20%比例缴纳养老保险费,其中8%记入个人账户,鼓励多缴费,多领养老金。2008年,全县征收企业职工养老保险金12372万元,发放企业退休人员养老金11722万元。

1986 ~ 2008 年盱眙县企业养老保险金征收及发放情况一览表

表 25 - 13

单位:万元

年份	职工人数	基金收缴	离退休人数	发放离退休养老金	年份	职工人数	基金收缴	离退休人数	发放离退休养老金
1986	2709	39.86	–	–	1998	29785	2377.00	5083	2531.00
1987	2873	40.25	–	–	1999	31426	2682.00	5276	2932.00
1988	14926	263.60	715	77.86	2000	29489	2716.00	5693	3242.00
1989	16559	317.80	1086	116.70	2001	30724	2817.83	6054	3634.21
1990	19813	329.60	1203	178.60	2002	31715	3017.21	6706	3916.93
1991	22072	356.14	1329	199.35	2003	33247	3383.64	7112	4366.38
1992	24678	344.77	1523	228.62	2004	33656	3926.21	7676	5590.50
1993	26152	753.70	1958	293.74	2005	34955	4590.46	8153	5979.94
1994	28074	765.60	2237	606.67	2006	36146	5650.66	8684	6976.00
1995	29411	792.43	2533	1003.00	2007	38739	7972.46	9706	8588.24
1996	27024	1987.66	4470	1323.00	2008	43189	12371.69	10487	11316.61
1997	28093	2124.00	4763	2035.00					

图 25 – 5　盱眙县企业服务大厦

二、机关事业单位养老保险

1994 年，县人事局机关事业单位养老保险管理处首次为 39 名机关事业单位退休干部办理退休手续。1995 年 7 月，县政府出台《盱眙县机关、事业单位职工养老保险制度改革暂行办法》，机关、全额和差额预算事业单位中聘用制干部、劳动合同制工人及自收自支事业单位职工，采取以支定收，略有节余和留有部分积累的原则，开始缴纳养老保险费。自收自支事业单位按 6 个提取标准分级计提，差额结算；机关、全额和差额预算事业单位中聘用制干部、劳动合同制工人，按定额征收的方式由单位统一缴纳。是年，参保单位 323 个，参保 3262 人，征收参保基金 126.31 万元。

2000 年 4 月，县政府印发《关于扩大盱眙县机关事业单位职工养老保险范围的通知》，参保对象扩大到差额预算事业单位的全体职工，筹集原则、征收方式与提取标准与自收自支事业单位相同。是年，参保单位增加到 323 个，征收参保基金 829.61 万元。2003 年 9 月起，全县机关事业单位离休人员按月实行养老金社会化发放。2007 年 3 月，县劳动和社会保障局负责机关养老保险基金征收。2008 年 7 月，全县机关事业单位养老保险结算方式改为全额征缴、全额拨付。是年，参加养老保险的事业单位 347 个，参保 4799 人，收取养老保险金 2087.87 万元，领取养老保险金的离、退休人员 1139 人。

1995～2008 年盱眙县机关事业单位养老保险金收支情况一览表

表 25－14

年份	应参保单位（个）	已参保单位（个）	应参保人数（人）	已参保人数（人）	基金收缴数（万元）	支付离退休人数（人）	其中
							离休人数（人）
1995	237	232	3345	3262	126.31	207	32
1996	238	237	3434	3424	322.96	226	30
1997	247	246	3893	3876	494.87	235	29
1998	252	252	4946	4939	534.03	291	28
1999	310	310	5262	5255	688.43	309	27
2000	323	323	6339	6332	829.61	669	26
2001	330	330	6429	6429	973.88	718	24
2002	333	333	6197	6197	1312.26	761	24
2003	326	326	5936	5936	1506.88	818	27
2004	299	299	5270	5270	1518.29	1002	24
2005	301	301	5156	5156	1624.25	1100	26
2006	301	301	4881	4881	1712.38	1176	25
2007	309	309	4946	4946	1907.30	1125	22
2008	347	347	4799	4799	2087.87	1139	21

三、农村社会养老保险

1992年8月，县政府印发《关于开展农村社会养老保险工作的通知》《关于印发〈盱眙县农村社会养老保险暂行办法〉的通知》，县民政局农村社会养老保险事业管理处开始征收全县农村社会养老保险基金，参保农户按24元、48元、72元标准选择参保。全年征收保险基金1746元。1993年5月，全县农村优抚对象参加农村社会养老保险。8月，乡镇企业职工参加农村社会养老保险。10月，在马坝镇开展农村社会养老保险试点。12月，在东阳乡、管镇乡和鲍集乡开展农村社会养老保险扩大试点。1994年，县政府向各乡镇下达农村社会养老保险目标任务并制定奖惩办法。

1997年11月，乡镇合同代课教师、个体工商大户、种植养殖业大户、乡镇企业干部、村组干部参加农村社会养老保险。年底，全县农村社会养老保险进入整顿和调整阶段，参保人数下降，基金运作困难，业务发展明显放缓。2007年4月，全县农村社会养老保险管理职能从县民政局移交到县劳动和社会保障局。

2008年，县政府出台《盱眙县新型农村社会养老保险试点方案》，对参保的农民给予财政补贴。年底，县劳动和社会保障局在马坝镇、官滩镇进行新型农村社会养老保险试点，收取保费400多万元。年底，参保781人，征收保险基金416.5万元，支出保险基金68.79万元。

1992～2008年盱眙县农村社会养老保险金收支情况一览表

表25－15 单位：万元

年份	保险费收入	当年缴费人数	保险金支出	办理领取人数	年份	保险费收入	当年缴费人数	保险金支出	办理领取人数
1992	0.18	－	－	－	2001	57.49	618	24.43	96
1993	58.93	5746	－	－	2002	17.97	110	25.10	104
1994	255.51	20842	－	－	2003	23.71	227	16.26	112
1995	436.74	45415	0.67	－	2004	24.94	151	20.65	134
1996	64.21	4754	0.49	5	2005	24.73	124	25.48	84
1997	365.71	10361	9.41	21	2006	62.38	262	26.82	99
1998	252.26	3265	122.79	28	2007	208.54	119	52.23	100
1999	102.73	1379	75.65	52	2008	416.50	781	68.79	96
2000	86.71	1131	18.10	58					

第二节　医疗保险

1986年，县卫生局公费医疗办公室负责全县公费医疗和劳保医疗。

1993年7月16日，盱眙县公费医疗改革方案正式施行。实行定点医疗，定额包干，结余留用，超支不补。1998年3月，县政府出台《盱眙县职工医疗保险暂行规定》《盱眙县职工医疗保险实施细则》。4月1日起，实行职工医疗保险制度。

2000年12月，县政府出台《盱眙县城镇职工医疗保险制度改革实施意见》《盱眙县城镇职工基本医疗保险基金管理暂行办法》《盱眙县城镇职工基本医疗保险定点医院考核办法》，确定首批医疗保险定点医院8个、药店5个，参保职工凭医疗保险卡在定点医院和定点药店就医购药刷卡。县政府出台《盱眙县二等乙级以上革命伤残军人医疗费用管理试行办法》，建立一级至六级革命残疾军人医疗统筹专项基金，由县财政部门按伤残军人每人每年5000元标准筹集医疗费，实行定点医院就医管理制度。

2001年1月，采取"三覆盖一实现"〔覆盖机关事业单位及省、市属驻盱眙单位，覆盖经济效益好的城镇企业单位，覆盖经营困难的企业，实现为全县城镇职工（含自谋职业者以及个体经济组织）提供基本医疗需求〕办法，改革城镇职工基本医疗保险制度。其缴费比例：单位按工资总额的7%，个人按工资总额的2%。在城镇职工基本医疗保险制度实施前退休的男性未满72周岁、女性未满55周岁，按本人退休费的7%比例，由单位一次性缴至上述年龄；退休人员已满上述年龄，个人和单位均不缴费。城镇职工基本医疗保险制度实施后退休的职工，单位按退休人员养老金的7%一次性缴纳到社会平均生存年限或累计缴费年限男性满30年、女性满25年。大病救助基金每人年缴纳96元，最高每年可报销12.8万元住院医疗费。

2002年4月，县政府印发《关于完善城镇职工医疗保险制度部分政策的通知》，原医疗待遇较高且经济效益较好的单位，在参加基本医疗保险和大病救助的基础上，可提取工资总额4%作为补充医疗保险，如仍未达到参保前医疗保险水平，可一次性注入个人账户不超过1000元医保金。7月，县政府出台《盱眙县困难企业（单位）职工住院医疗保险暂行办法》，参保前12个月，职工人均工资低于社会平均工资60%的困难企业，暂无能力全额缴纳基本医疗保险费，可参加住院基本医疗保险，按4.5%缴纳医保费。8月，县政府出台《盱眙县劳动人事关系代理人员参加医疗保险暂行办法》，已参加基本养老保险而没有参加社会医疗保险的人员，均可参加医疗保险。缴费基数以当地上年社会平均工资的100%～300%，按9%的比例缴纳基本医疗保险费，大病医疗救助费标准不变。

2005年1月，经县委、县政府批准，离休干部医疗管理服务工作职能由县卫生局移交县社会医疗保险管理处，离休干部参加医疗费统筹335人；全县所有国有县属困难企业下岗失业人员参加医疗保险，参保人数净增近1万余人。4月，县政府出台《盱眙县乡镇中小学教师医疗保险办法（试行）》，县直、乡镇中小学7500余名教师全部纳入城镇职工基本医疗保险。12月，县政府出台《盱眙县破产关闭国有县属集体企业退休人员参加基本医疗保险给予补助的实施办法》，参保4065人，除个人年缴纳96元大病救助费外，医疗保险费由省、县财政补助。

2007年7月，县政府出台《盱眙县无工作、无固定收入的已故离休干部的配偶参加医疗保险的办法》《盱眙县城镇居民基本医疗保险实施办法》，规定达到法定退休年龄无工作、无固定收入的已故离休干部的配偶均要参加职工医疗保险，个人不缴费，财政按每人每年1000元标准缴费，个人账户每人每年划入300元，参保85人。凡持盱城镇户口，未参加职工基本医疗保险的城镇居民，包括少年儿童和城区学校中小学生以及参加城镇职工基本医疗保险有困难的企业农民工，均可参加居民医疗保险。缴费标准为每人每年150元，其中一般居民个人缴60元、财政补助90元；低保户、重度残疾人个人缴20元，财政补助130元。

2008年1月，调整城镇居民基本医疗保险缴费标准：一般居民每人每年180元，低保户和重度残疾人每人每年220元，个人缴费标准不变，全年为513人住院、125名门诊特定病种患者支付医疗费用578万元。按照省劳动厅、财政厅关于省农垦系统职工按属地管理原则参加当地职工基本医疗保险的要求，盱眙县辖区内三河农场5809名职工全部参加职工医疗保险。全年全县参加职工医疗保险的职工67032人，征收基金4798万元，住院费用报销5558人次，门诊特定病种患者报销2029人次。

2001～2008年盱眙县城镇职工基本医疗保险基金收支情况一览表

表25－16　　单位：人、人次、万元

年份	参保人数	基金征收	基金支出	住院报销	特定病种报销	年份	参保人数	基金征收	基金支出	住院报销	特定病种报销
2001	29550	267	578	513	125	2005	44950	2817	2324	2829	1206
2002	35012	1325	1120	1034	435	2006	48945	3559	3364	3902	1418
2003	37920	1766	1440	1037	443	2007	54032	4363	4005	4841	1685
2004	39120	2157	1790	1250	550	2008	67032	4798	4492	5558	2029

第三节 失业保险

1986年下半年,职工失业保险基金由企业按照全部职工标准工资总额的1%缴纳。1992年,国有、集体企业中有140个单位参保,参保职工23702人,占应保职工98%,收取失业保险基金28万元。1993~1998年,先后2次调整失业保险金征缴单位和享受对象,在原有国有企业的基础上增加机关、事业单位、群众团体单位中的劳动合同制工人。失业救济金发放比例由50%~75%,提高到120%~150%,享受对象增加被撤销和解散的企业职工、停产整顿企业被精减的职工。1999年,职工失业保险金实行单位和个人按比例负担筹资,用人单位缴费比例提高到工资总额的2%,职工个人按本人工资的1%缴纳。

2000年,全县职工失业保险金由地税局征收。所收基金存入财政专户,实行收、支两条线管理。年底,参保企事业单位578个,参保职工4.32万人,征缴职工失业保险金331万元。2001年,职工失业保险金征收标准按照高于城镇最低生活保障标准、低于全县最低工资标准的原则实施,其中累计缴费每满1年的领取失业保险金为2个月、最长24个月,月领取失业金165元。2008年1月,全县职工失业保险金标准由每月165元调整到253元;9月,调整到每人每月343元。年底,参保企事业单位592个,参保职工36978人,征缴职工失业保险金598万元。

1986~2008年盱眙县失业保险基金收支情况一览表

表25-17　　单位:万元、人

年份	参保企业情况			征收金额	发放情况		
	单位数	参保人数	缴费人数		年末发放人数	发放金额	全年领取人数
1986	57	13870	3590	2	-	-	-
1987	57	13526	14345	11	-	-	-
1988	57	13526	16970	15	5	0.31	-
1989	160	24426	24318	17	14	0.22	-
1990	160	25276	25233	23	6	0.12	-
1991	159	21656	20321	23	8	0.03	8
1992	140	23702	34966	28	-	0.04	-
1993	137	23757	23170	37	9	0.1	-
1994	121	23221	18965	51	18	0.2	-
1995	134	24355	28104	61	32	7	-
1996	152	24278	31245	66	66	28	-
1997	162	24922	24922	78	84	50	-
1998	166	28100	10139	138	149	30	166
1999	560	41000	10236	302	50	7	52
2000	578	43200	9836	331	609	67	620
2001	593	46200	9023	349	431	110	892
2002	593	46200	10328	450	2916	347	3369

续表 25－17

年份	参保企业情况			征收金额	发放情况		
	单位数	参保人数	缴费人数		年末发放人数	发放金额	全年领取人数
2003	593	44654	12876	450	3763	723	5059
2004	593	33928	10190	450	3677	806	5986
2005	705	36432	8647	442	2028	511	3850
2006	593	36127	9843	230	1477	434	3156
2007	593	36982	12558	556	1421	349	2111
2008	592	36978	25887	598	728	337	1657

第四节 生育保险

1995 年 5 月，县政府出台《盱眙县企业职工生育保险试行办法》，县劳动局出台《关于印发盱眙县企业职工生育保险试行办法实施细则的通知》，县劳动保险管理处开始征收企业单位生育保险费，其标准按照全部职工工资的 1% 征收。生育津贴按企业填报缴纳养老保险费的全部职工工资总额平均数计发，顺产 90 天、晚婚晚育加 20 天、难产加 15 天计发工资；生育医疗费用按顺产 600 元，难产 1500 元报销。全年参保 26153 人，征收基金 27 万元。

2004 年 9 月，县政府出台《盱眙县城镇企业职工生育保险实施办法》，从 2005 年 1 月 1 日起施行。生育保险业务职能由县劳动保险处移交县社会医疗保险处管理。全县城镇企业职工生育保险按照属地原则实行社会统筹，设立企业职工生育保险基金，单位按职工工资总额的 1% 缴纳，个人不缴费。

2006 年 10 月，县政府出台《事业单位、民间非营利性组织职工参加生育保险办法》，规定生育保险费率由 1% 降低到 0.6%，生育医疗费调整为顺产 1500 元、难产 2500 元，生育津贴调整为顺产 3 个月、难产 3.5 个月的产假工资，一次性发放营养补助费 200 元；提高参保男职工配偶未纳入生育保险范围的医疗补助费，标准为顺产 1000 元、剖宫产 1500 元。确定县人民医院、县中医院、县妇幼保健院为生育保险定点医院。

2007 年起，在全县参加生育保险的单位中开展免费妇检工作。2008 年，参保 17530 人，征收基金 140 万元。县社会医疗保险处被省医保中心评为生育保险经办先进集体。

1995～2008 年盱眙县生育保险基金收支情况一览表

表 25－18　　单位：人、万元

年份	参保人数	基金征收	基金支出	享受人数	年份	参保人数	基金征收	基金支出	享受人数
1995	26153	27	15	93	2002	28000	56	38	253
1996	26997	75	71	474	2003	28900	75	34	245
1997	28043	81	76	435	2004	13080	65	53	158
1998	29727	82	97	469	2005	13105	71	26	127
1999	30389	87	71	399	2006	14305	85	35	114
2000	28058	54	51	340	2007	15784	124	64	139
2001	28001	49	41	301	2008	17530	140	89	96

第五节 工伤保险

1995年5月,县政府出台《盱眙县企业职工工伤保险试行办法》,规定征收工伤保险基金标准按企业全部职工工资总额的1%征收。职工因工负伤治疗,所需挂号费、药费、检查费、手术费、住院费等全额报销。一至四级工伤享受本人工资90%、85%、80%、75%的伤残抚恤金;职工因工伤残被鉴定为一至十级的分别发给相当于24个月、22个月、20个月、18个月、12个月、10个月、8个月、7个月、6个月、5个月本人工资的一次性伤残补助金。全年征收职工工伤保险基金28万元。1996年,参保26997人,征收基金75万元。

2004年1月1日起,征收工伤保险基金及补偿标准按《工伤保险条例》执行。

2006年10月,县劳动和社会保障局、人事局、民政局、财政局共同出台《关于事业单位、民间非营利组织工作人员工伤保险有关问题的通知》,扩大全县工伤保险的参保范围。2008年7月,县劳动和社会保障局按照《淮安市建筑业农民工优先参加工伤保险实施办法》,将全县从事建筑业的农民工纳入工伤保险参保范畴,当年新增建筑业农民工参保3000人。全年参保24153人,征收基金255万元。

1995~2008年盱眙县工伤保险基金收支情况一览表

表25-19　　单位:人、万元

年份	参保人数	基金征收	基金支出	享受人数	年份	参保人数	基金征收	基金支出	享受人数
1995	26153	28	4	2	2002	28000	56	81	73
1996	26997	75	14	4	2003	28900	75	101	116
1997	28043	81	30	21	2004	13080	85	45	205
1998	29727	82	71	38	2005	13105	142	55	82
1999	30389	88	96	45	2006	15985	174	142	113
2000	28058	54	81	39	2007	18012	188	129	182
2001	28001	49	38	99	2008	24153	255	232	269

第二十六篇　科学技术

1986起，盱眙县先后印发一系列科技优惠政策、激励措施、奖励办法，加大科技投入，优化科技服务，引导全县各行各业走上科技兴业、科技推广之路。科技部门围绕科技普及、科技服务，举办科普周、科普月、"三下乡"（文化、科技、卫生）等活动，提高农村居民科技普及面。地震部门制定地震应急预案，增加地震监测点，更新地震监测仪器。气象部门制定气象灾害应急预案，改善气象观察条件，做好地面和农业气象观察和预报；实施人工降雨，减少灾害天气造成的损失。

2000年起，加强科技交流、科技合作，挂靠院校和科研单位，工业科技落地项目、农业科技推广项目逐年上升。加强工农业创新项目研发、申报，建成科技企业孵化器和农村科技示范乡、镇、村，开发科技市场，科技成果逐年显现。围绕"四百工程"（百家企业高校联姻工程、百名专家创业工程、百个科技项目合作工程、百名企业家高校深造工程），出台一系列文件，奖励科技成果。加强知识产权保护，加大专利项目资金扶持，获批国家专利项目和省高新技术产品逐年增加。地震部门实施建筑物防震申报批准程序，做好地震监测、预报、防御工作。县气象部门增添自动记录气象机械、仪器，网络全天候发布气象信息，不断增强预防灾害天气能力。

2008年，全县在职各类科技人员15100人，获国家科技部门立项高新技术产品3个、获批高新技术企业2家、科研成果奖3项，获国家知识产权局授权发明专利57项。盱眙县再次被中国科协、财政部评为全国科普惠民兴村先进单位，被省科协评为江苏省科普示范县。县科技局被人力资源和社会保障部、科学技术部联合表彰为全国科技管理系统先进集体，被省科技厅评为院省合作先进单位。

第一章 科技管理

第一节 机 构

1986 年,县科学技术委员会(简称县科委)设情报组、科技组。1988 年 3 月,情报组、科技组分别更名为情报信息科、科技干部科;增设计划成果科、办公室、县技术市场管理办公室。

1990 年,县政府成立科学技术领导小组、新科技应用开发研究所。1997 年,增设科技计划科、科技市场科。1998 年 3 月,成立县科技信息网络中心。

2001 年,县科委更名为县科学技术局(简称县科技局)。2002 年 4 月,设办公室兼国防动员委员会科技动员办公室和县科普联席会议办公室,科技成果科兼县技术市场管理办公室,技术市场科兼县知识产权办公室。2004 年 3 月,新技术应用开发研究所更名为县生产力促进中心。2005 年,成立知识产权局,与县科技局合署办公。1996 年,成立信息中心。2007 年,成立凹土产业发展领导小组。2008 年,机构无变化。

第二节 科技队伍

1986 年,全县有县科学技术协会、县农科所、农业技术推广中心、畜牧兽医站、林业技术指导站、鱼种场、县良种场,各乡镇有农技推广站、畜牧兽医站、农机站、病虫测报站。全县有各类专业技术职称人员 969 人。

1991 年 8 月,全县对 1986 ~ 1990 年积累的科技工作人员实行职称套改、晋升考评工作。至年底,全县企事业单位取得高、中、初级专业技术人员分别为 119 人、2339 人、11528 人。1995 年,县科委完成 1784 人专业技术职务任职资格推荐和评审工作。年底,授中级职称 401 人、初级职称 1293 人。1997 年 3 月,全县职称评审、聘用工作由县科委移交县人事局。年底,全县有各类技术职称 19333 人,其中高、中级技术职称分别为 294 人、3702 人。

2001 年,县人事局建成科技人才信息库,录入计算机科技人员信息 13800 多条。2004 年,县人事局组织开展企事业单位专业技术人员晋升、换岗、定职申报推荐工作。共审核中、初级申报材料 938 份,其中中级 375 份。企事业单位专业技术人员晋升职称 112 名。2007 年,组织开展企事业单位专业科技人员晋升、定职申报材料推荐工作,为建筑行业土木工程 80 名科技人员评定相应职称。

2008 年底,全县分布在工农业、教育卫生、文化、广播、畜牧兽医、体育、金融、商业等企事业单位的在职各类科技人员 15100 人,引进硕士研究生学历、副高职称人才 10 人。全县主要科研机构有:江苏省羰基铁工程技术研究中心,江苏省凹土工程技术研究中心,江苏省盱眙凹土科技创业服务中心,江苏省盱眙县科技成果转化服务中心,淮安市新型饲料添加剂工程技术研究中心,淮安市水环境处理新材料研究工程中心,淮安市凹土提纯超细工程技术研究中心,淮安市禽类养殖加工工程技术研究中心,淮安市淡水龙虾养殖加工工程技术研究中心,淮安市凹土干燥剂工程技术研究中心,淮安市矿物凝胶工程技术研究中心,淮安市克氏原螯虾育种工程技术研究中心,淮安市茶叶加工工程技术研究中心。

第三节　政策与规划

一、政策规定

1986年,县政府印发《盱眙县科学技术进步奖暂行条例》,成立盱眙县科技奖励评审小组,对科研科技进步成果完成单位及个人予以表彰和鼓励。

1990～1991年,县政府先后印发《关于调动科技人员积极性的有关规定》《关于科学技术体制改革的实施意见》《关于"星火计划"的贯彻和实施意见》《盱眙县科技进步先进乡镇实施条例》等文件,对有研究成果的科技人员在工资待遇、职称评定、子女就业、医疗、探家等方面,给予优惠,作为奖励附加项目,鼓励科技人员攻关科技新项目,推动全县科技队伍扩大。1997年,县委、县政府相继出台《盱眙县关于加速科技进步的若干政策规定》《盱眙县科学技术进步奖励暂行规定》《盱眙县科普工作规定》等文件和政策,推动全县农业、林业、渔业、畜牧业、蔬菜业科技,推广面逐年增加,农业纯良化、水稻肥床育秧稀植、无草害、增肥补钾四大工程有序开展。1999年,县政府出台《关于专利申报授权后给予奖励的实施办法》。

2002年,县委、县政府印发《科技"四百工程"实施意见》,要求引进副高以上职称的工程技术人员100名、与120个大专院校科研院所或高新技术企业集团建立技术依托关系、创办100个高水平市级以上企业科研机构或具有较高科技含量的高新技术企业,开发市级以上新产品150项。

2004～2005年,县委、县政府围绕"四百工程",先后印发《盱眙县"文明育农、科技致富"工程实施意见》《盱眙县2005年度科普工作责任目标分解方案》,明确规定单位责任目标,加强对全县科普工作的指导和督查,兑现科技专利资助金。县科技局制定《盱眙县科技项目管理办法》。

2006年,县委、县政府印发《关于加强知识产权保护和管理工作实施意见》,引导科技人员申报发明专利产品。省凹土工程技术研究中心设实验中心和中试车间,占地2公顷,初步具备凹土科研、成果转化、学术交流以及专业接待等能力,承担国家、省级科研项目。2007年,县政府印发《关于加快凹凸棒石黏土资源高效开发利用科技先导型支柱产业建设的意见》,指导全县凹凸棒石黏土企业开发利用科技先导型支柱产业。

2008年,县委、县政府出台《盱眙县科技计划与项目管理办法》,实施人才引进培养工程、产学研促进工程、创新载体创建工程、高新产品开发工程、科技创新项目工程、专利工作推进工程。

二、规划编制

1992年,县科委与南京化工学院共同完成《盱眙县化学工业发展规划(1991～2000年)》编制工作。2001年,县委、县政府制定《盱眙县科技发展"十五"规划》。县科委与省建材设计院合作,编制《盱眙县建材工业发展规划(1999～2010年)》。2002年,县科技局完成《盱眙县野马追产业建设"十五"规划纲要》《盱眙县凹土产业建设"十五"规划纲要》编制工作。2004年,县科技局完成《盱眙县凹土资源综合利用支柱产业建设"十一五"规划纲要(2006～2010年)》编制工作。2007年,县科技局完成《盱眙县凹凸棒石黏土资源高效开发利用科技先导型支柱产业建设规划(2007～2015年)》编制工作。2008年,未实施规划编制工作。

第四节　经费投入

1986年,县委、县政府加强科研经费改革,用经济手段管理科研项目,科研工作从无偿服务改革为有偿服务。1988年起,县政府确定科技费用以县财政当年实际支出的0.5%为基数,列支县内科研单位事业经费,县财政统一划转县科委管理。1989年,县财政拨款60.6万元,用于科研项目。

1991年,新列科技项目12项,其中省、市级4项,投入经费30.1万元,成功开发新街矿泉水,复合肥添加剂获中国高新技术、新产品博览会银奖。1992~2000年,县财政共投放各类科技计划项目科研经费230.535万元。

2001年,县政府投入资金16115.65万元,其中贷款12800万元、自筹3000万元,用于申报省、市科技项目。2002~2003年,全县共投入科技项目研究、开发和专利申报资金52461.5万元,其中自筹33133万元、银行贷款1445万元、争取省市无偿科技资金扶持217.5万元。2004年,全县获省、市科技项目21个,争取省、市科研扶持资金117万元。2005年,全县科技项目投入资金78548.3万元,其中自筹31685万元、银行贷款43777万元。获国家级列项7项,扶持资金180万元;获省级列项15项,扶持资金173万元;获市级列项38项,扶持资金373.5万元。2006~2007年,全县共争取省科研项目资金4718万元,其中无偿科研资金4558万元。

2008年,县政府出台《盱眙县凹土产业发展专项资金管理办法》,县财政拨款50万元,设立凹土产业发展专项基金,用于奖励凹土科技创新企业。县科技局获市级以上列项21项,争取科研资金620.5万元。其中,凹凸棒石黏土科技项目9个,获省、市扶持资金230万元;县凹凸棒石黏土科技成果转化服务中心获省扶持资金100万元。

第五节 农业技术推广

1986年起,县委、县政府推广植物增产菌、植物生长激素C-751、山芋(红薯)膨大素、小麦根际固氮菌、柴油催化剂、广谱增产菌、油菜增长素、磷钾复合肥;推广三麦轮作换茬消灭草害,药剂灭虫改冬前为春后;花生种植普遍采取起垄和地膜覆盖,配置花生专用肥。引进良种花生海花一号和鲁花9号、油菜秦油2号、掖单玉米4号、杂交稻汕优63号、84-5418冀麦、3124陕麦等。

1990年,全县良种花生每公顷产量3915千克,比本地品种每公顷多收2025千克;种植良种山芋约1300公顷,平均每亩增产19.5%。1991年起,农业、农村科技主管部门实施种子纯良化、水稻肥床旱育稀植、无草害、增肥补钾等技术。先后引进汕优63杂交稻、3124小麦、杂交粳稻、淮宁2号双低油菜、北京农业大学旱稻2号、早籼中优晚1号、鲁麦18号、无籽西瓜、特种蔬菜等良种;养殖业引进红波罗蛋鸡、狄高鸡、杂交猪、杂交牛;水产业引进淮鲫鱼。在实用技术方面,推广夏花生地膜覆盖、玉米健壮素、种子包衣、水稻肥床旱育稀植、鲁麦18号高产栽培、板栗高枝嫁接、日光温室蔬菜、青虾网箱养殖等技术。

图26-1 2007年10月9日,袁隆平(左四)到盱指导农业种植技术。

1996年,全县小麦良种统供率98%,杂交水稻、杂交玉米、杂交花生统供率96%,水稻肥床旱育稀植2.33万公顷,增收1500万元。增钾补肥6.67万公顷,秸秆还田6.67万公顷。1997年起,推广油菜育苗移栽、花生与玉米套种、猪种改良、畜禽防疫等技术。

2000年,全县首批引进2万尾中华史氏鲟苗在天泉湖试养成功,被列入江苏省农业资源开发项目、江苏省星火计划和中俄两国定期会晤科技合作项目。引进红薯二号、宁杂一号等高产山芋、油菜新品种16个,引进水稻特优559、玉米掖单12、皖麦19等新品种,分别在仁集、鲍集等6个乡试种9.56公顷;推广抗病强的中林46号、74号意杨新品种,引进津春五号黄瓜、宁研一号辣椒等新品种11个。建立各级农业领导指挥示范田1128个1.67万公顷,建成特色农业科技园8个,其中市级1个。县土肥站《稻麦留茬还田技术的推广和应用》、县种子公司《杂交籼稻新组合特优559繁殖制种技术研究》获市二等奖,县畜牧兽医站《盱眙县黄牛体内寄生虫调查与防治》获市三等奖,县水产局《池塘罗氏沼虾高产高效养殖》获市四等奖。

2001年起,县科技局相继引进优质籼稻507和084、优质粳稻武育粳、扬麦11、豫玉22、双低优质油菜史力丰和宁杂3号、双色冰淇淋西瓜、抗病旱冠龙西瓜、抗病苏密西瓜、台湾292毛豆、大粒王小麦、宁豇3号,开展火鸡饲养加工一条龙开发和鳜鱼人工饲养。2005年,盱眙县被淮安市政府评为农业部超级稻推广示范县。2006年11月,国家杂交水稻工程技术研究中心天津分中心在古桑乡投资兴建江苏盱眙杂交粳稻试验站,占地约6.7公顷,配备科技人员15人。

2007年,中国工程院院士、国家杂交水稻工程技术研究中心主任袁隆平一行,考察盱眙县杂交粳稻试种站育秧基地,肯定该站在培育新良种上所取得的成果。是年,江苏盱眙杂交粳稻试验站,培育良种5万千克,被江苏省科技厅确定为主体试验站。2008年,全面推广水稻肥床旱育、水稻扩行稀植、水稻精确定量栽培,小麦精量、半精量播种等实用新技术,水稻、小麦良种覆盖率95%以上。

第六节　工业技术推广

1986年起,县科委落实县委、县政府工业科研项目奖励政策,推进全县工业科研项目逐年增加。至1990年,先后完成工业企业32项技术改造项目。其中,县化肥厂引进煤气制气系统,平均每年节约用煤800吨;县龙泉酒厂更新设备,年产曲酒2000吨以上;仇集乡"瑞香"牌小磨麻油采用新技术,年产增至700吨,获部优产品奖;县第二水泥厂实施立窑水泥生产微机控制技术,水泥熟料每吨耗煤由原来160千克降至125千克;县医疗器械厂开发月产100万支尼柯达注射针产品,投放国外市场;县制药厂生产的脑复新药物、县帆布厂生产的阔幅帆布等新产品相继进入市场。

1994年,江苏第一泉酒厂自行设计生产的青瓷花瓶、青瓷小坛、青瓷龙壶、弥勒佛壶青瓷系列酒具,获第三届中国新技术新产品博览会金奖。1996年,县科委、地矿局、千土王公司等单位完成凹土开发项目光盘制作,编制有关凹土开发可行性报告。千土王公司生产改性凹凸棒石黏土新产品和县狼山水泥厂申报《钙基配方节能新技术》,分别被省科委列入科技成果重点推广计划;县中药饮片厂研制玉蝶茶获得广泛应用。

2000年,华东机床厂研发的小型车床、桓远染化厂研发的染料、淮河化工总厂精细化工系列产品、奥土胶体公司研制的凹土产品等在南京高新技术产品交易会上展示展销。2001年,县政府加大凹凸棒石黏土产业投入,引进科技研发人才,研制一批国内外市场认可、畅销的新技术新产品,销往英、美、日、澳、马来西亚等国。是年,江苏淮化集团有限公司生产的硝基甲苯,被省科委列入高新技术产品,属全县首批。2002年,盱眙凹土产业被江苏省列入苏北星火产业带科技先导型支柱产业。江苏淮化集团双合有限公司被省列入高新技术企业,属全县首家。县鹏胜矿业机械制造有限公司被淮阴市委表彰为实施科技四大工程先进集体。

2005年,全县共完成各种工业技术改造项目243个,开发新产品55个,其中市级以上37个,县造纸厂引进的水果生长纸生产技术,填补国内空白。2006年,省凹土工程技术研究中心承担国家、省级科研项目10个,开发凹土新产品6个,实现成果转化15项。9月,通过省科技厅验收合格。

2007年5月,县政府举办中国(盱眙)凹土科技成果展,展示凹土干燥剂、脱色剂、净化剂等系列产品40种。全县凹凸棒石黏土开发利用科技先导型支柱产业列入统计企业24家,其中千万元以上资产企业7家。2008年,全县主要有高粘结剂、活性土、农药载体、饲料载体、肥料粘结剂、白云石凹土粉、凹凸棒石黏土粉、干燥剂、猫砂、分子筛、催化剂载体、抗盐凹土等新技术新产品。凹土液体净化技术、高性能防腐涂料被广泛推广应用,创建江苏省凹土重点实验室和盱眙县凹土科技园,有国家级新技术企业2个、省级新技术企业8个、市级新技术企业19个;有国家级高技术产品1项、省级高技术产品2项、市级高技术产品31项。

2001～2008 年盱眙县国家和省级高新技术产品一览表

表 26－1

获批年份	产品名称	企业名称	级　别
2001	硝基甲苯	江苏淮化集团有限公司	省　级
2002	间甲苯胺	江苏双合化工股份有限公司	省　级
	邻甲苯胺	江苏双合化工股份有限公司	省　级
	对甲苯胺	江苏双合化工股份有限公司	省　级
2003	低速大扭矩液压马达	江苏淮化集团永丰机械有限责任公司	省　级
	震源药柱	江苏天明化工有限公司	省　级
2004	中空玻璃干燥剂	盱眙博图凹土高新技术开发有限公司	省　级
	超级凹凸棒凝胶	江苏淮源矿业有限公司	省　级
2005	集装箱专用凹凸棒黏土干燥剂	盱眙博图凹土高新技术开发有限公司	省　级
	羰基铁粉	江苏天一超细金属粉末有限公司	省　级
	城市给水絮凝剂	江苏澳特邦非金属矿业有限公司	省　级
2006	陶瓷透水砖	华荣集团江苏丽邦建材有限公司	省　级
	凹土沥青改性剂	江苏澳特邦非金属矿业有限公司	省　级
2007	野马追中药材微量化饲料添加剂	淮安康达饲料有限公司	省　级
	纳米氧化铁	江苏天一超细金属粉末有限公司	省　级
	凹土涂料增稠剂	江苏淮源矿业有限公司	省　级
2008	CTC 型软交换指令电话	盱眙知容科技有限公司	国家级
	C95、P110 加厚油管	江苏凡力钢管有限公司	省　级
	纳米凹土导电功能复合新材料	盱眙博图凹土高新技术开发有限公司	省　级

2002～2008 年盱眙县获批国家和省高新技术企业一览表

表 26－2

获批年份	企业名称	级　别
2002	江苏淮化集团双合有限公司	省　级
2003	江苏淮化集团永丰机械有限责任公司	省　级
2004	江苏淮源矿业有限公司	省　级
2004	盱眙博图凹土高新技术开发有限公司	省　级
2005	江苏澳特邦非金属矿业有限公司	省　级
2006	江苏天一超细金属粉末有限公司	省　级
2006	江苏天明化工有限公司	省　级
2007	淮安康达饲料有限公司	省　级
2008	江苏天一超细金属粉末有限公司	国家级
2008	淮安康达饲料有限公司	国家级

第二章　科技成果

第一节　项目申报与奖励

1986年，县政府规定科技成果奖励办法，一等奖400元，二等奖300元，三等奖200元，四等奖100元。是年，获市科委科技成果二等奖1项、三奖1项、四等奖4项。1988年，县科委落实县委、县政府科技成果目标考核办法，加强乡镇、工业企业科技成果考核和各类科技计划项目申报，获市科委科技成果三等奖2项、四等奖4项。

1991年起，全县启动星火产业带建设，开展争创省级科技工作先进乡镇活动。县科委组织科技工作者深入工业、农业一线调研，宣传争创科技工作先进乡镇的内容和重点，推动研发星火产业科技立项迅速增加。1993年，县政府调整科学技术进步奖奖励幅度，被评为县级科技成果一至四等奖，分别奖励1500元、800元、400元、200元。马坝镇、官滩镇、旧铺镇、桂五镇、东阳乡、观音寺乡、新街乡、黄花塘乡、古桑乡、河桥乡、十里营乡被省科委评为省科技工作先进乡镇。

1996年，全县各乡镇配备专职科技助理，继续开展争创省级科技工作先进乡镇活动。官滩镇、马庄乡、观音寺乡、东阳乡继续被省科技部门评为江苏省科技工作先进乡镇。1997～1998年，推荐和申报省、市科技进步奖项目，未获省、市科研科技成果奖。1999年起，县委、县政府加大科研科技投资，实施科教兴县战略，开展创建科技示范乡镇、科技示范工业企业活动，获省、市立项的科技项目明显增加。至2001年底，共向省、市推荐和申报科技成果85项。其中，首次被省科委批准列入科技项目5项、高新技术产品1项、高新技术企业1家；获市科委二等奖1项、三等奖2项、四等奖3项。

2004年，盱眙县被省科技厅授予苏北星火产业带科技先导型支柱产业建设先进县称号。2006年，县科技局被省科技部门评为科技进步考核先进单位。2007年，申报国家、省高新计划列项产品156个，获批国家火炬计划、星火计划4项，国有重点新产品1项；科研科技成果获省二等奖1项、三等奖2项；获市一等奖1项、四等奖2项。2008年，全县各行各业申报各类科技项目被国家科委列入火炬计划、星火计划9项，高新产品2项；获市科技成果三等奖2项、四等奖1项。

附：重要科技成果

野马追糖浆　1986年，盱眙县以野马追药材为原料，采用絮凝工艺制成野马追糖浆。药品从野马追药材提取和分离出黄酮、生物碱等，经加工制成糖浆剂，药品质量为省级标准。2000年后，药品质量标准由省级标准上升为国家级标准。2008年，其标准未变。

一次性双腔引流管，一次性膀胱冲洗器　1995年，县医院周云芳研究设计用于医学临床一次性双腔引流管、一次性膀胱冲洗器医学科研成果，通过专家鉴定，在全国推广应用，分别获国家专利和第二届全国高新技术、新产品博览会银杯奖和优秀奖。

红色基B　1988年，县染化厂委托盱眙华阳化工研发中心与镇江天龙化工有限公司合作开发红色基B。采用原材料有氨基苯甲醚、水醋酸、浓硝酸、溶剂等，经过酰化、硝化、水解、过滤、干燥的工艺流程加工合成。主要用于棉、麻、粘胶物染色和印花显色，可作为医药及有机颜料的中间体，产品质量在国内外处于领先水平。1995年，获中国高新技术博览会银奖。

羰基铁粉 2005年，江苏天一超细金属粉末有限公司申报羰基铁粉规模化生产线的研制项目，该成果采用新的热解和过滤装置及合理设计工艺，适用制造大批量、微小型、复杂、精密的零部件。羰基铁粉，分为未还原、还原两大类。未还原的羰基铁粉含有不大于0.75%的碳、氮，不大于0.4%的氧，铁含量在97.5%以上，主要用于纯铁基制品；还原的羰基铁粉，具有高纯度，碳含量小于0.05%，绝大部分仅在0.03%以下；氮含量在0.01%以下，氧含量小于0.05%，绝大部分仅在0.03%以下，铁含量在99.5%以上。当年获市科技成果一等奖。2006年，被列为国家科技火炬计划项目。

2001~2008年盱眙县获国家、省列项主要科技项目一览表

表26-3

年份	项目类别	项目名称	承担单位	级别
2001	科技创新基地	江苏省凹土工程技术研究中心	盱眙县人民政府	省级
	高新技术产品认定	一硝基甲苯	江苏淮化集团有限公司	省级
	高新技术成果认定	普利隆牌聚氨脂重防腐涂料	江苏淮化集团有限公司	省级
	科技基础设施建设	盱眙县农业产业化特色数据库	盱眙县信息网络中心	省级
	自然科学基金	江苏特产药材野马追规模化种植及其资源化学动态评价	江苏安格药业集团	省级
2002	科技攻关(支柱产业)	野马追有效成分的提取和分离	江苏安格药业集团	省级
	示范推广	用凹凸棒土生产天然饮用水矿化净化剂	盱眙县贝达吸附剂厂	省级
	示范推广	野马追标准化种植技术推广	盱眙县杜梁山有机农业贸易公司	省级
	国际合作	高强涂料	江苏淮化集团有限公司	省级
	社会发展	腹腔镜下径胆道镜行胆总管括约肌顺利切开术	江苏盱眙楚东医院	省级
	高新企业	江苏双合化工股份有限公司	江苏双合化工股份有限公司	省级
	星火计划	野马追糖浆制剂	江苏安格药业集团	省级
	高新产品认定	间甲苯胺	江苏双合化工股份有限公司	省级
	高新产品认定	邻甲苯胺	江苏双合化工股份有限公司	省级
	高新产品认定	对甲苯胺	江苏双合化工股份有限公司	省级
2003	高新技术研究(农业)	凹凸棒石黏土矿石提纯和扩孔技术研究	江苏省凹凸工程技术研究中心	省级
	科技攻关(工业)	基铁粉规模化生产线的研制	县天一超细金属粉末有限公司	省级
	科技攻关(农业)	凹土吸附级新产品研究与开发	新技术研究所	省级
	科技攻关(农业)	用凹土生产洗涤助剂的研究	县欧佰特粘土材料有限公司	省级
	科技成果示范推广	中药材野马追新品种和GAP种植技术示范推广	安格药业、黄花塘镇政府、新技术研究所	省级
	科技成果示范推广	用凹土生产油脂专用吸附白土技术推广	县欧佰特粘土材料有限公司	省级
	科技成果示范推广	润滑油精制用活性凹土	县奥特宝粘土矿业有限公司	省级
	国际科技合作	凹土液体净化剂技术攻关和联合生产	县欧佰特粘土材料有限公司	省级
	星火贴息	肉鸡饲养加工一条龙生产	县三森冷冻厂	省级
	火炬贴息	液压马达	江苏淮化集团永丰机械有限公司	省级
	高新技术产品	震源药柱	江苏天明化工厂	省级
	高新技术产品	低速大扭矩液压马达	江苏淮化集团永丰机械有限公司	省级
	基础实施建设计划	野马追规范化种植基地	盱眙县人民政府	省级

续表 26－3

年份	项目类别	项目名称	承担单位	级别
2004	国际合作	开发凹土食品添加剂	江苏省淮源矿业有限公司	省级
	科技攻关	凹凸棒石涂料增调剂研究与开发	江苏省淮源矿业有限公司	省级
	科技攻关(农业)	烟卷专用凹凸棒石添加剂研究与开发	县欧佰特粘土材料有限公司	省级
	科技攻关(农业)	野马追等中药材微量化饲料添加剂研究与开发	淮安市康达饲料有限公司	省级
	科技攻关(农业)	凹土的纯化、超细化加工技术研究与开发	江苏省凹土工程技术研究中心	省级
	软科学计划	盱眙县凹土产业5年科技发展规划研究	县生产力促进中心	省级
	国家星火	车用制动气路干燥剂开发	县博图凹土高新技术开发有限公司	省级
	国家星火	超级凹凸棒凝胶开发	江苏省淮源矿业有限公司	省级
	国家星火	棕榈油脱色剂开发	江苏澳特邦非金属矿业有限公司	省级
	国家星火	油脂专用吸附白土开发	盱眙欧佰特粘土材料有限公司	省级
	国家星火	无公害富硒香米开发	县远健农业科学开发有限公司	省级
	高新技术产品	中空玻璃干燥剂	县博图凹土高新技术开发有限公司	省级
	高新技术产品	超级凹凸棒凝胶	江苏省淮源矿业有限公司	省级
	科技创新服务体系	凹土产业科技创新信息能力建设	县生产力促进中心	省级
2005	国际科技合作	合作开发凹土高效有机油料脱水除臭净化剂	江苏澳特邦非金属矿业有限公司	省级
	科技攻关(农业)	利用凹土制备高性能水煤浆添加剂的研究	江苏省凹土工程技术研究中心	省级
	科技基础设施建设	凹凸棒石黏土技术信息资源建设与服务	盱眙县生产力促进中心	省级
	国家农业专项	国家粮食丰产科技工程江苏省水稻项目盱眙辐射区	盱眙县科技局 盱眙县农业局	省级
	星火贴息	国家星火110科技信息共享与服务平台建设专项	盱眙县农技推广中心 盱眙县生产力促进中心	省级
	星火贴息	Ps系列多腔式制砂机开发	盱眙县鹏胜矿业机械制造有限公司	省级
	星火贴息	香丹注射液开发	江苏安格药业有限公司	省级
	星火贴息	盱眙龙虾规模养殖与加工产品开发	盱眙县三森冷冻厂	省级
	星火贴息	新型高效饮用水矿化净化剂开发	盱眙县贝达吸附剂厂	省级
	星火贴息	车用制动气路干燥剂开发	盱眙博图凹土高新技术开发有限公司	省级
	星火贴息	超级凹凸棒凝胶开发	江苏省淮源矿业有限公司	省级
	星火贴息	超级凹凸棒凝胶开发	盱眙欧佰特粘土材料有限公司	省级
	国家星火	绿色高效河蟹饲养开发	淮安康达饲料有限公司	省级
	国家星火	用凹土生产集装箱干燥剂开发	博图凹土高新技术开发有限公司	省级
	国家星火	新型高效凹土钻井泥浆开发	江苏澳特邦非金属矿业有限公司	省级
	国家星火	凹凸棒石食品添加剂开发	江苏省淮源矿业有限公司	省级
	高新技术产品	集装箱专用凹凸棒石黏土干燥剂	盱眙县博图凹土高新技术开发有限公司	省级
	高新技术产品	城市给水絮凝剂	江苏澳特邦非金属矿业有限公司	省级
	高新技术产品	羰基铁粉	盱眙县天一超细金属粉末有限公司	省级

续表 26-3

年份	项目类别	项目名称	承担单位	级别
2006	科技富民强县专项行动计划	造纸专用凹土填料研究与开发	江苏省淮源矿业有限公司	省级
		造纸专用凹土填料研究与开发	盱眙欧佰特粘土材料有限公司	省级
		城镇河流取水口凹土净化吸附新材料研究与开发	盱眙康隆矿业科技开发有限公司	省级
		凹土性能测试技术及行业标准研究	江苏省盱眙凹凸棒石黏土行业协会	省级
		纳米凹土导电功能新材料的研究与开发	盱眙博图凹土高新技术开发有限公司	省级
		盱眙凹土产业产学研合作服务平台建设	盱眙县生产力促进中心	省级
		盱眙县凹土产业新技术转化培训	盱眙县生产力促进中心	省级
		凹土提纯技术产业化及延伸产品开发	江苏澳特邦非金属矿业有限公司、江苏淮源矿业有限公司	省级
2007	国家重点新产品	车用制动气路干燥剂	盱眙博图凹土高新技术开发有限公司	国家级
	国家火炬计划	年产3000吨羰基铁粉	江苏天一超细金属粉末有限公司	国家级
	国家星火计划	折叠式育秧软盘产品开发	盱眙县永进塑料厂	国家级
	国家火炬计划	绿色无公害草莓种植技术与草莓酱产品开发	盱眙县三森冷冻厂	国家级
	国家星火计划	绿色高效贝类饲料开发	淮安市康达饲料有限公司	国家级
2008	国家火炬计划	凹土絮凝剂产品开发	江苏澳特邦非金属矿业有限公司	国家级
	国家星火计划	高效环保凹土预混合饲料添加剂产品开发	江苏神力特矿业有限公司	国家级
	国家火炬计划	凹土杀虫剂载体开发	盱眙县大山新材料厂	国家级
	国家星火计划	纺织凹土浆料产品开发	江苏淮源矿业有限公司	国家级
	国家火炬计划	矿物油专利凹土脱色剂产品开发	盱眙县鸿太凹土材料有限公司	国家级
	国家星火计划	鱼腥草注射液开发	江苏安格药业有限公司	国家级
	国家火炬计划	电焊条药皮用凹土材料产品开发	盱眙康隆矿业科技开发有限公司	国家级
	国家火炬计划	卷烟专用凹土添加剂产品开发	盱眙欧佰特粘土材料有限公司	国家级
	国家星火计划	低温环保压榨绿色花生油开发	江苏天擎食品有限公司	国家级
	省级星火计划	2万吨奶牛用复合型高能饲草饲料开发	盱眙金泰高能饲草饲料有限公司	省级
	省级星火计划	无公害河蟹与翘嘴红鲌鱼生态健康高效套养技术产业化开发	盱眙县陡湖水产养殖示范场	省级
	省级星火计划	合作开发棕榈油专用助滤凹土	盱眙康隆矿业科技开发有限公司	省级
	省高新技术产品	陶瓷透水砖	华荣集团江苏丽帮建材有限公司	省级
	省高新技术产品	凹土沥青改性剂	江苏澳特邦非金属矿业有限公司	省级

1986～2008年盱眙县部分获省、市奖励科研科技成果一览表

表26－4

年份	成果名称	完成单位或个人	级别	等级
1986	盱眙县综合农业区划	县农业区划办公室	市级	二
	淡竹丰产技术研究	县林场	市级	四
	夏大豆80－H33推广	县农技推广中心	市级	四
	山羊革服装	县皮革厂	市级	四
	水牛食道梗阻手术十二例	县畜牧兽医站	市级	四
	盱眙县中药资源普查及研究	县医药公司	市级	三
	建设盱眙飞播示范草场	县多管局	市级	四
1987	农村基层霍乱综合防治技术研究	畜牧兽医站	市级	四
	髌骨加压器研制及临床应用	周云芳	市级	四
	盱眙农村产业结构的系统分析与优化设计	县农村产业结构课题组	市级	一
1988	推广花生良种"海花一号"	县农业局	市级	四
	经食道心房电刺激对室上速发病机理及终止方法研究	县人民医院	市级	四
	毛细管集虫直接镜检法普查伊氏锥虫病	县畜牧兽医站	市级	四
	盱眙县第二次森林资源调查规划及其成果应用	县林业站	市级	四
	雏鸭病毒性肝炎的病原分离及防治	县畜牧兽医站	市级	三
	中医脉象的血流动力学基础研究	县人民医院	市级	三
1989	山羊制造抗小鹅瘟血清的研究	县畜牧兽医站	市级	三
	涤棉线绢	县织布厂	市级	四
	农业鼠情监测	县植保站	市级	四
1990	低产田调查改造咨询系统软件	县农业区划办公室	市级	三
	中华稻蝗生物学特性及防治对策的研究	叶永余等人	市级	一
1991	思想政治工作的艺术	周平	市级	三
	水牛犊腹泻的研究	许金亭等人	市级	三
	松实小卷蛾防治技术	县林业站	市级	三
	土壤有机质变化平衡技术的研究与应用	县土肥站	市级	三
1992	颗粒磷肥	县磷肥站	市级	三
	"敌痢灵"防治猪泄痢病	桂五镇畜牧兽医站	市级	四
	盱眙县丘陵山区几种主要造林树种生长分析	县林业站	市级	四
	侧伯叶枯病研究和防治	县多管局	市级	二
	4－硝基－2－甲氧基苯胺生产技术	县染化厂	市级	三
	松实小卷蛾防治技术	王行政	省级	三
1993	侧伯叶枯病研究和防治	王行政	省级	四
	秦油2号高产栽培技术研究及应用	马坝镇	市级	四
	鸡新城疫免疫技术的研究与推广	县畜牧兽医站	市级	四
	油菜施用硼肥技术的研究与应用	县土肥站	市级	四
1994	山楂果实沟藏技术的研究和应用	县林业站	市级	四
	抗生素灌注加内固定治疗感染性开放性骨折	县人民医院	市级	三
	夏熟作物"无草害工程"推广应用	县植保站	市级	三

续表 26－4

年份	成果名称	完成单位或个人	级别	等级
1995	杂交中籼协优 63 引进、示范与推广	县农业局、种子公司	市级	三
	盱眙县优良菜鹅综合饲养技术的应用	县多管局	市级	四
	氯丹毒土层在水库堤坝白蚁防治中的应用	县水利局	市级	四
1996	新产品 XQD6116 型万能升降合铣床	县通用机械厂	市级	三
	新引进黄牛发生巴贝斯焦虫病的探讨	县畜牧兽医站	市级	四
1999	推广杂交新组合特优 559 及其高产群体质量栽培技术	县种子公司、县作物栽培站	省级	三
	县级科技信息网络体系建设	县科委	市级	三
2000	水稻大螟的发生规律及防治对策研究	县植保站	市级	四
	秸秆养牛技术的推广应用	县畜牧兽医站	市级	四
2001	激生 1 号疫苗免疫猪牛田间增重试验和推广应用	县畜牧局	市级	四
	稻麦田杂草种群变化及防除对策研究	县植保站	市级	二
2002	绿头野鸭规模养殖综合配套技术研究	县畜牧兽医站	市级	三
	家畜猝死症病因的调查与防治	县畜牧兽医站	市级	四
	经皮疏密波刺激治疗肩周炎的临床研究	县人民医院	市级	四
2003	乳化炸药在震源药柱中的应用	天明化工有限公司	市级	四
	松材线虫病防治技术的应用推广	县林业站	市级	四
	羰基铁粉规模化生产线的研制	江苏天一超细金属粉末有限公司	市级	一
2004	凹凸棒土高效增值深加工技术	盱眙县欧佰特粘土材料有限公司	市级	三
	微波联合湿润烧伤膏治疗鼻内镜术后粘连	县人民医院	市级	三
2005	高效催化复合吸附型室内空气净化器	县贝达吸附剂厂	市级	四
	山羊体内寄生虫调查与防治	县畜牧兽医站	市级	四
	节水灌溉工程经济评价方法研究	县水务局	市级	四
	县水土保持数据库管理系统	县水务局	市级	四
	小切口非超声乳化人工晶状体植入术	县人民医院	市级	四
2006	气相液化床催化加氢法生产对甲苯胺	江苏淮河化工有限公司	市级	一
	野马追等中药材系列微量化饲料添加剂研究与开发	淮安康达饲料有限公司	市级	三
	凹凸棒黏土的纯化、超细加工技术的开发	县内凹土企业	市级	二
	GPS/GPRS 全球卫星定位车辆高度系统	盱眙苏源高新技术开发有限公司	市级	四
2007	凹凸棒土表面改性关键技术及在食品工业中的应用	盱眙县欧佰特粘土材料有限公司	省级	二
	气相流化床催化加氢法生产对甲苯胺技术	江苏淮河化工有限公司	省级	三
	新一代高转化率合成高品级金刚石用镍铁包覆石墨复合材料	江苏天一超细金属粉末有限公司	省级	三
	高品质纳米氧化铁生产技术	江苏天一超细金属粉末有限公司	市级	一
	丘陵山区等高植物篱水土保持生态效果研究	盱眙县水务局、盱眙县水利试验站	市级	三
	盱眙县丘陵山区水土保持生态建设研究与应用	盱眙县水务局、盱眙县水利试验站	市级	四
2008	MH－32－型乳化炸药敏化机的研制技术	江苏天明化工有限公司	市级	四
	丘陵山区生态修复效益研究	盱眙县水务局、盱眙县水利试验站	市级	三
	麻醉胃管的研制及其临床应用的研究	盱眙县人民医院	市级	三

第二节 知识产权管理与申报

1997年11月,县政府印发《关于建立盱眙县人民政府知识产权办公会议制度的通知》。年底,首次举办知识产权保护和申报专利项目法规知识培训班,各企业领导、各乡镇分管科技工作的领导80余人参训。1998年,各乡镇、各工业企业均成立保护知识产权领导小组,实施知识产权保护工作。1999年,县科委确定淮河化工集团为全县知识产权保护试点单位,制定具体措施和激励办法。

图26-2 县知识产权局

2003年,县政府明确规定知识产权奖励办法,发明专利和实用专利每件资助450元。县科技局对各商场、超市带有专利标志的产品进行全面检查,共抽查44项专利产品,未发现侵权产品。在"4·26"世界知识产权日中,悬挂宣传标语200幅,发放宣传资料5000份,举办培训班2期,参训150余人。确定鹏胜矿业机械有限公司为保护知识产权试点单位。全年申请专利71件,其中发明专利6项、实用新型专利7项、外观专利58项,均未获国家知识产权局授权。

2004年,县政府调整知识产权奖励办法,发明专利每项资助1000元;发明、实用新型专利每项分别资助300元、200元,资助时间3年;外观设计专利每项资助200元,资助时间1年。年底,全县共支付专利申请资助金6.8万元,获国家知识产权局授权专利发明34项。2005年,全年发明专利申请98项、实用新型专利申请156项、外观设计专利申请272项,共获国家知识产权局授权专利104项;转化、实施专利技术32项。盱眙县被省科技厅、省知识产权局列为省级知识产权试点县。

2006年,县政府组织科技、工商、文化、质监、药品监督、公安部门联合开展3次知识产权执法行动,集中销毁假冒产品3500余件,价值20万元。查处仿冒龙虾雕塑、龙虾气模外观设计专利侵权案2件,查处盱眙经济开发区企业假冒商标案1件,仿冒龙虾气模的侵权纠纷1件。全年获国家知识产权局授权专利发明46项。2007年,获国家知识产权局授权专利发明55项。盱眙县通过省知识产权试点县验收,县科技局被省科学技术厅、省知识产权局评为知识产权先进集体。2008年,县政府在盱眙中学、盱眙都梁中学分别举办3期专利申请知识培训班,全县科技人员、各乡镇科技助理、各工业企业负责人参训500余人次;在人武部举办科技创新进军营及知识产权保护培训班,驻盱眙部队官兵参训;举办全县中小企业知识产权发展战略培训班,各乡镇分管科技领导和100多个中小企业主参加培训。年底,获国家知识产权局授权专利发明57项。县知识产权局被省知识产权局评为知识产权工作先进集体。

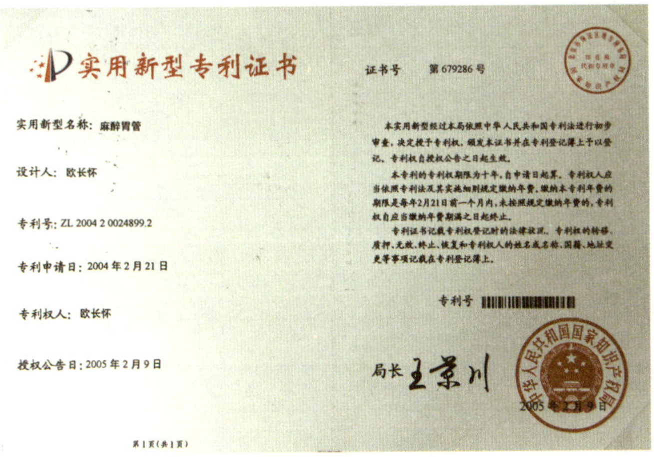
实用新型专利证书　证书号 第679286号

实用新型名称:麻醉胃管

设计人:欧长怀

专利号:ZL 2004 2 0024899.2

专利申请日:2004年2月21日

专利权人:欧长怀

授权公告日:2005年2月9日

本实用新型经过本局依照中华人民共和国专利法进行初步审查,决定授予专利权,颁发本证书并在专利登记簿上予以登记。专利权自授权公告之日起生效。

本专利的专利权期限为十年,自申请日起算。专利权人应当依照专利法及其实施细则规定缴纳年费。缴纳本专利年费的期限是每年2月21日前一个月内。未按照规定缴纳年费的,专利权自应当缴纳年费期满之日起终止。

专利证书记载专利权登记时的法律状况。专利权的转移、质押、无效、终止、恢复和专利权人的姓名或名称、国籍、地址变更等事项记载在专利登记簿上。

专利号

局长 王景川

中华人民共和国国家知识产权局

2005年2月9日

第1页(共1页)

图26-3 知识产权申报

2008年盱眙县主要发明、实用新型专利授权情况一览表

表26－5

授权日期	发明人	专利名称	类型
2008.1.3	蒋文兰	水基凹凸棒铸造涂料粉剂的生产方法	发明
2008.1.9	许盛英	天然矿物吸附过滤板的生产方法	发明
2008.1.9	许盛英	天然矿物吸附过滤陶片的生产方法	发明
2008.1.9	许盛英	天然矿物质尿素舔砖的生产方法	发明
2008.1.9	许盛英	冰箱除臭吸味剂伴侣及生产方法	发明
2008.1.23	陶　韬	天然矿物海水淡化净化离子交换器	实用
2008.1.30	许盛英	天然矿物吸附过滤芯的生产方法	发明
2008.1.30	许盛英	天然矿物质复合营养舔砖的生产方法	发明
2008.1.30	许盛英	除臭吸汗鞋垫及生产方法	发明
2008.2.6	许盛英	凹凸棒海盐保健浴泥粉	发明
2008.2.6	许盛英	免燃天然矿物吸附过滤芯的生产方法	发明
2008.2.6	许盛英	免燃天然矿物吸附过滤环的生产方法	发明
2008.2.20	陶　韬	天然矿物海水淡化净化过滤器	实用
2008.3.5	郭业寨	一种设置有弯头勺柄的勺子	实用
2008.4.2	许盛英	凹凸棒中药材组合物的炮制方法	发明
2008.4.2	许庆华	凹凸棒硫磺保健浴泥粉	发明
2008.4.2	许盛英	凹凸棒保健浴泥粉	发明
2008.4.2	许盛英	除臭吸附剂及生产方法	发明
2008.4.2	蒋文兰	醇基凹凸棒铸造涂料粉剂的生产方法	发明
2008.4.2	刘长勇	多品种作业播种机	发明
2008.5.21	许盛英	凹凸棒药物保健浴泥粉	发明
2008.5.21	许盛英	黑色凹凸棒药物浴泥粉	发明
2008.5.21	许盛英	免燃天然矿物吸附过滤块的生产方法	发明
2008.5.21	谷文书	醇基凹凸棒悬浮剂的生产方法	发明
2008.5.21	蒋文兰	水基凹凸棒悬浮剂的生产方法	发明
2008.5.21	许庆华	用于玩具的矿物填充料	发明
2008.5.21	许庆华	用于玩具的多用途矿物填充料	发明
2008.5.28	许庆华	蒙脱石天然脱硫器	实用
2008.6.18	许盛英	凹凸棒中药泥浆面膜及其制备方法	发明
2008.6.18	许盛英	免燃天然矿物吸附过滤板的生产方法	发明
2008.6.18	淮安市康达饲料有限公司	中华绒螯蟹配合饲料	发明
2008.6.25	袁长兵	凹凸棒沼气脱硫器	实用
2008.7.23	许盛英	凹凸棒中药保温面膜粉	发明
2008.7.23	曹雅实	天然矿物吸附过滤电焊面罩	实用

续表 26-5

授权日期	发明人	专利名称	类型
2008.7.23	曹雅实	天然矿物吸附过滤面罩	实用
2008.7.23	曹雅实	吸附过滤面罩	实用
2008.7.23	李业阳	天然矿物吸附过滤口鼻罩	实用
2008.7.23	李业阳	天然矿物吸附过滤口罩	实用
2008.7.30	许庆华	凹凸棒恒湿净化器	实用
2008.8.3	张昊博	藕合式离合器	实用
2008.8.6	邱学荣	植物源药物悬浮剂	发明
2008.8.6	袁长兵	籽用西瓜保温催芽剂	发明
2008.8.13	高为鑫	纳米 SiO_2 包覆羰基铁粉的生产方法	发明
2008.8.20	姜 滢	野马追中药材饲料添加剂	发明
2008.10.8	许盛英	凹凸棒粒滤料的生产方法	发明
2008.10.8	许盛英	天然矿物质舔砖添加剂的生产方法	发明
2008.10.8	袁长兵	凹凸棒悬浮剂	发明
2008.10.8	袁长兵	凹凸棒日光温室保温砖	发明
2008.10.15	谷 晨	净化除味书包	实用
2008.11.26	左应尧	三缸连续喷雾器	发明
2008.11.26	李业阳	吸附过滤口鼻罩	实用
2008.11.26	李业阳	吸附过滤口罩	实用
2008.11.26	杜建中	石英砾石分选及矿物解离提纯工艺	发明
2008.12.17	许庆华	凹凸棒新铁锅清洗砂的生产方法	发明
2008.12.17	许盛英	航空煤油吸附净化剂	发明
2008.12.24	岳姿含	凹凸棒吸湿异味枕头	实用
2008.12.24	岳姿含	凹凸棒吸湿除异味电热毯	实用

第三章 科技市场与服务

第一节 市场管理与项目交易

1988 年，县委、县政府印发《盱眙县技术市场管理暂行规定》，县技术市场管理办公室开始多渠道、多形式技术市场管理，实施科技交易洽谈活动。县科委协助各乡镇管理农技、农机、畜牧、水产、林业、蚕桑、水利以及工业企业等部门的科技市场。

1990年,县技术市场管理办公室根据县政府文件精神,加强技术市场管理,组织技术市场交易。至1992年底,技术市场成交55项,交易额1049.21万元。盱眙县在淮阴市技术交易洽谈会上,与部分高等院校和科研院所洽谈项目36个。1993年,县科委组织企业参加南京中国高新技术、新产品博览会,参展项目4个。1994年起,县科委开始登记、管理技术合同。至1995年,全县共登记科技合同36个,合同金额1740.83万元,其中贸易额18.73万元。参加南京1995中国高新技术新产品博览会,参展项目14个。

1999年,审批民营科技企业3个,并加入省民营科技企业协会。乡镇、企业科技人员参加1999中国苏州科技成果交易会,签订洽谈意向项目14个;参加山东烟台举办的果蔬加工与产业化国际展览会,签订意向协议3项。

2000年1月,参加南京农业更新工程新品种成果展览会,展出技术项目14个。4月,参加江苏省网上技术交易会,交易项目3个。10月中旬,参加中国南京高新技术成果交易会,展销产品有机床、染料、化工系列产品、凹土产品等16个。

2001年,县政府印发《盱眙县技术贸易机构审批操作规程》《盱眙县民营科技企业认定审批操作规程》《盱眙县科技类非企业单位审查登记操作规程》。全县建立江苏淮化集团化工工程、江苏凹土工程省级技术中心和盱眙县华阳化工工程县级技术中心。18个单位、企业与上海20个科研单位对口洽谈,签约科研项目1个。

2002年,县科技局组织企业单位参加淮安科技洽谈会,与60多个科研院校和科技企业洽谈项目170多个,签约24个,其中23项付诸实施。年底,经科技局审核批准民营科技企业5家。2005~2006年,县科技局组织企业单位2次参加淮安科技洽谈会,共对接科研院所42个、专家71人,签约科技项目56个,其中工业项目29个,5000万元以上项目2个。

2007年,县委、县政府组织各企业科技负责人参加淮安市科技洽谈会,参展摊位1个,布置科技展板6块,其中专利展板1块。其间,共签约项目44个,其中集中签约项目4个、工业项目35个、亿元项目5个,签约项目实施率97.5%。2008年,县委、县政府组织全县非金属企业参加上海第五届中国非金属矿发展展览会、第四届苏北投资贸易洽谈会、淮安市科技洽谈会。在淮安市科技洽谈会期间,共签约科技项目42个,实施率95%。县科技局组织企业参加江苏省首届国际产学研合作论坛暨跨国技术转移大会,签订转移协议7份。

第二节 信息发布

1986年起,县委、县政府围绕经济建设中心,加强科技情报的收集与发布,提高科技成果利用率。至1994年,共召开各类科技发布会15次,发布科技情报4600多条,发布科技和市场信息350次,印发《科技消息》《科技简报》172期,编写科技实用书籍《米糠和稻壳综合利用》《盱眙县种植中药材致富咨询》,科技情报利用率1.3%。

1996年,县科委信息中心建立盱眙信息网,与淮阴市远程计算机信息中心联网,设《盱眙概况》《招商引资》《名特产品》《凹凸棒石粘土》《旅游景点》《农业产业化》《信息网络中心》《盱眙新闻》等16个栏目,企业和各乡镇建成科技信息网络18个。

2000年,信息中心共建立1256人的专业技术人才数据库。水冲港板栗、草鸡等信息发布后,经济效益上升近1倍。2001年起,县科技局先后印发《盱眙县科技信息服务操作规程》《盱眙县科技网络管理规程》《科技网络服务人员服务规范》等文件,规范网络发布和各类信息收集。继续在淮河化工集团有限公司实施制造业信息化试点工作,建成中国盱眙龙虾特色、县农业产业化特色和盱眙野生绿色食品数据库;建成盱眙县科技信息网中国盱眙凹土网,各类信息均通过网络发布。至2004年底,共收录1989~2004年国内发表的凹凸棒石黏土研究文章580多篇,录用和发布各类信息1000余条。

2005年起，县科技局开始摘录、收集、整理全国有关科技资料，向全县发布。2007年，盱眙县被江苏省纳入省科技创新服务体系建设计划。2008年，中国盱眙凹土网摘录、整理、收集国内凹土专利、论文、成果121篇，收集国外凹土技术资料2131条，数据库信息总量达到3043条。

第三节　合作与交流

1986年起，在开发利用凹凸棒石黏土过程中，与大专院校、科研单位进行合作，扩大凹土产品研发面，增强凹土产品应用率。至1990年，与全国11个省市106个大专院校、科研单位建立合作关系。1992年，县科委在淮阴市技术交易洽谈会上，与12家大专院校和科研单位就8个招标项目建立合作关系。1993年，县磷肥厂与南化公司合作，建成南化公司盱眙分厂；县通用机械厂与南京第二机床厂合作，建成南京第二机床厂第三分厂；县造纸厂与南京林业大学合作，开发特种纸新品种。

1998年8月，县政府、县科委在淮阴市举办部省属科研院所1998淮阴科技恳谈会，与21个单位20个科研院所进行科技项目交流。11月，全县11个单位30人参加苏州中科院与江苏省高新技术产业化使用洽谈会，与科研单位建立生物净化技术、凹土研发、中药材种植加工、有机食品生产、精细化工等7个产学研合作项目。

2001年，永丰机械厂与浙江省机械科学研究院联合研制出接触应力低速大扭矩液压马达，其性能和使用寿命达国际先进水平；县中药饮片厂与省中医药研究院、南京中医药大学合作，共同研制的新品"玉蝶茶"，有降血糖、治疗咽炎功能；明祖陵镇与南京农业大学合作建立的洪泽湖野鸭基地，实现生产、加工、销售一体化；淮河化工集团与法国施密斯公司合作研制出聚氨脂新型高性能防腐涂料，填补国内空白；县科技局在凹土开发方面与美国著名的油品干燥公司合作，生产出凹土高技术产品；县科技局与河海大学研究院合作，完成《盱眙县管理数据库系统》软件编制；江苏天明化工厂与南京理工大学合作，研制出光电导火索断系监控装置，在全国同类产品生产厂家推广使用。

2002年5月，县政府举办盱眙县凹土资源开发利用研讨会，邀请专家对盱眙县凹土资源开发利用进行研讨和交流。2003年10月，县科技局组织10余家企业参加南京省高新技术产业化成果展示暨洽谈会，与高校、科研单位就高新技术产品进行交流，新挂靠科研院所校28个，签订技术合作协议21份，涉及项目19个，开发新产品12项，解决技术难题9项。县科技局与淮北煤炭科学研究院及北京石油化工科学研究院合作，开发乳化系列产品（S－80，T152）；与南京大学联合开发矿物干燥剂、室内空气净化装置产品，与南京理工大学联合开发尿素法生产奥克托金工业化生产产品。

2005年5月，县政府与中国科学院联合召开盱眙凹土产业发展研讨会暨科技成果对接会，就凹土资源开发最新科研成果、凹土骨干企业技术需求、科研与市场结合、院地技术合作模式，进行研讨和交流。

2006年，县政府、江苏省科技厅、中科院南京分院在盱眙共同举办首届中国凹土科技高层论坛，来自全国32个科研院所、高等院校50名凹土研究专家和浙江、北京、四川投资商代表等120人出席，收到专家论文20篇，专利26项。论坛期间，全县30多家工业企业领导和科技人员与出席会议专家就盱眙凹土开发研究进行交流、对接，与外地企业及科研院所签订科研合作项目8个。同年，县科技局组织企业领导和科技人员与高校、科研院所及投融资机构等52个单位进行科技交流，落实签订科技项目34个，其中5000万元以上项目2个；收集企业技术难题32项，有效解决18个重点企业科技难题。

2007年5月，县政府、省科技厅、中科院南京分院联合在盱眙县召开第二届中国凹土科技高层论坛暨科技合作交流会议，中科院院士赵其国、省科技厅厅长朱克江、23名凹土研发专家以及各地投资商代表参加交流研讨。当年，盱眙康隆矿业科技开发有限公司与中国科学院南京土壤研究所等单位合作，研究开发城镇饮用水取水口凹土净化吸附新材料；江苏淮源矿业有限公司与淮阴工学院合作，研究开发造纸专利凹土填料；盱眙博图凹土高新技术开发有限公司、江苏省凹土工程技术研究中心与江苏工业学院合作，申报纳米凹土导电功能新材料工程项目,被省立项并实施。2008年,盱眙有关单位与俄罗斯有关单位签订六羰基钨生产技术应用合作项目,取得企业技术秘密项目2项。9月,县政府与省科技厅、中国科学院南京分院联合召开第三届中国(盱眙)凹凸棒石黏土科技高层论坛暨产业技术与市场交流会。中国矿业大学、中国科学院兰州化学物理研究所、华东理工大学、中国高岭土公司等单位的学者出席会议,发表《构建凹凸棒黏土高端产品产业链》等交流论文15篇。全年签订10万元以上技术合作协议7个。

第四章　科技普及

第一节　科普培训

1986年起,县科学技术协会围绕大农业主题,举办农、林、牧、渔科技培训班。至1989年底,共举办各类培训班79期,各乡镇分管领导、农技站、兽医站、林业站等站所工作人员,农村种植、养殖大户参训3.3万人次。其中,1988年,全县"星火计划"培训科技人员7000人次。

1990年,县委、县政府围绕科技兴县战略,开展科技普及年活动。至1991年底,县科技局共印发科普宣传资料3万余份,举办各类科技骨干培训班3期,培训城乡科技人员400余人次。各乡镇举办各类培训班80余期,培训农村种、养大户1.9万人次。

1993年,县科学技术协会举办各乡镇分管科技领导,各村书记、主任,种、养大户培训班,提高农村科技种、养水平。至1995年,全县共举办农作物、果树、蚕桑、畜牧培训班12期,参训2000人次。1997年起,县科委举办知识产权法律法规、申报事项、奖励办法等培训班,激励全县科技人员研发、申报专利产品。至1999年,举办知识产权培训班8期,参训610人次。其中,1998年10月,日本板栗生产、储藏技术专家佐藤末吉到盱眙县举办板栗种植讲座3天,各乡镇分管农业、林业领导,各村书记、主任,板栗种植大户500余人次参训。

图26-4　科普知识讲座

2001年起,县科学技术协会开展百名科技专家兴农富民工程活动。举办畜禽、水产养殖、水稻、三麦、花生、蔬菜科学栽培、新品种推广科技讲座和培训班。至2003年底,共举办各类讲座257场、培训班153期、受训15万人次。

2004年起,县科技局采取专家与科技示范户对接举措,举办推广新知识、新技术、粮食新品种培训班。至2007年,共举办畜禽、水产养殖、水稻、三麦、花生、蔬菜栽培科技讲座257场、培训班172期,受训15.3万人次,扶持科技大户3000户,带动农户500户。盱眙县被省科协评为江苏省科普示范县,被中国科协、财政部表彰为全国科普惠民兴村先进单位。

2008年,县科技局举办科技素质培训1.6万人次,劳动力转移培训240人次。盱眙县再次被省科协评为江苏省科普示范县,被中国科协、财政部表彰为全国科普惠民兴村先进单位。

第二节　科普宣传

1986年，县科学技术协会组织退休科技工作者，深入各乡镇和农家，讲解农业科技知识，发放种植业、养殖业科技资料1万余份。1989年，以“讲文明，比科技致富”为主题，举办第一届科普宣传周活动，全县农村干部群众5000人次参加。从此，每年围绕一个主题，举办一届科普周活动。

1990年起，以“学科技、建科普文明乡镇（村、户）”为主题，在各乡镇开展第二届科普宣传周及科技知识竞赛活动。至1993年，共评选科普文明乡镇、村、户分别为11个、29个、100户。1994年，以“科学与健康、环境与人类”为主题，举办第六届科普周活动。至1996年，先后在县二中、淮河中学、旧铺中学举办防震减灾知识讲座，在古桑乡举办科学养牛知识讲座，在水冲港乡举办板栗科学栽培知识讲座。全县共举办知识讨论会27场，参会1.2万人次；放映科技电影、录像46场次。1997年，围绕“科学在我身边”主题，举办第九届科普周活动，开展城乡科普一条街、科技咨询月活动。至1999年，共展出科技图版35块，展销饲料新品种6种，为群众义诊5.5万人次。

图26－5　科普宣传

2000年，以“依靠科技进步，提高全民素质”为主题，举办第十二届科普周活动。活动期间，组建10辆科技大篷车和宣传小组，在乡街逢集时举办地球奥秘与生命演化科普巡回展。2003年，以依靠科学、战胜“非典”为主题，举办第十五届科普宣传周。活动期间，组织21个科普联席会议成员单位122人走上街头，走进农村，向群众发放“非典”预防宣传资料。县医院、县中医院25名医务人员共义诊1.1万人次。

2005年，围绕“科技以人为本，保护生态环境，共建美好家园”为主题，举办第十七届科普周活动。活动期间，先后在县城区五墩广场举办科技咨询、图板展览、专家义诊、文艺演出，发放科技书籍4万余册。2007～2008年，第十九、二十届科普宣传周期间，以携手创新、促进和谐为主题，科技大篷车到铁佛、旧铺等乡镇举办各类培训班19场次，组织20多名医务人员进社区开展义诊活动，开展“三下乡”活动38次，展出科普图板131块，赠送良种500千克。

第五章　地震监测与预防

第一节　机　　构

1986年，成立盱眙县地震办公室。1995年1月，县地震办公室为县科委下属全民事业单位。1997年7月，地震办公室更名为盱眙县地震局，无内设机构。至2008年，机构未变。

第二节 监 测

1986年,全县有6条次要断裂带:淮河东侧一条NNE走向构造带,由4条NNE平行断裂构成两隆一凹的盱眙构造,从东向西分别为穆店—上何郢断裂、马庄—古城断裂、渔沟—桂五断裂、淮河—自来桥断裂;南部NW走向分别为潘村—汉涧断裂、大郢—宝山集断裂。全县地震监测采取测震仪、水氡、核旋、鹦鹉自记、动物观测等措施。2月,县地震办在兴隆乡建新地震监测点,监测方式有76地电、电位差计地电、小白鼠、宏观井。

1987年,开始使用DD-1型测震仪,旧测震仪改为低倍记录。4月中旬,旧测震仪停测。年底,兴隆地震监测点停测。1988年,鹦鹉自记地震监测更新为HD-87记录仪。7月1日,停止白鼠自记地震监测。

1992年,水氡、动物自记监测地震停测。12月11日,核旋监测新添置智能磁力仪投入运行。1997年,省地震局在盱眙县建立数字化地震遥测台。11月11日,在纬度32.89度、经度118.74度,测得震级(ML)2.2级。1998年5月,安装数字化地震遥测台观测室、通讯等辅助设备,提高监测精度。9月底,核旋观测设备由智能I型更新为智能II型。1999年,改造电磁波地震监测仪器房,通过省、市验收。

2000年,DD-1型测震仪淘汰。2002年,电磁波地震监测仪改造为数字化地震监测仪。2006年,改造升级数字化测震仪,实施强震动正式观测。2008年,县地震台属省数字化测震台网,拥有数字化测震、地磁、电磁波、强震动等观测仪器。

第三节 预 防

1986年4月,县地震办公室制定《关于中强以上地震前后工作实施方案》,明确规定遇中强地震时的组织领导和施救办法。1988年,参与省供电局在盱眙新建核电站选址勘探工作。县供电局宿舍楼基建时沉桩振动引起居民纠纷,县地震办公室实地测试沉桩震感,妥善解决纠纷。1989年,县军工9395厂新建热电厂,县地震办公室提供地震基本烈度资料。

1991年底,县政府编制《盱眙县地震应急预案》,予以实施。1993年8月,县政府执行中国地震烈度区划图,明确由县城建局和县地震办公室共同负责落实地震应急预案。1994年,开始对全县在建工程抗震设防进行审查。中国人民银行盱眙支行报送营业楼建筑抗震设防送审报告,经审查获批。

1995年10月,县政府印发《盱眙县5至6级中强地震应急预案》。当年,对14个易燃、易爆、易产生次生灾害的单位中43幢建筑物进行地震设防调查,对未达标准的单位,告之整改办法。1997年,县地震局对狼山水泥厂爆破现场进行地震动测试。1998年,以鲍集乡为重点,对农村房屋抗震性能进行调查和抽查。结果显示,全县农村房屋大多数不具备最简单的抗震要求。

2000年,县供电局拟在十里营兴建变电所,地震局向其提供地震烈度资料。4月,《盱眙县工程建设场地地震安全性评价工作管理办法》施行。5月,为县中学学生公寓、农业局农产品展览厅工程等10个场地提供抗震设防标准资料。

2001年,向全县13个工程场地提供抗震设防标准,对三河变电所、八里岔220千伏变电所、淮河化工集团扩建工程进行场地安全性评价;对县粮食局商住楼等5个工程场地进行断层气检测,提出抗震设防要求。全县建立地震灾情速报、地震宏观异常观测、防震减灾宣传联络网站,做好地震防灾减灾。

2002年,对全县20多个建设工程进行抗震设防标准审核,对县法院办公楼、管镇变电所工程进行场地安全性评价,对输油管道维修、职工宿舍楼、部分中小学危房改造工程场地进行断层气检测,提供防震资料。是年,全县重要部门和军工企业均制定或修定破坏性地震应急预案。

2003年,对全县76个建设工程进行抗震设防标准审核,县地震局与淮安市地震工程检测中心联合对桂五变电所、县国贸商城建设工程进行地震安全性评价，对位于断裂带附近的县烟草局办公楼工程进行断层气检测。12 月 25 日，县政府印发《盱眙县中强破坏性地震应急预案》。2007 年 7 月，县直各部门、各乡镇制定或修定地震应急预案。

2004～2008 年，对全县 418 个建设工程抗震设防标准进行审核，其中水月山庄、县人民医院病房楼、中医院病房楼、县商贸主体工程、新泗州大酒店、墨香苑、金源花苑、金源大酒店、世纪名城、郦水家园、龙泉湖度假村等 13 个工程建筑物，由淮安市地震工程检测中心对其进行地震安全性评价。

第六章　气象观测与预报

第一节　机　　构

1986 年，江苏省盱眙气象站下设预报股、农气股、测报股。1987 年 3 月，江苏省盱眙气象站更名为江苏省盱眙县气象局，下设办公室。1990 年 9 月，成立气象台。1992 年，增设庆典氢气球施放服务中心和蓝天广告公司。1994 年，增设盱眙县防雷设施检测站。2002 年 1 月，盱眙县防雷设施检测站、蓝天广告公司、气球施放服务中心合并为盱眙县气象科技服务中心。5 月，成立盱眙县人工影响天气领导小组。2005 年 8 月，成立盱眙县城乡气象灾害预警领导小组。2008 年，增设防雷减灾管理中心。

第二节　观　　测

一、地面气象观测

1986 年，县气象站地面观测站主要观测云量、云状、云高、水平能见度、天气现象、风向、风速、空气温度、空气湿度、气压、降水量、蒸发、日照、雷电、地面温度、浅层地温、深层地温等气象要素，启用 PC－1500 微型计算机编发各类气象电报。

1990 年，全县气象观测站将 HM5 型百叶箱通风干湿表改用普通干湿球温度表，观测温度和湿度。1992 年 1 月，县气象局观测场开始投入使用。1998 年，县气象局增加 E－601 型蒸发观测。1999 年，县气象局安装 ZQZ－CII 型地面气象综合遥测仪。

2001 年 6 月，取消气象器人工观测项目，改由自动观测单轨运行；云、能见度、天气现象、日照、蒸发量仍采用人工观测，降水观测发报使用自动观测资料，报表统计仍用人工观测资料。2002 年，在马坝镇政府、鲍集镇政府、旧铺镇政府、仇集镇政府建成自动雨量站。2003 年，在三河农场建成温度、湿度、气压、风向、风速、雨量中尺度自动气象站。2005 年，在穆店乡八仙台、穆店乡政府、马坝镇东阳邮电所、马坝镇马庄村、官滩镇都管小学、官滩镇侍涧村、官滩镇甘泉村、官滩镇计生站、桂五镇政府、河桥镇政府、河桥镇洪山村、明祖陵管理所、铁山寺天文台、旧铺镇张洪村新建 14 个温度、雨量自动观测站。

2006 年，开始使用闪电定位观测。2007 年，开始实行降水的酸度和电导率观测和 GPS 定位观测。2008 年，旧铺镇政府、仇集镇政府单雨量站升级为温度、雨量站。在王店乡水利站、仇集镇龙山中学、铁佛镇农机站新建温度、降水、风向、风速自动观测站。

二、农业气象观测

1986年,在旧铺镇、马坝镇、仇集乡、兴隆乡建立农业气象哨,负责农作物、物候、土壤持水量等观测,向社会提供气象和物候信息服务。1989年,农村气象哨停止运行。是年起,县气象局向全县提供农业气象月报、双抢天气趋势预报、农业产量预报、秋季低温预报、三麦赤霉病预报等农业气象服务。

2005~2008年,县气象局农业气象观测执行新的《农业气象观测规范》,将农业气象观测组织、发育期观测、生长状况测定、生长量测定、产量结构分析、农业气象灾害、病虫害观测和调查、主要田间工作记载等方面信息按规定记录在案,输入信息系统,向社会发布。

第三节 预 报

1986年,县气象站气象预报主要采用天气传真接收机接收北京、欧洲气象中心以及东京的气象传真图,利用上海气象中心、武汉气象中心各要素天气图进行分析预报,使用卫星云图接收设备接收低分辨率日本气象同步卫星云图。每日6时、10时、15时制作气象预报,用广播、电话、书面形式发布。

1987年,开始使用甚高频电话与省、市气象局会商天气形势,取得气象资料后,使用警报接收机、广播、电话、传真、书面形式向全县提供气象预报。1988年,江苏省气象局取消盱眙县气象局向常州、湖州、盐城、北京的预约航空气象和危险天气预报任务。1989年,增发江苏省气象局每小时一次地面观测加密报。

1991年,江苏省气象局先后将盱眙县气象局向南京民航机场5~18时的固定航空报、危险报改为5~19时固定航空报、危险报;取消蚌埠机场3~22时的固定航空报、危险报拍发项目。1995年,江苏省气象局取消盱眙县气象局向常州海军7~17时的预约航空报、危险报拍发项目。1998年,使用计算机制作地面观测报表和日常发报。1999年,建设“121”气象信息自动答询系统和“9210”卫星地面接收站,使用高分辨率卫星云图及简单的雷达图气象网络应用平台,接收从地面到高空各类天气形势图、云图、雷达图等数据。

2000年,采取每日24小时、3~5天、旬和月预报方式,预报全县及周边县市区天气情况,开展灾害性天气预报预警。开始编发《重要天气报告》《气象内参》《气象信息与动态》,提供专项气象服务;利用手机短信每天2时次发布气象信息。2001年,开始运行电话天气预报制作系统,使用网络、电视、警报接收机、广播、电话、传真、书面形式进行气象预报服务。

2002年,县气象综合电视会商网络投入运行,全县实行网络气象预报。2003年,建成手机气象预报服务平台。2004年,在县内部分地段安装气象信息电子显示屏,预报气象。2005年,建成盱眙气象网、盱眙农网,“121”天气预报电话自动答询系统改号为“96121”;建成气象灾害预警系统,实行灾害预报。2008年,盱眙气象预报工作没有变化。

第四节 人工增雨

1998年,全县第一个人工增雨作业点,位于河桥镇黄龙村北纬32°57′7″、东经118°24′分58″的山坡上。1999年,全县新增维桥乡三河岔路人工增雨作业点。2007年,全县新建增雨作业点有:官滩镇侍涧村,位于北纬33°08′分22.5″、东经118°33′27.72″;马坝镇旧街村,位于北纬33°18.6″、东经118°40′20.34″;穆店乡龙王山水库自来水取水口处,位于北纬33°55′57.66″、东经118°33′35.94″秒;铁佛镇邹黄村,位于北纬33°05′16.2″、东经118°17′58.32″;仇集霖治村,位于北纬33°50′17.4″、东经118°21′10.14″。至2008年,全县每年平均进行3~4次人工增雨作业,每次作业增雨10~20毫米。

第二十七篇　医疗卫生

1986 年，全县有县直医疗卫生机构 7 个，乡、镇卫生院 28 所，村卫生室 409 所，厂（场）、校医院和门诊 59 所，个体诊所 1 个，卫生技术人员 886 人，乡村医生和卫生员 1885 人，病床 771 张。筹建盱眙县中医院。卫生防疫、计划免疫、妇幼保健工作制度化、规范化，麻疹、百日咳、乙脑等发病率逐年下降。此后，全县医药卫生改革加快，门诊楼、病房楼日趋增多，CT、高压氧舱、生化分析仪、血球计数仪、彩超等一大批先进医疗设备投入临床使用。

1988 年，对村卫生室实行乡村分级管理，以乡为主管理体制。1989 年，全县推行院（所、站）长负责制、人员聘用制、岗位责任制和工资浮动制。1993 年，盱眙县首家民营医疗机构盱眙县楚东医院在马坝镇成立。2002 年，全县实行新型农村合作医疗制度，建立大病救助基金。2004 年，县中医院与县鹏胜（集团）公司实行股份制合作。2005 年，县妇幼保健所被卫生部评为甲等妇幼保健所，是淮安市首家。县人民医院成为全市首批二级甲等医院。

2008 年，全县有县直医疗、卫生机构 7 个，乡、镇卫生院 20 所，村卫生室 259 所，厂（场）、校医院和门诊 11 所，卫生技术人员 2455 人，乡村医生和卫生员 999 人，病床 1242 张。传染病总发病率 165.89/10 万，孕产妇死亡率为零，婴儿死亡率为 2.79‰。每千人拥有卫技人员 4.54 人，实现居民“小病进社区，大病上医院，康复回社区”就诊模式，为人民群众身体健康提供有效保障。

爱国卫生运动常抓不懈，除“四害”（老鼠、苍蝇、蚊子、蟑螂）工作达标，推广“农民掏一点，乡镇补一点，县里给一点”试点经验，实施农村改厕，开展卫生城、镇、村创建活动。1987 年起，盱眙县将农村改水列入政府任期目标，全面实施改水改厕。至 2008 年，全县改、扩、建水厂 120 座，改厕 2.62 万座。盱眙县城创建成省级卫生城市，马坝镇创建成省级卫生镇，淮河镇黄岗村创建成江苏省卫生村。

第一章　机构队伍

第一节　县级医疗机构

1986年,县卫生局内设办公室、人秘股、医政股、药政股、防保股、医学会、财务股等股室。县爱国卫生运动委员会办公室、县公费医疗办公室设在卫生局。直属机构有县人民医院、县中医院(筹建)、县卫生防疫站、县妇幼保健所、县皮肤病防治所、县卫校、县药品检验所。1998年,盱眙县公费医疗办公室更名为盱眙县职工医疗保险处。2000年11月,盱眙县职工医疗保险处划入县劳动局,更名为盱眙县社会医疗保险管理处。2001年,公费医疗办公室划入劳动与社会保障局。11月,药政股、县药品检验所划入县食品药品监督管理局。1993年10月,人秘股改为人事股。2004年,撤销县卫生防疫站,成立县疾病预防控制中心和县卫生监督所。至2008年,机构无变化。

第二节　乡镇医疗机构

1986年,全县设有盱城、十里营、官滩、维桥、高桥、马坝、马庄、观音寺、东阳、新街、黄花塘、张洪、旧铺、木店、古桑、水冲港、桂五、王店、古城、龙山、仇集、洪山、河桥、铁佛、鲍集、兴隆、管镇、淮河28所乡镇卫生院,其中马坝、桂五、管镇为中心卫生院。1989年,成立仁集、肖嘴2所乡卫生院。2000年,撤销马庄、东阳、新街、古城、龙山、肖嘴、张洪、水冲港、高桥等11所乡卫生院。至2008年,全县乡镇卫生院无变化。

第二章　医　　疗

第一节　机构设施

一、县级医疗机构设施

1986年,有县级医疗机构(县人民医院)1家,有病床250张,职工295人,其中医技人员221人。同年,筹建县中医院。1989年,县中医院开诊,设病床60张,职工90人。2003年3月18日,江苏淮河化工总厂卫生院整体划归县人民医院管理,工作人员8人,病床30张。2008年,有县级医院2家,县人民医院设床位310张,职工580余人;县中医院设床位280张,职工460余人。

二、乡镇医疗机构设施

1986年，泗洪县管镇镇、兴隆乡、铁佛乡、鲍集乡和洪泽县淮河乡卫生院划入盱眙县，全县乡镇（中心）卫生院由23个增至28个，床位476张。1987年，成立肖嘴乡、仁集乡卫生院。1993年12月，马坝中心卫生院更名为盱眙县第二人民医院。1994年1月8日，盱眙县第二人民医院揭牌。1997年，观音寺卫生院更名为盱眙县中西医结合医院，旧铺卫生院更名为盱眙县第三人民医院。2000年，30个乡镇卫生院撤并为19个乡镇卫生院，其中十里营卫生院、洪山卫生院仍维持原职能和建制。至2008年，未发生变化。

1986年、2008年盱眙县乡镇（中心）卫生院床位、人员一览表

表27－1 单位：人

卫生院名称	1986年		2008年		卫生院名称	1986年		2008年	
	人员	床位	人员	床位		人员	床位	人员	床位
马坝中心卫生院	65	45	100	100	洪山卫生院	7	5	23	10
桂五中心卫生院	39	45	114	30	河桥卫生院	28	15	37	20
管镇中心卫生院	64	50	96	60	铁佛卫生院	11	10	39	20
盱城镇卫生院	50	15	61	20	鲍集卫生院	26	30	40	35
十里营卫生院	29	25	49	30	兴隆卫生院	13	10	25	10
官滩卫生院	18	15	50	40	淮河卫生院	10	10	25	10
维桥卫生院	18	15	38	14	东阳卫生院	18	15	－	－
旧铺卫生院	30	20	60	45	新街卫生院	15	5	－	－
穆店卫生院	38	18	43	20	高桥卫生院	21	20	－	－
观音寺卫生院	20	15	48	25	马庄卫生院	10	5	－	－
黄花塘卫生院	19	15	40	30	张洪卫生院	19	12	－	－
古桑卫生院	15	12	31	15	水冲港卫生院	7	5	－	－
王店卫生院	13	10	35	35	龙山卫生院	9	5	－	－
仇集卫生院	16	14	55	20	古城卫生院	26	15	－	－

三、村级医疗机构设施

1986年，全县有村卫生室409个，其中集体94个、个人308个、卫生院下伸点7个。1996年，推行乡村一体化，实行“三级办医，二级管理”，全县创甲级卫生室139个。2000年，全县有村级卫生室418个，其中集体372个，达到甲级村卫生室标准299个。同年，并村联组后，保留377个村卫生室。2002年，全县设置259个村卫生室，村卫生室采取集体办、乡村医生联办或个人承办。2007年，全县19个乡镇卫生院改为社区卫生服务中心，201个村卫生室改为社区卫生服务站。2008年，建成标准卫生服务站124个，通过省级验收。

四、其他医疗机构设施

1986年，国营三河农场医院拥有一幢520平方米的医院门诊楼和两幢平房作病房，床位12张。在10个分场设门诊室。全院有职工59人。1995年，三河农场医院获一级甲等医院。1997年，投入207万元，建2200平方米门诊楼。1998～2002年，先后撤销分场门诊室。2008年，三河农场医院有床位35张，职工36人，其中医护人员34人。

第二节 医疗队伍

一、县、乡镇医疗机构人员和队伍

1986年，全县卫生系统有职工1212人，其中卫技人员886人。2003年，全县获得执业医师资格351人、助理执业医师资格151人、注册护师资格314人，检验人员95人、药剂人员130人。2008年，全县有高级职称40人，研究生1人，取得执业资质1176人，其中执业(助理)医师656人、注册护士520人。

1986~2008年盱眙县卫生系统在编人员情况一览表

表27-2　　单位：人

年份	学历				专业技术人员					职工人数		
	本科	大专	中专	合计	正高级	副高级	中级	初级	合计	卫技	工勤	合计
1986	106	161	421	688	-	-	108	412	520	886	326	1212
1987	112	169	428	709	-	-	112	421	533	893	328	1221
1988	118	176	433	727	-	2	121	443	566	912	320	1232
1989	121	187	441	749	-	3	142	463	608	918	324	1242
1990	129	198	441	768	-	6	156	482	644	926	332	1258
1991	136	209	449	794	-	6	162	503	671	932	334	1266
1992	141	218	458	817	-	8	168	512	688	941	333	1274
1993	149	226	456	831	2	10	172	543	727	952	329	1281
1994	156	231	471	858	2	13	181	568	764	963	333	1296
1995	162	245	489	896	2	15	192	571	780	986	326	1312
1996	179	268	512	959	3	17	208	592	820	1021	310	1331
1997	191	271	532	994	3	21	216	612	852	1031	320	1351
1998	196	292	541	1029	3	21	238	632	894	1063	319	1382
1999	201	301	562	1064	4	21	241	652	918	1081	325	1406
2000	208	308	578	1094	2	22	252	678	954	1103	322	1425
2001	213	316	592	1121	3	22	242	690	957	1121	332	1453
2002	224	327	609	1160	3	22	261	701	987	1151	332	1483
2003	237	356	618	1211	3	24	282	721	1030	1181	331	1512
2004	245	361	625	1231	3	24	322	786	1135	1211	321	1532
2005	261	368	632	1261	3	26	352	812	1193	1242	339	1581
2006	272	373	643	1288	3	28	386	867	1284	1273	345	1618
2007	279	389	658	1326	3	31	378	812	1224	1304	388	1692
2008	286	396	662	1344	4	36	413	891	1344	1344	414	1758

二、乡村医生队伍

1986年，全县乡村医生888人，取得省发乡村医生合格证书174人，市、县发乡村医生或乡村保健员证书329人。1993年，根据市卫生局的部署，选择马坝等10个乡镇开展乡村医生技术职称评定工作，311名乡村保健医生参加理论考试和实践考核，190人通过评审，其中获得乡村保健医师63人、医士75人、保健员52人。2003年，全县1073名乡村医生中有843人参加乡村医生执业资格理论和实践技能考核，合格672人（不含免考人员），有890人获得乡村医生执业资格证书。2004年，全县乡村医生中有151人获得中专学历，经考试873人获准注册。2008年，全县有302名乡村医生通过考试并予以注册，全县共有1175名取得执业资格并注册的乡村医生。

第三节　医疗设备

1986年，卫生系统有千元以上仪器设备285台（件），价值390万元，其中万元以上医疗设备95台（件），总价值280万元。万元以上医疗设备中，县医院拥有79台（件）（江苏医院在期间配备的），价值250万元；乡镇卫生院16台件，价值30万元。2008年，卫生系统有万元以上医疗设备597台（件），总价值7725.09万元。其中，县医院拥有246台件，价值4010万元；县中医院35台（件），价值2280万元；乡镇卫生院316台（件），价值1435.09万元。

一、县级医院设备配置与更新

（一）县医院

1986年，县人民医院的医疗设备主要是原江苏医院遗留，拥有500毫安、200毫安X光机和A超、B超、M超、心电图机、心电监护仪、双目显微镜、婴儿培养箱、超声雾化器、纤维结肠镜、高频大电刀、SCY－140扇超、病理切片机、超声波治疗仪、生化分析仪、霉菌培养箱、纤维胃镜、病理脱水机、紫外分光光度计、自动洗胃机、自动呼吸机、负离子发生器、B超去湿器、体外反搏器、胃电图、脑电图、慢活肝治疗仪、微波针灸仪、牙科综合治疗机、高速涡轮机、技工打磨机、五官、眼科检查设备等79台（件）。

1993年，投资168万元，购置美国GE8800型全身CT（电子计算机控制下的断层X线扫描）和500MA摇控摇篮X光机，购置美国RA1000全自动生化分析仪、尿液分析仪、法国NS9血球分析仪。1997～1998年，购进MZ.ESWL－V型体外冲击波碎石机、高压氧舱。购置德国西门子公司生产的SOMATO.AR.Star CT，配备Kodak190激光相机和Kodak全自动选片机。1999～2008年，先后配置彩色多普勒超声诊断仪、专业拍片机、数字化胃肠机、血液流变仪、口腔全景X光机、全自动生化分析仪、关节镜等先进设备54台（件）。

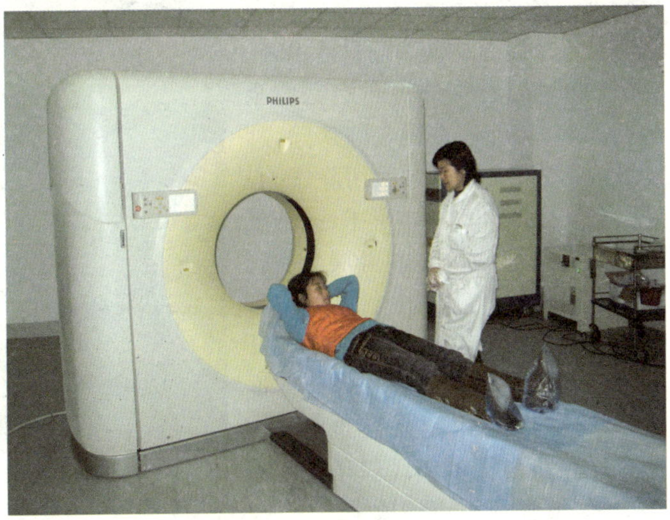

图27－1　投入500万元购置的飞利浦16排螺旋CT

（二）中医院

2004～2008年，县中医院投入2000多万元，添置和更新一批国内外先进医疗设备。其中，百万元以上的设备有德国西门子磁共振、西门子双排螺旋CT、德国原装大型直接数字化X光机，日本东芝

7080全自动生化分析仪、荷兰飞利浦800毫安数字胃肠机、美国GE彩色B超等一类设备。二类设备有美国史赛克腹腔镜、日本奥林巴斯纤维支气管镜、肺功能测定仪、V70电子胃镜、意大利C型臂X光机等。还有多参数心电监护仪、肛肠治疗仪、微波治疗仪等30多台中小型先进设备。

二、乡镇(中心)卫生院设备配置与更新

1986年,乡镇(中心)卫生院医疗器械配套价值80万元,配备设备有X光机、比色计,A超、心电图仪、手术无影灯、三大常规检测仪器等。村卫生室有听诊器、体温表、注射器。1990年起,逐渐配备消毒锅、血压器。2000年起,少数有条件的村卫生室自行配备显微镜。2001～2003年,全县乡镇卫生院投入180多万元,增添B超、721比色计、200MAX光机等设备,购置心电图、X光机、B超、半自动生化分析仪分配给古桑、新街、淮河、观音寺、仇集等10个卫生院。2005～2006年,省、市、县共投入1332.4万元购置彩超、X光机、救护车等仪器设备下发乡镇卫生院。2007～2008年,马坝中心卫生院(第二人民医院)装备美国GE螺旋CT、彩超、B超,德国艾克松腹腔镜,日本奥林巴斯胃镜,全自动生化分析仪等大中型设备50余台件,投入近600万元。

第四节　医疗技术

一、外　科

1986年起,盱眙县外科手术主要由县人民医院完成,建成普外、胸外、泌尿外科、肿瘤外科等一支初具规模的技术队伍。可进行脑、胸、腹、泌尿等较大手术,开始进行乳腺癌、胰头癌、肝管癌、胃病根治术和食管吻合术、动脉导管未闭手术、闭式二尖瓣分离术、肺叶切除术等。尝试进行经皮肝穿刺胆道造影及引流术(PTC－PTCD)、腰椎间盘突出症骨髓核摘除术、前臂岛状皮瓣转移治疗手掌部软组织缺损、足背岛状皮瓣转移术及腓肠肌内侧头皮瓣转移术,胸、腰椎结核前路病灶清除植骨融合术及记忆合金固定治疗掌骨骨折等新技术。1987年,县人民医院完成第一例腰椎结核前路病灶清除加植融合术和县级医院首例胰头癌根治术。

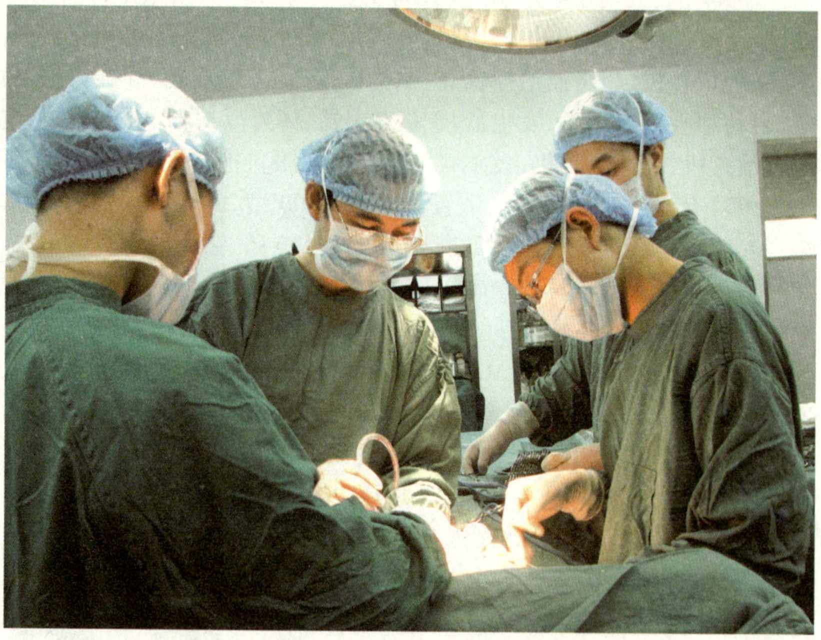
图27－2　县医院外科主任兼胸泌外科主任曹旭带领科室医师,成功地为一例6岁患儿施行了左下肺叶切除手术。

1995年,心胸外科开始完成全肺切除术、右肺癌左侧全肺切除、肺动脉成形术、支气管袖状切除术、心包部分切除＋肺动脉成形术,大脑皮层肿瘤切除术,泌尿外科开展全膀胱切除术,普外科经腹选择性动脉血管皮下泵化疗术。1996年,成功为1名因颈椎多节段后纵韧带骨化伴椎管狭窄致四肢麻木无力、行走困难的患者经后路颈椎多节段双开门椎管形成术,填补淮阴市该项手术空白。1999年,成功为10例病人进行断指再植,填补县显微外科空白。

2000年起,开始进行甲状腺癌根治术、肝癌左叶切除术。马坝、管镇卫生院在上级医院指导下开展胸

外、脑外、脾切除术、骨折内外固定术等高难度手术。中心卫生院大都能开展中、上腹部手术，一般乡镇卫生院能开展下腹部手术。2005 年，楚东医院用腹腔镜经胆道镜行胆总管括约肌顺行切开术。2006 年，县医院开展前列腺气化电切术。2008 年，县医院开展微创手术。

二、内　科

1986 年，县人民医院运用胸穿、腰穿、骨穿、心包穿刺等对疑难危重症患者进行治疗，率先在淮阴地区开展食道电生理检查、经胸壁临时起搏器抢救危重心律失常、心脏无创心功能检查等新技术、新项目。1992 年，在可视条件下进行食道、胃、结肠、支气管等检查和治疗、以及肾组织活检，在淮阴市县级医院中处于领先水平。1999 年，首次开展尿毒症患者血液透析、微创钻颅手术治疗脑出血，率先开展高压氧治疗缺血性脑血管病、安装临时心脏起搏器，心内科被淮阴市卫生局评定为淮阴市县级综合医院标准重点学科。2005 年，全市首家开展无痛超细胃镜诊治，使用胰岛素泵进行糖尿病治疗。2007 年，常规进行脑血管疾病、神经系统感染性疾病、变性疾病、遗传性疾病的治疗和微创治疗颅内出血性疾病，动静脉溶栓治疗脑梗死、特色卒中病、大剂量甲基强的松龙冲击治疗脱髓鞘性疾病、重症肌无力、GUILLAIN－BARRE 综合症等治疗具有专业优势。2008 年，进行经皮冠状动脉造影等诊疗、常规透析、无肝素透析、血液超滤，开展硬化剂注射、息肉摘除、肿瘤套扎、食管支架等治疗，进行难治性糖尿病人的血糖控制和糖尿病的运动治疗和监测，进行静脉穿刺术、CVP 监测、有创动脉血压监测治疗，独立开展气管插管及胸腔闭式引流术、连续血液净化技术、连续心排监测技术、支气管镜检查与治疗技术、微创气管切开术，进行肿瘤病人的介入治疗。与江苏省人民医院、南京市胸科医院、上海远大心胸医院心内科合作，定期派专家来院查房、坐诊、讲学。

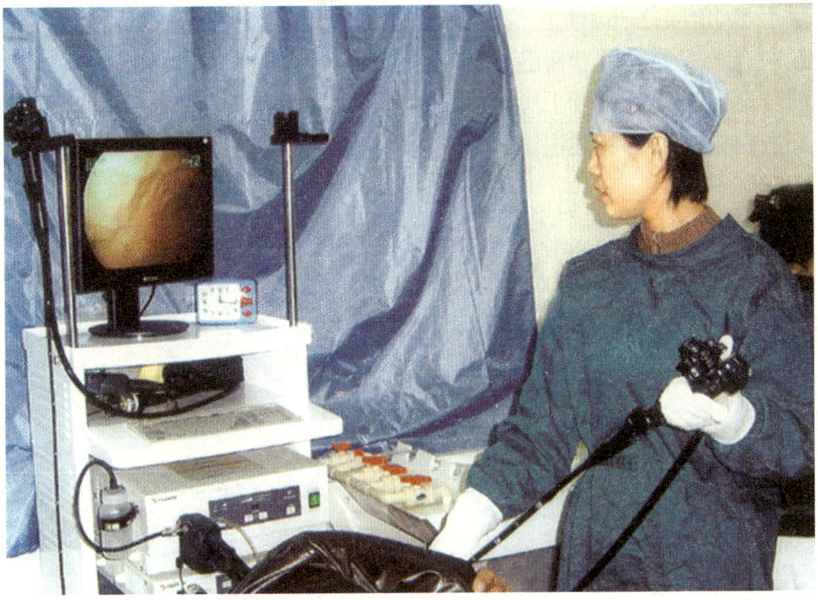

图 27－3　县医院内镜中心引进先进的超细胃镜，开展“无痛”胃镜检查。

三、妇产科

1986～1994 年，各级医院妇产科重点开展妇女病普查及计划生育工作。县医院开展利凡诺羊膜腔内腔外引产术、水囊引产术、全子宫次全子宫切除、结扎术、附件切除术、剖宫产术及胎吸术、中位和低位产钳助产术、毁胎术、横位引产内倒转术等手术。1995 年，县医院开展外阴子宫广泛切除术、早孕的药物流产、腹腔外剖宫术、宫腔镜插管治疗宫外孕、妇科腹腔镜检查等技术。2003 年，县医院开展腹腔镜手术、阴道 B 超、TCT 诊断及宫颈 LEEP 刀手术。2008 年，县医院开展输卵管再通术、腹腔镜下输卵管造口术、子宫输卵管造影术、产房开展胎吸术、低位产钳助产术及婴儿洗澡、婴儿游泳等项目。

四、儿　科

1986 年，各级医院主要对小儿常见病和多发病进行诊治，县医院开始对儿科某些疑难疾病如农药中毒、风湿热、新生儿疾病等进行初步的研究探讨。1994 年，县医院儿科对早产儿恒温箱哺育和护理。2005～

2008年,县医院开始对呼衰、心衰、肾衰、心跳和呼吸骤停、糖尿病酮症酸中毒和休克、惊厥等危重症及疑难病例抢救与治疗,对新生儿窒息复苏、儿童消化疾病应用超细电子胃镜检查技术协助诊断与治疗。

五、眼　科

1986年,县医院能开展白内障囊内、囊外摘除术,角膜板层移植术、青光眼虹膜周边切除术、虹膜嵌顿术、泪囊鼻腔吻合术、眼球摘除术、巩膜烧灼漏术、眼内肿瘤摘除术、巩膜瓣下巩膜咬切术、球内磁性异物摘除术、提上睑肌缩短术、斜视矫正术、眼外伤修复术。1990年,县医院眼科在全市率先开展眼科显微手术。1996年,县医院眼科开展小切口非超声乳化术、白内障摘除人工晶体植入术、白内障青光眼人工晶体植入三联手术、角膜修补+虹膜修复瞳孔成形+外伤性白内障摘除+人工晶体睫状沟缝线固定术、球内非磁异物摘除联合人工晶体睫状沟缝线固定术、多种双垂睑手术、眼袋形成术、羊膜移植在胬肉切除术应用、下睑轮匝肌部分切除治疗先天性下睑内翻。2001年,县医院眼科列为全市县级综合医院标准重点学科。2008年,眼科开展白内障超声乳化法。

六、检验科

1986~1990年,县人民医院检验科设有临床检验、生化检验、细菌学检验,开展"三大"常规、部分肝功能、血酯检验、细菌培养、药敏血型鉴定、交叉配血。中心卫生院能够开展"三大"常规、血沉、大便隐血试验等,少数乡镇卫生院配备专职或兼职化验员,使用显微镜从事疟原虫、大便蛔虫、钩虫等检查。其中,1990年,县人民医院检验科率先在淮阴地区开展甲胎蛋白、癌胚抗原定量分折(酶标法),编码鉴定菌种、小儿血培养增菌液、动物(羊、兔)血液制作新鲜血平板等。1993年,县医院开展血、尿多项目的全自动分析。1997年,县医院开展血液细胞的全分析。2000年,县医院从单一检测走向配套检测。2008年,检验项目有心、肝、肾功能检测,各种体液常规分析,细菌培养及鉴定,血液细胞形态学、骨髓涂片及组化染色、性病鉴定论断,能开展厌氧菌培养、基因诊断、血液流变、甲状腺素、生殖激素、胰岛素检测、C-肽、肿瘤标志物定量检测等新技术。乡镇卫生院能够开展生化、肝功能、三大常规、血沉、血型、肠道寄生虫等项目检验。

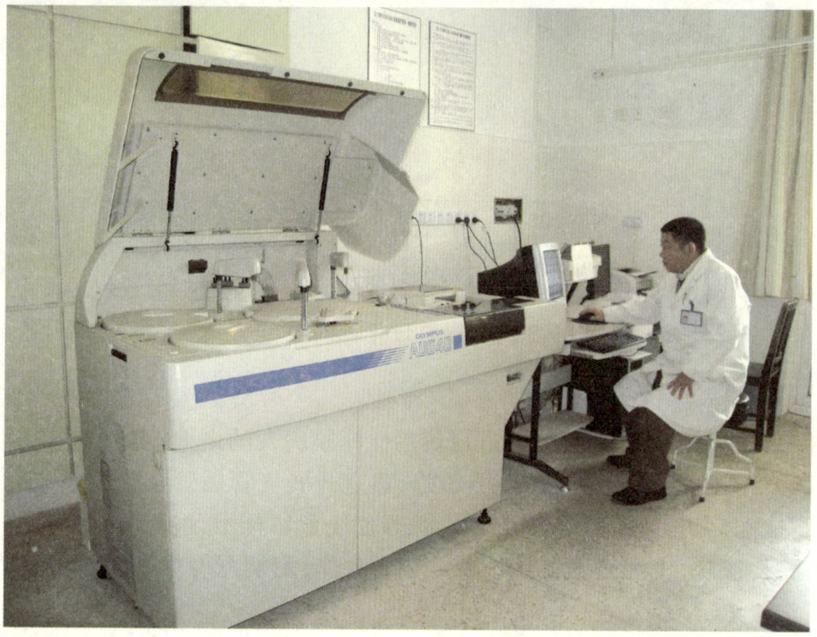

图27-4　全自动生化分析仪

七、放射　影像

1986年,县人民医院放射科开展胸部透视、摄片,四肢摄片。1987~1989年,先后开展食道气钡双对比造影,发明气钡对比专用壶。1991年起,开展胃肠造影、电视透视。1994年,成立CT室,开展正常全身扫描、动态扫描和三维重建、多平面重组等项目。1996年,开展肝癌、肺癌、盆腔肿瘤等介入放射治疗。1998~2003年,先后开展心脏超声检查、胃肠摄片和胃肠造影、四肢及腹部大血管检查、口腔全景摄片。2008年,县医院引进直接数字化X光机(DR),放射科进入数字化时代,通过PACS系统可在院内、院外进行远程会诊。

八、麻　醉

1986 年、1989 年，县人民医院、县中医院在外科分别设麻醉小组，能进行局麻、腰麻、骶麻、硬膜外麻、小儿气管插管全麻的手术麻醉。1990 年起，中心卫生院能开展局部麻醉、硬膜外麻醉、腰麻和全麻。1994 年，县人民医院成立麻醉科，能进行颈丛神经和臂丛神经的阻滞麻醉、多功能麻醉机吸入麻醉等。1996～2002 年，先后进行全凭静脉麻醉、椎管内联合麻醉。2003 年起，能进行急症高血压病人的麻醉、各种腔镜手术麻醉。2005～2008 年，先后进行胃管、牙垫在麻醉中应用的研究和骶管治疗腰腿痛、清醒状态下气管插管、改良法颈丛阻滞等麻醉新方法。

第五节　护　　理

1986 年，县人民医院开始从功能护理模式转向责任制护理模式，建立 10 个责任制护理单元，开展责任制护理。乡镇卫生院护理工作，根据门诊和病区工作需要配备护理人员。县卫生局和县人民医院联合举办全县护理知识学习培训班，县级医院、乡镇卫生院开始执行《护理文件书写规范》。1987～1992 年，规范护理工作责任制内容，扶持基层卫生院护理工作。县医院开始实行三级护理、重点加强危重病人的护理，各科护士填报护理质量检查表。

图 27－5　2006 年 6 月，县中医院成立空姐护理病区。

1993 年，县人民医院制定 410 种疾病护理常规，完善 11 种药物过敏试验方法，开展创舒心病房活动。乡镇卫生院逐步建立责任制护理单元。1994 年，县卫生局举办第三届“白求恩杯”护理技术操作竞赛，组织全县护理“三基”（基础理论、基础知识、基本技能）训练，县医院 3 名护士代表盱眙县参加淮阴市“天使杯”护理“三基”竞赛，获第三名。

1995 年，护理工作纳入医疗质量考核，分值占总分的四分之一。1998 年，县医院推行系统化整体护理，全县 8 名护士被淮阴市卫生局评为优秀护士，钟开芳等 15 名从事护理工作 30 年的老护士被卫生部授予荣誉证书，9 名护士通过全国执业护士考试取得资质。1999 年起，县医院制定疾病健康教育和标准护理计划，完善基础护理、病区管理、消毒隔离、危重病人护理文件书写等考核细则和住院病人护理服务流程。

2002 年起，全县建立健全护理管理制度、差错事故和登记制度、“三查七对”制度（操作前查、操作中查、操作后查，对床号、姓名、药名、剂量、浓度、时间、方法）、护理文件书写制度，做到事事有人管、人人有职责、工作有程序、检查有标准。2008 年，护理工作贯彻落实“三基三严”（基础知识、基本技能、基本理论，严格要求、严谨态度、严密组织）要求，县医院向责任制整体护理模式转变。

第六节　中　　医

1986年，全县有中医人员45人，其中中医师12人、中医士33人。县人民医院有中医师6人，设中医病床30张。同年，县中医院开始筹建。乡镇卫生院都配有中医和常规中草药。1989年6月，县中医院开业，县人民医院停止中医诊疗，全部中医药人员和中药调至县中医院。1991年，县人民医院恢复中医门诊。1993年，县中医院中医骨伤科、肛肠科、针灸推拿科、煎药室等专科特色初步形成，制定《盱眙县农村中医工作发展规划》。1994年，县中医院和南京中医学大学附属省中医院建立帮扶关系，委托南京中医学院代培9名中医人员。9月起，省中医院每月派专家到县中医院坐诊。1998年，所有乡镇卫生院设置中医科，建立中药房，三分之一左右的村卫生室可以开展中医配方、针灸等中医药服务。

2001年11月26日，盱眙县中医药学会成立。当年全县有中医药人员134人，其中中医临床86人、中药调剂40人、中医护理3人，中医大中专以上学历60人。2007年，盱眙县中医院达到二级甲等中医院的标准。2008年，县医院和县中医院设有中医科和中药房，配有中医药人员22人，全年中医诊治病人8550人次。21所乡镇卫生院都有中医门诊，配有1 ~ 2名中医，设有中药房。全县年诊疗3.5万人次。旧铺、古城、仇集、盱城设有个体中医诊所，有中医人员6人，年诊疗3000余人次。

第七节　医院选介

一、盱眙县人民医院

盱眙县人民医院成立于1950年，曾名江苏省江苏医院，经过半个世纪的建设发展，已成为集医疗、教学、科研、急救、康复于一体的县级综合性医院，是徐州医学院、江苏职工医科大学的教学医院和淮安市首批二级甲等医院和爱婴医院。先后被授予江苏省文明医院、社会公众信得过单位、“质量、服务、维权最佳单位”、淮安市十佳医院、淮安市文明单位、淮安市医疗质量先进单位、淮安市诚信单位等称号。

图 27 - 6　县人民医院

2008年，医院占地2.8万平方米，绿地14530平方米，门急诊用房5500平方米，住院用房13800平方米。设有创伤骨科治疗中心、眼病防治研究中心、医学影像诊断中心、临床医学检验中心、病理诊断中心、远程会诊中心、血液净化中心、高压氧治疗中心、体外冲击波碎石中心等16个临床医技科室。骨科、心内科、神经外科、眼科、急诊科技术水平居同级医院前列，其中骨科、心内科、眼科是市级临床重点专科。医院配备有进口的直线加速器、高速螺旋CT、全自动生化分析仪、电子内窥镜、C臂X光机、血液透析仪、高压氧舱等大型精密医疗设备。医院有开放病床250张，职工423人，拥有中、高级职称卫生技术人员176人，其中正、副主任医师36人。设有8个行政职能科室，医院门（急）诊疗达168432人次，出院病人12553人，期内实际开放床日数91250，实现业务收入8619.7万元。

心血管内科对各种恶性心律失常及心脏骤停的抢救具有较高准确率和成功率，达到全市先进水平；能开展临时及永久型心脏起搏器的安装、食道调搏等，对各种缓慢及快速性心律失常的诊治有独到之处。骨科颈椎前路减压带锁钢板固定术、颈椎管成形术、腰椎滑脱椎弓根固定及椎间融合器置入术、人工髋关节置换术、臂丛神经损伤神经移位吻合术、生物型全髋置换、全肘关节置换术、游离皮瓣移植、断指再植术等手术在市内属领先水平。眼科开展微手术，常规开展小切口白内障摘除联合人工晶体植入术、视网膜脱离复位术、复杂性眼外伤修复术、额肌瓣转移悬吊术治疗重度上睑下垂及其他眼部整形美容手术等。耳鼻喉科正常开展喉癌切除术及鼻内窥镜手术。开展电视腹腔镜、体外碎石、电子胃镜、肠镜、高压氧、血透等检查和治疗新技术。

二、盱眙县中医院

1986年，盱眙县中医院开始创建，1989年6月正式开诊。2004年9月，县中医院与县鹏胜（集团）公司实行股份制合作。改制后，先后添置和更新设备有德国西门子磁共振、西门子双排螺旋CT、德国原装大型直接数字化X光机等先进设备，医院成为一所集医疗、教学、科研、中西医结合于一体、服务功能健全的综合性县级医院。

2008年，医院有职工300余人，副主任医师以上职称的医疗专家22人，中级职称78人，硕士研究生6人。开设临床和医技科室24个，特色专科8个、专科和专病门诊15个。现代化病房楼1.2万平方米，6个病区开放病床280张。中医院的心内科、消化科、呼吸内科、肝胆外科、微创外科、脑外科、中医妇科、针灸推拿科、脾胃病科等科室在县内外具有领先水平。全年医院门（急）诊132682人次，出院病人11231人，期内实际开放床日数102200，病床使用率100.8%，实现业务收入7852万元。

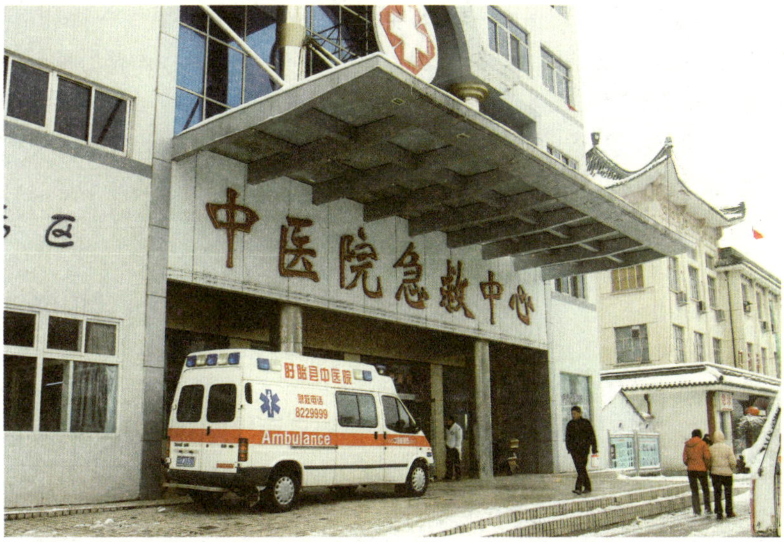

图27－7　县中医院

外科开展腹腔镜胆囊切除、门脉高压症断流术、肝肿瘤切除、无张力疝修补术、消化道穿孔修补术、肺破裂修补术和胸腺瘤、肺癌、胃癌、肠癌、乳癌、胰腺癌、脑室引流、脑肿瘤等重大手术，在省内率先开展腹腔镜下大肠癌根治手术。骨科开展颈椎前路内固定、胸腰椎骨折内固定、全髋关节置换术、人工股骨头置换术、粗隆间骨折内固定术、膝关节交叉韧带修补术、椎间盘突出症胶原酶溶解术、小腿交叉皮瓣移植术、髋臼骨折内固定术等多项高难度手术。泌尿科开展肾肿瘤切除术、输尿管切开取石术、经膀胱前列腺摘除术、膀胱部分切除术。内科开展纤维支气管镜下诊断呼吸系统肿瘤内膜结核、肺脓肿等新项目10余项。

妇产科开展腹腔镜下子宫及附件切除、子宫肌瘤挖除、输卵管、卵巢手术、子宫脱垂、张力性尿失禁的盆底结构重建手术、不孕症、盆腔炎和术后发热等利用中药治疗效果显著。中医、儿科、麻醉科、口腔科、耳鼻喉科等科室广泛应用新技术，发挥中医中药治疗优势，部分项目达到三级医院技术要求，填补县市级医疗技术空白。县中医院先后与上海长征医院、上海杨浦医院、江苏省人民医院、江苏省中医院、南京鼓楼医院、南京军区总医院、南京市二院等多个大中型医院建立业务协作关系，邀请专家坐诊查房、开展手术、举办讲座和接受医护人员进修深造，提高医疗质量和管理水平。先后被授予省市卫生系统先进集体、江苏省爱婴医院、江苏省医疗卫生机构计量工作先进单位、淮安市质量诚信单位、淮安市文明单位等称号。是南京中医药大学教学实习医院。

第三章　卫生防疫

第一节　机　　构

1986年,县卫生防疫站内设卫生科、防疫科、寄防科、食品卫生科、宣教科、检验科、财务科、办公室。结核病防治所和卫生防疫站两块牌子,一套班子,下设放射科。全县28个乡(镇)卫生院设立卫生防疫组。1991年,建立乡镇防保所。1998年,食品卫生科分为卫生一科和卫生二科,卫生科改为卫生三科。2001年,寄防科增设慢性非传染病防治科。2004年6月22日,撤销盱眙县卫生防疫站,组建盱眙县卫生监督所和县疾病预防控制中心。8月1日,盱眙县疾病预防控制中心正式挂牌成立。2005年,马坝、官滩等乡镇建立独立防保小区。2008年,县疾病预防控制中心下设卫生科、防疫科、寄生虫病和地方病防治科、结核病防治科、门诊部、检验科、财务科、办公室。全县有21个乡(镇)防保所。

第二节　计划免疫

1986年,计划免疫以村为单位接种提升为以乡、镇为单位接种,对12岁以下的儿童进行接种卡介苗、百白破三联、麻疹、脊髓灰质炎、流行性脑脊髓膜炎、乙型脑炎6种疫苗。全年接种147670人次,其中百白破三联疫苗20772人次、脊髓灰质炎糖丸18561人次、乙脑疫苗31443人次、流脑疫苗26887人次、麻疹疫苗15256人次、卡介苗34751人次。

1987年,省卫生防疫站为全县各乡镇装备计划免疫专用冰箱,为县卫生防疫站装备8立方冷库、速冻器和计划免疫专用车,全县计划免疫冷链系统初步形成。9月,首次推行儿童免疫保健合同,明确县、乡、村、儿童家长四方责任。免疫保健0～7周岁儿童,每名儿童每年交保健费3元,新生儿4元,按免疫程序到指定地点免费接种6种疫苗。

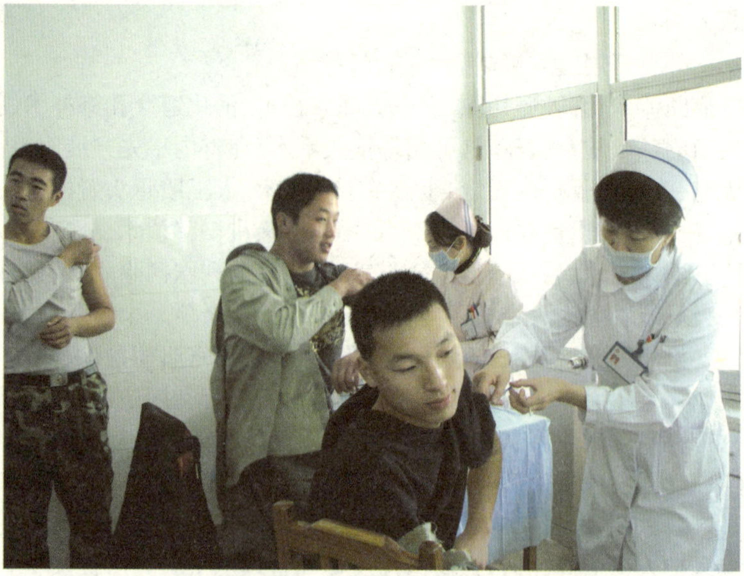

图27－8　为有效防控甲型H1N1流感,2009年11月2日,县医院组织护理人员为县消防大队官兵义务接种甲流疫苗。

1992年,全县将乙肝疫苗纳入计划免疫管理。1998年,开始加强流动儿童计划免疫管理。1999年,开始实行预防接种前告知制度。2003年7月1日起,对新出生的儿童免费接种乙肝疫苗。2005年起,将适龄儿童常规疫苗纳入国家免疫规划,实行免费接种。

2008 年 5 月 1 日起，执行国家和省新的计划免疫程序，儿童免疫疫苗为乙肝疫苗、卡介苗、脊灰疫苗、无细胞百白破疫苗、白破疫苗、麻疹疫苗、麻腮风疫苗、乙脑减毒活疫苗、A 群流脑疫苗、A + C 群流脑疫苗、甲肝疫苗。

1986 ~ 2008 年盱眙县对 12 ~ 48 个月儿童"四苗"接种调查一览表

表 27 - 3

年份	单苗接种(%)				"四苗"覆盖(%)	年份	单苗接种(%)				"四苗"覆盖(%)
	卡介苗	脊灰疫苗	百白破三联疫苗	麻疹疫苗			卡介苗	脊灰疫苗	百白破三联疫苗	麻疹疫苗	
1986	45.20	18.00	41.40	49.00	7.14	1998	97.50	98.50	96.20	97.20	93.60
1987	96.50	92.50	95.80	92.10	85.60	1999	96.80	96.10	96.30	94.90	92.50
1988	97.40	97.10	96.50	96.50	86.40	2000	94.50	93.70	93.00	94.00	92.60
1989	99.05	99.34	99.20	98.63	98.63	2001	96.10	95.70	96.10	94.00	92.70
1990	97.90	99.00	99.00	98.10	90.50	2002	98.60	98.50	98.50	98.70	97.50
1991	98.10	100.00	99.50	98.30	91.90	2003	98.70	98.60	98.50	98.70	97.60
1992	95.30	99.30	98.30	97.40	92.90	2004	99.80	99.80	99.80	99.60	99.40
1993	96.87	97.28	97.05	95.52	94.55	2005	100.00	100.00	99.80	99.60	99.30
1994	97.40	98.10	98.10	98.00	97.10	2006	99.97	99.89	99.80	99.86	96.30
1995	95.00	93.70	94.10	91.70	88.60	2007	99.62	99.87	99.92	99.97	90.50
1996	92.00	90.10	92.60	87.40	84.70	2008	99.83	99.73	99.10	98.86	98.89
1997	96.50	94.50	97.20	95.30	91.60						

第三节　传染病防治

1986 年，全县发生乙类传染病 9 种 3089 例，发病率为 475.23/10 万。1990 年，马坝镇板桥村确诊活动性肺结核病人 13 例，患病率高于全国、全省平均水平，经治疗全部治愈。1991 年，开始有梅毒病例报告。

图 27 - 9　"3·24"世界防结核病日，县疾控中心工作人员走上街头宣传结核病防治知识。

1994 年 7 月 23 日 ~ 9 月 15 日，淮河盱眙段遭受特大污染。8 月下旬，沿淮乡镇发生甲类传染病霍乱疫情，10 天内病例上升至 17 例，是 1986 年以来霍乱暴发最多的一次。疫情发生后，抽调专业人员 170 人到全县 30 个乡镇，培训临时消毒员 200 余人，投放井水消毒器 231 只，消耗漂白精粉 8.7 吨，漂白精片 100 余万片，采集水样 471 份，发放宣传材料 4 万余份。通过防治，病人全部痊愈出院。同年发现淋病 2 例，痢疾发病

1165 例,比往年大幅上升。结核病由县结核病防治所统一收治。1995 年起,脊髓灰质炎防治实行零报告制度。

2002 年起,全县 32 个肠道门诊每年于 5～11 月开诊,诊治肠道病人、采集样本。当年艾滋病疫情报告 2 例,首例艾滋病感染者属多次输血而感染,另一例属婚内其配偶感染。2003 年 4 月 28 日,县医院门诊发现 1 例发热病人;4 月 30 日,经市"非典"专家组确诊为"非典"疑似病例收治入院;5 月 1 日,经省"非典"专家组诊为"非典"临床病例,在县医院治疗;5 月 6 日,淮安市委书记丁解民亲临救治医院,专门听取有关救治情况的汇报;5 月 26 日,经过一个月的精心治疗,患者痊愈出院。"非典"期间,全县设立 21 个留验站,留验 1831 人;设立 5 个交通卡,检测来往人员体温,登记劳务输出人员 110016 人,回乡人员 21489 人。同年,因母婴传播,发现艾滋病感染儿童 1 例。2008 年,全县发生细菌性痢疾 14 例,霍乱 1 例。报告性病 29 例,发现艾滋病 2 例,每月定期对被监管人员进行 HIV 抗体初筛检测,全年检测 425 人,未发现阳性;干预艾滋病高危人群 93 场次 1888 人次,桂五、管镇卫生院建成 HIV 初筛实验室。至年底,全县发生各类传染病 34536 例,年平均发病率为 214.62/10 万,比 1986 年下降 60.4%。报告艾滋病 9 例,其中艾滋病 3 例、感染者 6 例,通过性传播 5 人,吸毒传播 2 人,输血传播 1 人,1 例转到外地管理,死亡 3 例,均为感染者。

1986～2008 年盱眙县传染病、性病报告情况一览表

表 27－4

年份	传染病		性病				年份	传染病		性病			
	发病数	发病率 1/10 万	淋病	非淋菌性阴道炎	梅毒	尖锐湿疣		发病数	发病率 1/10 万	淋病	非淋菌性阴道炎	梅毒	尖锐湿疣
1986	3089	475.23	2	–	–	–	1998	1154	164.86	7	10	3	5
1987	2273	349.69	4	–	–	–	1999	1197	168.59	4	4	2	2
1988	1820	280.00	3	–	–	–	2000	1487	209.44	43	6	2	4
1989	1607	247.23	5	1	–	–	2001	1044	145.00	2	4	1	4
1990	1131	166.32	6	2	–	1	2002	1032	145.35	3	4	2	4
1991	2616	368.45	8	4	1	2	2003	1202	164.66	4	6	4	2
1992	1472	212.01	31	8	–	2	2004	1479	201.30	12	12	2	4
1993	794	112.78	16	–	–	2	2005	1329	180.57	35	12	2	3
1994	2006	286.57	12	2	–	1	2006	1353	184.44	14	8	2	4
1995	1161	165.86	5	4	–	2	2007	1626	219.12	15	6	1	5
1996	1373	196.14	3	5	–	4	2008	1245	165.89	17	7	2	3
1997	1046	149.43	6	8	2	4	合计	34536	214.62	257	113	26	58

第四节　地方病防治

1986 年,盱眙县被列为江苏省 10 个地甲病(后称碘缺乏病)重点县,龙山、古城、仇集、水冲港、河桥、洪山、穆店、古桑、盱城被定为地甲病重点乡镇,病区人口约 20 万人,开始对重点人群进行补服碘油丸。至 1987 年,补碘 65348 人,占应补碘人数 79.6%。选择病情较严重的古城、河桥两乡开展防治效果监测

工作,肿大率呈下降趋势。1988 年,实现全民供应碘盐,对 7～14 岁中小学生分批投服碘油丸。1990 年,盱眙县达到卫生部控制地方性甲状腺肿标准。1994 年,县政府下发《盱眙县"2000 年消除碘缺乏病"行动规划》,转发《淮阴市人民政府关于贯彻(江苏省 2000 年实现消除碘缺乏病行动规划)实施意见》。1997 年,中小学生甲状腺肿大率、尿碘水平等指标均达到国家消除碘缺乏病标准要求。省考评组考评盱眙县,8～10 岁学生甲状腺肿大率 5.0%,尿碘中位数为每升 427 微克,碘盐合格率 96%,学生、居民健康知识知晓率均达到国家规定标准。2008 年,按省地方病防治方案要求,开展特需人群和重点人群补碘工作,补碘 51580 人。

第五节　慢性非传染病防治

2000 年,根据《江苏省 2000～2010 年慢性非传染性疾病预防和控制工作规划》要求,盱眙县启动慢性病预防控制工作。2001 年 5 月,成立慢性非传染性疾病防治科。

2002 年,采用多阶段分层随机整群抽样方法,抽取盱城镇、马坝镇、旧铺镇、管镇镇、桂五镇 5000 人慢性病基础现患样本和 500 人危险因素及人群知识行为样本进行调查。调查显示,当地居民死亡前五位主要疾病为恶性肿瘤、呼吸系统疾病、脑血管病、心脏病、损伤与中毒,与高发慢性病有关联的不良行为如超重、吸烟、饮酒、口味偏咸、睡眠差、生活紧张、缺乏锻炼等在人群中呈较高流行状态。

2004 年,完成全县 1/3 总人口的疾病基线调查,其中调查 35 岁以上 88624 人、肿瘤患者 493 人、糖尿病患者 579 人、心脑血管疾病患者 913 人、高血压患者 2027 人。

2005 年,开展慢性非传染病防治知识宣传 20 余场次,发放糖尿病、高血压、肿瘤防治资料 1 万余份,建立慢性病居民健康档案 5000 余份。盱眙县被江苏省确定为淮河流域是否存在恶性肿瘤高发、是否与该流域的水污染相关调查点。8～9 月,国家、省、市、县 80 多人进行 40 天的调查。结果显示,盱眙县与历史数据相比,趋势与全国情况基本一致。

2006 年初,落实国务院对淮河流域肿瘤高发问题开展深入调查研究的批示,掌握淮河流域重点地区肿瘤发病情况,对 2005 年调查发现的 184 例恶性肿瘤患者的身体状况及治疗情况进行调查。截至调查日,死亡 45 例,存活 139 例。特邀省人民医院肝病专家到盱眙县开展巡回诊疗活动,给予肝癌患者家庭一定经济补助。

2007 年,开展全县死亡病例回顾性调查、录入、上报 3853 例,调查肿瘤新发病例 1186 例、死亡 630 例。2008 年,在农村开展慢性病与老年人的动态健康管理工作,全县建立 60 岁以上老人动态的健康档案 8.8 万多册,高血压、肿瘤、糖尿病建档管理近 2.6 万份。

第六节　寄生虫病防治

一、疟　疾

1986 年,盱眙县是间日疟和恶性疟的混合流行区,全县发生间日疟病人 1497 例,发病率为 23.7/万。1987 年 8～9 月,盱眙县龙山乡长山村大郢组发生多例不明原因的高热病人,病程时间较长,治疗效果不佳,一村民写信向省卫生厅反映,卫生厅指示盱眙县卫生局前往调查。通过询问病史、走访首例病人、采血镜检,31 位病人的血液中发现恶性疟原虫,确诊为恶性疟疾暴发。经省卫生厅、省寄生虫病防治研究所专家组治疗,一月后,疫情被扑灭。

1988 年起,实行分类指导,控制传染源和媒介防治并重,加强现症病人、发热病人和流动人口的治疗和管理,疟疾发病逐年下降,无恶性疟病例报告。1995 年,经卫生部和省卫生厅组织考核达到消灭恶性疟的标准,间日疟发病下降到0.5/万以下。1996~2007年,维持在1/万以下。2008年,全县间日疟发病32人,发病率为0.43/万。

二、丝虫病

1986年,开展丝虫病普查,全县28个乡镇采制血片552051张,阳性率3.64%,体阳病人971人,体阳患病率0.18%,建立县、乡、村三级两阳病人一本账。1987年起,全民食用"海群生"药盐,"两阳"人员采用乙胺嗪4.2克7日疗法,"两阳"家属用3克5日疗法进行预防。当年拌制药盐2650吨,消耗乙胺嗪粉(又称海群生)8.6吨,人均服乙胺嗪粉9.7克。治疗"两阳"病人19246人,治疗率97.71%。"两阳"病人家属35407人预防服药。1988年5月和9月,淮阴市对盱眙县11个乡血检4597人,检出微丝蚴阳性15人;10月下旬,省卫生厅抽查盱眙县5个乡(镇),血检7764人,检出阳性11例,阳性率为0.14%;11月30日,经省考核组考核审评,确认盱眙县达到基本消除丝虫病的标准。

1990~1998年,全县防治丝虫病的重点转为巩固监测,病原学监测25个乡,监测394476人,血检微丝蚴阳性9人。在王店乡、十里营乡、马坝镇、河桥乡、鲍集乡开展丝虫病蚊媒监测,捕获3403只,经解剖、镜检未发现阳性蚊,1998年通过市级消除丝虫病的考核评审。1999~2001年,对与邻省交界的10个乡镇进行病原学监测,调查9505人次,未发现微丝蚴阳性感染者。

2002~2007年,对查出的19例微丝蚴阳性血症者进行追踪调查,3例死亡,9例转为阴性。在28个乡镇开展慢丝病人线索调查,查出各类慢丝病人373人(其中淋巴节肿大167人、淋巴管和节炎症58人、鞘膜积液50人、乳糜尿100人)。2008年,继续做好定点监测和管理,在洪山、鲍集、观音寺3个乡镇采集血片1500张,未发现阳性血片;捕捉、解剖蚊虫325只,全部阴性。

三、肠道寄生虫病防治

1990年,首次开展肠道寄生虫感染状况抽样调查,抽取仇集、新街、官滩、鲍集、盱城5个乡镇20所中小学校,采集在校学生的粪便22655份,检出9种肠道寄生虫,以蛔虫、钩虫、蛲虫、鞭虫等感染率较高,感染率79.5%。两种或多种寄生虫引起的肠道混合感染58%。

1998年,对河桥乡长中村400名农民和125名小学生进行防治前肠道蠕虫病感染率调查,不同虫种感染者413人,感染率为78.6%。防治后感染者降至186人,感染率为36.1%。当年全县开始全民服药防治肠道寄生虫病,服药23.1万人,占总人口32.5%。1999~2008年,在中小学生中开展驱虫服药,服药397341人次。

第七节 职业病防治

1986年,县卫生防疫站对20家工矿企业的2699名职工开展职业危害检查,查出砂眼1129例,咽炎、支气管炎、鼻炎等呼吸系统疾病为31%,粉尘、噪声严重超过国家标准,粉尘超标率76%、噪声超标率100%。对全县接触铅、苯、汞、有机磷和三硝基甲苯五种毒物作业的38个厂矿企业,进行作业环境监测和职业病检查。9395厂有4例肝功能异常,县印刷厂有2个铅作业点、红旗医疗器械厂有2个汞作业点超过国家标准。当年,县印刷厂安装局部排毒装置,车间铅烟浓度达到国家规定的卫生标准。

1987年,对全县72家工厂劳动卫生状况进行调查,6家工厂存在33种有毒有害因素,接触有毒有害因素工人4520人。1988年,全县开展尘肺病例调查(在县设立在徐州的青山泉煤矿进行),查出Ⅰ、Ⅱ尘肺病例4例,0-Ⅰ期9例,全部调离原作业岗位并安排治疗和疗养。

1991~2000年,工厂改制,职业病防治和职工健康体检工作处于停滞状态。2001年起,每年组织相关企业进行职业健康体检,将体检结果书面反馈给企业,对发现异常的工人定期复查,调离原岗位,积极治疗。

2003～2005 年，对 22 个厂矿接触有毒有害因素工种的工人进行职业卫生法规和卫生知识培训，培训工人 6800 人次。

2007～2008 年，开展职业卫生专项整治，检查存在有毒有害因素的企业 104 家，其中军工企业 4 家、小矿山 45 家、小砖窑 29 家、制药厂 1 家、化工厂 1 家、水泥厂 2 家、工业园区企业 22 家。主要职业危害因素有粉尘、噪声、高温、热辐射、苯、二甲苯、液氨、一氧化碳、二氧化硫等。接触职业危害因素的在职职工 741 人，非正式用工 1400 人，其中进行岗前、岗中、岗后职业健康检查有 534 人，建立职业健康档案 534 人。

第四章　卫生监督

第一节　机　构

1986 年，县卫生防疫站内设卫生科、食品卫生科、检验科等 3 个卫生监督科室，有卫生监督员 5 人，乡镇有卫生检查员 28 人。1996 年，县卫生监督员增至 12 人。2004 年，撤销县卫生防疫站，成立县卫生监督所，内设办公室、卫生监督一科、卫生监督二科、卫生监督三科、稽查科、许可复核科。2005 年，19 个乡镇和国营三河农场配有 24 名食品卫生助理监督员。至 2008 年，机构无变化。

第二节　食品卫生

一、食品生产经营单位管理

1986 年，对新建、改建、扩建的食品生产经营厂家实施预防性卫生监督制度，从厂址选择、周围环境、设计布局、设备安装、产品检验、从业人员体检等进行审核合格后方可投产。是年，组织从业人员体检 1400 余人，检出不符合食品生产经营人员健康要求的 11 人，监督检查生产经营单位 500 户次。1990～1996 年，共体检食品生产、经营从业人员 8565 人次，检出“六病”101 人次，全部调离岗位。监督检查 2830 余户次，停业整改 35 户，吊销卫生许可证 2 户。

2004 年 8 月，在全县餐饮行业中全面开展食品卫生监督量化分级管理，根据卫生许可审查量化得分和经常性卫生监督量化得分，确定食品卫生 A、B、C、D 四个等级，根据对应等级进行简化监督、常规监督、强化监督、不予许可或次年不予验证。当年全县有金谷园等 6 家单位获得 A 级信誉。2005 年，对食品生产经营行为实施专项整治，于 3 月、11 月立案查处违法案件 49 起，处罚 5.8 万元，收缴并销毁禁止生产经营食品 1020 千克。至 2008 年底，全县共核发卫生许可证 9500 余户次，其中新发证 4800 余户，查处食品卫生违法案件 310 件，申请法院强制执行 22 起。罚款 20 余万元，取缔非法生产经营 6 户，销毁各种过期变质食品 18 余吨。

二、卫生检验检测

1986 年，各类食品抽检合格率 82.5%。1987 年，食品抽检合格率 87.22%。1991～1995 年，全县共抽取食品样品 2100 余件，送检食品样品 185 份，合格率为 84.67%，其中酒类合格率 100%、粮油类食品合格率

99.55%、糕点糖果类合格率88%、乳及乳制品合格率86%、调味品类合格率82.72%、水产类合格率81%、卤菜类合格率78.12%、冷饮类合格率62%。1999年,抽检各类食品855件,合格率90.58%,抽检宾馆、酒店、小餐馆、职工食堂餐饮具3200余件,合格率85.84%。

2004~2008年,县卫生监督所协同疾病预防控制中心共抽检食品样品860余件,合格率92.22%;抽检餐饮具1220件,合格率96.55%。

三、食物中毒

1989年,牛羊肉馆厨师误将亚硝酸盐当成食用盐炒饭,导致6人中毒,及时发现与治疗,未发生严重后果。2000年,城区一大型酒店承办喜宴,因冷菜污染沙门氏菌导致82人餐后48小时内腹痛、腹泻、呕吐。卫生行政部门给予该酒店停业整改,罚款1万元的处罚决定。至2008年底,未发生食物中毒事件。

第三节 饮用水卫生

1986年起,对县城自来水厂的水源水、出厂水、末梢水开展定期抽样检测。每年在丰水期和枯水期对水厂取水口水源水取样检测,每月对水厂出厂水和末梢水抽样检测,合格率达90%以上,并监督水厂每天自行检测。1988年,抽样检测全县农村居民生活饮用水水质,共采集水样150余份,全部不合格,主要是细菌总数和大肠菌群超标。1991年,特大洪涝灾害期间,抽检16个灾区群众生活饮用水1500余份,全部不合格,对所有灾区水井和灾民家中水缸水采用漂白精片消毒。1992~2004年,对128家农村水厂和52个集中式供水单位水源水、出厂水定期抽检,总计采集水样2800余份,合格率90%以上。2005年,专项整治全县38个纯净水生产经营单位,抽检24个经营户48份样品,合格42份;抽检市场销售桶装纯净水22份样品,合格21份。不合格生产经营者限期整改。江苏省疾病预防控制中心对盱眙县沿淮河鲍集、淮河等9个乡镇33个行政村进行水砷含量检测,采集检测水样3584份,其中超标186份,超标率5.19%,为盱眙县高砷水源分布、地方性砷中毒调查及采取措施与对策提供科学依据。2008年,全县集中式供水单位103个,农村集中式饮水52.8万人,分散式饮水22.07万人,全年采集水样112份,合格率100%。全县登记在册农村饮用水厂114个,正常供水73个,全年采集水样133份,合格112份,合格率84.2%。

第四节 劳动卫生

一、工业劳动卫生

1987年,在全县工矿企业开展劳动卫生建档工作检查,调查72家工矿企业劳动卫生状况,发现有毒有害因素33种,接触有毒有害因素工人4520人。与淮阴市卫生防疫站联合对九三九五厂、九二五厂、红光化工厂、天明化工厂、滨淮机械厂5家军工企业进行职业病体检,共体检1220余人,发现各种职业危害158人,确诊职业中毒38人。1990~1994年,对全县工矿企业生产车间粉尘、噪声、热辐射、高温等物理性有害因素开展调查与监测,共调查58家工矿企业,测定粉尘作业点322个、噪声作业点155个、高温和热辐射作业点215个。粉尘作业点空气中粉尘浓度超标率100%,矿石公司“风钻”作业点粉尘浓度超标560倍,噪声作业点噪声强度超标率82%,县棉织厂、针织厂车间的噪声最高值都超过120分贝,高温、热辐射作业点的指标合格率为零。1998年,淮阴市卫生防疫站、盱眙县卫生防疫站联合对九三九五厂、天明化工厂、九二五厂进行职业病体检,共体检562人,发现各类职业危害29人。

2005年,配合市疾控中心,对淮河化工有限公司、桓远染化有限公司639名生产工人体检,受检率92%,

检出与职业相关疾病8人,非职业相关疾病92人。新招工人就业前体检3250余人。2008年,配合市疾控中心,体检江苏淮河化工有限公司等5个企业651名工人。

二、农业劳动卫生

1986年,全县开展非生产性农药中毒因素调查,共调查12个乡镇36个村25例中毒病人,缺乏防护知识、无防护措施、违反操作规程是主要原因。1990年,举办农药中毒防治知识培训,共培训乡镇卫生院内科医生、防保医生和村医120余人,建立农药中毒报告制度。1991~1998年,全县共报告农药中毒415人,其中生产性农药中毒38人。2000~2005年,由于农药质量改进,中毒人数下降,全县发生农药中毒259例,其中生产性农药中毒89例、非生产性农药中毒170例。2007年,因使用不当,全县发生农药中毒82例,其中生产性农药中毒44例、非生产性农药中毒38例,无生产性农药中毒死亡病例。2008年,全县发生农药中毒90例,其中生产性农药中毒32例、非生产性农药中毒58例(死亡7例)。

第五节　放射卫生

1986年,对全县27家医疗机构的35台X线机进行建档,对每台X线机进行监测,开展X线机防护,对防护合格的28台X线机发放放射工作许可证。1988年,对全县45名放射科医生年度体检,开展放射个人剂量监测。对乡镇卫生院的16台X线机安装防护设备。

1991年,全县共监测46台X线机,合格率100%。1994年,对全县3家水泥厂8台喂料机的X线剂量进行监测,工人作业点X线剂量合格率25%。1998年,对42台X线机的195个位点进行监测,合格率97%。59名工作人员个人剂量监测中有两人超标,年度放射人员体检57人,3人白细胞低于正常值。

2005年,开展X线机房周围外环境监测,共监测221个点位,15个点位的X线剂量超标。监测全县医疗单位39名放射人员个人剂量,建立个人剂量档案。2008年,对65台X线设备进行监测,合格率100%。监测全县医疗单位55名放射人员个人剂量,每2月收缴一次个人剂量元件送市疾控中心检测,及时反馈检测结果。

第六节　学校卫生

1986年,对盱眙县中学、二中、十里营中学、实验小学、城南小学、十里营小学6所中小学学生进行视力跟踪调查,视力不良率24.5%,较前两年有升高。1987~1989年,对县城区域和乡镇所在地中小学生开展常见病防治,每年对中小学生进行1次体检,开设健康教育课程。对全县中小学生开展头虱调查,共调查中小学生65652人,头虱感染3854人,感染率5.87%,并对感染者给予药物杀灭。

1990年,对盱中、二中、城南小学、实验小学的教室开展卫生学调查,主要调查采光、照度、黑板和墙壁反射系数、教室人均面积、桌椅高度等,除个别小学教室人均面积达不到规定要求外,其他均符合学校卫生基本要求。1995年暑假,会同教育局对全县中小学校长和校医(保健老师)分期进行学校卫生知识和法规培训,共培训285人。1997~1999年,开展中小学生肠道蠕虫防治,共服用驱虫药物25.4万人次,服药率90%左右,中小学生肠道蠕虫感染率由服药前84.7%下降到10%以内。

2001~2004年,在全县中小学开展建立学校卫生和学生健康档案工作,实行学生年度健康检查,共检查18.5万人次。2005年,检查48所学校食堂,举办2期从业人员卫生知识培训班,对12个不符合卫生要求的学校食堂下发整改通知书。2008年,全县中小学保健老师配有率80%以上,15所中学配有医务室。学校卫生建档率90%,学生健康档案建档率85%。集中检查全县50个学校食堂、68个校内食品店、57个学校周边食品店,食堂卫生达标,持证率提高,仓库存放食品做到隔墙离地、分类存放,食品店未发现“三无”食品。13所学校食堂创建市首批食品卫生等级A级单位,8所学校食堂定为B级单位,53所学校食堂定为C级单位。

第五章 妇幼保健

第一节 组织机构

1986年,盱眙县妇幼保健所内设妇保、儿保、基层、宣教、后勤、门诊6个科室,有专业人员10人。

2006年,县妇幼保健所设妇女保健科、儿童保健科、社区保健科、生殖健康科4个一级专业科室和围产保健、婚前保健、更年期保健、妇女病防治、妇女营养、儿童营养、儿童智力测定、儿童眼、口腔保健等14个二级专业组以及医学影像、医学检验、药事3个医技科室。有职工27人,其中专业技术人员25人,中高级职称10人。

2008年,组建盱眙县妇幼保健院,与县妇幼保健所两块牌子,一套班子。设立妇科、产科、儿科,病床10张,职工28人,大专学历以上23人,有各类执业资质26人。

第二节 妇女保健

一、孕产妇系统管理

1986年,全县在马坝、盱城、桂五、旧铺、管镇等乡镇开展孕产妇系统管理试点,建孕产妇系统管理卡,筛选高危孕妇,有982名孕妇建立卡片,查出18名高危孕妇。推广新法接生和住院分娩,科学接生3152人,科学接生率50.8%。1987年起,在全县实行早孕建卡、产前检查、产后访视的孕产妇系统管理,当年全县建卡3080人,建卡率49%。

1995年,普及孕产妇全程管理系统,全县产前检查率70%,产后访视60%,住院分娩和科学接生率平均93.5%。2008年,建立围产期保健卡390份,产前检查8810人次,孕产妇建卡率98.5%,孕早期检查率95.1%,产后访视率96.77%,孕产妇系统管理率96.24%,住院分娩和科学接生率均100%,无孕产妇死亡率。开展孕产妇艾滋病病毒和孕产妇梅毒检测,检测率分别为25.18%和24.79%。

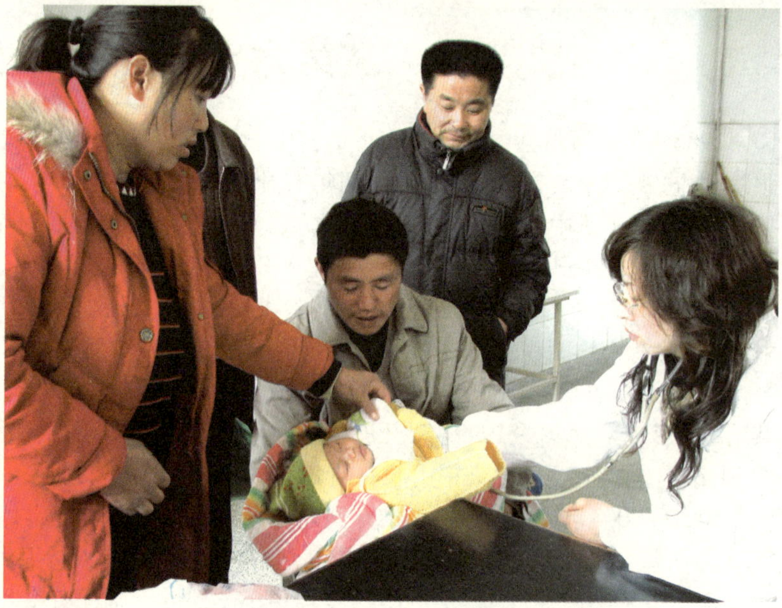

图27-10 县医院医师深入乡村保障农村妇幼健康

1986～2008年盱眙县孕产妇管理情况一览表

表27－5　　单位：人、%

年份	孕产妇建卡人数	建卡率	系统管理人数	管理率	科学接生或住院分娩人数	科学接生或住院分娩率	孕产妇死亡人数
1986	4710	79	4658	78	5968	89	－
1987	3642	80	3603	79	4587	90	－
1988	3837	81	3792	80	4736	92	－
1989	3305	82	3248	80	4056	90	1
1990	3511	82	3468	81	4279	93	1
1991	3662	84	3579	82	4367	93	1
1992	5913	81	5844	80	7298	95	－
1993	5122	82	4952	82	6078	96	－
1994	6651	85	5394	85	6297	96	－
1995	6028	83	6023	83	7262	95	－
1996	5093	91	5002	90	5559	96	－
1997	4776	96	4492	90	4989	97	－
1998	5286	91	5166	90	5739	96	1
1999	5923	92	5846	91	6421	97	－
2000	5900	91	5918	91	6543	100	－
2001	5886	92	5852	92	6398	100	1
2002	6140	91	6132	91	6747	100	1
2003	6525	92	6468	91	7108	100	2
2004	6645	95	6621	95	6972	100	1
2005	6170	95	6158	95	6483	100	1
2006	6233	96	6224	96	6518	100	1
2007	7170	98	7006	95	7375	100	1
2008	9268	99	8774	94	9307	100	－

二、妇女病查治

1986年起，盱眙县每两年进行一次18岁以上妇女病普查，主要防治宫颈癌及妇科常见病、多发病，免费治疗子宫脱垂和尿漏病人，普查率65%，普治率75%。1987年，全县妇女病检查7.53万名妇女，查出妇女病2.38万人，患病率32%；2.29万名患者得到治疗，治疗率96%。1990～2000年，妇女病查治先后使用冷光透照、B超、红外线乳腺诊断仪检查乳房疾病。

2001年，全县实施婚前检查制度，当年检查率99.1%。2003年起，为妇女病特殊病例设妇女专病档案，在妇幼保健科设立更年期保健、围产期、妇女营养、妇女心理卫生等专科。当年婚前保健5066人，婚前检查占婚前保健的89.5%，检出疾病840人；妇女病普查14219人，查出疾病2668人，治疗率97.29%。2008年，妇女病普查率86.42%，妇女病检出率18.08%，查出宫颈癌可疑病例5人，确诊3人，开展妇科门诊19081人次。

第三节 儿童保健

1986年，儿童保健工作在县直机关和盱城试点，为出生42天内的婴儿建立健康卡片，0～7岁儿童系统健康管理。城区380名出生婴儿建立卡片，治疗或矫治19名病、缺儿童。1991年，开始儿童健康保健保偿工作。1992年起，幼儿园儿童开始健康检查，年均体检约2.1万人次；每年“六一”儿童节前夕体检城区散居儿童，评选“健美儿童”，矫治病、缺儿童，年均体检1000多人次。1993年，开展4～6个月儿童母乳喂养监测工作，监测4629人，纯母乳喂养3884人。1997年，开始报告5岁以下儿童死亡，全县儿童死亡74人，死亡率15.01‰。1998～2004年，开展0～7岁儿童系统健康管理、婴幼儿死亡调查、婴儿抚触新项目。2005～2007年，全县筛查出苯丙酮尿症1例，先天性甲状腺功能低下3例，给予治疗。“三网”监测(5岁以下儿童死亡、孕产妇死亡、出生缺陷的监测)合格率、正确率达100%，出生缺陷率2.82‰，围产儿死亡率4.95‰。2008年，开展婴儿出生缺陷监测，发生率为3.42‰；7岁以下儿童系统管理率93.9%，婴儿死亡率2.79‰；5周岁以下儿童死亡率3.65‰，体弱儿管理598人，管理率100%。全年召回疑病儿童35例，其中TSH(先天性甲状腺功能低下)3例、苯月日丙酮尿症2例、先天性耳聋2例，围产儿死亡率5.03‰。

1986～2008年盱眙县儿童保健情况一览表

表27-6

单位:人、%

年份	0～7周岁建卡人数	系统管理人数	系统管理率	婴儿出生数	婴儿死亡数	新生儿筛查人数	患病人数	0～7周岁儿童体检人数	0～7周岁患病人数
1986	44807	18159	40.5	6071	136	–	–	44807	2724
1987	45182	18229	40.3	4555	122	–	–	45182	2734
1988	50196	21236	42.3	3721	119	–	–	50196	3185
1989	51248	21816	42.6	4048	106	–	–	51248	3272
1990	52912	21598	40.8	11965	75	–	–	52912	3814
1991	57898	25161	43.5	10128	127	–	–	57898	3774
1992	66685	28881	43.3	7443	169	–	–	66685	4332
1993	60728	27749	45.7	6048	112	–	–	60728	4162
1994	59896	32750	54.7	7413	141	–	–	59896	4913
1995	56939	39644	69.6	7305	79	–	–	56939	5947
1996	51911	38130	73.5	9418	76	–	–	51911	5720
1997	47663	33024	69.3	4993	62	–	–	47663	4954
1998	46080	30126	65.4	6053	54	–	–	46080	4519
1999	40812	32856	80.5	4425	70	–	–	40812	4928
2000	33596	30945	92.1	5095	19	–	–	33596	4642
2001	30125	28090	93.2	4514	40	–	–	30125	4214
2002	28671	26789	93.4	4226	40	133	–	28671	4018
2003	30851	29091	94.3	4248	20	906	–	30851	4364
2004	27674	25668	92.8	6284	37	2075	1	27674	3850
2005	33969	28764	84.7	6019	33	4186	4	33969	4315
2006	34279	31292	91.3	6518	51	5629	–	34279	4694
2007	36448	33660	92.4	7375	42	7466	9	36448	5049
2008	40627	38168	93.9	9307	26	7647	5	40627	5725

第四节　妇幼卫生管理

1986 年,成立盱眙县围产期保健协作组,实行县属医疗保健单位、乡镇卫生院、厂矿卫生所及村卫生室三级管理制度。为孕产妇建卡建档,自动绘制妊娠图。系统跟踪监测、管理高危孕产妇,降低孕产妇及胎、婴儿死亡率。县妇幼保健所获省文明妇幼保健所称号。

1991 年,加(加拿大)中(中国)儿童健康基金会在盱眙县开展灾区保健项目,盱眙县落实项目管理与培训工作,健全三级妇幼保健网络,推行妇幼保健保偿制度。1992 年 5 月,加中儿童基金会代表对灾区保健项目实施情况进行实地考察。1993 年,加中儿童基金会赠送县妇幼保健所凯特牌客货两用车 1 辆,显微镜和血红蛋白仪、雾化吸入器 3 台,《妇幼保健实用指导》50 册及相应内容录像带。1994 年 6 月,加中项目工作检查组检查盱眙县灾区儿童保健项目二期工作。

1995 年,出台《盱眙县妇幼保健保偿服务实施办法》,妇幼保健所被省卫生厅评为妇幼卫生工作先进集体。1996 年起,实行母婴同室,全县 33 所设有产科和儿科的医疗单位通过爱婴医院评审。1999 年,制定《盱眙县产科制度与规范》《盱眙县妇幼保健工作制度与岗位职责》。5 月,全县爱婴医院全部通过市级复查;12 月,县妇幼保健所通过市一级甲等妇幼保健所评审。

2001 年,下发《关于对出生医学证明进行扎口管理的通知》,全县出生医学证明实行微机化管理。2005 年 11 月,县妇幼保健所被卫生部评为甲等妇幼保健所,成为淮安市首家。2008 年,全县 22 个爱婴医院建立健全常规管理、系统运行等规章制度。

第六章　爱国卫生运动

第一节　除“四害”

1986 年,开展以灭鼠为主要内容的除害灭病工作,全年灭鼠 40 万只。1987 年,投放毒饵 7.5 吨,灭鼠 20 万只;举办 32 期灭鼠培训班,培训灭鼠技术骨干 3830 人次。

1994 年,组织 90 名投药队员,经过短期培训,分成小组,分片包干,投放毒饵 1.5 吨,投药率、到户率达 90%以上,灭鼠 11 万只。1997 年,在盱城镇投放灭鼠药 1.2 吨,鼠密度由灭鼠前的 6.76%下降到灭鼠后的 0.52%,下降 92.31%,被市爱卫办评为灭鼠先进城镇。1999 年,在城区开展除“四害”活动,投放药品“敌克”1500 千克、“奋斗呐”90 千克、“敌敌畏”180 千克。经监测 800 余处各类卫生害虫孳生场所相关卫生害虫密度为蚊子 3.4 只/人工小时、蝇 0.7 只/笼、蟑螂 0.2 只/盒。

2005 年,筹集资金 24 万元购买药品 4.5 吨,对全县粮储、公共场所、饮服单位等进行全面药杀老鼠和蟑螂,效果达标。盱眙县被市爱卫办评为灭鼠灭蟑先进县。2006 ~ 2008 年,配合创建卫生城市、卫生镇、卫生村,开展“四害”密度监测,在重点场所投放药物、摆放诱捕器械、铲除孳生地等。三年平均蚊虫密度为 0.56 只/人工小时,鼠平均密度为 0.21%,蝇密度为 0.55 只/笼。

第二节 改水改厕

一、农村改水

1986年,在全县开展农村改水工作,马坝镇、穆店乡2个水厂建成通水,受益9900人。1987年起,将农村改水列入任期目标责任制,每年财政预算设专款8.5万元。当年完成7个乡镇改水任务,9个乡镇进行管网延升,新增受益人口2.85万人。1988～1992年,农村改水主要是完善乡镇政府所在地街道供水设施的维护、维修等。

1993年,省市政府将改水作为为民办实事项目,列为市对县考核,并成立改水办。1994年,投资61.8万元,新建穆店乡马湖村、河桥乡、果园场,龙山乡朱刘村,兴隆乡双杨村5个自来水厂,新增受益人口1.04万人。1995年,贯彻落实省《淮北农村高氟和污染严重地区改水攻坚方案》,把农村改水工程作为为群众兴办10件实事之一,投资144.5万元,其中省投资36万元、县投资8.2万元、乡镇村集体和群众投资100.3万元,新增受益人口1.3万人。省扶贫领导小组和省爱国卫生委员会在沿淮受污染严重的仁集乡、肖嘴乡、淮河乡、铁佛乡、官滩镇、河桥乡的23个村建筑手压井600口,受益人口1.94万人。1997年,推广马庄乡水厂村办乡管经验,加快乡村自来水厂建设。全年农村改水投资895万元,资金由锡山市扶贫、省财政补助、省环保局补助、市财政补助、市直挂钩单位扶贫、县财政配套、乡镇财政配套、群众自筹组成,新建农村泉水高位自流式供水2处,管网延伸2处。新增自来水受益行政村58个,新增受益人口7.45万人。马坝镇、仁集乡等乡镇水厂采用微机变频调速器,降低能耗。

2000～2003年,省政府实施新一轮淮北农村改水工程,受益人口增多到16.4万人。2004年,按省政府提出三年全面完成农村改水任务要求,投入资金690万元,改、扩建地面一体化水厂1座,地下水厂8座(处),泉水高位自流4处,管网延伸21处。实现水厂规模由"单村"到"联村",由地面水厂到地面一体化水厂;工艺设备由压力罐到微机变频调速器,再到地面水处理设备;使用二氧化氯发生器消毒,提升改水的质量。2006年起,农村改水工作移交县水利部门管理。2008年,全年改、扩建地面一体化水厂1座,管网延伸5处,新增受益人口4.12万人。至年底,全县共改、扩、建水厂120座,自来水覆盖率达95%。

1986～2008年盱眙县改水情况一览表

表27－7

年份	新改扩、建水厂数(座)	受益人口(人)	经费投入(万元)			
			政府投入	集体投入	群众自筹	合计
1986	2	9900	9.5	3.5	－	13.0
1987	7(管网延伸9处)	28500	8.5	－	－	8.5
1988	6(管网延伸5处)	19300	8.5	－	－	8.5
1989	9(管网延伸6处)	22000	8.5	－	－	8.5
1990	8(管网延伸5处)	21800	8.5	－	－	8.5
1991	5(管网延伸7处)	18500	8.5	－	－	8.5
1992	10(管网延伸8处)	42200	8.5	13.5	－	22.0
1993	4(管网延伸15处)	12226	5.0	27.0	－	32.0
1994	5(管网延伸15处)	10410	24.1	37.7	－	61.8
1995	4(管网延伸3处)	19357	44.2	100.3	－	144.5

续表 27-7

年份	新改扩、建水厂数(座)	受益人口(人)	经费投入(万元)			
			政府投入	集体投入	群众自筹	合计
1996	35(泉水4处、管网延伸22处)	93159	315.0	45.0	860	1220.0
1997	26(泉水2处、管网延伸14处)	74481	245.0	30.0	620	895.0
1998	14(泉水4处、管网延伸19处)	74961	245.0	40.0	710	995.0
1999	8(管网延伸32处)	62000	210.0	40.0	570	820.0
2000	2(泉水3处、管网延伸43处)	61000	210.0	20.0	590	820.0
2001	4(泉水1处、管网延伸37处)	62300	210.0	35.0	580	825.0
2002	2(管网延伸26处)	60031	210.0	70.0	540	820.0
2003	2(泉水3处、管网延伸17处)	40703	200.0	60.0	390	650.0
2004	3(泉水4处、管网延伸21处)	40480	200.0	60.0	430	690.0
2005	3(泉水自流2处、管网延伸10处)	20500	100.0	30.0	210	340.0
2006	2(管网延伸6处)	18500	100.0	40.0	195	335.0
2007	3(泉水自流2处)	22000	100.0	55.0	210	365.0
2008	改扩建桂五化农水厂(管网延伸5处)	41200	1397.0	-	152	1549.0

二、改厕工作

1986年,全县农村无规范化公厕,少数乡镇街道建有公共厕所。1987~1989年,全县城乡改建改造厕所6430个,清除蚊蝇孳生地8000余处。1993年10月,开展农村卫生厕所现状抽样调查工作,抽查3个乡镇6个村26个组1500个农户,达到卫生要求的厕所696户,占调查总户的46.4%。1997~1999年,根据建设新农村的需要,首批选择盱城镇五墩村为改厕试点。其间,共改造户厕300个,改造居民卫生间6096座,近郊卫生户厕普及率78%。

图27-11　农村改厕

2000年,确定马坝镇大众村作为全县农村改厕试点。全县农村无害化卫生户厕率达0.5%。2002年,马坝镇大众村农村改厕采取"农民掏一点,乡镇补一点,县里给一点"方法,给予大众村政策和资金上扶持,完成改厕400余户。2003年,组织技术骨干赴盱城镇、马坝镇、官滩镇、王店乡指导改厕工作,推广马坝镇大众村实施改厕试点经验,建成卫生厕所1750个、无害化卫生户厕所124个。2004~2006年,按照市政府《关于农村新建住房建设无害化卫生厕所的通知》精神,全县各乡镇5092户新建住房户全部配套建造无害化卫生厕所。2007年,继续推进农村改厕工作,完成农村卫生厕所改建8080座。马坝镇马坝村建成省级卫生村,盱城镇宣化村、新湾村建成市级卫生村。2008年,农村卫生厕所改建、改造18148座,农村居民户卫生厕所占有率40%,在市改厕"百日竞赛"活动中列第一。至年底,全县农村共改厕2.62万座,其中建成三格式(粪便经过三个池子腐化、净化)无害化厕所9707座。

第三节　创建卫生县城、镇、村

一、县级卫生城

1993年10月,县人民政府响应省、市爱国卫生运动委员会号召,开始创建卫生城市。1995年,开展创建淮阴市县级卫生城市工作,健全县城6个区域创建网络,落实创建目标任务,出动各种宣传车辆100辆次,张贴宣传板块1000余条,建立清扫保洁经济承包责任制,实行主干道"一扫全包",城区三轮摩托车实行单号单日行、双号双日行专项管理。1997年11月25日,通过评审验收,盱城镇被授予淮阴市级卫生城市称号。

2002年,推进商贸中心等十大城区建设,拆除各类建筑物1.1万平方米,新增绿地5.6公顷,城区交通、客运、卫生、市容等面貌焕然一新。盱眙县被评为江苏省创建文明城市工作先进城市。2006年,县委、县政府提出用两年时间创建成省级卫生城市的目标,成立县创建卫生城市工作组,驻城单位、居民委员会根据各自职责、任务对照标准开展环境整治。2008年,修定《盱眙县创建省级卫生县城工作实施方案》,投入10万余人次,清理卫生死角400多处、垃圾320吨、蚊蝇滋生地180处,修建下水道6000余米、垃圾池48个,投放鼠药16吨。盱眙县城被授予省级卫生城市称号。

二、卫生镇

1999年,盱眙县开展卫生镇创建工作。2000~2001年,马坝镇投入2000多万元用于基础设施建设,提高镇区居民卫生意识,改变不良卫生习惯和卫生行为,镇区整体卫生面貌大为改观。2001年11月2日,马坝镇被评为市级卫生镇。2003年12月,明祖陵镇被授予市级卫生镇称号。2005年,官滩镇达到市级卫生镇标准。2008年,马坝镇、黄花塘镇分别被授予省级卫生镇、市级卫生镇称号。

三、卫生村

2003年,盱眙县在有条件的村开展创建卫生村工作,组织群众学习卫生村标准,进行村容村貌、环境卫生整治,建设乡村道路、改水改厕,改变村级面貌。2005年,淮河镇黄岗村被命名为江苏省卫生村。2008年,盱城镇新湾村、马坝镇兴隆村、管镇镇崔岗村被命名为淮安市卫生村。

第七章　社会卫生

第一节　社会力量办医

1986年9月,盱眙县第一家经过审批的合法个体诊所海明诊所在山城市场开业。1989年,全县申请开办个体诊所(室)33人,通过审查批准3家。

1993年5月28日,淮阴市第一家民营医院——盱眙县楚东医院成立,核定人员20人,床位20张。全县个体诊所获准开业7家。1994年2月16日,全县换发13家个体诊所的开业执照,对3家社会医疗机构发放"执业许可证"。1996年,28家个体诊所符合条件取得营业执照,26家厂矿医务室中的6家对社会开放。

2004年，县中医院实行股份制改革，盱眙鹏胜集团张玉鹏投资2000万元，持股70%。2007年3月，上海恒旭医院投资管理有限公司委托葛以奎投资1500万元，在盱城五墩东路1－41号租用1130平方米民居改建扩建，成立盱眙同济女子医院。该院定为一级专科医院，为营利性民营医疗机构，设病床20张，有职工27人，其中卫技人员22人。科室有妇产、妇女保健、内科、外科、儿科、急诊、麻醉、中医、医学影像和医学检验。

至2008年，全县有民营医疗机构2家，各类个体诊所62家，其中中医类9家、口腔类2家。从业人员352人，床位210张。鹏胜集团投入近1亿元，新建7000平方米中医院病房楼，改造门诊楼，购置核磁共振、螺旋CT，新增病床300张，通过二级甲等医院验收。

第二节　合作医疗

1986～1994年，合作医疗缺乏相应的经济支持，全县402个村卫生室中只有14个坚持传统意义上的合作医疗，其余部分或合防不合医，或合医不合药。

1995年、1996年，旧铺镇、观音寺乡推行大病合作医疗，制定本乡镇农村合作医疗章程，每人每年筹款15元；制定报销办法，1000元以下报50%，封顶线为5000元。1998年，在东阳、马坝、黄花塘、旧铺、古桑、铁佛6个乡镇试点实行大病风险型合作医疗，黄花塘乡首次为7名参加对象报销3644元医药费用。

2003年，全面推行新型农村合作医疗制度，参保率72.4%。2004年，修定《盱眙县新型农村合作医疗管理暂行办法》，出台《盱眙县新型农村合作医疗基金管理办法》，成立盱眙县新型农村合作医疗管理委员会、盱眙县新型农村合作医疗监督委员会，下设新型农村合作医疗管理办公室，编制6人，工作经费纳入财政预算。实行以县为单位统筹，参保率80%。全县新型农村合作医疗补偿总额736.89万元，其中门诊补偿171.15万元、住院补偿565.75万元，有16.7万人次受益。

图27－12　推行新型合作医疗政策，实行参保农民在县内定点医疗机构“一证通”。

2005年，出台《盱眙县新型农村合作医疗管理补充意见》，扩大补偿范围，封顶线由原来的1万元提高到2万元，10个特殊病种的门诊医药费用及住院期间的大型医疗仪器检查治疗费用纳入补偿范围。全县确定24个定点服务机构，签订服务协议，实行参保农民在县内定点医疗机构“一证通”，参保率85.25%，补偿参保农民费用889.7万元，占基金总额的87.9%，有15.99万人次受益。

2007年，盱眙县为60岁以上的6.8万名参合农民进行一次健康体检，建立健康档案。2008年，新型农村合作医疗参合47.02万人，参保率100%。省财政补助人均60元，市、县财政人均补助20元，县财政共配套856.2万元，农民个人筹资人均20元。全县人均筹资达100元，共筹集资金4702.8万元。补偿参合农民4006.34万元，最高补偿达6万元，有55.9万人次受益。

第八章　医政管理

第一节　医疗管理

一、医院管理

(一)县级医院

1986 年，县级医院实行院长负责制、岗位责任制、工资浮动制。1989 年，按病种质量管理程序对入院病人进行环节质量控制，医疗质量达到省卫生厅制定的标准。

1990 年，开始实行院长质量管理查房制，县人民医院被评为淮阴市文明单位。1995 年起，实行三级查房制，院长、医务科不定期跟随医师进行查房，制定三级查房规范及指导意见。

2002 年，研究制定《麻醉药品管理》《各种申请单书写要求》等有关规定，成立管理小组，规范病案调阅、复印程序，确保医疗文书的严肃性和法律效率。2005 年，落实医疗事故防范预案，落实医患沟通制度、手术审批制度，建立三线药物科，减少医疗纠纷。县人民医院成为全市首批二级甲等医院。

2008 年，开展以病人为中心、以提高医疗服务质量为主题的医院管理年活动，门诊病历、住院病历、医嘱全部电子化；检验、影像等科室全部进入网络化管理，达到资源共享；病历质量甲级率达 96% 以上，门诊病历 98% 以上，处方合格率 98% 以上。

(二)乡镇(中心)卫生院

1986 年，乡镇(中心)卫生院实行院长负责制、目标管理责任制，卫生院院长任用权属乡(镇)政府，实行人员聘用制、岗位责任制、工资浮动制。1992 年，制定《乡镇卫生院管理规范》，开展消毒质量检查、病历会审，防范医疗差错。

1994 ~ 1995 年，马坝中心卫生院、旧铺卫生院等 10 个乡镇卫生院通过一级甲等医院评审验收，桂五、观音寺、穆店等 15 个乡镇卫生院通过一级乙等医院评审验收。1997 年，对 30 个乡镇卫生院的病历互审，审阅病历 330 份，甲级率为 94%；门诊病历 270 份，合格率 90%；门诊处方 1046 张，合格率 89%。

图 27－13　县第二人民医院

1998 年，全县乡、镇(中心)卫生院实行“五抓”管理。一抓重点之事，即危重和疑难病人的诊断治疗，把好诊断抢救关，严格执行首诊负责制；二抓关键时日，即节假日、夜班、交班之际；三抓多事科室，即容易发生问题的妇产、急诊和外科；四抓多事之人，加强对个别责任心不强人员的教育和检查督促；五抓病历质量，把病历质量作为医院质量管理的关键点。

2004～2006年，乡镇卫生院开展创建平安医院和医院管理年活动，印发《盱眙县关于开展医疗质量管理年活动实施意见》和《考核细则》，接待处理各类医疗争议32起。2008年，乡镇（中心）卫生院建立医疗机构数据管理信息库，完成全县医疗机构数据信息录入。

二、医疗机构准入

（一）个体诊所

1986年，有7名个体医生申请开设个体诊所，海明诊所首获批准在山城市场营业。1987年，获准开业的诊所有3家，其中盱城2家、旧铺1家。1989～1996年，新批准25家个体诊所开业。1997～2002年，未新批个体诊所。2003～2008年，全县新批个体诊所34家。

（二）民营医院

1993年5月28日，盱眙县首家民营医疗机构盱眙县楚东医院在马坝镇成立，核定人员20人，床位20张。2004年，县中医院吸收社会资金进行股份制改革，盱眙县鹏胜集团投资2000万元，持股70%并控股。2007年3月，盱眙县同济女子医院作为首家一级专科医院批准开业。

（三）公办医疗机构

1998年，全县30家乡镇医院（中心卫生院）、盱眙县皮肤病防治所、盱眙县妇幼保健所和372个村卫生室经审查，发放医疗机构执业许可证。2000年，全县撤乡并镇，保留21个乡镇卫生院和377个村卫生室。2008年，全县政府公办医疗机构224家。

三、医疗市场检查

1986～1991年，每年对7家个体诊所进行2～3次的用药安全、器械消毒检查，要求看病有处方、有登记，发现传染病人逐级上报。1992年，对非法行医人员进行重点查处，查处个体行医22户。1993年，县人民政府印发《盱眙县社会办医审批和管理的若干规定》。1994～1995年，进行3次医疗市场执法检查，取缔非法行医个体诊所58家，收缴药品药械312件，罚款近4万元。

1997年，成立医疗机构清理领导小组，组织个体开业医生资格考试、登记注册、审批发证工作，取缔城区和城乡接合部地区无证行医个体诊所40个，查封药品、器械价值约2万元。

1998～1999年，开展4次医疗市场清理整顿，查处未经审批设置医疗网点和无证诊所65家，清理查处游医17起，罚款3万余元，收缴药品、器械价值2.2万余元；发现并捣毁1个地下非法制剂场所，取缔山东蓬莱德普保健食品有限公司利用义诊之名推销“义售”产品活动。

2000年5月11～15日，由纪委牵头，卫生、公安、工商、法院联合执法检查，对个体诊所和擅自向社会开放的厂矿医务室以及公司医疗机构未经批准设置的门诊部进行清理，检查监督60余户次，48户受到处罚，查封各类药品、器械416箱，总价值10万余元。

2002～2004年，组织4次多部门联动执法查处非法行医活动，查封8个非法执业的个体诊所；查处非法行医个体诊所37个，没收药品器械127箱；查处无证个体诊所45个，没收药品、器械4箱，申请强制执行24个，申请执行10万元，罚款8.1万元；查处3个无证行医诊所为孕妇作胎儿性别鉴定的违法行为，对某卫生院外设门诊部擅自开展下腹部手术的行为进行查处，取缔该门诊部，吊销违章手术医生的执业资格证书。2005年，对全县141家个体诊所、私营医院、社区服务中心（站）进行监督检查，立案查处101起，罚款9.3万元，没收器械243件、药品230箱，取缔无证行医42家。

2006～2008年，开展整治非法行医“飓风系列行动”，检查社区服务站29家，性病门诊3家，牙科诊所4家，城乡接合部卫生服务站16家，取缔无证诊所368家。

第二节 卫生事业经费管理

1986年起,全县医卫人员工资由政府补助60%,其余由单位创收解决,设备、仪器、卫生设施和卫生防疫、妇幼保健工作所需经费由县财政酌情补贴。县人民医院继续执行县政府1983年的核定收支、差额补助政策,每年给予24万元财政基本经费补助。乡镇卫生院在编人员工资由县卫生局核定下拨。全系统财务账目由县卫生局财务科统一管理,实行专款专用、专项审计。每年各单位财务账目都要接受县财政、审计部门审查。1988~2000年,实行财政制度改革,乡镇卫生事业费下划乡镇财政,县直卫生事业单位在编人员工资和人头办公费用由县财政拨付给县卫生局,再核发给相关单位。县人民医院和中医院继续按24万元、18万元给予差补。

2001~2005年,县人民医院、县中医院、乡镇卫生院分别投入2450.5万元、3365万元、1434.5万元用于病房楼、门诊楼新建和扩建,其中省卫生厅补助县人民医院150.5万元、乡镇卫生院149万元。其间,乡镇卫生院经费实行自收自支,省、市卫生主管部门有少量专项经费补助。2006年,向上争取资金2763.05万元,其中乡镇卫生院"三项"(基础设施、设备配置、人员培训)建设资金26万元、乡镇卫生院设备配套资金680万元、新农合省补资金631万元、新农合市补资金91.4万元、省补初保资金10万元、省农村基本公共卫生服务项目资金138万元、疟疾全球基金项目资金1.6万元、结核病控制项目资金806万元、红十字会物资10万元、农村改厕资金6.8万元。

2008年底,卫生系统总资产为35724.46万元,其中医疗单位总资产33920.93万元(县医院13578.67万元、中医院10955.07万元、乡镇卫生院9387.19万元),卫生机构总资产1803.53万元(含卫生局机关)。

第三节 血液管理

1986年,建立健全血液管理组织和机构,宣传相关法律法规,保证临床用血安全,全县有一支约120余人的输血员队伍。1988年,县人民医院成立血库。1995年,成立盱眙县中心血库。1997年,县中心血库取得合法执业资格,按照统一设置采供血机构、统一管理、统一供血的"三统一"血液管理原则,把好采供血关,在全县实行血液制品购进登记申报制度。1998年,成立盱眙县无偿献血工作领导小组和盱眙县临床用血质量管理小组,将无偿献血工作列入县对乡考核目标。1999年,制定《盱眙县无偿献血管理暂行办法》,中心血库工作人员增加9人,配备专用采血车,开展成分输血和自体血回输。

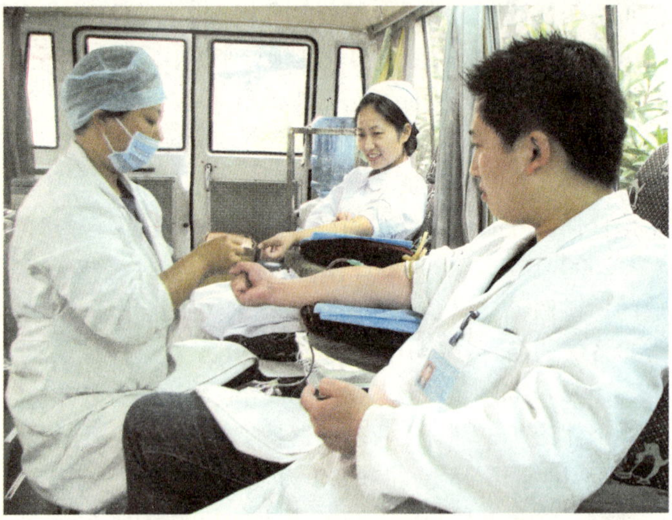

图27-14 县医院倡导并鼓励符合献血条件的干部职工踊跃献血,奉献爱心。

2000年,成立全县输血工作管理委员会。2001~2003年,制定《无偿献血工作指标、计划及采供血工作计划》,流动采血车深入街头、农村集镇开展无偿献血,县级医院成分输血提高到59%,县中心血库送血下乡达54%。2004年3月26日,淮安市中心血站盱眙分站挂牌成立,取消有偿献血,各采血点无偿献血2055人次,献血总量41.1万毫升。2006~2008年,实现有偿献血向无偿献血转变、计划献血向志愿献血转变、采血量由200毫升向400毫升转变、城市无偿献血向农村无偿献血转变，全县无偿献血持续保持100%，成分输血99%，共组织无偿献血4000余人次140万毫升。

第四节　医疗急救

1986年，县人民医院成立急诊科，马坝、桂五、管镇中心卫生院成立急诊室。1987年，有22个乡镇卫生院成立急诊室。1989年中医院成立后，救护范围划片管理。1993年，县人民医院成立“120”病区，以脑血管意外等疾病抢救和治疗为主。1998年，开通“120”急救电话。

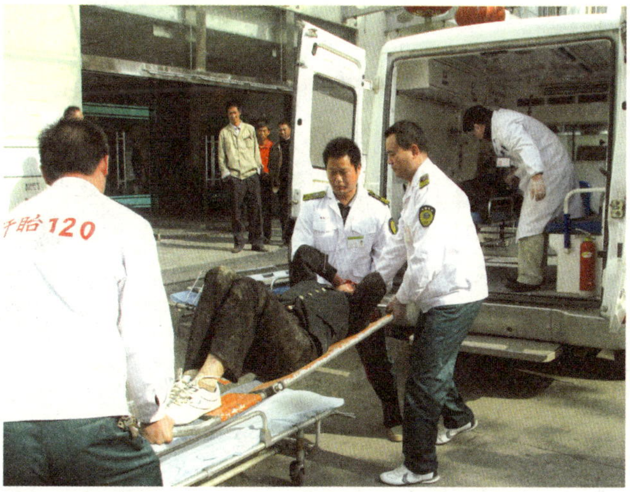

图27－15　县医院“120”急救中心人员抢救病人

1999～2001年，新添置2辆普通型救护车，配备折叠式担架4套，县中医院、第二人民医院急诊科分别装备心电监护仪、人工呼吸机、血气分析仪等。2003年4～9月，“非典”防控期间，县医院作为“非典”收治医院，成立联合抢救小组，成功抢救1名重症新发非典型肺炎病人。2004～2005年，县、乡（镇）医院成立急救医疗小组，由内科统一管理；县医院、县中医院设立ICU病房，设有急诊抢救室、观察室，初具医疗急救和监护雏形。2006年4月，县医院急诊科被淮安市卫生局批准为“120急救医疗站”。2008年，全县医疗急救网络全覆盖，19个乡镇卫生院配备救护车辆、急救设备和器材，实行24小时值班制度。县医院、县中医院、县第二人民医院、管镇中心卫生院在县内主要交通干线上设立10余处急救报告点，实行“120”“110”联动机制，医疗机构设立急救绿色通道。

1986～2008年盱眙县急诊病人救治情况一览表

表27－8　　单位：人

年份	急诊	治愈	好转	死亡	其他	年份	急诊	治愈	好转	死亡	其他
1986	422	260	56	23	83	1998	456	289	89	42	36
1987	405	255	62	17	71	1999	411	245	56	31	79
1988	466	273	61	30	102	2000	444	244	120	36	44
1989	501	321	80	19	81	2001	381	200	90	32	59
1990	499	334	77	21	67	2002	395	200	100	25	70
1991	585	364	96	23	102	2003	413	207	100	31	75
1992	765	500	108	25	132	2004	405	200	120	38	47
1993	777	525	125	30	97	2005	401	200	120	39	42
1994	689	432	100	46	111	2006	705	485	100	47	73
1995	654	400	100	56	98	2007	767	458	180	74	55
1996	602	410	109	48	35	2008	737	476	103	60	98
1997	694	400	163	50	81						

第九章　医学教育与科研

第一节　医学教育

1986 年,盱眙县卫生进修学校开设医士专业 1 个班,学制 2 年,招收学员 60 人,学员大多数为乡镇卫生院退休顶替子女。有专职教师 2 人,兼职教师多为县直医疗卫生单位中级以上技术职称的医(技)师担任,基础课教师聘请盱中教师兼任。1987 年 10 月,开办 1 期医士专业职业培训班,招收统考初中毕业生 40 人,择优录取卫生系统内职工子女中考落榜生 23 人,学制 3 年,参照国家中等专业教育标准,毕业后由县卫生局负责分配。首届学员结业,由县卫生局、劳动局分配到乡镇卫生院工作。1990 年 9 月,开办护理班 1 期 73 人,学制 3 年,毕业后分配到乡镇卫生院工作。1991～1997 年,举办 6 期乡村医师合格证书班,学制 1～2 年,学员 392 人。1997～2004 年,县卫校和洪泽、楚州卫校联合办学,开设国家正规中专学历教育,学制 3 年,共举办 9 届,招收学员 477 人。2007～2008 年,承办淮安市卫生学校乡村医生中专补偿教育的报名、组织、考试工作。

图 27－16　县医院有计划、有针对性地集中培训医疗、医技人员。

1997～2004 年盱眙县卫校与洪泽县、楚州区卫校联合办班情况一览表

表 27－9　　单位:人

联办学校	办班名称	办班时间	学员	联办学校	办班名称	办班时间	学员
洪泽卫校	卫生环保	1997.9～2000.7	72	楚州卫校	乡医学历	2001.9～2004.7	33
楚州卫校	社区保健	1999.9～2001.12	75	楚州卫校	乡村护理	2002.9～2005.7	44
楚州卫校	社区保健	2000.9～2003.7	40	楚州卫校	乡医学历	2003.9～2006.7	33
楚州卫校	乡医学历	2000.9～2003.7	103	楚州卫校	乡医护理	2004.9～2007.7	58
楚州卫校	社区保健	2001.9～2004.7	19				

第二节 医学科研

1986年起，县卫生系统大力开展科技创新和新技术、新方法应用。当年，在市级发表论文2篇、省级发表论文2篇，获市科技成果奖1项。

1996年，周云芳研制的“一次性膀胱灌注器”和“一次性双腔引流管”获得国家专利。1997年，周云芳发明的“张力带外固定治疗关节内骨折、上勾倒撑取棒法”成功应用于临床并申报省科技成果。县人民医院成功为10例病人进行断指再植，填补盱眙县显微外科空白。全年发表医学论文51篇。

2004年，“小切口非超声乳化人工晶体植入”和“微波联合湿润烧伤膏治疗鼻内镜术后粘连”两项科研成果通过市科研成果鉴定，楚东医院开展的“腹腔镜经胆道镜行胆总管括约肌顺行切开术”获卫生厅医学新技术引进一等奖。2008年，县卫生系统在市级以上发表论文62篇，获市科技成果奖1项。

1986～2008年盱眙县卫生系统获市级以上科研奖一览表

表27－10

年份	获奖项目名称	获奖人	获奖级别
1986	髌骨加压器的研制和临床应用	周云芳	淮阴市科技成果四等奖
1987	闭式钢针内固定术治疗肱骨外科颈骨折	周云芳	淮阴市科技成果三等奖
	经食道心房电刺激对室上速发病机理及终止方法研究	曹承吉	淮阴市科技成果四等奖
1988	髌骨加压器的研制和临床应用	周云芳	江苏省卫生厅科技进步二等奖
	中医脉象的血流动力基础研究	曹承吉	淮阴市科技成果三等奖
1989	中药直肠点滴法治疗乙型脑炎	张三川　陆为民 张亚文	淮阴市科技成果四等奖
	髌骨加压器的研制和临床应用	周云芳	江苏省卫生厅科技进步一等奖
1990	闭式钢针内固定治疗肱骨外科颈骨折	周云芳	江苏省卫生厅科技进步一等奖
1991	开放性骨折伴部分骨缺损的治疗	周云芳	中国中西医结合学会骨伤科专业委员会科技进步三等奖
1993	开发性骨折骨缺损的治疗	周云芳	国家学术团体三等奖
	抗生素灌注加内固定治疗感染性开放性骨折	马大年　周云芳	市科技进步三等奖
1995	一次性使用双腔管	周云芳　马大年	国家科委、江苏省人民政府银奖
1996	一次性使用膀胱灌注器	周云芳　马大年	中国高新技术产品博览会优秀奖、国家专利局和江苏省人民政府金奖
1998	小切口经上端哈氏棒取出术的设计和临床应用	马大年　周云芳	淮阴市科技进步三等奖
1999	应用小切口经上端哈氏棒取出术	周云芳	淮阴市科技进步三等奖
	抗生素灌注加内固定治疗感染性开放性骨折	周云芳	中华全国总工会优秀成果奖

续表 27－10

年份	获奖项目名称	获奖人	获奖级别
2002	牙颌畸形固定矫治过程中牙龈保护的设计及临床应用	王万伟	淮安市科技进步四等奖
	疏松波治疗肩周炎临床应用	欧长怀	淮安市科技成果四等奖
2003	复方亚甲蓝治疗带状疱疹后遗神经痛的临床效应	欧长怀	淮安市科技成果二等奖
2004	小切口非超声乳化人工晶体植入术	李林新	淮安市科技进步四等奖
	微波联合湿润烧伤膏治疗鼻内镜术后粘连	赵　鹏	淮安市科技进步三等奖
	复方亚甲兰治疗带状泡疹后神经痛	欧长怀	淮安市科技进步三等奖
2005	麻醉胃管研制	欧长怀	淮安市科技进步三等奖
2008	胃肠起搏器治疗功能性胃肠疾病	董静武　李训平　纪惠玲	淮安市医学新技术引进项目二等奖

第三节　医务人员进修培训

一、在职进修

1986～1994 年，每年县医院选派 1～2 人到上级医院进修学习，乡镇卫生院常年在县人民医院进修学习约 8～10 人。1995～2007 年，各级医院外出进修学习人员增多，县人民医院、县中医院共派出 434 人次在北京、上海、南京等三级医院进修学习；乡镇卫生院在县人民医院进修约 180 余人，有 15 个乡镇卫生院选派 36 人到上海、南京、苏州、淮阴等地医院进修学习。2008 年，全县在外地各级医院进修学习人员 25 人。至年底，全县共派出 459 名医生到省市医院进修学习。

二、短期培训

1986 年，县医学会组织学术讲座活动 2 次，请省、市专家和本地高资医生主讲，120 名医生参加。

1992～1995 年，县卫生学校举办在职培训班 7 期，参加培训人员 188 人；举办学术讲座 3 期，参训人员 165 人。1996 年，县卫生局举办内科知识更新等医学理论短期培训班 6 期，其他类型培训班 16 期。

2000 年，全县举办主治医师规范化培训班 3 期，参训 150 余人。2001～2002 年，举办医学巡回讲学等培训 11 期，500 余人接受相关专业培训；组织 884 名卫技人员进行“三基”培训。

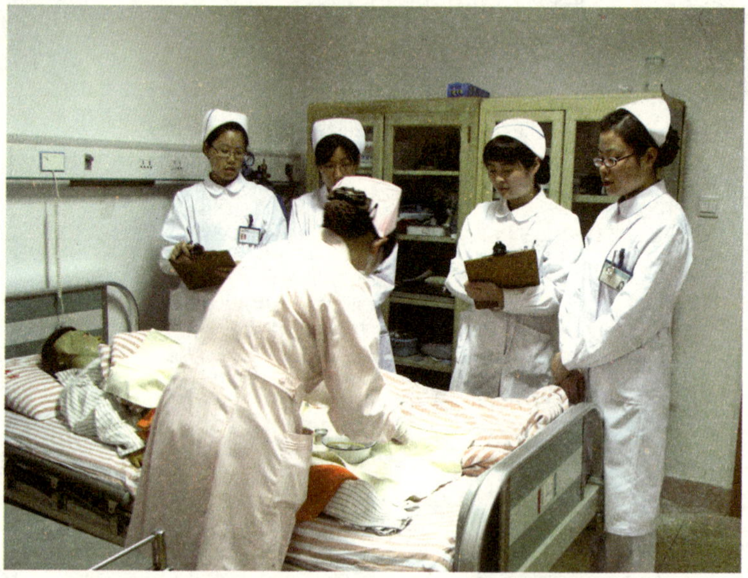

图 27－17　县医院为各乡镇卫生院代培卫技人员

2006～2007 年，对全县 618 名乡村医生进行岗位培训，其中进行全科医学培训 101 人。培训村卫生室、社区卫生服务站卫技人员 383 人。2008

年，对全县符合条件的614名乡村医生进行中专补偿教育，培训农村卫技人员313人，推荐35名乡镇卫生院管理人员和骨干参加省、市组织的培训。

三、专科培训班

1992～1999年，县卫生进修学校针对乡镇卫生院部分专科医生缺乏，有计划地开设专科培训，其间共举办五官、中医、急救、心电图、药剂、检验、护理等专科班9期，培养专科医生528人。2000年，开始实行专业证书培训。2001年起，停办专科培训班。

1992～2000年盱眙县乡镇卫生院卫技人员专科培训办班情况一览表

表27－11

培训起讫日期	培训内容	培训人数	培训起讫日期	培训内容	培训人数
1992.6～1993.8	五官科	26	1995.3～1995.4	检验	26
1993.2～1994.1	中医	40	1995.5～1995.6	护理	30
1994.3～1994.4	急诊抢救	30	1996.9～1997.12	护理	72
1994.4～1994.5	心电图	35	1999.9～2000.12	专业证书	242
1994.5～1994.6	药剂	27			

第四节 交流合作项目

一、加中儿童基金会灾区儿童保健

1991年，在洪涝灾害期间，县妇幼保健所接受加中儿童健康基金会援助凯特轻型客货两用汽车1辆、儿童三用秤9台、产后访视秤6台、血红蛋白仪9台、雾化吸入器3台、双目显微镜3台、儿童保健专用电脑5台以及ORS、PPA、红霉素干糖浆、肠虫清、小儿复方新诺明等药品，培训儿保人员120人次、乡村医生806人次；在马坝镇、旧铺镇、明祖陵镇、东阳乡、鲍集乡免费为灾区儿童开展医疗、保健和健康咨询服务，诊治儿童6700人次，咨询服务54056人次，健康检查及电脑评价11166人次，普服肠虫清334人次。

二、省中医院对口帮扶

1993年，省中医院将县中医院列入对口技术支持和帮扶范围，免费安排县中医院45位医护、医技人员进修学习，下派55名专家在县中医院坐诊，接待病员5500人次；指导县中医院3种中药制剂投入临床使用，1项科研成果获县科技三等奖；举行大型义诊活动8次，1000余名病员受到专家的诊治。

三、鼓楼医院对口帮扶

1997～2001年，南京鼓楼医院对县人民医院开展技术交流与合作，派驻27批140名专家学者到医院工作，开设专家门诊243期，诊疗病人4000人次，开展教学查房220次，会诊病人1300人次，施行高难度手术120余例，腔镜检查103余例，影像、B超等检查270人次，开展业务讲座、学术交流207场次，县人民医院派往鼓楼医院进修培训30人次。通过对口帮扶，县人民医院骨科、心内科、眼科成为淮安市第一批重点学科。

四、南京儿童医院技术帮扶

2003 ~ 2005 年,南京儿童医院对县人民医院开展技术帮扶,派出 43 批医疗队 110 名医技专家,开设专家门诊 43 次,接待门诊病人 2200 人次,带领医生查房 50 余次,受检病人 1200 余人次,开展大型手术 16 例,会诊 22 次,业务讲座 20 余场,病案讨论 16 次,接受县人民医院医护人员进修 50 余人。

五、江苏省肿瘤医院技术帮扶

2005 ~ 2006 年,江苏省肿瘤医院对县人民医院进行技术帮扶,派出专家组 21 批 30 人次,开设专家门诊 21 次,治疗门诊病人 200 人次,制定治疗方案、指导放疗定位约 30 人次,开展手术 16 例,会诊治疗 12 次,大型业务讲座 3 次,为县人民医院培养肿瘤治疗专业技术人员 35 人。

六、CIDA/WHO 结核病控制

2002 年,盱眙县参与 CIDA/WHO 结核病控制项目,省、市投入经费 59.56 万元及结核病诊断和治疗的全部药品、胶片、设备,县级财政投入 16.7 万元;举办各类人员培训班 98 期 1490 人次,印发张贴布告 2000 张,宣传品 2 万余份,播放专题片 15 场次;发现、登记、报告结核病 2744 例,治愈率 87%;督导访视病人 1863 人次,为结核病人免去约 200 万元的医疗费用。

七、全球基金疟疾项目

2002 年,盱眙县被确立为全球基金疟疾项目县,省投入配套经费 15 万元及灭蚊药品、药械、显微镜。2003 年起,每年 4 ~ 10 月,每月定点按规范进行蚊情调查,了解蚊子的种群比例、密度以及推算出媒介传播疟疾的能量,预测疟疾流行趋势,制定防治对策。

八、“胆管括约肌顺行切开术”合作研究

1996 年,盱眙县民办楚东医院赵长松、彭德芳、高青等组成攻关小组,与美国国家卫生研究院 A. L Depaula, Zuker 等教授共同研究,实施在腹腔镜下经胆总管或胆囊管切口在 X 线和十二指肠镜的监测下行“胆总管括约肌顺行切开术”。该项目 2002 年被江苏省科技厅立项,2004 年通过国家级鉴定。

第二十八篇 教 育

1986年，盱眙县学校布局出现“乡乡有中学，村村有完小”格局，形成教育资源分散、教学设施简陋、师资能力薄弱现象。全县中小学校农村教师紧缺、教师工资拖欠、学校公用经费不足。全县有幼儿园35所、入院幼儿12185人，小学607所、教职工3545人、学生85378人，初中46所、班级451个、学生25699人、教职工1830人，高中8所、班级87个、学生4276人、教师1098人，职业中学4所、教职工116人、学生1738人，电大1所、学生15人。中小学校舍21.25万平方米，其中县城区学校校舍3.47万平方米。

1987年起，实施农村中小学校“一无两有”（校校无危房、班班有教室、人人有课桌凳）改造工程。1989年，实现“一无两有”目标。1990年起，全县相继实施初等义务教育（简称五年义务教育）、中等义务教育（简称九年义务教育）。1992年，在全县各小学实施筑基工程和薄弱学校改造计划。年底，全县普及小学五年义务教育通过市教育局验收。

1994年，在全县实施“双改”（改变教学环境、改造学校危房）工程。至2000年，完成“双改”任务。1996年，小学教育实行五年制向六年制过渡。1998年起，小学毕业生实行就近免试入学，按考生住地进行划片招生。

2003年起，先后在全县中小学实施“六有”（有整洁的校园、有满足师生需求的卫生食堂、有冷热饮用水、有水冲厕所、有安全宿舍、寄宿生一人有一张床）、“三新一亮”（新课桌、新板凳、新讲台、电灯亮）、“校校通”（校校通网站）和“四配套”（图书资料、体育器材、艺术教育器材、实验仪器设备）九年制义务教育工程。发动社会力量捐资助学、集资办学，先后办起民办都梁中学、县实验初级中学。

至2008年，全县有幼儿园48所、小学177所、初中21所（其中民办初中2所）、高中8所（其中民办1所）、特殊学校1所，在校生123591人。有职业技术学校5所，学生14338人；电大1所，在籍生1002人。建成省四星高中2所、市级合格高中3所。全县中小学校舍689348平方米，其中县城区学校校舍512419平方米。“六有”“三新一亮”“校校通”“四配套”教育工程合格率均为100%。

第一章　管理机构

第一节　县级机构

1986年,县教育局、文化局合署办公(简称县文教局),下设政秘、教育、文化、人事、计财股,另设教研室、招生办公室、业余教育办公室、勤工俭学办公室。

1990年,县文教局更名为盱眙县教育局,下设政秘、教育、人事、计财股,另设教研、招生、勤工俭学、成人教育办公室。同年,成立电化教育中心办公室、自学考试办公室、基础设施建设办公室。1992年,成立教育技术装备办公室。1993年,县教育局更名为盱眙县教育委员会。

2001年,县教育委员会更名为盱眙县教育局。县体育局、县教育督导室与县教育局合署办公,教育股、人事股、计财股改为教育科、人事科、计财科。7月,县教育局设立纪检室。2002年,县教育(体育)局设立体育科,县成人教育办公室更名为职业技术教育和社会教育科。2004年3月,成立宣传科。2006年10月,县教育局纪委下设信访办公室。至2008年,机构无变化。

第二节　乡镇机构

1986年,全县30个乡镇均设文教办公室,设文教助理、会计各1人。2000年,全县30个乡镇撤并为19个,乡镇文教办同时撤并为19个。2002年5月,乡镇文教办撤销。乡镇小学教育行政管理由乡镇中心小学校长负责。到2008年,全县有21所初级中学、9所初中分校、4所完全中学、3所高级中学、1所职教中心、1所九年制特殊教育学校。

第二章　幼儿教育

第一节　发展概况

1986年,全县幼儿园以国有、集体为主,各乡镇兴办中心幼儿园,部分村小学创办幼儿班,实行村办校管教学体制。全县有幼儿园35所,入院幼儿12185人,教职工499人,适龄幼儿入园率49%。1987年10月起,全县允许具备条件企事业单位和个人新建幼儿园。至1991年,全县新建幼儿园有粮食局幼儿园、物资局幼儿园、化肥厂幼儿园、县医院幼儿园、县印刷厂幼儿园、康乐幼儿园。县城区 3 ~ 6 周岁适龄儿童入园率 89.3%。

1992 年，县城区及乡镇中心幼儿园全部实行三年制教育，村完小附设幼儿班仍实行一至二年制教育。全县实现乡镇有中心幼儿园，村有幼儿班，实行乡镇办、学校管教学体制。。

1998 年起，全县对公办幼儿园实行改制，鼓励个体和私人租赁、购买公办幼儿园。是年，黄花塘中心幼儿园由中心小学几名教师出资购买，是全县首个股份制幼儿园。至 2000 年，全县公办幼儿园仅剩县实验小学幼儿园、城南小学幼儿园、五墩小学幼儿园、仇集中心幼儿园、古桑中心幼儿园、三河中心幼儿园、鲍集中心幼儿园、淮河中心幼儿园，全县 34 所公办幼儿园及 56 个学前班经营权或租赁、或出售，改制为私人办学。

2003 年，加强幼儿园建设，改善幼儿园教学、生活条件，适龄儿童入园率达 95%。马坝中心小学幼儿园、实验小学幼儿园、城南小学幼儿园、县直机关幼儿园被评为市级一类幼儿园。

2008 年，县教育局收回私人兴办的幼儿园，各乡镇中心幼儿园实行公有制，由中心小学直接管理。全县有幼儿园 48 所，班级 139 个，入园幼儿 18139 人，教职工 504 人。3 ~5 岁幼儿入园率 89%，幼师毕业生任教师 182 人，学历达标 53.4%。县实验小学、城南实验小学、五墩实验小学幼儿园，淮河、桂五、马坝中心幼儿园通过省优质幼儿园验收。

1986 ~2008 年盱眙县幼儿园基本情况一览表

表 28 - 1　　　　单位：所、个、人

年份	园数	班级数	学生数	教职工数		年份	园数	班级数	学生数	教职工数	
				总数	其中民办教师					总数	其中民办教师
1986	35	392	12185	499	281	1998	42	497	14242	428	-
1987	36	416	16942	535	273	1999	41	475	13418	169	-
1988	36	467	17347	601	393	2000	42	466	12655	207	34
1989	39	483	17534	647	262	2001	31	555	12197	206	66
1990	38	428	16417	484	301	2002	38	512	13385	294	120
1991	33	495	17833	387	281	2003	36	382	10801	279	156
1992	37	476	17274	205	92	2004	39	694	21136	269	181
1993	37	482	17873	213	90	2005	43	455	14254	309	213
1994	42	525	19742	664	17	2006	48	444	13370	375	248
1995	42	558	22794	535	23	2007	48	564	15925	411	296
1996	45	544	22055	499	18	2008	48	139	18139	504	341
1997	46	537	18052	547	11						

第二节　学制与课程设置

1986 年，全县幼儿保育工作采用半托制，每 2 个班配 1 名保育员；日托制，每班配 1 名保育员。中心幼儿园设立保健室，配 1 名专职保健医师，预防和诊治幼儿疾病，定期为幼儿健康检查和预防接种；设立午休室，做到 1 人 1 床，保证幼儿午休。

1990 年，全县幼儿教育采用人教版教材，开设体育、语言、常识、计算、音乐、美术等课程。按教学计划，实行分班教学，尝试综合活动课程，增加户外活动（游戏）内容。1992 年，推广穆店乡幼儿园卫生、保健工作经验，对全县幼儿园育人环境提出“绿化、美化、安静、安全”要求，幼儿园卫生、保健做到盥洗室有流水洗手，一人一杯一巾，有卫生室、食堂，严格餐具、玩具消毒措施。县城区及乡镇中心幼儿园全部实行三年制教育，

村完小附设幼儿班,实行一至二年制教育。

图 28-1　幼儿体操

1995 年起,全县开展创建省、市、县优质幼儿园活动。是年,黄花塘中心幼儿园被评为县级优质园,旧铺、仇集中心幼儿园被县教育局评为二类园。1996 年起,贯彻《幼儿园工作规程》,细化幼教“一日常规”科学管理规范,增强依法治教意识,保教水平得到提高。年底,城南幼儿园被市教育局评为一类幼儿园。

2000 年,实验小学、城南小学、五墩小学等一类幼儿园做到寓教于乐、寓教于玩,培养儿童的动手、动脑、想象能力和良好的行为习惯,培养幼儿创造能力,实现幼儿教育生活化。城南实验小学幼儿园被评为市卫生保健合格单位。2002 年,全县推广实验小学、城南小学、五墩小学幼儿教学经验。2004 年,全县小班幼儿以剪纸、识图为教学主体,中班幼儿以汉语拼音、简单加减法口算教学为主,为幼儿进入小学打基础。

2008 年,农村幼儿园普及学前三年制教育,城区幼儿园逐步向学前四年制教育延伸。在全县开展合格园、市优质园、省优质园评比工作。五墩实验小学幼儿园“创设生活情境,提升幼儿阅读能力”课题,被批准为省教育学会“十一五”重点课题。城南实验小学幼儿园被市教育局评为示范幼儿园、幼教先进集体,被市文明办评为帼文明示范岗、市文明单位标兵。县实验小学幼儿园、城南实验小学幼儿园、五墩实验小学幼儿园,淮河镇、桂五镇、马坝镇中心幼儿园被省教育厅评为优质幼儿园;三河中心幼儿园、淮河中心幼儿园、马坝中心幼儿园、高桥幼儿园、东阳幼儿园建成市级优质幼儿园。全县 3~5 岁幼儿园入园率 89%,幼师毕业生任教 182 人,学历达标 53.4%。

1986~2008 年幼儿园(班)课程设置情况一览表

表 28-2

课程	小班		中班		大班		课程	小班		中班		大班	
	上午	下午	上午	上午	下午	上午		上午	下午	上午	上午	下午	上午
体育	-	1	1	1	1	1	计算	-	1	1	2	2	2
语言	1	1	2	2	2	2	音乐	2	2	2	2	2	2
常识	1	1	2	2	2	2	美术	2	2	2	2	3	3

第三节　幼儿园选介

一、实验小学幼儿园

1986 年,盱眙县实验小学幼儿园是附属于盱眙县实验小学一所公办幼儿园,位于盱眙县淮河北路北门街,占地 0.28 公顷,建筑面积 3300 平方米,10 个班级 457 名幼儿 22 名教师。1995 年,二区建园,位于斩龙涧 99 号,占地 0.07 公顷,建筑面积 700 平方米,3 个班级,116 名幼儿 7 名教师。2016 年,总部建园,位于盱眙县都梁大道与二环路连接线泽兰路东侧,占地 1.632 公顷,建筑面积 10632 平方米,班级 28 个,幼儿 1372 人,教师 58 人。

该园一直秉承“用爱启迪智慧，用心滋润心田”办园宗旨，以“心中有目标 眼中有孩子 处处有教育”为园风，以“用公正的态度呵护孩子、用发现的目光欣赏孩子、用宽广的胸襟包容孩子、用无私的爱滋润孩子”为教风，培养“动手、动脑、好学、好问、感恩”身心健康发展的幼儿。2008 年，拥有 3 个幼儿园班级 41 个，幼儿 1945 人，教职工 118 人。是盱眙县首批江苏省优质幼儿园。

二、县直机关幼儿园

1986 年，盱眙县县直机关幼儿园隶属于盱眙县妇女联合会，位于盱城镇淮河东路 70 号，占地 3987 平方米，建筑面积 150 平方米，班级 4 个、幼儿 110 人、教师 7 人。1993 年，有班级 5 个、教师 15 人、幼儿 270 人，被评为淮安市一类幼儿园。2000 年，有班级 3 个、幼儿 67 人、教师 10 人。2005 年，被评为淮安市优质园。

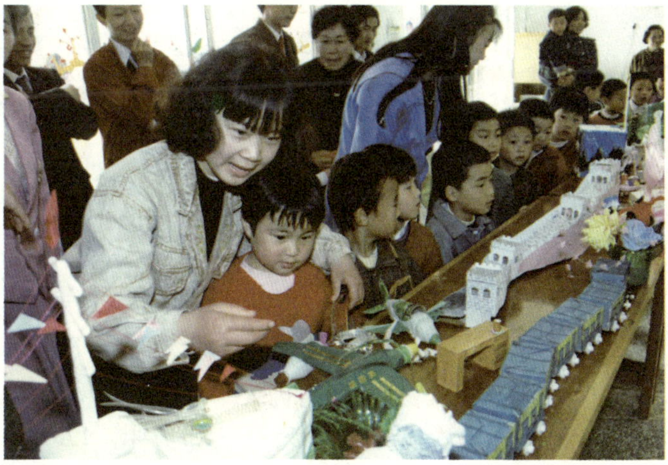
图 28－2　1993 年创办的机关幼儿园

2008 年，占地 3987 平方米，建筑面积约 800 平方米，班级 4 个，幼儿 150 人，教师 9 人。幼儿园以幼儿全面发展为基础、保教结合为原则，促进幼儿富有个性自由发展，培养身心健康、兴趣广泛、习惯良好、活泼开朗、适应社会需要和发展新一代。先后荣获江苏省“三八”红旗集体、淮安市文明单位、淮安市优秀家长学校、淮安市“三八”红旗集体等多项殊荣。

三、城南实验小学幼儿园

1986 年，城南小学幼儿园位于盱城镇淮河南路 21 号，占地 2627 平方米，有班级 4 个、幼儿 183 人、教师 6 人。1990 年，有班级 8 个、幼儿 326 人、教师 16 人。1996 年，被评为淮安市一类幼儿园。

2005 年起，城南实验小学幼儿园逐步形成以“手指尖上运动”为主的办园特色，包括手工操作、手指游戏、桌面玩具拼插、手工制作、绘画、翻绳、抓石子、扣纽扣、系鞋带等手部运动。收集 100 多个符合幼儿年龄特点的手指游戏，如“黄老先生有块地”“手指上课”等，供幼儿游戏活动。在课程设置方面，每周四上午为课题组活动时间，做到课题研究有计划、有记载，课题组长每月汇报课题进展情况；在提高幼儿教师教学质量方面，坚持“理论－实践－认识－再实践”教学原则，组织教师开展学习、研讨、观摩、总结活动。当年，被评为市现代化幼儿园。2007 年，被评为淮安市优质幼儿园。

2008 年，有班级 15 个，在园幼儿 648 人，教职工 35 人。专任教师 30 人，大专及以上学历占 78%，本科毕业 6 人。被评为省优质园。

四、五墩实验小学幼儿园

1990 年，创办五墩实验小学幼儿园，位于五墩西路 2 号，占地 200 平方米，校舍 100 平方米，有班级 3 个，幼儿 100 多人。1995 年，幼儿园迁址到兴府南路 2 号，扩建教学综合楼 1 幢，占地 5966 平方米，建筑面积 3590 平方米。

1996 年起，根据不同幼儿年龄和身心特点，加强幼儿一日常规的培养。从区域游戏到体育游戏，从学习活动到游戏活动，培养幼儿个性特长，激发幼儿兴趣。“在社会交往中移情培养”被评为全县唯一幼儿园中优秀课题。教育、教学形成幼儿园的园本课程，经典诵读——古诗、三字经，晨间朗读——中班儿歌、小班童谣、安全儿歌。通过开展“我和古诗有个约会”“儿歌大比拼”“谁的童谣最好听”等活动，培育孩子们的兴趣。“在主题活动中幼儿安全自护能力的培养”被批准为市“十一五”重点课题，“创设生活情境，提升幼儿阅读能力”课题被批准为省教育学会“十一五”重点课题。该园被评为省优质幼儿园。

2006年,投入30多万元,新建符合卫生标准幼儿食堂80平方米,配齐不锈钢厨房设施,为300多名幼儿提供午休和就餐。2008年,五墩实验小学幼儿园建成绿化800平方米,2009年部分绿化改建为塑胶操场,绿化为200平方米,户外活动场地2430平方米。共有班级18个,其中大班7个、中班6个、小班5个,在园幼儿969人。有教职工46人,其中专任教师27人,大专学历23人。

第三章 小学教育

第一节 发展概况

1986年,全县有小学607所,班级2650个,学生85378人。占地206.7公顷,校舍13.49万平方米,有一级危房1.3万平方米,缺少校舍3.58万平方米。1987年9月,县教育局编制《学校常规管理检查评估细则》,先后在马坝、淮河、古桑、十里营等中心小学推行常规管理量化评估工作。当年减少教学点75个。

1990年,实施五年制初等义务教育,与全县各小学签订义务教育责任状,明确政府、学校、家庭及社会各界在实施义务教育中应承担的责任和义务;推行“四长”负责制(村长负责适龄儿童全部入学,乡镇长负责筹集资金改善办学条件,家长确保子女按时入学,校长负责学生的教育与教学管理)。至年底,有教学点32个。1992年,全县普及小学五年义务教育通过市教育局验收。1995年,小学升初中取消乡镇组织考试,由县教育局统一组织考试招生。1996年,实施“一、十、百”(即一所模范小学、十所优秀小学、百所合格小学)工程创优活动,创建成县模范小学11所、县优秀小学29所、市50强小学3所、市合格小学47所、县合格小学173所。

图28－3 1991年,新华社香港分社记者在明祖陵学校采访。

2001年,县三河中心小学更名为县三河实验小学。全县撤并村小32个、教学点2个。2002年,县教育局在铁山寺国家森林公园内建成“盱眙县中小学素质教育实践基地”,开辟小学素质教育第二课堂。2003年,县政府颁发《关于印发盱眙县中小学布局调整规划的通知》,对全县小学布局实施调整,撤销完小55所、教学点31个,完小降为教学点116所。全县有小学217所,其中教学点146个。

2006年,落实义务教育阶段“全免费”政策,对全县低保和持有“特困职工证”家庭子女、遭受天灾人祸的贫困家庭子女、革命烈士或因公牺牲军人子女、持“中华人民共和国残疾人证”的学生、无抚养人的孤儿、在校寄宿就读的学生发放生活补助费。2007年,县政府为4500名寄宿生发放生活补助费67.5万元(小学生每生每年500元),全县小学无1名学生因贫困失学。2008年,全县小学177所,127所为教学点,合格率、入学率、巩固率100%,有班级1293个、学生52446人;适龄残疾儿童在校生1082人,入学率95.6%。县实验小学被省教育厅表彰为江苏省小学数学课程教材改革实验工作先进集体。

1986~2008年盱眙县小学教育基本情况一览表

表28-3　　单位:所、个、人

年份	学校数		班级数	学生数	教职工数	
	合计	其中:教学点			合计	其中:民办教师
1986	607	216	2650	85378	3545	2387
1987	530	141	2607	83698	3465	1905
1988	524	142	2605	83902	3376	1893
1989	477	93	2530	81901	3418	1837
1990	416	32	2460	79742	3457	1818
1991	419	40	2248	75045	3503	1892
1992	410	29	2238	73408	3388	1803
1993	408	28	2235	74418	3397	1801
1994	402	23	2239	70869	3887	1513
1995	398	23	2237	71351	4103	1385
1996	392	17	2349	78355	4213	1036
1997	386	17	2488	88733	4343	619
1998	382	24	2493	90699	4503	572
1999	369	32	2497	89601	3891	546
2000	339	42	2321	87997	3968	508
2001	308	43	2223	84398	3935	327
2002	300	57	2140	81157	3776	335
2003	217	146	1892	73505	3570	299
2004	227	159	1735	67955	3519	375
2005	204	138	1613	62892	3488	365
2006	194	130	1441	59390	3453	367
2007	177	129	1330	52448	3406	362
2008	177	127	1293	52446	3401	362

第二节　学制与课程设置

1986~1991年,全县小学学制为五年制,小学课程设置执行江苏省全日制五年制小学暂行教学计划,周课时数分别为小学一年级24节、二年级25节、三年级26节、四年级27节、五年级27节,开设思想品德课、阅读课(语文、作文、写字)、数学课、自然课、地理课、历史课、体育课、音乐课、美术课、劳动课10门学科,学生在校每周课时总量分别为一年级38节、二年级39节、三年级40节、四年级41节、五年级41节,活动内容有体育活动、文娱活动、科技活动、周会、班队活动、自习、晨会或夕会、早操、课间操、眼保健操。

1992年,全县小学实行国家义务教育全日制小学课程设置,把历史、地理合并为社会学科,阅读课改为语文课,体育课改为体育与健康课,思想品德课改为思品类课程。一年级38节减到31节,二年级39节减到32节,三至五年级均减为34节。活动课内容新增加地方和学校安排的课程,课程由学校自主安排,各年级每周安排2节。

1993年,农村小学课程设置适当调整,高年级劳动课调为2节,增设农业技术知识和文明生活(选修)内容。1996 年 6 月起,用 2 年时间,全县小学过渡到六年制。当年在校五年级学生实行年龄偏小、学习成绩较差的学生直接升入六年级学习,其余学生直接升入初中学习。1998 年起,小学毕业生实行就近免试升入初中学习。县城区内根据小学生居住地划分各初中施教区范围,各初中不准跨越施教区招收新生,不准拒收本校施教区范围内学生。农村初中只在本乡镇范围内招生且不准拒收。

1999 年,全县小学素质教育以县实验小学、盱城镇城南小学、五墩小学为示范,从课程设置、教师素质、科学评估方面入手,创建各具特色的素质教育特色学校。十里营、维桥、新街、马坝被确立为市级实施素质教育实验乡镇。各学校着力培养“全面+特长”学生,开齐开足音、体、美课程;加强学生身心健康教育、心理教育,开课率 98%;课堂教学推广“三段式”模式,开展学生自主学习活动,促进学生“知、情、意、行”和谐发展。年底,古桑中心小学和县实验小学被市教育局评为素质教育特色学校。

2000～2002 年,全县执行“六三”学制全日制小学课程设置,一年级减到 23 节,二年级减到 24 节,三年级减到 24 节,四至六年级均减到 25 节。活动总量减少 1～2 节。2003～2008 年,全县小学执行九年义务教育课程计划。开设 10 门学科:品德类课程、科学、语文、数学、外语(小学三年级增设的课程)、体育与健康、音乐、美术、综合实践活动(突出电脑课程)、地方与学校安排的课程。品德类课程分为两个层次,低年级授课内容为“品德与生活”,中高年级授课内容为“品德与社会”。中、高年级增设科学课和外语课,每周各 2～3 节,取消社会课和劳动课,把综合实践活动以及地方和学校安排的课程全部纳入正规课程,计入周课时总量。调整后,周课时数增大,学生在校活动总量减少:低年级 26 节、高年级 30 节,与 2000 年比,低年级学生减少 4～5 节,高年级减少 3 节。

1986～2008 年盱眙县九年义务教育课程安排一览表

表 28－4

时间 / 年级 / 周课时 / 科目	1986～1991					1992～1999					2000～2002						2003～2008					
	一	二	三	四	五	一	二	三	四	五	一	二	三	四	五	六	一	二	三	四	五	六
品德类课程	1	1	1	1	1	1	1	1	1	1	1	1	1	1	1	1	2	2	2	2	2	2
自然(科学)	–	–	–	2	2	1	1	2	2	2	1	1	1	1	2	2	–	–	2	2	2	2
语文	11	12	11	9	9	11	11	9	9	9	10	10	9	8	7	7	8	8	7	7	6	6
数学	6	6	6	7	7	5	6	6	6	6	4	5	5	5	5	5	5	5	4	4	5	5
英语	–	–	–	–	–	–	–	–	–	–	–	–	–	–	–	–	–	–	3	3	3	3
历史	1	1	1	1	1	–	–	–	–	–	–	–	–	–	–	–	–	–	–	–	–	–
地理	1	1	1	1	1	–	–	–	–	–	–	–	–	–	–	–	–	–	–	–	–	–
社会(实践)	–	–	–	2	2	–	–	2	2	2	–	–	–	2	2	2	–	–	3	3	3	3
体育与健康	2	2	2	2	2	2	2	3	3	3	2	2	3	3	3	3	4	4	3	3	3	3
音乐	–	–	–	–	–	3	3	2	2	2	3	3	2	2	2	2	2	2	2	2	2	2
美术	2	2	2	2	2	2	2	2	2	2	2	2	2	2	2	2	2	2	2	2	2	2
劳动	–	–	–	1	1	–	–	1	1	1	–	–	1	1	1	1	–	–	3	3	3	3
周课时数	24	25	26	27	27	–	–	–	–	–	23	24	24	25	25	25	–	–	–	–	–	–
地方和学校安排的课程	–	–	–	–	–	2	2	2	2	2	2	2	3	3	3	3	3	3	2	2	2	2
班团队活动	1	1	1	1	1	1	1	1	1	1	1	1	1	1	1	1	–	–	–	–	–	–
科技文体活动	4	4	4	4	4	3	3	3	3	3	4	4	4	4	4	4	–	–	–	–	–	–
体育锻炼	2	2	2	2	2	–	–	–	–	–	每天 10 分钟						–	–	–	–	–	–
周课时总量	38	39	40	41	41	–	–	–	–	–	30	31	32	33	33	33	26	26	30	30	30	30

第三节　小学选介

一、五墩实验小学

1986 年，五墩实验小学位于县进修学校东侧，占地约 5000 平方米，五年制村级完全小学。有学生 150 余人，教师 15 人。1992 年，建成四轨制村级完全小学，在校生 1000 余人，教职工 50 人，学校有教学楼 2 幢 3000 多平方米，操场地面全部硬质化。2006 年，先后筹资 700 多万元，在县检察院旁建新校区，分别建成教学楼建筑面积 3945 平方米和 3000 平方米，铺设风雨操场 3000 多平方米、水泥路面 2000 多平方米和彩砖 4000 多平方米，建起教学辅助用房 2000 平方米。学校绿化面积 40% 以上，拥有各种绿化带 2000 平方米。投资 100 余万元装备多功能教室 1 个、电脑房 2 个，建成少先队活动中心、电教中心、自然实验室、音乐室、美术室、资料室、阅览室等。2008 年，五墩实验小学有 52 个班，学生 3100 人，教职工 175 人，学历达标率 100%。

二、明祖陵希望小学

1992 年 5 月 10 日，江苏省第一所希望小学——盱眙县希望小学奠基，该小学由台湾年代影视公司董事长陈大伟捐资兴建，位于仁集乡。“希望工程”海外爱心基金委员会主任、台湾著名艺人凌峰，中国青少年发展基金会社会服务部主任张景岩，江苏省青年联合会副主席许津荣等到盱眙，参加奠基仪式。该校园占地 4.27 公顷，建筑面积 6000 平方米。学校建有仪器室、实验室、电子备课室、图书室、阅览室、心理健康咨询室、多媒体教室等，运动场地的体育器材装备齐全。1994 年投入使用，有学生 512 人，教师 21 人。2008 年，学校有 32 个教学班，在校生 1500 多名，教职工 81 名。

三、旧铺实验小学

1986 年，旧铺实验小学坐落在旧铺镇大雨山脚下，下辖 1 所村完小、2 个教学点，有学生 1524 人，教师 102 人，占地 2.2 公顷，建筑面积 3526 平方米。新建 1 幢教学楼，建筑面积 1000 平方米。至 2000 年，全校占地 2.84 公顷，建筑面积 4431 平方米，教学辅助用房 2378 平方米，草坪 9864 平方米，荷花池 600 平方米，有标准的篮球场、排球场、足球场和计算机网络教室、书画室、课件制作室、舞蹈房、多功能室、图书室、图书阅览室、自然实验室、少先队活动室、教工之家、校园网、多媒体教室、全自动广播系统、闭路电视等现代化教学设施。2008 年，在校学生 2000 人，其中本部学生 1000 余人，20 个教学班，住校生 240 名。教职工 150 人，其中本科学历 8 人、专科学历 85 人，县教坛新秀 1 人，县骨干教师 25 人，首席教师 20 人。

四、马坝中心小学

1986 年，马坝中心小学位于马坝镇文明西路，占地 2.1 公顷，建筑面积 1800 平方米，有学生 860 人、教师 35 人。1991 年，在马坝镇陵园路 106 号建新校区，占地 1.8 公顷，建筑面积 2000 平方米，有学生 428 人、教师 26 人。2008 年，马坝中心小学与马坝第二小学合并成新的马坝中心小学，位于马坝镇西路 205 号，占地 5.1 公顷，总建筑面积 34485.6 平方米，绿地 12268 平方米。同年，筹资 800 万元，完成一期工程，建成 4 幢教学楼，建筑面积 9300 平方米。有教学班 62 个，在校学生 3093 人，教职工 159 人。

五、盱眙县实验小学

1986 年，县实验小学在淮河北路北门街 32 号建成教学楼，占地 0.88 公顷，建筑面积 3086 平方米，有班级 24 个、教师 72 人、学生 1297 人。1995 年，在斩龙涧路西 50 米建成第二分校，占地 1.0672 公顷，建筑面积 2790 平方米，有班级 12 个、教师 38 人、学生 477 人。1999 年，在盱城健康路 298 号建成第三分校，占地 1.21

公顷,建筑面积8012平方米,有班级8个、教师21人、学生402人。

学校坚持以科研兴师、科研兴教、科研兴校,参与国家性课题研究45人次,参与省市级课题研究55人次,参与县级课题研究43人次,参与校级课题研究200多人次,编写校本教材《文化盱眙》《环境教育》《国防教育》《法制教育》。举办5届英语节、5届"家园同乐"运动会、4届"影视节"、3届"读书节",开展"五星班级""七星学生"星级评定制度,促进班风、学风建设,推动良好校风形成。先后有省特级教师2名,有8人被评为全国勤工俭学劳动模范、全国"三八"红旗手、全国优秀班主任,有14人被评为省先进工作者、省先进教科研工作者、省"红杉树"园丁奖、省优秀班主任、省德育先进工作者、省优秀少先队辅导员,有109人被评为市、县先进工作者。2008年,拥有教学区3个、班级102个,教职工256人,学生4684人。

六、城南小学

1986年,城南小学位于盱城淮河南路21号,占地1.21公顷,有班级28个、学生1427人、教师101人。1994年,在盱城镇淮河南路21号新建教学楼4幢4320平方米,办公楼1幢320平方米,综合楼1幢1900平方米。占地1.21公顷,建筑面积6660平方米,有班级32个、教师106人、学生1742人。配备美术室、音乐室、自然实验室、仪器室、舞蹈教室、图书阅览室、多功能教室、高标准塑胶操场,拥有全县一流的微机室、电子阅览室,组建电子办公和网络教学系统,有校内电视闭路系统和广播系统。

学校以"一切为了孩子今天和明天的幸福"为宗旨,以"让普通民众的孩子享受优质教育"为办学目标,率先实施"200"读书计划。2004年,县教育局在全县"中小学校园文化建设"现场会上,要求在全县中小学推广城南实验小学的读书经验。2006年春季,淮安市小学读书教育活动现场会在该校召开。9月,通过江苏省级实验小学验收,更名为城南实验小学。2007年3月,该计划被列为省级课题,更名为"阅读护照:'200'读书计划行动研究"。2008年,学校有班级36个、教师127人、学生2078人。

第四章 初中教育

第一节 发展概况

1986年,在全县分阶段实施九年制义务教育,加快初中教育发展。

1990年,全县实施"普九"规划教育。至1992年,全县实现普及初等义务教育。1993年,县、乡两级政府建立中等义务教育工作目标责任制,层层签订责任状。县教育局出台《关于组织实施初级中等义务教育的意见》,张洪乡、东阳乡和三河农场在全县率先完成初级中等义务教育,通过市评估验收。

1995年,全县撤并联合性中学16所、戴有高中帽子中学35所、乡镇初级中学4所(观音寺第一初级中学、东阳第二初级中学、三河第二初级中学、穆店第二初级中学),有初级中学35所。初中毕业生全部集中到县城考试,由市教育局统一阅卷和录取,取消重点中学和普通中专考生体检。录取时,先按文化成绩划线,成绩达线后再加体育成绩进行排序,从高分到低分录取。1995年6月,淮河蛤滩中学与淮河职业中学合并,成立淮河第二初级中学。

1996年9月,全县31个乡镇(场)全面完成普及九年义务教育目标。10月,盱眙县"普九"教育通过国家验收。11月,淮河第二初级中学更名为淮河初级中学,位于黄岗的淮河初级中学更名为淮河黄岗中学。

1997年10月,淮河初级中学由黄岗村迁至城根村,位于城根村的淮河二中撤归淮河初级中学。1998年6月,取消"小升初"考试,小学毕业生就近升入初中;县城区初中实行划片招生,免试入学。

2000年,对全县10所薄弱初中加强教师队伍建设和教学管理,调整初中校长5名,交流和补充教师20余名,培训教师20余人次。各乡镇、各学校之间的办学水平差距明显缩小。2004年,仁集初级中学更名为明祖陵初级中学,淮河黄岗中学全部撤并到淮河初级中学,十里营初级中学、淮河初级中学、古桑初级中学、盱城初级中学分别更名为盱眙县第五、第六、第七、第八初级中学。2006年,马坝初级中学东阳教学点撤销。

2007年,仇集初级中学龙山教学点撤销。2008年,龙山农业中学初中部并入仇集初级中学,建成盱眙县第一中学,全县有初级中学21所,班级642个,学生33859人,教职工3532人。

1986~2008年盱眙县初中教育基本情况一览表

表28-5 单位:所、人、个

年份	学校数	在校学生数	班级数	教职工数		年份	学校数	在校学生数	班级数	教职工数	
				小计	其中:民办教师					小计	其中:民办教师
1986	46	25699	451	1830	557	1998	28	21710	398	2100	54
1987	46	26418	481	1936	472	1999	28	24905	449	2104	67
1988	46	26911	510	1878	350	2000	27	27092	466	2249	86
1989	47	26517	473	1985	311	2001	28	27918	505	2405	23
1990	45	23848	418	1953	375	2002	30	33898	585	2492	27
1991	41	22663	421	2049	292	2003	31	40325	643	2716	33
1992	41	22173	419	2015	262	2004	21	44307	701	3003	15
1993	41	22990	419	2027	262	2005	21	43404	699	3122	24
1994	39	23198	437	2047	195	2006	21	40060	669	3226	25
1995	35	25265	442	2103	98	2007	21	37367	642	3530	23
1996	31	23856	412	2095	79	2008	21	33859	642	3532	23
1997	31	20531	365	2108	52						

第二节 学制与课程设置

一、学 制

1986~2008年,全县初级中学均实行三年制。

二、课程设置

1986年,初级中学课程设置政治、语文、数学、英语、物理、化学、历史、地理、生物、体育、音乐、美术课,初一、初二、初三周课时设置分别为29节、32节、29节。根据需要,物理科初二、初三年级每周增加1课时,历史、地理两科初一年级每周减少1课时,生物科初三年级每周减少1课时,初三年级取消音乐、美术课。

1986 年盱眙县初级中学课程安排一览表

表 28-6

周课时数＼学科＼年级	政治	语文	数学	英语	物理	化学	历史	地理	生物	体育	音乐	美术	周课时总数
初一	2	6	6	5	-	-	2	2	2	2	1	1	29
初二	2	6	6	5	3	-	2	2	2	2	1	1	32
初三	2	6	6	5	4	3	-	-	1	2	-	-	29
备注	数学包括代数、几何;生物包括植物、动物、生理卫生,初一开设植物,初二开设动物,初三开设心理卫生;英语全县统一开设												

1992 年,全县初中课程设置在 1986 年设置课程基础上有所调整,数学科,初一、初二、初三每周各减少 1 课时;历史科,初三每周增加 2 课时、初二每周增加 1 课时;初一每周各增加地理、物理 1 课时,初三取消生物课;初一、初二、初三每周各增加体育与健康 1 课时、劳动技术课 2 课时、班团队活动 1 课时、科技文体活动 3 课时,初三每周各增设地方课程和校本课程 5 课时、音乐和美术课 1 课时。周课时数由原初一 29 节增加为 32 节,初二 32 节增加为 33 节,初三 29 节减少为 27 节。周课时总量也相应增加,初一 36 课时,初二 37 课时,初三 36 课时。

1992 年盱眙县初级中学课程安排一览表

表 28-7

科目＼周课时＼年级	初一	初二	初三	科目＼周课时＼年级	初一	初二	初三
思想政治	2	2	2	音　乐	1	1	1
历　史	2	3	2	美　术	1	1	1
地　理	3	2	-	劳动技术	2	2	2
生　物	3	2	-	周课时数	32	33	27
物　理	-	2	3	地方和学校安排的课程	-	-	5
化　学	-	-	3	晨会(夕会)	每天 10 分钟		
语　文	6	6	5	班团队活动	1	1	1
数　学	5	5	5	科技文体活动	3	3	3
外　语	4	4	4	周课时总量	36	37	36
体育与健康	3	3	3				

2001 年,制定《义务教育课程设置实验方案》,进行义务教育课程改革实验试验。初级中学课程设置根据德、智、体、美等发展要求,保证学生全面发展;根据学生认知规律和学科知识的内在逻辑,初一、初二、初三年级分别改称七、八、九年级;根据不同年龄段儿童成长、认知规律、时代发展和社会发展对人才的要求,课程门类由低年级到高年级逐渐增加。注重学生实践,加强学科渗透,改变课程过于强调学科本位的现象;七、八、九年级设科学课,开设艺术课,提高审美情趣;增设综合实践活动,包括信息技术、研究性学习、社区服务、

社会实践以及劳动与技术教育等，培养学生的社会责任感；加强课程选择性，办出有特色的学校。2003年8月，采取分科为主、综合为辅的方式制定并颁发《盱眙县义务教育课程设置实验方案》。

2003年盱眙县初中义务教育课程设置实验方案（综合、分科）一览表

表28－8

综合设置				分科设置			
课程＼周课时＼年级	七	八	九	课程＼周课时＼年级	七	八	九
思想品德	2	2	2	思想品德	2	2	2
历史与社会	4	3	3	历　史	2	2	2
科　学	3	6	6	地　理	2	2	－
语　文	5	5	5	生　物	3	2	－
数　学	5	5	5	物　理	－	3	3
外　语	4	4	4	化　学	－	－	4
体育与健康	3	2	2	语　文	5	5	5
艺　术	2	2	2	数　学	5	5	5
综合实践活动	3	3	3	外　语	4	4	4
地方和学校安排的课程	3	2	2	地方和学校安排的课程	3	2	2
周课时数	34	34	34	音　乐	1	1	1
				美　术	1	1	1
				综合实践活动	3	3	3
				体育与健康	3	2	2
				周课时数	34	34	34

2005年起，全县初中升学考试科目增加历史和信息技术内容。2006年起，全县初中升学开考的政治和历史实行合场分卷开卷考试。2007年2月～2008年，全县初级中学调整八年级和九年级体育与健康课程，由原每周各2课时调整为3课时，八年级和九年级的综合实践活动课每周各减少1课时，周总课时数不变。

第三节　初级中学选介

一、观音寺初级中学

1986年，在观音寺朱楼村梁庄组建成观音寺初级中学，占地2公顷，有班级12个、学生692人、教职工42人。1988年，投入30万元，将学校面积扩大到3.47公顷，新建1281平方米、拥有12间教室主体教学大楼。

2000年12月，观音寺初级中学被评为江苏省现代化示范初中。2001年起，学校先后投入150万元，新建1300平方米的教学综合楼、750平方米餐厅(兼会堂)、300米环形碳渣跑道、2个水泥篮球场及足球场、排球场。新建2个物理实验室、2个化学实验室和1个生物实验室,电脑教室、多媒体教室、音乐室、美术室、体育室和图书室各1个。2008年,观音寺初级中学有教学班16个、教职工50人、学生912人。

二、马坝初级中学

2001年,马坝中学初中部从马坝中学分出,建立马坝初级中学。2002年,暑期搬迁到位于马坝镇镇南路新校区。学校占地面积近6.7公顷,建筑面积1.3万多平方米,绿化覆盖率超过40%。有班级36个、教师145人、学生2186人。投资1000多万元,装备2个计算机教室,1个多媒体教室,5个理化生实验室;图书室拥有藏书4万多册,工具书200多种,报刊杂志100多种。有学生宿舍楼2幢,实现公寓化管理,多功能餐厅能容纳近1000人就餐。2004年,市教育装备室调配5万元,为马坝初级中学改建5个理化生实验室。2006年,投资1万多元,添置24个钢制实验橱和24节钢制书架。

学校以质量促发展、以质量求生存,实行"6+1"教学模式,鼓励小组合作探究,让每一位同学都能展示自我;开设竹杆舞、乒乓球、篮球等特色教育,得到上级领导首肯。连续多年摘得农村初中教学质量桂冠,快速成长为盱眙县农村初中品牌学校。

2008年,有教学班58个,学生3700余人,教职工242人,中高级以上职称教师168人,市县骨干教师78人,本科以上学历教师94人,学历达标100%。

三、盱眙县第三中学

1986年,学校位于盱城镇黄牌街58号,占地1.5公顷,教学楼1740平方米,有班级9个、教师36人、学生450人。学校以"崇德树人"为办学理念,树立"学生的健康成长和未来发展高于一切"观念,用适合学生身心发展规律来铸造学生健康成长,坚持"依法治校,科研兴校,质量强校"战略,全面提高教育教学质量和办学品位。2008年,学校有54个教学班,在校学生3600余人,教职工168人,中高级以上职称教师149人,市县骨干教师28人,本科以上学历教师126人。承担省级课题1项,市级课题3项。

图28-4　县第三中学

四、旧铺中学

1986年,学校位于旧铺镇雨山路11号,占地2.2公顷,建筑面积6700平方米。有班级10个,其中初中班级6个、高一和高二班级4个,教师48人,学生634人。1993年,建成教学楼1幢1680平方米。1996年,建成高中教学楼1幢998平方米。

2004年,旧铺中学先后新建行政楼1135平方米、女生宿舍楼1070平方米、餐厅1166平方米,改善师生学习和生活环境。2005年起,开始创建书画、太极操艺体特色学校,提高学生艺术修养,传承中华艺术瑰宝,艺体类考生达本科线每届都有30多人。坚持"以生为本,德育为先"办学理念,始终把学生的长远发展确定为核心目标,以管理促成效,实施网络化精细管理,保证学校教育教学质量常胜不衰。

2008年学校扩建后,占地2.8公顷,建筑面积8700平方米,篮球场、标准排球场、300米6道跑道、市A级食堂,有可容纳学生2000人的餐厅兼报告厅,校园广播室、计算机室、音乐室、理化生实验室、体育室等,各功能室齐备。学校有平行教学班36个,在校生1625人,专任教师118人。中高级职称占51.6%,省、市、县优秀班主任和先进教育工作者63人,市、县骨干教师及学科带头人16人,学历达标率超过95%。高中教学班达8轨24个,高三专科、本科升学率在同类学校中名列前茅。当年获得淮安市教育局"升学质量奖"。

第五章　高中教育

第一节　发展概况

1986年，全县完全中学有盱眙县中学、盱眙县第二中学、马坝中学、管镇中学、旧铺中学、桂五中学、仇集中学、三河中学8所，班级87个，学生4276人，教师1098人。报考重点高中考生集中在县城考试，由县招生办统一录取。

1991年，在实行"分级办学、分级管理"教育管理体制下，对普通高中的教育资源逐步进行调整。撤销仇集中学高中部。1996年，撤销盱眙县中学初中部。1998年，盱眙县第二中学高一年级停止招生。

2001年，盱眙县建成第一所民办完全中学——都梁中学。建成第四中学，隶属县职教中心，学生实行普高、职高双学籍制。全县高考本科达线708人，是全市唯一完成高考质量目标县区。2002年起，全县初中升学报名全部实行计算机录入考生信息，考生填涂报名、志愿信息卡，计算机自动阅读、录入、储存考生报名信息和考生志愿。2003年，盱眙县第二中学高中部撤销。全县高考本科达线755人。2004年，全县有3名高中毕业生被招录为飞行员，实现招飞工作新突破。2006年，县政府招商引资在城区新筹建1所民办独立高中——新马高级中学。2008年，全县高级中学有盱眙中学、马坝中学、新马高级中学、县第四中学，完全中学有桂五中学、旧铺中学、管镇中学、都梁中学，共有教职工942人。办学规模由每届4轨发展到26轨。在校生18780人，参加高考4774人，文化考试二本以上达线775人，体艺类本科达线431人。

1986～2008盱眙县高中教育情况一览表

表28－9　　单位：所、个、人

年份	完全中学	其中：高中	在校生数	教学班数	教师	高校招生录取			年份	完全中学	其中：高中	在校生数	教学班数	教师	高校招生录取		
						本科	专科	合计							本科	专科	合计
1986	8	－	4276	87	182	62	60	122	1998	6	1	5647	118	213	273	143	416
1987	8	－	4317	92	189	58	58	116	1999	6	1	6284	124	215	420	301	721
1988	8	－	4218	94	192	50	110	160	2000	6	1	8365	172	243	554	403	957
1989	8	－	4098	88	183	52	139	191	2001	8	3	9018	174	225	660	518	1178
1990	8	－	4135	93	179	81	94	175	2002	8	3	10074	174	286	669＋42	443	1154
1991	7	－	1011	92	195	92	128	220	2003	7	3	10222	178	279	675＋78	760	1513
1992	6	－	1008	87	196	68	106	174	2004	7	3	11980	220	266	699＋120	1275	2094
1993	6	－	4142	91	189	72	159	231	2005	7	3	13837	265	345	860＋164	1292	2316
1994	7	－	4273	96	213	71	109	180	2006	7	3	16586	271	366	960＋251	1175	2386
1995	7	－	6217	123	215	121	157	278	2007	8	3	18466	299	386	1125＋441	1753	3319
1996	6	1	5983	121	243	166	127	293	2008	8	4	18780	332	401	1461	1971	3432
1997	6	1	5736	120	225	228	192	420									

说明："＋"后数字为民办本科。

第二节 学制与课程设置

一、学 制

1986~2008年,全县高中学制均为三年。

二、课程设置

1986年,全县高中按照《全日制六年制重点中学教学计划试行草案》执行,高一、高二、高三周课时分别为29课时、26课时、26课时。普通高中,执行普通高中教学计划,高一、高二、高三周课时分别为30课时、33课时、31课时。

1986年盱眙县高中课程设置情况一览表

表28-10

年级 \ 课时数 \ 学科		政治	语文	数学	外语	物理	化学	历史	地理	生物	体育	劳动技术	选修课	周必修课时数
重点高中	高一	2	5	5	5	4	3	3	-	-	2	4周	-	29
	高二	2	4	5	5	3	3	-	2	-	2	4周	4	26
	高三	2	4	5	4	4	3	-	-	2	2	4周	4	26
普通高中	高一	2	6	6	5	4	3	2	-	-	2	-	-	30
	高二	2	6	6	5	4	4	-	2	2	2	-	-	33
	高三	2	6	6	5	5	4	-	-	-	2	-	-	31

1996年,县教育局下发《全日制普通高级中学课程计划(试验修订稿)》,加快普通高中课程改革。

至2000年,全县高中开设科目有必修课和选修课,必修课有思想政治、语文、数学、信息技术、外语、物理、化学、生理、历史、地理、体育和保健、艺术及综合实践活动,选修课有数学、信息技术、物理、化学、生物、历史、地理,以及地方、学校根据学生兴趣要求和发展需要所开设的课程。高中课程安排每学年52周,教学时间40周,假期10~11周,机动时间1~2周。高一、高二年级每学年上课35周,复习考试3周,社会实践和劳动技术教育2周;高三年级每学年上课26周,复习考试12周,社会实践和劳动技术教育2周。每周按5天安排教学,周活动总量34课时,每课时45分钟。同年6月,全县高中新增"信息技术"学科,同时以原劳动技术和社会实践为基础扩展为综合实践活动学科;普通高中从高一年级起,开设信息技术,课程以省编高中计算机教材为基础组织教学;综合实践活动课的教学,各学校从实际出发,依照教育部有关要求,具体安排和落实。选修课方面,高一年级地方和学校选修课全部由学校安排,高二、高三年级选修课教材由省教育厅组织开发。

2005年,江苏省普通高中进入新课程改革实验,县教育局根据新课程标准和要求,调整盱眙县高中课程设置。至2008年,全县高中新课程设置未变。

2005～2008 年盱眙县高中课程设置一览表

表 28－11

学科		周课时累计	必修、选修授课时数	总授课时数
思想政治	必修	6	192	192
语 文	必修	12	384	384
外 语	必修	12	384	384
数 学	必修	8	280	332～384
	选修	2～4	52～104	
信息技术	必修	2	70	70～140
	选修	2	70	
物 理	必修	4.5	158	158～306
	选修	5	148	
化 学	必修	4	140	140～271
	选修	4.5	131	
生 物	必修	3	105	105～183
	选修	3	78	

学科			周课时累计	必修、选修授课时数	总授课时数
历 史		必修	3	105	105～236
		选修	4.5	131	
地 理		必修	3	105	105～209
		选修	4	104	
体育和保健		必修	6	192	192
艺术（音乐、美术）		必修	3	96	96
综合实践活动	研究性学习	必修	9	288	288
	劳动技术教育	必修	每学年 1 周（可集中、分散安排）		
	社区服务	必修	一般应用校外时间安排		
	社会实践	必修	每学年 1 周（可集中、分散安排）		
地方和学校选修课			11～19	340～566	

说明：表中必修、选修授课时数为一学年。

第三节 高级中学选介

一、江苏省盱眙中学

1986 年，盱中位于第一山国家森林公园，学校占地 6.4 公顷，建筑面积 12000 平方米，宿舍 1600 平方米，教学楼 1 幢，有班级 24 个，学生 1300 人，教师 120 人。有高中学生 700 人，当年高考本科达线 50 人，录取 36 人。以省级课程“校园文化建设”为支点，着力打造优良的校园文化与诗词教育氛围。1988 年，出台《盱眙县中学教育管理改革试行方案》，改革学校内部管理体制，实行校长负责制、教职工聘任制和教职工岗位责任制，提高教育教学质量。

1990 年，应届本科（四轨）达线 46 人，排淮阴市 13 个县区第三位，盱中实现新突破。1993 年，盱中通过省重点中学验收。1995～1996 年，盱中先后荣获淮阴市模范学校、淮阴市文明单位、江苏省德育工作先进学校、江苏省文明单位等称号。1996 届高三年级 4 个班（一文三理）226 名学生，高考本科上线率为 64%，升学率为 78%，其中高三（4）班 40 名应届生全被本科录取，创班级本科升学率历史最好成绩，穆良柱、吴隆庆、王雨、陈飞等一批优秀考生分别被北大、复旦、上海交大、南京大学、东南大学等全国著名高校录取，盱中的美誉度得到提高。1997 年 5 月，经市政府批准，盱中升格为副县级单位。1999～2000 年，席炎、陶春连夺 1999 届、2000 届淮阴市理科高考状元。2000 届盱中被清华大学录取 4 位，位居淮阴市各校之首。

2001～2003 年，创建国家级示范高中。2004 年，通过四星级高中验收。2005 年，盱眙县中学升格为江苏省盱眙中学，为省属高级中学，成立党委。办学规模由每届 4 轨发展到 26 轨，在校生由 1000 余人发展为 5000 余人，教职工 357 人，校园占地面积 9.87 公顷，建筑面积 73530 平方米，图书、实验室、计算机、音体美器材设备总资产 5672 万元。2007 年，进行校园第二轮改造，投资新建综合楼、教学楼、艺体楼；全校教职工投资新建盱中生源基地——盱眙县第一中学(采用股份制),于2008年实现正常招生;推进学校走国际化办学之路,筹建盱中国际部。

2008年,学校占地9.6公顷,建筑面积50000平方米,宿舍3200平方米。在校生5000人,教职工345人。其中,特级教师2人,中高级职称69名,占比20%。参加高考文化考试1732人,本科录取1251人,二本人数为535人,其中清华、北大各1人,获市教育局高考质量一等奖。学科竞赛获省级以上一等奖25人。盱眙中学先后被评为全国教书育人特色学校、全国现代教育技术实验学校、江苏省文明单位、江苏省先进基层党组织、江苏省园林式校园、江苏省科技先进学校、江苏省优秀教师群体、共青团江苏省委青年文明号、省级巾帼示范岗、江苏省教育工会先进集体、江苏省法制教育先进学校、江苏省教育技术装备工作先进集体、江苏省贯彻体育卫生两个条例优秀学校、江苏省中小学勤工俭学先进集体、江苏省校园诗教先进单位、全国诗教先进学校。

图28-5　江苏省盱眙中学

二、马坝中学

1986年,马坝中学位于江苏省明星镇、苏北第一镇的马坝镇中心位置,学校占地7.33公顷,初高中实行两轨,共12个班520余人。1990年,高中两轨,初中三轨,15个教学班680余人,教职工20余人。1998年,马坝中学创建成省重点中学。1999年,学校举办全市重点中学田径运动。

2000年,学校建成400米标准塑胶跑道田径场,代表淮安市参加江苏省中小学戏曲调演,获省一等奖。有各类大小会堂、多功能教室和学术报告厅,充满现代气息。2001年,马坝中学初中部从马坝中学分出,马坝高级中学成为完全高中。学校面向全国10多个省、市、自治区30多所高校引进一批大学本科以上学历优秀青年教师,面向省内外在职高中教师招聘一批具有中、高级以上职称优秀骨干教师,使教师队伍结构更趋优化,整体素质进一步提高,提高了教育质量。

2003年,学校成功承办江苏省生物教学和信息技术整合现场会,成功举办全市重点中学田径运动会。2004年,马坝高级中学转评为省三星级高中,学校占地12余公顷。教学区、运动区、生活区分布合理。新建2幢学生公寓可容纳3500人住宿,学生餐厅可同时容纳2000人就餐。全市高中田径运动会在马中举行。校园做到春有花、夏有荫、秋有果、冬有绿,校园文化氛围浓郁。2005年,马坝中学被省厅评为"省高中课程改革样本校",综合实践活动方案设计获省一等奖,课改经验在省内外产生广泛影响已在全县推广。

2008年,学校成功承办江苏省高中新课程教务系统管理工作会议,多次承办全市规模的教科研活动。马坝中学获得省实施新课程先进学校、实施素质教育先进学校等荣誉称号。学校以"青蓝工程""名师工程""师表工程"为抓手,坚持"科研兴校",不断加强教师队伍建设,促进教师专业水平提高。学校现有教学班71个,学生4100多人,教职员工320名,其中专任教师260余人,本科率100%,高级教师46人,一级教师121人,教育硕士16人。拥有享受市政府特殊津贴教师2人,市学科带头人与骨干教师15人。学校立足素质教育,着眼学生全面发展、个性发展与终身发展,为学生多层次、全方位发展探索出新路,艺体教学质量已跃居全省前列，学校连续16年获市高中教育教学质量先进奖。《人民日报》《新华日报》《中国教育报》等媒体均以较大篇幅多角度、多层次对学校办学经验及办学特色进行报道宣传。学校秉承"追求效率，追求特色，追求卓越"的马中精神，内强素质，外树形象，努力把马中建设成为全省知名、全市率先、具有独特文化和教学特色的现代化高中。

第六章　职业教育

第一节　发展概况

1986年初，全县职业中学有龙山农业中学、盱眙县第一职业中学。9月，扩建淮河乡城根村中学，建成淮河职业中学，占地6.6万平方米，校舍5000平方米；10月20日开学，招收初中毕业生131名，开设体育、水产2个专业，教职工15人。年底，全县职业技术学校4个，共有班级26个，学生1738人。三河中学附设职业技术教学班，普通中学附设职业教学班7个，就读高中878人。县教育局与建设局联合创办县第二中学建筑职业班，招收学员120人，班级2个，定向培养中专层次的建筑人才。

1992年，成立盱眙县职业高级中学。1993年，在淮河北路兴建盱眙县职业高级中学。1993年3月30日，建立县第二职业中学，校址在盱眙电大分校内，电大分校负责教学工作，招收财会专业新生67人。县第一职业高中和淮河职业中学的机电、服装、多种经营专业毕业生试行"双证制"（毕业证书和技术等级证书齐发），有139人在领取毕业证书的同时，获得县劳动局颁发的三级工技术证书。1994年12月，撤销淮河职业中学建制，将其并入盱眙县职业高级中学。

1995年，盱眙县职业高级中学通过省重点职中验收，更名为江苏省盱眙职业高级中学，并首次开设中专班，开设机电一体化、司法、财会专业，招收学生135人。1996年，国家和省投入196.8万元，资助职校特困生715名。全县职校共开设服装、机电、畜牧兽医、果林、宾馆服务、保安、司法、财会、微机、军人预备役等20个专业，在校生2425人。当年，输往广州、昆山、吴江、常州、南京等地保安、服装、机电、宾馆服务等专业毕业生260人。1999年，县职业高级中学61名学生参加对口高考，本科达线25人、专科达线26人，升学率85%。

2000年，县电大与县职业高级中学合并，更名为盱眙县职业技术教育中心，学校有淮河和五墩北路2个校区。2001年，通过调整兼并，职业学校有盱眙县职业技术教育中心（含县电大、县职业高级中学）、盱城成人中心校，当年招收职业中专生180名、职业高中生250名。2003年，明祖陵中学、苏州服装进修学校、县职教中心联合开设职高班（服装专业），明祖陵中学负责师资、生源和教学场所，苏州服装进修学校负责毕业学生实习、就业，县职教中心负责颁发职业技能毕业证书，招收学员70人。

2004年，私人投资新建盱眙县楚东职业技校和盱眙县东方职业高中。2005年，全县有职业中学5所，教学班152个，其中高一26个、高二23个、高三13个，学生9536人，招收高一新生4400人。职教中心对口高考达线率98%，位全市前列。其中，仇集中学1个农业专业职高班，17人参加考试全部达线，4人达本科线。

2006年，全县各职业技校针对全县劳务人员和转岗再就业人员特点，开展职业培训；各乡镇相继成立劳动就业培训中心校，培训就业人才。县职教中心、成人中心校、马坝社区培训中心、楚东技校等15个技校、培训中心，共培训18万人次，其中培训就业人才13.8万人次。2008年，全县有职业技术学校5所、班级301个、学生14338人，其中中等职业学校招收学生3106人，当年发放职教助学金465.9万元。

1986～2008 年盱眙县职业技术教育情况一览表

表 28－12

年份	学校数	班数	学生数	毕业生数	教职工数	
					小计	其中民办教师
1986	4	26	1738	421	116	18
1987	4	44	2244	642	145	19
1988	4	45	2356	673	163	18
1989	4	37	2115	605	186	20
1990	4	35	1679	428	148	4
1991	4	35	1576	421	132	4
1992	4	29	1442	396	134	4
1993	5	30	1587	465	135	4
1994	5	45	2151	670	162	1
1995	4	47	2575	689	217	2
1996	4	49	2425	674	208	3
1997	4	49	1832	653	237	2
1998	4	43	1247	511	229	1
1999	4	43	1437	505	232	1
2000	3	39	1312	431	207	1
2001	3	30	1456	423	176	1
2002	3	54	2717	467	166	1
2003	3	55	3803	562	182	1
2004	5	88	5955	648	200	1
2005	5	152	9536	789	252	1
2006	5	215	13248	841	254	1
2007	5	246	13919	936	246	1
2008	5	301	14338	1301	331	1

第二节　学制与课时

中职、中技学制为三年，其中两年在校全日制学习，一年下企业顶岗实习。学时为 3000～3300，包括所有教学活动。第一学期，新生军训 2 周。教学周数：第一、三学期教学周数均为 20 周，第二、四学期均为 19 周，一至四学期周学时 32～36，第五、六学期为顶岗实习，周学时为 30。除第五、六学期顶岗实习外，一般正常情况下，每个班级一至四学期均安排专项社会实践 1 周，考试专用 1 周。

第三节　重点学校介绍

一、盱眙县职教中心

2000 年，县电大与县职业高级中学合并，组建盱眙县职教中心，主校区位于盱城镇金源北路，学校占地 12 公顷，建筑面积 3.7 万平方米，分东、西校区，拥有教学楼、实训楼、图书馆、电子电工车间、金工车间〔机加工设备近 50 台(套)〕、服装实习车间、商贸实训楼、宾馆实习厅、财会模拟室、计算机 570 台等教育教学设施，建有宿舍楼、多功能餐厅、客房、校园超市、医务室等生活服务设施，分别实施普通高中教育、职业技术教育、各类岗位培训以及高等学历教育，可满足 1200 人实习训练、生活安排。18 个专业，41 个教学班 1178 人；学校于 2005 年通过省重点职教中心评估验收，成为江苏省盱眙职业技术教育中心。

图 28－6　职教机械见习车间

2008 年，学校共辖 6 个系部、16 个专业，100 多个教学班；有教职工 277 人，其中国家级骨干教师 2 人，市、县特级教师 2 人，市县骨干教师、学科带头人 98 人，“双师型”教师 76 人；有 32 名教师属市、县职业技能考评员。被省教委授予技能型紧缺人才培训基地，省级财政支持项目学校，省级合格职教中心。

2000～2008 年盱眙县职教中心开班情况一览表

表 28－13　单位：人

年份	机电	电子	化工	计算机	工民建	市场营销	财会	水产养殖	服装	军役	空乘	旅游	音乐	文秘	美术	合计
2000	279	87	102	182	45	－	112	－	81	119	－	171	－	－	－	1178
2001	284	69	97	162	85	－	124	14	99	－	40	198		63	－	1235
2002	982	89	91	73	－	－	154	16	107	－	76	203	－	79	－	1870
2003	309	97	127	115	46	－	118	6	98	－	－	231	－	86	－	1233
2004	326	132	114	117	76	－	85	7	104	－	－	237	－	93	－	1291
2005	437	113	107	146	82	－	152	8	89	－	－	253	－	78	－	1465
2006	468	186	246	165	98	－	156	－	139	－	－	243	－	96	－	1797
2007	482	171	136	197	91	－	176	－	123	－	－	269	－	101	－	1746
2008	657	653	－	756	68	33	136	－	54	－	－	146	62	－	89	2654

二、盱眙县楚东职业技术学校

2001 年，马坝镇回乡青年张红梅，本科毕业，筹措资金 90 万元，征地 2 公顷，建校舍 5000 平方米，在马坝镇创办盱眙县楚东职业技术学校，有教师 23 人，其中本科 18 人、大专 5 人，设置课程有电子电工、机电一体化、计算机应用、保健护理等专业，年培养技工学生 200 多人。2004 年 6 月 1 日，通过市政府、市教育局验收，升格为中等职业技术教育学校。2005～2007 年，张红梅采取“厂校挂钩”机制，开设扶贫中专班，与家长、学生签订协议,实行学生先读书、后就业,再返还学费,解决360名贫困学生入学难问题。2008年,先后开设电子缝纫、机电一体化、数控机床、计算机组装与维修、文秘、平面设计等专业,有电子、电工、仪表、车工等实习操作车间,有多媒体教室1间、计算机107台。有本科学历教师18人、大专学历教师8人,工程师5人,高级工程师8人。至年底,学校为贫困生减免各项费用119.98万元。长班(三年以上)培训1000余人,短期培训8000余人,为各类大专院校输送学生172人,学员合格率和就业率均达95%。

三、盱眙县东方职业高级中学

2002年9月,由马坝镇交通小学改建为盱眙县东方职业高级中学,占地3.3公顷,有实习基地5.3公顷,建筑面积4800平方米,教职工31人,开设机电技术及应用、文秘、幼儿艺术教育等专业,开办服装缝纫等各类应用技术短训班7个,当年招收学生550人。2003年,共培训实用技术人才1.1万人次,输送农村劳动力8760人。2008年,全校有教学楼、培训楼、多功能礼堂,教学设施有图书室、电教室、电工及电子实验室,实训基地有电工、钳工、金属加工、电子电工设备、数控机床40台(套),生态农业实习基地有养鱼池、特种养殖场、养猪场,有应届毕业生1400余人。至年底,共培训各类专业学生3.7万人次,输送劳力2.3万人次。

第七章　特殊教育

第一节　发展概况

1993年初,县教育局在盱城镇沙岗村沙岗路36－28号筹建盱眙县聋哑学校,占地0.47公顷,校舍500平方米。9月开始上课,12月31日举行开学典礼。招收第一批聋哑学生14名,教职工7人。1999年5月,县聋哑学校更名为盱眙县特殊教育学校,学制由六年制改为九年制。同年,县特殊教育学校招收第一届智障班学生12人,共有残障学生120人。

图28－7　县特殊学校

2000年10月,由于校舍紧缺,学校部分班级迁至淮河南路宝积山巷1号校区(原电大校址)。2004年,全县有听障学龄儿童120人左右,在校就读78人;轻度智障少儿约240人,在校就读21人;学龄前残障儿童约40人,在校就读5人。县特殊教育学校开办聋教育1～9年级、培智教育1～6年级。2005年9月,开设学前语训班,招收2～6周岁听障幼儿。

2008年,省教育厅、省红十字会和国际慈心慈善基金会投资1200万元,征地2公顷,在盱城镇沙岗村大庆路26号兴建新校区,建成4幢教学楼、生活楼,建筑面积7350平方米,设施设备齐全。学校共有16个班级,残障学生367人,教职工34人;具有大专以上学历教师27人,中级职称17人,初级职称13人。至年底,全校有50名学生考入南京、扬州及外省特殊教育学校深造,升学率68.9%。连续8年举办“助残兴教”活动,累计捐款120万元。

第二节　课程设置

盱眙县特殊教育学校1992年兴建,1993年开始招收聋哑学生。2000年以来,县特殊教育学校课程设置以听障、智障教育为特点,以德育教育为核心,以全面发展和提高综合素质为宗旨,加强实践能力教育,培养残障儿童具有生活自理能力、社会适应能力、就业升造能力,成为体魄健壮、素质良好、生活健康的一代新人。

1992~2008年盱眙县特殊教育学校课程设置一览表

表28-14

科目 数量 年级	聋部课程设置												培智部课程设置					
	语文	数学	思品	美术	体育	劳动	社会	自然	律动	生活	理科	写字	语文	数学	常识	美工	音乐	体育
一年级	9	7	2	2	3	1	–	–	2	1		1	9	7	4	4	4	–
二年级	9	7	2	2	3	1	–	–	2	1		1	9	7	4	4	4	–
三年级	9	7	2	2	3	2	–	1	2	1		1	9	7	3	3	3	3
四年级	9	7	2	2	3	2	2	2	–	–		1	9	7	3	3	3	3
五年级	9	7	2	2	3	2	2	2	–	–		1	9	7	3	3	3	3
六年级	9	7	2	2	3	2	2	2	–	–		1	9	7	3	3	3	3
七年级	9	6	2	2	2	3	2	–	–	–	2	–	9	7	3	3	3	3
八年级	9	6	2	2	2	3	2	–	–	–	2	–	9	7	3	3	3	3
九年级	9	6	2	2	2	3	2	–	–	–	2	–	9	7	3	3	3	3

第八章　成人教育

第一节　农民教育与扫盲

1986年,县委、县政府将鲍集、管镇、铁佛、肖嘴、兴隆、明祖陵、淮河7个乡镇确定为农民扫盲重点,组织扫盲工作队150多人,进驻各行政村,采取集中办班与场头、田头识字相结合,学习文化与学习科学技术相结合,激发扫盲学员自觉学文化的积极性。1989年起,县教育部门对已脱盲的农民实行继续教育,举办多种类型的农村实用技术培训班、普法讲座。

1993年,经市教育部门验收,鲍集、管镇、铁佛、肖嘴、兴隆、明祖陵、淮河7个乡镇全部脱盲,转入到全县农村继续教育行列。1994年,全县达到"乡乡有成人教育中心校、村村有农民文化技校",两校培训农民5.6万人,培训乡镇企业职工3321人,扫除青壮年文盲5649人。举办扫盲提高班270个,参加学习12634人。

1995年,通过省政府基本扫除青壮年文盲的评估验收。1996年,盱城镇、十里营乡成人教育中心校通过

图 28－8 盱眙县召开青年农民教育领导小组会议。

市重点成人教育中心校验收。1998 年,全县 30 所成人教育中心校有 930 人次参加各类成人高考,其中教师 410 人次。全县开展农村实用技术培训 10 万人次,开展成人初等教育 7000 人次,建成教育促小康示范乡镇 9 个,创建省级重点校 1 所、市级 3 所。

2000 年,全县乡镇区划调整后,乡镇成人教育中心校由原来的 31 所减少到 19 所,共有专、兼职教师 113 人,其中大专以上学历 26 人,具有中、高级职称 65 人。全年举办各类教学班 48 个,在校生 1500 多人。成人高中、中专招生 439 人,大专以上学历教育 390 人,参加成人自考 4081 人次。2001 年,盱城成人校“火鸡饲养”、马坝成人校“菊花栽培”、明祖陵成人校“野鸭养殖”、维桥成人校“龙虾养殖”被评为淮安市教育致富优秀项目。

2002 年,全县乡镇成人教育中心校全部撤销。县教育局成人教育办公室改为职业教育与社会教育科,农村成人教育职能转移到乡镇中学,各校配 1 名成人教育专干。2004 年,农村成人教育围绕就业人才,举办劳务输出培训班 26 期,参训成人 2000 人次。

2008 年,全县成人教育围绕全县建设社会主义新农村目标,坚持以富民为主题,以服务为宗旨,举办下岗转岗培训班 22 期,培训 2650 人次;农村实用技术培训 54 期,培训实用技术人员 11.3 万多人次;农村多余劳动力转岗培训 6800 人,培养致富骨干 2450 人。至 2008 年,初中、高中毕业后学生培训率、就业率均为 100%,成人培训率 71%。

第二节 职工教育

1986 年,县供销、商业、粮食、交通、水利、卫生等部门兴办职工学校 6 所,占地 8000 余平方米,校舍 2000 平方米,形成重点突出、专业齐全、行业配套职业教育体系。全年共举办职工教育培训班 688 期,培训职工 2.5 万人次;初中文化补习合格率 84.6%,初级技术补课合格率 83.03%。

1990～1992 年,对全县在职职工(包括教师)开展“基本国情、基本路线”教育。其间,共组织主题教育活动 2210 次,参与 1.1 万人次。1994 年,全县职工教育有商业、粮食、供销、交通、财政等职工学校和培训中心 11 所,校舍建筑面积 16016.5 平方米,专职教员 59 人,专职干部 57 人,常年举办职工培训班。

1995～1998 年,全县各企业广泛开展“爱我中华、兴我企业、看我贡献”主题教育活动。其间,举办培训班 500 余期,参训 18548 名。其中,1998 年,县教委与县关工委联合首次举办下岗职工计算机培训班,为期 21 天,61 人拿到初级操作技术证书。

2000～2003 年,组织职工开展“爱我企业、树我形象、奉献在岗位”的学习、讨论、演讲竞赛活动。其间,共参与学习、讨论 5.2 万人次,举办演讲竞赛活动 21 起 3200 人次。2004～2006 年,县职教办在全县企业中开展“弘扬创业精神,投身两个转变,展现主人风采”的主题教育活动,引导和帮助职工转变观念,参与企业改革。全县有 1.8 万多名企业职工参加主题教育活动。2008 年,全县职工学校和培训中心开设会计统计、微机结算、工程管理、机电维修、水产养殖、汽车修理等实用技术培训班 298 期,培训职工 16649 人。

第三节 干部教育

1986年起,全县干部教育培训内容主要有学历教育(补习)、继续教育(知识更新教育)、业务培训(政治、经济、行政管理能力)。利用电大、夜大、职大、函大、自学考试等教育资源,鼓励各级干部在职进修,共培训1617人次。

1990~2000年,全县干部教育主要围绕党的各项方针、政策和邓小平理论,开展教育培训。2001年起,全县干部教育培训主要有初任培训,每位新录用的公务员都必须在试用期内参加由市人事局主办的、以提高适应能力为核心的初任培训,时间不少于10天;任职培训,晋升科级职务的公务员在任职前、后1年,进行领导能力培训,培训时间不少于30天;对口培训,根据公务员所从事的专项工作(初任)的需要,适时组织必要的对口业务知识培训;在职培训,公务员通过以更新知识为主的在职培训;学历教育,鼓励、引导和组织年轻公务员以改善公务员队伍知识结构和提高学历层次为重点的学历学位教育。

2002~2008年,在党政干部中开展依法行政、经济管理、战略思维、新型工业化、科学发展观、信息化、电子政务、城市管理、农业产业化等知识的培训,以适应行政管理体制改革和政府职能转变的需要。在农村干部中,加强实用技术和法律知识培训;在企业经营管理层中,强化工商管理、现代企业管理等知识的培训;在专业技术人员中,强化新理论、新知识、新技能、新方法的培训,特别是本专业、本行业科技发展趋势和前沿知识的培训。其间,共培训353起,参训36612人次。

1986~2008年盱眙县干部教育培训情况一览表

表28-15

年份	县内组织				县外组织				
	期数	人数	其中:党校组织		中央	省		市	
			期数	人数	处级	处级	科级及以下	处级	科级及以下
1986	17	1600	12	965	–	3	–	2	12
1987	23	1850	17	1321	–	2	–	2	8
1988	21	2300	11	1730	–	1	–	2	3
1989	15	1800	10	1431	–	3	–	10	10
1990	22	2000	13	1521	–	4	–	6	2
1991	19	2150	12	1345	–	4	1	2	5
1992	18	1910	11	1231	–	3	2	2	4
1993	20	2100	15	1341	–	3	3	1	2
1994	26	2426	11	1657	–	3	1	2	8
1995	43	2600	13	1381	1	6	2	2	10
1996	38	2200	14	1540	2	4	4	4	12
1997	35	2000	15	1376	1	3	5	2	10
1998	41	3100	17	1395	–	2	3	5	8
1999	37	2600	11	960	–	3	4	2	12
2000	28	2500	10	800	–	4	3	1	10
2001	34	2910	26	3000	2	3	2	40	9

续表28-15

年份	县内组织				县外组织				
	期数	人数	其中:党校组织		中央	省		市	
			期数	人数	处级	处级	科级及以下	处级	科级及以下
2002	42	3800	10	1200	1	6	1	6	7
2003	40	3600	10	1000	-	2	4	52	48
2004	39	3950	11	933	-	2	2	6	10
2005	41	4000	23	3000	-	4	3	5	9
2006	52	5800	10	1456	-	3	4	8	4
2007	45	5100	14	758	1	4	22	32	16
2008	94	10362	15	2310	2	4	26	13	66

第九章　高等教育

第一节　电　　大

一、发展概况

1986年,全县电大教育由盱眙电大管理站负责,招收学员15人。1989年4月,盱眙电大管理站更名为淮阴广播电视大学盱眙分校。

1993年9月,电大盱眙分校增设盱眙县第二职业中学。1994年,电大盱眙分校和县人事局联合招收普通电视中专机电一体化、建筑施工管理、财会电算化3个专业共155名学生。学生毕业后,县人事局按照"双向选择,择优推荐"的原则,负责毕业生的就业、推荐、聘用事宜。电大盱眙分校94级大专有机化工专业(普通)班的21名学生,在入学前与江苏淮河化工总厂(国营9395)签订毕业生就业合同书。1995年7月,电大盱眙分校被列为淮阴市评估验收试点单位,并通过省评估验收。

1996年,电大盱眙分校迁到五墩北路盱眙县职业高级中学内,拥有2座卫星地面接收站,30台(套)彩电、录像机、收录机和计算机教室,有大专班7个,中专班14个,职高班3个,在校生758名。盱眙电大分校被省教委命名为江苏省广播电视大学(合格)分校。1997年,电大盱眙分校先后在古桑乡、维桥乡,以成人中心校为基地,创办盱眙县电大燎原广播电视注册视听生班教学点,开设农村经济管理和养殖专业,招收79名学员。

2000年10月,电大盱眙分校与盱眙县职业高级中学合并,实行一套班子,两块牌子。2002年9月,电大盱眙分校首次参与省人事厅、省电大组织的转业和复员军人高等学历专项类本科学历教育。2005年,电大盱眙分校通过教育部组织的"中央电大人才培养模式改革和开放教育试点项目"评估验收,取得开放类本科办学资格。2008年6月,电大盱眙分校升格为江苏电大盱眙学院,为江苏电大二级学院。当年,江苏电大盱眙学院在籍生1002人,教职工23人,毕业生304人。

图 28－9 县职业教育集团

二、专业设置与办学规模

（一）大专部

1990 年起，盱眙电大管理站先后开设以成人教育为主的党政干部专修科、法律、汉语言文学（含文秘和师资 2 个专业）、有机化工、化工工艺、财会、商业企业管理、工业企业管理、乡镇企业管理 9 个专业。1994 年起，电大盱眙分校成人教育增设普通教育班，招收参加全国统一考试、统一录取的应届高中毕业生。大专成人班开设的专业有财会、商业企业管理、汉语言文学、乡镇企业管理、法律、财政税收、行政管理、市场营销、会计电算化等，大专普通班开设的专业有化工工艺、工业企业管理、财会、有机化工、汉语言文学、化工工程与工艺、建筑施工管理等。

2000 年，电大盱眙分校取得本科层次办学资格，在办班时段上增办春季班和秋季班。春季专科班开设专业有教育管理、财会、法律、计算机、小教，春季本科班开设专业有汉语言文学、法学、教育管理、财会学；秋季专科班开设的专业有法学、财会、小教、英语、会计学、教育管理、旅游管理等，秋季本科班开设专业有汉语言文学、法学、教育管理、数学等。至 2008 年，电大盱眙学院培养大专以上毕业生 3109 人，其中普通班毕业生 229 人。

（二）中专部

1986～1998 年，电大盱眙分校开设电视中专的办学层次。成人中专有财会、机电、统计等专业，毕业生数共 337 人。普通中专有财会、机电、统计、化工工艺、计量、建施管、计算机应用、行政管理、会计电算化、机电一体化、计算机应用、英语等专业，毕业生数共 987 人。职业高中有财会专业，毕业生数 85 人。1999 年起，电大不再招生中专班学员。

（三）岗位培训

1987～1991 年，电大盱眙分校共开办 5 期会计岗位培训，全县 504 名财会人员取得会计岗位合格证；配合县委宣传部开办企业政工人员岗位培训班，全县 426 名政工干部取得上岗合格证。1991～1992 年，电大盱眙分校受县财政局委托，配合全国会计资格考试，对全县会计师、助理会计师、会计员 610 多人进行考试课程辅导。1993～1996 年，电大盱眙分校为全县银行系统开办计算机应用培训班，136 名银行工作人员参加培训。1997～2007 年，县直各单位需要实施岗位培训的职工一律纳入中专部所开办的专业学习，不另设岗位培训班。至 2008 年，江苏电大盱眙学院共为全县 2500 多名下岗工人进行再就业培训和考核。

1986～2008年江苏电大盱眙学院办学情况一览表

表28－16

年份	专业及学历层次(类)	人数	班级数
1986	财会(成·专)	15	1
	商企(成·专)	29	1
1987	化工工艺(普·专)	2	1
	工企管(普·专)	13	1
	财会(普·专)	5	1
	有机化工(普·专)	35	1
1988	汉语言文学(成·专)	50	1
	财会(成·专)	10	1
	有机化工(成·专)	14	1
	乡企管(成·专)	14	1
	乡企管(普·专)	7	1
	化工(普·专)	17	1
	有机化工(普·专)	35	1
1989	汉语言文学(成·专)	57	1
	有机化工(脱·专)	7	1
	工企管(成·专)	8	1
	财会(普·专)	11	1
	法律(成·专)	6	1
1990	有机化工(普·专)	35	1
	财会(成·专)	11	1
	汉语言文学(成·专)	27	1
	财政税收(成·专)	12	1
1991	财会(成·专)	11	1
	汉语言文学(成·专)	12	1
1992	财会(成·专)	11	1
	文秘(成·专)	9	1
	行政管理(成·专)	5	1
1993	财会(成·专)	12	1
	法律(成·专)	15	1
	市场营销(成·专)	14	1
1994	有机化工(普·专)	12	1
	财会(成·专)	8	1
	文秘(成·专)	3	1

年份		专业及学历层次(类)	人数	班级数
1995		财会(成·专)	7	1
		财会(单科·专)	15	1
		会计电算化(成·专)	15	1
1996		文秘(普·专)	13	1
		财会(成·专)	2	1
1997		汉语言文学(成·专)	2	1
		汉语言文学(普·专)	13	1
1999		化工工程与工艺(普·专)	16	1
		化工(普·专)	14	1
		建施管(普·专)	15	1
		财会(成·专)	47	1
		教育管理(成·专)	50	1
2000	春季	教育管理(成·专)	45	1
		财会(成·专)	24	1
		法律(成·专)	25	1
	秋季	财会(成·专)	30	1
		法律(成·专)	27	1
		教育管理(成·专)	37	1
2001	春季	计算机(成·专)	73	2
		小教(成·专)	71	2
		法律(成·专)	25	1
		财会(成·专)	25	1
	秋季	计算机(成·专)	18	1
		法律(成·专)	35	1
2002	春季	财会(成·专)	30	1
		计算机(成·专)	8	1
		法律(成·专)	35	1
		小教(成·专)	13	1
	秋季	法学(成·专)	37	1
		法学(成·本)	21	1
		汉语言文学(成·本)	63	2

续表 28－16

年份		专业及学历层次(类)	人数	班级数
2003	春季	汉语言文学(成·本)	32	1
		法学(成·本)	19	1
		法学(成·专)	39	1
	秋季	法学(成·专)	45	1
		法学(成·本)	28	1
		小教(成·专)	65	2
		财会(成·专)	21	1
2004	春季	法学(成·本)	41	1
		法学(成·专)	32	1
		汉语言文学(成·本)	26	1
		财会(成·专)	17	1
		小教(成·专)	34	1
	秋季	法学(成·专)	17	1
		英语(成·专)	22	1
2005	春季	小教(成·专)	11	1
		法学(成·专)	29	1
	秋季	法学(成·专)	37	1
		小教(成·专)	12	1
		教育管理(成·本)	75	2
2006	春季	会计学(成·专)	30	1
		小教(成·专)	30	1
		法学(成·专)	27	1
		教育管理(成·本)	101	3
		汉语言文学(成·本)	85	2
		财会(成·专)	25	1
		法学(成·本)	42	1
	秋季	法学(成·本)	29	1
		数学(成·本)	13	1
		汉语言文学(成·本)	19	1
		小教(成·本)	9	1
		教育管理(成·本)	9	1
		法律(成·专)	21	1
		会计学(成·专)	27	1
		教育管理(成·专)	13	1

年份		专业及学历层次(类)	人数	班数
2007	春季	汉语言文学(成·本)	22	1
		教育管理(成·本)	42	1
		法学(成·本)	18	1
		财会(成·本)	5	1
		教育管理(成·专)	22	1
		会计学(成·专)	31	1
		法学(成·专)	12	1
	秋季	汉语言文学(成·本)	15	1
		法学(成·本)	11	1
		教育管理(成·本)	31	1
		小教(成·本)	20	1
		小教(成·专)	22	1
		法学(成·专)	20	1
		会计学(成·专)	35	1
2008	春季	汉语言文学(成·本)	12	1
		会计学(成·本)	10	1
		法学(本)	12	1
		教育管理(本)	19	1
		小教(本)	16	1
		法学(专)	31	1
		会计学(专)	35	1
		小教(专)	30	1
2008	秋季	法学(本)	12	1
		教育管理(本)	8	1
		小教(本)	7	1
		汉语言文学(本)	3	1
		会计学(本)	13	1
		小教(专)	24	1
		旅游管理(专)	11	1
		法学(专)	44	1
		会计学(专)	75	2

说明:图表中“专”均为“大专”。

第二节　自学考试

1986 年,全县参加高等自学考试报考的专业有法律、行政管理、小学教育、党干、汉语言文学等 13 个,有 1432 人报考,参考 608 人,毕业 28 人,毕业率 4.6%。1987～1995 年,全县高等自学考试报考的专业有法律等 13 个,共有 34655 人报名,24050 人参考,565 人毕业,毕业率 2.3%。

1996 年,全县报考高等自学考试各类专业中,报考老师职称的中小学教师 1345 人。各类专业高等自学考试本科毕业 32 人、专科 23 人。高等自学考试取得中专(师)及其以上学历的农村户口毕业生,有 16 人办理"农转非"手续。1997 年,高等自学考试获中专以上学历的农村户口继续实施"农转非"政策,推动农村报考人数逐年增加。

2001 年起,电大办学条件、办班规模、专业设置逐年提升,入学人数逐年增加,参加高等自学考试人数减少。2005～2008 年,县自学考试办公室加大宣传力度,深入各乡镇宣传自学考试的优越性,报考人数逐年增加。至 2008 年,全县参加高等自学报名人数比 2005 年增长 15%。

1986～2008 年盱眙县参加高等自学考试情况一览表

表 28－17

年份	报考人数	参考人数	参考率(%)	结业人数	及格率(%)	毕业人数	毕业率(%)
1986	1432	608	42.5	234	38.5	28	4.6
1987	1678	723	43.1	258	35.7	21	2.9
1988	1542	851	55.2	325	38.2	31	3.6
1989	1784	824	46.2	441	53.5	17	2.1
1990	2330	1934	83.0	745	38.3	62	3.2
1991	3526	2512	71.2	659	26.2	55	2.2
1992	4577	2751	60.1	854	31.0	87	3.2
1993	5592	3790	67.8	987	26.0	82	2.2
1994	5751	4842	84.2	1623	33.5	81	1.7
1995	7875	5814	74.0	1448	24.9	129	2.2
1996	4378	3065	70.0	919	30.0	54	1.8
1997	4716	3811	80.8	990	26.0	69	1.8
1998	4767	3237	67.9	1001	30.9	112	3.5
1999	4080	2756	67.5	856	31.1	112	4.1
2000	3581	2807	78.4	752	26.8	102	3.6
2001	2995	2497	83.4	629	25.2	156	6.2
2002	2824	2477	87.7	593	23.9	205	8.3
2003	2375	1863	78.4	496	26.6	104	5.6
2004	2058	1819	88.4	432	23.7	82	4.5
2005	2202	1641	74.5	462	28.2	76	4.6
2006	2884	2519	87.3	606	24.1	76	3.0
2007	2724	2517	92.4	571	22.7	89	3.5
2008	2588	2480	95.8	543	21.9	72	2.9
合计	78259	58147	74.3	16424	28.2	1902	3.3

第十章　教育教学改革

第一节　体制改革

一、管理体制

1986年起，县文教局依据江苏省有关规定，在农村中小学中实行“乡镇办、乡镇管”。国家投资的教育经费，在原有基础上实行包干，需要增加的经费由乡镇政府采取征收教育附加的办法解决。乡镇中小学校长、文教助理由县文教局任免；村完小、“帽中”（小学带初中）校长、教导主任、总务主任以及乡镇文教会计、农民教育辅导员、中心幼儿园主任由文教助理提名，乡镇政府任免，报县文教局备案；乡镇中心小学副校长、村完小和“帽中”的教导主任、总务主任由中心校校长提名，乡镇政府任免，报县文教局备案。基础教育实行“分级办学、分级管理”。农村教育基础设施建设费用由农民集资和各方筹措资金解决；学校公用费用由学校杂费支付，教师工资由县、乡两级财政分担；师资调配由县、乡两级协调。至1989年，全县中小学体制改革工作全面结束。

图28－10　1996年，盱眙县普及九年义务教育工作验收。

1999年，在盱城、官滩、高桥、黄花塘、旧铺、仁集、肖嘴、鲍集等乡镇的学校和盱眙县中学，实施以“校长选聘制、教职工聘任制、岗位责任制、考核奖惩制、末位淘汰制”为核心的教育综合改革试点。通过试点后，学校选聘校长73人、副校长38人，原校长、副校长有13人落聘，转岗、试岗、待岗教职工238人，清退学历不合格的乡聘、校聘教师229名。

2000年，“五制”改革在全县教育系统全面展开。通过“五制”改革，引入竞争，优胜劣汰，奖勤罚懒，激活教育。2002年5月，全县农村义务教育经费由县政府负担，义务教育责任由县政府统一管理、统一规划，统一发放教职工工资，统一管理校长和教师队伍，统一安排中小学日常公用经费。

2003年，县政府下发《关于盱眙县教职工全员聘任及职称评聘分开工作实施方案》，规定全员聘用的程序及办法。中学、中心小学以学校为单位，教师不超编学校在40人以下，落聘至少3人；40人以上学校落聘至少4人；教师超编的单位，超编多少落聘多少，落聘人数不得少于4人；教辅人员按10%比例确定落聘人数。通过“五制”改革，开始两年基本上达到目的。由于采取“一刀切”确定落聘人员，特别是缺编的学校，人员不但不补充，还要完成规定的落聘指标，加之“民主测评分”60%，“五制”改革到后期出现骨干教师、在校工作的党政干部亲属纷纷落聘现象。逐渐滋生开后门、打招呼、请客送礼、拉关系、拉选票等不良风气，每到暑期,校长与教师、教师与教师之间关系紧张,学校正常教学秩序受到不同程度的影响。到2005年,全县教育系统"五制"改革停止。至2008年,教育管理体制无变化。

二、办学体制

1986~1997年,全县各级各类学校均由县、乡政府或企事业单位负责主办,严禁私人办学。

1998年,县政府先后出台《关于加快教育产业发展意见》《关于教育事业单位综合改革的意见》,提出"放开两头(学前教育、高中教育)、夯实两基(基本普及九年义务教育和基本扫除青壮年文盲。)"的要求,加快办学体制改革,鼓励和倡导民办、公办民营学校。当年,黄花塘中心幼儿园由中心小学5名教师出资购买,公办幼儿园变为股份制幼儿园。1999年,全县11个乡镇中心幼儿园进行改制。

2000年,除县实小、城南、五墩3所城区小学幼儿园和古桑、仇集、三河农场、鲍集、淮河5所乡镇中心幼儿园外,全县30所公办幼儿园和56所学前班均由乡镇政府租赁或出售,由私人办学。

2001年起,确立教育多元化观念,鼓励社会办学、集资办学、合作办学,推动教育投资的多主体、多层次。当年,由私人出资创办的都梁中学是盱眙县首家民办完全中学。个体客商与盱眙中学合资创建盱眙县实验初级中学,为股份制民营中学。马坝镇政府将马坝成人中心校转让给个人,投资改建成马坝楚东职业技术学校,是盱眙县首个民办公助职业学校。

2003年,全县撤销完小55所,撤销教学点31个,完小降为教学点116所,初中改为分校10所。2007年,新建股份制初中盱眙县第一中学、股份制高中淮安市新马高级中学。2008年,全县建成规模民办学校7所,投资总额5亿多元。

三、教学体制

1986年起,全县小学实行六年制,初中实行三年制。1993年起,全县普及八年制义务教育,其中小学五年制、初中三年制,乡镇政府全面负责基础教育发展工作。1996年起,普及九年制义务教育,小学六年制,初中三年制。至2008年,教学体制未变。

第二节　招生制度改革

一、初中招生

1986年起,全县小学升初中实行选拔性考试,由县教研室统一出卷,各乡镇组织考试、阅卷、录取。县城区小学升初中由县招生办统一组织考试、阅卷,按照考生考试成绩先录取进盱眙县中学,再按照考生志愿分别录取进县第二中学、县第三中学、盱城中学。

1995年起,全县小升初取消乡镇组织考试,由县教育局统一组织考试招生。1998年起,县教育局依据九年制义务教育规定,小学毕业生实行就近免试入学,县招生办不再组织小学升初中考试,由县教育局教育股按考生住地进行划片招生。至2008年,招生制度未变。

二、高中及中等专业技术学校招生

1986年起,全县中等学校招生,实行重点高中、普通中专、普通高中和地方中专及技工学校三类分开报名。报考重点高中、普通中专考生集中在县城考试,报考普通高中和地方中专及技工学校考生在所在学校考试,监考教师由县教育局统一派出,阅卷、体检由县教育局统一组织。普通中专由市招生办统一录取,普通高中由县招生办统一录取。

1995年起,全县各学校初中毕业生全部集中到县城考试,由市教育局统一阅卷和录取,取消重点中学和

图 28－11　盱眙中学高一新生军训

普通中专考生体检。录取时，先按文化成绩划线，成绩达线后再加体育成绩进行排序，从高到底录取。

2002 年起，全县初中升学报名全部实行计算机录入考生信息，考生不再填写报名、志愿表，而是填涂报名、志愿信息卡，由阅读器阅读报名卡和志愿卡，计算机自动阅读、录入、储存考生报名信息和考生志愿。

2005 年起，全县初中升学考试科目增加历史和信息技术内容，历史成绩不计入考生总分，作为三星级以上高中录取的依据。2006 年起，全县初中升学开考的政治和历史实行合场分卷开卷考试，考查成绩分为合格和不合格两档，供高中录取时参考。往届初中生报考四星级高中实行在总分中减 15 分后参加录取。2008 年，县招生办在录取高中学生时按考试总分划线。

第十一章　社会力量办学

第一节　社会捐资办学

1991 年，县淮河职业中学收到联合国开发署捐赠 183 万元，建成教学楼 4000 平方米。1992～1996 年，全县实施初级中等义务教育，立足“再穷不能穷学校，再苦不能苦孩子”的思想，集资、捐资办学，全县累计集资 9827.6 万元。海内外的实业家、慈善家慷慨解囊相助盱眙县建学校。台湾实业家陈大伟捐资 10 万元，办起仁集希望小学（明祖陵中心小学），著名香港爱国人士邵逸夫捐资为盱眙中学建立逸夫楼，省个体户协会集资 40 万元在古桑三塘村建成光彩学校，省学校扶贫工作队筹款帮助王店中学盖教学楼，省军区义务投资 8 万元，帮助张洪好汉小学建起希望小学。至 2008 年，盱眙县共收到社会各界捐资助学资金 1486.1 万元。

1991~2008 年盱眙县社会各界捐资助学情况一览表

表 28-18　　单位:万元、平方米

受赠单位	捐资时间	捐资单位或个人	个人		捐资金额	捐建教学楼面积	备注
			籍贯	职务			
淮河职中	1991.8	德国政府委托联合国开发署	-	-	183	4000	马克楼
明祖陵希望小学	1992.5	陈大伟	台湾	影视公司总裁	20	-	
肖嘴中学	1992.9	扬子石化厂、炼油厂	-	-	8	300	
盱眙中学	1993.1	邵逸夫	香港	香港电视广播有限公司主席	60	1800	县政府配额60万元
仇集中心小学	1993.3	江苏油田	-	-	24	756	
河桥希望小学	1994	江苏总工会	-	-	10	600	
兴隆中心小学	1994.8	邵逸夫	香港	香港电视广播有限公司主席	12	600	
肖嘴中学	1994.12	扬子石化公司	-	-	12	600	
河桥皮岗小学	1995.8	筑基工程	-	-	6	240	
河桥东风小学	1995.8	筑基工程	-	-	8.3	510	
明祖陵项庄教学点	1995.8	江苏省爱德基金会	-	-	10	600	
明祖陵明祖陵教学点	1995.8	中国民主建国会江苏省委	-	-	10	600	
铁佛岗庄小学	1996.8	江苏省爱德基金会	-	-	6	240	
铁佛召四小学		江苏省爱德基金会	-	-	6	240	
王店麻场小学	1996.7	筑基工程	-	-	6	167	
王店北山小学	1996.7	筑基工程	-	-	6	167	
王店古城小学	1996.7	希望工程及锡山市人民政府	-	-	20	1029	乡镇政府配额20万
官滩陈庄小学	1996.10	筑基工程	-	-	4.5	409	
管镇小学	1997	中国民主建国会江苏省委	-	-	32	2000	
王店界牌小学	1997.7	筑基工程	-	-	6	240	
铁佛中学	1997.7	江苏省爱德基金会	-	-	20	1100	
官滩中学	1997.7	渔沟中学七七届高中毕业生联谊会	-	-	5	汉白玉雕塑一尊	
河桥洪山小学	1997.10	省总工会、南京水利科研所、省油田工会、徐州矿务局	-	-	13	800	
河桥茅湖小学	1997.8	江苏省农行	-	-	24	10 间教室、150 米水泥路、球场、大门等	
兴隆小学	1997.8	江苏省农行	-	-	20	25 间教室	
兴隆中学	1997.2	江苏省农行	-	-	40	1000	
王店联合小学	1998.7	爱德基金会	-	-	6	167	

续表 28－18 单位：万元、平方米

受赠单位	捐资时间	捐资单位或个人	个人		捐资金额	捐建教学楼面积	备注
			籍贯	职务			
王店联合小学	1998.4	海军指挥学院	－	－	1		电脑、图书
王店凡岗小学	1999.7	海军指挥学院	－	－	6	167	
铁佛中心小学	1999.3	江苏省民主促进会	－	－	50	1000	
桂五小学	2000.10	省扶贫工作队、锡山市人民政府、南京邮电学院	－	－	25	1000	
仇集中心小学	2000.7	江苏油田勘探局			30	750	
河桥中心小学	2000	张永珍(女)	香港	商会副会长	10	永珍楼	港币
兴隆小学	2000.8	省招商银行	－	－	80	1000	
兴隆小学	2002.8	省农行	－	－	50	1000	
盱眙第七中学	2003	微软公司	－	－	10	31 台计算机	
仇集中学	2003	江苏油田	－	－	2	100 张	办公桌
桂五小学		日本唐儿岛县教职工会	－	－	300	1000	日元
河桥中心小学	2004.7	省总工会	－	－	13	360	
黄花塘中心小学	2004	朱献国	南京	新城市商业置业有限公司董事长	50	1000	
桂五中学	2005.7	南京鼓楼区人民政府	－	－	10	学生宿舍楼	
仇集中学	2005	省财政厅、市财政局	－	－	35	864	
河桥中学	2005.5	南京福中电脑公司	－	－	8	30 台电脑	
河桥中学	2005.5	江苏石油勘探局	－	－	25	1240	教育局配套资金 25 万
河桥中学	2006	江苏省体育局	－	－	2	体育器材	
黄花塘初中	2006.10	陈雨	南京	圣迪奥服装有限公司副总经理	40	1000 教学楼	
桂五中学	2006.11	江苏教育厅	－	－	12	电脑 40 台	
桂五小学	2006.3	省扶贫工作队、南京市鼓楼区政府	－	－	60	1100 综合楼	
桂五小学	2007.10	省扶贫工作队、南京市鼓楼区政府	－	－	40.3	1000	学生餐厅、宿舍
铁佛河洪小学	2007.9	省爱德基金会	－	－	9	300	
铁佛召五小学	2008.9	省爱德基金会	－	－	9	300	
河桥中学	2008.3	季厚礼	瑶山	开发有限公司总经理	10	30 蹲位水冲厕所	
桂五中学	2008.5	南京大学附中			20	电脑 70 台	
明祖陵希望小学	2008.11	肖钦	南京	2008 年奥运会鞍马冠军	2	－	

说明：筑基工程：为支持内地贫困地区改善办学条件，香港爱国同胞朱恩馀夫妇捐资助学，设立“筑基计划”（即做好教育基础的构想）工程专项资金。

希望工程：是团中央向国内外各党派、人士倡导捐资助学，帮助贫困地区、边远山区改造建设农村小学的一项工程，简称“希望工程”。谁捐助就命谁名，如“江苏民建盱眙希望小学”。

爱德基金会：由美、英、荷兰、新西兰、菲律宾、日本等国在华教师组成的筹资助教团体，简称爱德基金会。

第二节 私人投资办学

2001 ~ 2008 年,个体老板相继投资近 5 亿元,创办都梁中学、盱眙县实验初级中学、淮安市新马高级中学、盱眙县第一中学。

一、都梁中学

2001 年 3 月,经淮安市政府批准,盱眙籍人士崔桂祥创办民办都梁完全中学。2002 年初,在金鹏大道 151 号选址征地约 6.7 公顷,投资 8000 万元,建成都梁中学教学楼、综合实验楼。8 月,都梁中学招聘教师 45 名,招收高中生 810 人、初中生 90 人。2003 ~ 2005 年,先后建成建筑面积 8792 平方米学生公寓楼、3435 平方米师生餐厅、4535 平方米综合办公楼。

图 28 - 12 都梁中学

2005 年 5 月 9 日,与盱眙中学联合办学,成为盱眙中学城东分校。2007 年,启动第二期工程,建成教职工宿舍 140 套,增设实验室、图书室、微机室、多媒体教室、多功能报告厅;兴建运动场和足球场,占地 7600 平方米。2008 年,都梁中学从公办学校招聘公办教师 40 人,从社会招聘教师 86 人,中级以上职称教师 40 人,在校学生 2373 人,高考本科达线 179 人。2002 ~ 2008 年,被高等院校录取应届毕业生 1600 余名。

二、盱眙县实验初级中学

图 28 - 13 实验初级中学

2001 年,个体客商与盱眙中学合资创建盱眙县实验初级中学,为股份制民营中学。2002 年,盱眙县实验初级中学投入 5000 万元,征地约 4.7 公顷,建成教学用房 7600 平方米,教辅用房 5010 平方米,食堂餐厅 5700 平方米,学生宿舍 9100 平方米,运动场地 9870 平方米。同年,在校学生 742 名。2003 年,盱眙中学股份撤出,盱眙县实验初级中学改为个人独资经营。2005 年 9 月,盱眙县实验初级中学在校生 1752 名,教师增加到 87 名,其中初级职称 15 名、中级以上职称 72 名。2008 年,学校投资 1.18 亿元,征地 9.2 公顷,建成建筑面积 1.3 万平方米的专用教室,添置图书及教学用具。在校生 4169 人,其中初一新招生 1668 人;教师 189 名,其中公办教师 90 名、民办教师 99 名;教师中初级职称 142 名,中级及其以上职称 47 人。

三、新马高级中学

2007 年,县马坝高级中学部分教师、盱眙县新马教育装备有限公司(新西兰、美国等教育实业家投资企业)、盱眙县实验初级中学分别以 2150 万元、1300 万元、500 万元联合投资,在盱城镇甘泉西路兴建新马高级中学。学校占地 10 公顷,总建筑面积 34200.72 平方米,其中教学楼 12280.68 平方米、综合办公实验楼 9180

平方米、报告厅1333.67平方米、学生公寓7370平方米、餐厅3528.37平方米、楼门508平方米，运动场地1.83万平方米、400平方米塑胶跑道及10个篮球场已建成，理化实验室、音乐室、美术室、计算机房等教学设施基本完备。

2008年，通过市教育局实地评估验收，被市政府正式批准，校名确定为淮安市新马高级中学。全校有50个班，学生2688名，教师206人，其中初级职称55人、中级以上职称36人。

图28－14　新马高级中学

四、盱眙县第一中学

2008年8月，经县委、县政府批准，盱眙中学集资8000万元，在县城区山水大道一侧（东湖南路1号），兴建股份制民办盱眙县第一中学，为初级中学，学校占地约6.47公顷，总建筑面积6.5万平方米；设计办学规模20轨，60个班级，3000名在校就读学生；聘任教师17名，招聘教师6名。9月，招收首届初一新生600名，借用盱眙中学校区就读。

图28－15　盱眙县第一中学

第十二章　教　　师

第一节　队　　伍

1986年，全县有教职工5938人，其中民办教师2635人。小学教师3281人，中师以上学历2153人；初中教师1467人，专科以上学历389人；高中教师182人，本科以上学历54人。合格学历的教师占教师总数的49.6%。1987～1996年，县委、县政府、县教育局重视教师队伍建设，采取各级政府推荐报考、委托代培合格民办教师、函授、自学考试等进修方式取得大专以上学历的聘为教师，并将民办教师转公办教师，教师队伍逐年扩大。至1996年，全县有教职工6134人，其中幼儿教师269人、小学教师3524人、中学教师2080人、职教教师254人。教师队伍中有女教师1445人、民办教师2698人。1997年起，县级以下办学规模、格局趋于稳定，民办教师通过培训、转化，大部分转为公办教师。至2000年，全县教职工6707人，其中民办教师51人，市、县合同教师334人。夏广溥、许彦达、李从华被评为特级教师。

2001年起，县教育局采取到师范院校招聘办法，招聘本科毕业生；面向社会采取“公开招聘、集中考试、择优录取”原则，招聘教师，录用本、专科学历毕业生，优化教师队伍结构，满足全县教育教学工作。2007年，南京市鼓楼区、雨花区教育局安排40名教师到盱眙40所中小学对口支教。至2008年，全县教职工7768

人,其中专任教师6711人,招聘录用新教师168人。全县公办教师7383人、合同民办教师334人、民办教师51人、幼儿教师451人,各类骨干教师492人。

1986年、2008年盱眙县教职工情况一览表(一)

表28-19

年份		合计	幼教				小教					
			小计	专任教师	行政人员	保健人员	小计	专任教师	行政人员	教辅人员	工勤人员	其他
1986年	合计	5944	499	479	17	3	3545	3281	102	-	56	106
	其中:女教师	-	-	-	-	-	907	812	14	-	28	53
	教育部门和集体办	2848	475	459	16	-	1133	920	83	-	30	100
	县镇	1067	87	82	3	2	502	362	25	-	12	103
	教育部门和集体办	469	87	82	3	2	382	249	23	-	10	100
	农村	4867	412	397	14	1	3043	2919	77	-	44	3
	教育部门和集体办	1979	412	397	14	1	754	671	60	-	20	3
2008年	合计	7768	451	341	64	46	3000	2791	37	79	91	2
	其中:女教师	2925	422	318	62	42	1137	1078	2	27	30	-
	县镇	5528	312	236	40	36	1662	1515	28	49	69	1
	教育部门和集体办	4479	118	94	19	5	1661	1515	28	49	69	-
	农村	1847	139	105	24	10	1338	1276	9	30	22	1
	教育部门和集体办	1708	-	-	-	-	1338	1276	9	30	22	1

1986年、2008年盱眙县教职工情况一览表(二)

续表28-19

年份		中教						职教						特教		
		小计	专任教师	行政人员	教辅人员	工勤人员	其他	小计	专任教师	行政人员	教辅人员	工勤人员	其他	小计	专任教师	教辅人员
1986年	合计	1780	1369	119	3	216	73	116	98	5	3	9	1	4	4	-
	其中:女教师	297	190	22	-	66	19	-	-	-	-	-	-	-	-	-
	教育部门和集体办	1240	923	109	-	145	63	-	-	-	-	-	-	-	-	-
	县镇	478	320	71	-	65	22	-	-	-	-	-	-	-	-	-
	教育部门和集体办	-	-	-	-	-	-	-	-	-	-	-	-	-	-	-
	农村	1412	1147	53	-	160	52	-	-	-	-	-	-	-	-	-
	教育部门和集体办	813	645	39	-	88	41	-	-	-	-	-	-	-	-	-
2008年	合计	3924	3301	53	104	234	232	359	247	27	21	41	23	34	31	3
	其中:女教师	1222	1089	6	32	88	7	120	85	6	11	8	10	24	24	-
	县镇	3554	2970	44	97	219	224	-	-	-	-	-	-	-	-	-
	教育部门和集体办	2700	2444	34	81	124	17	-	-	-	-	-	-	-	-	-
	农村	370	331	9	7	15	8	-	-	-	-	-	-	-	-	-
	教育部门和集体办	370	331	9	7	15	8	-	-	-	-	-	-	-	-	-

说明:1.本表根据盱眙县教育局年度报表摘录制成。

2.2008年"中教教职工数"中,县镇含农村乡级镇,农村统计数指的是乡。

3.特教教师1986年分别在县城城南、宣化小学设立的聋哑、弱智班任教。

第二节　待　　遇

一、政治待遇

1986～2008年，每年教师节期间，县委、县政府开展尊师重教活动，表彰优秀教师。县级党代会、人代会、政协委员会议，均有教师代表参加。其中，盱眙县教育系统有第九届党代会党代表3人，第十一届人代会代表37人，第四届政协会议政协委员17人；第十届党代会党代表7人，第十二届人代会代表16人，第五届政协会议政协委员15人；第十一届党代会党代表6人，第十三届人代会代表29人、第六届政协会议政协委员18人；第十二届党代会党代表13人，第十四届人代会代表29人，第七届政协会议政协委员17人；第十三届党代会党代表11人，第十五届人代会代表34人，第八届政协会议政协委员23人。

二、经济待遇

（一）工　资

1986年，全县公办教师工资实行正常调改，工资待遇高于民办教师。民办教师平均月工资提高到56.5元。工改后公办教师、民办教师工资国补部分由政府发放，增加部分从乡统筹中提取，乡镇政府发放。1987年起，教师工资乡统筹部分视乡镇财政情况，财政略好的乡镇教师工资年底一次性结清，财政困难的乡镇每年均拖欠教师工资，个别乡镇用乡办企业滞销产品、农副产品的销售价折算充抵教师工资。

1992年，县委、县政府针对拖欠教师工资严重的实际情况，多次召开各乡镇书记、乡镇长会议，要求各乡镇全力解决拖欠教师工资的实际问题。年底，凡是教师工资未兑现到位的乡镇，一律打出欠条，并承诺3年内兑付。

1996年起，，调整全县合格民办教师、合同民办教师工资，平均每人月工资569元，县财政每人月发放437.1元，不足部分由乡镇补足。2000年，全县合格和合同民办教师每人每月工资提高到700.9元。2002年，全县中小学教师工资发放由县集中管理，按照国家统一规定标准发放教职工工资。2007年，县政府提出用3年时间，逐步实现合格民办教师、合同民办教师与公办教师同工同酬。2008年，县政府部署义务教育阶段学校债务化解工作，学校及乡镇所欠教师工资均兑现。

（二）住　房

1986～1994年，乡镇中小学教师，在本乡镇工作的，居住在自己家里；在外乡镇工作的，其家属随教师住学校教工宿舍。1995年起，县乡两级政府结合小城镇改造，采取由政府划拨土地，教职工个人出资建住宅、政府划拨土地由教师集资统一建教师宿舍楼等措施，解决教职工住房问题。2000年，全县中小学教师人均住房面积达到28平方米。2008年7月1日起，县政府为全县教育系统享受财政全额拨款的在职教师缴纳住房公积金缴存，缴存比例为国标工资的10%，其中县财政交纳5%，个人交纳5%。全县教师住房公积金县财政支付364.47万元。

（三）医疗保险

2008年1月1日起，全县教育系统享受财政全额拨款的在职和退休教职工按国标工资的9%缴纳医疗保险金。县直学校在职和退休教师医疗保险金由县财政缴纳职工国标工资的7%，职工个人缴纳2%；乡镇在职和退休教职工医疗保险金由财政缴纳职工国标工资的7%，其份额按县财政75%、乡镇财政25%比例缴纳，职工个人缴纳2%；在职教师大病统筹保险金由教师个人缴纳，退休教师大病统筹保险金由财政缴纳。

（四）养老保险

2001年起，全县合格和合同民办教师实行养老保险金缴费办法，缴费年限按法定退休年龄缴纳15年为期限，缴费金额按养老保险部门规定标准，养老金补缴部分由县财政和个人各缴一半。2004年7月起，全县合格和合同民办教师基本养老保险金的缴纳,个人按工资总额的8%负担,县财政按20%负担,不足部分从返还乡镇学杂费40%中解决。

第三节 教师进修

一、培 训

1986年起,县教师进修学校负责全县教育系统教师培训、再教育工作。1990年,与南师大、淮师院等高校联合培训大专毕业生1245人。

2000年,县教师进修学校获省教育厅"示范教师进修学校"称号。2001年起,教师进修学校开始举办短期教学教育培训班。是年,举办学习新课程计划、新大纲、新教材培训班12期,参加培训教师3000人次。

2003～2006年,组织教师到省级培训信息技术2次1680人,到市级培训信息技术1次855人,参加县进修学校培训2000余名。组织教师11人,出国3次,培训教育管理知识。其中,2004年,县教师进修学校与淮安师范学院联合开办本科函授班,被江苏省教育厅批准为淮安师范学院盱眙函授站。

2008年,全年教师参加普通话培训225人,取得二级乙等及其以上资格103人。6月,市人事局组织计算机考核,全县418名教师参考,合格368人。同年,在校教师基本培训结束,停止招收新学员。

二、提高素质

1986年,全县教师5231人,其中本科学历占34%、大专学历占25%。1987年起,全县中小学教师分别参加提高班、函授班、自学考试等培训升造,提高自身学历。至1991年,全县共有524名教师获大专以上文凭。

1992～1997年,县教育科学研究室先后举办中学学科教育专题讲座220场次,听课教师4000人次;举办"目标教学课堂教学模式"讲座18场次,听课教师2000人;组织教师参加教学观摩课、教学基本功训练、考核,先后有4300名教师领取"教学基本功合格证书"。1998年,县教研室制定《课堂教学评价方案》,指导教师课堂教学活动。聘请外地专家到盱眙讲学,组织骨干教师到乡镇学校讲课、辅导100场次。

图28－16 2001年,盱眙县举办第一期幼儿园长岗位培训班结业典礼。

2000年起,开展对非师范类大专以上学历的教师进行教育学、教育心理学及教材教法等培训,考试合格后颁发"教师资格证书"。至2004年,共颁发教师资格证书2157本。2005年起,加强教师达标培训,对未取得国家承认大专以上学历的中小学教师,采取自学考试、函授培训、脱产学习等办法,确保全县教师达标率80%以上。2008年,县教师进修学校有教职工34人,与淮阴师范学院联合开办专科、本科函授班,专业有英语、数学、中文、小学教育等,在籍学员266人,其中本科173人、专科53人。至年底,全县幼儿教师达标率80%以上、小学教师学历达标率99.68%,其中大专率73.56%;初中教师学历达标率99.49%,其中本科率60.43%;普通高中和职业高中教师学历达标率分别为

99.56%、92.71%。同年，全县评选出县级特级教师10名，学科带头人100名，骨干教师200名，首席教师300名。

1986～2008年盱眙县教师进修学校办学情况一览表

表28－20

级	专业及学历层次	培训人数	班数
1986	中师函授	189	3
1987	中师函授	251	4
	中师脱产	49	1
	高中函授	158	3
1988	中师函授	121	3
	中师脱产	43	1
	高中函授	163	3
1989	中师函授	134	2
	中师脱产	59	1
1990	幼师函授	30	1
1991	幼培	54	1
1992	幼培	96	2
	中师脱产	66	2
1993	小教大专	85	2
1994	中师脱产	60	1
	幼师脱产	60	1
1995	中师脱产	60	1
	幼师脱产	64	1
	英语大专	56	1
1996	中师函授	203	4
	幼师脱产	66	1

级	专业及学历层次	培训人数	班数
1997	幼师脱产	60	1
	自费幼师	126	2
	中师函授	64	1
1998	自费幼师	80	2
	小教(文)大专	31	1
1999	职业幼师	15	1
2000	专业证书大专班(小学教育)	180	3
2001	小教大专	60	1
	英语大专	60	1
	现代教育技术	60	1
2002	高中	140	3
	小教大专	48	1
2003	高中	180	3
2004	高中	130	2
	小教大专	53	1
	英语大专	52	1
	数学本科	63	1
2005	英语大专	49	1
	数学本科	70	1
2006	英语本科	56	1
2007	数学本科	39	1
2008	函授专、本科	226	1

第四节　职称评定

1988年起，县教育局成立中小学教师职称评审委员会，开始组织中小学教师专业技术资格申报、评定工作，对参评对象的政治素质、职业道德、教学业绩、学历、资历、继续教育等方面进行审核评定，明确规定中、小学教师专业技术评聘，实行一年一次评审。当年评有初级职称1712人、中级职称762人、高级职称31人。

2001年3月，修改和补充全县中小学教师中级及其以上职务资格推荐、审核、评审办法的结构比例和破格晋升条件。当年未进行教师职称评定工作。2008年，对全县中小学教师初级职务任职评定作出新规定：只要参评对象学历、资历符合规定要求，且政治素质、职业道德无重大过错者均通过评审。评出初级职称441人，中级职称581人，高级职称94人。

1988～2008年盱眙县教师专业技术职称评定情况一览表

表28－21

年份	初级职称						中级职称			高级职称
	小三	小二	小一	中三	中二	小计	小高	中一	小计	中学高级
1988	73	283	676	205	475	1712	415	347	762	31
1989	345	740	454	123	150	1812	413	378	791	33
1990	27	143	185	293	167	815	54	55	109	6
1991	1	224	19	88	36	368	68	121	189	13
1992	1	359	417	95	148	1020	87	100	187	18
1993	–	144	209	42	145	540	149	78	227	11
1994	–	163	455	66	140	824	222	132	354	11
1995	–	205	404	95	101	805	126	71	197	11
1996	–	165	232	108	113	618	237	133	370	23
1997	–	252	62	89	40	443	324	97	421	25
1998	–	176	143	63	229	611	193	83	276	29
1999	–	251	253	39	124	667	151	67	218	–
2000	–	144	185	28	145	502	185	80	265	29
2001	–	–	–	–	–	–	–	–	–	–
2002	–	11	55	101	98	265	205	259	464	21
2003	–	23	84	15	105	227	221	208	429	19
2004	–	8	98	38	186	330	165	198	363	25
2005	–	4	145	156	260	565	189	234	423	29
2006	–	9	87	54	202	352	215	176	391	31
2007	–	18	82	84	373	557	206	118	324	67
2008	–	4	89	53	295	441	305	276	581	94

说明:2001年,未进行教师职称评定。

图28－17　盱眙中学举行太极拳比赛

第十三章　办学条件

第一节　基础设施建设

一、教学设施

1986 年,全县加大投入,逐步改变教育设施落后现状。全年集资 399 万元,省、市、县财政拨教育设施建设专款 316 万元,先后为盱眙中学、县第三中学、县教师进修学校、十里营中学、龙山农业中学、实验小学,建成 8 幢教学办公楼、实验楼、宿舍楼。为 8 所中学建成实验中心,维修、改造校舍 10.05 万平方米,添置课桌凳 38655 套。全县小学占地 194.65 公顷,校舍 134900 平方米;中学占地 133.3 公顷,校舍 77600 平方米;中等职业技术教育(龙山农业中学、县第一职业技术高级中学、淮河职业中学)占地 3 公顷,校舍 3200 平方米;成人教育有县教师进修学校、电大分校,占地 1.09 公顷,校舍 1300 平方米;职工教育有县粮食职工学校、供销社职工学校、商业职工学校 3 所,占地 0.54 公顷,校舍 3000 平方米。

1987 年起,加大义务教育投入,县、乡教育费附加以 3∶1 或 2∶1、1∶1 的配额,由县教育部门监督各乡镇,统一、集中用于农村中小学校"一无两有"改造工程。至 1989 年,经省、市教育部门验收,盱眙县九年制义务教育实现"一无两有"目标,结束"三泥一黑"(泥房子、泥台子、泥地面、黑孩子)的历史。

图 28－18　县实验中学语音室

1993 年,县二中购置 1 套"CSC 中学校长办公系统",具有试题编制、储存、检索、课程调配、行政管理、后勤管理等功能。新建盱中逸夫楼 1800 平方米。职工学校和培训中心共 11 所,校舍 12774.5 平方米,粮食职工学校新增校舍 3698.5 平方米。

1994 年,全县城乡征收教育费附加、社会集资、上级拨款均实施"双改"(改变教学环境、改造学校危房)工程。当年,农村征收教育费附加 332 万元,城市征收教育费附加 52 万元,社会集资 268 万元,上级拨专项经费 68 万元,主要用于救助学校灾情、修建危房和部分完中改造,改造危房 19500 平方米。马庄、十里营、肖嘴、维桥中学和鲍集中心小学建成教学楼,职中新建综合教学楼 4000 平方米;共新建校舍 12500 平方米。

1995 年,争取"筑基"工程款 200 万元,用于 26 所村小和聋哑学校基础建设;自筹资金 280 万元,用于"筑基"工程的配套项目。同年,全县拆建校舍 1 万平方米,改造小学 51 所,修建危房 3500 平方米,建围墙 1.3 万米,铺设水泥路面 8000 平方米,建大门 22 个,建厕所 18 座,配套课桌凳 6075 套。

1996 年,县商业职工学校投资 40 万元,新建校舍 400 平方米,改造多功能餐厅和厨房 600 平方米,铺设校园混凝土路面。

1997年,县政府制定《盱眙县改造义务教育阶段薄弱学校行动方案》,改造22所薄弱学校,拆建和大修校舍7271平方米,新扩建校舍6618平方米,添置课桌凳1700多套,购置教学仪器价值14.6万元,新征土地6.3公顷,共投资787.62万元。

2000年,全县投资1866万元,改造22所中小学危房,新建校舍10000平方米,改造危房56488平方米,拆除危房11000平方米。完成办学条件差的10所中学"双改"计划,全县小学"双改"工程全面结束,市"双改"现场会在盱眙召开。在五墩北路新建盱眙县职业中学,占地1.6公顷,校舍1200平方米。

图28-19 盱眙中学校园

2003年,全县共新建、复建、扩建校舍4.04万平方米,其中新建教学楼19幢、维修改造校舍6.83万平方米,水灾后修缮、拆建校舍近15万平方米。经市教育部门验收,盱眙县达到九年制义务教育标准。2004年,新建马坝楚东职业技校和东方职业高中2所民办职校,新增校舍9800平方米。

2008年,全县小学校舍248043平方米,拆除危房14406平方米,新建97343平方米,维修126155平方米,各中小学教学设施均达到上级部门规定的"三新一亮"标准。

二、教育建设

1986年之前,位于第一山之巅的盱中,仅仅拥有一幢教学楼,校舍建筑面积1480平方米。到上世纪末期,即2000年,盱中已经拥有楼房10幢,校舍建筑面积25429平方米。2008年,校舍面积达到45408平方米。

2010年,为发挥盱中在全县教育现代化进程中的龙头作用,根本解决制约盱中在新一轮加快发展中的各种问题,经县委批准兴建的新校区占地面积17.33公顷、建筑面积85715平方米,总投资约2.8亿元,于2012年9月3日正式启用。

2001年3月经淮安市人民政府批准,建设盱眙县都梁中学。学校占地面积6.8公顷,建筑面积3.1万平方米。其中,拥有学生公寓8792平方米,可容纳1800多名学生住宿;拥有餐厅3500平方米,可容纳1500多名学生同时就餐;运动场2.2万平方米,塑胶跑道300米。

图28-20 实验附中校园

2007年,新建新马高级中学,学校占地面积10公顷,教学和生活设施建筑面积60000平方米,装备了一流的实验、电教、办公条件,建设了一流的教学活动实施和一流的校园环境。

1994～2000年盱眙县“双改”及教学设备添置投资情况一览表

表28－22

年份	中小学校（所）	改造薄弱学校		改造危房及添置教学设备				
		投入经费（万元）	新建校舍（平方米）	危房改造（平方米）	教学设备价值（万元）	课桌（套）	图书（万册）	拆除危房（平方米）
1994	8	1500.0	12500	19500	－	－	－	－
1995	27	1398.0	10000	11800	－	－	－	30000
1996	8	1036.0	9680	2400	－	－	－	－
1997	10	787.6	6618	7271	14.6	1700	5.27	－
1998	21	1610.0	34000	24120	110.0	4500	3.40	5200
1999	23	1630.0	9600	42300	200.0	－	－	6300
2000	22	1866.0	10000	56488	－	－	－	11000
合计	119	9827.6	92398	163879	324.6	6200	8.67	52500

三、“六有”工程

2004年，全县“六有”工程全面启动。工程投入3851万元，新建教学楼25幢2.7万平方米，改造师生食堂2.8万平方米、学生宿舍4.18万平方米、水冲厕所95座1.06万平方米，新增校园绿化20.5万平方米，新铺设混凝土路面5.96万平方米，新建排水系统1.2万平方米，新建田径运动场16个，完成“六有”学校工程量60%以上。建成150多个多媒体教室，创建省级标准化实验室、省级图书馆1个（盱中）、省现代教育技术装备窗口学校1所（城南小学）、市教育装备窗口学校2所（明祖陵中学、城南小学），3所学校的实验室、图书室创建成市优秀实验室和图书室（古桑中学、王店中学、马坝初级中学），23所定点完小建成装备合格校，配齐19所初级中学实验器材，全县所有中、小学都有多媒体教室和微机房，加快盱中餐厅、马中学生公寓、马坝初中、都梁中学建设。明祖陵、兴隆作为“六有”试点乡镇通过省级验收。

2005年，全县新增校园绿化面积22.7万平方米，新铺混凝土路面30.8万平方米，建成下水道2.6万米，新建和改建水冲厕所100座，新建和改造学生宿舍5.09万平方米，新建和改造食堂餐厅2.78万平方米，新建教学楼2.83万平方米。共有床铺26242张，保温桶193只，饮水机1127台。

2008年，建成A级食堂18所，位居全市首

图28－21　实验附中学生实验室和操场

位。新建食堂17016平方米、宿舍23089平方米、水冲厕所5380平方米,购置饮水设备1008台、床铺15708张,绿化校园20.5万平方米,新建水泥路面26.9万平方米、排水设施2.25万米。“六有”工程达到省、市标准。

四、“三新一亮”工程

2003年,开始实施“三新一亮”工程建设,县政府颁发《农村中小学“三新一亮”工作实施意见》,共投入资金862.46万元,中小学维修课桌凳50626套(人),讲台107张;新增课桌椅54438套,讲台1700张,教室通电2287个。年底,农村中小学实现班班有“新课桌、新板凳、新讲台、电灯亮”工程。2004年,“三新一亮”工程通过省级验收。2008年,维修课桌椅52487套,新增桌椅56938张;维修讲台107张,新增讲台1700张;通电教室2317间。“三新一亮”工程合格率100%。实验小学经省教育厅验收,被评为教学设施合格小学。

五、“校校通”工程

2003年,开始实施“校校通”工程建设,利用信息技术建设家庭与学校快捷、实时沟通的网络教育平台。全县“校校通”投入1500万元,未实现“校校通”的乡镇公办初中、中心小学,配置1个有50台学生机和1台教师机的计算机网络教室,配置1个有1台教师机、1台大屏幕彩电和视频展示台的多媒体教室。乡镇定点完全小学配置1个有20台学生机和1台教师机的计算机网络教室。

2005年,全县乡镇17所初级中学、21所中心小学、47所定点完小接受省装配,中、小学新配置5697台电脑,建成200个多媒体教室,有15所学校建成校园网。各村小配备计算机20台以上。县城南小学建成省现代教育技术实验校,观音寺、旧铺、河桥中心小学建成市现代教育技术实验校。明祖陵中学、城南小学等4所中小学建成市级教育装备窗口学校。

图28-22 盱眙中学电脑机房

2006年,对全县未实现“校校通”的11所初级中学分校、3所完全中学、1所职业中学、3所县直中小学,每校装备30台学生用机。全县85个网络教室装配计算机桌4420台,教师用机桌85台。为38个多媒体教室全部装配控制演示台,装配教师用计算机、大屏幕彩电和视频展示台各38台。2008年,全县建立校园网的学校66个,其中小学40个、中学26个,“校校通”工程合格率100%。

六、“四配套”工程

2004年起,实施“四配套”工程建设,全县“四配套”投入约1700万元。2006年,全县32所初级中学接受省教育厅“四配套”工程装备,其中接受“四配套”工程装备的25个班以上学校3所、10~24个班学校24所、9个班以下学校4所、特殊学校1所。2007年,全县投入1800万元,实施乡镇小学“四配套“工程建设,为97所中小学实施“四配套”工程。接受省教育厅“四配套”装备的乡镇小学66所,其中A类16个班以上学校28所、B类9~15个班学校21所、C类8个班以及以下学校和“九年一贯”制学校小学部17所。2008年,全县中、小学基本实现“四配套”工程,各中心小学、村完小均配备1个以上的多媒体教室和电脑室,“四配套”工程合格率100%。

2008 年盱眙县农村中小学改善办学条件情况一览表

表 28－23

学校名称	危房改造			“六有”工程													“三新一亮”工程					
	拆除面积(平方米)	新建面积(平方米)	维修面积(平方米)	食堂		宿舍		水冲厕所		冷热饮用水			床铺	整洁校园			课桌凳(单人套)			讲台(张)		通电教室数(间)
				新建(平方米)	改建(平方米)	新建(平方米)	改建(平方米)	新建(平方米)	改建(平方米)	购置开水炉(个)	购置保温桶(只)	购置饮水机(台)	新购置(张)	新建绿化面积(平方米)	新建硬质化路面(米)	新建排水长度(米)	维修	市县新增	省配套奖励	维修	新增	
三河初中	50	200	300	–	470	50	420	–	176	–	–	17	200	2345	3958	300	229	50	300	7	10	10
官滩初中	150	2040	2340	1200	200	1040	1300	140		–	11	–	830	3000	4600	240	1007	403	650	–	35	35
维桥初中	320	1200	1840	250	420	226	1828	–	280	–	–	27	600	12300	9590	290	858	340	550	–	27	27
马坝初中	80	3320	3480	1200	–	3181	–	130	180	1	–	72	1030	6270	10582	568	1415	568	1100	–	52	45
观音寺初中	540	2200	3280	1000	–	–	1800	180		–	–	20	200	2000	6028	180	443	177	550	6	15	15
新街初中	350	1550	2250	1317	–	–	960	180		1	–	17	200	2100	6220	320	440	169	600	–	16	16
穆店初中	280	540	1100	950	–	2600	–	180		–	–	30	260	6060	6410	400	716	287	600	–	21	21
古桑初中	250	2220	2720	–	820	960	180	–	230	1	10	–	320	7000	8620	360	789	310	600	12	27	27
王店初中	300	1968	2568	580	100	1500	500	–	130	–	–	27	600	3000	7012	200	520	210	550	–	18	18
仇集初中	140	2500	2780	100	400	1296	800	180	–	1	7	–	560	8208	6020	272	675	270	450	–	24	24
河桥初中	160	1200	1520	–	650	1000	450	180	–	–	–	22	356	6800	4722	886	348	140	400	–	13	13
淮河初中	240	1500	1980	100	240	–	460	160	–	–	3	20	480	3500	3970	90	500	200	400	16	21	16
鲍集初中	360	3214	3934	910	–	–	820	180	–	1	9	–	440	4640	5803	670	550	220	400	–	19	19
兴隆初中	342	2010	2694	1200	–	2000	–	170	–	1	10	–	254	4000	8125	800	615	245	350	–	18	18
铁佛初中	252	1252	1756	–	450	744	500	–	170	–	–	24	400	1300	8924	300	585	230	550	–	18	18
明祖陵初中	160	3420	3740	1110		1245	–	–	156	1	–	23	560	6000	4050	800	701	280	550	3	20	20

续表 28－23

学校名称	危房改造			"六有"工程													"三新一亮"工程					
	拆除面积(平方米)	新建面积(平方米)	维修面积(平方米)	食堂		宿舍		水冲厕所		冷热饮用水			床铺	整洁校园			课桌凳(单人套)			讲台(张)		通电教室数(间)
				新建(平方米)	改建(平方米)	新建(平方米)	改建(平方米)	新建(平方米)	改建(平方米)	购置开水炉(个)	购置保温桶(只)	购置饮水机(台)	新购置(张)	新建绿化面积(平方米)	新建硬质化路面(米)	新建排水长度(米)	维修	市县新增	省配套奖励	维修	新增	
马坝初中高桥分校	120	350	590	25	280	–	500	–	150	–	–	13	222	2200	3250	250	375	150	230	5	14	14
马坝初中东阳分校	320	250	890	240	400	–	580	–	120	1	1	8	60	800	1350	500	203	80	170	4	10	8
观音寺初中马庄分校	160	200	520	–	250	–	–	–	130	–	–	20	240	2000	1950	150	423	175	250	–	15	15
新街初中黄花塘分校	240	440	920	320	180	–	620	–	120		4	6	134	4600	2142	220	110	400	150	–	12	12
旧铺初中张洪分校	280	1320	1880	–	480	–	1300	160	–	1	5	5	300	8000	6023	578	440	176	300	–	15	15
桂五初中水冲港分校	140	50	330	–	200	–	420	–	60	–	–	7	40	80	760		150	60	100	–	7	7
王店初中古城分校	260	1450	1970	–	400	1332	600	–	80	–	–	17	640	700	4056	300	555	220	550	–	19	19
仇集初中龙山分校	80	210	370	–	330	–	480	–	80	–	–	7	110	500	790	180	212	80	100	–	8	8
河桥初中洪山分校	180	420	780	120	133	120	490	–	80	–	5	–	240	6350	4120	300	394	118	200	–	11	11
鲍集初中肖嘴分校	210	305	725	50	150	–	630	160	–	–	–	15	414	1800	2300	300	430	180	200	–	14	14
旧铺中学	320	2150	2790	1350	–	1200	750	–	120	1	4	–	440	4600	6874	600	500	400	1000	–	–	–
桂五中学	290	1240	1820	850	–	1500	–	184	–	–	–	40	460	5240	6692	640	400		800	–	–	–
管镇中学	400	3200	4000	1200	–	–	1600	170	170	–	–	34	480	6000	16010	700	160	500	800	–	–	30
第五中学	240	1840	2320	1100	–	–	800	180	–	1	–	20	390	3000	7501	410	500	200	300	–	19	18
盱城初中	50	110	210	–	120	–	–	150	–	–	8	–	100	120	840	–	265	100	200	7	12	12
城南小学	80	1966	2126	–	–	–	–	–	–	–	–	10	–	290	2200	–	3245	1300	2800	–	101	158
盱城镇五墩小学	100	3156	3356	–	–	–	–	140	240	–	14	–	–	4000	3812	208	–	–	–	–	–	–
盱城镇十里营小学	240	5140	5620	–	380	648	160	160	–	1	4	–	250	3970	5107	272	–	–	–	–	–	–
三河中心小学	160	640	960	–	–	–	–	–	160	–	–	30	–	110	1616	–	580	300	400	7	22	33

续表 28－23

学校名称	危房改造			“六有”工程													“三新一亮”工程					
				食堂		宿舍		水冲厕所		冷热饮用水			床铺	整洁校园			课桌凳(单人套)			讲台(张)		通电教室数(间)
	拆除面积(平方米)	新建面积(平方米)	维修面积(平方米)	新建(平方米)	改建(平方米)	新建(平方米)	改建(平方米)	新建(平方米)	改建(平方米)	购置开水炉(个)	购置保温桶(只)	购置饮水机(台)	新购置(张)	新建绿化面积(平方米)	新建硬质化路面(米)	新建排水长度(米)	维修	市县新增	省配套奖励	维修	新增	
官滩中心小学	440	5274	6154	–	–	–	1300	140	–	1	4	–	430	400	8004	750	1702	390	1100	–	62	90
维桥中心小学	290	3630	4210	–	550	750	–	160	–	–	–	25	300	800	2712	500	1010	410	1000	–	32	48
马坝中心小学	492	2382	3366	–	168	–	280	160	–	–	–	36	120	2097	2624	260	5256	2102	1200	–	76	147
观音寺中心小学	430	4412	5272	–	450	100	600	–	120	–	4	6	200	–	400	200	1288	520	900	–	60	61
黄花塘中心小学	280	124	684	–	200	–	520	160	–	–	–	20	280	2248	1924	372	1352	540	900	–	55	80
旧铺中心小学	120	2072	2312	80	403	80	736	–	200	1	7	–	450	7658	8470	606	1406	563	1100	17	50	74
穆店中心小学	360	152	872	550	–	1017	–	160	–	1	–	25	360	5657	4845	588	987	395	850	3	38	55
古桑中心小学	320	754	1394	554	–	–	400	160	–	–	–	20	186	14226	7154	550	1140	448	700	–	44	70
桂五中心小学	480	2480	3440	10	80	–	250	–	–	–	–	–	122	900	4700	200	1367	608	1000	–	62	93
王店中心小学	420	204	1044	300	–	–	700	100	–	–	6	–	300	2200	4600	300	2101	640	700	–	58	85
仇集中心小学	380	2552	3312	–	150	–	425	160	–	–	4	25	120	750	10000	1700	1823	650	1000	10	60	87
河桥中心小学	440	3328	4208	–	240	–	504	168	–	–	–	25	230	17300	6986	1050	1913	765	900	–	74	111
淮河中心小学	300	1316	1916	–	–	–	–	180	–	–	–	30	–	5000	3940	680	1170	468	1100	–	52	68
鲍集中心小学	430	2458	3318	–	–	–	–	168	–	–	–	21	–	100	2400	300	2758	1100	1000	–	98	172
兴隆中心小学	280	3830	4390	–	340	–	760	170	–	1	6	–	200	6880	5000	500	1872	808	1200	–	52	75
铁佛中心小学	450	1316	2216	–	–	–	–	160	–	–	–	26	–	570	2781	70	1954	780	1000	–	68	97
管镇中心小学	280	2458	3018	–	–	–	1100	160	–	–	–	66	400	300	3600	300	1735	685	1200	–	60	93
明祖陵希望小学	370	3830	4570	350	–	500	–	190	40	1	8	1	200	5000	7181	1260	2320	928	1600	10	66	95
合计	14406	97343	126155	17016	9634	23089	26523	5380	3192	17	134	857	15708	204969	269348	22470	52487	21338	35600	107	1700	2317

1986年、2008年盱眙县小学办学条件情况一览表

表28－24

单位：平方米、间、个

年份		学校占地面积	校舍建筑面积	教学及辅助用房					教师办公	生活用房	其他用房	体育运动场(馆)面积达标校数	体育器械配备达标校数	音乐器材配备达标校数	美术器材配备达标校数	数学自然实验仪器达标校数	建立校园网校数
				普通教室	实验室	图书室	微机室	语音室									
1986	合计	1946472	134900	–	–	–	–	–	–	–	–	–	–	–	–	–	–
	县城区	13332	13500	–	–	–	–	–	–	–	–	–	–	–	–	–	–
	乡镇	1933140	121400	–	–	–	–	–	–	–	–	–	–	–	–	–	–
2008	合计	1981384	248043	151729	5483	5859	6314	1062	20393	32580	17485	38	49	49	49	47	40
	县城区	651173	110939	68760	2231	2538	3296	610	9470	12477	8058	15	18	18	18	18	18
	框架结构	–	17231	13665	400	700	960	260	626	120	460	–	–	–	–	–	–
	砖混结构	–	71875	45884	1461	1246	2336	350	7150	7980	2538	–	–	–	–	–	–
	砖木结构	–	21833	9211	370	592	–	–	1694	4377	5060	–	–	–	–	–	–
	乡镇	1330211	137104	82969	3252	3321	3018	452	10923	20103	9427	23	31	31	31	29	22
	框架结构	–	4130	1836	720	144	220	124	288	802	–	–	–	–	–	–	–
	砖混结构	–	26521	19449	933	634	812	131	1262	2596	434	–	–	–	–	–	–
	砖木结构	–	106098	61364	1599	2543	1986	197	9338	16705	8993	–	–	–	–	–	–
	土木结构	–	355	320	–	–	–	–	35	–	–	–	–	–	–	–	–

1986 年、2008 年盱眙县普通中学办学条件情况一览表(一)

表 28－25　　单位：平方米

年份		学校占地面积	校舍建筑面积	生活用房						教学及辅助用房					教师办公用房	其他用房	校舍面积中	
				合　计	其　　中													
					教工宿舍	学生宿舍	食堂	厕所	其他	普通教室	实验室	图书室	微机室	语音室			危房面积	当年新增
1986	合计	1333000	77600	–	–	–	–	–	–	–	–	–	–	–	–	–	10100	8100
	一、县城区	133000	21200	–	–	–	–	–	–	–	–	–	–	–	–	–	1400	2000
	二、乡镇	1200000	56400	–	–	–	–	–	–	–	–	–	–	–	–	–	8700	6100
2008	合计	1659399	441305	154023	22236	89833	32465	7000	2489	140491	28090	11662	9976	4916	27758	53592	–	40121
	一、县城区	1435123	401480	136326	18009	82171	28512	5825	1809	128185	25543	11039	9007	4574	25783	50370	–	40121
	框架结构	–	158757	45147	2200	25841	14124	1572	1410	47655	10523	6533	5001	3465	6941	32332	–	4274
	砖混结构	–	196424	64061	5988	43507	11075	3331	160	75127	11694	3680	3428	1109	16396	15207	–	35847
	砖木结构	–	46299	27118	9821	12823	3313	922	239	5403	3326	826	578		2446	2831	–	–
	二、乡镇	224276	39825	17697	4227	7662	3953	1175	680	12306	2547	623	969	342	1975	3222	–	–
	框架结构	–	1400	1400	–	–	1400	–	–	–	–	–	–	–	–	–	–	–
	砖混结构	–	19740	4862	–	3972	450	340	100	10196	1985	518	808	246	897	84	–	–
	砖木结构	–	18685	11435	4227	3690	2103	835	580	2110	562	105	161	96	1078	3138	–	–

2008 年盱眙县普通中学办学条件情况一览表(二)

表 28-26

	体育运动场(馆)面积达标校数(所)	体育器械配备达标校数(所)	音乐器材配备达标校数(所)	美术器材配备达标校数(所)	理科实验仪器达标校数(所)	建立校园网校数(所)	体育运动场(馆)面积(平方米)	计算机(台)	图书藏量(册)	电子图书藏量(片)	固定资产总值(万元)		
											合计	其中:仪器设备总值	
												专业实验设备	专业实习设备
合计	25	25	24	24	27	26	404360	3293	1040265	533155	40236.52	2676.21	396.52
初中	18	19	18	18	21	19	262951	2013	505054	23125	14710.16	1137.53	339.20
高中	7	6	6	6	6	7	141409	1280	535211	510030	25526.36	1538.68	57.32
一、县城区	20	20	19	20	22	21	342828	2892	878130	527655	38203.44	2550.21	311.52
初中	13	14	13	14	16	14	201419	1612	342919	17625	12677.08	1011.53	254.20
高中	7	6	6	6	6	7	141409	1280	535211	510030	25526.36	1538.68	57.32
二、乡镇	5	5	5	4	5	5	61532	401	162135	5500	2033.08	126.00	85.00
初中	5	5	5	4	5	5	61532	401	162135	5500	2033.08	126.00	85.00

第二节　图书设备

1986年,全县学校有图书10余万册,其中盱中藏书3.8万多册、马中藏书2.6万多册。主要为学生提供阅读、参考之用。

1993年,直接、间接装备图书资料32万元,仪器材料34万元,电化教学软硬件9万元。1997年,县政府制定《盱眙县改造义务教育阶段薄弱学校行动方案》,为学校新购图书52650册。

2004年,在全县中小学中实施图书资料等"四配套"工程,加强图书室建设,全县建成图书室210个,增加图书20万册。其中,盱中图书馆建成省级优秀图书馆,藏书5万册;古桑中学、王店中学、马坝初级中学创建成市优秀图书室,分别藏书6000余册、8000余册、2.6万册。2005年,全县乡镇中心小学普遍建成图书室220个,县第二中学等10个图书室被评为市优秀图书室,共藏书20余万册。

2008年,各中心小学、村完小均配备图书资料室,合格率100%。全县初、高中图书藏量104万册,其中县城区初、高中图书藏量87.8万册。

第三节　学校经费

一、学杂费征收

1986年起,全县高中学杂费、初中学杂费、小学高年级学杂费、小学中年级学杂费、小学低年级学杂费征收标准分别为:县城区学校每人每学期分别为8元、7元、4.5元、3.5元、2.5元;乡镇学校每人每学期分别为7元、6元、4元、3元、2元。规定乡镇特困学生减免5%～10%学杂费。全县征收的学杂费60%用于改善办学条件,10%用于校长基金,其余弥补教育行政经费的不足。

2000年起,县政府对全县学校学杂费征收进行调整,小学每学期每人60元,小学征收代办费一至四年级分别为:140元、130元、146元、142元;五、六年级146元;征收借读费:省内异地每人每学期190元,外省250元。初中每学期每人收学杂费90元,每人每学期征收初一至初三代办费分别为:210元、232元、230元;征收借读费:每人每学期省内异地340元,外省390元;住校学生每人收100元住宿费。2003年起,县教育局调整全县中、小学代办费。小学每学期一至四年级每人收代办费分别为:136元、126元、142元、138元,五、六年级142元;初中初一至初三每人每学期征收代办费分别为:204元、232元、230元。

2006年9月1日起,县教育局开始实行义务教育,免收初中小学学费、杂费。对全县低保和持有"特困职工证"家庭子女、遭受天灾人祸的贫困家庭子女、革命烈士或因公牺牲军人子女、持"中华人民共和国残疾人证"的学生、无抚养人的孤儿、在校寄宿的学生发放生活补助费。2007年9月1日起,全县实行义务教育免收教科书费,全县平均每个小学生年减负140元、初中生减负180元。县政府为4500名寄宿生发放生活补助费67.5万元,其中小学生每生每年500元,全县小学无一名学生因贫困失学。2008年全县实行9年义务教育后,取消初中以下入学学生各项收费。

二、经费管理

1986年起,县教育局主要负责省、市、县财政教育专项经费拨款的使用。乡镇财政负责农村教育附加费提留的收入与支出,乡镇初中实行自收自支,小学学杂费由乡镇教办负责收支平衡,调节余缺。

2002年起,县教育局下发《关于完善乡镇中小学财务管理机制的意见》,明确各中学、中心小学校长分别为所属学校财务主管人。开设银行支出户的学校,配备1～2名会计人员,总账会计由县教育局、财政局负责委派。村小设报账员1名,全县中小学、公办幼儿园财务一律实行"收支两条线"管理办法,学校的一切收入必须及时、足额上缴县级财政专户。开学初,县教育局本着"主权不变,来去自由"的原则,将杂费和代办费分项目、分阶段全额返还给学校,每月初向学校反馈一次杂费、代办费收缴和拨付情况。中小学财务收支一律实行送审制,未经县教育局、财政局审核同意报支的单据,一律不得入账。

2003年,全县各中小学在《盱眙新闻》上公开收费项目、标准,实行收费监督员责任制,设立举报电话、举报箱,接受社会监督。2004年,县教育局下发《关于对全县中小学进行审计的通知》,组织人员审计各中小学财务,对审计中出现的问题,依据情节轻重对当事人作出相应处理,对不称职的会计人员予以调整。年底,经审计的58所中小学,调整会计5人,审计出不合理开支11万元。2006年9月,全县学校学杂费由县财政拨付,统一管理。2008年,全县教育事业费提高到2.3亿元,公用经费基准定额提高到每生每年350元,各项经费均由县财政拨付。

第四节 勤工俭学

1986年起,全县随着农村土地承包责任制深入,勤工俭学项目中"校办农(林)场"逐步退出,转让给农民承包,其工作重点放在发展校办企业和校园经济方面。至1992年,全县中小学无校办农(林)场。

1994年,全县校办企业35个,创总产值2550万元,实现利润270.5万元。全县校园经济创利87.5万元,其中县实验小学年创产值350万元、利润75万元。1997年,全县校办企业产权与学校分离,向社会公开拍卖、转让,企业职工下岗分流,国有(含集体)所有制工人转入学校后勤队伍。全县学校勤工俭学工作仅存学校食堂、小商店,且大部分采取出租承包。创总产值300万元,实现利润20万元。

2000年起,各学校食堂、小商店均承包给私人经营,县教育部门的勤工俭学由经济实体型转变为管理监督型,即每学期对学校食堂、商店饮食卫生、食品安全等工作进行督查。至2008年,学校勤工俭学模式未变。创总产值50万元,实现利润6万元。

第十四章 教育服务

第一节 布局调整

1986~1995年,全县教育系统全面实施中小学发展、改造、扩大工作,满足适龄儿童入学。1996年起,县委、县政府针对全县农村小学规模小、中学办学条件差等教育布局不合理现象,实行撤并农村小学,降格"戴帽"(完中)初中为主要发展方向的布局调整,整合教育资源。至1997年,全县撤并小学、降格"帽中"共31所。

1998年起,全县按照"高年级集中、低年级分散"原则,进行有计划、有步骤的学校布局调整。至2003年,全县降格村完小34所,撤销村完小14所;撤销村教学点19个。村完小由183所调减到71所。同年,全县被撤销的初中改为分校或分部11所。2008年,全县基本完成中小学布局调整,教育布局步入中小学配备合理化、学生入学就近化、发挥教育资源最大化的轨道。

1997～2008年盱眙县小学布局调整一览表

表28－27

学校所在乡镇	村完小		教学点撤销
	降格	撤销	
盱城	新华 新民 雨露 交通 太和 友法	毛营	果园 新华 新民 交通
官滩	三九 甘泉 许嘴 七洼 王桥 杨岗 都管 红光 侍涧	李庄 段庄 合山 新桥	陈庄
三河	大王 双桥 洪湖 潘庄 淮北		大王 双桥 洪湖 潘庄
维桥	大圣 维才		乔桥 永华 良种场 桃元 桥东 维才
马坝	老庄 石桥 板桥 沙坝 同兴 南阳 兴隆	交通	黄洋 槽坊 东风 新庄 油坊 路东 云山 塘坝 黑泥 于桥 旧街 黄泥 施招 欧湖 花园 卧龙 胜利 老庄 永兴 板桥 万斛 石桥 兴隆 万公 大庄
观音寺	瓦屋 梨园 堆头 湖下 九里 周集 永久 戴岗 孙湾 岗里 王塘 高坝 马庄中心小学		柴岗 杜庄 梨园 九里 戴岗 瓦屋湖下 永久 堆头 周集 孙湾
黄花塘	芦沟 五星 何圩 三合 龙灯		张安 枣元 华塘 耿公 常庄 绿化 耿庄 杨庄 林庄 晏庄 伏岗
旧铺	畜牧场 好汉 夏郢 千柳	苏岗 郑盘 时集	张桥 马桥 新塘 雨山 人民 新铺 民田 茶场 大朋
穆店	马湖 肖桥 七星 团结 民族 仇集 青山 巴山 朱刘 戴郢	民族	八仙 秋燕 更新 合心 马湖 范楼 七星
古桑	光彩	三塘 乐园 高郢 燕山	董湖 光彩 天明
桂五	东高 方港 藕塘 安乐 太平 山岩		陶山 六桥 花园 竹园 张港
王店	杜山 瓦庄 民建 麻场 太平 杨山		蔡港 良郢 周港 西湖 仇涧 安乐 界牌 渔场 六港
仇集	花岗 宝山 象山 东山 胡郢	花岗	南山 盘山 青山
河桥	三元 方庄 大港 东风 龙泉 黄龙 皮岗 淮峯		新跃 季桥 戴岗 联合 尖山 新滩 桥南 淮河
淮河	腰东 沿河 洽滩		花园 洪建 小溪 沿河 腰东
明祖陵	沿淮 伏湖 花园 明陵 祖陵 项庄 魏庄 俞桥	种嘴 仁和 龚庄 渡口 沙巷	
管镇	姬庄 孙扬 双黄 叶岗 良巷 耿赵	耿赵 姬庄	芮圩 崔岗 双黄 姬庄
兴隆	双河 韩巷 陡北 张庄 晓庄 祖尧 黄庄	陡湖 单北	
刘岗	卢庄 梅庄 孔井		
铁佛	杨滩 李圩 召六 赵圩 仙墩		万塘 花园 田庄
鲍集	引河 沈集 梁集 钱巷 朱岗 观音 陈梅 谢庄 大嘴 铁营		河滩 岗洼 三岗 旧集 陈梅

第二节　教育督导

1986年,县教育部门督导工作主要监督教学计划、教育政策的执行情况。乡镇学校督导工作由乡文教助理负责。

1989年5月,县政府颁发《关于开展对乡(镇)政府教育工作督导评估的意见》文件,县教育局成立督导室。督导室根据全县中小学管理状况,制定盱眙县常规管理督导计划,督导各乡镇是否做到"三增长一优先"(各级财政教育拨款增长高于财政经常性收入增长,按在校学生人数平均的教育费用逐步增长,教师工资和学生人均公用经费逐步增长,新增教育经费优先投向农村)、办学条件是否得到改善、教师队伍建设和教师待遇是否落实、义务教育和扫盲工作是否按规划预期完成责任目标等方面进行督导,形成督导报告,为领导决策提供依据。

1990年初,督导室从教育局机关调备5人为专职督学。9月,县政府批准督导室为副科级事业单位,编制5人,办事机构设在教育局内。县教育督导室组织对全县中小学督导检查,促进中小学贯彻落实常规管理的相关规定。1991年9月,县政府颁发《盱眙县教育督导暂行办法》,全面监督、检查、评估、指导下级教育部门和学校的正常工作,并向县政府和县教育局及上级教育行政部门直接反映情况。

图28-23　江苏省教学督导团领导视察盱眙中学

1994年,县政府选出专职督学5名,从全县乡镇、学校及教育局机关聘任兼职督学30余名。专、兼职督学由县教育行政部门任命,并由县政府颁发督学证。全县形成以专职为主、中年为主、专业结构相对合理的教育督导队伍。

1995~1998年,会同县人事、计划、统计、城建、财政、税务等部门对全县乡镇教育经费投入、教师队伍建设、乱收费、减控流生、教师工资发放等实施情况,以及全县最后一批8个"普九"乡镇的实施进程进行督导检查,基本解决拖欠教师工资、小学学制改革(五改六)、小学生课业负担过重等问题。其间,教育督导组向县政府和县教育局共提出教育教学有关建议、意见160余条。

2000年起,组织专兼职督学和部分教育行政干部,定点包乡,按照"普九"实施标准对办学条件及义务教育阶段的入学率、巩固率、毕业率、升学率等指标逐项进行督查指导。2004年,会同教育局的教育科、教研室、电教中心、勤俭办等科室,抽调兼职督学、教干、骨干教师80余人组成10个督导组,分别对全县22所小学、25所初中进行为期7天的综合督导。

2007年,依照《盱眙县中小学管理规范督导评估细则》,采取专项督查和随机督查、明查与暗访等形式,对中小学执行《盱眙县中小学管理规范》情况进行督导检查。2008年,督查中小学70余所,提高中小学规范管理和办学质量。11月,省督导团抽查县教育局和全县中小学贯彻落实《盱眙县中小学管理规范》情况后,县教育管理工作被评为优秀。

第三节　教学研究

一、“六认真”管理

1990年起，全县实施“认真备课、认真上课、认真做好练习批改、认真进行辅导、认真组织课外活动、认真开展教研活动”的教学管理。

2001年，淮安市在盱眙召开“六认真”现场观摩会议，推广盱眙实施教学“六认真”经验。2005年，县教育局颁发《盱眙县教学管理基本要求、教学“六认真”基本要求的通知》，对课改新形势下的教学管理进行规范和改进，推进全县教学和教研管理工作。2008年，通过“六认真”教育，全县义务教育入学率、巩固率、升学率均实现100%。

图28－24　都梁中学实施“六认真教学”提高学生学习兴趣

二、电化教学

1996年，江苏省化学电教研讨会在盱眙中学召开，全省63所实验校的代表出席会议，对盱眙中学电教工作予以肯定。1997年起，县教育局改进课堂教学方法，教师在学科中逐渐由简单幻灯片投影到运用多媒体教学。2000年，马坝中学、县实验小学和教师进修学校开通OEH教学网，盱眙中学建成计算机校园网。2006～2008年，全县各中学、中心小学、村完小均配备1个以上的多媒体教室和电脑室。在学科教学和教研活动中，全县中小学多媒体得到运用，增强课堂教学的直观性、生动性、趣味性，提高教学效率和效益。

图28－25　盱眙中学运用多媒体教学

三、教改试验

1986年，全县学校教学改革主要实行教材、教学方法改革、教学模式试验推广。1987年起，全县37所初中参加江苏省“初中语文单元合成型教材试验”5轮，参加试验教师60人、教学班53个、学生2650名。

1991年，县教育局加大教改试验和课题改革力度，全县各中心小学参加省教育厅推广的“小学语文情境教学实验”；县实验小学、城南小学、马坝小学、十里营小学参加国家级课题“小学语文自学辅导教学实验”；县实验小学、马坝小学、河桥小学、新街小学参加“现代小学数学教育研究”。

1992年，“初中评议单元合成型教材试验”实验结束。1993～1998年，全县中小学推广“目标教学模式”。县教育科学研究室组织部分教干到山东烟台等地考察学习“目标教学模式”后，组织编写《目标教学资料选》印发全县，到各学校开设目标教学专题讲座和送示范课120余场次。

2000年，县教育局组织教干、部分学校教师前往泰州洋思中学学习。2002年，县教育局下发《关于全面推广洋思模式的实施意见》，指导各中学的推广洋思经验，更新教师的教学观念，改进课堂教学方法。2008年，各学校继续按照实施意见，做好教改工作。

四、课题研究

1990年起,县教育科学研究室以及乡镇学校教育科学研究室相继建立,在教育教学中遇到的问题,经过思考和论证后,申报立项为科研课题进行研究,使其研究更规范化、科学化。至1995年,全县单独承担和参与的国家、省、市、县各级课题26个,为全市重点中学教科研会议提供现场。1998年,县实验小学、马坝中学等先后创建成市教育科研实验基地。

2000~2005年,全县省重点课题立项1个、市重点课题立项9个。2006年,全县申报江苏省教育科学规划课题,被省批准立项6个。

2008年,盱眙县有省教育科学规划课题立项3个,市规划课题、省和市级学会课题、教研课题共77个,其中有2个省重点课题,分别是盱眙中学承担的"教育现代化过程中普通高中学生技术素养培养研究"和马坝高中承担的"促进农村高中学生学习动力系统自我建构的实践研究"。全县中小学校课题研究围绕教育教学工作实际,坚持通过教育科研提高教师素质,突出应用研究、实践研究。至2008年,全县共立项的教育科研课题225项,其中课堂教学模式、方法和策略研究占70%。

图28-26 江苏省重点课题"教育现代化过程中普通高中学生技术素养培养"汇报会在盱眙中学召开

1991~2008年盱眙县承担的省、市部分教育科研重点课题一览表

表28-28

课题名称	级别	承担单位	主持人	立项时间	立项部门	备注
乡镇农科教统筹	市	教育局 十里营乡成教	滕学礼 戴吉标	1991	淮阴市教育局	
"目标·问题·题组"教学实验研究	市	盱眙县教研室	周淮近 陶兆龙	1998	淮阴市教育委员会	
中学语文课堂教学程序设计与教学模式研究	省	盱眙县中学	李加农	1998	江苏省中小学教学研究室	第二期教研课题
"三科三组,分层推进"小学科技活动课程模式研究	省	城南小学	朱家国	2000	江苏省中小学教学研究室	第三期教研课题
农村小学活动类校本课程开发研究	省	盱眙县教委	李文彬	2001	江苏省教育科学规划办	
小学数学探究式课堂教学模式研究	省	盱眙县教研室	王九红	2002	江苏省教育学会	
小学生自主教育模式及途径研究	市	盱眙县实验小学	张　兵	2003	淮安市教育局	
阅读护照:"200读书计划"行动研究	省	城南实验小学	陈东志 邬翠萍	2006	江苏省教育科学规划办	
小学礼仪教育校本课程的开发与实践研究	省	三河实验小学	周　见	2006	江苏省教育学会	
促进农村高中学生学习动力系统自我建构的实践研究	省	马坝高中	陈思宁	2008	省教育科学规划办	

第二十九篇　文　　化

1986年起，盱眙县委、县政府围绕文化兴县、以文化人目标，加强文化产业管理，深化文化体制改革，加大文化设施投入，推进文化事业繁荣。县委宣传部门传播先进文化，文化艺术创作爱好者写出弘扬主旋律的作品逐年增加，创作的散文、诗歌、美术、书法、摄影获奖作品数量从少到多，获奖档次逐年提升。县文化部门开展形式多样、内容丰富的各项文艺活动，成为群众喜闻乐见的文化主体。县文化部门加强文化市场管理，深化音像、娱乐、放映文化事业改革，经营范围从全民事业逐步向个体户发展；打击违法经营，取缔无证经营，推动全县文化市场繁荣昌盛。新华书店改革经营管理体制机制，开展送书进农村、进学校、进工厂和科技书籍进农家等“家家书香”活动，图书发行量逐年增加。县文物部门采取文物考古、发掘、保护三驾马车齐头并进的有效举措，馆藏文物逐年增加。盱眙是革命老区，保护区域逐渐扩大，纪念胜地逐年增加。盱眙报社把握宣传方向，加强版面设计，开设专栏，免费发行。广播事业从有线广播、小喇叭入户、村广播室，发展到无线广播；电视事业从天线电视发展到有线电视，从转播节目到自办节目，从每天播放3个小时发展到全天候播放，电视普及率、群众收视率逐年提高。档案部门充分发挥档案经济、政治作用，推进全县档案事业走上良性发展轨道。县党史工委研究编写党史书籍、烈士资料、战斗故事等教材。地方志办公室完成第一轮《盱眙县志》编纂，开展第二轮《盱眙县志（1986～2008）》编修。自1993年起，每年编纂一本年鉴。2008年，盱眙县被省广播电视局评为有线电视先进县。

第一章　文化创作

第一节　文学艺术创作

一、诗词、散文、小说

1986年，全县诗词、散文、小说创作爱好者属松散型，刊登市级以上报刊及获奖作品很少，只有李文庆、洪德聪、王亦纯等一批诗词爱好者创作的格律诗，发表在《雨花》《江苏文艺》《安徽文艺》、上海的《少年文艺》、北京的《诗刊》。许澍、涂承志短篇小说作品在《淮阴日报》发表。是年春，县文化馆牵头成立“盱眙县玻璃泉诗社”，社长林乃群。发起人林乃群、许澍、陈绍龙、杨绵发、宋树森、汪永平、俞春石等。诗社倡导现代新诗，相互交流，先后在县文化馆三楼大厅和第一山玻璃泉旁举行“第一届玻璃泉诗会”与“中秋赏月诗会”。全县文学诗歌爱好者数百人参加，有祖孙同台、夫妻同台、姐妹同台朗诵自己的诗作。诗社还刻版油印《玻璃泉诗刊》。

1987年，《玻璃泉诗刊》改为铅字排版，进县印刷厂印刷，刊登诗歌爱好者作品60余首。玻璃泉诗社先后在第一山处的工人文化宫礼堂和人民剧场举行“‘元月’同题诗会”和“第二届玻璃泉诗会”，将盱眙的新诗创作及其它文学艺术推向新高潮。全年，县诗词学会会员在市级以上报刊发表诗词30余首。1989年，县诗词学会创办季刊《都梁诗词》，刊登诗词1000余首。

图29－1　1987年7月，玻璃泉诗社在县文化馆举行“第一届玻璃泉诗会”。图为理事会人员合影。

1990年起，马培文散文《开满鲜花的月夜》获江苏省恢复高考征文一等奖，是全县第一篇获奖散文。1993年，县文化局在全县组织开展五星工程（音乐、舞蹈、美术、曲艺、文学）创作评比活动，制定创作、评选、奖励办法，推进诗词、散文、小说创作走进繁荣。县诗词学会编印《都梁诗讯》，共刊登诗词600余篇。编印清末秀才《姚挹之先生诗稿》，共收集诗稿731首。县老年大学编印《晚芳集》，收录74位学员诗词397首。陈绍龙、马季风、杨绵发等15名作者创作的现代诗，相继在《淮安日报》《经济日报》《星星诗刊》《新华日报》等8种报刊发表120余篇。是年，成立大湖文学沙龙，开始散文研究创作，陈绍龙、杨绵发、马季风、马培文、夏维新、马春葆、张佐香等30余名作者创作200余篇散文，分别在《雨花》《散文》等20多种报刊上发表，叶洪军被《演讲与口才》杂志评为1996年度优秀撰稿人。马季风、叶洪军、宋树森、陈绍龙、葛天成等10余名作者创作短篇小说30余篇，分别在《中国教育报》《大众日报》《中国建材报》等报刊发表。

1996年，全县诗词、散文、小说作品获国家级奖4篇，超历史纪录。1997～2000年，以盱眙解放50周年巨变为题材，创作诗词、散文、小说，刊登在市级以上报刊450余篇，其中散文150余篇、小说100余篇。陈绍龙创作的现代诗《走进春天》《走进夏天》《走进秋天》分别在《雨花》发表，夏维新创作散文分别在《河南日报》《散文》《美文》等报刊发表10余篇，宋树森、高云鹤、孙新民等创作的短小说在《中国教育报》《检察日报》《江苏工人报》等报刊发表50余篇，刘超创作的短小说分别在《短篇小说》《小小说月刊》发表10余篇。期间，全县诗词、散文、小说作品获国家级奖4篇。杨绵发发表在《北方文学》和《中华散文》的散文，被黑龙江电视台拍摄成电视散文后，在黑龙江电视台、中央电视台、江苏电视台等台多次播出。

2001年，县教育局、县诗词学会联合举办首届全县中小学生"诗教杯"格律诗词有奖竞赛，获奖作品100余篇。全县散文、小说创作爱好者向编辑出版文集发展，在报刊发表和获国家级奖的作品有所回落。2005年"盱眙县作家协会"在县民政局注册，经县委宣传部批准于4月9日正式成立。选举马培文为名誉主席，杨绵发为主席，陈绍龙、叶洪军、韩开春、毛仕林、陈恒生、汪永平为副主席。全年，县作家协会编发《都梁文学》杂志，刊发散文、小说30余篇。县诗词学会落实县委《关于开展诗教活动创建全国"诗词之乡"的意见》，会员在县以上报刊发表格律诗150余篇；举办全县中小学生第二届"诗教杯"格律诗词竞赛，盱眙县被中华诗词学会授予"全国诗词之乡"称号。

至2008年，县作协会员中涌现出韩开春、张佐香、高玉飞、刘长虹、张芳芳、昌小娟等一批优秀散文创作新作者，他们诸多优秀散文作品在全国各地报刊发表并获奖，并有多位作者加入省作协会员。县教育局、县诗词学会编印《盱眙校园诗选》3本，刊登诗词约900余首；《都梁诗讯》出版79期，刊登诗词23700首，市级以上报刊共发表诗词作品800余首。县作家协会编发《都梁》文学杂志8期，刊登散文、小说180余篇。在市级以上报刊发表散文1200余篇、小说400余篇。获国家级诗词奖5篇、散文9篇、短小说2篇。

1990～2008年盱眙县部分诗词、散文、小说作品获省级以上奖项一览表

表29－1

年份	作　者	体裁	文章名称	报刊刊登及获奖
1990	马培文	散文	《开满鲜花的月夜》	江苏省恢复高考征文一等奖
1991	马培文	散文	《悠悠稿纸情》	江苏省改革开放十周年征文一等奖
1993	陈绍龙	诗	《容谚》	全国青年新诗大奖赛二等奖
	马季风	诗	《新居》	中国青年报诗赛二等奖
1994	吴　坤	短小说	《找新娘》	全国首届水利艺术节文学作品赛优秀奖
	马季风	诗	《我在乡下教书》	《星星诗刊》诗歌大奖赛校园诗苑奖第二名
1995	陈绍龙	诗	《小诗四首》	《星星诗刊》"星星杯"全国诗赛二等奖
1996	杨绵发	散文	《红鸟与蓝姐》	湖南省文联"环保杯"全国征文二等奖
	叶洪军	散文	《回忆》	《中国青年报》"飞鹤杯"征文鼓励奖
	夏维新	散文	《我家那条老黄牛》	全国散文大赛二等奖、获散文学会绿色散文一等奖
	马季风	诗	《高挂红灯的人》和《红柳》	《诗刊》全国"天雄杯"诗赛二等奖
1997	陈士宏	短小说	《闹新房》	《人民日报》全国短小说创作二等奖
1998	马培文	散文	《青山作证》	全国散文大赛二等奖
2000	夏维新	散文	《在那桃花盛开的地方》	全国散文大赛二等奖
			《难忘的杉木林》	全国散文大赛三等奖
2008	马培文	散文	《悠悠公路情》	全国交通征文一等奖
			《祖国在高速飞驰》	全国交通征文二等奖

二、戏剧、音乐、歌曲、舞蹈

1986年，县文化馆山风音乐社陈恒生琴书《双熊案》，获市曲艺调演一等奖。县文教局代表队配乐诗朗诵《当一根红烛快要熄灭的时候》获市教育局组织全市教育系统“红烛颂”文艺汇演二等奖。1987年，盱中老师周本勤组织音乐、舞蹈爱好者50多人，学习音乐和舞蹈艺术。

图29－2　话剧雪中送炭等剧照

1990～1992年，县文化局组织戏剧、音乐、歌曲、舞蹈爱好者共参加市调演、汇演大赛6次；县文化馆共创作、编排歌曲、舞蹈19项(首)，其中民族舞蹈《插秧》，入选市歌舞调演。王爱国、陈恒生、陈琳、叶兆风等共创作曲艺、歌曲20余项(首)。周本勤通过体验渔民生活后，创作《网口号子》《起网号子》《倒网号子》，刊登在《中国渔歌》杂志，创作的《立鹤之歌》歌曲入选江苏工会征歌活动。

1993年，修铁钢创作全县第一部2集电视剧《石山情》，天津电视台与江苏省文化厅联合摄制，先后在中央电视台和天津、江苏、新疆等30多家省、市电视台播放。1994～1996年，县文化局在全县相继组织开展“五星工程”(音乐、舞蹈、美术、曲艺、文学)创作评比活动，制定创作、评选、奖励办法。期间，县卫生局、县水利局、县城南小学、申旭光、杨金生等创作歌曲、舞蹈共30余项(首)，参加省、市文艺调演8次；周本勤以清代汪云任《秋舫吟》4首诗为基础，创作一首《秋舫吟》歌曲。全县共获市级以上曲艺奖14次。

图29－3　舞蹈《青花瓷》

2001～2007年，文艺爱好者创作戏剧、歌曲、舞蹈、小品共26项(首)，参加市调演活动。文化馆组织创作太子巡游表演、宫女表演、武士表演等节目，龙虾节期间在明祖陵及城区演出。张其萍、杨晓峰、叶洪军、孟庆云等创作歌曲《革命圣地黄花塘》《盱眙，我心灵的家园》等歌曲12首，在全县传唱。县电视台共创作《辉煌在奋进中诞生》《魅力盱眙》等10部电视连续剧，全市排名第二。县文化馆组织创作《山城的歌》等4部电视剧，县电视台拍摄并播放。

图29－4　2008年12月，盱眙中学艺术节上学生演奏小提琴。

2008年，以宋树森撰写的中学生冼梦雪先进事迹为原型，创作的电影剧本《冬日阳光》，由南京电影制片厂拍摄。至年底，全县创作舞蹈作品50余项，创作电视剧本21部，其中全县创作歌曲、表演唱、快板书、黄梅戏、小品、话剧300余项(首)。连续9年举办中国龙虾节，创作盱眙风情歌曲《登高望远》《开心龙虾节》《淮河美》《万岁，明祖陵遐想》《铁山寺之恋》《火红的歌》《黄淮千古恋》，方言说唱《龙虾节赋》、京剧联唱《第一山怀古》《盱眙是个好地方》。戏剧、音乐、歌曲、舞蹈作品分别获市及市级以上奖34项(首)。

1986～2008年盱眙县部分戏剧、音乐、歌曲、舞蹈作品获市级以上奖项一览表

表29－2

年份	作　　者	体裁	剧目名称	获奖情况
1986	陈恒生	琴书	《双熊案》	淮阴市曲艺调演一等奖
	县文教局	诗朗诵	《当一根红烛快要熄灭的时候》	淮阴市教育局曲艺汇演二等奖
1990	县文化馆、县医院	歌舞剧	《白衣颂歌》	淮阴市汇演获一等奖
1991	叶兆风	表演唱	《铁牛新风》	淮阴市群众调演二等奖
	陈恒生	山东快书	《夜归》	淮阴市文艺汇演一等奖。
1993	盱眙中学	黄梅戏	《鹊桥》	江苏省中小学生戏剧调演一等奖
	王爱国	表演唱	《送红包》	江苏省群众调演二等奖
1994	周本勤、陈　琳、申旭光	歌曲	《洪泽湖情歌》 《请到洪泽湖畔来》	洪泽湖赛歌会创作二等奖
	申旭光、杨金生	歌曲	《老大的歌》	淮阴市文化创作三等奖
	周本勤	歌曲	《天明厂厂歌》	淮阴市文艺汇演二等奖
	县卫生局	舞蹈	《红绸舞》	淮阴市民歌、民舞、民乐大赛一等奖
	城南小学	舞蹈	《山里妹子进城来》	淮阴市民歌、民舞、民乐大赛二等奖
1995	周本勤	歌曲	《秋舫吟》	淮阴市歌舞比赛一等奖
	县文化局	舞蹈	《水冲港》	淮阴市歌舞比赛一等奖
1996	陈恒生	小品	《关公与小鬼》	国家“百优小品大赛”优秀奖
	县卫生局、县水利局	歌曲	《喜奔小康庆丰年》	淮阴市委宣传部举办“小康之歌”文艺调演一等奖、优秀创作奖、优秀辅导奖
		舞蹈	《牵着龙王鼻子走》	
1997	陈恒生　周本勤	歌曲	《水冲港之歌》	淮阴市歌舞比赛一等奖
	陈恒生	黄梅戏	《铁山寺传奇》	江苏省第三届小品、曲艺大赛三等奖
		戏剧	《范进中举》	江苏省教委调演一等奖
1998	刘　平、葛　云、夏振云、周本勤	小品	《红包》	江苏省第三届小品、曲艺大赛三等奖
2001	县文化局	歌舞	《红旗颂》	淮阴市文化局文艺调演一等奖
2004	县文化局	小品	《县长卖瓜》	淮安市纪律“廉政之光”文艺调演一等奖
		舞蹈	《又见孔繁森》	淮安市纪律“廉政之光”文艺调演一等奖
		小品	《生日》	淮安市纪律“廉政之光”文艺调演三等奖
2005	县文化局	小品	《县长卖瓜》	淮安市电视小品大赛一等奖
	县文化局	舞蹈	《花鼓伞》	淮安市农村文艺调演二等奖
			《节庆宝贝》	淮安市农村文艺调演三等奖
2007	县文化馆	舞蹈	《惜别》	淮安市文艺调演一等奖
	吴　坤	话剧	《雪中送炭》	淮安市建军80周年汇演一等奖
	县文化局	舞蹈	《惜别》	淮安市文艺调演二等奖、演出三等奖和组织奖
2008	陈恒生	小品	《画竹》	江苏省小品小戏大赛银奖
	文化馆	舞蹈	《惜别》	淮安市文艺调演一等奖

说明：所缺年份，均未获市级以上奖。

三、美术、书法、摄影

1986年,县文化馆组织全县书画爱好者,创作40余幅作品参加省、市展览。其中,汪玉龙创作的国画《新疆老人》获淮阴市美术作品展一等奖,江苏省群文干部美术、书法、摄影展铜牌奖。1987年,县文化馆汪玉龙创作的国画《黄山放晴》入选首届“黄山电视杯”全国书画大赛,朱秀承创作的行书《兰亭序》《米芾李樽瑞吟盱眙诗》分别刊登在《青少年书法》杂志第4期和第10期。县文化馆开办美术培训班,有100余名美术爱好者报名学习。县文化馆特邀淮阴市师范学院教授姜华、孙宝林来盱举办书法、美术辅导与讲座,有80余名书法、美术爱好者参加学习。

图29-5 汪玉龙创作的国画《惠安女》入选江苏省第二届群文干部美术、书法、摄影展,获铜奖。

1988年,盱眙县美术协会、盱眙县书法协会成立,夏俊山任美协主席、张寿山任书协主席。县美术协会邀请盱眙籍画家胡一龙来盱举办“胡一龙画展”,展出国画作品80件,展览期间还进行书画笔会交流。县美术协会组织会员创作30余件美术作品,参加中国美协主办的“荆浩杯”中国画双年展和首届“永乐宫”中国画展。江苏省盱眙县书协、美协与江苏省泗洪县、安徽泗县书画协会联合举办首届“古泗州”三县书画联展,展出书画作品120幅。县书法协会举办首届“金谷园杯”硬笔书法大赛收到参赛作品400余件。朱秀承创作的硬笔书法参加全国第四届钢笔书法大赛及淮阴市首届硬笔书法大赛,均获优秀奖。1989年,县美术协会举办“五·一”美术作品展。县美协、书协邀请南京师范学院朱敦俭、章文喜、周玉峰教授来盱进行书画学术讲座及辅导。周家鸿创作的行书、隶书分别入展建国40周年“笔悟杯”书法邀请赛(优秀奖)及炎黄子孙书画大奖赛。

1990年,县美协组织会员创作国画、油画、木雕等作品60余幅参加省市美展。赵德霖创作的木雕《苗寨》,汪玉龙创作的风筝《蝴蝶》、花灯《狮子》入展江苏省首届民间艺术品博览会。汪玉龙国画《惠安女》入选江苏省第二届群文干部美术、书法、摄影展,获铜奖。县书法协会、美术协会联合举办都梁书画展。县书协举办青少年书法大赛。县书协会员韩旭、周伟、张冬来、张幼兰、朱秀承、朱红祥、肖真求、张智勇、王孝鲤等创作的书法作品分别参加省市书法展,其中张智勇、肖真求创作的篆刻作品入展淮阴市“五金杯”书法展和《纪念毛泽东诞辰100周年》书画展。吴坤摄影作品《夕照归舟》《暮归》入选《中国当代摄影家作品鉴赏》画册,另有10余幅作品入选淮阴市举办的展览。

1991年,县美协赵孝林、夏俊山、李宏健、汪玉龙、赵德霖、杜愚、许亚平等创作的国画、油画、水粉画、木雕等50余幅作品参加省市画展。汪玉龙创作的国画《夜巡》、赵德霖创作的版画《鱼水情》入选江苏省抗洪救灾画展;汪玉龙国画《少女》、赵德霖木雕《西游记》入展第一届淮阴·日本艺术作品展;汪玉龙国画《拾金秋》入选庆祝中国共产党成立70周年——江苏省中国画山水、人物画展。

1992年,汪玉龙国画《雾中行》入选江苏省第三届群文干部美术、书法、摄影展。县文化馆与县美协、书协、摄协联合举办爱我盱眙——美术书法摄影展,展出作品130幅。周家鸿书法作品入展第二届“兴华杯”书法大赛(三等奖)、“希望杯”全国硬笔书法大赛(佳作奖)。县摄影协会组织会员吴坤、朱少成、吕剑、赵振海、谢元安等创作的80余件作品参加市以上展览。1993年,汪玉龙被江苏省美术家协会吸收为江苏省美协会员,成为盱眙县第一个省美协会员。周家鸿书法作品入展“彭祖杯”全国青少年书法篆刻大赛,获佳作奖。

1994～1996年,县文化局在全县组织开展“五星工程奖”(美术、书法、摄影、音乐、舞蹈、曲艺、文学)创作评比活动,制定评比奖励办法,推动全县美术书法摄影等创作的快速发展,县美术协会评选出60余幅作品

图 29－6　2008 年 12 月，由盱眙县人民政府主办，县美协、书协承办的“盱眙改革开放三十周年书法美术展”在县商贸中心盱眙县美术馆举办。

参加省市展览。周伟书法、赵德霖板画《苗寨》、汪玉龙国画《雨润青山景更秀》入选江苏省首届业余美术、书法、摄影展。县美协举办南京女画家余宗香画展、苏州画家胡一龙画展。县书协周伟、骆春华、朱秀承、王孝鲤、张智勇、徐鹤、韩旭等创作的书法作品分别参加省市展览，县文化局组织评选出 50 件摄影作品送市参展，有 10 件作品被市委宣传部授予“五星工程奖”。周家鸿创的行书、楷书作品分别入展中国“孟良崮杯”首届书画篆刻邀请展（佳作奖）、中原杯国际书画大奖赛（获优秀奖）；吴坤、周海军、吕剑等摄影作品 106 件，分别在《中国水利报》《新华日报》等 29 种报刊刊登，其中有 7 件作品获市以上奖。

1997～2000 年，由中共盱眙县委宣传部主办，县美协、书协、摄协承办的庆祝盱眙解放 50 周年美术书法摄影展在县新华书店展厅展出，展出书画、摄影作品 130 幅；县政协、县文化馆、县美协、书协共同举办有安徽省天长市、明光市、五河县、固镇县、来安县、泗县以及江苏省宿迁市、盱眙县、泗洪县、金湖县、洪泽县、泗阳县参加的“古泗州”十二县市书画交流展，展出作品 260 幅，首展开幕式在盱眙县文化馆举行，之后又分别到十一市县进行巡回展出。由县纪委主办，县美协、书协承办的盱眙县反腐倡廉书画展在县文化馆举行，共展出书画作品 100 幅。徐鹤、王孝鲤、汪玉龙、韩旭等 32 幅作品被选送到淮阴市参加淮阴市反腐倡廉书画、摄影展。其中，汪玉龙国画《人间正气》获市展一等奖，并入选江苏省反腐倡廉书画、摄影展；徐鹤行书获市展二等奖，韩旭草书、王孝鲤隶书市展获三等奖。县书协选送书法作品 40 余幅参加省市书展。县摄影协会组织 17 幅作品参加市级以上展览，有 4 幅作品获市级奖。其中吕剑 6 幅作品参加中国记协举办的“新郑杯”江苏农业开发十周年摄影展、吴坤作品《喜驴接亲》入选中韩联合举办的优秀摄影展。

2001 年，汪玉龙创作的国画《坚定的信念》入选“江山多娇”——淮安市庆祝中国共产党成立 80 周年美术、书法、摄影展。周家鸿书法作品入展淮安市第二届新人新作展。

2002～2006 年，由第二届中国龙虾节组委会主办，县美协、书协承办的“翰墨情缘”——八人书画展，在县苏果超市盱眙县美术馆展出。展出张幼兰、夏俊山、汪玉龙、韩旭、周伟、张爱萍、谭勇、骈建书画作品 80 幅。县美术协会汪玉龙创作的国画《情系高原》、张爱萍书法小楷，入选纪念中国红十字会成立 100 周年江苏省著名书画家捐赠作品展览；汪玉龙国画《夜泊枫桥》入选淮海情缘——苏北五市画院作品联展；县教育局在庆祝教师节期间，举办全县师生书画展，展出作品 100 多幅。杜愚、刘超、吴坤等 11 幅书画、摄影作品相继在《中国书画报》等 9 种报刊上刊登。县书协举办全县书法大赛，评选出 20 幅作品参加省市展览。其中，朱秀承、周家鸿书法作品入选江苏省第五届新人新作书法篆刻展，周家鸿、周超、朱秀承书法作品入选国家绿化委员会主办的共

图 29－7　国庆书画展

建绿色家园全国书画大赛,朱秀承楷书《米芾五塔诗归云》刊登于《书法导报》第47期,朱秀承书法作品入展“关注森林、绿我中华”全国书画大赛。县文化局组织县美协、书协在县苏果超市举办盱眙县美术书法作品展,展出书画作品80余件。县美协、书协、摄协配合第六届中国龙虾节组委会,组织举办书画、摄影展,展出书画、摄影作品100幅。周海军举办《梦痕》个人摄影展,展出摄影作品60余幅;2006年5月,经县文联批准,盱眙县美术协会召开第二届理事会,经全体理事一致同意,选举汪玉龙为新一届盱眙县美术家协会主席。

2007~2008年,县文化馆、县美协、书协联合举办纪念周恩来诞辰110周年书画、摄影作品展,展出作品100幅。县书法家协会举办中国龙虾节八人书法展,沈士清书法作品入展江苏省第七届书法新人新作展,吴显华书法作品入展全国第二届书法册页展,朱秀承书法入展淮安市改革开放30年书法美术展,周家鸿书法作品入选“赣粤高速杯”全国书画展及“原山杯”书画大赛,杜愚国画《夏山叠翠图》入选全国徐悲鸿中国画作品展,高习娟《夕阳之歌》、许亚平《竹林深处》入选全国中国画作品展,县摄影协会举办我眼中的小康盱眙摄影大赛,选出50幅作品参加省市摄影展。县美术家协会、书法家协会邀请安徽淮北书画家韩文秋、王朝玉、杨顺高到盱举办三人书画作品展,展出作品60幅。

1986~2008年盱眙县部分美术、书法、摄影作品获市级以上奖项一览表

表29-3

年份	作　者	体裁	作品名称	获奖情况
1986	汪玉龙	国画	《新疆老人》	淮阴市美术作品展一等奖,省群文干部美术、书法、摄影展铜奖
1990	汪玉龙	美术	《喀什小街》《鱼姑》	淮阴市书法、美术技能竞赛二等奖
1990	汪玉龙	国画	《惠安女》	江苏省人物画展铜奖
1991	卢　非	摄影	《被困得救》《灾后开学第一天》	江苏省摄影优秀奖
1991	卢　非	摄影	《十天建成千间屋》	中国抗洪救灾摄影纪实展优秀奖
1992	卢　非	摄影	《江苏第一所希望小学开学》	江苏省摄影银奖
1992	卢　非	摄影	《公路在延伸》	《人民日报》海外版优秀奖
1993	周　伟	汉简书法		五台山全国书画大赛优秀奖
1993	常　坚	楷书		济南市老干部书画展一等奖
1993	张智勇	行书		安徽省纪念毛泽东诞辰一百周年硬笔书画大赛优秀奖
1993	张智勇	篆刻		淮阴市“五金杯”和纪念毛泽东诞辰一百周年书画展一等奖
1993	陈　伟	行书		中国艺术节书法大赛优秀奖
1993	张幼兰	小楷		海内外“金鹅杯”大奖赛铜鹅奖
1993	费怡仁	行书		江苏首届中国书画研讨会精品奖
1993	吴　坤	摄影	《街头宣传水法》	《中国水利报》举办的“海河杯”全国摄影比赛三等奖
1993	卢　非	摄影	《激情之中敬个礼》	《新华日报》一等奖
1993	卢　非	摄影	好酒出在僻乡间	《新华日报》优秀奖
1994	卢　非	摄影	《大污染》	《中国摄影报》优秀奖
1995	吴　坤	摄影	《清障任务下达后》	国家防汛办公室举办的防汛抗洪新闻摄影比赛三等奖
1995	吴　坤	摄影	《抽水保秧》	《中国水利报》“抗旱杯”新闻摄影比赛三等奖

续表 29－3

年份	作　者	体裁	作品名称	获奖情况
1996	汪玉龙	国画	《果香溢巴扎》	淮阴市群文干部美术书法摄影展二等奖
	赵孝林	水墨画	《苍海观鹰》	淮阴市群文干部美术书法摄影展二等奖
	周　伟	隶书		淮阴市群文干部美术书法摄影展一等奖
	骆春华	行书		海内外书画大赛银奖
	肖真求	篆刻	《盱眙》	淮阴市“五星工程奖”
	吴　坤	摄影	《步步高》	《人民日报·大地》摄影展三等奖
		摄影	《抗洪抢险》	《中国水利报》二等奖
		摄影	《清淤施工》	《中国水利报》三等奖
	卢　非	摄影	《盱眙发现侵华日军屠城血证》	全国新闻摄影金奖
		摄影	《绿水青山不是梦》	淮阴市首届“五星工程”奖
1997	汪玉龙	国画	《葡萄熟了》	淮阴市美术作品展二等奖
	吕　剑	摄影	《创新》	国家财政部新闻摄影比赛二等奖
		摄影	《这水真甜》	国家财政部新闻摄影比赛三等奖
1998	卢　非	摄影	《元旦零点:淮河复清流》	《中国摄影报》优秀奖
1999	杜　愚	水墨画	《秋雨回音》	国家文化部艺术人才中心、人民画报社举办的世界华人艺术人才奖
	汪玉龙	国画	《人间正气》	淮阴市反腐倡廉书画摄影展一等奖
	徐　鹤	行书		淮阴市反腐倡廉书画摄影展二等奖
	韩　旭	行书		淮阴市反腐倡廉书画摄影展三等奖
2000	周海军	摄影	《百岁老人光荣入党》	《人民日报》(海外版)举办的“中国之窗”新闻摄影大赛一等奖
2002	王孝鲤	行草		全国首届“黄河杯”当代诗书画篆刻大奖赛兰亭书法金奖
		楷书		全国“康宁杯”“梦圆世界杯”银奖
2004	韩　旭	书法		江苏省人民政府举办的南京书法传媒三年展“林散之奖”优秀奖
2005	文化馆选送	美术	《栋梁》	江苏省少儿书画大赛银奖
		美术	《我崇拜的人》	江苏省少儿书画大赛优胜奖
2006	杜　愚	国画	《都梁幽居》	江苏省第三届山水画展获优秀奖
		绘画	《天泉和韵》	淮安市企业职工迎国庆书画展三等奖
		绘画	《第一山怀古》	淮安市企业职工迎国庆书画展二等奖
	骈　建	水粉画	《心迹》	江苏省首届新人新作优秀奖
	葛炯善	国画	《第一山览胜》	淮安市 20 景书画展优秀奖
2007	蔡永兴	书法		中国第二届“嵩阳杯”书画大赛文化进步奖
2008	杜　愚	美术		淮安市重点文艺作品二等奖
		山水画	《春日乍起》《翠岭深处有人家》	中国美协举办的全国画展优秀奖
	王　坤	山水画	《雨润青山润无声》	中国美协颁发的百佳奖
	吴显华	书法	《古诗摘抄》	江苏省第十届“五星工程奖”铜奖

附:音乐作品选登

革命圣地黄花塘

（女声独唱）

杨晓峰 词
李红立 曲

1=A $\frac{2}{4}$

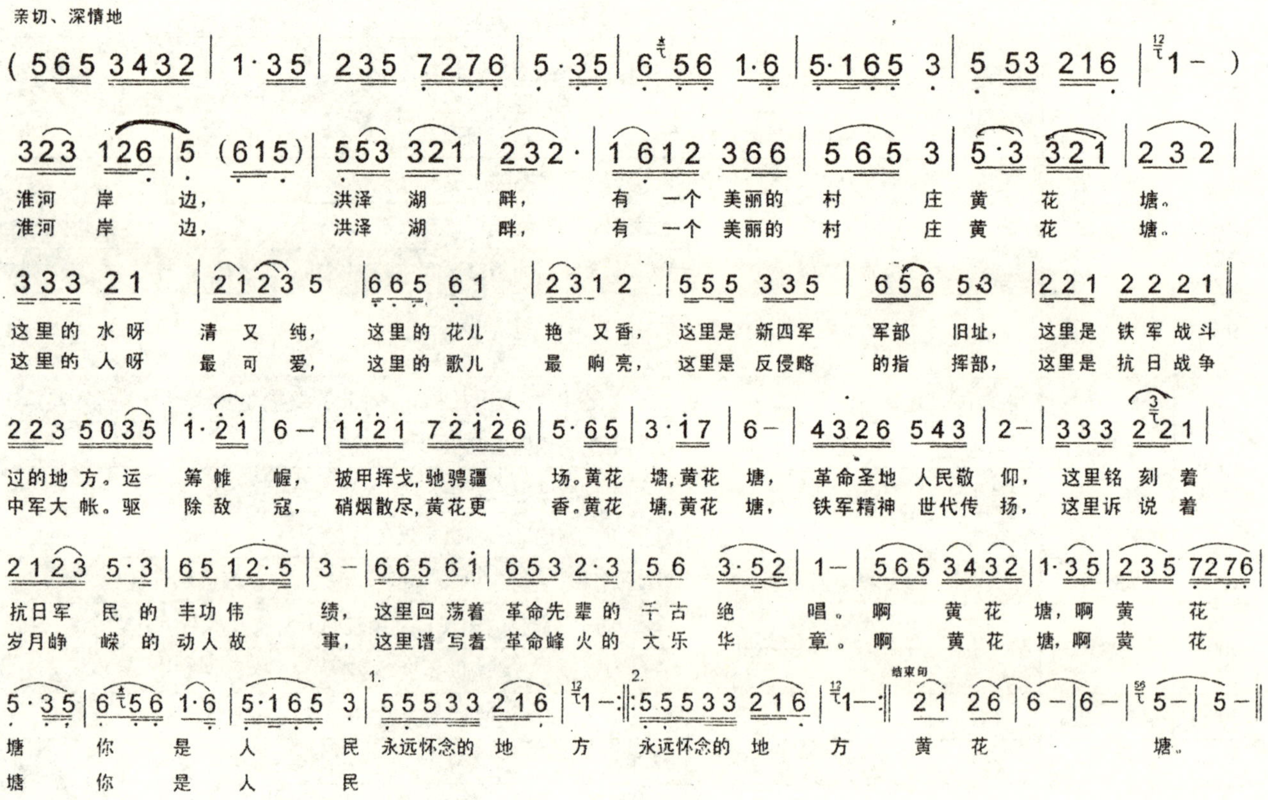

第二节　图书出版

1993年,盱眙县文学爱好者开始编辑出版散文集、诗词集、长篇小说、纪实文学集。全年共出版文集9本。1998~2002年,社会转型,分化纯文学队伍,盱眙出版文学集滑坡。

2003年,县委宣传部多次召开文学爱好者座谈会,聘请专家现场讲解出版文集规范化、大众化的重要性,要求文学爱好者深入基层、深入农村、深入学校、深入机关,写出盱眙改革开放取得的成果和新人新事。全县文学爱好者出版文集6本。

至2008年,全县出版史志15本、散文集15本、纪实文学集10本、诗词集5本、小说7本、论文集6本、工具书4本、回忆录1本、画册1本、游记1本,共出版图书59本,其中马培文出版散文集6本。

1993～2008年盱眙县部分出版图书一览表

表29－4

年份	作　　者	体裁	图书名称	出版社	字数（万字）
1993	县志办	史志	《盱眙县志》	江苏科学技术出版社	140
	党史委	纪实	《新四军军部在黄花塘》	江苏人民出版社	75
	周　平	纪实	《古今用人要诀》	河海大学出版社	34.3
	张茂龙	小说	《黑土》	江苏文艺出版社	40
	张太宁、高伟森、王支权、侍步会、夏立、杨旭	论文	《理想·国情·追求》	江苏人民出版社	10
	戚金苗、张太宁、夏立	纪实	《入党积极分子之友》	江苏人民出版社	25
	夏广溥	教学工具书	《新编中学汉语知识例说》	南京大学出版社	27
	韦永华	教学工具书	《小学生写好作文》	广西民族出版社	13
	王亦纯	诗集	《散绮集》	大连理工大学出版社	300首
	陈绍龙	诗集	《失眠的星空》	山东艺云出版社	12
1994	县志办	史志	《盱眙年鉴》	河海大学出版社	58
	张茂龙	小说	《梦醒时分》	天津社会科学院出版社	18
	马培福、林纯泉	教学工具书	《学生自觉指津·数学篇》	广州出版社	18
	王德江	教学工具书	《初中引写教程》	天津社会科学院出版社	24
1995	县志办	史志	《盱眙年鉴》	河海大学出版社	58
	卢　非	纪实	《绿水青山不是梦——写在94淮河大污染之日》	江苏人民出版社	13
1996	县志办	史志	《盱眙年鉴》	河海大学出版社	70
	张茂龙	小说	《为官一任》	作家出版社	28
1997	县志办	史志	《盱眙年鉴》	河海大学出版社	65.8
	县委宣传部	纪实	《大山的脊梁》	江苏人民出版社	13
1998	县志办	史志	《盱眙年鉴》	河海大学出版社	56
1999	杨绵发	诗集	《季节的梦幻》	东方出版社	16
		文学故事集	《走入狼群》	晨风出版社	12
	县志办	史志	《盱眙年鉴》	河海大学出版社	56
2000	洪德聪	纪实	《休闲文集》	银河出版社	27.3
2001	县国土局	史志	《盱眙县土地志》	河海大学出版社	15
2002	马培文	散文集	《燃烧的晚霞》	中国文联出版社出版	18
	胡仁生	论文	美术《冷视》	中国文联出版社	20

续表 29-4

年份	作　者	体裁	图书名称	出版社	字数（万字）
2003	县志办	史志	《盱眙年鉴》	人民日报出版社	42
	县邮政局	史志	《盱眙邮电志》	方志出版社	20
	马培文	散文集	《闪光的绿野》	古都民众出版社	26
	刘华昌	纪实	《盱眙龙虾》	人民日报出版社	10
	江苏作家协会、龙虾节组委会	画册	《盱眙·中国龙虾》	人民日报出版社	100 幅
	高传恩创作、张茂龙主编	诗歌	《歌唱祖国》	人民日报出版社	10
2004	县志办	史志	《盱眙年鉴》	人民日报出版社	40
	县旅游局	游记	《畅游盱眙》	中国文联出版社	7
	马培文	散文集	《浏览都梁》	中国文联出版社	30
	夏维新	散文集	《碧绿的浪花》	北京图书出版社	19
2005	县志办	史志	《盱眙年鉴》	人民日报出版社	42.7
	王友富	论文集	《不论先干——一个县委书记的实践与思考》	人民日报出版社	42
	孙道正	纪实	《人生启示语丝录》	中国文联出版社	10
	盱眙龙虾协会主办、许昌银主编	画册	《聚焦中国龙虾节》	黑龙江人民出版社	300 幅
	张茂龙	纪实	《红色风暴——走进盱眙·中国龙虾节》	人民日报出版社	30
	马培文	散文集	《闪光的绿野》	古都出版社	25
2006	县志办	史志	《盱眙年鉴》	人民日报出版社	42.2
	县委宣传部、县诗词学会	诗集	《古今咏盱眙诗词选》	中国文联出版社	650 首
	马培文	散文集	《情窗亮雨》	中国文联出版社	
2007	县志办	史志	《盱眙年鉴》	中国文史出版社	4602
	刘　超	小说	《猎狼 1966》	河南文艺出版社	17.5
	夏维新	散文集	《遥夜的暖流》	北京图书出版社	25
2008	县志办	史志	《盱眙年鉴》	方志出版社	56.8
	毛仕林	诗集	《乡村叶子》	中国出版社	20
	郑茂松、王爱勤、鲁庚中	论文	《凹凸棒石黏土应用研究》	化学工业出版社	47
	梁宗林、孙　骥、陈士海	论文	《淡水小龙虾健康养殖应用技术》	海洋出版社	10.8
	丁立高、宋晓玉	纪实	《天路雄鹰》	人民日报出版社	20
	马培文	散文集	《秋水烛光》	内蒙古人民出版社	30
	熊殿忠	小说	《爱与你同行》	山东出版社	25
	涂承志	长篇小说	《俾德丽采的婚礼》	人民日报出版社	23
			《津要云路》	人民日报出版社	20

第三节　群众文艺

1986年春节，县委宣传部、县文化局组织民间文艺调演，12个乡镇1550名演员演出民间传统的花船、花灯、踩高跷、杂技等文艺节目，演出310场次，观众16万人次。盱城老艺人宋振武创办都梁京剧社，在城区演出京剧选段20余场次。古城乡农民自发组织五老汉演出队，兴隆乡农民自发组织家庭演出队，参加县举办的文艺调演10余场次。

1990年，酷爱黄梅戏的盱城刘学忠夫妻，购置各类乐器和音响设备，与其3个女儿和婆家兄弟姐妹组成家庭演出队，走进城区、社区、街道、农村，免费演出小戏、小品、独唱、对唱等文艺节目。1991年7月，纪念中国共产党建党70周年期间，县委、县政府在影剧院举行县直机关歌咏比赛，50多个单位参赛，其中10个单位分别获一、二、三等奖。

图29－8　春节期间县文化局组织群众文艺演出

1993年，全县相继举办庆祝元旦联欢晚会、庆祝"五一"国际劳动节文艺汇演、纪念毛泽东诞辰一百周年歌咏表演，共有100多个单位200多人参加演出，观众3万人次。1994年9月，县委宣传部、县文化局、县民政局、县总工会联合在县影剧院举办文艺晚会，慰问在抗旱、抗淮河水污染工作中做出贡献的部队官兵。晚会中，县交通、教育、粮食、卫生等8个系统代表队表演《拥军花鼓》《水中情》等24个节目，83402部队、83480部队、驻盱眙部队官兵及群众1400余人观看演出。全年举办联欢、展览、比赛、街头表演等文化娱乐活动100多场次。盱眙县被市文化局评为群众文化先进县。

1995年5月，县委宣传部、文化局举办"嘉喜杯"抓"三富"（富民、富乡、富县）奔小康文艺调演，30个乡镇组建民间文艺代表队，演出"两专一基"（专业大户、专业村和专业基地）为主题的文艺节目280多个，盱城镇、旧铺镇代表队分别获县直组和乡镇组表演一等奖。盱城都梁京剧社成员发展到30多人，在全县城乡和南京、徐州、合肥等地免费演出350多场，观众4.6万人次。"五四"青年节期间，县委宣传部、团县委、县文化局主办，江苏第一泉酒厂赞助，在县影剧院举行"第一泉杯"庆"五四"爱国主义文艺汇演，15个代表队演出歌舞、相声、小品、黄梅戏等节目。

1998年，盱眙县解放50周年之际，县委宣传部、文化局、广电局联合举办辉煌五十年大型文艺晚会，县业余团队演出节目20余个，观众5000人次。10月，县总工会举办国庆职工卡拉OK演唱赛，1000多名职工参加比赛。1999年，县文化局组织"庆澳门回归·迎接新世纪"广场民间文艺调演20场次。

2001年，县委宣传部组织开展送戏、送电影、送文化下乡活动180次，举办大型文艺晚会2场，举办群众文艺演出50场。县文化局组织创作大型古装戏《乾隆皇帝下江南》，在城区巡演30多场次。2003年，县委宣传部组织开展太子祭陵、杉树林里听乡音、民俗风情表演及广场演出56场。县文化局组织民间文艺团体进社区演出12场次。

2006年7月,县文化局组织乡镇民间文艺团体在城区的五墩广场、文化广场、国贸广场和马坝镇、桂五镇、管镇镇、河桥镇、旧铺镇等乡镇演出腰鼓、男女声独唱、竹板、秧歌、民族舞蹈、黄梅剧、扇子舞等民间文艺节目。2008年,纪念改革开放30周年之际,县委宣传部举办全县文艺团体汇演,参加演出的演员500人,观众6万人次。至年底,县委、县政府连续9年举办龙虾节,每届龙虾节期间,均举办大型文艺演出。

第四节 文艺剧团选介

一、黄梅戏剧团

1986年,县黄梅戏剧团在全县演出黄梅戏100余场次。1989年,首创《情牵果园》黄梅剧。

1990年,《情牵果园》黄梅剧参加江苏省新剧目观摩演出,获优秀演出奖、剧本奖、作曲奖、演员奖、导演奖、舞美奖。1993年,县黄梅戏剧团将《天仙配》《状元审母》《林娘》改编成黄梅戏,分别在丹阳、金坛、盐城、沭阳、泗洪等地演出276场次。1994年,县黄梅戏剧团与江苏第一泉酒厂联合成立江苏第一泉黄梅戏剧团,改编新剧《泪洒相思地》,获江苏省首届"五个一工程奖"(一部好的戏剧作品,一部好的电视剧(或电影)作品,一部好的图书(限文学艺术方面),一部好的理论文章,一首好歌。)

图29-9 黄梅戏《女附马》剧照

1995年,根据鲁迅小说《祝福》创作改编大型黄梅戏《祥林嫂》,在县内外演出102场;创作编排黄梅戏《状元与乞丐》在金湖、丹阳等50个地方演出150余场。1998年,古装黄梅戏《红丝错》,在扬州、泰州等地演出100场次;古装黄梅戏《水漫泗州》,先后赴苏州、南通等地演出。

2000~2008年,盱眙县共举办一届中国龙年龙虾节和八届中国龙虾节,县黄梅剧团配合龙虾节组委会,在每届龙虾节期间,组织创作《胜地之光——祭孔文艺表演》《洪武太子祭陵》《一文钱》《让房》《莲湘女》等黄梅戏,在龙虾广场、龙虾节晚会、龙虾宴、明祖陵、城区广场共演出80余场次,深入社区共演出30多场次。创作《大明城谣》、小品《恼人的电话》《就怕万一》等剧目,在省内外演出250场次。

二、穆店花姑戏演出队

穆店乡花姑戏(俗称花姑子)起源于抗日战争时期,热爱祖国、爱好戏剧的马长英、杨万福、赵加林等农民,自动组织成立穆店乡花姑戏演出队,经常集中到抗日民主政府所在地——马湖店小楼旁,演出老百姓喜闻乐见的祖传《花姑戏》,宣传抗日。

1986年起,穆店乡花姑戏演出队有4~6人,分别扮演反串花姑老婆子、大相公、白衣旦角、青衣旦角;演出时,表演者在锣鼓声中扭唱起来,有时穿行四平花子步伐;有时按角色要求,或2人对唱,或4人联唱本土小调;有时配合花船演出,称《花姑闹船头》,每场观众300余人。每年春节从大年初一到大年十五,为群众演出花姑戏,从不间断。2008年,穆店乡花姑戏演出队有队员6~8人,在穆店乡演出20余场次。

三、穆店乡苏北红光马戏团

穆店乡谢、王两家组合苏北红光马戏团，成立于1979年，有演员10人，组成2套演出班子，演出以马戏、简单杂技、地方表演唱为主，免费观看。1986年起，春节、中秋节期间，深入农村或街头，演出马戏节目。1991年起，组成4套演出班子，在安徽、江苏巡回演出。2000年起，穆店乡红光马戏团更名为苏北红光大型驯兽团，配有专用车辆、狮子、马等动物，演出节目有驯兽、马术、魔术、杂技表演。至2008年，分别到全县各乡镇、苏北各市县，安徽、河北、河南、江西、贵州等省共演出800余场次。

第二章　文化市场与管理

第一节　组织机构

一、县局及下设机构

1986年，县文教局由教育局、文化局合署办公，下设政秘股、教育股、文化股、人事股、计财股。

1990年5月，文教局撤销，分别成立教育局、文化局。7月，文化局内设文化艺术股、计财股、政秘股，文物管理办公室。年底，政秘股更名为办公室。1991年初，成立文化市场管理办公室，下属文化馆、图书馆和博物馆合署办公、黄梅戏剧团、明祖陵文保所、新华书店、影剧院、电影公司、黄花塘新四军军部旧址纪念馆。3月，图书馆和文博管理分设图书馆、县博物馆。1997年7月，明祖陵文保所升格为副科级单位。

2003年，成立黄花塘新四军军部纪念馆。2007年4月，县明祖陵文保所更名为县明祖陵文物管理处，仍为副科级文保单位。2008年，机构无变化。

二、乡镇文化站

1986年，乡镇文化站28个，属乡镇党委、政府管理。1991年，各乡镇文化站实行条块管理，以乡镇管理为主，文化局负责业务管理。2000年，全县区划调整，乡镇文化站减少到19个，均为公办。2002年，乡镇机构改革，乡镇文化站、广播站合并，成立乡镇文广站。2005年3月，乡镇文广站实行县主管部门、乡镇党委政府双重管理，以主管部门为主，人、财、物等划归县广电局垂直管理，保留原有职能不变。2008年，乡镇文化站、广播电视服务站合并，挂“文化广播电视服务站”牌子。

第二节　图书业

一、机　构

1986年，盱眙县新华书店负责全县图书发行和管理，有职工27人，内设经理室、办公室、财务科、业务科、农村发行科、仓储科。1997年，撤销农村发行科，增设批销中心、科教文服务部。2004年，改制为盱眙新华书店有限责任公司，系江苏凤凰新华书业股份有限公司全资子公司，撤销批销中心，增设教材科、直销科。

至2008年,机构无变化。

二、图书发行

1986年,县新华书店有一幢200多平方米(两层楼)的小型书店和教材发行仓库1处,下设供销社30个图书专柜,负责乡镇地区图书发行。全年除发行学生课本用书外,销售政治类、科技类、医学类、文学类图书252.97万册,创利6.58万元。1987年,实行岗位目标责任制,采用联销计酬、季度兑现方法,图书销售量有所增加。年底,县新华书店被省文明委评为文明单位。

1990年,创建红旗图书馆10个,销售图书360.28万册。1991年起,县文化局改革图书发行机制,加快发展图书发行个体私营户,全县图书发行呈现多元化格局。转换新华书店经营机制,取消级别工资和奖金平均制,工资分配向一线职工倾斜。1993年,发行《邓小平文选》第三卷8500册,政治书刊2万多册,科技图书12.5万册。1994年,投资5万元,新建农村集镇服务网点7个。1995年,先后从省新华书店、上海、北京等地调进图书41万册,其中《人民的胜利》等政治类图书10万余册,分送到各乡镇学校。1997年,开展"庆国庆·迎中秋"、庆祝盱眙解放50周年图书优惠大展销和"金秋书香"百日优质服务竞赛及送书下乡等活动。全年销售图书683.76万册。

2000年,县新华书店移交省新华书店统一管理,由于国家减轻中小学生课业负担,压制教辅用书,图书销售下滑。全年销售图书337.19万册,创利79.99万元。2002年,举办百家名社精品图书大联展和服务三农全国农村图书大联展活动,邀请省著名作家、江苏少儿出版社社长祁智举办写作报告会,城区3000名中小学生参会。全年销售图书364.38万册。

2003年"非典"期间,县新华书店调集"防非"书籍5000多册、挂图600多套,发送各乡镇、卫生院。2005年,举行《红色风暴》图书首发式,销售图书6000册。2006年,县新华书店被江苏凤凰新华书业股份有限公司评为二星级门店。

2008年6月,举行六小龄童、小玲叮当、黄蓓佳签名售书活动,当场售书2800册。向农家书屋捐赠图书1500万册,向驻军部队、县消防大队、县人武部赠送图书5000册。全年,县新华书店和全县120户个体户共销售图书410.52万册,销售收入3698.65万元,创利120.66万元。

1986~2008年盱眙县新华书店图书发行情况一览表

表29-5

年份	销售量(万册)	销售金额(万元)	利润(万元)	年份	销售量(万册)	销售金额(万元)	利润(万元)
1986	252.97	130.13	6.58	1998	662.97	2300.88	108.08
1987	315.31	157.48	9.36	1999	587.57	2537.05	80.44
1988	238.18	210.92	9.90	2000	337.19	2262.09	79.99
1989	148.62	290.99	18.18	2001	338.26	2465.67	80.24
1990	360.28	311.32	18.70	2002	364.38	2505.44	87.03
1991	223.96	351.41	9.18	2003	335.31	2646.05	112.61
1992	421.06	420.10	12.57	2004	399.01	2884.21	95.66
1993	341.43	525.18	26.48	2005	369.29	2929.73	110.91
1994	367.19	651.51	60.80	2006	356.25	2856.63	95.55
1995	545.34	1093.06	43.52	2007	379.33	3100.22	110.78
1996	732.90	1685.66	78.18	2008	410.52	3698.65	120.66
1997	683.76	2052.62	88.10				

三、图书管理

1986年起，县新华书店负责管理全县图书市场，监督图书经营渠道，保障全县中小生课本开学前及时发送到位。

1992年，县委、县政府抽调200多人，成立37个工作小组，全面检查和整顿全县文化市场，先后查出违法刊物41种371册。1995年，县文化局文化市场管理办公室开展文化市场集中执法大检查，出动车辆30余次、执法人员60人次，查缴非法年历画427张。1996年，文化市场管理办公室向社会公布举报电话，稽查人员接到举报后，城区半小时赶到现场调查，及时处理；乡镇24小时内赶到现场调查，七日内作出处理。

1997年，县文化局、文明办、公安、工商、广电等部门先后联合开展文化市场大检查、大整顿4次，共收缴非法书刊174册、非法年(历)画472张、非法印刷品500余份，取缔无证经营户4家，查处举报案件4起，结案4起。

1998年，县文化局在全县开展图书市场法制年宣传年活动，出动宣传车28辆，设立法规咨询点20个，散发文化市场法规宣传材料1700余份、《淮阴文化报》法规专刊1000份，受教育30余万人次。1999年，县文化局与公安、工商、广电局等单位开展对全县书刊市场进行大规模清查、整顿4次，收缴各类非法图书283册，收缴非法年历画1200张。

2000～2005年，文化市场管理办公室与公安、工商、广电局等单位先后开展"扫黄打非"集中行动11次，收缴各类非法图书13972册，取缔无证经营摊点35户，查处销售非法出版物经营场所3家。

2006年，县文化局制定《盱眙县"扫黄打非"行动方案》《盱眙县"反盗版百日雷霆行动"方案》。文化市场管理办公室查处销售非法出版物经营场所3个，收缴非法出版物8000余册。

2007年，县文化局结合全县平安创建工作，开展净市场、打源头、查大案专项整治活动，全县出动执法人员1120多人次，查处非法销售出版物12家，收缴非法出版的教育辅导材料及盗版出版物8000余册。2008年，县文化市场管理办公室开展巡回检查制度，对全县文化市场开展专项整治活动，查处非法出版物1469本。

第三节　音　像　业

一、音像站点

1986年，音像经营由文化部门主管，统一调配，有计划地发行到乡镇文化站。1995年，全县新增个体录像发行站3个，录像放映厅(室)90个，年均放映录像片5000多部。1996年，新增个体雷射放映点5家。1997年，音像市场效益提高，VCD碟片制品进入盱眙音像市场。1999年，音像制品个体经营单位发展到30家、音像放映点125家，年放映碟片音像3万多张。

2001年，城乡居民从看电视、看电影逐步转变为看VCD碟片，其销售增加到5万余张。2005年，随着招商引资快速发展，外地客商进入盱眙县，娱乐消费水平提高，音像市场向卡拉OK等娱乐业场所发展。2008年，发放录像放映厅(室)和音像制品经营许可证23份。

二、音像管理

1986～1990年，全县音像市场由广播电视部门管理。1993年，县文化局组织人员检查录像市场，收缴非法录像带609盒，其中淫秽带23盒。1994～1995年，县文化局与县公安局、工商局、广播电视局联合开展音像市场打击、整治集中行动6次，查缴非法录像带333盘，录音磁带947盒，吊销文化许可证2户。

1996年，县文化市场管理办公室检查125个经营点，取缔镭射放映4家，收缴非法录像带291盒、录像带177盘、激光唱视盘14盘、VCD21片，没收赌博机电脑板1块。1998年4月，开展文化市场法制年宣传月活动,出动宣传车28辆,设立法规咨询点20个,散发文化市场法规宣传资料2700余份,张贴标语1500余张,受教育3万人次。

2000~2005年,县文化局与公安、工商、广电部门先后开展“扫黄打非”集中行动11次,取缔无证经营户17户,收缴非法音像制品21258盒(张)。2007年,县文化市场管理办公室开展文化市场专项整治,收缴非法音像制品7000余张。2008年,县文化局对县城区及乡镇音像制品店进行巡回检查,出动执法车23辆次、执法人员100余人次,收缴盗版音像制品1592张。

第四节　娱乐业

一、娱乐场所

1986年,县城区娱乐场所有盱城工人电影院、影剧院、文化馆、滨淮影剧院、人民剧场。1988年,盱城发展个体歌舞厅3个,每厅可容纳20多人。

1993年,全县有营业性舞厅、卡拉OK厅8家,电子游戏机室40家、游戏机129台。1995年,金谷园歌舞厅、都梁大酒店歌舞厅被市文化部门表彰为先进单位。1996年,亚细亚歌舞厅、金谷园饭店歌舞厅、盱眙宾馆歌舞厅成为县城区重要娱乐场所,金谷园歌舞厅被省文化部门评为五好歌舞厅。

2000年,全县有娱乐业经营企业或个体户59家,其中歌舞性22户、娱乐性37家。2003年起,网吧服务业成为一项新兴服务产业,逐渐进入盱眙县娱乐业市场。至2005年,全县发展网吧经营个体户57家。2008年,全县有娱乐业经营企业或个体户141户,其中歌舞性的43户、游艺性的52户、网吧46户。

二、娱乐业管理

1986年,县文化部门举办娱乐业培训班4期,学习有关娱乐业法律法规,参训210人。1989年,县委、县政府抽调200多人,成立37个工作小组,检查和整顿娱乐市场,取消无证娱乐经营户3家。

1992年,县文化部门举办娱乐业主法律法规培训班2期,参训100余人次。1993年,县文化局制定目标管理责任制,整治娱乐业市场,查处娱乐业经营户12家。1994年,县文化市场管理办公室建立稽查队,做到核发证件、检查工作制度化,业务训练经常化,宣传教育群众化,综合治理科学化,上门服务优质化,财务审计标准化。与公安局、工商局、广电局联合行动4次,检查歌舞厅、卡拉OK厅8家、电子游戏室45家183台、桌球室12家,责令停业整顿游戏室3家、歌舞厅1家。

图29-10　县文化局开展娱乐业集中整顿工作,图为县文新局市场办联合公安、工商部门突击检查网吧。

1995~1997年,县文化市场管理办公室与公安、广电、工商等部门联合突击检查10次,平时检查148次,出动车辆32车次,共查封非法游戏机25台,责成停业整顿43家;没收非法赌博机电脑板1块,处罚和扣押违章演出团体“营业性演出许可证”4本,发放许可证8家。娱乐业经营场所实现安全防火无事故。

1998～1999年,游戏机、游戏室管理混乱,部分青少年进入游戏室娱乐,影响青少年心身健康。县文化局开展整顿游戏机市场集中行动4次,取缔非法游戏室30家,收缴非法游戏机电脑板3块;立案查处经营赌博机和接待未成年人玩游戏机的经营户2家,取缔无证经营17户。

2000年6月,县政府成立游戏和娱乐服务场所专项治理领导小组,县经委、公安、工商、文化、招商办参加,出台《盱眙县游戏机经营场所专项治理工作方案》,分片划段对城乡游戏机经营户进行现场登记、检查,共登记游戏机合法经营户45户,查出未领工商营业执照的23户,不符合经营条件的7户;查处赌博型游戏机169台,国家禁止经营的电脑机17台,收缴电脑板25块。

2002年,换发游戏机经营户许可证68份。2003年,县文化局对全县互联网服务经营场所进行清理整顿,共清理无证网吧23家,对合格的24家网吧进行验收上报,发放省文化厅“网络文化经营许可证”。2004年,县文化局加强网吧管理,聘请网吧义务监督员90人,对全县24家合法网吧电脑安装净网先锋软件1182台,取缔黑网吧39家,收缴游戏机电脑板19块。

2005年,县文化局制定《盱眙县网吧、电子游戏经营场所百日整顿集中行动方案》,联合工商部门开展网吧、电子游戏经营场所百日整顿集中行动,参加执法检查人员900人次,立案查处网吧29家、游戏室26家、歌舞厅8家,当场警告游戏室51个,责令整改网吧、歌舞厅19家,扣缴游戏机电路板、电脑主机、游戏机共621台。县文化局会同消防部门对城区网吧及娱乐场所消防安全工作进行检查232次,对存在隐患提出整改要求。2008年,全县娱乐文化市场通过整顿净化后,呈现出健康、文明、有序的良好局面。

第五节　电影放映业

一、放　映

1986年,县电影放映公司从市电影公司租用35毫米、16毫米影片拷贝,发行到乡镇巡回放映20104场次。1987年,电影放映经费实行村统筹,农民看电影从村统筹中支付。

1990年,全县农村电影队设立电影票销售点,弥补统筹费不足。1992年,电影放映10780场次。是年起,电视开始普及,乡镇电影放映队瘫痪,电影放映场次逐年减少。1994年,全县农村70个电影放映队减少到15个,电影放映减少至2000场次。

1995年,县教育局、文化局加强中小学生的爱国主义教育,开展抗日战争题材影片展映周活动,县电影公司组织引进《屠城血证》《黑太阳731》等16毫米和35毫米电影拷贝30余部,共放映电影320场次,5万名中小学生观看。农村电影队50%恢复正常放映,放映5200场次。

1996年,县文化局、县电影公司开展送电影下乡活动,引进科技片拷贝30多部,巡回农村放映。7月,《孔繁森》影片首映式在县影剧院举行,组织党员观看。全年共放映5760场次,其中放映《孔繁森》影片50多场次,受教育6万多人。

2000年,农村电影统筹款收缴难度较大,乡镇放映人员年终工资不能兑现,部分放映人员改行从事新职业,农村电影放映队再次瘫痪。农村电影放影队只有农民家族办婚嫁喜事时租用放映电影。2001年,县政府相继召开有关部门协调会,在全县中小学开展爱国主义教育电影放映活动,共放映爱国主义教育影片1300场次,观看20余万人次。

2003年,盱眙县遭受特大洪涝灾害,县电影公司组织3个电影队,为19个灾民安置点巡回放映67场130余部电影,观众7万人次。2008年,放映3024场次。其中,县纪委、县委组织部、县影剧院组织党员干部观看廉政教育影片300场次,观众3500人;放映爱国主义教育影片50多场次,中小学生受教育5万余人;周末放映广场电影326场次,观众10万余人。

1986～2008年盱眙县电影放映情况一览表

表29－6 单位:万元

年份	放映场次	放映收入	年份	放映场次	放映收入
1986	20104	62.0	1998	4750	23.0
1987	22802	81.0	1999	5021	25.0
1988	25207	112.5	2000	1000	5.7
1989	26318	120.9	2001	1500	8.9
1990	23470	106.2	2002	1300	8.9
1991	20714	107.0	2003	1400	9.3
1992	10780	68.1	2004	520	3.9
1993	7600	35.0	2005	154	1.1
1994	2000	10.7	2006	2120	11.2
1995	5200	24.0	2007	2510	13.4
1996	5760	31.0	2008	3024	15.7
1997	4600	22.0			

二、放映管理

1986年,县电影公司统一管理各乡电影放映队。1993年,县电影公司试行用工聘用制、工资分配按劳取酬制,落实目标责任制。1995年7月1日起,实行电影放映许可证和年检制度。县电影公司整顿电影放映队伍,审核各放映单位的安全、消防、卫生及技术情况,检查、维修放映设备,对不符合条件的放映单位提出整改意见,符合条件的45个单位发放许可证。1998年,县文化局联合工商、公安部门开展外省电影拷贝进入盱眙县电影市场的专项整治行动,收缴外省走私电影拷贝1部4本。

2000年,县影剧院对外承包,乡镇电影队处于瘫痪状态。2006年,停止发行影片拷贝,开始放映数字电影。2008年,县电影公司负责管理城区电影放映。

第三章 文化场馆

第一节 县城区文化场馆

1986年,县城区有文化馆、图书馆各1个,影剧院2个。县影剧院自筹资金新建330平方米服务楼1幢。

1990年,县文化局在城区斩龙涧新建图书馆1个。1994年12月,县烟草公司与新加坡盛顺贸易公司合作在盱城五墩兴建综合性文化娱乐场所新亚康乐园,面积1216平方米。县图书馆通过江苏省第二批达标图书馆验收，被文化部评为三级图书馆。1999 年，县财政局拨款 80 万元，改造县影剧院，装潢门面和大厅，添置观众厅座椅、更新舞台地板和各种布幕。

2001 年，建成都梁广场（又称山地广场、中国·盱眙国际龙虾节广场），占地 13333 平方米，可容纳观众 5 万名，成为龙虾节“登高望远”大型广场演出场地。县政府在王店乡建设影视拍摄基地。2006 年，县文化局筹集资金 1000 多万元，在县城区八一广场建成面积 1.01 万平方米的“三馆一中心”（图书馆、博物馆、文化馆、青少年活动中心）。全县 11 个乡镇建成标准化文化站。

图 29－11　2006 年 5 月，新建于盱城二环路龙眼旁的“盱眙县三馆一中心”（文化馆、图书馆、博物馆、青少年活动中心）落成并投入使用。

2008 年，全县容纳万人以上文化活动场馆 2 个（盱眙奥体中心、中国龙虾节广场），文化活动广场有都梁文化广场、山水广场、第一山广场、五墩广场、府前广场、中央公园等，文化场馆有淮河文化博物馆、象山地质博物馆、历史博物馆、龙虾博物馆，文化活动中心 150 多个，图书馆（室）300 多个。

第二节　乡镇文化场馆

1986 年，全县文化站有公办 12 个、民办 16 个，乡镇礼堂兼影剧院 18 所，村校图书室 28 个。1987 年，马坝镇、桂五乡、官滩乡建成规范化文化中心，仇集乡、马庄乡、盱城镇、兴隆乡、观音寺乡、高桥乡、十里乡、黄花塘乡、古城乡、旧铺乡整修改造文化站，新建文化活动阵地。

1994 年，仇集乡文化站和团县委联合创办图书室，有图书 3000 余册，报刊杂志 1500 余本。1995 年，乡镇文化站新增图书室 16 个。盱城镇建成文化活动中心，内设乒乓球桌、台球桌，棋牌室、图书阅览室。

1996 年，开展创建乡镇红旗图书馆（室）活动。县文化局向上级争取 30 万元，乡镇配套 20 万元，水冲港乡、龙山乡、高桥乡分别建成标准化文化站和文化活动中心，建筑面积 1400 平方米；鲍集乡、旧铺镇、水冲港乡、仁集乡新建文化活动室；马庄乡投资 10 万元，在乡政府院内新盖 2 层 8 间文化中心楼，面积 3000 平方米，有图书室、活动室、展览室、舞厅；河桥乡投资 5 万元，维修影剧院。全县“三无”（无人、无站房、无经费）乡镇由 14 个乡减少到 6 个。经市文化局验收，马坝镇、马庄乡图书室分别被评为首届乡镇红旗图书馆（室）。

1998 年，水冲港乡投资 35 万元，建成文化活动中心楼 660 平方米；新街乡投资 20 万元，新建文化活动中心。1999 年，东阳乡、肖嘴乡、古桑乡、王店乡新建文化活动中心，观音寺乡、古桑乡、新街乡、黄花塘乡、古城乡、仁集乡新建文化站房和活动中心，建筑面积 400～800 平方米；马庄乡文化中心设有影剧院、乒乓球室、图书馆。

2005 年，兴隆乡新建文化活动中心。2006 年，王店乡投资 30 万元，新建民建、陡山两个村文化活动中心。全县 11 个乡镇建成标准化文化站。2007 年，河桥镇建成 600 平方米文化中心大楼，设置乒乓球桌、台球桌，新建图书阅览室。2008 年，桂五镇建成影视拍摄基地。仇集镇、铁佛镇、观音寺镇建成文化活动中心楼，设置乒乓球桌、台球桌，图书阅览室。

第四章 文 物

第一节 机 构

1986 年,文物管理工作由县文教局负责,先后成立东阳城遗址管理所、第一山公园管理所、城镇园林建设委员会。1991 年,成立县博物馆,与县图书馆合署办公,负责文物征集、保护、管理工作。成立明祖陵文保所、黄花塘新四军军部旧址纪念馆。1994 年,县博物馆与县图书馆分设,独立建制。1998 年,成立盱眙县革命烈士纪念馆。2002 年,成立第一山公园管理委员会。2003 年,成立黄花塘新四军军部纪念馆。2008 年,黄花塘新四军军部纪念馆升格为副科级单位。

第二节 地面不可移动文物

一、古建筑

大成殿、魁星亭、瑞岩观、西域寺、龙山寺、东岳观、淮山书院、明伦堂、杏花园、祭台、金水桥、铁山禅寺古建筑及碑碣(见三十一篇 旅游)。

财神庙 位于盱城镇城北淮明园小区内。财神庙为四合院,建筑面积约 1156 平方米,砖木小瓦结构,有前殿 3 间,后殿 3 间,中间两侧厢房 4 间。何年建成,无记载。2008 年,县政府拨款修复损毁房屋。

兴隆寺 又名费家庙,位于兴隆乡刘岗村。何年建成,无记载。2002 年、2007 年,新建山门殿、大雄宝殿、伽蓝殿、念佛堂、僧寮、斋堂、佛像。2008 年 6 月 1 日,举行整堂佛像开光仪式。

图 29-12 位于兴隆乡刘岗村的兴隆寺

二、革命纪念地

第一山 1988 年,县人民政府在第一山立侵华日军盱城大屠杀遇难同胞纪念碑,长 608 厘米,宽 242 厘米,记载着 1938~1944 年日军三次侵占盱眙烧杀抢掠、血洗盱眙的滔天罪行和盱眙军民英勇抗日、碧血丹心的英雄事迹。

1996 年 3 月 7 日下午 4 点多钟,第一山公园管理处施工时,挖出一层叠一层头颅骨。3 月 18 日,经县有关部门再次挖掘,约 4 米长、2 米宽的坑内发现尸骨近 200 具,在坑南侧发现叠压的头颅骨,头颅骨上清楚地看到子弹孔。经考证,这些头颅骨是日军侵占盱眙县城时,惨遭日军杀害的盱眙人民遇难同胞遗骸。日本朝日电视台驻上海支局局长吉田健司、副局长武藤元郎及翻译徐里平等人，亲临遇难同胞遗骨坑，拍照并采访当年幸存者以及历史研究人员。

1997年，县委、县政府将第一山确定为盱眙县青少年教育基地。2003年，第一山公园侵华日军盱城大屠杀同胞殉难处被淮安市人民政府、淮安市文物保护委员会确立为保护文物单位。至2008年，无变化。

黄花塘新四军军部纪念馆　（详见三十一篇　《旅游》）

盱眙县烈士陵园　（详见第二十四篇　《民政》）

三、革命烈士纪念碑

马庄革命烈士纪念碑　1992年，马庄乡政府投资80万元，对1958年县政府修建的马庄革命烈士墓和纪念碑进行修缮，确立为全镇中小学爱国主义教育基地。此碑位于观音寺镇堆头村，纪念1948年5月下旬，江淮军区所属34旅102团与驻守马庄的国民党部队在后梁庄展开战斗，102团27名指战员壮烈牺牲。

宗岗革命烈士纪念碑　1997年，管镇镇投资12万元，对1977年建成的宗岗烈士陵园进行扩建，将27位烈士遗骨迁入陵园安葬，建成27位烈士纪念碑，新建展览厅5间，栽植松树200余株。此园位于官镇镇宗岗村境内。1942年4月17日，日伪军100多人偷袭驻守管镇宗岗集训的淮北抗日军政大学四分校学员和新四军四师师部办公机关。淮北抗日军政大学四分校27名学员奉命在宗岗与日伪军展开阻击战，战斗持续一天，打退日军8次进攻，终因弹尽人乏，均壮烈牺牲，埋葬在宗岗村老土窑旁。此碑为纪念27位烈士而建。

古城战斗纪念碑　1998年12月，古城乡政府、县民政局联合在古城石鼓山新建古城战斗纪念碑，碑高12.13米，建筑面积306平方米，保护范围508平方米。此碑位于王店乡古城石鼓山，纪念1948年，华东野战军34旅副旅长李大生和副政委张雷平率101团和淮南支队攻打古城时，壮烈牺牲的指战员100多人。

河梢桥战斗纪念碑　2002年，河桥镇投资40多万元，在盱眙县河桥镇街道新建河梢桥战斗纪念碑，基座800平方米，碑高8米，保护面积9900平方米，上海市原市长汪道涵为纪念碑题词“纪念河梢桥战役”。此碑位于河桥镇街道农贸市场旁，纪念1948年12月5日，江淮军区所属34旅率100团、101团、102团，抢渡淮河时，与国民党部队发生的战役。

图29－13　2002年12月，立建河桥战斗纪念碑，教育后人铭记历史，珍惜和平生活。

索塘事件烈士纪念碑　1994年10月，官滩镇党委、政府在官滩镇陈庄村新建索塘烈士陵园，立索塘烈士纪念碑，陵园占地100平方米，碑高2米。此碑位于官滩镇陈庄村，纪念1948年8月26日，老子山区委书记戚光、宣传委员刘习三、民兵大队副队长孙家礼、杨岗乡民兵中队长韩先荣与国民党部队展开战斗，戚光、韩先荣壮烈牺牲；9月30日，在老子山茶庙，国民党将刘习三、孙家礼杀害。

第三节　馆藏文物

一、县博物馆馆藏文物

2006年起，县博物馆通过发掘境内古遗址、古墓葬，征集散落社会文物，珍藏的出土文物及档次逐年增加。2008年,县博物馆馆藏文物有玉石器61件、陶瓷器494件、青铜器224件、漆木器135件、金银器18件、角器1件、钱币2427枚,其中国家一级文物25件、二级文物82件、三级文物315件。

附:东阳城出土国家一级文物选介

石钱范(汉石器) 长方形,浇口设在一端,下有一流道,左右共连十二枚钱模,中列阴文“五铢”二字。“五”字上横较长,交叉两笔缓曲;“铢”字,金字旁头为三角形。“铢”字,一块上方下圆,一块上下两笔均为方形,一块背面无纹饰,另一块背面和正面相同,钱文没有完全刻成,无使用痕迹。

凫形带钩(西汉玉器) 呈扁平状,白玉,有深褐色沁斑。整体为一回首站立的凫鸟形,头部变形夸张,小眼,长喙,曲颈,短腹,收拢双翅,腹部两边各有一朵阳纹水花。

图29-14 凫形玉带钩(西汉玉器)1990年3月出土于盱眙东阳小云山,呈扁平状,白玉,有深褐色沁斑。整体为一回首站立的凫鸟形,头部变形夸张,小眼、长喙,曲颈,短腹,收拢双翅,腹部两边各有一朵阳纹水花。

子母龙纹剑璏(汉玉器) 俯视为长方形,穿孔,新疆和田白玉,玉质细腻润洁。表面浮雕双螭龙纹,一大一小,为子母龙,相互顾望,二龙头皆雕刻似狐首,母龙圆眼、张口,龙身修长弯曲,四足有力,尾弯曲,子龙身体蜷作C字状,尾巴微卷,整体形态优美,线条流畅,抛光精细。

舞人形玉饰件(汉玉器) 扁平,白玉,阴刻线。玉人为椭圆形眼,鼻大、口小,长发从一侧下垂,紧贴臂部,双臂一只抬起,绕过头顶,一只置于腹前,下体两侧凸起镂雕,似衣服饰物,人物衣服上阴刻花纹、佩饰及褶皱。

春秋吴季生匜(青铜器) 青铜质,胎体较厚。器身呈椭圆形,筒形流,流上部前端浮雕兽面纹,后端浮雕饕餮纹,拱身螭龙形鋬,螭嘴衔住匜口沿,无足,尾部上翘。内底有“工□季生乍(作)其盥会盥”九字竖行铭文。

广陵高柄灯(汉青铜器) 灯盘较浅,直口、方唇、直腹、平底、盘中央立一锥状灯芯,雁足形高柄,修长优美,圈足。青铜胎质,黄红色,柄上部较黑。圈足上阴刻铭文,“广陵尚谷,铜重九斤十两,初元三年十月□”,具有明确纪年和地名,为研究当时的铜器生产提供有力的实物依据。

云气纹金箔银扣罐(汉漆木器) 直口,方唇,鼓腹,平底。木胎,通体髹黑漆。器身饰有三道银扣,其间绘有云气纹,并以金箔剪成云气、禽鸟、瑞兽贴饰其间,造型逼真,线条流畅。整体制作精细,器型较为少见,保存较好。

云气纹长方形漆奁盒(汉漆木器) 长方形,盝顶,夹纻胎,器表髹黑漆,顶部嵌圆形铜环,器身用朱漆绘云气纹。制作精良,保存较好。

图29-15 云气纹长方形漆奁盒(汉漆木器)

云气纹漆樃(汉漆木器) 直口,方唇,弧腹,平底,蛇首形柄。木胎,外髹黑漆,内髹朱漆,器表以朱漆、黄漆绘描绘纹饰,外壁口沿下部绘几何纹,腹部绘云气纹、直线纹,柄部绘蛇的鳞甲与眼睛,色彩鲜艳,对比鲜明,造型生动活泼,体现较高的艺术水平。

彩绘怪兽噬豹几（汉漆木器）　木胎，曲面，两端雕刻成兽头形，大眼圆睁，双耳紧贴头部，口中正撕咬一豹；豹子恰作为几腿，背部朝下，腹部朝上，被上面的怪兽咬住，四足抵于兽头，口反咬怪兽，作奋力反抗状。几面髹黑褐色漆，以朱漆绘云纹，豹子身上髹朱漆，以黑褐色漆绘豹子斑纹。造型别致，保存较好。

二、档案馆文物与第一山碑刻陈列馆文物

1994年，档案馆收集水冲港乡刁营村明朝天启五年三月九日村民耿尚贤、耿尚林兄弟转让宅基地的契文1份，属省级文物；收藏清朝光绪三十四年二月，泗州营都阃[kǔn]府杜葆森毕业证和两江督标安徽泗州营警察学堂兼陆军张祖溶毕业证书各1份。1997年8月，档案馆收藏刘少奇1956年7月5日为《盱眙日报》报头题字。

2001年，县政府投资，新建第一山碑刻陈列馆，馆藏元、明、清朝碑刻26块：元代，许儒林《游南山寺》，高78厘米，宽60厘米。明代，郑二阳《重游玻璃泉诗并序》，高35厘米，宽76厘米；郑之阳《玻璃泉》诗，高34厘米，宽74厘米。清代，王荫槐《会景亭登高即事题壁》诗，高42厘米，宽158厘米；王荫槐《雨后同汪孟棠孝廉夜登玻璃泉清心亭》诗，高95厘米，宽50厘米；鲁昱《敬一书院记》，高41厘米，宽109厘米；方瑞兰《重建盱眙县隍庙记》高41厘米，宽95厘米；方瑞兰《玻璃泉诗并跋》，高30厘米，宽118厘米；朱兰《玻璃泉》诗，高27厘米，宽88厘米；《净土庵功德碑》，高3厘米，宽102厘米；张佩芳《玻璃泉记》高57厘米，宽105厘米；叶本《和米芾韵盱山十咏》诗，高39厘米，宽97厘米；汪云任《识并书》，高52厘米，宽92厘米；郭宝昌《登第一山诗并跋》，高30厘米，宽118厘米；汪孟棠临摹白居易题《木兰堂》，高53厘米，宽46厘米；李弘《黄鹂唱和诗并序》，高33厘米，宽90厘米；贺绪蕃《第一山诗并序又盱眙览古四首》高26厘米，宽86厘米；成子学《玻璃泉亭成惜别》诗，高57厘米，宽100厘米；全魁稿《盱山试毕■斋明府邀游玻璃泉小集》诗，高61厘米，宽109厘米；晋丰稿《重修敬一书院记》，高37厘米，宽97厘米；杨松渠《玻璃泉五古》诗，高38厘米，宽81厘米，双庆《游都梁山》诗，高35厘米，宽67厘米；陶澍《登盱远眺》诗，高42厘米，宽158厘米；陶澍《登第一山又盱眙览古又晚发盱眙望玻璃泉》诗，高38厘米，宽78厘米；朱郁甫墓志铭2块，四方形，均为82厘米。

图29-16　魁星碑

三、新四军军部纪念馆文物

1986年起，新四军军部旧址纪念馆向社会征集新四军文物。至2008年，征集并保存到纪念馆的文物有：草鞋10双、六零炮1架、风车1架、大刀1把、文件包1只、独轮车1架、轻机枪1架、水壶1只、水桶1副、小木船1艘、算盘1件、鼓1只、铁锹1把、子弹带1件、土翁子1只、缝纫机1台、石碾1件、织布机1台、驼箱1件、纺车1架、历史书籍5本、枪榴弹1件。新四军参谋长赖传珠使用过的方桌、煤油灯、椅子、床、电话机、凳子各1件，新四军代军长陈毅使用过的马灯、电话机、方桌、斗笠、围棋桌、文件柜、会议桌、茶几、雕花大床、绷凳各1件，副军长张云逸使用过的衣柜、长凳、电话机、煤油灯、椅子、方桌、坛子各1件，曾山使用过的电话机、马灯、蓑衣、三抽桌、方桌、柜子、钟、床、斗笠、煤油灯、椅子、方桌各1件。

四、烈士陵园纪念馆文物

1997年,收集的文物有:李桂五领导西高庙农民武装暴动时用过的铁质大刀长78厘米,烈士生前用过的坐椅一把。抗日战争时期新四军烈士王仲安生前日记手稿5本;植品山烈士使用过的铁质纪樱烟袋一件,长23厘米,为竹竿、铅头;刘习山烈士从事地下工作时作掩护用的书籍4本;毛培春烈士的档案资料、个人证明材料。解放战争时期缪全龙、张宝、李吊厚烈士的印章各1枚。

1998年,收集到新四军使用过的密码包1只,新四军二师副师长罗炳辉烈士战斗负伤后方毅亲自为其做紫红色、长81厘米葛藤手杖一把;宗岗阻击战中,27位烈士生前使用过的生活、学习用品。

2006年,收集到民国29年(1940)9月,刘少奇(胡服)为龙王山战斗牺牲的徐士奎烈士立的碑一块;土地革命时期邬正理烈士在西高庙农民武装暴动时用过的大刀1把和随身携带的指挥包1个,其刀为铁质,长101厘米。

第四节　私人收藏文物

1986年,盱城斩龙涧设立私人收藏文物交易摊点,交易文物为玉器、铜器、瓷器、石器。县博物馆对其摊点进行鉴别,大部分为仿制品。

1990年,盱城镇王勇收藏清朝宫廷画家汤世澍(江苏常州人)花鸟画1幅,圆型,直径1尺;清朝张子伸《刘海戏金蟾》条幅画一幅,长80厘米,宽60厘米。1997年,王勇收藏国家领导人杨尚昆书法1幅,长80厘米,宽60厘米。

2004年6月,成立盱眙县文物收藏家协会,有会员105人,成立博雅轩、古月轩、泉雅斋、集古斋、圣德堂、古雅轩、百古堂、珍宝斋古玩店。博雅轩收藏古瓷器残片约50公斤,来源于安徽省泗县虹都大厦建筑工地,有宋代酱釉碗残片,金代钩窑碗残片,天蓝釉色纯正。宋代景德镇影青花边小水注(砚滴),造型奇特,青白釉色纯正细腻,青蛙形象生动逼真。收藏完整瓷器有隋代寿州窑青黄釉双耳盘口壶1个;白釉小水桶一个,高6厘米,口径3厘米;唐代寿州窑黄釉小碗一个。

至2008年,博雅轩收藏的陶瓷、书画、钱币等近千件,古雅轩收藏瓷器500多件,戴军飞收藏有清代铜壶、钱币等300多件,珍宝斋收藏现代古玩和字画100余件。

第五节　文物发掘

一、文物调查与征集

1986年,县文教局组织文物工作者对全县发现的古遗址、古墓葬进行调查勘察,组织人员对全县重点乡镇文物点进行走访调查,获得文物信息100多条。

1990年,县文物工作者对东阳乡、河桥乡进行调查,获得文物信息20余条,征集文物100余件。1994年,县博物馆先后组织文物工作者深入仇集乡、穆店乡、东阳乡、十里营乡及街头、村头、水利工地,共收集流散文物42件,其中珍贵文物8件,有战国、汉代、唐代铜镜各1件,汉代石钱范2件,唐代酱釉漏花瓷枕1件。

1999年,县博物馆组织文物工作者深入各乡镇,调查古遗址、古墓葬,收到文物信息30多条,征集民间文物100余件,有陶器、玉器、石器、铜器等,大部分为明清时期文物,其中征集出土铜镜、钱币,连珠纹瓦当等文物50余件。6月,淮阴市博物馆与县博物馆共同对沿宁宿徐高速公路基线进行文物勘查,对十里营乡、明祖陵乡、管镇镇、鲍集乡各标段的取土坑进行考古,在规划的路基范围内发现文物点9处,其中十里营路段发现唐宋墓群与寺庙建筑遗址。

2000年，县博物馆组织人员深入东阳乡、官滩镇、河桥镇、穆店乡、古城乡、十里营乡文物点开展文物调查，收集文物信息40多条；深入官滩镇甘泉、马坝镇东阳、王店乡古城、黄花塘镇、河桥镇、穆店乡共征集文物141件，其中征集流散新四军革命文物50余件。

2004年，县文物部门配合省考古研究所、北京大学，做好“南水北调”和“大运河申报世遗”前期盱眙段调查工作，填写《中国历代碑刻盱眙县部分调查表》500余份，基本弄清盱眙县境内历代碑刻的分布和数量。

2005年，县博物馆组织人员到官滩镇、黄花塘镇、河桥镇、马坝镇东阳调查文物情况，完成县博物馆、明祖陵、黄花塘新四军军部旧址的馆藏文物情况及腐蚀损失情况调查。

图29－17　范仲淹家谱

2007年，县博物馆文物工作者在河桥镇三元村卞郢组村民范文西家发现明清年间范仲淹家谱，共2部4卷，长近30厘米，宽20厘米左右，厚薄不一，分印刷本和手写本。印刷本3卷，200余页，毛边宣纸装订，为明朝万历年间印刷，由明朝的范韶编写，部分破损，但主要部分尚可辨认；手写本家谱1卷，约80页，大部分字迹工秀，并附一幅《范氏一源万派生生不已》图，由范万丛书写于清康熙年间。手写本家谱里有一篇《始祖千王公自叙源流记》，详细叙述明朝洪武年间，范仲淹八世孙范宗旺奉旨从苏州吴县迁至江苏盱眙县河桥镇和安徽明光市旧县镇一带，其后代繁衍的经历。此家谱送交档案馆保存。

2008年，第三次全国文物普查工作中，县文化局、县博物馆抽调人员进行野外作业，完成县内85%区域的调查工作，实地勘测文物235处，其中复查文物点154个、发现新文物点81个。

二、古遗址、古墓葬发掘

1986年，南京博物院、县博物馆组织人员发掘河桥乡六郎墩新石器时代至周代遗址。11月，考古发掘维桥乡车棚村范家岗新石器时代遗址，出土黑皮陶器。

1990年9月，淮阴市博物馆组织文物工作者发掘观音寺乡龙墩口遗址。12月，县文化局组织文物工作者发掘东阳小云山西汉木椁墓，出土陶器、铜器、铁器、玉器、漆器等100多件。

1996年2～3月，县博物馆组织人员对东阳乡大云山的汉代陈婴墓进行抢救性发掘，出土铜羊、铜镜等文物70余件。9月，县文物部门会同南京博物院、市博物院对东阳大云山境内的一座大型汉墓进行考古发掘，出土壶、钱币、漆器等文物74件。11月，县博物馆对河桥乡境内的一座晋代古墓进行考古发掘，清理出避邪水注、灯、水盂等青瓷器6件。南京博物院考古研究所联合淮阴博物馆、盱眙博物馆组成考古队对小云山墓群进行抢救发掘，发掘的M5－M7均为西汉时期的竖穴岩坑木椁墓，M5出土文物以漆木器为主，M6号、M7号墓随葬的陶器均系鼎、瓿、盒、壶、罐之类的组合器，有少量的铜器和玉器。从出土遗物考证，此3座墓葬均属西汉中期前后，根据墓葬的排列，可以推测此墓地是家族墓地。

1997年1月，淮阴市博物馆与盱眙县博物馆联合在东阳南阳村老虎山进行抢救发掘。经考古发掘，老虎山古墓分布密集，多为土墩，属家族墓地。一座土墩埋葬古墓2至4座，墓口距地表1～1.5米，发掘共清理战国与西汉墓葬12座，均属中小型土坑竖穴木椁墓。汉墓棺保存较好，M2号墓棺的隔板上还雕刻有窗棂与十字穿璧纹，随葬陶器以鼎、瓿、罐、壶、盒为组合，出土有木俑、漆耳杯、漆奁盒等。战国墓棺腐烂严重，陶器破碎，出土有铜戈、玉璧等珍贵文物，铜戈镌有铭文十字，属国家一级文物。

图29-18 大云山汉墓

1998年,县博物馆对河桥镇河桥村后巷组在铺设自来水管道时发现的古墓进行抢救性发掘,出土的器物有青瓷避邪水注、青瓷灯、盘口壶、墓砖等,墓砖上有双凤、翼虎、青龙纹饰,为西晋太康元年的砖室墓,早年被盗过。

1999年6月,淮阴市博物馆与县博物馆共同对沿宁宿徐高速公路基线十里营乡、明祖陵乡、管镇镇、鲍集乡各标段的取土坑进行考古,发现文物点9处,其中十里营路段发现唐宋墓群与寺庙建筑遗址。

2000年10月,县博物馆在古桑乡龙潭村抢救清理明代弘治年间刑部尚书陈道墓,地面上残存碎砖瓦和石龟型碑座、石香炉等,考古发掘出土汉白玉墓志1盒,粗陶罐6个,银簪2个。

2003年,县文物部门组织抢救性清理古遗址、古墓葬5处,发掘文物350件(套)。11月,淮安市博物馆组成考古队,对黄花塘镇华塘遗址进行抢救发掘,其遗存主要集中在南北两座土墩上,南墩以新石器时代为主,相当于大汶口文化晚期,距今4500年左右;北墩以西周时期为主。两墩之间还保存东周时期的文化遗存,遗址面积约1.5万平方米,文化层一般堆积1米左右,最深处2~3米,发掘遗址面积1100平方米,发现新石器时代墓葬1座,春秋时期墓葬2座,唐宋晚期墓葬12座,收集各类器物及标本600余件,出土遗物以陶器为主,器形有鼎、鬶、甗、鬲、豆、盆、钵、杯、罐、簋及磨制石器、陶制生产工具,在遗址地层中发现大量的鹿、猪、獐、牛、狗等动物骨骼与牙齿。该遗址的发掘为研究淮河下游区域与洪泽湖地区原始文化提供宝贵的实物资料。淮安市博物馆配合宁淮高速公路建设,勘查盱眙县境内文物,全线涉及盱眙县文物点7处,发现黄花塘镇华塘村新石器时代遗址与古墓群、千棵柳商周遗址、王集唐宋遗址等9处。

2004年2月9日,淮安市博物馆考古队发掘发现,千棵柳商周遗址位于盱眙县旧铺镇千棵柳村老庄北,面积约5000平方米,为岗坡台型,生态环境与遗址保存状况良好,共发掘面积1136平方米,文化层厚1.5~2米,分为上、中、下三层,下文化层年代大约在前商晚期,中文化层约相当于后商晚期至西周早期,上文化层年代在西周中期。出土器物与标本800余件,以陶器为大宗,主要器形有鬲、南瓦、豆、盆、罐、簋、钵等,是全市建国以来遗址出土文物数量最丰富的一次,填补淮安市博物馆商周时期文物藏品的匮缺。遗址的土著文化与淮夷、徐夷有关,为研究江淮地区青铜文化的地方类型及淮、徐夷与中原商周文化的关系增添新的考古资料。县文博人员到马坝镇和安徽交界处抢救清理古墓葬11座,发掘文物48件。省、市文物部门对秦汉东阳城遗址1.5平方公里进行考古发掘,出土楚国郢爰、秦始皇诏铜权、东汉铜灯、西汉木刻图等大量具有历史和艺术价值的文物。县政府委托南京大学文化与自然遗产研究所,历时9个月,对古泗州城遗址进行考古勘探,弄清古泗州城遗址及其东门、西门、南门、北门、香华门的确切位置,并绘出草图。从绘制的草图上看,古泗州城大致为东西偏北走向,汴河横穿城中,将城分为东、西两城;从出土的遗物看,有耀州窑、定州窑、龙泉窑、景德镇窑、古州窑烧制的瓷器碎片,考证古泗州城当时属交通和商业昌盛地区。

2005年,南京博物院考古研究所、中国社会科学院考古所对泗州城遗址进行考古勘探,其遗址东南一小部分在淮河水下,大部分均在淮河岸边地下,是全国唯一的灾难性遗址。

2006年4月20日,马坝镇小云山陈婴家族墓被盗后,淮安市博物馆考古人员采取抢救性发掘,该墓编号为M9,属中型岩坑竖穴木椁墓,为夫妻合葬,坑口长5.8米、宽4.8米,距地表深度7.2米,两椁东、西并

图 29－19　泗州城遗址挖掘

列，东椁室保存完整，未经盗扰，西椁室遭受盗掘，两墓共出土随葬器物 42 件，部分漆木器腐烂严重，一方双面铜印价值珍贵，是考证陈婴家族成员的重要资料。5 月，在宁宿徐高速公路盱眙至南京段穆店乡仁昌村工段建设时，暴露古代墓群，市博物馆考古队进行抢救发掘，共发掘中小型土坑木椁墓 11 座，收集出土铜器、陶器、铁器、漆木器、骨器等随葬品 100 多件，陶器多以鼎、壶、瓿、盒、罐为组合器，铜器番龙纹熏灯为精品文物，铜镜有不同纹饰，部分椁棺内安放铁剑，有 4 座墓葬出土汉代玉铢钱币。

2007 年，县博物馆组织文物工作者对马坝镇南阳村合心组汉墓和东阳庙塘汉墓进行两次抢救性发掘，出土漆器、陶器等文物 22 件。4 月，市博物馆考古队先后 2 次对维桥乡前车棚宁宿徐高速路二标工段 2～3 号取土坑进行考古，发掘出土文物以新石器时代为主，陶片以红陶为大宗，内有少量灰陶和黑皮陶，可辩器形有鼎、壶、豆、杯、尊、罐，出土石铲等生产工具，该遗址最早的文化年代为大汶口文化晚期，距今 4500 年左右。2008 年，县博物馆配合南京文物考古专家，对大、小云山汉墓进行考古，制定发掘方案。

第六节　文物保护

一、文物管理与执法

1986 年，县文物管理部门对东阳城遗址、穆店乡、十里营乡、仇集乡、河桥乡古遗址、古墓葬进行保护、管理，严禁任何人肆意毁坏古墓类文物。

1990 年，县人大视察文物管理工作，提出强化古遗址、古墓葬、文物管理、执法保护工作，严禁任何单位和个人侵占、破坏古遗址和古墓葬的行为。1991 年，县博物馆与县公安局开展文物执法行动，打击盗墓、走私文物等犯罪案件 5 起，依法收缴流散文物 12 件。

1993 年，县文化局、县博物馆先后印制全国人大颁布的《关于惩治盗掘古文化遗址、古墓葬犯罪的补充规定》3500 份，散发到各乡镇文化站、采石场、窑厂等单位。1995 年，县文化局在文物重点地区东阳乡、穆店乡、仇集乡、河桥乡、十里营乡等乡镇张贴宣传标语 1000 余张，出版布报、墙报、板报 40 期。1999 年，县博物馆配合县公安局破获盗墓走私文物案件 3 起。

2000 年，县博物馆先后 3 次深入全县古遗址、古墓葬较为集中的乡镇，宣传《中华人民共和国文物保护法》，设立咨询点 80 余个，印发宣传资料 5000 余份，受教育 2 万余人次。2001～2003 年，马坝镇圩庄村先后被盗古墓 37 座。县文物管理部门配合县公安局开展现场取证、打击追捕犯罪嫌疑人，共打击文物犯罪 50 余人，追缴文物 100 件，其中三级以上文物 40 件。

2004 年 7 月，秦汉东阳城古汉墓被盗案告破，共抓获盗掘古墓葬、倒卖文物罪犯林某某、高某某、李某某等 38 人，收缴文物 80 余件，其中国家一级文物 4 件，三级和二级文物 30 件。2006 年初，东阳大云山古墓被盗。7 月，案件告破，县公安局共追缴文物 141 件，其中国家一级文物 9 件、国家二级文物 11 件、国家三级文物 33 件、一般文物 88 件，全部移交县博物馆。

2007 年，县政府印发《关于制止和打击私挖乱掘古墓葬古遗址的通告》，加强遗址保护和管理，防止和打击破坏古墓葬、古遗址行为。县博物馆配合县公安机关依法收缴出土文物13件。2008年,县博物馆配合县公安局开展打击盗墓、追缴走私文物专项行动22起,共追缴出土文物483件(套),其中国家一级文物4件,国家二级、三级文物74件,一般文物405件。

二、文物区保护与修建

1988年,县政府制定文物区保护规划,做好申报文物保护单位各项资料筹备工作。1990年,县政府开始申报第二批省、市级文物保护单位。1993年,县政府下发《关于明祖陵、第一山题刻、新四军军部旧址、东阳城遗址保护范围和建设控制地带的通知》,规定文物遗址保护范围内不得乱建乱搭。

1995年8月,县政府印发《盱眙县人民政府关于切实加强文物保护工作的通告》,文物管理部门深入各乡镇和全县各采石厂,宣传通告精神和保护文物的重要性。1996年,明祖陵被国家批准为文物保护区1个,建筑面积2232平方米。1998年,县政府申报盱城为省级历史文化名城。5月,省文化厅、省建委组织专家通过初审。

2001年,县博物馆组建工作小组,深入各乡镇宣传文物保护工作通告。全县各乡镇古墓葬、古遗址未发现损毁、破坏现象。2006年,经市政府批准,境内文物保护单位5个;经县政府批准,文物保护单位9个。2007年,县政府颁布《盱眙县泗州城遗址保护管理办法》。2008年,县文物部门修建祖窑遗址、项王城遗址、龙王墩遗址、范家岗遗址、天官井市级文物保护单位标志牌。

1986～2006年盱眙县文物保护单位一览表

表29－7　　单位:平方米

名　称	地　址	建筑面积	占地面积	保护级别	批准保护时间	现状使用单位
明祖陵	明祖陵镇境内	2232	750000	国保	1996.11	明祖陵文物管理处
明伦堂	盱城镇县老年大学内	285	800	市保	2003.3	盱城镇县老年大学
侵华日军盱城大屠杀同胞殉难处	第一山公园内	8	80	市保	2003.3.	第一山公园管理处
祖窑遗址	兴隆乡祖窑村厉庄组		150000	市保	2006.6	兴隆乡祖窑村厉庄组
天官井	鲍集镇何岗村双井组	2	69	市保	2006.6	鲍集镇何岗村双井组
范家岗遗址	维桥乡车棚村前车棚组		12000	市保	2006.6	维桥乡车棚村前车棚组
项王城遗址	官滩镇甘泉村		250000	市保	2006.6	官滩镇甘泉村
龙王墩遗址	黄花塘镇新街居委会龙王组		13000	市保	2006.6	黄花塘镇新街居委会龙王组
青平山遗址	仇集镇青平山顶		120000	县保	2006.12	仇集镇明山村王庄组
庙塘墓群	马坝镇东阳村立新组		40000	县保	2006.12	马坝镇东阳村立新组
圩庄、缪庄墓群	马坝镇南洋村圩庄组		1500000	县保	2006.12	马坝镇南阳村圩庄组和缪庄组
二墩子墓葬	盱城镇赵岗村(盱官公路西侧)		400	县保	2006.12	盱城镇赵岗村兴隆组
甘泉山墓葬	官滩镇甘泉山		1000000	县保	1996.12	官滩镇甘泉村
魁星亭	盱城镇第一山公园内	25	25	县保	1996.12	第一山公园管理处
玻璃泉	盱城镇第一山公园内	10	10	县保	1996.12	第一山公园管理处
日军盱城大屠杀上龟山同胞殉难处	盱城镇		100	县保	1996.12	第一山公园管理处
下草湾遗址	位于盱眙、泗洪交界处		1000000	县保	2006.12	鲍集镇铁营村后洼组(淮洪新河东岸)

三、馆藏文物保护与展览

1986年，县文教局文物管理部门负责馆藏文物保护、甄别、维修工作。1991年，县博物馆邀请南京博物院专家修补文物陶器18件、青铜器5件。3月，在县图书馆举办东阳小云山出土文物展，展出文物80件、图片38张，参观4000余人次。

1992～1993年，县博物馆实施馆藏文物"五账一卡"（分类账、分箱账、分级账、清锈除垢账、总账、登记建卡）制度，共清理、分类古钱币2.5万枚，清锈、除垢、分类分箱保存铜镜、墓志、砖300种，拍摄文物照片150幅，拓绘器物图30余幅，登记建卡文物档案1000多件，实行24小时值班制度。

1994年，省文化厅文物处组织南京博物院专家、教授对明祖陵进行实地考察和论证，研究拟定保护和抢救规划。1995年，县博物馆被淮阴市博物馆评为馆藏文物安全年活动先进集体。1996年，文物工作人员谢元安被国家文物局授予"文物卫士"称号。1998年，县博物馆向上级文物部门争取资金15万元，修复被损文物60余件，修补陶器24件、铜镜16面。

2000年，在第一山公园举办盱眙县出土文物展，展出文物300多件，其中一级文物20多件。2001～2003年，组织职工集资1.5万元，聘请文物专家修补出土文物128件。2004年，第四届中国龙虾节期间，举办盱眙历代出土玉器和公安部门破案追缴文物展，展出文物100多件。

2006年，第六届中国龙虾节期间，县博物馆在明伦堂举办盱眙出土历代铜镜展，共展出各类铜镜300多面，其中国家三级以上文物50面。其种类有：战国盘螭纹镜、汉代日光镜和规矩镜、南北朝人物故事镜、唐代葡萄镜和鸾鸟衔绶镜、宋代湖州镜、元代汉鱼镜、明代仿汉镜。2008年，县博物馆修复铜器类文物9件，馆藏文物资料均输入微机。

四、非遗（非物质文化遗产）保护与普查

2006年，县政府成立非遗保护领导小组，制定方案。县文化局成立工作小组，县文化馆挂牌非遗保护中心，各乡镇成立办公室，开始实施非遗保护和普查。是年，组织老艺人、老教师、老专家、老干部、老村民732人，深入各乡镇宣传非遗保护工作；盱城镇发放宣传资料1200余份，各乡镇举办培训班50余期，参训5000余人。

2007年，组建115人普查队伍，深入各乡镇，调查、收集有关非遗线索，印发普查提纲万余份，发放各乡镇及有关单位。至年底，收集线索1500条，选取项目261个，其中民间文学148个、传统美术3个、传统音乐4个、传统舞蹈5个、传统戏曲3个、曲艺1个、杂技2个、传统技艺6个、生产商贸习俗1个、消费习俗13个、人生礼俗50个、岁时节令3个、传统信仰7个、民间知识1个、传统医药6个、游艺和传统体育8个。

2008年9月，经筛选，将《水漫泗州传说》、民舞《花鼓伞》《团团会》等10个非遗名录列入"十一五"文保重点规划，并向省、市申报。

图29－20　盱眙传统菜肴粉皮烩鸡丝、豆饼等成功申报省、市非物质文化遗产

第五章 报　纸

第一节 机　构

1992年,成立盱眙报社,为全民事业单位。1994年7月1日起,盱眙报社为正科级全民事业单位,设总编办公室、编辑科、采访科。1996年,增设经济信息科、网络科、副刊科。

2005年7月19日,盱眙报社更名为盱眙县现代信息中心,为正科级全民事业单位,隶属于县委宣传部,设编辑科、采访科、网络科、总编办公室。2007年,增设外宣科。2008年,机构无变化。

第二节 发　行

1993年11月28日,《盱眙报》试刊,县委书记陈伟题写报名。1994年7月1日起,《盱眙报》正式出版发行周一刊,全年出版26期,每期发行1.5万份。

2001年5月1日,《盱眙报》改为《盱眙日报》,出版周五刊,由四开小报改为对开大报,其报头使用国家主席刘少奇题写的"盱眙日报"字样。每期发行1.8万份。

2002年,国家控制县级报刊发行,《盱眙日报》更名为《盱眙新闻》,为内部资料性报纸。年底,《盱眙新闻》改为《今日盱眙》,免费赠阅。每期发行1.9万份。

2004年3月,《今日盱眙》停刊。7月,更名为《盱眙信息》出刊。2005年7月,《盱眙信息》更名为《今日盱眙》,每期发行2万份。2008年,继续沿用《今日盱眙》报名,每期发行2万份,免费赠阅。

图29－21　2002年12月,《盱眙日报》更名为《今日盱眙》,每周出版三期。

第三节 版面设置

1993年,《盱眙报》试刊时,一版为要闻,二版为经济新闻,三版为上层建筑和社会生活,四版为时政、文摘、文艺。1994年7月1日,《盱眙报》围绕县委经济建设总目标,开设《致富标兵》《十大新闻》《学理论、学科技知识竞赛》《改革与成就》等专栏,报道全县改革开放和现代化建设中的成就。

1999年,全年用30多个版面刊登盱眙县招商引资进展及验收情况,重点报道建国50周年、建党78周年、"五四"运动80周年、澳门回归等重大事件。1～4版分别开设《都梁论坛》《农事顾问》《在党旗下》《科技之星》《直言堂》《人生感悟》等栏目。7月,《盱眙报》首次出彩版1期。

图29－22 盱眙报社召开评报会议,征求版面设置意见。

2000年,结合盱眙经济发展及中心工作,1～2版报道全县旅游业发展、旅游景点建设、盱眙龙虾节、淮河二桥建设、县乡道路建设、城区道路网络改造等情况。2001年,《盱眙日报》一版开设《加快发展论坛》栏目,刊发基层干部有关解放思想、加快发展体会文章,设立《第一届中国龙虾节》《招商引资》《创建全国生态示范县》《特色农业》《环境整治》等专栏。2002年,《今日盱眙》专版刊登龙虾节筹办和节庆期间宣传稿件,并出彩报3期,其中8版彩报增刊1期。《盱眙新闻》在全市县区报年度好新闻评比中,获奖篇数与格次连续5年居全市县区报之首。

2004年,《盱眙信息》围绕贴近实际、贴近生活、贴近群众,开设《文明建设》专栏。2006年,《今日盱眙》对中国龙虾节获得IFEA中国最具发展潜力十大节庆和中国节庆50强情况,设专版报道;全县招商引资百日竞赛期间,刊登县委、县政府贺信和招商之星及先进个人事迹。第六届中国龙虾节期间,《今日盱眙》连续出彩报20期。

2007年,《今日盱眙》在主要版面开辟《喜迎十七大,展示新风貌》《本报记者邳州行》专栏,推出18篇通讯,系列报道全县公务人员敢想敢干、敢于争先、比学赶超的干事创业情况。全年共出彩印150期、版面300个。2008年,《今日盱眙》开设《解放思想论坛》《乡镇长访谈》《创建省级文明城市》《创建省级卫生县城》《创建省级园林城市》《纪念改革开放30周年》《连线招商一线干部》等栏目,刊登各类稿件约1.2万篇。12月,《今日盱眙》开始出日报彩版。

第四节 广 告

1994年7月1日起,《盱眙报》版面小,刊登部分广告均免费,体现《盱眙报》宣传效应。2001年,刊登广告均为县直机关、乡镇等合作单位,免费刊登,无广告业务收入。2004年底,经工商部门批准,取得广告经营许可权。2005年,全国压缩整顿县级报刊,严禁县级报刊发行和征订,其出版经费均由县直机关各单位、各乡镇合作单位捐助扶持,所刊登广告,均为合作单位,免费赠送。2007年,开始广告创收,弥补办报经费不足。全年共刊载广告32个版面,纯收入2.03万元。2008年,全县经济快速发展,外商投资企业逐渐增加,刊登广告增加到69个版面,广告纯收入增加至4.52万元。

第六章　广播电视

第一节　机　　构

1986年，县人民广播站有职工55人，设编辑部、制作部，有乡镇广播放大站30个。1988年，高桥乡、穆店乡等7个乡镇广播放大站更名为广播电视站，实行职能转换。1989年9月，县人民广播站更名为县广播电视管理站(副科级)。

1990年，更名为广播电视局，内设办公室、宣传科、财务科。1991年底，成立盱眙县人民广播电台。1994年，成立县有线电视台，股级建制，设编辑部，负责三台自办节目的采编；设制作部，负责自办节目的制作和播出；设信息部，负责广告发布和电视台影视剧片源的组织和供给。各乡镇广播放大站统一命名为广播电视站，全民事业单位，股级建制，行政隶属于乡镇人民政府管辖，业务由县广播电视局指导。乡镇站通讯报道员纳入正式编制。

图29－23　广播电视大厦

2000年，全县区划调整，乡镇广播电视站减少到19个。2003年，县广播电视局调整合并各科室，设“四台四科一室”，分别为广播电台、电视台、有线电视台、电视调频发射台、宣传科、社管科、科技科、财务科、办公室。乡镇文化站和广播电视站合并成立文化广电服务站。2005年，乡镇文广服务站归县广播电视局直管。2008年，马坝镇设马坝、高桥、东阳文广服务站。

第二节　广　　播

1986年，相继开通河西片淮河乡、管镇乡、兴隆乡、铁佛乡、鲍集乡调频广播信号。11月，用海燕10瓦机定向发射，发射频率156.2兆赫，用高灵敏度专用接收机接收，广播信号过淮河问题得以解决。农村有线广播通到大队、生产队及部分农户。1987年，农村有线广播标准达到：农户有合格喇叭、地线、广播盒、开关、滴水环，实现穿户铁芯线进户和外线水泥杆化。1988年，县广播部门在马庄乡永久村开始动圈喇叭村试点，改善有线广播音质。1989年，县广播站更新升级机房控制台、扩大机、输出柜和配电柜等设备，提升播放质量，解决广播收听难问题。

1992 年，县广播站录音设备全部换代，播出设备均达到部标甲级。乡镇广播放大站设备更新达到部标乙级，出站线路实行电缆化。全县标准化整网工作全部结束，通响的小喇叭有 60058 只，农村有线广播普及率 92%。1993 年 1 月 1 日，正式使用盱眙人民广播电台呼号，以 96.2 兆赫对外播出。发射机功率 300 瓦，小平山设置发射天线。各乡镇广播放大站实现无线接收县站信号源，县接乡镇信号专线退出使用。

图 29－24　广播电台开播“政风热线”栏目

1995 年，各乡镇大办村广播室，发挥高音大喇叭作用，提高广播覆盖率。全县新建村广播室 376 个，架设高音喇叭 4800 只，农户小喇叭下降到 41514 只。1997 年起，有线广播与有线电视共缆输出，逐步取代传统的有线广播。

2000 年，全县广播全部使用调频信号，收音机、电视机基本普及，农村有线广播传输信号全部拆除，一律调整为无线信号。从此，农村小喇叭、大喇叭、有线广播退出历史舞台。2008 年，调频发射机功率变更为 3000 瓦，播出时间变更为早上 5：50 至晚上 22：00 时。

第三节　电　　视

1986 年，电视节目靠天线接收，山区无法接收无线电视信号。

1990 年，山区各乡镇在乡政府院内竖起 5～10 米高电视天线，接收省台无线电视信号。1991 年夏，全县遭受洪涝灾害，县政府为宣传抗灾、救灾，拨专款 20 万元，购置一台松下 250 摄像机和一套 7500 系列编辑线，电视传媒初见雏形。

1993 年，县广电局将淮河南路 30 号原广播站三楼会议室改建成有线电视播出机房，使用美国吉诺特捷变频调制器和日本松下接收机，传送 12 套电视节目和 4 套广播节目，传输电缆附挂在供电杆上。12 月 21 日，开始转播央视二套节目。

1994 年，盱眙电视台、盱眙人民广播电台、盱眙有线电视台各保留呼号，实行三台合一。转播央视节目 4 套。1995 年，完成马坝镇、官滩镇农村有线电视分前端建设。1997 年 8 月，县发射台开始农村 MMDS 联网，采用微波点到面传输技术，覆盖半径 30 公里，形成传输 12 套电视节目的有线电视网络。乡镇全部开通有线电视，入网 3000 余户。

2001 年，境内兴建村村通光缆网，MMDS 用户转为光缆网用户，乡镇联网用户增加到 2.5 万户。2003 年，第三届中国龙虾节开幕式和大型文艺演出《登高望远》，实施首次电视现场直播。2004 年，县广电局向各乡镇下达有线电视入户任务，年终进行考评奖励。年底，有线电视入户增加到 5 万户。

2007 年，城乡光缆干线网建成，传送 38 套电视节目，城乡有线电视用户 10 万余户。2008 年，改造有线电视台机房，启动数字电视建设。12 月中旬，建成数字平台，数字信号出流，传送 132 套数字电视节目和 14 套数字广播节目。全县城乡有线电视用户 13 万户，入网率 70% 以上。盱眙县被省广播电视局评为有线电视先进县。

第四节　广电传媒

1986 年，县人民广播站每天早、中、晚重复录播盱眙新闻 3 档，每档 15 分钟，其稿件均由文学爱好者投稿，经整理录播稿件 4200 篇。

1992 年，成立电视报道组，开办电视节目《盱眙新闻》，每周 2 档，每次 15 分钟，插播在转播江苏电视台节目 2 频道《江苏新闻》后。全年电视录用稿件 350 篇。1993 年，调频广播与有线广播合用一套节目源，播出主要节目有《盱眙新闻》《农村新天地》《科学知识》和《为您服务》，全天 3 次播音，时间 8 小时左右。全年电视播出新闻稿件中被中央电视台采用 2 条，省、市电视台采用 50 条。县广播电台报道的《小村文化热》获省好新闻三等奖、市一等奖。

图 29－25　1991 年，广电的记者冲在一线记录水灾实情。

1994 年，自办《盱眙新闻》《经济信息》《影视剧场》节目，每天播出 5 小时左右。电视新闻《淮河特大型污染》分别获省广播电视厅二等奖，市广播电视局一等奖。1995 年 5 月，盱眙电视新闻开设口播新闻，播音员出图像。1999 年，首次制作专题片《虎山老人》，被中央电视台第七套节目播出；拍摄制作《辉煌 50 年》专题，在县电视台播放。电视新闻由每周 3 档，增加到 5 档，星期六、星期日增加 1 档《一周要闻》。

2002 年，在广播、电视《盱眙新闻》节目中，开设《喜迎十六大，展示新成就》栏目，报道盱眙 13 年来各行各业取得辉煌成果。2003 年，《一手抓抗击“非典”，一手抓经济发展》等 2 篇广播、电视稿件，连续在省台播出。《盱眙新闻》改为 5 档，与教育局联办 10 档《师苑风范》，宣传师德教育。县电视台户外直播龙虾节开幕式和大型广场文艺演出。全年制作反映工业园区光辉历程电视专题片 3 部。

2004 年，县电台与县纪委联合开办大型访谈节目《行风热线》，全年播出 13 期。电视台电视评论《必须用工业经营理念发展农业》、电台评论《探寻科学发展观在县域经济发展中的实践途径》分别获市好新闻一等奖。2005 年，围绕招商引资，开设《聚焦工业园区》《强力推进新型工业化》专栏；围绕文明城市创建，开设《城市之窗》，制作《和谐盱眙》专题片。全年获省、市广播、电视宣传创优一等奖 3 个，二等奖 7 个，三等奖 12 个，广电局在省广播电视厅新闻抽查中被评为先进单位。

2007 年，全年重大活动广播电视现场直播、现场录播 40 余场。广播电台播出时间增加到 17 个小时，自办节目有《盱眙新闻》《夕阳红》《走进新农村》。11 月 8 日，开办第一个直播互动栏目《政风热线》，每周一档。全年广播稿件被中央电视台录用 8 条，省台 30 条。

2008 年，盱眙电视台自办节目有《新闻频道》《生活频道》和《影视频道》，每周播出时间 54 小时以上。第八届中国龙虾节期间，开设龙虾节特别频道，现场直播 5 场，录播 18 场。盱眙电视台摄制的城市形象宣传片分别在央视一套、四套、七套和十套播出。全年县广播电台举办《政风热线》40 期，录用稿件 5000 篇，电视台录用稿件 5100 篇；市及市以上电台录用稿件 380 篇、电视台录用稿件 300 篇。县广播电视局被市文广新局评为电视报道先进单位、北京奥运会广播电视安全播出保障先进县。

1993～2008 年盱眙县广播电视局用稿统计一览表

表 29－8　　单位:条、篇

年份	县电台录播稿件	县电视台录播稿件	市及以上电台录播稿件	市及以上电视台录播稿件	时间	县电台录播稿件	县电视台录播稿件	市及以上电台录播稿件	市及以上电视台录播稿件
1986	4200	–	72	–	1998	5000	1100	347	82
1987	4600	–	76	–	1999	5200	2100	400	100
1988	4650	–	81	–	2000	4900	1900	340	140
1989	5080	–	76	–	2001	5150	2460	320	110
1990	5170	–	78	–	2002	5000	2100	400	130
1991	5350	–	126	–	2003	5100	2100	325	120
1992	5230	350	110	–	2004	5400	5000	400	198
1993	5167	607	238	52	2005	5488	5986	320	226
1994	5280	680	274	45	2006	4800	5500	347	232
1995	5400	900	297	83	2007	5200	5000	355	273
1996	5880	1040	330	47	2008	5000	5100	380	300
1997	4900	1300	320	74					

第五节　广　　告

1986 年,县人民广播站在播音结束前设置广告栏目,播出广告内容免费赠送。1987 年,开始征收广告费,全年收入 1.1 万元。

1993 年,广告进入电视媒体,采用荧屏字幕配音和字幕游动广告发布形式。1994 年,县广播电视局广告、点歌业务,创收 25 万元。1995 年起,县广电局成立广告信息部,统一发布广播、电视广告,个体工商户广告业务量逐年增加。至 2000 年,广告费共收入 150 万元。

2001 年,县广电局改版广告发布形式,实施点歌、字幕、广告电视片全方位服务,全县房地产开发商广告业务量增加。是年,广告收入 80 万元。2008 年,广告费收入 200 多万元。

第六节　基础设施建设

1986 年,县人民广播站有 635 录音机 2 台,550 瓦扩大机 2 台。

1990 年起,县电视台以松下 F－250 型摄像机、7650 型线性编辑线为主机型,演播室合用广播电台录音室,播出设备用录像机放录像带。1993 年,县电视调频台向社会各界集资 20 万元,购置一套 30 频道 300 瓦电视发射设备。1995 年,利用省扶贫资金 70 多万元,龙山乡、洪山乡、古城乡建成电视差转台,王店乡、兴隆乡、仇集乡、水冲港乡建成调频广播电台。1999 年,自筹资金 310 万元,兴建淮阴市至盱眙县光缆,完成村村通 100 个行政村光缆工程。

2000 年起,与市联通公司实施股份制合作,开始建设县城至乡(镇)光缆,其中广电占股 51%,联通占股 49%。至 2001 年,各乡镇光缆信号全部开通。2004 年,县广电局共配备各种型号摄像机 22 台,播出设备更新为硬盘播出系统,建成非线性编辑网络;投资 100 万元,建成虚拟演播室。

2005年,县广电局投入4789.9万元,建成宽带上网工程和县工业园区信息网络工程。2007年,更新升级设备,建成数字化制作播出系统音频工作站。采用1000瓦晶体管发射机,发射天线放置在天台山电视塔上,有效覆盖半径40公里。

2008年,投资150万元,其中省广电局拨130万元,自筹20万元,更新机器设备、天馈系统、机房设施和配电设备,新配置2频道1千瓦、12频道3千瓦、17频道3千瓦分别传送盱眙新闻频道、盱眙生活频道和盱眙影视频道,30频道1千瓦转中央一套节目,33频道300瓦转省一套节目。投资150万元,购置1套美国占美摇臂系统、2台蓝光盘摄像机,提高大型集会现场直播质量。全县231个村,共开通光接点2190个,电缆总长11760公里,光缆总长2250公里,其中县乡镇光缆310公里。村村通工程全部结束,提前完成市对县考核目标。

图29-26　位于小平山的有线电视台

第七章　档　　案

第一节　机　　构

1986年,县档案馆为副科级建制。1988年10月28日,成立盱眙县档案局,为正科级建制,与档案馆合署办公。1990年,县档案局设编研秘书股、征集指导股、保管利用股。1997年7月,机构改革,撤销县档案局。1998年底,恢复档案局,与县档案馆合署办公,均为副科级建制。2008年,县档案局、县档案馆升格为正科级,内设机构未变。

第二节　馆藏档案

1986年,县档案馆购进80组铁皮柜,做好档案收集前准备工作;组织工作人员深入各乡镇、县直各单位,指导基层档案管理人员做好档案接收前整理工作。馆藏档案15625卷。

1990年,县档案馆接收各乡镇人民公社和县直单位1983年以前人事(退伍军人、死亡干部)、户粮、土地证等专门档案3100卷。1995年,县档案馆接收的馆藏档案资料向名人、印鉴、重大活动档案延伸,馆藏档案门类、结构日趋合理。在全县开展公开征集档案活动，征集到明朝天启年间房地契约1张。

2000年2月，县委、县政府从纪检、政法、财税、档案等部门抽调专业人员，组成档案组，对部分乡镇撤并前形成的文件资料分别进行收集、分类、清理、登记、封存、移交、鉴定、进馆。全年接收档案1010卷。2003年，接收各乡镇和机关单位1984～1993年的文书档案3156卷。2006年，接收凹凸石棒黏土项目工作组凹凸科研档案资料26盒，信函合同和其他资料14卷，县领导和中外专家照片档案1册；接收张德勇送交县档案馆个人撰写并收藏的县志初稿140卷500万字。

2008年，馆藏档案102645卷、件，资料9781册。其中，明清档案、民国档案246卷(件)，国家重点档案420卷；新中国成立后文书档案32622卷，馆藏退伍军人档案、"四类分子"档案、婚姻档案、刑事案件档案、违纪档案、小乡干部档案、科技干部和退休干部档案、户口档案、敌伪档案资料、土地证档案、审计档案、"非典"档案、凹土科研档案等专门档案68221卷。馆藏《范氏家谱》和刘少奇给中共盱眙县委的亲笔信和为《盱眙日报》题写的报名原件，明朝天启年间的房地产契约，被江苏省档案局评为珍贵档案。

1986～2008年盱眙县档案馆接收档案和馆藏档案一览表

表29－9　　单位：卷

年份	接收数	馆藏量	年份	接收数	馆藏量
1986	1402	15625	1998	803	37459
1987	2315	17940	1999	696	38155
1988	584	18524	2000	1010	39165
1989	5841	24365	2001	1300	40465
1990	3100	27465	2002	552	41017
1991	2865	30330	2003	3156	44173
1992	2718	33048	2004	2400	46573
1993	1658	34706	2005	1089	47662
1994	289	34995	2006	978	48640
1995	404	35399	2007	759	49399
1996	797	36196	2008	52136	102645
1997	560	36656			

第三节　管　理

1986年10月，建成新档案馆，档案库房建筑面积600平方米。1987年，县委、县政府先后组织《中华人民共和国档案法》宣传教育活动7次，县委办、县政府办转发县档案局《关于开展盱眙县级机关档案室考核升级工作的意见》，制定《关于切实加强乡镇财政档案管理工作的意见》，对行政机关、企事业单位档案实行目标管理。年底，档案馆人员被评聘为中级职称2人、初级职称2人。

1988年，档案法颁布一周年之际，县政府分管领导发表讲话；档案局制作宣传版面20余块，在城区展出，城区和乡镇街区张贴和悬挂宣传标语310条，邀请县乡部分领导和档案工作人员参加座谈会，畅谈依法治档的成效。

1990 年，县委办、县政府办出台《关于 1990 年档案工作意见》。是年起，每年印发《关于年度文书档案立卷归档工作的通知》。县档案馆被评为江苏省四级档案馆。

1993 年，县档案馆出台《关于加强科学技术档案工作的意见》《关于举办档案业务培训班的通知》，举办档案管理及档案整理培训班 3 期，参训 300 余人次。县档案馆升格为省三级档案馆，开始编印《盱眙县大事记》。

1995 年，县档案馆组织档案管理人员检查县建设局、县农业局、县人民法院、县中医院等 71 个县直机关部门和乡镇、企事业单位的档案保护工作情况，排除档案安全隐患 30 多处，发出限期整改通知 131 份，敦促 15 个单位使用合格档案库房，建立合格档案室。

2002 年，县档案局（馆）筹措 20 多万元，扩建库房 460 平方米，11 月 18 日交付使用。2003 年，县档案局印发江苏省《归档文件整理规则实施办法》，规范 2002 年起的文书档案立卷工作；改革文书档案立卷，由多份文件立档改为一份文件为立档单位，建成档案图片展览厅，向全县人民开放。2007 年，县档案馆升格为江苏省二级国家综合档案馆。

图 29－27　档案管理

2008 年，县档案局（馆）开展执法检查 11 次，县供电公司、县电信局、江苏天明化工厂创建成国家二级档案室，县地税局、国税局、财政局等 9 个单位创建成江苏省一级档案室，盱眙人寿保险公司、县地方海事处、全县各乡镇财政所等 29 个单位创建成江苏省二级档案室，12 个单位创建成市、县级档案室。县档案馆升格为国家三级档案馆。至年底，县政府分管领导先后在《中华人民共和国档案法》宣传教育活动中发表讲话 12 人次，制作图文组合宣传版面 56 块、幻灯片 113 张，在报纸上发表纪念文章 9 篇，张贴和悬挂宣传标语 110 余条。举办文书档案、企业档案、会计档案等各种门类档案业务培训班 37 次，培训专（兼）职档案人员 2123 人次，到县直机关、企事业单位、乡镇进行业务指导和档案服务工作 539 人次，指导各类档案立卷 133642 卷（件）。县档案局（馆）参加国家、省、市组织的培训 89 人次。

第四节　开发与利用

1986 年，查阅档案 586 人次。是年起，档案工作利用范围由单纯为机关工作服务扩大到为科学研究、经济建设、编史修志、落实政策等提供有价值的资料和证据，为领导决策、制定工作计划、目标任务等提供参考，为人员的身份提供年龄、工龄依据，为解决民事纠纷及案件诉讼提供婚姻、土地、房产等资料依据，向社会开放满 30 年历史档案。1987 年，查阅档案 1284 人次，其中为下放回城人员“农转非”户口问题，提供档案资料 500 余份。

1994 年，为村支书、主任、会计解决相关待遇问题提供档案服务 457 人。2005 年，县档案馆被县委、县政府命名为盱眙县第二批爱国主义教育基地。2006 年，县档案馆被淮安市委、市政府命名为淮安市爱国主义教育基地。2007年,为退伍军人、参战参核人员享受社保补助提供档案查阅713人。至2008年,县档案馆共接待查档人员30750人次,调阅档案资料133828卷册次,复印(制)档案72974页。

1986～2008年盱眙县档案利用情况一览表

表29－10

年份	利用人次	查阅卷次	年份	利用人次	查阅卷次
1986	586	3026	1998	1085	5703
1987	1284	5281	1999	1033	4780
1988	425	1146	2000	856	3918
1989	1910	2806	2001	926	4338
1990	1776	7406	2002	911	3483
1991	1963	8384	2003	942	3564
1992	1407	7842	2004	1012	3987
1993	1891	12370	2005	1631	5435
1994	1381	7487	2006	1813	6260
1995	1492	8173	2007	2069	7372
1996	1142	6346	2008	2097	8631
1997	1118	6090			

第八章　地方志工作

第一节　机　　构

1986年,成立县编史修志编纂委员会,下设办公室。1993年,县编史修志办公室更名为盱眙县地方志办公室(简称县志办),副科级单位,编制6人,无下设科室。至2008年,无变化。

第二节　县志编修

1986年,县志编纂委员会组织人员收集查阅有关资料,筹备修纂第一轮《盱眙县志》。1987年,采取专业人员、部门人员和聘请人员三结合的办法,先后编印《盱眙概况》和《盱眙旧志辑要》。将盱眙县志分为综合、经济、政治、文化4个部类,设正副总编4人,各负责1个部类,《盱眙县志》进入编纂阶段。

1989年9月,完成《盱眙县志》初稿。10月,县志编纂委员会实行委员分工负责制,逐章评议县志初稿,修改篇目、结构、内容、史实、文字等方面内容。

1990年9月,完成《盱眙县志》评审稿。10月,县委、县人大、县政府、县政协主要领导及县志编纂委员会全体成员,集体评审《盱眙县志》稿。11月,江苏省地方志办公室和淮阴市地方志办公室组织方志界专家、学者及友邻县县志办公室负责人,再次评审《盱眙县志》稿。

1991年9月,根据二审、三审提出的意见,县志编纂人员修改志稿并正式定稿。10月,《盱眙县志》稿交县委、县人大、县政府、县政协审定。11月,《盱眙县志》稿通过江苏省地方志办公室验收,交江苏省科学技术出版社出版,共印4000册。全志计34章175节140万字。1993年,新编《盱眙县志》出版发行,获全国新编地方志优秀成果评奖三等奖,并参加全国地方志成果展览。1994年,《盱眙县志》发行至各单位、各乡镇。

图29-28 《盱眙县志》和《盱眙年鉴》

2007年,盱眙县第二轮续志开始编修,县志办举办全县各单位编写人员业务培训班,落实单位供稿人员、经费,开展档案查阅、资料收集工作。2008年,县志办聘请编辑5人,按照志书要求分门别类、横排纵写,上限年代为1986年,下限年代至2008年。全志分为综合、政治、经济、文化等部类36篇。

第三节　年鉴编辑

1994年起,县志办开始编印出版《盱眙年鉴》,采用分类法编辑,横排门类,记述结构分为类目、分目、条目3个层次,设盱眙概貌、大事记、人物、党政社团等常置部分,根据实际情况加设特载,图表随文配置,书中以彩页的形式记载上级领导到盱眙县视察、反映盱眙对外开放交流和发展的最新面貌。10月,全县第一本《盱眙年鉴(1994)》卷由河海大学出版社出版发行。至2008年,盱眙县共出版发行《盱眙年鉴》15卷。

第三十篇　体　　育

1986年起，盱眙县委、县政府加快体育事业发展，加大体育设施投入，逐步改善体育环境，推动职工体育、农民体育、老年体育和全民健身体育长足发展。各中小学认真贯彻《学校体育工作条例》《学校卫生条例》（简称“两个条例”），实行《国家体育锻炼标准》，强化学生体育锻炼，增强学生身体素质。县青少年业余体校面向全县选才，常年坚持业余训练，先后为国家和江苏省队输送优秀体育苗子，在省及全国体育竞赛中，取得优异成绩，为国家、江苏省赢得荣誉。县体委、县体育局注重农民体育发展，举办“丰收杯”农民篮球赛；联合县总工会、老龄办等相关单位，举办老年体育运动会；县工会联合机关、企事业单位，开展职工体育运动，有效推动全县群众性体育活动深入开展。部分县直各机关、厂矿、企事业单位成立体育代表队，节假日和周末，自行组织本单位及友谊单位职工开展篮球、乒乓球、桥牌、象棋友谊赛等体育活动。

2000年，马坝镇被省体委评为江苏省亿万农民健身活动先进镇。是年起，开始销售体育彩票。2001年，明祖陵镇被国家体育总局评为群众体育工作先进单位。2002年，河桥镇被省体育总局评为江苏省亿万农民健身活动先进乡镇和江苏省群众体育工作先进单位。2005年，县体育局举办第一届运动会和全民健身活动月活动，与有关单位及民营企业联合举办体育竞赛，推动基层群众性体育活动蓬勃开展。县委、县政府在元旦、国庆期间，组织县乡领导、县直机关、学校、企事业单位代表，驻盱眙部队代表3000多人参加长跑活动，丰富群众生活，增强全民体质。

至2008年，县城区建成奥体中心、体育馆，可承接国家级体育比赛。县体育局共举办3届运动会和5个全民健身活动月活动；承办省级比赛4次、市级体育赛事9次；向省运动学校、市体育学校、国家专业队、省专业队共输送运动员218人，获省及其以上竞赛奖65项。全县各乡镇建有体育场、村有篮球场、乒乓球室400多个、社区有健身场地600多处，10个乡镇建成体育中心，各乡镇晨（晚）练点290个。中小学《国家体育锻炼标准》达标率长期稳定在97%以上。

第一章　机构、设施与彩票

第一节　组织机构

1986年,县体育运动委员会(简称县体委)下设县体育场、篮球协会、青少年业余体校。1987年,成立足球协会。1992年,成立老年人体育协会。1994年,成立县体育用品服务部。1997年,县体委会和文化局合并。

2001年,县体委更名为盱眙县体育局,与县教育局合署办公,挂"县体育局"牌子。2004年,成立老干部门球协会、碧波钓鱼协会。2005年,县体育场更名为盱眙县体育运动中心,增挂"盱眙县青少年业余体校"牌子。2007年,成立体育总会、象棋协会、围棋协会、陈氏太极拳协会。2008年,成立教育系统乒乓球协会。

第二节　体育设施

1986年,盱眙县有田径场、两片篮球场和溜冰场。各幼儿园安装木马、滑梯、跷跷板、秋千等活动器材;各中小学均有篮球场。1987年,三河农场兴建600平方米篮球场。1988年,桂五文化站兴建500平方米室外溜冰场,滨淮机械厂改建750平方米的室内溜冰场。

1990年,铁佛乡投资7万元,添置炮式篮球架13副、足球架15副、桌球50台,新建篮球、排球场16个,为农村体育活动提供条件。1994年,县体委提供土地,县机电公司出资200多万元,在体育场大门前联合兴建局部四层综合大楼,建筑面积1674平方米,室内设乒乓球室、象棋、围棋和桥牌活动室。洪山乡投资6.5万元,购置炮式篮球架5副、桌球10台,新建水泥篮球场2个、排球场5个。

图30－1　宝积山下的县体育场

1998年,县体委在体育场内与供销大厦合建盱眙第一个集溜冰、游泳于一体的室外游泳池。第一泉酒厂利用粮化厂旧设施,在金源南路改建一个简易室外游泳池。1999年8月18日,建成盱眙路易保龄球馆,有8条球道对外开放。

2003年,县体育局投资200多万元,兴建魁星健身广场,场内建有水泥篮球场2片,排球场2个,综合健身器材1套。新建淮河风光带、都梁广场等全民健身点7处,为群众健身活动提供场地。2001年,因城市建设,县体育场被征用。2004 年,县委、县政府组织开展“迎十运送体育下乡”活动,为仇集镇赠送价值 5000 元体育器材。

2005 年,县委、县政府新建五墩广场、龙泉广场、桃花园小区等全民健身点 5 个,在魁星广场兴建简易草坪足球场、羽毛球场。集资 10 万元,兴建盱眙县第一个全封闭式门球场。县体育局先后支持张坤明、刘晓疆、朱小光、刘光辉等一批有健身技能的骨干,开办坤明乒乓球活动中心、晓疆健身房、小光乒乓球俱乐部、光辉篮球学校健身场馆。全年,城乡中小学建成风雨操场 20 多片。

2006 年,全县完成 17 个行政村“万村体育健身工程实施。2007 年 9 月 26 日,县政府利用外资 1.5 亿元,在都梁大道旁开工兴建县体育馆一期工程、体育场。省、市、县按比例配套投资,在全县 241 个行政村每村建成 1 个篮球场、1 个乒乓球室、1 个棋牌室。全县投资 300 多万元,在 214 个行政村新建水泥篮球场、改进乒乓球室各 1 个。

图 30－2　2008 年建成的奥体中心

2008 年,建成奥体中心,占地 15.33 公顷,内设 400 米标准塑胶跑道田径场,有看台 2 万座的体育场、看台 3500 座的室内体育馆、50 米 × 21 米的标准游泳池各 1 个,配套建成 2 万平方米四星级酒店和 5000 平方米全民健身中心。投资 100 万元,建设 19 个乡镇体育中心、9 个社区健身点和 1 个体质监测中心。全县建晨(晚)练点 290 个,其中盱城镇 46 个、马坝镇 25 个、桂五镇 14 个、旧铺镇 13 个、黄花塘镇 16 个、河桥镇 13 个、仇集镇 8 个、观音寺镇 12 个、官滩镇 17 个、淮河镇 11 个、管镇镇 13 个、鲍集镇 19 个、明祖陵镇 10 个、铁佛镇 14 个、维桥乡 8 个、古桑乡 8 个、王店乡 15 个、穆店乡 10 个、兴隆乡 11 个、淮化集团 5 个、三河农场 2 个。健身点配有综合健身器材 19 套,为群众健身活动提供条件。

第三节　体育彩票

2000 年 4 月,中国电脑体育彩票“7 位数”和“22 选 5”型彩票在盱眙县开始销售,设立 4 个销售点,业务指导为淮安市体育彩票管理中心。2002 年,通过宣传和市场培育,体育彩票得到彩民认可,彩票购买群体逐步扩大。

2003 年,随着彩民购彩票的增加,在盱眙新设立 9 个彩票销售点,体彩有 7 位数、排列三,新增加即开型卖场,兑奖方式为实物奖品。

2004 年,盱眙县中国体育彩票受陕西彩民中奖“宝马”车未兑现跳塔事件影响,彩票销售走进低谷,中国体育彩票奖品改过去实物为现金兑奖,盱眙县 1 个彩民中得 500 万大奖。2005 年,盱眙体彩逐步走出低谷期,顺势而为,布局从城区逐步扩展到乡镇,在全县乡镇新设立 19 个点。

2006 年,在城区和乡镇扩展覆盖面,新设立 12 个彩票销售点,全县有 2 人中得 500 万元大奖。全年销售彩票 2079.1 万元。2007 年,中国体育彩票增大中奖面,提高中奖率,体彩全新大盘大乐透上市,销售人员送票上门,做好兑奖服务,销售量逐年增多。全年销售彩票1643.63万元。

2008年,中国体育体彩“奥运”即开票顶呱刮上市,销售站点一次性领票销售,销售按比例奖励,专管人员实行基本考核奖,每月拿出500元奖励基金,未完成任务的销售点从中扣除100元,完成任务后,贡献奖完成40本以上的实行不同数额的先进奖励。体育彩票销售每月销量维持在60万元以上,全年销售2238.7283万元。

2000～2008年盱眙县体育彩票销售点情况一览表

表30-1

销售点代号	地址	成立时间
08701	盱城镇五墩西路金圆蛋糕房	2000
08702	盱城镇林园路口都梁家具城对面	
08703	盱城镇淮河南路影剧院旁鸿运彩吧	
08704	盱城镇斩龙涧5号中国体育彩票	
08705	盱城镇淮河东路大药房对面中国体育彩票	2003
08706	盱眙县淮河东路1号中国体育彩票	
08708	盱城镇华夏国际吴良才眼镜店门旁体彩销售点	
08709	盱城镇五墩华润苏果超市门左边中国体育彩票	
08710	盱城镇淮河北路供电局斜对面体彩销售点	
08711	盱城镇开发区工九路友发村中心组32号	
08040	盱城镇食品公司楼下中国体育彩票	
08061	马坝镇三联超市内	
08712	马坝镇东阳村街道中国体育彩票	2005
08713	马坝镇南路中国体育彩票	
08714	盱城镇五墩西路席殊书屋	
08715	马坝镇高桥村街道体育彩票销售点	
08716	盱眙县金源南路南苑小区	
08717	盱眙县东方商城海尔专卖店中国体育彩票	
08718	盱城镇斩龙涧中国体育彩票	
08719	河桥镇新华书店往南50米中国体育彩票	
08720	官滩镇街道中国体育彩票	
08721	三河农场中国体育彩票	
08722	马坝镇转盘路(邮电局旁)	
08723	马坝镇楚东商场中国体育彩票	
08724	观音寺镇顺河居委会友谊路39号	
08725	桂五镇北路6号桂五街道中国体育彩票	
08726	管镇镇分金亭街道车站旁边	
08727	盱城镇二环路加油站后中国体育彩票	2005
08728	盱城镇淮河南路89号(加油站斜对面)体彩销售点	
08116	黄花塘镇新街商业街17号中国体育彩票	
08117	维桥乡街道中国体育彩票	
08729	淮河乡1路车站点	2006
08730	盱城镇金鹏大道物资综合楼中国体育彩票	
08731	盱城镇金源南路118号	
08732	盱城镇金源南路11号中国体育彩票	
08733	盱城镇淮河东路电信局楼下(中医院旁)	
08734	旧铺镇街道中国体育彩票	
08735	王店乡古城街道中国体育彩票	
08736	马坝镇苏果超市	
08737	盱城镇淮河南路10号	
08738	盱城镇十里营商贸城一栋	
08739	盱城镇宝积山路(821)	
08740	马坝镇文明路31号	
08741	盱城镇清水坝码头交通饭店	2007
08742	县工业园区金桂苑体彩销售点	
08743	鲍集镇体彩销售点	
08744	铁佛镇百姓超市隔壁	
08745	兴隆乡卫生院对面体彩销售点	
08746	仇集镇十字路12号	
08747	明祖陵镇中学对面	2008
08748	盱城镇五墩国贸第一条街宏鑫烟酒店	
08749	盱城镇东方市场五墩拍档门口烟酒店	
08750	县农校后小区	

第二章 群众体育

第一节 职工体育

1986年,县体委、总工会联合举办盱眙县第二届运动会,项目有篮球、足球、乒乓球、田径、拔河、象棋、围棋和桥牌等,县直和乡镇18个代表团1200多人参加比赛。1988年,县体委、总工会与篮球协会联合举办盱眙县首届"篮协杯"职工篮球赛,县直机关、企事业单位、厂矿、学校36支代表队近500人参加比赛。先后举办春节"储蓄杯"篮球和象棋擂台赛、第二届宣传系统篮球赛、第八届桥牌锦标赛、"三八"女子乒乓球和拔河赛、"五一"职工男子篮球赛、男子足球赛、乒乓球赛、象棋赛、围棋赛,参加比赛3460人。

1990年11月,举办第二届"力晶杯"男子足球赛,参赛30人。1991年,举办第十一届职工桥牌锦标赛,参赛260人。1994年,县体委、总工会联合举办县直属机关首届"盱福桥杯"运动会,侨胞王长明赞助1万元,设田径、篮球、乒乓球、自行车4个大项10个小项比赛,25个代表队600余人参加,经4天比赛,盱城镇、县邮电局等8个代表队获团体前10名。在都梁大酒店举行"富士通杯"第四届全国桥牌"通讯赛",分东西组、南北组,有24对选手参赛,盱眙县选手夏咸龙、张曙明获东西组全国第35名。先后举办"城建开发杯"职工羽毛球比赛、"卫星杯"职工乒乓球赛、五一"金嘉喜杯"象棋大赛、"特水杯"迎春健身长跑、"新华杯"第二届桥牌赛。

图30-3　教育系统乒乓球比赛

1995年,县体委、总工会联合举办元旦象棋围棋比赛、"都梁杯""地税杯"男子篮球赛、桥牌锦标赛。6月10日,"世界桥牌同场双人赛"中国赛区盱眙赛场在都梁大酒店举行,有26对牌手参加比赛。同场双人赛分欧洲、美洲和其他赛区,盱眙县选手李利林、夏宏获盱眙赛区第13名。1996年,天明化工厂举办第二届职工运动会,有田径、篮球、乒乓球、象棋、拔河等,全厂干部、职工人人参与比赛。4月,在体育活动中心举办22人参加的职工中国象棋赛、156人参加的五一"金嘉喜杯"男子篮球赛、84人参加的桥牌锦标赛、48人参加的男女羽毛球单打比赛。

1997年5月1日,举办县直机关第二届"人寿保险杯"职工运动会,25个代表队280人参赛。先后举办"太平洋保险杯"职工桥牌竞标赛、"地税杯"职工男子篮球赛、"港务杯"象棋赛、"采石杯"羽毛球赛、"邮政储蓄杯"80分赛。

1998年,县体育局组织2个职工田径代表队参加淮阴市"一品梅杯"中日友好半程马拉松接力赛,县卫生系统代表队获职工部女子组第五名。先后举办"三八"女子乒乓球和拔河赛、职工羽毛球赛、"港务杯"职工男子篮球赛、"都梁杯"职工桥牌赛、"十一"职工男女篮球赛、迎新春象棋和围棋赛。县邮电局在江苏省第十四届运动会上被省体委表彰为“江苏省职工体育先进单位”。1999 年，举办“鹏胜杯”职工羽毛球赛，参赛 11 个队。

2000 年，在县金武大酒店举行为期 4 天的淮阴市第四届运动会职工部“金谷园杯”象棋比赛，22 支代表队近 100 人参赛，盱眙县代表队获团体第二名，吴印军获个人赛第三名。举办“移动通信杯”象棋围棋比赛、中国龙年盱眙龙虾节龙舟比赛。

2002 年，举办迎春“一品梅杯”桥牌赛、篮球赛、保龄球赛和庆“五一”职工 80 分比赛、“蓝带啤酒杯”篮球邀请赛，参赛 530 人；首届“万家乐”桥牌邀请赛，参赛 10 个代表队；庆元旦“彩虹地砖杯”80 分赛，参赛 23 个代表队；“新华杯”教工乒乓球赛，参赛 26 个代表队。

图 30 – 4　供电公司与兄弟单位联谊赛增进沟通与交流

2004 年，县代表队在江苏省县组田径比赛中获得 3 金 6 银 4 铜，以 104 分列团体第三名，首次冲入江苏省甲级队行列。2006 年，第六届中国龙虾节期间，举办千人骑自行车、“全球通杯”乒乓球以及老干部象棋等系列比赛活动。县国税局被省体委表彰为“江苏省群众体育先进单位”。

2007 年元旦，由县委、县政府主办，县体育局承办“树盱眙形象，展新城岁月——2007 年元旦长跑暨盱眙县第三届运动会”启动仪式在县政府办公楼前举行。县直各单位 2000 多人组成 13 个方阵参加长跑，从县政府大楼出发到中国 · 盱眙国际龙虾广场结束。第三届运动会，历时 20 天，367 支体育代表队 4000 余名运动员参加比赛，竞赛项目有田径、球类、棋牌等 10 个大项 136 个小项，县城区和农村乡镇分别设置 5 个赛区 15 个赛点。4 月，盱眙县举办第三届运动会，县直九大口、19 个乡镇、省（市）属驻盱眙单位、驻盱眙部队组成 37 个代表团近 4000 人参加，项目有田径、球类、棋牌和大众体育 10 个大项 136 个小项。

2008 年 1 月 1 日，县委、县政府举办“与奥运同行，展盱眙新貌”元旦长跑，举办“地税杯”男子篮球赛、“马中杯”教育系统男子篮球赛和“阳光行政杯”“教育系统乒协杯”职工乒乓球赛等活动 18 次，近 1 万人参加。

第二节　农民体育

1987 年，县体委会同县委农工部、人武部、农业局、水利局、粮食局等单位联合举办首届“丰收杯”农民篮球赛，16 个乡镇 340 人参加比赛。1988 年，省、市政府开展争创体育先进乡镇活动，淮河乡被市政府首批命名为“体育先进乡”。1989 年，淮河乡举办农民水上运动会，项目有撑船拔河、500 米撑船、爬桅杆等体育项目。

1991 年 4 月，县体委会同县文化局、团县委在铁佛乡召开争创体育先进乡镇现场会，各乡镇分管领导、团委书记近 80 人参加。会议期间，参观巷南、巷北、召四、召五等村体育活动现场。1993 年，马坝镇、桂五乡、维桥乡、张洪乡、马庄乡、穆店乡、铁佛乡被市政府命名为体育先进乡镇。

1994 年，洪山乡乡党委书记李宽厚被省体委评为农村体育工作先进个人，古桑乡被省体委评为农村体育先进单位。1995 年，洪山乡被省政府评为体育先进乡。1996 年，管镇镇举办首届农民运动会，项目有田径、篮球、乒乓球、象棋、挑担、拔河等，全乡 1000 多人参加。1997 年，马坝镇在首届“青年艺术节”活动中，组织乒乓球、象棋、拔河比赛，邀请江苏省青年篮球队参加赛前表演。

1998年，省驻龙山乡扶贫工作队和龙山乡政府联合举办龙山乡首届综合运动会，省、市、县体委领导出席开幕式，项目有篮球、乒乓球、象棋、拔河，运动会历时3天，全镇1000多名运动员参加，近万名群众观看赛事。1999年，桂五镇、仁集乡分别举办农民运动会，项目有篮球、乒乓球、桌球、自行车、象棋、拔河、运石、挑担等比赛，赛前有武术、广播体操等项目表演。

2000年，马坝镇、明祖陵镇分别举办农民运动会，有篮球、乒乓球、拔河、象棋、扑克等比赛项目，同时进行太极拳、太极剑、老年体育舞蹈表演。是年，马坝镇被省体委表彰为“江苏省亿万农民健身活动先进镇”，明祖陵镇被市体委评为淮阴市群众体育先进单位。2001年，明祖陵镇被国家体育总局表彰为“群众体育工作先进单位”。

2004年，县体育局组织县篮球队、乒乓球队与乡镇代表队举行友谊赛，参加运动员1000人次；举办体育健身知识讲座11次，乡村干部及农民参加1000人次。2005年，尹仕红等10户家庭被省体育局授予“江苏省健身家庭”称号，朱立军等40户家庭被市体育局授予“淮安市健身家庭”称号。2008年，举办乡镇体育指导员培训班3期，为全县乡村组、社区培养社会体育指导员220余人。5月，淮河农民镇吴德书驾驶摩托车到达西藏拉萨市。

第三节 老年体育

1986～1990年，县气功协会每年组织170余名老年人参加跑步、下棋、钓鱼、打扑克、登山等老年体育运动。1988年，离退休和在职老干部举办象棋赛，100余人参赛。

1992年，县体委、县老龄委联合举办首届老年人运动会，参赛1100余名，项目有篮球投篮、乒乓球、垒球投准、钓旱鱼、自行车慢骑、掷飞镖、祖孙红旗接力赛。是年起，县体委每年会同县老龄办、老干部局、人事局、老年人体育协会等部门，组织健身走、登山、象棋、扑克、钓鱼等适应老年人的体育活动项目。

图30－5 练太极

1995年，县体委与县老龄委联合组织老人登山运动，从都梁大酒店出发登上第一山，2000名老年人参加。1996年10月，县体委、县老龄委、县老干部局联合举办盱眙县第二届“精品嘉喜杯”老年人运动会，设男女乒乓球单打、男女自行车30米慢骑、男女4×30米迎面接力、男女400米快走、男女垒球投准、男女钓旱鱼、祖孙30米火炬接力、男子中国象棋等项目赛，21个代表队近700人参赛，比赛为期3天，县教育局、盱城镇等单位获前6名，四办口、党群口获优秀组织奖。

1999年，老干部象棋协会、老干部台球协会、老干部中国牌协会、老干部扑克牌协会分别组织会员100多人，举办象棋、扑克牌比赛。是年起，每年举办2次以上相关比赛。

2000年，县体委、县老龄委、县老干部局、县老年人体协联合举办第三届“地税杯”老年人运动会，比赛项目有男女乒乓球单打、男女自行车30米慢骑、男女400米快走、祖孙30米火炬接力、象棋桌球扑克、男女篮球定点投篮、男女陆地钓鱼、男女垒球投准，参赛25个代表团800多人次，县教育系统、宣传系统、计委系统、贸易系统、卫生系统和盱城镇代表团分别获前6名；县四办口、财税口、政法口、江苏天明化工厂、供电局、邮电局代表团获优秀组织奖；县卫生局、贸易局、民政局、供销总社、盱城镇代表团获体育道德风尚奖。

2001年，举办千名老人重阳节登山活动，参加1200人。2004年，县老年大学举办2次单项体育比赛和运动会,项目有乒乓球、垒球投准、扑克、飞镖、象棋、跳绳、自行车慢骑等,全校师生人人参加。明祖陵镇举办首届老年运动会,项目有象棋、自行车慢骑、持球快走、乒乓球等。县教育局、供电局举办老年人象棋、乒乓球、扑克牌比赛。

2005年,体育局会同县老龄办、老干部局、人事局、老年人体育协会举办第四届"苏果杯"老年运动会,参加1200人。2006年,第六届中国龙虾节前夕,县体育局、老干部局联合举办老干部象棋、扑克等系列比赛活动。2008年,每天清晨和傍晚,各晨(晚)练点(站),有2000多人次老年人进行打拳、舞剑、练功、跳舞、健步走等体育锻炼。各单位在重阳节期间,组织老年人参加登山、打扑克、舞剑、棋类比赛。

第四节 全民健身

1986年起,县体育场工作人员协助县体委开展全民健身体育活动。全县各政府机关、企事业、厂矿等单位,每天上午组织干部、职工集体做广播体操。

1990年,县体委和县老龄办举办老年人重阳节登山活动,盱城镇1000多名老人参加。1993年起,盱城镇五墩社区市民开始自发的集中到一起跳健身舞。1996年"三八"妇女节,县体委和县妇联举办县直机关各单位妇女长跑健身活动,1200多人参加。1997年,县体委、教育局、总工会、妇联在全县开始推广第八套广播体操,先后联合举办领操员培训班4期、健身操骨干培训班1期,全县200多人参加。6月21日,庆祝香港回归期间,县体委、总工会举办"迎回归、看盱城"万人健身活动、百人火炬接力,5500人参加。

图30-6 盱眙县举行第三届运动会

1998年,"三八"妇女节期间,县体委在县体育场举办全民健身操比赛和第八套广播操表演,500余人参加。在庆祝盱眙解放五十周年之际,县体委组织开展"盱眙明天更美好"万人健身长跑全民健身活动,2万余人参加。

2002年,县体育局在供电新村小区举办"体育进社区"活动启动仪式,举办"二龙戏珠""袋鼠跳""过河拆桥"等趣味运动会和老年健身操、太极拳、扇子舞等表演,30个社区1000多人参加。2003年,盱城淮河风光带、都梁公园等健身点,每天参加晨晚练达6000多人,有跑步、太极剑、健身操、舞蹈、羽毛球、集体舞、体育器材活动等。

2005年,盱眙县在魁星广场举办全民健身月暨江苏省第四个全民健身月活动启动仪式。在盱城教育新村、城东街道居委会、马坝镇社区、河桥镇社区,组织实施淮安市全民健身系列活动,建立"八个一工程"(一个健身组织网络,每年举办一次全民健身周活动,一个全民健身工程点,一批晨晚练健身点,一支社会体育指导员队伍,一个国民体质监测站,每年进行一次系列科学健身讲座,形成一个特色体育项目),全县乡镇覆盖面70%,城市社区覆盖面94%。尹仕红等10户家庭被省体育局授予"江苏省健身家庭"称号,朱立军等40户家庭被市体育局授予"淮安市健身家庭"称号。其间,供电系统实施送体育进社区活动,举行拔河、象棋、篮球赛。

2007年4月,县政府举行盱眙县第三届运动会暨"第五个全民健身月"活动,盱城镇、马坝镇等18个乡镇被市体育局表彰为全民健身体系"八个一工程"先进单位,都梁公园等5个健身点被市体育局表彰为"淮安市全民健身活动优秀点”。

2008年，县体育局举行“江苏省第五个全民健身活动月”的盱眙县活动启动仪式，参加活动人员观看健身操（秧歌）、太极拳（扇、剑）等文体表演。活动期间，各乡镇、机关、学校、企事业单位先后开展篮球、乒乓球、拔河等群众性活动42次。全县290个晨（晚）练点每天有3万多人参加锻炼。

第三章　学校体育

第一节　幼儿体育

1986年，各幼儿园在早上或课间中，组织幼儿做体操；“六一”儿童节，全县各小学分别举办幼儿运动会。

1990年，县体委、县教育局、县妇联等单位举办“六一”幼儿运动会，项目有30米兔跳、30米障碍跑、40米骑三轮车、穿衣服赛等，有100多名幼儿参加比赛。1997年6月1日，县体委、教委、环保局、妇联联合举办“环保杯”幼儿运动会，有6所幼儿园160名小朋友参赛。

2006年，县体委、县教育局联合举办“庆六一苏果杯”幼儿家庭趣味运动会，有50个家庭150人参加比赛。县体委举办六届“六一”幼儿运动会，项目有兔跳、障碍跑、骑三轮车、穿衣服赛等，城内各幼儿园组织幼儿参赛。2008年，全县部分幼儿园组成代表队，在五墩小学举办体操、舞蹈、游戏等项目比赛，300多名幼儿参赛。

第二节　中小学体育

1986年，全县各中小学体育实行《国家体育锻炼标准》（简称“达标”），主要有课间操和体育运动会。1987～1990年，县体委、教委每年组织全县中小学举办学生运动会，项目有田径、跳高、跳远、单杠、铅球等，中小学生1000多人参赛。

图30－7　全县中小学田径运动会

1994年，县体委和教育局制定体育比赛评比办法和体育锻炼标准，并定期组织教育部门深入各中小学校检查、抽测、评比。年底，全县440所中小学均实行《国家体育锻炼标准》，达标率97%。是年起，市教委、市体育局、市卫生局开始验收、评定各中小学落实“两个条例”合格学校。是年，全县7所中小学被市教委评为合格学校。从此，每年验收、评定一次。

1995年10月，县教委举办全县中小学生田径运动会，参赛800人。1996年，淮河职业高中招收一届三年制的体育师资班，参加学习73人，毕业后充实到教师队伍。11月,举办县中小学生田径运动会,39个代表队600名运动员经过3天比赛,县职中、马中、旧铺中学分获高中组前三名,维桥中学、县二中、铁佛中学分获初中组前三名,盱城镇小学、铁佛小学、仁集小学分别获小学组前三名。

1998年,县体委、县教委在全县中小学开展长跑、跳绳、踢毽子冬季三项体育锻炼和"雏鹰起飞"活动,在校学生近10万名参加。组织6个代表队参加淮阴市"一品梅杯"中日友好半程马拉松接力赛,盱眙县中学获男子高中组第二名,县职业中学获女子高中组第三名。举办中小学生棋类、乒乓球赛,参赛250人;举办全县中小学生运动会,参赛900人;举办中学生男子篮球赛,参赛300人。

1999年10月,淮阴市第十五届重点中学田径运动会在盱眙马坝中学举行,18所中学270余人参加,比赛项目15个,盱眙县中学夺得金牌总数、团体总分、田径赛、男女团体总分4个第一名,马坝中学金牌总数、团体总分和男子团体总分3个第二名和"体育道德风尚奖"。至年底,全县有13所中学、22所小学被市教育局、市体委、市卫生局评为贯彻落实《学校体育工作条例》和《学校卫生条例》合格学校。

2000年,盱眙中学、马坝中学、城南小学被市教委、市体委评为业余体育训练工作先进单位。2002年,县实验小学、明祖陵希望小学等4所学校被市教委、市体委评为"达标"合格学校。县体育局、县教委联合举办中学生三人制篮球赛,参赛18个队;举办"马中杯"中小学生田径运动会,参赛650人。

2003年,在市第三届"淮海晚报杯"中小学生"三人制"篮球赛中,县城南小学代表队获男子91年组第一名。在市教委暑假选才夏令营比赛中,盱眙县朱昌龙、张茹分别夺得银牌,被授予"十佳优秀运动员"称号。

2004年,县教育局、县体育局联合举办"盱中杯"教职工乒乓球赛和"马中杯"教职工男子篮球赛,全省60多所中小学近1400人参加比赛。在淮安市第五届运动会小学生部的田径、举重、拳击、散打柔道、跆拳道、摔跤、中国象棋、三人制篮球、乒乓球等项目比赛中,盱眙县获得金牌26枚、银牌11枚、铜牌6枚,列全市第4名;团体总分461分,列全市第6名。

图30-8　盱眙中学第52届运动会跳远比赛

2005年,县教委推广中小学生课外文体活动工程(体育、艺术"2+1"工程)建设,以县实验小学、县第二中学等县直学校为基地,各中小学成立田径、篮球训练队伍,配备必要的训练器材和经费,开展"冬锻三项"(跳绳、踢毽、跳长绳)活动。与有关单位联合举办"平安保险杯"中小学生冬季三项和乒乓球赛、"都梁杯"中学生三人制篮球赛。

2007年,县教育局、体育局、团县委在全县开展"阳光体育"运动,各学校开展长跑、跳绳、踢毽子、篮球、乒乓球、足球等体育活动。在盱眙中学、县第二中学、五墩实验小学、马坝高级中学、马坝初级中学、三河实验小学等10所学校开展大课间体育活动试点。创建省级体育教育工作先进学校1所、市级体育教育工作先进学校3所。元旦,由县委、县政府主办,县体育局承办"树盱眙形象,展新城岁月——2007年元旦长跑暨盱眙县第三届运动会"启动仪式在县政府办公楼前举行,各学校组成代表团参加。5月,由江苏省发展体育基金会发起的"爱体育、送阳光"体育帮扶捐赠仪式在盱眙县仇集镇中心小学举行,向仇集镇10所学校赠送篮球架、乒乓球台、单杠、双杠等体育器材。年底,仇集中学被省教育厅、省体育局表彰为"2006-2007学年度江苏省开展冬季三项百日锻炼活动先进学校"。

2008年,县体育局、教育局举行"第二届全国亿万学生阳光体育冬季长跑活动"起跑仪式,在全县中小学校开展广播操、团体操、跳绳、长跑、乒乓球、篮球、足球等体育活动,举办青少年三人制男子篮球赛、中小学生乒乓球赛、羽毛球赛、少年象围棋赛、全县中小学生田径运动会。县体育局、县教育局根据师资和场地条件,确定各中、小学至少有1个体育项目作为业余训练，以此传承体育传统项目。年底，经省、市、县教育部门验收，全县被省、市、县级评为体育传统学校分别2所、8所、24所。马坝初级中学被授予江苏省“体育教育工作先进学校”称号，县第三中学被省体育局、省教育厅表彰为“2007－2008学年度江苏省开展冬季三项百日锻炼活动先进学校”。

1994～2008年盱眙县落实“两个条例”验收合格学校一览表

表30－2

年份	“两个条例”验收合格学校名单	年份	“两个条例”验收合格学校名单
1994	观音寺中学、官滩中学、黄花塘中学、马庄小学、观音寺小学、五墩小学、淮化学校	2002	－
1995	鲍集中学、仁集希望小学	2003	县二中、县职业高中
1996	马坝中学、新街初中、马坝小学、铁佛小学	2004	－
1997	桂五中学、肖嘴中学、官滩小学、十里营小学	2005	－
1998	十里营中学、古桑小学	2006	县二中、明祖陵中学、明祖陵中心小学、城南实验小学、河桥中心小学
1999	三河中学、三河小学	2007	马坝初级中学、五墩实验小学、县实验小学、穆店中心小学
2000	盱城镇城南小学、马坝中学	2008	马坝初级中学、县实验小学、管镇中学
2001	明祖陵中学、明祖陵希望小学、龙山中学、马庄小学、兴陵小学		

1993～2008年盱眙县高中田径比赛纪录一览表

表30－3

项目	男子田径纪录					女子田径纪录				
	成绩	创造者	运动会名称	时间	地点	成绩	创造者	运动会名称	时间	地点
100米	11″48	侯思逊	县中小学生田径运动会	2006.10	马坝	13″62	蒋兰兰	县中小学生田径运动会	2006.11	马坝
200米	23″93	黄　鑫	县中小学生田径运动会	2006.10	马坝	28″75	蒋兰兰	县中小学生田径运动会	2006.11	马坝
400米	－	－	－	－	－	1′10″2	董立红	县中小学生田径运动会	1994.11	盱眙
800米	2′7″64	黄　鑫	县中小学生田径运动会	2006.10	马坝	2′40″7	丁小红	县中小学生田径运动会	2006.11	马坝
1500米	4′32″9	刘永青	县中小学生田径运动会	1994.11	盱眙	5′47″3	孙国梅	县中小学生田径运动会	1995.11	盱眙
3000米	10′3″	吴桂兵	县中小学生田径运动会	1994.11	盱眙	－	－	－	－	－
4×100米	47″71	盱　中	县中小学生田径运动会	2006.10	马坝	56″3	马　中	县中小学生田径运动会	2006.11	马坝
跳高	1.70米	胡　军	县中小学生田径运动会	1994.11	盱眙	1.30米	陈苏婷	县中小学生田径运动会	2006.11	马坝
跳远	6.00米	李　军	县中小学生田径运动会	1996.11	盱眙	4.62米	孙重阳	县中小学生田径运动会	1998.11	盱眙
三级跳远	12.90米	李　军	县中小学生田径运动会	1995.11	盱眙	－	－	－	－	－
铅球（6千克）	12.93米	张　峰	县中小学生田径运动会	2001.11	盱眙	9.60米	朱亚玉	县中小学生田径运动会	1996.11	盱眙
铁饼（1.5千克）	43.85米	陈长海	县中小学生田径运动会	1993.10	盱眙	28.15米	杨　丽	县中小学生田径运动会	1994.11	盱眙

1993～2008 年盱眙县初中田径纪录一览表

表 30－4

项目	男子田径纪录					女子田径纪录				
	成绩	创造者	运动会名称	时间	地点	成绩	创造者	运动会名称	时间	地点
100 米	11″8	杨亚春	县中小学生田径运动会	2006.10	马坝	–	–	–	–	–
200 米	25″1	沈　阳	县中小学生田径运动会	2006.10	马坝	27″7	招艳艳	县中小学生田径运动会	1998.11	盱眙
400 米	56″5	王润雨	县中小学生田径运动会	1984.10	淮阴	–	–	–	–	–
800 米	2′10″	刘永春	县中小学生田径运动会	2006.10	马坝	–	–	–	–	–
1500 米	4′25″9	於自然	淮阴地区中小学生田径运动会	1994.11	盱眙	–	–	–	–	–
3000 米	10′13″5	郁汉军	县中小学生田径运动会	1994.11	盱眙	–	–	–	–	–
4×100 米	48″2	马　中	县中小学生田径运动会	2006.10	马坝	–	–	–	–	–
跳高	1.75 米	张其乾	县中小学生田径运动会	1994.11	盱眙	1.52 米	张　霞	省县级田径比赛	1986.5	沛县
跳远	6.42 米	韩长军	市中小学生田径运动会	1996.11	盱眙	–	–	–	–	–
三级跳远	12.10 米	张其乾	县中小学生田径运动会	1995.11	盱眙	–	–	–	–	–
铅球(6 千克)	13.92 米	张　磊	县中小学生田径运动会	2001.11	盱眙	11.64 米	杨　丽	县中小学生田径运动会	1993.10	盱眙
铁饼(1.5 千克)	51.22 米	张　磊	县中小学生田径运动会	1993.10	盱眙	–	–	–	–	–

1993～2008 年盱眙县小学田径纪录一览表

表 30－5

项目	男子田径纪录					女子田径纪录				
	成绩	创造者	运动会名称	时间	地点	成绩	创造者	运动会名称	时间	地点
60 米	7″93	刘建军	县中小学生田径运动会	2006.11	马坝	8″7	蒋　璐	县中小学生田径运动会	2002.11	盱眙
100 米	12″84	刘建军	县中小学生田径运动会	2006.11	马坝	14″	吴　京	县中小学生田径运动会	2006.11	马坝
200 米	27″1	周　家	县中小学生田径运动会	1997.11	盱眙	28″8	招艳艳	县中小学生田径运动会	1997.11	盱眙
400 米	11″6	周　家	县中小学生田径运动会	1997.11	盱眙	1′5″	林慧敏	县中小学生田径运动会	2006.11	马坝
800 米	2′25″8	殷　乐	县中小学生田径运动会	2006.11	马坝	2′26″5	林慧敏	县中小学生田径运动会	2006.11	马坝
1500 米	5′7″9	孙　杰	县中小学生田径运动会	1995.10	盱眙	5′39″4	贾苗苗	县中小学生田径运动会	1997.11	盱眙
4×100 米	54″4	城　南	县中小学生田径运动会	2003.11	盱眙	58″	实　小	县中小学生田径运动会	2006.11	马坝
跳高	1.45 米	余　龙	县中小学生田径运动会	2005.11	盱眙	1.31 米	蔡　瑞	县中小学生田径运动会	2006.11	马坝
跳远	5.35 米	素中良	县中小学生田径运动会	2006.11	马坝	4.32 米	许芳芳	县中小学生田径运动会	1998.11	盱眙
铅球(6 千克)	14.06 米	洪晓冬	县中小学生田径运动会	2002.11	盱眙	9.04 米	张　媛	县中小学生田径运动会	2002.11	盱眙
铁饼(1.5 千克)	67.90 米	李　魁	县中小学生田径运动会	1998.11	盱眙	40.50m	李婷婷	县中小学生田径运动会	1998.11	盱眙

第四章　人才培养与输送

第一节　运动员

1986年始，县业余体校有田径、乒乓球、女子足球教学班，教练员5人，在校生60余人，其中集中食宿、集中训练30余人。是年，向省运动学校、市体育学校、省专业队分别输送体育后备人才4人、1人、1人。1988年，省体委调整体校项目，县女子足球队解散，改上无线电测向课。1989年，县二中体育班学生杨军被输送到省划船队训练。

图30－9　由盱中组队参加全省中小学航模比赛，获三等奖。图为获奖选手（前）与相关人员合影。

1993年，杨军在第七届全国运动会上获得单人皮划艇500米第五名、1000米第四名。1994年，杨军在第十二届亚运会上和队友合作，获得男子四人皮划艇500米第一名、1000米第二名。1998年，县体委调整业余训练项目，保留田径、篮球、乒乓球等传统项目，引进市队县办武术训练项目，尝试有偿训练，建立运动员档案。全年向省体校输送后备人才3人，向市体校输送5人。

2001年，县业余体校与县二中、三中联办田径、篮球集中训练项目，有运动员60人；与实小联办田径、乒乓球集中训练项目，有运动员30人；与桂五小学、官滩小学联办举重项目，有运动员30人。2005年，县业余体校向省专业队输送体育人才戴佳伦，向省运动学校输送赵佩斯等3人，向市体育学校输送后备人才俞珍龙等6人，向市队县办运动队输送费翔等10人。

2008年，向省运动学校输送2名运动员，向市体育学校输送体育苗子30名。至年底，盱眙县先后输送杨军、万文杰、孙道利、孙鹏、戴佳伦等体育运动员在全国以上的竞赛中，取得优异成绩，为国家、江苏省和盱眙县争得荣誉。

图30－10　1994年，杨军（左二）获奖载誉归来，与当年班主任共同接受媒体采访。

1986~2008年盱眙县输送体育后备人才一览表

表30-6

年份	市体育学校	省运动学校	专业队	年份	市体育学校	省运动学校	专业队
1986	4	1	1(省队)	1998	5	3	-
1987	3	1	-	1999	11	2	-
1988	4	-	1(省队)	2000	5	-	-
1989	5	-	1(省队)	2001	14	4	-
1990	3	-	-	2002	12	2	1(国家队)
1991	2	1	-	2003	20	2	1(国家队)
1992	4	-	-	2004	11	2	-
1993	3	-	-	2005	6	3	1(省队)
1994	2	1	-	2006	20	3	-
1995	4	-	-	2007	19	2	-
1996	5	1	-	2008	30	2	-
1997	4	2	-				

第二节　裁判员

1986年,县体委举办裁判员培训班,培训项目5个,参训160人,获三级裁判员50人,获二级裁判员15人,获一级裁判员1人。1998年,县体委举办裁判员培训班,培训项目2个,参训100人次,获三级裁判员32人。年底,全县获一级裁判员8人,获二级裁判员68人,获三级裁判员287人。1999年,举办裁判员培训班,培训项目3个,参训100人次,获三级裁判员10人,被市体委批准为二级篮球裁判员3人。

2000年,举办裁判员培训班,培训项目2个,100人参训,获三级裁判员23人,获篮球一级裁判员1人。2008年,举办三级裁判员培训班1期,参训95人,其中篮球裁判员40人、乒乓球裁判员15人、田径裁判员40余人。经过考试考核,获省体育局批准为一级裁判员3人、获市体育局批准二级乒乓球裁判员15人。年底,盱眙有一级裁判员8人,二级裁判员68人、三级裁判员287人,在开展各项目体育活动中发挥重要作用。

1986~2008年盱眙县体育裁判员培训班一览表

表30-7

项目 年份	田径	篮球	足球	乒乓球	羽毛球	牌类	桥牌	排球	测向
1986	80	35	15	20	-	10	-	-	-
1987	40	70	25	-	-	-	-	-	-
1988	40	70	25	10	-	-	10	-	-
1989	40	60	-	-	-	-	-	15	-
1990	40	60	15	-	-	10	-	-	-
1991	40	60	-	-	-	-	10	-	-
1992	40	60	-	10	-	-	-	-	-
1993	40	60	-	-	10	-	10	-	-

续表 30－7

年份＼项目	田径	篮球	足球	乒乓球	羽毛球	牌类	桥牌	排球	测向
1994	60	60	–	–	–	–	–	–	20
1995	40	60	–	–	–	–	–	–	25
1996	40	60	–	–	–	–	–	–	–
1997	40	60	–	–	–	–	–	–	–
1998	40	60	–	–	–	–	–	–	–
1999	40	60	–	–	10	–	–	–	–
2000	40	60	–	–	–	15	–	–	–
2001	40	50	–	–	–	–	–	–	–
2002	40	50	–	–	–	–	–	–	–
2003	40	50	–	–	–	–	–	–	–
2004	40	50	–	–	–	–	–	–	–
2005	40	50	–	–	–	–	–	–	–
2006	40	50	–	–	–	15	–	–	–
2007	70	60	15	15	15	10	–	–	–
2008	40	40	–	15	–	–	–	–	–

第三节　社会体育指导员

1996 年，县体委落实国家体委颁布《社会体育指导员技术等级制度》，制定实施方案及其标准，经层层推荐，成立社会体育指导员队伍。

2000 年，县体委首期举办体育指导员培训班，参训 30 人，均被批准为三级社会体育指导员。2003 年，县体育局举办第 4 期社会体育指导员培训班，参加 50 人，均被批准为三级社会体育指导员，其中 5 人经市体育局培训合格、2 人经省体育局培训合格，分别被批准为二级、一级社会体育指导员。2006 年，举办三级社会体育指导员培训班，参训 102 人；举办体育骨干培训班，参训 30 余人。刘小疆被省体育部门评为优秀社会体育指导员。

2007 年，举办 3 期三级社会体育指导员培训班，培训骨干 520 余人。滕兆波被国家体育局评为国家级社会体育指导员。至 2008 年底，全县有国家级社会体育指导员 1 人、一级社会体育指导员 24 人、二级社会体育指导员 216 人、三级社会体育指导员 753 人。

2000～2008 年盱眙县培训三级社会体育指导员一览表

表 30－8　　单位：人

年份	人数	年份	人数	年份	人数
2000	30	2003	50	2006	102
2001	40	2004	60	2007	520
2002	30	2005	100	2008	753

第五章 体育竞赛

第一节 承办省、市体育比赛

1987年,盱眙县首次承办江苏省中学生女子足球赛,参赛220人,县体委接待工作受到省体委肯定。1988年,盱眙县承办江苏省男子足球赛,各市中学生男子代表队190人参加比赛。1994年,盱眙县承办江苏省青少年无线电测向比赛,镇江、常州、苏州、淮阴等52名选手参赛,比赛设男女80米波段、男女2米波段、少年80米波段、少年2米波段、男女识图越野、少年识图越野9个项目比赛,苏州队夺得冠军,盱眙县运动员夺4金4银3铜。至2008年底,盱眙县承办省级比赛4次、市级体育赛事10次,均取得圆满成功。

1987~2008年盱眙县承办省、市体育比赛一览表

表30-9 单位:人

时间	运动会名称	参加单位	人数	时间	运动会名称	参加单位	人数
1987.8	江苏省中学生女子足球比赛	各市中学生女子代表队	220	2006.6	淮安市第十届少儿棋类比赛	各县区和市属单位	280
1988.8	江苏省中学生男子足球比赛	各市中学生男子代表队	190	2006.9	淮安市青少年摔跤比赛	各县区	100
1988.12	淮阴市职工桥牌比赛	各县区和市直单位	210	2007.5	淮安市"墨香苑杯"职工羽毛球赛	各县区和市直单位	20
1993.11	淮阴市职工桥牌比赛	各县区和市直单位	180	2007.8	淮安市"宝隆杯"职工国际象棋赛	各县区	8队
1994.7	江苏省青少年无线电测向比赛	各市中学生代表队	180	2007.8	淮安市"移动通讯杯"农民三人制篮球赛	各县区	18队
1995.8	江苏省基层中学无线电测向比赛	各市基层中学代表队	200	2007.10	淮安市"一品梅杯"青少年跆拳道赛	各县区	8队
2000.4	淮阴市第四届运动会职工部"金谷园杯"象棋赛	各县区和市直单位	22队	2008	淮安市第六届运动会职工部桥牌赛和中小学生部的羽毛球赛	各县区	10队

第二节 访问比赛

1988年,盱眙县首次邀请金湖、泗洪、涟水举办篮球联赛,数千人前来观看。

1995年,县桥牌队参加金湖县举办的盱眙、宝应、天长、泗县(市)五县市桥牌对抗赛,盱眙队获得第一名。1996年,县篮球代表队参加天长市举办的来安、嘉山、天长、盱眙四县市篮球赛,盱眙运动员优良球风,受到各队好评。县体委首次邀请中国象棋大师徐天红到盱眙进行1对6盲棋表演赛;举办首届"大陆桥杯"

男子篮球邀请赛，有10个代表队100多人参赛，县粮食局、商业局和面粉厂分获前三名。

1998年，县体委邀请围棋九段邵震中到盱眙进行1对8让子车轮大战，参观1000余人次。县体委与县篮球协会联合举办"中保人寿杯"篮球邀请赛，明光市、泗洪县、天明化工厂应邀参加。比赛前，邀请南京军区青年队和江苏省青年队到盱眙举办篮球表演赛，2000多人观看。

2002年，县体育局举办"鹏胜采石杯"羽毛球邀请赛，金湖、泗洪、淮阴区应邀参加。县门球队邀请市直机关队、泗洪、金湖队到盱眙传授技艺。2003年，县体育局与移动公司联合举办"移动通讯杯"盱眙、金湖女子篮球互访友谊赛。2006年，在第六届中国龙虾节期间，邀请中国象棋特级大师徐天红挂盘车轮大战表演。

2008年，县体育局组织体育代表团参加淮安市第六届运动会，参赛项目：职工部参赛篮球、乒乓球、羽毛球、桥牌、围棋、中国象棋比赛，农民部参赛拔河、乒乓球、篮球、举重、羽毛球、游泳比赛。盱眙代表团获得金牌34枚、银牌41枚、铜牌51枚。

第三节　竞赛成绩

1987年，盱眙运动员参加省县级中学生田径赛，盱眙中学生获第三名。1993年，盱眙运动员杨军参加第七届全国运动会，分别获单人皮划艇1000米第四名、500米第五名。2000年，盱眙运动员孙道利分别参加省赛艇、青少年举重比赛，分别获男子甲组单人双桨200米、男甲58公斤抓举第一名。2007年，盱眙县田径运动员周静参加省级田径队比赛，分别获女子丙组60米第一名、200米第二名。至年底，全县运动员分别参加省级比赛65项次，均获1～6名奖。

1987～2008年盱眙籍运动员参加省级以上运动会成绩一览表

表30－10

年份	全国以上运动会成绩				省级体育比赛成绩				
	运动员	运动会名称	项目	成绩	运动员	运动会名称	组别	项目	成绩
1987	－	－	－	－	汪守忠	省县级田径赛	初中男子	400米	第三名
	－	－	－	－	县　队	省中学生女足比赛	中学组	足球	第三名
1988	－	－	－	－	县　队	省中学生女足比赛	中学组	足球	第二名
1993	杨　军	第七届全国运动会	单人皮划艇1000米	第四名	张重俊	省中学生无线电测向比赛	男子	2米波段	第一名
	杨　军	第七届全国运动会	单人皮划艇500米	第五名	张重俊	省中学生无线电测向比赛	男子	80米波段	第三名
	－	－	－		王守芳	省中学生无线电测向比赛	女子	80米波段	第五名
	－	－	－		郑　兵	省中学生无线电测向比赛	少年男子	80米波段	第三名
	－	－	－		姜克武	省中学生无线电测向比赛	男子	识图越野	第二名
	－	－	－		张重俊	省中学生无线电测向比赛	男子	识图越野	第六名
	－	－	－		郑　兵	省中学生无线电测向比赛	少年男子	识图越野	第五名
	－	－	－		县　队	省中学生无线电测向比赛	男子组	团体总分	第三名
	－	－	－		县　队	省中学生无线电测向比赛	女子组	团体总分	第二名
	－	－	－		县　队	省中学生无线电测向比赛	少年组	团体总分	第三名
1994	杨　军	第十二届亚洲运动会	男子四人皮划艇500米	第一名	－	－	－	－	－
	杨　军	第十二届亚洲运动会	男子四人皮划艇1000米	第二名	－	－	－	－	－

续表30－10

年份	全国以上运动会成绩				省级体育比赛成绩				
	运动员	运动会名称	项目	成绩	运动员	运动会名称	组别	项目	成绩
1996	－	－	－	－	张　磊	省县级田径比赛	初中男子	铅球	第一名
	－	－	－	－	张　磊	省县级田径比赛	初中男子	铁饼	第一名
1998	万文杰	全国青少年皮划艇锦标赛	男子少年双人皮艇500米	第一名	韩　冷	省十四届运动会	女子少年46公斤级	挺举	第一名
	万文杰	全国青少年皮划艇锦标赛	男子少年双人皮艇1000米	第一名	陈家广	省十四届运动会	男子少年50公斤级	挺举	第三名
	万文杰	全国青少年皮划艇锦标赛	男子少年四人皮艇1000米	第一名	史学艳	省青少年举重赛	女子少年63公斤级	挺举	第一名
	韩　冷	全国女子举重锦标赛	少男组46公斤级挺举	第六名	史学艳	省青少年举重赛	女子少年63公斤级	抓举	第一名
	－	－	－	－	史学艳	省青少年举重赛	女子少年63公斤级	总成绩	第一名
	－	－	－	－	韩　冷	省青少年举重比赛	女子甲组58公斤级	抓举	第二名
1999	万文杰	全国青少年皮划艇锦标赛	男子青年双人皮艇500米	第三名	韩　冷	省青少年举重比赛	女子甲组58公斤级	挺举	第二名
	万文杰	全国青少年皮划艇锦标赛	男子青年双人皮艇1000米	第三名	韩　冷	省青少年举重比赛	女子甲组58公斤级	总成绩	第二名
	万文杰	全国青少年皮划艇锦标赛	男子青年四人皮艇1000米	第三名	史学艳	省青少年举重比赛	女子乙组63公斤级	抓举	第一名
	－	－	－	－	史学艳	省青少年举重比赛	女子乙组63公斤级	挺举	第一名
	－	－	－	－	史学艳	省青少年举重比赛	女子乙组63公斤级	总成绩	第一名
2000	－	－	－	－	孙道利	省赛艇比赛	男子甲组单人	双桨200m	第一名
	－	－	－	－	孙道利	省青少年举重比赛	男甲58公斤级	抓举	第一名
	－	－	－	－	韩　冷	省青少年举重比赛	女甲58公斤级	挺举	第一名
	－	－	－	－	史学艳	省青少年举重比赛	女乙63公斤级	抓举	第二名
	－	－	－	－	史学艳	省青少年举重比赛	女乙63公斤级	挺举	第二名
2002	徐　鹏	全国青年柔道比赛	男子65公斤级	第一名	－	－	－	－	－
	谢　磊	全国残疾人运动会	男子铁饼	第一名	－	－	－	－	－
	万文杰	第十四届亚运会	男子四人皮艇1000米	第一名	－	－	－	－	－
2003	史学艳	中日韩三国举重对抗赛	女子63公斤级抓举	第一名	－	－	－	－	－
	史学艳	中日韩三国举重对抗赛	女子63公斤级挺举	第一名	－	－	－	－	－
	史学艳	中日韩三国举重对抗赛	女子63公斤级总成绩	第一名	－	－	－	－	－
	孙　鹏	全国青年柔道锦标赛	男子青年65公斤级	第三名	－	－	－	－	－
	孙　鹏	全国柔道冠军赛	男子65公斤级	第五名	－	－	－	－	－
2004	史学艳	全国女子举重锦标赛	63公斤级抓举	第三名	赵圆方	省青少年田径比赛	男子青年组	三级跳远	第一名
	戴佳伦	全国青年柔道比赛	男子60公斤级	第四名	李　阳	省青少年田径比赛	男子青年组	七项全能	第一名
	孙道利	全国赛艇锦标赛	男子双人双桨1000米	第五名	－	－	－	－	－
2005	万文杰	第十届全国运动会	男子四人皮艇1000米	第六名	－	－	－	－	－
	万文杰	第十届全国运动会	男子双人皮艇500米	第六名	－	－	－	－	－
	孙道利	第十届全国运动会	男子单人单桨500米	第五名	－	－	－	－	－
2006	孙　雯	全国青少年乒乓球赛	女子少年团体组	第一名	单　颖	省县级田径赛	女子丙组	800米	第二名
	孙道利	全国皮划艇锦标赛	男子四人单桨1000米	第一名	单　颖	省县级田径赛	女子丙组	1500米	第二名
	－	－	－	－	董侃侃	省县级田径赛	女子丙组	跳高	第二名
2007	－	－	－	－	周　静	省县级田径赛	女子丙组	60米	第一名
	－	－	－	－	周　静	省县级田径赛	女子丙组	200米	第二名

第三十一篇　旅　　游

盱眙县历史悠久，山青水秀，旅游资源丰富。绿色旅游资源有水域6.31万公顷，低山丘陵426平方千米；古色旅游资源有不可移动文物295处，其中古遗址115处、古墓葬105处、古建筑41处、石窟寺及石刻7处、近现代重要史迹及代表性建筑21处、其他类6处；红色旅游资源有革命旧址、纪念地9处。

1986年起，县委、县政府将发展旅游事业和兴建山水旅游城市作为新兴产业、振兴盱眙经济重要举措，加大资金投入，兴建旅游景点。1997年起，县委、县政府相继实施旅游兴县、江苏山水旅游城市、苏北旅游第一县、国家旅游强县战略，编制《盱眙县旅游发展总体规划》和《中国旅游强县标准》，采取旅游产业提升年"4321"工程（建成4个国家AAAA级景区、接待游客300万人次、实施2个投资10亿元以上的大项目建设、兴建1个省级旅游度假区）有效举措，加快旅游资源开发，加强旅游事业管理，推动旅游事业快速发展。县旅游局落实县委、县政府旅游发展战略，强化景区景点建设与管理，开展特色旅游推介活动，全面做好旅游服务工作。

2007年，盱眙县被国家旅游局评为最佳生态旅游县、中国优秀旅游名县，获江苏省旅游局宣传活动推广奖。2008年，境内免费景点景区有：黄花塘新四军军部纪念馆、淮河风光带、都梁公园、龙虾博物馆、历史文化博物馆、象山国家地质公园。销售门票的景区景点有：铁山寺森林公园、明祖陵、第一山公园、八仙台风景区，累计接待游客243.8万人次，门票收入12.1亿元，淮河明珠、龙虾之都、帝王故里、生态家园成为盱眙县旅游名片。盱眙县通过国家旅游强县验收，获国家旅游局"最佳中国文化生态旅游目的地"称号。

第一章　景区景点

第一节　景区规划

一、总体规划

1997年,县政府聘请南京大学编制第一轮《盱眙旅游发展总体规划》。7月,通过省专家认证,获县政府批准。2005年,县旅游局编制《盱眙县"十一五"旅游发展规划》,获县政府批准实施。2006年4月,聘请东南大学旅游系专家编制第二轮《盱眙县旅游发展总体规划》,10月通过专家评审。2007年2月,县政府批准实施《盱眙县旅游发展总体规划》,对全县旅游业发展,景点建设范围、步骤、方法作出全方位的设计。

图31-1　由东南大学牵头编制的全县旅游发展总体规划,2006年通过评审。

二、景区规划

1998年7月,县政府聘请南京林业大学森林资源与环境学院编制《铁山寺森林公园总体规划》。11月,聘请江苏省文物管理委员会办公室、南京博物院编制《明祖陵保护利用总体规划》。年底,2个规划通过专家评审。1999年,聘请南京市园林规划设计院编制《第一山国家森林公园总体规划》。年底,通过专家评审。2000年,县委、县政府聘请东南大学建筑设计院编制《黄花塘新四军军部建筑规划》。2001年,完成旧址复原规划设计方案。2002年,县旅游局完成各景区景点旧址复原规划设计方案和整体规划方案。2007年,黄花塘新四军军部纪念馆邀请上海同济大学作景区总体规划。县政府委托省旅游局编制《铁山寺森林公园暨天泉湖度假区总体规划》。2008年,获县政府批准。

第二节　景区建设

一、铁山寺国家森林公园

1986~1997年,铁山寺处于原始状态,无人管理。1998年,铁山寺森林公园开始建设。供电部门在铁山寺新建1台200千伏安变压器,架通娱乐区电线,改造服务接待区杆线,解决景区供电。铁山寺森林公园管委会完成1.6米宽、8000米长道路铺设工程,购进1艘机动渡船、1艘快艇、20艘皮艇,启动天泉湖水上游项目。经江苏省人民政府批准,盱眙县组织佛教界人士对铁山禅寺进行重新选址,规划建成苏北第一大殿。1999~2001年,铁山寺森林公园管委会先后建成铁山禅寺进山大门,完成紫金山天文台盱眙观测基地一期工程和天泉湖环湖66.67公顷绿化工程，建成林间茶社和长900米宽6米的山上混凝土路，新建无动力净化池、三道铁山寺涧溪拦水坝和占地1万平方米、建筑面积1200平方米紫金山天文台盱眙铁山寺科普园和水上娱乐中心、索桥竹楼、网球场，新铺设4000米上山游道。电信部门架设新型数字移动通讯网络，开通60门程控电话。

2002～2006年，铁山寺国家森林公园管委会建成青少年教育基地和翠竹轩茶社，启动铁山禅寺二期工程和建设天泉湖别墅群一期工程，建成大雄宝殿、天王殿、山门殿，建成天文台观测基地二期工程、天泉湖别墅群主体工程、孔雀园以及配套设施建设工程、特色商贸区、严佛调塑像及广场，完成铁山寺大雄宝殿佛像贴金和度假村改造、天泉湖环湖道路硬质化工程。实施铁山寺景区三区改造工程，建成天泉湖水上游道，开通水上游览航线，天泉山庄进入全面装修阶段。县电信局、交通局、国土资源局、林业局共同投资，为铁山寺铺设一条长55米、宽5米台阶石板路、开挖一口每小时出水8立方米深井，完成佛像落座3座、铁山禅寺二期工程。中科院紫金山天文台建造的1.2米近地天体探测望远镜在铁山寺国家森林公园安装完毕，属全国第一、世界第五。其中，2002年农历八月初八早晨八点十八分，在铁山寺国家森林公园举行铁山禅寺奠基仪式，应佛教协会邀请，普陀山、九华山、五台山、无锡灵山大佛、扬州大明寺等100多个寺院住持参加奠基仪式。2003年8月21日，铁山寺国家森林公园紫金山天文台发现一颗小行星，将此星命名为盱眙星，在铁山寺国家森林公园紫金山天文台举行命名仪式。

2007年，铁山寺国家森林公园管委会实施省级旅游度假区规划前期资源普查工作，推进铁山禅寺居士林和藏獒观赏基地建设工程。2008年，建成占地2000平方米、室内面积680平方米的大雄宝殿、山门殿、天王殿和佛道、院落，完成星月湾花园酒店一期主体工程；建成铁山寺旅游公路，11月28日正式通车；完成道路、供水、通电、电信、绿化等配套工程，建成紫金山天文台盱眙观测基地、科普园、铁山禅寺、藏獒观赏基地、天泉山庄等项目。铁山寺国家森林公园成为全县规模最大、景点最多的景区。

二、明祖陵

1986年，明祖陵麒麟、雄狮、华表、文臣、马官、拉马侍、天马、武官等21对庞大石刻复位在神道两侧。1995年，明祖陵神道石刻出现开裂、剥落、自然风化现象。1996～1999年，经省文管会、省文化厅批准，南京博物院派专家首次到明祖陵现场实地勘察，研究制定抢救性保护维修方案，开始抢修明祖陵神道石刻。县政府投入资金，新建陈列室20余间，修陵区道路400米，植树5万株，开挖金水河，新建西大门、基运亭、玉带桥，铺设神道及陵区主干道，建设排涝站，整治陵区水系，完成陵区内第一期绿化美化工程。

2000～2006年，明祖陵管理委员会先后重新堆覆万岁山，完善陵区内道路与排水系统和第二期绿化美化工程，新建吉祥门（南大门），修缮神道石刻，恢复内皇城遗址，增设石供案，建成800平方米陈列馆和长218米宽3.68米21孔世纪栈桥，完成神道石刻修复一期工程。建成2600米长的南线混凝土路、小型餐厅、西大门牌坊、南线路牌坊，完成陵园内、南门入口处及西门外绿化工程；完成南门入口路基增宽4米、西门与南门接线24米宽的路基及世纪栈桥两头土方工程、金水桥复建工程、红门复建工程、门前广场建设和景区绿化工程；铺设2000米游道，完成南门至西门道路连接线、景区绿化美化、金水桥复建、东大堤维护、西线混凝土路铺设工程。建成游客服务中心、文化长廊、环绕堤道路，重新修建完善陈列馆。启动综合服务中心、明代文化街建设工程。2008年，未实施建设。

三、第一山公园

1986年，第一山公园无人管理，部分摩崖石刻和景点受到不同程度毁坏，免费对外开放。1995年，县政府投入资金，修复摩崖石刻，清理瑞岩泉土石方100立方米，四周砌2米高护坡，展现瑞岩泉原貌景观。1996年，邀请淮阴市慈云寺觉顺大师规划龙山寺并选址。年底，建成龙山寺。

1997～2003年，先后拆除会景亭遗址旁的加压站房，恢复建成第一山大门石牌坊和棂星门；完成杏花园滑坡治理工程，修复半边庙、勺泉瓢儿井；建成宽30米、高11米，四柱三通式仿清代牌楼，门楣“淮山胜境”

镀金字由中国佛教协会副会长、江苏佛教协会会长、镇江市焦山定慧寺方丈茗山题写,成为第一山标志性建筑物。拆除公园内部有碍景观的建筑物近4000平方米,拓宽长300米的上山游道,新建碑刻及文物图片展览馆。接收上海佛教协会赠送三尊西方三圣金佛像。修复明伦堂、玻璃泉亭、淮山堂、秀岩摩崖石刻、西域寺、魁星亭、一勺泉、魁星壁。在原址新建大成殿,宽18米,长26米,高16米;建成米芾台、东坡亭、奶奶观、魁星阁及相对应的石碑、石刻和塑象;复建状元桥,完成魁星阁基础工程,建成公园后大门、前大门停车场和1000米铁栅栏围墙,新建一座水冲式公厕。2004~2007年,第一山公园管委会按照摩崖石刻保护方案,完成摩崖石刻保护工作;完成淮河风光带绿化及污水处理工程,美化亮化第一山景区环境。2008年,新建游客接待中心、第一山碑廊、停车场,复建杏花园。

四、黄花塘新四军军部纪念馆

1986年,盱眙县黄花塘新四军军部旧址纪念馆国庆节期间对外开放。(1982年,江苏省人民政府向盱眙县黄花塘新四军军部旧址纪念馆拨专款,维修新四军军部移驻黄花塘期间领导人旧居,新建新四军陈列室6间。)1986~2008年,黄花塘新四军军部纪念馆旧址仍然保持原状。2000年,县委、县政府将黄花塘新四军军部纪念馆列入开发项目,划拨土地10公顷。2002年,新建黄花塘新四军军部纪念馆。年底,完成主体工程。2003年初,黄花塘新四军军部纪念馆工程全部竣工。7月,县委、县政府举行纪念中共中央华中局暨新四军军部移驻黄花塘60周年活动。2004年,完成景区绿化工程。2008年5月1日,黄花塘新四军军部纪念馆被江苏省委宣传部确定为首批免票对外开放红色旅游景区。

五、八仙台风景区

1986年,景区处于自然状态,道路、水电不通。2001年,县政府开始建设八仙台景区,修建一条通往景区砂石路。2002年,整修八仙洞,建成八仙阁、八仙塑像、八仙亭等景点,实现通电、通路、通电话。2003年起,先后建成占地2万平方米别墅区、餐饮区、娱乐区、会展中心,完成八仙岛度假村主体建设工程、进园区道路硬质化工程、环湖路建设工程。穆店乡通过招商引资,新建八仙台度假村。2008年,建成八仙台风景区。

第三节 景点简介

一、铁山寺国家森林公园

位于王店乡境内,北纬32°43′~32°58′,东经118°25′~118°42′,占地7058公顷,是江苏省保存最好、面积最大的野生动植物园。公园内有自然造化的山、林、泉、湖、石、洞,有40多种动物,170多种鸟类,280多种植物,800多种中草药,其中绝大多数为南北地域边缘物种,是天然动植物基因库。境内山地6158公顷,天泉湖水域约900公顷,基本保留原始森林、水域自然环境。

图31-2 铁山寺国家森林公园

自然保护区:主要以次生阔叶林为主,配有小面积的人工林;部分过渡带树种,其树龄长达几百年。野生动物资源主要有:狼、狗獾、猪獾、草狐以及江苏省濒临灭绝的国家二级保护动物草獐、野兔、刺猬、松鼠、黄鼠狼和各种蛇类。鸟类主要有天鹅、翠鸟、鸳鸯、大鸬、鹤类,其中部分属国家保护鸟类。

佛教场所:大雄宝殿、山门殿、天王殿、佛道院落,是皖东及苏北地区最大寺庙群落。庙内供奉西方三圣佛、十八罗汉、四大天王、千手观音等佛像,均装金。中国佛教协会会长赵朴初题写"铁山禅寺"匾额。天文观测基地:紫金山天文台在跑马山建成天文观测基地,内藏近千张天文知识图片资料,配备先进天文望远镜,为社会各界和大、中、小学生提供科普场所,成为盱眙铁山寺天文科普园。

特色旅游:摸鱼、捉蟹、采茶、骑牛、耕田、狩猎等一系列返朴归真、回归自然的田园活动项目,让游客亲身体验乡间劳动;景区利用具有药用价值的食疗蔬菜、食用菌类以及野味资源,开设野味餐厅,让游客品尝新鲜野菜和野味;园内建有木屋、竹楼、草房等情侣屋,备有野营帐篷出租,让游客真正领略田园生活和自然风情。

1999 年对外开放,获批江苏省级森林公园。2003 年,获批国家级森林公园。2005 年,获批全国农业旅游示范点。2006 年,获批国家 AAAA 级景区。2008 年,启动省级旅游度假区创建工程。

二、明祖陵景区

明祖陵俗称明代第一陵,位于盱眙县明祖陵镇境内,是朱元璋高祖父、曾祖父、祖父衣冠冢。

陈列馆:朱氏世德碑记,即朱元璋写的自传,详尽交代其家庭背景和自己成长的历程;明太祖世系表,介绍从朱元璋开国起,到明思宗朱由俭吊死煤山,大明王朝共 16 位皇帝在位的情况;明祖陵全貌沙盘,介绍景区全貌,从正南门下马牌进入红门,过基运山两座碑亭,进入中砖城,过神道和金水桥进入正殿,再往后就是地下玄宫,再现明祖陵外罗城、中砖城、内皇城及三道城墙全貌;明代帝陵体系,主要介绍明祖陵、明皇陵、明孝陵、明显陵以及明十三陵的基本情况及历史文化价值。

图 31－3　明代第一陵——明祖陵神道石刻

文物区:神道石刻,神道两旁有 21 对石像生,主要由麒麟、雄狮、华表、马官、拉马侍、天马、文臣、武官、近侍组成;在石刻风格上,比皇陵、孝陵、十三陵、显陵更具有鲜明的明代特色;在造型和雕功上,工匠们运用浮雕、半浮雕技法,精琢细磨,石刻华丽,技艺细腻;内皇城遗址,朱明王朝最为神圣的祭祀圣地。该遗址经 300 余年历史沧桑,原宏大的建筑已不复存在,只能看到享殿柱基和建筑遗迹;地下玄宫,即陵墓,在万岁山前,一个半圆形水塘上方并排着九个砖石拱门,是安葬朱元璋三代祖先衣冠的地下玄宫。受洪泽湖和淮河水渗透影响,玄宫长期浸泡水下,为中国唯一水下皇陵。

1982 年被列为省级重点文物保护单位,1996 年被列为全国重点文物保护单位。2008 年底,通过国家 AAAA 级景区验收。

三、第一山景区

第一山景区位于县城第一山,占地 400 余公顷,园内有 200 余种树木和 20 余种乔灌木,树龄最大 400 余年,有果树 1000 余株、花草 20 余种、泉 4 眼,绿化覆盖率 70%。公园内景色怡人,生态保存较好。盱眙十景古诗中有第一山怀古、玻璃泉浸月、杏花园春昼、会景亭陈迹、瑞岩观清晓、龟山寺晚钟六景分布在第一山公园内。1991 年对外开放。1996 年,获批国家级森林公园。1998 年,获批省级风景名胜区。2007 年,获批国家 AAA 级景区。2008 年,启动创建国家 AAAA 级景区。

大成殿　供奉中国著名思想家、教育家孔子的庙宇,又称文庙(文宣王庙)。殿正中供奉头戴冠冕、身着王服、手捧镇圭,高3.35米的孔子塑像;塑像两边书蓝字对联:气备四时与天地鬼神日月合其德,教垂万世继尧舜禹汤文武作之师;塑像后二梁悬挂"万世师表"蓝字匾额。两侧四配:南侧,兖国复圣公颜回,沂国述圣公孔伋;北侧,郕国宗圣公曾参,邹中亚圣公亚圣孟轲。孔像后面供奉十二哲:南侧,闵损,字子骞;冉雍,字仲弓;端木赐,字子贡;仲由,字子路;卜商,字子夏;有若,字子有;北侧,冉耕,字伯牛;宰予,字子我;冉求,字子有;言偃,字子游;颛孙师,字子张;朱熹,字元晦。其殿面向长淮,依托青山,重檐九脊,黄瓦飞甍,斗拱交错,金碧辉煌;门头海蓝色横匾上大成殿三字摹康熙御书。

图31-4 第一山鸟瞰图

玻璃泉 米芾咏《玻璃泉浸月》诗,成为都梁十景之一。玻璃泉壁左侧《泗州普照禅寺灵瑞塔碑》为元朝大书法家赵孟頫晚年佳作,勒于元延祐五年(1318),由残碑可测得碑高2.5米,宽1.7米,碑文千字以上,极为罕见。此碑原在泗州城,后移至第一山,成为古泗州城留下的珍贵遗产。

第一山题刻 1986年,第二次文物普查,查出摩崖、碑碣计128块。2007年4月开始的第三次文物普查,查出摩崖89块,碑碣79块,计168块。按年代分,北宋15块,南宋41块,元代10块,明代24块,清代45块,民国3块,新中国成立后9块,年代无考21块。

敬一书院 汉朝孔子第十一世孙孔安国任临淮太守时,在第一山建先圣宴居殿,后建崇圣书院,元朝改建淮山书院。书院从南部瑞岩,经过会景亭、杏坛,一直到北部西域寺,占据公园核心区域。明代改建登瀛书院,清代乾隆至道光时扩建为敬一书院。淮山堂与翠屏堂是敬一书院遗址,主要存放历朝文人墨客留下的碑碣。

杏花园 翠屏堂后面,走进花墙月门,便是杏花园。相传这里父母官引泉成渠,率领百姓遍栽杏花以供观赏。米芾作《杏花园春昼》诗,后人取米芾诗意,将杏花盛开的地方取名为杏花园。

第一山碑 第一山石碑题刻由米芾题写,碑左有乾隆时盱眙知县郭起元碑记,记载原来所勒第一山碑毁于兵火,郭自家乡闽县摹来重勒,竖第一山之中,并在会景亭遗址建第一山碑亭。

魁星亭 魁星亭为清道光甲辰年(1844)重修敬一书院时所建。魁星又作奎星,二十八宿之一,俗称文曲星。亭中刻有魁星像和《魁星赞》文。魁字为鬼形神像,一脚着地,一手捧斗,如执笔写点,非字非画。异形异态的魁星图,被古代应试学子奉为神灵。清嘉庆时汪云佺随同前去就职堂兄汪云任(孟棠)到广东,友人赠出图和赞,摹石立于亭中,称"盱山多士""振声文路",此碑毁于"文化大革命"。1987年,盱城居民献出残破拓片,经裱糊补字,魁星亭得以复原。

瑞岩 位于第一山翠屏峰山腰,宋代女冠(道士)朱妙真初创,元末毁于兵火,明永乐年间重建,毁于1966年。《瑞岩泉跋》刻于宋庆元二年(1196),郡守令人剪削榛莽,得新泉,"润及草木诚嘉瑞也"。因此,此岩命名为瑞岩,瑞岩旁一眼泉水命名为瑞岩泉。右边阴刻双人像,侧身相对而立,头裹幞巾,身着圆领大袖、宽身袍服,人体结构准确,线条简洁流畅。

西域寺 建于南宋,因地处园区西界而得名,又名石佛寺、半边庙。供观音铜像,新修之后的西域寺供白龙钟。

侵华日军盱城大屠杀遇难同胞纪念碑 1988年,县政府投资兴建,长608厘米,宽242厘米。记载着1938～1944年日军三次侵占盱眙烧杀抢掠、血洗盱眙的滔天罪行和盱眙军民英勇抗日、碧血丹心的英雄事迹。1996年3月7日下午4点多钟，第一山公园管理处工人在施工时，挖出一只头颅骨，继续往下挖，头颅骨越来越多。3月18日，经县有关部门再次挖掘，在约4米长、2米宽的坑内发现尸骨近200具，在坑南侧试着向下挖40厘米，又发现叠压头颅骨。经考证，这些头颅骨是日军侵占盱眙县城时，惨遭杀害的遇难同胞遗骨。侵华日军盱城大屠杀遇难同胞处，被确定为青少年爱国基地。

四、黄花塘新四军军部纪念馆

黄花塘新四军军部纪念馆位于黄花塘镇黄花塘村黄花塘组。1997年，江苏省委宣传部公布为爱国主义教育基地。2005年，被国家发改委等14个部门公布为首批全国百家红色旅游经典景区之一。2008年5月1日，免费对外开放。

图31-5 黄花塘新四军军部

纪念馆名 原国防部长张爱萍将军题写。

纪念馆 占地100050平方米，其中主体纪念馆1000平方米，内有陈毅、饶漱石、曾山、彭康旧居等建筑。在建筑风格上，主体纪念馆造型为现代建筑，其余均为当年民居式样院落和茅草房。纪念馆大厅内陈列江泽民题字“铁的新四军”，两组雕塑分别反映陈毅、饶漱石、张云逸、赖传珠、曾山等老一辈革命家，在黄花塘运筹帷幄、指挥战役、抗击敌寇、浴血奋战情景。纪念馆结构前圆后方，圆形的亭式建筑是进入展厅通道，门前圆柱顶部由60根直径10厘米绿竹环衬，寓意新四军军部移驻黄花塘60周年之际兴建。

陈列馆 设4个展馆，展示新四军组建和发展历程、决胜大江南北丰功伟绩，布置军部移驻黄花塘期间的军事、政治、经济、文化等各方面历史文献、革命文物、新闻图片资料。

张云逸旧居 占地2334.5平方米，主要有张云逸居住过的3间草屋、新四军参谋处3间草房和1982年建筑的陈列馆。原陈列室里展出新四军时期的珍贵照片、图片200余张，陈列张云逸用过的床、桌等用品和军部机关、医疗、兵工等单位用过的实物。

五、八仙台景区

八仙台景区位于盱眙县穆店乡西南部，占地1010公顷，其中水域300公顷。景区内有山、水、鸟、林、泉、石、洞，有各种植物500多种，其中珍贵稀世树种有珍珠柏、红皮柳；有中草药180余种，野生动物60多种，候鸟100多种。境内八仙传奇笼罩，山水相依趣致，自然环境优雅。2002年，对外开放。2006年，获批国家AA级景区。2007年，获批全国农业旅游示范点。

八仙雕塑 白澜生教授根据八仙过海传说，创作高8米、长8米八仙雕塑群，安放在长8米、宽3米、高2.5米石基座上。

图31-6 八仙台风景区

八仙阁 八仙阁大厅内陈列着八仙彩色雕塑。

八仙洞 洞深108米,洞内有八仙壁、八仙床、八仙铺、八仙棋盘等遗迹。

八仙湖 水域面积300公顷,形成山中有水、水中有岛的独特景观。

第二章 旅游管理

第一节 机　　构

1997年8月,成立县旅游局,编制5人。下设盱眙旅行社,股级自收自支事业单位,编制6人。2001年10月,县旅游局核定编制7人,增设旅游行业管理股和旅游规划统计股。2007年3月,增设办公室,旅游行业管理股更名为旅游行业管理科,旅游规划统计股更名为旅游规划统计科,增挂"旅游市场开发科"牌子,编制10人。2008年11月,撤销盱眙旅行社,成立盱眙旅游质量监督所,挂"旅游执法大队"牌子,全额拨款股级事业单位,编制3人。

第二节 旅游资源

2000年,县委、县政府把旅游兴县作为全县经济发展方略,围绕建设江苏山水旅游城市和创建苏北旅游第一县战略,出台《关于建成苏北旅游第一县的实施意见》,制定31条政策,是江苏省县域城市第一个出台发展旅游业政策的县。聘请一名高级旅游管理人员,负责管理全县旅游资源。从此,旅游资源管理走上规范化、系统化、科学化轨道。2004年,县委、县政府继续实施创建江苏山水旅游城市和苏北旅游第一县战略,启动古泗州城开发前期准备工作,完成古泗州城考古勘探报告及遗址保护利用开发可行性报告。

图31－7　中国优秀旅游名县铭牌

2006年,旅游业发展委员会印发旅游业招商引资、项目建设、税收扶持、奖励发展、科学指导、规范管理等方面优惠政策和奖励办法,推动旅游资源管理上水平。2007年,县委、县政府实施旅游产业提升年和"4321"工程,苏北旅游第一县目标体系研究小组细化《中国旅游强县标准》,开始创建中国旅游强县。县旅游局收集整理旅游景点和旅游资源情况,选定75个景点,22个候选景点。通过群众投票、专家评审,选出明祖陵怀古、铁山寺寻幽、第一山眺远、黄花塘烽火、八仙台访道、甘泉山御汤、古淮河放舟、都梁山揽月、龙王山渔歌、天鹅湖听雨盱眙新十景。盱眙县被国家旅游局评为最佳生态旅游县、中国优秀旅游名县。

2008 年,考古专家确认泗州古城的具体位置、走向、内外城墙结构、构筑方法、五座城门位置、部分城门平面形状、主要街道、古汴河等位置,是中国城市形态和结构保存最完整的古代城市遗址之一。财政部行政法司、国家旅游局规划发展与财务司成立调研小组,通过面上考察、总结经验,盱眙县通过国家旅游强县验收,被国家旅游局授予"最佳中国文化生态旅游目的地"称号。淮河明珠、龙虾之都、帝王故里、生态家园成为盱眙县旅游名片。

第三节　旅游安全

1998 年,县旅游局安全管理领导小组负责餐馆、食宿、娱乐场所管理工作。制定景区景点内部安全管理、安全汇报和旅行社、旅游宾馆、娱乐场所等安全制度。2000 年,县旅游局下发通知,要求所有旅游餐饮、住宿及娱乐场所服务人员必须经安全、卫生、消防、旅游专业培训,取得合格证书方可上岗;住宿场所接待游客必须实行实名制登记,接待境外游客应在 24 小时内向当地公安部门报送住宿登记表;设立保险箱,确保游客财物安全;严禁发生黄、赌、毒现象。

2001 年,县委、县政府将旅游安全纳入年终目标考核,实行安全生产一票否决制度。2002 年起,县旅游局根据旅游安全需求,确立统一领导,分级管理,以基层为主和谁主管、谁负责相结合管理原则,与旅游企业、宾馆、娱乐场所、景区责任人每年签订安全生产责任状。2003 年,铁山寺、明祖陵、第一山、八仙台、黄花塘新四军军部纪念馆和各旅行社、旅游宾馆、娱乐场所均成立安全工作领导小组,景区、景点险要处设立安全警示标识,安排专人防护。2004 年,县旅游局确定,每年 3 月和 9 月为全县景区员工及旅游企业单位责任人安全知识培训月,当年举办 2 期培训班,参训 120 人。

2005 年,联合消防、安全部门,对餐饮、住宿、娱乐场所消防设备、安全通道、防盗等安全设施检查 6 次,消除安全隐患 10 余处。2006 年,举办《中华人民共和国食品安全卫生法》培训班,各景区、旅游宾馆、娱乐场所 80 余人参训。至 2008 年,每年"五一"劳动节、国庆、元旦、春节、中国龙虾节、双休日期间,县旅游局均联合公安、消防、卫生、安监部门对旅游景区、星级饭店安全生产工作进行检查、指导和监督,发现隐患,及时整改。共举办安全知识培训班 9 期,参训 500 余人次。旅游行业连续 10 年无事故。

第四节　导　　游

1997 年,旅游局聘请专家重新修编各景区景点导游词,举办第一期导游员、讲解员培训班,参训 60 余人。与职业高级中学联办旅游中专班,首批招收 38 名学员。组织 37 人首次参加全国导游员资格考试,合格 11 人。1999 年,获全国导游资格证书 43 人。

2000 年 4 月,选派 15 名导游员到南京中山陵导游服务公司学习培训。9 月,邀请中旅集团高级导游康泰教授到盱眙专题举办导游知识培训班,各旅游景区导游员、讲解员参训。2002 年,全县被评选为市级优秀导游员 2 名、省级最佳导游员 1 名,报名参加全国导游资格证书考试 40 人,其中取得全国导游资格证书 6 人。2004 年 4 月,旅游局举办旅游知识培训班,热爱旅游事业的小学教师参训 35 名;举办在岗在职导游员、讲解员、兼职导游员培训班,参训 40 余人。7 月,举办县职业技校旅游班及热爱旅游事业的小学教师旅游业培训班,参训 45 人。

2006 年 5 月 27 日,县旅游局在教师进修学校举办首届"爱我家乡、爱我盱眙"导游员、讲解员服务技能大赛。9 月 26 日,开展盱眙县旅游业"人寿杯"服务明星评选活动,首先由旅游和普通话专家进行培训,再由各景区导游员、讲解员就旅游服务、景点导游、讲解词进行现场展示。27 日,组织专家学者评选出优秀导游员5名,优秀讲解员6名。2007年,县旅游局、县委组织部、县委党校邀请东南大学和南京师范大学教授,举办旅游业务知识培训班,各旅游景区导游员、讲解员参加培训。2008年,面向社会公开招聘导游员10人,全县获国家级导游员资格60人。

第五节　特色活动

1998年,县委、县政府举办第一届明皇朱元璋国际学术研讨会,中外明史学者120人参会。县旅游局举办1998盱眙夏令营活动,淮阴市中小学生,扬州市、南京市师生共9批486人次参与。邀请市文联、市摄影家协会赴铁山寺森林公园采风,选出61篇摄影作品,在淮阴市举办铁山寺风光摄影展。1999年,县旅游局围绕1999生态环境旅游年主题,举办苏、皖12个县市古泗州书画展,参观画展2万余人。组织盱眙风光摄影作品30幅,参加泉州全国旅游交易会,获奖5幅。组织"盱眙生态旅游杯"全市青少年书画艺术大赛。设计制作"明祖陵石刻"邮票,获信息产业部审批。

图31-8　2006年,文化部门在明祖陵景区举行仿古祭陵表演。

2000年3月,县旅游局邀请上海及周边地区百名旅行社总经理到盱眙观光踩线。4月,县委、县政府邀请20多名影视歌星笑星,组成中国梦舟明星男子篮球队到盱眙举行表演赛,游览盱眙景点,宣传盱眙旅游。7月,盱眙县成功举办首次"中国龙年·盱眙龙虾节"旅游节庆活动,县政府主导,旅游局牵头,各部门配合,全社会参与的大旅游氛围基本形成。2001年7月14日,中国科技大学、徐州彭城大学等高校学生,开展宇宙探索者夏令营活动,在铁山寺举行开营仪式,历时2天,游览铁山寺森林公园风光。2003年,成功举办新四军军部暨中共中央华东局进驻黄花塘60周年纪念活动。

2004年7月3日,南京大、中、小学师生近600人在第一山脚下举行"百校万人看盱眙"首发式。7月7日,南京广州本田汽车俱乐部、地行仙车友俱乐部组织300名会员参加万人龙虾宴,开展吃盱眙龙虾,游盱眙山水活动。至2008年,举行甘泉山庙会9次,觐拜、参观佛教信徒、香客和游客2万余人。每年"五一"黄金周、国庆节、龙虾节期间,在明祖陵景区举办明太子仿古祭陵、文官下轿、武官下马表演;在铁山寺举办进山采板栗、抓鳅抓蟹等特色活动,吸引长三角周边城市游客前来参观游览,体验田园生活。每年龙虾节期间,在第一山大成殿门前举办第一山祭孔表演。

第六节　旅游收入

1986年,全县旅游场所免费对外开放。1991年,第一山公园对外开放,门票每人10元。1999年,铁山寺森林公园对外开放,门票每人30元。2000年,县旅游局开始统计全县旅游景区门票收入。当年全县旅游景区收入0.36亿元。2002年,对外开放的收费景区有:明祖陵景区成人每人40元,儿童、学生每人20元;第一山国家森林公园成人每人20元,儿童、学生每人10元;八仙台景区每人30元,儿童、学生每人15元。全县旅游景区门票收入0.75亿元。2008年,实施景区联票制。明祖陵景区成人每人60元,第一山国家森林公园成人每人30元,铁山寺国家森林公园成人每人60元,八仙台景区成人每人40元,现役军人、老年人、儿童、残疾人实行优惠,学生个人参观门票减半。全县旅游景区门票收入累计达12.1亿元。

第三章 旅游服务

第一节 旅行社

1998年,成立2家旅行社。1999年,获全国旅行社经理资格证书3人,获全国旅行社部门经理资格证书5人。2000年,县旅游局向社会公开承诺:提高旅行社规范经营水平,旅游经营无“黑社”,导游服务无“野导”,接受社会监督。2008年,共有旅行社8家,取得全国旅行社总经理、部门经理资格证书18人。

2008年盱眙县旅行社一览表

表31-1

旅行社名称	成立时间	法人代表	职工数(人)	办公地址
金谷园旅行社	1998	侍德林	5	盱城镇斩龙涧县总工会院内
盱眙旅行社	1998	刘佳麟	7	盱城镇淮河东路19号
都梁旅行社	2001	沈慎为	9	盱城镇淮河东路45号工行院旁
交通旅行社	2001	赵鸿涛	6	县食品公司四楼
东方假日旅行社	2006	杜明勇	13	盱城镇金源南路7号
金阳光旅行社	2006	李 芳	6	盱城镇金源北路玫瑰园宾馆2楼
泗州旅行社	2007	张玉鹏	4	盱城镇淮河北路188号泗州君悦饭店5楼
新马旅行社	2008	朱长友	7	盱城镇都梁大道18号新马高级中学校内

第二节 旅游接待

2000年,在全县各媒体公布游客投诉电话,制定旅游服务质量标准体系,向社会公示;向社会公开承诺,确保游客食、住、行、游、购、娱等消费无宰客现象,旅游景区无重大投诉,接受社会监督。2005年,县旅游局组建接待服务质量领导小组,对景区、景点、旅行社、旅游宾馆明查暗访3次,查处服务质量不达标宾馆16起,均责令有关单位整改到位。2008年,旅游质量监督管理所负责旅游业服务质量管理工作。全年查处违反接待服务质量规定行为11起,落实整改措施。

一、食 住

1994年,全县只有金谷园饭店一家二星级旅游饭店。1997年,县旅游局指导盱眙县都梁大酒店创建二星级宾馆,辅导盱眙宾馆跨入旅游定点饭店,申报涉外饭店;帮助盱眙金谷园饭店争创三星级宾馆。1998年,县航道站投入20万元,新购1艘游艇,改造成航都世界水上餐厅船,投放淮河,接待游客。2000年起,县旅游局在全县各媒体公布游客投诉电话8212438,制定各饭店、宾馆服务质量标准,向社会公开承诺,确保游客消费无宰客现象。在县城区各宾馆、饭店中开展争创星级涉外饭店活动,制定创建规划、标准及奖励办法。至2006年,经市旅游饭店星级评定委员会验收评审,盱眙宾馆、金谷园饭店获批三星级涉外饭店,金都饭店、玫瑰园宾馆获批二星级饭店,营造游客游得开心,住得安心,吃得放心的良好环境。2007年,铁山寺度假村获批三星级饭店。2008年6月,投资2.2亿元兴建的泗州君悦饭店对外营业。2008年国庆节期间,举办旅游星级饭店服务员技能大赛,盱眙泗州饭店获白金奖,盱眙宾馆获银奖。年底,每天接待150人以上的酒店有新华国际酒店、八一大酒店、铁山寺天泉山庄、八仙岛度假村、杨四酒店、希望大酒店等40余家。

图31-9 泗州君悦饭店

附:三星级饭店选介

盱眙宾馆 位于盱城镇金源北路1号,1995年开业。2000年,获批二星级旅游饭店。2006年,获批三星级饭店。拥有VIP餐厅8间、贵宾厅15间、多功能厅和宴会大厅各1间,可容纳500多人就餐;有标准客房58间、单人客房15间、豪华套房8套,房间配置中央空调、有线电视、宽带网,有大中小型会议室3个和KTV、茶吧各1个。2008年,接待游客8000人次。

金谷园饭店 位于盱城镇金谷园路6号,1992年开业。1994年,获批二星级饭店。2006年,获批三星级饭店。有宴会接待包间12个,宴会大厅1个,可容纳300人就餐;有标准客房70间,豪华单人间10间,豪华套房8间,20~200人多功能会议室和高档次洗浴中心。2008年,接待游客5000人次。

铁山寺度假村 位于铁山寺国家森林公园内,是山区农家宾馆,1998年开业。2000年,获批二星级旅游饭店。2007年,获批三星级饭店。有7个包间,1个大厅,容纳260人就餐,有标准客房36间、豪华套房3间;房间配备中央空调、有线电视、光纤网络、国内国际直拨电话,有大、中、小会议室3个,健身房、棋牌室、歌舞厅各1个。2008年,接待游客6500人次。

二、交 通

1999年,盱眙地处宁连高速公路和宁徐高速公路交汇处,位于南京一小时都市圈,交通便利,是旅游最佳之地。县政府修通水冲港至铁山寺柏油路,古城至铁山寺、龙山至铁山寺混凝土路,方便游客车辆出入景区。县交通局投入5辆金龙客车,开通盱眙至铁山寺的旅游专线。县旅游局联合市旅游局、淮阴青年旅行社开通淮阴—盱眙风光一日游旅游专线。

2000年,县旅游局开通盱眙一日游、盱眙二日游旅游专线。10月1日,开通城区至明祖陵景区水上旅游专线。2004年7月6日,开通南京—盱眙龙虾节旅游直通车。2005年,国家发改委、中宣部、国家旅游局等13个部门确定,将黄花塘新四军军部旧址列入泰州—盐城—淮安—徐州红色旅游精品线。2008年,建成盱眙县城通往铁山寺国家森林公园、明祖陵、第一山、八仙台、黄花塘新四军军部纪念馆五大景区二级路，铁山寺快速通道建成通车。在高速公路和通往景区的道路两旁，设置中英文对照的盱眙旅游标识牌，方便游客进出盱眙旅游景区。开通县城区至铁山寺旅游专线客车6辆，票价每人8元；开通明祖陵旅游专线客车5辆，票价每人5元；开通黄花塘新四军军部纪念馆旅游专线客车3辆，票价每人7元；开通八仙台旅游专线客车3辆，票价每人5元。

三、游　乐

2000年，县旅游局制定旅游服务质量标准体系，向社会公开承诺，确保旅游景区无宰客、无重大投诉。2005年，县旅游局接待服务质量领导小组，对景区、景点进行明查暗访3次，无宰客现象。2007年，旅游质量监督管理所对县城区内咖啡厅、桑拿浴等供游客娱乐服务的场所开展明查暗访，查处违反接待服务质量规定行为12起，均落实整改措施。2008年，境内供游玩的收费景点景区有：铁山寺国家森林公园、明祖陵、第一山、八仙台。免费景点景区有：黄花塘新四军军部纪念馆、淮河风光带、都梁公园、龙虾博物馆、历史文化博物馆、象山国家地质公园。供游客休闲娱乐场所有咖啡厅、KTV、棋牌室、桑拿浴200余家，其中咖啡厅主要有森典咖啡、加州咖啡、幽兰咖啡；KTV主要有欢乐钱柜、开心都市；桑拿浴主要有泗州君悦桑拿中心、海阔天空洗浴中心。

四、购　物

2000年，县旅游局向社会公开承诺，确保游客在景区景点购物无宰客现象。2001年，县旅游局召开旅游景区商店、摊贩业主会议，要求所有经营者执行国家价格政策，对所销售商品均应明码标价，严禁宰客。2002年起，县委、县政府、县旅游局召开各景区主要责任人会议，要求各景区利用地方特色兴办旅游商品产业，为旅客购物服务。2005年，县旅游局接待服务质量领导小组对景区商店、摊贩明查暗访5次，未发现宰客现象。至2007年，铁山寺森林公园景区内，先后成立铁山寺野生食品有限公司、盱眙森源野生食品厂等16个旅游商品生产厂，形成龙虾系列纪念品、农副产品、地方土特产品3大系列100多个品种，其中代表性的旅游商品有40多种。各景区销售的农副产品主要有：盱眙十三香龙虾、“活珠子（鸡蛋孵化12天左右）”、草鸡蛋、“桂花”牌小磨麻油、瑞香麻油、恒河香醋、水冲港板栗、雨山绿茶等。野生食品主要有：葛藤粉、地皮菜、金银花、葛花茶、葛粉丝、马齿苋、黑玉米、蜂花粉、何首乌和刺槐花等。旅游纪念品主要有：手编龙虾系列、金兽、陈璋圆壶、麒麟、斗笠等。2008年，县旅游质量监督管理所对景区商店、摊贩进行检查，无宰客现象。

第四章　旅游宣介

第一节　媒体宣传

1997年6月，《人民日报·市场报》海外版和香港《大公报》发表《物华天宝·人杰地灵——盱眙》。7月，《中国旅游报》《江苏旅游》发表《盱眙：苏北旅游佳境》和《藏在深闺终要识》。9月，江苏广播电台《旅游天地》栏目专题宣传盱眙旅游。从此，开始实施媒体宣传推介盱眙旅游业。1998年4月30日，新华社、中央电视台一套节目同时向国内外播发首次探明明祖陵布局重大新闻。

2000年下半年,县旅游局与淮阴电视台合作拍摄《畅游盱眙》电视片,在省市电视台播出。2002年,县旅游局建成盱眙旅游网,与盱眙县政府网并轨。电视片《且看东南第一山》《淮上明珠》在盱眙旅游网播放。2003年10月,县旅游局与浙江旅游千景网合作,通过网络宣传盱眙旅游。2004年7月,北京电视台《好山好水好心情》旅游专栏,全面介绍盱眙旅游资源。南京中昊集团、南京游客集散中心,每周2次在《扬子晚报》《金陵晚报》《现代快报》《江南旅游报》刊登盱眙旅游广告。2005年4月16~18日,人民日报华东分社组织40多家媒体60多名摄影记者,在盱眙召开年会,深入铁山寺、明祖陵景区创作。4月26日,《人民日报》华东版整版刊发市委常委、县委书记王友富《淮上登高看盱眙》文章及11幅照片。江苏旅游电台《走进直播室》栏目,制作2期《中国龙虾节与盱眙旅游》专题节目。制作《胜境盱眙》旅游光盘、《登高望远,情满山水》盱眙原创歌曲MTV等影像在盱眙旅游网播放,社会点击近100万人次。分别在宁连高速公路黄花塘泥沛段、观音寺三河大桥段制作大型旅游广告群,实施亮化。2007年9月18日,利用"12580"手机短信,开通盱眙旅游手机网上信息。盱眙县获江苏省旅游局宣传活动推广奖。2008年,在5个景区联票上印制旅游宣传口号、旅游形象标识。编制《盱眙旅游》风光片,制作《淮河明珠,龙虾之都》宣传片,在盱眙旅游网播放,收到游客表扬信500多封。至年底,全国报纸、网络、电视、广播等媒体刊登宣传盱眙旅游稿件1500余篇。

第二节 节庆、会展、资料宣传

1999年3~4月,县旅游局组织景区及旅行社参加南京及周边地区旅游交易会、泉州全国旅游交易会,散发宣传资料2万份,宣传盱眙旅游资源。

2000年,制作《二十一世纪旅游新干线——盱眙》画册1万份,在全县旅游景点、饭店、旅行社发行。2001年3月,组织景区及旅行社负责人参加南京周边地区旅游交易会,散发各类宣传资料2万余份,当场与10多家旅游企业签订合作意向书。"五一"期间,旅游局与县妇联开展"三八"妇女旅游健身盱眙行活动,周边100多个妇女联合会组织1万余名妇女参加。第一届龙虾节期间,共推出文艺演出、淮河水上婚礼等9项旅游活动。国庆节期间,推出百子祭拜孔圣人、百僧携游铁山寺、百姓登龙门等18项旅游活动。2002年3月,县旅游局组织旅游企业参加第十届全国旅游交易会、南京——淮安旅游展销会、上海旅游交易会,共散发盱眙旅游发展宣传资料3万余份。9月中旬,县旅游局组织全县旅行社负责人去南京、无锡、上海促销,向40多家旅行社和媒体发布旅游信息近1000条。2003年4月,组织旅游企业负责人,参加上海"同游江浙沪,阳光新感受"大型旅游促销会,散发盱眙旅游宣传册和传单3万多份。国庆节期间,铁山寺国家森林公园和省红灯笼影楼联办百对新人环保婚礼在铁山寺举行;全县各景区举办明太子仿古、民俗风情表演等20多个旅游项目。2004年3~6月,组织景区景点、宾馆饭店、旅行社负责人,参加长三角周边城市旅游交易会、中国北方旅游交易会、杭州国内旅游交易会,共散发宣传资料3万余份。国庆节前夕,县委、县政府在南京湖南路管委会召开盱眙旅游工作座谈会,邀请南京中昊集团、南京市游客集散中心等多家旅行社总经理参加,当场签订11份国庆游盱眙合作协议。

2007年,组织人员先后编印《盱眙画册》3000余份,出版《大明帝陵图鉴》《畅游盱眙》《帝乡寻梦》宣传折页,制作中国龙虾节宣传光盘;启动县词、县徽、县花、县树、县鸟、旅游宣传口号、旅游形象标识征集活动,收到23个省投票5618份。第七届龙虾节前夕,县委、县政府启动"魅力山城·盱眙山水"旅游城市形象大使公开选聘活动,历时4个多月,经过四轮评选,在1万多名选手中,产生10名盱眙山水旅游城市形象大使,参与中国龙虾节在盱眙、南京、上海、浙江、深圳、北京六地旅游促销活动。2008年3月8日,经专家评审,县词为淮河明珠、龙虾之都、帝王故里、生态家园,旅游宣传口号为品盱眙龙虾、游都梁山水,县花为都梁香兰,县树为国槐,县鸟为画眉。至年底,盱眙共举办一届龙年龙虾节和八届中国龙虾节。其间,共开展宣传、推介盱眙旅游活动60余项。

第三十二篇　龙虾节庆

龙虾节是盱眙倾全力打造的一个地方节庆。

自2000年起，连续9年举办节庆活动，影响广泛，波及海内外。通过举办龙虾节，搭起创业、招商大平台，构筑旅游、文化大舞台。龙虾产业链从捕捞、十三香龙虾烹饪，延伸到龙虾养殖，形成盱眙特色产业。龙虾节成为名副其实的美食节、经贸节、文化节、旅游节，中国现代节庆经典品牌，盱眙“龙虾之都”名片享誉世界。2000年7月19～20日，县委、县政府根据红叶、杨四等多家饭店用盱眙地产十三味中药材作调料，烹饪十三香龙虾，深受市民喜爱的市场信息，首次举办中国龙年·盱眙龙虾节，主办单位盱眙县政府，活动地点盱眙，活动9项。

2001年7月11～15日，举办第一届盱眙·中国龙虾节，主办单位盱眙县委、县政府和扬子晚报社，活动地点盱眙，活动12项。从此，每年举办一届龙虾节，制定节日菜单。2003年8月26日～9月1日，举办第三届中国龙虾节，主办单位盱眙县政府、扬子晚报社和江苏省环保厅，活动地点盱眙、南京、上海、金华，活动项目22项。2005年6月28日～7月9日，举办第五届中国龙虾节，主办单位增加江苏卫视，活动地点盱眙、南京、上海、浙江省宁波，活动项目33项。

2008年6月12日～7月10日，举办第八届中国·盱眙国际龙虾节。主办单位增加江苏省海洋与渔业局、澳大利亚维多利亚州政府、新西兰罗托鲁瓦市政府，活动地点盱眙、北京、深圳、澳大利亚、新西兰、瑞典，活动项目增加到46项。至年底，盱眙县连续举办一次、八届龙虾节，每届龙虾节组委会确定一个宗旨，制定一套活动“菜单”，成立一支安保队伍，做好节庆筹划、宣传报道、安全保障、来宾接待、景点旅游等各项服务工作。

第一章 节庆运筹

第一节 机 构

2000年7月,盱眙县委、县政府成立中国龙年·盱眙龙虾节领导小组,县长王友富任组长,县政府办、县文化局、县工商行政管理局、县公安局为成员,负责龙虾节组织协调工作。2001~2008年,举办八届中国龙虾节,相应成立组委会,举办单位主要领导为组委会名誉主任,盱眙县县长、常务副县长、县委书记相继任主任,各单位负责人任成员,组委会下设办事机构。

2001~2008年盱眙县委、县政府举办龙虾节组织机构情况一览表

表32-1

组织机构名称	名誉主任	主任	副主任	下设组织机构名称
2001年第一届盱眙·中国龙虾节组委会	县委书记王友富、县长郑宁、扬子晚报社副总编周跃敏	常务副县长朱坚	4名副县长及扬子晚报社副总编刘守华	办公室,分管副县长兼办公室主任,下设特别行动小组,负责紧急、重大、突发事件决策和处置工作;成立安全保卫、医疗救护、接待服务、活动安排、宣传报道5个指挥中心
2002年第二届中国龙虾节组委会	县委书记王友富、扬子晚报社总编朱铭佐	县长郑宁	分管副县长、扬子晚报社副社长刘守华	经贸洽谈组、抢抓项目组、安全保卫组、筹划宣传组、赞助公关组、文明创建组、组委会办公室,组委会办公室主任由县委宣传部部长兼任。组委会办公室下设组织、宣传、监督、山地广场大型文艺演出、上海项目、南京项目、形象大使评选、赞助公关、基础设施项目、文明创建、经贸洽谈、后勤接待、安全保卫14个工作小组和新闻报道指挥中心
2003年第三届中国龙虾节组委会	县委书记王友富、扬子晚报社总编朱铭佐、省环保厅副厅长赵铨	县长郑宁	常务副县长任常务副主任,县级及部门22位领导、扬子晚报社产业部主任张继斌任副主任	统筹策划组、品牌规范组、经贸活动组、上海活动组、金华活动组、县内文化活动组、后勤保障组、文明创建组、组委会办公室下设综合组、演出组、督查组、宣传组、筹资组、票务组。成立盱眙经贸、上海、浙江、南京、盱眙等重大活动和稳定与安全、后勤接待、医疗卫生与志愿者服务、新闻报道10个指挥中心
2004年第四届中国龙虾节组委会	扬子晚报社总编朱铭佐、省环保厅副厅长赵铨	县委书记王友富	常务副县长任常务副主任,副县长和扬子晚报社产业部主任张继斌任副主任	统筹策划组、品牌规范组、经贸活动组、上海活动组、浙江慈溪活动组、文体活动组、后勤保障组、文明创建组,组委会办公室下设宣传综合组、文体活动组、后勤保障组、票务组、督查组。县委、县政府成立以县委书记为主的特别行动小组,负责整个节庆组织领导和督促检查工作。组委会成立经贸活动、上海活动、南京活动、浙江活动、盱眙活动、安全稳定、后勤保障、重大活动现场指挥部

续表 32－1

组织机构名称	名誉主任	主任	副主任	下设组织机构名称
2005 年第五届中国龙虾节组委会	县委书记王友富、扬子晚报社总编朱铭佐、省环保厅厅长史振华、江苏卫视总监蒋晓平	县长蔡敦成	县委副书记任常务副主任，县级领导、扬子晚报社特稿部主任张继斌、省环保厅自然处处长吴天马、江苏卫视副总监张践	盱眙活动、南京活动、上海活动、浙江活动、重大活动、经贸活动、安全与稳定、现场服务、后勤保障 9 个指挥部，县委、县政府 8 名领导组成特别行动小组，负责龙虾节全过程事务安排、人员协调、督察督战工作。组委会下设办公室，宣传部部长兼任办公室主任
2006 年第六届中国龙虾节组委会	县委书记蔡敦成、扬子晚报社总编刘守华、省环保厅厅长张敬华、省海洋与渔业局副局长沈毅	县长李森	与第五届相同	办公室、重大活动部、经贸活动部、安全与稳定部、现场服务部、后勤保障部、重大活动现场指挥部、盱眙、南京、上海、浙江活动指挥部，抽调 103 人集中办公，专司节庆期间各项事务
2007 年第七届中国龙虾节组委会	与第六届相同	县长李森	与第五届相同	与第六届相同
2008 年第八届中国·盱眙国际龙虾节组委会	县委书记蔡敦成、扬子晚报社总编刘守华、省环保厅厅长张敬华、省海洋与渔业局副局长沈毅、澳大利亚维多利亚州州长约翰·邦比、国际节庆协会首席执行官史蒂文、江苏卫视总监景志刚	县长李森	县人大常委会主任、县政协主席、扬子晚报社副总编王文坚、各部门主要负责人等 37 人	组委会下设办公室，办公室下设统筹协调部、后勤保障部、新闻外宣部、组织督查部、文体活动部、市场运作部、经贸招商部、产业发展部、安全保卫部、国际合作部；成立四国联办、六地联动活动分指挥部

第二节　方　　案

2000 年 7 月，盱眙县委、县政府多次召开县四套班子、龙虾饭店、各乡镇负责人会议，决定以龙虾美食为主要内容，以带动旅游发展、扶持龙虾产业为主体，以提高盱眙知名度为目标，举办首次中国龙年·盱眙龙虾节，策划具体实施方案，确定办节宗旨：挖掘美食文化，扶持龙虾产业，带动旅游发展，提升盱眙形象。

2001 年，县委、县政府总结中国龙年·盱眙龙虾节经验，与扬子晚报社联合研究策划《第一届盱眙·中国龙虾节活动方案》，开创江苏省首次县级节庆与省级媒体联办先河。确定办节宗旨：节会搭台，经济唱戏；文艺演出，扩大影响；挖掘内涵，打出品牌；寓教于乐，发展旅游。

2002 年 3～4 月，县委、县政府主要领导与南京大学、东南大学、南京师范大学、省社科院等 30 余名学者，就如何办好龙虾节进行专题座谈，征得办节意见 100 余条。

图 32－1　2001 年第一届龙虾节策划会

面向社会各界开展“金点子”征集活动,在《盱眙新闻》开辟《我为第二届中国龙虾节出金点子》专栏,征得社会各界办节意见1000余条。5月初,确定第二届中国龙虾节活动菜单17项实施方案。确定办节宗旨:政府组织与市场运作并举,外地办节与本地办节并举,造势与造财并举。

2003年,第三届中国龙虾节开幕前,县委、县政府主要领导先后召开县四套班子领导会议8次,召开县各部门和各单位主要负责人会议3次,召开外商及龙虾店老板、社会各界人士等各类座谈会5次,倾听意见,集思广益。4月初,面向全县征集办好第三届中国龙虾节《征集金点子》征文。4月2日,县委、县政府领导在南京举办第三届中国龙虾节高层策划会,通过征求社会各界建议,初步形成第三届中国龙虾节活动方案。4月,发生“非典”;7月,境内出现洪涝灾害。受其影响,第三届中国龙虾节办节时间、内容作出两次调整。8月初,最终落实第三届中国龙虾节举办时间。其办节宗旨:提升盱眙,强固南京;做红上海,开辟浙江。

图32－2 第六届中国龙虾节新闻发布会在南京举行

2004年4月下旬,县委、县政府就举办第四届中国龙虾节多次召开策划会,反复征求各方意见,形成30多个初步活动方案。5月上旬,县委、县政府连续召开3次专题会议,对初步方案进行讨论、修改、完善,最终形成龙虾节菜单和办节宗旨:以虾为媒促开放,四地联动办大节;以人为本谋发展,主动融入长三角(长江三角洲地区)。

2005年,第五届中国龙虾节组委会面向社会,开展万人说节社会调查、建言献策征集评比活动。县委、县政府召开四套班子会议,对征集意见和建议进行梳理,龙虾节组委会根据梳理内容进行整合,形成办节菜单。其办节宗旨与第四届相同。

2006年4月12日,县委、县政府开展“‘中国人寿杯·我与节庆共进’——为第六届中国龙虾节献计策”活动,《今日盱眙》和盱眙政务网站分别刊登征集金点子启事,征得办节意见和建议100余条。5月上旬,县委召开3次常委会进行专题研究,确定第六届中国龙虾节活动方案。其办节宗旨:办节为媒,推介为主;招商为实,发展为本。

2007年2月底,县委、县政府成立第七届中国龙虾节方案策划委员会,以办节为媒,推介为主,招商为实,发展为本办节理念,制定实施方案。4月26日,第七届中国龙虾节组委会对活动方案进行初审。5月,继续面向社会征集金点子。组委会根据初始方案和征集内容,最终形成办节菜单和办节宗旨:美食大餐,文化美餐,旅游套餐,招商主餐。首次将四地联动改为六地联动,盱眙广场文艺演出改在晚上举行。

图32－3 盱眙旅游南京推介会

2008年3月29日,县委、县政府召开全县首季开门红总结暨龙虾节动员大会,会议提出第八届中国·盱眙国际龙虾节实施方案设想:创新升格为国际化节庆、组团赴国外开展活动、命名盱眙为中国龙虾之都、启动龙虾上市程序、拍摄盱眙龙虾专题片、龙虾节与奥运挂钩、举办首届淮河文化精英论坛等项目。4月28日，组委会召开各乡镇、县直各单位负责人会议，研究、商讨活动方案，交办各责任单位按时上报活动初案。5月1～10日，组委会研定56个责任单位活动方案。5月23日，组委会对第八届中国龙虾节活动方案提出要求：所有活动方案格式化、活动程序规范化，拟制“九定一概算”（定活动时间、定活动地点、定责任领导、定包抓领导、定协办单位、定参加人员、定活动议程、定工作分工、定实施时序，概算活动经费）。最终形成第八届中国·盱眙国际龙虾节12大主题66个子项活动方案。其办节宗旨：办节为媒，推介为主；招商为实，发展为本。

第三节　规　　模

2000年7月，县委、县政府首次主办龙虾节，活动项目少，无冠名单位，无活动菜单。2001～2008年，县委、县政府连续举办八届龙虾节，规模逐年扩大，节庆冠名变动3次，办节主体从1家发展到7家，办节地点从县内延伸到“六地联动，四国联办”；办节时间从县内2天发展到国内18天、国外10天；办节项目从8项增加到到66项。

2000～2008年盱眙县历届龙虾节规模一览表

表32－2

办节时间	届　次	节庆冠名	办节主体	办节地点	办节时长	活动项目
2000.7.19～20	首　次	中国龙年盱眙龙虾节	盱眙县委、县政府	盱眙县内	2天	9项
2001.7.11～15	第一届	盱眙·中国龙虾节	盱眙县委、县政府、扬子晚报社	盱眙县内	5天	8项
2002.6.8～12	第二届	中国龙虾节	盱眙县委、县政府、扬子晚报社	盱眙、南京、上海	5天	17项
2003.8.26～9.1	第三届	中国龙虾节	盱眙县政府、扬子晚报社、江苏省环保厅	盱眙、南京、上海、金华	7天	22项
2004.7.6～15	第四届	中国龙虾节	盱眙县政府、扬子晚报社、江苏省环保厅	盱眙、南京、上海、慈溪	10天	主项目9项 子项目19项
2005.6.28～7.9	第五届	中国龙虾节	盱眙县政府、扬子晚报社、江苏省环保厅、江苏卫视	盱眙、南京、上海、宁波	12天	主项目18项 子项目33项
2006.7.8～19	第六届	中国龙虾节	盱眙县政府、扬子晚报社、江苏环保厅、江苏卫视、江苏省海洋与渔业局	盱眙、南京、上海、宁波	12天	主项目19项 子项目42项
2007.6.11～28	第七届	中国龙虾节	盱眙县政府、扬子晚报社、江苏省环保厅、江苏卫视、江苏省海洋与渔业局	盱眙、南京、北京、上海、宁波、深圳	18天	主项目15项 子项目42项
2008.6.12～7.10	第八届	中国·盱眙国际龙虾节	盱眙县政府、扬子晚报社、江苏省环保厅、江苏卫视、江苏省海洋与渔业局、澳大利亚维多利亚州政府、新西兰罗托鲁瓦市政府	六地：盱眙、南京、上海、宁波、北京、深圳；四国：中国、澳大利亚、新西兰、瑞典	国内活动18天，国外活动10天	主项目12项 子项目66项

第四节 实　　施

2000年7月,县委、县政府召开2次常委会,召开3次各乡镇、各单位主要负责人会议,召开2次饭店老板、社会各界人士座谈会,部署龙虾节推进实施工作。2001年6月,第一届盱眙·中国龙虾节举办前,县委、政府多次布置落实龙虾节期间各项工作任务。县新闻媒体刊登龙虾节倒计时广告,府前广场、五墩转盘、新华书店广场等地段设置龙虾节举办时间倒计时牌。

2002年5月,第二届中国龙虾节组委会将17项主要活动逐项分解至60个牵头、协办单位。6月,县委召开常委扩大会,提出安全有序地组织好龙虾节各项活动。中国龙虾节组委会成立明查暗访组、投诉服务组,对各单位迎战龙虾节工作进行督查,编发工作简报16期,继续在县新闻媒体醒目位置、府前广场、五墩转盘、新华书店广场地段设置龙虾节举办时间倒计时广告标志。

2003年8月20日,县委、县政府召开常委扩大会,对第三届中国龙虾节各项筹备工作进一步细化任务,明确预案,责任到人;指定活动现场协调人员,县乡衔接确保秩序安全,落实卫生防疫具体救治措施;成立志愿者服务队伍,举办培训班,做好接待工作。8月23日,第三届中国龙虾节组委会后勤接待中心召开会议,布置龙虾节期间提高菜肴、住宿、卫生等各方面接待水平,做好服务工作,确保龙虾节安全有序。

图32-4　设在盱眙县政府广场前的2005年龙虾节倒时牌

2004年5月下旬,县委、县政府就第四届中国龙虾节分解任务,明确责任。龙虾节开幕前5天,县委召开全县党政领导干部大会,通报各单位工作进度和落实情况。县委赋予龙虾节特别行动小组临机处置权,对遇有推诿、拖延、贻误龙虾节工作人和事,先行处置,后报研究;全县主要道口制作倒计时牌13块。

2005年6月8日,龙虾节组委会印发《第五届中国龙虾节督查工作实施方案》。6月16日,县委办、县政府办下发《关于严格执行第五届中国龙虾节工作纪律的通知》。6月24日,龙虾节组委会办公室印发《第五届中国龙虾节主要活动指挥网络》,以图表形式明确开幕庆典、文艺演出、万人龙虾宴、千僧云游、南京活动、上海活动、浙江活动、闭幕仪式8大活动指挥体系,落实具体领导人、负责人、承办人。

2006年,第六届中国龙虾节组委会建立健全例会、联系、值班、奖惩等制度。6月11日、21日,县委2次召开龙虾节进展情况汇报会,分别就19个主题、42个子项活动,按照任务、标准、时限、责任等要求,分解落实到100多个相关单位,对完成情况跟踪检查、督办。节庆期间,龙虾节组委会办公室先后召开各类策划会、交办会、会办会、推进会、过堂会80余次,印发督查简报35期,下发督查交办单850份,办结县领导批示交办件55份、电话交办件3000余次、现场交办1000余次。

2007年4月16~20日,第七届中国龙虾节组委会连续召开南京新闻发布会、盱眙旅游南京推介促销等省城活动任务交办会。5月11日,组委会办公室召开23项节庆活动任务交办会。5月中旬,组委会召开第七届中国龙虾节专用服饰推广交办会。5月23日,组委会办公室召开《媒体聚焦——名嘴论虾》活动任务交办会。5月26日,组委会办公室召集南京、盱眙2地22项活动推进集中会办会。第七届中国龙虾节开幕前后,组委会及其办公室累计召开各类交办会、会办会、策划会、过堂会、推进会约100余次。

2008年4月22日，县委、县政府举行第八届中国·盱眙国际龙虾节倒计时启动仪式，制定任务交办、督办等一系列纪律制度，在宁宿徐高速公路盱眙入口处设置龙虾节庆举办时间倒计时牌。4月28日，组委会召开龙虾节活动任务交办会。5月1日，组委会办公室印发《关于明确第八届中国·盱眙龙虾节节庆所有活动包抓领导和牵头责任单位的通知》，以表格形式将所有活动任务分解到责任人和责任单位。6月4日，县委召开全县冲刺龙虾节动员大会。

第五节　宣　传

一、媒体聚焦

2000年7月，《新华日报》《扬子晚报》相继报道龙虾节通讯10篇。从此，《盱眙日报》、盱眙电视台、电台在每届龙虾节中，整版刊登、整档播出节庆新闻和通讯报道。2001年6月，扬子晚报社先后派出11名记者，指定9名记者常驻盱眙采访报道龙虾节准备情况。《扬子晚报》头版头条刊发《激情演出震撼千万观众心》《青山为媒，绿水为证，淮河婚礼交响曲》《盱眙城里说龙虾》长篇通讯。

随着连续三年的龙虾节举办，不仅大大提升了盱眙在海内外的知名度，而且给老百姓带来无限商机，成为激活盱眙经济的"快车道"。邻省、邻县对盱眙的快速发展已刮目相看，有些地方甚至提出研究"盱眙现象"。近日，《人民日报》记者专门来盱采访盱眙县委书记王友富同志，6月12日《人民日报》在显著位置刊登介绍盱眙巧打龙虾牌创新发展思路的长篇报道。本报特全文刊出，以飨读者。

"虾有虾路"

——从江苏盱眙看经济欠发达地区的发展思路

人民日报记者　顾兆农

图32－5　2002年6月12日，《人民日报》发表"虾有虾路"文章，使龙虾节庆的宣传由量向质转变。

2002年3月初至6月4日，《人民日报》刊发龙虾节稿件2篇、《中国日报》刊登2篇、《新华日报》刊登6篇、《扬子晚报》刊登40余篇，中国县情网、扬子网、新华报业网报道活动消息30余篇。2003年7月初至8月26日，《扬子晚报》先后刊登《盱眙扬子联手再掀红色风暴》《小龙虾撬动盱眙大腾飞》等报道21篇；《金华晚报》整版刊登龙虾节彩色照片，金华电视台播报《盱眙生态与龙虾》专题片。8月27日，《新华日报》头版刊登第三届中国龙虾节开幕消息，二版刊发多幅彩色组照；苏州电视台专门制作播放《盱眙龙虾》10分钟专题片。

2004年6月，《人民日报》刊登《探访十三香龙虾之乡——盱眙》长篇通讯，中国新闻社中新网刊登《盱眙解读——江苏盱眙纪行》系列长篇报道，《扬子晚报》专版刊登《中国龙虾节，盛名之下的烦恼》长篇报道和《小龙虾牵动大战略》专访，《新华日报》刊登《群龙聚首龙虾之乡》多幅彩照和长篇文字报道。7月，新加坡《联合早报》《中国工商时报》《中国商报》、凤凰卫视、上海东方卫视、江苏电视台、江苏电台、江苏教育台、杭州电视台、《南京日报》《南京晨报》《现代快报》、浙江《都市快报》《宁波日报》、慈溪电视台、《慈溪日报》《淮安日报》等媒体刊播新闻100余篇。

图32－6　盱眙县利用龙虾节影响力，开展旅游宣传推介。

2005年6月29日，中央电视台专题报道第五届中国龙虾节开幕消息。《人民日报》刊发《淮上登高看盱眙》等19篇通讯,《新华日报》刊发《盱眙龙虾获注册商标》等23篇文章、《扬子晚报》刊发《龙虾交易》等28篇专访,《农民日报》《北京日报》《南京日报》《苏州日报》《无锡日报》《华东信息日报》《旅游时报》《扬州日报》《常州日报》《镇江日报》《徐州日报》《苏北发展导刊》等媒体登载龙虾节相关文章100余篇。中央人民广播电台播出《龙虾经济促进盱眙发展》等4篇文章,江苏电视台直播龙虾节文艺演出现场和播报龙虾节稿件45篇次。

2006年6月18～19日,华东地区部分晚报总编、记者60余名,到盱眙采访。人民网开设《中国龙虾节》专栏,先后刊发《盱眙:小龙虾做起大文章》等52篇文章。路透社、新华社、中新社发表盱眙龙虾节消息11篇。日本东京电视台、韩国KBS电视台首次组团,到盱眙采访报道龙虾节情况。各类媒体报道盱眙及龙虾节、龙虾经济文章及图片1879篇幅。

2007年,中央电视台、新华社、《人民日报》《文汇报》《解放日报》《新华日报》《北京晨报》《北京商报》《深圳晶报》等媒体刊载文章100余篇。新加坡《联合早报》、香港《大公报》刊文20余篇,澳门莲花卫视设置专栏,专题报道第七届中国龙虾节盛况。

2008年6月9日,央视国际频道播放第八届中国·盱眙国际龙虾节《同乐五洲》文艺晚会。节庆期间,韩国首尔电视台、新加坡《联合早报》、澳大利亚驻华记者站、《人民日报》、中央电视台、《解放日报》、上海卫视、上海电视台、东方卫视、《新华日报》《扬子晚报》《淮安日报》等主流媒体相继跟踪报道龙虾节文章60余篇。

二、氛　围

2000年7月,县城区主街道悬挂宣传条幅和彩旗,单位办公楼和商店门前插彩旗或挂红灯笼,县出租车、单位公用车张贴龙虾节宣传标语,工作人员向群众散发宣传资料,营造龙虾节氛围。从此,每届龙虾节,各单位、沿街各个体工商户、主要街道悬挂彩旗,各单位办公楼实施亮化、悬放气球、摆放鲜花。

2004年6月,县委、县政府要求各单位、各部门当好东道主,热情迎嘉宾,办好龙虾节,树立新形象,下达文明城市创建以及绿化、亮化、净化、美化任务。县城区府前广场、五墩广场、收费站三角岛、淮河大桥三角岛、淮河风光带等地共摆放9个花坛,宁连路设置4块、盱马路设置8块大型宣传广告牌。

2005年6月,组委会编发龙虾节宣传标语89条,其中通用类19条、政治类45条、迎宾类6条、景点类19条。从此,各届龙虾节均编印宣传标语,各单位张贴标语,《盱眙日报》、盱眙电视台、电台刊登、播报宣传标语。

图32－7　历届龙虾节如红红火火过大年

2006年6月,全县副科级及其以上干部移动、办公电话及114查号系统,统一设置龙虾节宣传铃声。2007年6月7日,县委、县政府要求全县党政干部做到活动程序要顺、现场氛围要浓、场地环境要美、安全服务要好、节庆材料要精、演出效果要优、招商项目要多、盱眙形象要佳,以此营造节庆氛围。

2008年6月1日,龙虾节组委会印发《第八届中国·盱眙国际龙虾节氛围营造方案》,编发宣传标语。龙虾节前后,全县累计升空气球268只,悬挂条幅980余条、节标彩旗近万面,设置巨幅标语牌8块,摆放大型花坛9处,摆放鲜花3万余盆。

第六节　保　　障

2000年，首次举办龙虾节期间，县公安局做好节庆安全保障，县卫生防疫、质监、工商等部门落实饮食安全保障措施。2001年，第一届盱眙·中国龙虾节举办期间，县公安局在110指挥大厅设电子监控中心，24小时全方位监控都梁广场、第一山广场、五墩转盘、淮河风光带等龙虾节主要活动场所治安状况，在县城区各要道入口实行卡口控制。都梁广场文艺演出时，设立场外2道防线，实行入场检票制度，加强场内安全控制。

图32－8　历届龙虾节公安部门都成立安保机构，拟定安保方案，确保各项活动顺利开展。

2002年，第二届中国龙虾节筹办时，县委、县政府确立安全压倒一切，安全就是成功的办节指导思想。5月1日，县委书记召集县公安局和人武部负责人会议，交办文艺演出、广场龙虾宴、闭幕式安全责任。县公安局成立龙虾节安保机构，拟定9项大型活动安保方案。5月中旬，全县开展一次安全隐患排查、整改活动，各单位主要负责人向县委、县政府递交安保军令状，县公安局在都梁广场安装电子监控设备。广场文艺演出和龙虾宴期间，县领导和1000余名股级干部佩戴安全管理员袖章，参与维持现场秩序。在南京五台山体育馆举办“千美”龙虾宴和文艺晚会时，县公安局派出100多名公安干警，配合南京警方做好安保工作。

2004年，第四届中国龙虾节开幕式前5天，县委召开常委扩大会和全县领导干部大会，布置安保任务，落实安保责任。县公安局制定安保应急预案，继续执行群众看戏，领导执勤做法。

2005年6月22日，第五届中国龙虾节组委会办公室一天下发10份龙虾节期间安保文件，涉及全县治安及交通安全、医疗救护安全、饮食卫生安全、电视录播安全、供用电安全、防火安全、重点活动场所通讯保障安全、城区正常供水及用水安全、全县及重点活动场所监管安全、全县城乡客运交通安全，以此教育城区市民在龙虾节期间做好安全工作。

图32－9　夜间巡逻

2006年，县委、县政府提出坚持活动过程讲细节，活动结果保安全的办节原则，制定17项安保预案，先期进行演练。7月4～6日，全县开展集中清查行动，出动警力326人次、联防队员358人次、机动车53辆次，清查龙虾节活动场所538处，发现治安隐患38处，抓获犯罪嫌疑人9人，其中网上逃犯3人。龙虾节前，全县开展安全大检查，查处、整改不安全隐患30余处。龙虾节期间，县公安部门首次在县城区采用电子监控系统、350兆无线集群系统等装备，提高安保质量。

2008年，县龙虾节组委会下发《第八

届中国·盱眙国际龙虾节安全应急处置预案》，成立龙虾节安全保障指挥部，县长担任总指挥，全县80多个单位主要领导为成员，明确工作组10个、工作职责10项、工作纪律10条、控制措施8条、奖惩措施以及处置方法7条，制定开幕庆典、大型演出、广场虾宴、焰火晚会、事故应急、火灾扑救、食品安全方案。县公安局制定龙虾节庆期间安保总体方案，组建应急处置等工作组17个，明确纪律制度10条，制定龙虾节活动安保预案25项，投入安保5000人、车辆500台次，保障龙虾节安全。

第七节　经　　费

2000年，中国龙年·盱眙龙虾节办节经费主要由县财政支出，县内机关及企事业单位赞助20多万元，文艺演出晚会门票及广场龙虾宴费用由各单位负责。2001～2008年，连续八届龙虾节企业赞助费累计3137万元，加上文艺演出门票销售、龙虾烹饪大赛和龙虾会员店冠名费等项收入，实现收支相抵略有盈余。

2001～2008年中国龙虾节企业赞助经费情况一览表

表32-3　　单位：万元

年份	届次	赞助	赞助企业
2000	首次	20	县内机关及企事业单位
2001	第一届	50	重庆啤酒集团安徽天岛有限公司、江苏淮化集团
2002	第二届	76	今世缘集团、青岛啤酒、双沟酒厂、华源矿泉水、江苏大富豪集团
2003	第三届	100	重庆啤酒集团安徽天岛有限公司、江苏淮化集团、江苏大富豪集团、江苏大明宫酒业有限公司、湖北稻花香集团
2004	第四届	202	今世缘集团、天岛啤酒、双沟酒厂、华源矿泉水、大明宫酒业、淮阴卷烟厂
2005	第五届	304	今世缘集团、天岛啤酒、华源矿泉水、大明宫酒业、淮阴卷烟厂、江苏双沟酒业有限公司、江苏洋河酒厂、青岛啤酒（彭城）有限公司、台湾黑松食品（苏州）有限公司、安徽皖啤有限公司
2006	第六届	460	淮阴卷烟厂、江苏双沟酒业有限公司、江苏洋河酒厂、江苏今世缘酒业有限公司、青岛啤酒（彭城）有限公司、台湾黑松食品（苏州）有限公司、安徽皖啤有限公司
2007	第七届	655	重庆啤酒集团安徽天岛有限公司、江苏淮化集团、淮阴卷烟厂、江苏双沟酒业有限公司、江苏洋河酒厂、江苏今世缘酒业有限公司、青岛啤酒（彭城）有限公司、上海川崎食品有限公司、江苏新海电子制造有限公司、江苏汤沟两相和酒业有限公司
2008	第八届	1270	重庆啤酒集团安徽天岛有限公司、江苏淮化集团、淮阴卷烟厂、江苏双沟酒业有限公司、江苏洋河酒厂、江苏今世缘酒业有限公司、青岛啤酒（彭城）有限公司、上海川崎食品有限公司、江苏新海电子制造有限公司、江苏汤沟两相和酒业有限公司、台湾黑松食品（苏州）有限公司

第二章　节庆活动

第一节　中国龙年盱眙龙虾节

一、开幕式

2000 年 7 月 19 日上午，在盱眙龙虾城首次举行中国龙年盱眙龙虾节开幕式暨龙虾城开业庆典，县委、县政府领导，省、市著名作家和书画家，县直各单位、各乡镇主要负责人约 500 人出席，省作协副主席赵恺为龙虾城开业剪彩。

二、文化活动

（一）**文艺采风**。7 月 19 日下午，县委、县政府举办龙虾节“放眼看盱眙”文艺采风活动，省、市著名作家和书画家赵恺、李松石、《雨花》总编姜琍敏参加。赵恺为中国龙年盱眙龙虾节写下诗作《龙虾节赋》《水鸟翩翩——为盱眙龙虾节而作》。

（二）**文艺晚会**。7 月 19 日晚，在县影剧院举办嘉喜之夜文艺晚会，中央电视台节目主持人周涛、朱军主持，孙国庆、陈述、赵静、郭达、德江、奇志、大兵等先后登台演出《大红绸子舞起来》《带上你的故事跟我走》以及《水浒传》主题曲等节目，1500 人观看演出。

图 32－10　水上婚礼

（三）**水上婚礼**。7 月 20 日下午，在盱城淮河纪事园码头举办水上婚礼，10 对渔家新人按照民间风俗举行送亲、迎亲、拜堂等水上传统婚礼仪式，1 万余人观看。

三、其他系列活动

（一）**“宇宙探索”中学生夏令营**。7 月 16 日，淮阴中学 50 名天文爱好者组成“宇宙探索者”中学生夏令营，在铁山寺天文科普园开营。南京紫金山天文台 5 名正副研究员、高级工程师和南大 11 名师生向夏令营成员讲授天文知识，其中曾为中国“两弹一星”（原子弹、导弹和人造卫星）作出重要贡献的研究员张家祥解答学生提问。夏令营成员通过天文望远镜，观看新千年遇到的第一个天象“月全食”。

（二）**天泉湖龙舟竞赛**。7 月 20 日上午，在天泉湖举行“嘉喜杯”龙舟竞赛，县建设局、水利局、交通局、地税局、供电局、电信局 6 支代表队参赛，交通局队以 1 小时 37 分夺冠。

（三）**看盱眙一日游**。7 月 20 日上午，县委、县政府组织县直机关干部从县政府到第一山，徒步看盱城。龙虾节期间，县内各景区、景点免费向游人开放。

(四)**汽车山地越野表演**。7月20日,县体育局组织汽车山地越野表演赛,路线为盱城镇经桂五镇水冲港到铁山寺。

四、广场龙虾宴

7月20日下午,在第一山广场举行千人广场盱眙龙虾天岛啤酒宴。电影演员陈述、赵静主持宴会,100余家饭店厨师现场烧制十三香龙虾,1000余名宾客品尝。省、市书画家在龙虾宴现场创作书画作品。龙虾宴邀请10名食客,开展登台吃龙虾比赛表演,优胜者获赠书画作品;从抽奖中产生10名食客,颁发金箔证书;艺术家余秋雨、马兰题写的“盱眙美食,满口余香”牌匾,赠予参加宴会的百家饭店。

图32－11　龙年龙虾节千人广场龙虾宴在第一山广场举行

第二节　第一届中国龙虾节

一、主要活动

(一)**开幕式**。2001年7月11日,在第一山脚下淮河风光带举行第一届中国龙虾节开幕式暨吉祥物揭幕仪式,扬子晚报社副总编周跃敏、县委书记王友富、县长郑宁为龙虾节吉祥物揭幕。

(二)**文艺演出**。7月11日16时30分,第一届中国龙虾节“登高望远”大型广场文艺演出首次在都梁广场举行,国内知名文艺界明星程前、王小丫、杨洪基、林依轮、马季、程志等参加演出,《登高望远》《万岁——明祖陵随想》《铁山寺之恋》等中国龙虾节原创歌曲首次公开演唱,3万多人观看演出。

(三)**影视展播**。7月12日晚,以盱眙为外景影视展播暨中外名片播放首映式在县影剧院举行。展播电影《大战宁沪杭》《黄河少年》《老乡》《把一切献给党》。免费在广场龙虾宴现场、市民休闲场所播放《渡江侦察记》《智取威虎山》《列宁在1918》《野火春风斗古城》《九品芝麻官》等中外优秀影片。

(四)**《大明帝陵图鉴》展**。7月13日上午,在明祖陵玉带桥举行《大明帝陵图鉴》首展仪式。省文化厅和县政府领导参加仪式,为首展揭幕。《大明帝陵图鉴》收集明朝18座帝陵300余幅照片,图鉴卷长105米,展示明代帝王陵寝体系。

(五)**成立外来投资者联谊会**。7月13日下午,县政府邀请31位投资商代表参加投资者联谊会,听取意见和建议,就创优投资环境、优化服务作出承诺,向与会投资商代表颁发盱眙荣誉市民证书,成立盱眙县外来投资者联谊会,明确县政协、工商局和5名投资者代表担任联谊会领导。从此,县委、县政府开始实施中国龙虾节招商引资活动。

(六)**盱眙基本达小康有功之臣座谈会**。7月14日,县委、县政府邀请省委驻盱眙扶贫办领导、1995年及其以后在盱扶贫促小康的省直20多个部门领导、曾经挂钩帮扶盱眙的锡山市、扬中市领导,参加“盱眙县基本达小康有功之臣座谈会”。会上,县委书记王友富对省、市部门和单位挂钩帮扶深表感谢,汇报盱眙达小康工作情况、举办龙虾节和县域经济发展的思路。与会的省、市扶贫办领导肯定盱眙经济和社会发展成果,对盱眙发展思路、举办龙虾节发表意见和建议。

(七)**广场龙虾宴**。7月11～15日,历时5天,每天19时30分,中国龙虾节龙虾宴分别在盱城第一山广场、五墩车站广场、县体育场广场连续举行,全县约120家宾馆、饭店现场烧卖龙虾,并免费放映电影供游客边吃边看,1万余人次享受龙虾美餐。

（八）**闭幕式**。7 月 15 日晚，第一届中国龙虾节在县影剧举行闭幕式，县委书记致闭幕词，俄罗斯和美国等艺术团体在闭幕式上表演具有民族特点的文艺节目。

二、活动“菜单”

（一）**开幕式暨吉祥物揭牌仪式**。时间：7 月 11 日 9 时，地点：淮河风光带。
（二）**贯彻省苏北区域发展座谈会精神汇报会**。时间：7 月 11 日 10 时，地点：都梁中会堂。
（三）**登高望远大型山地广场文艺演出**。时间：7 月 11 日 16 时，地点：都梁山地广场。
（四）**广场龙虾宴**。时间：7 月 11 ~ 15 日，地点：第一山广场、体育场、五墩车站广场。
（五）**女骑警汇报演出**。时间：7 月 12 日 9 时，地点：淮河风光带。
（六）**淮河民俗水上婚礼**。时间：7 月 12 日 18：08，地点：淮河风光带。
（七）**《大明帝陵图鉴》首展仪式**。时间：7 月 13 日上午，地点：明祖陵文保所。
（八）**外来投资商座谈会**。时间：7 月 13 日 15：00，地点：都梁中会堂。
（九）**盱眙基本达小康有功之臣座谈会**。时间：7 月 14 日下午，地点：都梁中会堂。
（十）**盱眙外景地影视暨中外名片展播首映式**。时间：7 月 12 日 19 时，地点：县影剧院。
（十一）**“宇宙探索者”夏令营开营仪式**。时间：7 月 14 日 18：30，地点：铁山寺公园。
（十二）**闭幕式**。时间：7 月 15 日 15 时，地点：县影剧院。

图 32－12　第一届中国龙虾节登高望远文艺演出现场

第三节　第二届中国龙虾节

一、主要活动

（一）**开幕式**。2002 年 6 月 8 日上午在盱城淮河纪事园西侧草坪举行。扬子晚报社、省民委、省信访局、上海市崇明县、安徽省固镇县代表团，县委、县政府、县直各单位、各乡镇领导，中国龙虾节 30 名形象大使，社会各界群众约 1000 余人参加开幕式。南京市鼓楼区、上海市崇明县向中国龙虾节组委会发来贺电。江苏省航模运动协会为开幕式表演无线电遥控大龙虾航模特技飞翔节目。

（二）**都梁广场文艺演出**。6 月 8 日下午，在盱眙县都梁广场举行“登高望远”大型文艺演出，电视节目主持人乔榛、丁建华、程前、孙晓梅共同主持，阎维文、殷秀梅、佟铁鑫、顾欣、江涛、汤灿、轮回乐队、圣女合唱团等演艺明星及新当选的中国龙虾节形象大使加盟演出，《明祖陵遐想》《拼搏奋斗盱眙人》《这条路从延安走来》等节目取材盱眙，约 4.5 万人现场观看。

（三）**《大明帝陵图鉴》首发式**。6 月 9 日上午，在盱眙新华书店门前举行《大明帝陵图鉴》首发式。《大明帝陵图鉴》汇集明代帝陵精粹,展现明代帝陵的神秘与辉煌。首发式上,音乐家卞留念、歌手江涛举行签名售书活动。

(四)明代帝陵保护组织成立暨首届年会。6月9日上午,县委、县政府成立明代帝陵一体化保护组织暨首届年会在盱眙县政府都梁中会堂举行,江苏省文化厅副厅长王慧芬,明祖陵、明皇陵、明孝陵、明十三陵、明显陵负责人出席大会,王慧芬担任保护组织名誉主席。会议通过携手合作组织章程、机构及组成人员名单。

(五)文化集市及民俗表演。6月9日上午,在盱城五墩广场、宝积山广场举办文化集市及民俗文艺表演。盱城镇、河桥镇、明祖陵镇、官滩镇、县综合执法大队200余名艺人表演舞龙艺术;马坝镇、旧铺镇、穆店乡等组织表演旱船、蝶舞、花篮舞等民间舞蹈。

(六)摄影展。6月9日下午,在盱眙淮河风光带纪事园举行"与时俱进看盱眙"摄影展,展出分为七个板块:"风景如画",介绍盱眙景点;"盛世华章",介绍盱眙龙虾节;"山城奇葩",介绍山城女骑警;"华夏瑰宝",介绍盱眙历史文物;"古风流韵",介绍盱眙风情民俗;"春风沉醉",介绍盱眙旅游接待设施;"水陆精华",介绍盱眙资源和土特产品。共展出图板20个、图片170余张。

(七)形象大使颁奖文艺晚会。6月10日晚,在南京市五台山体育馆举行形象大使颁奖文艺晚会。晚会以青春、时尚为主题,著名主持人程前、文清主持晚会,台湾著名歌手黄安、青春美少女、绿宝贝、OOB组合等演出歌舞,30名龙虾节形象代表登台表演礼服走秀、泳装展示、中装亮相。晚会为10名第二届中国龙虾节形象大使颁奖,南京旅游学校陈晨为冠军,俄罗斯交通大学经济系三年级学生维兰妮佳为亚军,南京大学学生黄燕为季军。

图32-13 第二届龙虾节千美龙虾宴在南京五台山体育馆内举行

(八)"东方之韵"文艺晚会。6月11日19时,在上海崇明影剧院举办"东方之韵"文艺晚会,上海广播艺术团演员演出杂技、魔术、独角戏和盱眙原创作品《登高望远》《铁山寺之恋》《明祖陵遐想》等节目。

(九)名优产品上海推介展销会。6月11日上午,在上海崇明体育馆举行盱眙生态农业名优产品推介展销会。盱眙地产三特大米、明禾大米、银鱼干、干刀鱼、干虾米和铁山寺野生食品参展。展会销售收入400余万元,签订协议销售2200万元。

(十)都梁广场龙虾宴。6月9日18时30分,在盱城都梁广场举办万人龙虾宴。全县约100个饭店现场烹饪十三香龙虾,万人边吃龙虾边看县黄梅剧团和中小学校学生表演的文艺节目。

(十一)南京龙虾宴。6月10日晚,在南京五台山体育馆举办"千美"龙虾宴,南京市民和参加第二届中国龙虾节形象大使选拔赛的8000名女生参与。

(十二)上海崇明龙虾品味节。6月11日下午,在上海崇明举行第二届中国龙虾节暨上海崇明佳恒首届龙虾品味节。盱眙、崇明两县县委书记共同为崇明佳恒火锅楼正宗盱眙龙虾专供店揭牌。

(十三)闭幕式。6月12日20时,在盱城淮河风光带举行第二届中国龙虾节闭幕式,县委书记宣布第二届中国龙虾节闭幕。闭幕式期间,举行焰火晚会。焰火燃放由21响礼炮、100米瀑布烟花、45度交叉发射狂潮烟花、60度交叉发射银河大战烟花构成,全县社会各界万人参加闭幕式,观看焰火燃放。

二、活动"菜单"

(一)开幕式暨大型航模表演。时间:6月8日9:18,地点:淮河风光带。

(二)山地广场大型文艺演出《登高望远》。时间:6月8日15:30,地点:都梁广场。

（三）**中国龙虾节形象大使公开征选大赛**。时间:4 月 29 日 ~6 月 10 日。地点:盱眙。

（四）**中国龙虾节形象大使大型颁奖文艺晚会暨"千美"龙虾赛。时间:6 月 10 日 19: 30,地点:南京五台山体育馆**。

（五）**成立明代帝陵一体化保护组织暨首届年会**。时间:6 月 9 日,地点:明祖陵。

（六）**大明文化寻根行——名人赴盱眙采访采风**。时间:4 月上旬 ~6 月 12 日,地点:明祖陵、第一山、铁山寺。

（七）**大型群众文化集市及民俗表演**。时间:6 月 9 日上午,地点:县城区各文化广场。

（八）**"与时俱进看盱眙"大型摄影展揭幕仪式**。时间:6 月 9 日下午,地点:淮河风光带。

（九）**盱眙十三香龙虾连锁店经营 CI 形像设计大赛暨授权品牌饭店评选推介活动**。时间:5 月 1 日发起,6 月 10 日公布。地点:盱眙、南京、上海、镇江。

（十）**品盱眙龙虾,赏淮上风光大型龙虾宴**。时间:6 月 8 日晚 ~11 日晚,地点:县影剧院。

（十一）**镇江海龙火锅健康龙虾行活动**。时间:5 月上旬 ~6 月中旬,地点:镇江海龙火锅城。

（十二）**盱眙十三香龙虾保健、美容专家鉴定报告会**。时间:4 月底开始,地点:盱眙、南京、上海等地。

（十三）**中国龙虾节(2002)暨上海崇明佳恒首届龙虾品味节**。时间:6 月 11 日,地点:上海市崇明县城桥镇。

（十四）**招商引资项目签约**。时间:6 月 8 日。地点:盱眙。

（十五）**盱宁合作座谈会**。时间:6 月 10 日下午,地点:南京鼓楼区。

（十六）**女骑警巡游表演**。时间:6 月 8 ~12 日,地点:淮河风光带。

（十七）**大型焰火晚会暨第二届中国龙虾节闭幕式**。时间:6 月 12 日晚,地点:淮河风光带。

第四节　第三届中国龙虾节

一、主要活动

（一）**开幕式**。2003 年 8 月 26 日上午在盱眙中学运动场举行,3000 多人参加。扬子晚报社总编朱铭佐、省环保厅代表吴天马和盱眙县县长分别致辞。江苏南京武警支队威风锣鼓队表演威风锣鼓,盱城、马坝、官滩及县执法大队表演龙灯舞和狮子舞。

（二）**都梁广场文艺演出**。8 月 26 日下午,在县都梁广场举办登高望远文艺晚会,江月、张波、陈枫林主持,赵本山、范伟、谭晶、方青卓、刘媛媛、刘和刚、零点乐队、圣女合唱团等参加演出,画家赵钲现场表演画龙虾,约 5 万人分别身着红、黄、白、蓝文化衫,观看演出。

（三）**稀世国宝回故里展**。8 月 27 日上午,盱眙县穆店乡马湖村南窑庄出土战国时期陈璋圆壶、金兽、郢爰暨盱眙其他地方出土文物精品展在盱眙第一山公园明伦堂举行,县级机关单位 1000 余人参加展出仪式。

（四）**古诗、古乐吟诵演奏会**。8 月 27 日下午,在第一山孔庙前广场举行清风雅韵古诗古乐吟诵演奏会。江苏省诗词协会常务理事、《江海诗刊》副主编、诗人李庆苏到会祝贺。演奏会分为:诵华章、秉承古韵章、人杰地灵章、向往未来章、今人亲情章、好儿女兮当自强章,中小学生吟诵《满江红》《登黄鹤楼》,琵琶演奏《十面埋伏》,扬琴独奏《苏武牧羊》等,出席演奏会诗人现场作诗。

（五）**中外电影金曲交响音乐会**。8 月 28 日晚,在南京市大行宫会堂举办南京流金岁月中外电影金曲交响音乐会,上海广播交响乐团主演,先后演奏《北京喜讯传边寨》、女声独唱《洪湖水浪打浪》、舞剧《白毛女》《红色娘子军》、歌剧《卡门》插曲,电影《泰坦尼克号》《叶塞尼亚》《阿依达》《魂断南桥》主题曲以及盱眙原创歌曲《登高望远》等文艺节目。

（六）**上海文艺晚会**。8 月 29 日晚,在上海浦东东方明珠广场举办"东方之情"文艺晚会,上海市徐汇区副区长杲云、盱眙县乡镇领导等约 5000 余人观看演出。文艺晚会上由民族乐团青年歌手季清演唱《今天是你的生日》、外国朋友爱列娜·麦克表演小品《外国友人赞龙虾》、全国歌手大奖赛银奖获得者王美琳和陈旭阳先后演唱《为今天喝彩》《把根留住》,华东六省民歌演唱一等奖获得者李培康演唱《开心龙虾节》,盱眙黄梅剧团演出《到底人间欢乐多》等文艺节目。

(七)盱眙生态发布会暨烹饪赛颁奖。8月28日上午,在南京虹桥饭店举行盱眙龙虾与盱眙生态新闻发布会暨盱眙龙虾百家名店烹饪大赛颁奖会。盱眙县县长介绍盱眙“五湖”(天泉湖、陡湖、天鹅湖、八仙湖、猫耳湖)优良水体、生态环境,就盱眙龙虾配以十三香调料烹饪制作特色,回答记者提问。会上,与会记者观看《盱眙生态与盱眙龙虾》专题片;公布第三届中国龙虾节盱眙龙虾烹饪大赛金奖获得者名单、盱眙十三香龙虾百家名店代表名单。

(八)绿色食品进上海社区。8月29日上午,在上海市徐汇区举行绿色食品进社区开幕式,盱眙县委书记和县人大常委会主任为上海直销门市授牌、揭牌。开幕式当天,盱眙县向上海徐汇市场提供盱眙地产桂花麻油、恒河香醋、三特大米、雨山茶叶等约24个系列60余个品种,总量15吨,当日销售额20余万元。县委农工部诚信农产品开发有限公司与上海舒眙商贸有限公司签订盱眙绿色食品进社区协议,马坝楚雪挂面厂与上海宝山区大场粮油批发市场时磊老板签订楚雪挂面上海总经销协议,江苏盱眙旅行社与上海徐汇区新乐旅行社签订旅游促销协议,累计合同交易额200余万元。

(九)上海盱眙龙虾会员店揭牌。8月29日,盱眙县委书记、县长、县人大常委会主任和上海徐汇区副区长杲云,为上海洞庭春餐饮管理有限公司、福基餐饮管理有限公司等82个上海盱眙龙虾会员店揭牌。

(十)金华盱眙龙虾会员店授牌。8月30日上午,盱眙县委书记、县长、县人大常委会主任在浙江金华今日大酒店举行龙虾会员店授牌仪式,授予金华市今日大酒店等12家酒店盱眙龙虾会员店牌匾。

(十一)招商项目签约暨投资说明会。8月30日下午,盱眙县委、县政府在浙江省金华市今日大酒店举行招商项目签约暨投资说明会。金华市人大常委会副主任黄大光、金华市副市长严高文、金华企业界人士及客商代表应邀出席。盱眙县县级有关领导、各乡镇、县直各部门负责人参加会议。会议期间,签约招商项目12个,合同引资额3.3亿元。

(十二)广场龙虾宴。8月27日18时,在盱眙县都梁广场举行万人广场龙虾宴。现场105名厨师烧制十三香龙虾,外地在盱眙投资商、外地游客、乡镇、县直机关、城区市民、学生参加龙虾宴1.05万人,边品尝龙虾边观赏县黄梅剧团和中小学生演出歌舞文艺节目。

(十三)闭幕式。9月1日下午,在县影剧院举行第三届中国龙虾节闭幕式。县委、县政府领导成员、享受地市级待遇在盱眙离休干部、在盱眙退休县级领导、各乡镇和县直各单位负责人、《爱我盱眙》歌咏大赛获奖歌手出席闭幕式。闭幕式举行题为《爱我盱眙》歌咏大赛颁奖演出活动,86名歌手、36个团队报名参赛。其中,10名歌手获个人赛一、二、三等奖;10个代表队分别获团体赛一、二、三等奖;14名歌手获优秀奖。

二、活动“菜单”

(一)媒体聚焦。百名记者盱眙采风。时间:4月11～13日,地点:盱眙。

(二)举县同创。创建省级文明城市。时间:4月20日～8月20日,地点:盱眙。

(三)春到老区。新四军军部及中共中央华中局进驻黄花塘六十周年纪念活动。时间:6月29～30日,地点:黄花塘新四军军部纪念馆。

(四)开幕庆典。时间:7月28日8:28,地点:第一山广场。

(五)百凤展翅。盱眙工业开发区

图32－14 第三届中国龙虾节文艺演出节目单

一批项目举行开工奠基仪式。时间:7 月 28 日 10: 18,地点:县工业开发区。

（六）**登高望远文艺演出**。时间:7 月 28 日 16: 30,地点:龙虾节广场。

（七）**远古梦痕**。三大稀世国宝回故里。时间:7 月 29～30 日,地点:盱眙。

（八）**造访宇宙**。中国科学院公布国际小行星组织命名“盱眙星”。时间:7 月 29 日 8: 28,地点:铁山寺森林公园。

（九）**众里寻她**。盱眙龙虾连锁店标识设计征集。时间:8 月,地点:盱眙。

（十）**情系古邑**。盱眙名流用艺术形式表现盱眙山水、人情风貌。时间:7～8 月,地点:盱眙。

（十一）**享受每天**。盱眙五湖(陡湖、天泉湖、猫耳湖、天鹅湖、八仙湖)龙虾南京专卖和吃盱眙龙虾、游盱眙山水活动。时间:7 月 28～31 日,地点:盱眙。

（十二）**风景独好**。铁山寺森林公园少数民族风情表演,明祖陵洪武通宝钱币面世,太子祭陵表演,第一山古诗古乐吟诵演奏会。时间:7 月 28～31 日,地点:铁山寺、明祖陵、第一山。

（十三）**故国之恋**。龙虾节形象大使回眸盱眙。时间:7 月 28 日～8 月 2 日,地点:盱眙。

（十四）**绿色“三宴”**。万人广场龙虾宴、山村百户农家宴、水上楼船渔家宴。时间:7 月 28 日～8 月 2 日,地点:盱城镇、王店乡、穆店乡、桂五镇、明祖陵镇、淮河镇。

（十五）**活水话源**。来盱眙投资客商恳谈会。时间:7 月 29 日 10: 18,地点:盱眙都梁中会堂。

（十六）**碧水净土**。盱眙龙虾与盱眙生态新闻发布会。时间:7 月 30 日,地点:南京。

（十七）**金榜题名**。龙虾烹饪大赛、龙虾制作百家名店授牌。时间:7 月 30 日下午,地点:南京。

（十八）**大展宏图**。盱眙县域经济发展汇报会。时间:7 月 30 日下午,地点:南京。

（十九）**流金岁月**。上海广播交响乐团音乐会。时间:7 月 30 日 19: 30,地点:南京大行宫会堂。

（二十）**沪上新宠**。盱眙龙虾百店开张。时间:7 月 31 日,地点:上海。

（二十一）**虾兵天降**。盱眙龙虾美食一条街落户浙江金华,时间:8 月 1 日,地点:浙江金华。

（二十二）**高歌猛进**。盱眙原创歌曲大奖赛颁奖。时间:8 月 3 日 15: 30,地点:盱眙影剧院。

第五节　第四届中国龙虾节

一、主要活动

（一）**开幕式**。2004 年 7 月 6 日 7 时在盱眙中学举行。淮安市委、盱眙县、扬子晚报社、江苏省环保厅领导以及全县社会各界人士近万人参加。开幕式上,河北省“中华第一鼓”队表演龙狮舞,108 人组成的龙鼓车队从盱眙中学出发,途经县供电公司、商贸中心、五墩广场、八一广场、洪武大道等巡游表演。

（二）**都梁广场文艺演出**。7 月 6 日 15 时,在都梁广场举行登高望远文艺演唱会,影视演员唐国强、解放军海政歌舞团于紫菲主持,演出 2 小时 30 分钟。演唱会以孙国庆演唱《开心龙虾节》拉开序幕,关牧村、腾格尔、杨洪基、阎维文、蔡国庆轮番登台演唱,在张波一曲《登高望远》中结束演唱会。

（三）**群众性文化集市**。龙虾节期间,县文化部门每天组织业余文艺演出队在第一山广场、府前广场、五墩广场举行欢乐都梁文艺活动。在五墩广场组织“国贸杯”广场歌手大赛,吸引市民踊跃参与。在苏果超市举办咏怀古泗州 10 县书画联展,展出作品百余幅;在第一山举办盱眙历代出土玉器和公安破案追缴文物展,展出文物 100 多件。举办中国龙虾节·节庆经济盱眙发展有奖征文活动,收到征文 100 多篇,分别评出一等奖 2 篇、二等奖 5 篇、三等奖 9 篇。

（四）**县外文艺演出**。7 月 8 日,盱眙县文化局在南京人民大会堂举行民族音乐会,由中央民族乐团专场演出在维也纳金色大厅演奏过的经典曲目。10 日,县文化局在上海举办东方之夏文艺晚会。12 日,县文化局在浙江省慈溪举办“慈溪之夜”文艺晚会。

（五）**都梁广场龙虾宴**。7 月 7 日晚,在都梁广场举办万人龙虾宴,品尝十三香龙虾,观看由县综合执法大队和县教育局编演的文艺节目。南京广州本田汽车俱乐部、地行山车友俱乐部组织300名会员到盱眙参加都梁广场龙虾宴。

(六)县外龙虾宴。7月9日,在南京钟山宾馆举行南京百店万人盱眙龙虾宴开幕式和十三香龙虾烹饪大赛颁奖仪式,授予陈大龙虾馆、沪海盱眙龙虾广场、朱兰平龙虾城和夫子庙文枢阁酒店为盱眙龙虾店牌匾。12日,在浙江省慈溪举办千人龙虾宴。

图32－15　第四届万人广场龙虾宴演出现场

(七)节庆论坛。7月8日,盱眙县委、县政府,江苏省社科院,扬子晚报社在南京钟山宾馆举办中国龙虾与盱眙发展高层论坛。省委副书记张连珍、淮安市委书记丁解民、88名省厅级领导、在宁30多名专家学者和新闻媒体200余人参加论坛。盱眙县委书记作《寻求科学发展在县域经济发展中的辩证统一》主题发言,有7位专家就盱眙以中国龙虾节为契机,带来区域经济快速发展所形成的“盱眙现象”进行评价。

(八)商贸活动。7月11日,在上海浦东仁和宾馆举行盱眙农副产品推介会,销售无公害、无污染的大米、挂面、肉鸡、龙虾、龙虾调料等盱眙农产品,销售价值9850万元。

(九)闭幕式。7月15日晚,在淮河风光带纪事园举行情满长淮焰火晚会,全县各界人士约5万人观看焰火燃放。

二、活动“菜单”

(一)龙腾山城。开幕式。放飞信鸽、气球,燃放礼炮;中华第一鼓、盱眙龙灯表演;鼓王车队巡游,途经文化广场、府前广场、五墩转盘等。时间:7月6日6:58,地点:盱眙县中学操场,

(二)登高望远。都梁山地广场大型文艺演出。时间:7月6日15:30,地点:盱眙龙虾节广场。南京民族音乐招待会。时间:7月8日20:00,地点:南京人民大会堂。上海“东方之夏”文艺晚会。时间:7月10日20:00,地点:上海东方明珠广场。浙江慈溪文艺晚会。时间:7月12日20:00,地点:浙江慈溪。

(三)群龙聚首。全国各地盱眙龙虾会员店代表相聚盱眙共商发展大计,时间:6月26日15:00,地点:盱眙宾馆。

(四)帝乡寻梦。组织以南京为重点的长三角地区百校万人看盱眙、百团会师游盱眙,时间:7月1～31日,地点:盱眙各景点。

(五)龙虾盛宴。盱眙万人龙虾宴。时间:7月7日18:30,地点:都梁山地广场。南京百店万人盱眙龙虾宴。时间:7月9～15日,地点:南京市。上海浦东、徐汇、黄浦盱眙龙虾宴。时间:7月10～11日,地点:上海。浙江慈溪千人盱眙龙虾宴。时间:7月12～13日,地点:慈溪国际大酒店。

(六)共谋宏图。盱眙招商恳谈会暨招商项目签约。时间:7月6日,地点:盱眙中学阶梯教室。中国龙虾节与盱眙发展高层论坛。时间:7月8日14:30,地点:南京钟山宾馆黄埔厅。盱眙名优农产品上海推介会。时间:7月11日9:00,地点:上海。浙江慈溪盱眙投资说明会。时间:7月12日8:00,地点:浙江慈溪。

(七)欢乐都梁。群众性文艺集市,龙、狮、旱船、秧歌队。时间:7月7日上午,地点:第一山广场;7月8日上午,地点:文化广场。铜管乐队。时间:7月9日上午,地点:第一山广场。其他文艺节目。时间:7月12日上午,地点:文化广场。戏曲演唱。时间:7月13日上午,地点:文化广场。腰鼓队、秧歌。时间:7月15日

上午,地点:第一山广场。咏怀古泗州书画展。时间:7 月 7～12 日,地点:苏果超市三楼展厅。盱眙新出土文物展。时间:7 月 6 日 9：58 至 14 日 19：00,地点:第一山公园明伦堂。

(八)**回归自然**。生态经典活动。时间:7 月 7 日 8：28,地点:盱眙铁山寺国家森林公园。

(九)**前程似锦**。闭幕式,焰火晚会。时间:7 月 15 日 19：00,地点:盱眙沿淮风光带。

第六节　第五届中国龙虾节

一、节前主要活动

(一)**媒体研讨会**。2005 年 4 月 16 日下午,人民日报社华东分社在盱眙召开摄影研讨会,江苏省级报刊、省内 13 个地市级报刊摄影部主任、摄影家协会主席参加。盱眙县委领导介绍盱眙概况,中国摄影家协会执行会长邵华、江苏摄影家协会副主席于先云、人民日报社华东分社网络中心主任黄幸群出席,并先后发言。4 月 17 日,参加研讨会的 60 余名摄影记者分赴黄花塘新四军军部旧址、铁山寺国家森林公园、明祖陵、女骑警基地、县工业园区,开展采风活动。

(二)**龙虾节新闻发布会**。4 月 26 日上午,在南京钟山宾馆举行新闻发布会,省委外宣办、省环保厅、省工商局、江苏卫视、南京市鼓楼区、宜兴市领导、内地及港澳部分新闻媒体应邀参加。扬子晚报社总编刘守华致辞,盱眙县委书记介绍即将举办第五届中国盱眙龙虾节的时间、地点、活动等情况。

(三)**龙虾协会代表会**。6 月 12 日下午,江苏省盱眙龙虾协会一届三次会员代表大会在盱眙县政府都梁中会堂召开,100 多名代表出席会议。宁夏文联主席、作协主席、盱眙籍人士张贤亮发来贺信。盱眙县委、县政府及有关部门领导和部分酒店、宾馆、龙虾调料生产企业的负责人,分别当选会长、副会长、秘书长、副秘书长、理事,张贤亮当选名誉会长。

(四)**龙虾烹饪赛**。6 月 13 日上午,在盱眙宾馆举行盱眙十三香龙虾烹饪大赛。江苏、上海、浙江、安徽、河南、河北、天津、青岛等 16 个省市 148 名选手参赛。盱眙地区有盱眙宾馆等 40 个单位获金奖,南京地区有南京杨四龙虾城等 10 个单位获金奖,上海地区有上海红露园酒家等 10 个单位获金奖,浙江地区有宁波味圣龙虾馆等 40 个单位获金奖。7 月 2 日,组委会在南京钟山宾馆举行盱眙龙虾全国十大名店和盱眙龙虾南京地区十大名店授牌仪式。

图 32－16　第五届中国龙虾节“盱眙龙虾全国十大名店”授牌仪式

(五)**征文颁奖**。6 月 15 日上午,在县政府都梁中会堂召开“我与盱眙龙虾”征文颁奖大会。此次征文大赛收到全国 6 个省市、100 余个县区 185 篇参赛作品。省内著名作家和盱眙有关领导组成评委会,评出一等奖 2 篇、二等奖 6 篇、三等奖 10 篇。

二、节中主要活动

(一)**开幕式**。2005 年 6 月 28 日上午,在盱眙中学塑胶操场举行。县委书记击鼓传令、宣布开幕,扬子晚报社总编刘守华和盱眙县县长分别致辞,南京银河风筝队将 2 条中国龙风筝、大红灯笼串风筝、56 个民族奔奥运风筝放飞天空;108 名山东大汉组成中华唢呐王,演奏《开心龙虾节》等乐曲,全县全体干部、群众代表6000 余人参加开幕式。

(二)都梁广场文艺演出。6 月 28 日下午,在都梁广场举行登高望远山地广场大型文艺演出,张政、庞晔主持,刘斌、韦唯、蒋大为、张明敏、朱明瑛、蔡国庆、李金斗、李建华、刘兰芳、王馥荔、宋佳等登台演出盱眙原创歌曲《开心龙虾节》等文艺节目。文艺演出历时 3 个小时,5 万人观看。

(三)南京曲艺晚会。7 月 2 日晚,在南京人民大会堂举办“盱宁情缘,古顺河之夏”曲艺晚会,解放军总政话剧团主演,其中相声演员陈寒柏、王敏在《观众的烦恼》中模仿各国人吃十三香龙虾状况,表现十三香龙虾备受世人欢迎的场景。

(四)上海综艺晚会。7 月 4 日晚,在上海东方明珠广场举办“东方神韵”综艺晚会。上海东方电视台文艺频道毛威和江苏电视总台卫星频道王霞共同主持,著名演员屠洪刚、严顺开、仝阿梅等出演。晚会期间,盱眙县主要领导为盱眙龙虾烹饪大赛上海地区齐珍辉、黄大等十大金奖获得者颁奖。

(五)宁波综艺晚会。7 月 6 日晚,在浙江宁波大剧院举办“情涌甬江”综艺晚会。晚会由央视艺术团承办,央视节目主持人李霞和中央戏剧学院聂艺飞主持,陈明真、李金斗、李建华、王汝刚等演出歌舞、相声、独角戏及吴桥杂技等节目。

(六)群众文体活动。6 月 29 日～7 月 10 日,盱城业余文艺演出队在盱眙文化广场、府前广场、国贸广场演出群众喜闻乐见的文艺节目。在明祖陵景区组织 30 人,表演洪武太子祭陵活动,祭灵仪仗队经南红门、过神道、穿内皇城,一路鸣锣开道,前呼后拥到万岁山前上香、祭拜、洒酒、诵经,演绎武士护卫、宫女献舞、钟鼓馔玉、香烟缭绕等明太子朱标祭祖场景。在盱眙天鹅湖搭建 300 平方米水面舞台,举办龙虾节灯展活动,龙虾、鲤鱼、青蛙、螃蟹、九龙壁、荷花、莲花、十二生肖等各种造型灯具 1000 余件参展。

(七)农副产品推介会。7 月 3 日下午,在上海举行盱眙名优农副产品推介会,出席会议客商代表 120名。盱眙县领导介绍盱眙生态环境和主要农副产品概况,现场摆摊展示推介盱眙产挂面、肉鸡、大米、龙虾、龙虾调料等名优农副产品。推介会期间,协定销售盱眙农副产品 6.3 万吨,总金额约 1.28 亿元。

(八)招商项目签约。7 月 6 日下午,在浙江省宁波市花园宾馆举行投资环境推介暨招商项目签约仪式。宁波市江北区委副书记陈欣、慈溪市人大常委会副主任王志成等应邀出席,江北区委副书记陈欣和盱眙县委主要领导分别介绍本地经济发展和投资环境情况,签约项目 36 个,其中亿元以上项目 6 个,合同引资额约 15.59 亿元、180 万美元。

图 32－17　2005 年 6 月 28 日,兴隆乡领导与外商签约。

(九)广场龙虾宴。6 月 28 日晚,在都梁广场举行万人广场龙虾宴,投资客商、外地游客、城乡群众等 1.1 万人现场品尝十三香龙虾。6 月 30 日～7 月 8 日,每天从 19 点开始,第一山广场举办千人龙虾宴,县乡 20 余家饭店现场烧制十三香龙虾,县内外 1000 余名食客品尝。

(十)节庆论坛。7 月 1 日下午,在南京大学商学院举行中国龙虾节与盱眙旅游发展高层论坛。盱眙县委书记作《经济薄弱地区加快旅游兴县步伐的战略思考》演讲,省委副书记张连珍、淮安市委书记丁解民出席并发表讲话。常州市人大常委会主任虞振新、省环保厅副厅长赵挺、省农林厅厅长刘立仁、南京大学教师张捷、东京大学教授储九志、南京师范大学教授黄震方、省旅游局局长袁丁,分别作《旅游兴县的优势和建议》《保护生态环境,促进经济发展》《盱眙龙虾成为盱眙旅游的创新点》《透视盱眙旅游业发展战略》《盱眙旅游资源的整合与开发》《盱眙旅游业发展的战略思考》《构建苏北大旅游发展格局与盱眙旅游之路》等演讲。

（十一）**闭幕式**。7月9日晚在淮河风光带举行。县长主持，扬子晚报社特稿部主任张继斌致辞，县委书记宣布闭幕。闭幕式上举行焰火晚会。整场焰火分为四地联动，红红火火办大节；以人为本，投资兴业共发展；加快创建，构建和谐新盱眙；先后燃放烟花200多个品种数千发。喷泉、礼花、紫竹、银柳、牡丹、金冠、水上游龙、孔雀开屏、君子兰、花束环等烟花造型，色彩绚烂。全县社会各界2万人现场观看。

三、活动“菜单”

（一）**媒体聚焦**。人民日报社华东分社摄影年会暨中国龙虾之都行采风活动。时间：4月16～17日，地点：盱眙。第五届中国龙虾节新闻发布会。时间：4月26日10：00，地点：南京钟山宾馆。记者追踪。时间：6月26日～7月10日，地点：盱眙、南京、上海、浙江宁波。

（二）**举城同创**。开展“五好”家庭、平安盱眙、省级文明城市、优秀旅游城市等创建活动。时间：4～8月，地点：盱眙。

（三）**歌满山城**。开幕庆典（风筝放飞、唢呐同奏、城区巡游）。时间：6月28日7：28，地点：盱中操场。招商恳谈暨项目签约。时间：6月28日8：28，地点：盱中阶梯教室。招商项目开工奠基。时间：6月28日10：28，地点：盱眙县工业开发区。

（四）**登高望远**。都梁山地广场文艺演出，江苏卫视现场直播。时间：6月28日15：00，地点：都梁山地广场。

（五）**万人盛宴**。万人龙虾盛宴，现场举行文艺晚会。时间：6月29日19：00，地点：都梁山地广场。

（六）**红色追忆**。张劲夫题写“华中建设大学旧址”揭牌。时间：6月30日9：18，地点：盱眙旧铺镇。

（七）**畅游盱眙**。中国龙虾节与盱眙旅游发展高层论坛。时间：7月1日15：00，地点：南京大学商学院MBA报告厅。“三百”（百所高校、百个社区、百队游团）万人盱眙游，时间：5月、6月、7月，地点：盱眙。

（八）**盱宁情缘**。全国十大龙虾名店暨烹饪大赛南京地区金奖颁奖仪式。时间：7月2日10：18，地点：南京。曲艺晚会时间：7月2日19：30，地点：南京。

（九）**崛起沪上**。盱眙名优农产品推介，时间：7月3日15：30，地点：上海。盱眙旅游推介，时间：7月4日9：30，地点：上海。

（十）**东方神韵**。综艺晚会，时间：7月4日19：30，地点：上海东方明珠广场。

（十一）**共谋发展**。投资说明暨经贸洽谈。时间：7月6日15：30，地点：浙江宁波。

（十二）**情涌甬江**。综艺晚会。时间：7月6日19：30，地点：浙江宁波。

（十三）**千僧云游**。严佛调塑像落成庆典。时间：7月8日8：28，地点：铁山寺。铁山寺大雄宝殿佛像开光。时间：7月8日9：28，地点：铁山寺。

（十四）**泗州探秘**。古泗州城考古、勘探成果论证会。时间：6月4日，地点：盱眙。古泗州城保护、利用、开发可行性报告论证会。时间：6月5日，地点：盱眙。

（十五）**共创虾业**。江苏省盱眙龙虾协会召开一届三次会员代表大会。时间：6月12日15：00，地点：盱眙。盱眙龙虾烹饪大赛。时间：6月13日7：38，地点：盱眙。规范盱眙龙虾品牌经营行为，时间：6月，地点：盱眙。

（十六）**传统虾宴**。千人龙虾宴，时间：6月30日～7月8日，地点：第一山广场。

（十七）**群文荟萃**。城区群众文体表演，时间：6月29日～7月8日，地点：盱眙文化广场、府前广场、国贸广场。洪武太子祭陵表演，时间：6月30日～7月9日，地点：盱眙明祖陵。龙腾虾跃——中华第一鸢放飞。时间：6月28日，地点：盱眙。《我与盱眙龙虾》征文大奖赛颁奖。时间：5～6月，地点：盱眙。龙虾灯展。时间：2月28日～7月2日，地点：盱眙。

（十八）**锦绣前程**。闭幕仪式，时间：7月9日20：00，地点：盱眙。

第七节 第六届中国龙虾节

一、节前主要活动

(一)2006 年 4 月 29 日,在南京钟山宾馆举行新闻发布会。

(二)5 月 12 日,组织全省党报总编看盱眙、百家晚报记者盱眙行活动。

(三)7 月 5 日上午,县领导运用县政府网站论坛,就举办中国龙虾节与富民、县域经济发展、接轨长三角等问题和网民进行交流,回答北京、上海、浙江、深圳、湖北等地 100 多名网民提问。

二、节中主要活动

(一)开幕式。2006 年 7 月 8 日上午,在盱眙中学操场举行开幕式,县委书记宣布开幕,代县长致感谢辞,市委常委王友富、扬子晚报社副总编屈志坚、省环保厅副厅长赵挺、江苏卫视总监王宁分别致祝贺辞。瑞典马尔默市、韩国 KBS 电视台、日本东京电视台致贺电,北京、上海、浙江等省区市领导和中国香港、澳门特别行政区致贺电或贺信。盱城、马坝龙狮舞队与 108 名武林健将相互组合,演出中华武魂武术精彩节目。

(二)都梁广场文艺演出。7 月 8 日下午,在都梁公园中国龙虾节大舞台举行登高望远大型文艺演出,周涛、张丰毅、毛威、周小华主持,韩红、冯巩、陈明真、王宏伟、阿宝、德江、侯军、阿尔法、龙虾组合、江苏省青年歌舞团、江苏省舞之源歌舞团,演出盱眙原创歌曲等节目,历时 3 个小时。县委书记现场接受主持人采访,阐述中国著名龙虾节庆办节宗旨。演出现场开通声讯电话和移动短信平台,与场内外观众双向互动。省、市、县及部门领导、外地嘉宾、投资客商、到盱眙游客及盱眙城区市民 5 万人观看演出。演出前,代县长为中国龙虾节获 IFEA 中国最具发展潜力的十大节庆、盱眙入选长三角地区最具投资价值 20 强县市揭牌。

(三)诗歌朗诵会。7 月 10 日上午,在第一山公园举办"风雅古邑"古今诗人咏盱眙诗歌朗诵会。诗歌朗诵会分东坡遗韵、明清沧桑、山水胜境、盛世华章、凤巢放歌篇章,50 多名诗人出席,分别吟诵古今诗作。

(四)群文荟萃系列活动。7 月 10～16 日,明祖陵表演洪武太子祭陵,苏果超市举办美术书法摄影展,御花园公园举办民族风情展演。盱眙出土铜镜文物展在盱眙明伦堂揭幕。城乡风情活动分别在城区国贸广场、府前广场、文化广场及马坝、桂五、管镇、河桥、旧铺等乡镇开幕。

(五)南京综艺晚会。7 月 12 日晚,在南京阿波罗演艺广场举办"博爱之夏"综艺晚会,南京军区前线歌舞团俞力扬、江苏卫视周小华主持,冯巩、李志强、德江、侯军、阿尔法、张其萍、雷佳等演员表演《开心龙虾节》等歌舞节目。晚会历时 3 小时,3000 余人观看。

(六)上海综艺晚会。7 月 14 日晚,在上海东方明珠广场举行"东方之韵"综艺晚会,上海电视台著名主持人毛威、白露主持,上海京剧院、音乐学院、轻音乐团、阳光艺术团演员,著名演艺明星郁钧剑、沈小岑、张燕、句号等献演歌舞、相声节目。演出中,盱眙县委书记为盱眙龙虾上海指定品牌店和盱眙龙虾十大名店上海店授牌。

(七)宁波综艺晚会。7 月 16 日,在宁波国际大剧院举办"淮甬之情"红石梁啤酒综艺晚会,央视主持人管彤和宁波电视台方正共同主持,央视艺术团舞蹈团队、相声演员丁广泉率 4 名洋弟子、台湾著名歌手高胜美、马来西亚著名歌星巫启贤、笑星兰成和于小飞等演艺明星,演出开场舞《魅力盱眙——多彩世界》、相声《话说龙虾节》、民乐合奏《江南丝竹》《喜洋洋》、小品《放驴小子》、歌曲《追风的女儿》等节目。

(八)广场龙虾宴。7 月 9 日晚,在都梁公园内中国龙虾节广场举办万人广场龙虾宴。龙虾宴期间,县领导为第六届中国龙虾节十三香龙虾烹饪大赛盱眙地区金奖得主颁奖,宴会演出黄梅戏联唱、女声独唱《祖国您好》、舞蹈《快乐小拉丁》等节目。

(九)龙虾经营店颁奖。7 月 12 日在南京钟山宾馆举行。盱眙县领导为盱眙宾馆等中国龙虾节十大指定品牌店、南京朱兰平龙虾城等盱眙龙虾全国十大名店、第六届盱眙龙虾烹饪大赛南京地区十大金奖单位获奖代表颁奖。

（十）**农产品、旅游促销暨工业招商推介**。7 月 14 日上午，在上海华夏宾馆举行盱眙优质农产品、旅游促销暨工业招商推介会，上海市农委、相关行业代表，江苏省及淮安市驻上海办事处领导，《解放日报》等媒体记者应邀出席推介会。盱眙县委主要领导介绍盱眙县情及投资优惠政策、优良投资环境以及"十一五"奋斗目标。会上，签约投资工业项目 11 个，合同引资 3.95 亿元；签订旅游合作协议 4 份，协定年内组织赴盱旅游 1.2 万人次；盱眙民禾米业、楚雪粮油、三森冷冻、许建忠龙虾调料等企业分别与上海有关企业签订购销协议 4 份，协议销售大米 6000 吨、挂面 3000 吨、冷冻分割产品 400 吨、龙虾 500 吨、龙虾调料 10 吨。

（十一）**上海企业家代表座谈会**。7 月 14 日上午在上海召开。盱眙县委书记介绍盱眙区位优势、物产资源、优良生态、投资环境、产业发展、奋斗目标以及服务客商的诚意。盱眙代县长介绍县情、盱眙经济开发区建设情况和招商引资优惠政策。上海慈钧实业董事长叶钧发、韩国英照株式会社中国首席代表孙万峰、美国客商大乔发言，表示到盱眙观光和投资。

（十二）**宁波招商项目签约**。7 月 16 日，在宁波市江北区花园宾馆举行投资推介暨招商项目宁波签约会，淮安市委书记丁解民发表书面讲话，宁波市江北区常务副区长毛溪浩出席会议，县领导介绍盱眙经济社会发展、优良生态及投资环境、招商引资优惠政策等情况。会上，签约项目 42 个，合同引资 24.32 亿元、3000 万美元。

（十三）**高层论坛活动**。7 月 11 日下午，盱眙县政府、省委农工办、南京农业大学联合在南京农业大学金陵国际报告厅举行中国龙虾节与盱眙新农村建设高层论坛，省委副书记张连珍发表《发挥龙虾产业带动作用，加快农民增收致富步伐》书面讲话，副省长黄莉新、淮安市委书记丁解民肯定盱眙龙虾节成绩和举办高层论坛的做法，省农林厅厅长刘立仁发表《用盱眙精神推动盱眙新农村建设》演讲，省社科院院长宋林飞发表《行政推动与市场运作的合理化途径》演讲，省建设厅副厅长张泉发表《发展龙虾经济，建设美好家园》演讲，省环保厅副厅长赵挺发表《以村庄环境整治为抓手，推进盱眙新农村建设》演讲，南京农业大学副校长曲福田发表《由龙虾节到盱眙新农村建设》演讲，南京林业大学副校长曹福亮发表《发展林业在盱眙新农村建设中的作用与建议》演讲，市委常委王友富发表《关于盱眙新农村建设战略思考》演讲，盱眙县委书记作《做大做强中国龙虾节，加快建设盱眙新农村》发言。

图 32－18　第六届龙虾节高层论坛

（十四）**闭幕式**。7 月 19 日晚，在盱城淮河风光带举行。代县长主持，县委书记宣布闭幕，扬子晚报社特稿部主任张继斌致闭幕词。闭幕式上举行锦绣前程焰火晚会。焰火晚会分为四地联动，红红火火办大节；以人为本，投资兴业共发展；加快创建，构建和谐新盱眙。扇形、旋舞形等组合烟花、水上红烛、高空灯笼等造型灯花，花篮、仙桃、兰蝴蝶、十字环等礼花弹射 200 余品种，数千响礼花高空绽放，历时 26 分钟，8 万余人观看焰火晚会。

三、活动"菜单"

（一）**媒体聚焦**。第六届中国龙虾节新闻发布会。时间：4 月 29 日 10：00，地点：南京钟山宾馆。全省党报总编看盱眙。时间：5 月 12 日，地点：盱眙。百家晚报记者盱眙行。时间：6 月 16～17 日，地点：盱眙。

欧亚双节手挽手——中国龙虾节与瑞典马尔默市龙虾节进行节庆交流。时间:7月8日~8月17日,地点:盱眙。网络在线话盱眙——盱眙县主要领导与国内外网民在线交流。时间:6月28日~7月8日,地点:盱眙。角逐节庆新闻奖——评选第六届中国龙虾节新闻奖和杰出记者。时间:4月20日~7月31日,地点:盱眙、南京、上海、宁波。

(二)**靓丽山城**。创建文明城市、开展技能大赛、评选5个“十佳城市明星”。时间:4月20日~7月31日,地点:盱眙。

(三)**豪情满城**。第六届中国龙虾节开幕庆典。中华武魂,央视三套特选节目盱眙展演,时间:7月8日7:28,地点:盱眙中学操场。

(四)**商贾云集**。招商恳谈暨项目签约。时间:7月8日8:28,地点:盱眙中学阶梯教室。招商项目开工奠基。时间:7月8日10:28,地点:盱眙县工业开发区。

(五)**登高望远**。文艺演出,江苏卫视直播。时间:7月8日15:00,地点:中国龙虾节大舞台。

(六)**万人虾宴**。万人龙虾盛宴暨文艺晚会。时间:7月9日19:00,地点:中国龙虾节大舞台。

(七)**风雅古邑**。盱眙诗歌朗诵会。时间:7月10日8:28,地点:盱眙第一山。

(八)**高层论坛**。中国龙虾节与盱眙新农村建设高层论坛。时间:7月11日15:00,地点:南京农业大学。

(九)**博爱之夏**。综艺晚会。时间:7月12日19:30,地点:南京阿波罗演艺广场。

(十)**植根沪上**。盱眙优质农产品、旅游推介暨经贸洽谈。时间:7月14日,地点:上海浦东。

(十一)**东方之韵**。综艺晚会。时间:7月14日19:30,地点:上海东方明珠广场。

(十二)**共谋双赢**。投资推介暨招商项目签约。时间:7月16日15:30,地点:宁波。

(十三)**淮甬之情**。综艺晚会。时间:7月16日19:30,地点:宁波国际大剧院。

(十四)**众僧云游**。铁山寺天王殿佛像开光法会。时间:7月18日8:18,地点:铁山禅寺天王殿。

(十五)**锦绣前程**。闭幕焰火晚会。时间:7月19日20:00,地点:盱眙。

(十六)**香溢中华**。召开江苏省盱眙龙虾协会一届四次会员代表大会。时间:6月18日,地点:盱眙。金奖大赛,举行盱眙龙虾烹饪大赛。时间:6月19日,地点:盱眙。美食盛典。时间:7月9日,地点:盱眙。南京美食盛典。时间:7月12日,地点:南京。上海美食盛典。时间:7月14日,地点:上海。浙江美食盛典。时间:7月16日,地点:宁波。举行中国龙虾节十大品牌店、注册中国龙虾节品牌、报批盱眙龙虾著名商标、名牌产品及全国十大龙虾名店暨烹饪大赛金奖颁奖仪式。时间:7月16日,地点:浙江宁波。十三香龙虾百店开张仪式。时间:4月20日~7月31日,地点:长三角地区。千人虾宴。时间:7月10~18日,地点:第一山广场。

(十七)**节庆盛会**。江苏省节庆协会在盱眙成立,举办首届年会及国际节庆协会(IFEA)中国委员会江苏代表处在盱眙挂牌。时间:6月30日,地点:盱眙。

(十八)**群文荟萃**。书画、摄影、文物精品展示;象棋、乒乓球、环天泉湖自行车赛;民族风情、明朝风情、城乡风情表演——明太子出巡、祭陵表演及城乡群众文体表演;龙虾节期间组织学生成人宣誓和践行社会主义荣辱观签名仪式。时间:7月10~19日,地点:盱眙。

图32-19 龙虾烹饪大赛

(十九)**山水寄怀**。长三角百所高校、千个社区、万户家庭畅游盱眙。时间:4月20日~7月20日,地点:盱眙各景区。明陵世界文化遗产保护与利用研讨会。时间:7月12日15:00,地点:南京明孝陵。盱眙新十景征集评选活动。时间:4月20日~7月20

日,地点:盱眙。盱眙土菜美食大展、盱眙群众免费游。时间:7月8~19日,地点:盱眙各景点。

(二十)闭幕式。时间:7月19日晚,地点:淮河风光带。

第八节 第七届中国龙虾节

一、节前主要活动

(一)龙虾烹饪大赛。2007年3月27日,盱眙龙虾节组委会和江苏省盱眙龙虾协会联合发布盱眙龙虾烹饪大赛公告。5月20日,盱眙龙虾烹饪大赛在盱眙宾馆举行。全国各地盱眙龙虾会员店128个宾馆饭店138名选手,分别组成14支代表队参赛,其中盱眙和平大酒店王明获第一名、盱眙宾馆邵金国获第二名。

(二)城市形象大使选聘。3月30日,盱眙龙虾节组委会通过《扬子晚报》《中国旅游报》等媒体发布盱眙山水旅游城市形象大使公开选聘大赛启事。4月6~18日,东南大学、南京师范大学、南京体育学院、上海复旦大学、深圳大学等海内外11720人报名参赛。4月19日,举行预赛,产生前30名人选。6月2日下午,在南京钟山宾馆进行决赛,通过整体亮相、形体展示、现场答题、时装表演、才艺展演等角逐,产生前10名盱眙山水旅游城市形象大使,其中南京潘洁获冠军、徐州丽丽获亚军、俄罗斯奥利获第三名。

(三)新闻发布会。4月21日,在南京召开新闻发布会,新华社江苏分社、中新社江苏分社、《人民日报》媒体记者应邀出席,省政府新闻办、扬子晚报社、省环保厅、省海洋与渔业局、江苏卫视、南京市鼓楼区领导参会。盱眙县委书记致辞,介绍第七届中国龙虾节办节宗旨、举办主体、区域、时间、活动等内容,接受新闻媒体记者现场采访。

(四)京深名记者盱眙行。4月21日,《北京日报》、中央人民广播电台、《深圳晚报》等媒体记者到盱眙开展2天采访活动,先后参观盱眙城市规划馆、经济开发区和旅游景点。

(五)旅游推介活动。4月22日,在南京举办盱眙县旅游推介促销活动。盱眙县委、县人大、县政府、县政协主要领导,分别在新街口红泥大酒店、熊猫集团广场、南京大学汉口路校区、龙江小区等地掌勺烧制十三香龙虾,举行免费品尝龙虾、旅游知识竞猜、盱眙旅游咨询等活动,30名盱眙山水旅游城市形象大使散发盱眙旅游资料,盱眙各景区景点、宾馆饭店、南京市民5000余人参与活动。

(六)征歌赛。4月29日,龙虾节组委会发布淮上明珠——盱眙全国征歌大奖赛活动启事。5月25日,收到讴歌盱眙山水、回溯盱眙历史、反映盱眙改革开放成果应征歌曲35首,评出二、三等奖和优秀奖。

(七)征文、摄影、书画、楹联大赛。4月,龙虾节组委会发布"爱我盱眙"征文、摄影、书画、楹联大赛启事。组委会收到征文参赛稿件526篇,评出一等奖2名、二等奖5名、三等奖10名、优秀奖20名。收到楹联参赛作品400条,评出一等奖1名、二等奖3名、三等奖6名、优秀奖18名。收到书法参赛作品600幅,评出一等奖2名、二等奖5名、三等奖10名、优秀奖30名。收到摄影参赛作品300幅,评出一、二、三等奖和优秀奖。

图32-20 书画展

(八)龙虾协会会员店授牌。4月,盱眙龙虾协会会员店在瑞典哥德堡成立盱眙龙虾第一个海外连锁店。6月14日上午,南京湖南路狮子楼大酒店成为首批盱眙龙虾协会会员店盱眙龙虾CI形象店,盱眙县委书记和狮子楼大酒店董事长为形象店揭牌。盱眙县县长介绍盱眙龙虾协会在会员店中推广CI形象标识,统一形象店牌匾、橱窗、彩旗、服装样式,规范经营行为,树立企业风范。6月16日,龙虾节组委会在北京市簋街举行盱眙龙虾会员店揭牌仪式。盱眙县委书记为簋街晓林及其连锁店、北京淮扬酒楼餐饮文化有限公司、山东洪哥龙虾总店、明辉府盱眙龙虾店等6个新加盟盱眙龙虾会员店授牌。6月18日,盱眙龙虾协会在上海市蒲汇塘路举行洞庭春湘菜馆盱眙龙虾CI形象标识店揭牌仪式,盱眙县人大、政协主要领导为其揭牌。

图32－21　盱眙龙虾CI形象标识店在上海举行揭牌仪式

(九)盱眙风光图片展。4月22日,在南京举办帝乡盱眙风光摄影图片展;6月16日,在北京举办;6月17日,在上海举办;6月19日,在宁波举办。南京、北京、上海图片展与第七届中国龙虾节招商、论坛和龙虾宴等项活动同期举行。

(十)龙虾协会会员代表大会。5月19日,江苏省盱眙龙虾协会在盱眙召开一届五次会员代表大会,瑞典哥德堡泰利酒店致贺信。会议提出,抓好养殖基地建设、产品研发、市场建设、CI形象推广工作。会议授予盱眙宾馆等10个为中国龙虾节指定品牌店称号,授予南京杨四龙虾城等10个盱眙龙虾十大名店称号,授予盱眙余斌水产公司等10个盱眙龙虾信得过供应商称号,授予盱眙许记味食发展有限公司等8个盱眙龙虾调料信得过供应商称号。

二、节中主要活动

(一)开幕式。2007年6月11日上午,在盱眙中学塑胶操场举行,县委书记宣布开幕,县长致开幕词,淮安市委书记丁解民、省海洋与渔业局副局长沈毅分别讲话。140余名演员表演安塞腰鼓和狮虎争霸等文艺节目。市委常委、组织部部长朱维宁,省环保厅副厅长周迁,扬子晚报社副总编周桐淦,江苏卫视副总监张践,澳大利亚维多利亚州戈迪市原市长、龙虾养殖专家雷德·威廉姆斯,驻盱眙城区部队官兵以及盱眙县各界人士6000余人出席开幕式。

(二)广场文艺演出。6月11日晚,在都梁公园内龙虾节广场举行"登高望远·今世缘"中国龙虾节文艺晚会,中国龙虾节文艺演出首次放在晚上,灯光、彩屏、环境、视听效果超过往届。央视节目主持人文清、亚宁,影视演员孙红雷共同主持;宋祖英、郁正宵、李丹阳、金铭、尹卓林、李玉刚、白迎冬、肉孜·阿木提,三元武组合、南京市歌舞团、江苏省歌舞团、江苏紫金歌舞团、江苏茉莉花歌舞团演出《开心龙虾节》等盱眙原创歌舞等30多个文艺节目,4万余名观众观看演出。

(三)南京文艺晚会。6月14日晚,在南京人民大会堂举办"金陵之夜"文艺晚会,南京军区前线歌舞团、南京市歌舞团表演节目。盱眙县领导为当选的10名盱眙山水旅游城市形象大使颁奖。

(四)广场象棋表演赛。6月15日,在盱眙中国龙虾节广场举办象棋表演赛。赛场以明太祖朱元璋和明代开国元勋徐达二人对弈为舞台背景,台下300名少年分别扮成红、黑棋子,演成龙虾节徽、龙虾图案和中国龙虾节等不同阵形。

(五)北京综艺晚会。6月16日晚,在北京京西宾馆举办"香溢华夏"综艺晚会,中央电视台节目主持人周涛主持,中国人民解放军总政歌舞团专场演出。蔡国庆演唱《不能没有你》、阎维文演唱《一二三四歌》、总政歌舞团表演大型舞蹈《祖国,请检阅》等歌舞。

(六)上海文艺演出。6月17日下午,在上海市南京路世纪广场举办"放歌浦江"文艺演出。上海绛州乐团表演《绛州鼓乐》,南京杂技团表演《肩上芭蕾》、歌曲《淮河美》、群舞《花儿为什么这样红》等文艺节目,南京路万名市民观看。演出期间，盱眙县主要领导为第七届中国龙虾节盱眙龙虾烹饪大赛上海地区金奖获得者颁奖，穿插盱眙农副产品、旅游服务项目推介活动。

（七）世界朱氏后裔祭祖活动。6月18日，在明祖陵举行帝乡寻梦世界朱氏后裔联谊祭祖活动，200余名朱氏后裔代表参加。祭祖活动由30余人组成祭陵仪仗队，分别表演祭拜、洒酒、诵经、上香活动。

（八）诗词朗诵会。6月20日，在都梁阁广场举行咏盱眙诗词朗诵会暨县诗词学会成立20周年庆典活动。县诗词协会、作协、摄影协会会员代表，县城区中小学师生代表参加活动。诗朗诵分为《都梁揽胜》《战地黄花》《今日盱眙》篇章，吟诵内容有宋朝大诗人米芾的《第一山怀古》、中共淮安市委书记丁解民的《咏盱眙》等50余篇诗词。

（九）盱眙万人龙虾宴。6月12日晚，在盱眙龙虾节广场举行万人欢乐龙虾宴。10万余平方米广场置放2380张餐桌，食客约1.5万人，48个酒店现场烧制龙虾3万余千克，2个多小时被购食一空。县内文艺团体演出《欢乐龙虾节》《腾飞的盱眙——我热恋的故乡》《节日狂欢》《山野的风》《粉墨人生》《放风筝》《冬不拉》《茉莉花》等歌舞节目。

（十）南京龙虾宴。6月13日晚，在南京钟山宾馆宴会厅举行“火爆金陵”欢乐龙虾宴。省委副书记张连珍、省扶贫工作领导小组副组长王宏民、淮安市委书记丁解民、省统计局局长汤以伦、南农大副校长曲福田等应邀出席，盱眙县委、县政府向第七届中国龙虾节盱眙龙虾烹饪大赛南京地区10名金奖获得者颁奖。

（十一）北京龙虾宴。6月16日晚，在北京京西宾馆举办欢乐龙虾宴，全国工商联副主席孙安民、国家工商总局副局长刘凡、审计署副署长余效明、江苏省政协副主席李仁、淮安市委组织部部长朱维宁、淮安市政协主席陈从亮、北京市有关人士、盱眙籍在北京工作的有关人士应邀出席。

（十二）上海龙虾宴。6月17日晚，在上海古象大酒店举行“情醉浦江”欢乐龙虾宴。上海市旅委、农委领导以及江苏省驻上海办事处代表，淮安市委、盱眙县领导参加。宴会期间举行抽奖活动，盱眙县主要领导为获奖者颁奖。

（十三）宁波龙虾宴。6月19日晚，在宁波南苑宾馆举行“红透甬江”欢乐龙虾宴。宁波市委秘书长金波、市旅游局及宁波市海曙区领导、宁波工商界代表应邀出席，盱眙县县长为宴会致辞。宴会上，仿古戏表演《宫廷龙虾秀》《大明皇帝朱元璋敬酒》等文艺节目，盱眙县委书记向第七届中国龙虾节烹饪大赛浙江地区10个金奖单位颁奖。

（十四）深圳龙虾宴。6月21日晚，在深圳市锦绣中华民俗文化村天一阁酒楼举办“拥抱珠三角”欢乐龙虾宴暨联欢晚会，广州军区空军原政委、广东省江苏商会名誉会长张振先，江苏省政府驻深圳办事处主任奚秋生，盱眙县领导及深圳市民约1000人参加。晚会演出中国龙虾节原创歌舞《魅力盱眙》《盱眙情韵》《开心龙虾节》等节目。演出期间，盱眙县县长宣读关于表彰盱眙龙虾全国10个名店的决定和盱眙龙虾深圳会员店名单；盱眙县委书记为深圳锦绣江南大酒楼（盱眙龙虾全国10个名店之一）颁奖，为深圳民俗文化村天一阁酒楼、老农家乡村大碗菜连锁店、鱼米之香乡村酒家、深圳阿兵盱眙龙虾店、深圳菜根香酒楼盱眙龙虾会员店授牌。

（十五）龙虾节与小康进程论坛。6月13日，在南京中山宾馆举行中国龙虾节与加快盱眙小康进程高层论坛。省委副书记张连珍、淮安市委书记丁解民出席。省统计局局长汤以伦发表题为《紧扣发展主题，夯实经济基础，进一步加快苏北小康进程》演讲，省农林厅厅长刘立仁发表题为《盱眙龙虾创造了一个新的消费市场》演讲，省农工办主任吴洪彪发表题为《让龙虾产业成为盱眙县域经济发展的强大引擎》演讲，省海洋与渔业局副局长沈毅发表题为《培育江苏渔业发展的新增长点，为农民致富奔小康作出新贡献》演讲，省建设厅副厅长王翔发表题为《抓住发展龙虾经济契机，加快推进城乡建设》演讲，南京农业大学副校长、教授曲福田发表题为《由龙虾产业到现代农业发展》演讲，江苏省社科院副院长张颢瀚发表题为《全面建设小康社会的内涵与实践中的着力点》演讲，盱眙县委书记发表题为《发挥节庆品牌效应，加速全面小康进程》演讲，40多个省直部门领导、部分友好县市、友好单位领导、省委驻盱眙扶贫工作队12个后方单位领导和省、市20多家新闻单位领导应邀出席。

(十六)节庆经济与节庆文化论坛。6月16日,在北京京西宾馆举行节庆经济与节庆文化高层论坛。国务院副总理回良玉致贺电,全国政协副主席张怀西出席论坛并发表讲话,并题词“盱眙龙虾甲天下”。全国政协常委、中华民族文化促进会主席高占祥致辞,江苏省领导季允石、余效明、刘凡、李仁,淮安市领导陈从亮、朱维宁,盱眙县领导出席论坛。北大教授谢庆奎作题为《政府创新与盱眙龙虾经济》演讲,北京师范大学教授于丹作题为《打造品牌影响力》演讲,中国管理科学研究院副院长田志强作题为《中国龙虾节与区域经济发展的互动》演讲,新华社《国情报告》副总编刘东昌阐述节庆、品牌、文化等方面观点。新四军后代代表陈毅元帅次子陈丹淮,盱眙籍在京人士代表、原海军指挥学院政治部主任万九如在论坛上发言,盱眙县委书记介绍盱眙经济社会发展和盱眙龙虾节举办情况。中华民族文化促进会副主席、节庆中华协作体执行副主席金坚范代表中华民族文化促进会、节庆中华协作体理事会授予盱眙节庆中华协作体江苏代表处牌匾,北京大学教授、博士生导师、北京大学中国政府文化发展战略研究中心主任谢庆奎将北京大学中国政府文化发展战略研究基地牌匾授予盱眙县。应邀出席论坛的还有民进中央副主席、中华民族文化促进会副主席、著名作曲家王立平,央视原军事部主任、少将刘效礼,著名作家苏叔阳,央视著名节目主持人赵忠祥,著名相声表演艺术家牛群,国家各部委有关司负责人,新华社、《人民日报》、中央电视台、《新华日报》等20多家新闻媒体参会。

图32－22 2007年6月16日,“节庆经济与节庆文化”高层论坛在北京京西宾馆举行。

(十七)中国龙虾节现象研讨峰会。6月24日,由盱眙龙虾节组委会主办、江苏省节庆协会和亚洲会展(节事)财富论坛承办的中国龙虾节现象研讨峰会,在盱眙金谷园大酒店举办。省民政厅民间组织管理局局长陈勃、节庆中华协作体理事会秘书长杨令书、亚洲会展(节事)财富论坛秘书长朱立文、盱眙县领导出席研讨会。盱眙县县长致辞,介绍七届中国龙虾节在市场运作、节庆文化、媒体传播、国际化程度和获得中国最具发展潜力十大节庆活动、中国十大节庆、中国十大饮食类节庆第一名等内容。研讨峰会由无锡市旅游局局长、江苏省节庆协会副会长王洁平和浙江国际会展业协会会长郭牧分段主持,专家们先后作研讨发言。国际节庆协会中国筹委会副主任王重农演讲题为《中国龙虾节对塑造和经营节庆品牌的意义》,节庆中华协作体策划总监林醒愚演讲题为《盱眙中国龙虾节的浩然成因与淡然隐忧》,上海世博会事务协调局活动部部长杨德林演讲题为《发掘特色产业资源,做大节庆品牌效应》,上海工程技术大学艺术设计学院副院长许传宏演讲题为《中国龙虾节对接2010世博会的策划与运作思路》,第七届中国龙虾节组委会副主任演讲题为《从中国龙虾节谈节庆策划运作的宏观意识》。节庆中华协作体理事会秘书长、北京大学中国节庆研究中心秘书长杨令书向龙虾节组委会负责人颁发节庆中华协作体江苏代表处首席代表聘书。

(十八)招商项目签约。6月11日,在政务中心举行招商投资说明会,淮安市委书记丁解民等领导参加。说明会上签约项目54个,其中工业项目37个、农业项目3个、城建服务业项目14个,合同引资21.6亿元。签约项目中,投资亿元以上项目6个、亿元以下5000万元以上9个、5000万元以下39个。

(十九)城市建设项目推介会。6月14日,在南京维景国际大酒店举行盱眙城市建设项目推介会,省建设厅、省城市规划技术咨询中心、江苏城市规划设计研究院等领导出席。盱眙县委书记介绍盱眙城市建设概况及规划前景,播放盱眙城市规划与城建项目专题片。与会专家、领导点评规划,提出意见和建议。

(二十)企业人士座谈会。6月17日,在上海举行企业界人士座谈会,上海60多名知名企业界人士应邀与会。盱眙县委书记介绍盱眙生态环境、自然资源、农副产品、城建项目、旅游产品及经济社会发展概况。上海商会房地产分会副会长沈克乔、上海企业家协会副会长薛加玉、上海梦图投资有限公司董事长叶梦桢、上海交通大学 MBA 教授李复耕、香港扶农会社总干事冯家琪先后发言，表示到盱眙考察、投资。

（二十一）**宁波招商说明会**。6 月 19 日，在宁波市南苑宾馆举行招商投资说明会，宁波市旅游局、宁波市海曙区等领导出席。盱眙县委书记就龙虾节举办情况和盱眙县情、盱眙影响力及投资前景作推介说明。会上签约项目 30 个，合同引资 31.65 亿元、1500 万美元。

（二十二）**深圳招商说明会**。6 月 21 日在深圳海景酒店举行。广州军区空军原政委、广东省江苏商会名誉会长张振先，省政府驻深圳办事处主任奚秋生，台湾、香港及珠三角地区 100 多位客商代表参加说明会。盱眙县委书记介绍盱眙经济社会发展、生态环境、自然资源以及招商引资优惠政策和第七届中国龙虾节六地联办概况。说明会签约项目 18 个，合同引资 5.5 亿元、7775 万美元。

（二十三）**节庆互结友好仪式**。6 月 24 日，在盱眙金谷园大酒店举办中国著名节庆互结友好节庆仪式，省民政厅、节庆中华协作理事会、亚洲会展（节事）财富论坛秘书处负责人参加仪式，第七届中国龙虾节组委会主任、江苏省节庆协会名誉会长、盱眙县县长致欢迎词。会议签订《中国名节互结友好协议书》。中国龙虾节、中国青岛国际啤酒节、中国上海国际艺术节、中国豆腐文化节、中国徐霞客国际旅游节、南京国际梅花节、西藏拉萨雪顿节、内蒙古呼和浩特昭君文化节代表在互结友好协议上签字，通过《中国现代著名节庆盱眙宣言》。

（二十四）**闭幕式**。6 月 28 日晚在淮河风光带举行。县长主持，县委书记宣布闭幕，省海洋与渔业局副局长沈毅致闭幕词。闭幕式举行水天飞花焰火晚会，8 万人观看盱眙明天更辉煌字幕烟花、风火转轮、飞天瀑布、水上芭蕾、动感旋律、仙女散花、比翼双飞等烟花造型。

三、活动“菜单”

（一）**媒体聚焦**。第七届中国龙虾节新闻发布会。时间：4 月 21 日 10：00，地点：南京。京深名记盱眙行，北京、深圳主流媒体记者采访盱眙龙虾产业。时间：4 月 22 日，地点：盱眙。人民网开通第七届中国龙虾节专页。时间：4 月 24 日。名嘴论虾，著名主持人、专家学者、省市领导纵论盱眙龙虾。时间：6 月 13 日上午，地点：江苏电视台演播厅。

（二）**魅力山城**。万众争创江苏省文明城市系列活动。时间：3 月底 ~7 月底，地点：盱眙。盱眙山水旅游城市形象大使公开选聘并于南京颁奖。时间：4 月 2 日 ~6 月 14 日，地点：盱眙、南京。

（三）**欢天喜地**。开幕式。时间：6 月 11 日 8：00，地点：盱眙中学操场。

（四）**登高望远**。大型文艺演出。时间：6 月 11 日 7：30，地点：龙虾节广场。金陵之夜综艺晚会。时间：6 月 14 日 7：30，地点：南京。北京文艺联欢晚会。时间：6 月 16 日 19：30，地点：北京。

（五）**万人盛宴**。“红满山城”欢乐龙虾宴。时间：6 月 12 日 18：30，地点：盱眙龙虾节广场。“火爆金陵”欢乐龙虾宴。时间：6 月 13 日 18：10，地点：南京。“京华虾趣”欢乐龙虾宴。时间：6 月 16 日 18：00，地点：北京。情醉浦江欢乐龙虾宴。时间：6 月 17 日 18：30，地点：上海。“红透甬江”欢乐龙虾宴。时间：6 月 19 日 18：30，地点：宁波。“拥抱珠三角”欢乐龙虾宴。时间：6 月 21 日 18：00，地点：深圳。

（六）**高层论坛**。中国龙虾节与加快盱眙小康进程高层论坛。时间：6 月 13 日 15：00，地点：南京。中国明帝陵保护与利用一体化研讨会。时间：6 月 15 日 9：30，地点：南京。中国龙虾节与中华美食节庆发展高层论坛。时间：6 月 16 日 15：00，地点：北京人民大会堂。中国龙虾节现象研讨会。时间：6 月 24 日 15：00，地点：盱眙。《西游记》与盱眙国际学术研讨会。时间：6 月 25 日 8：30，地点：盱眙。

（七）**商贾云集**。招商项目签约及开工奠基。时间：6 月 11 日 9：18、10：18，地点：盱眙。城市建设项目推介会。时间：6 月 14 日 15：30，地点：南京。宁波招商推介会。时间：6 月 19 日 15：30，地点：宁波。深圳招商恳谈会。时间：6 月 21 日 15：30，地点：深圳。

（八）**名节联姻**。中国龙虾节与著名节庆互结友好节庆仪式。时间：6 月 24 日 10：30，地点：盱眙。

(九)群文荟萃。喜迎奥运,县第三届运动会系列活动。时间:4月初~4月底,地点:盱眙。“爱我盱眙”征文、摄影、书画、楹联大赛。时间:6月26日下午,地点:盱眙。《淮上明珠——盱眙》全国征歌大奖赛暨小型颁奖演出。时间:6月26日下午,地点:盱眙。象棋大赛。时间:6月15日下午,地点:盱眙中国龙虾节广场。咏盱眙诗词朗诵会。时间:6月20日9:00,地点:盱眙都梁观景阁。

(十)帝乡寻梦。盱眙旅游推介促销。时间:4月22日9:00,地点:南京。世界朱氏后裔联谊祭祖。时间:6月18日10:00,地点:盱眙。成立盱眙新四军研究会。时间:6月26日8:30,地点:盱眙。

(十一)香溢中华。江苏省盱眙龙虾协会一届五次会员代表大会暨金奖大赛、盱眙龙虾烹饪大赛。时间:5月19~20日,地点:盱眙。成立江苏省盱眙龙虾研究所。时间:5月28日上午,地点:南京。美食盛典。盱眙龙虾会员店开张及金奖颁奖,各地CI形象标识、专业服饰启用及推广。时间:6月14日10:00、6月16日10:30、6月18日10:30、6月21日10:30,地点:南京、北京、上海、深圳。

(十二)生态家园。农副产品展销、城建项目展示、旅游产品展览。时间:6月17日15:30,地点:上海。

(十三)锦绣盱眙。帝乡盱眙风光图片展。时间:4月22日9:00、6月16日15:00、6月17日15:30、6月19日10:00,地点:南京、北京、上海、宁波。

(十四)友谊传递。盱眙龙虾会员店开张。时间:4~10月,地点:瑞典、韩国、日本、澳大利亚等国城市。

(十五)水天飞花。省民航直升机飞行员跳伞表演。时间:6月28日10:00,地点:盱眙。闭幕式焰火晚会。时间:6月28日7:30,地点:盱眙。

第九节　第八届中国·盱眙国际龙虾节

一、节前主要活动

(一)新闻发布会。2008年4月20日,在南京举行新闻发布会。盱眙县委书记介绍办节构想,就北京活动重点、与澳大利亚合作方向、第二次走进深圳、继续在宁波办节设想等,分别回答澳大利亚记者、《北京晨报》《南方都市报》等新闻记者提问。新华社、《人民日报》等中央媒体,北京、上海、宁波、深圳、香港、澳大利亚等境内外媒体记者参加。

(二)采访活动见面会。5月21日,在盱眙金谷园大酒店举行淮河流域媒体探访中国龙虾之都、盱眙采访活动见面会,淮河流域县市分管宣传领导、记者出席会议。盱眙县委、县政府领导介绍盱眙县经济社会发展、地理区位及生态环境、龙虾节举办及带动地方经济等概况。会后,与会人员赴城区山口门改造地段、新客运中心、盱眙龙虾博物馆、城市规划展览馆、满江红龙虾产业园等地考察。

(三)专题访谈。6月1日,盱眙县委书记应宁波电视台生活频道《来发讲啥西》主持人之邀,录制介绍盱眙十三香龙虾和龙虾节节目。整档节目以“发迷亲近盱眙龙虾”为主题,由钓龙虾、扳龙虾、吃龙虾比赛、有奖问答、虾迷同乐等互动环节组成。

(四)央视同乐五洲专场晚会。5月12日晚,在央视《同乐五洲》录制特别节目,央视节目主持人周涛、赵宝乐、爱华共同主持。盱眙县委书记现场接受采访,介绍盱眙龙虾节走向国际、扩大影响历程。整个节目以情暖端午、美食龙虾、登高望远、激情奥运为主题,演艺团体及著名歌星宋祖英、陈明、瞿颖、高杰等,先后献演包括盱眙原创歌舞在内的节目。此节目6月9日晚在央视国际频道播出。

(五)龙虾会员店结对扶贫。6月6日,龙虾节组委会在盱眙举行盱眙龙虾会员店结对帮扶贫困户启动仪式。34个盱眙龙虾会员店业主向盱城、古桑、淮河34户帮扶对象每户捐款300元。会员店业主集体捐款2万余元,设立盱眙龙虾协会扶贫帮困基金。杨四饭店、红叶饭店等业主联合发出倡议书,呼吁各会员店投入结对帮扶、携手共富活动。

二、节中主要活动

（一）开幕式。2008 年 6 月 12 日，在盱眙新马外国语学院举行，淮安市委书记刘永忠、扬子晚报社总编刘守华、马达加斯加驻华大使维克特·希科尼纳出席，盱眙县委书记宣布开幕，盱眙县县长致开幕词，央视节目主持人关凌主持，新西兰、澳大利亚、瑞典、北京、上海等国内外组织发来贺电、贺信 180 封。开幕式表演歌舞和留左大鼓，约 6000 余人出席开幕式。

（二）文艺演出。6 月 12 日晚，在龙虾节广场举办"精彩中国·魅力盱眙"文艺晚会，盱眙县委书记和今世缘酒业有限公司负责人分别致辞，央视节目主持人朱迅、陈伟鸿主持，孙楠、孙悦、杨光、成奎安、邓玉华、满江、孟庭苇、戴娆等演员登台献艺，5 万人观看演出。

（三）淮河文化精英论坛。6 月 13 日，首届淮河文化精英论坛在盱眙泗州君悦饭店举行，盱眙县人民政府主办，水利部淮委、江苏省委宣传部、省文化厅、省水利厅、《现代快报》社协办。中宣部原副部长、十届全国政协文史和学习委员会副主任龚心瀚，北京大学文化产业研究院副院长陈少峰，淮委建设局局长陈光临，新华社《现代快报》副总编袁海兴，《国际金融报》副总编朱胜利，江苏省委原副书记、省文联主席顾浩，省水利厅副厅长李亚平，淮安市委常委、宣传部部长刘希平，省作协副主席、著名诗人赵恺，北京新四军研究会秘书长邓淮生，江苏新四军研究会后代分会秘书长乔雷，海军指挥学院博士生导师袁振威，盱眙新四军研究会顾问彭城，南京电视台导演龙淮连，河南桐柏、光山、淮滨和安徽寿县、泗县、怀远、定远、阜南、五河、蒙城、固镇、潘集、长丰、凤阳、明光及江苏泗洪等淮河流域市县领导，盱眙县领导，部分高校专家、学者出席论坛。盱眙县县长致欢迎词，盱眙县委书记演讲题为《提升淮河文化，推进合作共赢》，龚心瀚演讲题为《浅谈淮河流域小城镇健康发展》，刘希平演讲题为《努力推进区域文化大发展大繁荣》，赵恺演讲题为《我们在讨论一条河》，河南省淮滨县委常委、常务副县长杨春丽演讲题为《浅析淮河文化特色与和谐社会建设》，安徽省五河县委书记胡启望演讲题为《加快城乡一体化，建设淮水新文明》。论坛讨论通过《淮河流域战略合作区域共同发展盱眙宣言》。

（四）南京文艺晚会。6 月 16 日晚，在南京人民大会堂举办"火红金陵"文艺晚会，阎维文、陈罕罕、于青、方骊骊先后演唱歌舞节目，盱眙县政府通过慈善机构向四川地震灾区捐款 630 多万元、献血 22.5 万毫升。

（五）军民联欢会。6 月 17 日，在武警上海总队五支队营地举办"团结就是力量"军民联欢会，盱眙县委书记介绍龙虾节到军营活动，意在加深军地友谊，促进经济发展。军地双方文艺团队先后表演歌舞等文艺节目。演出结束后，与会人员一起品尝十三香龙虾。

（六）上海综艺晚会。6 月 18 日晚，在上海科技馆举办"放歌申城"综艺晚会，上海歌舞团、上海东方青春舞蹈团表演《盱眙风》歌舞、杂技类等节目。

（七）《龙虾情缘》数字电影研讨会。6 月 21 日，在北京江苏大厦举办，海军指挥学院政治部原主任万九如、电影导演姚晓峰、歌唱演员苏杰、海军艺术中心编剧成孝湜、北京冠华盛嘉传媒文化有限公司总经理成中和、扬子晚报社特稿部主任张继斌等参加研讨。央视节目主持人宫岩主持研讨会，万九如介绍《龙虾情缘》有关创作情况。

（八）深圳文艺晚会。6 月 25 日晚，在深圳锦绣中华民俗文化村印象中国剧场举办"情满珠三角"文艺晚会，由深圳电视台著名主持人张美曦、王海东主持。晚会按照天、地、人、和即满怀五洲情、风从淮河来、明皇故里情、锦绣大中华 4 个篇章，先后演出大型舞蹈《鼓舞天下》《盱眙风韵》等节目，最后在《爱我中华》乐曲中落幕。

（九）龙虾节广场龙虾宴。6 月 13 日晚，在盱眙国际龙虾节广场举办"梦圆虾都"万人龙虾宴暨大型文艺演出，盱眙县人大常委会主任致辞，县委书记为盱眙龙虾全国十大指定品牌店颁奖，县内 50 余个餐饮单位现场烧制十三香龙虾约 1.7 万千克，万名宾客参会品尝龙虾、观看晚会。盱眙龙虾艺术团现场表演《欢乐龙虾宴》等节目。

(十)上海龙虾宴。6月18日晚,在上海科技馆举办"香飘浦江"欢乐龙虾宴,上海市合作交流办公室、旅委、农委、江苏省驻上海办事处领导应邀出席,盱眙县县长致辞。晚宴大厅内,来宾边品尝正宗十三香龙虾,边欣赏球形巨幕梦幻灯光表演。

(十一)北京龙虾宴。6月20日晚,在北京江苏大厦举办"香溢中华"欢乐龙虾宴,淮安市委书记刘永忠、文化名人张贤亮、国家部委相关负责人、部分解放军将领、部分驻华大使、盱眙籍在京工作人士代表出席宴会,盱眙县委书记致辞,京城艺术家现场表演《辣子红了》等节目。

(十二)宁波龙虾宴。6月23日晚,在宁波市南苑饭店国际会议中心厅举办"情满甬江"欢乐龙虾宴,盱眙县县长致祝酒辞,宁波作协主席、宁波书画院院长杨东标将专为盱眙而作的书法作品《山水风采,龙虾文章》赠送盱眙县委书记,演员表演《请到江苏盱眙来》《铁山寺之恋》《火红的歌》等歌舞节目,宁波军分区司令员武晋宁、湖州军分区司令员徐永等应邀出席。

(十三)深圳龙虾宴。6月25日晚,在深圳中华文化民俗村举行"情醉鹏城"龙虾宴,盱眙县委书记向香港西湖春天酒店、桃源酒店、深圳金名苑鱼翅酒家、味源大酒店、美庐轩酒楼、徽州园饮食等授予盱眙龙虾会员店标牌,为全国十大名店之一的盱眙阿兵龙虾深圳分店颁发奖牌,与会宾客品尝盱眙十三香龙虾。

(十四)盱眙龙虾上海旗舰店揭牌。6月18日,在上海康氏龙虾城门前举行盱眙龙虾上海旗舰店揭牌仪式,盱眙县主要领导为其揭牌。仪式后,与会人员和上海市民一起进店品尝盱眙十三香龙虾。

(十五)龙虾协会代表大会。6月19日,召开江苏盱眙龙虾协会二届一次会员代表大会,会长代表第一届理事会向大会作工作报告:回顾2003年8月19日龙虾协会成立后所取得成绩,以及今后5年主要目标和工作打算。会议选举产生新一届协会领导成员,向会员店发放盱眙龙虾全国十大名店、全国十大指定品牌店、盱眙龙虾信得过供应商、盱眙龙虾调料信得过供应商证牌。

(十六)龙虾协会宁波办事处成立。6月23日,在宁波天一广场风云龙虾天一店门前举行宁波办事处揭牌仪式,盱眙县委副书记宣读《江苏盱眙龙虾协会关于成立江苏盱眙龙虾协会宁波办事处决定》,任命浙江风云餐饮管理有限公司董事长俞曙为办事处主任。此办事处为盱眙龙虾协会全国首个办事处。

(十七)记者见面会。6月25日,举办走进深圳中外记者见面会。《中国评论通讯》《香港大公报》、深圳卫视、《新华日报》等媒体记者出席。盱眙县委书记介绍盱眙县情和龙虾节活动情况,就如何做大做强龙虾节、怎样管理各地龙虾会员店、盱眙招商引资优惠政策等方面回答记者提问。

(十八)节庆国际化研讨峰会。6月29日,在盱眙君悦酒店召开长三角品牌节庆国际化研讨峰会。徐州市旅游局副局长、江苏省节庆协会副会长闫书杰主持会议,盱眙县委书记致欢迎词,浙江象山中国开渔节节庆办主任钱江、安徽灵璧奇石文化节组委办主任李景兰、无锡徐霞客国际旅游节节庆办主任王俭发表见解和建议。苏、浙、鲁、皖4省10个节庆组织代表、盱眙节庆组织负责人出席峰会。

(十九)项目开工仪式。6月12日,在工业园区举行49个工业项目集中开工仪式,其中盱眙华洋工业科技有限公司、江苏华强铜业有限公司等36个亿元以上项目集中开工。

(二十)项目集中投产仪式。6月12日,在工业园区举行工业项目集中竣工投产仪式,集中投产企业37个,与会人员参观轴承、电器等46个生产企业,参观钢管轴承、机械配件、电子电器、服装鞋帽、凹凸棒石黏土等6大类200余种展品。

(二十一)龙虾节与盱眙开放型经济论坛。6月15日,在南京举办中国·盱眙国际龙虾节与盱眙开放型经济高层论坛。省政协主席张连珍向论坛发出寄语:希望盱眙做大做强龙虾产业,让老百姓得到更多实惠。省人大常委会副主任丁解民讲话,希望盱眙进一步深化思想解放,做强龙虾节庆,扩大对外影响,推进招商引资,发展开放型经济。省对外贸易经济合作厅副厅长赵进发表题为《把握机遇,发挥优势,大力促进苏北县域开放型经济发展》演讲,省委研究室副主任刘福林发表题为《进一步壮大龙虾产业,加快盱眙经济国际化步伐》演讲,省科技厅副厅长曹苏民发表题为《以科技创新为动力,推进开放型经济发展》演讲,南京大学商学院教授范从来发表题为《加快融入全球价值链,探索开放经济新模式》演讲。澳大利亚维多利亚州班迪戈市原市长雷德·威廉姆斯,介绍盱眙国际龙虾节及盱眙龙虾会员店与澳大利亚、新西兰等国联办情况,盱眙县委书记作《彰显节庆品牌,加快县域经济特色化进程》演讲。

(二十二)服务业项目推介会。6月15日,在南京钟山宾馆举行盱眙服务业项目推介会,成功签约城建服务业项目6个,计划总投资14.26亿元。

(二十三)农产品及旅游产品推介会。6月18日下午,在上海科技馆举行盱眙有机农产品及旅游产品推介会。上海市合作交流办公室副主任陈荣堂,澳大利亚维多利亚州班迪戈市原市长、江苏盱眙满江红龙虾产业园中澳龙虾技术合作中心主任雷德·威廉姆斯出席推介会。盱眙县县长主持,县委书记介绍盱眙县情以及龙虾节系列活动,推介盱眙名优农副产品、优良生态、旅游特色、投资环境,与会人员参观盱眙有机农产品及旅游产品展示。

(二十四)节庆经济与文化张力研讨会。6月21日,盱眙县政府与北京大学政府文化发展战略研究中心、北京大学中国节庆研究中心、北京大学百周年纪念讲堂共同主办节庆经济与文化张力研讨会。盱眙县委书记演讲题为《做强龙虾节庆经济,彰显区域特色文化》,北京大学艺术学院副院长丁宁演讲中提出:作为一种刚性与硬性力量相对应的文化本身能量,是提升地方竞争力、影响力的制胜武器;北京大学新闻与传播学院副院长陈刚演讲中阐述:现代传播格局与传统传播格局的差异性;北京师范大学艺术与传媒学院副院长肖永亮认为:盱眙龙虾节品牌定位很准。中国人民大学,北京市委宣传部领导,北京大学学生及留学生代表,清华大学、中央美院等高校学生代表,联想集团代表,新华社,《人民日报》《北京日报》《新华日报》等媒体记者参加研讨会。

(二十五)宁波招商投资说明会。6月23日,在宁波举行项目签约及盱眙招商投资说明会,盱眙县委书记介绍盱眙县情和龙虾节举办概况,重点推介盱眙区位、生态、资源优势和优惠投资政策。会议签约项目24个,合同引资19.89亿元。

(二十六)深圳招商推介及项目签约会。6月25日,在深圳举行招商推介及项目签约会,重点推介盱眙招商引资优惠政策及投资环境。会议签约投资项目19个,合同引资6.26亿元、1.55亿美元。

(二十七)客商座谈会。6月25日,在深圳举行客商座谈会。香港丰恒集团有限公司董事长梁绍忠、台北荣德机械公司总经理张春、香港德勤(深圳)节能公司副总经理尤颖、香港和璨科技集团董事长林泰铭、东莞(加拿大)泰特玻璃制造公司总经理邱真武、香港新万光发展公司董事长张立品、香港京华经济发展公司总经理孔徐生、英国冠宜集团(香港)董事长顾良俊、香港日东科技控股公司副总经理曹跃军、香港扶农会社社长林金岳等近20名港台及外籍客商代表,应邀出席座谈会。盱眙县经济开发区党工委书记介绍盱眙县情及招商优惠政策,盱眙县县长介绍龙虾节举办目的、意义、效应以及盱眙县政策洼地、服务高地、投资福地等投资环境。

(二十八)中外政府交流活动。6~7月,与新西兰罗托鲁瓦市、澳大利亚班迪戈市结为友好县市,举行中澳合作三农生态城新闻发布会暨招商引资洽谈会、旅澳同乡恳谈联欢会、中澳龙虾养殖技术交流会等活动。在瑞典哥德堡市建立盱眙龙虾会员店,开展龙虾烹饪技艺交流活动。

(二十九)中澳龙虾技术研究中心揭牌。6月23日,在盱眙满江红龙虾产业园举行中澳龙虾技术研究中心揭牌仪式。盱眙县常务副县长与澳大利亚班迪戈市原市长、江苏盱眙满江红龙虾产业园中澳龙虾技术合作中心主任雷德·威廉姆斯共同为中心揭牌。龙虾研发中心占地13.3公顷,建有试验用房400平方米,试验水面11.3公顷,配置澳大利亚全套先进研发试验设备,引进澳大利亚先进技术、专业人才,专门从事龙虾育种、繁苗、新品种、新技术研究;与江苏盱眙龙虾研发中心、江苏省淡水水产研究所合作,实现技术与人才资源共享、优势互补,建成省级龙虾育种、繁殖和小龙虾科研基地。

(三十)北京人民大会堂盱眙推介会。6月20日,在北京人民大会堂新闻发布厅举行盱眙推介会。全国政协副主席李金华、十届全国政协副主席张怀西、人力资源与社会保障部副部长季允石、审计署副审计长余效明、国家旅游局副局长王志发、农业部总经济师张玉香、江苏省副省长张桃林、淮安市委书记刘永忠、原人事部副部长徐颂陶以及国家有关部委20多位司局长、埃塞俄比亚驻华大使海尔基洛斯及夫人、卢旺达驻华大使本杰明·卢甘加咨先生、约旦哈希姆王国驻华大使安马尔·阿卜杜勒·哈姆德先生、孟加拉国驻华大使莫尼如·伊斯拉姆先生及夫人、新西兰驻华使馆商务参赞白杰、瑞典驻华使馆文化参赞赫利娜、尼泊尔驻华使馆商务参赞尼尔马拉·杰卡夫利、巴基斯坦驻华使馆文化参赞穆罕默德·伊夫迪哈、拉加、意大利客商波罗,国际节庆协会(IFEA)亚洲区副总裁、中国分支机构总裁张暖,中国烹饪协会代表、在京工作的盱眙籍老乡代表应邀出席会议。淮安市委书记刘永忠致辞,盱眙县委书记介绍盱眙县情、奋斗目标和战略举措,推介龙虾节庆、招商引资、旅游资源。国际节庆协会(IFEA)亚洲区副总裁、中国分支机构总裁张暖先生代表国际节庆协会(IFEA)和协会首席执行官史蒂文授予盱眙中国龙虾之乡和盱眙龙虾中国名菜称号。李金华题字寄语盱眙:“小龙虾,大文章”。中央电视台、中央人民广播电台、《人民日报》《求是》《光明日报》《经济日报》《中国青年报》《中国日报》《农民日报》、人民网、新华网、中青网、新浪网、搜狐网、美国环球资源传媒等50余家国内外媒体参加推介会。

图32－23　2008年6月20日,第八届中国·盱眙国际龙虾节在北京举行盱眙推介会。

(**三十一**)**闭幕式**。6月29日晚,在盱城翠屏山庄举行闭幕式。盱眙县县长主持,盱眙县委书记宣布闭幕,省海洋与渔业局副局长沈毅致闭幕辞,澳大利亚维多利亚州、新西兰罗托鲁瓦市政府致贺电。闭幕式举行音乐焰火晚会。整场晚会分为欢庆虾都、红色风暴、金色未来篇章,“百米瀑布”“宫灯长廊”“金闪柳、银牡丹”“蓝色海洋”“金色辉煌”“紫色雅丽”等不同规格彩冠礼花轮番升空,伴以《开心龙虾节》《明祖陵遐想》《同一个世界,同一个梦想》乐曲,县城区2万人参加闭幕式、观看晚会。

三、活动“菜单”

(**一**)**媒体聚焦**。第八届中国龙虾节新闻发布会。时间:4月20日,地点:南京江苏省会议中心。淮河流域媒体中国龙虾之都盱眙行。时间:5月20～22日,地点:盱眙。宁波电视台系列专题访谈。时间:5月上旬～6月22日,地点:宁波南苑饭店。走进深圳,中外记者见面会。时间:6月25日9:30,地点:深圳华侨城洲际大酒店。

(**二**)**五洲情缘**。四国节庆互动交流。时间:5～7月,地点:中国、瑞典、澳大利亚、新西兰。第八届中国龙虾节走进新西兰。时间:6～7月,地点:新西兰罗托鲁瓦市。中澳龙虾研发养殖基地揭牌。时间:6月23日8:28,地点:江苏盱眙满江红龙虾产业园有限公司。第八届中国龙虾节走进澳大利亚,盱眙与班迪戈市结成友好县市签约仪式、中澳合作三农生态城新闻发布会、招商引资洽谈会、旅澳同乡恳谈会、中澳龙虾养殖技术交流会。时间:6～7月,地点:澳大利亚维多利亚州。第八届中国龙虾节走进瑞典,盱眙龙虾会员店拓展、龙虾烹饪技艺交流等。时间:6～7月,地点:瑞典哥德堡市。

(**三**)**登高望远**。第八届中国龙虾节走进北京,同乐五洲专场文艺晚会。时间:5月12日晚,地点:中央电视台。龙虾节开幕式。时间:6月12日7:28,地点:盱眙新马外国语学院。龙虾节广场大型文艺演出。时间:6月12日19:30,地点:盱眙龙虾节广场。火红金陵文艺晚会。时间:6月16日19:30,地点:南京人民大会堂。奥运健儿龙虾情系列活动。时间:8月下旬,地点:北京、盱眙。

(**四**)**雅集盛宴**。梦圆虾都万人龙虾宴。时间:6月13日19:18,地点:盱眙龙虾节广场。迎奥运、庆盛世欢乐龙虾宴。时间:6月18日18:00,地点:上海科技馆。香溢京华欢乐龙虾宴。时间:6月20日18:

00,地点:北京江苏大厦。情满甬江欢乐龙虾宴。时间:6月23日18:00,地点:宁波南苑饭店。情醉鹏城欢乐龙虾宴。时间:6月25日18:00,地点:深圳中华文化民俗村。

（五）**高层论坛**。淮河文化精英论坛。时间:6月13~14日,地点:盱眙。中国盱眙国际龙虾节与盱眙外向型经济高层论坛。时间:6月16日15:00,地点:南京江苏省会议中心。节庆经济与文化张力论坛。时间:6月21日,地点:北京大学。央视《对话》纵论盱眙现象。时间:6月,地点:中央电视台。

（六）**文体大观**。盱眙龙虾小天使评选。时间:5~6月,地点:盱眙。淮河文化精英论坛系列活动(淮河文化主题雕塑揭幕、淮河文化博物馆奠基、千里长淮入大湖纪念石落成)。时间:6月13日7:28,地点:盱眙淮河生态走廊(第一山公园对面);6月13日8:18,地点:盱眙甘泉山风景名胜区。盱眙历史文化博物馆开馆仪式。时间:6月14日8:28,地点:盱眙都梁阁。盱眙民间艺术成果展。时间:6月21日9:00,地点:盱眙。《龙虾情缘》数字电影研讨会。时间:6月21日16:00,地点:北京江苏大厦。新四军集邮专家沈曾华事迹展、邮品展。时间:6月22日8:28,地点:盱眙县黄花塘新四军军部纪念馆。

（七）**虾艺璀灿**。江苏省盱眙龙虾协会二届一次会员代表大会、盱眙龙虾金奖大赛、盱眙龙虾调料研发工程中心揭牌。时间:6月19日7:58,地点:盱眙。江苏省盱眙龙虾协会宁波分会成立。时间:6月23日10:00,地点:宁波。中国龙虾之都及盱眙龙虾中华名菜命名仪式。时间:6月28日8:30,地点:盱眙。

（八）**商贾云集**。亿元项目集中签约。时间:6月12日上午,地点:盱眙新马外国语学院。亿元项目开工奠基。时间:6月12日上午,地点:江苏省盱眙经济开发区。盱眙服务业项目推介会。时间:6月15日15:30,地点:南京江苏省会议中心。盱眙有机农产品及旅游产品推介会。时间:6月18日16:00,地点:上海科技馆。项目签约暨盱眙投资推介会。时间:6月23日15:00,地点:宁波南苑饭店。招商推介暨项目签约会。时间:6月25日15:30,地点:深圳华侨城洲际大酒店。

（九）**畅游虾都**。五洲十国游盱眙——驻华大使代表团参加龙虾节、外国旅游团队参与龙虾节。时间:5~7月,地点:盱眙。苏北旅游第一县创建成果展。时间:6月19日9:00,地点:盱眙。

（十）**文明创建**。龙虾名店助千户——盱眙龙虾会员店结对帮扶贫困户。时间:6月6日9:00,地点:盱眙。万众争创系列活动(江苏省文明城市、江苏省卫生城市、江苏省园林城市),时间:4~8月,地点:盱眙。感动盱眙十大道德楷模评选命名会。时间:6月18日9:00,地点:盱眙。

（十一）**名节交流**。长三角节庆联盟成立暨现代节庆国际化研讨峰会。时间:6月24日,地点:盱眙。名节巡访——中国盱眙国际龙虾节组团与著名节庆互访交流。时间:7月,地点:南宁、哈尔滨、昆明、呼和浩特。

（十二）**长淮潮涌**。闭幕式暨大型焰火晚会。时间:6月29日20:00,地点:盱眙翠屏山庄、淮河生态走廊、山水广场。

图32－24　焰火晚会

第三章 节庆效应

第一节 节庆品牌

2005年11月29日,在中国节庆国际论坛会议期间,国际节庆协会首次授予中国(江苏·盱眙)龙虾节中国最具发展潜力十大节庆称号。

图32-25 中国龙虾节被授予"2006年度中国十大节庆"称号。

2006年6月30日,国际节庆协会亚洲地区副总裁、北京节庆文化发展中心总裁张暖代表国际节庆协会,授权盱眙龙虾协会为国际节庆协会中国江苏省代表机构,负责辖区内与国际节庆协会接洽教育培训、赞助事务、策划咨询、节庆商旅、国际交流、出版物出版发行等经营性合作项目,属江苏省唯一代表机构。授予盱眙龙虾协会负责人为国际节庆协会中国江苏代表处首席代表。11月4日,亚洲会展节事财富论坛、新华网、中国城市经济学会、中国东方文化研究会、江苏省节庆协会、湖北省节庆研究会在杭州举行第二届中国节庆产业年会,中国龙虾节被授予"2006年度中国十大节庆"称号,中共盱眙县委书记当选中国十大节庆新闻人物。中国龙虾节获中国十大饮食类节庆第一名。

2007年6月16日,节庆中华协作体执行副主席金坚范代表中华民族文化促进会、节庆中华协作体理事会向盱眙县授予节庆中华协作体江苏代表处牌匾;北京大学中国政府文化发展战略研究中心主任谢庆奎授予盱眙县北京大学中国政府文化发展战略研究基地牌匾。盱眙龙虾节入选"中国十大影响力节庆"并获得中国最具发展潜力十大节庆活动、中国十大节庆殊荣。

2008年9月27日,亚洲会展节事财富论坛和中国城市经济学会、新华网、中国节庆联合主办评选改革开放30年影响中国节庆产业进程30节30人。全国7000多个节庆中,中国·盱眙国际龙虾节入选影响中国节庆产业进程30节,列第四位;中共盱眙县委书记入选影响中国节庆产业进程30人名单。

第二节 龙虾品牌

一、龙虾宴获吉尼斯纪录

2000年7月,中国龙年·盱眙龙虾节举办千人广场龙虾宴,申报吉尼斯世界纪录。2007年6月12日18时30分,第七届中国龙虾节组委会在中国龙虾节广场举办万人龙虾宴,受上海吉尼斯总部委托,盱眙县公证处公证员对中国龙虾节广场万人龙虾宴进行现场公证。上海大世界吉尼斯总部负责人向盱眙县颁发万人龙虾宴吉尼斯纪录证书。

二、龙虾会员店

2002 年 6 月，第二届中国龙虾节组委会开始实施盱眙十三香龙虾 CI 形象设计暨授权品牌店评选推介活动。2003 年 8 月，县内发展龙虾会员店 86 个，县外发展龙虾会员店 88 个；吸纳会员单位 243 个，在《扬子晚报》首批公布龙虾会员单位 105 个。2006 年，盱眙龙虾会员店发展到 620 个，其中县内发展龙虾会员店 356 个，县外发展龙虾会员店 264 个。2007 年，盱眙县委、县政府启用龙虾会员店 CI 形象标识。瑞典哥德堡成立第一个盱眙龙虾海外连锁店。2008 年 9 月，新西兰罗托鲁瓦市成立盱眙龙虾会员店。

三、绿色食品

2003 年 7 月，盱眙县水产公司生产的“陡湖”牌和县食品公司生产的“龙头”牌龙虾仁产品，经农业部中国绿色食品发展中心审核，符合绿色食品 A 级标准，颁发绿色食品认定书。2004 年 7 月，盱眙龙虾被农业部绿色食品发展中心认证为绿色食品。

四、动物类证明商标、地理标志及龙虾之乡

2004 年 12 月，国家工商管理总局商标局批准盱眙龙虾为中国第一例动物类证明商标。2006 年，盱眙龙虾获中国名牌农产品、江苏著名商标称号。6 月，盱眙县质量技术监督局制定盱眙龙虾江苏地方标准。2007 年，省质检局公布实施盱眙龙虾地方标准，产品知识产权纳入到 WTO 的保护范畴。2008 年 6 月，中国烹饪协会授予盱眙县中国“淡水龙虾之乡”称号，授予盱眙龙虾为中华名菜。9 月，国家质检总局公示盱眙龙虾地理标志保护申请。

图 32－26　盱眙龙虾荣誉

第三节　节庆招商

2001 年 7 月，第一届中国龙虾节期间，县委、县政府举办盱眙县域经济发展研讨会，召开外地在盱眙投资商人座谈会，介绍盱眙投资环境及政策，宣传节庆招商。2002 年，第二届中国龙虾节期间，县委、县政府招商签约项目 48 个，合同引资额 3.9 亿元。从此，各届龙虾节开展招商引资活动。

2003 年 8 月 26 日，第三届中国龙虾节组委会举办招商项目签约暨外地在盱眙投资商人恳谈会，签约项目 50 个，合同引资 8.77 亿元 2000 万美元；8 月 30 日，县委、县政府在浙江省金华市举办招商项目签约暨投

资说明会,签约项目12个,合同引资3.3亿元。

2006年7月8日,第六届中国龙虾节组委会举行招商恳谈暨项目签约会,代县长李森介绍盱眙投资环境、承诺为投资商提供优质服务。会上,签约项目66个,合同引资23.55亿元、1.42亿美元;县工业园区举办招商项目开工奠基仪式,开工项目31个,合同投资15.5亿元及1.3亿美元。7月14日,盱眙县政府在上海召开的工业招商会上签约项目10个,合同引资3.39亿元;7月16日,宁波投资推介会上签约项目42个,合同引资24.32亿元及3000万美元。

2008年6月,第八届中国·盱眙国际龙虾节期间,签约招商项目85个,合同引资72.86亿元、1.55亿美元,其中在盱眙签约项目42个,合同引资46.7亿元;在宁波签约项目24个,合同引资19.9亿元;在深圳签约项目19个,合同引资6.25亿元及1.55亿美元。

2002~2008年中国龙虾节招商引资、开工项目情况一览表

表32-4　　单位:个、亿元

年份	签约项目(个)	合同引资(亿元)	其中:美元(万)	开工项目(个)	引资额(亿元)	年份	签约项目(个)	合同引资(亿元)	其中:美元(万)	开工项目(个)	引资额(亿元)
2002	48	3.90	-	-	-	2006	118	51.26	14200	31	15.50
2003	62	12.07	2000	19	3.30	2007	102	58.70	9275	38	36.78
2004	86	19.57	-	17	4.68	2008	85	72.86	15500	49	44.67
2005	102	39.50	1150	26	10.50	合计	603	257.86	42125	180	115.43

第四节　龙虾产业

一、龙虾养殖

2000年,中国龙年·盱眙龙虾节举办,市场龙虾需求量增大,全县开始试验人工养殖龙虾100公顷。2001年,全县养殖龙虾740公顷,其中稻田养殖600公顷,水面养殖龙虾120公顷,示范化养殖15公顷,人工繁育龙虾种苗5公顷,年产龙虾8600吨。2002年,陡湖70公顷龙虾育苗生态养殖技术通过省专家组验收。

2006年,全县龙虾养殖试验示范户12家,确定稻田养殖龙虾、池塘主养龙虾、圩区混养龙虾、柴滩地增养龙虾4种试验示范模式,示范总面积220公顷。建立沿陡湖、洪泽湖两个龙虾规模养殖圈,面积2000公顷。

2008年,全县龙虾混养面积1万公顷。其中,发展龙虾高效养殖面积3000公顷,建立5个千亩连片龙虾养殖示范区;江苏盱眙满江红龙虾产业园有限公司在官滩甘泉圩、圣山圩、河桥大莲湖开发龙虾养殖池塘467公顷;江苏省仁和农业开发有限公司在明祖陵镇仁和片开发龙虾高效养殖面积167公顷。全县年产龙虾约10万吨。

图32-27　龙虾养殖

二、龙虾产品销售

2000 年 8 月，县食品公司生产“龙头”牌十三香龙虾产品在青岛国际啤酒节和南京金秋贸易洽谈会上展销。全年出口龙虾仁 63 吨、整肢龙虾 200 吨、十三香龙虾 30 吨，主要出口到欧美地区。2002 年，全县约有 10 万人参与捕虾和卖虾，产值 1 亿元。全县有水产营销经纪人 330 人、产销联合体 18 个，在南京、上海、扬州、淮安等地设立销售点。

图 32－28 龙虾销售

2004 年，通过举办 4 届中国龙虾节，龙虾价格上涨，捕捞、贩运、加工龙虾个体户增多，全年龙虾交易额 6.5 亿元，比 2003 年翻两番。龙虾仁无商户加工，停止出口。2006 年，销往长三角地区龙虾约 10 万吨。2007 年 9 月，盱眙龙虾小包装获批食品生产许可证。

2008 年，盱眙龙虾小包装在上海卜蜂莲花超市销售。全县市场龙虾销售 60 万吨，龙虾产业销售产值超 10 亿元。至年底，全县累计销售龙虾 934660 吨。

三、龙虾调料经营

1999 年，盱眙县许建忠等 10 余人采取地摊式经营，销售十三香龙虾调料，数量较少。2000 年 7 月，中国龙年·盱眙龙虾节举办后，全县十三香龙虾调料销售 100 吨。2002 年，都梁大酒店创办都梁十三香龙虾调料有限公司，注册“虾圣”牌龙虾调料被淮安市旅游局评为十佳旅游产品。

图 32－29 龙虾调料供应商

2004 年，盱眙县十三香龙虾调料在连云港农业洽谈会和上海农产品交易会上展销，“许记”牌十三香龙虾调料销售 10 余吨，全县经营十三香龙虾调料个体户增加到 30 余家。

2006 年，许建忠龙虾调料有限公司在上海举行盱眙优质农产品推介会，签订销售十三香龙虾调料 10 吨。2008 年，全县销售十三香龙虾调料 1000 多吨，销售额 3000 多万元。至年底，全县从事十三香龙虾调料经营个体商 110 户，销售十三香龙虾调料 4210 吨，销售额 1.3 亿元。

2000～2008 年盱眙县龙虾养殖、销售及十三香调料销售情况一览表

表 32－5

年份	养殖面积（公顷）	年产量（万吨）	出口虾仁（吨）	销售龙虾（吨）	十三香龙虾调料销售（吨）	年份	养殖面积（公顷）	年产量（万吨）	出口虾仁（吨）	销售龙虾（吨）	十三香龙虾调料销售（吨）
2000	100	0.35	63	230	100	2005	2157	3.60	－	30000	520
2001	740	0.86	75	430	150	2006	2200	5.70	－	50000	630
2002	770	1.00	80	8000	210	2007	8000	8.60	－	200000	850
2003	1400	2.10	110	20000	300	2008	20000	10.00	－	600000	1000
2004	2067	2.50	－	26000	450	合计		34.71	328	934660	4210

四、龙虾烹饪

1995～1999 年,杨四饭店、红叶饭店烹饪十三香龙虾逐渐受到市民喜爱,食客满堂。2000 年 7 月,盱眙县委、县政府举办中国龙年 · 盱眙龙虾节,十三香龙虾成为盱眙人招待客人必备菜肴,越来越多人开始学习十三香龙虾烹饪技艺。都梁大酒店烹饪都梁龙虾获江苏省地方土特菜肴大赛一等奖,红叶饭店获龙虾节组委会颁发首批盱眙十大龙虾烹饪示范店称号,杨四酒店委派厨师到南京连锁店烹饪十三香龙虾。

2003～2004 年,盱眙县劳务输出办公室向苏、浙、沪地区输送十三香龙虾烹饪师和调料制作师 1200 余人,县外挂牌盱眙龙虾店均由盱眙籍厨师掌厨烹饪。2005 年,县下岗再就业培训中心举办下岗失业人员、退伍军人参加十三香龙虾烹饪师培训班 3 期,培训 200 人。举办第五届中国龙虾节十三香龙虾烹饪大赛,全国 13 个省(市)148 名龙虾烹饪师参赛,评出金奖 100 名、盱眙龙虾名店 10 家。

2006～2007 年,盱眙县下岗再就业培训中心和盱眙龙虾协会联合,共免费举办十三香龙虾烹饪师培训班 20 期,培训 2450 人。盱眙龙虾协会补贴参训人员每人 500 元,培训合格发放技能证书,向全国盱眙龙虾会员店推荐就业,年薪 3 万元左右。

2008 年,盱眙县下岗再就业培训中心、县劳动和社会保障局、盱眙龙虾协会培训十三香龙虾烹饪师 1350 人。至年底,全县掌握十三香龙虾烹饪制作技术人员 9000 余人,其中 6000 余人通过培训,3000 人通过自学、师傅传授学会十三香龙虾烹饪技术。

第五节 旅游效益

2000 年,中国龙年 · 盱眙龙虾节举行天泉湖龙舟竞赛、山地汽车越野表演赛、淮河流域水上婚礼表演、宇宙探索者夏令营活动,吸引外地游客。其间,接待游客 3 万余人次,门票收入 800 万元。2001 年,第一届中国龙虾节期间,接待游客 4.8 万余人次,门票收入 1400 万元。2002 年,通过举办龙虾节,来盱眙游客增加到 6.6 万余人次,门票收入 3168 万元。

2003 年,第三届中国龙虾节期间,中国龙虾节形象大使身背推介盱眙旅游宣传画框,分别在南京和淮安市区流动宣传;县旅游局在南京组织名为“品盱眙龙虾、赏都梁山水、朝发夕归”免费直通车游盱眙活动。接待游客 7.18 万余人次,门票收入 3446 万元。

2004 年,第四届中国龙虾节前夕,县旅游局编辑出版《畅游盱眙》及《帝乡寻梦》宣传折页,在南京举办南京百校万人看盱眙旅游推介会。7 月 6 日,南京大、中、小学师生近 600 人在第一山公园举行百校万人看盱眙首发式。7 月 7 日,南京地行仙车友俱乐部组织 300 名会员参加盱眙万人龙虾宴。其间,共接待游客 12.6 万人次,门票收入 4150 万元。

2005 年 6 月,第五届中国龙虾节期间,县委、县政府在上海举办中国龙虾节与盱眙旅游经济高层论坛和百所高校、百个社区、百队游团、万人盱眙游推介会。共接待游客 16.65 万余人次,门票收入 4900 万元。2006 年 7 月,第六届中国龙虾节期间,县委、县政府在上海举行盱眙旅游推介会,向上海市民介绍盱眙独具特色的红色游、绿色游和皇陵游。龙虾节期间,仅上海旅行社就组团 192 个,约 5 万人次到盱眙旅游。龙虾节组委会在县内重点旅游景区实行门票一卡通。接待游客 18.6 万余人次,门票收入 5000 万元。

2007 年,第七届中国龙虾节组委会组织评选产生 10 名盱眙山水旅游城市形象大使,先后在南京、北京、上海、宁波、深圳促销盱眙旅游。县委、县政府在南京开展盱眙旅游咨询等活动。县旅游局首次在南京、宁波、上海、北京举办盱眙风光图片展,介绍盱眙旅游景区。其间,接待游客 23.6 万余人次,门票收入 1.21 亿元。

2008 年 6 月,第八届中国 · 盱眙国际龙虾节期间,全县接待游客 24.3 万人次,门票收入 1.5486 亿元。全县 400 余个饭店及宾馆应接不暇,部分游客只好流向金湖、洪泽、天长住宿。

第三十三篇　社会生活

1986年，盱眙县农民人均收入449.2元，城镇居民平均工资547.7元，基本解决温饱问题。少数民族有回族、满族、藏族、侗族、高山族、苗族、白族、壮族等共300人。佛教场所3个，伊斯兰教活动场所1个，基督教聚会点33个。是年起，县委、县政府加大改革开放力度，加快经济建设步伐，正确处理改革、发展、稳定三者关系，推动社会各项事业步入决策科学化、服务社会化、管理规范化轨道。农民收入从以农业经济为主发展到工业、农业、第三产业、劳务等多元化收入并进新格局，人均收入逐年攀升。城镇居民工资水平经多次调改和落实失业保障机制、城市经营政策，工资基数逐年提高，经营收入逐年增加。由此拉动城镇居民、农村农民消费水平、消费档次、消费需求逐年提升。

2000年，农民人均总收入4477元，城市居民可支配收入7927元。城乡居民收入提高，消费理念明显改观，衣着讲时尚，食物重营养，住房讲宽敞，出行要便当成为消费主渠道。宗教场所初具规模，宗教关系和谐和睦，宗教管理步入法治化轨道。全县风俗习惯逐渐改变过去封建迷信陋习，融入现代文明进程。

2008年，农民人均纯收入5774.2元，城镇居民人均可支配收入13040.66元。少数民族增加到28个，人口增加到3580人。宗教有佛教、伊斯兰教、基督教，共有宗教活动场所125处，信教群众3万多人。在象山国家地质公园顶部开始筹备建设道教场所玉皇宫。

第一章 人民生活

第一节 农民生活

1986年,全县农民人均收入449.2元,基本解决温饱问题。农民支出446.3元,主要用于生活、添置衣服、家电和建房等消费。

1987年,随着改革开放不断深化,农民收入项目不断增加,主要有工资性劳动收入、从业收入;家庭经营农业收入、非农业收入、批零贸易业收入;财产性收入和转移性土地征用补偿费用、粮食直接补贴、购置和更新大型农机具补贴、良种补贴等优惠政策补贴。农民家庭费用支出主要有自给性农业消费支出:购买农业生产资料、农业服务;生活消费支出:食品、衣着、居住、家庭设备用品、交通和通信消费支出;文化卫生消费支出:教育、娱乐、医疗保健消费支出及其他消费支出。

图33-1 农民业余文化生活

1992年,农民人均消费842元,其中自给性消费占40%、商品性消费占51%、文化生活服务性消费占3%,商品性消费有所增加。农民人均总收入1173元,其中农业收入776元,占农民人均总收入66.2%。

2000年,农民人均总收入4477元,其中纯收入3272元。其中,工资性收入968元,占总收入22%;农业收入1925元,占总收入43%;其他收入1384元,占总收入35%。农民人均生活消费支出2541元,其中文化教育、交通消费、家庭设备消费持续增加,占支出60%。2008年,全县农村居民人均纯收入5774元,总支出人均3997元。

第二节 城镇居民生活

1986年,城镇居民平均工资547.7元,支出501.5元。其支出主要用于生活费用和添置收音机、录音机、钟表、自行车、缝纫机等耐用品。1988年起,县委、县政府落实职工工资调改政策,城镇居民工资基数和消费水平稳步增加。

1992年,城镇居民平均工资2432元,人均消费2033元,商品性消费占93%,住房及水电消费占4%,食品消费追求绿色、天然、无公害，衣着消费呈现高档化、个性化倾向。1995年起，县委、县政府改革工业体制，个体、私营企业工业、商业、服务业快速增加，城市居民从商、务工、办企业逐年增加，拉动城市居民工资性、经营性、财产性收入和转移性收入明显增长，住房、家庭设备用品及服务支出明显增加。

2000年，城市居民可支配收入7927元，人均消费性支出4838元。2001年起，县委、县政府实施旧城改造，加快新城区建设，完善保障机制，居民获得征收房屋、征用土地政策补偿收入和保障机制收入，高于基本工资收入，拉动居民各项消费的增长，彩电、冰箱、摩托车、空调、电脑、手机、小汽车进入居民家庭，教育、旅游、健身、娱乐逐步成为居民家庭消费主体。2008年，城镇居民人均可支配收入13041元，人均消费性支出8662.1元。

第二章 民族宗教

第一节 民族构成

1986年，全县汉族人口651420人，占总人口99.95%；回族、满族、藏族、侗族、高山族、苗族、白族、壮族等少数民族共300人，占总人口0.05%，其中回族250人。

1990年，全国第四次人口普查时，全县汉族人口693952人，占总人口99.95%；少数民族人口370人，占总人口0.05%，其中回族人口253人、蒙古族2人、藏族3人、苗族16人、彝族18人、壮族20人、布依族16人、朝鲜族6人、满族15人、白族9人、水族2人、瑶族1人、土家族1人、哈尼族1人、傣族1人、黎族1人、傈僳族1人、佤族1人、畲族1人、东乡族1人、德昂族1人。

2000年，全国第五次人口普查时，全县汉族711686人，占总人口99.89%；少数民族人口805人，占总人口0.11%，其中回族328人、苗族117人、布依族99人、白族76人、彝族53人、壮族41人、土家族14人、哈尼族11人、蒙古族8人、满族8人、水族7人、傈僳族5人、佤族5人、朝鲜族3人、瑶族3人、藏族2人、维吾尔族2人、侗族2人、傣族2人、黎族2人、高山族2人、纳西族2人，拉祜族1人、景颇族1人、普米族1人，未识别民族10人。

2008年，由于婚进和迁入及到盱眙务工、经商，全县少数民族人口增加到3580人，占总人口0.48%。

2008年盱眙县少数民族数量一览表

表33－1

民族	人数	民族	人数	民族	人数	民族	人数	民族	人数	民族	人数
蒙古族	25	布依族	371	白族	239	黎族	111	景颇族	13	德昂族	8
回族	979	朝鲜族	14	土家族	103	傈僳族	100	水族	13	维吾尔族	17
藏族	47	满族	13	高山族	4	佤族	12	东乡族	14	布朗族	4
苗族	370	瑶族	217	哈尼族	51	畲族	13	纳西族	3		
彝族	303	壮族	317	侗族	12	傣族	201	京族	6		

第二节 佛 教

1986年，全县佛教活动点有都梁寺，庙产10间132平方米，尼姑王正玉(隆觉)、王素萍、张金文、王静心和1名供养孤儿，生活靠自己劳作；马坝泰山殿，庙产3间30平方米；盱城龙山寺，庙产110平方米。1988年，全县有佛教信徒6人。

1993年8月，都梁寺院住持隆觉当选为淮阴市佛教协会第一届常务理事。1998年，佛教场所增加新街乡法云禅寺、盱城镇念佛堂和兴隆乡兴隆寺。1999年1月，恢复重建铁山禅寺。12月，县佛教妙明、今是代表佛教协会出席淮阴市佛教协会第二届代表大会。

图33-2 大成殿

2001年农历八月初八，在铁山寺国家森林公园举行复建铁山禅寺大雄宝殿、天王殿、山门殿、古楼、居士林及佛道和院落等奠基活动，邀请心成法师为盱眙县铁山禅寺住持。2002年，第一山国家森林公园南山坡恢复重建龙山寺。2005年11月，在新泗州国际大酒店举行复建万佛寺开工仪式，大明寺佛学院60名学生和城区200居士应邀参加佛事活动。

2006年7月6～8日，县民宗局、县文联和县收藏家协会在苏果超市展览厅联合举办佛家弟子书画作品展，参展作品100余幅，参观者2000余人次。9月30日，县佛教协会召开第一次代表大会，组建盱眙县佛教协会第一届领导班子，心成为会长，昌相、能顺为副会长。2008年，全县佛教场所11处，信徒2万余人。

2008年盱眙县佛教活动场所一览表

表33-2

编号	场所名称	地　址	占地面积(平方米)	建筑面积(平方米)	负责人	宗教教职人员	信教人数	登记时间
1	都梁寺	官滩镇甘泉村	45336	400	能 顺	3	3000	1995
2	法云禅寺	黄花塘镇	2000	280	今 是	2	3000	1997
3	王家庵	鲍集镇	900	210	能 仪	1	600	1997
4	宣化寺	盱城镇宣化村	2600	700	昌 相	2	3000	1999
5	兴隆寺	兴隆乡刘岗村	4000	220	慧 远	1	3000	1999
6	小西天	铁山寺风景区	1200	120	依 然	1	500	2000
7	铁山禅寺	铁山寺风景区	33000	1320	心 成	6	5000	2000
8	普济寺	鲍集镇贺岗村	2000	180	仁 道	2	800	2001
9	龙山寺	第一山风景区	13000	600	昌相(兼)	2	2000	2002
10	万佛寺	都梁公园	40000	800	觉 和	2	2000	2003
11	文昌寺	盱城镇	1000	100	明 元	1	600	2004

附:重点佛教场所和汉僧第一人

铁山禅寺　1998年起,经省政府批准,盱眙县对铁山禅寺进行重新选址,重建。至2001年,铁山禅寺复建工程结束。

2005年,民宗局筹集资金30万元,修建铁山禅寺大殿佛像3尊,化缘到价值20万元铸铁香炉一座;投资500万元建成铁山禅寺大雄宝殿、天王殿、山门殿、古楼、居士林及佛道和院落等,其中大雄宝殿高28米,占地2000平方米,室内680平方米,宝殿内18米高主佛像和罗汉像18尊。投资300万元,在铁山寺公园新建9.9米高汉僧严佛调雕像和2000平方米塑像广场。整个建筑背山面水,成为皖东及苏北地区最大寺庙群落之一。7月8日,举行大雄宝殿佛像开光仪式,邀请上海、南京、扬州、无锡等地居士1000人参加,全国政协副主席、中国佛教协会会长、著名书法家赵朴初为寺院题写"铁山禅寺"匾额。

图33-3　铁山禅寺

2006年7月,总投资580万元,采用中国古典式设计,开工建设铁山禅寺安养院,建筑面积2000平方米。7月12日,铁山禅寺天王殿举行佛像开光仪式,500名外来居士参加。2007年6月,铁山禅寺安养院主体工程竣工,规模居苏北第一。安养院按佛教规制建设,与3座大殿相得益彰,可一次性接待修养居士120人,有上海、南京、扬州、南通等地100多名居士与铁山禅寺签订修养协议。

2008年,铁山禅寺兴建山门殿、天王殿、大雄宝殿、安养院等附属设施,总建筑面积3108平方米。心成法师为住持,有僧众5人。

宣化寺　1986年,宣化寺坐落在盱城镇宣化街,有石墙瓦房佛堂10余间、大庵8间,均破旧,寺周边部分庙产土地被宣化村占用。

1996年,文友师父入住寺院,投入45万元,开始修建寺院。1999年年底,建成大雄宝殿和山门殿,重新迎请木雕佛像释迦佛、药师佛、阿弥陀佛、观音菩萨、地藏菩萨供奉于大雄宝殿,韦陀菩萨、弥勒菩萨供奉于山门殿。

2000年11月,邀请慈云寺觉顺大和尚主持开光大典,参加信众300余人,向社会开放。2002年,毕业于扬州佛学院的昌相法师主持寺院事务。每年举行三次佛七、二月观音圣诞、七月地藏圣诞等活动,人数200余人。县宗教局帮助宣化寺协调收回宣化村占用寺庙房产和0.13公顷土地。2003年,投资16万元,装修山门殿、大雄宝殿、念佛堂,拆除大庵旧房屋,新建念佛堂、斋堂、僧寮。

2004年,经县宗教局协调,收回宣化寺后院被占用近2000平方米土地,补偿居民费用6万元;投资40万,建成150平方米念佛堂、70余平方米斋堂、230平方米僧寮和伽蓝殿;投入资金9万元,增设3尊佛像。邀请福建佛学院法师讲经弘法,举办传灯法会和夏令营活动,参加信众500余人。2007年,宣化寺出租房屋16间,解决僧人自养难题。2008年,宣化寺改建讲经堂500多平方米。寺内有受持具足戒出家常住4人、在家居士300余人、固定护持寺院居士100余人、日常寺院信众500余人。

都梁寺　1986年,位于甘泉山之巅,是佛教活动场所。1988年5月,隆觉带领文艺等4个僧尼化缘建寺资金。1993年,将100多平方米三间危房改建扩大到1000多平方米,新砌围墙100米,占地4.5公顷,有正殿三间,供奉释迦牟尼、地藏王等佛像。农历四月初八庙会,香客、游客2万余人。1994年农历四月初八庙会期间,淮阴市佛教协会会长、慈云寺住持觉顺大和尚率20名僧尼到都梁寺做佛事。香客、游客2万余人。

2000年,慈云寺觉顺方丈投资90万元,在甘泉山新建大雄宝殿,长11米、宽9米。2005年,都梁寺投资10万元,在山脚下500米处,打103米深水井一口,为寺庙提供用水。2008年农历四月初八,寺院负责人比丘尼金文和住持能顺法师举行纪念佛祖释迦牟尼诞辰庙会,居士、信众、香客3万多人参加。寺院常住比丘尼7人,春秋2次带领居士打佛七。

图33-4 都梁寺

兴隆寺 1986年,兴隆寺位于兴隆乡,寺庙毁坏。1999年,为临时登记佛教场所,负责人王有恒,法名释有恒。2002年,县政府和市佛教协会投资,重修大雄宝殿,增设地藏王、观音菩萨塑像,恢复东西厢房。2007年,投资20万元,建有山门殿90平方米,大雄宝殿120平方米,伽蓝殿、念佛堂150平方米,僧寮230平方米,斋堂70余平方米,佛像20余尊,占地0.4公顷。2008年6月1日,举行整堂佛像开光仪式,中国佛教协会常委理事、江苏省佛教协会副会长、扬州大明寺方丈能修大和尚参加活动并发言,上海、南京、扬州等地500多名居士参加。

汉僧第一人——严佛调 (117~197),又名严浮调,简名严调。据《出三藏记集》记载,严佛调为临淮郡人,即盱眙人。入佛后,名字中间加以"佛"字,叫严佛调,以示其身份与佛有关。佛教史称其"绮年颖悟,敏而好学,信慧自然,遂出家修道。"后来他在自己著作中署名为"严阿祇梨浮调"。

东汉桓帝(刘志)时,严佛调从临淮郡去洛阳,在鸿濡寺结识安息僧安世高,受佛教思想影响,遂出家修道,成为中国第一个汉族僧侣。出家后,潜心研究佛学,学、译小乘经典,通晓梵文胡语,与安玄合译第一部佛教经典《法镜经》。三国高僧康僧会称赞其"言既稽古,义又微妙",晋高僧释道安赞其"省而不烦,全本妙巧",南朝梁高僧释僧佑赞其"理得音正,尽经微旨,郢匠之美,见述后代"。严佛调独译《雄摩经》两卷,自撰经书《沙弥十慧章句》一卷,从悟佛经而作章句,成为中国翻译佛典和自撰经书第一人。汉灵帝时,严佛调回到家乡临淮郡,主持修建以铁山禅寺为主多座寺庙,广传佛法。被誉为中国修庙建寺第一人。东汉初平三年(192)孟春,严佛调在古稀之年,离开家乡临淮,前往天竺(今印度)、大月氏(今阿富汗一带)等国,宣传佛家思想,受到当地信众推崇与爱戴,被誉为中国境外传道第一人。后因积劳成疾,圆寂他乡。

图33-5 严佛调佛像

第三节　伊斯兰教

1986 年,清真寺是伊斯兰教活动场所,共有 5 间寺房,其中 3 间出让,2 间 20 平方米为活动场所,属宗教局管理。

1990 年 10 月,清真寺蒋静仁和马秀英被淮阴市政府评为民族团结进步先进个人。1991 年,省、县宗教局投资 4.5 万元,新建清真寺大殿三间、水房两间、寺院一个,面积 220 平方米。1998 年,县宗教局成立筹备全县伊斯兰教管理领导小组,组员 5 人。1999 年,马秀英、沙素芳、常玉泰出席参加淮阴市伊斯兰教协会第三届代表会议。

2004 年 11 月,成立清真寺管理领导小组,由主任、副主任、秘书、会计、阿訇等 7 人组成,阿訇任教会教长,负责日常工作。同年,穆斯林举办开斋节和古尔邦节,洪泽县、泗洪县穆斯林参加庆典活动 64 人。穆斯林每周星期五开展"主麻日"活动,参加礼拜 10 ~45 人。

2008 年 8 月,清真寺举办少年穆斯林阿语学习班 15 天,参加 8 人。至年底,全县伊斯兰教总人口 2800 多人,穆斯林人口 1500 多人,其中城区 450 人。

第四节　基 督 教

1986 年,县基督教在宝积山路新建中心教堂,有房屋 6 间。7 月 12 日正式对外开放。全县有 33 个聚会点,信徒 3350 人。1987 年 5 月 15 ~16 日,县基督教召开第一届代表大会,出席代表 35 名,选举产生基督教"三自会"(自治、自养、自传)第一届常委 7 名,丁伦维当选主席,办公地点设在枣林教会。1988 年,全县教会点增加至 54 个,基督教徒增加至 6000 人。

图 33 –6　县基督教堂

1990 年 4 月,经县人民政府批准,全县设有基督教活动场所 47 处,教徒 1.1 万余人。10 月,召开第二届基督教代表大会,选举常委 5 名,张启江当选为副主席,主持全面工作。1991 年,修建基督教中心教堂 126 平方米,举办第一期传道人培训班,60 多人参加。全县基督教徒 1.27 万人。1992 年,三自会办公地点设在龙泉酒厂大庆路张启江家。7 月,古桑乡天明教会会计兼传道人李业涛考入南京金陵协和神学院本科部。

1993 年,三自会办公地点迁至五墩张育奎家附近出租屋。10 月,淮阴市基督教协会副会长贾义仁到盱眙县为信徒施洗 550 名,张启江、丁伦维被按立为长老。县三自会举办传道人培训班,江苏省基督教协会总干事林得恩、淮阴市基督教副主席张克运应邀授课,参训 50 人。

1994 年 12 月 20 日,三自会召开第三次基督教代表大会,参会代表 57 名,张启江当选主席。县基督教三自会投资 11 万元,征用果园场直属队奶牛厂 0.25 公顷,建三自会办公室和中心堂活动场所。1995 年 2 月,三自会制定《堂点管理制度》《例会制度》《堂点经济管理制度》。1998 年,三自会推荐张启江和胡林军参加江苏省圣经专科学校首届二年制中专班考试,被录取。

2002年,投资40万元,在国营三河农场场区内新建长32米、宽15～19米,建筑面积540平方米、占地3040平方米,十字架高21.5米盱眙县基督教三河同心堂,附属房12间282平方米,礼拜人数600余人。2003年8月,叶克荣、张秀文、杨德武和李业涛被淮安市中心教堂按立为长老。三自会召开第四次代表大会,出席代表103名,张启江连任主席。

2004年9月28日,投资450万元,征用山口门农药厂土地0.53公顷,开工建设县基督教堂培训中心大楼。2007年,教堂培训中心大楼主体竣工,共4层1600平方米,高52米,呈哥特式风格,具备教学、会议、食堂、宿舍等功能。12月,县果园场中心堂活动点拆迁到培训中心大楼。

2008年1月22日,三自会办公室迁至教堂培训中心大楼,举办献堂典礼活动,全省60多个市、县民族宗教部门和基督教团体派人参加,全国政协副主席、中国基督教三自爱国运动委员会主席丁光训主教为该教堂题写堂名。教堂有教职5人,其中牧师2人、长老3人。平时礼拜700余人,参加圣诞节1000余人。同年,投资150万元,在龙泉湖风景区龙王山村建成基督教堂,长54米、宽20米,十字架高约22米,建筑面积约2000平方米,占地4500平方米,礼拜1200人。全县共有教堂10所,固定活动场所113个,按立牧师2人、按立长老6人。

2008年盱眙县基督教活动场所情况一览表

表33-3

序号	场所名称	地址	占地面积(平方米)	建筑面积(平方米)	负责人	宗教教职人员	信教人数	登记时间
1	县中心教堂	盱城镇宣化居委会	5500	4000	张启江	3	500	1995
2	三河同心堂	三河农场场部	1740	540	钱凤英	1	650	1995
3	马坝教堂	马坝镇街道	800	512	郑文清	1	600	1995
4	龙王山教堂	穆店乡龙王山村	1000	448	刘　辉	2	1200	1995
5	岗头教堂	维桥乡岗头	700	528	张贵芬	2	550	1995
6	苗圃教堂	官滩镇蚕桑场	720	256	祖干英	2	410	1995
7	磨涧教堂	古桑乡磨涧村	500	250	潘桂花	1	420	1995
8	化农教堂	王店乡化农村	2000	360	张秀文	2	450	1995
9	城根教堂	淮河镇城根村	260	144	叶克荣	2	400	1995
10	铁佛教堂	铁佛镇铁佛村	990	480	韩家艮	2	450	1995
11	盱城聚会点	盱城镇枣林	700	460	丁能维	2	600	1995
12	城北聚会点	盱城镇城北居委会	150	120	杨德武	2	420	1995
13	黄集聚会点	观音寺镇黄集	1200	240	王士俊	2	400	1995
14	龙潭聚会点	古桑乡龙潭村	494	300	陈志辉	2	400	1995
15	水冲港聚会点	桂五镇水冲港村	800	960	王大贵	2	420	1995
16	桂五聚会点	桂五镇星星居委会	800	160	嵇伏曦	2	400	1995
17	茅湖聚会点	河桥镇茅湖村	280	150	蒋忠太	2	400	1995
18	种嘴聚会点	明祖陵镇种嘴	400	160	李尚荣	2	400	1995
19	明陵聚会点	明祖陵镇明陵村	896	160	王先飞	2	450	1995
20	鲍北聚会点	鲍集镇街道居委会	500	148	张同美	2	410	1995

续表 33－3

序号	场所名称	地　　址	占地面积（平方米）	建筑面积（平方米）	负责人	宗教教职人员	信教人数	登记时间
21	唐庄聚会点	鲍集镇肖嘴居委会	400	336	胡孟祥	2	496	1995
22	新马聚会点	鲍集镇新马	1700	160	陈建中	2	410	1996
23	三召聚会点	铁佛镇召五村	220	160	单成新	2	450	1995
24	季安聚会点	古桑乡季安村	1230	450	潘公文	2	140	1995
25	古桑聚会点	古桑乡古桑居委会	450	130	孙学良	2	150	1995
26	新华聚会点	盱城镇新华村	150	84	金秀英	1	100	1995
27	太和聚会点	盱城镇太和村	467	138	俞广芬	2	80	1995
28	毛庄聚会点	盱城镇毛庄	580	120	赵启明	2	100	1995
29	大圣聚会点	维桥乡大圣村	198	128	鄢玉莲	1	78	1995
30	三墩聚会点	官滩镇三墩村	600	150	徐吉平	1	200	1995
31	金圩聚会点	官滩镇金圩村	350	124	冯春梅	2	200	1995
32	侍涧聚会点	官滩镇侍涧村	300	128	侍克玉	1	80	1995
33	杨岗聚会点	官滩镇杨岗村	200	80	胡月兰	2	70	1995
34	霍山聚会点	官滩镇霍山村	250	124	杨正丽	1	75	1995
35	新桥聚会点	官滩镇新桥村	300	128	武从虎	2	150	1995
36	三河聚会点	三河农场六区	330	128	蒋树华	2	185	1995
37	莲塘聚会点	穆店乡莲塘村	100	70	王祝平	1	70	1995
38	茶场聚会点	旧铺镇茶场	120	84	蒋梅英	1	76	1995
39	旧铺聚会点	旧铺镇旧铺村	250	128	尤传芳	1	110	1995
40	槐树聚会点	旧铺镇张洪村	100	60	张陈梅	1	70	1995
41	人民聚会点	旧铺镇人民村	200	60	贾有朝	1	70	1995
42	戚庄聚会点	黄花塘镇戚庄	400	254	张远华	2	180	1995
43	耿公聚会点	黄花塘镇耿公村	280	96	王守春	1	85	1995
44	耿庄聚会点	黄花塘镇耿庄	600	200	刘义连	2	200	1995
45	新街聚会点	黄花塘镇新街村	600	256	孙召娣	1	105	1995
46	山西聚会点	马坝镇沙坝村	900	160	容跃章	2	150	1995
47	曹坊聚会点	马坝镇曹坊	1000	200	陈士奎	2	200	1995
48	良马聚会点	马坝镇高桥村	700	216	陈兰英	1	115	1995
49	丁马聚会点	马坝镇永兴村	600	184	姜玉山	1	165	1995
50	保桥聚会点	马坝镇保桥	600	128	涂正太	1	120	2002
51	山北聚会点	马坝镇山北村	750	180	兰晓凯	1	80	2002
52	油坊聚会点	马坝镇油坊	900	288	刘仁松	2	100	1995
53	墩塘聚会点	马坝镇大众村	1340	160	祁凤山	2	128	1995
54	三官聚会点	观音寺镇三官村	1200	160	周伟勤	2	180	1995
55	朱楼聚会点	观音寺镇朱楼村	1000	140	徐金波	1	170	1995
56	柴岗聚会点	观音寺镇柴岗	1000	104	王玉修	1	87	1999

续表33-3

序号	场所名称	地　　址	占地面积（平方米）	建筑面积（平方米）	负责人	宗教教职人员	信教人数	登记时间
57	梨园聚会点	观音寺镇梨园	1200	240	孙学凤	1	140	1995
58	四桥聚会点	桂五镇四桥村	200	140	衡新平	2	160	1995
59	望山头聚会点	桂五镇望山头林场	150	60	沙宝霞	1	60	2002
60	山洪聚会点	桂五镇山洪	100	64	黄再兰	1	60	1995
61	东高聚会点	桂五镇六桥村	670	72	朱兆平	1	90	1995
62	西湖聚会点	王店乡西湖村	900	112	王　兰	1	100	1995
63	杜山聚会点	王店乡杜山村	200	84	朱正华	1	80	1995
64	古城聚会点	王店乡古城街道	120	70	王　宁	1	90	2002
65	新安聚会点	河桥镇龙泉村	450	86	蒋德芬	2	200	1995
66	烈山聚会点	河桥镇石港村	270	88	张永慈	1	100	1995
67	打石山聚会点	河桥镇打石山	70	150	高士勤	1	90	2002
68	新淮聚会点	河桥镇新淮	540	170	高崇礼	1	120	1995
69	堤南聚会点	河桥镇堤南	20	70	张阳根	1	70	1995
70	河桥聚会点	河桥镇街道居委会	100	90	杨　艳	1	150	1995
71	王山聚会点	河桥镇王山	260	110	赵树宏	1	110	2004
72	南山聚会点	仇集镇南山	300	80	夏明栋	1	200	1995
73	东山聚会点	仇集镇演法村	100	90	仲兆权	1	160	1995
74	涧流营聚会点	仇集镇长港村	180	70	于远江	1	90	1995
75	仇集聚会点	仇集镇街道居委会	900	100	杨兆梅	1	200	1995
76	腰滩聚会点	淮河镇腰滩村	168	96	梁文军	2	100	1995
77	腰东聚会点	淮河镇花园村	195	72	夏昌兰	1	70	1995
78	魏杨聚会点	淮河镇魏杨	187	104	徐玉飞	1	80	1995
79	蛤滩聚会点	淮河镇蛤滩村	100	64	胡居山	1	70	1995
80	黄岗聚会点	淮河镇黄岗村	300	150	李明刚	1	300	2004
81	周湖聚会点	明祖陵镇仁集居委会	162	80	谈志平	1	150	1995
82	蒋庄聚会点	明祖陵镇明祖陵村	250	170	叶佩卓	1	200	2004
83	后谈聚会点	明祖陵镇后谈	280	168	倪守娥	1	159	1995
84	管镇聚会点	管镇镇街道居委会	300	139	赵志华	1	250	1995
85	耿赵聚会点	管镇镇耿赵村	120	72	耿　超	1	100	2002
86	管镇街道聚会点	管镇镇街道居委会	120	70	王金明	1	120	2002
87	鲍南聚会点	鲍集镇街道居委会	300	120	骆　晓	1	250	1998
88	铁营聚会点	鲍集镇铁营村	200	70	王帮元	1	80	2002
89	宗铺聚会点	管镇镇宗铺	140	90	骈业生	1	120	2002
90	钱巷聚会点	鲍集镇钱巷	100	80	魏守忠	1	80	2003
91	新迁聚会点	鲍集镇新迁村	150	72	李恒德	1	80	1996
92	观塘聚会点	鲍集镇观塘	300	84	任素娥	1	100	1999

续表 33－3

序号	场所名称	地　址	占地面积（平方米）	建筑面积（平方米）	负责人	宗教教职人员	信教人数	登记时间
93	沈集聚会点	鲍集镇沈集村	230	168	李启会	1	80	1995
94	大嘴聚会点	鲍集镇大嘴村	660	60	朱泽高	1	100	1996
95	河滩聚会点	鲍集镇河滩	300	84	朱克平	1	100	1995
96	沈北聚会点	鲍集镇沈集村	120	90	赵在华	1	100	2003
97	谢庄聚会点	鲍集镇谢庄村	85	60	谢银霞	1	80	2003
98	胡洼聚会点	鲍集镇肖嘴居委会	500	84	李为荣	1	200	2003
99	召四聚会点	铁佛镇召四村	350	150	夏明珍	1	120	2000
100	西巷聚会点	铁佛镇西巷村	680	70	孙祥平	1	85	1995
101	花园嘴聚会点	铁佛镇花园嘴村	200	90	范广章	1	100	2000
102	召六聚会点	铁佛镇召六村	150	84	刘维娥	1	150	2002
103	仙灯聚会点	铁佛镇仙墩村	120	96	张共业	1	80	2003
104	邹黄聚会点	铁佛镇邹黄村	120	.80	张有权	1	80	2003
105	田庄聚会点	铁佛镇仙墩村	300	90	王泽周	1	110	2001
106	项台聚会点	铁佛镇项庄	450	60	庞殿奎	1	100	1996
107	河洪聚会点	铁佛镇河洪村	529	54	王学文	1	120	1995
108	单庄聚会点	兴隆乡黄庄村	300	160	周加生	1	240	1995
109	双河聚会点	兴隆乡双河村	450	108	王天雨	2	160	1997
110	兴隆聚会点	兴隆乡	330	60	杨善昌	1	80	2003
111	晓庄聚会点	兴隆乡晓庄村	450	126	舒华忠	1	60	1995
112	祖窑聚会点	兴隆乡祖窑村	100	60	戚加兵	1	80	2004
113	金陡湖聚会点	兴隆乡金陡湖村	110	60	陈学良	1	90	2004

第三章　风俗习惯

第一节　岁时习俗

一、传统节日

春节　农历正月初一为春节，俗称“过年”。春节是盱眙民间一年中最隆重节日，家家置办年货，扫除房舍庭院。初一早晨，人们穿新衣、吃水饺、吃汤圆、燃放烟花爆竹祭拜天地神，长辈给晚辈发压岁钱；年初二开始，人们相互走亲访友，首先到舅舅家、丈母娘家拜年。人们互相祝福延续到正月十五左右。政府机关单位节前、节后大多举行团拜活动，慰问烈军属、困难户、老干部、劳动模范等。文化部门举行多种文艺活动，如花船、龙灯表演等,丰富民众节日精神生活。2000年起,兴起用电话、手机短信、电子信箱拜年。

元宵节 农历正月十五为元宵节。农村俗语“吃过月半饭,就把农活干”,标志过年结束,学生陆续开学,年青人外出务工。

二月二 农历二月初二,俗称“二月二龙抬头”,为祭龙之日。人们盼望风调雨顺,五谷丰登。家家带出嫁女儿、未过门儿媳,欢聚吃饭。县域淮河西部、山区片乡镇仍有此风俗,县域东边乡镇逐渐淡化。

清明节 清明节,俗称“鬼节”。盱眙民众有扫墓祭祖、为祖坟添土、在墓碑前烧纸钱和献花习惯。扫墓时间不超过清明前后10天。全县机关、学校、社会团体在清明节前后组织人员祭扫烈士墓,开展革命传统教育。

端午节 农历五月初五为端午节。盱眙民众时兴吃粽子,吃鸡、鸭、鹅蛋,门上插艾枝或菖蒲,小孩手腕脚腕系五彩线,俗称“耍线子”,有驱魔避邪之意。

六月六 盱眙县民间有“六月六晒龙衣”之说。农历六月初六若遇晴天,人们曝晒衣服,用以除霉气、防蛀虫。

七月半 农历七月十五称为“鬼节”。人们多以糕点、水果、酒、饭菜,供奉在家堂已故亲人遗像前或到坟墓前祭奠列祖列宗,烧纸钱、献花、叩头。

中秋节 农历八月十五为中秋节。俗称“八月半”,又叫“团圆节”,是仅次于春节的第二大节日。全家人在一起吃团圆饭,晚上吃圆糖饼,放鞭炮,赏月。人们大多用月饼、苹果、石榴、栗子、糖果等敬月亮。盱眙民间有“在家不敬月,出门遭雨雪”的谚语。

重阳节 农历九月初九为重阳节,俗称“九九重阳”。1988年,国家将重阳节定为老人节后,全县城乡机关、企事业单位大多在此日开展多种形式尊老敬老活动。

冬至 又叫“大冬”,是二十四节气中的一个节日,俗称为“鬼节”。盱眙民众有在家堂已故亲人遗像前或到坟墓碑前焚烧纸钱,祭祀祖先习俗。

除夕 农历十二月三十日(月小二十九)为除夕,俗称“三十晚上”。中午全家在一起吃团圆饭,饭前先用酒菜饭祭祀已故亲人,烧纸钱、叩头。菜中要有鱼,待正月初五以后才能吃,喻意年年有余。腊月三十日贴对联,上坟祭祖。晚上燃放烟花爆竹接天地,辞旧迎新。除夕夜农村烤火、城里挂灯“守岁”至12点。20世纪80年代后,除夕之夜,全家人观看中央电视台春节联欢晚会或其他节目。

二、社会节日

元旦 1月1日为元旦,俗称“阳历年”。城镇机关、团体、企事业单位大多插彩旗、挂灯笼,门前张贴“庆祝元旦”等字幅标语;公职人员放假一天。1986年起,此节较为隆重。1990年起,渐兴寄贺卡、手机短信或发电子邮件祝福之风。有些机关团体还开展文艺演出、团拜会、长跑健身活动。

妇女节 3月8日为国际劳动妇女节,简称“三八”妇女节。机关单位组织文体活动、为女职工买礼品,女职工放假半天;政府机关或妇女联合会组织表彰各条战线上取得优异成绩的妇女,评选“三八”红旗手,组织各种庆祝活动。

植树节 3月12日为植树节。城乡组织干部职工、工人农民、学生开展义务植树活动,美化绿化环境。

国际劳动节 5月1日为国际劳动节。党政机关、企事业单位组织各种形式庆祝活动。举办文体比赛,评选先进工作者、劳动模范,召开座谈会。1990年起,许多青年伴侣选择该日举行婚礼。1997年,国际劳动节时,国务院规定放假3天,加之前后双休日调休连放7天假。全县民众外出旅游者渐多,有“五一”旅游黄金周之说。

青年节 5月4日为青年节。全县各级团组织举行青年入团仪式,组织演讲会、报告会等形式,进行革命传统教育和爱国主义教育,表彰各条战线涌现出来的优秀共青团员,评选“十佳青年”。

护士节 5月12日为护士节。县内医院组织护士开展庆祝活动。

国际儿童节 6月1日为国际儿童节。学校组织儿童参加少先队,开展各种文艺表演和联欢活动。各机关团体大多为孩子赠送礼品，到学校、幼儿园慰问。

建党节　7月1日为中国共产党诞生纪念日。全县各级党组织举行新党员入党宣誓仪式，组织党员学习党的基本知识、重温入党誓词；召开民主生活会、党员大会，表彰先进党支部和模范党员。

建军节　8月1日为中国人民解放军建军节。县内驻军和人武部举行庆祝活动。县党政机关、人民团体、民政部门开展拥军优属活动，慰问地方驻军。

教师节　9月10日为教师节。县内教师放假一天。学校召开教师大会，表彰优秀教师；政府部门召开教师座谈会，慰问离退休教师，开展尊师助教活动。

国庆节　10月1日为中华人民共和国国庆日。国家机关、企事业单位升国旗，并插彩旗、挂灯笼，举行庆祝活动。国务院规定放假3天，加上前后双休日调休连续放假7天。1990年起，外出旅游者渐多，被称"十一"旅游黄金周。青年男女选择该日举行婚礼，表达爱国之情。

三、外来节日

改革开放后，国际国内文化交流日益扩大，一些与人们生活关系密切的西方节日（纪念日）在盱眙人民生活中逐渐引起重视，尤其是年轻人比较看好。

情人节　2月14日为情人节。1990年起，盱眙境内开始流行夫妻或恋人之间互赠玫瑰、贺卡、巧克力等，以示爱意。

愚人节　4月1日为西方"愚人节"。1990年起，盱眙境内年轻人和高中学生中开始流行，彼此开玩笑，多以手机发送虚假信息愚弄对方取乐。

母亲节　每年5月第二个星期日为母亲节。盱眙境内主要在文化层次较高、较为时尚人士中流行。儿女赠送鲜花、衣物、保健品等礼品给母亲，以表报答父母养育之恩。

父亲节　每年6月的第三个星期日为父亲节。盱眙境内民众了解父亲节程度远不如母亲节。此日，子女多赠送衣物、保健品、烟酒等礼品给父亲。

圣诞节　12月25日为圣诞节。改革开放后传入盱眙，在年轻人中较为流行。此日，各商业经营场所以圣诞树、圣诞老人、圣诞玩具等装点门面，举行促销活动。儿童以戴圣诞帽为快乐，朋友之间互发各种贺卡或短信问候。

第二节　礼仪习俗

一、婚　嫁

定亲　男女双方确定恋爱关系后，由男方送聘礼给女方定下婚约，并邀请女方家人及亲友到男方家作客即看门户。1986年起，盱眙境内男女婚事有请媒、定亲、送彩礼、定日子之说，男方给女方送婚前彩礼大多以衣物和食品为主。1990年起，农村青年外出务工逐年增多，男女婚约多以双方自由恋爱为主，有的男女时兴登报征婚、网上征婚、电视征婚、婚介所征婚，越来越多男女简略订婚仪式。婚前送礼金开始增多，送彩礼档次越来越高，男方给未过门媳妇送戒指、项链、耳环、手镯、新潮服饰、礼金等。婚礼仪式前，男女双方到民政部门婚姻登记处领取结婚证，部分到医疗机构婚检。流行拍摄婚纱照，费用千元以上。男方选定婚宴日期，布置好新房，通知女方并送给女方结婚礼金，用作购买嫁妆费用。2008年，男女双方定亲时，男方必送金戒指、金项链、金耳环、金手镯，价值数万元；男方必请定亲酒，女方亲友参加，少则2桌，多则8桌。

举行婚礼　1986年起，农村迎接新娘多用手扶拖拉机、农用货车，城区多用面包车、轿车，婚宴大多在家中置办。婚后第二天，夫妻俩回女方娘家，俗称"回门"。新郎、新娘在日落前回到男方家，否则婆婆会"瞎"。婚后三天，男方邀请女方父母、直系亲戚赴宴，俗称"会亲"，表示互相认亲行走。1990年起，迎接新娘流行"花车"，即轿车上用鲜花、绸彩带装饰，迎亲车队由轿车、面包车、运嫁妆货车组成。婚宴大多在酒店置办，并请司仪主持婚礼。2000年起,县城区婚宴大多由婚庆公司操办,在酒店举行;农村婚宴由厨师自带用餐设备和菜肴材料,以桌为单位议定价格标准,上门服务,俗称“帮办”。2008年,迎接新娘轿车档次高,婚宴多达30余桌,每桌800元左右。

图33-7 婚礼

二、生 育

催生 1986年起,妇女首次分娩前一个月,娘家母亲带着鸡蛋、礼品瞧一次闺女,俗称“催生”,延续至2008年。

报喜 1986年起,婴儿出生3天左右,婴儿父亲携带染红的鸡蛋到女方父母家报喜,“红鸡蛋”由女方父母家分送给直系亲属。婴儿满12天(有的满100天),女方父母家组织直系亲属到男方家送礼,俗称“儿趟礼”;男方家则备办宴席款待宾朋,并请亲朋好友陪客。婴儿满一周岁时,外婆家组织亲朋好友前往祝贺,俗称“交生日”。延续至2008年。

三、生 日

1986年起,全县家庭独生子女增多,孩子成为家庭关注中心,每逢生日必举行庆贺小仪式。孩子1周岁时大多要过生日,尤其从10岁开始,逢10年必祝贺一次,大摆酒宴,请客收礼。父母从50岁开始,子女每10年为其祝寿一次。祝寿一般选择在接近整10数时,如59岁、69岁、79岁等,俗称“过九不过十”。祝寿方式:前一天晚上,儿女携带为老人做的衣服、寿桃、蛋糕、鞭炮礼花等为老人祝寿,俗称“暖寿”。第二天中午,举办寿宴,宴请亲朋好友。有子女到电视台、广播电台点歌为老人祝寿。一些德高望重的老人过生日时,其学生、徒弟、同事以及政府官员会前往祝寿。

四、建 房

1986年起,县域内居民建房,有请阴阳先生代为选择宅基地习俗,俗称“看风水”。建房上主房中梁时选吉日上午举行仪式,俗称“上梁”,燃放鞭炮,抛撒糖果、馒头,房梁贴对联,办酒宴。搬居新房时,有告知亲友、置办酒席习俗,俗称“乔迁之喜”。2000年起,城市兴建商品房出售给城乡居民,不请风水先生看风水。

五、丧 葬

停尸 停尸是人死后第一个仪式,通常在死者弥留之际或死后立即脱去旧衣服,换上新衣新鞋。如是老人,换上事先准备好的“寿衣”,用麻绳捆扎双脚,仰面平躺于停尸铺板上,铺板置于堂屋门厅居中。停尸家中为期一般为3天,马坝镇东部地区有5天、7天期不等。

设贡 放置打狗饼,面粉和毛发搅拌做成直径约2寸左右半生不熟的圆饼5~7块,放置死者右手中;放置长明灯,小碗放进食油、棉灯芯点亮放置死者脚下;放置倒头饭,小碗装半生不熟米饭放置死者头前;放置供品,死者头前放置供桌,桌上放置遗像、香炉、猪头、果点、老盆等。

报丧奔丧 1986年起,死者晚辈(孝子贤孙)在亲邻好友陪同下到亲朋好友家磕头报丧。1990年起,多用电话报丧形式告知亲友。在外地亲友接到亲人去世噩耗后立即赶回,俗称“奔丧”。机关工作人员逝世后则由原单位张贴讣告或函告。

入殓　由丧主为死者盖棺铩钉。孝子贤孙携带礼品必须三次以上跪请丧主铩钉，俗称“三请四邀”。1986年起，死者实行火化，改用骨灰盒后，入殓仪式简化。

开吊　又叫“吊唁”。孝子贤孙披麻戴孝，白布孝巾视亲族远近长短有别，女儿、孙女穿孝袍，头戴孝帽，颜色视辈份分为白、红、绿、绿加黄色。哀丧者围坐灵柩两旁守灵。前来吊唁亲友除带纸钱外，还要送钱物礼品、花圈、花篮等。开吊期间，由死者女儿花钱请吹鼓手在院内孝棚下吹奏哀乐或录音机播放哀乐，以示哀思，丧家还要制作招魂幡、哭丧棒、纸扎轿马等冥器。同时，请风水先生选择墓地。

出殡　俗称“送葬”“下葬”“出田”。棺材（骨灰盒）前贡献祭品，孝子贤孙按辈份手拿“哭丧棒”跪在棺材（骨灰盒）前哭诉哀念之情，由长子或长孙掼老盆（烧纸盆）。棺材（骨灰盒）出门后，家里鸣放鞭炮、扫地。由吹鼓手引路，孝子贤孙举“招魂幡”、抱遗像、抱纸钱送棺（遗体）去殡仪馆或墓地。到达墓地后先在墓穴中放鞭炮、烧纸钱，再放置一些随葬品，然后填土立碑、烧纸。安葬3天后，死者配偶、女儿、媳妇携带祭品上坟祭奠死者。

守七　从死者死亡之日起，每逢七天晚上，在死者遗像前摆祭品、焚香化纸、静穆坐守，以待亡灵，晚饭供品是水饺。“六七换饭”，即由死者女儿出钱制作8道菜和供品，主食必须是米饭。“六七”过后“七七”不守。1986年起，城镇、农村规划公墓地，骨灰安葬到公墓后，子女为亡者树立墓碑。城镇居民因居住商品房多，丧葬仪式简化，一般在殡仪馆举行遗体告别仪式，每人配戴黑袖章进入灵堂，参加遗体告别。3年内，死者家庭春节不张贴红纸对联，第一年贴白纸对联，第二年贴绿纸对联，第三年贴黄纸对联，俗称“慎重三年孝”。城镇逐渐淡化，一般当年不张贴红对联。

六、称　谓

（一）工作称谓

上级称呼下级、同级之间称呼，有职务的以姓加职务称呼；没有职务的多在姓前加“老”“小”；下级称呼上级，基本上是姓加职务，有的去姓直接称呼职务。企业中下级称呼上级则常用“老板”“老总”“董事长”。

（二）对长辈称谓

父亲，农村有称“大大”、爷，城镇多称爸爸；20世纪80年代后，城乡都称爸爸。母亲，称妈妈，也有称娘。祖父、祖母，称爹爹、奶奶。20世纪80年代后期，县城区有人称祖父为爷爷。曾祖父、曾祖母，称老太、太太。伯父、伯母，称大爷（大伯）、大妈。叔父、叔母，称叔叔、婶婶（婶娘）。最小的叔父、叔母，称老爷、老婶。姑母、姑父称姑妈、姑爷。外祖父、外祖母，称外公、外婆，或称外爹、外奶。外曾祖父、外曾祖母，称外老太、外太太。舅父、舅母，称舅舅、舅妈。最小的舅父、舅母，称老舅、老舅妈。姨母、姨父，称姨妈（姨娘）、姨父。最小的姨母、姨父，称老姨（娘）、老姨父。丈夫的父母亲，妻子称其公公、婆婆；丈夫的祖父、祖母，妻子称其公爹、奶婆。妻子的父亲、母亲，丈夫称其岳父、岳母；妻子的祖父、祖母，丈夫称其岳祖父、岳祖母。

（三）同辈称谓

丈夫，妻子在外人面前称丈夫为男人、当家的、老公、先生，有小孩称小孩爸。妻子，俗称老婆，丈夫在外人面前称妻子为女人、爱人、家眷、家属，有小孩称小孩妈。老夫妻互称老伴，妻称夫“老头子”，夫称妻“老太婆”。年青夫妻互称爱人，也有互称姓名的。丈夫的兄、嫂、弟、弟媳，妻子称其大哥、大嫂、小叔子、婶子。妻子兄、嫂、弟、弟媳，丈夫称其舅老爷、舅老爷娘子。丈夫的姐姐、姐夫、妹妹、妹夫，妻子称其姑子、姑爷。妻子的姐妹，丈夫称其大姨子、二姨子、小姨子。丈夫的嫂子、弟媳之间，互称妯娌，也称姐姐、妹妹。妻子的姐夫、妹夫之间，互称连襟，也称兄弟。父辈兄弟之间的子女，称堂兄弟姐妹，也称哥哥、弟弟、姐姐、妹妹。母辈姐妹之间的子女，互称姨兄弟姐妹，俗称姨哥、姨弟、姨姐、姨妹。父辈姐妹的子女和母辈兄弟的子女，互称表兄弟姐妹，俗称表哥、表弟、表姐、表妹。子女联姻后，双方父母之间，互称亲家，按性别称男亲家、女亲家。

(四)对晚辈称谓

父母对子女,称儿子、女儿(闺女)。父母对儿子的子女,称孙子、孙女。父母对女儿的子女,称外孙、外孙女。父母对孙子的子女,称重孙、重孙女。父母对孙女的子女,称外重孙、外重孙女。父母对儿子的妻子,称儿媳妇。父母对儿子的儿媳,称孙媳妇,父母对孙子的儿媳,称重孙媳妇。父母对女儿的丈夫,称女婿。父母对兄弟的子女,称侄儿、侄女。父母对姐妹的子女,称外甥、外甥女。母亲对姐妹的子女,称姨侄儿、姨侄女。

(五)社交称谓

日常生活交际中,对年龄差距较大长者,乡村多称老爹爹、老奶奶;城镇则多称老先生、老师傅、老同志、老太太。对年龄相仿的人,乡村多称大爷、大妈或大哥、大嫂,城镇则多称师傅、同志、先生、大姑娘、小姐、女士等。对年幼的人,乡村称小弟弟、小姑娘、小妹妹;城镇多称小朋友、小学生。工厂企业职工,多称某师傅;在学校,学生称某老师、老师对学生直呼其名。20世纪80年代前,人们之间常以同志统称;20世纪80年代后,男性多称师傅、老板、先生,女性多称女士。

第三节　生活习俗

一、服　饰

1986年起,县域内居民冬季时兴穿呢料大衣、外套、棉衣、外罩大衣、风衣。帽子式样流行棉绒帽、鸭舌帽、遮阳帽、旅游帽等。在鞋子款式上,春秋季以布鞋、解放鞋、胶皮鞋为主,夏季穿胶皮凉鞋为主,冬季穿布棉鞋为主。1990年起,出现毛呢、真丝、仿真丝等为原料的服装。衣服品种繁多,分衬衫、绒衣、线衣、羊毛衫,冬季穿着毛呢大衣、风衣、皮夹克、羽绒服已经普及。时兴羽绒服衣帽一体,女性冬天多戴丝巾、毛线围巾或毛线帽,中青年一般不戴帽子。鞋子首选舒适、轻便、美观。青年男女穿鞋讲究款式、档次、品牌,多穿皮鞋、旅游鞋以及时装鞋等。农村老年人多穿圆口布鞋、紧口布鞋、平跟皮鞋、解放鞋。2000起,人们服装趋向多样化、个性化、高档化,穿着讲究,款式较多,西服、皮衣、保暖衣、羊绒衫、茄克衫、羽绒服、牛仔裤、T恤衫、运动服、滑雪衫、健美裤、喇叭裤等都有。政界多以西服为主。女青年穿戴更是入时,夏天流行各式各样的衫裙、休闲服、筒袜等,冬天有毛衣、各式大衣等,城镇妇女戴金项链、金戒指、金耳环和玉手镯等。

二、饮　食

1986年起,县域内居民饮食习惯,东北部以米为主,西南部以面为主。婚丧喜庆酒席多请厨师在家置办,正方形桌每桌坐8人,“八碟八碗”席。饮酒由烈酒53度过渡到低度白酒42度左右。1990年起,饮食讲究营养与保健,早餐以稀饭、包子、蛋炒饭、面饼为主,中餐米饭、荤素搭配两个菜以上,晚餐稀饭、面条、水饺、面饼等。菜肴则一年四季以鸡、鱼、肉、蛋、海鲜和各种新鲜蔬菜为主。矿泉水、泡茶叶、牛奶、白酒、啤酒、红酒、果汁饮料普遍饮用。婚丧、喜庆酒席菜肴每桌为20碟碗菜以上,席间饮用白酒、红酒、饮料等,采用圆桌每桌坐10人。城镇在饭店、酒店、宾馆举办,农村则由专门厨师携带整套桌凳餐具等酒席设备和菜肴材料以每桌一定价格标准上门服务,俗称“帮办”。酒宴上菜顺序是先上冷盘、后上热菜,最后一道菜上鱼,俗称“年年有余(鱼)”。最后上主食、水果,标志菜饭上齐。

三、住　房

1986年起,县域内城乡住房以砖瓦结构和混凝土结构居多,楼房较少。1990年起,城镇住房逐步以建住宅小区为主,楼层4～6层为主。进入21世纪后,7层以上配套电梯的高层住宅楼房开始出现。房间布局一般分2室1厅、3室1厅、4室2厅,内设厨房和卫生间。多数住户按照自己审美观,对住房内部进行装修,地面铺瓷砖、大理石、花岗岩、木地板、地毯等;木质墙裙、壁纸、壁布裱墙,厅内饰有壁镜、壁画、吊灯等,部分住房装有空调。农村住房建设开始统一规划到农民集中居住区,一般建2~3层楼房,内部装修比较简单。全县土墙草房改建为瓦房或楼房。

四、出　行

1986年起,农村居民短途出行多以自行车、手扶拖拉机为主,远行多乘客车。1990年起,摩托车、电瓶车成为人们短途出行主要工具,出租车开始出现。2000年起,家庭电动车、摩托车普及,部分家庭购买轿车、货车、面包车,远行乘飞机不在少数,外出旅游增多。

五、用　品

1986年起,各种尼龙自动伞替代布伞,骑自行车和摩托车有专用雨披,竹子柳条编织品被铝合金和塑料制品取代。居民家具大多用组合橱、高低柜、写字台、家堂柜、方堂桌、沙发。1990年起,真皮沙发、聚酯家具、壁橱、圆桌、席梦思、高低床、绸缎床罩、羽绒被和太空被、高档化妆品、成套组合音响、彩电和液晶电视等中高档家具进入家庭。冰箱、洗衣机、空调已成为家庭必备品,电脑、钢琴、健身器材已进入城镇部分家庭。城镇居民大多用上液化气、抽油烟机。2000年起,城镇居民陆续用上电烤箱、微波炉等,小灵通、移动电话普及城乡,城镇公用电话到处可见。

第四节　生产交易习俗

一、生产节气

立春　俗语"春打一棒,阳气朝上""春打五九尾六九头""春雪眼前化""一年之计在于春,一天之计在于晨"。

雨水　俗语"春雨贵如油""二月雨扑扑,稀麦变稠麦",常下雨对小麦生长有利。

惊蛰　天气渐暖,冬眠动物将开始出土活动,时有春雷。农谚"春雷响,万物长""惊蛰春雷响,农夫闲转忙"。

春分　此时昼夜均而寒暑平,俗语"春分春分,昼夜平分"。越冬作物进入生长旺季。农谚有"春分麦起身,一刻值千金""九尽花开寒不来"。

清明　气候温暖,草木萌发。农谚有"清明到,麦管叫""清明泡种,谷雨下秧""清明前后,种瓜种豆"。

谷雨　天气较暖,雨量增加。农谚有"清明断雪,谷雨断霜""谷雨前,好种棉"。

立夏　农作物生长渐旺,田间管理日益繁忙。农谚有"立夏三天遍地锄"。

小满　庄稼成熟,进入夏收夏种。农谚有"小满三天望麦黄""小满不满,到老不管""小满下雨麦穿针"。

芒种　进入多雨黄梅时节。农谚有"芒种忙忙割""芒种芒种,抢收抢种"。

夏至　夏季开始,气温升高,昼长夜短,气候闷热,农作物生长旺盛,杂草、病虫害滋生蔓延。农谚有"夏至田里无一棵(麦)""夏至田里草,胜似毒蛇咬""夏至天最长,大暑天最热"。

小暑　夏秋作物田间管理,水稻搁田,追穗肥。农谚有"小暑大暑,热死老鼠"。

大暑　俗称"大伏天"。谚语有"冷在三九,热在中伏""大暑前小暑后,两暑之间种绿豆"。

立秋　秋季开始,气温开始下降。农谚有"交了秋,中觉丢""秋不凉,谷不黄""搅秋一场雨,遍地出黄金""稻怕秋后干,人怕老来穷"。

处暑 暑气渐止,气温渐降;稻抽穗,棉吐絮,玉米结实,萝卜出土。农谚有“处暑不暑,热在中午”“处暑萝卜白露菜,又好吃来又好卖”。

白露 天气渐凉,露结为霜。早稻、芝麻、花生开始收割。农谚有“白露秋分夜,一夜凉一夜”。

秋分 昼夜均而寒暑平,俗语“秋分秋分,昼夜平分”“不分不种”“白露早,寒露迟,秋分种麦正当时”“白露过去是秋分,忙过秋收又秋耕”。

寒露 此时秋高气爽,正值秋收秋种高潮,粳稻收割,稻田耕耖,三麦播种,油菜移栽,收山芋杂粮等。农谚有“寒露田里无青稻”“寒露到霜降,种麦莫慌张;霜降到立冬,种麦莫放松”。

霜降 开始下霜。正值秋种大忙季节。农谚有“大麦不过寒露,小麦不过霜降”“寒露无青稻,霜降一齐倒”。

立冬 秋收冬藏。三麦、油菜追施苗肥、化学除草、清沟理墒、越冬作物田间管理。农谚有“闰月不种十月麦”“立冬不拔菜,必定受霜害”“水利勤修,高产稳收”。

小雪 小麦分蘖,油菜生长,棉花成熟。农民开始腌白菜、萝卜、肉类,备年货。

大雪 气温继续下降,有雪越下越大之意。农谚有“冬雪麦盖被”“瑞雪兆丰年”“今冬大雪飘,来年收成好”。

冬至 白昼渐长。民谣有“过了冬,长一劳”“一九二九不出手,三九四九冰上走,五九六九沿河插柳,七九河冻开,八九燕子来,九九加一九,耕牛田中走”“头九封河二九开,三九四九等春来”“冬离麦一百六(离麦收160天)。

小寒 时值隆冬腊月,冷气久积成寒。农谚有“小寒断犁耙,大寒人归家”。

大寒 为一年最冷时期。进入农闲季节。人们购置年货,准备过年。谚语有“小寒大寒,冻成一团”“冷在四九,热在中伏”。

二、开业与集市贸易

开业庆典 1986年起,县域内个体经商、企业、厂矿在开业时多数举行庆典仪式,主要形式有张贴红对联,门两旁摆花篮、花盆、挂红灯笼,放气球、搭拱门等,鸣放鞭炮,邀请亲朋好友出礼贺喜,业主设宴招待,发给礼品。2001年起,县委每月28日在县工业集中区、重点建设项目基地,举行集中开工、竣工、投产仪式,县领导、县直机关主要领导、乡镇主要领导、投资商代表参加。形式有拉横幅、搭建讲台、拱门、放气球、鸣放烟花爆竹。招商引资单位负责人、投资商代表致辞,县领导讲话。延续至2008年。

图33-8 庆典活动

集市贸易 1986年起,县域内集镇逢集期数增加,相邻近集镇逢集时间岔开。全县每天都有逢集乡镇,有少数乡镇设常市集。仇集镇、淮河西部乡镇以农历尾数计算逢集,其他乡镇以阳历尾数计算逢集。盱城镇、古桑乡、官滩镇、淮河镇、三河农场为常市集。集市贸易时间都在上午,午后散市。每到集期,人们从四面八方赶到,做生意,从事商贸交易、会友活动,还有看热闹的,老百姓称之为“赶集”。县直各部门也会利用逢集日送科技下乡,开展专家义诊和科普、防震减灾、计划生育、环保等宣传活动。

1986～2008年盱眙县乡镇场逢集日情况一览表

表33－4

乡镇场	政府(场)所在地逢集时间	同时逢集的集镇	乡镇场	政府(场)所在地逢集时间	同时逢集的集镇
盱城镇	常集市		穆　店	阳历每月3、6、9日	古城、张洪、高桥、东阳
马　坝	阳历每月1、4、7日	水冲港、老黄花塘、龙山	王　店	阳历每月1、4、7日	莲塘
官　滩	常集市		古　桑	常集市	
旧　铺	阳历每月2、5、8日	马庄、洪山、泥沛	管　镇	农历每月1、3、6、8日	
桂　五	阳历每月2、5、8日	马庄、洪山、泥沛	鲍　集	农历每月2、5、7、10日	
河　桥	阳历每月1、3、6、9日		明祖陵	农历每月2、5、7、10日	
黄花塘	(新街)阳历每月3、6、9日		铁　佛	农历每月2、5、8、10日	沈集
淮　河	常集市		仇　集	农历每月2、5、8、10日	
观音寺	阳历每月1、4、7日	水冲港、老黄花塘	兴　隆	农历每月2、4、7、9日	
维　桥	阳历每月1、4、7日	水冲港、老黄花塘	三河农场	常集市	

第五节　崇信与禁忌

一、崇　信

看风水　县域内有部分民众遇有建房、亲人逝世时请“风水先生”，俗称“阴阳先生”看宅基地、墓地位置好坏。宅基地包括位置、门向、院墙、猪圈、厕所、井位置和开工时间；墓地包括死人安葬地点、位置、安葬时间等。1986年起，虽有人相信，但逐渐淡化。

看相算命　寺庙、风景区、街道时有算命先生摆摊设点。部分人家中遭病灾、自然灾祸或仕途不顺、婚姻不幸等会找算命先生看相算命。官滩镇有位被称“侍瞎子”算命先生，县域内一部分人相信其算命技能。

叫魂　俗称“叫影”。小孩受到惊吓后哭闹不止、精神不振、神志恍惚时，称“落魂”。“叫影”的方法有四种：一是把小孩抱到受惊吓地方，一人呼唤“XX吓来家啵”，另一人回应“回来了”，反复数次；二是用鸡蛋或硬钱币在厨刀上扶立，边扶边按上述方法呼唤，直至鸡蛋或钱币站立为止；三是用两碗清水，一碗蒙上草纸，一边按上述方法呼唤小孩名子，一边向蒙纸碗洒水，直至蒙纸碗上有3个以上水珠为止；四是用孩子的衣服放在扫帚上，从门外一边按上述方法呼唤，一边手握扫帚柄往家拖。

讨寿碗　县域内民众一般将70岁及其以上老人称作老寿星，祝寿或死亡葬礼时，都会在用餐时偷拿一只碗，称“讨寿碗”，喻意“讨寿”。1986年起，70岁及其以上老人祝寿或病故，主家对前来祝贺或参加葬礼的亲朋在登记礼金时主动发一只寿碗。2008年，讨寿碗民俗消失。

赶庙会　农历正月十五，县域内淮河西部乡镇在兴隆乡境内飞来庙赶庙会；农历4月8日，县域内乡镇在官滩境内甘泉山赶庙会。每逢庙会时，人们到此聚会，俗称赶庙会。

祭灶　又称“送灶”。人们把上年灶王爷画像揭下烧掉，灶君当中贴子上写着“灶君王之神位，上天言好事，下地保平安”，送灶日有腊月廿三和腊月廿四之分。

扫尘　腊月廿四日，县域内居民为迎接春节，家家户户打扫卫生，俗称“扫尘”。民间有“廿八，洗邋遢”之说，意为在腊月廿八日要把衣服、被子洗干净。20世纪80年代后，进入腊月廿后，城乡家家户户陆续打扫卫生、洗涤衣被、洗澡、理发，机关单位也组织大扫除。

饮酒风俗 县域内有无酒不成席之说。劝酒风盛行。开始是先饮入席酒,一般2杯;然后敬酒,先敬贵宾、客人、长辈,主人敬客人,尔后宾客之间互敬,一般2~4杯;迟入席者罚酒,一般3杯;席间有"捣杠""猜拳"劝酒风俗。聚会结束时共同饮酒,俗称"满堂红"。

二、禁 忌

孕妇禁忌 1986年起,妇女怀孕期间,手不能摸各种果树,传说摸了会影响果树生长、结果;不能随便抱别人家小孩,传说小孩会拉肚子。2008年,此禁忌消除。

生育禁忌 1986年起,妇女生孩子未满月不能到别人家。因才生过孩子怕受风着凉,产妇身体未恢复属于"红人",到人家会给人带来晦气;如到别人家,产妇走后,主人会在门上挂红布条或放鞭炮驱逐晦气。2008年,此禁忌消除。

乔迁禁忌 1986年起,县域内居民乔迁时一般不选择主人25岁、34岁、43岁、52岁、61岁时搬家,传说此时搬迁会有灾难;非搬不可,选在每年大寒节以后。2008年,此禁忌消除。

渔民禁忌 1986年起,县域内渔民禁忌"翻""沉"谐音,如碗里的饭吃完时只能讲"装饭",不能讲"盛饭","帆船"称"桅船","挂帆"称"扯篷"等。延续至2008年。

栽种韭菜禁忌 1986年起,县域内居民在种植或移栽韭菜时会考虑到家中成员有无年龄逢九,传说年龄逢九时栽种韭菜,韭菜旺盛则人不旺盛。2008年,此禁忌消除。

数字禁忌 1986年起,数字喜欢6、8、9,六与"禄"谐音,"六六大顺",办事顺畅。八与"发"同音,九寓"长久"。故电话号码和车牌号多选6、8、9等尾数。忌"四"、"七""十四""二百五"等数字。"四"与"死"同音,又寓"出事"。出门办事忌"十四"的日子,谓"十四(事)九不成"。人死后家里要贴"七单子""犯头七",过"六七"认为不吉利。"二百五"是骂人不识数,和"傻瓜""半吊子"意同。老人年龄忌"六十三",有"七九六十三,不死鬼来搀"和"七十三八十四,阎王不请自己去"说法。出门走亲戚有"七不出,八不归"的忌讳。延续至2008年。

其他禁忌 1986年起,颜色禁忌:丧事忌红色,喜事忌白色,帽子忌绿色。饮食禁忌:小孩不能吃鱼籽,吃了会笨。忌将筷子竖插在饭碗内(死人头前的"倒头饭"上才竖插筷子)。建筑禁忌:建房与左右邻居连山墙,房屋要一般高,房子低的人家会背运。门前忌栽楝树,楝树果苦;屋后忌栽桑树,"桑"与"丧"同音。门不能迎大路,谓之"路剑"。栽树不能对门,"树对门,会死人"。延续至2008年。

图33-9 山水之城

第三十四篇　精神文明建设

1986 年起，盱眙县委以社会主义精神文明建设与经济社会协调发展、共同推进为指导思想，将经济发展、政治思想、科学文化、社会生活等渗透到整个精神文明建设之中。县文明委开展社会公德、职业道德、家庭美德教育，引导居民树立正确世界观、人生观、价值观；开展创建文明窗口、文明行业、文明乡镇、文明社区、五好家庭（爱国守法，热心公益好；学习进取，爱岗敬业好；男女平等，尊老爱幼好；移风易俗，少生优生好；勤俭持家，保护环境好）创建活动，探索文明单位动态管理机制，改变门难进、脸难看、事难办、服务态度差、办事效率低的机关作风，涌现一批先进人物、先进典型，新人新事新风尚层出不穷。开展文明城市创建活动，加强组织领导，加大宣传力度，加快载体建设，改变城市脏、乱、差现象。

坐落在盱眙县西南部群山之中的水冲港乡，属贫困地区。1992 年起，乡党委实施开发荒山，栽植果林，造福后代的致富工程、温饱工程，山区面貌发生巨变。1997 年 2 月，水冲港人民自力更生、艰苦奋斗的精神，经市委、市政府批准，确定为“水冲港精神”，为贫困地区自立自强树起一面旗帜，淮阴市委开展水冲港精神大讨论。8 月，省委书记、副书记，副省长为水冲港精神题词。12 月，中央电视台一套播出《大山的脊梁》，中央电视台二套在《金土地》栏目中，播放《难忘水冲港》专题片。《新华日报》《扬子晚报》《淮阴日报》相继报道水冲港苦干实干开发荒山精神。水冲港乡成立水冲港精神报告团，到全市各县、区巡回宣讲。

2008 年，全民道德素质明显提高，讲文明话，做文明人，办文明事氛围浓郁，党政机关干部精神面貌明显改观，城市形象亮点纷呈，盱眙名片享誉中外，取得沐浴文明新风，共享文明城市的良好成果。盱眙县被省文明委授予“文明城市”称号。

第一章 思想道德

第一节 社会公德教育

1986年,县委宣传部在全县开展"四有"(有理想、有道德、有文化、有纪律)新人教育活动。1987年,县总工会把组织职工参加补文化、补技术的"双补"活动作为"四有"新人教育的重要组成部分,举办双补学习班。全县参加双补职工7008人,参加各类技术业务学习60648人。

1991年,县妇联将社会公德教育贯穿于"巾帼建功"、争当"三八"红旗手、做"四自"(自尊、自信、自立、自强)女性等活动全过程,提高全县妇女公德意识。1993年,共青团盱眙县委把开展学雷锋、树新风、争做新长征突击手、争当青年创业先锋等活动贯穿社会公德教育全过程,在青年中营造社会公德教育的良好氛围。

图34－1 桂五敬老院院长李银江陪敬老院老人聊天

1994年,县委宣传部以开展爱我中华读书活动作为社会公德教育主题,成立读书小组1万个,征订读本5万册。县委宣传部会同有关部门对1.8万多名企业干部、职工开展"五讲五知道"(讲邓小平建设有中国特色社会主义理论,知道发展才是硬道理的战略思想;讲市委、市政府和县委、县政府关于产权制度改革的目标、内容、措施、政策,知道自己是企业主人,在企业改革中要多做贡献;讲爱国主义、集体主义、社会主义精神,知道爱党、爱国、爱社会主义要落到爱厂、爱岗、爱本职工作和实践中去;讲职业道德,知道职业道德与企业兴衰存亡关系密切,发扬敬业精神;讲新时期解放思想、实事求是,积极探索,勇于创新,艰苦奋斗,知难而进,自强不息,谦虚谨慎,不骄不躁,同心同德,顾全大局,勤劳节约,清正廉洁,励精图治,无私奉献精神,知道自己在振兴中华、富民兴盱、发展企业中应从我做起,建功立业)社会公德教育。县植物油厂等3个单位被市委宣传部评为职工思想政治教育、公德教育先进单位,余祥林被市委宣传部评为先进个人。盱眙县被省委宣传部确定为省爱国主义教育试点县。

1995年,县文明办在开展社会公德教育中,组织开展"七不"(不随地吐痰、不乱穿马路、不乱扔垃圾、不在公共场所吸烟、不损坏公物、不说粗话脏话、不破坏绿化)、"五好"(交通畅通秩序好、市容卫生绿化好、市政设施维护好、文明经商服务好、依法监督管理好)示范街创建活动,制定相应管理制度和措施,规范公民行为,提高市民素质。县直机关相继举办"七不""五好"培训班120余期,参训1.1万人次。

1996年,县委宣传部将农村、企业开展思想政治教育、弘扬创业精神,投身两个转变,展现主人风采主题教育活动,开展学科技、用科技竞赛活动,开展"新华杯"爱国主义教育读书知识竞赛活动,融入社会公德教育之中,全县10万余名青少年参加竞赛。在全县开展精神文明建设"五个一"工程(一部好戏剧作品,一部好电视剧(或电影)作品,一部好图书,一部好理论文章,一首好歌)评选工作,县黄梅戏剧团演出的黄梅戏《祥林嫂》荣获全市 1994—1995 年度“五个一”工程奖。

1997 年,县委宣传部将开展“四有”知识竞赛活动融入社会公德教育之中,全县参加知识竞赛和考试 2 万多人。在城区 50 个公共场所建立市民守则、文明公约、道德规范永久性标志牌。

2000 年,县委宣传部组织开展“双思”(致富思源、富而思进)社会公德教育活动,邀请专家、学者为全县乡科级干部作双思教育报告会;组建双思教育宣讲团 30 个,深入机关、学校、企业、农村宣传 100 余场,受教育群众 2 万多人。青年农民政治科技学校举办党员干部和青年农民双思教育培训班 50 余期,参训 320 人次。

2002 年,县委宣传部组织协调近万套《公民道德建设实施纲要》(简称《纲要》)读本,发放到机关、企业、学校、乡镇、居委会等基层单位;举办 2 期《纲要》辅导讲座,受教育 500 人次;组织孙大友事迹宣讲团到机关、学校、乡镇等部门、单位,宣传全国劳动模范孙大友;组织公民道德组歌演唱会,参加 21 个单位;会同县有关部门制作公民道德公益广告牌 50 余块。县电视台滚动播出《基本道德规范》《三德行为准则》和公民道德建设公益广告;《盱眙新闻》推出《公民道德建设大家谈》专栏。

图 34－2　文明行为从小抓起

2003 年,县委宣传部将道德规范谱成组歌,在县广播电台播出;借助“四五”普法契机,组织司法部门深入学校、乡镇作法制报告,增强公民、青少年法制、道德意识。

2005 年,县文明办会同县直有关部门把开展“百城万店无假货”创建活动作为“诚信江苏”建设的一项重要工作。开展“五进”(理论宣传、文明创建、文体活动、典型引导、招引项目)工业园区活动,被市委评为全市最佳特色项目。开展社会公德征稿活动,收到征文 100 多篇、摄影作品 90 多幅,评出 14 幅摄影佳作和 20 篇优秀论文。各乡镇开展“学文化、闯市场、奔小康、比贡献”活动,举办“三创”(创业、创新、创优)主题报告会,推出“三创之星”42 名,淮安市精神文明建设新人新事获评 13 件。

2006 年,县委宣传部健全学校、家庭、社会“三位一体”社会公德教育网络,开设家长学校,加强未成年人思想道德、社会公德教育。在全县中小学开展“弘扬长征精神”主题教育活动,开展“八荣八耻”(热爱祖国为荣,危害祖国为耻;服务人民为荣,背离人民为耻;崇尚科学为荣,愚昧无知为耻;辛勤劳动为荣,好逸恶劳为耻;团结互助为荣,损人利己为耻;诚实守信为荣,见利忘义为耻;遵纪守法为荣,违法乱纪为耻;艰苦奋斗为荣,骄奢淫逸为耻)社会主义荣辱观教育,表彰李玉东、翟昌琴和高平拾金不昧的先进事迹;举办“庆国庆忆长征”主题歌咏比赛。

2007 年,县委宣传部、县委组织部将农村 40 个经济薄弱村结对帮扶融入社会公德教育之中,提高村民社会公德素质。县文明办联合教育局、团县委、县妇联联合下发《关于开展“知荣辱、树新风、我行动”道德实践活动的实施意见》,组织全县中小学生做一个有道德的人网上签名活动启动仪式。冼梦雪、陈新民当选为 2007 年度市文明新人新事,旧铺实验小学被市委宣传部评为关爱“留守儿童”先进集体,季厚礼被市委宣传部评为新农村建设带头人,张太宁被市委宣传部评为文明育农富民园丁。

2008 年,县委宣传部开展“讲文明,创和谐、创文明机关,争当人民满意公务员”社会公德实践活动,组织开展如何推动新一轮思想大解放、盱眙发展缺什么大讨论,媒体刊登领导干部体会文章 27 篇,播发领导干部思想解放访谈录30多期。县委中心组以走出去(开展调查研究)、走下去(实地观摩座谈)、走上台(开设领导讲堂)的方式,创新社会公德理论学习。年底,召开表彰大会,命名感动盱眙十大道德楷模,并制作专题宣传片,在全县播放。

第二节 职业道德教育

一、教育系统师德教育

1988年,县教育局印发《关于开展"师德合格"活动的通知》,提出合格师德的基本要求。从此,拉开师德教育序幕。

1991年,县教育局把不打麻将、不赌博、热爱学生作为师德教育重点,评选合格师德。1993年,县教育局印发《盱眙县教师"合格师德"标准》《盱眙县教师"优良师德"标准》和《师德不合格一票否决条款》,加强师德教育。1994年,以"爱生、敬业、乐业、专业"为中心,成立师德教育讲师团10个,到各中心校巡回讲演,教师受教育面98%。

1997年,县教委印发《关于加强教师队伍精神文明建设和思想政治工作的意见》,举办合格师德培训班18期,参培教师2000余人次。1999年起,全县以让每个学生都有进步为主题,在全县各中小学校和幼儿园开展师德考评活动,以此推进素质教育,弘扬高尚师德。至2001年,全县先后共评选合格师德教师100名。

2002年起,县教委在全县教师队伍中,每年开展评选100名师德标兵活动。至2007年,共评选出师德标兵600名。2008年,开展以热心爱教、文明执教、优质施教、廉洁从教为内容的万人评教活动。年底,共收到社会各界表扬信220余件,收到意见、建议110件。县教育局针对师德方面存在的问题落实整改措施。

二、卫生系统医德教育

1993年起,县卫生局开始医德医风建设,举办专题讲座2期,受教育医生89%;开展"学习雷锋、白求恩,为民服务周"活动,医务人员上街、上门、下乡服务1000余次。1995年,组织"送温暖、献爱心"大篷车巡回医疗队,深入偏远山区为民义诊1200多人次。1997年,从社会聘请医德医风监督员,向全县各界发放《医德医风调查问卷》600份,收到512份,其中有关医德医风问题22条,县卫生局均落实整改措施。

2000年,县卫生局印发《盱眙县创建文明行业工作意见》《盱眙县民主评议卫生行风工作意见》《盱眙县卫生系统行风廉政建设和职业道德教育意见》,开展"爱国主义、集体主义、人生观、世界观"为主题的医德教育活动,举办医德教育培训班2期,城区医院、各乡镇卫生院领导和医务人员参训180名。2003年起,县卫生系统以医务人员忠于职守、爱岗敬业、救死扶伤、乐于奉献、服务承诺为主体,印发《医德医风调查卷》。至2005年,每年发放调查问卷1万份,先后共收到表扬锦旗126面、表扬信200余封。

2006年,以"服务理念,理想追求"为主题,开展21世纪医务人员形象讨论和征文活动,收到论文55篇。2008年,开展医德管理年活动,推行政务、院务、事务公开制度,组织行风监督员对全县各医院、卫生院医德医风情况进行明查暗访2次,召开入院病人座谈会4次,举办"行风热线"2次。年底,县卫生局收到表扬医务人员服务态度好、服务质量高的表扬信30多封。

三、企业职工爱岗敬业教育

1986年,全县企业职工在爱岗敬业教育中,开展"树立为人民服务的劳动观念、树立国家主人翁"的劳动态度教育活动,引导职工把革命理想、道德、纪律融化于日常劳动之中,抵制商品经济带来的负面影响。是年,共举办职业道德教育培训班56期,参训率81%。

1988年起,全县工业企业在爱岗敬业教育中,开展"质量第一、用户至上、讲究信誉、文明生产"教育活动;财贸商店开展"礼貌待人、热情服务、买卖公平、货真价实和让顾客高兴而来,满意而去"教育活动;公用事业单位开展“尊客、安全、优质、服务”教育活动；银行、教育、邮电等系统举办职业道德教育成果展览会；交通系统举行职业道德教育研讨会、交流会；供销系统开展“文明一条街”服务活动。至1993年年底，全县先后共举办各类职工爱岗敬业教育培训班、讲座、研讨会100余期，受教育职工3.5万人次。

1994年起，在企事业单位职工中每年开展一次爱岗敬业、诚实守信、办事公正、服务群众、奉献社会的职业道德征文竞赛活动。至1997年年底，先后共收到职工征文520篇，评选出一、二、三等奖20篇。

图34－3　爱岗敬业

2000年起，全县开展“争创智能型班组、争做智能职工”职业道德教育活动，各行各业举办技能培训班，提高职工工作技能和业务水平。至2005年年底，全县先后共举办各类培训班89期，3120名职工提高技术等级。

2006年起，开展“万人职工爱岗敬业大练兵，千名能手大比武”活动，促进职工提高职业技能和爱岗敬业精神。至2008年，全县共举办职工大比武3次，各单位挑选3000名职工参赛，其中共有300多名选手参加行业组织的技能决赛，有30人获一、二、三等奖。

第三节　家庭美德教育

1986年，县委确定“五好家庭”评选标准：爱国守法，热心公益好；学习进取，爱岗敬业好；男女平等，尊老爱幼好；移风易俗，少生优生好；勤俭持家，保护环境好。将五好家庭创建活动纳入家庭美德教育的重要内容。

1988年起，县妇联在全县农村妇女中开展“学文化、学技术、比成绩、比贡献”竞赛活动。至1991年，先后共举办养殖、种植、服装裁剪、编织等技术培训班20余期，参训妇女2000余人次。

1992年起，在评选五好家庭中，开展法律知识和爱国主义的教育。至1995年，先后共评选县级五好家庭100户。年底，俞学平一家被省委宣传部、省妇联联合评为五好家庭。1997年起，创建五好家庭以“五讲”（读书、美德、法律、绿化、健康）为载体，开展五好家庭事迹演讲和表彰百户五好家庭活动。1999年年底，被县政府命名五好家庭200户，被市政府命名五好家庭50户。

2000年，在《盱眙日报》开辟专栏，宣传五好家庭先进事迹，在县电台、电视台设立专题，邀请党员干部、能人大户现身说法，推动五好家庭创建工作深入开展。2001年，全县评出县级五好家庭1万户，各乡镇评出五好家庭5.1万户，其中党员干部1.6万户。全县表彰读书好家庭98户、绿化好家庭76户、健身好家庭60户。组织100户五好家庭参与“母亲林”植树活动。2002年起，宣传部门根据《纲要》内容和城乡实际情况，制定五好家庭标准30条，张贴在每个家庭。县老年大学五好家庭宣传队走上街头，宣讲五好家庭30条标准。

2004年，全县共评出县级五好家庭5000户、乡镇级五好家庭5.1万户。2005年，在龙虾节动员大会上，县委广泛宣传县级五好家庭户先进典型，推动五好家庭创建工作。县委宣传部在盱城镇举办五好家庭现场会，各乡镇分管领导出席。2008年，评出县级五好家庭5007户。至年底，全县累计评出县级五好家庭1.3万户，其中市级90户、县级1008户、乡镇级11902户。

第四节 新 风 尚

1986 ~ 2008 年,随着全县职业道德、社会公德、家庭美德教育活动深入开展,新人新事新风尚不断涌现。本节选择部分先进人物文明新风尚事迹简述如下。

一、拥军模范好军嫂

俞学平,盱眙县鲍集镇沈集村人。1986 年,其爱人蒋燕飞为北京某部队服役军人,从 1986 年起,俞学平挑起家庭重任。公公患癌症去世,治病欠下债务;婆婆身患多病,整日卧床不起;年幼的小姑子(丈夫的妹妹)读小学,几公顷承包田要耕、种、收。俞学平面对重重困难毫无怨言。她用平板车拉着婆婆去看医生,喂药、端屎端尿、擦澡,无微不至。1990 年,蒋燕飞在国防施工中受伤,后经诊断为脑萎缩,其生活逐渐失去自理能力,俞学平把丈夫带回家照顾治疗,减轻部队负担。俞学平省吃俭用,买一台彩电给丈夫看。俞学平白天在田里干活累得晚上连步子都挪不动,但坚持为丈夫洗脚,陪他看电视、谈心。1997 年,俞学平家庭被省委宣传部、省妇联联合评为江苏省五好家庭,获省首届新人新事提名奖,分别被市、县政府授予淮安市"三八"红旗手、盱眙县"十佳好军嫂"光荣称号。

沈兰贵,盱眙人。1986 年冬,沈兰贵看到《新华日报》报道的盱眙籍老山前线一等功臣、伤残退伍军人倪会波的英雄事迹后,深受感动,不顾世俗偏见、家人劝阻,和他结婚。1993 年 5 月,倪会波不幸因车祸去世,她无怨无悔留在倪家,上孝公婆,下抚幼子。沈兰贵多次走进军营、军人家庭,看望慰问、办实事;多次为驻军官兵、优抚对象和"希望工程""周恩来基金会"捐款捐物;多次走上军地讲台宣传拥军优属、拥政爱民;在全国首开"三八"热线电话,为广大官兵、军人家庭、预备役人员排忧解难,帮助 2 名失学儿童重返校园。沈兰贵在爱国拥军方面做出显著成绩和突出贡献,获省、市十大杰出青年、三八红旗手、百佳新女性、好军嫂标兵等荣誉。1997 年,淮阴市委、市政府、淮阴军分区向全市印发《关于开展向沈兰贵同志学习的决定》。沈兰贵被评为江苏省十大杰出青年,被省政府、省军区联合授予"爱国拥军模范"称号,并号召全省各地广泛开展向其学习活动。

图 34-4 好军嫂俞学平

薛冬,盱城镇人,任盱眙县电信局中心营业厅主任。2000 年,其丈夫万兵患尿毒症。薛冬想到丈夫是一名退伍军人,为党、为国家做出贡献,一定要照顾好丈夫,让他早日康复。从此,薛冬担负起一边工作、一边照顾丈夫的重任。从丈夫住院第一天起,薛冬每天坚持为丈夫做 2 ~ 3 个小时热敷,定时帮丈夫翻身,为丈夫按摩、擦洗。2003 年,万兵成功进行换肾手术。手术期间,薛冬日夜守护在丈夫床前,按照医生要求精心护理。2005 年,薛冬被淮安市授予"十佳好军嫂"称号。2007 年,被省政府授予"十佳好军嫂"称号,被江苏省妇联授予"三八"红旗手标兵,被评为淮安市年度新人新事。

二、真情献留守儿童

叶玉梅，盱眙县明祖陵镇人。1992 年 8 月，任盱眙县明祖陵中学教师。她走上教师岗位，就给自己订下一年资助一名贫困学生的助贫计划，让那些孤儿、单亲和父母残疾的孩子平安上学。叶玉梅先进事迹传遍全镇大街小巷，大家深受感动，自动参加叶玉梅捐助、助学团队，为留守儿童、贫困学生送衣送鞋，赠送学习用品，解决生活费。至 2008 年，叶玉梅共结对资助 17 名贫困学生，资助金额 3 万多元；助学团队发展到 150 余人，成为 136 名留守儿童的“爱心妈妈”。

图 34－5　县妇联开展爱心妈妈接对活动

接兴国，明祖陵镇人。1992 年，在盱眙县明祖陵希望小学任教。1992～2002 年，接兴国任代课教师期间，他克服种种困难，赡养年迈的双亲，照顾瘫痪在床的妻子，关爱校园里的学生，其爱心故事在当地传为佳话，多次被评为优秀教师、优秀班主任。2003 年，妻子患脱髓鞘病，丧失活动能力，在他细心照顾下，病情逐步好转。2005 年 8 月，接兴国考取县教师编制后，他背着瘫痪妻子，志愿到希望小学工作，担当起“留守儿童之家”管理员，精心关爱、无微不至的照顾父母外出打工的留守孩子，被学校评为“留守儿童爱心大使”。2008 年，接兴国被县政府评为感动盱眙十大道德楷模，被淮安市评为月度新人新事。

三、拾金不昧显情操

翟昌琴，县八一酒店服务员。2006 年 5 月 4 日晚，从杭州到盱眙游玩的曹某一家三口下榻在盱城八一大酒店。5 月 5 日早晨，他们办完退房手续后，曹某妻子在旅游景点时发现其价值 3000 元铂金项链丢在客房里，随即与该酒店取得联系。得知酒店员工翟昌琴在整理房间时发现这条项链，已将项链交于吧台。曹某拿到失而复得的项链时，连声感谢翟昌琴拾金不昧精神，当即拿出 1000 元酬金，被翟昌琴婉言谢绝。2006 年，翟昌琴被评为淮安市月度新人新事，被县委、县政府表彰为践行社会主义荣辱观先进个人。

高平，盱眙宾馆服务员。2006 年 5 月 16 日，南京客商申某到盱眙考察，入住盱眙宾馆，返回南京后发现自己装有一张近 5 万元银联卡和 3000 多元现金的钱包丢失。抱着试试看的态度，打电话让在盱眙投资的蔡某到盱眙宾馆询问。总台服务员仔细核实申某当天入住房间号、丢失钱包式样、内存主要钱物，在准确无误后，将钱物如数交给蔡某。此钱包是宾馆服务员高平打扫房间时，在床的夹缝中发现的，她及时将钱物交到总台。申老板用重金酬谢，高平婉言谢绝。申老板表示一定要向亲朋好友及生意伙伴们，宣传盱眙优越的投资环境、淳厚朴实的民风、拾金不昧的精神。2006 年，高平被评为淮安市月度新人新事，被盱眙县委、县政府表彰为践行社会主义荣辱观先进个人。

四、教育生涯勤耕耘

王湛元，盱城镇人。退休后，他主动担任盱眙老年大学教师，从教 15 年，不计报酬，无怨无悔。王湛元做到教本内容与社会实际相结合，理论探讨与社会实践相结合，有理有据，深入浅出，老年学员容易接受。他每备一节课，都要花 5 个小时。功夫不负有心人。他新颖的教学方法，丰富的教学内容，认真的教学态度，温暖着每位老年学员的心，所带班级的学员逐年增加。2007 年，其班级老年学员增加到 34 名。是年，被评为淮安市月度新人新事。

高方东,马坝高级中学音乐教师。高老师爱岗敬业,先后培养几百名农村孩子进入音乐学院深造,使马坝中学连续五年在江苏音乐考试中排名第一,被江苏音乐教育界称为“高方东现象”。高方东开办音乐班,每天工作长达18小时,对家庭困难的音乐班学生,慷慨解囊,资助生活费;对弃学厌学的孩子循循善诱,培养成才。他所培养的部分音乐高才生为感恩高方东的关爱和支助,放弃大城市优越条件,回到盱眙县从事音乐教学。2008年,高方东被县委、县政府评为感动盱眙十大道德楷模、淮安市月度新人新事。

五、都梁硬汉筑路人

孙大友,盱眙县人。1991年9月,孙大友从部队转业分配到盱眙县工作。1998年,任县乡道路指挥部办公室副主任。至2002年2月,共参与修建城区混凝土路16条42.6千米、乡镇之间砂石路8条58千米。四年中,没有星期天、节假日,每天工作12小时以上,有时通宵达旦。在他精心组织指挥下,每一条道路都提前保质保量完成。中央电视台新闻联播报道孙大友事迹。2005年,孙大友被评为全国劳动模范。

图34-6 全国劳动模范——孙大友

六、为民解难好心人

武会仁,家住官滩镇洪湖村索庄组,是一位身材瘦小、弯腰驼背的老人。2006年8月的一天下午,一辆外地来洪湖村收购粮食的大货车被公路上的碎玻璃瓶渣戳坏车胎,驾驶员跑十几里路,在官镇街道找来修理工,将车辆修好,花去半天时间。这件事对武会仁老人触动很大。从那天起,武会仁身背竹筐,手执扫帚,起早带晚打扫公路上碎瓶残渣,捡拾农家房前屋后垃圾。2008年,老人义务清洁工的行动感动全村群众,大家改变过去乱扔碎玻璃习惯。

杨修政,盱眙同济女子医院副院长。2007年9月30日,盐城市阜宁县刘素娣在盱眙经济开发区务工时,因腹痛到盱眙同济女子医院就诊。经诊断,刘素娣左侧卵巢囊肿破裂,大量出血淤积腹腔,如不迅速手术,随时有生命危险。根据医院规定,患者手术治疗时,必须由亲属在手术报告书上签字。此时,刘素娣无亲属在身边为其签字。为及时抢救病人,盱眙同济女子医院业务院长杨修政在刘素娣手术报告书的家属意见一栏上签字以示负责。当刘素娣丈夫8小时后赶到医院时,刘素娣的手术已获得成功。院长亲自为病人家属代签手术报告书,在盱眙县各级医院实属首例。

陈新民,盱城镇人。1992年9月,教育岗位退休的陈新民老师,在家中创办新民老年活动室,添置音响设备、桌椅,订阅几十种书报,先后成立诗词学会、老年演唱会、书法小组、舞蹈队、法治宣传队,创办城北诗词社,出《诗刊》18期,讴歌盱眙县经济发展、新农村建没、三个文明建设中涌现出的新人新事,推介盱眙景区。从而提高活动室吸引力,部分双目失明的高龄老人、下岗女工参与活动。新民活动室自创办以来,参加活动的老年人共5万多人次,每天来活动的老年人近40人。1998年,活动室被淮阴市命名为盱眙新民老年活动室,陈新民被评为江苏省孝亲敬老之星,其事迹在中央、省、市、县电台、电视台专题节目连续播出。2007年,新民老年活动室被省民政厅评为学习型老年活动室、江苏省文明老年活动室,被县委组织部评为全县农村关爱工程示范点,陈新民被评为市年度新人新事。9月29日,来自盱眙县各行各业的退休老人、诗词学社会员代表欢聚一堂,庆祝新民老年活动室暨城北诗词社创建15周年。2008年,每天参加新民活动室活动老人50余人次。

七、妻子捐肝救丈夫

韦桂兰，穆店乡莲塘村普通农民。2007 年，韦桂兰丈夫蒋继文被诊断为肝癌，在上海仁济医院接受手术，医生告诉蒋继文和韦桂兰夫妇，要救人唯一的希望是做肝移植手术。当时，医院已经有 30 多名肝癌患者在排队等候合适的配体，蒋继文病情逐渐加重。韦桂兰看在眼里，爱在心中，当机立断，请求医生移植自己肝，为丈夫解除癌症之苦。5 月 10 日，医院同时为蒋继文夫妇实施捐肝和换肝手术，手术取得成功。韦桂兰捐肝救丈夫的举动，诠释着夫妻之间的真情与挚爱，感动着亲朋和社会各界人士，解囊相助蒋继文夫妇。2008 年，韦桂兰被县委、县政府评为感动盱眙十大道德楷模、淮安市月度新人新事。

八、孝道之情传佳音

张能平，马坝镇村民。18 岁嫁到查家，其大姑子(丈夫的姐姐)查秀民卧病在床，生活不能自理。张能平负起照顾大姑子的重担。张能平为其喂饭、穿衣、铺床、端屎、倒尿，无微不至，无怨无悔，持续 38 年之久。一年夏天，查秀民身上生出脓胞疮，脓血外溢。张能平没有嫌弃姐姐，不但为她花去 1000 多元医药费，还为她清洗脓包，精心照料。查秀民动情地说：没有弟媳妇，我难以活到现在。2008 年，张能平被县委、县政府评为感动盱眙十大道德楷模，被评为淮安市年度新人新事。

图 34－7　道德楷模张能平

顾安全，三河农场工人。2005 年，顾安全的母亲因患脑梗塞而半身不遂瘫痪在床。从那以后，他早起为母亲熬药、喂饭、洗漱，有时顾不上吃饭，就急忙赶到单位上班。下班后，第一件事情就是赶到母亲床边，悉心照顾。由于家庭经济状况差，为给母亲治病，他放弃休息时间，去做别人不愿意做的又苦又累工作，其孝心当地有口皆碑。2008 年，顾安全被县委、县政府评为感动盱眙十大道德楷模。

第二章　城乡文明创建

第一节　文明窗口创建

1994 年，县委制定文明窗口创建标准：组织管理好，服务质量好，服务环境好，治安秩序好，文明风尚好。评定级别为市、县两级。7 月起，县文明委下发《关于开展“抓窗口、抓环境”“满意在盱眙”活动的意见》，开始在全县卫生、公交、商业、邮电等系统，文化娱乐场所及行政执法部门开展文明窗口创建和“十佳行业”评选活动。8 月，县文明委、县委宣传部召开抓窗口、抓环境经验交流会，总结推广县供销社、卫生系统等 6 个单位围绕“三基”(基层单位、基本素质、基础管理)、“三心”(质量放心、服务称心、环境舒心)、“三化”(净化、美化、绿化)，开展文明窗口创建活动。

1995 年，县文明委、县委宣传部召开命名表彰大会，命名表彰县中医院急诊科等 30 个单位为县级文明窗口，评选金谷园饭店营业员邢慧为淮阴市十佳营业员，维桥乡卫生院院长吉志锐被市文明委评为十佳医务工作者。1996年5月,县中医院急诊科等10个单位被市文明委评为文明窗口,盱眙县海事处等30个单位被县委、县政府评为文明窗口。1998年5月,县委、县政府召开1996—1997年度文明窗口命名表彰大会,命名表彰22个文明窗口单位。

2000年起,县直各单位按照规定标准,将文明窗口建设纳入各项工作之首,逐步实现规范化、程序化。至2001年年底,县劳动和社会保障局劳动关系就业科等33个单位被市文明委命名为文明窗口,乡镇社会保障管理所等28个单位被评为县级文明窗口。

2006年,县文明委要求各单位认真做好创建文明窗口申报工作,要求商业、供销等部门将“百城万店无假货”活动纳入文明窗口创建之中。年底,全县被市文明委评为文明窗口28个、被县文明委评为文明窗口78个,万润发超市等24个商场、柜台被评为“百城万店无假货”示范窗口。

2008年,县委宣传部把文明窗口创建活动与职业道德、安全生产紧密结合,引导员工树立以诚待人、以信立身、文明服务的良好风尚;将各单位申报的文明窗口名单向社会公示,接受监督。年底,经市、县文明委审核、公示,批准市级文明窗口45个、县级文明窗口65个。

第二节　文明单位创建

县委制定文明单位创建标准:加强思想教育,道德风尚好;遵纪守法,劳动纪律好;礼貌热情,服务态度好;环境整洁优美,讲究卫生好;重视科学知识教育,计划生育好;生产持续发展,工作成绩好。文明单位分为全国、省、市、县4个级别,评选活动每两年举行一次,按照创建标准,经自评互评、自查互查,经上级部门审核、公示后,给予命名表彰。2月,县委宣传部组织抽查、验收全县文明单位,对不符合条件的5个单位提出整改意见。

1990年起,县委把文明新风户活动成功经验拓展到文明单位创建工作中,先后召开交通、城建、公安、工商等20个部门分管文明单位创建责任人座谈会、研讨会、通报会,就整理、申报文明单位有关材料进行研讨、交流。县文明委先后召开深化改革、加快发展、提高创建精神文明活动水平和艰苦创业促发展,双增双节求效益经验交流会、现场会、推进会,相继举办由各乡镇5人、各局3人参加为期4天的文明单位创建活动骨干培训班6期,受培训骨干人员收集、整理、上报文明单位资料,确保申报一家成功一家。至1994年年底,人武部、人民医院、新华书店、天明化工厂被省文明委评为文明单位;城南小学、保险公司等50个单位被市文明委评为文明单位;被县文明委评为文明单位共75个。

1995年,县委印发《盱眙县关于加强社会主义精神文明建设的实施意见》,明确规定文明单位创建工作具体目标、任务,与各单位、各乡镇签订创建责任状。县文明委把创建目标、责任分解到单位和具体责任人。年初,县委召开各单位、各乡镇“一把手”会议,布置文明单位创建工作;年终,召开总结大会,表彰省级以上文明单位,通报批评创建不力的单位和责任人。县文明委从县直部门抽调40名干部,开展为期2周的精神文明创建工作专题审查,实施一票否决制。1999年,全县被授予文明单位:省级3个,市级49个,县级

图34－8　1992年,县委、县政府对文明单位进行评选、表彰。

117个。

2000年，县文明委将重教育、抓创建、治环境、建标志、树形象纳入文明单位创建活动，召开推进新经济组织文明单位创建工作会议，总结乡镇创建文明村活动，推广五墩社区将学习、生活、娱乐、健身融为一体的农家乐经验。各乡镇开展创建文明社区、文明学校、文明乡镇活动，县文明委对申报新一轮文明单位进行抽查，对抽查不合格的3家单位进行限期整改。

2002年，县人武部等11个单位被省文明委评为文明单位，县国税局等65个单位被市文明委评为文明单位，县卫生局等86个单位被县文明委评为文明单位。2003年，县委宣传部将创建文明单位向工业园区延伸，成立由工业园区党工委具体负责、文明办牵头、县文明委成员单位参加的文明单位创建领导小组，相继召开8次会议，园区200多家工业企业总经理、董事长参加，布置文明单位创建活动。

2006年年底，园区内80%以上的竣工投产企业，均参与文明单位创建活动，被评为县级及以上文明单位10家。县信用联社被省文明委评为文明单位标兵，盱眙县第一中学、盱眙县马坝中学、县烟草局、盱眙县建行、县教育局、盱眙鹏胜采石公司被省文明委评为文明单位，被市文明委评为文明单位65个，被县文明委评为文明单位47个。至2008年，全县获批省文明单位22个、市文明单位232个、县文明单位364个。

第三节　文明行业创建

1997年，县委制定文明行业标准：综合效益显著增长，思想道德风尚良好，行业管理科学有效，行业文化特色鲜明，创建活动深入开展，领导班子坚强有力。7月，县文明委首次召开文明行业创建工作会议，县直各单位负责文明创建工作的领导200余人出席。会议提出，开展以服务人民，奉献社会为宗旨的创建文明行业活动要求，聘请行业规范服务达标活动社会监督员100名，加强行业行风监督，要求全县各行各业形成爱岗敬业、诚实守信、办事公道、服务群众、奉献社会的道德风尚。从此，开始实施文明行业创建活动。

1998年起，县文明委每年召开一次行业规范服务达标总结动员大会、创优活动推进会，交流总结试点单位开展达标竞赛活动经验；每年排出14个创建单位，组织社会监督员深入创建单位2次，检查创建文明行业情况，提出建议和意见。向社会公布第二批通过行业规范服务达标验收的单位，接受社会监督。至1999年年底，县文明委共评出土地管理所、税务局机关等文明行业14家。

2000年起，县文明委按照《关于淮安市文明行业考核办法》要求，从经济效益、创建管理、服务质量，组织开展文明行业创建和考核。经行业自查、主管单位考查、县文明办考核后，申报市文明办验收，并向市民公示，征求意见。至2001年年底，经市文明委验收，共评出全县卫生、电信、排水3个行业为文明行业。

2003年，县文明委召开各单位负责人会议，首次布置创建省文明行业工作。年底，县国税局、地税局、供电局、邮政局、电信局、交通局、检察院、法院被省文明委评为文明行业，被市文明委评为文明行业13个、先进行业5个。2008年，经县文明委考核把关，省、市文明委验收，全县创建省级文明行业16个、市级文明行业7个，其中风景旅游区4家。

第四节　文明小区创建

1995年，县委、县政府制定文明小区评选标准：环境整洁卫生，社会秩序安定，社会服务良好，邻里关系和睦，文化生活丰富。文明小区分市级、市农口级和县级。县文明委开始在城区居民小区开展“住小区、爱小区、建小区、管小区”文明小区创建活动，改善和提高城镇居民的生活质量和生活环境。县委、县政府召开会议，部署开展“两抓四建”（抓窗口、抓环境，建文明镇、文明村、文明家园、文明小区）活动，县文明委在部分小区实施创建文明小区示范点，带动文明小区创建工作逐步深入。

1997年2月,县委、县政府印发《盱眙县文明小区创建和管理若干意见》,提出创建文明小区5项共24条评定标准。县文明委在五墩社区召开创建文明小区现场会,全县各单位负责人210人出席,五墩社区介绍创建文明小区做法和经验。

图34-9 新华小区

1998年4月,县委召开1997年度文明小区命名表彰大会,创建市级文明小区4个,命名县级文明小区10个。1999年,五墩住宅小区被市委、市政府命名为文明小区,公安局住宅小区被市委、市政府命名为文明楼院。全县创建市级文明小区15个、市农口级文明小区5个、县级文明小区15个、县农口级文明小区10个。

2000年起,全县以安居乐业为主要内容,开展文明小区创建活动。至2001年,供电小区、盱城五墩小区被评为市级文明小区,被评为市农口级文明小区10个,被评为县级文明小区28个。

2003年起,县委、县政府将"三创一建"(创卫生城市、创环保城市、创文明城市,城乡生态文明建设)活动贯穿文明小区创建之中。县文明委分别召开县直单位、各乡镇主要领导会议,签订"三创一建"责任状,组织召开现场会、汇报会,按照"三创一建"要求评选文明社区。至2006年,供电局等3个小区,被评为市级文明小区。2008年,全县获批省级文明小区1个、市级文明小区3个、市农口级文明社区3个。

第五节 文明村镇创建

1995年初,县委制定文明镇创建标准:环境整洁优美,镇容镇貌好;实现安定团结,社会秩序好;群众实际困难得到解决,服务态度文明礼貌;重视科学文化知识教育,计划生育好;加强思想建设,发扬道德新风尚。文明村创建标准:思想教育好,村风民风好,文化建设好,绿化卫生好,计划生育好。县委、县政府召开文明镇、村创建会议,开始实施文明村镇创建活动。县文明委对全县文明村镇创建工作进行普查,向全县通报检查结果,马坝镇、管镇镇、五墩村名列前茅。从此,开始实施文明村镇创建活动。

1996年,被市文明委评为文明村3个,被县文明委评为文明村21个。1997年9月,县委召开文明村创建表彰大会,总结文明村创建经验。1999年,县文明委组织镇党委宣传委员、分管文卫工作副镇长去外地学习考察文明创建工作经验。9月,按照局部推进、系统发展、整体提高的创建要求,发动各镇开展一镇一村、一镇一区创建试点。年底,马庄乡街道被市委、市政府命名为文明乡镇街道。

2001年9月,县文明委举办文明村镇创建工作培训班,为期3天,参训60人。盱城镇五墩村、马坝镇马坝村被省文明委评为文明村。

2005年,马坝镇、观音寺镇、黄花塘镇和黄花塘村被省文明委评为文明村镇、村,马坝镇被国家文明委表彰为全国创建文明镇工作先进镇。2006年,县委宣传部将法制教育进乡村、民主管理进乡村、科技普及进乡村、卫生习惯进乡村、移风易俗进乡村、和谐生活进乡村活动纳入文明村镇创建,开展公开、公正评比新风示范村活动,加强农村精神文明建设。至2008年,全县获批全国文明镇1个、省级文明村镇4个、市级文明村镇4个、县级文明村居18个。

第三章　文明城市创建

第一节　创建宣传

1995 年，县委在影剧院召开创建文明城市动员大会，股级及其以上干部 1000 余人参会。县文明委组织开展创文明城市、做文明市民宣传教育活动，发放《文明市民》教育读本 6000 多册，印发竞赛试题 2 万多份，开展知识竞赛。参加市文明委举办的文明市民知识竞赛，盱眙县获二等奖。开展创建优美环境、优良秩序、优质服务示范街活动，逐步向创建形象区、标志路和清洁河示范点延伸。从此，拉开创建文明城市序幕。

1996 年起，县委宣传部在《盱眙报》、县电视台、县广播电台设立《树形象、兴淮阴、建盱眙、争贡献》专栏，定期播放、刊登活动典型，推动文明城市创建。1997 年，县委宣传部组织 12 辆次宣传车深入城区各街道、巷道、各乡镇，宣传《盱眙县市民守则》《盱眙县市民文明公约》，受教育 6.5 万人次；在公共场所建立永久性宣传标志牌 50 个。

2003 年，县委文明办编印《文明城市创建督查简报》，刊登先进创建单位经验和做法，对存在问题提出整改意见。至年底，共编发《简报》280 多期近 10 万份。

2008 年，迎检指挥部编发《创建工作简报》《督查简报》，各新闻媒体开辟《与文明同行》《城管之窗》《文明城市创建》专栏，城区电子屏幕、公交车车载电视每天滚动播放创建文明城市相关内容，移动、联通、电信利用信息平台，向广大市民编发文明城市创建短信。各乡镇、各部门、各单位、城区各社区通过宣传车、板报、宣传橱窗等形式，广泛宣传文明城市创建，提高宣传工作的针对性、实效性。组织全县各系统开展文明城市创建知识竞赛，增加创建宣传公益广告，开设创建工作热线。年底，共编发《简报》258 期 1 万余份，编发各类短信 2000 余条，设置宣传牌 200 余块，宣传板报、橱窗 300 余个；县交通、城建、工商等 20 余家单位走进文明城市创建热线，与市民对话，解决文明城市创建工作中的难题。

图 34－10　盱眙县开展文明城市创建应知应会活动，推动文明城市创建。

第二节　创建活动

1993 年 7 月 31 日起，在盱城淮河东路首次开展创建文明一条街活动，召开会议，与责任单位签订责任状，定期检查督促，邀请市、县人大代表、政协委员视察文明一条街创建情况。1994 年，文明一条街创建工作继续向斩龙涧路延伸。创建领导小组分别与沿街铺面签订门前包卫生、包绿化、包秩序责任书，与沿街单位和城管、工商、交警、公安、城建等职能部门签订目标责任书，街道基本达到整洁、规范、有序。开展文明人系列评比活动，定期检查，实施合格单位发红牌，不合格单位亮黄牌制度。11月26日，在马坝镇召开乡镇文明街道创建活动现场会，马坝镇、管镇乡、观音寺乡、桂五乡、王店乡、古城乡等乡镇开展文明街道创建试点工作。

1996年起，县委宣传部举办全县“八五”（第八个五年计划）精神文明建设成果巡回展览，继续开展“创三优”（优质服务，优美环境，优良秩序）竞赛、社会服务承诺和送温暖活动，开展送戏、送电影、送科技、送卫生下乡活动，开展优秀形象工程评比活动，服务、执法部门均向社会公示文明城市创建承诺。

图34－11　召开迎接省文明城市检查冲刺大会

2000年，县文明办会同盱城镇等有关部门和单位组织开展评选文明市民等16项系列活动、戏剧票友大家唱等广场文化活动。县文明委会同县总工会、妇联、团县委等单位开展“立足岗位，争做文明先锋”活动，评选出工人、农民和知识分子先进个人20人，先进集体10个；会同盱城镇评出文明市民12人、文化中心户50户；会同团县委组织1000多名青年志愿者，开展敬老服务日、捐植世纪林、装扮明祖陵、红领巾净盱城等活动。县教委在中小学生中开展告别不文明行为、与不文明行为告别万人签名活动，举办把文明带向新世纪读书、征文和演讲比赛活动，收到征文200篇；县执法大队开展文明出租车司机和百日安全行动评选活动，共评出文明出租车司机10人。

2001年，县委宣传部以献爱心、送温暖、给希望、办实事为主要内容，开展扶弱助困、文明关爱和“五个一”（挂包一个乡镇、包扶一个村、联系一批企业、帮扶一批下岗职工、资助一批贫困生）活动，推动文明城市创建工作不断深入。年底，全县参创单位共扶助孤寡残疾人630名40.5万元，扶助特困家庭2394户82.4万元，扶助贫困学生855人86.9万元，扶助下岗职工2200人124.9万元。围绕县委提出的农业增效、农民增收，开展文明育农、科技富民活动，各乡镇青年农民政治科技学校共举办各类培训班200多期，受训2万多人次；组织全县20多个部门深入各乡镇，赶科技大集25次，发放各种科技资料6万余份，开展大型科技宣传宣讲10场，听众2万多人次。

2002年，县委、县政府提出争创江苏省文明城市，成立领导小组，县委书记任总指挥，县长任政委，各相关部门“一把手”任成员，落实创建任务。年底，经省政府验收，盱眙县被评为创建省文明城市先进城市。

2005年，县文明办突出为人民服务、树行业新风主题，将文明城市创建活动延伸到私人企业，召开创建活动专题会议，征求企业意见，对志愿参加文明创建活动的企业，由帮办单位指派专人协助办理有关手续。仅一个月时间，全县有20家企业提出申报请求。8月，召开私营企业文明创建座谈会暨文明企业申报验收汇报会，最终评选出工业园区10个私营企业为盱眙县文明企业，盱眙县鹏胜采石公司被评为省级文明单位。盱眙县继续被省文明委授予“创建文明城市工作先进城市”称号。

2008年，成立以县委书记和县长为组长的盱眙县文明城市创建工作领导小组，成立迎检指挥部，各乡镇、县直各部门相应成立领导小组。对照省级文明城市测评体系的内容，将具体目标任务分解落实到县直机关50多个部门，签订目标责任状，实施主要领导总负责制和责任追究制，各相关部门对照测评内容做好各项工作，形成责任落实机制；加强对机关干部周末义务劳动、乡镇卫生环境整治情况督查，公安、城管、交通、工商、盱城镇等单位联合对城区占道经营、乱停乱放、乱堆乱放、乱贴乱画、乱搭乱建等现象进行整治，形成长效的城市管理机制；开展迎“奥运、讲文明、树新风”“树文明新风、建和谐盱眙礼仪教育”活动，开展文明家园、和谐社区等群众性文明创建活动，组织开展文明礼仪和健康知识电视大赛，组织评优争先活动。9月中旬，盱眙县文明城市创建通过省文明委验收。

第四章　水冲港精神

第一节　治山治水

水冲港乡坐落盱眙县西南部，岗峦起伏，荒山1933公顷，1986年人均收入426元，属盱眙县最贫穷地区。

1988年，乡党委多次召开党员、干部会议，决定治山治水，治理小流域，扩大水浇地，增加粮食产量，解决农民温饱。是年起，每年冬季，乡党委一班人带领全乡3000多名干群，会战小流域治理工程。

至1991年，经过3个冬春会战，先后搬运120万立方米土石方，新建机灌站5座、电站2座，开挖塘坝24个，修建围山渠45千米，完成山岕、关山、宝塔、张郢等9个小流域治理，全乡水浇地增加到530公顷，基本解决全乡农民温饱。

图34－12　1988年，水冲港乡开展小流域治理建设。

1992年起，乡党委实施苦干5年，开发荒山、条垦梯田、栽植果林、造福后代致富工程，聘请水利部门，按照小流域治理要求，规划每年开发宜林荒山，栽植果林200公顷，5年后栽植果林1000公顷，走出一条开发荒山，栽植果林，致富农民之路。是年8月，组织3400个劳力开发刁营后山，沿等高线开挖宽1.2米、深1米条沟，2条沟之间改造成宽3米、长220米梯田。由于土层薄，露石多，岩石坚硬，民工们一天只能刨2米多长条沟。再将刨出石头垒在条埂上，从山下运土填平条沟，造成梯田。平均平整一公顷条沟、梯田，需要搬运土石1450立方米。年底，共条垦荒山515公顷，围砌石埂20万米。是年起，每年8月，果林站组织专业队伍200余人，对规划条垦荒山进行放样、框埂、打桩、定界、定位。10～12月，组织全乡劳力，开沟条垦、垒砌石埂。春节前后回土整平。

至1996年，境内共开发荒山、条垦梯田86片，投入劳力120万个，搬运土石300多万立方米，垒砌石埂60千米，开挖条垦长3140千米，建成梯田1000公顷。1998年，在望山头开发、条垦67公顷，搬运土石方82万方。2000年撤销水冲港乡，并入桂五镇。

第二节　果林栽植

1986年,新栽山楂、板栗、苹果树20.6公顷。1990年,户栽果树0.14公顷。1993年起,开始在条沟、梯田中栽植板栗,每公顷梯田栽植板栗1650株。至1996年,共栽植板栗963公顷,银杏66公顷。1994年,投入68万元,开挖直径10米、深5米大口井16眼,修建塘坝15座,引水渠14千米,可蓄水26.7立方米,可灌溉果林100公顷。

图34-13　开发荒山栽植板栗

1995年,将开发的荒山,栽植的果树,均承包给261户农民,张营村建成果林专业村。是年起,每年举办果树栽培、板栗嫁接、治虫等科学管理培训班,承包人均参加培训。1997年,副省长姜永荣特批200万元,建成40公顷板栗林滴灌工程。是年起,承包户在板栗林中套种苕子草、瓜类、花生等经济作物,既改良土壤,又增加收入。1998年,在望山头板栗园建成管理用房50平方米,防护栏200米,过路桥涵6座,大口井7眼,蓄水池6个,可灌溉板栗林67公顷。邀请日本板栗专家举办板栗管理培训班,参训果林大户350人。

1999年,从西安引进10万元梨枣苗,在桂五村杨郢、卢郢、周岗组试栽8公顷,建成梨枣示范园。在望山头板栗园铺设滴灌管道1千米,可灌溉板栗林6.7公顷。邀请省植物研究所专家,举办板栗园管理培训班。成立林果开发公司,实施果林技术培训、果品收藏、加工、销售一条龙服务。全年投产板栗林433公顷,收获板栗200吨。

第三节　媒体聚焦

1995年,副省长姜永荣等领导考察水冲港开发荒山,栽植板栗园现场。《新华日报》《淮阴日报》、淮阴电视台相继报道水冲港苦干实干开发荒山精神。溧阳县、江浦县、六合县组织乡镇干部到水冲港参观学习。

1996年,省委书记陈焕友考察水冲港乡板栗园时说:“水冲港找到一条适合自己的致富路子。”副省长姜永荣说:“水冲港人艰苦奋斗的精神,在苏北地区很有代表性,应大力提倡,可喜可赞。”市委称赞水冲港是一个不简单的典型,要大力宣传这种精神。县委提出:外学张家港,内学水冲港。

1997年2月20日,中共淮阴市委、市人民政府印发《关于在全市开展学习水冲港精神的决定》,将“自力更生、艰苦奋斗、造福人民、依靠科技”确定为水冲港精神;批准水冲港乡成立水冲港精神报告团,到全市各县、区巡回宣讲。淮阴市委开展水冲港精神大讨论。《淮阴日报》发表《弘扬水冲港精神》等4篇系列报道。4月30日,省委副书记顾浩视察水冲港,盛赞水冲港人自力更生、艰苦奋斗、穷不夺志的壮举。5月,《新华日报》《扬子晚报》《淮阴日报》、江苏电视台、江苏人民广播电台,连续报道水冲港艰苦奋斗精神。盱眙报社、盱眙电视台联合制作《大山的脊梁》《且看“愚公”搬穷山》专题片,在全县播放。6月18日,省委在南京举行学习宣传水冲港精神座谈会,省委副书记顾浩出席并讲话。他指出,水冲港精神,就是自力更生、艰苦奋斗的创业精神,实事求是、严谨务实的科学精神,人民群众当家作主、昂扬奋进的主观能动精神,为人民服务、为人民造福的无私奉献精神。8 月,省领导陈焕友、曹克明、顾浩、姜永荣题词。省委组织部历时 4 个月,拍摄反映水冲港精神电视专题片《山志铭》,作为党员电教教材。9 月,江苏人民出版社出版发行《大山的脊梁》。书中首先记载省市领导陈焕友、曹克明、顾浩、姜永荣、赵学凤题词和中共淮阴市委、淮阴市人民政府关于在全市开展学习水冲港精神活动的决定,并刊登水冲港人自力更生、治山治水精神的纪实文章 24 篇。12 月,中央电视台一套播出《大山的脊梁》,中央电视台二套在《金土地》栏目中,播放《难忘水冲港》专题片。全年,全国各地参观水冲港乡 2.5 万余人。

附:

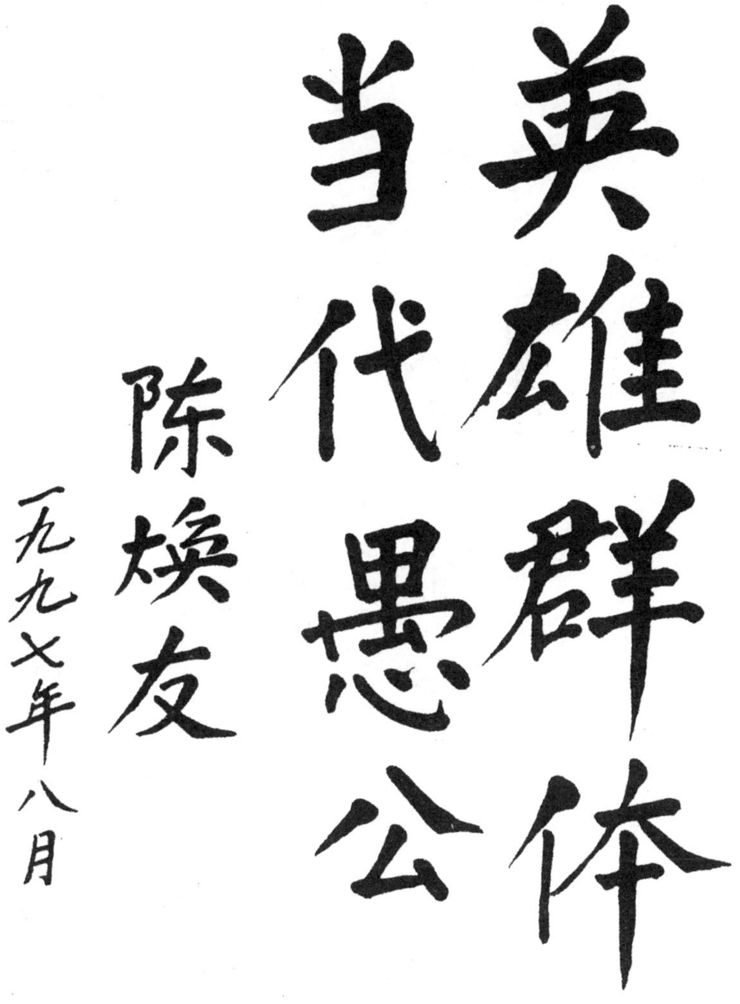

中共江苏省委书记陈焕友题词

图 34－14

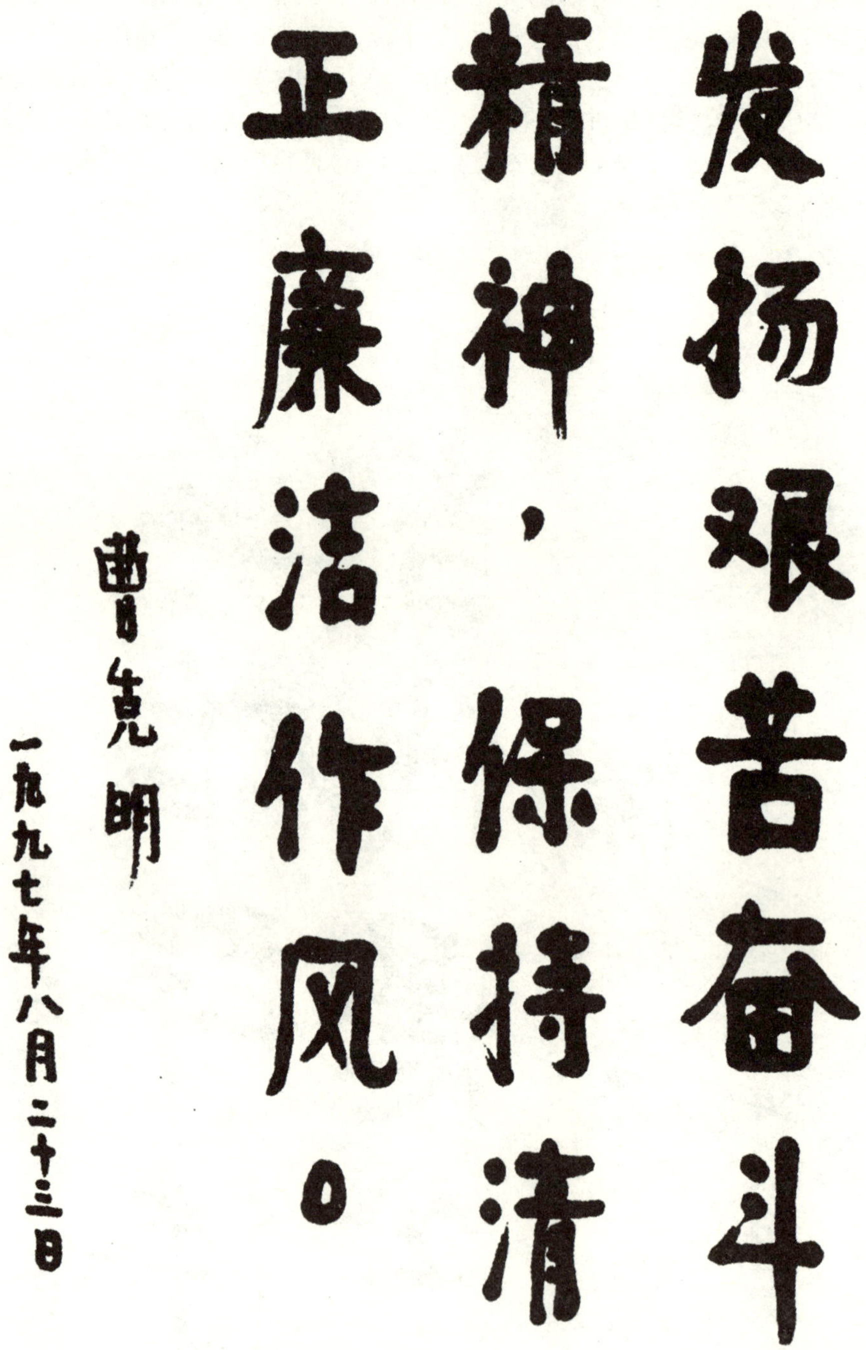

中共江苏省委副书记曹克明题词

图 34－15

中共江苏省委副书记顾浩题词

图 34－16

中共淮阴市委、淮阴市人民政府
关于在全市开展学习
水冲港精神活动的决定

(1997 年 2 月 20 日)

水冲港乡是在加快步伐奔小康的新形势下,我市农村涌现出的自力更生、艰苦奋斗的典型。该乡地处盱眙县西南部丘陵山区,自然条件恶劣。从 1989 年起,乡党委带领全乡人民,以顽强的斗志、坚韧不拔的毅力、愚公移山的精神,三年治水,五年治山,在荒山上开沟填土,新开耕地 1.9 万亩,拓植板栗 1.43 万亩,农民人均收入逐年上升。他们依靠自力更生,苦干实干,初步改变了贫穷落后的面貌。他们利用当地资源,依靠科技合理开发,发展商品生产,走出了一条符合本地实际的治穷致富之路。他们的实践对于我市脱贫致富、加快奔小康步伐具有重要的现实意义。

市委、市政府决定在全市广泛开展学习水冲港精神的活动。

一、学习他们自力更生、奋发自强。水冲港乡是全市有名的特困乡。面对贫穷的严酷现实,他们不是眼睛向上“等、靠、要”,而是把脱贫致富奔小康的立足点放在自力更生、开发当地资源上。靠艰苦奋斗,选准一条好路子,带领群众坚定不移地向小康目标迈进。学习水冲港精神,就是要像他们那样不服穷，不怕苦，眼睛向内，知难而进，用自己勤劳的双手改变贫穷落后的面貌。

二、学习他们艰苦创业、长期奋斗。水冲港人坚持长期开山治水，几年来投入120万个劳动日，搬运了土石320万立方米，修出了24个大塘，建成5个电灌站，凿修38公里送水渠和50公里围山积水渠，使全乡水浇地面积扩大了4倍；在坡改梯的治山会战中，他们开挖深沟长达3140公里，在荒山上开垦出1.9万亩梯田，围起86块板栗"开发区"，垒砌1米×1米的护林石埂60多公里。学习水冲港精神，就是要发扬这种艰苦创业、长期奋斗的新"愚公"精神，像江泽民总书记要求的那样，领导班子苦干，干部队伍苦干，广大群众苦干，一年接着一年干，一届接着一届干，干出一个新天地。

三、学习他们造福人民、无私奉献。水冲港乡改变贫困面貌的关键在党员干部。乡党委"一班人"以"苦干三五年，造福三五代"的政治责任感，想群众之所想，急群众之所急，下定决心，不改变一方水土决不罢休，靠各级党员干部苦干实干的行动，全乡上下心往一处想，劲往一处使。学习水冲港精神，就是要充分发挥基层党组织的战斗堡垒作用和党员干部的先锋模范作用，进一步增强凝聚力和战斗力，始终把为人民谋利益作为我们一切工作的立足点和出发点，把工作做到群众的家门口，做到人民的心坎上。

四、学习他们依靠科技、求真务实。水冲港乡坚持从本地实际出发，依靠科技，面向市场，发展经济，走出了一条因地制宜、科技开发的路子。他们科学治山，按科学规律办事，重视科技推广应用，请来专家论证，确定致富项目，从而使荒山开发一片成功一片。学习水冲港精神，就是要把埋头苦干与讲求科学紧密结合起来，挖掘自身潜力，找准发展路子，发挥本地优势，加快小康步伐。

学习水冲港精神是加快步伐奔小康的需要，也是将来基本实现现代化的需要。不仅贫困地区需要学习这种精神，富裕地区也需要学习，城市的各行各业同样需要学习。各级党委要广泛发动，精心组织好学习活动。各行各业要结合自身实际，对照先进找差距，针对问题，制定措施，讲求实效。新闻舆论部门要利用多种形式，集中宣传水冲港人艰苦创业、治穷致富的先进事迹，大力弘扬他们“自力更生、艰苦创业、长期奋斗、为民造福”的精神，及时报道各地、各行各业在学习活动中所取得的成效和经验。全市上下要通过开展学习水冲港精神活动，坚定信心，振奋精神，开拓进取，加快发展，推动两个文明建设再上新台阶。

第三十五篇　人　　物

盱眙县山青水秀，人杰地灵，人才辈出。盱眙人民弘扬中华民族精神，发扬中华民族美德，传承中华民族优秀的道德风范、崇高的民族气节、高尚的民族情感，为盱眙革命事业做出不朽贡献，为建设社会主义新盱眙做出不懈努力，故设人物篇。本篇人物传略记载33人，人物表录分为劳动模范、高级职称技术人员、获国家、省、市级表彰的先进个人。入志者主要是盱眙籍或外籍在盱眙县内长期工作的领导人、先进人物、社会贤达、知名人士、科技工作者及对盱眙革命事业和社会主义建设有所建树、做出贡献的人。

第一章 传　　略

赵可福

赵可福(1908~1989),1908年11月11日出生,盱眙县马坝镇人。1947年,任村长、淮南游击队队员,随队北撤至淮北。1948年2月,经组织批准回家探亲,途中被敌逮捕;2月29日遭枪杀。1989年2月5日,江苏省政府批准追认为革命烈士。

成　钧

成钧(1911~1988),湖北省石首县人,16岁时参加石首农民起义,相继参加反帝大同盟、农民赤卫队,1930年7月参加中国工农红军,1931年1月加入中国共产党。

土地革命时期,先后任红军侦察员、团长;长征途中作战身先士卒,9次负伤。抗日战争时期,先后任新四军第五支队第十团团长、第二师旅长,兼任路东、路西军分区司令员,率部转战淮南、淮北地区,为开辟和巩固抗日民主根据地做出重要贡献。

1939年10月,领导的十团转战津浦路东,活动在盱(眙)嘉(山)地区。成钧和赵启民率领的五支队十团一连击溃了日军的两次“扫荡”。马坝、三界的日伪军,由于屡遭十团袭击,龟缩在据点里不敢轻举妄动。12月下旬,国民党盱眙县长秦庆霖之子秦鹏云部队,行至大头王时,无理扣留十团的一个游动哨10多人和枪。成钧在经过交涉无效后,于1940年1月1日雪夜,对其反击,消灭其大头王一个营和津里保安队。

1940年1月2日,秦庆霖被迫派代表到十团谈判,被扣留的十团战士和枪悉数归还。3月下旬,奉命率十团参加半塔保卫战,解围之后乘胜从西路追击秦庆霖部队,生擒其营长洪端等官兵300余人。4月21日,刘少奇抵盱城。当时,成钧率十团驻守在盱城半山腰的瑞岩观中,刘少奇在该团住三天,成钧全面做好刘少奇安全保卫工作。

解放战争时期,历任新四军第七师师长,华东野战军第七纵队司令员,第三野战军二十五军军长,指挥所属部队先后参加苏中、涟水、宿北、莱芜、孟良崮、淮海、渡江、上海等重大战役,屡建奇功。在渡江战役中,指挥部队率先突破敌10千米防线,继而昼夜兼程80千米,取得歼敌主力第二十军的显赫战绩。新中国成立后,任第十兵团副司令兼福州军区副司令员。

1952年,任华东军区防空部队司令员;抗美援朝战争中,任中朝空军联合司令部副司令员。

1955年,成钧被授予中将军衔,获二级八一勋章、一级独立自由勋章、一级解放勋章。1957年,任空军副司令员、空军党委副书记,后兼任空军技术部部长,所在部队多次击落敌高空侦察机,受到毛泽东、周恩来等中央领导人称赞;成钧还多次参与组织指挥热核武器试验,建立卓越功绩。

成钧曾多次被选为全国人民代表大会代表,1982年被选为中共中央顾问委员会委员,1988年被授予一级红星功勋荣誉章。1988年8月6日病逝,享年77周岁。

杨思九

杨思九(1911～1995),安徽省涡阳县人。1936年8月毕业于安徽凤阳高级师范学校。1938年3月,参加革命,任安徽省民众抗敌总动员委员会涡阳县动委会指导员,12月加入中国共产党,不久被改任省总动员委员会干事、指导员。

1940年起,历任淮南抗日根据地路东八县联防办事处秘书、淮南路东半塔直属区中共区委书记兼区长。1941年3月,任盱眙县县长。其间,开展反"扫荡"斗争,带领县政府机关转战于新铺、岗村、马湖店等地,开展锄奸保卫、粮食征收、教育扫盲、民兵建设等工作。对民兵工作每年组织一次检阅、打靶,总结交流经验,要求民兵不脱离生产,基干民兵实行劳武结合,随时打击敌伪军,动员大批民兵充实到主力部队。在淮南行署主任方毅指导下,杨思九经过多方努力,争取龟山伪军首领韩仞波率部起义。杨思九建立健全县政府行政机构,设秘书、教育、行政、司法、财粮等科;加强全县区委组织建设,建有西高庙、穆店、旧铺、泥沛湾、马坝、圩头桥6个区,每个区下设若干乡。他组建盱眙县参议会,由共产党员、工农群众、开明士绅和党外进步人士各占三分之一参加,团结各界人士共同抗日,鼓励参议会向政府反映情况和提出批评建议,对政府工作检查监督。

1943年9月,杨思九离开盱眙县,历任淮南行政公署经建处副处长、淮南路东分区武委会主任。抗日战争胜利后,历任山东省工商总局科长、山东矿业公司行政管理系主任、大连关东实业公司经理、旅大行政公署工业厅副厅长。

1950年起,历任重工业部基建局筹备组组长、建材局副局长,建筑材料工业部部长助理,投身国家工业生产和建设工作。1957年起,任北京邮电学院党委书记,为国家培养大批科技人员,为邮电事业发展做出突出贡献。1979年,调任中共中央纪律检查委员会副秘书长(副部长级),坚持原则,实事求是,作风正派,为党的纪检工作鞠躬尽瘁。1983年12月离职休养,多次到盱眙县等地开展调查研究,鼓励离退休老干部在家乡建设中老有所为。1995年10月28日,因病在北京逝世,享年84周岁。

贺 庆

贺 庆(1913～1996),陕西保安贺家渠村人,1936年加入中国共产党。抗战时期,历任盱来嘉县大队连指导员、连长、营长、参谋长。解放战争时期,历任洪泽湖军事指挥部副指挥兼参谋长、中国人民解放军淮北警备区副团长(缺团长)兼政委。新中国成立后,任铁道兵团十一师某团团长,铁道兵五师二十二团团长、师副参谋长,铁道兵后勤部第一基地主任。

张振中

张振中(1913～1993),安徽滁县人,1941年加入中国共产党。先后任盱眙县高庙区、老子山区区长,来安县城工部部长。1946年8月,任中共盱眙县工委书记、盱来嘉工委联络部部长、东南县副县长。新中国成立后,任安徽省安庆市政协副主席。

汪道涵

汪道涵(1915～2005),原名汪导淮,盱眙县人,毕业于上海交通大学。1933年1月参加革命工作,1933年春加入中国共产党,先后参加新四军四支队、五支队。

1938年,汪道涵受党组织派遣,任新第四军四支队战地服务团团长、第四支队办事处处长,负责地方统战和党群工作,带领一个营武装战士,活动在盱眙、嘉山、来安一带。1939年11月,汪道涵任新四军第五支队办事处处长时,带领3位同志到盱眙,与国民党盱眙县县长秦庆霖就新四军五支队活动区域和给养问题进行谈判,达成协议,同意五支队可以在涧溪、河梢桥一带开展抗日宣传活动,军粮可以在盱眙县潘村、华家圩筹借。谈判结束后,汪道涵冒雪赶往潘村,筹措部队口粮。秦庆霖出尔反尔,派人带领部队到潘村阻挠五支队筹粮。汪道涵带领五支队战士经过短暂战斗,击退顽军,打开华家圩,借到大批粮食,解决五支队口粮问题。汪道涵离开华家圩,立即赶往殷庄,改编一支抗日游击队。

1940年起,历任淮南嘉山县县长、县委书记,淮南行署副主任,淮南津浦路东专员公署专员,淮南地委财经部部长、行署副主任。1945年起,历任苏皖边区政府财政厅副厅长、建设厅副厅长,华中军区、山东军区军工部部长、政委,胶东区行署代主任,安徽省财办主任。新中国成立后,历任杭州市军管会副主任兼财经部部长,浙江省财办副主任、省财政厅厅长兼商业厅厅长,华东军政委员会工业部部长。1952年起,历任第一机械工业部副部长、对外经济联络委员会常务副主任。“文化大革命”期间,遭受政治迫害。

1978年起,历任对外经济联络部副部长,国家进出口管理委员会、外国投资管理委员会副主任。1980年起,汪道涵历任上海市副市长、代市长、市长、市委书记,主持制定《关于上海经济发展战略的汇报提纲》《上海城市总体规划方案》等一系列事关上海发展的重大战略性决策,提出浦东开发、申办世博会、建设航运中心等重要主张和意见,为上海改革开放和社会主义现代化建设快速发展奠定基础,做出突出贡献。

1985年,被美国塔夫茨大学授予公共管理学名誉博士称号,被芝加哥市授予荣誉市民称号。1985年后,历任上海市政府顾问、中央顾问委员会委员、国务院上海经济区规划办公室主任、上海市台湾研究会名誉会长。1991年12月16日,海峡两岸关系协会在北京成立后,汪道涵被推举为会长。1993年4月27～29日,与台湾海峡交流基金会(简称海基会)董事长辜振甫在新加坡举行汪辜会谈。1998年10月,汪道涵再次与海基会领导人会晤,开启两岸政治对话,为推动两岸谈判进程、促进两岸关系发展做出重要努力,为推进祖国和平统一大业做出卓越贡献,受到两岸同胞和国际社会广泛赞誉。

汪道涵嗜好之一就是逛书店。上海的书店里,经常可见到汪道涵的身影,他的办公室和家里藏书很多,经常从床头的“书山”中取一册看看,其名言为:“读书就是生活”。他是北京大学、复旦大学、同济大学的客座教授。

汪道涵是第五、第六届全国人大代表,中共八大、十二大、十三大、十四大、十五大代表,中共第十二届中央候补委员。2002年10月,为盱眙县“河桥战斗纪念碑”题写碑名。2005年12月24日病逝,享年90周岁。

洪 沛

洪沛(1915～1991),原名陈德增,又名陈一萍,盱城镇人,19世纪30年代初,在盱眙县参加中国共产主义青年团,1939年5月加入中国共产党。

洪沛在任团支部组织委员时,为李桂五组建的盱眙红军游击队送情报和药品,并以寺庙中的红帐幔做镰刀斧头旗和袖标供给其应用。抗日战争爆发后,洪沛参加怀宁县抗日团体。

1938年起,任安徽省抗日动员委员会直属第十四工作团副团长、直属第十五工作团团长兼第一行政区抗日青年训练班政治指导员。1939年,任中共盱眙县特别支部委员会组织委员时,团结盱城内爱国青年,参与组建盱眙县青年抗日文化事业委员会,并参加盱眙县抗日民众动员委员会,致力于抗日宣传工作。洪沛在盱眙县特别支部活动受到国民党县政府的怀疑和监视后离开盱眙县,在安徽省泗县第三区和泗南县等先后担任领导职务。

1946年夏,洪沛在新四军淮南主力北撤后留在洪泽湖地区坚持游击战,任中共洪泽湖工作委员会委员。其间,洪沛所在的县大队和上级失去联系,在生活异常艰苦的情况下,伺机打击敌人,寻找补给,争取群众。1947年春,洪沛指挥的县大队在泗南县赵圩一带被国民党军队围困,伤亡甚大。洪沛在一位放牛老农帮助下,乔装脱险。新中国成立后,洪沛长期从事统战工作,先后任安徽省委统战部副部长、部长,省政协秘书长、副主席,全国政协第三、第四届委员会委员。春节期间,洪沛总是先到民主人士家中拜年,以后再探亲访友。洪沛对人对事业高度负责,为并肩战斗的战友查化群错杀案争取平反。查化群于1942年任新四军二师四旅副官主任、作战参谋期间，在锄奸运动中于盱眙泥沛被错杀。20世纪80年代中期，洪沛奔走呼号，终为其平反昭雪。洪沛还参与寻找查化群遗骸和为查化群重新安葬仪式。

1978年，洪沛任安徽省文物局局长时，将家藏某画家所赠的一幅名画献给省博物馆。1989年，安徽省某干部将一古物化公为私，洪沛坚持原则，申诉中纪委查处。1991年9月23日病逝，享年76周岁。

林永仁

林永仁（1915－1996），盱眙县黄花塘乡人。1942年1月，加入中国共产党，5月参加革命工作。自参加革命工作后，历任盱眙县穆店区倜傥乡、义井乡乡长，耿公乡、永兴乡政治指导员，穆店区副区长，岗村乡粮库主任，解放军第三野战军特纵特科学校管理股会计、警卫连和学员二中队指导员、一大队供管股股长，解放军第三炮兵学校粮秣科、军需科副科长、中国人民解放军济南军区守备二十五旅后勤组织计划科科长、中国人民解放军二十六军守备二十五师后勤部组织计划科科长。1962年，晋升为少校军衔。1964年6月，转业到地方工作，任盱眙县计划委员会主任、副主任，盱眙县人民政府视察室视察员等职。林永仁在部队工作期间，不畏艰苦，勤奋工作，坚持原则，廉洁奉公，为保障部队供给做出大量工作，为抗日战争和解放战争以及社会主义革命和建设做出贡献。在炮校工作期间，曾荣立三等功。在县计划委员会工作18年，经常深入基层，调查研究，积极发挥计划部门职能作用，当好县委、县政府的参谋，为盱眙县国民经济和社会事业发展做出积极贡献。

1982年离休，经中共淮阴市委批准，享受地师级待遇。离休后，仍关心盱眙两个文明建设，体现共产党员对党的事业赤诚之心。1996年8月12日在盱眙逝世，享年82岁。

朱友群

朱友群（1916～2002），盱眙县人，1939年加入中国共产党。抗日战争时期，先后任盱眙县圩桥区区长、县政府文教科科长、县委宣传部部长、县人民政府副县长。解放战争时期，先后任盱眙县政府党组书记、副县长，江苏泗阳县、东北宽甸县、山东潍县副县长、县长，上海新泾区接管专员。新中国成立后，任上海郊区工委秘书处长、宣传部长，上海市委宣传部办公室主任，上海市粮食公司党委书记、经理，上海市政府财贸办商改组长，上海市农委财贸部长，上海市粮食局党委委员、副局长、顾问等职。

徐速之

徐速之（1916～1993），安徽天长人，1939年8月加入中国共产党。历任天长县长光区区长、天长抗日民主政府县长、盱来嘉中心县委书记、中共天高县委书记、中共来安县委书记兼来安支队政委、淮南第二支队政委、江淮军区第一军分区政治部主任。新中国成立后，任安徽省人民政府副秘书长等职。

张施钜

张施钜（1916～1999），江苏省沭阳县人。1940年3月参加工作，8月加入中国共产党。历任沭阳县八区青救会秘书、区委委员，淮海干校学员，民运科长、区农会会长，中共中央华中局党校学员；泗沭县七区、王集区党委副书记兼组织科长，四区组织干事兼中心支书，七区中心支书、组织科科长、民运科科长、农会会长、区委书记，五区区委书记，县委组织部干部科科长，魏圩区委书记、县委委员，县委社会部部长兼公安局局长，两淮市委组织部组织科长；苏州地委组织部组织科长,吴县县委组织部部长;无锡县委委员、组织部部长,县委副书记;华东局党校学员,江苏省计划委员会农林处副处长,省农业水利工会副主席;沭阳县委副书记,泗阳县委副书记,淮阴专署农业局副局长;盱眙县委副书记,盱眙县委常委、古桑公社负责人,龙山公社党委书记,盱眙县革委会生产组副组长、农办副主任,盱眙县委常委、县革委会副主任,县人大常委会副主任等职。1984年离休,享受地市级待遇。1999年1月逝世。

胡　坦

胡坦(1917～2000),曾用名胡本常,盱眙县人,1938年春,在安徽省嘉山县参加中国共产党领导的抗日救亡运动,1939年11月加入中国共产党。

抗日战争和解放战争时期,历任嘉山县和旧县民主政府县长、县委党团书记,盱嘉办事处副主任,仪征县民主政府县长、县委党团书记,盱来嘉工委书记,江淮专署副专员、地委委员等职,长期战斗在津浦路东的淮河两岸,为淮南根据地创建和解放做出过突出贡献。渡江战役时,任专职支前副司令,组织支前民工修路架桥、造船运粮,支援中国人民解放军从六合县大河日渡江,为解放镇江和南京做出贡献。

新中国成立后,历任巢湖和芜湖专署专员、地委委员。1952年9月起,任安徽省财政厅税务局局长、安徽省粮食局局长。1954年8月起,先后任安徽省粮食厅副厅长、党组成员,厅长、党组书记。1957年11月,任安徽省财贸部副部长兼粮食厅长、党组书记。

1958年12月,任安徽省交通部副部长兼交通厅厅长、党组书记。1960年3月,任安徽省委财贸部部长。1964年1月,任安徽省人委财贸办公室副主任、党组副书记。1965年7月,任池州地委书记、军分区政委。1972年6月,任六安地委书记。1978年1月,任安徽省革委会副主任兼财办主任。1981年10月,任安徽省政府副省长。1983年3月,任安徽省政府顾问。1991年9月,从领导岗位上离职休养。2000年12月29日病逝,享年83周岁。

阮士杰

阮士杰(1917～1998),江苏省盱眙县盱城镇北山甘泉村人,农民。1940年初,报名参加甘泉乡民兵,作战勇敢。次年初,区党委根据他的一贯表现,批准加入中国共产党,并任命为甘泉乡民兵中队长。他刻苦练就一套双手打枪本领。飞在空中的麻雀,只要他举枪射击,就难逃厄运。在战斗中,为节省子弹,一枪要打两个鬼子。阮士杰在打仗前恪守"三不打"原则,即没有调查研究的仗不打、不讨便宜的仗不打、没有把握的仗不打。因此,他带领的民兵中队,不论战斗大小、人数多寡都能取得胜利。新中国成立后,盱眙县人民政府授予他"民兵英雄"称号。

1941年4月,民兵中队在获知敌人将偷袭甘泉乡情报后,阮士杰进行周密布置,将民兵一分为三。部分民兵掩护群众,连夜渡河到芦苇滩隐蔽;部分民兵留下,坚守村子;部分精壮民兵由他率领前去堵截敌人。根据布置,民兵居高临下,占得主动,打得敌人不得前进一步。到中午,民兵的子弹快打光,阮士杰命令所有民兵撤退,待十几名民兵安全转移后,他计从心来,将头上戴的斗笠取下,放在坟头明显处,转移敌人密集火力,自己随即转移,换个地方瞄准敌人。

1941年夏季的一天,驻盱眙城中日军将到圩桥"扫荡",阮士杰马上命令十几个民兵带上最好的武器前去拖住敌人。下午两点多钟,发现有30多个伪军往兵力薄弱的三九乡进攻。阮士杰立即率领6名民兵前去拦截,他们充分利用地形地物,伏在田埂边,射击时才发现武器和弹药都是"瞎火"子弹。在紧急关头,阮士杰急中生智,决定给敌人来个"空枪计",故意高喊"冲啊,宽大俘虏！缴枪不杀！""同志们,不要开枪,上去抓活的！"伪军见民兵们气势凶猛,势不可挡,个个如下山猛虎,对民兵手中武器底细弄不清,便一窝蜂逃命去了。

1943年夏季,一个日本军官站在县城东门外的一丘土坟头上,凭高窥探地形,腰挎东洋战刀,当他看得入神时,阮士杰和几个民兵趁其不备,从坟地里猛窜上去,将日本军官掀倒在地,拖进树林。在日军后面是一个排的伪军,住百花庵。正在站岗的两个哨兵被突然袭击情景吓愣,赶紧招呼伪军到树林边。阮士杰一边让民兵看住日本军官,一边带领其余民兵迅速赶到树林边。他左右手各握一只盒子枪,子弹上膛,拦头大声骂道:“快滚回去！我就是阮士杰！谁敢动？我就叫谁的脑袋开花！”走在前面的一个伪军见是阮士杰,“哇”的一声大叫,掉头就跑,边跑边喊:“兄弟们,快跑啊,他就是神枪手阮士杰！”一个排的伪军就这样没命逃跑掉。

同年,阮士杰出席新四军第二师在大刘营召开的淮南民兵英模大会。在此会前,罗炳辉师长特邀6名英雄参加特设的“果盒”座谈会,阮士杰就是其中之一,并受到罗师长的当面表扬。

1959年,他光荣地出席全国复、转、残、退社会主义建设积极分子大会,受到党和国家领导人的亲切接见,并合影留念。1998年逝世,享年81岁。

沙流辉

沙流辉(1918～2006),安徽省巢湖人。1938年参加中国共产党,自此开启抗日救国新征程。

1944年,在沙流辉担任盱嘉联络部副部长不久,由于西高庙、老山、圩桥、穆店四个区指挥不统一、力量分散,常常使部队处于被动挨打局面,老红军高森培的牺牲就是一个血的教训。因此,在春末夏初,盱嘉办事处决定成立临城区,沙流辉接任临城区区委书记兼区大队政治委员,另外四区除各个乡留下模范队维持地方治安外,其余武装统归临城区,并专抓生产和扩军工作,临城区成为对敌斗争前哨阵地。临城区建立后,对敌人实行经济封锁、军事包围,发动政治攻势,斗争机动灵活,方式多种多样,完全掌握斗争主动权。

沙流辉总结对敌斗争是政治斗争和经济斗争相结合。由于城里地主的土地在乡下,城里的粮食等农产品供应依靠乡下,因此,沙流辉等人便在洪泽庙设一个集,每到逢集之时,城里的地主、商人都会到洪泽庙来。他们对这些地主、商人分别进行思想教育,从他们口中了解城里各种敌情。当时,盱城的居民被编成保甲,每户发购粮卡,粮卡上印有五条爱国公约,居民凭卡到洪泽庙购粮,购粮群众便成义务宣传员,洪泽庙成为县政治、经济中心。

对敌斗争是内线斗争和外线斗争相结合。为掌握城内敌人动态,沙流辉等人采取拉出来、打进去、放哨设卡的战术,在敌人每个部门都安上“钉子”。

对敌斗争是政治斗争和军事斗争相结合。“攻心”战术思想之花,必然结下“攻城”之果。在临城区成立之后不久,变被动挨打为主动出击,局面很快改观。沙流辉曾这样描述那段对敌岁月:“敌人从东边出城,我们从西边进城,敌人从南边出城,我们从北边进城,敌人从四面出击,我们给他个中心开花,敌人死守中间,我们给他个四边骚扰。我们在敌人据点周围放把火,扔几个手榴弹,弄的敌人惶惶不可终日。”

沙流辉先后担任盱嘉县委联络部副部长、盱嘉县临城区委书记、盱眙县城区区委书记、嘉山县县长、盱凤嘉县委书记、盱嘉来六县县长、支队副政委。新中国成立后,任安徽师范大学校长、党委书记。于2006年逝世,享年88岁。

朱云谦

朱云谦(1919～1989),原名朱云仙,江西省莲花县荷塘井下村人。1931年加入中国共产主义青年团,1932年参加中国工农红军,1935年加入中国共产党。

土地革命时期,朱云谦曾任湘赣边区独立第三团政治处青年干事、少共区委书记、中心县委书记,坚持南方3年游击战争。抗日战争时期,先后担任新四军军部教导营连指导员、特务营教导员,江北游击纵队政治处副主任、新四军第五支队政治部组织科科长,是支队司令员罗炳辉的得力助手。朱云谦担任新四军十五团政委时,和团长率领部队在皖东北战场上纵横驰骋,打得泗县、灵璧县城日军白天也紧闭城门,不敢出战。

1943年,在华中局党校学习时,因钢笔字写得好、知识面广、说话逻辑性强,刘少奇夸其是工农干部知识化的典型。8月,兼任盱嘉县委书记,并兼任盱嘉支队司令员、政委。他到任后,调整县委和盱嘉支队司令部驻地,实行一元化领导;把军事斗争摆在首位,攻下敌军津里据点;建立一个新区,与日伪展开针锋相对斗争。参与开辟和发展皖中和以来安、半塔集为中心的淮南津浦路东抗日革命根据地,组织指挥并参加来安、半塔、淮南、盱眙、东沟等战斗。

1944年除夕前夜,朱云谦调集3个连、1个侦察队和区队民兵,集中在洪泽的马郢,兵分两路,由4名向导带路,向盱城进发。一路由参谋长祝平安率领,从山口门、东门口指向伪保安大队和区队驻地;一路由朱云谦率领,从戚家山脚下的日军碉堡前穿过,经核桃港、大井洼到坡山口。然后再分成三股:一股经驴市头、胡家巷向老大关的伪政府冲去,一股从坡山口直下,至大王庙伪县警察局附近埋伏,一股由朱云谦、胡坦、魏小昆率领,经大井洼到达照面山日军铃木中队队部,占领日军一个空碉堡,堵住日军大门。1944年除夕凌晨12点多钟,埋伏伪警察周围的一连发起进攻,80多名伪警察缴械投降。袭击盱眙县城战斗,朱云谦率领士兵未伤一兵一卒,共歼敌伪军200多人,缴获枪支100多支。

1944年春,曾经向新四军投诚的高立志等10人,叛变投敌,躲进盱城。朱云谦化装成商人,带着化装的侦察参谋徐继高、作战参谋周跃荣和警卫员,侦察高立志等人驻地后,组织突然袭击,除高立志潜逃外,其余均被活捉,依法惩处。

1945年5月,任淮南路东军分区副司令员、司令员、淮南军区副参谋长。1947年5月,任华东野战军第十一纵队三十一旅副旅长、旅长。1949年2月,历任第三野战军二十九军八十五师政委、师长兼政委。

1950年4月,任第三野战军二十八军参谋长;12月,任中南空军陆战师师长。1955年,被授予少将军衔。1956年6月,从中国人民解放军军事学院空军系毕业后,历任广州军区空军副司令员、空军学院副院长和副书记。他为中国人民解放军第一支伞兵部队的组建和发展、培养空军中高级指挥员做出卓有成效工作。“文化大革命”期间,朱云谦受迫害。

1972年,从农场释放回北京。1974年1月,担任广州军区空军副政委。1975年5月,任广州军区空军政委。1978年10月,任中国人民解放军总政治部副主任。

1980~1982年,兼任总政治部干部部部长。在任期间,在中央军委、总政治部党委的领导下,为中国人民解放军干部的培养、组织制定正规化的干部制度,加强新时期干部队伍建设,实现干部队伍革命化、年轻化、知识化、专业化和部队精简整编,做出较大贡献。他坚持任人唯贤的干部路线,坚持民主集中制,注意听取各方面的意见,对干部一视同仁,关心老干部,爱护新干部,重视发挥知识分子的作用。朱云谦是中共十二届中央委员,获三级八一勋章、二级独立自由勋章、一级解放勋章、一级红星功勋荣誉章。1989年1月28日病逝,享年70周岁。

孟家芹

孟家芹(1919~1994),马坝镇人,出身于农民家庭,自幼务农。1940年3月参加革命,1941年6月加入中国共产党。

1939年,在新四军第五支队开辟的淮南抗日根据地从事地方工作。1940年3月,任盱眙县马坝乡副乡长。1942年4月起,历任盱眙县马坝区委组织部长,天高县黎城区委书记、区长,天高县委组织部长、县委副书记。1945年7月,任天宝县委书记、县武装总队政委。任职期间,带领地方武装和党的地方工作人员深入敌后开辟新区,发动群众,筹粮筹款,为抗日战争贡献力量。

1948年7月,先后任江淮地委与安徽省滁县地委组织部副部长、部长,他在极其困难的条件下,组织人力、物力支援前线,为渡江战役做出大量工作。

1952年6月,任中共安徽省滁县地委副书记、纪委书记。1954年10月,任安徽省委组织部干部处处长。1955年5月,任中共安徽省委纪委副书记、省委监委副书记。任职期间,贯彻执行党的方针和政策,领导群众投入土地改革、“三反”“五反”及社会主义“三大改造”工作。1958年1月,被错划为“右倾分子”,下派到繁昌县新港钢铁厂任厂长。1961年4月,任安徽省徽州行署副专员兼计委主任。1962年,安徽省委为其平反。是年,任安徽省委监委副书记。1968年4月,任安徽省革委会常委、生产指挥组副组长、安徽省工交办公室副主任。1978年2月起,任安徽省革委会副主任、省人民政府副省长。1981年,先后任安徽省委副书记、省委纪委书记。

“文化大革命”期间,孟家芹反对林彪、江青反革命集团的倒行逆施,以对中国共产党、对社会主义建设事业负责的精神,领导和组织全省工交战线生产工作。中共十一届三中全会后,他贯彻执行全会确定的路线、方针、政策,解放思想,实事求是,协助安徽省委进行拨乱反正、平反冤假错案。1984年12月,主动要求从领导岗位上退下来,离职休养。此后,仍然十分关心党的建设和老区、贫困地区的经济发展与群众生活。他是一个德高望重的领导者,深受广大干部和群众的拥护和爱戴。

孟家芹是中国共产党九大、十大、十一大代表,中共安徽省一、二、三次党代会代表,中共安徽省第三届委员会委员。1994年10月9日,在安徽省合肥市逝世,享年75周岁。

周世民

周世民(1919~2000),曾用名韩国贵,盱眙县人。1941年7月参加革命工作,1949年2月加入中国共产党。

1942年,周世民被安排到盱(眙)嘉(山)县委工作。不久,上海地下党派沈曾华任盱(眙)嘉(山)县委秘书兼任青抗会理事长,负责承办生产快报。周世民在沈曾华鼓励下,写出十多篇有关拥军、优属、参军、生产的通讯稿件,向生产快报投稿。

从此,周世民成为《淮南日报》《大众》《快报》《新路东》通讯员。报社江平秋、苏苏、菡子等同志经常给周世民寄去投稿信封上应贴的“稿”字邮票。此邮票图案由刻版淮南抗币的张方欣雕琢,中间为红色五角星,加盖黑色“稿”字,《新路东》报社用旧的电码纸背面印制,中国共产党领导下的淮南交通总站发行,专供记者、通讯员向报社投寄稿件时使用。1943年,沈曾华调到江淮大学工作,临行时,周世民为感谢沈曾华的帮助和关怀,将笔记本中夹着的全新“稿”字邮票“四方连”赠给沈曾华。沈曾华收藏此枚邮票,属中国集邮界孤品,被誉为“红印花”。新中国成立后,先后参加国际邮展8次,获大镀金奖3次,金奖3次,大金奖加国家大奖2次。

2005年,沈曾华将“稿”字邮票四方连以220万元拍卖成交,拍卖资金全部捐赠给长春第一汽车制造厂,作为自主创新奖。周世民参加革命后,历任盱(眙)嘉(山)县农抗会秘书、《淮南日报》记者、苏北地委宣传部部长等职。新中国成立后,周世民历任安徽省文联主任、中共安徽省委书记秘书、安徽省委宣传部宣传处副处长、合肥市知识青年办公室主任、合肥市广播电视局局长兼党组书记等职。周世民离休后,因其在盱眙县度过童年和少年时期,对盱眙县有着深厚感情,曾住盱眙县长达10年,主要从事搜集、整理李桂五及其领导红军游击队相关史料,编辑《都梁魂》,并在此基础上改编出版《飞瀑下的红莲》一书,全面反映李桂五等领导红军游击队在西高庙地区开展武装斗争的业绩。1981年12月,周世民离职休养,享受地市级待遇。2000年10月病逝,享年81周岁。

杨 巩

杨巩(1919~2008),盱眙县盱城人。1938年11月参加革命。1939年7月加入中国共产党。战争年代,历任泗县常备第二中队政治指导员,皖东北第六游击区政治部宣传科科员,《皖东北日报》编辑,宿迁县委民运部长、桃园区委书记,《淮海报》社副社长,《新华日报》(华中版)、《苏南日报》秘书长兼副总编等职。新中国成立后,历任省委组织部办公室主任,江苏师范学院院长兼院党委书记,扬州师范学院革委会主任兼院党委书记,南京师范学院院长兼党委书记等职。1983年离休,享受副省级医疗待遇。2008年病逝。

蒋锡白

蒋锡白(1919~2007),盱眙县穆店乡莲塘村人。1932年,跟随革命队伍,转战南北,参加长征,到达陕北延安。1938年4月加入中国共产党。1939年8月~1941年,先后任陕西省安塞县县委秘书、高检区区委书记。1948年8月~1949年5月,任西北局党校延安地方干部学校副主任。

1954年5月~1955年8月,任中央西北局党校副秘书长兼组织处处长、秘书长、代校长。1959年7月~1960年4月,任中共中央第二中级党校党委副书记兼副校长。1960年4月~1970年5月,历任中共陕西省委副秘书长兼办公厅主任、省外事小组副组长、省档案局局长。1972年8月~1976年12月,任西安冶金机械厂党委副书记、革委会副主任、革委会主任。

1976年12月~1980年1月,任西安市公交办党组书记、主任兼西电公司书记。1980年1月~1982年12月,任中共西安市委常委、副市长兼市政府秘书长。1982年1月~1990年7月,任中共西安市顾问委员会副主任。1990年7月,离职休养,享受副省级待遇。2007年5月8日逝世。

钱　钧

钱　钧(1920~1998),盱眙县桂五镇宝山村人。1940年6月参加革命,8月加入中国共产党。抗日战争期间,先后任高庙乡乡助理员、副乡长、乡长、乡指导员,高庙区民兵政委、区政委、区委书记等职。解放战争期间,先后任盱眙县委组织部副部长、华中野战军政治部民运工作组组长、华东野战军后方留守政治处民运股长、解放军第10纵队民运干事、第29师民运科长、民联科长等职。

新中国成立后,先后任第三野战军第28军第83师组织科长、军委空军干部学校组织科长、军委空军政治学校组织科长、空军指挥训练班政委、空军高级航校政治部副主任、空军第一高级专科学校政治部副主任、空军军政干校政治部副主任、空军学院院务部副政委等职。1955年7月荣获三级解放勋章。1981年2月离职休养,师职。1988年7月荣获中国人民解放军独立功勋荣誉勋章。

钱钧在青年学生时代,深受革命思想影响,参加革命后,积极投身抗日斗争。解放战争中,先后参加过济南战役、淮海战役、渡江战役、福州战役,以及闽江两岸及南平地区剿匪和炮击金门等战斗。在战斗中,他不畏艰险,不怕牺牲,坚决执行命令,出色完成上级交给的任务。

新中国成立后,根据工作需要和组织安排,先后多次调动工作,但他兢兢业业,任劳任怨,联系群众,为培养空军建设人才作出积极贡献。在1966~1976年的"文化大革命"中,他受到迫害,但他始终坚信党的领导,坚信党的事业,表现出一个共产党员的高尚品德。1998年9月28日7时,在北京因病治疗无效,与世长辞,享年78岁。

莫宏元

莫宏元(1920~1989),1920年2月16日出生,盱眙县维桥乡人。1945年,任淮南路东保安处审讯科员。1946年7月,随队撤至淮北;9月,由组织派往淮南执行任务。1947年2月,被敌逮捕;4月,在狱中被折磨至死。1989年8月14日,江苏省政府批准追认为革命烈士。

马友里

马友里(1922~1993),盱眙县鲍集人。1939年3月,马友里弃笔从戎,5月加入中国共产党。先后任皖东北预备大队副大队长、华中淮北洪泽湖水上大队大队长等职。淮北洪泽湖水上大队多次袭击敌人据点,破坏敌人交通,抓汉奸、除恶霸,力量从小到大、由弱变强,令洪泽湖地区敌人闻风丧胆。1943年,马友里所在部队转入新四军主力部队后,在参加临淮头、海郑公路胡庙、卓海子等战斗中屡立大功。解放战争时期，先后任营长、团参谋长、团长，率部参加莱芜、孟良崮、盐南、淮海、渡江以及解放杭州等几十次战役，多次负伤，屡建战功。

抗美援朝期间，任中国人民志愿军某师第一副师长兼参谋长，率部参加咸兴地区防御战，以小的代价换取重大胜利，其部队多次受到志愿军司令部表彰。1958 年起，历任师长，军副参谋长、参谋长、副军长、军长，军区副参谋长、参谋长。常深入连队和边防哨所调研，亲自组织和推动部队军事训练，制定具体方案，皮定均称赞马友里"是个难得的好参谋长"，叶剑英夸奖马友里"头脑清楚，思路敏捷，精明强干"。1980 年，任石家庄高级陆军学校副校长，分管教育和后勤，及时总结管理育人经验，组织编写《部队管理教育教材》，为培养部队中级军政指挥员做出贡献。

1988 年 5 月，马友里被授予中国人民解放军独立功勋荣誉奖章，为兵团职。1993 年 7 月 27 日病逝，享年 71 周岁。

保　晴

保晴（1922 ~ 1993），盱眙县穆店人，1940 年加入中国共产党。抗日战争时期，任路东八县交通学校校长、高桥乡乡长、圵桥区区委书记、穆店区区委书记、仇河区区委书记。解放战争时期，历任圵老区区委书记、长淮工委副书记、盱眙县委民运部长、县委宣传部长。新中国成立后，历任滁河水利工程管理委员会副总指挥、中共肥西县委副书记、巢县县委书记、天长县委副书记、滁县地委统战部部长等职，1982 年离休。

陈　震

陈震（1922 ~ 2001），淮安市淮阴区（原淮阴县）人。1941 年 8 月参加工作，1942 年 10 月加入中国共产党。1941 年 9 月起，历任淮泗县顺河区五连乡副乡长，张圩乡、马厂乡、赵集乡乡长，张福乡指导员。1945 年 1 月，任淮泗县河东区区委委员、联会主任。1945 年 9 月，任淮宝县陈集区区委委员、联会主任。1946 年 10 月，任五分区叶挺县横塘和秦楼两区区委委员、联会主任。1947 年 5 月，任淮泗县黄圩和新袁两区区委委员、联会主任。1948 年 1 月 ~1949 年 5 月，历任淮泗和泗阳两县县委组织部干事、组织部干部科科长兼县直总支书记。

1951 年，任泗阳县人民检察署秘书。1954 年，任泗阳县人民法院副院长。1955 年 9 月，任淮阴地区中级人民法院民庭庭长、审判委员会委员，1956 年 6 月，任洪泽县人民法院院长、县委委员。1966 年 1 月，任盱眙县人民法院院长、县委委员。1966 年 12 月 ~1969 年 5 月，在"五 · 七"干校劳动。1969 年 6 月，任盱眙县工交建设局负责人、县交通局局长。1973 年，任盱眙县公检法军管会政法组副组长。1973 年冬，任盱眙县人民法院院长、县委政法委副书记。1982 年离休，享受副厅级待遇。2001 年 2 月逝世。

刘启文

刘启文（1923 ~ 1999），盱城镇人。1943 年 1 月入党，10 月参加工作。历任盱眙县马坝区农会秘书、民政区员；二纵四师十二团特务营、一营书记，团参谋处书记；旧铺区委组织委员，中共盱眙县委组织部干事，马坝区委副书记、书记；中共盱眙县委组织部副部长、部长，县委书记处书记；马坝公社党委书记、盱眙县委副书记、盱眙县人民政府县长；治淮指挥部副指挥，三河农场党委书记、场革委会主任；盱眙县革委会副主任、县委副书记，淮阴县委副书记、淮阴县人民政府县长。1983 年离休，享受地市级待遇。1999 年 1 月逝世。

朱星远

朱星远(1923~2002),江苏省滨海县人。1945年7月加入中国共产党。1945年1月起,历任盐阜区联立第二中学供给员、裕源盐业公司副经理、江苏农纺专校云生盐场经理、苏北第五分区教导大队学员、华东警备九旅二十七团供给处会计、步兵102师连指导员、干部部干事、农业建设第四师十团财务股股长,国营宝应湖农场、三河农场财务科科长,盱眙县维桥公社副书记、盱眙县委农工部副部长、岗村公社第二书记、东阳公社书记、县委农工部部长、县革委会生产指挥组副组长、穆店公社书记、县农水办公室主任、县革委会副主任、县委副书记、县人大常委会主任等职。1987年7月离休,享受地厅级待遇。朱星远从领导岗位退下后,仍积极投身盱眙"两个文明"建设,先后担任县个体劳动者协会名誉会长、老区开发促进会理事长、县关心下一代工作委员会主任等职。2002年3月逝世。

杨 佈

杨佈(1924~2006),原名杨兆龙,盱眙县黄花塘人。1940年5月参加革命。1941年5月加入中国共产党。抗日战争时期,先后在淮南路东抗日根据地工作、淮南行政学院学习,历任盱眙县直属四区东庙乡党总支书记,中共盱眙县维桥区委书记、岗村区委书记,中共甘泉县公道区委书记,新四军二师随军学校党支部书记等职。解放战争时期,历任华东建设兵团参谋、营副教导员,华东南下干部公安中队党支部书记等职。

1941~19747年,杨佈根据上级指示,带领区、乡干部组织发动群众开展对敌斗争,打击下乡扫荡敌人;实行减租减息,护军支前,解决军民急需,为新四军提供军需服务。在对敌斗争,两次负伤。

新中国成立后,历任厦门市公安局长、副市长,中共福州市委副书记、纪委书记,福州市副市长、市人大常委会副主任,市政协主席等职。1988年12月离休。2006年3月病逝,享年84岁。

颜秉栋

颜秉栋(1932~2002)江苏省邳州市人,生于盱眙县王店乡古城街。1945年7月,就读于淮南中学。1948年5月,加入中国共产党。1946年8月,随苏皖边区黄河大队三中队北撤。1947年8月起,历任苏皖边区黄河大队三中队文书、华野西线兵团司令部机要处机要员、中原军区豫皖苏分局机要科机要员,曾参加过东北解放战争、莱芜战役、淮海战役、渡江战役以及湘西剿匪等重大战役。

1950年转业后,历任铁道部都匀办事处军管会机要秘书、铁道部衡阳管理局机要科机要组长,湖南省常德地委机要科和中共湘西区委机要科组长、代理科长,中共湖南省委机要处秘书、中共湖南省黔阳地委机要科副科长、科长、秘书科科长,中共黔阳地委办公室副主任。1957年12月,错划为右派。1979年4月,落实干部政治待遇。1980年8月起,历任盱眙县文教局副局长、县科委主任、江苏省省级机关档案库(718库)副主任、盱眙县政协副主席等职。1990年6月离休,享受地厅级待遇。2002年5月逝世。

史有治

史有治(1938~1992),江苏省江宁县人。1960年,宜兴农校毕业后,分配到盱眙县茶场工作,先后任技术员、场长、党支部书记,为盱眙茶业发展出力流汗,被誉为改造穷山窝的"脊梁"。史有治初到茶场时,方圆333.33公顷的山坡一片荒芜,山里人无种茶技术,茶叶减产。史有治看在眼里,急在心中。他每天比别人起得早,为茶树修枝、除草、翻土,冬天带头下河挖烂泥培茶;制茶时节,用手在高温铁锅中杀青、揉捻,一天工作10多个小时,其手掌结成一层厚厚老茧。

20世纪80年代初,史有治成为茶场负责人后,还是一如既往地到制茶厂与工人同吃同干。为加快发展茶叶生产,向党支部提出推行联产计酬生产责任制建议,在全省农林场圃中属首创;采取"向财政要一点、职工筹一点、场里出一点"的筹集资金办法,使全场用上电和自来水,铺上石子公路。

1984年,江宁县组织部准备调史有治回原籍工作。史有治放弃个人安逸,坚定信念,留场创新发展,为加快大雨山茶叶发展事业做出贡献。他任场长兼党支部书记时,经常奔波于扬州、镇江、常熟、宜兴等地,为茶叶找销路;根据市场需求,改烘青为炒青,从低档到高档,"雨山"牌绿茶色翠、香郁、味淳,逐渐畅销省内外。

1989年秋,史有治患上食道癌,1990年2月12日,经县有关领导多次催促,他才赴宁治病。住院期间,他有时偷偷离开医院,回场召开场务会、支委会、制茶师傅会,商讨工作。

1990年7月1日出院后,史有治到苏南考察茶叶种植先进技术,6天共走访3个茶场、1个茶叶研究所了解和咨询相关茶叶生产情况。在他艰苦努力下,盱眙县茶场新种3.33公顷苏南优质茶,属新品种,"南茶北移"获得成功,茶场经济效益逐年增加。

1990年,盱眙县茶厂年产值超过100万元,职工人均收入由1985年的400多元增到1300多元,摘掉多年亏损的帽子。1991年5月12日,《新华日报》以《大雨山的脊梁》为题报道史有治感人事迹,并发表评论员文章,称其是"一颗在人民中间生根、开花的种子";5月21日,中共盱眙县委作出决定,在全县开展向优秀共产党员史有治学习活动。1992年5月11日,终因食道癌复发逝世,享年54周岁。

罗永言

罗永言(1942~1991),盱眙县铁佛乡人。1959年,任村团支部书记;1973年加入中国共产党,历任党支部书记,乡水利站长、农水助理员、纪检委员、司法助理员等职。

1966年秋的一个夜晚,罗永言为保护集体财产与偷盗歹徒搏斗近一小时,胸部、右肺等6处被尖刀刺伤,经治疗后,留下后遗症。1977年,罗永言被乡党委派到各项工作滞后、矛盾重重的邓圩村任党支部书记。通过艰苦细致工作,邓圩村党支部成员之间矛盾逐渐化解。

1984年冬,京杭运河航道疏浚工程施工时,担任铁佛乡施工工程指挥,不顾肝病,带头苦干,铁佛乡所承担的施工工程被淮阴市评为第一名。

1984年,担任铁佛乡司法助理员后,依据国家有关法规,拟定《关于加强民事调解工作的意见》,建立和健全调解组织,形成乡、村、组三级调解网络。截至1990年,连续5年被县、市评为最佳普法工作者。

1990年5月,周岗村发生宅基地纠纷时,他闻讯后挨门逐户走访全组29户人家,商量解决办法。同时,还利用会议、广播、放电影等多种形式宣传土地管理和农村建房等法律知识,周岗村宅基地纠纷得到妥善处理。杨滩村有2户因承包鱼塘发生争执,致双方6人受伤住院。罗永言先后30多次分头找当事人谈话疏导,用6天时间终于缓解矛盾。是年,罗永言亲自调处的民事纠纷共636件,其中防止民转刑案件31件。

1991年6~7月,遭受特大洪涝灾害,铁佛乡境内16.5千米长的淮河大堤有36处告急。罗永言时任乡防汛指挥部助理指挥,他不畏艰险,察看水情、灾情,奋斗在抗洪抢险第一线。7月9日,淮河大堤李圩段决堤,村庄、农田被淹。他毫不犹豫地跳进洪水中,与160多名党员组成人墙,阻挡洪水,经过9小时拼搏,大堤化险为夷。罗永言积劳成疾,倒在泥水中。7月11日下午,罗永言又出现在抗洪工地上。终因4天高烧再次累倒在病床上,稍好一点,又跌跌撞撞赶到抗洪第一线。整整40天的抗洪斗争,罗永言肝痛不止,经南京肿瘤医院和南京空军医院诊断为肝癌晚期。

1991年11月1日,省司法厅向罗永言颁发一等功勋章。1991年11月3日病逝,享年49周岁。1992年2月,司法部追授罗永言"一级英雄模范"称号。

万九如

万九如(1942~2008),笔名万水,盱眙县铁佛镇人,中共党员。1959年应征入伍,历任解放军海军东海舰队练习团学员,海军崇武观通站雷达兵、文书,海军海坛水警区新闻干事,海军福建基地政治部宣传处干事、处长,东海舰队政治部宣传部副部长、部长,海军政治部文化部部长。1985年毕业于复旦大学。1994年,被授予少将军衔。1995年,任南京海军指挥学院政治部主任。1997年,万九如退役后,加入中国作协,撰写的《生命海》由中国文联出版社出版发行,是中国第一本专门写海洋本体的诗集。万九如曾主编解放军第一部《精神支柱十二讲》,与别人合著出版《启动中国经济航母》一书。

2000年起,先后出版《深蓝的世界》《流荡的生命》《心海春歌》《生命海》《深蓝的世界》海洋诗集,被称为"海洋诗人"和艺术化的海洋百科全书。创作《蓝色工程》《数字海洋》、中篇小说《猪王》,报告文学、散文等作品,被称为"军旅作家"。反映人民海军成长历程的电视连续剧《潮起潮落》,由万九如参与创作,担任总策划、总监制,撰写主题歌《春风》《爱你也难》,获"飞天奖""金鹰奖"和国家"五个一工程奖"。2008年7月病逝。

冼梦雪

冼梦雪(1992~2007),女,盱眙县盱城镇新湾村人,盱眙县第五中学学生。2006年5月中旬,冼梦雪患脑内胶质瘤。12月中旬,在生命弥留之际,冼梦雪决定捐献器官,服务他人。由于客观原因,冼梦雪眼角膜是唯一可以捐献的器官。南京电视台的《东方在线》和《法治现场》栏目、《金陵晚报》及网络媒体持续跟踪报道冼梦雪感人事迹。当记者问冼梦雪为什么要捐献其器官时,冼梦雪说:"把自己的器官捐献给同龄人,让他们能健康快乐的生活下去"。她的父亲冼勇万含着泪水,同意将女儿眼角膜捐献给需要的人。

2007年1月12日2时30分,冼梦雪在县中医院病逝;4时43分,南京市第一医院两名医生为冼梦雪实施眼角膜摘除手术,成功植入扬州和南京的两名患者眼中,冼梦雪是中国年龄最小的人体器官自愿捐献者。送别冼梦雪的那天,殡仪馆内聚集众多自发为其送行的人。7月,勤奋善良、乐于助人的冼梦雪当选为首届"淮安亲情大使"。2008年,冼梦雪被评为"感动盱眙十大道德楷模"。12月,以冼梦雪为原型的电影《梦雪》开机拍摄。

图35-1 盱城鸟瞰

第二章 名 录

1986～2008年盱眙县市级以上劳模、先进个人一览表

表35－1

荣誉级别	时间	姓 名	荣誉称号	授予单位
全国劳动模范	2000	郑 宁	劳动模范	国务院
	2005	孙大友	劳动模范	国务院
省（部）级劳动模范	1988	于光灿、钟宏元、高招亮、史硕宏、赵启美、徐志学、刘炳玉	劳动模范	省政府
	1991	郭 毅、杨兆亚、刘真和、颜 旭、茆国良、冯功成、唐育权、董运领、许金亭、周继如	劳动模范	省政府
	1996	赵 伦、杨德国、赵建荣、张云霞、任玉珠、殷洪江、陈学忠、陈怀标	劳动模范	省政府
		童洪涧	全国金融系统劳动模范	中国人民银行、中国金融工会
	1999	许 健	全国建设系统劳动模范	建设部
	2001	米长生、冯玉生、赵卫东、金维军、朱习勇、周家宽	劳动模范	省政府
		陈士宏	优秀党务工作者	省委
		陈思宁	优秀共产党员	省委
	2003	陶广明	全国供销系统劳动模范	人事部、全国供销合作总社
	2004	傅维林、柏玉基	劳动模范	省政府
	2006	张玉兰、张玉鹏、陈思宁	劳动模范	省政府
		朱长祥	全国纪检监察先进工作者	中纪委、人事部、监察部
获市（厅）级劳动模范	1992	高 峰、汪 杰、刘家全、陈福标、王开勤、程 适、陈恒生、杨纯昭、李文富、金少荣、刘素梅、陈东亮、李步松、王学田、孙学芝、王继东、刘启友	劳动模范	市政府
	1994	王正飚、李庆林	优秀党务工作者	省委
	1996	满再友、包银生、陈方善、李同富、王明魁、胡贵珍、邱长义、张春友、叶科兰、李加和、宋志龙、陈寿华、潘 洁、张其龙、俞 科	劳动模范	市委、市政府
		赵长春	优秀党委书记	省委组织部
		张承祥	优秀村党支部书记	省委组织部
		张福华、高 林	优秀共产党员	市委
		臧殿楼、戴庆荣	优秀党务工作者	市委

续表 35－1

荣誉级别	时间	姓　　名	荣誉名称	授予单位
获市(厅)级劳动模范	1996	欧长生	民族团结先进个人	市政府
		钱学才	优秀转业干部	省政府
		赵　伦、殷洪江、陈学忠	劳动模范	市委、市政府
	1997	汤明洋、章金豪、李兆芝、刘　震	宁连公路淮阴段建设先进个人	市委、市政府
		张同平、陈学忠、许宏柏、刘仁江、徐爱平	计生工作先进个人	市政府
		章亚东	信访系统先进工作者	省委、省政府、省人事厅
	1998	刘　洋	工商系统先进工作者	省工商局
		张夕才	安全生产标兵	市政府
		花为伟、戴　飞	十大杰出青年	市政府
	1999	王　红、张奠超、高大鹏、杨　松、薛万才、段桂荣、王干飞、范步秋、毛大徐、刘国泰、高永清、王　敏、季维萍、姜秀红、杜学全、程继业、张家银、柏　萍、朱元霞、陈士明、吴仕淦	劳动模范	市委、市政府
		李献国、葛　云、桂宏鹏、赵文霞	优秀党务工作者	市委
		周家宽、韩文俊、冯玉生、高宝坤、容跃进、谢正明	优秀共产党员	市委
	2000	李先峥	优秀工会工作者标兵	市委、市政府
		郑晶铸	税务系统先进工作者	省人事厅、省地税局
		杨宏侠	“三八”红旗手标兵	市委、市政府
	2001	卢一勋、林广付、周永军、花为伟、陈思宁	优秀共产党员	市委
		卢玉勋、李文庆、丁立权、冯殿玉、丁厚谊	优秀党务工作者	市委
		芮洪珍、俞永革、张丛明	“九五”计划生育先进工作者	市委、市政府
		张　华	1997～1999年度信访先进工作者	省人事厅、省信访局
	2002	雍　梅、夏文标、李德萍、朱洪波、杨　浩、钟义海、倪新民、张　伟、赵建江、刘　峰、张信芳、谢晓明、欧长代、刘艾元、郝增明、张玉鹏、陈守荣、朱厚林、张爱平、何友才、傅祥忠、赵长富、李宽厚、孙大友、刘德仁、杜洪海、邹正科、陈大平、陈守荣、项永祥	劳动模范	市委、市政府
		朱肇树、王行政	优秀人大代表	市委、市人大常委会
		陈　超、王玉国	人大先进工作者	市委、市人大常委会
		张传春、陈学涛	财政系统先进工作者	省人事厅、省财政厅

续表 35－1

荣誉级别	时间	姓　名	荣誉名称	授予单位
获市(厅)级劳动模范	2003	李传生、李　艳、陈建军	防“非典”先进个人	市委、市政府
		郑素兰	档案先进个人	省人事厅、省档案局
		赵可军	严打整治斗争先进工作者	市委、市政府
		刘亚楚	农林系统先进工作者	省人事厅、省农林厅
		陈朝晖	信访先进工作者	市委、市政府
		戴广玉	人民满意政法干警一等功	省委、省政府
	2005	韩建山、周立美、黄其华、卢宏生、陈元新、陈玉英、宋广红、朱　兵、龚显虎、史瑞明、朱定荣、高为森、柳　军、龚绍友、邵灯华、吴洪刚、白　放、吴兆敏、冉照兵、詹玉龙、董振清、范志军、王家卫、姜　滢、汪德昌、高振如、莫承珊、赵素礼、张宏云、王巧兰	劳动模范	市委、市政府
		许保国	信访先进工作者	省人事厅、省信访局
		张广梅、李保忠、徐学文	社会综治先进工作者	省委、省政府
	2006	安礼如	劳动模范	市委、市政府
		傅维林、朱长祥	纪检先进工作者	省委、省政府
		张长久	计生先进工作者	省人事厅、省计生委
		郭永余	地方志先进工作者	省人事厅、省志办
		沈明超	科协工作先进个人	市委、市政府
		许庆华	科技工作先进工作者	市委、市政府
		刘兆军、陶慎泰	文化工作先进标兵	市委、市政府
	2007	朱永祥、张秀武、杨志明、樊金鸿	劳动模范	市委、市政府
		王泽华	计生工作先进个人	市委、市政府
		梁承农、葛天成	人大工作先进个人	市委、市人大常委会
		毛道行、杨丽莉	优秀人大代表	市委、市人大常委会
		吴建明	信访工作先进标兵	市委、市政府
		吴厚贵	工商系统先进工作者	省人事厅、省工商局
	2008	丁厚奇、干　群、王和珍、王明辉、巴正余、吉久华、乔春明、朱　青、朱成芹、许忠昌、汤友芝、柏昌林、陆　伟、刘正中、刘成林、邵其仕、程福新、杨　明、杨德豪、赵文龙、戚金知、唐平芝、龚栋梁、张居勇、张金铸、曹玉成、葛珍霞、葛登洋、郭苏安、黄士忠、高迎启、顾华军、赵香权、蒋学文、谢家林	劳动模范	市委、市政府

1986~2008年盱眙县副高以上职称技术人员一览表

表35-2

获评时间	姓　　名	职称名称
1987年	叶兆贵	高级经济师
1988年	陆树民	二级律师
	董阿英、王景芬、王祖琪、欧阳树维、廖承志	副主任医师
	顾克明	副主任中医师
	季德兴	高级工程师
	王湛元、吴森荣、张德绪	高级讲师
	朱余庆	高级农艺师
	邵为光	高级畜牧师
	夏广溥、王秉秀、周关昌、邱鹤年、姚秀娟、高之鹤、姚祝礼、程其嵩、杨岳峰、吴肇友、张其采、云　程、陈　怡、张树元、杜庆熙、张承三、刘大志、周敦源、陈富荣、郑义明、谢永柱、王守义、孙亦萃、陆太利	中学高级教师
1989年	刘健生、周云芳、朱志雄	副主任医师
	任长葆、邵中河	高级工程师
	高全福	高级经济师
	章瑞宝	高级林业工程师
	许金亭	高级畜牧师
1990年	王　平	二级演员
	郁伯棣	副编审
	庄德焕、陈　伟、戴鼎生	副研究员
	戴德明、蔡　萍	副主任护师
	罗守忠、李绍林、应瑞林、钱兆隆、董敬之、赵先芬	副主任医师
	庄德星、王希祯、黄仕儒、咸水邦、黄良生、周岳荣、王清平、张承勇、邵循瑞、张奠宇、吴世中、陈　超、王旭初、李效棠	高级工程师
	陈　干、吴师美、姚制奇、骆春华	高级会计师
	朱萼含	高级讲师
	姚福茂、陈珍珠、黄兆堂、张金明、张素珍、王吉和、肖荣成、王文英、徐传琛	高级经济师
	赵国安、王学道	高级林业工程师
	谢　震、王仁让、叶庆峰、许永发、郑钦民	高级农经师
	贾水荫、朱学智、花如盛、乔铃和、周福林、姚景德、刘国富、邓嘉植、戴天全、张熙铭	高级农艺师
	张宇端、蔡正刚	高级统计师
	顾丽华、陈耀生	高级畜牧师
	蔡则兰、滕学礼、陈立福、陈廉禄、张志诚、张佩修、董泽寿、吕月英、孙宝珍、徐民享	中学高级教师

续表 35－2

获评时间	姓　　名	职称名称
1991 年	程其璜、张德勇	副编审
	杨秉煌	主任医师
	凌锡昌、周智珠、高学才、金健民、左之强、陈永盛	副主任医师
	石庆瑶、梁加逊	高级林业工程师
	赖蚌珠、陈中主	高级畜牧师
	翟吉元、林观天、刁洪顺	高级农艺师
1992 年	王德福、刘瑞林、谭中雄、孙　剑、徐发贵、张梅生	高级工程师
1993 年	张再传、徐启厚、朱兴驷	副编审
	鲍阿风、朱振新、王逸华	副主任医师
	姚杏明、许鹤苓、李凯生、陈于富、黄联山、韦儒生、李明发、周泽民、王保安、王宝陆、佟德扬、王崇芝、林丽娟	高级工程师
	郁祖凡	高级会计师
	范乃华、蔡天祥	高级讲师
	陈庆海	高级经济师
	张明海	高级林业工程师
	郃怀孝、万学昌、吴在铃、卢海波	高级农艺师
	刘亚楚、韩文俊	高级畜牧师
	张宗梅、孙道政、黄　华、杜秀芳、曹步银、邹　铨、黄　滕、王廷玺、周淮进、顾同尧、李加农、邱长明、吴棣华、厉　鹗、贺金龙、朱根成、苏加栋、倪前和、王宝相、许延栋、朱泽民、汤其连、郭奇兰、许于达、赵洪明、郭　毅、詹永仪、胡兴华、杜维玉	中学高级教师
	张亚文	主任医师
1994 年	于俐铭、严才荣、吴金欣	副主任医师
	毛风鸣、高学安	高级讲师
	刘须广、骆修春	高级农艺师
	秦家琪、张锡华、陈振华、陈秀德、王绍业、翟培文、程　芸、甘淑静、沈莹佚、陈为民	中学高级教师
	叶世英、刘国庆	主任医师
1995 年	顾水德	副主任技师
	裴金林	副主任药师
	王心利、朱启忠、陶春群	副主任医师
	曹正乾	高级工程师
	马培荣	高级农经师
	赵　刚	高级农艺师
	朱国瑞	高级畜牧师
	夏俊山、庞中银、朱忠海、倪海荣、万忠慧、胡世栋、詹玉春、洪　旗	中学高级教师
	董阿英	主任医师

续表35-2

获评时间	姓　　名	职称名称
1996年	柴常华、孙茂成	副主任医师
	马　阅、林其瑞	高级林业工程师
	毛道行、刘训柱	高级农艺师
	刘礼堂、戴厚铭、程其宪、汤如成、秦大策、赵金星、樊金林、王泽清、张德平、梁　军、纪桥麟、马　骏、王其平、李厚仁	中学高级教师
1997年	高友祥	副主任法医师
	胡厚桢、乔泽贵、郑树保、窦怀宝	副主任医师
	朱国强、张霖和、张裕华、杨行泰、洪　亮、刘大林、高为仪、陈建东、赵厚贻、朱之宜、刘文深、程其翔、张亚同、赵序发、裴忠丽、路振邦、胡　捷、孟繁本、朱学余、马培福、扈新生、季厚鹏、叶长春、李朝青、李朝军、	中学高级教师
	应瑞林	主任医师
1998年	苏同华、邵丽琴、许尔珠、赵长松	副主任医师
	陈俊彪、毕士奎	高级讲师
	王家勤	高级农艺师
	张　英、张文虎、费盘根、汪湛洲、黄道明、胡厚志、陈思宁、秦　毅、李文彬、秦家柱、余　峰、陈秀芳、江宏昌、刘兴东、窦宝泉、刘习东、蒋宝英、李永平、张德明、张新兰、孙佳桂、李从华、张红霞、季　平、刘成彪、江少平、王从桂、高相奎、黄立柱	中学高级教师
	朱志雄	主任医师
1999年	邹振国	副编审
	黄秋华、张卫东、孙邦贵、高　青、陆梅芳	副主任医师
	刘　震	高级工程师
	王利明、叶洪军	高级讲师
	陈淮洪	高级经济师
	叶永军、王　波	高级农艺师
	韩文俊	农技推广研究员
	杨木华、赵福敏、张　彦、汪龙志、袁守剑、陈立志、蔡国斌、朱在基、王孝刚、赵明杨、马志祥、潘保昌、吴场华、张玉生、吴金亚、周家和、刘金豹、朱振新、周曙光、赵可友、刘大让、丁广德、丁有和、陈志和、王长务、王广福、刘同庚、陈修凤、金贤光	中学高级教师
	周云方	主任医师
2000年	董静武、马大年、赵礼勇、王恒辉	副主任医师
	刘科武、袁海勤	高级工程师
	贺忠礼、徐广德	高级农艺师
	陆维标、李兆彦、韩志柏、钟月娥、卓兆定、董永华、蒋文化、周家宽、王岁忠、杨行保、柏传智、蒋一源、汪树华、傅毓海、杨本查、岳邦友、朱克勤、王行龙、刘国征、李维先	中学高级教师
	严才荣	主任医师

续表 35－2

获评时间	姓　　名	职称名称
2001 年	毕春梅	二级演员
	谢元安	副研究馆员
	徐　步、袁书海、费成刚、周洪泰	副主任医师
	汪永贵、顾加友	高级农艺师
	马佃彬	高级兽医师
	王宝明、周以宏、李训柏、丁前进、赵宏钰、杜荣平、王　珩、朱新色、赵　刚、韩先旗、卜维友、王晓霞、蔡锡扬、冯志祥、叶振亚、柏　平、王大章、谢迎九	小学高级教师
	许彦达	中学高级教师
	朱启忠	主任医师
2002 年	周利成、刘利萍、李林新、张一星、康秀萍、王瑞琴	副主任医师
	子新华、庄信龙	高级工程师
	成兆友、胡道凤、王　云、丁步彬、米长生	高级农艺师
2003 年	赵道夫、严小鸣、蒋德祥、戚玉学、魏正军、杨兆忠、朱　超、杜金萍、任现娥、王在堂、张德富、石志祥、郭仕兵、陈玉萍、陈宜忠	中学高级教师
	孙茂成	主任医师
	崔正霞、高耀华、欧长代、彭庆辉、巫烁非	副主任医师
2004 年	赵长松	主任医师
	姜海云、胡风华	副主任医师
	高中光	高级工程师
	刘亚楚	研究员
2005 年	朱朋友、陆为民、罗觉纯	副主任医师
	梁成磊、毛学根	副主任中药师
	张照军	高级会计师
	张丽霞	高级讲师
	李永和	高级农艺师
	赵　群、时国庆、邱海林、董志霞、余少波、郝四柱、王金刚、丁晓鸣、郭　勇、刘　忠、毛克荣、程志千、邵玉斌、刘　娟、杨爱民、吴让然	中学高级教师
2006 年	郭永余	副编审
	程益国、施传娥、吴建中	副主任医师
	张　伟	高级工程师
	叶红霞、曹晓雷	高级科普师
	钱忠久、朱建梅、郑德军、宋时巧、张佐明、陈　霞、王传华、王　瑄、沈定科、王金秋、刘晓云、邵秀春、刘守伟、於宜风、陈源柏、马德松、曹元生、曹　沽、张　馨、翟荣全、高崇春、寻乃兵、庄　伟、秦家前、王建军、戴　青、骈　建、李宏健、王　海	中学高级教师

续表35－2

获评时间	姓　　名	职称名称
2007年	杨晓波、陈亚飞	高级经济师
	徐庭柏、祖兆忠、朱永亮、杨　城、周维君、孙　玮	高级工程师
	沈明超、胡仁生	高级科普师
	张翠莲	高级会计师
	邱学荣	高级农艺师
	顾　勇、王佩良	高级兽医师
	张　功	高级统计师
	葛恒花、欧长波、李训国、夏德慈、赵长松、朱永涛、王海兵、钱永安、李　平、刘承军、孙高宏、张善梅、张秀兰、刘晓知、魏礼祥、马文学、张　健、刘广洲、邓怀义、杜乃龙、冯长陆、乐万鹏、李先勤、李　杰、刘加云、陈翠花、陈　琳、柳　森、宋时梅、夏育才、陈　展、赵晓阳、卜维才、傅源林、何在波、李春芹、王士云、叶万春、王际刚、程维林、王俊峰、张朝阳、周明剑、杨司德、袁鑫明、张　达、沈　芳、叶万志、林新农、张　琦、黄日昌、周家忠、胡维祥、刘　峰、洪业纯、张　鲲、卞玉松、丁启剑、张培林、陈春乾、蒋德赋、陈　婕、王　勇、周文才、朱成为、王广仁、张　兵、胡明亮	中学高级教师
	董静武	主任医师
2008年	毕春梅	一级演员
	许章响	二级演员
	陈恒生、赵德霖	副研究馆员
	刘　艳	副主任护师
	赵　鹏	副主任医师
	郭勇军	副主任医师
	吴　祥	高级讲师
	张培华、张建平	高级统计师
	毛道行	农技推广研究员
	王德友、魏立业、魏纯宏、龚小军、李静林、雍有贵、孙　欧、张万柱、周　彬、陆　军、傅家海、倪昌干、孟庆贵、杨曙光、张　伟、王　琪、柏乃祥、蒋永志、马水兵、王　瑶、陈克银、李春龙、邱永霞、王　彤、冯　芳、林乃军、张承珍、张中明、刘培明、薛成虎、伏成芳、姚　霞、陈仕红、干国好、胡永英、叶　蕾、王　迅、史仕军、高绍春、张克富、张召水、谭昌奎、耿　平、许乃久、陈士海、王太平、张成桃、李永秀、林光勇、张文艺、黄益君、韦永华、华　娅、刘仁德、董德琳、刘　云、田　川、阚乃庭、王万伟、赵建宏、钟开宏、金后红、张圣贤、张永胜、杨德豪、李兆霞、王玉萍、陈学林、刘　军、徐学良、刘兆移、赵开泉、柏庆友、陈葆青、洪　涛、张爱萍、张春宝、周　琳、胡　华、杨本勇、戚劲松、谢建帮、杨木香、杜中国、袁益明、颜怀宝、张培龙、陈　彬、侍克猛、张云燕、王瑞光、李　正、王其玉	中学高级教师

第三十六篇　乡镇(场)

1986年,全县有5个镇23个乡,即盱城镇、马坝镇、官滩镇、旧铺镇、桂五镇、十里营乡、维桥乡、高桥乡、马庄乡、观音寺乡、东阳乡、新街乡、黄花塘乡、张洪乡、穆店乡、古桑乡、水冲港乡、王店乡、古城乡、河桥乡、洪山乡、仇集乡、龙山乡、淮河乡、鲍集乡、管镇乡、铁佛乡、兴隆乡。有417村、5个居委会、16个场圃、3845个村民小组、13.24万户。1989年1月,从鲍集乡划出部分村,成立肖嘴乡;从管镇乡划出部分村,成立仁集乡。1994年6月,管镇乡撤乡设镇;1999年8月,河桥乡撤乡设镇。

2000年2月,撤销新街乡,黄花塘乡与新街乡合并设黄花塘镇;撤销肖嘴乡,鲍集乡与肖嘴乡合并设鲍集镇;撤销十里营乡(除三墩村、甘泉村外),合并到盱城镇,古桑乡的石牛村、中心村及县果园场、县林柴场划入盱城镇;十里营乡的三墩村、甘泉村划入官滩镇;撤销高桥乡、东阳乡,合并到马坝镇,东阳乡的瓦地村、黄桥村、永丰村和马坝镇的楼庄村划归金湖县戴楼乡;撤销马庄乡,合并到观音寺乡;撤销张洪乡,合并到旧铺镇;撤销水冲港乡,合并到桂五镇;撤销古城乡,合并到王店乡;撤销龙山乡,合并到仇集乡;撤销洪山乡,合并到河桥镇。

2001年2月,仁集乡更名为明祖陵镇;淮河乡更名为淮河镇;仇集乡更名为仇集镇;观音寺乡更名为观音寺镇;铁佛乡更名为铁佛镇。是年,实行并村联组,将423个村、15个居委会分别调整为231个村、26个居委会,并村192个,联组2082个。

2008年,全县有14个镇5个乡,即盱城镇、马坝镇、官滩镇、旧铺镇、桂五镇、管镇镇、河桥镇、鲍集镇、黄花塘镇、明祖陵镇、铁佛镇、仇集镇、淮河镇、观音寺镇、维桥乡、穆店乡、王店乡、古桑乡、兴隆乡。有225村、30个居委会、11个场圃、3013个村民小组、229663户758359人。各乡镇统计的耕地面积均以土地承包合同面积为准,人口均为常住人口。

第一章 盱城镇

盱城镇,以盱眙县城命名,是县人民政府所在地,位于县境中部偏西北,东与维桥乡毗连,北与官滩镇接壤,南与古桑乡相连,西临淮河,宁宿徐高速公路穿境而过,交通便利。

盱城镇属低山丘陵地区,最高海拔149.5米,最低海拔12.5米,是一座依山傍水的古城,境内有宝积山、磨盘山、斗笠山、天台山、清风山、第一山、慈氏山、风坡岭、龙山、翠屏山、戚家山、象山、陡山,其中五墩、杨山一带的青铁石矿,宝积山的石灰岩,火石山的凹凸棒土,象山、陡山的青石,储量丰富。全镇有水面400多公顷,以天鹅湖200公顷水产养殖和四山湖200公顷莲藕种植基地为主。

1986年,行政区域16.4平方千米,耕地105.73公顷,水域200公顷,林园地700多公顷,非农业用地800公顷,辖6个村、3个居民委员会、31个村民小组、12413户5.93万人。

2000年2月,十里营乡的新湾村、毛庄村、毛营村、十里营村、太和村、草涧村、友法村、新华村、赵岗村、严岗村、雨露村和古桑乡的石牛村、中心村及县果园场、县林柴场划入。当年,城北居委会、城南居委会、城中居委会合并为城北居委会,枣林居委会更名为城中居委会,在五墩村设立城东居委会、十里营街道设立十里营街道居委会。镇辖20个村、5个居民委员会、2个场圃、216个村民小组、35652户10.6万人。

2008年,行政区域107平方千米,耕地2117.77公顷,山地5600公顷,水域1000公顷,林园800公顷,非农业用地1200公顷,辖8个行政村、9个居民委员会、205个村民小组、52350户129312人,地区生产总值15.39亿元,财政收入1.114亿元,农民人均收入9077元。

第一节 农 业

一、种植业

1986年,主要以水稻、小麦、油菜等种植为主,种植面积100公顷,集中分布在沙岗、五墩、山门、宣化村,粮食产量453吨,油料产量106吨。果园场种植果树150公顷,栽植苹果、桃、梨等果树1万余株;林柴场有林地477多公顷。

1993年,实施农业产业结构调整,制定农村经济"123"(发展1000亩果林、扩种2000亩蔬菜、开发3000亩水面养殖)工程规划,拓植20公顷桃园和21.3公顷的苹果、板栗、葡萄。1994年,建成13.6公顷蔬菜连片种植基地,其中有25幢日光能温室、6.7公顷塑料大棚、4公顷地膜。1996年,拥有专业大户684户和沙岗村蔬菜、渔民村水产、五墩村商贸饮服3个专业村。

1999年,在果园、林柴、沙岗、宣化、山门等地种植30公顷桃园、50公顷苹果、20公顷板栗、20公顷葡萄。沙岗、宣化村连片建成20公顷高产高效蔬菜基地,全镇新增蔬菜保护地60公顷,新建日光能温室、塑料大棚120个,蔬菜总产量500吨。

2000年,以十老路、盱马路沿线为主,培育意杨苗500公顷。2006年,引进澳大利亚客商在新华村建成三农生态园,发展林果和中药材种植,其中葡萄200公顷、桃树50公顷、梨树50公顷、花木20公顷、中药材10公顷,产值800万元。

2008年,先后建成"青牛山"休闲农业观光园15公顷,四山湖莲藕种植基地200公顷,严岗村、雨露村野生食用菌基地10公顷,新湾村花卉苗木20公顷,省农科院优质彩棉、新华村高效葡萄等特色农业种植基地30公顷。全镇有林地500公顷,果林350公顷,产值1200万元。培育农民专业合作社40家,为农民增收开辟新渠道。

二、养殖业

1986年,养牛300头、猪2000头、羊500只、鸡16万羽、鸭4万只、鹅0.6万只。渔民村开挖精养鱼塘10公顷,成立渔民村养殖场。1991年,林柴场在荷叶滩、青河滩、一撮毛、张兴滩、小舟滩等滩面低洼地开发水面100公顷,发展草鱼、鳊鱼、鲫鱼、河蟹、龙虾等养殖,产量360吨,产值140万元。1993年,五墩村民李绪中在徐宁公路边建立畜禽交易市场,年交易5000头;盱城镇与县农业开发局共同开发天鹅湖水面200公顷,成立天鹅湖特种水产养殖有限公司,水产品产量1200吨。

2001年,全县发展火鸡特种养殖6万只。2003年,引进淮安温氏畜牧有限公司落户县工业园区,推广"公司+农户+基地"模式,主要以肉鸡和生猪养殖为主,集中分布在新华、新湾、赵岗、严岗、雨露、太和等村。其中,新华村发展养鸡大户30户,养鸡30万羽;赵岗发展养鸡大户24户,养鸡24万羽、养猪0.3万头。2008年,发展规模畜禽养殖500余户,年出栏鸡500万羽、猪3万头;水产养殖水面200公顷,产量700吨,产值400万元。

第二节　工　　业

一、服装加工业

1986年,服装加工业规模较大的企业有盱眙县第三服装厂,建筑面积1051平方米,职工101人,主要生产"都梁"牌军装、童装、西服,年产量30万件,产值220万元;羽绒制品厂,职工164人,三幢两层厂房1300平方米,年加工原毛100万千克,羽绒制品20万件,产值360万元;针织内衣厂,由盱城镇劳动服务站与上海针织二十厂共同投资,建厂房4000平方米,主要生产汗衫、背心、各种内衣,以夏季针织品为主。

1993年,宣化村利用13.3公顷竹园,办起竹编工艺厂,竹编工艺品出口日本1.7万件,出口泰国、美国、巴西20万件。五墩村办起木鱼石工艺厂。1994~1995年,随着企业改制,县第三服装厂、羽绒制品厂和针织内衣厂相继停产。

2000年,引进宏业制衣,建厂房3000平方米,以外加工为主,用工150余人。2002年,引进宝隆制衣,建厂房2万平方米,以加工皮衣为主,产品出口日本、加拿大等国,用工500余人。2006~2007年,先后引进红双喜服饰、今日服饰,共建厂房3.2万平方米,以加工羊毛衫、泳装为主,用工360人。2008年,有宝亿服饰、宝隆制衣、红双喜服饰、泓升服饰、新日服饰、今日服饰服装加工企业6家,用工800余人,年产值1.2亿元。

二、建材、医疗、化工业

1986年,化工企业有盱眙县农药厂,占地面积5200平方米,房屋33间,职工59人,主要生产"1605"、敌敌畏、乐果、23乳剂,产品商标"大桥"牌,年生产235吨。1987年,创办盱城第一水泥制品厂,主要生产楼板、涵管等,产值50万元。有建材经营个体户8户。6月,建成盱眙县康宁医疗用品厂,当年通过省、市级验收,产品有一次性输液器,一次性头皮针、针管等,销往全国各地。1988年,刺绣厂与纺织机械厂合并,成立盱城镇制钉厂,职工40人,主要生产各种规格元钉、镀锌铁丝、钢床等。1989年,盱眙县农药厂由私人承包经营。

1991年,创办盱城第三水泥制品厂和金梁水泥制品厂,产品有水泥多孔楼板、桁条、水泥涵管、电线杆、水泥瓦、水泥砖等,产值200万元。1997年,因淮河东路道路扩宽,制钉厂部分厂房拆迁,剩余厂房出售给工商银行;盱眙县康宁医疗用品厂改制,由个人经营。1998年,第一水泥制品厂改制,产品转向单一的民房构件;盱眙县农药厂停产,闲置两年后拍卖,建盱眙县基督教堂。

2000 年,有采石厂(队)9 家,16 个采石塘口,年产量 1500 万吨,产值 7.2 亿元。年底,根据国家有关政策,城区所有采石矿业被关停。2007 年,盱眙县康宁医疗用品厂迁址县工业园区,更名蔚百世医疗器械有限公司。2008 年,有医疗、化工企业 28 家,医疗化工产品 135 种;水泥制品厂 6 家,建材经营企业 110 家。

三、食品加工、包装业

1986 年 5 月,在麻纺厂内新建盱眙县第二食品厂,厂房 34 间,占地 823 平方米,职工 47 人,主要生产大糕、京果、条酥、月饼。同年,新建盱城纸品厂,面积 650 平方米,主要生产包装纸箱,年产值 50 万元。1988 年,建成盱城第二纸品厂,职工 35 人,厂房 21 间,面积 400 平方米,年产值 60 万元。1992 年,盱城第二纸品厂改制,由私人承包经营。1998 年,盱城纸品厂、盱城第二纸品厂被私营企业买断。

2000 年,盱城第二纸品厂停产。2001 年,商贸中心开始建设,盱眙县第二食品厂被拆迁停产。2008 年,有食品加工、经营个体企业 35 家,包装业 5 家。

四、盱城镇工业集中区

2006 年,镇工业集中区正式启动建设,总体规划 100 公顷,其中规划建设标准厂房区 20 公顷,先期启动 5 公顷,建设标准化厂房 23 幢,建筑面积 5.2 万平方米。集中区按照“统一规划,统一建设,统一管理”要求,采取政府推动、集体投入、招商引资方法整体开发,开展以“一区两园”(工业集中区,集体建设园,企业自建园)为主体的区域经济建设。2008 年年底,镇工业集中区建成 12 幢近 3.94 万平方米的标准厂房,1.54 万平方米标准厂房在建,1 幢 4000 平方米的三层综合楼完成装潢。集中区硬质化混凝土路面 7.7 千米、下水道 14 千米,完成铺设供电、通信、有线电视、自来水管网。

2008 年盱城镇引进县经济开发区项目情况一览表

表 36 -1

序号	项目名称	项目地点	占地面积(公顷)	开工时间	用工人数(人)	主要产品
1	盱嘉建材	洪发武大道	0.67	2001.6	16	彩砖、地砖
2	江苏天宝皮革	迎春大道	1.17	2001.12	220	皮衣、皮件
3	思源包装	合欢大道	0.80	2001.12	21	包装胶带
4	正元机械制造	洪武大道	0.43	2002.4	20	瓷棒防盗栓
5	江苏辰隆塑胶	甘泉路	1.47	2002.6	65	灭菌型包装袋
6	淮安裕盛精密	金桂大道	1.73	2002.8	200	精密零件
7	蔚百世医疗	迎春大道	2.40	2002.9	650	一次性医疗用品
8	扬子气体	甘泉路	0.57	2002.9	9	氧气、氮气
9	斯壮格水工	圣山路	3.00	2002.10	16	土工布
10	淮安温氏家禽	葵花大道	6.67	2003.2	112	家禽饲料
11	成隆水产	甘泉路	0.44	2003.6	18	水产食品包装
12	创一食品	洪武大道	0.93	2003.10	26	食品
13	广源石油机械	金源路	0.59	2003.12	23	石油机械配件
14	慧创科技	洪武大道	0.81	2003.12	26	餐饮食品
15	飞龙工贸	圣山路	0.63	2003.12	20	油漆、涂料
16	恒发机械制造	圣山路	0.73	2003.12	32	标准金属件

续表 36－1

序号	项目名称	项目地点	占地面积（公顷）	开工时间	用工人数（人）	主要产品
17	广鑫机床	圣山路	0.85	2004.5	12	机床
18	华丰建材	新海大道	0.67	2004.6	42	自来水管材
19	今日服饰	金源路	0.67	2004.6	160	服装(泳装)
20	欣颖服装制造	金桂大道	0.77	2004.6	150	服装
21	宝盛塑编	洪武大道	1.73	2004.10	82	编织袋
22	红双喜服装厂	淮水路	0.80	2004.10	200	羊毛衫
23	新友金属件	天泉路	0.53	2004.10	20	金属件
24	军华蜗轮蜗杆	东方大道	1.33	2004.12	23	蜗轮蜗杆
25	红日工贸	合欢大道	0.83	2005.3	12	太阳能热水器
26	鸿兴建材	泗水路	0.65	2005.12	183	花瓶柱、彩瓦
27	凌峰工业	天泉路	2.31	2006.11	80	钛管
28	三森饲料	合欢大道	1.33	2006.5	120	饲料加工

2008年盱城镇工业集中区工业项目情况一览表

表 36－2

序号	项目名称	项目地点	占地面积（公顷）	开工时间	用工人数（人）	主要产品
1	贝来机械	工业大道	1.30	2005.7	26	铸造、模具等
2	三鑫建材	工业大道	0.90	2005.8	31	新型建材
3	俊林纺织服饰	服装路	0.84	2005.11	82	布料服装
4	天行健建材工贸	工业大道	1.40	2005.12	42	装饰建材
5	天众门业	工业大道	0.67	2006.3	12	遥控电动门
6	鑫一紧固件	新华、沙岗厂房	0.33	2005.12	46	8级以上紧固件
7	海源工贸	果园厂房	0.20	2005.12	27	纸箱彩盒
8	江苏虹翔电子	工业大道	1.33	2006.2	56	电子器件制造
9	保森芦苇复合板	机械路	3.20	2006.4	30	芦苇复合板
10	伟业无纺布	服装路	1.00	2006.4	42	无纺布
11	宏祥环保建材	机械路	2.00	2006.6	20	环保新型建材
12	新业服饰	服装路	0.67	2006.6	32	服装
13	惠农秸秆板材	工业大道	1.33	2006.6	18	秸秆保温板材
14	创新能源设备	工业大道	2.67	2006.8	30	煤粉、煤粉锅炉
15	利健机械	工业大道	2.07	2006.8	20	紧固件
16	明涌建材	工业大道	2.00	2006.8	16	塑钢门窗
17	爱盛工业涂料	电子路	0.67	2006.9	8	干燥剂、涂料、胶带

续表36－2

序号	项目名称	项目地点	占地面积（公顷）	开工时间	用工人数（人）	主要产品
18	飞达工贸	机械路	1.00	2006.10	24	密封件、废钢加工
19	台麒分子筛	工业大道	1.30	2006.10	30	分子筛、干燥剂
20	盱眙天瑞绣花	服装路	0.40	2006.11	21	植绒印花
21	盱眙霖建建材	电子路北侧	0.41	2006.11	12	塑钢等建材
22	新日服饰	工业大道	0.27	2006.11	36	服装、玩具
23	泓升针织服饰	服装路	0.53	2006.12	26	针织服装
24	明君复合板	服装路南侧	2.00	2007.8	20	新型墙体
25	力晶新型塑料	服装路南侧	0.35	2007.10	16	玻璃贴膜
26	盱眙金妮娅鞋业	工业大道	0.24	2007.12	24	休闲鞋系列
27	泗州城农业开发	服装路北侧	1.15	2008.3	32	食品加工
28	炜都金属饰品	林柴厂房	0.21	2008.3	12	金属饰品
29	捷能星光电	林柴厂房	0.17	2008.4	16	灯管
30	盱眙凯丰制业	工业大道	0.23	2008.4	26	服装
31	雨睛防水材料	服装路北侧	0.40	2008.5	10	防水材料
32	江苏高澜鞋业	工业大道	1.20	2008.6	16	鞋业加工
33	金士达医药	工业大道	0.36	2008.7	24	彩印包装
34	江苏凯盛家具	盱马路南侧	2.33	2008.8	12	精品家具
35	盱眙恒瑞精管	电子路北侧	0.67	2008.8	12	精密钢管
36	天露新能源	工业大道	0.37	2008.8	22	新能源电机
37	强瑞新型建材	工业大道	1.30	2008.9	12	新型墙体建材
38	三九传动机械	服装路北侧	1.73	2008.9	16	传动机械
39	盱眙华源汽泵	工业大道	0.53	2008.10	12	汽泵
40	盱眙展杰磁材	工业大道	0.57	2008.10	15	磁性建材

第三节　三　　产

一、建筑业、交通运输业

1986年，成立建筑站，下辖6个施工队，职工230多人，年收入100万元。运输业主要以手扶车、农用车为主，有运输车辆200辆；淮河水上运输有船塘3个、码头6座，可停泊大小船只1000多只。1989年，修建沙岗码头，占地2公顷，泊位240吨。

1993年，五墩村成立勋爵建筑安装公司，具有三级资质，有职工60人，年收入200万元。1994年，成立天鹅湖水上运输有限公司，负责为运输户联系货源、结算账务等。1995年，城区设立1路、2路公交车，三轮摩托车、“马自达”、摩的等成为城区客运主要交通工具。1997年，扩建沙岗码头，开挖船塘3公顷。1998年，建筑站改制，更名为盱眙县第三建筑公司，三级资质；城区先后增加3路、4路、5路公交车，城区出租车营运业随之兴起。1999 年 3 月，果园社区成立都梁建筑安装公司，三级资质，拥有固定资产 500 万元。

2004 年，扩建沙岗码头，开挖船塘 2.5 公顷。2008 年，有建筑队 22 个，从业 5000 余人，年收入 1000 万元。有载重 5 吨左右的车辆 186 辆，10 吨左右的车辆 342 辆，“自卸王”“后八轮”大型车辆达 232 辆，铲车、挖掘机、起重机等大型机械 562 辆，从事运输手扶拖拉机 487 辆。

二、商贸、服务业

1986 年，供销社占地 600 平方米，年上缴税金 5000 多元；盱城综合商店有门市 7 个，房屋 14 间，占地 224 平方米，年上缴税收 10 余万元；有集贸市场 4 处，饭店 126 家；服务行业 150 户，其中宾馆旅社 68 家、照相馆 12 家、电器修理 32 家、其他服务行业 38 家。1989 年，五墩村投资建设东方市场，占地 20 公顷，日交易额 3 万元。

1992 年，盱城供销社和盱城综合商店出售给私人经营。1993 年，扩建宝积山农贸市场，占地 316 平方米，摊位 43 个，年成交额 17 万元。1998 年，由上海思邓房地产开发公司建设城北农贸市场，占地 3000 平方米。1999 年，山城市场改建完成。

2000 年，由温州客商投资建设沙岗农机市场，占地 2000 平方米，主要经营大型农业机械产品，以及零部件批发和维修。2002 年，建成淮河南路农贸市场，占地 1600 平方米，经营户 47 户，摊位 71 个。杨四阳将盱城镇羽绒厂买断改建杨四饭店，占地 1.6 万平方米，可接待 200 人。2003 年，叶安国夫妇创办红叶饭店，占地 800 平方米，可接待 100 人。2005 年，东方商城建成开业，一、二层 2 万平方米为门面。

图 36－1　华润苏果开业

2008 年，有个体工商户 2 万余户，其中宾馆和旅社 67 家、照相和彩扩中心 12 家、家用电器修理 28 家、饮食业 136 户、其他服务行业 61 家，年营业额 6500 万元。城区大排档有五墩排档、石牛排档、商贸中心排档、宝积山排档共 210 户。新湾商贸城、沙岗农贸市场运营，启动果园社区果品市场建设。全镇有集贸市场 11 处 6 万平方米，其中以销售农副产品为主的市场 7 处，以日杂、文化用品批发、农机销售、果品批发为主的市场各 1 处。大型商场有苏果超市、万润发超市、华润苏果超市、中国名鞋城、服装大世界、文峰商场等。大型综合批发市场有商贸中心、国贸购物中心、新世纪广场、华夏国际广场等。

第四节　基础设施建设

一、老城区

1986 年，镇政府坐落在淮河北路 68 号，老城区南北长 6 千米，东西宽 4 千米，基础设施配套不全。1988 年，建成斩龙涧小区，有住户 438 户，居民 1576 人，建筑面积 4 万平方米，与山城市场相邻。1995 年，在五墩西路新建镇政府办公楼。1998 年，新建沙岗客运停车场，完成东方市场三期和五墩转盘招商市场建设。

2000 年，对淮河北路以西至淮河边 44 家单位 378 户居住户进行整体搬迁，建成长 3000 米的沿淮风光带。扩宽改造淮河北路，建设集商业、休闲、饮食、居住于一体的商贸中心。2001 ~ 2002 年，在十里营街道新建镇政府办公综合楼,新建五墩建材城、宣化村办公楼、商贸中心,完成五墩、新湾、果园场、城南4个市场改造和建设,完成新湾、果园场拆迁安置小区建设,完成十里营高速路周边拆迁和绿化。

2003年,完成城南居委会办公楼、教师安居工程楼、严岗村办公室、沙岗村标准化厂房、第五中学食堂、城南小学、盱城中学校园改造;拆迁工业园内居民户283户2.5万平方米,铺设自来水管道4800米、支管道1.2万平方米;在十里营街道铺设混凝土路面4.3万平方米,整改电力、电缆线路5500米,绿化5000平方米,新装路灯50盏。

2004年,硬化城区巷道15条2.35万平方米。2005年,盱城镇政府与县政府办公地点(淮河东路37号)互换。建成淮河人家小区,住户60余户;建成龙泉雅苑,住户144户,居民435人。2006年,建成水月山庄、森海豪庭小区3000多平方米。2008年,全镇基础设施投入200万元,铺设下水道1500米,改建旧公厕20多座。

二、新城区

1995年,盱城镇新城区开始建设,主要以五墩转盘为中心向四周发展,形成十字路,分别为五墩东路、五墩西路、五墩南路、五墩北路。1996年,沙岗社区在大庆路南北侧,建成再就业、月季园农民集中居住区,安置居民418户。

2000年,新建2.7公顷的盱眙龙虾城、1.9公顷的石牛农贸市场。2001年,配合县政府拆迁居民280户2万平方米,规划月季园、清扬苑、石牛村、桃花园老街、老虎岗、果园场拆迁安置小区,新建新世纪广场、枣林综合楼、宣化村办公楼、盱城福利院,新建五墩市场、玫瑰园大酒店,改造2万平方米的城北市场和1120平方米的枣林市场。2002年,浙江客商在五墩转盘建设国贸中心。兴建宣化琵琶井小区,占地8公顷,居民236户862人。2003年,浙江客商建设东方商城。新建东方市场过渡市场,完成果园市场、城南市场改造及新湾农贸市场一期建设工程。

2006年,新建新湾商贸城、五金电器商场2个商业街,新建果园综合市场、沙岗农贸市场、城南市场3个专业市场,新建新华、石牛、新湾、新海4个农民集中居住区,新建月季园、新湾、桃花园、琵琶井、石牛上郢5个卫生示范居住小区。完成34条巷道及接口7.6万平方米硬化工程,改造下水道3000米,城区绿化2万平方米,工业集中区绿化5.6万平方米,色块绿化5000平方米,植树33248株。

2008年,新建雨露村农民集中居住区,占地50公顷,规划居住300户;果园、新华、石牛、盱眙经济开发区4个农民集中居住区基本竣工,1700多户农民入住新居;完成月季园、桃花园、琵琶井、石牛村的上郢文明示范小区提档升级任务。盱城镇新城区先后建成墨香苑、锦绣家园、金源花园、半坡别墅、龙城新天地、金国园阳光城市、海通时代广场、世纪名城、郦水家园、四季华庭、鸿庆家园、凤凰家园、金桂陶然居、金阳光花园、东湖小区、都梁小区、华府名苑、龙泉雅苑、第一山别墅等设施齐全、功能完善的住宅小区。

图36－2　盱城新貌

三、道路建设

1986年,城区有6条道路,其中淮河南路和淮河北路为混凝土路,其余为砂石路;镇村道路有8条,其中西山路、虎宣路和沙岗路为砂石路,其余为土路。1995年,建成村组砂石路3千米。1998年,结合城区改造,建设沙岗路、双井路、天鹅湖路的配套设施,开挖城东大沟2200米,治理城南大沟和城北涧沟渡。

2000~2001年,完成巷道32条2.18万平方米的混凝土路面和6.6万平方米的砂石路建设,配合县政府完成16条路网改造。2002~2003年,完成42条村组道路砂石化和39条城区巷道硬质化建设。2004年,先后完成十老路、宣赵路、严丁路等25千米农村公路配套建设工程,硬化城区巷道及接口91条6.25万平方米,改造下水道4770米。

2006年,城区建成2400米世纪大道、1000米东湖东路、900米东湖西路、1200米甘泉路、800米泵站路、3000米山水大道等;完成34条7.6万平方米巷道及接口硬化工程,改造下水道3000米。2008年,完成兴府路、清扬路、虎宣路等30多条背街巷道混凝土路面整修,实施硬质化1万米,绿化5万平方米,改建下水道9000米。全镇有镇村道路12条53千米,巷道256条,实现混凝土路面。

第五节　社会事业

一、教　育

1986年,有成人教育中心、初级中学、中心小学、中心幼儿园各1所,村小学6所,在校师生2800人。其中初中1所,在校生326人,教师36人;小学7所,在校生1558人,教师114人;幼儿园7所,幼儿323人,教师28人。

1990年,兴建城南小学教学楼,建筑面积3600平方米,在校生15个班678人。1992年,改建盱城中学,兴建和改建校舍1800平方米。1993年,在五墩西路兴建五墩小学教学楼,建筑面积3000平方米。1996年,新建成人教育中心,占地3800平方米、建筑面积1920平方米。

2000年,在陵园路与五墩南路北区内新建五墩小学,占地33350平方米、建筑面积4560平方米,在校生30个班1860人。2001年,完成城南小学、五墩小学综合楼建设,改造5所村小危房2200平方米,添置电脑90台、投影仪等教学仪器10件。2005年,完成十里营小学改建工程,建成2幢教学楼,更名为盱城镇中心小学;建成第五中学1幢2600平方米的教学楼。2006年,五墩、城南小学通过初级实验小学验收;五墩幼儿园建成1幢2000平方米的教学楼。2007年,新建第五中学,占地2万平方米,建筑面积11340平方米,在校生12个班638人。

图36-3　淮安市数学学科名师课堂展示活动在五墩小学举行

2008年,有初中2所,在校生688人,教师125人;小学3所,在校生6500人,教师405人;幼儿园3所,幼儿2100人,教师136人。新建盱城镇中心小学,占地23530平方米,建筑面积5970平方米,在校生19班786人,教师73人。

二、卫　生

1986年,有卫生院1所,村卫生服务室6个,医务人员86人,病床36张;居民饮水主要以井水为主。1988年,城区实施改水工程,建自来水厂,80%的居民饮用自来水。1992年,盱城卫生院建成1600平方米的门诊综合楼,设12个临床科室和4个医技科室。1993年,城区居民全部饮用自来水。

2002年,完成宣化村、沙岗村、新湾村改水工作,实施城区公厕和城中改厕工程。2003年,启动新型农村合作医疗保险,5.6万人参保,参保率达80%以上;十里营街道铺设自来水管道,与县自来水厂供水接通,十里营街道、龙虾城、新湾村等片居民用上自来水;完成毛营村林洼组机井改造和太和村2000人饮用水供应。2004年,完成十里营社区、果园场等城乡居民自来水供应。2005~2006年,完成严岗、毛营村村民安全饮用水工程,农村居民全部用上自来水。2008年,有卫生院2所,社区卫生服务室20个,卫技服务人员150人;参加城镇新型合作医疗保险6.8万人,参加农村合作医疗保险1.1万人,参保率95.4%;改造城区公厕126座,农村改厕5436座;有12.7万人饮用自来水。

三、文化、广播电视、电信、供电

1986年,文化站有工作人员3人,社区文艺宣传队4支,各村使用大喇叭收听县广播电台节目,农户中很少有电视机,每百户拥有电视23台。有电话108部。居民用电主要由城南变电所供电。

1992年,开始实施有线电视入户工程,覆盖率18.6%。1993年,改造程控电话线网,安装自动电话688部。1995年,建成文化活动中心,内设乒乓球馆、台球馆、棋牌馆、图书馆等。1996~1998年,淮河东路装设500千伏变压器4台,杆线更换为电缆,新架设低压线路3千米。新增农村公用配变9台。

1999年,将五墩北路低压杆线全部更换为电缆,新铺设低压电缆线路3千米,新增变压器4台,安装分线箱12台,配变19台,路灯146盏,改造陵园路、沙岗村、众兴巷、小岗巷、枣林巷、山口门村等低压线路。异地重建十里营供电所,建筑面积2300平方米。首次开通有线电视,发展有线电视300户,覆盖率45.2%。新建"大哥大"直放站3座,9个村民小组通上程控电话,新增电话328部。

2001年,镇区实施光缆传输有线电视信号工程,安装电视2500户。2004年,新建和改造137台变压器,完成城区供电线路改造18条,户表改造1577户,城区线路实现环网供电。2006年,在西山路建成以税收、卫生保洁为主题的文化长廊400米,在兴府路建成以时政、法制为主题的文化长廊300米,在都梁大道建成以平安创建为主题的文化长廊300米,在新民巷建成以民政、双拥为主题的文化长廊500米。

2008年,有文化活动中心1处,社区文艺宣传队8个,文化长廊3000米;启动数字电视安装工程,新增有线电视300户,全镇达2800户,家庭电视每百户拥有率124%;建小灵通信号塔、宽带接入网36个,C网机站塔12个,新增宽带126户,固定电话82926部;在十里营片架设5台变压器,对十里营片8个台区的线路进行改造。

四、社会保障

1986年,建成占地0.33公顷的敬老院,砖瓦结构21间,入住老人26人;计划生育率90%,人口出生率控制在12‰以下。1990年起,计划生育工作由镇计划生育服务站一条线负责日常管理,建成2000平方米的计生办公楼,工作人员8人。1998年,实施最低生活保障制度,有88户243人享受低保。

2001年,十里营乡计生站与盱城镇计生站合并,工作人员16人。2002年,完成800平方米的敬老院建设,入院老人32人。2003年,完成草危房改造160多户,对140名困难学生和1550户贫困、受灾家庭进行补助。2005年,扩建镇敬老院,入院老人28人。

2008年,新建老年公寓4000米,入院老人32人;私人兴办老年服务中心3个,入院老人300多人;享受低保城镇居民83户188人、农村居民247户585人;建成600平方米计生世代服务中心,为育龄夫妇提供孕情、环情、妇科病等方面检查,计划生育率100%,人口出生率在5‰以下。

2008年盱眙县盱城镇行政村(居)情况一览表

表36－3

村、社区	人口(人)	户数(户)	面积(公顷)	耕地(公顷)	农民人均纯收入(元)	组数(个)	组名(街巷)
五墩(居)	22291	8351	740	–	12685	7	五墩巷　兴府路　新民巷　五墩大排挡　新府南路　转盘巷
城南(居)	17263	6038	752	–	12380	12	牌楼巷　穆山巷　观淮里　新华里　平山巷　体育巷　枣林巷　马墩巷　宝积山路　众兴巷　赖石嘴　沙岗路
城中(居)	11104	4043	237	–	12350	13	西山路　西山巷　陡沟巷　花园巷　后山巷　天台巷　大井洼　桃园巷　虎宣路支巷　陡沟支巷　警民巷　新华巷　斗笠山巷
城北(居)	20408	7389	373	–	12330	31	翟家桥　井头街　胡山洼　北门巷　东官路　丰登桥　涧沟渡　黄牌街　风坡岭　北门街　码头街　前街　渔码头　淮明园北　淮明园南　后街　顺河街　谈家巷　胡家巷　对宝巷　夫子巷　兴隆街　杏花巷　唐家巷　大众巷　土街　洒金桥　虎头街　斩龙涧　西山坡　斩龙涧小区
宣化(居)	5229	2106	518	47.32	12630	8	十字街　山门街　琵琶井　宣化新村　宣化街　二山街　小山头　桃花园
果园场(居)	9825	5642	366	24.20	12960	9	直属　陈郢　吴小庄　林山　林北　老场　竹园　东山　果园小区
林柴场(居)	1391	843	277	80.62	12850	4	宝积山路　大井洼　益民巷　盘山巷
石牛(居)	12990	4798	1007	188.40	12313	18	石牛　梁洼　西郢　前洼　东郢　上郢　龙泉　后洼　石牛小区　龙泉小区　锦绣家园　古桑新寓　古河小区　金苑小区　惠丰巷　上郢小区　农校小区　南苑小区
沙岗(居)	6501	2776	740	37.85	12893	11	东山　清水　洋桥　石桥　双井　大郢　菜场　沙岗　斗山　月季园　清杨苑
新华	2538	841	1318	407.21	12321	19	新华　王庄　修庄　四山　三山　小庄　青年　黄庄　北山　丁桥　四洼　北湾　三洼　小坝　后山　桃园　先进　刘山　马头
毛营	3778	3386	405	24.96	12300	16	林洼　陈洼　马桥　马岗　牛坝　毛营　新庄　新南　八营　八岔　新建　七营　上营　下营　上庄　下庄
赵岗	2035	566	992	348.02	12086	12	陈庄　东滩　赵岗　新民　林庄　新华　下庄　下洼　西庄　兴隆　方庄　赵庄
严岗	1653	464	573	330.40	12038	11	新管　新庄　严岗　前进　交通　谢圩　大坝　三墩　元东　花园　先锋
新湾	3675	1561	1362	217.53	12350	11	冼庄　许庄　吴庄　宋庄　湾塘　傅庄　毛庄　刘庄　蒋庄　竹园　木庄
雨露	1555	465	533	366.91	12037	8	嵇庄　雨露　黄庄　传塘　高庄　胡庄　老庄　龙塘
太和	3523	1297	258	34.05	12300	8	孙庄　砖井　韩庄　太和　上圩　草涧　古塘　梁营
友法	3553	1784	249	10.30	12320	16	东塘　王巷　中心　刘营　孟营　洪营　马营　跃进　张营　小营　友法　新庄　洪庙　乔庄　凡营　中塘
合计	129312	52350	10700	2117.77	–	205	

1986～2008年盱城镇主要社会经济指标一览表

表36－4

年份	总面积（公顷）	耕地（公顷）	人口（人）	粮食产量（万千克）	油料产量（万千克）	财政收入（万元）	农民人均纯收入（元）	地区生产总值（万元）			
								合计	一产	二产	三产
1986	1640	105.73	59302	45.3	10.6	78.0	860	3178	988	968	1222
1987	1640	105.73	59264	46.8	10.5	86.0	890	3560	1080	960	1520
1988	1640	105.73	59356	47.6	10.6	92.0	926	3680	1060	970	1650
1989	1640	105.73	59388	47.9	10.6	98.0	986	3980	1086	1054	1840
1990	2400	105.73	59398	51.3	10.6	106.0	1036	4426	1240	1056	2130
1991	2400	107.80	59418	49.2	10.6	186.0	1072	4498	1143	1125	2230
1992	2400	107.80	59420	52.4	10.7	214.0	1186	5359	1368	1552	2439
1993	2400	107.80	59477	54.1	10.7	231.0	1193	5659	1468	1652	2539
1994	2400	107.80	61400	56.6	10.6	289.9	1476	5636	1534	1352	2750
1995	3200	243.87	64393	124.6	21.3	410.0	2827	10400	2924	2462	5014
1996	3200	243.87	64397	134.5	21.4	453.0	3086	11980	4128	3872	3980
1997	3200	243.47	67126	153.4	21.2	514.0	3180	12000	4228	3772	4000
1998	3200	243.47	68121	156.2	21.4	714.0	3200	14000	4007	4000	5993
1999	3200	243.47	68130	160.3	21.5	1077.0	3328	15080	4120	4082	6878
2000	10700	2256.20	106368	2508.0	110.0	1605.1	3430	28055	8402	6871	12782
2001	10700	2170.20	107581	2506.0	110.9	2098.4	3760	32883	7800	9745	15338
2002	10700	2016.67	108520	2420.0	102.4	2738.5	3950	34302	7519	11583	15200
2003	10700	1679.27	112766	2414.0	90.0	3178.0	4106	38747	7734	14308	16705
2004	10700	1411.87	115769	2290.0	92.6	3352.3	4446	46594	8577	15961	22056
2005	10700	2188.27	114821	2278.0	215.3	4002.5	5402	72587	7644	39803	25140
2006	10700	2188.27	116933	2173.0	209.2	4385.2	6083	95404	7866	53310	34228
2007	10700	2188.27	116290	1612.0	48.5	6393.1	8180	121163	8653	76236	36274
2008	10700	2117.77	129312	1646.0	116.1	11145.5	9077	153911	7951	93477	52483

第二章　马坝镇

马坝镇，原名马家坝，位于县城东部，与城区相距31千米，是宁连一级公路、宁宿徐、宁淮高速公路和徐扬公路交汇处，坐落于洪泽湖南岸，是苏北重要的水陆交通枢纽。镇域东与安徽省天长市接壤，南跟黄花塘镇、穆店乡相连，西与维桥乡毗连，北与观音寺镇为邻。境内西南高，东北低，属丘陵地带。境内蕴藏的极具开采和利用价值的玄武岩石，属橄榄玄武岩。

1986年，行政区域83.5平方千米，耕地3380公顷，辖20个村、195个村民小组、11239户33599人。2000年2月，东阳乡（除瓦地、黄桥、永丰3个村）、高桥乡并入马坝镇，东阳乡的瓦地村、黄桥村、永丰村和马坝镇的楼庄村划归金湖县戴楼乡，行政区域197.5平方千米，辖43个村、2个居委会、392个村民小组6.09万人。

2001年，并村联组。2008年，行政区域197.5平方千米，辖23个行政村、2个居委会、387个村民小组、15136户6.17万人，地区生产总值14.55亿元，财政收入6269万元，农民人均纯收入8620元。马坝镇是苏北第一大镇。2001年，马坝镇被授予“江苏省新型示范小城镇”称号，被评为淮安市“乡镇工业20强”。2003年、2007年，马坝镇分别被授予“省文明镇”称号。2008年，先后被授予“全国文明镇”“中国名镇”“全国最具投资潜力乡镇”“江苏省卫生镇”等称号，连续九年跻身全市农村经济发展“十强乡镇”行列。

第一节　农　　业

一、种植业

1986年，种植粮食3367公顷、油料327.8公顷，粮食产量24343吨，油料产量1180吨，园林72公顷。1987年，镇党委、政府提出“富民兴镇”发展战略，扩大粮食种植230公顷，缩小油料作物种植107公顷；缩小旱地面积，实行旱改水，扩大水浇地110公顷。1994年，拓植桑园233.33公顷、果树40公顷。1997年，调整种植结构，建成蔬菜专业村5个，种植蔬菜81公顷。1998年，与淮阴市、县农业资源开发局在楼庄村投资220万元，新建10.2公顷花木园。1999年，栽植意杨22.1万株，其中成片林147.5公顷，建成10.2公顷的隆发花卉园。

2001年，改造中低产田666.67公顷，种植菊花140公顷。2005年，种植花生1666.67公顷，大豆种植由300公顷增加到820公顷，种草120公顷。2007年，种植花卉、风景苗木140公顷，改造中、低产田680公顷，发展塑料大棚35公顷，立体种植、套种经济作物165公顷，新建双马村、万斛村两个优质稻米基地1260公顷，形成以粮油作物、特种养殖、种草养羊等并举的农业产业结构。2008年，引进杂交、高产、抗病害稻麦品种0293、两优1号等，建立省部级稻麦高产区666.67公顷，高效农业850公顷；在万斛、黑泥、黄洋等村，发展反季节蔬菜40公顷，其中32公顷的高桥绿苑蔬菜发展有限公司和2公顷的马坝生态草莓采摘园初具规模。全镇粮食产量10.8万吨，油料产量9306吨，林地1020公顷，农民人均收入8620元。

二、养殖业

1986年，养猪1.36万头、耕牛6500头、羊12530只、家禽12万多羽，其他养殖8万只；水产养殖180公顷，产量65吨，主要分布在黄洋村、蔡庄村。1995年，将17面水库162公顷水面无偿承包给农户开发养殖，承包户将塘坝挖深,保证农田灌溉用水;塘岸四周无偿给承包者种植树木,承包期为10~20年。水产品产量50吨。1997年,马庵村购黄牛300头,成为养牛专业村。1998年,成功引进黑凤鸡、白凤鸡特禽养殖,养殖9.6万羽;建成马坝村特种养殖场和槽坊村种鸡场,厂棚2.6万平方米,养殖狐、貂、貉3000只,在全市产生影响。2008年,养猪4.2万头、羊1.33万只、家禽396万羽,水产养殖980公顷,水产品产量1602吨,水产业产值810万元。

第二节　工　　业

1986年,工业以个体手工业为主,包括冶炼、锻造、土窑、食品、纺织、缝纫等项目,有个体企业32家。1994年,农工商贸易公司与台商周雨亭合办淮阴祥龙服务有限公司。1995年,马坝丙纶丝厂等改制,澳门施家福投资30万美元收购盱眙县第二汽车修理厂。1996年,与香港维琦贸易公司合办江苏都梁电缆有限公司,生产电线、电缆及电器产品。1999年,景山米厂、丙纶长丝厂、电线电缆厂竣工投产,企业总数增至96家,其中集体企业17家。

图36-4　马坝镇工业园区

2000年,镇内建设工业园区1个,进住园区企业有江苏都梁集团、奥特宝粘土公司等,木材加工厂固定资产达500万元,工业销售收入10.1亿元,入库税金1345万元。2002年,建成133.33公顷工业示范园区,区内有都梁电缆集团等企业42家,涉及粮食和农副产品加工、木材加工、电线电缆、医疗器械、服装纺织等产业,马坝镇被命名为首批江苏省乡镇企业示范园区。2004年,引进县工业开发区企业有江苏凡力钢管、江苏金马钢球、海峰海林精密轴承。2008年,镇、村合作筹资,扩建镇工业集中区,新扩园区占地40公顷。全镇有个体工业企业1661家,其中在镇工业集中区企业42家,引进县工业园区企业14家,新增列统企业30家,工业总产值21.3亿元,销售收入16.9亿元。区内企业以电线电缆、钢管轴承、粮食加工、建材等为主。

第三节　三　　产

1986年,有集体商店12家、个体商店28家、饭店46家、旅馆22家、浴室12家、照相馆8家等服务业企业140余家;饮食业规模较大的有5家,能一次性接待450人;有大小汽车近20辆,大拖拉机50台,手扶拖拉机300多台;有建筑工人150多人。1995年,制定鼓励发展个体私营经济优惠政策,加快个私经济发展,新建市场3个,有摊位1846个、个体经营户2769户。1997年,新建2600平方米东方贸易市场,供销社采取合作方式投入170万元建成液化气站。成立建安公司,有工人800余人,年务工收入1500万元。

2002年,建成东方市场、建材厂、加油城和商贸城。开发镇南路,有120户建房经商。全镇从事第三产业520余户,营业额5200万元。2006年,发展建筑队5个,建筑业收入1.1亿元。2008年,由美国协和环球集团投资中国龙虾城正式启动,建成集吃、住、游、购、娱于一体的休闲娱乐场所。先后成立快捷、安达、新马、顺通、加喜等8家运输公司,有大货车1500余辆,日运输量4万吨。有客运大巴75辆、农用车1100辆、出租车42辆、私家车260辆。全镇有综合性商场9个、商业网点300多个。新增个体工商户560户,个体工商户达1万多户,大小饭店200多家。建筑公司3个,从业人员2000多人,全年建筑收入5000万元。三产企业1000个,从业人员2万人。第三产业实现产值6.8亿元。

第四节　基础设施建设

1986年,集镇依托205国道和老盱马路省道交汇处形成集镇中心区,建成区面积1.8平方千米;房屋建设除少数两层外,以一层为主;除镇区道路基本硬质化外,村道有7条砂石路。1987~1990年,采取政府投资、企业捐献石料、群众出力的措施,铺设镇村石子路,形成乡村道路网。

1992年,在镇区新开辟一条长约1千米的农民街,两边规划建筑两层楼房为主,逐步开发文明东路、陵园路两条主干道,集镇建设初具规模。1995年,拓宽文明西路,建设镇南路高标准商业街,新建东方市场、楚东市场、高岗市场,将马路市场全部集中分类到各个市场;完成镇南路商业街、医院至东阳、面粉厂至盱马路3条路土方工程。1996年,完成小城镇建设1996~2015年近远期规划,完成文明西路、陵园路和楚宁路拓宽改造和镇南路下水道配套工程,建成镇南路大桥,完成环城东路、环城西路、环城北路120万立方米的土方工程,被市委、市政府评为"小城镇建设'六个一'工程先进乡镇"。1998年,沿街主干道全部安装路灯,镇区公共设施以及沿大涧风光带设置景观灯。1999年5月,小城镇建设通过"省级新型小城镇"验收,被省政府确定为重点中心镇。

图36-5　马坝镇中心广场

2000年,实施"商贸兴镇"战略,新建马坝加油城、商贸城。2001年,按照"高起点规划、高品位建设、高标准开发、高效率管理"要求发展小城镇,完善镇南路示范一条街,街道两侧新建商住楼8万平方米,镇被评为市级卫生镇。2002年,以"三城"(马坝加油城、商贸城、龙虾城)带动"三产",实行"三城一体化"方略,建成5400平方米的东方市场、1万平方米的建材厂、5.4万平方米的加油城、6万平方米的龙虾城和1300平方米的商贸城,镇区道路实现硬质化。2006年,铺设镇村道路混凝土路面67万平方米,安装路灯528盏,绿化5200平方米,铺设下水道2000多米,镇区实现亮化、绿化、道路硬质化。

2008年,镇中心广场辐射5条主要街道,镇区4平方千米,混凝土路面主支干道近20千米,绿化12万平方米;建成花园式别墅200多套,有宾馆、舞厅18家;兴建涧边腾飞广场、垃圾中转站,更换镇区垃圾桶;村村通上石子路,混凝土路面积16.9万平方米;新铺镇西路、文明西路、涧边路、世纪大道、老世纪大道、工业区路等主支干道22条15万平方米,镇区主支干道实现硬质化,铺设沥青路16.5千米,建成镇区道路网。

第五节 社会事业

一、教 育

1986年,有完全中学1所,学生800人,教师78人;中心小学2所,学生1120人,教师76人;村小16所,教师448人;中心幼儿园2所,幼儿128人,教师32人;幼儿入园率、学前儿童入学率、初中生毕业率均达99%以上。1995年,新建马坝中学教学楼、教师宿舍楼、高标准体育场、第二小学教学楼、第二幼儿园。1998年,完成1万多平方米的小学教师安居工程。

图36－6 马坝镇中心小学

2002年,整合生源少、教师资源不足的18所村小;马坝初级中学从马坝中学分离出来,在镇南路西侧新建1所新校区。2004～2006年,马坝初级中学建成综合楼、食堂和学生公寓,创建成省示范初中。2008年,一小、二小合并,在镇西路南侧兴建中心小学新校区。全镇有省四星级高中1所,学生3600人,教师198人;省示范初中1所,学生2300人,教师124人;中心小学1所,小学生3890人,教职工286人;胜利村和南阳村2个村小教学点,学生230人,教师23人;中心幼儿园1所,幼儿325人,教师19人。

二、卫 生

1986年,有中心卫生院1所,卫技人员49人;建有主水厂1个、分水厂8个,受益7200人。1994年,中心卫生院更名为县第二人民医院,医护人员109人,病床100张,门诊楼和病房楼各1幢;有19所村级甲级医疗点。在美国学习回来的赵长松租房,创办微创专科医院——楚东医院,为全省第一家私人创办的医院,有卫技人员26人。新办第二水厂,受益1800人。1996年,实施改水工程,有11个村通上自来水,受益5600人。

2000年,新建日供水6000立方米的地面水厂和深井水厂各1座,地面供水站14家,全镇90%以上居民受益。2002年,楚东医院在文明东路南侧新建1万平方米的新院区,县第二人民医院在马坝镇文明东路南侧新建500平方米门诊楼。实行农村大病合作医疗保险,参保3542人。2004年,赵长松投资异地新建楚东医院,占地1.33公顷,有床位40张。县第二人民医院获"全国优秀乡镇卫生院"称号,镇自来水厂、大众自来水厂实行承包经营。兴隆村、万斛村自筹资金5万元,维修、铺设村自来水管道。2005年,新建水厂3个,改水受益3000余人。2008年,有医院4所,卫生人员276人,卫生所32个;兴建、改造无害化公厕16座;有自来水厂1个,受益6800人。县第二人民医院兴建住院楼;楚东医院引进高、精、尖医疗设备,自主研发的多项微创技术填补国内、国际行业空白,实现普外手术不开刀。楚东医院增加床位100张,医护人员60人。

三、文化、广播电视、电信、供电

1986年,有文化站1个、文化活动中心1个、图书馆1个,各村只有有线广播,集镇个别户有黑白电视机,有电话20余户,年供电量360万千瓦时,有12个村通电。1989年,全镇有16个村通电,消灭无电村。1992年,镇通讯机站建成使用,安装电话120多部。1993年,程控电话开始推广,安装820部。1994年,开通有线电视,安装324户。1996年,马坝文化站建成办公楼,18个村全部安装程控电话,建成3个电话小康村、2个百部电话村,新装电话1037门,装机总量突破2500门。1998年,镇供电所办公大楼交付使用,开始实施农村电网改造工程。1999年,率先建成电话镇。

2000年,镇区成立移动代理点,有移动用户3000多户。2003年,广播站自办节目1套,有线电视覆盖全镇50%村庄。2007年,农村电网改造被县列为“电气镇”。2008年,镇广播站自办节目3套,有线电视网覆盖95%以上村庄,用户2177户;各村均设立农家书屋,图书1.2万册;镇区程控电话达1.8万门,电话普及率95%以上;扩建C网机站1座,有C网用户2100多户,移动用户近1万户;马坝、高桥、东阳3个供电所合并为马坝供电所,年供电4200万千瓦时。

四、社会保障

1986年,有敬老院1所,入院老人20人,计划生育率98%,人口出生率8‰。1992年,实施农民最低生活保障制度,168人享受低保。1995年,配备农保员负责婚姻登记、优抚、救灾救济、五保供养等工作。2004年,马坝镇敬老院被评为省级文明敬老院。2008年,镇敬老院创建成省级文明敬老院,老年公寓创建成省级示范性养老机构,有96名老人入住,342人享受低保;建成计划生育世代服务中心,计划生育率98%,人口出生率在9‰以下,通过省计划生育世代服务示范点验收。

2008年马坝镇行政村(居)情况一览表

表36-5

村(居)名	人口(人)	户数(户)	面积(公顷)	耕地(公顷)	农民人均纯收入(元)	组数(个)	组名
楚东(居)	7374	1800	507.3	114.52	9492	12	茶安　中和　朱庄　草庄　高岗　大南　赵圩　井庄　镇北　南元　小康　楚东
腊塘(居)	2309	570	740.5	226.71	9421	13	小梁　高庄　马庄　下湖　南湖　徐圩　板桥　长庄　新化　涧西　李庄　桥东　西片
马坝(居)	3388	822	617.5	86.67	9727	10	宝桥　窑敦　东元　路东　路西　涧边　路南　花园　妇女　竹园
双马	3932	963	861.9	389.02	8804	23	大庄　肖庄　灯塘　塘东　谢庄　冯圩　建圩　谭庄　新建　谢沟　五桥　桥东　涧边　孙墩　万圩　七庄　南岗　车头　小元　林业　西窑　西湖　陈庄
蔡庄	3196	780	578.9	380.56	8683	25	西联　东联　西坝　东坝　塘庄　南岗　路南　毛庄　罗庄　河南　龙塘　冯庄　叶庄　马安　路北　河东　河西　墩塘　老庄　陈庄　圩东　王圩　南湖　元庄　申庄
石桥	3362	806	924.8	347.27	8391	21	汤湖　西湖　西庄　东庄　才湖　西郑庄　西钟庄　西张庄　桥西　李庄　桥东　青年　高塘　东钟庄　程庄　程塘　东张庄　下庄　上庄　东郑庄　赵庄
卧龙	3042	733	792.1	386.47	8773	23	钟圩　杨庄　桥南　胡庄　董岗　管庄　九里　黄庄　龙岗　潘庄　张庄　东庄　万官　下庄　顾庄　沈庄　相庄　前楼　后楼　敦庄　油坊　圩东　圩西

续表36-5

村(居)名	人口(人)	户数(户)	面积(公顷)	耕地(公顷)	农民人均纯收入(元)	组数(个)	组名
黄杨	1311	317	1245.5	535.33	8888	15	松林 林庄 曹坊 高庄 胜利 颜庄 民祥 林业 徐庄 陈西 陈东 老圩 杨庄 马庄 南湾
同兴	1020	255	645.7	226.27	8874	12	新圩 南圩 同兴 新街 同西 妇女 蒲塘 王庄 苏庄 戴庄 戴楼 探马
沙坝	2746	686	759.6	296.05	8668	21	路北 兴坝 九头 荣塘 窑塘 范庄 山塘 新庄 黄庄 沙东 沙坝 马庄 牌坊 大庄 油坊 落星 张庄 新坝 石碾 容庄 涧北
大众	3431	857	625.4	344.77	8994	21	胜利 占庄 杨庄 青年 新年 温庄 北湖 桃元 郭庄 马塘 墩塘 张庄 戚庄 小东庄 长塘 朱庄 沈庄 长庄 新庄 胥庄 杨塘
东阳	3173	793	792.6	305.46	8783	13	立新 妇女 青年 高塘 于庄 圩庄 怀庄 山头 新山 山南 耿庄 城西 高林
南阳	2036	509	969.1	352.25	8575	19	新姚 嵇庄 冀庄 仓庄 合心 杨庄 兴坝 南阳 团结 庙庄 虎山 圩庄 增产 涂圩 南姚 王塘 郑庄 长塘 保桥
云山	2802	700	772.2	303.57	8872	17	赵庄 华庄 新桥 戴庄 马岗 陈庄 高塘 吉庄 山边 山东 桃元 张庄 梅庄 军庄 人民 小场 大山
山北	1357	329	838.4	273.27	8900	16	滕安 新坝 黄塘 良塘 面庄 山北 东圩 砖井 山东 花元 窑塘 杨湖 杨庄 一三 兰庄 陈庄
兴隆	2126	530	1066.6	321.43	8716	16	袁庄 松元 东风 涧东 杨庄 戴庄 房庄 路西 三塘 路东 王庄 刘庄 新庄 顾庄 杜庄 朱三
梁桥	962	173	528.1	211.51	8179	8	王岗 长沟 良庄 胡庄 梁桥 许庄 李元 才塘
高桥	3477	869	782.4	226.13	8946	20	街东 街北 上庄 街西 中街 大街 王场 小街 街南 蔬菜 圩窝 元东 南元 新庄 东庄 王野 大庄 后庄 良庄 西庄
万斛	1830	457	762.3	315.13	8347	12	荒滩 彭庄 顺河 汪庄 徐庄 刘庄 招西 招东 施庄 弓塘 郑庄 乔庄
欧湖	1490	372	731.9	311.13	8426	14	花元 南庄 蔡庄 乔庄 欧湖 陈庄 赵庄 坝坂 桃元 涧庄 鲁坝 官田 东风 吉庄
塘坝	1119	276	565.6	158.15	8263	8	大涧 业庄 塘坝 何坝 西庄 大塘 三塘 塘庄
旧街	2399	596	678.2	316.21	8453	18	韩庄 旧街 陈庄 刘庄 张庄 二塘 赵庄 张荡 周庄 梁庄 王荡 胡庄 姚庄 葛庄 大关 黄泥 杨庄 顾庄
永兴	2206	551	837.6	325.83	8134	18	兴庄 街东 街南 街西 张庄 张桥 枣圆 罗庄 戴庄 前赵 后赵 学堂 于桥 刘庄 新庄 官田 小关 鲁荡
白鹤	899	210	1227.1	193.27	8138	7	丁马 藕塘 军庄 东敦 徐庄 白鹤 姚庄
黑泥	754	182	898.9	99.13	8451	5	卞庄 马庄 鸭塘 黑泥 葛庄
合计	61741	15136	19750.2	7046.11	-	387	

说明:耕地面积不含林场林地面积。

1986～2008年马坝镇主要社会经济指标一览表

表36－6

年份	总面积（公顷）	耕地（公顷）	人口（人）	粮食产量（万千克）	油料产量（万千克）	财政收入（万元）	农民人均纯收入（元）	地区生产总值（万元）			
								合计	其中		
									一产	二产	三产
1986	8350	3380.0	33599	2434.3	118.0	51	546	6620	1236	3017	2367
1987	8350	3380.0	33572	2470.2	110.6	61	690	7620	1372	3173	3075
1988	8350	3366.0	33508	2511.3	112.9	72	728	8763	1442	4200	3121
1989	8350	3366.0	33594	2579.6	130.8	87	843	10078	1498	5363	3217
1990	8350	3353.0	33426	2600.4	141.6	105	901	11589	1509	6218	3862
1991	8350	3350.0	33406	2814.2	198.3	137	1142	13328	1631	7674	4023
1992	8350	3348.0	33396	2906.4	172.6	178	1336	15327	1722	8516	5089
1993	8350	3347.0	33273	2933.6	243.2	232	1640	17626	1809	9695	6122
1994	8350	3347.0	33306	2988.4	236.8	302	1956	20271	2036	9913	8322
1995	8350	3333.4	33320	3004.9	377.5	390	2302	23764	2329	11713	9722
1996	8350	3330.0	33327	3062.3	360.2	507	2343	24926	4077	10977	9872
1997	8350	3330.0	33367	3122.7	348.0	659	2509	26294	4136	12046	10112
1998	8350	3326.0	33329	3078.4	326.0	856	2618	29449	4736	12334	12379
1999	8350	3308.0	33559	3120.5	305.5	1054	2704	32973	4960	14742	13271
2000	19750	7214.6	60902	10000.0	737.2	1658	2752	36941	5136	17509	14296
2001	19750	7217.2	60988	10372.0	814.6	2024	2904	41374	7211	17841	16322
2002	19750	7133.4	61157	10227.0	820.0	2400	3065	46339	7446	21567	17326
2003	19750	7066.7	61326	10339.0	988.5	2449	3180	51900	8120	25284	18496
2004	19750	7050.2	61428	10272.0	863.5	1750	4228	62280	9230	34030	19020
2005	19750	7050.2	61732	10473.0	736.4	3100	5667	74736	11436	42578	20722
2006	19750	7050.2	61607	10575.0	794.6	3860	6517	94468	15545	57192	21731
2007	19750	7046.0	61528	10623.0	826.4	4874	7495	119974	16789	77108	26077
2008	19750	7046.1	61741	10800.0	930.6	6269	8620	145528	20365	93532	31631

第三章　官　滩　镇

官滩镇位于盱眙县城东北部，距县城10千米，南部与盱城镇接壤，东南与三河农场毗邻，东北靠洪泽湖，北接洪泽县老子山镇，西临淮河。盱眙县至老子山镇公路贯穿官滩镇。官滩历史上因淮河泛滥，成一片荒滩，周边老百姓任意放牧、割柴草，内有修官山，故称为“官滩”；后因老百姓在这里兴起集市进行贸易，又叫“官滩集”。官滩镇属低山丘陵，位于淮河主航道东侧，东南部属平原，东北和北部为圩区。境内有修官山、甘泉山、圣人山、小狼山、大尖山、庙山、武团山等，最高大尖山海拔92米，最低修官山海拔28米。山内蕴藏着大量玄武岩，可用于烧制水泥和石灰等。有多处泉水，其中有温泉1处。每座山沿着淮河一字排开，生长着桂花树、枇杷树等树种和杜仲、枇杷等中药材，自然景色美观，生态林400公顷，森林覆盖率98%。1986年，行政区域130.25平方千米，耕地3770公顷；辖21个村、1个居委会、193个村民小组、5816户34252人。7月，撤乡建镇。2000年2月，十里营乡三墩村、甘泉村、县蚕种场划入官滩镇管辖，行政区域145平方千米，辖22个村、2个场圃、1个居委会、220个村民小组、34458人。同年，实行并村联组。2008年，行政区域145平方千米，有耕地5380公顷、水域2320公顷、滩涂1447公顷、林地350公顷、非农业用地1000公顷。辖16个村、2个场圃、1个居委会、124个村民小组、8215户37801人。地区生产总值18.8亿元。连续三年被市授予“十强乡镇”称号。

图36－7　政府办公大楼

第一节　农　　业

一、种植业

1986年，因特殊地理位置和土质，很少种植油料作物。有林园120公顷，其中果园30公顷。1987年，镇、村所属林场内宜林未植树的荒地落实承包责任制，规定凡个人承包林地内宜林荒地植树的，到期收入集体得20%、个人得80%。1993年，开始建设机站，实施低产田改造，种植花生440公顷，年产量2500多吨。大面积花生栽培获省“丰收杯”奖。1996年，经过低产田改造，圣山圩、金大圩等圩区水稻种植由3330公顷增至3660公顷；建成专业村11个，专业大户578个。1999年，建成1333.33公顷高产花生基地，压减杂交稻，新扩1666.67公顷粳稻，改造中低产田333.33公顷。2002年，建成吴小圩、金大圩2000公顷农业生产基地。2004年起，林业实施“三·十”方针（每年培育书记、镇长、分管负责人三个造林样板，包括林网建设和合山、侍涧、新桥等村的山地植树，每年新增植树10万株）。2006年，粮油生产转向经济作物生产，建日光蔬菜温室大棚150多个11公顷，从业人员300多人。2008年，发展特色农业和绿色农业，建设万亩优质稻米工程，开展农业生产保险，成立农民专业合作经济组织71个、社员520人；建蔬菜大棚7000个、283公顷，其中钢架大棚67公顷,从业人员3600多人,品种有韭菜、蒜苗、黄瓜、青椒等;种植水稻4670公顷、小麦4800公顷;植树10万多株,建森林防火通道6000余米,设立防火警示牌105个,林地总面积350公顷。

图36-8　蔬菜大棚种植

二、养殖业

1986年,养牛1800多头、猪2.4万多头、羊4500多只、家禽24万羽;全镇有水面2340公顷,渔业产值700万元。1988年,养殖四季鹅18万羽。1993年,全镇养猪3.5万头、家禽55万羽,其中养鹅22万羽,仅许嘴村就养鹅6万羽;养猪大户陈长德养猪5000多头。圣山湖270多公顷水面被南京地理研究所列为"圣山湖水体农业生态试验站",粗精养结合,年产量800吨。中华蟹鳖出口创汇40多万美元,全镇水产养殖达800公顷。1996年,发展养禽专业村1个、专业户56个,养禽58万羽;水产连片养殖426.67公顷,33.33公顷以上养殖专业村3个,专业户61户。

2005年,在温氏集团带动下,在洪湖、王桥、金圩等村建鸡舍86间,饲养草鸡500万羽。2006年,全镇养鹅23万羽。许嘴村蒋再仕养鹅6000多羽,受到市表彰。中澳合作投资的满江红龙虾产业园开始建设,养殖龙虾850公顷,引进澳大利亚淡水龙虾养殖技术,由澳大利亚班迪戈市原市长格瑞格·威廉姆斯指导,成为集龙虾研发繁育、工厂化基地化养殖、十三香调料中药材种植、物流配送、品牌龙虾餐饮于一体的多元化农业龙头企业。2008年,存栏母猪380头,其中能繁370头;存栏仔猪7600头。发展"公司+农户"温氏模式养殖户264户,饲养家禽924万羽,建标准养鸡大棚260个,年出栏成鸡768万羽,涌现禽类经纪人36个。全镇水产养殖1200公顷,产量2700吨,渔业产值7000万元。其中,满江红龙虾产业园养殖面积600多公顷,为中国最大的龙虾养殖园,带动近300户养殖,养殖龙虾620公顷。

图36-9　满江红龙虾产业园

第二节　工　　业

1986年,有企业26家,较大企业有狼山水泥厂、圣山水泥厂、桓远染化厂等,水泥年产量80万吨左右。1994年,江苏圣山水泥厂10万吨生产线技扩工程建成投产,产量5万吨;对镇办11个企业进行改制,租赁6

个、股份制2个、拍卖1个,收缴风险金12.8万元。1995年,对企业推行租赁经营,“先售后股”“租股结合”等改制形式,江苏圣山水泥厂尝试“一厂两制”经营机制。1998年,完成企业改制28家,盱眙县染化厂正式挂牌为盱眙县桓远染化有限公司。

图36－10 江苏浙长电源

2000年,先后引进县工业园区企业38家,其中建成投产企业32家。2002年,引进华强医疗公司,年生产医疗器械产品500万套,产值2500万元。2003年,狼山水泥厂、圣山水泥厂改制为民营企业。2005年,在三墩村新建工业集中区60公顷,新建标准化厂房8000平方米。2008年,引进县经济开发区企业有江苏金铭钢管有限公司,生产轴承钢管、无缝钢管、油井钢管等产品;引进镇工业集中区华石建材、新昌盛建材、富达米业、星宇建材、百世博、上软电子等企业16家,初步形成以建材为主的产业集聚区,镇办工业企业总数增至85家,其中招商引资企业42家、列统企业18家;水泥企业有星宇水泥、狼山水泥。

第三节 三 产

1986年,有运输车辆85辆,年运输量100万吨;有建筑队5个,建筑工人1000多人,其中350多人在外地建筑工地务工。有百货零售店12个、饭店6个、旅社2个、理发店9个,有个体工商户85户,从业人员350人;有集镇市场1个,露天摊位80个,豆腐坊10个。1993年,有盱眙、洪泽、淮阴、南京客运30多班次经过镇区;有码头4个,货运船只60多艘3000多吨位。2002年,官滩至盱眙“农班车”有11班。2004年春节,增发官滩至淮安客车2班。2005年春节,增发官滩至南京客车3班。2006年,建成600平方米的客运站和大型停车场,春节期间增发盱眙至南京5班、官滩到各村的班车23辆。2008年,有从事货物运输的车辆737辆,年运量700万吨;大中型铲车35台,挖掘机5台,汽配维修点12家,私营汽柴油供应点8家,到各村的班车35辆。建筑工人500多人,人均年收入4万元。有百货零售店130个、饭店23个、旅社6个、理发店15个,有个体工商户600户,从业人员2600人。建成服装一条街,有商铺20间;从事家庭豆腐坊42家,人均纯收入超过1万元;从事豆芽坊作业人员有24家54人,人均纯收入8500多元;有小油坊7家,油菜籽榨油从业人员20多人。全镇副业收入1010万元。

第四节 基础设施建设

1986年,老街道长2千米,集镇人口3100人,大都是瓦房、平房,集市贸易占道经营。镇内主干路有陈洪线、蚕戚线、霍杨线、陈侍线、官李线、甘泉线等泥土路。1989年,在老街道规划建设新街道,开挖老街道下水道2500米,拆除违章建筑46户。1990年,建成三层供销社商厦。1991年,新建古河农贸市场,解决沿袭多年的占道经营状况。1992～1997年,先后铺设甘泉村、甘泉药材场、霍山枣园混凝土路和圣山圩砂石路,东北路、镇区转盘路、循环路、3个厂混凝土路和十老路柏油路建成通车。1995～1999年,先后建成2个农贸市场、1个停车场、1个公厕。1997年,完成集镇个体商户一条街建设,建成肉市和鱼市大棚2个、圣山西路混凝土路和3块公共绿地。

2000～2007年,相继建成6条乡村混凝土路、甘泉大道和环山混凝土路;建成官滩招商批发市场、圣山南北混凝土路和东西路新街道;在街道两侧新建中学教师宿舍楼、财政所综合楼、卫生院住院部大楼、文化站办公楼和招商批发市场。2008年,在中学南侧开发建设新商业街。新镇区形成“十”字型结构,集镇常住人口8000多人,建设用地120公顷。入住东苑小区450户。架设路灯230盏,建绿化池3000平方米、垃圾池156个,街道转盘安装电子大屏幕。全镇有道路25条85千米,镇村道路实现混凝土路面。

第五节　社会事业

一、教　育

1986年,有中学1所,教职工45人,在校生450人;小学15所,教师280人,在校生4000人,教工宿舍区6幢50余间;幼儿园18所,教师60人,入园幼儿2000多人。1999年,建成4000平方米的中心小学主体教学楼。2002～2007年,先后建成中心小学教师宿舍楼、多功能教学楼和多功能餐厅,官滩中学2幢教学楼和餐厅、浴室、标准化厕所、学生公寓、风雨操场及6个标准篮球场。2008年,有初中1所、中心小学1所、完小3所、小学教学点12个,在校生2312人。中学在校生20个班2450人,教职工83人;中心小学有教学班25个,学生1389人,教职工80人;幼儿园8所,教师35人,入园幼儿260人。

二、卫　生

1986年,有卫技人员23人,门诊、病房楼1200平方米,年接诊1.9万人次。街道和农村饮用水主要是地下井水。1989年,在集镇兴建自来水厂,解决镇区居民饮水问题。1993～1999年,先后新建门诊楼、病房楼,创建5个村甲级卫生室、10个社区卫生服务站。1996年成立中心水厂,建成4个村级自来水厂;1997年建成7个水厂,全镇19个村、居、场的95%居民用上自来水;1998年,实施大病合作医疗,1.5万人参加医疗保险。

图36－11　官滩镇卫生院住院部

2000年,镇卫生院新建1500平方米的住院部大楼。2004年,建成淮安市第一个高科技净化地表水厂,解决戚洼、王桥、金圩村农民饮用水问题。2008年,有卫生院1所、医务人员35人,有村级卫生室16个、医务人员29人,创建省级标准化社区卫生服务站15个;有36704万人参加医疗保险,参保率97.1%;有水厂8个,16个村安装自来水,受益3.6万人。

三、文化、广播电视、供电、电信

1986年,有线广播入户率95%,有电视50户,有14个村通电,有26部固定电话。1995年,集镇试行微波信号安装有线电视150户,2个无电组实现通电,有20个村组通上程控电话,安装电话190部。1999年,电力杆线更新改造,推进“电话镇”建设,电话总数2768户。2002年起,先后开通沿十老路8个村的有线电视光缆信号。2005年,恢复农村电影放映,每月每村免费放映一场电影。2008年底,有线电视用户7244户,固定电话发展到6846户,“小灵通”1128部,手机24886部。

四、社会保障

1986年,官滩镇计划生育率96%,出生率11‰。1987年,建成镇敬老院,集中供养“五保”老人16人。1997年,建成计划生育服务大楼。1999年,计划生育工作逐步实行“以村为主”的规范化管理,计划生育率98.5%以上,人口出生率10‰以下。2000年,完成农村草改瓦410户。2003年,新建老年公寓4幢,集中供养“五保”老人34人;完成农村草危房改造300户,建救灾房260户。2005年,新建老年公寓1幢,有450人享受低保,6000多人参加社会养老保险。2008年,镇26家企业与30多名贫困学生进行结对帮扶,对家庭贫困品学兼优的孩子,每名学生每年帮扶5000元以上;机关干部“一助一”结对帮扶102对;落实低保户555户1283人,每月计发放低保金9.1万元;建成计划生育世代服务中心,计划生育率98%,人口出生率控制在7‰以下,发放独生子女奖励金4.2万元。

2008年官滩镇行政村(居)情况一览表

表36-7

村(居)名	人口(人)	户数(户)	面积(公顷)	耕地(公顷)	农民人均纯收入(元)	组数(个)	组名
圣山(居)	5010	550	6119	10	10890	5	圣东(圣山东路、小康东路)、南北(圣山南路、圣山北路)、圣西(圣山西路、小康西路)、蔬菜队、大庆(大庆路)
古河	2620	545	297	136	12300	9	高郢 高庄 官滩 古河 方庄 沈西 沈东 钱东 钱西
新桥	1529	393	331	203	11280	5	曾庄 马东 马西 下洼 小马庄
陈庄	2521	621	513	383	10100	10	武东 武西 小军 水牛 陈庄 周庄 索塘 徐庄 米庄 丁庄
霍山	3221	731	615	495	9680	11	霍山 军西 军东 严店 范庄 枣园 丁庄 刘庄 周庄 毛庄 李庄
侍涧	2120	430	417	306	11100	6	北朱 小窑 新庄 王洼 侍庄 南朱
李庄	1630	480	337	213	11300	7	王从 李东 李西 马东 马西 红于 塘头
渔沟	1676	424	450	283	11500	8	郭庄 岗上 大军 胡庄 黄庄 渔沟 朱庄 王潘
许嘴	2986	734	703	524	11800	11	圩东 高庄 大蒋 潘许 中西 大郢 段庄 赵庄 吴西 吴东 小营
都管	1606	377	692	305	10980	6	刘庄 孙庄 瓦东 瓦西 韩庄 都西
洪湖	1602	380	747	387	12000	7	索庄 罗庄 东湖 顺湖 都东 砖坝 杜庄
杨岗	2506	590	534	461	9800	8	杨岗 顾东 顾西 小洼 郑庄 邹庄 郭庄 黄庄
王桥	1422	326	323	245	9800	5	马庄 双庙 戚庄 石房 王桥
金圩	1526	308	869	384	9900	6	毛庄 顺河 顺兴 临湖 金东 临淮
戚洼	2356	386	765	459	9700	8	李邓 大孟 田塘 沙怀 张吴 四新 韩圩 早怀
甘泉	1650	430	348	193	10880	6	修南 修北 孙涧 前港 中港 甘泉
三墩	1820	510	440	393	11000	6	草坊 碾坊 赵庄 花营 三墩 卞湾
合计	37801	8215	14500	5380	-	124	

1986～2008年官滩镇主要社会经济指标一览表

表36－8

年份	总面积（公顷）	耕地（公顷）	人口（人）	粮食产量（万千克）	油料产量（万千克）	财政收入（万元）	农民人均纯收入（元）	地区生产总值（万元）			
								合计	其中		
									一产	二产	三产
1986	13025	3770	34252	2567	95	168	595	2900	2200	660	40
1987	13025	3772	34484	2690	115	195	602	3080	2330	715	35
1988	13025	3881	34442	2860	120	256	620	5532	2935	2480	117
1989	13025	3974	34640	3189	140	235	648	4125	3197	902	26
1990	13025	4003	35091	3168	135	255	672	4455	3266	1143	46
1991	13025	4230	35218	3260	145	268	678	4687	3350	1255	82
1992	13025	4258	35216	2982	156	289	772	7734	2658	4986	90
1993	13025	4277	35203	3168	122	315	891	8517	3546	4600	371
1994	13025	4082	35184	3250	120	328	1067	11448	4206	6800	442
1995	13025	3903	34800	3620	135	426	2170	15642	5444	8968	1230
1996	13025	4079	34713	3980	150	465	2825	23666	8028	13652	1986
1997	13025	4079	34712	3890	120	480	3102	27896	7772	17113	3011
1998	13025	4181	34599	4160	230	520	3502	18969	7936	8716	2317
1999	13025	4186	34409	3968	270	550	3750	50721	7791	35640	7290
2000	14500	4580	34458	4620	520	623	3850	50526	8735	38953	2838
2001	14500	5120	37507	6253	820	658	4206	65901	7578	54461	3862
2002	14500	5126	37626	5682	510	700	3408	60393	7463	45640	7290
2003	14500	5156	38022	5250	370	736	3698	60526	8735	48953	2838
2004	14500	5204	37840	5985	140	850	3867	65888	7822	54839	3227
2005	14500	5226	38072	6452	750	1150	4301	65901	7578	54461	3862
2006	14500	5210	37821	6910	1020	2250	5514	151119	19463	129937	1719
2007	14500	5258	37770	6574	1030	4502	6755	196444	19960	172009	4475
2008	14500	5380	37801	7170	200	6404	7700	187876	24637	159176	4063

第四章 旧铺镇

旧铺镇位于县城东南部,是盱眙县的南大门,东与安徽省天长市的平安乡、张铺镇接壤,南与安徽省天长市汊涧镇相连,西与本县王店乡毗邻,距县城26千米。宁连高速公路穿境而过,有一出口直通铁山寺国家森林公园,交通便利,区位优势明显。旧铺镇,古时称平原铺,后因附近设新平原铺,原平原铺成为旧平原铺,简称旧铺,镇以此命名。1986年7月,撤乡建镇,行政区域69.2平方千米,辖14个村、142个村民小组、4208户1.78万人。2000年2月,区划调整,张洪乡、县茶场、县种畜场总场并入旧铺镇,行政区域147.67平方千米,辖2个场圃、29个村、257个村民小组、8681户2.7万人。2001年,实行并村联组。2008年,有耕地3697.8公顷,林地435.8公顷,牧地0.33公顷,水域4300公顷;辖2个场圃、13个村、145个村民小组、9066户3.27万人。

第一节 农业

一、种植业

1986年,粮食产量27405吨,油料产量454吨,林地面积425公顷,其中生态林350公顷,果树、蚕桑75公顷。1996年,向特色农业发展,种植紫罗兰山芋200公顷、早熟西瓜260公顷、油桃100公顷。1998年,开发蜂子山意杨栽植,建成千亩连片意杨带,栽植意杨3.52万株。1999年,栽植意杨20.57万株,意杨林地通过拍卖、租赁承包给个体经营,意杨产业形成“二片、一网、三通道”格局。2002年后,农业逐渐向产业化发展,沈玉龙等42人承包、租赁土地960公顷,主要种植优质稻米、花果蔬菜等。2004年,农业采取“一保二扩三不留”做法,保证花生种植1000公顷,扩大水稻种植470公顷、蔬菜杂粮种植334公顷,不留空闲户、不留空闲人、不留空闲田。2008年,粮食总产突破5.16万吨,油料总产4172吨,有林地1680公顷,绿化覆盖率29.6%。

二、养殖业

1986年,旧铺镇养牛1800头、猪1.9万头、羊3000只、鸡20万羽、鸭10万羽、鹅4万羽。1997年,实施“两专一基”和“个、十、百、千、万”工程,2个村兴办村级千头生猪育肥场,10个村兴办百头生猪育肥场,100个专业大户户均出栏10头肥猪,全镇畜禽总量104万只,15个村发展专业大户1210户。2002年,养殖大户姜广堂和朱洪波牵头采取贷款、集资形式,兴办杜营兔业有限公司和时集乳鸽养殖场,养殖新西兰肉兔12万只、日本“落地王”乳鸽16万羽,当年出栏肉兔6万只、乳鸽50万羽。2004年,焦山村卢宏生带头加入温氏集团,养鸡1.2万羽,先后发展12家,年养殖鸡12万羽;养殖大户朱洪波养殖日本“落地王”乳鸽1.6万羽、新西兰肉鸽0.3万羽,张培友牵头兴办焦山草鸡养殖基地,养殖草鸡20万羽,带出养殖、营销专业户590户。2008年,旧铺镇有养鸽场4个、养鸡场20个、养鹅场3个,全镇养鸡130万羽、鸽21万羽、鹅15万羽、鸭20万羽、猪2.8万头。

三、茶叶产业

1986年,雨山茶场有茶园50公顷,生产碧螺春、龙井等茶叶,产量4000千克,产值40多万元。1999年,茶场获得中国绿色食品标志使用权。2000年,茶场开发有机茶叶等新品种,雨山茶获得国际博览会金奖。2004年,经中国茶叶研究所专家论证,获得有机茶标志使用权。2005年,所产茶叶再次获得国际博览会金奖。2006年,扩大生产规模50公顷。

2007年,所产茶叶被授予江苏省"市民消费者信得过产品"称号。2008年,增添加工机械,改进制作工艺,采取杀青、揉捻、烘干、炒干、精制、包装等程序,实施"名牌、名品"战略,提高品种档次,使茶叶造型、汤色、口感等出现大飞跃,茶叶主要品种有雨山香茗、都梁春、明祖贡春、碧螺春、云毫等。雨山茶园拥有基地133公顷,年产量5.5万千克,产值400万元,多次获得省茶叶学会组织的"陆羽杯"特等奖、中国茶叶协会组织的"中茶杯"一等奖。

第二节　工　　业

1986年,旧铺镇有工业企业48家,年产值286万元。1994年,将采石场、制品厂、建筑站公开租赁。1997年,新建化工厂1个,年产700吨乙酰苯胺。1999年,化工二厂租赁给官滩染化厂经营。2001年,由上海宝山腾胜化工厂和清江染化厂联合投资680万元,兴建占地6000平方米的联邦化工厂,年产双倍源硫化黑1500吨,产值6800万元,产品销往英、德、法、意等国。2003~2005年,先后引进嘉亦特液压件有限公司、江苏诺普纸业、江苏五环管业有限公司,年生产瓦楞纸2.9万吨、机械配件1万件、主阀体和导阀体3万件。

2006年,建设镇工业集中区10公顷,江苏五环管业有限公司竣工投产,年生产钛和钛合金管400吨,年销售收入1亿元,税收400万元,企业用工140人。2008年,进驻镇工业集中区的企业有信达利机械、旧铺液化气钢瓶维修厂、盱眙法兰盘制造厂等4家,镇工业集中区企业总数增至39家,用工2490人。至年底,引进县工业园区企业20家。

第三节　三　　产

1986年,有个体工商户21户、饭店11家、旅社2家、浴室2家、理发店2家、照相馆1家、日用电器修理2家、其他服务业3家,集市贸易日交易量在50万元以上;有运输车辆36辆;成立第七建筑公司。1995年,旧铺镇发展长途客车3辆,营运旧铺至淮阴市线路。1997年,全镇成立有资质的私营施工队3个,有建筑工人150多人。1998年,有农公班车17辆,每日有12辆班车来回往返,有20多辆个体出租车。2008年,有饭店22家、旅社4家、浴室5家、理发店15家、照相馆4家、日用电器修理7家、其他服务业15家;从事货物运输车辆58辆,从事石料运输的20吨以上自卸王12辆,农公班车12辆;全镇有建筑工人2126人,人均年收入4.1万元。个体工商户560余户,从业1400人,商品零售总额4000万元。

第四节　基础设施建设

1986年,街道全长1.5千米,呈"一"字型,房屋结构以砖木为主,集市市场占道经营;街道主要是砂石路面,各村均是土路。1989年,开辟宽30米、长400米的新街道,集镇初步形成二横四纵格局。1992年,建成12006平方米的农贸市场,街道改建为沥青路。1995~1997年,开始实施旧街改造工程,拓宽街道路面,新建两层以上地方特色楼房,占地3公顷;先后铺设街道柏油路,新铺15个村砂石路。1999年,铺设人行道、新街道混凝土路,安装路灯51盏,新建停车场,完成农科水上公园土石方工程;各村均通上砂石路,建成宁连高速公路旧铺互通连接线工程(旧铺收费站至旧铺集镇段)、盱张线二级混凝土路面,铺设10条农村混凝土路。2006年,建平原南北路、富康路、雨山路,新建富康家苑小区。2008年,新建富康路商业街,建房屋118间;新建富源居小区,安置224户居民;建成铁山寺旅游公路过境旧铺段,全镇有乡村道路11条63千米,村村通上混凝土路。

第五节 社会事业

一、教 育

1986年,有完全中学1所,学生360人,教职工42人;有"帽中"3所,有学生450人,教师80人;中心小学1所,有学生3000人,教师60人;中心幼儿园1所,有入园幼儿350人,教师30人;村小15所,有学生2600人,教师160人。1991年6月3日,旧铺实验小学搬迁至旧铺街北。1992年,投资60多万元新建4层小学教学楼1幢。

2003年,实验小学通过省"三新一亮"(新课桌、新板凳、新讲台、电灯亮)工程验收,在全市率先创办农村寄宿制小学。2005年,旧铺中心小学新建1幢教学楼,新建张洪明德小学教学楼,并通过省"六有工程"验收;新建中学实验中心、多功能教室、学生公寓等。2006年1月,实验小学升格为淮安市市级实验小学。2008年,有中学2所,旧铺中学有学生1600多人,教职工120多人;张洪中学在校学生700多人,教师45人;实验小学有学生1700多人,教师139人;中心幼儿园有幼儿400多人,教师13人;有村小3所,学生600多人,教师85人。

二、卫 生

1986年,卫生院有卫技人员41人、病床30张,新建768平方米门诊楼;新建旧铺水厂,受益4500人。1991~1995年,先后建成卫生院病房大楼1幢,添置X光机、麻醉机、血疗仪、手术刀、洗胃机等设备。1996~1998年,新建茶场、杜郢、焦山3座水厂,解决4200人生活用水问题。1997年,旧铺卫生院改名为盱眙县第三人民医院。2000~2006年,新建时集、马桥、民田、千柳村4座水厂,解决3个村4500人生活饮用水。2003年9月,托管合并张洪卫生院;2006年,农村新型合作医疗参保率80%。2008年,镇卫生院有卫技人员43人,病床60张,实现业务收入480万元,新型合作医疗参保率100%;有10个村通上自来水,受益1.6万人。

三、文化、广播电视、电信、供电

1986年,全镇有700多户拥有黑白电视机,能接收7~8个频道;有2个电影放映队,每村每年可放12场以上电影;街道、新塘大队、茶场、种畜场通电。1994年,开通程控电话400门。1996年,建成有线电视网络,入户230户。1995年,全镇8个村2个农林场圃部分居民通电。1996~1997年,全镇实现村村通电。1998年10月,启动农网改造工程,新增变压器35台。1999年,推进"电话镇"建设,全镇电话总数达1540门。

2001年,架设有线电视光缆线路,有线电视节目增加至28套。2005年,电影放映在停顿10多年后恢复放映,每月每村免费放一场电影,受到群众的欢迎。2006年,马桥村在全县率先建成"农家书屋",藏书1200多册。新建文化活动中心。2008年,有线电视实现村村通、组组通;全镇放装固定电话6400门、"小灵通"860部、手机2480部、有线电视4000户;有13个村实施"农家书屋"工程,藏书2.4万册,音像资料1000余套,丰富了农民文化生活;新增32台变压器,工业区、居民区线路布点基本完成。

四、社会保障

1986年,计划生育率85%,出生率控制在12‰以下。1987年10月,建成镇敬老院,入住10人。1998年,实施最低生活保障制度,有65人享受低保。2000年3月,张洪乡敬老院合并到旧铺镇敬老院。2001年,计生站新增检查床2张、红外光乳腺诊断仪1台、电子阴道镜1台、妇科诊疗仪1台与电动吸引器1台,先后建立镇世代服务中心和各村世代服务室,计生工作由管理型向服务型转变,连续9年排在全县前三名。2008年,新建公寓式敬老院套式住房10套,入住老人67人,连续15年被评为省级文明敬老院;有700人享受低保,计生站累计施行计划生育手术2万多例,每年为育龄妇女免费查环、查孕、查病2次,计划生育率98%,人口出生率8‰。

2008年旧铺镇行政村(居)情况一览表

表36-9

村(居)名	人口(人)	户数(户)	面积(公顷)	耕地(公顷)	农民人均纯收入(元)	组数(个)	组名
大字营	2100	686	1160	213.6	5864	11	大朋　金港　小冲　张坝　拖泥　高庄　和平　李庄　潘庄　余庄　运田
焦　山	2090	545	981	221.7	6225	10	果元　双郢　良郢　同心　焦山　张圩　长塘　木圩　砖井　长郢
马　桥	1350	382	815	182.8	7271	9	王庄　先丰　涧北　马庄　马桥　良田　刘营　秦郢　蔡坝
旧　铺	6198	1560	1466	377.7	5005	16	胡岗　果元　民生　杜郢　杨洼　小洼　龙岗　汤郢　竹元　青年　松灯　桥南　长郢　旧铺　胜利　尧塘
民　田	2120	630	1511	435.3	6972	12	北安　菜田　小郢　高庄　栗树　民田　长庄　林岗　连安　付业　徐岗　新塘
新　铺	2280	612	1049	374.4	5348	12	平元　泊口　黄塘　倪田　朱庄　马塘　苏庄　耿庄　罗庄　毛庄　夏营　李营
张　洪	3770	1130	1378	394.7	6610	13	槐树　三村　东岗　华南　薛庄　张洪　汪庄　严庄　闵冲　陈冲　严坝　崔塘　街道
郑　盘	1510	406	743	201.2	5118	6	郑盘　关庄　周庄　双塘　桥头　陶庄
千棵柳	1625	454	729	261.2	5775	9	马庄　唐刘　新庄　窑湾　谭营　黄庄　大庄　千柳　墩塘
好　汉	2248	623	1075	245.3	6944	10	好汉　达连　九女　团结　前郢　华庄　张庄　周庄　百花　红郢
时　集	2360	635	1144	247.4	5708	11	时集　胜利　跃进　潘郢　代郢　陈圩　海岗　华山　枝花　草坊　夏郢
人　民	1025	360	580	151.0	5792	5	陈郢　祁郢　中营　黄庄　地堂
雨　山	1360	373	768	204.7	5671	7	雨山　王郢　河头　兴庄　尤庄　杏花　凡郢
茶　场	1850	420	736	108.1	6200	8	一组　二组　三组　四组　一队　二队　三队　四队
种畜场	820	250	632	78.7	5769	6	梁岗　南山　西山　北山西　北山东　团结
合计	32706	9066	14767	3697.8	–	145	

1986～2008年旧铺镇主要社会经济指标一览表

表36－10

年份	总面积（公顷）	耕地（公顷）	人口（人）	粮食产量（万千克）	油料产量（万千克）	财政收入（万元）	农民人均纯收入（元）	地区生产总值（万元）			
								合计	其中		
									一产	二产	三产
1986	6920	2422.9	17786	2740.5	45.4	35.2	451	1275	984	147	144
1987	6920	2422.9	17971	2118.6	66.5	40.7	507	1404	1086	162	156
1988	6920	2422.9	17766	2121.3	57.4	45.8	598	1548	1194	180	174
1989	6920	2438.0	17766	2043.5	78.1	50.6	626	1704	1314	198	192
1990	6920	2427.3	17754	1940.4	91.6	55.2	694	1896	1446	222	228
1991	6920	2273.8	17321	1462.3	96.5	60.3	490	2112	1590	246	276
1992	6920	2273.8	17321	1685.2	109.2	75.8	653	2352	1752	270	330
1993	6920	2265.1	17245	1907.3	123.2	93.7	712	2619	1926	297	396
1994	6920	2163.5	16897	1102.0	134.2	91.5	952	2919	2118	327	474
1995	6920	2163.5	16897	1880.4	125.2	114.8	1584	3258	2334	360	564
1996	6920	2163.5	16897	2047.1	94.0	132.6	1814	3642	2568	396	678
1997	6920	2163.5	17377	2344.3	109.7	162.8	2199	4080	2826	438	816
1998	6920	2159.1	17186	2437.6	121.4	191.9	2995	4536	3114	486	936
1999	6920	2159.1	17099	2470.0	118.0	215.3	3123	5076	3426	576	1074
2000	14767	3771.3	27056	3638.2	254.5	530.3	3294	10200	6280	1340	2580
2001	14767	3771.3	27056	4184.5	297.6	541.7	3456	11500	6690	2030	2780
2002	14767	3619.3	27056	4212.3	359.6	501.9	3554	13080	7360	2770	2950
2003	14767	3619.3	27056	4333.7	361.4	502.2	3601	14759	8080	3559	3120
2004	14767	3654.8	26367	3849.5	408.8	795.7	3658	17110	8899	4971	3240
2005	14767	3654.8	26081	3987.9	447.2	508.1	3743	21020	7685	10273	3062
2006	14767	3673.0	26139	4843.9	318.5	775.9	4303	26288	10022	12845	3421
2007	14767	3698.1	26008	4666.1	416.8	1298.9	4847	35064	11240	18530	5294
2008	14767	3697.8	32706	5164.8	417.2	1914.2	6100	40840	12590	20910	7340

第五章 桂 五 镇

桂五镇,史称西高庙乡,为纪念革命烈士李桂五而更名。地处县城西南部,东与穆店乡接壤,西与仇集镇相连,南与王店乡毗邻,北与古桑乡相望,属低山丘陵,距县城17千米,248省道与桂莲路、桂仇路呈十字型纵横跨越全境。境内地貌为低山丘陵,蕴藏玄武岩石和凹凸棒石黏土。“桂花”牌小磨麻油系部优产品,素有“开瓶十里香”之美誉。1986年,行政区域71.4平方千米,耕地2432公顷,山地1730公顷,水域655公顷,林园474公顷,牧地1007公顷,非农业用地1365公顷。辖13个村、144个村民小组、4632户18964人。7月,撤乡建镇。2000年2月,区划调整,水冲港乡、县种畜场长山分场、县水冲港林场、县山岚林场并入桂五镇。2008年,行政区域158.45平方千米,耕地3320.2公顷,山地4449.8公顷,水域1286公顷(净水面476公顷),林园990.4公顷,牧地2363公顷,非农用地2082公顷;辖12个村、2个居委会、3个场圃、233个村民小组、7008户36422人。

第一节 农 业

一、种植业

1986年,境内有桂五、山岚两大水库灌区,内有林山、星星、安乐、簸箕湾、前庄、马港等中小型水库,种植水稻1867公顷,产量14560吨;三麦1500公顷,产量5580吨;油菜153公顷,产量115吨;有牧地1007公顷,林园地474公顷,其中林地319公顷、果园155公顷。

1991年,遭遇特大洪涝灾害,农业生产遭受巨大损失,全镇1315.3公顷小麦,总产量3571.13吨,其中霉变小麦超过50%;油菜单产只有65千克。面对灾情,及时采取“两扩两压一增加”(扩大山芋、水稻面积,压缩杂粮、秋玉米面积,增加粮田复种指数)措施,以秋补夏,降低损失。1992年,持续伏旱,在疏浚水系、兴修农田水利基本建设同时,实施“压粮扩经、压籼扩粳、压麦扩油”措施。全镇水稻由2000公顷压缩到1733.3公顷,扩大经济作物266.6公顷;三麦由1467公顷压缩到1000公顷,油菜由600公顷扩大到1000公顷,花生由123公顷扩大到307公顷。1994年,先后4次组织1万多名劳力集中会战,开发荒山,种植板栗333.33公顷、湖桑200公顷、苹果66.67公顷,被列为全县果林基地。1995年,完成六桥片200公顷中低产田改造和宝山片133.33公顷小流域治理工程,种植蔬菜266.67公顷,产量4904吨。1996年,林山村利用荒山坡土地发展成片林51公顷,成为林业专业村。1997年,高庙村建起66.67公顷连片蔬菜基地,种植西瓜53.6公顷;建成专业村5个、专业户1016个,蚕茧产量33吨。

图36－12 桂五镇生态林区

2000年,调整种植结构,以“一条线”“三个片”为格局,即以“绿色通道”为主体的40公顷意杨线及以高产籽瓜为主的牌坊村66.67公顷示范片、中药材为主的宝山村66.67公顷科技示范片、梨枣为主的333.33公顷梨枣片,依靠科技发展种植大户235户。2001年,建成姚山天池水冲港板栗示范片和六桥花卉园试验片,种植花卉2万余株,栽植板栗10万株,连片栽植梨枣5万株。2007年,建塑料大棚2000多个,种植韭菜、蒜苗、草莓、西瓜、西红柿、黄瓜、辣椒等30多个品种蔬菜。2008年,粮食总产3.61万吨,油料总产800吨;种植金钱草等中药材247公顷;有林地1000公顷,主要种植意杨、果树等;综合开发荒山林地,宝塔村和高山坪建成板栗、中药材基地。

二、养殖业

1986年,水面养殖327.47公顷,产量122吨;养牛2000头、猪1.68万头、羊2000只、家禽21万羽。1992年,开挖鱼塘26.67公顷,水产品产量42吨。1996年,养殖龙虾20多公顷,产量12吨;宝山村养牛504头,成为养牛专业村。1998年,全镇以养殖山羊为主,养殖山羊7400只。1999年,建成盱眙县第一个梅花鹿养殖场,养殖梅花鹿15头。

2000年,县属桂五、山岕水库和镇属林山、簸箕湾等中小水库实行规模承包养殖,其他水面以自由养殖为主,养殖水域1286公顷,水产品产量1157吨。2001年,建成藕塘、东园、六桥养鹅专业区,养鹅5.3万羽,涌现禽类经纪人24人;建成高平、宝塔、山岕、水冲港等养羊专业区,养羊1.2万只。2004年,引进客商投资新建盱眙三友肉鸡养殖基地,养鸡20万羽;温氏集团进入桂五镇,六桥村大棚饲养草鸡10万羽。全镇建标准养殖大棚89个1602间,年出栏成鸡186.9万羽、成鸭8万多羽,养猪1.5万头。2008年,养牛1500头、猪3.2万多头(母猪800头)、羊8000多只、家禽205万羽;水面养殖1286公顷,产量1253吨,其中养殖龙虾171公顷、产量64吨。

第二节 工 业

1986年,工业以冶铁、锻造、土窑、食品、纺织、榨油、缝纫等项目为主,有企业34家。1992年,“桂花”牌小磨麻油为中国友好观光年指定选用产品。1993年,新建羽绒厂、绗缝厂、海绵厂、塑料厂、酱油厂、BSB新型防水油毡厂,全镇工业企业有31家。“桂花”牌小磨麻油获省优产品称号。1996年,桂五轮窑厂实行租赁承包。1997年,竹园村、宝山村、跑马山村兴办采石场。1998年,12家镇办企业实行租赁、拍卖、股份制改制。

2002～2006年,先后引进江苏金源科技有限公司、润宁玻璃钢有限公司、宏权建材有限公司、江苏亿能工贸科技有限公司、淮安市金诚机电科技有限公司落户县经济开发区;全镇列统企业3家,初步形成以采石加工为龙头的电子、电器、服装、板材、粮食加工等工业门类的格局。2007年,聘请东南大学专家规划镇工业集中区,占地66.67公顷,一期启动20公顷,建成4幢2640平方米标准化厂房。引进江苏快可新能源科技有限公司、江苏领越工业科技有限公司、江苏永信轴辊有限公司、盱眙世贸服装有限公司、盱眙天虹照明科技发展有限公司落户县经济开发区。2008年,建成日产4万吨采石工业集中区,引进镇工业集中区企业6家,引进县工业园区企业13家。全镇实现工业产值15.4亿元,利税9800多万元。

第三节 三 产

1986年,有饭店5家、旅社2家、浴室1家、理发店4家、照相馆1家、个体工商户23户;运输车辆15辆;建筑工人62人。榨制小磨麻油和菜籽油的小作坊有6家20多人。1993年,全镇有14个村办起贸易客栈。

1997 年,建成农贸市场,年交易额 3000 万元。2003 年,建筑站改制后,成立有资质的私营施工队,有建筑工人 200 多人,年收入 450 万元。2007 年,全镇组织劳务输出 1.2 万人。2008 年,全镇有饭店 22 家、旅社 9 家、浴室 3 家、理发店 15 家、照相馆 3 家、日用电器修理 3 家,豆芽、豆腐坊 47 家,个体工商户 350 户,建筑工人 400 多人;从事货物运输车辆 36 辆,年运量 100 多万吨。

第四节　基础设施建设

1986 年,街道建在 248 省道上,全长 1.6 千米,集市贸易均为占道经营,主市场设在镇政府和供销社、商店门前路两侧,过往车辆难以通行;集镇道路为砂石路,乡村道路为土路。1988 年,集镇开始实施总体规划。1989 年开始修路,修建砂石路 12.5 千米。1990 ~ 1999 年,批建居民区 1 个,供销社商厦建成,街道主干道铺成柏油路面;完成高庙农贸市场一期工程,建成农贸市场钢架大棚,集市交易走向规范化,解决沿袭多年的马路市场、交通拥堵的状况。建成新街道混凝土路面、公共绿地 4900 平方米、停车场 4800 平方米。1993 ~ 1999 年,完成 14 个村 10 条 44.1 千米砂石路面的拓宽、铺平、压实,建桥 6 座,解决行路难问题。

图 36 - 13　开发荒山

2000 ~ 2003 年,先后修建山岗路、桂莲路(桂五街至莲塘街)、宝塔路(宝塔村至铁山寺)、陶山砂石路、新区道路和陶郢桥。2004 ~ 2007 年,重修关山漫水桥、林山太平桥、桂五桥、刘郢渡槽和高平路、山岗路等"19 桥 20 路 4 槽",新建桂五至莲塘、桂五至仇集乡混凝土路,新建农村混凝土路面 80 千米,镇村道路实现硬质化。集镇区居住地主要分布在盱(眙)铁(山寺)路两侧,建成沿街"下店上宅"或"前店后院"式 2 ~ 3 层的连排楼房。2007 年,新建鼓楼商业街、桂五商业街、农贸市场、1 个居民集中居住区,集镇新建房屋 670 间。2008 年,老街道和新镇区东西相连,街道居民有 1310 户 6696 人。建成乡村砂石路 9 条 11 千米、混凝土路 15 条 80 千米,混凝土公路网形成。

第五节　社会事业

一、教　育

1986 年,有桂五中学高中部 2 轨 6 个班,教职工 52 人,在校生 310 人;初中部 2 轨 6 个班,教职工 25 人,在校生 351 人。有小学 15 所,教职工 63 人,在校生 2050 人;幼儿园 1 所,教师 11 人,入园幼儿 120 人。1988 年,新建桂五中心小学校舍 1825 平方米、教育中心 200 平方米,增添课桌凳各 500 张。1991 年,新建桂五中学教学楼 1 幢,高中增至 8 个班,在校学生 427 人;初中增至 15 个班,在校学生 780 人。1996 年,新建 1 幢 1342 平方米的桂五中学综合教学楼,接受捐赠课桌凳 400 套,全镇"普九"通过省级验收。1999 年,建成 600 平方米的幼儿园教学楼,入学幼儿 600 人。

2000 年,改造水冲港片中小学危房 2100 平方米;建成水冲港中心小学第一幢教学楼,容纳 12 个教学班 600 名学生;建成桂五中心小学 1000 平方米的教学楼,改造桂五镇中小学危房 650 平方米。2001 年,日本鹿儿岛县日中友好职教员会会长鹤天恒郎捐资300万日元建设第二幢桂五中心小学教学楼。2003年,桂五中心小学"六有"达标。2006年,南京市鼓楼区援建桂五中心小学综合楼1200平方米,实现"校校通"工程。2008年,有桂五中学1所,在校学生420多人,教职工98人;有中心小学1所、完小2所、小学教学点11个,有教学班64个,在校学生1428人,教职员工143人;有幼儿园2所,幼儿600人,教职工25人。

二、卫　生

1986年,卫生院有床位10张,医务人员42人。在街北打1眼水井,修建1座供水塔,解决部分机关单位和街道居民饮用水,村民皆饮用井水。1987年8月,建成桂五镇自来水厂。1989年,卫生院添置B超、胃镜等医疗设备。1990~1998年,先后对老自来水管道进行改造,新打3口水井,新建1座地面水厂,购置10吨/小时机泵1套,解决集镇居民饮水问题,受益6000人。1999年,制定初级卫生健康计划,新建病房楼,创建10个社区卫生服务站,医务人员82人,拥有病床58张,形成卫生服务网络。

2000年,实施农村改水工程,铺设管道31.6千米,2000多户居民用上自来水。2003年,镇卫生院更名为盱眙县第五人民医院,配有14个科室、45张病床,有医务人员54人,年门诊量4万人次,收治住院病人700余例。2004年,为山岜林场新打4口水井,缓解居民饮用水困难。2008年,有卫生院1所,医技人员61人,病床50张;有村卫生室13个,卫技人员40人;建立院内外急救体系,开展家庭病床、巡诊出诊、建立居民健康档案等业务;建成藕塘村卫生示范村(居)。参加农村新型合作医疗2.8万人,接待国际疟疾研讨班学员5批次。全镇有5个村(居)场用上自来水,受益1.5万人。

三、文化、广播电视、供电、电信

1986年,各村使用大喇叭收听广播电台节目,有线广播入户率93%。农户中很少有电视机。有电话25部。有6个村通电,其他居民采用煤油灯照明。1990年,实现电力杆线村村通,全镇用电户93%。1993年,架设程控电话400门,安装65门。1995年,全镇14个村全部通电。1996年,街道试用"小微波"为接受源,发展农村有线电视,建立18个微波接收点,有线电视360户。文化中心建有象棋室、阅览室、乒乓球室等,有图书3000册,达市级先进文化乡镇标准。

1997~1999年,先后对街道电力实施增容,更新改造电力杆线,解决用电高峰时段停电或跳闸问题;推进"电话镇"建设,电话总数增至1960门;免收有线电视入网费,有146户入网,有线电视用户600多户。2003~2004年,有线电视光缆、电缆放线364.7千米,新装有线电视700户。2005年,农村电影放映在停顿10年之后,恢复放映,每月每村放映一场电影。2008年,全镇有线电视用户5200户,对140个低保家庭减半收取入网费和收视费,居民用电基本稳定,固定电话放装4100门,"小灵通"440部,手机2460部。

四、社会保障

1986年,建成敬老院1所,入住老人8人;计划生育率86%,人口出生率11‰。1990~1997年,先后购置B超机1台,进行孕情检查,突出月查月清,实行计划生育一票否决制,流动人口计生管理规范化;新建计划生育服务站综合楼,计划生育工作由计生站一条线负责日常管理,逐步走上"以村为主"规范化管理轨道。1998年,镇敬老院通过省级验收,达到省文明敬老院标准。

2000年,实施农民最低生活保障制度,180人享受低保。2001~2003年,实施68户草改瓦工程,有530户草危房改为瓦房。2005年,新建敬老院套式住房7套,每套住8人、每间住2人,入住老人50人,敬老院连续6年被省、市、县政府授予"文明敬老院"称号,管理经验在全省总结推广。2006年,建成计生世代服务中心,为育龄夫妇开展孕情、环情、妇科病等方面检查服务。2008年,镇敬老院入住老人60多人,享受最低生活保障230多户人,3.2万人参加养老保险,计划生育率98%,人口出生率在9‰以下。

2008年桂五镇行政村（居）情况一览表

表36－11

村（居）名	人口（人）	户数（户）	面积（公顷）	耕地（公顷）	农民人均纯收入（元）	组数（个）	组名
星星（居）	4216	600	150.1	100.0	6127	14	张巷　船塘　欧港　西高　妇女　冯郢　邱郢　万郢　乱郢　陶郢　新建　前进　花园　陶山
高庙（居）	4480	710	261.2	213.3	6159	20	敖港　林场　叶郢　丁郢　双郢　青年　梅郢　高庙　抗战　跃进　下场　大坝　岗头　周郢　宝山　上郢　下郢　中郢　东郢　南林场
方　港	1561	420	200.3	769.0	6056	16	新建　马郢　刘庄　妇女　昌田　竹元　范郢　孙湖　刘郢　张郢　青年　下郢　观安　南港　北港　汪郢
四　桥	2741	536	250.5	173.3	6195	16	马郢　上郢　潘郢　竹园　东郢　西郢　后郢　街南　街东　街北　牌坊　西郢　顾郢　冯郢　桥东　桥西
林　山	3280	580	435.2	386.7	5996	16	东风　联合　新建　新华　建设　和平　胜利　双民　新民　猪场　尖山　前进　太平　林山　大众　新河
合　星	2975	600	320.2	253.3	6192	19	石狮　耿兴　安乐　团结　跃进　桥西　新华　杨郢　刘郢　牛场　高南　高北　大张郢　何郢　兴龙　花岩　新庄　支郢　新建
宝　塔	1530	275	132.1	78.7	6196	13	张郢　大庄　杨郢　杨庄　新华　新建　陶郢　大港　西山　张南　张港　红郢　徐郢
水冲港	2163	400	175.1	120.0	6190	12	关山　马庄　冯庄　芦中　芦西　芦港　芦东　洪郢　上郢　下郢　大朱郢　小拉郢
桂　五	970	225	180.2	122.0	6184	10	前庄　华岩　杨郢　周岗　芦郢　高郢　岗头　季郢　田郢　刘湖
六　桥	2706	480	470.1	400.0	5993	17	向阳　团结　保郢　前进　大庄　吴郢　后涧　前涧　新庄　西湖　王郢　毛岗　李郢　曹坊　合心　东高　新建
东　园	2494	570	370.2	313.3	5992	19	周圩　王郢　前郢　周郢　花园　联合　包郢　竹元　岗头　单墩　湖郢　新庄　叶郢　徐郢　湖东　天津　黄桥　木郢　跃进
藕　塘	1693	359	205.9	160.0	5982	13	藕塘　永新　新建　范郢　洪郢　豆郢　长庄　龙王　小圩　曹坊　俞郢　杨郢　赵圩
山　岩	1658	301	155.8	97.3	6009	10	王郢　刘郢　高郢　新高　文才　刁郢　山岩　山西　西湖　牛场
高　平	1630	350	186.9	133.3	6196	9	林业　太平　和平　同心　长港　联合　建设　高平　新建
山岩林场	682	172	1500.8	－	－	9	大黄港　东鹅　狼窝港　李郢　苗圃　松柏　西鹅　西山　油桐
水冲港林场	1471	420	2854.3	－	－	19	簸箕湾　蔡小店　茶半井　长港　场直　崔家庵　红军站　付业　高山平　黄岩　林业　苗圃　天台山　望山头　西凉　小牛场　小站　杨郢　朱大棚
长山分场	172	10	1008.0	－	－	1	长山
其　他	－	－	6988.1	－	－	－	
合　计	36422	7008	15845	3320.2	－	233	

1986～2008年桂五镇主要社会经济指标一览表

表36－12

年份	总面积(公顷)	耕地(公顷)	人口(人)	粮食产量(万千克)	油料产量(万千克)	财政收入(万元)	农民人均纯收入(元)	地区生产总值(万元)			
								合计	其中		
									一产	二产	三产
1986	7140	2432.0	18964	1904.5	48.4	36.2	453	1255	974	137	144
1987	7140	2432.0	18952	1992.6	56.5	41.7	483	1404	1086	162	156
1988	7140	2432.0	18769	2015.3	67.4	46.8	496	1548	1194	180	174
1989	7140	2432.0	18875	1932.5	80.1	52.6	518	1704	1314	198	192
1990	7140	2432.0	18915	1884.4	91.6	56.2	594	1896	1446	222	228
1991	7140	2466.7	18967	1643.3	106.5	63.3	620	2112	1590	246	276
1992	7140	2466.7	18847	1724.2	109.2	74.8	723	2352	1752	270	330
1993	7140	2466.7	18942	1985.4	123.2	80.0	802	2619	1926	297	396
1994	7140	2466.7	18765	1266.1	124.2	82.1	1006	2919	2118	327	474
1995	7140	2466.7	18765	2100.4	115.2	113.7	1445	3255	2334	360	561
1996	7140	2466.7	18792	2488.7	104.1	183.5	1712	3642	2568	396	678
1997	7140	2466.7	18926	2344.3	119.7	192.8	1951	4080	2826	438	816
1998	7140	2466.7	18941	2437.6	127.4	201.9	2195	4536	3114	486	936
1999	7140	2466.7	18768	2470.0	134.6	218.3	2423	5076	3426	576	1074
2000	15845	3266.7	27895	3638.2	256.7	330.3	2894	10012	6187	1245	2580
2001	15845	3266.7	27598	4184.5	297.6	341.7	3126	11503	6686	2034	2783
2002	15845	3266.7	27524	4212.3	329.6	381.9	3354	13089	7366	2772	2951
2003	15845	3266.7	27348	4333.7	321.4	402.2	3501	14759	8080	3559	3120
2004	15845	3300.0	27246	3849.5	331.6	415.7	3858	17112	8899	4971	3242
2005	15845	3305.0	27186	3987.9	326.4	426.5	4194	21019	7684	10273	3062
2006	15845	3320.0	26894	2971.5	203.9	430.8	4378	26288	10022	12845	3421
2007	15845	3320.0	26482	2983.0	406.2	1170.0	5095	35064	11240	18530	5294
2008	15845	3320.2	36422	3610.00	800.0	2062.2	5968	41849	12492	22015	7342

第六章 管镇镇

管镇之称历史悠久。春秋时期,齐国上卿管仲和鲍叔牙在此拾金不昧,又在此经商义分桑梓,取名管公店,后更名为管镇。管镇镇位于盱眙县城西北部,距县城18千米。镇北滨洪泽湖,东与明祖陵毗邻,南和兴隆乡相连,西与鲍集镇接壤,是盱眙县淮河西片乡镇经济、文化、商贸流通中心。宁徐一级公路(121国道)和宁宿徐高速公路穿镇而过,华东输油管道贯穿境内。

1986年,行政区域202.5平方千米,其中耕地4263公顷、水域14517公顷。辖31个村、299个村民小组、10886户4.87万人。1989年1月,区划调整,分设仁集乡、管镇乡。行政区域67.5平方千米,其中耕地1670公顷、水域4409公顷。辖15个村、1个居委会、165个村民小组、2.82万人。1994年6月28日,撤乡建镇。2001年,并村联组,孙杨村与夏田村合并为大杨庄村,管镇街道居委会与管镇大队合并为管仲居民委员会,分金村与经济村合并为分金亭居民委员会。2008年,行政区域67.5平方千米,辖11个村、2个居委会、72个村民小组、6460户2.89万人。生产总值31784万元,农民人均纯收入6012元,财政收入2347万元。

第一节 农 业

一、种植业

1986年,高岗地区以种植三麦、花生、玉米、山芋、豆类等为主,低洼地带以种植三麦、水稻为主。有耕地4263公顷,粮食产量36015吨,油料产量3040吨,花生产量210吨。有林地30公顷。1987~1990年,产业结构调整,发展意杨种植,有林地41公顷。1995年,以“稳粮扩经”,发展“两高一优”农业为指导,种植花生800公顷、蔬菜230公顷。2000年,以花生等种植加工为龙头,建成特色基地1467公顷,推广鲁花9号新品种733公顷,形成种植、加工一条龙。2001~2006年,落实林业管护责任制,栽植意杨20万株,林地面积83公顷;完成双耿片400公顷农业综合开发,新建农业基础设施300多处。2008年,粮食产量1.52万吨,油料产量2250吨,农业总产值28543万元。加工的花生产品畅销全国各地,年产值100多万元。被市评为绿色乡镇。

图36-14 宗岗村养鸡场

二、养殖业

1986年,养牛600头、猪2000头、羊1500只、鸡2万羽、鸭1500羽。水域面积147公顷,渔民靠拉网、浅水围簖、敲惊捕鱼。1994年,投资42万元开发滩地水面精养鱼池53.3公顷,产值199万元。1996年,发展“两专一基”,芮圩成为养牛专业村,养牛近500头;有养猪专业户30户,养猪1500头;养鸭专业户12户,养鸭1.2万羽。

2000年,开发洪泽湖水资源,发展围网水产养殖120公顷,改粗养为精养,年产量300吨。2007年,成立各类经济组织17个,有社员600多人。建成崔岗村、宗岗村养鸭场2万多平方米,崔岗村、王嘴村温氏养猪场1500平方米,产值200万元。2008年,成立各类经济合作组织28个,社员1800多人。建成大杨庄、王嘴、叶岗养猪场3700平方米,全镇养猪2000头、羊300多只、鸭12万羽。有水面130公顷,主要养殖螃蟹、龙虾,年产量350吨;洪泽湖围网养殖水产品产量3600吨。

第二节　工　　业

1986年,工业有宗岗轮窑厂、叶岗轮窑厂、农机修配厂、印刷厂、铁木厂、米厂、面粉厂,规模较小,主要以来料加工为主。1996年,建成拉丝厂。对宗岗轮窑厂、晶谷米厂、印刷厂进行新一轮租赁承包经营;有个体粮油米面加工厂23家,大小花生剥壳机240台,加工花生3000吨。1998年,全镇17个集体企业有16个改制。

2000年,花生分级厂被唐山天申集团整体收购,成立金汇食品有限公司,年分级花生仁2万吨。2001～2003年,引进富康面粉厂、鑫汇挂面厂、稻谷香米厂、镇东米业等8家企业;引进县经济开发区企业有爱西彼埃、林盛房地产有限公司,宏源塑化,翔龙服饰,建厂房3700平方米;福新米厂,建厂房900平方米。2004年3月,在宁宿徐公路两侧启动镇民营工业集中区建设,进区项目以稻谷、小麦、米、面、花生食品加工为主。2005～2007年,先后引进县经济开发区企业有百盛工艺、佰宇轴承、迪尼斯五金配件、圣宝莱箱包、同泰制衣、金轮机械、信昌机械制造、星缘粮油食品有限公司等企业18家。

2008年,工业集中区围绕各厂区修筑"井"字型混凝土路面5千米、铺设自来水管道、架设高压线路;引进规模以上企业8家,建成标准化厂房24座5.8万平方米,主要进行稻谷、小麦、米面、服装、皮件加工及储藏,年销售收入超2亿元。引进县经济开发区企业有圣宝得工贸有限公司、东城名都和森海豪庭房地产开发项目;引进镇工业集中区企业有金元宝挂面厂、峰明米业、管鲍面粉厂。全年工业产值8.3亿元,销售收入7.88亿元。新增列统企业3家。

第三节　三　　产

1986年,有个体工商户42户,有饭店6家、旅社5家、浴室2家、理发店5家、照相馆2家、日用电器修理3家、其他服务业4家,集市贸易日交易额3万元。成立建筑站,从事建筑人员280多人。有管镇至盱眙、管镇至泗洪的客运班车每天两班,农村边远村庄有6辆三轮车和一些手扶拖拉机从事运输。1993年,有80户屠宰户,从业人员340人,日宰生猪近400头,县山城市场肉市三分之二摊位是管镇人;在南京设管镇猪肉中转站,市内各大菜场均有管镇猪肉摊位,年利润90多万元。1998年,有建筑站10家,人员550多人,其中三级以上资质企业3家,年创产值200万元以上。

2006年,开通金湖、淮安、南京、无锡、常州、上海等客运班车8辆。2008年,镇新增个体工商户520户,从业人员1500人,有52家260人从事服务业,有旅社6家、浴室5家、理发店8家、照相馆4家、日用电器修理店8家,其他服务业21家,年营业额350万元。有屠宰户80户,从业人员340人,日宰生猪近400头,年纯利润100多万元。有建筑队50多家,建筑工人近2000人,年创产值3500万元以上。有客运车辆180辆,每天有长途班车开往淮安、金湖、常熟、镇江、苏州、常州、无锡、南京、杭州,开往泗洪的班车每小时一班,发往盱眙的班车每10分钟一班。有小型出租车40余辆、私家车30余辆,从事运输车辆200辆,从业人员500人,年运输业收入1.6亿元。

第四节　基础设施建设

1986年,有桃李大街、老后街,有居民200多户,有简易的柏油路,管镇至兴隆乡为石子路面,其余乡村道路都是土路。1988年,乡政府由原来的桃李东街迁至徐宁街和管仲街交叉口西北侧。1995~2000年,铺设管镇至仁集石子路和双黄、良巷、叶岗、耿赵、崔岗、北周、芮圩等村组砂石路,镇到各村的主干道实现砂石化;新建分金亭市场,建钢架大棚5500平方米、摊位684个。2001年,管镇镇被批准为省级重点小城镇,对徐宁大街、分金亭街进行改造,建成三层楼房88幢,街道建设初具规模。2002~2005年,先后建成王嘴、宗岗、北周、杨李等混凝土路5条,新建分金亭大街,重建高38米、底座宽18米的分金亭雕塑。2006年,扩大集镇规模,实施"南扩"决策,新建叔牙大道和叔牙大街,新建集中居住小区6个。2007年,新建明清一条街,建成2万平方米的农民休闲广场。2008年,改造叔牙大街建成分金亭综合商城,新增市场大棚面积4200平方米;建成崔岗、管仲、大杨庄、叶岗等村农民集中居住区。全镇有道路35条80千米,村组都通上混凝土路。

图36-15　农田水利

第五节　社会事业

一、教　育

1986年,有完全中学1所,学生1700人,教师120人;联办中学4所,学生300人,教师20人;中心小学2所,学生3200人,教师150人;村小25所,学生2100人,教师150人。1992年,管镇镇王咀联中、崔岗联中合并到管镇中学。1993~2000年,相继建成管镇中学教学楼、中心小学办公楼和教学楼、1所幼儿园,学校实现"三新一亮"。2001~2006年,芮圩小学和王咀小学、崔岗小学和双黄小学合并,姬庄小学合并到管镇中心小学;管镇中学建成教学楼、多功能餐厅、水泥篮球场、室外乒乓球场和羽毛球场。2008年,有完全中学1所、村小6所、幼儿园2所,有师生4400人。管镇中学有高中12个班,在校生600人,教师80人;初中16个班,在校生800人,教师120人;村小在校生1650人,教师80人;幼儿园有幼儿220人,教师14人。

二、卫　生

1986年,中心卫生院设病床50张,有卫生技术人员48人。所有村镇居民饮用井水。1994年,在管镇大队打一口深水井,供街道居民5000人饮用。1997年,锡山市援建叶岗村、双黄村、大杨庄村建水厂3座,供1.3万人饮用。2000年,镇卫生院改名为盱眙县第四人民医院。2003年,在叶岗村开展新型大病合作医疗试点。2004~2007年,新建四院门诊楼、病房楼各1幢,设病床60张,年均门诊4万多人次、住院病人1900多人次;大病合作医疗保险参保率90%。相继建成良巷、芮圩、宗岗、王咀等村水厂,受益1.45万人。2008年,新建第四人民医院防保服务楼。崔岗村建成全市首批清洁卫生示范村。合作医疗参保率95%。有自来水厂8座,居民全部饮用自来水。

三、文化、广播电视、电信、供电

1986，管镇乡街道通电，各村户户通有线广播，少数人家有黑白电视机，机关单位有电话。1994 年，新建 2000 门程控电话交换机，2 个村通电。1995～1996 年，先后架设 2.4 千米高压线路，解决崔岗村无电问题，实现村村通电。1997 年，开始安装微波传输有线电视，开通 12 频道有线电视，用户 450 户。1998 年，实施电网改造，改造电路 70 千米。2000 年，有 8 个村开通有线电视，有线电视用户 1200 户。2002 年，实施光缆传输有线电视信号工程，有用户 2800 户。2008 年，建成 400 平方米的电视服务大楼，有线电视 4637 户，占总户数的 90%，农村文化生活日益丰富多彩。镇供电所分为 2 个变电所供电，用电户 8147 户，供电平稳；有固定电话 200 部，移动用户 3100 户。

四、社会保障

1986 年，敬老院入住老人 9 人；计划生育率 99%，人口出生率 13‰。1995 年，实施养老保险，450 人参加。2005～2007 年，实施最低生活保障制度，1100 人享受低保。农村"两房改造"106 户。兴建敬老院、老年服务中心，入住老人 40 人。2008 年，镇敬老院入住"五保"老人 110 人。全镇有低保户 650 户，享受低保 1422 人；3000 人参加社会养老保险。建成计划生育世代服务中心，先后购置手术床、B 超机、吸氧瓶、乳腺检查仪等设备，对育龄妇女进行测环、测孕、生殖健康检查、上环、取环等。计划生育率在 98.5% 以上，人口出生率在 4‰以下。

2008 年管镇镇行政村(居)情况一览表

表 36－13

村(居)名	人口(人)	户数(户)	面积(公顷)	耕地(公顷)	农民人均收入(元)	组数(个)	组　名
管仲(居)	2580	700	431	55	5894	7	分金一组　分金二组　管镇　罗场　刘谢　管仲　近圣
分金亭(居)	2775	580	362	43	5620	5	孙杨　程庄　分金　园东　园西
耿　赵	1620	400	510	117	5600	4	赵庄　耿庄　田埂　曹庄
双　黄	3500	700	532	186	5021	9	杨庄　后杨　西黄　修庄　孙庄　双黄　上黄　朱庄　赵付
崔　岗	1650	400	560	100	5580	4	杜庄　杨庄　崔庄　吴庄
姬庄(居)	2700	536	363	107	5580	5	姬庄　张庄　杜庄　魏庄　芮唐
芮　圩	1880	420	526	100	5656	4	芮庄　芮北　西庄　中罗
王　嘴	2025	447	646	223	5747	7	龚庄　王嘴　毛庄　陈上　槽坊　东贺　贺庄
北　周	1735	398	490	120	5776	5	前陈　后程　南周　北周　杨洼
宗　岗	1500	300	382	133	5827	4	代洼　小宗　西宗　公路
叶　岗	1950	400	844	96	5660	6	陈岗　叶岗　胡庄　张巷　曹俞　倪庄
梁　巷	1368	305	389	100	5195	4	李王　梁巷　中田　金田
大杨庄	3579	874	715	290	5971	8	夏田　张田　官塘　穆庄　李杨　孙杨　徐庄　孙庄
合　计	28862	6460	6750	1670	－	72	

1986～2008年管镇镇主要社会经济指标一览表

表36－14

年份	总面积（公顷）	耕地（公顷）	人口（人）	粮食产量（万千克）	油料产量（万千克）	财政收入（万元）	农民人均纯收入（元）	地区生产总值（万元）			
								合计	其中		
									一产	二产	三产
1986	20250	4263	48711	3601.5	304.0	128	432	12568	7290	2080	3198
1987	20250	4263	49891	3756.9	339.4	130	483	12716	7380	2118	3218
1988	20250	4263	51821	3847.3	281.4	132	559	12991	7421	2180	3390
1989	6750	1670	28219	1770.3	88.9	51	588	8038	4980	1340	1718
1990	6750	1670	29600	1775.0	85.8	54	592	8551	5381	1390	1780
1991	6750	1670	30237	1176.9	71.5	57	336	9419	5951	1560	1908
1992	6750	1670	30250	1210.0	74.5	59	590	8632	5020	1620	1992
1993	6750	1670	30430	1292.0	138.0	60	615	8951	5190	1751	2010
1994	6750	1670	30818	1651.0	247.6	62	714	9640	5710	1810	2120
1995	6750	1670	31013	1823.2	344.0	75	898	10130	5900	1880	2350
1996	6750	1670	31795	2116.7	307.3	82	2529	10670	6120	2010	2540
1997	6750	1670	30121	2352.8	80.9	98	2627	11265	6310	2145	2810
1998	6750	1670	30621	1950.9	524.2	143	2875	12081	6740	2281	3060
1999	6750	1670	30751	2026.9	537.5	413	3069	12510	6910	2320	3280
2000	6750	1670	31020	1235.5	379.8	255	2730	13020	7050	2560	3410
2001	6750	1670	31150	1355.7	609.8	448	2950	15005	6995	1795	6215
2002	6750	1670	31460	1389.2	352.5	455	3150	16101	6550	2841	6710
2003	6750	1670	31650	1415.0	275.7	468	3160	17150	6092	3362	7696
2004	6750	1670	31860	1445.0	274.8	491	3444	18355	5085	4215	9055
2005	6750	1670	31267	1515.0	193.0	521	3880	17625	7491	6991	3143
2006	6750	1670	31845	1515.0	87.0	584	4315	20321	7701	8356	4264
2007	6750	1670	29040	1518.5	171.6	1469	5156	26651	8317	13118	5216
2008	6750	1670	28862	1518.0	225.0	2347	6012	31874	9947	15689	6238

第七章　河　桥　镇

河桥镇,史称河梢桥,因境内淮河支流历史上有一座小木桥而得名。河桥镇地处淮河南岸,南面临山,北面靠水,距县城20千米。南高北低,南面群山连绵,海拔在150米以下,东与古桑乡毗邻,南和仇集镇相连,西与安徽省明光市接壤,北面濒临淮河。淮河主航道在境内20千米,331省道横穿境内。镇域内淮河段建有码头12座,其中河桥打石山水泥厂码头最大,可同时停靠船只40余艘。境内有湖泊5个,其中大莲湖约1333公顷、猫耳湖约533公顷、龙庙湖约86.7公顷、张湖约46.7公顷、七里湖约666.7公顷,盛产螃蟹、龙虾、鱼、芡实、菱角、荷藕等;境内蕴藏玄武岩10亿吨,凹凸棒石黏土500万吨。

1986年,行政区域99平方千米,耕地1800公顷,水域洼地面积约666公顷,林地400公顷,辖16个村、101个村民小组、3862户1.8万人。1999年8月,撤乡建镇。2000年2月,洪山乡、县河桥鱼种场、县淮河林场并入河桥镇。行政区域177.07平方千米,耕地3632公顷,水域洼地约2666公顷,林地2000公顷,辖28个村、2个场圃、220个村民小组3.7万人。2001年7月,实行并村联组。2008年,行政区域177.07平方千米,有耕地3462公顷,水域洼地面积约2666公顷,林地2000公顷;辖12个村、2个居委会、2个场圃(林场、鱼种场)、111个村民小组、10399户38252人;财政收入1813万元,人均纯收入6388元。

第一节　农　　业

一、种植业

1986年,农业以小麦、玉米、水稻种植为主,有耕地1800公顷、林地400公顷。1988年起,河桥乡大莲湖1340公顷土地先后经过种植芦苇、养蟹种粮、植树造林、龙虾养殖等种养业结构调整,其中种植芦苇660公顷。1989年,河桥乡水稻发生大面积稻飞虱,每公顷产量平均损失70%以上。1995年,河桥乡三元村、王庄村、蒋郢村用粮田800公顷栽植板栗26万株,成为全县“万亩板栗种植基地”典型,但疏于管理,板栗成活率仅30%。全乡改造大莲湖低产田66.67公顷,发展各类专业大户391户,其中果林190户,专业村4个。1998年年底,“万亩板栗基地”全部恢复成粮田。1999年,采取大户承包经营模式,落实36个意杨承包户,发展204公顷大莲湖成片意杨林,栽植意杨10万株。2000年,全镇改造中低产田200公顷,种植油料作物2300公顷、牧草200公顷、西瓜和籽瓜100公顷,建成83公顷浅水藕种植基地1个。

2004年,实施大莲湖、新淮圩、大港曹港水库南沿意杨成片造林工程、盱明路“绿色通道”工程,石港、三元、龙泉、黄龙等村绿化工程,全镇植树70万株。2005年,玉皇山实施农业综合开发,建设休闲、观光农业基地,栽植果树30万株。2006年,全镇调整种植结构,种植棉花18.7公顷,产量64吨;中药材90公顷,产量270吨。玉皇山农业综合开发项目被省政府列为全省丘陵山区农业综合开发示范基地,一期开发240公顷,种植意杨200公顷、果林40公顷。2008年,有林地2000公顷,种植粮食3462公顷,产量48570吨。玉皇山高效农业综合开发1700公顷,栽植意杨近20万株,经济果林10万多株,有葡萄、银杏、苹果、梨、枣等,果品产量5000吨。

二、养殖业

1986年,水产养殖500公顷,水产品年产量80吨左右;畜禽业以家庭养殖为主,年饲养黄牛、水牛8000头,猪1万头、羊4000只、鸡30万羽、鸭和鹅10万羽。2000年,河桥镇水产以螃蟹、龙虾为主,建成160公顷稻田养殖基地1个,水产品产量500吨。2001年,南京客商在幸福村设立牛奶收购站,带动当地农民饲养奶牛200头;天津客商在龙泉、三元、幸福等村租赁土地200公顷,种植紫花苜蓿牧草,成立华东草业有限公司。全镇肉牛饲养1.4万余头,成为淮安市"养牛之乡"。

2004年,奶牛数量增至1500头,日产鲜奶7吨,牛奶全部销往光明乳业公司,年销售400多万元;全年培植畜禽养殖大户382户,养牛6539头,养羊5132只,养猪2.5万头,养禽2.5万羽。同年,由于境内矿山开采权对外拍卖,大多山头植被被破坏,华东草业有限公司倒闭,牧草田块恢复种植粮食,农民养牛积极性受挫。2006年,温氏集团在河桥镇兴建33.3公顷苗猪养殖场。2007年,随着牛奶销售行情走低,奶牛停止饲养。2008年,水产养殖面积1000公顷,水产品产量2250吨,其中龙虾养殖面积约200公顷,年产量400吨;饲养肉牛800头,生猪1.2万头,鸡40万羽,鸭、鹅20万羽。

第二节 工 业

1986年,工业企业有土窑厂、小服装厂、小粮食加工厂、水泥制品厂、农具厂、小采石厂等企业10家,年工业产值500万元。1993年,打石山水泥厂被省市授予"明星企业"称号,被省农行评为AAA信用企业。1994年,企业实行改制,改建年产500万条塑料编织袋厂和年产400吨的铸造厂;对已倒闭的面粉厂、农具厂公开招标租赁,实现利税6.8万元;对采石场、建筑站实行承包经营,实现利税12.5万元;乡村办的采石厂8个、个体采石厂12个,从业2000余人,年上缴税收20万元。1995年,年产10万吨的525号水泥旋窑生产线获批准立项,开挖船塘码头1座,新上1台(套)年产20万吨反破式石子加工生产线。1997年,江苏打石山水泥厂年产10万吨高标号水泥生产线建成投产。

图36-16 小型采石厂

2000年,引进企业15家,其中建成投产企业10家。2003年,取缔境内非法小采石厂,对矿山开采权进行拍卖,有17家企业取得矿山开采权,年加工石子400万吨。2004年,建立坡山口工业小区。2007年,在黄龙村建立100公顷的工业集中区,进区企业有淮安苏特文化用品有限公司、淮安汇能科技有限公司、盱眙天工机械制造有限公司、淮安苏鑫电子有限公司。打石山水泥厂20万吨立窑生产线因高能耗被拆除,水泥厂改成粉磨站。2008年,在县经济开发区和镇工业集中区引进企业40家,其中进镇工业集中区企业6家,年实现税收1700万元;进县经济开发区企业10家,年实现税收200万元。

第三节 三 产

1986年,有百货零售店200余家、饭店4家、旅社2家、理发店6家;运输车辆240辆,船只15艘。1995年,全乡在外打工近8000人,每年劳务输出工资性收入6000多万元;从事采石运输车辆600辆,有船塘2个、码头10座,日吞吐量1万吨。1996~2000年,省总工会扶贫河桥镇期间,先后介绍60名农村青年赴日本作为农业研修生,总收入6000万日元。2005年,玉皇山农业综合开发被省政府列为省级农业旅游示范基地,年接待游客2万人次。2008年,商业零售业突破500家,有饭店10家、旅社8家,农贸市场扩大到1000个摊位,日交易额60万元以上;从事采石运输车100多辆,船只50多艘;外出务工1万人,年收入1亿元。

第四节　基础设施建设

1986 年，街道宽 10 多米、长 150 米，集镇建设滞缓，盱眙至明光砂石路穿境内，乡村道路都是土路。1992 年，乡政府搬迁至北街，新建农民住宅公寓 50 余套。1994 ~ 1997 年，先后对府前路、北街和老街进行改造，拆迁房屋 500 余间，新修混凝土路 5 千米，沿街建楼房 200 余套，完成下水道、路灯、自来水、绿化带、通讯等设施建设。1998 年，农贸市场新建 1.4 万平方米的钢架大棚，设摊位 450 个。

2000 年，拓宽改造南街，盱明路两边低矮住房规划改建成三层楼房。各村修建村主干道砂石路 80 千米，镇到村主干道实现砂石化，街道一道圩处新建大桥 1 座。2002 年，建成镇区中央公园。2003 年，省长梁保华、省委副书记张连珍视察河桥灾民安置点。省长梁保华决定将淮河乡蛤滩村富淮滩组整体搬迁到河桥镇打石山东侧永久居住点，由省统一设计建造安置房，起名为富淮新村，富淮滩组居民每户交 1 万 ~ 2 万元。10 月，灾民先后住进楼房或平房。2005 年，建成 2000 平方米的钢架大棚集贸中心。2006 年，镇政府实施镇区北延工程，建成 1.6 万平方米的中心花园和 2 万平方米的河桥战斗纪念碑广场，沿莲湖路两侧 10 公顷建成农民集中居住区。2008 年，建成新淮小区、莲花公寓、大莲湖居民整体搬迁安置点农民居住小区，有居民 432 人。先后完成幸福路、蒋郢路、大港路、茅湖路、淮峰路、临湖路、周嘴路、李嘴路、黄龙路、双拥路混凝土路建设工程，总长 90 千米；茅湖村、黄龙村组组通上混凝土路，小组之间实现混凝土路循环。改造中学路、人民路、镇北路、新华书店门前广场，南扩小区路，有乡村道路 26 条 80.88 千米，村村通上混凝土路。

第五节　社会事业

一、教　育

1986 年，有初级中学 1 所，学生 386 人，教师 35 人；中心小学 1 所，在校生 206 人，教职工 27 人；中心幼儿园 1 所，在校幼儿 57 人，教师 2 人；村小 13 所，在校生 1480 人，教师 92 人。1995 ~ 2000 年，相继建成河桥中学教学楼、多功能餐厅 1 幢和中心小学多功能教室、永珍教学楼。2001 年 7 月，全镇村小学由 24 所合并为 13 所。2002 ~ 2006 年，先后建成河桥中学四层教学楼、宿舍楼、综合实验楼各 1 幢，建成多媒体教室 1 个，新添电脑、桌椅，学校通过江苏省“校校通”验收。2008 年，有初级中学 2 所，在校生 720 人，教师 89 人；有小学 3 所，在校生 1651 人，教师 135 人；中心幼儿园 1 所，在校幼儿 470 人，教师 22 人。

二、卫　生

1986 年，有 1 所中心卫生院，有卫技人员 20 人。居民饮水主要靠压水井。1996 年，新建门诊楼 1 幢。铺设龙泉村、新安村自来水管道，改善饮用水，受益 3000 人。1997 ~ 1998 年，新建街道、村自来水厂 6 个，受益 1.2 万人。2001 年 10 月，河桥卫生院经过公开招标，以 82 万元的五年经营权承包给个人。2002 年，猫儿湖水厂设备损毁，停止运营。2003 年，实施新型大病合作医疗保险，1.8 万人参加保险。2005 年，镇卫生院新建病房楼交付使用，新购救护车 1 辆。2008 年，全镇有 28696 人参加合作医疗保险，农民年报销医药费 100 多万元；镇卫生院有卫技人员 23 人，幸福、茅湖、临湖、洪山、淮峰 5 个村卫生室通过省级社区卫生服务站验收。开采矿山造成泉眼大多干涸，全镇仅存 10 口泉眼井，有 8 个村使用自来水，受益 2 万人。

三、文化、广播电视、供电、电信

1986 年，各村都使用大喇叭收听县广播电台节目，有 8 个村通电，机关单位有手摇电话。1992 年，开始发展移动电话，有大哥大 2 部、BP 机 30 多部。1995 年，文化站办起图书室、阅览室和电视录像厅，移动电话开始普及,14个村全部通电。1997年,开始安装微波传输有线电视,有电视机500户。

2004年,有线电视实现村村通,新发展用户700户。2005年,新增和改造电力、变电设备72台,铺设高压电线59千米,新增固定电话220户、小灵通80户。2007年,建成600平方米文化中心大楼,有阅览室、图书室、健身房、乒乓球室等活动场所。2008年,有线电视用户5200户,有固定电话6000部、小灵通1500多户、手机5000余部,完成电网改造;建成农家书屋8个,藏书0.3万余册。4月6日,河桥中学举办建校50周年庆典,邀请总政歌舞团阎维文、宋祖英、蔡国庆、白雪、关凌、张其萍等艺术家到河桥中学义务演出。

四、社会保障

1986年,有敬老院1所,入住"五保"老人25人。计划生育率90%,人口出生率9‰以下。1998年,建成计生服务大楼,计生站能做一般性妇科检查和上环手术。2000年7月,洪山乡计生站和河桥镇计生站合并为河桥镇计划生育服务站。2005年,利用省关爱工程资金,新建敬老院公寓18间640平方米,供96名"五保"老人居住。有391户954人纳入低保。2008年,有低保户523户1255人,"五保"老人98人,362人参加养老保险,计划生育率99%,人口出生率10‰以下。

2008年河桥镇行政村(居)情况一览表

表36-15

村(居)名	人口(人)	户数(户)	面积(公顷)	耕地(公顷)	农民人均纯收入(元)	组数(个)	组名
河桥(居)	4630	1859	691.31	195	5140	6	桥西　乡政　中心　建设　后巷　坝埂
黄　龙	3029	889	1460.31	259	5200	10	东郢　塘郢　马头　高郢　何郢　石郢　张郢　涧南　水上　编织
龙　泉	4783	1348	1963.54	264	5150	13	塘郢　王郢　周郢　龙泉　中心　罗郢　陈中　牛山　古来　冯港　大郢　中巷　上郢
三　元	2701	675	1564.03	387	2430	10	东湖　王东　王西　戴南　戴北　刘郢　卞郢　郭庄　沿山　坡山
蒋　郢	1550	419	1024.80	154	3400	7	阴排　孙郢　杨郢　蒋南　蒋北　尖山　牵牛
大莲湖	2195	707	1503.34	246	5400	8	青年　李嘴　周嘴　淮河　东风　林场　朝阳　渔业
大　港	1124	309	1165.42	169	5230	5	黄洼　上郢　下郢　宋郢　小港
幸　福	2472	526	833.20	243	5400	6	李郢　秦郢　王郢　季中　唐桥　张汪
洪　山	3426	785	1605.47	376	5120	10	孙洼　小庄　杨郢　李郢　季郢　范郢　郭郢　吴郢　岗西　王东
茅　湖	3504	786	1143.60	306	5300	12	赵何　东西　陈郢　袁郢　陆岗　上中下郢　袁坝　朱胡　丁嘴　淮河　渔业一组　渔业二组
临　湖	2569	720	1135.81	323	3300	10	董郢　宋郢　石岗　西平　汤郢　孙咀　芦庄　洪郢　方庄　尖山
淮　峰	2456	546	1115.47	314	4400	8	朱徐　杨郢　东岗　新庄　李郢　牧羊　丁洼　周上
石港(居)	2820	570	1303.50	204	4700	6	石郢　石刘　朱郢　小郢　大郢　前郢
淮河林场	960	260	1197.31	-	6000	-	场直
鱼种场	33	-	-	22	7000	-	场直
合　计	38252	10399	17707.11	3462	-	111	

说明:耕地面积不含林场林地面积。

1986～2008年河桥镇主要社会经济指标一览表

表36－16

年份	总面积(公顷)	耕地(公顷)	人口(人)	粮食产量(万千克)	油料产量(万千克)	财政收入(万元)	农民人均纯收入(元)	地区生产总值(万元)			
								合计	其中		
									一产	二产	三产
1986	9900	1800	18308	1150	65.7	30.0	280	1250	1130	70	50
1987	9900	1800	17800	1180	56.5	45.0	320	1800	1400	300	100
1988	9900	1800	18000	1150	84.2	65.0	368	3100	2400	500	200
1989	9900	1800	18070	1173	72.0	70.0	411	3600	2350	1000	250
1990	9900	1800	18170	1184	80.4	85.0	423	4000	3000	800	200
1991	9900	1800	18210	600	25.5	60.0	440	4815	3500	950	365
1992	9900	1800	18400	1200	53.6	100.0	450	5100	3550	1020	530
1993	9900	1800	18500	1216	78.2	116.0	648	5837	3800	1530	507
1994	9900	1800	18505	1252	85.1	145.0	842	8079	4423	3100	556
1995	9900	1800	18536	1290	96.8	261.5	1916	9647	4500	3200	1947
1996	9900	1800	18733	1144	43.8	346.6	2505	9433	5120	3000	1313
1997	9900	1800	18781	1808	82.1	182.9	2494	15400	7000	6000	2400
1998	9900	1800	19320	1900	75.0	211.1	2849	16600	9000	6500	1100
1999	9900	1800	19554	2103	83.0	320.0	2880	19610	12110	5500	2000
2000	17707	3632	36683	3526	250.0	621.7	3130	28900	10400	12000	6500
2001	17707	3632	37003	3716	200.0	392.0	2900	31500	12300	13400	5800
2002	17707	3632	37103	3921	220.0	631.7	3290	24000	11000	7000	6000
2003	17707	3727	35409	2588	362.7	827.8	3240	24943	9261	8850	6832
2004	17707	3727	36721	4415	257.6	717.0	3440	21346	9586	7814	3946
2005	17707	3727	36935	3122	129.0	886.0	3871	25210	7580	10590	7040
2006	17707	3727	37345	3110	310.0	661.0	4068	34100	13000	12000	9100
2007	17707	3227	37596	3110	130.0	1261.0	5251	38580	9989	20696	7895
2008	17707	3462	38252	4857	106.8	1813.0	6388	44703	13987	20274	10442

第八章　鲍集镇

鲍集镇原名鲍家集,相传为纪念春秋时期齐国大夫鲍叔牙而得名。鲍集镇地处盱眙县城区西北端,距县城25千米;东与管镇镇相连,南与铁佛镇相交,西与安徽明光嘉山县隔淮河相望,北与洪泽湖相邻;境内三分之一属丘陵岗地,其余为湖洼,东高西低;宁宿一级公路、宁宿徐高速公路穿境而过,交通便利。

1986年,行政区域132平方千米,耕地4600公顷,水面1333公顷,辖28个村、323个村民小组、13667户4.1万人。1989年1月,观淮、唐刘、淮西、新迁、肖居、引河、何岗、岗洼8个村划归肖嘴乡,区域80平方千米,耕地2640公顷,水面2200公顷;辖16个村、181个村民小组、6350户2.7万人。2000年2月,肖嘴乡并入鲍集乡,设立鲍集镇,行政区域132平方千米;辖30个村、338个村民小组、1.1万户4.08万人。2001年,实行并村联组。2008年,行政区域132平方千米,耕地4080公顷,水面2666公顷;辖17个村、2个居委会、170个村民小组、1.1万户5.1万人。地区生产总值5.91亿元,农民人均纯收入6370元,财政收入1549.6万元,企业入库税收639.7万元。

第一节　农　　业

一、种植业

1986年,粮食种植有水稻、小麦、玉米、花生、豆类,粮食总产量4.775万吨,经济作物产量640吨。有林地1333.33公顷,年植树35万株,年销售木材7000立方米。1990年,引进新品种意杨,育苗200多公顷;林地面积1966.67公顷,年植树45万株,储材量6万立方米。1994年,开展以培养专业户、发展专业村为主要内容的“两专一基”建设工作,建成6个专业村,分别种植蔬菜、花生、西瓜。1996年,推广三麦良种15万千克,播种520公顷。1997~2000年,改造中低产田4000公顷,种植花生、油菜、西瓜等经济作物;对成片林、庄台林、农田林网、绿色通道落实管护机制,木材储量10万立方米。2003年,栽植意杨300万株,被淮安市委、市政府评为绿化造林十佳乡镇。2008年,粮食总产量7.74万吨,经济作物产量1190吨。成立农民种养专业合作社22个。林地面积2266.67公顷。

二、养殖业

1986年,水产养殖33.33多公顷,产量100多吨,沿淮河各村从事捕捞作业200多户;养猪3.5万头、牛8400头、羊1.3万只、鸡4.01万羽、鸭1.23万羽、鹅4000羽。1994年,在洪泽湖旁滩涂开发精养鱼池66.67公顷,全乡水产养殖560公顷,水产品总量3500吨,被县委、县政府授予水产开发先进乡称号,洪新村被市、县政府授予明星村称号。1995年,建成水产养殖基地乡,建成养牛专业村1个、家禽养殖专业村4个,年饲养牛2100头,家禽40万羽。1997年,成立洪泽湖水产销售中心,负责水产养殖技术指导、种苗供应、产品销售等,水产养殖形成产、供、销一体化经营,养殖水面733.33公顷,其中螃蟹养殖533.33公顷,年水产品产量1520吨,收入1849.2万元。全乡有6个地笼加工专业村,12支地笼销售经纪人队伍,从业人员近2万人,年产地笼200万条,产值900万元。

2000年,引进上海、浙江、江苏、安徽等地养殖大户,开发水面980公顷,水产养殖增至2200公顷。2002

年,上海、无锡等地客商承包水面2100公顷,养殖的大闸蟹在省工商局注册为“鲍贡蟹”“梦螺”商标,畅销上海、浙江、香港等地。全镇实现农业特产税150万元,水产产值8800万元。2008年,水产养殖3300公顷,其中养殖螃蟹244公顷,螃蟹产量1010吨。朱巷村肉牛养殖基地养牛100头,肖嘴生猪养殖基地养猪500头。建成一个5万只的肉鸡养殖基地、一个1万只的种鹅养殖基地、一个5000只的种鸭养殖基地。年饲养猪4万头、禽25万羽、牛2000头、羊2500只,培养专业大户427户。

第二节　工　　业

1986年,工业有土立窑、食品、榨油、印刷、缝纫等项。1993年,建成下草湾油库、鲍集石油销售有限公司,年销售石油3000吨,油库营业收入1000万元,利税100万元。1994年,对酒厂、印刷厂、面粉厂等企业进行招标、租赁经营,对乡砖瓦厂实行二轮承包,拍卖乡饲料厂。1998年,下草湾油库被中石油公司550万元买断。

2001年,引进项目76个,其中投资500万元以上的有康达饲料公司、海宇塑化厂、可信尼龙厂、强鹰玻化厂、常州湟里渔网厂鲍集织造厂。2002年,在镇区东宁宿徐高速公路西侧新建镇工业开发区,占地15公顷,全年引进昌之海工贸公司、恒盛彩钢等企业14家。2003~2007年,先后引进县经济开发区企业有百胜工艺有限公司、金轮机械有限公司等12家;进镇工业集中区企业有康达饲料有限公司、可信尼龙厂、振兴动力、金鹏科技、天鹏电子设备、轻飞摩配等8家。2008年,引进县工业园区企业有戴维轴承等4家,引进镇工业集中区企业有宇杰轴承、衡商电子、钧丰铸造,实现工业产值8.3亿元,利税2075万元。

第三节　三　　产

1986年,有个体工商户121户、饭店9家、旅馆4家、浴室2家、理发店6家、照相馆2家。有客运车辆5辆,货运车辆70多辆。成立鲍集建筑站,为三级企业资质,有职工38人。1990年,运输业迅速发展,有客车9辆,主要线路为盱眙—南京,有货车13辆。1996年,建筑站改制,成立有资质的私营施工队4个。

2001年,成立有三级资质建筑公司6家,有工人900多人,分别在山东、河北、浙江、江西、深圳、南京、上海等地施工。2003年,投资25万元建成400平方米的客运站,有客车14辆,新上3辆豪华大客专营南京、无锡、苏州客线,有肖嘴直达泗洪、鲍集直达淮安私营班车。2006年,建成鲍集农贸市场,设摊位360个,年交易额7100万元。2008年,从事货运的车辆有277辆,出租车等其他车辆50多辆;有三级资质的建筑企业6家,从业人员3000多人,建筑业创产值5.8亿元;有三产经营户210户,其中饭店16家、浴室4家、理发美容店13家、照相馆4家、日用电器修理5家、其他服务行业26家,从事服务业800多人;有家庭豆腐坊102家,油坊8家,鲍集豆饼申报市级非物质文化遗产。

第四节　基础设施建设

1986年,集镇是一条街道,有门面房80余间;乡村硬质路面35千米,其余为土路。1987~1999年,先后建成程控大楼和农贸市场,砌水泥摊位100余个;铺设洪新大道、集镇街道水泥路,完成宁徐路鲍集段路基、鲍集至铁佛的赵岗段道路和16个村砂石路铺设工程。2000~2007年,编制《鲍集镇集镇规划方案》,先后建成商品房40多套、停车场3960平方米,改造老街道、鲍管分金亭和垂钓休闲中心,建成加工小区、主街道和休闲广场,铺设大嘴、谢庄、新淮、邵墩、梁集等水泥路11条,全镇实现水泥路村村通。2008年,改扩建农贸市场,新建钢构大棚2100平方米,取消鲍集露天农贸市场;修建商业一条街(府前街),新建商住房3460平方米;实现街道亮化、绿化,新栽植绿化苗木156株,商业一条街门前三包落实到位,保证文明、卫生、有序;全镇乡村道路25条65千米,实现硬质化、网络化。

第五节　社会事业

一、教　育

1986年,有中学1所,在校生850人,教师72人;中心小学1所,在校生630人,教师84人;村小12所,在校生550人,教师34人;中心幼儿园1所,在园幼儿80人,教师11人。1993～1999年,先后建成中心小学教学楼、鲍集中学教学楼,修建校舍2000平方米。2000～2007年,新建鲍集小学、中学2幢教学楼和邵墩、何岗等小学教室24间,对学校危房进行改造;新建镇中心小学教学楼和多功能阶梯教室1个,添置多媒体教学设施;新建中学宿舍楼、综合楼和学生食堂各1幢;新建肖嘴中学宿舍8间。学校实现"六有""校校通"和"三新一亮"。2008年,有中学1所,在校生1496人,教职工106人;小学5所,在校生1580人,教职工190人;幼儿园2所,入学幼儿950人,教职工35人;适龄儿童入学率99.7%,毕业率99.2%。

二、卫　生

1986年,有卫生院1所,卫技人员26人,配置肝功能检测仪、X光透视仪等。打1眼深80米、每小时出水量3吨的水井,配套修建供水塔,乡直机关和街道居民饮用卫生自来水,受益1.5万多人。1993年,有中心卫生院1所,村医疗点15个,医务人员75人,有B超、心电图、生化等医疗设备。1999年,在鲍集中学与赵岗交界处开挖1口井,缓解居民饮水难题。

2000年,实施农村改水工程,铺设管道23千米,打井8口,受益1864人。2003年,实施农村合作医疗,参加合作医疗41320人;卫生院投资20多万元,增添彩色B超、心电图机、X光透视仪。2005年,新建鲍集卫生院病房楼1幢1380平方米,卫生防疫覆盖率98%,卫生院被市政府授予文明单位称号。2008年,新建4个合格村卫生服务站,有49460人参加医疗保险,合作医疗参保率97%以上;防保所在疾病防控、传染病防治、"五苗"接种等工作中数据记录精确连贯、建档规范完整。有8个村通上自来水,受益2.2万人。

三、文化、广播电视、供电、电信

1986年,有文化站1所,电影队2个,放映员4人,有线广播入户率32%;有6个村通电,接近70%的居民使用煤油灯照明;电话拥有量为250门。1993年,乡文化中心设影剧院、阅览室、乒乓球室、棋牌室等活动场所,阅览室藏书8000多册。1994年,在全县率先实现程控电话杆线村村通。1995年,广播放大站首先在街道试接"小微波"为接收源,发展农村有线电视,先后在铁营、大咀、观音等村建立微波接收点,发展有线电视145户。1996年,乡文化中心被省文化厅评为先进单位,被县委、县政府评为群众文化先进乡镇。

1997年,建立移动基站,建成移动信号塔3个,安装移动电话31部,新增程控电话72门;乡图书室藏书5500册,图书室被市文化局评为红旗图书室。1999年,投资21万元,新建篮球场、溜冰场和健身房;推进"电话镇"建设,电话总数800门;实现电力村村通,用电户95%以上,对街道电力实施增容,解决线路老化、停电问题。2000～2007年,发展有线电视用户2000余户,有电影放映队2个,大嘴村、铁营村、陈梅村等6个村有文艺宣传队,镇图书室藏书1.1万册。2008年,有线电视入户4500户;建成农家书屋3个,藏书3500册;固定电话放装1.1万门,手机1.1万部;用电稳定。

四、社会保障

1986年,有敬老院1所,入院老人15人;计划生育率90%左右,人口出生率13‰。1994年,实施农民最低生活保障制度,有220人享受低保。1995年,建成计生服务大楼。2003年,全镇实施社会养老保险机制,参保2313人。2004年,新建老年公寓4幢,入院老人50人;国家对淮河两岸海拔低于18米的鲍集小滩引河区2.6平方千米建保庄圩,其余沿淮居民全部搬迁到海拔18米以上高地居住,全镇有1645户迁建,涉及11个村,调整土地47公顷,建成移民迁建点20个。2005年,新建敬老院老年公寓2幢。2008年,有50多位老人入住老年公寓;农村草危房改造265户,救灾建房210户;享受低保1022户2293人,参加养老保险3104人;计划生育率98%,人口出生率在10‰以下。

2008年鲍集镇行政村(居)情况一览表

表36－17

村(居)名	人口(人)	户数(户)	面积(公顷)	耕地(公顷)	农民人均纯收入(元)	组数(个)	组名
鲍集(居)	3762	722	443.33	106.80	6902.2	11	一组 二组 三组 四组 五组 六组 七组 李庄 孙庄 赵前 赵后
肖嘴(居)	4311	866	813.33	326.67	6380.0	14	肖嘴 西易 张岗 兴旺 易西 唐庄 杜庄 薛庄 沈庄 夏庄 刘庄 东易 淮东 农科
观音	1841	352	445.33	148.00	6780.0	5	杨岗 观音 周窑 方庄 岗洼
朱巷	3562	784	666.66	258.13	6030.0	10	李庄 大朱 苗庄 赵岗 杨庄 王庄 钱巷 张庄 油坊 桥东
邵墩	2330	450	521.73	147.80	6199.3	6	刘洼 孙圩 朱庄 贺庄 新庄 孙庄
洪新	2350	502	613.33	166.67	6099.0	6	罗前 罗后 岳东 岳西 旧前 旧后
谢庄	2682	565	915.85	362.13	6774.0	9	石牌 东嘴 蒋庄 小谢 大谢 龙庄 徐庄 花洼 西岗
大嘴	2081	404	585.33	360.00	7104.0	7	西张 前孙 刘庄 东张 七后 七中 七南
铁营	2281	498	771.98	256.40	6327.8	10	纪嘴 马嘴 新圩 前下 农科 小庄 后下 前上 单洼 后上
徐岗	2440	460	755.43	182.00	6800.0	8	三王 徐中 徐东 新薛 西黄 三昌 周庄 徐西
何岗	3309	678	880.24	252.00	5659.7	10	陈东 陈留 高庄 后庄 张侯 丁庄 东井 瓦房 夏庄 陈西
岗洼	2622	556	879.47	221.93	6206.0	9	前王 中王 后王 三岗 东西 李前 李下 小洼 小圩
引河	2880	704	625.48	160.40	5768.5	10	一组 二组 三组 四组 五组 六组 七组 八组 九组 十组
新迁	2125	410	571.32	156.53	5804.9	7	一组 二组 三组 四组 五组 六组 七组
沈集	3505	712	845.75	273.20	6300.0	15	南平 沈南 沈西 沈北 沈中 蒋庄 大王 洪庄 梁庄 朱马 农科 耿庄 新建 邹洪 后洪
梁集	1690	398	576.85	162.33	6300.0	6	梁东 孙梁 新庄 新建 端庄 端前
唐刘	2274	515	835.86	138.67	6444.0	9	刘西 刘东 唐刘 华嘴 何庄 刘庄 朱沈 李庄 丁庄
观淮	2823	603	904.64	248.00	6726.0	10	前嘴 杨庄 王庄 鲍西 鲍东 孙西 孙东 新庄 前东 吴庄
淮西	2122	494	558.09	152.33	6435.0	8	一组 二组 三组 四组 五组 六组 七组 八组
合计	50990	10673	13210	4079.99	－	170	－

说明:耕地面积不含林场林地面积。

1986～2008年鲍集镇主要社会经济指标一览表

表36－18

年　份	总面积（公顷）	耕地（公顷）	人口（人）	粮食产量（万千克）	油料产量（万千克）	财政收入（万元）	农民人均纯收入（元）	地区生产总值（万元）			
								合计	其中		
									一产	二产	三产
1986	13200	4600	41200	4775	64	32.0	1002	2980	784	1235	961
1987	13200	4600	41300	4795	65	35.0	1320	3050	797	1356	897
1988	13200	4600	41800	4825	68	35.0	1532	3985	835	1532	1618
1989	8000	2640	16000	2778	37	35.2	1687	4210	956	1632	1622
1990	8000	2640	16000	2871	38	36.0	1785	4985	1069	1752	2164
1991	8000	2640	17000	2838	37	36.5	1832	5332	1132	1950	2250
1992	8000	2640	17500	2877	38	37.0	1839	5378	1230	2050	2098
1993	8000	2640	17800	2899	39	38.0	1989	5762	1365	2356	2041
1994	8000	2640	17800	2882	39	39.6	2356	7523	1579	3480	2464
1995	8000	2640	17900	3630	43	42.0	3987	7521	1623	3962	1936
1996	8000	2640	17950	3788	43	45.0	4200	7956	1782	4050	2124
1997	8000	2640	18200	3789	45	49.0	4498	9313	1803	4532	2978
1998	8000	2640	20050	4146	49	59.0	4695	9950	1923	5020	3007
1999	8000	2640	21000	4180	50	123.0	4500	10569	1980	5369	3220
2000	13200	4020	40800	7348	97	300.0	4356	19266	3792	9566	5908
2001	13200	4020	42300	7438	99	369.0	4568	20268	3893	10055	6320
2002	13200	4020	45000	7505	110	456.0	4786	21819	3927	11269	6623
2003	13200	4020	45300	7215	98	581.0	5923	24319	4002	13586	6731
2004	13200	4020	46000	7535	120	590.0	4900	25721	4325	14587	6809
2005	13200	4020	48000	7592	123	732.0	5264	28146	4458	16872	6816
2006	13200	4020	51600	7823	125	892.0	5635	29597	4890	17832	6875
2007	13200	4020	54200	7732	108	1059.0	5948	31075	5309	18936	6830
2008	13200	4080	50990	7735	119	1549.0	6370	32090	5551	19632	6907

第九章　黄花塘镇

黄花塘镇,位于县城东南,距县城39千米。镇域东部及东南部与安徽省天长市接壤,南部与旧铺镇相连,西部与穆店乡为邻,北部与马坝镇相接。境内黄花塘在1943年1月至1945年9月为新四军军部驻地,因此得名。境内多高岗、丘陵。宁连一级公路、宁淮高速公路、宁徐高速公路穿境而过,区位优势明显。黄花塘镇矿产资源丰富,地下蕴藏优质矿泉水,井口自喷高度13.4米。

1986年,行政区域61.6平方千米,耕地面积3801公顷,水域1250公顷;辖13个村、1个农科站、117个村民小组、8423户3.06万人,农民人均纯收入333元。2000年2月,新街乡与黄花塘乡合并设置为黄花塘镇,镇政府驻新街。行政区域128.8平方千米,耕地4600公顷,水域310公顷,林园670公顷。辖25个村、247个村民小组。同年,实行并村联组。2008年,行政区域128.8平方千米,耕地4481公顷,水域400公顷,林园800公顷;辖14个村、2个居委会、250个村民小组、7558户33065人。财政收入1778.8万元,工业固定资产投入1亿元,农民人均纯收入11491元。

第一节　农　　业

一、种植业

1986年,农业以一年两熟稻麦轮作为主,全乡种植水稻1667公顷,种植油菜600公顷,种植三麦1200公顷,粮食产量20476吨,油料总产533吨,农业产值1575万元;有林地50公顷。1991年,发展蚕桑养殖业,栽植桑树333公顷,养蚕1300张,产量300吨。1993年,推广水稻旱育秧技术,实施纯粮化工程、吨粮田工程和无草害工程,实现粮食总产17396吨;受旱后,补种蔬菜、萝卜73.33公顷,增订晚秋蚕种1200张。1995年,在稳定粮油面积的基础上,建成11个蚕桑专业村,有桑园500公顷,成为全市蚕桑重点乡镇。1996年,发展华塘村养禽、枣园村养猪、岗村村种植蔬菜等专业项目。由于蚕茧价格每千克不到4元,群众养蚕积极性受挫,毁桑种粮。乡党委政府制定栽桑养蚕优惠政策和弃桑毁桑处罚措施,在枣园村推广科学养蚕技术试点,全年养蚕2800张,保住480公顷桑园,蚕茧产量由上年的35千克增加到40千克。

1997年,养蚕效益不如稻麦,桑园全部改成粮田。在枣园村兴建“千亩桃园”经济带,当年栽植高产油桃10.67公顷。1999年,建成农田林网1067公顷,发展成片林6.67公顷,培育苗圃3.33公顷,栽植意杨18.24万株。2001年,建成850公顷蚕桑、500公顷中药材、450公顷牧草基地。2002年,改造中低产田267公顷,建成“万亩大蒜园”,种植大蒜400公顷,产量1.2万吨。2005年,“万亩大蒜园”效益低,改种粮食。2007年,开展常规农业生产保险试点工作,兑现农保资金28.72万元;建成瓦屋村、杨庄村、新街村、泥沛村优质稻米生产基地。2008年,实施“万亩优质稻米工程”,全镇水稻种植4080公顷;油料种植400公顷;兑现农业生产保险资金2.5万元。有林地6000公顷,有桑园1公顷左右。

二、养殖业

1986年,养禽25万羽、猪8500头、耕牛1200头、羊360只,畜禽产值330万元。1994年,岗村、枣园村建成养殖黄牛专业村,养牛900头。1995年,枣园村建猪舍50间,养猪500头;何圩村养牛400头;芦沟村饲养家禽5万羽。1996年,全乡养猪2万头、牛1300头、家禽50万羽,其中华塘村养禽6.4万羽;水产养殖60公顷,水产品产量20吨,产值3万元。2001年,涌现出畜禽养殖产、加、销一体化示范典型,养殖草鸡20万羽、四季鹅10万羽、鸵鸟800羽,"江淮明珠"牌毛蛋日产1万只。2007年,温氏集团在张庵村建成10万头种猪养殖基地。2008年,养猪20万头、禽40万羽、羊600只,畜禽产值4655万元;水产养殖167公顷,产量1500吨。

第二节　工　　业

1986年,有企业90家,其中集体企业有缫丝厂、丝织厂、农具厂、副食品厂、砖瓦厂;私营企业有屠宰厂、水泥制品厂、枣园卷切板厂、原丰玩具厂、兴发粮油加工厂等6家,个体企业79家。1991年,兴建缫丝厂,安装设备180台,产丝65吨,产值1000万元。1993年,兴建丝织厂和3个蚕茧站,形成桑、蚕、丝、绸一条龙生产,年生产白厂丝70吨,产值1158万元。1994年,有4家企业实行股份合作制、1家企业被拍卖、1家企业被兼并、轮窑厂实行股份制。1996年,仪表厂、水泥制品厂实行租赁。1997年,油厂、农具厂实行拍卖,轮窑厂出售部分资产后实行承包经营;缫丝厂、丝织厂经过清产核资、产权界定和评估后,缫丝厂被淮阴市茧丝绸公司收购,丝织厂采取租售结合改制。

图36-17　黄花塘镇工业集中区

2001年,启动乡镇工业集中区建设,用地67公顷。2002年,引进的江苏高新技术企业江苏天一超细金属粉末有限公司,生产的羰基铁粉产品畅销国内外市场。2003~2007年,启动建设镇工业集中区二期工程,本着"整体协调、科学发展、集约用地、分期推进"原则,扩建镇工业集中区10公顷,实现"六通一平",引进盱眙宝联钢管有限公司、服装加工、塑料制品等企业4家,新建标准化厂房3.6万平方米。2008年,引进县工业开发区企业精志粉末冶金有限公司、一通粉末冶金有限公司、宝联钢管有限公司、鑫源茧丝工贸有限公司、驰明石油井配件有限公司、瑞盛重工机械有限公司等10家,进镇工业集中区企业有55家。

第三节　三　　产

1986年,有个体工商户30户,其中有饭店3家、旅社3家、浴室1家、理发店2家、照相馆1家;有运输车辆60辆,其中5吨以上卡车10辆,运输手扶拖拉机80辆。1993年,在市场"黄金地段"兴建50间商品房,采取租赁形式发展个体工商业,繁荣市场。1997年,有客车36辆,运输拖拉机450辆。2000年,两乡合并后,有运输车辆200辆,其中5吨以上卡车80辆,手扶车300辆。2003年,大型零售超市连锁店、专卖店、仓储式超市等纷纷进驻,有连锁店1个、专卖店1个、超市1个。2005年,投资2000万元兴建杜湖商业区,投资

3800万元兴建1.5万平方米的黄花塘国际商贸城。2008年,有饭店20家、旅社15家、浴室5家、理发店12家、照相馆5家,58个农资店分布全镇16个行政村;兴建黄花塘国际大酒店;整合运输资源,成立盱眙县顺源物流有限公司和盱眙县祥雷汽车运输有限公司,有车辆300辆,综合运营能力提高。

第四节 基础设施建设

1986年,集镇有1条主街道,东西方向长约500米,机关单位分布在街道两侧;从集镇向东通向新街乡、205国道为砂石路,其余都是土路。1989年,岗村街道从缫丝厂到卫生院200米铺成混凝土路面,街道两侧房屋由草房改成瓦房。1993年,建成黄花塘镇至新街乡村公路5千米、黄花塘镇至耿公村4千米。建设市场600平方米。1994年,修编《1994~2010年近期和远期集镇总体规划》,全年发放建设用地许可证1.75万份,建筑面积105万平方米。1995年,全乡掀起修建乡村道路热潮,筑土路基10条30千米,完成配套工程213处。1996年,新建6000多平方米农贸市场,安装街道路灯,铺设街道1千米柏油路面。1998年,对岗村街道进行规划,完成岗村街道混凝土路建设,新建农贸市场1个,修建新街道人民路和开发路。

图36-18 新街高庄水库

2002年,全乡实现村村、村组通石子路,拓宽开发路和新四军军部旧址循环路,铺设街道1千米柏油路面。2003~2007年,完成镇中心大街两侧房屋改造、农贸市场、小商品世界、下水道等基础设施建设;新建杜湖农民集中居住区、阳光小区、花园小区、泥沛村居民小区、国际商贸城、商业新区、九州商业服务中心、农电服务中心、绿化池和中央转盘1个;完成府前广场和商业街的绿化、亮化、美化工程;修建泥沛至莲塘主干道、杨庄村路路面实现硬质化。2008年,重新铺设商业街云逸路混凝土路500米,更新路边树木,建设绿化池,架设路灯;新建商住房2万平方米;新建杜湖农贸市场,建钢架大棚4个;修建仲弘路商业街1000米,架设路灯32盏。镇区主要街道有3条,集镇人口5200多人。全镇有乡村道路26条103.56千米。

第五节 社会事业

一、教 育

1986年,有中学1所,在校生386人,教师30人;小学4所,在校生658人,教师50人;幼儿园1所,幼儿68人,教师5人。乡中学获县教育教学质量一等奖。1993年,有初级中学1所,在校学生681人,教师53人,初中考入中专18人,列全县之首。1996年,投资90万元,兴建1幢1500多平方米中学教学楼,投资10万元改建中心小学教学楼。1997年,黄花塘乡中学被省教委定为“江苏省素质教育试点校”,被市定为“常规管理试点校”,顺利通过国家“普九”验收。1998年,成立全县首家乡镇私立幼儿园。2002年,投资80万元兴建三层30间2000平方米的黄花塘中学,可容纳1200名学生。投资90万元新建的新街中学教学楼交付使用,投入42万元新建的中心小学教学楼主体工程完工。全年修建校舍2400平方米,改造薄弱学校7所。2003年,黄花塘镇人士、民革江苏省委委员孙达华捐资建成镇第一所希望小学——杨庄希望小学,建筑面积320平方米。

2004年,投资60万元兴建二层20间1600平方米的黄花塘中心小学,可容纳1000名学生;投资80万元兴建三层30间2000平方米的新街中学,可容纳1200名学生。2005年,投资90万元兴建四层35间2200平方米的新街小学,可容纳1300名学生;中心小学占地14988平方米,平房校舍18间,建筑面积464平方米;有面积2200平方米的教学楼1幢,有1×250米环形跑道的操场,并有2个标准篮球场和1个排球场。学校建有科学实验室1个,多媒体教室1个,有50台电脑教室1个,图书室1个,藏书7702册,部分教室配有电视、VCD等教学仪器可供教学使用。2008年,有中学2所,在校生600人,教师121人;有小学4所,在校生585人,教师98人;幼儿园2所,幼儿560人,教师45人。

二、卫　生

1986年,卫生院有卫技人员26人;村卫生室有卫技人员25人,负责农村常见病诊疗。有自来水厂1个,360户饮用自来水,其余居民饮用井水。1993年,投资30万元新建780平方米门诊楼,1996年交付使用。1994～2002年,先后建成第二自来水厂、第三自来水厂、第四自来水厂,新增受益人口1.2万人。

2003年,黄花塘乡卫生院和新街乡卫生院合并后更名为黄花塘镇卫生院。全镇有中心卫生室2所、甲级卫生室23个。建立农村新型大病合作医疗统筹基金,参加合作医疗保险27511人。2006～2007年,推进农村改水,改造岗村居委会(街道)自来水管网,新增受益人口4000人。2008年,有镇卫生院1所,卫技人员42人;村卫生室16个,其中甲级村卫生室6个,村医生61人;兴建规范化防保所1个,建成4个标准化社区卫生服务站。成立自来水总厂,下设6个分厂,受益3万人。

三、文化、广播电视、电信、供电

1986年,村村通上高音喇叭,部分户通上小喇叭,有线广播入户率94%。全乡用电户占97%,实现村村通。1991年,对街道电力实施增容,扭转超负荷跳闸停电现象。1997年,街道开通有线电视,入网250户。实现程控电话杆线到村,10个村民小组通上程控电话,全乡开通电话650部。1998～2000年,先后完成街道、耿公村、三合村等电网改造,与城区实现同网同价。2001年,有线电视杆线到村,1018户通上有线电视;建成思源图书馆,藏书4000册。2003年,实施有线电视信号光缆传输工程,排放光缆线285千米;新建移动通讯塔;安装电话2898户。2005年,恢复电影放映,每月每村免费放映一场电影。2008年,创办镇农家书屋1个,有图书1万册;发展有线电视3747户;建成镇文化活动中心;架设小灵通信号接受塔、宽带接入网6个、C网机站塔7个,新增宽带68部;安装固定电话2926部;新街片架设电力线路,街道、集中区及水库等旧线路全部改造完成,保持全镇供电稳定。

四、社会保障

1986年,组建计划生育办公室,计划生育率92%,出生率控制在12‰以内。1994年,农村实施社会养老保险,参保费81040元,一次性投保453户。人口出生率10.63‰,自然增长率4.5‰,计划生育率100%,被县委、县政府授予计划生育红旗单位称号。1995年,实施农民最低生活保障制度,有320人享受低保。1997年,新建敬老院,入住10名老人。2001年,黄花塘乡与新街乡计生站合并,计划生育管理由行政强制型向服务型转变。改善敬老院居住条件,入住老人26人。改造农村草危房216户。2006～2007年,在绿化村新建400平方米敬老院。孕产妇管理人数361人,管理率达91%;每月举办1次“孕妇学校”,对孕妇进行孕产期保健、安全分娩、优生优育等知识教育。2008年,建成480平方米计生世代服务中心,人口出生率在9‰以下,计划生育率98%。新建标准化敬老院1000多平方米,入住老人38人。全镇有1.15万人参加养老保险,1265人享受最低生活保障。

2008年黄花塘镇行政村(居)情况一览表

表36－19

村(居)名	人口(人)	户数(户)	面积(公顷)	耕地(公顷)	农民人均收入(元)	组数(个)	组名
新街(居)	3366	790	1247.40	400.60	6125	25	高庄 陆庄 芦庄 殷庄 松一 松二 新街 韦庄 彭庄 彭圩 新建 杜湖 车棚 龙王 沟圈 新坝 赵庄 三庄 胜利 汪桥 董庄 运田 灯庄 竹井 街道
岗村(居)	3309	870	1064.40	333.33	6023	20	候桥 大坝 糟坊 街东 小坝 街南 一组 二组 三组 吴庄 周庄 豆庄 仙鹤 路北 路南 七庄 贯庄 姚庄 王庄 蔡湖
泥沛	3182	805	1066.60	310.67	5767	21	街南 街北 砖井 三塘 蒋庄 任庄 骆庄 贾庄 柳坝 周庄 韦庄 椿树 郭庄 林庄 大路 前进 马灯 韩圩 花园 伏岗 涧南
瓦屋	2121	500	1043.73	366.67	6868	21	孙庄 妇女 赵圩 湾塘 十里 浦塘 林业 坝怀 祝安 井庄 林庄 姚坝 刘庄 高庄 朱庄 晏庄 灯塘 瓦屋 马庄 葛庄 林庄
杨庄	1527	425	741.53	207.40	6656	14	张洼 虞洼 兴旺 刘岗 严岗 徐庄 叶庄 李庄 杨庄 杨湖 蔡庄 新庄 何庄 同庄
绿化	1587	340	731.73	209.73	5640	14	顺庙 官塘 前坝 新庄 路南 后庄 黄庄 陈庄 官田 凡岗 塘坊 绿化 良岗 七庄
张安	1957	393	868.20	295.93	5976	21	耿庄 老庄 何园 东严 肖庄 张庄 碾屋 大刘 姚塘 豆庄 东庄 郭庄 西严 张安 太平 阳庄 招庄 大坝 松园 柴塘 碾塘
耿公	1961	450	1016.53	413.33	6343	22	蔡庄 后庄 学塘 苗庄 范庄 朱岗 徐墩 树圩 林业 华塘 泥庄 下湖 吉庄 元庄 毛庄 曾庄 豆庄 南庄 张庄 朱庄 先进 跃进
五星	1862	387	706.40	377.60	5400	12	五星 新星 大东 大西 陈庄 朱庄 只庄 薛庄 小高 大高 新高 周湖
倜傥	1938	407	827.89	296.00	5851	11	上郢 元岗 胜利 陈老 倜傥 三庄 立树 东风 曙光 长坝 光明
芦沟	1910	418	622.53	219.67	5816	14	官田 马庄 孙庄 高庄 官塘 简庄 公路 夹沟 芦沟 路东 管郢 砖井 韩庄 徐庄
枣园	1737	367	661.13	222.93	5895	12	戚庄 坝坂 新建 支花 胡庄 黄庄 枣园 潘庄 夏庄 张庄 叶庄 林场
何圩	1566	336	474.80	170.93	6215	9	江庄 槽坊 罗庄 李庄 双庙 何圩 岗局 大庄 老庄
五里	1497	304	473.20	132.00	5718	8	徐庄 姚庄 秦庄 赵庄 五里 郭庄 范庄 岔路
常庄	1864	396	695.00	219.33	5738	12	柳庄 常庄 中心 王庄 新庄 下李 上李 李岗 建康 巴山 路西 荒庄
黄花塘	1681	370	638.93	304.88	5600	14	黄花 黄塘 北桥 华桥 华庄 周庄 大连 跃进 高庄 范庄 节约 南桥 一队 沟圩
合计	33065	7558	12880	4481	–	250	

1986～2008年黄花塘镇主要社会经济指标一览表

表36－20

年份	总面积（公顷）	耕地（公顷）	人口（人）	粮食产量（万千克）	油料产量（万千克）	财政收入（万元）	农民人均纯收入（元）	地区生产总值（万元）			
								总计	其中		
									一产	二产	三产
1986	6160	3801	30583	2048	53	20.1	333	3110	1520	1390	200
1987	6160	3801	30888	2398	110	25.3	366	3300	1660	1420	220
1988	6160	3801	30932	2399	108	53.2	402	3420	1800	1390	230
1989	6160	3801	30998	2450	105	60.3	500	3600	1910	1455	235
1990	6160	3801	31009	2133	104	89.8	603	3700	2100	1360	240
1991	6160	3801	31100	2390	108	90.9	723	3810	2280	1298	232
1992	6160	3801	31199	2234	110	92.4	868	3960	2400	1315	245
1993	6160	3801	31200	1740	108	96.3	888	4100	2500	1366	234
1994	6160	3801	31265	1558	112	98.9	895	4200	2590	1397	213
1995	6160	3801	31389	3000	98	120.0	1074	4310	2660	1405	245
1996	6160	3801	31488	3145	99	180.0	1288	4480	2720	1525	235
1997	6160	3801	31687	3367	89	270.0	1546	4610	2800	1568	242
1998	6160	3801	31766	3564	79	405.0	1855	4800	2900	1535	365
1999	6160	3801	32000	3678	77	507.0	2227	5100	3050	1500	550
2000	12880	4600	32270	5431	67	729.0	2672	13983	8196	1725	4062
2001	12880	4561	32443	5676	80	874.0	3206	15140	7538	2435	5167
2002	12880	4522	33111	5898	65	1049.0	3848	17299	7761	4432	5106
2003	12880	4476	33569	6010	56	1259.0	4618	15390	7898	3136	4356
2004	12880	4422	33879	6124	57	1511.0	5541	17541	8672	3674	5195
2005	12880	4353	34980	6247	50	1600.0	6649	20084	7154	4389	8541
2006	12880	4300	34986	6380	45	1689.0	7979	23583	10350	5895	7338
2007	12880	4225	35112	6478	44	1700.0	9575	30237	11178	7598	11461
2008	12880	4481	33065	6576	46	1778.0	11491	33212	12326	9879	11007

第十章 明祖陵镇

明祖陵镇位于盱眙县城西北10千米,东、南与淮河相依,西与管镇镇交界,南与兴隆乡接壤,北临洪泽湖,有16千米长的湖岸线。三面环水,水资源丰富,是苏北地区水产重镇,主要水产品有洪泽湖龙虾、中华绒螯蟹。境内有全国重点文物保护单位、国家AAAA级景区——明祖陵。

1989年1月,行政区划调整,由管镇乡分离出来新建仁集乡,行政区域136平方千米,耕地2953公顷,水域980公顷;辖16个村、162个村民小组、6280户30228人。2001年7月,实行并村联组,渡口村、圩滩村、祖陵村合并为渡口村,项庄村、魏庄村合并为项魏村,明陵村、俞桥村合并为明祖陵村,伏湖村、后谈村、种嘴村合并为伏湖村,沙巷村、费庄村、龚庄村、仁和村、周湖村、沿淮村保留原设置,后周湖村与龚庄部分小组组建仁集居委会。10月,撤乡建镇,仁集乡更名为明祖陵镇。2008年,行政区域136平方千米,有耕地2953公顷,水域1120公顷,水产养殖2133.33公顷。辖9个村、1个居委会、102个村民小组、7198户3.38万人。全镇实现地区生产总值3.3亿元,农民人均纯收入6218元,财政收入1817.1万元,规模以上固定资产投入37485万元。镇村硬质化公路83千米,全部与省道、县道联网相通。

第一节 农 业

一、种植业

1989年,仁集乡农业主要种植水稻、小麦、玉米等,面积2953公顷,其中油菜、花生、豆类等油料作物种植面积近1000公顷,粮食产量15515吨,油料产量693吨;林业以生态林、经济林种植为主,品种有意杨、柳树、槐树等,林地200公顷。1997年,实施农业开发工程,改造低产田1600公顷,开发稻田养殖高效示范区2个600公顷。2000年,实施林业"书记工程"和"镇长工程"建设,每年植树在30万株以上,有成片林、农田林网、庄台林、绿色通道等林地250公顷。2001～2007年,推广农业种植新技术,实施土壤结构改良,小麦产量每公顷平均提高10千克左右,水稻平均每公顷产量提高近13.33千克,年均粮食总产量1.58万吨。2008年,明祖陵镇粮食产量5.22万吨,油料产量1285吨,有林地320公顷,主要生长意杨、国槐、景观树等。

二、养殖业

1989年,仁集乡开发利用湖泊、水库、河沟和溪流等水资源,发展稻田养鱼、养蟹等高效生态型水产养殖模式,水产养殖1000公顷,主要养殖龙虾、长江系列中华绒螯蟹、黑鱼、草鱼、青鲢鱼等,总产量280万千克。养猪1.2万头、羊0.4万只、草鸡30万羽、鸭鹅10万羽,有养鸡5000羽以上大户近20户。1995年,开挖鱼塘166.7公顷,开发水面686.7公顷,其中精养池塘266.7公顷、粗养260公顷、围网和网箱精养48.7公顷,建成水产专业村2个。1997年,乡党委、政府提出"苦战三年,实现人均水产一亩田"奋斗目标,实现养殖990公顷,其中稻田养殖341.2公顷,水产品产值1489.4万元,成为盱眙县水产基地乡、淮阴市高效农业和江苏省稻田养殖示范区。兴建1个占地1.33公顷、年产30万羽的淮阴市唯一一个野鸭养殖中心。建成项庄、俞桥、沙巷等村太湖母猪饲养基地,饲养母猪318头。建成养殖业专业村8个、专业户440户。

1998年,引进美国绿头野鸭进行人工繁育,采取"公司+农户"和基地带农户的养殖方式,养殖绿头野鸭

50万羽，全镇有500农户养殖千羽以上，其中养殖5000羽以上的大户104户。1999年，饲养量达200万羽，成为苏北有名的野鸭之乡。镇政府与南京清真板鸭厂合作开发的“天方”牌盐水鸭、香酥鸭系列产品远销全国各地。2000年，全乡发展龙虾养殖，水产养殖大户400余户，养殖30公顷以上的大户20户。2004年，全镇1667公顷养殖水面全部承包到户。2007年，江苏仁和农业开发有限公司在镇域建设龙虾养殖基地，开挖龙虾养殖池333公顷，水产品产量5000吨，产值1.7亿元。2008年，明祖陵镇成立盱眙恒大龙虾养殖合作社等。水产养殖1230公顷，产量3700吨。生猪出栏2.2万头，饲养鸡20万羽、鸭8万羽、鹅1.1万羽，全乡成立养殖专业合作社23个。

图36－19　明祖陵镇养鹅大户

第二节　工　　业

1989年，仁集乡工业几乎为空白。1994年，仁集乡政府组织人员外出学习并创办被服厂，生产的高级绣花被服出口国外。1995～1998年，先后引进元军米厂、兄弟米厂、新源米厂、宜波水泥制品厂，乡镇工业开始发展。2000～2007年，先后引进江苏慧邦、江苏天源、盱眙宝丰、骏腾金属、德信隆电器、美佳乐电器、昌鸿服饰等中小工业项目落户县经济开发区和镇工业集中区，主要产品涉及服装、仪表、电线电缆、电器元件、小型家用电器等。2008年，明祖陵镇工业集中区新建标准化厂房30140平方米，进区企业有江苏天源、天润绣品、天安利电动车、天跃工贸、天顺新型建材、天天旺炉灶具、玉江天露服装、爱力特机械等，建成标准化厂房5.2万平方米，完成基础设施投入1175万元，用工1260人。

第三节　三　　产

1989年，仁集乡有供销社和日杂门市各1个，主要经营日用百货、农用物资。有客运车4辆、货运车2辆、手扶拖拉机28辆。全乡个体工商户35户，其中旅店2家、浴室1家、理发店2家、照相馆1家、家电维修点1个、其他服务业20个。1994年，供销系统体制改革后，计划经济逐步被市场经济取代，个体经营者参与市场竞争。1997年，投资160万元，建成加油城1个。2008年，明祖陵镇有餐饮服务网点8家、宾馆旅社5家、浴室3家、发型屋8个、照相馆2家、家电维修点10个、其他服务项目50多个，从业逾千人，日均营业额5万元；从事货物运输的车辆690余辆，其中有250辆分布在苏南地区苏锡常一带，全镇第三产业总产值8852万元。

第四节　基础设施建设

1989年，仁集乡信用社、学校、邮电、供销、粮食等机构相继成立。集镇开始投资建设，修筑集镇至小南庄石子路6.5千米。1991～1992年，村民陆续到集镇临街建设商住房，初步形成街道市场。1993～1997年，相继铺设仁集至小南庄等6条砂石路,铺设集镇至洪泽湖大堤、省道、沿淮村、管镇等混凝土路。1998～2002年,小城镇建设按照统一规划,建设三层以上的商住门面房;建设洪武、洪湖、明清、泗洲、希望5条主要街道;兴建1个1.73公顷的农贸市场,街道铺设混凝土路,铺成20米宽的盱仁路路基;有108户居民落户小城镇,集镇居住800人;铺设项庄至明祖陵文物保管所3千米的混凝土路。仁集乡被命名为江苏省"八个一"工程示范基地。

2003年,希望小区开始规划,占地6.33公顷,建筑面积2.6万平方米。2007年,在希望小区建造混凝土路1600米,兴建下水道830米,建造公厕2座,健身广场、文化中心、卫生室、配套设施齐全;项魏居民集中区开始建设,占地7.07公顷;明祖陵村居民集中区启动建设,吸收明清仿古建筑特色,列入县乡旅游景点建设规划。明祖陵镇被授予淮安市新型示范小城镇、淮安市卫生乡镇称号。

2008年,明祖陵镇镇区主街道有洪武路、明清路、洪湖路、希望路、泗洲路,网格布局,纵横交错,镇区常住人口2800人。建成文体活动中心2.6万平方米,内设足球场、400米环形跑道,配备14种健身器材,供居民休闲、娱乐、健身。希望小区入住120户,项庄居民集中区入住86户,明祖陵居民集中区入住1350人。完成明祖陵镇至沙巷、明祖陵镇至俞桥、项庄至柳叶梢、项庄至陡湖、项庄至魏庄等村混凝土路面铺设,总里程95千米。

第五节　社会事业

一、教　育

1989年,仁集乡有村级联办的初级中学仁和联中、项庄联中,在校生520人,教师46人;村小14所,在校生3100人,教师165人;幼儿园1所,教师11人,幼儿850人。1992年,中国青少年发展基金会援建、台湾年代影视公司原董事长陈大伟先生捐资20万元,在仁集乡建设盱眙县希望小学,占地2.3公顷,取名为盱眙县长泉小学;仁和联中更名为仁集中学。1997年,项庄联中并入仁集中学。

2000年,仁集中学更名为明祖陵中学,被省教育厅评为江苏省示范初中,是盱眙县第一所获此殊荣的乡镇中学。2002年,村小合并为10所。2008年,明祖陵镇中学在校生1800人,教师74人;小学10所,学生1900人,教师134人;幼儿园1所,幼儿110人,教师26人。明祖陵中学先后被授予江苏省德育示范中学、江苏省示范家长学校、江苏省绿色学校,盱眙县希望小学被评为全国诗教先进单位。

二、卫　生

1989年,仁集乡有乡级卫生院和项魏村分院,医护人员38人,医疗设备简陋,街道居民饮用井水。1990年,在街道打一眼深118米、每小时出水量25吨水井,解决乡直机关单位以及部分街道居民1000多人的饮水问题。1992年,组建仁集自来水厂,供应街道居民和周边群众饮水,受益2100人。1998年,新建1幢卫生院门诊大楼,配置国产X光机、手术床、B超机等。1999年,采取居民自筹、政府补贴、上级扶贫拨款等措施,对全乡16个村饮水进行改造,铺设自来水管道5.25千米,受益2080户。

2000年起,对各村医务工作人员进行整合,创建10个社区卫生服务站,形成以镇卫生院为中心的网络服务体系。2003年,实施农村新型大病合作医疗保险;沿淮、项庄等村打水井3口,建立沿淮村和项庄村自来水厂,受益3500多人。2004年5月,明祖陵水厂经营权对外公开招标,由个人承包经营。2007年,兴建镇卫生院第二幢病房楼,设病床18张。

2008年,全镇有医技人员35人,其中10个社区卫生服务所、1个防保所的卫技人员25人。镇卫生院年均门诊量3万多人次,年住院病人650余例。3.2万人参加医疗保险。全镇有10个村办起自来水厂,全镇居民用上洁净的自来水。

三、文化、广播电视、供电、电信

1989年,仁集乡村村通上高音喇叭,部分户通上小喇叭,有线广播入户98%;电话不足20部。1990～1995年,仁集乡每百户有电视机12台。1996年,每百户拥有电视机78台;开始安装有线电视,发展有线电视用户202户。1998年,县乡推进通信、电信建设,全乡拥有电话1610部。2003年,有线电视光缆、电缆放线350.2千米,发展有线电视用户3282户,入户率42%。2004年,电信部门实施电话优惠政策,电话放装5600部、小灵通560部。2005年,中国移动、联通公司相继入驻,全镇手机拥有量4510部。2007年,数字电视开始入镇。2008年,发展有线电视用户5364户;有固定电话4300部,手机9200部;建立农家书屋8个,藏书1.2万册。

四、社会保障

1989年,仁集乡计划生育工作在全县处于落后状态,人口出生率11‰、计划生育率85%。1997年,仁集乡摘掉计划生育落后的帽子,计划生育率90%,人口出生率控制在10‰以内,被县委、县政府评为计划生育先进乡镇。1998年,建成敬老院,入住"五保"老人20人。2002年,实施农民最低生活保障制度,有650人享受低保。2003年,实施社会养老保险制度,参保1.2万多人;敬老院迁到仁和村,入住"五保"老人58人。2005年,落实农村低保,全镇有低保户300多户。2006年,建立农村新型合作医疗保险制度,有2.1万多人参加合作医疗保险。2008年,全镇有19800农民参加新型农村合作医疗保险,有低保户515户,低保人口1890人;敬老院入住"五保"老人61人;人口出生率控制在9‰以内,计划生育率99%。

2008年明祖陵镇行政村(居)情况一览表

表36－21

村(居)名	人口(人)	户数(户)	面积(公顷)	耕地(公顷)	农民人均纯收入(元)	组数(个)	组名
仁集(居)	2955	702	1080	286	6200	12	龚庄　大庄　西庄　祖冯　大周　中周　大东　沈南　沈北　新建　小刘　小胡
龚　庄	2491	607	630	240	6202	9	朱庄　天仙　吴庄　前龚　杨柳　小龚　孙庄　老庄　王庄
沿　淮	3002	643	1250	287	6206	8	夏庄　尹庄　朱庄　谈庄　沿淮　杨庄　刘庄　王庄
伏　湖	4659	958	2180	412	6210	13	沟东　沟西　伏庄　伏陈　伏西　种嘴　盛庄　冯庄　陈庄　朱庄　谈庄　前高　后高
仁　和	2158	450	680	173	6228	6	前王　后王　东王　桥南　桥北　仁和
费　庄	3201	629	1360	301	6200	9	新庄　东拐　沈庄　南庄　陈庄　东黄　李庄　曹东　曹西
沙　巷	2094	430	740	141	6255	7	王周　戚圩　俞庄　张庄　沙庄　陈庄　王何
明祖陵	4576	933	1670	427	6202	13	邓巷　宋俞　俞桥　叶庄　朱岗　刘庄　江谢　东舒　孙庄　东陵　王庄　朱周　吴庄
渡　口	3750	857	1940	373	6350	12	东风　小新　渡口　前戚　后戚　胡王　圩滩　圩中　圩北　祖陵　祖淮　祖洪
项　魏	4882	989	2060	313	6206	13	新集　小韩　韩庄　项庄　魏庄　柳梢　汪嘴　陈庄　大魏　周庄　南付　西付　麻庄
合　计	33768	7198	13590	2953	－	102	

1989~2008年明祖陵镇主要社会经济指标一览表

表36-22

年份	总面积(公顷)	耕地(公顷)	人口(人)	粮食产量(万千克)	油料产量(万千克)	财政收入(万元)	农民人均纯收入(元)	地区生产总值(万元)			
								合计	其中		
									一产	二产	三产
1989	13590	2953	30228	1551.5	69.3	22.7	585	4898	4716	105	77
1990	13590	2953	30274	1527.3	58.4	27.6	610	5012	4741	210	61
1991	13590	2953	30259	867.6	23.7	18.5	315	3011	2609	323	79
1992	13590	2953	30122	1478.2	66.9	30.3	600	5173	4518	585	70
1993	13590	2953	30129	1580.1	62.9	32.6	716	5357	4673	609	75
1994	13590	2953	31023	2186.2	56.6	37.5	930	8738	8032	625	81
1995	13590	2953	31054	2400.0	71.0	47.6	1558	8470	6196	2154	120
1996	13590	2953	32257	2871.0	265.0	62.1	2200	10357	7883	2324	150
1997	13590	2953	32335	2789.7	266.4	71.9	2600	12930	10109	2611	210
1998	13590	2953	32512	3089.9	245.0	155.3	2873	10300	6926	3024	350
1999	13590	2953	32556	3290.5	270.8	263.0	3153	11974	6543	4546	885
2000	13590	2953	32587	4036.6	400.0	447.1	3300	18000	9196	6554	2250
2001	13590	2953	32612	1280.0	62.5	488.2	3300	12000	2115	7500	2385
2002	13590	2953	32660	2620.3	527.1	490.0	3180	15060	3660	7500	3900
2003	13590	2953	32691	1205.4	241.1	364.2	3462	13600	4580	3920	5100
2004	13590	2953	32706	2800.0	400.0	234.5	3400	14300	6650	2950	4700
2005	13590	2953	33829	3665.0	225.0	277.9	3700	16700	6100	3800	6800
2006	13590	2953	34002	4380.0	120.0	438.8	4360	26700	11000	8700	7000
2007	13590	2953	34995	5085.0	131.0	1216.4	5500	29745	5038	16000	8707
2008	13590	2953	33768	5220.0	128.5	1817.1	6218	33173	6321	18000	8852

第十一章　铁佛镇

铁佛镇因铁佛寺而得名,位于盱眙县西部,西南淮河环绕,距县城38千米,距宁宿徐高速入口15千米。东与兴隆乡毗邻,北和鲍集、管镇相连,水陆交通便利。地势北高南低,南部为低洼圩区、北部为丘陵岗地。1986年,行政区域108平方千米,耕地4466公顷,水面2685公顷;辖22个村、2个渔场、232个村民小组、5619户28016人。2001年3月,撤乡建镇。2001年7月,实行并村联组。2008年,行政区域108平方千米,有耕地4673公顷,水面467公顷,林地183公顷;辖14个村、1个渔场、118个村民小组、7223户34726人。地区生产总值58131万元,财政收入2027万元,农民人均纯收入6161元。

第一节　农　　业

一、种植业

1986年,种植三麦2479公顷、水稻1541公顷、油菜160.8公顷;粮食产量2.17万吨,油料总产1116吨;农业产值892.3万元。有林地约70公顷,主要生长泡桐、洋槐、意杨。1990年,杨滩村最先实行"旱改水",改建水田200公顷,并逐年扩大。1995年,全乡建成66.67公顷以上水稻、三麦连片生产带16个,66.67公顷以上花生、油菜丰产方10个,在崔岗村建立133.33公顷小麦良种繁育基地;改造中低产田233.33公顷。全乡营造丰产林160公顷,路旁绿化植树2.5万株,新拓植果树4.47公顷。1996~1999年,以中低产田改造为重点,实施种子纯良化工程,良种覆盖率100%,1600多公顷高地成功改成水稻田。

2000年,进行压粮扩经、压粮扩鱼的种养结构调整,引进优良花生品种鲁花9号、14号,推广起垄种植和地膜覆盖种植技术,种植花生2000公顷,每公顷产量3600千克。2001年,实施"四个二"工程,即拓宽完善绿色通道133.33公顷、新辟召四成片林133.33公顷、农田林网1333.33公顷、路渠塘坝植树2万株,共栽植意杨30万株。2002年,建成邓圩、邹黄等村2000公顷花生高产栽培示范区,每公顷产花生5850千克;在杨滩、召四建成80公顷中药材示范片,每公顷创收1.5万元;与南京农业大学合作,建成200公顷淮滩速生林,推广低矮杆经济作物套种技术。2005年,全镇培育"两大工程",即330公顷花生和200公顷中药材连片种植基地,打破传统的"一稻一麦"种植模式。2008年,种植麦4351公顷、水稻3697公顷、油菜120.6公顷;已建成1667公顷优质稻米示范片;粮食总产2.34万吨,油料总产1976吨;建立各类专业合作组织31个;新建、完善农田林网400公顷,成片林13.33公顷,植树29万株,全镇林地183.33公顷。

二、养殖业

1986年,养猪1.7万头、山羊4656只、家禽30.5万羽。境内有仙墩湖、团结河、友谊河等内湖河,水面积约533.3公顷,水产品产量1200吨左右,盛产优质鱼、蟹、龙虾等。1997年,实施生猪品种优良化、喂养科学化、猪舍恒温化养殖,新建全封闭猪舍2078间,生猪存栏4.5万头,出栏3.1万头;建有10个良种猪繁育基地,有10个养猪专业村,有274个养禽专业户。采取股份合作制、租赁承包等形式,对仙墩湖进行水面开发,改造低洼、低产、低效"三低"田800公顷,开发连片水面28公顷,实施围栏养殖,水产品产量410吨。1998年,对仙墩湖进行综合开发,开发精养水面540公顷、粗养水面133公顷,新开发稻田鱼蟹混养273公顷;年产青虾130吨、蟹300吨、鱼1300吨、龙虾500吨。2003年,受“非典”影响,畜牧业发展势头下降,养猪4万头、家禽30万羽、山羊3000只。2008年,成立畜禽生产专业合作社3个,重点扶持生猪养殖点2个,落实母猪补贴280万元;年饲养生猪3.9万头、家禽45.2万羽;畜牧业年产值4464.9万元。在铁佛村岗庄片开发一个67公顷的龙虾养殖基地,建成333.33公顷仙墩湖水产养殖场,全镇渔业养殖481.2公顷,年产鱼、虾、蟹等水产品1723.6吨。

第二节　工　　业

1986年,工业有土窑厂、小粮食加工厂、水泥制品厂、农具厂等。1987年,建成22门轮窑厂1座,年生产红砖1500万块。1994年,对五金综合厂和农具厂门面房进行公开拍卖;新建长绒玩具厂、面粉加工厂。1995年,花园嘴有编织加工专业户149户,年编织网具3万件。1998年,铁佛乡与省科协、南京农业大学、省畜牧兽医学会合作,新建“苏壮”牌饲料厂,年产饲料1万吨,利润150万元。2002年,乡镇企业改制,轮窑厂实行新一轮租赁承包。2004年,建立邹黄工业集中区,先后有悦宇木业、华中建材、东志塑业、志勇泡沫厂、淮安晨升密封材料有限公司等企业进区生产。2005年,引进县工业园区企业有江苏宁力高强度紧固件有限公司。2006年,在邹黄、赵铁两村境内开始建镇工业集中区,一期启用土地20公顷。2007年,铁佛镇被淮安市委、市政府评为全市招商引资十强乡镇。2008年,启动镇工业集中区二期工程,实现路通、水通、电通、电视电话通和土地“四通一平”,引进县工业园区和镇工业集中区的项目有11个,其中竣工投产7个、在建4个,累计建厂房1.5万平方米,主要产品有建材、服装、电器、食品等。

第三节　三　　产

1986年,有个体工商户103户、商业零售点20个、饭店2家、商店2个、理发店5个、旅馆1个,从业人员231人,商品零售总额25.3万元;全乡从事运输车辆32辆,手扶拖拉机27辆,年运量43万吨。1993年,有个体工商户184户,从业人员272人;从事劳务输出613人,从事运输业人员35人,收入1400万元。1997年,全乡有客货车46辆,召四、花园嘴2个B级渡口可供行人和中小型车辆渡河。2000年,镇街道商业、服务业发展较快,有个体户186家。2008年,有饭店12个、旅社3家、理发店8家,新增个体工商户236户,商业零售业突破300个,从业人员500人。新建大型超市福联购物中心1个,建成1条特色商业街;全镇常年在外打工10920人;从事货物运输的车辆300辆,年运量1000万吨;有大中型铲车5台、挖掘机5台、船20艘,运输业收入1912.7万元。仙墩湖旅游项目开发启动,完成仙墩湖生态养殖、休闲娱乐、休闲度假村、生态农业园等项目规划。建成356.7公顷的水产养殖场、280公顷的淮河堤防护林;初步建成集旅游、养殖于一体的水上公园。

第四节　基础设施建设

1986年,街道长1千米,街道两边是陈旧老式瓦房,通往县城的是砂石路,其余村道皆为土路。1995年,组织劳力投入县乡道路建设,完成铁佛至赵岗8千米二级沥青路面路基铺设工程,新铺乡村砂石路7.9千米。1997年,对老十字街进行改造,拓宽路面、铺设沥青,完善下水道和路灯设施,沿街居民开始新建楼房;全乡修筑砂石路7条24千米,实现村村通公路。1999年,兴建农技站办公商用楼1幢,铺设长400米水泥路,街道铺设柏油路,先后建成政府办公大楼、农电楼、农技楼、水利楼、财政楼、卫生楼和1000平方米的农贸市场等，新集镇雏形初现。2000～2003年，对街道进行拓宽改造，以街道十字路口为中心，向四周延伸建设，全部浇筑成混凝土路面，沿街建成三层住房，栽植树木1000余棵；建成东巷、邹黄、召四等村草改瓦示范片，改拆建740户；铺设街道柏油路，实现县乡道路黑色化、乡村道路砂石化。2004年，修建赵铁路10.8千米和洪花路18千米混凝土路面，移民安置1411户。2005年，兴建16千米防洪撤退混凝土路，新修村与村道路混凝土路29条68千米。2006～2007年，对街道下水道、路灯进行改造，新建1.7公顷的农贸市场钢架大棚，新建商贸一条街1800米，铺设集镇混凝土路8000平方米；修建170个绿化池，集镇绿化补植花卉1.8万株。2008年，实施镇区北延工程，沿赵铁路两侧建成铁佛小区、新圩小区、惠民小区，新增城镇居民500户2500人；延伸赵铁路、铁花路等8千米混凝土路段，全镇有镇村道11条84千米，镇村全部通上混凝土路。

图36－20　2003年，改造完成铁佛镇西大街。

第五节　社会事业

一、教　育

1986年，有初级中学1所，学生1000人，教师120人；中心小学1所，学生2800人，教师150人；村小15所，学生3000人，教师86人；中心幼儿园1所，幼儿300人，教师16人。1989年，新征学校用地8公顷，投资70万元，建教室12间1176平方米，添置课桌800张。1995年，投资32万元，新建岗庄、召四2个村小学教室24间。投资37万元，新建300平方米中学教学楼1幢。2001年，村小学合并为13所，镇中心幼儿园对外拍卖40.7万元变为私立幼儿园。2004年，投资60万元，建成希望小学教学楼1幢，投资80万元新建中学学生宿舍楼。2006年，投资45万元，新建300平方米的学生公寓1幢。2008年，有初级中学1所，学生125多人，教师73人；中心小学1所，完小3所，学生3839人，教师127人；中心幼儿园1所，幼儿110人，教师30人。征地3.3公顷，新建小学教学楼和幼儿园各1幢。

二、卫　生

1986年，有中心卫生院，卫技人员25人，病床8张。居民生活用水使用压水井。1989年，建成17个合格村级卫生室。1990～1999年，相继改造村级卫生室14个，乡卫生院达一级二等标准。1996年，新建水厂4个，完成4个村改水任务，受益6666人。1999年，全乡6个村通上自来水，受益1万人。

2001年，卫生院拥有B超机、心电图机、X光机等设备，达乙等甲级标准，年做常规手术120多例。新建西巷村自来水厂，受益4000人。2003年，实施农村新型大病合作医疗，9000多人参加医疗保险。在集镇和乡村建成6个自来水厂，新增受益2150人。2004年，高标准实施4个移民集中安置区水电配套建设，水厂管道设施延伸，新增受益人口1800人。2006～2007年，镇卫生院引进1台血球计数仪，并配备1辆救护车；村村建立卫生服务站，农村大病合作医疗参保率85%。2008年，引进1名内科专业人才，医院职工有48人；建成1幢1200平方米的三层病房楼，新增床位50张，添置医疗器械设备，初步建成标准化乡镇卫生室。完成改厕500座，新建清洁卫生示范村3个；全镇95%农民参加农村新型合作医疗。有街道、召四、召五、赵圩、西巷和邹黄等6口深水井，9300多人饮用自来水。

三、文化、广播电视、电信、供电

1986 年,使用大喇叭收听广播电台节目,有电话 20 多部。14 个村通电,农村照明用电 3500 户。1995 年,开通程控电话 500 门,全乡消灭无电村。1997 年,开始安装微波传输有线电视,有线电视用户 500 户。1999 年,村村开通有线电视,投资 100 万元兴建文化综合楼。2000 年,实施光缆传输有线电视信号工程,有电视用户 910 户。2004 年,新增移动电话、小灵通 1800 部。2007 年,建成 600 平方米文化中心大楼,设置阅览室、图书室、健身房、乒乓球室等活动场所。2008 年,建成镇文化站 1 个;有线电视新增用户 480 户;电话装机容量 4100 户,新增移动电话 1000 部,建立移动代理店 5 个、联通代理店 1 个,电信通讯覆盖全镇,移动用户 2000 户。

四、社会保障

1986 年,有 19 人入住敬老院。计划生育率 85%,人口出生率 12‰。1991 年,敬老院搬迁至铁佛村二组,占地 0.4 公顷,入院 21 人。2002 年,实施草改瓦建设,拆改建 752 户。计生服务站先后购置手术床、B 超机,能做简单的妇科检查和上环等手术。2004 年,完成 1411 户滞洪区移民迁建工作;实施养老保险制度,1.1 万人参加保险。2005 年,实施农村最低生活保障制度,800 多人享受低保。2006 年,敬老院兴建宿舍 6 套,集中供养"五保"老人 68 位。2008 年,改造敬老院,有 78 名"五保"老人入住敬老院老年公寓。全镇有 1400 人享受最低保障,3.1 万人参加养老保险。新建计生服务大楼,计划生育率 98%,人口出生率在 9.18‰ 以内,人口自然增长率 3.92‰。

2008 年铁佛镇行政村(居)情况一览表

表 36 – 23

村(居)名	人口(人)	户数(户)	面积(公顷)	耕地(公倾)	农民人均纯收入(元)	组数(个)	组名
铁佛	3366	697	1272.67	552.1	6418	10	铁一 铁二 铁三 铁四 铁五 岗一 岗二 岗三 岗四 岗五
新圩	2864	624	1126.47	368.7	6397	9	王庄 后圩 丁庄 新圩 姜庄 冯圩 杨庄 单庄 柳庄
邓圩	1940	398	811.87	266.5	6102	9	彭北 彭南 邓前 邓后 邓南 蔡圩 侯庄 张巷 韩庄
花园嘴	792	190	82.86	64.7	2998	3	东组 中组 西组
杨滩	2726	530	855.53	376.0	6200	9	一组 二组 三组 四组 五组 六组 七组 八组 九组
召四	2839	525	790.35	412.3	6184	8	南滩 东嘴 孙圩 什庄 冯圩 庞圩 石庄 毛圩
李圩	2006	444	640.53	203.2	6208	5	孙王 路庄 郑庄 李庄 东后
召五	2090	427	638.93	306.3	6234	9	新建 马嘴 马李 刘西 何庄 刘东 潘庄 罗南 罗北
召六	2858	595	751.4	388.6	6495	9	一组 二组 三组 四组 五组 六组 七组 八组 九组
河洪	2792	613	742.6	345.3	6271	9	一组 二组 三组 四组 五组 六组 七组 八组 九组
赵圩	2317	520	742.73	341.5	6089	10	万东 万西 赵东 赵西 曹东 杨圩 何圩 卢庄 化庄 王庄
仙墩	2566	608	841.8	337.4	6129	9	程庄 田吴 梨南 新王 张侯 袁王 高周 西杨 仙马
西巷	3039	587	838.41	453.1	5965	11	付庄 陈庄 谢庄 西后 潘岗 赵庄 塘东 塘西 朱庄 东下 东上
邹黄	1999	385	653.80	249.6	6195	4	邹黄 毛陈 戚泥 孙庄
渔场	532	80	10.05	7.7	–	4	钩队 丝网队 农业队 大网队
合计	34726	7223	10800	4673.0	–	118	

说明:耕地面积不含林场林地。

1986～2008年铁佛镇主要社会经济指标一览表

表36－24

年份	总面积（公顷）	耕地（公顷）	人口（人）	粮食产量（万千克）	油料产量（万千克）	财政收入（万元）	农民人均纯收入（元）	地区生产总值（万元）			
								合计	其中		
									一产	二产	三产
1986	10800	4466	28016	2174	111.6	28	373	2650	1447	117	1086
1987	10800	4524	28386	2323	154.7	30	443	3317	1470	704	1143
1988	10800	4524	29612	2516	147.0	32	550	3246	1560	466	1220
1989	10800	4524	30484	2819	207.9	34	607	3553	1770	367	1416
1990	10800	4524	31077	2873	171.6	33	650	3880	1880	450	1550
1991	10800	4524	31763	862	85.5	28	105	1920	1210	220	490
1992	10800	4524	32086	3041	377.6	34	630	4264	2979	164	1121
1993	10800	4498	32327	1842	161.3	37	706	4949	3057	252	1640
1994	10800	4498	33136	2311	115.4	39	694	5379	3082	667	1630
1995	10800	4498	33100	2333	153.4	55	1782	7000	4748	602	1650
1996	10800	4498	33179	2376	158.0	74	1905	10475	7400	725	2350
1997	10800	4498	32764	2575	175.6	108	2458	17000	12530	2470	2000
1998	10800	4498	33135	2885	198.1	218	2658	19992	14700	2940	2352
1999	10800	4498	33426	2843	218.7	318	3165	20272	13200	4600	2472
2000	10800	4498	33674	2864	235.9	186	3180	13927	10259	921	2747
2001	10800	4498	33731	2942	252.4	380	3037	14141	8351	1380	4410
2002	10800	4498	33268	2978	273.2	384	3074	15949	9021	2168	4760
2003	10800	4498	33568	2278	182.1	442	3200	16880	8875	3120	4885
2004	10800	4498	33804	3045	313.7	345	3594	15738	9762	1200	4776
2005	10800	4498	34315	3193	346.2	312	3979	20199	8561	8130	3508
2006	10800	4673	34434	2345	371.4	406	4543	27795	8693	13923	5179
2007	10800	4673	34613	3358	384.3	1515	5454	30670	9600	15850	5220
2008	10800	4673	34726	2344	197.6	2027	6161	58131	12030	40523	5578

第十二章　淮河镇

淮河镇,因滨临淮河得名,位于盱眙县城西,由淮河大桥与县城区相连．西与安徽省明光市女山湖镇隔河相望,东与洪泽湖相接,北与兴隆乡、明祖陵镇毗邻。宁徐一级公路、宁宿徐高速公路和淮河穿境而过。古泗州城遗址位于境内。境内土壤因受黄河夺淮冲击,多属砂土、砂壤土和壤土,盛产大白菜、萝卜、毛豆、韭菜等,其中大白菜出口韩国。淮河岸边,水产品有鱼、虾、蟹等20多种,青虾、河蟹、鳜鱼、黑鱼等品优质好。水生植物有莲藕、芡实、菱角等。

1986年,行政区域96.1平方千米,有耕地2281公顷,水域4664公顷。辖14个村、4个渔业村(场)、151个村民小组、5127户27589人。1993年,光明村和渔业村并入花园村。1997年,渔场并入前进村管辖,全镇辖17个村、1个场圃、84个村民小组、2.84万人,其中洪建村和前进村为2个渔业村。2000年,县淮河鱼种场划归淮河乡管辖。2001年3月,撤乡建镇,淮河乡改为淮河镇,设泗州居委会;7月,并村联组。2008年,行政区域9710公顷,其中耕地2241.6公顷,水域1737.7公顷。辖10个村、1个国有渔场、85个村民小组、6638户29826人。

第一节　农　　业

一、种植业

1986年,全乡种植粮食作物1655公顷。蛤滩村被列为县"菜篮子工程",为蔬菜生产基地,种植蔬菜200公顷,年产蔬菜900吨。1988年始,全乡旱改水,水稻种植面积增加540公顷。1995年,沿淮村进行水稻肥床旱育秧试验,每公顷产量突破9795千克;大洲村、小溪村建成133.33公顷小麦良种繁育基地;蛤滩村建成蔬菜专业村,种植蔬菜53.33公顷,有蔬菜大户56户。1997年,推广蔬菜种植,从南京集中购进韭菜种在城根、小溪两村,发展80公顷连片大棚韭菜,被列为盱眙县蔬菜科技示范园区,年产量2100万千克,产值3600万元。

2000年,城根村建成千亩韭菜示范园、蛤滩村建成133.33公顷大白菜示范园和麦套菜示范片。2002年6月,淮河镇"珍贝"牌蔬菜注册商标获批。2003年,淮河镇被江苏省农林厅认证为江苏省无公害蔬菜产地,生产的大白菜、毛豆、韭菜、黄瓜、莴苣等经农业部农产品质量安全中心认证为无公害农产品,并准予使用无公害农产品标志。2006年1月18日,淮河镇成立盱眙县蔬菜协会,与南京苏果超市等企业签订购销协议,年销售蔬菜5万吨,出口韩国大白菜近100吨。2008年,种植粮食作物1560公顷,产量2.6万吨;桥头片蛤滩、沿河、城根、大洲发展蔬菜生产,以毛豆、大白菜、韭菜三大品种为主,辅以茄果类、瓜类、豆类、葱蒜类及绿叶蔬菜;腰滩7公顷连片大棚完成规划,蛤滩、沿河连片53公顷大棚蔬菜种植项目获批,新增有机草莓种植1.9公顷,露地种植蔬菜1734公顷、保护地栽培133公顷,总产量8.4万吨。

二、养殖业

1986年,全乡畜禽养殖业发展缓慢,年存栏生猪1.9万头、鸡32万羽、鸭鹅8万羽,牛1000头、羊2600只。水产养殖1647公顷。前进村、洪建村成为渔业专业村。1995年,发展"两专一基",全乡有养牛专业大户6户。洪建村水产养殖66.67公顷、前进村水产养殖40公顷。发展养鱼大户79户,特种水产养殖17户。洪建村、前进村通过水产专业村验收,全乡水产养殖900公顷,淮河乡获水产养殖基地乡称号。1999年,黄岗村王晓建养鸡场1000平方米,年养鸡12万羽。2001年,引进山东黑鱼人工养殖技术,养殖面积2公顷,秋冬上市黑鱼90吨。

图36－21　大白菜示范园

2003年,蛤滩村养殖大户李青春牵头成立融润养猪协会,带动100多农户养猪,年生猪出栏近2600头。水产养殖模式从单一养鱼、养蟹向大规模、多品种养殖转变,开展鳜鱼、白鱼、对虾试验养殖。大洲村7组、8组低洼地采取宽埂抬田方式连片开发,发展鱼虾混养,全乡鱼虾养殖面积120公顷。2006年,盱城张庆宏在蛤滩村建成肉鸭养殖场,年出栏30万羽左右。2008年,全镇养猪6000头、鸡8万羽、鸭4.5万羽、牛450头、羊2000只。由于饲料价格上涨,肉鸭市场行情持续走低,肉鸭养殖场倒闭。杨嘴村规模养羊1000只;黄岗村规模养牛105头;养猪大户李青春年出栏生猪500头。水产养殖面积1646公顷,其中龙虾、螃蟹等特种水产养殖面积1330公顷,产值4000万元。

第二节　工　　业

1986年,全乡工业企业以石灰加工、水泥制品、粮油加工、食品加工为主,年产石灰1万吨、水泥桁条3万根、粮油加工3万吨、腐竹1000吨。1988～1989年,先后建成皮革厂、腐竹厂、煤球加工厂。1991～1995年,建成印刷厂,煤球加工厂、印刷厂、乡建筑站、运输公司、联运站实行租赁经营,农具厂、大桥饲料厂等企业实行承包经营。1998～2006年,先后引进宇全机械、晨光工贸、明强日化等10多个项目进驻县工业园区。2007年,镇工业集中区动工建设,规划面积100公顷,首批引进赢冶工贸、子园工贸、任和木塑、龙马羽绒、光远塑料、觉悟王工业园、富民合作社等7个项目,主要经营服装加工、塑料加工、钢材剪切、金属制品等。2008年,镇工业集中区建成三横二纵混凝土路,建成标准化厂房33533平方米,进园区企业有欧通钢业、淮安佰特利塑钢有限公司和盱眙卓尔雅工艺品有限公司等6家。

第三节　三　　产

1986年,全乡运输车辆26辆,有鱼馆饭店10余家、旅社3家、浴室1家、理发店3家、照相馆1家。1996年,乡政府驻址迁入城根后,商贸业发展较快,有运输业36户、商饮业6户、加工业8户、建筑业5户。1999年,全乡拥有运输车辆89辆,其中大型客车2辆、小中型客车30余辆,拥有大型运输船只户128户。2006～2007年,淮河镇新建商业街一条,商业用房640间,新建2.4万平方米的龙虾批发大市场。

2008年,全镇有2个运输公司,拥有挖掘机10台,大型客车5辆,小中型客运车70余辆,各种运输车130余辆,有大型运输船230条,年运输业产值1347万元;有饭店31家、旅社6家、浴室2家、理发店7家、照相馆3家、日用电器修理3家、其他服务行业14家,各类个体工商户170余户,三产从业人员1943人,实现地区生产总值6134万元。

第四节 基础设施建设

1986年,乡政府在城根设办事处,境内有宁徐公路长3千米,黄岗至杨嘴、淮河乡至蛤滩村为砂石路,其他村全部是土路。1987年后,食品站、供销社、农具厂、运输公司、邮电所、信用社等单位陆续在城根设办事机构或分部,皮革厂、腐竹厂、煤球厂、水泥制品厂、石灰厂等乡办企业在城根建设。1994～1999年,先后完成黄岗至城根、蛤滩路、岗城路、韭菜园内部循环路铺设工程,兴建汽渡码头,添置渡船。1996年淮河乡政府迁址城根后,集镇被县政府列入县城区范围统一规划建设,面积32平方千米,新辟街道430米,新建乡政府办公大楼,沿街改造旧房84户,中学、小学、供电、电信、水务站、计生站相继在主街道建成办公楼。

2000～2004年,相继修建主体街道两侧下水道,新建花池,铺设大洲、城根、水溪路混凝土路面,街道实现亮化、绿化、美化;维修城岗路和三腰循环路等乡村公路30多千米。2003年抗洪期间,省长梁保华到淮河镇视察抗洪工作时,决定在蛤滩至腰滩修建一条撤退路和一座夹河大桥。2004年,建成杨嘴保庄圩,安置2200户移民,圩堤长3.85千米,顶宽6米,顶高17.7米,圩堤占地5.87公顷。

2005年3月,大洲路实施改造,街道由9米拓宽至16米,架设路灯20盏,完成电缆、通信、光缆入地工程,更新街道垃圾筒30个。2006～2007年,淮河新村农民集中居住区开工建设,占地10.5万平方米,入住居民410户。建成泗州商住楼、科技文化中心大楼、中国龙虾大市场等。2008年,镇区工业集中区、龙虾大市场、淮河新村农民集中居住区形成"井"字型布局,面积3平方千米。有硬质路31条,总里程94千米。

第五节 社会事业

一、教 育

1986年,有初级中学4所,教师31人,在校生1117人;小学13所,教师164人,在校生3563人;幼儿园3所,幼儿教师25人,幼儿820人。全乡在校生5500人,教职工220人。1995年8月,对中学教育布局进行调整,撤并腰滩、蛤滩、城根联中,组建淮河乡第二中学;新建城根小学教学楼和第二中学教学楼。1997年10月,淮河初级中学迁址至淮河二中,淮河二中撤销归其管理。1999年,全乡13所小学进行整合,保留3所完全小学和腰西、蛤滩等6个教学点。

2004年,淮河乡第二中学更名为盱眙县第六中学。2005年,淮河中心小学更名为淮河实验小学。2007年,保留腰西、蛤滩、花园、杨嘴4个学前班教学点。2008年,有初级中学1所,学生480人,教师69人;完小3所,学生1092人,教职工108人;学前班教学点4个,有幼儿1054人,教师47人。

二、卫 生

1986年,卫生院有职工15人,医疗用房16间,设备有10毫安X光机1台、常规显微镜1台、心电图机1台。居民主要饮用河塘水。1988年,在黄岗打井1口,日出水量400吨,受益800人。1995年,筹建第二自来水厂。1996年,完成大洲村、小溪村改水任务,新增受益人口3000人。1997年,乡卫生院在城根设立大桥分院,有医务人员9人,设内科、外科、检验、放射4个科室。

2005～2006年,新建盱眙县泗州自来水有限公司和城根地表水厂,受益1.3万人。乡卫生院从黄岗搬迁至城根,新建病房楼。2008年,卫生院有职工25人,设有15个科室,拥有多功能呼吸机、电子胃镜、同步心电图机、心电血氧监测仪、胎心监护仪等先进医疗设备,门诊救治28166人次,手术出院415人次。有1.2万人饮用自来水,腰滩圩、沿河村等约1.5万人饮用井水。

三、文化、广播电视、供电、电信

1986年,淮河乡有7个村通电,近62%居民采用煤油灯照明,通信基本靠口头传递;各村沿用大喇叭收听县广播电台节目,电视机不足10台。1990年后,黑白电视机开始普及。1995年,开通500门程控电话交换机,腰滩、腰西等5个村通电。1996年,洲滩渔场、富淮农场、牛头村通电,实现村村通电。完成桥头片120余部程控电话切割工作。1997年,增设城根程控电话交换机,全乡有电话576部。开通有线电视,发展用户300户。1998年,新建农网35千伏变电所1座。1999年,建成淮河电信支局、城根电信支局营业楼,全乡新增固定电话用户1300户。2001年,镇区实施光缆传输有线电视信号工程,增设大洲村接收点,安装有线电视2500户。2002年,有线电视向沿河村、蛤滩村延伸,新增用户200户。2003年,移动公司在淮河街道设网点,移动用户2300户。2008年,新增28台变压器,实现户户通电。有电话用户2900户、移动用户5600户。有线电视实现全覆盖,用户4300户。

四、社会保障

1986年,淮河乡由民政部门对困难户和特困户进行救助。人口出生率23‰,计划生育率75%。1993年,新建450平方米的敬老院,集中供养老人15人。1998年,新建计划生育服务站大楼,计生工作逐步规范。2000年,全乡1241户实施草改瓦工程,享受低保138户。2004年,建成公寓式敬老院,入院“五保”老人24人。完成农村危房改造439户、移民建房安置510户、自购房安置9户。农村大病合作医疗参保率40%。2008年,全镇农村大病合作医疗参保20266人,农村低保户420户909人,城镇居民3户9人享受最低生活保障;建成计生世代服务室,计划生育率98.5%以上,人口出生率9‰。

2008年淮河镇村(居)情况一览表

表36－25

村(居)名	人口(人)	户数(户)	面积(公顷)	耕地(公顷)	农民人均纯收入(元)	组数(个)	组　名
黄　岗	3367	811	1256.50	346.2	5540	12	一组　二组　三组　四组　五组　六组　七组　八组　九组　十组　十一组　十二组
杨　嘴	3301	764	1081.53	336.0	5510	10	一组　二组　三组　四组　五组　六组　七组　八组　九组　十组
腰　滩	3573	688	1175.34	333.3	5560	10	一组　二组　三组　四组　五组　六组　七组　八组　九组　十组
花　园	2660	577	1299.96	248.9	5480	11	一组　二组　三组　四组　五组　六组　七组　八组　九组　十组　富淮农场
前　进	1330	320	163.22	14.9	5480	5	一组　二组　三组　四组　五组
蛤　滩	2581	565	1167.01	230.0	5558	7	一组　二组　三组　四组　五组　六组　七组
沿　河	2762	607	927.81	216.5	5500	7	一组　二组　三组　四组　五组　六组　七组
城　根	3018	678	1597.63	245.3	5520	8	一组　二组　三组　四组　五组　六组　七组　八组　大桥渔场
大　洲	2880	582	726.53	262.2	5530	7	一组　二组　三组　四组　五组　六组　七组
洪　建	1396	320	91.28	8.3	5480	5	一组　二组　三组　四组　五组
鱼种场	518	116	138.86	－	5347	3	鱼种场一组　鱼种场二组　陡湖组
运输公司	2440	610	84.33	－	5161	－	－
合　计	29826	6638	9710.00	2241.6	－	85	－

说明:运输公司涵盖生活在船上的渔民,不属于任何村居。

1986~2008年淮河镇主要社会经济指标一览表

表36-26

年份	总面积(公顷)	耕地(公顷)	人口(人)	粮食产量(万千克)	油料产量(万千克)	财政收入(万元)	农民人均纯收入(元)	地区生产总值(万元)			
								合计	其中		
									一产	二产	三产
1986	9610	2280.5	27589	1621.2	53.5	18.7	324	798	579	107	112
1987	9610	2280.5	27796	1761.8	47.6	24.8	379	927	695	114	118
1988	9610	2280.5	27834	1796.0	33.5	29.6	434	1118	867	79	172
1989	9610	2280.5	27995	1889.9	53.8	34.5	489	1432	1034	136	262
1990	9610	2280.5	28003	1915.5	54.3	48.9	582	1677	1244	149	284
1991	9610	2280.5	27866	518.4	18.0	23.6	-179	381	13	89	279
1992	9610	2279.3	28146	2318.4	82.6	62.8	646	2320	1691	178	451
1993	9610	2279.3	28207	2194.4	61.6	80.8	852	3078	2243	237	598
1994	9610	2279.3	28232	1770.5	115.7	52.4	874	3376	2375	273	728
1995	9610	2279.3	28266	2233.0	114.4	63.6	1601	5017	3948	287	782
1996	9610	2279.3	28312	2310.3	116.5	87.3	2127	6940	5567	238	1135
1997	9610	2279.3	28348	1441.4	84.7	114.2	2634	8671	6820	426	1425
1998	9610	2262.4	28171	1558.5	74.5	135.9	2974	8734	6582	468	1684
1999	9610	2262.4	28229	1137.2	141.2	434.4	3220	9048	5535	1316	2197
2000	9710	2262.4	27176	1324.8	133.0	498.0	3318	9514	5282	980	3252
2001	9710	2261.9	27745	1342.9	164.3	573.0	3035	10352	5569	1214	3569
2002	9710	2261.9	27784	1432.5	214.6	590.0	3306	11810	6048	1694	4068
2003	9710	2241.6	28201	904.6	191.1	457.5	2700	11452	4273	3253	3926
2004	9710	2241.6	27890	1450.9	202.2	524.2	2876	11086	4985	2868	3233
2005	9710	2241.6	27847	1220.6	201.2	395.6	3189	12516	5126	3699	3691
2006	9710	2241.6	29129	1455.2	201.2	1493.0	4106	15828	6462	4812	4554
2007	9710	2241.6	29687	1417.9	114.6	2235.0	4792	19936	8410	7023	4503
2008	9710	2241.6	29826	1519.2	7.3	2356.9	5564	25589	9638	9817	6134

第十三章　仇　集　镇

仇集以仇姓在此兴集而得名,镇以此命名。位于县城西南部,距县城38千米,姜桂路穿境而过。镇域东与桂五镇毗邻,东南与王店乡和铁山寺国家级森林公园相连,南与安徽省来安县和安徽省明光市接壤,北靠河桥镇。境内群山环抱,系低山丘陵地区,无名山峰海拔231米,为盱眙县地貌最高点。境内旅游景点有凤凰山旅游度假区、棋盘山生态农业园、凤凰泉、人工湖、观音庙、老虎山紫云洞、柴王寨古战场遗址、现代军营、大型防空洞等。矿产资源主要有玄武岩、凹凸棒石黏土,堪称“凹土之乡”。有板栗、草鸡、麻油、牛肉、牛肉干、草鸡蛋等农副产品,其中小磨麻油畅销海内外,素有“开瓶十里香”之称。生态林地,牧草丰盛,盛产中药材,牲畜饲养是该镇农民致富的重要途径之一。

1986年,行政区域92平方千米,其中耕地1353公顷、水面575公顷、山林地4200公顷;辖有13个村、1个场圃(棋盘山林场)、67个村民小组、3275户1.54万人。2000年,撤销龙山乡,将其辖区和县种畜场虎山分场、县龙山林场并入仇集乡,全乡辖21个村、2个场圃、161个小组、2.87万人。2001年3月,撤乡建镇;7月,并村联组。2008年,行政区域179.33平方千米,其中耕地2867公顷、水面383公顷、山林地4461公顷;辖8个村、1个居委会、2个场圃、73个村民小组、7218户30682人。生产总值23419万元,财政收入1160.13万元,农民人均纯收入5306元。

第一节　农　　业

一、种植业

1986年,有耕地1353公顷,以种植小麦、玉米为主,小麦产量7920吨,玉米产量11100吨。辖区国家级生态林6000多公顷,树种有檀树、朴树、黄连木、黑松、马尾松等;有人工林2500公顷。

1990年,种植小麦1790公顷包括山边拾地500公顷、产量8726吨,玉米1730公顷、产量10380吨。1995年,按照山区林果牛羊、集镇蔬菜经商经济发展思路,路边推广三麦纯良化工程,种植良种三麦132公顷、产量1052吨;改造南山村索庄片中低产田100公顷;对11个村土地实行“两田制”改革,拍卖或承包荒山、荒地、荒水、荒滩;拓植林果266.67公顷,开发荒山333.33公顷。

2000年,在东山、宝山、巴山等村建成连片千亩春花生示范片,在象山村建成连片种植千亩夏花生示范片。全乡种植花生800公顷,种植金钱草133公顷、板蓝根67公顷、乌兰67公顷、丹参40公顷、瓜蒌27公顷,大棚培育金银花苗3.3公顷,采用地膜覆盖技术种植籽瓜1067公顷,栽植意杨28.4万株。

2001年,引进南京客商栽植意杨500公顷。2002年,栽植籽西瓜400公顷、中药材733公顷,新建象山良种桃园66.7公顷、优质果树苗圃13.3公顷,栽植黄花败酱150公顷。2005年,新建日光能温室120公顷,生产西红柿2700吨。

2008年,种植小麦2347公顷,产量11955吨;种植中药材533公顷,日光能温室种植140公顷;种植桃树200公顷,产量3000吨,产值450万元;有各种农业专业合作社30个。引进博龙林业有限公司在长港村、凤山村境内种植竹柳200多万棵,全镇有林地7688公顷。

二、养殖业

1986 年,养牛 0.6 万头、猪 2 万头、羊 0.8 万只、鸡 32 万羽、鸭鹅 2 万羽。有养殖大户 300 多户。其中,陈士兵、沈士宝年出栏生猪 2000 多头,管成兵年出栏肉牛 150 多头。1995 年,兴建 8000 平方米的淮阴市最大牛市——苏皖黄牛贸易市场,全乡饲养黄牛 6000 头。2000 年,在黑头港牛山村建立良种山羊繁殖基地,种植牧草 13.33 公顷,购买山东文登羊 2200 只,完成波尔山羊杂交后代配种 132 只,养羊 6000 只;在南山村建成养鹅示范村,连片种植牧草 20 公顷,饲养四季鹅 2500 羽。2001 年,发展奶牛 108 头,最多一户饲养奶牛 34 头。2004 年,仇集镇牛肉被省农业厅评为无公害绿色产品。2008 年,全镇新增养殖大户 30 个,养牛 8200 头、猪 8 万头、羊 6000 只、禽 52 万羽。

图 36 - 22　黄牛养殖基地

第二节　工　　业

1986 年,全乡有土窑厂、小型服装厂、小型粮食加工厂、小磨麻油厂、水泥制品厂、农具厂、采石厂等各类企业 23 家,总产值 320 万元。1989 年,“瑞香”牌小磨麻油被授予江苏省优质产品、连续五年合格品牌等称号。1995 年,生产的“瑞香”牌小磨麻油、芝麻酱、奶油花生酱、甜酱、咸酱等被农业部授予优质产品称号;“瑞香”牌保健麻油 1 号获′95 中国高新技术、高新产品博览会银奖和′95 中国第三届乡镇企业出口商品博览会金奖。1998 年,轮窑厂、水泥制品厂公开拍卖,小磨麻油厂、黏土总厂、外贸食品厂、建筑站实行承包经营。引进客商新建仇集旭华电热电器设备厂和仇集珍珠领带厂。2000 年,引进县工业园区企业有盱眙健亦撕板业有限公司、金盛铝业有限公司、甬淮工贸有限公司、江苏弘润塑化有限公司、瑞恒高速公路路料有限公司、富丽钢管、五洲鞋业、中国再生资源有限公司盱眙分公司等 12 个,乡办企业有盱眙金泰饲草饲料有限公司。2003 年,“瑞香”牌小磨麻油厂公开拍卖,改制为私营企业;对矿山开采权进行拍卖,有 8 个企业取得矿山开采权,采石企业年加工石子 300 万吨。2005 年,建设工业集中区 67 公顷,实现“五通三化”(通水、通电、通路、通信、通有线电视、绿化、美化、亮化)。2008 年,镇工业集中区内有盱眙三银凹土科技有限公司、盱眙青云矿业科技有限公司、盱眙金信金属制品厂、盱眙舜天恒泰箱包有限公司等 12 家企业,建成标准化厂房 8200 平方米,投产企业有小磨麻油厂、水泥预制厂、天星电动车厂、环宇新型材料厂、龙头山黏土厂、. 三银凹土科技有限公司、青云矿业科技有限公司、金信金属制品厂。引进县工业园区企业有中国再生资源有限公司、江苏甬淮工贸有限公司等。

图 36 - 23　“瑞香”牌小磨麻油等产品被农业部授予优质产品称号

第三节　三　　产

1986年,有供销社、百货零售店各1个,饭店2个、旅社1个、理发店2个;乡建筑站有职工50多人;有运输车辆21辆。1993年,新建农贸市场1个,个体工商户120户,从业人员220人;劳务输出1000多人;商品零售额120万元。2000年,从事建筑人员2000多人。2005年,旅游业开始起步,凤凰山旅游开发有限公司在原凤山部队旧址进行开发,改造防空洞等设施供游人消暑休闲。2008年,全镇有百货零售店500余个、饭店14个、旅社4个、理发店11个,从事家庭豆腐坊56家、油坊15家,年营业额8000万元。山区矿产开发,带动运输业大发展,全镇有20吨以上自卸汽车60辆,10吨以上卡车80辆,5吨卡车90多辆;有客车24辆;年运输货物2700多万吨。有施工队34个,从业人员2300多人。旅游景点增设有凤凰山旅游、博龙林业、棋盘山农业观光园、黑头港农业示范园等,年接待游客500余人次。

第四节　基础设施建设

1986年,街道有零星户建房,街道狭窄,穿境而过的姜桂路、龙古路、仇集乡至龙山乡为砂石路,村道皆为土路。1989年,街道扩宽到20米,铺设混凝土路面2万平方米,修建下水道、绿化街道。1993~1995年,街道扩宽到25米,并铺设混凝土路面;新建仇集镇农贸市场1个;拆迁集镇低矮小瓦房,统一新建二层以上楼房;扩宽取直街道,实现街道路面黑色化;铺设冯庄至竹园里约5千米的砂石路。1996~1999年,新建巴山村、黄山村过涧桥和仇集大涧节制闸;铺设姜桂公路仇集段7.2千米柏油路,乡村和村村道路实现砂石化。拆建南北主街道两侧瓦房新建楼房;新建农贸市场钢架大棚、高杆灯转盘标志性建筑物;铺设西街混凝土路。

图36-24　仇集镇街道

2000~2007年,新建集镇东街混凝土路、农副产品批发市场和垃圾中转站,完成安徽涝口至仇集乡龙山的路基铺设工程,铺成姜桂路、龙古路混凝土路12千米,修建龙山村戴郢至水冲港林场、龙山至古城砂石路。11个村(居)场建成标准化综合服务中心,建群乐楼1幢,新辟兴隆东路商业一条街,开发120套居民集中区,完善自来水、电力、通讯等基础设施。2008年,商业一条街聚集商户182户,街道铺设混凝土路面2720平方米,实现绿化、亮化、美化;村村通上混凝土路,有道路21条,总长100千米。

第五节　社会事业

一、教　育

1986年,有高中1所、初中1所,在校生680人,教职工60人;小学11所,学生1020人,教职工110人;幼儿园1所,幼儿95人,教职工7人。1992年,仇集中学高中部撤销,保留初中部。1998年,争取江苏油田援助65万元,新建中学教学楼和中小学教师安居工程。1999年,江苏油田支持30万元,援建明竹小学。

2002年,盱眙县龙山农业中学迁入仇集中学,成为职业高中和初级中学兼备的综合类完全中学,建成850平方米第二幢教学楼和综合楼,在校生1000余人,其中高中部300人,教职工80余人。2004年,投资54万元兴建1064平方米中心教学楼1幢,投资50万元新建840平方米中心小学办公楼1幢、800平方米中学学生公寓1幢和水冲厕所2个。2005年,投资51万元新建仇集中学教学楼1幢,投资12万元新建中学操场田径跑道,整修运动场。2007年,全省农村中小学实施"四配套"工程,龙山小学投资10万元配备教学仪器、5000册图书资料、5套体育器材和艺术教育器材。2008年,有中学2所,学生1100人,教职工96人;小学10所,学生1377人,教职工138人;幼儿园2所,幼儿190人,教职工12人。

二、卫　生

1986年,中心卫生院有职工22人,其中卫技人员10人,拥有病床10张,年门诊量2万人次,收治住院病人300余例。饮用水靠压水井、河水。1993年,乡卫生院添置四头无影灯1架。1995年,江苏油田为街道居民打2眼80米深井,建起集镇自来水厂。1999年,全乡建成7个甲级卫生室。

2000年,先后投资120万元,建成1800平方米3幢病房楼,购置腹腔镜、X光机、彩色B超等大型医疗器械,改善群众就医条件。2001年,投资188万元,新建清泉自来水厂,清理渠道800米,铺设主管道12000米,日供水能力2500立方米,受益2万人,基本解决全镇村民饮水问题。2003年,清泉自来水厂以18万元拍卖,投资28万元延伸清泉自来水厂至龙山中学主管道6000米,新增受益人口1680人。投资40万元,新建病房楼1500平方米。2005年,投资32万元架设高水位自来水高位自流3个村950户,新增受益人口5000人。2008年,卫生院拥有病床30张,门诊量6.5万人次,收治住院病人600余例,下辖8个社区卫生服务所,开设家庭病床、巡诊出诊、建立居民健康档案等业务。争取上级资金30万元,改造延伸清泉自来水厂供水,全镇有2.9万人饮用自来水。

三、文化、广播电视、通信、供电

1986年,各村用高音喇叭收听县广播电台节目,街道居民少数人家有黑白电视机;全乡有电话18部;用电户960户,乡村组通电率33%。1993年,黑白电视机普及,有少量彩色电视机;投资43万元,安装自动电话88部。1995年,在省环保局、江苏石油勘探局和省侨联帮扶下,为海拔192米的棋盘山通电,实现全乡村村通电。1997年,安装微波传输有线电视,全乡有电线视入户300多户。1999年,个体户刘林投资新建250平方米的溜冰场和1个台球室。建成35千伏变电所1座,有6个村实施电网改造。

2000～2007年,实施光缆传输有线电视信号工程,有线电视用户增至910户;全乡新建移动通讯塔,安装程控电话2898户;完成23个村(场)电网改造,改造高低压线路变压器115台,停电跳闸现象不再发生。2008年,镇建成文化中心大楼,设阅览室、图书室、健身房、乒乓球室等,藏书1万册;有线电视用户4000多户,占总户数65%;开通小灵通信号塔、宽带接入网6个、C网机站塔7个,新增宽带68部;固定电话2926部,用电平稳。

四、社会保障

1986年,民政部门对困难户、特困户进行救助。计划生育率80%,人口出生率20‰。1990年起,计生工作由计生站一条线负责日常管理,逐步走上规范化轨道,计划生育率96%,人口出生率在15‰以下。1995年,建成民政楼、敬老院,入住老人13人。1996年,镇计生服务楼建成,先后购置手术床、B超机,服务妇科检查和上环等手术。2003年,将凤山部队营房改造为敬老院,入院"五保"老人48人。2006年,改造镇敬老院,建成6座600平方米老人公寓,入住"五保"老人35人。213户农民家庭纳入农村低保对象。2008年,有低保510户2013人,"五保"113人;95%农民参加新型合作医疗统筹。计划生育率98.5%,人口出生率在10‰以下。

2008年仇集镇行政村(居)情况一览表

表36-27

村(居)名	人口(人)	户数(户)	面积(公顷)	耕地(公顷)	农民人均纯收入(元)	组数(个)	组　名
克贵(居)	4260	908	1387.32	268.4	4251	10	仇东　仇西　姜郢　油坊　小坝　孙郢　龙潭　农科　葛岗　邹仇郢
长　港	2241	536	2296.11	290.0	4007	8	瓦屋　上郢　下郢　马港　大孙郢　小孙郢　丁管　长港
演　法	4152	936	1898.19	682.6	4060	8	李林　台郢　蒋郢　徐郢　下岗　杨郢　冯郢　金郢
霖　治	4006	947	2265.45	312.3	4018	9	棋盘　艾郢　黄泥　徐郢　耿郢　巴山　大陈郢　高郢　荷花
象　山	3462	780	958.69	203.6	3959	8	白泥　新庄　索庄　冯庄　戴湾　许东　许西　水坡
明　山	3735	887	1357.74	342.7	3964	8	竹东　竹西　洼里　赵郢　丁郢　蒋湾　王庄　孤山
朱　刘	3423	772	1595.88	185.4	3986	8	周港　王营　花岗　刘营　余庄　朱刘　阳排　汤港
龙　山	2108	575	1456.69	170.0	3920	6	陡沟　高郢　胡郢　潭庄　戴东　戴西
凤　山	2545	670	2783.49	289.7	3984	8	凤凰　孙中　苗郢　民建　徐郢　小街　马腰　虎山
龙山林场	581	169	1543.21	108.0	–		
虎山种畜场	169	38	390.23	14.0	–		
合　计	30682	7218	17933.00	2866.7	–	73	

1986～2008年仇集镇主要社会经济指标一览表

表36-28

年　份	总面积(公顷)	耕地(公顷)	人口(人)	粮食产量(万千克)	油料产量(万千克)	财政收入(万元)	农民人均纯收入(元)	地区生产总值(万元)			
								合计	其中		
									一产	二产	三产
1986	9200	1353	15355	1106.0	30.5	10.20	452	558	350	185	23
1987	9200	1352	15200	1137.7	26.8	11.37	492	489	280	120	89
1988	9200	1352	15266	966.3	38.4	26.29	524	825	525	162	138
1989	9200	1352	15278	1010.1	38.3	26.90	540	968	468	287	213
1990	9200	1302	15394	859.5	31.6	18.71	507	1158	558	485	115
1991	9200	1302	16241	868.5	34.0	19.21	525	1139	539	550	50
1992	9200	1302	16685	870.8	36.0	23.83	540	1428	528	692	208
1993	9200	1302	16968	880.0	34.8	30.65	560	1896	696	850	350
1994	9200	1302	17305	718.5	26.9	35.80	596	2518	918	1325	275

续表 36-28

年　份	总面积(公顷)	耕地(公顷)	人口(人)	粮食产量(万千克)	油料产量(万千克)	财政收入(万元)	农民人均纯收入(元)	地区生产总值(万元)			
								合计	其　中		
									一产	二产	三产
1995	9200	1302	17869	901.6	48.8	51.60	620	2569	969	1300	300
1996	9200	1302	17976	914.6	52.9	65.20	1542	2890	1087	1549	254
1997	9200	1302	18198	937.8	63.5	68.92	2279	3628	1828	1600	200
1998	9200	1302	18198	1128.3	195.4	91.10	2538	3885	1835	1934	116
1999	9200	1302	18260	1216.7	212.5	182.13	2875	4515	2448	1862	205
2000	17933	2503	28696	1579.9	290.8	205.66	3168	9986	5126	4531	329
2001	17933	2503	28774	2006.6	381.8	219.87	3458	14260	6942	7085	233
2002	17933	2499	28895	2000.8	390.8	250.84	3869	16785	7836	8247	702
2003	17933	2613	28895	2101.5	392.0	238.63	4386	18096	8742	8917	437
2004	17933	2613	29286	2819.6	384.0	198.96	4795	19108	9037	9416	655
2005	17933	2715	29695	3068.0	391.5	169.38	4908	19314	9181	9321	812
2006	17933	2789	30187	3127.4	395.7	376.31	5115	20354	9378	10000	976
2007	17933	2815	32669	3158.5	402.8	760.42	5185	21215	8417	11879	919
2008	17933	2867	30682	3209.5	419.5	1160.13	5306	23419	9028	13271	1120

第十四章　观音寺镇

观音寺镇以境内的观音寺而得名,位于盱眙县城东北部,距县城51千米。东与金湖县接壤,南与马坝镇相连,西临洪泽湖,北与洪泽县隔河相望。水陆交通便利,水路与淮河航道相通,陆路有宁连一级公路和宁淮高速公路。距南京、扬州、淮安车程均在1小时左右。地处平原,土地肥沃,适宜农作物生长。

1986年,行政区域62平方千米,耕地2294公顷。辖14个村、125个村民小组、3860户17769人,农民人均纯收入530元。

2000年2月,马庄乡并入观音寺乡,辖2个居委会、25个村、235个村民小组、3.05万人。同年,撤乡建镇。2002年,实行并村联组。2003年,观音寺镇被省委、省政府授予“文明乡镇”称号。2008年,行政区域129.7平方千米,耕地3981公顷,水面800公顷。辖2个居委会、10个村、237个村民小组、6735户31639人。地区生产总值41730万元,农民人均纯收入6242元,财政收入1762.6万元。有油井4口,年出油约2400吨。

第一节　农　　业

一、种植业

1986年,有油菜646公顷,三麦1333公顷,水稻1800公顷;粮食总产20165吨,油料总产857吨;有林地40公顷。1992年,在衡西村新建衡西中站排灌站1座。1994年,形成以"西南高岗果树、蚕桑,沿河圩区禽鱼、猪羊,沿路街道蔬菜、经商"的区域经济格局,发展蔬菜专业村1个、种植业大户295户。全乡种植蔬菜333公顷,产量2.19万吨,其中大棚蔬菜5.33公顷。新拓植苹果40公顷,建立林果发展基地110.6公顷,发展蚕桑151.53公顷,收购蚕茧900担。1996年,发展蔬菜280公顷,大棚20.67公顷,建成蔬菜基地乡。1997年,实施黄淮海农业开发工程,改造中低产田1666.7公顷,建成以大葱、毛豆为龙头的蔬菜生产基地533公顷,年产大葱1200吨。

图36-25　特色农产品"双色冰淇淋"西瓜

1997年,在宁连公路沿线两侧1千米范围内建万亩农田林网示范区,栽植意杨5.4万株、杜仲2500株、黄杨等灌木9.7万株,被市政府授予"绿化工作先进单位"称号。1999年,有11个村种植大葱400公顷,年产大葱2万吨,成立大葱专业合作社。2001年,建成淮安市"千亩大棚早熟西瓜示范园"、南京农科院"千亩牧草种养实验基地"、沿洪泽湖"万亩水产养殖基地",种植大棚西瓜153公顷、牧草333公顷、大葱667公顷、毛豆1000公顷。2003年,观音寺镇被省农林厅评为"无公害蔬菜(西瓜、毛豆、大葱)产地"。2008年,农业产值15600万元,粮食总产量56752吨,油料总产量150吨;大葱种植210公顷,产量9050吨;毛豆种植250公顷,产量3900吨;大棚早熟西瓜187公顷,产量5600吨,主要品种有"双色冰淇淋""新小兰""抗病苏蜜"等,注册为"观"牌西瓜,畅销周边地区;全镇造林66.67公顷,实有林地400公顷。

图36-26　特色农产品大豆

二、养殖业

1986年,养禽28.6万羽、猪8900头、牛1299头、羊360只;畜禽产值360万元;水产养殖50公顷,水产品产量15吨。1997年,建猪舍500间、鸡舍100间,饲养生猪2.6万头、家禽70万羽、羊6000只,年创多种经营产值4655万元。2000年,开挖鱼池,发展水产养殖,全乡水面800公顷,池塘养殖400公顷,水产品产量3100吨。2007年,堆头村兴建猪场面积0.84公顷,建成标准猪舍3幢1500平方米,全镇出栏生猪5200头、羊800只、家禽30.6万羽。2008年,桥北村建成鸡舍2幢1200多平方米;饲养生猪3010头、羊630只、家禽43万羽;水产养殖300公顷,产量1800吨,产值1220万元。

第二节　工　　业

1986年,工业主要有麻纺厂、化工厂、轮窑厂等,年创产值500多万元。1992年,在衡西村打出第一口石油井。1994年,乡办企业实行产权制度改革,有3家企业拍卖,5家企业租赁,4家企业实行股份合作制。引进苏北油田船舶建造厂。全年实现产值1147万元。1995～1999年,先后新上金属材料厂、农用客车修造厂、鞋帮厂、粘合剂厂、挂面厂、水泥制品厂、轮窑厂等企业。2000～2004年,先后引进江苏天康光电缆仪表有限公司、江苏天康集团、朱楼鞋帽服饰厂、远东彩印厂、一村电站、刚强灯泡厂、洪泽湖渔网厂。2005年,被市委、市政府授予“2005年度农村工业十强乡镇”称号。2006年,在集镇南侧、宁连一级公路西侧建设镇工业集中区,首期启动14公顷,完成水、电、路建设,引进镇工业集中区企业有盱眙第一电仪材料厂、盱眙超跃塑业有限公司、上海精龙化工观音寺分公司、盱眙新星塑胶有限公司。2008年,镇工业集中区建成道路6条10千米3.5万平方米,进区企业5家。建成顺河和朱楼2个农民创业点,落户企业6家。引进县工业园区企业有翔电源有限公司、言午科技有限公司、东风苏能公司、南京剑铁公司、众丰新型建材公司等10个。

图36－27　观音寺镇第一山电子仪表厂(为天康光电缆仪表有限公司前身)

第三节　三　　产

1986年,有饭店9家、旅社4家、浴室2家、理发店6家、照相馆2家、个体工商户21户;有建筑站一个,职工200多人;运输车辆76辆,运输船只20余艘,年运量60多万吨。1997年,在新街道建成农贸市场,交易蔬菜、水果、肉蛋、水产、干鲜、杂粮、油脂、禽畜、日杂、工业品等。2001年,镇建筑站改制后,成立有资质的私营施工队,建筑工人23人。2008年,有饭店16家、旅社6家、浴室4家、理发店17家、照相馆3家、日用电器修理5家、个体工商户320户、其他服务行业26家,从业人员1410人,年营业额4160多万元;有1900多名建筑工人,建筑业产值1655万元;从事货物运输车辆115辆,其中卡车25辆,年运量200多万吨。

第四节　基础设施建设

1986年,集镇有一条主街道,呈丁字形,东西方向长约500米,宽10米。境内有205国道为砂石路,其余为土路。1993～1994年,先后有9个村通上砂石路,建成水运码头1座。1995年,在宁连路西侧建设新街道,派出所、卫生院、信用社、水利站、村建站、土管所等单位相继在新街道建成办公楼。新建道路32.5千米,乡村道路实现村村通。1997年,建成农副产品交易市场2000平方米。1998年,建成观音寺乡至马庄乡的新观马路11千米。2000年,在友谊路西侧新建乡政府办公大楼、文化中心大楼,在友谊北路东侧新建国家粮食储备库、敬老院楼。集镇建成区占地250公顷。2003年,观音寺镇被授予"江苏省文明乡(镇)"称号。2004年,开始启动农村公路硬质化建设,铺设镇村混凝土路25.2千米,实现村村通混凝土路。2006年,新建钢架和塑钢瓦结构农贸市场2400平方米,改造、修建老街道和下水道。2007年,新建"顺河人家"商业一条街,对老街道进行扩宽与新街道连成一体,街道实现美化、亮化、绿化。2008年,集镇面积258公顷,居民8192人。在友谊路两侧、和平路北侧建设农民集中居住区,面积609公顷、住户450户。在集镇农贸市场东侧建成"顺河名苑"住宅区,建成3.3公顷的堆头农民集中居住区。全镇累计建成混凝土路16条72千米,实现村村通混凝土路。

第五节　社会事业

一、教　育

1986年,有初中1所,在校生892人,教师102人;小学14所,在校生1201人,教师156人;幼儿园14所,幼儿621人,教师92人。1993年,新建中学教学楼1280平方米。2004年,新建中学教学综合楼1幢、多功能餐厅1个,对中学教学楼、操场、餐厅进行改造。2008年,有中学2所,在校生1326人,教师236人;中心小学1所,在校生681人,教师92人;村小2所,在校生563人,教师82人。

二、卫　生

1986年,有卫生院1所,14个村分别设有卫生室,有医务人员65人,病床12张。街道住户350户与乡直单位、企业饮用自来水,其他居民饮用井水。有水厂8个,受益1.5万人。1995年,建成中西医结合医院综合楼,设10个临床科室、4个医技科室。2004年,盱眙县中西医结合医院实行租赁承包。改造宁淮高速公路用水管网,使全镇农户用上自来水。2008年,镇有卫生院2所、村级卫生室12个,医务人员90人,病床15张;参加农村新型合作医疗31050人,新建盱眙县中西医结合医院门诊楼1幢。对马庄居委会自来水管网进行改造,朱楼村新建1座地表水厂,全镇自来水受益3.1万人。

三、文化、广播电视、供电、电信

1986年,每百户拥有黑白电视机80台,各村用高音喇叭转播县广播电台节目,有14个村通电,有电话56部。1995年,新建邮电楼,开通程控电话1800部。1996年,全乡14个村开通程控电话。1997年,集镇普及有线电视,传输频道12个,建成有线电视村1个,为许庄、岗里村扶贫通电。1998~2000年,对农村电网进行改造,解决拉闸、跳闸的停电现象。建成有线电视村4个。2005年,电影放映在停顿10多年后恢复放映,每月每村免费放一场电影。2006年,安装有线电视4800户,入户率70%,全县第一个完成有线电视"村村通"工程。2008年,建文化活动中心楼,购置乒乓球桌、台球桌,新建图书馆和阅览室,添置图书5000本、报刊30多种。12个村全部建有"农家书屋"。架设5台变压器,对20个台区的线路进行改造,电力供应保持平稳。有线电视用户6600户。全镇有固定电话2010部,移动电话3700部。

四、社会保障

1986年,建成乡敬老院,入住老人26人。计划生育率90%,人口出生率17‰。1990~1995年,乡计生站相继购置B超机1台,服务孕情检查。兴建计生站办公楼。1999年,乡计划生育工作由计生站一条线负责日常管理,计生工作逐步走上规范化轨道,计划生育率保持在98%以上,人口出生率保持在10‰以下。2005~2006年,新建敬老院别墅6幢,入住老人45人。2007年,实行养老保险,参保468人;实施最低生活保障,779 人享受低保。2008 年,敬老院入住老人 48 人,参加养老保险 696 人,享受最低生活保障 702 人。建成计生世代服务中心,开展孕情、环情、妇科病检查等方面服务,计划生育率 98%,人口出生率在 8‰以下。

2008 年观音寺镇行政村(居)情况一览表

表 36－29

村(居)名	人口(人)	户数(户)	面积(平方千米)	耕地(公顷)	农民人均纯收入(元)	组数(个)	组名
顺河(居)	6271	753	720	199.08	5500	21	青年 骆庄 梓橦 东园 西园 团结 王庄 长塘 顺河 陈庄 军庄 和平 胜利 梨园 唐庄 磨桥 北园 藕塘 汪庄 南园 前进
马庄(居)	2250	620	1096	334.07	5400	17	民庄 黄塘 新村 黄集 张庄 许庄 永坝 高庄 马庄 高塘 李庄 官塘 永久 新庄 周庄 大徐 小徐
龙墩口	2562	565	695	199.05	5400	16	新建 顺河 老庄 戴圩 青年 岳庄 胡庄 戴岗 良庄 上庄 万庄 坚强 上游 长庄 东庄 下庄
衡　西	2706	650	1505	433.77	5300	24	顾圩 席滩 蔡营 李庄 东圩 范圩 汪庄 港南 东安 西安 井塘 联塘 马庄 老庄 陈庄 王塘 高圩 埂东 埂西 棋盘 楼庄 许庄 陆庄 路东
高　坝	2223	482	1094	341.22	5400	16	高坝 高庄 张庄 船塘 范庄 孔庄 西高 王庄 石塘 夹沟 曹庄 苏庄 开庄 塘窝 东圩 瓦屋
丁　塘	2052	461	840	263.02	5400	17	丁塘 石庄 崔集 新庄 渠南 石桥 老庄 渠北 陈庄 新建 苏庄 晒牛 李庄 胡庄 岗北 中庄 牟庄
九　里	1809	415	1167	355.4	5500	15	坝窝 翟庄 大庄 瓦屋 塘窝 闵庄 新涧 车头 夏庄 彭坝 糟坊 桃园 彭庄 朱楼 九里
朱　楼	2152	491	1092	362.54	5430	18	王岗 曾庄 新塘 严庄 梁庄 团结 藕塘 韩庄 丁庄 湾塘 胜利 方塘 朱楼 周庄 陈塘 朱庄 郭庄 学田
周　集	2100	414	729	227.44	5410	16	宋庄 姚庄 南岗 水利 杜庄 新庄 苗庄 马庄 生庄 池塘 叶庄 周集 刁庄 胜利 河尾 青年
堆　头	3337	639	1043	334.07	5420	23	圩东 大圩 新坝 前李 东庄 后李 张庄 堆南 堆西 堆头 堆东 付业 八里 立树 林叶 新建 胡庄 安庄 梁庄 东王 西王 东河 西河
桥　北	1626	458	1316	391.15	5300	22	东湖 周庄 陆庄 牛庄 新建 孟庄 长里 下庄 张东 张庄(桥) 董李 后庄 韩庄 马庄 林庄 新庄 才新 才岗 新岗 欧庄 张庄(柴) 杨塘
三　官	2551	787	1673	540.19	5300	32	高塘 丁塘 刘庄 陈庄 蔡庄 三官 毛庄 小舟 双塘 后代 前代 乔庄 葛庄 才庄 后庄 苗圩 河东 岗里 西圩 大湖 小湖 小河 赵庄 船塘 朋头 李荡 柏庄 松林 李庄 田庄 半段 沙西
合　计	31639	6735	12970	3981.00	－	237	

说明:耕地面积中不含林场林地面积。

1986～2008 年观音寺镇主要社会经济指标一览表

表 36－30

年　份	总面积（公顷）	耕地（公顷）	人口（人）	粮食产量（万千克）	油料产量（万千克）	财政收入（万元）	农民人均纯收入（元）	地区生产总值（万元）			
								合计	其中		
									一产	二产	三产
1986	6200	2294	17769	2016.5	85.7	20.18	530	3273	465	1662	1146
1987	6200	2291	17766	2017.4	83.7	22.71	570	3835	484	1827	1524
1988	6200	2256	17772	2019.3	82.9	24.12	620	4189	579	2113	1497
1989	6200	2242	17791	1969.8	80.2	26.92	670	4259	608	2296	1355
1990	6200	2239	17765	1922.4	86.9	68.19	820	5687	679	2533	2475
1991	6200	2236	17698	1698.9	88.8	36.18	810	5531	701	2689	2141
1992	6200	2231	17628	1920.3	125.3	55.23	1020	6385	795	2976	2614
1993	6200	2229	17532	1548.4	181.4	59.45	1390	8864	982	3152	4730
1994	6200	2226	17411	1146.9	200.1	59.75	1670	11002	1651	3225	6126
1995	6200	2231	17542	1145.4	201.8	128.51	1980	12320	2538	3367	6415
1996	6200	2151	17608	1147.8	204.3	134.84	2510	14563	4827	3565	6171
1997	6200	2061	17679	1197.9	202.3	159.95	2913	17713	7813	3758	6142
1998	6200	2061	17567	1458.4	212.4	172.48	3020	17812	7985	3792	6035
1999	6200	2061	17549	2084.3	141.3	301.20	3286	18280	8476	3852	5952
2000	12970	4366	30457	3447.7	25.5	310.00	3325	18501	8792	3923	5786
2001	12970	4360	30660	3637.9	24.8	453.00	3417	18932	9083	4023	5826
2002	12970	4320	30990	3203.3	30.6	837.40	3423	21418	11083	4209	6126
2003	12970	4280	32175	1944.8	35.1	619.70	3609	24215	11261	6152	6802
2004	12970	4200	32209	2050.8	35.0	803.00	3887	20865	12960	4355	3550
2005	12970	4150	31799	4340.0	25.2	472.00	4025	24600	9498	12930	2172
2006	12970	4100	31992	4595.0	20.0	684.00	4795	33024	13424	16802	2798
2007	12970	3990	31980	5020.0	20.0	1298.00	5400	38925	13796	21091	4038
2008	12970	3981	31639	5675.2	15.0	1762.60	6242	41730	15799	22266	3665

第十五章 穆店乡

穆店乡,曾名木店乡,一说是因北宋女将穆桂英在此安营扎寨而得名;另一说是因周朝穆王途径此地得名。穆店乡地处盱眙县城东南,距县城13千米,东与黄花塘镇相接,南与旧铺镇毗邻,西与桂五镇、古桑乡相连,北和维桥、县经济开发区相通,宁宿徐高速穿境而过,交通区位便捷,境内有八仙台风景区和龙泉湖风景区。

1986年,行政区域94平方千米,耕地3360公顷,山地1053公顷,水域1335公顷,林园地783公顷;辖15个村、1个场圃、184个村民小组、5577户24015人。2000年2月,区划调整,穆店林场并入穆店乡,区域面积97.02平方千米,耕地3360公顷,山地1186公顷,水域1798公顷,其中龙王山水库1666.67公顷,林园地666.67公顷;辖19个村、1个农林场圃、176个村民小组、6382户26516人。同年,并村联组。2008年,行政区域97.02平方千米,耕地3460公顷,山地2013公顷,林园地1466.67公顷,牧地333.33公顷,水域3007公顷,其中龙王山水库1666.67公顷;辖10个村、1个农林场圃、188个村民小组、5760户26589人。

第一节 农　业

一、种植业

1986年,粮食产量26082吨、油料产量763吨;有林地480公顷、果园50公顷;农业产值1694万元。1988年,穆店村引进山东寿光蔬菜大棚种植技术,反季节生产蔬菜,品种从韭菜、黄瓜扩大到西红柿、辣椒等30多个品种,种植面积13公顷,建大棚120个,蔬菜收入1200万元。1991年,遭遇百年一遇的特大洪涝灾害,全乡1667公顷三麦总产量3854吨,比上年减产1690吨。1994年,栽植桑园339.73公顷,发蚕种2750张;黄淮海开发中完成水利土方46万立方米,配套建筑物13座,粮食产量2.68万吨、油料产量1201吨;蔬菜种植面积203.33公顷,日光温室大棚57个,蔬菜产量225万千克;建成杰何水电站。1996年,实施“两田制”,调整承包地,把田多劳力少的农户土地向种田大户转移,提高土地利用率、产出率,减少因弃田抛荒而造成的土地资源浪费,全乡粮食总产31444吨。1998年,改造中低产田1666.67公顷,增加经济作物和蔬菜面积330公顷,三麦良种和杂交稻配种农业科技投入增加。

2000年,调整种植业结构,扩大油菜、蔬菜、草等经济作物2133.33公顷,蔬菜大棚种植20公顷,开发“八仙”牌人生果种植20公顷,全乡农业收入1亿元。2004年,“八仙”牌人生果种植取消,在八仙台开发荒山33.33公顷,栽植国槐。2005年,全乡补贴粮种220万元,在“大稳定小调整”的前提下,土地实行二轮承包,地膜覆盖种植、肥床旱育秧等良种良法普及率达90%以上。2006~2007年,在八仙台培植竹园66.67公顷。2008年,粮食播种3780公顷,粮食总产49710吨;蔬菜大棚25公顷,蚕桑5公顷;林园1533公顷,新植林地100公顷,其中八仙台连片新植66.67公顷;荒山、丘陵、空闲地采取“谁栽谁收益”政策,林地全部承包到人,林权证发放600户,确权面积1200公顷。

二、养殖业

1986年,养牛1.5万头、猪2万头、羊1.2万只、鸡70万羽。1995年,发展畜牧业专业村1个,各类专业户280户,实现养殖业产值1367万元。1996年,新增莲塘养鸡专业村、义井养猪专业村和马湖养牛专业村,养鸡13.18万羽、养猪3218头、养牛402头,养牛5头以上大户24户。1998年,抓好“三个100工程”,即养殖草鸡100万羽、养羊大户100户、1000只以上养鸡户100户,全年养羊1万只、草鸡200万羽。2003年,水库产权承包,水面养殖对外承包,年渔业产量2100吨。2004年,温氏集团在肖桥村投资建立种猪养殖基地,年育苗猪2万头,采取“公司+农户”的饲养模式,年饲养猪2.8万头。2005年,团结村开挖龙虾养殖池6.67公顷,年产龙虾7吨。2008年,养水牛200头、猪2.16万头、鸡210万羽、羊1.6万只;水产养殖1466.67公顷,产量8000吨。

第二节 工 业

1986年,企业以个体手工业为主,包括铸造、锻造、机械加工、土窑、食品加工、榨油、缝纫等;集体企业以农具厂农具加工、建材加工、采石为主。饲料厂、水泥制品厂、轮窑制砖厂、米面加工厂等企业产值143万元。1993年,企业推进产权制度改革,实行租赁6个、股份制1个、风险抵押承包3个,工业产值2027万元。1994年,砖瓦厂、加油站等4家企业实行租赁承包,饲料厂实施拍卖,在第一采石厂推行股份制。1995年,建成穆店饲料厂。1997年,拍卖乡建筑站和山城综合厂(位于县城斩龙涧),其中山城综合厂80万元一次性买断。2000年,在穆店乡境内发现凹凸棒石黏土后,少数农民小规模开采办厂。2002~2006年,建成润东采石厂,乡轮窑制砖厂由穆店个体大户买断经营,先后引进江苏丽邦建材有限公司、中光服饰有限公司、远鸿科技有限公司、盛达干燥剂有限公司、淮安超瑞服饰有限公司落户县经济开发区。2007年,新建乡工业集中区,占地26.6公顷,实现“六通一平”;引进盱眙联新米业有限公司、淮安市冠宇轻工制品有限公司。2008年,乡工业集中区引进江苏远翔物流有限公司、盱眙一丰工贸有限公司、盱眙县全球木业有限公司等企业6家;全乡有采石业5家,年产量500万吨;有个体私营企业182家。

第三节 三 产

1986年,有3个建筑施工队,职工300多人;有旅社3家、浴室2家、理发店6家、照相馆1家、家用电器维修2家、缝补8家、其他服务行业15家,从业人员46人。1994年,全乡劳务输出1550人。2000年,乡建筑站改制为私营企业,实行自主经营;有大型运输车辆150辆,其中从事粮食运输的22辆、从事石料运输的自卸车120辆、大中型铲车18台和挖掘机25台;汽配维修点5家、汽柴油加油站2家;个体工商户22户,其中有理发店5家、旅社2家、家电维修2家,从事饮食服务业35人。2001年,从事客运长途有穆店至南京、无锡、常州、苏州,短途有盱眙至张洪、黄花塘的中巴客车16辆;组织劳务输出4000多人。2007年,向南京商茂集团建龙泉湖风景区和假日龙湾劳务输出6800人。2008年,有个体工商户219户,从业人员260人,商品零售总额2500万元;从事服务业50多家,主要有旅社5家、浴室2家、理发店8家、照相馆3家、饭店16家、家用电器维修7家、缝补4家、其他服务行业3家,从业人员200人,年营业额81万元。

第四节 基础设施建设

1986年,房屋结构以砖木、砖混为主,大多是瓦房、平房;集镇形成马路市场,逢集时街道杂乱无序,过往车辆难以通行;乡村道路为砂石路15千米。1987~1996年,先后铺设穆范路、穆新路、七星路、穆肖路和仁昌路等42千米,205国道改道铺设沥青路面,街道两侧开挖下水道。1995年,在街道南头兴建农贸市场,摊点搬到农贸市场,拓宽街道。1998年,按照“发展小城镇、建设中心村、缩并自然村”总体思路,拓宽主街道路面,新建二层以上楼房130户,沿街安装路灯,新建农贸市场。1999年,农贸市场扩建市场大棚,新建一条新街道。

2000年,全乡14个村主干道全部铺设成砂石路。2004年,老街道在“五个一”工程的推动下,架设2000米路灯、建2000米绿化带,铺设街道水泥地坪,重新修缮下水道1800米,重新规划排水系统。2005年,在八仙台风景区建成仿古一条街、生态式停车场和厕所,建设莲塘中心村街道配套设施、街心花园、下水道等。2006年,街道建成下水道、架设路灯84盏、绿化6000多平方米,实现绿化、亮化、美化。2007年,邀请东南大学规划设计院编制报审并实施“穆店乡2004年 ~ 2012年总体规划”,确立穆店乡街道中心镇、龙王山中心村、莲塘中心村、马湖中心村“一镇三村”新的集镇规划格局,龙王山村农民集中居住区实现“三通一平”;相继铺设穆范路、穆七路、维穆路、莲桂路、穆肖路、穆高路、团结路、马莲路混凝土路面。2008年,在街道北侧征地200公顷,建商住小区4个,建成紫金花园、圣地亚·上海花园、映山湖花园、中国龙虾节乡土风情街;莲塘街道建起“三角广场”,在广场中央建起“天圆地方”雕塑。有乡村道路11条42千米,村村公路8条32千米,乡与村、村与村形成混凝土公路网。

第五节 社会事业

一、教育

1986年,有中学1所,教师57人,在校生1589人;小学15所,教师123人,在校生1663人;幼儿园2所,教师18人,幼儿320人。穆店马湖中学由马湖村迁到穆店街道南侧。1988年,穆店马湖中学更名为穆店第二中学。1995年,穆店第二中学与穆店中学合并,称穆店中学。1996年,投资120万元,新建2200平方米的中学教学楼。2002年,扩建穆店中心小学,占地2.2万平方米,现有20个教学班,在校生800余人,教师中具有高级职称1人,中级职称48人,县学科带头人3人,骨干教师8人,首席教师15人,学历达标100%。2005年,穆店中学投资348万元,在全县率先实施“六有”工程,建成学生公寓、多功能学生餐厅、教学综合楼、水冲厕所等,配套建成曲径、假山、文体设施和化学实验室1个、物理实验室2个;中心小学建成1幢多功能教学楼。2008年,有中学1所,13个教学班,在校生507人,教职员工53人;中心小学1所,村小设教学点6个,有教师130人,学生930人;幼儿园5个,有教师50多人,幼儿320人。

二、卫生

1986年,乡卫生院有医务人员120人,村赤脚医生28人。在街南头打一眼深300米水井,按时段向街道居民供水;农村饮用井水。1989年,新建938平方米门诊楼1幢。1994年,11个村级卫生室通过甲级卫生室验收。1995 ~ 2001年,先后建起街道、莲塘村、马湖村、龙王山村自来水厂,受益8000人。2003年,开始实施合作医疗保险,参保率30%;江苏省妇联援建马湖村、莲塘村2个自来水厂,受益3000人。2005年,实施大病合作医疗,有1.9万人参加保险。2008年,乡卫生院新建1幢综合楼,有职工35人,其中卫技人员28人,日开放床位20张,年门急诊病人2.5万人次,住院病人500余例。全乡大病合作医疗参保人数2.2万人,新型农村合作医疗覆盖率90%;有自来水厂10座,农户自建压水井300户,有2.2万人用上清洁卫生的自来水。

三、文化、广播电视、电信、供电

1986年,乡有线广播入户率95%,各村架设高音喇叭;乡直机关有手摇电话,全乡只有街道住户通电。1994 ~ 1997年,电视开始普及。成立乡文艺宣传队,有花船队和4个杂技团,常年活跃在南京、扬州、洪泽、金湖等地。新办2000门程控电话交换机,实现村村通电话。1998年,建成乡文化中心楼、邮电大楼并开通有线电视,发展有线电视用户421户;建立移动基站,开通移动用户380户;实施农村电网改造,改造线路53千米。1999年,实施“固定电话入千家万户”建设工程,当年安装电话539部。2002年,实施农村电网建设和改造二期工程，新建线路97千米，改造线路138千米。2004年，实施有线电视户户通工程，安装有线电视2870户。2008年，有10个村实施“农家书屋”工程，藏书2.7万册，音像资料800余套；有线电视用户4650户；有固定电话3000部，移动用户2400户；农村供用电稳定。

四、社会保障

1986年，敬老院入住老人6人；计划生育率20%，人口出生率22‰。1990年以后，计划生育工作走上规范化管理，由乡计划生育服务站一条线负责日常管理，全乡计划生育率保持在98%以上。1994年，开展社会养老保险业务，全乡参保17人；帮助改建危房户545户、完成草危房改造217户、救济建房668户。1996年，乡敬老院有房屋50余间，集中供养“五保”老人42人。2000年，实施农村最低生活保障制度，120人享受低保。2005年，改造草危房33户，100多个贫困户享受低保。2008年，建成公寓式敬老院，供养老人60人；社会养老保险参保230人，460户850人享受低保；大病合作医疗保险达97%。乡计生站设立宣教室、咨询室、B超室、检查室、手术室等科室和一个服务大厅，计划生育率98%以上，人口出生率8‰。

2008年穆店乡行政村(居)情况一览表

表36-31

村(居)名	人口(人)	户数(户)	面积(公顷)	耕地(公顷)	农民人均纯收入(元)	组数(个)	组名
范楼	1864	430	420.00	300.00	5595	15	下楼 上楼 下碾 上碾 新跃 严岗 贺庄 蒋郢 朱坝 何南 何北 支郢 苗郢 吕郢 南庄
莲塘	3078	720	566.67	334.00	5998	24	罗营 燕山 耿营 金桥 栗树 葛庄 墩塘 梁营 烟墩 杜庄 瓦屋 新庄 野场 街东 街北 街西 街南 毛营 砖庙 猪厂 基营 砖井 卫东 龙窝
七星	2280	530	593.33	395.33	5536	14	邱桥 江营 陆营 茆营 严店 七星 柿园 张营 杨营 红旗 林业 大元 瓦屋 新建
肖桥	2310	590	540.00	389.33	5826	18	朱郢 前进 万湖 红旗 红光 红星 陆坝 肖桥 大山 老庄 中心 练武 跃进 合心 车庄 戚庄 余庄 新塘
马湖	2473	490	460.00	280.00	5723	16	贾庄 邓庄 八仙 大郢 郑庄 团结 新塘 公路 三里 南窑 杨庄 街南 街北 西郢 大坝 坝东
越李	1574	310	326.67	169.47	5307	12	跃进 夏陈 李庄 越李 徐庄 大桥 严庄 侯小 侯大 付庄 聂湖 新庄
龙王山	1750	400	386.67	221.20	5738	10	向阳 跃进 张庄 赵庄 刘营 山根 新街 徐灯 新建 杨营
穆店	5963	1110	733.33	427.33	6149	31	桥南 双桥 大元 东岗 街东 工会 穆山 姚塘 街北 街西 新庄 西湖 顾庄 周庄 戈庄 团结 张庄 拥护 小坝 周营 老庄 高庄 乔庄 陈庄 上坝 沙岗 路洼 东洼 黄东 黄西 田洼
团结	3112	700	786.67	588.47	5696	29	义井 义南 中心 义北 和平 和塘 许东 许西 三墩 团结 胜利 刘郢 徐郢 新进 新付 郁洼 丁庄 三刘 前进 山边 李东 李西 红旗 赵庄 陈营 西湖 爸东 爸西 新塘
仁昌	2185	480	433.33	354.93	5844	19	路东 仁西 仁东 下郢 新庄 猪场 何东 何西 大坝 西陶 山塘 东陶 新桥 李西 李东 杨桥 更新 沙庄 良坝
其他	-	-	4455.33	-	-	-	
合计	26589	5760	9702.00	3460.06	-	188	

1986～2008年穆店乡主要社会经济指标一览表

表36－32

年份	总面积(公顷)	耕地(公顷)	人口(人)	粮食产量(万千克)	油料产量(万千克)	财政收入(万元)	农民人均纯收入(元)	地区生产总值(万元)			
								合计	其中		
									一产	二产	三产
1986	9400	3360	24015	2608	76.3	27.9	281	1700	1560	80	60
1987	9400	3360	24126	2236	84.5	30.5	307	2080	1680	300	100
1988	9400	3360	24513	2192	96.7	36.4	392	2750	2200	400	150
1989	9400	3360	24526	2395	73.8	49.1	419	3180	2530	450	200
1990	9400	3360	24713	2471	103.2	50.9	436	4110	3150	700	260
1991	9400	3360	24911	1813	115.3	33.7	463	5460	4260	900	300
1992	9400	3360	24986	2600	126.2	49.3	489	6110	4570	1020	520
1993	9400	3360	25371	2591	137.5	47.1	672	7050	5100	1500	450
1994	9400	3360	25129	2683	120.1	43.4	893	7320	5260	1550	510
1995	9400	3360	25119	2691	105.3	66.5	1916	8360	5810	1830	720
1996	9400	3360	25326	3144	89.2	87.4	2509	8720	5960	1920	840
1997	9400	3360	26018	2886	81.3	101.2	2492	8950	6130	1960	860
1998	9400	3360	26217	2927	73.2	122.1	2873	9650	6720	2010	920
1999	9400	3360	26312	3013	55.6	163.8	2921	10070	6910	2130	1030
2000	9702	3360	26516	3612	50.3	289.0	3136	11080	7120	2350	1610
2001	9702	3360	26729	3916	50.2	311.0	3213	18600	11500	4760	2340
2002	9702	3360	26706	4021	45.6	272.5	3592	19720	11900	5360	2460
2003	9702	3360	26521	4315	44.7	245.1	3897	20900	12000	5800	3100
2004	9702	3360	26341	4526	42.3	227.6	4153	22680	13080	6100	3500
2005	9702	3360	26513	4671	59.8	224.8	4291	24360	14060	6500	3800
2006	9702	3360	26514	4892	60.7	392.8	5607	26760	15560	7100	4100
2007	9702	3360	26791	4803	83.1	655.4	5813	30290	16700	8260	5330
2008	9702	3460	26589	4971	71.9	1079.6	6392	31300	16900	8640	5760

第十六章　维桥乡

维桥乡，原名圦(zhuai)头桥。1956年12月，因“圦”字生僻，故以当地烈士周维才“维”字命名，改名“维桥”。维桥乡位于盱眙县城东郊，与县城相连。东与马坝镇接壤，南相连于穆店乡，北与三河农场毗邻。地势南高北低。维桥乡距宁宿徐高速仅3千米车程，新、老盱马路穿境而过，高桥河、维桥河纵贯南北，通达洪泽湖，水陆交通运输得天独厚。

1986年，行政区域72平方千米，有13个村、1个良种繁育场、144个村民小组、4030户21031人，其中非农业人口165人。2000年，行政区划调整，将县良种场并入维桥乡管辖，行政区域72.6平方千米，辖14个村、1个场圃、145个村民小组、4899户2.27万人。同年，实行并村联组。2008年，行政区域72.6平方千米，辖7个村、1个居委会、1个良种繁育场、79个村民小组、6577户2.44万人，有耕地3001公顷，水域398公顷；财政收入1137万元，农民人均纯收入6170元，粮食总产35800吨。

第一节　农　　业

一、种植业

1986年，农业生产以小麦、玉米、水稻种植为主，有耕地3001公顷，粮食产量12290吨，油料产量578吨；有林地680公顷。1994年，发展蔬菜种植，以日光温室、大中棚和地膜为主，种植蔬菜233.3公顷；水产品产量700吨；蔬菜创收347万元。1995年，改造中低产田400公顷，建成岗头村电管站，发展蔬菜333.3公顷，建成桃园蔬菜专业村，搭建大棚14公顷，反季节栽种辣椒、西红柿。1996年，实施三麦种子纯良化工程和水稻肥床旱育秧稀植技术，粮食总产30845吨；种植蔬菜73.3公顷，其中大棚蔬菜27公顷；在河渠堤滩营造成片林98公顷。1999年，发展大棚蔬菜333.3公顷，以种植茄果类、豆类为主，辅以芦蒿、花卉等；台商黄时雄投资兴建文山果蔬培育场，生产特色果蔬圣女番茄、小玉西瓜，年产量85吨。2001年，大棚蔬菜发展到533.3公顷，年产量45万吨；新增西瓜种植66.7公顷，年产8万吨。2002年，调整种植结构，种植花生533公顷、中药材13.3公顷。2008年，通过“一填二造”方式，建设农田水利基础设施，建成沟渠5.2千米，增加灌溉面积213公顷，改善灌溉面积160公顷，增加旱涝保收田95.5公顷，增加旱改水150.4公顷，建成吨粮田68.8公顷，粮食产量35800吨，农业总产值7545万元；建成片林1500公顷，农田林网3400公顷。

图36-28　2008年，由南京客商投资3000万元新建的温室钢构大棚项目，占地66.67公顷，带动150人就业，年产值1000万元。

二、养殖业

1986 年,有圩塘 57 公顷,水产品产量 60 吨;养牛 1300 头、羊 9600 只、猪 1.2 万头;养鸡 16.85 万羽、鸭和鹅 6.5 万羽。1993 年,养殖珍禽 6 万羽,养猪 13732 头、鸡 23 万羽、鹅 8 万羽、鸭 5.4 万羽。对永华圩、鸡心圩圩田进行连片开发,建成特种水产养殖基地,水域 398 公顷,渔业产量 6000 吨。2002 年,开发龙虾、螃蟹特种养殖水面 333.3 公顷,年产量 1331 吨。2004 年,扶持农村种养专业户,建立种养技术示范基地 2 个,为农业企业建立产学研攻关项目 3 个;温氏集团落户维桥乡,发展养鸡 1023 户,年产肉鸡 100 多万羽,收入 1724 万元。2008 年,形成永华圩养殖产业带和大圣龙虾养殖产业带,供游客垂钓的鱼池 15 公顷,实现水产品产值 200 多万元;与温氏集团、三森食品公司合作,采取"公司＋农户"的模式,新增养鸡大户 200 余户,总数 320 余户,养鸡 1430 万羽。

第二节 工　业

1986 年,主要企业有农具厂、砖瓦厂等。1993 年,乡办企业有加油站、饲料厂、农具厂、装卸码头等 12 家,村办企业 14 家。加油站实行股份制改革,以股份制形式办起米厂、农具厂、饲料厂。1994 年,新建码头 2 个,实行租赁承包;在桥南村新建胶合板厂。1995～1996 年,实行采石场先售后股、水泥制品厂兼并、加油站和装卸码头租赁承包等形式改制企业;招标承包乡办饲料厂。

图 36－29　江苏皇利刺绣制品有限公司是维桥乡第一家外资企业,2008 年,用工 200 人年开票销售 2900 万元。

2000～2003 年,先后引进县开发区企业有三森冷冻厂、华丰工贸有限公司、振盱铸造厂、盛洋科技有限公司、天信饲养场、春晨纸塑包装有限公司等 11 家企业。2004 年,在淮化大道两侧启动以食品加工、电子机械、纺织服装、新型建材等项目为主的乡工业集中区建设,工业集中区用地 100 公顷,与盱眙经济开发区有机相连。2006～2007 年,加快乡工业区建设,实现水通、路通、通讯通;引进落户县经济开发区企业有厨娘食品有限公司、春晨纸塑包装有限公司、新远光学材料有限公司、领越科技有限公司竣工投产,煦露莎洁具有限公司、凯利电子有限公司、华锋电动车制造有限公司、建国不锈钢制品有限公司、军嶂机械制造有限公司;引进乡工业集中区的企业有江苏皇利刺绣制品有限公司、盱眙皇益线业公司、盱眙新能源太阳能公司、淮安凯利电子科技有限公司、盱眙铸臣精密仪器制造公司;乡工业集中区新建标准化厂房 1.2 万平方米。2008 年,乡工业集中区建成标准化厂房 1.4 万平方米,引进规模以上企业 11 家,进乡集中区企业 12 家。累计引进县工业园区企业 26 家,引进乡工业集中区企业 23 家。

图 36－30　三森集团

第三节　三　　产

1986年，有饭店5家、旅社3家、浴室2家、理发店4家、照相馆2家、个体工商户19户；建筑施工人员160多人，有运输车辆82辆，手扶拖拉机105辆，运输船只30余艘，年运量80多万吨。2000年，从事运输车辆增至240辆，手扶拖拉机450辆，运输船只12余艘，年运量55万吨。2001年，乡建筑站改制后，成立有资质的私营施工队，有建筑工人35人。2005年，新建10万平方米商住两用房。2006年，兴建1.2万平方米农贸市场。2008年，有饭店10家、旅社6家、浴室3家、理发店15家、照相馆3家、日用电器修理4家、其他服务业30家，有个体工商户290户，从业人员920人，年营业额2420多万元。从事货物运输的车辆120辆，年运量130多万吨，运输业产值696万元。有1471名建筑工人，建筑业产值1044万元。

第四节　基础设施建设

1986年，街道是沿盱马路两侧建房，维（桥）穆（店）路和穿境而过的121省道为砂石路面，村道皆为土路。1993年，乡村道路以石子路为主实现村村通。1994年，建成2200平方米的综合农贸市场。1996年，铺设永华村至青南村混凝土路4千米。2000年，121省道维桥段建成混凝土路。2002年，规划集镇面积3.5平方千米。2004年，在省、市扶贫单位支持下，铺设永华至大圣、漫岗至桃园混凝土路12.8千米。2006年，建设富康花园、圦富园农民居住区2个；建设商业街1条、农副产品专业市场1个，铺设混凝土路、安装路灯，配套建设下水道、垃圾池、绿化带等，更新农贸市场钢架顶棚、固定摊点、四周门面房及南北大门。

2007年，完成新农民街、老盱马路、居民区混凝土路面的铺设与改造，架设路灯104盏；重新命名乡集镇主干道，在新街道建金桥、银桥、玉桥、淮化纵向大道，在康桥大道、桃园路、雨花路、新盱马路建横向道路，形成“四纵四横”新格局。2008年，铺设街道柏油路3300米，栽植风景树2000余株，架设路灯57盏，整修下水道6000余米。完成玉桥大道、雨花西路铺设，拓宽老盱马路维桥段，新建商住小区1个，垃圾中转站1个，街道、小区实现“绿、美、洁、畅、亮”。乡村道路全部建成混凝土路面，部分村组道路铺设混凝土路面，全乡建成混凝土路4条、村道6条，总长45千米。

图36－31　维桥乡街道

第五节 社会事业

一、教 育

1986年,有初中3所,学生1854人,教师132人;小学14所,学生2462人,教师182人;幼儿园14所,学生1080人,教师42人。1994年,投资60万元,新建1100平方米中学教学楼,在校生1400人。1996年,投资80多万元,建成1幢1200平方米的中心小学教学楼,学生2300人。2001年7月,村小学撤并,由8所合并为4所。2008年,有初级中学1所,学生1528人,教师148人;小学5所,学生2830人,教师176人;幼儿园5所,学生1142人,教师62人。

二、卫 生

1986年,有卫生院1所,村卫生室6个,卫技人员32人;有30户家庭和乡直单位及企业饮用自来水,其余饮用井水。1998年,新建水厂3个,完成6个村改水任务,新增受益人口8000人。2000年,新建卫生院门诊部、乡村卫生站及医务室8间,有医务人员54人,门诊接诊7.28万人次。2002年,投资80万元,建水厂4个,受益1.5万人。2004年,建立农村大病合作医疗保险机制,参保1.8万人;村村建成甲级卫生室。改造自来水管网,全乡所有农户用上自来水。2006年,投入105万元,维才村创建成卫生示范村。2007年,乡卫生院5000多平方米的新门诊大楼投入使用。2008年,乡卫生院新购进彩超、胸透、胃镜、超声仪等医疗设备,改善医疗卫生条件;农村合作医疗参保1.89万人,3211人次享受农村合作医疗报销。新建1座日产1万立方米的地表水厂,2.32万人饮用清洁卫生自来水。

三、文化、广播电视、电信、供电

1986年,各村架设有线广播,集镇个别户有黑白电视机,机关单位安装电话28部,只有街道住户通电。1994年,建成1200平方米的程控电话交换大楼。1995年,开通程控电话450门,通讯杆线架设到村。1996年,完成邮电通讯二期工程,村村通上程控电话,安装电话1300部。1997年,车棚村、漫岗村扶贫通电;安装微波传输有线电视信号,开通12个频道,有5个村安装有线电视,入网用户500户。

2002年,实施光缆传输有线电视信号工程,用户1500户;成立乡文化广播电视服务管理站。2004～2007年,全乡新建篮球场3个,健身苑9个;建成大桥社区文化中心,三森食品设立文化活动室、图书阅览室等文化活动场所;新建文化站大楼,举办各类体育培训班30场次,6300人次参加培训,体育比赛10多场次;建设村级小灵通基站;对全乡高、低压线路及设备进行维修和改造。2008年,有线电视用户5210户,举办大型文化活动3场,专题文艺活动2场,电影队到村(社区)、厂企放映电影210场,完成村宽带杆线安装,累计安装电话2300部。

四、社会保障

1986年,乡敬老院有瓦房29间,入住老人43人;计划生育率85%,人口出生率18‰。1990年以后,计划生育工作由镇计划生育服务站一条线负责日常管理,进村入户为育龄群众提供服务,计划生育率保持在98%以上。2003年,遭遇特大洪涝灾害,争取帮扶救灾款物100多万元,对1268户困难户予以救助。2004年,购买计划生育宣传B超技术服务专用车。2007年,开展慈善万人行活动,筹款226.9万元;全乡低保户241户810人,发放低保金81.6万元;五保户168人、孤儿17人,发放供养金70万元。全年发放临时困难救济金、医疗救助金、红十字会救助金50万元;改造低保户危房43户,新建敬老院入住老人45人。2008年,参加农村基本养老保险13718人,减免389名特困人员保费,对75人进行救助,发放救助金13万元;安置困难群体就业33人,对70户困难户发放扶持资金2.4万元。敬老院入住老人48人;建成计生世代服务中心,设立宣教室、B超室、手术室等10个科室;计划生育率98%,人口出生率11.51‰。设立流动人口管理办公室,配备协管员191人,下设服务站6个。

2008年维桥乡行政村(居)情况一览表

表36-33

村(居)名	人口(人)	户数(户)	面积(公顷)	耕地(公顷)	农民人均纯收入(元)	组数(个)	组名
大桥(居)	5097	1944	828	314.67	6186.86	9	桃园 大街 邱圩 郭庄 芦塘 松树 冯吴 小街 新胡
桥东	2449	591	503	166.67	6138.89	6	段套 杨东 杨西 彭庄 江庄 朱段
桃园	2611	646	694	310.00	6218.90	8	皮湾 岗头 桑元 涧东 胡陈 杨徐 张圣 王胡周沟
大圣	3540	838	1423	545.67	6149.89	15	大沙 团结 大圣 王利 木王 高庄 瓦屋 陈顾 梁庄 郑庄 何东 当铺 韩庄 青北 青南
车棚	2779	630	1124	410.53	8961.50	11	乔庄 胜利 梁湖 前车 后车 坝西 树王 大刘 长灯 胡岗 东张
漫岗	2989	673	957	474.67	6190.00	11	街东 柳庄 何营 邱庄 张安 周庄 韩庄 大庄 元庄 立树 王段
维才	2119	455	502	224.67	6144.99	5	钟庄 曾吴 朱湾 饭店 张湾
永华	2855	800	1229	554.12	6155.92	14	二高 三高 新庄 堆东 赵湾 赵西 朱庄 王庄 青西 青东 顾李 塘埂 杜庄 岗东
合计	24439	6577	7260	3001.00	-	79	-

1986~2008年维桥乡主要社会经济指标一览表

表36-34

年份	总面积(公顷)	耕地(公顷)	人口(人)	粮食产量(万千克)	财政收入(万元)	农民人均纯收入(元)	地区生产总值(万元)			
							合计	其中		
								一产	二产	三产
1986	7200	3001	21031	1229	32	484	1046	889	103	54
1987	7200	3001	22337	1287	49	517	1709	1413	184	112
1988	7200	3001	22265	1298	55	729	2744	2314	274	156
1989	7200	3001	22321	1309	74	741	1755	1305	285	165
1990	7200	3001	22454	1316	72	813	3247	2678	365	204
1991	7200	3001	22495	900	88	998	2339	1748	375	216
1992	7200	3001	22483	1513	119	1773	3496	2892	383	221
1993	7200	3001	22495	1543	137	1788	3559	2982	374	203

续表 36-34

年份	总面积(公顷)	耕地(公顷)	人口(人)	粮食产量(万千克)	财政收入(万元)	农民人均纯收入(元)	地区生产总值(万元)			
							合计	其中		
								一产	二产	三产
1994	7200	3001	22501	1631	145	1873	4459	3601	393	465
1995	7200	3001	22509	2570	227	997	4428	3557	426	445
1996	7200	3001	22547	3085	229	1008	5338	3823	828	687
1997	7200	3001	22643	1695	236	1885	6306	4454	798	1054
1998	7200	3001	22658	2119	241	2894	4448	2339	996	1113
1999	7200	3001	22604	2207	232	3009	7576	5551	1013	1012
2000	7260	3001	22743	2338	241	3290	8702	6357	904	1441
2001	7260	3001	22794	2559	464	3650	9308	6539	1182	1587
2002	7260	3001	22859	2606	516	3212	11922	7287	2333	2302
2003	7260	3001	22975	2631	515	3222	8675	4054	2018	2603
2004	7260	3001	23156	2656	551	3452	14085	8417	3021	2647
2005	7260	3001	23311	2773	672	3797	14130	8229	3250	2651
2006	7260	3001	23507	2885	445	4387	16316	8229	5460	2627
2007	7260	3001	23815	3097	778	5650	19539	8968	7261	3310
2008	7260	3001	24439	3580	1137	6170	24486	7404	14288	2794

第十七章　古桑乡

古桑乡,以境内的枯桑树而得名。因“枯”字含义不佳,后改“枯”为“古”。古桑乡紧靠县城南端,距盱城中心4千米。东接穆店乡,南邻桂五镇,西靠河桥镇,北望淮河镇。248省道与塘古路穿境而过,盱眙新港口在境内,是水陆交通运输集散地。古桑乡属低山丘陵地区,海拔最高144.1米,最低12.5米。境内玄武岩石矿藏储量约2亿吨,重点分布在龙潭村境内的花牛岗、裂山、大麦港3座山头;石灰石储量约8000万吨,重点分布在佛窝村和石龙村境内的黄泥山、张山、李郢东山等地;凹土资源储量丰富,全县凹凸棒石黏土储量的70%在其境内。

1986年,行政区域96平方千米,耕地2953.3公顷,水域333.33公顷,山地1866.7公顷,林园地1400公顷,辖18个村、133个村民小组、4688户1.76万人。2000年2月,区划调整,石牛村和中心村划归盱城镇,县原种场、农科所、古桑乡林场并入古桑乡,行政区域92.02平方千米,辖15个村、3个场圃、6025户1.85万人。2001年,实行并村联组。2008年,行政区域92.02平方千米,耕地2838公顷,山地2200公顷,水域266.7公顷,林园地1533.3公顷,辖8个村、1个居委会、2个场、96个村民小组、5080户1.96万人。地区生产总值5.1亿元,财政收入1813万元,农民人均收入6388万元,农业产值13400万元,工业总产值23600万元。

第一节　农　　业

一、种植业

1986年,提出"稳定粮食生产,扩大经济作物,发展多种经营,狠抓乡村企业"目标,粮食产量11500吨、油料产量657吨,有林地367公顷。1987年起,乡政府将367公顷林地承包到户,实行谁栽树、谁管理、谁受益,全乡农田林网实行村、组、户三级联管,提高植树成活率。1988年,在"自愿、合理"和"大稳定"原则下,对农户承包地进行调整,山林植树800公顷,农田林网植树10万株。

1993年,调整农业产业结构,拓植板栗366公顷、红富士苹果66公顷、蔬菜大棚13.3公顷。在磨涧、磜涧等村建成11个日光温室大棚,引种出口青豆23公顷。1994年,发展蔬菜267公顷,其中大棚蔬菜28.7公顷,蔬菜专业户320户,建成磨涧村蔬菜专业村。1996~1997年,农户利用"四旁"、沟坎、边隙地,先后植树30万株,拍卖荒山植树604公顷,发包林地941公顷。1999年,引进并推广种植666.7公顷水果型新品种山芋。

2000年,全乡农作物复种面积4047公顷,种植红心山芋266.7公顷、花生666.7公顷、籽西瓜400公顷、牧草200公顷;成片造林140公顷,形成董湖片万亩林网绿色通道。2002年,种植柿子15.7公顷、蜜桃4.3公顷、山枣4.7公顷、板栗2.5公顷、国槐8.7公顷。2008年,粮食作物播种4547公顷,总产量48570吨,油料产量210吨;新植成片林100公顷,绿化67公顷,林园地1400公顷。

二、养殖业

1986年,全乡养猪0.5万头、牛15头、羊4100只、鸡10.7万羽、鸭和鹅0.9万羽。1994年,建成中心、三塘、磨涧等养牛专业村,养牛1380头;出栏生猪7510头、家禽32万羽。1998年,新建寒山山羊养殖园,占地6.7公顷,建高标准羊舍58间,种植牧场267公顷,16户养殖户养羊3400只。1999年,乡成立养羊协会,养羊大户包成法养羊2.1万只,全乡养羊4.15万只。2001年,全乡养羊扩大到5万只、四季鹅扩大到20万羽、牧草扩大到266.7公顷。2002年,养殖龙虾40公顷,养猪2.5万头、羊5万只、四季鹅30万羽。2008年,养牛2160头、生猪2.88万头、羊1.08万只、鸡57.6万羽、鹅2.85万羽、鸭2.83万羽。

第二节　工　　业

1986年,境内有石灰石储藏量1.8亿吨,凹凸棒石黏土3.2亿吨,年开采量100万吨。企业有采石厂、石子加工厂、酿造厂等4家。工业总产值100万元。1994年,实行产权制度改革,将燕山轮窑厂转让给县砖厂,玻纤厂租赁给县帆布厂。1995年,成立年产40万吨苏武石灰石矿基地,开采石料39.5万吨,产值784万元。1997年,成立矿山资源管理办公室,协调村村结对开采石料;全乡9家企业实施改制,2家企业拍卖、4家企业租赁、3家企业合资开发。1999年,引进路易石料有限公司和恒发石料加工有限公司,年加工石料80万吨。

2002~2004年,先后引进机制砂、鑫业轴承、姚江饲料、宏远新电源、宝山金属、群星服饰、金源石料厂等企业30家,其中列统企业有盱眙县机制砂有限公司、盱眙县金源石料加工厂、盱眙县恒星酿造有限公司、盱眙县新材料助剂化工厂。2006年,乡工业集中区启动建设,一期面积2.7平方千米,完成道路、绿化、路灯、水电建设,引进企业有盱眙县聚源木业有限公司、盱眙县许记味食发展有限公司、盱眙耐特科技发展有限公司、百川乐器、江苏丰源服饰制造有限公司等11家企业。引进县开发区项目有盱眙县双龙容器制造有限公司、盱眙鑫宝船舶配件厂、佳华机械、三强电器、姚江饲料二期等。2007年7月,在乡境内启动建设中国凹土科技园。该项目是全国唯一的凹土专业园区,建设用地270公顷,建成道路2500米。引进县开发区和凹土科技园项目有盱眙铸明新型建材有限公司、盱眙华美管件有限公司,新建厂房5576平方米。2008年,乡工业集中区建成主次干道4条7.5千米,安装路灯180盏,配套完成排水管道、绿化、电力、自来水、通讯等附属设施。引进凹土科技园企业有江苏麦阁吸附有限公司、盱眙县瑞福祥医疗器械有限公司、盱眙县精工机械有限公司、淮安同源矿业有限公司、江苏玖川凹土纳米材料科技有限公司等,建厂房10万平方米。

图36-32 凹土企业——玖川科技

第三节 三 产

1986年,从事运输车辆196辆,年运量60万吨;全乡有个体工商户21户,饭店4家、商店3家、理发店2家、旅馆1家。1992年,磨涧村村民在淮河边承包码头,用于装载货物,年货物周转量40万吨。

2000年,古桑乡成为采石和运输业的石料集散地,水陆交通便利,形成清水坝汽修专业市场,有汽修店8家,个体经营户20户,全年新增个体工商户19户。2006年,盱眙新港在古桑乡磨涧村清水坝投资建设,淮河主航道成为全县水路交通运输枢纽,年吞吐量600万吨,从事采石业运输的大型车辆100余辆。2008年,全乡有从事货物运输的车辆209辆,从事采石运输的车辆130辆,其中20吨以上自卸王120辆、10吨以上120辆、5吨以上农用车181辆,年运量330万吨;境内有大小码头46座,年装载货物400万吨,产值3000万元;有个体汽车修配经营户56家;全乡个体工商业328户,从业人员822人,商品零售总额1649万元,三产总收入2000万元。

第四节 基础设施建设

1986年,主街道长500多米,集镇人口1150人。集镇居民房屋结构多为低矮的瓦房,乡、村、组道路为土路。1993~1994年,完成17个村15条57.76千米砂石路铺设工程。1995~1997年,先后铺设770米主街道和1500米地下水道,完成第一泉酒厂至古桑、清水坝、河桥接壤的25.4万立方米道路土方工程。铺设石子路54千米,拓宽古桑街道,架设街道路灯450盏。

2000年,建成林场小区,建房280多套,用地6公顷;铺设佛窝、古桑、龙潭、沿山等村砂石路25千米。

2001年,铺设庙山风景区平安大道水泥路和园区内砂石循环路,整修乡道6.5千米。2003～2004年,实施安居工程入住156户,建成老年公寓2幢,先后铺设季安、佛窝、三塘、石龙等村水泥路22.4千米,完成塘古路和天明路铺设工程。2005～2006年,建成贤亮农贸市场,占地1.2公顷,建成钢架大棚300平方米。完成磨涧至龙潭9.2千米、白虎村黄郢至佛窝村丁田5.8千米和庙山风景区神六路水泥路铺设。建成白鹭园小区,用地2公顷,入住39户。在新老街道安装路灯260盏。2007年,建成贤亮商业街长1200米、水泥路面910米、商用门面房130户和贤亮农民集中区。

2008年,乡政府对不符合镇村布局的零散村庄进行拆迁复垦;配合县交通局、县乡道路指挥部拆迁37户住宅;完成集镇绿化3000平方米,新增街道路灯140盏;铺设乡村主干道水泥路25条60千米,铺设龙潭、天明等农村水泥路28.6千米,全乡形成水泥公路网。

第五节　社会事业

一、教　育

1986年,有初级中学1所,教师44人,在校生140人;小学3所,教师56人,在校生350人;幼儿园4所,教师30人,入园幼儿110人。1987年,新建古桑中学,建筑面积6902平方米,有在校生850人。1994年,改建古桑小学校舍8间,添置实验器材和图书;为三塘小学架设电线,修筑围墙450米。1999年,新建2000平方米的古桑中学教学楼。2004年,古桑中学更名为盱眙县第七中学,纳入城区中学管理。2006年,兴建古桑中心小学。学校实施"六有工程",新建音乐室、美术室、图书室、阅览室、实验室以及篮球场、排球场和健身场。新建光彩小学校舍300平方米。2008年,盱眙县第七中学有初中在校生204人,教师68人;中心小学有在校生308人,教师73人;2所完小,有在校生244人,教师64人;5个小学教学点,在校生130人,教师25人。

二、卫　生

1986年,乡卫生所有农村赤脚医生10人。改造后的钓龙井每小时出水量20吨,配套修建供水塔,保证乡机关单位和街道居民饮用水。

1996～1997年,在市建委扶贫工作队援助下,对1500米供水道进行更新改造,有9个村通上自来水。1999年,乡卫生院新建3000平方米病房楼,卫生院被命名为爱婴卫生院,全乡10个村社区卫生服务站创建成标准卫生服务站。建成日出水量4000立方米的古桑自来水公司。

2000年,建成佛窝自来水厂,扩建龙潭自来水厂,铺设供水管道26.6千米,1744户居民用上自来水。2003年,实施农村合作医疗保险,参保率65%。2008年,古桑乡卫生院业务用房3080平方米,设病床38张;有职工51人,其中卫技人员39人;门诊量4万人次,收治住院病人700多例;全乡有10个社区卫生服务所,新农村合作医疗参保率100%;有7个村(居、场)用上自来水,受益1.6万人。

三、文化、广播电视、供电、电信

1986年,有线广播入户率93%,有6个村通电,70%的居民户用煤油灯照明;乡机关单位用手摇式电话机,通讯靠邮政支局传递。

1990年,用电户93%,实现村村通电。1993～1995年,乡广播站在街道试用"小微波"接收源,接通微波有线电视30户,在古桑居委会、龙潭等村建立5个微波接收点,发展有线电视用户64户。1997年,街道新增1条1.2千米10千伏线路和两台50千伏安变压器,解决350户和18家企业的用电问题;投资27万元建成程控电话综合楼,村组安装电话150多部;4个村通上有线电视。

2000年,农村电影放映队恢复放映,每月为村免费放映1场电影。2003年,有线电视光缆、电缆放线

264.7千米,增加3台50千伏安变压器,供电稳定。2006年,新建600平方米的文化活动中心楼;有线电视光缆通进山区,新增有线电视用户200户;在乡工业集中区架设电力杆线4千米,保证工业集中区企业用电。

2008年,有线电视用户3480户,乡文广站减半收取低保户入网费和收视费,全乡104个低保户安装有线电视;供电所为工业集中区安装路灯180盏,为县凹土科技园架设电力杆线、安装变压器,使园区企业用电稳定;有固定电话放装3100门,“小灵通”240部,手机1450部。

四、社会保障

1986年,建成220平方米敬老院,入住老人8人;计划生育率92%,人口出生率23‰。2003年,连遭强暴雨袭击,直接受灾人口4529人,成灾610人,倒塌房屋282户,乡开展“捐粮助困”活动,累计捐款68310元;完成农村草危房改造260户,救灾建房201户。2004年,实施最低生活保障和救济补助,有323人领取低保款16560元、救济款42750元;建成老年公寓,入住老人42人。2005年,敬老院新建套式住房7套,入住老人42人。2008年,开展“捐粮助困”活动,收到捐款32450元;全乡有330人参加社会养老保险,456户特困家庭1434人纳入低保;乡敬老院入驻老人42人,被市政府授予“文明敬老院”称号;建成计生世代服务室,设立宣教室、咨询室、B超室、检查室、手术室等,全年落实计生措施187例,计划生育率96.59%,人口出生率4.16‰。

2008年古桑乡行政村(居)情况一览表

表36-35

村(居)名	人口(人)	户数(户)	面积(公顷)	耕地(公顷)	农民人均纯收入(元)	组数(个)	组名
古桑(居)	1700	475	848.33	420.67	6235	6	塘郢 英郢 古南 古北 陈郢 赵郢
三塘	2503	604	1104.60	545.00	6234	7	陶郢 吕段 陈滚 黄大站 前西塘 渔塘坝 张南北
磨涧	4280	980	1340.13	696.00	6167	21	新桥 钻井 双塘 磨涧 新庄 松林 王前 王后 洪郢 竹园 李岗 岗头 官塘 新河 湖东 湖西 沿山 沿河 南岗 刘岗 渔业
佛窝	1710	450	1000.01	233.00	6141	9	丁田 刘观 佛东 佛西 大东 小东 腰港 吴港 黄洼
关帝	1750	455	1014.91	251.00	6072	15	小涧 朱郢 植郢 花园 乐园 欧郢 潘郢 耿郢 小郢 关帝 新建 蒋湖 良郢 湖东 湖西
白虎	1346	405	805.00	179.00	6106	9	大郢 董湖 塘埂 枣树 沟埂 前贺 后贺 黄郢 交通
龙潭	1875	588	811.65	185.00	6180	14	张巷 杨岗 上郢 中郢 下郢 宋田 小郢 双阳 后山 郭塘 植郢 桃园 后港 将巷
季安	1578	454	904.81	147.00	6083	8	蒿草 罗郢 李东 李西 季安 季郢 小碾 三花
石龙	2160	485	917.66	143.33	6160	7	李郢 青草湖 张郢 高郢 赵郢 后岩 张南
林场	469	129	414.03	21.00	6105	-	
原种场	206	55	40.87	17.00	6210	-	
合计	19577	5080	9202.00	2838.00	-	96	

1986～2008年古桑乡主要社会经济指标一览表

表36－36

年份	总面积（公顷）	耕地（公顷）	人口（人）	粮食产量（万千克）	油料产量（万千克）	财政收入（万元）	农民人均纯收入（元）	地区生产总值（万元）			
								合计	其中		
									一产	二产	三产
1986	9600	2953.3	17550	1150	65.7	30	280	1250	1130	70	50
1987	9600	2953.3	17800	1180	56.5	45	320	1800	1400	300	100
1988	9600	2953.3	18000	1150	84.2	65	368	3100	2400	500	200
1989	9600	2953.3	18070	1173	72.0	70	411	3600	2350	1000	250
1990	9600	2953.3	18170	1184	80.4	85	423	4000	3000	800	200
1991	9600	2953.3	18210	600	25.5	60	440	4815	3500	950	365
1992	9600	2953.3	18400	1200	53.6	100	450	5100	3550	1020	530
1993	9600	2953.3	18500	1216	78.2	116	648	5837	3800	1530	507
1994	9600	2953.3	18505	1252	85.1	145	842	8079	4423	3100	556
1995	9600	2953.3	18536	1290	96.8	262	1916	9647	4500	3200	1947
1996	9600	2953.3	18733	1144	43.8	347	2505	9433	5120	3000	1313
1997	9600	2953.3	18781	1808	82.1	183	2494	15400	7000	6000	2400
1998	9600	2953.3	19320	1900	75.0	211	2849	16600	9000	6500	1100
1999	9600	2953.3	19554	2103	83.0	320	2880	19610	12110	5500	2000
2000	9202	2830.0	18539	3526	250.0	622	3130	28900	10400	12000	6500
2001	9202	2830.0	18433	3716	200.0	392	2900	31500	12300	13400	5800
2002	9202	2830.0	18449	3921	220.0	632	3290	24000	11000	7000	6000
2003	9202	2830.0	18561	4212	185.0	557	3500	25838	10500	9038	6300
2004	9202	2830.0	18561	4416	257.0	626	3392	28000	12000	11000	5000
2005	9202	2830.0	19176	4613	202.0	482	3871	24900	11500	8340	5060
2006	9202	2830.0	19682	4828	310.0	661	4068	34100	13000	12000	9100
2007	9202	2830.0	19745	4836	195.0	1260	5350	42600	12000	19600	11000
2008	9202	2838.0	19577	4857	210.0	1813	6388	51000	13400	23600	14000

第十八章 王店乡

王店乡位于盱眙县南部,距盱城25千米,两省(苏皖)三县(盱、来、嘉)交界地。南与安徽半塔镇接壤,北与桂五镇毗邻,东与旧铺镇相接,距宁淮高速旧铺入口15千米,西与仇集镇相连。境内东部为丘陵,西部为低山,丘陵起伏,南有小片平地。248省际公路盱滁线穿境而过。景区有AAAA级铁山寺国家森林公园、紫金山天文台观测站、天泉湖度假村、全县第二大水库——化农水库、新开发的新四军后勤基地和70公顷毛竹园。1986年,行政区域70.9平方千米,耕地2409公顷,山地1861公顷,水域582公顷,辖14个村、116个村民小组、3649户17508人。1995年,被市政府命名为体育先进乡。2000年2月,古城乡并入王店乡,行政区域137.6平方千米,辖26个村、229个村民小组、9710户3.22万人。同年,实行并村联组。2008年,行政区域137.6平方千米,有耕地5470公顷,山地4330公顷,水域1000公顷,辖13个村、2个居委会、229个村民小组、9885户3.22万人,财政收入1349万元,农民人均纯收入5666元。

第一节 农 业

一、种植业

1986年,粮食产量13349吨,油料产量686吨。栽植"十字"果林带200公顷,盱王路至古旧路十字主干道两侧栽植苹果树近10万株。1988年,全乡旱改水增加水田46.67公顷。1990年,实施"万亩胡桑"工程,栽植胡桑600公顷。1993年,群众毁桑、毁果树,重新种植农作物。1994年,提出"万亩果林万亩桑,千吨油料万吨粮,人均一亩果和桑"目标,完成粮食总产1.3万吨,油料产量1300吨,栽植果树40公顷,拓植桑园220公顷。

1995年,有果树340公顷,其中红富士苹果66.67公顷、板栗246.67公顷、桑园386.67公顷。1997年,开始试种速生意杨,实行"谁栽谁有"原则,栽植杨树3.5万株。1998年,全乡实施"成片林"工程,栽植速生意杨350万株,板栗13.3公顷。围绕"压粮扩经、压麦扩菜、压劣扩优"目标,改造中低产田、平整杜梁山土地83公顷,引进种植枸杞、丹参等优质中药材14公顷,拓植板栗、银杏、油桃、葡萄、草莓等20公顷,栽植牡丹等名贵花草2公顷。1999年,在县乡道路两侧采取分片承包、拍卖土地经营权措施,建意杨成片林131公顷,栽植意杨23.3万株。杜梁山丹参品种选用试管培育出的2倍体良种61-2-22,枸杞子选用国内领先的宁杞Ⅰ号、Ⅱ号,草莓选用南京林业大学培育出的脱毒草莓明宝,葡萄选用日本早川葡萄;栽植板栗13公顷、银杏13公顷、葡萄2公顷、大棚草莓1.3公顷、水

图36-33 2008年,王店乡种植大棚草莓6.67公顷,每公顷产值12万元。

蜜桃 0.7 公顷、丹参 13 公顷、枸杞子 6.7 公顷、金银花 3.3 公顷、牡丹 4.7 公顷、金钱草 3.3 公顷、射干和冠叶连翅等。

2002 年，组建盱眙县野马追种植协会，与安格药业签订 600 吨野马追购销合同；全乡完成陡山 60 公顷的淡竹园建设，栽植淡竹 18 万株；完成天泉湖、化农干渠 350 公顷的成片林。2004 年年底，免除农业税，农民收回杜梁山开发园区土地，改种粮食。2005 ~ 2007 年，由国土资源部投入资金 2761 万元，在王店乡 2 个村平整改造中低产田 666 公顷，新增耕地 171 公顷。全乡种植大棚草莓 20 公顷、芦蒿 33.3 公顷。2008 年，全乡种植中草药 66.7 公顷、芦蒿 10.7 公顷、草莓 6.7 公顷、大棚蔬菜 80 公顷。成立各类农村经济合作组织 27 个，入组成员 1285 户。全乡栽植树木 62 万株，造林 300 公顷，林地 3900 公顷，果林 1000 公顷。

二、养殖业

1986 年，养鸡 12 万只、羊 2500 只、牛 1000 头、猪 7000 头。1989 年，实行生猪包槽防疫办法，农户每头猪出 7 元钱，由兽医站负责阉割、防疫、治疗，如猪病死，由兽医站每头赔偿 80 元。1998 年，采取“抓两头扶中间”的办法，直接将 30 万元资金投放到户，发展三元杂交猪。全年养猪 2.4 万头，养禽 69 万羽，养羊 4800 只。1999 年，建成 50 头二元杂交母猪场 1 个，培植张建和、张德强生猪加工联合体 2 个，全年加工销售生猪 4 万头。2002 年，潘正华投资 150 万元，建成杜梁山火鸡养殖场，建筑面积 1200 平方米，存栏火鸡 800 余只。2006 年，在天泉湖旁养殖史氏鲟鱼，年产鲟鱼苗 25 万尾、商品鲟鱼 5 万尾。2008 年，新建 3200 平方米北山养羊场，养羊 1200 只；新建 1600 平方米的杨山养猪场，修建良郢养猪场 1800 平方米，养猪 4400 头。有规模养殖户 34 户，饲养家禽 60 万只、猪 2.5 万头、羊 5000 只。

第二节　工　　业

1986 年，有砖厂 1 个，产砖 800 万块。1993 年，建成王店化工厂，生产对硝基甲苯等化工原料，年产值 300 余万元。1995 年，王店化工厂改名为环球化工有限公司，年产值 1775 万元，被市评为“明星企业”和“重合同、守信用”企业；乡轮窑厂、水泥制品厂实行改制。1997 年，乡环球化工厂组建金球化工有限公司和星球液化气有限公司，投资 85 万元新上环保项目。1998 年，对液化气站、环球化工厂、水泥制品厂、轮窑厂、建筑站等企业实行股份制改革。2000 年，环球化工厂被评为淮阴市工业 12 强企业，生产的“金球”牌 2 - 6 对硝基苯胺、“环球”牌对硝基苯胺被评为淮阴市名牌产品。2002 ~ 2003 年，引进企业有惠舜精密零配件有限公司、江南防水材料厂、环阳新型塑胶建材厂、淮安宙泰医疗废弃物处置中心，环球化工有限公司被强行关闭。2006 ~ 2007 年，规划建设工业集中区，面积 20 公顷，铺设混凝土路 4 千米，架设园区高压主干线 550 米，完成园区自来水主管道的配套，引进顺祥精密零配件公司、天烨铝业，建厂房 2500 多平方米。2008 年，乡工业集中区扩建到 30 公顷，引进翔龙植保、飞翔工艺品等企业，新建厂房 2000 平方米。全乡引进工业项目 12 个，其中进县工业园区 7 个、进乡工业集中区 5 个。

第三节　三　　产

1986 年，有餐饮 1 户、商店 32 个、旅社 2 家、浴室 1 家、理发店 3 家、照相馆 1 家，有客车 1 辆、运输车 7 辆，从业 50 人。1988 年，餐饮业有兴隆酒家、兰兰、南北等饭店，批发零售业主要是供销系统及其代理点，另有 2 个私营批发部。1995 年，有个体户 68 户，运输汽车 10 辆、拖拉机 320 台，三产从业人员 1900 人。2000 年，随着铁山寺旅游的开发，王店、古城街道以农家乐为特色的餐饮服务业迅速崛起，新开饭店 56 家。2008 年，有个体工商户 483 户，其中饭店 16 家、旅社 6 家、浴室 2 家、理发店 7 家、照相馆 3 家、日用电器修理 3

家,其他服务行业14家,年营业额1820多万元。有出租车130辆、农班车5辆、货运车辆6300辆,货运覆盖镇江市建材运输市场。三产从业500人,产值9348多万元。

第四节 基础设施建设

1986年,集镇建设围绕248省道西侧建设街道,街道为砂石路,乡村道路为土路。1991年,县公路站支持修建甲山村杨港组通往248省道第一条砂石路1.2千米。1995～1997年,集镇规划沿248省道向北建成十字型街道,在集镇街北建成居民集中居住区,入住23户;铺设古城至龙山乡8.2千米、王店路11千米的砂石路,完成王店至安徽来安县半塔镇6千米道路土方工程,有3个村铺设30千米砂石路。1999年,省委党校扶贫建成1540平方米农贸市场,设立固定摊位500个;完成县乡道路王店段柏油路铺设,15个村13条63千米的乡村道路全面实现砂石化。2000年,完成集镇规划调整,由原来的十字街变成两纵四横的新格局,建成农民健身广场和1200平方米的农民科技文化培训中心;道路实施村村通工程,砂石路逐渐修成混凝土路,修筑道路59.1千米,修缮公路27.4千米。2004～2006年,修建古城居委会至旧铺镇307县道和曹郢路、民建路混凝土路面22.4千米,建成田间砂石路6千米,拓宽王(店)旧(旧铺)路和王(店)铁(山寺)路11千米,安乐、西湖、杜山等村道路硬质化9条47.8千米。2008年,在集镇兴城大道建成商业街7728平方米,铺设混凝土路2000平方米,新增绿化5200平方米。建成西湖农民集中居住区80户1.32万平方米;新建村级道路35千米,铺设村道混凝土路113千米。

图36－34 2007年,新建的王店农贸市场。

图36－35 2008年,建设中的天泉湖小镇。

第五节 社会事业

一、教 育

1986年,有初中1所,学生435人,教师21人;小学9所,学生2245人,教师99人。1995～1996年,先后建成1300平方米中学教学楼,新增界牌小学教室315平方米。中小学通过省“双普”验收。1995年,投资85

万元,新建中学教学楼,完成四层主体工程,在界牌小学新增教室315平方米。1996年,实施"五改六",中心小学新增教室面积473平方米,投入28万元建成1300平方米的王店中学教学楼,全乡所有中小学通过省"双普"验收。1999年,爱德基金会资助凡岗小学建教学楼473平方米。2002年,省委党校支持30万元,新建中心小学教学楼1200平方米。2005年,省纪委支持45万元,新建中学教学楼901平方米、食堂300平方米。2006年,3所学校实现"校校通"工程,共增加教学用电脑150台。2008年,全乡有初中部2个,学生1404人,教师102人;中心小学1所,学生631人,教师45人;完小2所,学生845人,教师51人;小学教学点9个,学生346人,教师35人。

图36－36　王店中学教学楼

二、卫　生

1986年,卫生院有医护人员13人,病床2张,赤脚医生20人;居民饮用水以塘、井水为主。1991年,医护人员增加到20人,其中中等专科学校毕业生2人。1995～1997年,乡卫生院先后添置肝功能分析仪、单床双球管200毫安X光机各1台,建成村卫生室13个;投入85万元建成乡自来水厂,受益5000人。1998～2000年,用省扶贫资金新建卫生院门诊楼1000平方米,有B超机、X光机、心电图机、心电监护仪各1台,手术设备1套。建成化农自来水厂,铺设管道1.31万米,古城、杜山、甲山、化农等村农户饮用自来水,受益8000人。2001年,古城卫生院和王店卫生院合并成王店卫生院,原古城卫生院为分院。2003年,实行农村合作医疗保险,参保率58%。2008年,卫生院投资200万元购置医疗设备;大病合作医疗覆盖率97.17%;15个村通上自来水,受益3万多人。

三、文化、广播电视、电信、供电

1986年,各村使用高音大喇叭传播信息,街道居民、机关、农户中很少有电视机;农村用电率30%,少部分山区居民使用煤油灯。1996～1998年,甲山、杜山、西湖等村通电;安装有线电视134户、电话210户。2003年,投资2000万元实现有线电视杆线全覆盖。2005年,有线电视用户达3100户;新增和改造电力配变72台,高压电线铺设69千米,增容2600千瓦。2006年,投资30万元新建民建、陡山村村民文化活动室。2008年,实施农村电网改造,变压器增容,保障农村生产生活用电的正常供给;有线电视用户新增220户达3600户,普及率85%;有电话4100部,移动电话1.2万部。

四、社会保障

1986年,计划生育率37%,人口出生率20‰。1988年,利用知青农场12间瓦房改建成敬老院,入院老人18人。1993年,实施社会养老保险,参保208人。1995年,乡敬老院入住老人21人;乡计划生育工作被省授予"先进乡镇人口学校"称号。2000年,古城敬老院撤并,所有老人搬迁到王店敬老院供养。2005年,乡敬老院新建宿舍楼2880平方米,入院老人85人。2007年,实施最低生活保障制度,326人享受低保。2008年,王店乡为51户特困户解决生产生活上的困难;敬老院入院老人55人,参加养老保险327人,790人享受低保;计划生育率98%,人口出生率在9‰以下。

2008年王店乡行政村(居)情况一览表

表36-37

村(居)名	人口(人)	户数(户)	面积(公顷)	耕地(公顷)	农民人均纯收入(元)	组数(个)	组名
古城(居)	2650	986	533.64	312.7	6235	11	洪塘 西园 南园 潘郢 徐郢 小集 墩塘 新庄 大郑郢 小郑郢 街道
王店(居)	2228	1041	821.66	379.9	6230	17	街南 街北 街东 街西 南郢 富洼 西郢 冯郢 黄郢 刘坝 前郢 新庄 上郢 南坝 高塘 果园 王郢
甲山	2404	679	1080.84	379.7	5815	19	东西郢 赵庄 甲山 彭湾 杨港 上郢 中郢 后港 东郢 瓦屋 小郢 平山 槽坊 山郢 李郢 太平 陈郢 西郢 新建
杜山	2404	758	1245.44	379.7	5760	19	上郢 中郢 下郢 墩塘 碾坊 彭郢 陈郢 美郢 梅郢 路西 西山 史郢 花园 张郢 双郢 冯郢 六港 新丰 邓郢
西湖	1313	462	618.23	329.8	5937	9	西湖 朱洼 孙郢 高郢 上郢 小岗 平田 汪郢 米郢
凡岗	1927	519	811.12	438.0	5874	14	上尹湖 下尹湖 车棚 学田 龙塘 黄圩 烟岗 元岗 北岗 陈岗 湾郢 凡岗 李郢 东园
良郢	1623	464	920.93	358.5	3840	16	新坝 新塘 良郢 南塘 瑞岗 路东 小荷郢 叶郢 大荷郢 周港 羊圈 竹园 凉井 白坝 木岗 蒋郢
化农	2429	718	976.41	438.0	5861	17	王郢 西园 花园 花南 周郢 中心 潘郢 潘西 滕岗 下郢 太平 丁岗 渠东 良西 良郢 朝阳 上郢
北山	2329	591	780.88	288.9	5380	16	余山 向阳 高郢 山北 雀郢 槽坊 山井 陆郢 路东 砖井 沟西 下郢 戴郢 许郢 龙山 东郢
陡山	2130	690	643.37	303.3	6037	15	陡南 陡北 猪场 管郢 梅园 东阳郢 西阳郢 菜队 化农 梁园 四面庄 韩郢 赵庄 熊郢 小林场
民建	2532	657	1460.6	292.7	5140	16	西港 新建 贾郢 杨郢 北西 北郢 管庄 石顶 窑厂 赖山 新建 冯郢 冯港 林业 刘郢 刘港
安乐	2721	774	1257.46	405.5	5483	20	油坊 安乐 林业 五里 响水 小岗 王岗 付业 河东 西郢 潘郢 湾塘 郑湖 郑西 双林 凤凰 中郢 中黄 黄岗 竹园
杨山	1604	447	760.43	291.7	5600	9	张湾 龙潭 大庄 湾塘 周郢 西湖 新建 下郢 北郢
范墩	2345	636	952.44	468.0	5795	16	新建 马路 井北 双井 井南 徐郢 界牌 双郢 曹坝 山墩 段郢 西冲 凡岗 卢郢 下郢 孔山
范桥	1516	463	896.55	403.6	5579	15	岗头 龙洞 石龙 范桥 胡郢 芦店 虎山 高郢 新安 朱郢 杨山 前郢 仇洞 活水塘 葡萄沟
合计	32155	9885	13760.00	5470.0	-	229	

说明:耕地面积不含林场林地面积。

1986～2008年王店乡主要社会经济指标一览表

表36－38

年份	总面积(公顷)	耕地(公顷)	人口(人)	粮食产量(万千克)	油料产量(万千克)	财政收入(万元)	农民人均纯收入(元)	地区生产总值(万元)			
								合计	其中		
									一产	二产	三产
1986	7090	2409	17508	1334.9	68.6	24	345	1826	1400	421	5
1987	7090	2409	17508	1334.9	68.6	28	390	2074	1600	469	5
1988	7090	2409	17508	1334.9	68.6	25	430	2340	1900	435	5
1989	7090	2409	17508	1334.9	68.6	29	512	2547	2000	542	5
1990	7090	2409	18242	1971.7	88.0	31	624	2863	2100	753	10
1991	7090	2409	18242	1971.7	88.0	33	712	3077	2313	754	10
1992	7090	2409	18242	1971.7	88.0	37	840	3193	2415	768	10
1993	7090	2409	18242	1971.7	88.0	36	903	3644	2846	788	10
1994	7090	2303	17848	1303.1	131.4	38	1203	4292	3326	866	100
1995	7090	2303	17949	1578.1	161.3	49	1414	7873	3471	4102	300
1996	7090	2303	17949	1742.7	108.3	61	2273	8209	3507	4302	400
1997	7090	2303	17949	1928.7	108.3	102	2293	9175	3703	4972	500
1998	7090	2330	18034	1928.7	108.3	126	2848	10347	3776	5771	800
1999	7090	2330	18203	2255.1	108.3	160	3025	13880	4777	8103	1000
2000	13760	4262	32167	2255.1	108.3	310	3002	18916	5316	12300	1300
2001	13760	4262	32164	3006.0	679.9	288	2886	31319	5219	24600	1500
2002	13760	4260	32157	3270.6	106.2	359	2990	45807	5907	38100	1800
2003	13760	4333	32153	3000.0	700.0	371	3214	57788	6708	49000	2080
2004	13760	4334	32155	3044.8	880.4	337	3104	41020	8200	30300	2520
2005	13760	4334	32159	524.0	91.0	209	3441	48863	8314	36960	3589
2006	13760	4334	32160	4500.0	91.0	289	3763	68875	8513	55050	5312
2007	13760	5470	32156	4500.0	91.0	827	4560	74803	8179	59500	7124
2008	13760	5470	32155	4500.0	91.0	1349	5666	81312	8824	63140	9348

第十九章 兴隆乡

兴隆乡,以境内兴隆寺(又名费家庙)得名。位于县城西部,距县城27千米。地处陡湖湿地,岗丘兼湖荡,岗湖各半。东和明祖陵镇接壤,南与淮河乡相连,西与铁佛乡为邻,北与管镇镇相望。主要农作物有三麦、水稻、玉米、花生、大豆等;主要水产品有鲫鱼、鳊鱼、长鱼、甲鱼、螃蟹、龙虾、青虾,境内陡湖有“金陡湖”之美誉;草鸡、龙虾、螃蟹是该乡特产和畅销的农副产品,其中金香来大闸蟹销往中南海。地下有丰富的石油资源,全乡有油井9口。

1986年,行政区域10.1平方千米,耕地4797.53公顷,水域3862.4公顷,林园地36.7公顷,辖17个村、3个场、166个村民小组、5234户26643人。2000年,实行并村联组,合并部分村组。2008年,行政区域10.1平方千米,有耕地2856.9公顷,水域3862公顷,林园地105公顷,有11个村、109个村民小组、6770户33274人,财政收入1225万元,农民人均纯收入6000元。

第一节 农 业

一、种植业

1986年,粮油作物播种5637.3公顷,粮食总产17499吨,油料总产647.2吨。林园地133.1公顷,其中果园34.7公顷。人均纯收入328元。1991年,遭受特大洪涝灾害,全乡农业生产损失严重。种植小麦2001.7公顷,总产量4583吨,平均每公顷产2290千克;油菜443公顷,总产量263吨。1992年,全乡农民掀起“包林地、栽意杨、发树财”热潮,晓庄、双河、祖窑等村涌现一批承包大户,其中晓庄的杨善兵承包意杨6.73公顷、祖窑村的刘国标种植意杨4.53公顷。1994年,制定“1234”工作目标,至1996年年底,拓植果林666.67公顷、饲养生猪2万头、开发水产2000公顷、种植经济作物2666.67公顷。1997年,全乡栽植果树120公顷,培养果树专业户1个,栽植果树2.67公顷;按照“低档迈步、中档上路、高档致富”的发展思路,从分散经营到规模经营,因地制宜发展“两专一基”,建成专业村4个、专业户352个,其中种粮大户18户、油料大户5户。推广肥床旱育技术和种子纯良化工程,改造中低产田2400公顷;粮食产量19093吨,油料产量567.7吨;花生种植面积266公顷。

2002年,调整种植结构,全乡种植花生1666.7公顷,其中张庄、牌坊等村联片种植花生60公顷以上的有3个片;通过以奖代补政策推动林业生产,栽植意杨14万株,有林地73.3公顷。2003年,遭受强暴雨袭击,全乡小麦2099.6公顷,总产量7592吨;水稻1356公顷,总产量8165吨。2004年,改建陈嘴、侯庄、单庄等机电站6座,加固河堤整治农田333公顷,使低产田变成保收田、高产田,分别比上年增产500吨和120吨。2008年,小麦、水稻全部实施农业保险,粮油作物播种3391公顷,粮食总产量35225吨,油料总产量1179.3吨;有林地298.7公顷,其中意杨226公顷,苹果园、桃园、梨园、葡萄园12.5公顷。

二、养殖业

1986年,全乡养猪20234头、羊6000多只、家禽7.35万羽;境内水资源丰富,水产养殖195.2公顷,产量410吨。1991年,随着农业机械化程度提高,饲养耕牛数量逐年减少,全乡养牛2000头;开发湖面滩涂360

公顷、水面资源1000公顷，其中网箱养殖鱼、蟹216公顷，池塘精养鱼蟹520公顷，粗放型围栏散养600公顷，产值1200万元。1996年，建成黄庄村养鸡专业村1个，养猪专业户34户、养禽专业户46户、养牛专业户4户、养羊专业户28户、特种养殖专业户15户，全乡养猪3万头、牛1500头、羊7200只、家禽40多万羽；建成陡北村、张庄村和陡湖村渔业专业村，有精养水面392.7公顷、粗养水面505公顷，养殖螃蟹20公顷、牛蛙4.67公顷，产量3575吨，产值2385万元。1998年，推广蟹、虾和鱼、虾混养技术，水产养殖973公顷，特种水产养殖333公顷，乡被淮阴市授予"水产先进乡镇"称号。2001年，农户生猪饲养量逐步增加，年饲养3.73万头、出栏量3.17万头。2004年，受市场价格因素的影响，农户养猪积极性受挫，生猪饲养量2.28万头，出栏量1.79万头；全乡水产养殖1267公顷，产量4500吨。2008年，全乡养禽38.6万只，其中鸡饲养量23.4万羽、鸭11.8万羽、鹅3.4万羽；养猪5.8万头，出栏3.8万头；养羊5800只，出栏4000只。水产养殖802公顷，产量5200吨。规模养殖户有陈涛养殖233公顷、林平养殖73公顷、陈务养殖106.7公顷。

图36－37　陡湖生态养殖

第二节　工　　业

1986年，工业有冶炼、锻造、土窑、食品、榨油、缝纫等企业21家，总产值310万元。建成兴隆轮窑厂，用工43人，年产红砖800万块以上。1987～1989年，先后建成水泥制品厂、煤球厂，产品有水泥桁条、多孔楼板、水泥涵管等，年销售蜂窝煤球110万块。1990年，乡轮窑厂公开招标，年租金8万元，年产红砖1100万块以上。1993年，全乡建成5家私营个体煤球厂。1997年，对14个乡村企业进行拍卖出售改制，成立5家私营水泥制品厂。1998年，采取"公司＋农户"形式，组建年产300吨的花生油加工厂。

图36－38　兴隆雨伞厂

2000～2003年，新上双河云领木业卷材厂、文艺综合厂、小康面粉厂，发展粮食加工企业2个。引进蓓蕾丽纺织品有限公司、华宝化工，盘活轮窑厂，新建盛湾塑料厂。2004年，引进东方大道商贸一条街项目进驻县工业开发区，引进宝隆科技、和丰电子、富春门业进乡工业集中区。2005年，发展自动化米面加工厂5家，年加工米面5200吨；建成植物油厂12家、饲料厂2家。2006年，引进县工业集中区企业有凯亿电子、利特尔包装项目、弘都电子和贝达机械。2007年，乡工业集中区开始规划建设，一期启动建设30公顷。2008年，引进县工业园区项目有铸强机械、萧宁机械、睿智机电等6个;引进乡工业集中区项目有砺剑手套项目、丰隆工贸项目、兴隆雨伞厂项目等4个;引进华府名苑、东方都市花园房地产项目和虎泵路项目。新增个体私营企业33个,工业总产值8194万元,财政收入1225万元。

第三节　三　　产

1986年,成立盱眙县第六建筑公司,下辖4个施工队,职工180人。有货物运输车28辆,年运量18万吨。街道集市约500平方米、80余个摊位,日交易额2万元。有个体工商户15户、饭店10多家、旅社4家、浴室1家、理发店3家、照相馆2家。

1990年,个体营运户朱茂建开始营运盱眙至兴隆中巴客运车。1992年,投资56万元,购买一辆豪华大客,专营盱眙至无锡客运线。1997年,六建公司改制后,相继成立私营施工队8个,常年在外地承包工程,年建筑收入近400万元。1999年,建成1200平方米的农贸市场,设摊位120个,日交易额15万元。2006~2007年,新增个体工商户118户,从业人员800人,商品零售总额400万元。2008年,全乡有520人从事建筑业,工人年收入2.3万元以上;从事货物运输车70辆,从事客运班车18家20辆、出租车10辆;有个体工商户280户,其中饭店6家、旅社6家、浴室4家、理发店5家、照相馆3家、日用电器修理3家、缝补修理2家、其他服务行业2家,从业120多人。

第四节　基础设施建设

1986年,集镇范围1.1平方千米,主街道全长1.2千米,集镇人口3221人,房屋5.43万平方米,以砖木、砖混结构为主,多为瓦房、平房;集市贸易占道经营,乡街道是砂石路,乡村道路为土路。1991~1992年,集镇实施总体规划,开挖街道下水道1200米,拆除违章建筑17户169平方米。1995~1997年,完成15个行政村15条92.4千米砂石路铺设;完成变电所至单庄村水库、管镇乡至兴隆乡、兴隆乡至铁佛乡11.1千米路基铺设;拓宽集镇街道,修通兴隆乡境内东西路;修建30千米四级砂石路,实现村村通公路。1998~1999年,建成3500平方米农贸市场,铺设20米长的集镇混凝土路面,实施兴隆路改造,拆迁房屋211间5340平方米,入镇建房86户。

图36-39　刘岗小区

2000~2001年,先后建起供电楼、教学楼、金融楼、国土楼、文化楼,街道两侧的住户相继建起三层楼房,农贸市场建成钢架大棚1200平方米,设摊位46个;新铺设张庄路、陡湖路等乡村砂石路40千米,全乡村村通上砂石路。2006年,完成15个村109千米混凝土路铺设,实现乡村主干道硬质化。2008年,拓宽街道路面、修建下水道、安装路灯、修建绿化池,实现街道绿化、亮化和美化,集镇入住居民414户1950人;乡村、村组道路28条180千米全部铺成混凝土路面。

第五节　社会事业

一、教　育

1986 年,有初中 1 所,学生 412 人,教师 36 人;中心小学 1 所,学生 1000 余人,教师 80 人;幼儿园 1 所,幼儿 200 人,教师 12 人。1987 年,新建校舍 2184 平方米,增添课桌、椅子、板凳各 800 张。1991 ~ 1998 年,全乡“普九”通过省级验收。先后建成 1186 平方米的中学教学楼“树人楼”;改造村小学 4 所,建成标准教室 32 间;与县农业广播电视学校联合开办农村综合管理中专班;建成 1320 平方米的中学教学楼“桃李楼”。2002 年,由省农行投资 95 万元开展中小学危房改造,新建 1780 平方米的中心小学教学楼 2 幢,建成中学宿舍楼、实验楼,实现“三新一亮”,全乡中小学实现“六有”“校校通”;完成体育、图书、音乐、实验仪器“四配套”目标。校园、教学、人文环境面貌大变。2008 年,有初级中学 1 所,学生 540 人,教师 50 人;中心小学 1 所,学生 1200 人,教师 68 人;教学点 7 个,学生 200 人,教师 28 人;完小 1　所,学生 110 人,教师 9 人;幼儿园 1 所,幼儿 281 人,教师 13 人。

二、卫　生

1986 年,卫生院有医护人员 13 人;街道 60 多户居民饮用自来水,农村居民饮水多为压水井水、砖井水,少数饮用土井水。1993 年,乡卫生院建成第一层 504 平方米的门诊楼,添置 B 超机、300 毫安 X 光机、半自动生化仪。1995 年,建成自来水厂,拥有 1 座高 29. 2 米的水塔和一口深 104. 5 米的水井,出水量每小时 20 吨,用户 125 户。1996 ~ 1999 年,自来水厂扩建,水网覆盖街道及红旗、金陡湖、化岗、双扬、刘岗等村,用户 1600 多户。乡政府在街道南端打一眼深 138. 7 米的水井,每小时出水量 18 吨,保证乡机关单位与卢庄、红旗、金陡湖、韩巷等村的居民饮用水供应。卫生院加盖第二层门诊楼 360 平方米,实现初级卫生医疗保健目标。

2000 ~ 2004 年,实施自来水管网延伸工程,先后在唐岗、刘岗、陡北机站新打 3 口井,修建牌坊、刘岗、红旗等村自来水厂,日出水量 4800 吨,供应 2000 多户 1 万多人用水,全乡 60% 农户用上自来水。农村实施大病合作医疗,参保率 60% 。2007 年,省财政厅、省卫生局、爱德基金会、乡财政援建 1200 平方米乡卫生院病房楼。2008 年,卫生院有卫技人员 23 人,年门诊量 2. 6 万人次,床位 10 张;建成 9 个社区卫生服务站;乡村医生共 39 人;合作医疗参保人数 2. 6 万人,参合率 90% ;全乡供水管道 120 千米,受益 2600 户 1. 2 万人,年供水量 20 万立方米。

三、文化、广播电视、电信、供电

1986 年,村村通上高音喇叭,有线广播入户 94% ;用户有电话 53 部,多数集中在机关街道;全乡 6 个村通电,55% 的居民采用煤油灯照明。1988 年,全乡用电户 97% ,实现村村通电。1991 年,对街道电力实施增容,新增两条 4 千米 10 千伏线路和两台 50 千伏安变压器,解决机关、街道 350 户用电问题。1995 ~ 1997 年,先后建成 378 平方米的邮电综合楼,开通程控电话,电话杆线到村,安装电话 308 部。1998 年,乡广播放大站在街道以“小微波”为接收源,启动农村有线电视建设,恢复农村广播网。推进“电话乡”建设,安装电话 2889 部,电话总户数 3200 户。1999 年,县广电局以免收入网费、预交一年收视费为优惠条件,鼓励用户安装有线电视,全乡新增 238 户入网。

2003 年,放装电缆线 285 千米,安装有线电视 1100 户。2005 年,新建文化活动中心,农村电影在停放 10 多年之后恢复放映,每月每村免费放映一场电影。2008 年,放映电影 120 余场;建立农家书屋 6 个,藏书 5500 册;有线电视用户 4380 户;固定电话 6220 多部,手机普及率 78% 。投入 700 万元对工业集中区、陡湖养殖区、兴隆水库等片区架设供电线路 20 多千米,增加变压器和配电箱等设施,保障全乡工农业和居民生活用电。

四、社会保障

图 36－40　兴隆寺庙会

1986 年,计划生育工作采取行政手段推进,计划生育率 90%,人口出生率 15‰。1996 年,建成乡敬老院,入住老人 13 人。2004 年,完成危房改造 532 户,建移民安置点 16 个,移民迁建 974 户。2005 年,随着全省“关爱工程”加快,乡敬老院新建套式住房 8 套,每套住 8 人。实行困难户和贫困户最低生活保障制度,91 户 283 人享受低保。2008 年,乡敬老院入住 69 名老人,获“省级文明敬老院”称号;260 户 675 人享受最低生活保障,800 人参加社会养老保险。乡计生站建成计生世代服务中心,先后购置手术床、B 超机、显微镜、吸氧瓶、乳腺检查仪等设备,开展妇科病检查和防治工作,计划生育率 98.6%,人口出生率在 5‰以下。

2008 年兴隆乡行政村(居)情况一览表

表 36－39

村(居)名	人口(人)	户数(户)	面积(公顷)	耕地(公顷)	农民人均纯收入(元)	组数(个)	组名
双河	2986	595	540	240.67	6020	17	一组 新一组 前二组 后二组 三组 四组 五组 前六组 后六组 前七组 后七组 八组 九组 前十组 后十组 十一组 十二组
金陡湖	4910	964	1650	351.47	6015	15	渡口 安乐 侯庄 焦朱 韩巷 南庄 新庄 前庄 西拐 张庄 下洼 陈咀 芮庄 谭庄 梨元
红旗	4167	870	1520	400.00	6018	12	东一组 西一组 二组 小二组 三组 东四组 西四组 五组 六组 八组 九组 十组
化岗	1820	361	521	118.47	6013	7	胜南 胜中 胜北 宋庄 田庄 化南 化北
陡北	2218	455	548	137.00	5976	6	吕咀 李位 蔡庄 东庄 街后 街心
张庄	3406	771	645	206.67	5996	11	崔庄 蔡咀 李咀 张庄 胡庄 顾庄 潘庄 孙庄 新庄 梅庄 王庄
晓庄	1997	421	620	157.67	5990	6	三塘 井塘 巷东 巷西 新庄 下庄
牌坊	3960	860	1396	334.13	5978	9	史戚 三队 毛徐 赵孙 陈戚 杨单 单西 李周 圩东
黄庄	2060	456	620	290.85	5975	6	冯洼 纪岗 单庄 中黄 朱洼 冉朱
刘岗	1890	307	610	191.60	5988	5	一组 二组 三组 四组 五组
祖窑	3860	710	1430	428.37	6014	15	彭东 彭西 马庄 岗南 边庄 阙庄 厉庄 祖窑 蒋庄 曹庄 新迁 张庄 杨庄 孔井 陈庄
合计	33274	6770	10100	2856.90	－	109	－

1986～2008年兴隆乡主要社会经济指标一览表

表36－40

年份	总面积(公顷)	耕地(公顷)	人口(人)	粮食产量(万千克)	油料产量(万千克)	财政收入(万元)	农民人均纯收入(元)	地区生产总值(万元)			
								合计	其中		
									一产	二产	三产
1986	10100	4797.53	26643	1749.9	64.72	86	328	1550	1334	95	121
1987	10100	4624.53	26847	1780.4	64.77	90	368	2011	1626	132	253
1988	10100	4564.40	27136	1786.6	62.15	92	407	2374	1875	197	302
1989	10100	4478.60	27353	1758.3	63.27	102	496	2621	2104	237	280
1990	10100	4392.30	27681	1863.6	62.19	117	557	2932	2418	283	231
1991	10100	4306.20	27949	1260.6	67.18	118	643	3121	2532	317	272
1992	10100	4220.30	28187	1984.3	49.65	120	682	3489	2811	354	324
1993	10100	4133.70	28476	1947.5	47.96	122	790	3755	3026	382	347
1994	10100	4047.03	28753	1903.8	47.33	146	980	4540	3713	435	392
1995	10100	3960.20	29012	1974.2	49.63	167	1208	5249	4327	492	430
1996	10100	3874.42	29273	2003.6	58.36	177	1516	6111	5031	573	507
1997	10100	3787.60	29469	1909.3	56.74	186	1727	6981	5782	637	562
1998	10100	3700.80	29671	2020.2	56.32	200	1956	7631	6236	786	609
1999	10100	3614.90	29859	2439.1	58.55	234	2340	8371	6711	924	736
2000	10100	3528.07	29963	2025.1	62.88	278	2600	8946	7063	1022	861
2001	10100	3441.72	30216	2032.4	63.99	280	2885	9617	7386	1226	1005
2002	10100	3355.04	30467	2009.3	61.09	332	3000	11445	7546	2136	1763
2003	10100	3268.52	30741	1575.7	42.66	386	3085	14762	8265	3540	2957
2004	10100	3182.03	31173	2104.5	49.16	281	3251	16934	8936	4328	3670
2005	10100	3095.56	31526	2200.2	53.47	170	3450	19371	9301	5602	4468
2006	10100	3006.74	31745	2655.5	54.76	289	3960	21498	9843	6379	5276
2007	10100	2922.43	32459	3046.7	66.48	1092	4860	25186	11500	7530	6156
2008	10100	2856.90	33274	3522.5	117.93	1225	6000	28178	13451	8540	6187

第二十章 江苏省三河农场

江苏省三河农场位于盱城镇东北方约18千米,东与观音寺镇交界,南与维桥乡接壤,西与盱城镇、官滩镇相毗邻,北依洪泽湖南岸。地理走势西高东低,境内的潘庄分场地面高程为12.5米,邱上营分场为28.8米,落差16米左右。地处淮河副热带大陆型季风气候区,一年四季分明,光照充足、气候温和、雨水充沛、无霜期长,适宜各种农作物的生产繁育。2008年,全场有4个农业分场,15个生产队,25家民营企业,9个驻场单位,总面积50.52平方千米。可耕地面积2900公顷,林果地98公顷,宜养殖水面240多公顷。有居民户4111户,总人口11163人,在职职工3381人,离退休2615人。

第一节 农 业

一、种植业

1986年,种植业以稻麦为主,其他经济作物为辅。主要种植三麦、水稻、棉花等大宗农作物为主,单总产水平不高,经济效益低下。三麦种植1652公顷,产量5120吨,产值176.79万元;水稻种植1083公顷,产量6400吨,产值187.15万元;棉花种植164公顷,产量2746担,产值46.8万元。1987年后,调整作物布局,压缩棉花种植100公顷,增加油料作物、西瓜、甜叶菊、留兰香等300公顷,促进经济效益提高。1990年,有小麦种子种植1000多公顷,水稻种子种植近400公顷,年生产优质小麦种子6500多吨、水稻种子3500多吨。1997年,种植蔬菜33.3公顷,建成塑料大棚150个,年创产值140万元。

图36-41 无公害草莓

2001年,蔬菜种植160公顷,生产蔬菜2553吨,销售收入315万元。2003年,水稻以优质粳米、工业用粮为主,销售大米21706吨;架设大棚120个,生产蔬菜800吨。2004年,推广机插秧、旱直播、新品种应用,召开6个现场会和观摩会,开展4个千亩片、20个百亩方高产田生产竞赛活动。新增草莓等无公害基地认定334公顷,草莓供不应求。先后相继成立盱眙县草莓协会、盱眙县三河稻麦种植协会。农场被农业部授予“无公害农产品示范基地农场”称号。2008年,全场水稻种植2861公顷,产量2575万千克;小麦种植2858公顷,产量2038万千克;栽植草莓、蔬菜等192公顷,产值1000多万元。

二、养殖业

1986年,农场的肉鸡养殖初具规模,配套建起年饲养10万多羽的肉鸡场1个、祖代红波罗鸡场1个、年孵70万只雏鸡孵化厂1个、年加工混合饲料4000吨的饲料加工厂1家,引进荷兰米恩公司家禽宰杀生产流水线1条及230吨冷藏库1座,形成产、供、销一条龙的生产体系。对林牧水产公司的75公顷渔场重点投入,添置增氧机36台、水泵43台,修建砂石路6千米,疏浚排灌渠土方15万立方米。牲畜饲养总量4753头,家禽存栏量20万羽,禽蛋类产量225.1吨,成品鱼产量270吨。1987年,投资44万元,建成父母代种鸡场,年饲养肉种鸡1万羽。从加拿大谢弗公司引进红波罗种鸡进行繁殖饲养,年饲养量20万羽,出栏10万羽。引进梅山母猪60头、杜济克公猪2头、长白公猪2头。1990年,投资22万元,改造冷库设施,按照冻鸡出口标准建成分割线1条,年产量1290吨,产品首次销售到中国香港地区和日本。1991年,从美国引进AA白羽肉种鸡4400羽进行繁殖饲养,实现肉、种并养,调整市场的不同需求,年饲养量9.2万羽,出栏4万羽。发展精养鱼池26.67公顷,普养鱼池50公顷。1992~1997年,每年的肉鸡饲养量和出栏量均在100万羽以上。其中,1995年农场生产的冻鸡有350吨被肯德基采用。

1998年,农场实行体制改革,肉禽养殖由集体饲养逐步转变为租赁和个人承包饲养,冷冻厂由私人承包经营。肉禽出栏量在200万~250万羽左右。增加肉鸭和肉鹅饲养,年饲养4万羽,出栏3万羽。2003年,开始自繁自养四季鹅,年饲养1万羽。改制后的种鸡厂年饲养德国罗曼鸡和美国海兰蛋鸡45000羽,年产蛋700多吨;饲养肉鸭和蛋鸭2万羽,养猪300头。2005年,随着大棚草莓规模化生产,蜜蜂养殖达150箱。2008年,年饲养肉鸡310万羽,鸭100万羽,生猪0.8万头;渔场有无公害鱼塘140公顷,养殖龙虾1.67公顷,13.33公顷鲴鱼试养成功,产量150吨。从业人员80余人,水产品总量2200多吨。

三、林果业

1986年,用材林成为农场林业生产经营的主要部分。农场对林业生产作中长期规划,逐步淘汰落后品种,更新成材林,栽植速生杨树品种,提出和制定林业产业化发展战略,让杨树产业成为职工的“绿色银行”。全场林木368公顷,植树10万株。在潘庄分场东大堆栽植4公顷银杏和6.67公顷杜仲,林木覆盖率达8%。1991年,成立江苏省国营三河农场林木公司,负责农场林木生产供应经营。1992年,建苗圃2.8公顷,品种有中山杉、黑莓、猕猴桃、金丝垂柳、紫叶李、广玉兰、海桐、金叶女贞等。2000年起,改革林权制度,分成承包,激发职工种植林木积极性。当年有林地630公顷,果树36公顷。2004年,全场林木总面积突破666.7公顷,其中更新林地45公顷,果树等经济林木14公顷,林木覆盖率13.3%。2005年,取消林木买断承包方式。2008年,林木面积980公顷,覆盖率20%,果树业经济收益200多万元。

四、农业机械

1986年,农场土地种植方式实行联产承包制,兴办职工家庭农场,集体的机械力量远不能满足耕作需求,职工自筹资金购买农机及农机具投入使用。全场拥有48台拖拉机2350马力,140台(套)农机具,19台联合收割机,6辆载重汽车,大宗农作物机械化作业率达70%~80%以上。2000年,拍卖所有机械及农具,油料库、加油站、配件库工程公司也先后拍卖或协议转让,集体部分农机资产全部退出,走向市场。2008年,全场共拥有大中型拖拉机275台,总动力29000马力,配套农机具837台,小型拖拉机175台,配套农机具120台,联合收割机140台。拥有插秧机355台,机插秧达80%左右。

图36-42　农业机械

第二节　工　　业

1986年,农场建有加工厂、农机厂、砖瓦厂、食品厂、半导体厂、酱醋厂、炼油厂、酒厂、磷肥厂、肉禽厂10个场办工厂,共生产35种产品。在镇江恒顺酱醋厂协助下,投资40万元,新建香醋厂,年产镇江酱醋1000吨。1987年,成立江苏省国营三河农场第二砖厂。1988年,罐头厂与三河饭店并入三河食品厂,三河食品厂并入三河酒厂。1989年,三河半导体厂出口的锗二极管获省优产品称号。第二砖厂停产。停产封缸酒,转产三河中档香醋,恢复黄酒生产。骨干企业实行全员风险抵押,增强风险意识。

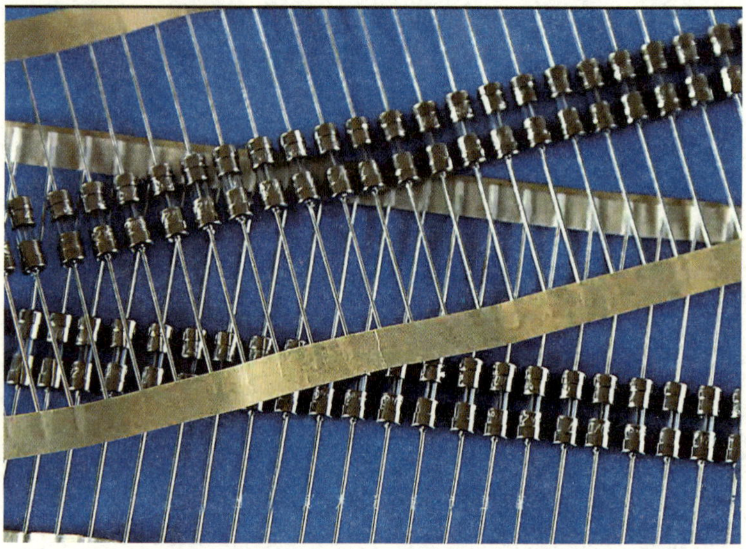

图36－43　半导体厂生产的二极管

1990年,江苏省国营三河农场酒厂更名为江苏省国营三河酿造食品厂,三河香醋厂生产的"恒河"牌香醋受到农业部表彰,江苏省国营三河酒厂关闭。1992年,先后投资1500多万元重新整合场办企业,将磷肥厂转产为改性塑料厂;合并香醋厂、酱品厂、酒厂、食品厂,成立恒河酿造总厂;建成万吨香醋和酱油自动化生产线,年产7000吨,"恒河"牌系列产品获"中国高新技术新产品博览会"银奖和"第二届中国农业博览会"金奖,产品销往全省各地以及上海、安徽、广东等地。改建粮棉油加工总厂剥绒、棉籽加工生产线,建成榨油浸出法生产线,日处理350吨棉籽、300吨菜籽原料的能力。"适应多品种原料(大豆、菜籽、棉籽)油脂制取工艺装备"在全国通过评审、鉴定,被江苏农垦总公司授予科技进步一等奖。投资120万元改造粮棉油加工榨油和轧花车间,新建880平方米库房,当年创利71.7万元。炼油厂新上精炼车间,与中国人民解放军总后勤部车船研究所联合开发新型汽车制动液,可替代进口产品。农机厂新购2台车床和改造冲天炉等;半导体厂投资50万元,新上平面薄膜开关项目。

1993年,建立场内激励机制,场长奖金直接与企业利润挂钩,打破过去工厂承包人不超过工人两倍奖金做法,实现在承包利润基础上见利提奖。成立三河农场改性塑料厂,与扬子研究院联合开发聚丙烯拉丝必需品降温母粒;粮棉油加工厂投资190万元,上马新型浸出阀榨油车间,创利102万元;恒河酿造总厂投资150万元,新增加醋、酱油等调味品生产能力7000吨,创利85万元。绿色食品恒河系列产品获"中国高新技术新产品博览会"银奖。1995年,投资230万元为粮棉油加工总厂榨油车间进行技改,创利224万元;投资180万元为恒河香醋生产线进行配套建设,新建年产3500吨酱油生产线,恒河香醋获"95中国第二届农业博览会"金奖,被称为"醋中茅台";砖瓦厂投资70万元,翻建轮窑技改配套机械设施,创利21万元。半导体厂开发生产防雷插座获"95首届青年发明博览会"金奖。1996年,投入300万元,为恒河酿造总厂新建一条5000吨香醋机械化生产线,年综合生产能力1.5万吨,创利204万元。1997年,投资380万元为恒河酿造总厂再上一条5000吨香醋机械化生产线,新建成醋糟饲料生产车间,年生产能力2万吨,年创利252万元;投资40万元为粮棉油加工总厂剥绒车间技改,经全国油脂专家技术鉴定,填补省内空白。

1998年,场办企业分期实施改制,完成改制企业7家,半导体厂改制为股份合作制企业,薄膜开关厂和印刷厂改制为民营企业,家禽孵化场、饲料厂、冷冻厂、肉鸡场改制租赁给私人经营;半导体厂、粮棉油加工总厂改为股份制企业,改性塑料厂、炼油厂、农机厂和畜禽水产公司所属的几个工厂率先改为民营企业,成立盱眙县三河桂龙机械厂、盱眙县三河祥龙润滑油厂、盱眙永进塑料厂。1999 年,粮棉油加工总厂改为股份制企业,成立江苏盱眙三河粮棉油有限责任公司。2001 年 5 月,砖瓦厂改制为民营企业。2002 年 7 月,恒河酿造总厂改制为民营企业。2003 年 2 月,三河半导体厂实行二次改革后为民营企业,更名为江苏盱眙三河半导体有限公司;三河粮棉油加工总厂改制成民营企业,成立江苏三河粮棉油加工有限公司。2008 年,全场有企业 25 个,其中民营企业 24 个,经营户 379 户,从业人员 1511 人;电子工业发展到 11 家,从业人员 1100 人,工业产值 2. 34 亿元。

第三节　三　　产

一、建筑业

1986 年,三河农场建筑业由场建安公司负责,公司下设工程一队、二队、三队、四队。对内负责全场基本建设方面的各项施工任务,对外面向社会从事各种建筑安装经营活动。至 1995 年,先后承建黑龙江省佳木斯市农垦大厦框架结构工程,南京市农科院办公楼,淮阴中学图书馆,双洋酒厂厂房、宿舍楼,盱眙龙泉酒厂单层装配式厂房,分金亭酒厂厂房、双沟酒厂厂房等,共完成建筑面积 49550 平方米。其中,淮阴中学图书馆、双洋酒厂、双沟酒厂的建筑工程被市建设部门评为优质工程、全优工程。1996 年,经江苏省建设委员会批准,场建安公司资质等级达三级施工企业标准。当年完成工程楼房 1. 1 万平方米,场区道路施工 14700 平方米,实现产值 1200 多万元,创利 60 万元。至 1998 年,公司固定资产 260 万元,拥有职工 341 人,其中工程技术人员 10 人,下属 4 个工程队、1 个装潢公司、1 个水电安装队、1 个构件厂。2001 年 8 月,建安公司实施改制并解体。

二、商贸、餐饮、服务业

1986 年,农场境内有盱眙县供销合作总社设立的“一站三点”商业网点,场部中心有三河供销站,其他区设立一个代销点,供应职工、居民的日常生活用品。全场有商业网点 28 个,营业额 275 万元。农贸市场在花园转盘十字路口设立临时集市,交易额 30 万元。餐饮方面主要有招待所、食堂和个体饭店 9 户。有浴室 1 个,职工理发室 1 个。盱眙县邮政局在农场安装 100 门磁石交换机。1989 年,农场与盱眙县工商局官滩工商所合建占地 728 平方米的综合农贸市场,有摊位 264 个,经营蔬菜、鱼、肉、蛋、家禽等。1993 年,安装程控电话,首期装机 100 部。1994 年,投资 15 万元,改造招待所,房间 20 多间,床位 80 多张;投资 60 万元,建成拥有 30 张床位的宾馆。1995 年,手机、小灵通进入农场。2008 年,农场境内拥有个体商业、餐饮业、服务业网点 379 个,规模饭店 12 个,快餐型大排档 10 个,个体熟食摊点 19 个,照相馆 3 家,旅社 4 家,理发店 9 家,家电钟表修理门市 6 个,自行车、摩托车修理门市 11 个,移动联通服务点 5 个,电信服务点 1 个,大型超市 2 个,从业人员 660 人,营业收入 6700 多万元。

三、交通运输业

1986 年,农场境内有两条公路,一个码头。一条是贯穿南北的维(桥)三(河)路,另一条是贯穿东西的双(桥)兴(隆)路,水上有围场河通往洪泽湖的航道。维三路 5 千米处连接宁徐高速公路,双兴路通往盱城镇、官滩镇。1987 年,申请开通农场至盱眙、淮阴、南京客运线路,购置 3 辆大客车、1 辆中巴车,1 辆每日开往淮阴,1 辆隔日开往南京。1990 年,汽车队共有 5 辆载重运输汽车 450 吨位,4 辆营运客车 158 座。船队“一轮八拖”运输总吨位 543 吨,当年运输总收入 48 万元,实现利润 8. 7 万元。1996 年年底,农场所有车、船均卖给职工个人经营。汽车队、船队随之解体。2008 年,全场有运输车辆 25 辆 500 吨位,客运车辆 7 辆 250 座,营业收入 850 万元。

第四节　基础设施建设

一、农田水利

1986 年,对位于农场北部的洪泽湖大堤进行加固筑堤建圩,抵挡农场西南洪水侵袭。建设圩区围堤内部排灌系统。至 2008 年底,挖大型支渠 16 条,总长度为 36.9 千米,中型支渠 65 条,配套斗渠 365 条,完成 580 万立方米土方任务;建桥梁 9 座、涵闸 12 座、抗旱拦水坝 3 座,建大小排灌站 49 个,装机总容量 3006 千瓦;建成日降雨 200 毫米无内涝、大旱时期有水用的排灌系统。

二、集镇、道路

1986 年,农场集镇主要在场部周围建设,主要有医院、邮电所、营业所、供销站、食品站、招待所、食堂、电影组、托儿所、广播站、蔬菜队、三河小学、农机厂、加工厂等。1989 年,建成公司知识分子住宅楼 960 平方米,拉开场部小城镇建设序幕。1990 年起,逐步对场部主干道实施改造,石子路改建为水泥硬质路面。1991 ~ 1994 年,投资 80 万元,先后建起 532 平方米的三河邮电大楼、1557 平方米的商贸公司综合楼、4600 平方米的小康新区商品楼、990 平方米的机关干部别墅楼等。1995 年,邀请南京城市规划设计院专家对农场小城镇发展作出初步设计和规划。投资 180 万元,沿街道两侧先后建起 1460 平方米的三河小学教学楼、1954 平方米的机电中心、424 平方米的电管中心、1800 平方米的建安公司、550 平方米的三河派出所、1200 平方米的恒河酿造总厂、1066 平方米的粮贸公司、900 平方米的中国农行盱眙县支行三河分理处、603 平方米的盱眙县国家和地方税务局三河分局等办公营业楼,有 120 户职工搬进楼房,新铺水泥路 1.2 万平方米,投资 100 万元建淮化大道。1997 年,建成 550 平方米的三河浴室、550 平方米的幼儿园、2200 平方米的医院门诊和住院楼以及 10 余幢住宅楼等。

1998 ~ 2000 年,投资 258 万元,实现路桥涵亮化工程。2002 年,按“谁投资、谁所有、谁受益”原则,走“市场化开发、标准化建设、规范化管理”路子,放开民用宅基地建设,用土地换资金,发展厂部道路和公共设施。2003 年,委托淮安市村镇建设规划服务中心为农场集镇发展制定 2003 ~ 2020 年长远目标,以三河路、恒河路为主轴,纵横交叉,集镇呈“十”字型,将新老区中心连为一体,实施功能分区,分为居住区、公建区、工业区、公共绿化区,占地 68 公顷。有居民约 2000 户 5000 余人,分建业、恒河、小康、居民 4 个小区,属三河农场社区管委员管辖。2005 年,完成水泥路 15.6 千米建设,场内主干道形成“三纵四横”格局。2008 年,建成水泥硬质路面 20 千米,乡、村水泥硬质道路 15.8 千米。新建住宅楼 2 万多平方米,建成休闲广场 9500 平方米,建成三河路到二环路两侧的绿化风光带。

第五节　社会事业

一、教　育

1986 年,三河农场有中学 1 所,小学 9 所,幼儿园 1 所,设有初中部 9 个班、高中部 6 个班,执教人员 163 人,在校学生 2246 人,教职工 193 人。1989 年 11 月,投资 35 万元,兴建 1 座 1278 平方米的教学楼,可供 3 轨 12 个班使用。

1991 年,第二中学并入三河中学。1994 年,三河中学的普高班实施“二一分流”,停办普高,设立盱眙县三河农场职业中学,投资 30 万元,兴建 1000 平方米的综合教学楼,开设养殖、农机两个专业,招生 140 人。1995 年,挂靠淮阴纺织中专学校,成立三河分校,设财会和机电 2 个班,面向农垦系统招生 100 人。1996 年,盱眙县三河农场职业中学停办。

1997年,试行校长负责制、教师聘任制,实行教职工竞争上岗,实行编制和工资总额包干。2001年8月,农场学校交由盱眙县教育局、人事局管辖。列入移交的有初中1所,学生130人,教职工32人;小学1所,学生671人,教职工81人;场办中心幼儿园转为民办。2005年,中心幼儿园收归农场社区管理。有教师4人,班级2个,入园幼儿35人。2008年,有中心幼儿园1所,开设5个班,保教人员8人,入园幼儿120人。

二、医疗卫生

1986年,农场医院拥有1幢520平方米的医院门诊楼和2幢住院病房(平房),分设内科、外科、中医科、检验科、放射科,有手术室、中西药房等,病床12张;添置万能手术台、万能产床、A型超声波诊断仪,设置妇产科,在各分场设10个门诊室。全院共有59名职工,其中各类科技人员50人。居民全部饮用地表井水,三河半导体厂和酒厂因生产需要各打1口深水井,配置容量20吨水塔各1座,供给农场部分居民饮用水。1995年,农场医院被淮阴市卫生局评为一级甲等医院。1997年,投入207万元,盖起1幢三层2200平方米门诊楼,将原门诊楼改造为病房,添置300毫安的X光机、B超(黑白)机、分光光度计、分析仪理疗仪等设备。设有内科、儿科、外科等13个科室和护理部、医保办。1998~2002年,先后撤销各基层门诊室。2008年,医院拥有职工36人,其中医护人员34人,住院病床35张。共有深水井17口,供应全场生产、生活用水,受益11160人。

三、文化、广播电视、供电、移动电信

1986年,全场拥有电力变压器54台,容量6720千伏安。电话门数扩大到100门,一律采用磁石桌机。有职工业余剧团、篮球队、乒乓球队、电影放映队,重大节日举行巡回演出。场部建广播放大站,有线通往各管理区用高音喇叭进行节目转播,农场给各家各户安装(舌簧)小喇叭,有线广播进村入户。1987年,架设10千伏线路6.5千米、0.4千伏线路4.8千米、0.2千伏线路2.6千米,增加电力变压器5台(套),容量170千伏安,五区、八区、九区朱哨队等偏远地方都通电。1990年10月,农场投资近20万元建起一座拥有590座位的职工文化培训中心,结束农场电影露天放映的历史。

1991年11月,机电部四十研究所电视技术开发部为农场设计安装闭路电视系统,开通中央一套、二套和浙江、山东、广东、江苏电视台六套模拟节目。1993年,出资15万元,在全场安装100部程控电话。

2002年,国家对农网实施改造,对农场共投入480万元资金,新增电力变压器71台,更换变压器12台,容量达到8910千伏安。2003年,投资改造调频广播,自办《三河新闻》等节目,农场以租赁形式与盱眙县电视台联网,电视节目扩大到40套。

2008年,拥有变压器125台,容量15630千伏安,10千伏线路98千米,0.4千伏线路68千米,全年用电量1341.1万千瓦时;程控电话3600多部,手持机4000余部,宽带320多户;有线电视覆盖率98%,分场覆盖率80%。

四、社会保障

1986年,职工实行公费医疗。凡领取独生子女证的职工,年老退休时增发5%退休金;终生无子女的职工,退休金按100%发放;计划外生育的视情况给予处分,征收夫妇双方工资额10%社会抚育费,对独生子女在入托、入学、就医、就业等方面享受优先、优惠待遇,计划生育率96%,人口出生率9‰。1987年,试改公费医疗,在职职工、离退休人员、独生子女享受公费医疗,报销比例为70%~80%,个人自付20%~30%,其他人员报销比例为50%。

1999年,新办敬老院1所,入住"五保"老人7人。2008年,4100多人参加农村合作医疗,有退离休职工2615人,养老金纳入省级统筹,全年发放养老金3119.19万元。190多户贫困户享受最低生活保障。敬老院入住老人18人,工作人员3人。人口出生率6.5‰,自然增长率-0.09‰,期内节育率100%。

第二十一章 十里营乡

十里营乡东与维桥乡毗连,北与官滩镇接壤,南与古桑乡相连,西与盱城镇相接,宁宿徐公路穿境而过,交通便利。1986年,行政区域77平方千米,耕地4352.2公顷,水域1200公顷,林园928公顷,非农业用地726公顷;辖14个村、129个居民小组、4235户22346人。1999年,行政区域77平方千米,耕地2659公顷;辖13个村、103个居民小组、3942户21638人。2000年2月,区划调整,十里营乡(除三墩村、甘泉村外)并入盱城镇。

第一节 农 业

一、种植业

1986年,以种植水稻、小麦、油菜、玉米为主,种植面积4200公顷,粮食产量23700吨,有林地120公顷。1993年,拓植桃园20公顷,苹果、板栗、葡萄21.3公顷。1996年,实施农业产业结构调整,改造中低产田666.67公顷;发展毛庄村、太和村、毛郢村、新湾村、三墩村等8个蔬菜专业村,种植大棚蔬菜166.67公顷,建成蒋庄千亩蔬菜大棚高标准示范园。1998年,与南农大、市蔬菜研究所、连云港通元公司开展技术和销售合作,乡政府采取发展1亩大棚蔬菜奖励500元等优惠政策,全乡大棚蔬菜扩到120公顷;在毛庄村蒋庄组采取股份制发展鲜切花园3.33公顷,年出售鲜切花90万枝。1999年,有大棚蔬菜200公顷,粮食种植面积2600公顷,产量27400吨,全乡林果种植面积300公顷。

二、养殖业

1986年,养牛600头、猪3000头、羊300只、鸡10万羽、鸭7万羽、鹅1.6万羽,水面养殖15公顷,产量45吨。1996年,新华村境内的四山圩养殖水面200公顷,养殖品种有珍珠、龙虾、淡水鱼等,产量108吨。1988年,12户渔民在圣山湖开发水面20公顷,进行围栏养殖,全乡水产养殖366.67公顷,年产量1000多吨。1995年,新湾村发展温室养猪业,对养殖户统一免费提供红砖、水泥,建成统一规格的高标准、封闭式猪舍2000间,全村生猪饲养量达2万头,被县委授予"养猪专业村"称号。严岗村、十里营村养黄牛400头。1998年,严岗村利用本地水田稻草多的优势,发展黄牛饲养业,养黄牛800头,成为黄牛养殖专业村。1999年,全乡养牛820头、猪26000头、羊530只、鸡12万羽、鸭8.1万羽、鹅1.2万羽;水产养殖800公顷,产量2200吨。

第二节 工 业

1986年,工业以甘泉石灰窑厂和十里营砖瓦厂为主,年产石灰20万吨、红砖5000万块。1994年,实行产权制度改革,乡办企业10家,有6家实行租赁经营、4家实行股份制经营和风险抵押承包;新建第三采石厂。1996年,甘泉石灰窑厂停产。1997年,乡一、二、三采石场实行租赁改制。1999年,乡工业有采石厂2家、砖瓦厂1家,年产值3146万元。

第三节 三　产

1986年,有从事运输车辆80余辆,饭店6家,集贸市场1处,以旅社、家电维修为主的服务业12户。1990年,成立十里营建筑站,下辖4个施工队,职工100多人。1992年,十里营供销社综合门市由私人承包。1999年,服务行业有162户,其中旅社32家、照相馆8家、电器修理42家、其他80家。

第四节 基础设施建设

1986年,有十老路和盱马路2条乡村砂石路,6条村与村道路为土路。1995年,建成乡村公路20.6千米,乡村公路实现砂石化。1996年,新建农贸市场,街道安装路灯;有11.2千米的乡村道路实现黑色化。1998年,在乡政府西侧建成农民街,在主街道两侧建成三层楼房46幢,街道初具规模。1999年,建成一条宽46米、长1000米的商业街和4000平方米的农贸市场,沿街安装路灯30盏,绿化草坪1333.33公顷,街道实现亮化、美化、绿化。

第五节 社会事业

一、教　育

1986年,有初级中学1所,学生328人,教师45人;中心小学1所,学生548人,教师38人;中心幼儿园1所,学生106人,教师16人;村小11所,学生2033人,教师86人。1988年,投资300万元,新建十里营中学新校区,占地14324平方米,建筑面积3452平方米,有学生6个班342人。1994年,投资20万元,新建中学教学楼1幢;投资100万元,新建十里营中心小学教学楼,建筑面积1800平方米,有学生16个班804人。1999年,有初级中学1所,学生432人,教师46人;小学11所,学生2206人,教师94人;中心幼儿园1所,学生362人,教师16人。全乡有教职工156人,在校生3000人。

二、卫　生

1986年,有卫生院和12个村卫生服务室,医务人员58人,病床32张。1994年,卫生院建成门诊综合楼,设精神科、内科、外科、妇产科等10个临床科室和检验科、心超室等4个医技科室。1995年,在毛庄村张庄组境内抽取地下水,为十里营街道及傅庄、冼庄、许庄1600户12450人供水。1999年,卫生院有医务人员46人,新增门诊部4个,建成5个甲级村卫生室;实施农村改水,1.36万人用上自来水。

三、文化、广播电视、供电、电信

1986年,各村使用高音喇叭收听县广播电台节目,有乡文化站1个,文艺宣传队2支,全乡由城区供电,有电话13部。1990年,建成乡文化活动中心,组建专业文艺宣传队,开展文艺下乡活动。建成乡供电所1座。1993年,安装程控电话152部。1997年,建成微波传输系统,有100多户安装有线电视。1999年,全乡有线电视入户360多户,新建电信办公楼,开通移动通讯塔,安装程控电话1868户,移动电话160多部;十里营供电所迁址重建,建筑面积2300平方米。

四、社会保障

1986年,敬老院占地0.26公顷,瓦房20间,入住老人16人;计划生育率85%,人口出生率在16‰以下。1993年,建成计生办公楼800平方米,计划生育率达100%,人口出生率控制在5‰以下。1994年,开设养老保险、农民住院医疗保险、子女婚嫁金保险和家庭财产保险,参保1.8万人。1999年,参加农村各种保险2万多人,计划生育率在98%以上,人口出生率在10‰以下。

1986~1999年十里营乡主要社会经济指标一览表

表36-41

年份	总面积(平方千米)	耕地(公顷)	人口(人)	粮食产量(万千克)	油料产量(万千克)	财政收入(万元)	农民人均纯收入(元)	地区生产总值(万元)			
								合计	其中		
									一产	二产	三产
1986	7700	4352.2	22346	2370	50	36.0	382	4986	2776	1950	260
1987	7700	4352.2	22258	2380	50	38.0	398	5230	2980	1970	280
1988	7700	4352.2	22320	2360	60	41.0	408	5316	2986	2034	296
1989	7700	4352.2	22169	2410	60	43.0	426	5863	3220	2263	380
1990	7700	4352.2	22268	2410	70	52.0	482	6180	3460	2280	440
1991	7700	4352.2	22156	2400	80	56.0	486	5860	3150	2200	510
1992	7700	4352.2	21592	2380	100	58.0	565	6218	3520	2208	490
1993	7700	4352.2	21498	2400	120	62.0	671	6786	3865	2413	508
1994	7700	4358.9	21973	2560	120	88.0	832	6907	4300	2027	580
1995	7700	4358.9	21790	2810	100	101.2	1705	9033	5490	2943	600
1996	7700	4259.7	21659	2770	80	89.8	2250	12250	8176	3324	750
1997	7700	4249.7	21692	2540	80	106.5	2717	14800	10300	3640	860
1998	7700	2659.0	20266	2520	70	205.1	3155	15600	9600	4800	1200
1999	7700	2659.0	21638	2740	100	264.5	3201	18539	12379	4912	1248

第二十二章 高桥乡

高桥乡位于县城东部,与城区相距23千米,东与马坝镇相连,南与穆店乡、黄花塘乡接壤,西与维桥乡相邻,北与马庄乡毗连,地处宁连一级公路、宁宿徐公路和徐扬公路交汇处。境内有鲁坝水库、官塘水库、双坝水库,黑泥河、高桥河,地势南为高岗,西北低洼多圩田,农田水利条件北部优于南部。

1986年,行政区域57平方千米,耕地2450公顷,水域185.7公顷。辖13个村、102个村民小组、3569户1.02万人。1999年,行政区域57平方千米,耕地2178公顷,水域120公顷,林地136公顷。辖13个村、102个村民小组、3928户12968人。2000年2月,高桥并入马坝镇管辖。

第一节　农　　业

一、种植业

1986年,粮食产量20999吨,油料产量155吨;有林地54.8公顷。1993年,稳粮扩经、压麦扩油,种植蔬菜133.33公顷,粮食产量17134吨,油料产量1428吨。1994年,推广水稻抛秧栽植333.33公顷,实施"三麦无草害工程"933.33公顷,推广优质杂交稻种3万千克。全乡桑园133.33多公顷,出售蚕茧25吨。1997年,调整种植结构,发展蔬菜种植专业村3个,种植蔬菜133.33公顷,其中大棚种植蔬菜33.33公顷。1999年,改造中低产田13.33公顷,种植蔬菜122.67公顷,栽植意杨16.1万株,拓植桑园133.33公顷;粮食总产量19837吨,油料总产量713吨;林地136公顷。

二、养殖业

1986年,畜牧业以传统养殖业为主,养猪1.08万头、牛4050头、羊1600只、兔1980只、家禽11.5万羽;水产养殖面积138.8公顷,产量47.04吨。1993年,家禽饲养量43.7万羽,生猪饲养量1.45万头。1995年,建成鲁坝、施招等畜禽养殖专业村,有专业大户212户;建成万斛村水产养殖专业村,黑泥至万斛圩区连片养殖66.67公顷,累计水产养殖333.33公顷。1997年,发展专业大户386户,养禽42万羽。1999年,高桥乡养猪2.2万头、羊3800万只、家禽67万羽;有水域120公顷,养殖水面100公顷。

第二节　工　　业

1986年,以个体手工业为主,有豆腐、卷烟、缝纫、纺织、榨油、锻造、餐饮等个体企业11家,集体企业有建材、加工、农具制作、土窑、酿酒等。1993年,有乡办企业10家、村办企业12家、个体及联户办企业150家。高桥食品厂生产的大糕被市评为优质产品;乡农具厂生产的特种测温仪表获市优产品称号,并连续三年被市农行评为重合同守信用企业。1995年,乡水泥制品厂获建设部颁发的生产许可证。1996~1998年,先后创办人武采石厂、飞亚化工厂、轮窑草包厂;乡轮窑厂与启东市东海乡联营,蓄电池厂与宜兴县南新乡联营;新建药用冰片生产线。1999年,有水泥制品厂、印刷厂、太阳城绿色食品有限公司等5家集体企业,工业产值5812万元,乡轮窑厂和水泥制品厂实施产权制度改革。

第三节　三　　产

1986年,全乡有集体商店7家、个体商店13家、饭店6家、旅馆3家、浴室2家、照相馆2家;建筑队2个,建筑工人200人;有运输车4辆,运输手扶拖拉机180台;全乡三产产值1360万元。1990年,依靠交通优势,发展第三产业,收入800多万元。1999年,全乡从事建筑业有650人,从事运输客车、货车有19辆;有个体商店68家、饭店17家、旅馆5家、浴室3家、照相馆3家,从业人员400多人,第三产业增加值1734万元。

第四节　基础设施建设

1986年,小城镇以砖瓦房为主,街道为硬质化路面,村道为土路。1990～1995年,采取向上争取、政府投入、群众自筹等形式,铺设砂石路30千米、水泥路20千米。1996年,建成一条商业街和150户的集镇居民区,完成通电、通水、通电话、通路灯、通下水道等基础设施建设。1997年,新建占地1.33公顷的集贸中心;欧湖、旧街、梁马、万斛、高桥5个村铺上砂石路,总里程25千米。1998年,建成水泥大桥1座,铺设沥青路面2千米。1999年,建成综合农贸市场1个,设摊位300个;铺设集镇水泥路2万多平方米,铺设乡村水泥路2条7千米,铺设砂石路11条41千米,全乡有乡村公路14条53千米。

第五节　社会事业

一、教　育

1986年,有初中1所,学生416人,教师57人;中心小学1所,学生876人,教师58人;村小12所,学生1231人,教师108人;幼儿园2所,学生238人,教师48人。1994年,新建和维修教室512平方米,添置图书750册;进行成人教育培训900人次,扫除文盲320人。1996年,新建800多平方米的中学教学楼,新建幼儿园。1997年,中心小学新建1幢教学楼1000多平方米。1998年,中学、中心小学各新建1幢800平方米的教学楼。1999年,有中学1所,学生487人,教师65人;中心小学和村小12所,学生658人,教师102人;中心幼儿园1所,学生156人,教师23人。

二、卫　生

1986年,有卫生院1所,医护人员38人,病床20张,卫生防疫覆盖面100%;有主水厂1个、分水厂4个,受益1560人。1987年,乡政府投资打一口深66米的水井,建1座压力灌式自来水厂,街道居民350户饮用自来水,受益1650人。1993年,有卫生院1所,村医疗点13个,医务人员38人,病床28张。1996～1997年,高桥、万斛、施招、永兴、欧湖等村农民用上清洁卫生的自来水。1999年,有卫生院1个,医务人员60人,病床20张;村村设有卫生室,有256人参加医疗保险。延伸自来水管道,受益8000余人。

三、文化、广播电视、电信、供电

1986年,有文化广播站1个,有线广播入户率95%;文化中心设有影剧院、乒乓球室、图书室;乡直机关有手摇电话,6个村通电。1994年春节,组织文艺宣传队,到乡村演出80余场;大型歌伴舞《歌颂祖国》参加县委宣传部庆祝国庆45周年表演比赛,获演出三等奖;建成邮电办公楼,安装架设1000门程控电话设备,安装电话190部。

1996年,乡村组实现通电话,安装电话350多部。1997年,建立微波传输系统,安装有线电视用户100多户。1998年,开始实施农村电网改造工程。1999年,推行免收入网费的优惠政策,发展有线电视1500户,累计有线电视用户2430户;安装程控电话1867门,移动用户近2310户,有13个村3908户通电。

四、社会保障

1986年,乡敬老院有房屋9间,收养老人23人;计划生育率98%,人口出生率18‰。1994年,计划生育坚持一票否决权,宣传“三为主”方针,坚持“双月查”。1995年,社会保障工作走上正轨,婚姻登记、优抚、救灾救济、五保供养得到保障,全乡2.5万人参加社会养老保险。1997年,建成老年公寓,入住42人。1999

年，乡敬老院入住老人52人，享受低保387人，参加养老保险987人；计划生育率保持在98%以上，人口出生率9‰以下。

1986～1999年高桥乡主要社会经济指标一览表

表36－42

年份	总面积（公顷）	耕地（公顷）	人口（人）	粮食产量（万千克）	油料产量（万千克）	财政收入（万元）	农民人均纯收入（元）	地区生产总值（万元）			
								合计	其中		
									一产	二产	三产
1986	5700	2450	10230	2099.9	15.5	23	460	3427	508	1559	1360
1987	5700	2438	10238	2068.2	18.2	26	572	4016	518	1855	1643
1988	5700	2436	10291	2042.6	21.2	29	693	4306	623	1877	1806
1989	5700	2401	10304	2133.6	23.4	33	712	4376	739	1905	1732
1990	5700	2240	10266	2127.3	37.8	34	938	4508	792	1932	1784
1991	5700	2236	10278	2135.6	39.2	37	1332	5726	876	2928	1922
1992	5700	2230	10280	2016.3	48.6	39	1536	6906	897	3997	2012
1993	5700	2228	10296	1713.4	142.8	42	1820	8672	946	5452	2274
1994	5700	2228	16098	1876.2	84.6	47	2126	9422	1236	4509	3677
1995	5700	2224	16177	1878.8	135.6	54	2377	11762	1396	6293	4073
1996	5700	2218	10318	1983.7	78.2	69	2424	14506	1798	7574	5134
1997	5700	2209	10329	2103.6	93.6	87	2606	16429	2842	7548	6039
1998	5700	2206	10386	2200.4	110.4	128	2793	17860	3120	8004	6736
1999	5700	2178	12968	1983.7	71.3	144	2935	18723	3420	8073	7230

第二十三章　马庄乡

马庄乡位于县城东北部，距县城41千米，东与观音寺乡接壤，南与马坝镇相连，西与高桥乡相接，北靠三河闸，205国道穿境而过。

1986年，行政区域67.7平方千米，耕地2162公顷，水域2569公顷；辖11个村、110个村民小组、3508户1.5万人。1999年，行政区域67.7平方千米，耕地2130公顷，水面800公顷；辖11个村、1个居委会、110个村民小组、3508户14764人。实现地区生产总值1.89亿元，农民人均纯收入3177元，财政收入298.18万元。2000年2月并入观音寺镇。

第一节 农 业

一、种植业

1986年,种植油菜646公顷、三麦1333公顷、水稻1800公顷,粮食总产21485吨,油料总产1224吨。林业主要以庄台种植为主。1993年,全乡改造吨粮田133.33公顷,粮食产量18674吨,农业产值3336万元。1994年,在三河村新建5个日光能温室,蔬菜种植200公顷,林果增至100公顷。1996年,推广水稻旱育秧技术,实施纯粮化工程、吨粮田工程和无草害工程,在孙湾村、岗里村、三官村改造中低产田467公顷,粮食总产1991.4万千克。1998年,实施中低产田改造工程,完成黄集、桥北、杜庄等村万亩中低产田改造,全乡产粮食21901吨、油料716吨。1999年,改造中低产田1133.33公顷,种植毛豆66.67公顷,荷藕66.67公顷,籽瓜66.67公顷,地菜200公顷;建设宁连路沿线两侧农田林网示范区,栽植意杨66.67公顷。

二、养殖业

1986年,养猪7400头、耕牛1442头、羊120只、兔950只、禽22万羽;水产养殖190公顷,水产品产量59.6吨。1995年,发展"两专一基",三官村建成兔舍100间,养兔3100只;柴岗村、桥北村建成黄牛专业村,养牛720头。1996年,沿湖周边实施以水产立体养殖为龙头的生态农业工程,水产养殖373公顷。1997年,建猪舍400间、鸡舍80间,养猪2.3万头、牛915头、羊1.5万只、兔1万只、禽40万羽;在孙湾村、堆头村开发稻田养殖73.33公顷,岗里村改粗养为精养鱼池40公顷,水产养殖400公顷,产量3000吨。1999年,养猪2.34万头、牛1100头、羊0.64万只、兔0.6万只、禽47万羽;水产养殖520公顷,养殖大户25户,水产品产量1900吨。

第二节 工 业

1986年,工业处于起步阶段。1993年,全乡发展乡办企业9家、村办企业11家,有职工200人;工业总产值为1310万元。1994年,完成海绵厂、米厂的股份制改造,对拉丝厂、饲料厂、铁粉厂等7家乡镇企业实行租赁承包;乡轮窑厂采用机械拖坯、自行制作一台多斗挖掘机,提高功效,年产红砖1500万块,实现工业产值1842万元。1995年,对拉丝厂、农具厂、金属粉末厂实行先售后股改制,轮窑厂承包经营,其余企业实行租赁,实现工业产值2720万元。1997年,从事地笼加工的农户1000余户,年加工虾笼300多万只。1998年,通过拍卖、租赁等形式,改制企业15家。1999年,全乡工业技改投入500万元,18家企业年销售收入5759万元。

第三节 三 产

1986年,有个体工商户46户,其中饭店7家、旅社3家、浴室1家、理发店5家、照相馆2家;有运输车辆254辆,运输船只38余艘,年运量78万多吨;建筑站有职工100多人。1994年,建设农贸市场780平方米,市场摊位采取租赁形式租给个体工商业。1999年,新增个体工商户48户,新增私营企业5个,劳务输出新增1200人。全乡有饭店12家、旅社4家、浴室2家、理发店6家、照相馆2家、运输车辆332辆,三产从业680人,总产值5972万元。

第四节　基础设施建设

1986年,集镇建设开始起步,集镇在205国道两侧,穿境而过的205国道为砂石路,乡村道路为土路。1996年,拆迁集镇100多间临时摊点,完成街道长1000多米、宽42米的路面拓宽工程;新铺乡村石子路13千米;对三官村等老路面进行维修。1997年,建成1.2公顷的农贸市场。1998年,完成主街道绿化带、商业街、园丁街基础设施工程,新建2500平方米钢架大棚农贸市场,拆除改造街道两旁老房246间,新建两层以上楼房18320平方米;建成马庄乡至观音寺乡的新观马路,全长11千米;完成集镇主街道建设;铺设乡村道路9千米、修筑6千米,实现乡村道路砂石化。1999年,建成混凝土路1条1.2千米,完成1000平方米的顶棚农贸市场和1600平方米的停车场建设;小城镇建设通过市级验收。

第五节　社会事业

一、教　育

1986年,有初级中学1所,在校生520人,教职工45人;小学11所,在校生1880人,教职工128人;村村有幼儿园,教师近20人,幼儿650人。全乡有学生3050人,教师193人。1994年,建成中学办公楼,并通过市县初级中等义务教育验收。1996年,完成小学教学楼一期工程,并通过国家九年制义务教育验收。1999年,有中小学校14所。其中,中学1所、在校生586人、教职工52人;中心小学1所,在校生362人,教职工33人;村小学12所,在校生2132人,教职工146人。幼儿园11所,幼儿400多人,全乡在校生3480人,教职工231人。

二、卫　生

1986年,有卫生院1所,医疗点11个,医务人员63人,病床10张;街道部分居民饮用自来水,其余饮用井水。1996年,新建水厂4个,完成6个村改水任务,新增受益人口1648户9003人。1997年,完成孙湾、岗里、三官、永久、柴岗等村的改水任务,全乡农户全部用上自来水。1998年,卫生院添置病床10张及其他医疗设备,有村级甲级卫生室11个,实行大病住院医疗费统筹保障制度。1999年,有卫生院1所,医务人员22人。

三、文化、广播电视、电信、供电

1986年,每百户拥有自行车150辆、收录机35台、电视机75台;有部分村通电,其余居民户依然用煤油灯照明。1987年,建成马庄供电所办公楼。1996年,有11个村程控电话杆线到村,安装电话500部;新建乡文化中心楼,文化中心设有影剧院、乒乓室、图书馆等;有电影放映队2个。乡被省文化部门命名为“省群文工作先进乡”。1997~1998年,有9个村开通有线电视;电话杆线安装到村、组,电话装机800多部;改造街道和农村电网,用电得到保障。1999年,全乡集镇普及有线电视,传输频道16个,建成有线电视村2个,有线电视用户1850户;安装电话3100部;电力供应稳定。乡文化中心有影剧院、乒乓室、图书馆等,电影放映队2个。

四、社会保障

1986年,计划生育工作采取行政手段推动,计划生育率86%,人口出生率12‰。1994年,农村社会养老保险开始起步,实现保费11万元。1996年,建成计划生育服务楼。1999年,计划生育率98%,人口出生率10‰以下。办起敬老院,“五保”老人得到妥善安置。

1986~1999年马庄乡主要社会经济指标一览表

表36-43

年份	总面积(公顷)	耕地(公顷)	人口(人)	粮食产量(万千克)	油料产量(万千克)	财政收入(万元)	农民人均纯收入(元)	地区生产总值(万元)			
								合计	其中		
									一产	二产	三产
1986	6770	2162	15040	2148.5	122.4	16.15	510	3259	459	1624	1176
1987	6770	2162	15040	2150.4	123.2	18.17	587	3808	479	1845	1484
1988	6770	2162	15040	2051.3	121.6	20.16	625	4142	561	1984	1597
1989	6770	2162	15039	2087.6	98.9	23.16	664.7	4115	601	2059	1455
1990	6770	2162	15034	2075.4	99.7	48.17	698	5644	634	2515	2495
1991	6770	2162	15039	1998.6	97.5	49.19	768	5404	697	2536	2171
1992	6770	2162	15036	2068.6	118.9	50.18	998	6781	782	3395	2604
1993	6770	2155	15021	1867.4	134.2	54.16	1230	9358	981	3597	4780
1994	6770	2148	14253	1304.2	233.3	55.18	1418	11553	1593	3824	6136
1995	6770	2148	14251	1304.2	221.3	108.10	1981	13172	2483	4268	6421
1996	6770	2148	14241	1991.4	189.3	110.17	2340	15303	4732	4398	6173
1997	6770	2130	14764	2001.0	155.0	148.18	2940	18450	7681	4620	6149
1998	6770	2130	14764	2190.1	716.0	168.19	3070	18254	7657	4562	6035
1999	6770	2130	14764	2031.0	159.5	298.18	3177	18861	8168	4721	5972

第二十四章　新街乡

新街乡,东部及东南部与安徽省天长市接壤,南部与旧铺镇相连,西部与黄花塘乡为邻,北部与马坝镇相接。宁连一级公路、宁淮高速公路、宁徐高速公路穿境而过。距县城39千米,交通便利,区位优势明显。新街乡矿产资源丰富,地下蕴藏优质矿泉水,井口自喷高度13.4米。依托区位优势及丰富矿产旅游资源,开发沿路经济,形成集加油、停车、修理、餐饮于一体的镇域经济。

1986年,行政区域68.9平方千米,耕地4160公顷,水域1474.7公顷;辖11个村、126个村民小组、3618户1.99万人,农民人均纯收入150元。1999年,行政区域68.9平方千米,辖10个村、1个居委会、127个村民小组、4657户2.51万人;生产总值5010万元,财政收入70.3万元,农民人均纯收入1384元。2000年2月,区划调整,新街乡并入黄花塘镇。

第一节　农　　业

一、种植业

1986年,播种油菜533.3公顷、三麦1333公顷、水稻1667公顷,粮食总产21500吨,油料总产1250吨;建设高标准农田林网1000公顷,在泥沛村建成1个4.67公顷绿化风景点,有林地30公顷,主要种植意杨。1989年,发展果树专业村1个、蔬菜专业村1个、种植业大户295户。

1991年,全乡发展蚕桑养殖,栽植桑树200公顷,养蚕1200张,产量280吨。1993年,推广水稻旱育秧技术,实施纯粮化、吨粮田和无草害工程,粮食总产量2万吨。1995年,改造中低产田333公顷,建成666.67公顷吨粮田;桑园发展到466.67公顷,建成蚕桑基地乡,有5个蚕桑专业村,发放蚕种1.26万张,蚕茧产量346.5吨,产值576万元;建成1个商饮服务专业村、1个黄牛养殖专业村,专业大户200户。

1997年,改造中低产田800公顷,在宁连路两侧兴建"万亩大蒜园",发展大蒜专业村7个、专业户458个,种植大蒜384公顷,当年销售青蒜10万千克。是年,栽桑养蚕效益低,粮食价格上涨,农民退桑还耕,桑园全部改成粮田。1998年,扩栽水稻133公顷,种植黄豆和绿豆218公顷、山芋套种玉米25.37公顷、大蒜333公顶、大棚蔬菜13.33公顷。

1999年,推广科技兴农"五项工程",建成水利配套建筑物125座,疏浚渠道9.6千米,改造中低产田213.33公顷,粮食产量30980吨。建成农田林网1104.67公顷,发展成片林10.33公顷,培育苗圃1公顷,种植意杨12万株。

二、养殖业

1986年,养猪7000头、耕牛1200头、羊100只、禽20万羽;水产养殖面积50公顷,水产品产量15吨。1993年,开挖池塘266.6公顷,池塘精养200公顷,水产品产量1300多吨。1994年,发展"两专一基",建成兔舍120间,养兔3500只;开挖鱼池20公顷,水产养殖87公顷,水产品产量50吨,产值10万元。1995年,培育黄牛饲养专业村1个,专业大户200户,养牛1200头、猪2万头、家禽31万羽。1999年,饲养生猪10万头、家禽20万羽、羊300只,多种经营产值2155万元。

第二节　工　　业

1986年,工业有麻纺厂、化工厂、轮窑厂等,年创产值400多万元。1992年,县医院和乡政府成立矿泉水公司,生产"裂山"牌矿泉水,年产量20万瓶。1993年,"裂山"矿泉水获中国饮食文化博览会金质奖。1994年,县矿泉水股份有限公司和新加坡盛顺公司合资1000万元,生产PETh和PVC330毫升、500毫升、600毫升、750毫升、1000毫升、1500毫升等品种的"裂山"牌和"祥山"牌矿泉水。乡化工厂投入50万元,扩大生产规模,开发新产品,由五里村迁址泥沛村205国道西侧,征地0.4公顷。新建2家砖瓦厂,年产红砖2400万块,被淮阴市砖瓦协会评为先进企业。

1996年,对仪表厂、水泥制品厂实行租赁,对轮窑厂进行主机和线路改造,新上矿泉水软包装生产线。1998年,新增纸塑厂、采石场、雨衣厂、油料加工厂、制坯厂、石棉瓦厂等企业,先后对乡办轮窑厂、纸塑包装厂、建材厂、仪表元件厂等18家村办企业实行出让和租赁,县矿泉水股份有限公司与江苏金凤集团实行股份合作。1999年,有企业171家,其中集体企业7家、私营企业25家、个体企业139家,年产值8129万元。

第三节　三　　产

1986年,有个体工商户20户,其中饭店2家、旅社1家、浴室1家、理发店1家、照相馆1家,有运输车辆55辆。1994年,乡供销社与蚕茧站合资入股50万元,建立新街茧丝绸公司。1997年,加快流通,搞活市场,发展第三产业,涌现个体工商户320户,客货运车290辆,从业人员2500人,实现三产增加值980万元。1999年,有饭店6家、旅社3家、浴室2家、理发店5家、照相馆4家,运输车辆65辆,共有个体工商户146户,从业人员2900人,劳务输出2850人,实现三产产值2078万元。

第四节　基础设施建设

1986年,集镇开始规划建设,集镇建有600米混凝土路,泥沛村、新街村道路为砂石路,其余乡村道路为土路。1989年,新建农民街300多米。1990年,农民街铺成石子路,鼓励农民上街建房。1993年,街道延伸500米,做成混凝土路面;农民街常住300多户600多人。1994年,完成"1994～2010年近期和远期集镇总体规划",当年集镇新建房屋105万平方米。1995年,铺设街道至中学混凝土路6000平方米。

1996年,在新街村征地4公顷,建高标准商业街和农贸市场,建成泥沛农贸市场。1998年,铺设长500米、宽24米的商业街双向四车道混凝土路,集镇安装路灯,修建下水道500米,街道建房138户210多间;新建6030平方米的2个钢架大棚式农贸市场;修建教师安居工程,44户教职工住进新房;拆除老街道两旁妨碍规划房屋86间;建成公共花园,在池塘四周栽植垂柳、冬青、百日红等花木;铺设乡村砂石路8.5千米。1999年,全乡有街道2条,住户400多户,集镇人口1400人;全乡有乡村公路4条54千米,其中砂石路2条24千米。

第五节　社会事业

一、教　育

1986年,有中学1所,在校生430人,教师80人;小学10所,在校生830人,教师90人;幼儿园1所,幼儿105人,教师30人。1997年,有初级中学1所,在校生481人,小学在校生1960人;新街乡初级中学被评为淮阴市优秀初级中学、江苏省模范初级中学。1998年,建成教师安居工程——师苑街。1999年,有初级中学1所,在校生800人,教师65人;小学4所,在校生1650人,教师78人;幼儿园2所,幼儿200人,教师28人。

二、卫　生

1986年,乡卫生院有医务人员43人,病床10张,村级医疗点10个;集镇200户家庭和乡直单位及企业饮用自来水,农村群众饮用井水。1994年,新建3630平方米卫生院门诊楼,添置生化721光电比色机1台、多功能手术床1张及外科器械。1997年,乡政府把改水工作当做为民办实事和加快小康进程的大事,在原有新街村、泥沛村2眼井的基础上,分别在绿化、林庄、龙王墩、耿庄、伏岗5个村打井5眼,成立自来水总厂,下设6个分厂,为居民提供自来水,受益6000人。1999年,中心卫生院有病床20张、医务人员67人;有村级卫生室12个,其中甲级卫生室6个;有8个村通上自来水,受益1.2万人。

三、文化、广播电视、电信、供电

1986年,村村通上高音喇叭,部分户通小喇叭,有线广播2400户,有线广播入户92%;成立乡业余剧团1个,年放映电影450场;每百户有电话80部;有10个村通电。1988年,实现村村通电。1991年,对街道电力实施增容,扭转超负荷运作情况。1993年,安装程控电话200门,全乡安装电话450部,电视机3040台;有文化站、电影放映队、个体放像点各1个。1997年,有线电视入网用户115户。1998年,兴建文化活动中心;新安装有线电视用户420户;程控电话装机760门;改造农村电网,电力供给能力增强,农村和城区实现同网同价。1999年,有线电视杆线到村,安装有线电视800户;实现电话村村通,程控电话到组入户,通电话3508部,有移动电话78部;用电稳定。

四、社会保障

1986年,计划生育率92%,人口出生率控制在12‰以内;乡敬老院入住老人6人。1990年,乡计生站购置1台B超机,进行孕情检查。1993年,实施养老保险,10050人参加保险。1994年,农村社会养老保险收保费81040元,453户投保。建立计划生育目标责任制,坚持"双月检"制度和流动人口计生管理制度,人口出生率10.63‰,自然增长率4.5‰,计划生育率100%。1995年,实施最低生活保障制度,25人享受低保。1997年,新建敬老院标准化住房6间,入住老人10人。1999年,敬老院入院老人64人;计划生育率保持98%以上,人口出生率9‰以下;1500人参加养老保险,35人享受低保。

1986~1999年新街乡主要社会经济指标一览表

表36-44

年份	总面积(公顷)	耕地(公顷)	人口(人)	粮食产量(万千克)	油料产量(万千克)	财政收入(万元)	农民人均纯收入(元)	地区生产总值(万元)			
								合计	其中		
									一产	二产	三产
1986	6890	4160	19865	2150	60	125	150	3070	1490	1000	580
1987	6890	4160	19920	2230	133	11.9	180	3280	1590	1100	590
1988	6890	4160	20120	2310	145	20.6	216	3320	1710	1010	600
1989	6890	4160	21380	2337	158	31.8	259	3570	1880	1070	620
1990	6890	4160	22560	2170	136	45.2	300	3680	2060	1100	520
1991	6890	4160	23020	802	72	46.8	320	3770	2200	1070	500
1992	6890	4160	23680	2000	103	47.2	340	3900	2330	1000	570
1993	6890	4160	23900	2238	113	44.3	376	4020	2470	1030	520
1994	6890	4160	24200	2177	98	46.8	400	4180	2510	1070	600
1995	6890	4160	24366	2488	127	50.4	480	4300	2600	1100	600
1996	6890	4160	24455	2573	106	58.8	800	4400	2680	1120	600
1997	6890	4160	24577	2880	145	63.5	960	4580	2730	1150	700
1998	6890	4160	24677	3568	177	68.9	1152	4700	2820	1130	750
1999	6890	4160	25100	3098	163	70.3	1384	5010	2960	1250	800

第二十五章　东 阳 乡

东阳乡,地处两省(江苏、安徽)三县市(盱眙、金湖、天长)交界处,位于盱眙县最东面,东与金湖县接壤,东南与安徽省天长市毗邻;盱(眙)扬(州)公路穿境而过,与城区相距35千米;乡政府所在地东阳城为秦汉东阳县城遗址,距今2200多年,在遗址周围先后出土青铜器、玉器、陶器和漆器等秦汉时期文物。东阳城遗址被定为省级文物保护单位。1986年,行政区域57.6平方千米,耕地面积2448.9公顷,水面1087.93公顷;辖14个村、124个村民小组、3896户1.63万人。1999年,行政区域57.6平方千米,有耕地2208公顷,水面1087.93公顷;辖14个村、1个居委会、125个村民小组、4308户1.64万人。2000年2月,区划调整,东阳乡并入马坝镇。

第一节　农　　业

一、种植业

1986年,粮食种植2685.9公顷,产量16240吨;油料种植763公顷,产量2575吨。有林地49.2公顷。1990 ~ 1992年,实施“科技兴农”战略,压粮扩经、压麦扩油,调整粮油作物品种和种植结构,种植格局趋于合理。1993年,全乡农业产值2882万元,村集体收入50.1万元,粮食产量18226吨。栽植桑园333公顷。1995年,黄桥片改造中低产田333公顷,建成蚕桑基地乡、7个专业村、351个专业户;全乡“三荒”“四旁”绿化率91%,植树7.2万株,被县政府评为平原绿化先进单位。1997年,发展蔬菜种植,新建蔬菜专业村2个,种植蔬菜39公顷。1999年,增加优质粳稻播种面积,粮食总产量21214吨,油料总产量2125吨;有林地800公顷,其中成片林111公顷,栽植意杨13.7万株。

二、养殖业

1986年,饲养生猪1.8万头、牛327头、羊8700只、家禽42万羽;水产养殖140公顷,产量200吨。1990年,有养殖水面160公顷,产量155吨。1993年,畜牧业由家庭散养向规模化饲养发展,养猪10头以上8户,养禽2000羽以上5户;全乡养猪2万多头,饲养家禽50万羽。1995年,调整农村产业结构,发展养殖专业户487户,饲养生猪1万多头、羊1300多只、黄牛600多头;永丰养鸡场蛋鸡养殖1.2万羽。1997年,乡村两级制定“两专一基”发展规划,发展采石专业村6个,畜牧养殖大户581户,其中养禽8户、养猪46户、水产养殖14户。1999年,饲养生猪1.4万头、家禽57.6万羽;有精养水面20公顷,产量332吨;阳城经济动物开发中心在东阳乡饲养狸獭1000多对,水利养鸽厂饲养肉鸽1000多对、乳鸽1万多羽。

第二节　工　　业

1986年,工业有矿产业、仪表、原油、钢窗厂等个体企业16家;大云山、小云山、青墩山开采石料3200吨。1988年,创建东阳仪表厂,生产热电阻、热电偶等热工仪表产品,年利税58万元。1989年,有乡办采石厂7个,村办采石厂8个,日产石料1000多吨;相继建成钢窗厂和卷门厂,年产钢门、钢窗1.5万多套,卷门8000多门,年利税86万元。1993年,推行产权制度改革,有1家企业实行承包、1家企业股份合作、14家企业租赁承包。1997年,建成东阳、山东、云山、兴隆、新庄、山北等采石专业村。1999年,境内探明石油资源,江苏石油勘探局开采15口油井,日产原油200多吨。有乡村企业123家,工业产值12.56万元,销售收入11990万元,年利税58万元。

第三节　三　产

1986年,有集体商店8家、个体商店5家、饭店9家、旅馆2家、浴室2家、照相馆2家;成立建筑站,有建筑工人235人;有豆腐小作坊24个、豆芽坊5个、蔬菜生产园4个,其中永丰的豆腐、百叶较有名气;有各种汽车8辆,大型拖拉机20台,参加运输的手扶拖拉机有220台,三产产值1130万元。1987年,有客运中巴车1辆,开通盱眙县至扬州客运专线。1990年,依靠交通优势,发展第三产业,农贸市场、供销商场、综合商店实现销售额900万元。1999年,有集体商店2家、个体商店17家、饭店12家、旅馆6家、浴室2家、照相馆2家、综合性商场9个、商业网点300多个,个体工商户1000多户,从业2万人,三产总产值6211万元。

第四节　基础设施建设

1986年,集镇在东阳城遗址上建设,乡村道路部分为砂石路。1987～1989年,小城镇建设进度比较缓慢,房屋建设以砖瓦房为主;道路建设采取政府投资、企业捐献石料、群众出力的措施,铺设东阳乡至永丰村8000米村道砂石路面。1992年,新建农贸市场,占地0.67公顷,取缔马路市场。1994～1995年,铺设街道柏油路1020米,集镇新建楼房56户;村村通上石子路,形成农村道路网。1998年,投资160万元建成4000米云山混凝土路,新铺人行道2800米、下水道2800米。1999年,新建农民公园,铺设道路5700米,栽植风景树3000株;铺设街道混凝土路57千米,乡村道路7条32千米实现砂石化。

第五节　社会事业

一、教　育

1986年,有中学2所,在校生1126人,教师124人;中心小学1所,学生560人,教师56人;村小10所,学生1230人,教师132人;幼儿园11所,幼儿650人,教师87人。1993年,东阳、永丰两所中学合并为东阳中学。1994年,建成初级中学市合格实验室,初中毕业率99%。1995年,新建1600平方米的中学教学楼。1999年,有中学、中心小学各1所,学生998人,教师60人;村小12所,学生1387人,教师146人;幼儿园2所,幼儿253人,教师37人。

二、卫　生

1986年,中心卫生院有医护人员41人,开设中医、西医门诊等;有水厂5个,受益1800人。1990年,全乡12个村按照“五统一”要求,统一标准,新建村卫生室,13个村卫生室被上级评为甲级卫生室。1994～1998年,乡卫生院更新医疗设备,新购B超机1台,增设B超科,科室增加到10个以上;建成医院职工宿舍楼500平方米、卫生院门诊楼800平方米;建成墩塘自来水厂,受益5800余人。1999年,乡卫生院增添B超机、X光机等医疗器械;全乡有村卫生室12所,医务人员43人;563人参加医疗保险;1.3万人饮用自来水。

三、文化、广播电视、电信、供电

1986年,村村通高音喇叭,文化站每年春节期间组织业余文艺演出;有电话20多部,电视机30台;有12个村通电。1994年,架设程控光纤光缆,全乡安装电话260部。1995年,建成210平方米文化活动中心。1996年,消灭无电村。1997～1998年,建立微波传输系统,有150余户安装有线电视;农村电网实施改造工程,年供电400万度。1999年,推行有线电视免收入网费的优惠政策,新增有线电视用户1800户,乡村广播网络健全,有线电视用户共1950户。全乡安装程控电话5120部;农村用电安全稳定。

四、社会保障

1986年,敬老院入住老人8人;计划生育率96%,人口出生率17‰。1995年,社会保障工作走上正轨,婚姻登记、优抚、救灾救济、五保供养等各项工作全面开展,参加养老保险264人。1999年,计划生育由计生站一条线负责日常管理,计生工作走上规范化轨道,先后购置手术床、B超机、显微镜、吸氧瓶、乳腺检查仪等设备,计划生育率在98%以上,人口出生率在9‰以下,创建计划生育协会合格村13个。乡敬老院入住老人43人,养老保险参保率25%。

1986～1999年东阳乡主要社会经济指标一览表

表36－45

年份	总面积(公顷)	耕地(公顷)	人口(人)	粮食产量(万千克)	油料产量(万千克)	财政收入(万元)	农民人均纯收入(元)	地区生产总值(万元)			
								合计	其中		
									一产	二产	三产
1986	5760	2448.9	16300	1624.0	257.5	69	446	3023	467	1426	1130
1987	5760	2436.2	16317	1628.0	183.6	76	593	3726	523	1743	1460
1988	5760	2428.6	16406	1673.0	196.7	81	708	4456	663	1890	1903
1989	5760	2397.0	16432	1605.0	202.4	83	743	4936	722	2348	1866
1990	5760	2360.2	16447	1704.2	211.2	86	984	5426	806	2609	2011
1991	5760	2348.0	16453	1683.2	209.2	92	1308	5966	814	3056	2096
1992	5760	2342.0	16402	1782.7	176.0	117	1630	6473	1211	2915	2347
1993	5760	2338.0	16383	1822.6	193.0	141	1820	11026	1406	6541	3079
1994	5760	2334.0	16267	1726.8	166.0	171	2177	9477	1586	4419	3472
1995	5760	2326.0	16125	1910.0	34.4	200	2407	6809	1766	3174	1869
1996	5760	2320.6	16126	1847.6	138.4	285	2586	14728	2017	8344	4367
1997	5760	2278.0	16338	1722.3	179.2	398	2603	16603	3117	8518	4968
1998	5760	2270.0	16424	1866.0	206.5	512	2722	17326	3228	9035	5063
1999	5760	2208.0	16384	2121.4	212.5	675	2776	18496	3416	8869	6211

第二十六章　张洪乡

张洪乡位于盱城东南部,距县城35千米,地处苏皖交界,东与安徽省天长市平安乡、张铺镇接壤,南与天长市汊涧镇交界,西与本县王店乡相邻,北与旧铺镇毗邻。东为平原,西为丘陵。宁徐公路横穿其境,交通便利。1986年,行政区域69.7平方千米,耕地面积1967公顷,荒山276公顷,水域1500公顷;辖14个村、113个村民小组、3153户1.42万人。1988～1989年,有部分村组调整。1999年,行政区域69.7平方千米,耕地1782公顷,水域1500公顷;辖14个村、115个村民小组、3572户1.33万人。2000年2月,区划调整,张洪乡并入旧铺镇。

第一节　农　　业

一、种植业

1986年,粮食产量14125吨,油料产量223吨;林地118公顷,其中生态林31公顷、果树蚕桑87公顷。1993～1995年,全乡新拓植无花果6.67公顷,年产量50吨。在小雨山会战开挖条沟1600多条,栽植板栗66.67公顷25万株,栽植梨树53.33公顷,年产梨800吨,产值80万元。1996年,发展特色农业,种植紫罗兰山芋、早熟西瓜、油桃、向日葵、黑玉米、百合、黑芝麻、花生等作物。1999年,种植粮食2382.13公顷、油料443.8公顷、紫罗兰山芋30公顷、早熟西瓜50公顷、油桃20公顷、百合66.67公顷、蔬菜133.33公顷、向日葵13.33公顷、毛豆100公顷,发展意杨成片林绿色通道120公顷,栽植意杨17万株。

二、养殖业

1986年,养牛1500头、猪8000头、羊1000只、鸡15万羽、鸭8万羽、鹅3万羽,水产养殖400公顷。1993年,发展家禽养殖,养鹅10万羽,全乡家禽出栏36万羽,被称为“养鹅之乡”。1994年,建成100公顷圩区2个,水产品产量4500吨。1997年,乡政府提出“增猪、扩禽、攻水产”发展思路,培育专业村4个、种养专业大户429户,养猪2600头,养禽65万羽,水产养殖133公顷。1999年,饲养生猪2.5万头、草鸡22.45万羽、鹅10.62万羽、鸭12.17万羽、鸽子21万羽;发展水产养殖273公顷,放养鱼苗360万尾。

第二节　工　　业

1986年,乡集体企业有采石、砖瓦、粮食加工、水泥制品、缝纫厂、食品厂等39家,年产值255万元。1994年,对采石场、砖厂、建筑站、米厂、自来水厂等企业实施公开招标租赁经营。1995年,新办木制品厂、黏土厂、杏花面粉厂、五金弹簧片厂、杏花采石场等企业9家,合计投资65万元,创产值480万元。1996年,投资30万元新上1个采石场。1999年,有乡办企业9家,村办、联办企业368家,固定资产273万元,工业总产值3600万元。

第三节 三 产

1986年,有饭店4家、旅社1家、浴室1家、理发店2家、照相馆1家、日用电器修理1家,建筑工人106人;有运输车辆18辆,年运量7万吨;每逢集市,除本乡外,还有安徽省张铺、汊涧、来安、邵集等乡群众赶集,日交易量30万元。1996年,建成农贸市场,集市贸易成交额450万元,第三产业从业人员1136人。1997年,有建筑工人100多人,人均年收入3万元。1999年,有个体出租车20多辆、饭店7家,个体工商户83户,实现三产产值716多万元。

第四节 基础设施建设

1986年,集镇长1千米,机关单位在街道两侧建房办公,街道为砂石路,乡村道路为土路。1990年,集资铺设人民路、时集路、好汉路、千柳路、郑盘路等7条32.7千米砂石路面。1992年,拆迁街道两侧旧瓦房20多户,新建二层以上楼房36户;建成供销社商场,开发商品房16套。1993年,在农具厂地块新建楼房20多套。

1994～1997年,集镇集中建居民楼20多套,在街道南侧新建农民街1条,建房50多套;铺设唐刘村、千颗柳村、槐树村、张桥村、苏岗村、胡岗村、郑盘村等砂石路47千米,实现村村道路砂石化。1998年,新建农贸市场1个,安装钢架大棚1000平方米、设摊位150个,新建街道水泥路4千米。1999年,改造和新建街道下水道8千米,集镇新增住户270多户;建成张洪至安徽省天长市张铺镇葛家巷大桥;全乡乡村公路有14条45千米,其中砂石路11条35千米。

第五节 社会事业

一、教 育

1986年,有初级中学1所,教师26人,学生375人;中心小学1所,教师63人,学生430人;村小8所,教师64人,学生1600人;中心幼儿园1所,教师12人,幼儿65人。1989年,改造学校危房220间。

1994年,投资25万元,新建幼儿园1所,设幼儿班11个,教师15人,入园幼儿350人。1996年,投资30万元,其中省军区、淮安军分区、县人武部分别捐赠18万元、2万元、2万元,新建好汉村800平方米的小学教学楼1幢。1999年,中学有教师30人,学生410人;中心小学有教师72人,学生860人;村小8所,有教师56人,学生1100人;幼儿园2所,教师25人,幼儿320人。

二、卫 生

1986年,卫生院有卫技人员18人、病床15张。投资25万元新建张洪水厂,铺设管道10千米,街道3000多人饮用自来水。1988年,乡卫生院新建病房8间250平方米。

1990年,乡卫生院新建门诊楼1幢,购置X光机、数字分析仪器等设备。1992～1998年,建成村级医务室14个,有医生16人;新建槐树、郑盘2座水厂,配套2口深井、泵房和机电设备等,铺设管道约32千米,解决880户2300人饮用水问题。1999年,乡卫生院新扩建700平方米门诊楼,有病床15张、医务人员35人;扩建村医务室13个,有村医务人员31人。新建水厂3座,铺设管道18千米,受益1.1万人,解决杏花、人民和王郢村1500人生活用水问题。

三、文化、广播电视、电信、供电

1986年,有线广播通往全乡13个村3000多户,2个电影放映队,每村每年放电影12场次以上,集镇个别户有黑白电视机,7个村通电。1988年,乡广播站开始自办节目,农村实施电网改造,更换变压器4台。1993年,安装程控电话300多部。

1995年,全乡12个村通电,78%居民户实现电力照明。1996年,建成有线电视网络,传输12套电视节目,入户230户,省政府扶贫通电工程到乡。1997年,全乡实现村村通电。1998年,架设有线电视网,600户居民通上有线电视;新建邮电大楼,安装程控电话423部。1999年,全乡有电话1920部,安装有线电视3500户,用电稳定。

四、社会保障

1986年,乡计划生育率95%,人口出生率12‰,敬老院入住五保老人21人。1989年,计划生育工作依靠地方法规开展工作,计划生育率85%,人口出生率控制在12‰。敬老院入住孤寡老人15人。1995年,成立保险服务所,全乡3000多农民参加保险,乡敬老院供养11名老人。1999年,乡计划生育率97%以上,人口出生率9‰以下;参加养老保险3600人,敬老院供养老人22人。

1986～1999年张洪乡主要社会经济指标一览表

表36-46

年份	总面积(公顷)	耕地(公顷)	人口(人)	粮食产量(万千克)	油料产量(万千克)	财政收入(万元)	农民人均纯收入(元)	地区生产总值(万元)			
								合计	其中		
									一产	二产	三产
1986	6970	1967.0	14156	1412.5	22.3	11.0	409	850	656	98	96
1987	6970	1967.0	14186	1601.8	24.5	12.8	496	936	724	108	104
1988	6970	1967.0	14100	1851.7	25.2	14.0	505	1032	796	120	116
1989	6970	1952.0	13966	1926.1	56.3	18.0	539	1136	876	132	128
1990	6970	1968.0	14116	1974.6	64.8	20.0	588	1264	964	148	152
1991	6970	1972.0	14094	1645.1	103.5	24.7	590	1408	1060	164	184
1992	6970	1978.0	14454	1347.1	103.5	32.0	674	1568	1168	180	220
1993	6970	1909.0	14454	1813.8	115.3	33.3	695	1746	1284	198	264
1994	6970	1908.9	14454	1031.8	125.1	27.9	517	1946	1412	218	316
1995	6970	1908.9	14173	1852.6	67.1	51.4	1510	2172	1556	240	376
1996	6970	1824.3	13754	1943.0	101.2	65.4	2147	2428	1712	264	452
1997	6970	1835.9	13691	1940.6	112.8	47.9	2409	2720	1884	292	544
1998	6970	1835.7	13585	1951.2	121.4	75.0	2868	3024	2076	324	624
1999	6970	1782.1	13292	1965.3	139.8	93.4	3043	3384	2284	384	716

第二十七章　水冲港乡

水冲港乡位于县城西南部山区,距县城28千米,北与古桑乡、河桥乡接壤,东连桂五镇、王店乡,南临古城乡,西与仇集乡龙山乡相邻。境内群山环抱,丘陵连绵,属低山丘陵地区,主要以旱粮作物种植为主。有板栗、草鸡、草鸡蛋等农副产品。生态林占70%。

1986年,行政区域45.6平方千米,辖8个行政村、57个村民小组、1977户9548人,其中山地面积2567公顷、宜林地1266公顷、宜牧地1867公顷。全乡工农业总产值1583万元,农民人均纯收入367元。1999年,行政区域45.6平方千米,有9个村、63个小组、2310户9572人。荒山宜林面积1933公顷,生产总值3404万元,其中农业总产值2462万元、工业产值385万元,财政收入75.2万元,农民人均纯收入2186元。2000年2月,撤销水冲港乡,并入桂五镇管辖。

第一节　农　　业

一、种植业

1986年,农业生产均以小麦、玉米等旱粮作物为主,种植小麦2200公顷、玉米460公顷,粮食总产量7420吨,种植西瓜266公顷;种植业总产值704万元。1987年,以稳定水稻播种面积为主,种植业结构调整,实行"三扩大",开挖渠道5个,新挖塘坝15个,筑桥8座,完成土石方104万立方米,增加水稻面积306公顷、油菜面积33公顷、棉花面积46.6公顷,粮食总产量7553吨。1988年,全乡种植烟草40公顷,建烟炕80个。加固桂五、高平、宝塔、杨郢等6座水库,改造低产田200公顷。

1990年,三麦水稻实行农业保险,受保面积1200公顷。1991年,受洪涝灾害影响,夏粮绝收,全年粮食减产。1993年,改变种植结构,压粮扩经,治理荒山,拓植果林,种植籽瓜113公顷、中药材47公顷、花生43公顷,创收入30万元。粮食总产量7966吨,种植业产值952万元。1994年,利用黄淮海开发资金新建朱营电站,受益面积166公顷;连续高温干旱使大部分农作物枯萎死亡,投入抗旱劳力3621人,机械52台,开挖塘中塘67个、新井45个,修复旧井27个。《新华日报》两次对乡抗旱进行报道。

1995年,完成周岗、洪营灌溉站机改电工程,修复张港、岗头机电站,配套修建过路桥涵闸40个。改造中低产田267公顷,在板栗林间套种籽瓜、西瓜、花生387公顷,种植业产值1186万元。1996年,全乡建120个蔬菜大棚,种植芝麻200公顷、油菜133公顷、花生400公顷、西瓜和籽瓜266公顷,年产值1512万元;发展"两专一基"专业大户320户,建成3个专业村。1999年,优化粮经作物的种植和粮食品种的结构调整,确定"二压三扩,突出两个重点"(压粮扩经、压麦扩油、扩菜,突出梨枣和板栗套种豌豆)的调整原则,全乡压种粮食167公顷,扩种油菜100公顷、豌豆66公顷、蔬菜67公顷;红麦改种白麦;粮经比例由5.2:4.8缩小到4.7:5.3;粮食产量8996吨、油料产量1483吨、蔬菜产量240吨,种植业总产值1482万元。

二、畜牧业

1986年,水冲港乡拥有山地资源,牧草茂盛。畜牧业主要饲养牛、猪、羊、鸡、鸭等,以家庭养殖业为主。牛以黄牛为主,年饲养2100头;猪品种以长白猪、杜洛克为主,年饲养生猪7538头;羊以波尔山羊为主,年饲养513只;鸡以三黄鸡、草鸡为主,小户以散养为主,家禽年饲养量7万只;各类花木、养殖人均收入1000元以上大户有20户。1989年,牛饲养量2152头,生猪饲养量4339头,山羊饲养量964只,家禽饲养量6万只,獭兔300只,牧副渔业产值331万元。

1995年,实施"两专一基",投入50万元兴办集体养牛场,建牛舍3栋36间,购进黄牛80余头;高平村养牛763头,成为全乡第一个养牛村;林业村养牛414头。全乡养牛3422头,养牛5头以上专业户有36户。养羊1090只,养猪5000头,养猪大户10户;饲养家禽4.3万只,养禽大户5户;种养专业大户344户。1996年,投资20万元,帮助农户建标准化牛棚58个83间1262平方米,全乡养牛3741头。

1997年,利用荒山资源,组织农户用塑料大棚在山上养殖草鸡79万只,家禽饲养量100万只;生猪饲养1万头、牛饲养量5000头,高平村养牛1033头,户均养牛3.3头,成为养牛专业村。1998年,抓科技引导、引进优良品种,养猪8200头,配置养猪专业大户47户,建立集体养猪场8个;养牛6700头,有养牛专业户50余户;养羊4870只,培植饲养100只以上专业大户24户、50只以上专业户41户。和上海燕海实业有限公司签订合作协议,采取"公司+农户""棚架式"模式发展草肉鸡养殖,出栏草肉鸡30万羽。关山村被市委市政府表彰为"养禽示范基地"。

1999年,与南京元亨公司、南京雨润公司合作,成立水冲港乡养鸡协会,制定优惠政策,以"公司+农户+协会"模式,扶持群众养鸡。新上一条日宰杀3000羽的商品鸡加工线,新建1座70立方米、设计温度－15℃～－18℃的冷库,形成产、加、销一条龙服务体系。发展养鸡2000羽以上大户107户。购进纯种波尔种公羊5只、杂种波尔种公羊6只、卢比种公羊2只。全乡养羊4.15万只,养牛7560头,养猪6500头,养鸡154万羽。

三、林果业

1986年,辖区有国家级生态林1250公顷,树种以朴树、黑松、马尾松等为主,有80公顷人工林,新栽山楂、板栗、苹果树20.6公顷,义务植树6万株,林业产值15.7万元。1987年,全乡新拓植果树133公顷,林业产值44.7万元。

1990年,开发荒山荒地,栽植果树333公顷,绿化荒山荒地333公顷,户均栽植林果0.14公顷。1991～1993年,全乡开垦荒山532公顷,围砌石埂20万米,建成板栗园515公顷,板栗成活率96%,试花挂果66公顷。1994年,在稳定粮食生产基础上,开发荒山,条垦拓植板栗,投入劳动力24万人次,搬运土石方210万立方米,建成宽1米、深0.8米、密植2×3米板栗经济林733公顷;投入资金68万元,建成水土保持建筑物28座,直径10米、深5米的大口井16眼,修建塘坝15座,引送水渠14千米,可蓄水26.7万立方米。

1995年,争取山区开发资金50万元,用于果林间配套设施,建大口井10座、添置喷灌机10台套、垒护林石埂6万米、配套过路桥涵20多座;投资9万元,新建机灌站1座,改建电灌站1座。出动劳动力近1万人次,开发姚大山、朱营后山,开挖1.2米×1米等高条垦沟73公顷;开发荒山100公顷,有板栗86片953公顷、银杏66公顷;果林承包专业大户261户。张营村成为果树专业村,副省长姜永荣等省市领导到现场观看,《新华日报》《淮阴日报》、淮阴电视台等新闻单位对水冲港苦干实干开发荒山精神加以报道,在全省引起强烈反响,溧阳市、江浦县、六合县等组织乡镇干部到水冲港参观学习。

1997年,副省长姜永荣特批资金200万元,建成姚山片40公顷板栗滴灌工程;实施反水坡梯田改造和条垦换土工程,改造望山头和文才后山133.3公顷山地,板栗间套种苕子草,增加土壤有机肥。1998年,水冲港乡对望山头等片67公顷板栗园实施挖洞换土工程,搬运土石方82万立方米,建成管理房50平方米、防护栏200米、过路桥涵6座,兴建配套大口井7口、蓄粪池6个,收获板栗200吨;邀请日本板栗专家佐藤末吉来乡板栗园讲课,参加培训果林专业户350人。1999年,邀请省植物研究所专家进行授课,提高村民栽植林果技术水平;从西安调进10万元梨枣苗,在桂五村杨郢、卢郢、周岗组试栽8公顷,建成梨枣示范园;在望山头片6.7公顷的板栗园铺设滴灌管道1千米。全乡果林面积533公顷,其中板栗433公顷,板栗挂果333公顷,果品上市200吨。成立林果开发公司,负责果品加工、储藏、销售,产值8万元。

第二节 工 业

1986 年,工业发展处于粗放经营,有采石厂等小企业 8 家,企业产值 139 万元。1987 年,新建酒厂、服装厂、饲料加工厂,企业产值 158 万元。宝塔村联户办窑厂 1 座,年产值 3 万元。1989 年,化纤厂等实行承包制,乡镇企业生产下降,企业产值 196 万元。1990 年,新办采石厂、面袋厂、制品厂,全乡企业产值 208 万元。1992 年,由于受交通、资金、信息等因素影响,乡办工业面袋厂、采石厂产品销售不畅,化纤厂生产布匹缺少销路。1993 年,乡采石厂技改投入 10 万元,创利税 8 万元。投资 16 万元,联办木器工艺加工厂,乡企业产值 259 万元。1994 年,乡政府投入 10 万元,新建 1 个小型采石厂生产石子 5000 吨,全部用于乡村道路建设。1995 年,新建采石厂 1 个,购进破碎机 1 台。1996 年,乡投资 15 万元,新建 1 个小型采石厂,购进空压机 1 套、破碎机 2 台。投资 20 万元,对乡采石厂技术改造,乡办工业产值 324 万元。1998 年,在古桑乡境内新建采石场 1 个,投资 5 万元新建 1 个保健木梳厂。1999 年,有工业企业 42 个,乡办企业产值 385 万元。村办企业产值 150 万元,12 家企业实行改制,其中拍卖 3 家、租赁 3 家、承包 6 家;成立乡采石总公司、农工商总公司,实行产、供、加一条龙服务。

第三节 三 产

1986 年,全乡商业主要由供销社集中经营,国家统一配额销售,有百货零售店 2 家、饭店 5 家、旅社 2 家、理发店 2 家;有运输车辆 2 辆,运输收入 6600 元。建筑业是水冲港乡一大特色,建筑站拥有固定资产 6 万元,施工人员 150 人,施工技术人员 2 人。1988 年,运输车辆 5 吨以上 5 台,运输收入 10 万元;建筑业产值 110 万元,施工人员 180 人,服务业收入 20 万元。1992 年,加快发展家庭经济,建筑、运输业产值 29.5 万元,从事理发、屠宰、购销、服务行业新增 25 户,药材采集 2 吨,三产产值 316 万元。1996 年,乡建筑站改制后,全乡能够独挡一面的建筑管理和技术人员成立有资质的私营施工队 6 个,走南闯北找市场,建筑施工人员 250 人,劳务输出 135 人。1999 年,有百货零售店 11 个、饭店 8 个、旅社 2 个、理发店 4 个,有个体工商户 135 户,从业人员 150 人,个体工商户、私营企业产值 1520 万元;有牛、生猪屠宰户 15 户,有活禽宰杀人员 65 人;有运输车辆 195 辆,其中 5 吨以上卡车 12 辆;有建筑职工 350 人,施工技术人员 5 人,建筑、运输业产值 286 万元。

第四节 基础设施建设

一、集镇建设

1986 年,街道仅 5 米宽,集市经营主要在街道马路上,商业区主要在街道马路两侧。1992 年,新建住宅 97 户,其中危房改造 64 户,实施建筑面积 4491 平方米。1995 年,乡街道新建农贸市场 1 个,占地 800 平方米。1997 年,投资 46 万元,建成乡派出所办公楼。1998 年,修建街道下水道 1000 米,绿化 500 平方米,街道新铺柏油路面 1000 米;乡投资 5 万元新建 800 平方米的钢架大棚农贸市场,摊位 50 个,容纳 300 人,年交易额 150 万元;25 户农民新迁街道盖起新房。1999 年,水冲港乡街道两侧盖起楼房 68 户,有商户 98 家。

二、道路建设

1986 年,水冲港乡至盱眙县城道路为砂石路,其余村道皆为泥土路。1987 年,加固水库大坝,整修 8 条道路1.2万米。1988年,集资为村小学铺路3千米。1989年,铺石子路10千米。1992~1993年,修建关山大桥1座,铺设乡村石子路11千米。修筑环山路3.7千米,运输土石方26.5万立方米。1994年,新修村道石子路3条21千米。1995年,投资22万元,修建朱营村、关山村、高平村、桂五村、林业村乡村石子路16千米。1996年,拓宽铺设柏油路8.8千米,实现道路黑色化;完成乡政府至山岊村12千米道路砂石化。1998年,铺设乡村砂石路31.1千米,实现村村道路砂石化。1999年,开通林业村到天明厂长3.8千米、宽8米的穿山道,完成水冲港至铁山寺长10.32千米、宽12米的路基铺设工程,共铺路30千米。全乡有乡村道路11条35千米。其中,砂石路6条18千米,水泥路2条5千米,柏油路8.8千米。

第五节　社会事业

一、教　育

1986年,全乡有初中1所,学生186人,教职工21人;小学5所,学生780人,教职工36人;幼儿园1所,幼儿63人,教职工8人;学龄儿童入学率、巩固率、普及率均为95%。1987年,投资20万元,新建800平方米实验中心和中心幼儿园。1988~1989年,全乡集资28.5万元,改善村小办学条件,建围墙1150米,中小学基本实现"一无两有"。

1992年,投入12万元,改造学校危房,铺设校园道路。1995年,投资8万元,修建校舍11间250平方米;乡中心幼儿园借用国营925厂房屋12间,投入5万元进行维修改造,幼儿园新增幼儿120人。1996年,省扶贫工作队支持兴建9间校舍,通过省级九年制义务教育验收;乡政府出台教育工作奖惩办法,受奖学校2所,受奖班级5个,受奖教师14人。1997年,江苏省农业广播电视学校首次在水冲港乡开办成人果树管理中专班,31名学员参加为期3年的业余学习,28名成绩合格者取得国家承认的中专学历。1998年,投资50.2万元,建成中心小学教学楼980平方米。1999年,有中学1所,学生440人,教职工26人;有小学6所,学生1320人,教职工45人;幼儿园2所,幼儿125人,教职工16人。

二、卫　生

1986年,全乡有1所中心卫生院,在职职工15人,其中卫技人员12人;门诊用房200平方米,拥有病床6张,年门诊量2500人次左右,年收治住院病人63例;饮水主要靠手压井、井水。1988年,集镇安装自来水,受益人口160人。1989年,乡村实现卫生网络系统,推行合作医疗制度,解决看病贵、就医难问题。

1992年,新建乡卫生院用房9间,乡村建沼气池46个。1993年,乡卫生院投资2万元,新建门诊室、病房600平方米。1994年,高平、宝塔、张港打深机井,解决2500人饮水困难。1995年,在街道打1口深井,安装自来水,解决街道居民250人和周围30户群众饮水;投资10万元,乡卫生院增添X光摄片、生化、手术室配套设备,购置B超机、心电图机各1台。1996年,乡有5个小组农户利用山泉水安装自来水。1998年,投资35万元,新建病房22间,开设专家门诊。1999年,有1所中心卫生院,在职职工23人,建成3个甲级卫生室;采取"乡里拿一点、银行贷一点、群众自筹一点"的办法,投资79.5万元,建成1座地面水厂,4600人用上清洁卫生自来水;9个村全部通上自来水,受益9000多人。

三、文化、广播电视、供电、电信

1986年,各村使用大喇叭收听县广播电台节目,农户中有电视机3台;用电1496户,有4个村通电,有高压线路5千米,低压线路8.6千米,公用变压器12台;有电话8部。1987~1989年,全乡有6个村通电,农村年用电量11.5万度。乡村购置电话12部。村组架设广播3千米。

1991年,县供电局在水冲港乡设立电力管理站。1992年,新上50门磁石交换机1台,电话户14户。1994年,新建电视转播台和调频广播,有1450户购买彩电、冰箱。1995年,投资22万元新建邮电大楼1座

550平方米,架设程控电话交换机1台,开通电话50门;与925厂协调用电,解决永丰线沿线村生活照明用电,用电户80%。1996年,对2个没有通电村进行通电,实现村村通电。1997年,投资20万元实现程控电话到村,有9个村通上程控电话,安装电话180部;新建“大哥大”直放站1座。1998年,投资35万元,建成文化中心活动楼660平方米;投入15万元,开通有线电视,安装有线电视350多户。1999年,有4个村实施电网改造,架设新杆线6千米,9个村全部电力杆线到村、到组,用电基本稳定;程控电话入户,新安装电话546部,全乡有电话986户,有线电视用户850户;移动通信信号发射塔2个,有手机25部;文化活动中心有图书1000本,全年放电影35场,观众1500人次。

四、社会保障

1986年,有敬老院1个,入住老人12人;人口自然增长率控制在10‰以内。1987年,自筹资金9650元,扩建敬老院200平方米。1995年,乡投资10万元,改造敬老院住房设施。1997年,水冲港乡投资15万元新建计生楼。1999年,乡敬老院设备齐全,有入院“五保”老人46人;全乡计划生育率98.5%,人口出生率控制在10‰以下。

1986～1999年水冲港乡主要社会经济指标一览表

表36-47

年份	总面积(公顷)	耕地(公顷)	人口(人)	粮食产量(万千克)	油料产量(万千克)	财政收入(万元)	农民人均纯收入(元)	地区生产总值(万元)			
								合计	其中		
									一产	二产	三产
1986	4560	2567	9548	742.0	112.6	19.5	367	1583	1276	139	168
1987	4560	2567	9536	755.3	134.8	19.6	435	1691	1336	158	197
1988	4560	2567	9529	776.1	142.5	19.8	552	1752	1376	167	209
1989	4560	2567	9541	784.3	125.3	21.3	648	1909	1486	196	227
1990	4560	2567	9558	824.4	106.5	20.0	752	2051	1596	208	247
1991	4560	2567	9546	796.8	112.4	20.8	876	2191	1685	219	287
1992	4560	2567	9519	815.4	118.6	21.0	958	2327	1768	243	316
1993	4560	2567	9539	796.6	125.3	22.5	1224	2480	1887	259	334
1994	4560	2567	9527	716.4	102.4	21.9	1428	2625	1968	281	376
1995	4560	2567	9544	739.0	136.5	22.3	1606	2802	2068	308	426
1996	4560	2567	9548	783.7	142.2	24.1	1725	3054	2248	324	482
1997	4560	2567	9536	870.0	165.2	53.9	1806	3180	2319	357	504
1998	4560	2567	9583	876.2	146.2	66.8	1987	3275	2386	368	521
1999	4560	2567	9572	889.6	148.3	75.2	2186	3404	2462	385	557

第二十八章　古城乡

古城乡以境内古县城（东晋考城县）而得名。位于盱眙县南部，东与王店乡毗邻，南与安徽省来安县半塔镇接壤，西、北与龙山、水冲港乡相邻，距县城36千米。有凹凸棒石黏土和中药材资源。有多种野生动物、植物。铁山寺森林公园坐落其中。

1986年，行政区域66.7平方千米，有耕地1652.8公顷，山地3618公顷，水域370公顷，辖11个村、106个村民小组、3834户18277人。1999年，行政区域66.7平方千米，有耕地2528.6公顷，山地3618公顷，水域370公顷，辖11个村、106个村民小组、4350户18850人。粮食总产14654吨，油料产量3194吨。全乡总产值14907万元，其中农业产值6395万元，财政收入107万元，农民人均纯收入2905万元。2000年2月，区划调整，古城乡并入王店乡。

第一节　农　业

一、种植业

1986年，有耕地1652.8公顷，粮食生产量19012吨，油料总产量758吨。林业实施“千亩果树”工程，在民建、杨山等村栽植板栗400公顷，陡山村栽植银杏33.33公顷，古城村栽植石榴33.33公顷。

1993年，种植蔬菜666.67公顷，其中大棚种植20公顷，产量2.5万吨；种植中药材500多种，产量250吨。1994年，提出“果菜工程”，种植蔬菜666.6公顷，其中大棚蔬菜20公顷，化农、古城、陡山村成为蔬菜种植专业村；在渔场村、民建村、联合村、太平村新开条垦种植板栗166公顷，嫁接板栗566公顷。1995年，改造中低产田533公顷、小流域治理200公顷，种植蔬菜461公顷，大棚种植47.87公顷，培养专业大户204户，种植蔬菜大户26户；连片开发果林866公顷，其中陡山村栽植毛竹8公顷、联合村栽植板栗18公顷，全乡栽植板栗333公顷。陡山村被国家绿化委员会评为“全国绿化千佳村”。

1997年，建成化农村蔬菜大棚12公顷，蔬菜种植面积达840公顷，年产蔬菜6万吨。1998年，开挖大塘6面18公顷，平整土地106公顷，完成太平村、化农村、古城村1346.6公顷中低产田改造及配套工程。1999年4月，成立铁山寺野生食品有限公司，种植野生作物120公顷，加工野生食品260多种；建意杨成片林135公顷，栽植意杨12.15万株，套种药材和籽西瓜45公顷。

二、养殖业

1986年，养牛1200头，猪6000头，羊2300只，鸡10万羽。1991年，在铁山寺附近集中养殖肉鸡约20万羽。1995年，引进山东老板建成养鸡场1600平方米，年出产肉鸡4万羽；全乡发展养牛专业户54户，养牛319头。1998年，初步建成养牛示范带，推广良种牛人工授精技术，培植养牛大户60户，养牛1万头；养鸡示范带培植养鸡大户55户，带动全乡养鸡86万羽，养禽69万羽；培植养猪示范大户64户，建猪舍100间，改良母猪300头，全年养猪2.4万头；养羊4800只。1999年，全乡养猪400头，饲养家禽63万羽，养羊5000只，养牛1.2万头。

第二节 工 业

1986年,企业有盱眙第一采石厂,年加工玄武岩石料60万吨。1987年,安乐村建成安乐采石厂,实现税收3万元。1988年,改扩建砖厂,改立窑为轮窑,生产砖1500万块。1992~1993年,建成古城羊毛衫厂,实现产值50万元,税收4.5万元。1995年,投资20万元新建耐克鞋厂、油面加工厂、采石场。1996年,建成古城灯泡厂,年产高压汞灯30万个,产值40万元。陡山村面粉厂实行承包制。1997年,古城羊毛衫厂破产。1999年,有乡办工业企业3家,个体私营工业30余家,工业总产值67万元。

第三节 三 产

1986年,有饭店3家、商店3家、旅社2家、浴室2家、理发店3家、照相馆1家;有运输汽车2辆、改装拖拉机34辆从事安乐采石场石料运输。三产从业人员40多人。1996年,全乡有客货车106辆,建筑人员200余人,三产从业人员1600多人。1999年,有个体工商户28户,其中饭店4家,旅社2家,浴室2家,理发店4家,照相馆2家,日用电器修理2家,其他服务行业2家;建筑从业人员200多人,从事运输车辆42辆,三产从业人员400多人,实现产值50多万元。

第四节 基础设施建设

1986年,形成以供销社、医院、政府机关单位为中心的集市贸易市场;街道为砂石路,乡村道路为土路。1987年,铺设安乐采石场至古城街道砂石路4.2千米。1995年,完成古城至半塔、古城至杨郢、古城至龙山16.7千米的砂石路铺设工程。1996年,拆除沿街房屋116间,完成3.4千米街道建设,铺设县道古城段6.7千米砂石路。1997年,农贸市场南侧建成新大街,在街西设立转盘和雕塑。发动7000劳动力,搬运土石80万立方米,修通古城至北山、古城至杨山10.5千米乡村砂石路。全乡有11个村通上砂石路40千米。1998年,新建3000平方米农贸市场,完成街道路面黑色化,维修古城至太平村、古城至蔡港村、古城至安徽省来安县半塔镇乡村道路,打通古城至龙山通道,铺设铁山寺公园500米观光路、37千米环山砂石路,全乡13条70千米道路实现砂石化。1999年,在省委党校等部门帮扶下,建成农贸市场1540平方米,拥有固定摊位500个。

第五节 社会事业

一、教 育

1986年,有中学1所,小学7所,教师109人,在校生2700人。1995年,建成麻场小学、北山小学和中学教学楼。1996年,团省委、省国防工办、锡山市政府、锡山市港下镇政府帮扶资金50万元,建成盱眙古城希望小学,完成古城中心小学搬迁。1998年,建成古城中学教学楼960平方米。1999年,有初级中学1所,教职工35人,在校学生298人;小学12所,教职工67人,在校学生364人;幼儿园1所,教师12人,入园幼儿127人。

二、卫　生

1986 年,居民饮用水主要靠水塘和井水;卫生院有病床 15 张,医护人员 34 人,11 个村有赤脚医生和简易卫生所。1993 年,卫生院购置心电图机、X 光机、B 超机等设备,有医务人员 25 人;村级卫生室 11 个,医务人员 20 人。1996 年,建成乡自来水厂,古城、陡山、民建等村 450 户居民饮用自来水。卫生院建成门诊楼 860 平方米。1998 年,建成化农水厂,铺设管道 2.6 千米,改水受益 8000 人。1999 年,有 4 个村饮用自来水,收益 3600 人。乡卫生院有医务人员 26 人,有村级卫生室 8 个、医务人员 17 人。

三、文化、广播电视、电信、供电

1986 年,有文化站 1 个、俱乐部 2 个,电影放映队 3 个;各村使用大喇叭收听县广播电台节目;有手摇电话机 17 部;街道和部分村使用电灯照明,山区少数村组使用煤油灯照明。1995 年,投资 18 万元,建成电视差转台和调频台,山区群众能看上清晰电视图像;投资 30 万元,开通程控电话 200 门;统筹资金 40 万元,解决麻场、民建、太平 3 个村的通电问题,结束古城山区点煤油灯的历史。1998,改造村低压线路,改善供电线路 20 多千米。1999 年,全乡安装程控电话 480 部,拥有移动电话 30 部;居民用电基本稳定。

四、社会保障

1986 年,全乡计划生育工作采取行政推动,方法单一,超生现象严重,计划生育率 52% 左右。1988 年,乡敬老院入住老人 20 多人。1995 年,婚姻登记、优抚、救灾救济、五保供养等工作全面开展,全乡 2000 人参加社会养老保险。1999 年,乡敬老院入住老人 27 人,全乡参加养老保险 27 人。计划生育率 92% 以上,人口出生率 10‰以下。

1986～1999 年古城乡主要社会经济指标一览表

表 36－48

年　份	总面积(公顷)	耕地(公顷)	人口(人)	粮食产量(万千克)	油料产量(万千克)	财政收入(万元)	农民人纯收入(元)	地区生产总值(万元)			
								合计	其中		
									一产	二产	三产
1986	6670	1652.8	18277	1901.2	75.8	22	322	2026	1600	421	5
1987	6670	1652.8	18277	1901.2	75.8	29	360	2274	1800	469	5
1988	6670	1652.8	18277	1901.2	75.8	26	388	2440	2000	435	5
1989	6670	1652.8	18277	1901.2	75.8	32	433	2547	2000	542	5
1990	6670	1702.6	18934	1243.7	117.6	33	507	2763	2000	753	10
1991	6670	1701.1	18934	1243.7	117.6	30	550	2777	2013	754	10
1992	6670	1689.3	18934	1243.7	117.6	34	569	3193	2415	768	10
1993	6670	1666.7	18690	892.8	166.5	36	650	3644	2846	788	10
1994	6670	1647.5	18690	895.9	171.2	37	762	4202	3326	866	10
1995	6670	1713.0	18690	1292.6	301.4	43	1269	5079	3807	1242	30
1996	6670	1818.8	18690	1370.2	219.4	52	1728	6640	4036	2574	30
1997	6670	1823.6	18690	1670.0	219.4	73	2205	8203	4468	3705	30
1998	6670	1961.0	18790	1408.8	67.8	90	2496	9080	5245	3805	30
1999	6670	2528.6	18850	1465.4	319.4	107	2905	14907	6395	8462	50

第二十九章　洪 山 乡

洪山乡地处淮河南岸,东与河桥镇毗邻,南和仇集镇相连,西与安徽省明光市接壤,北面濒临淮河,淮河主航道穿境而过,距县城25千米。域内有大莲湖约133.33公顷、猫耳湖约633.33公顷、龙庙湖约86.67公顷、张湖约46.67公顷、七里湖约666.67公顷,盛产螃蟹、龙虾、鱼、芡实、菱角、荷藕等。1986年,行政区域78平方千米,耕地1832公顷,山地1865公顷,水域2607公顷,辖11个村、71个村民小组、2973户1.63万人。1999年,全乡行政区域78平方千米,耕地1832公顷,山地1533.33公顷,水域1666.67公顷,辖13个村、98个村民小组、3698户1.66万人。全乡生产总值1.06亿元,农民人均纯收入2850元。2000年2月,区划调整,洪山乡并入河桥镇。

第一节　农　　业

一、种植业

1986年,农业以小麦、玉米、水稻种植为主,耕地1832公顷;粮食产量9500吨,油料产量850吨;有林地200公顷。1988年,大莲湖种植芦苇660公顷。1994年,全乡种植芝麻、籽瓜约670公顷;完成200公顷果林条垦、栽植,开发果林330公顷。1995年,发展"两专一基"大户291户,建成2个专业村。1997年,大莲湖进行湖田改造,成立大莲湖农场,粮食种植面积700公顷;调整种植结构,扩种芝麻、籽瓜等经济作物400公顷。1999年,大莲湖投入资金60万元改造中低产田,粮食产量22070吨;完成意杨成片造林工程104公顷、农田林网533.33公顷,栽植意杨22.5万株。

二、养殖业

1986年,养牛5000头、猪1万头、羊3000只、家禽27万羽。有猫耳湖、七里湖、张湖、龙庙湖、花山圩、长征圩、淮峰圩、石港水库等水域1517公顷。其中,633.3公顷的猫耳湖是全县五大优质淡水湖泊之一,盛产鱼、蟹,年水产品产量1000吨。1994年,全乡6个村依靠山头荒坡发展养牛5000头,沿淮、沿湖7个村发展水禽养殖10万羽、养猪1.4万头。1997年,新开发龙庙湖、张湖等水面166.67公顷,水产养殖866.67公顷,实现产值1200万元。1999年,连片养殖水面800公顷,投入扣蟹300万只、豆蟹500万只,产值1430万元,水产品产量3500吨;饲养肉牛7000头、生猪1.6万头、鸡62万羽、鸭鹅8万羽。

第二节　工　　业

1986年,工业有土窑厂、服装厂、粮食加工厂、水泥制品厂、农具厂、小采石厂等工业企业8家,年工业产值100万元。1994年,乡建筑站、加油站、采石厂、农具厂等企业实行租赁承包。1995年,南京非金属研究所投入35万元,建成凹凸棒石黏土生产线,年产量1万吨,产值200万元。水泥制品厂实行租赁承包。1997

年,省、县扶持建成济桥、新跃、花山 3 个采石场。1999 年,先后建成中凹黏土加工厂、正大黏土加工厂、王山窑厂、洪山头窑厂等规模企业。

第三节　三　　产

1986 年,有百货零售店 150 个、饭店 2 个、旅社 1、理发店 3 个。1996 年起,全乡农民外出务工收入比重较大,全乡常年在外打工近 4000 人,短期打工近 1000 人,每年劳务输出工资性收入 5000 万元以上。1996 ~ 1999 年,省总工会先后介绍 60 名农村青年赴日本作为农业研修生,总收入 6000 万日元。1999 年,有百货零售店 83 个、饭店 5 个、旅社 1 个、理发店 3 个,劳务输出 4300 人,三产收入 520 万元。

第四节　基础设施建设

1986 年,街道长 1 千米,机关单位分布在街道两侧;街道至坡山口为砂石路,村道为土路。1994 年,投资 10 万元,铺设 14.2 千米的坡山口至猫耳湖石子路,实现 9 个村道路砂石化。1995 年,街道两侧建筑为低矮瓦房;筹集 26 万元,铺设乡政府至盱明公路 4 千米简易柏油路;发动 5000 个劳力完成淮河、洪山、济桥路段 15 千米的路基铺设工程。1996 年,拓宽盱明路 7.8 千米,完成乡政府至洪山村和淮河村、济桥村至盱明路 10.9 千米砂石路铺设工程。1999 年,在坡山口选址建设政府办公楼、农经楼、农电楼、农技楼、水利楼、财政楼、卫生楼和农贸市场等,进乡街道建房单位和农户有 150 多个,新集镇初具规模。有乡村公路 2 条 10 千米,其中砂石路 1 条 5 千米。

第五节　社会事业

一、教　育

1986 年,有初级中学 1 所,学生 270 人,教师 32 人;中心小学 1 所,学生 510 人,教师 40 人;有村完小 12 所,学生 1600 人,教师 102 人;中心幼儿园 1 所,幼儿 120 人,教师 6 人。1994 年,投资 20 万元,建成中心幼儿园教学楼 1 幢,修建学校危房 480 平方米。1995 年,投资 28 万元,扩建裂山、皮岗 2 所学校,新建教室 24 间,购置桌椅 200 套。1996 年,投资 74 万元,新建洪山中学教学楼 1300 平方米。1999 年,洪山中学投资 60 万元,建成 1100 平方米教学楼。有中学 1 所,学生 315 人,教师 35 人;小学 7 所,学生 418 人,教师 38 人;幼儿园 1 所,教师 3 人,幼儿 60 人。

二、卫　生

1986 年,中心卫生院有卫技人员 15 人,居民饮水靠压水井。1995 年,建成 2 口深 80 米、每小时出水 8 吨的水井,街道 2000 名居民饮用自来水。1996 年,利用花山泉水建高位自流饮用水,解决裂山、石港等村 460 户 2300 人饮水问题。1997 年,投资 8 万元,打一眼直径 20 厘米、深 80 米每小时出水 12 吨的深水井,受益人口 4000 人。1999 年,由省市扶贫单位投资 80 万元新建猫耳湖水厂,受益 1.5 万人;全乡 13 个村建成卫生室,有赤脚医生 15 人,卫技人员 22 人。

三、文化、广播电视、电信、供电

1986 年,各村使用高音喇叭收听县广播电台节目,农户中很少有电视机,乡镇机关单位有手摇电话 20

余部,乡街道通电。1994年,扬中市烟草局和淮阴市广播电视局投资5.4万元改造机房广播设备,接通街道和5个村广播;开通程控电话交换机,安装程控电话53部;为6个无电村架设高压线路,淮峰、花山、临湖3个村通电。1995年,建成电视差转台和广播调频台,全乡居民收看到清晰电视节目;投资100万元为5个村通电,全乡900多户居民陆续告别煤油灯。1996年,完成济桥、新跃、石港、裂山、茅湖村通信工程,全乡6个村通上程控电话,新增电话58门,整改电力低压线路4000米,新增用电户360户。1998年,架设乡街道、新跃等村两套有线电视差转设备,发展有线电视用户200户;对茅湖、裂山、石港、新跃、洪山、王山、济桥等村实施低压线路改造。1999年,有线电视用户580户,程控电话675部,移动用户100户,农村供电安全平稳。

四、社会保障

1986年,敬老院入住"五保"老人22人,计划生育率90%左右。1995年,投资10万元,扩建敬老院住房10间;实施社会养老保险,85人参加养老保险。1999年,敬老院供养"五保"老人20人,363人参加养老保险;计划生育率99%,人口出生率控制在10‰以内。

1986～1999年洪山乡主要社会经济指标一览表

表36-49

年份	面积(公顷)	耕地(公顷)	人口(人)	粮食产量(万千克)	油料产量(万千克)	财政收入(万元)	农民人均纯收入(元)	地区生产总值(万元)			
								合计	其中		
									一产	二产	三产
1986	7800	1832	16250	950	85.0	10.2	205	800	705	85	10
1987	7800	1832	16280	1220	91.2	12.5	220	926	820	90	16
1988	7800	1832	16305	1020	72.3	13.1	280	1038	950	70	18
1989	7800	1832	16330	1250	89.1	14.6	320	1228	1130	70	28
1990	7800	1832	16350	1050	65.0	15.8	380	1510	1325	140	45
1991	7800	1832	16380	500	78.5	20.2	420	1500	1300	160	40
1992	7800	1832	16400	1102	68.2	22.4	455	2015	1900	100	15
1993	7800	1832	16410	1386	663.0	25.1	493	2439	2355	74	10
1994	7800	1832	16520	938	93.1	49.2	624	2796	2472	250	74
1995	7800	1832	16540	158	134.2	78.9	1396	4790	3604	600	586
1996	7800	1832	16548	169	725.0	102.0	1799	6337	4060	2200	77
1997	7800	1832	16560	1852	95.0	108.0	2157	7871	5435	2216	220
1998	7800	1832	16548	2128	72.0	111.3	2760	9018	6418	2295	305
1999	7800	1832	16572	2207	85.2	224.2	2850	10600	7100	2980	520

第三十章　龙 山 乡

龙山乡位于县城西南部，境内群山环抱，系低山丘陵地区，距县城47千米，东北与水冲港林场接壤，南与安徽省来安县、明光市交界，西与仇集乡相邻。有玉米、大豆、板栗、草鸡、麻油、牛肉、牛肉干、草鸡蛋、中药材等农副产品，生态林地、牧草较多，牲畜饲养是农民致富的途径之一。

1986年，行政区域72平方千米，耕地1597公顷，山地4400公顷，水域1014公顷。辖区内龙山林场归县林种场管理，虎山种畜场归旧铺种畜场管理。辖9个村、46个村民小组、2432户11851人。1999年，有耕地2100公顷，荒山1533公顷，水域1666.7公顷，辖9个村、56个村民小组、3698户14698人。全乡工农业生产总值4378万元，其中农业总产值2037万元，财政收入62.71万元，农民人均纯收入2784元。2000年2月，区划调整，龙山乡并入仇集乡。

第一节　农　　业

一、种植业

1986年，有耕地1597公顷，粮食产量9551吨。辖区内国家级生态林5200多公顷，树种为檀树、朴树、黄连木、黑松、马尾松等。有山地人工林1500公顷，平地人工林950公顷。1990年，实施荒山开发和粮食丰产片建设工程，全乡粮食产量8980吨。1995年，拓植板栗100公顷，板栗面积达400公顷，全乡果林面积716.7公顷，果品上市800吨，纯收入100万元。改造中低产田266公顷，种植业实行“3553”工程，即种植200公顷芝麻、333.33公顷油菜、333.33公顷花生、200公顷棉套瓜，年产值1300万元。发展种植大户332户，建成经济合作专业村1个。

图36－44　苗圃基地

1998年，增加种植业科技含量，调整产业结构，全乡种植玉米800公顷、花生333公顷、中药材金钱草100公顷、籽瓜233公顷、山芋266公顷、棉套瓜600公顷。在长山村丁管小流域建成66.7公顷林果科技示范园，其中经济林果22.67公顷、环境生态林44公顷。

1999年，发展特色农业，种植籽瓜400公顷，种植金钱草、板蓝根、乌兰、丹参、瓜蒌、金银花等中药材133公顷。粮食产量7833吨，油料产量1321吨。在马腰山开挖土石方39万方，建成26.67公顷、48层人造梯田，栽植优质贡枣和梨枣5000多株、良种黑提葡萄250多株，新建棚架葡萄园0.67公顷，被团中央命名为

“中青经济林果科技示范园”。

二、养殖业

龙山乡牧草茂盛，1986 年，饲养黄牛 0.7 万头、猪 1.3 万头、羊 0.5 万只、鸡 28 万羽、鸭鹅 1.5 万羽，各类养殖大户 250 多户。1993 年，推广良种养殖，养牛 5278 头，养牛 10 头以上 10 户、5 头以上 117 户。养牛大户冯奎养牛 70 头，成为全县“牛王”。全乡养良种牛 300 多头，出售商品牛 800 多头，获县委、县政府“肉牛开发奖”。1995 年，养殖业实行“7153”工程，饲养 7000 头牛、1 万头猪、5000 只羊、30 万羽禽，全乡养牛 7200 头、养猪 1.1 万头、养羊 5000 只、养禽 30 万羽、养蜂 1300 箱。凤山村成为养牛专业村。

1997 年，象山村戴湾组成为养猪示范点，陡沟片成为大棚养鸡基地。发展养牛专业村 3 个，养牛专业户 296 户。全乡养牛 9830 头、养猪 1.12 万头、养禽 37.9 万羽、养羊 4000 只，被誉为“江苏养牛第一乡”，被农业部指导司和中国农学会等单位授予“全国庭院经济高效产业示范乡”称号。1999 年，实施科学养殖，推广氨化饲料喂养，建氨化池 114 个，微贮氨化饲料 300 吨；人工受精母牛 1516 头，全乡养牛 1.52 万头；养牛 20 头以上 41 户；龙山村成为秸秆氨化养牛示范村。

第二节　工　　业

1986 年，有企业 19 家，其中工业 11 家，总产值 230 万元。1994 年，乡政府建成木材加工厂、盱眙县中药饮片厂。1995 年，整合村办、户办、联户办木材加工业，成立乡木材总公司，有 3 个村 22 户兴办木材加工厂、水泥制品厂、粮食加工厂；象山村、戴郢村兴办农副产品收购站。1996 年，新办龙武采石场，年产值 54 万元。1997 年，投入 60 万元对中药饮片厂进行技改，新建玉蝶茶生产线；7 家企业拍卖。1998 年，建成中药饮片厂仓库 9 间 280 平方米，与南京胶合板厂联营生产细木工板；同年新办凤山村窑厂、长山村窑厂、朱刘村生猪经营铺、象山村水泥制品厂；有 6 家乡办企业实行拍卖、2 家企业协议转让。1999 年，有集体工业企业 3 家，工业总产值 851.08 万元。

第三节　三　　产

1986 年，有供销社 1 家、百货零售店 1 家、饭店 1 家、旅社 1 家、理发店 2 家，运输车 13 辆，乡建筑站有职工 32 人。1995 年，全乡有商店、饭店、旅馆等服务业 158 户，劳务输出 1620 人。1996 年，乡建筑站实行改制后，成立有资质的私营施工队，建筑业产值 1300 万元。1997 年，成立搬运大队，有职工 50 人，在省扶贫组帮助下，赴南通新大港码头从事搬运工作，劳务收入 1500 万元。1999 年，有百货零售店 12 家、饭店 2 家、旅社 1 家、理发店 2 家，有个体工商户 15 户，从业人员 78 人；运输车 8 辆，乡建筑站职工 50 多人，从事建筑业 150 人。

第四节　基础设施建设

1986 年，街道宽 12 米，集市经营在街道两侧；龙山乡至仇集乡道路为砂石路，村道为泥土路。1994 年，街道建成农贸市场 2200 平方米；在淮阴市扶贫工作组支持下，铺设村道砂石路 12.5 千米；投资 13 万元，建成长山大涧高架桥，完成龙古路路基建设。1995 年，乡街道铺设水泥路面 1.2 万平方米，修建下水道 1000 米，绿化 2000 平方米。

1996～1997 年,街道铺设柏油路面 2500 平方米,完成县乡道路黑色化路基 13.8 千米;9 个村通上砂石路 25 千米,新建虎山村三孔交架桥。1998 年,乡供销社出资新建 2500 平方米的钢架大棚农贸市场,摊位 320 个,年交易额 2000 万元;38 户农民在街道建房;建成乡财政办公楼和计生站办公楼;组织 5000 劳动力,历时 3 个月,开山降坡修路,开通龙山至古城路,9 月 9 日举行通车典礼。1999 年,街道长 580 米、宽 10 米,街道两侧新建楼房 85 户、商户 42 家、居民 120 户。全乡有乡村道路砂石路 15 条 48 千米、水泥路 5 条 15 千米。

第五节　社会事业

一、教　育

1986 年,有中学 4 所。其中,农业中学 1 所,学生 210 人,教职工 32 人;高中 1 所,学生 85 人,教职工 12 人;初中 1 所,学生 125 人,教职工 20 人;乡小学 2 所,学生 260 人,教职工 26 人。龙山小学迁址龙山街道,学校占地 0.8 公顷,砖瓦房 42 间,教学楼 1 幢。有村级小学 10 所,学生 950 人,教职工 91 人;有幼儿园 1 所,幼儿 60 人,教职工 5 人。

1993 年,农业中学投资 35 万元,新建 600 平方米的教学大楼和 400 平方米的实验中心,开办畜牧兽医和家庭经济专业课程,招收学生 60 人。1994～1995 年,拆建孤山村小学、龙山村小学和凤山村小学,新建校舍 24 间。1996～1997 年,乡中心小学新建标准化教室 20 间,新建戴营希望小学。1999 年,有中学 1 所,学生 120 人,教职工 28 人;有小学 2 所,学生 286 人,教职工 28 人;有幼儿园 1 所,幼儿 35 人,教职工 5 人。

二、卫　生

1986 年,中心卫生院有职工 17 人,其中卫技人员 8 人,占地 7500 平方米,门诊用房 500 平方米,拥有病床 10 张,年门诊量 1.3 万人次,年收治住院病人 230 余例。全乡饮水主要靠压水井、河水。1993 年,乡卫生院新建门诊室、病房,添置 X 光机。1995 年,在涧流村打一眼深井,安装自来水,解决龙山农业中学 600 多名师生和周围 500 多名群众饮水;有 4 个村民小组饮用山泉水安装的自来水。

1996 年,乡街道安装自来水,受益人口 1500 多人,农村自来水管道延伸 3500 米,解决涧流村、龙山农业中学、龙山中心小学等 1500 人的饮水问题。1997 年,卫生院新建病房 14 间;孤山村、朱刘村、象山村打压水井 82 口,4200 人受益。1999 年,中心卫生院有职工 12 人,全乡 7 个村建成甲级卫生室。

三、文化、广播电视、供电、电信

1986 年,各村使用高音喇叭收听县广播电台节目,街道居民有黑白电视机 20 余台;用电户 840 户,乡村组通电率 34%;乡机关单位有手摇式电话机 13 部。1993 年,乡邮电所安装程控电话,全乡安装电话 52 部。

1995 年,龙山乡新建电视转播台和调频广播,有 31 户购买彩电、冰箱。1997 年,省委扶贫工作组帮扶资金 170 万元,建成大哥大直放站、程控电话机站,为 56 个村民小组架设程控电话杆线,安装程控电话 214 部。1999 年,建成 35 千伏变电所 1 座、6 个村实施电网改造;新增电话 240 部;实施光缆传输有线电视信号工程,有线电视用户 610 多户。

四、社会保障

1986 年,计划生育采取政府行政措施落实,计划生育率 26%,人口出生率 22‰。1996 年,建成乡敬老院,入院“五保”老人 8 人。1997 年,投资 12 万元新建计生楼。1999 年,乡敬老院入院“五保”老人 9 人。计划生育率 98.5%,人口出生率在 10‰以下。

1986~1999 年龙山乡主要社会经济指标一览表

表 36-50

年份	总面积(公顷)	耕地(公顷)	人口(人)	粮食产量(万千克)	油料产量(万千克)	财政收入(万元)	农民人均纯收入(元)	地区生产总值(万元)			
								合计	其中		
									一产	二产	三产
1986	7200	1597	11851	955.1	58.9	8.85	508	495	218	196	81
1987	7200	1597	11923	998.3	69.5	8.81	474	535	281	208	46
1988	7200	1597	12067	863.8	65.9	11.90	504	818	423	315	80
1989	7200	1597	12185	914.3	59.7	16.79	528	965	565	309	91
1990	7200	1832	12236	898.0	65.2	16.67	583	1194	652	493	49
1991	7200	1832	12995	927.9	68.4	17.89	595	1208	711	431	66
1992	7200	1832	13545	946.2	59.6	13.54	618	1419	798	514	107
1993	7200	1832	13978	928.9	60.9	15.59	642	1765	867	813	85
1994	7200	1832	14560	849.8	56.9	13.50	618	2097	912	1091	94
1995	7200	2100	14560	665.8	110.9	23.92	680	2386	991	1187	208
1996	7200	2100	14527	708.7	86.8	32.80	1996	2618	1053	1339	226
1997	7200	2100	14586	913.8	81.7	63.90	2084	3475	1462	1718	295
1998	7200	2100	14698	1013.2	108.4	52.15	2422	3754	1618	1965	171
1999	7200	2100	14698	783.3	132.1	62.71	2784	4378	2037	2000	341

第三十一章　肖嘴乡

肖嘴乡位于县城区西北端,距县城 25 千米,东与鲍集相连,南与铁佛镇相交,西与安徽明光市隔淮河相望,北与泗洪县双沟镇相邻。境内地形东高西低,淮河穿境而过,集水、圩、滩于一体,三面环水。

1989 年 1 月,行政区划调整,鲍集乡的观淮村、唐刘村、淮西村、新迁村、肖居村、引河村、何岗村、岗洼村划出,成立肖嘴乡。肖嘴乡行政区域 52 平方千米,辖 14 个村、157 个村民小组、4280 户 1.8 万人。有耕地 1960 公顷,水域 1253 公顷。1999 年,肖嘴乡有 14 个村、157 个村民小组、4450 户 21000 人,其中非农业人口 385 人。全乡工农业总产值 8968 万元,财政收入 99 万元,农民人均纯收入 4300 元。2000 年 2 月,区划调整,肖嘴乡并入鲍集乡。

第一节　农　　业

一、种植业

1989年,种植水稻、小麦1708公顷,粮食总产量2万吨,经济作物产量1.2万吨。林地666.7公顷,主要分布在农田林网和淮河大堤及引河大堤;各村庄台林年植树15万株。1990年,育意杨苗500万株,销往全县各乡镇,全乡林地1000公顷,庄台林植树25万株。1994年,提出沿淮圩区主攻鱼、藕、果、菜,平原岗地狠抓油、禽、猪、羊发展目标,扩种花生533公顷,油菜533公顷。1995～1998年,在观淮村建立千亩良种培育基地,小麦良种率90%;改造中低产田893.3公顷,达到旱能灌、涝能排。种植花生160公顷、蔬菜233公顷,开发滩涂水面1400公顷。1999年,压缩三麦种植333公顷,新增油菜移栽333公顷。新植树17.1万株,累计植树65万株。

二、养殖业

1989年,养猪2.4万头、牛2800头、羊1.1万只、鸡3.2万羽、鸭0.92万羽、鹅0.35万羽。水产主要有村组集体塘坝养殖,水产品产量60吨。1993年,全乡养猪2.5万头、羊2000只、家禽17万羽,开挖精养鱼池38公顷。1995年,建成养牛专业村1个,养猪专业村7个,养禽专业村4个,全年养牛1100头、猪11700头、羊5300只、禽20万羽。1997年,新建千头养猪场6个,万只养鸡场1个。养牛1520头、猪4200头、羊4500只、禽60万羽,培养养殖专业大户387户。1998年,粮管所建成365平方米的良种苗猪繁殖基地,年饲养生猪4.53万头,其中良种母猪2500头;新迁村10户地笼加工大户,采取联合、股份制的形式组建地笼生产公司,年产地笼4.5万条,从业人员700多人,产值382.5万元,利润130万元。1999年,引进浙江客商建成250平方米的樱桃谷肉鸭养殖基地,发展4个肉鸭养殖场、1个孵化室,饲养樱桃谷肉鸭80万羽,创产值1600万元。全乡养猪5.1万头、鸡25万羽、羊1100只。有水面1253公顷,新开发水产养殖133公顷。建成新迁村地笼编织加工专业村,从业人员850人,年产地笼7.9万条,产值592.5万元。全乡渔业产量120吨。

第二节　工　　业

1989年,工业有土立窑、食品、榨油、印刷、缝纫等,集体企业以建材和加工业为主。1993年,有乡办企业8家,个体及联办企业294家,产值394万元。乡粮管所与泗洪酒厂联营建成制曲厂,年销售收入150万元。1994年,对乡办企业采取招标、租赁、股份制等形式实行改制,租赁水泥预制厂,承包制曲厂。扬子石化运输公司投资建成饲料加工厂,年生产饲料5500吨,产值1000万元。1995年,新建纸箱厂、磷肥厂,年产值235万元;乡饲料厂采用美国艾艾公司配方,生产饲料2000吨,创产值500万元。1997年,采取租售结合方式,对水厂、制钉厂实行企业改制。乡粮食管所新建"中奇"牌电动自行车厂,年产5000辆。1999年,全乡有工业企业21家,其中乡办7家、村办8家,产值4627万元。

第三节　三　　产

1989年,有个体工商户48户,其中饭店9家、旅馆2家、浴室1家、理发店5家、照相馆2家;副业有豆腐坊、油坊等,累计收入50多万元,占农村经济总收入的27%;有货车3辆,有手扶拖拉机4辆从事运输。1990年,全乡有客车9辆,主要往返盱眙至无锡,货车13辆从事农产品运输。1999年,有饭店14家、旅馆5家、浴室3家、理发店13家、照相馆3家;有客车11辆,运营线路有泗洪、南京、无锡、苏州。从事第三产业256人,三产增加值295.8万元。

第四节 基础设施建设

1989年,集镇有一条主街道,街道两侧居民多为瓦房、平房,有门面房40余间,集镇较小。1993年,建成占地1.6公顷的农贸市场,新建玻璃钢架大棚2124平方米,有摊位550个;修建街道1000米水泥路,建成乡村二级石子路21千米,全乡有12个村通上石子路。1995年,铺设集镇11千米水泥路并架设街道路灯;争取县交通局扶持1000吨石子,14个村道路铺设成砂石路。1997年,完成县乡道路肖嘴至鲍集段4.5千米的柏油路铺设。1999年,建顶棚市场1800平方米,新增集镇建房户80户,沿街建楼房9800平方米;全乡有砂石路8条30千米。

第五节 社会事业

一、教 育

1989年,有中学1所,教师120人,学生1300人;中心小学1所,教师35人,学生600人;村小4所、教学点5个,教师25人,学生320人;幼儿园1所,教师8人,幼儿160人。1993年,扬子石化捐资建成513平方米的肖嘴中学教学楼。1995年,争取上级支持和自筹资金,新建何岗小学,为肖嘴中学扩建新校舍18间。1996年,为中心小学购置教具、修建跑道、建多功能教室,改造危房,改善办学条件。小学入学率100%,中学升学率96%。通过省市"普九"验收,实现"六有""校校通"和"三新一亮"。1997年,修建校舍1320平方米,其中新建480平方米。1999年,有初中1所,学生600人,教师35人;中心小学1所,学生910人,教师54人;村小5所,学生510人,教师35人;幼儿园1所,在园幼儿170人,教师12人。

二、卫 生

1989年,卫生院有卫技人员28人,配置肝功能检测仪、X光透视仪等设备;居民饮用水为压水井水。1990年,打深100米水井1口,每小时出水量4.5吨,配套修建高31米、容量3000立方米的供水塔,乡街道居民饮用上自来水。1995年,乡卫生院有病房10间,床位30余张,门诊量21457人次;增添B超机、心电图机等医疗设备。1996年,新打水井3口,有4个村5700人饮用自来水。1998年,在2个村新打水井2口,建成自来水厂,新增受益人口3500人。1999年,乡卫生院有卫技人员38人,年门诊2.3万人次,有病房15间;村卫生室14个,赤脚医生25人。全乡有14个村通上自来水,饮用自来水1.9万人。

三、文化、广播电视、通信、供电

1989年,文化中心有乒乓球室、活动室、棋牌室、阅览室等;全乡有电话150部,有线广播用户1200多户,有8个村通电,70%的居民用煤油灯照明。1993年,扬子石化投资建成肖嘴邮电楼,装机容量250门。1994~1995年,设立乡文化站,建成有线电视接收台,增加两组光线电缆,新增100对程控电话;完成3个村高压杆线改道,3个无电村全部通电。1997年,新增程控电话72门,总数达164门,电话杆线到村组;在王岗、何岗、引河、新迁、观淮等村建立微波接收点,发展有线电视用户274户。1998年,新建320平方米文化中心,站内有阅览室、活动室等,有放映队1个。1999年,推进"电话乡"建设,新增程控电话107门,有线电视用户51户,新安装电话400部;完成农网改造,更换高压线路15千米,低压线路70千米,更新和新增变压器27台,用电普及率85%。投资46万元,建成700平方米的老年活动中心大楼。

四、社会保障

1989 年,敬老院入住“五保”老人 8 人。计划生育率 72% 左右,人口出生率 17‰。1997 年,扩建敬老院,增加住房 8 间。1999 年,参加养老保险 1100 人。乡敬老院有房屋 5 间,入住老人 10 人;计划生育率 98%,人口出生率在 10‰以内。

1986~1999 年肖嘴乡主要社会经济指标一览表

表 36-51

年份	总面积(公顷)	耕地(公顷)	人口(人)	粮食产量(万千克)	油料产量(万千克)	财政收入(万元)	农民人均纯收入(元)	地区生产总值(万元)			
								合计	其中		
									一产	二产	三产
1989	5200	1960	18000	2052	89	32	1325	3760	793	1980	987
1990	5200	1960	20000	2001	96	30	1896	3948	896	2008	1044
1991	5200	1960	21000	1002	51	36	1086	3523	513	1981	1029
1992	5200	1960	21000	2201	108	55	2510	5971	1136	3001	1834
1993	5200	1960	21000	2111	114	70	2563	6082	1018	3077	1987
1994	5200	2000	21000	2330	121	74	2951	6737	1213	3518	2006
1995	5200	2000	21000	2325	124	81	3910	7394	1341	3766	2287
1996	5200	2000	21000	2455	133	89	3785	7810	1436	3980	2394
1997	5200	2000	21000	2510	148	93	3956	7901	1577	4008	2316
1998	5200	2067	21000	2510	152	96	4211	8588	1743	4096	2749
1999	5200	2133	21000	2519	160	99	4300	8968	1812	4167	2989

附　　录

一、《盱眙县志》勘误表

页数	行数	误	正
7	倒4	陈登任广陵太守……五年(200年),陈登……	典农校尉陈登……五年(200年),广陵太守陈登……
9	6	大业十二年(616年)	大业十年(614年)
10	11	天历元年(1328年)	天历二年(1329年)
11	6	盱眙驻泗州……	盱眙驻有泗州
11	10	民剥树皮,	民剥树皮、
15	12	县城山上小学	县立山上小学
18	3	活报剧	广场剧
19	9	歼敌	歼顽军
22	倒13	8月16日	8月15日,日本投降。次日,驻盱
25	倒6	废除国民党法币	废除国民党货币
30	倒10	总数95%	总数91.5%
35	17	53个生产队搞分田到户……	53个队搞部分土地分田到户……
38	20	江苏省国营医疗机械厂	江苏省国营医疗器械厂
38	倒11	淮阴专区	淮阴地区
41	倒7	7月,大涝,9万多亩庄稼受灾。	7月,持续干旱,严重威胁秋熟作物生长。
41	倒6	组织干部群众抗旱排涝	组织干部群众抗旱
42	2	获全国医药卫生科技大会医药科技成果奖	获全国科技大会医药科技成果奖
43	9	沥清洒布机	沥青洒布机
47	14～15	9月30日……	10月30日……。(一起两行字,移到10月,《盱眙县地名录》内部出版的后面。)
48	倒14	增至3414.63万元	增至3414.67万元
49	13	李可放	季可放
53	倒8	阿根廷籍侨胞	阿根廷籍华裔
58	8	龟山乡的龟山选区	原龟山乡的龟山选区
58	倒5	元延佑……泰定四年(1327年)	元延祐……,天历二年(1329年)
65	倒2	龟山乡的龟山选区	原龟山乡的龟山选区

续上表

页数	行数	误	正
85	1	北临淮河	北靠盱城镇并临淮河
104	倒3	盱嘉分治,	置嘉山县
106	6	1954－1955年	1955年
168	4	每人平均54.38亩,	每人平均53.38亩
173	倒9	补种7次	补种6次
178	倒14	村与大队并存	村与大队名称并存
178	倒9	组与队并存	组与队名称并存
228	13	6750.00	6750.01
304	3	蒋于奇	蒋之奇
366	倒7	民国23年(1934年),“都梁号”轮船开隔日班,	20世纪20年代,姚爱棠策动创办都梁轮船公司。民国23年(1934年)再次兴办轮船公司,“都梁号”轮船开隔日班,
379	10～25	(四)邮政编码的整个子目,误排在“设备”目内。	(四)邮政编码的整个子目应调至378页(三)农村邮路的子目之后。
423	5	座商	坐商
434	倒10	60年	60年代
435	3	这年盱眙人口253195人,	这年盱眙按上年人口253195人
456	8	全县有盱城、	全县除县城外,有
456	9	逢农历一四七……	有的10天2集,有的则以一四七……
456	10	多半为10天3集	10天3集
458/459		盱眙县城街市图(清代)盱眙县城市图(明代)	两图位置对调,即调为盱眙县城市图(明代),盱眙县城街市图(清代)
490	11	第一次代表大会	第三次代表大会
509	5	委员是徐一行。民国22年……	委员是徐一行。民国19年(1930年)夏,县城建立共青团组织谈信成任支部书记,陈德增(洪沛)任组织委员,王亦纯(李乾一)任宣传委员。团组织为支持西高庙农民武装暴动,做了大量工作,后活动停止。民国X年……
522	16	在17任知县表中的程仲昭,任职时间有漏缺	在周荣期之后补:程仲昭,陕西韩城,清光绪三十一年(1905年)复补县缺。
527	倒3	在县革命委员会副主任中有漏缺。	在张依伍之后补:朱星远,江苏滨海,1977.6－1979.6
584	17	第四节　司法　行政	第四节　司法行政
603	10	解放不久	建国伊始
610	倒13	高小春季两班,秋季两斑,	五六年级各两班,均为秋季始业
610	倒3	自己	教师
610	倒2	下课后,各自在牛背上……	下课后,学生各自在牛背上……
615	13	1985年初中毕业报考数93	92
617	倒9	1961年	1960年

续上表

页数	行数	误	正
617	倒8	1963年	1962年
626	倒14	盱眙中学	盱眙县初级中学
626	倒7	盱眙中学	盱眙县中学
626	倒6	盱眙师范	盱眙县师范学校
630	倒12	为其主要来源,	为教育经费主要来源
631	2	金额	单位
634	15	7行播种机等课题	7行播种机等科研课题。
638	倒2	1984－年6月	1980年10月
663	8	(麻布袋)	(布带袋)
669	6～7	县城进步青年自筹资金,购买哲学、政治经济学等进步书籍百余册。	县城部分进步青年把自家原有的和新买的时事、政治、哲学、文学书刊一二百册聚集在一起办的。
672	20	2月21日	1月11日
672	22	1957年7月5日	1958年7月5日
672	22	次年7月1日	当年8月1日
672	23	1959年6月	1959年下半年
685	14～15	汉时东阳县两次被封为侯国:一是汉高祖刘邦封张相如,另一次是汉宣帝刘询封刘弘。吴王濞还在此建过太仓。	汉时,吴王濞曾在此建过太仓。
798	9	高升宏	高开宏
700	倒2	李两峰(即李东)所书	李两峰(李东)所书。庙塔均不存。
802	11	(天雨花)	(笔生花)
808	1～24	龚万魁、龚振芳的传记次序有误	龚万魁、龚振芳的传记,应调至822页丁锋挺之后。
830	6～7	后升金华府,对于以往若干长期未结的人……	后知金华府,再升江西右参政,对于作奸犯科者……
831	19	与枝艽齐名	与山尊瑞齐名
832	10	彭德	彰德
849	倒7	绍熙	绍兴
850	倒1	绍兴十三年至三十一年,兵火墟焉。	绍兴十三年至三十一年兵火墟焉。
853	3	(一九三二年五月十七日)	(一九三二年五月二十七日)
855	倒14	制定的,	判定的
895	1	《盱眙县志》修志机构和人员	《盱眙县志》编修机构和人员
896	2	摄影的名单有漏缺	在李乐斌后补:吴坤
其他	护封	内容是1991年航摄的盱眙县城景象,应名为"盱眙鸟瞰"	
	地图	盱眙城区范围内的"农科站",应改为县果园场。水冲港范围内的"桂王",应改为"桂五"	
	照片	第1页1984年9月胡耀邦在盱眙,9月应改为10月。第5页,淮河大桥桥头堡,"堡"字应去掉。第12页,彗星运行图,应改为西汉木刻星象图。第15页,复信照片,应改为刘少奇复信。	
	目录	第3页,第二十五章第四节的"司法行政",中间间隔应去掉,为"司法行政"	

二、重要文件选目

(一)农 业

盱委发〔1986〕0011 号	批转《关于进一步完善山林承包责任制的意见》的通知
盱委发〔1986〕0015 号	批转《关于签订一九八六年农民上交提留合同的意见》
盱委发〔1986〕0045 号	批转《关于今冬明春农田水利建设意见》的通知
盱委发〔1986〕0049 号	批转《一九八六年秋播工作意见》的通知
盱委发〔1987〕0013 号	批转《关于签订一九八七年农民上交提留合同的意见》
盱委发〔1988〕0013 号	关于挂乡包村工作的意见
盱委发〔1988〕0012 号	关于鼓励、扶持发展农村家庭经济的意见
盱发〔1998〕0004 号	关于认真做好一九九八年农业承包合同签订切实加强农民负担管理工作的通知
盱发〔1998〕0015 号	盱眙县 1999 年农业结构调整工作意见
盱发〔1998〕0016 号	盱眙县 1999 年水利建设意见
盱委发〔1989〕0049 号	批转《关于对承包土地进行“大稳定、小调整”的意见》的通知
盱委发〔1989〕0044 号	关于印发《盱眙县领导人员防汛工作岗位责任制》《盱眙县各有关部门防汛防旱工作责任制》的通知
盱委发〔1989〕0069 号	关于加强冬季农田水利基本建设的意见
盱委发〔1989〕0034 号	批转《关于在全县农村妇女中开展“富民富县女能手”竞赛活动的意见》的通知
盱发〔1990〕0026 号	批转《关于推行农业双向承包情况的报告》的通知
盱发〔1991〕0008 号	关于切实减轻农民负担抓好今年农民上交提留工作的通知
盱发〔1991〕0018 号	关于切实抓好农村集体财务清理整顿工作的通知
盱发〔1991〕0025 号	批转《县水利局关于一九九二年度农田水利建设的意见》的通知
盱发〔1992〕0032 号	关于围绕“五大工程”搞好秋播和冬春农田水利建设的意见
盱发〔1992〕0010 号	关于认真贯彻国务院《农民承担费用和劳务管理条例》,切实抓好今年农民上交提工作的通知
盱发〔1993〕0010 号	关于进一步开展劳务输出工作的通知
盱发〔1993〕0013 号	关于认真清理涉及农民负担文件,搞好自查自纠工作的紧急通知
盱委〔1994〕0087 号	关于进一步加强农村卫生工作的通知
盱委〔1994〕0094 号	批转《关于开展农村财务清理工作的意见》的通知
盱发〔1994〕0019 号	全县今年秋播和一九九五年农业生产规划
盱发〔1994〕0018 号	关于进一步完善农村土地承包经营制度的意见
盱发〔1994〕0020 号	关于一九九五年度全县水利建设规划
盱发〔1995〕0003 号	批转关于在全县农村实施科技传播工程的意见的通知
盱发〔1995〕0040 号	关于切实做好中低产田改造工作的意见
盱发〔1995〕0021 号	批转《关于在全县范围内推进“四荒”使用权拍卖工作的意见》的通知
盱发〔1995〕0024 号	关于加快发展黄牛生产的意见
盱发〔1997〕0007 号	盱眙县 1997 年农村经济工作要点
盱发〔1997〕0008 号	盱眙县国道、省道沿线大农业示范带工程建设意见
盱发〔1997〕0011 号	关于认真实施农民负担目标管理切实做好一九九七年减轻农民负担工作的通知
盱发〔1997〕0019 号	关于开展发展壮大村级集体经济分档竞赛活动的意见

盱发〔1997〕0031号	盱眙县农业结构调整工作意见
盱发〔1997〕0018号	关于发展壮大村级集体经济的暂行规定
盱委〔1997〕0192号	关于印发《盱眙县防汛防旱指挥部成员单位职责》的通知
盱发〔1999〕0002号	关于1999年全县农业和农村工作的意见
盱委〔1999〕0171号	关于下达全县1999年秋播及2000年种植业结构调整任务的通知
盱发〔1999〕0037号	盱眙县2000年度水利建设意见
盱发〔1999〕0013号	关于认真做好一九九九年减轻农民负担工作的意见
盱发〔1999〕0036号	关于2000年全县意杨产业发展的意见
盱发〔2002〕0009号	关于加强农业品种、技术、知识专项工程建设的意见
盱发〔2002〕0010号	关于加强农产品加工流通工作的意见
盱发〔2002〕0011号	关于做好农村土地承包经营权流转工作的意见
盱发〔2002〕0012号	关于清理村级财务化解村级债务的实施意见
盱发〔2002〕0035号	盱眙县2003年农业结构调整意见
盱发〔2002〕0036号	盱眙县2003年农村造林绿化重点工程实施意见
盱发〔2002〕0037号	盱眙县2003年度水利(农业开发)建设实施意见
盱发〔2003〕0016号	关于下达鲍集圩滞洪区范围内全部人员撤离到安全地点的命令
盱发〔2003〕0018号	盱眙县2003年秋播工作意见
盱发〔2008〕0020号	关于实施“兴村富民工程”发展村级集体经济的意见

盱政发〔1986〕0133号	批转《关于下半年开展农村保险工作的意见》的通知
盱政发〔1986〕0162号	关于进一步加强农民教育工作的意见
盱政发〔1986〕0117号	关于洪泽湖综合开发情况的报告
盱政发〔1987〕0100号	关于下达一九八七年农业税减免指标的通知
盱政发〔1987〕0078号	关于加强农村能源建设的通知
盱政发〔1987〕0052号	关于开展清理非农业用地工作的通知
盱政发〔1987〕0056号	关于切实配备好村农技员的通知
盱政发〔1987〕0119号	批转《关于保护和合理开发我县药材资源的意见》的通知
盱政发〔1988〕0108号	关于开展植物检疫和检疫收费的通知
盱政发〔1988〕0170号	批转“关于国营场圃包干补贴情况的报告”的通知
盱政发〔1988〕0164号	关于加强林业管理制止乱砍滥伐的意见
盱政发〔1988〕0185号	于对化肥、农药、农膜实行专营的通知
盱政发〔1989〕0121号	关于进一步做好杂交水稻种子生产和供应工作的意见
盱政发〔1989〕0231号	关于非农业用地清查的处理意见
盱政发〔1990〕0176号	印发《盱眙县关于搞好企业第二轮承包经营责任制的意见》的通知
盱政发〔1991〕0018号	关于实施《农村劳动力进城临时务工许可证》的通知
盱政发〔1992〕0051号	批转《关于切实加强农村改水工作意见》的通知
盱政发〔1993〕0100号	关于切实抓好当前抗旱工作的紧急通知
盱政发〔1993〕0117号	关于大力开展秸秆氨化工作的意见
盱政发〔1993〕0136号	关于加强农业生产资料经营管理工作的通知
盱政发〔1993〕0049号	关于开展农村产业结构调整竞赛活动的意见
盱政发〔1993〕0169号	关于取消一批涉及农民负担项目的通知
盱政发〔1994〕0044号	关于加强农业生产资料市场管理工作的通知

盱政发〔1994〕0128 号　关于进一步加强生猪市场管理的通知
盱政发〔1994〕0149 号　关于切实做好秋粮收购工作的通知
盱政发〔1994〕0004 号　关于转发县土地局《关于编制全县土地利用总体规划的报告》的通知
盱政办〔1994〕0113 号　盱眙县国有土地使用权出让和转让暂行规定
盱政发〔1994〕0066 号　关于明确种子收购抵冲定购任务的通知
盱政发〔1994〕0176 号　关于转发《关于适当调整 1995 年度部分杂交水稻生产用种质量标准的意见》的通知
盱政发〔1995〕0007 号　关于印发《关于稳定和加强农机管理服务体系的若干规定》的通知
盱政发〔1995〕0063 号　关于转发《关于加强化肥质量监督检验工作的意见》和《盱眙县化肥质量监督检验办法(试行)》的通知
盱政发〔1995〕0082 号　关于印发盱眙县粮食风险基金征收和管理暂行办法的通知
盱政发〔1995〕0086 号　关于印发《乡、镇农业技术推广站管理办法》的通知
盱政发〔1995〕0101 号　关于印发《盱眙县生猪市场管理实施细则》的通知
盱政发〔1995〕0136 号　关于印发《龙王山水库水资源保护与水质管理暂行办法》的通知
盱政发〔1995〕0141 号　关于下达基本农田保护面积指标的通知
盱政发〔1996〕0049 号　关于印发盱眙县水利工程水费核订、计收和使用管理实施办法的通知
盱政发〔1996〕0166 号　关于调整全县基本农田保护面积指标的通知
盱政发〔1996〕0061 号　关于印发《盱眙县主要农作物实施"补钾工程"的意见》的通知
盱政发〔1996〕0058 号　转发《关于进一步加强全县土地财务管理工作意见》的通知
盱政发〔1997〕0051 号　关于印发《盱眙县养殖水面资源增殖保护费征收使用办法》的通知
盱政发〔1997〕0048 号　关于做好病险水库和圩堤险工险段除险加固工程的通知
盱政发〔1997〕0127 号　关于印发《盱眙县粮棉油收购资金管理规定》的通知
盱政发〔2000〕0054 号　印发《关于加强林木资源管理的若干规定》的通知
盱政发〔2000〕0016 号　关于确定盱眙县《水土保持法》宣传月、宣传周、宣传日的通知
盱政发〔2001〕0058 号　关于调整土地使用税税额标准的通知
盱政发〔2001〕0077 号　关于印发《盱眙县森林分类区划界定工作方案》的通知
盱政发〔2001〕0117 号　关于印发《盱眙县冬季水利和道路建设重点土石方工程实施方案》的通知
盱政发〔2002〕0040 号　关于印发《盱眙县 2002 年科技先导型地道中药材资源标准化规模种植及深加工支柱产业建设实施方案》的通知
盱政发〔2002〕0093 号　关于印发《盱眙县地道中药材野马追规范化种植基地建设方案》的通知
盱政发〔2004〕0055 号　关于收回盱眙县林业技术指导站国有土地使用权的决定
盱政发〔2004〕0063 号　关于开展林权登记发证工作的实施意见
盱政发〔2004〕0071 号　关于加强农业生态环境保护工作的意见
盱政发〔2004〕0091 号　关于印发盱眙县国有水利工程管理单位改革实施意见的通知
盱政发〔2005〕0054 号　关于加强野生动物保护和管理的通告
盱政发〔2005〕0092 号　关于印发《盱眙县 2006 年度造林绿化工作实施意见》的通知
盱政发〔2008〕0125 号　关于加快盱眙县龙虾产业发展的意见

(二)工　　业

盱委发〔1989〕0025 号　关于进一步巩固、提高和发展乡镇企业的意见
盱发〔1992〕0013 号　印发"关于工业开发的意见"的通知
盱发〔1992〕0005 号　关于批转《盱眙县一九九二年工业经济工作意见》的通知

盱发〔1993〕0016 号　关于盘活工业企业存量资产的通知
盱发〔1993〕0020 号　关于加快县经济技术开发区建设若干问题的意见
盱发〔1994〕0013 号　关于对企业产权制度改革工作检查验收的通知
盱发〔1994〕0024 号　关于鼓励发展外向型经济的奖励办法
盱发〔1994〕0011 号　关于加强茧丝生产经营管理的规定
盱发〔1996〕0015 号　关于鼓励个体私营经济发展的若干规定
盱发〔1996〕0018 号　印发《盱眙县工业企业资产经营责任制试行办法》的通知
盱委〔1998〕0121 号　关于对私营企业重点单位实行挂牌保护的通知
盱发〔1999〕0015 号　关于大力发展劳务输出的工作意见
盱发〔1999〕0014 号　关于对骨干私营企业、个体工商户开展三级帮扶活动的意见
盱发〔2001〕0028 号　关于印发《盱眙县工业开发区招商引资八项郑重承诺》的通知
盱发〔2001〕0029 号　关于加快盱眙县工业开发区建设的四项暂行规定
盱发〔2001〕0036 号　关于治理整顿矿产资源管理秩序的十项规定
盱发〔2001〕0030 号　关于凹凸棒粘土资源开发利用的十项规定
盱发〔2002〕0020 号　关于开展"企业服务月"活动的通知
盱委发〔2006〕0020 号　关于创建国家级经济开发区的意见
盱委发〔2007〕0067 号　关于规范经济开发区项目投资和用地的实施方案
盱发〔2007〕0017 号　关于鼓励全民创业加快民营经济发展的若干规定
盱发〔2007〕0018 号　关于加快凹凸棒石黏土资源高效开发利用科技先导型支柱产业建设的意见
盱发〔2008〕0017 号　关于加快民营经济发展的意见(试行)
盱委发〔2008〕0077 号　关于深入开展"千名干部帮万民创企业"活动的通知

盱政发〔1986〕0164 号　关于抓紧纠正平调轻工集体企事业资产问题的通知
盱政发〔1986〕0010 号　批转《关于发展户办、联户办企业的意见
盱政发〔1987〕0072 号　关于加快推行厂长(经理)负责制的意见
盱政发〔1987〕0083 号　关于加强采石行业管理的意见
盱政发〔1988〕0001 号　批转《关于进一步发展粮油饲料工业的意见》的通知
盱政发〔1989〕0151 号　关于完善企业承包经营责任制的几点意见
盱政发〔1989〕0060 号　关于乡镇企业开展"两清"工作意见
盱政发〔1990〕0117 号　关于加强企业管理工作的意见
盱政发〔1991〕0114 号　批转《关于加强煤炭市场管理的意见》的通知
盱政发〔1991〕0020 号　关于开展"质量、品种、效益年"活动的意见
盱政发〔1991〕0091 号　关于抓好工业企业扭亏增盈工作的意见
盱政发〔1991〕0014 号　关于进一步加强九一年乡镇企业工作的意见
盱政发〔1992〕0090 号　关于一九九二年着重抓好十二项主要经济工作的通知
盱政发〔1993〕0030 号　关于印发《古桑矿区石灰石生产销售管理暂行规定》的通知
盱政发〔1993〕0038 号　印发《关于搞好新一轮企业承包经营责任制的意见》的通知
盱政发〔1993〕0142 号　关于下达各乡镇工业"三项资金"压缩计划的通知
盱政发〔1993〕0173 号　关于转发《盱眙县企业经济合同管理办法》的通知
盱政发〔1994〕0024 号　关于进一步加强企业标准化工作的意见
盱政发〔1994〕0112 号　批转《关于进一步加强工业资金管理的意见》的通知
盱政发〔1995〕0132 号　关于鼓励外商来盱经商办企业的政策规定

盱政发〔1996〕0183 号　印发《关于加强企业资产经营责任审计的若干规定》的通知
盱政发〔1997〕0066 号　关于印发《盱眙县矿产资源开发管理实施办法》的通知
盱政发〔1997〕0144 号　关于加强凹凸棒粘土资源开发管理的决定
盱政发〔2002〕0039 号　于印发《盱眙县 2002 年科技先导型凹凸棒石粘土资源深加工支柱产业建设实施方案》的通知
盱政发〔2003〕0110 号　关于印发《盱眙县企业信用征信管理办法》的通知
盱政发〔2004〕0061 号　关于盱眙县工业区项目用地的暂行规定
盱政发〔2005〕0053 号　关于印发《盱眙县重大工业项目补贴奖励暂行办法》的通知
盱政发〔2005〕0055 号　关于印发《盱眙县关于对利用外资新办工业企业有关考核奖励的暂行规定》的通知
盱政发〔2005〕0056 号　关于印发《盱眙县关于利用外资优惠政策暂行规定》的通知
盱政发〔2006〕0134 号　关于对盱眙县正年采石厂等十二户非煤矿企业实施关闭的通知

（三）建筑业、商贸服务业

盱委发〔1988〕0034 号　关于重申和补充全县干部住房建房的规定
盱发〔1997〕0030 号　关于清理干部住房问题的实施意见
盱委〔1999〕0045 号　关于下达 1999 年全县旅游工作任务的通知
盱发〔1999〕0024 号　关于加快发展建筑业的意见
盱发〔2002〕0017 号　关于进一步加快建筑业发展的意见
盱委发〔2006〕0019 号　关于建成苏北旅游第一县的实施意见

盱政发〔1986〕0016 号　批转《关于进一步发展我县建筑业的意见》的通知
盱政发〔1987〕0046 号　关于加强物价管理保持市场物价基本稳定的通知
盱政发〔1988〕0033 号　关于推行千克制杆秤和贯彻执行国家强制检定管理办法的通知
盱政发〔1988〕0139 号　关于加强城镇户粮管理的通知
盱政发〔1989〕0093 号　关于开展房屋产权清查、登记、发证工作的通知
盱政发〔1989〕0238 号　批转《关于整顿建筑市场意见》的通知
盱政发〔1989〕0205 号　关于批转《盱眙县“菜篮子工程”实施意见》的通知
盱政发〔1990〕0180 号　关于进一步加强计划内物资管理的意见
盱政发〔1990〕0116 号　转发《关于清查处理“空关房”的意见》的通知
盱政发〔1991〕0025 号　关于进一步加快城镇户粮管理的通知（讨论稿）
盱政发〔1992〕0065 号　关于加强全县集贸市场建设的意见
盱政发〔2000〕0006 号　关于印发《盱眙县已购公有住房上市出售管理暂行办法》的通知
盱政发〔2000〕0025 号　关于印发《盱眙县城区房屋拆迁管理暂行办法》补充规定的通知
盱政发〔1992〕0193 号　批转《关于进一步加强碘盐市场管理的意见》的通知
盱政发〔1995〕0114 号　关于印发《盱眙县城镇房屋拆迁管理细则》的通知
盱政发〔1995〕0029 号　关于盱眙县贯彻成品油流通体制改革实施办法的通知
盱政发〔1996〕0067 号　关于实行 1996 年物价管理目标责任制的通知
盱政发〔1996〕0087 号　关于进一步加强盐业市场管理的通知
盱政发〔1997〕0060 号　关于印发《盱眙县建筑市场管理暂行规定》的通知
盱政发〔2003〕0077 号　关于印发《盱眙县住宅小区竣工综合验收管理办法》的通知
盱政发〔2004〕0101 号　关于印发《盱眙县城市房屋拆迁管理暂行办法》的通知

盱政发〔2006〕0027号　关于成立盱眙县城市资产经营公司的通知
盱政发〔2006〕0045号　关于成立盱眙县担保有限公司的通知
盱政发〔2008〕0103号　关于印发盱眙县经济适用住房管理实施细则的通知
盱政发〔2008〕0145号　关于印发《盱眙县市场中介机构管理办法》的通知

（四）城乡建设、社会事业

盱委〔1989〕0038号　关于集中力量抓紧解决中小学“一无两有”的意见
盱发〔1990〕0020号　关于进一步完善科技管理体制的决定
盱发〔1990〕0010号　在维护稳定中县级机关工作人员必须做到十个不准的通知
盱发〔1992〕0035号　关于盱眙至马坝一级公路建设工程的实施意见
盱发〔1994〕0014号　关于试行县公费医疗改革办法的通知
盱发〔1995〕0015号　关于加快县乡道路建设的实施意见
盱发〔1996〕0020号　关于印发《盱眙县全民国防教育实施细则》的通知
盱发〔1996〕0016号　关于加快全县城乡市场建设的意见
盱发〔1997〕0010号　关于进一步加强扶贫工作的意见
盱委〔1997〕0209号　关于印发《盱眙县扶贫资金管理暂行规定》的通知
盱发〔1997〕0027号　关于切实加强环境保护工作的若干意见
盱发〔1998〕0024号　关于加快我县信息高速公路建设的实施意见
盱发〔1998〕0002号　关于印发《盱眙县职工医疗保险暂行规定》的通知
盱发〔1998〕0008号　印发《关于加快农村小城镇建设的若干暂行规定》的通知
盱发〔1998〕0009号　印发《关于完善分税制乡镇财政管理体制的补充规定》的通知
盱发〔1999〕0030号　关于加快教育产业发展的意见
盱发〔1999〕0031号　关于教育事业单位综合改革的意见
盱发〔1999〕0004号　关于加快全县水源工程建设的意见
盱发〔1999〕0007号　关于加快县乡道路等道路建设的实施意见
盱发〔1999〕0035号　关于加快重点中心镇建设的实施意见
盱发〔2002〕0016号　盱眙县科技“四百工程”实施意见
盱发〔2002〕0043号　关于加强对环境保护工作领导的意见
盱发〔2002〕0029号　关于印发《在全县开展“捐粮助困”活动方案》的通知
盱发〔2002〕0033号　关于印发《关于开展捐资助学活动的实施意见》的通知
盱发〔2002〕0042号　关于推进社区建设的实施意见
盱发〔2002〕0013号　关于“十五”期间开展计划生育工作示范乡镇、先进乡镇创建活动的意见
盱发〔2002〕0028号　关于在全县推行计划生育“村级自治”工作的意见
盱发〔2003〕0014号　关于2003年全县经济发展环境整治工作的实施意见
盱委〔2003〕0147号　关于印发《2003年全县“捐粮助困”活动方案》的通知
盱发〔2004〕0004号　关于进一步加强和改善对科协工作领导的意见
盱发〔2005〕0008号　关于开展诗教活动创建全国“诗词之乡”的意见
盱委发〔2006〕0021号　关于加快中等城市建设的意见
盱委发〔2006〕0022号　关于实施县城区人口五年倍增计划的若干政策意见
盱委发〔2006〕0023号　关于进一步优化发展环境强化效能建设的意见
盱委发〔2007〕0059号　关于创建省级科普师范县实施方案的通知
盱委发〔2007〕0104号　关于印发“十城同创”实施方案的通知

盱发〔2008〕0025号　关于进一步加强新时期科协工作的意见

盱政发〔1986〕0136号　关于对机动车辆、船舶实行法定保险的通知
盱政发〔1986〕0096号　关于宣传《计量法》、统一实行法定计量单位的通知
盱政发〔1986〕0173号　关于将普教系统部分民办教师转为公办教师的意见
盱政发〔1986〕0065号　批转《关于盱眙县卫生工作改革的意见》的通知
盱政发〔1986〕0152号　批转《关于认真搞好村卫生室整顿和建设的意见》的通知
盱政发〔1986〕0042号　批转《关于"星火计划"的贯彻和实施意见》的通知
盱政发〔1986〕0071号　批转"关于进一步开展我县经济技术协作工作的意见"的通知
盱政发〔1987〕0089号　关于认真做好待业青年培训安置工作的意见
盱政发〔1987〕0021号　关于认真做好从中小学民办教师中选招公办教师工作的通知
盱政发〔1987〕0040号　批转《关于"海盐"防治丝虫病工作的意见》的通知
盱政发〔1987〕0044号　转发《关于开展乡镇专业技术人员技术职称评定工作的意见》的通知
盱政发〔1987〕0012号　关于设立基督教徒活动场所问题的通知
盱政发〔1988〕0004号　批转《关于颁发居民身份证工作的报告》的通知
盱政发〔1988〕0161号　关于加速我县公路建设的意见
盱政发〔1988〕0029号　关于加快城乡绿化步伐的意见
盱政发〔1989〕0061号　关于进一步做好城镇户口待业青年培训安置工作的意见
盱政发〔1990〕0115号　批转《关于理顺国有土地审批权限的报告》的通知
盱政发〔1990〕0174号　盱眙县城市规划管理暂行办法
盱政发〔1991〕0094号　关于加强我县健康教育工作的意见
盱政发〔1991〕0035号　关于加强医药市场管理的若干意见
盱政发〔1991〕0025号　关于严格控制我县非农业人口过快增长的通知
盱政发〔1992〕0153号　关于下达农村社会养老保险目标任务的通知
盱政发〔1992〕0190号　关于实行集体所有制企业职工养老保险制度改革的通知
盱政发〔1992〕0183号　关于依法加强宗教事务管理的通知
盱政发〔1993〕0057号　关于制止中小学生流失的意见
盱政发〔1993〕0082号　关于组织实施初级中等义务教育的意见
盱政发〔1993〕0101号　关于印发《盱眙县社会办医审批和管理的若干规定》的通知
盱政发〔1993〕0116号　关于印发《盱眙县公费医疗管理暂行规定》(试行)的通知
盱政发〔1993〕0166号　关于印发《盱眙县地震应急预案》的通知
盱政发〔1993〕0191号　关于进一步完善企业职工养老保险办法的通知
盱政发〔1993〕0201号　批转《关于逐步开放人才市场的意见》(试行)的通知
盱政发〔1993〕0087号　关于在全县企事业单位和社会团体建立统一代码标识制度的通知
盱政发〔1993〕0127号　关于对我县地面水水域功能进项划分的通知
盱政发〔1993〕0119号　关于城镇土地登记发证的管理办法
盱政发〔1994〕0039号　关于进一步加强我县企事业单位专业技术职务评聘和专业技术岗位设置的意见
盱政发〔1994〕0020号　关于印发《盱眙县殡葬管理奖惩办法》的通知
盱政发〔1994〕0175号　关于严格控制消费基金过快增长和切实加强现金管理的通知
盱政发〔1994〕0061号　关于认真贯彻《中华人民共和国教师法》的通知
盱政发〔1994〕0070号　关于对今年实施八年义务教育乡镇进行评估验收的通知

盱政发〔1994〕0108 号　关于印发《盱眙县居民基本生活必需品和服务价格监审办法(试行)》的通知
盱政发〔1994〕0079 号　关于印发盱眙县市政设施管理暂行办法的通知
盱政发〔1994〕0152 号　关于进一步加快我县邮电通信发展的意见
盱政发〔1994〕0079 号　关于印发盱眙县市政设施管理暂行办法的通知
盱政发〔1994〕0142 号　关于印发《盱眙县企业职工一体化基本养老社会保险制度改革实施办法》通知
盱政发〔1995〕0108 号　关于开征土地增值税的通知
盱政发〔1995〕0112 号　关于批转《关于加强基本建设管理的意见》的通知
盱政发〔1995〕0014 号　关于转发《盱眙县航道管理办法》的通知
盱政发〔1995〕0039 号　关于印发《盱眙县农村社会养老保险办法》的通知
盱政发〔1995〕0075 号　关于印发《盱眙县企业职工工伤保险试行办法》的通知
盱政发〔1995〕0076 号　关于印发《盱眙县企业职工生育保险试行办法》的通知
盱政发〔1995〕0068 号　关于批转《盱眙县解决特困职工生活问题的有关规定》的通知
盱政发〔1995〕0046 号　关于印发《盱眙县城区解决居住困难户住房的若干规定》的通知
盱政发〔1995〕0118 号　批转《关于实施信贷扶贫的工作意见》的通知
盱政发〔1995〕0130 号　关于印发《盱眙县 5－6 级中强地震应急预案》的通知
盱政发〔1995〕0059 号　转发《关于进一步完善和加强我县公费医疗的补充规定》的通知
盱政发〔1995〕0070 号　关于印发《盱眙县环卫行业实行有偿服务的范围和收费标准的暂行规定》的通知
盱政发〔1995〕0073 号　关于印发《盱眙县城市市容和环境卫生管理规定》的通知
盱政发〔1995〕0085 号　关于批转县土管局《确定土地所有权和使用权的若干规定》的通知
盱政发〔1995〕0117 号　关于印发《关于全面整治县城道路交通秩序的通告(第一号)》通知
盱政发〔1995〕0134 号　关于盱城淮河东路和五墩西路老城改造规划和实施意见
盱政发〔1995〕0153 号　关于收回县城改建区国有土地使用权的决定
盱政发〔1996〕0001 号　关于公布 1996 年县政府着重办好 10 件实事的通知
盱政发〔1996〕0050 号　关于全县小学学制“五转六”的批复
盱政发〔1996〕0096 号　关于明确征收一九九六年度教育地方附加费和人民教育基金的补充通知
盱政发〔1996〕0117 号　关于加强国有土地使用权出让管理的意见
盱政发〔1996〕0119 号　批转《关于做好 1996 年毕业生就业工作的意见》的通知
盱政发〔1996〕0064 号　关于印发《盱眙县一九九六年科技工作要点》的通知
盱政发〔1996〕0167 号　关于印发《盱眙县科学技术进步奖励暂行规定》的通知
盱政发〔1996〕0030 号　关于印发《盱眙县地名管理实施细则》的通知
盱政发〔1996〕0160 号　关于制定盱眙县一九九七年度勘界工作计划的通知
盱政发〔1996〕0004 号　关于进一步加快我县农村通信杆线到村和村通电话建设的通知
盱政发〔1996〕0154 号　关于做好平坟复耕清理乱占滥用土地建坟造墓的通知
盱政发〔1996〕0005 号　关于印发《盱眙县污染严重地区三年改水攻坚方案》的通知
盱政发〔1996〕0038 号　关于一九九六年安全生产目标管理工作的意见
盱政发〔1996〕0105 号　关于印发《盱眙县加快发展散装水泥管理办法》的通知
盱政发〔1997〕0110 号　印发《盱眙县城区计划生育管理暂行规定》的通知
盱政发〔1997〕0117 号　关于印发盱眙县儿童少年事业发展“九五”规划的通知
盱政发〔1997〕0125 号　关于印发盱眙县 1996－2000 年妇女发展规划的通知
盱政发〔1997〕0185 号　印发《盱眙县拥军优属工作实施细则》的通知
盱政发〔1997〕0178 号　印发《盱眙县城镇居民最低生活保障暂行办法》的通知
盱政发〔1997〕0177 号　印发《盱眙县农民最低生活保障制度实施意见》的通知

盱政发〔1997〕0133 号　关于印发《盱眙县城区环卫行业有偿服务管理办法》的通知
盱政发〔1997〕0108 号　关于印发《盱眙县 1997 年交通扶贫项目实施办法》的通知
盱政发〔1997〕0111 号　关于印发盱眙县 1997 年科技工作要点的通知
盱政发〔1998〕0004 号　关于印发《盱眙县建设项目审计监督暂行规定》的通知
盱政发〔1998〕0012 号　印发《关于进一步改造义务教育阶段薄弱学校工作的意见》的通知
盱政发〔1998〕0052 号　关于转发《关于开展军民共建文明路段活动的意见》的通知
盱政发〔1998〕0062 号　印发《盱眙县城区综合执法管理暂行规定》的通知
盱政发〔1998〕0143 号　印发《关于对残疾人优惠照顾的实施细则》的通知
盱政发〔1998〕0165 号　印发盱眙县按比例安排残疾人就业实施办法的通知
盱政发〔1999〕0036 号　关于印发《盱眙县老年人社会优待和服务工作的实施办法》的通知
盱政发〔1999〕0039 号　关于印发《盱眙县双拥工作实施细则》的通知
盱政发〔1999〕0047 号　关于印发《盱眙县殡葬管理实施细则》的通知
盱政发〔2000〕0046 号　关于印发《盱眙县工程建设场地地震安全性评价工作管理办法的通知》
盱政发〔2001〕0040 号　关于批转《盱眙县农村中小学教师工资实行县级统一发放暂行办法》的通知
盱政发〔2001〕0136 号　关于印发《盱眙县城区房屋拆迁安置货币补偿实施办法（暂行）》的通知
盱政发〔2001〕0091 号　关于印发《全县清理整顿道路客货运输市场秩序实施方案》的通知
盱政发〔2001〕0122 号　关于印发《盱眙县城区车辆管理暂行规定》的通知
盱政发〔2003〕0012 号　关于印发《2003 年全县科技工作要点》的通知
盱政发〔2003〕0163 号　关于印发《盱眙县中强破坏性地震应急预案》的通知
盱政发〔2003〕0137 号　关于印发《盱眙县非典防治应急预案》的通知
盱政发〔2003〕0111 号　关于印发《关于盱眙县教职工全员聘任及职称评聘分开工作实施方案》的通知
盱政发〔2004〕0053 号　关于加强电力设施保护的通告
盱政发〔2004〕0057 号　关于盱眙县工业区被征地农民实行基本生活保障的暂行规定
盱政发〔2004〕0059 号　盱眙县被征地农民基本生活保障实施细则（试行）
盱政发〔2004〕0060 号　关于盱眙县工业区范围内村级在职干部经济待遇的暂行规定
盱政发〔2004〕0086 号　盱眙县农村中小学“六有”工程建设工作实施意见
盱政发〔2004〕0097 号　关于印发《盱眙县新型农村合作医疗管理暂行办法》的通知
盱政发〔2004〕0105 号　关于印发《盱眙县 2004 年度地质灾害防治方案》的通知
盱政发〔2004〕0106 号　关于印发《盱眙县突发性地质灾害应急抢险预案》的通知
盱政发〔2004〕0123 号　关于印发《关于盱眙县教职工全员聘任工作实施方案》的通知
盱政发〔2004〕0124 号　盱眙县“关爱女孩行动”实施意见
盱政发〔2004〕0128 号　盱眙县契税征收管理工作意见
盱政发〔2004〕0131 号　关于加强农村公路养护管理的通告
盱政发〔2004〕0133 号　县政府关于印发盱眙县城镇企业职工生育保险实施办法的通知
盱政发〔2005〕0066 号　盱眙县人民政府关于收回盱眙新华书店等单位和个人国有土地使用权的决定
盱政发〔2005〕0057 号　关于印发《盱眙县突发性地质灾害应急抢险预案》的通知
盱政发〔2006〕0020 号　关于收回盱眙县面粉厂等单位和个人国有土地使用权的决定
盱政发〔2006〕0072 号　关于盱眙县山城市场资产划转给盱眙县山城资产有限公司的通知
盱政发〔2006〕0073 号　关于盱眙县自来水公司资产划转给盱眙县担保有限公司的通知
盱政发〔2006〕0136 号　关于公布第二批县级文物保护单位的通知
盱政发〔2006〕0092 号　关于印发《盱眙县森林生态效益补偿基金管理办法（试行）》的通知
盱政发〔2006〕0079 号　关于印发《盱眙县新型农村合作医疗管理暂行办法（修订）》的通知

盱政发〔2007〕0018 号　关于印发《盱眙县"万村千乡"市场工程建设实施方案》的通知
盱政发〔2007〕0078 号　关于印发《盱眙县社区卫生服务机构设置规划》的通知
盱政发〔2007〕0085 号　关于印发盱眙县城镇居民基本医疗保险实施办法的通知
盱政发〔2007〕0116 号　关于实施盱眙县突发公共事件总体应急预案的决定
盱政发〔2007〕0138 号　关于将全县已建农村公路移交乡镇管理养护的通知
盱政发〔2007〕0139 号　关于加强农村公路管理养护工作的意见
盱政发〔2007〕0143 号　于印发盱眙县重点优抚对象医疗保障实施办法(试行)的通知
盱政发〔2007〕0193 号　关于印发《盱眙县城市绿化管理办法》的通知
盱政发〔2008〕0057 号　关于印发《盱眙县城乡医疗救助实施办法》的通知
盱政发〔2008〕0077 号　关于印发《盱眙县全民科学素质行动计划实施方案(2008 - 2010 - 2020 年)》的通知
盱政发〔2008〕0112 号　关于印发《盱眙县新型农村合作医疗管理暂行办法(修订)》的通知
盱政发〔2008〕0099 号　关于加强村镇规划建设管理的实施意见
盱政发〔2008〕0131 号　关于印发《盱眙县城镇低收入家庭住房保障规划(2008 - 2010 年)》的通知

(五)经济体制改革

盱委发〔1986〕0023 号　批转《关于一九八六年经济体制改革工作的意见》的通知
盱发〔1991〕0004 号　印发《关于调整经济结构稳定发展经济工作的意见》的通知
盱发〔1992〕0018 号　印发《关于加快改革开放和经济发展的意见》的通知
盱发〔1992〕0018 号　印发《关于加快改革开放和经济发展的意见》的通知
盱发〔1995〕0015 号　关于印发《盱眙县一九九五年企业产权制度改革工作意见》的通知
盱发〔1997〕0014 号　关于进一步完善分税制乡镇财政管理体制的决定

盱政发〔1986〕0092 号　关于招工制度改革的通知
盱政发〔1987〕0183 号　批转《关于深化集体企业改革的报告》的通知
盱政发〔1988〕0107 号　批转县劳动局关于加快企业用工制度改革的几点意见的通知
盱政发〔1988〕0057 号　关于一九八八年深化企业改革的意见
盱政发〔1992〕0001 号　关于进一步深化改革转换企业内部经营机制的意见
盱政发〔1992〕0117 号　批转《关于进一步深化价格改革的意见》的通知
盱政发〔1993〕0071 号　关于印发《盱眙县城镇住房制度改革实施方案》的通知
盱政发〔1993〕0058 号　关于印发《盱眙县一九九三年体改工作要点》的通知
盱政发〔1994〕0166 号　印发《盱眙县关于实行分税制乡镇财政体制的意见》的通知
盱政发〔1995〕0089 号　关于印发《盱眙县机关、事业单位职工养老保险制度改革暂行办法》的通知
盱政发〔1995〕0109 号　关于印发《盱眙县深化城镇住房制度改革实施方案》的通知
盱政发〔2000〕0089 号　关于印发《盱眙县机关、事业单位职工养老保险制度改革暂行办法》的通知
盱政发〔2004〕0166 号　关于国土管理体制改革的实施意见
盱政发〔2005〕0094 号　盱眙县乡镇财政管理方式改革工作实施意见

(六)政治

盱发〔1986〕0014 号　转发《关于一九八六年全县普及法律常识的实施意见》的通知
盱发〔1987〕0042 号　关于加强党内监督的意见
盱发〔1987〕0033 号　关于核定全县各乡、镇党政机关人员编制的通知

盱发〔1987〕0026 号　批转《关于开展马克思主义理论正规化教育的意见》的通知
盱发〔1988〕0024 号　关于批转《基层党委民主生活会规程》的通知
盱发〔1988〕0023 号　关于维护安定团结进一步做好当前工作的通知
盱发〔1989〕0029 号　关于在全县党员中开展“树形象,争贡献”活动的意见
盱发〔1989〕0012 号　关于加强党政机关廉政建设的意见
盱发〔1989〕0016 号　批转关于全县推行“两公开、一监督”的意见的通知
盱发〔1989〕0060 号　转发《关于加强乡(镇)科协组织建设的请求报告》的通知
盱发〔1991〕0015 号　关于印发《盱眙县村级组织建设暂行规定》的通知
盱发〔1992〕0002 号　关于在全县农村普遍开展社会主义思想教育的通知
盱发〔1992〕0005 号　关于调整股级干部管理权限的通知
盱发〔1992〕0085 号　关于实行乡科级干部助理制度的意见
盱发〔1992〕0014 号　关于进一步加强民兵应急分队建设的意见
盱发〔1993〕0007 号　关于进一步加强党风廉政建设的通知
盱委发〔1994〕0113 号　关于进一步加强县委常委党建工作联系点建设的意见
盱委发〔1994〕0101 号　关于进一步开展农村基层党组织和党员带领群众建设“五大工程”奔小康活动的通知
盱委发〔1994〕0146 号　关于开展全县城乡社会治安整治斗争检查验收工作的通知
盱发〔1994〕0027 号　关于加强农村党支部书记队伍建设的意见
盱发〔1994〕0002 号　关于创建全国双拥模范县的意见
盱发〔1995〕0008 号　印发《关于进一步加强政法队伍建设的意见》的通知
盱发〔1995〕0018 号　关于印发《盱眙县财政第二预算管理办法》的通知
盱委发〔1995〕0049 号　关于整顿全县后进村和经济薄弱村党支部工作的意见
盱委发〔1995〕0098 号　关于发展农村青年党员工作的三年规划
盱委发〔1995〕0050 号　印发关于实行社会治安综合治理领导责任制和一票否决权制的通知
盱委发〔1996〕0091 号　关于进一步加强县委常委党建工作联系点建设的意见
盱发〔1996〕0006 号　盱眙县社会主义精神文明建设“九五”规划纲要
盱发〔1996〕0009 号　关于印发《盱眙县财政第二预算 1996 年收支挂钩管理办法》的通知
盱发〔1996〕0021 号　关于印发《建设奔小康领头人群体工程的实施方案》的通知
盱发〔1996〕0011 号　关于印发《盱眙县创建全国双拥模范县实施意见》的通知
盱发〔1997〕0022 号　关于盱眙县县级党政机构改革的实施意见
盱发〔1997〕0026 号　关于盱眙县乡(镇)党政机构改革实施意见
盱发〔1997〕0028 号　关于在全县深入开展以创“三安”为主要内容的系列创安活动的意见
盱委发〔1997〕0180 号　印发《关于在司法机关实行执法责任制的报告》的通知
盱发〔1997〕0035 号　关于党政机关厉行节约制止奢移浪费行为的实施意见
盱发〔1997〕0009 号　关于在全县开展学习水冲港精神活动的决定
盱发〔1997〕0025 号　关于深入开展创建卫生城市的决定
盱发〔1997〕0012 号　关于实施社会主义精神文明建设“五大工程”的意见
盱发〔1997〕0017 号　关于印发《盱眙县预算外资金管理办法》的通知
盱发〔1997〕0179 号　批转《关于在全县公民中开展法制宣传教育的第三个五年规划》的通知
盱发〔1997〕0032 号　关于认真学习党的十五大精神的通知
盱委发〔1997〕0089 号　关于批转县委宣传部《1997 年宣传思想工作要点》的通知
盱委发〔1997〕0326 号　关于在全县党员干部中开展“学习周恩来争做好公仆”主题教育活动的意见

盱发〔1997〕0033 号	关于印发《中国共产党盱眙县各级机关参照〈国家公务员暂行条例〉管理的实施办法》的通知
盱委发〔1998〕0004 号	关于开展纪念盱眙解放五十周年活动的通知
盱发〔1998〕0011 号	关于开展纪念党的十一届三中全会二十周年活动的通知
盱委发〔1998〕0129 号	关于批转县人大常委会党组《关于组织干部进行学法考试的意见》的通知
盱发〔1998〕0023 号	印发《关于对经济工作成绩突出的乡镇和重点企业领导班子实行重奖的暂行办法》的通知
盱发〔1998〕0028 号	关于鼓励外地客商来盱眙投资的若干规定
盱发〔1999〕0026 号	关于实施信访工作保证金制度的意见
盱发〔1999〕0011 号	关于印发《盱眙县全国双拥模范县创建工作责任目标》的通知
盱发〔1999〕0029 号	关于转发《盱眙县"爱心献功臣行动"实施意见》的通知
盱委发〔1999〕0032 号	关于批转《1999 年宣传思想工作要点》的通知
盱发〔1999〕0019 号	关于乡镇财政三年内实现收支自求平衡的意见
盱发〔1999〕0033 号	关于县乡(镇)行政事业单位资金收支综合管理的意见
盱委发〔1999〕0251 号	关于选派干部常年外出专职从事招商引资工作的通知
盱发〔2000〕0002 号	关于批转《关于推行政务公开的实施意见》的通知
盱发〔2000〕0018 号	关于印发《盱眙县乡科级领导干部任前公示制试行办法》的通知
盱发〔2000〕0008 号	关于二 OOO 年全县精神文明创建工作的意见
盱发〔2000〕0014 号	关于在全县开展"致富思源、富而思进"教育活动的意见
盱发〔2000〕0029 号	关于开展"三个代表"重要思想学习教育活动的实施意见
盱委发〔2000〕0142 号	关于转发《关于加强干部培训工作宏观管理的意见》的通知
盱发〔2001〕0013 号	关于加强农村基层党组织建设的有关暂行规定
盱委发〔2001〕0042 号	中共盱眙县委关于县委党校和县劳动技校合并的决定
盱委发〔2001〕0063 号	关于在全县广泛深入开展双拥活动的通知
盱委发〔2001〕0013 号	关于下达 2001 年人才引进目标任务的通知
盱发〔2002〕0002 号	关于在全县城乡开展特困家庭帮扶工作的意见
盱发〔2001〕0007 号	关于印发《盱眙县招标投标中心运行规则(试行)》的通知
盱发〔2001〕0012 号	关于建立全县乡科级领导干部抓项目(工程)、产业和干部招商引资"实绩记录卡"制度的通知
盱发〔2001〕0023 号	关于印发《盱眙县科技发展"十五"规划》的通知
盱发〔2002〕0019 号	关于进一步加强经济发展环境整治的意见
盱发〔2002〕0025 号	关于进一步规范政务、厂务、村务公开的实施意见
盱发〔2002〕0023 号	关于进一步加强人民政协工作的意见
盱发〔2002〕0042 号	关于废止有关文件的通知(第一批)
盱发〔2004〕0003 号	关于开展"农村百里文明示范带"创建活动的实施意见
盱发〔2004〕0008 号	关于开展 2004 年度全县领导干部述廉、评廉、考廉活动的通知
盱发〔2004〕0013 号	关于开展全县农村基层组织建设"三级联创"活动的意见
盱委发〔2004〕0054 号	关于在县直机关开展干部作风整顿和建设活动的意见
盱政发〔2004〕0072 号	关于印发《盱眙县信访听证暂行办法》的通知
盱政发〔2004〕0078 号	关于印发《盱眙县文化事业建设费征收管理办法》和《盱眙县旅游事业发展费征集管理办法》的通知
盱发〔2004〕0011 号	关于 2004 年全县经济发展环境创优工作的实施意见

盱发〔2004〕0016 号	关于进一步加强和改进未成年人思想道德建设实施意见
盱发〔2004〕0019 号	关于向全县村级派驻农村工作指导员的实施意见
盱发〔2004〕0020 号	关于干部离岗退养年龄问题的规定
盱委发〔2004〕0058 号	关于在全县农村开展“双争”竞赛活动的意见
盱发〔2005〕0001 号	关于开展以实践“三个代表”重要思想为主要内容的保持共产党员先进性教育活动的意见
盱发〔2005〕0003 号	关于在全县开展“弘扬‘三创’精神，强力推进新型工业化，构建和谐社会”主题教育活动的意见
盱发〔2005〕0016 号	中共盱眙县委关于印发《盱眙县法治建设实施意见》的通知
盱委发〔2006〕0090 号	关于开展创建全国双拥模范县活动的通知
盱委发〔2006〕0214 号	关于开展新一轮平安盱眙建设的意见
盱委发〔2006〕0004 号	关于 2006 年全县经济发展环境创优（行风建设）工作的实施意见
盱委发〔2006〕0006 号	关于创建文明城市的三年规划
盱委发〔2006〕0007 号	关于进一步繁荣发展哲学社会科学的意见
盱委发〔2006〕0009 号	关于在全县开展社会主义荣辱观宣传教育的意见
盱委发〔2006〕0002 号	关于印发《盱眙县招投标管理中心运行规则》的通知
盱委发〔2006〕0013 号	关于进一步加强机构编制管理和严格控制机关事业单位进人的通知
盱委发〔2006〕0018 号	盱眙经济开发区“三百工程”和县固定资产投资重点项目考核及奖励办法
盱委发〔2006〕0025 号	关于将平安盱眙建设、法治盱眙建设工作纳入 2006 年度三个文明目标考核的通知
盱委发〔2006〕0026 号	关于批转县委宣传部、县司法局《关于在全县公民中开展法制宣传教育的第五个五年规划》的通知
盱发〔2007〕0001 号	关于调整和规范招商引资优惠政策的意见（试行）
盱发〔2007〕0009 号	关于加强基层武装部及民兵营（连）建设的意见
盱发〔2007〕0010 号	中共盱眙县委关于进一步加强基层工会建设工作的意见
盱委发〔2007〕0030 号	关于印发《关于全面深入开展矛盾纠纷排查化解工作的实施意见》的通知
盱委发〔2007〕0035 号	关于印发《盱眙县基层武装工作考核细则》的通知
盱委发〔2007〕0113 号	关于组建十大招商分局的实施意见
盱委发〔2007〕0154 号	关于在全县开展述职述廉述学和落实党风廉政建设责任制考核活动的通知
盱发〔2008〕0009 号	关于印发《备战龙虾节，冲刺双过关，实现重点项目新突破实施意见》的通知
盱发〔2008〕0019 号	关于印发对损害经济发展软环境和效能建设行为实行责任追究暂行办法的通知
盱发〔2008〕0024 号	关于实施脱贫攻坚工程的意见
盱发〔2008〕12 号	盱眙县乡镇机构改革实施意见
盱委发〔2008〕0074 号	关于鼓励机关事业单位工作人员离岗创业的规定（试行）

盱政发〔1987〕0180 号	关于抓紧组织财政收入、严格控制财政支出的紧急通知
盱政发〔1987〕0088 号	关于组建民兵快速反应应急小分队的通知
盱政发〔1988〕0132 号	关于统筹城镇义务兵家属优待金的通知
盱政发〔1988〕0098 号	关于进一步完善乡镇财政体制的意见
盱政发〔1989〕0187 号	批转“关于进一步做好双清挖潜工作的意见”的通知
盱政发〔1989〕0155 号	关于征收城镇土地使用税的通知
盱政发〔1989〕0004 号	印发《关于加强城镇居民委员会建设的试行办法》的通知

盱政发〔1991〕0034号　关于加强行政区划管理工作的通知
盱政发〔1992〕0014号　关于批转《关于乡镇事业单位自用人员工资标准及管理暂行办法》的通知
盱政发〔1992〕0012号　关于批转《县监察局一九九二年行政监察工作意见》的通知
盱政发〔1992〕0133号　批转《关于进一步加强廉政建设促进经济发展的意见》的通知
盱政发〔1992〕0025号　关于严格控制行政事业经费支出的意见
盱政发〔1992〕0135号　关于做好"四项基金"征收工作的通知
盱政发〔1993〕0150号　关于在全县范围内深入开展"四清一增"工作的通知
盱政发〔1993〕0187号　关于进一步加强预算外资金管理工作的意见
盱政发〔1993〕0198号　关于公布取消行政事业性部分收费项目的通知
盱政发〔1994〕0081号　关于加强政府法制工作的决定
盱政发〔1994〕0052号　关于印发《盱眙县征收城市基础设施配套费暂行办法》的通知
盱政发〔1995〕0057号　关于印发《盱眙县乡(镇)预算外资金管理暂行办法》的通知
盱政发〔1995〕0129号　关于转发《盱眙县本级财政1995年度预算执行情况审计方案》的通知
盱政发〔1995〕0085号　关于批转县土管局《确定土地所有权和使用权的若干规定》的通知
盱政发〔1995〕0116号　关于印发《盱眙县创建文明卫生城市工作检查监督处罚规定》的通知
盱政发〔1997〕0052号　批转《关于落实〈盱眙县建立住房公积金制度实施办法〉的具体意见》的通知
盱政发〔1997〕0101号　关于印发《盱眙县乡镇审计工作暂行规定》的通知
盱政发〔1998〕0040号　印发《盱眙县人民政府工作规则》的通知
盱政发〔2003〕0042号　关于印发《盱眙县各级领导干部安全生产职责》的通知
盱政发〔2003〕0091号　关于印发《盱眙县城市民兵调整改革方案》的通知
盱政发〔2003〕0064号　关于印发《关于贯彻落实〈预防未成年人犯罪法〉的实施意见》的通知
盱委发〔2005〕0001号　关于开展述职述廉和落实党风廉政建设责任制考核活动的通知
盱政发〔2005〕0002号　关于印发《政府工作报告》任务分解表的通知
盱政发〔2005〕0085号　关于印发《盱眙县"十一五"规划编制工作实施方案》的通知
盱政发〔2005〕0074号　关于印发《盱眙县重特大安全事故应急预案》的通知
盱政发〔2005〕0047号　关于印发《盱眙县各级领导干部安全生产职责》的通知
盱政发〔2006〕0047号　关于组建盱眙县规划局的通知
盱政发〔2007〕0022号　关于印发盱眙县妇女发展规划(2006－2010年)和盱眙县儿童发展规划(2006－2010年)的通知
盱政发〔2007〕0020号　关于印发盱眙县财政资金支出管理办法的通知
盱政发〔2007〕0028号　关于对全县高危行业实行安全生产风险抵押金制度的通知
盱政发〔2007〕0056号　关于转发《盱眙县金融生态县创建规划》的通知
盱委发〔2008〕0005号　关于印发《盱眙县行政审批服务中心管理办法》的通知
盱政发〔2008〕0028号　关于印发《盱眙县土地出让金收支管理办法》的通知
盱政发〔2008〕0029号　关于印发《进一步加强招标投标管理工作实施意见》的通知
盱政发〔2008〕0030号　关于印发《盱眙县招标拍卖挂牌出让经营性土地管理规定》的通知
盱政发〔2008〕0031号　关于印发《进一步加强财政资金支出管理的意见》的通知
盱政发〔2008〕0142号　关于印发《盱眙县人民政府规范性文件制定规定》的通知
盱政发〔2008〕0143号　关于印发《盱眙县重大行政处罚决定备案审查办法》的通知
盱政发〔2008〕0146号　关于印发《盱眙县行政赔偿制度及程序规定》的通知
盱政发〔2008〕0147号　关于印发《盱眙县行政执法投诉(举报、信访)办理制度》的通知
盱政发〔2008〕0148号　关于印发《盱眙县人民政府关于政府部门行政负责人问责办法》的通知

三、盱眙原创歌曲选登

登高望远

屈塬 词
宋继勇 曲

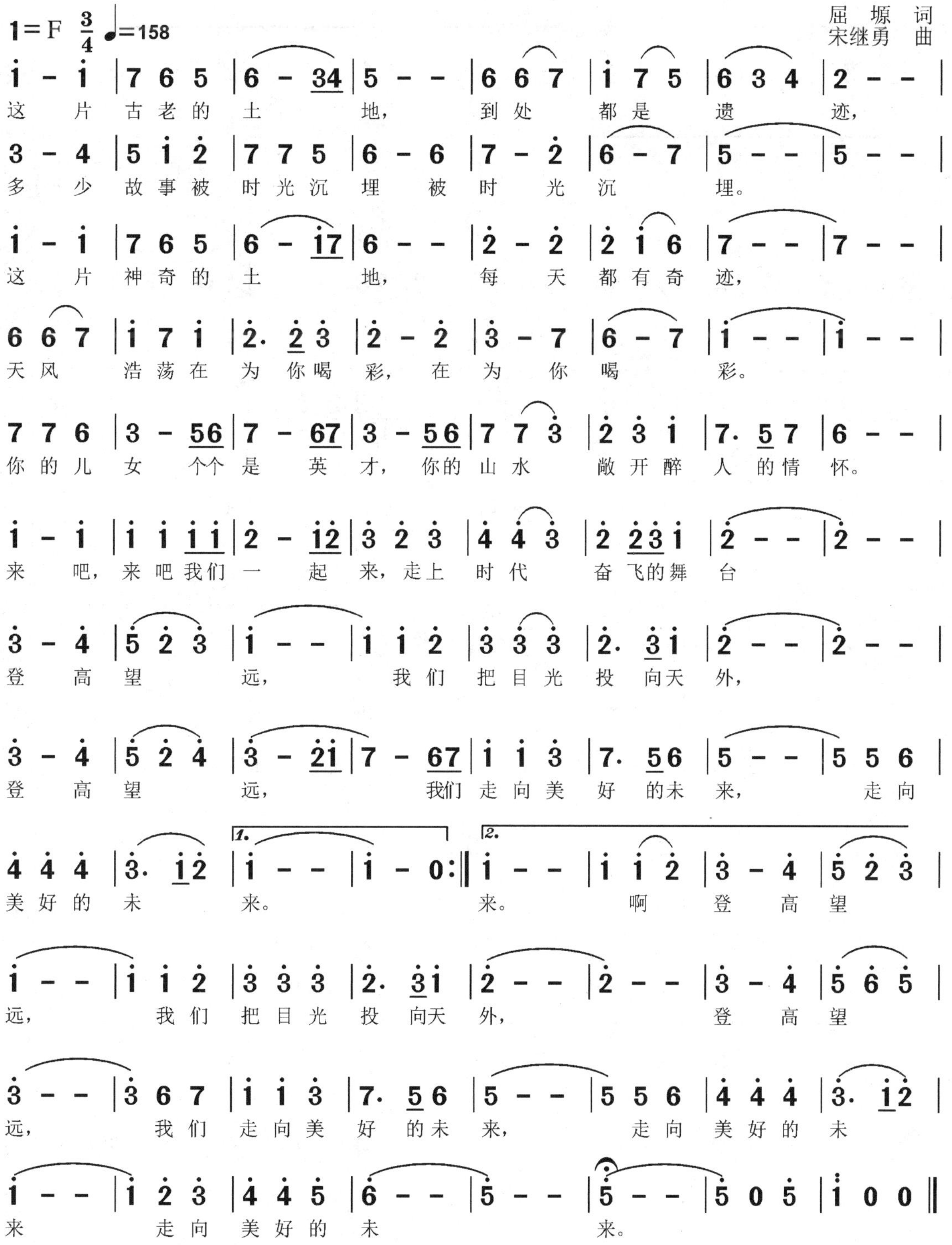

开心龙虾节

任红举 词
冬 林 曲

1＝C $\frac{4}{4}$ ♩＝130

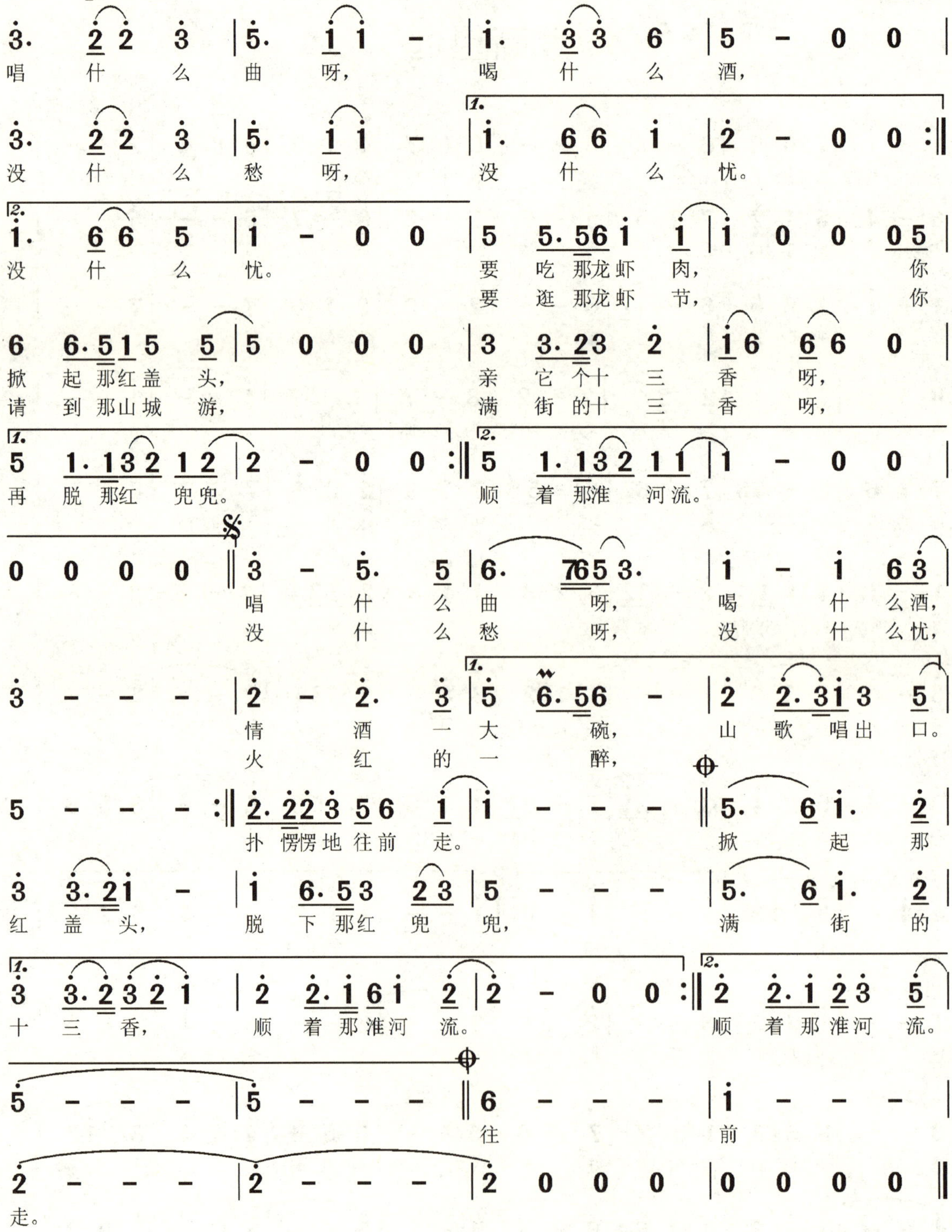

火红的歌

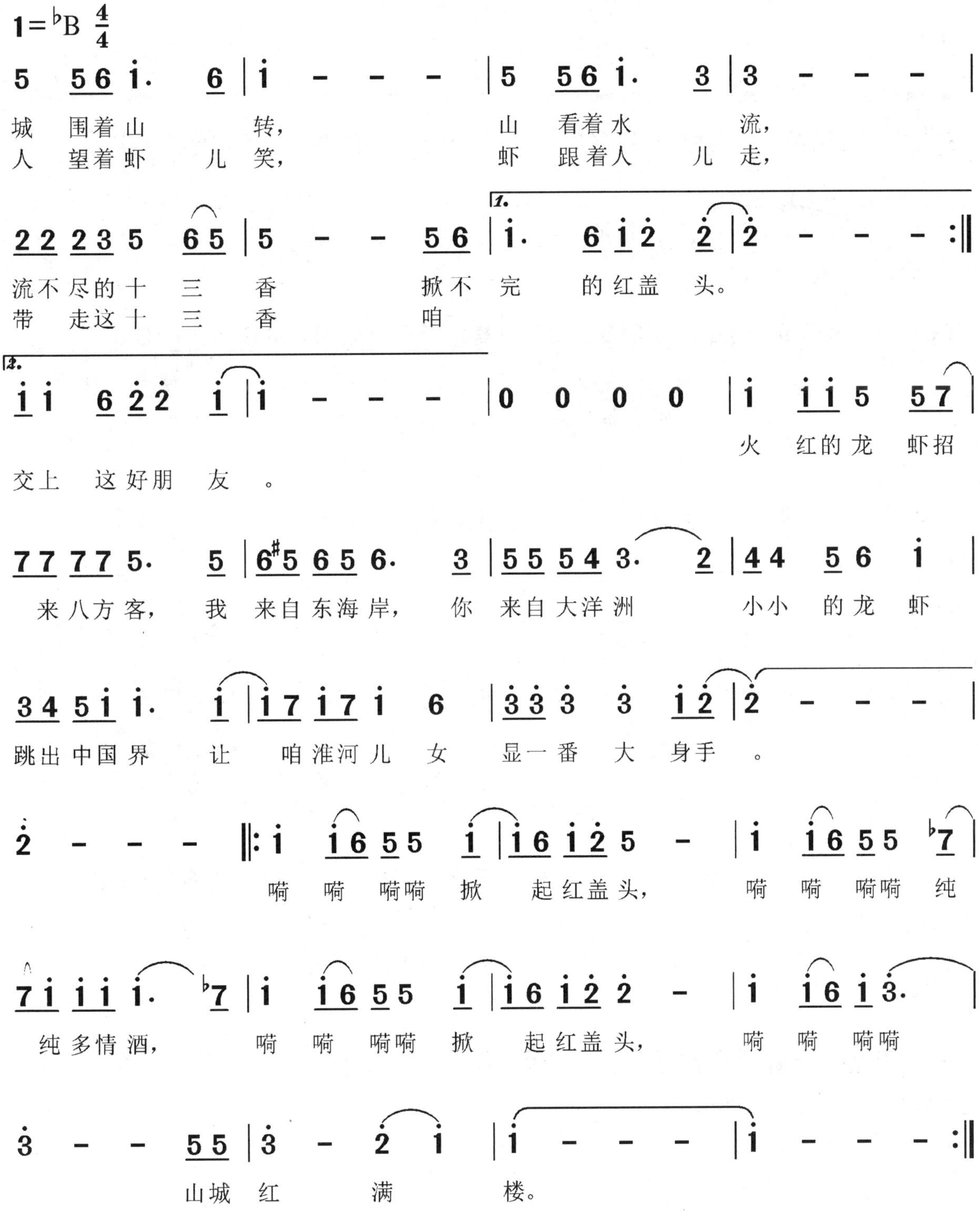
1=♭B 4/4
城围着山转，山看着水流，
人望着虾儿笑，虾跟着人儿走，
流不尽的十三香掀不完的红盖头。
带走这十三香咱
交上这好朋友。
火红的龙虾招来八方客，我来自东海岸，你来自大洋洲
小小的龙虾跳出中国界让咱淮河儿女显一番大身手。
啃啃啃啃掀起红盖头，啃啃啃啃纯纯多情酒，啃啃啃啃掀起红盖头，啃啃啃啃
山城红满楼。

龙虾女

1=G $\frac{4}{4}$

♩=93

车行 词
孟庆云 曲

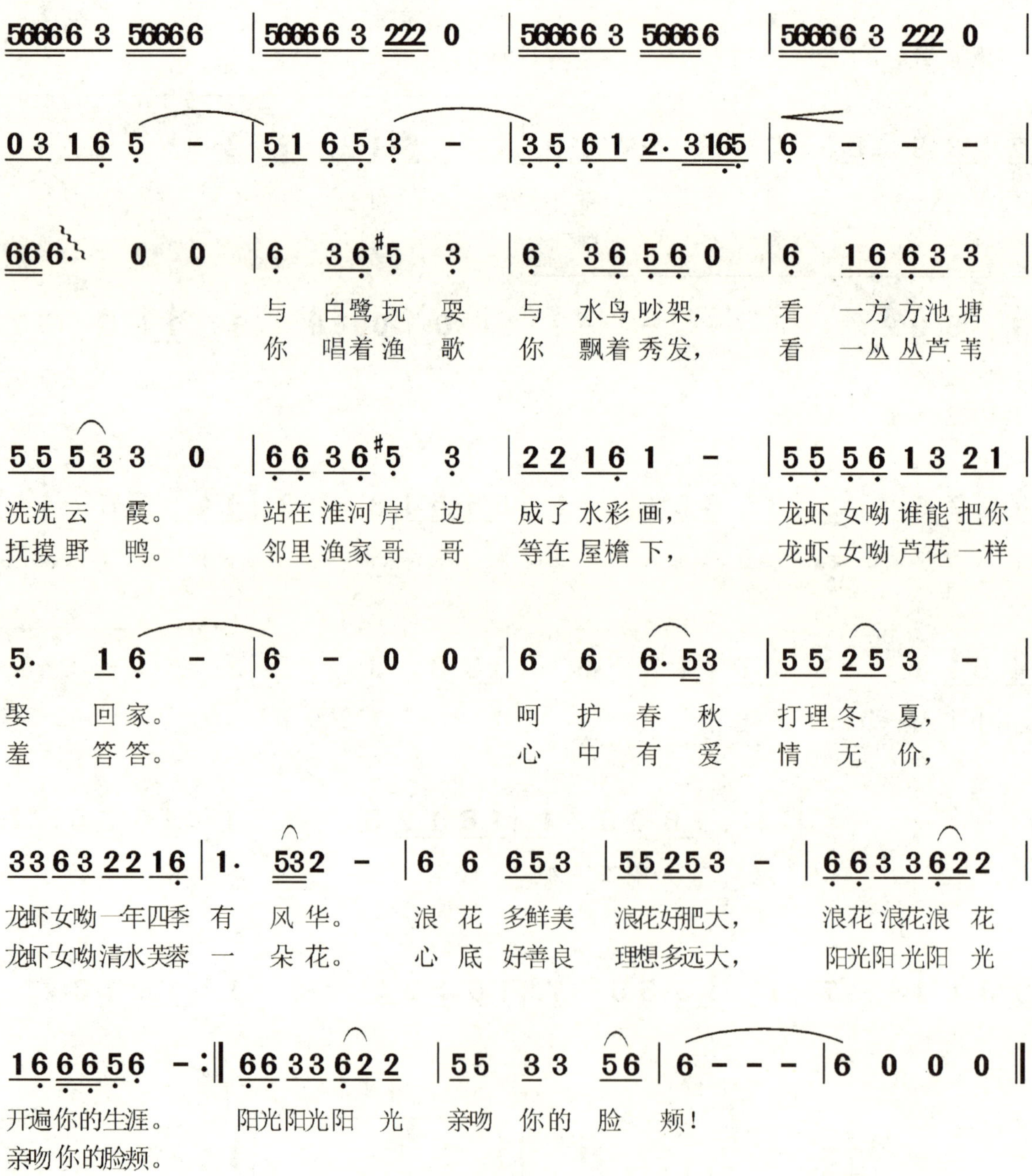

我的家乡好

车 行 词
孟庆云 曲

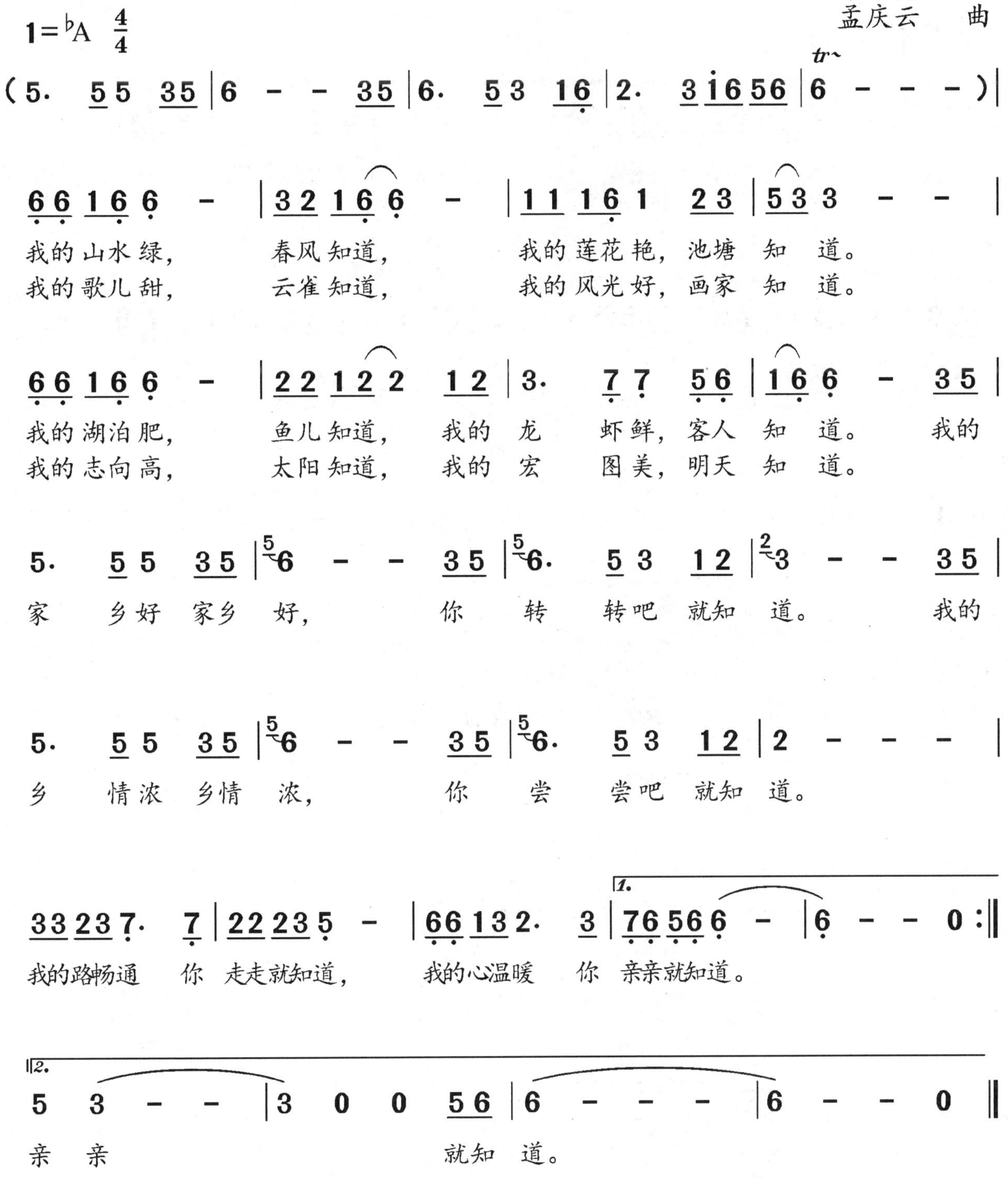

万岁——明祖陵遐想

屈塬 词
方鸣 曲

1=♭B $\frac{4}{4}$

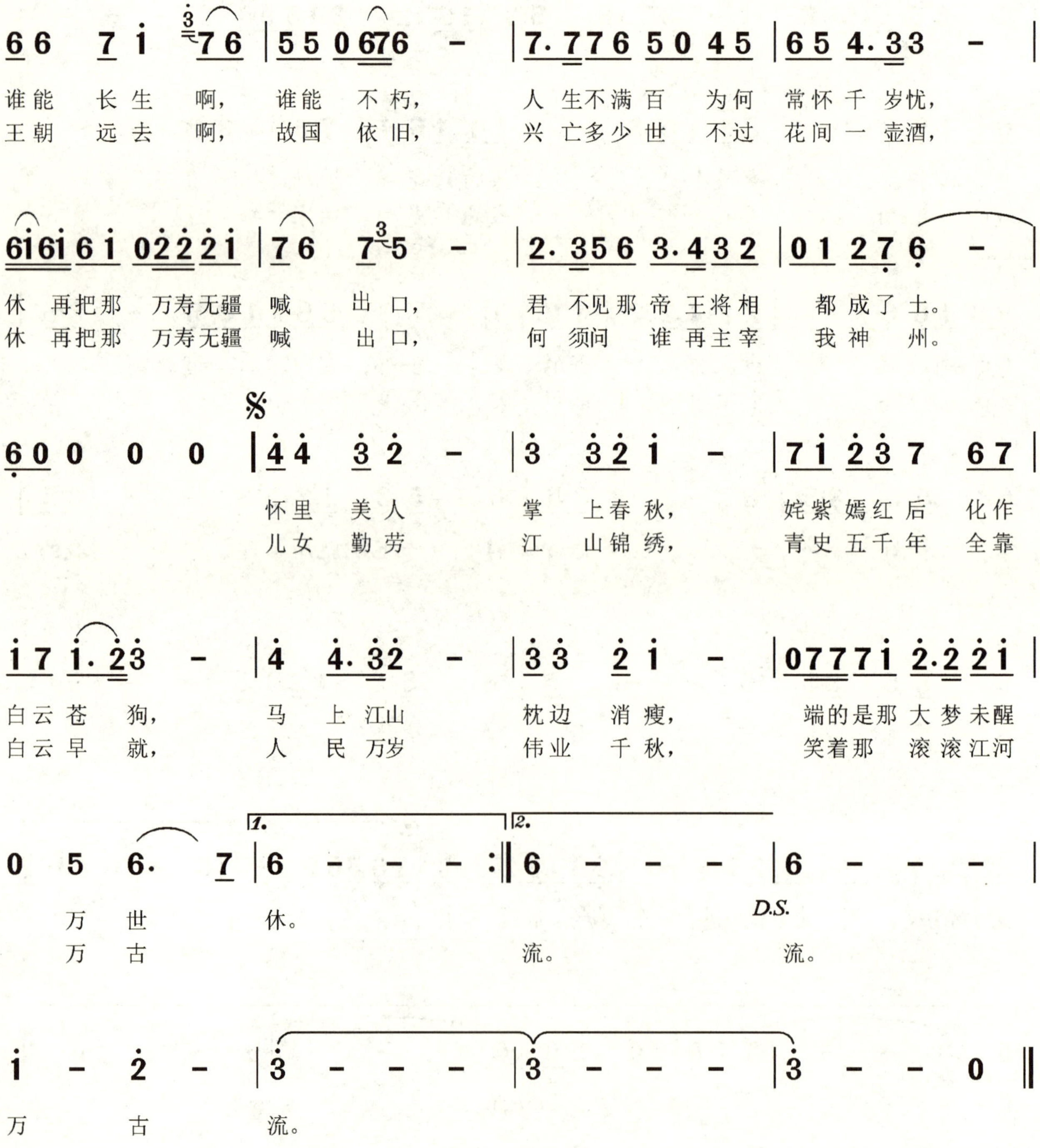

铁山寺之恋

1=G $\frac{4}{4}$

阮晓星 词
方 鸣 曲

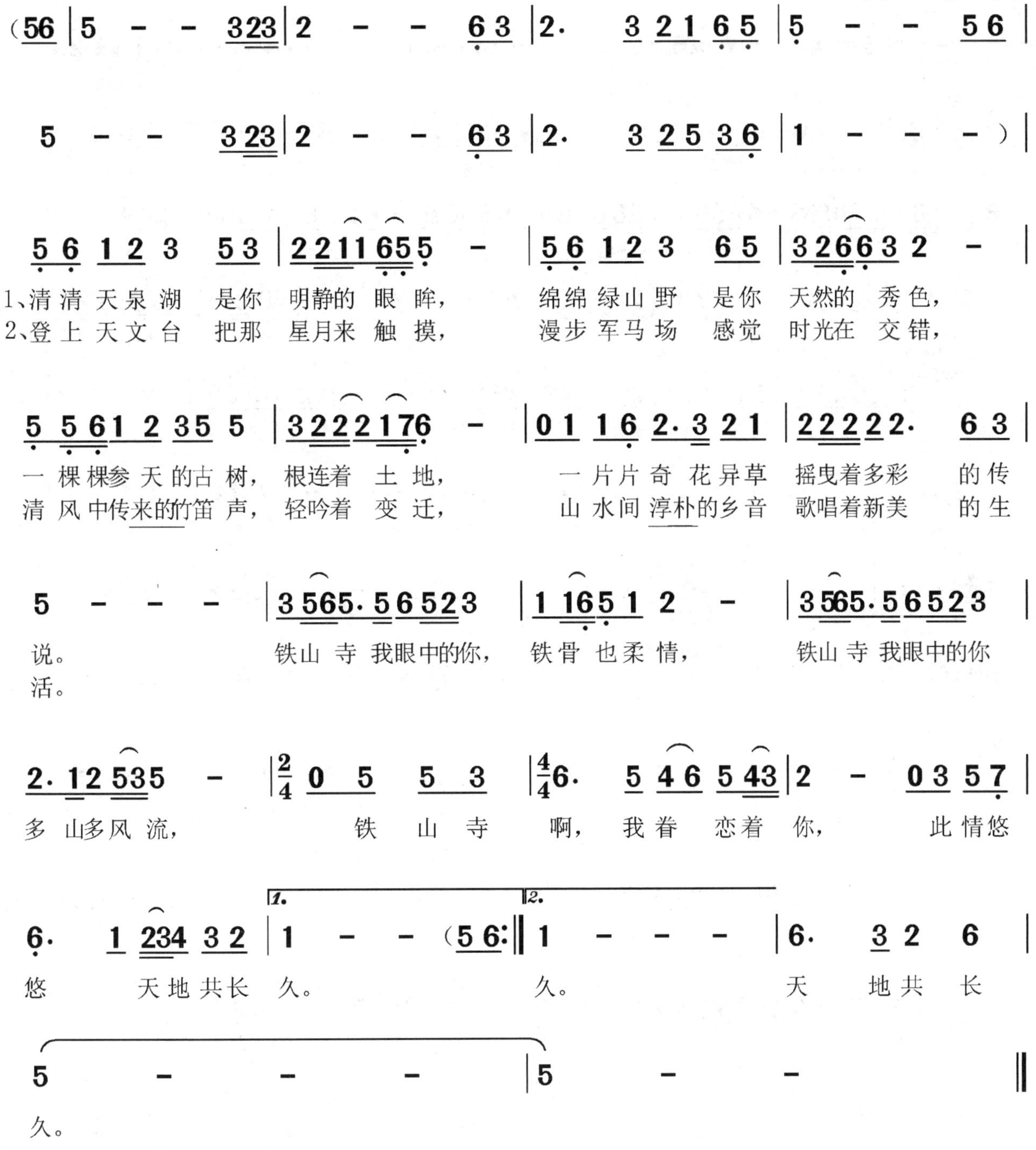

淮河美

1＝C $\frac{2}{4}$

尹相涛　词曲

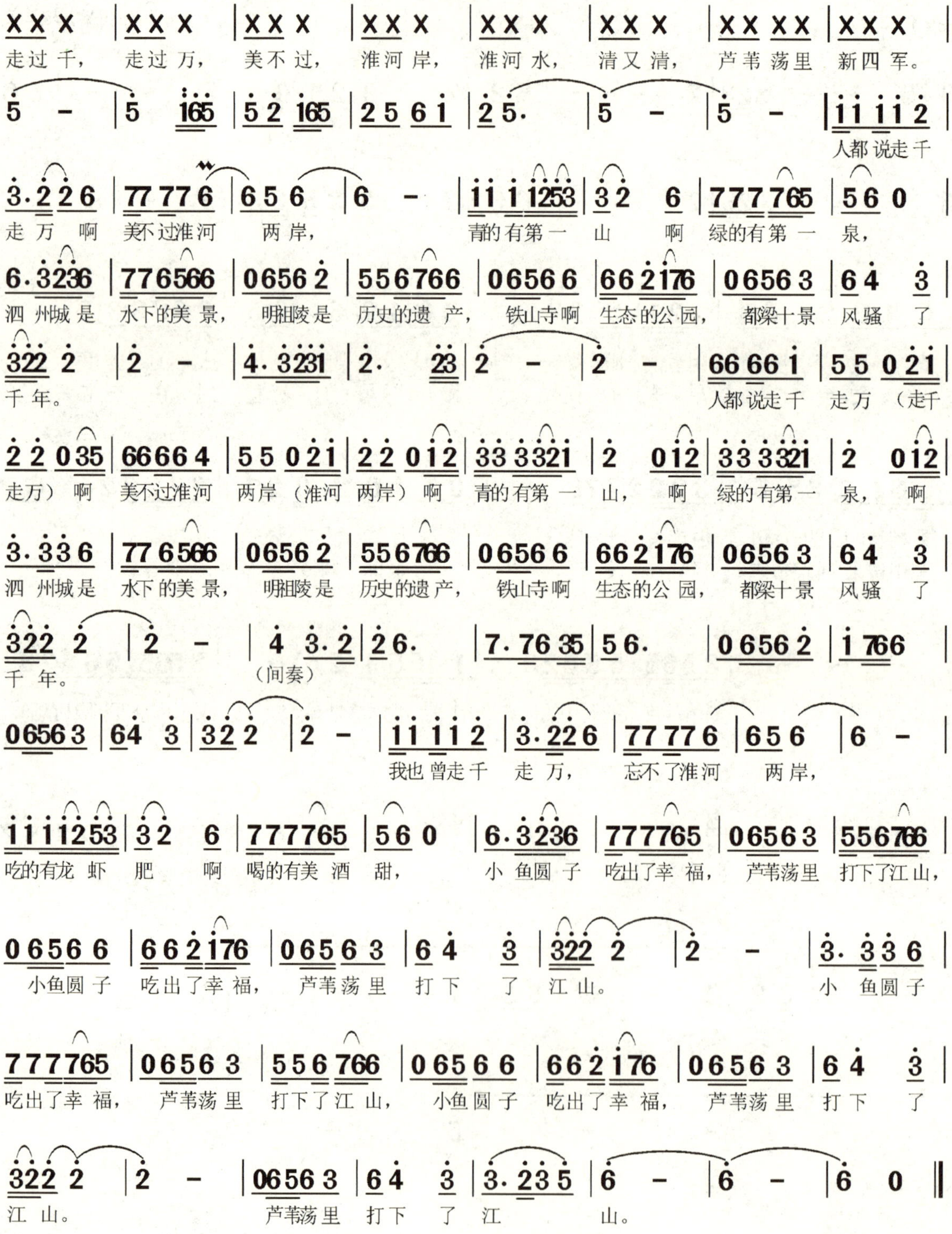

索　引

一、本索引采用主题分析方法编制，按汉语拼音字母顺序排列，字母相同的按声调顺序排列。

二、标引词根据主题分析法提炼，机关、企事业单位和社会团体名称采用通行简称，多数采用条目、子目标题标注。重复出现的条目，标注在常规性条目内。

三、标引词后的数字表示内容所在页码，标引词后的第二个页码起为参见页码。

四、符号标引词按首字汉语的第一个字在汉语拼单表中的顺序排列，随文表格、插图未编入索引。

A

B

C

G

H

J

K

L

M

N

P

Q

R

S

Z

符号

编后记

2007年10月,盱眙县人民政府发布《关于做好续修地方志工作的通知》,正式启动《盱眙县志(1986～2008)》编纂工作,县政府成立编纂委员会对新一轮修志工作进行动员部署。历经组织发动、资料收集、志稿编纂、终审验收等阶段。是月,县政府办印发"盱眙县地方志工作规划通知"和"《盱眙县志(1986～2008)》篇目分解任务"。各单位根据任务,明确专人认真组织编纂工作。至2008年11月,县志办深入乡镇、部门,提供范例、释疑解难,指导各单位做好资料收集、整理,初稿编修工作。各乡镇、部门、行业的修志小组认真组织采集资料、分工撰写、专人合成。2008年11月12日,召开全县各单位《盱眙县志(1986～2008)》资料展评会,要求把好政治关、史实关、体例关、文字关、保密关、审核关。

2009年1月～2012年12月,县志办聘请人员、组织力量开展汇总修编,认真核实志料,形成初稿。相继查阅1994年至2008年《盱眙年鉴》、1986年至2008年《盱眙统计年鉴》和《盱眙大事记》,调阅档案400余卷,确保数据准确;实地查看、走访当事人和知情者,审核历史资料的真实性;依据资料,对初稿进行补苴罅漏;对记述内容的主次及时间顺序进行合理调整。对具体编排方案和总目进行多次探讨,形成除概述、大事记、附录外共36篇的总目,采用分册出版的方案。

2013年1～8月,县志办编纂人员对志稿精修细改,并聘请专家审阅,完成志稿初审修改工作。9月,县志办编纂人员根据志书中存在的问题,调阅其他相关档案,认真核查资料;到部门或单位了解情况,分别深入淮安市博物馆、淮安市档案馆、盱眙县图书馆、盱眙县档案局、有关乡镇实地查阅;增加"龙虾节庆"篇,调整合并有关篇目图表,使志稿更趋系统性、科学性。

2014年11月～2015年5月,再次聘请专家审读志稿,并参与《盱眙县志(1986～2008)》统稿、合稿,从篇目结构设置、志稿内容、行文用语、遣词造句乃至标点符号等进行修改。2015年5月,根据专家意见反复打磨志稿,力求志稿真实、完善。12月完成"三审"工作,并将"三审"稿存疑部分发回各乡镇(场)、各单位进行审核,提出具体要求。

2016年1月起,县志办广泛征求意见,组织验收审核和补充志稿工作。3月10日,《盱眙县志(1986～2008)》终审评审会召开,市、县及外省专家近20人参加终审会。3～10月,县志办围绕终审意见仔细梳理,逐条修改,落实意见。同时,利用县政务平台发送公文,要求59家单位增补资料。

2017年8月,完成增补资料后,继续用心雕琢志稿,精益求精。聘请志书专家对志稿进一步把关审核,统一统计数据口径,并专人审核前后文表格数字。11月,志稿送出版社和省地方志编纂委员会办公室审阅,完成验收审核。12月,县志办编纂人员根据出版社意见和省志办审稿要求,落实审阅意见。2017年12月,经江苏省地方志办公室、盱眙县人民政府批准,《盱眙县志(1986～2008)》交由方志出版社出版。

盛世修志,资政育人。《盱眙县志(1986～2008)》编纂工作从启动到付梓历时十载,数易其稿,编纂艰辛。在修编过程中,始终得到县委、县政府的高度重视,推动了修志工作有序开展。全县各乡镇、部门和社会各界在修志过程中,在收集资料、审稿把关等方面给予积极配合和大力支持。省、市地方志部门和本县部分老领导给予多方指导与帮助,在此一并致以由衷的感谢。

由于编者水平、能力和客观条件所限,《盱眙县志(1986～2008)》仍存有诸多疏漏和不尽人意之处,敬请广大读者指正。

编　者

二〇一七年十二月